निवेदन

जालसाज़ी का विरोध करें और सफलता के लिए एक मज़बूत आधार तैयार करें।

पुस्तकें हमारी सबसे अच्छी दोस्त होती हैं, यही वह कहावत है, जिसे सुनकर हम सब बड़े हुए हैं, हालाँकि पायरेसी के चोर लगातार 'हमारे सबसे अच्छे दोस्त' के साथ जालसाज़ी कर रहे हैं। हमारी सभी पुस्तकों और उनसे संबंधित ऑनलाइन पूरक संसाधनों का कॉपीराइट हमारे पास सुरक्षित हैं और हम किसी को भी इन्हें कॉपी करने का कोई अधिकार नहीं देते हैं, पायरेसी पुस्तकों की चोरी करने जैसा है। ज्ञान वास्तविकता से आता है, आइए इस जालसाज़ी को हतोत्साहित करें। इसलिए, हम अपने सभी पाठकों से पायरेटेड पुस्तकों को रोकने और प्रामाणिक पुस्तकों को **चुनने का निवेदन करते हैं।**

पायरेटेड पुस्तकों की पहचान कैसे करें?

1 कवर और स्पाइन

- देखें और महसूस करें (नयी या इस्तेमाल की गयी पुस्तक)
- कवर पर धुँधली तस्वीरें
- सामने चिपकाया गया होलोग्राम
- ख़राब स्पाइन (सिकुड़न) या इसके निचले भाग पर एयर पॉकेट
- अस्पष्ट ISBN/बार कोड
- McGraw Hill Edge के एक्सक्लूसिव कवरेज के लिए मिटा हुआ/ग़ैर-कार्यात्मक यूनिक कूपन कोड

2 टेक्स्ट/प्रिंटिंग/बाइंडिंग

- पृष्ठों की असमान स्याही
- ख़राब गुणवत्ता या धुँधली तस्वीरें/छवियाँ/चार्ट
- निम्न स्तरीय गुणवत्ता और अपारदर्शिता
- ग़लत सरेखणवाले पृष्ठ
- पृष्ठों का ग़ायब होना
- निम्न स्तरीय जिल्द गुणवत्ता

आप इस वीडियो पर जाकर देख सकते हैं कि पायरेटेड पुस्तक की पहचान कैसे करें।

पायरेसी की पहचान करने के बारे में अधिक जानकारी के लिए, https://www.mheducation.co.in/piracy पर जायें।
पायरेटेड पुस्तक की रिपोर्ट करने के लिए, बैक कवर पर दिये गये व्हाट्सएप कोड़ पर 'Hi' भेजें या हमें support.india@mheducation.com पर लिखें।
रिपोर्ट की गयी पायरेटेड पुस्तकों की जाँच उनकी चोरी से निपटने के लिए की जाती है।
आइए, पायरेसी के चोरों से लड़ें और असली पुस्तक का इस्तेमाल करने का संकल्प करें!

लेखक के विषय में

डॉ. रवि पी. अग्रहरि, IIT दिल्ली से **पीएच.डी.**, CSIR, भारत सरकार से जूनियर रिसर्च फेलोशिप और सीनियर रिसर्च फेलोशिप के प्राप्तकर्ता हैं। वे 2015 से 2017 तक आईआईटी, दिल्ली में एक शोध वैज्ञानिक के रूप में कार्यरत रहे हैं। डॉ अग्रहरि वर्तमान में **"बैग एनर्जी रिसर्च सोसाइटी", वाराणसी** में पर्यावरण, अक्षय और सतत् ऊर्जा और बायोगैस जैसे मुद्दों के क्षेत्र में एक स्वतंत्र सलाहकार के रूप में काम कर रहे हैं। वह ऊर्जा के क्षेत्र में विशेषज्ञ हैं और कई प्रतिष्ठित अंतरराष्ट्रीय पत्रिकाओं में विभिन्न लेख प्रकाशित कर चुके हैं। उन्होंने स्वीडन और फ्रांस में कई अंतरराष्ट्रीय सम्मेलनों में भी भाग लिया है। डॉ. अग्रहरि **"पर्यावरण विज्ञान"** तथा **"विज्ञान और प्रौद्योगिकी"** में अपनी विशेषज्ञता के लिए मुख्यत: जाने जाते हैं और उन्होंने यूपीएससी परीक्षाओं के लिए विषयान्तर्गत पर कई पुस्तकें लिखी हैं। 20 से अधिक वर्षों से यूपीएससी तथा राज्य स्तरीय सिविल सेवा परीक्षा के शिक्षक के रूप में, डॉ. अग्रहरि भारत में 15 से अधिक राज्यों तथा 50 से अधिक प्रतिष्ठित कोचिंग संस्थानों से जुड़े रहे हैं। वह कमजोर वर्ग और अल्पसंख्यक छात्रों के कल्याण के लिए विभिन्न गैर सरकारी संगठनों और सिविल सोसायटी से भी जुड़े हुए हैं। वे एक टेलीग्राम ग्रुप **(https://t.me/drravipagrahari)** से भी जुड़े हुए हैं, जहाँ विज्ञान और प्रौद्योगिकी के संबंध में विद्यार्थियों के संदेह दूर किये जाते हैं।

7e

विज्ञान और प्रौद्योगिकी

सिविल सेवा की प्रारंभिक एवं मुख्य परीक्षा हेतु

रवि पी अग्रहरि

McGraw Hill Education (India) Private Limited

Published by McGraw Hill Education (India) Private Limited
Registered Office: Anjana Complex No: 5/90 A, Butt Road, St. Thomas Mount, Chennai – 600016

Vigyan Aur Prodyogiki, 7e

First reprint

Print Edition
ISBN-(13 digits): 978-93-5532-554-9
ISBN-(10 digits): 93-5532-554-1

E-Book Edition
ISBN-(13 digits): 978-93-5532-557-0
ISBN-(10 digits): 93-5532-557-6

02 03 04 05 06 MAG 27 26 25 24 23

Typeset at APS Compugraphics, 4G, PKT 2, Mayur Vihar Phase – III, Delhi 96 and printed and bound in India at Magic International Pvt. Ltd., Plot No. 26E, Sector-31, (Industrial), Site-IV, Greater Noida 201306.

Cover Image Source: Shutterstock

Cover Designer: Neeraj Dayal

Visit us at: www.mheducation.co.in

Write to us at: support.india@mheducation.com

CIN: U80302TN2010PTC111532
Toll free Number: 1800 103 5875

समर्पित

मेरे माता-पिता

श्री ओमप्रकाश अग्रहरि

एवं

स्वर्गीय श्रीमती मीना अग्रहरि

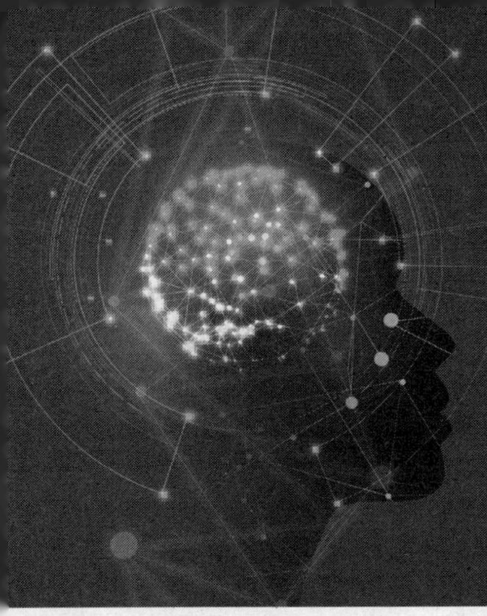

प्रस्तावना

पहली बार 70+ इन्फोग्राफिक्स के साथ उपलब्ध, यह पुस्तक मेरे दो दशकों से अधिक के शिक्षण अनुभव के कार्यों का संकलन है। इस पुस्तक में विषयों का चयन, यूपीएससी परीक्षाओं की गतिशील प्रकृति और नवीनतम रुझानों को ध्यान में रखते हुए अत्यंत सावधानी से किया गया है। इसलिए, यह पुस्तक अंत:विषयक (interdisciplinary) है और इसमें प्रमुख सरकारी पहलों और अंतरराष्ट्रीय संबंधों से संबंधित मामलों को विस्तार से सम्मिलित किया गया है, जो सदैव विज्ञान और प्रौद्योगिकी खंड के तहत परीक्षकों के पसंदीदा विषय रहते हैं। इस संस्करण में, यूपीएससी परीक्षा के रुझानों को ध्यान में रखते हुए, आवश्यकतानुसार, राष्ट्रीय एवं अंतरराष्ट्रीय और संबंधित क्षेत्रों में विज्ञान और प्रौद्योगिकी संबंधी सभी हालिया विकास घटनाक्रमों को अद्यतन (अपडेट) करने के अतिरिक्त सभी महत्वपूर्ण विषयों के इन्फोग्राफिक्स सम्मिलित किए गए हैं, जिनसे महत्वपूर्ण तथ्यों को याद रखने में आसानी होगी। इसके अतिरिक्त, अभ्यास पत्रों सहित पूर्व वर्षों की यूपीएससी परीक्षाओं का एक प्रश्न बैंक भी दिया गया है जो पुस्तक की महत्वपूर्ण विशेषताओं में से एक है।

इतनी सर्वसमावेशी पुस्तक लिखना मेरे परिवार और दोस्तों के निरंतर सहयोग और मेरे छात्रों के नियमित इनपुट और सुझावों के बिना संभव नहीं होता। मैं इस पुस्तक को अद्यतन करने के उद्देश्य से उपयोगी सामग्री साझा करने के लिए मासिक पत्रिका 'इनसाइट्स ऑन इंडिया' और जटिल अवधारणा को सरल भाषा में समझाने में मदद करने के लिए परमीत सिंह जग्गी को विशेष रूप से धन्यवाद देता हूं।

मेरा विशेष धन्यवाद गौरव कुमार शर्मा (gauravkumarsharma@icloud.com) को जाता है, जो मेरे मेधावी छात्रों में से एक है, जिन्होंने मेरी पुस्तक के लिए शानदार इन्फोग्राफिक्स तैयार किए हैं। कलात्मक दृष्टि और डिजाइन की गहरी समझ के साथ, गौरव ने जटिल जानकारी को कुशलतापूर्वक और रोचक रूप से प्रस्तुत किया है। विषय वस्तु के विवरण और समझ पर इनकी सूक्ष्म अंतर्दृष्टि ने जटिल अवधारणाओं को आसानी से संप्रेषित करने में सक्षम बनाया है। उनके द्वारा बनाया गया प्रत्येक इन्फोग्राफिक पाठकों को संलग्न करने और उनकी समझ को बढ़ाने के लिए छवियों, आकारों और डेटा का एक सहज मिश्रण है। पुस्तक में इनका योगदान न केवल सौंदर्य संदर्भ सम्मिलित करता है बल्कि ज्ञान को सरल और सुलभ तरीके से संप्रेषित करने हेतु एक प्रभावी उपकरण के रूप में भी कार्य करता है।

मैं इस पुस्तक को संकलित करने की प्रक्रिया के दौरान मेरी निरंतर मदद करने के लिए डॉ. अंकिता कर, डॉ. पूनम सैनी, इप्सिता बेबोर्टा, रुचि जैन और मिलन सिंह को भी धन्यवाद देना चाहता हूं। मैं अपनी इस यात्रा में निरंतर प्रोत्साहन के लिए अपने गुरु प्रो. जी.एन. तिवारी (आईआईटी दिल्ली) का भी आभारी हूं। मैं अपनी पत्नी बबीता अग्रहरि, कर्नल विनोद कुमार, राधा रानी गोयल, शैलेश अग्रहरि, मधु अग्रहरि, नम्रता अग्रहरि, डॉ. अरविंद अग्रहरि, हेमंत गोयल, स्तुति अग्रहरि, शनि अग्रहरि और अंकित अग्रहरि को उनके धैर्य और सपोर्ट के लिए धन्यवाद देना चाहता हूं। मेरे दो पुत्रों अक्ष (रिदम) और अद्वैत (आदि) दोनों ने इस संस्करण को संपादित करने में मेरा बहुत सहयोग किया है।

इस पुस्तक के हिंदी संस्करण में गुणवत्ता और अनुवाद विषयक कार्यों में जयवीर धुंधवाल की मेहनत और सहयोग विशेष रूप से प्रशंसनीय है।

मैं इस पुस्तक के लेखन में हर कदम पर सुश्री काजल की कड़ी मेहनत के लिए उनकी सराहना और हार्दिक धन्यवाद व्यक्त करना चाहता हूं। मैं अपने छात्रों पूनम फूलवानी, आयुषी मुखर्जी, राज ऐश्वर्या श्री, प्रशांत झा, सतत सरकार, सैला सुमन भुइयां, पायल महापात्रा, पीस, मंगते, प्रदीप, अजीश और जामा जीसन को भी धन्यवाद देता हूं जिन्होंने पुस्तक के समय पर संपादन में मेरी मदद की। मैं तनवीर अहमद, निखिल वढेरा, आस्था खन्ना, अपर्णा कुमार, सुहैब अली और मैकग्रा हिल की पूरी टीम को इस पुस्तक को समय पर उपलब्ध कराने में प्रेरित करने और सहयोग करने के लिए धन्यवाद देना चाहता हूं।

अंत में, मेरा विशेष धन्यवाद अतुल फोटोस्टेट (मुखर्जी नगर और ओल्ड राजेंद्र नगर में) और पूर्वांचल आईएएस, गोरखपुर (यूपी) की पूरी टीम को जाता है। विद्यार्थियों से हमेशा जुड़े रहने के के लिए मैं अपने टेलीग्राम ग्रुप **https://t.me/drravipagrahari** पर उन्हें आमंत्रित करता हूँ जहाँ वो लगातार मुझसे जुड़ कर अपनी तैयारी को और आसान कर सकते हैं।

रवि पी अग्रहरि

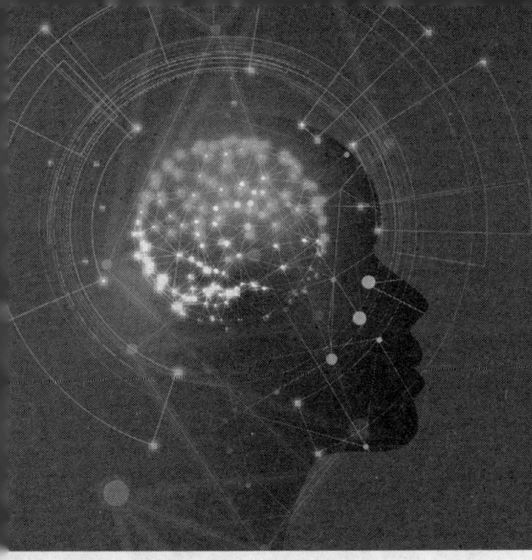

इन्फोग्राफिक्स की सूची

अध्याय 12

अध्याय 13

अध्याय 15

अध्याय 16

अध्याय 17

अध्याय 18

अध्याय 19

अध्याय 20

अध्याय 21

अध्याय 23

अध्याय 26

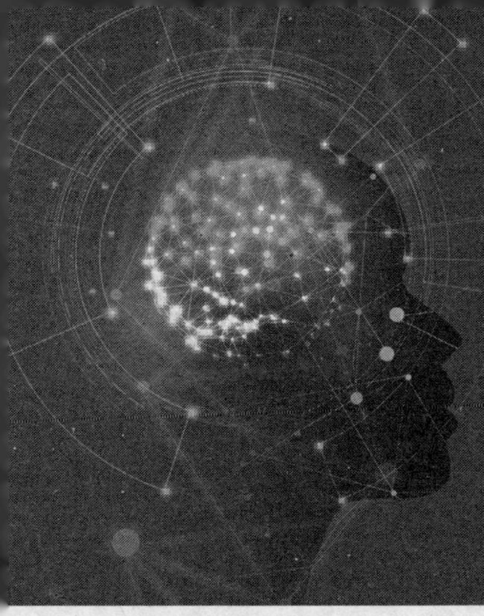

विषय – सूची

भाग A

भारत में विज्ञान एवं प्रौद्योगिकी (Science and Technology in India)

इस भाग में.....

खंड – I	भारत में विज्ञान एवं प्रौद्योगिकी [Science and Technology in India]
खंड – II	ऊर्जा [Energy]
खंड – III	अंतरिक्ष प्रौद्योगिकी [Space Technology]
खंड – IV	संचार एवं सूचना प्रौद्योगिकी [Communication and Information Technology]
खंड – V	प्रतिरक्षा तकनीक [Defence Technology]
खंड – VI	कृत्रिम बुद्धिमत्ता, रोबोटिक्स और नैनो–तकनीक [Artificial Intelligence, Robotics and Nanotechnology]
खंड – VII	बौद्धिक संपदा अधिकार (आईपीआर) और संबंधित अधिकार [Intellectual Property Rights (IPR) and Related Rights]
खंड – VIII	ब्रह्माण्ड और कण भौतिकी [Universe and Particle Physics]
खंड – IX	जैव प्रौद्योगिकी [Biotechnology]
खंड – X	बीमारियां और इसके विभिन्न प्रकार के टीकाकरण कार्यक्रम [Diseases and Various Immunisation Programmes]
खंड – XI	विविध विषय [Miscellaneous Topics]

अध्याय

1

प्राचीन, मध्यकालीन एवं आधुनिक भारत में विज्ञान एवं तकनीकी का विकास

(Development of Science and Technology in the Past, Present and Future)

इस अध्याय में...

भारत में नई तकनीक के स्वदेशीकरण एवं विकास के तहत कार्य करने वाले छह मुख्य क्षेत्र कृषि, ऑटोमोबाइल, रक्षा, सूचना एवं संचार प्रौद्योगिकी, स्वास्थ्य देखभाल व जैव प्रौद्योगिकी तथा अंतरिक्ष हैं।

भारत अपने जीडीपी का 0.7% अनुसंधान एवं विकास पर खर्च करता है, जो बहुत-से विकासशील एवम विकसित राष्ट्रों की तुलना में कम है। विश्व का औसत लगभग 1.8% है।

अटल इनोवेशन मिशन (AIM) स्व-रोजगार और प्रतिभा उपयोग (SETU) सहित नवाचार और उद्यमिता की संस्कृति को बढ़ावा देने का भारत सरकार का प्रयास है।

विज्ञान को किसी भी व्यवस्थित और अनुभवजन्य गतिविधि के रूप में परिभाषित किया गया है, जो भौतिक दुनिया के ज्ञान को बढ़ाती है, जो विभिन्न परिस्थितियों में समान परिणाम उत्पन्न करती है। प्रौद्योगिकी को उस गतिविधि के रूप में परिभाषित किया जा सकता है जो इस ज्ञान का उपयोग करती है।

1.1 प्रतिदिन के जीवन में विज्ञान (Science in Everyday Life)

वर्तमान विश्व में विज्ञान एवं तकनीकी हमारे दैनिक जीवन में एक महत्वपूर्ण भूमिका निभा रहे हैं जो हमारे जीवन के प्रत्येक क्षण को प्रभावित करते हैं। यह नागरिकों को बेहतर सूचनाएं प्रदान करता है। साथ ही विज्ञान एवं तकनीकी द्वारा लाये गए परिवर्तनों को अपनाने हेतु सक्षम बनाता है तथा उनके जीवन में भी परिवर्तन लाता है। विज्ञान एवं तकनीकी ने विभिन्न क्षेत्रों, जैसे-औषधि, संचार एवं परिवहन में बहुत-सी उपलब्धियों को हासिल किया है जिससे दैनिक जीवन अपने पूर्व की पीढ़ी के जीवन से बहुत अलग बन गया है।

विद्युत के प्रति हमारी समझ विज्ञान की देन है। विज्ञान मे हमें टेलीफोन के माध्यम से संपर्क करना, टेलीविजन के माध्यम से मनोरंजन करना सिखाया है साथ ही प्रकाशवान रहना भी। विज्ञान ने हमारी खाद्य आदतों में आमूल-चूल परिवर्तन किया है। 1940 के दशक में मक्का, गेहूं, चावल आदि की अधिक उपज वाली किस्में विकसित हुईं जिन्होंने उत्पादन को नाटकीय रूप से बढ़ा दिया तथा उर्वरकों तथा कीटनाशकों ने उसमें जुड़कर हरित क्रांति का मार्ग प्रशस्त किया। विज्ञान आधारित उस तकनीकी ने कृषि में उल्लेखनीय परिवर्तन किये, जिससे कृषि कार्यों के आर्थिक ढांचे को परिवर्तित कर विश्व ने खाद्य सामग्री उपलब्धता में वृद्धि की है।

सर्वप्रथम 'स्माल पॉक्स' के बचाव के लिए, 17वीं शताब्दी में एडवर्ड जेनर ने वैक्सिनेशन (Vaccination) की कार्यप्रणाली को समझाया। 1800वीं शताब्दी में वैज्ञानिकों तथा चिकित्सकों ने जीवाणु जनित व्याधि सिद्धांत को स्थापित किया। एलेक्जेण्डर फ्लेमिंग ने 1920 के दशक के शुरुआत में एण्टीबायोटिक, पेन्सिलिन की खोज की। आधुनिक दवाओं का प्रभाव विभिन्न क्षेत्रों, जैसे-'स्मॉल पॉक्स' का उन्मूलन, पोषण विकारों से बचाव, घातक बीमारियों के इंफेक्शन के सफल विचार में सिद्ध हो चुके हैं। वैज्ञानिक ज्ञान विभिन्न स्तरों पर जीवन की गुणवत्ता में सुधार कर सकता है, जो हमारे दैनिक कार्यों से लेकर वैश्विक मुद्दों तक हो सकते हैं। विज्ञान, ऊर्जा, स्वास्थ्य, परिवहन, संचार, रक्षा, संरक्षण, कृषि, अर्थव्यवस्था, फुर्सत तथा खोजबीन पर सार्वजनिक नीति एवं व्यक्तिगत निर्णयों को सूचित करता है। वैज्ञानिक ज्ञान के द्वारा आधुनिक जीवन को प्रभावित करने वाले पहलुओं की सूची तैयार करना लगभग असंभव है।

1.2 मानव के जीवन में विज्ञान एवं तकनीकी का महत्व (Effect of Science and Technology in Human Life)

विज्ञान आज प्रत्येक व्यक्ति के जीवन का एक अविभाज्य अंग बन चुका है मानव की प्रत्येक गतिविधि विज्ञान से संबंधित है। विभिन्न मानवीय आविष्कार और नवाचार या प्रौद्योगिकियां प्रत्येक व्यक्ति की आवश्यकता को पूरी कर रही हैं। उदाहरण के लिए, सेलुलर फोन, लैपटॉप, डिजिटल कैमरा, कार, कम्प्यूटर, रेफ्रिजरेटर, माइक्रोवेव तथा टी.वी. आदि जो व्यक्ति अपने जीवन में प्रयोग करता है ये विज्ञान की ही देन हैं। हालांकि इन प्रौद्योगिकियों के कई फायदे हैं, तो उनसे नुकसान भी हैं।

लाभ (Advantages)

- विज्ञान और प्रौद्योगिकी हर क्षेत्र में विभिन्न नवाचारों के माध्यम से मानव जीवन को सरल बनाती है।
- आर्टिफिशियल इंटेलिजेंस के आविष्कार के साथ, लोग कम गलतियाँ कर रहे हैं। प्रौद्योगिकी समय और प्रयास की बचत कर रही है और उच्च उत्पादन के साथ गुणवत्तापूर्ण जीवन भी प्रदान करती है।
- चिकित्सा विज्ञान में प्रौद्योगिकी ने विभिन्न चिकित्सा या शल्य चिकित्सा उपकरणों, दवाओं और प्रक्रियाओं की खोज के माध्यम से एक क्रांति ला दी है जो मानव के जीवन काल को बढ़ाने और कई लोगों की जान बचाने, में मदद कर रहे हैं।
- विज्ञान और प्रौद्योगिकी ने संचार प्रणाली में क्रांतिकारी परिवर्तन कर जीवन को आसान बनाया है। कंप्यूटर और इंटरनेट की मदद से टेलीफोन, सेलुलर फोन और ईमेल के माध्यम से संचार करते हुए संचार प्रणाली में क्रांति ला दी है। उपग्रह आधारित संचार प्रणाली भी मनुष्य के लिए बहुत उपयोगी है।
- दुनिया भर में प्रसारित होने वाली घटनाओं को टीवी और उपग्रह रेडियो की मदद से आसान बनाया गया है।
- सॉफ्टवेयर उद्योग जो दुनिया के सबसे प्रगतिशील उद्योगों में से एक है, कंप्यूटर के परिणामस्वरूप विकसित हुआ है। प्रत्येक किशोर, मनोरंजन के लिए इन नवीनतम उपकरणों का उपयोग कर रहे हैं।

नुकसान (Disadvantages)

नवीनतम प्रौद्योगिकी के क्षेत्र में इस तरह की प्रगति के साथ, इसके कई नुकसान भी सामने आते हैं।

- यह पर्यावरण को नकारात्मक रूप से प्रभावित करता है जैसे उन्नत परिवहन से वायु प्रदूषण होता है।
- सटीकता के साथ उत्पादन में सुधार के लिए कारखानों में स्वचालित मशीनरी को अपनाने के कारण लोग अपनी नौकरी खो रहे हैं।
- मशीनें सस्ती और अच्छी हों सकती हैं, लेकिन रख-रखाव का काम अंततः उन्हें महंगा बनाती है।
- हमारा स्वास्थ्य भी तकनीक से प्रभावित हो रहा है, जिससे आंखों की बीमारी, शरीर के वजन में वृद्धि और विशिष्ट विकिरण प्रौद्योगिकी के कारण कैंसर हो रहा है।
- तकनीक के कारण लोग आलसी और आश्रित होते जा रहे हैं।
- आजकल, बच्चे आउटडोर गेम्स के स्थान पर कंप्यूटर गेम्स खेलना पसंद करते हैं जो उनके शारीरिक विकास के लिए अच्छा नहीं है।
- लोग ईमेल हैकिंग, सेल फोन सिग्नल इंटरसेप्शन इत्यादि के कारण गोपनीयता जैसे मुद्दों का भी सामना कर रहे हैं।
- प्रौद्योगिकी की प्रगति के कारण साइबर अपराधों और धोखाधड़ी के मामलों की बड़ी संख्या में वृद्धि हुई है।

- इन सबसे अधिक, नवीनतम तकनीक के कारण, आंतरिक सुरक्षा और आतंकवादी खतरों के मुद्दों में वृद्धि हुई है।
- अगर इस उन्नति और आविष्कारों का उपयोग सही तरीके से होता है, तो हम उनसे लाभ उठा सकते हैं। दूसरी ओर, प्रौद्योगिकी के कारण मानव को नुकसान का सामना करना पड़ सकता है, यदि इरादे सकारात्मक न हो।

1.3 प्रौद्योगिकी का स्वदेशीकरण एवं नई तकनीक विकसित करना (Indigenisation of Technology and Developing New Technology)

किसी क्षेत्र के मूल निवासी के नियंत्रण, प्रभुत्व या प्रभाव में किसी भी वस्तु को लाने की क्रिया या प्रक्रिया, स्वदेशीकरण है। यह एक आयातित उत्पाद का प्रतिस्थापन है, जो देश के भीतर विनिर्मित होते हैं।

भारत के विनिर्माण में सुधार हेतु वर्ष 2014 में, 'मेक इन इंडिया' योजना शुरू की गई थी। यह योजना विभिन्न क्षेत्रों जैसे इलेक्ट्रॉनिक्स, ICT, रक्षा, अंतरिक्ष, परिवहन, आदि में प्रौद्योगिकियों के स्वदेशीकरण का समर्थन करने हेतु प्रारम्भ की गई थी।

इसमें राष्ट्र के विकास हेतु स्थानीय संसाधनों का दोहन किया जाता है। अपने स्थानीय प्राकृतिक संसाधनों के दोहन के कारण, यह सस्ता व उपयोग में सुलभ होगा। यह न केवल एक तकनीकी प्रगति है, बल्कि किसी भी राष्ट्र के लिए मनोबल बढ़ाने वाला भी है। विज्ञान ने सदैव समय के साथ कार्यों को काफी ज्यादा सुलभ एवं कुशल बना दिया है।

प्रौद्योगिकी के स्वदेशीकरण के लाभ (Advantages of Indigenisation of Technology)

प्रौद्योगिकी के स्वदेशीकरण के विभिन्न लाभ निम्नलिखित हैं:

- सर्वप्रथम, इसका मनोवैज्ञानिक एवं सामाजिक-आर्थिक विकास पर व्यापक प्रभाव पड़ता है।
- यह विनिर्माण तथा अन्य क्षेत्रों में विभिन्न रोजगार हेतु एक नया अवसर प्रदान करेगा।
- यह उत्पाद को अत्यधिक लागत प्रभावी, समान गुणवत्ता वाले विदेशों से आयातित उत्पाद की तुलना में काफी सस्ता बना देगा।
- यह भारत में अनुसंधान एवं विकास क्षेत्र के दायरे में सुधार करेगा, फलस्वरूप भारत नवाचार संबंधी और अधिक महत्वपूर्ण परियोजनाओं का नेतृत्व करेगा।

स्वदेशी प्रौद्योगिकियों की सीमाएँ (Limitations of Indigenous Technologies)

- स्वदेशी तकनीक वैश्विक बाजार में उपलब्ध अन्य तकनीकों से सस्ती लेकिन निम्न स्तरीय हो सकती है।
- स्वदेशी तकनीक में उच्च अपव्यय हो सकता है और उत्पादन लागत बढ़ सकती है, जिससे उत्पाद की मांग कम हो जाएगी।
- चूंकि, केवल एक देश में स्वदेशी तकनीक का परीक्षण किया जाता है, इसलिए संभावना है कि पर्यावरण या अन्य कारकों के बदलने पर यह काम नहीं करे।

नई प्रौद्योगिकियों का विकास (Development of New Technologies)

स्वतंत्रता के बाद से, भारत ने आत्मनिर्भर राष्ट्र की दिशा में व्यापक कार्य किया तथा अर्थव्यवस्था के विभिन्न क्षेत्रों में प्रौद्योगिकी के स्वदेशीकरण को एकीकृत किया, जो विज्ञान एवं प्रौद्योगिकी को सुदृढ़ करने हेतु पांच चरणों में पूर्ण हुआ।

चरण I: यह प्रासंगिक बुनियादी ढांचे के विनिर्माण की दिशा में केंद्रित था।

चरण II: इसमें विभिन्न सुविधाओं का पुनर्विन्यास शामिल था।

चरण III: इसने स्वदेशी तकनीक को बढ़ावा दिया।

चरण IV: यह आर्थिक उदारीकरण की दिशा में बढ़ने हेतु अग्रसर था।

चरण V: इसमें आर्थिक रूप से उदार राष्ट्र की दिशा में विज्ञान एवं प्रौद्योगिकी का विकास शामिल है।

भारत में नई तकनीक के स्वदेशीकरण एवं विकास के तहत कार्य करने वाले छह मुख्य क्षेत्र हैं:

कृषि (Agriculture): इसका हमारे सकल घरेलू उत्पाद (GDP) में सदैव एक बड़ा हिस्सा होता है।

ऑटोमोबाइल (Automobile): यह भारत में एक अग्रणी रोजगार प्रदाता है।

रक्षा (Defence): भारत की सुरक्षा बनाए रखने हेतु प्रमुख क्षेत्र।

सूचना एवं संचार प्रौद्योगिकी (Information and Communication Technology): भारत में सबसे तेजी से बढ़ रहा तथा सर्वाधिक महत्वपूर्ण क्षेत्र।

स्वास्थ्य देखभाल व जैव प्रौद्योगिकी (Healthcare and Biotechnology): उभरता हुआ क्षेत्र तथा विज्ञान एवं प्रौद्योगिकी का भविष्य।

अंतरिक्ष (Space): विज्ञान एवं प्रौद्योगिकी के क्षेत्र में प्रतीकात्मक महत्व।

1.4 प्राचीन भारत में विज्ञान एवं तकनीकी का विकास (Development of Science and Technology in Ancient India)

- हड़प्पा का नगर नियोजन यह दिखाता है कि लोगों के पास माप (Measurement) तथा ज्यामिती (Geometry) संबंधी उन्नत ज्ञान था। **शुल्ब सूत्र** (Shulba Sutras) को भारतीय गणित का उद्भव माना जाता है।

  ईसा पूर्व दूसरी सदी में गणना के रूप में व्यावहारिक ज्यामिती की शुरुआत की गई। इसमें न्यून कोण (Acute Angle), अधिक कोण (Obtuse Angle) तथा समकोण (Right Angle) शामिल थे।
- चमकीले पॉलिशदार (glazed) मिट्टी के बर्तन (potteries), कांसे तथा तांबे की कलाकृतियां भी सिंधु घाटी स्थलों के उत्खनन में प्राप्त हुई हैं। यह उस काल में धातुकर्म प्रक्रिया (Metallurgy) के अति उन्नत विकास का सूचक है।

- वैदिक कालीन लोग अनाज तथा फलों की किण्वन पद्धति (Fermentation Process), चर्मशोधन (Tanning Leather) तथा रंगाई की प्रक्रिया को भी जानते थे।
- प्रथम सदी से, लोहा, तांबा, चांदी, सोना तथा विभिन्न मिश्र धातुओं, जैसे- कांसा और पीतल का वृहद पैमाने पर उत्पादन प्रारंभ हो गया था। कपड़े की रंगाई करना भी प्रसिद्ध था। अजंता के भित्ति चित्र रंगों की गुणवत्ता को दर्शाते हैं, जो चित्र वर्तमान में भी सुरक्षित हैं।
- भारतीयों ने जहाज निर्माण में भी योगदान दिया। प्राचीन काल में, गुजरात स्थित स्थल लोथल से बंदरगाह के अवशेष मिले हैं। जो उस काल के उन्नत समुद्री व्यापार को साबित करते हैं।
- **वराहमिहिर** विक्रमादित्य के दरबार के नवरत्नों में से एक थे। विक्रमादित्य के बारे में सटीक भविष्यवाणी करने के कारण सम्राट द्वारा उन्हें ''वराह'' की उपाधि भी दी गयी। **वृहतसंहिता** खगोल शास्त्र (Astronomy) के क्षेत्र में एक अग्रणी कार्य है। उन्होंने बताया कि चंद्रमा पृथ्वी के चारों तरफ चक्कर लगाता है तथा पृथ्वी सूर्य के चारों तरफ चक्कर लगाती है।
- बोधायन द्वारा सर्वप्रथम "पाई" (π) के मूल्य की गणना की गई। पाइथोगोरस प्रमेय (Pythagoras Theorem) बोधायन के **शुल्व सूत्र** में पहले ही पाया गया था।
- आर्यभट्ट द्वारा *आर्यभट्टीयम्* लिखी गई, जिसमें उस काल के गणित शास्त्र का संक्षेप है। उन्होंने दर्शाया कि शून्य (zero) न केवल अंक (numeral) है, बल्कि एक प्रतीक और संकल्पना भी है। आर्यभट्ट द्वारा शून्य के आविष्कार ने पृथ्वी तथा चंद्रमा के बीच सटीक दूरी के मापन को सक्षम बनाया। उन्होंने कहा कि, **"पृथ्वी गोल है तथा अपनी धुरी पर घूमती है।"** उन्होंने यह भी बताया कि चंद्रमा तथा अन्य ग्रह सौर प्रकाश के परावर्तन (reflection) के कारण चमकते हैं। उनके *आर्यभट्टीयम्* नामक ग्रंथ में सूर्य तथा चंद्रमा की गतियों का विश्लेषण तथा ग्रहणों (eclipse) की गणना शामिल है। ग्रहणों के विषय में आर्यभट्ट ने कारण दिया कि पृथ्वी गोल है तथा अपने अक्ष पर घूमती है और जब इसकी परछाईं चंद्रमा पर पड़ती है, तो यह चंद्र ग्रहण (Lunar Eclipse) का कारण बनती है तथा जब चंद्रमा की परछाईं पृथ्वी पर पड़ती है, तो यह सूर्य ग्रहण (Solar Eclipse) का कारण बनती है।
- अशोक के महरौली के लौह-स्तम्भ का आज भी अपनी वास्तविक स्थिति में बने रहना वर्तमान के वैज्ञानिकों के लिए कौतूहल (curiosity) का विषय बना हुआ है।
- ब्रह्मगुप्त, ने अपनी गुणन की पद्धति में लगभग स्थानीय मानों का उपयोग वर्तमान पद्धति के समान ही किया था। उन्होंने ऋणात्मक संख्याओं (Negative Numbers) तथा गणित में शून्य (zero) के उपयोग को प्रारंभ किया।
- भास्कराचार्य की पुस्तक सिद्धांत शिरोमणि (Siddanta Shiromani) में गणित को एक अनोखे रूप में प्रदर्शित किया गया है।
- महावीरा ने *गणित सार संग्रह* (Ganit Sar Sangraha) 850 ई. में लिखा। यह वर्तमान समय के अनुसार लिखी गई अंकगणित की प्रथम पुस्तक है। इसमें LCM (Least Common Multiple) अर्थात् लघुत्तम समापवर्तक निकालने की वर्तमान पद्धति को भी परिभाषित किया गया है।
- कणाद 6ठी शताब्दी ई. के वैज्ञानिक थे। उनका परमाण्विक सिद्धांत (Atomic Theory) आधुनिक समय के किसी भी परमाण्विक सिद्धांत से समानता रखता है। कणाद के अनुसार ब्रह्मांड अदृश्य कणों से बना है।
- वराहमिहिर ने पारिस्थितिकी (Ecology), जल विज्ञान (Hydrology) तथा भूगर्भशास्त्र (Geology) के क्षेत्र में अमूल्य योगदान दिया। ये ऐसे प्रथम वैज्ञानिक थे, जिन्होंने बताया कि दीमक (Termites) तथा वृक्ष भूगर्भजल की उपस्थिति के सूचक हो सकते हैं। उन्होंने दीमकों के संबंध में महत्वपूर्ण सूचनाएं भी दीं। भूकंपीय बादल (Earthquake Cloud) का सिद्धांत वराहमिहिर द्वारा वृहत संहिता में दिया गया है। उन्होंने भूकंप तथा ग्रहों के प्रभाव, समुद्र की आंतरिक गतिविधियों, भूगर्भजल, बादलों की असमान्य संरचना तथा जानवरों के असमान्य व्यवहार को संबंधित करने का प्रयास किया।
- नागार्जुन मध्य काल के वैज्ञानिक थे। पश्चिमी देशों के रसायनविदों के समान ही, नागार्जुन के प्रयोगों का मुख्य उद्देश्य क्षारीय तत्वों (base element) को सोना (gold) में रूपांतरित करना था। भले ही वे अपने प्रयोगों में असफल रहे, परंतु वे तत्व में सोने जैसी चमक लाने में सफल हुए। इस तकनीक का उपयोग नकली गहने बनाने में किया गया। उन्होंने अपनी पुस्तक रस रत्नाकर में धातुओं, जैसे- सोना, चांदी, टिन तथा तांबा; के निष्कर्षण (Extraction) का उल्लेख किया है।
- आयुर्वेद, जो चिकित्सा की स्वदेशी पद्धति (Indigenous System) है, का विकास प्राचीन भारत मे ही हुआ था। यह सर्वाधिक प्राचीन चिकित्सकीय पद्धति है। अत्रीय संहिता (Atreya Samhita) विश्व की सर्वाधिक प्राचीन चिकित्सकीय पुस्तक है, जिसमें आयुर्वेद आधारित चिकित्सा का वर्णन है।
- चरक को ''आयुर्वेदिक औषधियों का पिता'' और सुश्रुत को ''शल्य चिकित्सा (surgery) का पिता'' कहा गया है। सुश्रुत, चरक, माधव, वाग्भट्ट तथा जीवक विख्यात आयुर्वेदाचार्य थे। तक्षशिला और वाराणसी उस समय चिकित्सा के केंद्र के रूप में उभरे थे। इस क्षेत्र के दो महत्वपूर्ण ग्रंथ हैं चरक लिखित *चरकसंहिता* तथा सुश्रुत लिखित *सुश्रुतसंहिता*। चरक को प्राचीन भारतीय औषधीय विज्ञान का पिता कहा जाता है। वे कनिष्क के दरबार में राज वैद्य थे। उनकी *चरक संहिता* औषधि विज्ञान पर एक असाधारण पुस्तक है। उन्होंने प्रथम बार बताया कि उपापचय (Metabolism), प्रतिरोधक क्षमता (Immunity) तथा पाचन (Digestion) स्वास्थ्य के लिए जितने महत्वपूर्ण हैं उतने ही चिकित्सा विज्ञान के लिए भी हैं।
- *चरक संहिता* में बीमारी के साधारण उपचार के बजाए बीमारी के कारणों को समाप्त करने पर ज्यादा जोर दिया गया है। चरक आनुवंशिकी (Genetics) के मौलिक तथ्यों से परिचित थे। *चरक संहिता* में वनस्पति तथा पौधों का उल्लेख किया गया है, जिनका औषधीय महत्व है। सुश्रुत शल्य चिकित्सा (surgery) के अगुआ (Pioneer) थे। उन्होंने शल्य चिकित्सा को ''चिकित्सा कला के उच्चतम विभाजन तथा भ्रांति/भ्रम को कम करने के उत्तरदायी'' के रूप में परिभाषित किया है। उन्होंने

मानव शरीर (human anatomy) रचना का अध्ययन मृत शरीर की सहायता से किया। सुश्रुत संहिता में मृत शरीर के संरक्षण तथा चयन की पद्धति का उल्लेख किया गया है, जिसका उद्देश्य शरीर रचना का विस्तृत अध्ययन करना था।

सुश्रुतसंहिता में 1100 से ज्यादा रोगों का वर्णन है, जिसमें यकृत (liver) के 26 प्रकार के रोग, पीलिया (Jaundice) के 8 प्रकार तथा मूत्राशय संबंधी बीमारियों के 20 प्रकार शामिल हैं। सुश्रुत का राइनोप्लॉस्ट्री (Rhinoplasty Plastic Surgery) तथा नेत्रशल्य चिकित्सा (Opthalmic Surgery), जैसे- मोतियाबिंद हटाने (Cataract), के क्षेत्र में महानतम योगदान है। *सुश्रुतसंहिता* में इन शल्य चिकित्साओं के विषय में सटीक तथा चरणबद्ध विश्लेषण है। आश्चर्यजनक रूप से, सुश्रुत द्वारा उपयोग में लाए गए ये चरण आधुनिक चिकित्सकों द्वारा प्लास्टिक सर्जरी (Plastic Surgery) के दौरान उपयोग में लाए जाने वाले चरणों से बहुत हद तक समानता रखते हैं।

उन्होंने 121 चिकित्सकीय उपकरणों का उल्लेख किया है। इसके साथ-साथ उन्होंने शल्य क्रिया (operation) के तरीकों, हड्डी जोड़ने तथा मोतियाबिंद (cataract) आदि का भी वर्णन किया है। प्राचीन काल के शल्य चिकित्सक (surgeons) प्लास्टिक सर्जरी से परिचित थे, जिनमें कान (ear), होंठ (lips) तथा नाक (nose) की सर्जरी शामिल थीं। सुश्रुत ने 760 औषधीय पौधों का उल्लेख किया है।

- योग के विज्ञान का विकास प्राचीन भारत में आयुर्वेद से संबद्ध विज्ञान (Allied Science) के रूप में हुआ, जिसका उद्देश्य दवाईयों के बिना शारीरिक तथा मानसिक स्तर पर चिकित्सा करना था। योग (Yoga) शब्द संस्कृत शब्द योगक्त्रा (Yoktra) (युज से आया है जिसका अर्थ है-मिलना अथवा एकाकार होना) से व्युत्पन्न हुआ है। इसका शाब्दिक अर्थ है- ''मस्तिष्क को ब्रह्म इंद्रियों के विषय से अलग कर अंतरात्मा पर केंद्रित करना।'' अन्य सभी विज्ञानों के समान, इसकी जड़ें भी वेदों में हैं। यह व्यक्ति के विचारों, भावनाओं तथा आकांक्षाओं को संतुलित रखने में मदद करता है। यह उस बल की गति को संतुलित करता है, जो आत्मा की शुद्धि तथा उन्नति के लिए आवश्यक है ताकि परमात्मा की प्राप्ति हो सके। योग जितना शारीरिक है, उतना मानसिक भी प्राचारिक भी। शारीरिक योग (Physical Yoga) को हठयोग कहा गया है। मानसिक योग को मानसिक राजयोग कहा गया। इसका लक्ष्य आत्मबोध तथा शारीरिक, मानसिक, भावनाओं से विमुक्ति और आध्यात्मिक संतुलन की प्राप्ति है। योग के विकास का श्रेय पतंजलि (Patanjali) को दिया जाता है। पतंजलि के *योग सूत्र* (Yog Sutra) में ओम् (OM), को ईश्वर के प्रतीक' के रूप में उच्चारित किया जाता है। उन्होंने ओम् (OM) को एक लौकिक (cosmic) ध्वनि के रूप में बताया, जिसका व्योम (ether) द्वारा अनवरत बहाव होता है। इसे पूर्ण रूप से प्रबुद्ध (illuminated) के लिए ही जाना जाता है। *योग सूत्र* के अतिरिक्त पतंजलि ने औषधियों पर एक पुस्तक लिखी तथा पाणिनी के व्याकरण ''*महाभाष्य*'' पर कार्य किया।

1.5 मध्यकालीन भारत में विज्ञान और तकनीकी का विकास (Development of Science and Technology in Medieval India)

- मध्यकाल में भारत में विज्ञान तथा तकनीकी का विकास दो धाराओं में हुआ- *प्रथम,* जो पहले से चली आ रही परंपरा पर आधारित थी तथा *द्वितीय* वह जो इस्लाम तथा यूरोपीय प्रभाव के कारण नये प्रभाव के रूप में उत्पन्न हुई।
- अरब, पर्शिया तथा मध्य एशिया के विद्वानों को मदरसों में पढ़ाने के लिए आमंत्रित किया गया। मुस्लिम शासकों ने प्राथमिक विद्यालयों के पाठ्यक्रम में सुधार के लिए कदम उठाए। प्राथमिक शिक्षा में कुछ महत्वपूर्ण विषयों, जैसे- अंकगणित (Mensuration), ज्यामिति (Geometry), खगोल शास्त्र (Astronomy), लेखाकर्म (Accountancy), लोक प्रशासन (Public Administration) तथा कृषि (Agriculture) का समावेश किया गया। हालांकि शासकों द्वारा ये सुधार केवल शिक्षा के क्षेत्र में ही किए गए। विज्ञान में इस काल में कोई विशेष प्रगति नहीं हुई।
- अकबर ने घरेलू जानवरों तथा हाथी और घोड़ों की उन्नत नस्लों में अपनी विशेष रुचि दर्शाई। जहांगीर ने *तुजुक-ए-जहांगीरी* में संकरण (Hybridisation) तथा निराई [(Weeding) खरपतवार हटाना] से संबंधित अपने प्रयोगों तथा अवलोकनों को दर्ज किया है।
- गुजरात में गंगाधर ने लीलावती कामदीपिका (Lilavatikam-dipika), *सिद्धांतदीपिका* (Siddhantadipika) तथा *लीलावती व्याख्या* (Lilavati Vyakhya) लिखीं। ये पुस्तकें प्रसिद्ध ग्रंथ हैं, जिनमें *त्रिकोणमिति* (Trigonometry) के सामान्य नियम, जैसे- Sine, Cosine, Tangent and Cotangent से संबंधित नियमों का उल्लेख है।
- अकबर ने शिक्षा पद्धति में गणित को एक विषय के रूप में पढ़ाने का आदेश दिया।
- मध्यकाल के आरंभ में गणित के क्षेत्र में दो उल्लेखनीय कार्य हुए, एक श्रीधर की *'गणितसार'* जो संख्या, गुणा, धन, भाग, वर्गमूल, क्षेत्रमिति से संबंधित है; वहीं अन्यों में भास्कर की *लीलावती* भी है।
- कागज का उपयोग मध्य काल के दौरान ही प्रारंभ हुआ। टीपू के काल में, मैसूर में एक कागज बनाने का कारखाना (Paper Making Factory) लगाया गया था, जिसमें एक विशेष प्रकार के कागज का उत्पादन होता था, जिसकी सतह सोने की बनी होती थी। मुगल गन पाउडर/बारूद (Gun Powder) की उत्पादन तकनीक से परिचित थे तथा इसका उपयोग बंदूकों (Gun) में करना जानते थे। वे साल्टपीटर (Saltpetre), सल्फर/गंधक (Sulphur) तथा चारकोल (Charcoal) को विभिन्न अनुपातों में मिलाकर बारूद (Gunpowder) बनाना जानते थे, जिसका उपयोग वे विभिन्न प्रकार की बंदूकों (Guns) में करते थे। प्रमुख प्रकार की आतिशबाजियों (Fire Works) में रॉकेट जैसी आतिशबाजियां भी शामिल थीं जिन्हें हवा में छोड़ा जाता था। ये विभिन्न रंगों के साथ प्रज्ज्वलित होती थी तथा विस्फोट के साथ नष्ट होती थी। *तुजुक-ए-बाबरी* तोपों की ढलाई (Casting of

Commons) का विवरण प्रस्तुत करता है। गुलाब के इत्र प्रसिद्ध थे, जिसके आविष्कार में नूरजहां की मां का योगदान माना जाता है।

- आइन-ए-अकबरी (Ain-i-Akbari) 'अकबर के इत्र कार्यालय के नियमों' का विवरण देता है। गुलाब का इत्र सबसे प्रसिद्ध इत्रों में से एक था।
- *आइन-ए-अकबरी* अकबर के दरबार में इत्र के नियमन का वर्णन उपलब्ध करवाती है। इन सभी इत्रों में गुलाब का इत्र सबसे अधिक लोकप्रिय था।
- फिरोजशाह तुगलक द्वारा खगोलीय अवलोकन हेतु एक केंद्र की स्थापना की गई थी। ये चंद्र तथा सूर्य दोनों प्रकार के एक दरबारी द्वारा खगोलीय यंत्र का विकास किया गया।
- जयपुर के महाराजा सवाई जय सिंह द्वारा दिल्ली, उज्जैन, वाराणसी, मथुरा तथा जयपुर में पांच खगोल वेधशालाओं का निर्माण किया गया।
- सारंगधर सहमित्र ने अफीम को औषधि के तौर पर अनुशित किया।
- ग्यारहवीं शताब्दी में मुस्लिमों द्वारा यूनानी दवा के नाम से एक नई औषधि प्रणाली प्रारंभ की गई। हकीम दिया मुहम्मद कृत *'माजिन्ये-दियाई'* अरबी, फारसी तथा आयुर्वेदिक चिकित्सा ज्ञान का संकलन है।
- कृषि क्षेत्र ने कुछ महत्वपूर्ण परिवर्तनों को देखा, जैसे- वृक्षों का पुनःस्थापन, नवीन फसलें तथा बागवानी पादप। तत्कालीन महत्वपूर्ण फसलें गेहूं, चावल, जौ, मक्का, दालें, तिलहन, गन्ना, नील तथा कपास थी। नवीन तथा सुधार किये गये बागवानी तरीकों को अपनाया गया।

1.6 आधुनिक भारत में विज्ञान तथा तकनीकी का विकास (Development of Science and Technology in Modern India)

(I) पहला चरण (1947 – 1967)

भारत के प्रथम प्रधानमंत्री पंडित जवाहरलाल नेहरू ने उच्च शिक्षा, विज्ञान तथा तकनीक को बढ़ावा देने के कई सुधार प्रारंभ किए। प्रथम भारतीय प्रौद्योगिकी संस्थान (IIT) का उद्घाटन मौलाना अबुल कलाम आजाद (शिक्षा मंत्री) द्वारा पश्चिम बंगाल के खड़गपुर में 18 अगस्त, 1951 को किया गया। इसकी स्थापना भारत में तकनीकी शिक्षा को बढ़ावा देने के लिए गठित 22 सदस्यों की समिति की अनुशंसा के आधार पर की गई। इसके बाद शीघ्र ही कई नई IIT बॉम्बे, मद्रास, कानपुर तथा दिल्ली में 1950 से 1960 के दशक में स्थापित हुए। नेहरू की अध्यक्षता वाले योजना आयोग (1950) के प्रयासों के परिणामस्वरूप 1947-1962 के दौरान खाद्य उत्पादन में 34 मिलियन किलोवॉट की वृद्धि, सिंचाई क्षेत्र में 45 मिलियन एकड़ की वृद्धि तथा संपूर्ण औद्योगिक उत्पादन में 94% की वृद्धि हुई।

भारत में रेडियो ब्रॉडकास्टिंग (Radio Broadcasting) का प्रारंभ 1927 में ही हुआ था, परंतु 1930 तक यह राज्यों की जिम्मेदारी थी। 1937 में ऑल इंडिया रेडियो (All India Radio) का प्रारंभ हुआ तथा 1957 से इसे आकाशवाणी (Akashvani) के नाम से जाना जाने लगा। पहले वहां सीमित अवधि के दूरदर्शन कार्यक्रम होते थे तथा 1965 से पूर्ण प्रसारण का कार्य आरंभ हुआ।

टाटा कन्सल्टेंसी सर्विस (Tata Consultancy Services) की स्थापना 1968 में टाटा समूह द्वारा की गई, जो 1960 के दशक में भारत का सबसे बड़ा सॉफ्टवेयर निर्माता था।

1960 के दशक के दौरान, भारत तथा सोवियत संघ के बीच संधि हुई, जिससे भारत में भारतीय अंतरिक्ष कार्यक्रम तथा उन्नत-नाभिकीय ऊर्जा (Nuclear Power) के त्वरित विकास के लिए भारतीय अंतरिक्ष-अनुसंधान संस्थान (Indian Space Research Organisation) को सक्षम बनाया जा सके। इसके बाद ही 18 मई, 1974 को पोखरण में भारत द्वारा प्रथम परमाणु परीक्षण किया गया।

अंतरिक्ष प्रौद्योगिकी (Space Technology) भारतीय अंतरिक्ष कार्यक्रम राष्ट्रीय विकास के लिए अंतरिक्ष तकनीकी के उपयोग में आत्मनिर्भरता प्राप्त करने के लक्ष्य की ओर निर्देशित है। इसके तहत् 1975 में प्रथम भारतीय अंतरिक्ष उपग्रह आर्यभट्ट (Aryabhatta) का प्रक्षेपण तथा इसके बाद भास्कर-I तथा भास्कर-II का प्रक्षेपण सोवियत संघ की सहायता से किया गया। रोहिणी उपग्रह (Rohini Satellite) का प्रक्षेपण भारत द्वारा अपने प्रक्षेपण यान (Rocket) SLV-3 तथा एप्पल उपग्रह (Apple Satellite) का प्रक्षेपण यूरोपियन एरियन रॉकेट (European Arianne Rocket) की सहायता से किया गया। बाद में, INSAT-IB को 1983 में रेडियो, टेलीविजन, दूरसंचार तथा मौसम संबंधी सूचनायें प्रदान करने के लिए प्रक्षेपित किया गया।

दो सरकारी संस्थाएं, कांउसिल फॉर साइंटिफिक एंड इंडस्ट्रियल रिसर्च (CSIR) तथा रक्षा अनुसंधान तथा विकास संस्थान (Defence Research and Development Organisation, DRDO) नागरिक तथा रक्षा उद्देश्यों के लिए व्यापक रूप से विज्ञान तथा तकनीकी अनुसंधान करता है।

भारतीय अंतरिक्ष कार्यक्रम का प्रारंभ सोवियत संघ वित्तीय सहायता से किया गया। इसने भारतीय अंतरिक्ष अनुसंधान की संस्थान (Indian Space Research Organisation - ISRO) को उसके उद्देश्यों जैसे कि थुम्बा विषुवतीय रॉकेट प्रक्षेपण स्टेशन (Thumba Equatorial Rocket Launching Station), दूरसंवेदी उपग्रहों के प्रक्षेपण (Remote Sensing Satellites), भारत के प्रथम उपग्रह (Satellite) ''आर्यभट्ट'' के विकास तथा अंतरिक्ष में अंतरिक्ष यात्रियों (Astronout) को भेजे जाने के उद्देश्य की पूर्ति में मदद की।

भारत का अंतरिक्ष कार्यक्रम सोवियत संघ के वित्तीय सहयोग से प्रारंभ हुआ, जिसने इसरो को अपने लक्ष्यों की प्राप्ति में सहयोग किया, जैसे-थुम्बा भूमध्यरेखीय रॉकेट प्रक्षेपण स्टेशन की स्थापना करना जहां से दूर-संवेदी उपग्रह का प्रक्षेषण किये जाने के साथ ही भारत के प्रथम उपग्रह आर्यभट्ट का विकास करने में सहायता मिली, साथ ही अंतरिक्ष यात्री को भी अंतरिक्ष में भेजा गया।

(II) दूसरा चरण (1967 – 1987)

भारत में नाभिकीय शक्ति का उत्पादन मुख्यत: अमेरिका की सहायता से तारापुर परमाणु ऊर्जा स्टेशन (Tarapur Atomic Power Station) तथा कनाडा की सहायता से CANDU रिएक्टर के साथ प्रारंभ हुआ। 1960 के दशक में, रासायनिक उर्वरक (Chemical Fertilisers) तथा उच्च उपज वाली

खाद्य फसलों (High Yield Food Varieties HYV) ने भारत में हरित क्रांति (Green Revolution) लाने में अग्रणी भूमिका अदा की।

हरियाणा, पंजाब, पश्चिमी उत्तर प्रदेश जैसे प्रमुख गेहूं उत्पादक क्षेत्रों के किसान हरित क्रांति से अधिक लाभान्वित हुए।

प्रथम परमाणु परीक्षण कार्यक्रम का नाम ऑपरेशन 'स्माइलिंग बुद्धा' (Smiling Buddha) था, क्योंकि उस दिन बुद्ध पूर्णिमा थी।

आधुनिक विज्ञान एवं तकनीकी के अनुप्रयोग ने कृषि की तीव्रगामी समृद्धि को सहायता प्रदान की है। भारतीय कृषि अनुसंधान परिषद् (ICAR) ने खाद्य फसलों की अधिक उपज तथा पोस्ट-हार्वेस्टिंग (Post-harvesting) में अहम भूमिका निभाई है। इससे भारत को खाद्य पदार्थों के क्षेत्र में आत्मनिर्भरता हासिल हुई है तथा लोगों के लिए बफर-स्टॉक निर्माण में सफलता मिली है।

(III) तीसरा चरण (1987 से आज तक)

1986 में, विज्ञान और प्रौद्योगिकी मंत्रालय के तत्वावधान में जैव प्रौद्योगिकी अनुसंधान विभाग की स्थापना की गई थी। भारत सरकार और निजी क्षेत्र दोनों चिकित्सा और कृषि अनुप्रयोगों के लिए जैव प्रौद्योगिकी के क्षेत्र में निवेश कर सकते हैं।

बेंगलुरु को भारत की तकनीकी राजधानी के रूप में जाना जाता है। हैदराबाद, बेंगलुरु और चेन्नई को आईटी और प्रौद्योगिकी का स्वर्ण त्रिकोण माना जाता है, जो अनुसंधान एवं विकास, विज्ञान और प्रौद्योगिकी तथा भारतीय विनिर्माण की रीढ़ हैं।

1981 में एक सामुद्रिक विकास विभाग (Department of Ocean Development) की स्थापना की गई। प्रधानमंत्री के अधीन यह विभाग सामुद्रिक अनुसंधान के क्षेत्र में भारतीय क्रियाकलाप का निर्देशन तथा समन्वयन करता है। यह विभाग भौतिक (Physical), रासायनिक (Chemical), जैविक (Biological), भूगर्भीय (Geological) तथा भू-भौतिकी (Geophysical) समुद्र विज्ञान तथा मौसम विज्ञान के क्षेत्र में कार्य के लिए उन्नत सुविधाओं से युक्त है।

मंगलयान (Mangalyaan) का प्रक्षेपण (Mars Orbitor Mission) 5 नवंबर, 2013 को भारतीय अंतरिक्ष अनुसंधान संस्थान (Indian Space Research Organisation - ISRO) द्वारा किया गया। यह भारत का पहला अंतरग्रहीय अभियान (Interplanetary) था।

ISRO चौथी अंतरिक्ष ऐजेंसी है, जो मंगल पर सफलतापूर्वक पहुंची। इसके पूर्व सोवियत अंतरिक्ष कार्यक्रम (Soviet Space Programe), नासा (NASA) तथा यूरोपियन स्पेस एजेंसी (European Space Agency) के मंगल अभियान सफल रहे। भारत मंगल की कक्षा में पहुंचने वाला प्रथम एशियाई देश है। मंगल पर सफलतापूर्वक अपने प्रथम प्रयास में ही पहुंचने वाला भारत पहला देश है। 22 अक्टूबर, 2008 को ISRO द्वारा चंद्रयान-I मिशन सफलतापूर्वक भेजा गया, जो अंतरिक्ष अनुसंधान में भेजा जाने वाला भारत का प्रथम मिशन था, जिसने 3 सफलताएं हासिल कीं। भारत ने 22 जुलाई 2019 को चन्द्रयान-II का सफल परीक्षण किया।

तीस मीटर टेलिस्कोप (Thirty Meter Telescope-TMT) एक खगोलीय वेधशाला (Astronomical Observatory) तथा अत्यधिक विशाल दूरदर्शी (Telescope) है, जिसे हवाई राज्य मोना-किया (Mauna Kea) में स्थापित किया जाना था। TMT को नजदीकी पराबैंगनी (Near Ultra Violet) से लेकर मध्य अवरक्त (Mid-infrared) तरंगदैर्ध्य के पर्यवेक्षण के लिए निर्मित किया गया है। इस टेलीस्कोप को तकनीकी अनुसंधान व विकास के लिए कई राष्ट्रों का सरकारी स्तर पर समर्थन तथा सहायता प्राप्त है, जैसे- जापान, कनाडा, भारत, चीन एवं अमेरिका यह वेधशाला (Observatory) तथा दूरदर्शी (Telescope) मोना-किया (Mauna-Kea) में 2024 तक चालू होने की आशंका है।

बंगलुरू को भारत की तकनीकी राजधानी भी कहा जाता है। हैदराबाद, चेन्नई तथा बंगलुरू को सूचना प्रौद्योगिकी तथा तकनीकी का स्वर्णिम त्रिकोण कहा जाता है, जो अनुसंधान व विकास, विज्ञान-तकनीकी तथा भारतीय निर्माण की रीढ़ का निर्माण करता है।

1.7 भारतीय वैज्ञानिक तथा उनके योगदान (Indian Scientist and Their Contribution)

1.7.1 श्रीनिवास रामानुजम (1887 – 1920)

- श्रीनिवास रामानुजम ने भारत में ब्रिटिश शासन के दौरान काम किया था।
- वह एक **भारतीय गणितज्ञ** थे और उन्होंने **गणितीय विश्लेषण, संख्या सिद्धांत, अनंत श्रृंखला और विवत भिन्नों (continued fraction) में** महत्वपूर्ण योगदान दिया, जिसमें उन गणितीय समस्याओं के समाधान भी शामिल थे, जिन्हें उस समय हल नहीं किया जा सकता था।
- रामानुजम ने लगभग 3,900 परिणामों (ज्यादातर पहचान और समीकरण) को संकलित किया है, जैसे कि रामानुजम प्राइम, रामानुजम थीटा फंक्शन, विभाजन सूत्र और नकली थीटा फंक्शंस, जो संभावनाओं के नए क्षेत्रों को खोलते हैं और भविष्य के शोध को प्रेरित करते हैं।
- **वह ट्रिनिटी कॉलेज, कैंब्रिज के फैलो और रॉयल सोसाइटी के सबसे कम उम्र के फैलो चुने जाने वाले पहले भारतीय थे।**

1.7.2 चन्द्रशेखर वी. रमन (1888 – 1970)

- 1930 में इन्हें भौतिकी के नॉबेल पुरस्कार से नवाजा गया, ये यह खिताब पाने वाले प्रथम एशियाई थे।
- इनके द्वारा बहुत से प्रयोग किये गए तथा आण्विक प्रकाश विखण्डन पर अनुसंधान लेख लिखे गए।
- प्रकाश की प्रकृति कण अथवा तरंग को लेकर हुआ विवाद 'रमन प्रभाव' से समाप्त हुआ, जिसने यह सिद्ध किया कि प्रकाश 'फोटोन' कणों से निर्मित होता है।

1.7.3 जगदीश चंद्र बोस (1858 – 1937)

- जगदीश चंद्र बोस को 1917 में उनके लेख **"द इलेक्ट्रोमैग्नेटिक रेडिएशन एण्ड पोलराईजेशन ऑएफ इलेक्ट्रिक रे"** से ख्याति मिली।
- डॉ. बोस ने **क्रेस्को ग्राफ (Crescograph)** का आविष्कार किया जो पादपों की हलचल तथा वृद्धि के मिलीमीटर के एक लाख वें भाग को भी रिकॉर्ड कर लेता है।

- उन्होंने पादप परिवहन तंत्र को Crescograph की सहायता से सिद्ध किया।

1.7.4 होमी जहांगीर भाभा (1909 – 1966)

- भाभा को **भारतीय आण्विक विज्ञान का जनक** कहा जाता है।
- उन्होंने सर दोराबभजी टाटा को विश्व आण्विक महाशक्ति के रूप में एक संस्था की स्थापना का सुझाव दिया, जिसके फलस्वरूप TIFR टाटा इंस्टीट्यूट ऑफ फण्डामेण्टल रिसर्च की स्थापना हुई।
- भारत की प्रथम आविष्कार अनुसधान केंद्र BARC भाभा एटमिक रिसर्च सेण्टर की स्थापना ट्राम्बे में उनकी देखरेख तथा मार्गदर्शन में हुई।
- **देश के प्रथम परमाणु रियेक्टर–'अप्सरा'** की स्थापना उन्हीं के काल में हुई।
- 1948 में स्थापित परमाणु ऊर्जा आयोग के वे पहले अध्यक्ष बने।
- भारत सरकार द्वारा उन्हें पद्म भूषण से विभूषित किया गया। **'सैद्धांतिक भौतिकी' (Theoretical Physics)** के क्षेत्र में विशेष योगदान के लिए होमी भाभा पुरस्कार दिया जाता है।

1.7.5 विक्रम अम्बालाल साराभाई (1919 – 1971)

- डॉ. विक्रम साराभाई के अनुभवी मार्ग निर्देशन में भारत ने अपना पहला उपग्रह– आर्यभट्ट प्रक्षेपित किया।
- उन्होंने साराभाई गीजि लि०, साराभाई ग्लास, सारा भाई केमिकल्स, साराभाई मर्क लि० तथा अन्य बहुत-सी इण्डस्ट्रीज की स्थापना की।
- उनके प्रयासों से भारत में एण्टी-बायोटिक दवाओं तथा मिलिट्री हार्डवेयर उत्पादन शुरू हुआ, जिसने करोड़ों लोगों की जान बचाने के साथ-साथ करोड़ों रुपये भी बचाये।
- भारत में बहुत-सी प्रतिष्ठित संस्थाओं की स्थापना का श्रेय डॉ. विक्रम साराभाई को जाता है। इनमें से एक भारतीय प्रबंधन संस्थान (IIMs) हैं।
- डॉ. साराभाई, भारतीय राष्ट्रीय अंतरिक्ष अनुसंधान आयोग (INCOSPAR) तथा परमाणु ऊर्जा आयोग के अध्यक्ष भी रह चुके हैं।
- वे TERLS थुम्बा भूमध्यरेखीय रॉकेट प्रक्षेषण स्टेशन की स्थापना के दौरान इसके निदेशक थे।
- इन्हें पद्म भूषण तथा पद्म विभूषण से नवाजा गया।
- इन्होंने गावों में उपग्रह संचार की सहायता से शिक्षा प्रसार हेतु भी पहलें की।

1.7.6 डॉ. ए.पी.जे. अब्दुल कलाम (1931 – 2015)

- डॉ. कलाम का जन्म 15 अक्टूबर 1931 में तमिलनाडु के रामेश्वरम के एक द्वीपीय कस्बे में हुआ।
- वे भारत के 11वें राष्ट्रपति बने।
- 1977 में इन्हें विज्ञान एवं अभियांत्रिकी के क्षेत्र में भारत के सर्वोच्च नागरिक सम्मान 'भारत रत्न' से नवाजा गया।
- डॉ. कलाम ने 1963 से 1982 के मध्य इसरो में सेवायें दी। डॉ. कलाम ने **सेटेलाइट लॉन्च व्हिकल-SLV3** का डॉ. विक्रम साराभाई अंतरिक्ष केंद्र में विकास किया, जिसकी सहायता से भारतीय उपग्रह रोहिणी को कक्षा में स्थापित किया गया।
- भारतीय रक्षा अनुसंधान संगठन (DRDO) में निदेशक के तौर पर उनके कार्यकाल में उन्हें समन्वित निर्देशित मिसाइल विकास कार्यक्रम (IGNDP) की जिम्मेदारी दी गई तथा उन्होंने पांच रक्षा मिसाइलों, यथा-पृथ्वी, त्रिशूल, आकाश, नाग तथा अग्नि का विकास किया।

अपने जीवन काल में डॉ. कलाम ने बहुत-सी पुस्तकें लिखीं- टारगेट 3 बिलियन डेवलपमेण्ट इन फ्लुईड मेकेनिक्स एण्ड स्पेस टेक्नॉलोजी, इण्डिया 2020 ए विजन फॉर न्यू मिलेनियम, एनविजनिंग एन एम्पावर्ड नेशन, ए मॅनफेस्टो फॉर चेंज अ सिक्वल टू इण्डिया, यु आर बोर्न टू ब्लोजम, री-इग्निटिड सायटिफिक पाथ-वे टू ए ब्राईटर फ्यूचर, ट्रांसेडेंस माई स्प्रिचुअल एम्ल-पीरीएंस विद प्रमुख स्वामी जी, माई-जर्नी: ट्रांसफॉर्मिंज ड्रीम्स इंटू एक्शनुस इण्डोमिटेबल स्पिरिट, इग्निटिड माईण्ड्स: अनलीशींग द पावर विदिन इण्डिया, द ब्यूमिनस स्पार्क्स, मिशन इण्डिया, इंस्पायरिंग थॉट्स, फरगेट यॉर फ्यूचर: केण्डिड, फोर्थराईट, ईस्पायरिंग, टर्निंग प्वाईंट्स: अ जर्नी थ्रू चैलेंजिन

1.7.7 कृष्णस्वामी कस्तूरीरंगन (जन्म – अक्टूबर, 1940)

- 1994 से 2003 तक इन्होंने इसरो की अध्यक्षता की। पूर्व में ये इसरो उपग्रह केंद्र के निदेशक भी रहे तथा इनके पर्यवेक्षण में नई पीढ़ी के इनसेट-2 तथा IRS-1A तथा 1B (भारतीय दूर संवेदी उपग्रह) के साथ साथ अन्य वैज्ञानिक उपग्रह भी विकसित किये गए।
- भारत के अर्थ आब्जर्वेटरी उपग्रह भास्कर-प्रथम व द्वितीय के दो प्रायोगिक उपग्रहों के ये प्रोजेक्ट निदेशक भी रहे हैं।
- अपने गहन अध्ययन के माध्यम से ये भारत को खगोलीय खोज के युग में ले आये, जिससे चंद्रयान-प्रथम की अवधारणा साकार हुई।
- 1982 में इन्हें पद्म श्री, 1992 में पद्म भूषण तथा 2000 में इन्हें पद्म विभूषण से सम्मानित किया गया।

1.7.8 रघुनाथ अनंत माशेलकर (जन्म – जनवरी, 1943)

- इन्हें इनके दूसरे नाम रमेश माशेलकर के नाम से भी जाना जाता है। सी.एम.आई.आर के ये महानिदेशक रह चुके हैं।
- स्वतंत्रता पश्चात्, भारत की विज्ञान एवं तकनीकी क्षेत्र की नीतियों को आकार देने में इनका महत्वपूर्ण योगदान रहा है। ये प्रधानमंत्री की वैज्ञानिक सलाहकार परिषद् में सेवाएं दे चुके हैं साथ ही उत्तरोत्तर सरकार का नेतृत्व भी कर चुके हैं।
- माशेलकर के नेतृत्व में सन् 2005 में पेटेंट कानूनों पर एक टेक्निकल एक्सपर्ट समूह का गठन किया गया, जो भारतीय पेटेंट कानूनों की ट्रिप्स (TRIPS) के साथ समन्वय की जांच हेतु था। इस समिति ने भारतीय कानूनों को असमन्वयकारी माना।
- 2014 में इन्हें पद्म विभूषण दिया गया।

1.7.9 टेसी थॉमस (जन्म – अप्रैल, 1963)

- टेसी थॉमस ने डी.आर.डी.ओ. के **अग्नि-चतुर्थ मिसाइल प्रोग्राम** का नेतृत्व किया जो 2011 में सफलतापूर्वक परीक्षण किया गया। इन्हें भारत की **मिसाइल वुमन** भी कहा जाता है।
- 2009 में हैदराबाद स्थित एडवांस्ड सिस्टम लैबोरेट्री ने इन्हें 5000 किमी. मारक क्षमता वाली अग्नि-V के लिए प्रोजेक्टर डायरेक्टर के तौर पर चुना।

- भारत को मिसाइल तकनीकी के क्षेत्र में आत्मनिर्भर बनाने के इनके योगदान के कारण इन्हें लाल बहादुर शास्त्री राष्ट्रीय पुरस्कार प्रदान किया गया।

1.7.10 उडुप्पी रामचंद्र राव (1932 – 2017)

- श्री रामचंद्र राव इसरो के भूतपूर्व अध्यक्ष थे।
- 1976 में इन्हें पद्म भूषण पुरस्कार मिला।
- 1972 में भारतीय उपग्रह तकनीकी की स्थापना हेतु इन्होंने महान योगदान दिया।
- इनके पर्यवेक्षण में संचार, दूर संवेदी तथा खगोलीय सेवाओं के प्रदान हेतु बहुत-से सेटेलाइटों को डिजाईन तथा लॉन्च किया गया। उनमें 1975 में भारत का प्रथम उपग्रह आर्यभट्ट, भास्कर, एपल, रोहिणी, इनसेट-I तथा बहु-उद्देशीय उपग्रह श्रेणी के इनसेट-II तथा इस संवेदी उपग्रहों में IRS-1A तथा IRS-1B सम्मिलित हैं।

1.7.11 वेंकटरमण रामकृष्णन (जन्म – अप्रैल, 1952)

- ये भारतीय मूल के इण्डो-अमेरिकी ब्रिटिश "सरंचना जीव" विज्ञानी हैं।
- "रायबोसोम के कार्य एवं संरचना पर शोध अध्ययन" के लिए इन्हें 2009 का रसायन नॉबेल मिला है।

1.7.12 वर्गीज कुरियन (1921 – 2012)

- इन्हें भारत में श्वेत क्रांति का जनक कहा जाता है।
- **'ऑपरेशन फ्लड'** जो विश्व का सबसे बड़ा कृषि डेयरी विकास कार्यक्रम है तथा जिसमें भारत विश्व का सबसे बड़ा दुग्ध उत्पादक देश बना, के प्रणेता हैं।
- **इन्हीं की सहायता से भारत का सबसे बड़ा ब्राण्ड 'अमूल सहकारी' स्थापित हुआ।**
- अग्रणी, शक्तिशाली तथा वृहत ऑयल सरलाईग लॉबी को ओवर करके भारत को इन्होंने खाद्य में आत्मनिर्भर बनाया।
- ये विश्व के महानतम् सहकारी आंदोलनों के समर्थकों में से एक हैं।
- भारत तथा भारत से बाहर इन्होंने करोड़ों लोगों को निर्धनता से ऊपर उठने में सहायता की।

1.7.13 सत्येन्द्र नाथ बोस (1894 – 1974)

- ये एक भारतीय भौतिक विज्ञानी तथा गणितज्ञ थे जिन्हें अपने कार्य "बोस- आइंसटीन स्टेटिस्टिक्स" के लिए आइंसटीन के साथ शोध किये जाने के लिए जाना जाता है, जिसका अनुप्रयोग आज के युग में सूचना प्राप्ति के लिए किया जाता है।
- इन्होनें गॉड पार्टिकल बोसोन पर भी कार्य किया, जिसने आधुनिक भौतिक विज्ञान में क्रांति ला दी।
- इन्हीं के नाम पर बोसोन कण का नामकरण किया गया तथा श्री बोस को **'फादर ऑफ गॉड पार्टिकल'** के नाम से जाना जाता हैं।

1.7.14 सुब्रह्मण्यम् चंद्रशेखर (1910 – 1995)

- ये एक खगोल भौतिज्ञ थे। इन्होंने खोज कर निष्कर्ष निकाला कि विशालकाय तारे अपने गुरुत्वाकर्षण से आपस में टकराकर अनंत घनत्व को प्राप्त कर सकते हैं। इन टकराने वाले तारों को न्यूट्रॉन तारे या कृष्ण छिद्र कहा जाता है।
- छोटे तथा सघन वाले श्वेत वामन बन जाते हैं तथा बड़े आकार के तारे सुपरनोवा की स्थिति के बाद न्यूट्रॉन तारे अथवा कृष्ण छिद्र बन सकते हैं।
- इन्हें 1983 में अपने शोध "तारों की संरचना तथा उत्पत्ति के महत्व की भौतिक प्रक्रिया के सैद्धांतिक अध्ययन" के लिए विलियम फोलर के साथ संयुक्त भौतिक विज्ञान का नोबेल पुरस्कार मिला।
- नासा की चंद्रा एक्स-रे वेधशाला का नाम उनके नाम पर रखा गया है।

1.7.15 हर गोबिंद खोराना (1922 – 2011)

- हर गोबिंद खोराना एक इंडो-अमेरिकन बायोकैमिस्ट थे।
- उन्होंने 1968 में न्यूक्लिक एसिड में न्यूक्लियोटाइड के अध्ययन के लिए दो अन्य सहयोगियों के साथ फिजियोलॉजी या मेडिसिन नोबेल पुरस्कार प्राप्त किया और उन्होंने सेल के आनुवांशिक कोड का विश्लेषण किया जो प्रोटीन संश्लेषण के नियंत्रण के लिए जिम्मेदार हैं।
- खोराना को उसी वर्ष निरेनबर्ग के साथ कोलंबिया विश्वविद्यालय से लुईसा ग्रॉस होर्विट्ज पुरस्कार भी मिला था।
- खोराना ने उत्तरी अमेरिका में तीन विश्वविद्यालयों के संकाय सदस्य के रूप में कार्य किया।
- उन्होंने 1987 में नेशनल मेडल ऑफ साइंस भी प्राप्त किया।

1.7.16 एम विश्वेश्वरैया (1861 – 1962)

- यह एक भारतीय सिविल इंजीनियर और राजनेता और मैसूर के 19वें दीवान थे, जिन्होंने 1912 से 1919 तक सेवा की।
- उन्हें 1955 में भारत का सर्वोच्च सम्मान, भारत रत्न प्राप्त हुआ।
- उन्हें सार्वजनिक रूप से अच्छे योगदान के लिए किंग जॉर्ज पंचम द्वारा ब्रिटिश इंडियन एम्पायर (KCIE) के नाइट कमांडर के रूप में नाइट की उपाधि दी थी।
- भारत, श्रीलंका और तंजानिया उनकी याद में 15 सितंबर को इंजीनियर दिवस के रूप में मना रहे हैं।
- वह हैदराबाद के शहर के लिए बाढ़ सुरक्षा प्रणाली के मुख्य अभियंता थे और मैसूर के उत्तर-पश्चिम उपनगर में कृष्णा राजा सागर बांध के निर्माण में भी शामिल थे।

1.7.17 राजा रमन्ना (1925 – 2004)

- राजा रमन्ना एक भारतीय भौतिक विज्ञानी थे और उन्होंने भारत के परमाणु कार्यक्रम के पहले चरणों में बहुत महत्वपूर्ण भूमिका निभाई है।
- शुरुआत में रमन्ना ने होमी जहांगीर भाभा के अधीन काम किया था, और बाद में 1967 में इस कार्यक्रम के निदेशक बने।
- रमन्ना ने परमाणु हथियारों पर कई वैज्ञानिक अनुसंधानों का विस्तार और पर्यवेक्षण किया था। वह 1974 में स्माइलिंग बुद्धा के कोड नाम के तहत परमाणु उपकरणों की देखरेख और परीक्षण करने के लिए वैज्ञानिकों की एक छोटी टीम के पहले निर्देशन अधिकारी थे।

- रमन्ना भारत के परमाणु कार्यक्रम के साथ चार दशकों से अधिक समय तक जुड़े रहे और इसका निर्देशन भी किया। उन्होंने भारतीय सशस्त्र बलों के लिए औद्योगिक रक्षा कार्यक्रमों की भी शुरुआत की।
- भारत के परमाणु कार्यक्रम के निर्माण के लिए उनकी सेवाओं के सम्मान में उन्हें पद्म विभूषण प्राप्त हुआ।

1.8 ग्रामीण भारत के उत्थान के लिए विज्ञान और प्रौद्योगिकी (Science and Technology for Upliftment of Rural India)

भारत की आबादी का 70 प्रतिशत से अधिक भाग ग्रामीण क्षेत्रों में निवास करता है। इसी कारण, ग्रामीण भारत का विकास संपूर्ण देश के विकास को प्रतिबिंबित करेगा। हमारे गांवों में लाखों लोग आज भी मिट्टी के बर्तनों तथा जीवाश्म ईंधनों (Fossil Fuels) का प्रयोग खाना बनाने में कर रहे हैं। उनका धुएं (Smoke) के साथ संपर्क गंभीर स्वास्थ्य समस्याओं को उत्पन्न करता है। वर्तमान सरकार द्वारा गरीब लोगों को एल.पी.जी. (L.P.G.) प्रदान करने के लिए एक नई पहल की गयी है। वैसे उपभोक्ता जो बाजार भाव (Market Price) पर एल.पी.जी. (L.P.G.) लेने में समर्थ हैं उन्हें अपने गैस कनेक्शनों पर सब्सिडी छोड़ने के लिए तथा बी.पी.एल. परिवारों (Below Poverty Line Families) तक स्वच्छ ईंधन (Clean Fuel) प्रदान करने में सहयोग के लिए प्रेरित किया जा रहा है।

विज्ञान तथा प्रौद्योगिकी (Science and Technology) के लिए केंद्रीय मंत्री (Union Minister) डॉ. हर्षवर्धन द्वारा अप्रैल 2016 में एक उपकरण का विमोचन (Launched) किया गया, जिसे 'सौर गुंबद' (Solar Dome) कहा गया। यह उपकरण उन ग्रामीण इलाकों में रहने वाले लोगों के घरों को प्रकाशित करने में सहायता करेगा जहां बिजली नहीं पहुंचाई जा सकती है।

इस उपकरण की फोटोबोल्टिक बैटरियां (Photovoltaic Cells), सौर प्रकाश (Sunlight) को संगृहीत करती हैं तथा यह 8 से 10 घंटों तक प्रकाश दे सकता है। इस प्रकार की वैकल्पिक/नवीकरणीय (Renewable) ऊर्जा (Energy) लोगों को रात्रि में भी अपने नियमित कार्यों को करने में सहयोग करती है।

यह विद्यालय जाने वाले उन बच्चों के लिए भी वरदान साबित होगा, जो मोमबत्ती या लालटेन की धीमी रोशनी में पढ़ने को मजबूर हैं। **हाल ही में, पहला सौर गुंबद बंगाल की सिलिकॉन वैली, इको पार्क, न्यू टाउन, कोलकाता में जनता को देखने के लिए खोला गया था।** गुंबद 28.950 मीटर ऊँचा है और इसका व्यास 45 मीटर है। इसमें 2000 सक्रिय सौर पैनल हैं, जो लगातार सौर ऊर्जा उत्पन्न करते हैं। आगे का निर्माण अभी भी जारी है और परियोजना पूरी होने के बाद, यह 180 किलोवाट ऊर्जा प्रदान करेगी जो आंतरिक सुविधा के साथ-साथ क्षेत्र में स्ट्रीट लाइट को भी रोशन करेगी।

निर्माण क्षेत्र (Construction) में भी अनेक प्रकार की नई तथा अभिनव तकनीकों का विकास किया गया है। सस्ती दर तथा पर्यावरणीय अनुकूल भवन सामग्रियों तथा रचनाओं का उपयोग किया जा रहा है। संरचनात्मक अभियांत्रिकी अनुसंधान केंद्र (Structural Engineering Research Centre, SERC), चेन्नई तथा केंद्रीय भवन अनुसंधान संस्थान (Central Building Research Institute, CBRI), रुड़की CSIR के अंतर्गत अग्रणी अनुसंधान संस्थान है, जो भवन तकनीकी (Building Technology) के क्षेत्र में सराहनीय अनुसंधान तथा विकास (R&D) कार्य कर रहे हैं। CBRI द्वारा **'फ्लुरोजिप्सम प्लास्टर (Fluorogypsum Plaster)'** को विकसित किया गया है, जो कि वर्षा में खराब नहीं होता है तथा बारिश में भी लंबे समय तक टिका रहता है। सुबाध्य वहनीय C-ईंट मशीन (Portable C-Bricks Machine) एक तरह की कम लागत वाली तकनीकी (Low Cost Technology) है, जिसका प्रयोग बालू (Sand), राख (Fly Ash) तथा सीमेंट (Cement) का उपयोग टिकाऊ तथा अच्छी गुणवत्ता वाली ईंटों के निर्माण में होता है। ये काफी हद तक निर्माण की लागत कम करने तथा पक्के मकानों, विशेषकर ग्रामीण इलाकों में, की मांग को पूरा करने में एक लंबा रास्ता तय कर सकती हैं। इसके साथ ही ये संस्थान धारणीय (sustainable) तथा कुशल (efficient) भवन प्रौद्योगिकियों (Building Technologies) के विकास, जैसे- भूकंप रोधी संरचनाओं (Earthquake Resistance, Structures), लकड़ी निर्माण में धान के भूसे (Rice Husk) का उपयोग, में योगदान दे रहे हैं। इस प्रकार की धारणीय तथा कम लागत वाली प्रौद्योगिकी काफी सस्ती तथा सुलभ है।

बंगाल की सिलिकॉन वैली में पहला सौर गुंबद

ग्रामीण जनता का स्वास्थ्य ग्रामीण विकास में महत्वपूर्ण भूमिका अदा करता है। प्राथमिक स्वास्थ्य केंद्रों (Primary Health Centres - PHC) तथा सामुदायिक स्वास्थ्य केंद्रों (Community Health Centres - CHC) की स्थापना ग्रामीण क्षेत्रों में स्वास्थ्य मुद्दों का पता लगाने के लिए की गई थी। दुर्भाग्य से ये केंद्र चिकित्सकों तथा नर्सों/फार्मासिस्ट (Pharmacist) की कमी का सामना कर रहे हैं। आधुनिक चिकित्सा प्रौद्योगिकियों तथा उनके विशेषज्ञों की भी यहां भारी कमी है। चिकित्सकीय सुविधाओं में कमी के कारण, अधिकतर ग्रामीण जनसंख्या नजदीकी जिला अस्पतालों (City Hospitals) का सहारा लेती है। अगर PHCs तथा CHCs आवश्यक तथा आधुनिक प्रौद्योगिकीय तथा सुविधाओं से लैस होते हैं, तो ग्रामीण भारत में स्वास्थ्य देखभाल अधिक बेहतर हो सकेगी।

विज्ञान तथा प्रौद्योगिकी दशकों से हमारे देश में कृषि के विकास में महत्वपूर्ण भूमिका अदा कर रही है। कृषि सूचना तंत्र (Agriculture Information System - AIS) कृषि संबंधी सूचनाओं को किसानों तक पहुंचाने में महत्वपूर्ण भूमिका निभाता है। विभिन्न सूचना प्रसंस्करण उपकरणों की निगरानी द्वारा हम प्राकृतिक संसाधनों (Natural Resources) की स्थिति तथा पर्यावरणीय प्रभावों (Environmental Impact), जैसे- पर्यावरण

क्षय (Environment Deterioration), मृदा अपरदन (Soil Erosion), निर्वनीकरण (Deforestation) आदि के बारे में जानने में सक्षम होते हैं।

ज्ञातव्य है कि, डी.डी. किसान चैनल कृषि पर आधारित विभिन्न कार्यक्रमों का प्रसारण कर रहा है। फेसबुक, ट्विटर तथा वाट्सऐप द्वारा शहरी (Urban) तथा ग्रामीण (Rural) भारत में इस चैनल को व्यापक बढ़ावा दिया जा रहा है। इस चैनल की सामग्री तथा इसकी प्रस्तुति भी अभिनव है। इसलिए यह चैनल तेजी से लोकप्रिय हो रहा है। विज्ञान प्रसार (Vigyan Prasar) भारत सरकार के विज्ञान और प्रौद्योगिकी विभाग (Science and Technology Department) का स्वायत्त संगठन (Autonomous Organisation) है, जो विज्ञान तथा तकनीकी सूचना तक, नागरिक पहुंच को सुनिश्चित बनाने में संलग्न है। ग्रामीण इलाकों में, यह संगठन नुक्कड़ नाटकों (Street Plays), कठपुतली तमाशा (Pupet Show) तथा विज्ञान प्रदर्शनी (Science Exhibitions) को संचालित करता है।

शिक्षा के क्षेत्र में भी विज्ञान तथा प्रौद्योगिकी एक महत्वपूर्ण भूमिका अदा करता है। ऑनलाइन शिक्षण तंत्र (Online Education System) उन विद्यार्थियों के लिए एक वरदान बनती जा रही है, जो नियमित रूप से विद्यालय जाने में समर्थ नहीं है। इंदिरा गांधी राष्ट्रीय मुक्त विश्वविद्यालय (Indira Gandhi National Open University - IGNOU) तथा उत्तर प्रदेश राजर्षि टंडन मुक्त विश्वविद्यालय (Uttar Pradesh Rajarshi Tandon Open University - UPRTOU) शहरी तथा ग्रामीण दोनों ही इलाकों के विद्यार्थियों के लिए स्नातक स्तरीय (Under Graduate) तथा परा स्नातक स्तरीय (Post Graduate) कोर्स ऑनलाइन शिक्षा (Online Education) द्वारा प्रदान कर रहा है। राष्ट्रीय मुक्त विद्यालय संस्थान (National Institute of Open Schooling, NIOS) मानव संसाधन विकास मंत्रालय (Ministry of Human Resource Development) के अंतर्गत एक राष्ट्रीय संगठन है। यह ऑनलाइन शिक्षा कार्यक्रमों को प्रदान करता है तथा इसे NIOS के विभिन्न केंद्रों पर भी प्रारंभ किया गया है।

राष्ट्रीय सूचना केंद्र (National Informatics Centre, NIC) की स्थापना 1975 में इलेक्ट्रॉनिक विभाग द्वारा की गई थी। NIC देशभर में उपग्रह संचार तंत्र (Satellite Communication Network) पर आधारित है। इसके द्वारा जिला सूचना प्रणाली (District Information System, DISNIC) का विकास देश के सभी जिलों में किया गया है। बड़े पैमाने पर विभिन्न प्रशिक्षण तथा सूचना स्थानांतरण कार्यक्रमों का संचालन इस प्रणाली द्वारा किया जा रहा है। यह जिला तथा ग्रामीण विकास के लिए उपलब्ध सूचनाओं के निर्माण में भी सहायक है।

1.9 भारत में विज्ञान एवं तकनीकी अनुसंधान की कमियां (Lacunas in Science and Technology Research in India)

हम, तकनीकी नवोन्मेष की सहायता से पर्यावरणीय निर्धारण (जहां प्राकृतिक बाण सर्वोच्च) से संभववाद (प्रकृति मानवीकृत हो गई है) की ओर विकसित/उत्थित हुए हैं। हालांकि बहुत-सी कमियों के बावजूद, तकनीकी यदि उच्च प्रयुक्त हो तो, मानवीय समस्याओं का समाधान कर सकती है। गुणवत्तापूर्ण अनुसंधान से हम अभी तक प्रकृति की छिपी हुई शक्ति को पा सकते हैं।

दुर्भाग्यवश, भारत सरकार हमारे देश की अनुसंधान क्षमता के सशक्तीकरण को उचित महत्व नहीं दे रही है। हालांकि इस ओर की जाने वाली अनदेखी के बहुत-से कारण हैं, जिसमें से प्रमुख कारण निम्नलिखित हैं-

- अधिकांश भारतीय विश्वविद्यालय अनुसंधान को नकारात्मक नजरिये से देखते हैं। न तो वे विद्यार्थियों को गुणवत्तापूर्ण अनुसंधान के लिए प्रेरित करते हैं, न ही स्वायत्त नैतिक व आर्थिक सहायता प्रदान करती है, जिससे गुणवत्तापूर्ण अनुसंधान हो सके।
- जहां अनुसंधान पर सरकारी खर्च की बात आती है भारत एक औसत श्रेणी का राष्ट्र हैं बार-बार अनुसंधान पर अधिक निधि उपलब्ध करवाने की मांग के बावजूद पिछले लगभग एक दशक से ज्यादा समय से कुल जीडीपी का मात्र 0.8% ही अनुसंधान पर खर्च किया जाता रहा है। प्रति व्यक्ति अनुसंधान एवं विकास व्यय भी बहुत खराब स्थिति में है।
- उपलब्ध संसाधनों का वित्तीय संसाधन भाग प्रीमियम संस्थानों की ओर केंद्रीयकरण होने से क्षेत्रीय स्तर की संस्थाओं को पर्याप्त वित्त संसाधनों का अभाव बना रहता है तथा विद्यार्थियों में भी तनाव विद्यमान रहता है (जैसे- कुछ संस्थानों में सीटों के लिए अत्यधिक प्रतिस्पर्धा)। राज्यीय विश्वविद्यालयों के बहुत ज्यादा अनुसंधानकर्ताओं की अनदेखी कर दी जाती है।
- कुप्रशासन: निम्न नेतृत्वकारी गुणवत्ता, अनुसंधान हेतु वित्त के आवंटन तथा अनुसंधान प्रस्ताव निर्धारण में राजनीतिक हस्तक्षेप जो यह निर्धारित करता है कि उक्त संस्थानों को वित्त आवंटित किया जायेगा, अनुसंधान प्रस्ताव की चयन प्रक्रिया में नौकरशाहों की उपस्थिति तथा वैज्ञानिकों एवं पेशेवरों का अभाव आदि कुछ प्रमुख सरकार से संबंधित बाधाएं हैं।
- कॉरपोरेट क्षेत्र सरकार की तुलना में अनुसंधान के प्रति अधिक उत्सुक है। वे विकासशील तकनीकी में अधिक रुचि रखते हैं जिससे उन्हें त्वरित वित्त लाभ होता है। ये विज्ञान के मूलभूत अनुसंधान में रुचि नहीं रखते न ही प्रोत्साहन देते हैं। भारतीय विद्यार्थियों में वैज्ञानिक मानेवृत्ति की कमी का एक कारण यह भी है कि कोर वैज्ञानिक अनुसंधान उन्हें त्वरित वित्त लाभ नहीं देता।

खोज एवं अनुसंधान तथ्यात्मक आंकड़े

भारत अपने जीडीपी का 0.7% अनुसंधान एवं विकास पर खर्चा करता है, जो बहुत-से विकासशील एवम विकसित राष्ट्रों की तुलना में कम है। ब्राजील, रूस, चीन और दक्षिण अफ्रीका क्रमश: 1.2%, 1.1%, 2% और 0.8% से अधिक खर्च करते हैं। विश्व का औसत लगभग 1.8% है। विकसित देश संयुक्त राज्य अमेरिका, स्वीडन और स्विट्जरलैंड क्रमश: लगभग 2.9%, 3.2% और 3.4% खर्च करते हैं। इजराइल अपने सकल घरेलू उत्पाद का 4.5% अनुसंधान एवं विकास पर खर्च करता है, जो दुनिया में सर्वाधिक है। केंद्र सरकार का अनुसंधान एवं विकास के कुल व्यय में खर्च का हिस्सा 45.1% है।

वहीं कुछ निजी क्षेत्र के उद्योगों ने 38.1% का योगदान दिया है तथा राज्य सरकारों द्वारा यह 7.4% भाग खर्च किया जाता है।

बहुत-सी योजनाओं की घोषणाओं तथा प्रावधानों के होते हुए भी अनुसंधान एवं विकास में महिलाओं की भागीदारी नगण्य है।

हालांकि वैश्विक अनुसंधान में भारत का हिस्सा निम्न है किन्तु यह साल-दर-साल बढ़ रहा है तथा हाल ही के दशक में अनुसंधानकर्ताओं की संख्या में इजाफा हुआ है।

- अनुसंधान संस्कृति का अभाव अधिक मौलिक स्तर पर, युवाओं के मध्य वैज्ञानिक जिज्ञासा विकसित करने हेतु अध्ययन परिवर्तन की भी आवश्यकता है। वित्तपोषण सुविधा तथा लोचनीयता के साथ सरकार को ऐसी संस्थाओं तथा संरचनाओं का निर्माण करना चाहिए ताकि अनुसंधान की प्रकृति को बढ़ावा मिले, जिस का वर्तमान में अभाव है।

1.10 ब्रेन गैन: भारतीय वैज्ञानिकों की वापसी (Brain Gain: Indian Scientists Returning to India)

विज्ञान एवं तकनीकी विभाग के अनुसार, वर्ष 2012 से 2017 के बीच अंतर्राष्ट्रीय कार्यरत भारतीय वैज्ञानिकों की वापसी की संख्या में 70% का उछाल आया है।

1.10.1 ब्रेन गैन के कारण

- ब्रेन गैन का प्राथमिक कारण रामनुजन फैलोशिप योजना, INSPIRE (प्रोत्साहित अनुसंधान हेतु विज्ञान नवोन्मेष) फैकल्टी स्कीम, तथा रामालिंगास्वामी-राष्ट्रीय फैलोशिप योजना भी प्रमुख कारण हैं।
- 2016 में बौद्धिक संपदा अधिकार नीति के लॉन्च किये जाने के बाद भारत में अनुसंधान एवं विकास संबंधित IPR मुद्दों को हल करने की दिशा में गति मिली है।
- भारत तीव्र गति से ग्लोबल डिजाईन तथा विकास हब (hub) बनने की ओर अग्रसर है। विश्वभर से हजारों की संख्या में कंपनियां भारत में अनुसंधान व विकास केंद्र स्थापित कर रही हैं।
- यूनाईटेड किंगडम तथा यूएस जैसे विकसित देशों की अप्रवासन नीतियां व नियम भी भारतीय मूल के वैज्ञानिकों की वतन वापसी का कारण बन रही हैं।
- यह भारत में अनुसंधान एवं विकास की गुणवत्ता के स्तर को बढ़ायेगा तथा उच्चतर शिक्षा क्षेत्र में सकारात्मक प्रभाव दिखेगा। यह विज्ञान और तकनीकी क्षेत्र में स्वदेशीकरण में परिणित होकर भारत के विभिन्न क्षेत्रों के आत्मनिर्भर बनाएगा।

1.10.2 ब्रेन गैन के समक्ष चुनौतियां

- भारत में सभी इच्छुक भारतीय मूल के विदेश में निवास करने वाले वैज्ञानिकों को समाविष्ट करने की संस्थागत क्षमता की अपनी एक सीमा है। 2014 से 2016 के बीच 373 वैज्ञानिकों में से, जिन्होंने स्कॉलरशिप प्राप्त की थी, महज 125 वैज्ञानिकों को ही उनके मेजबान संस्थानों में स्थान मिला।
- गुणवत्तापूर्ण अनुसंधान के लिए अनुकूल पर्यावरण विकसित करने में फंडिग (निधि/वित्त पोषण) एक मुख्य बाधा है।
- देश के चोटी के संस्थानों में सूक्ष्म प्रबंधन तथा लाल फीताशाही एक घुन की तरह कार्य कर रहा है।
- प्रयोगशालाओं तथा अकादमियों के मध्य तारतम्यता का अभाव- अनुसंधान सुविधाओं तथा कॉलेजों के बीच सीमित तारतम्य है। पी डी शोधार्थियों के अलावा अन्य छात्रों का प्रयोगशाला में अनुसंधान करना लगभग अदृश्य है।
- भारत में अनुसंधान छितरायी अवस्था में होता है, समन्वित दृष्टिकोण का प्राय: अभाव पाया जाता है। विकसित देशों के सदृश भारत में इण्डस्ट्री-एकेडमी सहभागिता युक्त अनुसंधान की संस्कृति अभी विकसित नहीं हो पाई है।
- सरकार अभी तक अनुसंधान एवं विकास के लिए कोई समन्वित/एकीकृत नीति लाने में अक्षम रही है, जो विभिन्न संस्थानों के प्रयासों को जोड़ सके।
- भारत ने अपने समग्र अंतर्राष्ट्रीय बौद्धिक संपदा (IIP) स्कोर में सुधार किया है, और अंतर्राष्ट्रीय बौद्धिक संपदा सूचकांक 2023 में 55 देशों में से 42वें स्थान पर है।

1.10.3 विज्ञान एवं तकनीकी विभाग द्वारा ब्रेन गैन हेतु योजनाएं

1. **वज्र (Visiting Advanced Joint Research):** यह योजना प्रवासी भारतीय तथा समुद्रपारीय वैज्ञानिक समुदाय को भारत में विकास के भागीदार बनने तथा योगदान देने में सक्षम बनाती है। इस योजना के अंतर्गत वे भारतीय अनुसंधानकर्ता जो विदेश में रह रहे हैं। इस योजना ने अनुसंधान, के विस्तृत क्षेत्र, जैसे-ऊर्जा, स्वास्थ्य तथा एड्वांस्ड मैटीरियल को कवर किया है।
2. **रामानुजन फैलोशिप प्रोग्राम (Ramanujan Fellowship Programme):** यह योजना उन सभी भारतीय वैज्ञानिकों के लिए है, जो भारत लौटना चाहते हैं तथा भारतीय विश्वविद्यालयों एवं वैज्ञानिक संस्थाओं में अनुसंधान प्रारंभ करना चाहते हैं।
3. **रामालिंगास्वामी रि-एण्ट्री फैलोशिप (Ramalingaswami Re-entry Fellowship):** भारतीय राष्ट्रीय, वे वैज्ञानिक जो भारत से बाहर रह रहे हैं तथा स्वदेश लौटकर आधुनिक बायोलॉजी, बायोटेक्नोलॉजी, लाईफ साईंस तथा अन्य क्षेत्रों में अपना अनुसंधान करना चाहते हैं। इस योजना का प्रमुख उद्देश्य देश में लाईफ लाईंस, मॉडर्न-बायोलॉजी तथा बायोटेक्नोलॉजी रिसर्च में मानव संसाधन क्षमता में सुधार करना है। जैव प्रौद्योगिकी विभाग की वार्षिक रिपोर्ट 2022-23 के अनुसार, अब तक इस कार्यक्रम के तहत 553 अध्येताओं (fellows) को समर्थन दिया गया है, जिनमें से 339 अध्येताओं ने पहले ही भारतीय संस्थानों में स्थायी फैकल्टी पद हासिल कर लिये हैं।
4. **वैलकम ट्रस्ट फैलोशिप प्रोग्राम:** यह योजना विदेश में कार्यरत भारतीय वैज्ञानिकों को भारत लौटकर भारतीय संस्थानों एवं विश्वविद्यालयों में अनुसंधान जारी रखने के उद्देश्य से जारी की गई।

1.11 अनुसंधान एवं विकास में सरकार की हालिया पहलें (Recent initiative of Government in R and D)

भारत, विश्व के विकसित राष्ट्रों के साथ दौड़ में, अपना स्थान बनाने का प्रयत्न कर रहा है। भारत सर्व-समावेशी प्रयास कर रहा है। प्रत्येक विकासशील राष्ट्र का सबसे प्रमुख विकास का क्षेत्र विज्ञान एवं तकनीकी का क्षेत्र होता है जो सर्वांगीण विकास तथा बड़े उद्देश्यों की पूर्ति कर सकता है। सबसे अधिक आबादी वाला देश होने के नाते भारत के पास वृहद मानव पूंजी है तथा जैसा कि जनांकिकीय लाभांश दर्शाता है यह उपयोग हेतु उपलब्ध है।

राष्ट्रीय विज्ञान एवं तकनीकी प्रबंधन सूचना प्रणाली (NSTMIS) के अनुसार भारत अब अनुसंधान एवं विकास पर अपना खर्च बड़ा रहा है तथा यह निरंतर वृद्धि दर्शा रहा है। परिदृश्य को ध्यान में रखते हुए तथा युवा वैज्ञानिकों एवं अनुसंधानकर्ताओं को प्रोत्साहन देने के लिए विज्ञान एवं तकनीकी मंत्रालय ने हाल ही में बहुत-सी योजनाओं को लॉन्च किया है, जो निम्नलिखित हैं:

1. **टीचर एसोशिएटशिप फॉर रिसर्च एक्सीलैंस [Teacher Associateship for Research Excellence (TARE)]:** इस योजना का उद्देश्य उन शिक्षकों की पहचान करना है, जो क्षमता से परिपूर्ण हैं तथा अनुसंधान उत्सुक हैं किन्तु मार्गदर्शन तथा सुविधाओं व वित्त पोषण के अभाव में ऐसा कर नहीं पाते। यह योजना उन शिक्षकों को IIT, IISC तथा NIT अथवा राष्ट्रीय संस्थाओं जैसे- CSIR तथा ICAR से जोड़ेगी ताकि वे अनुसंधान कर सकें। यह योजना 500 टीचर एसोशिएट्स को लाभ पहुंचाने को उद्देशित है।
2. **ओवरसीज विजिटिंग डॉक्टरल फैलोशिप [Overseas Visiting Doctoral Fellowship (ODVF)]:** यह योजना 12 माह के लिए 100 पी कॉलर्स को अपने डॉक्टरल अनुसंधान के दौरान विदेश की यूनिवर्सिटीज अथवा लैबोरेटरीज में प्रशिक्षण के लिए भेजेगी।
3. **विशिष्ट अन्वेषणकर्ता पुरस्कार (Distinguished Investigation Award):** यह योजना अभियांत्रिक अनुसंधान बोर्ड अथवा विज्ञान एवं तकनीकी विभाग की परियोजनाओं के प्रधान अन्वेषणकर्ताओं के अधिकतम 100 लोगों को फैलोशिप दिये जाने से संबद्ध है। चयनित 100 अनुसंधानकर्ताओं को तीन वर्ष के लिए 15000 रुपये मासिक फैलोशिप तथा एक वैकल्पिक अनुसंधान अनुदान प्रदान करेगी जो प्रस्तावित परियोजना के पेश किये जाने पर उसके "पीयर रिव्यू" पर आधारित होगा।
4. **ऑग्मेण्टिग राइटिंग स्किल फॉर आर्टिक्यूलेटिंग रिसर्च [Augmenting Writing Skills for Articulating Research (AWSAR)]:** इस योजना का उद्देश्य युवा विद्वानों में अनुसंधान एवं विकास प्रयोगशाला से विकसित होने वाले वैज्ञानिक मामलों के बारे में कहानी लेखन को प्रोत्साहित करना है। यह समाचार-पत्रों, मैगजीन तथा जनरल के माध्यम से किया जा सकेगा। यह 20,000 पी डी स्कॉलर्स के लिए उनके अनुसंधान परिणाम को संचरित करने व प्रसिद्धि के लिए संरक्षित है। इस योजना का प्रमुख उद्देश्य युवाओं को पहचानने, प्रोत्साहन देने तथा सशक्त करने से संबंधित है।

1.11.1 अन्य लॉन्च की गई योजनाएं

1. **नवोन्मेष दोहन तथा विकास के लिए राष्ट्रीय पहल (National Initiative for Developing and Harressing Innovations-NIDHI):** यह योजना विज्ञान एवं तकनीकी विभाग द्वारा ज्ञान आधारित तकनीकी स्टार्टअप में नवोन्मेष तथा नये विचारों के उभार हेतु लॉन्च की गई। यह स्कीम भारत में प्रमुख रूप से आने वाली समस्याओं को लक्षित करती है, जैसे-पूंजी सृजन तथा साथ ही यह बेरोजगारों के लिए अवसर भी मुहैया करवाएगी।
2. **नॉलेज इन्वॉल्वमेण्ट इन रिसर्च एडवांसमेण्ट थ्रू नर्चरिंग (Knowledge Involvement in Research Advancement through Nurturing-KIRAN):** यह विज्ञान एवं तकनीकी विभाग की योजना है। इस योजना का उद्देश्य विज्ञापनों के माध्यम से तकनीकी एवं विज्ञान के क्षेत्र में लैंगिक समानता लाने से संबद्ध है। लैंगिक खाई पाटने के लिए यह योजना महिला अनुसंधानकर्ताओं की संख्या में वृद्धि करने को लक्षित है। यह योजना उन महिला अनुसंधानकर्ताओं को भी लक्षित करती है, जो अपनी घरेलू जिम्मेदारियों के चलते पूर्व में अनुसंधान कार्य को नहीं कर सकी थीं।
3. **प्रधानमंत्री रिसर्च फैलोशिप स्कीम (Prime Minister Research Fellowship Scheme-PMRFS):** हाल ही में कैबिनेट ने PMRFS को मंजूरी दी है। यह योजना तकनीकी संबंध क्षेत्र में डॉक्टरेट विद्यार्थियों को लक्षित है।

उद्देश्य: राष्ट्र के विकास एवं प्रगति हेतु तकनीकी व नवोन्मेष की महत्ता को जानना। इस योजना के अंतर्गत, उन श्रेष्ठ विद्यार्थियों जिन्होंने IISC/ IITS/ IISERS/ NITS/ IIT आदि में विज्ञान-तकनीकी विषय से बी.टेक/एम टेक या एम एस सी कोर्स के अंतिम वर्ष को पूर्ण कर लिया है, को IIT या IISC के पी. एच. डी. कार्यक्रमों में सीधा प्रदेश दिया जायेगा। यह योजना विज्ञान एवं तकनीकी विभाग तथा SERB (विज्ञान व तकनीकी एवं अभियांत्रिकी क्षेत्र में आधारभूत अनुसंधान हेतु संसद द्वारा निर्मित वैधानिक निकाय के बीच पीपीपी मॉडल पर आधारित है)।

महत्व: यह स्कीम देशभर के टेलेंट को अनुसंधान हेतु जोड़ने का कार्य करेगी। ये फैलो अनुसंधानकर्ता देश के प्राथमिक विषयों पर शोध करेंगे।

1.12 अटल इनोवेशन मिशन (Atal Innovation Mission)

- अटल इनोवेशन मिशन (AIM) स्व-रोजगार और प्रतिभा उपयोग (SETU) सहित नवाचार और उद्यमिता की संस्कृति को बढ़ावा देने का भारत सरकार का प्रयास है। इसका उद्देश्य विशेष रूप से प्रौद्योगिकी-संचालित क्षेत्रों में विश्व स्तरीय इनोवेशन हब, ग्रैंड चैलेंज, स्टार्टअप व्यवसायों और अन्य स्व-रोजगार गतिविधियों को बढ़ावा देने के लिए एक मंच के रूप में कार्य करना है।
- अटल इनोवेशन मिशन, देश में उद्यमिता तथा नवोन्मेष की संस्कृति को प्रोत्साहन देने के लिए सरकार की फैलोशिप पहल है। यह देश में नवोन्मेष पारितंत्र में क्रांति लाने तथा नवोन्मेषी पारितंत्र के अवलोकन के लिए एक अम्ब्रेला संरचना निर्मित करने को लक्षित है ताकि विभिन्न कार्यक्रमों के माध्यम से सम्पूर्ण नवोन्मेषी लाईफ सायकल (चक्र) तक पहुंच हो सके।

1.12.1 अटल इनोवेशन मिशन के दो प्रमुख कार्य होंगे

1. **स्वरोजगार तथा प्रतिभा उपयोगिता** के माध्यम से उद्यमशीलता को प्रोत्साहन, ताकि नवोन्मेषी को प्रोत्साहन तथा मार्गदर्शन मिले और वह सफल उद्यमी प्रोन्फेर बन सके।
2. **नवोन्मेष प्रोत्साहन:** एक प्लेटफॉर्म को प्रदान करना जहां नये/नवीन विचारों को जनरेट किया जा सके।

***अटल इनोवेशन मिशन* (AIM) के बारे में**

- स्वरोजगार और प्रतिभा उपयोग (सेतु) सहित अटल नवाचार मिशन (ईएमटीयू) नवाचार और उद्यमिता की संस्कृति को बढ़ावा देने के लिए भारत सरकार का प्रयास है।
- इसका उद्देश्य विश्व स्तरीय नवाचार केंद्रों, ग्रैंड चैलेंज, स्टार्टअप व्यवसायों और अन्य स्वरोजगार गतिविधियों, विशेष रूप से प्रौद्योगिकी चालित क्षेत्रों में बढ़ावा देने के लिए एक मंच के रूप में काम करना है।

भारत में विज्ञान एवं प्रौद्योगिकी छात्र उद्यमिता कार्यक्रम

अटल इनोवेशन मिशन (AIM), नीति आयोग ने डेल टेक्नोलॉजीज के सहयोग से अटल टिंकरिंग लैब्स (ATL) के युवा इनोवेटर्स के लिए छात्र उद्यमिता कार्यक्रम 2.0 (SEP 2.0) लॉन्च किया है।

छात्र उद्यमिता कार्यक्रम 2.0 और इसके महत्व के बारे में:

- यह छात्र अन्वेषकों (innovators) को डेल वॉलंटियर के साथ मिलकर काम करने की अनुमति देगा।
- उन्हें परामर्शदाता सहायता; प्रोटोटाइप और परीक्षण समर्थन; बौद्धिक संपदा पंजीकरण और विचारों, प्रक्रियाओं और उत्पादों का पेटेंट; विनिर्माण समर्थन के साथ ही बाजार में उत्पाद का लॉन्च समर्थन प्राप्त होगा।

छात्र उद्यमिता कार्यक्रम के बारे में:

- छात्र उद्यमिता कार्यक्रम 1.0 जनवरी 2019 में शुरू हुआ।

1.12.2 अटल इनोवेशन मिशन का प्रभाव

- मिशन ने अटल टिंकरिंग लैब्स (एटीएल) और अटल इनक्यूबेशन सेंटर्स (एआईसी) जैसी कई साहसिक और अग्रगामी पहल की हैं, जिन्हें काफी आकर्षण मिला है।
- भारत सरकार के कई मंत्रालयों/विभागों ने एआईएम की मदद और तकनीकी सहायता से नवाचार संबंधी गतिविधियां शुरू की हैं।
- एटीएल कार्यक्रम के तहत, 10,000 से अधिक स्कूलों में 2020 तक इन प्रयोगशालाओं की स्थापना की गई।
- देश भर में 100 से अधिक अटल इनक्यूबेशन केंद्र (एआईसीएस) स्थापित होने की संभावना है, जो पहले पांच वर्षों में कम-से-कम 50-60 स्टार्टअप का समर्थन करेंगे।
- 100 से अधिक नवोन्मेषकों/स्टार्टअप्स को अपने नवाचारों को उत्पादित करने के लिए कुछ समर्थन मिलने की उम्मीद है।
- प्रत्येक इनक्यूबेटर से हर चार साल में 50-60 प्रौद्योगिकी चालित अभिनव स्टार्टअप्स को बढ़ावा मिलने की उम्मीद है। इन नवाचारों से स्टार्टअप्स की रोजगार सृजन क्षमता बढ़ेगी।

1.12.3 अटल टिंकरिंग लैब्स क्या हैं?

अटल इनोवेशन मिशन, भारत के सभी स्कूलों में 'नवजात नवोन्मेषी के तौर पर भारत के एक मिलियन बच्चों को तैयार करना' के विजन के माध्यम से अटल टिंकरिंग लैब स्थापित कर रहा है।

उद्देश्य: इस योजना का उद्देश्य युवा मस्तिष्कों में उत्सुकता, सृजनशीलता तथा विचारशीलता का सृजन करना है तथा इन स्किल्स का उपयोग डिजाइन मानसिकता, संगणक विचार, एडाप्टिव लर्निंग तथा भौतिक संगणना हेतु करना है।

वित्तीय सहयोग: प्रत्येक अटल टिंकरिंग लैब हेतु अधिकतम पांच वर्ष के लिए, अटल इनोवेशन मिशन स्थापना हेतु 10 लाख रुपये तथा प्रचालन लागत के रूप में 10 लाख रुपये का अनुदान प्रदान करेगा।

पात्रता: सरकार, स्थानीय निकाय या निजी ट्रस्ट/सोसायटी द्वारा प्रबंधित पात्र विद्यालयों (न्यूनतम ग्रेड-VI-X) द्वारा अटल नवोन्मेष मिशन स्थापित किए जा सकते हैं।

इस प्रकार की प्रयोगशालाओं की आवश्यकता

- जैसा कि विश्व में नई-नई तकनीकें विकसित हो रही हैं, कौशल का नया समूह स्वीकार किया जा रहा है और इसकी उच्च मांग रहती है। भारत के लिए, तकनीकी विकास के युग में ''भविष्य के इन कौशलों'' से युवाओं को सशक्त करने की आवश्यकता है।
- चौथी औद्योगिक क्रांति के युग में महत्वपूर्ण कौशल प्रदान करने तथा इसकी अगुवाई में सहायता करने के लिए, आधुनिक तकनीकों से युक्त अटल नवोन्वेष मिशन (ATLs), वर्तमान में बच्चों में वैज्ञानिक प्रवृत्ति तथा उद्यमी भावना के प्रोत्साहन हेतु हरावल दस्ते (vanguard) के रूप में कार्य करेगा।

1.12.4 अटल सामुदायिक नवाचार केंद्र कार्यक्रम (Atal Community Innovation Centre Programme)

अटल इनोवेशन मिशन (AIM) ने अटल कम्युनिटी इनोवेशन सेंटर (ACIC) कार्यक्रम की शुरुआत की। ACIC कार्यक्रम का उद्देश्य देश के अल्पसेवित और असेवित क्षेत्रों में सामुदायिक नवाचार को प्रेरित करना है। ACIC समुदायों में मौजूद ज्ञान आधार और बाजार में प्रचलित उन्नत तकनीकी पारिस्थितिकी तंत्र के बीच सेतु के रूप में काम कर सकता है, जो समाज की जरूरतों को पूरा कर सकता है।

कार्यक्रम की विशेषताएं

- ACIC देश में सामुदायिक नवाचार अभियान को समर्थन देने के लिए अटल नवाचार मिशन की एक नई पहल है।
- कार्यक्रम को समाज की सेवा के लिए समाधान संचालित डिजाइन सोच के माध्यम से नवाचार की भावना को प्रोत्साहित करने के लिए निर्देशित किया है।
- यह देश के अल्पसेवित/असेवित क्षेत्रों पर ध्यान केंद्रित करेगा, जिनमें वर्तमान में एक स्टार्टअप और नवाचार पारिस्थितिकी तंत्र की कमी है।
- ACIC की स्थापना या तो पीपीपी मोड में या सार्वजनिक क्षेत्र के उपक्रमों और अन्य एजेंसियों के समर्थन से की जाएगी।
- एआईएम से अधिकतम अनुदान-सहायता एआईआईसी दिशा-निर्देशों के अनुपालन के बाद 2.5 करोड़ तक होगी।

1.12.5 युवा सह – लैब (Youth Co:Lab)

अटल इनोवेशन मिशन (एआईएम), नीति आयोग, यूएनडीपी इंडिया (UNDP INDIA) ने भारत में युवाओं के नेतृत्व वाले सामाजिक उद्यमिता

और नवाचार में तेजी लाने के लिए संयुक्त रूप से युवा सह-प्रयोगशाला शुरू की।

1. **Youth Co:** Lab राष्ट्रीय और उप-राष्ट्रीय स्तर पर सामाजिक नवाचार चुनौतियों का आयोजन करेगी, जो 18-29 वर्ष के आयु वर्ग के युवा लोगों को आमंत्रित करेगी और स्टार्टअप क्षेत्र की कुछ सबसे बड़ी सामाजिक चुनौतियों से निपटने के लिए अपने प्रस्तावित विचारों और समाधानों को प्रदर्शित करने के लिए आमंत्रित करेगी।
2. **Youth Co:** Lab के माध्यम से लैब, युवा उद्यमियों और नवोन्मेषकों को सरकारों, इनक्यूबेटर और निवेशकों के साथ जुड़ने का मौका मिलेगा, जो उन्हें उद्यमशीलता कौशल से लैस करने में मदद करेंगे।

युवा सह-लैब का पहला चरण छह एसडीजी (Sustainable Development Goal) पर केंद्रित होगा

1. एसडीजी 5 (लैंगिक समानता)
2. एसडीजी 6 (स्वच्छ जल और स्वच्छता)
3. एसडीजी 7 (सस्ती और स्वच्छ ऊर्जा)
4. एसडीजी 8 (सभ्य काम और आर्थिक विकास)
5. एसडीजी 12 (टिकाऊ खपत और उत्पादन)
6. एसडीजी 13 (जलवायु कार्रवाई)

क्या है Youth Co: Lab इनिशिएटिव?

यह युवा लोगों के लिए एक अभिनव मंच है ताकि वे अपने विचारों और क्षमताओं का पता लगाएं, और एसडीजी पर भारत की प्रगति को तेज करने के लिए व्यवहार्य समाधानों को दे सकें।

- यूएनडीपी और सिटी फाउंडेशन द्वारा 2017 में सह-निर्मित।
- एशिया प्रशांत क्षेत्र के 25 देशों में परिचालन।

इसका उद्देश्य युवा नेतृत्व, नवाचार और सामाजिक उद्यमिता को बढ़ावा देने के लिए एक सक्षम पारिस्थितिकी तंत्र बनाना है।

इस पहल की आवश्यकता और महत्व

दुनिया की सबसे बड़ी युवा आबादी के साथ देश में लाखों लोग हर साल कार्यबल में प्रवेश कर रहे हैं, यह भारत के लिए एक मजबूत रोजगार और उद्यमिता पारिस्थितिकी तंत्र बनाने के लिए महत्वपूर्ण है।

इसके अलावा, 21वीं सदी की चुनौतियों को पारंपरिक दृष्टिकोण के साथ हल नहीं किया जा सकता है।

इसलिए, क्षेत्र की सबसे मुश्किल विकास चुनौतियों को हल करने के लिए युवा लोगों को सामने और केंद्र में रखना आवश्यक है। यह सुनिश्चित करना आवश्यक है कि वे भविष्य के कौशल, विशेष रूप से नेतृत्व, सामाजिक नवाचार, उद्यमिता और कम्यून सीखने के लिए प्रेरित और उत्साहित हों।

प्रश्न एवं उत्तर (Questions & Answers)

वस्तुनिष्ठ प्रश्न (Objective Questions)

1. **अटल नवोन्मेष मिशन स्थापित किया गया:** ***[UPSC (Pre) - 2019]***
   (a) विज्ञान एवं तकनीकी विभाग के अधीन
   (b) रोजगार मंत्रालय
   (c) नीति आयोग
   (d) कौशल विकास एवं आंगप्रेन्योर मंत्रालय

2. **भारतीय वैज्ञानिकों/स्कॉलर से संबंधित सूची-I को उनके कार्यक्षेत्र से संबद्ध सूची-II से मिलाइये तथा सही जोड़े का चयन दिये गए कूट की सहायता से चयन कर उत्तर दें:** ***[UPSC (Pre) - 2006]***

सूची-I	सूची-II
A. सी एन आर राव	1. टेलीकम्युनिकेशन
B. जगदीश भगवती	2. भौतिकी
C. जी एन रामचंद्रन	3. अर्थशास्त्र
D. अशोक झुनझुनवाला	4. ठोस-अवस्था रसायन शास्त्र व पदार्थ विज्ञान

कूटः

	A	B	C	D
(a)	4	3	2	1
(b)	2	1	4	3
(c)	4	3	2	3
(d)	2	3	4	1

उत्तरमाला (Answer Key)

1. (c) 2. (a)

अध्याय

2

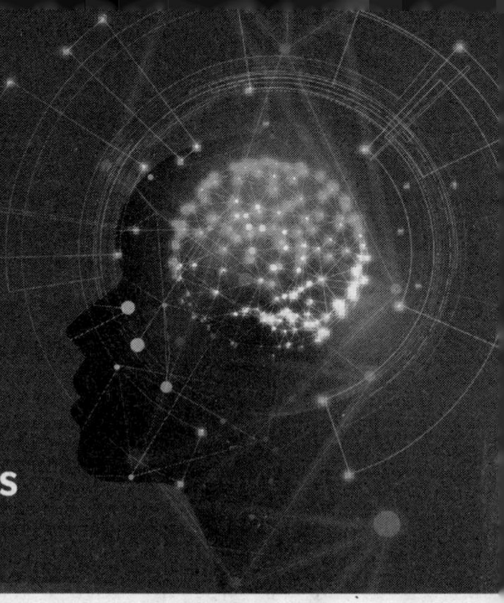

विज्ञान तथा तकनीक के विकास हेतु विभिन्न संगठन, संस्थान तथा विभाग

(Different Organisations, Institutions and Departments for the Development of Science and Technology)

इस अध्याय में...

ICMR निकटता से राष्ट्रीय एड्स नियंत्रण संगठन के साथ कार्य कर रहा है तथा यह 'एण्ड एड्स बाय 2030' (End AIDS by 2030) के लिए प्रतिबद्ध है।

29 जुलाई, 2020 को केंद्रीय मंत्रिमंडल द्वारा अनुमोदित नई शिक्षा नीति (NEP) में विद्यालयों में अधिक प्रयोग-आधारित कक्षाएं और हैंड-ऑन लर्निंग पर जोर दिया गया है।

राष्ट्रीय विज्ञान दिवस 2023 का विषय "वैश्विक कल्याण के लिए वैश्विक विज्ञान" था।

2.1 21वीं सदी में विकासशील देशों में विज्ञान और प्रौद्योगिकी की भूमिका (Role of Science and Technology in the Developing World in the Twenty-First Century)

विज्ञान और प्रौद्योगिकी के क्षेत्र में विकास, लोगों की जीवन शैली, संचार और लेन-देन के तरीके को बदल रहा है। इसका आर्थिक विकास पर भी गहरा प्रभाव पड़ा है। तकनीकी रूप से उन्नत जीवन शैली को बढ़ावा देने के लिए, विकासशील देशों को युवाओं के लिए गुणवत्तापूर्ण शिक्षा में निवेश करना चाहिए तथा श्रमिकों व प्रबंधकों के कौशल विकास के लिए प्रयास करना चाहिए।

वर्तमान में दूर-संचार, जैव-प्रौद्योगिकी, माइक्रो-प्रोसेसर व नैनो-तकनीकी जैसे- क्षेत्र प्रौद्योगिकी के क्षेत्र में क्रांति की नई इबादतें लिख रहे हैं।

चिकित्सा सेवाओं और शिक्षा के विकास के साथ, प्रौद्योगिकी विकासशील देशों में रहने वाले गरीब लोगों की भलाई के लिए काम कर सकती है। पिछली कई शताब्दियों से, मलेरिया अफ्रीकी महाद्वीप का अभिशाप रहा है, लेकिन अब इसे महाद्वीप से सफलतापूर्वक नष्ट कर दिया गया है। इसी तरह, कई अन्य स्थानिक रोगों के लिए इलाज संभव हो सका है, जिससे लोग स्वस्थ और उत्पादक जीवन जी रहे हैं।

विकास के एक इंजन के रूप में, प्रौद्योगिकी के पास असीमित क्षमता है, लेकिन विकासशील देशों में इसे जमीन पर उतारने की क्षमता का अभाव है। अल्पविकसित देशों में कुशल श्रम और पूंजी की कमी है। देशभर में प्रचलित प्रति व्यक्ति आय में मतभेद न केवल इनपुट में अंतर के कारण बल्कि उत्पादकता बढ़ाने के लिए तकनीकों को अपनाने की अक्षमता के कारण भी है।

उदाहरण के लिए, कम्प्यूटिंग में बुनियादी ढांचे के अनलॉकिंग और एकीकृत आपूर्ति शृंखला के प्रबंधन के माध्यम से आर्थिक प्रदर्शन को बदलने की क्षमता है। यह शिक्षा व स्वास्थ्य क्षेत्र में सस्ती और सुलभ सेवाओं को सक्षम कर सकता है। मानव अनुभव इंटरनेट, कम्प्यूटर, मोबाइल उपकरण और 'मेघ संगणक' (Cloud Computing) के मिश्रण से बिल्कुल बदल गया है, यह लोगों को ज्ञान और बाजार तक पहुंच प्रदान करता है, यह नागरिकों और अधिकारियों के बीच के रिश्तों को बदलता है। यह विश्व की आभासी दुनिया में नए समुदायों के उद्भव की भी अनुमति देता है।

सूचना संचार प्रौद्योगिकी (ICT) का प्रसार और विस्तार पूरी तरह से बिजली पर निर्भर करता है। अगले 20 वर्षों में वास्तविक विभाजन उन लोगों के बीच होगा, जिनके पास उन्नत उपकरणों को बिजली देने के लिए विश्वसनीय बिजली की पहुंच है और जिनके पास सुलभता से उपलब्ध नहीं है।

विकसित हो रही अन्य प्रौद्योगिकियां, प्रोटॉन कैंसर थैरेपी, आनुवंशिक इंजीनियरिंग आदि को नई ऊंचाइयों पर ले जाएगी। क्रांतिकारी आविष्कारों में छोटी भूमिगत परमाणु ऊर्जा इकाइयां भी शामिल हैं, जिन्हें परमाणु बैटरी कहते हैं, जो अत्यंत-सुरक्षित और रख-रखाव-मुक्त भी हो सकते हैं। नए प्रकार के फोटोवोल्टिक्स, जो कि सूर्य के प्रकाश से बिजली देगा, अत्यंत सस्ते सौर-बिजली का उत्पादन करेंगे, जो विकासशील देशों के हित में है।

तकनीकी क्रांतियों के प्रबंधन में कई चुनौतियां हैं, कुछ नवाचारों और खोजों में भी जैव-नैतिक मुद्दों को बढ़ाया जा सकता है, जैसे कि खाद्य फसलों के आनुवंशिक संशोधन और मानव भ्रूण के क्लोनिंग मामले में पहले किया जा चुका है। प्रौद्योगिकी के विकास का पहला चरण अत्यंत खर्चीला होगा, जिसे वहन करना विकासशील देशों के वश की बात नहीं। महंगी तकनीक से संसाधन सम्पन्न लोग ही लाभन्वित हो सकेंगे। प्रौद्योगिकी का विकास पर्यावरण क्षय को भी बढ़ावा देगा।

एक ऐसी दुनिया में जहां इंटरनेट सर्वव्यापी जानकारी देता है, ज्ञान को समझदारी से उपयोग करने की क्षमता मायने रखती है। ज्ञान प्रणालीगत रूप से एकीकृत जानकारी है, जो नागरिक, कार्यकर्ता, प्रबंधक या वित्त मंत्री को जटिल और मांग की दुनिया में उद्देश्यपूर्ण और समझदारी से कार्य करने की अनुमति देता है। किसी राष्ट्र या संस्था के लिए जरूरी ज्ञान के भंडार तथा प्रवाह में निवेश कमी व नुकसानदेह नहीं होता।

उपयुक्त तकनीकों का प्रयोग हमें उच्च उत्पादकता की ओर ले जाता है, जो कि विकास की कुंजी है। जिस समाज में ज्ञान का विशाल भंडार व प्रवाह होता है, वहां सृजनशीलता को प्रोत्साहित करने वाले गुणवान दायरे और तकनीकी नव-प्रवर्तन स्वाभाविक रूप से उभरकर आते हैं और दीर्घ अवधि तक निरंतर विकास करते हैं। ज्ञान के सीमित भंडार वाले समाज में, रचनात्मक लोग स्वयं को दबा हुआ महसूस करते हैं और वे शीघ्रातिशीघ्र प्रस्थान कर जाते हैं। इस प्रकार एक दुष्चक्र पैदा कर लेते हैं, जो उन लोगों को फंसाते हैं, जो एक अधिक गरीब स्थान में रहते हैं। ऐसा समाज गरीबी और निर्भरता में फंसा रहता है।

निवेश का माहौल महत्वपूर्ण है, इसलिए संसाधनों के वितरण का मार्गदर्शन करने के लिए, अनुसंधान और विकास को प्रोत्साहित करने के लिए, सही प्रोत्साहन संरचनाएं भी आवश्यक हैं।

विकसित देशों ने महत्वपूर्ण क्षेत्रों में वित्त अनुसंधान और विकास में मदद करने के लिए लोक वित्त निवेश के द्वारा अपनी नवोन्मेष और सीखने की क्षमता बढ़ा दी है।

2.2 केंद्र सरकार के अंतर्गत विज्ञान एवं प्रौद्योगिकी मंत्रालय तथा विभाग (Ministry of Science & Technology and Departments under the Central Government)

2.2.1 विज्ञान एवं प्रौद्योगिकी विभाग [Department of Science and Technology (DST)]

विज्ञान एवं प्रौद्योगिकी के नये स्रोतों को बढ़ावा देने के उद्देश्य से मई 1971 में विज्ञान एवं प्रौद्योगिकी विभाग स्थापित किया गया। यह देश में विज्ञान एवं प्रौद्योगिकी क्रियाकलापों के उन्नयन तथा समन्वयन के लिए नोडल विभाग है। यह विभाग अनेक कार्यक्रमों तथा परियोजनाओं के लिए जिम्मेदार है। उनमें से कुछ निम्न हैं:

1. विज्ञान एवं प्रौद्योगिकी से संबंधित नीतियां तैयार करना।
2. कैबिनेट की वैज्ञानिक सलाहकार समिति से संबंधित मुद्दों पर विचार करना।
3. विज्ञान एवं प्रौद्योगिकी के नये स्रोतों को बढ़ावा देना।

4. विज्ञान एवं प्रौद्योगिकी के क्षेत्रों का समन्वयन तथा एकीकरण।
5. वैज्ञानिक अनुसंधान संस्थानों व निकायों को समर्थन तथा अनुदान।
6. यह उन सभी मुद्दों को देखता है, जो निम्नलिखित से संबंधित हैं:
   - विज्ञान एवं अभियांत्रिकी अनुसंधान बोर्ड
   - प्रौद्योगिकी विकास बोर्ड तथा संबंधित अधिनियम, जैसे- अनुसंधान एवं विकास उपकर अधिनियम, 1986 तथा प्रौद्योगिकी विकास बोर्ड अधिनियम, 1995
   - राष्ट्रीय विज्ञान एवं प्रौद्योगिकी दूरसंचार परिषद्
   - राष्ट्रीय विज्ञान एवं प्रौद्योगिकी उद्यमिता विकास बोर्ड
   - अंतर्राष्ट्रीय स्तर पर विकास एवं प्रौद्योगिकी सहयोग, विदेश मंत्रालय के सहयोग से संबंधित अधिकारियों की नियुक्ति
   - विभिन्न स्वायत्त विज्ञान एवं प्रौद्योगिकी संस्थान, जिनमें खगोल-भौतिकी संस्थान तथा भू-चुंबकत्व संस्थान भी शामिल हैं।
   - राष्ट्रीय स्थानिक डाटा अवसंरचना (National Spatial Data Infrastructure) को बढ़ावा
   - विज्ञान एवं प्रौद्योगिकी विभाग ने अनेक विज्ञान अकादमियों को उनको बढ़ावा देने के साथ-साथ उनका वित्त-पोषण भी किया है।
   - भारतीय सर्वेक्षण, राष्ट्रीय एटलस तथा विषयक मानचित्रण संगठन (Thematic Mapping Organization)
   - भौगोलिक सूचना प्रणाली को बढ़ावा
   - राष्ट्रीय नवोन्मेष फाउंडेशन, अहमदाबाद
7. विज्ञान एवं प्रौद्योगिकी सूचना प्रणाली का प्रबंधन एवं समन्वयन
8. विज्ञान एवं प्रौद्योगिकी मिशन विकसित करने के लिए अंतर-ऐजेंसी/अंतर-विभागीय समन्वय से संबंधित मामले
9. घरेलू प्रौद्योगिकी पर जोर, वैज्ञानिक एवं औद्योगिक अनुसंधान विभाग के अंतर्गत आने वाले उद्यमों को छोड़कर उन उद्यमों को बढ़ावा जिनमें इस तरह की तकनीक का व्यवसायीकरण शामिल है।
10. राष्ट्र की सुरक्षा तथा विकास के लिए विज्ञान एवं प्रौद्योगिकी को बढ़ावा
11. समाज के कमजोर, महिला तथा वंचित वर्गों के लाभ के लिए विज्ञान एवं प्रौद्योगिकी का अनुप्रयोग

2.2.1.1 डी.एस.टी. के तहत् कार्यक्रम

रचनात्मकता और नवाचार

पिछले कुछ सालों से लगातार विज्ञान की धाराओं में नामांकन में गिरावट, शिक्षाविदों और नीति-निर्माताओं के लिए चिंता का एक कारण है। रचनात्मक वैज्ञानिक नवाचारों के क्षेत्र में युवाओं को उद्यम के लिए प्रोत्साहित करने के संबंध में इसी तरह की चिंता व्यक्त की गई है। एक राष्ट्र की प्रगति रचनात्मकता, वैज्ञानिक अनुसंधान और नवाचार पर निर्भर करती है।

विज्ञान के लिए छात्रों के बीच रुचि पैदा करने और नए विचारों को विकसित करने में प्रेरित करने के लिए, भारत सरकार के विज्ञान और प्रौद्योगिकी विभाग (डीएसटी) ने कुछ साल पहले 'INSPIRE कार्यक्रम' शुरू किया था (https://online-inspire.gov.in/)। प्रेरित अनुसंधान के लिए विज्ञान शोध में प्रेरणा या नवाचार (Innovation in Science Pursuit for Inspired Research) का उद्देश्य युवा प्रतिभा को उन्नत अध्ययन और बुनियादी विज्ञान में अनुसंधान के लिए प्रोत्साहित करना है ताकि इस प्रकार राष्ट्रीय एस एंड टी आधार को मजबूत और उसका निर्माण किया जा सके।

कार्यक्रम की सबसे महत्वपूर्ण विशेषता यह है कि प्रतिभा को किसी भी स्तर पर अलग करने के लिए प्रतियोगी परीक्षा आयोजित करने में यह विश्वास नहीं रखता है बल्कि, यह प्रतिभा की पहचान करने के लिए पहले से ही मौजूदा शैक्षिक संरचना की प्रभावकारिता पर निर्भर करता है। इसके साथ ही, युवाओं के बीच वैज्ञानिक स्वभाव को फैलाने के लिए इसमें शिक्षा, वैज्ञानिक समुदाय/उद्योग, राज्य कार्यकर्ता और अन्य हितधारक भी शामिल है।

इस कार्यक्रम में 10-32 वर्ष आयु समूह शामिल हैं और इसके घटकों में निम्न शामिल हैं:

1. प्रतिभा के प्रारंभिक आकर्षण की योजना
2. उच्च शिक्षा (एस.एच.ई.) के लिए छात्रवृत्ति
3. अनुसंधान पेशा के लिए निश्चित अवसर

INSPIRE योजना

इस योजना के पांच उप-घटक हैं:

1. ***INSPIRE पुरस्कार :*** **10-15 वर्ष** आयु वर्ग के लिए
2. ***INSPIRE इंटर्नशिप :*** **16-17 साल** के आयु वर्ग के लिए, एक विज्ञान शिविर में, वैश्विक विज्ञान नेताओं के साथ बातचीत करने का मौका।
3. ***उच्च शिक्षा (एस.एच.ई.) के लिए INSPIRE छात्रवृत्ति :*** **17-22 वर्ष** आयु वर्ग के लिए, बी.एस.सी. और एम.एस.सी. स्तर पर सतत् शिक्षा के लिए प्रतिवर्ष 80,000 रुपए की सहायता।
4. ***INSPIRE फैलोशिप :*** डॉक्टरेट अनुसंधान के लिए (**22-27 वर्ष के आयु वर्ग के लिए**)।
5. ***INSPIRE संकाय :*** कैरियर के अवसर सुनिश्चित करने के लिए (27-32 वर्ष के आयु वर्ग के लिए)।
   - योजना का पहला घटक, INSPIRE पुरस्कार, राज्यों/संघ शासित प्रदेशों के माध्यम से केंद्र में लागू किया जाता है, जबकि योजना के अन्य घटक संबंधित शैक्षणिक/अनुसंधान संस्थानों और विश्वविद्यालयों के माध्यम से विज्ञान एवं प्रौद्योगिकी विभाग द्वारा केंद्र में कार्यान्वित किए जाते हैं।

प्रतिभा के प्रारंभिक आकर्षण की योजना

(Scheme for Early Attraction of Talent)

यह योजना लाखों छात्रों को उनकी रचनात्मकता को चित्रित करने के लिए एक मंच प्रदान करती है जहां वे प्रयोग और नवीन आविष्कार कर सकते है। इस योजना के अंतर्गत, विज्ञान में आनन्द और नवीनता का अनुभव करने के लिए 10-15 वर्ष की उम्र के छात्रों को वित्तीय सहायता प्रदान की जाती हैं।

- **INSPIRE पुरस्कार:** यह डी.एस.टी. का एक लोकप्रिय कार्यक्रम है, जिसका उद्देश्य छठी कक्षा (10-15 आयु वर्ग) से चयनित छात्रों को अभिनव परियोजनाओं मे जाने के लिए प्रेरित करना है। हर साल मध्य और उच्च विद्यालयों में से दो लाख विद्यालय जाने वाले बच्चों को INSPIRE पुरस्कार के लिए चुना जाता है। प्रति छात्र 5,000 की राशि प्रदान की जाती

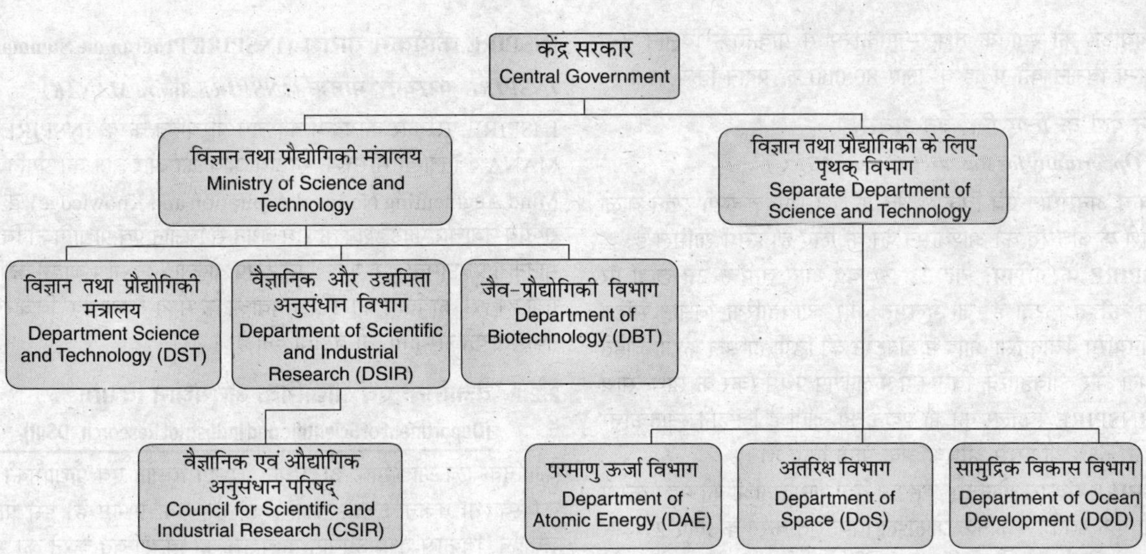

चित्र 2.1
केंद्र सरकार के अंतर्गत कार्य करने वाले विज्ञान एवं प्रौद्योगिकी विभाग

है, जिसमें परियोजना की लागत और प्रदर्शनी में प्रोजेक्ट प्रदर्शित करने के लिए परिवहन खर्च शामिल है।

चयनित छात्र जिला, राज्य और राष्ट्रीय स्तर की तीन स्तरीय प्रतियोगिता में भाग लेते हैं। प्रदर्शित परियोजनाओं का मूल्यांकन ज्यूरी के सदस्यों द्वारा किया जाता है। देश के सभी विद्यालय, जिला/राज्य शिक्षा प्राधिकरण द्वारा मान्यता प्राप्त हैं, चाहे वे सरकार या निजी सहायता प्राप्त या अनुदानित या केंद्र सरकार या स्थानीय निकायों द्वारा चलाए जा रहे हैं। कक्षा VI-X तक के विद्यालयों को इस योजना में शामिल किया गया है।

- **INSPIRE इंटर्नशिप:** योजना के इस घटक का उद्देश्य ग्रीष्मकालीन या सर्दियों के मौसम में विज्ञान शिविरों के आयोजन के माध्यम से युवा छात्रों को विज्ञान से परिचित कराना है। हर साल लगभग 50,000 इच्छुक छात्रों को, जो अपनी दसवीं कक्षा में शीर्ष 1% में से हैं और कक्षा 11 में विज्ञान संकाय की पढ़ाई कर रहे हैं, ऐसे छात्रों को पांच दिवसीय विज्ञान शिविर में भाग लेने के लिए आमंत्रित किया जाता है। ऐसा करने से, छात्रों को नोबेल पुरस्कार विजेताओं सहित राष्ट्रीय और अंतर्राष्ट्रीय ख्याति के प्रसिद्ध विद्वानों के साथ बातचीत करने का मौका मिलता है। ये विज्ञान कैंप प्रभाव के मामले में एक प्रमुख गतिविधि बन गए हैं। युवाओं के एक देश में जहां खेल और फिल्मी सितारे युवाओं के आइकन होते हैं, इस शिविर के द्वारा वैज्ञानिक भी युवाओं के आइकन बनने लगे हैं।

उच्च शिक्षा के लिए छात्रवृत्ति (Scholarship for Higher Education)

- उच्च शिक्षा के लिए छात्रवृत्ति प्रदान करने का उद्देश्य युवाओं/छात्रों को छात्रवृत्ति एवं सलाह प्रदान कर विज्ञान गहन कार्यक्रमों की ओर आकर्षित करना है। छात्रवृत्ति उन लोगों के लिए वरदान है, जो किसी कारण अपनी शिक्षा जारी रखने में असमर्थ हैं। यह योजना सलाना 10,000 छात्रवृत्तियां प्रदान करती है। 17–22 साल

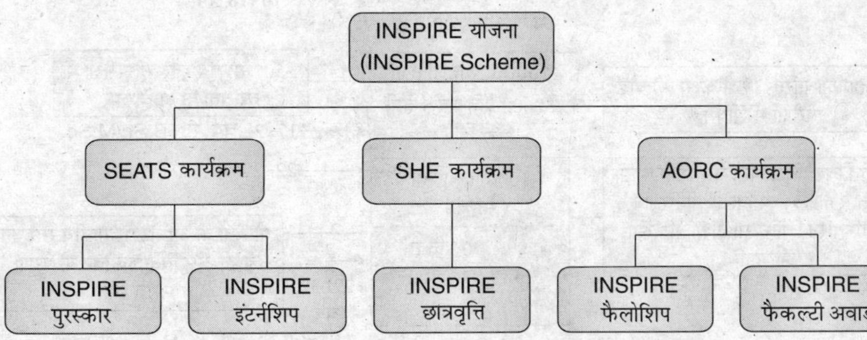

चित्र 2.2
INSPIRE योजना

के युवाओं को स्नातक तथा स्नातकोत्तर में प्राकृतिक विज्ञान तथा सामान्य विज्ञान की पढ़ाई के लिए 80,000 रु. प्रदान किये जाते हैं।

अनुसंधान पेशे के लिए निश्चित अवसर

(Assured Opportunity for Research Career-AORC)

यह कार्यक्रम अनुसंधान एवं विकास क्षेत्र के पेशे में दिलचस्पी रखने वालों के लिए पेशे के अवसरों का आश्वासन देने के लिए है। इसमें शामिल हैं:

- **INSPIRE फैलोशिप:** यह 22-27 वर्ष आयु वर्ग के उन छात्रों पर ध्यान केंद्रित करता है, जो मूलभूत और व्यावहारिक विज्ञान सहित इंजीनियरिंग, चिकित्सा आदि में डॉक्टरेट की डिग्री हासिल करना चाहते हैं। मूल और व्यावहारिक विज्ञान में फैलोशिप प्रथम रैंकर के साथ-साथ उन INSPIRE स्कॉलर को भी प्रदान की जाती है जिन्होंने स्नातकोत्तर स्तर पर 65% या इससे अधिक अंक प्राप्त किए हैं।
- **INSPIRE संकाय योजना:** यह उन युवा शोधकर्ताओं की मदद करती है जो एक स्वतंत्र वैज्ञानिक प्रोफाइल विकसित करने के लिए 27 और 32 साल के बीच हैं और उन्हें एस एंड टी के मार्ग दर्शन के रूप में उभरने में मदद करती है। हर साल यह योजना बुनियादी और व्यावहारिक दोनों क्षेत्रों में पांच साल के लिए संविदात्मक और कार्यकाल दोनों पदों की पेशकश करके 1000 डॉक्टरों के शोधकर्ताओं के लिए पेशे (Career) का आश्वासन देती है।

INSPIRE कार्यक्रम सारांश (INSPIRE Programme Summary)

INSPIRE पुरस्कार मानक (INSPIRE Award MANAK)

INSPIRE पुरस्कार कार्यक्रम का नाम परिवर्तित करके INSPIRE Award-MANAK (लाखों मस्तिष्क राष्ट्रीय आकांक्षा और ज्ञान की प्रगति Million Mind Augmenting National Aspiration and Knowledge) के नाम पर राष्ट्रीय नवाचार फाउंडेशन के समन्वयन से विज्ञान एवं प्रौद्योगिकी विभाग द्वारा माननीय प्रधानमंत्री द्वारा शुरू "स्टार्टअप योजना" के साथ जोड़ने के लिए रखा गया है। इस कार्यक्रम का उद्देश्य युवाओं के मध्य रचनात्मक विचारधारा तथा नवाचार की संस्कृति को बढ़ावा देना है।

2.2.2 वैज्ञानिक एवं औद्योगिक अनुसंधान विभाग (Department of Scientific and Industrial Research - DSIR)

वैज्ञानिक एवं औद्योगिक अनुसंधान विभाग विज्ञान एवं प्रौद्योगिकी मंत्रालय का स्वदेशी तकनीक को बढ़ावा देने हेतु एक प्रभाग है। इसे प्रौद्योगिकी संवर्द्धन, विकास तथा उपयोग कार्यक्रम को क्रियान्वित करने का भार सौंपा गया है। यह दो स्वायत्त संस्थाओं के क्रियाकलापों का समन्वय भी करता है, जैसे-वैज्ञानिक एवं औद्योगिक अनुसंधान परिषद् (CSIR) तथा परामर्श विकास केंद्र (CDC) और दो सार्वजनिक क्षेत्र की इकाईयां, राष्ट्रीय अनुसंधान विकास निगम (NRDO) तथा केंद्रीय इलेक्ट्रॉनिक्स लिमिटेड (CEL)।

परामर्श विकास केंद्र (Consultancy Development Centre - CDC) भारत सरकार के विज्ञान तथा प्रौद्योगिकी मंत्रालय के वैज्ञानिक और उद्यमिता

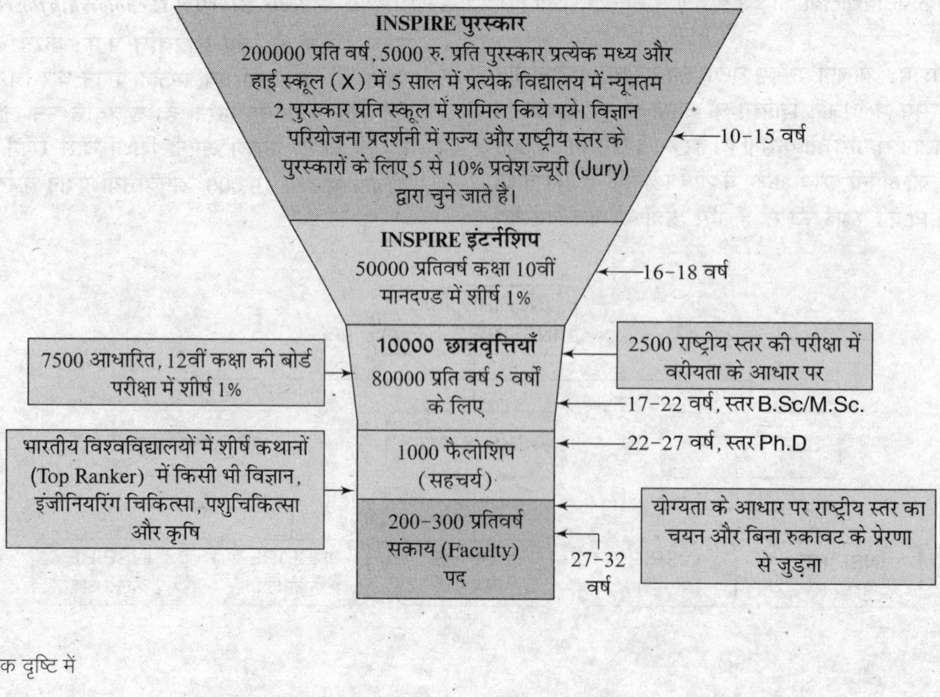

चित्र 2.3
INSPIRE कार्यक्रम: एक दृष्टि में

अनुसंधान विभाग (Dept. of Scientific and Industrial Research - DSIR) के अधीन एक स्वायत्त संस्थान (Autonomous Institute) है।

2.2.2.1 वैज्ञानिक एवं औद्योगिक अनुसंधान परिषद (Council of Scientific and Industrial Research - CSIR)

यह विज्ञान तथा प्रौद्योगिकी मंत्रालय के वैज्ञानिक तथा औद्योगिक अनुसंधान विभाग (Dept. of Scientific and Industrial Research - DSIR) के अधीन एक स्वायत्त, गैर-लाभकारी वित्त पोषित (Non-Profit Funded) अनुसंधान तथा विकास संस्थान है। इसकी स्थापना 1942 में हुई थी।

उद्देश्य: वैज्ञानिक एवं औद्योगिक अनुसंधान व विकास के माध्यम से भारतीय लोगों के आर्थिक, पर्यावरणीय एवं सामाजिक हितों में वृद्धि करना।

वैज्ञानिक एवं औद्योगिक अनुसंधान परिषद्, DSIR के अधीन एक प्रमुख संस्था है। 40 संस्थानों तथा लगभग 100 क्षेत्रीय स्टेशनों से युक्त यह संस्था सुपरिभाषित क्षेत्रों के विकास एवं अनुसंधान हेतु समर्पित है। कुछ अन्य कार्यक्रम हैं- उद्योग द्वारा अनुसंधान व विकास में सहयोग देना, तकनीकी आत्म-निर्भरता, तकनीकी हस्तांतरण एवं NISSAT (विज्ञान एवं तकनीकी हेतु) राष्ट्रीय सूचना प्रणाली की दक्षता में वृद्धि करना।

CSIR द्वारा उभरती आवश्यकताओं को पूरा करना

- देश की आवश्यकताओं को पूरा करने तथा आर्थिक मूल्य निर्माण हेतु विज्ञान, प्रौद्योगिकी तथा नवोन्मेष (STI) को प्रोत्साहन।
- व्यापक स्तर पर तकनीक के इस्तेमाल तथा वाणिज्यीकरण को बढ़ाने के लक्ष्य के साथ औद्योगिक सहयोग तथा अंतिम बिंदु तक जुड़ाव।
- अत्याधुनिक अवसंरचना तथा CSIR के मानव संसाधन का इस्तेमाल करते हुए विज्ञान तथा तकनीक आधारित उद्यमिता का निर्माण तथा रोजगार निर्माण ताकि व्यापक स्तर पर एक संरचनात्मक कौशल विकास पहल को अपनाया जा सके, जो देश की आवश्यकताओं को पूरा कर सके।
- सर्वोत्तम प्रतिभा को आकर्षित करने तथा बनाए रखने के लिए प्रगतिशील मानव संसाधन नीतियों का विकास।

सी.एस.आई.आर. द्वारा बहुत-सी नेतृत्वकारी-पथ प्रदर्शक पहलें

- सर्वोत्तम सुपाच्यता के द्वारा भैंस के दूध से बना बच्चों के लिए पहला बेबी पॉउडर दूध बनाया।
- निर्वाचन हेतु अमिट निशान के लिए पहली बार अमिट स्याही का निर्माण।
- सबसे पहले महिलाओं के लिए 'सहेली' नामक गर्भनिरोधक' का निर्माण, जो 'वंस ए वीक-ओरल' तथा स्टेरॉयड-मुक्त है।
- सबसे पहले 'सेमिनल प्लाज्मिन' के निर्माण के साथ सबसे छोटे प्रोटीन अणु की खोज के साथ ऊतक-संवर्द्धित पुष्पीय बम्बू (बांस) का निर्माण।
- सबसे पहले महासागरीय नितल से बहु-धात्विक नोड्यूल्स का खनन।
- सबसे पहले हंस-ऑल कंपोजिट स्मॉल एयरक्राफ्ट तथा 5-सिटर बहुद्देशीय एयरक्राफ्ट CNM-5 का निर्माण।
- सबसे पहले अपने किस्म के ब्रॉड-स्पैक्ट्रम रिफ्लैक्टैंस स्पैक्ट्रोस्कॉपी आधारित कॉन-फोकल सूक्ष्मदर्शी का निर्माण जो सुपर-कंटीन्नम प्रकाश स्रोत का प्रयोग करता है।
- सबसे पहले (विश्व में) चमड़े की जैव-प्रसंस्करण तकनीकी जो चर्म-प्रसंस्करण को अगले दौर में ले जाएगा।
- प्रथम हस्तचालित बैटरी युक्त माइक्रो पी.सी.आर.-100 से अधिक देशों में पेटेंट करवाया गया।
- हृदय रोगों की रामबाण-स्ट्रेप्टोकाइनेज दवा का निर्माण जो अपने आप में अद्वितीय है।
- आंखों के इंफेक्शन की पहचान हेतु अपनी किस्म की पहली डी.एन.ए. आधारित मैक्रो चिप का निर्माण, जो परंपरागत 3-7 दिवसीय परीक्षण की तुलना में विभिन्न जीवाणुओं का परीक्षण सात से आठ घंटों में एक ही परीक्षण में कर सकने की क्षमता से युक्त है।
- प्रथम स्वदेशी ट्रैक्टर 'स्वराज' का विकास, जिसने हरित क्रांति में सहयोग दिया।

2.2.3 परमाणु ऊर्जा विभाग (Department of Atomic Energy - DAE)

परमाणु ऊर्जा विभाग (DAE) 3 अगस्त, 1954 को राष्ट्रपति के आदेश द्वारा अस्तित्व में आया जो प्रधानमंत्री के प्रत्यक्ष प्रभार के अधीन है। परमाणु ऊर्जा आयोग का गठन प्रस्ताव (Resolution) के आधार पर किया गया था। परमाणु ऊर्जा विभाग (Department of Atomic Energy) में भारत सरकार का सचिव परमाणु ऊर्जा आयोग (Atomic Energy Commission) का पदेन अध्यक्ष (ex-officio Chairman) होता है। DAE परमाणु ऊर्जा प्रौद्योगिकी (Atomic Energy Technology) के विकास तथा विकिरण प्रौद्योगिकियों (Radiation Technologies) के कृषि, उद्योग तथा मौलिक अनुसंधानों के क्षेत्र में अनुप्रयोगों में संलग्न है।

2.2.4 अंतरिक्ष विभाग (Department of Space-DoS)

अंतरिक्ष विभाग का प्राथमिक उत्तरदायित्व आत्मनिर्भरता की प्राप्ति तथा अंतरिक्ष अनुप्रयोगों को सुगम बनाने के लिए अंतरिक्ष विज्ञान (Space Science) तथा प्रौद्योगिकी के विकास को प्रोत्साहित करना है ताकि देश का संपूर्ण विकास हो सके। अंतरिक्ष विभाग (DoS) प्रतिबद्ध है:

- संपूर्ण आत्मनिर्भरता की प्राप्ति के लक्ष्य के साथ उपग्रह (Satellite) तथा प्रक्षेपण यान (Launch Vehicle) में अनुसंधान तथा विकास करना।
- देश की दूरसंचार (Telecommunication) तथा प्रसारण (Broadcasting) आवश्यकता के लिए राष्ट्रीय अंतरिक्ष आधारिक संरचना (National Space Infrastructure) प्रदान करना।
- मौसम पूर्वानुमान, निगरानी आदि के लिए आवश्यक उपग्रह सेवाएं (Satellite Services) देना।
- देश में प्राकृतिक संसाधनों के सर्वेक्षण, प्राकृतिक आपदा के प्रबंधन, सार्वजनिक वस्तु सेवाएं (Public Goods Services) तथा पर्यावरण की निगरानी के लिए उपग्रहीय चित्रण (Satellite Imagery) प्रदान करना।
- अंतरिक्ष अनुप्रयोगों (Space Application) की अवधारणाओं के प्रदर्शन को प्रभावित करने का दायित्व।
- राष्ट्र की आवश्यकता के अनुसार अंतरिक्ष विज्ञान (Space Science) तथा अनुप्रयोगों के विकास के कार्यक्रम में अनुसंधान को प्रोत्साहन देना।

2.2.5 जैव-प्रौद्योगिकी विभाग (Department of Biotechnology - DBT)

1982 में राष्ट्रीय जैव-प्रौद्योगिकी बोर्ड (National Biotechnology Board - NBTB) की स्थापना सरकार द्वारा भारत में जैव-प्रौद्योगिकी

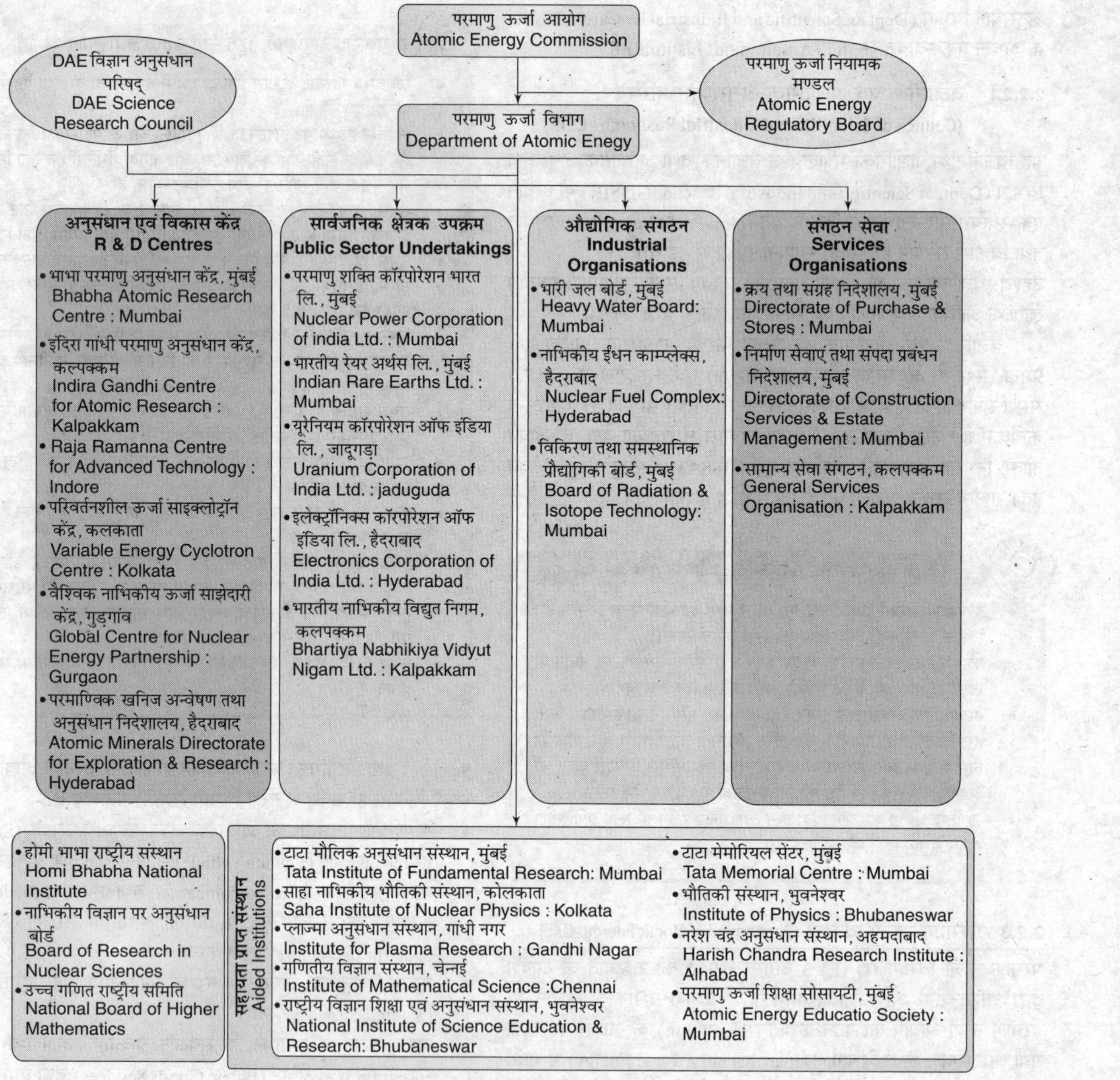

चित्र 2.4
परमाणु ऊर्जा आयोग की संगठनात्मक संरचना

(Biotechnology) के प्राथमिकता वाले क्षेत्रों (Priority Areas) की पहचान तथा उसे दीर्घकालिक परिप्रेक्ष्य में विकसित करने के लिए की गई थी। यह इस नये उभरते क्षेत्र में स्वदेशी क्षमताओं (Indigenous Capabilities) को सुदृढ़ बनाने के लिए भी उत्तरदायी था।

अंततः फरवरी, 1986 में एक पृथक् जैव-प्रौद्योगिकी विभाग (Department of Biotechnology, DBT) की स्थापना निम्नलिखित उद्देश्यों के लिए की गई थी-

- वृहद स्तर पर जैव-प्रौद्योगिकी के उपयोग को प्रोत्साहन
- जीव विज्ञान (Biology) में अनुसंधान तथा विकास (R&D) को समर्थन तथा विनिर्माण
- विश्वविद्यालय तथा उद्योग की परस्पर क्रिया को प्रोत्साहन
- अनुसंधान तथा विकास के लिए उत्कृष्टता केंद्रों (Centres of Excellence) की पहचान तथा स्थापना

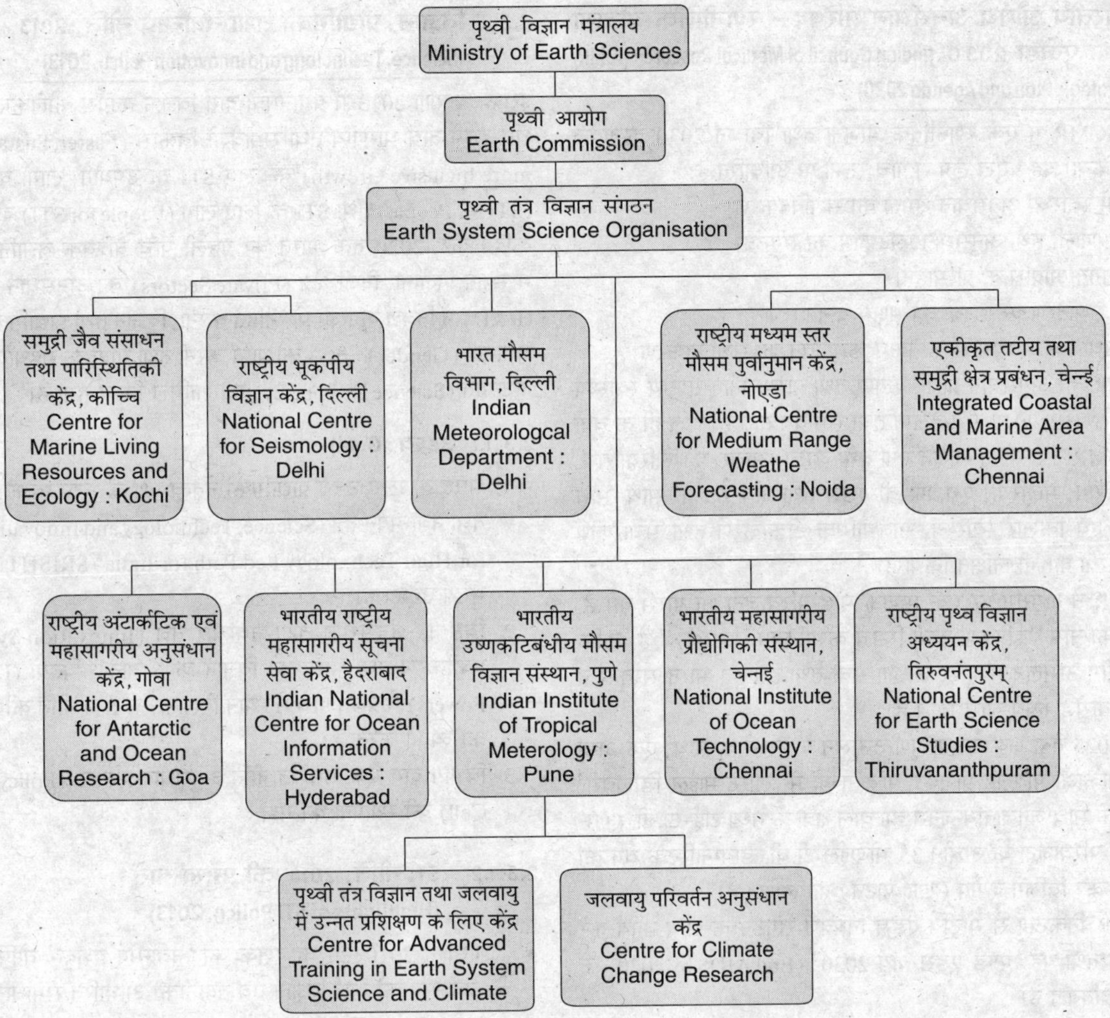

चित्र 2.5
भारत में अंतरिक्ष संगठन

- मानव संसाधन विकास (Human Resource Development) के लिए एकीकृत कार्यक्रम
- विशिष्ट अंतर्राष्ट्रीय सहभागिता के लिए केंद्रीय स्थल (Nodal Point) के रूप में कार्य
- जैव सुरक्षा नियमावलियों में सुधार करना।

2.2.6 महासागरीय विकास विभाग (Department of Ocean Development - DOD)

महासागरीय विकास विभाग की स्थापना जुलाई 1981 में मंत्रिमंडलीय सचिवालय (Cabinet Secretariat) के एक भाग के रूप में प्रधानमंत्री के प्रभार के अधीन की गई। यह एक अलग विभाग के रूप में मार्च 1982 में अस्तित्व में आया। पहले DOD देश में सागरीय विकास गतिविधियों के आयोजन, समन्वय तथा उन्हें प्रोत्साहित करने के लिए केंद्रीय मंत्रालय (Nodal Ministry) के रूप में कार्य करता था। फरवरी 2006 में सरकार द्वारा विभाग को सागरीय विकास मंत्रालय (Ministry of Ocean Development - MoOD) के रूप में अधिसूचित किया गया। भारत सरकार द्वारा 12 जुलाई, 2006 को राष्ट्रपति के आदेश द्वारा बाद में पुनः सागरीय विकास मंत्रालय (MoOD) तथा एक नये पृथ्वी विज्ञान मंत्रालय (Ministry of Earth Science - MoES) का पुनर्गठन कर भारतीय मौसम विभाग (Indian Meterological Department - IMD), भारतीय उष्णकटिबंधीय मौसम संस्थान (Indian Institute of Tropical Meteorology - IITM) तथा राष्ट्रीय मध्यम श्रेणी मौसम पुर्वानुमान केंद्र (National Centre for Medium Range Weather Forecasting - NCMRWF) को इसके प्रशासनिक नियंत्रण के अंतर्गत लाया गया।

2.2.7 भारतीय औषध अनुसंधान परिषद्– रणनीतिक योजना तथा एजेंडा 2030 (Indian Council of Medical Research (ICMR) Strategic Plan and Agenda 2030)

2017 में ICMR ने एक रणनीतिक योजना तथा विजिन 2030 दस्तावेज विकसित किया। यह प्रमुख रूप से पांच स्तंभों पर आधारित है:

1. देश में स्वास्थ्य अनुसंधान क्षमता का सशक्तिकरण।
2. डेटा प्रणाली तथा अनुसंधान प्लेटफॉर्म का संगठन।
3. परंपरागत औषधि के प्रोत्साहन।
4. नीति रूपांतरण के साक्ष्यों को सक्षम बनाना।
5. अनुसंधान के माध्यम से कार्यक्रम कार्यान्वन का सशक्तिकरण।

- ICMR की अनुसंधान प्राथमिकताएं तथा परियोजनाएं राष्ट्रीय स्वास्थ्य नीति (NHP) 2017 से सहलग्न तथा समन्वयकारी है। हाल ही के वर्षों में ICMR ने उन्मूलन लक्षित रोगों यथा काला-अजार, फाईलेरियासिस, कुष्ठ रोग, मलेरिया, एच.आई.वी/एड्स तथा क्षय रोग के साथ-साथ शिशु एवं किशोर स्वास्थ्य, सार्वभौमिक टीकाकरण तथा संचारणीय बीमारियों को भी लक्षित किया है।
- ICMR ने क्षयरोग पर एक मिशन-मोड परियोजना भी प्रारंभ की है, जिसका नाम ''इण्डिया टीबी रिसर्च कंसोर्टियम (ITRC)'' है। ताकि क्षय रोग उन्मूलन में वृद्धि की जा सके तथा इस हेतु भारत सरकार ने 139 करोड़ रुपये जारी किये हैं।
- वर्ष 2025 तक क्षय रोग के पूर्ण उन्मूलन के लक्ष्य के साथ, एक अन्य महत्वाकांक्षी पायलट प्रोजेक्ट, पांच राज्यों में 'लास्ट माईल डिलिवरी' सेवा के साथ जनजातीय जनसंख्या वाले क्षेत्रों के मध्य टाई-टी.बी. (TIE -TB) परियोजना के अधीन 35 मोबाईल टी.बी. डायग्नोस्टिक वैन का प्रयोग कर ब्रिजिंग द गैप (खाई पाटने) को लक्षित है।
- ICMR निकटता से राष्ट्रीय एड्स नियंत्रण संगठन के साथ कार्य कर रहा है तथा यह 'एण्ड एड्स बाय 2030' (End AIDS by 2030) के लिए प्रतिबद्ध है।

2.3 भारत में विज्ञान एवं प्रौद्योगिकी नीतियां (Science and Technology Policies in India - STP)

भारत में विभिन्न विज्ञान एवं प्रौद्योगिकी नीतियां निम्नलिखित हैं:

STI 1958	भारत का प्रथम वैज्ञानिक नीति प्रस्ताव (First Scientific Policy Resolution)
STI 1983	नई नीति प्रौद्योगिकी क्षमता तथा आत्मनिर्भरता प्राप्त करने की आवश्यकता पर केंद्रित
STI 2003	इस नई नीति में शामिल थे: 1. विज्ञान तथा प्रौद्योगिकी को साथ लाना 2. राष्ट्रीय समस्याओं के समाधान के लिए अनुसंधान तथा विकास में अधिकतम निवेश लाना
STI 2013	एक दूसरी विज्ञान प्रौद्योगिकी नीति (विज्ञान और प्रौद्योगिकी मंत्रालय द्वारा निर्मित)
STI 2010-2020	भारत द्वारा इसे ''नवाचार/नवोन्मेषण का दशक'' घोषित किया गया (Decade of Innovation)।

2.3.1 विज्ञान, प्रौद्योगिकी तथा नवोन्मेष नीति, 2013 (Science, Technology and Innovation Policy, 2013)

इसकी घोषणा 2013 में प्रधानमंत्री द्वारा विज्ञान कांग्रेस कोलकाता में की गई थी। इसमें तीव्र धारणीय तथा समावेशी विकास (Faster, Sustainable and more Inclusive Growth) के लिए STI के उपयोग, लोगों के लिए STI (STI for People) तथा STI के लिए लोग (People for STI) दोनों पर ध्यान केंद्रित कर, 2020 तक भारत को पहली पांच वैश्विक वैज्ञानिक शक्तियों में स्थान दिलाना, निजी क्षेत्र (Private Sectors) को अनुसंधान एवं विकास (R&D) में निवेश के लिए प्रोत्साहित करना, विज्ञान तथा प्रौद्योगिकी में लैंगिक समानता (Gender Parity) को प्राप्त करना तथा वैश्विक सहयोग एवं विज्ञान कूटनीति (Science Diplomacy) को शामिल किया गया है।

2.3.1.1 उद्देश्य (Goal)

1. भारत के लिए उच्च प्रौद्योगिकी नेतृत्व पथ के लिए विज्ञान, अनुसंधान तथा नवोन्मेषन तंत्र (Science, Technology and Innovation System for High Technology Led Path for India - SRISHTI) नीति का मुख्य उद्देश्य है।
2. विज्ञान, अनुसंधान तथा नवाचार तंत्र (Innovation System) का एकीकरण तथा भारत को विज्ञान के 6 ज्ञान शक्तियों (Knowledge Powers) में प्रथम पांच में स्थान दिलाना, नई STI नीति की आकांक्षाओं को व्यक्त करता है।
3. विभाग द्वारा एक समर्पित नीति अनुसंधान प्रकोष्ठ (Policy Research Cell) की स्थापना की गई।

2.3.1.2 STI नीति, 2013 की प्रमुख बातें (Highlights of STI Policy, 2013)

- भारत ने 2010-20 के दशक को 'नवोन्मेष दशक' घोषित किया है (नवोन्मेष का अर्थ विज्ञान एवं तकनीकी आधारित समाधानों से हैं, जो अर्थव्यवस्था अथवा समाज में प्रयुक्त हों।)
- यह नीति इस आधारभूत विचार पर आधारित है कि विज्ञान, तकनीकी तथा नवोन्मेष हालांकि अपने अलग-अलग क्षेत्रों से असंलग्न है किंतु, इनका समन्वय नये मूल्य सृजित कर सकता है। यह नवीन अवधारणा समाज को एक प्रमुख भागीदार मानकर एस.टी.आई. को प्रभावी बना सकती है।
- समावेशी विकास अर्जन हेतु विशेष फोकस प्रदान किया गया है, जो विशेष तौर पर उन लोगों को लक्षित करेगा जो सामाजिक आर्थिक पिरामिड के निचले पायदान पर है तथा यह उनमें नवोन्मेषी समाधानों की पहुंच, उपलब्धता तथा स्वीकार्यता सुनिश्चित करेगा।
- इस नीति के प्रमुख उद्देश्य हैं- वैज्ञानिक मनोवृत्ति का विकास, कौशल विकास, विज्ञान में नये कॅरियर अवसरों का सृजन, दक्ष नवोन्मेष प्रणाली का सृजन तथा भारत को पांच वैश्विक शक्तियों के बीच खड़ा करना।
- यह नीति अनुसंधान एवं विकास के सकल व्यय वृद्धि को सार्वजनिक एवं निजी क्षेत्र में सकल घरेलू उत्पाद के 2% तक के व्यय की अनुसंशा करती है।

- इस नीति के अनुसार भारत वैज्ञानिक प्रकाशन में वैश्विक रूप से नौवां स्थान रखता है, भारत का समग्र वार्षिक भारतीय प्रकाशन 12% है तथा यह 2001 में इसकी वैश्विक भागीदारी 1.8% थी जो 2011 में 3.5% हो गई है। किंतु शीर्ष 7% इम्पैक्ट-मेकिंग जर्नल (Impact-Making Journals) में भारतीय प्रकाशन का प्रतिशत महज 2.7% है। यह नीति इस संख्या को 2020 में दोगुना करने को लक्षित है।
- यह नीति फ्रेमवर्क शिक्षण पद्धति सुधार, वैज्ञानिक कार्यक्रम (Curricula) तथा विज्ञान के मेधावी वर्ग (Talent) की आरंभिक पहचान के माध्यम से विद्यालयी विज्ञान शिक्षा के सुधारों पर फोकस करेगी। महिलाओं को भी प्रोत्साहन देकर उन्हें विज्ञान को एक कॅरियर के रूप में चुनने के लिए अतिरिक्त प्रयास किये जाएंगे।
- पारदर्शी, केंद्रीय कार्यान्वयन योग्य तथा परिणाम आधारित इंसेंटिव योजनायें भी पुनःस्थापित की जाएगी।
- नवोन्मेष के लाभ प्रमुख क्षेत्रों यथा निर्माण, सेवा, कृषि एवं जलवायु परिवर्तन समाधान आदि को मिलें, यह भी सुनिश्चित किये जाने हेतु प्रयास किये जाएंगे।
- निजी निवेश प्रोत्साहन हेतु पी.पी.पी. को लाभ-बंटवारा, सामाजिक वस्तुओं हेतु बौद्धिक संपदा अधिकार नीति में बदलाव, विज्ञान आधारित नये प्रतिष्ठानों के प्रवेश तथा हरित निर्माण पर केंद्रण के साथ नवोन्मेषों के वाणिज्यीकरण इंसेंटिव के प्रावधान भी किये जाएंगे।
- सामाजिक प्रणाली में वैज्ञानिक आउटपुट प्रवेश तथा तकनीकी हस्तक्षेप हेतु उचित डिलिवरी प्रणाली को बहु-स्तरीय प्रक्रियाओं के माध्यम से उपक्रमित किया जाएगा।
- विभिन्न समामेलनों (Collaborations) के माध्यम से वैश्विक प्रतिस्पर्द्धी प्राप्ति हेतु एक नवीन रेगुलर फ्रेमवर्क भी रखा जाएगा।
- आधुनिक विज्ञान एवं तकनीकी के लाभों की जानकारी तथा पुनःस्थापन के लिए लोगों में इसके प्रति समझ विकसित करना भी जरूरी है। साक्ष्य आधारित सार्वजनिक बहस को बढ़ाने के लिए प्लेटफॉर्म का सृजन किया जाएगा। साथ ही संपुष्ट (Robust) मूल्यांकन सिस्टम के माध्यम से नवोन्मेष की प्रासंगिकता के आकलन के लिए वैज्ञानिकों को अवसर भी दिया जाएगा।

2.3.1.3 STI 2013 नीति की आलोचना (Criticism of STI 2013 Policy)

- *विज्ञान तथा अभियांत्रिकी अनुसंधान परिषद् (Science and Engineering Research Council) में निजी क्षेत्र की भूमिका (Role of Private Sector):* जब निजी क्षेत्र अनुसंधान तथा विकास (R&D) में निवेश करेंगे तो उनका लक्ष्य हमेशा लाभ कमाना होगा। वे सामाजिक वस्तुओं की पूर्ति में दिलचस्पी नहीं लेते हैं।
- *विज्ञान तथा अभियांत्रिकी अनुसंधान परिषद् (Science and Engineering Research Council) भारतीय निजी क्षेत्र अनुसंधान में धीमा है (Indian Private Sector is Lazy in Research):* सरकार ने भारतीय कंपनियों को अनेक कर छूटें दी हैं, ताकि वे बिना झिझक के अनुसंधान, जरूरी मशीनों के आयात/निर्यात में ज्यादा निवेश कर सकें। इसके बावजूद वे अपने समकक्षों की तुलना में अनुसंधान तथा विकास (R&D) में ज्यादा निवेश नहीं करते हैं।
- *विज्ञान तथा अभियांत्रिकी अनुसंधान परिषद् (Science and Engineering Research Council) पूर्व काल/भूतकाल में कोई सबक नहीं लेना (No Lesson from Past):* नई STI नीति इस बात का कोई विश्लेषण प्रदान नहीं करती है कि पुरानी तीनों नीतियां क्यों असफल हुई तथा कौन-से सुरक्षात्मक उपाय किये जाएं, जो यह सुनिश्चित करें कि यह नई नीति एक और बड़ी असफलता न बने।
- *विज्ञान तथा अभियांत्रिकी अनुसंधान परिषद् (Science and Engineering Research Council) में कोई भी संरचनात्मक/मूलभूत सुधार नहीं (No Structural/Fundamental Reforms):* अनुसंधान में गतिरोध को तोड़ने के लिए सरकार को उच्च शिक्षा, विश्वविद्यालयों की निधियन (Funding) तथा स्वायत्तता (Autonomy), ITTs, IIMs में मूलभूत सुधारों की आवश्यकता है।
- *विज्ञान तथा अभियांत्रिकी अनुसंधान परिषद् (Science and Engineering Research Council) परस्पर विरोधी लक्ष्य तथा नीतियां (Conflicting Goals and Policies):* नीति प्रपत्र (Policy Document) बार-बार आर्थिक वृद्धि (Economic Growth) तथा समाज के अच्छे पर जोर देती है, जिसे STI द्वारा आगे बढ़ाया जाएगा। परंतु यहां समस्याओं की दो श्रेणियां हैं:
  1. क्या निजी क्षेत्र द्वारा वित्त पोषित अनुसंधान एवं विकास (R&D) सीधे सामाजिक वस्तुओं (Social Goods) को मिल सकेगा?
  2. क्या विज्ञान वास्तव में सामाजिक क्षेत्र की समस्याओं [लैंगिक समानता, समावेशन (Inclusive)] को बिना किसी आवश्यक राजनीतिक इच्छाशक्ति के स्वयं निपटा सकेगा?

2.3.2 विज्ञान, प्रौद्योगिकी एवं नवाचार नीति, 2020 (Science, Technology and Innovation Policy, 2020)

विज्ञान, प्रौद्योगिकी एवं नवाचार नीति, 2020 (STIP, 2020) की निर्माण प्रक्रिया को भारत सरकार के प्रधान वैज्ञानिक सलाहकार के कार्यालय और विज्ञान एवं प्रौद्योगिकी विभाग (DST) द्वारा संयुक्त रूप से सुगम बनाया जाएगा।

यह चार परस्पर संबद्ध ट्रैकों वाला एक सहभागी मॉडल है जिसे STIP, 2020 तैयार करने हेतु परिकल्पित किया गया है। विभिन्न ट्रैकों और सम्पूर्ण प्रक्रिया का विवरण यहां देखा जा सकता है।

ट्रैक I का उद्देश्य सार्वजनिक अभिव्यक्तियों का एक संग्रह तैयार करना है, जो प्रारूपण प्रक्रिया हेतु एक मार्गदर्शक शक्ति के रूप में कार्य करेगा।

ट्रैक II परामर्शों में नीति प्रारूपण प्रक्रिया की साक्ष्य-आधारित अनुशंसाओं को शामिल करने हेतु 21 विशेषज्ञ-संचालित विषयगत समूह शामिल हैं।

ट्रैक III नामित नोडल अधिकारियों के माध्यम से मंत्रालयों एवं राज्यों को व्यापक जुड़ाव हेतु एक साथ लाता है।

ट्रैक IV जोड़ने वाला क्षेत्र है, जो राष्ट्रीय व वैश्विक स्तर पर, शीर्ष स्तर के बहु-हितधारक जुड़ाव पर आधारित है। इन व्यापक विचार-विमर्शों से प्राप्त जानकारी अंततः STIP, 2020 के मार्ग पर आगे बढ़ेगी।

2.4 राष्ट्रीय आयुष मिशन (National AYUSH Mission)

भारत सरकार ने स्वास्थ्य और परिवार कल्याण मंत्रालय के तहत् 12वीं योजना के दौरान राष्ट्रीय आयुष मिशन (एन.ए.एम.) का शुभारंभ किया है।

आयुष शब्द संस्कृत से लिया गया है, जिसका अर्थ 'जीवन' है। आयुष में आयुर्वेद, योग और प्राकृतिक चिकित्सा, यूनानी, सिद्ध और होम्योपैथी का उल्लेख है।

2.4.1 लक्ष्य (Objective)

- इसका मुख्य उद्देश्य पूरे देश में आयुष स्वास्थ्य देखभाल तक सार्वभौमिक पहुंच देना है।
- अन्य उद्देश्य राज्य स्तर पर संस्थागत क्षमता को मजबूत करना, अच्छे कृषि अभ्यासों को अपनाकर औषधीय पौधों की खेती का समर्थन करना है।

2.4.2 मिशन के अवयव (Components of the Mission)

2.4.2.1 अनिवार्य घटक

1. आयुष सेवा
2. आयुष शैक्षणिक संस्थान
3. गुणवत्ता नियंत्रण
4. औषधीय पादप

2.4.2.2 लचीले घटक

1. आयुष और नैचुरोपैथी सहित आयुष उपचार केंद्र
2. टेली-चिकित्सा
3. आयुष के माध्यम से खेल चिकित्सा
4. पी.एस.पी. मॉडल के माध्यम से आयुष का नवाचार
5. निजी आयुष शैक्षणिक निर्देशों के लिए ब्याज सब्सिडी घटक
6. औषधीय पौधों से संबंधित क्षेत्रों में अनुसंधान और विकास
7. स्वैच्छिक प्रमाणन योजना
8. औषधीय पौधों के लिए फसल बीमा

2.4.3 संस्थागत तंत्र (Institutional Mechanism)

राष्ट्रीय स्तर पर, इसे राष्ट्रीय आयुष मिशन निदेशालय द्वारा प्रशासित किया जाता है, जिसमें नौ सदस्य शामिल होते हैं।

मिशन को राष्ट्रीय आयुष मिशन मूल्यांकन समिति द्वारा सहायता प्रदान की जाएगी। राज्य वार्षिक कार्य योजना (S.A.A.P.) का आकलन करने के लिए समिति जिम्मेदार होगी।

राज्य स्तर पर, यह राज्य आयुष मिशन समाज द्वारा शासित और निष्पादित होता है।

2.4.4 संसाधन आवंटन (Resource Allocation)

- कार्यक्रम प्रबंधन इकाई (P.M.U.) मिशन के बुनियादी ढांचे को शक्ति प्रदान करेगी और सहायता केंद्र और राज्य सरकार दोनों द्वारा दी जाएगी।
- आयुष सेवाओं के लिए, सहायता अनुदान 90:10 (केंद्र द्वारा 90% और राज्य द्वारा 10%) के अनुपात पर विशेष श्रेणी राज्यों [उत्तर-पूर्व राज्यों और तीन पहाड़ी राज्यों में एच.पी., जम्मू और कश्मीर (अब यूटी/UT), उत्तराखण्ड)] में प्रदान किया जाएगा। अन्य राज्य/संघ शासित प्रदेशों के लिए, यह 75:25 होगा।
- औषधीय पौधों के लिए, विशेष श्रेणी राज्यों को केंद्र सरकार द्वारा 100% वित्त प्रदान किया जाता है, जबकि दूसरे राज्यों में इसे राज्य सरकार के साथ 90:10 में साझा किया जाता है।

2.4.5 मिशन का अपेक्षित प्रभाव (Expected Effect of the Mission)

1. उन्नत आयुष शैक्षणिक संस्थानों के माध्यम से आयुष शिक्षा में सुधार होगा।
2. आयुष अस्पताल सबके लिए सुलभ होगा तथा दवाओं की उपलब्धता सुनिश्चित होगी।
3. आयुष के पारंपरिक ज्ञान को प्रोत्साहन मिलेगा।

2.5 स्टेम (STEM) शिक्षा– भावी कौशलदक्ष कार्यबल के लिए नीति सुदृढ़ता (Stem Education: Strengthening Policies for Future Skilled Workforce)

- देश की शिक्षा प्रणाली में कुछ कमियां हैं, जो स्किल्ड वर्कफोर्स के उत्पादन में बाधा बन रही हैं।
- हालांकि भारतीय स्कूली पाठ्यक्रम में आधारभूत विज्ञान तथा गणितीय ज्ञान प्रचुर मात्रा में है किंतु अभियांत्रिकी एवं तकनीकी का अभाव है।
- वर्तमान प्रतिस्पर्द्धा विश्व में STEM अर्थात् विज्ञान, तकनीकी, अभियांत्रिकी तथा गणित शिक्षा की महत्ती मांग है।
- कक्षा 1 से 12 तक 26 करोड़ विद्यार्थियों के नामांकन के साथ भारतीय शिक्षा प्रणाली विश्व की सबसे बड़ी व जटिल प्रणाली बन चुकी है।
- 12वीं पंचवर्षीय योजना के दौरान आई वर्ष 2016 की राष्ट्रीय शिक्षा नीति, सामाजिक, आर्थिक तथा सांस्कृतिक परिवर्तनशीलता तथा नवोन्मेष, विचारशीलता तथा कौशल विकास के लिए एक महत्वपूर्ण यंत्र के रूप में पहचानी गई।
- 29 जुलाई, 2020 को केंद्रीय मंत्रिमंडल द्वारा अनुमोदित नई शिक्षा नीति (NEP) में विद्यालयों में अधिक प्रयोग-आधारित कक्षाएं और हैंड-ऑन लर्निंग पर जोर दिया गया है। इस नीति के तहत छात्रों को साक्ष्य-आधारित शिक्षा, वैज्ञानिक सोच और कोडिंग कौशल प्रदान किया जाएगा।
- कक्षा 6 से कोडिंग की शुरुआत एक बहुत ही स्वागतयोग्य कदम है, जो STEM लर्निंग को मजबूत करेगा। कृत्रिम बुद्धिमत्ता (AI), ब्लॉक प्रोग्रामिंग को स्कूली शिक्षा में शामिल किया जाएगा, जो 21वीं सदी के करियर के लिए आवश्यक प्रमुख कौशल के लिए एक ठोस आधार तैयार करेगा।

2.5.1 STEM (स्टेम) शिक्षा तथा चुनौतियाँ (Stem Education and Challenges)

- भारत अपनी विशाल जनसंख्या तथा सांस्कृतिक विषमता के चलते अन्य विकसित राष्ट्रों की तुलना में शिक्षा प्रणाली के समक्ष ज्यादा चुनौतियों का अनुभव करता है। वर्ष 2009 के नि:शुल्क एवं अनिवार्य शिक्षा (RTE) अधिनियम के बावजूद, कमजोर अवसंरचना, गुणवत्तापूर्ण शिक्षकों के अभाव, विज्ञान की बेहाली तथा प्रारंभिक मेधा की पहचान कर उन्हें विशिष्ट शिक्षा प्रदान करने में नाकाम रहना जैसे कुछ प्रमुख बिन्दु हैं, जिन्हें देश में STEM शिक्षा सुधार करते समय ध्यान में रखा जाना चाहिए।
- उच्च विद्यालय स्तर पर विज्ञान विषय छोड़ने वाले छात्रों की संख्या काफी बड़ी है। ट्यूशन/कोचिंग क्लास का समानांतर व्यवसाय, विद्यालयी प्रणाली की विश्वसनीयता में कमी का स्पष्ट संकेत है।

2.5.2 योजना का क्रियान्वयन (Operation of the Scheme)

- प्राथमिक योजना को NAPS (National Apprecticeship Promotion Scheme) के संयोजन से क्रियान्वित किया जाएगा। उल्लेखनीय है कि NAPS प्रत्येक व्यवसाय/उद्योग में कुल कार्यबल में 10% तक प्रशिक्षुओं की नौकरी की सुविधा प्रदान करती है।
- इस योजना को सेक्टर स्किल काउंसिल (SSCs) प्रारंभिक रूप में बैंकिंग फाइनेंस इंश्योरेंस सर्विस (BFSI) रिटेल, हेल्थ केयर, टेलीकॉम लॉजिस्टिक्स, मीडिया, मैनेजमेंट सर्विसेज, ITes तथा वस्त्र क्षेत्र द्वारा क्रियान्वित किया जाएगा। उभरती शिक्षा मांगें तथा पाठ्यक्रम समायोजन के साथ और अधिक क्षेत्रों को समय-समय पर जोड़ा जाएगा।

2.6 हाल ही में सरकार द्वारा लाई गई योजनाएं (Recent Schemes Announced by Government)

2.6.1 इम्प्रिण्ट (IMPRINT - Impacting Research, Innovation and Technology)

इम्प्रिण्ट मानव संसाधन विकास मंत्रालय की राष्ट्रीयकृत योजना है, जो ट्रांजेशनल रिसर्च के व्यापक तथा सतत् दृष्टिकोण से अभियांत्रिकी क्षेत्र द्वारा महसूस की जाने वाली चुनौतियों से निपटने के लिए आरंभ की गई है।

इम्प्रिण्ट, मानव संसाधन विकास मंत्रालय की अपने प्रकार की पहली योजना है, जो देश के 10 चिह्नित तकनीकी अनुसंधान क्षेत्रों में विज्ञान एवं तकनीकी को बढ़ावा देने तथा विज्ञान एवम् अभियांत्रिकी क्षेत्र की समस्याओं/चुनौतियों का समाधान करने हेतु लक्षित है। वर्ष 2015 में यह, नई अभियांत्रिकी शिक्षा नीति विकसित करने के उद्देश्य से लॉन्च की गई। ये दस क्षेत्र, *स्वास्थ्य देखरेख, कम्प्यूटर विज्ञान तथा सूचना एवं संचार तकनीकी, एडवांस (उन्नत) मैटीरियल, जल संसाधन तथा नदी तंत्र, संधारणीय शहरी डिजाईन, रक्षा, नैनो-तकनीकी हार्डवेयर, पर्यावरण विज्ञान तथा जलवायु परिवर्तन एवं ऊर्जा सुरक्षा हैं*।

इम्प्रिण्ट लक्ष्य पारित विजन भी प्राप्त करता है जो प्रमुख रूप से सामाजिक प्रासंगिकता के क्षेत्र में अनुसंधान का मार्गदर्शन करता है। शुरुआत में इम्प्रिण्ट-I के अधीन IIT तथा IISC संस्थाओं को उन प्रमुख क्षेत्रों की पहचान करने के लिए कहा गया, जहां भारत अभियांत्रिकी तथा तकनीकी चुनौतियों का सामना कर रहा है। तथापि अब इम्प्रिण्ट-II के अधीन इनका कार्यक्षेत्र IIT तथा IISC संस्थाओं के साथ निजी संस्थाओं तक बढ़ गया है तथा ये संयुक्त रूप से मानव संसाधन विकास मंत्रालय एवं विज्ञान तथा तकनीकी विभाग (DST) द्वारा संचालित व वित्तपोषित किये जा रहे हैं। इम्प्रिण्ट के अधीन पहले से ही 142 परियोजनाएं संचालित थीं। ये परियोजना मानव संसाधन विकास मंत्रालय के अलावा अन्य कई मंत्रालयों, परिषदों तथा विभागों से वित्त प्राप्त करती हैं।

2018 में पुनरावृत्त रणनीति के माध्यम से भारत सरकार ने इम्प्रिण्ट-II (द्वितीय) को मंजूरी दी, जिसमें राष्ट्रीय पहलों/योजनाओं को मानव संसाधन विकास मंत्रालय तथा विज्ञान एवं तकनीकी विभाग (DST) द्वारा संयुक्त रूप से संचालित एवं वित्तपोषित किया गया।

- मानव संसाधन विकास मंत्रालय द्वारा किसी उच्च शिक्षा संस्थान (HEI), जिसमें CFTI - केंद्रीय वित्तपोषित तकनीकी संस्थान, सम्मिलित है, से कोई फैकल्टी सदस्य प्रमुख/प्रधान अन्वेषणकर्ता के तौर पर आगे आता है, तो स्टेकहोल्डर मंत्रालय, संस्था, सार्वजनिक क्षेत्रक उपक्रम, रणनीतिक एजेंसियां तथा उद्योग सह-प्रधान, प्रतिभागी/भागीदार अथवा सहयोगकर्ता के तौर पर माने जाएंगे/स्वीकार किये जाएंगे।
- तकनीकी विकास (उत्पाद, प्रक्रिया अथवा प्रोटोटाईप) को प्रोत्साहित करने वाले ट्रांजेशनल रिसर्च के दावे के स्पष्ट तथा सुपरिभाषित प्रमाण प्रोजेक्ट के प्रस्ताव में दिये जाने चाहिए।

इम्प्रिण्ट- II (IMPRINT-II)

सरकार ने ऊर्जा, सुरक्षा, स्वास्थ्य देख-रेख, एडवांस्ड मैटीरियल, सूचना-संपर्क तकनीकी तथा रक्षा क्षेत्र में 122 परियोजनाओं हेतु उच्च शिक्षा संस्थानों में इम्प्रिण्ट-II योजना के तहत 112 करोड़ रुपये पारित किये हैं।

IMPRINT-IIC

दिसंबर 2018 में, MHRO और DST ने IMPRINT II का अगला दौर शुरू किया, जिसे IMPRINT IIC (सोसाइटल मिशन प्रोजेक्ट्स) कहा जाता है, जिसका उदेश्य प्रमुख सामाजिक प्रासंगिकता / लाभ के 20 बहुत विशिष्ट प्रौद्योगिकी विकास विषयों से संबंधित प्रस्तावों की तलाश करना है।

2.6.2 निधि (नवाचारों के विकास और दोहन के लिए राष्ट्रीय पहल) NIDHI (National Initiative for Developing and Harnessing Innovations)

विज्ञान और प्रौद्योगिकी विभाग ने निधि कार्यक्रम (राष्ट्रीय नवाचार विकास और दोहन पहल) शुरू किया है, जिसके तहत नवोन्मेषकों और उद्यमियों के लिए इनक्यूबेटर, बीज निधि, त्वरक और अवधारणा का प्रमाण अनुदान स्थापित करने के लिए कार्यक्रम शुरू किए गए हैं।

निधि के तहत, प्रयास (युवा और महत्वाकांक्षी नवोन्मेषकों और स्टार्टअप्स को बढ़ावा देना और तेज करना) कार्यक्रम [PRAYAS (Promoting and Accelerating Young and Aspiring innovators & Startups)] शुरू किया गया है, जिसमें स्थापित प्रौद्योगिकी बिजनेस इनक्यूबेटर (टीबीआई) को 'अवधारणा के प्रमाण' और प्रोटोटाइप विकसित करने के लिए अनुदान के साथ नवोन्मेषकों और उद्यमियों का समर्थन करने के लिए प्रयास (PRAYAS) अनुदान के साथ समर्थन दिया जाता है।

2.6.2.1 निवास में उद्यमी [Entrepreneurs in Residence (EIR) Programme]

- नवाचारों के विकास और दोहन के लिए राष्ट्रीय पहल (निधि) कार्यक्रम के तहत निवास में उद्यमियों (ईआईआर) की विशेषता वाली एक विवरणिका को 2020 में लॉन्च किया गया था।
- यह विज्ञान और प्रौद्योगिकी विभाग के नवाचारों के विकास और दोहन के लिए राष्ट्रीय पहल (निधि) के तहत है।
- यह 18 महीने तक की अवधि में एक आशाजनक प्रौद्योगिकी व्यापार विचार को आगे बढ़ाने के लिए महत्वाकांक्षी या नवोदित उद्यमी का समर्थन करता है, जिसमें प्रत्येक EIR को अधिकतम 3.6 लाख रुपये कुल समर्थन के लिए अधिकतम सीमा के साथ प्रति माह 30,000 रुपये तक का निर्वाह अनुदान 18 महीने तक होता है।

2.7 भारतीय विज्ञान सम्मेलन संघ (Indian Science Congress Association)

इंडियन साइंस कांग्रेस एसोसिएशन की शुरुआत 1914 में कोलकाता में हुई थी और इसके 30,000 से अधिक वैज्ञानिक सदस्य हैं।

उत्पत्ति:

- यह दो ब्रिटिश रसायनज्ञों अर्थात् प्रोफेसर जे एल सिमंसन और प्रोफेसर पी एस मैकमोहन की दूरदर्शिता और पहल की देन है।

उद्देश्य:

- भारत में विज्ञान के कार्यों को आगे बढ़ाना और बढ़ावा देना।
- भारत में एक उपयुक्त स्थान पर एक वार्षिक सम्मेलन आयोजित करना।
- इस तरह की कार्यवाही, पत्रिकाओं, लेन-देन और अन्य प्रकाशनों को प्रकाशित करना, जिन्हें वांछनीय माना जा सकता है।
- एसोसिएशन की स्थितियों धन सम्बन्धी स्तिथियों का प्रबंधन करना।

हाल ही में नागपुर में आयोजित 108वीं भारतीय विज्ञान कांग्रेस, महिलाओं सहित समाज के सभी वर्गों की समावेशी भागीदारी के साथ सतत् विकास पर केंद्रित थी।

- ***थीम:*** 'महिला सशक्तिकरण के साथ सतत विकास के लिए विज्ञान और प्रौद्योगिकी'।
- ***भारतीय विज्ञान कांग्रेस*** का आयोजन ***भारतीय विज्ञान कांग्रेस एसोसिएशन*** द्वारा हर साल जनवरी के पहले सप्ताह में किया जाता है।

2.8 राष्ट्रीय विज्ञान दिवस (National Science Day)

- 28 फरवरी को भारत में राष्ट्रीय विज्ञान दिवस (NSD) के रूप में मनाया जाता है। NSD को 'रमन इफेक्ट' की खोज के लिए मनाया जाता है, जिसके कारण सर सी.वी. रमन ने नोबेल पुरस्कार जीता।
- पहला राष्ट्रीय विज्ञान दिवस 28 फरवरी, 1987 को मनाया गया था।
- **थीम:** राष्ट्रीय विज्ञान दिवस 2023 का विषय "वैश्विक कल्याण के लिए वैश्विक विज्ञान" था।

रमन प्रभाव (Raman Effect)

1928 में स्पेक्ट्रोस्कोपी में एक घटना की खोज सर चंद्रशेखर द्वारा की गई।

रमन प्रभाव प्रकाश की तरंगदैर्ध्य में परिवर्तन है जो तब होता है जब एक प्रकाश बीम अणुओं द्वारा विक्षेपित होती है।

जब प्रकाश की एक बीम एक रासायनिक यौगिक के धूल मुक्त, पारदर्शी नमूने को पार करती है, तो प्रकाश का एक छोटा-सा अंश घटना (आने वाली) बीम के अलावा अन्य दिशाओं में उभरता है।

2.9 मौलिक तथा व्यावहारिक विज्ञान अनुसंधान में कार्यरत कुछ स्वायत्त संस्थान (Some Autonomous Institutions Engaged in Basic and Applied Science Research)

1. ***बोस संस्थान (Bose Institute), कोलकाता:*** भौतिक तथा जीव विज्ञान (Physical and Life Science) में मूलभूत तथा व्यावहारिक अनुसंधान के लिए समर्पित।
2. ***अगरकर अनुसंधान संस्थान (Agarkar Research Institute), पुणे:*** जीव विज्ञान के क्षेत्र में मौलिक तथा व्यावहारिक पहलुओं में अनुसंधान।
3. ***श्री चित्रा तिरूनेल चिकित्सा विज्ञान तथा प्रौद्योगिकी संस्थान (Sree Chitra Tirunal for Medical Science and Technology), तिरुवनंतपुरम:*** जैव चिकित्सा अभियांत्रिकी (Biomedical Engineering) तथा प्रौद्योगिकी का विकास तथा उन्नत चिकित्सा विशेषज्ञता (Advance Medical Speciality) में उच्च स्तरीय रोगी देखभाल को प्रदर्शित तथा प्रदान करना।
4. ***इंडियन एसोसिएशन फॉर द कल्टिवेशन ऑफ साईंस (Indian Association for the Cultivation of Science), कोलकाता:*** सॉलिड स्टेट भौतिकी (Solid State Physics), मैटेरियल साईंस (Material Science), सैद्धांतिक भौतिकी (Theoretical Physics), वर्णक्रम तकनीक (Spectroscopy), ऊर्जा अनुसंधान (Energy Research), रसायन शास्त्र, जिसमें जैव-रसायन (Biological-chemistry) और बहुलक विज्ञान (Polomer Science) शामिल हैं, का अध्ययन।
5. ***भारतीय खगोल भौतिकी संस्थान (Indian Institute of Astro-physics), बंगलुरू:*** खगोल-भौतिकी अध्ययन (Astro-physics Studies) में उपकरणों के उपयोग के विकास तथा खगोल-भौतिक (Astro-physics) और खगोलीय वस्तुओं (Heavenly Bodies) के अंत:विषयी क्षेत्रों के साथ-साथ उभरते क्षेत्रों में अनुसंधान।
6. ***जवाहर लाल नेहरू उन्नत वैज्ञानिक अनुसंधान केंद्र (Jawaharlal Nehru Centre for Advanced Scientific Research), बंगलुरू:*** रसायनशास्त्र (Chemistry), मैटेरियल फिजिक्स (Material Physics), जंतु-व्यवहार (Animal Behaviour), आनुवंशिकी (Genetics), जियो

डायनॉमिक्स (Geodynamics), संघनित पदार्थ सिद्धांत (Condensed Matter Theory) आदि के सीमांत क्षेत्रों में अनुसंधान।

7. ***रमन अनुसंधान संस्थान (Raman Research Institute), बंगलुरूः*** मौलिक विज्ञान (Basic Science) जैसे- खगोलशास्त्र (Astronomy), खगोल-भौतिकी (Astro-physics), द्रव-क्रिस्टल (Liquid Cristal) आदि में अनुसंधान।
8. ***एस.एन. बोस राष्ट्रीय मौलिक विज्ञान केंद्र (S.N. Bose National Centre for Basic Science), कोलकाताः*** मौलिक विज्ञान की चुनिंदा शाखाओं में उन्नत अध्ययन को प्रोत्साहन।
9. ***बीरबल साहनी पुरावनस्पति विज्ञान संस्थान (Birbal Sahni Institute of Paleobotany), लखनऊः*** पुरावनस्पति विज्ञान (Paleobotany) के क्षेत्रों में अनुसंधान तथा आधुनिक संदर्भ में इसकी प्रासंगिकता।
10. ***भारतीय भू-चुंबकीयता संस्थान (Indian Institute of Geo-magnetism), मुंबईः*** पृथ्वी की आंतरिक क्रस्ट (Inner Crust) में होने वाले भौतिक प्रक्रियाओं का अवलोकन तथा समझना।
11. ***वाडिया हिमालय भूगर्भविज्ञान संस्थान (Wadia Institute of Himalayan Geology), देहरादूनः*** बायोस्ट्रेटीग्राफी (Biostratigraphy), शिला-विज्ञान (Petrology) तथा भू-रसायन शास्त्र (Geochemistry), अवसाद विज्ञान (Sedimentology), टेक्टौनिक्स (Tectonics) तथा पर्यावरणीय भूगर्भशास्त्र (Environmental Geology) के क्षेत्र में मूलभूत अनुसंधान ताकि हिमालयी क्षेत्र की भू-गतियों (Geo-dynamics) को समझा जा सके।
12. ***शक्ति धातुकर्म तथा नये पदार्थों के लिए अंतर्राष्ट्रीय उन्नत अनुसंधान केंद्र (International Advanced Research Centre for Power Mettallurgy and New Materials), हैदराबादः*** उच्च प्रदर्शन क्षमता वाले पदार्थों (High Performance Material) तथा प्रक्रियाओं (Processes) का विकास।
13. ***प्रौद्योगिकी सूचना पुर्वानुमान तथा मूल्यांकन परिषद् (Technology Information Forecasting and Assessment Council), नई दिल्ली***
14. ***विज्ञान प्रसार (Vigyan Prasar), नोएडा (उत्तर प्रदेश)***
15. ***द्रव क्रिस्टल अनुसंधान केंद्र (Centre for Liquid Crystal Research), बंगलुरू***
16. ***आर्यभट्ट उन्नत अध्ययन अनुसंधान संस्थान (Aryabhatta Research Institute of Advanced Studies - ARIES), नैनीताल***
17. ***विज्ञान तथा प्रौद्योगिकी में उन्नत अध्ययन संस्थान (Institute of Advanced Study in S&T), गुवाहाटी***
18. ***राष्ट्रीय नवाचार फाउंडेशन (National Innovation Foundation), अहमदाबाद***
19. ***राष्ट्रीय परीक्षण और अंशशोधन प्रयोगशाला प्रत्यायन बोर्ड (National Accreditation Board for Testing and Caliberation Laboratories), नई दिल्ली***

अध्याय

3

भारत में ऊर्जा के विकास की सरंचनाः नवीकरणीय एवं गैर – नवीकरणीय ऊर्जा के स्रोत

(Structure of Energy Development in India: Renewable and Non-Renewable Energy)

इस अध्याय में...

राष्ट्रीय हरित हाइड्रोजन मिशन को केंद्रीय मंत्रिमंडल ने 4 जनवरी, 2022 को 'भारत को दुनिया में हरित हाइड्रोजन का अग्रणी उत्पादक और आपूर्तिकर्ता बनाने' के उद्देश्य से मंजूरी दी थी।

विश्व का 70 प्रतिशत से अधिक कोबाल्ट कांगो लोकतांत्रिक गणराज्य (DRC) में उत्पादित होता है।

मिथेनॉल एक स्वच्छ ईंधन है जो सल्फर ऑक्साइड (SOx), नाइट्रोजन ऑक्साइड (NOx) तथा कणीय पदार्थ जैसे धुक्त कारक उत्सर्जन कम मात्रा में उत्सर्जित होते हैं और इससे वायु गुणवत्ता तथा मानव स्वास्थ्य संबंधी मामलों में सुधार कर सकते हैं।

RDSS ने 20.46 करोड़ प्री-पेड स्मार्ट उपभोक्ता मीटर, 54 लाख स्मार्ट डीटी मीटर और 1.98 लाख स्मार्ट फीडर मीटर को मंजूरी दी।

वर्तमान में इसके 31 सदस्य हैं। आईईए संगठन में आठ संघ देश भी शामिल हैं। एक भागीदार देश OECD का सदस्य देश होना चाहिए। लेकिन सभी OECD सदस्य आईईए सदस्य नहीं हैं।

3.1 ऊर्जा (Energy)

पिछले कुछ वर्षों के दौरान भारत ने कोयला, बिजली और खपत वाली ऊर्जा के प्रशासनिक विभागों के सहयोग से ऊर्जा क्षेत्र में पर्याप्त तालमेल और गति हासिल की है। माननीय प्रधानमंत्री श्री नरेंद्र मोदी द्वारा ग्लासगो (स्कॉटलैंड) सम्मेलन [CoP26 (2021)] में कहा है कि निर्धारित राष्ट्रीय प्रतिबद्धता लक्ष्यों को प्राप्त करने के लिए किसी राष्ट्र को गतिशील नीतियों और सतत विकास के लक्ष्य को अपनाना होगा।

3.2 ऊर्जा मंत्रालय (Ministry of Power)

भारत सरकार का ऊर्जा मंत्रालय, विद्युत उत्पादन तथा बुनियादी संरचना के विकास जिसमें उत्पादन, वितरण तथा पारेषण शामिल हैं, के साथ-साथ परियोजनाओं की देख-रेख का भी कार्य करता है। मंत्रालय केंद्र एवं राज्य सरकारों के विद्युत के विभिन्न संसाधनों के मध्य संचार के एक चैनल (Communication Channel) के रूप में कार्य करता है। मंत्रालय ग्रामीण विद्युतीकरण परियोजनाओं की निगरानी भी करता है।

ऊर्जा मंत्रालय की स्थापना को 2 जुलाई, 1992 को की गई थी। इस मंत्रालय के कार्यों को बांट कर 3 नये मंत्रालयों का निर्माण किया गया:

- ऊर्जा मंत्रालय (Ministry of Power)
- कोयला मंत्रालय (Ministry of Coal)
- गैर-पारंपरिक ऊर्जा स्रोत मंत्रालय (Ministry of Non-Conventional Energy Resources), जिसे 2006 में 'नवीन तथा नवीकरणीय ऊर्जा मंत्रालय' (Ministry of New and Renewable Energy) नाम दिया गया।
- ऊर्जा मंत्रालय द्वारा पुडुचेरी में "स्मार्ट ग्रिड" (Smart Grid) परियोजना का आरंभ 2012 में किया गया।

कोयला नियंत्रक संगठन

कोयला नियंत्रक संगठन [Coal Controller's Organisation (CCO)], कोयला मंत्रालय का एक अधीनस्थ निकाय है, जो मासिक आधार पर हमारे देश के सभी सार्वजनिक व निजी क्षेत्र के कोयला खनन डेटा से कोयला उत्पादन डेटा एकत्र करता है तथा इसका रखरखाव करता है। इसका मुख्यालय कोलकाता में है, जिसके विभिन्न क्षेत्रीय कार्यालय धनबाद, रांची, बिलासपुर, नागपुर, संबलपुर, कोठागुडम एवं आसनसोल में हैं।

सीसीओ के कार्य व उत्तरदायित्व (Functions and Responsibilities of CCO)

- यह कोयले की कोटि या आकार के रूप में गुणवत्ता सुनिश्चित करने हेतु कोयला-खान का निरीक्षण करता है।
- कोयले के कोटि व आकार के संबंध में उपभोक्ताओं एवं स्वामित्व धारक के बीच किसी भी विवाद के बढ़ने की स्थिति में यह अपीलीय प्राधिकारी के रूप में कार्य करता है।
- यह कोयला भंडारण के निपटान को भी नियंत्रित करता है।
- यह किसी भी कोयला खदान की शुरुआत या पुनर्शुरुआत की अनुमति प्रदान करता है।
- यह सभी कच्चे कोयले तथा उसके प्रेषण पर लगाए गए उत्पाद शुल्क का आकलन व संग्रह करता है।
- यह विभिन्न केंद्र और राज्य सरकारों के मंत्रालयों को मासिक कोयला डेटा भी प्रस्तुत करता है।

3.3 कोयला मंत्रालय (Ministry of Coal)

कोयला मंत्रालय भारत सरकार का एक मंत्रालय है, जिसका मुख्यालय नई दिल्ली में है। कोयला मंत्रालय कोयलों तथा लिग्नाइट भंडारों की खोज के साथ-साथ सरकार के स्वामित्व वाले निगमों, जैसे– कोल इंडिया लिमिटेड (Coal India Ltd.) तथा इसकी अनुषंगी कंपनियों (Subsidiaries) के साथ-साथ नेवेली लिग्नाइट कॉरपोरेशन (Neyveli Lignite Corporation) के द्वारा किए जाने वाले उत्पादन, वितरण, आपूर्ति तथा कोयले का मूल्य निर्धारण करने का कार्यभार भी संभालता है।

3.4 नवीन तथा नवीकरणीय ऊर्जा मंत्रालय [Ministry of New and Renewable Energy (MNRE)]

1982 में गैर-पारंपरिक ऊर्जा स्रोतों के विभाग (Department of Non-conventional Energy Source - DNES) की स्थापना की गई। 1992 में DNES गैर-पारंपरिक ऊर्जा स्रोतों के मंत्रालय (Ministry of Non-conventional Energy Sources) में बदल गया। अक्टूबर 2006 में इस मंत्रालय का पुनर्गठन कर इसका नाम नवीन तथा नवीकरणीय ऊर्जा मंत्रालय (Ministry of New and Renewable Energy - MNRE) रखा गया। वर्तमान समय में नवीन तथा नवीकरणीय ऊर्जा (New and Renewable Energy) की भूमिका बढ़ती जा रही है।

3.5 इरेडा तथा उद्देश्य (IREDA and Its Objectives)

भारतीय नवीकरणीय ऊर्जा विकास एजेंसी लिमिटेड (Indian Renewable Energy Development Agency - IREDA) की स्थापना 11 मार्च, 1987 को एक सार्वजनिक लिमिटेड सरकारी कंपनी (Public Ltd. Government Company) के रूप में नवीन तथा नवीकरणीय ऊर्जा मंत्रालय (MNRE) के प्रशासनिक नियंत्रण में की गईं, यह नवीकरणीय ऊर्जा (Renewable Energy) और ऊर्जा दक्षता/संरक्षण परियोजनाओं के लिए वित्तीय सहायता को प्रोत्साहित, विकसित तथा विस्तार करने का कार्य करती है। इसके अतिरिक्त, नए उद्यमियों की भागीदारी को प्रोत्सहित करने के लिए, भारतीय नवीकरणीय ऊर्जा विकास एजेंसी (IREDA) ने उद्यमी विकास कार्यक्रम शुरू किया है। इसके तहत इस क्षेत्र के लिए उद्यमियों को प्रशिक्षण एवं सहयोग प्रदान किया जाता है।

इरेडा के मुख्य उद्देश्य (Major Objectives of IREDA)

1. नवीन तथा नवीकरणीय स्रोतों (New and Renewable Resources) द्वारा उत्पादित विद्युत तथा ऊर्जा के लिए विशेषीकृत (Specific) परियोजनाओं तथा योजनाओं को **वित्तीय सहायता** प्रदान करना तथा ऊर्जा दक्षता (Energy Efficiency) द्वारा ऊर्जा का संरक्षण।
2. **निरंतर सुधार** तंत्र, प्रक्रियाओं तथा संसाधनों की सहायता से ग्राहकों को प्रदान की जाने वाली सेवा की दक्षता (Efficiency of Energy) में सुधार करना।

3.6 गैर-नवीकरणीय तथा नवीकरणीय ऊर्जा स्रोत (Non-renewable and Renewable Source of Energy)

नवीकरणीय (Renewable) ऊर्जा स्रोत वे हैं, जिनका निश्चित मानवीय समयावधि पर प्राकृतिक रूप से पुनर्भरण हो जाता है। ये अक्षय संसाधन हैं, इसलिए इन्हें बार-बार उपयोग में लाया जा सकता है, उदाहरणस्वरूप सौर प्रकाश (Sunlight), पवन, वर्षा, ज्वार (Tides), तरंगें (Waves), भू-तापीय ऊष्मा (Geothermal Energy) आदि।

गैर-नवीकरणीय ऊर्जा स्रोत वे हैं, जो अपने समाप्त हो जाने वाले गुण के कारण स्वयं को पुनर्नवीनीकृत नहीं कर सकते हैं। यह निश्चित मानवीय समयावधि तक ही सतत् आर्थिक निष्कर्षण के लिए पर्याप्त रूप में उपलब्ध है। अधिकांश जीवाश्म ईंधन (Fossil Fuels), जैसे - कोयला, पेट्रोलियम तथा प्राकृतिक गैस (Natural Gas) गैर-नवीकरणीय ऊर्जा स्रोत के उदाहरण हैं। एक तरफ जहां गैर-नवीकरणीय संसाधनों को प्रदूषण उत्पन्न करने वाले कारकों, जैसे - कार्बन-डाई-ऑक्साइड (CO_2 - Carbon-dioxide), नाइट्रोजन ऑक्साइड (Nitrogen Oxides), सल्फर ऑक्साइड (Sulphur Oxide), मीथेन (Methane) तथा कार्बन मोनो ऑक्साइड (Carbon Mono Oxide), का स्रोत माना जाता है। वहीं दूसरी तरफ नवीकरणीय ऊर्जा स्रोतों को स्वच्छ ऊर्जा (Clean Energy) का स्रोत माना जाता है। सभी स्रोतों से ग्रिड स्थापित क्षमता **तालिका 3.1** में दी गई है।

ऊष्मीय मान के आधार पर ईंधन का अध्ययन

ऊष्मीय मान किसी ईंधन की वह मात्रा होती है, किलो जूल में, जो कि एक ग्राम ईंधन के पूर्णत: जलने पर कार्बन-डाइ-ऑक्साइड तथा जल की कितनी मात्रा उत्सर्जित हुई। यह इकाई किलो जूल प्रति ग्राम है। उच्च ऊष्मीय मान का अर्थ है कि ईंधन की गुणवत्ता बेहतर है। अन्य सभी ईंधनों की तुलना में हाइड्रोजन का ऊष्मीय मान सर्वाधिक है। ईंधन मान सर्वाधिक है।

ईंधन	ऊष्मीय मान (किलो जूल/ग्राम)
कोयला	30
पेट्रोल	48
एलपीजी	50
सीएनजी	55
हाइड्रोजन	150

पेट्रोलियम तथा प्राकृतिक गैस नियामक बोर्ड अधिनियम, 2006 (PNGRB Act, 2006)

इसका गठन वर्ष 2006 में हुआ था। यह अधिनियम पेट्रोलियम, पेट्रोलियम उत्पादों तथा प्राकृतिक गैस के परिष्करण, प्रसंस्करण, भण्डारण, परिवहन, वितरण, विपणन तथा विक्रय का नियमन करता है। इसमें कच्चे तेल तथा प्राकृतिक गैस के उत्पादन को शामिल नहीं किया गया है ताकि उपभोक्ताओं तथा पेट्रोलियम, पेट्रोलियम उत्पादों एवं प्राकृतिक गैस से जुड़ी हुई इकाईयों को देशभर में बाधारहित एवं पर्याप्त आपूर्ति होती रहे। इसका उद्देश्य उपरोक्त उत्पादों से जुड़े प्रतिस्पर्द्धी बाजारों को प्रोत्साहित करना है। यह स्पष्ट रूप से गैस के लिए एक प्रतिस्पर्द्धी बाजार को सुनिश्चित करता है। पीएनजीआरबी के लिए 'बिजली अधिनियम-2003' के खण्ड 110 के तहत एक अपीलीय न्यायाधिकरण की स्थापना की गई है।

तालिका 3.1 गैर-नवीकरणीय व नवीकरणीय सहित ग्रिड-संयोजित कुल क्षमता

कुल स्थापित क्षमता (30 अप्रैल 2023 तक)		
(A) स्थापित उत्पादन क्षमता (क्षेत्रवार)		
क्षेत्र (Sector)	**मेगावाट**	**कुल हिस्सेदारी का %**
केंद्रीय क्षेत्र (Central Sector)	1,00,055	24.0%
राज्य क्षेत्र (State Sector)	1,05,726	25.4%
स्वायत्त क्षेत्र (Private Sector)	2,10,810	50.6%
कुल	4,16,591	100%
(B) स्थापित उत्पादन क्षमता (ईंधन-वार)		
वर्ग (Category)	**स्थापित उत्पादन क्षमता (मेगावाट)**	**कुल हिस्सेदारी का %**
(i) जीवाश्म ईंधन (Fossil Fuel)		
कोयला	205,235	49.3%
लिग्नाइट	6,620	1.6%
गैस	24,824	6.0%
डीजल	589	0.1%
कुल जीवाश्म ईंधन	2,37,268	57.0%
(ii) गैर-जीवाश्म ईंधन (Non-Fossile Fuel)		
नवीकरणीय ऊर्जा स्रोत (हाइड्रो सहित)	172,542	41.4%
हाइड्रो	46,850	11.2%
पवन, सौर और अन्य नवीकरणीय ऊर्जा	125,692	30.2%
हवा	42,868	10.3%
सौर	67,078	16.1%
बायोमास ऊर्जा	10,248	2.5%
ऊर्जा की बर्बादी	554	0.1%
लघु जल विद्युत	4,944	1.2%
नाभिकीय	6,780	1.6%
कुल गैर-जीवाश्म ईंधन	179,322	43.0%
कुल स्थापित क्षमता (जीवाश्म ईंधन और गैर-जीवाश्म ईंधन)	4,16,591	100%

[*स्रोत:* केंद्रीय विद्युत प्राधिकरण (सीईए)]

3.6.1 गैर-नवीकरणीय स्रोत (Non-renewable Source)

3.6.1.1 ईंधन का ठोस रूप (Solid Nature of Fuel)

3.6.1.1.1 कोयला

ईंधन का ठोस रूप (Solid Nature of Fuel) कोयला आधारित ऊर्जा मानवजगत के सबसे प्राचीन ऊर्जा रूपों में से एक है। भारत अपनी ऊर्जा की लगभग 55-60% आवश्यकता पूरी करने के लिए कोयले पर ही निर्भर है। भारत में चार प्रकार के कोयले पाए जाते हैं। यह वर्गीकरण कोयले में उपस्थित कार्बन की मात्रा के आधार पर किया गया है। ये हैं:

1. **एंथ्रेसाइट (Anthracite):** यह सर्वाधिक उत्तम गुणवत्ता का कोयला है, इसमें लगभग 85 प्रतिशत कार्बन उपस्थित होता है। यह अत्यधिक कठोर, सघन तथा अर्द्ध-धात्विक चमक (Semi-Metalic Luster) लिए होता है।
2. **बिटुमिनस (Bituminous):** यह सर्वाधिक उपयोग में लाया जाने वाला कोयला है। इसमें 50-85% कार्बन उपस्थित होता है। यह सघन व ठोस होता है तथा साधारणतः काले रंग का होता है। इसका ऊष्मीय मान (Calorific Value) उच्च कार्बन प्रतिशत तथा कम नमी की उपस्थिति के कारण अत्यधिक होता है। भारत में अधिकतर बिटुमिनस कोयला झारखण्ड, ओडिशा, प. बंगाल, छत्तीसगढ़ तथा मध्य प्रदेश में पाया जाता है।
3. **लिग्नाइट (Lignite):** इसे भूरा कोयला (Brown Coal) भी कहा जाता है। यह निम्न श्रेणी का कोयला है तथा इसमें 30-50% कार्बन की मात्रा उपस्थित होती है। यह लकड़ी के कोयले में परिवर्तन के मध्यवर्ती चरण को प्रदर्शित करता है। इसका रंग गहरे काले से लेकर भूरे रंग तक का होता है। यह पालना (राजस्थान), नेवेली (तमिलनाडु), लखीमपुर (असम) तथा जम्मू और कश्मीर के करेवा (Karewa) क्षेत्र में पाया जाता है।
4. **पीट (Peat):** यह लकड़ी से कोयला बनने के प्रथम-चरण को प्रदर्शित करता है। इसमें 35% से कम कार्बन की मात्रा उपस्थित होती है। ईंटों के रूप में संपीड़ित किए बिना यह शायद ही पर्याप्त रूप से सघन होता है, जिस कारण इसे अच्छे ईंधन की श्रेणी में नहीं रखा जा सकता। यह लकड़ी की तरह जलता है तथा कम ऊष्मा (Heat) व अधिक धूम्र (Smoke) का उत्सर्जन करता है तथा जलने के बाद अत्यधिक मात्रा में राख (Ash) अवशेष के रूप में रह जाता है।

कोयला खान (राष्ट्रीयकरण) अधिनियम, 1973
[Coal Mines (Nationalisation) Act, 1973]

भारत का कोयला उद्योग मुख्य रूप से स्वतंत्रता के बाद निजी क्षेत्र द्वारा संचालित था, जब तक कि इंदिरा गांधी सरकार ने कोयला खान (राष्ट्रीयकरण) अधिनियम, 1973 के माध्यम से सभी कोयला धारिता को कोयला भारत में स्थानांतरित करने का निर्णय नहीं लिया। भारत के कोयला ब्लॉकों को नीलामी के आधार पर आवंटित किया जाता है। बिजली उत्पादन की बुनियादी आवश्यकता को पूरा करने के लिए भारत कोयला उत्पादन में आत्मनिर्भर नहीं है।

कोयला राखः मानव स्वास्थ्य के लिए हानिकारक
(Coal Ash: Hazardous to Human Health)

कोयले की राख वह कचरा है, जो कोयले के दहन के बाद बचता है। इसमें फ्लाई ऐश (महीन पाउडर जैसे कण जो चिमनी में जाते हैं और प्रदूषण नियंत्रण उपकरणों द्वारा संग्रह किए जाते हैं) के साथ-साथ मोटे सामग्री भी शामिल हैं, जो भट्ठी के तल में गिरते हैं।

ज्यादातर कोयले की राख कोयले से चलने वाले इलेक्ट्रिक पावर प्लांट्स से आती है।

- कोयले की राख में आम तौर पर **आर्सेनिक, सीसा, पारा, कैडमियम, क्रोमियम, और सेलेनियम, के साथ ही एल्यूमीनियम, एंटीमनी, बेरियम, बेरिलियम, बोरोन, क्लोरीन, कोबाल्ट, मैंगनीज, मोलिब्डेनम, निकल, थैलियम, वैनेडियम और जिंक** जैसी भारी धातुएं होती हैं।
- पर्यावरण संरक्षण एजेंसी (EPA) ने पाया है कि एक कोयला राख निपटान स्थल के बगल में रहने से कैंसर या अन्य बीमारियों का खतरा बढ़ सकता है।
- यदि आप एक कच्चे गीले राख के तालाब (सतह जब्त) के पास रहते हैं और आपको पीने का पानी एक कुएं से मिलता है, तो आपको **आर्सेनिक दूषित पानी पीने से 50 बार में से एक बार से ज्यादा कैंसर हो सकता है।**
- यदि इन विषाक्त पदार्थों को खाया जाता है, पीया जाता है, या साँस से शरीर में पहुंचते है तो, कैंसर और तंत्रिका तंत्र के प्रभावों जैसे संज्ञानात्मक घाटे, विकास में देरी, और व्यवहार समस्याओं का कारण बन सकता है। यह बच्चों में दिल की बीमारी, फेफड़ों की बीमारी, श्वसन संकट, गुर्दे की बीमारी, प्रजनन समस्याओं, जठरात्र (गैस्ट्रोइंटेस्टाइनल) बीमारी, जन्म दोष, और विकृत हड्डी वृद्धि का कारण भी हो सकती है।
- EPA का अनुमान है कि सालाना 140 मिलियन टन कोयले की राख पैदा होती है।
- **आर्सेनिक कोयले की राख सबसे आम और सबसे खतरनाक प्रदूषकों में से एक है।**
- EPA ने यह भी पाया कि कोयला राख तालाबों के पास रहने से कैडमियम, सीसा और अन्य जहरीली धातुओं से नुकसान का खतरा बढ़ जाता है।
- कोयला राख पुनर्चक्र स्वास्थ्य के लिए जोखिम बन गया है, खासकर जहां कोयला राख पानी के संपर्क में है: उदाहरण के लिए जब बर्फ सड़कों पर इसका भस्मक के रूप में छिड़काव, कृषि उर्वरक के रूप में, या एक परित्यक्त खानों को भरने के लिए या लैंडफिल के रूप में इस्तेमाल किया जाता है। इनका उपयोग भूजल या सतही जल को खारा करता है।

भारत विश्व के पांच सबसे बड़े कोयला उत्पादक देशों में से एक है। इस सूची में चीन प्रथम स्थान पर है, चार पूर्वी राज्य छत्तीसगढ़, झारखण्ड, ओडिशा तथा पश्चिम बंगाल मिलकर भारत के कुल कोयला उत्पादन का 70% उत्पादित करते हैं। आंध्र प्रदेश, मध्य प्रदेश तथा महाराष्ट्र अन्य बड़े उत्पादक राज्य है। **कोयले को जलाने से (तापीय ऊर्जा संयंत्र में) विभिन्न वायु प्रदूषक गैसें, जैसे- CO_2, SO_2, NO_x आदि उत्सर्जित होती हैं। इसके अलावा कोयले के दहन से पारा (Mercury) भी हवा में फैलता है।**

कोयले के दहन से पारा भी हवा में उत्सर्जित होता है। भारत के कुछ क्षेत्रों में इसे ठंडा करने के लिए कोयला आधारित ताप विद्युत संयंत्रों में समुद्री जल का उपयोग किया जाता है। भारत के लगभग 40% ताप विद्युत संयंत्र जल की कमी वाले क्षेत्रों में हैं। भारत में, अडानी पावर लिमिटेड 13650 मेगावाट (2023) की स्थापित क्षमता के साथ सबसे बड़ा निजी थर्मल पावर उत्पादक है।

3.6.1.1.2 कोयला आधारित विद्युत संयंत्रों की उड़न राख
(Fly Ash from Coal Based Power Plants)

कोयले की जलने की प्रक्रिया के दौरान उड़न राख (Fly Ash) प्राकृतिक रूप से उत्पन्न होने वाला उत्पाद है। यह ज्वालामुखी राख (Volcanic Ash) के समान पदार्थ होता है। ज्वालामुखी राख की बजरी का उपयोग हजारों वर्ष पूर्व रोमन संरचनाओं को बनाने में किया गया, जो आज भी उपस्थित और कार्यशील हैं,

जैसे - मंदिर (Panth), सभागृह (Coliseum) तथा प्राचीन नहरें (Aqueducts), आदि। वर्तमान में कोयले को जब आधुनिक विद्युत उत्पादन संयंत्रों में जलाया जाता है तो दहन तापमान (Combustion Temperature) लगभग 2800°F तक पहुंच जाता है। कोयले में पाये जाने वाले अज्वलनशील पदार्थ दो प्रकार की राखों 'तलीय राख (Bottom Ash)' तथा 'उड़न राख (Fly Ash)' में परिवर्तित हो जाते हैं। तलीय राख (Bottom Ash) निम्न भार का सामूहिक पदार्थ है, जो संग्रहण हेतु बॉयलर (Bioler) के तल में गिरता है। उड़न राख (Fly Ash) वह पदार्थ है, जो धुएं के साथ बाहर आ जाता है। इसका संग्रहण किया जाता है तथा इसे साइलो (Silos) में परीक्षण तथा लाभकारी उपयोग वर्गीकरण के लिए संगृहीत किया जा सकता है।

उड़न राख (Fly Ash) से सम्बद्ध महत्व एवं चिताएं

- यह महत्वपूर्ण है क्योंकि वायु और जल के प्रदूषण में उड़न राख का अत्यधिक योगदान है और इसका प्रभाव इन संयंत्रों के आसपास उगाई जाने वाली फसलों एवं गांवों पर पड़ता है।
- गर्मियों में फ्लाई ऐश PM 2.5 का एक बड़ा स्रोत है। यह हवा के साथ-साथ 10 से 20 किलोमीटर की त्रिज्या वाले क्षेत्र में फैल जाता है। यह जल तथा अन्य सतहों पर जम जाता है। फ्लाई ऐश में कोयले से निकलने वाली भारी धातुएं, जैसे-बड़ी मात्रा में पीएम 2.5 तथा काला कार्बन (Black Carbon); होती हैं। कई स्थानों पर अभी भी उचित रूप से फ्लाई ऐश का निपटान नहीं हो पा रहा है।

क्या किया जा सकता है?

- फ्लाई ऐश, कोयला आधारित ताप ऊर्जा संयंत्रों में ऊर्जा उत्पादन की प्रक्रिया पूरी होने पर अंतिम उत्पाद निर्माण उद्योगों के अनेक अनुप्रयोगों के लिए प्रमाणित संसाधन सामग्री है। इस समय पोर्टलैण्ड सीमेंट, ईंटों/ब्लॉक/टाइल्स के निर्माण सड़क के किनारे निर्माण, कम विकसित क्षेत्रों के विकास हेतु इसका प्रयोग किया जा रहा है।
- वर्तमान में 63% फ्लाई ऐश का उपयोग किया जा रहा है तथा लक्ष्य 100% प्रयोग का है। इसके लिए शिक्षा तथा जागरूकता पैदा करने की आवश्यकता है।
- सड़क निर्माण के ठेकेदारों तथा इजीनियरों को फ्लाई ऐश से होने वाले निर्माणों का लाभ जानने की जरूरत है।
- कर संरचना, सब्सिडी तथा परिवहन सेवाओं के अलावा फ्लाई ऐश से सड़कों का निर्माण करके भी निर्माण की लागत को कम किया जा सकता है।

फ्लाईएश का संघटन (Composition of Fly Ash)

यह एक कोयला दहन उत्पाद है और लोकप्रिय रूप से **धूम्र राख या चूर्णित ईंधन राख (pulverised fuel ash)** के रूप में जाना जाता है।

- **यह कोयला-चालित भट्टियों (Boilers) से निकलने वाले महीन कणों से निर्मित होती है।**
- भट्टियों में जलाए जाने वाले कोयले के स्रोत तथा संरचना के आधार पर, फ्लाई ऐश के घटक काफी भिन्न होते हैं, परंतु **सभी प्रकार की फ्लाई ऐश में मुख्य खनिज के रूप में सिलिकॉन डाइऑक्साइड (SiO_2), एल्यूमीनियम ऑक्साइड (Al_2O_3) एवं कैल्शियम ऑक्साइड (CaO) की पर्याप्त मात्रा होती है, जो कोयला-आधारित शैल परत में मुख्य खनिज यौगिक हैं।**
- **सूक्ष्म घटकों में शामिल हैं:** आर्सेनिक, बेरिलियम, बोरॉन, कैडमियम, क्रोमियम, हेक्सावलेंट क्रोमियम, कोबाल्ट, सीसा, मैंगनीज, पारा, मोलिब्डेनम, सेलेनियम, स्ट्रोंटियम, थैलियम और वैनेडियम, साथ ही डाइऑक्सिन तथा PAH यौगिकों की बहुत अल्प सांद्रता। इसमें बिना जले हुए कार्बन के कण भी पाए जाते हैं।

फ्लाईएश के स्वास्थ्य एवं पर्यावरणीय खतरे

- **विषाक्त भारी धातुओं की उपस्थिति:** फ्लाईऐश में पाई जाने वाली निकल, कैडमियम, आर्सेनिक, क्रोमियम, सीसा आदि सभी भारी धातुओं की प्रकृति विषाक्त होती हैं। इनके सूक्ष्म व विषाक्त कण श्वसन नलिका में जमा हो जाते हैं तथा धीरे-धीरे विषाक्तता का कारण बनते हैं।
- **विकिरण:** समान मात्रा में उत्पन्न विद्युत, शुष्क पीपे या जल भंडारण के माध्यम से सुरक्षित परमाणु अपशिष्ट की तुलना में फ्लाईऐश द्वारा सौ गुना अधिक विकिरण होता है।
- **जल प्रदूषण:** फ्लाईऐश नालिकाओं के टूटने तथा इसके फलस्वरूप राख के बिखरने की घटनाएं भारत में अक्सर होती रहती हैं, जो भारी मात्रा में जल निकायों को प्रदूषित करती हैं।
- **पर्यावरण पर प्रभाव:** आसपास के कोयलायुक्त विद्युत् संयंत्रों से उत्सर्जित राख अपशिष्ट से मैंग्रोव का विनाश, फसल की पैदावार में भारी कमी तथा कच्छ के रण में भूजल प्रदूषण को स्पष्ट रूप से प्रलेखित किया गया है।

फ्लाईऐश के अनुप्रयोग

- कंक्रीट उत्पादन, पोर्टलैंड सीमेंट, रेत हेतु पूरक सामग्री के रूप में।
- फ्लाई-ऐश कणों के सामान्य मिश्रण को कंक्रीट मिश्रण में प्रतिस्थापित कर सकते हैं।
- तटबंध निर्माण तथा अन्य संरचनात्मक भराव।
- सीमेंट धातुमल उत्पादन - (चिकनी मृदा पूरक सामग्री के रूप में)।
- नरम मृदा का स्थिरीकरण।
- सड़क उपाधार निर्माण।
- समग्र पूरक सामग्री के रूप में (जैसे- ईंट उत्पादन के लिए)।
- कृषि उपयोग: मृदा सुधार, उर्वरक, पशु आहार, पशुधन भरण केंद्र में मृदा स्थिरीकरण, एवं कृषि गहनता।
- नदियों पर जमी हिम पिघलाने हेतु।
- सड़कों एवं पार्किंग स्थलों पर हिम जमाव नियंत्रण हेतु।

- इसके अतिरिक्त, कोयले को धोने पर निकली राख का निस्तारण उसके मूल स्थान पर ही करना होगा। फ्लाई ऐश का उपयोग सीमेन्ट संयंत्रों में सुनिश्चित करने के लिए सरकार को भी एक प्रभावी नीति बनानी चाहिए।

नोट: पर्यावरण संरक्षण एजेंसी (EPA) ने यह भी बताया कि फ्लाई ऐश *(Fly Ash)* मानव स्वास्थ्य के लिए अच्छी नहीं है।

3.6.1.1.3 कोयला गैसीकरण और द्रवीकरण (Coal Gasification and Liquefaction)

(A) गैसीकरण (Gasification)

यह किसी भी कार्बन आधारित कच्चे माल जैसे कोयले को ईंधन गैस में परिवर्तित करने की प्रक्रिया है, जिसे लोकप्रिय रूप से सिनगैस के रूप में जाना जाता है।

- कोयले को एक उच्च तापमान दबाव वाले कंटेनर (गैसीफायर) में सिंचित किया जाता है और सिंथेटिक गैस या सिनगैस उत्पन्न करने के लिए गर्म भाप और उच्च तापमान (2600 डिग्री फ़ारेनहाइट तक) और उच्च दबाव (1200 psig तक) के तहत हवा या ऑक्सीजन की नियंत्रित मात्रा के साथ मिलाया जाता है।
- आमतौर पर सिनगैस कार्बन डाइऑक्साइड, हाइड्रोजन, मीथेन, नाइट्रोजन और कार्बन मोनोऑक्साइड का मिश्रण होता है।

गैसीकरण का लाभः कोयले के परिवहन की तुलना में बहुत सस्ता परिवहन।

1. प्रदूषण की समस्याओं से निपटने में मदद।
2. पारंपरिक कोयले को जलाने की तुलना में अधिक दक्षता है क्योंकि यह प्रभावी रूप से दो बार गैसों का उपयोग कर सकते हैं: कोयला गैसों से पहले अशुद्धियों से शुद्ध बनाया जाता है और एक विद्युत टर्बाइन में विद्युत उत्पादन के लिए जला दिये जाते हैं।
3. गैस टर्बाइन से निकली गर्मी को संग्रहीत कर लिया जाता है और एक भाप टर्बाइन जनरेटर के लिए भाप उत्पन्न करने के लिए इस्तेमाल किया जा सकता है।

चिंताएं और चुनौतियां

- कोयला गैसीकरण ऊर्जा उत्पादन के अधिक जल-प्रधान रूपों में से एक है।
- जल संदूषण, भूमि धंसाव और अपशिष्ट जल को सुरक्षित रूप से निपटाने के बारे में भी चिंताएं हैं।

(B) द्रवीकरण (Liquefaction)

इसे **कोयला से तरल (कोल टू लिक्विड CTL) तकनीक भी कहा जाता है, यह डीजल और गैसोलीन का उत्पादन करने का एक वैकल्पिक मार्ग है** और कच्चे तेल की बढ़ती कीमतों में ही आर्थिक महत्व की तकनीक है।

- इस **प्रक्रिया** में कोयले का गैसीकरण शामिल है, जो बदले में सिंथेटिक गैस ($CO + O_2$ का मिश्रण) का उत्पादन करेगा। सिंथेटिक गैस को कोबाल्ट/उच्च दबाव और तापमान पर लोहा आधारित उत्प्रेरक की उपस्थिति में अपने ईंधन के रूप में तरलीकृत किया जा सकता है।
- हालांकि, तरलीकृत कोयला तेल के दोगुना से ज्यादा CO_2 उत्सर्जित करता है। यह SO_2 की एक बड़ी मात्रा का उत्सर्जन भी करता है।

द्रवीकरण के लाभ

CO_2 उत्सर्जन पारंपरिक कोयले से चलने वाले बिजलीघरों की तुलना में CTL संयंत्रों से अधिक आसानी से और सस्ते में संग्रहीत कर लिया जाता है। अधिग्रहित किए गए CO_2 को भूमिगत भंडारण जलाशयों (कार्बन अधिग्रहण एंड संग्रहण (CCS) या भू-संग्रहण (Geosequestration) के रूप में जानी जाने वाली प्रक्रिया) में ले जाया और संग्रहीत किया जा सकता है।

केंद्रीय कोयला और खान मंत्री ने कोयला गैसीकरण और द्रवीकरण पर एक वेबिनार को संबोधित किया। उन्होंने कहा:

- भारत का लक्ष्य 2030 तक 100 मिलियन टन (एमटी) कोयला गैसीकरण का है, जिसमें 4 लाख करोड़ रुपये से अधिक का निवेश किया गया है।
- ईंधन के स्वच्छ स्रोतों के उपयोग को प्रोत्साहित करने के लिए, सरकार ने गैसीकरण के लिए उपयोग किए जाने वाले कोयले के राजस्व हिस्से पर 20% की रियायत का प्रावधान किया है। इससे **सिंथेटिक प्राकृतिक गैस, ऊर्जा ईंधन, उर्वरकों के लिए यूरिया और अन्य रसायनों के उत्पादन को बढ़ावा मिलेगा।**

उच्च वोल्टेज प्रत्यक्ष धारा (High Voltage Direct Current - HVDC)

विद्युत स्थानांतरण (Transmission) के लिए प्रयोग किए गए प्रसारण माध्यमों तथा तारों (Wires) में 40 प्रतिशत से अधिक का नुकसान होता है।

यह संचरण इस लम्बी दूरी में होने वाली हानि को न्यूनतम करने के लिए एक अत्यधिक प्रभावी माध्यम है। यहां, बिजली का ट्रांसमिशन मोड उच्च वोल्टेज में प्रत्यक्ष धारा (DC) है। इस प्रकार की तकनीक शीघ्र ही निकट भविष्य में शुरू की जाएगी।

3.6.1.2 पेट्रोलियम – ईंधन की द्रव प्रकृति (Petroleum – Liquid Nature of Fuel)

3.6.1.2.1 विभिन्न प्रकृतियों के ईंधन, जैसे– गैसोलीन (Gasoline), केरोसीन (Kerosene) तथा डीजल (Diesel) आदि के बीच अंतर

कच्चे तेल (Crude Oil) को जब भूमि से बाहर निकाला जाता है, तो इस काले द्रव को पेट्रोलियम (Petroleum) कहा जाता है। यह पेट्रोलियम एलिफैटिक हाइड्रोकार्बनों (Aliphatic Hydrocarbons) या हाइड्रोकार्बनों का बना होता है, जो हाइड्रोजन (Hydrogen) तथा कार्बन (Carbon) से मिलकर बना होता है। कार्बन अणु एक-दूसरे से विभिन्न लंबाई की शृंखलाओं (Chains) द्वारा जुड़े रहते हैं।

हाइड्रोकार्बन अणुओं (hydrocarbon molecules) की विभिन्न लंबाई के कारण उनके गुण तथा व्यवहार में अंतर पाया जाता है। उदाहरण के लिए, वह शृंखला जिसमें सिर्फ एक कार्बन परमाणु (Carbon Atom) उपस्थित होता है वह सबसे छोटी शृंखला CH_4 है, जिसे मीथेन (Methane) कहा गया है। जैसे-जैसे शृंखला लंबी होती जाती है, वह भारी होती जाती है। प्रथम 4 शृंखलाएं - CH_4 (मीथेन, Methane), C_2H_6 (ईथेन, Ethane), C_3H_8 (प्रोपेन, Propane) तथा C_4H_{10} (ब्यूटेन, Butane) ये सभी गैसें हैं।

शृंखला (Chain) $C_{18}H_{32}$ तक होती है, तो वे सभी कमरे के सामान्य तापक्रम पर द्रव रूप (Liquid) होता है तथा यदि शृंखला C_{19} से अधिक होती है, तो वह कमरे के सामान्य तापक्रम पर ठोस अवस्था (Solid Forms) में होती है।

3.6.1.2.2 प्रीमियम ईंधन : तथ्य बनाम कल्पना (Premium Fuels : Fact Versus Fiction)

- **अनुसंधान ऑक्टेन संख्या** (Research Octane Number -RON) किसी गैसोलीन इंजन ईंधन का एक मानक मापन है।
- उच्च आरओएन ईंधनों का प्रयोग अधिकांशत: उन इंजनों में किया जाता है, जिनकी संपीड़न दर अधिक होती है।
- भारत में, अधिकतर सामान्य और प्रीमियम पेट्रोल 91 आरओएन वाले होते हैं। प्रीमियम पेट्रोल सामान्यत: सामान्य पेट्रोल में ही कुछ जोड़कर बनाए जाते हैं; इस प्रकार उनका आरओएन नहीं बदलना है।
- इस प्रकार कुछ स्थानों पर दो प्रकार-93 ऑक्टेन तथा 97 ऑक्टेन मिलते हैं, जिनकी आरओएन मूल्य क्रमश: 93 एवं 97 होता है।
- जनवरी 2017 में 99 ऑक्टेन लॉन्च हुआ था, जिसका आरओरएन मूल्य 99 था। यह एक उन्नत किस्म का ईंधन है, जो कि भारत में आज तक बेचा जा रहा है।
- **संपीड़न अनुपात (Compression Ratio)**: यह किसी इंजन के सिलेण्डर के आंतरिक आयतन का संपीड़न के पहले एवं वाद का अनुपात होता है। इस प्रकार, 10: 1 संपीड़न अनुपात का अर्थ है कि एक इंजन अपने प्रारंभिक आयतन का 10 गुणा हवा तथा ईंधन का मिश्रण संपीड़ित कर सकता है।
- सामान्यत:, एक उच्च संपीड़न अनुपात के साथ, एक उच्च श्रेणी के ईंधन की आवश्यकता होती है, ताकि इंजन में उत्पन्न अत्यधिक दबाव को वह सह सके। इस संदर्भ में उच्च ईंधन का अर्थ है, जिसका आरओएन अधिक हो। अधिकतर पेट्रोल इंजनों का संपीड़न अनुपात 8 : 1 से लेकर 12: 1 तक होता है। हालांकि रेसिंग कारों का संपीड़न अनुपात अपवाद स्वरूप 13: 1 अथवा उससे भी अधिक होता है [देखें **तालिका 3.2**]।

तालिका 3.2 उच्च बनाम संपीड़न अनुपात

उच्च संपीड़न अनुपात	निम्न संपीड़न अनुपात
अधिक ऊर्जा उत्पादन	कम ऊर्जा उत्पादन
अधिक माइलेज	कम माइलेज
इंजन का जीवनकाल कम	इंजन का जीवनकाल अधिक
उच्च ऑक्टेन ईंधन की आवश्यकता	सामान्य ऑक्टेन ईंधन की आवश्यकता
इंजन से आवाज आने का खतरा ज्यादा	इंजन से आवाज आने का खतरा नगण्य

- एक सामान्य पेट्रोल इंजन में हवा और ईंधन का मिश्रण संपीड़न के द्वारा ऊष्मित होता हैं तथा स्पार्क प्लग के द्वारा यह तेजी से शुरू हो जाता है। यदि यह मिश्रण अत्यधिक ऊष्मित (या संपीड़ित) हो जाता है, तो यह प्रज्ज्वलन प्रणाली के स्पार्क होने से पहले ही स्वयं प्रज्ज्वलित हो जाता है। इस कारण इंजन के घटकों पर अत्यधिक दबाव पड़ता है, जिससे **खटकने** (knocking) अथवा **भनभनाने** (pinging) की आवाज आने लगती है।
- खटकने से इंजन को नुकसान पहुंचता है, और यदि यह ज्यादा हो तो इंजन बंद भी हो सकता है। संपीड़न अनुपात किसी इंजन की शक्ति एवं दक्षता से प्रत्यक्षत: संबंधित है।
- इस प्रकार, एक निश्चित ईंधन की मात्रा से एक उच्च संपीड़न अनुपात वाले इंजन से निम्न संपीड़न अनुपात की तुलना में अधिक ऊर्जा प्राप्त की जा सकती है।
- स्पोर्ट्स कारों तथा बाइक के इंजन संपीड़न पर संचालित करने के लिए डिजाइन किए गए होते हैं। इसी कारण इन्हें उच्च आरओएन की आवश्यकता होती है।

उच्च ऑक्टेन ईंधन के लाभ

- अत्यधिक ऊर्जा प्राप्ति
- अधिक ईंधन दक्षता
- ईंधन के रख-रखाव की आवश्कता कम
- बेहतर ईंधन जीवनकाल

3.6.1.2.3 एस्फाल्ट एवं जैव एस्फॉल्ट (Asphalt and Bioasphalt)

एस्फॉल्ट एक चिपचिपा, काला और गाढ़ा तरल या अर्द्ध-तरल पदार्थ होता है, जिसे कच्चे पेट्रोलियम के आसवन से प्राप्त किया जाता है। इसका आसवन प्राकृतिक रूप से भी हो सकता है, जिसके परिणामस्वरूप एस्फॉल्ट झीलों का निर्माण होता है या कच्चे तेल का उपयोग कर रिफाइनरी में होता है।

जैव एस्फॉल्ट गैर-पेट्रोलियम आधारित नवीकरणीय संसाधनों से बना हुआ एस्फाल्ट का एक विकल्प है। जैव एस्फॉल्ट के स्रोत चीनी, चावल, मक्का, स्टार्च, गम, रेजिन, प्राकृतिक लैटेक्स रबड़, वनस्पति तेल, लिग्निन, सेल्यूलोज, नारियल का कचरा, तेल अपशिष्ट, सूखा सीवेज अपशिष्ट आदि हैं। पारंपरिक एस्फॉल्ट की तरह यह जीवाश्म ईंधन आधारित नहीं होता है। यह पर्यावरण अनुकूल होता है तथा सड़क के सतहीकरण के लिए इसका इस्तेमाल किया जाता है।

सड़क निर्माण में डामर (Asphalt) का अत्यधिक उपयोग किया जाता है, जहां इसे मिश्रित गोंद या बाइंडर के रूप में उपयोग में लाया जाता है। इसके अन्य मुख्य उपयोग बिटुमिनस वॉटरप्रूफिंग उत्पादों के लिए हैं, जिसमें छत सामग्री का निर्माण और सपाट छतों को सील करना शामिल है।

3.6.1.3 ईंधन की गैसीय प्रकृति

जैसा कि नाम से स्पष्ट है, प्राकृतिक गैस एक गैसीय अवस्था वाला ईंधन है, जिसमें 87 से 92 प्रतिशत मीथेन तथा कुछ प्रतिशत अन्य हाइड्रोकार्बन होते हैं। विभिन्न तापमान एवं दाब पर इसके कई प्रकार होते हैं, जैसे-एलपीजी (LPG), पीएनजी (PNG), सीएनजी (CNG) तथा एलएनजी (LNG)।

शब्दावलियाँ (Terminology)

नॉकिंग (Knocking)

ईंधन दहन (Combustion) के लिए वायु में मिश्रित होते हैं, उसके बाद ही ये जलते हैं तथा ऊष्मा (Heat) उत्पन्न करते हैं। परंतु इस ऊष्मा को ये ईंधन खुद से सटीक कार्य के लिए रूपांतरित नहीं कर पाते हैं तथा इस कारण एक धात्विक ध्वनि (Metallic Sound) की उत्पत्ति होती है, जिसे नॉकिंग (Knocking) कहा जाता है। वे ईंधन, जिनमें नॉकिंग (Knocking) अति निम्न होती है, उत्तम ईंधन होते हैं। उच्च नॉकिंग वाले ईंधन निम्न श्रेणी के ईंधन में आते हैं। नॉकिंग को कम करने के लिए ईंधन में कुछ पदार्थों को मिश्रित किया जाता है ताकि ईंधन की गुणवत्ता में सुधार लाया जा सके। इन पदार्थों को प्रति-नॉकिंग (Anti-knocking Compound) पदार्थ कहा जाता है।

ऑक्टेन नंबर (Octane Number)

ईंधन की नॉकिंग क्षमता को ऑक्टेन संख्या (Octane Number) द्वारा दिखाया जाता है। कम नॉकिंग के लिए ऑक्टेन संख्या उच्च होती है तथा वह ईंधन उत्तम गुणवत्ता का होता है। ईंधन की ऑक्टेन संख्या में वृद्धि करने के लिए ईंधन में एंटी-नॉकिग पदार्थ को मिलाना आवश्यक है।

नोट: *ऑक्टेन संख्या कम होती है, यदि कार्बन शृंखला की लंबाई में वृद्धि होती है।*

क्या ऑक्टेन संख्या 100 से ज्यादा हो सकती है? (Is there an Octane Number more than 100)

अनेक शुद्ध हाइड्रोकार्बन तथा यहां तक कि व्यावसायिक गैसोलीन (Gasoline) में भी प्रति-नॉकिंग गुण (Antiknocking Quality) होता है, जिनकी ऑक्टेन संख्या 100 से अधिक होती है। इस श्रेणी में ऑक्टेन संख्या को बढ़ाने के लिए टेट्राइथाइल लेड (Tetraethyl Lead) की अलग-अलग मात्रा का उपयोग आइसो-ऑक्टेन (Iso-Octane) में किया जाता है।

प्रति-नॉकिंग पदार्थ (Anti-Knocking Additines)

प्रति-नॉकिंग पदार्थ वे हैं, जो ईंधन की स्वयं दहन की दक्षता में कमी लाते हैं तथा ऑक्टेन संख्या (Octane Number) में वृद्धि करते हैं। सीसा (Lead) यौगिकों की निम्न मात्रा का उपयोग व्यावसायिक तथा प्रभावी एंटी-नॉकिंग पदार्थ (Antiknocking Additines) के रूप में किया जा रहा है। यौगिक (Compound) बेंजीन टॉलूइन जाइलीन (Benzene Toluene Xylene - BTX) एक अच्छा एंटी-नॉकिंग यौगिक है; यौगिक टेट्रा इथाइल लेड (Tetra Ethyl Lead - TEL) को सबसे बेहतर एंटी-नॉकिंग यौगिक (Antiknocking Compound) के रूप में जाना जाता है। अन्य एंटी-नॉकिंग यौगिक है- मिथेनॉल (Methanol) या इथेनॉल (Ethanol), एल्कोहल (Alcohol) तथा टर्शियरी ब्यूटाइल एल्कोहल (Tertiary Butyl Alcohol)। परंतु टेट्रा इथाइल लेड (Tetra Ethyl Lead - TEL) पर्यावरण को क्षति पहुंचाते हैं।

गैसोलीन के साथ मिश्रित ईंधन के गुण (Properties of Fuel Mixed with Gasoline)

अल्केन शृंखला (Alkane Chain) यदि छोटी होती है, तो ऑक्टेन संख्या उच्च होती है। इसलिए शृंखला की लंबाई घटने के साथ ही हाइड्रोकार्बन की अस्थिरता (Valatility) में वृद्धि होती है। छोटी अल्केन शृंखलाओं (Alkane Chain) को पेट्रोल (Petrol) के साथ पेट्रोल की अस्थिरता को कम करने के लिए मिलाया जाता है तथा इससे पेट्रोल की ऑक्टेन संख्या (Octane Number) में वृद्धि होती है। अल्केन (Alkane) की और शाखाओं की ऑक्टेन संख्या उच्च होती है। यह मिश्रित गैसोलीन सीधे उपयोग में लाए गए गैसोलीन की तुलना में कम शोर (Knock) करता है।

गैसोहॉल (Gasohol)

इसे सर्वप्रथम ब्राजील में खोजा गया था। पेट्रोल (90%) तथा एल्कोहल के (10%) के मिश्रण को गैसोहोल (Gasohol) कहा जाता है। यह पेट्रोल में गन्ना (Sugarcane) के निष्कर्षण से निकाले गए एल्कोहल (Alcohol) को मिलाकर प्राप्त किया जाता है। गैसोहोल का उपयोग ईंधन के रूप में गाड़ियों में होता है। प्रदूषक, जैसे - CO_2, SO_2 को इस ईंधन द्वारा अत्यधिक कम किया जा सकता है तथा इसे घटाकर अति निम्न स्तर पर लाया जा सकता है। इसलिए पेट्रोल की उच्च मांग को देखते हुए पेट्रोल के विकल्प के रूप मे गैसोहोल एक उत्तम विकल्प हो सकता है।

डीजल (Diesel)

यह तैलीय द्रव हाइड्रोकार्बन का रूप है, जिसे पेट्रोलियम के आंशिक आसवन (Fractional Distillation) द्वारा प्राप्त किया जाता है। यह पेट्रोल से सस्ता होता है तथा गाड़ियों, मशीनों तथा यंत्रों (Devices) आदि में प्रयोग के लिए एक अच्छा ईंधन है। परंतु इसके प्रयोग के परिणामस्वरूप कई जहरीली गैसों, जैसे - सल्फर-डाई ऑक्साइड (SO_2) आदि का उत्पादन होता है। SO_2 गैस अनेक समस्याओं जैसे - आंखों में जलन, सिरदर्द, सांस संबंधी समस्याओं को जन्म देती है। कभी-कभी यह त्वचा रोगों तथा श्वसन तंत्र (Respiratory System) की समस्याओं को भी जन्म देती है।

डीजल की सीटेन संख्या (Cetane Number of Diesel)

सीटेन संख्या (CN) डीजल ईंधन की दहन गति (Combustion Speed) की सूचक (Indicator) है। यह गैसोलीन (पेट्रोल) के लिए की जाने वाली ऑक्टेन रेटिंग के समान होती है। सीटेन संख्या जितनी अधिक होगी ईंधन उतनी ही अधिक आसानी से संपीड़न व्यवस्था (Compression Setting) में दहनशील होगा (जैसे कि डीजल ईंधन)। सामान्यत: डीजल ईंधन 40-55 के बीच की सीटेन संख्या (CN) पर आसानी से कार्य करता है। जिस ईंधन की सीटेन संख्या अधिकतम होती है उसमें प्रदाह (Ignition) अधिक लंबी अवधि तक होता है। यह ईंधन की दहन प्रक्रिया (Combustion Process) को पूर्ण करने के लिए अधिक समय प्रदान करता है।

उच्चतम गति वाले डीजल ईंधन (Higher Speed Diesel Engine) उच्चतम सीटेन संख्या वाले ईंधन में अधिक प्रभाव रूप से कार्यशील होता है। वनस्पति तेलों से बना जैव डीजल (Biodiesel) की सीटेन संख्या 46-52 तक मापी गई है तथा जंतु वसा (Animal Fat) आधारित जैव डीजल की सेटेन संख्या 56-60 के बीच है। डाइमिथाइल ईंधन (Dimethyl Ether) अधिक क्षमता वाला ईंधन (High Potential Fuel) है क्योंकि इसकी सीटेन संख्या 55-60 के बीच होती है।

नोट: अल्काइल नाइट्रेट्स (Alkyl Nitrates) मुख्यत: 2-इथाइल नाइट्रेट (2-Ethyl Nitrate) तथा डाइ-ट्रेट ब्यूटाइल परऑक्साइड (Di-tert-butyl Peroxide) सीटेन संख्या को बढ़ाने में प्रयुक्त होती है।

ईंधन के गैसीय स्वभाव होने की चुनौतियां
गैसीय अवस्था वाले ईंधनों का ऊष्मीय मान सर्वाधिक होता है। किन्तु इसकी कुछ समस्याएं भी हैं:
- इनका प्रज्ज्वलन सामान्य तापमान पर भी अत्यधिक ज्वलनशील है।
- ये गंधहीन होते हैं।
- उचित प्रक्रिया अथवा उचित पैकिंग के अभाव में अत्यधिक घर्षण (Friction) का खतरा।

3.6.1.3.1 LPG, PNG, CNG तथा LNG

प्राकृतिक गैसों के प्रसंस्करण (Processing) तथा पेट्रोलियम परिष्करण का उप-उत्पाद (by-product) एल.पी.जी. (LPG) है। LPG, सामान्य तापमान तथा दाब पर गैसीय रूप में पायी जाती है। द्रवित पेट्रोलियम गैस (Liquified Petroleum Gas) में मुख्यत: प्रोपेन (Propane), ब्यूटेन (Butane), प्रोपलीन (Propylene) तथा ब्युटिलीन (Butylene) का अलग-अलग मिश्रण होता है। LPG एक गंधहीन गैस है और सामान्य कमरे के तापमान पर जलती है, अत: इनमें गंध के लिए **एथिल मरकेप्टॉन** (Ethyl Mercapton) को मिलाया ज़ाता है।

तरल पेट्रोलियम गैस (Liquefied Petroleum Gas), जिसे Autogas भी कहा जाता है, मुख्यत: प्रोपेन (Propane), प्रोपाइलिन, ब्यूटेन तथा ब्यूटिलिन के मिश्रण से बनी होती है। यह प्राकृतिक गैस के प्रसंस्करण तथा पेट्रोलियम के परिष्करण (Refining) के दौरान उप-उत्पाद (By-Product) के रूप में प्राप्त होती है। LPG के संघटक (Component) सामान्य ताप तथा दाब पर गैसीय अवस्था में होते हैं। LPG कमरे के सामान्य ताप पर ज्वलनशील है तथा यह गंधहीन (Odourless) है, इस कारण इसके रिसाव को ज्ञात करने के लिए इसमें कुछ मात्रा में इथाइल मरकेप्टन (Ethyl Mercapton) मिलाया जाता है। LPG के साथ एक प्रमुख चुनौती यह है कि यह संरचना में व्यापक रूप से भिन्न हो सकती है, विभिन्न इंजनों के प्रदर्शन के लिए अग्रणी है। सामान्य ताप तथा दाब पर, LPG वाष्पीकृत हो जाता है, इसके कारण LPG को एक दाबित इस्पात बोतल (Pressurised Steel Bottle) में संगृहित किया जाता है। प्राकृतिक गैस (Natural Gas) के विपरीत LPG हवा (Air) की तुलना में भारी होती है तथा इस प्रकार यह फर्श के साथ बहती है तथा इसमें निचली जगहों, जैसे- बेसमेंट में जमा होने की प्रकृति देखी जाती है। इस प्रकार का जमाव विस्फोट का कारण हो सकता है तथा यही कारण है कि LPG ईंधन वाली गाड़ियों का अनेक क्षेत्रों में प्रवेश निषेध होता है।

हाइड्रोजन संवर्द्धित सीएनजी (Hydrogen Enriched CNG-HCNG)

एचसीएनजी (HCNG) ऊर्जा अथवा ऊष्मा उत्पादन करने के लिए संपीड़ित प्राकृतिक गैस तथा कुछ प्रतिशत हाइड्रोजन का मिश्रण होता है। एचसीएनजी को आन्तरिक दहन इंजन के ईंधन के रूप में भी उपयोग किया जा सकता है। इसे ऊर्जा का (ईंधन का) स्वच्छ स्रोत माना जाता है तथा यह सीएनजी की तुलना में अधिक शक्तिशाली तथा उससे भी अधिक माइलेज देने वाला है।

एचसीएनजी के कुछ लाभ
- यह कार्बन-मोनो-ऑक्साइड का उत्सर्जन 70 प्रतिशत तक कम करता है।
- ईंधन में 5% तक की बचत करता है।
- उच्च ऑक्टेन संख्या होने के कारण बेहतर निष्पादन

वर्ष 2018 में, दिल्ली सरकार ने इंडियन ऑयल कॉर्पोरेशन लिमिटेड के साथ मिलकर तकनीकी एवं अवसंरचना के अध्ययन के लिए 50 बसों पर एचसीएनजी प्रयोग शुरू किया था। आईओसीएल ने इन बसों में 18 से 20 प्रतिशत तक हाइड्रोजन मिश्रित करने की योजना बनाई है। हाइड्रोजन की वर्तमान लागत सीएनजी की तुलना में अधिक है। अत: एचसीएनजी सीएनजी की तुलना में महंगी है।

भारत में एलएनजी टर्मिनल (LNG Terminals in India)

- आरजीपीपीएल एलएनजी टर्मिनल, महाराष्ट्र
- दहेज टर्मिनल, पेट्रोनेट एलएनजी लिमिटेड, गुजरात
- हजीरा टर्मिनल, शेल लिमिटेड, गुजरात
- पेट्रोनेट एलएनजी, कोच्चि
- कृष्णा गोदावरी एलएनजी आयात टर्मिनल, काकीनाडा

पीएनजी (पाइपलाइन प्राकृतिक गैस) [PNG (Pipelined Natural Gas)] सीएनजी के समान है, सिवाय इसके कि घरेलू उपयोग के लिए पाइपलाइनों के माध्यम से इसकी आपूर्ति की जाती है।

प्राकृतिक गैस का प्रसंस्करण (Processing of Natural Gas)

एलपीजी अंशशोधक संयंत्रों (Fractionator Plants) प्राकृतिक गैस को विभिन्न अनुप्रयोगों के अनुसार अलग-अलग अंशों में फैलाने के लिए संसाधित करने के लिए किया जाता है।
- **मीथेन:** ईंधन के रूप में और यूरिया संयंत्रों के लिए ईंधन और फीडस्टॉक बिजली संयंत्रों के लिए
- **ईथेन:** पेट्रोकेमिकल्स का उत्पादन
- **प्रोपेन:** एलपीजी और औद्योगिक ईंधन के रूप में
- **ब्यूटेन:** एलपीजी का उत्पादन
- **C5 और अधिक कार्बन की संख्या वाले:** पेंटेन और विलायकों का उत्पादन

3.6.1.3.2 गैर-पारंपरिक गैस स्रोत (Unconventional Gas Sources)

गैर-पारंपरिक गैस स्रोत वे हैं, जो ऐसे भंडारों में मौजूद होते है, जहां उनके उत्पादन के लिए अन्य प्रकार के स्रोतों की अपेक्षा अधिक प्रयास करने की आवश्यकता होती है। विशिष्ट स्थिति में उनकी उपस्थिति की प्रकृति के आधार पर उनके उत्पादन हेतु विशेष तकनीक की भी आवश्यकता होती है।

परंपरागत रूप से, गैस के निम्नलिखित स्रोतों को गैर-पारंपरिक रूप में वर्गीकृत किया गया है:

कोयला तल मीथेन (Coal Bed Methane - CBM), कोयला खदान मीथेन (Coal Mine Methane - CMM), शैल गैस (Shale Gas), तंग गैस (Tight Gas) (तंग गैस एक प्राकृतिक गैस है, जिसका उत्पादन तैलाशय शैल (Reservoir Rocks) से किया जाता है। इन शैलों की पारगम्यता इतनी कम होती है कि किफायती दर पर बेहतर उत्पादन के लिए बड़े पैमाने पर हाइड्रोलिक फ्रैक्चरिंग (Hydraulic Fracturing) की आवश्यक होती है)। 2035 तक वैश्विक स्तर पर गैस की मांग में 50% तक की वृद्धि होने की संभावना है, जिसके लिए बड़ा हिस्सा गैर-पारंपरिक स्रोतों से प्राप्त होगा।

3.6.1.3.2.1 कोयला तल मीथेन (Coal Bed Methane)

यह प्राकृतिक गैस का एक अपरंपरागत रूप है, जो कोयले के भंडार या कोयला तह में पाया जाता है। CBM कोयले के बनने की प्रक्रिया के दौरान बनता है जब वनस्पति कोयला बनता है।

सीबीएम की क्षमता (CBM potential)

- भारत के पास दुनिया का पांचवां सबसे बड़ा कोयला भंडार है, और सीबीएम को महत्वपूर्ण संभावनाओं के साथ एक स्वच्छ वैकल्पिक ईंधन के रूप में देखा गया है।
- भारत के सीबीएम संसाधनों का अनुमान लगभग 92 ट्रिलियन क्यूबिक फीट (टीसीएफ) या 2,600 अरब घन मीटर (सीबीएम) है।
- देश के कोयला और सीबीएम भंडार भारत के 12 राज्यों में पाए जाते हैं, जिसमें पूर्वी भारत के गोंडवाना तलछट में बहुतायत में मिलते हैं।
- दामोदर कोयला घाटी और सोन घाटी सीबीएम विकास के लिए संभावित क्षेत्र हैं।

नोट: कोयला मंत्रालय ने राज्य द्वारा संचालित कोयला खननंकर्ता कोल इंडिया लिमिटेड (सीआईएल) से कहा है कि वह अगले 2 से 3 वर्षों में कोलबेड मीथेन (सीबीएम) गैस के प्रतिदिन 2 एमएमएससीबी (मिलियन मीट्रिक स्टैंडर्ड क्यूबिक मीटर) का उत्पादन करे।

सीबीएम का उपयोग (Use of CBM)

- बिजली उत्पादन में।
- संकुचित प्राकृतिक गैस (सीएनजी) ऑटो ईंधन के रूप में।
- उर्वरकों के लिए फीडस्टॉक के रूप में।
- सीमेंट उत्पादन, रोलिंग मिलों, इस्पात संयंत्रों और मेथनॉल उत्पादन जैसे औद्योगिक उपयोग।

लाभ (Advantages)

- उच्च ऊष्मीय मान (High Calorific Value)
- 95% शुद्ध मीथेन होने के कारण एक बेहतर ईंधन
- H_2S जैसी हानिकारक गैस की अनुपलब्धता
- ऊर्जा के अन्य पारंपरिक स्रोतों की तुलना में पर्यावरण अनुकूल

नुकसान (Disadvantages)

- मीथेन के हरित गृह गैस होने के कारण, कोयला खदानों से उत्सर्जन को देखते हुए, यह चिंता का विषय बन जाता है (कुल वैश्विक मीथेन उत्सर्जन का लगभग 8% कोयला खदानों से उत्सर्जित होता है)।
- कोयला तल मीथेन की निकासी के लिए भूमि की ड्रिलिंग से, पारिस्थितिकी तंत्र को तीव्र क्षति (Acute Eco System Damage)।
- वन्यजीव आवास को क्षति।
- कोयला तल मीथेन की निकासी में अत्यधिक लवणीय जल का निपटान भी करना होता है, जिसका स्वच्छ जल प्रणाली में स्रावण (Disposal), जलीय पारिस्थितिकी तंत्र के लिए एक गंभीर खतरा है।
- सटीक गैस मात्रा, मोटाई एवं दबाव मिलना एक बड़ी चुनौती होती है।

3.6.1.3.2.2 गोबरधन योजना (Gobardhan Scheme)

जल शक्ति मंत्रालय के तहत पेयजल एवं स्वच्छता विभाग द्वारा स्वच्छ भारत मिशन ग्रामीण-फेज 2 के तहत The Galvanizing Organic Bio-Agro Resources Dhan (गोबर-धन) योजना लागू की गई है।

योजना के बारे में (About the Scheme)

- इसे **2018 में लॉन्च किया गया था।**
- इस योजना का उद्देश्य **बायोडिग्रेडेबल कचरे को कंप्रेस्ड बायोगैस (CBG) में परिवर्तित** करके किसानों की आय में वृद्धि करना है।
- इस पहल का उद्देश्य ग्रामीण क्षेत्रों में समुदाय आधारित सीबीजी संयंत्रों की स्थापना के लिए उद्यमियों को आकर्षितं करना है।

जल मंत्रालय ने सरकार की गोबर-धन योजना पर एकीकृत पोर्टल शुरू किया है। सरकार ने कहा, जल शक्ति मंत्रालय की गोबर-धन योजना से किसान 5 साल में 1 लाख करोड़ रुपए कमा सकते हैं।

योजना के लाभ (Benefits of the Scheme)

1. देश के लिए सहायक के रूप में - भारत दुनिया में सबसे अधिक पशु आबादी के लिए घर है,जो संख्या में 300 मिलियन के करीब है, और रोजाना 3 मिलियन टन गोबर का उत्पादन के साथ करते हैं।
2. किसानों को गोबर और अन्य कचरे को न सिर्फ अपशिष्ट के रूप में बल्कि आय के स्रोत के रूप में विचार करने के लिए प्रोत्साहित करेगा।
3. ग्रामीण लोगों को लाभ - गांव को साफ-सुथरा और स्वच्छ रखना आसान होगा, पशुधन स्वास्थ्य में सुधार होगा, और खेतों की पैदावार में वृद्धि होगी।
4. खाना पकाने और प्रकाश व्यवस्था के लिए उपयोग की जाने वाली ऊर्जा में आत्मनिर्भरता बढ़ाएगा।
5. तेल कंपनियों के लिए बाजार में एक स्थिर ईंधन की आपूर्ति और उद्यमियों के लिए सरकारी योजनाओं और बैंकों के माध्यम से बाजार में सुलभ ऋण प्रदान करती है।

(इन्फोग्राफिक देखें - बायोगैस चक्र)

3.6.1.3.2.3 गैस हाइड्रेट्स (Gas Hydrates)/क्लैथ्रेट्स (Clathrates)/ मीथेन हाइड्रेट्स (Methane Hydrates)

गैस हाइड्रेट्स प्राकृतिक गैस तथा ध्रुवीय क्षेत्र में पाए जाने वाले पानी के मिश्रण से बनी प्राकृतिक बर्फ (Natural Occuring Ice) है। हाइड्रोकार्बन गैस (मुख्य रूप से मीथेन) और जल से बनी ये बर्फ मूलत: ठोस होती है। वे गीली बर्फ के समान होते हैं तथा पानी के हिमांक बिंदू के ऊपर भी अपने अस्तित्व में रह सकते हैं। दबाव के साथ वे 18 डिग्री सेंटीग्रेड तक के तापमान पर स्थिर रहते हैं।

हाइड्रेट्स, क्लेथ्रेट्स (Clathrates) नामक एक संकुल (Complexes) से संबंधित हैं। क्लेथ्रेट्स ऐसे पदार्थ होते हैं, जो जालीनुमा संरचना (Lattice like Structure) में होते हैं, जिसमें एक पदार्थ के अणु पूरी तरह से अन्य पदार्थ की क्रिस्टल संरचना (Crystal Structure) के भीतर संलग्न होते हैं। हाइड्रेट में ऐसे मेजबान अणु (पानी) [Molecule (Water)] होते हैं जो जालीनुमा

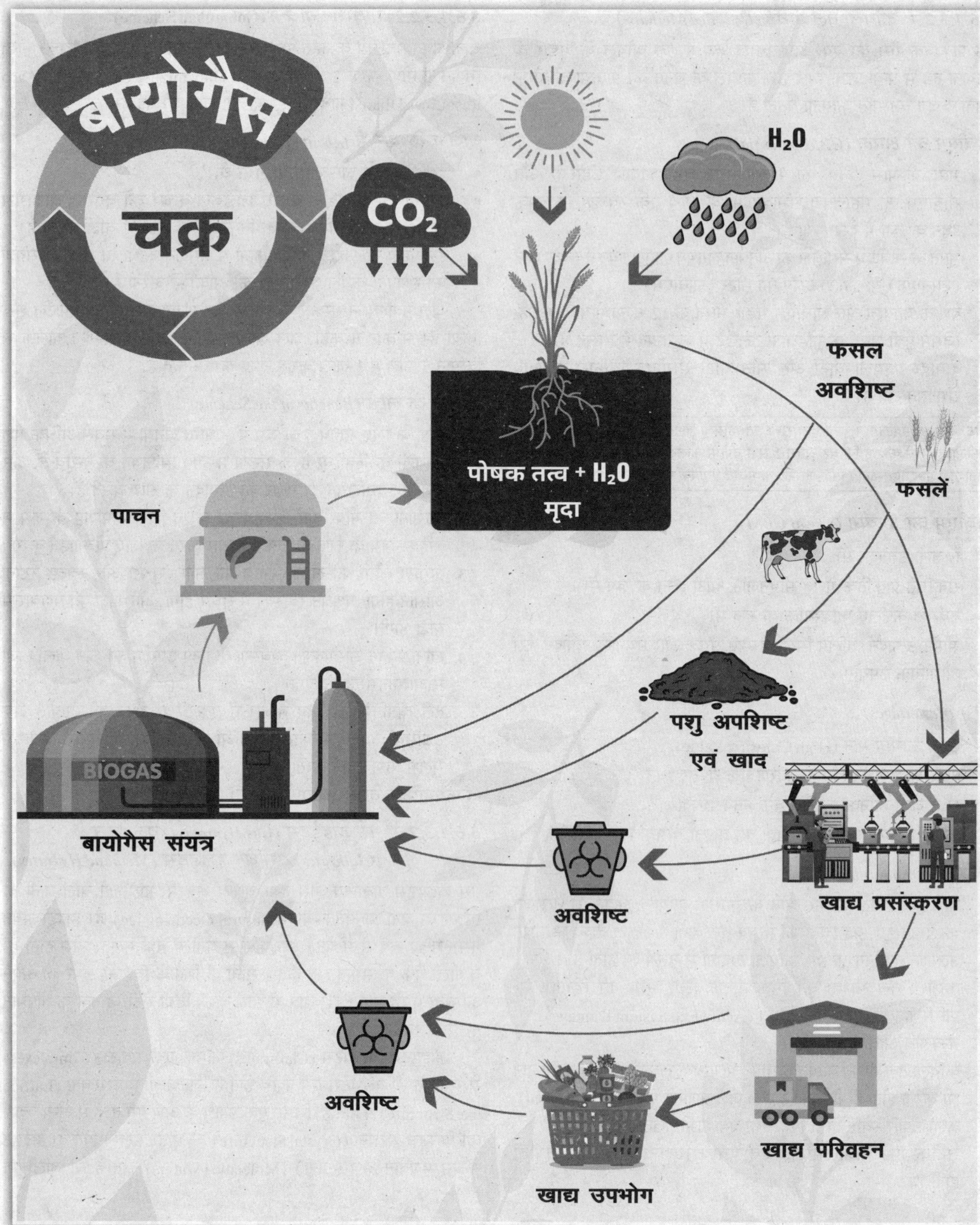
बायोगैस
चक्र
CO_2
H_2O
फसल
अवशिष्ट
फसलें
पोषक तत्व + H_2O
मृदा
पाचन
पशु अपशिष्ट
एवं खाद
BIOGAS
बायोगैस संयंत्र
अवशिष्ट
खाद्य प्रसंस्करण
अवशिष्ट
खाद्य परिवहन
खाद्य उपभोग

संरचना में होते हैं तथा अतिथि अणु (गैस) को फंसाने (Entrap) के लिए जाल का कार्य करते हैं।

अतिथि अणु में मुख्यत: मीथेन, कार्बन-डाई-ऑक्साइड, हाइड्रोजन सल्फाइड आदि शामिल होते हैं। हाइड्रेट्स आमतौर पर महाद्वीपीय मार्जिन (Continental Margins) के साथ महासागर अवसादों में तथा ध्रुवीय महाद्वीपीय विन्यास (किनारा) (Polar Continental Settings) में उपस्थित होते हैं। गैस हाइड्रेट्स उथले क्षोभमंडल (Shallow Lithosphere) 2000-4000 मीटर की गहराई तक सीमित होते हैं। **अध्ययन दर्शाते हैं कि, गैस हाइड्रेट्स का 98% महासागरीय तल (Ocean Bed) तथा 2% ध्रुवीय क्षेत्रों में पाया जाता है।**

लाभ (Advantages)

- स्वच्छ ईंधन (Cleaner Fuel)/स्वच्छ तापक (दाहक) प्राकृतिक गैस (Clean Burning Natural Gas)
- कम प्रदूषण कारक
- उच्च ऊष्मीय मान (Calorific Value)
- आने वाले भविष्य में यह ईंधन का अच्छा विकल्प हो सकता है।

हानि (Disadvantage)

- सागर तथा वातावरण में मीथेन उत्सर्जन व सागर तल में अस्थिरता प्राकृतिक आपदा का कारण बन सकती है। इसके अलावा ड्रिलिंग के दौरान अशांत गैस हाइड्रेट सुरक्षा समस्याओं को भी जन्म दे सकते हैं।
- महाद्वीपीय ढलान (Continental Slope) पर लंबी पाइपलाइनों के खर्च के कारण लागत प्रभावी नहीं।
- वायुमंडल में मीथेन उत्सर्जन (Methane Release) एक समस्या है क्योंकि यह एक ग्रीन हाऊस गैस है।
- अवसादी सतह पर हाइड्रेट्स और चूना-पत्थर (Seeps) अत्यंत संवेदनशील पारिस्थितिकी तंत्र से घिरे होते हैं।
- वातवरण का तापमान बढ़ने पर भी समुद्रमंडल में उपस्थित गैस हाइड्रेट वातावरण में विमुक्त हो सकते हैं।
- ठोस हाइड्रेट्स के साथ मीथेन हाइड्रेट्स अवरोध की समस्या उत्पन्न होती है।
- तटीय स्थलों के लिए खतरा।
- सुनामी उत्पत्ति (Tsunami Generation) की संभावना।
- हरित गृह गैस उत्पादन।
- कुएँ (Well Bore) या ड्रिल स्ट्रिंग (Drill String) और पाइपलाइनों में हाइड्रेट्स का निर्माण।
- गैस हाइड्रेट्स निष्कर्षण में तकनीकी चुनौतियां
- हाइड्रेट्स भंडारों से मीथेन का सुरक्षित शोधन एक व्यापक शोध कार्यक्रम की मांग करता है, जिसके लिए एक बड़ी लागत की आवश्यकता होती है।

3.6.1.3.2.4 शेल गैस (Shale Gas)

शेल निर्माण के दौरान प्राकृतिक गैस उनमें फंस जाती है, जिसे शेल गैस के नाम से जाना जाता है। पेट्रोलियम और प्राकृतिक गैस के समृद्ध संसाधन वाली सूक्ष्म तलछटी अवसादी चट्टानें (Fine-Grained Sedimentary Rocks) शेल (Shale) कहलाती हैं। **हाइड्रोलिक फ्रैक्चरिंग (Hydraulic Fracturing)** के साथ संयोजित **क्षैतिज ड्रिलिंग (Horizontal Drilling)** के कारण, पिछले एक दशक में बड़ी मात्रा में शेल गैस तक पहुंच संभव हो सकी है, जो पहले उत्पादन के लिए अलाभप्रद (Inlucrative) स्थिति में थी।

हाल ही के वर्षों में, निम्न 3 विशेषताओं ने गैसीय उत्पादन को आर्थिक रूप से उपयोगी बनाने में वृहत् योगदान दिया है:

- क्षैतिज ड्रिलिंग (Horizontal Drilling) की प्रौद्योगिक उन्नति;
- हाइड्रोलिक फ्रैक्चरिंग (Hydrolic Fracturing), तथा;
- प्राकृतिक गैस की वैश्विक कीमतों में वृद्धि।

भारत में शेल गैस (Shale Gas in India)

भारत सरकार के पेट्रोलियम एवं प्राकृतिक गैस मंत्रालय (Ministry of Petroleum and Natural Gas - MoPNG) ने संभावित शेल गैस निष्कर्षण क्षमता वाले छह बेसिनों की पहचान की है। वे हैं- कैम्बे, असम-अराकान, गोंडवाना, कृष्णा-गोदावरी, कावेरी तथा सिंधु गंगा का मैदान।

2012 में, शेल गैस की खोज और निष्कर्षण के लिए मसौदा नीति (Draft Policy) तैयार किया गया जिसमें आम जनता, हितधारकों तथा पर्यावरणविदों से सुझाव की अपेक्षा थी। ईष्टतम स्तर पर शेल गैस/तेल का दोहन करने के लिए क्षैतिज और ऊर्ध्वाधर (Horizontal and Vertical) कुओं एवं बहु-स्तरीय (Multi-Stage) हाइड्रोलिक फ्रैक्चरिंग की आवश्यकता होती है। पानी की एक बड़ी मात्रा लगभग 3-4 मिलियन गैलन प्रति कुआं (11,000-15,000 घन मीटर) पानी ड्रिलिंग/हाइड्रो फ्रैक्चरिंग के लिए, जो कुएं के प्रकार तथा शेल विशेषताओं पर भी निर्भर करता है, इस प्रयोजन के लिए आवश्यक है। दुर्भाग्य से वर्तमान में भारत गंभीर रूप से जल अभाव की समस्या का सामना कर रहा है, जबकि यूरोप तथा अमेरिका को पानी की कमी की समस्या से जूझना नहीं पड़ता। देशानुसार शेल गैस भंडार का डेटा **तालिका 3.3** में दिया गया है।

अगले 12-15 वर्षों में स्थिति और खराब हो सकती है, जब पानी की खपत में 50% से अधिक की वृद्धि होने की संभावना है जबकि आपूर्ति में केवल 5 से 10% तक वृद्धि की संभावना है। फ्रैकिंग (Fracking) के लिए आवश्यक बड़े क्षेत्र की वजह से भूमि अधिग्रहण के फलस्वरूप बड़े पैमाने पर लोगों को विस्थापन की समस्या से जूझना पड़ेगा हालांकि वर्तमान में यह नीति का हिस्सा नहीं है। हमारे पास शेल गैस निष्कर्षण हेतु आवश्यक प्रौद्योगिकी तथा अनुभव का भी अभाव है। शेल गैस के उत्पादन पर होने वाला भारी खर्च इसकी कीमतों पर भी प्रभाव डालेगा। इसका उत्पादन हमारी सतत् विकास की अवधारणा पर भी प्रश्न चिह्न लगाएगा।

जून 2013 में प्रकाशित यू.एस.ए. ऊर्जा सूचना ब्यूरो की रिपोर्ट के मुताबिक विश्व के 48 देशों में शेल गैस का अनुमानित 7576 ट्रिलियन क्यूबिक फीट भंडार है। भारत में शेल गैस की प्राप्ति का पता 2010-2011 में ही लगा लिया गया था किन्तु अभी तक उत्खनन कार्य प्रारम्भ नहीं हो सका जिसके पीछे उत्खनन तकनीकी का विकसित न हो पाना बताया गया है।

तालिका 3.3 तकनीकी रूप से प्राप्त करने योग्य शेल गैस संसाधनों के साथ अग्रणी देश (Leading Countries with Technically Recoverable Shale Gas Resources)

श्रेणी (Rank)	देश (Country)	तकनीकी रूप से प्राप्त करने योग्य शेल गैस (ट्रिलियन क्यूबिक फीट) (Technically Recoverable Shale Gas)
1.	चीन	1,115
2.	अर्जेंटीना	802
3.	अल्जीरिया	707
4.	अमेरिका	623
5.	कनाडा	573
6.	मैक्सिको	545
7.	ऑस्ट्रेलिया	429
8.	दक्षिण अफ्रीका	390
9.	रूस	285
10.	ब्राजील	245
11.	भारत	96
	विश्व में कुल	7,576

ग्वार की फलियां और इनके उपयोग (Guar Beans and its Uses)

ग्वार की फलियों (Cluster Beans) की खेती उत्तर-पश्चिमी भारत और पाकिस्तान में कई शताब्दियों से की जाती है। यह एक **वार्षिक फलीदार पौधा** (Annual Legame) है, जो विभिन्न प्रकार की मृदा में आसानी से बढ़ता है तथा **शुष्क व अर्द्ध-शुष्क** जलवायु के भी अनुकूल होता है। किसान ग्वार के पौधे की **नाइट्रोजन फिक्सिंग क्षमता** का लाभ इसे हरित खाद फसल (Green Manure Crop) की तरह प्रयुक्त करके लेते हैं। ग्वार गम (Guar Gum) पानी में घुलनशील है और इसे **व्यंजनों में गाढ़ा करने वाले पदार्थ (Thickner)** के रूप में प्रयुक्त किया जाता है। यह कॉर्न स्टार्च के समान है।

इसका उपयोग **दूध, दही, पनीर, आइस्क्रीम** और शरबत जैसे डेयरी उत्पादों को गाढ़ा करने में किया जाता है। प्रसंस्करण खाद्य पदार्थों में ग्वार गम का उपयोग **सलाद की ड्रेसिंग, सॉस, केचप, सूप** और अन्य कई उत्पादों को गाढ़ा करने के लिए किया जाता है।

2012-14 के दौरान, शेल गैस के उत्खनन के लिए **हाइड्रोलिक फ्रैक्चरिंग तकनीक में उपयोग में लाने के लिए ग्वार गम की अत्यधिक मांग थी।**

ग्वार गम अर्थशास्त्र (Guar Gum Economics)

प्रारंभ में ग्वार की फलियां दुनिया में सबसे ज्यादा जानवरों तथा लोगों के भोजन और छोटी मात्रा में खाद्य प्रसंस्करण उद्योगों में प्रयुक्त होती थी। हालांकि, पिछले कुछ वर्षों में हाइड्रोलिक फ्रैक्चरिंग में ग्वार गम का इस्तेमाल द्रुत गति से बढ़ा है।

शेल गैस के फायदे व नुकसान (Advantages and Disadvantages of Shale Gas)

फायदे (Advantages)

- हरित गृह गैस का उत्सर्जन कम होता है।
- कोयले की तुलना में पर्यावरण के अधिक अनुकूल होता है।
- लागत प्रभावी (Cost Effective)
- शेल गैस से विद्युत उत्पादन, कोयले की तुलना में सस्ता है।
- शेल गैस में अन्य जीवाश्म ईंधनों की तुलना में कम सघन कार्बन ईंधन (Intensive Carbon Fuel) होता है।

हानि (Disadvantages)

- निष्कर्षण प्रक्रिया (Extraction Process) में ग्रीन हाउस गैस उत्सर्जन (मुख्य रूप से मीथेन), रसायन एवं अपशिष्ट (Chemical and Wastes), पर्यावरण प्रदूषण (Environmental Pollution) तथा मीथेन रिसाव (Methane Leakage) शामिल हैं।
- यह फोटो रसायनिक धुंध (Photochemical Smog) उत्पन्न करता है।
- हाइड्रोलिक फ्रैक्चरिंग जैसी निष्कर्षण प्रक्रिया (Extraction Process) मीथेन के साथ भूजल को दूषित कर सकती है, जिसके परिणामस्वरूप जलीय पारिस्थितिकी तंत्र प्रभावित हो सकता है।
- हाइड्रोलिक फ्रैक्चरिंग प्रक्रिया, भूकंपीय गतिविधियों (Seismic Activities) के लिए जिम्मेदार हो सकती है। अंत:क्षेपण कुओं (Reinjection Wells) के द्वारा भी प्रदूषण हो सकता है।

(इन्फोग्राफिक देखें - शेल गैस निष्कर्षण)

3.6.1.3.2.5 हाइड्रोजन ईंधन (Hydrogen Fuel)

(A) हाइड्रोजन ईंधन का महत्व (Importance of Hydrogen Fuel)

हाइड्रोजन **आवधिक तालिका पर सबसे हल्का और पहला तत्व** है। चूंकि हाइड्रोजन का **वजन हवा से कम** होता है, और यह वायुमंडल में पैदा होती है, इसलिए **शायद ही इसे कभी इसके शुद्ध रूप, H_2 में पाया जाता है।**

मानक तापमान और दबाव पर, हाइड्रोजन गैर-विषाक्त, गैर धातुगत, गंधरहित, स्वादरहित, रंगरहित, और अत्यधिक दहनशील द्विपरमाणुक गैस है।

हाइड्रोजन ईंधन ऑक्सीजन के साथ जलने पर **शून्य उत्सर्जन** करती है। यह वैकल्पिक ईंधन है, जिसे प्राकृतिक गैस, परमाणु ऊर्जा, बायोमास, सौर और पवन जैसी नवीकरणीय ऊर्जा जैसे विविध घरेलू संसाधनों से उत्पादित किया जा सकता है। यद्यपि परिवहन ईंधन के रूप में हाइड्रोजन का बाजार अपनी प्रारंभिक अवस्था में है, इसका उपयोग **ईंधन कोष या आंतरिक दहन इंजनों में** किया जा सकता है। इसका उपयोग अंतरिक्ष यान प्रणोदन के लिए ईंधन के रूप में भी किया जाता है।

हाइड्रोजन की घटना (Occurrence of Hydrogen)

- यह ब्रह्मांड में सबसे प्रचुर मात्रा में तत्व है। सूर्य और अन्य तारे काफी हद तक हाइड्रोजन से बने होते हैं।
- खगोलविदों का अनुमान है कि ब्रह्मांड में परमाणुओं का 90% हाइड्रोजन परमाणु हैं। हाइड्रोजन किसी भी अन्य तत्व की तुलना में अधिक यौगिकों का एक घटक है।
- यह पानी (H_2O), हाइड्रोकार्बन (जैसे- मीथेन, CH_4), और अन्य कार्बनिक पदार्थों में संग्रहित है। ईंधन के रूप में हाइड्रोजन का उपयोग करने की चुनौतियों में से एक इन यौगिकों से इसे कुशलतापूर्वक निकालने में सक्षम होना है।

शेल गैस निष्कर्षण

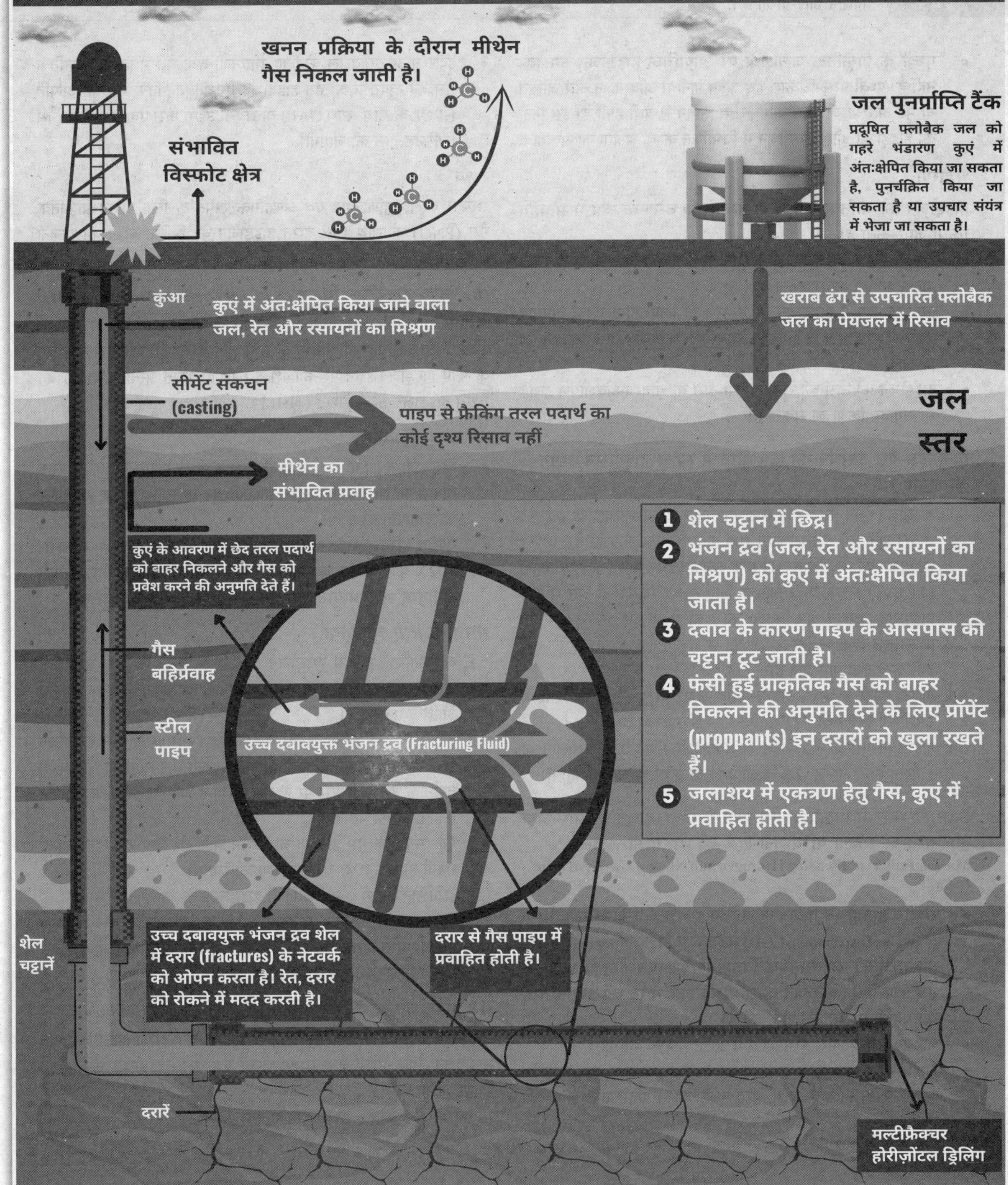

खनन प्रक्रिया के दौरान मीथेन गैस निकल जाती है।
संभावित विस्फोट क्षेत्र
जल पुनर्प्राप्ति टैंक
प्रदूषित फ्लोबैक जल को गहरे भंडारण कुएं में अंत:क्षेपित किया जा सकता है, पुनर्चक्रित किया जा सकता है या उपचार संयंत्र में भेजा जा सकता है।
कुंआ
कुएं में अंत:क्षेपित किया जाने वाला जल, रेत और रसायनों का मिश्रण
खराब ढंग से उपचारित फ्लोबैक जल का पेयजल में रिसाव
सीमेंट संकचन (casting)
पाइप से फ्रैकिंग तरल पदार्थ का कोई दृश्य रिसाव नहीं
जल स्तर
मीथेन का संभावित प्रवाह
1 शेल चट्टान में छिद्र।
2 भंजन द्रव (जल, रेत और रसायनों का मिश्रण) को कुएं में अंत:क्षेपित किया जाता है।
3 दबाव के कारण पाइप के आसपास की चट्टान टूट जाती है।
4 फंसी हुई प्राकृतिक गैस को बाहर निकलने की अनुमति देने के लिए प्रॉपेंट (proppants) इन दरारों को खुला रखते हैं।
5 जलाशय में एकत्रण हेतु गैस, कुएं में प्रवाहित होती है।
कुएं के आवरण में छेद तरल पदार्थ को बाहर निकलने और गैस को प्रवेश करने की अनुमति देते हैं।
गैस बहिर्प्रवाह
स्टील पाइप
उच्च दबावयुक्त भंजन द्रव (Fracturing Fluid)
शेल चट्टानें
उच्च दबावयुक्त भंजन द्रव शेल में दरार (fractures) के नेटवर्क को ओपन करता है। रेत, दरार को रोकने में मदद करती है।
दरार से गैस पाइप में प्रवाहित होती है।
दरारें
मल्टीफ्रैक्चर होरीज़ोंटल ड्रिलिंग

- **पृथ्वी के प्राकृतिक जलाशयों पर आणविक हाइड्रोजन उपलब्ध नहीं है।** पृथ्वी पर अधिकांश हाइड्रोजन पानी में ऑक्सीजन और जीवित या मृत और/या जीवाश्म बायोमास में कार्बन से बंधी होती है। इसे पानी को हाइड्रोजन और ऑक्सीजन में विभाजित करके बनाया जा सकता है

भंडारण

हाइड्रोजन को भौतिक रूप से या तो गैस या तरल के रूप में संग्रहित किया जा सकता है।

- गैस के रूप में हाइड्रोजन के भंडारण के लिए आमतौर पर उच्च दबाव वाले टैंकों की आवश्यकता होती है।
- तरल के रूप में हाइड्रोजन के भंडारण के लिए क्रायोजेनिक तापमान की आवश्यकता होती है क्योंकि वायुमंडल के दबाव पर हाइड्रोजन का क्वथनांक −252.8 °C होता है।
- हाइड्रोजन को ठोस की सतह पर या ठोस के भीतर (अवशोषण द्वारा) भी संग्रहित किया जा सकता है।

ग्रीनहाउस गैस उत्सर्जन को कम करने में स्वच्छ हाइड्रोजन उद्योग की क्षमता

1. हाइड्रोजन ईंधन के उपयोग से उत्पन्न होने वाला उप-उत्पाद या उत्सर्जन केवल पानी है - जिससे ईंधन 100 प्रतिशत साफ हो जाता है।
2. हाइड्रोजन को वैकल्पिक ईंधन माना जाता है। ईंधन सेल इलेक्ट्रिक वाहनों (FCEVs) में व्यापक उपयोग के लिए स्वच्छ, किफायती और सुरक्षित हाइड्रोजन उत्पादन और वितरण की दिशा में सरकार और उद्योग द्वारा प्रयास चल रहे हैं क्योंकि वे गैसोलीन पर चलने वाले वाहनों की तुलना में अधिक कुशल पाए जाते हैं।
3. लाइट ड्यूटी FCEVs अब स्थानीय क्षेत्रों, घरेलू और दुनिया भर में उपभोक्ता बाजार के लिए सीमित मात्रा में उपलब्ध हैं।
4. हाइड्रोजन गैस के 2.2 पाउंड (1 किलोग्राम) की ऊर्जा गैसोलीन के 1 गैलन (6.2 पाउंड, 2.8 किलोग्राम) के ऊर्जा के समान होती है।

GAIL ने इंदौर में प्राकृतिक गैस प्रणाली में हाइड्रोजन के सम्मिश्रण की भारत की पहली परियोजना शुरू की (GAIL Starts India's Maiden Project of Blending Hydrogen into Natural Gas System in Indore)

- **राष्ट्रीय हाइड्रोजन मिशन** के अनुरूप, GAIL ने **सिटी गैस वितरण (City Gas Distribution - CGD) नेटवर्क में हाइड्रोजन के सम्मिश्रण की तकनीकी-व्यावसायिक व्यवहार्यता स्थापित** करने हेतु प्राकृतिक गैस प्रणाली में **हाइड्रोजन के सम्मिश्रण की भारत की अपनी तरह की पहली परियोजना शुरू की है।**
- यह परियोजना इंदौर, मध्य प्रदेश में 2022 में शुरू की गई।
- GAIL ने ग्रे हाइड्रोजन संयंत्र की स्थापना करना शुरू कर दिया है। इस ग्रे हाइड्रोजन को बाद में हरित हाइड्रोजन से प्रतिस्थापित कर दिया जाएगा।
- इंदौर में ऑटोमोबाइल के लिए सीएनजी तथा घरों में पाइप्ड प्राकृतिक गैस की खुदरा बिक्री हेतु हाइड्रोजन मिश्रित प्राकृतिक गैस की आपूर्ति HPCL के साथ-साथ GAIL के संयुक्त उद्यम में से एक, अवंतिका गैस लिमिटेड द्वारा की जाएगी।

लक्ष्य

सरकार घरेलू, वाणिज्यिक एवं औद्योगिक खपत के लिए पाइप्ड प्राकृतिक गैस (PNG) के साथ 15% हरित हाइड्रोजन को मिश्रित करने की योजना बना रही है।

(B) राष्ट्रीय हाइड्रोजन मिशन [National Hydrogen Mission (NHM)]

ऊर्जा संक्रमण एक असाधारण दौर से गुजर रहा है और कई देश अपने उच्च ऊर्जा घनत्व और बहुमुखी प्रतिभा के साथ शीर्ष स्वच्छ ईंधन के रूप में उभरने के लिए हाइड्रोजन ईंधन पर कोशिश कर रहे हैं। भारत सरकार (GoI) की राष्ट्रीय हाइड्रोजन ऊर्जा मिशन (NHM) पहल इसका लाभ उठाएगी।

इस संबंध में प्रयास

- वित्त मंत्री ने 2020-21 के केंद्रीय बजट में एनएचएम की औपचारिक घोषणा की थी, जिसका उद्देश्य हरित विद्युत संसाधनों के लिए हाइड्रोजन का उत्पादन करना था।
- राष्ट्रीय हरित हाइड्रोजन मिशन को **केंद्रीय मंत्रिमंडल ने 4 जनवरी, 2022** को **'भारत को दुनिया में हरित हाइड्रोजन का अग्रणी उत्पादक और आपूर्तिकर्ता बनाने'** के उद्देश्य से **मंजूरी दी थी।**

भारत के लिए चुनौतियां

1. व्यावसायिक रूप से हाइड्रोजन का उपयोग करने के लिए उद्योग के समक्ष भारी चुनौतियों में से एक हरे या नीले हाइड्रोजन को निकालने की आर्थिक स्थिरता है।
2. हाइड्रोजन जैसे कार्बन कैप्चर एंड स्टोरेज (सीसीएस) और हाइड्रोजन ईंधन सेल प्रौद्योगिकी के उत्पादन और उपयोग में उपयोग की जाने वाली तकनीक शुरुआती स्तर पर है और महंगी है, जो हाइड्रोजन के उत्पादन की लागत को बढ़ाती है।
3. एक संयंत्र के पूरा होने के बाद ईंधन सेलों के लिए रखरखाव लागत महंगी हो सकता है, जैसे- दक्षिण कोरिया में।
4. ईंधन के रूप में और उद्योगों में हाइड्रोजन के वाणिज्यिक उपयोग के लिए उत्पादन, भंडारण, परिवहन और हाइड्रोजन के लिए मांग निर्माण के लिए ऐसी प्रौद्योगिकी और बुनियादी ढांचे के अनुसंधान और विकास में बड़े निवेश की आवश्यकता होती है।

(C) हाइड्रोजन के विभिन्न प्रकार (Various Types of Hydrogen)

उत्पादन प्रक्रिया के आधार पर, हाइड्रोजन को हरित हाइड्रोजन, ब्लू हाइड्रोजन, पिंक हाइड्रोजन, ग्रे हाइड्रोजन एवं येलो हाइड्रोजन में वर्गीकृत किया जा सकता है।

(इन्फोग्राफिक देखें - हरित हाइड्रोजन)

हरित हाइड्रोजन

H_2 का उत्पादन कैसे होता है?

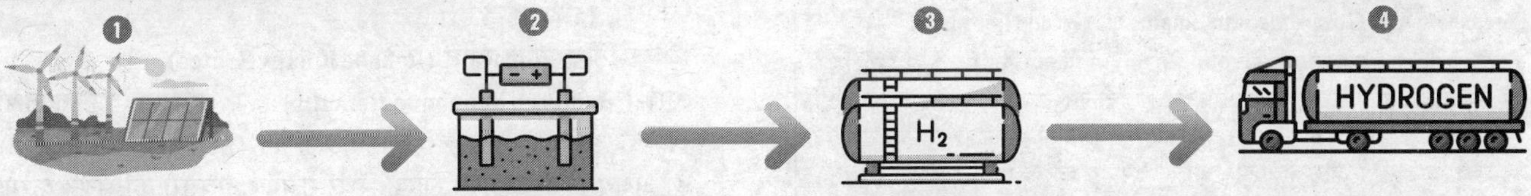

1. नवीकरणीय ऊर्जा, सौर और पवन ऊर्जा का उपयोग करके उत्पन्न की जाती है।
2. इलेक्ट्रोलाइज़र नामक प्रणाली में विद्युत् प्रवाहित की जाती है। जो जल को हाइड्रोजन और ऑक्सीजन में पृथक करता है (इलेक्ट्रोलिसिस प्रक्रिया)।
3. हाइड्रोजन (H_2) गैस को संपीड़ित गैस या तरल के रूप में संग्रहित किया जाता है।
4. फिर हाइड्रोजन (H_2) को उसके गंतव्य तक भेजा जाता है जहां इसका उपयोग ईंधन के रूप में किया जा सकता है।

हरित हाइड्रोजन का उपयोग

उद्योग
- स्टील उद्योग
- रसायन उद्योग
- परिशोधनशाला

परिवहन
- नौपरिवहन
- विमानन
- कारें
- ट्रक
- बसें

तापन
- सीमेंट विनिर्माण
- कागज निर्माण
- आवासीय एवं वाणिज्यिक

विद्युत उत्पादन

हाइड्रोजन के प्रकार

ब्राउन H_2
- ब्राउन **(लिग्नाइट कोयला)** जैसे अन्य जीवाश्म ईंधन का उपयोग करके उत्पादित
- वातावरण में अत्यधिक मात्रा में CO_2 उत्सर्जित करने के कारण यह **पर्यावरण के लिए हानिकारक है**

ग्रे H_2
- **वैश्विक स्तर पर उत्पादित हाइड्रोजन का लगभग** 95% हिस्सा है और मुख्य रूप से औद्योगिक अनुप्रयोगों में उपयोग किया जाता है।
- इसे **स्टीम रिफॉर्मिंग** के माध्यम से **प्राकृतिक गैस या मीथेन** (CH_4) जैसे **जीवाश्म ईंधन** का उपयोग करके उत्पादित किया जाता है।

ब्लू H_2
- इसे **ग्रे हाइड्रोजन बनाने में प्रयुक्त प्रसंस्करण तकनीक** का उपयोग करके उत्पादित किया जाता है, लेकिन इसमें **CO_2 को उत्सर्जित करने की बजाय** कार्बन कैप्चर और स्टोरेज तकनीक का उपयोग करके कैप्चर किया जाता है।
- **निम्न-कार्बन सीमा को पूरा करता है और पर्यावरण पर प्रभाव को एक हद तक कम करता है।**

ग्रीन H_2
- **पवन और सौर जैसे नवीकरणीय ऊर्जा स्रोत** का उपयोग करके उत्पन्न
- **यह सबसे स्वच्छ लेकिन सबसे महंगा ऊर्जा विकल्प भी है।**

येलो H_2
- उत्पादित; हालाँकि, ग्रीन हाइड्रोजन, जिसे सौर और पवन दोनों का उपयोग करके हासिल किया जा सकता है, के विपरीत इसे केवल **सौर ऊर्जा** के माध्यम से ही हासिल किया जा सकता है।
- **हरित हाइड्रोजन का उपसमुच्चय**

पिंक H_2
- **इलेक्ट्रोलिसिस का उपयोग करके जल को विभाजित करके उत्पादित किया जाता है** लेकिन इसमें **परमाणु ऊर्जा को शक्ति स्रोत के रूप में** इस्तेमाल किया जाता है।

हरित हाइड्रोजन पर जोर देने हेतु सरकार द्वारा उठाए गए कदम
(Steps taken by Government to Emphasise Green Hydrogen)

- 2021-22 बजट भाषण के दौरान, वित्त मंत्री निर्मला सीतारमण ने **अक्षय स्रोतों से हाइड्रोजन** का उत्पादन करने हेतु **हाइड्रोजन ऊर्जा मिशन** शुरू करने की घोषणा की थी। हाल के 2023 के बजट में, वित्त मंत्री सीतारमण ने कार्बन तीव्रता को कम करने और जीवाश्म ईंधन के उपयोग को कम करने के लिए सरकार के ग्रीन हाइड्रोजन मिशन के लिए अतिरिक्त 19,700 करोड़ रुपये की घोषणा की। उन्होंने 2030 तक हरित हाइड्रोजन उत्पादन के लिए पांच मिलियन टन लक्ष्य की भी घोषणा की।
- **इंडियन ऑयल कॉर्पोरेशन ने हाइड्रोजन पर उत्कृष्टता केंद्र (CoE-H) स्थापित करने** के लिए **हरित राज्य** नॉर्वे के साथ एक समझौते पर हस्ताक्षर किए हैं, जो नॉर्वेजियन और भारतीय अनुसंधान एवं विकास संस्थानों/विश्वविद्यालयों के बीच हरित तथा ब्लू हाइड्रोजन के उत्पादन हेतु अनुसंधान एवं विकास परियोजनाओं को बढ़ावा देगा।
- **हाल ही में, भारत और अमेरिका ने वित्त जुटाने तथा हरित ऊर्जा विकास को गति देने के लिए सामरिक स्वच्छ ऊर्जा भागीदारी (SCEP) के तत्वावधान में एक टास्क फोर्स का गठन किया है।**

निजी क्षेत्र द्वारा उठाए गए कदम (Steps Taken by Private Sector)

- **रिलायंस इंडस्ट्रीज लिमिटेड (RIL)** स्वच्छ ऊर्जा पर केंद्रित अपने नए कारोबार में **75,000 करोड़ रुपये** का निवेश कर रही है, जिसमें सौर व हरित हाइड्रोजन शामिल है।
- **रिलायंस इंडस्ट्रीज, इंडियन ऑयल, NTPC, अडानी एंटरप्राइजेज, JSW एनर्जी और एक्मे सोलर सभी ग्रीन हाइड्रोजन क्षेत्र में हैं, अडानी समूह ने फ्रांस के साथ समझौता किया है।**

3.6.2 ऊर्जा के नवीकरणीय स्रोत (Renewable Sources of Energy)

ऊर्जा के वे स्रोत जिनका एक निश्चित समय अंतराल पर पुनर्भरण हो जाता है, ऊर्जा के नवीकरणीय स्रोत कहलाते हैं। इनमें सौर-प्रकाश, पवन, वर्षा, ज्वार, तरंग तथा भूतापीय ऊष्मा शामिल हैं। अक्षय ऊर्जा (Renewable Energy) समर्पित 4 महत्वपूर्ण क्षेत्रों में बिजली उत्पादन (Electricity Generation), वायु तथा जल शीतलन/तापक (Air and Water Cooling/Heating), परिवहन (Transportation) और ग्रामीण (ऑफ-ग्रिड) ऊर्जा सेवाएं [Rural (off-grid) Energy Services] शामिल हैं।

भारत में नवीकरणीय ऊर्जा नवीन तथा नवीकरणीय ऊर्जा मंत्रालय (Ministry of New and Renewable Energy - MNRE) के अंतर्गत आती है। केंद्रीय वित्त मंत्री निर्मला सीतारमण ने 1 फरवरी, 2023 को केंद्रीय बजट 2023 में नवीकरणीय ऊर्जा क्षेत्र के लिए 10,222 करोड़ रुपये आवंटित किए।

अक्षय ऊर्जा के लाभ और नुकसान (Advantages & Disadvantages of Renewable Energy)

लाभ **(Advantages)**

- अक्षय ऊर्जा पूर्णत: नवीकरणीय है, इसके स्रोत अनंत (Infinite) हैं, इसलिए हमें कभी इसकी कमी नहीं होगी।
- **पर्यावरण लाभ (Environment Benefits):** यह ऊर्जा का स्वच्छ स्रोत है, इससे कोई हरित गृह गैस और नेट कार्बन उत्सर्जन (Green House & Net Carbon Emission) नहीं होता है, इस प्रकार यह पर्यावरण के लिए अत्यंत अनुकूल है।
- **विश्वसनीय ऊर्जा स्रोत (Reliabe Energy Source)**
- **आर्थिक लाभ (Economic Benefits):** ये अपेक्षाकृत सस्ते तथा अधिक आर्थिक अनुकूल (लागत प्रभावी) (Being Cost Effective) है। अक्षय ऊर्जा उत्पादन लाखों स्थिर रोजगार अवसरों का सृजन करेगा (Generation of Stable Jobs)।
- **स्थिर ऊर्जा कीमतें (Stablise Energy Prices):** यह ऊर्जा का विश्वसनीय मूल्य प्रदान करते हैं।

हानि **(Disadvantages)**

- **आपूर्ति की विश्वसनीयता (Reliability of Supply):** आपूर्ति स्रोत मौसम पर निर्भर करता है। उदाहरण के लिए: वर्षा, हवा और धूप। जलवायविक कारक भी समस्या उत्पन्न कर सकते हैं।
- बड़ी मात्रा में उत्पादन अत्यंत कठिन है।
- **उच्च पूंजी लागत (Large Capital Cost):** अक्षय ऊर्जा संयंत्रों को स्थापित करने के लिए अत्यधिक प्रारंभिक निवेश की आवश्यक होती है।
- **बड़े पैमाने पर खाली जमीन की आवश्यकता (Large Tracks of Land Required):** बिजली की मांग बहुत अधिक है और इस मांग को पूरा करने के लिए तथा गैर-अक्षय ऊर्जा स्रोतों (Non-renewable Sources) को प्रतिस्थापित करने के लिए, अधिक-से-अधिक सौर पैनलों और पवन फॉर्म (Wind Farms) की स्थापना की आवश्यकता है, जिसके लिए बड़े पैमाने पर खाली जमीन चाहिए।

3.6.2.1 भारत में विभिन्न नवीकरणीय ऊर्जा स्रोत (Various Renewable Energy Sources in India)

3.6.2.1.1 सौर ऊर्जा (Solar Energy)

ऊष्मीय ऊर्जा हमारी अर्थव्यवस्था के घरेलू कृषि और वाणिज्यिक क्षेत्रों में मुख्य ऊर्जा आवश्यकताओं में से एक है। भारत की स्थिति कर्क रेखा और भूमध्य रेखा के बीच होने के कारण, वार्षिक तापमान 25°C - 27°C के मध्य होता है, जो भारत की विशाल सौर ऊर्जा क्षमता को दर्शाता है। भारत उन देशों में से एक है, जो पर्याप्त मात्रा में सूर्य प्रकाश प्राप्त करते हैं। प्रतिवर्ष लगभग 300 साफ धूप दिनों (Clear Sunny Days) के साथ भारत सौर विकिरण लाभित देश है। सूर्य से 0.1% सौर ऊर्जा ही पृथ्वी तक आती है, जो पृथ्वी की ऊर्जा आवश्यकता (Planets Energy Requirement) पूरी करने के लिए पर्याप्त है।

3.6.2.1.1.1 सौर ऊर्जा उपयोग के विभिन्न उपयोग (Different Ways of Solar Energy Utilisation)

1. प्रकाश संश्लेषण (Photosynthesis)
2. ऊष्मीय ऊर्जा में परिवर्तन (Conversion of Solar Energy into Thermal Energy)
3. फोटोवोल्टाइक सेल (Photovoltaic Cells)

प्रकाश संश्लेषण: प्रकाश संश्लेषण एक प्रक्रिया है, जिसके माध्यम से पौधे भोजन निर्माण के लिए सूर्य के प्रकाश का उपयोग करते हैं। पृथ्वी पर जीवन का मुख्य स्रोत पौधों की स्वपोषी (Autotrophic) प्रवृत्ति के कारण सूर्य है।

ऊष्मीय ऊर्जा में परिवर्तन: यह एक ऐसी तकनीक है जिसका उपयोग सौर ऊर्जा के प्रयोग से ऊष्मा निर्माण में किया जाएगा। उदाहरणस्वरूप सौर कुकर (Solar Cooker), सौर जल तापन प्रणाली (Solar Water Heating System), सौर वायु तापन (Solar Air Heating) तथा सौर तालाब (Solar Pond)।

एशिया का पहला सौर तालाब भुज (गुजरात) में स्थित है।

- **संकेंद्रित सौर ऊष्मीय प्रणाली (Concentrated Solar Thermal System - CSP):** सौर विकिरण, सी.एस.पी. (CSP) द्वारा एक तरल पदार्थ के तापन के लिए केंद्रित किया जाता है, जिसे बाद में एक ऊष्मा ईंजन (Heat Engine) चलाने के लिए तथा इलेक्ट्रिक जनरेटर (Electric Generator) में भी उपयोग किया जाता है।

फोटोवोल्टाइक सेल [Photovoltaic Cells (PVC)]

प्रकाश का विद्युत में प्रत्यक्ष रूपांतरण: जब प्रकाश सिलिकॉन जैसे कुछ तत्वों पर पड़ता है, इलेक्ट्रॉन का प्रवाह सौर वॉल्टिक विद्युत उत्पादन क्षमता (Solar Voltic Power Generation) को शुरू करता है, जो 20 मेगावॉट/वर्ग किमी है। **सलिजपल्ली (Salijpally) भारत का पहला ऐसा गांव है, जहां विद्युतीकरण फोटोवोल्टाइक (PVC) प्रणाली द्वारा किया गया है।** सौर तापीय प्रणालियों के विपरीत फोटोवोल्टाइक (पी.वी. - PV) सौर पैनल, दृष्ट धारा (Direct Electric Current - DC) उत्पन्न करने के लिए, प्रत्यक्ष विद्युत उत्पादन प्रक्रिया में 'फोटोवोल्टिक प्रभाव' (Photovoltaic Effect) के माध्यम से सूर्य के प्रकाश का उपयोग करता है, न कि सौर ऊष्मा से ऊर्जा उत्पन्न करने में जैसा कि सौर तापीय प्रणाली में प्रयुक्त होता है। यहां DC को AC में परिवर्तित कर दिया जाता है, जिसके लिए आमतौर पर इनवर्टर का इस्तेमाल होता है, जिसे पॉवर नेटवर्क पर वितरित किया जाता है।

सिलिकॉन वेफर (Silicon Wafer) फोटोवोल्टाइक इकाईयों में इस्तेमाल होने वाले अर्द्ध-चालकों के निर्माण के लिए आवश्यक पदार्थ हैं। भारत ने पिछले कुछ वर्षों से इलेक्ट्रॉनिक्स में सिलिकॉन वेफर के निर्माण में प्रगति की है। लेकिन अभी भी भारत सिलिकॉन वेफर के विनिर्माण वाले प्रथम तीन देशों में नहीं है।

(इन्फोग्राफिक देखें - सोलर फोटोवोल्टिक सेल तथा सौर जल तापक)
(इन्फोग्राफिक देखें - सौर तालाब की क्रियाविधि)

हरित ऊर्जा गलियारा (Green Energy Corridor)

आर्थिक मामलों की मंत्रिमंडलीय समिति ने **अंतर-राज्यीय पारेषण प्रणाली (InSTS) के लिए हरित ऊर्जा गलियारे (GEC) चरण-II, की योजना को 2022 में मंजूरी दे दी।**

अंतर-राज्यीय पारेषण प्रणाली (InSTS) के लिए हरित ऊर्जा गलियारा परियोजना

- **हरित ऊर्जा गलियारा (GEC) परियोजना** का उद्देश्य सौर एवं पवन ऊर्जा जैसे नवीकरणीय स्रोतों से उत्पादित बिजली को ग्रिड में पारंपरिक विद्युत स्टेशनों के साथ सिंक्रनाइज करना है।
- **जीईसी- अंतर-राज्यीय पारेषण प्रणाली (InSTS)** परियोजना को वर्ष 2015-16 में पारेषण लाइनों की स्थापना एवं सबस्टेशनों की प्रपांतरण क्षमता में वृद्धि के माध्यम से अक्षय ऊर्जा क्षमता की निकासी व एकीकरण हेतु मंजूरी दी गई थी।

परियोजना का प्रथम चरण

- इसे आठ नवीकरणीय समृद्ध राज्यों तमिलनाडु, राजस्थान, कर्नाटक, आंध्र प्रदेश, महाराष्ट्र, गुजरात, हिमाचल प्रदेश एवं मध्य प्रदेश द्वारा कार्यान्वित किया जा रहा है।
- इस चरण के तहत, वर्ष 2022 तक 9700 किमी सर्किट पारेषण लाइन और 22,600 मेगावोल्ट-एम्पीयर (MVA) सबस्टेशनों की प्रपांतरण क्षमता स्थापित करने का लक्ष्य है।
- वित्त पोषण तंत्र में 40% भारत सरकार अनुदान, 20% राज्य इक्विटी और KfW बैंक, जर्मनी से 40% ऋण शामिल है।

परियोजना का द्वितीय चरण

- इसे गुजरात, हिमाचल प्रदेश, कर्नाटक, केरल, राजस्थान, तमिलनाडु और उत्तर प्रदेश नाम के सात राज्यों में लागू किया जा रहा है।
- इस चरण के तहत, वर्ष 2025-26 तक 10,750 किमी सर्किट पारेषण लाइन और 27,500 मेगावोल्ट-एम्पीयर (MVA) सबस्टेशनों की प्रपांतरण क्षमता स्थापित करने का लक्ष्य है।
- केंद्र परियोजना लागत का 33% सहायता प्रदान करेगा।

भारत में हरित ऊर्जा गलियारे की आवश्यकता

- प्रधानमंत्री ने इस दशक के अंत तक **देश की गैर-जीवाश्म ईंधन बिजली उत्पादन क्षमता को 500 गीगावाट तक बढ़ाने तथा अक्षय स्रोतों से अपनी ऊर्जा आवश्यकताओं का 50% पूरा करने** का संकल्प लिया है। इसलिए एकीकरण की जरूरत है।
- यह योजना **वर्ष 2030 तक 500 गीगावाट स्थापित अक्षय ऊर्जा क्षमता के लक्ष्य को प्राप्त करने में** मदद करेगी।
- **यह देश की दीर्घकालिक ऊर्जा सुरक्षा में भी योगदान देगा** तथा कार्बन फुटप्रिंट को कम करके पारिस्थितिक रूप से सतत विकास को बढ़ावा देगा।
- यह बिजली और अन्य संबंधित क्षेत्रों में कुशल एवं अकुशल दोनों तरह के कर्मियों हेतु **बड़े प्रत्यक्ष व अप्रत्यक्ष रोजगार** के अवसर पैदा करेगा।
- जीईसी **अंतर-राज्यीय पारेषण शुल्कों की भरपाई करने तथा बिजली की लागत को कम रखने में मदद करेगा।** इस प्रकार, सरकारी समर्थन अंततः अंतिम उपयोगकर्ताओं को लाभान्वित करेगा।
- यह वर्ष 2030 तक भारत को गैर-जीवाश्म ईंधन-आधारित बिजली की हिस्सेदारी को 40% तक बढ़ाने में मदद करेगा।
- इस परियोजना से भारत को COP-26 शिखर सम्मेलन, ग्लासगो में की गई जलवायु प्रतिबद्धताओं को पूर्ण करने में मदद मिलने की उम्मीद है।

सोलर फोटोवोल्टिक

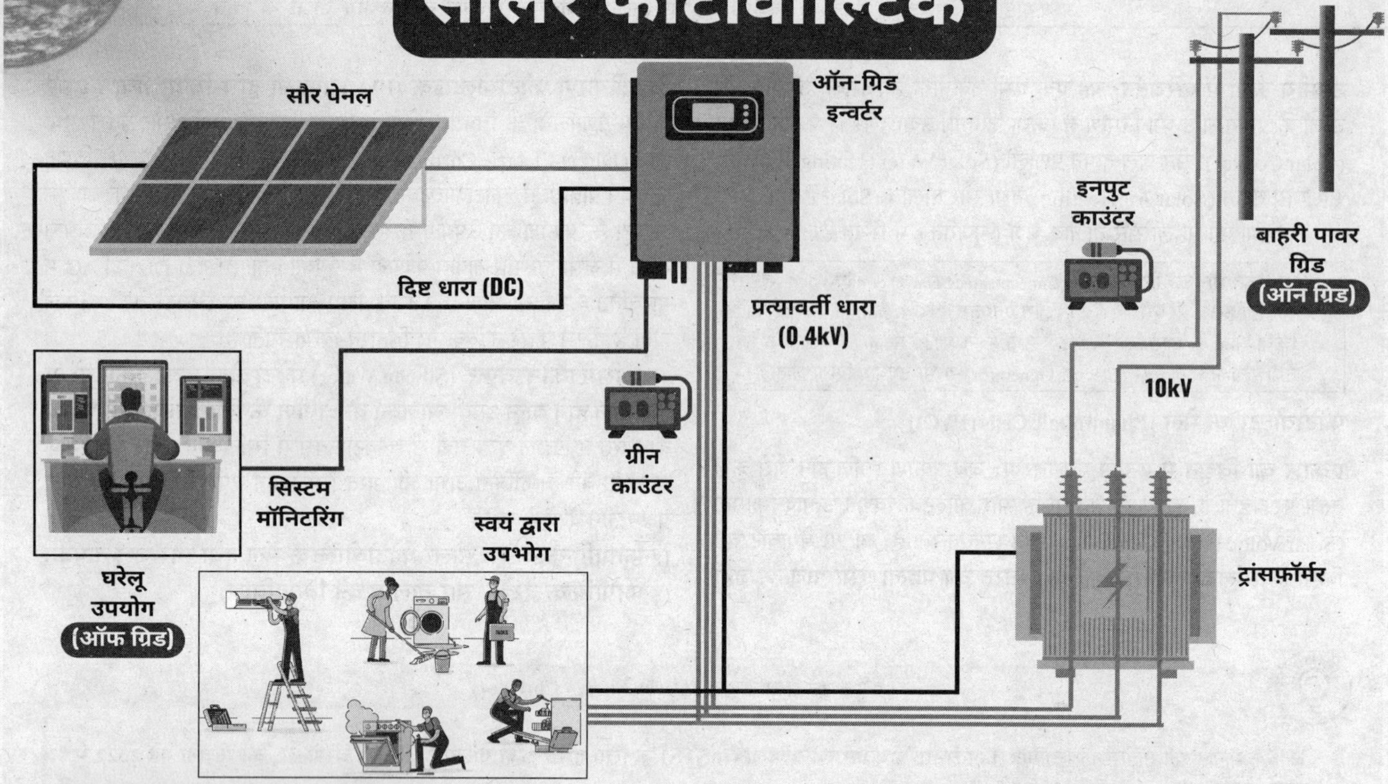

सौर जल तापक

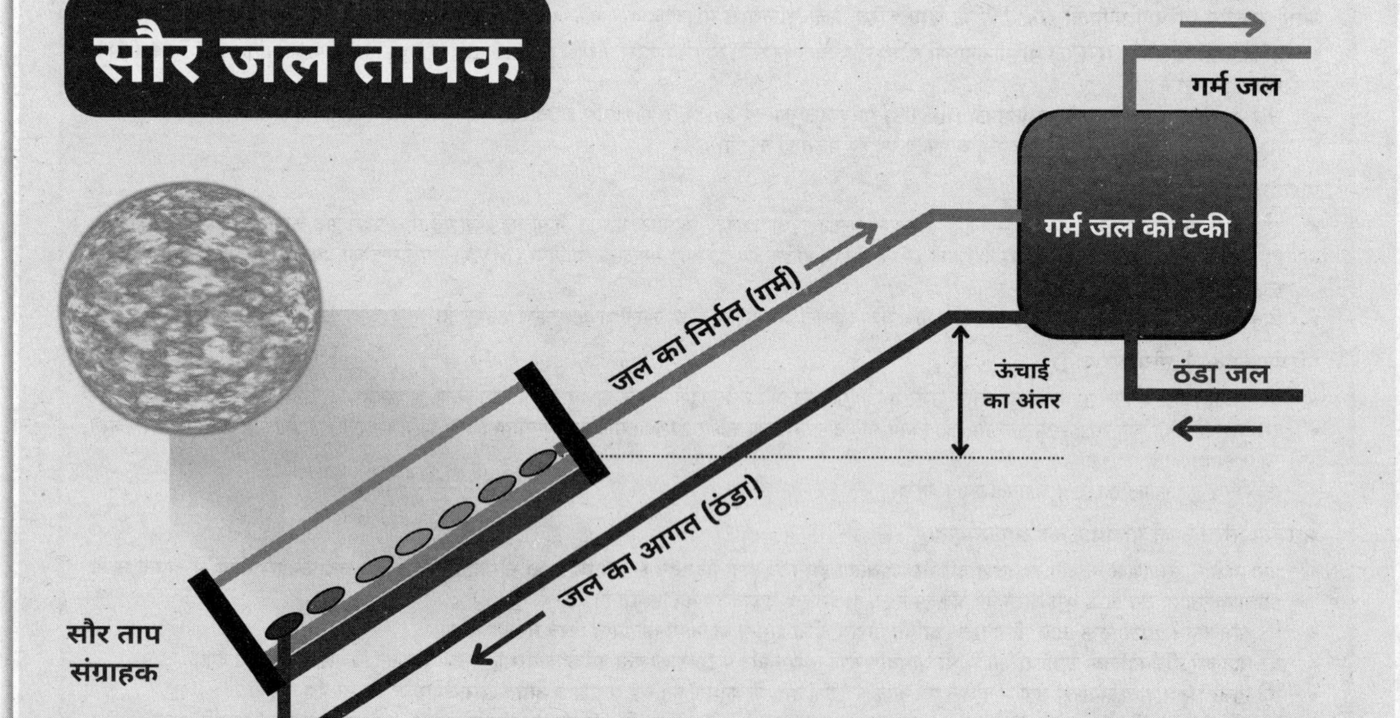

सौर तालाब

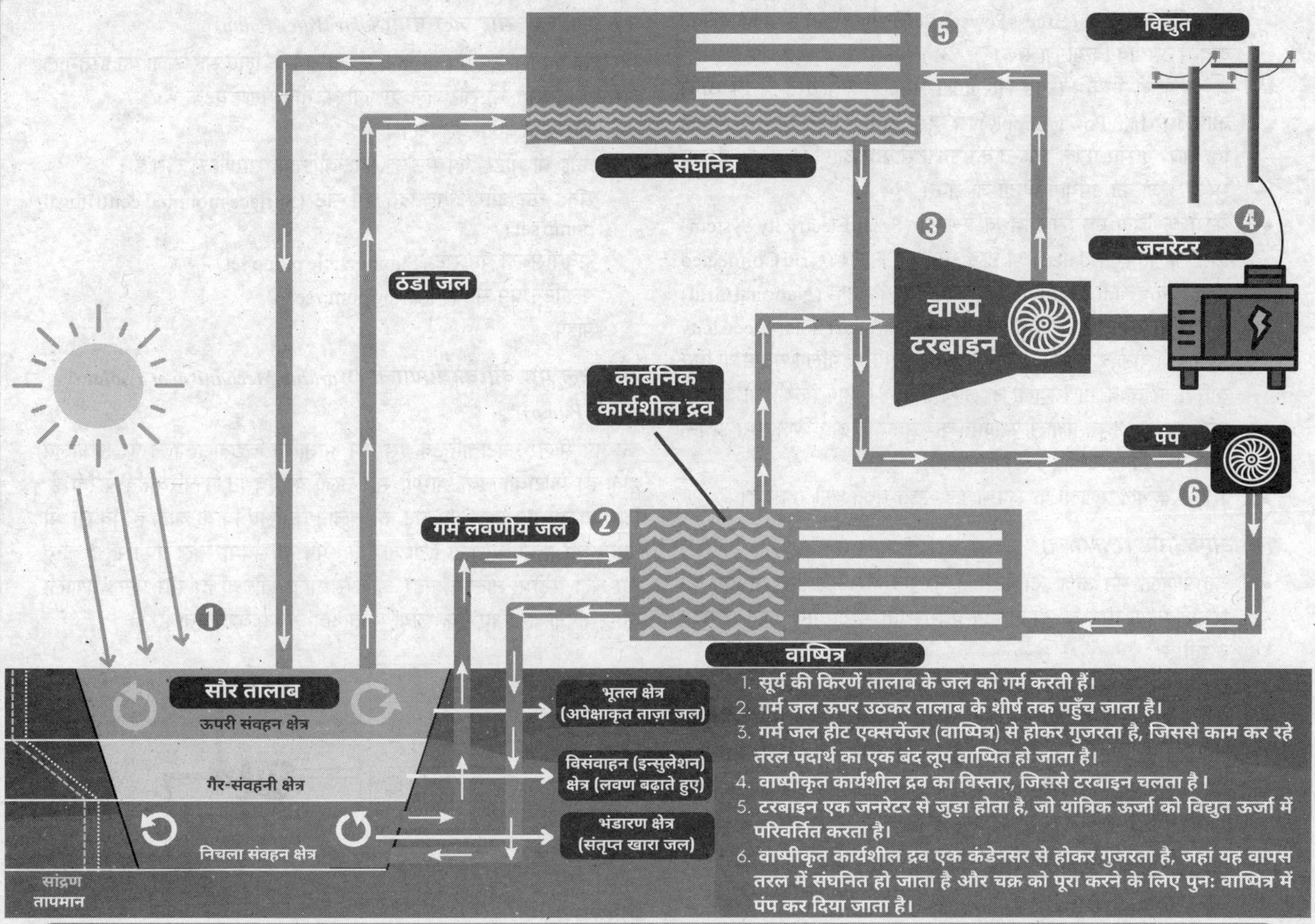

ऊपरी संवहन क्षेत्र- शीर्ष क्षेत्र, सतही क्षेत्र या UCZ (Upper Convective Zone) होता है, जो वायुमंडलीय तापमान पर होता है और इसमें लवण की मात्रा कम होती है।

गैर-संवहन क्षेत्र- इन दोनों क्षेत्रों को अलग करना महत्वपूर्ण प्रवण क्षेत्र या NCZ (Non-Convective Zone) होता है। यहां गहराई बढ़ने के साथ लवण की मात्रा बढ़ती है, जिससे लवणता या घनत्व प्रवणता बनती है। यह प्रवण क्षेत्र एक पारदर्शी इन्सुलेटर के रूप में कार्य करता है जो सूर्य के प्रकाश को निचले क्षेत्र तक पहुंचने की अनुमति देता है लेकिन साथ ही इसे वहीं ट्रेप कर देता है।

निचला संवहन क्षेत्र- निचला क्षेत्र बहुत गर्म, 70°–85° C और बहुत नमकीन होता है। यह वह क्षेत्र है जो ऊष्मा के रूप में सौर ऊर्जा को एकत्रित और संग्रहीत करता है, और इसलिए इसे भंडारण क्षेत्र या LCZ (Lower Convective Zone) के रूप में जाना जाता है।

3.6.2.1.1.2 सौर ऊर्जा प्रशुल्क (Solar Power Tariff)

सौर ऊर्जा आधारित बिजली उत्पादन में प्रति इकाई मूल्य, सौर शुल्क है।

जहां एक तरफ केंद्रीय विद्युत नियामक आयोग केंद्र सरकार के स्वामित्व वाली या उसके नियंत्रण वाली जेनरेटिंग कंपनियों के शुल्क का नियमन करता है, वहीं दूसरी तरफ भारतीय सौर ऊर्जा निगम (SECI) के पास विद्युत वितरण लाइसेंस है।

3.6.2.1.1.3 ऑन-ग्रिड तथा ऑफ-ग्रिड सौर ऊर्जा प्रणाली (On-Grid and Off-Grid System of Solar Power)

(A) ऑन-ग्रिड (On-Grid)

- ऑन-ग्रिड सिस्टम वह सौर पी.वी. सिस्टम (Solar PV System) हैं, जो यूटिलिटी पॉवर ग्रिड (Utility Power Grid) उपलब्ध होने पर ही विद्युत उत्पादन करते हैं। कार्य करने के लिए उनका ग्रिड के सम्पर्क में होना आवश्यक है। अत्यधिक उत्पादन की स्थिति में, ये ग्रिड को उत्पादित की

गई अतिरिक्त ऊर्जा (Excess Power) वापस भेज सकते हैं, ताकि इसका बाद में उपयोग किया जा सके।

- यह प्रणाली नियमित गृह (Regular Home) की तरह मुख्य ऊर्जा आपूर्ति (Main Power Supply) से जुड़ी होती है। इसका अर्थ यह है कि जब भी सौर पैनल जरूरत की ऊर्जा से कम आपूर्ति कर रहा हो तब मुख्य ऊर्जा का उपयोग किया जा सके।
- बैटरी के बिना एक सौर विद्युत प्रणाली (Solar Electricity System) ग्रिड-बंधित (Grid-tied) या ग्रिड संयोजित सोलर (Grid Connected Solar) कहलाती है। यह आपके घर को राष्ट्रीय ग्रिड (National Grid) और पॉवर स्मार्ट सौर विद्युत प्रणाली (Power Smart Solar Electricity System) दोनों के साथ जुड़ने में सक्षम बनाती है। इसलिए रात में या फिर बारिश के वक्त भी बिजली उपलब्ध होती है। आप किसी भी आकार की एक सौर ऊर्जा प्रणाली स्थापित कर सकते हैं और बिल तभी उत्पन्न होगा जब खपत उत्पादन से अधिक हो।
- 100% कुशल प्रणाली के रूप में यह बैटरी मुक्त बनी रहती है।

(B) ऑफ-ग्रिड (Off-Grid)

- यह प्रणाली सौर ऊर्जा को बैटरी में संरक्षित कर ऊर्जा ग्रिड न होने की स्थिति में या ग्रिड के डाउन होने की स्थिति में उपयोग करने में मदद करती है।
- इन प्रणालियों को मुख्य ऊर्जा स्रोत से जोड़ने की आवश्यकता नहीं है क्योंकि इनमें संग्रहित ऊर्जा का कोई उपलब्ध स्रोत नहीं होता है। यह भंडारित बैटरी (Storage Battery) या जनरेटर पर निर्भर करती है ताकि दिन में उस समय बिजली उपलब्ध हो सके, जब सोलर पैनल आवश्यकता से कम विद्युत उत्पन्न करते हैं।

प्रणाली की आवश्यकताएं (System Requirement)

- उपयुक्त सौर आलंबन (Suitable Solar Mounting)
- ऑफ-ग्रिड सौर इनवर्टर (Off Grid Solar Invertor)
- सौर ऊर्जा नियंत्रक और बैटरी (Solar Power Controller and Batteries)
- AC तथा DC सुरक्षित पृथक् स्विच
- ग्राउंडिग अर्थ केबल तथा क्लैम्प (Grounding Earth Cable & Clamps)

केसरिया क्रांति (Saffron Revolution)

केसरिया रंग ऊर्जा का प्रतिनिधित्व करता है और केसरिया क्रांति (Saffron Revolution) भारत की ऊर्जा की मांग को पूरा करने के लिए, सौर ऊर्जा जैसी अक्षय ऊर्जा पर केंद्रित है। भारत की सौर क्षमता बहुत बड़ी है। दुनिया की 20 शीर्ष अर्थव्यवस्थाओं में यहां सबसे अधिक सूर्य प्रकाश उपलब्ध है तथा कुछ विशाल रेगिस्तान भी हैं।

भारत विद्युत उत्पादन का लगभग 60% कोयले से उत्पादित करता है, अगर स्वच्छ ईंधन को बढ़ावा दिया जाए तो कार्बन फुटप्रिंट में काफी कमी आएगी।

3.6.2.1.1.4 सौर जल पंप (Solar Water Pump)

सौर जल पंप सिस्टम पंप के पानी को चलाने के लिए सौर ऊर्जा का इस्तेमाल करता है। किसी भी सौर जल प्रणाली के तीन मुख्य घटक हैं:

1. सौर फोटोवोल्टिक पैनल
2. कोई भी मोटर-पंप सेट जो फोटोवोल्टिक सारणी से लैस हो:
   सतह की ओर अपकेंद्रित पंप सेट (Surface-mounted centrifugal pump set)
   सबमर्सिबल पंप सेट (Submersible pump set)
   फ्लोटिंग पंप सेट (Floating pump set)
3. पाइप

सौर जल पंप की कार्यप्रणाली (Working Mechanism of a Solar Water Pump)

यह पंप सौलर फोटोवोल्टिक सिस्टम आधारित विद्युत उत्पादन पर संचालित होता है। फोटोवोल्टिक सारणी सौर ऊर्जा को विद्युत में परिवर्तित करती है, जिसका उपयोग मोटर पंप सेट को चलाने के लिए किया जाता है। किसी भी प्रकार की पंपिंग प्रणाली (या तो सतह पंप या सबमर्सिबल पंप) खुले कुएं, बोर वेल, स्ट्रीम, तालाब, नहर आदि से पानी खींचता है। सौर पैनल प्रणाली की स्थापना के लिए एक छाया मुक्त क्षेत्र की आवश्यकता है।

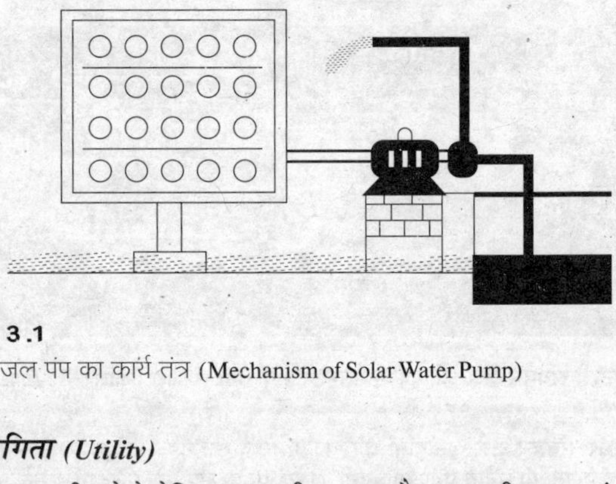

चित्र 3.1
सौर जल पंप का कार्य तंत्र (Mechanism of Solar Water Pump)

उपयोगिता (Utility)

1800 वाट की फोटोवोल्टिक सारणी क्षमता और 2 एचपी (HP) पंप वाला सिस्टम 6 से 7 मीटर की गहराई से प्रतिदिन 14 लाख लीटर पानी बाहर निकाल सकता है। पानी की इस मात्रा को कई फसलों के लिए करीब 5-8 एकड़ जमीन की सिंचाई के लिए पर्याप्त माना जाता है।

सौर जल पंपिंग प्रणाली के फायदे (Advantages of a Solar Water Pumping System)

1. कोई ईंधन लागत नहीं - क्योंकि यह मुफ्त उपलब्ध सूर्य प्रकाश का उपयोग करता है
2. विद्युत की आवश्यकता नहीं है
3. लंबा जीवनकाल
4. अत्यधिक विश्वसनीय और टिकाऊ
5. संचालित करने और बनाए रखने में आसान
6. पर्यावरण के अनुकूल

यह मिशन भारत को सौर ऊर्जा में वैश्विक नेता बनाने के लिए एक सक्षम नीति बनाएगा। इस दृष्टिकोण को पूरा करने के लिए, 'सोलर इंडिया' ब्रांड नाम के तहत एक राष्ट्रीय सौर मिशन शुरू किया जा रहा है।

अनुमानित लागत

एसपीवी प्रणाली की क्षमता	कुल हेड (सक्शन और वितरण) मी. में	सौर पीवी (वाट)	लागत (रु.)
2 एचपी (सतह पंप)	10	1800	2,90,000
4.6 एचपी (सबमर्सिबल पंप)	30	4800	7,15,000

मिशन लक्ष्य (Mission Targets)

- एक सक्षम नीति संरचना निर्माण।
- सौर निर्माण क्षमता (विशेष रूप से स्वदेशी उत्पादन और बाजार नेतृत्व के लिए सौर ताप) के लिए अनुकूल परिस्थितियों का निर्माण करना।
- 2017 तक 15 मिलियन वर्ग मीटर (Million sq. Meters) के सौर तापीय संग्राही क्षेत्र (Solar Thermal Collector Area) तथा 2022 तक 20 मिलियन वर्ग मीटर लक्ष्य प्राप्त करना।
- 2022 तक ग्रामीण क्षेत्रों के लिए 20 मिलियन सौर प्रकाश व्यवस्था (Solar Lighting System) (फोटोवोल्टाइक) तैयार करना।

3.6.2.1.1.5 भारत का सौर ऊर्जा मिशन (Solar Mission of India)

यू.पी.ए. सरकार ने 11 जनवरी, 2010 को जवाहरलाल नेहरू राष्ट्रीय सौर मिशन शुरू किया था। पहले मिशन ने सौर ऊर्जा उत्पादन लागत को कम करने के उद्देश्य से 2022 तक 20,000 मेगावॉट (MW) विद्युत उत्पादन का लक्ष्य रखा था, जिसे बाद में 1,00,000 मेगावॉट (100 गीगावॉट) तक विस्तारित किया गया जो ग्रिड से जुड़ी सौर ऊर्जा (Grid Connected Solar Power) होगी। 2022 तक के महत्वकांक्षी लक्ष्य का निर्धारण देश में किया गया है, जिनमें शामिल हैं:

1. राष्ट्र में दीर्घकालिक नीति (Long Term Policy in India);
2. भारत में बड़े पैमाने पर परिनियोजन (Deployment) के लक्ष्य;
3. तीव्र अनुसंधान एवं विकास, तथा;
4. 2022 तक ग्रिड टैरिफ क्षमता (Grid Tariff Parity) को हासिल करने के लिए कच्चे माल, घटकों और उत्पादों का घरेलू उत्पादन।

नोटः 2023 के बजट ने नवीकरणीय ऊर्जा को प्रमुख सात प्राथमिकताओं में से एक के रूप में पहचाना और COP26 शिखर सम्मेलन में 2030 तक अपने नवीकरणीय ऊर्जा लक्ष्य को 500 गीगावॉट तक बढ़ाने की भारत सरकार की प्रतिबद्धता ने इस उद्योग को बहुत बड़ा समर्थन प्रदान किया है और विकास को अभूतपूर्व गति प्रदान की है। हालांकि, अभी भी बहुत काम किया जाना बाकी है, अपने 280 गीगावॉट सौर लक्ष्य को पूरा करने के लिए अगले आठ वर्षों तक प्रति वर्ष 25-30 गीगावॉट सौर ऊर्जा स्थापित करने की आवश्यकता है। हालांकि सौर क्षमता स्थापना 2022 में रिकॉर्ड 14 GW तक पहुंच गई और 2023 में 20 GW तक पहुंचने की उम्मीद है, देश की सौर क्षमता को प्राप्त करने के लिए और अधिक समर्थन की आवश्यकता है।

3.6.2.1.1.6 अंतर्राष्ट्रीय सौर गठबंधन (International Solar Alliance - ISA)

यह 114 देशों का एक गठबंधन है, जो विश्व में सौर ऊर्जा को बढ़ाने के लिए एक-दूसरे से जुड़े हैं। ये मुख्यतः ऐसे देश हैं, जो मकर रेखा और कर्क रेखा के मध्य आते हैं तथा जहां सौर विकिरण (Solar Radiation) अपने उच्च प्रभाव पर होता है। इनका लक्ष्य वातावरण में ग्रीन हाऊस गैस उत्सर्जन को कम करना है। इस गठबंधन (Alliance) एक संधि आधारित अंतर-सरकारी संगठन (Inter-Governmental Organization) है। इसकी पहल सर्वप्रथम भारत के प्रधानमंत्री नरेन्द्र मोदी द्वारा भारत-अफ्रीका शिखर सम्मेलन (2015) में की गयी, जिसे 2015 में पेरिस में हो रही संयुक्त राष्ट्र जलवायु परिवर्तन (CoP-21) में अपनाया गया। **यह सौर गठबंधन नवम्बर 2016 में माराकेश (Marrakech), मोरक्को (Moracco), में हो रही संयुक्त राष्ट्र जलवायु परिवर्तन (CoP-22) से प्रभावी हुआ।**

अंतर्राष्ट्रीय सौर गठबंधन (ISA) के तहत् भारत में सौर ऊर्जा के विकास कि लिए, जनवरी 2016 में भारत और फ्रांस के मध्य समझौता हुआ। संयुक्त रूप से **ग्वालपाहारी (Gwalpahari) गुड़गांव में नेशनल इंस्टीट्यूट ऑफ सोलर एनर्जी** (National Institute of Solar Energy - NISE) में नींव का पत्थर रखा गया। भारत सरकार ने भविष्य में आई.एस.ए. (ISA) मुख्यालय के लिए NISE परिसर में पांच एकड़ जमीन समर्पित की है। आई.एस.ए. (ISA) कैंपस निर्माण के लिए तथा प्रथम पांच वर्ष के व्यय के वहन हेतु फ्रांस का योगदान 1.75 बिलियन (यू.एस. $ 26 मिलियन) होगा। इस गठबंधन को **सौर नीति और अनुप्रयोग के लिए अंतर्राष्ट्रीय एजेंसी** (International Agency for Solar Policy and Application - IASPA) भी कहा जाता है।

भारत पहले ही 2023 तक 500 गीगावॉट से अधिक नवीकरणीय ऊर्जा क्षमता (Renewable Energy Capacity) का लक्ष्य निर्धारित कर चुका है और 2030 तक ग्रीन हाऊस गैस उत्सर्जन की तीव्रता (Green House Gas Emission Intensity) 33 से 35 प्रतिशत तक कम करने को संकल्पित है।

आईएसए के उद्देश्य (ISA's Objectives)

अन्तर्राष्ट्रीय सौर संगठन के मुख्य उद्देश्यों में वैश्विक रूप से 1000 गीगावाट सौर ऊर्जा उत्पादन की क्षमता तथा वर्ष 2030 तक सौर ऊर्जा में 1000 बिलियन अमेरिकी डॉलर से अधिक के निवेश को प्रोत्साहित करना है।

आईएसए फ्रेमवर्क समझौता 6 दिसम्बर, 2017 को लागू हुआ तथा इसका मुख्यालय भारत के हरियाणा के गुरुग्राम में है।

भारत ने 2030 तक 500 गीगावॉट के अपने लक्ष्य को प्राप्त करने के लिए पेरिस जलवायु परिवर्तन शिखर सम्मेलन में 2030 तक अपनी 50% विद्युत आवश्यकता को गैर-जीवाश्म ईंधन से प्राप्त करने के लक्ष्य की घोषणा की।

सदस्यता

- हाल ही में संशोधित ISA फ्रेमवर्क समझौते के तहत संयुक्त राष्ट्र के सभी सदस्य अंतर्राष्ट्रीय सौर गठबंधन (ISA) में शामिल हो सकते हैं।
- लक्ष्यः इसने 2030 तक 1TW सौर ऊर्जा का लक्ष्य रखा है।

- सामान्य जानकारी ई-पोर्टल (E-portal) का निर्माण होगा।
- सौर प्रौद्योगिकियों (Solar Technologies) के प्रचार (Promotion) और उपयोग (Utilisation) के लिए क्षमता निर्माण (Capacity Building) की सुविधा।
- सदस्य देशों (Member Countries) के बीच अनुसंधान एवं विकास को बढ़ावा देगा।

भारत के लिए फायदे (Advantages for India)

- आई.एस.ए. (ISA) के आगमन ने जलवायु परिवर्तन (Climate Change) पर भारत के सक्रिय (Proactive) और अग्रणी नेतृत्व (Forward-Looking Leadership) के लिए मंच स्थापित किया है तथा कम कार्बन-गहन विकास प्रक्षेपवक्र (Less Carbon-Intensive Growth Trajectory) में सहायक होगा।
- यह सौर प्रौद्योगिकी (Solar Technology) की कीमत कम करने में भी मदद करेगा, जो देश के विकास को द्रुत गति देने में सहायक होगा।
- यह भारत को इसके राष्ट्रीय निर्धारित अंशदान लक्ष्य (Nationally Determined Contribution Target) प्राप्त करने में भी सहायता करेगा।

चुनौतियां (Challenges)

- **वित्त पोषण:** हालांकि, गठबंधन **''अभिनव वित्तीय तंत्र''** (Innovative Financial Mechanism) की बात करता है पर पूंजी प्रदान करने का तरीका पूरी तरह से स्पष्ट नहीं है।

वन सन, वन वर्ल्ड, वन ग्रिड (One Sun, One World, One Grid - OSOWOG)

इस पहल की घोषणा संयुक्त राष्ट्र फ्रेमवर्क कन्वेंशन ऑन क्लाइमेट चेंज **(UNFCCC)-CoP26 [2021]** सम्मेलन में भारत और यूनाइटेड किंगडम द्वारा सौर ऊर्जा का उपयोग करने और इसे राष्ट्रों की सीमाओं पर निर्बाध रूप से उपयोग करने के लिए की गई थी।

इस पहल के संदर्भ में

- ग्रिड की स्थापना अगले कुछ वर्षों में अंतर्राष्ट्रीय सौर गठबंधन (ISA) द्वारा की जाएगी, जो भारत द्वारा शुरू की गई एक अन्य पहल है, जिसका उद्देश्य विभिन्न देशों में सौर ऊर्जा का परिवहन करना है।
- OSOWOG की अवधारणा 'द सन नेवर सेट्स' यानी 'सूरज कभी अस्त नहीं होता' तथा यह किसी भी भौगोलिक स्थान पर, विश्व स्तर पर, किसी भी समय स्थिर रहता है, के विचार पर जोर देती है।

कार्यान्वयन

- एक मंत्रिस्तरीय संचालन समूह राष्ट्रीय सीमाओं को पार करने वाले महाद्वीपीय-पैमाने के ग्रिड द्वारा एक साथ जुड़े सर्वोत्तम स्थानों में बड़े सौर ऊर्जा स्टेशनों और पवन ऊर्जा फार्मों के निर्माण में तेजी लाने की दिशा में कार्य करेगा।
- मंत्रिस्तरीय संचालन समूह में फ्रांस, भारत, यूनाइटेड किंगडम एवं संयुक्त राज्य अमेरिका शामिल हैं, और इसमें अफ्रीका, खाड़ी देशों, लैटिन अमेरिका एवं दक्षिण पूर्व एशिया के प्रतिनिधि भी शामिल होंगे।

विश्व ग्रिड का महत्व

- एक विश्वव्यापी ग्रिड के साथ, हम सभी स्थानों पर स्वच्छ ऊर्जा का उपयोग कर सकते हैं। इससे ऊर्जा के भंडारण की आवश्यकता भी कम होगी तथा सौर परियोजनाओं की व्यवहार्यता बढ़ेगी।

पहल की क्षमता व लाभ

- भारत वर्ष 2030 तक गैर-जीवाश्म ईंधन से 40% बिजली पैदा करेगा तथा 'वन वर्ल्ड, वन सन, वन ग्रिड' का मंत्र देते हुए सीमाओं के पार सौर ऊर्जा आपूर्ति के संयोजन का आह्वान किया है।
- प्रस्तावित एकीकरण से सभी सहभागी संस्थाओं हेतु परियोजना लागत में कमी, उच्च दक्षता एवं परिसंपत्ति उपयोग में वृद्धि होगी।
- इस योजना के लिए केवल वृद्धिशील निवेश की आवश्यकता होगी क्योंकि मौजूदा ग्रिड के साथ कार्य करने के कारण इसके लिए समानांतर ग्रिड बुनियादी ढांचे की आवश्यकता नहीं होगी।
- यह सभी सहभागी संस्थाओं को अक्षय ऊर्जा स्रोतों में निवेश आकर्षित करने के साथ-साथ कौशल, प्रौद्योगिकी एवं वित्त का उपयोग करने में मदद करेगा।
- परिणामी आर्थिक लाभ गरीबी उन्मूलन तथा जल, स्वच्छता, भोजन एवं अन्य सामाजिक-आर्थिक चुनौतियों को कम करने में सहायता को सकारात्मक रूप से प्रभावित करेंगे।
- यह भारत में राष्ट्रीय अक्षय ऊर्जा प्रबंधन केंद्रों को क्षेत्रीय व वैश्विक प्रबंधन केंद्रों के रूप में विकसित करने की अनुमति प्रदान करेगा।
- वैश्विक स्तर पर, वर्ष 2050 तक लगभग 2,600 गीगावाट अंत:संबधन क्षमता संभव हो सकती है, जिससे प्रति वर्ष 226 बिलियन यूरो की अनुमानित बिजली बचत होगी।

वन सन घोषणा

- यह घोषणा 'वन सन घोषणा' के साथ थी, जिसमें कहा गया था कि, 'वन सन, वन वर्ल्ड, वन ग्रिड' के विजन को संबद्ध हरित ग्रिड के माध्यम से साकार करना परिवर्तनकारी हो सकता है, जिससे हम सभी को पेरिस समझौते के लक्ष्यों जैसे- हानिकारक जलवायु परिवर्तन की रोकथाम, स्वच्छ ऊर्जा पारगमन में तेजी लाने तथा सतत विकास लक्ष्यों को पूर्ण करने में सक्षम बनाया जा सकता है।
- इस घोषणा को आईएसए के 80 सदस्य देशों ने समर्थन दिया है।

- **प्रौद्योगिकी साझाकरण (Technology Sharing):** कम लागत पर आधुनिक सौर प्रौद्योगिकियों (Modern Solar Technologies) को साझा करने के लिए व्यापक रूपरेखा तैयार करने की आवश्यकता हैं।

3.6.2.1.1.7 सौर इंपल्स (Solar Impulse)

- सौर इंपल्स एक लम्बी दूरी की प्रयोगात्मक **सौर संचालित वायुयान परियोजना** (Swiss Long Ranged Experimental Solar Powered Aircraft Project) है। सौर इम्पल्स (Solar Impulse) परियोजना द्वारा संचालित दो विमानों के नाम भी हैं। इस परियोजना का उद्देश्य सौर-ऊर्जा संचालित एक मार्गदर्शी स्थिर पंखों (Fixed Wings) वाले विमान (Piloted Fixed wind Aircraft) द्वारा पृथ्वी के चारों ओर की यात्रा (Circumnavigation) करना था, जिससे स्वच्छ प्रौद्योगिकियों (Clean Technologies) पर ध्यान केंद्रित किया जा सके।
- एकल सीट वाला विमान है (Single Seat Monoplanes), जो फोटोवोल्टाइक सेल का उपयोग करते हुए अपने स्वयं की ऊर्जा से उड़ान भरने में सक्षम है। प्रोटोटाइप (Prototype), जिसे अक्सर सौर इंपल्स 1 के रूप में जाना जाता है, को 36 घण्टे तक हवा में रहने के लिए डिजाइन किया गया था। दिसंबर 2009 में, इसकी पहली परीक्षण उड़ान का आयोजन किया गया था और इसने जुलाई 2010 में एक पूरा सौर चक्र पूरा किया।
- दूसरा विमान, जिसका नाम सोलर इम्पल्स-2 (Solar Impulse-II) था और जो 2014 में पूरा हुआ, इसमें अन्य सुधारों के साथ अधिक सौर सेल और अधिक शक्तिशाली मोटर्स हैं। सोलर इम्पल्स-2 ने 9 मार्च, 2015 को संयुक्त अरब अमीरात के आबू धाबी से प्रस्थान किया।

3.6.2.1.1.8 सौर ऊर्जा केंद्र (Solar Power house)

फरवरी में, आर्थिक मामलों की कैबिनेट समिति ने ग्रिड से जुड़े रूफटॉप सौर कार्यक्रम के दूसरे चरण को आवासीय क्षेत्र पर ध्यान केन्द्रित करते हुए मंजूरी दी।

इसकी पहुंच (Its Outreach)

भारत ने 2022 तक रूफटॉप सौर क्षमता के 40 गीगावाट को प्राप्त करने का महत्वाकांक्षी लक्ष्य निर्धारित किया था। एक हालिया रिपोर्ट के मुताबिक, इस लक्ष्य से 25 GW की कमी हुई है।

आवासीय उपभोक्ताओं में इसके प्रति गति धीमी क्यों है?

उनके पास इस बारे में पर्याप्त जानकारी नहीं है। सूचना तक पहुंच, लाभ एवं हानि का मूल्यांकन करने के लिए कोई निश्चित स्रोत नहीं है, जो उन्हें यहा बता सके कि इसके लिए सरकारी सहायता (जैसे कि वित्तीय सब्सिडी) उपलब्ध है।

समय की मांग (Need of the Hour)

1. जानकारी का प्रसार करने के लिए सरल, अच्छी तरह से तैयार और रचनात्मक तरीके तैयार करना। उपभोक्ताओं को छायारहित छत क्षेत्र में एक इकाई बिजली उत्पादन के लिए आने वाली लागत की सूचना आसानी से उपलब्ध कराई जानी चाहिए। साथ ही उस पूरी प्रणाली के संचालन, रख-रखाव तथा संबंधित सहयोग तथा विश्वसनीय रूफटॉप सौर कर्मचारियों की सूचना उपलब्ध कराई जानी चाहिए।
2. स्थानीय बिजली लाइनमैन, बिजली निरीक्षकों तथा बिजली विभाग के अन्य नोडल अधिकारियों की भूमिका महत्वपूर्ण है। इनके द्वारा इस तरह की जानकारी के प्रसार और उपभोक्ताओं के प्रश्नों और चिंताओं का समाधान तथा उपभोक्ताओं के अनुभव को बेहतर बनाने के लिए प्रशिक्षण प्रदान करने मदद मिल सकती है।
3. गहन जानकारी को विभिन्न मार्गों से प्रसारित किया जाना चाहिए ताकि वह जनसंख्या के सभी वर्गों और स्थानीय भाषाओं तक पहुंच सके। ऐसे जागरूकता अभियान अधिक लोगों तक पंहुचेंगे।
4. प्रौद्योगिकी के बारे में सूचना प्रदान करने के लिए बैंकों जैसे सरकारी संस्थानों में सूचना कियोस्क स्थापित किए जा सकते हैं। साथ-ही-साथ कुछ चयनित विक्रेताओं (Vendors) को व्यावहारिक मुद्दों पर समाधान प्रदान करने हेतु अधिकृत किया जा सकता है।
5. उपभोक्ताओं को अपने अनुभव दूसरों के साथ बांटने के लिए एक मजबूत फीडबैक तंत्र स्थापित किया जा सकता है।
6. निवासी कल्याण संघ (RWA) विक्रेताओं के साथ मिलकर प्रदर्शन कार्यक्रमों का आयोजन कर सकते हैं ताकि उपभोक्ता इनका निरीक्षण एवं संचालन कर सकें और ये समझ सकें कि वह तंत्र काम कैसे करता है।
7. जागरूकता निर्माण सत्र सामाजिक रूप से समावेशी हीने चाहिए तथा यह उन अवधियों के दौरान होने चाहिए जब उपभोक्ता अपने घर पर हों।

3.6.2.1.1.9 तैरते हुए सौर संयंत्र (Floating Solar Plant)

भारत का सबसे बड़ा तैरता हुआ सौर ऊर्जा संयंत्र रामागुंडम (तेलंगाना) में है और यह स्थान अपनी प्रचंड गर्मी के लिए जाना जाता है। स्थानीय तौर पर, इसे कभी-कभी तेलुगु भाषा में 'अग्निगुंडम' (फायरवेल) भी कहा जाता है। अब, **NTPC (नेशनल थर्मल पावर कॉर्पोरेशन) 2640** मेगावाट क्षमता के संयंत्र में विकसित हो गया है, जो देश में इसके सबसे बड़े स्थलों में से एक है।

तैरते हुए सौर संयंत्रों का महत्व (Floating Solar Plants - Significance)

- तैरते हुए सौर संयंत्रों को भूमि उपलब्धता संबंधी मुद्दों के विकल्प के तौर पर देखा जा सकता है। इस अवधारणा में, बांध, झील अथवा ऐसे ही किसी अन्य जलाशय पर तैरते फ्लोट (Floods) पर सौर पैनल लगाए जाएंगे।

चुनौतियां (Challenges)

- भारत में, तैरते सौर संयंत्र को जमीन पर चढ़ने वाले पौधों की चुनौतियों का सामना करना पड़ सकता है। भूमि निरपेक्ष होने के बावजूद लंगर (Anchoning) स्थापना, रखरखाव और प्रेषण (Transmission) सहित फ्लोटिंग सिस्टम की लागत, किसी जमीन आधारित सौर संयंत्र से अधिक होगी।

- जंग (Corrosion) तथा अस्थिरता जैसे दो प्रमुख मुद्दों के अलावा मॉड्यूल, केबल, तैरते संयंत्र से निकटतम फीडर बिन्दु तक ऊर्जा का स्थानान्तरण, जलाशय तथा समुद्री (जलीय) जीवों पर पर्यावरणीय प्रभाव को भी ध्यान में रखना होगा तथा इसे वहनीय लागत पर स्थापित करना होगा।

प्लावी सौर ऊर्जा परियोजनाओं के लाभ (Advantages of Floating Solar Power Projects)

प्लावी सौर ऊर्जा परियोजनाओं में फोटोवोल्टिक पैनलों का परिनियोजन जल निकायों की सतह पर किया जाता है और इसलिए कृषि आदि जैसे अन्य आवश्यक कार्यों में प्रयुक्त होने वाली भूमि के अधिग्रहण की कोई समस्या उत्पन्न नहीं होती है। इससे सौर फोटोवोल्टिक पैनलों के प्रदर्शन में 5-10% तक सुधार होता है। जिससे समय के साथ महत्वपूर्ण लागत बचत भी होती है। इससे जल का वाष्पीकरण भी कम होता है और जल की गुणवत्ता में सुधार होता है क्योंकि इससे शैवाल प्रस्फुटन (algal bloom) जैसी घटनाओं में कमी होती है।

इस प्रकार, भूमि पर सौर प्रतिष्ठानों के व्यवहार्य विकल्प के रूप में, भारत प्लावी सौर ऊर्जा में भी प्रगति कर रहा है। भारत में शीर्ष आगामी प्लावी सौर ऊर्जा परियोजनाएं निम्नलिखित हैं - योजना चरण में, प्रारंभिक प्रक्रिया में, या आंशिक रूप से संचालन में।

तैरते सौर संयंत्रों में क्या विफल रहता है? (What Fails Floating Solar?)

- भारत में तैरते फ्लोट्स की अनुपलब्धता इसे एक महंगा विकल्प बनाती है।
- जमीनी सौर की तुलना में तैरते सौर संयंत्र परियोजना की लागत 30% अधिक होती है।
- यूरोपीय अथवा चीनी आपूर्तिकर्ताओं पर निर्भरता।

3.6.2.1.1.10 किसान ऊर्जा सुरक्षा एवं उत्थान महाभियान (कुसुम) [Kisan Urja Suraksha Evam Utthaan Mahabhiyan (KUSUM)]

नवीन और नवीकरणीय ऊर्जा मंत्रालय (MNRE) ने देश में सोलर पंप और ग्रिड कनेक्टेड सोलर और अन्य रिन्यूएबल पॉवर प्लांट लगाने के लिए किसानों के लिए प्रधानमंत्री किसान ऊर्जा सुरक्षा एवं उत्थान महाभियान (पीएम कुसुम) योजना शुरू किया है।

इस योजना का उद्देश्य कार्यान्वयन एजेंसियों को सेवा शुल्क सहित 30,800 करोड़ रुपये की कुल केंद्रीय वित्तीय सहायता के साथ 2022 तक 25,750 मेगावाट की सौर और अन्य नवीकरणीय क्षमता को जोड़ना था।

इस योजना में तीन घटक हैं:

- **घटक-A:** 10,000 मेगावाट विकेंद्रीकृत ग्राउंड माउंटेड ग्रिड कनेक्टेड रिन्यूएबल पॉवर प्लांट्स बनाना, जिनमें एकल प्लांट का आकार 2 MW तक है।
- **घटक-B:** 7.5 एचपी तक एकल पंप क्षमता के 17.50 लाख स्टैंडअलोन सौर ऊर्जा चालित कृषि पंपों की स्थापना।
- **घटक-C:** 7.5 एचपी तक एकल पंप क्षमता के 10 लाख ग्रिड से जुड़े कृषि पंपों का सौरीकरण।

योजना कार्यान्वयन (Scheme Implementation)

इस योजना के कार्यान्वयन के लिए एमएनआरई (MNRE) की राज्य नोडल एजेंसियां राज्य/केंद्र, डिस्कॉम (वितरण कंपनियां) और किसानों के साथ समन्वय स्थापित करेंगी।

योजना के लाभ (Scheme Benefits)

इस योजना से ग्रामीण भूमि मालिकों को अपनी शुष्क/गैर-कृषि योग्य भूमि का उपयोग करके 25 वर्ष की अवधि के लिए आय का एक स्थिर और सतत् स्रोत खोलेगा। इसके अलावा, यदि सौर ऊर्जा परियोजना स्थापित करने के लिए खेती वाले खेतों को चुना जाता है, तो किसान फसलों को उगाते रह सकते हैं क्योंकि सौर पैनलों को न्यूनतम ऊँचाई के ऊपर स्थापित किया जाता है।

प्रस्तावित योजना यह सुनिश्चित करेगी कि ग्रामीण लोड केंद्रों और कृषि पंप-सेट लोड के लिए पर्याप्त स्थानीय सौर / अन्य नवीकरणीय ऊर्जा आधारित बिजली उपलब्ध हो, जिसके लिए दिन के समय बिजली की आवश्यकता होती है। चूंकि ये बिजली संयंत्र कृषि भार या विकेन्द्रीकृत तरीके से विद्युत सब-स्टेशनों के करीब स्थित होंगे, इसके परिणामस्वरूप एसटीयू और डिस्कॉम के लिए ट्रांसमिशन में कमी आएगी।

सोलर पंप से डीजल पंप चलाने के लिए डीजल पर होने वाले खर्च की बचत होगी और किसानों को डीजल पंप चलाने से होने वाले हानिकारक प्रदूषण को रोकने के अलावा सोलर पंप के जरिए सिंचाई का विश्वसनीय स्रोत मिलेगा।

इलेक्ट्रिक ग्रिड कनेक्शन के लिए लंबी प्रतीक्षा सूची के आलोक में, इस योजना से ग्रिड लोड को जोड़े बिना चार वर्षों की अवधि में 17.5 लाख किसानों को लाभ होगा।

अपेक्षित नवीकरणीय ऊर्जा लक्ष्य 2030:

भारत ने 2030 तक 500 गीगावॉट नवीकरणीय ऊर्जा का महत्वाकांक्षी लक्ष्य शुरू किया है और इस स्वच्छ संसाधन को भुनाने के लिए आने वाले दिनों में प्रधानमंत्री-कुसुम योजना के तहत किसानों को 17 लाख सौर पंप भी उपलब्ध कराए जाएंगे।

3.6.2.1.1.11 सोलर चरखा मिशन (Solar Charkha Mission)

स्पष्टीकरण (Specification)

- यह जून 2018 के दौरान शुरू की गई सूक्ष्म, लघु एवं मध्यम उद्यम मंत्रालय (एमएसएमई) की एक पहल है।
- खादी एवं ग्रामोद्योग आयोग (केवीआईसी) इस कार्यक्रम को लागू करेगा।
- इसमें ग्रामीण क्षेत्रों में रोजगार पैदा करने और हरित अर्थव्यवस्था में योगदान देने की बात कही गई है।
- इस मिशन में 50 क्लस्टरों के लिए शुरुआती दो साल में 550 करोड़ रुपये की सब्सिडी मिलेगी और हर क्लस्टर 400 से 2000 कारीगरों को रोजगार देगा।

सौर ऊर्जाः मुख्य तथ्य (Solar Energy: Facts Corner)

(I) विश्व के शीर्ष 5 सबसे बड़े सोलर पार्कः विद्युत उत्पादन के आधार पर (जनवरी 2023 तक)

1. **गोलमुड सोलर पार्क - चीनः** चीन में गोलमुड सोलर पार्क 2.8 गीगावॉट की स्थापित सौर क्षमता के साथ दुनिया का सबसे बड़ा सौर फार्म है। यह एक बेहद प्रभावशाली स्थल है जिसमें लगभग सात मिलियन सौर पैनल स्वच्छ ऊर्जा प्रदान करने के लिए काम कर रहे हैं।
2. **भडला सोलर पार्क - भारतः** भडला/भादला, दुनिया का दूसरा सबसे बड़ा सौर फार्म है, जिसकी आश्चर्यजनक क्षमता 2.7 गीगावॉट है और यह 160 किमी^{2} के क्षेत्र को कवर करता है - जो कि लंदन के पूरे सतही क्षेत्र के 10% के बराबर है। (2022 तक भडला सोलर पार्क विद्युत उत्पादन क्षमता के आधार पर दुनिया का सबसे बड़ा सोलर फार्म था)।
3. **पावागढ़ सोलर पार्क - भारतः** तीसरे स्थान पर पावागढ़ सोलर पार्क है, जो 53 किमी^{2} के क्षेत्र को कवर करता है। पावागढ़ भारतीय नागरिकों को 2.05 गीगावॉट विद्युत क्षमता प्रदान करता है और यह देश की विकासशील नवीकरणीय ऊर्जा योजनाओं का एक और रोमांचक हिस्सा है। 2.1 बिलियन डॉलर की लागत वाला यह सौर फार्म 2018 से नवीकरणीय ऊर्जा के विकास पर भारत द्वारा खर्च किए गए 29 बिलियन डॉलर का एक बड़ा हिस्सा है।
4. **मोहम्मद बिन राशिद अल मकतूम सोलर पार्क (MBR) - यूएईः** अपने विशाल तेल भंडार के लिए प्रसिद्ध देश, संयुक्त अरब अमीरात, मोहम्मद बिन राशिद अल मकतूम सोलर पार्क (MBR) के साथ पांचवें स्थान पर रहा, जो 76 किमी^{2} के क्षेत्र को कवर करता है। दूसरे और तीसरे सबसे बड़े सौर फार्म से बड़ा होने के बावजूद, MBR अभी तक समान विद्युत उत्पादन तक नहीं पहुंच पाया है। MBR की योजना 2030 तक अपनी 1.63 गीगावॉट की वर्तमान क्षमता को लगभग 5 गीगावॉट तक विस्तारित करने की है।
5. **बेनबन सोलर पार्क - मिस्रः** मिस्र में बेनबन सोलर पार्क अफ्रीका का सबसे बड़ा और दुनिया का पांचवां सबसे बड़ा सौर फार्म है। यह 6.3 kWh प्रति वर्ग मीटर, प्रति दिन की विशाल सौर क्षमता वाले क्षेत्र को कवर करता है। $4 बिलियन की लागत और 1.61 गीगावॉट स्वच्छ विद्युत पैदा करने वाला बेनबन, मिस्र के सैकड़ों-हजारों घरों को विद्युत प्रदान करता है।

(II) भारत के प्रमुख सौर पार्कों की सूची (अंतिम अद्यतन - जून 2023) (List of Major Solar Parks of India (Last updates - June 2023)

- **भादला सौर पार्कः** स्थान - भादला, फलोदी तहसील, जोधपुर जिला, राजस्थान, भारत। कुल क्षमता - 2,245 मेगावाट।
- **पावागढ़ सौर पार्कः** पावागड़ा तालुक, तुमकुर जिला, कर्नाटक। कुल क्षमता - 2050 मेगावाट।
- **कुरनूल अल्ट्रा मेगा सौर पार्कः** आंध्र प्रदेश के कुरनूल जिले का पनयम मंडल, जिसकी क्षमता 1,000 मेगावाट है।
- **एनपी कुंटा अल्ट्रा मेगा सौर पार्कः** भारत के आंध्र प्रदेश राज्य के अनंतपुर जिले में अनंतपुरम अल्ट्रा मेगा सौर पार्क के रूप में भी जाना जाता है।
- **रीवा अल्ट्रा मेगा सौर पार्कः** एशिया का सबसे बड़ा सिंगल साइट सौर संयंत्र।
- **चरंका सौर पार्कः** यह वर्तमान में उत्तरी गुजरात के पाटन जिले के चरंका गांव के निकट विकास की प्रक्रिया में है।
- **कामुथी सौर ऊर्जा परियोजनाः** मदुरै, भारत के तमिलनाडु राज्य में है।
- **कडप्पा अल्ट्रा मेगा सौर पार्कः** आंध्र प्रदेश के कडप्पा जिले का मायलावरम मंडल।

(III) भारत में आगामी तैरती सौर ऊर्जा परियोजनाएं (2022 तक) [Upcoming Floating Solar Power Projects in India (till 2202)]

1. ओंकारेश्वर जलाशयः कुल क्षमता - 600 मेगावाट, राज्य - मध्य प्रदेश
2. रामागुंडम जलाशयः कुल क्षमता - 100 मेगावाट, राज्य - तेलंगाना
3. कायमकुलम परियोजनाः कुल क्षमता - 92 मेगावाट, राज्य - केरल
4. गेतलसूद बांध परियोजनाः कुल क्षमता - 100 मेगावाट, राज्य - झारखंड
5. रिहंद बांधः कुल क्षमता - 50 मेगावाट, राज्य - उत्तर प्रदेश

- इस योजना का एक उद्देश्य देशभर की पांच करोड़ महिलाओं को इस पहल से जोड़ने का भी है।
- इस मिशन से पहले दो साल के दौरान एक लाख नौकरियां पैदा होने की उम्मीद है।

योजना के उद्देश्य

- रोजगार सृजन द्वारा समावेशी विकास सुनिश्चित करना, विशेष रूप से महिलाओं और युवाओं के लिए, और ग्रामीण क्षेत्रों में सौर चरखा समूहों के माध्यम से सतत् विकास करना।
- ग्रामीण अर्थव्यवस्था को बढ़ावा देना और ग्रामीण से शहरी क्षेत्रों में पलायन को रोकने में मदद करना।
- भरण-पोषण के लिए कम लागत, अभिनव प्रौद्योगिकियों और प्रक्रियाओं से लाभ उठाना।

मिशन का महत्व

इन सौर चरखाओं का संचालन सौर ऊर्जा का उपयोग करके किया जाना है, जो एक नवीकरणीय ऊर्जा स्रोत है। इससे हरित अर्थव्यवस्था के विकास में मदद मिलेगी क्योंकि यह पर्यावरण अनुकूल कार्यक्रम है। इससे कारीगरों के लिए टिकाऊ रोजगार भी पैदा होगा।

3.6.2.1.1.12 दुनिया का सबसे बड़ा सोलर ट्री (सौर वृक्ष) (World's Largest Solar Tree)

CSIR-CMERI ने विश्व का सबसे बड़ा 'सौर वृक्ष' विकसित किया (CSIR-CMERI Develops World's Largest 'Solar Tree')

सौर ऊर्जा के उपयोग को बढ़ावा देने के लिए, एक प्रमुख CSIR संस्थान **'केंद्रीय यांत्रिक-इंजीनियरी-अनुसंधान संस्थान' ने 'विश्व का सबसे बड़ा सौर वृक्ष' विकसित किया है, जिसका उद्घाटन हाल के दिनों में लुधियाना में किया गया था।** यह आधिकारिक तौर पर गिनीज वर्ल्ड रिकॉर्ड्स (GWR) द्वारा विश्व में 'सबसे बड़े सौर वृक्ष' के रूप में प्रमाणित है। इसका मिनी ग्रिड अनुप्रयोग एवं ग्रामीण विद्युतीकरण के रूप में संपूर्ण सौर पीवी पैनल सतही क्षेत्र 309.83 वर्ग मीटर है। इसे एक वृक्ष के सदृश बनाया गया है, जहां वृक्ष की 'पत्तियां' सौर पैनलों से सुसज्जित हैं।

सौर वृक्षों का महत्व और क्षमता (Significance and Potential of Solar Trees)

- इन सौर वृक्षों को **मूल्य-अस्थिर जीवाश्म ईधनों के प्रतिस्थापन के लिए कृषि के साथ संलगन** किया जा सकता है।
- प्रत्येक सौर वृक्ष में जीवाश्म ईंधन से बनने वाली ऊर्जा उत्पादन की तुलना में ग्रीनहाउस गैसों के रूप में वातावरण में छोड़े जा रहे **CO_2 उत्सर्जन को 10-12 टन बचाने** की क्षमता है।
- इसके अलावा, अधिशेष उत्पादित विद्युत को ऊर्जा ग्रिड वापिस दिया जा सकता है
- यह कृषि मॉडल एक **सुसंगत आर्थिक लाभ प्रदान कर सकता है और किसानों को** कृषि संबंधी गतिविधियों में **अनिश्चित विविधताओं के प्रभावों का मुकाबला करने में मदद कर सकता है,** इस प्रकार, खेती को आर्थिक और ऊर्जा सतत बनाया सकता है
- सोलर ट्री में IoT आधारित फीचर्स को भी शामिल करने की क्षमता है, यानी कृषि क्षेत्रों में चौबीसों घंटे सीसीटीवी निगरानी, रीयल-टाइम आर्द्रता, हवा की गति, बारिश की भविष्यवाणी और मृदा विश्लेषिकी सेंसर आदि जानकारी भी प्राप्त हो सकती है।
- CSIR-CMERI ने सौर ऊर्जा चालित ई-सुविधा कियोस्क विकसित किए हैं, जो विशाल कृषि डेटाबेस के साथ-साथ e-NAM यानी राष्ट्रीय कृषि बाजार के लिए एक एकीकृत ऑनलाइन बाजार तक तत्काल और वास्तविक समय में पहुंच के लिए सौर वृक्षों से भी जुड़े हो सकते हैं।

3.6.2.1.2 पवन ऊर्जा (Wind Energy)

वर्षों से, पवन ऊर्जा उपयोग किया जा रहा है। पवन टर्बाइन (Wind Turbine)] जो पवन चक्की का आधुनिक रूप है, पवन ऊर्जा का उपयोग कर विद्युत उत्पादन में सक्षम हैं।

- आजकल विंड टर्बाइन बिजली उत्पादन में हवा का उपयोग करने में सक्षम है। विंड टर्बाइन ब्लेड की एक विशिष्ट स्थिति है जो विशिष्ट वायु गतिकीय आकार और अन्य क्षमता बढ़ाने वाले उपकरणों के साथ विकसित किया गया है।
- तेज और कम अशांत हवाओं का लाभ उठाने के लिए उन्हें 100 फीट (30 मीटर) या उससे अधिक जमीन पर उठाकर रखने की जरूरत होती है।
- जब हवा बहती है, तो यह पंख को घुमाती है, तब यह हवा जनरेटर के साथ बिजली उत्पन्न करने के लिए उपयोग की जाती है।
- हालांकि रोटेशन सीधे एक जनरेटर के साथ नहीं जोड़ा जाता है, क्योंकि हवा टर्बाइन ब्लेडों, जो शाफ्ट के साथ जुड़े हुए हैं, की आरपीएम दर साधारणतः उनके स्वयं के शोर और यांत्रिक शक्ति के कारण काफी कम आमतौर पर शोर और यांत्रिक शक्ति के कारण होती है।
- रोटेशन की इस कम गति पर, जनरेटर कोई सार्थक बिजली का उत्पादन नहीं कर सकता है। इसलिए जनरेटर से कनेक्ट करने से पहले गियरबॉक्स में शाफ्ट की स्पीड बढ़ाई जाती है। गियरबॉक्स हाई स्पीड रेशियो बढ़ाने के लिए प्लैनेटरी गियर सेट अरेंजमेंट का इस्तेमाल करता है (1: 90 तक)।
- विद्युत उत्पादन के लिए न्यूनतम पवन गति 8 किमी/घंटा (या 2 मीट्रिक टन/सेकंड) की आवश्यकता होती है और अधिकतम गति में जिसका उपयोग विद्युत उत्पादन के लिए किया जा सकता है, 36-54 किमी/घंटा की है। भारत में हवा की औसत गति 10-12 किमी/घंटा है।
- पवन की दिशा की जांच करने के लिए पवन वेग का उपयोग किया जाता है।
- नैसेल के शीर्ष पर एक वेग सेंसर लगाया जाता है, जो हवा की गति और दिशा को मापता है क्योंकि हवा की दिशा कभी भी बदल सकती है,
- हवाओं की दिशा में विचलन के लिए एक इलेक्ट्रॉनिक नियंत्रक को भेजा जाता है, जो हवा में आये हुए बदलाव को ठीक करने के लिए याविंग तंत्र को उचित संकेत भेजता है। इस प्रकार पवन टर्बाइन हमेशा हवा की दिशा के साथ कार्य करता रहता है। हवा की गति के अनुसार हवा का सापेक्ष वेग कोण भी बदलता है।
- एक ब्लेड झुकाव तंत्र ब्लेड को झुकाता है और सापेक्ष वेग के साथ ब्लेड को उचित सरेखण प्रदान करता है। इस प्रकार ब्लेड हमेशा हवा के प्रवाह के साथ पूर्ण क्षमता के साथ ईष्टतम कोण पर होते हैं।
- अधिकतम सीमा जो एक पवन टर्बाइन प्राप्त कर सकती है, उसे बेट्ज़ की सीमा कहा जाता है। इस दुनिया में कोई पवन टर्बाइन, कभी भी 59. 3% की दक्षता सीमा को पार नहीं कर सका है।

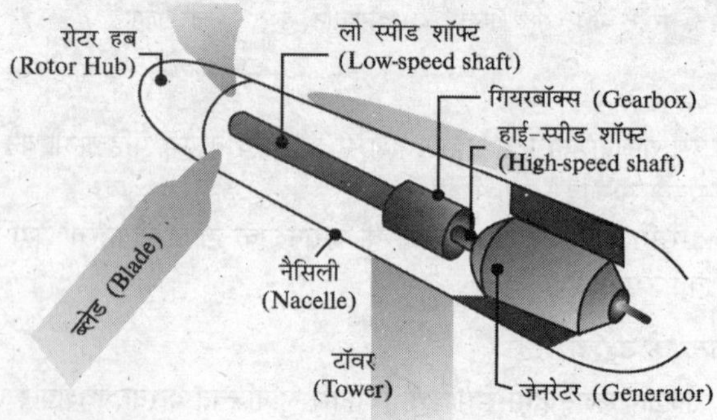

चित्र 3.2
नेसिली (Nacelle)

विशेषताएं

- एक स्वच्छ और सुरक्षित ऊर्जा स्रोत, जो सबसे अधिक पर्यावरण के अनुकूल है।

- अन्य प्लांटों की तुलना में इसमें बिजली बनने में सबसे कम समय लगता है।
- सेट-अप के लिए कम समय।
- कम परिचालन लागत।
- कम रख-रखाव लागत।

(इन्फोग्राफिक देखें - पवन ऊर्जा उत्पादन)

1986 में, भारत में पवन ऊर्जा का विकास महाराष्ट्र के तटीय क्षेत्रों (रत्नागिरि), गुजरात (ओखा) और तमिलनाडु (तूतीकोरिन) में 55 किलोवाट वेस्टस्टोन पवन टर्बाइनों के साथ स्थापित होने वाले पहले विंडफॉर्म के साथ शुरू हुआ। MNRE ने इन प्रदर्शन परियोजनाओं का समर्थन किया।

चीन के पास दुनिया में अधिकतम पवन ऊर्जा उत्पादन क्षमता है लेकिन अमेरिका वह देश है, जिसमें अधिकतम पवन ऊर्जा उत्पादन है।

भारत में, **तमिलनाडु** पवन ऊर्जा उत्पादन के लिए एक अग्रणी राज्य है, जिसमें भारत की कुल पवन ऊर्जा क्षमता का लगभग 29 प्रतिशत है। इसके बाद, नवीकरणीय ऊर्जा के महत्व और आवश्यकता को महसूस करते हुए, तमिलनाडु सरकार द्वारा एक पंजीकृत सोसाइटी के रूप में 1985 की शुरुआत में एक अलग एजेंसी स्थापित की गई थी। इसका नाम **तमिलनाडु ऊर्जा विकास एजेंसी (TEDA)** रखा गया था।

हालिया अपडेट: पवन ऊर्जा की 42633 मेगावाट (मार्च 2023) की स्थापित क्षमता के साथ, नवीकरणीय ऊर्जा स्रोत (बड़े हाइड्रो प्रोजेक्ट को छोड़कर) वर्तमान में भारत की 416059 मेगावाट (31 मार्च, 2023) की कुल स्थापित विद्युत क्षमता का 30.08% (125160 मेगावाट) है।

अपतटीय पवन ऊर्जा नीति – 2
(Offshore Wind Energy Policy-2)

देश के पानी में या उसके निकट, बेस लाइन आदि से 200 नॉटिकल मील (ईईजेड) की समुद्री दूरी तक, अपतटीय पवन ऊर्जा परियोजनाओं और अनुसंधान और विकास गतिविधियों की स्थापना करना आदि सभी अपतटीय पवन ऊर्जा विकास के तहत शामिल हैं।

प्रारंभ में, 7600 किलोमीटर लंबी भारतीय तटरेखा पर अपतटीय पवन ऊर्जा के विकास की संभावनाओं को इंगित किया गया और इसलिए यह विकास देश की ऊर्जा सुरक्षा और NAPCC (नेशनल एक्शन प्लान ऑन क्लाइमेट चेंज) लक्ष्यों की प्राप्ति के रास्ते को आसान करेगा। ऑफशोर विंड की सम्भावित उपलब्धता के कारण यह योजना पूरे देश में लागू होगी।

पवन क्षेत्र में, FY2023 में लगभग 2.28 GW नई क्षमता शामिल की गई, जो FY2022 में शामिल की गई 1.1 GW क्षमता से 105% अधिक है। वित्त वर्ष 2023 में 867 मेगावाट की पवन स्थापित क्षमता के साथ **राजस्थान अग्रणी राज्य** है, इसके बाद **गुजरात (770 मेगावाट)** और **मध्य प्रदेश (324 मेगावाट)** हैं।

3.6.2.1.3 भूतापीय ऊर्जा (Geothermal Energy)

- पृथ्वी से निकलने वाली ऊष्मा एक और अक्षय (जो स्वच्छ और टिकाऊ होती है) ऊर्जा का रूप है, जो भूतापीय ऊर्जा कहलाती है।
- 80 किमी से अधिक की गहराई पर, भूतापीयता सामान्य रूप से उपलब्ध है। 300 मीटर से 3000 मीटर की गहराई पर कुछ निश्चित स्थान पर भू-तापीय ऊर्जा भी पाई जाती है, जिसे भू-तापीय क्षेत्र कहा जाता है।
- दुनिया का पहला भूतापीय पॉवर प्लांट **लार्डेरेलो (इटली), 1911** में स्थापित किया गया था।

  दुनिया भर में तीन प्रकार के जियोथर्मल पॉवर प्लांट सेटअप हैं:
  1. ड्राई स्टीम पॉवर प्लांट
  2. फ्लैश स्टीम पॉवर प्लांट - भूतापीय रूप से गर्म पानी (350 से अधिक फॉरैनहाइट)
  3. बाइनरी साइकिल पॉवर प्लांट - भूतापीय रूप से गर्म पानी (अधिकतम 100 फॉरैनहाइट)

1. ड्राई स्टीम संयंत्र (Dry Steam Power Plant)

ड्राई स्टीम संयंत्र सबसे आम प्रकार के भूतापीय बिजली संयंत्र हैं, जो स्थापित भूतापीय संयंत्रों में से लगभग आधे का उत्पादन करते हैं। वे भूमिगत जलाशयों से गर्म भाप को सीधे भूतापीय जलाशयों से टर्बाइनों में पाइपिंग करके काम करते हैं, जो बिजली प्रदान करने के लिए जनरेटर को ऊर्जा देता है।

2. फ्लैश स्टीम प्लांट (Flash Steam Power Plant)

फ्लैश स्टीम प्लांट पृथ्वी के अंदर गहराई से उच्च दबाव वाला गर्म पानी लेते हैं और इसे जनरेटर टर्बाइन को चलाने के लिए भाप में परिवर्तित करते हैं। जब भाप ठंडी हो जाती है, तो यह पानी के रूप में संघनित हो जाती है और इसे फिर से उपयोग में लाने के लिए वापस जमीन में इंजेक्ट किया जाता है। अधिकांश भूतापीय विद्युत संयंत्र फ्लैश स्टीम प्लांट हैं।

3. बाइनरी साइकिल पॉवर प्लांट (Binary Cycle Power Plant)

बाइनरी साइकिल भूतापीय विद्युत उत्पादन संयंत्र ड्राई स्टीम और फ्लैश स्टीम सिस्टम से भिन्न होते हैं, जिसमें भूतापीय जलाशय से पानी या भाप टर्बाइन / जनरेटर इकाईयों के संपर्क में कभी नहीं आता है।

एक बाइनरी वाष्प चक्र को थर्मोडायनामिक्स में एक शक्ति चक्र के रूप में परिभाषित किया गया है, जो दो चक्रों का एक संयोजन है, एक उच्च तापमान क्षेत्र में और दूसरा कम तापमान क्षेत्र में।

(इन्फोग्राफिक देखें - भूतापीय विद्युत ऊर्जा उत्पादन)

भू-तापीय ऊर्जा की सामान्य विशेषताएं (General Characteristics of Geothermal Energy)

- उच्च पहुंच और वैश्विक उपलब्धता।
- पर्यावरण के अनुकूल; सल्फर।
- CO_2 और अन्य ग्रीनहाउस गैसों का कम उत्सर्जन।
- स्वदेशी।
- मौसम और मौसमी परिवर्तनों पर निर्भर नहीं करता है।

इंडिया एनर्जी पोर्टल के मुताबिक, **भारत में 10,000 मेगावाट की जियोथर्मल क्षमता है।** तात्यापानी (हिमाचल प्रदेश) भूतापीय क्षेत्र सबसे प्रमुख भूतापीय संसाधन है। प्रत्यक्ष ताप उपयोग अनुप्रयोगों के लिए आशाजनक भूतापीय साइटें हैं - **बिहार में राजगीर, हिमाचल प्रदेश में मणिकरण, झारखंड में सूरजकुंड, उत्तराखंड में तपोबन और हरियाणा में सोहना क्षेत्र। भारत में भू-तापीय ऊर्जा स्रोतों के 300 से अधिक स्थलों की पहचान की गई है। भारत में सात भू-तापीय प्रांत हैं - हिमालय (पुगा, छुमथांग), सहारा घाटी, कैम्बे बेसिन, सोन-नर्मदा-तापी (SONATA) लिनीमेंट बेल्ट, पश्चिमी तट, गोदावरी बेसिन और महानदी बेसिन।**

3.6.2.1.4 महासागर ऊर्जा (Ocean Energy)

पृथ्वी की सतह का लगभग 70 प्रतिशत महासागर द्वारा कवर किया जाता है और इसलिए वे दुनिया के सबसे बड़े सौर ऊर्जा प्राप्त कर्ता हैं। आधुनिक समय में महासागर ऊर्जा उत्पादन का भी स्रोत बन गए हैं। सूर्य की गर्मी से थर्मल

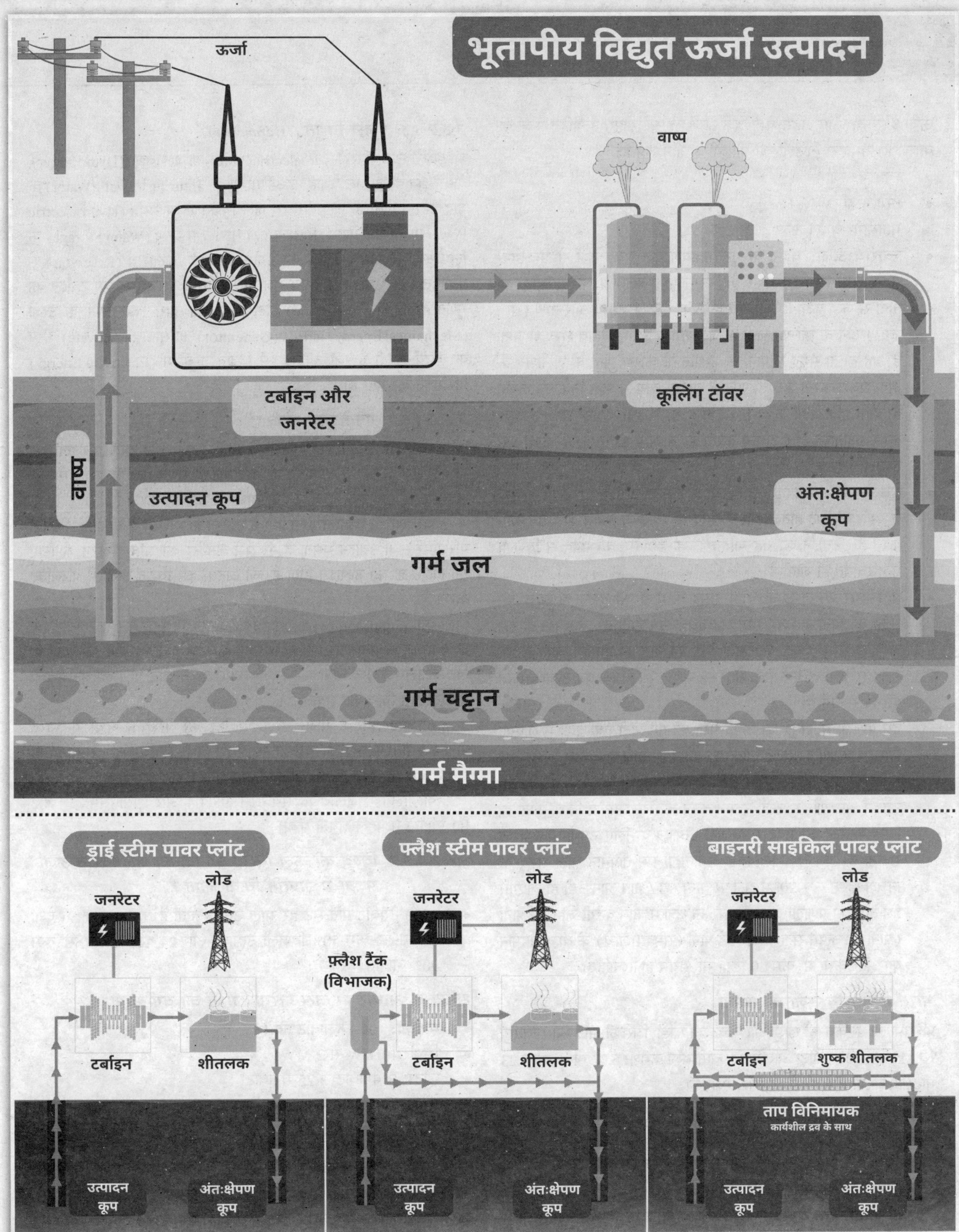
भूतापीय विद्युत ऊर्जा उत्पादन
ऊर्जा
वाष्प
टर्बाइन और जनरेटर
कूलिंग टॉवर
वाष्प
उत्पादन कूप
अंतःक्षेपण कूप
गर्म जल
गर्म चट्टान
गर्म मैग्मा
ड्राई स्टीम पावर प्लांट
लोड
जनरेटर
टर्बाइन
शीतलक
उत्पादन कूप
अंतःक्षेपण कूप
फ्लैश स्टीम पावर प्लांट
लोड
जनरेटर
फ़्लैश टैंक (विभाजक)
टर्बाइन
शीतलक
उत्पादन कूप
अंतःक्षेपण कूप
बाइनरी साइकिल पावर प्लांट
लोड
जनरेटर
टर्बाइन
शुष्क शीतलक
ताप विनिमायक
कार्यशील द्रव के साथ
उत्पादन कूप
अंतःक्षेपण कूप

ऊर्जा और ज्वार और लहरों से यांत्रिक ऊर्जा महासागर द्वारा उत्पादित ऊर्जा का कारण है। समुद्र से बिजली की पीढ़ियों के तीन रूप हैं:

- ज्वारीय ऊर्जा
- तरंग ऊर्जा (Wave Energy)
- महासागर थर्मल ऊर्जा
- **ज्वारीय ऊर्जा:** चंद्रमा के गुरुत्वाकर्षण पुल मुख्य रूप से महासागर में ज्वार के लिए जिम्मेदार है। इसमें एक जलाशय जो महासागर के पानी से जुड़ा हुआ है जल स्तर के ऊपर (उच्च ज्वार) और नीचे (कम ज्वार) होने के कारण, पानी के जलाशय में उतार-चढ़ाव शुरू हो जाता है, यह या तो समुद्र में पानी के उत्थान के कारण पानी के जलाशय के अंदर प्रवेश करना शुरू हो जाता है या जलाशय से पानी निकलने लगता है। दोनों प्रक्रियाओं के दौरान, जुड़ा हुआ टर्बाइन या रोटर यांत्रिक ऊर्जा को स्थानांतरित और उत्पन्न करता है, वे आगे डायनेमो के उपयोग से बिजली पैदा करता है।
- **वेव एनर्जी:** इस प्रकार की महासागरीय ऊर्जा उत्पादन में, टर्बाइन समुद्र के अंदर स्थापित होते हैं और वे समुद्र के प्रवाह के प्रभाव के दौरान कार्य करते है। टर्बाइन की यह यांत्रिक ऊर्जा डायनेमो की मदद से बिजली में परिवर्तित हो जाती है।
- **महासागर थर्मल ऊर्जा:** गहरे समुद्र के पानी की तुलना में समुद्र की सतह का पानी सूर्य की गर्मी से अधिक गर्म होता है। तापमान के इस अंतर से थर्मल ऊर्जा पैदा होती है। यह अनुमान लगाया जाता है कि समुद्र में ऊर्जा के एक छोटे से हिस्से से भी पूरी दुनिया की ऊर्जा जरूरत पूरी हो सकती है।

  इस प्रणाली में, समुद्र की ऊपरी परत का गर्म पानी एक कक्ष में जाएगा, जिसमें वाष्पशील तरल (लिक्विड अमोनिया) होता है, जिसमें वाष्पीकरण (गैस) से शुरू होता है और अंत में भाप बनता है। यह वाष्प दबाव एक टर्बाइन और यांत्रिक ऊर्जा उत्पन्न करने के लिए उपयोग किया जाता है, जिन्हें जनरेटर की मदद से बिजली उत्पादन के लिए उपयोग किया जा सकता है। जब यह लिक्विड अमोनिया कम तापमान वाले समुद्र के निचले हिस्से के संपर्क में आने पर वाष्प गैस / भाप आगे ठंडी हो जाएगी। इस तरह की प्रणाली महासागर के उन क्षेत्रों में काम करेगी जहां गर्म पानी (पानी की ऊपरी सतह) और ठंडे पानी (समुद्र में नीचे) के बीच तापमान का अंतर कम-से-कम 20 डिग्री सेल्सियस होना चाहिए।

भारत में ज्वारीय ऊर्जा की क्षमता

पश्चिमी तट पर कैंबे की खाड़ी और कच्छ की खाड़ी, जिसकी अधिकतम ज्वारीय रेंज 11 मीटर और 8 मीटर और औसत ज्वारीय रेंज क्रमश: 6.77 मीटर और 5.23 मीटर है, जो भारत में सबसे आकर्षक स्थान हैं।

यहां तक कि पश्चिम बंगाल के सुंदरवन में गंगा डेल्टा छोटे पैमाने पर ज्वारीय बिजली विकास के लिए अच्छे स्थान हैं। सुंदरबन में लगभग 5 मीटर की अधिकतम क्षमता है, जिसमें औसत ज्वारीय रेंज 2.97 मीटर है।

(इन्फोग्राफिक देखें - ज्वारीय ऊर्जा)

(इन्फोग्राफिक देखें - महासागरीय तापीय ऊर्जा रूपांतरण)

3.6.2.1.5 जल विद्युत (Hydropower)

हाइड्रोइलेक्ट्रिक पॉवर (Hydroelectric Power) या जल विद्युत (Hydropower), वह विद्युत है, जो जल प्रवाह के अभिग्रहण (Capturing Flowing Water) के बाद उत्पन्न होती है। आमतौर पर, जल विद्युत ऊर्जा संयंत्र (Hydroelectric Power Plant) जलाशय (Reservoir) में जल भंडारण (Water Storage) के लिए नदी पर बांध (Dam) का प्रयोग करता है। जलाशय (Reservoir) से प्रवाहित जल, टर्बाइन से होकर गुजरता है जिसके परिणामस्वरूप टर्बाइन का घूर्णन (Spinning of Turbine) होता है, जिसके द्वारा उत्पन्न यांत्रिक ऊर्जा (Mechanical Energy) जनरेटर (Generator) को सक्रिय (Activate) करने का कार्य करती है, जो अंततः इसे विद्युत ऊर्जा में (Electrical Energy) परिवर्तित कर देती है।

3.6.2.1.5.1 पनबिजली संयंत्र

पनबिजली बहते पानी को रोकने के बाद उत्पन्न होने वाली बिजली का प्रतिनिधित्व करती है। आमतौर पर, पनबिजली संयंत्र एक जलाशय में जल भंडारण के लिए एक नदी पर एक बांध का उपयोग करता है।

जलाशय से छोड़ा गया पानी एक टर्बाइन के माध्यम से बहता है, जिसके परिणामस्वरूप टर्बाइन घूमता है, जिससे जनरेटर को सक्रिय करने के लिए यांत्रिक ऊर्जा का उत्पादन होता है, जो अंततः इसे विद्युत ऊर्जा में परिवर्तित करता है।

एक pump storage plant जो बिजली को भी स्टोर कर सकता है, एक अन्य प्रकार के पनबिजली संयंत्र के रूप में जाना जाता है। एक घर, खेत या खेत के लिए पर्याप्त मात्रा में बिजली का उत्पादन छोटे या सूक्ष्म पनबिजली प्रणाली द्वारा किया जा सकता है।

हाइड्रोइलेक्ट्रिक पॉवर के उत्पादकों की वैश्विक सूची में भारत पांचवें स्थान पर है। जो दुनिया में सबसे बड़ी पनबिजली क्षमताओं में 1,48,700 मेगावाट के 60 प्रतिशत भार कारक के साथ एक है।

दार्जिलिंग में जलविद्युत संयंत्र (1898 में) और शिवानसमुद्र (1902 में) एशिया में पहले संयंत्रों में थे।

3.6.2.1.5.2 विश्व की कुल विद्युत का कितना जल विद्युत ऊर्जा संयंत्रों से आपूर्ति किया जाता है?

- 2700 टेरावाट प्रति घंटे हर साल उत्पन्न होता है। हाइड्रोपॉवर 66 देशों में कम-से-कम 50% बिजली उत्पादन और 24 देशों में कम-से-कम 90% आपूर्ति करता है।

क्षमता के आधार पर जल परियोजनाओं का वर्गीकरण

- **माइक्रो:** 100 किलोवाट तक।
- **मिनी:** 101KW से 2 MW।
- **छोटा:** 2 मेगावाट से 25 मेगावाट।
- **मेगा:** स्थापित क्षमता वाली पनबिजली परियोजनाएं >=500 मेगावाट।

3.6.2.1.6 बायोमास ऊर्जा (Biomass Energy)

इसमें अंतर्गत ठोस बायोमास (कार्बनिक, जैविक मूल के गैर-जीवाश्म पदार्थ), बायोगैस (मुख्य रूप से मीथेन और कार्बन-डाई ऑक्साइड गैसें, जो बायोमास के अवायवीय पाचन द्वारा निर्मित होती हैं), तरल जैव ईंधन

ज्वारीय ऊर्जा

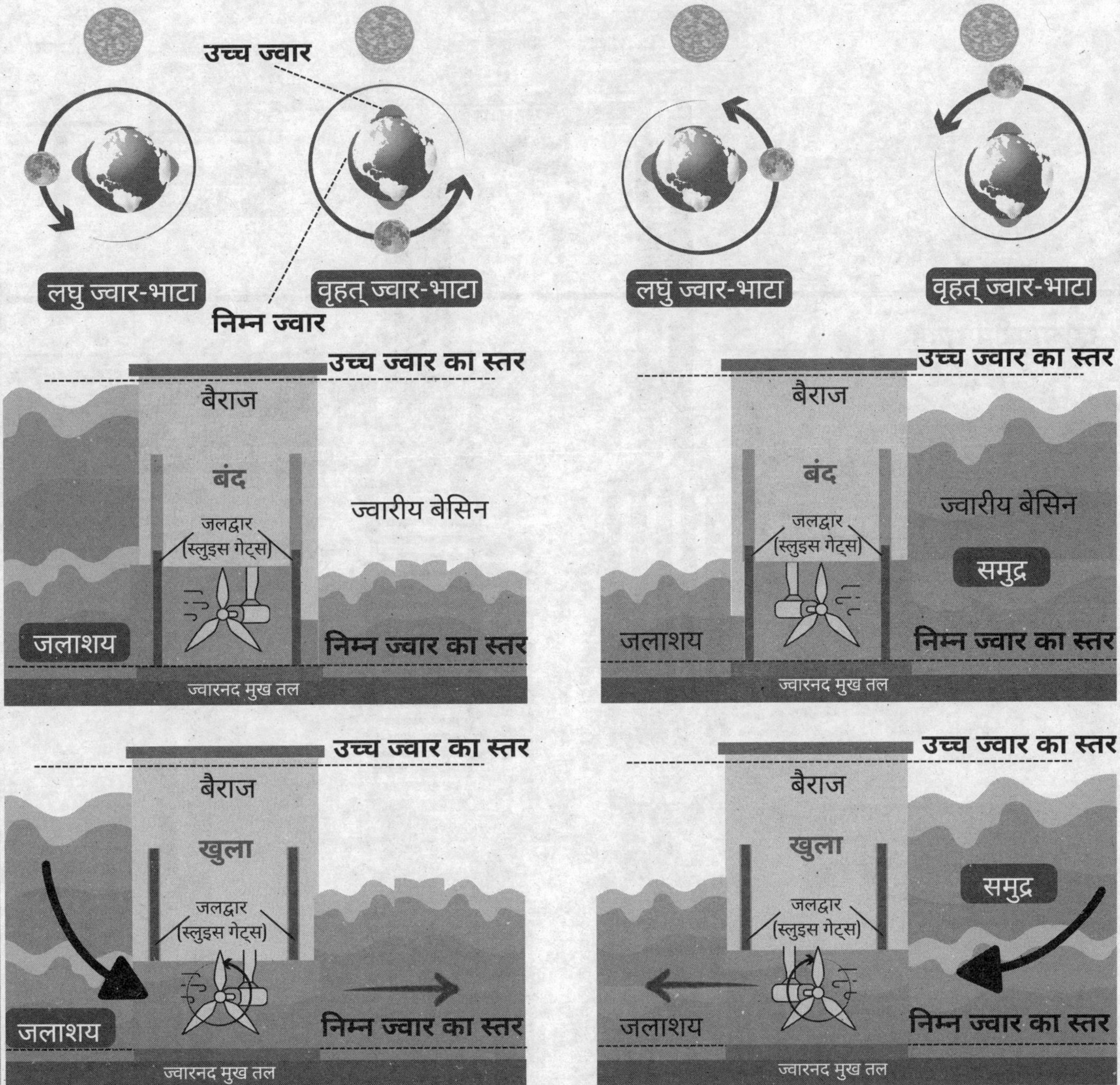

A. निम्न ज्वार के दौरानः जलाशय से समुद्र की ओर जल का बहिर्प्रवाह

B. उच्च ज्वार के दौरानः समुद्र से जलाशय की ओर जल का अंतर्प्रवाह

नोटः जल प्रवाह टरबाइन को चलाता है, जो गतिज ऊर्जा को यांत्रिक ऊर्जा में परिवर्तित करता है, जिसे बाद में डायनेमो या जनरेटर द्वारा विद्युत ऊर्जा में परिवर्तित किया जाता है।

महासागरीय तापीय ऊर्जा रूपांतरण

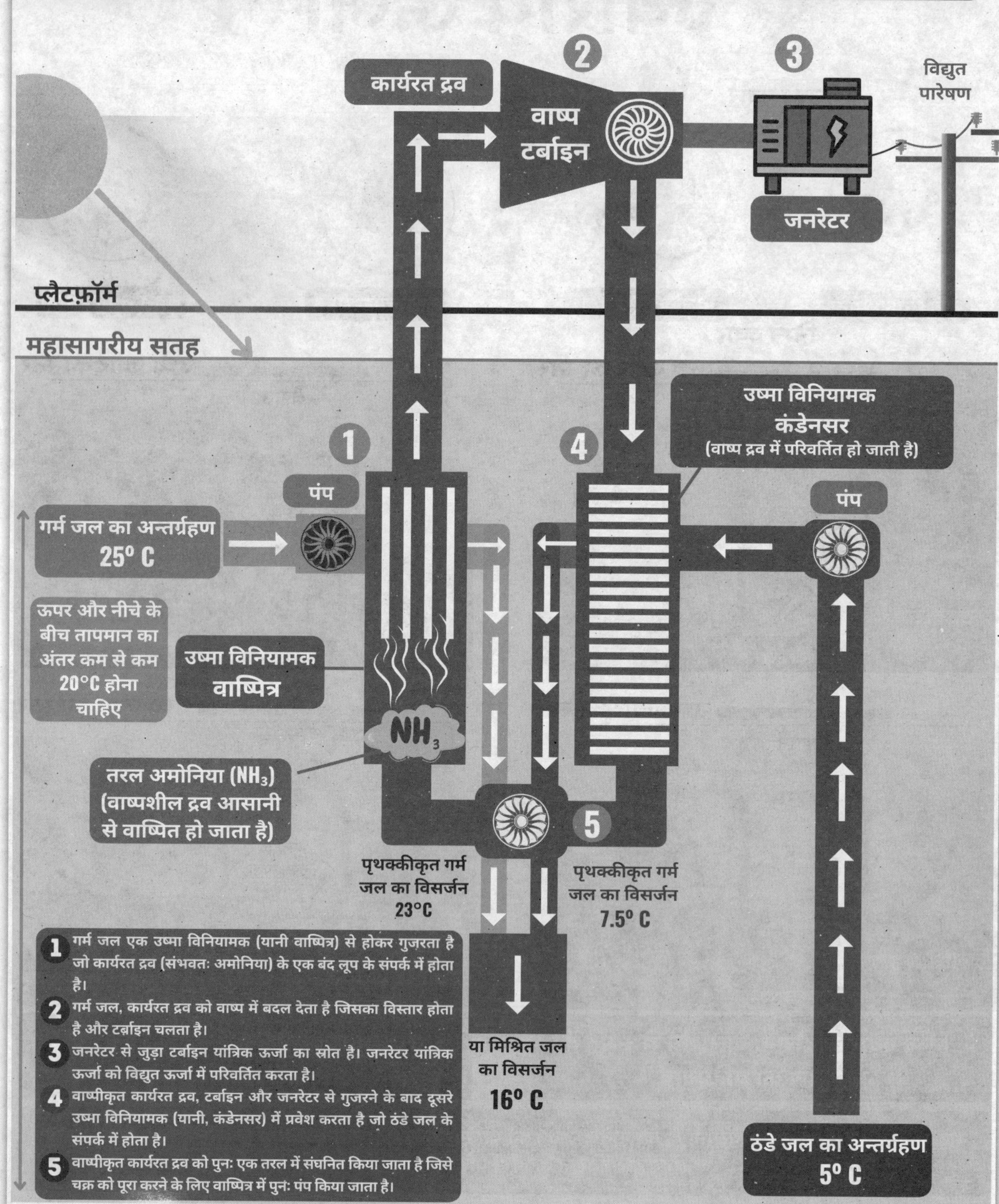

(बायोमास परिवर्तन से प्राप्त बायो-ऑक्साइड तरल ईंधन, जो मुख्य रूप से परिवहन अनुप्रयोगों में इस्तेमाल होता है) और नगर पालिका अपशिष्ट (अपशिष्टों का उत्पादन आवासीय, वाणिज्यिक और सार्वजनिक सेवाओं के क्षेत्रों में होता है और इन्हें ऊष्मा और/या ऊर्जा उत्पादन करने के लिए विशिष्ट प्रतिष्ठानों में जलाया जाता है) शामिल हैं।

3.7 कुछ आधुनिक तथा उन्नत ऊर्जा उत्पादन के स्रोत (Some Recent and Advanced Energy Generation Sources)

3.7.1 हाइड्रोजन ऊर्जा/हाइड्रोजन ईंधन (Hydrogen Energy/Hydrogen Fuel)

इसके अंतर्गत, रासायनिक ऊर्जा (Chemical Energy) सीधे फ्यूल सेल (Fuel Cells) के द्वारा विद्युत में परिवर्तित हो जाती है। इसके एकमात्र उप-उत्पाद (By-Products) शुद्ध पानी (Pure Water) तथा ऊष्मा (Heat) हैं। ये न केवल प्रदूषण रहित हैं, बल्कि परंपरागत दहन प्रौद्योगिकियों (Iraditional Combustion Technologies) की तुलना में दो से तीन गुना अधिक दक्षता (Efficiency) प्रदान करते हैं।

बैटरी तथा फ्यूल सेल के बीच अंतर (Difference between Battery and Fuel Cell)

बैटरी और फ्यूल सेल के मध्य सबसे बड़ा अंतर यह है कि बैटरी ऊर्जा का भंडारण करती है, जबकि एक फ्यूल सेल उपलब्ध ईंधन को परिवर्तित करके ऊर्जा उत्पन्न करता है एक फ्यूल सेल में प्रणाली संघटक (System Component) के रूप में एक बैटरी हो सकती है, जो इसके द्वारा उत्पादित ऊर्जा का भंडारण करती है। एक ऊर्जा भंडारण उपकरण (Energy Storage Device) एक बैटरी है, जो आंतरिक रूप से अपने ईंधन का भंडारण करती है। वहीं दूसरी ओर, फ्यूल सेल एक ऊर्जा रूपांतरण उपकरण (Energy Conversion Device) है, जिसमें ईंधन की बाह्य रूप से आपूर्ति की जाती है। इलेक्ट्रोड्स (Electrodes) के भंग होने पर बैटरी बंद हो जाती है, लेकिन फ्यूल सेल ऑक्सीजन और हाइड्रोजन प्रवाह के बने रहने तक सक्रिय होता है। इसलिए स्थायित्व के संदर्भ में, फ्यूल सेल बैटरी से ज्यादा फायदेमंद (लाभकारी) होता है। बैटरी तथा फ्यूल सेल दोनों में DC का निर्माण होता है।

फ्यूल सेल का कार्य तथा प्रौद्योगिकी (Working and Technology of Fuel Cell)

एक फ्यूल सेल, एक विद्युत रासायनिक उपकरण (Electrochemical Device) है, जिसमें हाइड्रोजन ईंधन, ऑक्सीजन के सम्मिश्रण से विद्युत (Electricity), ऊष्मा (Heat) तथा जल (Water) उत्पादित करते हैं। फ्यूल सेल एक बैटरी के समान है, जिसमें ईंधन उपलब्ध होने तक विद्युत रासायनिक प्रतिक्रिया होती है। हाइड्रोजन को एक दबावयुक्त (Pressurized) कंटेनर (Container) में संगृहीत किया जाता है तथा ऑक्सीजन को वातावरण से प्राप्त किया जाता है। दहन की अनुपस्थिति के कारण, कोई हानिकारक उत्सर्जन नहीं होता है, एकमात्र उपोत्पाद (By Product) शुद्ध जल है। इसका उपयोग छोटे (जैसे, फोन बैटरी) से लेकर बड़े (जैसे, रॉकेट) तक सभी स्तरों के विद्युत उपकरणों में किया जा सकता है।

फ्यूल सेल के अनुप्रयोग (Applications of Fuel Cells)

1. फ्यूल सेल (Fuel Cell) सभी मौसमी समाधान प्रदांन करता है। यह हर स्थिति में ऊर्जा प्रदान कर सकता है, भले ही मौसम की स्थिति कार्यस्थल निरीक्षण को बाधित करती हो।
2. फ्यूल सेल, हमारी दूर-संवेदी प्रणाली (Remote Monitoring System) का प्रयोग कर डेटा संप्रेषित कर सकता है।
3. अस्थायी भवनों को ऊर्जा देना।
4. परिवहन (रेल, सड़क तथा वायु)।
5. ब्लू लाइट और सुरक्षा अनुप्रयोग (Defence Application)।
6. सेल्युलर आधार केंद्र (Cellular Base Station)।
7. विद्युत उत्पादन (Power Generation)।
8. पदार्थ प्रबंधन।

इलेक्ट्रोलाइट्स: ये वे पदार्थ होते हैं, जो जल में विघटित होकर ऑयन (Ion) देते हैं। यह अम्ल, क्षार या लवण हो सकते हैं क्योंकि ये सभी प्रकार के जल में विघटित होते हैं। ये धनात्मक और ऋणात्मक (Positive and Negative) आयनों की गतिशीलता (Mobility) के कारण विद्युत का संचालन करते हैं। विघटित होने पर सशक्त इलेक्ट्रोलाइट्स (Strong Electrolytes) पूरी तरह आयनित होते हैं और अंतत: किसी तटस्थ अणु का गठन नहीं होता है। उदाहरण के लिए, $NaCl$, HNO_3, $HClO_3$, $CaCl_2$ आदि मजबूत इलेक्ट्रोलाइट्स हैं। एक आयनीकरण को दर्शाया जा सकता है:

$$NaCl = Na^+(aq) + Cl^-(aq)$$

फ्यूल सेल के लाभ (Advantages of fuel cell)

1. ईंधन आपूर्ति प्राप्त होने तक, सेल विद्युत उत्पन्न करेगा।
2. ऑक्सीजन और हाइड्रोजन की मात्रा (फ्यूल सेल का आकार नहीं), उत्पन्न होने वाली ऊर्जा की कुल मात्रा निर्धारित करता है।
3. पुन: आवेशित (Re-charging) करने की आवश्यकता नहीं।

फ्यूल सेल का भविष्य (Future of a Fuel Cell)

1. मोटर वाहन ईंजन (Automative Engine), विद्युत केंद्रों (Power Stations) तथा पोर्टेबल इलेक्ट्रॉनिक्स के विद्युत प्रदायक के रूप में, फ्यूल सेल में भविष्य में महत्वपूर्ण प्रौद्योगिकी बनने की संभावना है।
2. वे विभिन्न ऊर्जा रूपांतरण उपकरणों के साथ प्रतिस्पर्द्धा करेंगे।
3. टर्बाइन और गैसोलीन ईंजन (दहन ईंजन के प्रकार) ईंधन का दहन करते हैं और ग़ैसों के विस्तार से उत्पन्न दबाव का उपयोग यांत्रिक कार्यों को पूरा करने में करते हैं। आवश्यकतानुसार, बैटरी रासायनिक ऊर्जा को वापस विद्युत ऊर्जा में परिवर्तित कर देती है। दोनों ही कार्य फ्यूल सेल द्वारा कुशलता से किए जाते हैं।
4. सबसे आशाजनक प्रौद्योगिकियों में से एक **प्रोट्रॉन एक्सचेंज झिल्ली फ्यूल सेल** (Proton Exchange Membrane Fuel Cell - PEMFC) है। इस प्रकार के ईंधन का उपयोग कार, बस और यहां तक की शायद गृह संचालन में किया जा सकता है।

हाइड्रोजन का उत्पादन कैसे होता है?
(How is Hydrogen Produced?)

हाइड्रोजन एक गैस के रूप में पृथ्वी पर उपस्थित नहीं है, इसलिए इसे अन्य यौगिकों (Compounds) से अलग करने की आवश्यकता होती है। हाइड्रोजन गैस आमतौर पर इलेक्ट्रोलिसिस (Electrolysis) या जल विदारण (Water Splitting) और स्टीम रिफॉर्मिंग (Steam Reforming) के द्वारा उत्पन्न की जा सकती है। इन तीनों में सबसे मितव्ययी विधि स्टीम रिफॉर्मिंग (Steam Reforming) है।

उद्योगों (Industries) में, हाइड्रोजन को मीथेन (Methane) के कार्बन परमाणुओं (Carbon Atoms) से अलग किया जा सकता है। स्टीम रिफॉर्मिंग (Steam Reforming) प्रक्रिया, ग्रीनहाऊस गैसों के उत्सर्जन (Emission) का कारण बनती है, जो ग्लोबल वॉर्मिंग (Global Warming) का कारक है क्योंकि मीथेन एक जीवाश्म ईंधन (Fossil Fuel) है।

दूसरी प्रक्रिया में इलेक्ट्रोलिसिस (Electrolysis) आता है, जिसमें जल को अपने घटक तत्वों हाइड्रोजन और ऑक्सीजन में अलग करने के लिए जल में विद्युत प्रवाह कराने की प्रक्रिया अपनाई जाती है। नकारात्मक आवेश (Negative Charge) वाले कैथोड (Cathode) में हाइड्रोजन तथा सकारात्मक आवेश (Positive Charge) वाले एनोड में ऑक्सीजन एकत्रित होते है। हमें इलेक्ट्रोलिसिस के माध्यम से अति शुद्ध हाइड्रोजन (Exremely Pure Hydrogen) प्राप्त होती है, जो ऊर्जा की अत्यंत स्वच्छ स्रोत है। हालांकि, यह बहुत महंगी (Expensive) प्रक्रिया है।

अन्य प्रक्रिया (Other Process) में फोटो-इलेक्ट्रोलिसिस (Photo-electrolysis) और बायोमास गैसीकरण (Biomass Gasification) शामिल हैं। कुछ शैवालों (Algae) और जीवाणुओं (Bacteria) में भी विशेष परिस्थिति में हाइड्रोजन उत्पादन (Hydrogen Production) की क्षमता पाई गई है, जो कि ऊर्जा के स्रोत (Source of Energy) के रूप में सूर्य के प्रकाश (Sunlight) की सहायता लेते हैं।

लाभ (Benefits)

1. ऊर्जा सुरक्षा (Energy Security)
2. सार्वजनिक स्वास्थ्य (Public Health) और पर्यावरण
3. ईंधन भंडारण (Fuel Storage)
4. उत्पादन लागत (Production Cost)

हाइड्रोजन के लाभ और नुकसान

ईंधन के रूप में हाइड्रोजन का उपयोग करने के कुछ लाभ हैं:

- यह जलने पर कार्बन-डाई ऑक्साइड उत्पन्न नहीं करता
- दक्षता में वृद्धि
- हालांकि इसके कुछ नुकसान भी हैं:
- हाइड्रोजन कम ईंधन स्टेशनों (Fuel Stations) में बेचा जाता है
- यह संकुचित और तरलीकृत (Compressed and Liquefied) होना चाहिए और कठोर, पृथक् ईंधन टैंक में संगृहीत किया जाना चाहिए
- हाइड्रोजन का उत्पादन, वायुमंडलीय प्रदूषण का कारण हो सकता है
- हाइड्रोजन फ्यूल सेल (Hydrogen Fuel Cell) बहुत कम तापमान पर कार्य नहीं करते और इसलिए प्लेटिनम, उत्प्रेरक की आवश्यकता हो सकती है (प्लेटिनम महंगा होता है और अशुद्धियों द्वारा दूषित हो सकता है)।

हाइड्रोजन का भविष्य (Future of Hydrogen)

- भविष्य में, यह उम्मीद की जाती है कि ईंधन के रूप में हाइड्रोजन ऊर्जा वाहक के रूप में एक महत्वपूर्ण भूमिका निभाएगा, क्योंकि इसका उत्पादन नवीकरणीय ऊर्जा स्रोतों का उपयोग करके किया जा सकता है और यह वस्तुतः प्रदूषण का कारण नहीं बनता है। **'शून्य-उत्सर्जन' (Zero Emission)** वाहनों के लिए, गृह और कार्यालय को ऊष्मा प्रदान करने, विद्युत उत्पादन और वायुयान को संचालित करने के लिए, हाइड्रोजन भविष्य के लिए बेहतर ईंधन साबित हो सकता है, जिससे तेल पर निर्भरता कम होगी। हालांकि गैसोलीन के विकल्प के रूप में इस्तेमाल होने के लिए, कई नए प्रतिष्ठानों और प्रणालियों की आवश्यकता होती है।
- पवन इलेक्ट्रोलिसिस प्रणाली (Wind Electrolysis System) हाइड्रोजन उत्पादन का एक अन्य तरीका है। इसके काम करने का जो तरीका है, वह है- हाइड्रोजन को संचरण पाइपलाइन (Transmission Pipeline) में डालने हेतु पाइपलाइन दबाव (Pipeline Pressure) पर संकुचित किया जाता है, जो हाइड्रोजन को संकुचित गैस टर्मिनल (Compressed Gas Terminal) में भेजता है, जहां हाइड्रोजन संकुचित गैस नली अनुयान (Compressed Gas Tube Trailer) में लोड किया जाता है। यह नली अनुयान (Tube Trailer) नली के द्वारा फोरकोर्ट केंद्र (Forecourt Stain) तक पहुंचाया जाता है। यहां, हाइड्रोजन को आगे संकुचित (Compressed) और संगृहीत किया जाता है तथा सेल वाहनों को ऊर्जा प्रदान करने हेतु वितरित किया जाता है।

3.7.2 माइक्रोबियल फ्यूल सेल (Microbial Fuel Cells)

एक माइक्रोबियल फ्यूल सेल, हाइड्रोजन फ्यूल सेल के समान है, लेकिन इसमें हाइड्रोजन ईंधन की जगह जैविक अपशिष्ट (सीवेज पानी, आदि) उपयोग किया जाता है। हाइड्रोजन फ्यूल सेल में प्लेटिनम का उपयोग इलेक्ट्रोलाईट उत्प्रेरक के रूप में होता है, लेकिन माइक्रोबियल फ्यूल सेल में कार्बनिक अपशिष्ट उत्प्रेरक के रूप में जीवाणु की उपस्थित में विघटित होता है, जो एच प्लस (H+)/प्रोटोन उत्पन्न करता है। **जीवाणुओं में विभिन्न प्रकार के कार्बनिक यौगिकों को CO, पानी तथा ऊर्जा में बदलने की क्षमता होती है।** सूक्ष्म जीव द्वारा उत्पन्न ऊर्जा का उपयोग वृद्धि करने तथा उनका उपापचय करने में किया जाता है। एमएफसी (MFC) का उपयोग करके हम इस ऊर्जा को विद्युत के रूप में जमा कर सकते हैं।

एमएफसी के घटक: इसके घटकों में एनोड, कैथोड, एक प्रोटोन अथवा एक धनायन विनिमय झिल्ली और एक विद्युत परिपथ शामिल हैं।

माइक्रोबियल फ्यूल सेल की कार्यात्मक गतिविधि: जीवाणु को एक एनोड कक्ष (chamber) में रखा जाता है, जहां वे कार्बनिक यौगिकों के अवयवों को CO_2, प्रोटॉन, इलेक्ट्रॉन आदि में परिवर्तित कर देते हैं। प्रोटॉन

विनिमय झिल्ली की मदद से प्रोटॉन अवायवीय (Anaerobic) चैम्बर से वायवीय (aerobic) चैम्बर में स्थानान्तरित हो जाता है। वायवीय कक्ष में प्रोटॉन ऑक्सीजन के साथ बंध बनाता है तथा सह-उत्पाद के रूप में जल बनाता है। इस प्रक्रिया में अवायवीय चैम्बर में छोड़े गए अतिरिक्त इलेक्ट्रॉन एनोड से कैथोड में विद्युत परिपथ के माध्यम से चले जाते हैं। संभावित अंतर के कारण इलेक्ट्रॉनों की यह गति विद्युत शक्ति (वाट) के उत्पादन के लिए उत्तरदायी है।

एमएफसी में जीवाणु एक एनोड डिब्बे में रखे जाते हैं, जहां यह कार्बनिक सब्सट्रेट को ग्लूकोज, ऐसीटेट को CO_2, प्रोटॉन और इलेक्ट्रॉन में परिवर्तित करता है। एक भार या रोकने वाला (प्रतिरोधक) के साथ विद्युत परिपथ के माध्यम से एनोड चैम्बर से कैथोड चैम्बर में प्रवाह विद्युत परिपथ के माध्यम से होता है। एनोड और कैथोड (वॉल्ट) के बीच संभावित अन्तर के कारण एनोड और कैथोड के बीच इलेक्ट्रॉन प्रवाह (एम्पीयर) विद्युत शक्ति का उत्पादन करता है। प्रोटोन प्रवाह प्रोटॉन या धनायन विनिमय झिल्ली के माध्यम से कैथोड में होता है। इलेक्ट्रॉन प्राप्ति रासायनिक कैथोड पर कम हो जाती है। आदर्श रूप में, पानी में ऑक्सीजन की कमी होती है। प्लेटिनम उत्प्रेरक के लिए हाइड्रोजन फ्यूल सेल में पर्याप्त ऑक्सीजन कम करने की अभिक्रिया दर प्राप्त करना होता है लेकिन **एमएफसी में यह भूमिका जीवाणु द्वारा एक उत्प्रेरक के रूप में की जाती है। एमएफसी कार्बनिक पदार्थों की उपस्थिति के कारण अपशिष्ट जल के उपचार में भी उपयोग किए जा सकते हैं।**

(इन्फोग्राफिक देखें - हाइड्रोजन ईंधन बैटरी बनाम् माइक्रोबियल ईंधन बैटरी)

3.7.3 लीथियम आयन (Li-आयन) बैटरी [Lithium Ion (Li-ion) Battery]

- यह कई इलेक्ट्रॉनिक उपकरणों, जैसे-मोबाइल फोन, लैपटॉप, ई-रीडर और कई अन्य इलेक्ट्रॉनिक उपकरणों के साथ-साथ इलेक्ट्रिक वाहनों और बिजली उपकरणों आदि में आधुनिक समय में बहुत लोकप्रिय और अत्यधिक उपयोगी बैटरी है।
  (इन्फोग्राफिक देखें - लीथियम आयन बैटरी)

ली-आयन बैटरियों का संवर्धन और विकास

- लीथियम बैटरी प्रौद्योगिकी निकेल कैडमियम और निकिल धातु हाइड्राइड जैसे अन्य पुराने रिचार्जेबल बैटरी प्रौद्योगिकियों से अलग फायदे हैं।
- लीथियम आयन बैटरी प्रौद्योगिकी के लिए विचार पहली बार 1970 के दशक में M Whittingham, जिन्होंने टाइटेनियम सल्फाइड और लीथियम धातु को सेल के लिए इलेक्ट्रोड के रूप में इस्तेमाल किया था, के द्वारा प्रस्तावित किया गया था।
- लीथियम आयन बैटरी में तीन मुख्य घटक हैं-कैथोड, एनोड और इलेक्ट्रोलाइट्स।
- लीथियम आयनों के माध्यम से अपने मुख्य चार्ज वाहक के कारण इसे लीथियम आयन बैटरी कहा जाता है। कैथोड और एनोड सामग्री के कारण जिसमें से लीथियम आयन प्रवाहित करसकते हैं।
- लीथियम आयन चलन के दौरान दो प्रक्रियाएं शामिल हैं- विभाजक इस बैटरी को सुरक्षित करने के लिए भी उपयोग करते हैं ताकि बैटरी के अंदर शॉर्ट-सर्किट की कोई संभावना न हो। लीथियम आयन बैटरी में एनोड ग्रेफाइट का बना है, कैथोड लीथियम धातु (कोबाल्ट/निकल) ऑक्साइड से बना है।
- इलेक्ट्रोलाइट्स में, पानी का अणु नगण्य होना चाहिए। जब हम एक लोड प्रदान करते हैं (एक विद्युत भार एक विद्युत घटक या सर्किट का एक हिस्सा होता है, जो विद्युत शक्ति का उपभोग करता है)।
- डिस्चार्ज के दौरान, (सकारात्मक) लीथियम आयन नकारात्मक इलेक्ट्रोड (एनोड) (आमतौर पर ग्रेफाइट-सी6) से इलेक्ट्रोलाइट के माध्यम से सकारात्मक इलेक्ट्रोड (कैथोड) (लीथियम यौगिक बनाने) तक ले जाते हैं, जबकि इलेक्ट्रॉन एक ही दिशा में बाहरी सर्किट के माध्यम से बहते हैं।
- जब सेल चार्ज हो रहा होता है, तो उल्टी प्रक्रिया होती है और इलेक्ट्रान व लीथियम आयन एक उच्च ऊर्जा स्थिति में नकारात्मक इलेक्ट्रोड में वापस चले जाते हैं।
- इस पूरी प्रक्रिया को इंटरकैलेशन और डी-इंटरकैलेशन कहा जाता है। इंटरकैलेशन वह प्रक्रिया है, जब बैटरी डिस्चार्ज होने वाली है लेकिन डी-इंटरकैलेशन प्रोसेस में बैटरी इलेक्ट्रोड से लीथियम आयनों के निकाले जाने पर बैटरी फिर से चार्ज होगी।

तालिका 3.4 लीथियम आयन बैटरी और इसके उपयोग के प्रकार

अनुप्रयोग	लिथियम आयन बैटरियों के प्रकार
सेलफोन, लैपटॉप, कैमरा	• लीथियम कोबाल्ट
बिजली उपकरण, चिकित्सा, हॉबीस्ट	• लीथियम मैंगनीज ऑक्साइड • लीथियम आयरन फॉस्फेट • लीथियम निकल मैंगनीज कोबाल्ट ऑक्साइड
इलेक्ट्रिक वाहन और ग्रिड भंडारण	• लीथियम निकल कोबाल्ट एल्यूमीनियम ऑक्साइड • लीथियम टाइटेनियम

ली-आयन बैटरी की विशेषताएं जिन्होंने इसे अन्य बैटरी की अपेक्षा बेहतर बनाया

पूरी तरह से डिस्चार्ज नहीं होतीः बैटरी पूरी तरह से डिस्चार्ज होने से पहले लीथियम-आयन बैटरी चार्ज की जानी चाहिए। यह संभवतः सामान्य उपयोग में सबसे महत्वपूर्ण कारक है। उन्हें पूरी तरह से डिस्चार्ज होने के लिए छोड़ देना उनके जीवनकाल को छोटा कर देता है। उदाहरण के लिए, अक्सर यह सिफारिश की जाती है कि स्मार्ट फोन (जो ली-आयन बैटरी का उपयोग करते हैं) को उनके चार्ज के 10-20% तक पहुंचने पर चार्ज किया जाना चाहिए। इसके अलावा, ली-आयन बैटरी को कभी भी अपने न्यूनतम वोल्टेज से नीचे समाप्त नहीं किया जाना चाहिए, जो 2.4V से 3.0V प्रति सेल है।

उपयोग के दौरान कम या नगण्य देखभालः यदि ली-आयन बैटरी को विस्तारित अवधि के लिए उपयोग नहीं किया जाता है, तो इसे पूर्ण चार्ज के आदर्श रूप से लगभग 40% और 60% के बीच के चार्ज स्तर पर रखना

हाइड्रोजन ईंधन बैटरी बनाम् माइक्रोबियल ईंधन बैटरी

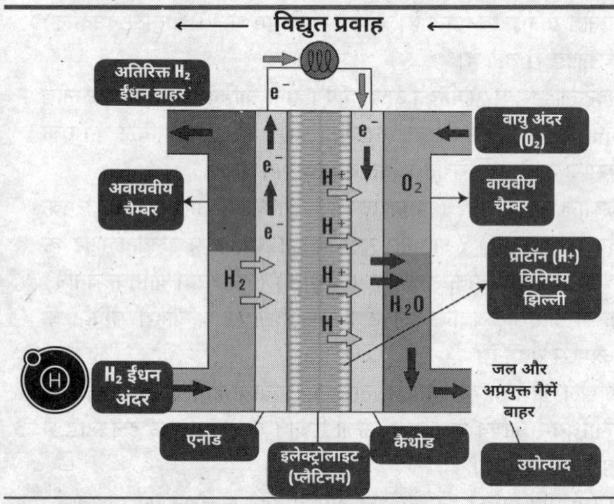

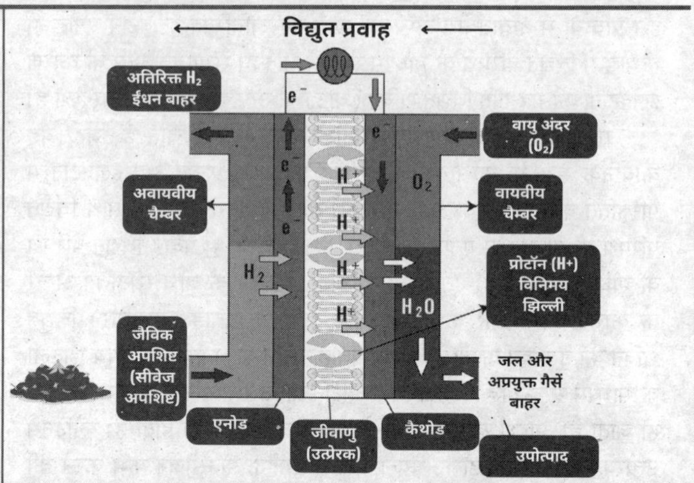

एक ईंधन बैटरी, ऑक्सीजन जैसे ऑक्सीकरण एजेंट के साथ धनात्मक आवेशित हाइड्रोजन आयनों की रासायनिक अभिक्रिया के माध्यम से ईंधन से रासायनिक ऊर्जा को विद्युत ऊर्जा में परिवर्तित करता है। ईंधन बैटरी, एक विद्युत रासायनिक उपकरण होता है, जिसमें हाइड्रोजन ईंधन ऑक्सीजन के साथ मिलकर विद्युत, ऊष्मा और जल का उत्पादन होता है।

इस बैटरी और ईंधन बैटरी के बीच सबसे बड़ा अंतर यह है कि बैटरी ऊर्जा संग्रहीत करती है, जबकि ईंधन बैटरी उपलब्ध ईंधन को परिवर्तित करके ऊर्जा उत्पन्न करती है।

प्रक्रिया

1 हाइड्रोजन ईंधन, ईंधन बैटरी के एनोड पक्ष में प्रवेश करता है और ऑक्सीजन (वायु से) बैटरी के कैथोड पक्ष में प्रवेश करता है।

2 एनोड पर, एक प्लैटिनम उत्प्रेरक हाइड्रोजन को धनात्मक हाइड्रोजन आयनों (प्रोटॉन) में विभाजित करता है और इलेक्ट्रॉनों को ऋणात्मक आवेशित करता है।

3 पॉलिमर इलेक्ट्रोलाइट मेम्ब्रेन (PEM) केवल धनात्मक आवेशित आयनों को कैथोड तक जाने की अनुमति देता है। ऋणात्मक आवेशित इलेक्ट्रॉन बाहरी सर्किट के साथ कैथोड तक यात्रा करते हैं जिससे एक विद्युत सर्किट बनता है।

4 कैथोड पर, ऋणात्मक हाइड्रोजन इलेक्ट्रॉन (जो पहले से ही विद्युत का उत्पादन कर चुके हैं) धनात्मक आवेशित हाइड्रोजन आयनों के साथ पुनः जुड़ जाते हैं, जहां वे H_2O, या जल के लिए ऑक्सीजन के साथ जुड़ते हैं जो बैटरी से प्रवाहित होता है।

माइक्रोबियल ईंधन बैटरी काफी हद तक हाइड्रोजन ईंधन बैटरी के समान होती है लेकिन हाइड्रोजन ईंधन के स्थान पर जैविक अपशिष्ट (सीवेज जल, आदि) का उपयोग किया जाता है। हाइड्रोजन ईंधन बैटरी में, प्लैटिनम का उपयोग इलेक्ट्रोलाइट/उत्प्रेरक के रूप में किया जाता है, लेकिन माइक्रोबियल ईंधन बैटरी में, कार्बनिक अपशिष्ट उत्प्रेरक के रूप में बैक्टीरिया की उपस्थिति में विघटित हो जाता है, जो H+/प्रोटॉन उत्पन्न करता है।

बैक्टीरिया (एनोड कक्ष में रखे जाते हैं) में विभिन्न प्रकार के कार्बनिक यौगिकों को CO_2, जल और ऊर्जा में परिवर्तित करने की क्षमता होती है। सूक्ष्मजीवों द्वारा उत्पादित ऊर्जा का उपयोग उनके चयापचय को बढ़ाने और बनाए रखने के लिए किया जाता है। माइक्रोबियल ईंधन बैटरी का उपयोग करके, हम इस ऊर्जा को विद्युत के रूप में प्राप्त कर सकते हैं।

प्रक्रिया

1 बैक्टीरिया को एनोड कक्ष में रखा जाता है जहां वे कार्बनिक यौगिकों/सब्सट्रेट्स को CO_2, प्रोटॉन (H+), इलेक्ट्रॉन आदि में परिवर्तित करते हैं।

2 प्रोटॉन एक्सचेंज मेम्ब्रेन (PEM) की मदद से प्रोटॉन अवायवीय चैंबर से वायवीय चैंबर में स्थानांतरित हो जाएंगे। वायवीय चैम्बर में, प्रोटॉन (H+) ऑक्सीजन के साथ जुड़ते हैं और उप-उत्पाद के रूप में जल का निर्माण करते हैं।

3 एनोड और कैथोड (वोल्ट) के बीच संभावित अंतर के कारण एनोड और कैथोड के बीच इलेक्ट्रॉनों के प्रवाह (एम्पीयर) के परिणामस्वरूप विद्युत शक्ति (वाट) का उत्पादन होता है।

4 प्रोटॉन का प्रवाह, प्रोटॉन या धनायन विनिमय झिल्ली के माध्यम से कैथोड तक होता है।

लिथियम आयन बैटरी

जब लिथियम-आयन बैटरियां उपयोग में होती हैं, तो कैथोड पक्ष धनात्मक क्षमता में वृद्धि का अनुभव करता है, जिससे वहां मौजूद उच्च इलेक्ट्रॉन सांद्रता के कारण यह एनोड पक्ष से इलेक्ट्रॉनों को आकर्षित करता है।

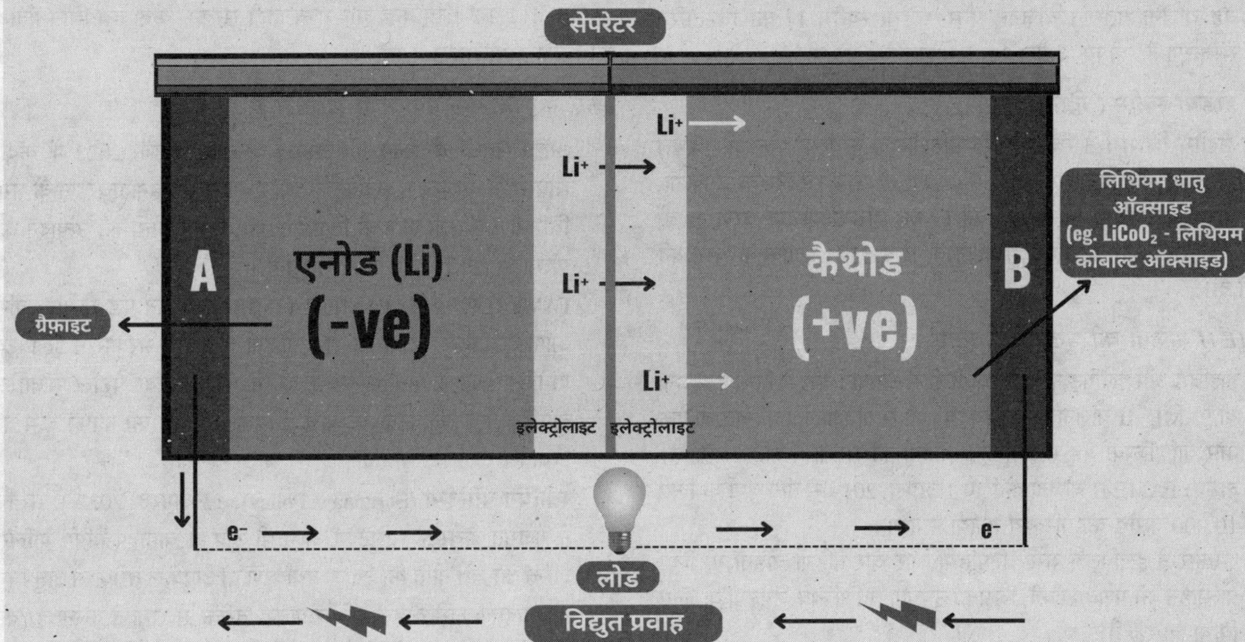

लिथियम आयन बैटरी का कार्य सिद्धांत- पूरी तरह से चार्ज बैटरी में Li, एनोड (Li C_6 के रूप में) की ओर होता है और पूरी तरह से डिस्चार्ज बैटरी में Li, कैथोड (लिथियम धातु ऑक्साइड के रूप में) की ओर होता है

चाहिए। आदर्श रूप से इसे समय-समय पर स्वयं डिस्चार्ज (लगभग 2% प्रति माह) के प्रभावों को दूर करने के लिए चार्ज किया जाना चाहिए।

ठंडा रखना: ली-आयन बैटरी को ठंडा रखा जाना चाहिए। उन्हें ठंडा रखने से, संभवत: एक रेफ्रिजरेटर में, उम्र बढ़ने की प्रक्रिया धीमी हो जाती है। नतीजतन, ली-आयन बैटरी को धूप के दिनों में कारों में नहीं रखा जाना चाहिए क्योंकि तापमान में काफी वृद्धि होती है।

फ्रीज न करें: ली-आयन बैटरी बहुत कम तापमान के संपर्क में नहीं होनी चाहिए-अधिकांश लीथियम-आयन बैटरी इलेक्ट्रोलाइट्स लगभग -40 डिग्री सेल्सियस पर फ्रीज हो जाती हैं। इससे उन्हें कुछ अनुप्रयोगों से बाहर रखा जा सकता है जहां उपकरण को तापमान के चरम सीमा में ऊर्जा की आवश्यकता होती है।

जरूरत पड़ने पर ही नई बैटरी खरीदें: ली-आयन बैटरी को जरूरत पड़ने पर ही खरीदा जाना चाहिए, क्योंकि बैटरी बनते ही उनकी उम्र बढ़ने की प्रक्रिया शुरू हो जाती है।

***नोट:* अंतर्राष्ट्रीय ऊर्जा एजेंसी की रिपोर्ट (2022)** के अनुसार: दुनिया भर में बैटरी के विभिन्न स्रोतों का योगदान

1. 60% लिथियम
2. 30% कोबाल्ट
3. 10% निकल

विश्व का 70 प्रतिशत से अधिक कोबाल्ट कांगो लोकतांत्रिक गणराज्य (DRC) में उत्पादित होता है।

3.7.4 फेम – इंडिया स्कीम (Fame-India Scheme)

फेम इंडिया **राष्ट्रीय विद्युत गतिशीलता मिशन योजना** (National Electric Mobility Mission) का एक हिस्सा है। फेम (FAME) का मुख्य उद्देश्य **सब्सिडी प्रदान करके विद्युत वाहनों को प्रोत्साहित करना** है।

- अधिकांश सेगमेंट में - दोपहिया, तिपहिया, विद्युत एवं हाइब्रिड कारें तथा विद्युत बसों को सब्सिडी दी गई।
- फेम मुख्यत: चार क्षेत्रों पर केन्द्रित है, यथा- तकनीकी विकास, मांग उत्पत्ति, पायलट परियोजनाएं तथा चार्जिंग अवसंरचना।

- देश में विद्युत गतिशीलता को बढ़ावा देने के लिए केंद्रीय मंत्रिमण्डल ने भारत में **तेजी से बिजली के वाहनों का विनिर्माण (फेम इंडिया-द्वितीय चरण) नामक योजना** के कार्यान्वयन के प्रस्ताव को मंजूरी दे दी है।
- तीन वर्ष की अवधि के दौरान कुल परिव्यय 10000 करोड़ रुपये के साथ यह योजना 1 अप्रैल, 2019 से लागू की जानी प्रस्तावित थी।
- यह योजना वर्तमान योजना 'फेम-इंडिया स्कीम 1' का विस्तारित संस्करण है, जो कि अप्रैल 2015 में शुरू की गई थी।

फेम इंडिया स्कीम (द्वितीय चरण)

भारी उद्योग विभाग ने स्वच्छ भारत गतिशीलता के लिए एक और कदम बढ़ाने के लिए सार्वजनिक परिवहन में 64 शहरों, राज्य सरकार के उपक्रमों, राज्य परिवहन उपक्रमों (एसटीयू) को FAME इंडिया योजना चरण-II के तहत इंट्रा-सिटी और इंटरसिटी संचालन के लिए 5595 इलेक्ट्रिक बसों की मंजूरी दी।

FAME-II योजना की मुख्य विशेषताएं

- हाइब्रिड और इलेक्ट्रिक वाहनों के तेजी से अपनाने और विनिर्माण योजना या FAME-II योजना का उद्देश्य बिजली से गतिशीलता को बढ़ावा देना और वाणिज्यिक बेड़े में इलेक्ट्रिक वाहनों की संख्या में वृद्धि करना है।
- **लक्ष्य:** FAME-II योजना के लिए 1 अप्रैल, 2019 से तीन वर्षों के लिए 10,000 करोड़ का परिव्यय बनाया गया था।
- सरकार ने इलेक्ट्रिक बसों, तिपहिया और चार पहिया वाहनों के लिए प्रोत्साहन की पेशकश की, जिसका उपयोग वाणिज्यिक उद्देश्यों के लिए किया जा रहा है।
- प्लग-इन हाइब्रिड वाहनों और एक बड़ी लीथियम आयन बैटरी और इलेक्ट्रिक मोटर के साथ उन लोगों को भी योजना और वित्तीय सहायता में शामिल किया गया, जो बैटरी के आकार पर निर्भर करते हैं।

फेम II योजना चार्जिंग इंफ्रास्ट्रक्चर को बेहतर बनाने में कैसे मदद करेगी?

- केंद्र सार्वजनिक क्षेत्र की इकाइयों और निजी कंपनियों की सक्रिय भागीदारी के साथ चार्जिंग स्टेशन स्थापित करने में निवेश करेगा।
- हर इलेक्ट्रिक बस के लिए एक स्लो चार्जिंग यूनिट और 10 इलेक्ट्रिक बसों के लिए एक फास्ट चार्जिंग स्टेशन देने का भी प्रस्ताव किया गया है।
- चार्जिंग इन्फ्रास्ट्रक्चर की परियोजनाओं में उन जरूरतों को शामिल करना होगा जो चल रहे वाहनों के विद्युतीकरण के लिए पैंटोग्राफ चार्जिंग और फ्लैश चार्जिंग जैसे विद्युतीकरण के विस्तार के लिए आवश्यक हैं।
- FAME-II चार्जिंग इन्फ्रास्ट्रक्चर के साथ अक्षय ऊर्जा स्रोतों को इंटरलिंक करने को भी प्रोत्साहित करेगा।

3.7.5 EV अपनाने को बढ़ावा देने में सहायक वर्ष 2021 की सरकारी नीतियां (Government Policies of 2021 to Help Boost EV Adoption)

नए युग की प्रौद्योगिकियों को प्रोत्साहित करने तथा वर्ष 2070 तक अपने कार्बन उत्सर्जन को निवल-शून्य करने हेतु COP26 में लिए गए संकल्प को पूर्ण करने की दिशा में, भारत त्वरित रूप से इलेक्ट्रिक वाहनों (EVs) के अभिग्रहण को बढ़ावा दे रहा है।

उद्देश्य

भारत का लक्ष्य वर्ष 2030 तक 30 प्रतिशत निजी कारों, 70 प्रतिशत वाणिज्यिक वाहनों तथा 80 प्रतिशत दोपहिया एवं तिपहिया वाहनों को EVs में बदलना है। इसके लिए केंद्र और राज्य दोनों सरकारें क्रेता एवं विनिर्माताओं को विभिन्न प्रोत्साहन दे रही हैं।

किए गए विभिन्न उपायों में शामिल हैं

- **ऑटो सेक्टर के लिए पीएलआई योजना:** सितंबर 2022 में, केंद्रीय मंत्रिमंडल ने भारत में इलेक्ट्रिक तथा ईंधन सेल वाहनों एवं ड्रोन के घरेलू विनिर्माण में तेजी लाने के लिए 26,058 करोड़ रुपये की उत्पादन बद्ध प्रोत्साहन (PLI) योजना को मंजूरी दी।
- **FAME-II संशोधन:** FAME-II (फास्टर एडॉप्शन एंड मैन्युफैक्चरिंग ऑफ इलेक्ट्रिक व्हीकल्स-II) योजना के तहत, सरकार ने इलेक्ट्रिक दोपहिया वाहनों हेतु सब्सिडी दर में वृद्धि करके पेट्रोल संचालित दोपहिया एवं इलेक्ट्रिक के बीच कीमतों के अंतर को काफी कम कर दिया है।
- **स्क्रेपिंग पॉलिसी (Scrappage Policy):** 13 अगस्त, 2022 में सरकार ने गुजरात इन्वेस्टर समिट में आभासी रूप से वाहन स्क्रेपिंग पॉलिसी लॉन्च की थी। नीति का उद्देश्य पर्यावरण के अनुकूल तरीके से अनुपयुक्त और प्रदूषणकारी वाहनों को चरणबद्ध तरीके से समाप्त करना है। केंद्र के साथ, राज्य सरकारें भी भारत में इलेक्ट्रिक वाहनों को तेजी से अपनाने को बढ़ावा देने में कोई कसर नहीं छोड़ रही हैं। बैटरी इलेक्ट्रिक वाहनों (BEVs) की पहुंच बढ़ाने तथा अपनाने के लिए, दिल्ली, गुजरात, गोवा, महाराष्ट्र एवं राजस्थान सहित भारत के लगभग 20 राज्यों की सरकारें पहले ही एक मसौदा या अंतिम राज्य स्तरीय ईवी नीतियों के साथ आ चुकी हैं। हाल ही में फरवरी 2023 में केंद्र सरकार के सड़क परिवहन मंत्रालय ने एक ड्रॉफ्ट नोटिफिकेशन जारी किया, जिसमें केंद्र और राज्य सरकार के 15 साल पुराने वाहनों को स्क्रैप करना होगा।

आगे की चुनौतियां

- भारतीय इलेक्ट्रिक वाहन (ईवी) बाजार वर्तमान में दुनिया में सबसे कम प्रवेश दरों में से एक है।
- पूंजीगत लागत अधिक है और अदायगी अनिश्चित है।
- हाल के महीनों में, रुपये के अत्यधिक मूल्यह्रास के कारण भारतीय ईवी उद्योग बुरी तरह प्रभावित हुआ है।
- इलेक्ट्रिक वाहनों हेतु इनपुट का स्थानीय उत्पादन कुल इनपुट उत्पादन का लगभग 35% है।
- उत्पादन लागत के मामले में उत्पादन बुरी तरह प्रभावित होगा।
- फास्टर एडॉप्शन एंड मैन्युफैक्चरिंग ऑफ (हाइब्रिड) और इलेक्ट्रिक व्हीकल्स (फेम) फ्रेमवर्क को बार-बार बढ़ाया गया है।

- अनिश्चित नीतिगत माहौल और सहायक बुनियादी ढांचे की कमी प्रमुख बाधाएं हैं।
- भारत के पास लीथियम एवं कोबाल्ट का कोई ज्ञात भंडार नहीं है, जो इसे जापान व चीन से लीथियम-आयन बैटरी के आयात पर निर्भर करता है।

समय की मांग

- इलेक्ट्रिक वाहनों को प्रभावी रूप से योगदान देने हेतु, हमें एक संपूर्ण पारिस्थितिकी तंत्र विकसित करने के लिए समान प्रयासों की आवश्यकता है।
- वाहनों को सब्सिडी देंने वाली बैटरियों पर ध्यान केंद्रित करने की आवश्यकता है क्योंकि बैटरी ईवी लागत का 50% हिस्सा बनाती हैं।
- इलेक्ट्रिक दोपहिया वाहनों को प्रोत्साहन देने पर ध्यान केंद्रित करना क्योंकि देश में दोपहिया वाहनों की संख्या 76 प्रतिशत है तथा इससे अधिकांश ईंधन की खपत होती है।
- निवेश को आकर्षित करने हेतु चार्जिंग स्टेशनों का एक विस्तृत नेटवर्क आसन्न है।
- टेक पार्क, सार्वजनिक बस डिपो एवं मल्टीप्लेक्स जैसे कार्यस्थल संभावित स्थान हैं, जहां चार्जिंग प्वाइंट स्थापित किए जा सकते हैं। बंगलुरू के कुछ मॉल में पार्किंग स्थल में चार्जिंग पॉइंट हैं। भारत में जुलाई 2023 तक 216 शहरों में 1397 ईवी चार्जिंग स्टेशन हैं। इनमें से, महाराष्ट्र में 1556 चार्जिंग स्टेशनों के साथ सर्वाधिक संख्या है जबकि पांडिचेरी में 2 चार्जिंग स्टेशनों के साथ सबसे कम है।
- कॉरपोरेट सामाजिक उत्तरदायित्व अनुपालन के रूप में कॉरपोरेट चार्जिंग स्टेशनों में निवेश कर सकते हैं।
- बोलीविया, ऑस्ट्रेलिया एवं चिली में लिथियम क्षेत्र प्राप्त करना उतना ही महत्वपूर्ण हो सकता है, जितना कि तेल क्षेत्र खरीदना, क्योंकि भारत को इलेक्ट्रिक वाहनों के लिए बैटरी बनाने हेतु कच्चे माल की आवश्यकता होती है।

3.7.6 अपशिष्ट से शक्ति/ऊर्जा (Waste to Power/Energy)

कोई भी कार्बनिक अपशिष्ट (Organic Waste), जिसे निम्नीकृत किया जा सकता है, एक ऐसा संसाधन है, जिससे ऊर्जा-उत्पादन किया जा सकता है। पर्यावरण-अनुकूल अपशिष्ट से ऊर्जा उत्पादन करने वाली प्रौद्योगिकियों को अपनाने से, ठोस और तरल अपशिष्टों के कारण होने वाले दुष्प्रभावों को कम किया जा सकता है। यह उनके निपटान से पूर्व अपशिष्ट के उपचार और प्रसंस्करण (Treatment and Processing) को सक्षम करेगा, जो अपशिष्ट की मात्रा को कम कर सकता है और उनसे पर्याप्त मात्रा में ऊर्जा उत्पन्न कर सकता है।

अपशिष्ट के प्रकार (Types of Waste)

अपशिष्ट को मुख्य रूप से वर्गीकृत किया जा सकता है:

- शहरी अपशिष्ट
- औद्योगिक अपशिष्ट
- बायोमास अपशिष्ट
- बायोमेडिकल अपशिष्ट

अपशिष्ट प्रौद्योगिकियों से ऊर्जा

(Energy from Waste Technologies)

अपशिष्टों के जैविक अंश से (Organic Fraction of Waste) (जैव-निम्नीकरणीय और गैर-जैव-निम्नीकरणीय Biodegradable & Non-biodegradable) ऊष्मीय, ऊष्मा-रासायनिक, जैव-रासायनिक व वैद्युत-रासायनिक विधियों के माध्यम से ऊर्जा प्राप्त की जा सकती है:

1. **ऊष्मीय रूपातंरण (Thermal Conversion):** दहन (Incineration) प्रमुख तकनीकी विकल्प है, हालांकि ज्यादा उत्सर्जन के कारण दूसरे विकल्पों पर ध्यान केंद्रित किया जा रहा है।
2. **ऊष्मा-रासायनिक रूपांतरण (Thermo-Chemical Conversion):** यह विकल्प कार्बनिक गैर-जैव निम्नीकरणीय पदार्थ और कम नमी वाले अपशिष्टों के लिए है। इस श्रेणी के अंतर्गत ताप-अपघटन (Pyrolysis) और गैसीकरण (Gasification) मुख्य तकनीकी विकल्प है।
3. **जैव रासायनिक रूपांतरण (Bio Chemical Conversion):** इस श्रेणी में अवायविय (Anaerobic) पाचन या जैव मीथेनीकरण (Biomethanation) और किण्वन (Fermentation) प्रमुख तकनीकी विकल्प (Major Technological) हैं।
4. **वैद्युत रासायनिक रूपांतरण (Electro-Chemical Conversion):** ऊर्जा अपशिष्ट के संदर्भ में वैद्युत रासायनिक रूपांतरण (Electro-chemical Conversion) माइक्रोबियल फ्यूल सेल (Microbial Fuel Cells-MFC) के लिए होता है।

3.7.7 पॉलीक्रैक तकनीक (Polycrack Technology)

- देश का पहला सरकारी स्वामित्व वाला अपशिष्ट-से-ऊर्जा संयंत्र 2020 में ओडिशा में मंचेवर कैरिज मरम्मत कार्यशाला में शुरू किया गया था।
- पॉलीक्रैक नामक पेटेंट तकनीक वाला यह प्लांट भारतीय रेलवे में अपनी तरह का पहला और देश में चौथा है।
- यह कई फीड स्टॉक्स को हाइड्रोकार्बन लिक्विड फ्यूल, गैस, कार्बन और वॉटर में बदलता है।

पॉलीक्रैक क्या है?

- यह दुनिया की सबसे पहली पेटेंटकृत विषम उत्प्रेरक प्रक्रिया है, जो कई फीडस्टॉक्स को हाइड्रोकार्बन तरल ईंधन, गैस, कार्बन और साथ ही पानी में परिवर्तित करती है।
- इससे उत्पन्न अपशिष्ट ऊर्जा संयंत्र के लिए फीडर सामग्री बन जाती है।
- जो ऊर्जा संयंत्र में उत्पादित की जाएगी, वह हल्के डीजल तेल के रूप में होगी और इस तेल का उपयोग भट्टियों को जलाने के लिए किया जाएगा।

प्रति बैच 500 किलो की क्षमता वाले संयंत्र निम्नलिखित की खपत कर सकता है:

- सभी प्रकार के मौजूदा प्लास्टिक
- पेट्रोलियम कीचड़

- 50 फीसदी तक नमी के साथ बिना अलग किया एमएसडब्ल्यू (म्यूनिसिपल सॉलिड वेस्ट)
- ई-कचरा
- ऑटोमोबाइल के रोए
- बांस, बगीचे कचरे सहित जैविक अपशिष्ट
- जट्रोफा फल और खजूर का गुच्छा

इस संयंत्र के कुछ फायदे इस प्रकार हैं:

- संयंत्र में प्रसंस्करण के लिए कचरे के पूर्व अलगाव की आवश्यकता नहीं है। स्रोत से एकत्र किए गए कचरे को सीधे पॉलीक्रैक प्लांट में प्रयोग किया जा सकता है।
- संयंत्र में नमी के लिए उच्च सहिष्णुता होती है, इसलिए उपचार के बाद कचरे को सुखाने की आवश्यकता नहीं होती है।
- कचरे को संयंत्र में संसाधित किया जाता है और 24 घंटे की अवधि के भीतर कचरे को साफ किया जा सकता है।
- संयंत्र में अपशिष्ट उपचार के दौरान जैविक अपघटन नहीं किया जाता है।
- **संयंत्र सभी घटकों को ऊर्जा में बदल देता है, इसलिए यह संयंत्र एक शून्य निर्वहन प्रक्रिया अपनाता है।**
- संयंत्र में उत्पन्न गैस का उपयोग संयंत्र प्रणाली को ऊर्जा प्रदान करने के लिए किया जाता है, इसलिए संयंत्र अपनी ऊर्जा आवश्यकताओं के लिए खुद को आत्मनिर्भर बनाता है। इससे प्लांट की ऑपरेटिंग कॉस्ट में भी कमी आती है।
- इस संयंत्र में **गैसों के दहन के अलावा** अन्य पारंपरिक तरीकों के विपरीत प्रक्रिया के दौरान वायुमंडलीय उत्सर्जन नहीं होता है, जो दुनिया भर में निर्धारित मानदंडों से कम प्रदूषक हैं।

3.7.8 बायोमास गैसीकरण (Biomass Gasification)

नारियल के आवरण (Coconut Shell), नारियल का गूदा (Coir Pith), चावल की भूसी (Rice Husk), ज्वार एवं कॉफी की भूसी और अन्य औद्योगिक अपशिष्ट ऐसे ठोस अपशिष्ट हैं, जिन्हें गैसीकरण के द्वारा प्रोड्यूसर गैस (Producer Gas) में परिवर्तित किया जा सकता है। यह उत्पादित गैस, तापन तथा विद्युत उत्पादन में प्रयुक्त हो सकती है।

बायोमास गैसीकरण पायरोलिसिस प्रक्रियाओं का अनुसरण करता है, जो बंद कक्ष (ऑक्सीजन की अनुपस्थिति में) के तहत बायोमास के प्रत्यक्ष थर्मल अपघटन का प्रतिनिधित्व करता है।

(इन्फोग्राफिक देखें - बायोमास गैसीकरण)

बायोचार (Biochar)

बायोचार एक उच्च कार्बन और दाने वाले अवशेष हैं जो वर्तमान में आधुनिक पायरोलिसिस प्रक्रियाओं (ऑक्सीजन के अभाव में बायोमास के प्रत्यक्ष थर्मल अपघटन और दहन को रोकने के माध्यम से) से उत्पादित होते हैं। बायोचार अम्लीय मिट्टी (कम पीएच मिट्टी) की उर्वरता को बढ़ा सकता है, कृषि उत्पादकता में वृद्धि कर सकता है, और कुछ पत्ते और मृदा जनित रोगों के खिलाफ सुरक्षा प्रदान कर सकता है।

बायोचार के लाभ (Benefits of Biochar)

- **कार्बन सिंक:** बायोमास के जलने और प्राकृतिक अपघटन से पृथ्वी के वायुमंडल में बड़ी मात्रा में कार्बन डाइऑक्साइड और मीथेन निकलता है। बायोचार उत्पादन प्रक्रिया भी CO_2 (बायोमास का 50% तक) का उत्सर्जन होता है; हालांकि शेष कार्बन सामग्री अनिश्चित काल के लिए स्थिर हो जाती है।
- **मृदा संशोधन:** बायोचार को कई प्रकार से मृदा स्वास्थ्यकर्ता के रूप में मान्यता प्राप्त है। बायोचार की अत्यंत छिद्रपूर्ण प्रकृति पानी और पानी में घुलनशील पोषक तत्वों दोनों को बनाए रखने में प्रभावी पाई गई है। पृथ्वी में इसकी उपस्थिति पानी की गुणवत्ता में सुधार कर सकती है, मिट्टी की उर्वरता बढ़ा सकती है, कृषि उत्पादकता बढ़ा सकती है और पुराने विकासित जंगलों पर दबाव कम कर सकती है।
- **जल प्रतिधारण:** बायोचार हाइग्रोस्कोपिक है। इस प्रकार यह पानी को आकर्षित करने और बनाए रखने की क्षमता के कारण कई स्थानों में एक वांछनीय मिट्टी सामग्री है।

बायोमास गैसीकरण से संबंधित शब्दावलियाँ (Terminology Related to Biomass Gasification)

- **ज्वरकारक कार्बनयुक्त पदार्थ (Pyrogenic Carbonaceous Material - PCM):** वे हैं जो ऊष्मा-रासायनिक (थर्मोकेमिकल) रूपांतरण द्वारा उत्पादित किए जाते हैं। इनमें कुछ जैविक कार्बन (Organic Carbon) होते हैं, जैसे-चार (Char), लकड़ी का कोयला, जैव चार (Biochar), राख (Ash), सक्रिय कार्बन (Active-carbon), ब्लैक कार्बन और कालिख (Soot) इत्यादि।
- **चार (Char):** प्राकृतिक और मानव-निर्मित अग्नि से होने वाली अधूरी-दहन प्रक्रियाओं से बने उत्पाद को 'चार' कहा जाता है।
- **चारकोल (Charcoal):** बायोमास (मुख्य रूप से लकड़ी किन्तु केवल लकड़ी नहीं) से विद्युत उत्पादन के लिए ऊष्मा रसायनिक रूपांतरण के फलस्वरूप चारकोल का निर्माण होता है।
- **राख (Ash):** बायोमास या ज्वरकारक कार्बनयुक्त पदार्थ के संचालन से उत्पादित अंश, जिसमें मुख्यत: अकार्बनिक ऑक्साइड (Inorganic Oxide) और कार्बोनेट शामिल होते हैं।
- **गैसीकरण (Gasification):** यह जैविक उत्पादों (Organic Materials) को अति उच्च तापमान पर बिना जलाए, कार्बन-मोनो-ऑक्साइड (Carbon Monoxide), हाइड्रोजन (H), कार्बन-डाई-ऑक्साइड (CO_2) तथा मीथेन (Methane) (CH_4) में परिवर्तित करने की प्रक्रिया है।
- **कोल गैस (Coal Gas):** यह बिटुमिनस कोयले के विध्वंसक आसवन (Destructive Distillation) द्वारा हाइड्रोजन, मीथेन तथा कार्बन-मोनो-ऑक्साइड का गैसीय मिश्रण है तथा इसे ईंधन के रूप में प्रयोग किया जाता है। गर्म कोयले (Hot Coal) के साथ जब भाप (Steam) की प्रतिक्रिया कराई जाती है, तब गैस उत्पन्न होती है और उप-उत्पाद (By-Products) के रूप मे कोल तार (Coal Tar) और कोक (Coke) प्राप्त होता है।

बायोमास गैसीकरण

बायोमास गैसीकरण, ताप-अपघटन (पायरोलिसिस) प्रक्रियाओं का अनुसरण करता है, जो बंद कक्ष (ऑक्सीजन की अनुपस्थिति में) में बायोमास के प्रत्यक्ष ताप अपघटन का प्रतिनिधित्व करता है। इसलिए, यह ठोस (बायो-चार), तरल (जैव-तेल) और गैस (सिनगैस) उत्पादों की एक श्रृंखला प्राप्त करने के लिए प्रत्यक्ष दहन को रोकता है। जब बायोमास 400-500 डिग्री सेंटीग्रेड के तापमान पर जलता है, तो यह अधिक चार (char) पैदा करता है, जबकि 700 डिग्री सेंटीग्रेड से ऊपर का तापमान तरल और गैस ईंधन घटकों के उत्पादन के लिए अनुकूल होता है। गैसीकरण उच्च तापमान पायरोलिसिस की एक प्रक्रिया है, जो मुख्य रूप से सिनगैस/निर्माता गैस का उत्पादन करती है। इसमें मुख्य रूप से कार्बन मोनोऑक्साइड और हाइड्रोजन होते हैं।

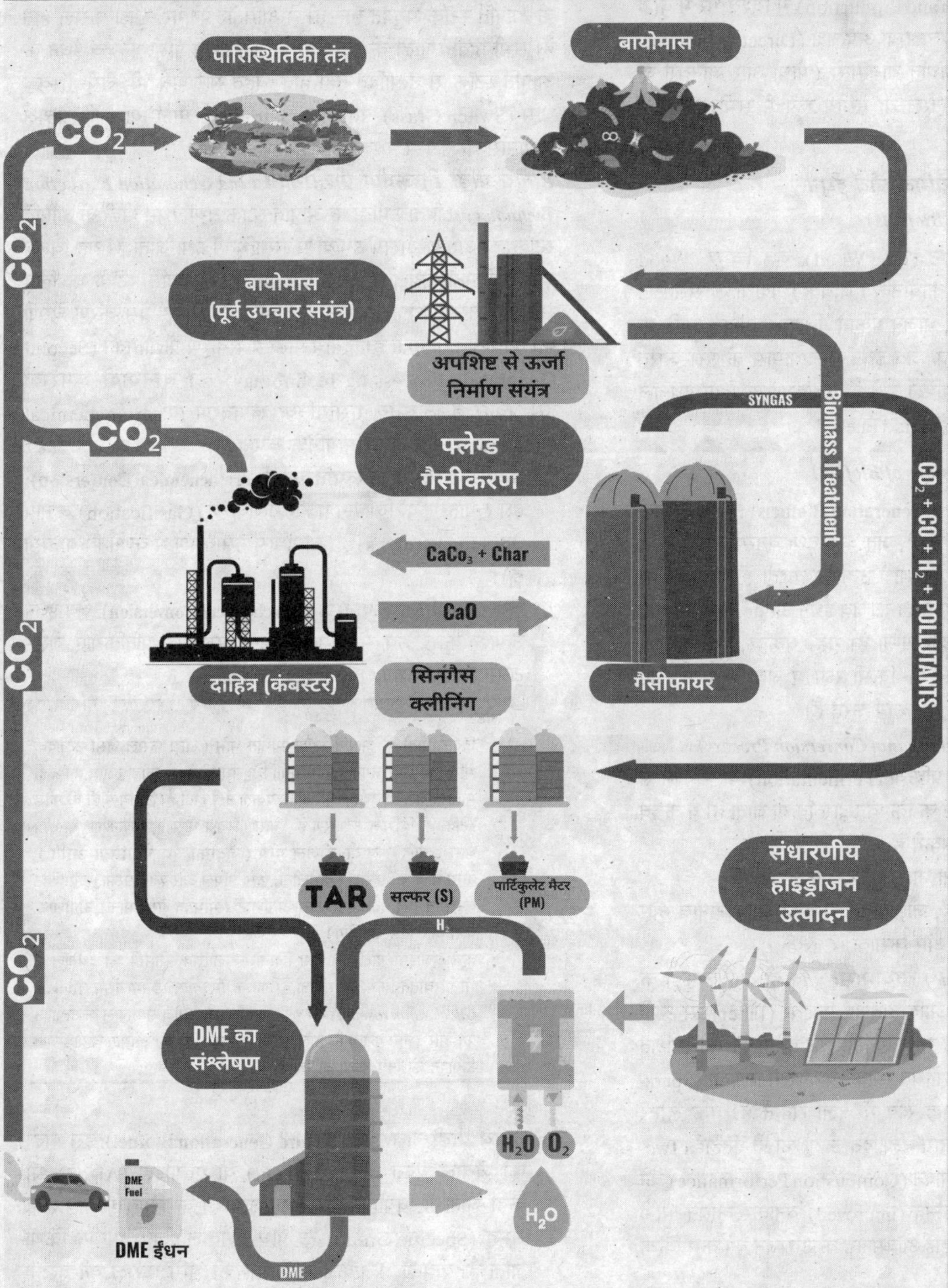

पारिस्थितिकी तंत्र

क्लोरोफिल युक्त पादप और कुछ जीव प्रकाश संश्लेषण की प्रक्रिया के माध्यम से कार्बन डाइऑक्साइड को ऑक्सीजन और बायोमास में परिवर्तित करने के लिए सूर्य के प्रकाश से ऊर्जा का उपयोग करते हैं।

बायोमास

जैव ईंधन उत्पादन आसानी से उपलब्ध वुडी (woody) और अपशिष्ट बायोमास संसाधनों का उपयोग कर सकता है।

बायोमास पूर्व उपचार

इसके आकार और नमी को कम करने के लिए सामग्री को बायोमास पूर्व उपचार प्रक्रिया से गुजरना पड़ता है।

फ्लेग्ड गैसीकरण

गैसीफायर

गैसीफायर भाप का उपयोग करता है और हाइड्रोजन, कार्बन डाइऑक्साइड, मोनोऑक्साइड और चार का उत्पादन करता है। इसमें ठोस कैल्शियम ऑक्साइड संयोजित करने से कार्बन डाइऑक्साइड के साथ अभिक्रिया होती है, कैल्शियम कार्बोनेट बनता है और डाउनस्ट्रीम कार्बन प्रक्रिया आवश्यकताओं को पूरा करने के लिए सिनगैस का निर्माण होता है।

दाहित्र (COMBUSTOR)

वायु के साथ गैसिटियर के अवशिष्ट चार (char) को जलाने से, कैल्शियम कार्बोनेट विघटित हो जाता है, जिसके परिणामस्वरूप कैल्शियम ऑक्साइड का पुनर्जनन होता है और कॉर्बन डाइऑक्साइड उत्सर्जित होती है।

सिनगैस क्लीनिंग

DME संश्लेषण रिएक्टर के विनिर्देशों का अनुपालन सुनिश्चित करने के लिए, सिनगैस को शुद्धिकरण प्रक्रिया के तहत गुजारा जाता है जिसका उद्देश्य टार, सल्फर और पार्टिकुलेट मैटर जैसे प्रदूषकों को हटाना है।

DME का संश्लेषण

एक अद्वितीय **फ्लेग्ड** उत्प्रेरक रिएक्टर में, स्वच्छ सिनगैस को **डाइमिथाइल ईथर (DME)** में परिवर्तित किया जाता है। DME के उत्पादन में सुधार करने के लिए, प्रक्रिया के दौरान उत्पन्न भाप को हटाने के लिए रिएक्टर के भीतर एक छिद्रपूर्ण सॉर्बेंट का उपयोग किया जाता है।

संधारणीय H_2 का उत्पादन

अतिरिक्त हाइड्रोजन का उत्पादन करने के लिए नवीकरणीय विद्युत का उपयोग जल के इलेक्ट्रोलिसिस के लिए किया जा सकता है, जिसका उपयोग DME उत्पादन को बढ़ाने और पावर-टू-लिक्विड रूपांतरण में सहायता हेतु किया जा सकता है।

DME का अंतिम उपयोग

पारंपरिक जीवाश्म ईंधन की जगह लेने और इस तरह ऑटोमोटिव क्षेत्र में स्थिरता को बढ़ावा देने की क्षमता है।

3.8 जैव-ईंधन (Biofuel)

पिछले दशक में तेल की कीमतों में हुई आकस्मिक वृद्धि के कारण, तरल जैव-ईंधन (Liquid Biofuels) पेट्रोलियम आधारित परिवहन ईंधन के साथ लागत-प्रतिस्पर्द्धी (cost-competitive) बन गए हैं। इसलिए, इसके अनुसंधान और उत्पादन (Research and Production) में विश्व भर में वृद्धि हुई है। यह ईंधन जैविक पदार्थ से प्रत्यक्ष या अप्रत्यक्ष (Direct or Indirect) रूप में उत्पादित किया जाता है अर्थात् बायोमास (पौधों और जानवरों के अपशिष्ट) द्वारा। जैव ईंधन ठोस, तरल या गैसीय रूप में सभी पदार्थों में उपस्थित हो सकता है।

प्राथमिक जैव ईंधन बनाम माध्यमिक जैव ईंधन
(Primary Biofuel vs. Secondary Biofuels)

प्राथमिक जैव ईंधन में, ईंधन काष्ठ (Fuel Wood), वुड चिप्स (Wood Chips) तथा गोला (Pellets) जैसे कार्बनिक (जैविक) पदार्थों के संसाधित रूप शामिल हैं, जो मुख्यत: तापन, भोजन पकाने, विद्युत उत्पादन आदि के लिए प्रयोग किए जाते हैं। माध्यमिक जैव ईंधन में बायोमास के प्रसंस्करित पदार्थ (Processed Materials) शामिल होते हैं, उदाहरण के लिए इथेनॉल और बायो-डीजल जैसे तरल ईंधन (Liquid Fuels)।

जैव ईंधन की पीढ़ियां (Generations of Biofuel)

1. **प्रथम पीढ़ी जैव ईंधन (First Generation Biofuels) :** खाद्य फसलें अपने यौगिकों, जैसे- स्टार्च, चीनी, जंतु वसा तथा वनस्पति तेल के द्वारा प्रथम पीढ़ी के जैव ईंधन का सीधे उत्पादन करती हैं। आमतौर पर इस्तेमाल किए जाने वाले प्रथम पीढ़ी के जैव ईंधन आपूर्ति स्टॉक मक्का **(Feed-Stock Corns),** गेहूं और गन्ना हैं। गेहूं, चुकंदर, श्वेत सरसों, मूंगफली और सोयाबीन किसी-न-किसी रूप में जैव ईंधन के लिए आपूर्ति स्टॉक (Feed-Stock) का कार्य करते हैं।

   इथेनॉल रूपांतरण प्रक्रिया (Ethanol Conversion Process)

   इथेनॉल का उत्पादन किण्वन प्रक्रिया (Fermentation) के माध्यम से विभिन्न प्रकार के कार्बोहाइड्रेट के किण्वन द्वारा किया जाता है। ये कच्चे माल (Raw Materials) हो सकते हैं:

   (i) **चीनी युक्त फसल:** गन्ना, गेहूं, चुकंदर, फल आदि।

   (ii) **स्टार्च युक्त फसल:** गेहूं, जौ, चावल, मक्का आदि अनाज और जड़ीय पौधे, जैसे- आलू और कसावा (Cassava)।

   (iii) **सेल्युलोसिक *(Cellulosic)* बायोमास:** लकड़ी और लकड़ी के अपशिष्ट, देवदार, पाइन आदि अवशेष फाइबर (Fiber) इस श्रेणी में आते हैं। हम पेट्रोल के साथ एल्कोहल (इथेनॉल) को मिश्रित कर सकते हैं या थोड़ी संशोधित स्पार्क-प्रज्ज्वलन प्रणाली (Spark-Ignition Engine) में शुद्ध रूप में जला सकते हैं। एक लीटर इथेनॉल, 1 लीटर पेट्रोल द्वारा उत्पादित ऊर्जा का दो-तिहाई (Two-third) होता है। दहन निष्पादन (Combustion Performance) को सम्मिश्रण प्रक्रिया द्वारा उन्नत (improved) बनाकर कार्बन-मोनो ऑक्साइड और सल्फर-डाई ऑक्साइड के उत्सर्जन को कम किया जा सकता है।

   जैव ईंधन (60% मीथेन + 40% CO_2 + कुछ दुर्लभ गैसें), कटी हुई लकड़ी, घास, कृषि अपशिष्ट आदि पर भी प्रथम पीढ़ी जैव ईंधन बनाने के लिए विचार किया जा रहा है।

2. **द्वितीय पीढ़ी के जैव-ईंधन (Second Generation Biofuel):** द्वितीय पीढ़ी के जैव-ईंधन के उत्पादन में प्रथम पीढ़ी के जैव-ईंधन के आपूर्ति स्टॉक प्रयुक्त होते हैं। ये आमतौर पर गैर-खाद्य फसल होते हैं। सभी द्वितीय पीढ़ी के जैव ईंधन केवल प्रथम पीढ़ी के जैव ईंधन के आपूर्ति स्टॉक से उत्पादित नहीं होते, बहुत सारे पौधे भी, जैसे- स्विच घास (Switch Grass), रतनजोत (Jatropha), पैंगोमिया आदि प्रत्यक्ष बायोमास के रूप में प्रयुक्त होते हैं।

   द्वितीय पीढ़ी निष्कर्षण प्रौद्योगिकी (2nd Generation Extraction Technology): द्वितीय पीढ़ी के आपूर्ति स्टॉक तथा प्रथम पीढ़ी के आपूर्ति स्टॉक को अलग-अलग उपायों से संसाधित किया जाता है। यह विशेष रूप से लिग्नॉसेल्युलोज (Ligno Cellulose) आपूर्ति-स्टॉक के लिए सत्य है, जिसमें इथेनॉल में किण्वित होने के पूर्व कई प्रसंस्करण चरणों की आवश्यकता होती है। द्वितीय पीढ़ी प्रसंस्करण प्रौद्योगिकी (Second Generation Processing Technology) की बुनियादी रूपरेखा इस प्रकार है-ऊष्मीय रासायनिक रूपांतरण (Thermochemical Conversion) एवं जैव रासायनिक रूपांतरण।

   (i) **ऊष्मीय रासायनिक रूपांतरण (Thermochemical Conversion):** इस रूपांतरण के विभिन्न प्रकार गैसीकरण (Gasification) व ताप अपघटन (Pyrolysis) हैं (बायोमास गैसीकरण में वर्णन किया गया है)।

   (ii) **जैव रासायनिक रूपांतरण (Bio-chemical Conversion):** जैव ईंधन उत्पादन की प्रक्रिया में शामिल विभिन्न रासायनिक प्रतिक्रियाएं, जैसे- ट्रान्सएस्टरीफिकेशन (Transesterification)

   नोट:
   - द्वितीय पीढ़ी के आपूर्ति स्टॉक सीमांत भूमि (खाद्य फसल जैसी उत्पादक भूमि नहीं) पर उगने चाहिए क्योंकि दूसरी पीढ़ी के फीड स्टॉक को बड़ी मात्रा में जल या उर्वरक की आवश्यकता नहीं होती है। द्वितीय पीढ़ी के फीड स्टॉक के विभिन्न उदाहरण हैं- घास (स्विच घास, माइस्केन्थस, भारतीय घास इत्यादि), **बायो-डीजल पौधे (जैट्रोफा एवं पैंगोमिया आदि),** अन्य बीज की फसलें (केमेलीना, पाम ऑयल और श्वेत सरसों) अपशिष्ट वनस्पति तेल और नगर ठोस अपशिष्ट (भूमिगत गैस, मानव अपशिष्ट, घास और यार्ड क्लीपिंग)
   - कुछ एंजाइमी गतिविधि द्वारा लिग्नोसेल्यूलोसिक सामग्री को इथेनॉल में भी परिवर्तित किया जा सकता है। कवक *ग्लियोक्लेडियम रोसुम* (fungus *Gliocladium roseum*) की हालिया खोज सेल्यूलोज से डीजल के उत्पादन की ओर इशारा करती है। हाल ही में, नीम के बीज का उपयोग बायोडीजल उत्पादन के लिए किया जा रहा है।

3. **तृतीय पीढ़ी जैव-ईंधन (Third Generation Biofuel):** इस पीढ़ी को शैवाल युक्त तेल (Algal Oil) या एल्गोइल (Algoil) भी कहा जाता है, क्योंकि जैव-ईंधन उत्पादन के लिए एक विशिष्ट समूह (Specific Group) के पौधे (शैवाल) का उपयोग किया जाता है। शैवाल, 1 एकड़ सोयाबीन की भूमि फसल की तुलना

में 30 गुना अधिक ऊर्जा उत्पादित कर सकते हैं। कुछ सूक्ष्म शैवाल (Microalgae) प्रजातियां, जैसे- बोट्रोयोकोकस ब्रोनी (Botoyococcus Brounii) तथा सिजोसिट्रम (Schizochytrium), 80% शुष्क भार (Dry Weight) वसा (Lipid) होती हैं। कुछ शैवाल, जैसे- डूनालाइला (Dunaliella) तथा क्लोरेला (Chlorella), वसा अवयव (Lipid Constituents) के अच्छे स्रोत हैं। परा-एस्टीरिकरण (Trans-esterification) प्रसंस्करण द्वारा इन वसा अवयवों को बायो-डीजल में परिवर्तित किया जाता है। शैवाल स्वच्छ तथा लवणीय दोनों प्रकार के जलों में पाए जाते हैं।

जैव ईंधन (Biodiesel) उत्पादन के लिए शैवाल क्यों? [Why Algae for Biofuel (Biodiesel) Production]

- विश्व में सबसे तेजी से बढ़ने वाले पौधे शैवाल हैं और मौसमी फसलों के विपरीत पूरे वर्ष उगाए जा सकते हैं।
- शैवाल की खेती में कृषि भूमि या स्वच्छ पानी की आवश्यकता नहीं होती है, इसलिए यह खाद्य फसलों से प्रतिस्पर्द्धा नहीं करता है।
- एक ऊर्जा फसल की तुलना दूसरी ऊर्जा फसल से करना मुश्किल है, हालांकि शैवाल की प्रति हेक्टेयर खेती सोयाबीन, ताड़ (Palm), मक्का, रतनजोत से सौ गुना ज्यादा उत्पादक है।
- उत्पादित संपूर्ण बायोमॉस का उपयोग अंतिम उत्पाद के काम में किया जा सकता है, जो अन्य ऊर्जा फसलों के मामले में नहीं होता।
- शैवाल अक्षय जैव ईंधन का उत्पादन कर सकते हैं, जो कोयला, तेल और प्राकृतिक गैस जैव गैर-अक्षय ऊर्जा स्रोतों पर निर्भरता को काफी हद तक कम करता है।
- शैवाल युक्त भोजन में अन्य पशु खाद्य उत्पादों की तुलना में उच्च प्रोटीन की मात्रा होती है।
- तुलनीय फसलों (Comparable Crops) की अपेक्षा शैवाल में आमतौर पर स्थायी मात्रा में स्थिर बायोमास होता है। नये उत्पाद बनाने के लिए 100% शैवाल युक्त बायोमास का उपयोग किया जा सकता है।
- रतनजोत एक वाणिज्यिक फसल के लिए दो-तीन साल लेता है, जबकि एल्गेल फार्म (Algal Farm) दो-तीन दिनों में शुरू किया जा सकता है। रतनजोत वर्ष में केवल एक बार फसल देता है, जबकि शैवाल से दैनिक आधार पर तेल प्राप्त किया जा सकता है।

नोट: शैवाल से प्राप्त ईंधन की सूची में शामिल हैं, बायो-डीजल, ब्युटेनॉल (Butanol), गैसोलीन, मीथेन, इथेनॉल, वनस्पति तेल तथा जेट ईंधन।

जटरोफा की विशिष्टता (Specification of Jatropha)

इस पौधे का वैज्ञानिक नाम *जटरोफा करकस (Jatropha curcas)* है और यह यूफोरबियासी परिवार से संबंधित है। यह पौधा मूलत: दक्षिण अमेरिका और अफ्रीका का है। *जटरोफा करकस* शुष्क और अर्ध-शुष्क परिस्थितियों के लिए भी अनुकूल है। कम उर्वरता और नमी के साथ, यह पथरीली, बजरी या उथली और यहां तक कि शांत मिट्टी पर भी उग सकता है।

जटरोफा कम वर्षा की स्थिति (200 मिलीमीटर) में अच्छी तरह से उगाया जाता है; हालांकि, यह उच्च वर्षा (1,200 मिलीमीटर तक) को भी सहन कर सकता है और इसलिए यह दुनिया के उष्णकटिबंधीय और उपोष्णकटिबंधीय क्षेत्रों और यहां तक कि कम वर्षा वाले क्षेत्रों में कई जलवायु क्षेत्रों में बढ़ता है।

कम वर्षा वाले क्षेत्रों में जटरोफा अपनी अधिकांश पत्तियों को गिरा देता है, जिससे वाष्पोत्सर्जन हानि कम हो जाती है और इसलिए लंबे समय तक सूखे का सामना कर लेता है। जटरोफा के लिए सहनीय वार्षिक तापमान सीमा 18-28.5 डिग्री सेंटीग्रेड है। बीज के अंकुरण के लिए गर्म और आर्द्र जलवायु को प्राथमिकता दी जाती है। पुष्प बरसात के मौसम में और फल सर्दियों में पैदा होते हैं।

एक बहुउद्देशीय झाड़ी या छोटे आकार का पेड़, जटरोफा अपने कई औद्योगिक और औषधीय उपयोगों के कारण महत्वपूर्ण महत्व रखता है। जेट्रोफा के लेटेक्स में निहित विभिन्न अल्कलॉइड 'जेट्रोफिन', 'जेट्रोफाम', 'जेट्रोफोन' और 'कर्कन' हैं, जिनमें कैंसर विरोधी गुण होते हैं। जटरोफा की पत्तियो एंटी-पैरासिटिक होता है, जिसका उपयोग खुजली, पक्षाघात, गठिया और कठोर ट्यूमर के खिलाफ किया जाता है। बीज तीखे होते हैं और जलोदर, गठिया, पक्षाघात और त्वचा रोगों के लिए उपयोग किए जाते हैं। जावा में यह तेल बालों के विकास में प्रयोग में लाया जाता है। अन्य अनुप्रयोगों में घरेलू पशुओं पर घावों को भरने में भी प्रयोग में लेट हैं।

जेट्रोफा में लिपिड पदार्थ होते हैं जो प्रयोगशाला या उद्योग में ट्रांसस्टरीफिकेशन (टीई) प्रक्रिया के माध्यम से बायोडीजल में परिवर्तित हो जाते हैं।

4. **चतुर्थ पीढ़ी जैव ईंधन (Fourth Generation Biofuel) :** फोटो जैविक सौर ईंधन (Photo Biological Solar Fuels) और इलेक्ट्रो ईंधन (Electro Fuels) के चतुर्थ पीढ़ी के जैव ईंधन होने के कारण, जैव ईंधन क्षेत्र में मूलभूत सफलताओं की उम्मीद है। सौर ऊर्जा के अतुलनीय सस्ते और व्यापक रूप से उपलब्ध कच्चे माल का उपयोग करके ईंधन में सीधे रूपांतरण के आधार पर ऐसे सौर जैव ईंधन के उत्पादन की प्रौद्योगिकी एक उभरता हुआ व्यापक क्षेत्र है। कृत्रिम जीव-विज्ञान (Synthetic Biology) का क्रांतिकारी विकास (Revolutionary Development), ऐसे परिवर्तन के लिए प्रौद्योगिकी को सक्षम करेगा, सिंथेटिक जीव-विज्ञान के क्षेत्र में अब तक कुछ ही सही उदाहरण प्रकाशित किए गए हैं क्योंकि यह अभी भी अपनी प्रारंभिक अवस्था (Infancy) में हैं।

नवीन प्रकृति के समाधान खोजने की आवश्यकता है तथा सौर ऊर्जा के ईंधन के प्रत्यक्ष और कुशल रूपांतरण के लिए संश्लेषित जीविका कारखानों (Synthetic Living Factories) और डिजाइनर सूक्ष्म जीवों (Micro Organism) का निर्माण आवश्यक है। इसी तरह, उपापचयी प्रक्रिया से निर्मित माइक्रोबियल ईंधन उत्पादन पक्ष, (इलेक्ट्रो-बायो फ्यूल्स/माइक्रोबियल फ्यूल सेल - MFC) [Engineered Microbial Fuel Production Pathways (Electro-Biofuels/Microbial Fuel Cell - MFC)] के साथ फोटो वोल्टाइक या गैर-कार्बनिक जल विभाजन उत्प्रेरकों का संयोजन शक्तिशाली तकनीक बनकर उभरा है, जो तरल ईंधनों के कुशल उत्पादन और भंडारण को सक्षम करता है।

नोट: हरित गृह गैसों के उत्सर्जन न्यूनीकरण में भारत का योगदान (CNFCC, CoP-21 बैठक के अंतर्गत) CoP 21 (पेरिस समझौते) में भारत द्वारा INDCs (Intended Nationally Determined Contributions) का संकल्प लिया गया:

1. वर्ष 2030 तक वर्ष 2006 के स्तर की तुलना में 33-35% तक उत्सर्जन तीव्रता में कमी करना।
2. तकनीक हस्तांतरण तथा निम्न लागत वित्त के संदर्भ में अंतर्राष्ट्रीय समुदाय की सहायता से, वर्ष 2030 तक गैर-जीवाश्म ईंधन आधारित ऊर्जा स्रोतों से 40% तक विद्युत का उत्पादन।
3. वर्ष 2030 तक अतिरिक्त वन तथा वृक्षावरण के जरिए 2.5 से 3 बिलियन टन कार्बन डाइ-ऑक्साइड उत्सर्जन के बराबर अतिरिक्त कार्बन सिंक का सृजन करना।
4. कृषि, जल तथा स्वास्थ्य क्षेत्रकों हेतु स्वस्थ अनुकूलन रणनीतियों का विकास।

(इन्फोग्राफिक देखें - जैव ईंधन की पीढ़ियां)

3.8.1 इथेनॉल (Ethanol)

- इथेनॉल, या एथिल अल्कोहल, एक जैव ईंधन है, जिसके कई उपयोग हैं।
- 95% शुद्धता पर, इसे रेक्टिफाइड स्प्रिट कहा जाता है और इसे अल्कोहल युक्त पेय में नशीले पदार्थों के रूप में इस्तेमाल किया जाता है।
- इथेनॉल मूल रूप से 99% से अधिक शुद्धता की शराब है, जिसका उपयोग पेट्रोल के साथ सम्मिश्रण के लिए किया जा सकता है।
- यह मुख्य रूप से गुड़ से उत्पादित होता है, जो चीनी निर्माण का एक उप-उत्पाद है।

इथेनॉल सम्मिश्रण के लाभ

- आयात निर्भरता में कमी।
- कृषि क्षेत्र को सहायता।
- पर्यावरण के अनुकूल ईंधन।
- किसानों को अतिरिक्त आय।

इथेनॉल मिश्रित पेट्रोल (EBP) कार्यक्रम के बारे में

- पायलट आधार पर 2003 में शुरू किया गया।
- इसका उद्देश्य वैकल्पिक और पर्यावरण के अनुकूल ईंधन के उपयोग को बढ़ावा देना है।
- मंत्रालय या तेल विपणन कंपनियों (OMC) द्वारा लागू किया गया।

जरूरत

- चीन और अमेरिका के बाद भारत दुनिया में ऊर्जा का तीसरा सबसे बड़ा उपभोक्ता है।
- भारत कच्चे तेल की आवश्यकता के लगभग 82.1% और प्राकृतिक गैस के मामले में लगभग 44.4% तक आयात पर निर्भर है।
- अगर पेट्रोल की खपत मौजूदा गति से बढ़ती रहती है, तो भारत को 2030 तक 20% सम्मिश्रण लक्ष्य को पूरा करने के लिए सालाना 10 अरब लीटर इथेनॉल की जरूरत पड़ने की उम्मीद है। वर्तमान में यह क्षमता एक साल में 1.55 अरब लीटर है।

चिंताएं और चुनौतियां

- अतीत में इथेनॉल की आपूर्ति में लगातार कमी, मुख्य रूप से देश में गन्ने की फसल की चक्रीय प्रकृति के कारण।
- अपनी मूल्य शृंखला में ईबीपी में एक एकीकृत दृष्टिकोण की कमी।

आगे का रास्ता

- जैव-ईंधन पर राष्ट्रीय नीति ने जैव-डीजल और जैव-इथेनॉल दोनों के लिए जैव ईंधन के 20% सम्मिश्रण का लक्ष्य रखा है। इसके लिए इथेनॉल

वैकल्पिक ईंधनों के प्रकार (Types of Alternative Fuels)

1. **ईथेनॉल (Ethanol):** प्राथमिक तौर पर एल्कोहल का निर्माण मक्का, जौ, गन्ना, गेहूँ आदि फसलों के खमीकरण (Fermentation) तथा स्रावण (distillation) से होता है। इसे ऑक्टेन स्तर तथा ईंधन का स्तर सुधारने के लिए गैसोलीन में मिलाया जाता है।
2. **प्राकृतिक गैस (Natural Gas):** इसका उपयोग घरों में स्वच्छ ईंधन तथा घरेलू कार्यों के लिए पहले से कई देशों में किया जाता है। कारों तथा ट्रकों के विशेष डिजाइन वाले इंजनों में इसका प्रयोग किया जाता है। इससे हानिकारक उत्सर्जन कम होता है।
3. **प्रोपेन (Propane):** प्रोपेन का अन्य नाम द्रवित पेट्रोलियम गैस (LPG) है; यह कच्चे तेल तथा प्राकृतिक गैस के परिष्करण का सह-उत्पाद है। इसका उपयोग खाना बनाने तथा अन्य वैकल्पिक ईंधन के में किया जाता है।
4. **बायोडीजल (Biodiesel):** यह ईंधन के उन स्रोतों में से एक है, जिसका स्रोत सदैव नवीकरणीय है। इसका उत्पादन सब्जी वाले तेल, पशुओं की वसा तथा होटलों से निकले अपशिष्ट भोजन से हो सकता है। जैव ईंधन का प्रयोग करने के लिए वाहनों के इंजन को बदला जा सकता है तथा इसका उपयोग पेट्रोलियम के साथ मिलकर उन्नत किस्म के इंजनों में किया जा सकता है।
5. **मिथेनॉल (Methanol):** वर्तमान में उपलब्ध ईंधनों में से एक वैकल्पिक ईंधन अभी मिथेनॉल के उत्पादन को लागत-सुगम (Cost effective) बनाने के लिए इस पर विशेष ध्यान दिया गया है। हाइड्रोजन ऊर्जा पर चलने वाले वाहनों के लिए यह एक महत्वपूर्ण स्रोत (कच्चा माल) है।
6. **विद्युत (Electricity):** बिजली का उपयोग बैटरी संचालित वाहनों तथा ईंधन-सेल वाहनों में एक परिवहन विकल्प के तौर पर किया जा सकता है।
7. **हाइड्रोजन (Hydrogen):** इसे प्राकृतिक गैस के साथ मिलाकर कुछ प्रकार के आन्तरिक दहन वाले इंजनों में वैकल्पिक ईंधन के तौर पर इस्तेमाल किया जा सकता है। हाइड्रोजन ईंधन सेल वाहनों का ईंधन है तथा यह पेट्रो-रसायन अभिक्रियाओं (Petrochemical reaction) द्वारा उत्पादित किया जाता है।
8. **पी-शृंखला के ईंधन (P-series fuels):** ये इथेनॉल, एलएनजी (LNG) तथा मिथाइल टेट्रा हाइड्रो फुरान (Methyltetrahydrofuran) का विभिन्न अनुपातों वाला मिश्रण होता है। इनकी उच्च ऑक्टेन संख्या होती है तथा ये स्वच्छ होते हैं। यह सामान्य गैसोलीन का विकल्प प्रस्तुत करता है।

जैव ईंधन

इस ईंधन के स्रोत प्रत्यक्ष या अप्रत्यक्ष रूप से **जैविक सामग्री** यानी बायोमास (यानी पौधों की सामग्री और पशु अपशिष्ट से) होते हैं।

जैव ईंधन **तीनों रूपों में** मौजूद हो सकता है।

- **ठोस**
- **तरल**
- **गैस**

जैव ईंधन की पीढ़ियाँ

पहली पीढ़ी का जैव ईंधन

- **खाद्य फसलों से व्युत्पन्न पदार्थों का** उपयोग सीधे स्टार्च, पशु वसा और वनस्पति तेल जैसे जैव ईंधन के उत्पादन के लिए किया जाता है।
- **फ़ीड स्टॉकः मक्का, गेहूं, गन्ना, चीनी, चुकंदर, रेपसीड, मूंगफली, सोयाबीन आदि।**
- **इसमें उच्च कार्बन सामग्री (नेट कार्बन पॉजिटिव) मौजूद होती है।**
- **नेट एनर्जी नेगेटिव**

दूसरी पीढ़ी का जैव ईंधन

- **पहली पीढ़ी के जैव ईंधन के फीडस्टॉक का उपयोग दूसरी पीढ़ी के जैव ईंधन के उत्पादन में किया जाता है। ये आम तौर पर गैर-खाद्य फसलें होती हैं।**
- **फ़ीड स्टॉकः स्विच ग्रास, जेट्रोफा और पैंगोमिया।**
- **ये विशेष रूप से लिग्नोसेल्यूलोज फ़ीड स्टॉक हैं, जिन्हें जैव ईंधन प्राप्त करने के लिए कई प्रसंस्करण चरणों की आवश्यकता होती है।**
- **हरितगृह गैस सामग्री पहली पीढ़ी से कम**
- **नेट एनर्जी पॉजिटिव होने की संभावना**

तीसरी पीढ़ी का जैव ईंधन

- **इस पीढ़ी को शैवाल तेल या एल्गोइल कहा जाता है क्योंकि इसमें जैव ईंधन तैयार करने के लिए पौधों (शैवाल) के एक विशिष्ट समूह का उपयोग किया जाता है।**
- **बोट्रीओकोकस ब्रौनिल और शिज़ोचिट्रियम जैसी कुछ सूक्ष्म शैवाल प्रजातियों में उनके शुष्क वजन का 80% तक लिपिड हो सकता है।**
- **यह प्रकृति में कार्बन तटस्थ है, (CO_2 उत्सर्जित = CO_2 पृथक्कृत) और नेट एनर्जी पॉजिटिव है।**
- **यह सभी जैव ईंधन स्रोतों में सबसे तेजी से बढ़ने वाला स्रोत है।**
- **प्रतिरोधी सजीव जिन्हें सूर्य के प्रकाश, CO_2 और खारे जल में भी उगाया जा सकता है।**

चौथी पीढ़ी का जैव ईंधन

- **चौथी पीढ़ी के जैव ईंधन में, जैव ऊर्जा को कुशलतापूर्वक उत्पन्न करने के लिए आनुवंशिक रूप से संश्लेषित सूक्ष्मजीवों, जैसे साइनोबैक्टीरिया, के साथ आनुवंशिक रूप से संशोधित फीडस्टॉक को शामिल किया जाता है, और वे तीसरी पीढ़ी के जैव ईंधन के समान गैर-कृषि योग्य भूमि का उपयोग करके बनाए जाते हैं।**
- **जैव ईंधन के कुशल उत्पादन के लिए जीवों की जेनेटिक इंजीनियरिंग।**
- **कृत्रिम कार्बन सिंक बनाकर कार्बन नेगेटिव का लक्ष्य। और यह नेट एनर्जी पॉजिटिव है।**

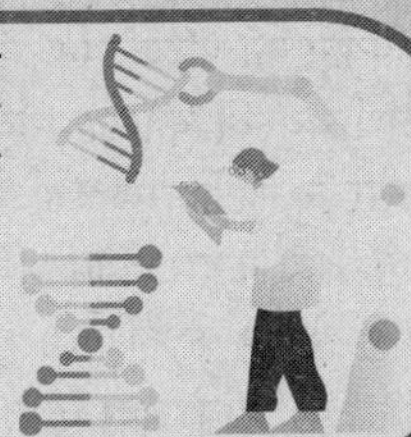

सम्मिश्रण कार्यक्रम (EBP) में एक एकीकृत दृष्टिकोण की आवश्यकता होगी। ईबीपी की सफलता के लिए कार्यक्रम के कार्यान्वयन में एक सुसंगत नीति और प्रशासनिक ढांचे के लिए समय परिपक्व है।

3.8.2 पेट्रोल में मिथेनॉल का मिश्रण (Methanol-Blending in Petrol)

दुनिया भर में, मिथेनॉल को व्यावहारिक वैकल्पिक ईंधन के रूप में देखा जा रहा है। भारत सरकार के नीति आयोग ने 2030 तक 10% कच्चे तेल का प्रतिस्थापन्न मिथेनॉल से करने की योजना बनाई है। इसने अनुसंधान और विकास गतिविधियों के लिए शीर्ष समिति तथा पांच कार्यबलों की स्थापना की है। साथ ही, भारत में मिथेनॉल अर्थव्यवस्था को कार्यान्वित करने के लिए एक रोडमैप तैयार किया गया है।

मिथेनॉल प्राकृतिक गैस, कोयला बायोमास से उत्पन्न एक स्पष्ट और रंगहीन तरल है। यह एक स्वच्छ जलता हुआ ईंधन है, जो पेट्रोल और डीजल की जगह ले सकता है। यह सभी आंतरिक दहन इंजनों में दक्षता से जलता है, जिससे लगभग शून्य प्रदूषण होता है। इसके गैसीय रूप (Version) डाईमिथाइल ईथर को एलपीजी से भी मिलाया जा सकता है।

भारत ने वर्ष 2016-17 में 212.7 मिलियन टन कच्चे तेल का आयात किया। एक अनुमान के अनुसार 15% मिथेनॉल मिश्रण के परिणामस्वरूप लगभग 31.9 मिलियन टन कच्चे तेल का प्रतिस्थापन्न किया जा सकता है, जिससे बड़ी मात्रा में विदेशी विनिमय की बचत हो पाएगी। अगले 5-7 वर्षों में लगभग 20% डीजल उपयोग में कमी की जा सकती है, जिसके परिणामस्वरूप वार्षिक तौर पर ₹26000 करोड़ की बचत होगी; अगले 3 वर्षों में LPG के घटे हुए बिल से ₹6000 करोड़ की बचत वार्षिक तौर पर होगी और गैसोलीन के साथ मिश्रित करने पर अगले 3 वर्षों में लगभग ₹5000 करोड़ की अतिरिक्त वार्षिक बचत होगी।

मिथेनॉल मांग में 6%-8% तक की वार्षिक वृद्धि के साथ पिछले कुछ वर्षों के दौरान ईंधन के रूप में मिथेनॉल व DME का उपयोग महत्वपूर्ण रूप से बढ़ गया है। चीन में परिवहन ईंधन में लगभग 9% भाग मिथेनॉल का होता है। इजराइल तथा इटली ने पेट्रोल में 15% मिथेनॉल मिश्रण (MIS) कार्यक्रम को अपनाया है। जापान तथा कोरिया में मिथेनॉल व DME का व्यापक स्तर पर इस्तेमाल होता है। ऑस्ट्रेलिया ने GEM ईंधन (गैसोलीन, इथेनॉल व मिथेनॉल) को अपनाया है और यह लगभग 56% मिथेनॉल मिश्रित करता है।

भारत में नीति आयोग की योजना के अनुसार वर्ष 2025 तक कायेले, गैस व जैवमास के इस्तेमाल से प्रत्येक वर्ष 20MT मिथेनॉल का उत्पादन किया जा सकता है।

मिथेनॉल अर्थव्यवस्था हेतु नीति आयोग का रोडमैप रेल, सड़क, समुद्री, व रक्षा परिवहन औद्योगिक बॉयलर, डीजल जेनसेट (Gensets) ऊर्जा उत्पादन, मोबाइल टॉवर तथा घरेलू कुकिंग ईंधन में DME के साथ-साथ मिथेनॉल उपयोग की परिकल्पना भी करता है। आशा की जाती है कि देश में मिथेनॉल अर्थव्यवस्था का प्रादुर्भाव, वायु प्रदूषण का सामना करने, हरित गृह गैस उत्सर्जन न्यूनीकरण तथा व्यापक विदेशी विनिमय बचत के प्रोत्साहन की ओर एक बड़ा कदम होगा।

- पेट्रोल के साथ मिश्रण (M-15) और वर्तमान के BS-IV मानक कारों के उपयोग पर एक अध्ययन में पाया गया कि कार्बन डाई-ऑक्साइड उत्सर्जन में पर्याप्त कमी हुई है।

वैकल्पिक ईंधन के रूप में मिथेनॉल

- जीवाश्म ईंधन की तुलना में स्वच्छ, सस्ता होने के कारण मिथेनॉल एक आशाजनक ईंधन है और भारी ईंधन का अच्छा प्रतिस्थापक है। भारत वर्तमान में सऊदी अरब तथा ईरान से मिथेनॉल आयात करता है।
- वैश्विक स्तर पर मिथेनॉल भविष्य के स्वच्छ परिवहन ईंधन के रूप में उभर रहा है।

मिथेनॉल ही क्यों?

- मिथेनॉल का उपयोग ऊर्जा उत्पादक ईंधन, परिवहन ईंधन तथा खाना पकाने के ईंधन के रूप में किया जा सकता है। इससे भारत का तेल आयात अगले 5 वर्षों में 20% तक कम हो सकता है। CNG के विपरीत परिवहन ईंधन के रूप में मिथेनॉल के उपयोग के दौरान वाहनों में न्यूनतम परिवर्तन की आवश्यकता होगी।
- मिथेनॉल एक स्वच्छ ईंधन है जो सल्फर ऑक्साइड (SOx), नाइट्रोजन ऑक्साइड (NOx) तथा कणीय पदार्थ जैसे धुक्त कारक उत्सर्जन कम मात्रा में उत्सर्जित होते हैं और इससे वायु गुणवत्ता तथा मानव स्वास्थ्य संबंधी मामलों में सुधार कर सकते हैं।
- मिथेनॉल का उत्पादन सामान्यत: प्राकृतिक गैस वाणिज्यिक स्तर पर किया जाता है। इसका उत्पादन नवीकरणीय स्रोतों जैसे-जैवमास तथा पुनर्चक्रित कार्बन डाई-ऑक्साइड से भी किया जा सकता है।
- उच्च ऑक्टेन वाहन ईंधन के रूप में, मिथेनॉल श्रेष्ठ त्वरण तथा ऊर्जा प्रदान करता है। इससे वाहन की गुणवत्ता में भी सुधार होता है।

आगे की राह

- चीन, इटली, स्वीडन, इजराइल, यू.एस, ऑस्ट्रेलिया, जापान तथा बहुत-से अन्य यूरोपीय देशों में मिथेनॉल अर्थव्यवस्था के सिद्धांत का सक्रिय रूप से अनुसरण किया जाता है। चीन में परिवहन क्षेत्र में 10% ईंधन मिथेनॉल होता है।
- यदि भारत द्वारा मिथेनॉल अर्थव्यवस्था को अपनाया जाता है तो यह बढ़ती अर्थव्यवस्था के पर्यावरणीय खतरों का सामना करने हेतु सर्वोत्तम उपाय होगा। निकट भविष्य में इसके व्यापक स्तर पर क्रियान्वयन हेतु नीति आयोग एक रोड मैप बना रहा है।

3.9 'फ्लेक्स फ्यूल' व्हीकल ['Flex-Fuel' Vehicles (FFV)]

- FFV वाहनों का एक संशोधित संस्करण है, **जो इथेनॉल सम्मिश्रणों के विभिन्न स्तरों के साथ गैसोलीन एवं वार्निश पेट्रोल दोनों पर चल सकता है।**
- FFV वाहनों को सभी सम्मिश्रणों का उपयोग करने और सम्मिश्रण रहित ईंधन पर संचलन युक्त होगा।
- FFV में 84 प्रतिशत से अधिक इथेनॉल मिश्रित पेट्रोल पर संचलित संगत इंजन हैं।
- केंद्र सरकार ने **फ्लेक्स इंजनों का उपयोग करने वाले फ्लेक्स फ्यूल व्हीकल (FFVs)** के उपयोग हेतु नए दिशानिर्देश जारी किए थे।
- यह दिशा-निर्देश ईंधन मिश्रण में निर्धारित परिवर्तनों के अनुरूप वाहनों में आवश्यक इंजन विन्यास तथा अन्य परिवर्तनों को निर्दिष्ट करेंगे।

- **केंद्र सरकार ने वर्ष 2025 तक भारत में इथेनॉल सम्मिश्रण के रोडमैप पर एक विशेषज्ञ समिति की रिपोर्ट जारी की है।**
- इस रोडमैप में अप्रैल 2022 तक E10 ईंधन की आपूर्ति हासिल करने हेतु इथेनॉल-मिश्रित ईंधन के क्रमिक रोलआउट और अप्रैल 2023 से अप्रैल 2025 तक E20 के चरणबद्ध रोलआउट का प्रस्ताव है।

फ्लेक्स फ्यूल व्हीकल के बारे में (About the Flex-Fuel Vehicles)

- यह प्रमुख जैव ईंधनों में से एक है, जो स्वाभाविक रूप से खमीर द्वारा शर्करा के किण्वन द्वारा या एथिलीन जलयोजन जैसी पेट्रोरसायन प्रक्रियाओं के माध्यम से उत्पादित होता है।
- FFV वाहनों का एक संशोधित संस्करण है, जो इथेनॉल सम्मिश्रणों के विभिन्न स्तरों के साथ गैसोलीन और वार्निश पेट्रोल दोनों पर संचलित हो सकता है।
- ये वर्तमान में सफलतापूर्वक ब्राजील में उपयोग किए जा रहे हैं, जिससे लोगों को कीमत एवं सुविधा के आधार पर ईंधनों (गैसोलीन व इथेनॉल) को स्विच करने का विकल्प मिल रहा है।
- भारत के लिए, FFVs एक पृथक लाभ पेश करेंगे क्योंकि वे वाहनों को देश के विभिन्न हिस्सों में उपलब्ध इथेनॉल मिश्रित पेट्रोल के विभिन्न सम्मिश्रणों का उपयोग करने की अनुमति देंगे।

सम्मिश्रण लक्ष्य (Blending Target)

- भारत सरकार ने वर्ष 2025 से 2030 तक पेट्रोल (जिसे E20 भी कहा जाता है) में 20% इथेनॉल सम्मिश्रण के लक्ष्य को उन्नत किया है।
- वर्तमान में, भारत में पेट्रोल के साथ 10% इथेनॉल मिश्रित होता है।

लाभ (Benefits)

- तेल आयात बिल कम होगा।
- यह देश का सालाना 4 अरब डॉलर (30,000 करोड़ रुपये) बचा सकता है।
- गन्ना किसानों को लाभ होगा।
- जल संचयन वाली फसलों, जैसे कि मक्का, को एथेनॉल का उत्पादन करने हेतु, और गैर-खाद्य फीडस्टॉक से इथेनॉल के उत्पादन को प्रोत्साहित करना।
- कार्बन मोनोऑक्साइड (CO), हाइड्रोकार्बन (HC) एवं नाइट्रोजन ऑक्साइड (NOx) जैसे उत्सर्जन को कम करता है।

FFVs का उपयोग करने के नुकसान/चुनौतियां (Disadvantages/ Challenges of using FFVs)

1. **ग्राहक स्वीकृति** एक बड़ी चुनौती होगी क्योंकि स्वामित्व की लागत एवं संचालन लागत 100 प्रतिशत पेट्रोल वाहनों की तुलना में बहुत अधिक होने वाली है।
2. 100 प्रतिशत इथेनॉल (E100) के साथ चलित पर **परिचालन लागत** (कम ईंधन दक्षता के कारण) 30 प्रतिशत से अधिक हो जाएगी।
3. **फ्लेक्स फ्यूल इंजन की कीमत अधिक** होती है क्योंकि इथेनॉल में पेट्रोल की तुलना में अत्यधिक भिन्न रासायनिक गुण होते हैं। इथेनॉल में गैसोलीन की तुलना में बहुत कम (40 प्रतिशत) ऊष्मीय मान होता है, वाष्पीकरण की बहुत उच्च गुप्त ऊष्मा जिसके कारण आवेश/दहन आदि का शीतल होना है।
4. **इथेनॉल एक विलायक के रूप में भी कार्य करता है और इंजन के अंदर तेल की सुरक्षात्मक परत को समाप्त कर सकता है** जिससे टूट-फूट हो सकती है।

कार्यक्रम के कार्यान्वयन के दौरान संभावित चुनौतियों का सामना करना पड़ सकता है (Possible Challenges that Might be Faced During the Implementation of the Program)

- फ्लेक्स फ्यूल इंजन की उच्च लागत।
- कम ईंधन दक्षता के कारण संचालन लागत अधिक होगी।
- ग्राहकों द्वारा स्वीकृति।
- इथेनॉल एक विलायक (solvent) के रूप में कार्य करता है और इंजन के अंदर सुरक्षात्मक तेल फिल्म को मिटा सकता है, जिससे घर्षण/घिसाई (wear and tear) बढ़ सकती है।

3.10 जैव ईंधन पर राष्ट्रीय नीति, 2018 (National Policy on Biofuels, 2018)

केंद्रीय मंत्रिमण्डल ने प्रधानमंत्री श्री नरेन्द्र मोदी की अध्यक्षता में 'ईंधन पर राष्ट्रीय नीति-2018' को मंजूरी दी।

मुख्य विशेषताएं

1. यह नीति जैविक ईंधन को "आधारभूत जैव ईंधन" के रूप में वर्गीकृत करती है; जैसे प्रथम पीढ़ी बायो-इथेनॉल तथा बायोडीजल एवं "उन्नत जैव ईंधन" दूसरी पीढ़ी इथेनॉल, निगम ठोस अपशिष्ठ (Municipal Solid Waste), तीसरी पीढ़ी के जैव ईंधन दूसरी पीढ़ी इथेनॉल, निगम ठोस अपशिष्ट, तीसरी पीढ़ी के जैव ईंधन, जैव-सीएनजी इत्यादि। ताकि प्रत्येक वर्गीकृत वर्ग के लिए उचित वित्तीय सहायता प्रदान की जा सके।
2. इस नीति में गन्ने के रस, शर्करा युक्त पदार्थ, जैसे-चीनी, चुकन्दर, मीठा सोरगम, स्टार्च युक्त पदार्थ, जैसे-अनाज, सड़े आलू, जो कि मनुष्य उपयोग के लिए अहितकारी हैं, से इथेनॉल उत्पादन के लिए कच्चा माल उपलब्ध कराया जाए।
3. किसानों को अतिरिक्त उत्पादन चरण के दौरान उनके उत्पाद का उचित मूल्य न मिलने का जोखिम है। इस बात को ध्यान में रखते हुए नीति से पेट्रोल के साथ मिश्रित करने के लिए इथेनॉल के उत्पादन के लिए अधिशेष खाद्यान्न का उपयोग राष्ट्रीय जैव ईंधन समन्वय समिति के अनुमोदन से किया जा सकता है।
4. विकसित जैव ईंधन पर जोर देने के साथ इस नीति से 6 वर्षों के दौरान 2G इथेनॉल जैव रिफाइनरियों के लिए 5000 करोड़ रुपये की व्यवहार्यता अन्तर योजना (Viability Gap Funding) को इंगित किया जाता है।
5. इस नीति में गैर-खाद्य तिलहनों से, इस्तेमाल किए गए खाद्य तेल से जैव डीजल उत्पादन के लिए आपूर्तिशृंखला तंत्र स्थापित करने को प्रोत्साहित किया गया है।

6. जैव ईंधन के संबंध में सभी संबंधित मंत्रालयों/विभागों की भूमिका और उत्तरदायित्व नीति दस्तावेज में सहयोग संबंधी प्रयासों को शामिल कर लिया गया है।

अपेक्षित लाभ

- **आयात पर निर्भरता कम करना:** एक करोड़ लीटर E10 मौजूदा दरों पर 28 करोड़ रुपये की विदेशी मुद्रा की बचत करता है। इथेनॉल आपूर्ति वर्ष 2017-18 में 150 करोड़ लीटर इथेनॉल की आपूर्ति होने की संभावना है, जिसके परिणामस्वरूप 4000 करोड़ रुपये से अधिक विदेशी मुद्रा की बचत होगी।
- **स्वच्छ पर्यावरण:** एक करोड़ लीटर E-10 से लगभग 2000 टन CO_2 उत्सर्जन की बचत होती है। 30 लाख टन तक CO_2 उत्सर्जन कम होंगे। फसल के ठूंठ और कृषि अवशेषों/ अपशिष्ट पदार्थों को जैव ईंधन में परिवर्तित करने से हरित गृह गैस उत्सर्जन में कमी आएगी।
- **स्वास्थ्य लाभ:** भोजन तैयार करने के लिए तेल के बहुत लम्बे समय तक पुन: उपयोग से, विशेषकर गहन तलने (deep-frying) से स्वास्थ्य को खतरा होता है और इससे अनेक रोग हो सकते हैं। उपयोग में लिया गया खाना बनाने का तेल जैव डीजल के लिए एक संभावित कच्चा माल (Feedstock) है। बायो डीजल बनाने के लिए उपयोग में लिए जाने के कारण इस तेल का दुरुपयोग खाद्यान्न उद्योग में रोका जा सकेगा।
- **नगर निगम ठोस अपशिष्ट प्रबन्धन:** अनुमान है कि भारत में 62 एमएमटी (दस लाख मीट्रिक टन) नगर निगम का ठोस अपशिष्ट उत्पन्न होता है।

  ईंधन में गिरावट के लिए अपशिष्ट। प्लास्टिक, एमएसडब्ल्यू (MSW) को बदलने के लिए कई प्रौद्योगिकियां उपलब्ध हैं। इस तरह के अपशिष्ट में एक टन ईंधन में लगभग 20% गिरावट करने की क्षमता है।
- **ग्रामीण क्षेत्रों में आधारभूत निवेश:** एक आकलन के अनुसार, 100 किलो लीटर प्रतिदिन बायो रिफाइनरी के लिए 800 रुपये की पूंजी का निवेश अपेक्षित है। वर्तमान में तेल विपणन कम्पनियां लगभग 1000 करोड़ रुपये के निवेश से 12, 2G जैव रिफाइनरियों की स्थापना कर रही हैं। इनके अलावा, पूरे देश में 2G बायो रिफाइनरियों के अतिरिक्त ग्रामीण क्षेत्रों में मूल संरचनात्मक निवेश को बढ़ावा मिलेगा।
- **रोजगार सृजन:** एक 100 किलो मीटर प्रतिदिन 2G जैव रिफाइनरी संयंत्र परिचालन, गांव स्तरीय उद्यमियों और आपूर्ति शृंखला प्रबंधन में 1200 लोगों का रोजगार सृजन करेगा।
- **किसानों को अतिरिक्त आय:** 2G प्रौद्योगिकियों को अपनाने से कृषि अवशेषों/अपशिष्ट, जो किसानों द्वारा अन्यथा जलाए जाते हैं, इथेनॉल में परिवर्तित किए जा सकते हैं। यदि यह उसी बाजार के लिए विकसित किया गया है, तो उनके लिए मूल्य प्राप्त किया जा सकता है। अतिरिक्त उत्पादन चरण के दौरान किसानों को उनके उत्पाद का उचित मूल्य नहीं मिलने का जोखिम रहता है। इस प्रकार अतिरिक्त अनाज और कृषि बायोमास को परिवर्तित करने से मूल्य स्थिरीकरण में मदद मिलती है।

(इन्फोग्राफिक देखें - जैव ईंधन पर राष्ट्रीय नीति 2018)

विश्व जैव ईंधन दिवस (World Biofuel Day)

- विश्व जैव ईंधन दिवस हर साल 10 अगस्त को मनाया जाता है।
- **उद्देश्य:** पारंपरिक जीवाश्म ईंधन के विकल्प के रूप में गैर-जीवाश्म ईंधन के महत्व के बारे में जागरूकता उत्पन्न करना और जैव ईंधन क्षेत्र में सरकार द्वारा किए गए विभिन्न प्रयासों को उजागर करना।
- **थीम 2022: 'स्थिरता और ग्रामीण आय के लिए जैव ईंधन'**
- इस दिन 1893 में, सर रूडोल्फ डीजल (डीजल इंजन का आविष्कारक) ने पहली बार मूंगफली तेल के साथ मैकेनिकल इंजन को सफलतापूर्वक चलाया।
- उनके शोध प्रयोग ने भविष्यवाणी की थी कि वनस्पति तेल अगली शताब्दी में विभिन्न यांत्रिक इंजनों को ईंधन देने के लिए जीवाश्म ईंधन की जगह लेने वाला है।
- भारत में, पेट्रोलियम और प्राकृतिक गैस मंत्रालय (MoPNG) हर साल विश्व जैव ईंधन दिवस मनाता है।

स्टारडस्ट 1.0, जैव ईंधन पर चलने वाला पहला रॉकेट (Stardust 1.0, the first rocket to run on biofuel)

स्टारडस्ट 1.0, जैव ईंधन पर चलने वाला पहला रॉकेट स्टारडस्ट 1.0 को 31 जनवरी, 2021 को अमेरिका के मेन लॉरिंग कॉमर्स सेंटर से लॉन्च किया गया था।

- यह जैव ईंधन द्वारा संचालित पहला **वाणिज्यिक अंतरिक्ष प्रक्षेपण** बन गया है, जो पारंपरिक रूप से इस्तेमाल किए जाने वाले रॉकेट ईंधन के विपरीत पर्यावरण के लिए गैर-विषाक्त है।
- स्टारडस्ट 1.0 छात्र उपग्रहों और कम वित्तीय लागत के पेलोड के लिए एक अनुकूल लॉन्च वाहन है।

3.11 ऊर्जा संगम – 2015 / पहल (URJA SANGAM- 2015/ PAHAL)

भारत सरकार ने भारतीय समाज के गरीब वर्गों को लाभान्वित करने के लिए सम्पन्न वर्ग को स्वेच्छा से एलपीजी सब्सिडी छोड़ने का अनुरोध किया। सरकार द्वारा यह बात वैश्विक ऊर्जा शिखर सम्मेलन- 2015 (नई दिल्ली में) के उद्घाटन भाषण के दौरान रखी गई।

- प्रधानमंत्री ने स्वेच्छा से एलपीजी सब्सिडी परित्याग करने के लिए **"गिव इट अप (Give it up)"** अभियान आरंभ किया। केंद्र सरकार ने अगले पांच वर्षों में पाइपलाइन प्राकृतिक गैस (PNG) की पहुंच अगले 1 करोड़ घरों तक बढ़ाने का लक्ष्य रखा है।
- भारत की स्वतंत्रता की प्लेटिनम जयंती के अवसर पर प्रधानमंत्री ने देश के उत्पादन में वृद्धि की मांग की, जिससे देश के ऊर्जा आयात भार को न्यूनतम 10 प्रतिशत (2022 तक) कम किया जा सके। उन्होंने कहा कि विश्व का सबसे बड़ा नकद सब्सिडी अंतरण कार्यक्रम, जो सीधे बैंक खातों में एलपीजी सब्सिडी के हस्तांतरण में मदद करता है। **पहल (PAHAL)** के परिणामस्वरूप रिसाव समाप्त हो गए हैं तथा भ्रष्टाचार को कम किया गया है।

कुछ अन्य जैव ईंधन

बायोब्यूटेनोल

बायो-गैस

बायोडीजल

बायोइथेनॉल

जैव ईंधन पर राष्ट्रीय नीति 2018

2025-26 तक पेट्रोल में इथेनॉल के 20% मिश्रण और 2030 तक डीजल में 5% बायोडीजल के मिश्रण का सांकेतिक लक्ष्य प्रस्तावित है।

उन्नत जैव ईंधन पर जोर देने के साथ, यह नीति अतिरिक्त कर प्रोत्साहन, 1G जैव ईंधन की तुलना में उच्च खरीद मूल्य के अलावा 6 वर्षों में 2G इथेनॉल जैव रिफाइनरियों के लिए 5000 करोड़ रुपये की व्यवहार्यता अंतर वित्त पोषण योजना का संकेत देती है।

जैव ईंधन का बुनियादी जैव ईंधनों में वर्गीकरण - पहली पीढ़ी (1G) का बायोएथेनॉल एवं बायोडीजल और "उन्नत जैव ईंधन" - दूसरी पीढ़ी (2G) इथेनॉल, ड्रॉप-इन ईंधन, शैवाल आधारित तीसरी पीढ़ी (3G) जैव ईंधन।

मध्यवर्ती (B-Molasses), गन्ने का रस, अन्य चीनी युक्त सामग्री और क्षतिग्रस्त तथा अधिशेष खाद्यान्न को प्रोत्साहित करके इथेनॉल खरीद के लिए कच्चे माल का दायरा बढ़ाना।

देश भर में बायोमास का मूल्यांकन करके राष्ट्रीय बायोमास भंडार विकसित करना।

गैर-खाद्य तिलहनों, प्रयुक्त खाना पकाने के तेल, कम समय में पकने वाली फसलों से बायो डीजल उत्पादन को प्रोत्साहित किया जाएगा और आपूर्ति श्रृंखला तंत्र का विकास किया जाएगा।

जैव ईंधन फीडस्टॉक उत्पादन, पहचाने गए फीडस्टॉक से उन्नत रूपांतरण प्रौद्योगिकियों के क्षेत्र में अनुसंधान, विकास और प्रदर्शन पर जोर।

पेट्रोलियम और प्राकृतिक गैस मंत्रालय और जैव ईंधन पर कार्य समूह के तहत राष्ट्रीय जैव ईंधन समन्वय समिति (एनबीसीसी) की स्थापना।

- उन्होंने गन्ना किसानों की मदद करने, बायो डीजल को बढ़ावा देने तथा पूर्वी भारत में गैस ग्रिड को बढ़ावा देने के लिए डीजल की कीमतों, इथेनॉल तथा इथेनॉल मिश्रित पेट्रोल को नियंत्रण से हटाने का उल्लेख किया।

3.12 उज्ज्वला योजना (UJJWALA YOJNA)

- इसकी शुरुआत प्रधानमंत्री द्वारा 1 मई, 2016 को बलिया (उत्तर प्रदेश) से की गई थी। इस योजना का उद्देश्य **गरीबी रेखा से नीचे आने वाले परिवारों के लिए 8 करोड़ रसोई गैस कनेक्शन उपलब्ध कराना है।** यह योजना गरीबी रेखा से नीचे रहने वाले परिवार के लिए प्रत्येक एलपीजी कनेक्शन को वित्तीय सहायता प्रदान करती है। राज्य सरकारों और संघ राज्य क्षेत्रों के परामर्श से ही परिवारों की पहचान की जाएगी।

प्रधानमंत्री उज्ज्वला योजना के बारे में

- इस योजना के तहत केंद्र द्वारा प्रति कनेक्शन 1600 रुपये की वित्तीय सहायता के साथ गरीबी रेखा से नीचे (सामाजिक-आर्थिक जातिगत जनगणना- SECC के अनुसार) के परिवार की एक वयस्क महिला सदस्य को ऋण मुक्त एलपीजी कनेक्शन दिया गया है।
- पात्र परिवारों की पहचान राज्य सरकारों और संघ राज्य क्षेत्रों के परामर्श से की जाती है। इस योजना का क्रियान्वयन पेट्रोलियम एवं प्राकृतिक गैस मंत्रालय द्वारा किया जा रहा है।

योजना के कुछ मुख्य उद्देश्य इस प्रकार हैं:

- महिला सशक्तिकरण तथा उनकी स्वास्थ्य सुरक्षा
- जीवाश्म ईंधन पर आधारित खाना पकाने से संबंधित गंभीर स्वास्थ्य खतरों को कम करना
- अस्वच्छ खाना पकाने वाले ईंधन से भारत में मरने वालों की संख्या को कम करना
- बच्चों को जीवाश्म ईंधन के कारण घर के अंदर वायु प्रदूषण के कारण होने वाली गम्भीर श्वसन संबंधी बीमारियों से बचाना

एलपीजी अपनाना क्यों आवश्यक है?

- भारतीय, विशेषकर महिलाएं एवं लड़कियों का एक बड़ा वर्ग ठोस ईंधनों, जैसे-बायोमास, गोबर के कण्डे और खाना बनाने के लिए कोयले के उपयोग से गम्भीर **घरेलू वायु प्रदूषण** के सम्पर्क में हैं। स्वास्थ्य एवं परिवार कल्याण मंत्रालय की एक रिपोर्ट में **घरेलू वायु प्रदूषण को भारत में बीमारी बढ़ाने वाला दूसरा प्रमुख जोखिम कारक माना गया है।**
- विश्व स्वास्थ्य संगठन के अनुसार, **भारत में सभी मौतों और रुग्णताओं (Morbidity) में से 13% के लिए ठोस ईंधन का उपयोग उत्तरदायी है** और 30% फेफड़ों संबंधी विकारों, 20% हृदय रोग फेफड़ों का कैंसर, श्वसन संबंधी संक्रमण का कारण यह ठोस ईंधन बनता है।

> **अब केरल देश का पहला धूम्र रहित राज्य बनने जा रहा है,** जहां सार्वजनिक क्षेत्र की तेल कम्पनियां 100% एलपीजी पहुंच सुनिश्चित कर रही हैं।
> - एलपीजी का वितरण वाणिज्यिक खरीद से परे **पेट्रोलियम मंत्रालय की प्रधानमंत्री उज्ज्वला योजना के तहत किया जा रहा है।**

उज्ज्वला 2.0 (Ujjwala 2.0)

प्रधानमंत्री श्री नरेंद्र मोदी ने उज्ज्वला 2.0 का शुभारंभ 10 अगस्त, 2021 को वीडियो कॉन्फ्रेंसिंग के माध्यम से महोबा उत्तर प्रदेश में एलपीजी कनेक्शन सौंपकर किया था।

उज्ज्वला 1.0 से उज्ज्वला 2.0 तक का सफर

उज्ज्वला 1.0 के दौरान बीपीएल परिवारों की 5 करोड़ महिला सदस्यों को एलपीजी कनेक्शन देने का लक्ष्य रखा गया था। इसके बाद, योजना का विस्तार अप्रैल 2018 में सात और श्रेणियों (एससी/एसटी, पीएमएवाई, एएवाई, अति पिछड़ा वर्ग, चाय बागान, वनवासी, द्वीप समूह) की महिला लाभार्थियों को शामिल करने हेतु किया गया था। साथ ही, लक्ष्य को संशोधित कर 8 करोड़ एलपीजी कनेक्शन कर दिया गया। यह लक्ष्य तिथि से सात माह पूर्व अगस्त 2019 में हासिल किया गया था।

वित्त वर्ष 21-22 के केंद्रीय बजट में पीएमयूवाई योजना के तहत एक करोड़ अतिरिक्त एलपीजी कनेक्शन के प्रावधान की घोषणा की गई थी। इन **एक करोड़ अतिरिक्त पीएमयूवाई कनेक्शन (उज्ज्वला 2.0 के तहत) का उद्देश्य उन कम आय वाले परिवारों को जमा-मुक्त एलपीजी कनेक्शन प्रदान करना है, जिन्हें पीएमयूवाई के प्रथम चरण के तहत कवर नहीं किया जा सकता था।**

3.13 प्रधानमंत्री ऊर्जा गंगा (Pradhan Mantri Urja Ganga)

भारतीय गैस प्राधिकरण लिमिटेड (Gas Authority of India Ltd.), भारत में शहर के गैस वितरण हेतु एक अग्रणी माध्यम है। पेट्रोलियम मंत्रालय ने मार्च 2017 को भुवनेश्वर एवं कटक के बीच 1750 करोड़ रुपये की **नगर गैस वितरण परियोजना** शुरू की, जिससे पूर्वी भारत को जगदीशपुर- हल्दिया तथा बोकारो-धामर प्राकृतिक गैस पाइपलाइन के माध्यम से प्राकृतिक गैस ग्रिड कनेक्शन से जोड़ने की दिशा में एक बड़ा कदम उठाया जा सके।

गैस पाइपलाइन परियोजना का उद्देश्य वाराणसी के निवासियों और बाद में बिहार, झारखण्ड, पश्चिम बंगाल और ओडिशा जैसे राज्यों के लाखों लोगों को खाना पकाने क लिए गैस उपलब्ध कराना है। सरकार का अनुमान है कि करीब 5 लाख गैस सिलेण्डर सालाना ग्रामीण क्षेत्रों में भेजे जाएंगे।

प्राधिकरण के अनुसार, **20 लाख परिवारों को पीएनजी (PNG) कनेक्शन प्राप्त होंगे।** इस परियोजना को भारत के पूर्वी क्षेत्र के सामूहिक विकास एवं संवृद्धि की दिशा में एक बड़ा कदम माना जाता है। भारतीय गैस प्राधिकरण ने 11000 किलोमीटर लम्बाई तक फैली ट्रंक पाइपलाइनों का एक जाल बनाया है। ऊर्जा गंगा परियोजना के साथ इसमें 2540 किलोमीटर लंबाई और बढ़ेगी।

उत्तर-पूर्व गैस पाइपलाइन ग्रिड परियोजना

पूर्वोत्तर में गैस पाइपलाइन ग्रिड परियोजना के कार्यान्वयन के लिए सार्वजनिक क्षेत्र की 5 तेल एवं प्राकृतिक गैस कम्पनियों ने संयुक्त उद्यम समझौते पर हस्ताक्षर किए हैं।

ये पांच कम्पनियां हैं- **आईओसीएल (IOCL), ओएनजीसी (ONGC), गेल (GAIL), ओआईएल (OIL)** तथा **नुमालीगढ़ रिफाइनरी लिमिटेड (NRL)**।

समझौते पर हस्ताक्षर करने वाली संयुक्त उद्यम कम्पनी प्राकृतिक गैस पाइपलाइन ग्रिड का विकास, निर्माण, संचालन और रखरखाव करेगी।

- प्रस्तावित गैस पाइपलाइन ग्रिड गुवाहाटी को उत्तर-पूर्व के शहरों एवं अन्य मुख्य केंद्रों से जोड़ेगी।
- यह परियोजना प्रधानमंत्री श्री नरेन्द्र मोदी की महत्वाकांक्षी ऊर्जा गंगा परियोजना के तहत चलाई जा रही है।
- इस क्षेत्र के सभी राज्यों की राजधानियों को जोड़ने के अलावा यह पाइपलाइन राष्ट्रीय गैस ग्रिड के साथ भी लाई जाएगी।
- गुवाहाटी से, इस पाइपलाइन का विस्तार एक तरफ- नुमालीगढ़, दीमापुर, कोहिमा और इम्फाल तक; तो दूसरी तरफ शिलांग, आइजोल और अगरतला तक; तो तीसरी ओर गंगाटोक के सिलीगुड़ी से बरौनी तक तथा बरौनी से गुवाहाटी आने वाली गैस पाइपलाइन को जोड़ा जाएगा।

पूर्वोत्तर गैस पाइपलाइन ग्रिड परियोजना (North East Gas Pipeline Grid Project)

- प्रस्तावित गैस पाइपलाइन ग्रिड गुवाहाटी को प्रमुख पूर्वोत्तर शहरों और प्रमुख भार केंद्रों से जोड़ेगा।
- यह परियोजना महत्वाकांक्षी ऊर्जा गंगा गैस पाइपलाइन परियोजना के तहत कार्यान्वित की जा रही है।
- यह क्षेत्र में सभी राज्यों की राजधानियों को जोड़ने के अलावा, पाइपलाइन बरौनी-गुवाहाटी गैस पाइपलाइन के माध्यम से राष्ट्रीय गैस ग्रिड से भी जुड़ेगी, जिसे गेल द्वारा बिछाया जा रहा है।
- पाइपलाइन उद्योगों के लिए ईंधन के अलावा घरों और सीएनजी से ऑटोमोबाइल के लिए पाइप्ड कुकिंग गैस की आपूर्ति को सक्षम करेगा।
- 1656 किलोमीटर लंबी प्राकृतिक गैस पाइपलाइन NEGG (नॉर्थ ईस्ट गैस ग्रिड) परियोजना ने अपना 70% कार्य 31 मार्च, 2023 तक समाप्त होने वाले वित्तीय वर्ष में और संपूर्ण परियोजना 31 मार्च, 2024 तक पूरा करने का लक्ष्य रखा है।

3.14 ग्रामीण विद्युतीकरण (Rural Electrification)

भारत की आबादी का लगभग 80% (जनगणना 2011), जिनमें 167.8 मिलियन परिवार हैं, ग्रामीण क्षेत्रों में निवास करता है। ग्रामीण विद्युतीकरण में, ग्रामीण अर्थव्यवस्था का आधार अक्सर देखा जाता है। ग्रामीण विद्युतीकरण के मुख्य पहलू निम्न हैं:

1. ग्रामीण विद्युतीकरण अवसंरचना की स्थापना, जिससे घरों में संयोजकता (Connectivity) प्रदान की जा सके।
2. आपूर्ति की जाने वाली ऊर्जा की पर्याप्त वांछित गुणवत्ता।
3. सस्ती दरों पर विद्युत आपूर्ति।
4. स्वच्छ, पर्यावरणीय रूप से सौम्य और सतत् ऊर्जा की कुशलतापूर्वक और प्रभावी तरीके से आपूर्ति।

नोट: भारत सरकार के नवीनतम आंकड़ों (अप्रैल 2016) के अनुसार 58.5 मिलियन घरों में अभी भी ग्रिड विद्युत की कमी है। 2001 में, कुल निवासों में से 55.8% तथा 2011 में, कुल निवासों में से 67.2% विद्युतीकृत थे। विद्युतीकरण की धीमी गति, अतीत में नीति की और अनियमितता के कारण है। इसके अलावा, संस्थागत और संगठन स्तरों पर राजनीतिक अर्थव्यवस्था के मामले और बाधाओं जैसे अन्य मुद्दे भारत में ग्रामीण विद्युतीकरण की धीमी गति का कारण बन रहे हैं।

3.14.1 ग्रामीण विद्युतीकरण नीति, 2005 (Rural Electrification Policy, 2005)

ग्रामीण विकास में तेजी लाने का सबसे महत्वपूर्ण उपाय ग्रामीण विद्युतीकरण में तेजी लाना है। राष्ट्रीय विद्युत नीति (National Electricity Policy) के अनुसार, ग्रामीण क्षेत्रों के साथ सभी क्षेत्रों में विद्युत आपूर्ति अधिनियम की धारा 6 (Section 6) में आज्ञापत्रित है, जो ऊर्जा क्षेत्रकों के लिए मुख्य विकास उद्देश्य को दर्शाती है। ऊर्जा मंत्रालय द्वारा की गई व्यापक परामर्श प्रक्रिया के माध्यम से ग्रामीण विद्युतीकरण के लिए यह राष्ट्रीय नीति तैयार की गई है।

नीति के लक्ष्य हैं:

- वर्ष 2009 तक सभी घरों में विद्युत उपलब्धता का प्रावधान
- उचित दर पर गुणवत्ता और विश्वसनीय विद्युत की आपूर्ति
- 2012 तक प्रति परिवार प्रतिदिन न्यूनतम जीवन रेखा खपत 1 इकाई

हालांकि, इन लक्ष्यों को हासिल करना अभी बाकी है।

कुछ गुणों के साथ ग्राम पंचायत द्वारा जारी प्रमाण-प्रत्र के आधार पर आर.ई.पी. (REP) ने विद्युतीकृत गांवों की परिभाषा बदल दी है। ग्रामीण विद्युतीकरण को एक स्थायी रूप से प्राप्त करने के लिए, ग्रामीण अर्थव्यवस्था को बढ़ावा देने के लिए, आय निर्माण गतिविधियों का सृजन करने पर बड़े पैमाने पर ध्यान दिया जाना चाहिए।

ग्रामीण विद्युतीकरण के लिए दृष्टिकोण (Approach to Rural Electrification)

- ग्रिड कनेक्टिविटी (Grid Connectivity) गांवों के विद्युतीकरण का सामान्य तरीका है।
- ऐसे गांव जहां ग्रिड कनेक्टिविटी संभव नहीं है, वहां विद्युत आपूर्ति हेतु स्टैंड अलोन प्रणाली, जो ऑफ ग्रिड समाधान पर आधारित है, का प्रयोग किया जा सकता है।
- स्थानीय वितरण नेटवर्क (Local Distribution Network) के साथ विकेंद्रीकृत वितरित जनरेशन सुविधाओं (Decentrailsed Distributed Generation Facilities) को विद्युत उत्पादन के लिए परंपरागत या गैर-परंपरागत प्रणाली का प्रयोग करना चाहिए।
- राज्य सरकार के 6 महीनों के भीतर, सभी ग्रामीणों तक पहुंच प्रदान करने के लक्ष्य को हासिल करने के लिए ग्रामीण विद्युतीकरण संयंत्रों को सूचित करना चाहिए।
- ग्रामीण विद्युतीकरण योजना में रेखांकन और विस्तृत विद्युतीकरण वितरण तंत्र तैयार किया जाना चाहिए।

नोट: ग्रामीण विद्युतीकरण निगम लिमिटेड (Rural Electrification Corporation Ltd.) ऊर्जा मंत्रालय के तहत् भारत सरकार का उद्यम है, जो ग्रामीण विद्युतीकरण को लागू करने के लिए नोडल एजेंसी है।

3.14.2 राजीव गांधी ग्रामीण विद्युतीकरण योजना – आर.जी.जी.वी.वाई. (Rajiv Gandhi Rural Electrification Scheme - RGGVY)

5 वर्षों में देश के सभी परिवारों को विद्युत प्रदान करने के राष्ट्रीय सामान्य न्यूनतम कार्यक्रम (Nation Common Minimum Programme) के उद्देश्य पूर्ति के लिए 4 अप्रैल, 2005 को केंद्र सरकार द्वारा शुरू किया गया था। इस योजना का उद्देश्य एक लाख से अधिक अविद्युतीकृत गांवों का विद्युतीकरण और लगभग 2.34 करोड़ ग्रामीण परिवारों को विद्युत कनेक्शन प्रदान करना है। अनुमानित लागत ₹ 51000 करोड़ है। इस योजना के लिए 100 या उससे अधिक आबादी वाले गांव योग्य हैं। यह योजना ज्यादातर लोगों को मुफ्त कनेक्शन के जरिए गरीबी रेखा के नीचे के परिवारों (बी.पी.एल.) को लाभ प्रदान करने के लिए कार्यान्वित की जा रही है। केंद्र सरकार 90% अनुदान के रूप में तथा 10% ऋण के रूप में प्रदान करता है, जो आर.ई.सी. (REC-ग्रामीण विद्युत निगम) द्वारा सभी राज्यों को प्रदान किया जाता है। आर.ई.सी. इस योजना के लिए मुख्य नोडल कार्य एजेंसी है।

लक्ष्य (Aim)

- नए दिशा-निर्देशों के अनुसार प्रत्येक गांवों के साथ, प्रत्येक आवास का विद्युतीकरण करना
- हर ग्रामीण परिवार के लिए उचित विद्युत
- बिना शुल्क हर बी.पी.एल. परिवार को विद्युत कनेक्शन प्रदान करना

शर्तें और कार्यान्वयन प्रणाली (Conditions & Implementation Methodology)

- मुख्य कार्य समुचित निष्पादन के लिए जिला बोर्ड की तैयारी है
- सार्वजनिक क्षेत्र की उचित भागीदारी
- 6-8 घंटे की दैनिक आपूर्ति
- कॉन्ट्रेक्टर के खाते मे सीधे इलेक्ट्रॉनिक फण्ड ट्रांसफर
- गुणवत्ता निगरानी प्रबंधन की तीन स्तरीय व्यवस्था (Three Tier System of Quality Monitoring Management)

3.14.3 दीनदयाल उपाध्याय ग्राम ज्योति योजना (DDUGJY)

DDUGJY, मोदी सरकार की एक महत्वपूर्ण पहल के रूप में ग्रामीण भारत को निरंतर बिजली आपूर्ति देने के लिए डिजाइन की गई है। भारत सरकार की यह योजना मौजूदा राजीव गांधी ग्रामीण विद्युतीकरण योजना के स्थान पर लागू होगी। यह प्रधानमंत्री मोदी द्वारा 25 जुलाई, 2015 को पटना में शुरू की गई थी। यह ऊर्जा मंत्रालय के प्रमुख कार्यक्रमों में से एक है और यह 24×7 विद्युत आपूर्ति की सुरक्षा प्रदान करेगी।

इस योजना की प्रेरणा गुजरात सरकार के समान अन्वेषण योजना से ली गई है। यह ग्रामीण इलाकों में बहुत-से बहुप्रतीक्षित (Awaited) सुधारों को शुरू करने मे सक्षम होगी। यह **फीडर वियोजन (Feeder Seperation)** (ग्रामीण घर और कृषि), उप-संचरण और वितरण के अवसंरचना को सुदृढ़ करने पर केंद्रित है। इसमें ग्रामीण क्षेत्रों में सभी स्तरों पर मीटरिंग (Metering) शामिल है। इससे ग्रामीण घरों को और कृषि उपभोक्ताओं को पर्याप्त विद्युत प्राप्त करने में मदद मिलेगी। RGGYY को इस नए योजना के रूप में अपने ग्रामीण विद्युतीकरण घटक के रूप में लाया गया है। इसके कार्यान्वयन के लिए लागत ₹ 76,000 करोड़ है, जिसमें ₹ 63,000 करोड़ भारत सरकार की ओर से अनुदान स्वरूप प्राप्त होगा। हजारों किलोमीटर की लम्बी नई लाइनें डाली जाएंगी और सैकड़ों नए उप-केंद्रों (Sub-stations) की योजना बनाई जाएगी इस योजना की सफलता कृषि उत्पादकता और सभी घरों के विद्युतीकरण में सुधार सुनिश्चित करेगी।

- DDUGJY के दो प्रमुख घटक हैं, जो फीडर अलगाव (Feeder Seperation) तथा 2019 तक सभी के लिए ऊर्जा प्राप्ति है, (जो RGGYY में शामिल नहीं थे)। सरकार देश में अंतिम संभावित स्थिति तक विद्युत देने के लिए कार्य कर रही है और इसके लिए विभिन्न उपायों की शुरुआत की गई है। लक्ष्य 2019 तक सभी गांवों के विद्युतीकरण को पूरा करना है।
- DDUGJY योजना का लक्ष्य ग्रामीण घरों में विद्युत आपूर्ति में सुधार करना है तथा साथ ही शिखर भार (Peak Load) में कमी करना है।

उद्देश्य (Objectives)

- सभी गांवों को विद्युतीकरण प्रदान करना।
- फीडर वियोजन (Feeder Separation) ताकि किसानों को पर्याप्त विद्युत तथा अन्य उपभोक्ता को नियमित विद्युत आपूर्ति की जा सके।
- आपूर्ति की गुणवत्ता और विश्वसनीयता बढ़ाने के लिए उप-संचरण और वितरण संरचना में सुधार।
- घाटे को कम करने हेतु मीटरिंग।

लाभ (Benefits)

- सभी गांवों और परिवारों का विद्युतीकरण किया जाएगा
- कृषि उपज में वृद्धि
- छोटे और घरेलू उद्योगों का व्यवसाय बढ़ाने में उपयोगी
- स्वास्थ्य, शिक्षा, ए.टी.एम. सेवाओं में सुधार
- रेडियो, टेलीफोन, मोबाइल आदि की पहुंच में सुधार
- बिजली की उपलब्धता के कारण सामाजिक सुरक्षा में सुधार
- स्कूलों, पंचायतों आदि में विद्युत की पहुंच
- ग्रामीण क्षेत्रों में व्यापक विकास के लिए अवसरों में वृद्धि

3.14.4 सौभाग्य : सहज बिजली हर घर योजना (SAUBHAGYA : Sahaj Bijli Har Ghar Yojna)

केंद्रीय ऊर्जा मंत्रालय ने 25 सितम्बर, 2017 को 'प्रधानमंत्री सहज बिजली हर घर योजना' (पण्डित दीन दयाल उपाध्याय की जयंती पर) शुरू की थी। इसका लक्ष्य विद्युत संयोजकता (Connectivity) प्रदान करके देश के सभी भागों में सार्वभौमिक घरेलू विद्युतीकरण (सभी ग्रामीण और सभी ग्रामीण और शहरी गरीब परिवारों के लिए) प्राप्त करना है। इन परिवारों की पहचान सामाजिक-आर्थिक जातिगत जनगणना- 2011 के आधार पर की जाएगी।

ग्रामीण विद्युतीकरण निगम लिमिटेड (REC) पूरे भारत में सौभाग्य योजना के कार्यान्वयन के लिए नोडल एजेंसी है। इसके त्वरित कार्यान्वयन के लिए ग्रामीण क्षेत्रों में मोबाइल एप्लीकेशन सार्वजनिक संस्थानों/ग्राम पंचायतों की सहायता से घरेलू सर्वेक्षण किया जाएगा, जो कि आवेदन और दस्तावेज

जमा करने के लिए अधिकृत किए जाएंगे। वे पंचायत राज संस्थानों (PRI) और शहरी स्थानीय निकायों के परामर्श से राजस्व का वितरण एवं संग्रहण करेंगे।

गरीबी रेखा से ऊपर (एपीएल) परिवारों के लिए 10 समान किश्तों में कुल 500 रुपये देय होंगे, लेकिन बीपीएल कार्डधारकों को नि:शुल्क बिजली कनेक्शन प्राप्त होंगे।

दूरदराज और दुर्गम क्षेत्रों में बैटरी सहित 200 से 300 वाट के सौर ऊर्जा पैक में अगले 5 वर्षों के लिए 5 एलईडी लाइटें, 1 डीसी पंखा, 1 डीसी पॉवर प्लग होगा।

योजना का कुल परिव्यय 16320 करोड़ रुपये है, जबकि सकल बजटीय सहायता (GBS) 12320 करोड़ रुपये है। यह एक केंद्र सरकार की योजना है। SAUBHAGYA के लॉन्च के बाद से 31 मार्च, 2021 तक कुल 2.817 करोड़ घरों का विद्युतीकरण किया गया। इसके बाद, कुछ राज्यों ने पुन: बताया कि 11.84 लाख घरों का विद्युतीकरण किया जाना बाकी है। इन घरों के विद्युतीकरण को पुन: मंजूरी दी गई, अब तक कुल 2.86 करोड़ घरों का विद्युतीकरण किया जा चुका है (अंतिम अपडेट 15 दिसंबर, 2022 तक)।

इस योजना के अनेक परिणाम होंगे, जैसे- स्वास्थ्य सेवाओं में सुधार, शिक्षा सेवाओं, विभिन्न आर्थिक गतिविधियों और रोजगार, जीवन की गुणवत्ता में सुधार, विशेष रूप से महिलाओं के लिए, का विकास होगा। हर व्यक्ति रेडियो, मोबाइल, टेलीविजन आदि से जुड़ सकेगा। इससे पर्यावरण उन्नयन (Upgradation) (प्रकाश के लिए मिट्टी के तेल के पूर्ण प्रतिस्थापन्न के कारण) भी होगा।

3.15 उज्ज्वल डिस्कॉम एश्योरेंस योजना (Ujwal Discom Assurance Yojana)

उदय (UDAY) भारत की विद्युत वितरण कम्पनियों (डिस्कॉम) के लिए वित्तीय परिवर्तन और पुनर्जीवन पैकेज है और इससे भी महत्वपूर्ण, यह एक महत्वपूर्ण समस्या का स्थायी समाधान है। यह प्रधानमंत्री की वहनीय तथा सुगम्य 24×7 शक्ति (ऊर्जा) की सर्व सुलभता की कल्पना को साकार करने का एक रास्ता है। यह एक और निर्णायक कदम है और इससे पिछले वर्षों में बिजली क्षेत्र में ऐतिहासिक प्रगति हुई है। वित्तीय रूप से तनावग्रस्त असुविधा पर्याप्त रूप से काम नहीं कर पाती क्योंकि वैधता के मुद्दों में ये डिस्कॉम दोषपूर्ण चक्र में फस जाती हैं तथा इन्हें ऋण की उपलब्धता नहीं हो पाती। उदय (UDAY) के द्वारा अतीत के स्थायी और भावी मुद्दों के पर्याप्त एवं स्थायी समाधान के लिए डिस्कॉम को सहायता प्रदान की गई है। यह योजना डिस्कॉम को अलग-अलग पहलों (initiatives) से अगामी 2 से 3 तीन वर्षो के लिए भी तैयार रहने को सशक्त बनाती है। इस योजना के तहत् आगामी 2-3 वर्षों में निम्नलिखित चार पहलें अपनायी जाएंगी:

- बिजली वितरण कंपनियों की परिचालन क्षमता में सुधार
- बिजली की लागत में कमी
- वितरण कंपनियों की ब्याज लागत में कमी
- राज्य वित्त के साथ समन्वयन के माध्यम से वितरण कंपनियों पर वित्तीय अनुशासन लागू करना

उदय सहकारी और प्रतिस्पर्द्धी संघवाद के सर्वोत्तम सिद्धांतों के उपयोग का एक ज्वलंत उदाहरण है।

विशेषताएं

- 30 सितंबर, 2015 की स्थिति के अनुसार वितरण कंपनियों का 75% ऋण राज्यों द्वारा दो वर्षों में अधिगृहीत किया जाएगा। यह अधिग्रहण वर्ष 2015-16 में 50% तथा 2016-17 में 25% होगा।
- भारत सरकार द्वारा 2015-16 और 2016-17 वित्तीय वर्ष में संबंधित राज्यों की राजकोषीय घाटे की गणना में उदय योजना के तहत् राज्यों द्वारा अधिग्रहित ऋण शामिल नहीं किया जाएगा।
- राज्य गैर-एसएलआर बाजार/ वित्तीय संस्थानों/ बैंक हॉल्डिंग डिस्कॉम ऋण जारी करेंगे।
- राज्य द्वारा नहीं किए गए डिस्कॉम ऋण को ब्याज दर सहित ऋण में 0.1% की बैंक की आधार दर से अधिक नहीं बदला जाएगा।
- राज्य भविष्य में डिस्कॉम के नुकसान की भरपाई करेंगे।
- उदय और इसके अनुसार कार्य करने वाले राज्यों को दीन दयाल उपध्याय ग्राम ज्योति योजना, एकीकृत विद्युत विकास योजना (Integrated Power Development Scheme) और ऊर्जा क्षेत्र विकास निधि (Power Sector Development Fund) के माध्यम से अतिरिक्त धन दिया जाएगा।
- इस योजना की घोषणा नवम्बर 2015 में बिजली, कोयला और नवीन और नवीकरणीय ऊर्जा मंत्री द्वारा की गई थी।
- अब तक 31 राज्य / केंद्र शसित प्रदेश इस योजना से जुड़े चुके हैं। मिजोरम शामिल होने वाला 27वां राज्य हैं।

3.15.1 पुनरोत्थान वितरण क्षेत्र योजना (Revamped Distribution Sector Scheme)

यह योजना हाल ही में भारत सरकार द्वारा सभी डिस्कॉम के बेहतर संचालन और वित्तीय स्थिरता के लिए शुरू की गई है। **RDSS ने 20.46** करोड़ प्री-पेड स्मार्ट उपभोक्ता मीटर, **54** लाख स्मार्ट डीटी मीटर और **1.98** लाख स्मार्ट फीडर मीटर को मंजूरी दी (**9 फरवरी, 2023** तक अंतिम अपडेट)।

योजना की मुख्य विशेषताएं

- यह **सुधार आधारित एवं परिणाम बद्ध योजना है।**
- इसका उद्देश्य निजी क्षेत्र की डिस्कॉम को छोड़कर सभी डिस्कॉम/विद्युत विभागों की परिचालन क्षमता एवं वित्तीय स्थिरता में सुधार करना है।
- इस योजना में डिस्कॉम के आपूर्ति बुनियादी ढांचे को मजबूत करने हेतु सशर्त वित्तीय सहायता के प्रावधान की परिकल्पना की गई है।
- **यह सहायता पूर्व-अर्हता मानदंडों को पूर्ण करने के साथ-साथ** डिस्कॉम द्वारा बुनियादी न्यूनतम बेंचमार्क की उपलब्धि पर आधारित होगी।

- इस योजना में वितरण क्षेत्र में एक अनिवार्य स्मार्ट मीटरिंग पारिस्थितिकी तंत्र शामिल है - जिसमें बिजली फीडर से लेकर उपभोक्ता स्तर तक, लगभग 250 मिलियन परिवार शामिल हैं।
- यह योजना फीडर पृथक्करण हेतु असंबद्ध फीडरों के लिए वित्त पोषण पर भी ध्यान केंद्रित करती है।
- इस योजना में **किसानों हेतु बिजली की आपूर्ति में सुधार लाना तथा कृषि फीडरों के सौरकरण के माध्यम से उन्हें दिन के समय** बिजली उपलब्ध कराने पर विशेष ध्यान दिया गया है।

कार्यान्वयन

- योजना के कार्यान्वयन हेतु नोडल एजेंसियां **ग्रामीण विद्युतीकरण निगम (REC)** लिमिटेड एवं पावर फाइनेंस कॉर्पोरेशन (PFC) हैं।

योजना के उद्देश्य

1. अखिल भारतीय स्तर पर औसत कुल तकनीकी एवं वाणिज्यिक हानि को वर्ष 2024-25 तक 12-15% तक कम करना।
2. वर्ष 2024-25 तक बिजली की लागत और जिस कीमत पर इसकी आपूर्ति की जाती है, के बीच के घाटे को कम करना।
3. आधुनिक डिस्कॉम हेतु संस्थागत क्षमताओं का विकास करना।
4. वित्तीय रूप से टिकाऊ एवं परिचालन रूप से कुशल वितरण क्षेत्र के माध्यम से उपभोक्ताओं को बिजली आपूर्ति की गुणवत्ता, विश्वसनीयता एवं सामर्थ्य में सुधार करना।
5. इन श्रमिकों को केवल गैस कनेक्शन प्राप्त करने हेतु अपने आवासीय पते की स्व-घोषणा प्रस्तुत करने की आवश्यकता होगी।

3.16 उजाला योजना (Unnat Jyoti by Affordable LEDs for All - UJALA Scheme)

केंद्र सरकार ने राष्ट्रव्यापी कार्यक्रम भी शुरू किया है, ताकि ऊर्जा की कम खपत करके ऊर्जा संरक्षण किया जा सके। इसके बाद सरकारी संगठन **एनर्जी एफिसिएन्शी सर्विसेज लिमिटेड** (EESL) ने मार्च, 2015 में घरेलू सक्षम प्रकाश कार्यक्रम (डीईएलपी) के तहत एलईडी बल्बों के वितरण के लिए योजना शुरू की। लेकिन मार्च 2016 में इस योजना को नया रूप मिला और इसका नाम उजाला (UJALA) रखा गया।

इस योजना का मुख्य उद्देश्य कुशल प्रकाश को बढ़ावा देना, ऐसे उपकरणों के उपयोग में वृद्धि करना है, जो बिलों को कम करते हैं तथा पर्यावरण संरक्षण में सहायता करना है। इस योजना के अन्तर्गत मार्च, 2015 से चरणबद्ध तरीके से एलईडी बल्बों का वितरण किया जाता है। वर्तमान में भारत के 9 राज्यों- उत्तराखण्ड, हिमाचल प्रदेश, आंध्र प्रदेश, झारखण्ड और कर्नाटक आदि में यह योजना चल रही है। 28 जून, 2016 तक लगभग 123 मिलियन एलईडी बल्बों का वितरण हुआ है, जो प्रतिदिन लगभग 43 मिलियन किलोवाट बिजली की बचत के बराबर है, जिससे 3205 मेगावाट की मांग आपूर्ति होती है।

ग्राम उजाला

इस कार्यक्रम के तहत ऊर्जा दक्षता सेवा लिमिटेड (EESL) के पूर्ण स्वामित्व वाली सहायक कंपनी कन्वर्जेंस एनर्जी सर्विसेज लिमिटेड (CESL) ग्रामीण क्षेत्रों में 10 रुपये प्रति बल्ब की किफायती लागत पर उच्च गुणवत्ता वाले एलईडी बल्ब वितरित करेगी।

कार्यान्वयन

काम कर रहे पारंपरिक बल्ब जमा करने के एवज में ग्रामीण उपभोक्ताओं को 3 साल की वारंटी के साथ 7 वाट और 12 वाट के LED बल्ब दिए जाएंगे।

- प्रत्येक घर को अधिकतम 5 LED मिलेंगे।
- लाभ लेने वाले ग्रामीण परिवारों के घरों में उपयोग के लिए मीटर भी लगाए जाएंगे।

वित्तपोषण तंत्र

- कार्यक्रम पूरी तरह से कार्बन क्रेडिट के माध्यम से वित्त पोषित किया जाएगा और भारत में इस तरह का पहला कार्यक्रम होगा।
- कार्बन क्रेडिट से अर्जित राजस्व में से प्रति LED बल्ब पर 60 रुपये का योगदान होगा, शेष 10 रुपये का ग्रामीण उपभोक्ता द्वारा भुगतान किया जाएगा।

3.17 ग्रामीण विद्युतीकरण की चुनौतियां (Challenges Behind Rural Electrification)

ग्रामीण विद्युतीकरण में बहुत-सी चुनौतियों का सामना करना पड़ता है। दीन दयाल उपाध्याय ग्राम ज्योति योजना तथा अन्य विभिन्न कार्यक्रमों के दौरान ग्रिड विस्तार के आधार पर ग्रामीण विद्युतीकरण संवर्द्धन में मुख्य बाधाओं का सामना करना पड़ रहा है, जैसे- उच्च ग्रिड विस्तार लागत और कम वसूली, उच्च दर पर अत्यधिक सब्सिडी वाला टैरिफ, कम प्रशुल्क प्राप्त करने का स्तर, बिजली आधारित आपूर्ति का अभाव और रखरखाव एवं संचालन में अधिक खर्च आदि। स्थायी एवं वहनीय ग्रामीण विद्युतीकरण उपलब्धि आय उत्पादन की गतिविधियों के सृजन पर ध्यान देने के लिए आवश्यक है, जिससे ग्रामीण क्षेत्रों में अर्थव्यवस्था में सुधार होता है। इसके बदले में ये वहनीय सेवाएं ग्रामीण घरों के लिए उपयोगी होंगी और जनता उन सेवाओं की प्रतिपूर्ति के लिए तैयार है।

राष्ट्रीय सौर मिशन को पारम्परिक ग्रिड के साथ सूक्ष्म लघु ग्रिड के समन्वय पर चर्चा करनी चाहिए तथा इसे ग्रामीण विद्युतीकरण पर भी अपना ध्यान केन्द्रित करना चाहिए। ग्रामीण विद्युतीकरण का कार्यक्रम ग्रामीण समुदायों के स्थायी आर्थिक विकास पर केन्द्रित होना चाहिए। इस प्रकार, ग्रामीण विद्युतीकरण योजना ग्रामीण विकास के समग्र एजेंडे का एक हिस्सा होनी चाहिए और उसे विभिन्न अन्य सामाजिक योजनाओं से जोड़ा जाना चाहिए।

3.18 नई अन्वेषण व लाइसेंसिंग नीति (NELP) और हाइड्रोकार्बन अन्वेषण व लाइसेंसिंग नीति (HELP)

3.18.1 'एनईएलपी' (नई अन्वेषण व लाइसेंसिंग नीति) ['NELP' (New Exploration Licensing Policy)]

नई अन्वेषण लाइसेंसिंग नीति (New Exploration Licensing Policy) 1997 में लाई गई तथा यह फरवरी 1999 में प्रकाश में आई।

नई अन्वेषण व लाइसेंसिंग नीति की विशेषताएं [Salient Features of New Exploration Licensing Policy (NELP)]

- भारतीय बेसिनों के गहन अन्वेषण के लिए निजी भागीदारी
- अत्यंत गहरे जल तथा सीमांत क्षेत्रों में अन्वेषण की संभावनाएं व अवसर प्रदान करने हेतु कार्य करना
- अन्वेषण तथा खनन में नई पीढ़ी की अत्याधुनिक तकनीक का उपयोग
- सभी सहभागी कंपनियों को समान अवसर
- निविदा मूल्यांकन प्रणाली में पारदर्शिता

वर्तमान तंत्र तथा नई अन्वेषण लाइसेंसिंग नीति के साथ समस्याएं: पिछले 18 वर्ष से यह तेल और गैस की खोज तथा उत्पादन के लिए नीति व्यवस्था है। वर्तमान प्रणाली के साथ निम्न समस्यायें हैं:

1. ***विभिन्न हाइड्रोकार्बन के लिए अलग नीतियां:*** वर्तमान में विभिन्न हाइड्रोकार्बन, जैसे- पारंपरिक तेल तथा गैस, कोयला तल मीथेन, शेल गैस तथा गैस हाइड्रेट्स के लिए अलग नीतियां तथा लाइसेंसिंग प्रक्रिया है। व्यवहार में, वर्तमान फ्रेमवर्क प्राकृतिक संसाधनों के दोहन करने में अक्षमता की ओर ले जाता है।
2. ***लाभ साझाकरण राजस्व मॉडल एवं नई अन्वेषण लाइसेंसिंग नीति (NELP) के अंतर्गत:*** वर्तमान व्यवस्था लाभ साझाकरण तथा उत्पादन साझाकरण संविदा के सिद्धांत पर आधारित है। इसके अनुसार अगर कोई संविदाकार (Contractor) तेल या गैस का पता लगाता है, तो निविदा के अनुसार सरकार के साथ लाभ प्रतिशत साझा करना होगा वहीं दूसरी ओर लाभ न होने की स्थिति में सरकार को केवल रॉयल्टी और सेस का भुगतान किया जाता है।
3. ***अन्वेषण कुछ क्षेत्रों तक सीमित है:*** अन्वेषण वर्तमान में उन ब्लॉकों तक सीमित है, जिसके लिए सरकार द्वारा निविदा (Tender) जारी की जाती है।
4. ***अनुचित मूल्य निर्धारण:*** वर्तमान में गैस के उत्पादक की कीमत सरकार द्वारा तय की जाती है। इससे राजस्व में कमी, मुकदमेबाजी, विवाद तथा मध्यस्थताओं की समस्या सामने आ रही है।
5. ***कुछ मामलों में अनुचित रॉयल्टी शुल्क:*** रॉयल्टी तय करते समय वर्तमान प्रणाली कम खर्च और जोखिम वाले उथले पानी के क्षेत्र तथा अधिक खर्च व गहराईयों वाले गहरे पानी के क्षेत्र में प्रभावी अंतर नहीं कर पाती है।

3.18.2 हाइड्रोकार्बन अन्वेषण व लाइसेंसिंग नीति (Hydrocarbon Exploration and Licensing Policy)

हाइड्रोकार्बन अन्वेषण तथा लाइसेंसिंग नीति को मार्च 2016 में सरकार की स्वीकृति मिली, जिसके अंतर्गत अन्वेषण, उत्पादन तथा लाइसेंसिंग के लिए नई संविदात्मक और राजकोषीय नीति लाने का संकेत दिया गया है। यह नई अन्वेषण तथा लाइसेंसिंग नीति का स्थान लेगा, जो पिछले 18 वर्षों से अस्तित्व में है। हाइड्रोकार्बन अन्वेषण तथा लाइसेंसिंग प्रणाली के अंतर्गत तेल, गैस, कोयला-तल मीथेन आदि सभी हाइड्रोकार्बन के लिए समान लाइसेंसिंग प्रणाली लाने का प्रावधान है।

विशेषताएं

- हाइड्रोकार्बन के सभी स्वरूपों के उत्खनन एवं उत्पादन के लिए एक समान लाइसेंस
- अन्वेषण की छूट
- राजस्व भागीदारी वाले मॉडल के संचालन में आसानी
- उत्पादित कच्चे तेल एवं प्राकृतिक गैस के लिए विपणन एवं मूल्य निर्धारण संबंधी आजादी

उद्देश्य

- घरेलू तेल एवं गैस के उत्पादन को बढ़ाना
- पर्याप्त निवेश के अवसर पैदा करना
- रोजगार के अवसर पैदा करना
- पारदर्शिता में वृद्धि करना
- प्रशासनिक विवेकाधिकार में कमी लाना

HELP की महत्ता

यह तेल एवं गैस अन्वेषण नीति के आधुनिकीकरण का मार्ग प्रशस्त करता है। इस नीति से तेल, गैस तथा अन्य हाइड्रोकार्बन के लिए नई अन्वेषण गतिविधियों को बढ़ावा मिलने तथा आयात निर्भरता में कमी की उम्मीद है। यह पेट्रोलियम क्षेत्र में रोजगार के अवसरों में वृद्धि कर सकता है। इसमें इस क्षेत्र में पर्याप्त निवेश लाने की क्षमता है। विवाद, भ्रष्टाचार, प्रशासनिक देरी, प्रशासनिक विवेकाधिकार, मध्यस्थता तथा मुकदमेबाजी में भी कमी आने की उम्मीद है।

3.19 स्मार्ट ग्रिड (Smart Grid)

स्वचालित व्यवहार में आपूर्तिकर्ताओं तथा उपभोक्ताओं के व्यवहार के बारे में सूचना एवं संचार प्रौद्योगिकी का उपयोग कर आंकड़ा इकट्ठा करने तथा सूचना पर कार्य करने हेतु यह एक विद्युत ग्रिड है। यह प्रणाली नेटवर्क में ऊर्जा आपूर्ति तथा खपत में परिवर्तनों का निरीक्षण तथा प्रतिक्रिया दिखाने में सक्षम है।

स्मार्ट ग्रिड डिजिटल तकनीक की उपयोगिता (Utility) और उसके ग्राहकों के मध्य दो तरफा संचार तथा पारेषण (Transmission) लाइन के साथ संवेदन की अनुमति प्रदान करता है। स्मार्ट ग्रिड में नियंत्रण, कम्प्यूटर स्व-चालन और नई प्रौद्योगिकियों तथा उपकरणों को साथ मिलकर काम करना होगा, बिल्कुल उसी तरह जैसे वे इंटरनेट में हैं, हालांकि अंतर यही

है कि ये तकनीकें विद्युत ग्रिड के साथ काम करेंगीं ताकि हमारी तेजी से बदलती हुई बिजली की मांग के साथ डिजिटल प्रतिक्रिया उत्पन्न हो सके।

स्मार्ट ग्रिड 'राज्य आकलन' (State Estimation) जैसी तकनीकों की तैनाती करेगा, जो गलती का पता लगाकर उसमें सुधार कर सकता है और तकनीशियनों के हस्तक्षेप के बिना नेटवर्क को स्वयं से ठीक करने की अनुमति दे सकता है। बिजली की विश्वसनीय आपूर्ति तथा प्राकृतिक आपदाओं या हमले के प्रति कम भेद्यता (Vulnerability) इन ग्रिड से होने वाले फायदों में शामिल होगी।

स्मार्ट ग्रिड का महत्व

1. कार्बन फुटप्रिंट में कमी
2. स्व-उपचार
3. वितरण प्रबंधन तथा निर्णय समर्थन सॉफ्टवेयर में सुधार
4. वितरण के लिए स्व-चालित नियंत्रण
5. दक्षता से वृद्धि
6. संवेदन व मापन तकनीकी

स्मार्ट ग्रिड आपूर्तिकर्ताओं और उपभोक्ताओं के मध्य व्यवस्थित संचार के लिए अनुमति देता है। यह ऑपरेटर और उपभोक्ता दोनों को परिचालन रणनीतियों में अधिक लचीला और परिष्कृत होने की अनुमति देता है।

लाभ

- विद्युत का पारेषण (Transmission) अधिक कुशल हो जाएगा।
- विद्युत गड़बड़ी के तुरंत बाद बिजली को बहाल किया जा सकता है।
- उपयोगिता (Utilities) के लिए संचालन तथा प्रबंधन लागत में कमी, जो अंततः उपभोक्ताओं के लिए कीमत में कमी के रूप में फायदेमंद साबित होता है।
- पीक मांग में कमी।
- नवीकरणीय ऊर्जा प्रणालियों के एकीकरण में वृद्धि हो सकती है।
- ग्राहक-मालिक बिजली उत्पादन प्रणालियों का बेहतर एकीकरण जिसमें बेहतर सुरक्षा के साथ नवीकरणीय ऊर्जा प्रणाली शामिल है।

3.20 नेट मीटरिंग (Net Metering)

जो उपभोक्ता अपने स्वयं के लिए कुछ या अधिक बिजली उत्पन्न करते हैं, उन्हें पैदा करने के समय के बजाय किसी भी समय पर वह बिजली उपयोग करने की सुविधा सौर ऊर्जा के लिए विशेष रूप से महत्वपूर्ण क्योंकि ये प्रेषण योग्य नहीं हैं। मासिक शुद्ध मीटरिंग उपभोक्ताओं को दिन और रात के दौरान उत्पन्न सौर ऊर्जा का उपयोग तथा उत्पन्न पवन ऊर्जा का उपयोग महीने में बाद के किसी दिन किया जा सकेगा।

नेट मीटरिंग एक योग्य नीति है, जो कि निजी निवेश को नवीकरणीय ऊर्जा के क्षेत्र में गति प्रदान करती है।

नेट मीटरिंग का इतिहास: नेट मीटरिंग संयुक्त राज्य अमेरिका में उत्पन्न हुई। वहां पर छोटे पवन टरबाईनों और सोलर पैनलों को विद्युत ग्रिड से जोड़ा गया था और उपभोक्ता उत्पन्न बिजली का उपयोग भिन्न समय में करने में सक्षम होना चाहते थे। **मिनेसोटा (Minnesota) को सामान्यतः 1983 में प्रथम नेट मीटरिंग कानून के पारित होने के रूप में उद्धृत किया गया है।**

भारत में नेट मीटरिंग के प्रभाव: अनेक भारतीय राज्यों मे निवल मापन शुरू हुआ है। तमिलनाडु, कर्नाटक और आन्ध्र प्रदेश जैसे राज्यों ने नेट मीटरिंग का कार्यान्वयन शुरू कर दिया है और संबंधित राज्य बिजली बार्डों ने 2014 में नीति की घोषणा की है।

नेट मीटरिंग के विवाद: नेट मीटरिंग विवादास्पद है, क्योंकि यह अनेक प्रकार के प्रभावों से ग्रिड को प्रभावित करती है।

नेट मीटरिंग के लाभः

- ग्राहकों को अपने बिजली बिल पर नियंत्रण देना
- रोजगार सृजन और निजी निवेश को प्रोत्साहित करना
- विद्युत ग्रिड की सुरक्षा

3.21 ऊर्जा दक्षता ब्यूरो स्टार लेबल (Bureau of Energy Efficiency Star Label)

भारत सरकार ने ऊर्जा संरक्षण अधिनियम, 2001 के अन्तर्गत 1 मार्च, 2002 को ऊर्जा दक्षता ब्यूरो (BEE) की स्थापना की। ऊर्जा दक्षता ब्यूरो का उद्देश्य ऊर्जा संरक्षण अधिनियम, 2001 की समग्रता के भीतर भारतीय अर्थव्यवस्था की ऊर्जा की तीव्रता को कम करने के प्राथमिक उद्देश्य के साथ स्व-विनियमन और बाजार के सिद्धान्तों पर जोर देते हुए नीतियों एवं रणनीतियों के विकास में सहायता करना है। इसे सभी पणधारकों (Stakeholders) की सक्रिय भागीदारी से हासिल किया जाएगा, जिसके परिणामस्वरूप सभी क्षेत्रों में ऊर्जा दक्षता त्वरित और निरन्तर रूप से अपनाई जाएगी।

ऊर्जा दक्षता ब्यूरो स्टार लेबल एक मानक और लेबलिंग कार्यक्रम है, जो विभिन्न स्तरों पर ऊर्जा और विभिन्न प्रकार के उपकरणों (विपणन, घरेलू और अन्य उपकरणों) की लागत की बचत की क्षमता के बारे में उपभोक्ता को संतुष्टि प्रदान करता है।

इसे वर्तमान में कम्प्यूटर, प्रत्यक्ष ठण्डे रेफ्रिजरेटर, स्थिर प्रकार के वॉटर हीटर, जलीय पम्प सेट, फ्रॉस्ट फ्री रेफ्रिजरेटर, कमरे के एयर कंडीशनर, छत वाला पंखा, ओपन व पनबिजली पंप सेट, डीजल इंजन, चलित एक पंप आदि उपकरणों के लिए इस्तेमाल किया जाता है। कृषि प्रयोजनों के लिए डीजल जनरेटर सेट वितरण ट्रांसफॉर्मर, घरेलू गैस स्टोव, मोनोसेट पंप, सॉलिड स्टेट इन्वर्टर, ऑफिस ऑटोमेशन उत्पाद, एलईडी लैंप, इनवर्टर एसी, रंगीन टेलीविजन और सामान्य प्रकार के औद्योगिक मोटर के लिए इसका प्रयोग किया जाता है।

3.22 एक राष्ट्र, एक ग्रिड (One Nation One Grid)

यह मुख्य भूमि भारत में एक उच्च वोल्टेज इलेक्ट्रिक पावर ट्रांसमिशन नेटवर्क होगा, जो बिजलीघरों और प्रमुख उपकेंद्रों को जोड़ता है और यह सुनिश्चित करेगा कि मुख्य भूमि भारत में कहीं भी उत्पादित बिजली का उपयोग कहीं और मांग को पूरा करने के लिए किया जा सकता है।

राष्ट्रीय ग्रिड का विकास

1. क्षेत्रीय आधार पर ग्रिड प्रबंधन 1961 में शुरू हुआ।
2. प्रारंभ में, राज्य ग्रिड को एक क्षेत्रीय ग्रिड बनाने के लिए आपस में जोड़ा गया था, और भारत को उत्तरी, पूर्वी, पश्चिमी, उत्तर पूर्वी और दक्षिण ी क्षेत्र जैसे 5 क्षेत्रों में सीमांकित किया गया था। अगस्त 2006 में उत्तर और पूर्व ग्रिड आपस में जुड़े हुए थे, जिससे 4 क्षेत्रीय ग्रिड उत्तरी, पूर्वी, पश्चिमी और उत्तर पूर्वी ग्रिड समकालिक रूप से जुड़े गए और एक आवृत्ति पर एक केंद्रीय ग्रिड का संचालन कर रहे थे।
3. 31 दिसंबर 2013 को, दक्षिणी क्षेत्र को सिंक्रोनस मोड में सेंट्रल ग्रिड से जोड़ा गया था, जिसमें 765वाट रायचूर-सोलापुर ट्रांसमिशन लाइन को चालू किया गया था जिससे एक राष्ट्र-वन ग्रिड-वन फ्रीक्वेंसी प्राप्त हो सके।

एक राष्ट्रीय ग्रिड के लाभ

1. बेहतर उपलब्धता के परिणामस्वरूप कम बिजली कटौती।
2. ऊर्जा में अधिक स्थिरता।
3. बेहतर सिंक्रोनाइजेशन।

3.23 ऊर्जा मॉडलिंग (Energy Modelling)

- ऊर्जा मॉडलिंग या ऊर्जा प्रणाली मॉडलिंग, ऊर्जा प्रणालियों के कंप्यूटर मॉडल बनाने की प्रक्रिया है, ताकि उनका विश्लेषण किया जा सके।
- इस तरह के मॉडल अक्सर खेल में तकनीकी और आर्थिक स्थितियों के बारे में विभिन्न मान्यताओं की जांच के लिए परिदृश्य विश्लेषण को नियोजित करते हैं।
- आउटपुट में सिस्टम व्यवहार्यता, ग्रीन हाउस गैस उत्सर्जन, संचयी वित्तीय लागत, प्राकृतिक संसाधन उपयोग और जांच के तहत सिस्टम की ऊर्जा दक्षता शामिल हो सकती है।

ऊर्जा मॉडलिंग फोरम (EMF)

- संयुक्त राज्य अमेरिका में एनर्जी मॉडलिंग फोरम (ईएमएफ) की स्थापना 1976 में स्टैनफोर्ड विश्वविद्यालय में सरकार, उद्योग, विश्वविद्यालयों और अन्य शोध संगठनों के प्रमुख मॉडलिंग विशेषज्ञों और निर्णय निर्माताओं को जोड़ने के लिए की गई थी।
- यह मंच ऊर्जा और पर्यावरण से संबंधित समसामयिक मुद्दों पर चर्चा करने के लिए एक निष्पक्ष मंच प्रदान करता है।

इंडिया एनर्जी मॉडलिंग फोरम

- इसे संयुक्त राज्य अमेरिका-भारत सामरिक ऊर्जा साझेदारी के तहत **नीति आयोग (NITI Aayog) और यूनाइटेड स्टेट्स एजेंसी फॉर इंटरनेशनल डेवलपमेंट (USAID)** द्वारा संयुक्त रूप से लॉन्च किया गया था।
- **संरचना:** फोरम में जानकारी (ज्ञान) भागीदार, डेटा एजेंसियां और संबंधित सरकारी मंत्रालय शामिल होंगे।
- **एक अंतर-मंत्रालयी:** समिति का गठन नीति आयोग द्वारा किया जाएगा और इसकी अध्यक्षता इसके सीईओ करेंगे, और इसमें पेट्रोलियम और प्राकृतिक गैस मंत्रालयों के वरिष्ठ अधिकारी शामिल होंगे; शक्ति; नई और नवीकरणीय ऊर्जा; कोयला; पर्यावरण, वन और जलवायु परिवर्तन; और विज्ञान और प्रौद्योगिकी विभाग। यह समिति अध्ययन/मॉडलिंग गतिविधियों की समीक्षा करेगी और अनुसंधान को दिशा-निर्देश और नए क्षेत्र प्रदान करेगी।
- **एक संचालन समिति:** यह समिति अध्ययन के लिए उठाए जाने वाले नीतिगत मुद्दों को सूचीबद्ध करेगी और विशिष्ट अध्ययन/मॉडलिंग अभ्यासों के आधार पर विभिन्न कार्यबलों का गठन कर सकती है।

फोरम का उद्देश्य है

1. महत्वपूर्ण ऊर्जा और पर्यावरण संबंधी मुद्दों की जांच के लिए एक मंच प्रदान करना;
2. भारत सरकार को निर्णय लेने की प्रक्रिया की जानकारी देना;
3. मॉडलिंग टीमों, सरकार और ज्ञान भागीदारों, फंडर्स के बीच सहयोग में सुधार;
4. विचारों के आदान-प्रदान को सुगम बनाना, उच्च गुणवत्ता वाले अध्ययनों का उत्पादन सुनिश्चित करना;
5. विभिन्न स्तरों और विभिन्न क्षेत्रों में ज्ञान अंतराल की पहचान करना;
6. भारतीय संस्थानों की क्षमता निर्माण।

3.24 भारत में ऊर्जा चुनौतियां (Energy Challenges in India)

भारत की करीब एक-तिहाई जनता विद्युत आपूर्ति से वंचित है। ऐसा माना जाता है कि धीमे आर्थिक विकास का एक मुख्य कारण ऊर्जा गरीबी है। अत: संपूर्ण आबादी के लिए ऊर्जा की उपलब्धता सुनिश्चित करना, भारतीय नीति-निर्माताओं के प्राथमिकताओं में से एक रहा है। सरकार के नीति-निर्धारण में ऊर्जा सुरक्षा का प्रमुख योगदान है।

भारत में ऊर्जा सुरक्षा का तात्पर्य वैसी अवस्था से है, जहां हम प्रत्येक नागरिक को उसकी भुगतान क्षमता से परे उनकी ऊर्जा जरूरतों को पूरा करने के लिए सुरक्षित एवं सुविधाजनक ऊर्जा निरंतर प्रतिस्पर्द्धी कीमतों पर, झटके व अवरोधों पर विचार करते हुए उपलब्ध करा सकें।

हालांकि भारत ने ईंधन में विविधता लाने की नीति अपनाई थी, लेकिन भारत में उपलब्ध थोरियम हाइड्रोकार्बन आदि के अधिकतम उपयोग को मुख्य दिया गया था। तत्कालीन राष्ट्रपति ए.पी.जे. अब्दुल कलाम ने शून्य निर्भरता हासिल करने तथा नवीकरणीय ऊर्जा स्रोतों पर जाने की बात कही।

भारत की चुनौतियां

1. भारत की प्राथमिक चुनौती एक स्थिर आर्थिक विकास को बनाए रखना है। अर्थव्यवस्था की कार्यप्रणाली को उच्च तथा इसे मजबूत बनाए रखने के लिए पूर्ण रूप से विकसित ऊर्जा क्षेत्र सर्वाधिक महत्व रखता है। भारत के ऊर्जा क्षेत्र में दो प्रमुख चुनौतियां हैं।
   - विभिन्न ईंधन क्षेत्रों में ऊर्जा की कमी के फलस्वरूप बिजली की कमी जो बदले में आर्थिक तथा सामाजिक विकास को बाधित करती है।

- कम घरेलू उत्पादन भारत को घाटे की स्थिति में डालता है, इसलिए ऊर्जा उत्पादन हेतु ईंधनों का आयात करना पड़ता है।
- *ऊर्जा सुरक्षा में बढ़ोत्तरी:* ऊर्जा स्रोतों के आयात पर निर्भरता के पीछे मुख्य कारण विकासशील अर्थव्यवस्था की उच्च मांग है। यह निर्भरता भविष्य की हमारी ऊर्जा सुरक्षा की नीतियों पर सवाल करती है।

2. **ऊर्जा वितरण एवं आपूर्ति की सुनिश्चितता:** बिजली उत्पादन के लिए कोयला एवं प्राकृतिक गैस की कमी भारत के ऊर्जा क्षेत्र के महत्वपूर्ण मुद्दे हैं। असंतोषजनक कोयला आपूर्ति के मुख्य कारण हैं:
   - भारत में उच्च गुणवत्ता वाले एथ्रेंसाइट कोयले के पर्याप्त भंडार की अनुपलब्धता
   - भूमि अधिग्रहण की समस्यायें, सख्त पर्यावरण मंजूरी तथा विलंबित खनन के कारण उत्पादन में कमी
   - उच्च मूल्य असमानता तथा आयात अवसंरचना में कमी के कारण कोयले का नियंत्रित आयात
3. **ऊर्जा परियोजना अवसंरचना की चुनौतियां:** विद्युत क्षेत्र में अपर्याप्त उपकरण तथा सेवाओं की कमी एक बड़ी समस्या है।
4. **ग्रामीण विद्युतीकरण:** ग्रामीण भारत का विद्युतीकरण उच्च आर्थिक विकास तथा रोजगार प्राप्त करने की कुंजी है, जो अंततः गरीबी उन्मूलन में सहायक होगी। अभी भी ऐसे गांवों की संख्या हजारों में है, जहां बिजली पहुंचना अभी बाकी है।
5. **अक्षय ऊर्जा स्रोत का विकास:** ऊर्जा सुरक्षा हेतु अक्षय ऊर्जा स्रोतों का विकास अपरिहार्य है। इसके साथ ही हमें निम्न कदम उठाने की जरूरत है:
   - रोशनी के लिए केरोसिन की जगह लालटेन के प्रयोग को बढ़ावा।
   - भारत में बायोमास प्रचुरता में उपलब्ध है, अतः इसके पूर्ण दोहन हेतु तकनीक का विकास किया जाना जरूरी है।
   - जल विद्युत क्षमता के लिहाज से भारत विश्व में पांचवें स्थान पर है, लेकिन अब तक 25% से भी कम का उपयोग संभव हो सका है। इस दिशा में हमें प्रगति करने की जरूरत है।
   - भू-तापीय ऊर्जा का उपयोग भू-तापीय ऊर्जा संयंत्र को चलाने में किया जा सकता है, हालांकि इस दिशा में अपेक्षित प्रयास देखने को नहीं मिला है।
6. **नाभिकीय ऊर्जा का उपयोग:** निरंतर प्रयास एवं प्रतिबद्धताओं के बावजूद भारत की परमाणु ऊर्जा क्षमता अत्यंत कम है। भारत वर्तमान में 6.7 गीगावॉट विद्युत का उत्पादन परमाणु ऊर्जा के द्वारा कर रहा है, जो अत्यंत कम है। भारत इस मामले में दुनिया में 13वें पायदान पर खड़ा है। परमाणु ऊर्जा का विकास न होने का मुख्य कारण वैश्विक समुदाय द्वारा भारत को अलग-थलग किया जाना तथा भारत द्वारा थोरियम आधारित परमाणु विकास कार्यक्रमों पर जोर देना है। यदि परमाणु ऊर्जा के इस्तेमाल की दिशा में समुचित प्रयास किए जाएं, तो ऊर्जा चुनौतियों से निपटा जा सकता है।

   यदि परमाणु ऊर्जा तथा नवीकरणीय ऊर्जा स्रोतों के उपयोग तथा विकास पर ध्यान दिया जाए, तो यह ऊर्जा की कमी को हल करने में भारत की संभावनाओं को बढ़ाएगा। यह आयात पर बढ़ते दबाव को कम करने के साथ-साथ भारत में व्यावहारिक व्यापारिक अवसर भी पैदा करेगा।
7. **संतत् विकास की दिशा में प्रयास:** ऊर्जा क्षेत्र को बढ़ावा देना भारत की सर्वोच्च प्राथमिकताओं में शामिल है। ऊर्जा सुरक्षा, आर्थिक विकास तथा गरीबी उन्मूलन के मध्य घनिष्ठ संबंध हैं। सबसे बड़ी चुनौती पर्यावरण को नुकसान पहुंचाए बिना आर्थिक विकास को गति देने की है।

संतुलित ऊर्जा मिश्रण, जिसका मतलब है- सभी पारंपरिक स्रोतों के उपयोग तथा अक्षय ऊर्जा के बढ़ते हिस्से के मध्य पर्याप्त संतुलन देश को स्थायी विकास की चुनौतियों, बढ़ती आबादी के लिए भोजन, ईंधन एवं पानी की बुनियादी जरूरतों को पूरा करने हेतु कई उद्देश्यों को प्राप्त करने में सक्षम होगा।

3.25 भारत की ऊर्जा नीति (Energy Policy of India)

ऊर्जा जनन में भारत की क्षमता: भारत गैर-नवीकरणीय (मुख्यतः कोयला, पेट्रोलियम, प्राकृतिक गैस) तथा नवीकरणीय (जल विद्युत, पवन ऊर्जा, सौर, बायोमास एवं बायोगैस) दोनों प्रकारों के ऊर्जा संसाधनों का उपयोग करता है।

भारत की ऊर्जा नीति का मुख्य उद्देश्य, सामाजिक, पर्यावरणीय तथा अन्य नीतिगत उद्देश्यों के साथ आपूर्ति एवं विश्वसनीयता में सुरक्षा व स्थिरता प्राप्त करते हुए देश की ऊर्जा जरूरतों को वास्तविक संसाधनों में सबसे कम संभव लागत पर पूरा करना है।

3.26 एकीकृत ऊर्जा नीति (Integrated Energy Policy)

लाखों नागरिकों की बढ़ती आकांक्षाओं को पूरा करने के लिए ऊर्जा सुरक्षा तथा अन्य महत्वपूर्ण संसाधनों की उपलब्धता सुनिश्चित करने हेतु निर्बाध ऊर्जा आपूर्ति का विजन रखते हुए एक एकीकृत ऊर्जा नीति बनाने की आवश्यकता है।

एकीकृत ऊर्जा नीति का विजन

भारत की योजना आयोग/नीति आयोग द्वारा वर्णित एकीकृत ऊर्जा नीति का मुख्य उद्देश्य ऊर्जा सुरक्षा के मामले में भारत को आत्मनिर्भर बनाना है, जो नागरिकों की पारिवारिक जरूरतों के साथ-साथ अन्य सभी क्षेत्रों के मांग व सेवाओं को पूरा कर सके। इस नीति के माध्यम से न्यूनतम दर पर देश के सभी हिस्सों को सुरक्षित, स्वच्छ एवं सुविधाजनक ऊर्जा की आपूर्ति किए जाने का लक्ष्य रखा गया है। नीतियां तकनीकी रूप से कुशल, आर्थिक रूप से व्यवहार्य तथा पर्यावरण की दृष्टि से सतत् होनी चाहिए। प्रयुक्त ईंधन या ऊर्जा के प्रकार, चाहे वो पारंपरिक हो या गैर-पारंपरिक, प्राथमिक लक्ष्य आपूर्ति की निरंतरता सुनिश्चित करनी चाहिए। ऊर्जा नीति का अंतिम लक्ष्य सबको ऊर्जा सुरक्षा प्रदान करना है।

सतत् विकास

सतत् विकास का प्रत्यक्ष संबंध पर्यावरण की सुरक्षा से है तथा तकनीकी भाषा में इसे इस प्रकार परिभाषित किया जाता है-''सतत् विकास का मतलब विकास के उस रूप से है, जहां हम भविष्य की पीढ़ियों की जरूरतों से समझौता किए बिना वर्तमान की जरूरतें पूरी करते हैं।''

चुनौती

ऊर्जा सुरक्षा के साथ-साथ पर्यावरण संरक्षण, भारत के सतत् विकास की राह में बाधा बनकर उभर रहे हैं।

भारत में एकीकृत ऊर्जा नीति की भूमिका

एकीकृत ऊर्जा नीति भारत के ऊर्जा सुरक्षित राष्ट्र होने की आकांक्षाओं को पूरा करने के साथ-साथ पर्यावरण के प्रति उत्तरदायित्व निभाने की दिशा में एक प्रभावी नीति प्रतीत होती है।

3.27 अंतर्राष्ट्रीय ऊर्जा एजेंसी (International Energy Agency - IEA)

अंतर्राष्ट्रीय ऊर्जा एजेंसी (IEA) ने दुनिया के तीसरे सबसे बड़े ऊर्जा उपभोक्ता भारत को, अपना पूर्णकालिक सदस्य बनने हेतु आमंत्रित किया है।

निहितार्थ

यदि प्रस्ताव स्वीकार कर लिया जाता है, तो नई दिल्ली को **रणनीतिक तेल भंडार को 90 दिनों की आवश्यकता तक बढ़ाने की जरूरत होगी।** भारत का वर्तमान सामरिक तेल भंडार अपनी आवश्यकता के 9.5 दिनों के बराबर है।

पृष्ठभूमि

मार्च 2017 में, भारत आईईए का सहयोगी सदस्य बना था।

आईईए के बारे में

- ओईसीडी के ढांचे के अनुसार वर्ष 1974 में स्थापित, आईईए एक स्वायत्त अंतर सरकारी संगठन है।
- इस मिशन को फोकस के चार मुख्य क्षेत्रों द्वारा निर्देशित किया जाता है: ऊर्जा सुरक्षा, आर्थिक विकास, पर्यावरण जागरूकता तथा दुनिया भर में जुड़ाव।
- मुख्यालय (सचिवालय): पेरिस, फ्रांस।

भूमिकाएं एवं कार्य

- वर्ष 1973-1974 के तेल संकट के मद्देनजर स्थापित, अपने सदस्यों को प्रमुख तेल आपूर्ति व्यवधानों का समाधान करने में मदद हेतु।
- वैश्विक प्रमुख ऊर्जा प्रवृत्तियों पर नजर रखने तथा उनका विश्लेषण करने, ध्वनि ऊर्जा नीति को बढ़ावा देने और बहुराष्ट्रीय ऊर्जा प्रौद्योगिकी सहयोग को बढ़ावा देने हेतु आईईए के अधिदेश का समय के साथ विस्तार हुआ है।

संरचना एवं योग्यता

- वर्तमान में इसके 31 सदस्य हैं। आईईए संगठन में आठ संघ देश भी शामिल हैं। एक भागीदार देश OECD का सदस्य देश होना चाहिए। लेकिन सभी OECD सदस्य आईईए सदस्य नहीं हैं।
- सदस्य बनने हेतु भागीदर देश को यह प्रदर्शित करना होगा कि उसके पास निम्नलिखित हैं:
  1. कच्चे तेल और/या उत्पाद भंडार विगत वर्ष के निवल आयात के 90 दिनों के बराबर है, जिस तक सरकार की तात्कालिक पहुंच है (भले ही वह प्रत्यक्षतः उनके स्वामित्व में न हो) तथा इसका उपयोग वैश्विक तेल आपूर्ति में व्यवधानों को दूर करने हेतु किया जा सकता है।
  2. राष्ट्रीय तेल की खपत को 10% तक कम करने हेतु मांग संयम कार्यक्रम।
  3. **राष्ट्रीय आधार पर समन्वित आपातकालीन प्रतिक्रिया उपायों (CERM)** को संचालित करने हेतु विधान एवं संगठन है।
  4. विधान एवं उपाय यह सुनिश्चित करने हेतु कि उसके अधिकार क्षेत्र के तहत सभी तेल कंपनियां अनुरोध पर जानकारी की रिपोर्ट करती हैं।
  5. आईईए सामूहिक कार्रवाई में अपने अंश का योगदान करने की क्षमता सुनिश्चित करने हेतु उपाय है।

रिपोर्ट

- वैश्विक ऊर्जा और CO_2 स्थिति रिपोर्ट।
- विश्व ऊर्जा आउटलुक।
- विश्व ऊर्जा सांख्यिकी।
- विश्व ऊर्जा संतुलन।
- ऊर्जा प्रौद्योगिकी परिप्रेक्ष्य।

3.28 सार्वजनिक क्षेत्र इकाई एवं अन्य संस्थान (PSUs and Other Organisations)

क्र.सं.	PSU एवं अन्य संस्थाएं	मुख्य विशेषताएं
1.	NTPC लिमिटेड (1975)	एन.टी.पी.सी. लिमिटेड (पूर्व नाम - राष्ट्रीय ताप विद्युत निगम) भारत की सबसे बड़ी विद्युत उत्पादक कम्पनी है। सन् 2016 में विश्व की 2000 सबसे बड़ी कंपनियों में एन.टी.पी.सी. का 400वां स्थान है। मई 2010 को एन.टी.पी.सी. यह प्रतिष्ठा प्राप्त करने वाली चार कंपनियों में से एक महारत्न कंपनी बन गई। यह भारत की सार्वजनिक क्षेत्र की कम्पनी है, जो मुम्बई स्टॉक एक्सचेंज (Bombay Stock Exchange) में पंजीकृत है। इसमें वर्तमान में भारत सरकार का हिस्सा 89.5% है। इसकी स्थापना 07 नवंबर, 1975 को हुई थी।

क्र.सं.	PSU एवं अन्य संस्थाएं	मुख्य विशेषताएं
		कंपनी की कुल संस्थापित क्षमता 50,750 मेगावॉट (संयुक्त उद्यम सहित) है, जिसमें पूरे भारत में स्थित 19 कोयला आधारित और 7 गैस आधारित स्टेशन शामिल हैं। संयुक्त उद्यम के तहत 9 स्टेशन कोयला आधारित हैं तथा 11 अक्षय ऊर्जा परियोजनाएं भी हैं। कंपनी ने वर्ष 2032 तक 1,28,000 मेगावॉट की स्थापित विद्युत क्षमता पैदा करने का लक्ष्य रखा है। यह क्षमता में विविध मिश्रित ईंधन होंगे, जिसमें 56% कोयला, 16% गैस, 11% परमाणु ऊर्जा और हाइड्रो सहित 17% नवीकरणीय ऊर्जा स्रोत होंगे। वर्ष 2032 तक, गैर-जीवाश्म ईंधन आधारित उत्पादन क्षमता एन.टी.पी.सी. की पोर्टफोलियो का लगभग 30% होगी। कंपनी में कुल राष्ट्रीय क्षमता की 17.73 प्रतिशत हिस्सेदारी है, यह उच्च दक्षता पर अपना ध्यान केंद्रित करने के कारण कुल विद्युत उत्पादन में 25.91 प्रतिशत का योगदान देता है। एन.टी.पी.सी. का मुख्य काम ताप विद्युत संयंत्रों का प्रौद्योगिकी, निर्माण एवं संचालन है। यह भारत एवं विदेश की विद्युत उत्पादक कंपनियों को तकनीकी सलाह भी देती है।
2.	**राष्ट्रीय जल विद्युत पॉवर निगम लिमिटेड (NHPC 1975)**	भारत सरकार का उद्यम एन.एच.पी.सी. लिमिटेड (पूर्व नाम नेशनल हाइड्रोइलैक्टिक पॉवर कॉरपोरेशन लिमिटेड) का गठन वर्ष 1975 में रु. 2000 मिलियन की प्राधिकृत पूंजी के साथ किया गया और इसका उद्देश्य पूर्ण रूप से हाइड्रो-इलेक्ट्रिक पॉवर के समेकित एवं दक्ष विकास की योजना बनाना, विकसित करना और संगठित करना है। बाद में एन.एच.पी.सी. लिमिटेड ने अपने ध्येयों को विस्तृत करके इसमें जियोथर्मल, टाइडल एवं पवन आदि जैसे ऊर्जा के अन्य स्रोतों को भी शामिल कर लिया। इस समय एन.एच.पी.सी. लिमिटेड भारत सरकार का 'मिनी रत्न' उद्यम है, जिसकी प्राधिकृत हिस्सा पूंजी रु. 1,50,000 मिलियन है। एन.एच.पी.सी. लिमिटेड देश की हाइड्रो-पॉवर के विकास के लिए एक प्रमुख संगठन है।
3.	**भारतीय पॉवर ग्रिड निगम लिमिटेड (PGCIL)(1989)**	पॉवर ग्रिड को सरकारी तथा राष्ट्रीय बिजली ग्रिड के संचालन की स्थापना के लिए एक सरकारी उद्यम के रूप में शामिल किया गया था, जो विश्वसनीय सुरक्षा के साथ-साथ सभी क्षेत्रों में शक्तियों के हस्तांतरण की सुविधा प्रदान कर सकता हो साथ ही लागत प्रभावी हो। 1 मई, 2019 को भारत सरकार ने इसे 'महारत्न' का दर्जा प्रदान किया।
4.	**ग्रामीण विद्युतीकरण निगम लिमिटेड (REC 1969)**	रूरल इलेक्ट्रीफिकेशन कॉरपोरेशन लि. (आर.ई.सी.); एक महारत्न, ऊर्जा मंत्रालय के अंतर्गत सार्वजनिक क्षेत्र का उद्यम; कंपनी अधिनियम, 1956 के तहत 25 जुलाई, 1969 को निगमन हुआ। आर.ई.सी. भारत सरकार का एक सूचीबद्ध सार्वजनिक क्षेत्र का उद्यम है। इसका मुख्य उद्देश्य पूरे देश में ग्रामीण विद्युतीकरण परियोजनाओं को वित्त पोषित और प्रोन्नत करना है। यह राज्य बिजली बोर्डों, राज्य सरकार के विभागों, ग्रामीण विद्युत सहकारी समितियों को उनके द्वारा प्रायोजित ग्रामीण विद्युतीकरण परियोजनाओं के लिए वित्तीय सहायता प्रदान करता है। आर.ई.सी., रा.बि.बो./राज्य विद्युत यूटिलिटियों को नई दिल्ली में स्थित कॉरपोरेट कार्यालय और 20 फील्ड यूनिटों, जो अधिकतर राज्यों में स्थित है, के जरिए ग्रामीण विद्युतीकरण स्कीमों में निवेश के लिए ऋण सहायता प्रदान करता है।
5.	**पॉवर वित्त निगम, 1986**	पी.एफ.सी. इस क्षेत्र का एक अग्रणी वित्तीय संस्थान एवं गैर-बैंकिंग वित्तीय कंपनी है, जो इस (NBFC) क्षेत्र को विकसित करने हेतु वित्तीय एवं गैर-वित्तीय सहायता प्रदान करती है। यह ऊर्जा मंत्रालय के प्रशासनिक नियंत्रण में वित्तीय सेवा क्षेत्र में अनुसूची में 'महारत्न' कंपनी है। पी.एफ.सी. तकनीकी प्रबंधन सलाहकार तथा परामर्श सेवाएं प्रदान करती है।
6.	**उत्तर-पूर्वी विद्युत निगम**	उत्तर-पूर्वी क्षेत्र के 60% ऊर्जा की मांग इसके द्वारा पूरी की जाती है। यह क्वालिटी में ISO-9001:2000ISO-14001:1996OHSAS- 18001:1999, पर्यावरण में तथा सुरक्षा में है।
7.	**सतलुज जल विद्युत निगम**	भारत सरकार के ऊर्जा मंत्रालय के प्रशासनिक नियंत्रणाधीन भारत सरकार एवं हिमाचल प्रदेश सरकार के एक संयुक्त उपक्रम के रूप में एक मिनी रत्न श्रेणी-एवं शेड्यूल-''ए'' सी.पी.एस.ई. के तौर पर I एस.जे.वी.एन. की स्थापना 24 मई, 1988 को हुई। एस.जे.वी.एन. अब एक सूचीबद्ध कंपनी है जिसमें भारत सरकार एवं हिमाचल प्रदेश सरकार एवं जनता की क्रमशः 64.46%, 25.51% एवं 10.03% शेयर होल्डिंग है। एस.जे.वी.एन. की मौजूदा अभिदत्त एवं अधिकृत पूंजी क्रमशः 4136.63 करोड़ रुपए एवं 7000 करोड़ रुपए है। कंपनी की मौजूदा नेटवर्थ 10,203.40 करोड़ रुपए है। कंपनी ने एकल परियोजना एवं एकल राज्य (अर्थात् हिमाचल प्रदेश में भारत का सबसे बड़ा 1500 मेगावॉट नाथपा-झाकड़ी जल विद्युत स्टेशन) प्रचालन से शुरुआत करके हिमाचल प्रदेश में 412 मेगावॉट का रामपुर जल विद्युत स्टेशन तथा महाराष्ट्र में 47.6 मेगावॉट की खिरवीरे पवन विद्युत परियोजना नामक दो परियोजनाओं को कमीशन किया है। एस.जे.वी.एन. वर्तमान में भारत में हिमाचल प्रदेश, उत्तराखण्ड, बिहार, गुजरात, राजस्थान तथा अरुणाचल प्रदेश के अलावा पड़ोसी देशों, नेपाल एवं भूटान, में विद्युत परियोजना का कार्यान्वयन कर रहा है।
8.	**टिहरी जल विद्युत विकास निगम (THDC India Limited)**	टिहरी में टिहरी जल विद्युत पॉवर कॉम्पलेक्स एवं अन्य जल विद्युत परियोजनाओं, जैसे- भागीरथी नदी एवं इसकी सहायक नदियों की एकीकृत पनबिजली संसाधनों की योजना प्रचार तथा संगठित करने हेतु। THDC इंडिया लिमिटेड (पूर्व में टेहरी हाइड्रो डेवलपमेंट कॉरपोरेशन लिमिटेड), नेशनल थर्मल पावर कॉरपोरेशन लिमिटेड, विद्युत मंत्रालय, भारत सरकार के स्वामित्व में है और एक मिनीरत्न कंपनी है।
9.	**दामोदर घाटी निगम**	दामोदर नदी घाटी निगम की मुख्य परियोजना में चार बांध-मैथन, पंचेत, तिलैया तथा कोनार व बोकारो। बोकारो, चंद्रपुर-दुर्गापुर, मेजिया में ताप ऊर्जा स्टेशन तथा मीथन में एक गैस टरबाईन स्टेशन शामिल है। बाढ़ नियंत्रण, सिंचाई तथा जल विद्युत जनन जैसे उद्देश्यों के लिए यह प्रथम बहुद्देशीय नदी घाटी परियोजना थी।
10.	**भाखड़ा व्यास प्रबंधन**	बोर्ड प्रशासन, रख-रखाव तथा संचालन के साथ-साथ पंजाब, हरियाणा एवं राजस्थान को सिंचाई हेतु जल आपूर्ति तथा चंड़ीगढ़ एवं दिल्ली को पेय जल आपूर्ति के विनियमन हेतु भी जिम्मेदार है।

क्र.सं.	PSU एवं अन्य संस्थाएं	मुख्य विशेषताएं
11.	ऊर्जा व्यापार (Power Trading)	यह बिजली खरीद समझौते में प्रवेश होने हेतु एक इकाई है। यह भारत एवं पड़ोसी देशों के मध्य ऊर्जा के आदान-प्रदान से संबंधित मामलों से निपटने के लिए एक नोडल एजेंसी भी है।
12.	राष्ट्रीय ऊर्जा (National Power)	भारत सरकार के ऊर्जा मंत्रालय के अधीन एक पंजीकृत सोसायटी के रूप में यह ऊर्जा क्षेत्र में मानव संसाधन के विकास हेतु प्रतिबद्ध है। फरीदाबाद में स्थित इसके कॉरपोरेट केंद्र के द्वारा पूरे भारत में 8 संस्थान संचालित किए जा रहे हैं। नेवेली (तमिलनाडु), दुर्गापुर (पश्चिम बंगाल), बदरपुर (नई दिल्ली), नागपुर (महाराष्ट्र) और गुवाहाटी में स्थित क्षेत्रीय संस्थानों की कुल संख्या 5 है।
13.	केंद्रीय ऊर्जा अनुसंधान संस्थान	यह विद्युत ऊर्जा आभियांत्रिकी में प्रायोगिक अनुसंधान को अंजाम देता है। विद्युत उपकरणों के लिए राष्ट्रीय परीक्षण और प्रमाणीकरण प्राधिकरण के रूप में कार्य करते हुए इसे यूरोप के लघु सर्किट टेस्टिंग लीएशनं (STL) के समूह में "ऑब्जर्वर स्टेट्स" दिया गया है।

प्रश्न एवं उत्तर (Questions & Answers)

वस्तुनिष्ठ प्रश्न (Objective Questions)

1. हरित हाइड्रोजन के संदर्भ में, निम्नलिखित कथनों पर विचार कीजिए: *[UPSC (Pre) - 2023]*

1. इसे आंतरिक दहन के लिए ईंधन के रूप में सीधे इस्तेमाल किया जा सकता है।
2. इसे प्राकृतिक गैस के साथ मिलाकर ताप या शक्ति जनन के लिए ईंधन के रूप में इस्तेमाल किया जा सकता है।
3. इसे वाहन चलाने के लिए हाइड्रोजन ईंधन प्रकोष्ठ में इस्तेमाल किया जा सकता है।

उपर्युक्त में से कितने कथन सही हैं?

(a) केवल एक (b) केवल दो
(c) सभी तीन (d) कोई भी नहीं

2. संसार का लगभग तीन-चौथाई कोबाल्ट, जो विद्युत मोटर वाहनों की बैटरी के निर्माण के लिए आवश्यक धातु है, किस देश द्वारा उत्पादित किया जाता है? *[UPSC (Pre) - 2023]*

(a) अर्जेंटीना
(b) बोत्सवाना
(c) कांगो लोकतांत्रिक गणराज्य (डेमोक्रेटिक रिपब्लिक ऑफ द कांगो)
(d) कजाकिस्तान

3. निम्नलिखित भारी उद्योगों पर विचार कीजिए: *[UPSC (Pre) - 2023]*

1. उर्वरक संयंत्र
2. तेलशोधक कारखाने
3. इस्पात संयंत्र

उपर्युक्त में से कितने उद्योगों के विकार्बनन में हरित हाइड्रोजन की महत्वपूर्ण भूमिका होने की अपेक्षा है?

(a) केवल एक (b) केवल दो
(c) सभी तीन (d) कोई भी नहीं

4. भारत में कोयला आधारित तापीय शक्ति संयंत्रों के संदर्भ में, निम्नलिखित कथनों पर विचार कीजिए: *[UPSC (Pre) - 2023]*

1. उनमें से किसी में भी समुद्र जल का उपयोग नहीं होता।
2. उनमें से कोई भी जल संकट वाले जिले में स्थापित नहीं है।
3. उनमें से कोई भी निजी स्वामित्व में नहीं है।

उपर्युक्त में से कितने कथन सही हैं?

(a) केवल एक (b) केवल दो
(c) सभी तीन (d) कोई भी नहीं

5. भारत में कोयला नियंत्रक संगठन (CCO) की क्या भूमिका हैं? *[UPSC (Pre) - 2022]*

1. CCO, भारत सरकार में कोयला सांख्यिकी का प्रमुख स्रोत है।
2. यह बद्ध कोयला/लिग्नाइट खंड के विकास की प्रगति की निगरानी करता है।
3. यह कोयलायुक्त क्षेत्रों के अधिग्रहण के संबंध में सरकार की अधिसूचना के प्रति किसी आपत्ति का अनुश्रवण करता है।
4. यह सुनिश्चित करता है कि कोयला खनन कंपनियां विहित समय में अंतिम उपयोगकर्ताओं को कोयला वितरण करें।

नीचे दिए गए कूट का प्रयोग कर सही उत्तर चुनिए:

(a) केवल 1, 2 और 3 (b) केवल 3 और 4
(c) केवल 1 और 2 (d) 1, 2 और 4

6. निम्नलिखित कथनों पर विचार कीजिए: *[UPSC (Pre) - 2022]*

1. गुजरात में भारत का विशालतम सौर पार्क है।
2. केरल में पूर्णतः सौर शक्तिकृत अन्तर्राष्ट्रीय हवाई अड्डा है।
3. गोवा में भारत की विशालतम तैरती सौर प्रकाश-वोल्टीय परियोजना है।

उपर्युक्त में से कौन-सा/से कथन सही है/हैं?

(a) केवल 1 और 2 (b) केवल 2
(c) केवल 1 और 3 (d) केवल 3

7. भारत की जैव-ईंधन की राष्ट्रीय नीति के अनुसार, जैव-ईंधन के उत्पादन के लिए निम्नलिखित में से किनका उपयोग कच्चे माल के रूप में हो सकता है? *[UPSC (Pre) - 2020]*

1. कसावा
2. क्षतिग्रस्त गेहूँ के दाने
3. मूंगफली के बीज
4. सड़ा आलू
5. चुकंदर

नीचे दिए गए कूट का प्रयोग कर सही उत्तर चुनिए:

(a) केवल 1, 2, 5 और 6 (b) केवल 1, 3, 4 और 6
(c) केवल 2, 3, 4 और 5 (d) 1, 2, 3, 4, 5 और 6

8. सौर जल पंपों के संदर्भ में, निम्नलिखित कथनों पर विचार कीजिए: *[UPSC (Pre) - 2020]*

1. सौर ऊर्जा का प्रयोग पृष्ठीय पंपों को चलाने के लिए हो सकता है और निमज्जनी (submersible) पंपों के लिए नहीं।
2. सौर ऊर्जा का प्रयोग अपकेंद्री पंपों को चलाने के लिए हो सकता है और पिस्टन वालों के लिए नहीं।

उपर्युक्त कथनों में से कौन-सा/से सही है/हैं

(a) केवल 1 (b) केवल 2
(c) 1 और 2 दोनों (d) न तो 1, न ही 2

9. निम्नलिखित कथनों पर विचार कीजिए: *[UPSC (Pre) - 2020]*

1. कोयले की राख में आर्सेनिक, सीसा और पारद अंतर्विष्ट होते हैं।
2. कोयला संचालित विद्युत संयंत्र पर्यावरण में सल्फर डाइऑक्साइड और नाइट्रोजन के ऑक्साइड उत्सर्जित करते हैं।
3. भारतीय कोयले में राख की अधिक मात्रा पायी जाती है।

उपर्युक्त कथनों में से कौन-सा/से सही है/हैं?

(a) केवल 1 (b) केवल 2 और 3
(c) केवल 3 (d) 1, 2 और 3

10. खेती में बायोचार का क्या उपयोग है? *[UPSC (Pre) - 2020]*

1. बायोचार ऊर्ध्वाधर खेती (vertical farming) में वृद्धिकर माध्यम के अंश के रूप में प्रयुक्त किया जा सकता है।
2. जब बायोचार वृद्धिकर माध्यम के अंश के रूप में प्रयुक्त किया जाता है, तो वह नाइट्रोजन-यौगिकीकारी सूक्ष्मजीवों की वृद्धि को बढ़ावा देता है।
3. जब बायोचार वृद्धिकर माध्यम के अंश के रूप में प्रयुक्त किया जाता है, तब वह उस वृद्धिकर माध्यम की जलधारण क्षमता को अधिक लम्बे समय तक बनाए रखने में सहायक होता है।

उपर्युक्त कथनों में से कौन-सा/से सही है/हैं?

(a) केवल 1 और 2 (b) केवल 2
(c) केवल 1 और 3 (d) 1, 2 और 3

11. निम्नलिखित कथनों पर विचार कीजिए: *[UPSC (Pre) - 2019]*

1. पेट्रोलियम और प्राकृतिक गैस नियामक बोर्ड (पीएनजीआरबी) भारत सरकार द्वारा स्थत पहली विनियामक संस्था है।
2. पीएनजीआरबी का एक कार्य गैस के लिए प्रतिस्पर्द्धी बाजार को सुनिश्चित करना है।
3. पीएनजीआरबी के निर्णयों के विरुद्ध अपील, बिजली के लिए अपीली ट्रिब्यूनल के समक्ष की जाती है।

उपरोक्त में से कौन-से कथन सत्य हैं?

(a) केवल 1 और 2 (b) केवल 2 और 3
(c) केवल 1 और 3 (d) 1, 2 और 3

12. निम्नलिखित में से किसके सन्दर्भ में 'ताप-अपघटन और प्लाज्मा गैसीकरण' शब्दों का उल्लेख किया गया है? *[UPSC (Pre) - 2019]*

(a) दुर्लभ (रेयर) भू-तत्वों का निष्कर्षण
(b) प्राकृतिक गैस निष्कर्षण प्रौद्योगिकी
(c) हाइड्रोजन ईंधन आधारित ऑटोमोबाइल
(d) अपशिष्ट से ऊर्जा प्रौद्योगिकी

13. सार्वजनिक परिवहन में बसों के लिए ईंधन के रूप में हाइड्रोजन संवर्धित CNG (H-CNG) का इस्तेमाल करने के प्रस्तावों के सन्दर्भ में, निम्नलिखित कथनों पर विचार कीजिए: *[UPSC (Pre) - 2019]*

1. H-CNG के इस्तेमाल का मुख्य लाभ कार्बन-मोनो-ऑक्साइड के उत्सर्जनों का विलोपन है।
2. ईंधन के रूप में H-CNG कार्बन-डाई-ऑक्साइड और हाइड्रोकार्बन उत्सर्जनों को कम करती है।
3. बसों के लिए ईंधन के रूप में CNG के साथ हाइड्रोजन को आयतन के आधार पर पाँचवें हिस्से तक मिलाया जा सकता है।
4. CNG की अपेक्षा H-CNG ईंधन को कम खर्चीला बनाती है।

उपर्युक्त में से कौन-सा/कौन-से कथन सही है/हैं?

(a) केवल 1 (b) केवल 2 और 3
(c) केवल 4 (d) 1, 2, और 4

14. निम्नलिखित कथनों पर विचार कीजिए: *[UPSC (Pre) - 2019]*

1. भारत सरकार द्वारा कोयला क्षेत्र का राष्ट्रीयकरण इंदिरा गांधी के कार्यकाल में किया गया था।
2. वर्तमान में, कोयला खण्डों का आवंटन लॉटरी के आधार पर किया जाता है।
3. भारत हाल के समय तक घरेलू आपूर्ति की कमी को पूरा करने के लिए कोयले का आयात करता था, किन्तु अब भारत कोयला उत्पादन में आत्मनिर्भर है।

उपर्युक्त में से कौन-सा/से कथन सही है/हैं?

(a) केवल 1 (b) केवल 2 और 3
(c) केवल 3 (d) 1, 2 और 3

15. 'मीथेन हाइड्रेट' के निक्षेपों के बारे में, निम्नलिखित में से कौन-से कथन सही हैं? *[UPSC (Pre) - 2019]*

1. भूमण्डलीय तापन के कारण इन निक्षेपों से मीथेन गैस का निर्मुक्त होना प्रेरित हो सकता है।
2. 'मीथेन हाइड्रेट' के विशाल निक्षेप उत्तर-ध्रुवीय टुंड्रा में तथा समुद्र अद्य:स्थल के नीचे पाए जाते हैं।

3. वायुमण्डल के अन्दर मीथेन एक या दो दशक के बाद कार्बन डाई-ऑक्साइड में ऑक्सीकृत हो जाती है।

नीचे दिए गए कूट का प्रयोग कर सही उत्तर चुनिए:

(a) केवल 1 और 2 (b) केवल 2 और 3
(c) केवल 1 और 3 (d) 1, 2 और 3

16. भारत में सौर ऊर्जा उत्पादन के सन्दर्भ में, नीचे दिए गए कथनों पर विचार कीजिए: ***[UPSC (Pre) - 2018]***

1. भारत प्रकाश-वोल्टीय इकाइयों में प्रयोग में आने वाले सिलिकॉन वेफर्स का दुनिया में तीसरा सबसे बड़ा उत्पादक देश है।
2. सौर ऊर्जा शुल्क का निर्धारण भारतीय सौर ऊर्जा निगम के द्वारा किया जाता है।

उपर्युक्त कथनों में से कौन-सा/से सही है/हैं?

(a) केवल 1 (b) केवल 2
(c) 1 और 2 दोनों (d) 1 और 2 में कोई नहीं

17. शैवाल आधारित जैव-ईंधनों का उत्पादन संभव है, लेकिन इस उद्योग के संवर्द्धन में विकासशील देशों की क्या संभावित सीमा/सीमाएँ है/हैं? ***[UPSC (Pre) - 2017]***

1. शैवाल आधारित जैव-ईंधनों का उत्पादन केवल समुद्रों में ही संभव है, महाद्वीपों पर नहीं।
2. शैवाल आधारित जैव-ईंधन उत्पादन को स्थापित करने और इंजीनियरी करने हेतु निर्माण पूरा होने तक उच्च स्तरीय विशेषज्ञता/प्रौद्योगिकी की जरूरत होती है।
3. आर्थिक रूप से व्यवहार्य उत्पादन के लिए बड़े पैमाने पर सुविधाओं की स्थापना की आवश्यकता होती है, जिससे पारिस्थितिकीय एवं सामाजिक सरोकार उत्पन्न हो सकते हैं।

नीचे दिए गए कूट का प्रयोग कर सही उत्तर चुनिए:

(a) केवल 1 और 2 (b) केवल 2 और 3
(c) केवल 3 (d) 1, 2 और 3

18. भारत के निम्नलिखित क्षेत्रों में से किसमें/किनमें शैल गैस के संसाधन पाए जाते हैं? ***[UPSC (Pre) - 2016]***

1. कैम्बे बेसिन
2. कावेरी बेसिन
3. कृष्णा-गोदावरी बेसिन

नीचे दिए गए कूट का प्रयोग कर सही उत्तर चुनिए:

(a) 1 और 2 (b) केवल 3
(c) 2 और 3 (d) 1, 2 और 3

19. निम्नलिखित में से किसमें आप ऊर्जा दक्षता ब्यूरो (Bureau of Energy Efficiency, BEE) का स्टार लेबल पाते हैं? ***[UPSC (Pre) - 2016]***

1. छत के (सीलिंग) पंखे
2. विद्युत गीजर
3. नलिका रूप प्रतिदीप्ति (टयूबुलर फ्लुओरेसेण्ट) लैम्प

नीचे दिए गए कूट का प्रयोग कर सही उत्तर चुनिए:

(a) 1 और 2 (b) केवल 3
(c) 2 और 3 (d) 1, 2 और 3

20. निम्नलिखित कथनों पर विचार कीजिए: ***[UPSC (Pre) - 2016]***

1. अंतर्राष्ट्रीय सौर गठबंधन (International Solar Alliance) को वर्ष 2015 के संयुक्त राष्ट्र जलवायु परिवर्तन में प्रारंभ किया गया था।
2. इस गठबंधन में संयुक्त राष्ट्र के सभी सदस्य देश सम्मिलित हैं।

उपरोक्त कथनों में से कौन-सा/से सही है/हैं?

(a) केवल 1 (b) केवल 2
(c) 1 और 2 दोनों (d) न तो 1 और न ही 2

21. निम्नलिखित में से कौन-सा सरकार की योजना 'UDAY' का एक प्रयोजन है? ***[UPSC (Pre) - 2016]***

(a) ऊर्जा के नवीकरणीय स्रोतों के क्षेत्र में नव-प्रयासी (स्टार्ट-अप) उद्यमियों को तकनीकी एवं वित्तीय सहायता प्रदान करना
(b) वर्ष 2018 तक देश में हर घर में बिजली उपलब्ध कराना
(c) एक समयावधि के अंदर कोयला आधारित शक्ति संयंत्रों के स्थान पर प्राकृतिक गैस, नाभिकीय, सौर, वायु एवं ज्वारीय संयंत्र स्थापित करना
(d) विद्युत वितरण कम्पनियों के वित्तीय कायापलट और पुनरुत्थान का प्रबंध करना

22. ''नेट मीटरिंग'' (Net Metering) शब्द कई बार चर्चा में रहता है। यह निम्न में से किसे प्रोत्साहित करने से संबंधित है? ***[UPSC (Pre) - 2016]***

(a) गृहस्थों/उपभोक्ताओं के द्वारा सौर ऊर्जा का उत्पादन तथा उपयोग।
(b) घरों के रसोईघरों में पाइप के द्वारा प्राकृतिक गैस का उपयोग।
(c) मोटरकारों में सीएनजी किट की स्थापना करना।
(d) नगरीय घरों में जल मीटरों की स्थापना करना।

23. ईंधन के रूप में कोयले का उपयोग करने वाले शक्ति संयंत्रों से प्राप्त 'फ्लाई ऐश' के संदर्भ में निम्नलिखित कथनों में से कौन-सा/से सही है/हैं? ***[UPSC (Pre) - 2015]***

1. फ्लाई ऐश का उपयोग भवन निर्माण के लिए ईंटों के उत्पादन में किया जा सकता है।
2. फ्लाई ऐश का उपयोग कंक्रीट के कुछ पोर्टलैण्ड सीमेंट अंश के प्रतिस्थानापन्न (रिप्लेसमेण्ट) के रूप में किया जा सकता है।
3. फ्लाई ऐश केवल सिलिकॉन-डाई-ऑक्साइड तथा कैल्सियम ऑक्साइड से बनी होती है और इसमें कोई विषाक्त (टॉक्सिक) तत्व नहीं होते।

नीचे दिए गए कूट का प्रयोग कर सही उत्तर चुनिए:

(a) 1 और 2 (b) केवल 2
(c) 1 और 3 (d) केवल 3

24. 'फ्यूल सेल्स' (Fuel Cells), जिसमें हाइड्रोजन से समृद्ध ईंधन और ऑक्सीजन का उपयोग विद्युत पैदा करने के लिए होता है, के संदर्भ में निम्नलिखित कथनों पर विचार कीजिए: ***[UPSC (Pre) - 2015]***

1. यदि शुद्ध हाइड्रोजन का उपयोग ईंधन के रूप में होता है, तो फ्यूल सेल उप-उत्पाद (बाई-प्रोडक्ट) के रूप में ऊष्मा एवं जल का उत्सर्जन करता है।
2. फ्यूल सेल्स का उपयोग भवनों को विद्युत प्रदाय के लिए तो किया जा सकता है, किन्तु लैपटॉप कम्प्यूटर जैसी छोटी युक्तियों (डिवाइसेज) के लिए नहीं।
3. फ्यूल सेल्स प्रत्यावर्ती धारा (AC) के रूप में विद्युत उत्पादन करते हैं।

उपरोक्त कथनों में से कौन-सा/से सही है/हैं?

(a) केवल 1 (b) 2 और 3
(c) 1 और 3 (d) 1, 2 और 3

25. भारतीय अक्षय ऊर्जा विकास एजेंसी लिमिटेड (IREDA) के संदर्भ में निम्नलिखित में से कौन-सा/से कथन सही है/हैं? ***[UPSC (Pre) - 2015]***

1. यह एक पब्लिक लिमिटेड सरकारी कम्पनी है।
2. यह एक गैर-बैंकिंग वित्तीय कम्पनी है।

नीचे दिए गए कूट का प्रयोग कर सही उत्तर चुनिए:

(a) केवल 1 (b) केवल 2
(c) 1 और 2 (d) इनमें से कोई नहीं

26. 'कोयला-संस्तर मीथेन' और 'शैल गैस' नामक दो गैर-परम्परागत ऊर्जा स्रोतों के संदर्भ में निम्नलिखित कथनों पर विचार कीजिए: ***[UPSC (Pre) - 2014]***

1. कोयला-संस्तर मीथेन, कोयला संधियों से निष्कर्षित शुद्ध मीथेन गैस है, जबकि शैल गैस केवल प्रोपेन और ब्यूटेन का एक मिश्रण है, जो सूक्ष्मकणिक अवसादी शैलों से निष्कर्षित की जा सकती है।
2. भारत में कोयला संस्तर मीथेन स्रोत बहुतायत में हैं, किंतु अब तक शैल गैस के स्रोत नहीं पाए गए हैं।

उपरोक्त कथनों में से कौन-सा/से कथन सही है/हैं?

(a) केवल 1 (b) केवल 2
(c) 1 और 2 दोनों (d) इनमें से कोई नहीं

27. भारत में ग्वार (क्लस्टर बीन) को पारम्परिक रूप से सब्जी या पशु आहार के रूप में उपयोग किया जाता है, किंतु हाल ही में इसकी खेती ने महत्वपूर्ण स्थान प्राप्त किया है। ***[UPSC (Pre) - 2014]***

इस संदर्भ में निम्नलिखित में से कौन-सा एक कथन सही है?

(a) बीजों से निकाला गया तेल जैव-निम्नीकरणीय सुघट्यों के निर्माण में प्रयुक्त होता है।
(b) इसके बीजों से निर्मित गोंद शैल गैस के निष्कर्षण में प्रयुक्त होता है।
(c) इस पौधे की पत्तियों के सार में प्रतिहिस्टामिन गुणधर्म होता है।
(d) यह उच्च गुणवता के जैव-डीजल का एक स्रोत है।

28. निम्नलिखित कथनों पर विचार करें: ***[UPSC (Pre) - 2014]***

1. मक्का स्टार्च के उत्पादन के लिए प्रयोग किया जा सकता है।
2. मक्का से निकाला जाने वाला तेल बायो-डीजल के लिए फीडस्टॉक हो सकता है।
3. मादक पेय का, मक्का का उपयोग करके, उत्पादन किया जा सकता है।

ऊपर दिए गए कथनों में से कौन-सा/से सही है/हैं?

(a) केवल 1 (b) 1 और 2
(c) 2 और 3 (d) 1, 2 और 3

29. सौर शक्ति उत्पादन के लिए प्रौद्योगिकियों के संदर्भ में निम्नलिखित कथनों पर विचार कीजिए: ***[UPSC (Pre) - 2014]***

1. 'प्रकाशवोल्टीय प्रक्रिया' एवं प्रौद्योगिकी है, जो कि प्रकाश के विद्युत में प्रत्यक्ष रूपान्तरण विद्युत जनन करती है, जबकि 'सौर तापीय प्रक्रिया' एक प्रौद्योगिकी है, जो सूर्य की किरणों का उपयोग ताप जनित करने के लिए करती है, जिसका आगे विद्युत जनन प्रक्रिया में उपयोग किया जाता है।
2. प्रकाशवोल्टीय प्रक्रिया प्रत्यावर्ती धारा (AC) का जनन करती है, जबकि सौर तापीय प्रक्रिया दिष्ट धारा (DC) का जनन करती है।
3. भारत के पास सौर तापीय प्रौद्योगिकी के लिए विनिर्माण आधार है, किंतु प्रकाशवोल्टीय प्रौद्योगिकी के लिए नहीं।

उपरोक्त कथनों में से कौन-सा/से कथन सही है/हैं?

(a) केवल 1 (b) 2 और 3
(c) 1, 2 और 3 (d) उपरोक्त में से कोई नहीं

30. शर्करा उद्योग के उपोत्पाद की उपयोगिता के संदर्भ में, निम्नलिखित में से कौन-सा/से कथन सही है/हैं? ***[UPSC (Pre) - 2013]***

1. खोई को, ऊर्जा उत्पादन के लिए जैव मात्रा ईंधन के रूप में प्रयुक्त किया जा सकता है।
2. शीरे को, कृत्रिम रासायनिक उर्वरकों के उत्पादन के लिए एक भरण-स्टॉक की तरह प्रयुक्त किया जा सकता है।
3. शीरे को, एथेनॉल उत्पादन के लिए प्रयुक्त किया जा सकता है।

कूट:

(a) केवल 1 (b) 2 और 3
(c) 1 और 3 (d) ये सभी

31. निम्नलिखित में से कौन-सा/से भारतीय कोयले का/के अभिलक्षण है/हैं? ***[UPSC (Pre) - 2013]***

1. उच्च भस्म अंश
2. निम्न सल्फर अंश

3. निम्न भस्म संगलन तापमान

नीचे दिए गए कूट का प्रयोग कर सही उत्तर चुनिए:

(a) केवल 1 और 2 (b) केवल 2
(c) केवल 1 और 3 (d) 1, 2 और 3

32. जैवभार गैसीकरण को भारत में ऊर्जा संकट के धारणीय (संस्टेनेबल) रूपों में से एक समझा जाता है। इस संदर्भ में कौन-सा/से कथन सही है/हैं? *[UPSC (Pre) - 2012]*

1. नारियल आवरण, मूंगफली का छिलका और धान की भूसी का उपयोग जैवभार गैसीकरण के लिए किया जा सकता है।
2. जीवभार गैसीकरण द्वारा जनित ज्वलनशील गैसों में केवल हाइड्रोजन और कार्बन-डाई-ऑक्साइड होती है।
3. जीवभार गैसीकरण के द्वारा जनित ज्वलनशील गैसों को ऊष्मा उत्पादन में सीधे ही उपयोग कर सकते है, लेकिन अंतर्दहन इंजनों में नहीं।

निम्नलिखित कूटों के आधार पर सही उत्तर चुनिए:

(a) केवल 1 (b) केवल 2 और 3
(c) केवल 1 और 3 (d) 1, 2 और 3

33. सूक्ष्म जैविक ईंधन कोशिकाएँ (माइक्रोबियल फ्यूल सैल) ऊर्जा का धारणीय (संस्टैनेबल) स्त्रोत समझी जाती हैं। क्यों? *[UPSC (Pre) - 2011]*

1. ये जीवित जीवों को उत्प्रेरक के रूप में प्रयुक्त कर कुछ सबस्ट्रेटों से विद्युतीय उत्पादन कर सकती है।
2. ये विविध प्रकार के अजैव पदार्थ सबस्ट्रेट के रूप में प्रयुक्त करती हैं।
3. ये जल का शोधन और विद्युत उत्पादन करने के लिए अपशिष्ट जल शोधन संयंत्रों में स्थापित की जा सकती हैं।

उपर्युक्त में से कौन-सा/कौन-से कथन सही है/हैं?

(a) केवल 1 (b) केवल 2 और 3
(c) केवल 1 और 3 (d) 1, 2 और 3

34. 2011-12 के संघीय बजट में जैव-आधारित अस्फॉल्ट (BioAsphalt) पर से आयात शुल्क पूरी तरह से हटा लिया गया। इसका महत्व है: *[UPSC (Pre) - 2011]*

1. पारंपरिक अस्फॉल्ट की तरह, जैव-अस्फॉल्ट जीवाश्म ईंधन आधारित नहीं है।
2. जैव-अस्फॉल्ट गैर-नवीकरणीय संसाधनों से बनाया जा सकता है।
3. जैव-अस्फॉल्ट कार्बनिक अपशिष्ट पदार्थ से बनाया जा सकता है।
4. सड़क के सतहीकरण के लिए जैव-अस्फॉल्ट का प्रयोग पर्यावरण अनुकूल है।

ऊपर दिए गए वक्तव्य में से कौन-सा सत्य है?

(a) 1, 2 और 3 (b) 1, 3 और 4
(c) 2 और 4 (d) 1, 2, 3 और 4

35. हाइड्रोजन फ्यूल सेल गाड़ियों से, इनमें से क्या निकलता हैं? *[UPSC (Pre) - 2010]*

(a) अमोनिया (NH_3) (b) मीथेन (CH_4)
(c) जल (H_2O) (d) हाइड्रोजन पर ऑक्साइड (H_2O_2)

36. जट्रोफा कर्कस (Jatropha curcas) के अतिरिक्त, भारत में बायो-डीजल के उत्पादन के लिए पोंगामिया पिन्नाटा (Pongamia Pinnata) को भी एक अच्छा विकल्प क्यों माना जाता है? *[UPSC (Pre) - 2010]*

1. भारत के अधिकांश शुष्क क्षेत्रों में पोंगामिया पिन्नाटा प्राकृतिक रूप से बढ़ता है।
2. पोंजामिया पिन्नाटा के बीज लिपिड से युक्त होते हैं, जिनमें से लगभग आधा ओलिक अम्ल (Olic Acid) होता है।

ऊपर दिए गए कथनों में से कौन-सा/से कथन सही है/हैं?

(a) केवल 1 (b) केवल 2
(c) 1 और 2 (d) न तो 1 और न ही 2

37. नीचे चार ऊर्जा फसलों के नाम दिए गए हैं। इनमें से किसे इथेनॉल (Ethanol) प्राप्ति के लिए लगाया जा सकता है? *[UPSC (Pre) - 2010]*

(a) जट्रोफा (b) मक्का
(c) पोंगैमिया (d) सूरजमुखी

38. ऊर्जा के वैकल्पिक स्त्रोतों के संदर्भ में, निम्न में से किनसे ईंधन के रूप में इथेनॉल प्राप्त किया जा सकता है? *[UPSC (Pre) - 2009]*

(a) आलू (b) धान
(c) गन्ना (d) गेहूं

39. निम्न कथनों पर विचार करें: *[UPSC (Pre) - 2004]*

1. इंदिरा गांधी सेंटर फॉर एटॉमिक रिसर्च, फॉस्ट रिएक्टर तकनीकी का प्रयोग करता है।
2. परमाणु खनिज अनुसंधान और अन्वेषण, भारी जल के उत्पादन में लगा है।
3. भारतीय दुर्लभ (रेयर) अर्थ लिमिटेड (India Rare Earth Limited), भारत में दुर्लभ (Rare) पृथ्वी उत्पाद के अतिरिक्त, भारत के नाभिकीय कार्यक्रमों के लिए जिरकॉन (Zircon) के निर्माण कार्यों में भी संलिप्त है।

ऊपर दिए गए कथनों में सत्य हैं:

(a) 1, 2 और 3 (b) 1 और 2
(c) 1 और 3 (d) 2 और 3

40. निम्न संगठनों पर विचार करें: *[UPSC (Pre) - 2001]*

1. अनुसंधान और अन्वेषण के लिए परमाणु खनिज निदेशालय (Atomic Minerals Directorate for Research and Exploration)
2. भारी जल बोर्ड (Heavy Water Board)

3. भारतीय दुर्लभ (रेअर) अर्थ लिमिटेड
4. यूरेनियम कॉर्पोरेशन ऑफ इंडिया

इनमें से कौन परमाणु ऊर्जा विभाग (Department of Atomic Energy) के अंतर्गत है/हैं?

(a) केवल 1 (b) 1 और 4
(c) 2, 3 और 4 (d) 1, 2, 3 और 4

उत्तरमाला (Answer Key)

1. (c)	2. (c)	3. (c)	4. (d)	5. (a)	6. (d)	7. (a)	8. (d)
9. (d)	10. (d)	11. (b)	12. (d)	13. (b)	14. (c)	15. (d)	16. (d)
17. (b)	18. (d)	19. (d)	20. (a)	21. (d)	22. (a)	23. (a)	24. (a)
25. (c)	26. (d)	27. (b)	28. (d)	29. (a)	30. (d)	31. (a)	32. (a)
33. (c)	34. (b)	35. (c)	36. (c)	37. (b)	38. (c)	39. (c)	40. (d)

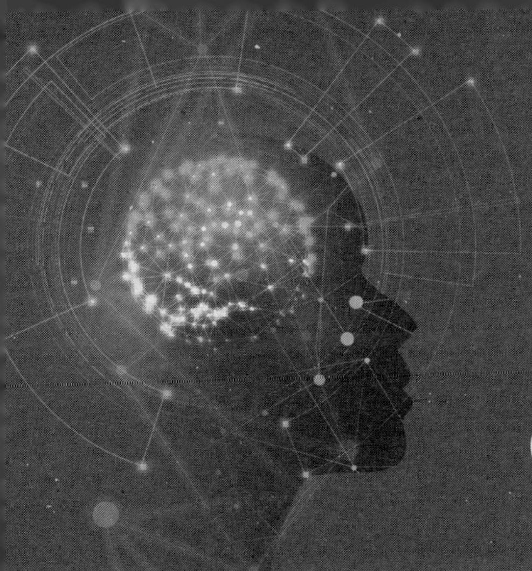

अध्याय

4

नाभिकीय ऊर्जा, नाभिकीय ईंधन, रेडियोधर्मी तत्व तथा रेडियोधर्मिता

(Nuclear Energy, Nuclear Fuel, Radioactive Element and Radioactivity)

इस अध्याय में...

यह विभाग परमाणु ऊर्जा एवं अनुसंधान समेत परमाणु तकनीक के लिए जिम्मेदार है।

भारत सरकार ने यह मान लिया कि थोरियम से लंबे समय तक ऊर्जा जरूरतों को पूरा किया जा सकता है।

विश्व में लगभग 450 रिएक्टर कार्यरत हैं। इनमें से 50 प्रतिशत रिएक्टर दाबित जल रिएक्टर हैं।

नाभिकीय सर्दी नाभिकीय युद्ध का जलवायविक प्रभाव का वर्णन करने वाला सिद्धांत है।

चिकित्सा विज्ञान की वह शाखा जो उपचार, अनुसंधान एवं निदान में रेडियोसक्रिय पदार्थों के उपयोग से संबंधित है, नाभिकीय चिकित्सा कहलाती है।

नाभिकीय रिएक्टर जिसे पूर्व में परमाण्विक संचयन के नाम से भी जाना जाता है, सतत् नाभिकीय शृंखला अभिक्रिया की शुरुआत एवं नियंत्रण हेतु एक संयंत्र है।

विकिरण का तात्पर्य तरंगों व कणों के प्रसार से है। विकिरण विद्युत चुम्बकीय, परमाण्विक एवं उप-चुम्बकीय कण विकिरण हो सकता है।
रेडियोसक्रियता का तात्पर्य कुछ निश्चित पदार्थों से कणों के स्वतः उत्सर्जन से है। इस विकिरण का उत्सर्जन अस्थिर परमाणुओं से तब होता है, जब वे अत्यधिक स्थिर अवस्था की ओर अग्रसर होते हैं।

4.1 परमाणु ऊर्जा विभाग (Department of Atomic Energy)

- परमाणु ऊर्जा विभाग की स्थापना 3 अगस्त, 1954 को भारत को आर्थिक व तकनीकी रूप से संपन्न बनाने, ऊर्जा के क्षेत्र में आत्मनिर्भरता प्राप्त करके लोगों की जीवन दशा सुधारने तथा परमाणु व विकिरण तकनीक के विकास तथा उपयोग से सुरक्षित भविष्य की ओर अग्रसर होने के उद्देश्य से की गई थी। परमाणु ऊर्जा विभाग प्रधानमंत्री के सीधे नियंत्रण में आता है। इसका मुख्यालय महाराष्ट्र की राजधानी मुंबई में है। यह विभाग परमाणु ऊर्जा एवं अनुसंधान समेत परमाणु तकनीक के लिए जिम्मेदार है।
- परमाणु ऊर्जा विभाग-परमाणु ऊर्जा/अनुसंधान रिएक्टरों के डिज़ाइन, निर्माण व संचालन हेतु कार्य करने के साथ-साथ परमाणु ईंधन चक्र तकनीक में भी मदद करता है। परमाणु चक्र तकनीक में परमाणु खनिजों का अन्वेषण, उत्खनन, तथा प्रसंस्करण, भारी जल का उत्पादन, परमाणु ईंधन निर्माण, ईंधन प्रसंस्करण एवं परमाणु अपशिष्ट प्रबंधन आदि शामिल हैं। यह विभाग फसलों की बेहतर किस्म, फसलों की सुरक्षा हेतु कीट-नियंत्रक तकनीक, फसल कटाई के बाद की विकिरण आधारित प्रौद्योगिकी, कैंसर जैसे रोग के इलाज के लिए विकिरण आधारित प्रौद्योगिकी, सुरक्षित पेय जल हेतु तकनीक, बेहतर पर्यावरण एवं उद्योगों की मजबूती के लिए भी कार्य कर रहा है।

परमाणु ऊर्जा विभाग द्वारा राष्ट्रीय पहल के रूप में निम्नलिखित महत्वपूर्ण योगदान दिया गया:

- **कृषि:** तिलहन तथा दालों के उत्पादन में वृद्धि हेतु।
- **शिक्षा एवं स्वास्थ्य:** इस प्रोत्साहन हेतु बहुत-सी संस्थाएं कार्यरत हैं- होमी भाभा राष्ट्रीय संस्थान (Homi Bhabha National Institute), टेलीमेडीसिन के माध्यम से देशभर मे कैंसर सेवाएं, अण्डर ग्रेजुऐट विज्ञान पर राष्ट्रीय पहल (National Initiative on Undergraduate Science)।
- **खाद्य एवं पोषण सुरक्षा:** खाद्य व कृषि उत्पादों का रेडिएशन प्रसंस्करण ताकि इन उत्पादों में वृद्धि हो सके तथा इनका संरक्षण हो सके।
- **जल संसाधन:** यह तटीय क्षेत्रों में जल के अलवणीकरण में भी सहायता/कार्य करता है ताकि जल की कमी से निपटा जा सके।
- **ऊर्जा सुरक्षा:** भारत को आत्मनिर्भर बनाने हेतु ऊर्जा उत्पादन का वितरण।

आण्विक ऊर्जा आयोग

वैज्ञानिक अनुसंधान विभाग का पहला प्रतिष्ठान अगस्त 1948 में भारतीय आण्विक ऊर्जा आयोग की स्थापना करना था। परमाणु ऊर्जा आयोग के महत्वपूर्ण कार्य हैं:

- देश में परमाणु वैज्ञानिकों के लिए अनुसंधान आयोजन।
- देश में परमाणु वैज्ञानिकों का प्रशिक्षण।
- अपनी स्वयं की प्रयोगशाला के साथ-साथ भारत में परमाणु अनुसंधान को प्रोत्साहन देना।
- भारत में आण्विक खनिजों का उपक्रम तथा औद्योगिक मानकों पर इन खनिजों के प्रयोग हेतु निष्कर्षण।

4.2 ऊर्जा उत्पादन में अनुसंधान व विकास इकाइयाँ (Research and Development Sector in Energy Generation)

1. भाभा परमाणु अनुसंधान केंद्र
2. इंदिरा गांधी परमाणु अनुसंधान केंद्र, कलपक्कम
3. परिवर्ती ऊर्जा साइक्लोट्रॉन केंद्र, कोलकाता
4. राजा रमन्ना सेन्टर फॉर एडवांस्ड रिसर्च
5. परमाणु खनिज अन्वेषण एवं अनुसंधान निदेशालय, हैदराबाद
6. नाभिकीय ऊर्जा सहभागिता वैश्विक केंद्र, गुरूग्राम

4.2.1 भाभा परमाणु अनुसंधान केंद्र (Bhabha Atomic Research Centre)

नाभिकीय विभाग एवं अभियांत्रिकी तथा अन्य संबंधित क्षेत्रों का संपूर्ण प्रतिबिंब तथा प्रगतिशील शोध एवं विकास के विशेषज्ञों सहित उत्कृष्ट आधार तंत्र से युक्त भारत का सर्वप्रथम बहु-विषयी नाभिकीय अनुसंधान केंद्र।

4.2.2 परिवर्ती ऊर्जा साइक्लोट्रॉन केंद्र (Variable Energy Cyclotron Centre)

यह केंद्र विज्ञान एवं प्रौद्योगिकी, कम्प्यूटर विज्ञान एवं प्रौद्योगिकी, परमाणु विज्ञान (सैद्धांतिक एवं प्रायोगिक), सामग्री विज्ञान के क्षेत्र में और अन्य संबंधित क्षेत्रों में अनुसंधान और विकास कार्य बाहर करने के लिए समर्पित है।

4.2.3 परमाणु ऊर्जा भागीदारी के लिए वैश्विक केंद्र (Global Centre for Nuclear Energy Partnership)

परमाणु ऊर्जा भागीदारी के लिए वैश्विक केंद्र भारत के हरियाणा राज्य के खीरी, जासौर व बहादुरगढ़ में निर्माणाधीन है। इस केंद्र के अंतर्गत उन्नत अनुसंधान शिक्षा तथा परमाणु प्रणाली व प्रतिष्ठान के प्रशिक्षण हेतु पांच विद्यालय होंगे।

4.2.4 इंदिरा गांधी परमाणु अनुसंधान केंद्र (Indira Gandhi Centre for Atomic Research)

इंदिरा गांधी परमाणु अनुसंधान केंद्र की स्थापना वर्ष 1971 में भारत सरकार के परमाणु ऊर्जा विभाग के अंतर्गत की गई थी।

यह केंद्र फास्टर ब्रीडर रिएक्टर तकनीकी के विकास से संबंधित वैज्ञानिक अनुसंधान एवं उच्चस्तरीय अभियांत्रिकी के व्यापक अनेक शास्त्र विधाओं के कार्यक्रम में संलग्न है।

अद्वितीय मिश्रित प्लुटोनियम, यूरेनियम कार्बाइड ईंधन पर आधारित फास्ट ब्रीडर रिएक्टर, जो विश्व में इस प्रकार का एकमात्र रिएक्टर है व कामिनी रिएक्टर, जो कि विश्व में U-233 द्वारा प्रचालित एकमात्र रिएक्टर है, सफलतापूर्वक प्रचालित किया जा रहा है।

4.2.5 राजा रमन्ना सेंटर फॉर एडवांस्ड रिसर्च (Raja Ramanna Centre for Advanced Research)

राजा रमन्ना सेंटर फॉर एडवांस्ड रिसर्च की स्थापना भारत सरकार के परमाणु ऊर्जा विभाग द्वारा भाभा परमाणु अनुसंधान केंद्र मुंबई में दो मुख्य क्षेत्र लेजर

एवं कण त्वरकों हेतु अनुसंधान को बढ़ावा देने के उद्देश्य से की गई। जून 1986 में भाभा परमाणु अनुसंधान केंद्र से वैज्ञानिकों के पहले दल ने राजा रमन्ना सेंटर फॉर एडवांस्ड रिसर्च, इंदौर आकर कार्य प्रारंभ कर दिया।

4.2.6 परमाणु तत्व उत्खनन एवं अनुसंधान निदेशालय (Atomic Minerals Directorate for Exploration and Research)

परमाणु तत्व उत्खनन एवं अनुसंधान निदेशालय का मुख्य उद्देश्य देश के परमाणु ऊर्जा कार्यक्रम के सफल क्रियान्वयन हेतु जरूरी यूरेनियम संसाधनों की पहचान (Identification) एवं मूल्यांकन करना है।

4.3 परमाणु ऊर्जा (Nuclear Energy)

- परमाणु अभिक्रिया से उत्पन्न ऊष्मा को परमाणु ऊर्जा की संज्ञा दी जाती है। इसका प्रयोग पानी को गर्म करके भाप की सहायता से टर्बाइन को चलाने हेतु किया जाता है, जिससे बिजली उत्पन्न होती है। परमाणु ऊर्जा के उपयोग की दो अवस्थाएं हैं- नाभिकीय विखण्डन एवं नाभिकीय संलयन (**तालिका 4.1**)। परमाणु अभिक्रिया, जैसे- परमाणु विखण्डन (जब एक भारी-नाभिक दो छोटे नाभिकों में विभाजित हो जाता है) तथा नाभिकीय संलयन (जब दो परमाणु नाभिक जुड़कर एक भारी नाभिक का निर्माण करते हैं), से भारी मात्रा में ऊर्जा उत्सर्जित होती है। परमाणु विखण्डन अभिक्रिया के अंतर्गत रेडियोसक्रिय परमाणु नाभिक का स्वत: विखण्डन रेडियोसक्रिय क्षय के कारण होता है एवं परिणामस्वरूप भारी मात्रा में ऊर्जा का उत्सर्जन होता है। परमाणु बम व भारत का नाभिकीय ऊर्जा विकास कार्यक्रम परमाणु विखण्डन पर आधारित है। सौर ऊर्जा, हाइड्रोजन बम एवं कृत्रिम सूर्य अनुसंधान अंतर्राष्ट्रीय प्रायोगिकी रिएक्टर नाभिकीय संलयन का उदाहरण है।
- सूर्य में हाइड्रोजन संलयन प्रक्रिया के अंतर्गत प्रति सेकेंड लगभग 40 लाख टन सौर पदार्थ विद्युत चुम्बकीय ऊर्जा में परिवर्तित हो जाता है, जो अंतरिक्ष में विकिरित हो जाता है।
- आइंस्टीन का प्रसिद्ध समीकरण नाभिकीय अभिक्रिया के दौरान ऊर्जा की उत्सर्जित मात्रा का गणन करने में हमारी मदद करता है, यह समीकरण $E=mc^2$ है। जहां E का तात्पर्य ऊर्जा, m का तात्पर्य द्रव्यमान एवं c का तात्पर्य निर्वात् में प्रकाश की गति से है। ऊर्जा उत्सर्जन की प्रक्रिया तब तक जारी रहती है, जब तक कि परमाणु स्थायित्व को प्राप्त नहीं कर लेता है। परमाणु ऊर्जा, जिसे नाभिकीय ऊर्जा भी कहा जाता है, की खोज सर्वप्रथम फ्रेंच वैज्ञानिक हेनरी बेकरेल ने 1890 में की थी। नाभिकीय ऊर्जा का इस्तेमाल ऊर्जा स्रोत के रूप में होता है।

नोट: बहुत बड़े व भारी परमाणुओं की प्रकृति अस्थिर होती है इसलिए वे रेडियोसक्रिय होते हैं, इनमें यूरेनियम (परमाणु संख्या 92) एवं थोरियम (परमाणु संख्या 90), रेडॉन (परमाणु संख्या 80) एवं रेडियम (परमाणु संख्या 88) शामिल हैं। अनेक छोटे परमाणुओं को विशेष इस्तेमाल के लिए कृत्रिम रूप से रेडियोसक्रिय बनाया जाता है। कार्बन जैसे छोटे तत्व (परमाणु संख्या 6) अक्सर स्थिर रेडियोनिष्क्रिय एवं अस्थिर रेडियोसक्रिय दोनों रूपों में होता है।

4.3.1 भारत में नाभिकीय ऊर्जा (Nuclear Power in India)

- **भारत एवं एशिया का प्रथम नाभिकीय रिएक्टर अप्सरा अनुसंधान रिएक्टर था। यूनाइटेड किंगडम की सहायता से यह 6 अगस्त, 1956 को तैयार हुआ तथा 20 जनवरी, 1957 को इसका उद्घाटन हुआ।** भारत का अगला परमाणु अनुसंधान रिएक्टर एवं इसका प्रथम परमाणु ऊर्जा संयंत्र कनाडा की सहायता से स्थापित किया गया था। 40 मेगावॉट के इस अनुसंधान रिएक्टर पर समझौता 1950 में हुआ था तथा 1960 में यह तैयार हो गया। भारत द्वारा सैन्य उद्देश्यों के

तालिका 4.1 नाभिकीय विखण्डन और नाभिकीय संलयन में अंतर (Difference Between Nuclear Fission and Fusion)

विशेषता	नाभिकीय विखण्डन	नाभिकीय संलयन
परिभाषा	विखण्डन बड़े परमाणु के दो या दो से अधिक परमाणु में विखंडित होने की प्रक्रिया है।	संलयन दो हल्के परमाणु से जुड़कर एक बड़े परमाणु बनने की प्रक्रिया है।
प्रक्रिया का प्राकृतिक रूप से उद्घाटन	विखण्डन अभिक्रिया प्रकृति में सामान्यत: घटित नहीं होती है।	संलयन अभिक्रिया तारों में उद्घटित होती है। सूर्य में भी नाभिकीय संलयन की अभिक्रिया होती है।
अभिक्रिया का उपोत्पाद	विखण्डन अनेक उच्च रेडियोसक्रिय कण उत्पन्न करता है।	कुछ रेडियोसक्रिय कण संलयन से उत्पन्न हो सकते हैं, लेकिन यदि संलयन ट्रिगर का इस्तेमाल होता है, तो उससे रेडियोसक्रिय कण अवश्य उत्पन्न होते हैं।
अवस्था	पदार्थ का सूक्ष्म द्रव्यमान व उच्च गति न्यूट्रॉन की आवश्यकता होती है।	उच्च घनत्व, उच्च ताप वाले वातावरण की आवश्यकता होती है।
ऊर्जा आवश्यकता	विखण्डन प्रक्रिया में अत्यंत कम ऊर्जा की आवश्यकता होती है।	दो यो दो से अधिक प्रोटॉन के मध्य विद्यमान वैद्युत स्थैतिक अपकर्षण को खत्म करके उन्हें साथ लाने हेतु काफी अधिक ऊर्जा की आवश्यकता होती है।
विमुक्त ऊर्जा	विखण्डन के द्वारा उत्पन्न ऊर्जा रासायनिक अभिक्रिया द्वारा उत्पन्न ऊर्जा की तुलना में लाखों गुणा ज्यादा लेकिन नाभिकीय संलयन द्वारा उत्पन्न ऊर्जा की तुलना में कम होती है।	संलयन द्वारा उत्पन्न ऊर्जा विखण्डन द्वारा उत्पन्न ऊर्जा की तुलना में 3-4 गुना ज्यादा होती है।
नाभिकीय आयुध	नाभिकीय आयुध का एक प्रकार विखण्डन बम है, जिसे परमाण्विक बम या परमाणु बम भी कहा जाता है।	नाभिकीय आयुध का एक प्रकार हाइड्रोजन बम है, जो संलयन अभिक्रिया शुरू करने हेतु विखण्डन अभिक्रिया का प्रयोग करता है।
ऊर्जा उत्पादन	नाभिकीय ऊर्जा संयंत्रों में विखण्डन का इस्तेमाल होता है।	संलयन ऊर्जा उत्पादन हेतु एक प्रायोगिक तकनीक है।
ईंधन	यूरेनियम ऊर्जा संयंत्रों में उपयोग होने वाला प्राथमिक ईंधन है।	हाइड्रोजन आइसोटोप (ड्यूटेरियम एवं ट्राईटियम) प्रायोगिक संलयन ऊर्जा संयंत्र में इस्तेमाल होने वाला प्राथमिक ईंधन है।

लिए इसका इस्तेमाल न करने के अश्वासन पर ही यह रिएक्टर भारत में स्थापित किया गया था। राजस्थान में भारत के नाभिकीय ऊर्जा संयंत्र RAPP-1 के लिए 1963 में तथा RAPP-2 (Rajasthan Atomic Power Project-2) के लिए 1966 में समझौते पर हस्ताक्षर किए गए।

- इन समझौतों में भारत द्वारा इन रिएक्टरों का सैन्य उद्देश्यों के लिए इस्तेमाल किए जाने पर भारत के खिलाफ कदम उठाए जाने की बात कही गयी थी। **200 मेगावाट का RAPP-1 रिएक्टर CANDU (कनाडा ड्यूटेरियम यूरेनियम) तकनीकी पर आधारित था और इसका संचालन 1972 में शुरू किया गया था।** हालांकि, तकनीकी समस्याओं के कारण, रिएक्टर की रेटिंग 200 मेगावाट से घटाकर 100 मेगावाट कर दी गई थी। AECL (एटॉमिक एनर्जी ऑफ कनाडा लिमिटेड) द्वारा भारत को मुफ्त तकनीकी और डिजाइन संबंधी जानकारी प्रदान की गई थी। 1974 के परमाणु परीक्षण के पश्चात् कनाडा ने अपना सहयोग रोक दिया। तापीय ऊर्जा, जल ऊर्जा तथा नवीकरणीय ऊर्जा के पश्चात् भारत में चौथा सबसे बड़ा ऊर्जा का स्रोत आण्विक शक्ति है।

नोट: 1. **विद्युत उत्पादन के लिए परमाणु ऊर्जा का उपयोग (PIB रिपोर्ट)*:** वर्तमान में, परमाणु ऊर्जा, कोयला आधारित ताप ऊर्जा संयंत्रों से समकक्ष विद्युत उत्पादन द्वारा उत्पन्न उत्सर्जन की तुलना में सालाना 41 मिलियन टन CO_2 उत्सर्जन की बचत कर रही है। परमाणु ऊर्जा वर्तमान में 3% विद्युत उत्पादन करती है। देश की ऊर्जा सुरक्षा सुनिश्चित करने के लिए परमाणु ऊर्जा का पर्याप्त उत्पादन और हिस्सेदारी आवश्यक है। वर्तमान नीति का लक्ष्य 2032 तक स्थापित परमाणु क्षमता में तीन गुना वृद्धि करना है।

यह बताया गया है कि निर्माणाधीन परियोजनाओं के क्रमिक रूप से पूरा होने और मंजूरी मिलने पर वर्तमान स्थापित परमाणु ऊर्जा क्षमता 2031 तक 6780 मेगावाट से बढ़कर 22480 मेगावाट हो जाएगी। अगले तीन वर्षों में, KAPP 3&4 (2×700 MW), RAPP 7&8 (2×700 MW), KKNPP 3&4 (2×1000 MW) और PFBR (500 MW) के पूरा होने पर 5300 MW की क्षमता वृद्धि की योजना बनाई गई है। (**KAPP** – काकरापार परमाणु ऊर्जा संयंत्र, **RAPP** – राजस्थान परमाणु ऊर्जा संयंत्र, **KKNPP** – कुडनकुलम परमाणु ऊर्जा संयंत्र, **PFBR** – प्रोटोटाइप फास्ट ब्रीडर रिएक्टर)।

***https://pib.gov.in/PressReleasePage.aspx?PRID=1809285 (Last accessed in June 2023)**

2. **भारत का नाभिकीय लक्ष्य (Nuclear Vision of India):** भारत का अपना एक वृहद तथा उभरता हुआ स्वदेशी आण्विक ऊर्जा कार्यक्रम है तथा यह 2032 तक 63,000 मेगावाट विद्युत उत्पादित करने वाला होने की उम्मीद है। 2050 तक देश की कुल विद्युत मांग का 25% वितरण आण्विक ऊर्जा से लक्षित है।

4.3.2 नाभिकीय अभिक्रिया के प्रकार (Types of Nuclear Reaction)

मूलत: दो प्रकार की नाभिकीय अभिक्रियाएं होती हैं, जिनसे नाभिकीय ऊर्जा मुक्त होती है:

1. नाभिकीय विखण्डन
2. नाभिकीय संलयन

4.3.2.1 नाभिकीय विखण्डन (Nuclear Fission)

- नाभिकीय विखण्डन एक ऐसी प्रक्रिया है, जिसमें एक बड़ा नाभिक दो छोटे नाभिकों में विखंडित होकर ऊर्जा मुक्त करता है। दूसरे शब्दों में, विखण्डन एक ऐसी प्रक्रिया है, जिसके अंतर्गत नाभिक दो या दो से अधिक भागों में विखंडित होकर न्यूट्रॉन तथा ऊर्जा मुक्त करता है।
- 1939 में दो जर्मन वैज्ञानिकों ओटो हॉन एवं फ्रीट्ज ने नई प्रकार की नाभिकीय अभिक्रिया की खोज की। उन्होंने पाया कि जब किसी यूरेनियम नाभिक पर न्यूट्रॉन की बौछार की जाती है तब नाभिक बंट जाता है तथा कुछ मुक्त न्यूट्रॉन छोड़ने के साथ विशाल मात्रा में ऊर्जा मुक्त करता है। इस तरह की नाभिकीय अभिक्रिया नाभिकीय विखण्डन कहलाती है।
- विखण्डन की प्रक्रिया का आरेखीय समीकरण निम्न है:

$$_{92}U^{235} + {_0}n^1 \rightarrow {_{92}}U^{236} \rightarrow {_{56}}Ba^{144} + {_{36}}Kr^{89} + 3{_0}n^1 + \text{Energy (200MeV)}$$

- यूरेनियम की विखण्डन प्रक्रिया में मंद न्यूट्रॉन हिस्सा लेते हैं एवं उनका उत्पाद हमेशा बेरियम व क्रिप्टन नहीं होता है, टुकड़ों के संभावित जोड़े उत्पन्न होते हैं। यूरेनियम विखण्डन में मुक्त न्यूट्रॉन की औसत संख्या 2.5 है।
- $_{92}U^{235}$ प्रति विखण्डन से 200 MeV ऊर्जा मुक्त होती है।

4.3.2.2 नाभिकीय संलयन (Nuclear Fusion)

- जब अत्यधिक तेज गति से घूम रहे दो या दो से अधिक हल्के नाभिक जुड़कर एक भारी नाभिक का निर्माण करते हैं, तो यह प्रक्रिया नाभिकीय संलयन कहलाती है। नये निर्मित नाभिक का भार उन नाभिकों के कुल भार से कम होता है, जिनसे मिलकर ये बने होते हैं। खोया हुआ भार ऊर्जा में रूपांतरित हो जाता है, जो संलयन ऊर्जा के रूप में विमुक्त होता है। संलयन अभिक्रिया के फलस्वरूप 24.6 MeV ऊर्जा विमुक्त होती है, जो U^{235} नाभिक के विखण्डन से प्राप्त होने वाली ऊर्जा की 200 MeV की मात्रा से काफी कम है, लेकिन इसका मतलब यह नहीं है कि संलयन विखण्डन की तुलना में ऊर्जा का कमजोर स्रोत है। 1 ग्राम

नाभिकीय ऊर्जा के वैश्विक आंकड़े (Nuclear Energy Data Worldwide)

- पहले वाणिज्यिक परमाणु ऊर्जा स्टेशनों का संचालन 1950 के दशक में शुरू हुआ।
- परमाणु ऊर्जा अब लगभग 440 ऊर्जा रिएक्टरों से दुनिया की लगभग 10% विद्युत उत्पादन करती है।
- 50 से अधिक देश लगभग 220 अनुसंधान रिएक्टरों में परमाणु ऊर्जा का उपयोग करते हैं। अनुसंधान के अलावा, इन रिएक्टरों का उपयोग चिकित्सा और औद्योगिक आइसोटोप के उत्पादन के साथ-साथ प्रशिक्षण के लिए भी किया जाता है।
- भारत में 22 परिचालन योग्य परमाणु रिएक्टर हैं, जिनकी कुल क्षमता 6.8 GWe है। 2021 में, परमाणु ऊर्जा द्वारा देश की 3.2% विद्युत उत्पन्न की गई। भारत सरकार अपने व्यापक बुनियादी ढांचे के विकास कार्यक्रम के हिस्से के रूप में अपनी परमाणु ऊर्जा क्षमता बढ़ाने के लिए प्रतिबद्ध है। सरकार ने 2010 में 2024 तक 14.6 GWe परमाणु क्षमता जनित करने का महत्वाकांक्षी लक्ष्य रखा था। जुलाई 2022 के अंत में भारत में 6.7 GWe की संयुक्त क्षमता के साथ आठ रिएक्टर निर्माणाधीन थे।

हाइड्रोजन में ड्यूट्रॉन (संलयन अभिक्रिया का अभिकारक) की संख्या 1 ग्राम यूरेनियम में U^{235} नाभिक की संख्या से काफी अधिक होती है। प्रयुक्त पदार्थ की प्रति इकाई मात्रा भारी नाभिक के विखण्डन की तुलना में हल्के नाभिक के संलयन में ज्यादा ऊर्जा विमुक्त करती है।

- संलयन अभिक्रिया को निम्न समीकरणों के द्वारा समझा जा सकता है:

$$H_1{}^1 + H_1{}^1 \rightarrow H_1{}^2 + Q = 0.42 \text{ MeV}$$

- सौर ऊर्जा के लिए जिम्मेदार प्रक्रिया हल्के नाभिक का संलयन है एवं यहां हाइड्रोजन के चार नाभिक जुड़कर हीलियम के एक नाभिक का निर्माण करते हैं।
- नाभिकीय संलयन प्रक्रिया को संपन्न कराना अत्यंत कठिन है क्योंकि आपस में जुड़ने वाले नाभिक धनात्मक आवेशित होते हैं, इसलिए वे मजबूती से एक-दूसरे का प्रतिरोध करते हैं। उन्हें साथ लाने के लिए न सिर्फ उच्च दाब बल्कि 0.1 MeV के लगभग गतिज ऊर्जा तथा 10^8 केल्विन तापमान की जरूरत होती है। इतना अधिक तापमान सूर्य एवं तारों पर ही उपलब्ध होता है। नाभिक के संलयन के लिए अत्यंत अधिक तापमान की आवश्यकता होती है इसलिए यह अभिक्रिया ऊष्मीय नाभिकीय अभिक्रिया एवं विमुक्त ऊर्जा ऊष्मा नाभिकीय ऊर्जा कहलाती है। 10^8 केल्विन तापमान पर संलयन पदार्थ (हाइड्रोजन, ड्यूट्रॉन, ट्रिटियम आदि) आयनित हो जाते हैं एवं इलेक्ट्रॉन स्वतंत्र हो जाते हैं तथा नाभिक के साथ-साथ ये पदार्थ भी आयनित गैस जैसे आचरण करने लगते हैं, जो प्लाज्मा कहलाते हैं। प्लाज्मा ठोस, द्रव और गैस के पश्चात् पदार्थ की चौथी अवस्था है।

नोट: हाइड्रोजन बम तारों की ऊर्जा (सूर्य) तथा International Thermonuclear Experimental Reactor (ITER) नाभिकीय संलयन पर आधारित हैं। ITER को 'कृत्रिम सूर्य अनुसंधान' के रूप में भी जाना जाता है।

- **सर्वप्रथम परमाणु बम का सफल विस्फोट प्रशांत महासागर के एनिवेटॉक एटॉल (Eniewetok Atoll) में 1952 में हुआ था, इसने संपूर्ण द्वीप को चंद सेकंड में पिघला दिया। भारत ने मई 1998 में पोखरण में हाइड्रोजन बम का भूमिगत परीक्षण किया था।**

नोट: ${}_1H^1$ = प्रोट्रियम, ${}_1H^2$ = ड्यूट्रियम तथा ${}_1H^3$ = ट्राइटियम, हाइड्रोजन के समस्थातिक

4.3.3 भारत का त्रि–चरणीय असैन्य नाभिकीय ऊर्जा कार्यक्रम (India's Three-Stage Civil Nuclear Power Programme)

- डॉ. होमी जहांगीर भाभा ने भारत के सीमित यूरेनियम संसाधनों के साथ कार्य करते हुए नाभिकीय ऊर्जा की विकास के लिए त्रि-चरणीय नाभिकीय कार्यक्रम की नींव रखी।
- **नवंबर 1954 में भाभा ने "शांतिपूर्ण उद्देश्यों के लिए परमाणु ऊर्जा का विकास" विषय पर एक सम्मेलन में राष्ट्रीय विकास के लिए तीन चरण की योजना पेश की।** इस सम्मेलन में देश के प्रथम प्रधानमंत्री पंडित जवाहर लाल नेहरू भी उपस्थित थे। चार वर्ष पश्चात् 1958 में भारत सरकार ने औपचारिक रूप से तीन चरण की योजना को स्वीकार कर लिया। भारत सरकार ने यह मान लिया कि थोरियम से लंबे समय तक ऊर्जा जरूरतों को पूरा किया जा सकता है।

4.3.3.1 प्रथम चरण (First Stage)

- **ईंधन - प्राकृतिक यूरेनियम**
- **रिएक्टर - दाबित भारी जल रिएक्टर (Pressurised Heavy Water Reactor)**
- **मंदक - भारी जल (D_2O)**
- **शीतलक - भारी जल (D_2O)**
- कार्यक्रम के प्रथम चरण में प्राकृतिक यूरेनियम ईंधन आधारित दाबित भारी जल रिएक्टर (PHWR) विद्युत उत्पन्न करता है एवं उपोत्पाद के रूप में प्लुटोनियम - 239 उत्पन्न करता है। प्राकृतिक यूरेनियम में सिर्फ 0.7% विखण्डनीय आइसोटोप यूरेनियम - 235 होता है। बचा हुआ 99.30% हिस्सा यूरेनियम - 238 होता है, जो विखण्डनीय नहीं होता है, लेकिन रिएक्टर में विखण्डनीय आइसोटोप प्लुटोनियम - 239 में रूपांतरित हो सकता है।
- विद्युत उत्पादन के लिए यूरेनियम-235 का 3% संवर्धन (Enrichment) आवश्यक है लेकिन परमाणु बम के रूप में इसका संवर्धन 20% से अधिक (90% तक) होना चाहिए।

4.3.3.2 द्वितीय चरण (Second Stage)

- **ईंधन - प्लुटोनियम**
- **रिएक्टर - ब्रीडर रिएक्टर**
- **मंदक - विशेषतः नहीं**
- **शीतलक - द्रवित सोडियम (Liquid Na)**
- द्वितीय चरण में तीव्र ब्रीडर रिएक्टर मिश्रित ऑक्साइड का प्रयोग करता है। मिश्रित ऑक्साइड प्रथम चरण में प्रयुक्त ईंधन के पुनर्प्रसंस्करण से प्राप्त प्लुटोनियम - 239 एवं प्राकृतिक यूरेनियम से बनता है। तीव्र ब्रीडर रिएक्टर मे प्लुटोनियम - 239 विखण्डित होकर ऊर्जा उत्पन्न करता है, जबकि मिश्रित ऑक्साइड ईंधन में विद्यमान यूरेनियम - 238 अतिरिक्त प्लुटोनियम - 239 में उत्परिवर्तित (Transmute) हो जाता है। अत: द्वितीय चरण तीव्र ब्रीडर रिएक्टर को इस तरह से नियंत्रित किया जाता है कि वे उपभोग से अधिक ईंधन उत्पन्न कर सकें। एक बार प्लुटोनियम - 239 का संग्रह तैयार होने के पश्चात् थोरियम को रिएक्टर में ऊपरी आवरण के रूप में पेश किया जा सकता है एवं तीसरे चरण में उपयोग हेतु यूरेनियम - 233 में उत्परिवर्तित किया जा सकता है।

4.3.3.3 तृतीय चरण (Third Stage)

- **ईंधन - थोरियम**
- **रिएक्टर - उन्नत भारी जल रिएक्टर**
- **मंदक - हल्का जल (विश्व निजीकृत जल)**
- **शीतलक - भारी जल (D_2O)**
- तृतीय चरण रिएक्टर या उन्नत नाभिकीय ऊर्जा संयंत्र में स्व-निर्भर शृंखला (Self-sustaining Series) के थोरियम - 232 एवं यूरेनियम - 233 ईंधन वाले रिएक्टर शामिल हैं। यह एक ऊष्मीय ब्रीडर रिएक्टर होगा, जिसमें एक बार शुरुआती ईंधन डालने के पश्चात् दोबारा प्राकृतिक रूप से प्रकट होने वाला थोरियम डाला जा सकेगा।

- त्रि–चरण कार्यक्रम के अनुसार घरेलू यूरेनियम की मदद से दाबित भारी जल रिएक्टर के द्वारा नाभिकीय ऊर्जा क्षमता 10 GW तक पहुंच सकती है। तीव्र ब्रीडर रिएक्टर के इस्तेमाल से इसे 500 गीगावॉट तक पहुंचाया जा सकता है। क्षमता प्राप्ति के पश्चात् ही तीसरे चरण का प्रवर्तन किया जा सकता है।
- चूंकि अभी त्रि–चरण कार्यक्रम में थोरियम के सीधे इस्तेमाल में काफी देरी है इसलिए देश ऐसे रिएक्टर का डिज़ाइन तैयार करने पर कार्य कर रहा है, जिसके माध्यम से थोरियम के सीधे इस्तेमाल को बढ़ाया जा सके। इसके लिए तीन विकल्प उत्प्रेरक चालित यंत्र, उन्नत भारी जल रिएक्टर एवं कॉम्पैक्ट उच्च तापमान रिएक्टर विचाराधीन हैं। कुछ हालिया रिपोर्टों के मुताबिक तरल लवण रिएक्टर भी विचाराधीन है। **(इन्फोग्राफिक देखें – भारत का तीन–चरणों वाला परमाणु विकास कार्यक्रम)**।

4.3.4 नाभिकीय ईंधन (Nuclear-Fuel)

4.3.4.1 प्रथम चरण ईंधन – यूरेनियम (First-Stage Fuel – URANIUM)

- यूरेनियम एक भारी धातु है, जो संकेंद्रित ऊर्जा के प्रचुर स्रोत के रूप में प्रयुक्त हो सकता है।
- ज्यादातर चट्टानों में यूरेनियम का संकेंद्रण 2 से 4 भाग प्रति दस लाख होता है एवं यह पृथ्वी में इसी तरह पाया जाता है, जिस तरह टिन, टंगस्टन एवं मॉलिब्डेनम यूरेनियम लवणीय जल में उत्पन्न होता है एवं यह समुद्र से भी प्राप्त किया जा सकता है।
- **यूरेनियम की खोज जर्मन रसायनशास्त्री मार्टिन क्लाप्रोथ (Martin Klaproth) के द्वारा 1789 ई. में 'पिच ब्लेंड' नामक खनिज में की गई।** इसका नाम यूरेनस ग्रह के नाम पर रखा गया, जिसकी खोज आठ वर्ष पहले की गई थी।
- **ऐसा मानते हैं कि यूरेनियम का निर्माण 6.6 अरब वर्ष पहले सुपरनोवा में हुआ था हालांकि सौर प्रणाली में यह आम नहीं हैं। इसका धीमा रेडियोसक्रिय क्षय पृथ्वी के अंदर गर्मी का मुख्य स्रोत है। यही संवहन व महाद्वीपीय विस्थापन का कारण है।**
- यूरेनियम 1132°C ताप पर प्रगलित (Melt) होता है। इसका रासायनिक चिह्न U है।

यूरेनियम परमाणु

- नाभिकों के बढ़ते भार के अनुसार व्यवस्थित करने पर प्राकृतिक रूप से प्रकट होने वाले सभी तत्वों में यूरेनियम सर्वाधिक भारी है (हाइड्रोजन सबसे हल्का होता है)। जल, चट्टान एवं तेल में प्राकृतिक रूप से इसका अत्यंत कम संकेंद्रण होता है। **वाणिज्यिक रूप से यह यूरेनिटाइट (Uranitite) एवं पिच ब्लेंड (Pitchblende) जैसे खनिजों से प्राप्त किया जाता है।** प्रकृति में यूरेनियम – 238 (99.2742%), यूरेनियम – 235 (0.7204%) एवं यूरेनियम – 234 (0.0054%) के रूप में पाया जाता है। यूरेनियम उल्का कण को मुक्त करने के साथ धीरे–धीरे क्षयित होता है। यूरेनियम – 238 का अर्द्ध–जीवन काल 4.47 अरब वर्ष एवं यूरेनियम – 235 का 70.4 करोड़ वर्ष होता है। आइसोटोप U – 235 अत्यंत महत्वपूर्ण है क्योंकि कुछ अनुकूल स्थितियों में इसे आसानी से विभाजित किया जा सकता है एवं काफी ऊर्जा प्राप्त की जा सकती है। इसलिए इसे विखण्डनीय कहा जाता है, जिसके लिए हम नाभिकीय विखण्डन शब्द का प्रयोग करते हैं। U – 238 का क्षय अत्यंत धीमी होता है लेकिन U – 235 का इसकी अपेक्षा थोड़ा तेज होता है।

4.3.4.1.1 *संवर्द्धित यूरेनियम (Enriched Uranium)*

संवर्द्धित यूरेनियम यूरेनियम का एक प्रकार है, जिसमें यूरेनियम – 235 का संघटन प्रतिशत आइसोटोप पृथक्करण के द्वारा बढ़ा दिया जाता है। संवर्द्धित यूरेनियम असैन्य नाभिकीय ऊर्जा उत्पादन एवं सैन्य नाभिकीय आयुध दोनों के लिए उपयोगी है। अंतर्राष्ट्रीय परमाणु ऊर्जा एजेंसी नाभिकीय ऊर्जा उत्पादन की सुरक्षा एवं नाभिकीय आयुध के अप्रसार हेतु संवर्द्धित यूरेनियम की आपूर्ति व प्रक्रिया का निरीक्षण व नियंत्रण करती है।

यूरेनियम अयस्क से रिएक्टर ईंधन

- **निम्न संवर्द्धित यूरेनियम (रिएक्टर श्रेणी): 3-5% (3-5% $_{92}U^{235}$)**
- **उच्च संवर्द्धित यूरेनियम (आयुध श्रेणी): 90-95% (90-95% $_{92}U^{235}$)**

4.3.4.1.2 *भारत में यूरेनियम (Uranium in India)*

भारत में यूरेनियम का उत्खनन एवं प्रसंस्करण परमाणु ऊर्जा विभाग के सहायक भारतीय यूरेनियम निगम द्वारा जादूगड़ा एवं भटिन (1967 से), नरवापहाड़ा (1995 से) तथा तुरामडिह (2002 से) में किया जा रहा है। ये सभी जगह झारखण्ड में हैं।

4.3.4.2 द्वितीय चरण ईंधन – प्लुटोनियम (Second-Stage Fuel – PLUTONIUM)

जहां यूरेनियम – 235 (U–235) का नाभिक विखण्डनीय होता है, वहीं यूरेनियम – 238 को उर्वर (Fertile) कहा जाता है। इसका मतलब यह है कि यह रिएक्टर के कोर में गति कर रहे न्यूट्रॉन को गृहीत कर प्लुटोनियम – 239 बन जाता है, जो विखण्डनीय है। प्लुटोनियम विखण्डन में यूरेनियम – 235 से काफी समानता रखता है। जब प्लुटोनियम – 239 न्यूट्रॉन से टकराता है, तो काफी ऊर्जा विमुक्त करता है। चूंकि रिएक्टर के कोर में U – 238 बहुत अधिक होता है, इसलिए ये अभिक्रियाएं बारंबार होती रहती हैं एवं वास्तव में ईंधन की कुल ऊर्जा का एक–तिहाई प्लुटोनियम – 239 के दहन से आता है। लेकिन कभी–कभी प्लुटोनियम – 239 का परमाणु बिना विभाजन के न्यूट्रॉन ग्रहण कर लेता है एवं प्लुटोनियम – 240 बन जाता है क्योंकि प्लुटोनियम – 239 का या तो दहन हो जाता है या यह प्लुटोनियम – 240 बन जाता है, इसलिए ईंधन जितनी देर तक रिएक्टर में रहता है उसमें उतना अधिक प्लुटोनियम – 240 बन जाता है। इसका महत्व यह है कि जब प्रयुक्त ईंधन को तीन साल के बाद हटा लिया जाता है, जब प्लुटोनियम आयुध निर्माण के योग्य नहीं रहता है लेकिन यह ईंधन के रूप में पुनर्चक्रित किया जा सकता है।

नोट: Pu 239, एक न्यूट्रॉन जोड़ने के बाद Pu 240 बन जाएगा।

भारत का तीन चरणों वाला परमाणु विकास कार्यक्रम

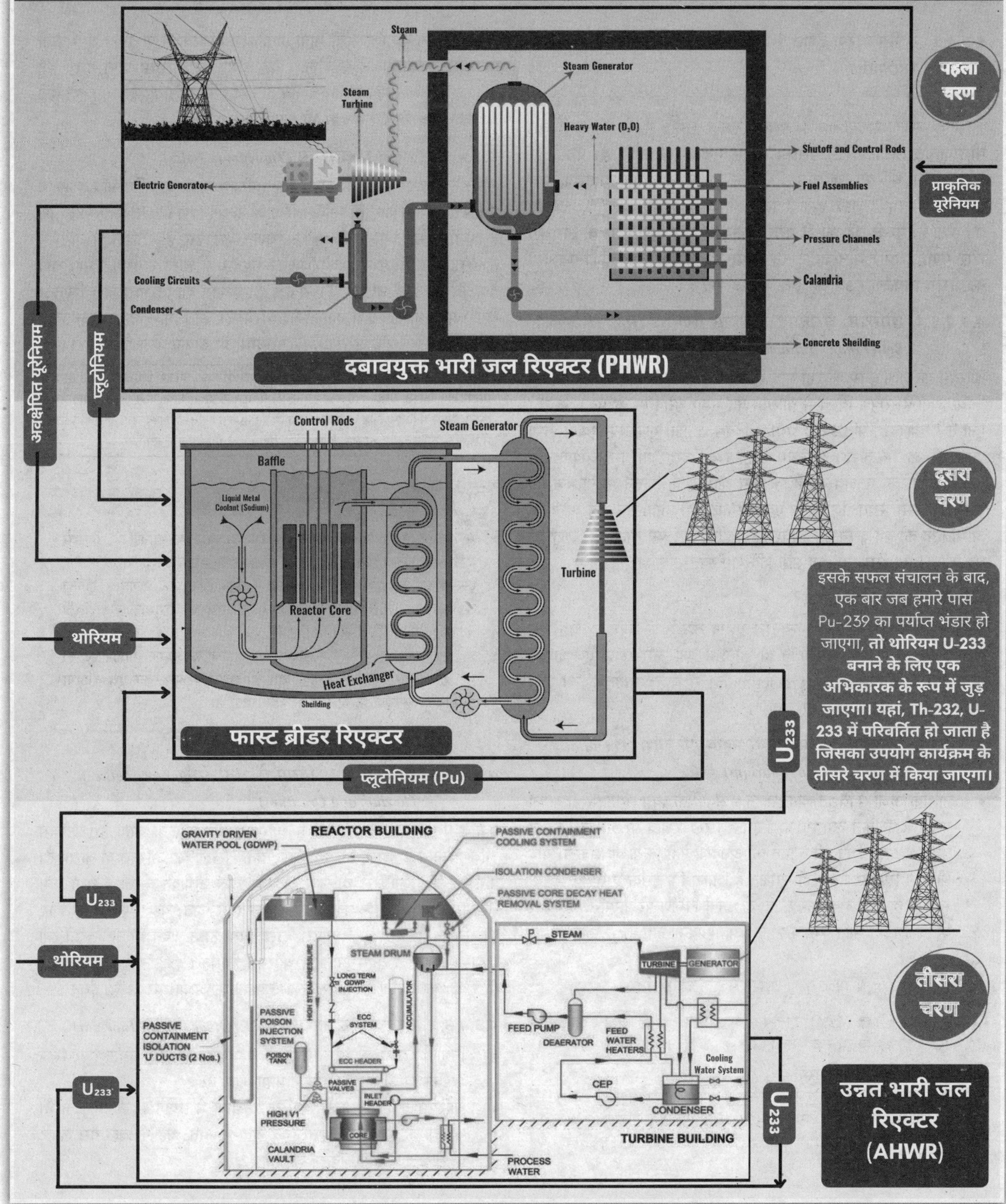

4.3.4.3 तृतीय चरण ईंधन – थोरियम (Third-Stage Fuel – THORIUM)

थोरियम एक प्राकृतिक रेडियोसक्रिय रासायनिक तत्व है, जिसका प्रतीक Th एवं परमाणु संख्या 90 है। **इसकी खोज 1828 ई. में की गयी थी। मोनाजाइट (Monazite) इसका सबसे महत्वपूर्ण स्रोत है।** प्रकृति में लगभग सभी थोरियम, थोरियम – 232 के रूप में पाया जाता है। इसका क्षय हल्का कण विमुक्त करके होता है एवं इसका अर्द्ध-जीवन काल 14.05 अरब वर्ष होता है। **पृथ्वी की ऊपरी परत में इसकी मात्रा यूरेनियम के लगभग चार गुणा है और मोनाजाइट रेत से प्राप्त दुर्लभ धातुओं के निष्कर्षण के दौरान निकला हुआ यह एक उप-उत्पाद है।**

4.3.4.3.1 थोरियम, यूरेनियम से बेहतर क्यों है? (How Thorium is Better than Uranium?)

थोरियम का लाभ तबसे शुरू हो जाता है, जबसे इसका उत्खनन एवं शुद्धिकरण किया जाता है। संपूर्ण विश्व में थोरियम का भंडार यूरेनियम के मुकाबले चार गुना तक ज्यादा है। प्रति इकाई इसमें यूरेनियम से 250 गुणा तक ज्यादा ऊर्जा प्राप्त की जा सकती है। यूरेनियम – 235 की तरह थोरियम विखण्डनीय नहीं होता, इसका मतलब यह है कि, हम थोरियम के कितने भी नाभिक को साथ रखें, इसमें स्वत: विखण्डन एवं विस्फोट नहीं होगा। हमें जब कभी भी अभिक्रिया को बंद करने की आवश्यकता होगी, हमें बस न्यूट्रॉन के स्रोत को बंद करना होगा इसके पश्चात् सारी प्रक्रियाएं स्वत: रुक जाएंगी।

थोरियम कैसे कार्य करता है?

थोरियम 232 (Th-232) न्यूट्रॉन ग्रहण करने के पश्चात् थोरियम – 233 (U-233) में परिवर्तित हो जाता है, जो अस्थिर है एवं क्षयित होकर प्रोटेक्टीनियम-233 (Protactinium) में बदल जाता है, जो पुन: यूरेनियम-233 में परिवर्तित हो जाता है।

4.3.4.3.2 थोरियम के उपयोग के महत्वपूर्ण लाभ (Potential Benefits of Using Thorium)

- नाभिक ऊर्जा से विद्युत जनित करने में सर्वाधिक व्यय संयंत्र पर ही करना पड़ता है, लेकिन लगभग 30% ईंधन व रख-रखाव पर भी खर्च करना पड़ता है अत: ईंधन की कीमत को अनदेखा नहीं किया जा सकता। यदि थोरियम रिएक्टर उतना ही सुरक्षित है जितना कि इसके प्रस्तावक इसके सुरक्षित होने का दावा कर रहे हैं, तो उनके निर्माण पर पारंपरिक रिएक्टर के निर्माण की भांति व्यय करने की आवश्यकता नहीं है।

विश्वभर में थोरियम की उपस्थिति

प्रथम रैंक - भारत (21%), **द्वितीय** - ऑस्ट्रेलिया (19%), **तृतीय रैंक** - यूएसए (13%), **चतुर्थ रैंक** - तुर्की (11%)

भारत में थोरियम की उपस्थिति

प्रधान रूप से यह भारत के पूर्वी तटीय क्षेत्र में पाया जाता हैं। प्रथम रैंक- आंध्र प्रदेश (31%), द्वितीय रैंक-तमिलनाडु (21%), तृतीय रैंक- ओडिशा (20%), चतुर्थ रैंक - केरल (16%), पांचवीं रैंक पश्चिम बंगाल (10%), छठी रैंक- झारखण्ड (2%)।

- थोरियम की एक बड़ी मात्रा मोनाजाइट अयस्क से प्राप्त की जा सकती है। इसका सबसे बड़ा लाभ यह होगा कि थोरियम प्राप्त करने हेतु अतिरिक्त खनन की आवश्यकता नहीं होगी जो पर्यावरण अनुकूल होने के साथ वित्तीय रूप से भी लाभदायक होगा।

4.3.4.3.3 भारत में थोरियम (Thorium in India)

भारत न्यूक्लियर ईंधन के दोहन हेतु थोरियम चक्र आधारित प्रक्रियाओं में सक्षम है, जो कि भारतीय न्यूक्लियर ऊर्जा उत्पादन रणनीति के लिए महत्वपूर्ण है क्योंकि भारत में थोरियम के विशाल भण्डार हैं- केरल में लगभग 6,60,000 टन। इस तरह के विशाल भण्डार से भारत लगभग 2500 वर्षों तक विद्युत ऊर्जा उत्पन्न कर सकता है। तथापि दाबित भारी जल रिएक्टर (PHWR) की तुलना में फास्ट ब्रीडर रियेक्टर की निर्माण लागत उच्च होती है। अत: भारत इसके सस्ते ईंधन- यूरेनियम पर अपना फोकस कर रहा है।

नोट: भारत का **पहला थोरियम आधारित वाणिज्यिक ब्रीडर रिएक्टर**-500 MW-**प्रोटोटाईप फास्ट ब्रीडर रिएक्टर (PFBR)** वर्तमान में इंदिरा गांधी परमाणु अनुसंधान केंद्र, **कलपक्कम** में (तमिलनाडु) कार्य कर रहा है। 2050 तक भारत का लक्ष्य कुल नाभिकीय ऊर्जा में से 30% का उत्पादन थोरियम भण्डार की सहायता से निर्मित करने का है।

मोनाज़ाइट (Monazite)

मोनाज़ाइट मुख्य रूप से लाल-भूरे रंग का फॉस्फेट खनिज है, **जिसमें दुर्लभ-मृदा तत्व होते हैं।** मोनाज़ाइट की संरचना में परिवर्तनशीलता के कारण, इसे खनिजों का एक समूह माना जाता है। मोनाज़ाइट एक आणविक खनिज है, जो तीन जिलों: **तिरुनेलवेली, थूथुकुडी एवं कन्याकुमारी** के तटीवर्ती बलुकाओं में प्राकृतिक रूप में होता है।

थोरियम, लैंथेनम एवं सेरियम का महत्वपूर्ण अयस्क मोनाज़ाइट है। यह प्राय: प्लासर निक्षेपों में पाया जाता है। **भारत, मेडागास्कर एवं दक्षिण अफ्रीका** में मोनाज़ाइट बालुका के वृहत भंडार हैं।

4.3.4.3.4 थोरियम व यूरेनियम में अंतर (Difference between Thorium and Uranium)

प्रकृति में यूरेनियम की तुलना में थोरियम अधिक पाया जाता है। थोरियम अविभाजनीय है, अत: यह एक आण्विक श्रृंखलाबद्ध अभिक्रिया करता है। प्रति टन के हिसाब से थोरियम अधिक ऊर्जा उत्पादन करता है तथा कम रेडियोसक्रिय अपशिष्ट पदार्थ उत्पन्न करता है, अत: यह पर्यावरण के लिए भी सुरक्षित है। थोरियम रिएक्टर्स प्लुटोनियम का उत्पादन भी नहीं करते, जो युद्धास्त्र बनाने के काम आते हैं। थोरियम निर्मित U^{233}, न्यूक्लियर रिएक्टर में, U^{235} की तुलना में बेहतर ऊर्जा उत्पादन के आधार पर अच्छा ईंधन है।

4.3.4.3.5 थोरियम के अन्य उपयोग (Other Uses of Thorium)

- निर्वात ट्यूब्स के फिलामेण्ट में यह पाया जाता है, उदाहरणस्वरूप माइक्रोवेव ऑवेन में मैग्नेट्रोन पाया जाता है।
- थोरियम का ऑक्साइड 'थोरिया' उद्योगों में प्रयोग में लाया जाता है। थोरिया का गलनांक बहुत उच्च होता है, अत: यह पोर्टेबल गैस लाईट के मेण्टल में प्रयोग किया जाता है।

विखण्डनीय एवं विखण्डन योग्य में अंतर
(Difference between Fissile and Fissionable)

विखण्डनीय पदार्थ अत्यंत निम्न गतिज वाले न्यूट्रॉन को अवशोषित करके विखंडित हो सकते हैं। न्यूट्रॉन इसमें जुड़कर इसे विखण्डन हेतु पर्याप्त ऊर्जा प्रदान करता है। यह नाभिक में न्यूट्रॉनों की विषम संख्या की वजह से होता है, जो ऊर्जा विमुक्त करने हेतु स्वयं को पुनर्व्यवस्थित करते हैं। U^{235}, P_u^{239}, P_u^{241} ये सभी विखण्डनीय हैं। विखण्डन योग्य पदार्थ न्यूट्रॉन अवशोषित करके विखंडित हो सकते हैं, यदि इनके पास पर्याप्त गतिज ऊर्जा हो। विखण्डन हेतु न्यूट्रॉन को नाभिक में पर्याप्त गतिज ऊर्जा को लाना होता है। यूरेनियम - 238 (U^{238}), प्लुटोनियम - 240 (P_u^{240}) विखण्डनीय पदार्थ हैं। सभी विखण डनीय न्यूक्लॉयड विखण्डन योग्य हैं, लेकिन सिर्फ कुछ विखण्डन योग्य पदार्थ विखण्डनीय हैं।

- जब थोरिया को कांच के साथ मिलाया जाता है, तो यह अपवर्तनांक को बढ़ा देता है, जिससे प्रकाश का प्रसरण कम हो जाता है, अत: यह उच्च गुणवत्ता युक्त कैमरा लैंस के निर्माण में प्रयुक्त किया जाता है।
- पेट्रोलियम क्रेकिंग तथा सल्फरिक अम्ल के उत्पादन में यह अमोनिया को नाइट्रिक अम्ल में परिवर्तन करने हेतु एक उत्प्रेरक (केटालिस्ट) के रूप में प्रयुक्त किया जाता है।

4.3.5 नाभिकीय रिएक्टर (Nuclear Reactor)

नाभिकीय रिएक्टर जिसे पूर्व में परमाण्विक संचयन के नाम से भी जाना जाता है, सतत् नाभिकीय श्रृंखला अभिक्रिया की शुरुआत एवं नियंत्रण हेतु एक संयंत्र है। नाभिकीय रिएक्टर का उपयोग नाभिकीय ऊर्जा संयंत्रों में ऊर्जा जनन एवं जहाजों के प्रणोदन में होता है। नाभिकीय विखण्डन से उत्पन्न ऊष्मा का प्रयोग द्रव को गर्म करके वाष्प बनाने हेतु किया जाता है, जिससे टर्बाइन को घुमाया जाता है। कुछ रिएक्टरों का उपयोग चिकित्सा एवं औद्योगिक उपयोग हेतु आइसोटोप उत्पन्न करने के लिए किया जाता है। इनमे से कुछ का प्रयोग आयुध स्तर के प्लुटोनियम के उत्पादन के लिए जबकि कुछ का प्रयोग सिर्फ अनुसंधान उद्देश्यों के लिए होता है।

नोट: 1000 मेगावॉट की क्षमता वाला रिएक्टर एक आधुनिक शहर के लिए पर्याप्त विद्युत उत्पन्न कर सकता है।

4.3.5.1 रिएक्टर के प्रकार (Types of Reactors)

रिएक्टर विभिन्न प्रकार के होते हैं। उनमें से कुछ महत्वपूर्ण रिएक्टर नीचे दिए गए हैं :

4.3.5.1.1 प्रेसराईज्ड हैवी वॉटर रिएक्टर [Pressurised Heavy Water Reactor (PHWR)]

- PHWR एक परमाणु ऊर्जा संयंत्र है, जो आमतौर पर अपने ईंधन के रूप में असमृद्ध प्राकृतिक यूरेनियम का उपयोग करता है, और भारी पानी (ड्यूटेरियम ऑक्साइड D_2O) का उपयोग अपने शीतलक और मॉडरेटर के रूप में प्रयोग करता है।
- भारी जल शीतलक को दबाव में रखा जाता है, जिससे इसे बिना उबाले उच्च तापमान पर गर्म किया जा सकता है, जैसा कि एक सामान्य दबाव वाले वॉटर रिएक्टर में होता है।
- जबकि भारी पानी सामान्य हल्के पानी की तुलना में काफी अधिक महंगा होता है, यह बहुत बढ़ी हुई न्यूट्रॉन अर्थव्यवस्था उत्पन्न करता है, जिससे रिएक्टर ईंधन संवर्धन सुविधाओं (भारी पानी की अतिरिक्त पूंजीगत लागत को कम करने) के बिना संचालित होता है और आमतौर पर वैकल्पिक ईंधन चक्रों का उपयोग करके रिएक्टर की क्षमता की कुशलता को बढ़ाता है।

4.3.5.1.2 ब्रीडर रिएक्टर (Breeder Reactor)

ब्रीडर रिएक्टर एक ऐसा विखण्डनीय रिएक्टर है, जो अपने उपभोग की मात्रा से अधिक विखण्डनीय पदार्थ उत्पन्न करता है। एक सामान्य रिएक्टर प्राकृतिक यूरेनियम का 1% से भी कम मात्रा का उपभोग करता है, जो ईंधन चक्र शुरू करता है, जबकि ब्रीडर संपूर्ण ईंधन का दहन करता है (पुनर्प्रसंस्करण हानि को कम करके)। इसके अलावा ऊर्जा की समान मात्रा के लिए यह कम अपशिष्ट उत्पन्न करता है। ब्रीडर को डिज़ाइन करके थोरियम के योग्य बनाया जा सकता है जो प्रकृति में यूरेनियम के मुकाबले प्रचुर मात्रा में पाया जाता है। दो प्रकार के ब्रीडर रिएक्टरों की संकल्पना की गई है।

4.3.5.1.2.1 फास्ट ब्रीडर रिएक्टर (Fast Breeder Reactor)

फास्ट ब्रीडर रिएक्टर विखण्डनीय प्लुटोनियम एवं उर्वर यूरेनियम से संभवत: उच्च यूरेनियमोत्तर (Transuranium) जनित करने हेतु तीव्र (निमंदक) न्यूट्रॉन का उपयोग करता है। तीव्र तरंगदैर्ध्य इतना लचीला होता है कि जरूरत पड़ने पर थोरियम से विखण्डनीय यूरेनियम - 233 जनित कर सकता है।

फास्ट ब्रीडर्स रिएक्टर्स को भारत की दीर्घावधि एवं विशाल थोरियम भण्डारों के प्रयोग हेतु प्लुटोनियम का प्रयोग सिद्ध भारी जल रिएक्टर्स तथा थोरियम से ब्रीडिंग विभाजक यूरेनियम-233 के समुचित दोहन में द्वितीयक कदम के रूप में प्रयोग किया जाना है। भारत के पास वृहद (विश्व का वृहद्‌तम्) थोरियम भण्डार है, जो 10000 वर्ष से ज्यादा अथवा 60000 वर्षों तक आण्विक ऊर्जा का उत्पादन कर सकते हैं। विश्व का एकमात्र फास्ट रिएक्टर रूस के यूराल पर्वत पर स्थित येक्टरिंग बर्ग शहर में बेलोयार्स्क न्यूक्लियर पॉवर प्लॉट में है।

वर्तमान में, प्रोटोटाईप फास्ट ब्रीडर रिएक्टर (PFBR), जो 500 मेगावाट क्षमता विद्युत युक्त फास्ट ब्रीडर न्यूक्लियर रिएक्टर है, मद्रास आण्विक ऊर्जा स्टेशन कलपक्कम में निर्माणधीन है। भारत तथा इन्दिरा गांधी आण्विक अनुसंधान केंद्र को इस रिएक्टर के डिज़ाइन का जिम्मा दिया गया है। पी एफ बी आर (PFBR) भारत की त्रिस्तरीय (तीन चरणों वाली) न्यूक्लियर पॉवर प्रोग्राम का भाग है। इसके अलावा, सरकार चार और फास्ट ब्रीडर रिएक्टर बनाने की तैयारी कर रही है, जो निर्णायक रूप से अंतिम चरण में हैं।

भारत में फास्ट ब्रीडर रिएक्टर प्रोग्राम के लाभ

1. **ब्रीडिंग अवधारणा:** FBR अपने उपभोग की तुलना में 30% ज्यादा ईंधन उत्पादन कर सकता है। यह उच्च विभंजक पदार्थ उत्पाद प्राप्त कर सकता है, जो अन्य रिएक्टर में ईंधन के तौर पर काम आ सकता है। अत: FBR में न्यूट्रॉन्स की संख्या को बढ़ाकर, ब्रीडिंग अनुपात के विकल्प सुलभ होते हैं। FBR छोटे कोर का प्रयोग करते हैं, जो श्रृंखलाबद्ध

अभिक्रिया के लिए आवश्यक होते हैं तथा इनमें चूंकि फास्ट न्यूट्रॉन्स का प्रयोग होता है, अत: मंदक के लिए मॉडरेटर की आवश्यकता नहीं होती।

2. **आर्थिक अवधारणा:** FBR की उच्च ऑपरेटिंग तापक्रम के कारण ये उच्च थर्मोडायनेमिक प्रभावित रखते हैं, परिणामस्वरूप पर्यावरण हेतु यह तापीय प्रदूषण घटाते हैं। साथ ही, FBR परंपरागत थर्मल पॉवर प्लांट की तुलना में अधिक ऊर्जा उत्पन्न करते हैं, जैसे कि एक टन कोयले से उत्पादित होने वाली बिजली के बराबर ये यूरेनियम संलयन द्वारा 3 ग्राम यूरेनियम से उतनी ही ऊर्जा बना सकते हैं।
3. **अपशिष्ट प्रबंधन:** FBR में अपशिष्ट प्रबंधन भार किसी भी परंपरागत न्यूक्लियर रिएक्टर की तुलना में 200 गुना कम होता है। FBR यूरेनियम प्रोसेसिंग प्लांट तथा अन्य परंपरागत न्यूक्लियर रिएक्टर्स से प्राप्त यूरेनियम अपशिष्ट का प्रयोग करते हैं, जिससे उनके न्यूक्लियर अपशिष्ट को आसानी से प्रबंधित किया जा सकता है। FBR में पुनर्प्रयुक्त ईंधन के चलते खनन व प्रसंस्करण व्ययों को भी कम किया जा सकता है। **(इन्फोग्राफिक देखें - फास्ट ब्रीडर रिएक्टर और भारत)**

4.3.5.1.2.2 ऊष्मीय ब्रीडर रिएक्टर (Thermal Breeder Reactor)

थोरियम - 232 न्यूट्रॉन ग्रहण एवं बीटा के क्षय के पश्चात् यूरेनियम - 233 उत्पन्न करता है। थर्मल ब्रीडर रिएक्टर थोरियम से विखण्डनीय यूरेनियम - 233 जनित करने के लिए ऊष्मीय तरंगदैर्ध्य न्यूट्रॉन का प्रयोग करता है। विभिन्न नाभिकीय ईंधन के व्यवहार के कारण, ऊष्मीय ब्रीडर को सिर्फ थोरियम ईंधन के साथ व्यावहारिक माना जाता है, जो भारी यूरेनियमोत्तर का निर्माण नहीं होने देता है।

4.3.5.2 भारतीय संदर्भ में विशिष्ट (Specific to the Indian Context)

भारत में थोरियम के अथाह भण्डार हैं, वहीं यूरेनियम के भण्डार सीमित हैं। अत: यूरेनियम भण्डारों के प्रभावी तथा दक्षतापूर्ण प्रयोग की इनकी क्षमता के कारण FBR महत्वपूर्ण हैं, साथ ही ये देश के थोरियम भण्डारों के दोहन में भी महत्वपूर्ण भूमिका निभाते हैं और भी LWR में प्रयुक्त होने वाला यूरेनियम 235 पृथ्वी पर दुर्लभ (विरले) है, जबकि दूसरी तरफ यूरेनियम 238 जो, FBR में प्रयुक्त होता है, धरातल पर प्रचुर मात्रा में उपलब्ध है। साथ ही, थोरियम सीधे न्यूक्लियर ईंधन के तौर पर प्रयुक्त नहीं किया जा सकता, परंतु यह ब्लेंकेट स्थापन्न के माध्यम से विभंजक आईसोटोप (U^{233}) प्राप्ति हेतु ब्रीड किया जा सकता है। साथ ही, किसी विशेष चरण में थोरियम के शुरुआती पुन:स्थापना से 'पीक पॉवर लोड' (Peak Power load) का मध्यम उत्पादन हो सकता है। अत:, थोरियम का प्रयोग समयबद्ध रूप से अगले चरण के विकास वृद्धि हेतु किया जाना चाहिए।

4.3.6 नाभिकीय रिएक्टर का संघटक (Components of a Nuclear Reactor)

ज्यादातर रिएक्टरों में अनेक अवयव एक समान ही होते हैं:

4.3.6.1 ईंधन (Fuel)

रिएक्टरों के अंदर उपयोग में लाये जाने वाले सबसे सामान्य ईंधन यूरेनियम, प्लूटोनियम और थोरियम हैं। दुनिया भर में विद्युत् उत्पादन के लिए यूरेनियम का अत्यधिक उपयोग किया जाता है।

> दुनिया भर में यूरेनियम का वितरण: प्रथम रैंक - ऑस्ट्रेलिया (दुनिया का एक तिहाई यूरेनियम), दूसरी रैंक - खजाखिस्तान (12%) और तीसरी रैंक - कनाडा (8%) है

फास्ट ब्रीडर रिएक्टर और भारत

- दूसरे चरण के एक भाग के रूप में, भारत ने IGCAR, कलपक्कम में फास्ट ब्रीडर टेस्ट रिएक्टर [IGCAR (Indira Gandhi Centre for Advanced Research)] के साथ FBR कार्यक्रम शुरू किया।
- स्वदेशी रूप से विकसित मिश्रित (U+Pu) कार्बाइड ईंधन से संचालित होने वाले इस रिएक्टर ने पहले ही बड़ी मात्रा में परिचालन अनुभव और इसमें शामिल प्रौद्योगिकियों की बेहतर समझ प्रदान की है।
- इसने भारत को 500 मेगावाट (प्रोटोटाइप) FBR डिजाइन करने में सक्षम बनाया है जो अपने PHWRs से प्लूटोनियम और घटते यूरेनियम का उपयोग करेगा।
- FBRs में, प्लूटोनियम-239 का विखंडन होता है, जिससे ऊर्जा उत्पन्न होती है। दूसरी ओर, यूरेनियम-238 ले जाने वाला मिश्रित ऑक्साइड ईंधन अतिरिक्त प्लूटोनियम-239 में बदल जाता है। इसलिए, चरण-दो FBRs का उद्देश्य उनकी खपत से अतिरिक्त ईंधन का 'उत्पादन' करना है।
- प्लूटोनियम-239 सूची के निर्माण के बाद, रिएक्टर में थोरियम को ब्लैंकेट मैटेरियल के रूप में उपयोग किया जाता है और यूरेनियम-233 में बदल दिया जाता है। इस प्रकार उत्पादित U-233 का उपयोग तीसरे चरण में किया जा सकता है।
- **दुनिया में चार देश हैं जिनके पास वर्तमान में फास्ट ब्रीडर परमाणु रिएक्टर संचालित हैं: चीन, जापान, भारत और रूस।**
  - हाल ही में, रूस ने BN-800 (800 MWe क्षमता) का परिचालन शुरू किया है।
  - चीन ने 2010 में 65 मेगावाट क्षमता का एक परीक्षण रिएक्टर शुरू किया था।
  - जापान में अन्य दो रिएक्टर JOYO, MONJU को बंद कर दिया गया है।

4.3.6.2 मंदक (Moderator)

मंदक उत्सर्जित न्यूट्रॉन, जिसकी गति परास (Range) अत्यंत अधिक होती है, को धीमा करने में प्रयुक्त होता है। कुछ सामान्य मंदक **ग्रेफाइट, भारी जल, बेरीलियम, बेरीलियम ऑक्साइड एवं अन्य कार्बनिक द्रव हैं**। भारी जल उत्तम मंदकों में से एक है।

4.3.6.3 नियंत्रक छड़ (Control Rods)

नियंत्रक छड़ का उपयोग नाभिकीय रिएक्टर में नाभिकीय विखण्डन अभिक्रिया को शुरू व बंद करने के लिए किया जाता है। वृहत अवशोषण क्षेत्र होने के कारण **कैडमियम [cadmium (Cd)], बोरोन [boron (B)]** एवं **ईण्डीयम [Indium (In)]** छड़ का उपयोग नियंत्रक छड़ के रूप में होता है। जब नियंत्रक छड़ को रिएक्टर इकाई में लगाया जाता है, तो यह तीव्रता से गति कर रहे न्यूट्रॉन को अवशोषित कर लेता है एवं शृंखला अभिक्रिया बंद हो जाती है।

4.3.6.4 शीतलक (Coolant)

शीतलक रिएक्टर के कोर में विकसित ऊष्मा की अत्यधिक मात्रा को हटाता है। ऊष्मा एक्सचेंजर के द्वारा शीतलक ऊष्मा को रिएक्टर की द्वितीयक ऊष्मीय प्रणाली में स्थानांतरित कर देता है। **जल, वाष्प, हीलियम, CO_2, वायु, प्रगलित धातु आदि का शीतलक के रूप में प्रयोग किया जाता है।**

4.3.7 रिएक्टर के प्रकार (Type of Reactors)

वैश्विक स्तर पर कुल 6 प्रकार के प्रमुख रिएक्टरों (**तालिका 4.2**) का विकास किया गया है। इनमें से दाबित जल रिएक्टर बहुत ही सामान्य है तथा व्यापक स्तर पर उपयोग किया जाता है। विश्व में लगभग 450 रिएक्टर कार्यरत हैं। इनमें से 50 प्रतिशत रिएक्टर दाबित जल रिएक्टर हैं।

तालिका 4.2 रिएक्टर के प्रकार

रिएक्टर के प्रकार	ईंधन	मंदक	शीतलक
दाबित जल रिएक्टर (Pressurised Water Reactor)	संवर्द्धित UO_2	जल	जल
उबलता जल रिएक्टर (Boiling Water Reactor)	संवर्द्धित UO_2	जल	जल
दाबित भारी जल रिएक्टर (Pressurised Heavy Water Reactor)	प्राकृतिक UO_2	भारी जल	भारी जल
गैस शीतित रिएक्टर (Gas-Cooled Reactor)	प्राकृतिक यूरेनियम संवर्द्धित UO_2	ग्रेफाइट	कार्बन-डाई-ऑक्साइड
भारी जल ग्रेफाइट रिएक्टर (Light Water Graphite Reactor)	संवर्धित UO_2	ग्रेफाइट	जल
तीव्र ब्रीडर रिएक्टर (Fast Breeder Reactor)	P_UO_2 एवं UO_2	कुछ नहीं	द्रवित सोडियम

4.3.7.1 नाभिकीय ऊर्जा पार्क (Nuclear Energy Park)

यह वह स्थल है, जहां ऊर्जा जनन के लिए हम नाभिकीय ऊर्जा संयंत्र स्थापित करेंगे (तालिका 4.3)। आने वाले दिनों में भारत के परमाणु विजन को प्राप्त करने के अनेक नाभिकीय ऊर्जा पार्क स्थापित किए जायेंगे (**तालिका 4.4**)।

तालिका 4.3 भारत के संचालित नाभिकीय ऊर्जा रिएक्टर

तारापुर	महाराष्ट्र
कैगा	कर्नाटक
काकरापार	गुजरात
कलपक्कम	तमिलनाडु
नरौरा	उत्तर प्रदेश
रावतभाटा	राजस्थान
कुडनकुलम	तमिलनाडु

तालिका 4.4 नये ऊर्जा पार्क (भविष्य लक्षित)

कुडनकुलम	तमिलनाडु
जैतापुर	महाराष्ट्र
मिट्ठी विर्दी (या चायामिट्ठी विर्दी)	गुजरात
कोवाडा	आंध्र प्रदेश
हरिपुर	पश्चिम बंगाल
कुम्हरिया या गोरखपुर	हरियाणा
बार्गी या छुटका	मध्य प्रदेश
मरकंडी (पति सोनापीर)	ओडिशा
भीमपुर	मध्य प्रदेश
मद्रास	तमिलनाडु
माही बांसवाड़ा	राजस्थान

(इन्फोग्राफिक देखें - भारत में न्यूक्लियर पॉवर प्लांट)

4.3.7.2 प्रस्तावित जैतापुर नाभिकीय संयंत्र (Proposed Jaitapur Nuclear Plants)

6 दिसंबर, 2010 को फ्रांसिसी राष्ट्रपति निकोलस सरकोजी एवं तत्कालीन भारतीय प्रधानमंत्री मनमोहन सिंह की उपस्थिति में तीसरी पीढ़ी के यूरोपीय दाबित रिएक्टर के प्रथम चरण के निर्माण व 25 वर्ष के लिए नाभिकीय ईंधन की आपूर्ति सुनिश्चित करने पर सहमति बनी। फ्रांस द्वारा 6 यूरोपियन दाबित रिएक्टरों का डिज़ाइन एवं निर्माण करना प्रस्तावित हुआ, जिससे कुल 9900 मेगावॉट विद्युत की आपूर्ति का लक्ष्य रखा गया। निर्माण के पश्चात् कुल विद्युत रेटिंग के आधार पर यह विश्व का सबसे बड़ा नाभिकीय ऊर्जा संयंत्र होगा, लेकिन जैतापुर के आस-पास के लोगों ने भूमि छिनने, विकिरण के डर, पारिस्थितिकी रूप से संवेदनशील पश्चिमी घाट के विनाश की आशंका के डर से इसका बहुत विरोध किया था।

4.3.7.3 कुडनकुलम नाभिकीय ऊर्जा संयंत्र (Kudankulam Nuclear Power Plant)

कुडनकुलम नाभिकीय ऊर्जा संयंत्र भारत के दक्षिणी राज्य तमिलनाडु के तिरुनेलवेली जिले में स्थित एक नाभिकीय ऊर्जा संयंत्र है। दो रिएक्टरों के निर्माण के लिए अंतरसरकारी परियोजना पर 20 नवंबर, 1988 को भारत के तत्कालीन प्रधानमंत्री राजीव गांधी एवं सोवियत संघ के तत्कालीन राष्ट्रपति मिखाईल गोर्वाचोव द्वारा हस्ताक्षर किए गए। सोवियत संघ के विघटन के पश्चात् रूस में राजनीतिक व आर्थिक अस्थिरता के कारण यह परियोजना लगभग एक दशक तक अधर में अटकी रही। संयुक्त राज्य अमेरिका को

भारत में न्यूक्लियर पावर प्लांट

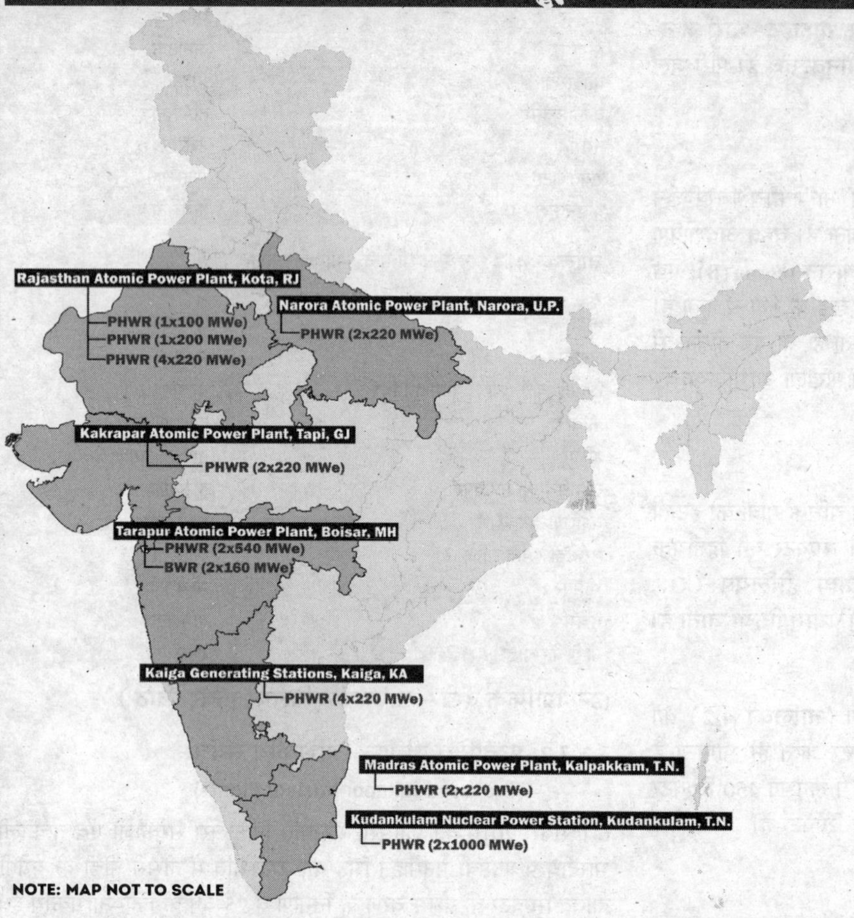

- किसी न्यूक्लियर पावर प्लांट (परमाणु ऊर्जा संयंत्र) का संचालन चरण आम तौर पर उसके जीवन चक्र का सबसे लंबा चरण होता है। वर्तमान में, भारत में 22 ऑपरेटिंग रिएक्टर हैं, जिनकी स्थापित क्षमता 6780 मेगावाट है। इनमें से 18 रिएक्टर, दबावयुक्त भारी जल रिएक्टर (PHWRs) और 4 हल्के जल रिएक्टर (LWRs) हैं।

भी इस बात पर आपत्ति थी कि इस परियोजना में परमाणु आपूर्तिकर्ता समूह की 1992 की शर्तों का ध्यान नहीं रखा गया है, हालांकि निर्माण कार्य 1997 में शुरू हो गया। 14 जनवरी 2004 को कुडनकुलम में एक छोटा बंदरगाह चालू हुआ। 2008 में, इस स्थान पर चार पूरक रिएक्टरों के निर्माण पर वार्ता शुरू हुई। यद्यपि इन रिएक्टरों की क्षमता घोषित नहीं की गई है, फिर भी ऐसा अनुमान है कि प्रत्येक रिएक्टर की क्षमता 1000 MW या 1 गीगावॉट है। नये रिएक्टरों के निर्माण से संयंत्र की क्षमता बढ़कर 9.2 गीगावॉट हो जाने की संभावना है।

4.3.7.3.1 *तकनीकी विवरण (Technical Description)*

VVER - 1000 मॉडल के दो एक गीगावॉट के रिएक्टर का निर्माण भारतीय नाभिकीय ऊर्जा निगम लिमिटेड एवं एटम्सट्रॉयएक्सपोर्ट (Atomstroyexport) के द्वारा किया जा रहा है। एक रिएक्टर तैयार हो चुका है एवं दूसरा निर्माणाधीन है। दोनों इकाई जल-शीतित एवं जल-मंदक वाले ऊर्जा रिएक्टर है, (VVER = Voda Voda Energo Reactor)।

4.3.7.3.2 *विवाद (Controversy)*

- अक्टूबर 2011 में, कुडनकुलम परमाणु संयंत्र के आस-पास के लोग इसके पर्यावरण पर पड़ने वाले घातक प्रभाव की आशंका, रेडियोसक्रिय अपशिष्ट एवं मार्च 2011 में जापान के फुकुशिमा में हुए परमाणु हादसे के कारण विकिरण रिसाव को देखते हुए विरोध में उतर आए। प्रदर्शनकारियों के पास कुडनकुलम परियोजना का विरोध करने के अनेक कारण हैं; प्रदर्शनकारियों के अनुसार नाभिकीय संयंत्र असुरक्षित है तथा सुरक्षा विश्लेषण रिपोर्ट एवं स्थल मूल्यांकन अध्ययन को सार्वजनिक नहीं किया गया है। जनता का पक्ष नहीं सुना गया। उनके अनुसार यह उन पर थोपी गयी परियोजना है। उस समय के प्रधानमंत्री मनमोहन सिंह ने तत्कालीन मुख्यमंत्री जयललिता को इस बात के लिए आश्वस्त किया कि सुरक्षा मानकों से कोई समझौता नहीं किया जाएगा। केंद्र सरकार के द्वारा गठित एक पैनल ने भी रिएक्टर का दौरा किया एवं इसे सर्वाधिक सुरक्षित बताते हुए लोगों के डर को आधारविहीन करार दिया।

- भारत सरकार के असैन्य नाभिकीय कार्यक्रम के खिलाफ उच्चतम न्यायालय में एक जनहित याचिका दायर की गई। जनहित याचिका में विशेष रूप से इस बात की मांग की गई कि एक स्वतंत्र एजेंसी द्वारा सारे सुरक्षा उपायों का एवं मूल्य लाभ विश्लेषण होना चाहिए एवं तब तक देश को अपने सभी प्रभावित नाभिकीय रिएक्टर पर रोक लगानी चाहिए। भूतपूर्व राष्ट्रपति श्री ए.पी.जे. अब्दुल कलाम ने भी संयंत्र का दौरा किया था एवं इसे सुरक्षित व भारत की ऊर्जा जरूरतों को पूरा करने के लिए अत्यंत आवश्यक बताया था।

4.3.7.4 दुनिया का पहला तैरता हुआ न्यूक्लियर प्लांटः रूस (World's First Floating Nuclear Plant in Russia)

- **अकादमिक लोमोनोस्व** रूस में स्थित विश्व का **पहला तैरता हुआ न्यूक्लियर पॉवर प्लाण्ट** (FNPP) है।
- एक FNPP, वास्तव में एक घूमने वाला, निम्न क्षमता युक्त रिएक्टर यूनिट होता है जो मुख्य ऊर्जा वितरण प्रणाली से दूर, एकांत स्थलों अथवा भूमि से दुर्गम स्थलों पर स्थित होता है। ये इस तरह से डिज़ाइन किये गये होते हैं कि ये बिना किसी बाधा के दूरस्थ क्षेत्रों में निरंतर ऊर्जा तथा अलवणीकृत जल वितरण उपलब्ध करवाते रहते हैं।

4.3.8 अंतर्राष्ट्रीय ऊष्मा नाभिकीय प्रायोगिक रिएक्टर (International Thermonuclear Experimental Reactor)

अंतर्राष्ट्रीय ऊष्मा नाभिकीय प्रायोगिक रिएंक्टर एक बड़े पैमाने का वैज्ञानिक प्रयोग है, जिसका लक्ष्य $Q \geq 10$ के परास में संलयन से व्यावसायिक ऊर्जा प्राप्त करके दिखाना है। यहां Q का तात्पर्य संलयन ऊर्जा एवं प्रदत्त ऊर्जा के अनुपात से है। इसका मतलब यह है कि, इसका वैज्ञानिक लक्ष्य उपयोग की मात्रा से 10 गुना ज्यादा ऊर्जा उत्पन्न करना है। ITER मशीन को इस प्रकार डिज़ाइन किया गया कि यह 50 मेगावॉट इनपुट से 500 मेगावॉट संलयन ऊर्जा प्रदान कर सके।

4.3.8.1 आई.टी.ई.आर. की पृष्ठभूमि एवं भारतीय भागीदारी (ITER Background and Indian Participation)

नवंबर 1985 के जेनेवा सुपर पॉवर सम्मेलन के दौरान तत्कालीन फ्रांसीसी राष्ट्रपति मितरांद, ब्रिटेन की प्रधानमंत्री मार्ग्रेट थैचर एवं पूर्व सोवियत संघ के महासचिव गोर्वाचोव मिले तथा उनके मध्य शांतिपूर्ण उद्देश्यों के लिए संलयन ऊर्जा के विकास हेतु एक अंतर्राष्ट्रीय परियोजना पर सहमति बनी, जिसका प्रस्ताव उन्होंने तत्कालीन अमेरिकी राष्ट्रपति रोनाल्ड रीगन के समक्ष रखा। मानव समुदाय के लाभ के लिए संलयन ऊर्जा के विकास हेतु अंतर्राष्ट्रीय प्रयास के प्रस्ताव पर सभी देश सहमत हो गए। **अतः जेनेवा में 1985 ई. में इस परियोजना का जन्म हुआ।**

4.3.8.2 आई.टी.ई.आर. समझौते पर हस्ताक्षर (ITER Agreement is Signed)

21 नवंबर 2006 को पेरिस के ऐलिस पैलेस में आई.टी.ई.आर. (ITER) सदस्य देशों के मंत्रियों द्वारा इस समझौते पर आधिकारिक रूप से हस्ताक्षर किए गए। इस समझौते पर शुरुआती हस्ताक्षरकर्ता **सोवियत संघ, अमेरिका, यूरोपीय संघ एवं जापान** थे। 2003 में इस परियोजना में **चीन** व **दक्षिण कोरिया** भी शामिल हो गए। 2005 में अंतिम शामिल होने वाला राष्ट्र **भारत** था। इन सभी देशों में मिलाकर दुनिया की लगभग आधी आबादी रहती है। फरवरी 2007 में यूरोपियन परमाण्विक ऊर्जा एजेंसी [जिसे यूराएटम (EURATOM) के नाम से भी जाना जाता है] एवं जापान के मध्य पूरक अनुसंधान एवं विकास समझौते पर हस्ताक्षर किए गए, जिसके तहत अगले 10 वर्षों के लिए जापान आई.टी.ई.आर. (ITER) के समर्थन में अनुसंधान व विकास गतिविधियों को अंजाम दे सकता था।

आई.टी.ई.आर. (ITER) का निर्माण दक्षिणी फ्रांस के काडारेच (Cadaraches) में किया जा रहा है। 2016 से इसका संचालन शुरू होना था, लेकिन अभी इसमें और अधिक समय लगेगा।

4.3.8.3 ITER क्या है? (What is ITER?)

- यह **अंतर्राष्ट्रीय परमाणु संलयन** अनुसंधान और इंजीनियरिंग **मेगाप्रोजेक्ट्स** है, जो **दुनिया का सबसे बड़ा चुंबकीय परिरोध प्लाज्मा भौतिकी** प्रयोग होगा।
- यह एक **प्रायोगिक टोकामाक न्यूक्लियर फ्यूजन रिएक्टर** है, जिसे **दक्षिणी फ्रांस** में बनाया जा रहा है।
- आईटीईआर का लक्ष्य **शांतिपूर्ण उपयोग के लिए संलयन ऊर्जा की वैज्ञानिक और तकनीकी व्यवहार्यता को प्रदर्शित करना है।**

परियोजना का वित्त पोषण और कार्यान्वयन सात सदस्य द्वारा किया जा रहा है:

- यूरोपीय संघ, चीन, भारत, जापान, रूस, दक्षिण कोरिया, और संयुक्त राज्य अमेरिका।

ITER क्या करेगा?

1. **500 मेगावाट फ्यूजन पावर का उत्पादन।**
2. एक संलयन विद्युत संयंत्र के लिए प्रौद्योगिकियों के एकीकृत संचालन का प्रदर्शन।
3. **ड्यूटेरियम-ट्राइटियम प्लाज्मा** प्राप्त करें जिसमें सतत् आंतरिक हीटिंग प्रतिक्रिया होती है।

प्रयोगशाला में इसे कैसे प्राप्त किया जाता है?

- प्रयोगशाला सेटिंग में सबसे कुशल संलयन प्रतिक्रिया **दो हाइड्रोजन आइसोटोप, ड्यूटेरियम (D) और ट्राइटियम (T) के बीच प्रतिक्रिया है।**
- **ड्यूटेरियम (D) और ट्राइटियम (T) संलयन प्रतिक्रिया 'सबसे कम' तापमान पर सबसे अधिक ऊर्जा पैदा करती है।**

प्रयोगशाला में संलयन प्राप्त करने के लिए तीन शर्तों को पूरा किया जाना चाहिए:

1. बहुत अधिक तापमान (150,000,000 डिग्री सेल्सियस के क्रम पर)
2. पर्याप्त प्लाज्मा कण घनत्व (टकराव होने की संभावना को बढ़ाने के लिए)
3. पर्याप्त परिरोध समय (प्लाज्मा, जिसमे एक परिभाषित मात्रा के भीतर विस्तार करने की प्रवृत्ति है, को पकड़ने के लिए)

टोकामाक क्या है? (Tokamak)

- टोकामाक एक प्रायोगिक मशीन है, जिसे संलयन की ऊर्जा का उपयोग करने के लिए डिज़ाइन किया गया है।
- एक टोकामाक के अंदर, परमाणुओं के संलयन से उत्पन्न ऊर्जा को बर्तन की दीवारों में गर्मी के रूप में अवशोषित किया जाता है।
- एक पारंपरिक विद्युत संयंत्र की तरह, एक संलयन विद्युत संयंत्र इस गर्मी का उपयोग टर्बाइनों और जनरेटर के माध्यम से भाप बनाने और फिर विद्युत का उत्पादन करने के लिए करेगा ।
- सबसे पहले 1960 के दशक के अंत में सोवियत अनुसंधान द्वारा विकसित, टोकामाक चुंबकीय संलयन उपकरणों के सबसे आशाजनक विन्यास के रूप में दुनिया भर में अपनाया गया है। ITER दुनिया का सबसे बड़ा टोकामाक होगा जो वर्तमान में चल रही सबसे बड़ी मशीन के आकार से दोगुना, प्लाज्मा चैंबर वॉल्यूम दस गुना अधिक होगा।

4.3.8.4 आई.टी.ई.आर. परियोजना में भारत का योगदान (India's Contributions to the ITER Project)

आई.टी.ई.आर. का निर्माण सहयोगियों के योगदान से किया जाएगा अर्थात् सभी देश अपने-अपने हिस्से के अवयवों का निर्माण करेंगे तथा उन्हें अंतिम एकत्रिकरण हेतु आई.टी.ई.आर. की प्रयोगशाला में भेज देंगे। अन्य सहयोगियों की तरह भारत भी इसमें 10% का योगदान कर रहा है (यूरोपीय संघ को छोड़कर वह इसमें 40% का योगदान कर रहा है)। इस योगदान में ज्यादातर हिस्सा भारतीय उद्योग द्वारा निर्मित अवयवों का होगा, जिसे आई. टी.ई.आर. को प्रदान किया जाना है। सिर्फ इसका 1% भारत नकद के रूप में सामान्य निधि में प्रदान करेगा।

4.3.8.5 ये निम्न उपकरण भारत द्वारा प्रदान किए जाने हैं (India will Deliver Various Components in ITER Research)

- क्रायोस्टैंड निर्वात् पात्र दाब दमन प्रणाली
- निर्वात् पात्र की लौह-चुंबकीय अवसंचना
- क्रायोलिन सेंड क्रायो वितरण प्रणाली
- ताप अस्वीकरण एवं जल शीतलन प्रणाली घटक
- आयन साइक्लोट्रॉन तपन एवं धारा चालन स्रोत, ऊर्जा आपूर्ति एवं नियंत्रण प्रणाली
- स्टार्टअप इलेक्ट्रॉन साइक्लोट्रॉन तपन स्रोत, विद्युत आपूर्ति एवं नियंत्रण प्रणाली
- नैदानिक तटस्थ किरण
- कुछ नैदानिक प्रणाली

4.3.8.6 भारत में नाभिकीय संलयन अनुसंधान (Nuclear Fusion Research in India)

भारत में नाभिकीय संलयन अभिक्रिया पर कार्य मुख्यतः प्लाज्मा अनुसंधान संस्थान, पुणे में किया जा रहा है (भाभा परमाणु अनुसंधान संस्थान जैसी संस्थाएं भी इसमें शामिल हैं)। प्लाज्मा अनुसंधान संस्थान एक स्वायत्त भौतिकी अनुसंधान संस्थान है, जो प्लाज्मा विज्ञान के विभिन्न आयामों के अनुसंधान में शामिल है। यह मूलभूत प्लाज्मा भौतिकी, चुम्बकीय परिमित गर्म प्लाज्मा एवं औद्योगिक अनुप्रयोग के लिए बालू प्लाज्मा अनुसंधान में भी शामिल है। मूलभूत अनुसंधान के अलावा यह संस्थान स्थिर अवस्था सुपरकंडक्टिंग टोकामाक (Steady State Super Conducting Tokamak) - SST 1 के निर्माण हेतु भी कार्य कर रहा है। टोकामाक (Tokamak) नाभिकीय रिएक्टर का एक प्रकार है। प्लाज्मा अनुसंधान संस्थान ने इससे पूर्व एक टोकामाक **आदित्य** का निर्माण किया था।

चीन का "कृत्रिम सूर्य"/प्रायोगिक उन्नत सुपरकंडक्टिंग टोकामाक [China's "Artificial Sun" / Experimental Advanced Superconducting Tokamak (EAST)]

यह परियोजना ITER का एक हिस्सा है जो 2035 तक दुनिया का सबसे बड़ा परमाणु संलयन रिएक्टर होगा। अगले लक्ष्य में EAST परियोजना लंबे समय तक उच्च तापमान बनाए रखने की कोशिश करेगी। EAST डिवाइस सूर्य द्वारा की गई परमाणु संलयन प्रक्रिया की नकल करेगा।

चीन के 'कृत्रिम सूर्य' प्रयोग ने 101 सेकंड के लिए 120 मिलियन डिग्री सेल्सियस पर चलने के बाद एक नया रिकॉर्ड बनाया। 20 सेकंड के लिए, EAST ने 160 मिलियन डिग्री सेल्सियस का चरम तापमान भी हासिल किया, जो सूर्य से दस गुना अधिक गर्म है। यह प्रयोग हेफेई में चीनी विज्ञानअकादमी (एएसआईपीपी) के प्लाज्मा भौतिकी संस्थान में आयोजित किया गया था।

EAST का अंतिम लक्ष्य समुद्र से प्राप्त ड्यूटेरियम का उपयोग करके सूर्य की तरह परमाणु संलयन प्रयोग करना है। एक लीटर समुद्री जल से ड्यूटेरियम परमाणु संलयन प्रतिक्रिया के माध्यम से 300 लीटर गैसोलीन के बराबर ऊर्जा का उत्पादन करने के लिए पर्याप्त है।

परमाणु संलयन होने के लिए, हाइड्रोजन परमाणुओं पर जबरदस्त गर्मी और दबाव डाला जाता है ताकि वे एक साथ फ्यूज हो जाएं। विखंडन के विपरीत, परमाणु संलयन को बिना परमाणु अपशिष्ट के एक सुरक्षित प्रक्रिया माना जाता है। परमाणु संलयन संभावित रूप से बहुत कम लागत पर असीमित स्वच्छ ऊर्जा प्रदान कर सकता है।

4.3.9 नाभिकीय ऊर्जा के लाभ एवं हानि (Advantages and Disadvantages of Nuclear Energy)

4.3.9.1 नाभिकीय ऊर्जा के लाभ (Advantages of Nuclear Energy)

- वर्तमान में विश्व के कुल विद्युत उत्पादन का 12-18% नाभिकीय ऊर्जा से प्राप्त होता है। **नाभिकीय ऊर्जा का सबसे बड़ा लाभ यह है कि यह नाभिकीय अभिक्रिया के दौरान कोई हरित गृह गैस (कार्बन-डाइ-ऑक्साइड, मीथेन, ओजोन, क्लोरोफ्लोरो कार्बन) उत्सर्जित नहीं करती है।**
- **यूरेनियम की एक छोटे मात्रा की विखण्डन अभिक्रिया से ऊर्जा की एक विशाल मात्रा उत्पन्न होती है।** वर्तमान में यूरेनियम धरती पर प्रचुर मात्रा में उपलब्ध है, जिससे आने वाले कम-से-कम 100 वर्षों के लिए विद्युत आपूर्ति हो सकती है। सिर्फ एक नाभिकीय ऊर्जा संयंत्र से ही विशाल मात्रा में ऊर्जा उत्पन्न की जा सकती है। नाभिकीय ईंधन कम खर्चीला होने के साथ-साथ लाने-ले-जाने में भी आसान है।

4.3.9.2 नाभिकीय ऊर्जा की हानियां (Disadvantages of Nuclear Energy)

- नाभिकीय ऊर्जा का उपयोग नाभिकीय आयुध के उत्पादन व प्रसार मे हो सकता है। ये विश्व के लिए अत्यंत घातक है क्योंकि पलक झपकते ही यह एक बड़े भौगोलिक क्षेत्र को वीराने में बदल सकता है।
- चूंकि एक नाभिकीय ऊर्जा संयंत्र से विशाल मात्रा को प्राप्त किया जा सकता है, इसलिए इसके निर्माण हेतु बड़ी लागत पूंजी की आवश्यकता होती है। एक संयंत्र को पूरी तरह से निर्मित होने में 15 से 20 साल लग जाते हैं। इसके अलावा यह तभी एक कार्य करेगा जब तक यूरेनियम की उपलब्ध्यता बनी रहेगी।
- विखण्डन अभिक्रिया के पश्चात् उत्पन्न अपशिष्ट में अस्थिर तत्व होने के साथ-साथ यह रेडियोसक्रिय भी होता है। यह मानव के साथ-साथ पर्यावरण पर भी अत्यंत घातक प्रभाव छोड़ता है। यह हजारों वर्ष तक अपनी रेडियोसक्रियता बनाए रखता है।
- इसके अपशिष्ट के प्रबंधन हेतु प्रशिक्षित कर्मियों की आवश्यकता होती है तथा इसे जीवों से दूर रखने की आवश्यकता होती है। इनकी रेडियोसक्रियता खत्म होने में सदियां लग जाती हैं, अत: इसे सुरक्षित रूप में भंडारित करने की आवश्यकता होती है ताकि किसी मानवीय या प्राकृतिक आपदा के समय यह मानव व पर्यावरण के लिए घातक साबित न हो।
- यूक्रेन के चेरनोबिल नाभिकीय संयंत्र में 1986 मे हुआ हादसा अब तक का सबसे भीषण नाभिकीय संयंत्र हादसा है। संयंत्र के एक नाभिकीय रिएक्टर में विस्फोट होने से वातावरण में विकिरण फैल गया, जिससे हजारों लोग असमय काल के ग्रास बन गए। इस तरह की आपदा के पुन: घटित होने की आशंका को खारिज नहीं किया जा सकता।

4.3.10 विकिरण एवं रेडियोसक्रियता (Radiation and Radioactivity)

विकिरण का तात्पर्य तरंगों व कणों के प्रसार से है। विकिरण विद्युत चुम्बकीय, परमाण्विक एवं उप-चुम्बकीय कण विकिरण हो सकता है। **इसकी खोज सर्वप्रथम बेकरेल (Becquerel) द्वारा 1986 में यूरेनियम की प्रतिदीप्ति पर प्रयोग के दौरान की गई।**

विद्युत चुम्बकीय विकिरण में ऊर्जा की निरंतर तरंगें होती हैं, जिनमें दृश्य प्रकाश, रेडियो तरंगें, सूक्ष्म तरंगें, एक्स-किरणें, गामा किरणें, अवरक्त किरणें व पराबैंगनी किरणें होती हैं। विद्युत चुम्बकीय तरंगों की गति प्रकाश की गति के बराबर होती है। कण विकिरण में अल्फा व बीटा कण, न्यूट्रॉन, प्रोटॉन एवं भारी आयन शामिल होते हैं। कण विकिरण की गति व ऊर्जा विकिरण स्रोत व कण का अन्य पदार्थ के साथ पारस्परिक व्यवहार पर निर्भर करता है।

यद्यपि विकिरण के विभिन्न अन्य स्रोत हैं, लेकिन यह सामान्यत: रेडियोधर्मी क्षय, परमाण्विक इलेक्ट्रॉन, नाभिक के ऊर्जा परिवर्तन, परमाणु या अणु की गति, कणों या विद्युत चुम्बकीय विकिरण और परमाणु या नाभिक के मध्य परस्पर क्रियां से उत्पन्न होता है। प्राकृतिक रूप से उत्पन्न होने वाले विकिरण के अनेक स्रोत व प्रकार हैं, जैसे-सूर्य, रेडियोधर्मी पदार्थ, दृश्य प्रकाश, सौर व ब्रह्माण्डीय विकिरण तथा ऊष्मीय विकिरण। विकिरण को उपचार हेतु, सूक्ष्म जीवों को कम करने या हटाने हेतु, चिकित्सा उपकरणों की सुरक्षा को बढ़ाने हेतु, खाद्य आपूर्ति, भोजन पकाने व सूचना प्रसारण हेतु भी उत्पन्न किया जा सकता है। रेडियोसक्रियता का तात्पर्य कुछ निश्चित पदार्थों से कणों के स्वत: उत्सर्जन से है। इस विकिरण का उत्सर्जन अस्थिर परमाणुओं से तब होता है, जब वे अत्यधिक स्थिर अवस्था की ओर अग्रसर होते हैं। इस गति को ही रेडियोसक्रिय क्षय की संज्ञा दी जाती है। प्रकृति में विद्यमान अस्थिर परमाणु को प्राकृतिक रेडियोधर्मी की संज्ञा दी जाती है। प्रकृति में पाये जाने वाले रेडियोधर्मी परमाणुओं के उदाहरण हैं- कार्बन-14, पोटैशियम-42, रेडॉन-222, यूरेनियम-235, यूरेनियम-238 एवं थोरियम-232। परमाणु के नाभिक को कण या विद्युत चुम्बकीय विकिरण के साथ पारस्परिक क्रिया कराके अस्थिर नाभिक उत्पन्न किया जा सकता है। यह सामान्यत: नाभिकीय रिएक्टर कण त्वरक में किया जाता है।

4.3.10.1 रेडियोसक्रिय क्षय नियम (Radioactive Decay Law)

- अल्फा, बीटा व गामा कण को उत्सर्जित करने के साथ ही उत्सर्जक नाभिक एक नए तत्व में परिवर्तित हो जाता है। ये नया तत्व पुन: रेडियोसक्रिय हो सकता है एवं निरंतर विखण्डन की यह प्रक्रिया तब तक जारी रहती है, जब तक की मूल तत्व स्थिर अवस्था को प्राप्त न हो जाए। रेडियोसक्रियता की खोज हेनरी बेकरेल (Henry Becquerel) के द्वारा की गई।
- एक रेडियोसक्रिय पदार्थ में प्रति इकाई समय रेडियोसक्रिय क्षय सीधे नमूने में रेडियोसक्रिय यौगिकों के नाभिकों की कुल संख्या के सीधा आनुपातिक होता है। क्षय नियम के अनुसार सक्रिय नाभिक की संख्या समय के साथ तेजी से कम होती जाती है। सैद्धांतिक रूप से एक रेडियोसक्रिय तत्व का पुन: विखण्डन संभव नहीं है।
- जैसे-जैसे रेडियोसक्रिय परमाणु स्थिर अवस्था की ओर अग्रसर होते हैं, वो विभिन्न रूपों में विकिरण का उत्सर्जन करते हैं, जो निम्न हैं:
  - आवेशित कण (अल्फा कण, बीटा कण एवं पॉजिट्रॉन)
  - अनावेशित कण (न्यूट्रॉन)
  - विद्युत चुम्बकीय विकिरण (गामा एवं एक्स किरण)

4.3.10.2 विकिरण के स्रोत (Sources of Radiation)

ज्यादातर विकिरण सूर्य एवं अन्य ब्रह्माण्डीय स्रोतों से हम तक पहुंचते हैं, इसलिए ऊंचाई पर रहने वाले लोग समुद्र तल पर रहने वाले लोगों की तुलना में विकिरण से ज्यादा प्रभावित होते हैं। हालांकि हमारे आस-पास फैले मिट्टी व चट्टान भी विकिरण का उत्सर्जन करते हैं। मानव निर्मित तकनीकों से भी विकिरण का उत्सर्जन होता है, हालांकि यह इन सबकी अपेक्षा बहुत कम है।

4.3.10.3 विकिरण के लाभ (Benefits of Radiation)

मानव विकिरण एवं रेडियोसक्रिय पदार्थों का उपयोग अनेक तरीके से कर सकते हैं:

1. **कृषि:** कृषि में रेडियोसक्रिय पदार्थों का उपयोग अनाज की पैदावार बढ़ाने, उन्हें सुरक्षित रखने व कीटों से बचाने हेतु किया जाता है। इनका

उपयोग मृदा की नमी, भू-क्षरण दर व लवणता को मापने के साथ-साथ उपयोग भूमि की उर्वरक ग्रहण क्षमता के मापन में भी किया जाता है।

2. **पर्यावरणीय मापन:** पर्यावरण में प्रदूषकों का संचार, भू-जल व नदी में प्रदूषण की मात्रा का रेडियोसक्रिय अन्वेषकों की सहायता से मापन किया जा सकता है। इन उद्देश्यों के प्रमुख रेडियोसक्रिय पदार्थों का अर्द्ध-जीवन काल अत्यंत कम होता है।
3. **कीट-उन्मूलन:** विकिरण के कारण नर मक्खियों की नसबंदी से कीटों की संख्या में भारी गिरावट आई है।
4. **खाद्य प्रसंस्करण:** विकरण के द्वारा अनेक खाद्य पदार्थों को उपचारिक करके उन्हें लंबे समय तक के लिए सुरक्षित रखा जा सकता है। उपचारण के पश्चात् खाना ई-कोलाई जैसे बैक्टीरिया से मुक्त हो जाता है। विकिरण के द्वारा उपचारण तकनीक के विस्तार से विकासशील देशों में हर वर्ष होने वाली हजारों मौतों को टाला जा सकता है।
5. **विद्युत उत्पादन:** विश्व के 440 से ज्यादा नाभिकीय ऊर्जा संयंत्र विश्व की कुल ऊर्जा जरूरत में 16% से अधिक का योगदान देते हैं।
6. **चिकित्सकीय उपचार:** चिकित्सा क्षेत्र में विकिरण का उपयोग X-किरण, चुम्बकीय अनुनाद इमेजिंग (Magnetic Resonance Imaging) एवं रेडियोसक्रिय अन्वेषकों आदि की मदद से दोषपूर्ण थॉयरॉयड ग्रंथि या हड्डी समस्याओं जैसी विभिन्न स्थितियों का पता लगाने के लिए किया जाता है। कई जगहों पर शल्य चिकित्सा के विकल्प के रूप में इसका प्रयोग किया जाता है।
7. **तेल निष्कर्षण:** तेल के लगभग अप्रयुक्त कुओं में डालने से पहले भाप की गुणवत्ता को मापने के लिए समस्थानिकों (isotopes) का व्यापक उपयोग किया जाता है ताकि अवशिष्ट आपूर्ति को बाहर निकाला जा सके।
8. **प्लास्टिक के बहुलीकरण में:** प्लास्टिक को विकिरण के उपयोग से बहुलीकृत किया जा सकता है। बहुलीकृत प्लास्टिक उच्च ताप से भी अप्रभावित रहता है।
9. **धात्विक हिस्से का गुणवता नियंत्रण:** धात्विक हिस्से की अखण्डता (Integrity) की जांच इससे की जाती है। उदाहरणस्वरूप विमान के इंजन टर्बाइन स्लेड की अखण्डता को कन्वेयर बेल्ट (Coveyor Belt) पर रेडियो फोटोग्राफी के द्वारा आसानी से सत्यापित किया जा सकता है।
10. **जीव विज्ञान में अनुसंधान:** रेडियोसक्रिय अन्वेषकों की मदद से बिना ऑपरेशन के भी शरीर में विद्यमान तत्व व ड्रग्स के बारे में पता लगाया जा सकता है।
11. **अंतरिक्ष शक्ति:** अंतरिक्ष में जहां ऊर्जा की कम मात्रा की आवश्यकता होती है व सौर ऊर्जा की उपलब्धता सुनिश्चित न हो (अंधेरे क्षेत्र में यह जहां वृहद सौर पैनल की उपलब्धता असंभव हो) वहां प्लुटोनियम बैटरी का उपयोग आदर्श हो सकता है।
12. **कैंसर का उपचार:** रेडियोसक्रियता के उपयोग से चुनिंदा कैंसर ग्रस्त कोशिकाओं को खत्म किया जां सकता है। इसका एकमात्र विकल्प कीमोथैरेपी है, जो अत्यंत खर्चीला व दर्दनाक उपचार है। रेडियोसक्रियता का इस्तेमाल निर्देशित किरण के रूप में वक्ष कैंसर के उपचार में या रेडियोसक्रिय बुलेट के द्वारा सीधे कैंसरग्रस्त कोशिका को मारने के लिए किया जाता है।

इस प्रकार, विकिरण के लाभ जारी हैं। इसलिए, यह निष्कर्ष निकाला जा सकता है कि हमारे दैनिक जीवन के कई पहलुओं के लिए, हमारा सामाज इन पर निर्भर करता है।

4.3.11 नाभिकीय शीतकाल (Nuclear Winter)

नाभिकीय सर्दी नाभिकीय युद्ध का जलवायविक प्रभाव का वर्णन करने वाला सिद्धांत है। नाभिकीय आयुद्ध से उत्पन्न आग से निकलने वाला धुआँ कालिख से भरा होता है, जो ऊपरी वातावरण में पहुंच कर पूरी तरह फैल जाता है। यह कालिख अगर बड़े पैमाने पर फैल जाए तो पृथ्वी पर सूर्य की किरणों का आगमन बाधित हो जाता है, जिससे तापमान में असामान्य गिरावट देखने को मिलती है। इस कारण फसलों की पैदावार बड़े पैमाने पर प्रभावित हो सकती है। पैदावार में गिरावट संपूर्ण दुनिया में दुर्भिक्ष को जन्म देगी।

हाल ही में निरंतर, यह कहना उपयुक्त माना गया कि लगभग 100 शहरों के बराबर के आकार के क्षेत्रों में जलावन से उत्पन्न प्रदूषण तथा धूम के मिश्रण से, जो एक अग्नि स्टोर्म के घनत्व के बराबर है, जिसका धुंआ वर्षों तक बना रहता है तथा उस समय तक यह तापमान में गिरावट ला देता है, उसे 'न्यूक्लियर विण्टर' की संज्ञा दी गई है।

4.3.11.1 इतिहास (History)

6 अगस्त, 1945, को एक 15-Kt (किलोटन) का आण्विक बम जापान के हिरोशिमा पर गिराया गया, जिसमें लगभग डेढ़ लाख लोग मारे गये। बहुत-से उनमें, बम द्वारा लगी आग से मारे गए, जिसने शहर को एक अदृश्यकारी में डाला तथा वातावरण में एक घना काला बादल बना दिया। तथा उसके तीन दिन बाद एक अन्य 20 किलोटन युक्त बम नागासाकी, जापान पर गिराया गया। इस विशाल बादल निर्माण की घटना ने वैश्विक जलवायु को 1 डिग्री सेण्टीग्रेड तक गिरा दिया तथा इसी से एक 'लघु आण्विक शीत ऋतु' उत्पन्न हुई। मार्च 1991 में इराक के द्वारा कुवैत पर आक्रमण से तेल भण्डारों में लगाई गई आग से निकला धुंआ क्षोभमंडल पर जम गया, जिसके फलस्वरूप बनी परत से अधिक सूर्यपात अवशोषित हुआ क्योंकि तेल से निकले में 'ब्लैक सूट' (black soot) का उच्च अनुपात होता है।

4.3.11.2 नाभिकीय शीतकाल का प्रभाव (Consequences)

- **जैविक प्रभाव (Biological Consequences):** सूर्य ऊर्जा का प्राथमिक स्रोत है। नाभिकीय शीतकाल की वजह से सूर्य की पर्याप्त रोशनी धरती तक नहीं पहुंच सकेगी जिससे न तो बारिश होगी न ही फसल की पैदावार संभव हो सकेगी। इससे मानव समेत सभी जंतुओं के लिए खाद्य संकट उत्पन्न हो जाएगा।
- **ओजोन क्षरण (Ozone depletion):** 2008 में एक अध्ययन के दौरान यह पाया गया कि युद्ध के दौरान नाभिकीय अस्त्र का प्रयोग ओजोन परत में छिद्र कर सकता है, जिससे पराबैंगनी किरणें पृथ्वी के वातावरण में पहुंच कर मानव स्वास्थ्य व अन्य जीव तथा वनस्पति के घातक प्रभाव उत्पन्न करती हैं।

- **नाभिकीय ग्रीष्म काल (Nuclear Summer):** यह नाभिकीय शीत काल के बाद की अवस्था है जिसमें शीतकाल के पूर्व की ग्रीन हाऊस गैसें शीत काल के दौरान बाहर नहीं निकल पाती हैं, जिससे शीतकाल पर पश्चात् वैश्विक तापन की स्थिति पैदा हो जाती है।
- **शमन तकनीक (Mitigation Technique):** नाभिकीय शीतकाल के प्रभाव को कम करने के लिए एक समाधान प्रस्तावित है। इसमें सूर्य की प्रकाश की अनुपस्थिति में खाद्य उत्पादन व संग्रहण आदि शामिल है। मशरूम जैसे खाद्य पदार्थ सूर्य के प्रकाश की अनुपस्थिति में उगाए जा सकते हैं।
- **आग नियंत्रण (Fire Control):** नाभिकीय युद्ध के दौरान आग को नियंत्रित करने के लिए अनेक विधियां अपनाई जा सकती हैं, जैसे-शुष्क बर्फ का छिड़काव, द्रवित नाइट्रोजन आदि। क्लाउड सीडिंग तकनीक अपनाकर बारिश भी कराई जा सकती है।
- **नीतिगत क्रियान्वयन (Policy Implications):** नाभिकीय आयुध संपन्न सभी देशों का तर्क यही है कि वे अपने देश की सुरक्षा हेतु नाभिकीय आयुध का निर्माण, संग्रहण व परीक्षण कर रहे हैं लेकिन युद्ध के दौरान नाभिकीय आयुध के उपयोग की स्थिति में दुश्मन देश को होने वाली क्षति के साथ आयुध का प्रयोग करने वाले देश को भयानक जलवायविक समस्या से दो-चार होना पड़ेगा। इसे किसी भी हाल में आत्महत्या से कम की संज्ञा नहीं दी जा सकती। इसका एकमात्र समाधान नाभिकीय आयुध की संख्या में कमी लाना व शस्त्रीकरण की होड़ को खत्म कर नि:शस्त्रीकरण की ओर कदम बढ़ाना है।

4.3.12 नाभिकीय चिकित्सा (Nuclear Medicine)

चिकित्सा विज्ञान की वह शाखा जो उपचार, अनुसंधान एवं निदान में रेडियोसक्रिय पदार्थों के उपयोग से संबंधित है, नाभिकीय चिकित्सा कहलाती है।

चिकित्सा में प्रयुक्त रेडियोसक्रिय पदार्थ की अत्यंत सूक्ष्म मात्रा को रेडियो अन्वेषक कहा जाता है। इन रेडियो अन्वेषकों को रक्त वाहिकाओं में प्रविष्ट कराया जाता है या फिर कैप्सूल के रूप में निगला जाता है। रेडियो अन्वेषक परीक्षण किए जाने वाले क्षेत्र से होकर गुजरता है एवं खुले में सीधे घुलकर गामा किरणें विकसित करता है। विशेष कैमरे व कम्प्यूटर की मदद से इन गामा किरणों का उपयोग शरीर के अंदरूनी अंग का चित्रण करने में किया जाता है, जिससे हमें बीमारी का पता चल जाता है।

4.3.12.1 इतिहास (History)

जॉन लॉरेंस (John Lawrence) को नाभिकीय औषधि के पिता की संज्ञा दी जाती है। 1936 में सर्वप्रथम उन्होंने **ल्यूकीमिया (Lukemia)** के उपचार में फॉस्फोरस-32 का प्रयोग किया। थॉयराइड के मरीजों का आयोडीन-131 के द्वारा सफल उपचार होने के पश्चात् नाभिकीय चिकित्सा की स्वीकार्यता बढ़ने लगी। नाभिकीय औषधि के रूप में सर्वाधिक महत्वपूर्ण **टेक्नेटियम-99m (Technetium-99m)** की खोज व विकास था। सी. पेरियर और ई. सेग्रे ने 1937 में आवर्त सारणी में स्थान संख्या 43 को भरने के लिए एक कृत्रिम तत्व के रूप में इसकी खोज की थी। आज नाभिकीय औषधि के रूप में इसका सर्वाधिक इस्तेमाल होता है।

4.3.12.2 निदान (Diagnosis)

न्यूक्लियर दवा परीक्षण के प्रकारों के आधार पर, रेडियो ट्रेसर की डोज को शिरा में इंजेक्ट किया (प्रवाहित किया) जाता है अथवा निगला जाता है, श्वास के माध्यम से गैस को सूंघा जाता है। यह 20 मिनट से लेकर कुछ घण्टों के समय में पूरे शरीर में घूम जाता है। यह अपने लक्ष्य तक पहुंचने के बाद गामा किरणों को छोड़ता है जो विशिष्ट कैमरों की मदद से डिटेक्ट की जाती हैं तथा बहुत सारी तस्वीरें बनाती है। न्यूक्लियर मेडिसिन इमेजिंग का अंतिम परिणाम एक या अधिक तस्वीरों (चित्रों) का डेटा सेट होता है। बहु-चित्र डेटा सेट में, तस्वीरों का एक अर्रे (Array) एक क्रम को दोहराता है, जिसे "कार्डियाक गेट टाईम सिक्वेंस" या "स्पेटियल सिक्वेंस" कहा जाता है। अधिक उच्च रेडियो ट्रेसर सघनता वाले क्षेत्रों को हॉट-स्पॉट्स कहा जाता है, जो उच्च उपापचय दर दर्शाते हैं। कम सघनता क्षेत्र 'कोल्ड-स्पॉट' क्षेत्र कहलाते हैं, जो निम्न मेटाबोलिक दर दर्शाते हैं।

रेडियो सक्रिय आयोडीन थैरेपी थायरॉयड के लिए प्रयुक्त होती है, जिसमें radioactive iodine (I-131) निगली जाती है अथवा जैस्ट्रो-इंटेस्टीनल ट्रैक्ट के माध्यम से इंजेक्ट की जाती है तथा यह थायरॉयड ग्रंथि में सकेंद्रित हो कर खराब कोशिका को मारती है।

4.3.12.2.1 चिकित्सा के क्षेत्र में इसके विभिन्न उपयोग

- **मस्तिष्क:** इसकी सहायता से अल्जाइमर बीमारी का शुरुआती चरणों में ही पता लगाया जा सकता है। इससे ट्यूमर के बारे में पता चलने के साथ सर्जरी या विकिरण उपचार के बारे में योजना बनाने में मदद मिलती है। यह मस्तिष्क विकारों, जैसे-याद्दाश्त क्षय, रक्त वहन में असामान्यता आदि का भी पता लगा सकता है।
- **फेफड़े:** यह फेफड़ा प्रत्यारोपण अस्वीकृति का पता लगाने में मदद करता है। यह श्वसन एवं रक्त वहन आदि समस्याओं का भी परीक्षण करता है।
- **दिल:** यह हृदयाघात के पश्चात् हृदय को होने वाली क्षति का मूल्यांकन करने के साथ बायपास सर्जरी या एंजियोग्राफी जैसे उपचार विकल्प को चुनने में मदद करता है। यह हृदय प्रत्यारोपण की अस्वीकृति को बताता है। यह रीढ़ की हड्डी में द्रव के प्रवाह एवं हड्डी में लीक तरल पदार्थ का मूल्यांकन करता है।
- **कैंसर:** नाभिकीय चिकित्सा के द्वारा शरीर के विभिन्न अंगों में कैंसर की उपस्थिति एवं विस्तार के बारे में जाना जा सकता है। डॉक्टर इन दवाओं के प्रयोग द्वारा उपचार की योजना बना सकते हैं। यह स्तन कैंसर या त्वचा के साथ-साथ नरम ऊतक ट्यूमर वाले रोगियों में सर्जरी से पहले सेंटिनल लिम्फ नोड्स का स्थान निर्धारण करता है। बच्चों में, न्यूक्लियर मेडिसिन का उपयोग ग्रासनली (Oesophagus) में असामान्यताओं जैसे एसोफैगल रिफ्लक्स या मृत्यु संबंधी विकारों की जांच करते समय भी किया जाता है और यह मस्तिष्क में वेंट्रिकुलर शंट के खुलेपन के मूल्यांकन में मदद करता है।
- **नाभिकीय चिकित्सा में रेडियोसक्रिय एंटीबॉडी भी शामिल होते है, जिनका प्रयोग लसिका प्रणाली (Lymphatic System) के कुछ कैंसर के उपचार में किया जाता है।** I-131 MIBG (metaiodobenzylguanidine) का उपयोग वयस्कों में अधिवृक्क

ग्रंथि ट्यूमर (adrenal gland tumours) और बच्चों में तंत्रिका ऊतक ट्यूमर (nerve tissue tumours) के इलाज के लिए किया जाता है। इसका उपयोग हड्डियों में दर्दनाक ट्यूमर मेटास्टेसिस के इलाज के लिए किया जाता है।

4.3.12.2.2 लाभ

अनेक रोगों के लिए, नाभिकीय चिकित्सा परीक्षण उपयुक्त उपचार निर्धारण के लिए सर्वाधिक उपयोगी रहा है। यह अनेक बीमारियों को प्रथम चरण में ही पहचान सकता है। यह शारीरिक संरचना के बारे में भी बताता है।

4.3.12.2.3 खतरा

- चिकित्सा के क्षेत्र में पिछले पांच दशकों से इसका प्रयोग हो रहा है एवं अब तक कोई खास साइड इफेक्ट देखने में नहीं मिला है।
- कुछ मरीजों में थोड़ी बहुत एलर्जी की समस्या देखी गई है। यह कम समय लेने वाला उपचार भी है। यह सीटी स्कैन व एम.आर.आई. तकनीक की तरह शरीर के आंतरिक अंगों का उच्च रेजोल्यूशन वाला इमेज नहीं निकाल सकता। यह तकनीक अपेक्षाकृत थोड़ी अधिक संवेदनशील है। यह संभव है कि न्यूक्लियर स्ट्रेस टेस्ट दिल के दौरे का कारण बन सकता है।

प्रश्न एवं उत्तर (Questions & Answers)

वस्तुनिष्ठ प्रश्न (Objective Questions)

1. निम्नलिखित कथनों पर विचार कीजिए: *[UPSC (Pre) - 2023]*

कथन-I: भारत, अपने पास यूरेनियम निक्षेप (डिपॉजिट) होने के बावजूद, अपने अधिकांश विद्युत उत्पादन के लिए कोयले पर निर्भर करता है।

कथन-II: विद्युत उत्पादन के लिए कम-से-कम 60% तक समृद्ध (एनरिच्ड) यूरेनियम का होना आवश्यक है।

उपर्युक्त कथनों के बारे में, निम्नलिखित में से कौन-सा एक सही है?

(a) कथन-I और कथन-II दोनों सही हैं तथा कथन-II, कथन-I की सही व्याख्या है।
(b) कथन-I और कथन-II दोनों सही हैं तथा कथन-II, कथन-I की सही व्याख्या नहीं है।
(c) कथन-I सही है किन्तु कथन-II गलत है।
(d) कथन-I गलत है किन्तु कथन-II सही है।

2. भारत के संदर्भ में, निम्नलिखित कथनों पर विचार कीजिए: *[UPSC (Pre) - 2022]*

1. मोनाज़ाइट दुर्लभ मृदाओं का स्रोत है।
2. मोनाज़ाइट में थोरियम होता है।
3. भारत की समस्त तटीवर्ती बलुकाओं में मोनाज़ाइट प्राकृतिक रूप में होता है।
4. भारत में, केवल सरकारी निकाय ही मोनाज़ाइट संसाधित या निर्यात कर सकते हैं।

उपर्युक्त में से कौन-से कथन सही हैं?

(a) केवल 1, 2 और 3 (b) केवल 1, 2 और 4
(c) केवल 3 और 4 (d) 1, 2, 3 और 4

3. भारत अंतर्राष्ट्रीय ताप-नाभिकीय प्रायोगिक रिएक्टर (International Thermonuclear Experimental Reactor) का एक महत्वपूर्ण सदस्य है। यदि यह प्रयोग सफल हो जाता है, तो भारत का तात्कालिक लाभ क्या है? *[UPSC (Pre) - 2016]*

(a) यह विद्युत उत्पादन के लिए यूरेनियम की जगह थोरियम प्रयुक्त कर सकता है।
(b) यह उपग्रह मार्ग-निर्देशन (सैटेलाइट नेविगेशन) में एक वैश्विक भूमिका प्राप्त कर सकता है।
(c) यह विद्युत उत्पादन में अपने विखण्डन (फिशन) रिएक्टरों की दक्षता में तेजी से सुधार ला सकता है।
(d) यह विद्युत उत्पादन के लिए संलयन (फ्यूज़न) रिएक्टरों का निर्माण कर सकता है।

4. कुछ लोगों का सोचना है कि तेजी से बढ़ रही ऊर्जा की जरूरत पूरी करने के लिए भारत को थोरियम को नाभिकीय ऊर्जा के भविष्य के ईंधन के रूप में विकसित करने के लिए शोध और विकास करना चाहिए। इस संदर्भ में थोरियम, यूरेनियम की तुलना में कैसे अधिक लाभकारी है? *[UPSC (Pre) - 2012]*

1. प्रकृति में यूरेनियम की तुलना में थोरियम के कहीं अधिक भण्डार हैं।
2. उत्खनन-प्राप्त खनिज से मिलने वाली प्रति इकाई द्रव्यमान ऊर्जा की तुलना की जाए, तो थोरियम, प्राकृतिक यूरेनियम की तुलना में कहीं अधिक ऊर्जा उत्पन्न करता है।
3. थोरियम, यूरेनियम की तुलना में, कम नुकसानदेह अपशिष्ट उत्पादित करता है।

कूट:

(a) केवल 1 (b) 2 और 3
(c) 1 और 3 (d) ये सभी

5. एक नाभिकीय रिएक्टर में भारी जल का क्या कार्य होता है? *[UPSC (Pre) - 2011]*

(a) न्यूट्रॉन की गति को कम करना
(b) न्यूट्रॉन की गति को बढ़ाना
(c) रिएक्टर को ठंडा करना

(d) नाभिकीय क्रिया को रोकना

6. अंतर्राष्ट्रीय ताप नाभिकीय प्रायोगिक रिएक्टर (ITER) परियोजना निम्नलिखित में से किस एक स्थान पर बनाई जाने वाली है?

[UPSC (Pre) - 2008]

(a) उत्तरी स्पेन
(b) दक्षिणी फ्रांस
(c) पूर्वी जर्मनी
(d) दक्षिणी इटली

उत्तरमाला (Answer Key)

1. (c) 2. (b) 3. (d) 4. (d) 5. (a) 6. (b)

अध्याय

5

नाभिकीय कूटनीति
(Nuclear Diplomacy)

इस अध्याय में...

नवंबर 2022 तक अतिरिक्त प्रोटोकॉल 144 देशों तथा यूरेटोम (यूरोपियन एटामिक एनर्जी कमिटी) के साथ प्रभावी है तथा 13 अन्य देशों में यह प्रभाव में लाना बाकी है।

संधि से बाहर रहने वाले मुख्य राष्ट्रों में भारत, पाकिस्तान व इजरायल हैं।

अब वासेनार की सदस्यता के साथ, भारत को सैन्य उपयोग के दोहरे प्रयोग वाली सामग्री व तकनीकी प्राप्ति हो सकेगी।

इसके अंतर्गत क्षतिपूर्ति या मुआवजे के दावों के भुगतान के लिए परमाणु क्षति आयोग का गठन का प्रावधान है। साथ ही एक दावा आयुक्त (Claims Commissioner) की नियुक्ति की बात कही गयी है।

5.1 अंतर्राष्ट्रीय परमाणु ऊर्जा एजेंसी (International Atomic Energy Agency)

शांतिपूर्ण प्रयोजनों के लिए देशों को नाभिकीय ऊर्जा विकसित करने में मदद करने के लिए 1957 में संयुक्त राष्ट्र के सर्वसम्मति से पारित प्रस्ताव के द्वारा **अंतर्राष्ट्रीय परमाणु ऊर्जा एजेंसी (IAEA)** की स्थापना की गई। इसका मुख्य कार्य सुरक्षा व्यवस्थाओं की देख-रेख व इनका प्रबंधन करना है। यह अंतर्राष्ट्रीय समुदायों को राष्ट्रों को संधि के प्रति वचनबद्धता एवं उनके द्वारा नाभिकीय सामग्री के शांतिपूर्ण उपयोग के संबंध में आश्वस्त करता है।

अंतर्राष्ट्रीय परमाणु ऊर्जा ऐजेंसी प्राप्त दस्तावेजों की सटीकता की जांच हेतु नियमित रूप से असैन्य नाभिकीय संयंत्रों का निरीक्षण करता रहता है। यह भंडारित माल की जांच के साथ-साथ नमूना इकट्ठा करने व उनके विश्लेषण का भी कार्य करता है। सुरक्षा व्यवस्था इस तरह तैयार किया गया है, जिससे नाभिकीय सामग्री के अन्यत्र इस्तेमाल का प्रारंभिक चरण में ही पता लगाया जा सके।

परमाणु आपूर्तिकर्ता समूह जैसे निकाय इसके पूरक के रूप में कार्य करते हुए संवेदनशील प्रौद्योगिकी के निर्यात को नियंत्रित रखते हैं। सुरक्षा व्यवस्था तोड़ने पर अंतर्राष्ट्रीय प्रतिबंधों की भी धमकी मिलती है।

5.1.1 सुरक्षा व्यवस्था की व्यापकता (Scope of Safeguards)

अंतर्राष्ट्रीय परमाणु ऊर्जा एजेंसी को 57 नाभिकीय आयुध रहित देशों में स्थित 900 से अधिक नाभिकीय प्रतिष्ठान व सैकड़ों अन्य स्थलों के निरीक्षण का अधिकार प्राप्त है। यह उनके रिकॉर्ड व वास्तविक नाभिकीय सामग्री की जांच कर सकता है।

5.1.2 लक्ष्य (Aim)

अंतर्राष्ट्रीय परमाणु ऊर्जा एजेंसी के रक्षा उपायों का उद्देश्य नाभिकीय सामग्री को सैन्य उपयोगों से बचाना तथा यह सुनिश्चित करना है कि इसका इस्तेमाल शांतिपूर्ण उपयोगों के लिए होता रहे। एजेंसी अंतर्राष्ट्रीय समुदाय को इस बात के लिए आश्वस्त करती है कि विभिन्न देश नाभिकीय सामग्री व सुविधा के शांतिपूर्ण उपयोगों के प्रति कटिबद्ध हैं। इस तरह से रक्षा उपाय अंतर्राष्ट्रीय समुदाय व राज्य विशेष दोनों के लिए लाभदायक है।

निरीक्षण कार्य

नाभिकीय पदार्थ के शांतिपूर्ण उपयोग से संभावित भटकाव को रोकने में एक चेतावनी प्रणाली का कार्य करता है।

यह तंत्र निर्भर है:

- ***सामग्री की जबावदेही:*** यह नाभिकीय स्थल पर जाने वाले व बाहर आने वाले प्रत्येक सामान की जांच करता है। इसमें नाभिकीय सामग्री का संग्रहण व अन्वेषण, स्थल का मूल्यांकन, समीक्षा एवं कार्यात्मक रिकॉर्ड का सत्यापन भी शामिल है।
- ***सुरक्षा:*** उपयोग के लिए रखी गई परमाणु सामग्री तक पहुंच कर यह उनकी जांच कर सकता है। हालांकि यह इससे आगे जाकर जांच नहीं कर सकता।
- ***नियंत्रण एव निगरानी:*** परमाणु स्थल पर जांच के अलावा घेराबंदी, स्वचालित कैमरा एवं अन्य इस तरह के उपकरण परमाणु सामग्रियों के अनचाहे आवागमन या उनमें बदलाव का पता लगाता है।

नोट:
- भारत, पाकिस्तान एवं इजरायल जैसे देश जो परमाणु संपन्न है एवं उन्होंने अप्रसार संधि पर हस्ताक्षर नहीं किए हैं, वे प्रतिष्ठान विशिष्ट सुरक्षोपाय (Facility-Specific Safeguard) के तहत आते हैं। IAEA के निरीक्षक किसी भी संभावित अनियमितता को रोकने हेतु इन प्रतिष्ठानों का नियमित दौरा करते रहते हैं।
- परमाणु अप्रसार संधि के अंतर्गत, परमाणु संपन्न राष्ट्रों को यूरेनियम की आपूर्ति को सुरक्षोपाय में शामिल नहीं किया गया है। इसलिए सामान्यत: आपूर्ति अनुबंध के साथ एक खंड ''शांतिपूर्ण उपयोग'' जोड़ दिया जाता है। ऑस्ट्रेलिया के लिए द्विपक्षीय सुरक्षोपाय अनुबंध है, जिसके अंतर्गत आपूर्ति किए गए परमाणु सामग्री एवं इससे उत्पन्न पदार्थ को शामिल किया गया है।
- परमाणु अप्रसार संधि (Non-Proliferation Treaty) पूर्णत: स्वैच्छिक है अर्थात् किसी भी राष्ट्र को जबरन इसका हिस्सा बनने के लिए बाध्य नहीं किया जा सकता है। सच्चे अर्थों में अनेक राजनीतिक एवं आर्थिक उपाय जैसा कि ईरान एवं उत्तरी कोरिया के मामले में देखा गया है, इसे मजबूती प्रदान करते हैं।

5.2 अतिरिक्त प्रोटोकॉल (Additional Protocol)

वह **कानूनी दस्तावेज**, जिसके अनुसार अंतर्राष्ट्रीय परमाणु ऊर्जा एजेंसी को किसी परमाणु ऊर्जा संयंत्र की सुरक्षा उपाय की जांच का अधिकार होता है। **इसके अनुसार परमाणु ऊर्जा संयंत्रों में अपनाये जा रहे सुरक्षा मानक की जांच करने का अंतर्राष्ट्रीय परमाणु ऊर्जा एजेंसी को कानूनी अधिकार होता है।** यह अतिरिक्त प्रोटोकॉल उन सभी देशों के लिए होता है, जिनका अंतर्राष्ट्रीय परमाणु ऊर्जा एजेंसी के साथ तीन प्रकार में किसी भी प्रकार का सुरक्षा अनुबंध होता है।

व्यापक रक्षोपाय अनुबंध पर हस्ताक्षर करने वाले सभी राष्ट्रों के लिए आदर्श अतिरिक्त प्रोटोकॉल के सभी प्रावधानों को स्वीकार करना आवश्यक है।

5.2.1 अतिरिक्त प्रोटोकॉल की स्थिति (Status of the Additional Protocol)

नवंबर 2022 तक अतिरिक्त प्रोटोकॉल 144 देशों तथा यूरेटोम (यूरोपियन एटामिक एनर्जी कमिटी) के साथ प्रभावी है तथा 13 अन्य देशों में यह प्रभाव में लाना बाकी है।

5.2.2 अतिरिक्त प्रोटोकॉल के उद्देश्य (Goal of Additional Protocol)

अतिरिक्त प्रोटोकॉल अंतर्राष्ट्रीय परमाणु ऊर्जा एजेंसी को सूचना व स्थल की जानकारी प्राप्त करने का अधिकार प्रदान करता है। **अतिरिक्त प्रोटोकॉल का प्राथमिक उद्देश्य व्यापक सुरक्षोपाय समझौते के अंतर्गत दी गई सूचना की सत्यता की जांच करना है।**

5.2.3 अतिरिक्त प्रोटोकॉल को मजबूत करने के उपाय (Strengthening Measures Under the Additional Protocol)

व्यापक सुरक्षा समझौते वाले राज्यों तथा को अंतर्राष्ट्रीय परमाणु ऊर्जा एजेंसी को महत्वपूर्ण पूरक उपायों के साथ लैस करना, जिससे राज्य के परमाणु कार्यक्रम के बारे में जानकारी की प्राप्ति अंतर्राष्ट्रीय परमाणु ऊर्जा एजेंसी की पहुंच एवं बेहतर प्रशासनिक उपाय सुनिश्चित किए जा सकें।

5.2.4 अतिरिक्त उपाय (Additional Measures)

- नाभिकीय ईंधन चक्र के सभी भागों के संबंध में राज्य प्रदत्त सूचना, जिसमें यूरेनियम की खान से लेकर नाभिकीय अपशिष्ट व गैर-नाभिकीय कार्यों के लिए रखे गए नाभिकीय पदार्थों के रखने की जगह भी शामिल है।
- स्थल पर निर्माण के संबंध में राज्य द्वारा प्रदत्त सूचना।
- नाभिकीय ईंधन चक्र अनुसंधान एवं विकास से संबंधित राज्य प्रदत्त सूचना।
- संवेदनशील नाभिकीय उपकरण व पदार्थ के उत्पादन व व्यापार से संबंधित परमाणु ऊर्जा एजेंसी को उत्पादन व आयात स्थान तक जाने की अनुमति।
- अंतर्राष्ट्रीय परमाणु ऊर्जा एजेंसी द्वारा जरूरी समझे जाने पर स्वीकृत स्थानों के बाहर पर्यावरणीय नमूने की जांच।
- अंतर्राष्ट्रीय परमाणु ऊर्जा एजेंसी के पद के लिए सुव्यवस्थित प्रणाली, अनेक प्रदेश/विकास आज्ञा-पत्र एवं संचार हेतु अंतर्राष्ट्रीय मान्यता प्राप्त प्रणाली का उपयोग।
- अतिरिक्त प्रोटोकॉल के अनुसार, IAEA अघोषित परमाणु सामग्री और गतिविधियों की अनुपस्थिति के बारे में आश्वस्त होने, किसी राज्य द्वारा प्रदान की गई जानकारी के संबंध में किसी भी असंगतता को हल करने के साथ-साथ कोई भी फैसिलिटी या लोकेशन आउटसाइड फैसिलिटी (LOFs) जैसे- अस्पताल, जहां आमतौर पर परमाणु सामग्री का उपयोग किया जाता था, की सेवामुक्त स्थिति की पुष्टि करने के लिए पूरक स्वीपिंग कर सकता है।

5.3 नाभिकीय तकनीक हेतु अंतर्राष्ट्रीय संधियां व व्यवस्थाएं (International Treaties and Arrangements for the Nuclear Technology)

5.3.1 परमाणु अप्रसार संधि (Nuclear Non-proliferation Treaty - NPT)

5.3.1.1 परमाणु अप्रसार संधि का उद्भव (NPT Origins)

पिछले 35 वर्षों में परमाणु अप्रसार संधि के तहत् अंतर्राष्ट्रीय परमाणु ऊर्जा एजेंसी की सुरक्षा व्यवस्था ने असैन्य यूरेनियम को सैन्य उपयोग में जाने से रोकने में विशिष्ट सफलता प्राप्त की है। इसने असैन्य यूरेनियम, प्लुटोनियम आदि के शांतिपूर्ण उपयोग को सुनिश्चित करने हेतु परमाणु ऊर्जा के विकास में महत्वपूर्ण भूमिका निभाई है। इसने यह सुनिश्चित करने की कोशिश की है कि किसी भी प्रकार से इनका उपयोग आयुध निर्माण में न हो। 1995 में अप्रसार संधि को अनिश्चित काल के लिए विस्तारित किया गया। अघोषित परमाणु गतिविधियों को शामिल करने के लिए इसके दायरे को भी विस्तारित किया जा रहा है।

अनेक देशों ने यह मानते हुए परमाणु हथियारों का त्याग कर दिया है कि यह राष्ट्रीय सुरक्षा को बढ़ाने के बजाय स्वयं के लिए खतरनाक साबित होगा। तत्पश्चात् उन्होंने अप्रसार संधि को मानते हुए नाभिकीय ऊर्जा के शांतिपूर्ण उपयोगों की ओर बल देना शुरू कर दिया है।

1968 में परमाणु अप्रसार संधि पर वार्ता नाभिकीय अप्रसार के इतिहास में एक महत्वपूर्ण घटना थी। 1970 में प्रभाव ने आने के पश्चात् मई 1995 में इसका द्वितीय विस्तार हुआ। **अप्रसार संधि शुरुआत में पांच नाभिकीय आयुध संपन्न देश एवं नाभिकीय तकनीक में रुचि रखने वाले देशों के मध्य एक समझौता था।** इसमें यह तय हुआ कि सारे सौदे व सहयोग तय नियमों के अनुसार ही होंगे एवं किसी भी संयंत्र या पदार्थ का उपयोग आयुध निर्माण हेतु नहीं किया जाएगा, जिन्होंने इस समझौते को मानने से इंकार कर दिया वो नाभिकीय तकनीक से संबंधित अंतर्राष्ट्रीय सहयोग व व्यापार का हिस्सा नहीं रह सकेंगे।

5.3.1.2 सदस्य और गैर-सदस्य (Members and Non-members)

वर्तमान में इसमें सम्मिलित पक्षों की संख्या ताइवान सहित 191 है। इनमें पांच घोषित नाभिकीय आयुध संपन्न राष्ट्र हैं, जिन्होंने 1967 के पूर्व नाभिकीय

प्रमुख बिंदु

एनपीटी एक बहुपक्षीय संधि है, जिसका उद्देश्य तीन तत्वों सहित परमाणु हथियारों के प्रसार को सीमित करना है:

1. अप्रसार
2. निःशस्त्रीकरण
3. परमाणु ऊर्जा का शांतिपूर्ण उपयोग।

ये तत्व पाँच परमाणु हथियार देशों और गैर-परमाणु हथियार देशों के बीच एक 'भव्य सौदेबाजी' को दर्शाते हैं। संधि पर 1968 में हस्ताक्षर किए गए थे और 1970 में लागू हुई। वर्तमान में, इसमें 191 सदस्य देश हैं।

निहितार्थ

- बिना परमाणु हथियार वाले देश उनका अधिग्रहण नहीं करेंगे।
- परमाणु हथियारों वाले देश निःशस्त्रीकरण प्राप्ति की ओर बढ़ेंगे।
- सभी देश सुरक्षित और शांतिपूर्ण उद्देश्यों के लिए परमाणु प्रौद्योगिकी का उपयोग कर सकते हैं।

मुख्य प्रावधान

- यह संधि उन देशों को परमाणु हथियार वाले देशों (NWS) के रूप में परिभाषित करती है, जिन्होंने 1 जनवरी, 1967 से पहले एक परमाणु विस्फोटक उपकरण का निर्माण और विस्फोट किया था। अन्य सभी देशों को गैर-परमाणु हथियार वाले देश (NNWS) माना जाता है।
- पांच परमाणु हथियार वाले देश चीन, फ्रांस, रूस, यूनाइटेड किंगडम और संयुक्त राज्य अमेरिका हैं।
- संधि देशों को शांतिपूर्ण उद्देश्यों के लिए परमाणु ऊर्जा के विकास, उत्पादन और उपयोग करने के अधिकार को प्रभावित नहीं करती है।

देशों की भूमिका

- परमाणु हथियार वाले देशों को किसी भी प्राप्तकर्ता को परमाणु हथियारों को हस्तांतरित नहीं करना है और किसी एनएनडब्ल्यूएस को उनके निर्माण या अन्यथा हासिल करने के लिए सहायता, या प्रोत्साहन नहीं करना है।
- गैर-परमाणु हथियार वाले राज्यों को किसी भी हस्तांतरणकर्ता से परमाणु हथियार प्राप्त नहीं करना है, और उनका निर्माण या अधिग्रहण नहीं करना है।
- NNWS को सभी परमाणु सामग्रियों पर अंतर्राष्ट्रीय परमाणु ऊर्जा एजेंसी (IAEA) के क्षेत्र या उनके नियंत्रण में सुरक्षा उपायों को स्वीकार करना चाहिए।

आयुध का निर्माण व परीक्षण कर लिया था। संधि से बाहर रहने वाले मुख्य राष्ट्रों में भारत, पाकिस्तान व इजरायल हैं। उत्तरी कोरिया इसमें शामिल है। इन देशों के पास अपने आयुध कार्यक्रम हैं, जो उन्होंने 1970 के पश्चात् प्राप्त किये हैं, इसलिए बिना इसे छोड़े वे इस संधि में शामिल नहीं हो सकते। 2008 में भारत के लिए विशेष व्यवस्था पर अंतर्राष्ट्रीय सहमति बनी। **2014 में भारत द्वारा अतिरिक्त प्रोटोकॉल के अनुमोदन के साथ ही यह उम्मीद बंधी है कि पांच नाभिकीय आयुध संपन्न देशों के साथ भारत भी अपना परमाणु कार्यक्रम का त्याग किए बिना अप्रसार संधि का हिस्सा बन सकेगा।**

भारत ने निम्नलिखित कारणों से एनपीटी पर हस्ताक्षर करने से मना कर दिया:

1. एनपीटी के अनुसार 1967 से पहले जिन राष्ट्रों ने न्यूक्लियर डिवाईसेज का परीक्षण कर लिया था वे **"न्यूक्लियर वेपन स्टेट"** (Nuclear Weapon State) का दर्जा प्राप्त होंगे जिसका सदस्य भारत नहीं हो सकता।
2. नि:शस्त्रीकरण की कोई निर्धारित समयरेखा नहीं बताई गई है।
3. एनपीटी एक अन्यायपूर्ण संधि है, क्योंकि यह परमाणु समृद्ध देशों पर परमाणु हथियारों को नष्ट करने के लिए किसी भी प्रकार की बाध्यता नहीं रोपित करती है, वहीं परमाणु विहीन राष्ट्रों के लिए परमाणु अर्जन पर प्रतिबंध लगाती है।

5.3.1.3 परमाणु अप्रसार संधि के अंतर्गत भारत की वास्तविक स्थिति (India's Emergence as *de facto* Weapons State Under NPT)

परमाणु संपन्न राष्ट्र होने के कारण भारत अप्रसार संधि का हिस्सा नहीं बन सकता। भारत की वर्तमान स्थिति के अनुसार एवं अंतर्राष्ट्रीय परमाणु ऊर्जा एजेंसी के संबंधित सुरक्षोपाय की कमी के कारण यह छवि बनी की विश्व व्यापार में अपमान का सामना करना पड़ा है। हालांकि सितंबर 2008 में भारत को व्यापार संयम हेतु क्लीन चिट दी गई जैसा कि इसके अप्रसार प्रमाण पत्रों में उल्लिखित है। **भारत ने सदस्य न होते हुए भी इन सारी शर्तों को पूरा किया है।**

संयुक्त राज्य अमेरिका की संसद में दिसंबर 2006 में एक विधेयक पारित किया गया, जिसके अनुसार अमेरिका को भारत के साथ परमाणु व्यापार की शुरुआत करनी थी। इसके बाद जुलाई 2007 में भारत के साथ एक नाभिकीय समन्वय समझौता संपन्न हुआ। इसने भारत के लिए परमाणु ईंधन एवं सामग्री के अंतर्राष्ट्रीय व्यापार में शामिल होने के सारे रास्ते खोल दिए। परिणामस्वरूप भारत को अपने अधिकतर रिएक्टरों को अंतर्राष्ट्रीय परमाणु ऊर्जा एजेंसी के सुरक्षापायों में शामिल करना था तथा सायरस (Cirus) अनुसंधान रिएक्टर को 2010 तक बंद करना था। इससे भारत को अमेरिका या अन्य देशों से आयातित ईंधन को अपने नए संयंत्र में अंतर्राष्ट्रीय परमाणु ऊर्जा एजेंसी के सुरक्षोपाय के तहत् पुनर्प्रसंस्करण की मान्यता मिल गयी। ये पूर्णरूपेण असैन्य होने के साथ-साथ अंतर्राष्ट्रीय परमाणु ऊर्जा एजेंसी के सुरक्षोपायों में शामिल होंगे।

इस सौदे में अंतर्राष्ट्रीय परमााणु ऊर्जा एजेंसी को अतीत के साथ एक रचनात्मक विराम (Creative Break with the Past) के रूप में स्वीकार किया गया वहीं अप्रसार संधि से भारत बाहर रहा। भारत की संसद में भी इस मुद्दे पर गतिरोध देखने को मिला, लेकिन अंततः अंतर्राष्ट्रीय परमाणु ऊर्जा एजेंसी के साथ अतिरिक्त प्रोटोकॉल सहित एक नये व समग्र सुरक्षोपाय स्थापित हो गए। जुलाई 2008 में अंतर्राष्ट्रीय परमाणु ऊर्जा एजेंसी बोर्ड द्वारा इस समझौते को मंजूरी प्रदान कर दी गयी। यह समझौता उसी तरह का है जैसा अंतर्राष्ट्रीय परमाणु ऊर्जा एजेंसी एवं परमाणु आयुध असंपन्न राष्ट्रों के मध्य होता है, जैसे- INFCIRC-66.

इसके पश्चात् एन.पी.टी. के गैर-सदस्यों के साथ व्यापार पर रोक लगाने से भारत को मुक्त करने हेतु 48 सदस्यीय एन.एस.जी. (NSG) का सर्वसम्मत संकल्प आया। इसी प्रकार अमेरिकी संसद में अंतिम स्वीकृति के लिए एक द्विपक्षीय व्यापार समझौता प्रस्ताव लाया गया। ऐसा बाद में फ्रांस एवं रूस के द्वारा भी किया गया।

अंतर्राष्ट्रीय परमाणु ऊर्जा एजेंसी के साथ भारत के सुरक्षा समझौते के अनुसार भारत को जरूरत के आधार पर कुछ निश्चित रिएक्टरों के लिए ईंधन की आपूर्ति की जाएगी। इसके अलावा इसमें यह भी शामिल है कि भारत किसी भी समय असैन्य उपयोग से रक्षात्मक परमाणु सामग्री को निकालने के बारे में आश्वासन देगा।

अमेरिका द्वारा असैन्य परमाणु व्यापार को अनुमति देने वाले विधेयक को संयुक्त राज्य अमेरिका द्वारा पास करने के पश्चात् अक्टूबर 2008 में भारत एवं फ्रांस के मध्य एक परमाणु समझौता हुआ। इसके बदले में भारत को सायरस (Cirus) रिएक्टर को बंद करना पड़ा।

2009 की शुरुआत में भारत एवं अंतर्राष्ट्रीय परमाणु ऊर्जा एजेंसी के मध्य सुरक्षा समझौते पर हस्ताक्षर हुए। यद्यपि सुरक्षा समझौते के अंर्गत अतिरिक्त रिएक्टर को लाने की समय सीमा अभी तय नहीं है। **आई.ए.ई.ए. (IAEA) बोर्ड ने अतिरिक्त प्रोटोकॉल पर मार्च 2009 में सुरक्षा उपायों के लिए सहमति व्यक्त की। भारत ने मई 2009 में इस पर हस्ताक्षर कर दिए।** नई सरकार ने सन् 2014 में 20 प्रतिष्ठानों की एक सूची के साथ अनुमोदन की घोषणा की, जिसमें परमाणु ईंधन परिसर, हैदराबाद में 6 और तारापुर में 2 स्टोर तथा 12 रिएक्टर शामिल हैं। **अतिरिक्त प्रोटोकॉल 25 जुलाई, 2014 से प्रभावी हो गया, जिसमें आई.ए.ई.ए. (IAEA) को भारत के असैन्य परमाणु प्रतिष्ठानों तक पहुंच संभव हो गई।**

अतएव, भारत द्वारा संयुक्त राष्ट्र सुरक्षा परिषद् को यह कहा गया है कि विश्व के गैर-सशस्त्रीकरण के उद्देश्यों के प्रति अपनी क्षमताओं और प्रतिबद्धताओं को देखते हुए भारत ने एन.एस.जी. तथा एम.टी.सी.आर. (मिसाइल टेक्नोलॉजी कंट्रोल रिजीम) के दिशा-निर्देशों का पालन किया है। भारत गैर-सशस्त्रीकरण के वैश्विक पदोन्नति (Promotion) हेतु एक राष्ट्र के तौर पर अपनी क्षमताओं और प्रतिबद्धताओं से यह विश्वास करता है कि उसका अगला कदम 'चार एक्सपोर्ट कण्ट्रोल रिजिम' (वासेनार समझौता, एम.टी.सी.आर., ऑस्ट्रेलियन समूह, एन.एस.जी.) की सदस्यता ग्रहण करना तर्कपूर्ण सिद्ध होगा। दो अन्य 'रीजिम' में अनौपाचारिक **ऑस्ट्रेलियन समूह** (हानिकारक रसायन तथा जैव-हथियार के विरुद्ध) तथा **वासेनार समझौता** है, जो पारंपरिक हथियार तथा दोहरे प्रयोग वाली वस्तु एवं तकनीक के निर्यात पर नियंत्रण से संबंधित है। केवल यही नहीं बल्कि भारत जेनेवा की प्रतिपक्ष **पदार्थ कट-ऑफ संधि** (Material Cut-off Treaty) पर हुए नि:शस्त्रीकरण सम्मेलन की चर्चा पर आरंभिक घोषणा का भी समर्थन करता है। साथ ही, अतिरिक्त प्रोटोकॉल के प्रतिबंधों का अनुसरण करते हुए भारत चारों एक्सपोर्ट कण्ट्रोल रिजिम के साथ सहयोग बनाए रखता है।

सुरक्षा निर्देशों के अतिरिक्त, **फिसाईल मेटीरीयल कट-ऑफ संधि,** भारत, पाकिस्तान व इजरायल जैसे देशों के वेपन-ग्रेड मिसाइल मेटीरीयल के उत्पादन पर भी रोक लगाती है। भारत जैसे देश ने जहां कट-ऑफ संधि का समर्थन किया है, वहीं चीन, पाकिस्तान तथा ईरान ने उसका विरोध किया है। हालांकि अमेरिका ने उस संधि को विचार योग्य नहीं माना है।

5.3.2 न्यूक्लियर सप्लायर्स ग्रुप (परमाणु आपूर्तिकर्ता समूह) [Nuclear Suppliers Group (NSG)]

यह एक बहुपक्षीय नियंत्रण व्यवस्था (Regime) समूह के साथ-साथ परमाणु आपूर्तिकर्ता देशों का समूह है जो परमाणु हथियारों के निर्माण में प्रयुक्त पदार्थ, उपकरण, तकनीकी निर्यात आदि पर प्रतिबंध लगाकर परमाणु अप्रसार करने के तौर पर पहचाना जाता है। वर्तमान में एन.एस.जी में 48 सदस्य राष्ट्र हैं, जिसमें पांच परमाणु शस्त्र संपन्न देश, जैसे-**अमेरिका, इंग्लैण्ड, फ्रांस, चीन** तथा **रूस** हैं। यह कोई औपचारिक संगठन नहीं हैं तथा इसके दिशा-निर्देश प्रकृति में बाध्यकारी नहीं है तथा किसी सर्वसम्मति से ही किसी देश को सदस्यता दिये जाने का निर्णय लिया जाता है।

- अतएव, भारत ने अपना पहला परमाणु परीक्षण पोखरण-I (ऑपरेशन स्माइलिंग बुद्धा) मई 1974 में किया था, जो पूर्व प्रधानमंत्री श्रीमती इंदिरा गांधी के नेतृत्व में हुआ।
- परमाणु शक्ति संपन्न राष्ट्र उस बात पर सहमत हैं कि अकेले एन.पी.टी. संधि परमाणु हथियारों के प्रसार को नहीं रोक सकती, **अतः 1974 में एन.एस.जी की स्थापना हुई।**
- वर्तमान में एन.एस.जी. के दिशा-निर्देशों के अनुसार कोई भी राष्ट्र एन.एस.जी. का सदस्य नहीं बन सकेगा (यदि उसने एन.पी.टी. पर हस्ताक्षर नहीं किये) इसी क्रम में भारत एन.एस.जी. से बाहर है।
- वर्ष 1998 में भारत ने पुनः अपना दूसरा परमाणु परीक्षण पोखरण-II **ऑपरेशन शक्ति** के तहत् किया। तथापि पश्चिमी देशों द्वारा भारत पर नये प्रतिबंध लगा दिये गये, विशेषकर अमेरिका द्वारा।
- 2005 से पहले, एन.एस.जी. को तारापुर परमाणु ऊर्जा स्टेशन के लिए ईंधन की कमी थी, जबकि संयुक्त राज्य अमेरिका ने रूस से क्रायोजेनिक इंजन प्रौद्योगिकी हस्तांतरण को विफल करने के लिए एम.टी.सी.आर. नियमों का इस्तेमाल किया था।
- 2008 में, देश को थोड़ी सहायता की उम्मीद जगी जब भारत-अमेरिकी सिविल-न्यूक्लियर डील पर सहमति बनी जिसमें भारत ने अंतर्राष्ट्रीय परमाणु ऊर्जा एजेंसी के सुरक्षा निर्देशों के अनुरूप **सिविल-मिलिट्री अलगाव योजना** (Civil-military separation plan) पर हस्ताक्षर किये, बदले में अमेरिका ने भारत को एन.एस.जी. से कुछ छूट मुहैया करवाई।
- नवंबर 2010 में भारत यात्रा के दौरान तत्कालीन अमेरिकी राष्ट्रपति बराक ओबामा ने भारत को न्यूक्लियर सप्लायर्स ग्रुप, वासेनार समझौते, ऑस्ट्रेलियन ग्रुप तथा एम.टी.सी.आर. में भागीदारी प्राप्त करने के लिए पूरा सहयोग देने की घोषणा की।
- भारत की किसी भी परमाणु तकनीकी या पदार्थ की संवदेनशील जानकारी को किसी से साझा न करने तथा परमाणु हथियारों के परीक्षण को निलंबित रखने की औपचारिक शपथ के फलस्वरूप एन.एस.जी. भागीदारी देशों ने भारत को एक "क्लीन वेवर'' (Clean Waiver) का दर्जा देकर भारत को एडवांस परमाणु तकनीकी प्राप्ति का पात्र बनने योग्य बनाया। ताकि भारत को समृद्ध यूरेनियम तथा पुनर्प्रसंस्करित प्लुटोनियम मिल सके।
- तथापि, भारत एन.एस.जी. का सदस्य नहीं है, जिससे भारत नवीनतम आण्विक तकनीकी से वंचित रहता है। 2016 में भारत ने एन.एस.जी. की सदस्यता के लिए आवेदन किया था।
- एन.एस.जी. ग्रुप के अधिकांश देश भारत की एन.एस.जी. सदस्यता का समर्थन करते हैं, किंतु चीन, न्यूजीलैण्ड, आयरलैण्ड, तुर्की, दक्षिण अफ्रीका तथा ऑस्ट्रिया इसका विरोध कर रहे हैं। चीन भारत को एन.पी.टी. पर हस्ताक्षर करवाकर भारत को भेदभाव युक्त मानदण्डों के आधार पर एन.एस.जी. की सदस्यता दिलवाने की ओर है। आधारभूत रूप से चीन का विरोध यह इंगित करता है कि एन.एस.जी. समूह में वह पाकिस्तान का प्रवेश चाहता है।

(इन्फोग्राफिक देखें - नाभिकीय कूटनीति)

5.3.2.1 एन.एस.जी. सदस्यता से भारत को लाभ (India's Benefits of NSG Membership)

भारत ने 2016 में एन.एस.जी. सदस्यता के लिए आवेदन किया था, किन्तु चीन के विरोध के चलते यह सदस्यता नहीं मिल पाई। एन.एस.जी. सदस्यता से भारत को निम्न लाभ/फायदे हो सकते हैं:

- एन.एस.जी. सदस्यता मिलने से भारत की पहुंच एन.एस.जी. सदस्य देशों के परमाणु ईंधनों, जैसे-यूरेनियम तथा प्लुटोनियम भण्डारों तक हो जाएगी। नामीबिया 2009 में भारत को नाभिकीय ईंधन बेचने को सहमत हो गया था, जो विश्व का चौथा सबसे बड़ा उत्पादक है। चूंकि यह सौदा नहीं हो पाया क्योंकि एन.पी.टी. का अफ्रीकी रूप-पेलिंदाबा संधि (Pelindaba Treaty) है, जिसका नामीबिया हस्ताक्षरकर्ता है। भारत को सदस्यता मिलने पर ऐसी समस्याएं समाप्त हो जायेंगी।
- भारत को सदस्यता मिलने पर यूरेनियम समृद्धता तथा प्लुटोनियम प्रसंस्करण की नवीन व आधुनिकतम तकनीकी हासिल हो सकेगी। जिससे देश में परमाणु ऊर्जा का उत्पादन संवर्द्धन हो सकेगा।
- भारत को एन.एस.जी. सदस्यता से प्रधानमंत्री नरेन्द्र मोदी के महत्वाकांक्षी कार्यक्रम **"मेक इन इण्डिया"** के तहत् नई व आधुनिक तकनीकी तक पहुंच तथा परमाणु ऊर्जा के क्षेत्र में विकास बढ़ेगा, जिससे देश की अर्थव्यवस्था में संवर्द्धन होगा। अतः रोजगार भी बढ़ेंगे। भारत अन्य देशों को अपने परमाणु ऊर्जा उपकरण वाणिज्यिक रूप से बेच सकेगा तथा **राष्ट्रीय कौशल विकास** कार्यक्रम के अधीन विभिन्न नाभिकीय ऊर्जा के क्षेत्र में कौशल पाठ्यक्रम के माध्यम से युवाओं को कौशल प्राप्ति हो सकेगी।
- भारत की INDC (Intended Nationally Determine Contribution) के अनुसार, जो पेरिस समझौते के अधीन है, भारत अपनी कुल ऊर्जा की मांग का 40% भाग पुनर्नवीकृत तथा स्वच्छ स्रोतों से प्राप्त कर जीवाश्म ईंधन पर निर्भरता कम करने को प्रतिबद्ध है तथा उसे प्राप्त

नाभिकीय कूटनीति

1945

1945 में हिरोशिमा और नागासाकी में परमाणु बम गिराया गया था।

- द्वितीय विश्व युद्ध के दौरान हिरोशिमा और नागासाकी पर परमाणु बमबारी हुई।
- 6 अगस्त, 1945 को हिरोशिमा पर बमबारी की गई, जिससे बड़े पैमाने पर विनाश हुआ और अनुमानतः 140,000 लोगों की मौत हुई।
- 9 अगस्त 1945 को नागासाकी पर भी बमबारी की गई थी।
- बमबारी ने जापान के आत्मसमर्पण और युद्ध की समाप्ति में भूमिका निभाई।

1968

NPT

एनपीटी को 1968 में हस्ताक्षर के लिए खोला गया था लेकिन 1970 में लागू हुआ। [परमाणु हथियार वाले राज्य वे हैं जिन्होंने 1 जनवरी 1967 से पहले परमाणु विस्फोटक उपकरण का परीक्षण किया है। ये राष्ट्र संयुक्त राज्य अमेरिका, रूस, यूनाइटेड किंगडम, फ्रांस और चीन हैं]

- परमाणु अप्रसार संधि (एनपीटी) का उद्देश्य परमाणु हथियार प्रसार को रोकना है।
- यह 1970 में लागू हुआ और इसकी व्यापक सदस्यता है।
- एनपीटी के तीन स्तंभ हैं: अप्रसार, निरस्त्रीकरण, और शांतिपूर्ण परमाणु ऊर्जा उपयोग।
- गैर-परमाणु-हथियार वाले राज्य परमाणु हथियार प्राप्त नहीं करने के लिए प्रतिबद्ध हैं, जबकि परमाणु-हथियार वाले राज्य निरस्त्रीकरण के लिए प्रतिबद्ध हैं।
- पांच परमाणु हथियार संपन्न राज्यों सहित कुल 191 राज्य इस संधि में शामिल हुए हैं। **भारत ने एनपीटी पर हस्ताक्षर नहीं किये हैं**

1974

NSG

एनएसजी की स्थापना 1974 में सात देशों (कनाडा, फ्रांस, जापान, पश्चिम जर्मनी, सोवियत संघ, संयुक्त राज्य अमेरिका और यूनाइटेड किंगडम) के साथ की गई थी और परमाणु प्रसार को रोकने के लिए संधि पर हस्ताक्षर किए गए थे।

- परमाणु निर्यात को नियंत्रित करता है और सामग्री, उपकरण और प्रौद्योगिकी के लिए दिशानिर्देश निर्धारित करता है।
- **इसमें 48 सदस्य देश शामिल हैं। (भारत परमाणु आपूर्तिकर्ता समूह का सदस्य नहीं है)।**
- वैश्विक अप्रसार और परमाणु सुरक्षा के लिए महत्वपूर्ण।
- परमाणु हथियार प्रौद्योगिकी के प्रसार पर अंकुश लगाता है।
- इसकी सदस्यता उन्नत परमाणु प्रौद्योगिकियों तक पहुंच प्रदान करती है।
- एनएसजी की सदस्यता विस्तार प्रक्रिया पर बहस।

1987

MTCR

MTCR की स्थापना अप्रैल 1987 में जी-7 देशों (कनाडा, फ्रांस, जर्मनी, इटली, जापान, यूनाइटेड किंगडम और संयुक्त राज्य अमेरिका) द्वारा 35 देशों के बीच एक अनौपचारिक और स्वैच्छिक साझेदारी के रूप में की गई थी ताकि मिसाइलों और यूएवी (मानव रहित हवाई वाहन) तकनीक के प्रसार को रोका जा सके जो 500 किलोग्राम से अधिक पेलोड को 300 किमी से अधिक ऊँचाई तक ले जाने में सक्षम है।

- मिसाइलों के अप्रसार के प्रति प्रतिबद्धता पर आधारित स्वैच्छिक सदस्यता।
- सामूहिक विनाश के हथियार ले जाने में सक्षम मिसाइलों के स्थानांतरण को नियंत्रित करता है।
- मिसाइल निर्यात पर दिशानिर्देश और प्रतिबंध तय करता है।
- पारदर्शिता और अप्रसार प्रयासों को बढ़ावा देता है।
- दिशानिर्देशों और नियंत्रण सूचियों को नियमित रूप से अद्यतन करता है।
- मिसाइल प्रौद्योगिकी के प्रसार को रोकने में महत्वपूर्ण।
- **भारत 2016 में सदस्य बना।**

1996

CTBTO PREPARATORY COMMISSION

CTBT (व्यापक परमाणु-परीक्षण-प्रतिबंध संधि) को संयुक्त राष्ट्र महासभा द्वारा 10 सितंबर 1996 को अपनाया गया था, लेकिन यह लागू नहीं हुआ क्योंकि आठ विशिष्ट राज्यों ने इसका अनुमोदन नहीं किया (ये चीन, मिस्र, ईरान, भारत, इज़राइल, उत्तर कोरिया, संयुक्त राज्य अमेरिका और पाकिस्तान हैं)

- परमाणु विस्फोटों पर प्रतिबंध लगाने के लिए 1996 में अपनाया गया।
- इसका उद्देश्य परमाणु हथियारों के विकास को रोकना है।
- हस्ताक्षरकर्ता परमाणु परीक्षण से परहेज करने के लिए प्रतिबद्ध हैं।
- **185 देशों ने हस्ताक्षर किये हैं।**
- इसे प्रभावी करने के लिए विशिष्ट अनुसमर्थन की आवश्यकता होती है।
- परमाणु निरस्त्रीकरण का समर्थन करता है।
- कुछ प्रमुख देशों ने अनुमोदन नहीं किया है।

1957

IAEA

IAEA की स्थापना 29 जुलाई 1957 को एक स्वायत्त संगठन के रूप में की गई थी।

- IAEA शांतिपूर्ण परमाणु ऊर्जा उपयोग को बढ़ावा देने और परमाणु हथियार प्रसार को रोकने वाला एक अंतरराष्ट्रीय संगठन है।
- यह परमाणु सुरक्षा उपायों के समझौतों का अनुपालन सुनिश्चित करने के लिए तकनीकी सहायता, निरीक्षण और सत्यापन प्रदान करता है।
- IAEA कैंसर उपचार और पर्यावरण संरक्षण जैसे क्षेत्रों में परमाणु सुरक्षा, संरक्षा और सहयोग का समर्थन करता है।
- कुल सदस्य- 176 (3 जनवरी 2023 तक)। **भारत 1957 से इसका सदस्य है।**

1974

पोखरण परीक्षण 18 मई 1974 को भारत में आयोजित किया गया था। [इसे "स्माइलिंग बुद्धा" ऑपरेशन कहा जाता है और भारत ने एनपीटी पर हस्ताक्षर किए बिना, परमाणु विकास तकनीक अर्जित की]

- 1974 में पोखरण परीक्षण: **18 मई 1974** को भारत का पहला परमाणु परीक्षण।
- कोडनेम **"स्माइलिंग बुद्धा"**: प्लूटोनियम का उपयोग कर विखंडन उपकरण।
- भारत **छठा परमाणु-सशस्त्र राष्ट्र** बन गया।
- नागरिक परमाणु ऊर्जा कार्यक्रम को आगे बढ़ाने का लक्ष्य।
- मिश्रित अंतर्राष्ट्रीय प्रतिक्रियाएँ: प्रसार और सुरक्षा संबंधी चिंताएँ।
- वैश्विक निरस्त्रीकरण चर्चाओं को प्रभावित किया।
- भारत **"पहले उपयोग नहीं करने (no first use)" की नीति** बनाए रखता है।
- राजनयिक संबंधों और परमाणु सहयोग पर प्रभाव।
- निर्यात नियंत्रण और संलग्नताओं के लिए निहितार्थ।

1985

ऑस्ट्रेलिया समूह की स्थापना, 1985 में एक बहुपक्षीय निर्यात नियंत्रण व्यवस्था के रूप में की गई थी। यह देशों का एक अनौपचारिक मंच है जो रासायनिक और जैविक हथियारों के निर्यात को नियंत्रित करता है।

- इसका उद्देश्य रासायनिक और जैविक हथियारों के प्रसार को रोकना है।
- **कुल सदस्य: 43 (भारत 19 जनवरी 2018 को इसका 43वां सदस्य बना)।**
- संवेदनशील सामग्रियों और प्रौद्योगिकियों को नियंत्रित करने के प्रयासों का समन्वय करता है।
- नियंत्रित वस्तुओं की सूची विकसित करता है और बनाए रखता है।
- पारदर्शिता और सूचना साझाकरण को बढ़ाता है।
- रासायनिक और जैविक हथियारों की क्षमताओं के प्रसार को प्रतिबंधित करता है।
- अप्रसार प्रतिबद्धता पर आधारित स्वैच्छिक सदस्यता।

1996

WA

12 जुलाई 1996 को स्थापित वासेनार व्यवस्था, पारंपरिक हथियारों और दोहरे उपयोग वाली वस्तुओं और प्रौद्योगिकियों पर निर्यात नियंत्रण को नियंत्रित करती है।

- वासेनार व्यवस्था: बहुपक्षीय निर्यात नियंत्रण व्यवस्था।
- **42 भागीदार राज्य। (भारत 2017 में इसका सदस्य बना)।**
- इसका उद्देश्य विस्थिरीकरण करने वाले हथियारों और प्रौद्योगिकी हस्तांतरण को रोकना है।
- संवेदनशील वस्तु निर्यात के लिए दिशानिर्देश तय करता है।
- आग्नेयास्त्रों, सैन्य उपकरणों और दोहरे उपयोग वाली प्रौद्योगिकियों को कवर करता है।
- पारदर्शिता और जिम्मेदार हथियार व्यापार को बढ़ावा देता है।
- नियंत्रण सूचियों को नियमित रूप से अद्यतन करता है।
- अनधिकृत अंतिम उपयोगकर्ताओं तक प्रसार को रोकता है।
- निर्यात नियंत्रण मानक पर आधारित स्वैच्छिक भागीदारी।

1998

पोखरण 2

- पोखरण 2 **मई 1998** में भारत द्वारा किए गए परमाणु परीक्षणों की एक श्रृंखला को संदर्भित करता है।
- यह परीक्षण भारत के राजस्थान के पोखरण क्षेत्र में हुए।
- **यह भारत द्वारा परमाणु परीक्षण का दूसरा दौर था,** पहला 1974 में पोखरण 1 था।
- **"ऑपरेशन शक्ति"** कोडनेम के तहत 11 मई से 13 मई 1998 के बीच **पांच परमाणु विस्फोट** किए गए।
- परीक्षणों में भारत की परमाणु हथियार क्षमताओं को प्रदर्शित करने वाले **विखंडन और संलयन दोनों उपकरण शामिल थे।**

नाभिकीय आपूर्ति समूह (NSG)

प्रमुख बिंदु

- भारतीय परमाणु परीक्षण (मुस्कुराते हुए बुद्ध) के जवाब में 1974 में लाया गया।
- यह एक बहुपक्षीय निर्यात नियंत्रण व्यवस्था है।
- यह परमाणु आपूर्तिकर्ता देशों का एक समूह है, जो परमाणु हथियारों के निर्माण के लिए इस्तेमाल की जा सकने वाली सामग्रियों, उपकरणों और प्रौद्योगिकी के निर्यात को नियंत्रित करके परमाणु प्रसार को रोकना चाहता है।
- एनएसजी की पहली बैठक नवंबर 1975 में लंदन में हुई थी, और इस तरह इसे 'लंदन क्लब' के रूप में जाना जाता है।
- यह एक औपचारिक संगठन नहीं है, और इसके दिशा-निर्देश बाध्यकारी नहीं हैं। सदस्यता देने सहित सभी निर्णय सर्वसम्मति से किए जाते हैं।
- सदस्यताः 48 आपूर्तिकर्ता राज्य।

सदस्यता के लिए मानदंड

- NSG दिशा-निर्देशों के भाग 1 और 2 के लिए अनुलग्नकों द्वारा कवर वस्तुओं (पारगमन में आइटम सहित) की आपूर्ति करने की क्षमता।
- दिशा-निर्देशों का पालन करना और उनके अनुसार कार्रवाई करना।
- कानूनी रूप से आधारित घरेलू निर्यात नियंत्रण प्रणाली का प्रवर्तन, जो दिशा-निर्देशों के अनुसार कार्य करने की प्रतिबद्धता को प्रभावी बनाता है।
- परमाणु अप्रसार समझौते के एक या अधिक दायित्वों के साथ पूर्ण अनुपालन।
- सामूहिक विनाश के हथियारों और उनके वितरण वाहन के अप्रसार के प्रति अंतर्राष्ट्रीय प्रयासों का समर्थन।

भारत के लिए सदस्यता क्यों महत्वपूर्ण है?

- सदस्यता समूह के अन्य सदस्यों से अत्याधुनिक प्रौद्योगिकी तक भारत की पहुंच बढ़ाएगी।
- प्रौद्योगिकी तक पहुंच और परमाणु उपकरण बनाने की अनुमति देने से 'मेक इन इंडिया' कार्यक्रम को बढ़ावा मिलेगा जो बदले में, हमारे देश की आर्थिक वृद्धि को बढ़ावा देगा।
- पेरिस जलवायु समझौते के तहत भारत के आईएनडीसी के अनुसार, भारत ने जीवाश्म ईंधन पर निर्भरता को कम करने और इसकी ऊर्जा का 40% नवीकरणीय और स्वच्छ स्रोतों से प्राप्त करने का लक्ष्य है। इस लक्ष्य को प्राप्त करने के लिए, हमें परमाणु ऊर्जा उत्पादन को बढ़ाने की आवश्यकता है। यह तभी हो सकता है जब भारत एनएसजी तक पहुंच हासिल करे।
- यदि एनएसजी दिशा-निर्देशों के प्रावधान में परिवर्तन के मामले में भारत को अपनी चिंता जाहिर करने का अवसर मिलेगा।

सदस्यता प्राप्त होने के पश्चात होने वाले अन्य लाभ

- परमाणु मामलों के बारे में समय पर जानकारी।
- जानकारी के माध्यम से योगदान देता है।
- साख की पुष्टि।
- सामंजस्य और समन्वय के साधन के रूप में कार्य।
- बहुत पारदर्शी प्रक्रिया का हिस्सा होना।

करने हेतु नाभिकीय ऊर्जा उत्पादन बढ़ाने की आवश्यकता है। यह तभी संभव होगा जब भारत एन.एस.जी. की सदस्यता ग्रहण कर लेगा।

5.3.3 वासेनार व्यवस्था (The Wassenaar Arrangement)

- यह पारंपरिक हथियारों तथा दोहरे उपयोग की सामग्री एवं तकनीक के लिए निर्यात नियंत्रण व्यवस्था है, जिसे आमतौर पर वासेनार व्यवस्था के रूप में जाना जाता है, यह बहुपक्षीय निर्यात नियंत्रण व्यवस्था का प्रतिनिधित्व करता है। इसमें कुल 42 राष्ट्र सम्मिलित हैं, जिनमें अनेक पूर्व Comecon (वारसा पैक्ट) देश हैं।
- **इसका प्राथमिक उद्देश्य पारंपरिक हथियार, दोहरे उपयोग की सामग्री तथा तकनीक के हस्तांतरण के दौरान पारदर्शिता तथा जिम्मेदारी को बढ़ावा देकर क्षेत्रीय व अंतर्राष्ट्रीय सुरक्षा तथा स्थायित्व में योगदान देना है।** इन कार्यों के फलस्वरूप हथियारों का संचय होना रुकेगा, जिससे अस्थिरता को बढ़ावा नहीं मिलेगा। इसमें भागीदार राष्ट्रों को अपनी नीतियों के माध्यम से यह सुनिश्चित करना होता है कि वे इन वस्तुओं का हस्तांतरण अन्य किसी राष्ट्र की सैन्य क्षमताओं के विकास में या वृद्धि में योगदान नहीं करेंगे।
- शीत युद्ध काल के बहुपक्षीय निर्यात नियंत्रण समन्वयन समिति (COCOM) के क्रमानुयायी (Successor) के नाम में **इसकी स्थापना नीदरलैण्ड के वासेनार शहर में 12 जुलाई, 1996 को की गयी।** हालांकि नियमों के मामलों में यह बहुपक्षीय निर्यात नियंत्रण समन्वयन समिति की अपेक्षा थोड़ा लचीला है। **इसका मुख्य ध्यान राष्ट्रीय निर्यात नियंत्रण व्यवस्था की पारदर्शिता पर हैं।** जहां तक वीटो पॉवर की बात है, किसी भी राष्ट्र को व्यक्तिगत रूप से वीटो पॉवर नहीं दी गई है। **इसका सचिवालय ऑस्ट्रिया की राजधानी वियना में है। यह कानूनी रूप से बाध्य नहीं है।**
- सदस्य राष्ट्रों को प्रत्येक छह माह पर गैर-सदस्य राष्ट्रों को हस्तांरित किए गए पारंपरिक हथियारों से संबंधित सूचना साझा करनी होती है। युद्धक टैंक, बड़े कैलिबर आर्टिलरी, सैन्य विमान, बख्तरबंद लड़ाकू विमान, सैन्य हेलिकॉप्टर, युद्धपोत, मिसाइल प्रणाली, छोटे एवं हल्के हथियारों को पारंपरिक हथियारों की श्रेणी में रखा जाता है।

5.3.3.1 वासेनार समझौते के सदस्य के रूप में भारत (India as a Member of the Wassenaar Agreement)

दिसंबर 2017 में भारत वासेनार समझौते का 42वां सदस्य बना। एन.पी.टी. के हस्ताक्षरकर्ता न होने के बावजूद यह भारत की अप्रसार प्रतिबद्धता को प्रदर्शित करता है, जिससे अंतरिक्ष तथा रक्षा क्षेत्र की भारत की संवेदनशील मांग की पूर्ति की जा सकेगी। अमेरिकी-भारत सिविल न्यूक्लियर डील के बाद से ही भारत एम.टी.सी.आर, एन.एस.जी., वासेनार तथा ऑस्ट्रेलियन समूह की सदस्यता के लिए प्रयासरत था। अमेरिका की सहायता से भारत ने 2016 में एम.टी.सी.आर. तथा 2017 में वासेनार सदस्यता ग्रहण कर ली। वासेनार सदस्यता भारत की एन.एस.जी. सदस्यता के लिए सक्षम कदम का कार्य करेगी। हालांकि **NSG सदस्यता के बीच चीन एक बाधा है, जो वासेनार का सदस्य नहीं है। अब वासेनार की सदस्यता के साथ, भारत को सैन्य उपयोग के दोहरे प्रयोग वाली सामग्री व तकनीकी**

प्राप्ति हो सकेगी। उससे भारत अपनी परमाणु तकनीकी, मेटीरीयल तथा उपकरणों को बेच सकेगा तथा इन क्षमताओं के साथ अन्य देशों के साथ विकास में बेहतर सामंजस्य स्थापित कर सकेगा।

वारसा पैक्ट (Warsaw Pact)

वारसा पैक्ट, जिसे पूर्व में **मित्रता संधि** या **ट्रीटी ऑफ फ्रैंडशिप** के नाम से जाना जाता था। यह सहयोग और आपसी सहायता हेतु 14 मई, 1955 से 01 जुलाई, 1991 तथा पोलैण्ड के वारसा शहर में सामूहिक रक्षा संधि के रूप में यह संधि सोवियत संघ तथा सात सोवियत सेटेलाईट राज्यों यथा केंद्रीय व पूर्वी यूरोपीय देशों, जैसे-अल्बानिया, बुल्गारिया, चेकोस्लोवाकिया, पूर्वी जर्मनी, हंगरी, पोलैण्ड तथा रूमानिया के मध्य शीत युद्ध युग में सम्पन्न हुई। यह संधि सोवियत सैन्य इकाईयों की देखरेख तथा संयुक्त सैन्य कमाण्ड के अन्य भागीदारों पर प्रदान करती है। वारसा पैक्ट कॉमिकॉन (कांउसिल फॉर म्युचुअल इकोनॉमिक असिस्टेंस) के तौर पर नाटो के प्रतिपक्ष के रूप में स्थापित की गई।

5.3.4 ऑस्ट्रेलिया समूह (Australia Group)

यह एक बहुपक्षीय निर्यात नियंत्रण व्यवस्था [Multilateral Export Control Regime (MECR)] है तथा 1985 में गठित एक अनौपचारिक देशों का समूह है, जो रासायनिक एवं जैविक हथियारों के विस्तार एवं विकास के योगदान न करने वाले निर्यात की पहचान को लक्षित है। प्रारंभ में इस समूह के अंतर्गत कुल 15 सदस्य थे, जिनकी पहली बैठक सितंबर 1989 में ब्रुसेल्स, बेल्जियम में हुई। 19 जनवरी, 2018, को भारत के इसमें शामिल होने के साथ ही वर्तमान में उसमें 43 सदस्य (42 सदस्य तथा यूरोपीय संघ) हैं। चीन, पाकिस्तान, उत्तरी कोरिया तथा ईरान जैसे देश इसके सदस्य नहीं हैं। ऑस्ट्रेलिया की ओर से पहल किये जाने तथा सचिवालय देखरेख किये जाने के कारण इसका नाम ऑस्ट्रेलिया पर पड़ा है। **ऑस्ट्रेलिया ग्रुप के सदस्यों पर कोई विधिक बाध्यकारी उत्तरदायित्व नहीं है। प्राथमिक रूप से यह समूह रासायनिक एजेंट के रूप में केंद्रित था, किंतु 1990 से इसके उद्देश्यों में जैविक एजेण्ट तक विस्तार कर दिया।** समूह, CBW (Chemical and Biological Warfare) पदार्थों के प्राप्ति तथा भागीदार राष्ट्रों द्वारा अनैतिक समूहों द्वारा इन पदार्थों की प्राप्ति को रोकने हेतु प्रभावी तरीकों की चर्चा के लिए प्रत्येक वर्ष बैठक करता है। ऑस्ट्रेलिया समूह के सदस्य देश, **रासायनिक हाथियार अभिसमय** तथा **जैविक हथियार अभिसमय** का सदस्य बन जाता है।

5.3.4.1 भारत तथा ऑस्ट्रेलिया समूह (India and Australia Group)

19 जनवरी 2018 को भारत इसमें 43वें सदस्य के रूप में शामिल किया गया। भारत की इस समूह में सदस्यता ग्रहण, न्यूक्लियर सप्लायर्स ग्रुप में भारत की सदस्यता ग्रहण के लिए बड़ा कदम साबित होगा। यह परमाणु अप्रसार संधि के क्षेत्र में भी भारत की स्थिति को मजबूत करेगा, हालांकि भारत इस संधि का हस्ताक्षरकर्ता राष्ट्र नहीं है। फिर भी भारत को नवीनतम एवं निर्णायक तकनीकों तक पहुंच में सक्षम बनाएगा। **दक्षिण एशियाई देशों में भारत पहला देश है, जिसने इस समूह की सदस्यता ग्रहण की है।** जब से भारत ने 2008 में अमेरिका से परमाणु करार (Nuclear deal) पर हस्ताक्षर किए हैं, यह बहुपक्षीय निर्माण नियंत्रण संगठन, जैसे-वासेनार समझौता, एम.टी.सी.आर. तथा ऑस्ट्रेलियन समूह से सदस्यता ग्रहण के प्रयास कर रहा है। **भारत दिसंबर 2017 में वासेनार समझौते का 42वां सदस्य बना तथा इसने जून 2016 में एम.टी.सी.आर. की सदस्यता भी ग्रहण की है।** चीन को रोकने के लिए भारत ने ऑस्ट्रेलियन समूह की भी सदस्यता ग्रहण की है। ऑस्ट्रेलिया समूह में भारत के शमिल होने से एनएसजी समूह का सदस्य बनने में भारत को बढ़त मिलेगी।

5.3.5 मिसाइल टेक्नोलॉजी कंट्रोल रीजीम [Missile Technology Control Regime (MTCR)]

एम.टी.सी.आर. एक बहुपक्षीय तथा स्वैच्छिक सहभागिता युक्त संगठन उपबंध है, जो रासायनिक, जैविक तथा परमाणु हथियारों से युक्त वृहद् विध्वसंक हथियारों से युक्त मिसाइलों से लैस 300 किमी. दूरी के मारक व 500 किग्रा. पैलोड ले जा सकने वाले मानवरहित वायुयानों की डील से संबद्ध 35 सदस्य देशों का समूह है। यह अप्रैल 1987 में G-7 सदस्य देशों द्वारा स्थापित किया गया था। यह कनाडा, फ्रांस, जर्मनी, इटली, जापान, इंग्लैण्ड तथा संयुक्त राज्य अमेरिका के मध्य गैर-बाध्यकारी नीतिगत संधि के माध्यम से स्थापित हुआ। एम.टी.सी.आर. उन तकनीकी तथा पदार्थ निर्यात का नियंत्रण करता है, जो बैलिस्टिक मिसाइल एवं 300 किमी. दूरी तक 500 किग्रा. पैलोड क्षमता वाले मानवरहित विमानों (UAV) से सम्बद्ध है। एम.टी.सी.आर. एक गैर-संधि युक्त सदस्य देशों का समूह है जिनकी, सूचना आदान-प्रदान, मिसाइल निर्यात नीति एवं कानून नियंत्रण तथा तकनीकी हस्तांतरण रोकने के नियमन तंत्र हेतु कुछ दिशा-निर्देशों का पालन करना होता है।

अब, भारत सहित सभी 35 सदस्य तथा "गैर-संबद्ध सदस्य" (non-adherent members) जैसे- इजरायल, मेसीजेनिया, रोमानिया, स्लोवाकिया (जिसमें से चीन को बाहर रखा है) के चार सदस्य देशों का समूह है। **"बैलिस्टिक मिसाइल प्रसारण के विरुद्ध अंतर्राष्ट्रीय संहिता"** द्वारा इन प्रयासों को सशक्त बनाया जा रहा है, इसे **'हेग आचार संहिता'** (Hague Code of Conduct) भी कहा जाता है। तथा इसकी स्थापना 25 नवंबर, 2002 को भारत सहित संयुक्त राष्ट्र के 136 सदस्य देशों द्वारा बैलिस्टिक मिसाइल प्रसारण को रोकने के लिए एक समझौते के रूप में हुई। इस समझौते/अनुबंध के अधीन सदस्य राष्ट्रों की एक राष्ट्रीय नीति होगी जो बैलिस्टिक मिसाइल, क्रूज मिसाइल, मानव रहित वायुयान, अंतरिक्ष लॉन्च व्हीकल, ड्रोन, सुदूर पायलट, साउण्डिंग रॉकेट तथा उनके उपकरणों के निर्यात को साबित करेगी।

5.3.5.1 एम.टी.सी.आर. के सदस्य के रूप में भारत (India as a Member of the MTCR)

जून 2016 को भारत को एम.टी.सी.आर. की पूर्ण सदस्यता प्राप्त हुई। यह सदस्यता अन्य राष्ट्रों की सहमति तथा **हेग आचार संहिता** से जुड़ने की सहमति पर मिली, जिससे भारत को बहुपक्षीय निर्यात नियंत्रण संगठन जैसे-एन.एस.जी. की सदस्यता ग्रहण हेतु मजबूती मिलेगी। इस सदस्यता के साथ ही भारत को रक्षा क्षेत्र में भारी बढ़त मिलेगी तथा भविष्य में भारत को उच्च तकनीकी युक्त मिसाइल प्राप्ति में सक्षम बनने में मददगार होने के साथ-साथ अन्य देशों के साथ मानवरहित वायुयानों के विकास के संयुक्त कार्यक्रमों में भागीदारी प्राप्त होगी। साथ ही भारत अन्य गैर-सदस्यों देशों को भी आसानी से मिसाइल बेच सकेगा, जैसे-वियतनाम को ब्रह्मोस मिसाइल (जिससे भारत को पहली बार मिसाइल निर्यातक के तौर पर पहचान मिलेगी)।

एम.टी.सी.आर. में प्रवेश के साथ ही भारत के रूस तथा अमेरिका के साथ संयुक्त भागीदारी में मानवरहित वायुयान, जैसे-रीपट तथा ग्लोबल हॉक एवं इजरायल मिसाइल डिफेंस इंटरसेप्टर जैसे एरो-II की प्रायिकता बढ़ी है। प्रतिबंधित क्रायोजेनिक तकनीकी भी रूस से इसरों को प्राप्त हो सकेगी जो एम.टी.सी.आर. सदस्यता के चलते भारत को अंतरिक्ष खोज अभियान में मदद करेगी। एम.टी.सी.आर. सदस्यता, चीन (जो MTCR का सदस्य नहीं है) पर दबाव डालने के लिए प्रयोग में लाई जा रही है तथा भारत को एन.एस.जी. की सदस्यता का रास्ता साफ हो सकता है।

5.3.6 परमाणु परीक्षण अप्रसार संधि (Comprehensive Nuclear Test Ban Treaty)

सीटीबीटी, हर किसी को, हर जगह, सभी परमाणु विस्फोट परीक्षण के लिए प्रतिबंधित करती है। इस संधि की वार्ता **जेनेवा निःशस्त्रीकरण सम्मेलन** (Conference on Disarmament) से प्रारंभ हुई तथा इसे संयुक्त राष्ट्र महासभा द्वारा अपना लिया गया। 24 सितंबर, 1996 को यह हस्ताक्षर के लिए लाया गया। हालांकि 180 से अधिक देशों ने इस पर हस्ताक्षर किये हैं तथा अधिकांश ने इसकी अभिपुष्टि की है, किंतु यह संधि आण्विक तकनीकी क्षमता वाले आठ राज्यों–**चीन, मिस्त्र, भारत, ईरान, इजरायल, उत्तरी कोरिया, पाकिस्तान** तथा **अमेरिका** के अभिपुष्टि किये जाने के बाद प्रभाव में आएगी।

- आण्विक हथियारों के विकास में CTBT अंतिम बाधा है। यह संधि नये आण्विक हथियारों के विकास तथा पहले से मौजूद हथियारों के सुधार पर प्रतिबंध लगाती है।
- जब यह संधि प्रभाव में आती है तो यह आण्विक परीक्षण पर वैधानिक प्रतिबंध लगाती है। यह संधि **परमाणु परीक्षण से होने वाली मानवीय परेशानियों** तथा **पर्यावरणीय क्षति को भी संरक्षित करती है।**

The UN Chief Antonio Guterres ने इन आठ देशों से अपील की है, जिसमें भारत सहित अमेरिका को सी.टी.बी.टी. की अभिपुष्टि करने को कहा गया है तथा यह कहा गया है कि विश्व को परमाणु हथियारों से मुक्त करवाने के वैश्विक प्रयास इस संधि के प्रभाव में आये बिना निरर्थक हैं।

5.4 भारत की NFU नीति (India's NFU Policy)

यह परमाणु शक्ति द्वारा एक प्रतिज्ञा या नीति को संदर्भित करता है कि परमाणु हथियारों का उपयोग युद्ध के साधन के रूप में तब तक न करें जब तक कि पहले परमाणु हथियारों का उपयोग करके विरोधी द्वारा हमला न किया गया हो। इससे पहले यह अवधारणा केमिकल और बायोलॉजिकल हथियारों पर भी लागू की जा चुकी है।

भारत ने पहली बार 1998 में अपने दूसरे परमाणु परीक्षण पोखरण-2 के बाद 'कोई पहला उपयोग नहीं' (No First Use-NFU) नीति अपनाई थी। अगस्त 1999 में भारत सरकार ने सिद्धांत का मसौदा जारी किया, जिसमें दावा किया गया है कि परमाणु हथियार केवल प्रतिरोध के लिए हैं और भारत केवल प्रतिशोध की नीति को आगे बढ़ाएगा।

दस्तावेज में यह भी कहा गया है कि 'भारत परमाणु हमला करने वाला पहला देश नहीं होगा, लेकिन दंडात्मक प्रतिशोध के साथ प्रतिक्रिया देगा' और परमाणु हथियारों के उपयोग को अधिकृत करने के फैसले प्रधानमंत्री या उनके नामित उत्तराधिकारियों द्वारा किए जाएंगे।

नोटः भारत के रक्षा मंत्री ने परमाणु हथियारों के 'पहले इस्तेमाल नहीं' की नीति की संभावित समीक्षा के बारे में बड़े संकेत दिए हैं और कहा है कि यह भविष्य में परिस्थितियों पर निर्भर करेगा।

5.4.1 भारत को इस नीति को क्यों बनाए रखना चाहिए? (Why India Should Retain This Policy?)

- पहले उपयोग की नीति को अपनाने से नई दिल्ली को परमाणु दहलीज (threshold) को ऊँचा रखने में मदद मिलती है, क्योंकि विशेष रूप से पाकिस्तान 60 किमी रेंज के साथ सामरिक परमाणु हथियार, हत्फ-9 विकसित करके दहलीज (threshold) को कम करने की कोशिश कर रहा है।
- यह भी ध्यान दिया जाना चाहिए कि नई दिल्ली की सीमा केवल एक परमाणु हथियार वाले देश से नहीं है। चीन ने नो-फर्स्ट यूज पॉलिसी अपनाई और बीजिंग द्वारा अपने पहले इस्तेमाल के सिद्धांत को संशोधित करने के लिए कॉल करने के बावजूद ऐसा करने की संभावना नहीं है। इसलिए, यदि नई दिल्ली ने अपने पहले प्रयोग नहीं सिद्धांत को छोड़ दिया, तो यह बीजिंग को पहले हमला नीति अपनाने और भारत पर दोष मढने का मौका दे सकता है।
- वास्तव में, भारत की पहले हमला नीति को अपनाने से बीजिंग के लिए एक आसान बहाना होगा और वह संयुक्त राज्य अमेरिका और रूस के खिलाफ भी अपना पहले उपयोग नहीं के सिद्धांत को छोड़ देगा।
- इसके अलावा, भारत ने हमेशा खुद को एक जिम्मेदार परमाणु देश के रूप में प्रस्तुत किया है। इसलिए, पहले हमले की नीति एक जिम्मेदार परमाणु हथियार वाले देश के रूप में भारत की प्रतिष्ठा को गंभीर रूप से नुकसान पहुंचाएगी।
- बैलिस्टिक मिसाइल रक्षा प्रणाली के साथ मिलकर एक पहले हमला की नीति, पाकिस्तान को भारत के खिलाफ पहले परमाणु हमला शुरू करने के लिए उकसा सकती है।
- पहले प्रयोग नहीं सिद्धांत को अपनाकर, नई दिल्ली ने यह भी स्पष्ट कर दिया है कि परमाणु हथियार वास्तव में अंतिम उपाय के हथियार हैं। इस सिद्धांत का परित्याग करने से यह स्पष्ट हो जाएगा कि भारत संघर्ष के शुरुआती चरणों में परमाणु हथियारों के उपयोग के विकल्प पर विचार कर सकता है।

5.5 भारत की न्यूक्लियर डील तथा आण्विक कूटनीति (Nuclear Deals of India and Nuclear Diplomacy)

वैश्विक मंच तथा संधियों, जैसे-एन.एस.जी., सी.टी.बी.टी तथा एन.पी.टी. में भागीदार न बनने के कारण, भारत एक लम्बे समय से विश्व के आण्विक वाणिज्य का भाग नहीं रहा।

2008 में भारत-यू.एस. **सिविल न्यूक्लियर डील**, जिसे **123 समझौता** के नाम से भी जाना जाता है, को हस्ताक्षर करने के बाद भारत ने इस क्षेत्र में प्रवेश किया है। इस डील के तहत् भारत अपनी परमाणु क्षमता को मिलिट्री परमाणु क्षमता से अलग करके केवल सिविल परमाणु क्षमता तक सीमित रखेगा तथा अपनी परमाणु अनुसंधान अंतर्राष्ट्रीय परमाणु ऊर्जा एजेंसी के सुरक्षा निर्देशों के अधीन रखेगा। इसके बदले में अमेरिका की तरफ से भारत को सभी प्रकार का सिविल परमाणु सहयोग दिया जायेगा। तथापि, इस डील के कार्यान्वन ने तीन से भी अधिक वर्षों का समय ले लिया।

कई जटिल चरण, जैसे अमेरिकी घरेलू कानून में संशोधन, जैसे कि 1954 का परमाणु ऊर्जा अधिनियम, विशेष रूप से भारत में नागरिक-सैन्य परमाणु पृथक्करण योजना, भारत- IAEA सुरक्षा उपाय (निरीक्षण) समझौता, साथ ही NSG द्वारा भारत को विशेष छूट, निर्यात-नियंत्रण कार्टेल, जिसका गठन मुख्य रूप से 1974 में भारत द्वारा किए गए पहले परमाणु परीक्षण की प्रतिक्रिया में किया गया था, इस समझौते के तहत प्रमुख विकास घटनाक्रम थे।

5.5.1 भारत तथा विभिन्न देशों के मध्य हस्ताक्षर किये गये परमाणु ऊर्जा समझौते (Nuclear Energy Agreements Signed between India and Different Countries)

- **फ्रांस:** 30 सितंबर, 2008 को सिविल न्यूक्लियर समझौता हस्ताक्षर करने के बाद **फ्रांस भारत से परमाणु डील करने वाला पहला देश बन गया।** यह डील एन.एस.जी. द्वारा दी गई छूट के तुरंत बाद हुई। फ्रांस के राष्ट्रपति निकोलस सरकोजी ने दिसंबर 2010 में अपनी भारत यात्रा के दौरान जैतपुर परमाणु ऊर्जा परियोजना (JNPP) के लिए EPR (Extended Producer Responsibility) के कार्यान्वयन के लिए NPCIL और M/s AREVA के बीच सामान्य फ्रेमवर्क समझौते और प्रारंभिक कार्य समझौते पर हस्ताक्षर किए। M/s AREVA के पुनर्गठन के बाद, फ्रेंच यूटिलिटी EDF को JNPP की वार्ता और कार्यान्वयन के लिए प्रमुख एजेंसी के रूप में नामित किया गया था, इसलिए 22 मार्च 2016 को, EDF और NPCIL ने जैतपुर में 1650 मेगावाट की छह EPR इकाइयों के निर्माण के लिए एक संशोधित समझौता ज्ञापन पर हस्ताक्षर किए।
- **रूस** ने भारत को इसकी परमाणु पनडुब्बी के लिए एक परमाणु संयंत्र (Plant) को योजना निर्माण में सहायता दी। इस नए हस्ताक्षरित रिएक्टर्स के लिए ईंधन तैयारी तथा खर्च किये गये ईंधन के पुनर्प्रसंस्करण हेतु पूर्ण स्वतंत्रता देने की स्वीकृति प्रदान की गई। भारत व रूस के मध्य इस समझौते पर 2010 में हस्ताक्षर किया गया। इस समझौते के अनुसार भारत रूस से 12 न्यूक्लियर रिएक्टर्स को ग्रहण करेगा, जिनमें से एक कुडनकुलम (KKNPP) (जहां पहले से ही एक ऐसा रिएक्टर कार्यरत है) में कमीशन किया जायेगा तथा बाकी संयंत्रों की जगह निर्धारित की जानी है। KNPP इकाइयां 1 और 2 पहले ही चालू हो चुकी हैं और इकाई 3, 4, 5 और 6 का निर्माण कार्य चल रहा है।
- **भारत एवं मंगोलिया** ने 15 जून, 2009 को यूरेनियम आपूर्ति के संबंध में सिविल परमाणु समझौता हस्ताक्षर किया है।
- **भारत** ने 2 सितंबर, 2009 को **नामीबिया** से यूरेनियम आपूर्ति की अनुमति प्राप्ति हेतु एक सिविल परमाणु समझौते पर हस्ताक्षर किये हैं, जिससे अफ्रीकी राष्ट्रों से यूरेनियम प्राप्ति आसान हो सकेगी।
- **भारत व अर्जेंटीना** के बीच सहयोग तथा रणनीतिक भागीदारी हेतु सिविल न्यूक्लियर समझौते पर हस्ताक्षर किए गए हैं। दोनों देशों ने इस क्षेत्र में पारस्परिक लाभ हेतु वैज्ञानिक तकनीकी तथा लाभ सहभागिता को प्रोत्साहन देने हेतु इस दिशा में कदम बढ़ाने का निश्चय किया।
- **भारत व कनाडा** ने भी 28 जून, 2010 को एक सिविल परमाणु सहयोग समझौते पर हस्ताक्षर किये हैं, जिसमें भारत के बढ़ते परमाणु बाजार तक पहुंच तथा रिएक्टर्स के लिए ईंधन प्रस्तावित है। इसमें भारी जल परमाणु तकनीकी के प्रयोगकर्ता ही समाविष्ट हैं।
- **भारत व कजाखस्तान** के बीच परमाणु ऊर्जा के शांतिपूर्ण उपयोग हेतु एक समझौते पर हस्ताक्षर हुए हैं। यह अनुबंध ईंधन सप्लाई, परमाणु ऊर्जा प्लांट हेतु एक विधिक/वैधानिक ढांचे का निर्माण करता है। इसके अलावा, यूरेनियम की खोज व संयुक्त खनन, वैज्ञानिक एवं अनुसंधान मेटीरीयल के 'गिव-एण्ड-टेक सिस्टम' के साथ-साथ रिएक्टर्स सुरक्षा तंत्र तथा हेल्थकेयर क्षेत्र में रेडियेशन विशेषज्ञता को भी इस अनुबंध में शामिल किया गया है।
- **भारत व दक्षिण कोरिया** भी 25 जुलाई, 2011 को एक परमाणु समझौते के अंतर्गत सम्मिलित हुए, जिसके तहत् दक्षिण कोरिया को भारत में परमाणु ऊर्जा संयंत्र निर्माण तथा भारत की परमाणु प्रसार योजना में बोली लगाने (Bidding) हेतु शामिल किया गया।
- **भारत-अमेरिका** परमाणु गठबंधन को '123 समझौता' भी कहा जाता है।
- 2014 में, **भारत व ऑस्ट्रेलिया** के बीच हुए परमाणु समझौते के अधीन भारत को परमाणु निर्यात की अनुमति दी गई। ऑस्ट्रेलिया विश्व का तीसरा सबसे बड़ा यूरेनियम निर्माता देश है, अतः यह समझौता भारत में सार्वजनिक उपयोग हेतु शांति पूर्ण परमाणु ऊर्जा के उत्पादन को सक्षम बनाता है।
- **भारत व जापान** के मध्य 2015 में एक परमाणु डील पर हस्ताक्षर हुए, हालांकि इसमें उत्तरदायित्वों से संबंधित समस्याएं हैं।
- प्रथम नॉन-एन.पी.टी. देश के रूप में **भारत, जापान के साथ** परमाणु ऊर्जा के शांतिपूर्ण प्रयोग हेतु परमाणु डील करने वाला प्रथम देश है। यह मील का पत्थर साबित होने वाली डील जुलाई 2017 में संपन्न हुई, जिसके माध्यम से जापान अपनी न्यूक्लियर पॉवर प्लांट तकनीकी भारत को निर्यात कर सकेगा, साथ ही भारत में परमाणु ऊर्जा प्लांट के प्रबंधन के लिए वित्त भी उपलब्ध करवाएगा। इस डील के माध्यम से जापान भारत को परमाणु प्रबंधन में सहायता करने के साथ-साथ मेक-इन-इण्डिया कार्यक्रम के तहत् संयुक्त तत्वाधान में परमाणु संयंत्रों के उपकरणों के निर्माण प्रबंधन में भी सहायता देगा।
- **भारत तथा वियतनाम** ने दिसंबर 2016 में एक सिविल न्यूक्लियर डील पर हस्ताक्षर किये, जिसका उद्देश्य परमाणु ऊर्जा के क्षेत्र में परमाणु ऊर्जा का शांतिपूर्ण उपयोग तथा तकनीकी सहयोग को बढ़ावा देना है। न्यूक्लियर रिएक्टर के अनुसंधान क्षेत्र में भारत ने

वियतनाम के साथ चौदहवें (वियतनाम) देश के तौर पर हस्तांक्षर किये हैं। मेमोरेंडम ऑफ अण्डरस्टैडिंग में परमाणु ऊर्जा विभाग के GCNEP (ग्लोबल सेंटर फॉर न्यूक्लियर एनर्जी पार्टनरशिप) तथा वियतनाम एटामिक एनर्जी इंस्टीट्यूट के बीच सहयोग की मांग रखी गई है।

- भारत ने मार्च 2018 में **बांग्लादेश व रूस** के साथ सिविल परमाणु क्षेत्र में एक त्रिपक्षीय संधि पर हस्ताक्षर किये हैं। यह संधि भारत को विदेशी धरती पर भारतीय कंपनियों द्वारा परमाणु ऊर्जा परियोजना के निर्माण व स्थापना के लिए सक्षम बनाती है। तीनों पक्ष कार्मिक प्रशिक्षण, परामर्श व मेटीरीयल तथा औजार आपूर्ति (नॉन-क्रिटिकल श्रेणी) के क्षेत्र में बांग्लादेश के रोपुर (Roppur) परमाणु ऊर्जा संयंत्र परियोजना के निर्माण हेतु सहयोग करेंगे।

5.6 परमाणु दायित्व अधिनियम, 2010 (Nuclear Liability Act, 2010)

परमाणु दायित्व अधिनियम, 2010 को एक अन्य नाम **नागरिक दायित्व हेतु परमाणु क्षति अधिनियम, 2010** के रूप में भी जाना जाता है।

उद्देश्य *(Objectives)*

इस अधिनियम का मुख्य उद्देश्य परमाणु संयंत्र के संचालक के उत्तरदायित्व तय करना है। इस कानून के द्वारा दुर्घटना से प्रभावित लोगों को क्षतिपूर्ति या मुआवजा मिल सकेगा। इसके अंतर्गत क्षतिपूर्ति या मुआवजे के दावों के भुगतान के लिए परमाणु क्षति आयोग का गठन का प्रावधान है। साथ ही एक दावा आयुक्त (Claims Commissioner) की नियुक्ति की बात कही गयी है। दावा आयुक्तों के पास दीवानी अदालतों के समान अधिकार होंगे।

भारत एवं अमेरिका के मध्य 2008 में संपन्न असैन्य परमाणु समझौते को गति देने के लिए इस विधेयक का पास होना जरूरी था। यद्यपि भारत परमाणु अप्रसार संधि (Non Proliferation Treaty) का हिस्सा नहीं है, तथापि इसे बाकि दुनिया के साथ परमाणु व्यापार की अनुमति है। इस अधिनियम के पारित होने के पश्चात् भारत असैन्य परमाणु क्षेत्र में दायित्व पर अंतर्राष्ट्रीय सम्मेलन का सदस्य बन गया है।

1. इस अधिनियम के द्वारा दायित्व की अधिकतम राशि 500 करोड़ रुपये निर्धारित की गई है, जिसका संयंत्र संचालक को भुगतान करना होगा।
2. यदि क्षति 500 करोड़ से अधिक की होती है, तो केंद्र सरकार 30 करोड़ तक का भुगतान करने को बाध्य होगी।

5.6.1 अधिनियम की आवश्यकता (Necessity of this Act)

भारत सरकार की योजना परमाणु ऊर्जा से उत्पन्न विद्युत को 2020 तक 14,000 मेगावॉट तथा 2032 तक 27500 मेगावॉट एवं 2050 तक कुल उपयोग में लाई जाने वाली विद्युत ऊर्जा का 25% उत्पन्न करना है। इस अधिनियम के पारित हो जाने से इनकी जवाबदेही तय हो गई है।

5.6.2 आलोचना (Criticism)

- **भारतीय परमाणु ऊर्जा निगम लिमिटेड** (NPCIL) भारत सरकार के अधीन एक निकाय है, इसलिए किसी भी परमाणु क्षति के मामले में संयंत्र संचालक की तरफ से संपूर्ण मुआवजे का भुगतान केंद्र सरकार को करना पड़ेगा। इसके अंतर्गत परमाणु आपूर्तिकर्ताओं को परिवहन के दौरान होने वाली दुर्घटनाओं के लिए जवाबदेह नहीं ठहराया जा सकता।
- **प्रावधान की धारा 17(a) तथा (b)** के अनुसार सिर्फ संयंत्र संचालक ही निर्माता एवं आपूर्तिकर्ता पर मुकदमा दर्ज करा सकता है, पीड़ित नहीं।
- मुआवजे की राशि को लेकर विवाद था। पहले यह राशि अधिकतम ₹500 करोड़ थी, जिसे सरकार ने बढ़ाकर ₹1500 करोड़ कर दिया, हालांकि सरकार इस बात पर सहमत है कि समय-समय पर इसकी समीक्षा की जाएगी।
- दावा करने के लिए बहुत कम समय सीमा (10 वर्ष के भीतर), जो कोई दीर्घकालिक क्षति होने पर पर्याप्त नहीं है।
- **धारा 35** के अनुसार, दुर्घटना की स्थिति में संयंत्र संचालक या जिम्मेदार व्यक्ति को परमाणु क्षति दावा आयोग के तहत मुकदमे से गुजरना होगा। इसके अतिरिक्त किसी अन्य अदालत को यह अधिकार नहीं दिया गया है। देश के प्रत्येक क्षेत्र में एक दावा आयोग होगा, जिसके समक्ष मुकदमे चलाये जाएंगे, लेकिन अमेरिका में इसे सामान्य न्यायालय में ले जाया जाता है।
- ठीक इसके विपरीत, यूएस प्रतिपक्ष, एण्डरसन अधिनियम यूएस कोर्ट ने न्याय प्रणाली तथा आपराधिक प्रक्रिया को सक्षम बनाता है।
- **क्लॉज 46**-सप्लायर्स, घरेलू कोर्ट विधि के दायरे में आते हैं जिसके तहत् नागरिक उन्हें क्षतिपूर्ती भरण-पोषण हेतु न्यायालय में घसीट सकता है। धारा 45 धाराई उत्तरदायित्व हेतु स्वतत्वाधिकारी शक्ति प्रदान करता है।

संयुक्त राज्य की धारा 17 (b) तथा 46 के साथ हमेशा मुद्दा बना रहा है क्योंकि ये आपूर्तिकर्ता से क्षतिपूर्ति की मांग करते हैं। इससे यह भाव उजागर होता है कि उनसे हमेशा भार बना रहेगा। अंततः आपूर्तिकर्ता पर असीमित उत्तरदायित्व बना रहेगा।

5.6.3 आगे की राह हेतु सुझाव (Suggestions and Way Forward)

1. देश के भीतर एक **न्यूक्लियर बीमा पूल** की स्थापना किये जाने की आवश्यकता है, जो उत्पादित की जाने वाली ऊर्जा पर पांच पैसे प्रति यूनिट का सामान्य सरचार्ज लगाकर आण्विक दायित्व निधि का संचालन करे। यहां तक कि इस दर पर भी वर्तमान उत्पादन स्तर पर प्रतिवर्ष 200 करोड़ रुपये दिये जा सकते हैं।
2. रणनीतिक विकास में आगे की ओर बढ़ने के साथ-साथ, अविश्वास की वैधता को हटाया जाना जरूरी है। प्रतिपूर्ति अनुकंपा (क्षतिपूर्ति) के अभिसमय की अभिपुष्टि में सबसे पहली बात, जो भारत ने 2010 में हस्ताक्षर किए थे, उसकी अभिपुष्टि की बाद; भारत सरकार इसकी व्याख्या के पक्ष में अपना पक्ष रखने में सक्षम होगी। यह एन.पी.सी. आई.एल. को यू.एस. आपूर्तिकर्ता के साथ तकनीकी-आर्थिक वार्ता के लिए सक्षम बनाएगी, वहीं अन्य विदेशी वितरकों को भी इसी तरह का आश्वासन प्रदान करेगी।

5.7 यूरोप में न्यूक्लियर पॉवर का फेजिंग आऊट (Phasing Out of Nuclear Power in Europe)

न्यूक्लियर फेजिंग आऊट का अर्थ उस संदर्भ में लिया जाता है, जब परमाणु ऊर्जा उत्पादन के प्रयोग का त्याग कर दिया जाता है। यह अक्सर आण्विक शक्ति के संबंध में चिंताओं/आशंकाओं के चलते होता है, जिसमें न्यूक्लियर पॉवर प्लांट्स के बंद किये जाने जैसी घटनाएं शामिल होती हैं तथा पुनर्नवीकरण ऊर्जा तथा जीवाश्म ईंधन की ओर कदम बढ़ाना सम्मिलित है।

1979 का **थ्री माईल द्वीपीय आंशिक परमाणु रिसाव**, जो अमेरिका में हुआ; 1986 की यू.एस.एस.आर. की चिर्नोबल दुर्घटना तथा 2011 की जापान की **फुकुशिमा दुर्घटना** ने (तीनों) परमाणु ऊर्जा उत्पादन पर विराम लगाया है।

1980 में **स्वीडन फेज-आऊट** की दिशा में कदम बढ़ाने वाला पहला देश बना। इसके बाद इटली (1987), बेल्जियम (1999), जर्मनी (2000) ने इसका अनुसरण किया। ऑस्ट्रिया व स्पेन ने भी नये परमाणु ऊर्जा संयंत्र के निर्माण को प्रतिबंधित करने हेतु कानून बनाये हैं। अन्य यूरोपीय देशों में भी फेज-आऊट की बहस जारी है।

मार्च 2011 की फुकुशिमा दुर्घटना के चलते जर्मनी ने अपने 17 में से 8 रिएक्टर्स तुरंत बंद कर दिये तथा 2022 के अंत तक बाकियों को भी बन्द करने की घोषणा की। 2021 के अंत में, तीन को छोड़कर शेष सभी जर्मन परमाणु ऊर्जा संयंत्र बंद कर दिए गए। अक्टूबर 2022 में, चांसलर ने निर्णय लिया कि जर्मनी के तीन शेष परमाणु ऊर्जा रिएक्टर रूस से कम गैस आपूर्ति की भरपाई के लिए अप्रैल 2023 के मध्य तक काम करते रहेंगे।

इटली के निवासियों ने भी अपने देश को नॉन-न्यूक्लियर बनाने के लिए बहुत भारी मतदान किया। स्विट्जरलैण्ड तथा स्पेन ने भी रिएक्टर्स के निर्माण पर प्रतिबंध लगा दिया।

जून 2023 तक, दुनिया भर में 209 परमाणु रिएक्टर स्थायी रूप से बंद कर दिए गए थे। संयुक्त राज्य अमेरिका में 41 इकाइयों के साथ शटडाउन की सबसे बड़ी संख्या दर्ज की गई, इसके बाद 36 रिएक्टरों के साथ यूनाइटेड किंगडम का स्थान रहा; केवल एक रिएक्टर वाला पाकिस्तान इस सूची में सबसे कम वाला देश है। शटडाउन, एक सबक्रिटिकल रिएक्टर स्थिति को संदर्भित करता है जैसा कि तकनीकी विशिष्टताओं द्वारा परिभाषित किया गया है और रिएक्टर नियंत्रण कुंजी (reactor control key) को सुरक्षित करने जैसे अन्य कारकों की भी आवश्यकता होती है।

5.8 न्यू स्टार्ट संधि (New START Treaty)

न्यू स्टार्ट संधि, संयुक्त राज्य अमेरिका तथा रूसी संघ के मध्य भविष्य में रणनीतिक संहारक हथियारों को सीमित करने तथा घटाने को लेकर हुई थी।

इस संधि में ऑन-साईट निरीक्षण तथा प्रदर्शन हेतु सत्यापित करने के लिए कदम उठाये गये ताकि आण्विक हथियारों पर नियंत्रण रखा जा सके। इस संधि के अधीन, दोनों देश/राष्ट्र एक-दूसरे के सभी हथियार विनिमय डेटा को साझा करेंगे।

न्यू स्टार्ट संधि अगले दस वर्षों के लिए थी तथा भावी/अगले समझौते से बढ़ाई जा सकती थी। मास्को 2002 की संधि के हटते ही यह संधि प्रभाव में आ गई। यह संधि अमेरिका के किसी वर्तमान या योजना आधीन मिसाइल सुरक्षा प्रोग्राम के परीक्षण, विकास या तैनाती (बेड़े में शामिल करना) पर किसी प्रकार का प्रतिबंध नहीं लगाती।

MT से MW (मेगाटन से मेगावाट): इस प्रावधान में रूस, अमेरिका को परमाणु बम आधारित उच्च समृद्ध यूरेनियम (टनों के वजन में) उपलब्ध करवाएगा जिसका उपयोग अमेरिका विद्युत उत्पादन के लिए करेगा (वाट इकाई में)।

न्यू स्टार्ट समझौता

- इसे प्राग में 8 अप्रैल 2010 को हस्ताक्षरित किया गया था, और, अनुसमर्थन के बाद 5 फरवरी 2011 को लागू किया गया।
- इसने मास्को (सॉर्ट) संधि को प्रतिस्थापित कर दिया गया, जो दिसंबर 2012 में समाप्त हो रही थी।
- इसका नाम स्टार्ट I संधि का अनुवर्ती है, जो दिसंबर 2009 में समाप्त हो गई थी, प्रस्तावित स्टार्ट II संधि, कभी लागू नहीं हुई, और स्टार्ट III संधि, की बातचीत कभी अंतिम रूप नहीं ले पाई।

संधि की शर्तों के तहत

- सामरिक परमाणु मिसाइल लॉन्चर की संख्या आधी कर दी जाएगी।
- एक नई निरीक्षण और सत्यापन व्यवस्था स्थापित की जाएगी, जो सॉर्ट तंत्र की जगह लेगी।
- तैनात सामरिक परमाणु हथियार की संख्या 1,550 तक सीमित करना जो START संधि से लगभग 2/3 नीचे है।।
- तैनात और गैर-तैनात अंतरमहाद्वीपीय बैलिस्टिक मिसाइल (ICBM) लॉन्चर, पनडुब्बी से प्रक्षेपित बैलिस्टिक मिसाइल (एसएलबीएम) लॉन्चर और परमाणु आयुध के लिए लैस भारी बमवर्षक विमानों की संख्या 800 सीमित होगी।

5.9 परमाणु सुरक्षा सम्मेलन (Nuclear Security Summit)

2010 में अमेरिका के तत्कालीन राष्ट्रपति बराक ओबामा ने वॉशिंगटन में विश्व को परमाणु आतंकवाद से बचने/चेताने के लिए प्रथम परमाणु सुरक्षा सम्मेलन की मेजबानी की। इस सम्मेलन के आयोजन का उद्देश्य परमाणु पदार्थ को सुरक्षित करने से लेकर था, जिससे वैश्विक रूप से हम परमाणु आतंकवाद से बचाव कर सकें। यह सम्मेलन द्विवार्षिक कालक्रम में प्रत्येक दो वर्ष के अंतराल पर हो रहा है, कुल मिलाकर चार शिखर सम्मेलन हुए: 2010 में वाशिंगटन, डी.सी. में, 2012 में सियोल, दक्षिण कोरिया में, 2014 में हेग, नीदरलैंड में और 2016 में पुन: वाशिंगटन, डी.सी. में।

5.10 आण्विक सामग्री पर अंतर्राष्ट्रीय पैनल (International Panel on Fissile Material)

आण्विक सामग्री पर अंतर्राष्ट्रीय पैनल की स्थापना वर्ष 2006 में हुई। यह 18 राष्ट्रों के स्वतंत्र परमाणु विशेषज्ञों का समूह है। ये राष्ट्र निम्न है-ब्राजील, कनाडा, चीन, फ्रांस, जर्मनी, भारत, ईरान, जापान, नीदरलैण्ड, मैक्सिको, नॉर्वे, पाकिस्तान, दक्षिण कोरिया, रूस, दक्षिण अफ्रीका, स्वीडन, यूनाइटेड किंगडम तथा संयुक्त राज्य अमेरिका। इसका उद्देश्य तथा लक्ष्य

परमाणु आयुध की प्रमुख सामग्री, संवर्द्धित यूरेनियम तथा पृथक्कृत प्लुटोनियम को सुरक्षित करने व उनके भंडार में कमी लाने के अंतर्राष्ट्रीय पहल को बढ़ावा देना है, साथ ही उनके उत्पादन को सीमित करना है।

5.11 विश्व की प्रमुख परमाणु दुर्घटनाएं (स्तर 7, 6 एवं 5) [World's Major Nuclear Disasters (At Level 7, 6 and 5)]

1. **चर्नोबिल, यूक्रेन 1986-स्तर 7 (Chernobyl, Ukraine 1986–Level 7) : इतिहास में इसे दुनिया की सबसे घातक परमाणु आपदा के रूप में याद किया जाता है।** विश्व की दो प्रमुख परमाणु आपदा में से एक है, जिसे अंतर्राष्ट्रीय परमाणु आपदाओं स्केल स्तर 7 पर रखा गया है। इसमें करीब 5,00,000 से अधिक लोग प्रभावित हुए थे तथा 18 अरब रूबल से अधिक की क्षति हुई थी।
2. **फुकुशिमा, जापान 2011-स्तर 7:** 1986 की चर्नोबिल परमाणु दुर्घटना के बाद 2011 में हुई सबसे बड़ी विभीषिका **फुकुशिमा दाईची** परमाणु विभिषिका थी, जिसमें हादसों की एक शृंखला घटित हुई थी, परिणामस्वरूप यंत्र असफलता, परमाणु पिघलाव तथा रेडियोसक्रिय तत्वों का रिसाव हुआ था। अंतर्राष्ट्रीय परमाणु तथा रेडियो विज्ञान घटना स्केल (International Nuclear and Radiological Event Scale) पर 11 मार्च, 2011 को फुकुशिमा न्यूक्लियर पॉवर प्लांट में हुई विभिषिका (चर्नोबिल सहित) का स्तर 7 मापा गया।
3. **किस्टीम रूस 1957-स्तर 6 (Kyshtym, Russia 1957– Level 6):** 29 सितंबर, 1957 को **मयक (सोवियत संघ में एक परमाणु ईंधन पुनर्प्रसंस्करण संयंत्र)** में एक विकिरण प्रदूषण घटना घटित हुई, जिसे **किस्टीम नाभिकीय आपदा** के नाम से जाना जाता है। अंतर्राष्ट्रीय परमाणु आपदा स्केल पर इसे छठे स्तर पर रखा गया।
4. **विंडस्केल अग्नि (सेलाफिल्ड) यूनाइटेड किंगडम 1957- स्तर 5 (Windscale Fire (Sellafield), UK 1957– Level 5):** यह ब्रिटेन के इतिहास में सबसे घातक परमाणु हादसा है। अंतर्राष्ट्रीय परमाणु आपदा स्केल पर इसे पांचवें स्तर पर रखा गया था। दो स्तंभों वाले विंडस्केल प्रतिष्ठान के यूनिट-1 में आग लगने से बड़ी मात्रा में रेडियोसक्रिय संदूषण निकलने लगा, जिससे नजदीक का क्षेत्र बुरी तरह प्रभावित हुआ। इस घटना के कारण से कैंसर के 240 मरीजों की पहचान की गई। करीब एक महीने तक 500 वर्ग किलोमीटर के क्षेत्र में उत्पादित दूध को उपयोग के लायक न समझते हुए नष्ट कर दिया गया।
5. **थ्री माइल आईलैण्ड दुर्घटना, पेंसिल्वेनिया, अमेरिका 1979-स्तर 5 (Three Mile Island Accident, Pennsylvania USA 1979 - Level 5):** 28 मार्च, 1979 को दो नाभिकीय रिएक्टर फेल हो गए, जिसके कारण से रेडियोसक्रिय गैस एवं रेडियोसक्रिय आयोडीन वातावरण में फैल गए। इतिहास में इसे सबसे घातक व्यावसायिक परमाणु संयंत्र दुर्घटना माना जाता है। सौभाग्य से इसके कारण से एक भी कैंसर का मरीज नहीं पाया गया।
6. **गोयानिया दुर्घटना ब्राजील 1987-स्तर 5 (Goiania Accident, Brazil 1987– Level 5):** 13 सितंबर, 1987 को ब्राजील के गोयस (Goais) राज्य में रेडियोसक्रिय संदूषण की घटना देखने को मिली। उस समय शहर के सुनसान पड़े किसी हॉस्पिटल से रेडियोथैरेपी के स्रोत को चुरा लिया गया। यह अनेक हाथों से होकर गुजरा, जिसके कारण 4 लोगों को अपनी जान से हाथ धोने पड़े। इसकी वजह से 1,12,000 लोगों को रेडियोसक्रिय संदूषण परीक्षण से गुजरना पड़ा, जिसमें से 249 लोगों में रेडियोसक्रिय पदार्थ घातक मात्रा में पाया गया।

प्रश्न एवं उत्तर (Questions & Answers)

वस्तुनिष्ठ प्रश्न (Objective Questions)

1. भारत में, क्यों कुछ परमाणु रिएक्टर ''आई.ए.ई.ए. सुरक्षा उपायों'' के अधीन रखे जाते हैं। जबकि अन्य इस सुरक्षा के अधीन नहीं रखे जाते? *[UPSC (Pre) - 2020]*

(a) कुछ यूरेनियम का प्रयोग करते है और अन्य थोरियम का

(b) कुछ आयातित यूरेनियम का प्रयोग करते है और अन्य घरेलू आपूर्ति का

(c) कुछ विदेशी उद्यतों द्वारा संचालित होते है और अन्य घरेलू उद्यमों द्वारा

(d) कुछ सरकारी स्वामित्व वाले होते है और अन्य निजी स्वामित्व वाले

2. किसी राष्ट्र के 'न्यूक्लियर सप्लायर ग्रुप' के सदस्य बनने के/का क्या परिणाम हो सकते/सकता है/हैं? *[UPSC (Pre) - 2018]*

1. यह उसे नवीनतम तथा सर्वाधिक दक्ष आण्विक तकनीकी तक पहुंच करवायेगा।
2. इससे कोई राष्ट्र स्वत: ही एन.पी.टी. (*n* ट्रीटी ऑन द नॉन-प्रोलिजेरेशन ऑफ न्यूक्लियर वेपन्स) का सदस्य बना देगा।

उपरोक्त में से कौन-सा/से कथन सही है/हैं?

(a) केवल 1

(b) केवल 2

(c) 1 व 2 दोनों

(d) 1 और 2 में से कोई नहीं

3. अंतर्राष्ट्रीय आण्विक ऊर्जा एजेंसी (IAEA) के साथ 'अतिरिक्त प्रोटोकॉल' की अभिपुष्टि करने के भारतीय संदर्भ में इसके क्या प्रभाव होंगे? *[UPSC (Pre) - 2018]*

(a) सिविलियन न्यूक्लियर रिएक्टर्स IAEA सुरक्षा मानकों के अधीन आ जायेंगे।
(b) सैन्य आण्विक इंस्टालेशन IAEA की निरीक्षण परिधि में आ जायेंगे।
(c) भारत न्यूक्लियर सप्लायर ग्रुप से यूरेनियम खरीद सकेगा।
(d) राष्ट्र स्वत: ही एन.एस.जी. का सदस्य बन जायेगा।

4. निम्नलिखित कथनों पर विचार कीजिए: ***[UPSC (Pre) - 2017]***

1. परमाणु सुरक्षा शिखर-सम्मेलन, संयुक्त राष्ट्र के तत्वावधान में आवधिक रूप से किए जाते हैं।
2. विखण्डनीय सामग्रियों पर अंतर्राष्ट्रीय पैनल अंतर्राष्ट्रीय परमाणु ऊर्जा अभिकरण का एक अंग है।

उपरोक्त कथनों में से कौन-सा/कौन-से कथन सही है/हैं?

(a) केवल 1 (b) केवल 2
(c) 1 और 2 (d) न तो 1 और न ही 2

5. निम्नलिखित देशों पर विचार कीजिए: ***[UPSC (Pre) - 2015]***

(i) चीन (ii) फ्रांस
(iii) भारत (iv) इजरायल
(v) पाकिस्तान

न्यूक्लियर नॉन-प्रोलिफेरेशन ट्रीटी (NPT) के नाम से जानी जाने वाली परमाणु हथियार अप्रसार संधि द्वारा उपरोक्त में से किन राज्यों को आणिवक हथियार राज्य के तौर पर चिह्नित किया गया है?

कूट:

(a) (i) तथा (ii) (b) (i), (iii), (iv) तथा (v)
(c) (ii), (iv) तथा (v) (d) उपरोक्त सभी

6. ''न्यू स्टार्ट संधि'' (New START treaty) समाचारों में रही थी। यह संधि क्या है? ***[UPSC (Pre) - 2011]***

(a) यह संयुक्त राज्य अमेरिका तथा रूसी संघ के बीच नाभिकीय शस्त्रों पर कटौती करने की द्विपक्षीय सामरिक महत्व की संधि है।
(b) यह पूर्वी एशिया शीर्ष सम्मेलन के सदस्यों के बीच बहुपक्षीय ऊर्जा सुरक्षा सहयोग संधि है।
(c) यह रूसी संघ तथा यूरोपीय संघ के बीच ऊर्जा सुरक्षा सहयोग संधि है।
(d) यह ''ब्रिक्स'' (BRICS) देशों के बीच व्यापार को बढ़ावा देने के लिए की गई बहुपक्षीय सहयोग संधि है।

7. हाल में संयुक्त राज्य अमेरिका ने 'ऑस्ट्रेलिया समूह' तथा 'वासेनार व्यवस्था' के नाम से ज्ञात बहुपक्षीय निर्यात नियंत्रण व्यवस्थाओं में भारत को सदस्य बनाए जाने को समर्थन देने का निर्णय लिया है। इन दोनों व्यवस्थाओं के बीच क्या अंतर है? ***[UPSC (Pre) - 2011]***

1. 'ऑस्ट्रेलिया समूह' एक अनौपचारिक व्यवस्था है, जिसका लक्ष्य निर्यातक देशों द्वारा रासायनिक तथा जैविक हथियारों के प्रगुणन में सहायक होने के जोखिम को न्यूनीकृत करना है, जबकि 'वासेनार व्यवस्था' OECD के अंतर्गत गठित औपचारिक समूह है जिसके समान लक्ष्य हैं।
2. 'ऑस्ट्रेलिया समूह' के सहभागी मुख्यत: एशियाई, अफ्रीकी और उत्तरी अमेरिका के देश हैं, जबकि 'वासेनार व्यवस्था' के सहभागी मुख्यत: यूरोपीय संघ और अमेरिकी महाद्वीपों के देश हैं।

उपरोक्त कथनों में से कौन-सा/से कथन सही है/हैं?

(a) केवल 1 (b) केवल 2
(c) 1 और 2 (d) न तो 1 और न ही 2

उत्तरमाला (Answer Key)

1. (b) 2. (a) 3. (a) 4. (d) 5. (a) 6. (a) 7. (d)

अध्याय

6

अंतरिक्ष अनुसंधान हेतु विभिन्न संस्थागत व्यवस्थाएं तथा कक्षा व प्रक्षेपण स्थल की अवधारणा
(Various Institutional Setups for Space Research and Concept of Orbits and Launch Stations)

इस अध्याय में...

यदि उपग्रह का कक्षीय काल (Orbital Period) पृथ्वी के घूर्णन काल के बराबर हो तथा उपग्रह पृथ्वी के सतह से 35,863 किलोमीटर की ऊँचाई पर स्थित हो, जो पृथ्वी की भूमध्यीय रेखा (Equatorial) में 3075 मीटर/सेकेण्ड के कोणीय वेग (Angular) से घूर्णन करे तो इस कक्षा को भू-तुल्यकालिक कक्षा (Geosynchronous Orbit) कहते हैं।

इस कक्षा को 'भोर से शाम तक की कक्षा' (dawn-to-dusk orbit) भी कहा जाता है क्योंकि उपग्रह पृथ्वी की छाया का अनुसरण करता है।

उपग्रह के पृथ्वी के चारों ओर घूर्णन के कारण उत्पन्न अपकेंद्रीय बल (Centrifugal Force) गुरुत्व (Gravity) के खिंचाव को संतुलित (Balance) करता है और इसे अपनी कक्षा में बनाए रखता है।

6.1 अंतरिक्ष प्रौद्योगिकी (Space Technology)

यह एक प्रकार की प्रौद्योगिकी है, जिसका विकास अंतरिक्ष विज्ञान उद्योग (Space Science Industry) द्वारा किया गया। इसका विकास अंतरिक्ष उड़ान (space flight) के कार्यक्रम, उपग्रह (satellite) एवं अंतरिक्ष को जानने हेतु किया गया। इस प्रौद्योगिकी के तहत अंतरिक्ष यान, उपग्रह, अंतरिक्ष स्टेशन तथा अंतरिक्ष अनुसंधान में आवश्यक संरचना का विकास किया गया। अंतरिक्ष का वातावरण अक्रिय (inert/noble) होता है, इसलिए वहां अध्ययन के लिए विभिन्न प्रकार के नए उपकरण (tools) एवं प्रौद्योगिकी की आवश्यकता होती है। विभिन्न प्रकार के दैनिक जीवन (Daily life) से संबंधित कार्य, जैसे- दूरसंवेदी संवेदना (Remote Sensing Sense), उपग्रह आधारित दूरदर्शन (Satellite Based Television), वैश्विक स्थिति पद्धति/ग्लोबल पोजीशनिंग सिस्टम (Global Positioning System/GPS), मौसम का प्रसारण (Weather Broadcasting), लंबी दूरी संचार पद्धति (Long Distance Communication System) इत्यादि अंतरिक्ष संरचना (Space Structure) के अंतर्गत ही आते हैं। विज्ञान के अन्य क्षेत्र, जैसे- भूविज्ञान (Geology), खगोल विज्ञान (Astroscience) भी इस प्रौद्योगिकी के लाभ से वंचित नहीं रहे हैं। इसके साथ ही अंतरिक्ष तकनीकी आर्थिक प्रगति (Economical Progress) का एक प्रमुख कारण है। इसकी सहायता से देश की अर्थव्यवस्था को लाभ होता है।

6.2 भारतीय अंतरिक्ष अनुसंधान कार्यक्रम (Indian Space Research Programme - ISRP)

यह कार्यक्रम विक्रम साराभाई (Vikram Sarabhai) के विचारों के आधार पर प्रारंभ किया गया। इस कार्यक्रम का प्रमुख उद्देश्य विज्ञान एवं प्रौद्योगिकी क्षेत्र में आर्थिक लाभ पाना तथा इससे जुड़ी प्रौद्योगिकी का अधिक-से-अधिक विकास करना है।

इसके कुछ प्रमुख उद्देश्य इस प्रकार हैं:

- बाह्य अंतरिक्ष (Outer Space) का उपयोग शांतिपूर्ण (Peaceful) उद्देश्य की पूर्ति हेतु करना।
- अपने बल पर अंतरिक्ष विज्ञान में सफलता प्राप्त करना। भारतीय अंतरिक्ष अनुसंधान कार्यक्रम (Indian Space Research Programme) प्राथमिक रूप से उपग्रह का निर्माण, प्रक्षेपण यान का निर्माण तथा उपग्रहों का प्रक्षेपण करने का कार्य करता है।

6.3 संस्थागत व्यवस्था (Institutional Setup)

भारतीय राष्ट्रीय अंतरिक्ष अनुसंधान समिति (Indian National Space Research committee) की स्थापना **1962 ईस्वी** में **जवाहरलाल नेहरू** के द्वारा **विक्रम साराभाई** के नेतृत्व में की गई। भारतीय राष्ट्रीय अंतरिक्ष अनुसंधान समिति (Indian National Space Research Committee) के स्थान पर भारतीय अंतरिक्ष अनुसंधान संस्थान (Indian Space Research Organization /ISRO) की स्थापना हुई। इसका उद्देश्य अंतरिक्ष क्रियाओं में भारत को अग्रणी बनाना है। इसकी देखभाल अंतरिक्ष विभाग (Department of Science) द्वारा की जाती है, जो **प्रधानमंत्री** के अंतर्गत आता है।

अंतरिक्ष विभाग (Department of Space)

अंतरिक्ष विभाग भारत में अंतरिक्ष गतिविधियों के लिए एक विशेष ऐजेंसी है और इसमें विभिन्न विशेषताएं हैं। अंतरिक्ष अवसंरचना, अंतरिक्ष परिवहन प्रणालियां और अंतर्राष्ट्रीय स्तर पर इसमें बाहरी अंतरिक्ष गतिविधियों को भी शामिल किया गया है। विशेष रूप से उन्हें, जो बाहरी अंतरिक्ष के शांतिपूर्ण उपयोग संबंधी संयुक्त राष्ट्र समिति के अंतर्गत बनाई गई हैं और संधि एवं सिद्धांतों से संचालित होती हैं।

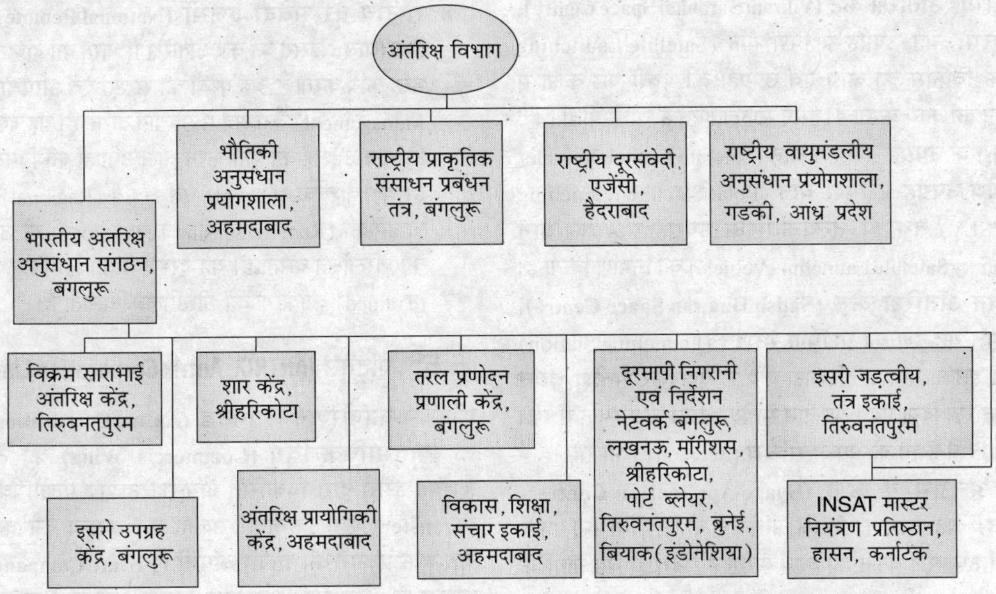

चित्र 6.1
अंतरिक्ष विभाग के अधीन विभिन्न संस्थान एवं संगठन

6.4 इसरो के महत्वपूर्ण एवं प्रमुख क्षेत्रीय केंद्र (ISRO and Its Prominent Regional Centres)

प्रमुख क्षेत्रीय केंद्रों की सहायता से इसरो (ISRO) अंतरिक्ष अनुसंधान में भारत की मुख्य भूमिका निभाता है। ये केंद्र नीचे दिए गए हैं:

1. **ISAC:** इसरो उपग्रह अनुप्रयोग केंद्र **(ISRO Satellite Application Centre),** बंगलुरू
2. **VSSC:** विक्रम साराभाई अंतरिक्ष केंद्र **(Vikram Sarabhai Space Centre),** तिरुवनंतपुरम
3. **SDSC:** सतीश धवन अंतरिक्ष केंद्र **(Satish Dhavan Space Centre),** श्रीहरिकोटा
4. **SAC:** अंतरिक्ष अनुप्रयोग केंद्र **(Space Application Centre),** अहमदाबाद
5. **LPSC:** द्रव संचालन पद्धति केंद्र **(Liquid Propulsion System Centre),** महेंद्रगिरि
6. **ISTRAC:** इसरो दूरमापी निगरानी एवं निर्देशन केंद्र **(ISRO Telemetry, Tracking and Command Network)**, बंगलुरु
7. **MCF:** प्रमुख नियंत्रण सुविधा **(Master Control Facility)** केंद्र, हासन (कर्नाटक), भोपाल (मध्य प्रदेश)
8. **NRSA:** राष्ट्रीय दूरसंवेदी संस्थान **(National Remote Sensing Agency),** हैदराबाद

1. **इसरो उपग्रह अनुप्रयोग केंद्र (ISRO Satellite Application Centre), बंगलुरु:** यह दूरसंवेदी (Remote Sensing) एवं भू-स्थैतिक उपग्रह (Geostationary Satellite) का डिजाइन एवं निर्माण का कार्य करता है।
2. **विक्रम साराभाई अंतरिक्ष केंद्र (Vikram Sarabhai Space Centre), तिरुवनंतपुरम:** यह उपग्रह प्रक्षेपण यान (Satellite Launching Vehicle) के विकास का कार्य एवं उपग्रहों को पृथ्वी की कक्षा में स्थापित करने का कार्य करता है। इसने सफलतापूर्वक चौथी पीढ़ी (4th Generation) के **उपग्रह प्रक्षेपण यान** (Satellite Launch Vehicle/ SLV), **ध्रुवीय उपग्रह प्रक्षेपण यान** (Polar Satellite Launching Vehicle /PSLV) तथा **भू-तुल्यकालिक उपग्रह प्रक्षेपण यान** (Geostationary Satellite Launching Vehicle) का निर्माण किया है।
3. **सतीश धवन अंतरिक्ष केंद्र (Satish Dhawan Space Centre), श्रीहरिकोटा:** यह देश का **प्रक्षेपण स्टेशन** (Launching Station) है। 2002 में इसका नाम श्रीहरिकोटा केंद्र से बदलकर **सतीश धवन अंतरिक्ष केंद्र** रख दिया गया। यह नाम **सतीश धवन** के सम्मान में रखा गया, जो 2005 में इसरो के सफल **सचिव** (Secretary) भी रहे।
4. **अंतरिक्ष अनुप्रयोग केंद्र (Space Application Centre), अहमदाबाद:** यह विभिन्न अंतरिक्ष अभियानों के लिए विभिन्न प्रकार के महत्वपूर्ण उपकरण बनाने का कार्य करता है, साथ ही यह नागरिक इस्तेमाल में उपयोग की जाने वाली अंतरिक्ष प्रौद्योगिकी के विकास पर भी कार्य करता है।
5. **द्रव संचालन पद्धति केंद्र (Liquid Propulsion System Centre), महेंद्रगिरि:** यह भू-स्थैतिक उपग्रहों (Geostationary Satellite) एवं आईआरएस (IRS) कार्यक्रमों में इस्तेमाल की जाने वाली **द्रव पद्धति प्रणोदकों** (Liquid Propallent System) का विकास करने का कार्य करता है। साथ ही यह **केंद्र एकल द्रव पद्धति** (Mono Liquid System), अभियांत्रिकी पद्धति (Engineering System) एवं अंतरिक्ष यान (Spacecraft) के लिए द्रव टैंक (Liquid Tank) बनाने का भी कार्य करता है। **भारत ने अपना क्रायोजनिक इंजन (Cryogenic Engine) इसी केंद्र में विकसित किया।**
6. **इसरो दूरमापी, निगरानी एवं निर्देशन नेटवर्क (ISRO Telemetry, Tracking and Command Network), बंगलुरु** इसरो का यह केंद्र विभिन्न अंतरिक्ष अभियान को अंजाम देने का कार्य करता है। इसके प्रमुख कार्य **अंतरिक्ष यान का नियंत्रण, TTC सपोर्ट सर्विस** इत्यादि है। इसरो का यह केंद्र निम्न पृथ्वी कक्षा (Low Earth Orbit/LEO) में उपग्रह के प्रक्षेपण के लिए भी जिम्मेदार है। यह इसरो के साथ ही साथ विश्व की अन्य अंतरिक्ष एजेंसियों के उपग्रह भी प्रक्षेपित करता है। इसरो के इस केंद्र का एक अन्य प्रमुख कार्य वातावरण की देखभाल हेतु उपयोग किए जाने वाले कार्यक्रम (Application) **पथ प्रदर्शन उपग्रह** (Navigation Satellite) एवं अन्य प्रकार के राडार (RADAR) का विकास करना भी है।
7. **मास्टर कंट्रोल फैसिलिटी (Master Control Facility) हासन (कर्नाटक) एवं भोपाल (मध्य प्रदेश):** इसरो के ये केंद्र इसरो के **भू-स्थैतिक उपग्रहों** (Geostationary Satellite) की रखवाली एवं नियंत्रण का कार्य करते हैं, ये किसी उपग्रह के प्रारंभिक चरण (Initial Phase) की निगरानी करने हेतु भी जिम्मेदार हैं। साथ ही ये इन उपग्रहों के पेलोड (Payload) का परीक्षण भी करते हैं।
8. **राष्ट्रीय दूर संवेदी एजेंसी (National Remote Sensing Agency) हैदराबाद:** इसरो का केंद्र अंतरिक्ष में भारत की दृष्टि/आंख (Vision) की तरह कार्य करता है, यह पृथ्वी की **सुरक्षा** एवं **आपदा प्रबंधन** (Disaster Management) जैसे क्षेत्र में सहयोग करता है। यह देश के विभिन्न क्षेत्रों में विभिन्न उद्देश्यों की पूर्ति करने वाले उपग्रहों की निगरानी का कार्य करता है। यह वैश्विक (Global) एवं क्षेत्रीय (Regional) कार्य हेतु दूरसंवेदी प्रौद्योगिकी (Remote Sensing Technology) के उपयोग की संभावना को परिलक्षित करता है। यह दूरसंवेदी कार्यक्रम हेतु आवश्यक प्रशिक्षित (Trained) व्यक्तियों को भी उपलब्ध कराता है।

6.5 एंट्रिक्स (ANTRIX: Antrix Corporation Limited)

एंट्रिक्स कॉर्पोरेशन लिमिटेड (Antrix Corporation Limited) इसरो के व्यावसायिक विंग (Commercial Wing) की तरह कार्य करता है। यह इसरो द्वारा विकसित अंतरिक्ष उत्पाद प्रौद्योगिकी का स्थानांतरण (Transfer) एवं तकनीकी सलाह को बढ़ावा देने का कार्य करता है। **यह एक प्रकार की निजी कंपनी (Private Company) की तरह कार्य करता है, जिसकी स्थापना भारत सरकार द्वारा सितंबर 1992 में की गई थी।** एंट्रिक्स विश्वभर के अंतर्राष्ट्रीय ग्राहकों को अंतरिक्ष

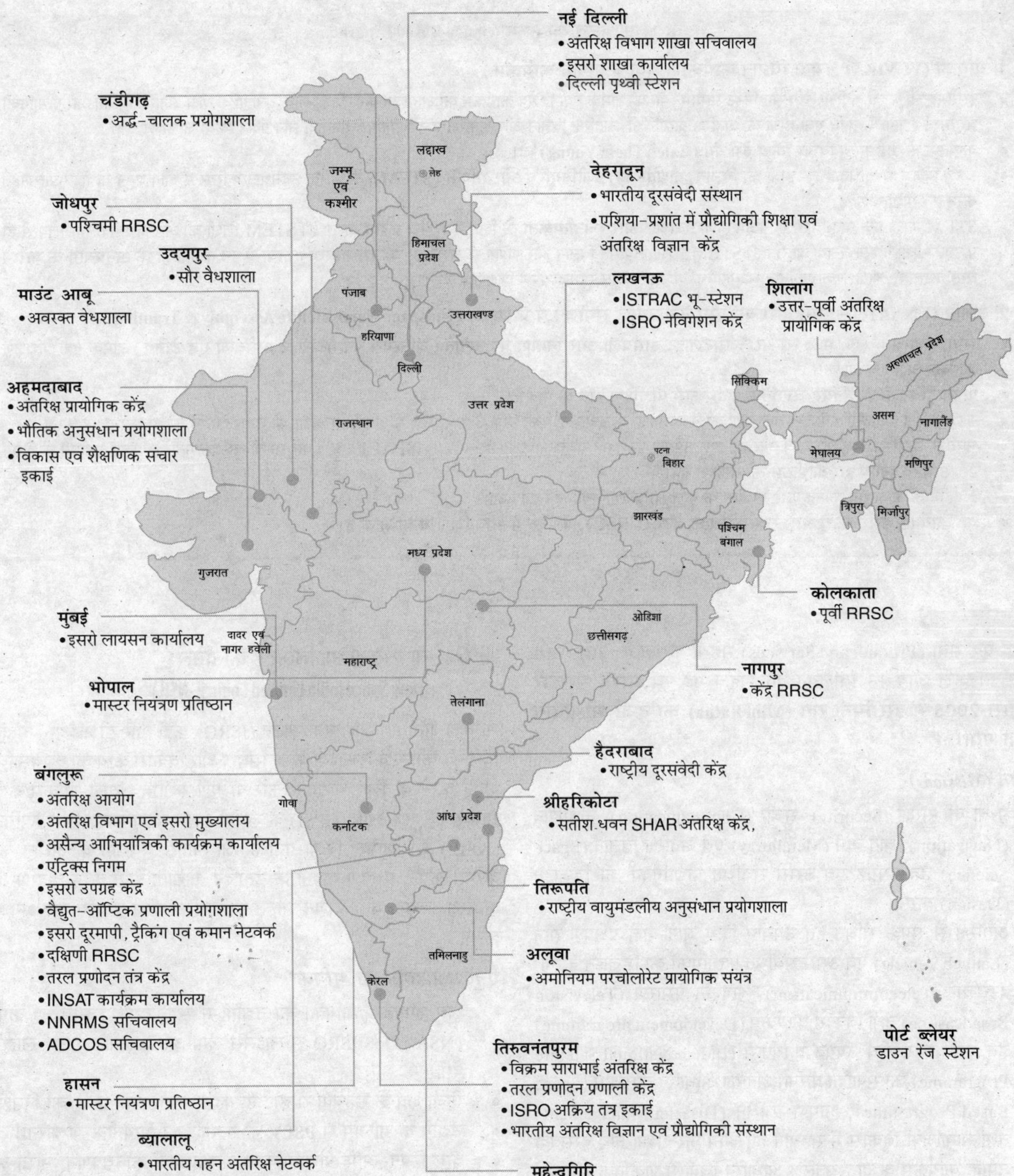

चित्र 6.2
अंतरिक्ष विभाग के विभिन्न केंद्र

अंतरिक्ष आधारित कार्यक्रम (Space-Based Programme)

1. युविका (YUVIKA) – युवा विज्ञान कार्यक्रम (युवा वैज्ञानिक कार्यक्रम)

- इसरो स्कूली बच्चों के लिए '**यंग साइंटिस्ट प्रोग्राम**' युविका नामक एक विशेष कार्यक्रम का आयोजन कर रहा है, ताकि युवाओं के बीच अंतरिक्ष विज्ञान और प्रौद्योगिकी में उभरते रुझानों के तहत युवा छात्रों को अंतरिक्ष प्रौद्योगिकी, अंतरिक्ष विज्ञान और अंतरिक्ष अनुप्रयोगों पर बुनियादी ज्ञान प्रदान किया जा सके।
- कार्यक्रम के पीछे मुख्य विचार '**कैच देम यंग (Catch Them Young)**' है।
- इस कार्यक्रम से अधिकाधिक छात्रों को **विज्ञान, प्रौद्योगिकी, इंजीनियरिंग और गणित (STEM)**-आधारित अनुसंधान/करियर में आगे बढ़ने के लिए प्रोत्साहित करने की भी प्रत्याशा है।
- STEM शिक्षा एक अंत:विषय कार्यक्रम है जो **नवाचार और रचनात्मकता के लिए एक मंच प्रदान करता है**। STEM शिक्षा को अब प्राथमिक विद्यालय से ही पाठ्यक्रम का हिस्सा बनाया जा रहा है। STEM शिक्षा नियमित विज्ञान और गणित से अलग है। **यह वास्तविक दुनिया में इन तकनीकों के अनुप्रयोग के बारे में बात करता है**, यानी, एक एकीकृत व्यावहारिक दृष्टिकोण और सामंजस्यपूर्ण शिक्षण तकनीक।

2. उन्नति (UNNATI) - इसरो द्वारा यूनिस्पेस नैनो उपग्रह संयोजन व प्रशिक्षण (Unispace Nanosatellite Assembly & Training)

- इसरो, अंतरिक्ष विभाग, भारत सरकार **नैनोसैटेलाइट असेंबली और निर्माण पर उन्नति (यूनिस्पेस नैनोसैटेलाइट असेंबली एंड ट्रेनिंग)** नामक एक प्रशिक्षण कार्यक्रम ऑफर करता है।
- **पात्रता: विदेशी इंजीनियर/वैज्ञानिक/अधिकारी प्रशिक्षित होने के पात्र हैं।**
- यह प्रशिक्षण कार्यक्रम भाग लेने वाले देशों को नैनो उपग्रहों के संयोजन, एकीकरण और परीक्षण में अपनी क्षमताओं को मजबूत करने का अवसर प्रदान करता है।
- भारत ने बाहरी अंतरिक्ष की खोज और शांतिपूर्ण उपयोग पर पहले संयुक्त राष्ट्र सम्मेलन (UNISPACE+50) की 50 वीं वर्षगांठ मनाने के लिए संगोष्ठी के दौरान **2018 में वियना में इस कार्यक्रम की घोषणा की।**
- 2 महीने के आवासीय कार्यक्रम से 33 देशों के कुल 60 प्रतिभागियों को लाभ हुआ।
- **यह कार्यक्रम इसरो के यू.आर. राव सैटेलाइट सेंटर (URSC), बेंगलुरु में आयोजित किया जाता है।**

उत्पाद एवं सेवा (Product and Services) मुहैया कराता है। 2013-14 में इसकी कुल आय 13 बिलियन तक पहुंच गई एवं **भारत सरकार के द्वारा 2008 में इसे मिनी रत्न (Mini Ratna) का दर्जा भी प्रदान किया गया।**

मिशन (Missions)

- पृथ्वी की सुरक्षा (Security), संचार (Communication), नेविगेशन (Navigation), धातु कर्म (Metallurgy) एवं अंतरिक्ष विज्ञान (Space Science) हेतु उपग्रह एवं उससे संबंधित प्रौद्योगिकी को डिजाइन (Design) करना।
- अंतरिक्ष से संपर्क साधने हेतु उपयोग किए जाने वाले प्रक्षेपण यान (Launch Vehicle) एवं उससे संबंधित प्रौद्योगिकी को डिजाइन करना।
- दूरसंचार (Telecommunication), दूरदर्शन प्रसारण (Television Broadcasting) तथा विकास कार्यक्रम (Development programme) हेतु भारतीय राष्ट्रीय उपग्रह कार्यक्रम (Indian National Satellite Programme) को संपादित करना। अंतरिक्ष आधारित कार्यक्रम (Space Based Programme), आपदा प्रबंधन (Disaster Management) तथा सामाजिक विकास में सहयोग हेतु कार्य करना। भारतीय दूरसंवेदी उपग्रह कार्यक्रम के द्वारा अंतरिक्ष आधारित चित्रों से प्राकृतिक संसाधनों (Natural Resourses) एवं पर्यावरण की देखभाल एवं निगरानी करना।
- अंतरिक्ष विज्ञान के रहस्य (Mystery) को उजागर करने हेतु अनुसंधान एवं विकास कार्य करना।

6.6 न्यू स्पेस इंडिया लिमिटेड काउंसिल (New Space India Limited Council -NSIL)

भारतीय अंतरिक्ष अनुसंधान संगठन (ISRO) केंद्रों और डीआईओ (अंतरिक्ष विभाग) की घटक इकाईयों के अनुसंधान और विकास कार्य का व्यावसायिक दोहन करने के लिए भारत सरकार के पूर्ण स्वामित्व वाले उपक्रम/केंद्रीय सार्वजनिक क्षेत्र उद्यम (CPSI) के रूप में 2019 में न्यू स्पेस इंडिया लिमिटेड (NSIL) को शामिल किया गया है, जो अंतरिक्ष विभाग के अधीन कार्य करेगी। कंपनी प्रक्षेपण वाहनों के उत्पादन, प्रौद्योगिकियों के हस्तांतरण और अंतरिक्ष उत्पादों के विपणन सहित विभिन्न अंतरिक्ष उत्पादों की अगुआई करेगी ।

एनएसआईएल की भूमिका

- लघु उपग्रह प्रौद्योगिकी का उद्योगों में स्थानांतरण, जिसमें नई कंपनी (NSIL) DoS/ISRO से लाइसेंस लेगी और उद्योगों को उप-लाइसेंस देगी।
- निजी क्षेत्र के सहयोग से छोटे उपग्रह प्रक्षेपण यान (SLV) का निर्माण।
- उद्योग के माध्यम से PSLV के उत्पादों का आयनीकरण करना।
- कुछ स्पिन-ऑफ प्रौद्योगिकियों और उत्पादों का विपणन, भारत और विदेश दोनों क्षेत्रों में करना और इसके साथ किसी भी अन्य विषय पर कार्य करना, जो भारत सरकार के अनुसार है।
- प्रक्षेपण और अनुप्रयोगों सहित अंतरिक्ष आधारित उत्पादों और सेवाओं के उत्पाद का आयनीकरण और विपणन।

एनएसआईएल एंट्रिक्स से कैसे अलग है?

- इसरो के पास पहले से ही एक व्यावसायीकरण शाखा एंट्रिक्स कॉर्पोरेशन लिमिटेड है।
- यह विदेशी बाजारों को देखता है। लेकिन जैसे-जैसे इसरो की क्षमताओं का विस्तार होता है और उद्योगों के साथ सहयोग बढ़ता है, वैसे-वैसे व्यावसायीकरण गतिविधियों का भी विस्तार करना पड़ता है।
- इसरो के अनुसंधान, उत्पादों और सेवाओं को अंतरिक्ष प्रौद्योगिकी में बदलने के लिए मई 2019 में NSIL को शुरू किया गया था। एंट्रिक्स विदेशी बाजारों पर केंद्रित है, लेकिन एनएसआईएल घरेलू बाजार पर ध्यान केंद्रित करेगा। घरेलू क्षेत्र में, पृथ्वी अवलोकन, संचार और नेविगेशन क्षेत्र में भारी मांग है।
- एंट्रिक्स उपग्रहों के लिए इसरो के वाणिज्यिक सौदों को संभालेगा और विदेशी ग्राहकों के साथ वाहन लॉन्च करेगा, जबकि एनएसआईएल अंतरिक्ष निर्माण के लिए स्थानीय उद्योग की क्षमता निर्माण को संभालेगा।

6.7 विभिन्न प्रकार की उपग्रह कक्षाएं (Different Types of Satellite Orbits)

विभिन्न प्रकार की उपग्रह कक्षाएं निम्नलिखित हैं (**तालिका 6.1** देखें):

- पृथ्वी के चारों ओर उपग्रह विभिन्न कक्षाओं में हो सकते हैं।
- ऐसे उपग्रह, जो पृथ्वी की भूमध्य रेखा (equator) के ठीक ऊपर हो, भूमध्यरेखीय कक्षा (Equatorial Orbit) में स्थित कहलाते हैं।
- पृथ्वी की वह कक्षा जो पृथ्वी के दोनों ध्रुवों (Poles) के ऊपर हो, ध्रुवीय कक्षा (Polar Orbit) कहलाती है। अन्य कक्षा को नत/झुकी हुई कक्षा (Inclined Orbit) कहते हैं। ये कक्षाएं वृत्ताकार या दीर्घवृत्तीय (Circular or Elliptical) किसी भी आकार की हो सकती हैं।
- संचार उपग्रह की ऊँचाई भूस्थैतिक कक्षा (GEO), मध्यम पृथ्वी कक्षा (MEO) या निम्न पृथ्वी कक्षा (LEO) हो सकती है। **(इन्फोग्राफिक देखें - पृथ्वी की कक्षाओं के प्रकार तथा कक्षाओं के प्रकार)**

तालिका 6.1 विभिन्न प्रकार की कक्षाएं और पृथ्वी सतह से उनकी दूरी (Different Types of Orbits and their Distance from Earth)

कक्षा (Orbit)	ऊँचाई (Altitude)
1. निम्न पृथ्वी कक्षा (Low Earth Orbit)	50-1, 500 किलोमीटर (पृथ्वी की सतह से 2,000 किलोमीटर तक की दूरी को भी निम्न पृथ्वी कक्षा माना जाता है)
2. मध्यम पृथ्वी कक्षा (Medium Earth Orbit)	5,000-12,000 किलोमीटर (जीपीएस की स्थिति में 20,000 किलोमीटर)
3. भूस्थैतिक कक्षा (Geostationary Earth Orbit)	35,786 किलोमीटर
4. उच्च पृथ्वी कक्षा (High Earth Orbit)	35,786 किलोमीटर से ऊपर

6.7.1 निम्न पृथ्वी कक्षा (Low Earth Orbit/LEO)

- **निम्न पृथ्वी कक्षा** (LEO) की ऊँचाई **50-1500 किलोमीटर** के बीच हो सकती है। इसकी **कक्षीय अवधि 95-120** मिनट तक होती है।
- निम्न पृथ्वी कक्षा (LEO) में स्थित उपग्रह का संपर्क पृथ्वी के लगभग सभी हिस्सों से होता है, अतः यह संचार हेतु अच्छे लिंक (Links) प्रदान करता है।
- पृथ्वीं के किसी निश्चित बिंदु से निम्न पृथ्वी कक्षा (LEO) में स्थित उपग्रह अधिकतम 20 मिनट तक देखे जा सकते हैं। इसे पुनः **निम्न बैंडविड्थ** (प्रायः 100 bits/sec), **बड़े बैंडविड्थ** (प्रायः 1 Kbps) एवं **ब्रॉडबैंड** (प्रायः 2 Mbps) की (निचली) निम्न पृथ्वी कक्षाओं में बांटा गया है।

निम्न पृथ्वी कक्षा के लाभ (Advantages of Low Earth Orbit/LEO)

- **वैश्विक कवरेज** (Global Coverage) प्रदान करता है व वर्णपट्ट (Spectrum) का कुशल उपयोग करने में सहायक होता है।
- लोअर पाथ लॉस के कारण, छोटे टर्मिनलों का उपयोग संभव हो जाता है।
- यह सूचनाएं प्रदान करने में **काफी कम समय** (10 ms) लेता है।

निम्न पृथ्वी कक्षा के दोष (Disadvantages of Low Earth Orbit/LEO)

- पृथ्वी एवं उपग्रह की कक्षीय अवधि में सामंजस्य (Co-Ordination) में कमी के कारण यह **डॉप्लर प्रभाव** (Doppler Effect) का कारण बन सकता है।
- पूर्ण कवरेज (Whole Coverage) पाने हेतु इसे काफी संख्या में उपग्रहों की आवश्यकता होती है।
- कॉल के दौरान हस्तानांतरण (Disturbance) की समस्या बनी रहती है।
- निम्न जीवन काल के कारण असफल उपग्रहों (Failed Satellite) को निरंतर बदलने की आवश्यकता पड़ती है।

6.7.2 मध्यम पृथ्वी कक्षा (Medium Earth Orbit/MEO)

- मध्यम पृथ्वी कक्षा (MEO) निम्न पृथ्वी कक्षा (LEO) तथा भू-स्थैतिक कक्षा (GEO) के मध्य अवस्थित होती है। इसकी ऊँचाई 5000-12000 किलोमीटर तक होती है। यह भूमध्यीय रेखा (Equatorial) के झुकाव (Inclined) पर स्थित होती है। अब तक इस कक्षा में बहुत ही कम उपग्रह प्रक्षेपित किए गए हैं, परंतु आने वाले समय में इस कक्षा में भी उपग्रहों को प्रक्षेपित किए जाने की संभावना है।
- मध्यम पृथ्वी कक्षा उपग्रह का कक्षीय काल (Orbital Period) लगभग 6 घंटे का होता है। इस कक्षा में अवस्थित उपग्रह को पृथ्वी के निश्चित बिंदु से 60-100 मिनट तक देखा जा सकता है।

मध्यम पृथ्वी कक्षा के लाभ (Advantages of Medium Earth Orbit/MEO)

- यह कक्षा वास्तविक वैश्विक कवरेज (Real Global Coverage) प्रदान कर सकती है।

पृथ्वी की कक्षाओं के प्रकार

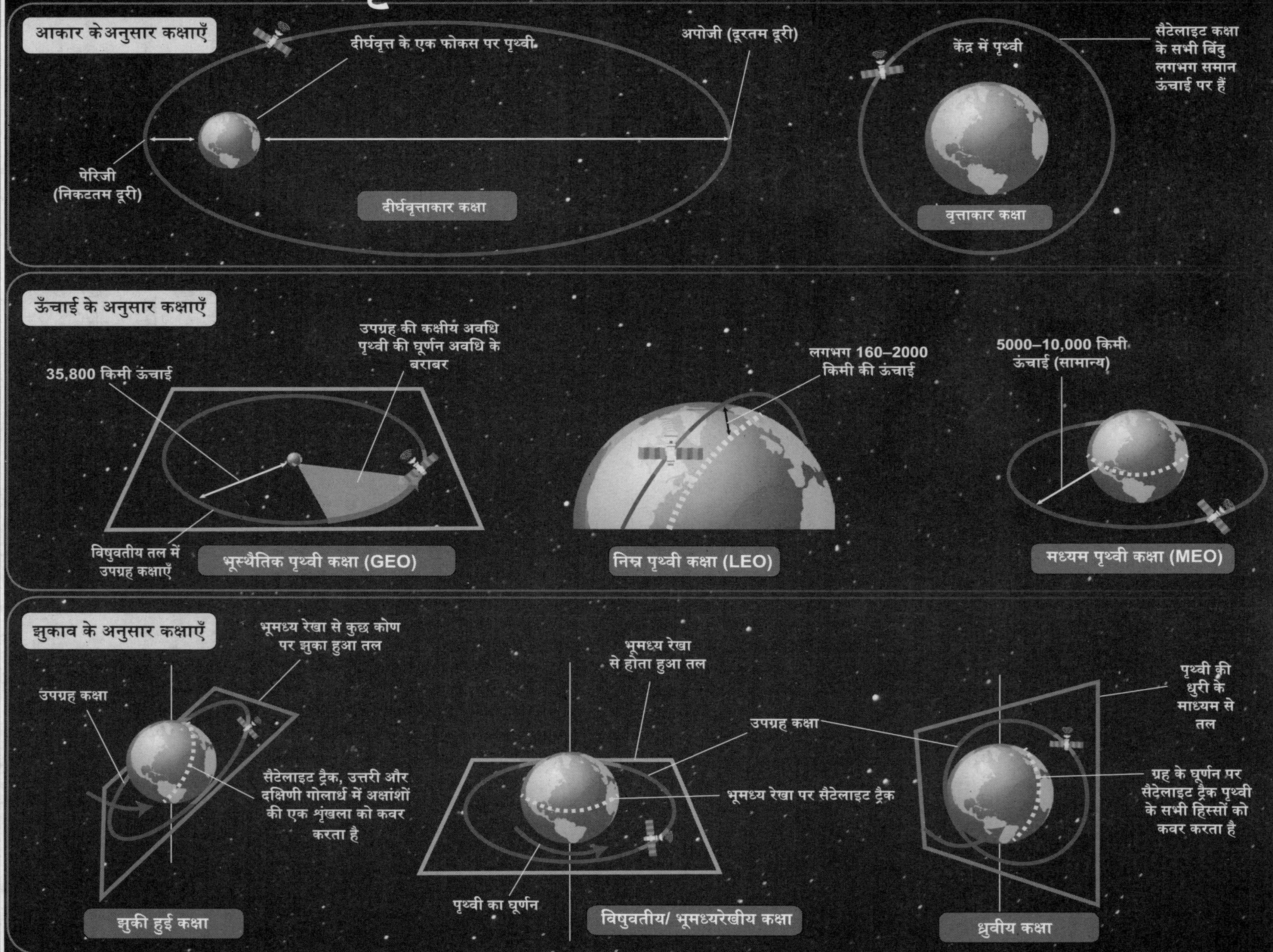

कक्षाओं के प्रकार

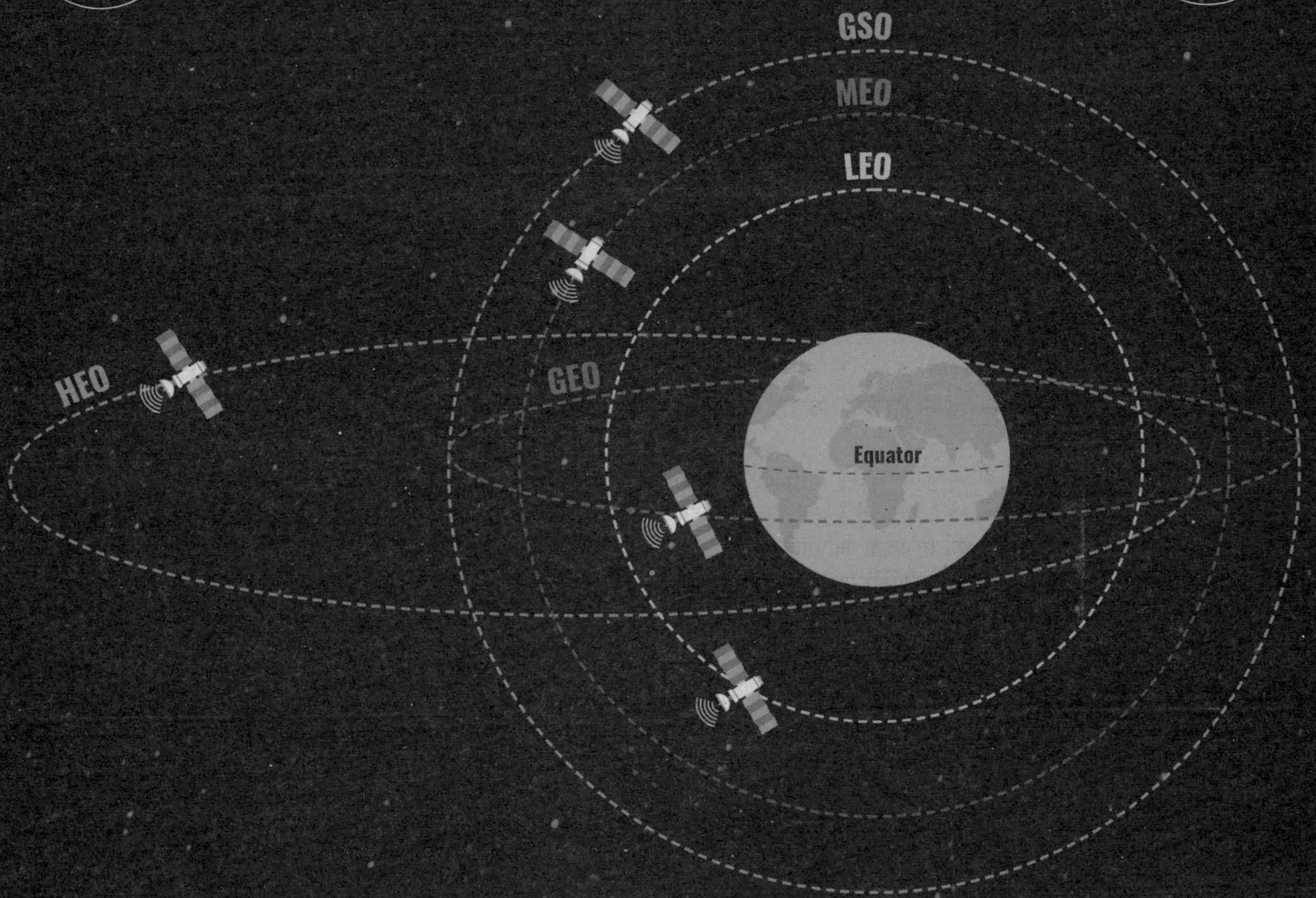

LEO
(निम्न पृथ्वी कक्षा)

- ऊँचाई: 50-2000 km
- Speed: 8 km/sec
- कक्षीय अवधि~ 90 mins

उदाहरण

- ग्लोबल स्टार-48 उपग्रह
- वॉयस एंड डेट सर्विस

MEO
(मध्यम पृथ्वी कक्षा)

- ऊँचाई: 5,000-20,000 km
- Speed: 3-8 km/sec
- कक्षीय अवधि~ 2-24 hours

उदाहरण

- GPS (ग्लोबल पोजिशनिंग सिस्टम)- 24 उपग्रह

GEO
(भूस्थैतिक पृथ्वी कक्षा)
(भूमध्य रेखा पर)

- ऊँचाई: 35,786 km
- गति: 3 km/sec
- कक्षीय अवधि~ 24 hours

उदाहरण

- संचार उपग्रह, प्रसारण/ ब्रॉडकास्ट उपग्रह

GSO
(भू तुल्यकालिक पृथ्वी कक्षा)
(कोई भी नत स्थिति)

- ऊँचाई: 35,786 km
- गति: 3 km/sec
- कक्षीय अवधि~ 24 hours

उदाहरण

- SBAS (सैटेलाइट बेस्ड ऑग्मेंटेशन सिस्टम)
- मौसम उपग्रह

HEO
(अत्यधिक दीर्घवृत्ताकार कक्षा)

- अपोजी ऊँचाई: 40,000 km
- पेरिज़ी ऊँचाई: 1000 km
- गति: 1.5-10 km/sec
- कक्षीय अवधि~ 12 hours

उदाहरण

- संचार
- सुदूर संवेदन

- इसमें समय के छोटे अंतराल का कोई खास प्रभाव नहीं पड़ता है क्योंकि यह कम दूरी के कारण अपने मार्ग से बहुत ही कम विचलित (deviate) होती है।
- यह सूचनाएं प्रदान करने में मध्यम समय (80 ms) लेती है।
- इस कक्षा में अवस्थित उपग्रह बड़े क्षेत्र को ढकने/निगरानी (Cover) में सक्षम हैं, अत: इसमें कम संख्या में उपग्रहों की आवश्यकता होती है।
- यह बड़े क्षेत्र को ढकने/कवरेज करने में सक्षम है, अत: एक उपग्रह को दूसरे उपग्रह के स्थान पर स्थानांतरित (Transfer) करने की आवश्यकता कम होती है।

मध्यम पृथ्वी कक्षा के दोष
(Disadvantages of Medium Earth Orbit)

- इसे सम्पूर्ण कवरेज (Whole Coverage) हेतु बड़ी संख्या में उपग्रहों की आवश्यकता होती है।
- इसमें भी पृथ्वी तथा उपग्रह की कक्षीय अवधि (Orbital Period) में सामंजस्यता (Co-ordination) की कमी के कारण डॉप्लर प्रभाव (Doppler Effect) के उत्पन्न होने की सम्भावना बनी रहती है।
- पूर्णत: असरदार (Effective) तरीके से उपयोग करने हेतु लम्बे समय की आवश्यकता होती है।
- विफल उपग्रहों को उनके लघु जीवनकाल और बड़ी संख्या के कारण नियमित रूप से बदलने की आवश्यकता होती है।
- निगरानी/देखने के लिए मध्यम समय मिलने के कारण कॉल में व्यवधान (Disturbance) की सम्भावना (Probability) बनी रहती है।

6.7.3 भू-स्थैतिक पृथ्वी कक्षा (Geostationary Earth Orbit - GEO)

- भू-स्थैतिक पृथ्वी कक्षा (Geostationary Orbit) के उपग्रह संचार उपग्रह के रूप में सर्वाधिक लोकप्रिय हैं।
- यदि उपग्रह का कक्षीय काल (Orbital Period) पृथ्वी के घूर्णन काल के बराबर हो तथा उपग्रह पृथ्वी के सतह से **35,863 किलोमीटर** की ऊँचाई पर स्थित हो, जो पृथ्वी की भूमध्यीय रेखा (Equatorial) में 3075 मीटर/सेकेण्ड के कोणीय वेग (Angular) से घूर्णन करे तो इस कक्षा को **भू-तुल्यकालिक कक्षा** (Geosynchronous Orbit) कहते हैं।
- जब यह झुकाव (Inclined) एवं विकेंद्रीकरण शून्य हो जाए, तो उपग्रह पृथ्वी से स्थिर प्रतीत होते हैं, इसीलिए इसे **भू-स्थैतिक कक्षा (Geostationary Orbit) कहा जाता है।**

भू-स्थैतिक कक्षा के लाभ (Advantages of Geo-Synchronous Orbit)

- उपग्रह एवं पृथ्वी की कक्षीय अवधि के समान होने के कारण इसमें डॉप्लर प्रभाव के घटित होने की संभावना नगण्य होती है।
- भू-स्थैतिक कक्षा में स्थित उपग्रह उत्तरी ध्रुव एवं दक्षिणी ध्रुव (North Pole and South Pole) को छोड़कर पृथ्वी के लगभग सभी हिस्से को प्रदर्शित करते हैं।
- निश्चित ज्यामितीय सम्बन्ध (Geometrical Relations) के कारण हस्तानांतरण काल (Transfer Period) का अनुमान लगाना आसान हो जाता है।
- प्रक्षेपण काल (launching time) एवं कक्षा में स्थापित करने के बीच का समय अपेक्षाकृत (Comparatively) कम होता है।

भू-स्थैतिक कक्षा के दोष
(Disadvantages of Geo-Synchronous)

- यह कक्षा सूचना प्रसारित करने में अपेक्षाकृत अधिक समय (0.24 सेकंड) लेती है, जिससे आवाज एवं समय से सम्बन्धित आंकड़े प्रभावित होते हैं।
- सिग्नल (Signal) के लम्बी दूरी तय करने के कारण विचलन/गलती (Deviation) की सम्भावना अपेक्षाकृत अधिक होती है।
- इसे प्रक्षेपित करने का खर्च अपेक्षाकृत अधिक होता है।
- भू-स्थैतिक कक्षा में स्थित उपग्रह ध्रुवीय क्षेत्र (Polar Region) उत्तरी एवं दक्षिणी गोलार्द्ध (North and South Hemisphere) को अच्छी तरह से चित्रित नहीं कर पाते हैं।

6.7.4 उच्च पृथ्वी कक्षा (High Earth Orbit/HEO)

- पृथ्वी के बाहर हम उपग्रह एवं अंतरिक्ष मिशन को जिस कक्षा में भेजते हैं, उच्च पृथ्वी कक्षा (Higher Earth Orbit/HEO) कहलाती है, जैसे-चंद्रयान प्रथम एवं द्वितीय (Chandryan I - II), मंगलयान प्रथम (Mars Orbiter Mission I) एवं आदित्य मिशन (Aditya Mission)।

नोट: LEO उपग्रह, ध्रुवीय स्थिति (Polar Position) में, MEO उपग्रह, नत या संक्रमण (Inclined or Transitional) स्थिति में, GEO उपग्रह, भू-स्थैतिक (Geostationary Position) स्थिति में रहकर कार्य करते हैं।

6.7.5 ध्रुवीय बनाम ध्रुवीय सूर्य तुल्यकालिक कक्षा (Polar vs Polar Sun Synchronous Orbit)

ध्रुवीय उपग्रहों का प्रयोग पृथ्वी की सतह की तस्वीर लेने हेतु हमेशा नहीं किया जा सकता है। ये निश्चित समय के लिए ही सूर्य के सामने रहेंगे बाकी अवधि के दौरान ये सूर्य की ग्रहीय गति एवं पृथ्वी के स्थिति परिवर्तन के कारण, ये पृथ्वी की सतह की सूर्य की छाया के साथ तस्वीर प्रदर्शित करेंगे। इस समस्या का एकमात्र हल उपग्रह को सूर्य तुल्यकालिक कक्षा में इस तरह अवस्थित करना है ताकि उपग्रह हमेशा सूर्य के सामने हो एवं सूर्य की स्थिति बदलने के साथ ये अपनी भी स्थिति बदलें, चूंकि **इस कक्षा के उपग्रह परस्पर सूर्य के पथ का अनुसरण (Follow) करते हैं अतः इस कक्षा को सूर्य तुल्यकालिक कक्षा कहा जाता है।**

इस कक्षा को 'भोर से संध्या तक की कक्षा' (Dawn and Dusk Orbit) भी कहा जाता है क्योंकि उपग्रह पृथ्वी की छाया का अनुसरण करता है। छाया उस तरफ की बजाय विपरीत दिशा में पड़ती है जहां सूर्य चमकता है। चूंकि उपग्रह कभी भी इस छाया में नहीं जाता, इसलिए सूर्य हमेशा उस पर चमकता हुआ प्रतीत होता है। उपग्रह की छाया से निकटता के कारण, उपग्रह पृथ्वी के जिस भाग के ठीक ऊपर होता है, वहां सदैव सूर्यास्त या सूर्योदय होता है। इसलिए, इस कक्षा को सुबह से संध्या तक की कक्षा कहा जाता है। यह उपग्रह को अपने सौर पैनलों को हमेशा सूर्य की ओर रखने में सक्षम बनाता है। आम तौर पर, सूर्य-समकालिक कक्षाएँ मध्यम या निम्न कक्षाएँ

होती हैं। राडारसैट (कनाडाई उपग्रह) निम्न सूर्य-समकालिक कक्षा में उपग्रह का एक उदाहरण है।

सूर्य-तुल्यकालिक कक्षा पृथ्वी की सतह से 798 किलोमीटर की दूरी पर होती है, जिसका झुकाव कोण (Inclination angle), ध्रुव के समतुल्य 98.6° का होता है। अपने सौर पैनलों को लगभग लगातार सूर्य के सामने रखने के लिए, राडारसैट अपनी सुबह से शाम तक की कक्षा पर निर्भर करता है। इस प्रकार आगे, राडारसैट बैटरी के बजाय ज्यादातर सौर ऊर्जा पर निर्भर हो सकता है।

(इन्फोग्राफिक देखें - सूर्य तुल्यकालिक कक्षा)

6.7.6 हस्तांतरण कक्षा (Transfer Orbit)

यह एक प्रकार की मध्यवर्ती कक्षा (Intermediate Orbit) है, जिसमें किसी उपग्रह को प्रक्षेपित किया जाता है एवं जहां से उपग्रह अपनी प्रणोदन पद्धति (Propulsion system) से ऊपर की ओर उठ जाते हैं।

6.7.7 वैश्विक स्थिति पद्धति कक्षा (Global Positioning System Orbit)

GPS Orbit/Semi-synchronous Orbits (**चित्र 6.3**) एक दीर्घ वृत्तीय (Elliptical) कक्षा होती है, इसका उपयोग पथ प्रदर्शन (Navigation) हेतु किया जाता है। वैश्विक स्थिति पद्धति में उपग्रहों को लगभग 20,000

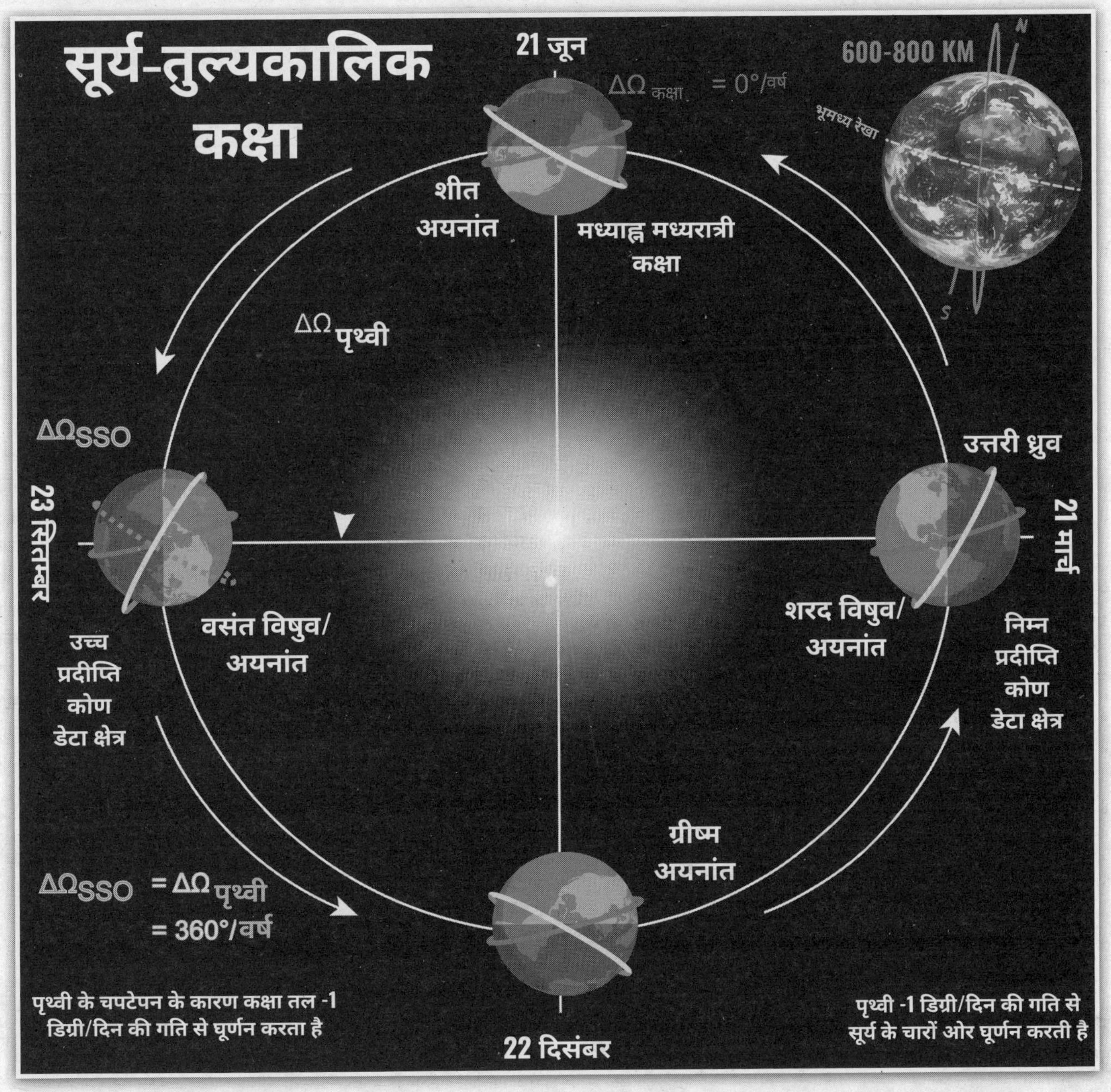

किमी. की दूरी पर स्थापित किया गया है, जिसकी सहायता से पूरी पृथ्वी के पथ प्रदर्शन (Navigation) हेतु मध्यम पृथ्वी कक्षा (MEO) में उपग्रहों की आवश्यक संख्या 24-36 है, जबकि भू-स्थैतिक कक्षा (GEO) में स्थित तीन उपग्रह ध्रुवीय क्षेत्रों (Polar Region) को छोड़कर पूरी पृथ्वी को आच्छादित (Cover) कर सकते हैं। यही कारण है कि भारत जैसे देश, जो भूमध्यीय रेखा (Equitorial line) के निकट हैं, में क्षेत्रीय वैश्विक स्थिति पद्धति (Regional Global Position System) हेतु भू-तुल्यकालिक स्थानांतरण कक्षा (Geosynchronous Transfer Orbit) एवं भू-स्थैतिक कक्षा (Geostationary Orbit) दोनों के उपयोग की आवश्यकता होती है, जैसे- GAGAN एवं IRNSS उपग्रह।

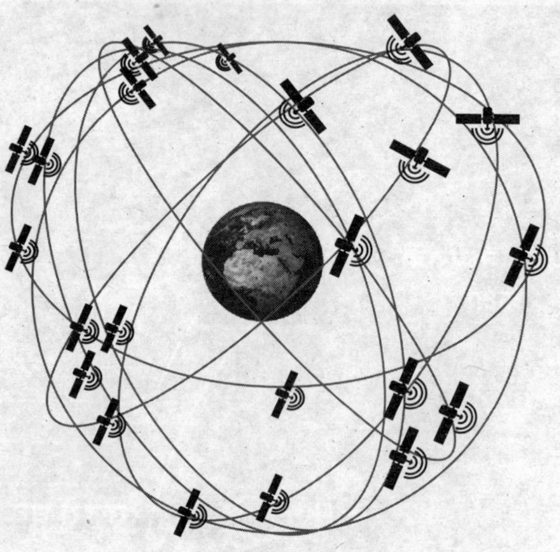

चित्र 6.3
अर्द्ध-तुल्यकालिक कक्षा में सभी जी.पी.एस. उपग्रह

6.7.8 प्रभामंडल कक्षा (Halo Orbit)

यह एक विशिष्ट प्रकार की सौर कक्षा (Solar Orbit) है, जो पृथ्वी एवं सूर्य की गुरुत्वीय स्थिति (Gravity Zone) के मध्य स्थित है। इसका वर्णन भारत के सौर मिशन आदित्य में किया गया है।

- **प्रभामण्डल (Halo Orbit):** यह एक नियत समय पर होने वाले तीन लैग्रेंज बिन्दुओं (Lagrange Points) L1, L2 एवं L3 (अस्थिर) के निकट एक त्रिआयामी कक्षा है।
- **लैग्रेंज बिन्दु (Lagrange Points):** ये वे बिन्दु होते हैं, जहां गुरुत्वाकर्षण के दो बड़े पिण्डों का संयुक्त बल तीसरे पिण्ड के द्वारा अनुभव किए गए अपसारी बल (Centrifugal force) के बराबर होता है, जो कि अपेक्षाकृत छोटा होता है।

6.7.9 भू-तुल्यकालिक कक्षा बनाम भू-स्थैतिक कक्षा (Geo Synchronous vs Geo Stationary Orbit)

भू-तुल्यकालिक कक्षा (Geo synchronous Orbit): भू-तुल्यकालिक कक्षा पृथ्वी के चारों ओर अवस्थित वह कक्षा है, जिसका कक्षीय काल (Orbital Period) लगभग एक दिन के बराबर (23 Hrs.56Mins.) एवं झुकाव (Inclination) पृथ्वी के झुकाव के निरपेक्ष होता है अर्थात् पृथ्वी के किसी निश्चित बिंदु से कोई व्यक्ति किसी उपग्रह को प्रत्येक दिन किसी निश्चित समय पर उसी निश्चित स्थान पर देख सकता है।

भूस्थैतिक कक्षा (Geo Stationary Orbit): भू-स्थैतिक कक्षा पृथ्वी की भूमध्य रेखा के ठीक 35786 किलोमीटर ऊपर स्थित, वह भू-तुल्यकालिक कक्षा (Geosynchronous Orbit) है, जो पृथ्वी से आसमान के तारों की तरह स्थिर प्रतीत होती है। पृथ्वी के किसी निश्चित बिंदु से कोई व्यक्ति अपनी स्थिति के अनुसार इस कक्षा में स्थित उपग्रह को हमेश स्थिर पाता है।

नोटः प्रत्येक भू-स्थैतिक कक्षा भू-तुल्यकालिक कक्षा होती है, परन्तु केवल वही भू-तुल्यकालिक कक्षा, भू-स्थैतिक कक्षा होगी, जिसमें स्थित उपग्रह पृथ्वी के घूर्णन के सापेक्ष पश्चिम से पूर्व की ओर घूर्णन करें।

6.7.10 भू-तुल्यकालिक अंतरण कक्षा (GTO)

भूस्थिर अंतरण कक्षा 34,784 किलोमीटर की ऊँचाई पर एक अण्डाकार कक्षा तथा प्रक्षेपण स्थल की अक्षांश के लगभग बराबर का एक झुकाव है, जिसमें एक अंतरिक्ष यान आरंभ में भू-तुल्यकालिक या भू-स्थिर कक्षा में पृथ्वी से अधिकतम दूरी पर स्थित स्थानांतरित करने से पूर्व रखा जाता **(चित्र 6.4)** है। एॅपोजी (apogee) किसी पिण्ड (विशेष रूप से चन्द्रमा) या मानव निर्मित उपग्रह की कक्षा में स्थित एक बिन्दु होता है।

6.8 उपग्रह प्रक्षेपण पद्धति (Satellite Launching System)

पूर्वी तट के पूर्वी क्षेत्र (Eastern Region Eastern Coastal) के जल से परिपूर्ण होने के कारण उपग्रह प्रक्षेपण स्टेशन (Satellite Launching Station) प्रायः पूर्वी तट और यदि हो सके तो भूमध्यीय रेखा (Equitorial line) के निकट अवस्थित होता है। उदाहरणस्वरूप **केप केनेवरल (Cape Canaveral), अमेरिका के फ्लोरिडा (Florida) के दक्षिण-पूर्व तट पर, फ्रेंच गुयाना (French Guyana) दक्षिण अमेरिका के उत्तर पूर्व तट पर स्थित है (तालिका 6.2)**। प्रक्षेपण यान पृथ्वी के घूर्णन (Earth Rotation Direction) की दिशा में अर्थात् पश्चिम से पूर्व की ओर गमन करता है; इस प्रकार पृथ्वी का घूर्णन समान दिशा में होने से उपग्रह के प्रक्षेपण में मदद मिलती है और उत्क्षेप (Lift) आसान हो जाता है। ये स्थान पूर्वी तट की ओर अवस्थित हैं, जिससे उपग्रह प्रक्षेपण में गलती होने की स्थिति में महासागर में गिरेंगे और मानव को कोई नुकसान नहीं होगा।

तालिका 6.2 विश्व के कुछ प्रमुख रॉकेट प्रक्षेपण स्थल

रॉकेट प्रक्षेपण स्थल	देश
अल अनवर	इराक
बैकानूर	कजाकिस्तान (पूर्व सोवियत संघ)
केप केनेवरल	फ्लोरिडा, यूएसए
हमामशहर	ईरान
एडवर्ड्स एयर फोर्स बेस	कैलिफोर्निया, संयुक्त राज्य अमेरिका
कैनेडी स्पेस सेंटर	मेरिट आइसलैण्ड, फ्लोरिडा, यूएसए

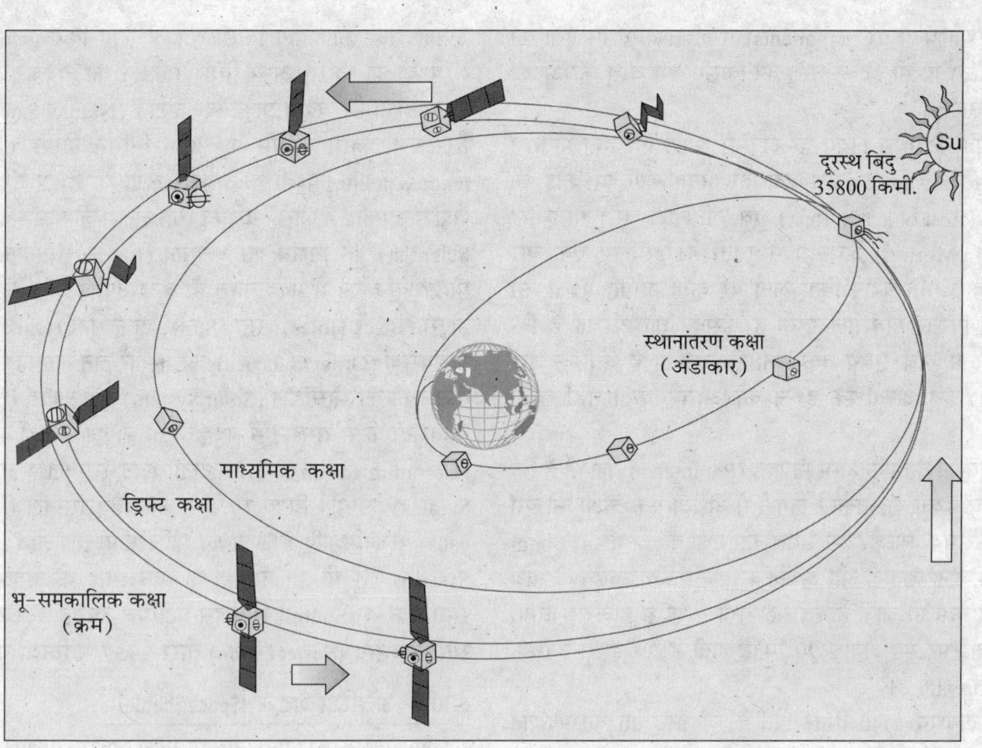

चित्र 6.4
उपग्रह निर्दिष्ट स्थान पर पहुंचने हेतु विभिन्न कक्षाओं का अनुसरण करते हैं-स्थानांतरण कक्षा, माध्यमिक कक्षा, ड्रिफ्ट कक्षा एवं भू-समकालिक कक्षा।

रॉकेट प्रक्षेपण स्थल	देश
कौरू	फ्रेंच गुयाना (यह दक्षिणी अमेरिका में स्थित एक फ्रेंच क्षेत्र है)
आस्ट्राखान (Kapustin Yar)	रूस
जिडक्वान स्पेस लांस सेंटर	चीन
प्लेसटक कॉस्मोड्रोम	रूस
पामाचिम एयर बेस	इजरायल
श्री हरिकोटा	आंध्र प्रदेश, भारत
उचिनौरा स्पेस सेंटर	कोगोशिमा, जापान
वूमेरा	ऑस्ट्रेलिया

6.9 उपग्रह पृथ्वी की सतह पर क्यों नहीं गिरते हैं? (Why Satellites Do Not Fall Down?)

पृथ्वी के गुरुत्वाकर्षण के कारण ऊपर की ओर या सीधी रेखा (Straight Line) में फेंकी गई कोई भी वस्तु अंततः नीचे आ जाती है, जबकि रॉकेट की सहायता से प्रक्षेपित उपग्रह (Launched Satellite) अंतरिक्ष में स्थापित होने पर नीचे नहीं गिरता है। ऐसा इसलिए होता है क्योंकि उपग्रह की गति गुरुत्वाकर्षण बल के विरुद्ध अपकेंद्रीय बल (Centrifugal Force) लगाती है, जैसे- किसी तार/रस्सी से लगी किसी वस्तु को वृत्ताकार (Circular) घुमाने पर यह तार के केंद्र के विपरीत घूमती है, यह अपकेंद्रीय बल (Centrifugal Force) वस्तु के घूर्णन गति में वृद्धि के साथ-साथ बढ़ता जाता है। इसी प्रकार उपग्रह के पृथ्वी के चारों ओर घूर्णन के कारण उत्पन्न अपकेंद्रीय बल (Centrifugal Force) गुरुत्व (Gravity) के खिंचाव को संतुलित (Balance) करता है और इसे अपनी कक्षा में बनाए रखता है। पृथ्वी से दूर जाने के साथ-साथ गुरुत्व के मान में कमी आएगी, जिससे पृथ्वी से उपग्रह के दूर जाने से गुरुत्व संतुलन (Gravitational Balance) हेतु आवश्यक अपकेंद्रीय बल (Centrifugal Force) के मान में भी कमी आएगी (**तालिका 6.3**)। किसी वृत्तीय कक्षा (Circular Path) में घूम रहे उपग्रह के लिए आवश्यक चाल (Necessary Speed) काफी अधिक होनी चाहिए, जैसे- न्यूनतम ऊँचाई (Minimum Height) की कक्षा में स्थित उपग्रह की चाल से 7-8 किलोमीटर प्रति सेकंड होनी चाहिए। यह चाल किसी बड़े यात्री जेट की चाल का लगभग 30 गुना होता है। किसी उपग्रह को कक्षा में बनाए रखने हेतु आवश्यक चाल उपग्रह के द्रव्यमान (Mass of Satellite) से मुक्त (Free) होती है। यह इस बात की आधारभूत जानकारी/सिद्धांत (Fundamental Principle) है कि अंतरिक्ष के निर्वात् (Vaccum) में किसी वस्तु का वक्रपथ (Trajectory) द्रव्यमान से स्वतंत्र होता है, इसका तात्पर्य यह है कि, अंतरिक्ष में किसी निश्चित वक्रपथ (Fixed Trajectory) पर कोई कम वजन वाला अवशेष, यहां तक कि पेंट चिप (Paint Chip) भी एक भारी उपग्रह की तरह है, गति करेगा तथा हल्के एवं भारी (Lightweight and Heavy) सभी प्रकार के उपग्रह एक समान गति से एक ही कक्षा में घूर्णन करेंगे। इस दौरान हमारे अनुभवों/सूचनाओं (Experiance or Information)

को पृथ्वी पर उपस्थित घटक (Components) प्रभावित करते हैं। हवा का प्रतिरोध (Resistance) किसी हल्की वस्तु को किसी भारी वस्तु की अपेक्षा अधिक प्रभावित करता है।

न्यूटन की गति के प्रथम नियम के अनुसार घर्षण एवं हवा प्रतिरोध (Friction and Air Resistance) जैसे बल की अनुपस्थिति में कोई भी स्थिर वस्तु स्थिर (Rest object in Rest) एवं गतिशील वस्तु गतिशील (Moving object in Motion) अवस्था में रहती है। इसलिए एक बार किसी रॉकेट के द्वारा गति प्रदान किए जाने पर कोई उपग्रह पृथ्वी की कक्षा में पहुंचकर निरंतर गतिशील रहता है। इसका तात्पर्य यह है कि कोई उपग्रह कक्षा में लंबे समय तक बना रह सकता है क्योंकि उसे घूर्णन (Rotation) हेतु अत्यधिक ईंधन की आवश्यकता नहीं होती हैं।

उपग्रह को समझने का एक अन्य मापदंड (Parameter) यह भी है कि उसके द्वारा एक बार पृथ्वी का चक्कर लगाने में अथवा एक कक्षा को पूरा करने में लिया गया समय क्या है? इस समय को कक्षा की अवधि (Orbital Period) के रूप में जाना जाता है और अर्थात् कक्षा की ऊँचाई बढ़ने के साथ ही उपग्रह की गति कम हो जाती है एवं यह सभी कक्षों से होकर गुजरेगा। सबसे अधिक ऊँचाई पर यह अवधि 90 मिनट होती है एवं इससे अधिक ऊँचाई पर यह बढ़ती जाती है।

एक दिन में लगभग 1440 मिनट होते हैं, जो इस बात को प्रदर्शित करते हैं कि 36000 किलोमीटर की ऊँचाई पर कोई उपग्रह पृथ्वी के घूर्णन के लगभग बराबर गति से 1 दिन में कक्षा में एक बार घूमता है। इस कक्षा को भू-तुल्यकालिक कक्षा कहा जाता है, इस कक्षा में भूमध्य रेखा के ठीक ऊपर स्थित उपग्रह विशेष होते हैं। इस प्रकार की भू-स्थैतिक कक्षा के कई महत्वपूर्ण उपयोग हैं।

तालिका 6.3 ऊंचाई के आधार पर उपग्रह की कक्षीय चाल एवं कक्षीय अवधि

ऊँचाई [Altitude (km)]	कक्षीय चाल [Orbital speed (km/s)]	कक्षीय अवधि [Orbital period (minutes)]
200	7.8	88.3
500	7.6	94.4
1,000	7.4	104.9
5,000	5.9	201.1
10,000	4.9	347.4
20,200, अर्द्ध-तुल्यकालिक (Semi-synchronous)	3.9	718.3 (12 घंटे)
35,800 भू-तुल्यकालिक (Geosynchronous)	3.1	1436.2 (24 घंटे)

6.10 आधारभूत जानकारी (Basic Concepts)

6.10.1 उपग्रह (Satellite)

चंद्रमा एक प्राकृतिक उपग्रह है, जो पृथ्वी का चक्कर लगाता है, इसी प्रकार पृथ्वी एक ग्रह है, जो कि सूर्य का चक्कर लगाती है। प्रायः कृत्रिम उपग्रह शब्द का प्रयोग किसी यंत्र के लिए किया जाता है, जिसे अंतरिक्ष में पृथ्वी या किसी अन्य पिंड (Body) का चक्कर लगाने हेतु प्रक्षेपित किया जाता है। चंद्रमा प्राकृतिक उपग्रह (Natural Satellite) का उदाहरण है। आज हजारों कृत्रिम या मानव निर्मित उपग्रह (Artificial or Man made Satellite) पृथ्वी के चक्कर लगा रहे हैं। ये उपग्रह कई महत्वपूर्ण क्षेत्रों में उपयोगी हैं, जैसे- ग्रह का चित्र लेने में जो मौसम वैज्ञानिकों (Weather Scientist) को मौसम का अनुमान (Predict) लगाने में एवं तूफान का पीछा/ट्रैक करने में मदद करते हैं। कुछ उपग्रह अन्य ग्रहों (Planet), ब्लैक होल्स (Black Holes), सूर्य (Sun), डार्क मैटर (Dark Matter) एवं अन्य गैलेक्सियों (Other Galaxies) की तस्वीरें लेने का कार्य करते हैं। ये तस्वीरें वैज्ञानिकों को सौरमंडल (Solar System) एवं ब्रह्मांड (Universe) को और बेहतर तरीके से समझने में मदद करती हैं। इन उपग्रहों के मुख्य संचार कार्य (Communication), जैसे- टेलीविजन सिग्नल भेजना (Beaming TV Signals), सम्पूर्ण विश्व में फोन कॉल हेतु सिग्नल (Signals for phone calls) भेजना आदि हैं। ग्लोबल पोजिशनिंग प्रणाली (Global Postioning System) हेतु भी 20 उपग्रहों के एक समूह का उपयोग किया जाता है। **स्पूतनिक-1 (Sputnik I) प्रथम प्रक्षेपित उपग्रह है, जिसका प्रक्षेपण पूर्व सोवियत संघ (Soviet Union) द्वारा 1957 में किया गया था।**

6.10.2 अंतरिक्ष शटल (Space Shuttle)

यह आंशिक रूप से पुनः उपयोग किये जा सकने वाले रॉकेट प्रक्षेपण यान हैं, जिन्हें पृथ्वी की कक्षा का चक्कर लगाने हेतु डिजाइन किया जाता है। ये प्रमुख रूप से अंतरिक्ष के लिए या अंतरिक्ष से किसी वस्तु या मानव को लाने ले जाने, अंतरिक्ष से पृथ्वी की सतह पर वापस आने वाले अंतरिक्ष यान को हवाई पट्टी (Runway) पर संतुलन हेतु सरकाने (Slide) जैसे कार्यों में अपना योगदान देता है। इस प्रकार के प्रथम यान का विकास अमेरिकी राष्ट्रीय वैमानिकी एवं अंतरिक्ष प्रशासन/नासा (National Aeronautics and Space Administration) द्वारा किया गया, जिसे उस समय अंतरिक्ष परिवहन प्रणाली (Space Transportation System) का नाम दिया गया। इसने 12 अप्रैल, 1981को अंतरिक्ष हेतु अपनी पहली उड़ान भरी। एक अंतरिक्ष यान में तीन प्रमुख घटक होते हैं:

- **विंग्ड ऑर्बिटर** - यह चालक दल और कार्गो दोनों को ले जाता है।
- **एक बाहरी टैंक** - इसमें प्रणोदक (रॉकेट इंजन के लिए तरल हाइड्रोजन जैसे ईंधन और तरल ऑक्सीजन के रूप में ऑक्सीडाइजर) होता है।
- **बड़े, ठोस-प्रणोदक, स्ट्रैप-ऑन बूस्टर रॉकेट की एक जोड़ी** - लॉन्च के दौरान, बूस्टर और ऑर्बिटर के मुख्य इंजन को क्षेपण (थ्रस्ट) बढ़ाने के लिए एक साथ फायर किया जाता है। उड़ान भरने के लगभग दो मिनट बाद ही बूस्टर को पुनः उपयोग के लिए पैराशूट तंत्र द्वारा पृथ्वी पर लौटा दिया गया।

अमेरिका के ये अंतरिक्ष यान मुख्यतः तीन बड़े अवयवों (Major Components) **विंग/पंख वाले ऑर्बिटर** (Winged orbiter), जो चालक दल (Crew Member) एवं अन्य वस्तुओं को ले जाते हैं; एक **बाह्य टंकी**, जिसमें ऑर्बिटर के तीन प्रमुख रॉकेट इंजन हेतु ईंधन के रूप में द्रव हाइड्रोजन एवं ऑक्सीकारक के रूप में द्रव ऑक्सीजन होती है (Liquid

H_2 as fuel and Liquid O_2 as oxidiser) तथा **बूस्टर रॉकेट** (Booster Rocket) पर लगे एक युग्म बड़े प्रोपेलेंट (Propellent) से मिलकर बना था। सम्पूर्ण अंतरिक्ष शटल का वजन 2 मिलियन किलोग्राम था एवं यह 56 मीटर (फीट) ऊँचा था। प्रक्षेपण के दौरान इसके बूस्टर एवं ऑर्बिटर के मुख्य इंजन को एक साथ दागा गया, जिससे 31000 kN (7 मिलियन पाउण्ड) थ्रस्ट/धमाका उत्पन्न हुआ। उड़ान के 2 मिनट पश्चात् बूस्टर पैराशूट की सहायता से पुन: उपयोग हेतु वापस पृथ्वी पर आ गया। अपनी गति तक पहुंचने के पश्चात ऑर्बिटर ने प्रोपेलेंट को बाह्य टंकी की ओर धक्का (Pushed) दे दिया, जो वायुमंडल में पहुंचने पर फिर अलग हो गया। यद्यपि इसने भी सामान्य रॉकेट की तरह उड़ान भरी। यह अपेक्षाकृत अधिक खर्चीली प्रौद्योगिकी है परन्तु फिर भी यह एक बड़ी उपलब्धि रही और ग्लाइडर (Glider) की तरह वापस आ गयी।

6.10.3 अंतरिक्ष यान (Spacecraft)

अंतरिक्ष यान एक ऐसा यान अथवा यंत्र है, जिसका निर्माण बाह्य अंतरिक्ष (Outer Space) में जाने हेतु किया गया था। किसी उप-कक्षीय (Suborbital) अंतरिक्ष उड़ान के दौरान कोई अंतरिक्ष यान अंतरिक्ष में प्रवेश करता है और बिना कक्षा में प्रवेश किए वापस पृथ्वी की सतह पर आ जाता है। किसी कक्षीय अंतरिक्ष उड़ान के दौरान अंतरिक्ष यान अंतरिक्ष में प्रवेश करने पश्चात् किसी खगोलीय पिंड (Aeronautical Body) की तरह पृथ्वी के कक्ष में चक्कर लगता है। अंतरिक्ष यान का प्रयोग केवल किसी मानव अंतरिक्ष उड़ान हेतु कर्मीदल या अंतरिक्ष यात्रियों (Crew member) को पृथ्वी या किसी कक्षा (अंतरिक्ष स्टेशन) से लाने एवं ले जाने में किया जाता है। दूसरी ओर इसका प्रयोग किसी रोबोट के स्वत: संचालन, टेलेरोबॉटिकली (Automation, Teleroboticaly) जैसे रोबोटिक अंतरिक्ष मिशन हेतु भी किया जाता है। अंतरिक्ष में ये रोबोट वहां कृत्रिम उपग्रहों की निगरानी एवं अनुसंधान कार्य में सहायता करते हैं। इस प्रकार के कुछ गिने-चुने यान, जैसे- पायोनियर (Pioneer), वोएगर (Voyager), मिशन तथा सौरमंडल को छोड़ कर बाहर चले गए।

अंतरिक्ष यान के प्रकार (Types of Spacecraft)

- **मानव सहित अंतरिक्ष यान / मैन्ड स्पेस क्राफ्ट (Manned Spacecraft):** यह एक चालक युक्त अंतरिक्ष यान होता है, जिसे अंतरिक्ष यात्रियों को वहन (Transport human) करने हेतु निर्मित किया जाता है। इसमें मानवरहित विमानों (Unmanned) के विपरीत कर्मीदल / क्रू कम्पार्टमेंट (Crew compartment), जीवन समर्थन प्रणाली (Life Support System) की आवश्यकता होती है। ये यान पुन: उपयोग किये जा सकने वाले या एकमात्र बार उपयोग किये जा सकने वाले (Once usable or Reusable) किसी भी प्रकार के हो सकते हैं। बाद में ऐसे यानों का निर्माण किया जाने लगा, जो प्राय: पुन:प्रवेश योग्य (Re-enterable), प्रणोदन (Propulsion), ऊर्जा आपूर्ति एवं जीवन समर्थन (Electricity Supply and Life Support System) जैसी सुविधाओं से सुसज्जित होते हैं। केवल पुन: प्रवेश मॉडल/मापांक (Module) वाले यान ही पृथ्वी पर वापस आते हैं।
- **फ्लाई एंड बाई अंतरिक्ष यान (Flyby Spacecraft):** ये ऐसे अंतरिक्ष यान होते हैं, जिन्हें लम्बे समय तक अंतरिक्ष में प्रक्षेपवक्र (Trajectory) पर घूर्णन करने हेतु बनाया जाता है। इसके लिए यह आवश्यक है कि इसमें ऐसे उपकरण लगे हों, जो अपने पथ एवं लक्ष्य की पहचान कर सकें, साथ ही साथ निरंतर संपर्क (Permanent Connectivity) हेतु इनमें संचार उपकरण (Communication Tool) भी लगे होने चाहिए ताकि ये लम्बी अवधि तक रहकर अंतरिक्ष में अपना काम ठीक से कर सकें। उदाहरण: पायोनियर-10 और 11 (Pioneer-10 and 11) तथा वोएगर 1 एवं 2 (Voyager 1 and 2)।
- **कक्षीय/ऑर्बिटर अंतरिक्ष यान (Orbiter Spacecraft):** इसे किसी अन्य ग्रह, चन्द्रमा, अंतरिक्ष में प्रवेश करने एवं कक्षाओं के प्रतिच्छेद (Intersection) तक पहुंचने हेतु डिजाइन किया गया है। इस प्रकार के यान में अवश्य ही पर्याप्त प्रणोदक बल (Enough Propellant Force) एवं उचित समय पर रुकने/मंद होने की क्षमता होनी चाहिए। कक्षीय/ऑर्बिटर (Orbiter) अंतरिक्ष यान में यह क्षमता (Capacity) भी होनी चाहिए कि, वह अत्यधिक तापीय विविधताओं (Thermal Changes) को सहन कर सके एवं इसे सौर सेलों तथा पर्याप्त ऊर्जा/ईंधन से लैस होना चाहिए। ये क्षमतायें इसे अत्यधिक सूर्य ताप को सहने में सहायता करेंगी। मैग्लेन (Magellan), गैलिलिओ (Galileo) एवं मार्स ग्लोबल सर्वेयर (Mars Global Surveyor) ऑर्बिटर अंतरिक्ष यान के ही उदाहरण हैं।
- **वायुमंडल जांच यान/एटमोस्फियरिक प्रोब (Atmospheric Probe):** यह एक प्रकार का छोटा सहायक यान (Small assistant vehicle) होता है, जो ग्रह के नजदीक पहुंचने पर मुख्य अंतरिक्ष यान से अलग हो जाता है। यह किसी पिंड या ग्रह के गैसीय वातावरण (Body or Gaseous Enviornment) के अध्ययन का कार्य करता है, यह एयरोशेल (Aero shell) से सुसज्जित होता है ताकि वातावरण में पहुंचने पर सुरक्षित रह सके, साथ ही इसे सही तरीके से उतरने या रोकने हेतु पैराशूट से भी लैस किया जाता है। यह संगृहीत आंकड़ों (Collected Datas) को मुख्य अंतरिक्ष यान में भेजता है, जहां इसे रिकॉर्ड कर लिया जाता है एवं उसके पश्चात् इसे पृथ्वी पर भेज दिया जाता है।
- **वायुमंडलीय बैलून पैकेज (Atmospheric Balloon Package):** यह ग्रहों के वायु संचरण एवं वायुमंडल के अध्ययन हेतु उत्प्लावक बल (Buoyant Force) से भरे गैस बैग से युक्त एक सहायक अंतरिक्ष यान (Assistant Spacecraft) होता है। यह अंतरिक्ष यान का पूरक (Complement) मात्र है। यह ऊर्जा आपूर्ति (Power Supply), दूरसंचार उपकरण (Telecommunication equipment) एवं कुछ अन्य आधारभूत सुविधाओं (Fundamental requirments) से युक्त होता है।
- **लैंडर अंतरिक्ष यान (Lander Spacecraft):** यह किसी ग्रह या चन्द्रमा पर लम्बे समय तक रहने वाले एवं पर्याप्त संचार उपकरणों (Enough Communicaton) से युक्त अंतरिक्ष यान का प्रतिनिधित्व (Represent) करता है। यह किसी अंतरिक्ष यान को पैराशूट की

सहायता से रोकने, लैंड कराने या गति कम करने का कार्य करता है। लैंडर अंतरिक्ष के कुछ प्रमुख उदाहरण सर्वेयर (Surveyor), वाइकिंग मार्स (Viking Mars) पाथफाइंडर (Pathfinder) तथा सोवियत वेनेरा (Soviet Venera) हैं।

- **सतह प्रवेशक (Surface Penetrator):** इसे किसी पिंड की सतह पर पहुंचने के लिए डिजाइन किया गया है, जो सैंकड़ों गैसों को सहन करने योग्य तथा दूरमापी (Telemeter) जैसी विशेषताओं से युक्त होता है। यह आंकड़ों को पृथ्वी पर भेजने हेतु मुख्य अंतरिक्ष यान को भेजता है। मार्स पोलर लैंडर (Mars Polar Lander) मंगल ग्रह पर पहुंचने के बाद दो सतह प्रवेशक (Surface Penetrator) तैनात करेगा।
- **सतह/सरफेस रोवर (Surface Rover):** यह एक अर्द्ध-स्वसंचालित रोविंग यान (Semi Automated roving vehicle) है, जिसे पृथ्वी से किसी ग्रह या पिंड के सतह की तस्वीर लेकर, मिट्टी की जांच (Soil Test) कर इससे सम्बंधित आंकड़े पृथ्वी पर भेजने हेतु तैनात किया जाता है। सोजोर्नर (Sojourner) एक सौर शक्ति युक्त पहिये वाला रोवर (Solar Powered Wheeled Rover) है, जो मार्स पाथफाइंडर मिशन (Mars Pathfinder) में प्रयुक्त किया गया।

6.10.4 प्रक्षेपण यान (Launch Vehicle)

अंतरिक्ष उड़ान में प्रक्षेपण यान एक रॉकेट युक्त यान होते हैं, जिनका उपयोग किसी अंतरिक्ष यान को पृथ्वी से परे उसके कक्ष में या बाह्य अंतरिक्ष (Outer Space) में किसी अन्य स्थान पर पर परिवहन (Transportation) करने में किया जाता है। प्रायोगिक रूप से प्रक्षेपण यान को 1950 से ही मानव सहित (Manned) एवं मानव रहित (Unmanned) अंतरिक्ष अभियानों और उपग्रहों को अंतरिक्ष में प्रतिस्थापित करने हेतु तैनात किया जा रहा है।

भारत के द्वारा उपयोग किये जाने वाले अन्य प्रक्षेपण यान हैं- RLV-TD, SLV, ASLV, PSLV, GSLV

6.10.5 रॉकेट (Rocket)

अंतरिक्ष में भेजी जाने वाले मिसाइलें, अंतरिक्ष यान, किसी विमान या अन्य वाहन को ऊपर उठाने के लिए रॉकेट इंजन आवश्यक होता है। इसकी दक्षता वातावरण की तुलना में अंतरिक्ष में अधिक होती है। ये हल्के, शक्तिशाली और बड़े त्वरण पैदा करने में सक्षम होते हैं। रॉकेट के विभिन्न उपयोग:

- **अनुनादी रॉकेट (Sounding Rockets):** अनुनादी रॉकेट का उपयोग विज्ञान और अनुसंधान में उन उपकरणों को ले जाने के लिए किया जाता है, जो पृथ्वी की सतह से 50 से 1500 किलोमीटर की ऊँचाई पर होते हैं।
- **स्पेस फ्लाइट (Spaceflight):** सामान्यतया बड़े, आकार के रॉकेट को लॉन्च पैड से प्रक्षेपित करने के लिए स्थिर आधार की आवश्यकता होती है। इस प्रकार के रॉकेट तब विशेष रूप से उपयोगी होते हैं, जब उच्च गति की आवश्यकता हो, जैसे कि कक्षीय गति (Orbital Speed) लगभग 7800 मीटर प्रति सेकंड (28000 किलोमीटर प्रति घंटा या 17000 मील प्रति घंटा) या इससे भी अधिक होती है।

6.10.6 प्रक्षेपास्त्र (Missile)

प्रक्षेपास्त्र एक स्वनोदित (Selfpropelled), अच्छी तरह से निर्देशित (Guided) युद्ध उपकरण/प्रणाली है। विनिर्देशित युद्ध उपकरण/प्रणाली (Non Guided System) को रॉकेट के नाम से जाना जाता है। प्रक्षेपास्त्र चार मुख्य घटकों-लक्ष्य भेदक/निर्देशन प्रणाली (Target Achiever), इंजन, उड़ान प्रणाली एवं गोला-बारूद (Warhead), से मिलकर बना होता है।

प्रश्न एवं उत्तर (Questions & Answers)

वस्तुनिष्ठ प्रश्न (Objective Questions)

1. पृथ्वी के चारों ओर परिक्रमा कर रहा कृत्रिम उपग्रह इसलिए पृथ्वी पर नीचे नहीं गिरता क्योंकि पृथ्वी का आकर्षण: *[UPSC (Pre) - 2011]*

(a) उतनी दूरी पर अस्तित्वहीन होता है।
(b) चन्द्रमा के आकर्षण से निष्क्रिय हो जाता है।
(c) उसकी नियमित चाल के लिए आवश्यक गति प्रदान करता है।
(d) उसकी गति के लिए आवश्यक त्वरण प्रदान करता है।

2. दूरसंचार प्रसारण हेतु प्रयुक्त उपग्रहों को भू-अप्रगामी कक्षा में रखा जाता है। एक उपग्रह ऐसी कक्षा में तब होता है, जब: *[UPSC (Pre) - 2011]*

1. कक्षा भू-तुल्यकालिक होती है।
2. कक्षा वृत्ताकार होती है।
3. कक्षा पृथ्वी की भूमध्य रेखा के समतल होती है।
4. कक्षा 22,236 किमी. की तुंगता पर होती है।

कूट:

(a) 1, 2 और 3 (b) 1, 3 और 4
(c) 2 और 4 (d) ये सभी

3. निम्न में कौन-सा सुमेलन सत्य है? *[UPSC (Pre) - 2006]*

	परिचित स्थान		*राष्ट्र*
(a)	बैकानूर	:	रूस
(b)	कौरू	:	फ्रेंच गुयाना
(c)	बोरोबुडूर	:	इण्डोनेशिया
(d)	केन्स	:	फ्रांस

4. निम्नलिखित कथनों पर विचार करें: *[UPSC (Pre) - 2005]*

1. तुल्यकारी उपग्रह (Geostationary Satellite) लगभग 10,000 किमी की ऊंचाई पर स्थापित किया जाता है।

2. संगीत के FM संरचण के उत्तर प्रकार का होने का कारण है, कि वायुमण्डलीय अथवा कृत्रिम शोर, जो सामान्यत: आवृत्ति परिवर्तन के रूप में होता है, इसके लिए अधिक हानिकारक नहीं होता।

उपरोक्त कथनों में से कौन-सा/से कथन सत्य है/हैं?

(a) केवल 1　　(b) केवल 2

(c) 1 और 2　　(d) 1 और 2 में से कोई नहीं

5. कथन (A): कृत्रिम उपग्रह हमेशा पृथ्वी से पूर्वी दिशा में छोड़े जाते हैं।

कारण (R): पृथ्वी पश्चिम से पूर्व की ओर चक्कर लगाती है और इसलिए उपग्रह को निकास वेग मिल जाता है।

[UPSC (Pre) - 2002]

कूट:

(a) दोनों (A) और (R) सत्य हैं और (R), (A) का सही स्पष्टीकरण है

(b) दोनों सही हैं, किंतु (R), (A) का सही स्पष्टीकरण नहीं है

(c) (A) सही है, लेकिन (R) गलत है

(d) (A) गलत है, लेकिन (R) सही है

उत्तरमाला (Answer Key)

1. (d)　2. (a)　3. (a)　4. (b)　5. (a)

अध्याय

7

अंतरिक्ष वेधशाला सहित भारत के उपग्रह तथा प्रक्षेपण यान तकनीक
(Satellites and Launch Vehicle Technology of India with Space Observatory)

इस अध्याय में...

भारतीय दूर संवेदी उपग्रह संसाधन, सर्वेक्षण तथा प्रबंधन जैसे अनेकों क्षेत्रों में काफी उपयोगी हैं।

यह उपग्रह निजी रेडियो संचालकों को काफी बढ़ावा देगा और उनके बीच संदेश समन्वय करने की सुविधा प्रदान करेगा तथा आपदा के समय देश की सहायता करेगा।

LVM3-M2 मिशन NSIL के माध्यम से विदेशी ग्राहक वनवेब के लिए एक समर्पित वाणिज्यिक मिशन है।
वनवेब लिमिटेड अंतरिक्ष से संचालित एक वैश्विक संचार नेटवर्क है, जो सरकारों और व्यवसायों के लिए इंटरनेट कनेक्टिविटी को सक्षम बनाता है।
भारत की भारती एंटरप्राइजेज, वनवेब में एक प्रमुख निवेशक और शेयरधारक है।

NISAR, भविष्य का पृथ्वी अवलोकन उपग्रह होगा।

यह ऑल इंडिया रेडियो, अंतरिक्ष विभाग, दूरसंचार विभाग, दूरदर्शन तथा खगोल विज्ञान विभाग का संयुक्त कार्यक्रम है।

PSLV-C37/CARTOSAT-2 Series ने 104 उपग्रहों को सफलतापूर्वक कक्षा में स्थापित किया है - जो अब तक एक ही मिशन में लॉन्च किए गए उपग्रहों की सर्वाधिक संख्या है।

RLV-TD का विन्यास एक विमान के समान है और इसमें प्रक्षेपण यान और विमान दोनों की जटिलता का मिश्रण है।

7.1 प्रायोगिक उपग्रह (Experimental Satellite)

इसरो ने कुछ प्रायोगिक उपग्रहों का प्रक्षेपण दूर संवेदी (Remote Sensing), कक्षा नियंत्रण (Orbit Control), वायुमंडलीय अध्ययन (Atmospheric Study) इत्यादि उद्देश्यों की पूर्ति हेतु किया है। इसरो द्वारा प्रक्षेपित इस प्रकार के कुछ उपग्रहों की सूची **तालिका 7.1** में दर्शाया गया है।

यूथसैट (Youth Sat) स्नातक, स्नातकोत्तर (Graduate and Post graduate) तथा कुछ अनुभवी छात्रों द्वारा निर्मित एक भारतीय-रूसी (Indo and Russian) वायुमंडलीय उपग्रह है, जो इसरो के छात्रों द्वारा निर्मित कुछ उपग्रहों में से एक है।

7.2 भू-पर्यवेक्षण उपग्रह (Earth Observation Satellite)

प्रायोगिक अध्ययन (Experimental Study) के अलावा इसरो ने जलवायु, वातावरण, आपदा प्रबंधन इत्यादि उद्देश्यों की पूर्ति हेतु कई भू-पर्यवेक्षण उपग्रह भी प्रक्षेपित किये हैं। इस समय भारतीय दूर संवेदी प्रणाली (Indian Remote Sensing System) श्रेणी के उपग्रहों का समूह इसरो के कार्यरत उपग्रहों में सबसे खास (special) है। IRS 1A से प्रारम्भ करते हुए इसरो ने हाल ही में Scat Sat 1 उपग्रह का प्रक्षेपण किया, जिसे मुख्यत: जलवायु एवं वायुमंडल (Climate and Atmosphere) के अध्ययन के उद्देश्य से प्रक्षेपित किया गया था। ये उपग्रह हमें वैश्विक उपयोग हेतु स्थानीय, वर्णक्रमीय एवं अस्थायी/परिवर्तनशील आंकड़े (Spectral and Uncertain data) प्रदान करते हैं। कृषि, जल संसाधन, शहरी योजना, ग्रामीण विकास, वन्य, महासागरीय संसाधन, खनिज संसाधन, पर्यावरण एवं आपदा प्रबंधन जैसे अनेक क्षेत्रों से संबंधित ये आंकड़े अत्यधिक उपयोगी होते हैं। इसरो के सबसे महत्वपूर्ण अवलोकन मिशन निम्नलिखित हैं:

7.2.1 निसार (NISAR: NASA-ISRO Synthethic Aperture Radar)

निसार का पूरा नाम 'NASA-ISRO Synthetic Aperture Radar' है, जो एक प्रकार की 'पृथ्वी की वेधशाला' (earth observatory) है। इस वेधशाला के लिए नासा एवं इसरो के मध्य सितम्बर 2014 में हस्ताक्षर हुए, जहां दोनों एजेंसियां मिलकर इस मिशन को पूरा करेंगी। यह द्वि-आवृत्ति (dual frequency) का 'रडार इमेजिंग उपग्रह' (radar imaging satellite) है जिसमें L-बैण्ड तथा S-बैण्ड आवृत्तियों का प्रयोग होगा।

7.2.1.1 निसार पृष्ठभूमि (NISAR Background)

इसका प्रथम 'संयुक्त संचालन समूह' (Joint Steering Group) की बैठक 21 जुलाई, 2015 को आयोजित की गई थी।

नासा द्वारा सहयोग: (1) 808 मिलियन अमेरिकी डॉलर (2) L-बैण्ड सिंथेटिक एपर्चर रडार (3) GPS प्रणाली (4) आंकड़ा रिकॉर्डर (data recorder)
इसरो द्वारा सहयोग: (1) ₹788 करोड़ (2) S-बैण्ड सिंथेटिक एपर्चर रडार (3) अंतरिक्ष यान बस (spacecraft bus) (4) डाटा ट्रांसमिशन सिस्टम data transmission system (5) अंतरिक्षयान एकीकरण (space craft integration) (6) भूस्थैतिक उपग्रह प्रक्षेपण यान (7) कक्षा के संचालन की क्रियाविधि

7.2.1.2 निसार का प्रक्षेपण (Launch of NISAR)

इस उपग्रह को भारत के श्रीहरिकोटा स्थित सतीश धवन अंतरिक्ष केंद्र से इसरो के जीएसएलवी मार्क-2 प्रक्षेपण यान द्वारा 2024 को भारत से प्रक्षेपित किया जाएगा। NISAR, भविष्य का पृथ्वी अवलोकन उपग्रह होगा।

- कक्षा: सूर्य-समकालिक/सुबह-शाम की कक्षा
- ऊँचाई: 747 किमी,
- झुकाव कोण = 98.4

तालिका 7.1 भारत द्वारा प्रक्षेपित विभिन्न प्रायोगिक उपग्रह (Different experimental satellite launched by India)

उपग्रह (Satellite)	प्रक्षेपण तिथि (Launch date)	प्रक्षेपण द्रव्यमान (Launch mass)	प्रक्षेपण यान Launch Vehicle	कक्षा प्रकार Orbit Type	Application	Remarks
INS-2D	14 फरवरी, 2022		PSLV-C52/EOS-04 Mission		प्रायोगिक	–
INS-1C	12 जनवरी, 2018	-	PSLV-C40/Cartosat-2 Series Satellite Mission	SSPO	प्रायोगिक	–
INS-1A	15 फरवरी, 2017	8.4 किग्रा.	PSLV-C37 / Cartosat-2 Series Satellite	SSPO	प्रायोगिक	–
INS-1B	15 फरवरी, 2017	9.7 किग्रा.	PSLV-C37 / Cartosat-2 Series Satellite	SSPO	प्रायोगिक	–
यूथसैट (Youth Sat)	20 अप्रैल, 2011	92 किग्रा.	PSLV-C16/ RESOURCESAT-2	SSPO	छात्र उपग्रह	–
एप्पल (APPLE)	19 जून, 1981	670 किग्रा.	Ariane-1(V-3)	GSO	संचार, प्रायोगिक	–
रोहिणी उपग्रह RS-1 (Rohini Satellite RS-1)	18 जुलाई, 1980	35 किग्रा.	SLV-3E2	–	–	–
रोहिणी प्रौद्योगिकी पेलोड (Rohini Technology Payload (RTP))	10 अगस्त, 1979	35 किग्रा.	SLV-3E1	–	–	प्रक्षेपण असफल
आर्यभट्ट (Aryabhatta)	19 अप्रैल, 1975	360 किग्रा.	C-1 Intercosmos	–	प्रायोगिक	–

- नासा द्वारा L-बैंड (1.25 गीगाहर्ट्ज, 24 सेमी तरंगदैर्ध्य) वाले पोलरिमेट्रिक सिंथेटिक अपर्चर रडार (SAR) का उत्पादन किया जाएगा।
- इसरो द्वारा एस-बैंड (3.20 गीगाहर्ट्ज, 9.3 सेमी तरंगदैर्ध्य) वाले पोलरिमेट्रिक सिंथेटिक अपर्चर रडार (SAR) का उत्पादन किया जाएगा।
- यह ग्रह का "अभूतपूर्व" दृश्य देने के लिए पृथ्वी के धरातल, बर्फ की चादरों और समुद्री बर्फ की तस्वीरों के लिए अपने तीन साल के मिशन के दौरान प्रत्येक 12 दिनों में ग्लोब को स्कैन करेगा।
- यह एक टेनिस कोर्ट के आधे आकार के क्षेत्रों पर 0.4 इंच की सतह पर हलचलों का पता लगायेगा।
- नासा उपग्रह के लिए एक रडार, विज्ञान डेटा के लिए एक उच्च दर संचार सबसिस्टम, जीपीएस रिसीवर और एक पेलोड डेटा सबसिस्टम प्रदान करेगा।
- इसरो अंतरिक्ष यान, बस, रडार के दूसरे प्रकार (एस-बैंड रडार कहा जाता है), प्रक्षेपण वाहन, और संबद्ध प्रक्षेपण सेवाएं प्रदान करेगा।
- निसार नासा द्वारा शुरू किए गए सबसे बड़े रिफ्लेक्टर एंटीना से लैस होगा और इसके प्राथमिक लक्ष्यों में पृथ्वी की सतह में सूक्ष्म परिवर्तनों पर नज़र रखना, चेतावनी के संकेत देना, भूजल की आपूर्ति की निगरानी करने में मदद करना और उस दर पर नज़र रखना शामिल है जिस पर बर्फ की चादर पिघल रही है।

सिंथेटिक अपर्चर रडार (SAR)

नासा-इसरो-एसएआर (SAR) के लिए निसार का संक्षिप्त नाम है। SAR यहां सिंथेटिक अपर्चर रडार को संदर्भित करता है, जिसका उपयोग नासा अपने देश की सतहों में बदलाव को मापने के लिए करेगा।

- मूलतः, SAR उच्च-रिज़ॉल्यूशन छवियों के उत्पादन के लिए एक तकनीक को संदर्भित करता है।
- सटीकता की वजह से, रडार बादलों और अंधेरे में भी कार्य कर सकता है, जिसका अर्थ है कि यह किसी भी मौसम में दिन और रात में डेटा एकत्र कर सकता है।

एक सिंथेटिक एपर्चर रडार (SAR) एक सक्रिय सेंसर है, जो पहले माइक्रोवेव संकेतों को प्रसारित करता है और फिर पृथ्वी की सतह से वापस लौटने वाले या वापस बिखरे हुए संकेतों को वापस प्राप्त करता है। यह उपकरण सेंसर और पृथ्वी की सतह पर बिंदु के बीच की दूरी को मापता है, जहां से संकेत वापस लोटे हैं।

SAR, **एक सुसंगत, ज्यादातर वायुवाहित या अंतरिक्ष वाहित, साइड लुकिंग रडार प्रणाली है** जिसमें एक बेहद बड़े एंटीना का अनुकरण करने के लिए प्लेटफॉर्म के उड़ान पथ (flight path) का उपयोग किया जाता है, और **जो उच्च-रिजॉल्यूशन रिमोट सेंसिंग इमेजरी उत्पन्न करता है।**

नोट: Synthetic Aperture Radar, सिविल के अतिरिक्त प्रतिरक्षा में भी अच्छी जानकारी देते हैं, किन्तु इस मिशन में केवल सिविल सहायता ही ली जाएगी।

7.3 भारतीय दूर संवेदी उपग्रह (Indian Remote Sensing Satellite)

विभिन्न क्षेत्रों में आर्थिक रूप से सहायक होने के कारण भारत ने भास्कर 1 एवं भास्कर 2 (Bhaskar 1 and Bhaskar 2) के सफलतापूर्वक प्रक्षेपण के पश्चात् अपना दूर संवेदी उपग्रह कार्यक्रम (Remote sensing satellite programme) प्रारम्भ किया। सक्रिय दूर संवेदी आंकड़ों के प्रावधान हेतु बाद में राष्ट्रीय प्राकृतिक संसाधन प्रबंधन प्रणाली का गठन (National natural resources management system) किया गया, इसकी रूपरेखा अंतरिक्ष विभाग (Departmet of Space) के अनुरूप की गयी। ये आंकड़े विशेष अनुरोध पर विभिन्न देशों के साथ भी साझा किये गए। शहरी एवं विनिर्माण योजना (Urban and Infrastucture plan) के कार्यक्रम में भी ये नए उच्च दक्ष उपग्रह (High Advanced Satellite) एवं उच्च प्रदर्शन वाले कार्यक्रम काफी लाभकारी सिद्ध हुए।

इन उपग्रहों का भारतीय नामकरण थोड़ा मुश्किल होने के कारण इन्हें 1A, 1B जैसे नाम प्रदान किये जाने लगे। बाद में इन्हीं उपग्रहों का नामकरण इनके उपयोग वाले क्षेत्र के आधार पर किया जाने लगा, जैसे-कार्टोसेट, ओशनोसेट, आदि।

7.3.1 भारतीय दूर संवेदी उपग्रहों के अनुप्रयोग (Applications of Indian Remote Sensing Satellites)

भारतीय दूर संवेदी उपग्रह संसाधन, सर्वेक्षण तथा प्रबंधन जैसे अनेकों क्षेत्रों में काफी उपयोगी हैं। इन अनुप्रयोगों को अधोलिखित सूची में दर्शाया गया है:

- **विकेन्द्रीकरण प्रणाली** (Decentralised System) हेतु अंतरिक्ष आधारित निवेश में
- राष्ट्रीय शहरी सूचना प्रणाली में
- इसरो आधारित **आपदा प्रबंधन सहायता कार्यक्रम** में
- **जैव विविधताओं** (Biodiversity) की विषेशताओं का अध्ययन करने में
- **फसल वाले क्षेत्रों** एवं महत्वपूर्ण फसलों के उत्पादन सम्बन्धी संरक्षण में
- **सूखा की निगरानी एवं मूल्यांकन में**
- **बाढ़ संभावित क्षेत्रों** (Flood risk zone) **के मैपिंग एवं बाढ़ के नुकसान का मूल्यांकन करने में**
- **भू-आकृति विज्ञान में भूमिगत जल संसाधन** (Underground Water Resourses) क्षेत्रों को ढूंढ़ने/पहचानने हेतु
- **सिंचाई क्षेत्र में निगरानी एवं निर्देशन में**
- **बर्फ को पिघलने से रोकने हेतु** इसके संरक्षण में एवं विभिन्न कार्यक्रमों हेतु इससे संबंधित योजनाएं बनाने में
- भूमि उपयोग एवं भूमि आच्छादन (Cover) को चित्रांकित करने में
- **शहरी क्षेत्रों के विकास हेतु** योजना बनाने में
- **वन्य सर्वेक्षण में**
- जलयुक्त/गीली या **आर्द्र भूमि की मैपिंग में**
- वातावरण पर पड़ने वाले प्रभावों के विश्लेषण में
- **खनिज संसाधनों को ढूंढ़ने में**
- **तटीय अध्ययन में**
- 1992 में सतत् विकास एकीकृत मिशन के अंतर्गत 174 जिलों के क्षेत्रीय एकीकृत भूमि एवं जल संसाधन विकास के अध्ययन एवं सर्वेक्षण में भी इसका उपयोग किया गया।

उपग्रहों से प्राप्त सभी आंकड़ों को भारतीय आंकड़ा केंद्रों (Indian data centres) में संचित किया जाता है एवं **भारतीय दूर संवेदी केंद्र**

(Indian remote sensing centre/NRSC) के आंकड़ा केंद्रों पर एवं इसरो के जियोपोर्टल (Geoportal) पर खुले प्लेटफॉर्म पर नागरिक इस्तेमाल के लिए भी ये आंकड़े उपलब्ध हैं।

देहरादून में अवस्थित रिमोट सेंसिंग के भारतीय संस्थान (Indian Institute of Remote Sensing - IIRS) एवं अंतरिक्ष एवं प्रौद्योगिकी शिक्षा (Space and Technology Education) के केंद्र इसकी कार्यकुशलता (Efficiency) बढ़ाने में इसरो की मदद करते हैं।

7.3.2 उपग्रह डेटा अधिग्रहण और प्रसंस्करण (Satellite Data Acquisition and Processing)

राष्ट्रीय सुदूर संवेदन केंद्र (NRSC), हैदराबाद, पूरे देश में सुदूर संवेदन डेटा के संग्रह, ग्रहण, संचालन और प्रसार के लिए नोडल एजेंसी है। एजेंसी देश के सभी रिमोट सेंसिंग उपग्रहों जैसे- रिसोर्ससैट-1, आईआरएस-1डी, ओशनसैट-1, कार्टोसैट-1, कार्टोसैट-2 और विदेशी के साथ-साथ प्रौद्योगिकी प्रयोग उपग्रहों जैसे- टेरा (Terra), ईआरएस (ERS) और एनओएए (NOAA) से डेटा प्राप्त और संचालित करती है। (**तालिका 7.2**)।

तालिका 7.2 भारत द्वारा प्रक्षेपित किए गए विभिन्न प्रकार के पृथ्वी परीक्षण उपग्रह तथा दूरसंवेदी उपग्रह (Different Earth Observation and Remote Sensing Satellites Launched by India)

उपग्रह का नाम (Name of Satellites)	प्रक्षेपण तारीख (Launch Date)	उपग्रह का वजन (Launch Mass)	प्रक्षेपण यान (Launch Vehicle)	कक्षा प्रकार Orbit Type	कक्षा (Application)	उपयोगिता (Remarks)
EOS-04	14 फरवरी, 2022		PSLV-C52/EOS-04 Mission		पृथ्वी अवलोकन	
EOS-03	12 अगस्त, 2021		GSLV-F10 / EOS-03	GTO	पृथ्वी अवलोकन	प्रक्षेपण असफल
EOS-01	07 नवंबर, 2020		PSLV-C49	LEO	पृथ्वी अवलोकन	आपदा प्रबंधन - पृथ्वी पर्यवेक्षण
RISAT-2BR1	11 दिसंबर, 2019	628 Kg		PSLV-C48/ RISAT-2BR1	LEO	RISAT-2BR1 रडार इमेजिंग पृथ्वी अवलोकन उपग्रह है। यह उपग्रह कृषि, वानिकी और आपदा प्रबंधन के क्षेत्र में सेवाएं प्रदान करेगा।
Cartosat-3	27 नवंबर, 2019	1625 Kg		PSLV-C47 / Cartosat-3 Mission	SSPO	यह तीसरी पीढ़ी का उन्नत उपग्रह है, जिसमें उच्च रिजोलुसन इमेजिंग क्षमता होती है। कार्टोसैट-3 बड़े पैमाने पर शहरी नियोजन, ग्रामीण संसाधन और बुनियादी ढांचे के विकास, तटीय भूमि उपयोग और भूमि कवर आदि (पृथ्वी अवलोकन) के लिए उपयोगकर्ता की बढ़ती मांगों को संबोधित करेगा।
RISAT-2B	22 मई, 2019	615 Kg		PSLV-C46 Mission	LEO	रडार इमेजिंग पृथ्वी अवलोकन उपग्रह। जीवन काल - 5 साल, लॉन्च मास -615 किलोग्राम, कार्य- आपदा प्रबंधन प्रणाली, पृथ्वी अवलोकन।
HysIS	29 नवंबर, 2018		PSLV-C43 / HysIS Mission	SSPO	पृथ्वी अवलोकन	
Cartosat-2 Series Satellite	12 जनवरी, 2018	710 Kg	PSLV-C40/Cartosat-2 Series Satellite Mission	SSPO	पृथ्वी अवलोकन	
Cartosat-2 Series Satellite	23 जून, 2017	712 kg	PSLV-C38 / Cartosat-2 Series Satellite	SSPO	पृथ्वी अवलोकन	
Cartosat-2 Series Satellite	15 फरवरी, 2017	714 kg	PSLV-C37 / Cartosat-2 Series Satellite	SSPO	पृथ्वी अवलोकन	
RESOURCESAT-2A	07 दिसम्बर, 2016	1235 kg	PSLV-C36 / RESOURCESAT-2A	SSPO	पृथ्वी अवलोकन	
SCATSAT-1	26 सितम्बर, 2016	371 kg	PSLV-C35 / SCATSAT-1	SSPO	जलवायु व पर्यावरण	
INSAT-3DR	08 सितम्बर, 2016	2211 kg	GSLV-F05 / INSAT-3DR	GSO	जलवायु व पर्यावरण, आपदा प्रबंधन प्रणाली	
CARTOSAT-2 Series Satellite	22 जून, 2016	737.5 kg	PSLV-C34 / CARTOSAT-2 Series Satellite	SSPO	पृथ्वी अवलोकन	
INSAT-3D	26 जुलाई, 2013	2060 Kg	Ariane-5 VA-214	GSO	जलवायु व पर्यावरण, आपदा प्रबंधन प्रणाली	

उपग्रह का नाम (Name of Satellites)	प्रक्षेपण तारीख (Launch Date)	उपग्रह का वजन (Launch Mass)	प्रक्षेपण यान (Launch Vehicle)	कक्षा प्रकार Orbit Type	कक्षा (Application)	उपयोगिता (Remarks)
SARAL	25 फरवरी, 2013	407 kg	PSLV-C20/SARAL	SSPO	जलवायु व पर्यावरण, पृथ्वी अवलोकन	
RISAT-1	26 अप्रैल, 2012	1858 kg	PSLV-C19/RISAT-1	SSPO	पृथ्वी अवलोकन	
Megha-Tropiques	12 अक्टूबर, 2011	1000 kg	PSLV-C18/Megha-Tropiques	SSPO	जलवायु व पर्यावरण, पृथ्वी अवलोकन	–
RESOURCESAT-2	20 अप्रैल, 2011	1206 kg	PSLV-C16/ RESOURCESAT-2	SSPO	पृथ्वी अवलोकन	–
CARTOSAT-2B	12 जुलाई, 2010	694 kg	PSLV-C15/ CARTOSAT-2B	SSPO	पृथ्वी अवलोकन	–
Oceansat-2	23 सितम्बर, 2009	960 kg	PSLV-C14 / OCEANSAT-2	SSPO	जलवायु व पर्यावरण, पृथ्वी अवलोकन	–
RISAT-2	20 अप्रैल, 2009	300 kg	PSLV-C12 / RISAT-2	SSPO	पृथ्वी अवलोकन	–
IMS-1	28 अप्रैल, 2008	83 kg	PSLV-C9 / CARTOSAT - 2A	SSPO	पृथ्वी अवलोकन	–
CARTOSAT - 2A	28 अप्रैल, 2008	690 Kg	PSLV-C9 / CARTOSAT - 2A	SSPO	पृथ्वी अवलोकन	–
CARTOSAT-2	10 जनवरी, 2007	650 kg	PSLV-C7 / CARTOSAT-2 / SRE-1	SSPO	पृथ्वी अवलोकन	–
CARTOSAT-1	05 मई, 2005	1560 kg	PSLV-C6/ CARTOSAT-1/ HAMSAT	SSPO	पृथ्वी अवलोकन	–
IRS-P6 / RESOURCESAT-1	17 अक्टूबर, 2003	1360 kg	PSLV-C5 / RESOURCESAT-1	SSPO	पृथ्वी अवलोकन	–
The Technology Experiment Satellite (TES)	22 अक्टूबर, 2001		PSLV-C3 / TES	SSPO	पृथ्वी अवलोकन	–
Oceansat(IRS-P4)	26 मई, 1999	1050 kg	PSLV-C2/IRS-P4	SSPO	पृथ्वी अवलोकन	–
IRS-1D	29 सितम्बर, 1997	1250kg	PSLV-C1 / IRS-1D	SSPO	पृथ्वी अवलोकन	–
IRS-P3	21 मार्च, 1996	920 kg	PSLV-D3 / IRS-P3	SSPO	पृथ्वी अवलोकन	–
IRS-1C	28 दिसम्बर, 1995	1250 kg	Molniya	SSPO	पृथ्वी अवलोकन	–
IRS-P2	15 अक्टूबर, 1994	804 kg	PSLV-D2	SSPO	पृथ्वी अवलोकन	–
IRS-1E	20 सितम्बर, 1993	846 kg	PSLV-D1	LEO	पृथ्वी अवलोकन	प्रक्षेपण असफल
IRS-1B	29 अगस्त, 1991	975 kg	Vostok	SSPO	पृथ्वी अवलोकन	–
SROSS-2	13 जुलाई, 1988	150 kg	ASLV-D2		पृथ्वी अवलोकन, प्रयोगात्मक	प्रक्षेपण असफल
IRS-1A	17 मार्च, 1988	975 kg	Vostok	SSPO	पृथ्वी अवलोकन	–
Rohini Satellite RS-D2	17 अप्रैल, 1983	41.5 kg	SLV-3	LEO	पृथ्वी अवलोकन	–
Bhaskara-II	20 नवंबर, 1981	444 kg	C-1 Intercosmos	LEO	पृथ्वी अवलोकन, प्रयोगात्मक	–
Rohini Satellite RS-D1	31 मई, 1981	38 kg	SLV-3D1	LEO	पृथ्वी अवलोकन	–
Bhaskara-I	07 जून, 1979	442 kg	C-1 Intercosmos	LEO	पृथ्वी अवलोकन, प्रयोगात्मक	–

स्रोत: https://www.isro.gov.in (last accessed in June 2023)

भू-पर्यवेक्षण उपग्रहों तथा दूर संवेदी उपग्रहों का तुलनात्मक अध्ययन
(Comparative Study of Earth Observation Satellites and Remote Sensing Satellites)

संवेदी तकनीक का प्रयोग प्रत्यक्ष सम्पर्क किए बिना दूर से वस्तुओं का निरीक्षण एवं विश्लेषण करने के लिए किया जाता है। पृथ्वी के अध्ययन के दौरान 'पृथ्वी के निरीक्षण' शब्द का अर्थ होता है-निगरानी उपग्रहों द्वारा पृथ्वी की जानकारी प्राप्त करना।

सर्वाधिक व्यापक सुदूर संवेदी प्रणालियां प्रतिबिम्बित दृश्य प्रकाश को मापती हैं, लेकिन ये मनुष्य की आंख से न दिखाई पड़ने वाली विद्युत चुम्बकीय तरंगों जैसे-अवरक्त (IR), पराबैंगनी (UV) अथवा माइक्रोवेव विकिरणों को भी माप सकती हैं। वास्तविकता यह है कि विभिन्न वर्णक्रमीय तरंगदैर्ध्यों में उपग्रहों द्वारा किए गए मापन का प्रयोग अध्ययन के अधीन वस्तुओं के लक्षणों और गुणों के बारे में जानकारी प्राप्त करने के लिए किया जाता है।

कुछ मौसम विज्ञान संबंधी उपग्रह भूमध्यरेखा से 36000 किमी. ऊपर स्थित हैं, जबकि अन्य भू-संसाधन और मौसम विज्ञान उपग्रह पृथ्वी को लगभग 800 किमी. ऊँचाई पर घेरे हुए हैं। कुछ उपग्रह पृथ्वी को कभी-कभी बहुत अधिक विभेदन (Resolution) से देखते हैं, यहां तक कि 1 मीटर से भी कम, जबकि अन्य उपग्रह पृथ्वी को बार-बार कम विभेदन के साथ देखते हैं।

पृथ्वी के अवलोकन डेटा के प्रयोग से घटनाओं और सुविधाओं की विस्तृत शृंखला की निगरानी की जा सकती है; उदाहरण के लिए फीनोलॉजी (Phenology) वनस्पति बायोमॉस, भूमि और समुद्री सतह का तापमान, समुद्र की लवणता, पानी की गुणवत्ता, नलिकाएं आदि। इस प्रकार पृथ्वी के अवलोकन के आंकड़े एक शक्तिशाली उपकरण या प्रक्रियाओं के अनुपालन में उपस्थित रहते हैं, जो कि मानव या प्रकृति से प्रेरित होते हैं, जैसे-भूमि में परिवर्तन, जैव-भूरासायनिक चक्र, जलवायु परिवर्तन और जलवायु परिवर्तनशीलता।

7.4 भारतीय उपग्रह (इनसैट)/भूस्थैतिक उपग्रह जीसैट (Indian Satellite(INSAT)/Geostationary Satellite GSAT)

इसरो ने एशिया महाद्वीप के सबसे बड़े घरेलू संचार प्रणाली (Domestic Communication System) का विकास करने हेतु बहुद्देशीय (Multi purpose) उपग्रहों की एक श्रेणी का प्रक्षेपण किया। जिसे इनसैट (INSAT) या भारतीय राष्ट्रीय उपग्रह प्रणाली (Indian National Satellite System) नाम दिया गया। **ये उपग्रह प्रसारण (Broadcasting), खगोल विज्ञान (Astronomy), दूरसंचार (Telecommunication), राहत बचाव (Rescue) तथा खोजबीन (Search) के कार्यों में मदद करते हैं। यह ऑल इंडिया रेडियो (All India Radio/AIR), अंतरिक्ष विभाग Department of Space), दूरसंचार विभाग (Department of Telecommunication), दूरदर्शन (DD) तथा खगोल विज्ञान विभाग (Department of Astronomy) का संयुक्त कार्यक्रम है।** इसमें विभिन्न बैंडों पर दूरदर्शन तथा संचार के लिए उपग्रह लगाकर देश में इसकी सेवाएं प्रदान की जा रही हैं। इन उपग्रहों की क्षमता दक्षिण एशिया तथा हिंद महासागर क्षेत्र में अधिक प्रबल सिग्नल उत्पन्न करके सेवाओं को बेहतर बनाने की है।

इनसेट-1बी (INSAT-1B)के 1983 में स्थापित होने के साथ भारत के संचार क्षेत्र में एक बड़ी क्रांति शुरू हुई और बाद में इसमें निरंतरता बनी रही। जीसैट-17 इनसेट प्रणाली में कई उपग्रह शामिल हैं, जिसमें 15 परिचालन उपग्रह शामिल हैं, जिनमें-इनसेट-3ए, 3सी, 4ए, 4बी, 4सीआर और जीसैट-6, 7, 8, 9, 10, 12, 14, 15, 16 और 18 शामिल हैं।

3सी, विस्तारित सी, और Ku बैंड में 200 से अधिक ट्रांसपोंडर के साथ इनसेट प्रणाली दूरसंचार, टेलीविजन प्रसारण, उपग्रह समाचार इकट्ठा करने, सामाजिक अनुप्रयोगों, मौसम की भविष्यवाणी, आपदा चेतावनी और खोज और बचाव अभियानों के लिए सेवाएं प्रदान करता है।

पहले उपग्रह का नाम INSAT था लेकिन अब GSAT का उपयोग किया जाता है। INSAT 1 और 2 शृंखला (INSAT 2E को छोड़कर) प्रचलन से बाहर हो चुकी है लेकिन INSAT 3 और 4 शृंखला के कई उपग्रह कार्यशील हैं। संचार उपग्रहों की सूची **तालिका 7.3** में उल्लिखित है।

सबसे महत्वपूर्ण GSAT उपग्रह निम्नलिखित हैं।

GSAT-9/*सार्क उपग्रह 'पड़ोसी पहले नीति (Neighbours First Policy)' के तहत लॉन्च किया गया*

भारत द्वारा प्रक्षेपित **'दक्षिण भारतीय उपग्रह'** है। इसका प्रमुख उद्देश्य संपूर्ण दक्षिण एशियाई देशों में विभिन्न संचार कार्यक्रमों में सहयोग करना था। **इसका द्रव्यमान 2230 किलोग्राम था तथा इसका आकार घनाकार था।** GSAT-9 के द्वारा Ku बैंड में संचालित संचार ट्रांसपॉन्डर को ले जाया गया, **जिसकी कुल लागत 235 करोड़ रुपए थी। इसकी सहायता से आपदा प्रबंधन, दूरसंचार तथा कुछ अन्य क्षेत्रों में 6 देशों**-बांग्लादेश, श्रीलंका, नेपाल, भूटान, मालदीव तथा अफगानिस्तान को सहायता दी जाएगी। पाकिस्तान, जो कि सार्क का सदस्य है, इस कार्यक्रम का हिस्सा नहीं है। **यह उपग्रह सार्क उपग्रह (SAARC Satellite)** तथा **दक्षिण एशिया उपग्रह (South Asian Satellite) के नाम से भी प्रचलित है।**

GSAT-9 के प्रक्षेपण के साथ ही 2014 के सार्क सम्मेलन में प्रधानमंत्री नरेंद्र मोदी के द्वारा किए गए वादे को पूरा किया गया जिसके तहत उन्होंने पड़ोसी प्रथम की नीति का प्रदर्शन किया है।

इस उपग्रह को भू-स्थैतिक कक्षा में स्थापित किया गया, जिसकी सहायता से आपदा सहयोग हेतु संचार एवं संपर्क के जरिए दक्षिण एशियाई देशों की मदद की जाएगी। इस उपग्रह की सहायता से Ku बैंड के तहत संचालित ट्रांसपॉन्डर इन देशों को दूरस्थ शिक्षा, चिकित्सा तथा प्रसारण के क्षेत्र में अधिक योग्य बनायेंगे। सभी देशों को इसके लिए कम-से-कम एक ट्रांसपॉन्डर प्रदान किया जाएगा जिसके तहत वह अपने कार्यक्रम का प्रसारण कर सकेंगे साथ ही साथ इसकी सहायता से विभिन्न देश अपने जमीनी स्तर के विनिर्माण कार्य को भी बढ़ावा देंगे। **इस उपग्रह को प्रक्षेपित करने का पूरा खर्च भारत के द्वारा उठाया गया।**

तालिका 7.3 भारत के संचार उपग्रहों की सूची (INSAT/GSAT) [List of Communication Satellite (INSAT/GSAT)]

	प्रक्षेपण की तारीख (Launch Date)	प्रक्षेपण द्रव्यमान (Launch Mass)	प्रक्षेपण वाहन (Launch Vehicle)	उपयोग (Application)	टिप्पणियाँ (Remarks)
CMS-01	17 दिसंबर, 2020		PSLV-C50	संचार	
GSAT-30	17 जनवरी, 2020	3357 kg	Ariane-5 VA-251	संचार	
GSAT-31	06 फरवरी, 2019	2536 kg	Ariane-5 VA-247	संचार	–
GSAT-7A	19 दिसंबर, 2018		GSLV-F11 / GSAT-7A Mission	संचार	–
GSAT-11 Mission	05 दिसंबर, 2018	5854 kg	Ariane-5 VA-246	संचार	–
GSAT-29	14 नवंबर, 2018	3423 kg	GSLV Mk III-D2 / GSAT-29 Mission	संचार	–
GSAT-6A	29 मार्च, 2018		GSLV-F08/GSAT-6A Mission	संचार	–
GSAT-17	29 जून, 2017	3477 kg	Ariane-5 VA-238	संचार	–
GSAT-19	05 जून, 2017	3136 kg	GSLV Mk III-D1/GSAT-19 Mission	संचार	–
GSAT-9	05 मई, 2017	2230 kg	GSLV-F09 / GSAT-9	संचार	–
GSAT-18	06 अक्टूबर, 2016	3404 kg	Ariane-5 VA-231	संचार	–
GSAT-15	11 नवंबर, 2015	3164 kg	Ariane-5 VA-227	संचार, नेविगेशन	–
GSAT-6	27 अगस्त, 2015	2117 kg	GSLV-D6	संचार	–
GSAT-16	07 दिसंबर, 2014	3181.6 kg	Ariane-5 VA-221	संचार	–
GSAT-14	05 जनवरी, 2014	1982 kg	GSLV-D5/GSAT-14	संचार	–
GSAT-7	30 अगस्त, 2013	2650 kg	Ariane-5 VA-215	संचार	–
GSAT-10	29 सितम्बर, 2012	3400 kg	Ariane-5 VA-209	संचार, नेविगेशन	–
GSAT-12	15 जुलाई, 2011	1410 kg	PSLV-C17/GSAT-12	संचार	–
GSAT-8	21 मई, 2011	3093 kg	Ariane-5 VA-202	संचार, नेविगेशन	–
GSAT-5P	25 दिसंबर, 2010	2310 kg	GSLV-F06 / GSAT-5P	संचार	प्रक्षेपण असफल
GSAT-4	15 अप्रैल, 2010	2220 kg	GSLV-D3 / GSAT-4	संचार	प्रक्षेपण असफल
INSAT-4CR	02 सितम्बर, 2007	2130 kg	GSLV-F04 / INSAT-4CR	संचार	–
INSAT-4B	12 मार्च, 2007	3025 kg	Ariane5	संचार	–
INSAT-4C	10 जुलाई, 2006		GSLV-F02 / INSAT-4C	संचार	प्रक्षेपण असफल
INSAT-4A	22 दिसंबर, 2005	3081 kg	Ariane5-V169	संचार	–
HAMSAT	05 मई, 2005		PSLV-C6/CARTOSAT-1/HAMSAT	संचार	–
EDUSAT	20 सितम्बर, 2004	1950.5 kg	GSLV-F01 / EDUSAT(GSAT-3)	संचार	–
INSAT-3E	28 सितम्बर, 2003	2775 kg	Ariane5-V162	संचार	–
GSAT-2	08 मई, 2003	1800 kg	GSLV-D2 / GSAT-2	संचार	–

स्रोत: https://www.isro.gov.in (last accessed in June 2023)

7.5 एक्सीडसैट–1 (भारत का प्रथम निजी उपग्रह) EXSEEDSAT-1 (India's Ist Private Satellite)

प्रक्षेपण के साथ एक्सीडसैट भारत का प्रथम निजी वित्त पोषित उपग्रह बन गया है।

- अंतरिक्ष में इसका प्रक्षेपण स्पेस-एक्स (Space-X) द्वारा 17 देशों के अन्य 63 उपग्रहों के साथ किया गया था।
- इस छोटे उपग्रह का आकार रुबिक क्यूब (Rubic's Cube) का दोगुना (10 सेमी. × 10 सेमी. × 10 सेमी.) है तथा यह एल्यूमिनियम मिश्र धातु से बना है।
- यह उपग्रह रेडियो प्रेमी समुदाय को सेवाएं देगा।
- इसका जीवनकाल 5 वर्ष है तथा यह राष्ट्र में 145.9 मेगा हर्ट्ज की बारम्बारता के सिग्नल टीवी ट्यूनर के माध्यम से प्राप्त होगा।

यह उपग्रह निजी रेडियो संचालकों को काफी बढ़ावा देगा और उनके बीच संदेश समन्वय करने की सुविधा प्रदान करेगा तथा आपदा के समय देश की सहायता करेगा।

7.6 प्रक्षेपण यान प्रौद्योगिकी (Launch Vehicle Technology)

प्रक्षेपण यान (Launch Vehicle)

प्रक्षेपण यान वह प्रौद्योगिकी है, जो थ्रस्टर्स एवं बूस्टर्स के संयोग के सहयोग से अंतरिक्ष यान को अंतरिक्ष तक ले जाने का कार्य करती है। उपग्रहों को उनकी आवश्यकतानुसार सही कक्षा में प्रक्षेपित करने हेतु इस प्रौद्योगिकी में अत्यधिक कुशलता, बारीकी एवं ऊर्जा की आवश्यकता होती है। देशभर में स्थित इसरो के कई, केंद्र प्रक्षेपण यान के निर्माण में अपना योगदान दे रहे हैं और अपनी विशेषता एवं आवश्यकता के अनुरूप इस कार्य को कर रहे हैं। सर्वप्रथम प्रक्षेपण यान के डिजाइनिंग एवं विकास का कार्य मुख्यत: तिरुवनंतपुरम अवस्थित विक्रम साराभाई अंतरिक्ष केंद्र (Vikram Sarabhai Space Centre) में, इसके बाद द्रव एवं क्रायोजेनिक चरण कार्य द्रव प्रणोदन प्रणाली केंद्र (Liquid Propulsion System Centre), वल्लामैया एवं इसरो प्रणोदन कॉम्प्लेक्स (ISRO Propulsion Complex) महेंद्रगिरि में, फिर सतीश धवन अंतरिक्ष केंद्र (Satish Dhawan Space Centre) जिसे भारत के अंतरिक्ष पोर्ट (Space Port) के नाम से जाना जाता है, में इसका एकीकरण (Integrate) किया जाता है। सतीश धवन अंतरिक्ष केंद्र में दो कार्यरत लॉन्च पैड अवस्थित हैं, जहां सभी उड़ानों को अंजाम दिया जाता है, वहीं एक और लॉन्च पैड का निर्माण कार्य अभी प्रगति पर है।

ध्वन्यात्मक रॉकेट (Sounding Rocket)

ध्वन्यात्मक रॉकेट ऐसे रॉकेट होते हैं, जिनका प्रक्षेपण ऊपरी वायुमंडल एवं अंतरिक्ष अनुसन्धान हेतु किया जाता है, ये एक या दो चरणों वाले ठोस प्रणोदक युक्त रॉकेट होते हैं। यह भविष्य में प्रक्षेपित किये जाने वाले किसी आदर्श उपग्रह के प्रक्षेपण हेतु किये जाने वाले परीक्षण को एक सस्ता प्लेटफॉर्म प्रदान करते हैं। 21 नवंबर, 1963 को केरल के तिरुवनंतपुरम के पास स्थित थुम्बा से पहले साउंडिंग रॉकेट के प्रक्षेपण ने भारतीय अंतरिक्ष कार्यक्रम की शुरुआत को चिह्नित किया। इसे रूस से आयात किया गया था।

भारत प्राय: इस रॉकेट का आयात रूस तथा फ्रांस से करता था। रूसी रॉकेट M–100, 70 किलोग्राम तक के वजन को 85 किलोमीटर की ऊँचाई तक ले जाने में सक्षम था। वहीं फ्रांस का रॉकेट सेंसर 30 किलोग्राम तक के पेलोड को 150 किलोमीटर तक की ऊँचाई तक ले जाने में सक्षम था। इसरो ने अपने ध्वन्यात्मक रॉकेट का प्रक्षेपण 1975 में प्रारम्भ किया, जिसे इसरो ने रोहिणी ध्वन्यात्मक रॉकेट कार्यक्रम का नाम दिया।

भारत ने अब तक निम्नलिखित पांच पीढ़ी के प्रक्षेपण यान प्रौद्योगिकी का विकास कर लिया है:

- **प्रथम पीढ़ी : उपग्रह प्रक्षेपण यान (First Generation: Satellite Launching Vehicle/SLV)**
- **द्वितीय पीढ़ी : संवर्द्धित उपग्रह प्रक्षेपण यान (Second Generation : Augmented Satellite Launching Vehicle/ASLV)**
- **तृतीय पीढ़ी: ध्रुवीय उपग्रह प्रक्षेपण यान (Third Generation: Polar Satellite Launching Vehicle/PSLV)**
- **चतुर्थ पीढ़ी: भू-स्थैतिक उपग्रह प्रक्षेपण यान (Fourth Generation: Geosynchronous Satellite Launching Vehicle GSLV MK I & GSLV MK II)**
- **पांचवीं पीढ़ी: GSLV MK III / LVM III**

7.6.1 प्रथम पीढ़ी : उपग्रह प्रक्षेपण यान (First Generation: Satellite Launching Vehicle/SLV)

उपग्रह प्रक्षेपण यान भारत का प्रथम प्रायोगिक उपग्रह प्रक्षेपण यान था, जो पूर्णत: ठोस प्रणोदक से संचालित होने वाला चार चरणों वाला यान था। **यह 40 किलोग्राम तक के पेलोड को निम्न पृथ्वी कक्षा में 400 किलोमीटर तक की ऊँचाई तक ले जाने में सक्षम था।** अगस्त 1979 में इस श्रेणी के प्रक्षेपण यान SLV–3 की प्रायोगिक उड़ान आंशिक रूप से सफल रही। **8 जुलाई, 1980 को इसका प्रक्षेपण पुन: श्रीहरिकोटा रेंज से किया गया, जो सफल रहा। इसके जरिये रोहिणी RS-1 उपग्रह को सफलतापूर्वक कक्षा में स्थापित कर दिया गया। इस कार्यक्रम का नेतृत्व एपीजे अब्दुल कलाम कर रहे थे।** अब यह प्रक्षेपण यान विनिमुक्त (Retire) हो चुका है।

तालिका 7.4 भारत के द्वारा प्रयोग किये गए विभिन्न एसएलवी (SLV launched by India)

प्रक्षेपक (Launcher)	प्रक्षेपण तिथि (Launch date)	पेलोड (Payload)
SLV-3	17 अप्रैल, 1983	Rohini Satellite RS-D2
SLV-3D1	31 मई, 1981	Rohini Satellite RS-D1
SLV-3E2	18 जुलाई, 1980	Rohini Satellite RS-1
SLV-3E1	10 अगस्त, 1979	Rohini Technology Payload (RTP)

7.6.2 द्वितीय पीढ़ी : संवर्द्धित उपग्रह प्रक्षेपण यान (Second Generation: Augmented Satellite Launching Vehicle/ASLV)

संवर्द्धित उपग्रह प्रक्षेपण कार्यक्रम (ASLV) को पृथ्वी की निम्न कक्षा में पेलोड की क्षमता को बढ़ाकर 150 किलोग्राम तक करने के उद्देश्य से

शुरू किया गया था। यह एक पांच चरणों में संपन्न होने वाला प्रक्षेपण यान तकनीक पर आधारित था, जिसके सभी चरणों में ठोस प्रणोदक का इस्तेमाल किया जाता है। संवर्द्धित उपग्रह प्रक्षेपण यान कार्यक्रम के अंतर्गत चार उड़ानों का आयोजन किया गया। अब यह विनिमुक्त हो चुका है।

तालिका 7.5 भारत के द्वारा उपयोग किये गए विभिन्न ASLV (Different ASLV used by India)

प्रक्षेपक (Launcher)	प्रक्षेपण तिथि (Launch date)	पेलोड (Payload)
ASLV-D4	05 मई, 1994	SROSS-C2
ASLV-D3	20 मई, 1992	SROSS-C
ASLV-D2	13 जुलाई, 1988	SROSS-2
ASLV-D1	24 मार्च, 1987	SROSS-1

7.6.3 तृतीय पीढ़ी: ध्रुवीय उपग्रह प्रक्षेपण यान (Third Generation: Polar Satellite Launching Vehicle/PSLV)

यह भारत का सर्वाधिक विश्वसनीय एवं प्रचलित प्रक्षेपण यान है, जो पिछले कई वर्षों से सेवा में कार्यरत है। इसकी प्रसिद्धि का प्रमुख कारण मार्स ऑर्बिटर मिशन, भारतीय क्षेत्रीय नेविगेशन उपग्रह प्रणाली जैसे कुछ ऐतिहासिक मिशनों को सफल बनाना है। यह एक चार चरणों वाला बहु प्रणोदक [प्रथम चरण ठोस (HTPB, हाइड्रोक्सी टर्मिनेटेड पॉली ब्यूटाडाईन), द्वितीय चरण द्रव (UDMH, अनसिमेट्रिकल डाई मिथाइल हाईड्राजीन), तृतीय चरण ठोस (HTPB), चतुर्थ चरण द्रव (MMH, मोनोमिथाइल हाईड्राजीन + MON, नाइट्रोजन का मिश्रित ऑक्साइड)] संचालित प्रक्षेपण यान है, इसमें प्रयुक्त प्रणोदक, ईंधन एवं ऑक्सीकारक का मिश्रण है। ऑक्सीकारक ईंधन के जलने के लिए आवश्यक है। प्रणोदन प्रौद्योगिकी में ऑक्सीकारक के रूप में नाइट्रोजन टेट्रा ऑक्साइड का भी उपयोग किया जाता है। **PSLV तीन अलग-अलग स्वरूपों- PSLV G, PSLV CA, तथा PSLV XL में उपलब्ध है।**

SSPO (सन सिंक्रोनस पोलर ऑर्बिट) का पेलोड [Payload to SSPO (Sun Synchronous Polar Orbit)]: : 1,750 किग्रा.

पीएसएलवी ने इसरो का वर्कहॉर्स 'अपना खिताब' अर्जित किया, जो उसके लो अर्थ ऑर्बिट, विशेष रूप से उपग्रहों की आईआरएस श्रृंखला में लगातार विभिन्न उपग्रहों को वितरित करने के लिए प्राप्त हुआ है। यह 600 किमी ऊँचाई की सूर्य-सिंक्रोनस ध्रुवीय कक्षाओं में 1,750 किलोग्राम पेलोड तक ले जा सकता है

जीटीओ (GTO) का पेलोड: 1,425 किग्रा.

अपनी बेजोड़ विश्वसनीयता के कारण, PSLV का उपयोग विभिन्न उपग्रहों को जियोसिंक्रोनस और जियोस्टेशनरी कक्षाओं में लॉन्च करने के लिए भी किया गया है, जैसे-IRNSS उपग्रहों का समूह।

इसकी डिजाइनिंग एवं विकास का कार्य तिरुवनंतपुरम अवस्थित विक्रम साराभाई अंतरिक्ष केंद्र में किया गया। अधिकतर विकास के कार्य इसी केंद्र में किये जाते हैं। इसरो का आंतरिक प्रणाली इकाई (Inertial System Unit) इसके आंतरिक प्रणाली का, द्रव प्रणोदन प्रणाली केंद्र (Liquid Propulion System Centre) द्वितीय व चतुर्थ चरण के प्रणोदन प्रणाली एवं अभिक्रिया प्रणाली का, सतीश धवन अंतरिक्ष केंद्र ठोस प्रणोदन प्रणाली का एवं प्रक्षेपण के कार्य की जिम्मेदारी निभाते हैं।

7.6.3.1 हाल के PSLV की सूची (List of recent PSLV)

(1) PSLV-C49/EOS-01

PSLV ने श्रीहरिकोटा से EOS-01 और नौ अन्य ग्राहक उपग्रहों का सफलतापूर्वक प्रक्षेपण किया। यह PSLV की 51वीं उड़ान है, जिसने 07 नवंबर, 2020 को सतीश धवन अंतरिक्ष केंद्र (SDSC), श्रीहरिकोटा से नौ अंतरराष्ट्रीय ग्राहक उपग्रहों के साथ सफलतापूर्वक EOS-01 का प्रक्षेपण किया।

- पीएसएलवी-सी49 'डीएल' कॉन्फ़िगिरेशन (2 ठोस स्ट्रेप-ऑन मोटर्स के साथ) में पीएसएलवी की दूसरी उड़ान है।
- EOS-01 एक पृथ्वी अवलोकन उपग्रह है, जो कृषि, वानिकी और आपदा प्रबंधन सहायता में अनुप्रयोगों में सहयोगी है।
- लिथुआनिया (1), लक्जमबर्ग (4) और अमेरिका (4) के नौ ग्राहक उपग्रहों को न्यू स्पेस इंडिया लिमिटेड (NSIL) के साथ एक वाणिज्यिक व्यवस्था के तहत प्रक्षेपित किया गया।

(2) PSLV-C50/CMS-01

भारत के संचार उपग्रह CMS-01 को PSLV-C50 ने 17 दिसंबर, 2020 को श्रीहरिकोटा के सतीश धवन अंतरिक्ष केंद्र (SDSC) से सफलतापूर्वक प्रक्षेपित किया था।

- PSLV-C50 ने CMS-01 को SDSC के दूसरे लॉन्च पैड से प्रक्षेपित किया।
- लगभग 20 मिनट 12 सेकंड की उड़ान के बाद, यान ने योजना के अनुसार उपग्रह को निश्चित कक्षा में स्थापित किया।
- स्थापित होने के बाद CMS-01 के सोलर पैनल अपने आप तैनात हो गए और हासन में इसरो की मास्टर कंट्रोल फैसिलिटी ने सैटेलाइट पर नियंत्रण स्थापित कर लिया। आने वाले दिनों में, अपने निर्धारित स्थान पर भूस्थैतिक कक्षा में उपग्रह को स्थापित करने के लिए उपग्रह की कक्षा में बदलाव को निष्पादित किया जाएगा।
- PSLV-C50 PSLV की 52 वीं उड़ान और 'XL' कॉन्फ़िगिरेशन (6 स्ट्रैप-ऑन मोटर्स के साथ) में PSLV की 22वीं उड़ान है।
- यह SDSC, श्रीहरिकोटा से 77वां प्रक्षेपण वाहन मिशन था।

(3) PSLC-C51

यह इसरो के प्रक्षेपण यान की 53वीं उड़ान थी और इसकी वाणिज्यिक शाखा, न्यू स्पेस इंडिया लिमिटेड का पहला समर्पित मिशन था। यह मिशन SpaceflightInc., अमेरिका के साथ एक वाणिज्यिक व्यवस्था के तहत शुरू किया गया था।

यान से ले जाए गए उपग्रह:

यह 19 उपग्रहों (ब्राजील के ऑप्टिकल पृथ्वी अवलोकन उपग्रह, अमेज़ोनिया-1, और 18 सह यात्री उपग्रहों सहित-भारत से पांच और अमेरिका से 13 उपग्रह) को लेकर गया।

- Amazonia-1 पूरी तरह से ब्राजील निर्मित पहला उपग्रह है, जिससे अमेज़न के जंगलों की निगरानी करने में मदद मिलेगी।
- Amazonia-1 को सूर्य-समकालिक ध्रुवीय कक्षा में 758 किमी ऊँचाई की कक्षा में स्थापित किया गया था।

तालिका 7.6 भारत के द्वारा प्रक्षेपित विभिन्न ध्रुवीय उपग्रह प्रक्षेपण यान (Different PSLV launched by India)

प्रकार (Title)	प्रक्षेपण तिथि (Launch date)	प्रक्षेपक प्रकार (Launcher type)	कक्षा (Orbit)	पेलोड (Payload)
PSLV-C55/TeLEOS-2 Mission	22 अप्रैल, 2023	PSLV-CA	TeLEOS-2	यह एक सिंथेटिक एपर्चर रडार (SAR) पेलोड ले जाता है।
PSLV-C54/EOS-06 Mission	26 नवम्बर, 2022	PSLV-XL	EOS-06	उपग्रह ऑनबोर्ड पर चार महत्वपूर्ण पेलोड ले जाता है। ओशियन कलर मॉनिटर (OCM-3), सी सर्फेस टेम्परेचर मॉनिटर (SSTM), कू-बैंड स्कैटरोमीटर (SCAT-3), ARGOS
PSLV-C53/DS-EO Mission	30 जून, 2022			इसमें एक इलेक्ट्रो-ऑप्टिक, मल्टी-स्पेक्ट्रल पेलोड है, जो भूमि वर्गीकरण के लिए पूर्ण रंगीन छवियां प्रदान करेगा और मानवीय सहायता और आपदा राहत जरूरतों को पूरा करेगा।
PSLV-C52/EOS-04 Mission	14 फरवरी, 2022	PSLV-XL	SSPO	
PSLV&C51@Amazonia-1	28 फरवरी, 2021	PSLV-DL		
PSLV&C50@CMS-01	17 दिसम्बर, 2020	PSLV-XL	GSO	CMS-01
PSLV&C49@EOS-01	7 नवम्बर, 2020	PSLV-DL	LEO	EOS-01
PSLV-C48/RISAT-2BR1	11 दिसम्बर, 2019	PSLV-QL		RISAT-2BR1
PSLV-C47 / CARTOSAT-3 Mission	27 नवम्बर, 2019	PSLV-XL	SSPO	Cartosat-3
PSLV-C46 Mission	22 मई, 2019	PSLV-CA		
PSLV-C45/EMISAT MISSION	1 अप्रैल, 2019	PSLV		
PSLV-C44	24 जनवरी, 2019	PSLV-DL	SSPO	
PSLV-C43 / HysIS Mission	29 नवम्बर, 2018	PSLV	SSPO	HysIS
PSLV-C42 Mission	16 सितम्बर, 2018	PSLV	SSPO	
PSLV-C41/IRNSS-1I	12 अप्रैल, 2018	PSLV-XL	GSO	IRNSS-1I
PSLV-C40/CARTOSAT-2 Series Satellite Mission	12 जनवरी, 2018	PSLV-XL	SSPO	Cartosat-2 Series Satellite
PSLV-C39/IRNSS-1H Mission	31 अगस्त, 2017	PSLV-XL	IRNSS-1H	
PSLV-C38/CARTOSAT-2 Series	23 जून, 2017	PSLV-XL	SSPO	CARTOSAT-2 series satellite
PSLV-C37CARTOSAT-2 Series	15 फरवरी, 2017	PSLV-XL	SSPO	CARTOSAT-2 series satellite इसने 104 उपग्रहों को सफलतापूर्वक कक्षा में स्थापित किया है - जो अब तक एक ही मिशन में लॉन्च किए गए उपग्रहों की सर्वाधिक संख्या है।
PSLV-C36/RESOURCESAT-2A	07 दिसम्बर, 2016	PSLV-XL	SSPO	RESOURCESAT-2A
PSLV-C35/SCATSAT-1	26 सितम्बर, 2016	PSLV	SSPO	SCATSAT-1
PSLV-C34/CARTOSAT-2	22 जून, 2016	PSLV-XL	SSPO	CARTOSAT-2 Series Satellite
		Series Satellite		
PSLV-C33/IRNSS-1G	28 अप्रैल, 2016	PSLV-XL	GTO	IRNSS-1G
PSLV-C32/IRNSS-1F	10 मार्च, 2016	PSLV-XL	GTO	IRNSS-1F
PSLV-C31/IRNSS-1E	20 जनवरी, 2016	PSLV-XL	GTO	IRNSS-1E
PSLV-C29/TeLEOS-1 Mission	16 दिसम्बर, 2015	PSLV-CA	LEO	TeLEOS-1 Mission
PSLV-C30/Astrosat MISSION	28 सितम्बर, 2015	PSLV-XL	LEO	Astrosat
PSLV-C28/DMC3 Mission	10 जुलाई, 2015	PSLV-XL	LEO	DMC3 Mission
PSLV-C27/IRNSS-1D	28 मार्च, 2015	PSLV-XL	GTO	IRNSS-1D

प्रकार (Title)	प्रक्षेपण तिथि (Launch date)	प्रक्षेपक प्रकार (Launcher type)	कक्षा (Orbit)	पेलोड (Payload)
PSLV-C26/IRNSS-1C	16 अक्टूबर, 2014	PSLV-XL	GTO	IRNSS-1C
PSLV-C23	30 जून, 2014	PSLV-CA	SSPO	
PSLV-C24/IRNSS-1B	04 अप्रैल, 2014	PSLV&XL	GTO	IRNSS-1B
PSLV-C25	05 नवम्बर, 2013	PSLV-XL	HEO	मंगल ऑर्बिटर मिशन अंतरिक्ष यान
PSLV-C22/IRNSS-1A	01 जुलाई, 2013	PSLV-XL	GTO	IRNSS-1A
PSLV-C20/SARAL	25 फरवरी, 2013	PSLV-CA	SSPO	SARAL
PSLV-C21	09 सितम्बर, 2012	PSLV-CA	SSPO	इसने उपग्रहों में शतक पूरा किया
PSLV-C19/RISAT-1	26 अप्रैल, 2012	PSLV-XL	SSPO	RISAT-1
PSLV-C18/Megha-Tropiques	12 अक्टूबर, 2011	PSLV-CA	SSPO	Megha-Tropiques
PSLV-C17/GSAT-12	15 जुलाई, 2011	PSLV-XL	GTO	GSAT-12
PSLV-C16/RESOURCESAT-2	20 अप्रैल, 2011	PSLV-G	SSPO	RESOURCESAT-2 YOUTHSAT
PSLV-C15/CARTOSAT-2B	12 जुलाई, 2010	PSLV-CA	SSPO	CARTOSAT-2B
PSLV-C14/OCEANSAT-2	23 सितम्बर, 2009	PSLV-CA	SSPO	Oceansat-2
PSLV-C12/RISAT-2	20 अप्रैल, 2009	PSLV-CA	SSPO	RISAT-2
PSLV-C11	22 अक्टूबर, 2008	PSLV-XL	Lunar	Chandrayaan-1
PSLV-C9/CARTOSAT – 2A	28 अप्रैल, 2008	PSLV-CA	SSPO	CARTOSAT – 2A IMS-1
PSLV-C10	21 जनवरी, 2008	PSLV-CA	HEO	TECSAR
PSLV-C8	23 अप्रैल, 2007	PSLV-CA	LEO	AGILE
PSLV-C7/CARTOSAT-2/SRE-110	जनवरी, 2007	PSLV-G	SSPO	CARTOSAT-2 SRE-1
PSLV-C6/CARTOSAT-1/HAMSAT05	मई 2005	PSLV-G	SSPO	CARTOSAT-1 HAMSAT
PSLV-C5/RESOURCESAT-1	17, अक्टूबर 2003	PSLV-G	SSPO	IRS-P6/RESOURCESAT-1
PSLV-C4/KALPANA-1	12, सितम्बर 2002	PSLV-G	GTO	KALPANA-1
PSLV-C3/TES	22, अक्टूबर 2001	PSLV-G	SSPO	The Technology Enperiment Satellite (TES)
PSLV-C2/IRS-P4	26, मई 1999	PSLV-G	SSPO	Oceansat (IRS-P4)
PSLV-C1/IRS-1D	29, सितम्बर 1997	PSLV-G	SSPO	IRS-1D
PSLV-D3/IRS-P3	21, मार्च 1996	PSLV-G	SSPO	IRS-P3
PSLV-D2	15, अक्टूबर 1994	PSLV-G	SSPO	IRS-P2 (first successful)
PSLV-D1	20, सितम्बर 1993	PSLV-G	SSPO	IRS-1E (But failed)
PSLV-C49/EOS-01	07 नवम्बर, 2020	PSLV-DL	LEO	EOS-01
PSLV-C50/CMS-01	17 दिसम्बर, 2020	PSLV-XL	GSO	CMS-01
PSLV/C51/Amazonia-1	28 फरवरी, 2021	PSLV-DL		

[SSPO: सूर्य-तुल्यकालिक ध्रुवीय कक्षा (Sun Synchronous Polar Orbit/Polar Sun-sychronous Orbit), GTO: जियोसिंक्रोनस ट्रांसफर ऑर्बिट (Geosynchronous Transfer Orbit), LEO: निम्न पृथ्वी कक्षा (Low Earth Orbit), HEO: अत्यधिक दीर्घवृत्ताकार कक्षा (High Earth Orbit), GTO: भूस्थैतिक ट्रांसफर ऑर्बिट (Geostationary Transfer Orbit)]

स्रोत: https://www.isro.gov.in (last accessed in June 2023)

भारत के उपग्रह हैं:

1. स्पेस किड्ज इंडिया द्वारा निर्मित सतीश धवन सैट (एसडीसैट) जिसमें शीर्ष पैनल पर प्रधानमंत्री नरेंद्र मोदी की नक्काशी है।
2. एक नैनो-उपग्रह, जिसका उद्देश्य विकिरण स्तर, अंतरिक्ष मौसम का अध्ययन करना और लंबी दूरी की संचार प्रौद्योगिकियों का प्रदर्शन करना है।
3. UNITYsat, जो रेडियो रिले सेवाएं प्रदान करने के लिए तीन उपग्रहों का एक संयोजन है।
4. डीआरडीओ से संबंधित उपग्रह।

भगवत गीता का एक CD कार्ड भी बोर्ड पर भेजा गया था, जो मानवता के सर्वोच्च सम्मान के रूप में एकता की शिक्षा देता है।

7.6.4 चतुर्थ पीढ़ी: भू-तुल्यकालिक उपग्रह प्रक्षेपण यान (Fourth Generation: Geosynchronous Satellite Launching Vehicle GSLV)

GSLV का विकास इसरो द्वारा भू-तुल्यकालिक उपग्रहों को भू-स्थैतिक कक्षा में प्रक्षेपित करने हेतु किया गया। GSLV के विकास ने प्रक्षेपण यान हेतु दूसरे देशों पर भारत की निर्भरता को कम किया। इसमें प्रारंभिक रूप से S125 एवं S139 बूस्टर और L40 एवं L35.5 विकास द्रव ईंधन मोटर का इस्तेमाल किया जाता है। GSLV प्रक्षेपण यान तीन अलग अलग स्वरूपों में उपलब्ध हैं, **GSLV Mark I(a)** जिसकी क्षमता 1,500 किलोग्राम, **GSLV Mark I(b)** जिसकी क्षमता 1,900 किलोग्राम तथा द्रव प्रणोदन प्रणाली केंद्र, श्रीहरिकोटा, तमिलनाडु (LPSC) द्वारा विकसित **GSLV Mark II**, जिसमें क्रायोजेनिक इंजन का इस्तेमाल किया गया है और जिसकी क्षमता 2,500 किलोग्राम तक के पेलोड को भू-स्थैतिक ट्रांसफर कक्षा तथा 5000 तक के पेलोड को निम्न पृथ्वी कक्षा (LEO) तक ले जाने की है। यह तीन चरणों में संचालित होने वाला प्रक्षेपण यान है, जिसके प्रथम दो चरण PSLV की तरह ठोस एवं द्रव प्रकृति के ईंधन वाले तथा तृतीय चरण पूर्णत: भिन्न है, यह चरण **क्रायोजेनिक चरण (Cryogenic Stase/Phase)** है। पूर्व में भारत में रूस द्वारा विकसित क्रायोजेनिक इंजन का इस्तेमाल किया जाता था, परंतु अब भारत में द्रव प्रणोदन प्रणाली केंद्र में विकसित क्रायोजेनिक इंजन का इस्तेमाल किया जाता है, जिसका **प्रथम सफल उपयोग 15 जनवरी, 2014 को किया गया। देश में निर्मित क्रायोजनिक इंजन का इस्तेमाल कर भारत के द्वारा सफलतापूर्वक प्रक्षेपित प्रथम प्रक्षेपण यान GSLV-D5 है।**

प्रथम चरण: यह **मारेजिंग इस्पात/स्टील** (Maraging steal) का बना होता है, जिसमें ठोस प्रणोदक का इस्तेमाल किया जाता है।

द्वितीय चरण: इस चरण को **विकास इंजन** (Vikas Engine) द्वारा ऊर्जा प्रदान की जाती है तथा ईंधन के रूप में UDMH के साथ नाइट्रोजन टेट्रा-ऑक्साइड नामक ऑक्सीकारक का उपयोग किया जाता है।

तृतीय चरण: इसका संचालन स्वदेश में निर्मित क्रायोजेनिक इंजन की सहायता से किया जाता है, इसमें प्रणोदक हेतु एक-दूसरे से संरक्षित प्रकोष्ठों में द्रव हाइड्रोजन एवं द्रव ऑक्सीजन का इस्तेमाल किया जाता है।

क्रायोजेनिक इंजन (Cryogenic Engine)

क्रायोजेनिक एक **निम्न ताप आधारित** (Low Tempreture Based) प्रौद्योगिकी है। **इसके प्रणोदक में ईंधन के रूप में द्रव हाइड्रोजन एवं ऑक्सीकारक के रूप में द्रव ऑक्सीजन का इस्तेमाल किया जाता है। ऑक्सीजन - 183 डिग्री सेल्सियस ताप पर, जबकि हाइड्रोजन - 253 डिग्री सेल्सियस ताप पर द्रवीभूत होती है।**

इस निम्न ताप पर प्रणोदक का प्रवाह 40,000 rpm की दर से घूम रहे टर्बो पम्प की सहायता से कराया जाता है, वहीं प्रणोदन के भरने एवं उसे संचित (Store) करने की प्रक्रिया भी जटिल होती है। क्रायो इंजन तथा इसका परीक्षण चरण, क्रायो ईंधन का रखरखाव एवं परिवहन के भी कई संभावित खतरे हैं। द्रव एवं ठोस प्रणोदन रॉकेट चरणों के अपेक्षाकृत क्रायो रॉकेट चरण अधिक कुशलता से कार्य करता है एवं यह ईंधन को अधिक बेहतर तरीके से जलाता है। क्रायो प्रौद्योगिकी से चलने वाले प्रक्षेपण यान ठोस एवं द्रव प्रौद्योगिकी से चलने वाले प्रक्षेपण यानों के मुकाबले अधिक ऊँचाई तक पहुंचने में आवश्यक आवेग प्रदान करने में अधिक सक्षम होते हैं, जिसका लाभ पर्याप्त पेलोड को ले जाने में मिलता है।

जीएसएलवी-F08/ जीसैट-6ए अभियान (GSLV-F08/GSAT-6A Mission): जीएसएलवी-F08 जीएसएलवी की 12वीं तथा स्वदेशी

तालिका 7.7 भारत द्वारा प्रक्षेपित विभिन्न जीएसएलवी (Different GSLV launched by India)

प्रक्षेपण यान/उपग्रह (Launch Vehicle/Satellite)	प्रक्षेपण तिथि (Launch date)	प्रक्षेपक प्रकार (Launcher type)	कक्षा (Orbit)	पेलोड (Payload)	टिप्पणी (Remarks)
GSLV-F12/NVS-01 Mission	29 मई, 2023	GSLV	GTO	NVS-01	–
GSLV-F10 / EOS-03	12 अगस्त, 2021	GSLV	GTO	EOS-03	असफल मिशन
GSLV-F11 / GSAT-7A Mission	19 दिसम्बर, 2018	GSLV	–	GSAT-7A	–
GSLV-F08/GSAT-6A Mission	29 मार्च, 2018	GSLV	GSO	GSAT-6A	–
GSLV-F09 / GSAT-9	05 मई, 2017	GSLV	GSO	GSAT-9	–
GSLV-F05 / INSAT-3DR	08 सितम्बर, 2016	GSLV-MK-II	GTO	INSAT-3DR	–
GSLV-D6	27 अगस्त, 2015	GSLV-MK-II	GTO	GSAT-6	–
GSLV-D5/GSAT-14	05 जनवरी, 2014	GSLV-MK-II	GTO	GSAT-14	–
GSLV-F06 / GSAT-5P	25 दिसम्बर, 2010	GSLV-MK-II	GTO	GSAT-5P	असफल मिशन
GSLV-D3 / GSAT-4	15 अप्रैल, 2010	GSLV-MK-II	–	GSAT-4	असफल मिशन
GSLV-F04 / INSAT-4CR	02 सितम्बर, 2007	GSLV-MK-II	GTO	INSAT-4CR	–
GSLV-F02 / INSAT-4C	10 जुलाई, 2006	GSLV-MK-II	GTO	INSAT-4C	असफल मिशन
GSLV-F01 / EDUSAT(GSAT-3)	20 सितम्बर, 2004	GSLV-MK-II	GTO	EDUSAT	–
GSLV-D2 / GSAT-2	08 मई, 2003	GSLV-MK-II	GTO	GSAT-2	–
GSLV-D1 / GSAT-1	18 अप्रैल 2001	GSLV-MK-II	GTO	GSAT-1	–

स्रोत: https://www.isro.gov.in (last accessed in June 2023)

क्रायोजेनिक तकनीक (Cryogenic Technology)

क्रायोजेनिक तकनीक, क्रायोजेनिक विज्ञान पर आधारित उपयोगी अनुप्रयोगों का विकास है। यह -150°C से कम तापमान का अध्ययन है, जैसे कि किस प्रकार इतना न्यून तापमान उत्पन्न किया जाए तथा उस तापमान पर पदार्थों के व्यवहार का अध्ययन करना। क्रायोजेनिक एक ग्रीक शब्द है और इसका अर्थ है-"हिमीकरण करने वाली ठण्ड का उत्पादन।"

क्रायोजेनिक तकनीक/विज्ञान के विभिन्न क्षेत्र

- **क्रायोबॉयोलॉजी (Cryobiology):** यह जैवीय संसाधनों पर न्यून तापमान के प्रभाव का अध्ययन करता है, विशेषत: क्रायोसंरक्षण के उद्देश्य प्राप्ति के लिए।
- **क्रायोनिक्स (Cryonics):** यह मानव एवं जंतुओं के क्रायोसंरक्षण से संबंधित एक उभरती चिकित्सा तकनीक है, जो कि भविष्य में उपयोग की जा सकेगी।
- **क्रायोवैद्युतिकी (Cryoelectronics):** अति-न्यून तापमान पर अतिचालकता का शोध।
- **क्रायोट्रॉनिक्स (Cryotronics):** क्रायोवैद्युतिकी का वास्तविक अनुप्रयोग।

उपयोग में ली गई गैसें एवं भण्डारण

द्रवित नाइट्रोजन तथा द्रवित हीलियम का उपयोग क्रायोजेनिक अनुप्रयोगों में किया जाता है। अधिकांशत: द्रवित नाइट्रोजन का प्रयोग क्रायोजेनिक में किया जाता है। द्रवित हीलियम का उपयोग भी न्यूनतम तापमान तक पहुंचने के लिए किया जा सकता है। इन द्रव्यों को रखने के लिए एक विशेष प्रकार के कनस्तरों (Containers) का उपयोग किया जाता है, उन्हें देवर फ्लास्क (Dewar Flask) कहा जाता है।

अनुप्रयोग

1. **अतिचालकता (Super Conductivity):** क्रायोजेनिक पदार्थ जैसे कि द्रवित नाइट्रोजन अतिचालकता हेतु आवश्यक अनुप्रयोगों के लिए उपयोगी है।
2. **क्रायोजेनिक ईंधन (Cryogenic Fuel):** मुख्यत: द्रवित हाइड्रोजन का उपयोग रॉकेट ईंधन के रूप में किया जाता है। द्रवित ऑक्सीजन का उपयोग हाइड्रोजन के ऑक्सीकारक के तौर पर किया जाता है, लेकिन ऑक्सीजन को एक ईंधन नहीं माना जा सकता।
3. **क्रायोभण्डारण (Cryostorage):** क्रायोजेनिक गैसों का उपयोग जमे हुए भोजन के परिवहन में किया जाता है। जब भोजन की बड़ी मात्रा युद्ध क्षेत्रों, भूकम्प प्रभावित क्षेत्रों तक पहुंचाई जाती है, तो उन्हें लम्बे समय तक भण्डारित रखना होता है। अत: क्रायोजेनिक तकनीक का भोजन शीतलन में प्रयोग किया जाता है।
4. **क्रायोशीतलन (Cryocooling):** क्रायोजेनिक गैसों का उपयोग शीतलन (ऊष्मा संरचरण) के उद्देश्य से औद्योगिक अनुप्रयोगों जैसे कि विद्युत केबल आदि में किया जाता है।
5. **चुम्बकीय अनुनाद इमेजिंग (Magnetic Resonance Imaging):** यह वस्तुओं की इमेजिंग की एक तकनीक है, जहां विद्युत चुम्बकत्व द्वारा उत्पादित शक्तिशाली चुम्बकीय क्षेत्र की आवश्यकता होती है। उत्पादित क्षेत्र की शक्ति का निर्धारण अतिचालक चुम्बकों से भी किया जा सकता है। सामान्यत: अतिचालक कुण्डलियों के शीतलन के लिए द्रवित हीलियम का उपयोग किया जाता है।
6. **क्रायोजेनिक प्रसंस्करण (Cryogenic Processing):** इसका विकास द्वितीय विश्य युद्ध के समय किया गया था, जब वैज्ञानिकों ने पाया कि न्यून तापमान पर धातुओं का जमाव होने लगा है।
7. **क्रायोपिसाई (Cryomilling):** कुछ सौम्य और प्रत्यास्थता (Elastis) वाले पदार्थ बहुत कम तापमान पर कठोर अथवा भंगुर हो जाते हैं। ऐसी स्थिति में क्रायोपिसाई (Milling) उन पदार्थों के लिए एक विकल्प प्रदान करती है, जो उच्च तापमान पर आसानी से नहीं पीसे जा सकते हैं।

क्रॉयोजेनिक चरण की छठी उड़ान थी। इसने 29 मार्च, 2018 को सतीश धवन अंतरिक्ष केंद्र, श्रीहरिकोटा से जीसैट-6ए का सफलतापूर्वक विमोचन किया।

जीएसएलवी-एफ11/जीसैट-7ए अभियान (GSLV-F11/GSAT-7A Mission): जीएसएलवी एफ11 ने सतीश धवन अंतरिक्ष केंद्र से जीसैट-7ए का 19 दिसंबर, 2018 को सफलतापूर्वक विमोचन किया। जीएसएलवी-एफ 11 जीएसएलवी की 13वीं तथा 7वीं स्वेदशी क्रायोजेनिक उच्च स्तरीय उड़ान थी। जीसैट-7ए एक भू-स्थैतिक उपग्रह है तथा यह अपने साथ 2250 किलोग्राम भार वाले संचार ट्रांसपोण्डर लेकर गया है। यह उपग्रह भारतीय क्षेत्र में संचार उपलब्धता प्रदान करने के लिए निर्मित किया गया है।

7.6.5 पांचवीं पीढ़ी: जीएसएलवी मार्क-III (Fifth Generation: GSLV MK-III)

एसएलवी मार्क-III इसरो द्वारा विकसित एक त्रिस्तरीय भारी विमोचन यान है। जीएसएलवी मार्क-III का उद्देश्य भू-तुल्यकालिक अंतरण कक्षा में 4 टन वर्ग का उपग्रह अथवा निम्न पृथ्वी कक्षा में 10 टन वर्ग वाले उपग्रह लेकर जाना है। यह मार्क-II के मुकाबले दोगुना क्षमता वाला है।

(I) **जीएसएलवी मार्क-III की पहली प्रायोगिक उड़ान:** पहली प्रायोगिक उड़ान एलवीएम-3 उड़ान के माध्यम से एलवीएम 3-एक्स/केयर मिशन ने 18 दिसम्बर, 2014 को श्रीहरिकोटा से वायुमंडलीय चरण का सफल परीक्षण किया। इस उड़ान में, वायुमंडलीय पुन: प्रवेश के लिए चालक दल के प्रायोगिक माड्यूल का प्रयोग किया गया। योजना के अनुसार माड्यूल ने पुन: प्रवेश किया तथा पैराशूट की सहायता से इसे बंगाल की खाड़ी में गिराया गया।

(II) **जीएसएलवी मार्क-III की प्रथम विकासात्मक उड़ान:** इसने 5 जून, 2017 को सतीश धवन अंतरिक्ष केंद्र, श्रीहरिकोटा से सफलतापूर्वक विमोचन करके जीसैट-19 उपग्रह को भू-तुल्यकालिक अंतरण कक्षा में स्थापित किया गया।

(III) **जीएसएलवी-मार्क III की द्वितीय विकासात्मक उड़ान:** GSLV-MK-III-D2 : जीएसएलवी-मार्क III की दूसरी विकासात्मक उड़ान ने जीसैट-29 को सफलतापूर्वक विमोचित किया। उच्च क्षमता वाले संचार उपग्रह को भू-तुल्यकालिक अंतरण कक्षा में स्थापित किया। इसे भी 14

नवंबर, 2018 को सतीश धवन अंतरिक्ष केंद्र, श्रीहरिकोटा से विमोचित किया गया था।

(IV) **GSLV-MK-III-M1** के द्वारा भारत का द्वितीय चन्द्र मिशन चन्द्रयान-II, 22 जुलाई 2019 को सतीश धवन अन्तरिक्ष केंद्र श्री हरिकोटा से सफलतापूर्वक प्रक्षेपित किया गया।

(V) **LVM3-M2/वनवेब इंडिया-1 मिशन:** LVM3-M2 मिशन NSIL के माध्यम से विदेशी ग्राहक वनवेब के लिए एक समर्पित वाणिज्यिक मिशन है। यह LEO के लिए 36 वनवेब उपग्रहों के साथ अब तक का सबसे भारी 5,796 किलोग्राम LVM3 का पेलोड द्रव्यमान वाला पहला बहु-उपग्रह मिशन है।

मिशन की मुख्य विशेषताएं

- LVM3 का पहला वाणिज्यिक मिशन
- 36 वनवेब उपग्रहों के साथ पहला बहु-उपग्रह मिशन
- LVM3 से LEO का पहला लॉन्च
- छह टन पेलोड वाला पहला भारतीय रॉकेट
- LVM3 के साथ पहला NSIL मिशन
- NSIL/DoS के साथ पहला वनवेब मिशन

(VI) **LVM3 M3/वनवेब इंडिया-2 मिशन:** इंडिया-2 मिशन के हिस्से के रूप में LVM3 M3/वनवेब ने अपनी निरंतर छठी उड़ान में वनवेब ग्रुप कंपनी के 36 उपग्रहों को उनकी इच्छित 450 किलोमीटर की वृतीय कक्षा में झुकाव के साथ सफलतापूर्वक स्थापित किया है। 87.4 डिग्री. वाहन ने SDSC-SHAR, श्रीहरिकोटा के दूसरे लॉन्च पैड से 5,805 किलोग्राम के कुल पेलोड के साथ उड़ान भरी।

नोट: **वनवेब लिमिटेड** अंतरिक्ष से संचालित एक **वैश्विक संचार नेटवर्क है, जो सरकारों और व्यवसायों के लिए इंटरनेट कनेक्टिविटी को सक्षम बनाता है। भारत की भारती एंटरप्राइजेज वनवेब में एक प्रमुख निवेशक और शेयरधारक है।**

विकास इंजन (Vikas Engines)

यह वर्ष 1970 के दशक में तरल प्रणोदन प्रणाली केंद्र द्वारा विकसित एक **तरल ईंधन युक्त रॉकेट इंजन** है। इससे पहले भारत, फ्रांस के कलपुर्जों से विकास इंजन का आयात करता था। इसका उपयोग ध्रुवीय उपग्रह प्रक्षेपण यान (PSLV) एवं भूतुल्यकाली उपग्रह प्रक्षेपण यान (GSLV) में अंतरिक्ष प्रक्षेपण अनुप्रयोग हेतु प्रयोज्य प्रक्षेपण यानों की शृंखला में किया जाता है।

विकास इंजन का उपयोग पीएसएलवी के दूसरे चरण, बूस्टर तथा जीएसएलवी मार्क I व II के दूसरे चरण और **जीएसएलवी मार्क III** के मुख्य चरण को ऊर्जा प्रदान करने हेतु किया जाता है। पीएसएलवी, जीएसएलवी मार्क I व II में विकास इंजन हेतु प्रणोदक लोडिंग 40 टन है, जबकि जीएसएलवी मार्क III में यह 55 टन है।

(इन्फोग्राफिक देखें - PSLV, GSLV & GSLV-MKIII)

7.7 विविध: प्रक्षेपण यान एवं मिसाइल (Miscellaneous: Launch Vehicle and Missiles)

7.7.1 लघु उपग्रह प्रक्षेपक (Small Satellite Launcher)

लघु उपग्रह प्रक्षेपण यान (SSLV) इसरो का स्वदेशी नवीन प्रक्षेपण रॉकेट है, जिसके वर्ष 2022 की तीसरी/चौथी तिमाही में अति विलंबित, प्रथम विकास उड़ान होने की संभावना है।

नव निर्मित इसरो वाणिज्यिक शाखा, न्यू स्पेस इंडिया लिमिटेड (NSIL) का उद्देश्य भारतीय औद्योगिक भागीदारों के माध्यम से वाणिज्यिक उद्देश्यों हेतु इसरो द्वारा वर्षों से किए गए अनुसंधान व विकास का उपयोग करना है।

"प्रौद्योगिकी हस्तांतरण के माध्यम से लघु उपग्रह प्रक्षेपण यान (SSLV) और ध्रुवीय उपग्रह प्रक्षेपण यान (PSLV) का विनिर्माण एवं उत्पादन," नई फर्म के अधिदेशों में से एक है।

वर्तमान में इसरो कार्यक्रमों में 500 से अधिक उद्योग योगदान दे रहे हैं, तथा अंतरिक्ष कार्यक्रमों के लिए परियोजना बजट परिव्यय का आधे से अधिक इन उद्योगों में व्ययित होता है।

तालिका 7.8 GSLV Mk-III की सूची

प्रकार (Title)	प्रक्षेपण तिथि (Launch date)	प्रक्षेपक प्रकार (Launcher type)	पेलोड (Payload)
LVM3 M4 / Chandrayaan-3 Moon Mission	14 जुलाई, 2023	LVM3	चंद्रयान-3
LVM3 M3 / OneWeb India-2 Mission	26 मार्च, 2023	LVM3	वनवेब पीढ़ी-1
LVM3 M2 / OneWeb India-1 Mission	23 अक्टूबर, 2022	LVM3	वनवेब पीढ़ी-1
GSLV-Mk-III-M1/ Chandrayaan-2 Mission	22 जुलाई, 2019	GSLV-MK-III	चंद्रयान-2
GSLV Mk III-D2 / GSAT-29 Mission	14 नवंबर, 2018	GSLV-MK-III	GSAT-29
GSLV Mk III-D1/GSAT-19 Mission	05 जून, 2017	GSLV-MK-III	GSAT-19
LVM-3/CARE Mission	18 दिसंबर, 2014	GSLV-MK-III	क्रू मॉड्यूल वायुमंडलीय पुन:प्रवेश प्रयोग [Crew module Atmospheric Re-entry Experiment (CARE)]

स्रोत: https://www.isro.gov.in (last accessed in July 2023)

तीसरी पीढ़ी LV - PSLV (ध्रुवीय उपग्रह प्रक्षेपण यान)

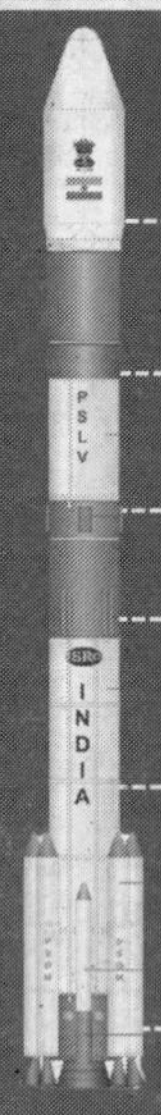

श्रेय: इसरो (ISRO)

1 ध्रुवीय उपग्रह प्रक्षेपण यान (PSLV) भारत का तीसरी पीढ़ी का प्रक्षेपण यान है। यह पहला भारतीय प्रक्षेपण यान है जो तरल चरणों से सुसज्जित है। अक्टूबर 1994 में अपने पहले सफल प्रक्षेपण के बाद, PSLV भारत के एक विश्वसनीय और बहुमुखी लॉन्च यान के रूप में उभरा।

2 PSLV का उपयोग IRNSS तारामंडल के उपग्रहों की तरह विभिन्न उपग्रहों को भू तुल्यकालिक उपग्रह और भूस्थैतिक कक्षाओं में लॉन्च करने के लिए भी किया गया है।

3 इस यान ने दो अंतरिक्ष यान "2008 में चंद्रयान-1 और 2013 में मार्स ऑर्बिटर स्पेसक्राफ्ट" सफलतापूर्वक लॉन्च किए, जिन्होंने बाद में क्रमशः चंद्रमा और मंगल की यात्रा की। चंद्रयान-1 और MOM (मार्स ऑर्बिटर मिशन) PSLV की देन थे।

4 PSLV ने लगातार विभिन्न उपग्रहों को निम्न पृथ्वी कक्षाओं में पहुंचाकर 'इसरो का वर्कहॉर्स' का खिताब अर्जित किया। यह 600 किमी की ऊंचाई के सूर्य-तुल्यकालिक ध्रुवीय कक्षाओं में 1,750 किलोग्राम तक का पेलोड ले जा सकता है।

5 पहली उड़ानः 20 सितंबर, 1993 (असफल मिशन)

6 वेरिएंटः 4 (PSLV, CA, DL, QL, XL)

7 **PSLV प्रक्षेपण के चरण**

पहला चरण- PSLV, S139 सॉलिड रॉकेट मोटर का उपयोग करता है जो 6 सॉलिड स्ट्रैप-ऑन बूस्टर द्वारा संवर्धित है।
दूसरा चरण- PSLV के दूसरे चरण के लिए अर्थ स्टोरेबल लिक्विड रॉकेट इंजन का उपयोग किया गया है, जिसे विकास इंजन के रूप में जाना जाता है, जिसे लिक्विड प्रोपल्शन सिस्टम सेंटर द्वारा विकसित किया गया है।
तीसरा चरण- PSLV का तीसरा चरण एक ठोस रॉकेट मोटर है जो प्रक्षेपण के वायुमंडलीय चरण के बाद ऊपरी चरण को उच्च क्षेपण प्रदान करता है।
चौथा चरण- PS4, PSLV का सबसे ऊपरी चरण है, जिसमें दो अर्थ स्टोरेबल लिक्विड इंजन शामिल हैं।

चौथी पीढ़ी LV - GSLV (जियोसिंक्रोनस सैटेलाइट लॉन्च व्हीकल)

श्रेय: इसरो (ISRO)

1 जियोसिंक्रोनस सैटेलाइट लॉन्च व्हीकल मार्क II (GSLV MK II), क्रायोजेनिक तीसरे चरण का उपयोग करके जियो ट्रांसफर ऑर्बिट में संचार उपग्रहों को लॉन्च करने के लिए भारत द्वारा विकसित लॉन्च यान है।

2 प्रारंभ में रूसी GK द्वारा आपूर्ति किए गए क्रायोजेनिक चरणों का उपयोग किया गया था। बाद में क्रायोजेनिक चरण को स्वदेशी रूप से विकसित किया गया और जनवरी 2014 में GSLV D5 से शामिल किया गया।

3 यह परिचालनात्मक चौथी पीढ़ी का प्रक्षेपण यान, चार तरल स्ट्रैप-ऑन के साथ एक तीन चरण वाला यान है। यह उड़ान सिद्ध स्वदेशी रूप से विकसित क्रायोजेनिक अपर स्टेज (CUS), GSLV MK II का तीसरा चरण बनाती है।

4 जनवरी 2014 से इस यान ने लगातार छह सफलताएं हासिल की हैं।

5 पहली उड़ानः 18 अप्रैल, 2001 | पहली उड़ान (स्वदेशी क्रायो स्टेज के साथ): 5 जनवरी 2014।

6 चंद्रयान नाम का संस्कृत और हिंदी में अर्थ "चंद्रयान (mooncraft)" है। मिशन को जियोसिंक्रोनस सैटेलाइट लॉन्च व्हीकल मार्क III (GSLV MK-III) M1 से लॉन्च किया गया था।

7 **GSLV प्रक्षेपण के चरण**

प्रथम चरण (GS1)- GSLV का पहला चरण भी PSLV के PS1 से प्राप्त हुआ था। 138 टन वजनी ठोस रॉकेट मोटर को 4 तरल स्ट्रैप-ऑन द्वारा संवर्धित किया गया है।
दूसरा चरण (GS2)- GSLV के दूसरे चरण में एक विकास इंजन का उपयोग किया गया है। यह चरण PSLV के PS2 से लिया गया था जहां विकास इंजन ने अपनी विश्वसनीयता साबित की है।
तीसरा चरण (CUS)- क्रायोजेनिक अपर स्टेज प्रोजेक्ट (CUSP) के तहत विकसित, CE-7.5 भारत का पहला क्रायोजेनिक इंजन है, जिसे लिक्विड प्रोपल्शन सिस्टम सेंटर द्वारा विकसित किया गया है। CE-7.5 में एक चरणबद्ध दहन संचालन चक्र है।

5वीं पीढ़ी LV-GSLV MK-III (जियोसिंक्रोनस सैटेलाइट लॉन्च व्हीकल मार्क III)

श्रेय: इसरो (ISRO)

1 LVM III को दो ठोस स्ट्रैप-ऑन मोटर्स (S200), एक तरल कोर चरण (L110) और एक हाई थ्रस्ट क्रायोजेनिक अपर स्टेज (C25) के साथ तीन चरण वाले यान के रूप में कॉन्फ़िगर किया गया है।

2 S200 सॉलिड मोटर 204 टन ठोस प्रणोदक के साथ दुनिया के सबसे बड़े ठोस बूस्टर में से एक है। तरल L110 चरण, 115 टन तरल प्रणोदक के साथ एक जुड़वां तरल इंजन विन्यास का उपयोग करता है, जबकि C25 क्रायोजेनिक अप्र स्टेज 28 टन के प्रणोदक लोडिंग के साथ पूरी तरह से स्वदेशी हाई थ्रस्ट क्रायोजेनिक इंजन (CE20) के साथ कॉन्फ़िगर किया गया है।

3 LVM III लागत प्रभावी तरीके से GTO (जियोसिंक्रोनस ट्रांसफर ऑर्बिट) में 4000 किलोग्राम अंतरिक्ष यान लॉन्च करने की क्षमता प्राप्त करने के लिए इसरो का नया हेवी लिफ्ट लॉन्च यान है।

4 जनवरी 2014 से इस यान ने लगातार छह सफलताएं हासिल की हैं।

5 पहली उड़ानः 18 दिसंबर 2014

6 **GSLV MK-III प्रक्षेपण के चरण**

कोर स्टेजः L110 लिक्विड स्टेज- L110 लिक्विड स्टेज, लिक्विड प्रोपल्शन सिस्टम सेंटर में डिजाइन और विकसित किए गए दो विकास इंजनों द्वारा संचालित है।
सॉलिड रॉकेट बूस्टरः S200: - LVM III लिफ्ट ऑफ के लिए आवश्यक भारी मात्रा में क्षेपण (थ्रस्ट) प्रदान करने के लिए दो S200 सॉलिड रॉकेट बूस्टर का उपयोग करता है। S200 को विक्रम साराभाई अंतरिक्ष केंद्र में विकसित किया गया था।
क्रायोजेनिक अपर स्टेजः C25: - C25, CE-20 द्वारा संचालित है, जो भारत का सबसे बड़ा क्रायोजेनिक इंजन है, जिसे लिक्विड प्रोपल्शन सिस्टम सेंटर द्वारा डिजाइन और विकसित किया गया है।

- एसएसएलवी का उद्देश्य लघु उपग्रहों को पृथ्वी की निचली कक्षाओं में प्रमोचित करने हेतु बाजार आवश्यकताओं को पूरा करना है, जिसका हाल के वर्षों में विकासशील देशों, निजी निगमों एवं लघु उपग्रहों के लिए विश्वविद्यालयों की आवश्यकता के कारण आविर्भाव हुआ है।
- लघु उपग्रहों का प्रक्षेपण अब तक इसरो के वृहत् उपग्रह प्रक्षेपणों के साथ कार्य-वर्धक 'पिगी-बैक' संचलन पर निर्भर रहा है – ध्रुवीय उपग्रह प्रक्षेपण यान, जो अब तक 50 से अधिक सफल प्रक्षेपण कर चुका है।

परिणामस्वरूप लघु उपग्रहों का प्रक्षेपण इसरो द्वारा वृहत् उपग्रहों के प्रक्षेपण अनुबंधों को अंतिम रूप देने पर निर्भर रहा है। **तालिका 7.9** में अब तक लॉन्च किए गए विभिन्न एसएसएलवी की सूची दी गई है।

तालिका 7.9 एसएसएलवी प्रक्षेपणों की सूची

प्रकार (Title)	प्रक्षेपण तिथि (Launch date)	प्रक्षेपक प्रकार (Launcher type)	पेलोड (Payload)
SSLV-D2/EOS-07 Mission	10 फरवरी, 2023	SSLV	EOS-07
SSLV-D1/EOS-02 Mission	07 अगस्त, 2022	SSLV	EOS-02

स्रोत: https://www.isro.gov.in (last accessed in June 2023)

विशेषताएं

- एसएसएलवी एक 4 चरण वाला प्रक्षेपण यान है, जिसमें यान के प्रथम 3 चरणों में एचटीपीबी आधारित ठोस प्रणोदक का उपयोग किया जाता है, जिसमें चतुर्थ टर्मिनल चरण वेलोसिटी-ट्रिमिंग मॉड्यूल (VTM) आदर्श है।
- एसएसएलवी 500 किलोग्राम भार के उपग्रहों को पृथ्वी की निचली कक्षा में ले जा सकता है।
- एसएसएलवी इसरो में 110 टन द्रव्यमान का सबसे लघु यान है।
- यह मांग-आधारित यान है।
- एसएलवी एक समय में कई सूक्ष्म उपग्रह प्रमोचित करने हेतु पूर्णरूपेण अनुकूल है और कई कक्षीय ड्रॉप-ऑफ का समर्थन करता है।

महत्व

- **अल्पावधि:** इसे एकीकृत होने में केवल 72 घंटे लगेंगे, जबकि एक प्रक्षेपण यान के लिए अभी 70 दिन लगते हैं।
- **न्यूनतम जनशक्ति:** कार्य करने के लिए 60 लोगों के बजाय केवल छह लोगों की आवश्यकता होगी।
- **बचत लागत:** सम्पूर्ण कार्य बहुत ही कम समय में हो जाएगा और लागत लगभग 30 करोड़ रुपये ही होगी।
- **निर्माण सहक्रिया:** एसएसएलवी के विकास व विनिर्माण से अंतरिक्ष क्षेत्र व निजी भारतीय उद्योगों के मध्य अधिक तालमेल स्थापित होने की उम्मीद है – जो अंतरिक्ष मंत्रालय का एक प्रमुख उद्देश्य है।

7.7.2 इसरो का अपना अगली पीढ़ी का प्रक्षेपण यान [ISRO's Own Next-Gen Launch Vehicle (NGLV)]

इसरो PSLV को प्रतिस्थापित करने के उद्देश्य से एक अगली पीढ़ी का प्रक्षेपण यान (NGLV) विकसित कर रहा है।

NGLV की विशेषताएं

- 3-चरण वाला लॉन्च वाहन, पुनः प्रयोज्य भारी लिफ्ट वाहन
- बूस्टर चरणों के लिए अर्ध-क्रायोजेनिक प्रणोदन का उपयोग
- जियोस्टेशनरी ट्रांसफर ऑर्बिट में 10 टन की पेलोड क्षमता
- लागत कुशल
- सरल, मजबूत डिजाइन जो इनके थोक में निर्माण को सक्षम बनाता है

संभावित उपयोग

संचार उपग्रहों, गहरे अंतरिक्ष मिशनों, भविष्य की मानव अंतरिक्ष उड़ान और कार्गो मिशनों को लॉन्च करते हुए, इसरो वाणिज्यिक और साथ ही राष्ट्रीय मिशनों को लॉन्च करने के लिए NGLV के लिए एक व्यवसाय मॉडल विकसित करने का उद्देश्य रखता है।

7.7.3 भारत की एंटी-सैटेलाइट (ASAT) मिसाइल/मिशन शक्ति [India's Anti-Satellite (ASAT) Missile / Mission Shakti]

मिशन शक्ति, रक्षा अनुसंधान एवं विकास संगठन (DRDO) और भारतीय अंतरिक्ष अनुसंधान संगठन (ISRO) का एक संयुक्त कार्यक्रम है। मिशन के हिस्से के रूप में, एक **एंटी-सैटेलाइट (A-SAT) हथियार** प्रमोचित किया गया था और एक भारतीय उपग्रह को लक्षित किया गया था, जिसे निष्क्रिय कर दिया गया था। मिशन शक्ति को ओडिशा के बालासोर में DRDO की परीक्षण श्रेणी से अंजाम दिया गया।

ऐसी विशिष्ट तथा आधुनिक क्षमता हासिल करने वाला भारत केवल चौथा देश है, और सम्पूर्ण प्रयास स्वदेशी है। अभी तक केवल अमेरिका, रूस व चीन ही अंतरिक्ष में किसी जीवंत लक्ष्य को भेदने की क्षमता रखते थे।

7.7.4 पुनः प्रयोज्य विमोचन यान-प्रौद्योगिकी प्रदर्शक (आरएलवी) [Reusable Launch Vehicle-Technology Demonstrator (RLV-TD)]

पुनःप्रयोज्य विमोचन यान (RLV-TD) का विकास पहले इसरो के लिए एक प्रौद्योगिकीय चुनौतीपूर्ण क्षेत्र था, जिसे भारत ने अब प्राप्त कर लिया है। पुनःप्रयोज्य प्रक्षेपण प्रौद्योगिकी का उपयोग विभिन्न अंतरिक्ष मिशन के लिए लागत को कम करेगा। मई 2016 में इसका सफलतापूर्वक परीक्षण अपनी स्वायत्त नौसंचालन, पुनः प्रयोज्य थर्मल प्रोटेक्शन प्रणाली, मार्गदर्शन और नियंत्रण तथा मिशन प्रबंधन में पुनः प्रवेश के लिए किया गया। RLV-TD का विन्यास एक विमान के समान है और इसमें प्रक्षेपण यान और विमान दोनों की जटिलता का मिश्रण है।

(इन्फोग्राफिक देखें - SSLV, RLV-TD)

SSLV (लघु उपग्रह प्रक्षेपण यान)

श्रेयः इसरो (ISRO)

1 SSLV एक तीन चरण वाला प्रक्षेपण यान है जिसे तीन ठोस प्रणोदन चरणों और टर्मिनल चरण के रूप में तरल प्रणोदन आधारित वेलोसिटी ट्रिमिंग मॉड्यूल (VTM) के साथ कॉन्फ़िगर किया गया है।

2 SSLV का व्यास 2 मीटर और लंबाई 34 मीटर है और इसका भार ~120 टन है।

3 यह एक तीन चरणों वाला पूर्ण-ठोस यान है जिसमें 500 किलोग्राम के उपग्रह को 500 किमी की निचली पृथ्वी कक्षा में और 300 किलोग्राम के उपग्रह को सूर्य तुल्यकालिक कक्षा में लॉन्च करने की क्षमता है।

4 SSLV की प्रमुख विशेषताएं कम लागत, कम टर्न-अराउंड समय, कई उपग्रहों को समायोजित करने में लचीलापन, मांग पर लॉन्च व्यवहार्यता, न्यूनतम लॉन्च बुनियादी ढांचे की आवश्यकताएं आदि हैं।

5 यान विन्यासः तीन ठोस प्रणोदन चरण, टर्मिनल चरण के रूप में तरल मॉड्यूल

6 SSLV लॉन्च के चरण
- चरण 1 (SS1)- ईंधनः HTPB आधारित ठोस प्रणोदक
- चरण 2 (SS2)- ईंधनः HTPB आधारित ठोस प्रणोदक
- चरण 3 (SS3)- ईंधनः HTPB आधारित ठोस प्रणोदक

RLV-TD (पुनः प्रयोज्य प्रक्षेपण यान - प्रौद्योगिकी प्रदर्शक)

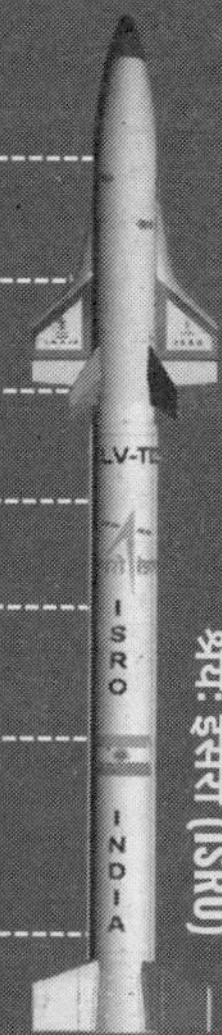

श्रेयः इसरो (ISRO)

1 RLV-TD अंतरिक्ष तक कम लागत में पहुंच को सक्षम करने के लिए पूरी तरह से पुनः प्रयोज्य प्रक्षेपण यान हेतु आवश्यक प्रौद्योगिकियों को विकसित करने की दिशा में इसरो के सबसे तकनीकी रूप से चुनौतीपूर्ण प्रयासों में से एक है।

2 RLV-TD का विन्यास एक विमान के समान है और इसमें प्रक्षेपण यान और विमान दोनों की जटिलता का मिश्रण है।

3 पंखों वाले RLV-TD को हाइपरसोनिक उड़ान, स्वायत्त लैंडिंग और संचालित क्रूज़ उड़ान जैसी विभिन्न प्रौद्योगिकियों का मूल्यांकन करने के लिए उड़ान परीक्षण तल के रूप में कार्य करने के लिए कॉन्फ़िगर किया गया है।

4 भविष्य में, इस यान को भारत के पुनः प्रयोज्य दो चरण वाले कक्षीय प्रक्षेपण यान का पहला चरण बनने के लिए उन्नत किया जाएगा।

5 RLV-TD में एक बॉडी (fuselage), एक नोज़ कैप, डबल डेल्टा विंग और ट्विन वर्टिकल टेल शामिल हैं। इसमें एलिवोन्स और रूडर नामक सममित रूप से स्थित सक्रिय नियंत्रण सतहें भी शामिल हैं।

6 RLV-TD का 23 मई, 2016 को SDSC SHAR श्रीहरिकोटा से सफलतापूर्वक उड़ान परीक्षण किया गया था, जिसमें स्वायत्त नेविगेशन, मार्गदर्शन और नियंत्रण, पुनः प्रयोज्य थर्मल सुरक्षा प्रणाली और पुनः प्रवेश मिशन प्रबंधन जैसी महत्वपूर्ण प्रौद्योगिकियों को मान्य किया गया था।

7 उद्देश्य
- विंग बॉडी का हाइपरसोनिक एयरोथर्मोडायनामिक गुण
- स्वायत्त नेविगेशन, मार्गदर्शन और नियंत्रण (NGC) योजनाओं का मूल्यांकन
- एकीकृत उड़ान प्रबंधन
- थर्मल सुरक्षा प्रणाली का मूल्यांकन

मिशन प्रोफाइल

श्रेयः इसरो (ISRO)

डेटा संचार

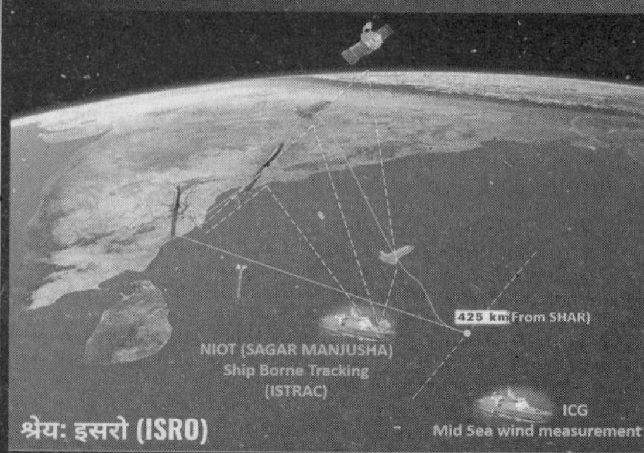

श्रेयः इसरो (ISRO)

7.8 जेट इंजन तकनीक (Jet Engine Technology)

7.8.1 सामान्य वायुयान बनाम जेट प्लेन (Normal Aircraft versus Jet Plane)

सामान्य वायुयानों में हल्के वजन का पिस्टन इंजन या गैस टर्बाइन होते हैं, लेकिन उन्नत जेट विमानों में टर्बोजेट, रैमजेट और स्क्रैमजैट इंजन होते हैं।

सामान्य विमान ट्रोपोस्फियर से होकर गुजरते हैं, जबकि जेट यान आसानी से एवं सुचारू रूप से समतापमण्डल में चल सकते हैं। समतापमण्डल क्षोभमण डल के ऊपर होता है (जहां ऊँचाई बढ़ने के साथ तापमान भी बढ़ता है)। समतापमण्डल लगभग 50 किलोमीटर की ऊँचाई तक फैला हुआ है। क्षोभमण डल की तुलना में समतापमण्डल में वायु प्रवाह बहुत कम अशांत है। चूंकि वायु ऊपर और नीचे नहीं जाती है और बहुत तेजी से चलती हुई वायु धाराएं पृथ्वी के समानांतर बहती हैं, इसलिए यह एक ऐसी परत है जहां बहुत-से जेट विमान उड़ते हैं। तापमण्डलीय वायु व समतापमण्डलीय वायु में कोई विशेष अंतर नहीं होता है, जिससे पृथ्वी की तापमण्डलीय वायु समतापमण्डलीय वायु में मिल नहीं पाती है। समतापमण्डल अधिक स्तरित या 'बहुस्तरीय' होता है क्योंकि यह कम मिश्रित एवं कम अशांत है।

7.8.2 जेट यान के प्रकार (Types of Jet Plane)

जेट इंजन प्रौद्योगिकी न्यूटन के क्रिया-प्रतिक्रिया के तीसरे नियम के आधार पर कार्य करती है। तीन सिद्धांत-व्यवस्थित क्रम में, संपीड़न, दहन और विस्तार-किसी भी जेट इंजन में शामिल होते हैं। अब तक तीन प्रकार की जेट इंजन प्रौद्योगिकी विकसित की गई हैं-टर्बोजेट, रैमजेट और स्क्रैमजेट।

जेट इंजन तकनीक (Jet Engine Technology)

एक ऐसा इंजन, जो तीव्र गमन हेतु जेट प्रणोदन की सहायता से अत्यधिक थ्रस्ट उत्पन्न करता है, जेट प्रौद्योगिकी के नाम से जाना जाता है। प्रायः जेट इंजन का तात्पर्य **'जेट आंतरिक दहन वायु श्वसन इंजन' (Jet Internal Combustion Air breathing Engine)** से लिया जाता है। जेट इंजन प्रायः टर्बाइन के घूर्णन द्वारा वायु संप्रेषक (Compressor) का कार्य करते हैं, जो प्रणोदक नोजल की सहायता से थ्रस्ट उत्पन्न कर किसी यान को ऊपर उठने में सहायता करता है। इस प्रक्रिया को ब्रेटन थर्मोडायनेमिक्स चक्र प्रक्रिया (Brayton Thermodynamics Cycle Process) के नाम से जाना जाता है। जेट इंजन का प्रयोग प्रायः लंबी दूरी को तय करने हेतु किया जाता है। जेट वायुयानों में टर्बोजेट इंजन का उपयोग किया जाता है, जो ध्वनि की चाल प्रदान करने में अधिक सक्षम होता है। आजकल जेट वायुयान में इस गति को प्राप्त करने हेतु उच्च क्षमता वाले जटिल टर्बोफैन (Turbofan) इंजन का उपयोग किया जाता है, जो पिस्टन तथा ऐरो इंजन (Piston and Aeroengine) की अपेक्षा कम ईंधन में अधिक तीव्र चाल प्रदान करता है।

जेट इंजन वायु की ध्वनि की चाल की आधी गति तक ही सक्षम है। इसका एकमात्र अपवाद स्क्रैमजेट है, जिसमें यह वायु को अधिक सम्प्रेषित (Compress) कर पराध्वनिक (Supersonic) तथा अतिपराध्वनिक (Hypersonic) चाल प्रदान कर सकता है।

इसकी अधिकतम ऊँचाई इसकी दहनरोधी (Fireproof) क्षमता पर निर्भर करती है, अधिक ऊँचाई पर वायु का घनत्व घटने से अथवा सम्प्रेषित होने के कारण वायु के गर्म होने से इसके दहन की सम्भावना बढ़ जाती है। **टर्बोजेट इंजन 40 किलोमीटर की ऊँचाई तक, रैमजेट इंजन 55 किलोमीटर की ऊँचाई तक तथा स्क्रैमजेट इंजन सैद्धांतिक रूप से 75 किलोमीटर की ऊँचाई तक गमन कर सकता है,** हालांकि रॉकेट की कोई अधिकतम सीमा तय नहीं होती है। कम ऊँचाई पर तीव्र गति से उड़ान के कारण इंजन के सामने की वायु अधिक संपीड़ित (Compress) होती है, जिससे वायु अधिक गर्म होती है। प्रायः किसी वायुयान की अधिकतम गति 5-8 मैक (Mach) मानी जाती है। 5.5 मैक (Mach) की चाल पर वायुमंडलीय नाइट्रोजन उच्च ताप पर अभिक्रिया कर लेता है, जिससे ऊर्जा की खपत बढ़ जाती है। स्क्रैमजेट इसका अपवाद है, जो 15-24 मैक (Mach) तक की गति तक पहुंचने में सक्षम है क्योंकि इसके द्वारा वायु की चाल धीमी नहीं होती है, जिससे रॉकेट की चाल की कोई सीमा नहीं होती है।

जैसा की हम जानते हैं कि समतापमंडल (Startosphere) क्षोभमंडल से अधिक ऊँचाई पर अवस्थित होता है एवं ऊँचाई बढ़ने के साथ-साथ तापमान में भी वृद्धि होती है। समतापमंडल का विस्तार 50 किलोमीटर की ऊँचाई पर होता है। **क्षोभमंडल की अपेक्षा समतापमंडल में हवा का बहाव कम अशांत होता है क्योंकि यहां वायु ऊपर-नीचे की अपेक्षा पृथ्वी के सामानांतर प्रवाहित होती है और वायु तीव्रता से वाष्प में परिवर्तित होती है, यही वह परत है, जहां अधिकांशतः जेट प्लेन उड़ते हैं।**

यहीं ताप की प्रवणता में प्रमुख अंतर होता है और इसी कारण क्षोभमंडल की वायु समतापमंडल में मिश्रित नहीं होती है। वायु के मिश्रण की कमी तथा शांत होने के कारण समतापमंडल बहुस्तरीय होता है।

भारत स्क्रैमजेट इंजन के उड़ान परीक्षण का प्रदर्शन करने वाला चौथा देश है।

नोट: रॉकेट इंजनों का स्वयं का ऑक्सीकारक होता है क्योंकि वे वातावरण के बाहर जाते हैं, जहां पर वायु अनुपस्थित रहती है। जेट यान हमेशा उसी ऊँचाई तक जा सकते हैं, जहां ऑक्सीजन की उपस्थिति है क्योंकि वे वातावरण से ही ऑक्सीजन प्राप्त करते हैं। समतापमण्डल वातावरण का वह हिस्सा है, जहां सदैव ऑक्सीजन उपलब्ध रहती है।

7.8.3 रैमजेट एवं स्क्रैमजेट (Ramjet and Scramjet)

(इन्फोग्राफिक देखें - टर्बोजेट, रैमजेट एवं स्क्रैमजेट)

नोट: इसरो द्वारा प्रथम प्रायोगिक मिशन के रूप में स्क्रैमजेट का उपयोग अगस्त 2016 से प्रारम्भ किया गया, जहां सर्वप्रथम इसके इंजन का परीक्षण किया गया एवं प्रक्षेपण के 300 सेकंड पश्चात् यह बंगाल की खाड़ी में गिरा। इन 300 सेकंड के दौरान इसकी उड़ान की निगरानी आसानी से व्यवस्थित एवं इसकी निगरानी ग्राउंड स्टेशन से की गई। इसमें ईंधन के रूप में हाइड्रोजन का प्रयोग तथा ऑक्सीकारक के रूप में वायुमंडल से ऑक्सीजन का प्रयोग किया गया, जिससे यह 6 मैक की गति को प्राप्त करने में सफल रहा। ISRO की इस अत्याधुनिक प्रौद्योगिकी की मदद से लगभग 3277 किग्रा. तक के द्रव्यमान को पराध्वनिक (Supersonic) तथा अतिपराध्वनिक (Hyperionic) गति से ले जाने का लक्ष्य है। वायुमण्डलीय ऑक्सीजन का प्रयोग करने के कारण इसका भार अन्य जेट इंजनों से कम है। अमेरिका, रूस और यूरोपीय संघ के बाद भारत स्क्रैमजेट इंजन के उड़ान परीक्षण का प्रदर्शन करने वाला चौथा देश है।

टर्बोजेट बनाम् रैमजेट बनाम् स्क्रैमजेट

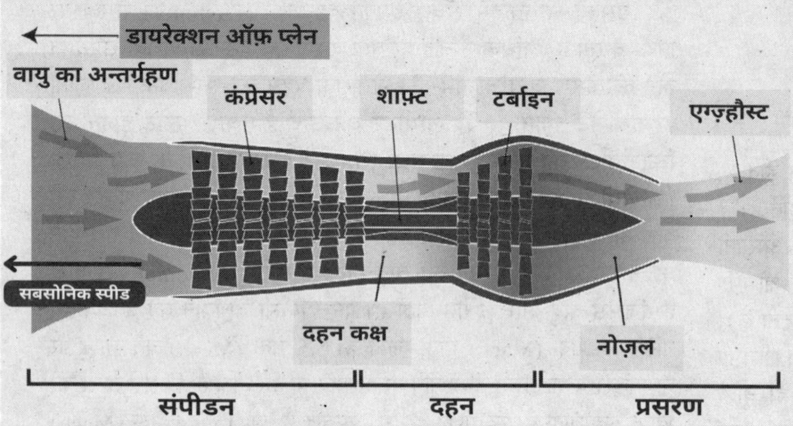

टर्बोजेट

- यह **जेट इंजन का सबसे पुराना और सबसे व्यापक रूप से उपयोग किया जाने वाला प्रकार** है।
- टर्बोजेट का डिज़ाइन सरल होता है, जिसमें **एक कंप्रेसर, दहन कक्ष और एग्ज़हौस्ट नोजल** शामिल होता है।
- टर्बोजेट इंजन **सबसोनिक स्पीड पर कार्य** करते हैं और दहन कक्ष में प्रवेश करने से पहले वायु को संपीड़ित करने के लिए पंखों और कंप्रेसर के संयोजन का उपयोग करते हैं।
- टर्बोजेट इंजन में संपीड़ित वायु और ईंधन के मिश्रण का दहन होता है, जिससे उच्च दबाव वाली एग्ज़हौस्ट गैसें उत्पन्न होती हैं जो क्षेपण (थ्रस्ट) पैदा करती हैं।
- टर्बोजेट इंजन आमतौर पर **मैक 2.5 से नीचे, सबसोनिक स्पीड पर काम करते समय अत्यधिक कुशल** होते हैं। यह दक्षता उन्हें वाणिज्यिक विमानन उद्देश्यों के लिए उपयुक्त बनाती है।

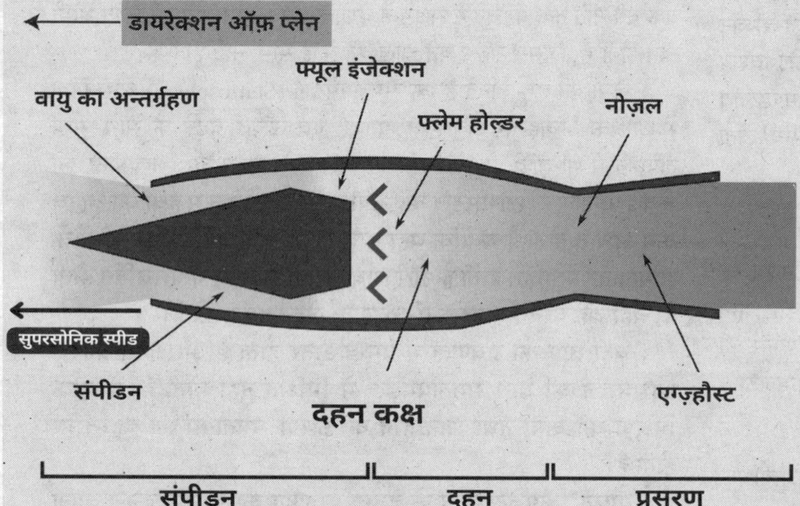

रैमजेट

- रैमजेट इंजन **सुपरसोनिक स्पीड के लिए डिज़ाइन** किए गए इंजन होते हैं जो कंप्रेसर या टर्बाइन की उपस्थिति के बिना संचालित होते हैं।
- रैमजेट में एक **जटिल डिज़ाइन** होता है जिसके संचालन को शुरू करने और बनाए रखने के लिए महत्वपूर्ण मात्रा में गतिज ऊर्जा की आवश्यकता होती है।
- रैमजेट इंजन में संपीड़ित वायु और ईंधन के मिश्रण का दहन होता है, जिसके परिणामस्वरूप क्षेपण (थ्रस्ट) पैदा होता है।
- रैमजेट सुपरसोनिक गति, **आमतौर पर मैक 3 से ऊपर, पर संचालन करते समय सबसे अधिक कुशल होते हैं।**
- यह गुणवत्ता **उन्हें उच्च गति वाले सैन्य विमानों और मिसाइलों में उपयोग के लिए अत्यधिक उपयुक्त बनाती है।**
- रैमजेट को शुरू करने के लिए काफी मात्रा में गतिज ऊर्जा की आवश्यकता होती है और ये कम गति वाली उड़ान के लिए उपयुक्त नहीं हैं।

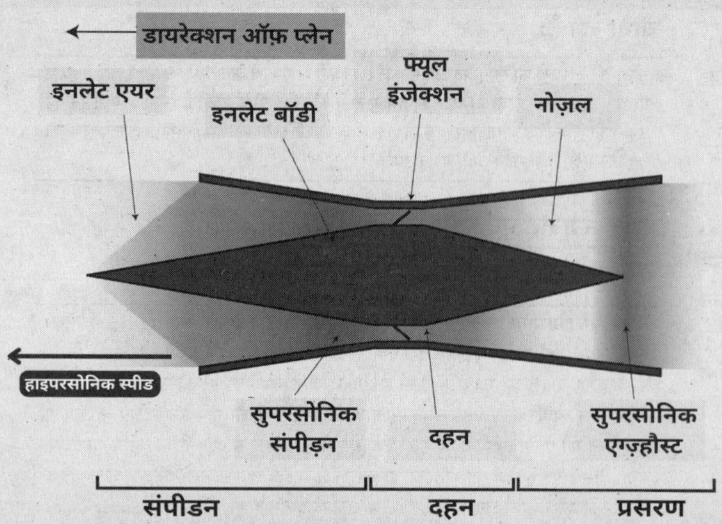

स्क्रैमजेट

- स्क्रैमजेट इंजन एक विशिष्ट प्रकार के इंजन होते हैं जिन्हें **सुपरसोनिक कंबस्टन रैमजेट इंजन** के रूप में जाना जाता है। इन्हें हाइपरसोनिक स्पीड, आमतौर पर मैक 5 से अधिक पर संचालित करने के लिए डिज़ाइन किया गया है।
- रैमजेट की तरह, स्क्रैमजेट इंजन में कंप्रेसर या टर्बाइन शामिल नहीं होता है। इसके बजाय, वे दहन कक्ष में प्रवेश करने से पहले **वायु को संपीड़ित करने के लिए विमान के संवेग (velocity) पर निर्भर करते हैं।**
- स्क्रैमजेट इंजन एक जटिल कॉन्फ़िगरेशन के साथ डिज़ाइन किए गए होते हैं जो उन्हें हाइपरसोनिक स्पीड पर कुशल संचालन प्राप्त करने में सक्षम बनाता है।
- स्क्रैमजेट इंजन **रॉकेट की तुलना में उच्च दक्षता प्रदर्शित करते हैं,** जो उन्हें अंतरिक्ष अन्वेषण और उच्च गति वाले विमानों में अनुप्रयोगों के लिए उपयुक्त बनाता है।

नोटः

- **स्क्रैमजेट में कोई चल भाग नहीं होता है, और रैमजेट में टर्बोजेट की तुलना में कम चल हिस्से होते हैं, जो उन्हें अधिक विश्वसनीय और रखरखाव में आसान बनाता है।**
- **विशिष्ट अनुप्रयोगों के संदर्भ में, टर्बोजेट का उपयोग आमतौर पर वाणिज्यिक और सैन्य विमानों में किया जाता है, जबकि स्क्रैमजेट और रैमजेट का उपयोग मुख्य रूप से मिसाइलों और हाइपरसोनिक यान में किया जाता है।**

7.9 भारतीय खगोलीय वेधशाला (Indian Astronomical Observatory-IAO)

भारतीय खगोलीय वेधशाला वर्तमान में विश्व के उच्चतम स्थानों (4500 मीटर की ऊँचाई पर) में से एक लद्दाख में लेह के पास स्थित, दुनिया की तीसरी बड़ी ऑप्टिकल दूरबीन है। यह अवरक्त, गामा-किरण तथा प्रकाशीय दूरबीन के माध्यम से कार्य करती है। भारतीय खगोल भौतिकी संस्थान, बंगलुरू इस वेधशाला का संचालन करता है।

इसके दो गतिशील टेलीस्कोप हैं- एक हिमालय चन्द्र टेलीस्कोप (HCT) जिसका व्यास 2.01 मीटर है तथा दूसरी उच्च ऊँचाई वाली गामा-किरण टेलीस्कोप।

विज्ञान एवं प्रौद्योगिकी अनुसंधान और शिक्षा केंद्र (Centre for Research and Education in Science and Technology)

विज्ञान एवं प्रौद्योगिकी अनुसंधान और शिक्षा केंद्र (CREST) होसकोटे शहर के पास बंगलुरू के उत्तर-पूर्व में 35 किमी की दूरी पर स्थित है। केंद्र में भारतीय खगोलीय वेधशाला, हैनल और HCT डेटा आर्काइव में 2 मीटर हिमालयनचंद्र टेलीस्कोप (HCT) के रिमोट ऑपरेंशंस के लिए कंट्रोल रूम है। संचालन का नियंत्रण एक दूरस्थ उपग्रह के लिंक का उपयोग कर किया जाता है।

हिमालय चंद्र टेलीस्कोप

हिमालय चंद्र टेलीस्कोप एक ऑप्टिकल अवरक्त टेलीस्कोप है, जिसका व्यास 2.01 मीटर तथा ऊँचाई लगभग 6.5 फीट है। इसका विकास एरिजोना (संयुक्त राज्य अमेरिका) स्थित इलेक्टो-ऑप्टिकल टेक्नोलॉजी सिस्टम द्वारा किया गया है। यह टेलीस्कोप बंगलुरू स्थित विज्ञान और प्रौद्योगिकी के क्षेत्र में अनुसंधान तथा शिक्षण केंद्र द्वारा एक समर्पित उपग्रह लिंक की मदद से दूरस्थ रूप से संचालित है। यह टेलीस्कोप कंप्यूटर पर आधारित इनसैट-3बी उपग्रह लिंक के माध्यम से दूर से ही चलाया जाता है, जो सर्दियों में शून्य से भी कम तापमान पर ऑपरेशन की अनुमति देता है।

उच्च ऊँचाई गामा किरण टेलीस्कोप

उच्च ऊँचाई गामा किरण टेलीस्कोप, वर्ष 2008 में स्थापित सात टेलीस्कोप सहित एक वातावरणीय सेरेन्कोव प्रयोग (Cerenkov experiment) है। प्रत्येक टेलीस्कोप में 4.4 वर्ग मीटर क्षेत्रफल वाले सात दर्पण हैं। इन टेलीस्कोपों को 50 मीटर की त्रिज्या वाले घेरे की परिधि पर केंद्र में एक दूरबीन के साथ तैनात किया जाता है।

ग्रोथ-इंडिया टेलीस्कोप

ग्रोथ-इंडिया टेलीस्कोप एक 0.7 मीटर चौड़ा क्षेत्र ऑप्टिकल टेलीस्कोप है, जिसकी पहली रोशनी 2018 में प्राप्त हुई थी। यह देश क पहला पूरी तरह से रोबोटिक अनुसंधान टेलीस्कोप है। इसे अंतर्राष्ट्रीय विकास कार्यक्रम के एक भाग के रूप में स्थापित किया गया था और इसका समय-क्षेत्र व्यापक रूप से खगोल विज्ञान के लिए उपयोग किया गया है। टेलीस्कोप का संचालन IIT बॉम्बे और भारतीय खगोल भौतिकी संस्थान द्वारा संयुक्त रूप से किया जाता है।

7.10 परियोजना नेत्र (अंतरिक्ष वस्तु ट्रैकिंग और विश्लेषण के लिए नेटवर्क) [Project NETRA (Network for Space Object Tracking and Analysis)]

भारतीय अंतरिक्ष अनुसंधान संगठन ने अंतरिक्ष वस्तुओं पर नजर रखने के लिए प्रोजेक्ट 'NETRA' के तहत ऑप्टिकल टेलीस्कोप सुविधाओं की स्थापना में सहयोग के लिए भारतीय खगोल भौतिकी संस्थान (IIA) के साथ एक समझौता किया है।

भारतीय उपग्रहों को मलबे और अन्य खतरों का पता लगाने के लिए इसरो ने अंतरिक्ष में एक प्रारंभिक चेतावनी प्रणाली के रूप में प्रोजेक्ट 'नेत्र' की शुरुआत की है। इस परियोजना के तहत, इसरो ने कई अवलोकन सुविधाओं, जैसे-आपस में जुड़े हुए रडार, दूरबीन, डाटा प्रोसेसिंग इकाइयों और एक नियंत्रण केंद्र को जोड़ने की योजना बनाई है। ये एक-दूसरों के बीच 10 सेमी से छोटे पदार्थों का पता लगाने, निगरानी करने और उनकी सूची बनाने का कार्य, 3,400 किमी की सीमा तक और लगभग 2,000 किमी की अंतरिक्ष कक्षा में कर सकते हैं।

परियोजना का महत्व

- यह परियोजना अन्य अंतरिक्ष शक्तियों की तरह अंतरिक्ष स्थितिजन्य जागरूकता (एसएसए) में भारत को अपनी क्षमता देगी, जिसका उपयोग अंतरिक्ष के मलबे से भारतीय उपग्रहों को खतरों का अनुमान लगाने के लिए किया जाता है।
- NETRA का अंतिम लक्ष्य 36,000 किमी पर GEO, या भूस्थिर कक्षा पर नियंत्रण स्थापित करना है, जहां संचार उपग्रह संचालित होते हैं।
- यह प्रयास अंतरिक्ष मलबे के बारे में चेतावनी देने और उसे कम करने के लिए भारत को अंतर्राष्ट्रीय प्रयासों का एक हिस्सा बना देगा।

वर्तमान में कई भारतीय संचार उपग्रह 36,000 किमी की भूस्थैतिक कक्षा में हैं; 2,000 किमी. में LEO में सुदूर संवेदी उपग्रह; और मध्यम पृथ्वी की कक्षाओं में नेविगेशन उपग्रह कार्यरत हैं। उनका संरक्षण भारत के लिए अत्यंत महत्वपूर्ण है।

अंतरिक्ष कबाड़ (केसलर सिंड्रोम) 7,500 टन से अधिक निरर्थक हार्डवेयर के साथ एक निरंतर बढ़ती समस्या है, जो अब पृथ्वी का चक्कर लगा रहे हैं। पुराने रॉकेट के हिस्सों और खराब अंतरिक्ष यान से लेकर पेंच (स्क्रू) और यहां तक कि बड़ी मात्रा में पेंट सामग्री मिशनों के परिचालन टकराव का खतरा है। अंतरिक्ष मलबे की बढ़ती संख्या सभी अंतरिक्ष वाहनों के लिए संभावित खतरे को बढ़ाती है, लेकिन विशेष रूप से अंतर्राष्ट्रीय अंतरिक्ष स्टेशन (आईएसएस), अंतरिक्ष शटल, उपग्रह और अन्य अंतरिक्ष यान के लिए।

प्रश्न एवं उत्तर (Questions & Answers)

वस्तुनिष्ठ प्रश्न (Objective Questions)

1. **निम्नलिखित में से किसका/किनका, मापन/आकलन करने के लिए उपग्रह चित्रों/सुदूर संवेदी आंकड़ों का इस्तेमाल किया जाता है?** ***[UPSC (Pre) - 2019]***
   1. किसी विशेष स्थान की वनस्पति में पर्णहरित का अंश।
   2. किसी विशेष स्थान के धान के खेतों से ग्रीनहाउस गैस का उत्सर्जन।
   3. किसी विशेष स्थान का भूपृष्ठ तापमान।

   नीचे दिए गए कूट का प्रयोग कर सही उत्तर चुनिए:

   कूट:

   (a) केवल 1 (b) केवल 2 और 3
   (c) केवल 3 (d) 1, 2 और 3

2. **भारत के उपग्रह प्रमोचित करने वाले वाहनों के संदर्भ में निम्नलिखित कथनों पर विचार कीजिए:** ***[UPSC (Pre) - 2018]***
   1. PSLV से वे उपग्रह प्रमोचित किए जाते हैं, जो पृथ्वी के संसाधनों की निगरानी में उपयोगी हैं, जबकि GSLV को मुख्यत: संचार उपग्रहों को प्रमोचित करने के लिए अभिकल्पित किया गया है।
   2. PSLV द्वारा प्रमोचित उपग्रह आकाश में एक ही स्थिति में स्थायी रूप में स्थिर रहते प्रतीत होते हैं, जैसा कि पृथ्वी के एक विशिष्ट स्थान से देखा जाता है।
   3. GSLV मार्क III, एक चार चरण वाला प्रक्षेपण वाहन है। जिसमें प्रथम और तृतीय चरणों में ठोस रॉकेट मोटरों का तथा द्वितीय और चतुर्थ चरणों में द्रव रॉकेट इंजनों का प्रयोग होता है।

   कूट:

   (a) केवल 1 (b) केवल 2 और 3
   (c) 1 और 2 (d) केवल 3

3. **निम्नलिखित में से किन कार्यकलापों में भारतीय दूर संवेदन (IRS) का प्रयोग किया जाता है?** ***[UPSC (Pre) - 2015]***
   1. फसल की उपज का आकलन
   2. भौम-जल (ग्राउण्ड वॉटर) संसाधनों का स्थान-निर्धारण
   3. खनिज का अन्वेषण
   4. दूरसंचार
   5. यातायात अध्ययन

   कूट:

   (a) 1, 2 और 3 (b) 4 और 5
   (c) 1 और 2 (d) 1, 2, 3, 4 और 5

4. **समतापमंडल के निचले भाग में जेट विमान बहुत आसानी और निर्विघ्नता के साथ उड़ सकते हैं। इसका उपयुक्त स्पष्टीकरण क्या है?** ***[UPSC (Pre) - 2011]***
   1. समतापमंडल के निचले भाग में बादल या जल-वाष्प नहीं होते।
   2. समतापमंडल के निचले भाग में ऊर्ध्वाधर पवन नहीं होती।

   इस संदर्भ में उपर्युक्त में से कौन-सा/से कथन इस का/के उपयुक्त स्पष्टीकरण है/हैं?

   कूट:

   (a) केवल 1 (b) केवल 2
   (c) 1 और 2 दोनों (d) 1 और 2 में से कोई नहीं

5. **जेट इंजन और रॉकेट के बारे में निम्नलिखित कथनों पर विचार कीजिए:** ***[UPSC (Pre) - 2008]***
   1. जेट इन्जन अपनी ऑक्सीजन पूर्ति के लिए परिवेश की वायु का प्रयोग करता है, अत: यह अंतरिक्ष में गति के लिए अनुपयुक्त है।
   2. रॉकेट अपनी ऑक्सीजन पूर्ति को गैस में और ईंधन में वहन करता है।

   उपरोक्त कथनों में से कौन-सा/से कथन सही है/हैं?

   (a) केवल 1 (b) केवल 2
   (c) 1 और 2 दोनों (d) 1 और 2 में कोई नहीं

6. **कम तापमान (क्रायोजेनिक) पर आधारित तकनीकियां, जो उपयोग में आती हैं:** ***[UPSC (Pre) - 1999]***

   (a) अंतरिक्ष भ्रमण, शल्य चिकित्सा तथा चुंबकीय उत्तोलन
   (b) शल्य चिकित्सा, चुंबकीय उत्तोलन तथा टेलीमेट्री
   (c) अंतरिक्ष भ्रमण, शल्य चिकित्सा तथा टेलीमेट्री
   (d) अंतरिक्ष भ्रमण, चुंबकीय उत्तोलन तथा टेलीमेट्री

उत्तरमाला (Answer Key)

1. (d) 2. (a) 3. (a) 4. (c) 5. (a) 6. (c)

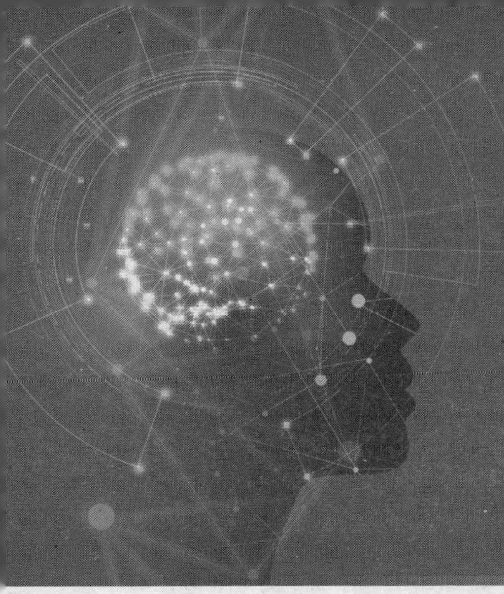

अध्याय 8

बाह्य अंतरिक्ष मामले तथा विभिन्न राष्ट्रीय एवं अंतर्राष्ट्रीय अंतरिक्ष मिशन (Outer Space Affairs and Various National and International Space Missions)

इस अध्याय में...

चंद्रयान-3 के लिए रोवर, चंद्रयान-2 में इस्तेमाल किए गए प्रज्ञान रोवर के समान है।

यह भारत सरकार द्वारा प्रायोजित उपग्रह आधारित संवर्द्धन प्रणाली (Satellite Based Augmented System) का अनुप्रयोग/कार्यक्रम है, जो अब पूरा हो चुका है।

जेम्स वेब स्पेस टेलीस्कोप लगभग 6.5 मीटर प्राथमिक दर्पण के साथ एक बड़ी अवरक्त दूरबीन होगी। 1990 में लॉन्च किया गया हब्बल स्पेस टेलीस्कोप, एक अंतरिक्ष-आधारित वेधशाला है जिसने पृथ्वी के वायुमंडल के ऊपर ब्रह्मांड का स्पष्ट दृश्य प्रदान करके खगोल विज्ञान में क्रांति ला दी।

8.1 बाह्य अंतरिक्ष मामलों हेतु संयुक्त राष्ट्र कार्यालयः भूमिका एवं जिम्मेदारियां [United Nations Office for Outer Space Affairs (UNOOSA) : Roles and Responsibilities]

UNOOSA, संयुक्त राष्ट्र (United Nation) द्वारा लाया गया है, जो बाह्य अंतरिक्ष (Outer Space) में अंतर्राष्ट्रीय सहयोग को बढ़ावा देने हेतु प्रतिबद्ध है। **UNOOSA, बाह्य अंतरिक्ष के शांतिपूर्ण उपयोग हेतु संयुक्त राष्ट्र द्वारा बनायी गयी एकमात्र समिति, COPUOS (Committee on the Peaceful Uses of Outer Space) की आम सभा (General Assembly) के सचिवालय (Secratriat) की तरह कार्य करता है।** इस समिति का गठन बाह्य अंतरिक्ष के शांतिपूर्ण उपयोग हेतु विशेष रूप से अंतर्राष्ट्रीय सहयोग को प्रोत्साहन देने हेतु किया गया। संयुक्त राष्ट्र, बाह्य अंतरिक्ष में प्रक्षेपित की गई सभी सामग्रियों (उपग्रहों, यानों इत्यादि) की निगरानी रखता है। UNOOSA के सचिव की यह जिम्मेदारी है कि वह संयुक्त राष्ट्र द्वारा बनाये गए अन्तर्राष्ट्रीय अंतरिक्ष कानूनों (International Space Laws) के तहत रहकर इन सभी नियमों का क्रियान्वयन (Follow) करे।

UNOOSA संयुक्त राष्ट्र अंतरिक्ष अनुप्रयोग कार्यक्रम (United Nation Space Application Programme) के तहत उपग्रह नेविगेशन (Satellite Navigation), उपग्रह अंतरिक्ष विज्ञान (Satellite Space Science), दूरसंवेदी (Remote Sensing), दूरशिक्षा (Tele-education), राष्ट्रों के विकास हेतु आधारभूत अंतरिक्ष विज्ञान (Fundamental Space Science) जैसे विषयों पर अंतर्राष्ट्रीय कार्यशाला (Space Workshop), प्रशिक्षण पाठ्यक्रम (Training Course) एवं प्रायोगिक परियोजना (Experimental Programme) का आयोजन करता है। आपदा के दौरान संयुक्त राष्ट्र अंतरिक्ष आधारित सूचनाओं के आधार पर तत्काल आपदा प्रबंधन (Disaster Management) एवं व्यवस्था प्रणाली (Management system) हेतु एक मंच (Platform) की तरह कार्य करता है एवं अनुरोध पर आपदा प्रबंधन हेतु उपग्रहों से मिलने वाली सूचना एवं चित्रों के प्रसारण की 24 घंटे निगरानी का कार्य करता है।

UNOOSA, वैश्विक नेविगेशन उपग्रह प्रणाली (Global Navigation Satellite System) हेतु गठित अन्तर्राष्ट्रीय समिति का सचिव भी है। यह अंतरिक्ष विज्ञान और प्रौद्योगिकी अनुप्रयोगों हेतु किये गए विभिन्न अध्ययनों एवं प्रकाशनों से सम्बंधित अंतर्राष्ट्रीय अंतरिक्ष कानून को तैयार करने एवं उसे प्रसारित (Broadcast) करने का कार्य भी करती है। ये दस्तावेज (Documents) संयुक्त राष्ट्र की आधिकारिक वेबसाइट (Official Website) पर संयुक्त राष्ट्र की सभी आधिकारिक भाषाओं (Official Languages) में प्रकाशित किये जाते हैं। **UNOOSA का मुख्यालय (Headquarter) वियना (ऑस्ट्रिया) में है, जो संयुक्त राष्ट्र से सम्बंधित है।**

8.2 अंतरिक्ष कानून (Space Law)

अंतरिक्ष कानून अंतरिक्ष आधारित क्रियाकलापों (Activities) की निगरानी हेतु बनाया गया कानून है। अन्य अंतर्राष्ट्रीय नियमों की तरह अंतरिक्ष कानून भी विभिन्न समझौतों (Agreements), संधियों (Treaties), सम्मेलनों (Coventions), संयुक्त राष्ट्र के सामान्य नियमों एवं विभिन्न अंतर्राष्ट्रीय संगठनों के नियमों से निर्मित है।

अंतरिक्ष कानून पांच अंतर्राष्ट्रीय संधियों (Treaties), अंतरिक्ष के क्षेत्र में कार्य कर रहे पांच अग्रणी (Major Countries) राष्ट्रों के सिद्धांतों में शामिल नियमों एवं मानकों (Rules and Standards) पर आधारित संयुक्त राष्ट्र की देखरेख में बनाए गए नियम हैं। इसके अतिरिक्त इस कानून में अंतरिक्ष के क्षेत्र में कार्य कर रहे राष्ट्रों के उन विधानों (Laws) को भी शामिल किया गया है, जो उनके द्वारा अंतरिक्ष के क्रियाकलापों के (Space Activities) सम्बन्ध में बनाए गए हैं।

अंतरिक्ष कानून नियम के अंतर्गत कई प्रमुख बातें हैं, जैसे- अंतरिक्ष एवं पृथ्वी के वातावरण की सुरक्षा (Observation of Atmosphere of Earth and Space), अंतरिक्ष अभियान हेतु उपयोग की गई सामग्रियों (Objects) **से होने वाले नुकसान की भरपाई, अंतरिक्ष यात्रियों की रक्षा-सुरक्षा।** अन्य प्रमुख बातों में से विवादों का निपटारा, बाह्य अंतरिक्ष के संभावित खतरों की सूचनाओं की साझेदारी, अंतरिक्ष संबंधी तकनीक का उपयोग एवं अंतर्राष्ट्रीय सहयोग।

इसके अतिरिक्त संयुक्त राष्ट्र का यह अंग संयुक्त राष्ट्र के तत्वाधानों के अंतर्गत निर्मित अंतर्राष्ट्रीय अंतरिक्ष कानून के समझौतों में बने नियमों को भी सरकारी, गैर-सरकारी संस्थाओं एवं सामान्य-जन (Common People) के अनुरोध पर उन्हें समझने, मानने एवं उसका अनुसरण करने में सहायता करता है।

भारत में अंतरिक्ष कानून का इतिहास (History of Space Law in India)

- अंतरिक्ष कक्षा से एक भारतीय उपग्रह का मलबा वापस पृथ्वी पर गिरते हुए जापान के एक मछली पकड़ने वाले गाँव पर गिर गया। इस घटना से एक अंतर्राष्ट्रीय विवाद हो गया। इस तरह के एक अन्य उदाहरण में, भारतीय अंतरिक्ष अनुसंधान संगठन का एक रॉकेट लॉन्च विफल हो गया और यह लॉन्चिंग पैड पर नष्ट हो गया, जिससे एक दर्जन देशों के उपग्रह नष्ट हो गए, जो लॉन्चिंग स्टेज पर थे।
- भारत सरकार ने 2020 में अंतरिक्ष डोमेन में सुधारों को अनुमोदित किया, जिससे अंतरिक्ष डोमेन में एंड-टू-एंड गतिविधियों को पूरा करने में NGEs की बढ़ी हुई भागीदारी के लिए दरवाजे खुले। इन सुधारों के बाद, सरकार एक उन्नत अंतरिक्ष पारिस्थितिकी तंत्र के निर्माण हेतु, विभिन्न हितधारकों द्वारा अंतरिक्ष गतिविधियों को नियामक निश्चितता प्रदान करने हेतु प्रयासरत है।
- नई भारतीय अंतरिक्ष नीति, 2023 को 20 अप्रैल, 2023 को सार्वजनिक किया गया है, जिसे कैबिनेट द्वारा अनुमोदित सुधार दृष्टिकोण को लागू करने के लिए एक अति महत्वपूर्ण, समग्र और गतिशील ढांचे के रूप में तैयार किया गया है।
- **विजनः** अंतरिक्ष क्षमताओं को बढ़ाने के लिए; अंतरिक्ष में एक समृद्ध व्यावसायिक उपस्थिति को सक्षम, प्रोत्साहित और विकसित करना; प्रौद्योगिकी विकास के चालक के रूप में अंतरिक्ष का उपयोग करना और संबद्ध क्षेत्रों में व्युत्पन्न लाभ; अंतर्राष्ट्रीय संबंधों को आगे बढ़ाना, और सभी हितधारकों के बीच अंतरिक्ष अनुप्रयोगों के

प्रभावी कार्यान्वयन के लिए एक पारिस्थितिकी तंत्र बनाना; राष्ट्र के सामाजिक-आर्थिक विकास और सुरक्षा, पर्यावरण और जीवन की सुरक्षा, बाहरी अंतरिक्ष की शांतिपूर्ण खोज, सार्वजनिक जागरूकता और वैज्ञानिक खोज को बढ़ावा देना।

- **प्राधिकरण:** IN-SPACe एक स्वायत्त सरकारी संगठन के रूप में कार्य करेगा, जो देश में अंतरिक्ष गतिविधियों को बढ़ावा देने, सहायता के साथ मार्गदर्शन करने और इन गतिविधियों को अधिकृत करने के लिए अनिवार्य है। इस उद्देश्य के लिए, IN-SPACe समय-समय पर दिशानिर्देशों और प्रक्रियाओं को जारी करेगा, जो अन्य बातों के साथ व्यापार करने में सरलता को बढ़ावा देगा।
- ISRO, राष्ट्रीय अंतरिक्ष एजेंसी के रूप में, मुख्य रूप से नई अंतरिक्ष प्रौद्योगिकियों और अनुप्रयोगों के अनुसंधान और विकास, और बाहरी अंतरिक्ष की मानवीय समझ का विस्तार करने पर ध्यान केंद्रित करेगा।
- न्यू स्पेस इंडिया लिमिटेड
- अंतरिक्ष विभाग
- **अधिकार क्षेत्र:** यह नीति किसी भी अंतरिक्ष गतिविधि के लिए या भारतीय क्षेत्र से या भारत के अधिकार क्षेत्र के भीतर लागू होती है, जिसमें क्षेत्र सहित अपने अनन्य आर्थिक क्षेत्र की सीमा होती है। इस नीति में निहित कुछ भी होने के बावजूद, भारत सरकार (GoI) के पास केस-टू-केस के आधार पर यहां मौजूद प्रावधानों के लिए छूट प्रदान करने का अधिकार है।

8.3 भारत के सफल अंतरिक्ष अभियान (Successful Space Missions of India)

8.3.1 चंद्रयान-1 (Chandrayaan-1)

चन्द्रमा से जुड़े अनुसन्धान हेतु इसरो ने अपने अभियान की शुरुआत चंद्रयान-1 से की। **चंद्रयान-1 एक मानवरहित अंतरिक्ष यान था, जिसे 22 अक्टूबर, 2008 को सतीश धवन अंतरिक्ष केंद्र (SDSC), श्रीहरिकोटा से सफलतापूर्वक प्रक्षेपित किया गया। 12 नवंबर, 2008 को यह सफलतापूर्वक चंद्रमा की कक्षा में स्थापित हो गया, जिसकी अनुमानित आयु 2 वर्ष थी।** इस अभियान के दौरान चंद्रमा से जुड़े कई रहस्यों (Mysteries) को जानने की कोशिश की गई, जिनमें से चंद्रमा का निर्माण, उसकी रासायनिक एवं भौतिक संरचना (Chemical and Physical Structure) इत्यादि प्रमुख थे। **इस अभियान की कुल लागत 380 करोड़ रुपये थी।** इस अभियान को सफल बनाने में हजारों वैज्ञानिकों ने काफी परिश्रम किया।

चंद्रयान-1 एक घनाकार (Cubiod) उपग्रह था, जिसका द्रव्यमान प्रक्षेपण के दौरान 1380 किलोग्राम था। इस उपग्रह में 11 पेलोड थे। यह उपग्रह, 2 स्टार संवेदक (2 Star Sensor) से युक्त था। घूर्णन के दौरान ऊर्जा हेतु यह अंतरिक्ष यान, सौर सेलों एवं लीथियम आयन बैटरी से युक्त था।

भारत के प्रमुख पेलोडों में से क्षेत्र चित्रांकन कैमरा (Terrain Mapping Camera) (5 मीटर की स्थिरता से युक्त), खनिज लवणों के चित्रांकन हेतु अत्यंत वर्णक्रमीय इमेजर (Hyper Spectral Imager (HySI)), चंद्र लेजर रेंजिंग उपकरण (Lunar Laser Ranging Instrument), चन्द्रमा की सतह पर क्रैश लैंडिंग की स्थिति में तकनीक प्रदर्शन हेतु चंद्रमा प्रभाव जांच उपकरण थे।

विदेशी राष्ट्रों के कुछ पेलोडों में चन्द्रमा की सतह का चित्रांकन करने हेतु चन्द्रमा खनिज चित्रक (Moon Mineralogy Mapper) (NASA), एक्स-किरण फ्लुओरेसन स्पेक्ट्रोमीटर (X-ray Fluorescence Spectrometer), उच्च ऊर्जा एक्स-किरण स्पेक्ट्रोमीटर (High Energy X-ray Spectrometer), लघु कृत्रिम द्वारक राडार (Miniature Synthetic Aperture Radar), विकिरण अंश निर्देशन प्रयोग [(Radiation Dose Monitor Experiment) (बुल्गारिया विज्ञान अकादमी)], अवरक्त स्पेक्ट्रोमीटर [(Infrared Spectrometer) (यूरोपियन अंतरिक्ष एजेंसी)] आदि लगे थे।

जैसा की ऊपर बताया गया है कि इसकी अनुमानित आयु सीमा 2 वर्ष थी परन्तु स्टार संवेदक (Star Sensor) के असफल हो जाने के कारण इसरो का संपर्क इससे टूट गया, वैज्ञानिकों के अनुसार इसके असफल होने का कारण असामान्य प्रकार के विकिरणों की एक शृंखला थी। इसरो की आधिकारिक घोषणा के अनुसार इस मिशन से संपर्क टूटने से पहले **इसने अपने 95% लक्ष्य को प्राप्त कर लिया था।** इस मिशन/अभियान को 30 अगस्त, 2009 को आधिकारिक रूप से समाप्त कर दिया गया। **इस मिशन ने चन्द्रमा की सतह के 50% एवं खनिज क्षेत्रों के 90% से अधिक भाग को चित्रित कर लिया। यह ऐसा पहला मिशन था, जिसमें उपग्रह को चन्द्रमा की सतह से 100 किलोमीटर की ऊँचाई तक अवस्थित किया गया। चंद्रयान ने चन्द्रमा की सतह के चित्र/फोटोग्राफ लिए जो 5 मीटर की रिजोल्यूशन से लिए गए अद्वितीय चित्र थे।** इन चित्रों ने चन्द्रमा पर लौह-अयस्क, **लौह युक्त अयस्क पाइरॉक्सिन, जल के प्रमाण की पुष्टि की। संयुक्त राज्य अमेरिका, पूर्व सोवियत संघ, जापान तथा यूरोपीय अंतरिक्ष एजेंसी के बाद भारत चन्द्रमा पर अपना मिशन भेजने वाला पांचवां राष्ट्र बन गया। इस अभियान को 'अमेरिकन खगोल एवं विज्ञान संस्थान, 2009' (American Institute of Aeronautics and Astronauties) वार्षिक पुरस्कार के अलावा कई महत्वपूर्ण पुरस्कार प्रदान किये गए। इस अभियान को एक पुरस्कार सर्वाधिक पेलोड ले जाने हेतु भी दिया गया।**

8.3.2 मंगलयान/मॉम/मार्स ऑर्बिटर मिशन (Mangalyan/MOM/Mars Orbiter Mission)

अन्य ग्रहों के मुकाबले मंगल ग्रह वर्षों से वैज्ञानिकों के अनुसंधान का केंद्र रहा है। यह वैज्ञानिकों को हमेशा से ही अपनी ओर आकर्षित करता रहा है, ऐसा इसलिए है क्योंकि इसका वातावरण एवं गुरुत्वाकर्षण बहुत हद तक पृथ्वी के जैसा ही है, जो इस पर जीवन की सम्भावना को प्रबल बनाता है।

भारत, इसरो के मार्स ऑर्बिटर मिशन के जरिये विश्व का ऐसा पहला राष्ट्र बन गया, जिसने प्रथम प्रयास में ही यह सफलता प्राप्त की हो। प्रारम्भ से ही अभियान हेतु चतुराईपूर्वक अंतरिक्ष यान की डिजाइनिंग, इसका निर्माण; अत्यल्प मात्रा में ईंधन के साथ मिशन को पृथ्वी से भेजना आदि

ये सारे कार्य इसरो के लिए एक बहुत ही बड़ी चुनौती थे, इसके पश्चात् भी गहरे अंतरिक्ष में इससे संपर्क साधना, विषम परिस्थिति में इसका स्वचालन जैसे कई अन्य जटिल समस्याएं भी थीं। **5 नवंबर, 2013 को लगभग 1,350 किलोग्राम वजन वाले मंगलयान को सतीश धवन अंतरिक्ष केंद्र (Satish Dhawan Space Centre) से PSLV-C25 के जरिये प्रक्षेपित किया गया।**

इस उपग्रह को प्रक्षेपित करने का प्रमुख उद्देश्य मंगल ग्रह की सतह की विशेषताओं को उजागर करना, इसकी संरचना का अध्ययन करना, इस पर उपस्थित खनिजों का अध्ययन करना एवं मंगल ग्रह के वायुमंडल का अध्ययन करना था।

मंगल यान मंगल ग्रह पर मीथेन की उपस्थिति एवं उस दौरान उसके वायुमंडल की सूचना एकत्र करने हेतु मंगल वर्ण कैमरा (Mars Colour Camera (MCC), मीथेन संवेदक (Methane Sensor), सतह का तापमान जानने हेतु ताप अवरक्त चित्रण स्पेक्ट्रोमीटर (Thermal Infrared Imaging Spectrometer), 1-300 परमाणु द्रव्यमान इकाई वाले अनावेशित कणों की संरचना का विश्लेषण करने हेतु मंगल बहिर्मंडल अनावेश रचना विश्लेषक (Mars Exospheric Neutral Composition Analyser), मंगल ग्रह के ऊपरी वातावरण में हाइड्रोजन एवं ड्यूटेरियम की सापेक्षिक उपलब्धता का पता लगाने हेतु लयमन अल्फा फोटोमीटर (Lyman-Alpha Photometer) जैसी कई विषेशताओं से लैस था।

इस अभियान ने प्रथम प्रयास की महत्वपूर्ण सफलता के अतिरिक्त कई उपलब्धियां प्राप्त कीं। **इस अभियान की सफलता हेतु इस टीम को विज्ञान एवं अभियांत्रिकी के क्षेत्र में संयुक्त राज्य अमेरिका की राष्ट्रीय अंतरिक्ष संस्था द्वारा 'स्पेस पायनियर अवॉर्ड, 2015' (Space Pioneer Award, 2015) से सम्मानित किया गया।** इसके अतिरिक्त बाह्य अंतरिक्ष के शांतिपूर्ण उपयोग में अंतर्राष्ट्रीय सहयोग को बढ़ावा देने में योगदान हेतु इसरो को **इंदिरा गाधी शांति, आपदा प्रबंधन एवं विकास पुरस्कार, 2014 (Indira Gandhi Prize for Peace, Disarmament and Development 2014)** भी प्रदान किया गया। **मंगलयान की सफलता ने भारत को संयुक्त राज्य, सोवियत संघ, यूरोपीय संघ के बाद मंगल की कक्षा में उपग्रह प्रक्षेपित करने वाला चौथा एवं एशिया का पहला राष्ट्र बना दिया है। इसके साथ ही भारत अपने प्रथम प्रयास में ही सफलता प्राप्त करने वाला पहला राष्ट्र बन गया है।**

8.3.3 एस्ट्रोसैट (AstroSat)

यह बहु-तरंगदैर्ध्य वेधशाला **(Multi-wavelength space observatory) हेतु समर्पित भारत का प्रथम अभियान है। यह इसरो का ऐसा पहला अभियान है, जिसे आकाशीय पिंडों के अध्ययन के उद्देश्य से प्रक्षेपित किया गया** या यूं कहें कि **यह एक्स-किरण, प्रकाशीय एवं पराबैंगनी वर्णपट्टीय बैंड युक्त, 1513 किलोग्राम द्रव्यमान का एक सामान्य उपग्रह है।** इसकी विशिष्टता यह है कि, यह एक ही समय में विभिन्न तरंगदैर्ध्य वाले कई खगोलीय पिंडों का अवलोकन एकमात्र उपग्रह की सहायता से करेगा। इसकी न्यूनतम अनुमानित आयु 5 वर्ष है। **एस्ट्रोसैट की सफलता के साथ ही भारत संयुक्त राज्य, जापान, रूस, यूरोप के बाद अपने निजी अंतरिक्ष अवलोकक (Own space observatory) वाले राष्ट्रों की सूची में शामिल हो गया।**

सितम्बर 2015 में इसका प्रक्षेपण PSLV-C30 की सहायता से पृथ्वी से 650 किमी. दूरी पर अवस्थित कक्षा में किया गया। **इसको प्रक्षेपित करने का लक्ष्य न्यूट्रॉन तारा एवं ब्लैक होल्स जैसे द्वि-आधारी तारा प्रणालियों की उच्च ऊर्जा प्रक्रियाओं, तारे का चुम्बकीय क्षेत्र, हमारे ब्रह्मांड में उपस्थित तारों की उत्पत्ति एवं प्रक्रिया का अध्ययन करना था। इसके साथ ही इसका उद्देश्य एक्स-किरणों के नए स्रोत, पराबैंगनी क्षेत्रों का गहन अध्ययन करना भी था।**

प्रमुख बिंदु

- एस्ट्रोसैट भारत का पहला मल्टी-वेवलेंथ स्पेस टेलीस्कोप है, जिसमें पांच टेलीस्कोप एक साथ अलग-अलग तरंग दैर्ध्य के माध्यम से देख रहे हैं - दृश्यमान, पास के यूवी, दूर के यूवी, सॉफ्ट एक्स-रे और हार्ड एक्स-रे (visible, near UV, far UV, soft X-ray and hard X-ray)।
- एस्ट्रोसैट पर एक 38-से.मी. चौड़ा अल्ट्रा वायलेट इमेजिंग टेलीस्कोप (यूवीआईटी) है, विस्तृत क्षेत्र में दूर और निकट-पराबैंगनी बैंड में इमेजिंग करने में सक्षम है।
- यह एक बहु-संस्थान सहयोगी परियोजना है, जिसमें आईयूसीएए, इसरो, टाटा इंस्टीट्यूट ऑफ फंडामेंटल रिसर्च (मुंबई), इंडियन इंस्टीट्यूट ऑफ एस्ट्रोफिजिक्स (बंगलुरू), और फिजिकल रिसर्च लेबोरेटरी (अहमदाबाद) शामिल हैं।

इस अभियान के प्रथम छः महीनों में इसके पेलोड का मापांकन एवं सत्यापन किया गया, इसके पश्चात् इस उपग्रह ने अपनी पूर्ण क्षमता के साथ कार्य करना प्रारम्भ कर दिया। अपने अभियान के दौरान इस उपग्रह की निगरानी का कार्य इसरो दूरमापी निगरानी एवं नियंत्रण केंद्र, बंगलुरू में अवस्थित अंतरिक्ष यान नियंत्रण केंद्र के भीतर मिशन ऑपरेशन कॉम्प्लेक्स के द्वारा किया जाएगा। एस्ट्रोसैट के पांच पेलोड्स द्वारा संचित आंकड़े पृथ्वी पर मिशन ऑपरेशन कॉम्प्लेक्स [Mission Operations Complex-(MOX)] में भेजे जाएंगे। इन आंकड़ों को बंगलुरू के पास ब्यालालू में अवस्थित भारतीय अंतरिक्ष विज्ञान आंकड़ा केंद्र (Indian Space Science Data Centre) द्वारा संशोधित, संगृहीत एवं वितरित किया जाएगा। हमारे ब्रह्मांड में अवस्थित विभिन्न अंतरिक्ष संबंधी संसाधनों के खगोल भौतिकी को गहनता से समझने हेतु एस्ट्रोसैट में 5 पेलोड लगाए गए हैं।

ये पेलोड हैं- पराबैंगनी चित्रांकन दूरबीन (Ultraviolet Imaging Telescope (UVIT), लार्ज एरिया एक्स-रे प्रोपोशनल काउंटर [Large Area X-ray Proportional Counter (LAXPC)], सॉफ्ट एक्स-रे टेलीस्कोप [Soft X-ray Telescope (SXT)], कैडमियम जिंक टेलुराइड इमेजर स्कैनिंग स्काई मॉनिटर [(Cadmium Zinc Telluride Imager (CZTI) and Scanning Sky Monitor (SSM)]।

8.3.4 चंद्रयान – 2 (Chandrayaan-2)

सितंबर 2008 में, सरकार द्वारा 425 करोड़ रुपये की लागत के चंद्रयान-2 मिशन को मंजूरी दी गई थी। यह चंद्रमा पर भारत का दूसरा मानव रहित मिशन था, जिसका उद्देश्य चंद्रमा के दक्षिण ध्रुवीय क्षेत्र में खोजबीन करना है।

चंद्रयान-2 भारतीय अंतरिक्ष अनुसंधान संगठन (ISRO) का एक चंद्र मिशन था, जिसमें एक ऑर्बिटर, लैंडर (विक्रम) और एक रोवर (प्रज्ञान) था, जिसका भार 3877 किलोग्राम था। यह चंद्रमा के दक्षिण ध्रुवीय क्षेत्र पर एक धीमी (soft) लैंडिंग करने वाला पहला अंतरिक्ष मिशन था, चन्द्रमा का दक्षिण सतह क्षेत्र उत्तरी ध्रुव की तुलना में बहुत बड़ा है और छाया क्षेत्र है।

मिशन पेलोड में, टेरेन मैपिंग कैमरा जो पूरे चंद्रमा का एक डिजिटल एलीवेशन मॉडल (डीईएम) उत्पन्न करेगा, चंद्रयान-2 लार्ज एरिया सॉफ्ट एक्स-रे स्पेक्ट्रोमीटर, जो चंद्रमा की सतह सोलर एक्स-रे मॉनिटर की तात्विक संरचना का परीक्षण करेगा, जो CLASS के लिए सौर एक्स-रे स्पेक्ट्रम इनपुट प्रदान करता है, शामिल हैं।

मिशन के उद्देश्य (Objectives of the Mission)

चंद्रयान-2 का प्राथमिक उद्देश्य चंद्रमा की सतह पर सॉफ्ट लैंडिंग की क्षमता प्रदर्शित करना और सतह पर एक रोबोट रोवर संचालित करना है। वैज्ञानिक लक्ष्यों में चंद्र स्थलाकृति, खनिज विज्ञान, तात्विक प्रचुरता, चंद्र बहिर्मंडल और हाइड्रॉक्सिल और जल बर्फ के बारे में अध्ययन करना हैं।

22 जुलाई, 2019 को श्रीहरिकोटा के लॉन्च पैड से सफलतापूर्वक अंतरिक्ष में प्रक्षेपित भारत का रॉकेट चन्द्र मिशन में एक ऑर्बिटर, लैंडर और एक रोवर ले गया है। निश्चित रूप से चंद्रयान-2 भारत को राष्ट्रों के लीग में जगह दिलाएगा, जिसमें अमेरिका, रूस और चीन ने सफलतापूर्वक चंद्रमा-लैंडिंग की है। भारत चंद्रमा पर अंतरिक्ष यान को लैंड करने वाला चौथा देश होगा।

लैंडर चांद के दक्षिणी ध्रुव के क्षेत्र में एक अस्पष्टीकृत क्षेत्र को स्पर्श करेगा, जो बिना खोजबीन वाला क्षेत्र है। मिशन का लक्ष्य चन्द्रमा पर पानी का पता लगाना, चंद्रमा के विकास के बारे में सुराग लगाना है और प्राकृतिक उपग्रह सौर प्रणाली से संबंधित अंतरिक्ष मिशनों के लिए परीक्षण बिस्तर (test bed) के रूप में काम करते हैं। प्रक्षेपण यान, जीएसएलवी एमके-3, देश का अब तक का सबसे शक्तिशाली रॉकेट है। यह जीएसएलवी-एमके-3 की पहली परिचालन उड़ान होगी।

1400 किलोग्राम का लैंडर, विक्रम, 14 पृथ्वी दिनों या चंद्रमा में एक दिन तक कार्य करता रहेगा। यह चंद्रमा की सतह से 100 किमी. की दूरी पर परिक्रमा कर रहे ऑर्बिटर से और बंगलुरू के पास ISRO के पृथ्वी केंद्र के साथ संचार कर सकता है। लेकिन विक्रम लैंडर ने अपनी धीमा लैंडिंग (सॉफ्ट लैंडिंग) के दौरान चंद्र सतह से लगभग 2.1 किमी दूर जमीन के नियंत्रण के साथ संपर्क खो दिया।

सॉफ्ट लैंडिंग (Soft Landing)

- सॉफ्ट लैंडिंग ऑब्जेक्ट को विभिन्न प्रभाव से बचाता है, जबकि हार्ड लैंडिंग नहीं करता है।
- सॉफ्ट-लैंडिंग यह सुनिश्चित करता है कि पहुंचने वाला गैजेट लक्षित ग्रह या उपग्रह पर आगे प्रयोग करने में सक्षम है, ज्यादातर रोवर वाहन की मदद से।
- किसी भी ग्रह की सतह पर सॉफ्ट-लैंडिंग कठिन है। अपना अंतिम अवतरण बनाने के लिए विक्रम को पांच थ्रस्टर्स का उपयोग करना था-चार कोनों पर और एक केंद्र पर।
- ऐसे थ्रस्टरों के साथ आवश्यक वेग बनाए रखना मुश्किल है क्योंकि उनके बीच एक अच्छा संतुलन बनाए रखने की आवश्यकता है। इसमें चंद्रमा की धूल का मुद्दा है, जो कि थ्रस्टर्स के इंजन को नष्ट कर सकती है।

चंद्रयान-2 में 13 पेलोड (ऑर्बिटर-8 पेलोड, लैंडर-3 पेलोड और रोवर-2 पेलोड) है, जो स्थलाकृति, भूकंप, खनिज पहचान और वितरण, सतह की रासायनिक संरचना, शीर्ष मिट्टी की थर्मो-भौतिक विशेषताओं और चंद्रमा की उत्पत्ति और विकास की एक नई समझ के लिए कमजोर चंद्र वातावरण की संरचना का विस्तृत अध्ययन करेगी।

(इन्फोग्राफिक देखें - चंद्रयान-1 बनाम् चंद्रयान-2)

चंद्रमा के दक्षिण ध्रुव की खोजबीन क्यों? (Why Explore the Lunar South Pole?)

दक्षिणी ध्रुव विशेष रूप से दिलचस्प है क्योंकि चंद्र सतह क्षेत्र का यह छाया क्षेत्र है, जो उत्तरी ध्रुव की तुलना में बहुत बड़ा है। इसके चारों ओर स्थायी रूप से छाया वाले क्षेत्रों में पानी की उपस्थिति की संभावना है। इसके अलावा, दक्षिण ध्रुव क्षेत्र में क्रेटर हैं, जो कोल्ड ट्रैप हैं और प्रारंभिक सौरमंडल का जीवाश्म रिकॉर्ड है।

क्या होने वाला था? (What was Supposed to Happen?)

- 7 सितंबर, 2019 को लैंडिंग के दिन, विक्रम लैंडर को लैंडिंग स्थल की इमेजिंग सहित कई जटिल कौशल करने थे।
- विक्रम अपने अवतरण को चंद्र सतह से 35 किमी. की ऊँचाई और लगभग 6,000 किमी. प्रति घंटे के वेग से शुरू करने वाला था। केवल 10 मिनट में, विक्रम लैंडर चंद्रमा की ऊँचाई से 7.4 किमी. की ऊँचाई तक गिर पड़ा और इसकी गति लगभग 526 किमी. प्रति घंटा हो गई।
- इसके बाद, लैंडर को अपनी गति को 331.2 किमी. प्रति घंटे तक कम करना था और चंद्र सतह से 5 किमी. की ऊँचाई तक पहुंचना था।
- चंद्र सतह से 100 मीटर ऊपर, विक्रम लैंडर को लगभग 25 सेकंड के लिए मंडराना था, जिसके दौरान दो पूर्व-निर्धारित लैंडिंग साइटों के बीच चयन करना था।
- लैंडिंग के चार घंटे बाद, प्रज्ञान रोवर विक्रम लैंडर से उतारा जाना था।

इसरो, नासा के लूनर रिकॉनेनेस ऑर्बिटर [Lunar Reconnaissance Orbiter-LRO), की मदद से यह पता लगाने का प्रयास कर रहा है कि चंद्रयान-2 के विक्रम के साथ क्या हुआ।

चंद्रयान
1 बनाम् 2

चंद्रयान-1 | चंद्रयान-2

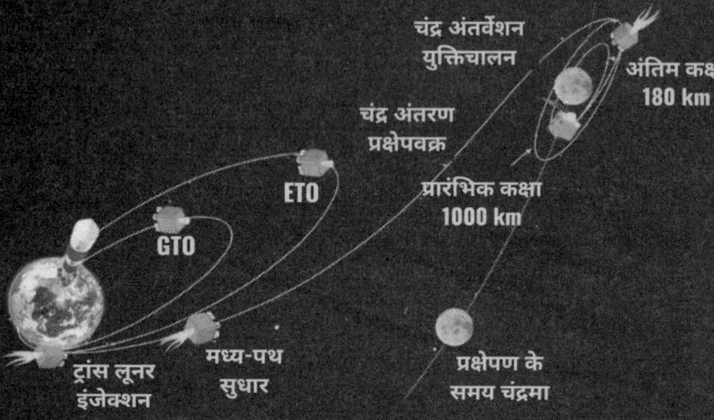

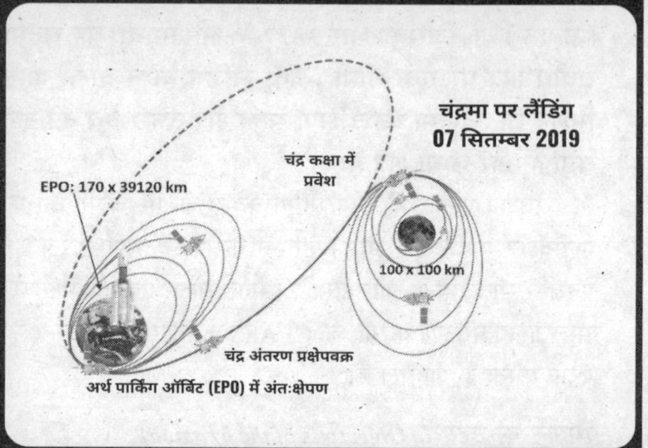

चंद्रयान-1		चंद्रयान-2
(चित्र)	प्रक्षेपवक्र	(चित्र)
ऑर्बिटर	उपकरण	लैंडर (विक्रम), रोवर (प्रज्ञान), ऑर्बिटर
• भारत का पहला चंद्र मिशन • भारत का पहला डीप स्पेस मिशन	मिशन	• चंद्रयान-1 के मिशन का अनुसरण करना • किसी भी खगोलीय पिंड पर रोवर उतारने वाला इसरो का पहला अंतरग्रहीय मिशन
• चंद्रमा के चारों ओर परिक्रमा	लक्ष्य	• चंद्रमा की सतह पर सॉफ्ट-लैंडिंग और रोबोटिक रोवर संचालित करने की क्षमता प्रदर्शित करें।
• रु. 380 करोड़	लागत	• रु. 960 करोड़
• PSLV-C-11	प्रक्षेपण यान	• GSLV MK-III (M1)
• 22 अक्टूबर 2008	प्रक्षेपण की तिथि	• 22 जुलाई 2019
• 312 दिन	परिचालन दिवस	• ऑर्बिटर अभी भी काम कर रहा है (7 साल के लिए बढ़ाया गया)
• भारत, यूके, यूएसए, जर्मनी, स्वीडन और बुल्गारिया में निर्माण 11	पेलोड	14 • 14 (13 भारतीय और 1 NASAD से)
• अंतरिक्ष यान पर उपकरणों का उपयोग करके वैज्ञानिक प्रयोग करना • वैज्ञानिक ज्ञान बढ़ाना	प्रमुख	• चन्द्र सतह पर सॉफ्ट लैंडिंग • नई तकनीकों का परीक्षण करना और चंद्रमा पर प्रयोग करना

श्रेय: इसरो (ISRO)

श्रेय: इसरो (ISRO)

केवल अमेरिका, रूस और चीन ही चंद्रमा की सतह पर सॉफ्ट लैंडिंग कर पाए हैं।

लूनर रिकॉनेनेस ऑर्बिटर
(Lunar Reconnaissance Orbiter-LRO)

यह चंद्रमा और उससे आगे (मंगल) के लिए भविष्य के मानवयुक्त मिशनों की तैयारी लूनर प्रीकरसर एंड रोबोटिक प्रोग्राम (Lunar Precursor and Robotic Program-LPRP) के अंतर्गत चंद्रमा के लिए एक नासा का मिशन है। LRO NASA के 'न्यू विजन फॉर स्पेस एक्सप्लोरेशन' का पहला मिशन है। LRO के निम्नलिखित उद्देश्य हैं:

- संभावित चंद्र संसाधनों की पहचान करना।
- चंद्र सतह के विस्तृत नक्शे इकट्ठा करना।
- चंद्रमा के विकिरण स्तरों पर डेटा एकत्र करना।
- उन संसाधनों के लिए चंद्रमा के ध्रुवीय क्षेत्रों का अध्ययन करना जिनका उपयोग भविष्य के मानव मिशन या रोबोटिक सैंपल रिटर्न मिशन में किया जा सकता है।
- भविष्य के रोबोट खोजकर्ताओं, मानव चंद्र लैंडिंग साइटों को चिन्हित करने और भविष्य के चंद्र मानव अन्वेषण प्रणालियों के समर्थन में सीधे उपयोग किए जा सकने वाले मापन प्राप्त करने के लिए।

8.3.5 चंद्रयान-3 (Chandrayaan-3)

चंद्रयान-3 को 14 जुलाई, 2023 को LVM3-M4 लॉन्चर के रूप में जाने जाने वाले एक विशेष रॉकेट/लॉन्च वाहन का उपयोग करके लॉन्च किया गया है। इस मिशन में एक लैंडर और एक रोवर शामिल था। चंद्रयान-3 में लैंडर में केवल चार थ्रस्टर इंजन थे, जबकि चंद्रयान-2 पर विक्रम में पांच थ्रस्टर थे, और पांचवां थ्रस्टर केंद्रीय स्थिति में था।

चंद्रयान-3 के लिए रोवर, चंद्रयान -2 में इस्तेमाल किए गए प्रज्ञान रोवर के समान है। इसमें छह पहियों की सुविधा है और इसे सौर पैनलों से ऊर्जा प्राप्त होती है। एक कैमरा, स्पेक्ट्रोमीटर और ड्रिल जैसे वैज्ञानिक उपकरणों की एक श्रृंखला से लैस, रोवर चंद्र सतह के व्यापक अन्वेषण और विश्लेषण को सक्षम बनाता है।

23 अगस्त 2023, को लैंडर ने चन्द्रमा की सतह पर सफलता पूर्वक लैंडिंग कर लिया है जिसके साथ ही भारत चन्द्रमा पर लैंडिंग करने वाले राष्ट्रों की सूची में चौथे पायदान पर आ गया है। इसने चन्द्रमा की सतह पर अपने 14 दिन का अन्वेषण कार्य भी कर लिया है जो पूरी तरह से सफल रहा है। **(इन्फोग्राफिक देखें -चंद्रयान-3)**

चंद्रयान-3 मिशन के समक्ष चुनौतियां (Challenges for Chandrayaan-3 Mission)

- एक विश्वसनीय और सुरक्षित रोवर विकसित करना
- मिशन के लिए आवश्यक फंडिंग हासिल करना
- तकनीकी जटिलता
- अनुसूची अनुपालन
- अंतर्राष्ट्रीय सहयोग

इन चुनौतियों के बावजूद, इसरो को विश्वास है कि चंद्रयान-3 मिशन सफलतापूर्वक पूरा होगा, जो भारत के लिए एक महत्वपूर्ण उपलब्धि होगी। यह मिशन वैज्ञानिकों और इंजीनियरों की एक नई पीढ़ी को प्रेरित करेगा और अंतरिक्ष अन्वेषण के भविष्य के लिए महत्वाकांक्षी पथ प्रशस्त करेगा।

8.4 भारत के भविष्य लक्षित अंतरिक्ष अभियान (Future Space Missions of India)

8.4.1 आदित्य (Aditya)

इसरो, सूर्य के भौतिक रहस्यों का अध्ययन करने हेतु आदित्य मिशन को प्रक्षेपित करने की योजना बना रहा है। इस कार्य हेतु उपग्रह को PSLV-XL स्वरूप के जरिए श्रीहरिकोटा से 2023 में प्रक्षेपित करने की योजना है। **आदित्य मिशन को प्रक्षेपित करने का एक उद्देश्य सूर्य कोरोना को समझना है।** कोरोना सूर्य की बाहरी सतह होती है, इसका तापमान 10 लाख केल्विन से भी अधिक होता है। वैज्ञानिक इस मिशन के जरिये इसी कोरोना को समझने की कोशिश करेंगे।

इससे संबंधित विज्ञान के अध्ययन को सौर भौतकी (Solar Physics) कहा जाता है। **यह उपग्रह सौर तूफान एवं सौर पवनों के कारण पृथ्वी पर संचार नेटवर्क एवं इलेक्ट्रॉनिक क्षेत्रों में उत्पन्न होने वाली बाधाओं के कारणों को समझने में भी हमारी सहायता करेगा। इसे PSLV-XL की मदद से L_1 बिन्दुओं के चारों तरफ हेलो कक्षा में स्थापति किया जाएगा, जो पृथ्वी से लगभग 15 लाख किमी. की दूरी पर होगा।**

ADITYA-एल 1 मिशन (ADITYA-L1 Mission)

उपग्रह की स्थिति: सूर्य का सर्वश्रेष्ठ ज्ञान प्राप्त करने के लिए, सूर्य को बिना किसी बाधा के निरंतर देखना पसंद किया जाता है और इसलिए, आदित्य-L1 उपग्रह को सूर्य-पृथ्वी प्रणाली के लैग्रैन्जियन प्वाइंट 1 (L1) की हेलो ऑर्बिट (halo orbit) में रखा जाएगा।

लैग्रैन्जियन प्वाइंट और हेलो ऑर्बिट क्या हैं? (What are Lagrangian Points and Halo Orbit?)

लैग्रैन्जियन प्वाइंट अंतरिक्ष में वे स्थान होते हैं, जहां दो बड़े द्रव्यमानों का संयुक्त गुरुत्वाकर्षण खिंचाव लगभग एक-दूसरे को संतुलित करता है। उस स्थान पर रखा गया कोई भी छोटा द्रव्यमान बड़े द्रव्यमान के सापेक्ष निरंतर दूरी पर रहेगा। सूर्य-पृथ्वी प्रणाली में ऐसे पांच बिंदु हैं और इन्हें L1, L2, L3, L4 और L5 के रूप में निरूपित किया जाता है। हेलो ऑर्बिट एल 1, एल 2 या एल 3 के पास एक आवधिक त्रि-आयामी कक्षा है।

हेलो ऑर्बिट (Halo Orbit) क्या है?

यह कैसे कार्य करती है?: लैग्रैन्ज प्वाइंट (Lagrange Point) गुरुत्वीय खिंचाव रहित एक साम्यवस्था का बिंदु होता है और इसलिए अंतरिक्ष यान तकनीकी रूप से वास्तविक लैग्रैन्ज प्वाइंट की परिक्रमा नहीं करता है, इसके बजाय हैलो ऑर्बिट में अंतरिक्ष यान लैग्रैन्ज प्वाइंट के चारों ओर वृत्तीय मार्ग में चलता है। हैलो ऑर्बिट दो ग्रहीय पिण्डों के गुरुत्वाकर्षण खिंचाव तथा कोरियॉलिस और किसी अंतरिक्ष यान के उपकेंद्रीय त्वरण के मध्य जटिल अंतर्क्रिया का परिणाम होता है।

यह लगभग 1500 किलोग्राम (kg) का उपग्रह कुल 7 पेलोड (Payload) से युक्त होगा:

1. **दृश्य उत्सर्जन लाइन कोरोनोग्राफ** (Visible Emission Line Coronograph)

चंद्रयान-3

मून मिशन

चंद्रयान-3 मिशन क्या है?

- भारत अपने तीसरे चंद्र अन्वेषण मिशन चंद्रयान-3 के लिए पूरी तरह तैयार है।
- 14 जुलाई 2023 को एक विशेष रॉकेट/प्रक्षेपण यान का उपयोग करके लॉन्च किया गया जिसे LVM3-M4 लॉन्चर के रूप में जाना जाता है।
- जो बात इस मिशन को रोमांचक बनाती है वह यह है कि इसरो (भारतीय अंतरिक्ष अनुसंधान संगठन) एक विशेष अंतरिक्ष यान के साथ चंद्रमा की सतह पर सॉफ्ट लैंडिंग कराने की योजना बना रहा है। यह चंद्रमा पर धीरे से कोई नाजुक चीज़ रखने जैसा है। वे एक ऐसे रोवर का भी परीक्षण करेंगे, जो एक छोटी कार की तरह है, जो चंद्रमा के भूभाग पर घूम सकता है।
- इससे उन्हें चंद्रमा के विभिन्न क्षेत्रों का करीब से पता लगाने और अध्ययन करने की क्षमता मिलेगी। चंद्रयान-3 मिशन न केवल इसरो के भविष्य के अंतरिक्ष अभियानों को आगे बढ़ाने में मदद करेगा बल्कि चंद्रमा के बारे में हमारा ज्ञानवर्धन भी करेगा।
- वैज्ञानिक, इसके जरिए सीधे चंद्रमा की सतह पर प्रयोग करेंगे, मूल्यवान अंतर्दृष्टि प्राप्त करेंगे और चंद्रमा के बारे में हमारे ज्ञान का विस्तार करेंगे।
- इस प्रकार, सरल शब्दों में, इसरो हमारे आकाशीय पड़ोसी पिंड के बारे में और अधिक जानने के प्रयास में, चंद्रमा पर धीरे से उतरने और रोवर के साथ अन्वेषण करने के लिए एक मिशन भेजकर चंद्रमा के बारे में और अधिक जानकारी जुटा रहे हैं।

श्रेयः इसरो (ISRO)

LVM3-M4 यान

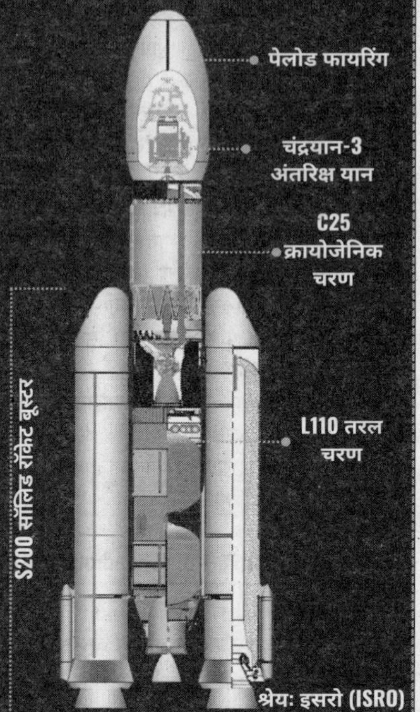

श्रेयः इसरो (ISRO)

- LVM3, इसरो का शक्तिशाली रॉकेट है जिसे अंतरिक्ष में भारी पेलोड ले जाने के लिए डिज़ाइन किया गया है।
- लगातार छह मिशनों को सफलतापूर्वक पूरा करने का इसका प्रभावशाली ट्रैक रिकॉर्ड है।
- आगामी प्रक्षेपण, LVM3 की चौथी परिचालन उड़ान होगी और इसका मुख्य उद्देश्य चंद्रयान-3 अंतरिक्ष यान को एक विशिष्ट कक्षा में लॉन्च करना है जिसे जियो ट्रांसफर ऑर्बिट (GTO) कहा जाता है।
- LVM3, न केवल भारत का सबसे बड़ा बल्कि सबसे भारी प्रक्षेपण यान है, जो भारत और अंतर्राष्ट्रीय ग्राहकों दोनों के उपग्रहों को ले जाने में सक्षम है।
- सरल शब्दों में, यह बड़े उपग्रहों को अंतरिक्ष में ले जाने के उद्देश्य से निर्मित एक विशाल और मजबूत यान की तरह है।
- इस मिशन के सफल समापन से LVM3 की पहले से ही प्राप्त उल्लेखनीय उपलब्धि में इजाफा होगा।

प्रक्षेप पथ और मिशन के चरण

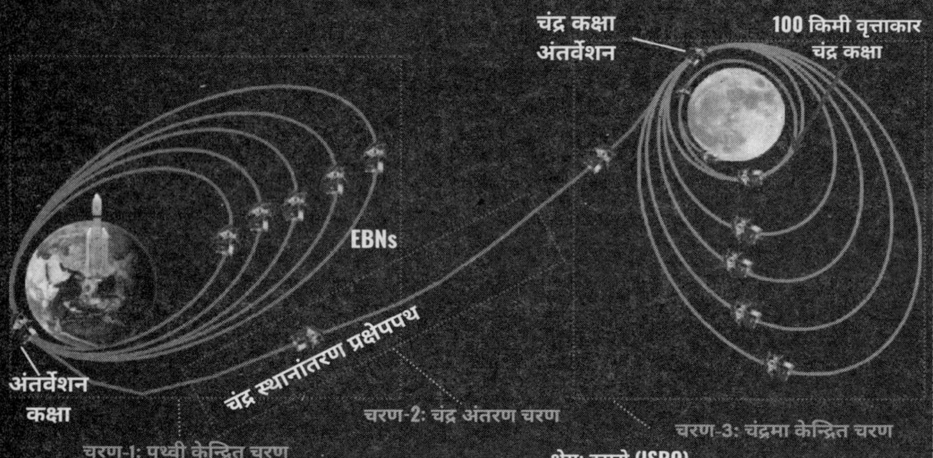

श्रेयः इसरो (ISRO)

प्रणोदन मॉड्यूल

- चंद्रयान-3 तीन मुख्य घटकों से बना है:
  - एक स्वदेशी प्रणोदन मॉड्यूल,
  - एक लैंडर मॉड्यूल
  - एक रोवर
- मिशन में प्रोपल्शन मॉड्यूल एक महत्वपूर्ण भूमिका निभाता है।
  - यह लैंडर मॉड्यूल और रोवर को प्रारंभिक अंतःक्षेपण कक्षा से चंद्रमा की सतह से लगभग 100 किलोमीटर ऊपर चंद्र कक्षा तक ले जाने के लिए जिम्मेदार है।
  - इसके अतिरिक्त, प्रणोदन मॉड्यूल SHAPE (स्पेक्ट्रो-पोलरिमेट्री ऑफ़ हैबिटेबल प्लेनेटरी अर्थ) नामक एक पेलोड ले जाता है। यह पेलोड, चंद्र कक्षा से पृथ्वी के वर्णक्रमीय और ध्रुवीय माप का संचालन करने के लिए डिज़ाइन किया गया है।
- सरल शब्दों में, प्रणोदन मॉड्यूल उस परिवहन प्रणाली की तरह है जो लैंडर और रोवर को प्रक्षेपण के बिंदु से उस क्षण तक अंतरिक्ष में ले जाती है जब लैंडर अलग हो जाता है और चंद्र सतह पर उतरना शुरू कर देता है। इसमें एक विशेष उपकरण SHAPE भी है, जो चंद्रमा की कक्षा से पृथ्वी के बारे में महत्वपूर्ण डेटा एकत्र करेगा।

श्रेयः इसरो (ISRO)

रोवर पेलोड

APXS
अल्फ़ा पार्टिकल एक्स-रे स्पेक्ट्रोमीटर
इसका उद्देश्य चंद्रमा की सतह की रासायनिक संरचना और खनिज विज्ञान का पता लगाना और इसके बारे में हमारी समझ में सुधार करना है।

LIBS
लेजर इन्ड्युस्ड ब्रेकडाउन स्पेक्ट्रोस्कोप
लैंडिंग स्थल के पास चंद्र मृदा और चट्टानों की मौलिक संरचना (Mg, Al, Si, K, Ca, Ti, Fe) का विश्लेषण करना।

लैंडर पेलोड

RAMBHA-LP
लैंगमुइर प्रोब
इसका लक्ष्य चन्द्र सतह के पास प्लाज्मा में आयनों और इलेक्ट्रॉनों के घनत्व को मापना और ट्रैक करना है।

ChaSTE
चंद्रा' सर्फेस थर्मोफिजिकल एक्सपेरिमेंट
इसका उद्देश्य ध्रुवीय क्षेत्र के आसपास चंद्र सतह के तापीय गुणों का मापन करना है।

ILSA
इंस्ट्रूमेंट फ़ॉर लूनर सिस्मिक एक्टिविटी
इसका उद्देश्य लैंडिंग स्थल के आसपास के क्षेत्र में भूकंपीय गतिविधियों को मापना और चंद्रमा की क्रस्ट और मेंटल की संरचना का विश्लेषण करना है।

2. **सौर पराबैंगनी इमेजिंग दूरदर्शी** (Solar Ultraviolet Imaging Telescope)
3. **आदित्य सौर पवन कण प्रयोग** (ASPEX)
4. **आदित्य हेतु प्लाज्मा विश्लेषक पैकेज** (Plasma Analyses Package for Aditya)
5. **सौर निम्न ऊर्जा एक्स-रे स्पेक्ट्रोमीटर** (Solar Low Energy X-ray Spectrometer)
6. **उच्च ऊर्जा L1 कक्षा एक्स-रे स्पेक्ट्रोमीटर** (High Energy L1 Orbiting X-Ray Spectrometer)
7. **मैग्नेटोमीटर** (Magnetometer)

आदित्य–एल1 सपोर्ट सेल (Aditya-L1 Support Cell)

- आदित्य-एल1 सपोर्ट सेल एक सामुदायिक सेवा केंद्र है, जिसे भारत के पहले समर्पित सौर अंतरिक्ष मिशन पर सभी डेटा को एक वेब-आधारित इंटरफेस पर लाने के लिए स्थापित किया गया है।
- यह भारतीय अंतरिक्ष अनुसंधान संगठन और आर्यभट्ट अनुसंधान प्रेक्षण विज्ञान संस्थान का संयुक्त प्रयास है।
- यह हर इच्छुक व्यक्ति को डेटा का वैज्ञानिक विश्लेषण करने की अनुमति देगा।

(इन्फोग्राफिक देखें - आदित्य-L1 मिशन)

8.4.2 गगनयान कार्यक्रम (Gaganyaan Programme)

केंद्रीय मंत्रिमंडल ने भारतीय मानव अंतरिक्ष यान की क्षमता के प्रदर्शन के साथ निम्न पृथ्वी की कक्षा में अधिकतम सात दिनों की अवधि के लिए गगनयान कार्यक्रम को मंजूरी दी है। इसरो का लक्ष्य 2024 में भारत के पहले मानव अंतरिक्ष मिशन, गगनयान को लॉन्च करना है।

यह एक पहला मानव अंतरिक्ष उड़ान प्रदर्शन है, जिसे मंजूरी की तारीख से 40 महीनों के भीतर पूरा करने का लक्ष्य रखा गया है। रूस, अमेरिका और चीन के बाद भारत अंतरिक्ष में किसी व्यक्ति को भेजने वाला चौथा देश बन सकता है। भारत ने पहले ही चंद्रमा और मंगल पर मिशन पूरा कर लिया है। GSLV MK-III का उपयोग कक्षीय मॉड्यूल को ले जाने के लिए किया जाएगा जिसमें मिशन की अवधि के लिए 3 सदस्यीय चालक दल को जीवित रखने के लिए आवश्यक प्रावधान होंगे। इसरो के साथ-साथ विभिन्न हितधारकों के रूप में उद्योगों, अकादमियों और अन्य वैज्ञानिक एजेंसियों और प्रयोगशालाओं के सहयोग से गगनयान कार्यक्रम एक राष्ट्रीय प्रयास होगा।

- गगनयान एक स्वदेशी चालक दल का अंतरिक्ष यान है, जिसका उद्देश्य 2024 तक कम-से-कम सात दिनों के लिए 3 अंतरिक्ष यात्रियों को भारतीय मानव अंतरिक्ष यान कार्यक्रम के हिस्से के रूप में भेजना है।
- मानव अंतरिक्ष यान को कक्षा में पहुंचने में 16 मिनट का समय लगेगा जहां वह पांच से सात दिनों तक रहेगा।
- भारतीय अंतरिक्ष एजेंसी ने इस साल की शुरुआत में बंगलुरू स्पेस एक्सपो के 6ठें संस्करण में गगनयान क्रू मॉडल और ऑरेंज स्पेस सूट प्रदर्शित किए। ये स्पेस सूट विक्रम साराभाई स्पेस सेंटर, तिरुवनंतपुरम में विकसित किए गए थे।
- कैप्सूल हर 90 मिनट में पृथ्वी के चारों ओर घूमेगा और अंतरिक्ष यात्री सूर्योदय और सूर्यास्त देख सकेंगे। तीनों अंतरिक्ष यात्री हर 24 घंटे में अंतरिक्ष से भारत को देख पाएंगे, जबकि वे सूक्ष्म गुरुत्वाकर्षण में प्रयोग करेंगे।
- लगभग 10,000 करोड़ रु. का मिशन भारत की अंतरिक्ष यात्रा में एक महत्वपूर्ण मोड़ होगा। इसरो ने कुछ महत्वपूर्ण प्रौद्योगिकियां विकसित की हैं, जैसे कि मिशन प्रविष्टि के लिए आवश्यक री-एंट्री मिशन क्षमता, क्रू एस्केप सिस्टम, क्रू मॉड्यूल कॉन्फिग्रेशन, थर्मल प्रोटेक्शन सिस्टम, डेक्लेरेशन एंड फ्लोटेशन सिस्टम, लाइफ सपोर्ट सिस्टम की उप-प्रणालियां।

इसरो ने सफलतापूर्वक अपना पहला 'पैड एबॉर्ट टेस्ट' आयोजित किया, जो गगनयान मिशन के लिए इसकी तैयारी दर्शाता है। पैड 'एबॉर्ट' टेस्ट या क्रू एस्केप सिस्टम आपातकालीन निकास के लिए एक उपाय है, जो मिशन के विफल होने के दौरान चालक दल को प्रक्षेपण यान से बाहर निकालने में मदद करेगा। यह परीक्षण, श्रीहरिकोटा के सतीश धवन अंतरिक्ष केंद्र में किया गया था। पैड एबॉर्ट टेस्ट लॉन्च पैड पर किसी भी आपातकाल के मामले में क्रू मॉड्यूल सुरक्षित प्राप्ति करता है।

इसरो ने पैड एबॉर्ट टेस्ट किया
(ISRO Conducts PAD Abort Test)

- 2018 में, इसरो ने भविष्य के मानव अंतरिक्ष मिशन के लिए पहला, 'पैड एबॉर्ट टेस्ट' लिया। पैड एबॉर्ट टेस्ट लॉन्च पैड पर किसी भी आपातकाल के मामले में क्रू मॉड्यूल की सुरक्षित प्राप्ति करता है।
- पीएटी (पैड एबॉर्ट टेस्ट) भविष्य के मानवयुक्त मिशन से संबंधित चालक दल बचाव प्रणाली की एक तकनीक को योग्य बनाने के लिए शृंखला में पहला परीक्षण है। क्रू एस्केप सिस्टम आपातकालीन बचाव के लिए एक उपाय है, जो लॉन्च एबार्ट के दौरान लॉन्च व्हीकल से सुरक्षित दूरी पर जाने के लिए एस्ट्रोनॉट केबिन को जल्दी से खींचने में सहायता देता है।

भारतीय अंतरिक्ष अनुसंधान संगठन (ISRO) और रूस के Rososmos State Corporation for Space Activities-ROSCOSMOS) ने संयुक्त रूप से गगनयान पर काम करने के लिए एक समझौता ज्ञापन पर हस्ताक्षर किए हैं।

ज्ञापन पत्र के अनुसार, भारतीय अंतरिक्ष यात्रियों को ROSCOSMOS द्वारा एक राइड (ride) की पेशकश की गई है, जो सोयुज अंतरिक्ष यान पर एक छोटे प्रशिक्षण मिशन के लिए 2023-2024 में अंतर्राष्ट्रीय अंतरिक्ष स्टेशन (ISS) के लिए यात्रा पर जाएंगे।

तीन चरणों में उड़ान अनुसूची (Flight Schedule in Three Phases)

- गगनयान 1 (2023): मानव रहित अंतरिक्ष यान उड़ान परीक्षण
- गगनयान 2 (2023-2024): मानव रहित अंतरिक्ष यान उड़ान परीक्षण + व्योममित्र
- गगनयान 3 (2024): चालक दल अंतरिक्ष यान

क्रू निकास प्रणाली प्रदर्शन के सत्यापन हेतु परीक्षण यान उड़ान तथा गगनयान (G1) का प्रथम बिना क्रू मिशन, 2023 की दूसरी छमाही की शुरुआत के दौरान निर्धारित किया गया है।

आदित्य-L1 मिशन

भारत का पहला वेधशाला-श्रेणी का अंतरिक्ष-आधारित सौर मिशन

आदित्य L1 के बारे में

- आदित्य L1 सूर्य का अध्ययन करने वाला पहला अंतरिक्ष आधारित वेधशाला श्रेणी का भारतीय सौर मिशन है।
- इस अंतरिक्ष यान को सूर्य-पृथ्वी प्रणाली के लैग्रेंजियन बिंदु 1 (L1) के चारों ओर एक प्रभामंडल कक्षा में स्थापित करने की योजना है, जो पृथ्वी से लगभग 1.5 मिलियन किमी दूर है।
- L1 बिंदु के चारों ओर प्रभामंडल कक्षा में स्थापित उपग्रह को सूर्य की बिना किसी ग्रहण (occultation/ eclipse) के निरंतर निगरानी का प्रमुख लाभ होता है। इससे सौर गतिविधियों की निरंतर निगरानी का अधिक लाभ मिलेगा।
- अंतरिक्ष यान विद्युत चुम्बकीय और कण डिटेक्टरों का उपयोग करके प्रकाशमंडल, क्रोमोस्फीयर और सूर्य की सबसे बाहरी परतों (कोरोना) का निरीक्षण करने के लिए सात पेलोड ले जाता है। L1 के विशेष सुविधाजनक बिंदु का उपयोग करते हुए, 4 पेलोड सीधे सूर्य का अवलोकन करते हैं और शेष 3 पेलोड लैग्रेंज बिंदु L1 पर कणों और क्षेत्रों का इन-सीटू अध्ययन करते हैं। पेलोड लैग्रेंज बिंदु L1 पर कणों और क्षेत्रों का इन-सीटू अध्ययन करते हैं।
- उम्मीद है कि आदित्य L1 पेलोड का सूट कोरोनल हीटिंग, कोरोनल मास इजेक्शन, प्री-फ्लेयर और फ्लेयर गतिविधियों और उनकी विशेषताओं, अंतरिक्ष मौसम की गतिशीलता, कणों के प्रसार के अध्ययन और अंतरग्रहीय माध्यम में क्षेत्रों आदि की समस्याओं को समझने के लिए सबसे महत्वपूर्ण जानकारी प्रदान करेगा।

प्रमुख वैज्ञानिक उद्देश्य

- कोरोनल हीटिंग और सौर पवन त्वरण को समझना।
- कोरोनल मास इजेक्शन (CME), फ्लेयर्स और नियर-अर्थ स्पेस वेदर की शुरुआत को समझना।
- सौर वातावरण के युग्मन और गतिशीलता को समझना।
- सौर पवन वितरण और तापमान अनिसोट्रॉपी को समझना।

मिशन की विशिष्टता

- पहली बार निकट यूवी बैंड में स्थानिक रूप से विभेदित सौर डिस्क।
- CME गतिशीलता सौर डिस्क के करीब (- 1.05 सौर त्रिज्या से) और इस प्रकार CME की त्वरण प्रणाली के बारे में जानकारी प्रदान करती है जिसका निरंतर अवलोकन नहीं किया जाता है
- अनुकूलित अवलोकन और डेटा वॉल्यूम के लिए CMES और सौर फ्लेयर्स का पता लगाने के लिए ऑन-बोर्ड इंटेलिजेंस।
- बहु-दिशा अवलोकनों का उपयोग करके सौर पवन की दिशात्मक और एनर्जी अनिसोट्रॉपी।
-

लैग्रेंज बिंदु

- दो पिंडों की गुरुत्वाकर्षण प्रणाली के लिए, लैग्रेंज पॉइंट अंतरिक्ष में वह स्थिति होती है जहां एक छोटी वस्तु स्थापित करने पर वहीं स्थिर हो जाती है।
- सूर्य और पृथ्वी जैसी दो पिंडों की प्रणालियों के लिए अंतरिक्ष में इन बिंदुओं का उपयोग अंतरिक्ष यान द्वारा कम ईंधन खपत के साथ इन स्थानों पर बने रहने के लिए किया जा सकता है। तकनीकी रूप से लैग्रेंज बिंदु पर, दो बड़े पिंडों का गुरुत्वाकर्षण बल उनके साथ चलने के लिए एक छोटी वस्तु के लिए आवश्यक अभिकेंद्री बल के बराबर होता है।
- दो पिंडों की गुरुत्वाकर्षण प्रणालियों के लिए, कुल पांच लैग्रेंज बिंदु हैं जिन्हें L1, L2, L3, L4 और L5 के रूप में दर्शाया गया है।
- लैग्रेंज बिंदु L1 सूर्य-पृथ्वी रेखा के बीच स्थित होता है। पृथ्वी से L1 की दूरी पृथ्वी-सूर्य की दूरी का लगभग 1% है।

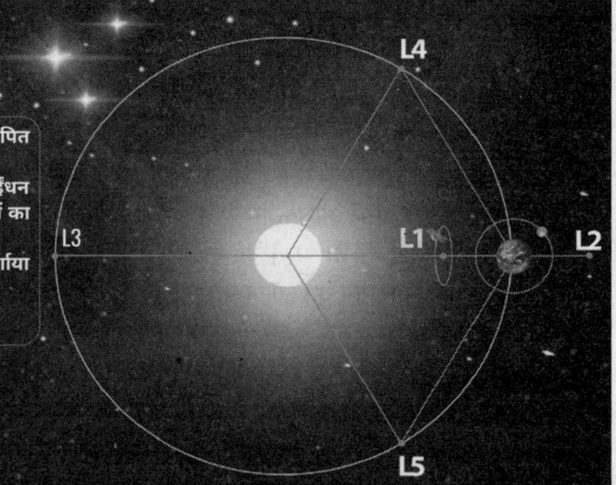

आदित्य L1 का प्रक्षेपपथ

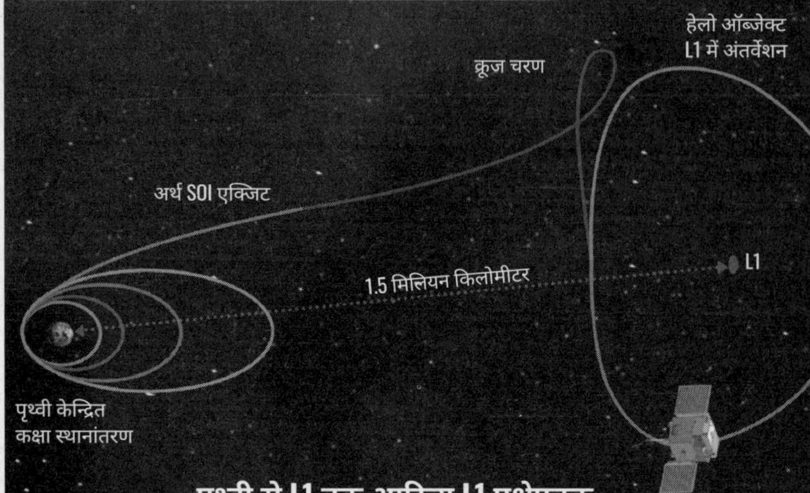

पृथ्वी से L1 तक आदित्य L1 प्रक्षेपवक्र

- आदित्य- L1 मिशन को इसरो PSLV रॉकेट द्वारा सतीश धवन अंतरिक्ष केंद्र SHAR (SDSC SHAR), श्रीहरिकोटा से लॉन्च किया जाएगा। प्रारंभ में अंतरिक्ष यान को पृथ्वी की निचली कक्षा में स्थापित किया जाएगा।
- इसके बाद, कक्षा को अधिक दीर्घवृत्ताकार बनाया जाएगा और बाद में अंतरिक्ष यान को ऑन-बोर्ड प्रणोदन का उपयोग करके लैग्रेंज बिंदु L1 की ओर प्रक्षेपित किया जाएगा।
- जैसे ही अंतरिक्ष यान L1 की ओर बढ़ेगा, यह पृथ्वी के गुरुत्वाकर्षण क्षेत्र (SOI) से बाहर निकल जाएगा। एसओआई से बाहर निकलने के बाद, क्रूज़ चरण शुरू हो जाएगा और बाद में अंतरिक्ष यान को L1 के चारों ओर एक बड़ी प्रभामंडल कक्षा में स्थापित किया जाएगा।
- लॉन्च से L1 तक की कुल यात्रा में आदित्य- L1 को लगभग चार महीने लगेंगे।

इसके पश्चात् दूसरा मानव रहित मिशन 2023 के अंत या 2024 की शुरुआत में प्रमोचित होने वाला है, जो इसरो द्वारा विकसित एक अंतरिक्ष यात्री मानव रोबोट 'व्योममित्र' और अंत में वर्ष 2024 में पहला क्रू गगनयान मिशन ले जाएगा।

(इन्फोग्राफिक देखें - मिशन गगनयान)

गगनयान के प्रमुख सहयोगी भागीदारों में शामिल हैं:

1. भारतीय सशस्त्र बल 2. रक्षा अनुसंधान और विकास संगठन 3. भारतीय समुद्री एजेंसियां - भारतीय नौसेना, भारतीय तटरक्षक बल, भारतीय नौवहन निगम, राष्ट्रीय समुद्र विज्ञान संस्थान 4. राष्ट्रीय महासागर प्रौद्योगिकी संस्थान 5. भारतीय मौसम विभाग 6. सीएसआईआर प्रयोगशालाएं 7. शैक्षणिक संस्थान 8. औद्योगिक भागीदार

गगनयान राष्ट्रीय सलाहकार परिषद का गठन (National Advisory Council)

2019 में अलग-अलग संस्थानों और उद्योगों के सदस्यों के साथ एक गगनयान राष्ट्रीय सलाहकार परिषद बनाई गई थी।

मानव अंतरिक्ष उड़ान केंद्र (Human Space Flight Centre-HSFC)

मानव अंतरिक्ष उड़ान केंद्र (HSFC) मानव अंतरिक्ष यान से संबंधित गतिविधियों के लिए बनाया गया है। HSFC गगनयान के कार्यान्वयन के लिए जिम्मेदार होगा। परियोजना में मिशन की योजना, अंतरिक्ष में चालक दल के जीवन के लिए इंजीनियरिंग प्रणालियों का विकास, चालक दल के चयन और प्रशिक्षण शामिल हैं और निरंतर मानव अंतरिक्ष उड़ान मिशन के लिए गतिविधियों को लक्षित करना शामिल हैं। HSFC पहली विकासात्मक (चालक दल) उड़ान को लागू करने के लिए इसरो के केंद्रों का सहारा लेगा।

गगनयान मिशन के लिए DRDO का योगदान (Contribution of DRDO for GAGANYAAN Mission)

इसरो और डीआरडीओ ने मानव अंतरिक्ष मिशन के लिए महत्वपूर्ण प्रौद्योगिकियां प्रदान करने के लिए समझौता ज्ञापन पर हस्ताक्षर किए हैं। समझौते के अनुसार, रक्षा अनुप्रयोगों के लिए डीआरडीओ प्रयोगशालाओं में मौजूद तकनीकी क्षमताओं को इसरो के मानव अंतरिक्ष मिशन की आवश्यकताओं को पूरा करने के अनुकूल किया जाएगा। डीआरडीओ इसरो को महत्वपूर्ण प्रौद्योगिकियां प्रदान करेगा, जैसे कि अंतरिक्ष चालक दल स्वास्थ्य निगरानी और आपातकालीन जीवन किट, अंतरिक्ष भोजन, विकिरण माप और चालक दल के सुरक्षित पुनर्प्राप्ति के लिए पैराशूट।

मिशन के उद्देश्य (Objectives of the Mission)

- देश में विज्ञान और प्रौद्योगिकी के स्तर में वृद्धि
- एक राष्ट्रीय परियोजना जिसमें कई संस्थान, शिक्षा और उद्योग शामिल हैं।
- औद्योगिक विकास में सुधार
- युवाओं के लिए प्रेरणादायक
- सामाजिक लाभ के लिए प्रौद्योगिकी का विकास
- अंतर्राष्ट्रीय सहयोग में सुधार

गगनयान कार्यक्रम की चुनौतियां (Challenges of Gaganyaan Programme)

- **गुरुत्वाकर्षण क्षेत्र:** एक गुरुत्वाकर्षण क्षेत्र से दूसरे गुरुत्वाकर्षण क्षेत्र में संक्रमण मुश्किल है। यह हाथ-आंख और सिर-आंख समन्वय को प्रभावित करता है।
- **अलगाव:** अंतरिक्ष यात्रियों को अच्छी तरह से प्रशिक्षण प्रदान करने के बावजूद, व्यवहार संबंधी मुद्दे सामने आ सकते हैं। वे अवसाद, नींद और मानसिक विकारों आदि का सामना कर सकते हैं।
- **विकिरण:** अंतरिक्ष स्टेशनों में, अंतरिक्ष यात्रियों को पृथ्वी पर उपस्थित लोगों की अपेक्षा दस गुना अधिक विकिरण प्राप्त होता है। इससे कैंसर आदि का खतरा बढ़ सकता है।
- **प्रतिकूल वातावरण:** अंतरिक्ष प्रतिकूल है।
- गुरुत्वाकर्षण की कमी और विकिरण के खतरे के अलावा, कोई वातावरण नहीं है। दबाव न होने पर मानव रक्त उबलने लगता है।

भारत के लिए एक मानवयुक्त अंतरिक्ष मिशन की प्रासंगिकता (Relevance of a Manned Space Mission for India)

- **उद्योगों को बढ़ावा:** भारतीय उद्योग अत्यधिक मांग वाले अंतरिक्ष अभियानों में भागीदारी के माध्यम से बड़े अवसर प्राप्त करेंगे। गगनयान मिशन भारतीय निजी क्षेत्र से अपने लगभग 60% उपकरण प्राप्त करेगा।
- **रोजगार:** इसरो प्रमुख के अनुसार, गगनयान मिशन 15,000 नए रोजगार के अवसर पैदा करेगा, उनमें से 13,000 निजी उद्योग में हैं और अंतरिक्ष संगठन को 900 अतिरिक्त श्रमशक्ति की आवश्यकता होगी।
- **तकनीकी विकास:** मानव अंतरिक्ष उड़ानें विज्ञान और प्रौद्योगिकी के क्षेत्र में सबसे आगे हैं। मानव अंतरिक्ष उड़ानें भारत को जो चुनौतियां प्रदान करती हैं और उन मिशनों से होने वाले लाभ बहुत अधिक होंगे, जो भारत में तकनीकी विकास के लिए और अधिक जोर देंगे।
- **अनुसंधान और विकास को बढ़ावा:** यह अच्छे अनुसंधान और प्रौद्योगिकी विकास को बढ़ावा देगा। उचित उपकरण वाले शोधकर्ताओं की एक बड़ी संख्या के साथ, HSF सामग्री प्रसंस्करण, खगोल-जीव विज्ञान, संसाधन खनन, ग्रह रसायन और ग्रह कक्षीय गणना, जैसे कई अन्य क्षेत्रों में महत्वपूर्ण अनुसंधान का विस्तार करेगा।
- **प्रेरणा:** मानव अंतरिक्ष उड़ान युवाओं और राष्ट्रीय सार्वजनिक मुख्यधारा को प्रेरणा प्रदान करेगी। यह युवा पीढ़ी को उल्लेखनीय उपलब्धियों के लिए प्रेरित करेगा और उन्हें भविष्य की गतिविधियों को चुनौती देने में उनकी महत्वपूर्ण भूमिका निभाने में सक्षम करेगा।
- **प्रतिष्ठा:** मानव अंतरिक्ष मिशन शुरू करने वाला भारत चौथा देश होगा। गगनयान न केवल देश में प्रतिष्ठा बढ़ाएगा, बल्कि अंतरिक्ष उद्योग में एक प्रमुख देश के रूप में भारत की भूमिका भी स्थापित करेगा।

मिशन गगनयान

गगनयान के बारे में

- गगनयान परियोजना में 3 दिनों के मिशन के लिए 3 सदस्यों के दल को 400 किमी की कक्षा में लॉन्च करके और भारतीय समुद्री जल में उतरकर उन्हें सुरक्षित रूप से पृथ्वी पर वापस लाकर मानव अंतरिक्ष उड़ान क्षमता के प्रदर्शन की परिकल्पना की गई है।
- वास्तविक मानव अंतरिक्ष उड़ान मिशन को अंजाम देने से पहले प्रौद्योगिकी तैयारी के स्तर को प्रदर्शित करने के लिए विभिन्न पूर्ववर्ती मिशनों की योजना बनाई गई है। इन प्रदर्शनकारी मिशनों में इंटीग्रेटेड एयर ड्रॉप टेस्ट (IADT), पैड एबॉर्ट टेस्ट (PAT) और टेस्ट व्हीकल (TV) उड़ानें शामिल हैं। मानवयुक्त मिशन से पहले मानवरहित मिशनों में सभी प्रणालियों की सुरक्षा और विश्वसनीयता सिद्ध की जाएगी।

प्रक्षेपण यान

ह्युमन रेटेड LVM3 (HLVM3)

- LVM3 रॉकेट-इसरो का सिद्ध और विश्वसनीय हेवी लिफ्ट लॉन्चर, गगनयान मिशन के लिए लॉन्च यान के रूप में पहचाना जाता है। इसमें ठोस चरण, तरल चरण और क्रायोजेनिक चरण शामिल हैं।
- LVM3 लॉन्च वाहन में सभी प्रणालियों को मानव रेटिंग आवश्यकताओं को पूरा करने के लिए पुनः कॉन्फ़िगर किया गया है और मानव रेटेड LVM3 नाम दिया गया है।
- HLVM3 400 किमी की इच्छित निचली पृथ्वी कक्षा में कक्षीय मॉड्यूल लॉन्च करने में सक्षम होगा।
- HLVM3 में क्रू एस्केप सिस्टम (CES) शामिल है।

Credit: ISRO

कक्षीय मॉड्यूल

- कक्षीय मॉड्यूल (OM) जो पृथ्वी की परिक्रमा करेगा, इसमें क्रू मॉड्यूल (CM) और सर्विस मॉड्यूल (SM) शामिल हैं।
- कक्षीय मॉड्यूल, मानव सुरक्षा को ध्यान में रखते हुए पर्याप्त अतिरेक के साथ अत्याधुनिक एवियोनिक्स प्रणालियों से सुसज्जित है।
- CM अंतरिक्ष में चालक दल के लिए पृथ्वी जैसे वातावरण से युक्त वास योग्य स्थान है।
- यह दोहरी दीवारों वाली संरचना है जिसमें दबावयुक्त धातुई आंतरिक संरचना और थर्मल प्रोटेक्शन सिस्टम (TPS) के साथ बिना दबाव वाली बाहरी संरचना शामिल है।
- कक्षा में रहते हुए CM को आवश्यक सहायता प्रदान करने के लिए SM का उपयोग किया जाएगा।
- यह एक बिना दबाव वाली संरचना है जिसमें थर्मल सिस्टम, प्रोपल्शन सिस्टम, पावर सिस्टम, एवियोनिक्स सिस्टम और परिनियोजन तंत्र शामिल हैं।

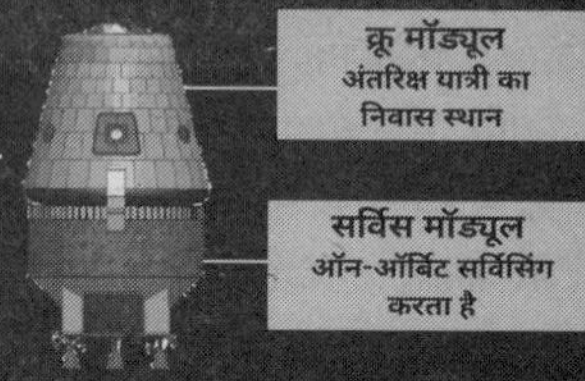

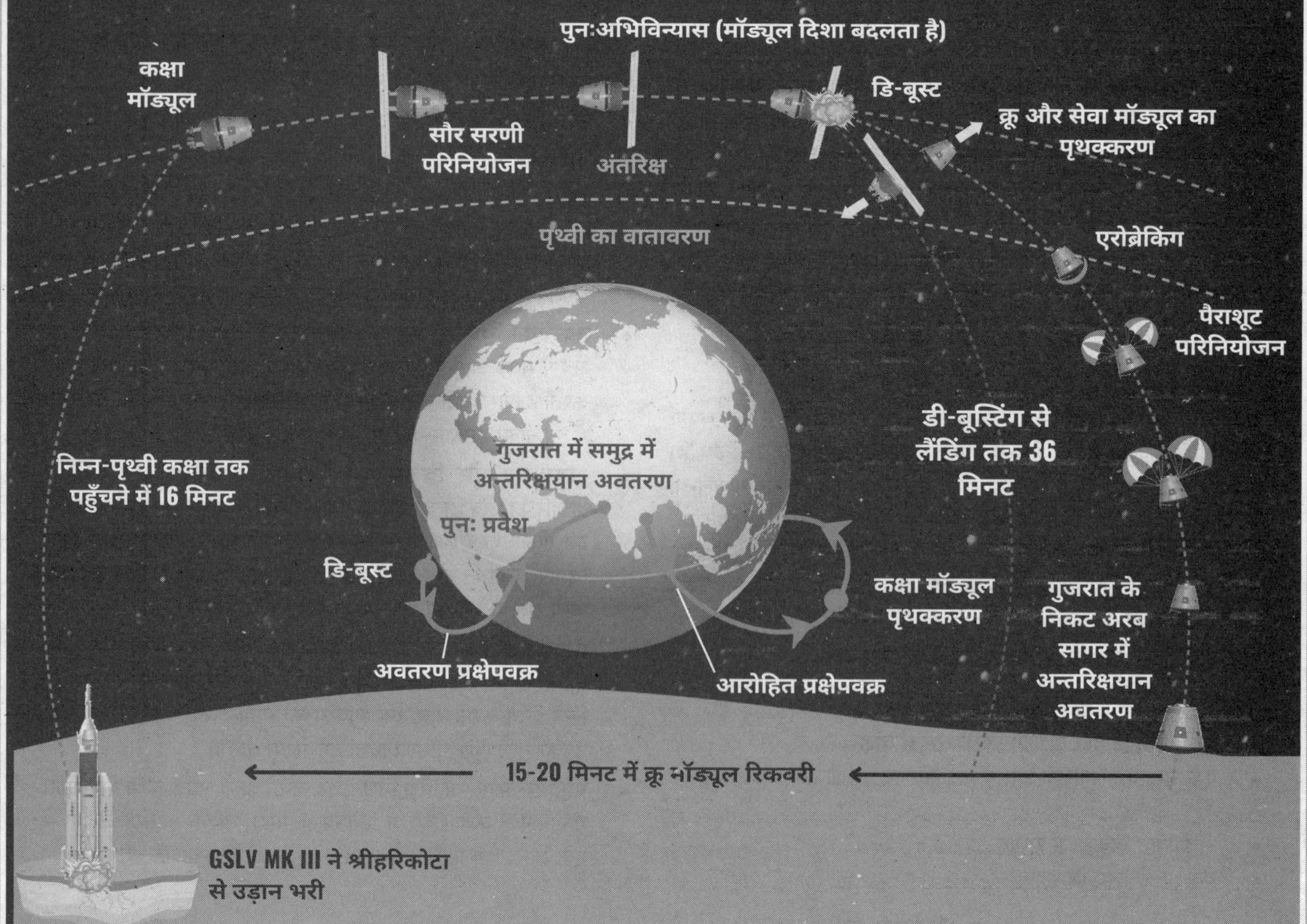

व्योम मित्र (VYOM MITRA)

यह इसरो की पहली महिला अंतरिक्ष यात्री है। सिर, दो भुजाओं और धड़ वाला व्योम मित्र, गगनयान के क्रू मॉड्यूल अंदर चालक दल की गतिविधियों की नकल के लिए बनाया गया है।

प्रक्षेपण और कक्षीय दशाओं को बनाए रखना, पर्यावरण का जवाब देना, चेतावनी पैदा करना, कार्बन डाई-ऑक्साइड कनस्तरों की जगह बदलना, ऑपरेटिंग स्विच, क्रू मॉड्यूल की निगरानी, वॉइस कमांड प्राप्त करना, बोलकर (द्विभाषी) जवाब देना आदि इसकी विशेषताएं हैं।

8.4.3 शुक्रयान मिशन [Shukrayaan Mission / Venus Orbiter Mission (VOM)]

भारतीय अंतरिक्ष अनुसंधान संगठन (इसरो) ने अपने प्रस्तावित वीनस ऑर्बिटर मिशन 'शुक्रयान' के लिए अंतरिक्ष आधारित 20 प्रयोग प्रस्तावों का चुनाव किया है। इसरो के अधिकारियों के अनुसार, रूस, फ्रांस, स्वीडन और जर्मनी के सहयोगात्मक योगदान सहित इन 20 पेलोड (वैज्ञानिक उपकरणों) प्रस्तावों की फिलहाल समीक्षा की जा रही है। इसरो के अध्यक्ष एस. सोमनाथ ने कहा है कि मिशन को दिसंबर 2024 में लॉन्च करने के लिए योजना बनाई गई है, जिसमें 2031 में एक वैकल्पिक लॉन्च विंडो है।

मुख्य बिंदुः

- यह चार साल से अधिक समय तक शुक्र का अध्ययन करने का मिशन है।
- वैज्ञानिक उद्देश्यः सतह प्रक्रियाओं और उथले उपसतह स्तर की जांच करना; और शुक्र के आयनमंडल के साथ सौर पवन का टकराव, और वातावरण की संरचना, संरचना और गतिशीलता का अध्ययन करना है।
- इसका संभावित लॉन्च मास लगभग 2500 किलोग्राम होगा।
- उपग्रह को GSLV MK-II रॉकेट से प्रक्षेपित करने की योजना है।
- प्रस्तावित कक्षा शुक्र के आसपास लगभग 500 × 60000 किमी. होने की उम्मीद है। कई महीनों में कम एपोएप्सिस (सबसे दूर बिंदु) तक इस कक्षा में धीरे-धीरे कम होने की संभावना है।

शुक्र का अध्ययन क्यों? (Why Study Venus?)

- शुक्र को अक्सर आकार, द्रव्यमान, घनत्व, संरचना और गुरुत्वाकर्षण में समानताओं के कारण पृथ्वी की "जुड़वां बहन" के रूप में वर्णित किया जाता है।
- ऐसा माना जाता है कि दोनों ग्रहों की उत्पत्ति एक समान है, जो लगभग 4.5 अरब वर्ष पहले संघनित नीबुलोसिटी से एक ही समय में बना था।
- शुक्र पृथ्वी की तुलना में सूर्य के लगभग 30 प्रतिशत करीब है, जिसके परिणामस्वरूप सौर प्रवाह बहुत अधिक है।

भारत के भविष्य लक्षित मिशन (Future Missions of India)

मिशन का नाम	वर्ष (Year)	अंतरिक्ष यान	विवरण
गगनयान	2024	क्रू अन्तरिक्ष यान	गगनयान एक भारतीय क्रू ऑर्बिटल अंतरिक्ष यान (इसरो और HAL द्वारा संयुक्त रूप से बनाया गया) है, जो भारतीय मानव अंतरिक्ष उड़ान कार्यक्रम का आधार है। अंतरिक्ष यान को अन्तरिक्ष में तीन लोगों को ले जाने के लिए डिजाइन किया जा रहा है, और जो नियोजित उन्नत संस्करण मिलन और डॉकिंग क्षमता से सुसज्जित होगा।
चंद्र ध्रुवीय अन्वेषण मिशन (Lunar Polar Exploration Mission)	2025	चंद्र लैंडर, रोवर	चंद्र ध्रुवीय अन्वेषण मिशन 2024 में चंद्रमा के दक्षिण ध्रुव क्षेत्र का पता लगाने के लिए जैक्सा और इसरो द्वारा एक अवधारणा मिशन है। फंडिंग और प्लानिंग के लिए अभी तक परमिशन कॉन्सेप्ट को औपचारिक तौर पर प्रस्तावित नहीं किया गया है।
आदित्य एल-1 (Aditya-L1)	2023	सौर अवलोकन	आदित्य-एल-1 दृश्यमान और IR बैंड के पास सौर कोरोना का अध्ययन करने वाला पहला भारतीय सौर कोरोना अंतरिक्ष यान मिशन है। इसकी 2022 की शुरुआत तक शुरू होने की उम्मीद है।
भारत का प्रथम अंतरिक्ष स्टेशन	2035	अंतरिक्ष स्टेशन	गगनयान मिशन के सफल होने के बाद भारत अपने अंतरिक्ष स्टेशन पर निर्माण कार्य प्रारम्भ करेगा जिसका कुल अनुमानित भार 20 टन होगा।
निसार (NISAR)	2024	सिंथेटिक अपर्चर रडार उपग्रह (SAR)	नासा-इसरो सिंथेटिक अपर्चर रडार (निसार) नासा और इसरो के बीच एक संयुक्त परियोजना है, जो रिमोट सेंसिंग के लिए इस्तेमाल किए जाने वाले दोहरी आवृत्ति सिंथेटिक अपर्चर रडार उपग्रह के सह-विकास और लॉन्च करने के लिए है। यह पहला ड्यूल-बैंड रडार इमेजिंग सैटेलाइट होने के लिए प्रसिद्ध है।
मंगलयान 2 (Mangalyaan 2)	2024	मंगल यान	**मंगलयान 2** भारत का दूसरा अंतरग्रहीय मिशन है, जिसे **मार्स ऑर्बिटर मिशन 2** (MOM2) भी कहा जाता है। इसे भारतीय अंतरिक्ष अनुसंधान संगठन (इसरो) द्वारा 2021-2022 की समय सीमा में मंगल ग्रह के लिए लॉन्च करने की योजना बनाई गई है। इसमें एक यान शामिल होगा, और इसमें लैंडर और रोवर शामिल नहीं होंगे।
शुक्रयान-1 (Shukrayaan-1)	2031	शुक्रयान	**भारतीय शुक्रयान मिशन** शुक्र के वातावरण का अध्ययन करने के लिए भारतीय अंतरिक्ष अनुसंधान संगठन (इसरो) द्वारा शुक्र को एक नियोजित यान है।

8.5 विश्व की वैश्विक स्थिति प्रणाली: नवस्टार एवं ग्लोनास (Global Positioning System of World: NAVSTAR, GLONASS)

वैश्विक स्थिति प्रणाली, उपग्रह आधारित निर्देशन प्रणाली होती है, जो किसी उपयोगकर्ता को मानचित्र पर उसकी सटीक स्थिति के बारे में बताती है। यह किसी वायुयान, पनडुब्बी यहां तक कि किन्हीं एकल वस्तुओं की स्थिति का पता लगाने हेतु अत्यंत ही उपयोगी है। किसी व्यक्ति, वस्तु या स्थान की सही स्थिति की जानकारी प्रदान करने हेतु **इसमें 18-36 उपग्रहों के एक समूह की सहायता ली जाती है। 2017 तक अमेरिका का अमेरिकी निर्देशन उपग्रह एवं रेंजिंग [Navigation Satellite and Ranging-(NAVSTAR)] एवं रूसी वैश्विक निर्देशन उपग्रह प्रणाली / ग्लोनास [Global Navigation Satellite System-(Glonass)] ही इस कार्य को वैश्विक रूप से कर रहे थे।** किन्तु अब चीन का Beidu/Compass भी वैश्विक GPS की सूची में शामिल हो गया है। भविष्य में जल्द ही यूरोपीय संघ का गैलीलिया (Galileo) भी वैश्विक GPS की सूची में शामिल होगा। **नवस्टार विश्व की प्रथम वैश्विक** स्थित प्रणाली है। इसमें 31 उपग्रह लगे हैं, जो 3.5-7.8 मीटर तक की दूरी को स्पष्ट रूप से दर्शा सकते हैं। वहीं दूसरी ओर ग्लोनास 5-10 मीटर तक को सटीकता से दर्शाने में सक्षम हैं। वर्तमान में इन उपग्रहों की संख्या और बढ़ाई जा रही है। कुछ देशों के पास **जापान (क्वासि-जेनिथ सैटेलाइट सिस्टम) और भारत (गगन और IRNSS-भारतीय क्षेत्रीय नौवहन उपग्रह प्रणाली / NAVIC-नेविगेशन इंडियन कॉन्स्टेलेशन) जैसे क्षेत्रीय GPS हैं।**

बाइडू (BeiDou) / COMPASS

चीन ने जून 2020 में अपना बाइडू/बेइदोऊ नेविगेशन सैटेलाइट सिस्टम कॉन्स्टेलेशन पूरा किया।

- यह चीनी उपग्रह नौवहन प्रणाली है। इस प्रणाली में उपग्रहों के एक नेटवर्क का उपयोग किया जाता है और यह **दस मीटर से कम की स्थैतिक सटीकता प्रदान कर सकता है** (GPS, **2.2 मीटर से कम की स्थैतिक सटीकता प्रदान करता है**)।
- **चीन ने 1994 में फिशरी, एग्रीकल्चर, स्पेशल केयर, मास-मार्केट एप्लिकेशन, वानिकी और सार्वजनिक सुरक्षा** सहित अलग-अलग क्षेत्रों में अपने अनुप्रयोग को एकीकृत करने के उद्देश्य से **बाइडू की शुरुआत की।**
- बाइडू सटीक स्थिति-**निर्धारण, नौवहन और समय के साथ-साथ लघु संदेश संचार** सहित सेवाएं प्रदान करता है।

इस प्रणाली में कितने उपग्रह हैं?

इसमें मध्यम पृथ्वी की कक्षा में 27 उपग्रह हैं, 5 भूस्थैतिक कक्षा में और 3 नत भूतुल्यकाली कक्षाओं में।

8.6 भारत की क्षेत्रीय वैश्विक स्थिति प्रणाली (India's Regional Level Global Positioning System-GPS)

8.6.1 जीपीएस एडेड जियो ऑगमेंटेड नेविगेशन सैटेलाइट सिस्टम (गगन) (GPS Aided Geoaugmented Navigation Satellite System/GAGAN)

यह भारत सरकार द्वारा प्रायोजित **उपग्रह आधारित संवर्द्धन प्रणाली** (Satellite Based Augmented System) का अनुप्रयोग/कार्यक्रम है, जो अब पूरा हो चुका है।

इस क्षेत्र में प्रथम कदम भारतीय विमानपत्तन प्राधिकरण (Indian Aviation) द्वारा भारतीय क्षेत्रों में उड़ने वाले वायुयानों के पायलटों को आधुनिक संचार एवं स्थिति प्रणाली की सहायता से 3 मीटर तक की सटीकता से सर्विलांस एवं एयर ट्रैफिक कंट्रोल का लाभ देने के उद्देश्य से उठाया गया था। आज इसके तीनों उपग्रहों को सफलतापूर्वक अपनी कक्षा में स्थापित कराया जा चुका है, जो निम्न हैं- **GSAT-8 (21 मई, 2011), GSAT-10 (29 सितम्बर, 2012), GSAT-15 (11 नवम्बर, 2015)।**

8.6.2 इंडियन रीजनल नेविगेशन सैटेलाइट सिस्टम (Indian RegionalNavigation Satellite System-IRNSS)

यह भारत का एक क्षेत्रीय जीपीएस है जिसकी आवश्यकता भारत को कारगिल युद्ध के समय थी। बाद में चल कर भारत सरकार ने 2006 में इस कार्यक्रम को मंजूरी दी। यह प्रारम्भ में राष्ट्र की सुरक्षा के लिए लाया गया था लेकिन आगे चल कर इसका उपयोग सिविल सुविधाओं के लिए भी कर दिया गया।

(इन्फोग्राफिक देखें - IRNSS - भारतीय क्षेत्रीय नेविगेशन उपग्रह प्रणाली)

ध्यान दें: **क्वालकॉम टेक्नोलॉजीज (Qualcomm Technologies)** ने भारतीय क्षेत्रीय उपग्रह नेविगेशन प्रणाली-NavIC (भारतीय नक्षत्र में नेविगेशन) का समर्थन करने वाले **मोबाइल चिपसेट का अनावरण** किया है। चिपसेट जारी करने से स्मार्टफोन ओरिजिनल इक्विपमेंट मैन्युफैक्चरर्स (OEMs) द्वारा NavIC को अपनाने में तेजी लाने में मदद मिलेगी। OEMs अब भारतीय बाजार के लिए किसी भी नए मॉडल को जारी कर सकते हैं, जो कि नाविक से सक्षम हैं, इस प्रकार आखिरकार आने वाले हैंडसेट, एप्लिकेशन, प्रोसेसर आदि में नाविक को एक मानक विशेषता के रूप में बना रहे हैं।

8.7 भुवन (Bhuvan)

भुवन इसरो द्वारा विकसित एक Application है, जो इंटरनेट पर भारत व उसके आस-पास के क्षेत्रों के मध्यम एवं उच्च रिजोल्यूशन के उपग्रह आधारित चित्र/मानचित्र उपलब्ध कराता है। **इस एप्लीकेशन/कार्यक्रम को 12 अगस्त, 2009 को लॉन्च किया गया। भुवन 10-100 मीटर तक के क्षेत्र का अत्यंत ही स्पष्ट चित्र प्रदान करता है, यह भारत का अपना विकीमैपिया (wikimapia) है।** इसकी सहायता से किसी स्थिति/स्थान को कई सन्दर्भों में देखा जा सकता है, जो दूरी को मापने में सहायता करता है। इस पोर्टल को इस तरह से डिजाइन किया गया है कि यह धीमे इंटरनेट कनेक्शन (Slow Internet Connection) पर भी कार्य करने में सक्षम है। साथ ही सुरक्षा उद्देश्यों की पूर्ति हेतु इसे और अधिक उपयोगी बनाया जा सकता है। **भुवन कार्यक्रम मौसम**

IRNSS: भारतीय क्षेत्रीय नेविगेशन उपग्रह प्रणाली

IRNSS के बारे में

- IRNSS, इसरो द्वारा विकसित एक स्वायत्त क्षेत्रीय नौवहन उपग्रह प्रणाली है, जो भारत सरकार के नियंत्रणाधीन है।
- शत्रुतापूर्ण परिस्थितियों में जीपीएस तक पहुंच की गारंटी नहीं है (उदाहरण के लिए, विदेशी सरकार द्वारा नियंत्रित वैश्विक नौवहन उपग्रह प्रणालियों तक पहुंच की गारंटी नहीं है, जैसा कि कारगिल युद्ध के दौरान अमेरिकी जीपीएस पर निर्भर भारतीय सेना के साथ हुआ था) और इस घटना ने ऐसी नौवहन प्रणाली की आवश्यकता को जन्म दिया।
- इस परियोजना को मई 2006 में भारत सरकार द्वारा अनुमोदित किया गया था।
- भारत के चारों ओर लगभग 1,500 किलोमीटर के क्षेत्र को कवर करते हुए, यह हिंद महासागर क्षेत्र में 20-मीटर की सटीकता और भारत और आस-पास के देशों में 10-मीटर की सटीकता प्रदान करेगा।
- ऐसा रिज़ॉल्यूशन उपयोगी होगा क्योंकि यह पड़ोसी देशों से सैनिकों की आवाजाही, आतंकवादी गतिविधि आदि का पता लगाने के लिए सीमावर्ती क्षेत्रों में भारत की सुरक्षा पर नज़र रखता है, IRNSS का रिज़ॉल्यूशन बहुत उपयोगी है।
- प्रत्येक उपग्रह में 3 अत्यंत सटीक रुबिडियम परमाणु घड़ियाँ हैं।
- जीपीएस रिसीवर काम नहीं करेंगे, उन्हें विशेष रिसीवर की आवश्यकता है।

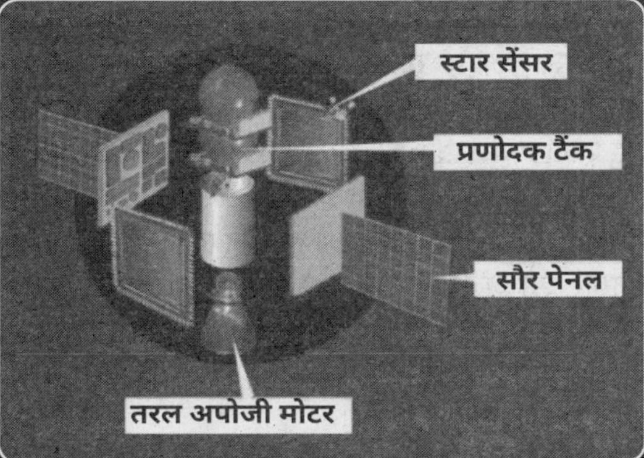

IRNSS द्वारा प्रदान की जाने वाली सेवाओं के प्रकार

- स्टैंडर्ड पोजिशनिंग सर्विस (SPS)- नागरिक उपयोग के लिए
- प्रतिबंधित सेवा (RS)/प्रिसिजन पोजिशनिंग सिस्टम-एक एन्क्रिप्टेड सेवा

NavIC अनुप्रयोगों में निम्नलिखित शामिल हैं:

1. स्थलीय, हवाई और समुद्री नौवहन
2. आपदा प्रबंधन
3. व्हीकल ट्रैकिंग और फ्लीट मैनेजमेंट
4. मोबाइल फोन के साथ समन्वय
5. सटीक समय
6. मैपिंग और जियोडेटिक डेटा कैप्चर
7. पैदल यात्रियों और अन्य यात्रियों के लिए स्थलीय नौवहन सहायता
8. ड्राइवरों के लिए दृश्य और ध्वनि नौवहन

IRNSS-7 में उपग्रह

3 भूस्थैतिक कक्षा में 3 उपग्रह, जमीन से आकाश में निश्चित अवस्थिति पर मौजूद।

4 भूतुल्यकाली कक्षा में 4 उपग्रह, युग्मों में दो झुकी हुई कक्षाओं में चलते हुए, चित्र 8 में यात्रा करते हुए जमीन से दिखाई देते हैं - सटीक स्थिति निर्धारण में सहायता करते हैं।

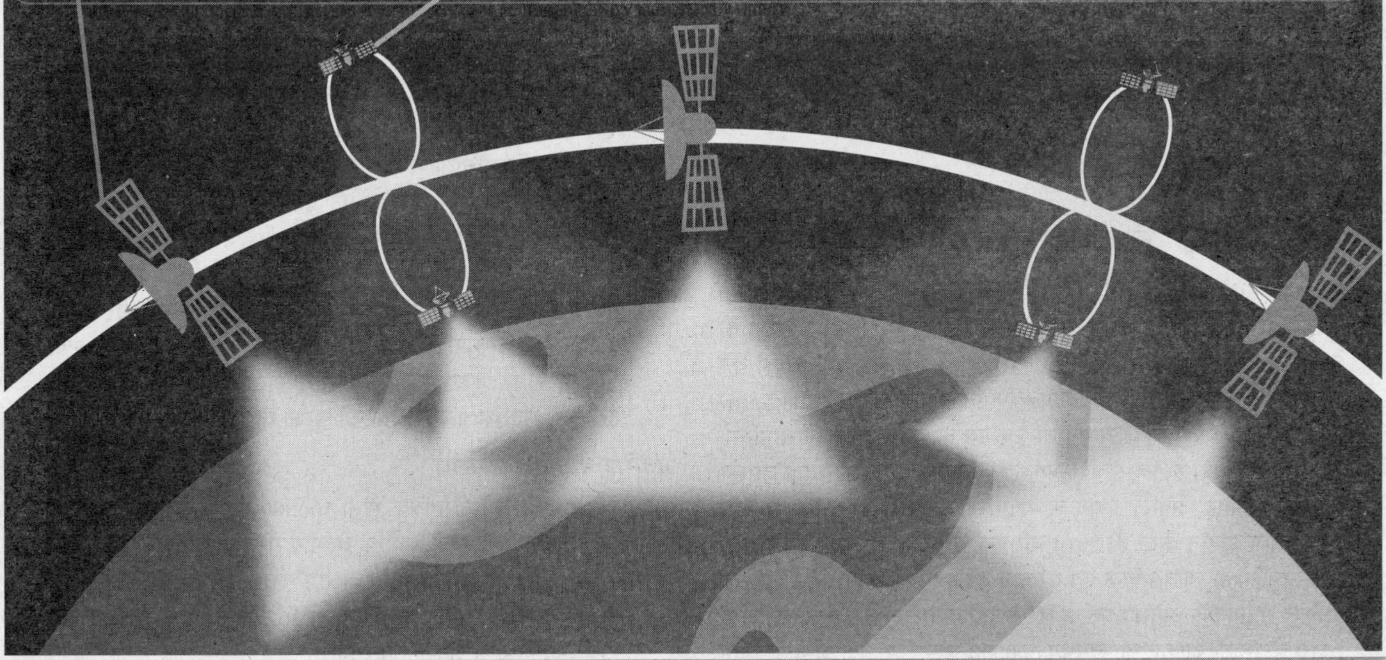

संबंधित सूचना, विभिन्न भारतीय राज्य एवं जिलों की प्रशासनिक सीमा (Administrative Boundary) जैसे कई अत्यंत महत्वपूर्ण सूचनाएं प्रदान करता है, जो राष्ट्र सेवा हेतु बहुत ही उपयोगी हैं।

इस उत्पाद के निर्माण में सबसे महत्वपूर्ण भूमिका राष्ट्रीय दूर संवेदी संस्था द्वारा निभाई गई। **इसरो ने इस कार्य हेतु प्रमुख आंकड़े रिसोर्स सेट 1, कार्टोसैट 1 तथा कार्टोसैट 2 जैसे उपग्रहों की मदद से जुटाए,** जिससे इस कार्य हेतु सर्वश्रेष्ठ चित्रण संभव हो पाया।

इसरो ने की 'भुवन' (Bhuvan) की घोषणा

अंतरिक्ष विभाग (डीआईएस) जिसके तहत इसरो आता है, ने 11 फरवरी, 2021 को जियोस्पेशियल टेक्नोलॉजी कंपनी सीई इंफो सिस्टम्स प्राइवेट लिमिटेड **(Geospatial technology company CE Info Systems Pvt Ltd)** के साथ **MoU** हस्ताक्षर किए।

- इस सहयोग से वे मैपमाई इंडिया में उपलब्ध पृथ्वी अवलोकन डेटासेट, 'नाविक (NAVIC)', वेब सर्विसेज और एप्लीकेशन प्रोग्रामिंग इंटरफेस (API) का उपयोग करते हुए संयुक्त रूप से एक समग्र भू-स्थानिक पोर्टल की पहचान करने और निर्माण करने में सक्षम होंगे।
- भू-स्थानिक पोर्टलों को 'भुवन', 'वेद' (VEDAS) और 'मोसडैक' (MOSDAC) कहा जाएगा।

मुख्य तथ्य:

भुवन इसरो द्वारा विकसित और होस्ट किया गया राष्ट्रीय भू-पोर्टल है, जिसमें भू-स्थानिक डेटा, सेवाएं और विश्लेषण के लिए उपकरण शामिल हैं।

वेद (VEDAS) (Visualisation of Earth observation Data and Archival System) एक ऑनलाइन भू-प्रसंस्करण मंच है, जो ऑप्टिकल, माइक्रोवेव, थर्मल और हाइपरस्पेक्ट्रल डेटा का उपयोग करता है, जो विशेष रूप से शिक्षा, अनुसंधान और समस्या-समाधान के लिए बने अनुप्रयोगों को भी समाहित करता है।

MOSDAC (मौसम विज्ञान और समुद्र विज्ञान उपग्रह डेटा अभिलेखीय केंद्र/ Meteorological and Oceanographic Satellite Data Archival Centre) इसरो के सभी मौसम विज्ञान मिशनों और मौसम से संबंधित जानकारी, समुद्र विज्ञान और उष्णकटिबंधीय जल चक्रों से संबंधित के लिए एक डेटा भंडार है।

8.8 केसलर सिंड्रोम/अंतरिक्ष जंक अवधारणा (Kessler Syndrome/Space Junk Concept)

केसलर सिंड्रोम/केसलर प्रभाव की अवधारणा सर्वप्रथम 1978 में नासा के वैज्ञानिक **डोनाल्ड जे. केसलर** द्वारा प्रस्तुत की गई। यह एक प्रकार की कल्पना है, जिसके तहत यह बताया गया कि **निम्न पृथ्वी कक्षा** (Low Earth Orbit) में विभिन्न वस्तुओं के निरंतर टकराव के कारण वस्तुओं/सामग्रियों का घनत्व बढ़ रहा है, जिससे दिन-प्रतिदिन अंतरिक्ष में मलबा बढ़ता जा रहा है। प्रत्येक उपग्रह, अंतरिक्ष प्रयोग या मानव सहित अभियान अंतरिक्ष में बहुत सारा मलबा उत्पन्न करते हैं। 2014 की एक रिपोर्ट के अनुसार, अंतरिक्ष में इस समय 2000 व्यावसायिक एवं सरकारी उपग्रह पृथ्वी का चक्कर लगा रहे हैं। एक अनुमान के अनुसार प्रत्येक वर्ष 1 उपग्रह नष्ट होता है एवं अंतरिक्ष में 1-10 सेंटीमीटर आकार का लगभग 600000 जंक अब-तक जमा हो चुका है। अभी तक अंतरिक्ष के मलबे को दूर करने हेतु किसी भी प्रकार के समाधान नहीं किए जा सके हैं, जिससे निकट भविष्य में मानव के लिए कई समस्याएं उत्पन्न हो सकती हैं एवं साथ ही भविष्य में प्रक्षेपित किए गए उपग्रहों को स्थापित करने में बाधा उत्पन्न हो सकती है। 2013 में बनी एक फिल्म *ग्रेविटी* में अंतरिक्ष में उपस्थित मलबे के एक अंतरिक्ष शटल से टकराने की संभावना व्यक्त की गई है। ये टक्कर इतनी खतरनाक हो सकती है, जो अंतरिक्ष यात्रियों के साथ अंतरिक्ष में कार्यरत उपग्रहों को भी नुकसान पहुंचा सकती है।

शीघ्र मलबा निराकरण मिशन (The Remove Deberis Mission Soon)

यह मिशन ब्रिटेन के सरे विश्वविद्यालय (University of Surrey) द्वारा लाया गया। इस मिशन का लक्ष्य पृथ्वी की परिक्रमा कर रहे लगभग 7000 टन पुराने उपग्रहों तथा अंतरिक्ष यानों के सक्रिय अंतरिक्ष मलबे तथा रॉकेटों के अलग हुए भागों को हटाना है। अधिक मलबा आपस में अधिक टक्करों का कारण बनता है, यह एक निरन्तर (Cascade) होने वाला प्रभाव होता है, जिसे केसलर सिंड्रोम के नाम से भी जाना जाता है। इससे अंतरिक्ष अंततः नौवहन, संचार, मौसम पूर्वानुमान आदि महत्वपूर्ण सेवाओं हेतु अनुपयोगी हो जाता है। कई रिपोर्टों के अनुसार, इस अंतरिक्ष मलबे को हटाने हेतु चार तरीकों का अनुप्रयोग किया जा सकता है- नेटी कैप्चर (Nety Capture) हारपून कैप्चर (Harpoon Capture), विजन आधारित नौवहन तथा डि-ऑर्बिटिंग (de-orbiting) प्रक्रिया।

अंतरिक्ष में मानवजनित प्राकृतिक मलबे संबंधी विभिन्न मुद्दों के समन्वयन हेतु अंतर्राष्ट्रीय अंतरिक्ष मलबा कमेटी, एक अंतर्राष्ट्रीय सरकारी फोरम है। यह अंतरिक्ष मलबा अनुसंधान में सहयोग हेतु विभिन्न अवसरों की सुविधा उपलब्ध कराने तथा मलबा शमन विकल्पों में भी शामिल रहती है।

भारत और अंतरिक्ष मलबा (India and Space Debris)

अंतरिक्ष मलबे से टक्कर की भविष्यवाणी करने के लिए एक तरीका विकसित करने के उद्देश्य से, इंद्रप्रस्थ इंस्टीट्यूट ऑफ इन्फॉर्मेशन टेक्नोलॉजी (IIIT), दिल्ली को विज्ञान और प्रौद्योगिकी विभाग (DST) द्वारा लागू राष्ट्रीय सुपर कंप्यूटिंग मिशन (NSM) से अनुसंधान वित्तपोषण प्राप्त हुआ है। इस 'Orbit Computation of Resident Space Objects for Space Situational Awareness' (ऑर्बिट कंप्यूटेशन ऑफ रेजिडेंट स्पेस ऑब्जेक्ट्स फॉर स्पेस सिचुएशनल अवेयरनेस) नामक परियोजना को दो वर्षों में पूरा किया जाना है।

- अंतरिक्ष मलबा अंतरिक्ष आधारित प्रौद्योगिकियों के निरंतर उपयोग के लिए एक वैश्विक खतरा बन गया है, जो संचार, परिवहन, मौसम और जलवायु निगरानी, रिमोट सेंसिंग जैसे महत्वपूर्ण कार्यों का समर्थन करते हैं।
- इन अंतरिक्ष वस्तुओं से टकराव की संभावना की भविष्यवाणी राष्ट्रीय सुरक्षा के नजरिए के साथ-साथ भारतीय मूल की सार्वजनिक और निजी अंतरिक्ष परिसंपत्तियों की सुरक्षा के लिए महत्वपूर्ण है।

अंतरिक्ष में अंतरिक्ष मलबे

- अंतरिक्ष मलबे की वास्तविक मात्रा 500000 से 1 बिलियन टुकड़ों के बीच होने की आशंका है, क्योंकि वर्तमान सेंसर प्रौद्योगिकी छोटे टुकड़ों का पता नहीं लगा सकती है। ये कक्षीय मलबे एक उपग्रह या अंतरिक्ष यान को नुकसान पहुंचाने के लिए 28,162 किमी. प्रति घंटे तक की गति से काफी तेजी से यात्रा करते हैं।

परियोजना का महत्व

- इस परियोजना का परिणाम सीधे भारतीय अंतरिक्ष क्षेत्र को समर्थन देगा, जिसका मूल्य 51,334 करोड़ रुपये है, जो परिचालन रूप से लचीला, मापनीय, पारदर्शी और स्वदेशी टकराव संभावना समाधान प्रदान करेगा।

नेत्रा (Netra)

- अंतरिक्ष मलबे से अपनी अंतरिक्ष परिसंपत्तियों की रक्षा के लिए, इसरो ने बंगलुरू में 'नेत्रा' नाम से एक समर्पित अंतरिक्ष स्थितिजन्य जागरूकता (SSA) नियंत्रण केंद्र स्थापित किया था।
- नेत्रा का मुख्य उद्देश्य राष्ट्रीय अंतरिक्ष परिसंपत्तियों की निगरानी, पता लगाना व रक्षा करना और सभी SSA गतिविधियों के केंद्र के रूप में कार्य करना है।
- केवल अमेरिका, रूस और यूरोप में अंतरिक्ष वस्तुओं को पता करने और टकराव की चेतावनियों को साझा करने के लिए सुविधाएं हैं।

8.9 अंतरिक्ष यात्रियों को अंतरिक्ष में होने वाली समस्याएं (Problem Faced by Astronauts in Space)

मानव शरीर विशेष रूप से पृथ्वी के गुरुत्वाकर्षण के अनुकूल होता है। अंतरिक्ष का वायुमंडल **सूक्ष्म गुरुत्वीय** (Micro gravity) होता है, जिसके कारण मानव को अपने शरीर को उसके अनुकूल बनाने की आवश्यकता होती है, इसलिए अंतरिक्ष यात्री अंतरिक्ष यान में चलने की अपेक्षा तैरना पसंद करते हैं। इसका तात्पर्य यह हुआ कि मानव शरीर की मुख्य भार वाले कमर से नीचे के अंगों की हड्डियां, जैसे- पैर, कूल्हे, रीढ़ के भार में एक प्रभावी कमी महसूस होती है, जिसका परिणाम यह होता है कि अंतरिक्ष में हड्डियों के टूटने व अत्यधिक कैल्सियम के मुक्त होने का खतरा रहता है, जिससे हड्डियों एवं शरीर में कमजोरी आने की संभावना रहती है। किसी अंतरिक्ष उड़ान के दौरान संतुलन बनाने हेतु पैरों व पीठ की मांसपेशियों पर अतिरिक्त भार का उपयोग किया जाता है, जिसके फलस्वरूप मांसपेशियों के कमजोर होने की संभावना रहती है और अंतरिक्ष उड़ान के दौरान गिरने से घायल एवं दुर्घटना होने की संभावना रहती है। वर्तमान समय में ऐसे मामलों/खतरों से निपटने हेतु व्यायाम कार्यक्रम आयोजित किए जाते हैं, परंतु जल्द ही मांसपेशियों में होने वाले नुकसान को कम करने हेतु पौष्टिक पदार्थों के उपयोग किए जाने की संभावना है। यह उपाय अंतरिक्ष अभियानों के दौरान एक वरदान की तरह कार्य करेगा। अंतरिक्ष में शरीर के निचले हिस्से विशेष कर पैर में होने वाले रक्त संचरण एवं अन्य संचरण को वितरित करने हेतु किसी भी प्रकार का गुरुत्वाकर्षण बल कार्य नहीं करता है, जिसके परिणामस्वरूप शरीर में संचरण के वितरण का कार्य शरीर के ऊपरी हिस्से में संपादित होता है, जो शरीर के ऊपरी एवं निचले हिस्से में अत्यधिक विषमता उत्पन्न करता है। संचरण के स्थानांतरण के कारण अंतरिक्ष यात्रियों को अपने चेहरे में सूजन तथा विकृति का अनुभव होता है। सूक्ष्म गुरुत्वीय वातावरण में हृदय को अधिक कार्य नहीं करना होता है, जिसके कारण हृदय के आकार में कमी एवं अनियमितता आने की संभावना रहती है। अंतरिक्ष विकिरण हमारी अन्त:स्तरीय कोशिकाओं एवं रक्त वाहिनियों को प्रभावित कर सकते हैं, जो हृदय एवं धमनी रोग की उत्पत्ति एवं वृद्धि का कारण बन सकते हैं। हमारा मस्तिष्क शरीर की विभिन्न संवेदी नलिकाओं विशेषकर आंख, अंत:कर्ण, प्राघाणीय नली तथा मांस पेशियों एवं जोड़ों से सूचनाएं प्राप्त कर उन्हें विभक्त करता है। पृथ्वी पर एकीकृत स्नायु तंत्रिका श्रृंखला मानव शरीर को संतुलित रखने का कार्य करती है। अंतरिक्ष में रहने के दौरान मानव अंत:कर्ण लंबे समय तक कार्य नहीं कर पाते हैं। अंतरिक्ष में रहने के दौरान अंतरिक्ष यात्रियों के शरीर अंतरिक्ष के वातावरण के अनुकूल हो जाते हैं और जब वे पृथ्वी पर वापस आते हैं, तो उन्हें खड़े होने में, केंद्रीकरण में, चलने में एवं मुड़ने में समस्याओं का सामना करना पड़ता है। ये समस्याएं सूक्ष्म गुरुत्वीय क्षेत्र की ओर जाने के साथ अधिक गहरी होती जाती हैं। यह परिवर्तन अंतरिक्ष में पहुंचने, डॉकिंग, लैंडिंग दूर संवेदी एकीकरण अतिरिक्त गतिविधियों पोस्ट लैंडिंग, सामान्य तथा आपातकालीन बहिर्गमन जैसी क्रियाशील गतिविधियों पर प्रभाव डाल सकते हैं। इन सबके अलावा किसी अंतरिक्ष यात्रा में हिस्सा लेने वाले कर्मियों को दिन-रात की स्थिति में परिवर्तन के कारण अपने शरीर को उसके अनुकूल बनाने की आवश्यकता पड़ती है। अंतरिक्ष यान की लाइटिंग में सुधार करके इन समस्याओं का समाधान किया जा सकता है।

8.10 अतिरिक्त वाहनीय क्रियाकलाप / अंतरिक्ष भ्रमण [Extra Vehicular Activity/Space Walk (EVA)]

अतिरिक्त वाहनीय क्रियाकलाप, पृथ्वी के पर्याप्त परे वायुमंडल में अंतरिक्ष यात्रियों द्वारा अंतरिक्ष यान के बाहर किए जाने वाले क्रियाकलाप हैं। इसका प्रयोग प्राय: पृथ्वी का चक्कर लगा रहे अंतरिक्ष यान के बाहर आकर अंतरिक्ष भ्रमण करने के संदर्भ में किया जाता है। अमेरिका के अंतरिक्ष यात्रियों द्वारा 1969-1972 में अपोलो कार्यक्रम के तहत चंद्रमा के रहस्यों को उजागर करने हेतु चंद्रमा की सतह पर किए गए भ्रमण को भी इसमें शामिल किया गया है। अमेरिका द्वारा किए गए इन छ: अभियानों में से अंतिम तीन अभियानों में शामिल अंतरिक्ष यात्रियों ने पृथ्वी पर लौटते समय अंतरिक्ष यान से बाहर आकर गहरे अंतरिक्ष में अतिरिक्त वाहनीय क्रियाकलाप में भी भाग लिया था। 1973 में अतिरिक्त वाहनीय क्रियाकलाप का उपयोग अमेरिका के प्रथम अंतरिक्ष स्टेशन स्काईलैब की प्रक्षेपण क्षतिपूर्ति हेतु किया गया। **अतिरिक्त वाहनीय क्रियाकलाप दो प्रकार से होते है-1. टेथर्ड (Tethered) 2. अनटेथर्ड (Untethered)। अतिरिक्त वाहनीय क्रियाकलाप टेथर्ड (इसमें अंतरिक्ष यात्री अंतरिक्ष यान से जुड़ा होता है,) जिसके द्वारा उसे ऑक्सीजन एवं विद्युत ऊर्जा की आपूर्ति की जा सकती है। इसमें अंतरिक्ष यान पर वापस आने हेतु किसी भी प्रकार के प्रणोदन की आवश्यकता नहीं होती है या अनटेथर्ड (इसमें अंतरिक्ष यात्री अंतरिक्ष यान से जुड़ा नहीं होता है) किसी भी प्रकार के हो सकते हैं।**

अब तक चीन, रूस, अमेरिका ने किसी अतिरिक्त वाहनीय क्रियाकलाप को अंजाम देने की क्षमता विकसित कर ली है।

गहरे अंतरिक्ष में प्रथम अतिरिक्त वाहनीय क्रियाकलाप को अंजाम देने का श्रेय अमेरिकी अंतरिक्ष यात्री **अल वॉर्डन** को जाता है, जिसे उन्होंने अगस्त 1971 में अंजाम दिया था। यह क्रियाकलाप चंद्रमा से वापस लौटते वक्त अपोलो 15 में लगी एक परत एवं आंकड़ा संचयन कनस्तर को सुधारने हेतु किया गया था।

अमेरिकी ब्रुक मैक कैंडलेस ने 7 फरवरी, 1984 को चैलेंजर मिशन STS-41B के दौरान, मानवयुक्त युक्तिचालन इकाई का उपयोग करते हुए, यानेत्तर गतिविधियों (extravehicular activity-EVA) के साथ अपनी पहली यात्रा की।

25 जुलाई, 1984 को EVA का प्रदर्शन करने वाली पहली महिला सोवियत स्वेलानां सवित्सकाया थी, जो साल्युट 7 स्पेस स्टेशन पर सवार थी। उसकी यानेत्तर गतिविधियां 3 घंटे 35 मिनट तक चली।

8.11 अंतर्राष्ट्रीय अंतरिक्ष स्टेशन (International Space Station)

यह अंतर्राष्ट्रीय स्तर पर विकसित अनुसंधानशाला है, जो पृथ्वी की निम्न कक्षा में स्थापित है। **इस स्थान का वातावरण सूक्ष्म गुरुत्वीय है, जिसमें अंतरिक्ष यात्री जीव विज्ञान, मानव जीव विज्ञान, अंतरिक्ष विज्ञान, भौतिकी तथा खगोल विज्ञान से संबंधित प्रयोग आयोजित करते हैं।** यह चंद्रमा एवं मंगल अभियान हेतु आवश्यक अंतरिक्ष यानों के परीक्षण हेतु एक विशेष वातावरण उपलब्ध कराता है। अंतर्राष्ट्रीय अंतरिक्ष स्टेशन पृथ्वी से परे बिल्कुल मानव घर जैसा है। **यह मानव द्वारा निर्मित सर्वाधिक खर्चीला प्रयोजन है, जिसे 278-460 किलोमीटर की ऊँचाई पर नियंत्रित किया जाता है।** यह 27724 किलोमीटर प्रति घंटे की औसत चाल से भ्रमण कर एक दिन में 15-16 चक्कर या एक चक्कर 92 मिनट में पूरा करता है।

अंतरिक्ष स्टेशन की सहायता से होने वाले बड़े अनुप्रयोग (Major Experiments)

- यह **अंतरिक्ष में लंबे समय तक रहने से होने वाले खतरों का अवलोकन करता है।**
- यह अंतरिक्ष में एक ऐसा स्थान है, जहां अल्ट्रासाउंड स्कैन, विभिन्न जांच एवं आवश्यकता पड़ने पर चिकित्सा सुविधा उपलब्ध कराई जा सकती है।
- यह निकट भारविहीन एवं सूक्ष्म गुरुत्व के वातावरण के अध्ययन में भी सहायक है एवं **ऐसे वातावरण में होने वाले परिवर्तन, पौधों एवं पशुओं की आंतरिक प्रक्रिया एवं विकास, संवर्द्धन का भी अवलोकन करने में सहायक है।**
- **अति चालकता का परीक्षण** तथा **सूक्ष्म गुरुत्व में तरल पदार्थ की भौतिकी का अध्ययन** अनुसंधानों के द्वार खोलेगा।
- यह **ब्रह्मांड में उपस्थित ब्रह्मांडीय किरणों, ब्रह्मांडीय धूलकणों, प्रतिकणों के अध्ययन में भी उपयोगी है।**

प्रारंभिक सोवियत एवं उसके पश्चात् रूस द्वारा निर्मित सैल्यूट, (salyut) अल्माज (almaz) तथा मीर (Mir) स्टेशन यहां तक कि अमेरिका के स्काईलैब (skylab) के बाद यह नौवां अंतर्राष्ट्रीय अंतरिक्ष स्टेशन है। 2011 में अमेरिका द्वारा अंतरिक्ष शटल कार्यक्रम की समाप्ति के बाद सोयूज एकमात्र ऐसा रॉकेट रह गया है, जो अंतरिक्ष यात्रियों के लिए अंतर्राष्ट्रीय अंतरिक्ष स्टेशन तक परिवहन का कार्य करता है। अंतर्राष्ट्रीय अंतरिक्ष अंतरिक्ष स्टेशन, नासा (अमेरिका), रोस्कोमस (रूस), जाक्सा (जापान), ESA (यूरोप) तथा CSA (कनाडा) का साझा कार्यक्रम है।

अंतर्राष्ट्रीय अंतरिक्ष स्टेशन दो भागों- रूसी कक्षीय खंड तथा अमेरिकी कक्षीय खंड, में विभक्त है, जिसका उपयोग विभिन्न राष्ट्रों द्वारा किया जाता है। जनवरी 2014 की सूचनाओं के अनुसार अंतर्राष्ट्रीय अंतरिक्ष स्टेशन के अमेरिकी खंड पर 2024 तक खर्च किया जाएगा साथ ही साथ रूस के हिस्से पर भी 2024 तक ही व्यय करने की योजना है। इसके पश्चात् रूस ने अपना नया अंतरिक्ष स्टेशन ऑपसेक (opsek) बनाने का प्रस्ताव रखा है।

28 मार्च, 2015 को रूसी सूत्रों की घोषणा के मुताबिक रोस्कोमस तथा नासा अलग-अलग अंतर्राष्ट्रीय अंतरिक्ष स्टेशनों के स्थान पर एक ही नया अंतरिक्ष स्टेशन बनाने को सहमत हो गए हैं।

(इन्फोग्राफिक देखें - अंतर्राष्ट्रीय अंतरिक्ष स्टेशन)

8.12 अंतरिक्ष इतिहास (Space History)

वर्ष	उपलब्धि
1942	1942 में **वॉर्नर वोन बॉन** ने प्रथम रॉकेट का डिजाइन तैयार किया। आगे चलकर उन्होंने चंद्रमा पर जाने वाले रॉकेट निर्माता के रूप में नासा के साथ भी कार्य किया। पृथ्वी की सतह से 100 किलोमीटर दूर जाने वाला प्रथम रॉकेट जर्मन V2 था।
1947	अंतरिक्ष में मानव शरीर पर पड़ने वाले प्रभावों के अध्ययन हेतु प्रथम पशु/जीव को 1947 में अंतरिक्ष में भेजा गया क्योंकि पशु लगभग मानव के समान होते हैं अत: हम इन प्रभावों की कल्पना कर सकते हैं, इसलिए पशु को इस कार्य हेतु चुना गया। इस कार्य में अंतरिक्ष यात्रा के दौरान खाने हेतु मक्का की आपूर्ति हेतु फ्रूट फ्लाई का उपयोग किया गया।
1949	अंतरिक्ष में प्रथम बंदर अल्बर्ट II को भेजा गया। यह एक चपटी नाक वाला बंदर था, जिसे एशिया से लाया गया था। 14 जून, 1949 को अल्बर्ट को विशेष रूप से डिजाइन किए गए, अमेरिकन V2 से अंतरिक्ष से भेजा गया। यह पृथ्वी से 83 मील की ऊँचाई तक उड़ा।
1957	**4 अक्टूबर, 1957 को स्पूतनिक 1 नामक प्रथम उपग्रह अंतरिक्ष में प्रक्षेपित किया गया।** इस उपलब्धि को अंतरिक्ष युग के प्रारंभ के रूप में जाना जाता है। स्पूतनिक 1 पृथ्वी की कक्षा में चक्कर लगाने वाला प्रथम उपग्रह था।
1957	**रूसी कुत्ता 'लाइका' अंतरिक्ष यान स्पूतनिक 2 से पृथ्वी का चक्कर लगाने वाला प्रथम पशु बना।** यह कारनामा नवंबर 1957 में संपन्न हुआ रूसी भाषा में लाइका का मतलब भौंकने वाला (बार्कर) होता है। इस अभियान की सहायता से वैज्ञानिक यह समझने में कामयाब हुए कि मानव अंतरिक्ष में कार्य कर सकता है या नहीं।
1959	1959 में अमेरिका तथा रूस दोनों ही राष्ट्रों के वैज्ञानिक चंद्रमा पर अंतरिक्ष यान भेजने की दौड़ में शामिल थे। इस प्रतियोगिता में रूस की जीत हुई। **रूस ने चंद्रमा पर 'स्पेस प्रोब-2' नामक अंतरिक्ष यान भेजने में सफलता प्राप्त की** परंतु यह अभियान चंद्रमा पर सफलतापूर्वक उतरने में नाकामयाब रहा क्योंकि इसकी गति इतनी तीव्र थी कि यदि कोई अंतरिक्ष यात्री इसमें होता तो उसकी मृत्यु हो जाती। इसलिए मानव को चंद्रमा पर जाने में 10 साल और लगे।
1961	**12 अप्रैल, 1961 को रूसी अंतरिक्ष यात्री 'यूरी गागरिन' अंतरिक्ष में जाने वाले प्रथम व्यक्ति बने। गागरिन के अंतरिक्ष यान वोस्टक 1 ने पृथ्वी का एक चक्कर लगाया एवं प्रक्षेपण के 2 घंटे पश्चात् उन्होंने उसे लैंड किया।** वोस्टक 1 की पृथ्वी पर क्रैश लैंडिंग हुई एवं यूरी गागरिन को पैराशूट की सहायता से छलांग लगानी पड़ी।

वर्ष	उपलब्धि
1963	**'वेलेंटीना तेरेश्कोवा' अंतरिक्ष में पहुंचने वाली प्रथम महिला बनीं। ये एक रूसी अंतरिक्ष यात्री थीं।** उनके इस अभियान के बाद उन्हें रूसी सरकार में एक महत्वपूर्ण सदस्य के रूप में नियुक्त किया गया। उनकी इस उपलब्धि की प्रशंसा करते हुए, उन्हें कई पुरस्कारों से भी नवाजा गया। उनके पश्चात् चंद्रमा पर एक ज्वालामुखी का नाम भी उनके नाम पर रखा गया।
1966	अमेरिकी राष्ट्रपति जॉन एफ. कैनेडी ने 1963 में विश्व को भरोसा दिया था, वे 1970 से पहले चंद्रमा पर मनुष्य को भेजेंगे। मानव जीवन को खतरे में डालने से पहले नासा ने एक रोबोट अंतरिक्ष यान भेजा ताकि वे यह जान सकें कि यह सफलतापूर्वक उतरता है या नहीं। **इसे सर्वेयर 1 का नाम दिया गया तथा 30 मई, 1966 को यह चंद्रमा पर सफलतापूर्वक उतरने वाला प्रथम अंतरिक्ष यान बन गया।** कुछ समय बाद ही रूसी प्रोब लूना 9 भी सफलतापूर्वक उतरने में कामयाब रहा।
1966	रोबोटिक अंतरिक्ष यान 'सर्वेयर 1' ने सफलतापूर्वक चंद्रमा पर उतरने के पश्चात् चंद्रमा की सतह की तस्वीरें लेना प्रारंभ कर दीं, जिसे वापस अमेरिका एवं विश्व के उत्साहित वैज्ञानिकों को प्रेषित किया गया। इस महत्वपूर्ण जानकारी से वैज्ञानिक यह समझने में कामयाब रहे कि इंसान चंद्रमा की सतह पर सफलतापूर्वक कैसे उतर सकता है।
1969	**नील आर्मस्ट्रांग एवं उसके पश्चात् एल्ड्रिन एक छोटा कदम उठाते हुए 20 जुलाई, 1969 को चंद्रमा पर पहुंचने वाले प्रथम व्यक्ति बने।** उनके द्वारा चंद्रमा पर कहा गया प्रथम वाक्य था **'The Eagle Landed'**। उनके अंतरिक्ष यान अपोलो-11 ने अच्छी तरह से कार्य करते हुए, उन्हें 2,50000 मील उड़ाते हुए चंद्रमा पर पहुंचा दिया एवं पुनः इसी यान के जरिए वे वापस पृथ्वी पर आ गए।
1970	अपनी दो दिन की यात्रा के दौरान 13 अप्रैल, 1970 को अपोलो-13 वायरिंग दोष के कारण विस्फोट का शिकार हो गया। बोर्ड पर उपलब्ध संसाधनों की मदद से नासा के वैज्ञानिकों एवं अंतरिक्ष यात्रियों ने क्षतिग्रस्त यान को वापस लाने की कोशिश की जिसमें वे असफल रहे। यह अभियान सफलता एवं असफलता का संयोग रहा क्योंकि कर्मीदल तो चंद्रमा पर उतरने में नाकाम रहे, परंतु वे घर सुरक्षित पहुंच गए।
1971	अमेरिकी अंतरिक्ष यात्री अपने चौथे, पांचवें एवं छठे अपोलो अभियान के दौरान चंद्रमा के रहस्य को जानने हेतु चंद्रमा पर टहलने में कामयाब रहे। उन्होंने इस कार्य को लूनर रोवर से किया, जो बिजली से चलने वाली एक कार थी एवं जिसकी अधिकतम चाल 8 मील प्रतिघंटा थी।
1973	**1973 में रूसी अंतरिक्ष यान प्रोब मार्स 2 ने मंगल को ढूंढने में सफलता प्राप्त की।** मंगल सौरमंडल का चौथा ग्रह था। यह यान दो भागों से मिलकर बना था, जिसमें से एक, एक वर्ष तक चक्कर लगाता रहा एवं मंगल ग्रह के चित्रों को पृथ्वी पर भेजता रहा, जबकि दूसरा पैराशूट के नहीं खुलने के कारण सतह पर उतरने के साथ ही विस्फोटग्रस्त हो गया।
1981	1981 से पहले निर्मित किए गए सभी अंतरिक्ष यान इस प्रकार डिजाइन किए गए थे कि उनका एक बार प्रयोग किया जा सकता था, परंतु इसके बाद ऐसे यानों के निर्माण में सफलता मिली, जिनका प्रयोग 100 से ज्यादा उड़ानों हेतु किया जा सकता था, जिससे अंतरिक्ष यात्रा में होने वाले खर्च में काफी कटौती आई। यह 17000 मील प्रतिघंटा से अधिक चाल से उड़ान भर सकता था तथा यह पांच शक्तिशाली रॉकेटों से लैस था। नासा ने ऐसे 6 यानों का निर्माण किया था, परंतु उनमें से किसी ने भी कभी उड़ान नहीं भरी नासा ने इस श्रेणी की आखिरी यान को 2011 में विनियुक्त कर दिया।
1986	28 जनवरी, 1986 को एक त्रासदी घटित हुई, जिसमें इंजन प्रणाली के फेल होने के कारण अंतरिक्ष यान चैलेंजर प्रक्षेपण के कुछ समय पश्चात् ही नष्ट हो गया। इसमें सभी 7 अंतरिक्ष यात्रियों की मृत्यु हो गई एवं 3 साल के लिए किसी भी यान का प्रक्षेपण नहीं किया गया। इस स्तब्ध करने वाली दुर्घटना ने अंतरिक्ष यात्रा के खतरों एवं सभी अंतरिक्ष यात्रियों के साहस को उजागर कर दिया।
1986	**MIR अंतरिक्ष स्टेशन का निर्माण कई चरणों में किया गया।** इस कार्य हेतु कलपुर्जों/खंड को रॉकेट से प्रक्षेपित किया गया एवं इसके पश्चात् इसे कक्षा में जोड़ दिया गया। 1986 में इसके निर्माण कार्य को प्रारंभ किया गया एवं 10 वर्षों के पश्चात् आखिरी हिस्से को जोड़ते ही संपन्न हो गया।
1991	1989 में हेलेन शर्मन अंतरिक्ष जाने वाले प्रथम ब्रिटिश अंतरिक्ष यात्री बने। हेलेन रूस के द्वारा MIR स्टेशन को प्रक्षेपित अभियान का हिस्सा थे। हेलेन ने अंतरिक्ष में 8 दिन बिताये एवं इस दौरान कई वैज्ञानिक प्रयोग किये।
2000	2000 में प्रथम स्थाई कर्मी अंतर्राष्ट्रीय अंतरिक्ष स्टेशन के लिए गया। **अंतर्राष्ट्रीय अंतरिक्ष स्टेशन का निर्माण 1986 में आरंभ हुआ एवं इसे 2010 में पूरा कर लिया गया।** इसे निर्मित करने का प्रमुख उद्देश्य अंतरिक्ष से जुड़े रहस्यों को उजागर करना था।
2001	**अमेरिका के डेनिस टीटा अंतरिक्ष में जाने वाले प्रथम पर्यटक बने।** इसके लिए उन्होंने पूरे 20,000,00 $ चुकाए, जिसके बाद उन्हें रूस के सोयूज अंतरिक्ष यान से भेजा गया। उन्होंने कक्षा में एक सप्ताह का समय बिताया। इसमें से अधिकांश समय उन्होंने अंतर्राष्ट्रीय अंतरिक्ष स्टेशन में बिताया।
2004	2004 में प्रथम निजी मानवसहित अंतरिक्ष उड़ान प्रारंभ की गई, इस कार्य हेतु **एक नई वायुयान कंपनी 'वर्जिन गेलेक्टिक' ने अंतरिक्ष हेतु निजी उड़ान का अवसर दिया।** इसके लिए इस कंपनी ने एक नए प्रकार के अंतरिक्ष यान का निर्माण किया।
2008	**'स्पेस-एक्स' नाम की एक निजी कंपनी ने निजी तौर पर वित्तपोषित द्रव ईंधन युक्त रॉकेट को प्रक्षेपित करने वाली पहली कंपनी होने का गौरव प्राप्त किया।** इस कंपनी ने फाल्कन नामक रॉकेट को प्रक्षेपित किया।
2014	दुनिया ने यूरोपीय अंतरिक्ष एजेंसी के अभियान फिले लैंडर की सफल लैंडिंग को देखा। इस लैंडर ने धूमकेतु की सतह से कई आवश्यक आंकड़े भेजे।
2030	अमेरिकी राष्ट्रीय अंतरिक्ष नीति 2010 के तहत अंतरिक्ष के रहस्यों को और अधिक जानने के उद्देश्य से 2025 तक किसी छोटे तारे पर एवं 2030 तक मंगल ग्रह पर मानव भेजने की योजना बनाई है।

8.13 भारतीय अंतरिक्ष यात्री एवं उनकी उपलब्धियां (Indian Astronauts and their Achievements)

8.13.1 राकेश शर्मा (Rakesh Sharma)

राकेश शर्मा **अंतरिक्ष की यात्रा करने वाले प्रथम भारतीय थे।** उनका जन्म 13 जनवरी, 1949 को पटियाला में हुआ था। राकेश शर्मा 1970 में भारतीय वायुसेना में शामिल हुए और तेजी से अगले स्तर तक पहुंच गए। 20 सितंबर, 1982 को उन्हें इसरो द्वारा अंतरिक्ष यात्री बनने हेतु चयनित किया गया। यह इसरो तथा सोवियत इंटर कॉसमॉस का साझा कार्यक्रम था, जिसके तहत वे अंतरिक्ष में प्रवेश करने वाले प्रथम भारतीय बन गए। अंतरिक्ष से वापस आने के बाद उन्हें सोवियत संघ के हीरो के सम्मान से नवाजा गया तथा भारत सरकार ने उन्हें अशोक चक्र से सम्मानित किया।

अंतरराष्ट्रीय अंतरिक्ष स्टेशन

ISS के बारे में

- अंतर्राष्ट्रीय अंतरिक्ष स्टेशन पृथ्वी के चारों ओर परिक्रमा करने वाला एक बड़ा अंतरिक्ष यान है।
- यह एक घर के रूप में कार्य करता है जहां अंतरिक्ष यात्री और अंतरिक्ष यात्रियों के दल रहते हैं।
- अंतरिक्ष स्टेशन एक अनोखी विज्ञान प्रयोगशाला भी है।
- अंतरिक्ष स्टेशन के निर्माण और उपयोग के लिए कई देशों ने मिलकर काम किया।
- अंतरिक्ष स्टेशन उन हिस्सों से बना है जिन्हें अंतरिक्ष यात्रियों द्वारा अंतरिक्ष में असेंबल किया गया था।
- यह लगभग 250 मील की औसत ऊंचाई पर पृथ्वी की परिक्रमा करता है। यह 17,500 मील प्रति घंटे की रफ्तार से यात्रा करता है। इसका मतलब यह है कि यह प्रति 90 मिनट में पृथ्वी की परिक्रमा करता है।
- अंतर्राष्ट्रीय अंतरिक्ष स्टेशन का पहला भाग नवंबर 1998 में लॉन्च किया गया था। पहला दल 2 नवंबर 2000 को स्टेशन पर पहुंचा था।
- अंतरिक्ष स्टेशन का आकार पांच बेडरूम वाले घर या दो बोइंग 747 जेटलाइनर जितना है। यह छह लोगों के दल और आगंतुकों को पनाह देने में सक्षम है।

370 किमी की ऊंचाई पर पृथ्वी की परिक्रमा करता है

महत्वाकांक्षी अंतर्राष्ट्रीय सहयोग

NASA | esa | CSA ASC | JAXA | РОСКОСМОС

90 मिनट में विश्व का चक्कर

28,000 किमी/घंटा की गति से चलता है

अंतरराष्ट्रीय अंतरिक्ष स्टेशन

मानव के लिए लाभ

- उन्नत रोबोटिक सर्जरी
- स्वच्छ पेयजल
- रिमोट मेडिकल डायग्नोस्टिक्स
- शैक्षिक घटनाएँ

अनुसंधान प्रयोगशाला

माइक्रोग्रैविटी और निम्न पृथ्वी कक्षा में प्रयोगों का संचालन

- मानव अनुसंधान
- भौतिक विज्ञान
- खगोल भौतिकी
- जीवन विज्ञान
- पृथ्वी विज्ञान
- प्रौद्योगिकीय अनुसंधान

3 से 6 लोगों का एक स्थायी दल है

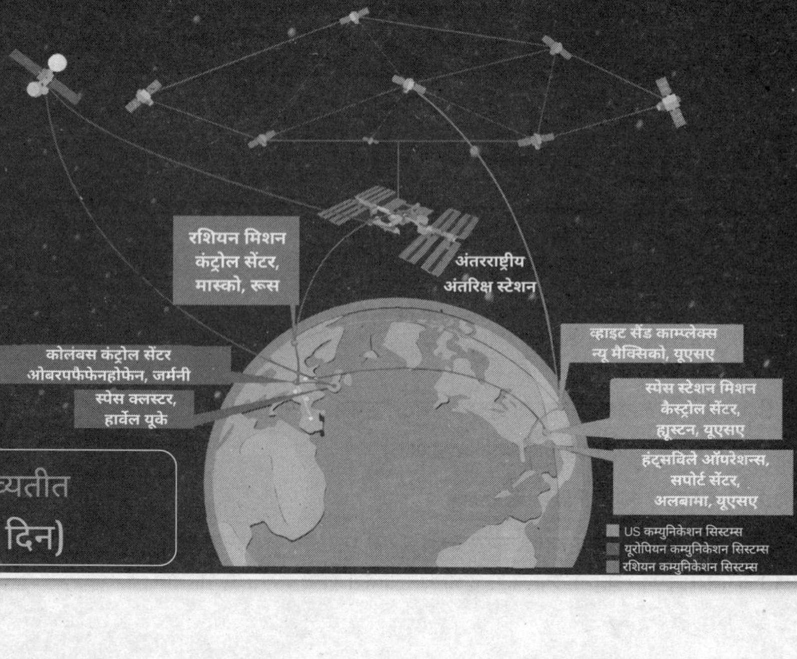

ISS पर रहने वाले पहले इंसान?

अंतरिक्ष यात्री सर्गेई क्रिकालेव और यूरी गिडज़ेंको
नासा के अंतरिक्ष यात्री बिल शेफर्ड

अंतर्राष्ट्रीय अंतरिक्ष स्टेशन पर सर्वाधिक समय व्यतीत किया (महिला) **पैगी व्हिटसन (665 दिन)**

8.13.2 कल्पना चावला (Kalpana Chawla)

कल्पना चावला अंतरिक्ष में जाने वाली प्रथम भारतीय-अमेरिकी महिला अंतरिक्ष यात्री थीं। इनका जन्म 1962 में भारत के करनाल (हरियाणा) में हुआ था। इनमें अंतरिक्ष यात्री बनने की काफी योग्यता थी एवं उन्होंने इस क्षेत्र से संबंधित कई डिग्रियां भी ले रखी थीं। उन्होंने एयरोस्पेस इंजीनियरिंग में PhD भी किया। उनकी पहली अंतरिक्ष उड़ान 1997 में कोलंबिया अंतरिक्ष यान से हुई, जिसमें वे मिशन विशेषज्ञ एवं रोबोटिक संचालक के रूप में नियुक्त थीं। 2003 में कल्पना चावला कोलंबिया अंतरिक्ष यान आपदा दुर्घटना का शिकार हो गईं, जिसमें उनकी मृत्यु हो गई। कल्पना को कांग्रेशनल मेडल ऑफ ऑनर, नासा स्पेस फ्लाइट मॉडल एवं नासा डिस्टींग्युशड सर्विस मेडल से नवाजा गया।

8.13.3 सुनीता विलियम्स (Sunita Williams)

सुनीता विलियम्स किसी एकल अंतरिक्ष उड़ान में अंतरिक्ष में सर्वाधिक दिन (195 दिन) रहने वाली महिला हैं। उनके नाम 7 अंतरिक्ष भ्रमण का भी कीर्तिमान है, जिसे उन्होंने 50 घंटे 40 मिनट में पूरा किया। अनुभवी अंतरिक्ष भ्रमणकर्ताओं में वे पांचवें स्थान पर हैं। इनका जन्म यूक्लिड ओहायो में एक गुजराती परिवार में हुआ। 9 दिसंबर, 2006 को सुनीता विलियम्स ने STS 1116 के जरिये उड़ान भरी, जिसमें वे मिशन विशेषज्ञ के रूप में कार्यरत थीं।

8.13.4 रवीश मल्होत्रा (Ravish Malhotra)

रवीश मल्होत्रा कभी भी अंतरिक्ष में नहीं गए। उन्होंने सोयुज T-11 अभियान के दौरान राकेश शर्मा के सहायक के रूप में कार्य किया। इनका जन्म 25 दिसंबर, 1943 को हुआ। इन्हें 1984 में कीर्ति चक्र से नवाजा गया।

8.14 अंतर्राष्ट्रीय अंतरिक्ष मिशन (International Space Mission)

8.14.1 महत्वपूर्ण बृहस्पति मिशन (Important Jupiter Missions)

फ्लाईबाय मिशनः

- पायनियर कार्यक्रम (1973 और 1974) [Pioneer program (1973 and 1974)]
- वोयगर कार्यक्रम (1979) [Voyager program (1979)]
- यूलिसस (1992) [Ulysses (1992)]
- कैसिनी (2000) [Cassini (2000)]
- न्यू होरिजन (2007) [New Horizons (2007)]

ऑर्बिटर मिशनः

- गैलेलियो (Galileo) (1995-2003)
- जूनो (Juno) (2016)
- बृहस्पति के बर्फीले चंद्रमा का अन्वेषक (2023) - भविष्य मिशन [Jupiter Icy Moon Explorer (2023) - Future Mission]

जूनो (Juno)

- प्रक्षेपण द्रव्यमानः 3,625 किलोग्राम, प्रक्षेपण तिथिः 5 अगस्त, 2011, प्रक्षेपण स्थलः केप केनवरल
- यह नासा द्वारा शुरू की गई एक अंतरिक्ष जांच है और बृहस्पति ग्रह के चारों ओर परिक्रमा कर रही है।

जूनो के उद्देश्य

- बृहस्पति की संरचना, गुरुत्वाकर्षण, चुंबकीय क्षेत्र और ध्रुवीय मैग्नेटोस्फेयर का मापन।
- अंतरिक्ष यान ग्रह के गठन के बारे में भी खोज करेगा, जिसमे इसके चट्टानी कोर, इसके वातावरण में जल की उपलब्धता और इसकी तेज गति (618 किलोमीटर प्रति घंटा) से चलने वाली पवनों के बारे में भी पता लगाएगा। यह बृहस्पति की कक्षा में परमाणु चालित गैलेलियो ऑर्बिटर (1995-2003) के बाद दूसरा अंतरिक्ष यान है।

शुरुआत को समझना

बृहस्पति की उत्पत्ति को समझे बिना हम सौर मंडल की उत्पत्ति को नहीं समझ सकते हैं - और यह भी नहीं समझ सकते कि पृथ्वी कैसे गठित हुई।

वैज्ञानिक समुदाय का मानना है कि बृहस्पति जैसे विशालकाय ग्रह, ग्रह गठन की आधारशिला हैं। इन ग्रहों का निर्माण इस प्रक्रिया में उनके युवा सितारों को उनके धूल के बादलों के अवशोषण से पहले या उनके प्रभाव में आने से धूल के बादलों के उड़ाने से पहले हुआ था।

विशालकाय ग्रह भी ग्रह निर्माण में एक बड़ी भूमिका निभाते हैं क्योंकि उनके विशाल द्रव्यमान उन्हें अन्य ग्रहों, क्षुद्रग्रहों और धूमकेतु जैसे अपने ग्रह प्रणालियों में अन्य वस्तुओं की कक्षाओं को आकार देने की अनुमति देते हैं।

यद्यपि हमने बृहस्पति की उत्पत्ति की मूल कहानी को एक साथ जोड़ दिया है, लेकिन कुछ महत्वपूर्ण प्रश्न अभी भी बने हुए हैं, और जूनो मिशन उनका उत्तर देने में हमारी सहायता करेगा। बृहस्पति का जन्म वास्तव में कितनी जल्दी हुआ था? हो सकता है कि बृहस्पति अपनी वर्तमान कक्षा में बना हो, लेकिन कुछ सबूत यह भी बताते हैं कि यह अंदर की ओर पलायन करने से पहले सूर्य से बहुत दूर हो। चूंकि बृहस्पति सूर्य के साथ ही बना था, इसलिए उनकी रासायनिक संरचना समान होनी चाहिए। लेकिन बृहस्पति में सूर्य की तुलना में कार्बन और नाइट्रोजन जैसे अधिक भारी तत्व हैं। प्रतिस्पर्धी गठन सिद्धांत बृहस्पति के कोर की सामग्री और द्रव्यमान के बारे में अलग-अलग भविष्यवाणियां करते हैं, इसलिए कोर की जानकारी से हम उन विचारों को खत्म कर पाएंगे जो गलत हैं। विशाल गैसीय ग्रह में पानी की मात्रा का निर्धारण न केवल यह समझने के लिए महत्वपूर्ण है कि ग्रह कैसे बना, बल्कि यह भी कि सौर मंडल में भारी तत्वों को कैसे स्थानांतरित किया गया। ये भारी तत्व पृथ्वी जैसे चट्टानी ग्रहों के अस्तित्व और जीवन के लिए महत्वपूर्ण थे। चूंकि बृहस्पति हमारे पास मौजूद एक विशालकाय गैसीय गृह का सबसे अच्छा उदाहरण है, इसलिए इसका इतिहास जानने से हमें उन सैकड़ों विशाल ग्रहों को समझने में मदद मिलेगी, जिन्हें हमने अन्य सितारों की परिक्रमा करते हुए खोजा है।

उपलब्धियां

- जूनो रेडियो आइसोटोप आधारित थर्मोइलेक्ट्रिक जनरेटर के स्थान पर सौर पैनलों का उपयोग करने वाला पहला बृहस्पति मिशन है।

बृहस्पति के बर्फीले चंद्रमा का अन्वेषक (Jupiter Icy Moon Explorer)

ESA के बृहस्पति के बर्फीले चंद्रमा का अन्वेषक (JUICE) को ESA के कॉस्मिक विजन साइंस प्रोग्राम के हिस्से के रूप में चुना गया है। इसे 14 अप्रैल 2023 को लॉन्च किया गया था और आंतरिक सौर मंडल में फ्लाईबिस की एक श्रृंखला के बाद यह 2031 में पहुंचेगा।

2012 में EJSM (Europa Jupiter System Mission), जो कि जुपिटर गेनीमेड ऑर्बिटर (JGO) है, में अपने योगदान की जगह यूरोपीय अंतरिक्ष एजेंसी ने जुपिटर आइसी मून एक्सप्लोरर (JUICE) को अपने पहले बड़े मिशन के रूप में चुना है।

यूरोपीय जुपिटर सिस्टम मिशन के लिए साझेदारी समाप्त हो गई है, लेकिन नासा हार्डवेयर और एक अन्य उपकरण के साथ यूरोपीय मिशन में योगदान देना जारी रखेगा।

8.14.2 महत्वपूर्ण शनि के मिशन (Important Saturn Missions)

शनि ग्रह के मिशन

चार रोबोटिक अंतरिक्ष यान शनि ग्रह की यात्रा कर चुके हैं। नासा के पायनियर 11 ने सितंबर 1979 में पहली बार शनि ग्रह से नजदीकी स्थापित की। नासा के जुड़वां मिशन वायेजर 1 और वायेजर 2 अंतरिक्ष यानों में 1980 और 1981 में गए थे।

कैसिनी – ह्यूगेंस (कैसिनी ऑर्बिटर और ह्यूगेंस: लैंडर) [CASSINI-HUYGENS (Cassini Orbiter and HUYGENS: Lander)]

[प्रक्षेपण द्रव्यमान: 5,712 किलोग्राम, प्रक्षेपण तिथि: 15 अक्टूबर, 1997, प्रक्षेपण स्थल: केप केनवरल]

कैसिनी: ह्यूगेंस शनि ग्रह के लिए भेजा गया एक मानवरहित अंतरिक्ष यान है।

यह शनि की यात्रा करने वाला चौथा अंतरिक्ष जांचकर्ता यान है और इसकी कक्षा में प्रवेश करने वाला पहला यान है।

- टीम: सोलह यूरोपीय देश और अमेरिका कैसिनी ऑर्बिटर के डिजाइन, निर्माण, उड़ान और डेटा एकत्र करने के लिए जिम्मेदार हैं।
- यह 15 सितंबर, 2017 को पूरी तरह से नष्ट हो गया।

उपलब्धियां

- विभिन्न प्रेक्षपणों को सफलतापूर्वक पूरा करने वाला पहला मिशन: कक्षा से शनि और उसके दायरे की गहराई का नज़दीकी से अध्ययन।
- टाइटन में पृथ्वी जैसी स्थितियों का पता चला था, जैसे- बारिश, नदियां, झीलें और समुद्र।
- सबसे आश्चर्यजनक खोजों में एन्सेलेडस पर गीजर निकलना था।
- उत्तरी ध्रुवीय षट्भुज का पहला पूर्ण दृश्य और शनि के दोनों ध्रुवों पर विशाल तूफान की खोज।

टाइटन (Titan)

[प्रस्तावित प्रक्षेपण तिथि: 2020 और 2029 के बीच, प्रक्षेपण द्रव्यमान: 1613 किलोग्राम]

टाइटन सैटर्न सिस्टम मिशन (TSSM) शनि और उसके चंद्रमाओं टाइटन और एन्सेलेडस की खोज के लिए NASA-ESA का एक संयुक्त प्रयास था, जहां कैसिनी द्वारा कई जटिल घटनाओं का खुलासा किया गया था। TSSM को 2020 में लॉन्च करने, पृथ्वी और शुक्र से गुरुत्वाकर्षण सहायता प्राप्त करने और 2029 में शनि ग्रह प्रणाली पर पहुंचने का प्रस्ताव किया गया था। शनि ग्रह की यात्रा में, 2 महीने का टाइटन एयरो-सैंपलिंग चरण और 20 महीने का टाइटन ऑर्बिट चरण शामिल होगा। नासा ने कोरोना वायरस महामारी द्वारा निर्मित बजट चुनौतियों का हवाला देते हुए शनि के चंद्रमा टाइटन के लिए मिशन में एक साल की देरी का अनुमान किया है।

यह भविष्य के लिए प्रस्तावित एक शनि अन्वेषण मिशन है। मिशन को शनि और उसके चंद्रमा- टाइटन और एन्सेलेडस का अध्ययन करने का जिम्मा दिया गया है।

टाइटन सैटर्न सिस्टम मिशन (TSSM) को आधिकारिक तौर पर जनवरी 2009 में नासा के टाइटन एक्सप्लोरर अध्ययन के साथ ESA के टाइटन और एन्सेलेडस मिशन के विलय के द्वारा तय किया गया था।

TSSM मिशन में एक ऑर्बिटर और दो टाइटन एक्सप्लोरेशन प्रोब होते हैं: एक 'हॉट एयर बैलून' जो टाइटन के बादलों में तैरेगा और एक 'लैंडर' जो इसके मीथेन समुद्रों में से एक में गिरेगा।

TSSM के उद्देश्य

- यह टाइटन की उत्पत्ति और इसके विकास मॉडल के पीछे के कारणों की पहचान करने का प्रयास करेगा।
- एन्सेलेडस और सैटर्न के मैग्नेटोस्फीयर के बारे में जानकारी पुनर्प्राप्त करेगा।

नासा ड्रैगनफ्लाई को प्रक्षेपित करेगा (NASA to Launch Dragonfly)

नासा ने 2027 की शुरुआत में एक मानव रहित परमाणु-संचालित ड्रोन, ड्रैगनफ्लाई लॉन्च करने की योजना बनाई है, जो 2034 में शनि के सबसे बड़े चंद्रमा, टाइटन पर जीवन की खोज के लिए पहुंचेगा।

रोटरक्राफ्ट टाइटन पर दर्जनों आशाजनक स्थानों के लिए उड़ान भरेगा, जो टाइटन और पृथ्वी दोनों पर आम प्रीबायोटिक रासायनिक प्रक्रियाओं की खोज करेगा। पहली बार नासा किसी अन्य ग्रह पर एक बहु-रोटर वाहन का उपयोग करेगा; इसमें आठ रोटर हैं, जो एक बड़े ड्रोन की तरह उड़ते हैं। यह टाइटन के घने वातावरण का लाभ उठाएगा, जो पृथ्वी की तुलना में चार गुना सघन है।

टाइटन बहुत प्रारंभिक पृथ्वी का एक अनुरूप है और यह सुराग प्रदान कर सकता है कि हमारे ग्रह पर जीवन कैसे उत्पन्न हुआ होगा।

अपनी 2.7 साल की यात्रा के दौरान, ड्रैगनफ्लाई जैविक टिब्बे से लेकर क्रेटर के तल तक विविध वातावरणों का पता लगाने की कोशिश करेगा, जहां तरल जल और जटिल कार्बनिक पदार्थ जीवन के लिए महत्वपूर्ण थे। इसके उपकरण अध्ययन करेंगे कि प्रीबायोटिक रसायन विज्ञान ने कितनी प्रगति

की है। वे चंद्रमा के वायुमंडलीय और सतह के गुणों और उसके उपसतह महासागर और तरल जलाशयों की भी जांच करेंगे। इसके अतिरिक्त, पिछले या मौजूदा जीवन के रासायनिक साक्ष्य की खोज करेंगे।

टाइटन में पृथ्वी की तरह नाइट्रोजन आधारित वातावरण है। पृथ्वी के विपरीत, टाइटन में बादल हैं और मीथेन की बारिश होती है। अन्य कार्बनिक पदार्थ वातावरण में बनते हैं और हल्की बर्फ की तरह गिरते हैं। टाइटन चंद्रमा के मौसम और सतह की प्रक्रियाओं में जटिल कार्बनिक पदार्थ, ऊर्जा और जल पृथ्वी के समान हैं, जिन्होंने हमारे ग्रह पर जीवन को जन्म दिया है।

टाइटन बुध ग्रह से बड़ा है और हमारे सौरमंडल का दूसरा सबसे बड़ा चंद्रमा है। जैसा की यह शनि की परिक्रमा करता है और सूर्य से लगभग 1.4 बिलियन किलोमीटर दूर है, जो पृथ्वी से लगभग 10 गुना दूर है। क्योंकि यह सूर्य से बहुत दूर है, अत: इसकी सतह का तापमान −290 डिग्री फ़ारेनहाइट (−179 डिग्री सेल्सियस) के आसपास है। इसकी सतह का दबाव भी पृथ्वी की तुलना में 50 प्रतिशत अधिक है।

8.14.3 महत्वपूर्ण मंगल मिशन (Important Mars Missions)

अब तक लगभग 50 मंगल मिशन हो चुके हैं, जिनमें से लगभग आधे सफल हो चुके हैं।
मेरिनर 9 पहला अंतरिक्ष यान था, जिसने 1971 में सफलतापूर्वक मंगल की कक्षा में प्रवेश किया था।
कुछ महत्वपूर्ण मंगल मिशन हैं:

- मार्स ओड़ेस्सी (Mars Odyssey) (2001)
- मार्स एक्सप्रेस (Mars Express) (2003)
- मार्स स्पिरिट एंड ओप्पोरचुनिटी (Mars Spirit and Opportunity) (2003)
- मार्स रिकोनिसेंस ऑर्बिटर (Mars Reconnaissance Orbiter) (2005)
- क्यूरियोसिटी रोवर (Curiosity Rover) (2011)
- मंगलयान (Mangalyaan) (Mars Orbiter Mission) 2013
- मावेन (MAVEN) (2013)
- एक्सो मार्स ट्रेस गैस ओर्बिटर (ExoMars Trace Gas Orbiter) (2016)
- इनसाइट लेंडर (InSight Lander) (2018)
- होप मार्स मिशन (Hope Mars Mission) (2020)
- प्रेजर्वेन्स रोवर (Perseverance Rover) (2020)
- तियानवेन-1 (Tianwen-1) (2020)

मंगल विज्ञान प्रयोगशाला [Mars Science Laboratory (MSL)]

[प्रक्षेपण द्रव्यमान: 3.839 किलोग्राम, प्रक्षेपण तिथि: 26 नवंबर, 2011, प्रक्षेपण स्थल: केप केनवरल]

MSL नासा द्वारा प्रक्षेपित मंगल ग्रह के लिए एक रोबोटिक अंतरिक्ष जांच मिशन है, जिसने 6 अगस्त, 2012 को गेल क्रेटर में मंगल रोवर 'क्यूरियोसिटी' को सफलतापूर्वक उतारा।

'क्यूरियोसिटी' पिछले मंगल के पिछले रोवरों 'स्पिरिट' और 'ओप्पोरचुनिटी' की तुलना में लगभग दो गुना लंबा और पांच गुना भारी है और इसके वैज्ञानिक उपकरणों का द्रव्यमान दस गुना अधिक है।

MSL के वैज्ञानिक लक्ष्य

1. पानी की जानकारी सहित लैंडिंग साइटों और निवास की क्षमता की जांच करना।
2. जलवायु और मंगल के भूविज्ञान का अध्ययन।
3. उपरोक्त सभी लक्ष्य मंगल ग्रह के लिए भविष्य में मानव युक्त मिशन तैयार करने के लिए महत्वपूर्ण हैं।

उद्देश्य

- कार्बनिक यौगिकों का अध्ययन, जीवन के ब्लॉकों का निर्माण, जैव हस्ताक्षर की पहचान करना।
- मंगल ग्रह की सतह के रासायनिक और खनिज विज्ञान की जांच करना।
- मंगल के वातावरण का आकलन करना, जल और CO_2 की वर्तमान स्थिति, वितरण और चक्रण का निर्धारण करना।
- सतही विकिरण की विशेषता की जांच करना।

क्यूरियोसिटी रोवर (Curiosity Rover)

[प्रक्षेपण द्रव्यमान: केवल रोवर का 899 किलोग्राम, प्रक्षेपण तिथि: 26 नवंबर, 2011]

क्यूरियोसिटी एक कार के आकार का रोबोटिक रोवर है, जो नासा के मार्स साइंस लेबोरेटरी (MSL) मिशन के एक हिस्से के रूप में मंगल ग्रह पर गेल कैटर की खोज कर रहा है।

6 अगस्त, 2012 को लैंडिंग के बाद से यह अभी भी काम कर रहा है।

दिसंबर 2012 में, क्यूरियोसिटी के मिशन को अनिश्चित काल तक बढ़ा दिया गया था। लक्ष्य और उद्देश्य मार्स साइंस लेबोरेटरी (MSL) के समान हैं।

मावेन स्पेसक्राफ्ट (Maven Spacecraft)

मावेन मिशन को 18 नवंबर, 2013 को लॉन्च किया गया था और 21 सितंबर, 2014 को मंगल ग्रह के चारों ओर उसकी कक्षा में पहुंच गया था।

मंगल ग्रह की परिक्रमा के दौरान मंगल ग्रह के वातावरण का अध्ययन करने के लिए नासा द्वारा मार्स एटमॉस्फियर एंड वोलेटाइल इवोल्यूशन (MAVEN) मिशन तैयार किया गया था।

मावेन को एटलस वी प्रक्षेपण यान के माध्यम से प्रक्षेपित किया गया था।

मार्स एटमॉस्फियर एंड वोलेटाइल इवोल्यूशन (MAVEN) ने नवंबर 2015 में अपना मुख्य मिशन समाप्त कर लिया और उस समय से, एक विस्तारित मिशन में कार्यरत है, जो मंगल के ऊपरी वायुमंडल की जांच कर रहा है और विज्ञान के लिए और अवसरों की खोज करता है, जो एक नई रिले कक्षा हो सकती है। इसने मंगल ग्रह के दो नए प्रकार के अरोरा की भी खोज की-डिफ्यूज़ अरोड़ा और प्रोटोन अरोड़ा।

MAVEN ने जांच की है कि ग्रह का अधिकांश कार्बन डाइऑक्साइड (CO_2) अंतरिक्ष में खो गया है।

एक्सोमार्स ट्रेस गैस ऑर्बिटर (ExoMars Programme)

यह यूरोपियन स्पेस एजेंसी (ESA) और रूसी अंतरिक्ष एजेंसी रोस्कोस्मोस के बीच एक संयुक्त प्रयास है। एक्सोमार्स कार्यक्रम का प्राथमिक लक्ष्य इस

सवाल का समाधान करना है कि क्या मंगल ग्रह पर जीवन कभी अस्तित्व में रहा है।

कार्यक्रम में दो मिशन शामिल हैं:

- पहला मिशन मार्च 2016 में प्रक्षेपित किया गया था और इसमें ट्रेस गैस ऑर्बिटर (TGO) और शिआपरेली, (एक प्रविष्टि और लैंडिंग प्रदर्शक मॉड्यूल) शामिल हैं। TGO का मुख्य उद्देश्य मीथेन और अन्य ट्रेस वायुमंडलीय गैसों के साक्ष्य की खोज करना है, जो सक्रिय जैविक या भूवैज्ञानिक प्रक्रियाओं के हस्ताक्षर हो सकते हैं। शिआपरेली प्रोब मंगल पर उतरने के प्रयास के दौरान दुर्घटनाग्रस्त हो गया।
- दूसरा मिशन, जिसमें रोवर (एक्सोमार्स रोवर) और सतह प्लेटफॉर्म शामिल हैं, 2022 के लिए योजनाबद्ध है। ये दोनों मिशन एक साथ मिलकर इस सवाल की जांच करेंगे कि क्या मंगल पर कभी जीवन का अस्तित्व रहा है।

इनसाइट लैंडर (InSight Lander)

इसे मई 2018 में लॉन्च किया गया था, उसी वर्ष नवंबर 2018 में एक सफल लैंडिंग के साथ, इनसाइट लैंडर, 'भूकंपीय जांच, भूगणित और हीट ट्रांसपोर्ट का उपयोग करके आंतरिक अन्वेषण' के लिए कार्यरत है, जिसका उद्देश्य मंगल के कोर (Core) का अध्ययन करना और किसी भी संभावित भूकंपीय गतिविधि का निरीक्षण करना है। इनसाइट नासा के डिस्कवरी प्रोग्राम का हिस्सा है।

- यह मंगल ग्रह की सतह के नीचे गहराई से देखने वाला पहला मिशन होगा, और इसके ताप उत्पादन को माप कर और भूकंप के बारे में जानकर ग्रह के आंतरिक भाग का अध्ययन करेगा, जो पृथ्वी पर भूकंप के समान भूकंपीय घटनाएं हैं।
- यह ग्रह के गहरे आंतरिक भाग का नक्शा विकसित करने के लिए भूकंप से उत्पन्न भूकंपीय तरंगों का उपयोग करेगा।

नए परिणाम:

- नासा के इनसाइट लैंडर ने नवंबर 2018 में लाल ग्रह पर टचडाउन के बाद से मंगल ग्रह पर आज तक 500 से अधिक भूकंप दर्ज किए हैं। ये निष्कर्ष इस विचार का समर्थन करते हैं कि ग्रह भूकंपीय रूप से सक्रिय है।

मिशन का महत्व:

- मंगल ग्रह के बनने के निष्कर्षों से यह समझने में मदद मिलेगी कि पृथ्वी सहित अन्य चट्टानी ग्रह कैसे थे और कैसे बने।
- इनसाइट मंगल की सतह के नीचे गहराई में जाकर, स्थलीय ग्रह निर्माण की प्रक्रियाओं की जांच करेगा, साथ ही ग्रह के "महत्वपूर्ण संकेतों" को मापेगा: जैसे इसका भूकंप विज्ञान, "तापमान" (तापमान प्रवाह जांच), और "प्रतिबिंब" (सटीक ट्रैकिंग)।
- इनसाइट विज्ञान के सबसे बुनियादी सवालों में से एक का जवाब देना चाहता है कि स्थलीय ग्रह कैसे बने?

होप मिशन (HOPE Mission)

HOPE मिशन– पहला अरब अंतरग्रहीय मिशन 2015 में, मानव जाति के लाल ग्रह (मंगल) के वातावरण का पहला एकीकृत मॉडल बनाने के उद्देश्य से, घोषित किया गया था। 'होप' को संयुक्त राज्य अमेरिका में संयुक्त अरब अमीरात के वैज्ञानिकों द्वारा विकसित किया गया था और जुलाई 2020 में जापान के तानेगाशिमा अंतरिक्ष केंद्र से प्रक्षेपित किया गया था।

होप मिशन एक मार्स ऑर्बिटर अंतरिक्ष यान है, जो मंगल के पतले वायुमंडल का अध्ययन करेगा। इस मिशन को आधिकारिक तौर पर अमीरात मार्स मिशन (ईएमएम) नाम दिया गया है और यान को होप या 'अलअमल' नाम दिया गया है। यह अरब जगत के लिए पहला अंतरग्रहीय मिशन है।

होप ऑर्बिटर:

- मार्स होप प्रोब का वजन सिर्फ 1.5 टन है। इसकी हर 55 घंटे में ग्रह की एक परिक्रमा पूरी करने की उम्मीद है।
- यूएई के मंगल मिशन का समग्र जीवन एक मंगल ग्रह वर्ष के आसपास है, जो पृथ्वी पर लगभग 687 दिन है।

होप प्रोब के तीन मुख्य उद्देश्य हैं:

1. मंगल के निचले वायुमंडल का अध्ययन करके मंगल ग्रह की जलवायु गतिशीलता और वैश्विक मौसम मानचित्र को समझना।
2. यह समझाना कि मंगल का मौसम निचले और ऊपरी वातावरण में सहसंबद्ध स्थितियों द्वारा हाइड्रोजन और ऑक्सीजन के पलायन को कैसे प्रभावित करता है।
3. ऊपरी वायुमंडल में हाइड्रोजन और ऑक्सीजन की उपस्थिति और परिवर्तनशीलता को समझने के लिए, और मंगल ग्रह इन गैसों को अंतरिक्ष में क्यों खो रहा है।

मिशन का महत्व:

1. यह एक ज्ञात तथ्य है कि लाल ग्रह कभी रहने योग्य था, बहते जल और कार्बनिक पदार्थों के हस्ताक्षर हैं, जो एक अतीत की ओर इशारा करते हैं और जीवित जीवों का समर्थन कर सकते थे।
2. मंगल ग्रह के अतीत की समझ वैज्ञानिकों को पृथ्वी के भविष्य को समझने में मदद कर सकती है।

नोट: मंगल की सफल कक्षा प्रविष्टि के साथ, संयुक्त अरब अमीरात, नासा, सोवियत संघ, यूरोपीय अंतरिक्ष एजेंसी और भारत के साथ मिलकर लाल ग्रह तक पहुंचने वाली पांचवीं इकाई बन गया है।

मंगल ग्रह पर नासा का प्रेजर्वेन्स मिशन (NASA's Perseverance's Mission on Mars)

इसे फ्लोरिडा के केप केनवरल एयरफोर्स स्टेशन से जुलाई 2020 को लॉन्च किया गया था। यूएई के होप और चीन के तियानवेन-1 अंतरिक्ष यान के बाद जुलाई 2020 में मंगल ग्रह के लिए यह तीसरा प्रक्षेपण था।

मुख्य तथ्य:

1. लैंडिंग की तारीख – 18 फरवरी, 2021

2. मिशन को कम-से-कम एक मंगल वर्ष तक चलने की योजना है, जो पृथ्वी पर लगभग 687 दिनों के बराबर है (मंगल को सूर्य के चारों ओर चक्कर लगाने में अधिक समय लगता है)।
3. लैंडिंग साइट: जेजेरो क्रेटर।
4. प्रेजर्वेन्स अपने मिशन के उद्देश्यों को प्राप्त करने में मदद करने के लिए सात उपकरण ले गया है।

ये कुछ प्रमुख मिशन उद्देश्य हैं:

1. प्राचीन माइक्रोबियल जीवन के संकेतों की तलाश करना।
2. बाद में पृथ्वी पर लौटने के लिए मंगल ग्रह की चट्टान और धूल के नमूने एकत्र करना।
3. एक प्रयोगात्मक हेलीकाप्टर वितरित करना।
4. मंगल की जलवायु और भूविज्ञान का अध्ययन करना।
5. भविष्य के मंगल मिशनों के लिए प्रौद्योगिकी का प्रदर्शन करना।

इस मिशन का महत्व:

1. प्रेजर्वेन्स एक अद्वितीय उपकरण, MOXIE या मार्स ऑक्सीजन ISRU प्रयोग ले जाएगा: जो पहली बार कार्बन-डाईऑक्साइड युक्त वातावरण से कार्बन डाईऑक्साइड का उपयोग करके मंगल ग्रह पर आणविक ऑक्सीजन का निर्माण करेगा ISRU का अर्थ है, स्वस्थाने संसाधन उपयोग (In Situ Resource Utilisation): या उपयोग मानव आवश्यकताओं या अंतरिक्ष यान की आवश्यकताओं को पूरा करने के लिए स्थानीय संसाधन)।
2. यह मंगल ग्रह पर उड़ान भरने वाला पहला हेलीकॉप्टर, इनजेनिटी ले जाएगा। यह पहली बार है, जब नासा किसी दूसरे ग्रह या उपग्रह पर हेलीकॉप्टर उड़ाएगा।
3. यह पृथ्वी पर परिष्कृत प्रयोगशालाओं में विश्लेषण के लिए मंगल ग्रह से चट्टान के नमूनों को वापस लाने और इसके बायोसिग्नेचर (पिछले या वर्तमान जीवन का पता लगाने का प्रयास) करने के लिए नियोजित पहला कदम है।

(A) नासा मंगल हेलीकॉप्टर "इनजेनिटी" दूसरे ग्रह पर पहली उड़ान भरेगा:

- नासा के इनजेनिटी मिनी-हेलीकॉप्टर को अपनी पहली उड़ान की तैयारी में मंगल की सतह पर गिरा दिया गया है।
- हेलीकॉप्टर को प्रेजर्वेन्स रोवर से जोड़ा गया था, जो 18 फरवरी, 2020 को लाल ग्रह पर उतरा था।
- नासा ने 19 अप्रैल, 2020 को मंगल ग्रह पर अपने छोटे हेलीकॉप्टर को सफलतापूर्वक उड़ाया, जो किसी अन्य ग्रह पर पहली संचालित उड़ान है।
- इगनिटी का लक्ष्य अपने प्रौद्योगिकी कार्यों को प्रदर्शित करना है, और यह प्रेजर्वेन्स के विज्ञान लक्ष्यों में योगदान नहीं करेगा।

इगनिटी के लिए मंगल ग्रह की सतह पर चुनौतियां:

- इगनिटी ऐसे वातावरण में उड़ने का प्रयास करेगी जो पृथ्वी के घनत्व का एक प्रतिशत है, जो लिफ्ट को कठिन बना देता है, लेकिन गुरुत्वाकर्षण बल द्वारा सहायता की जाएगी क्योंकि यह हमारे ग्रह का एक तिहाई है।
- मंगल ग्रह की कठिन ठंडी रात के दौरान इसके बिना परिरक्षित विद्युत घटकों को जमने और टूटने से बचाने के लिए इसे हीटर चलाने के लिए अपनी बैटरी का उपयोग करना होगा।

मंगल हेलीकॉप्टर इगनिटी के बारे में:

- यह नासा के मार्स 2020 मिशन का हिस्सा है, यह छोटा सह-अक्षीय, ड्रोन रोटरक्राफ्ट अन्य दुनिया पर उड़ान जांच के संभावित उपयोग के लिए एक प्रौद्योगिकी प्रदर्शनकारी के रूप में काम करेगा, जिसमें महत्वपूर्ण स्थानों को जांचने और मार्स रोवर्स के लिए ड्राइविंग मार्गों की भविष्य की योजना का समर्थन करने की क्षमता है।

(B) इगनिटी मिशन ने मंगल ग्रह पर ऑक्सीजन खोजी है:

- रोवर पर लगा एक उपकरण पहली बार मंगल ग्रह के पतले वातावरण से ऑक्सीजन पैदा करने में सफल रहा।
- यह भविष्य के चालक दल के मिशनों के लिए आशा है, जो अंतरिक्ष यात्रियों के लिए सांस लेने और पृथ्वी पर लौटने के लिए इस तकनीक पर भरोसा कर सकते हैं।

मंगल ग्रह के वायुमंडल की संरचना:

- मंगल ग्रह पर, कार्बन डाईऑक्साइड ग्रह के वायुमंडल में 96% गैस है। पृथ्वी के वायुमंडल में 21% की तुलना में ऑक्सीजन केवल 0.13% है।

प्रेजर्वेन्स ने मंगल ग्रह पर ऑक्सीजन कैसे पैदा की?

- मार्स ऑक्सीजन इन-सीटू रिसोर्स यूटिलाइजेशन एक्सपेरिमेंट (MOXIE) ने मंगल ग्रह के वायुमंडल में कार्बन डाईऑक्साइड से 5 ग्राम ऑक्सीजन का उत्पादन किया, जो एक अंतरिक्ष यात्री के लिए 10 मिनट तक सांस लेने के लिए पर्याप्त है।
- पृथ्वी पर एक पेड़ की तरह, MOXIE सांस में कार्बन डाईऑक्साइड लेते हैं और ऑक्सीजन छोड़ते हैं।
- ऑक्सीजन का उत्पादन करने के लिए, MOXIE कार्बन डाईऑक्साइड के अणुओं से ऑक्सीजन परमाणुओं को अलग करता है। यह लगभग 800 डिग्री सेल्सियस के तापमान पर गर्मी का उपयोग करके ऐसा करता है।
- इस प्रक्रिया में यह अपशिष्ट उत्पाद के रूप में कार्बन मोनोऑक्साइड का भी उत्पादन करता है, जिसे यह मंगल ग्रह के वायुमंडल में छोड़ता है।

मार्स ऑक्सीजन इन-सीटू रिसोर्स यूटिलाइजेशन एक्सपेरिमेंट (MOXIE) के बारे में:

- एक प्रौद्योगिकी प्रदर्शनकारी, MOXIE प्रति घंटे 10 ग्राम तक ऑक्सीजन उत्पन्न करने के लिए डिज़ाइन किया गया है, और इसे इगनिटी रोवर के अंदर रखा गया है।
- यह एक कार बैटरी का आकार है, जिसका वजन पृथ्वी पर 37.7 पाउंड (17.1 किलो) है, लेकिन मंगल ग्रह पर सिर्फ 14.14 पाउंड (6.41 किलो) है।

- अगले दो वर्षों में, MOXIE से नौ बार और ऑक्सीजन बनाने की उम्मीद है।

लाल ग्रह पर ऑक्सीजन का उत्पादन इतना महत्वपूर्ण क्यों है?

- मंगल ग्रह पर चालक दल के मिशन के लिए न केवल अंतरिक्ष यात्रियों को सांस लेने के लिए बल्कि रॉकेट को पृथ्वी पर वापस आने के दौरान ईंधन के रूप में उपयोग करने के लिए मंगल पर ऑक्सीजन की आपूर्ति आवश्यक है।
- नासा के अनुसार, एक पूरे अंतरिक्ष शटल के साथ मंगल ग्रह से उड़ान भरने के लिए चार अंतरिक्ष यात्रियों के भविष्य के मिशन के लिए लगभग 7 मीट्रिक टन रॉकेट ईंधन और 25 मीट्रिक टन ऑक्सीजन की आवश्यकता होगी।
- इसके विपरीत, मंगल ग्रह पर रहने वाले और काम करने वाले अंतरिक्ष यात्रियों को सांस लेने के लिए कम ऑक्सीजन की आवश्यकता होगी, शायद एक मीट्रिक टन के आसपास।
- इस प्रकार, वापसी यात्रा के लिए पृथ्वी से मंगल ग्रह तक 25 मीट्रिक टन ऑक्सीजन को ढोना एक बड़ी चुनौती होगी, और अगर लाल ग्रह पर तरलीकृत ऑक्सीजन का उत्पादन किया जा सकता है, तो उनका काम काफी आसान हो जाएगा।

मंगल ग्रह में निकट भविष्य की रुचि का कारण क्या है?

- मंगल ग्रह बहुत निकट(लगभग 200 मिलियन किमी. दूर) स्थित है।
- यह एक ऐसा ग्रह है, जिस पर मनुष्य अधिक समय तक जाने या रहने की इच्छा कर सकता है।
- मंगल के पास बहता पानी और सुदूर अतीत में एक वातावरण था और शायद जीवन का समर्थन करने के लिए स्थितियां थी।
- निकट भविष्य में, मंगल से संबंधित रुचि में वृद्धि एलोन मस्क की व्यावसायिक यात्रा की योजनाओं के कारण है।

चीन का तियानवेन–1 प्रोब (China's Tianwen–1 Probe)

इस मिशन को 23 जुलाई, 2020 को वेनचांग अंतरिक्ष यान प्रक्षेपण स्थल से प्रक्षेपित किया गया था। चीन के तियानवेन-1 प्रोब ने पृथ्वी से साढ़े छः महीने की यात्रा के बाद 10 फरवरी, 2021 को कक्षा में सफलतापूर्वक प्रवेश किया है।

लगभग तीन महीनों में, तियानवेन-1, मंगल ग्रह के उत्तरी गोलार्ध में एक विशाल मैदान पर यूटोपिया प्लैनिटिया के नाम से जाना जाने वाला एक लैंडिंग कैप्सूल भेजने का प्रयास करेगा, जिसमें 240 किलोग्राम का रोवर सात मिनट में उतरेगा।

तियानवेन–1 के बारे में

- चीन के पहले मंगल प्रोब को तियानवेन-1 (पूर्व में Huoxing-1) कहा जाता है।
- अंतरिक्ष यान में एक ऑर्बिटर, एक लैंडर और एक रोवर है।
- इसे पिछले साल चीन के जिचांग से लॉन्ग मार्च 5 रॉकेट पर लॉन्च किया गया था।
- उतारने का स्थान: मंगल गृह के उत्तरी अक्षांशों के पास के विशाल मैदान यूटोपिया पैलेनेटिया में जहां 1970 के दशक में नासा ने विकिंग 2 मिशन को उतारा था।
- अगर यह मिशन सफल होता है तो चीन, USSR और अमेरिका के बाद मंगल लैंडिंग हासिल करने वाला तीसरा देश बन जाएगा।

विज्ञान के पांच मुख्य उद्देश्य हैं:

1. मंगल का भूगर्भीय मानचित्र बनाना।
2. मंगल ग्रह के तेल की विशेषताओं का अन्वेषण करना और संभावित रूप से जल-बर्फ जमा का पता लगाना।
3. सतह सामग्री संरचना का विश्लेषण करना।
4. मंगल ग्रह की सतह पर वातावरण और जलवायु की जांच करना।
5. विमान के विद्युत चुम्बकीय और गुरुत्वाकर्षण क्षेत्रों को समझना।

जहुरोंग (चीन का पहला मार्स रोवर)

चीन के पहले मार्स रोवर का नाम पारंपरिक अग्नि देवता के नाम पर जहुरोंग रखा जाएगा। रोवर तियानवेन-1 प्रोब पर सवार है, जो 24 फरवरी को मंगल की कक्षा में पहुंचा था और रोवर मई में जमीन पर उतरेगा जो जीवन के सबूतों की खोज में है।

मिशन का महत्व:

- 2019 में चीन चंद्रमा के छोटे से अन्वेषित स्थल की ओर एक अंतरिक्ष जांच के लिए उतारने वाला पहला देश बन गया और दिसंबर में 1970 के दशक के बाद पहली बार चंद्र चट्टानों को पृथ्वी पर लौटाया।
- पूर्व सोवियत संघ और अमेरिका के बाद मंगल पर रोबोट रोवर पहुंचाने वाला चीन तीसरा देश बन जाएगा।

8.14.4 महत्वपूर्ण बुध पर मिशन (Important Mercury Missions)

केवल 2 अंतरिक्ष यान अब तक बुध पर गए हैं, और एक तीसरा रास्ते में है। प्लूटो की तुलना में एक अंतरिक्ष यान को बुध तक पहुंचने में वास्तव में अधिक ऊर्जा लगती है। बुध हमारे सौर मंडल का सबसे तेज़ परिक्रमा करने वाला ग्रह है - यह सूर्य के चारों ओर 48 किलोमीटर प्रति सेकंड की गति से चलता है।

- मेरिनर 10 (Mariner 10) (1973)
- मैसेंजर (Messenger) (2004)
- बेपिकोलम्बो (BepiColombo) (2018)

मैसेंजर मिशन (Messenger Mission)

मेसेंजर नासा का एक रोबोटिक अंतरिक्ष यान था, जिसने 2011 और 2015 के बीच बुध ग्रह की परिक्रमा की थी। बुध की रासायनिक संरचना, भूविज्ञान और चुंबकीय क्षेत्र का अध्ययन करने के लिए अगस्त 2004 में डेल्टा II रॉकेट पर अंतरिक्ष यान को लॉन्च किया गया था। मेसेंजर ने 18 मार्च, 2011 को बुध के चारों ओर कक्षा में प्रवेश किया, ऐसा करने वाला पहला अंतरिक्ष यान बन गया।

मेसेंजर मिशन की योजना बुध की विशेषताओं और कक्षा से पर्यावरण का अध्ययन करने के लिए बनाई गई थी। विशेष रूप से, मिशन के वैज्ञानिक उद्देश्य थे:

- ग्रह की सतह की रासायनिक संरचना की विशेषता।
- ग्रह के भूगर्भिक इतिहास का अध्ययन।
- वैश्विक चुंबकीय क्षेत्र प्रकृति (मैग्नेटोस्फीयर) को स्पष्ट करना।
- कोर के आकार और स्थिति का निर्धारण।
- ध्रुवों की अस्थिर सूची का निर्धारण करना।
- ग्रह के बाह्यमंडल की प्रकृति का अध्ययन करना।

मेसेंजर ने खोजा कि बुध का कोर ग्रह के आयतन का 85% है, जो पृथ्वी के आयतन से बहुत अधिक है, जोकि केवल 15 प्रतिशत है।

बेपिकोलम्बो (BepiColombo)

- BepiColombo बुध ग्रह का पता लगाने के लिए एक संयुक्त यूरोपीय-जापानी मिशन है। यह 2018 में लॉन्च हुआ और 2025 में बुध की कक्षा में प्रवेश करेगा।
- मिशन बुध के ध्रुवों और ग्रह के असामान्य रूप से बड़े कोर पर पानी की बर्फ का अध्ययन करेगा। यह अंतत: हमें यह जानने में मदद करेगा कि बुध कैसे बना, और इसका प्रारंभिक सौर मंडल कैसा था।
- बुध एक रहस्यमय, विरोधाभासी दुनिया है। 430 डिग्री सेल्सियस (800 डिग्री फ़ारेनहाइट) के सतह के तापमान के साथ सूर्य के सबसे नज़दीकी ग्रह होने के बावजूद, बुध के ध्रुवों के पास छायादार क्रेटरों में पानी की बर्फ छिपी हुई है।
- ग्रह की सतह ज्वालामुखियों जैसी भूगर्भीय गतिविधियों से अबाधित, पुरानी और गड्ढा युक्त प्रतीत होती है, इसमें एक चुंबकीय क्षेत्र होता है, जो आमतौर पर एक पिघले हुए कोर के कारण होता है, और जो सतह में परिवर्तन का कारण बनता है।
- ये स्पष्ट विरोधाभास बुध को हमारे सौर मंडल के किसी भी अन्य ग्रह की तुलना में दिलचस्प बनाते हैं, केवल दो मिशन (नासा के मेरिनर 10 और मेसेंजर) ने ही इसका करीब से अध्ययन किया है। मेसेंजर ने खोजा कि बुध का कोर ग्रह के आयतन का 85 प्रतिशत है, जो पृथ्वी के आयतन से बहुत अधिक है।

नामकरण

BepiColombo का नाम Giuseppe 'Bepi' कोलंबो (1920-1984), एक इतालवी गणितज्ञ-इंजीनियर के सम्मान में रखा गया है, जिन्होंने बुध की सूर्य के चारों ओर प्रत्येक 2 कक्षाओं के लिए 3 बार घूर्णन करने की व्याख्या की थी।

8.14.5 महत्वपूर्ण सूर्य मिशन (Important Solar Missions)

पहला चरण: (1960–1969)
- पायनियर (Pioneer 5) (1960)
- पायनियर (Pioneer 6) (A) (1960)
- पायनियर (Pioneer 7) (B) (1960)
- पायनियर (Pioneer 8) (C) (1960)
- पायनियर (Pioneer 9) (D) (1960)
- पायनियर (Pioneer (E) (1960)

दूसरा चरण: (1974–1997)
- हेलिओस (Helios A) (1974)
- हेलिओस (Helios B) (1976)
- आईएमएसईसी (ISEE-3) (1978)
- यूलिसिस (ULYSSES) (1994)
- विंड (WIND) (1994)
- सोहो (SOHO) (1996)
- ऐस (ACE) (1997)

तीसरा चरण: (2000–अब तक)
- यूलिसिस (ULYSSES) (2000)
- जेनेसिस (Genesis) (2001)
- स्टेरिओ (STEREO) A (2006)
- स्टेरिओ (STEREO) B (2006)
- यूलिसिस (Ulysses) (2007)
- डिस्कोवर (DSCOVR) (2015)
- पार्कर सोलर प्रोब (Parker Solar Probe) (2018–2025)
- सोलर ऑर्बिटर (Solar Orbiter) (10 फरवरी, 2020 को प्रक्षेपित)

पार्कर सोलर प्रोब (Parker Solar Probe)

नासा के ऐतिहासिक पार्कर सोलर प्रोब को 12 अगस्त, 2018 को केप केनवरल से प्रक्षेपित किया गया।

यह कार के आकार का एक छोटा अंतरिक्ष यान है, जो पृथ्वी की सतह से 4 मिलियन मील की दूरी तय करेगा। यह सूर्य को छूने वाला अब तक का पहला मिशन होगा।

मिशन के बारे में

पार्कर सोलर प्रोब सूर्य के वायुमंडल के माध्यम से किसी भी अन्य अंतरिक्ष यान की तुलना में सूर्य की सतह के करीब यात्रा करेगा, जो गर्मी और विकिरण की प्रतिकूल परिस्थितियों का सामना करेगा और अंतत: मानव जाति को सबसे निकटतम तारा अवलोकन प्रदान करेगा।

कोरोना सूर्य की सतह से अधिक गर्म है और सौर हवा को भी जन्म देता है, जिसके आवेशित कणों में एक निरंतर प्रवाह होता है, जो सौर मंडल को प्रभावित करता है।

तेज सौर हवाएं पृथ्वी के चुंबकीय क्षेत्र में अशांति पैदा करती हैं और पृथ्वी की संचार तकनीक को नुकसान कर सकती हैं।

नासा का अनुमान है कि यह परिणाम वैज्ञानिकों को पृथ्वी के अंतरिक्ष पर्यावरण में परिवर्तन की भविष्यवाणी करने में मदद करेंगे।

पार्कर सोलर प्रोब

12 अगस्त, 2019 को, नासा के पार्कर सोलर प्रोब ने सेवा में एक वर्ष पूरा किया।

यह नासा के "लिविंग विद ए स्टार" कार्यक्रम का हिस्सा है, जो सूर्य-पृथ्वी प्रणाली के विभिन्न पहलुओं की पड़ताल करता है। प्रोब सूर्य के वातावरण के बारे में जानकारी इकट्ठा करने का प्रयास करता है और नासा का कहना है कि यह "सूर्य की हमारी समझ में क्रांति लाएगा"। यह प्रथम मानव निर्मित वस्तु है जो अब तक सूर्य के सबसे करीब है।

सोलर ऑर्बिटर (Solar Orbiter / SOLO Mission)

सोलर ऑर्बिटर ESA (यूरोपीय अंतरिक्ष एजेंसी) और नासा के बीच अंतर्राष्ट्रीय सहयोग का एक अंतरिक्ष मिशन है।

- अंतरिक्ष यान को फरवरी 2020 में केप केनवरल से यूनाइटेड लॉन्च अलायंस एटलस V रॉकेट पर लॉन्च किया गया था।

- इसे ESA के कॉस्मिक विजन 2015–2025 कार्यक्रम के पहले मध्यम श्रेणी के मिशन के रूप में चुना गया था।
- यह पहला मिशन है, जो सूर्य के उत्तरी और दक्षिणी ध्रुवों की तस्वीरें प्रदान करेगा।
- यह सूर्य के 26 मिलियन मील के दायरे में सात साल का मिशन है।
- यह सूरज की गर्मी को सहन करने में सक्षम होगा क्योंकि इसमें कैल्शियम फॉस्फेट में लेपित एक कस्टम टाइटेनियम हीट शील्ड है ताकि यह 970 डिग्री फ़ारेनहाइट तक तापमान सहन कर सके।

यूरोपीय अंतरिक्ष एजेंसी ने 10 फरवरी, 2020 को लॉन्च किए गए सोलर ऑर्बिटर द्वारा खींची गई सूर्य की अब तक की सबसे नज़दीकी तस्वीरें जारी की हैं। अंतरिक्ष यान ने जून के मध्य में सूर्य के अपने पहले नजदीकी मार्ग को पूरा किया, जब उसने 10 उपकरणों के साथ सूर्य के 48 मिलियन मील के क्षेत्र के भीतर उड़ान भरी, जो कि विशाल तारे की अब तक की सबसे नज़दीकी तस्वीरें लेने के लिए कार्यरत है।

इन छवियों से किए गए अवलोकन:

1. सूरज पर मिनी-फ्लेयर हैं, जिन्हें वैज्ञानिक "कैंपफायर" कह रहे हैं।
2. आकार: ये कैंपफायर सूर्य के विशाल लपटों के आकार के लाखोंवें हिस्से हैं, जिन्हें नियमित रूप से पृथ्वी दूरबीनों द्वारा देखा जाता है।
3. इन छोटी-छोटी ज्वालाओं का उस ताप प्रक्रिया से कुछ संबंध हो सकता है, जो सूर्य के बाहरी वातावरण, कोरोना को उसकी सतह से कहीं अधिक गर्म बनाती है।

सोलर फ्लेयर्स (Solar Flares):

- यह सूर्य के वायुमंडल में चुंबकीय ऊर्जा का एक बड़ा विस्फोट है, जो तेज चमक का कारण बनता है।
- सनस्पॉट फ्लेरेस के आसपास सक्रिय क्षेत्रों में होते हैं।
- सौर ज्वालाओं के दौरान, सूर्य ऊर्जावान कणों को छोड़ता है, जो सौर हवा को बढ़ाते हैं और ये लगातार तारे से आसपास के अंतरिक्ष में निकलती है।
- जब ये ऊर्जावान कण पृथ्वी के मैग्नेटोस्फीयर के साथ परस्पर क्रिया करते हैं, तो वे चुंबकीय तूफान पैदा कर सकते हैं, जो जमीन पर दूरसंचार नेटवर्क और पावर ग्रिड को बाधित कर सकते हैं।

कोरोना (Corona):

- सौर कोरोना सूर्य के वायुमंडल की सबसे बाहरी परत है, जो बाहरी अंतरिक्ष में लाखों किलोमीटर तक फैली हुई है।
- कई दशकों के अध्ययन के बाद, कोरोना को गर्म करने वाले भौतिक तंत्र अभी भी पूरी तरह से समझ में नहीं आए हैं, लेकिन उनकी पहचान करना सौर भौतिकी की 'पवित्र कब्र' ('holy grail') माना जाता है।

पंच मिशन (PUNCH Mission)

(कोरोना और हेलिओस्फीयर को एकजुट करने के लिए पोलारिमीटर/Polarimeter to Unify the Corona and Heliosphere) नासा ने अपने PUNCH मिशन का नेतृत्व करने के लिए टेक्सास स्थित दक्षिण-पश्चिम अनुसंधान संस्थान का चयन किया है, जो सूर्य की तस्वीर बनाएगा।

यह एक ऐतिहासिक मिशन है, जो सूर्य के बाहरी कोरोना से परे के क्षेत्रों की तस्वीर बनाएगा।

इंडियन इंस्टीट्यूट ऑफ एस्ट्रोफिजिक्स के सौर भौतिक विज्ञानी दीपांकर बनर्जी भी पंच मिशन के सह-अन्वेषक हैं।

यह सूर्य के बाहरी कोरोना से सौर हवा में कणों के संक्रमण को समझने पर केंद्रित है, जो अंतरग्रहीय अंतराल को भरता है। इसमें चार माइक्रोसैटेलाइट्स का एक समूह शामिल होगा जो निरंतर 3डी डीप-फील्ड इमेजिंग के माध्यम से कोरोना और हेलियोस्फीयर को एकल, कनेक्टेड सिस्टम के तत्वों के रूप में देखेगा। मिशन की 2025 में शुरू होने की उम्मीद है।

8.14.6 सौर मंडल और उसके परे (Solar System and Beyond)

प्रगति में:

- नासा का हबल स्पेस टेलीस्कोप बहुद्देशीय खगोल भौतिकी और ग्रह विज्ञान वेधशाला है।
- ESA के CHEOPS ज्ञात एक्सोप्लैनेट के व्यास को सटीक रूप से मापते हैं।
- नासा का TESS एक विशिष्ट प्रकार के चमकीले तारे के इर्दगिर्द एक्सोप्लैनेट की खोज करता है।
- नासा के जेम्स वेब स्पेस टेलीस्कोप को 25 दिसंबर, 2021 को फ्रेंच गुयाना के कावरु (Kourou) में यूरोपियन स्पेस एजेंसी के प्रक्षेपण स्थल से लॉन्च किया गया।

आने वाले:

- नासा का रोमन स्पेस टेलीस्कोप 2025 के मध्य में लॉन्च होगा और पृथ्वी के आकार के एक्सोप्लैनेट की तस्वीर बनाएगा।

हब्बल स्पेस टेलीस्कोप (Hubble Space Telescope)

हबल स्पेस टेलीस्कोप एक अंतरिक्ष-आधारित वेधशाला है, जिसने 1990 में अंतरिक्ष यान डिस्कवरी द्वारा प्रक्षेपण और परिनियोजन के बाद से खगोल विज्ञान में क्रांति ला दी है। बारिश के बादलों, प्रकाश प्रदूषण और वायुमंडलीय विकृतियों से बहुत दूर, हबल से ब्रम्हांड एक सुस्पष्ट दृश्य है।

वैज्ञानिकों ने हबल का उपयोग कुछ सबसे दूर के सितारों और आकाशगंगाओं को देखने के लिए किया है, साथ ही हमारे सौर मंडल के ग्रहों को भी देखा है। हबल की क्षमताएं इसके 30 से अधिक वर्षों के संचालन में अत्यधिक बढ़ गई हैं।

टेलीस्कोप में प्रकाश की एक विशेष श्रेणी होती है, जिसका वे पता लगा सकते हैं। हबल का कार्यक्षेत्र पराबैंगनी से दृश्यमान (जिसे हमारी आंखें देखती हैं) और निकट-अवरक्त में फैला है। इस श्रेणी ने हबल को सितारों, आकाशगंगाओं और अन्य खगोलीय पिंडों की आश्चर्यजनक तस्वीरें प्रदान की हैं, जिन्होंने दुनिया भर के लोगों को प्रेरित किया है और ब्रह्मांड के बारे में हमारी समझ को बदल दिया है।

हबल ने अपने पूरे जीवनकाल में 1.4 मिलियन से अधिक अवलोकन किए हैं। इसकी खोजों पर 18,000 से अधिक सहकर्मी-समीक्षित वैज्ञानिक पत्र प्रकाशित किए गए हैं, और प्रत्येक वर्तमान खगोल विज्ञान पाठ्यपुस्तक में वेधशाला के योगदान शामिल हैं।

टेलीस्कोप ने इंटरस्टेलर ऑब्जेक्ट्स को पहचाना है क्योंकि वे हमारे सौर मंडल से गुजरे हैं, एक धूमकेतु को बृहस्पति से टकराते हुए देखा है, और प्लूटो के चारों ओर चंद्रमाओं की खोज की है। इसने मिल्की वे में धूल भरी डिस्क और तारकीय नर्सरी खोजी है, जो एक दिन पूरी तरह से विकसित ग्रह प्रणाली बन सकती है और अन्यं सितारों की परिक्रमा करने वाले ग्रहों के वायुमंडल का अध्ययन किया है।

हबल ने हमारे ब्रह्मांड के सुदूर अतीत में मुड़कर देखा है, पृथ्वी से 13.4 बिलियन से अधिक प्रकाश-वर्ष के स्थानों पर, आकाशगंगाओं के विलय को देखा जा रहा है, जो उनकी गहराई में दुबके सुपरमैसिव ब्लैक होल की जांच हो रही है, और हमें विस्तारित ब्रह्मांड के इतिहास को बेहतर ढंग से समझने में मदद मिल रही है।

अपने 30 से अधिक वर्षों के संचालन में, हबल ने ऐसे अवलोकन किए हैं, जिन्होंने मानवता की कल्पनाओं को पकड़ लिया है और ब्रह्मांड के बारे में हमारे ज्ञान को गहरा कर दिया है। यह आने वाले वर्षों में भी कार्यरत रहेगा।

चेओप्स (Cheops)

चेओप्स ईएसए का कैरेक्टराइजिंग एक्सोप्लैनेट सैटेलाइट है। यह पहला मिशन है, आस-पास के चमकते सितारों का अध्ययन करने के लिए समर्पित है जो पहले से ही एक्सोप्लैनेट की मेजबानी करने के लिए जाने जाते हैं।

यह सुपर-अर्थ से नेपच्यून आकार सीमा में ग्रहों पर ध्यान केंद्रित करेगा, इसके डेटा के साथ यह ग्रहों के घनत्व को प्राप्त करने में सक्षम होगा, यह बाहरी दुनिया को समझने की दिशा में पहला विशेष कदम है।

प्रक्षेपण

प्रक्षेपण की तारीख: 18 दिसंबर, 2019
प्रक्षेपण स्थल: कौरौ, फ्रेंच गुयाना
प्रक्षेपणक: सोयुज-फ्रीगेट
कक्षा: पृथ्वी के ऊपर 700 किमी पर सूर्य-तुल्यकालिक

ट्रांजिटिंग एक्सोप्लैनेट सर्वे सैटेलाइट [Transiting Exoplanet Survey Satellite (TESS)]

ट्रांजिटिंग एक्सोप्लैनेट सर्वे सैटेलाइट (TESS) नासा का एक मिशन है जो पृथ्वी के आकाश में सबसे चमकीले सितारों की परिक्रमा करने वाले ग्रहों की तलाश करेगा। इसका नेतृत्व मैसाचुसेट्स इंस्टीट्यूट ऑफ टेक्नोलॉजी ने गूगल से सीड फंडिंग के साथ किया था।

मिशन पृथ्वी के आकार की चट्टानी दुनिया से लेकर विशाल गैसीय ग्रहों तक, एक्सोप्लैनेट के संकेतों के लिए कम-से-कम 200,000 सितारों की निगरानी करेगा। TESS उन तारों पर ध्यान केंद्रित करेगा जो केप्लर द्वारा जांचे गए सितारों की तुलना में 30 से 100 गुना अधिक चमकीले हैं। यह खगोलविदों को हमारी पृथ्वी के बाहर सौर मंडल की संरचना को बेहतर ढंग से समझने में मदद करेगा, और यह अंतर्दृष्टि प्रदान करेगा कि हमारा अपना सौर मंडल कैसे बना।

TESS पृथ्वी के ऊपर पहले कभी इस्तेमाल नहीं की गई कक्षा पर स्थापित होगा। अण्डाकार कक्षा, जिसे P/2 कहा जाता है, चंद्रमा की कक्षीय अवधि का ठीक आधा है, इसका मतलब है कि TESS हर 13.7 दिनों में पृथ्वी की परिक्रमा करेगा।

यह एक्सोप्लैनेट का पता लगाने के लिए पारगमन विधि का उपयोग करेगा। यह दूर के सितारों की चमक में छोटे-छोटे डिप्स के लिए देखता है, जो यह संकेत दे सकता है कि ग्रह उनके सामने से गुजरा है। बार-बार डिप्स लगाने से पता चलता है कि कोई ग्रह अपने तारे के सामने से गुजर रहा है। इस डेटा को बार-बार अवलोकन द्वारा मान्य किया जाता है और वैज्ञानिकों द्वारा सत्यापित किया जाता है।

केपलर मिशन (Kepler Mission)

मिल्की वे आकाशगंगा क्षेत्र का सर्वेक्षण करने के लिए वर्ष 2009 में लॉन्च किया गया ताकि रहने योग्य क्षेत्र में या उसके आस-पास पृथ्वी के आकार के सैंकड़ों और छोटे ग्रहों की खोज की जा सके और हमारी आकाशगंगा में सैंकड़ों अरबों सितारों का अंश जो इस तरह के हो सकते हैं, का निर्धारण किया जा सके।

मार्च 2018 तक केपलर द्वारा 2,342 ग्रहों की पुष्टि की गई थी; अतिरिक्त संभावित ग्रह, और एक्सो-वर्ल्ड की इसकी खोज 4,587 है।

वैज्ञानिकों ने नासा के केपलर स्पेस टेलीस्कोप के साथ-साथ जमीन पर आधारित वेधशालाओं के डेटा का उपयोग करके 100 से अधिक नए एक्सोप्लैनेट के स्थानों की खोज की है। ब्रह्मांड में एक्सोप्लैनेट और जीवन के अनुसंधान क्षेत्र को विकसित करने में विविध ग्रहों की एक बड़ी भूमिका निभाने की उम्मीद है।

केपलर स्पेस टेलीस्कोप को नासा द्वारा आधिकारिक रूप से सेवानिवृत्त कर दिया गया है। इसके उत्तराधिकारी अंतरिक्ष दूरबीन, जिसे (द ट्रांजिटिंग एक्सोप्लैनेट सर्वे सैटेलाइट) कहा जाता है, ने पहले ही डेटा एकत्र करना शुरू कर दिया था।

जेम्स वेब स्पेस टेलीस्कोप (James Webb Space Telescope)

जेम्स वेब स्पेस टेलीस्कोप (जिसे JWST या वेब भी कहा जाता है) 6.5-मीटर प्राथमिक दर्पण के साथ एक **बड़ा इन्फ्रारेड टेलीस्कोप** होगा। टेलीस्कोप को 25 दिसंबर, 2021 को **ESA के प्रक्षेपण स्थल कोरू, फ्रेंच गुयाना** से प्रमोचित किया गया था।

- JWST **अमेरिका (नासा), यूरोपीय (ESA) एवं कनाडा अंतरिक्ष एजेंसी (CSA) के बीच एक संयुक्त उद्यम** है।
- यह एक परिक्रमा करने वाली अवरक्त वेधशाला है, जो दीर्घ तरंग दैर्ध्य कवरेज एवं अति बेहतर संवेदनशीलता के साथ **हबल स्पेस टेलीस्कोप** की खोजों का पूरक तथा इसका विस्तार करेगी।
- वेब को पहले **'अगली पीढ़ी की अंतरिक्ष दूरबीन' (NGST)** के नाम से जाना जाता था और वर्ष 2002 में नासा के पूर्व प्रशासक जेम्स वेब के नाम पर इसका नाम बदल दिया गया था।
- यह लगभग 6.5 मीटर प्राथमिक दर्पण के साथ एक बड़ी अवरक्त दूरबीन होगी।

टेलीस्कोप के उद्देश्य व कार्य

1. यह ब्रह्मांड में गहनता से निरीक्षण करेगा तथा इस प्रकार हबल के साथ अग्रगामी समय हेतु संभव है।
2. यह एक बहुत वृहत् दर्पण (6.5 मीटर व्यास बनाम 2.4 मीटर) तथा उपकरणों के जरिए कार्य करेगा जो अवरक्त किरणों को समायोजित करेंगे।

3. वैज्ञानिकों को उम्मीद है कि यह ब्रह्मांड में स्थापित तारों की पहली संख्या से 13.5 अरब साल पूर्व स्विच करने हेतु प्रकाश का पता लगा सकता है।

कक्षा

- **हबल स्पेस टेलीस्कोप** पृथ्वी के चारों ओर लगभग 570 किमी. की ऊँचाई पर परिक्रमा करता है।
- यह वेब वास्तव में पृथ्वी की परिक्रमा नहीं करेगा, बल्कि यह **पृथ्वी पर स्थापित होगा - सूर्य L2 लैग्रेंज बिंदु से**, 1.5 मिलियन किमी. दूरी पर स्थित है।
- **L2 बिंदु पर वेब की सौर ढाल** सूर्य, पृथ्वी एवं चंद्रमा से आने वाले प्रकाश को अवरुद्ध कर देगी, जो वेब को शीतल रहने में मदद करेगी, जो कि एक अवरक्त दूरबीन हेतु बहुत महत्वपूर्ण है।

(इन्फोग्राफिक देखें - जेम्स वेब स्पेस टेलीस्कोप बनाम् हबल स्पेस टेलीस्कोप)

रोमन स्पेस टेलीस्कोप/वाइड-फील्ड इंफ्रारेड सर्वे टेलीस्कोप [Roman Space Telescope/Wide&Field Infrared Survey Telescope (WFIRST)]

17 फरवरी, 2016 को, WFIRST के विकास और प्रक्षेपण के लिए मंजूरी दी गई थी, लेकिन अब इसे रोमन स्पेस टेलीस्कोप के रूप में रिपोर्ट किया गया है। रोमन स्पेस टेलीस्कोप एक नासा वेधशाला है, जिसे डार्क एनर्जी और डार्क मैटर के रहस्यों को जानने, एक्सोप्लैनेट की खोज और छवि बनाने और इन्फ्रारेड एस्ट्रोफिजिक्स में कई विषयों का पता लगाने के लिए डिज़ाइन किया गया है। रोमन स्पेस टेलीस्कोप में दो उपकरण होंगे, वाइड फील्ड इंस्ट्रूमेंट और कोरोनाग्राफ इंस्ट्रूमेंट।

- रोमन स्पेस टेलीस्कोप में 2.4m टेलीस्कोप है, जो हबल के आकार के समान है, लेकिन हबल की तुलना में 100 गुना बड़ा है।
- रोमन स्पेस टेलीस्कोप 2010 में खगोल विज्ञान और खगोल भौतिकी के दशकीय सर्वेक्षण में शीर्ष क्रम का बड़ा अंतरिक्ष मिशन था।
- रोमन स्पेस टेलीस्कोप 2020 के मध्य में लॉन्च होने वाला था।
- रोमन स्पेस टेलीस्कोप की कोई संपदा डेटा अवधि नहीं होगी और सभी अवलोकन समय पूरा हो जाएगा।

वाइड फील्ड इंस्ट्रूमेंट में देखने का क्षेत्र हबल इन्फ्रारेड इंस्ट्रूमेंट से 100 गुना बड़ा होगा, जो कम अवलोकन समय के साथ अधिक आकाश का निरीक्षण करेगा। प्राथमिक उपकरण के रूप में, वाइड फील्ड इंस्ट्रूमेंट मिशन जीवनकाल के दौरान एक अरब आकाशगंगाओं से प्रकाश को मापेगा। यह लगभग 2,600 एक्सोप्लैनेट खोजने के लिए आंतरिक आकाशगंगा का सूक्ष्म सर्वेक्षण करेगा। कोरोनोग्राफ इंस्ट्रूमेंट अलग-अलग पास के एक्सोप्लैनेट की उच्च कंट्रास्ट इमेजिंग और स्पेक्ट्रोस्कोपी करेगा।

रोमन स्पेस टेलीस्कोप का प्राथमिक मिशन जीवनकाल 5 साल का होगा, जिसमें संभावित 5 साल का विस्तारित मिशन होगा।

चंद्रा एक्स-रे वेधशाला (Chandra X-Ray Observatory)

चंद्रा एक्स-रे वेधशाला को 23 जुलाई, 1999 को एक्स-रे खगोल विज्ञान के लिए नासा के प्रमुख मिशन के रूप में लॉन्च किया गया था, जो "महान वेधशालाओं" के बेड़े में अपनी जगह ले रहा था।

इस टेलीस्कोप को विशेष रूप से ब्रह्मांड के बहुत गर्म क्षेत्रों जैसे-विस्फोटित सितारों, आकाशगंगाओं के समूहों और ब्लैक होल के आसपास के पदार्थ से एक्स-रे उत्सर्जन का पता लगाने के लिए डिज़ाइन किया गया है। चूंकि एक्स-रे पृथ्वी के वायुमंडल द्वारा अवशोषित होते हैं, चंद्रा को अंतरिक्ष में 139,000 किमी. (86,500 मील) की ऊँचाई तक या इसके ऊपर परिक्रमा करनी चाहिए।

कैम्ब्रिज में स्मिथसोनियन एस्ट्रोफिजिकल ऑब्जर्वेटरी चंद्रा एक्स-रे केंद्र की मेजबानी करता है, जो उपग्रह को संचालित करता है, डेटा को संसाधित करता है, और विश्लेषण के लिए इसे दुनियाभर के वैज्ञानिकों को वितरित करता है। चंद्रा में चार अत्यंत संवेदनशील दर्पण एक दूसरे के अंदर स्थित हैं।

चंद्रा ने विस्फोटित तारों के शानदार, चमकते अवशेषों का चित्रण किया है, और तत्वों के फैलाव को दर्शाने वाला स्पेक्ट्रा लिया है। चंद्रा ने हमारे मिल्कीवे के केंद्र में सुपरमैसिव ब्लैक होल के आसपास के क्षेत्र का अवलोकन किया और पूरे ब्रह्मांड में ब्लैक होल पाए। चंद्रा ने एक क्लस्टर में आकाशगंगाओं की टक्कर में डार्क मैटर को सामान्य पदार्थ से अलग करने का पता लगाया है और डार्क मैटर और डार्क एनर्जी अध्ययन दोनों में योगदान दे रहा है। जैसे-जैसे इसका मिशन जारी रहेगा, चंद्रा भविष्य में हमारे उच्च-ऊर्जा वाले ब्रह्मांड के बारे में चौंकाने वाले नए विज्ञान की खोज करना जारी रखेगा।

तीस मीटर टेलीस्कोप [Thirty Meter Telescope (TMT)]

तीस मीटर टेलीस्कोप निर्माण शुरू करने के लिए तैयार है। मेगा टेलिस्कोप ने 2009 में अपने डिजाइन और विकास के चरण को पूरा किया, लेकिन सांस्कृतिक और धार्मिक कारणों के लिए मौन कीया के खजाने वाले मूल हवाईयन कार्यकर्ताओं की कानूनी चुनौतियों ने टेलिस्कोप परियोजना को धीमा किया।

यह यूवी के पास से मध्य-अवरक्त तरंग दैर्ध्य के लिए निरीक्षण करने की योजना है, और इसके अलावा, यह अपने सहज और अनुकूली ऑप्टिक्स प्रणाली द्वारा वातावरण के कारण होने वाले ब्लर्स के लिए सही है। यह माना जाता है, उच्चतम और E-ELT (European Extremely Large Telescope) के बाद TMT दूसरा सबसे बड़ा टेलीस्कोप होगा, जो छोटे 1.44-मीटर हेक्सागोनल दर्पणों की एक सरणी का उपयोग करता है। यह डिजाइन, LBT (Large Binocular Telescope) और GMT (Giant Magellan Telescope) के बड़े दर्पण से अलग है।

तीस मीटर टेलीस्कोप के बारे में

- तीस मीटर टेलीस्कोप (टीएमटी) एक प्रस्तावित खगोलीय वेधशाला है, जिसमें एक बहुत बड़ी दूरबीन (ईएलटी) है।
- यह कनाडा, चीन, भारत, जापान और संयुक्त राज्य अमेरिका के वैज्ञानिक संगठनों द्वारा वित्त पोषित एक अंतर्राष्ट्रीय परियोजना है।
- **नियोजित स्थान:** अमेरिका के हवाई राज्य में हवाई द्वीप पर मौना केआ।

जेम्स वेब टेलीस्कोप बनाम् हबल स्पेस टेलीस्कोप

अवलोकन पक्ष

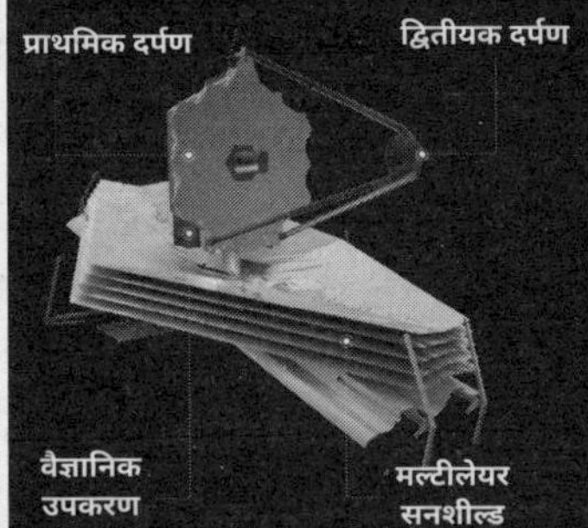

सूर्य की ओर मुख वाला भाग

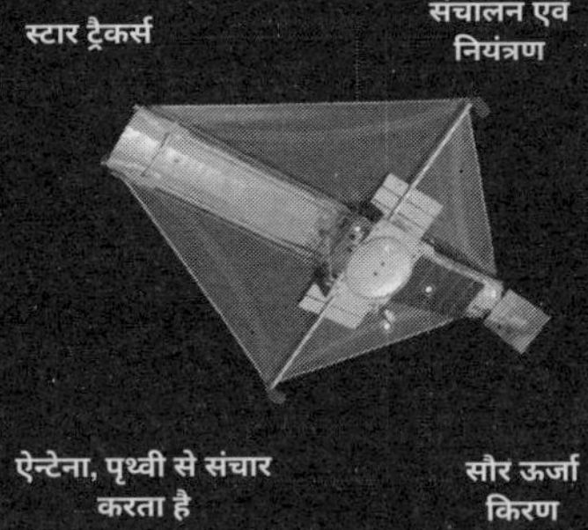

श्रेय: NASA, ESA, CSA, Joyce Kang (STScI)

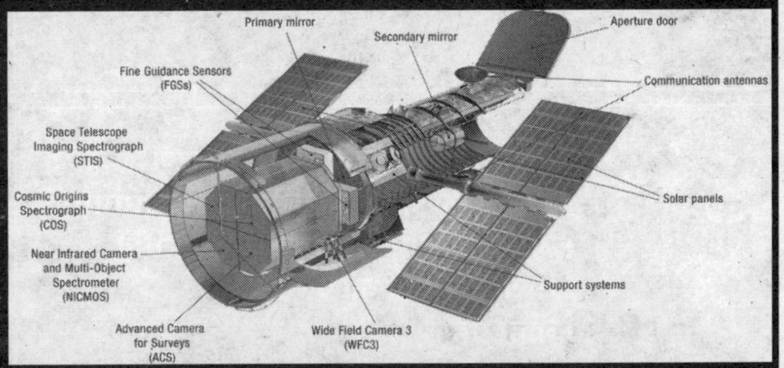

श्रेय: NASA, ESA, CSA, Joyce Kang (STScI)

दर्पण

जेम्स वेब स्पेस टेलीस्कोप प्राथमिक दर्पण

दर्पण, बेरिलियम से बने होते हैं और 48.25 ग्राम सोने से लेपित होते हैं।

21.3-फीट (6.5-मीटर) प्राथमिक दर्पण

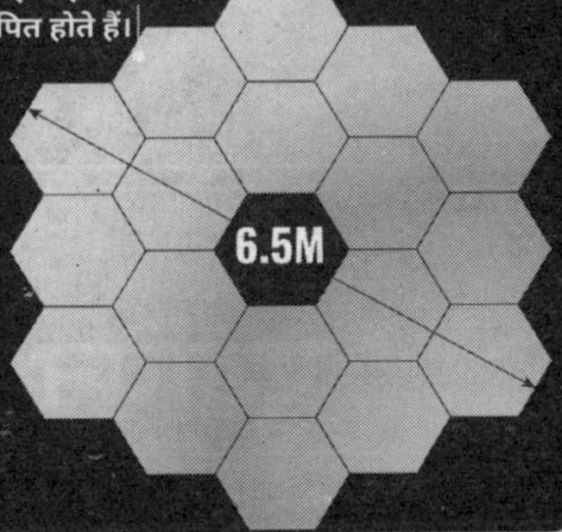

दर्पण

हब्बल स्पेस टेलीस्कोप प्राथमिक दर्पण

7.9-फीट (2.4-मीटर) प्राथमिक दर्पण

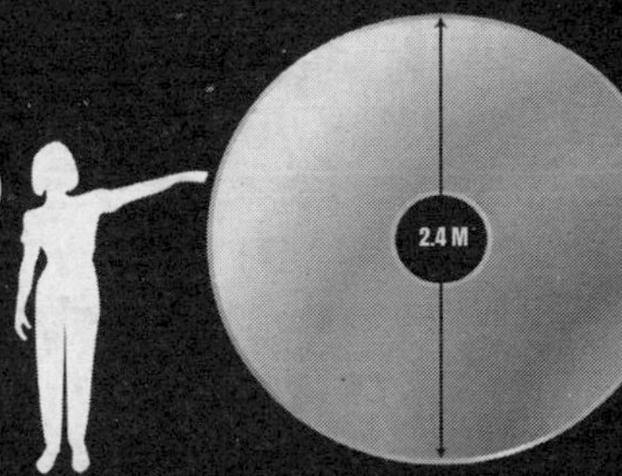

तरंगदैर्ध्य रेंज

0.6 माइक्रोन (नारंगी) से 5 माइक्रोन (मिड-इन्फ्रारेड)

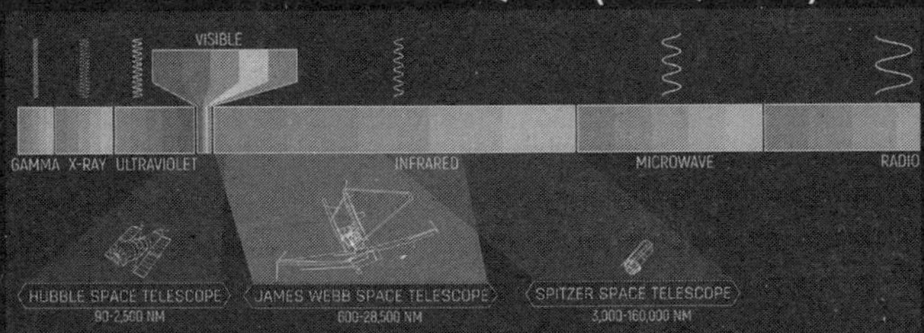

तरंगदैर्ध्य रेंज

0.2 माइक्रोन (पराबैंगनी) से 1.7 माइक्रोन (नियर-इन्फ्रारेड)

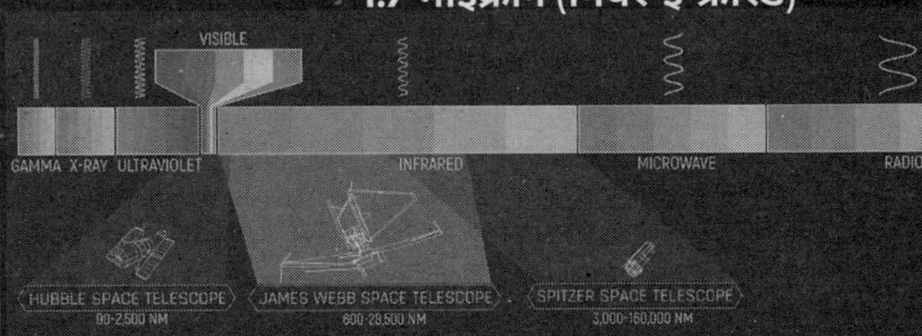

प्रेक्षण इन्फ्रारेड क्षेत्र (दूरबीन द्वारा देखा गया आकाश)

हब्बल से दोगुना

प्रेक्षण इन्फ्रारेड क्षेत्र (दूरबीन द्वारा देखा गया आकाश)

0.001 वर्ग डिग्री (वाइड फील्ड कैमरा 3)

इन्फोग्राफिक जारी.....

- पृथ्वी से 1 मिलियन मील (1.5 मिलियन किमी) दूर
- सूर्य-पृथ्वी लैग्रेंज प्वाइंट 2 (L2) पर सूर्य की परिक्रमा

कक्षा

वैज्ञानिक लक्ष्य

- प्रथम प्रकाश एवं पुनर्आयनीकरण
- ब्रह्मांड की सबसे प्रारंभिक आकाशगंगाएँ
- आकाशगंगाएँ कैसे विकसित होती हैं
- तारों और ग्रहों का जन्म
- बाह्य ग्रह

दर्जा

वेब को 25 दिसंबर, 2021 07:20 पूर्वाह्न EST पर फ्रेंच गुयाना में ESA के स्पेसपोर्ट से सफलतापूर्वक लॉन्च किया गया

के नाम पर नामकरण

जेम्स ई. वेब

- जेम्स वेब स्पेस टेलीस्कोप (JWST या वेब) 6.5-मीटर प्राथमिक दर्पण-वाला एक बड़ा इन्फ्रारेड टेलीस्कोप है, जिसे 25 दिसंबर, 2021 को फ्रेंच गुयाना से लॉन्च किया गया था।
- JWST (जेम्स वेब स्पेस टेलीस्कोप) NASA (US), PA (यूरोपीय अंतरिक्ष एजेंसी) और CSA (कनाडाई अंतरिक्ष एजेंसी) के बीच एक सहयोगी प्रयास है।
- JWST, अवरक्त वेधशाला (infrared observatory) की परिक्रमा कर रहा है जो हब्बल स्पेस टेलीस्कोप की उपलब्धियों को बढ़ाएगा। यह दीर्घ तरंग दैर्ध्य का कवरेज प्रदान करेगा और संवेदनशीलता में उल्लेखनीय सुधार करेगा।
- जेम्स वेब स्पेस टेलीस्कोप (JWST) को मूल रूप से "नेक्स्ट जेनरेशन स्पेस टेलीस्कोप" (NGST) के रूप में जाना जाता था और बाद में नासा के पूर्व प्रशासक जेम्स वेब के सम्मान में 2002 में इसका नाम बदल दिया गया।
- जेम्स वेब स्पेस टेलीस्कोप (JWST) में 6.5 मीटर के अनुमानित आकार का प्राथमिक दर्पण होगा।
- टेलीस्कोप के उद्देश्य और कार्य:
    a. JWST, ब्रह्मांड में गहराई से खोज करेगा और हब्बल से भी पूर्व के समय की झलक दिखाएगा।
    b. अपने काफी बड़े 6.5-मीटर व्यास वाले दर्पण और इन्फ्रारेड-ट्यून उपकरणों के साथ, JWST इस कार्य को हब्बल टेलीस्कोप की तुलना में अधिक प्रभावी ढंग से पूरा करेगा।
    c. वैज्ञानिकों का अनुमान है कि JWST का सेटअप ब्रह्मांड के पहले सितारों, जो 13.5 अरब साल पहले प्रज्वलित हुए थे, के प्रकाश का पता लगाएगा।
- कक्षा:
    a. हबल स्पेस टेलीस्कोप लगभग 570 किमी की ऊंचाई पर पृथ्वी के चारों ओर परिक्रमा करता है।
    b. वेब वास्तव में पृथ्वी की परिक्रमा नहीं करेगा, बल्कि यह 1.5 मिलियन किमी दूर पृथ्वी-सूर्य L2 लैग्रेंज बिंदु पर होगा।
    c. L2 बिंदु पर वेब का सौर ढाल सूर्य, पृथ्वी और चंद्रमा से आने वाले प्रकाश को रोक देगा जिससे वेब को ठंडा रहने में मदद मिलेगी, जो एक इन्फ्रारेड टेलीस्कोप के लिए बहुत महत्वपूर्ण है।

- पृथ्वी से 340 मील (545 कि.मी.) ऊपर
- पृथ्वी की परिक्रमा

कक्षा

वैज्ञानिक लक्ष्य

- ब्रह्माण्ड की संरचना
- डार्क एनर्जी
- आकाशगंगाएँ कैसे विकसित होती हैं
- बाह्य ग्रह

दर्जा

1990 से अंतरिक्ष में कार्यरत

के नाम पर नामकरण

एडविन पी. हब्बल

- 1990 में लॉन्च किया गया हब्बल स्पेस टेलीस्कोप, एक अंतरिक्ष-आधारित वेधशाला है जिसने पृथ्वी के वायुमंडल के ऊपर ब्रह्मांड का स्पष्ट दृश्य प्रदान करके खगोल विज्ञान में क्रांति ला दी।
- इसके संचालन के 30 वर्षों में, वैज्ञानिकों ने हमारे सौर मंडल के भीतर दूर के सितारों, आकाशगंगाओं और यहां तक कि ग्रहों का निरीक्षण करने के लिए हब्बल स्पेस टेलीस्कोप का उपयोग किया है, जिससे इसकी क्षमताओं में उल्लेखनीय प्रगति देखी गई है।
- यह टेलीस्कोप, प्रकाश की एक विशिष्ट सीमा का पता लगाने तक सीमित हैं, लेकिन हब्बल स्पेस टेलीस्कोप में एक विस्तारित डोमेन है जो पराबैंगनी, दृश्यमान और नियर-इंफ्रारेड तरंग दैर्ध्य को कवर करता है। इस व्यापक रेंज ने हब्बल को सितारों, आकाशगंगाओं और आकाशीय पिंडों की लुभावनी छवियां खींचने में सक्षम बनाया है, जिसे दुनिया भर के लोगों ने देखा और ब्रह्मांड के बारे में हमारे ज्ञान में क्रांति आई है।
- हब्बल ने 1.4 मिलियन से अधिक अवलोकन किए हैं, जिसके परिणामस्वरूप 18,000 से अधिक पेपर प्रकाशित हुए हैं और प्रत्येक द्वारा खगोल विज्ञान पाठ्यपुस्तक में योगदान मिला है।
- हब्बल ने अंतरतारकीय वस्तुओं का अवलोकन किया है, एक धूमकेतु को बृहस्पति से टकराते हुए देखा है, प्लूटो के चारों ओर चंद्रमाओं की खोज की है, तारकीय नर्सरी का पता लगाया है और बाह्य ग्रह के वायुमंडल का अध्ययन किया है।
- हब्बल ने आकाशगंगाओं को विलीन होते देखा है, सुपरमैसिव ब्लैक होल का अध्ययन किया है, और 13.4 बिलियन प्रकाश वर्ष दूर तक विस्तारित ब्रह्मांड के इतिहास में अंतर्दृष्टि प्रदान की है।
- अपने 30+ वर्षों के संचालन के दौरान, हब्बल ने मनोरम अवलोकन किए हैं जिन्होंने हमारी कल्पना को जगाया है और ब्रह्मांड के बारे में हमारी समझ का विस्तार किया है। इसके अलावा, हब्बल आने वाले वर्षों में भी अपनी खोज जारी रखने के लिए तैयार है।

- थर्टी मीटर टेलीस्कोप को मध्य-अवरक्त से पराबैंगनी किरणों के लिए डिजाइन किया गया है।

संभावनाएं

- टीएमटी वैज्ञानिकों को युनिवर्स में दूर की वस्तुओं का अध्ययन करने में सक्षम बनाएगा, जिससे ब्रह्मांड के विकास के शुरुआती चरणों के बारे में जानकारी प्राप्त होगी है।
- यह हमें अनदेखे ग्रहों और सौरमंडल में अन्य पिंडों और अन्य सितारों के आस-पास के ग्रहों की तरह दूर-दूर की वस्तुओं का बारीक विवरण देगा।

> भारतीय खगोलविदों ने थर्टी मीटर टेलीस्कोप प्रोजेक्ट पर नोबेल पुरस्कार विजेताओं के साथ सहयोग किया। 2020 भौतिकी के नोबेल पुरस्कार विजेता प्रो. एंड्रिया गेज़ ने बैक-एंड उपकरणों के डिजाइन पर भारतीय खगोलविदों के साथ मिलकर काम किया था।

ग्रोथ इंडिया टेलीस्कोप [Growth India Telescope (GIT)]

ग्रोथ (Growth)-इंडिया टेलिस्कोप अनेक देशों का एक संयुक्त उपक्रम है, जिसका अर्थ है- **ग्लोबल रिले ऑफ ऑब्जरवेटरीज वॉचिंग ट्राजिएंट्स हैप्पन** (GROWTH)। यह ब्रह्माण्ड में बदलने वाली घटनाओं के प्रेक्षण के लिए है।

- **पूरी तरह से रोबोटिक** इस दूरबीन का उद्देश्य ब्रह्माण्ड संबंधी घटनाओं को लघु कालों- वर्षों, दिन और यहां तक कि घंटों में घटित होने तक सीमित रखना है।
- **अमेरिका, ब्रिटेन, भारत, जापान, जर्मनी, ताइवान** और **इजरायल** विश्वविद्यालय एवं शोध संस्थान इस पहल का हिस्सा हैं।
- इनका मुख्य अनुसंधान लक्ष्य समय-प्रक्षेत्र (Time domain) खगोल विज्ञान है, जो कि ब्रह्माण्ड में विस्फोटक घटना और परिवर्तनशील स्रोतों (प्रकाश एवं अन्य विकिरणों के) के अध्ययन को प्रस्तुत करना है।
- **लद्दाख के हेनले** में स्थित भारतीय खगोलशास्त्रीय वेधशाला की 0.7 मीटर ग्रोथ-भारत टेलीस्कोप ने नोवा विस्फोट की घटना के अध्ययन की दिशा में प्रथम विज्ञान प्रेक्षण किया है। नोवा वे विस्फोटक घटनाएं हैं, जिनमें सफेद क्षुद्र तारों की सतह पर प्रचण्ड विस्फोट होते हैं जिससे तारे की चमक अस्थायी रूप से बढ़ जाती है।

स्क्वायर किलोमीटर ऐरे (Square Kilometer Array)

4 फरवरी, 2021 को स्क्वायर किलोमीटर ऐरे ऑब्जर्वेटरी (SKAO) काउंसिल ने अपनी पहली बैठक की और दुनिया के सबसे बड़े रेडियो टेलीस्कोप की स्थापना को मंजूरी दी।

स्क्वायर किलोमीटर ऐरे ऑब्जर्वेटरी (SKAO) के बारे में:

- SKAO रेडियो खगोल विज्ञान को समर्पित एक नया अंत:सरकारी संगठन है और इसका मुख्यालय यूनाइटेड किंगडम (UK) में है।
- फिलहाल, दस देश SKAO का हिस्सा हैं।
- इनमें ऑस्ट्रेलिया, कनाडा, चीन, भारत, इटली, न्यूजीलैंड, दक्षिण अफ्रीका, स्वीडन, नीदरलैंड और यूके शामिल हैं।

रेडियो टेलीस्कोप क्या हैं?

- ऑप्टिकल दूरबीनों के विपरीत, रेडियो दूरबीन अदृश्य गैस का पता लगा सकते हैं और इसलिए, अंतरिक्ष के उन क्षेत्रों को प्रकट कर सकते हैं, जो ब्रह्मांडीय धूल से ढके हो।
- 1930 के दशक में भौतिक विज्ञानी कार्ल जांस्की द्वारा पहले रेडियो संकेतों का पता लगाया गया था।
- प्यूर्टो रिको में अरेसीबो टेलीस्कोप, जो दुनिया का दूसरा सबसे बड़ा सिंगल-डिश रेडियो टेलीस्कोप था, दिसंबर 2020 में ढह गया। इस टेलीस्कोप को 1963 में बनाया गया था।

स्क्वायर किलोमीटर ऐरे के बारे में :

- यह टेलीस्कोप को दुनिया का सबसे बड़ा रेडियो टेलीस्कोप हो सकता है।
- यह अफ्रीका और ऑस्ट्रेलिया में स्थित होगा जिसका संचालन, रखरखाव और निर्माण SKAO द्वारा किया जाएगा।
- पूरा होने में £1.8 बिलियन से अधिक की लागत से दशक की शुरुआत में लगने की उम्मीद है।

एरियल (वायुमंडलीय रिमोट-सेंसिंग इन्फ्रारेड एक्सोप्लैनेट लार्ज-सर्वे) [ARIEL (Atmospheric Remote-Sensing Infrared Exoplanet Large-Survey)]

यूरोपीय अंतरिक्ष एजेंसी (ईएसए) ने औपचारिक रूप से एरियल को अपनाया है। एरियल (वायुमंडलीय रिमोट-सेंसिंग इन्फ्रारेड एक्सोप्लैनेट लार्ज-सर्वे) 2029 में लॉन्च किया जाएगा। यह चार वर्षों की अवधि में एक हजार से अधिक एक्सोप्लैनेट का बड़े पैमाने पर सर्वेक्षण करेगा। एक्सप्लोरर जो एक्सोप्लैनेट की प्रकृति, गठन और विकास का अध्ययन करेगा।

महत्व:

- एरियल सैंकड़ों एक्सोप्लैनेट की रासायनिक संरचना और थर्मल संरचनाओं को मापने के लिए समर्पित अपनी तरह का पहला मिशन है।
- यह ESA के कॉस्मिक विजन प्लान के एक प्रमुख प्रश्न "ग्रह निर्माण और जीवन के उद्भव के लिए क्या स्थितियां हैं?" का उत्तर देने में भी मदद करेगा।

एक्सोप्लैनेट कैसे खोजे जाते हैं?

नासा के अनुसार, केवल कुछ ही एक्सोप्लैनेट दूरबीनों का उपयोग करते हुए पाए गए हैं और बाकी का पता अप्रत्यक्ष तरीकों से लगाया गया है। इसमें शामिल हैं:

- किसी तारे के सामने से गुजरने पर होने वाले तारे के धुंधलेपन को ट्रैक करना। नासा का केपलर स्पेस टेलीस्कोप हजारों ग्रहों को खोजने के लिए इस पद्धति का उपयोग करता है।
- गुरुत्वाकर्षण लेंसिंग और "डगमगाने की विधि", (Gravitational lensing and the "wobbling method") जो इस विचार पर आधारित है कि एक परिक्रमा करने वाला ग्रह अपने मूल तारे को केंद्र से थोड़ा दूर कक्षा में ले जाएगा।

एक्सोप्लैनेट का अध्ययन क्यों?

- एक्सोप्लैनेट की खोज इस संभावना से प्रेरित है कि पृथ्वी से परे जीवन मौजूद हो सकता है और भले ही इसके लिए कोई सबूत न हो, वैज्ञानिकों का मानना है कि इस उत्तर के लिए उनकी खोज से यह पता चलेगा कि मनुष्य कहां से आए और हम कहां जा रहे हैं।

मुख्य बिन्दु:

- अब तक 4,000 से अधिक एक्सोप्लैनेट के अस्तित्व की पुष्टि की गई है, जबकि हजारों संभावित एक्सोप्लैनेट हैं, जिन्हें यह सुनिश्चित करने की आवश्यकता है कि क्या वे एक्सोप्लैनेट हैं।
- प्रॉक्सिमा सेंटॉरी बी पृथ्वी का सबसे निकटतम एक्सोप्लैनेट है और चार प्रकाश वर्ष दूर है और अपने तारे के "रहने योग्य क्षेत्र" में निवास करता है, जिसका अर्थ है कि इसकी सतह पर संभवत: तरल पानी हो सकता है।

8.14.7 समाचार में क्षुद्रग्रह मिशन (Asteroid Missions in News)

डॉन क्षुद्रग्रह मिशन (Dawn Asteroid Mission)

- इसके वर्ष 2007 में लॉन्च होने के बाद से, मानव रहित अंतरिक्ष यान ने 4.3 बिलियन मील (6.9 बिलियन किलोमीटर) की यात्रा की है।
- यह मंगल और बृहस्पति के बीच मुख्य क्षुद्रग्रह बेल्ट में 2011 में एक ब्रह्मांडीय पिंड की परिक्रमा करने वाला एकमात्र अंतरिक्ष यान, जब उसने क्षुद्रग्रह, वेस्टा की परिक्रमा शुरू की थी।
- डॉन11 पहले लॉन्च किया गया था, 2018 में ईंधन खत्म होने के बाद, इसने अपना मिशन समाप्त कर दिया है। यह एकमात्र नासा अंतरिक्ष यान है, जिसने क्षुद्रग्रह बेल्ट में दो सबसे बड़ी वस्तुओं का अध्ययन किया।

हायाबुसा और हायाबुसा – 2 (Hayabusa and Hayabusa-2)

- हायाबुसा जापानी अंतरिक्ष अन्वेषण एजेंसी (JAXA) द्वारा संचालित एक क्षुद्रग्रह नमूना-वापसी मिशन है।
- सितंबर 2005 के मध्य में, हायाबुसा क्षुद्रग्रह इटोकावा पर उतरा और क्षुद्रग्रह सामग्री के नमूने एकत्र करने में कामयाब रहा। यह जून 2010 में नमूनों के साथ पृथ्वी पर लौट आया, और यह विश्लेषण के लिए पृथ्वी पर क्षुद्रग्रह के नमूने वापस करने वाला पहला अंतरिक्ष यान बन गया।

हायाबुसा-2 (HAYABUSA-2)

- इसे 3 दिसंबर, 2014 को लॉन्च किया गया था और 27 जून 2018 को पृथ्वी की सतह से 300 मिलियन किमी. की दूरी पर क्षुद्रग्रह रयुगु के साथ मिल गया था।
- यह डेढ़ साल के लिए क्षुद्रग्रह सर्वेक्षण के बाद दिसंबर 2019 में क्षुद्रग्रह से प्रस्थान किया, और 6 दिसंबर, 2020 को पृथ्वी पर लौट आया है। क्षुद्रग्रह के मिट्टी के नमूने और डेटा सौर मंडल की उत्पत्ति का सुराग दे सकते हैं।
- हायाबुसा-2 कई विज्ञान पेलोड जैसे- रिमोट सेंसिंग, सैंपलिंग और चार छोटे रोवर्स हैं, जो क्षुद्रग्रह की सतह की जांच करेंगे ताकि एकत्र किए गए नमूनों के पर्यावरण और भूवैज्ञानिक संदर्भ को अपडेट किया जा सके।

नासा का ओसिरिस – रेक्स (NASA's OSIRIS-REX)

नासा का ओसिरिस-रेक्स मिशन 8 सितंबर, 2016 को प्रक्षेपित हुआ। 20 अक्टूबर, 2020 को, NASA के OSIRIS-RE अंतरिक्ष यान ने क्षुद्रग्रह बेन्नू को कुछ समय के लिए छुआ, और वहां से यह धूल और कंकड़ के नमूने एकत्र कर 2023 तक पृथ्वी पर वापस पहुंचाने के लिए चला है।

नासा के OSIRIS-REX अंतरिक्ष यान ने हाइड्रोजन और ऑक्सीजन अणुओं के निशान खोजे हैं, जो पानी के फार्मूले का हिस्सा हैं, अत: वहां जीवन की संभावना है।

यह क्षुद्रग्रह बेन्नू की चट्टानी सतह में घुस गया है, जहां यह चट्टान और धूल के नमूने को पकड़कर वापस पृथ्वी पर लाएगा।

8.14.8 हमारे सौर प्रणाली के लिए अन्तरिक्ष यान / अंतरतारकीय मिशन (Space Craft Leaving Our Solar System / Interstellar Mission)

पायनियर 10 और पायनियर 11 (Pioneer 10 and Pioneer 11)

पायनियर 10 को 2 मार्च, 1972 को बृहस्पति की ओर प्रक्षेपित किया गया था। यह अंतरिक्ष यान बृहस्पति, शनि, आकाशगंगा और सितारों के लिए उड़ान भरने वाला पहला अंतरिक्ष यान था। पायनियर 10 के क्षुद्रग्रह बेल्ट से गुजरने के बाद, पायनियर 11 को 5 अप्रैल, 1973 को पायनियर 10 के समान प्रक्षेपणयान (एटलस / सेंटॉर / TE364-4 लॉन्च वाहन) पर प्रक्षेपित किया गया था।

पायनियर 10 क्षुद्रग्रह बेल्ट से गुजरने वाला पहला अंतरिक्ष यान था, जिसे एक शानदार उपलब्धि माना जाता था, और फिर यह बृहस्पति की ओर बढ़ गया। 131,200 किलोमीटर प्रति घंटे की तेज गति से, पायनियर 10 3 दिसंबर, 1973 को बृहस्पति के पास से गुजरा।

यह अंतरिक्ष यान बृहस्पति का सबसे पहले प्रत्यक्ष अवलोकन करने और नज़दीकी छवियां प्राप्त करने वाला यान बना था। पायनियर 10 ने विशाल गैसीय गृह के मैग्नेटोस्फीयर, विकिरण बेल्ट, चुंबकीय क्षेत्र, वायुमंडल और आंतरिक क्षेत्र का भी मापन किया। 1983 में, पायनियर 10 प्लूटो की कक्षा को पार करने वाली पहली मानव निर्मित वस्तु बना, जो उस समय सूर्य से सबसे दूर का ग्रह माना जाता था।

पायनियर 10 अंतरिक्ष यान ने 31 मार्च, 1997 को अपने विज्ञान मिशन के समाप्त होने तक सौर मंडल के बाहरी क्षेत्रों में वैज्ञानिक मूल्यवान जांच करना जारी रखा।

पायनियर 10, अंतरिक्ष में पृथ्वी का पहला दूतमिशन है जो एक सोने की पट्टिका लिए हुए है, जो बताता है कि हम कैसे दिखते हैं, हम कहां हैं और मिशन की शुरुआत की तारीख क्या है।

इसके सहयोगी जहाज, पायनियर 11 ने 30 सितंबर, 1995 को अपने मिशन को समाप्त कर दिया, जब अंतरिक्ष यान से अंतिम प्रसारण प्राप्त हुआ था।

वोयजर मिशन (Voyager Mission)

नासा के वोयजर मिशन को 1970 के दशक में बाहरी ग्रहों का पता लगाने के लिए लॉन्च किया गया था।

यह प्रोब आज भी इंटरस्टेलर स्पेस (Interstellar Space) में जा रहा है तथा कार्यरत है।

- VIM को अगस्त (वोयजर 2) और सितंबर (वोयजर 1), 1977 में केप केनवरल, फ्लोरिडा से लॉन्च किया गया था। वोयजर 1 सूर्य से लगभग 40 एयू (खगोलीय इकाई - सूर्य से पृथ्वी की औसत दूरी, 150 मिलियन किलोमीटर) की दूरी पर था, और 1989 में वोयजर 2 अपनी 12 साल की यात्रा के पूरा होने के बाद लगभग 31 एयू की दूरी पर था।
- 25 अगस्त, 2012 को, वोयजर 1 ने हेलियोपॉज़ से आगे उड़ान भरी और इंटरस्टेलर स्पेस में प्रवेश किया, जिससे यह इस नए क्षेत्र का पता लगाने वाली पहली मानव निर्मित वस्तु बन गई।
- वोयजर 2, जो वोयजर 1 से अलग दिशा में यात्रा कर रहा है, ने 5 नवंबर, 2018 को हेलियोपॉज को इंटरस्टेलर स्पेस में पार कर लिया।
- वोयजर के पास कम-से-कम 2025 तक विज्ञान उपकरणों के अपने वर्तमान सूट को चालू रखने के लिए पर्याप्त विद्युत शक्ति और थ्रस्टर ईंधन है। उस समय तक, वोयजर 1 सूर्य से लगभग 22.1 अरब किलोमीटर और वोयजर 2 18.4 अरब किलोमीटर दूर होगा।

न्यू होराइजन्स (New Horizons)

[प्रक्षेपण की तारीख: 19 जनवरी 2006, प्रक्षेपण स्थल: केप केनवरल]

इसे नासा द्वारा प्रक्षेपित किया गया है, और यह एक अंतरग्रहीय अंतरिक्ष यान है। इसका प्राथमिक उद्देश्य प्लूटो का अध्ययन और एक या एक से अधिक कुइपर बेल्ट वस्तुओं के फ्लाई-बाय अध्ययन में एक माध्यमिक मिशन बनाना था।

- जनवरी 2015 में इसने प्लूटो की ओर अपना अभियान शुरू किया। जुलाई 2015 में, इसने प्लूटो की सतह से 12,500 किलोमीटर ऊपर उड़ान भरी और इस बौने ग्रह का पता लगाने वाला पहला अंतरिक्ष यान बना।
- कुइपर बेल्ट वस्तुओं की पहली प्रत्यक्ष जांच को पूरा करने के लिए न्यू होराइजन्स को महत्वपूर्ण माना गया।
- प्लूटो में, न्यू होराइजन्स को बर्फ के ज्वालामुखियों, विशाल पहाड़ों और यहां तक कि एक तरल जल महासागर के संकेत मिले। फिर, यान कुइपर बेल्ट की ओर चला गया, जहां उसने 486958 अरोकोथ की खोज की, जो बर्फ और चट्टान की एक प्राचीन दुनिया है और एक साथ दो पेनकेक्स की तरह दिखती है।
- अब, न्यू होराइजन्स पायनियर और वोयजर मिशन के नक्शे कदम पर चल रहा है, क्योंकि यह पांचवां अंतरिक्ष यान है, जो किसी ऐसे पथ पर लॉन्च किया गया है, जो इसे सौर मंडल से बाहर ले जाएगा।
- लेकिन अपने पूर्ववर्ती अंतरतारकीय अंतरिक्ष यान के विपरीत, न्यू होराइजन्स में मानव जाति के बारे में एलियंस को सिखाने के लिए डिज़ाइन की गई पट्टिका या सुनहरा रिकॉर्ड नहीं है और यह जानबूझकर किया है।
- ऐसा माना जा रहा है की नई हॉरिजोन्स मिशन 2021 तक कार्यरत रहेगा।

8.14.9 महत्वपूर्ण चंद्र मिशन (Important Moon Mission)

प्रवर्तमान

- चीन के चांग'ई-5 ने 2020 में चंद्रमा के नमूने पृथ्वी पर लौटाए व सूर्य और संभवत: क्षुद्रग्रहों का अध्ययन करने के लिए एक विस्तारित मिशन पर हैं।
- भारत का चंद्रयान-2 ऑर्बिटर चंद्रमा की स्थलाकृति का मानचित्रण करता है, उसकी संरचना का अध्ययन करता है, और पानी की बर्फ के लिए स्कैन करता है।
- चीन के चांग'ए-4 ने 2018 में चंद्रमा के सबसे दूर क्षेत्र की ओर पहली लैंडिंग की, जहां यह एक प्राचीन क्षेत्र का अध्ययन कर रहा है।
- नासा का लूनर रिकोंसेंस ऑर्बिटर (Lunar Reconnaissance Orbiter) उच्च शक्ति वाले कैमरे से चंद्रमा का अध्ययन करता है।

आने वाले अभियान

- नासा का रोवर 2024 में बर्फ का अध्ययन करने के लिए चंद्रमा के दक्षिणी ध्रुव पर लॉन्च होगा।
- इज़राइली गैर-लाभकारी स्पेस आईएल ने वैज्ञानिक प्रयोगों और सार्वजनिक पहुंच के लिए 2024 में चंद्रमा पर बेरेशीट 2 लॉन्च करने की योजना बनाई है।

लूनर रिकोंसेंस ऑर्बिटर [(Lunar Reconnaissance Orbiter (LRO)]

LRO और लूनर क्रेटर ऑब्जर्वेशन एंड सेंसिंग सैटेलाइट (LCROSS) को 18 जून, 2009 को एटलस V रॉकेट पर लॉन्च किया गया था, जिसने चंद्रमा की चार वर्षीय यात्रा शुरू की थी। LRO ने अपने पहले तीन साल लॉ पोलर ओर्बिट में चंद्रमा और उसके पर्यावरण के बारे में विस्तृत जानकारी एकत्र करने में बिताए। इस प्रारंभिक कक्षा के बाद, LRO एक स्थिर अण्डाकार कक्षा में पहुंचा, और चंद्रमा के दक्षिणी ध्रुव के ऊपर से गुजरा।सात शक्तिशाली उपकरणों के साथ, LRO ने डेटा इकट्ठा किया है, जिसने चंद्रमा के बारे में हमारे ज्ञान में एक अमूल्य योगदान दिया गया है।

LRO एक रोबोटिक मिशन है, जो चंद्रमा की सतह का मानचित्रण करने के लिए तैयार किया गया था और एक साल की खोज के बाद, विज्ञान के उद्देश्यों के एक अद्वितीय सेट के साथ विस्तारित किया गया था। LRO के अवलोकनों ने कई महत्वपूर्ण खोजों को सक्षम किया है, जिससे चंद्रमा की एक गतिशील और जटिल संरचना के रूप में एक नई तस्वीर तैयार हुई है।

इन विकासों ने सौर मंडल में प्रक्रियाओं की हमारी समझ को चुनौती देने और सुधार के लिए एक वैज्ञानिक ढांचा स्थापित किया है।

चांग'ई मिशन (Chang'e Mission)

चीनी **चंद्र अन्वेषण कार्यक्रम को चार चरणों में आयोजित करने के लिए डिज़ाइन किया गया है।**

चरण-1: चंद्र कक्षा तक पहुंचना, 2007 में चांग'ई 1 और 2010 में चांग'ई 2 द्वारा इसे पूरा किया गया।

चरण-2: चंद्रमा पर उतरना और घूमना, जैसा कि चांग'ई 3 ने 2013 में किया था और चांग'ई 4 ने 2019 में किया था।

चरण-3: 24 नवंबर, 2020 को लॉन्च किए गए चांग'ई 5 और भविष्य में चांग'ई 6 मिशनों की मदद से चांद के नमूने एकत्र कर उन्हें पृथ्वी पर भेजना।

चरण-4: चंद्रमा के दक्षिणी ध्रुव के पास एक रोबोटिक अनुसंधान केंद्र का विकास करना है।

चांग'ई-4 मिशन

चांग'ई-4 मिशन ने 3 जनवरी, 2019 को चंद्रमा के सबसे दूर क्षेत्र पर मानवता की पहली सॉफ्ट लैंडिंग हासिल की। यह मिशन कार्यक्रम के बाद के चरणों में चंद्रमा के एक अस्पष्टीकृत क्षेत्र की उम्र और संरचना को निर्धारित करने का प्रयास करेगा, साथ ही इसके लिए आवश्यक तकनीकों को विकसित करेगा।

उद्देश्य

चंद्रमा पर एक प्राचीन टकराव की घटना ने एक बहुत बड़ा गड्ढा छोड़ दिया, जिसे एटकेन बेसिन कहा जाता है, जो अब लगभग 13 किमी. (8.1 मील) गहरा है, और ऐसा माना जाता है कि बड़े पैमाने पर प्रभावक ने गहरे चंद्र क्रस्ट को उजागर किया, और शायद मेंटल सामग्री। यदि चांग'ई-4 इस सामग्री में से कुछ का पता लगा सकता है और उसका अध्ययन कर सकता है, तो उसे चंद्रमा की आंतरिक संरचना और उत्पत्ति में एक अभूतपूर्व मदद मिलेगी।

चीन ने अपने महत्वाकांक्षी अंतरिक्ष कार्यक्रम में एक और मील का पत्थर स्थापित करते हुए, चंद्रमा के अंधेरे वाले पक्ष का पता लगाने के लिए पहला यान चांग'ई-4 लॉन्च किया है।

- चंद्रमा ज्वारीय रूप से पृथ्वी पर बंधा है, उसका घूर्णन और परिभ्रमण समान है, जिसके कारण हमें उसका एक ही हिस्सा दिखाई देता है। यान चांग'ई-4, चंद्रमा के सबसे दूर क्षेत्र की ओर पहली बार नरम लैंडिंग करने का अनुमान है। पिछले अंतरिक्ष यानों ने चंद्रमा के दूर के क्षेत्र को देखा है, लेकिन कोई भी उस पर नहीं उतरा है।
- चंद्रमा का सुदूर भाग जिसे 'दक्षिणी ध्रुव ऐटकेन बेसिन' कहा जाता है, अभी भी अंतरिक्ष वैज्ञानिकों के बीच एक रहस्य बना हुआ है और वहां यान भेजकर चीन, अमेरिका और यूएसएसआर की ऐतिहासिक उपलब्धियों को पछाड़ देगा।
- चांग'ई 4 चंद्र मिशनों की श्रृंखला में देश का चौथा मिशन है, जिसका नाम चीनी चंद्रमा देवी के नाम पर रखा जा रहा है।
- चीनी टीम के सामने मुख्य समस्या संचार में कठिनाइयों की होंगी क्योंकि वे चंद्रमा की दूसरी तरफ यान उतारने का प्रयास कर रहे हैं। संचारण माध्यम की अनुपस्थिति में संचार के लिए रेडियो दूरबीन जैसे विकल्पों का उपयोग करने पर विचार करने का अनुमान है।

युतु 2 (Yutu 2)

चीन ने चंद्र रोवर का नाम युतु 2 रखा है, जिसे चंद्रमा के सबसे दूर क्षेत्र पर प्रयोगों की एक श्रृंखला को सफलतापूर्वक पूर्ण करने के लिए तैनात किया गया है। रोवर का टचडाउन चीन चांग'ई-4 चंद्र यान का हिस्सा है।

मुख्य तथ्य:

- रोवर को ग्राउंड पेनेट्रेशन रडार लॉन्च करने के लिए प्रोग्राम किया गया है, जो चंद्रमा की आंतरिक संरचनाओं का मानचित्रण करने में मदद करेगा।
- यह गहरे अंतरिक्ष से संभावित संकेतों की खोज के लिए एक रेडियो टेलीस्कोप को सक्रिय करने के अलावा खनिजों के लिए मिट्टी और चट्टान के नमूनों का विश्लेषण भी करेगा।

चांग'ई-5 यान (Chang'e-5 probe)

चांग'ई-5 को 24 नवंबर, 2020 को लॉन्च किया गया था और एक लैंडर वाहन 1 दिसंबर, 2020 को चंद्रमा पर उतरा था। मिशन में कुल 23 दिन लगने की उम्मीद थी। मिशन का उद्देश्य चंद्र चट्टानों को वापस लाना था, किसी भी राष्ट्र द्वारा पिछले चार दशकों में चंद्रमा से नमूने प्राप्त करने का यह पहला प्रयास है।

- चांग'ई-5 ने 1,731 ग्राम (लगभग 2 किलो) चंद्र नमूने (1 मीटर गहरे कोर सहित) एकत्र किए और 16 दिसंबर, 2020 को पृथ्वी पर लौट आया।
- चांग'ई-5 मिशन 1976 में सोवियत संघ के लूना 24 के बाद से चार दशकों में मानव द्वारा संचालित पहला चंद्र नमूना-वापसी मिशन है।
- चांग'ई 5 चीनी चंद्र अन्वेषण कार्यक्रम का पांचवां चंद्र अन्वेषण मिशन और चीन का पहला चंद्र नमूना-वापसी मिशन है।

चांग'ई-5 जांच के बारे में:

- यान का नाम पौराणिक चीनी चंद्रमा देवी के नाम पर रखा गया है।
- रॉकेट में चार भाग हैं: एक ऑर्बिटर, एक रिटर्नर, एक असेंडर और एक लैंडर।
- मिशन का उद्देश्य चंद्र चट्टानों को वापस लाना है, जो किसी भी देश द्वारा चार दशकों में चंद्रमा से नमूने प्राप्त करने का पहला प्रयास है।
- यदि सफल रहा, तो 1960 और 1970 के दशक में अमेरिका और सोवियत संघ के बाद चीन चंद्रमा से नमूने प्राप्त करने वाला तीसरा देश होगा।
- इससे वैज्ञानिकों को चंद्रमा की उत्पत्ति, गठन और उसकी सतह पर ज्वालामुखी गतिविधि के बारे में जानने में मदद मिलेगी।

आर्टेमिस कार्यक्रम – चंद्रमा (ARTEMIS PROGRAM – Moon)

आर्टेमिस (Artemis) - एक्लरेशन, रिकनेक्शन, ट्रार्बुलेंस एंड इलेक्ट्रोडाइनामिक्स ऑफ मून्स इंटरेक्शन विद द सन (Acceleration, Reconnection, Turbulence and Electrodynamics of Moon's Interaction with the Sun)। यह नासा का चंद्रमा पर अगला मिशन है।

- आर्टेमिस कार्यक्रम के साथ, नासा 2024 तक चंद्रमा पर पहली महिला और अगले पुरुष को उतारेगा। आर्टेमिस ग्रीक पौराणिक कथाओं में अपोलो की जुड़वां बहन और चंद्रमा की देवी थी।

उद्देश्य:

- यह मापना कि जब सूर्य की विकिरण हमारे चट्टानी चंद्रमा से टकराती है तो क्या होता है? जहां इसकी रक्षा के लिए कोई चुंबकीय क्षेत्र नहीं होता है।

नासा का वाइपर मिशन (NASA's VIPER Mission)

- नासा ने वोलाटाइल्स इन्वेस्टिगेटिंग पोलर एक्सप्लोरेशन रोवर (वाइपर) के लिए एक लैंडिंग स्थल (साइट) का चयन किया है।
- यह साइट चंद्रमा के दक्षिणी ध्रुव के निकट, नोबियल क्रेटर (Nobile Crater) के पश्चिमी किनारे पर अवस्थित है। इस क्रेटर का नामकरण

एक इतालवी ध्रुवीय खोजकर्ता 'अम्बर्टो नोबियल' (Umberto Nobile) के नाम पर किया गया था।

पृष्ठभूमि

- नासा ने वर्ष 2023 में, **वोलाटाइल्स इंवेस्टिगेटिंग पोलर एक्सप्लोरेशन रोवर यानी वाइपर मिशन को लॉन्च करने** की घोषणा की थी।
- नासा द्वारा इस मिशन को शुरू करने का उद्देश्य यह पता करना है, कि क्या चंद्रमा पर स्थानीय रूप से उपलब्ध संसाधनों का उपयोग करते हुए मानव जीवन संभव हो सकता है?

मिशन के बारे में

- वाइपर एक मोबाइल रोबोट है।
- यह **किसी अन्य खगोलीय पिंड पर, प्रथम संसाधन मानचित्रण मिशन है**।
- नासा की वाणिज्यिक लूनर पेलोड सर्विसेज (Commercial Lunar Payload Services-CLPS) 100 दिनों के मिशन के लिए प्रक्षेपण यान एवं लैंडर उपलब्ध कराएगी।

मिशन के उद्देश्य

- चंद्रमा के दक्षिणी ध्रुव क्षेत्र का अन्वेषण करना।
- चंद्रमा पर उपलब्ध संसाधनों का मानचित्रण करने में सहायता करना।
- इसकी सतह पर जल की सांद्रता के साथ-साथ अन्य संभावित संसाधनों का आकलन करना।

मिशन का महत्व

- वाइपर के निष्कर्ष से, "आर्टेमिस कार्यक्रम के तहत भविष्य की लैंडिंग स्थलों की उन जगहों का निर्धारण करने में मदद मिलेगी, जहां पर जल एवं अन्य संसाधनों का संचयन किया जा सकता है" ताकि मनुष्यों को लंबे समय तक अनुकूलित रखा जा सके।

8.14.10 समाचारों में विविध मिशन (Miscellaneous Missions in News)

चीन की कृत्रिम चंद्रमा परियोजना (China's Artificial Moon Project)

चीन एक "कृत्रिम चंद्रमा" बनाने की प्रक्रिया में है, जो 2022 तक दक्षिण-पश्चिमी शहर चेंगदू में स्ट्रीट लाइटों को बदलने के लिए पर्याप्त उज्ज्वल होगा।

- चीनी वैज्ञानिक आने वाले चार वर्षों में तीन कृत्रिम चंद्रमाओं को अंतरिक्ष में भेजने का इरादा रखते हैं, जहां परावर्तक सामग्री जैसे कि दर्पण का पृथ्वी से 500 किलोमीटर ऊपर परिक्रमा करने और 10 से 80 किलोमीटर के व्यास वाले क्षेत्र को रोशन करने का अनुमान है।
- कृत्रिम चंद्रमा पर एक परावर्तक कोटिंग होगी, जो सूर्य के प्रकाश को वापस पृथ्वी पर विक्षेपित कर सकती है, इससे ठीक उसी तरह चमक होगी जैसे चंद्रमा चमकता है।
- इस चमकदार उपग्रह को वास्तविक चंद्रमा से आठ गुना अधिक चमकीला बताया गया है।
- तीन कृत्रिम चंद्रमा विशेष रूप से सर्दियों के समय में बुनियादी ढांचे की बिजली की खपत को कम करने के लिए वैकल्पिक रूप से कार्य करेंगे। चमकदार उपग्रह का उद्देश्य रात में चंद्रमा के पूरक के रूप में काम करना है।
- हर साल चेंगदू में कृत्रिम चंद्रमा से 50 वर्ग किलोमीटर की रोशनी से बिजली की लागत में लगभग 1.2 अरब युआन (240 करोड़ डॉलर) की बचत हो सकती है।
- इसका उपयोग भूकंप जैसी प्राकृतिक आपदाओं के कारण बिजली के टूटने का सामना करने वाले क्षेत्रों को हल्का करने के लिए भी किया जा सकता है।

नोट: कृत्रिम मानव निर्मित चंद्रमा के लिए विचार एक फ्रांसीसी कलाकार से शुरू हुआ, जिसने रात में पेरिस की सड़कों को रोशन करने के लिए दर्पणों से बने एक हार को आकाश में लटकाने की कल्पना की थी। रूस ने 25 मीटर "अंतरिक्ष दर्पण" शुरू करने की कोशिश की लेकिन परियोजना को वर्ष 1999 में निलंबित कर दिया गया।

नासा का ओरियन स्पेसक्राफ्ट (NASA's ORION SPACECRAFT)

नासा के ओरियन अंतरिक्ष यान को पहले से कहीं अधिक मनुष्यों को ले जाने के लिए डिज़ाइन किया गया है।

ओरियन अन्वेषण वाहन के रूप में कार्य करेगा जो चालक दल को अंतरिक्ष में ले जाएगा, आपातकालीन में अलग होने की क्षमता प्रदान करेगा, अंतरिक्ष की यात्रा के समय चालक दल को सुरक्षित बनाए रखेगा, और गहरे अंतरिक्ष वापसी वेग से सुरक्षित पुन:प्रवेश प्रदान करेगा। ओरियन को नासा के नए भारी-भरकम रॉकेट, सिस्टम फॉर स्पेस लॉन्च से लॉन्च किया जाएगा।

नासा ने चंद्रमा और उससे आगे मनुष्यों को भेजने के अपने मिशन से पहले, अंतरिक्ष यात्रियों के साथ ऑनबोर्ड उड़ानों के लिए ओरियन के अंतरिक्ष कैप्सूल के पैराशूट सिस्टम को अर्हता प्रदान करने के लिए अंतिम परीक्षण सफलतापूर्वक समाप्त कर लिया है।

पैराशूट प्रणाली एकमात्र प्रणाली है, जिसे मध्य हवा में खुद को इकट्ठा करना चाहिए और कई विफलताओं के परिदृश्य में चालक दल को सुरक्षित रखने में सक्षम होना चाहिए।

आइससैट और आइससैट-2 (ICESAT and ICESAT-2)

ICESAT (आइस, क्लाउड एंड लैंड एलिवेशन सैटेलाइट (Ice, Cloud, and land Elevation Satellite)) मिशन एक पृथ्वी अवलोकन प्रणाली के रूप में बर्फ की परत का द्रव्यमान संतुलन, बादल और एयरोसोल की ऊँचाई, भूमि स्थलाकृति, और वनस्पति विशेषताओं के माप भेजता है।

द आइस, क्लाउड एंड लैंड एलिवेशन सैटेलाइट-2 (ICESAT-2) लेज़र अल्टीमीटर ICESat-1 मिशन (13 जनवरी, 2003 से 14 अगस्त, 2010) की दूसरी पीढ़ी है।

ICESAT 2 को 5 सितंबर, 2018 को कैलिफ़ोर्निया के वैंडेनबर्ग एयर फ़ोर्स बेस से लगभग 496 किमी. की ऊँचाई के साथ एक निकट-वृत्ताकार, निकट-ध्रुवीय कक्षा में लॉन्च किया गया था।

इसे तीन साल के लिए संचालित करने और सात साल के लिए पर्याप्त प्रणोदक ले जाने के लिए डिज़ाइन किया गया था।

- नासा का ICESat-2 अंटार्कटिक में पिघलने वाली बर्फ की चादरों और दुनिया भर में बढ़ते समुद्र के स्तर का मानचित्रण करेगा, जिससे जलवायु पूर्वानुमानों में सुधार में सहायता मिलेगी।
- उपग्रह समुद्री बर्फ की ऊँचाई को एक इंच के अंदर तक माप रहा है, बिना मानचित्रण किए अंटार्कटिक घाटियों के इलाके का पता लगा रहा है, दूरस्थ बर्फ की चादरों का सर्वेक्षण कर रहा है, और वन कैनोपियों और उथले तटीय जल का भी सर्वे रहा है।

आइकन मिशन (ICON Mission)

नेशनल एरोनॉटिक्स एंड स्पेस एडमिनिस्ट्रेशन (NASA) ने पृथ्वी के आयनमंडल के गतिशील क्षेत्रों का पता लगाने के लिए एक उपग्रह ICON लॉन्च किया है। उपग्रह आयनोस्फीयर कनेक्शन एक्सप्लोरर (ICON) को दो साल की उम्र के साथ 11 अक्टूबर, 2019 को फ्लोरिडा तट के पास अटलांटिक महासागर के ऊपर एक विमान से लॉन्च किया गया था। आईसीओएन उपग्रह पृथ्वी के आयनमंडल का अध्ययन करेगा। इसमें सबसे ऊपरी वायुमंडल की विभिन्न परतें शामिल हैं, जहां मुक्त इलेक्ट्रॉन स्वतंत्र रूप से प्रवाहित होते हैं।

सेंटीनल – 6 उपग्रह (Sentinel-6 Satellite)

Copernicus Sentinel-6 Michael Freilich उपग्रह को महासागरों की निगरानी के लिए डिज़ाइन किया गया है। इसे हाल ही में 22 नवंबर, 2020 को कैलिफोर्निया से स्पेसएक्स फाल्कन 9 रॉकेट से लॉन्च किया गया था। यह वैश्विक समुद्र स्तर में परिवर्तन को मापने के लिए समर्पित मिशन का एक हिस्सा है।

मिशन क्या है?

- मिशन को जेसन निरंतरता सेवा (Jason Continuity of Service / जेसन-CS) मिशन कहा जाता है।
- इसे समुद्र की ऊँचाई मापने के लिए डिज़ाइन किया गया है, जो यह समझने में एक महत्वपूर्ण घटक है कि पृथ्वी की जलवायु कैसे बदल रही है।
- इसे यूरोपीय अंतरिक्ष एजेंसी (ESA), नासा, मौसम विज्ञान उपग्रहों के अन्वेषण के लिए यूरोपीय संगठन (यूमेटसैट), संयुक्त राज्य अमेरिका के राष्ट्रीय समुद्री और वायुमंडलीय प्रशासन (NOAA), और यूरोपीय संघ द्वारा संयुक्त रूप से विकसित किया गया है, जिसे फ्रांस के राष्ट्रीय केंद्र अंतरिक्ष अध्ययन (CNES) से योगदान प्राप्त है।

उपग्रह क्या करेगा?

- वैश्विक समुद्र-स्तर वृद्धि के माप प्रदान करेगा।
- यह दालों को पृथ्वी की सतह पर भेजकर और यह मापन करेगा कि उनके पृथ्वी पर लौटने में कितना समय लगता है, जिससे वैज्ञानिकों को समुद्र की सतह की ऊँचाई मापने में मदद मिलेगी।
- इस पथ के साथ जल वाष्प को मापें और जीपीएस और भू-आधारित लेजर का उपयोग करके इसकी स्थिति का पता लगाएं।

मिशन का महत्व:

- यह डेटा दो-से-चार-सप्ताह की सीमा (तूफान तीव्रता पूर्वानुमान) में मौसम की भविष्यवाणी के लिए अल्पकालिक पूर्वानुमान और अल नीनो व ला नीना जैसी मौसमी स्थितियों के लिए दीर्घकालिक पूर्वानुमान में सुधार करेगा।

समुद्र की ऊँचाई नापना क्यों जरूरी है?

1. इससे वैश्विक स्तर पर महासागरों की ऊँचाई का निरीक्षण करना और केवल अंतरिक्ष से महासागरीय धाराओं और ताप भंडारण में महत्वपूर्ण परिवर्तनों की निगरानी करना संभव है।
2. यह वैज्ञानिकों को महासागरों पर बदलते जलवायु के प्रभावों का पूर्वाभास करने में मदद करता है।
3. महासागरीय ताप बजट में परिवर्तनों को मापने और ट्रैक करने के लिए, वैज्ञानिकों को महासागरों की महासागरीय धाराओं और ऊष्मा भंडारण को जानने की आवश्यकता है, जिसे समुद्र की सतह की ऊँचाई से निर्धारित किया जा सकता है।

वैश्विक स्तर पर महासागरों में परिवर्तन पर नजर रखने ने के लिए 1992 से लॉन्च किए गए अन्य उपग्रहों में शामिल हैं: टॉपेक्स/पोसीडॉन, जेसन-1 और ओएसटीएन/जेसन-2, अन्य।

स्पेसएक्स ने 143 उपग्रहों को लॉन्च किया, विश्व अंतरिक्ष रिकॉर्ड तोड़ा (SpaceX Launches 143 Satellites, Breaks World Space Record)

- स्पेसएक्स ने फरवरी 2017 में 104 उपग्रहों को लॉन्च करने के भारत के रिकॉर्ड को तोड़ते हुए, 143 उपग्रहों को त्वरित उत्तराधिकार में लॉन्च करके एक विश्व अंतरिक्ष रिकॉर्ड स्थापित किया है।
- स्पेसएक्स रिकॉर्ड-ब्रेकिंग उड़ान के लिए लॉन्च वाहन फाल्कन 9 था और मिशन को ट्रांसपोर्टर-1 के रूप में नामित किया गया था।
- प्रक्षेपित यान स्पेसएक्स के स्मॉल सैट राइड शेयर प्रोग्राम के लिए पहला समर्पित मिशन है, जो छोटे-उपग्रह ग्राहकों को सीधे स्पेसएक्स के साथ राइड टू बिट बुक करने में सक्षम बनाता है।

रूस 2025 में अपना खुद का अंतरिक्ष स्टेशन लॉन्च करेगा (Russia to Launch its Own Space Station in 2025)

रूस की अंतरिक्ष एजेंसी 2025 में अपना खुद का कक्षीय स्टेशन लॉन्च करने की योजना बना रही है। रूस अंतर्राष्ट्रीय अंतरिक्ष स्टेशन कार्यक्रम से हटने पर विचार कर रहा है। अमेरिकी कंपनी स्पेसएक्स के पहले सफल मिशन के बाद पिछले साल ISS के लिए मानवयुक्त उड़ानों के लिए रूस ने अपना एकाधिकार खो दिया।

अंतर्राष्ट्रीय अंतरिक्ष स्टेशन के बारे में:

- रूस, संयुक्त राज्य अमेरिका, कनाडा, जापान और यूरोपीय अंतरिक्ष एजेंसी के साथ मिलकर 1998 में लॉन्च किया गया, और ISS मानव इतिहास में सबसे महत्वाकांक्षी अंतर्राष्ट्रीय सहयोगों में से एक है।
- ISS पृथ्वी की निचली कक्षा में एक मॉड्यूलर स्पेस स्टेशन (रहने योग्य कृत्रिम उपग्रह) है।

- ISS एक माइक्रोग्रैविटी और अंतरिक्ष पर्यावरण अनुसंधान प्रयोगशाला के रूप में कार्य करता है, जिसमें खगोल जीव विज्ञान, खगोल विज्ञान, मौसम विज्ञान, भौतिकी और अन्य क्षेत्रों में वैज्ञानिक प्रयोग किए जाते हैं।
- ISS पृथ्वी का लगभग 93 मिनट में चक्कर लगाता है, प्रति दिन 15.5 परिक्रमा पूरी करता है।
- ISS नौवां अंतरिक्ष स्टेशन है, जिसमें पूर्ववर्ती सोवियत संघ और बाद में रूस के सैल्यूट, अल्माज़, और मीर स्टेशनों के साथ-साथ अमेरिका से स्काईलैब चालक दल का निवास शामिल है।

इंस्पिरेशन4: स्पेसएक्स का पहला सर्व–नागरिक अंतरिक्ष मिशन (Inspiration4: SpaceX's First All-Civilian Space Mission)

- इस मिशन को पृथ्वी की परिक्रमा करने में तीन दिन का समय लगेगा, जिसके पश्चात् इसे 'अटलांटिक महासागर' में उतारा जाएगा।
- इंस्पिरेशन4, 575 किमी. की ऊँचाई पर पृथ्वी की परिक्रमा करेगा, जो अंतर्राष्ट्रीय अंतरिक्ष स्टेशन (408 किमी) तथा हबल स्पेस टेलीस्कोप (547 किमी.) की तुलना में अधिक है।
- यह क्रू मिशन वर्ष 2009 में हबल टेलीस्कोप की मरम्मत के लिए भेजे गए आखिरी अंतरिक्ष यात्री के बाद सबसे अधिक दूरी तय करने वाला मिशन होगा।
- इस मिशन के लिए उपयोग किए जा रहे ड्रैगन मॉड्यूल को भी संशोधित किया गया है।

यह अंतरिक्ष यात्रा महत्वपूर्ण क्यों है?

- रिपोर्ट के अनुसार **इस अंतरिक्ष यात्रा के दौरान बड़ी मात्रा में स्वास्थ्य संबंधी डेटा एकत्र** किया जाएगा, जिससे भविष्य के लिए क्रू अंतरिक्ष मिशनों की योजना बनाने में मदद मिलेगी।
- यह अंतरिक्ष यात्रा के दौरान व्यवहारिक व संज्ञानात्मक परिवर्तनों का आकलन करने में भी मदद करेगा।
- **हाल ही में, अरबपति जेफ बेजोस एवं रिचर्ड ब्रैनसन** द्वारा अंतरिक्ष यात्रा के दौरान, इंस्पिरेशन4 को गैर-पेशेवरों हेतु अंतरिक्ष यात्रा को खोलने के प्रयास के रूप में देखा जा रहा है।

तथ्य

- उद्यमी एलोन मस्क के स्पेसएक्स ने 16 सितंबर, 2021 को अपने **पहले ऑल-सिविलियन, गैर-सरकारी स्पेसफ्लाइट, 'इंस्पिरेशन 4'** की घोषणा की।
- इस **क्रू ड्रैगन अंतरिक्ष यान** को फ्लोरिडा में अवस्थित **नासा के कैनेडी अंतरिक्ष केंद्र से प्रमोचित किया गया।**
- यह अंतरिक्ष यान चार निजी व्यक्तियों के एक समूह को तीन दिवसीय अंतरिक्ष यात्रा पर ले गया।
- अंतरिक्ष यान की सभी चार सीटों को फिनटेक कंपनी शिफ्ट4 पेमेंट्स के संस्थापक अमेरिकी अरबपति जेरेड इसाकमैन ने खरीदा है।
- यह **टेनेसी स्थित सेंट जूड चिल्ड्रन रिसर्च हॉस्पिटल** का एक भाग है, जो **एक बाल चिकित्सा उपचार** एवं अनुसंधान सुविधा हेतु लाखों डॉलर जुटाने का प्रयास, जो बच्चों की भयावह बीमारियों, विशेष रूप से ल्यूकेमिया तथा अन्य रोग जैसे कैंसर, पर केंद्रित है।

8.14.11 वाणिज्यिक क्रू कार्यक्रम (Commercial Crew Program)

क्रू मिशन (Crew Mission)

इस कार्यक्रम का मुख्य उद्देश्य इसकी लागत के संदर्भ में अंतरिक्ष तक पहुंच को आसान बनाना है, ताकि आईएसएस से कार्गो और चालक दल को आसानी से ले जाया जा सके, जिससे अधिक-से-अधिक वैज्ञानिक अनुसंधान को सक्षम बनाया जा सके। इस कार्यक्रम के माध्यम से, नासा ने बोइंग और स्पेसएक्स जैसे वाणिज्यिक भागीदारों के साथ साझा करके अपनी लागत कम करने की योजना बनाई है, और कंपनियों को वाणिज्यिक कक्षीय परिवहन सेवाओं (सीओटीएस) के डिजाइन और निर्माण के लिए प्रोत्साहन भी दिया है।

क्रू-1 मिशन

क्रू-1 छह क्रू मिशनों में से पहला है, जिसे नासा और स्पेसएक्स वाणिज्यिक क्रू कार्यक्रम के हिस्से के रूप में संचालित करेंगे, जिसका उद्देश्य अंतरिक्ष तक पहुंच लागत को आसान बनाना है।

मिशन को 16 नवंबर, 2020 को लॉन्च किया जाना था। क्रू-1 ISS के लिए फाल्कन 9 रॉकेट पर स्पेसएक्स क्रू ड्रैगन अंतरिक्ष यान की पहली परिचालन उड़ान है और 2020-21 के दौरान निर्धारित तीन ऐसी उड़ानों में से पहली भी है।

ISS में क्रू-1 के सदस्य क्या करेंगे?

- क्रू-1 टीम माइक्रोग्रैविटी अध्ययन करेगी।
- कुछ शोध जो चालक दल अपने साथ ले जा रहे हैं, उनमें खाद्य शरीर क्रिया विज्ञान की जांच करने के लिए सामग्री शामिल है, जो प्रतिरक्षा और आंत माइक्रो-बायोम पर आहार में सुधार के प्रभावों का अध्ययन करेगी और इन अध्ययनों से कर्मचारियों को अंतरिक्ष उड़ान के अनुकूल होने में कैसे मदद मिल सकती है।
- एक बार कक्षा में पहुंचने के बाद, अंतरिक्ष यात्री पृथ्वी पर वापस वैज्ञानिकों को डेटा प्रदान करने के लिए नमूने एकत्र करेंगे ताकि वे अध्ययन करना जारी रख सकें कि आहार परिवर्तन उनके शरीर को कैसे प्रभावित करते हैं।
- एक अन्य प्रयोग एक छात्र द्वारा डिज़ाइन किया गया प्रयोग है, जिसका शीर्षक है, "जीन इन स्पेस-7" जिसका उद्देश्य यह समझना है कि स्पेसफ्लाइट मस्तिष्क के कार्य को कैसे प्रभावित करता है।

स्पेसएक्स नासा के आगामी क्रू-1 को लॉन्च करेगा

- नासा ने स्पेसएक्स के क्रू ड्रैगन कैप्सूल और फाल्कन 9 रॉकेट को प्रमाणित किया है, जिससे यह अंतरिक्ष एजेंसी द्वारा प्रदान किया गया पहला अंतरिक्ष यान प्रमाणन बन गया है।
- इसका मतलब है कि स्पेसएक्स अब अंतरिक्ष स्टेशन के लिए नियमित उड़ानें संचालित कर सकता है।
- स्पेसएक्स के क्रू ड्रैगन अंतरिक्ष यान ने फ्लोरिडा में नासा के कैनेडी स्पेस सेंटर से 2020 में उड़ान भरी।

क्रू-2 मिशन

कमर्शियल क्रू प्रोग्राम के तहत नासा और स्पेसएक्स के सहयोग कार्यक्रम के जरिए फ्लोरिडा से चार अंतरिक्ष यात्रियों को अंतर्राष्ट्रीय अंतरिक्ष स्टेशन (ISS) भेजा जाता है।

पृष्ठभूमि

- क्रू-2 मिशन छह क्रू मिशनों में से दूसरा है, जो नासा और स्पेसएक्स एजेंसी के वाणिज्यिक क्रू कार्यक्रम के हिस्से के रूप में उड़ान भरेगा।
- इस मिशन में कई प्रथम हैं, जिनमें शामिल हैं:
  - दो अंतर्राष्ट्रीय भागीदारों को उड़ाने वाला पहला वाणिज्यिक क्रू मिशन।
  - क्रू-1 और क्रू-2 अंतरिक्ष यात्रियों के रूप में अंतरिक्ष स्टेशन पर अंतरिक्ष यात्रियों के बीच पहला वाणिज्यिक क्रू हस्तांतरण। क्रू-1 के पृथ्वी पर वापसी से पहले स्टेशन पर लगभग पाँच दिन दोनों दल एक साथ रहेंगे।
  - चालक दल के मिशन पर क्रू ड्रैगन अंतरिक्ष यान और फाल्कन 9 रॉकेट का पहला पुन: उपयोग – क्रू ड्रैगन एंडेवर ने ऐतिहासिक डेमो-2 मिशन और फाल्कन 9 ने क्रू-1 मिशन पर अंतरिक्ष यात्रियों को उड़ाया।
  - पहली बार दो वाणिज्यिक चालक दल के अंतरिक्ष यान एक ही समय में स्टेशन पर डॉक किए जाएंगे।

क्रू-2 मिशन क्या है?

- मिशन स्पेसएक्स क्रू ड्रैगन का दूसरा क्रू चक्कर है और अंतर्राष्ट्रीय भागीदारों के साथ पहला है।
- यह छह महीने का विज्ञान मिशन है।
- अंतरिक्ष यात्रियों में नासा के दो और जापान एयरोस्पेस एक्सप्लोरेशन एजेंसी (JAXA) और यूरोपीय अंतरिक्ष एजेंसी (ESA) से एक-एक सदस्य शामिल हैं।
- नासा के स्पेसएक्स क्रू-2 मिशन में एक रॉकेट बूस्टर शामिल है, जिसे पिछली अंतरिक्ष उड़ान से पुनर्नवीनीकरण किया गया है।
- क्रू-2 मिशन में इस्तेमाल किए गए फाल्कन 9 रॉकेट का इस्तेमाल पांच महीने पहले क्रू-1 को कक्षा में लॉन्च करने के लिए किया गया था। यह पहली बार है, जब पहले से उड़ाए गए रॉकेट बूस्टर को क्रू लॉन्च में फिर से इस्तेमाल किया गया है।
- नवीनतम मिशन दूसरी "ऑपरेशनल" स्पेस स्टेशन टीम है, जिसे नासा द्वारा ड्रैगन क्रू कैप्सूल पर लॉन्च किया गया था।

ISS में क्रू-2 क्या करेगा?

- क्रू-2 अंतरिक्ष यात्री अभियान में 65 सदस्य शामिल होंगे।
- वे छह महीने तक ISS में रहेंगे और पृथ्वी की निचली कक्षा में विज्ञान के प्रयोग करेंगे।
- उनका मुख्य ध्यान अंतरिक्ष अध्ययन में टिश्यू चिप्स की एक श्रृंखला को जारी रखने पर होगा।
  - टिश्यू चिप्स मानव अंगों के छोटे मॉडल होते हैं, जिनमें कई प्रकार की कोशिकाएँ होती हैं, जो मानव शरीर से समान व्यवहार करती हैं।
  - ये चिप्स सुरक्षित और प्रभावी दवाओं और टीकों की पहचान करने की प्रक्रिया को तेज कर सकते हैं।
  - विशिष्ट मानव अंगों को प्रभावित करने वाली बीमारियों का अध्ययन करने के लिए वैज्ञानिक अंतरिक्ष में इन टिश्यू चिप्स का उपयोग करेंगे।
  - मुख्य लाभ यह है कि अंतरिक्ष में प्रयोग पृथ्वी की तुलना में कम समय लेते हैं।

प्रश्न एवं उत्तर (Questions & Answers)

वस्तुनिष्ठ प्रश्न (Objective Questions)

1. यदि कोई मुख्य सौर तूफान (सौर प्रज्वाल) पृथ्वी पर पहुंचता है, तो पृथ्वी पर निम्नलिखित में कौन-से संभव प्रभाव होंगे?

[UPSC (Pre) 2022]

1. GPS और दिक्संचालन (नैविगेशन) प्रणालियाँ विफल हो सकती है।
2. विषुवतीय क्षेत्रों में सुनामियाँ आ सकती हैं।
3. बिजली ग्रिड क्षतिग्रस्त हो सकते हैं।
4. पृथ्वी के अधिकांश हिस्से पर तीव्र ध्रुवीय ज्योतियाँ घटित हो सकती हैं।
5. ग्रह के अधिकांश हिस्से पर दावाग्नियाँ घटित हो सकती हैं।
6. उपग्रहों की कक्षाएँ विक्षुब्ध हो सकती हैं।
7. ध्रुवीय क्षेत्रों के ऊपर से उड़ते हुए वायुयान का लधुतरंग रेडियो संचार बाधित हो सकता है।

नीचे दिए गए कूट का प्रयोग कर सही उत्तर चुनिए:

(a) केवल 1, 2, 4 और 5
(b) केवल 2, 3, 6 और 7
(c) केवल 1, 3, 4, 6 और 7
(d) 1, 2, 3, 4, 5, 6 और 7

2. GPS तकनीक का उपयोग निम्नलिखित में से किन क्षेत्रों में हो सकता है?

[UPSC (Pre) 2018]

1. मोबाइल फोन प्रचालन
2. बैंकिंग प्रचालन
3. पॉवर ग्रिडों का नियंत्रण

नीचे दिए गए कूट का प्रयोग कर सही उत्तर चुनिए:

(a) केवल 1 (b) केवल 2 और 3

(c) केवल 1 और 3 (d) 1, 2 और 3

3. भारतीय क्षेत्रीय संचालन उपग्रह प्रणाली (Indian Regional Navigation Satellite System/IRNSS) के संदर्भ में, निम्नलिखित कथनों पर विचार कीजिए: ***[UPSC (Pre) 2018]***

1. IRNSS के तुल्यकालिक (Geostationary) कक्षाओं में तीन उपग्रह हैं और भूतुल्यकालिक (Geosynchronous) कक्षाओं में चार उपग्रह है।
2. IRNSS की व्याप्ति संपूर्ण भारत पर और इसकी सीमाओं के लगभग 5500 वर्ग किमी. बाहर तक है।
3. वर्ष 2019 के मध्य तक भारत की, पूर्ण वैश्विक व्याप्ति के साथ अपनी उपग्रह संचालन प्रणाली होगी।

उपर्युक्त कथनों में से कौन-सा/से सही है/हैं?

(a) केवल 1 (b) केवल 1 और 2

(c) केवल 2 और 3 (d) कोई नहीं

4. भारत द्वारा प्रमोचित खगोलीय वेधशाला, 'ऐस्ट्रोसैट' (Astrosat) के संदर्भ में निम्नलिखित कथनों में से कौन-सा/से सही है/हैं? ***[UPSC (Pre) - 2016]***

1. USA और रूस के अलावा केवल भारत एकमात्र ऐसा देश है, जिसने अंतरिक्ष में उसी प्रकार की वेधशाला प्रमोचित की है।
2. ऐस्ट्रोसैट 2,000 किग्रा. का एक उपग्रह है, जो पृथ्वी की सतह के ऊपर 1,650 किमी. पर एक कक्षा में स्थापित है।

नीचे दिए गए कूट का प्रयोग कर सही उत्तर चुनिए:

(a) केवल 1 (b) केवल 2

(c) 1 और 2 दोनों (d) 1 और 2 में से कोई नहीं

5. निम्नलिखित कथनों पर विचार कीजिए:

ISRO द्वारा प्रमोचित मंगलयान ***[UPSC (Pre) - 2016]***

1. को मार्स ऑर्बिटर मिशन भी कहा जाता है।
2. ने भारत को, USA के बाद, मंगल के चारों ओर अंतरिक्ष यान को चक्रण कराने वाला दूसरा देश बना दिया है।
3. ने भारत को एकमात्र ऐसा देश बना दिया है, जिसने अपने अंतरिक्ष यान को मंगल के चारों ओर चक्रण कराने में पहली बार में ही सफलता प्राप्त कर ली।

उपर्युक्त कथनों में से कौन-सा/कौन-से सही है/हैं?

(a) केवल 1 (b) 2 और 3

(c) 1 और 3 (d) 1, 2 और 3

6. निम्नलिखित युग्मों में से कौन-सा/से सही सुमेलित है/हैं? ***[UPSC (Pre) - 2014]***

	अंतरिक्ष यान		**प्रयोजन**
1.	कैसिनी-हाइगेन्स	-	शुक्र की परिक्रमा करना और दत्त का पृथ्वी तक संचारण करना
2.	मैसेंजर	-	बुध का मानचित्रण और अन्वेषण
3.	वॉयेजर 1 और 2	-	बाह्य और परिवार का अन्वेषण

कूट:

(a) केवल 1 (b) 2 और 3

(c) 1 और 3 (d) उपरोक्त सभी

7. अंतरिक्ष प्रौद्योगिकी के संदर्भ में, 'भुवन' क्या है, जो हाल ही में समाचारों में था? ***[UPSC (Pre) - 2010]***

(a) इसरो (ISRO) द्वारा भारत में दूर शिक्षण को प्रवर्तित करने के लिए प्रमोचित एक लघु-उपग्रह

(b) अगले चन्द्र-प्रभाव अन्वेषी (मून इम्पैक्ट प्रोब), चन्द्रयान-II, का नाम

(c) इसरो (ISRO) का भू-पोर्टल (जियोपोर्टल) जिसमें भारत के त्रिविम प्रतिबिम्ब की क्षमता है

(d) एक अंतरिक्ष दूरबीन, जिसको भारत में विकसित किया गया है

8. सेलीन-1 (Selene-1) जो चंद्रमा की कक्षा में भेजा गया मिशन है, किस राष्ट्र का है? ***[UPSC (Pre) - 2008]***

(a) चीन (b) यूरोपीय संघ

(c) जापान (d) अमेरिका

9. निम्नलिखित में से कौन-सा एक अंतरिक्ष यान है? ***[UPSC (Pre) - 2008]***

(a) एपोफिस (b) कैसिनी

(c) स्पित्जर (d) टेकसार

10. निम्नलिखित युग्मों में से कौन-सा एक सही सुमेलित नहीं है? ***[UPSC (Pre) - 2007]***

(a)	कॉस्मिक बैकग्राउण्ड	-	उपग्रह कार्यक्रम एक्सप्लोरर (COBE)
(b)	फेल्कॉन (Falcon)	-	समुद्रगत केबल तंत्र
(c)	डिस्कवरी	-	अंतरिक्ष शटल
(d)	अटलान्टिस	-	अंतरिक्ष स्टेशन

11. नासा का डीप इम्पैक्ट अंतरिक्ष मिशन कौन-से धूमकेतु केंद्रक के विस्तृत चित्र लेने के लिए प्रयोग में लाया गया? ***[UPSC (Pre) 2007]***

(a) हैली कॉमेट

(b) हेल-बॉप

(c) ह्याकुतेक (Hyakutake)

(d) टेम्पल - 1

12. गैलीलियो परियोजना, जो हाल में चर्चा का विषय थी, क्या है? ***[UPSC (Pre) 2007]***

(a) संयुक्त राज्य अमेरिका द्वारा विकसित मिसाइल परिरक्षण का एक अंतर्देशीय कार्यक्रम

(b) कनाडा के सहयोग से भारत द्वारा विकसित एक परियोजना

(c) जापान द्वारा विकसित की जा रही पर्यावरण संरक्षण परियोजना
(d) यूरोपीय संघ द्वारा विकसित की जा रही एक बहु-उपग्रह संचालन परियोजना

13. चन्द्रा एक्स-रे दूरबीन का नाम किस वैज्ञानिक के सम्मान में रखा गया? *[UPSC (Pre) 2001]*

(a) चन्द्रशेखर वेंकटरमण (b) जगदीश चंद्र बोस
(c) प्रफुल्ल चंद्र राय (d) सुब्रह्मण्यम चंद्रशेखर

उत्तरमाला (Answer Key)

1. (c)	2. (d)	3. (a)	4. (d)	5. (c)	6. (b)	7. (c)	8. (c)
9. (b)	10. (d)	11. (d)	12. (d)	13. (d)			

अध्याय

9

आईसीटी पर विभिन्न नियामक निकाय और सरकारी कार्यक्रम
(Different Regulatory Bodies and Government Programmes on ICT)

इस अध्याय में...

2023 प्रारूप संशोधन में झूठी/फर्जी जानकारी पर रोक लगाने और ऑनलाइन गेमिंग को विनियमित करने का भी प्रस्ताव है।

केरल का इडुक्की जिला हाई-स्पीड ग्रामीण ब्रॉडबैंड नेटवर्क यानी नेशनल ऑप्टिकल फाइबर नेटवर्क (NOFN) इंटरनेट कनेक्टिविटी वाला भारत का पहला जिला बन गया। इडुक्की में, 53 में से 8 ब्लॉक कार्यालय और 52 ग्राम पंचायतें इस परियोजना से लाभान्वित होंगी।

संचार अभिसरण बिल का प्रस्ताव निम्नलिखित कानूनों को निरस्त करने का है:-
(i) भारतीय टेलीग्राफ अधिनियम, 1885
(ii) भारतीय बेतार तारयातिकी अधिनियम, 1933
(iii) तारयंत्र संबंधी तार (विधि-विरुद्ध कब्जा) अधिनियम, 1950

भूटान अपनी त्वरित प्रतिक्रिया (QR) कोड के लिए भारत के एकीकृत भुगतान इंटरफेस (UPI) मानकों को अपनाने वाला पहला देश बन गया है।

भूटान एकमात्र ऐसा देश भी बन जाएगा, जो रुपे कार्ड जारी करने और स्वीकार करने के साथ-साथ भीम-यूपीआई को स्वीकार करेगा।

जाम (JAM) तीन चीजों को प्रदर्शित करता है- जन-धन योजना, आधार तथा मोबाइल नम्बर।

9.1 संचार और सूचना प्रौद्योगिकी मंत्रालय (Ministry of Communication and Information Technology)

संचार और सूचना प्रौद्योगिकी मंत्रालय देश में संचार और सूचना प्रौद्योगिकी का संचालन करता है। इसमें तीन विभाग हैं:

1. दूरसंचार विभाग (Department of Tele-communication)
2. सूचना प्रौद्योगिकी विभाग (Department of Information Technology)
3. डाक विभाग (Department of Post)

9.2 दूरसंचार विभाग (Department of Tele-communication)

इसकी जिम्मेदारियों में शामिल हैं:

- नीति-निर्धारण, प्रदर्शन मूल्यांकन और समीक्षा, निगरानी, अंतर्राष्ट्रीय सहयोग, अनुसंधान तथा विकास और संचालकों (Operators) को लाइसेंस प्रदान करना।
- अंतर्राष्ट्रीय निकायों के साथ निकट समन्वयन से रेडियो संचार की आवृत्ति एवं प्रबंधन व आवंटन।
- विगत वर्षों में **भारतीय दूरसंचार क्षेत्र ने बढ़ोत्तरी की है और इस प्रकार विश्व में चीन के पश्चात् दूसरे सबसे बड़े टेलीफोन नेटवर्क के तौर पर इसका विस्तार है।**

9.3 नियामक संरचना – ट्राई (TRAI) तथा दूरसंचार विवाद निपटान एवं अपीलीय न्यायाधिकरण [(Regulatory Framework-TRAI and Telecommunication Dispute Settlement and Appellate Tribunal (TDSAT)]

दूरसंचार विवाद के प्रथम स्तर पर, समस्या के समाधान हेतु उसे ट्राई (TRAI) को भेजा जाता है। यदि ट्राई (TRAI) द्वारा इस समस्या का समाधान ना हो सके तो वह इसे टीडीएसएटी (दूरसंचार विवाद निपटान एवं अपीलीय न्यायाधीकरण) को स्थानांतरित कर दिया जाता है। एक अध्यादेश के द्वारा ट्राई (TRAI) अधिनियम को संशोधित करते हुए टीडीएसएटी (TDSAT-Telecom Dispute Settlement Appellate Tribunal) की स्थापना की गई। यह ट्राई (TRAI) से सारे विवादों को लेकर उन्हें सुलझाने का कार्य करेगा। यह 24 जनवरी, 2000 से प्रभावी है। इसका प्राथमिक उद्देश्य लाइसेंस प्रदायक एवं लाइसेंसधारी के मध्य विवाद का निपटारा, दो या दो से अधिक सेवा प्रदाताओं के मध्य तथा सेवा प्रदाता एवं उपभोक्ताओं के समूह के मध्य विवाद निपटारा तथा ट्राई (TRAI) द्वारा किसी भी दिशा, निर्णय या आदेश के खिलाफ की गई अपील को सुनवाई से निपटाना है। यदि TDSAT इस समस्या को हल न कर सका तो सुप्रीम कोर्ट का फैसला अंतिम एवं सर्वमान्य होगा।

टीडीसैट की संरचना (Composition of TDSAT)

- ट्रिब्यूनल, एक अध्यक्ष और केंद्र सरकार द्वारा चुने गए दो सदस्यों से बना है।
- अध्यक्ष सर्वोच्च न्यायालय का न्यायाधीश या उच्च न्यायालय का मुख्य न्यायाधीश होता है।
- एक सदस्य को भारत सरकार के सचिव पद या केंद्र सरकार या राज्य सरकार में किसी भी समकक्ष पद पर कम-से-कम दो साल

भारतीय दूरसंचार नियामक प्राधिकरण (ट्राई) [Telecom Regulatory Authority of India (TRAI)]

भारतीय दूरसंचार नियामक प्राधिकरण (ट्राई) की स्थापना 20 फरवरी, 1997 को भारत में दूरसंचार के विकास के लिए परिस्थितियों का निर्माण और पोषण करने के मिशन के साथ की गई थी।

ट्राई का मुख्य उद्देश्य बाजार में एक निष्पक्ष और पारदर्शी वातावरण प्रदान करना है। ट्राई नियमित रूप से टैरिफ, इंटरकनेक्शन, सेवाओं की गुणवत्ता, डायरेक्ट टू होम (DTH) सेवाओं और मोबाइल नंबर पोर्टेबिलिटी आदि पर आदेश और निर्देश जारी करता है।

1 जनवरी, 2016 से, उपभोक्ताओं को ट्राई नियम के तहत कॉल ड्रॉप के लिए मुआवजा दिया गया। ऐसे में मोबाइल यूजर्स को हर ड्रॉप कॉल के लिए 1 रुपये का मुआवजा मिला लेकिन यह एक दिन में अधिकतम तीन ड्रॉप कॉल तक ही सीमित था।

ट्राई के एक सचिव की अध्यक्षता में एक सचिवालय के माध्यम से प्राधिकरण बैठकों (अध्यक्ष के साथ परामर्श) के लिए एजेंडा आयोजित करने, कार्यवृत्त तैयार करने और बैठकों के अनुसार नियम जारी करने के लिए प्रशासित किया जाता है।

ट्राई ने 6 जून, 2017 को तीन नए ऐप (माईकॉल ऐप, माईस्पीड ऐप, और डू नॉट डिस्टर्ब (डीएनडी 2.0) ऐप) और एक वेब पोर्टल लॉन्च किया ताकि यह सुनिश्चित किया जा सके कि भारतीय उपयोगकर्ता उन दूरसंचार सेवाओं से पूरी तरह अवगत हैं जो उन्हें दी जा रही हैं।

ट्राई हमेशा इस बात के बीच पारदर्शिता बनाए रखने की कोशिश करता है कि उपभोक्ता क्या भुगतान कर रहे हैं और दूरसंचार ऑपरेटर एक निश्चित दर पर क्या देने का वादा कर रहे हैं।

ट्राई ने 28 दिसंबर, 2018 को अपना नया ऐप "ट्राई चैनल चयनकर्ता" जारी किया। इस ऐप का उपयोग करके हम अपने चैनल जोड़, हटा और प्रबंधित कर सकते हैं।

भारत में ब्रॉडबैंड की पहुंच बढ़ाने के लिए ट्राई ने हाल ही में WANI (वाई-फाई एक्सेस नेटवर्क इंटरफेस) आर्किटेक्चर का प्रस्ताव रखा है जिसे अगस्त 2022 में देहरादून में लॉन्च किया गया है। इससे सार्वजनिक डेटा कार्यालय (पीडीओ) की स्थापना हो सकती है जहां वाई-फाई इंटरनेट मांग पर उपलब्ध होगा।

की अवधि के लिए या एक व्यक्ति जो प्रौद्योगिकी, दूरसंचार, उद्योग, वाणिज्य या प्रशासन के क्षेत्र में अच्छी तरह से जानकार हो।

'पीएम वानी' PM-WANI

- पब्लिक वाई-फाई प्लान 'पीएम वानी' को कैबिनेट की मंजूरी दिसंबर 2020 में मिली।
- इस कदम का उद्देश्य ब्रॉडबैंड इंटरनेट सेवाओं को तेज करने में मदद करना है।
- इसकी अनुशंसा पहली बार भारतीय दूरसंचार नियामक प्राधिकरण ट्राई (TRAI) ने 2017 में की थी।

परियोजना की मुख्य विशेषताएं:

1. सार्वजनिक डेटा कार्यालयों (PDO) के माध्यम से देश भर में सार्वजनिक वाईफाई हॉटस्पॉट स्थापित करने की अनुमति मिली।
2. इसके लिए PDO को लाइसेंस प्राप्त करने या शुल्क का भुगतान करने की आवश्यकता नहीं होगी।
3. इसमें पीडीओ, पब्लिक डेटा ऑफिस एग्रीगेटर्स (पीडीओए), ऐप प्रदाता और एक केंद्रीय रजिस्ट्री सहित कई हितधारक शामिल होंगे।

कार्यान्वयन:

1. PDO सेवा प्रदाताओं और उपयोगकर्ताओं के बीच "सुविधाप्रदाता" होंगे।
2. PDOA PDO का एक एग्रीगेटर होगा जो वाई-फाई कनेक्शन के प्राधिकरण और लेखांकन से संबंधित कार्यों की देखरेख करेगा।
3. एक व्यक्ति, जो सार्वजनिक वाई-फाई का उपयोग करना चाहता है, एक ऐप के माध्यम से ऐसा कर सकता है और उपयोग के अनुसार भुगतान करना होगा।
4. परियोजना में एक ऐप डेवलपर भी होगा जो उपयोगकर्ताओं को पंजीकृत करने के लिए एक मंच का निर्माण करेगा और एक क्षेत्र में वानी-संगत वाई-फाई हॉटस्पॉट की खोज करेगा और उन्हें ऐप पर प्रदर्शित करेगा।
5. एक केंद्रीय रजिस्ट्री जिसे टेलीमैटिक्स के विकास केंद्र द्वारा बनाए रखा जाएगा, ऐप प्रदाताओं, PDOA और PDO के विवरण दर्ज करेगी।

परियोजना का महत्व:

सार्वजनिक वाई-फाई नेटवर्क सामग्री वितरण और ब्रॉडबैंड पहुंच को सस्ती दरों पर लाखों लोगों तक 'लोकतांत्रिक' करेगा। यह कनेक्टिविटी सेवाओं का UPI (एकीकृत भुगतान इंटरफ़ेस) होगा।

9.4 आईटी नियम, 2021 (IT Rules, 2021)

- यह देश में ओवर द टॉप (OTT) एवं डिजिटल पोर्टलों हेतु एक **शिकायत निवारण प्रणाली** को अनिवार्य करता है। सोशल मीडिया के उपयोगकर्ताओं के लिए यह आवश्यक है कि वे सोशल मीडिया के दुरुपयोग के खिलाफ अपनी शिकायत दर्ज करें।
- **महत्वपूर्ण सोशल मीडिया फर्मों** को एक **मुख्य अनुपालन अधिकारी** नियुक्त करना होगा तथा इसमें एक **नोडल संपर्क व्यक्ति** होगा, जो 24/7 विधि प्रवर्तन एजेंसियों के संपर्क में रहेगा।
- **परिवाद अधिकारी:** सोशल मीडिया प्लेटफॉर्म्स को **एक परिवाद अधिकारी** के समक्ष आवेदन करना होगा, जो 24 घंटे के भीतर शिकायत दर्ज करेगा और 15 दिनों में इसका निपटारा करेगा।
- **विषय-वस्तु को हटाना:** यदि उपयोगकर्ताओं, विशेष रूप से महिलाओं की गरिमा के खिलाफ शिकायतें हैं - व्यक्तियों के प्रदर्शित निजी अंगों या नग्नता या यौन कृत्य या प्रतिरूपण आदि के बारे में - सोशल मीडिया प्लेटफॉर्म को शिकायत करने के 24 घंटे के भीतर इसे हटाने की आवश्यकता होगी।
- **मासिक रिपोर्ट:** उन्हें प्राप्त शिकायतों की संख्या एवं निवारण की स्थिति के बारे में, एक मासिक रिपोर्ट भी प्रकाशित करनी होगी।
- **समाचार प्रकाशकों हेतु विनियमन के तीन स्तर होंगे** - स्व-विनियमन, एक स्व-नियामक निकाय, जिसकी अध्यक्षता एक सेवानिवृत्त न्यायाधीश या एक प्रतिष्ठित व्यक्ति, तथा प्रथाओं की संहिता और एक शिकायत समिति सहित सूचना एवं प्रसारण मंत्रालय द्वारा निगरानी की जाएगी।

महत्वपूर्ण सोशल मीडिया मध्यस्थ एवं इसके लाभ (Significant Social Media Intermediary and its Benefits)

50 लाख से अधिक पंजीकृत उपयोगकर्ताओं वाली सोशल मीडिया कंपनियों को नवीन मानदंडों के अनुसार 'महत्वपूर्ण सोशल मीडिया मध्यवर्ती' माना जाएगा।

अनुपालन न करने की स्थिति में क्या होता है? (What happens in case of noncompliance?)

- फेसबुक, ट्विटर, इंस्टाग्राम एवं व्हाट्सएप मैसेंजर जैसे सोशल मीडिया दिग्गजों को नवीन सूचना प्रौद्योगिकी नियमों का अनुपालन नहीं करने पर **प्रतिबंध का सामना** करना पड़ सकता है।
- वे **'मध्यवर्ती'** के रूप में अपनी स्थिति खोने का जोखिम भी उठाते हैं और यदि वे संशोधित नियमों का पालन नहीं करते हैं, तो वे आपराधिक कार्रवाई हेतु उत्तरदायी हो सकते हैं।

हाल के अद्यतन (Recent Updates)

2022 अधिसूचित संशोधन (2022 Notified Amendments)

- मध्यस्थों (Intermediaries) को नियमों और विनियमों, गोपनीयता नीति और उपयोगकर्ता समझौते का अनुपालन सुनिश्चित करना चाहिए, और उपयोगकर्ताओं को निषिद्ध सामग्री बनाने, अपलोड करने या साझा करने से रोकने के लिए उचित प्रयास किए जाने चाहिए। उन्हें उपयोगकर्ताओं के संवैधानिक अधिकारों का भी सम्मान करना चाहिए।
- केंद्र सरकार शिकायत अधिकारियों (Grievance Officers) के निर्णयों के विरुद्ध अपील सुनने के लिए एक या एकाधिक शिकायत अपीलीय समिति (Grievance Appellate Committee) की स्थापना करेगी।

2023 प्रारूप संशोधन (2023 Draft Amendments)

- प्रारूप संशोधन में झूठी/फर्जी जानकारी पर रोक लगाने और ऑनलाइन गेमिंग को विनियमित करने का भी प्रस्ताव है।
- ऐसी सामग्री के लिए दायित्व से बचने के लिए, मध्यस्थों को प्रेस सूचना ब्यूरो (PIB), या किसी अन्य केंद्रीय अधिकृत एजेंसी की तथ्य जांच इकाई द्वारा गलत या नकली के रूप में पहचानी गई किसी भी जानकारी को अपने प्लेटफॉर्म से हटाना होगा।

- ऑनलाइन गेम को जमा राशि और जीतने की उम्मीद के साथ इंटरनेट पर खेले जाने वाले गेम के रूप में परिभाषित किया गया है। एक ऑनलाइन गेमिंग मध्यस्थ को अतिरिक्त उचित परिश्रम (additional due diligence) सुनिश्चित करना होता है जैसे कि यादृच्छिक संख्या जनरेटर और नो-बॉट (no-bot) प्रमाणपत्र प्रदर्शित करना।
- पंजीकृत खेलों की सामग्री को विनियमित करने के लिए स्व-नियामक निकाय (Self-regulating bodies - SRBs) को भी अधिकार दिया जाएगा। SRBs को खेलों का परीक्षण, सत्यापन और पंजीकरण करने के लिए एक रूपरेखा विकसित करनी चाहिए ताकि देश की संप्रभुता, अखंडता और सुरक्षा बनी रहे।

9.5 इलेक्ट्रॉनिक्स एवं सूचना प्रौद्योगिकी विभाग (Department of Electronics and Information Technology-DEITY)

- **दृष्टि (Vision):** एक विकसित देश एवं एक सशक्त समाज में पारगमन (Transition) हेतु भारत का विकास।
- **लक्ष्य (Mission):** ई-गवर्नेंस की सुविधा हेतु ई-अवसंरचना निर्माण, बहु-स्तरीय रणनीति के माध्यम से भारत का ई-विकास, नव-प्रवर्तन/खोज तथा विकास (Innovation/Research & Development), इलेक्ट्रो सूचना प्रौद्योगिकी (Electro Information Technology) सूचना प्रौद्योगिकी सक्षम सेवा (IT-ITeS) उद्योग को बढ़ावा देना, भारत के साइबर-स्पेस (Cyber Space) को सुरक्षित करना तथा ज्ञान नेटवर्क (Knowledge Network) का निर्माण करना।

उद्देश्य (Objectives)

- **ई-सरकार (e-Government):** ई-सेवाओं की डिलीवरी के लिए ई-अवसंरचना प्रदान करना।
- **ई-उद्योग (e-Industry):** इलेक्ट्रॉनिक्स विनिर्माण तथा आई टी आईटीईएस (IT-ITES) उद्योग को बढ़ावा देना।
- **ई-प्रवर्तन (e-Innovation)/ अनुसंधान तथा विकास:** प्रौद्योगिकी के उभरते क्षेत्रों में नवाचार अवसंरचना के निर्माण के लिए सहायता प्रदान करना।
- **ई-शिक्षा (e-Education):** ई-कौशल तथा ज्ञान नेटवर्क (Knowledge Network) के विकास हेतु सहायता प्रदान करना।
- **ई-सुरक्षा (e-Defence):** भारत के साइबर स्पेस (Cyber Space) को सुरक्षा प्रदान करना।

9.6 कम्प्यूटर आकस्मिक अनुक्रिया दल [Computer Emergency Response Team (CERT-IN)]

- संचार एवं सूचना प्रौद्योगिकी मंत्रालय के तहत एक सरकारी संगठन है।
- यह साइबर सुरक्षा के लिए कार्य करता है तथा कुछ कार्य संचालन हेतु राष्ट्रीय एजेंसी के रूप में भी कार्य करता हैं।

यह निम्नलिखित कर्त्तव्यों का पालन करता है:

- साइबर घटनाओं की पहचान करना तथा आईटी (IT) के बारे में जानकारी जारी करना।
- साइबर सुरक्षा घटनाओं के लिए चेतावनी देना।
- साइबर सुरक्षा घटनाओं के दौरान कार्य करने हेतु आपातकालीन उपाय।
- साइबर घटना प्रतिक्रिया गतिविधियों का समन्वय।
- निम्न से संबंधित दिशा-निर्देश, परामर्श, अतिसंवेदनशील लेख तथा श्वेत-पत्र जारी करना।
- घटनाओं को दैनिक आधार पर प्राप्त किया जाता है तथा प्रणाली (System) की संवेदनशीलता के बारे में उपयोगकर्ता को चेतावनी देता है। हाल ही में एप्पल iOS में कई संवेदनशीलताएं इनके द्वारा ज्ञात करके सूचित की गईं।
- सीईआरटी (CERT) ने समय-समय पर नये वायरस तथा मालवेयर की जानकारी दी है।

एप्सर्ट (APCERT): एप्सर्ट (एशिया पैसिफिक कम्प्यूटर इमरजेंसी रिस्पांस टीम) एशिया प्रशांत क्षेत्र की 13 अर्थव्यवस्थाओं की सी-सर्ट (CSIRT - Computer Security Incidents Response Teams) का गठबंधन है। एप्सर्ट (APCERT) वार्षिक बैठक आयोजित करवाता है जिसे एप्सर्क (APSIRC) कहा जाता है। पहला सम्मेलन मार्च 2020 में टोक्या, जापान में आयोजित किया जाएगा।

National Association of Software and Services Companies (NASSCOM)

यह बिजनेस आऊटसोर्सिंग (BoP) उद्योग तथा सूचना तकनीकी (IT) उद्योग का भारतीय व्यापार संगठन है जो 1988 में गैर-लाभकारी संगठन के तौर पर स्थापित किया गया। नॉसकॉम सॉफ्टवेयर तकनीक में सॉफ्टवेयर तथा सेवाएं, व्यापार तथा वाणिज्य एवं अनुसंधान वर्धन को प्रोत्साहन देता है। यह भारतीय सोसायटी अधिनियम, 1860 के अधीन अनुसूचित है तथा **बंगलुरू, चेन्नई, हैदराबाद, कोच्ची, कोलकाता, मुम्बई, पुणे** एवं **तिरुवनंतपुरम** में इसके क्षेत्रीय कार्यालय हैं। अंतर्राष्ट्रीय व्यापार आईटी निकाय में 2000 से भी अधिक सदस्य हैं जो चीन, यूरोपीय संघ, जापान, अमेरिका, इंग्लैण्ड की 250 से भी अधिक कंपनियों से है। नॉसकॉम की सहयोगी कंपनियां, **सॉफ्टवेयर विकास, सेवाओं, उत्पादों, आईटी सक्षम/बीपीओ** तथा **ई-वाणिज्य** सेवाओं के संबंध में डील करती हैं।

9.7 भारत ब्रॉडबैंड नेटवर्क/भारतनेट/NOFN (नेशनल ऑप्टिकल फाइबर नेटवर्क) [Bharat Broadband Network/ Bharat Net/NOFN (National Optical Fibre Network)]

भारत सरकार ने 25 अक्टूबर, 2011 को राष्ट्रीय ऑप्टिकल फाइबर नेटवर्क (एनओएफएन) पहल को मंजूरी दी। भारतनेट परियोजना के तहत देश में सभी 250,000 ग्राम पंचायतों को जोड़ने के लिए लगभग 625,000 गाँवों को जोड़ने के लिए ऑप्टिकल फाइबर नेटवर्क का विस्तार करने का प्रावधान था। 25 फरवरी, 2012 को कंपनी अधिनियम 1956 के तहत इस परियोजना को जल्द से जल्द सफल बनाने के लिए एक विशेष प्रयोजन वाहन (SPV) को शामिल किया गया था, लेकिन फिर भी, 2011-2014 के बीच, परियोजना ने योजना के अनुसार काम नहीं किया और पहले चरण के लिए आवश्यक 300,000 किमी ऑप्टिकल नेटवर्क में से केवल 350 किमी

ऑप्टिकल फाइबर बिछाया गया था। 2014 से 2017 के बीच, 300,000 किमी ऑप्टिकल फाइबर बिछाने का चरण-I का मूल लक्ष्य पूरा हो गया था।

भारतनेट परियोजना ने डिजिटल इंडिया पहल के तहत गति पकड़ी परियोजना में तेजी लाने के लिए कई बदलाव किए, डिजिटल इंडिया के तहत भारतनेट फंडिंग को कई अरब डॉलर तक बढ़ाया और त्वरित कार्यान्वयन और निगरानी के लिए सरकारी सार्वजनिक क्षेत्र की इकाइयों (बीएसएनएल, रेलटेल और पावर ग्रिड कॉर्प) को नियुक्त किया।

नोट: केरल का इडुक्की जिला हाई-स्पीड ग्रामीण ब्रॉडबैंड नेटवर्क यानी नेशनल ऑप्टिकल फाइबर नेटवर्क (NOFN) इंटरनेट कनेक्टिविटी वाला भारत का पहला जिला बन गया। इडुक्की में, 53 में से 8 ब्लॉक कार्यालय और 52 ग्राम पंचायतें इस परियोजना से लाभान्वित होंगी।

अद्यतन जानकारी (Recent Updates)

केंद्रीय मंत्रिमंडल ने देश के 16 राज्यों में **सार्वजनिक-निजी भागीदारी (PPP)** मोड के माध्यम से **भारतनेट** की संशोधित कार्यान्वयन रणनीति को मंजूरी दे दी है।

रणनीति में शामिल हैं

1. सरकार परियोजना के **व्यवहार्यता अंतराल अनुदान** के रूप में 19,041 करोड़ रुपये प्रदान करेगी।
2. भारतनेट अब **उक्त राज्यों में ग्राम पंचायतों (GPs) से परे सभी आवास योग्य ग्रामों तक विस्तारित होगा।**
3. इसमें रियायतग्राही द्वारा भारतनेट का सृजन, उन्नयन, संचालन, रखरखाव एवं उपयोगीकरण शामिल है, जिसे प्रतिस्पर्धी अंतर्राष्ट्रीय बोली प्रक्रिया द्वारा चुना जाएगा।

महत्व

- पीपीपी मॉडल संचालन, रखरखाव, उपयोग एवं राजस्व सृजन हेतु निजी क्षेत्र की दक्षता का लाभ उठाएगा, तथा इसके परिणामस्वरूप भारतनेट के तेजी से रोलआउट होने की उम्मीद है।
- सभी आवास योग्य ग्रामों में विश्वसनीय, गुणवत्तापूर्ण, उच्च गति वाले ब्रॉडबैंड के साथ भारतनेट की पहुंच का विस्तार विभिन्न केंद्र एवं राज्य सरकार की एजेंसियों द्वारा दी जाने वाली ई-सेवाओं की बेहतर पहुंच को सक्षम करेगा।
- यह ऑनलाइन शिक्षा, टेलीमेडिसिन, कौशल विकास, ई-कॉमर्स एवं ब्रॉडबैंड के अन्य अनुप्रयोगों को भी सक्षम करेगा।

परियोजना की व्यापक दृष्टि है

- गैर-विभेदपूर्ण आधार पर सुलभ उच्च मापनीय नेटवर्क अवसंरचना स्थापित करना।
- मांग पर, सभी परिवारों हेतु 2 एमबीपीएस से 20 एमबीपीएस की सस्ती ब्रॉडबैंड कनेक्टिविटी तथा सभी संस्थानों को मांग आधारित क्षमता प्रदान करना।
- डिजिटल इंडिया विजन को राज्यों एवं निजी क्षेत्रों के साथ भागीदारी कर साकार करना।

कार्यान्वयन

- यह परियोजना एक **केंद्र-राज्य सहयोगात्मक परियोजना** है, जिसमें राज्यों ने ऑप्टिकल फाइबर नेटवर्क की स्थापना हेतु निःशुल्क योगदान दिया है।
- इस संपूर्ण परियोजना का वित्त पोषण **सार्वभौमिक सेवा दायित्व कोष (USOF)** द्वारा किया जा रहा है, जिसे देश के ग्रामीण एवं दूरदराज के क्षेत्रों में दूरसंचार सेवाओं में सुधार हेतु स्थापित किया गया था।

भारतनेट का महत्व (Importance of BharatNet)

- विश्व बैंक के एक अध्यक्ष के अनुसार, ब्रॉडबैण्ड में 10% वृद्धि के साथ सकल घरेलू उत्पाद में 1.4% की वृद्धि दर दर्ज की जाती है।
- ई-स्वास्थ्य (e-health), ई-बैंकिंग (e-Banking) तथा ई-शिक्षा (e-Education) पहल के क्रियान्वयन को NOFN द्वारा सहायता प्रदान किया जाएगा जिससे समग्र समावेशी विकास में वृद्धि होगी।

शिक्षा (Education)

- ग्रामीण स्कूलों में दूरस्थ कक्षाएँ स्थापित की जाएंगी। ऑनलाइन व्यावसायिक प्रशिक्षण कार्यक्रम पाठ्यक्रम, ग्रामीण आईसीटी केंद्रों (Rural ICT Centres) जैसे सामान्य सेवा केंद्रों के माध्यम से प्रदान किए जाएंगे।

स्वास्थ्य सेवा (Health Care)

- निजी स्वास्थ्य सेवा प्रदाताओं द्वारा या निजी उद्यमियों के साथ मिलकर ग्रामीण उद्यमियों द्वारा परामर्श एवं निदान हेतु टेलीमेडिसिन (Telemedicine) केंद्र स्थापित किए जाएंगे।

बैंकिंग (Banking)

- बैंकों सहित पोस्ट ऑफिस नेटवर्क का इस्तेमाल करते हुए, बैंकिंग से विहीन जनसंख्या हेतु मूलभूत बैंकिंग सेवाएं प्रदान की जाएंगी।
- व्यापार अभिकर्ता नेटवर्क के माध्यम से विभिन्न वाणिज्यिक बैंकों द्वारा डोरस्टेप (Doorstep) बैंकिंग सेवा। इन व्यापार अभिकर्ता नेटवर्क का प्रबंधन निजी सेवा प्रदाता द्वारा किया जाएगा।

कृषि (Agriculture)

- किसानों को कृषि संबंधी जानकारी प्रदान करने हेतु इंटरनेट कियोस्क (Internet Kiosk)।
- समेकित अनुप्रयोग मंच (Integrated Application Platform) का विकास, जो कृषि संबंधी सूचना एसएमएस के माध्यम से प्रदान करती है एवं कृषि सूचना प्रदान करने में सहायक हो सकती है।

9.8 केरल फाइबर ऑप्टिक नेटवर्क परियोजना (Kerala Fibre Optic Network Project)

केरल मंत्रिमंडल ने 1,548 करोड़ रुपये की फाइबर-ऑप्टिक नेटवर्क परियोजना को मंजूरी दी है। फरवरी 2021 में अपने पहले चरण के उद्घाटन के साथ, परियोजना इंटरनेट एक्सेस को 'नागरिकों का अधिकार' (Citizen's Rights) बनाने के सरकार के उद्देश्य को पूरा करना चाहती है।

फाइबर ऑप्टिक नेटवर्क प्रोजेक्ट के बारे में

उद्देश्य: राज्य में लगभग 2 मिलियन परिवारों को मुफ्त उच्च गति इंटरनेट कनेक्शन प्रदान करना।

- 20 लाख से अधिक गरीबी रेखा से नीचे (बीपीएल) घरों के लिए मुफ्त उच्च गति इंटरनेट प्रदान करने का लक्ष्य।
- यह राज्य की बिजली उपयोज्यता केरल राज्य बिजली बोर्ड और केरल राज्य आईटी इन्फ्रास्ट्रक्चर लिमिटेड की एक सहयोगी पहल है।
- इंटरनेट सेवा प्रदाता और केबल टेलीविजन ऑपरेटर भी अपनी सेवाएं प्रदान करने के लिए ऑप्टिक-फाइबर नेटवर्क परियोजना में शामिल हो सकते हैं।
- राज्य सरकार ने कहा कि उच्च गति नेटवर्क के माध्यम से 30,000 सरकारी कार्यालयों और स्कूलों को जोड़ा जाएगा।

महत्व

- इस परियोजना से देश के आईटी उद्योग की मदद करने और कृत्रिम बुद्धिमत्ता, ब्लॉकचेन, और स्टार्टअप के क्षेत्र में बड़े अवसरों को खोलने की उम्मीद है। इससे परिवहन क्षेत्र के बेहतर प्रबंधन में भी मदद मिलने की उम्मीद है।

9.9 टेलीमैटिक्स के विकास हेतु केंद्र (Centre for Development of Telematics - C-DOT)

- भारत सरकार के दूरसंचार प्रौद्योगिकी विकास केंद्र (Tele-Communication Technology Development Centre) का नाम C-DOT है, जिसे 1984 में स्वायत्त निकाय के रूप में स्थापित किया गया था।
- यह लागत-प्रभावी, स्वदेशी विकसित एवं संपूर्ण दूरसंचार समाधान-सैटेलाइट संचार (Satellite Communication) आईएन (IN) वायरलेस ब्रॉडबैण्ड, जीपीओएन (GPON), एनजीएन (NGN), एटीएम डीडब्लूडीएम (ATM DWDM), एनएमएम (NMS) तथा मोबाइल सेल्युलर प्रणाली (Mobile Cellular System) प्रदान करने हेतु है।

टेलीमैटिक्स (Telematics)

- बहुविषयक क्षेत्र के रूप में टेलीमैटिक्स में दूरसंचार, सड़क सुरक्षा वाहन तकनीक, सड़क परिवहन, इलेक्ट्रिकल इंजीनियरिंग, सेंसर, यंत्रीकरण (Instrumentation) वायरलेस संचार तथा कम्प्यूटर विज्ञान (मल्टीमीडिया, इंटरनेट आदि), शामिल हैं।
- यह प्रणाली वॉयरलेस संचार (Wireless Communication), भू-मण डलीय स्थिति निर्धारण प्रणाली (Global Positioning System) तथा ऑन-बोर्ड इलेक्ट्रॉनिक्स (On-board Electronics) द्वारा संचालित सेवाओं का एक समूह है। टेलीमैटिक्स प्रणाली इंटरनेट और ताररहित सेल्युलर सेवाएं प्रदान करता है, जो स्थान, नेविगेशन (Navigation) ट्रैफिक निगरानी तथा नियंत्रण, टोल-संग्रह, सुरक्षा व यात्री जानकारी हेतु सेवाओं में सहायता करते हैं।
- सुदूर की वस्तुओं पर प्रभावी नियंत्रण के साथ-साथ दूरसंचार उपकरणों के माध्यम से यह प्रौद्योगिकी सूचना प्रेषण, प्राप्ति एवं संग्रहण करने में सक्षम बनाता है।
- स्वचालित नेविगेशन प्रणाली (Automotive Navigation System) में कम्प्यूटर एवं मोबाइल संचार तकनीक के साथ समेकित GNSS प्रौद्योगिकी।
- वाहनों के अनुप्रयोगों हेतु दूरसंचार एवं सूचना विज्ञान का स्वीकृत उपयोग।
- जब सड़क वाहनों में इसका इस्तेमाल किया जाता है, तब इसे वाहन टेलीमैटिक्स (Vehicle Telematics) कहा जाता है।

9.10 दूरसंचार सार्वजनिक उपक्रम (Telecom Public Sector Undertakings)

I. **भारतीय टेलीफोन उद्योग लिमिटेड (India Telephone Industry) - ITI:** ITI लिमिटेड को 1950 में DOT द्वारा देश के प्रथम पीएसयू (PSU) के रूप में शामिल किया गया था। इसका मुख्यालय बंगलुरू में है तथा विनिर्माण संयंत्र, यूपी के नैनी, रायबरेली तथा मांका में, केरल के पलक्कड़ एवं जम्मू-कश्मीर के श्रीनगर में अवस्थित है। आईटीआई लिमिटेड पहले DOT के लिए तथा बाद में बीएसएनएल एवं एमटीएनएल के लिए नब्बे के दशक शुरुआती के वर्षों तक एकमात्र आपूर्तिकर्ता बना रहा।

II. **दूरसंचार कंसल्टेंट्स इंडिया लिमिटेड (Telecommunication Consultants India Limited):** भारत सरकार के पूर्ण स्वामित्व वाला उपक्रम है, जिसे मार्च 1978 में स्थापित किया गया था। इसके मुख्य उद्देश्यों में शामिल हैं:

- भारत में दूरसंचार एवं सूचना प्रौद्योगिकी के सभी क्षेत्रों में विश्व स्तरीय तकनीक व विशेषज्ञता का विकास।
- उचित विपणन रणनीतियों के विकास के माध्यम से विदेशी/ भारतीय बाजारों में अपने कार्यों का विस्तारण, उत्कृष्टता एवं सततता प्रदान करना।
- अत्याधुनिक प्रौद्योगिकी प्राप्त करना एवं स्वयं को अग्रणी बनाए रखना।
- साइबर पार्क, साइबर शहरों, कुशल भवन-निर्माण, राजमार्गों तथा सड़कों एवं अन्य सिविल कार्यों में विविधता लाना।
- ब्रॉडबैण्ड की मल्टीमीडिया अभिसारी सेवा नेटवर्क (Broadband miltimedia convergent service network) पर ध्यान केन्द्रित करना।
- दूरसंचार बिलिंग (Telecom Billing), ई-गवर्नेंस नेटवर्क, ग्राहक सेवा, मूल्यवर्द्धित सेवाएं तथा अन्य में प्रणाली समन्वयक (System Integrator)।
- टीसीआईएल [शाब्दिक अर्थ विज्ञान के सैद्धांतिक एवं कम्प्यूटेशनल मुद्दे (Theoretical and Computational Issues in Texical Semantics)], की विशेषज्ञ तकनीकी जन-शक्ति का उपयोग करके आईटी (IT) एवं दूरसंचार क्षेत्रों का विदेशों में संचालन एवं प्रबंधन अनुबंधों को बढ़ावा देना।

- विदेशों में दूरसंचार तथा आईटी प्रशिक्षण अवसंरचना का विकास करना।
- विभिन्न राज्यों में स्वान: राज्य वाइड एरिया नेटवर्क (SWAN: State Wide Area Network) परियोजनाओं में सक्रिय भागीदारी।

III. **महानगर टेलीफोन निगम लिमिटेड (Mahanagar Telephone Nigam Limited):** यह सर्वप्रथम 1986 में नवरत्न PSU के रूप में स्थापित किया गया था। इसका प्राथमिक उद्देश्य गुणवत्ता पूर्ण दूरसंचार नेटवर्क का विस्तार करना तथा भारत के प्रमुख महानगरों – दिल्ली एवं मुंबई में दूरसंचार सुविधाओं के विकास हेतु राजस्व प्राप्त करना है। यह अपने टेलीफोन विनिमय नेटवर्क (Telephone Exchange Network) के 100% को नवीनतम तकनीकी से पूर्ण डिजिटल मोड (Digital Mode) में परिवर्तन करके प्रौद्योगिकी प्रेरण के रूप में अग्रणी रहा।
जून 2022 तक, महानगर टेलीफोन निगम लिमिटेड (MTNL) के पास दिल्ली में 2.15 मिलियन वायरलेस ग्राहक थे। मुंबई में दस लाख से अधिक MTNL GSM उपयोगकर्ता थे। महानगर टेलीफोन निगम लिमिटेड (MTNL) की सेवाएं केवल मुंबई और दिल्ली क्षेत्र में उपलब्ध थीं।

IV. **भारत संचार निगम लिमिटेड (Bharat Sanchar Nigam Limited):** दूरसंचार सेवाओं की व्यापक श्रेणी अर्थात् तार लाइन, (Wire Line) वॉयरलेस-CDMA, वॉयरलेस जीएसएम (Wireless GSM), इंटरनेट, ब्रॉडबैण्ड, वाहक सेवा (Carrier Services), एमपीएलएस-वीपीएन (MPLS-VPN), वीसैट (VSAT), वीओआईपी सेवाएं (VoIP-Services) आदि बीएसएनएल (BSNL) द्वारा प्राप्त की जाती हैं, जो दिल्ली एवं मुंबई को छोड़कर पूरे भारत में 2000 में स्थापित किया गया था। ग्रामीण टेलीफोनी (Rural Telephony) बीएसएनएल (BSNL) के प्रमुख क्षेत्रों में से एक है तथा इस प्रकार यह 31 मई, 2013 तक ग्रामीण इलाकों में 5.82 लाख गांवों में उल्लेखनीय रूप से ग्राम सार्वजनिक टेलीफोन (Village Public Telephone) प्रदान करने में कामयाब रहा। इसके अतिरिक्त जनवरी 2005 से ब्रॉडबैण्ड सेवाएं भी शुरू की गई हैं और TRAI प्रेस रिलीज 13/2023 के अनुसार, दिसंबर-22 के अंत में बीएसएनएल शीर्ष पांच सेवा प्रदाताओं में से एक था, जिसकी कुल ब्रॉडबैंड में ग्राहकों की 98.41% बाजार हिस्सेदारी थी। ये सेवा प्रदाता रिलायंस जियो इन्फोकॉम लिमिटेड (432.16 मिलियन), भारती एयरटेल (234.46 मिलियन), वोडाफोन आइडिया (123.87 मिलियन), बीएसएनएल (26.35 मिलियन) और एट्रिया कन्वर्जेंस (2.14 मिलियन) थे।

9.11 भारत के डिजिटल अभिसरण तथा संचार आयोगः मामले (Digital Convergence and Communication Commission of India: Issues)

डिजिटल अभिसरण निम्न चार उद्योगों का एक में सम्मिलन है अर्थात् आईटीसीटीआई (सूचना प्रौद्योगिकी, दूरसंचार, उपभोक्ता इलेक्ट्रॉनिक्स और मनोरंजन)।

यह विभिन्न प्रकार के उपकरणों से एक ही मल्टीमीडिया सामग्री को देखने की क्षमता है, सामग्री के डिजिटलीकरण के कारण (फिल्म, चित्र, संगीत, आवाज और शब्द) तथा इसके कनेक्शन (Connection) तरीकों के विकास के लिए कार्य करता है।

हमारे दैनिक जीवन में डिजिटल अभिसरण का उपयोग (Use of Digital Convergence in Our Daily Life)

- कनेक्ट किए गए स्मार्टफोन के माध्यम से हमारे टीवी पर ई-मेल पढ़ना।
- इंटरनेट से जुड़े होम थियेटर (Home Theatre) पर एक स्ट्रीमिंग फिल्म देखना।

संचार अभिसरण विधेयक (Communication Convergence Bill)

- यह विधेयक जिसका मुख्य उद्देश्य संचार क्षेत्र को बढ़ावा देने तथा तारयांत्रिकी विकसित करने (प्रसारण, दूरसंचार और मल्टीमीडिया सहित) हेतु एक नया 'एकीकृत' नियामक संरचना स्थापित करना है।
- अभिसरण (Convergence) बिल मौजूदा क्षेत्र के कानूनों की निरस्त करने तथा बदलने की पेशकश करता है, जिसमें भारत टेलीग्राफ अधिनियम, 1885 तथा दूरसंचार नियामक प्राधिकरण अधिनियम, 1997 शामिल है।

उद्देश्य (Objectives)

- राष्ट्रीय संचार अवसंरचना के विकास की सुविधा हेतु उपभोक्ताओं को सेवाओं की विस्तृत पसंद प्रदान करने के लिए।
- एक विनियामक संरचना स्थापित करने के लिए जो प्रौद्योगिकियों के अभिसरण को संबोधित करती है तथा प्रसारण, दूरसंचार और मल्टीमीडिया के लिए संकेत नियामक और प्राधिकरण की शक्तियों और भूमिकाओं को परिभाषित करती है।
- ब्रॉडकास्टिंग कटेंट के लिए कोड और मानकों का आधार स्थापित करना।

9.12 ई-शासनः अवधारणा एवं महत्व (e-Governance: Concept and Significance)

विश्वभर में 1990 के दशक से ही सरकारी सेवाएं के प्रदान किये जाने की प्रणाली में सुधार के लिए सतत प्रयास जारी हैं। हालिया सूचना एवं संचार तकनीकी (ICT) नवोन्मेष ने इस दिशा में पहल की है तथा सरकार को विषमता से युक्त समाज की सेवा हेतु सक्षम बनाया है।

- तथापि, अभूतपूर्व रूप से सेवा प्रदायगी संस्थाओं और उनके तंत्र को सूचना युग ने नये तरीके से आधारभूत रूप से परिभाषित किया है तथा उनमें परिवर्तन किया है। इसका विजन (दूरदृष्टि) सरकार के कार्यों को वांछित रूप से ढालना तथा इसके अंगों को समुचित रूप से तैयार करना है।
- इलेक्ट्रॉनिक गवर्नेंस, एक अवधारणा के रूप में 'ई-गवर्नेंस' के नाम से जानी जाती है। विश्व के बहुसंख्यक लोकतांत्रिक देश ई-गवर्नेंस को जीवन के तौर तरीके साझा करने हेतु विजन रखते हैं।

- भारत सूचना तकनीकी क्रांति का अग्रगामी रहा है, तद्स्वरूप सार्वजनिक/लोक प्रशासन प्रणाली में इसका योगदानकर्ता रहा है, यह हम इसी इकाई में पढ़ेंगे। वास्तव में यदि पूर्ण रूप से सूचना-संचार तकनीकी का यथोचित प्रयोग किया जाये तो, इसके अवसरों की संभावनाएं असीम हैं, विशेषकर विकासशील विश्व की सामाजिक व आर्थिक संवृद्धि के संबंध में।
- सूचना तकनीकी मंत्रालय के अनुसार, ई-गवर्नेंस की भूमिका कम्प्यूटरीकरण के स्टेण्ड-अॅलोन बैंक ऑफिस से कहीं परे है। यह सरकारी अभियान मे मूलभूत परिवर्तन लाता है, साथ ही विधायिका, कार्यपालिका, न्यायपालिका तथा नागरिकों की नयी जिम्मेदारियों को स्थापित करता है।
- यह सरकारी विभागों तथा उनकी एजेंसियों में इन्टरनेट के माध्यम से उनकी सूचनाओं तक आमजन की पहुंच को सुगम बनाता है।

9.12.1 ई-गवर्नेंस के उद्देश्य (Objectives of e-Governance)

- नागरिकों को बेहतर सेवा प्रदायगी।
- पारदर्शिता और जवाबदेही की शुरुआत।
- सूचना के माध्यम से लोगों को सशक्त बनाना।
- सरकार के भीतर यानी केंद्र-राज्य या अंतर-राज्यों के बीच दक्षता में सुधार।
- व्यापार और उद्योग में सुधार।

9.12.2 ई-गवर्नेंस के स्तंभ (Pillars of e-Governance)

- लोग (People)
- प्रक्रिया (Process)
- प्रौद्योगिकी (Technology)
- संसाधन (Resources)

9.12.3 ई-गवर्नेंस में जुड़ाव के प्रकार (Types of Interaction in e-Governance)

- G2G अर्थात् सरकार से सरकार (G2G i.e. Government to Government)
- G2C अर्थात् सरकार से नागरिक (G2C i.e. Government to Citizen)
- G2B अर्थात् सरकार से व्यापार (G2B i.e. Government to Business)
- G2E अर्थात् सरकार से कर्मचारियों (G2E i.e. Government to Employees)

9.12.4 ई-गवर्नेंस के लाभ/परिणाम (Benefits/Outcomes of e-Governance)

- पारदर्शिता और जवाबदेहीता में बढ़ोत्तरी
- शासन की विस्तारित पहुंच।
- बेहतर लोक प्रशासन।
- आर्थिक विकास को बढ़ावा देने के लिए पर्यावरण को सक्षम बनाता है।
- नागरिकों को सूचना और गुणवत्तापूर्ण सेवाओं तक बेहतर पहुंच के रूप में बेहतर सेवा वितरण।

9.12.5 ई-गवर्नेंस कार्यक्रम (e-Governance Programmes)

- **भूमि:** भूमि **भारत सरकार** और **कर्नाटक सरकार** द्वारा संयुक्त रूप से वित्त पोषित एक परियोजना है जो कागजी भूमि रिकॉर्ड को डिजिटल बनाने और कर्नाटक में भूमि रजिस्ट्री में परिवर्तन को नियंत्रित करने के लिए एक सॉफ्टवेयर तंत्र बनाने के लिए है।
- **खजाने: इस G2G आधारित ई-गवर्नेंस प्लेटफॉर्म को कर्नाटक में लॉन्च हुआ।** इसे मुख्य रूप से मैनुअल ट्रेजरी सिस्टम की प्रणालीगत कमियों को खत्म करने और राज्य के वित्त के कुशल प्रबंधन के लिए लागू किया गया है।
- **ई-डिस्ट्रिक्ट:** मिशन मोड प्रोजेक्ट का उद्देश्य जिला स्तर पर उच्च मात्रा वाली नागरिक केंद्रित सेवाओं जैसे जन्म/मृत्यु प्रमाण पत्र, आय और जाति प्रमाण पत्र, वृद्धावस्था और विधवा पेंशन इत्यादि जारी करना है। **इसे सूचना प्रौद्योगिकी विभाग द्वारा लॉन्च किया गया था।**
- **MCA:** परियोजना का उद्देश्य कंपनी अधिनियम के तहत पंजीकृत कंपनियों को इलेक्ट्रॉनिक सेवाएं प्रदान करना है। प्रदान जाने वाली विभिन्न ऑनलाइन सुविधाओं में नाम का आवंटन और परिवर्तन, निगमन, पंजीकरण शुल्क का ऑनलाइन भुगतान, पंजीकृत कार्यालय के पते में परिवर्तन, सार्वजनिक रिकॉर्ड देखना और अन्य संबंधित सेवाएं शामिल हैं। **कॉर्पोरेट मामलों के मंत्रालय ने इसे लॉन्च किया।**
- **ई-सेवा:** सभी सेवाओं को उपभोक्ताओं / नागरिकों को **आंध्र प्रदेश में संबंधित सरकारी** विभागों से जोड़कर और सेवा वितरण के बिंदु पर ऑनलाइन जानकारी प्रदान करके ऑनलाइन वितरित किया जाता है। यह परियोजना विशेष रूप से उपयोगिता बिलों के भुगतान के लिए नागरिकों के बीच बहुत लोकप्रिय हो गई है।
- **ई-कोर्ट: इसे न्याय विभाग, कानून और न्याय मंत्रालय द्वारा लॉन्च किया गया था।** मिशन मोड प्रोजेक्ट (एमएमपी) का उद्देश्य नागरिकों को न्यायिक सेवाओं के बेहतर प्रावधान के लिए प्रौद्योगिकी का उपयोग करना है।
- **ई-ऑफिस:** मिशन मोड प्रोजेक्ट का उद्देश्य 'कम कागजी कार्रवाई' करके सरकार की परिचालन दक्षता में उल्लेखनीय सुधार करना है। **प्रशासनिक सुधार और लोक शिकायत विभाग ने इसे लॉन्च किया।**

नोट: अब ई-गवर्नेंस को डिजिटल इंडिया के 9 स्तंभों के अंतर्गत माना जाता है।

9.13 राष्ट्रीय ई-शासन योजना (National e-Governance Plan–NeGP)

- इलेक्ट्रॉनिक्स तथा सूचना प्रौद्योगिकी विभाग (Department of Electronics and Information Technology-Deity) तथा प्रशासनिक सुधार एवं सार्वजनिक शिकायत विभाग (Department of administrative Reforms and public grievances- DARPG) ने राष्ट्रीय ई-शासन योजना (NEGP) तैयार किया है।

- 18 मई, 2006 को केंद्रीय सरकार द्वारा 27 लक्षित प्रणाली परियोजनाओं (Mission mode projects) तथा 10 घटक वाले राष्ट्रीय ई-शासन (e-Governance) योजना की मंजूरी दी गई।

लक्षित प्रणाली परियोजनाएं (Mission Mode Projects)

- इसका उद्देश्य नागरिक सेवाओं एवं व्यापारों हेतु सभी सरकारी सेवाओं को अपने इलाके में आम सेवा डिलीवरी केंद्रों (Common service delivery outlets) के माध्यम से आम आदमी के लिए सुलभ बनाने तथा सस्ती कीमतों पर ऐसी सेवाओं की पारदर्शिता, विश्वसनीयता तथा दक्षता सुनिश्चित करने के लिए बेहतर बनाने का लक्ष्य है, ताकि आम व्यक्ति की बुनियादी जरूरतों को महसूस किया जा सके।

ई-गवर्नेंस को समग्र रूप से बढ़ावा देने के लिए, बुनियादी और सहायक अवसंरचना विकसित करने के लिए विभिन्न नीतिगत पहल और परियोजनाएं शुरू की गई हैं।

राज्य डेटा केंद्र (SDC), स्टेट वाइड एरिया नेटवर्क (स्वान/SWAN), सामान्य सेवा केंद्र (CSC) और मिडलवेयर गेटवे यानी नेशनल ई-गवर्नेंस सर्विस डिलीवरी गेटवे (NSDG), स्टेट ई-गवर्नेंस सर्विस डिलीवरी गेटवे प्रमुख बुनियादी ढांचा घटक हैं। स्टेट ई-गवर्नेंस सर्विस डिलीवरी गेटवे (SSDG) और मोबाइल ई-गवर्नेंस सर्विस डिलीवरी गेटवे (MSDG) महत्वपूर्ण सहायक घटकों में सुरक्षा, मानव संसाधन, नागरिक जुड़ाव, सोशल मीडिया के साथ-साथ मेटाडेटा, इंटरऑपरेबिलिटी, एंटरप्राइज आर्किटेक्चर, सूचना सुरक्षा आदि से संबंधित मानक नीतियां और दिशानिर्देश शामिल हैं। नई पहलों में प्रमाणीकरण के लिए एक ढांचा शामिल है, जैसे ई-प्रमाण और जी-आई क्लाउड (एक पहल जो ई-गवर्नेंस परियोजनाओं के लिए क्लाउड कंप्यूटिंग के लाभों को सुनिश्चित करेगी)।

राज्य आंकड़ा केंद्र (State Data Centre)

- सभी राज्यों/केंद्र शासित प्रदेशों में आंकड़ा केंद्र (Data centres) स्थापित करने की योजना बनाई गई है, जिससे सामान्य स्तर की आईटी अवसंरचना के निर्माण को सक्षम किया जा सके ताकि वे राज्य/केंद्रशासित प्रदेश स्तर के ई-शासन अनुप्रयोगों की मेजबानी कर सकें।
- दिसम्बर 2012 तक उन्नीस एसडीसी (SDC) संचालन में थे।

राज्यीय वृहत् विस्तार नेटवर्क [(State Wide Area Networks (SWANs)]

- SWAN एक राज्य/यूटी (UT) हेतु आंकड़े (Data), आवाज तथा वीडियो संचार के लिए अभिसरित आधार नेटवर्क (converged backbane network) के रूप में कार्य करता है।
- राष्ट्रीय ज्ञान नेटवर्क (National Knowledge Network) के उपयोग द्वारा सभी SWANs के एकीकरण हेतु एक कदम उठाया गया है, NKN के उपयोग से चार राज्य-गुजरात, तमिलनाडु, कर्नाटक एवं आंध्र प्रदेश के SWAN को एकीकृत किया जा चुका है।

सामान्य सेवा केंद्र (Common Services Centres)

- भारत के 6,00,000 गांवों में 1,00,000 सीएससी (CSC) की स्थापना को मंजूरी देने वाली योजना।
- आईटी एवं गैर-आईटी आधारित सेवाओं के माध्यम से देश के सूदूर कोनों में ग्रामीण आबादी को लाभान्वित करने वाले सरकारी, निजी तथा सामाजिक क्षेत्र संगठनों के लिए सीएससी (CSC) को अग्रांत वितरण बिंदु (Front end delivery point) के रूप में सेवा प्रदान करना है।

क्लाउड कम्प्यूटिंग (Cloud Computing)

क्लाउड कम्प्यूटिंग सहभाजी विभिन्न विन्यास कम्प्यूटिंग संसाधनों (Shared Various Configurable Computing Resources) (जैसे-नेटवर्क, सेवाओं, भंडारण, अनुप्रयोग एवं सेवाओं) के सर्वव्यापी, सुविधाजनक, मांग जनित नेटवर्क अभिगम सक्षम बनाने के लिए उपकरण है, जिसका तीव्रतापूर्वक प्रबंध किया जा सकता है तथा न्यूनतम प्रबंधन प्रयास या सेवा प्रदाता बातचीत के साथ जारी किया जा सकता है।

क्लाउड कम्प्यूटिंग को कम्प्यूटर के हार्ड ड्राइव के बजाय इंटरनेट पर आंकड़ों एवं प्रोग्रामों के भंडारण एवं उपलब्धता के रूप में परिभाषित किया गया है। इसके अतिरिक्त क्लाउड कम्प्यूटिंग में क्लाउड, हार्डवेयर, भंडारण, सेवाओं, नेटवर्क तथा इंटरफेस (Interface) के समूह को इंगित करता है, जो मिलकर कम्प्यूटर के पहलुओं को सेवा के रूप में वितरित करने का कार्य करते हैं।

सूचना को साझा करने के अलावा इंटरनेट पर रियल टाइम के आधार पर अवसंचना को भी साझा किया जा सकता है।

9.13.1 मेघराज (जी आई क्लाउड) [Meghraj (GI Cloud)]

यह क्लाउड कम्प्यूटिंग का लाभ उठाते हुए अपने नए कार्यक्रम हेतु भारत सरकार की एक पहल है। इसे मेघराज [मेघ = क्लाउड, राज = नियम (Rule)] अर्थात् क्लाउड कम्प्यूटिंग के नियम) के रूप में नामित किया गया है। नाम असंगत लग सकता है परंतु भारतीयों के लिए इसके लाभ वृहत् हैं। मेघराज के लिए एक अन्य नाम जीआई क्लाउड पहल (GI Cloud Initiative) है। यह ई-सेवाओं के प्रभावी वितरण हेतु सरकार को सक्षम करेगी।

9.13.1.1 सरकार के क्लाउड कम्प्यूटिंग के अवयव (Components of Government's Cloud Computing)

- क्लाउड कम्प्यूटिंग की पांच मुख्य विशेषताएं हैं– मांग पर स्व-सेवा की उपलब्धता (On Demand Self Services) सर्वव्यापी नेटवर्क पहुंच (Ubiquitous Network Access), मीटरयुक्त प्रयोग, लोच तथा संसाधन साझाकरण।
- तीन सेवा मॉडल में सेवा के रूप में अवसरंचना, सॉफ्टवेयर तथा प्लेटफॉर्म एवं चार तैनाती मॉडल के रूप में पब्लिक क्लाउड, हाइब्रिड क्लाउड, निजी क्लाउड तथा समुदाय क्लाउड शामिल हैं।
- क्लाउड कम्प्यूटिंग से सरकार के द्वारा प्रदान किए जाने वाले ई-सेवा पहुंच में गति आ रही है, जिससे सरकार द्वारा आई.सी.टी. (ICT) विस्तार पर किए जाने वाले खर्च में कमी आएगी।

9.13.1.2 जी.आई. क्लाउड के लाभ (Advantages of GI Cloud)

- उपलब्ध अवसंरचंना का अधिकतम उपयोग।
- **तीव्र परिनियोजन तथा पुनः प्रयोज्यता (Reusability):** भारत सरकार के किसी भी विभाग द्वारा रखे गए सॉफ्टवेयर को किसी अन्य विभाग को अतिरिक्त लागत के बिना उपलब्ध कराया जा सकता है।
- **प्रबंधन क्षमता एवं रख-रखाव:** इसके द्वारा भारत में सूचना एवं संचार प्रौद्योगिकी (आईसीटी) के अवसंरचना के रख-रखाव हेतु एक निश्चित स्थान प्रदान किया गया है।
- **मापनीयता (Scalability):** भारत के नागरिकों की प्रतिक्रिया मांग के रूप में सरकार के अवसंरचना को बढ़ाया जा सकता है।
- कुशल सेवा वितरण।
- **सुरक्षाः** संपूर्ण जीआई क्लाउड हेतु सुरक्षा संरचना, कम पर्यावरणीय जटिलता तथा कम संभावित भेद्यता को जन्म देगा।
- उपयोगकर्ता गतिशीलता में वृद्धि।
- प्रौद्योगिकी के प्रबंधन में कम प्रयास।
- प्रथम बार आईटी समाधान परिनियोजन में आसानी।
- लागत में कमी।
- **मानकीकरण (Standardisation):** जीआई क्लाउड अंतर्सक्रियता (Interoperability), एकीकरण (Integration), सुरक्षा, आंकड़ा सुरक्षा (Data security) तथा पोर्टेबिलिटी (Portability) इत्यादि के मानकों को निर्धारित करेगा।

9.13.1.3 मेघराज का उपयोग (Uses of Meghraj)

- न केवल इंटरनेट के माध्यम से, बल्कि मोबाइल कनेक्टिविटी (Mobile Connectivity) के माध्यम से, जीआई क्लाउड (GI Cloud), सरकारी विभागों, नागरिकों तथा व्यवसायों को सेवाएं प्रदान करेगा।
- नागरिकों तथा व्यवसायों को ई-सेवाओं के वितरण में तीव्रता लाने के अलावा सरकार का क्लाउड-आधारित सेवा वितरण मंच भी बढ़े हुए मानकीकरण, अंतर-क्षमता एवं एकीकरण आदि जैसे अन्य उद्देश्यों को प्राप्त करने में सहयोग करेगा।

9.13.1.4 जीआई क्लाउड प्रस्ताव के मुख्य मुद्दे (Main Issues of the GI Cloud Initiative)

- राज्यों तथा केंद्र के मध्य आम (उभयनिष्ठ) नीतियों का अभाव अनुप्रयोग के पुनः उपयोग को चुनौती देगा।
- व्यक्तिगत प्रौद्योगिकी जमाव तथा अवसंरचना के मानकीकरण की कमी सफलता को प्रभावित करेगा।
- स्पष्ट जनादेश या प्रोत्साहन की कमी जी-क्लाउड समझ (Uptake) को प्रभावित करेगी।

9.13.2 ई – ताल – [e-Taal (Electronic Transactions Agreegation and Analysis Layer)]

यह NIC (National Informatics Center) द्वारा विकसित एक वेब पोर्टल है, जो केद्र व राज्य स्तरीय ई-गवर्नेंस के सभी ई-ट्रांजेक्शन का समायोजन (Aggregation) तथा विश्लेषण करेगा। इनमें मिशन मोड प्रोजेक्ट भी शामिल होगा।

ट्रांजेक्शन के आंकड़े समय-समय पर वेब आधारित एप्लिकेशन के द्वारा प्राप्त किए जाएंगे। ये आंकड़े Near Time आधारित होंगे। इसमें विभिन्न स्थानों पर कार्यरत एप्लिकेशन के वास्तविक उपयोग की स्थिति प्रदर्शित होगी।

इसमें ई-गवर्नेंस प्रोजेक्ट के द्वारा किए गए लेन-देन की संख्या तथा वर्ग (Category) का प्रदर्शन, ग्राफीकल फॉर्म के साथ, टेबल फॉर्म में गणना किए गए लेन-देन के विश्लेषण के साथ होगा। यह राष्ट्रीय या राज्य स्तरीय ई-गवर्नेंस सेवाओं की निगरानी की सुविधा भी उपलब्ध कराएगा।

9.13.3 उमंग (यूनिफाईड मोबाइल एप्लीकेशन) [UMANG (Unified Mobile Application)]

नव-युग शासन/गवर्नेंस के लिए यूनीफाईड मोबाइल एप्लीकेशन का लघुरूप है-उमंग। जो भारत में मोबाइल गवर्नेंस के नाम से भी लोकप्रिय है। भीम ऐप के बाद प्रधानमंत्री मोदी ने सरकारी सेवाओं को उपलब्ध कराने के लिए उमंग एप लॉन्च किया है।

यह एप, राष्ट्रीय ई-गवर्नेंस प्रभाग (NeGD) तथा इलेक्ट्रॉनिक्स व सूचना तकनीकी मंत्रालय (MeiTY) द्वारा नवंबर 2017 में लॉन्च किया गया। यह देशभर में लोगों को डिजिटल पेमेंट लेनदेन के लिए प्रोत्साहित करता है। उमंग ऐप, बहु-अनुप्रयोग पैन इण्डिया ई-सरकारी सेवाओं जैसे आयकर भरने आधार बनाने, गैस सिलेंडर की बुकिंग, पासपोर्ट सेवा तथा भविष्य निधि पूछताछ के लिए एक-खिड़की प्लेटफार्म है।

यहां लोग क्षेत्रीय, राज्यीय तथा केंद्रीय सरकारी स्तर की 100 से भी अधिक सेवाओं का लाभ ले सकते हैं। उमंग, नये युग की शासन नीति अपनाने हेतु, डिजिटल इण्डिया पहल का एक भाग है। यह एप्लीकेशन वेब, एसएमएस अथवा आईवीआर (इण्टरेक्टिव वॉयस रिस्पांस) के माध्यम से प्रदान की गई है।

डीएनडी 2.0 और डीएनडी 3.0

ट्राई (TRAI) ने हाल ही में एक नये मोबाइल ऐप को विकसित किया है जिसका नाम डीएनडी 2.0 है। डीएनडी (डूनॉटडिस्टर्ब) सेवा, स्मार्ट फोन यूजर्स को अपना नम्बर डीएनडी में पंजीकृत कराकर स्पाम (Spam) संदेशों अथवा कॉल्स की रिपोर्टिंग की सुविधा प्रदान करता है जिससे अनसॉलिसिटिड कमर्शियल कम्युनिकेशन (UCC) अथवा टेलीमार्केटिंग कॉल्स या एसएमएस से परेशानी न हो।

TRAI DND 3.0 (Do Not Disturb)

नई रिलीज (बिल्ट अप) में निम्नलिखित अतिरिक्त विशेषताएं हैं:

- ग्राहक को रिपोर्टिंग में सहायता के लिए एक बुद्धिमत्तापूर्ण स्पैम पहचान इंजन (केवल SMS के लिए)।
- अपंजीकृत टेलीमार्केटर्स का पता लगाने में तेजी लाने के लिए आपत्तिजनक संदेशों और कॉलों के बारे में डेटा की क्राउडसोर्सिंग।
- ऐप के भीतर शिकायतों पर की गई कार्रवाई के बारे में अपडेट।
- आसान इंटरफेस और सेटअप।

TRAI DND ऐप अब उमंग ऐप पर भी उपलब्ध है। (भारत सरकार की पहल)

9.14 भारत इंटरफेस फॉर मनी (BHIM) ऐप [Bharat Interface for Money (BHIM) App]

भारत इंटरफेस फॉर मनी (BHIM) एक UPI आधारित भुगतान इंटरफेस है। यह नेशनल पेमेंट्स कॉरपोरेशन ऑफ इंडिया (NPCI) द्वारा विकसित है। यह रियल टाइम फंड ट्रांसफर की अनुमति देता है। BHIM ऐप दिसंबर, 2016 में लॉन्च किया गया था।

BHIM ऐप्स के प्रमाणीकरण के तीन स्तर हैं:

1. *एक*, ऐप एक डिवाइस की आईडी और मोबाइल नंबर के साथ जोड़ता है।
2. *दूसरा*, उपयोगकर्ता को लेन-देन के क्रम में बैंक खाता (UPI या गैर-UPI सक्षम) से जोड़ता है।
3. *तीसरा*, जब कोई उपयोगकर्ता ऐप सेट करता है तो उन्हें एक पिन बनाने के लिए कहा जाता है जिसे ऐप में लॉग इन करने की आवश्यकता होती है। यूपीआई पिन, जो एक उपयोगकर्ता अपने बैंक खाते के साथ बनाता है, लेन-देन के माध्यम के लिए आवश्यक है।

9.14.1 UPI क्या है?

यूनिफाइड पेमेंट्स इंटरफेस (यूपीआई) एक ऐसी प्रणाली है जो कई बैंक खातों को एक ही मोबाइल एप्लिकेशन (किसी भी भाग लेने वाले बैंक) में, कई बैंकिंग सुविधाओं को मिलाकर एक लगातार निधि मार्ग और मर्चेंट पेमेंट को एक साथ में जोड़ देती है। यह 'पीयर टू पीयर' संग्रह अनुरोध को पूरा करता है जिसे आवश्यकता और सुविधा के अनुसार अनुसूचित और भुगतान किया जा सकता है। प्रत्येक बैंक एंड्रॉइड, विंडोज और आईओएस मोबाइल प्लेटफॉर्म के लिए अपना खुद का यूपीआई ऐप प्रदान करता है।

यूपीआई की उपलब्धियां (Achievements of UPI)

- **महामारी वर्ष 2020-21 के दौरान** यूपीआई के माध्यम से डिजिटल लेनदेन में **अभूतपूर्व वृद्धि दर्ज की गई** और **कई देशों ने भारतीय अनुभव से सीखने के लिए रुचि दिखाई है** ताकि वे मॉडल को दोहरा सकें।
- एनपीसीआई के आंकड़ों के अनुसार, यूपीआई का उपयोग करके किए गए लेनदेन का मूल्य अक्टूबर, 2021 में पहली बार एक महीने में 100 बिलियन अमरीकी डालर को पार कर गया, जो भारत की सबसे लोकप्रिय डिज़िटल भुगतान प्रणाली के रूप में अपनी स्थिति को और मजबूत करता है।
- **भारत का डिजिटल भुगतान उद्योग 27% चक्रवृद्धि वार्षिक वृद्धि दर (Compounded Annual Growth Rate - CAGR)** से बढ़कर 2025 तक ₹7,092 ट्रिलियन हो जाने की संभावना है।

UPI ई-वॉलेट से बेहतर प्रदर्शन क्यों कर रहा है?

- लोग ई-वॉलेट जैसे अन्य उपकरणों से अधिक यूनिफाइड पेमेंट्स इंटरफेस (UPI) जैसे बैंक-से-बैंक के तरीकों को चुनकर, लेन-देन करने के तरीके को बदल रहे हैं। ऐसा इसलिए है क्योंकि UPI पूरी तरह से इंटरऑपरेबल है और इस तरह, यह दुनिया में अद्वितीय है, जहां आपके पास भेजने और प्राप्त करने वाले पक्ष पर एक इंटरऑपरेबल सिस्टम है।
- UPI का तेजी से विकास ई-वॉलेट्स का उपयोग करके किए गए लेन-देन के मूल्य में यथोचित मजबूत वृद्धि के साथ-साथ है, लेकिन नवंबर 2016 में विमौद्रीकरण के बाद प्राप्त होने वाले लेन-देन बहुत अधिक नहीं रहा है।

9.14.2 UPI-तंत्र के प्रतिभागियों को लाभ (UPI-Benefits to the Ecosystem Participants)

बैंकों के लिए लाभ (Benefits for Banks)

- लेन-देन के लिए सार्वभौमिक अनुप्रयोग।
- मौजूदा बुनियादी ढांचे का लाभ उठाना।
- सुरक्षित, संरक्षित और अभिनव।
- भुगतान का एकल आधार / विशिष्ट पहचानकर्ता।
- निर्बाध व्यापारी लेन-देन में सक्षम।

अंतिम ग्राहकों के लिए लाभ (Benefits for End Customers)

- चौबीस घंटे उपलब्धता।
- विभिन्न बैंक खातों तक पहुंचने के लिए एकल आवेदन।
- वर्चुअल आईडी का उपयोग अधिक सुरक्षित है, कोई क्रेडेंशियल साझाकरण नहीं करना होता है।
- सिंगल क्लिक प्रमाणीकरण।
- सीधे मोबाइल ऐप से शिकायत करें।

व्यापारियों के लिए लाभ (Benefits for Merchants)

- ग्राहकों से निर्बाध निधि संग्रह - एकल पहचानकर्ता।
- कार्ड की तरह ग्राहक के आभासी पते को संगृहीत करने का कोई जोखिम नहीं।
- क्रेडिट / डेबिट कार्ड न रखने वाले ग्राहकों का भी लाभ लेना।
- ई-कॉम और एम-कॉम लेन-देन के लिए उपयुक्त।
- COD (कैश ऑन डिमांड) संग्रह समस्या का समाधान करता है।

9.14.3 एनपीसीआई के बारे में (About NPCI)

- एनपीसीआई भारत में खुदरा भुगतान और निपटान प्रणाली के संचालन के लिए एक अम्ब्रेला संगठन है।
- यह भारतीय रिजर्व बैंक (RBI) और भारतीय बैंक संघ (IBA) की एक पहल है, जो भारत में भुगतान और निपटान प्रणाली अधिनियम, 2007 के प्रावधानों के तहत एक मजबूत भुगतान और निपटान अधोसंरचना बनाने के लिए है।
- इसे गैर-लाभकारी कंपनी के रूप में शामिल किया गया है।
- 2016 में 56 सदस्य बैंकों की शेयर धारिता का प्रतिनिधित्व करने वाले संगठन के रूप में इसकी पहचान थी।

BHIM 2.0

सरकार ने BHIM 2.0 ऐप को नई कार्यक्षमता, अतिरिक्त भाषा समर्थन के साथ लॉन्च किया।

BHIM 2.0 क्या है?

- भारत इंटरफेस फॉर मनी (भीम) एक यूपीआई आधारित भुगतान इंटरफेस है।
- भारतीय राष्ट्रीय भुगतान निगम (एनपीसीआई) द्वारा विकसित। रियल टाइम फंड ट्रांसफर की अनुमति देता है। दिसंबर, 2016 में लॉन्च किया गया।

BHIM 2.0 में नया क्या है?

- दान का प्रवेश द्वार, उच्च मूल्य के लेन-देन के लिए लेन-देन की सीमा में वृद्धि, कई बैंक खातों को लिंक करना, व्यापारियों से प्रस्ताव, आईपीओ में आवेदन करने का विकल्प पैसा जमा करना।
- यह- मौजूदा 13 से अधिक तीन अतिरिक्त भाषाओं का समर्थन भी करता है-कोंकणी, भोजपुरी और हरियाणवी।

BHIM UPI का अंतर्राष्ट्रीयकरण

- BHIM ऐप का अंतर्राष्ट्रीयकरण BHIM UPI QR-आधारित भुगतान के पायलट डेमो के साथ सिंगापुर के फिनटेक फेस्टिवल 2019 से शुरू हुआ।
- यह QR कोड-आधारित प्रणाली किसी भी BHIM ऐप के साथ सिंगापुर में भुगतान के लिए NETS टर्मिनलों पर SG QR को स्कैन करने की अनुमति देगा।
- परियोजना को संयुक्त रूप से NPCI और सिंगापुर के NETS द्वारा विकसित किया जा रहा है। इसे फरवरी 2020 तक लाने का लक्ष्य रखा गया था, किन्तु अभी इसमें देरी है।

सिंगापुर के बाद, भूटान ने भारत के भीम-यूपीआई को अपनाया (After Singapore, Bhutan adopts India's BHIM-UPI)

- भूटान अपनी **त्वरित प्रतिक्रिया (QR) कोड के लिए भारत के एकीकृत भुगतान इंटरफेस (UPI) मानकों को अपनाने वाला पहला देश बन गया है। व्यापारिक या मर्चेंट स्थानों पर भीम-यूपीआई स्वीकार करने वाला सिंगापुर** के बाद यह **दूसरा देश है।**
- भूटान एकमात्र ऐसा देश भी बन जाएगा, जो रुपे कार्ड जारी करने और स्वीकार करने के साथ-साथ भीम-यूपीआई को स्वीकार करेगा।

9.15 प्रगति (Pro-Active Governance and Timely Implementation - PRAGATI)

यह बहुद्देश्यीय तथा बहु-मॉडल आधारित गवर्नेंस प्लेटफॉर्म है। यह एक विशिष्ट एकीकृत तथा इंटरएक्टिव प्लेटफॉर्म है। इसका उद्देश्य सामान्य लोगों की शिकायतों का समाधान तथा केंद्र व राज्य सरकारों के महत्वपूर्ण कार्यक्रमों तथा योजनाओं की निगरानी करना है। प्रगति में 3 नवीनतम तकनीकों का प्रयोग किया गया है:

1. डिजिटल डाटा मैनेजमेंट (Digital Data Management)
2. वीडियो कॉन्फ्रेंसिंग (Video Conferencing)
3. भू-स्थानिक तकनीक (Geo-spatial technology)

इसे ई-गवर्नेंस तथा गुड गवर्नेंस (Good Governance) का नवोन्मेषी अंग माना जाता है।

यह भारत सरकार के सेक्रेटरी तथा राज्यों के चीफ सेक्रेटरी को एक साझा मंच प्रदान करता है, जिससे वे परस्पर संवाद स्थापित कर सकते हैं। इस प्रकार यह सहयोगी संवाद को एक विशिष्ट गति प्रदान करता है।

इसके द्वारा प्रधानमंत्री कार्यालय सभी सूचनाओं के साथ संबंधित राज्य या केंद्र सरकार के अधिकारी से संवाद स्थापित कर किसी मुद्दे पर वार्तालाप कर सकते हैं तथा जमीनी स्तर पर स्थिति की जांच कर सकते हैं।

प्रगति एप्लिकेशन की मुख्य विशेषताएं (Key features of the PRAGATI application)

1. यह त्रि-स्तरीय प्रणाली है, जिसमें प्रधानमंत्री कार्यालय, केंद्र सरकार के सचिव तथा राज्यों के मुख्य सचिव प्रगति एप्लिकेशन के जरिए जुड़ते हैं।
2. भारत सरकार के सेक्रेटरी तथा राज्यों के चीफ सेक्रेटरी से संवाद स्थापित करने के लिए प्रधानमंत्री द्वारा प्रत्येक महीने के चौथे बृहस्पतिवार को सायं 3:30 पर एक मासिक कार्यक्रम आयोजित किया जाएगा। यह प्रोग्राम वीडियो कॉन्फ्रेंसिंग के द्वारा जुड़ा रहेगा। इसे प्रगति दिवस के रूप में जाना जाएगा।
3. प्रधानमंत्री के समक्ष उपस्थित मुद्दों, प्रगतिशील, कार्यक्रमों, लंबित कार्यक्रमों तथा जनता की शिकायतों पर इसमें चर्चा की जाएगी।
4. प्रगति, शिकायतों संबंधी सिस्टम CPGRAMS, PMG तथा मिनिस्ट्री ऑफ स्टेटिस्टिक्स एण्ड प्रोग्राम एम्प्लिमेंटेशन के डाटाबेस को पुनर्संयोजित तथा मजबूत करेगा (CPGRAMS-Centralised Public Grievance Redre's and Monitoring System, PMG-Project Monitoring Group)। यह इन तीनों के संदर्भ में एक प्लेटफॉर्म का कार्य करेगा।
5. इसमें प्रधानमंत्री कार्यालय को साधारण लोगों, राज्यों के प्रतिष्ठित लोगों या सार्वजनिक कार्यक्रमों के निर्माताओं द्वारा भेजे गए पत्रों पर भी विचार किया जाएगा।
6. इसमें प्रगति दिवस से 7 दिन पूर्व ही मुद्दों का निर्धारण हो जाएगा।
7. केंद्र या राज्य सरकारों के सेक्रेटरी इस एप्लिकेशन पर इन मुद्दों को देख सकते हैं।
8. उपरोक्त प्रत्येक सेक्रेटरी को एप्लिकेशन में प्रवेश के लिए यूजर आई. डी. तथा पासवर्ड दिए जाएंगे।
9. ये उपरोक्त सेक्रेटरी अपने राज्य/विभागों संबंधी मुद्दों को देख सकेंगे।
10. इन मुद्दों के अपलोड होने के बाद केंद्र सरकार के सेक्रेटरी तथा राज्यों के चीफ सेक्रेटरी को इन मुद्दों पर टिप्पणी तथा स्वयं से जुड़े डाटा को अपडेट करने के लिए 3 दिन मिलेंगे (अगले सोमवार तक)।
11. प्रधानमंत्री कार्यालय केंद्र सरकार के सेक्रेटरी तथा राज्यों के चीफ सेक्रेटरी द्वारा अपडेट किए गए डाटा की समीक्षा मंगलवार को करेगा।
12. इसे इस प्रकार से डिजाइन किया गया है कि इन नवीनतम अपडेट किए गए डाटा तथा मुद्दों की समीक्षा प्रधानमंत्री द्वारा की जा सकती है।

इस सिस्टम का निर्माण PMO (Prime Minister Office) टीम द्वारा (in-house) NIC (National Informatics Center) की मदद से किया

गया है। यह ई-पारदर्शिता तथा ई-जवाबदेही स्थापित करने का एक सुदृढ़ तंत्र है। इसमें रीयल टाइम प्रेजेंस (Real Time Presence) तथा मुख्य हितधारकों के बीच आदान-प्रदान के विकल्प की सुविधा भी शामिल है।

9.16 आधार (Aadhar)

आधार, डिजिटलीकरण तथा व्यक्ति की पहचान सत्यापित करने के क्षेत्र में एक क्रांतिकारी कदम है। यह 12 अंकों का निजी पहचान नंबर होता है, जो भारत सरकार की ओर से 'भारतीय विशिष्ट पहचान प्राधिकरण' (Unique Identification Authority of India) द्वारा जारी किया जाता है।

यह भारत में किसी भी स्थान पर व्यक्ति की पहचान तथा पता के रूप में कार्य करता है। आधार पत्र (Adhar Letter) इंडिया पोस्ट द्वारा प्राप्त किया जा सकता है या UIDAI वेबसाइट से ई-आधार डाउनलोड किया जा सकता है। दोनों ही समान रूप से वैध हैं।

आप की उम्र या लिंग कोई भी हो आप भारतीय नागरिक होने के नाते आधार के लिए पंजीकरण करा सकते हैं तथा UIDAI द्वारा स्थापित जांच प्रक्रिया पूरी होने के बाद आधार नंबर प्राप्त कर सकते हैं।

इसके लिए मात्र पंजीकरण की आवश्यकता होती है तथा यह पूर्णत: नि:शुल्क होता है।

प्रत्येक आधार नम्बर आजीवन वैधता के साथ विशिष्ट (Unique to an Individual) होता है। ऐसा माना जा रहा है कि थोड़े समय बाद आधार नम्बर के द्वारा बैंकिंग, मोबाइल फोन कनेक्शन तथा अन्य सरकारी तथा गैर-सरकारी सेवाएं प्राप्त की जा सकेंगी।

आधार की विशेषताएं

1. लागत प्रभावी, ऑन लाइन तरीके से आसानी से सत्यापित (Verifiable) ।
2. विशिष्ट होता है ताकि सरकारी तथा निजी सूचनाओं में बड़ी मात्रा में जाली/नकली पहचान-पत्रों को अप्रभावी किया जा सकता है।
3. जाति, पंथ, धर्म तथा क्षेत्र के आधार पर वर्गीकरण किए बिना यादृच्छिक (Random) रूप से नम्बर दिया जाता है।

नोट: यूआईडीएआई ने ई-आधार पर एक सुरक्षित, डिजिटल-हस्ताक्षरित क्यूआरकोड जारी किया है जिसमें अवधारक का फोटोग्राफ भी होगा, साथ ही जनांकीकीय सूचनाओं के साथ व्यक्ति का ऑफलाइन वेरीफिकेशन भी हो सकेगा। यूआईडीएआई (यूनिक आईडेण्टिफिकेशन ऑथोरिटी ऑफ इण्डिया) ने हाल ही में पहले से मौजूद क्यूआरकोड को ई-आधार पर डिजिटली हस्ताक्षरित क्यूआरकोड से प्रतिस्थापित किया है जिसमें जनांकिकीय सूचनाओं के साथ-साथ आधार होल्डर का फोटोग्राफ भी होगा।

9.17 डिजिटल लॉकर (Digital Locker)

भारत सरकार ने फरवरी 2015 को डिजिटल लॉकर लॉन्च किया। डिजी लॉक (Digi Loc) एक डिजिटल लॉकर है, जो पेन कार्ड, पासपोर्ट, मार्क्सशीट, डिग्री सर्टिफिकेट, जैसे- दस्तावेजों को रखने (इलेक्ट्रॉनिक रूप में) के लिए सुरक्षित, निजी इलेक्ट्रॉनिक स्पेस उपलब्ध कराता है। यह आधार-नंबर से जुड़ा होता है।

प्रारंभ में 10MB की जगह नि:शुल्क उपलब्ध करायी जाती थी जिसे बढ़ाकर आज 1GB कर दिया गया है। जिस तरह से भौतिक लॉकर में आभूषण, महत्वपूर्ण दस्तावेज वगैरह रखकर सुरक्षित किए जाते हैं उसी तरह इसमें वेबसाइट पर डिजिटल सूचनाओं को डिजिटल रूप से सुरक्षित रखा जा सकता है। केद्रीय सड़क परिवहन मंत्री ने 7 सितंबर, 2016 को डिजिटल लॉकर को एकीकृत करने की योजना लॉन्च की, जिसमें ड्राइविंग लाइसेंस तथा सड़क परिवहन तथा राजमार्ग मंत्रालय की वाहन पंजीकरण प्रणाली को डिजिटल लॉकर से जोड़ने का प्रयास किया गया।

सरकारी एजेंसियो दस्तावेजों को इलेक्ट्रॉनिक रूप से जारी करेंगी, जो वेबसाइट पर अपलोड कर दिए जाएंगे।

CBSE (Central Board of Secondary Education) ने 2015 से कक्षा 12 के विद्यार्थियों की अंक तालिका, हार्ड कॉपी के साथ-साथ डिजिटल रूप में भी जारी की है, जो विद्यार्थियों के डिजिटल लॉकर में सुरक्षित रह सकती है।

यह डिजिटल इंडिया प्रोग्राम की महत्वपूर्ण पहल है। इस वेबसाइट का विकास Maha Online Ltd. ने किया तथा साथ ही इसके प्रबंधन का कार्य भी वही करेगी। **Maha Online Ltd.**, महाराष्ट्र सरकार तथा टाटा कंसल्टेंसी सर्विसेज (TCS) का संयुक्त उपक्रम है।

डिजी लॉकर, ई-दस्तावेजों का उपयोग बढ़ाकर दस्तावेजों की भौतिक रूप में आवश्यकता को न्यूनतम कर देगा। यह सरकारी विभागों तथा एजेंसियों को कागज से किए जाने वाले काम के बोझ से मुक्त कर देगा। कम कर देगा। सबसे महत्वपूर्ण यह लोगों के समय व प्रयासों की बचत करते हुए सेवाओं की प्राप्ति को आसान बना देगा क्योंकि ई-दस्तावेजों को इलेक्ट्रॉनिक रूप से कहीं भी, किसी भी समय प्राप्त किया जा सकता है, जबकि भौतिक दस्तावेजों में ऐसा संभव नहीं होता।

नागरिकों को उनके दस्तावेज ई-रूप में रखने के लिए एक सुरक्षित, समर्पित तथा निजी इलेक्ट्रॉनिक स्पेस उपलब्ध कराने के लिए भारत सरकार ने इसे लॉन्च किया। इसका लाभ प्राप्त करने के लिए उपयोगी वेबसाइट निम्न हैं-https://digilocker.gov.in तथा https://digitallocker.gov.in

इसकी अन्य विशेषताएं:

1. क्लाउड पर डिजिटल लॉकर उपलब्ध कराने में लोगों का डिजिटल इम्पॉवरमेंट होगा।
2. दस्तावेजों के e-signing की सुविधा तथा इलेक्ट्रॉनिक रूप से ऑनलाइन उपलब्धता। भौतिक दस्तावेजों के उपयोग को न्यूनतम करना।
3. ई-दस्तावेजों की पहचान सुनिश्चित करना तथा जाली दस्तावेजों को अप्रभावी बनाना।
4. सरकार द्वारा जारी दस्तावेजों तक एक वेब पोर्टल के द्वारा सुरक्षित पहुंच तथा निवासियों (लोगों) के लिए मोबाइल एप्लिकेशन।
5. सरकारी विभागों तथा एजेंसियों के कार्यभार को कम करना तथा लोगों के लिए सेवा प्राप्ति को आसान बनाना।
6. लोगों को कहीं भी, किसी भी समय अपने दस्तावेजों तक पहुंच की सुविधा।

7. एक ओपन तथा इंटर-ऑपरेबल मानक आधारित ढांचे के द्वारा well structural standard document format को सपोर्ट करना।
8. लोगों के डाटा तक निजी तथा वैध पहुंच सुनिश्चित करना।

डिजिटल लॉकर के लिए Sign-up करने के दो तरीके

आधार-आधारित तरीका: डिजिटल लॉकर के लिए साइन अप करने के लिए कोई भी व्यक्ति स्वेच्छा से मोबाइल OTP (One Time Password) या बायोमीट्रिक फिंगर प्रिंट डिवाइस का इस्तेमाल करके आधार का प्रयोग कर सकता है।

आधार रहित तरीका: कोई व्यक्ति अपने मोबाइल नम्बर को सत्यापित करने के बाद पता (address) का प्रमाणित दस्तावेज तथा हाथ से सत्यापित (Manual Verification) पहचान-पत्र जमा कराकर।

9.18 जाम त्रिकोण (JAM Trinity)

जाम (JAM) तीन चीजों को प्रदर्शित करता है-जन-धन योजना, आधार तथा मोबाइल नम्बर।

जाम त्रिकोण भारत में गरीबों की आर्थिक दशा सुधारने के लिए महत्वपूर्ण है। इसके द्वारा डायरेक्ट बेनिफिट ट्रांसफर (DBTs) को बड़े स्तर पर, तकनीक तथा रियल-टाइम के आधार पर लागू किया जा सकेगा।

जाम त्रिकोण पहल परियोजना का प्रथम उदाहरण DBTs के जरिए LPG सब्सिडी देना है, इससे लगभग 24% लीकेज कम हो गया। लाभ प्राप्तकर्ता की पहचान, वितरण में कमियां, वित्तीय समावेशन के लाभार्थियों की पहचान में अनेक-चुनौतियां विद्यमान हैं। ऐसे में जाम त्रिकोण लीकेज को रोकने में मदद करेगा तथा सरकार के लिए वित्तीय बचत करेगा।

9.19 वन नेशन वन फास्टैग (One Nation One Fastag)

वन नेशन वन फास्टैग योजना का 2019 में उद्घाटन किया गया। सरकार ने घोषणा की थी कि 1 दिसंबर, 2019 से सभी राष्ट्रीय राजमार्गों पर सभी वाहनों के लिए FASTags अनिवार्य होगा।

आखिरकार, केंद्रीय सड़क परिवहन और राजमार्ग मंत्रालय ने फैसला किया है कि राष्ट्रीय राजमार्गों पर शुल्क प्लाजा में सभी लेन को 15/16 फरवरी 2021 की मध्यरात्रि से फास्टैग लेन के रूप में घोषित किया जाएगा। कोई भी अपने FASTag को दोबारा पंजीकृत किए बिना लगातार 5 वर्षों तक उपयोग करना जारी रख सकता है।

FASTag से रहित किसी भी वाहन को उस वाहन की श्रेणी के लिए दोगुना शुल्क देना होगा जो वे पूरे भारत में इलेक्ट्रॉनिक टोल प्लाजा ले रहे हैं। ANPR – स्वचालित नंबर प्लेट रीडर से राजमार्ग पर टोल प्लाजा और FASTag को प्रतिस्थापित किए जाने की प्रत्याशा है।

योजना की विशेषताएं

- इस योजना को 1 दिसंबर, 2019 से लागू किया जाएगा, और पूरे देश में राष्ट्रीय और राज्य राजमार्गों पर रेडियो फ्रीक्वेंसी आइडेंटिफिकेशन (RFID) टैग वाली नई कारों द्वारा सक्रियण का लाभ उठाया जा सकता है।
- योजना का उद्देश्य टोल के संग्रह को डिजिटल रूप से एकीकृत करना और पूरे भारत में वाहनों की निर्बाध गतिशीलता सुनिश्चित करना है।
- भुगतान विधि राष्ट्रीय इलेक्ट्रॉनिक टोल संग्रह (NETC) कार्यक्रम का एक हिस्सा है। भारतीय राष्ट्रीय भुगतान निगम (NPCI) भुगतान एकत्र करता है।

इलेक्ट्रॉनिक आरएफआईडी टोल संग्रह कैसे काम करता है

चरण 1

मोटर चालक एक आरएफआईडी ट्रांसपोंडर या आरएफआईडी टैग का उपयोग करता है और जिसे वाहनों के विंडशील्ड से जोड़ता है

चरण 2

जैसे ही वाहन टोल बूथ के पास पहुंचता है, टोल बूथ में आरएफआईडी रीडर एक रेडियो तरंग भेजता है जो विंडशील्ड में लगे हुए आरएफआईडी टैग को सक्रिय करता है। सक्रिय टैग, आरएफआईडी रीडर को वाहन की जानकारी भेजता है।

चरण 3

आरएफआईडी रीडर वाहन की जानकारी लेन नियंत्रक (Lane Controller) को भेजता है। लैन नियंत्रक, जो एक स्थानीय क्षेत्र नेटवर्क का हिस्सा है, वाहन की जानकारी को एक केंद्रीय कंप्यूटर तक पहुंचाता है, जो मोटर चालकों के खाते से भुगतान कर लेता है। यदि वाहन में RFID टैग नहीं है, तो एक हाई-स्पीड कैमरा लाइसेंस प्लेट की तस्वीर लेता है और कंप्यूटर उल्लंघन नोटिस को प्रिंट करता है, जिसे मोटर यात्री को भेज दिया जाता है।

चित्र 9.1
FASTag का कार्य तंत्र

***FASTag* क्या है? वे कैसे काम करते हैं?**

- स्टिकर वाहनों की विंडस्क्रीन पर चिपकाए जाते हैं।
- टोल की डिजिटल तकनीकी टोल गेट पर बिना रुके, संपर्क रहित भुगतान को सक्षम करने के लिए RFID तकनीक का उपयोग करती है।
- टैग बैंक खातों और अन्य भुगतान विधियों से जुड़े होते हैं।
- सेंसर टोल बैरियर पर रखे गए हैं और वैध FASTags वाले वाहनों के लिए अवरोध खुले होते हैं।
- एक FASTag पांच साल के लिए वैध है और इसे केवल आवश्यकता के अनुसार रिचार्ज करना होगा।

हमें इस योजना की आवश्यकता क्यों है?

- भारतीय राष्ट्रीय राजमार्ग प्राधिकरण (एनएचएआई) के अनुसार, ये डिवाइस टोल से गुजरने में काफी कम समय लगायेंगे, क्योंकि ड्राइवरों को अब नकदी ले जाने या लेन-देन करने के लिए रुकना नहीं पड़ेगा।
- टोल बूथों पर कैमरा वाहन में यात्रियों की तस्वीरें लेगा, जो गृह मंत्रालय के लिए उपयोगी होगा क्योंकि वहां एक वाहन की आवाजाही का रिकॉर्ड होगा।

9.20 ई-लर्निंग (e-Learning Education and Internet Technology)

इंटरनेट तथा इसके वर्ल्ड वाइड वेब (www) ने वेब आधारित लर्निंग, ऑनलाइन लर्निंग आदि के द्वारा करोड़ों लोगों के हितों तथा महत्वाकांक्षाओं को अपने से जोड़ लिया है।

वेब का शैक्षणिक उपयोग निम्न कारणों से बढ़ा है- शिक्षा तथा प्रशिक्षण की उच्च मांग, सामाजिक अर्थव्यवस्था का श्रम केंद्रित से ज्ञान केंद्रित होते जाने तथा सीखने के लिए सीखने की आवश्यकता (Need for learning while learning)।

ई-लर्निंग के लिए मानकीकरण की आवश्यकता को देखते हुए कई बदलाव किए गए हैं:

1. **वेब आधारित निर्देश (Web-Based Instruction):** यह हाइपर मीडिया आधारित निर्देशालय प्रोग्राम है, जिसमें www के स्रोतों तथा गुणों का उपयोग किया गया है। ताकि एक लर्निंग वातावरण का निर्माण हो सके जहां लर्निंग को प्रोत्साहन तथा समर्थन मिले।
2. **आभासी लर्निंग (Virtual-Learning):** इंटरनेट पर लर्निंग की शैक्षणिक प्रक्रिया, जिसमें फेस-टू-फेस कांटेक्ट नहीं होता है। आभासी लर्निंग कहलाती है। इसमें टेली-लर्निंग (tele-learning) को भी शामिल किया जाता है।
3. **ऑनलाइन लर्निंग (Online Learning):** यह वेब लर्निंग का पर्यायवाची है। इसमें इंटरनेट या इंट्रानेट पर हाइपर टेक्स्ट ट्रांसफर प्रोटोकॉल (http) के जरिए लर्निंग को प्रोत्साहित किया जाता है।
4. **ई-लर्निंग (e-Learning):** इसमें कंप्यूटर आधारित लर्निंग, वेब-आधारित लर्निंग, आभासी क्लास रूम तथा डिजिटल सहयोग के साथ बड़ी मात्रा में एप्लिकेशन तथा प्रक्रियाओं को शामिल किया जाता है। ई-लर्निंग, वेब आधारित लर्निंग या ऑनलाइन लर्निंग का विकल्प है।

9.20.1 उन्नत भारत अभियान (Unnat Bharat Abhiyan)

यह भारत के ग्रामीण क्षेत्रों के उत्थान हेतु, भारत सरकार के 'मानव संसाधन विकास मंत्रालय' का प्रोग्राम है। यह IITs, NIITs तथा देश के अन्य अग्रणी सरकारी इंजीनियरिंग संस्थानों के सहयोग से लॉन्च किया गया।

इस प्रोग्राम के तहत् सभी शैक्षणिक तथा तकनीकी संस्थानों में से प्रत्येक को 5 गांव गोद लेने के लिए कहा गया जहां वे तकनीकी अंतराल की पहचान करेंगे तथा वहां नवोन्मेष के लिए योजना तैयार करेंगे। इससे ग्रामीण क्षेत्रों का विकास होगा तथा आय बढ़ेगी।

9.20.2 ई-पाठशाला (e-Pathshala)

ई-पाठशाला एक वेब पोर्टल है, जो विद्यार्थी, अध्यापकों, अभिभावकों, अनुसंधानकर्ताओं के लिए शैक्षणिक सामग्री उपलब्ध कराता है।

डिजिटल इंडिया के भाग के रूप में HRD मंत्रालय द्वारा यह पोर्टल लॉन्च किया गया। यह ई-स्रोतों को रखने वाला एकल भंडार है। जहां NCERT टेक्स्ट बुक तथा अन्य विभिन्न शैक्षिक स्रोत उपलब्ध होते हैं।

इसका उपयोग एण्ड्रॉयड मोबाइल ऐप, iOS तथा विंडो प्लेटफॉर्म के जरिए किया जा सकता है। यहां बड़ी मात्रा में टेक्स्ट बुक्स तथा अन्य ई-बुक उपलब्ध होती हैं।

9.20.3 सारांश (Saransh)

सारांश, CBSE (Central Board of Secondary Education) द्वारा लॉन्च एक वेब पोर्टल है। इसका प्राथमिक उद्देश्य विद्यालयों में सूचना तथा संचार तकनीकों को प्रोत्साहित करना है। मानव संसाधन विकास मंत्री ने 1 नवंबर, 2015 को इसे लॉन्च किया। सारांश, CBSE से जुड़े सभी विद्यालयों तथा अभिभावकों के लिए स्वयं-समीक्षा टूल है। यह अभिभावकों के साथ विद्यालयों को भी परस्पर कम्युनिकेशन की सुविधा उपलब्ध कराता है। यह बच्चों की कमजोरियों तथा क्षमताओं के मूल्यांकन हेतु अभिभावकों को जोड़ने का कार्य करता है तथा 'आंकड़ा आधारित निर्णय सपोर्ट प्रणाली' (Decision Support System) उपलब्ध कराता है, जो बच्चों के भविष्य संबंधी उचित निर्णय लेने में सहायता प्रदान करता है।

इस टूल का उद्देश्य भारत की शिक्षा प्रणाली में पारदर्शिता लाना है। यह 'डिजिटल इंडिया अभियान' की प्रगति का एक नया कदम माना जा रहा है। यह सभी मानकों और विषयों की ई-बुक उपलब्ध कराता है। यह अध्यापकों तथा अभिभावकों के बीच संपर्क का वन-टू-वन इंट्रेक्शन प्लेटफॉर्म उपलब्ध कराता है। कम्पटीशन तथा अटेण्डेंस जैसी सूचना भी इस टूल के जरिए प्रत्यक्ष रूप से अभिभावकों के साथ साझा की जा सकती है।

इसकी अन्य उपयोगिताओं में, यह विश्लेषणात्मक टूल उपलब्ध कराता है, जो संबंधित डाटा तथा सूचना संबंधी रिपोर्ट का विश्लेषण करता है। इस टूल का उपयोग विद्यालयों द्वारा सभी विद्यार्थियों के विभिन्न विषयों में प्रदर्शन के विश्लेषण में किया जा सकता है, जिससे सुधार के लिए क्षेत्रों की पहचान की जा सकती है।

इस पोर्टल में सभी विद्यालयों के पिछले 3 वर्षों के आंकड़े भी रहेंगे। इस प्रकार वर्ष के आधार पर भी तुलनात्मक अध्ययन किया जा सकता है,

जिसमें अच्छे प्रदर्शन वाले क्षेत्रों तथा सुधार की आवश्यकता वाले क्षेत्रों की पहचान की जा सकती है।

इसी के साथ किसी क्षेत्र, राज्य या देशभर की विद्यालयों के प्रदर्शन का तुलनात्मक अध्ययन भी इस पोर्टल पर आसानी से देखा जा सकता है।

9.20.4 स्वयम (SWAYAM)

SWAYAM, **Study Webs of Active Learning for Young Aspiring Minds** का संक्षिप्त रूप है। यह मानव संसाधन विकास मंत्रालय, भारत सरकार, द्वारा वित्त पोषित संस्थानों, जैसे- IITs, IIMs, केंद्रीय विश्वविद्यालयों के प्रोफेसरों का एक प्रोग्राम है। SWAYAM भारतीय नागरिकों को ऑनलाइन कोर्स उपलब्ध कराएंगा। SWAYAM एक प्लेटफॉर्म है, जो MOOCs की मेजबानी के लिए विकसित किया जा रहा है।

SWAYAM-MOOCs प्रोजेक्ट का उद्देश्य 9-12 स्तर के विद्यालयों से लेकर पूर्व स्नातक (undergraduate) तथा स्नातकोत्तर (postgraduate) के विद्यार्थियों की आवश्यकताओं को सभी विषय शामिल करते हुए पूरा करना है।

SWAYAM आजीवन लर्निंग के अवसर प्रदान करने का साधन है। यहां पर लर्नर सैकड़ों कोर्सों में से कोई भी चुन सकता है, जो विश्वविद्यालय/महाविद्यालय स्तर पर करवाये जाते हैं। ये कोर्स भारत के या विदेशी अध्यापकों द्वारा आभासी रूप से उपलब्ध कराए जाएंगे। यदि कोई विद्यार्थी किसी भी महाविद्यालय में पढ़ रहा है तो भी वह SWAYAM द्वारा किए गए कोर्सों को अपने शैक्षणिक रिकॉर्ड में शामिल कर सकता है। आप विद्यालय या बाहर काम कर रहे हों या नहीं तो भी यह आपको ज्ञान का विस्तार करने के अवसर उपलब्ध कराता है।

सभी कोर्स इस प्रोग्राम के तहत् निःशुल्क करवाए जाते हैं तथापि सर्टिफिकेट प्राप्त करने की दशा में फीस आरोपित होती है।

इसके प्रथम चरण में IIT बॉम्बे, IIT मद्रास, IIT कानपुर, IIT गुवाहाटी, दिल्ली विश्वविद्यालय, जवाहर लाल नेहरू यूनिवर्सिटी, इग्नू (IGNOU), IIM बैंगलोर, IIM कलकत्ता, बनारस हिंदू यूनिवर्सिटी स्वयं या विदेशी यूनिवर्सिटी की सहायता से भी इंजीनियरिंग शिक्षा, सामाजिक विज्ञान, ऊर्जा प्रबंधन, सामान्य विज्ञान आदि क्षेत्र में कोर्स उपलब्ध करा रहे हैं।

9.21 विविध (Miscellaneous)

9.21.1 कोविन (कोविड वैक्सीन इंटेलिजेंस नेटवर्क) (CoWIN - Covid Vaccine Intelligence Network)

- यह कोविड-19 टीकाकरण पंजीकरण हेतु भारत सरकार का एक वेब पोर्टल है।
- इसका स्वामित्व व संचालन भारत के स्वास्थ्य एवं परिवार कल्याण मंत्रालय के अधीन है।
- यह आस-पास के क्षेत्रों में उपलब्ध कोविड-19 वैक्सीन के बुकिंग स्लॉट प्रदर्शित करता है तथा जिसे वेबसाइट पर बुक किया जा सकता है।

9.21.2 मानस ऐप (MANAS App)

- मानस ऐप एक वेलबीइंग ऐप है जो मानसिक स्वास्थ्य और नॉर्मलसी ऑग्मेंटेशन सिस्टम के लिए है।
- इसे प्रधान मंत्री विज्ञान, प्रौद्योगिकी और नवाचार सलाहकार परिषद (PM-STIAC) द्वारा एक राष्ट्रीय कार्यक्रम के रूप में अनुमोदित किया गया है।
- मानस एक व्यापक, स्केलेबल और राष्ट्रीय डिजिटल वेलबीइंग प्लेटफॉर्म है और भारतीय नागरिकों की मानसिक भलाई को बढ़ाने के लिए विकसित एक ऐप है।
- मानस ऐप विभिन्न सरकारी मंत्रालयों के स्वास्थ्य और कल्याण के प्रयासों, विभिन्न राष्ट्रीय निकायों और अनुसंधान संस्थानों द्वारा विकसित / शोध किए गए गेमीफाइड इंटरफेस के साथ वैज्ञानिक रूप से मान्य स्वदेशी उपकरण को एकीकृत करता है।

9.21.3 आरोग्य सेतु (Aarogya Setu)

- यह एक भारतीय कोविड-19 "संपर्क अनुरेखण, सिंड्रोमिक मानचित्रण एवं स्वत: निर्धारण" डिजिटल सेवा है।
- यह मुख्य रूप से एक मोबाइल ऐप है, जिसे इलेक्ट्रॉनिक्स एवं सूचना प्रौद्योगिकी मंत्रालय (MeitY) के तहत राष्ट्रीय सूचना विज्ञान केंद्र द्वारा विकसित किया गया है।

9.21.4 दीक्षा (ज्ञान साझा करने के लिए डिजिटल अवसंरचना) (DIKSHA – Digital Infrastructure for Knowledge Sharing)

- यह स्कूली शिक्षा के लिए एक राष्ट्रीय मंच है, जो राष्ट्रीय शिक्षा अनुसंधान एवं प्रशिक्षण परिषद (NCERT), शिक्षा मंत्रालय की एक पहल है।
- दीक्षा को ओपन आर्किटेक्चर, ओपन एक्सेस, ओपन लाइसेंसिंग विविधता, पसंद एवं स्वायत्तता के मूल सिद्धांतों के आधार पर विकसित किया गया था, जैसा कि मई, 2017 में जारी राष्ट्रीय शिक्षक मंच के लिए रणनीति व दृष्टिकोण पत्र में उल्लिखित है। दीक्षा को 5 सितंबर, 2017 को भारत के माननीय उपराष्ट्रपति द्वारा लॉन्च किया गया था और तब से 35 राज्यों / केंद्र शासित प्रदेशों के साथ-साथ सीबीएसई एवं एनसीईआरटी तथा करोड़ों शिक्षार्थियों एवं शिक्षकों द्वारा अपनाया गया है।

9.21.5 डिजी यात्रा ऐप (Digi Yatra App)

- भारतीय विमानपत्तन प्राधिकरण ने डिजी-यात्री सेवा शुरू की, जो चेहरे की पहचान (facial recognition) तकनीक का उपयोग करके हवाई अड्डों पर यात्रियों को संपर्क रहित प्रवेश की सुविधा प्रदान करेगी।
- डिजी यात्रा - **हवाई अड्डों पर यात्रियों की डिजिटल प्रोसेसिंग। प्रवेश स्थल पर जांच, सुरक्षा जांच में प्रवेश, विमान बोर्डिंग** जैसे जांच स्थलों पर चेहरे की पहचान प्रणाली के आधार पर यात्रियों की स्वचालित रूप से जांच की जाएगी। इसके अतिरिक्त, यह पैक्स और डेटा रिकॉल की पहचान करने के लिए चेहरे की पहचान का उपयोग करके सेल्फ-बैग ड्रॉप और चेक-इन की सुविधा भी प्रदान करेगा। डिजी यात्रा

कागज रहित यात्रा की सुविधा प्रदान करेगी और कई स्थलों पर पहचान जांच (identity check) से बचाएगी।

- यात्री निम्नलिखित जानकारी प्रदान करके केंद्रीय प्रणाली में डिजी यात्रा आईडी बना सकते हैं: 1. नाम, 2. ईमेल आईडी, 3. मोबाइल नंबर, 4. पहचान का विवरण (मतदाता आईडी, ड्राइविंग लाइसेंस, आधार आदि)। इन्हें सबमिट करने पर डिजी यात्रा आईडी बन जाएगी। टिकट बुक करते समय पैक्स यह नंबर बता सकता है। डिजी यात्रा आईडी सहित पैक्स डेटा एयरलाइंस द्वारा प्रस्थान हवाई अड्डे पर भेज दिया जाएगा।

प्रश्न एवं उत्तर (Questions & Answers)

वस्तुनिष्ठ प्रश्न (Objective Questions)

1. निम्नलिखित पर विचार कीजिए: *[UPSC (Pre) - 2022]*

1. आरोग्य सेतु
2. कोविन
3. डिजीलॉकर
4. दीक्षा

उपर्युक्त में से कौन-से, ओपेन-सोर्स डिजिटल प्लेटफॉर्म पर बनाए गए है?

(a) केवल 1 और 2 (b) केवल 2, 3, 4
(c) केवल 1, 3 और 4 (d) 1, 2, 3 और 4

2. डिजिटल भुगतान के संदर्भ में निम्नलिखित कथनों पर विचार कीजिए: *[UPSC (Pre) - 2018]*

1. भीम ऍप किसी भी यूपीआई- सक्षम बैंक खाता धारक को धन ट्रांसफर करने की सुविधा प्रदान करता है।
2. जहां चिप आधारित डेबिट कार्ड में ऑथेंटिकेशन के चार चरण होते हैं वहीं भीम ऐप्प में यह दो चरणों में सम्पन्न होता है।

कौन सा/से कथन सत्य है/हैं?

(a) केवल 1 (b) केवल 2
(c) 1 व 2 दोनों (d) न तो 1 व न ही 2

3. एक पहचान प्लेटफॉर्म के रूप में 'आधार' मुक्त 'एप्लीकेशन प्रोग्रामिग इंटरफेस' प्रदान करवाता है। इसके क्या निहितार्थ हैं? *[UPSC (Pre) - 2018]*

1. यह किसी भी इलेक्ट्रॉनिक्स डिवाइस से जोड़ा जा सकता है।
2. केवल आयरिस का प्रयोग कर ऑनलाइन ऑथेंटिकेशन संभव है।

उपरोक्त में से कौन-सा/से कथन सत्य है/हैं?

(a) केवल 1 (b) केवल 2
(c) 1 व 2 दोनों (d) न तो 1 व न ही 2

4. निम्नलिखित कथनों पर विचार कीजिए: *[UPSC (Pre) - 2018]*

1. आधार कार्ड का प्रयोग नागरिकता अथवा निवास प्रमाण-पत्र के रूप में किया जा सकता है।
2. एक बार जारी होने के बाद जारीकर्ता अधिकरण द्वारा न तो आधार नम्बर को हटाया जा सकता है और न ही इसे निष्क्रिय किया जा सकता है।

उपरोक्त में से कौन-सा/से कथन सत्य है/हैं?

(a) केवल 1 (b) केवल 2
(c) 1 व 2 दोनों (d) न तो 1 व न ही 2

5. 'स्वयम्' भारत सरकार की पहल है, जिसका उद्देश्य है: *[UPSC (Pre) - 2016]*

(a) ग्रामीण क्षेत्रों में स्वयं-सहायता समूहों का प्रोन्नयन
(b) युवा स्टार्ट-अप ऑन्त्रप्रेन्योर को वित्तीय तथा तकनीकी सहायता प्रदान करना
(c) किशोरियों के स्वास्थ्य तथा शिक्षा का प्रोन्नयन
(d) नागरिकों के लिए वहनीय तथा गुणवत्तापूर्ण शिक्षा प्रदान करना।

6. 'डिजी-लॉकर' के संबंध में कौन-सा/से कथन सही है/हैं? *[UPSC (Pre) - 2016]*

1. यह सरकार का डिजिटल इण्डिया प्रोग्राम के अधीन डिजिटल लॉकर सिस्टम है।
2. यह आपसी भौतिक अवस्थिति को ध्यान में रखे बिना आपके ई-डॉक्यूमेंट तक आपकी पहुंच बनाता है।

नीचे दिए गए कूट की सहायता से सही उत्तर का चयन करें:

(a) केवल 1 (b) केवल 2
(c) 1 व 2 दोनों (d) न तो 1 और न ही 2

उत्तरमाला (Answer Key)

1. (c) 2. (a) 3. (b) 4. (d) 5. (d) 6. (c)

अध्याय

10

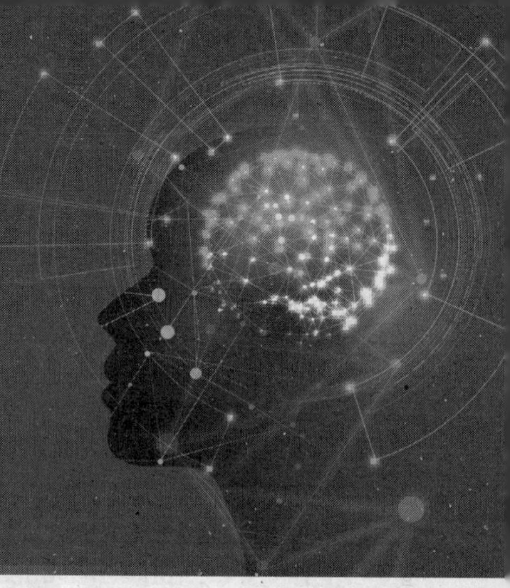

सूचना और संचार प्रौद्योगिकी के तकनीकी पहलू (Technical Aspect of Information and Communication Technology)

इस अध्याय में...

विद्युत चुम्बकीय स्पेक्ट्रम ताररहित प्रसारण के साधन हैं।

वाहक तरंगों (Carrier Waves) में मॉड्यूलेशन द्वारा लाये गये परिवर्तनों के आधार पर एक वाहक तरंग के आयाम या आवृत्ति या अवस्था की प्रक्रिया मॉड्यूलेशन है।

लम्बी दूरी के प्रसारण या रेडियो संचार आयनमंडल के कारण संभव है।

अंतर्राष्ट्रीय टेलीकम्युनिकेशन यूनियन ने इस रेडियो स्पैक्ट्रम को 12 बैंड्स (विभिन्न उपयोग सहित) में बांटा है।

10.1 सूचना और संचार प्रौद्योगिकी (आईसीटी) (Information and Communication Technologies)

वह तकनीक जो दूरसंचार तकनीकी के अनुप्रयोग द्वारा समाज को विभिन्न उद्देश्यों के लिए मल्टीमीडिया एवं अनेक अन्य प्रारूपों में सूचनाओं के निर्माण, संग्रहण, संपर्क, प्रबंधन एवं प्रोसेस में सक्षम बनाती है, सूचना और संचार प्रौद्योगिकी कहलाती है।

यूनेस्को (UNESCO) आईसीटी (ICT) को **'मानव एवं मशीन के साथ संप्रेषित जानकारी को संभालने हेतु इस्तेमाल की जाने वाली वैज्ञानिक तकनीकी एवं इंजीनियरिंग विषयों तथा प्रबंधन तकनीकियों के रूप में परिभाषित करता है।'**

आईसीटी का समाज पर प्रभाव (Impact of ICT on Society)

आईसीटी में विकास ने कंप्यूटर द्वारा उपलब्ध डिजिटल प्रणाली में किसी भी वक्त, कहीं भी जानकारी के आदान-प्रदान को समग्र रूप से सक्षम किया है। इसका दैनिक दिनचर्या पर वृहत् प्रभाव पड़ा है। जैसे कि घर पर तथा कार्यस्थल में ई-मेल एवं सेल्युलर फोन का उपयोग एवं समाज के सभी पहलुओं, जैसे-व्यवसाय, शिक्षा, संचार, वैज्ञानिक अन्वेषण, ज्ञान प्रबंधन आदि से जुड़ाव।

10.2 दूरसंचार का विकास (Evolution of Telecommunications)

संचार एक ध्वनि माध्यम प्रणाली है, जो दो-तरफा माध्यम है, जबकि सूचना एक डेटा ट्रैफिकिंग प्रणाली है जो एक तरफा है। **भारत, विश्व में टेलीकम्युनिकेशन तथा इंटरनेट उपयोगकर्ताओं के मामले में दूसरे स्थान पर है।** अभी, ध्वनि तथा इंटरनेट सुविधा, दोनों को स्मार्टफोन की सहायता से मिला दिया गया है। विश्वभर में ट्रांसमिशन के दो प्रकारों का प्रयोग किया जाता है- **गाईडेड मीडिया, (Guided media)** यथा-तांबे की तार एवं फाइबर ऑप्टिक के सहारे तथा **अनगाईडेड मीडिया, (Unguided media)** जैसे-इलेक्ट्रोमैग्नेटिक तरंगें (रेडियो तरंगें, माइक्रोवेव, लेजर आदि), जो वायु के माध्यम से संचारित हैं।

10.2.1 तार युक्त/वायर युग्म (Wire Pairs)

10.2.1.1 समाक्षीय तार (Coaxial Cable)

- स्थानीय टेलीफोन संचार तथा कम दूरी (लगभग 1 किलोमीटर तक), डिजिटल डाटा प्रसारण में, वॉयर युग्म (आमतौर पर तांबे से निर्मित) का उपयोग किया जाता है। तारों का युग्म आसान तारों द्वारा व्यवधान को कम करने हेतु मोड़ा (व्यावर्तित युग्म (Tuaisted Pair) जाता है।
- वॉयर युग्म एनालॉग या डिजिटल प्रसारण हेतु इस्तेमाल किए जा सकते हैं तथा बैंड बिड्थ वॉयर की मोटाई व यात्रा की दूरी पर निर्भर करती है।
- मुख्य कंप्यूटर से थोड़ी दूरी पर रखे जाने पर मुख्य कंप्यूटर को टर्मिनल से संयोजित करने हेतु सामान्यत: वायर युग्म उपयुक्त होता है।
- 150 मीटर दूरी के भीतर, 9600 बिट प्रति सेकंड/बॉड (Bond) तक की डेटा प्रसारण गति प्राप्त की जा सकती है, जबकि लम्बी दूरी के लिए स्थानीय टेलीफोन लाइन डिजिटल संकेत प्रसारण 1200 बिट/सेकंड है।
- यह डेटा प्रसारण के सस्ते मीडिया हैं तथा स्थापित करने व उपयोग करने में आसान है। चूंकि यह शोर संकेतकों को आसानी से प्राप्त कर लेते हैं, जिससे उच्च त्रुटि दर उत्पन्न होती है, लम्बी दूरी के संचरण के दौरान इनका उपयोग सीमित हो जाता है।
- वायर युग्म सबसे पुराना तथा अभी भी सबसे सामान्य प्रसारण माध्यम है। इसमें दो पृथक् तांबे के तार होते है; जो आमतौर पर लगभग 1 मिमी. मोटे होते हैं। तार युग्म कुण्डलित (Helical Form) रूप में एक साथ मुड़े हुए होते हैं, बिल्कुल डी.एन.ए. अणु के समान। यह समीप स्थित युग्म में विद्युत हस्तक्षेप को कम करने में मदद करता है। सबसे आम उदाहरण टेलीफोन प्रणाली है।
- एक अन्य सामान्य प्रसारण माध्यम सह-अक्षीय केबल (Co-axial Cable) है।

10.2.1.2 प्रकाश तंतु (Optical Fibre)

- प्रकाश तंतु, एक स्थान से दूसरे स्थान पर प्रकाश के रूप में सूचना ले जाने हेतु एक माध्यम है, एक बुनियादी प्रकाश तंतु प्रणाली में एक प्रसारण उपकरण होता है, जो एक विद्युत संकेत को प्रकाश में परिवर्तित करने में सक्षम होता है तथा एक रिसीवर जो प्रकाश संकेत को प्राप्त करता है और इसे एक विद्युत संकेत में परिवर्तित कर देता है।
- उपयुक्त तरंगदैर्ध्य, स्पेक्ट्रम के अवरक्त भाग के निकट होते हैं, जो दृश्यमान से थोड़ा अधिक है और इस प्रकार यह नग्न आंखों से पता लगने में असमर्थ है।
- प्रकाश तंतु के अनुप्रयोग में, लेजर एवं एलईडी (LED) जैसी परिष्कृत प्रणालियां शामिल हैं।

प्रकाश तंतु तथा इसके अनुप्रयोग

- इंटरनेट, ई-कॉमर्स, कम्प्यूटर नेटवर्क, मल्टीमीडिया, वाईस-डेटा तथा वीडियो का प्रयोग दिनों दिन बढ़ता जा रहा है, अत: हाई-बैंडविड्थ युक्त ट्रांसमिशन माध्यम क्षमता की आवश्यकता प्रबल है। असीम बैंडविड्थ वाले प्रकाश तंतु ने इस समस्या का समाधान प्रस्तुत किया है।
- प्रकाश तंतु का प्रयोग भी डेटा संकेतों के ट्रांसमिशन के लिए व्यापक स्तर पर किया जाता है। निहित सुरक्षा प्रणाली के चलते यह बड़े निगमों, बैंकों, विश्वविद्यालयों आदि में अनुप्रयुक्त हुआ है। केबल टेलीविजन अथवा कम्युनिटी एंटीना टीवी (CATV) कम्पनियां भी विडियो सेवाओं के लिए फाइबर को उपयोगी मान रही हैं।
- अपनी बैंड विड्थ के बड़े आकार, सापेक्षिक समान व्यास तथा हल्के वजन के चलते प्रकाश तंतु का इंस्टालेशन आसान व सरल है। साथ ही फाइबर ऑप्टिक सोल्यूशन, तांबे की तुलना में सस्ते भी हैं।
- प्रकाश तंतु की डाई-इलेक्ट्रिक प्रकृति के कारण केबल में ट्रांसमिट हो रहे संकेतों (Signals) को दूर से डिटेक्ट करना असंभव बनाता है। यह गुण बैंकों, सरकारी संस्थाओं के लिए उनके सुरक्षा संबद्ध में काफी लाभपूर्ण है।

तांबे के तार तथा प्रकाश तंतु के मध्य तुलना (Comparison between Copper Wire and Optical Fibre)

तांबे के तार तथा प्रकाश तंतु के मध्य तुलना **तालिका 10.1** में दी गई है।

तालिका 10.1 तांबे का तार तथा प्रकाश तंतु के मध्य तुलना

प्रकृति (Characters)	तांबे का तार (Copper Wire)	प्रकाश तंतु (Optical Fibre)
निर्माण तंतु	तांबा (Copper)	सिलिकॉन, सिलिकॉन ऑक्साइड
जंग लगना (Rusting)	हां	नहीं
जीवन काल (Like)	कम	अधिक
वजन (Weight)	अधिक	कम
एकल तार के माध्यम से संपर्क	सीमित संपर्क प्रदान करता है	वृहत् पैमाने पर संपर्क प्रदान करता है।
ऊष्मा प्रतिरोध	कम	उच्च (400F तक नहीं पिघलता)
सुरक्षा प्राथमिकता उपयोग	नहीं	हां
बैंडविड्थ (Bandwidth)	कम	उच्च
नैरो बैंड/ब्रॉडबैंड (Narrow Band)	नैरोबैंड-डायल-अप संपर्क (Dial-up)	ब्रॉड बैंड-डीएसएल (DSL), एडीएसएल (ADSL), केवल मॉडम (Cable Modem)
रिपीटर का इस्तेमाल	कम दूरी पर	अधिक दूरी (न्यूनतम 80 किमी.) पर
गुणवत्ता	औसत	अच्छा

10.2.1.3 तार युक्त प्रणाली/बेसिक फोन/तार माध्यम से इंटरनेट कनेक्शन मोड

डायल-अप (Dial-up): डायल-अप इंटरनेट पहुंच, परंपरागत टेलीफोन लाइन पर एक टेलीफोन नंबर डायल करके पी एस टी एन (पब्लिक स्विचड् टेलीफोन नेटवर्क) पर इंटरनेट कनेक्शन पहुंच प्रदान करने का प्रकार है। फोन-कॉल तथा इंटरनेट कनेक्शन दोनों एक ही समय में काम नहीं कर सकते। कॉल करने के दौरान इंटरनेट कनेक्शन टूट जाता है।

डिजिटल सब्सक्राइबर लाइन (DSL-Digital Subscriber Line): डिजिटल सब्सक्राइबर लाइन (DSL) एक सामान्य ब्रॉड बैंड डिजिटल प्रसारण सेवा है, जो सामान्य टेलीफोन लाइनों पर उपलब्ध है। डीएसएल ऐसे आवृत्तियों (Frequencies) पर कार्य करता है जिसे टेलीफोन द्वारा उपयोग नहीं किया जाता है। टेलीफोन एवं डीएसएल मॉडेम एक ही समय पर कार्य कर सकते हैं, जिससे फोन कॉल करते समय इंटरनेट के उपयोग को सक्षम किया जा सकता है।

डीएसएल प्रौद्योगिकी के दो मुख्य प्रकार हैं:

1. ***सममित डीएसएल (Symmetrial DSL):*** अपलोड (Upload) एवं डाउनलोड (Download) गति हेतु बैंड विड्थ (Bandwidth) समान है।
2. ***असममित डीएसएल (Asymmetrical DSL):*** यह डीएसएल संयोजन का सबसे लोकप्रिय प्रकार है। अधिकांश लोग कम सूचना अपलोड करते हैं परंतु अधिक डाउनलोड करते हैं। इसीलिए असममित संयोजन (Connection) में अधिक डाउनस्ट्रीम बैंडविड्थ (Downstream Bandwidth) एवं कम अपस्ट्रीम बैंडविड्थ (Upstream Bandwidth) होती है।

डीएसएल-डिजिटल सब्सक्राइबर लाइन (Digital Subscriber line) एडीएसएल-असममित डिजिटल सब्सक्राइबर लाइन (Asymmetric DSL)

डी एस एल के गुण व दोष

गुण

- डी एस एल, मौजूदा फोन लाइनों पर निर्मित होने के कारण व्यापक रूप से उपलब्ध है। इसकी लागत सैटेलाइट या ब्रॉड बैंड इण्टरनेट कनेक्शन से कम है।
- डी एस एल में अलग-अलग फोन सेवाओं की तरह प्रत्येक सब्सक्राइबर ऑनलाइन रहने पर यह एक-दूसरे के कारण, डी एस एल लाइनों पर भारी मांग नहीं करता। केबल इंटरनेट के साथ, पड़ोसी सब्सक्राइबर, केबल को शेयर करता है, अतः पीक इंटरनेट यूसेज टाइम में इंटरनेट कनेक्शन धीमा हो जाता है।

दोष

- ये तीव्रतर हैं, किंतु महंगे हैं।
- डी एस एल कनेक्शन दूरी के प्रति संवेदनशील हैं, यथा-जितने पास होंगे उतने ही अच्छे होंगे। दूरी ज्यादा होने पर ये धीमे हो जाते हैं। डी एस एल नेटवर्क वहीं कार्य करेंगे जहां मौजूदा टेलीफोन नेटवर्क उपलब्ध होगा तथा ये विश्वसनीय तथा सस्ते कनेक्शन उपलब्ध करवाते हैं।

10.2.2 ताररहित प्रसारण (Wireless Transmission)

- ताररहित प्रसारण उन मामलों में फाइबर से बेहतर है, जहां इलाके (पर्वत, जंगल, दलदल आदि) की दुर्गम्यता के कारण फाइबर का क्रियान्वयन मुश्किल है। यह उल्लेखनीय है कि, आधुनिक ताररहित डिजिटल संचार हवाई द्वीप में शुरू हुआ, जहां प्रशांत महासागर के छोट-से द्वीप हवाई के निवासी सारी दुनिया से कटे हुए थे तथा टेलीफोन प्रणाली अपर्याप्त थी।
- विद्युत चुम्बकीय स्पेक्ट्रम तार रहित प्रसारण के साधन हैं।

विद्युत चुम्बकीय वर्णक्रम (Electromagnetic Spectrum)

- इलेक्ट्रॉन, मुक्त स्थान (Free Space) (यहां तक कि निर्वात् में भी) के माध्यम से प्रसार करने में सक्षम विद्युत चुम्बकीय तरंगों का निर्माण करते हैं। **जेम्स क्लर्क मैक्सवेल (James Clerk Maxwell) ने सर्वप्रथम इन किरणों की भविष्यवाणी की थी।**
- एक विद्युत चुम्बकीय तरंग के प्रति सेकंड दोलनों की संख्या (एक औसत स्थिति के बीच एक नियमित आवधिक भिन्नता) को आवृत्ति (f) कहा जाता है तथा आवृत्ति मापने का मानक इकाई हर्ट्ज (Hz) है। तरंगदैर्ध्य दो लगातार उच्चतम (अधिकतम तीव्रता) या लघुतम (न्यूनतम तीव्रता) के बीच की दूरी को दर्शाता है। यह ग्रीक अक्षर (Lambda) द्वारा दर्शाया जाता है।
- विद्युत चुम्बकीय तरंगों को विद्युत सर्किट के लिए उपयुक्त आकार के एंटीना (antenna) (एक विद्युत उपकरण जो रेडियो संकेत भेजता एवं प्राप्त करता है) संलग्न करके कुशलतापूर्वक प्रसारित किया जाता है

तथा रिसीवर द्वारा कुछ दूरी पर प्राप्त किया जा सकता है। इस सिद्धांत पर सभी ताररहित संचार कार्य करते हैं।

- निर्वात् में, सभी विद्युत चुम्बकीय तरंगें एक ही गति से यात्रा करती हैं, अर्थात् अपनी निहित आवृत्ति से परे प्रकाश की गति पर।
- विद्युत चुम्बकीय वर्णक्रम में **रेडियो, माइक्रोवेव, अवरक्त एवं दृश्य प्रकाश** होते हैं। वे सभी तरंगों के आयाम, आवृत्ति या अवस्था (Phase) को मॉड्यूलेट (Modulate) करके जानकारी प्रसारण हेतु उपयोग में लाए जा सकते हैं।
- यद्यपि उच्चतर आवृत्तियों के कारण, पराबैंगनी प्रकाश, एक्स-किरण (X-Ray) एवं गामा किरण बेहतर होंगे, तथापि उनको मॉड्यूलेट करना अत्यंत कठिन है एवं ये भवनों से भी होकर अच्छी तरह गुजर नहीं सकते, इसके अलावा इनकी नुकसानदेह प्रकृति भी सूचना प्रसारण में इनके उपयोग को रोकती है।

सरकार द्वारा उठाए गए कदम (Steps taken by Government)

- **मोबाइल टावरों से EMF उत्सर्जन (ये गैर-आयनीकरण रेडियो फ्रीक्वेंसी होती हैं और खतरनाक नहीं होती हैं):** भारत में मोबाइल टावरों से इलेक्ट्रोमैग्नेटिक फील्ड (EMF) उत्सर्जन मानदंड पहले से ही WHO द्वारा अनुशंसित सुरक्षित सीमा से दस गुना अधिक कठोर (यहां तक कि कम) हैं।
- **EMF उत्सर्जन की निगरानी:** दूरसंचार सेवा प्रदाताओं (TSPs) को बेस ट्रांसीवर स्टेशन (BTS) साइट की व्यावसायिक शुरुआत से पहले **स्व-प्रमाण पत्र** जमा करने सहित निर्धारित मानदंडों का पालन करना होगा।
- दूरसंचार विभाग (DoT) की क्षेत्रीय इकाइयों द्वारा **EMF ऑडिट**
- गैर-अनुपालन पाए जाने पर जुर्माना और सेवाएं बंद कर दी जाएंगी।

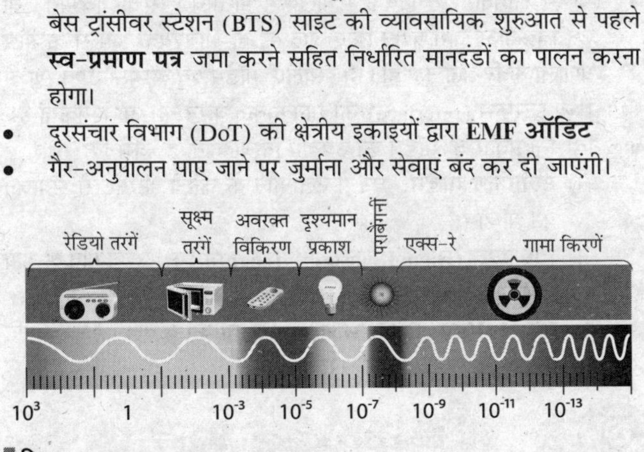

चित्र 10.1
इलेक्ट्रोमैग्नेटिक रेडिएशन के प्रकार

10.2.2.1 माइक्रोवेव ट्रांसमिशन (Microwave Transmission)

- 100 मेगाहर्ट्ज से अधिक पर, माइक्रोवेव प्रसारण का उपयोग किया जाता है। वे एक सीधी रेखा में यात्रा करते हैं और इसलिए संकीर्णत: केंद्रित हो सकते हैं। एक परवलयिक एंटीना (Parabolic Antenna) का उपयोग करके सभी ऊर्जा को एक लघु किरण (Small Beam) में केंद्रित कर, एक अधिक मजबूत सिग्नल प्राप्त किया जा सकता है।
- माइक्रोवेव अपेक्षाकृत सस्ती है और लंबी दूरी के प्रसारण हेतु उपयोग में लायी जा सकती है।
- इसका लम्बी दूरी के दूरभाष संचार, सेल्युलर टेलीफोन (Cellular Telephone), टेलीविजन वितरण आदि के लिए व्यापक रूप से उपयोग किया जा सकता है।

10.2.2.2 रेडियो प्रसारण (Radio Transmission)

- रेडियो तरंगों का उपयोग आंतरिक व बाह्य दोनों प्रकार के संचार के लिए व्यापक रूप से किया जाता है, क्योंकि ये आसानी से उत्पन्न की जा सकती हैं, लम्बी दूरी तक यात्रा कर सकती हैं एवं आसानी से इमारतों के आर-पार प्रवेश कर सकती हैं।
- रेडियो तरंगें **सर्वदिशात्मक (omnidirectional)** हैं, अर्थात् वे स्रोत से सभी दिशाओं में यात्रा कर सकती हैं।
- कम आवृत्ति (frequency) पर, रेडियो तरंगें अच्छे तरीके से बाधाओं (obstacles) में से गुजरती हैं, किंतु इससे ऊर्जा की क्षति होती है। उच्च आवृत्तियों पर रेडियो तरंगें सीधे मार्ग में यात्रा करती हैं तथा बाधाओं को लांघ (bounce) लेती हैं।
- ये तरंगें वर्षा के दौरान भी पूर्ण रूप से कार्य करती हैं। मोटर्स एवं विद्युत उपकरणों की सभी आवृत्तियों से इनमें हस्तक्षेप हो सकता है।

10.2.2.3 अवरक्त एवं मिलीमीटर तरंगें (Infrared and Millimetre Waves)

- कम दूरी के संचार हेतु, अवरक्त एवं मिलीमीटर तरंगों का व्यापक रूप से उपयोग किया जा सकता है। उदाहरण में **वीसीआर एवं स्टीरियो (Stereo) के रिमोट कंट्रोल (Remote Control) शामिल हैं।**
- ये अपेक्षाकृत दिशात्मक, सस्ती एवं निर्माण में सरल होती हैं, किंतु इनका एक बड़ा दोष यह है कि ये ठोस वस्तुओं के माध्यम से नहीं गुजर सकतीं। किंतु यह दोष इस मायने में लाभप्रद है कि इमारत के एक कमरे में एक अवरक्त प्रणाली ठोस दीवारों द्वारा अलग आसन्न (Adjacement) कमरों के समान प्रणाली में हस्तक्षेप नहीं करेगी।
- अवरक्त प्रणाली का अधिकतम उपयोग, बाहरी अनुप्रयोगों में न करके आंतरिक ताररहित लेन (Indoor Wireless Local Area Network) में किया जाता है। किसी भवन में कंप्यूटर एवं कार्यालय अवरक्त ट्रांसमीटर एवं रिसीवरों से सुसज्जित किए जा सकते हैं।
- सुरक्षा के मामले में अवरक्त प्रणाली की सुरक्षा रेडियो प्रणाली से बेहतर है। इसलिए रेडियो प्रणाली के विपरीत, अवरक्त प्रणाली संचालित करने के लिए किसी भी सरकारी लाइसेंस की आवश्यकता नहीं होती है, जबकि रेडियो प्रणाली में लाइसेंस आवश्यक है।

10.2.2.4 लाइट वेब ट्रांसमिशन (Light Wave Transmission)

- यह, दो भवनों के मध्य उनकी छत पर लेजर स्थापित कर लेन (LANs) कनेक्ट करने की एक आधुनिक एप्लिकेशन है। चूंकि ऑप्टिकल सिग्नल हेतु प्रयुक्त लेजर अदिशीय होती है, अत: प्रत्येक भवन/बिल्डिंग को अपना लेजर तथा फोटो डिटेक्टर चाहिए होता है।
- यह ट्रांसमिशन बहुत कम कीमत/लागत पर बहुत उच्च बैंडविड्थ प्रदान करता है क्योंकि माइक्रोवेव की तरह इसके लिए लाइसेंस लेने की आवश्यकता नहीं है तथा यह इंस्टाल करने में काफी आसान होता है।

- लेजर किरण वर्षा या घने कोहरे को पार नहीं कर सकती किन्तु सामान्य दिनों, यथा-साफ मौसम, में ये अच्छा कार्य करती हैं।
- दिन के समय धूप की गर्मी से छत से ये कन्वेक्शन धाराएं ऊपर उठती हैं। यह टर्बुलेण्ट वायु बीम को अपवर्त करती हैं तथा उसे डिटेक्टर तक पहुंचने से रोकती हैं।

10.2.3 एनालॉग बनाम डिजिटल संचार (Analog Versus Digital Communiations)

- संचार सिग्नलों (Signals) के आधार पर, एनालॉग संचार प्रणाली (एनालॉग संकेत) तथा डिजिटल संचार प्रणाली (डिजिटल संकेत) उपलब्ध है।
- एनालॉग सिग्नल के संदर्भ में, सूचना के अनुरूप, सिग्नलों में लगातार परिवर्तन पाया जाता है। डिजिटल सिग्नलों में, सूचना को असतत् (Discrete) मूल्यों के एक समूह के रूप में इनकोड (Incode) किया जाता है (उदाहरण के लिए एक एवं शून्य का समूह)।
- प्रसार एवं अवग्रहण (Reception) की अवधि के दौरान, एनालॉग संकेतों में निहित जानकारी, अवांछनीय भौतिक शोर द्वारा अनिवार्यत: विकृत हो जाती है (एक ट्रांसमीटर का आउटपुट सभी व्यावहारिक उद्देश्यों हेतु शोर-मुक्त होता है)। सामान्यतया, संचार प्रणाली में शोर को एक पूर्णरूपेण अनियमित रूप से वांछनीय सिग्नल (Desirable Signal) के योग या घटाव के रूप में व्यक्त किया जा सकता है, जिसे "योज्य शोर" (Additive Noise) कहा जाता है। शोर जो योज्य शोर नहीं है, वह वर्णन या विश्लेषण करने हेतु कठिन है, इसलिए इस तरह के शोर को यहीं छोड़ा जाएगा।
- दूसरी ओर, जब तक योज्य शोर की अनियमितता एक निश्चित सीमा से अधिक नहीं है, डिजिटल सिग्नल में निहित जानकारी बरकरार रहेगी। चूंकि डिजिटल सिग्नल शोर का प्रतिरोध करते हैं, इसलिए ये एनालॉग सिग्नल से अधिक महत्वपूर्ण होते हैं।

10.2.4 मॉडेम (Modem)

- मॉड्यूलेशन (डिजिटल आंकड़ों का एनालॉग रूप से रूपांतरण) एवं डिमॉड्यूलेशन (एनालॉग आंकड़ों का डिजिटल रूप में रूपांतरण) की प्रक्रिया, संपन्न करने हेतु प्रयुक्त विशेष उपकरण को **मॉडेम (मॉड्यूलेटर/डिमॉड्यूलेटर)** कहा जाता है।
- जब एक एनालॉग सिग्नल का उपयोग दो डिजिटल उपकरणों (जिसे टर्मिनल या कंप्यूटर कहते हैं) के मध्य डेटा संचार हेतु किया जाता है, तब प्रत्येक उपकरण के निकट एक मॉडेम आवश्यक होता है।
- टर्मिनल से उत्पन्न डिजिटल सिग्नल को इसके निकट स्थित मॉडेम के मॉड्यूलेटर द्वारा एनालॉग रूप में परिवर्तित किया जाता है। एनालॉग सिग्नल को टेलीफोन लाइन के माध्यम से प्रेषित किया जाता है, जो कंप्यूटर के निकट स्थित मॉडेम के डिमॉड्यूलेटर द्वारा डिजिटल रूप में परिवर्तित हो जाता है।
- इस डिजिटल डाटा को कंप्यूटर द्वारा संसाधित (Processed) किया जाता है। ये संसाधित डिजिटल जानकारी एनालॉग रूप में मॉड्यूलेटेड (Modulated) होती है तथा टर्मिनल पर टेलीफोन लाइन के माध्यम से वापस आ जाती है, जहां एनालॉग सिग्नल टर्मिनल पर डिस्प्ले हेतु, डिजिटल रूप में डिमोड्यूलेट होती है।

मॉडेम का उपयोग किया जाता है:

(i) किसी एनालॉग लाइन पर अधिक प्रसारण गति देने हेतु।
(ii) शोर एवं विरूपण के प्रभावों को कम करने हेतु।

- कुछ मॉडेम में माइक्रो प्रोसेसर होते हैं, जो उन्हें वृहत-मात्रा में विभिन्न परिस्थितियों के अंतर्गत संचालन तथा कार्य करने की अनुमति देते हैं। इन मॉडेम को स्मार्ट मॉडेम कहा जाता है।
- आंकड़ों की पारेषण दर (Transmission Rate) को 'बॉड' (Baud) में मापा जाता है, मॉडेम की विशिष्ट बॉड दर 300 है। कुछ मॉडेम 1,200 बॉड या 9,600 बॉड पर प्रसारित कर सकते हैं।
- एक विशेष प्रकार के मॉडेम को 'ध्वनिक युग्मक' (Acoustic Coupler) कहा जाता है, जिसका प्रयोग तब किया जाता है, जब विशाल संख्या में पोर्टेबल टर्मिनलों (Portable Terminal) का उपयोग होता है। यह आमतौर पर टेलीफोन हैंडसेट में उपयोग किया जाता है।
- आयाम, आवृत्ति एवं अवस्था (Phase) मॉड्यूलेशन सभी का उपयोग मॉडेम के डिजाइन में किया जाता है।
- हाल के मॉडेम डिजाइन विश्वसनीय डेटा (Data) प्रसारण हेतु, परिष्कृत त्रुटि पहचान और सुधार तंत्र का उपयोग करते हैं।
- मॉडेम आमतौर पर नेटवर्क संचालक (भारतीय दूरसंचार विभाग) या उन विक्रेताओं द्वारा प्रदान किए जाते हैं, जो आवश्यक रूप से कंप्यूटर प्रणाली के निर्माता नहीं होते हैं। इसलिए, मॉडेम एवं कंप्यूटर उपकरण के मध्य इंटरफेस (Interface) को मानकीकृत करने की आवश्यकता है।
- विभिन्न प्रकार के मॉडेम का उपयोग किया जाता है, जैसे कि:
  (i) **टेलीफोन मॉडेम:** घर से टेलीफोन के जरिये इंटरनेट से संयोजन का माध्यम।
  (ii) **डीएसएल (Digital Subscriber Line) मॉडेम:** उच्च गति के डेटा प्रसारण हेतु उपयोग किया जाता है।
  (iii) **केबल मॉडेम (Cable Modem):** टीवी की केबल पर उच्च गति का इंटरनेट पहुंच प्रदान करता है।

केबल मॉडेम (Cable Modem)

केबल मॉडेम उच्च गति पर इंटरनेट का उपयोग प्रदान करता है। सैद्धांतिक रूप से 3 से 30 Mbps की गति प्रदान करता है, लेकिन व्यावहारिक दुनिया में वास्तविक गति सीमा 400 से 1440 Kbps है। इसका उपयोग टीवी प्रौद्योगिकी में किया जाता है।

10.2.5 मॉड्यूलेशन (Modulation)

सूचना प्रेषित करने हेतु, संकेत को मॉड्यूलेशन नामक प्रक्रिया द्वारा आकार दिया जाता है। **'कुंजीयन (Keying)** डिजिटल संदेश को एनालॉग तरंग के रूप में मॉड्यूलेशन द्वारा परिवर्तित करने की प्रक्रिया है। **अवस्था-विस्थापन कुंजीयन** या **फेज शिफ्ट कीइंग** (Phase-Shift Keying), **फ्रीक्वेंसी-शिफ्ट**

कुंजीयन (frequency shift keying) एवं **एम्पलीट्यूड-शिफ्ट कुंजीयन** (Amplitude-shift keying), कुंजीयन के विभिन्न प्रकार हैं। उदाहरण हेतु 'ब्लूटूथ' (Bluetooth) प्रणाली, विभिन्न उपकरणों के मध्य सूचना के आदान-प्रदान करने के लिए फेस-शिफ्ट कुंजीयन का प्रयोग करती है। इसके अतिरिक्त, एफएम चैनलों के लिए फ्रीक्वेंसी-शिफ्ट कुंजीयन का उपयोग किया जाता है, जो एक छोटे क्षेत्र (जैसे कि जिला या नगर स्तर) पर कार्य करता है। एवं एम्प्लीट्यूट-शिफ्ट कुंजीयन् उच्च-क्षमता डिजिटल रेडियों प्रणालियों, जैसे- ऑल इंडिया रेडियो (All India Radio) में, बडे स्तर पर उपयोग किया जाता है।

- उच्च आवृत्तियों पर कम आवृत्ति वाले एनालॉग सिग्नलों की जानकारी प्रसारित करने हेतु भी मॉड्यूलेशन (Modulation) का उपयोग किया जा सकता है। चूंकि कम आवृत्ति वाले एनालॉग संकेतों को मुक्त स्थान (Free Space) पर प्रभावी प्रकार से प्रेषित नहीं किया जा सकता है, इसलिए यह सुविधा लाभप्रद है। इसलिए प्रसारण से पूर्व, कम आवृत्ति एनालॉग सिग्नलों की सूचना उच्च आवृत्ति सिग्नल [जिसे 'वाहक तरंग' (carrier wave) के रूप में जाना जाता है) में अंकित (Impressed) होनी चाहिए। इस उद्देश्य हेतु, कई मॉड्यूलेशन योजनाएं उपस्थित हैं। दो सबसे बुनियादी एम्प्लीट्यूड 'मॉड्यूलेशन' एवं 'फ्रीक्वेंसी मॉड्यूलेशन' हैं।
- **मॉड्यूलेशन का अर्थ है-'परिवर्तन'**; इसलिए इसमें सिग्नल की तीव्रता के अनुसार, किसी वाहक तरंग (Carrier Wave) की कुछ विशेषताओं (उदाहरण-आयाम, आवृत्ति या चरण) को परिवर्तित करने की प्रक्रिया शामिल है।

मॉड्यूलेशन के प्रकार (Types of Modulation)

वाहक तरंगों (Carrier Waves) में मॉड्यूलेशन द्वारा लाये गये परिवर्तनों के आधार पर एक वाहक तरंग के आयाम या आवृत्ति या अवस्था की प्रक्रिया मॉड्यूलेशन है। तीन मूल प्रकार के मॉड्यूलेशन स्थित हैं, जैसे कि:

1. **फेज मॉड्युलेशन (Phase Modulation)**
   - फेज मॉड्यूलेशन में वाहक तरंगों के फेज में परिवर्तन मॉड्यूलेटिंग सिग्नल के फेज में परिवर्तन के समानुपाती होता है, जबकि वाहक का आयाम अपरिवर्तित रहता है।
   - यह अप्रत्यक्ष फ्रीक्वेंसी मॉड्यूलेशन है, क्योंकि इस प्रक्रिया में आवृत्ति भी संशोधित होती है, फेस शिफ्ट में परिवर्तन की मात्रा वाहक आवृत्ति (carrier frequency) में परिवर्तन के सापेक्ष होती है।

   लाभः शोर प्रतिरक्षा में उच्च।

   नुकसानः रिसीवर में अधिक जटिल हार्डवेयर।

   अनुप्रयोगः डेटा संचार प्रणाली।
2. **आवृत्ति मॉड्यूलेशन (Frequency Modulation)**
   - संकेत की तीव्रता के अनुसार तरंग के आयाम में परिवर्तन के बिना वाहक तंरग की आवृत्ति में परिवर्तन को फ्रीक्वेंसी मॉड्युलेशन कहा जाता है।
   - एफएम के निम्नलिखित लाभ हैं:
     (i) यह शोर रहित अभिग्रहण (Reception) प्रदान करता है।
     (ii) ट्रांसमिशन (प्रसारण की उच्च दक्षता)।
     (iii) वृहत् परिचालन सीमा (Broad Operating Range)।
   - एफएम (FM) का उपयोग किया जाता है:
     (i) रेडियो प्रसारण (Radio broadcasting)
     (ii) टेलीमेट्री (Telemetry)
     (iii) रडार (Radar)
     (iv) चिकित्सा अनुप्रयोग (ईईजी)
     (v) भूकंप पूर्वेक्षण (Seismic Prospecting)
     (vi) संगीत संश्लेषण (Music synthesis)
     (vii) चुंबकीय टेप रिकॉर्डिंग प्रणाली (Magnetic Tape Recording System)
3. **आयामीय मॉड्यूलेशन (Amplitude Modulation):** इस प्रकार के मॉड्यूलेशन में केवल वाहक तंरग के आयाम में सिग्नल की तीव्रता के अनुसार परिवर्तन किया जाता है, जबकि मॉड्यूलेशन तरंग (Modulated Wave) की आवृत्ति में कोई परिवर्तन नहीं होता।
   - एएम मॉड्यूलेटर (AM Modulator) नामक इलेक्ट्रॉनिक सर्किट का उपयोग एम्प्लीट्यूड मॉड्यूलेशन हेतु किया जाता है।
   - मॉड्यूलेशन की कोटि (Degree) ऑडियो संकेत की क्षमता एवं स्पष्टता के समानुपातिक होती है इसलिए, मॉड्यूलेशन की अधिक डिग्री (अर्थात् M) से ऑडियो संकेत भी मजबूत और स्पष्ट होगा।
   - कमजोर सिग्नल का अभिप्राय आयाम में, आयाम की कमी से तथा मजबूत सिग्नल का अभिप्राय आयाम में वृद्धि से है।
   - प्रेषित संकेत की क्षमता एवं गुणवत्ता का निर्धारण करने में मॉड्यूलेशन का कारक (Factor of Modulation) अत्यंत महत्वपूर्ण है।

10.3 मल्टीपल एक्सेस (Multiple Access/Multiplexing)

- यह एकाधिक मोबाइल उपयोगकर्ताओं को एक साथ रेडियो स्पेक्ट्रम की एक सीमित राशि साझा करने की अनुमति देता है। उपलब्ध बैंडविड्थ को एकाधिक उपभोक्ताओं में एक साथ आवंटित करके स्पेक्ट्रम का साझाकरण अपनी उच्चतम क्षमता को प्राप्त करना चाहिए। इसलिए एकाधिक एक्सेस (Multiple Access), एकाधिक संकेतों (Multiple Signals) को एकल संचार चैनल प्राप्त करने में सक्षम बनाते हैं।
- संचार की गुणवत्ता हेतु, प्रणाली के प्रदर्शन में निम्नीकरण (Degradation) को परिवर्जित करना चाहिए।
- कोई भी सूचना अर्थात् ध्वनि/दिनांक केवल संचार चैनल के उपयोग से किसी अन्य पार्टी को भेजी जा सकती है।
- कुशल उपयोग हेतु, **संचार चैनल उपयोगकर्ताओं को एकाधिक तरीकों से आवंटित किया जाता है, जिसे मल्टीप्लैक्सिंग (Multiplexing) कहा जाता है।**

मल्टीप्लेक्सिंग के प्रकार

(i) फ्रीक्वेंसी डिवीजन मल्टीपल एक्सेस (FDMA)
(ii) टाइम डिवीजन मल्टीपल एक्सेस (TDMA)
(iii) कोड-डिवीजन मल्टीपल एक्सेस (CDMA)

10.3.1 फ्रिक्वेंसी डिवीजन मल्टीपल एक्सेस (Frequency Division Multiple Access - FDMA)

प्रणाली में प्रयुक्त कुल बैंडविड्थ (Bandwidth) को आवृत्तियों में बांटा जाता है, जिसे एफडीएमए (FDMA) तकनीक कहा जाता है, यह प्रभाग (Division) दो गैर-अतिव्यापी (Non-overlapping) आवृत्तियों के मध्य किया जाता है, जिसे बाद में प्रत्येक संचार युग्म [Communication Pair] (दो फोन) को निर्दिष्ट किया जाता है। यह मुख्य रूप से एनालॉग प्रसारण (Analog Transmission) हेतु उपयोग किया जाता है।

10.3.2 टाइम डिवीजन मल्टीपल एक्सेस (Time Division Multiple Access-TDMA)

टीडीएमए (TDMA) में कॉल का विभाजन समय आधारित होता है। एकल रेडियो चैनल पर एक एकीकृत डिजिटल स्ट्रीम (Unified Digital Stream) में वार्तालाप को सम्मिलित करने के पूर्व कॉल्स को शुरुआत में डिजीटलीकृत (Digitised) किया जाता है। प्रत्येक सेल्युलर चैनल को एकल आवृत्ति के अंतर्गत तीन समयावधियों (time stat) में विभाजित किया जाता है ताकि तीन अलग-अलग उपयोगकर्ता एक ही समय पर, एक ही आवृत्ति का उपयोग कर सकें। टीडीएमए (TDMA) प्रौद्योगिकी में उपयोगकर्ता स्वयं की समयावधि (Time-stat) का उपयोग कर, एक के बाद एक त्वरित अनुक्रम (Rapid Succession) में संचारण करते हैं, इस तरह से यह कई स्टेशनों को अपनी चैनल क्षमता के केवल एक ही हिस्से का उपयोग करते हुए, एक ही प्रसारण माध्यम (उदा. रेडियो आवृत्ति चैनल) साझा करने की इजाजत देता है।

10.3.3 कोड डिवीजन मल्टीपल एक्सेस (Code Division Multiple Access- CDMA)

एफडीएमए (FDMA) के विपरीत, सीडीएमए (CDMA) कोड द्वारा कॉल को अलग करता है। वार्तालाप (Conversation) के हर बिट (bit) को एक विशिष्ट एवं अद्वितीय कोड के साथ टैग (Tag) किया जाता है। एक विशिष्ट कोड को उस विशेष वार्तालाप हेतु आवंटित किया जाता है तथा बाद में इन आंकड़ों (Data) को छोटे भागों में विभाजित किया जाता है तथा इन्हें वार्तालाप (जिनके ये हिस्सा हैं) के अद्वितीय कोड के साथ टैग किया जाता है। छोटे हिस्सों में टैग किए गए ये आंकड़े निर्दिष्ट सीमा में किसी भी समय उपयोग हेतु उपलब्ध असतत् आवृत्तियों के संख्या पर भेजे जाते हैं। अंत में, प्रणाली तक कोडित बिट्स से वार्तालाप को पुन: वितरित किया जाता है। यह बैग पर कोड मिलान करके हवाई यात्रा के पश्चात् हमारे सामान (Luggage) को पुन: एकत्रित करने जैसा है।

नोट: टीडीएमए और सीडीएमए दूसरी पीढ़ी की मोबाइल फोन प्रौद्योगिकियां हैं

10.3.4 जीएसएम (मोबाइल संचार की वैश्विक व्यवस्था) बनाम् सीडीएमए का तुलनात्मक अध्ययन [GSM (Global System of Mobile Communication) versus CDMA (Code Division Multiple Access)]

जीएसएम और सीडीएमए, दोनों प्रौद्योगिकियों में विभिन्न प्रकार की भिन्नताएं पाई जाती हैं (**तालिका 10.2**)।

तालिका 10.2 सीडीएमए और जीएसएम के मध्य तुलना

क्रमांक	पैरामीटर	सीडीएमए (CDMA)	जीएसएम (GSM)
1.	प्रौद्योगिकी	कोड डिवीजन मल्टीपल एक्सेस	मोबाइल संचार हेतु वैश्विक प्रणाली
2.	संचयन प्रकार	आंतरिक स्मृति (Internal Memory) पूर्व प्रोग्रामित हैंडसेट	सिम (सबस्क्राइबर आइडेंटिटी मॉड्यूल) कार्ड
3.	वैश्विक बाजार साझा	लगभग 20%	लगभग 80%
4.	प्रभुत्व	यूएस में	यूएस को छोड़कर विश्व भर में
5.	नेटवर्क	इसमें एक भौतिक चैनल	हर सेल के पास, प्रत्येक नेटवर्क टॉवर हेतु एक अनुकूल एवं विशिष्ट कोड होता है, जो उपकरण को उस सेल्युलर में मोबाइल फोन में कवरेज नेटवर्क प्रदान करते हैं। इस कोड के उपयोग से समान भौतिक चैनल का प्रयोग संकेत प्रेषित करने में किया जाता है।
6.	अतर्राष्ट्रीय रोमिंग सुविधा	कम सुगम्य	यूएस को छोड़कर विश्व भर में
7.	आवृत्ति बैंक	एकल आवृत्ति बैंक (850 हर्ट्ज)	एकाधिक आवृत्ति बैंड (850/900/1800/1900 मेगाहर्ट्ज)
8.	नेटवर्क सुविधा	हैण्ड सेट निर्दिष्ट	सिम निर्दिष्ट, उपयोगकर्ता के पास अपनी पसंद का हैंडसेट या स्व-चालित मोड चुनने का विकल्प होता है।
9.	अनुनाद (Echoes) कॉल ड्रॉप, क्रॉस-संयोजन स्वर, गुणवत्ता	अचल,	निम्न
10.	सेल्युलर संचार सुरक्षा	अति उच्च, इसलिए सेना द्वारा CDMA का उपयोग किया जाता है।	निम्न
11.	फोन का आकार	सामान्यतया छोटा	सामान्यता आकार में बड़ा
12.	स्टैण्डबाय मोड पर (Standby mode)	ऊर्जा उपभोग कम	ऊर्जा उपभोग अधिक
13.	सक्रिय मोड पर	ऊर्जा उपभोग अधिक	ऊर्जा उपभोग कम

10.3.4.1 जीएसएम–मोबाइल संचार की वैश्विक प्रणाली (यूरो–एशियाई विकल्प) [GSM-Global System of Mobile Communication (The Euro-Asian Alternative)]

सीडीएमए (CDMA) को हांगकांग में 1995 में पेश किया गया था। बाद में, प्रथम उपलब्ध डिजिटल प्रौद्योगिकी के समर्थन हेतु यूरोप में टाइम डिवीजन मल्टीपल एक्सेस (TDMA) पेश किया गया था। जीएसएम (GSM), टीडीएमए प्रौद्योगिकी के संस्करणों (Varients) में से एक है।

GSM एक 'सेल्युलर' तकनीक है, जिसमें पूरे कवरेज क्षेत्र को विभिन्न षड्कोणीय (Hexagonal) आकृति वाले सेलों (इसलिए प्रचलित नाम 'सेलफोन') में विभाजित किया जाता है। प्रत्येक सेल में एक संबंधित नेटवर्क टॉवर होता है, जो कि सेल्युलर क्षेत्र में मोबाइल फोन की सुविधा प्रदान करता है। उदाहरण हेतु एक षड्कोणीय आकृति के बगीचे में एक पेड़ पर मधुकोष (Heneycomb) की कल्पना कीजिए। बगीचे मे कई फूल हैं। चूंकि मधुमक्खियों ने रस को कई फूलों से एकत्रित किया है, और इसे मधुकोष में जमा कर दिया है। इसी तरह, हमारे मोबाइल फोन फूलों की तरह हैं, नेटवर्क टॉवर मधुकोष की तरह है तथा मधुमक्खी संकेतों की तरह है।

10.3.4.2 कोड डिवीजन मल्टीपल एक्सेस (सीडीएमए) (यूएस आधारित प्रौद्योगिकी) [Code Division Multiple Access-CDMA (US Based Technology)]

सीडीएमए का विश्व युद्ध II आधार (CDMA World War II Foundation): सीडीएमए की जड़ें हालांकि द्वितीय विश्व युद्ध के पूर्व अमेरिका में थीं, लेकिन यदि ऐतिहासिक संदर्भ में देखें तो, यह अब पेटेंट कराई गई तकनीक है, जो 1990 के दशक के मध्य से ही व्यावसायिक तौर पर उपलब्ध हो पाई है।

जैसा कि नाम से ही विदित है (कोड डिवीजन मल्टीपल एक्सेस) इसमें एक ही विस्तृत स्पेक्ट्रम (Spread Speetrum) का उपयोग करने वाले कई उपकरण है। सीडीएमए के अंतर्गत, कवरेज नेटवर्क में प्रत्येक उपकरण हेतु एक भौतिक चैनल एवं विशेष कोड होता है। उपकरण का सिग्नल मल्टीप्लेक्सड् (Multiplexed) होता है तथा एक ही भौतिक चैनल का उपयोग, इस कोड के प्रयोग द्वारा संकेत भेजने में किया जाता है। उदारहण हेतु, कई बसों के साथ एक सड़क की परिकल्पना कीजिए, बस में कई यात्री होंगे तथा उन्हें बस में यात्रा करने के लिए टिकट खरीदना होगा। सीडीएमए में, आपका मोबाइल फोन यात्री की तरह है, आपका कोड टिकट के रूप में कार्य करता हैं, बस एक मल्टीप्लेक्सड् वाहक संकेत है तथा सड़क एक विस्तृत स्पेक्ट्रम है। सीडीएमए, सम्मिलित विस्तृत स्पेक्ट्रम, विभिन्न वार्तालापों के डिजिटलीकरण एवं केवल प्रेषक व रिसीवर की जानकारी वाले कोड को जोड़कर कार्य करता है। यह सूचना को अधिक सुरक्षित बनाती है और इसलिए सेना सीडीएमए (CDMA) को पसंद करती है क्योंकि अरबों संभावित संयोजनाओं के साथ कोडित सिग्नल का परिणाम अत्यंत सुरक्षित प्रसारण होता है। **सीडीएमए 1995 में व्यावसायिक रूप से हांगकांग में शुरू किया गया था।**

10.4 ताररहित संचार में आयनमण्डल तथा इसके उपयोग (Ionosphere and Its Importance in Wireless Communication)

- वायु पृथ्वी की सतह के नजदीकी भाग में सघन होती है तथा ऊपर जाते हुए कम सघन होती जाती है। वायु के अणु, सूर्य की प्रकाश ऊर्जा (Radiant Energy) द्वारा मुख्यत: पराबैंगनी विकिरणों द्वारा आयनीकृत होकर धनात्मक आवेशित आयन तथा मुक्त इलेक्ट्रॉन उत्पादित करते है। एक मुक्त इलेक्ट्रॉन निकट स्थित आयन के साथ पुन: संयोजित हो सकता है, जो उदासीन परमाणु का निर्माण कर सकता है, जिसे एक बार पुन: आयनीकृत किया जा सकता है। इस प्रकार, आयनीकरण एवं पुनर्संयोजन की एक सतत् प्रक्रिया वातावरण में होती रहती है।
- आयनीकरण की कोटी (Degree) पराबैंगनी विकिरणों की तीव्रता तथा वातावरण के घनत्व पर निर्भर करती है। अधिक ऊँचाई पर पराबैंगनी विकिरण की तीव्रता कम होती है। घनीभूत (सघन) वातावरण (Denser atmosphere) की तुलना में विरल वातावरण (Rarer atmosphere) में पुनर्संयोजन दर कम होती है।
- परिणामस्वरूप, आयनमण्डल क्षेत्र का निर्माण 50 से 500 किलोमीटर की ऊँचाई के मध्य होता है। आयनमण्डल के भीतर, इलेक्टॉनों के संकेंद्रण क्षेत्र होते हैं तथा इन्हें आयनमण्डल के भीतर उप-परतों के रूप में माना जा सकता है।
- दिन के समय चार ऐसी परतें उपस्थित होती हैं-D परत, E परत, F1 परत, F2 परत (**चित्र 10.2**)। रात्रि के समय, पराबैंगनी विकिरणों की अनुपस्थिति एवं सघन निचले वातावरण में उच्च पुनर्संयोजन दर के कारण D परत अदृश्य हो जाती है।

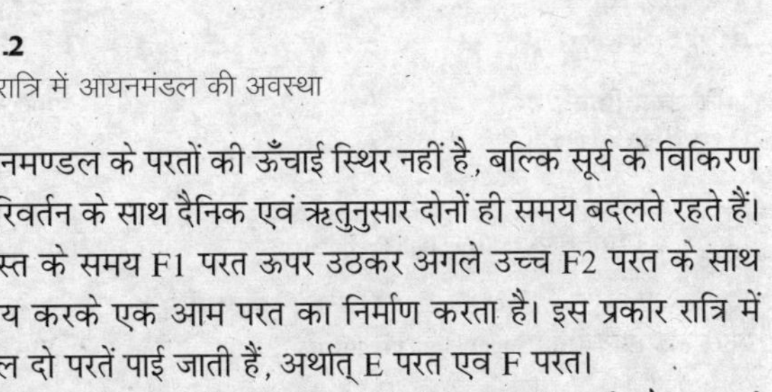

चित्र 10.2
दिन एवं रात्रि में आयनमंडल की अवस्था

- आयनमण्डल के परतों की ऊँचाई स्थिर नहीं है, बल्कि सूर्य के विकिरण में परिवर्तन के साथ दैनिक एवं ऋतुनुसार दोनों ही समय बदलते रहते हैं। सूर्यास्त के समय F1 परत ऊपर उठकर अगले उच्च F2 परत के साथ विलय करके एक आम परत का निर्माण करता है। इस प्रकार रात्रि में केवल दो परतें पाई जाती हैं, अर्थात् E परत एवं F परत।
- सौर विकिरणों पर निर्भर आयनमण्डल की स्थिति दिन के दौरान, वर्ष के विभिन्न मौसमों एवं विभिन्न वर्षों में भी बदलती रहती है। इसकी स्थिति, सूर्य स्पॉट चक्र (Sun spot cycle) तथा सौर दीप्ति (Sun flare) से भी प्रभावित होती है।

- आयनमण्डल की परतों को आयन की मात्रा के आधार पर दर्पण या आंशिक दर्पण के रूप में जाना जा सकता है। इस प्रकार, आयनमण्डल पर पड़ने वाली प्रसारित तरंग, पृथ्वी तक अपवर्तित की जा सकती है तथा एक अपवर्तन के पश्चात् प्राप्त की जा सकती है। इसे एकल-हॉप प्रसारण (Single Hop Transmission) कहा जाता है।
- कुछ स्थितियों में, तरंग को पृथ्वी द्वारा आयनमण्डल में अपवर्तित किया जाता है तथा अपवर्तन एवं परार्वतन की प्रक्रिया दूरस्थ रिसीवर तक पहुंचने से पूर्व कई बार दोहराई जाती है। इसे मल्टी-हॉप प्रसारण (Multi-Hope Transmission) कहा जाता है।
- लम्बी दूरी के प्रसारण या रेडियो संचार आयनमंडल के कारण संभव है।

10.5 परंपरागत फोन बनाम सैटेलाइट फोन (Conventional Phone versus Satellite Phone)

- परंपरागत फोन टॉवर-टू-टॉवर कार्य करते हैं किंतु सैटेलाइट फोन, सैटेलाइट से धरातलीय नेटवर्क से सीधे जुड़कर कार्य करते हैं।
- सैटेलाइट फोन टॉवर रहित स्थानों पर भी कार्य करते हैं, जैसे-हिमालय, सहारा, मरुस्थल, ध्रुवीय क्षेत्रों, जहाजों पर, वायुयानों आदि में।
- परंपरागत फोन आयनमण्डल की उपस्थिति के कारण कार्य करते हैं क्योंकि यह मण्डल इलेक्ट्रोमैग्नेटिक तरंगों को परावर्तित कर टॉवर-से-टॉवर तक फोन कॉल्स को सुगम बनाता है। किन्तु सैटेलाइट फोन में सिग्नल किसी कैरियर तरंग (संवाहक तरंग) की सहायता से सीधे सैटेलाईट तक जाता है।
- सैटेलाइट फोन प्रदाता नेटवर्क हैं-ग्लोबलस्टार (Globalstar), थूरया (Thurya), इरीडियम (Iridium)।
- सैटेलाइट फोन की सीमाएं - कॉल महंगी तथा कॉल में देरी।

10.6 रेडियो स्पैक्ट्रम (Radiospectrum)

यह इलेक्ट्रोमैग्नेटिक स्पैक्ट्रम का भाग है, जिसकी आवृत्ति की रेंज 3 से 3000 गीगा हर्ट्ज (GHz) तक होती है। इस आवृत्ति रेंज में, इलेक्ट्रोमैग्नेटिक तरंगों को रेडियो तरंगें कहा जाता है, जो टेलीकम्युनिकेशन में बहुतायत में प्रयोग में ली जाती हैं। **अंतर्राष्ट्रीय टेलीकम्युनिकेशन यूनियन ने इस रेडियो स्पैक्ट्रम को 12 बैंड्स (विभिन्न उपयोग सहित) में बांटा है, जो तालिका 10.3** में दी गई हैं।

तालिका 10 .3 विभिन्न आवृत्ति बैंड तथा संचार एवं सूचना तकनीकों में उनके उपयोग (Various Frequency Bands and Their Uses in ICT)

बैंड का नाम	आईटीयू बैंड	फ्रिक्वेंसी	उदाहरण उपयोग
अत्यंत कम फ्रिक्वेंसी (Extremely Low Frequency)	1	3-30 Hz	पनडुब्बियों के साथ संचार
सुपर लो फ्रिक्वेंसी (Super Low Frequency)	2	30-300 Hz	पनडुब्बियों के साथ संचार
अल्ट्रा लो फ्रिक्वेंसी (Ultra Low Frequency)	3	300-3000 Hz	पनडुब्बी संचार, खनन संचार
वेरी लो फ्रिक्वेंसी (Very Low Frequency)	4	3-30 Hz	नेवीगेशन, टाइम सिग्नल, पनडुब्बी संचार, वायरकेम हार्ट रेट मॉनीटर, भू-भौतिकी
लो फ्रिक्वेंसी (Low Frequency)	5	30-300 Hz	नेवीगेशन, टाइम सिग्नल, एएम दीर्घतरंग ब्रॉडकॉस्टिंग (यूरोप व एशिया के भाग) आरएफआईडी, एमेचर रेडियो
मीडियम फ्रिक्वेंसी (Medium Frequency)	6	300-3000 Hz	एएम (मीडियम-वेव), ब्रॉडकास्ट, एमेचर रेडियो
उच्च फ्रिक्वेंसी (High Frequency)	7	3-30 MHz	लघुतरंग ब्रॉडकॉस्ट, आरएफआईडी, ऑवर-द-हॉरीजन-एड रेडियो संचार, सामुदायिक तथा मोबाइल रेडियो टेलीफोन
अति-उच्च फ्रिक्वेंसी (Very High Frequency)	8	3-300 MHz	एफएम, टेलीविजन, ब्रॉडकॉस्ट लाईन-ऑव-साईट ग्राउण्ड-टू-एयरक्राफ्ट तथा एयर क्रॉफ्ट टू एयरक्रॉफ्ट संचार, लैण्ड-मोबाइल तथा मेरीटाइम मोबाइल संचार, एमेचर रेडियस, वेदर/मौसमी रेडियस
अल्ट्रा-हाई फ्रिक्वेंसी (Ultra High Frequency)	9	300-3000 MHz	टेलीविजन ब्रॉडकॉस्ट, माइक्रोवेव ऑवेग माइक्रोवेव डिवाईस संचार, रेडियो एस्ट्रोनॉमी, मोबाइल फोन, वॉयरलैस ब्लूटूथ, जीपीएस तथा एमेचर रेडियो रिमोट कण्ट्रोल सिस्टम
सुपर हाई फ्रिक्वेंसी (Super High Frequency)	10	3-30 GHz	रेडियो एस्ट्रोनॉमी, माइक्रोवेव डिवाईस संचार, वॉयरलैस लैन, आधुनिक संचार उपग्रह, केवल तथा उपग्रह टेलीविजन ब्रॉडकॉस्टि, एमेचर रेडियो, सैटेलाइट रेडियो
अति हाई फ्रिक्वेंसी (Extremely High Frequency)	11	30-300 GHz	रेडियो एस्ट्रॅानामी, माइक्रोवेव सुदूर संवेदन, एमेचर रेडियो, निर्देशित ऊर्जा शास्त्र, वॉयरलैस लेन (802, 1190)
टेराहर्ट्ज या अतीव उच्च फ्रिक्वेंसी (Terahertz or Tremendously High Frequency)	12	300-3000 GHz	एक्स-रे को प्रतिस्थापन्न करने के लिए प्रायोगिक मेडिकल इमेजिंग स्पेक्ट्रोस्कॉपी, सुदूर संवेदन, स्मेचर रेडियो (AM Radio)

10.7 ट्रांसपोण्डर के प्रकार, उनकी आवृत्तियां एवं उपयोग (Types of Transponders, Their Frequencies and Uses)

उपग्रह मौजूद एक सर्किट जो एक अपलिंक्ड (Uplinked) सिग्नल को रिसीव, मॉड्यूलेट, एम्प्लीफाई एवं पुनः प्रसारित करता है, उपग्रह ट्रांसपोण्डर कहलाता है। ट्रांसपोण्डर दूरसंचार उपग्रह के पेलोड (Payload) का हिस्सा है। चूंकि रेडियो तरंगें लम्बी दूरी तक यात्रा करती हैं, इसलिए उपग्रह द्वारा प्राप्त (Received) वाहक सिग्नल (Carrier Signal) कम ऊर्जा वाले होते है। इसलिए इन सिग्नलों के ऊर्जा स्तर को पृथ्वी पर पुनः प्रसारण से पूर्व, उपग्रह द्वारा बढ़ाना जाना होता है ताकि यह सुनिश्चित किया जा सके कि वे पृथ्वी पर स्थित रिसीवर द्वारा डिटेक्ट किए जा सकते। उच्च शक्ति वाले एम्प्लीफायरों का एक सेट सैटेलाइट पर इस उद्देश्य हेतु परिनियोजित किया जाता है, जहां प्रत्येक एम्प्लीफायर एक परिभाषित आवृत्ति सीमा पर कार्य करता है।

एक ट्रांसपोण्डर किसी नियत आवृत्ति सीमा पर वाहकों (Carrier) को एम्प्लीफाई करने हेतु आवश्यक उपकरणों के संयोजन का प्रतिनिधित्व करता है। यह उपकरण उच्च शक्ति प्रवर्द्धक HPA के साथ ही एम्प्लीफायर के इनपुट आउटपुट पर फिल्टर (Filter) का कार्य करता है, जो वांछित वाहक से दूसरे ट्रांसपोण्डर द्वारा संसाधित (Processed) वाहक के अलगाव को बनाए रखती है। ट्रांसपोण्डर द्वारा उपयोग करने योग्य बैंडविड्थ, एम्प्लीफायर के संचालन की आवृत्ति सीमा को दर्शाता है। विभिन्न प्रयोजनों हेतु उपयोग किए जाने वाले ट्रांसपोण्डर **तालिका 10.4** के अंतर्गत दिए गए हैं।

10.8 वेरी स्मॉल एपर्चर टर्मिनल (Very Small Aperture Terminal - VSAT)

वेरी स्मॉल एपर्चर टर्मिनल, **दो तरफा (Two-way) उपग्रह स्थल स्टेशन** (Ground Station) का प्रतिनिधित्व करता है या इसे पृथ्वी आबद्ध स्टेशन (Earth bound Station) कहा जा सकता है। इसका अनुप्रयोग डेटा, वॉयस एवं वीडियो सिग्नल के उपग्रह संचार में किया जाता है। वीसैट (VSAT) के निम्नलिखित दो प्रकार हैं:

(i) **डिश एंटीना (Dish Antenna)** के साथ ट्रांस रिसीवर (Tran receiver), जिसे उपग्रह की दृष्टि-रेखा (line of sight) से सीधी रेखा पर रखा जाता है। डिश एंटीना का आकार 3 मीटर से कम होता है, जबकि अन्य प्रकार के उपग्रह डिश लगभग 10 मीटर आकार के होते हैं।

(ii) **एक इनडोर (Indoor) अवस्थित उपकरण,** जो ट्रांसरिसीवर को अंतिम उपयोगकर्ता के संचार उपकरण, जैसे- पीसी (pc) से इंटरफेस (Interface) करने हेतु प्रयुक्त किया जाता है।

- ट्रांसरिसीवर आकाश में एक उपग्रह ट्रांसपोण्डर (Transponder) को सिग्नल भेजता है या प्राप्त करता है।
- उपग्रह एक ग्राउण्ड स्टेशन कम्प्यूटर से सिग्नल भेजता या प्राप्त करता है, जो प्रणाली हेतु केंद्र के रूप में कार्य करता है। प्रत्येक अंतिम उपयोगकर्ता उपग्रह के माध्यम से केंद्र स्टेशन, से जुड़े होता है एवं एक स्टार टोपोलॉजी (Star Topology) का निर्माण करता है। नेटवर्क के पूरे संचालन को केंद्र (Hub) द्वारा नियंत्रित किया जाता है। प्रत्येक प्रसारण को पहले केंद्र स्टेशन (Hub Station) पर भेजा जाता है, जिसे पुनः संचार हेतु अन्य अंतिम उपयोगकर्ता द्वारा उपग्रह के माध्यम से पुनः प्रसारित किया जाता है। वीसैट 56 किलोबाईट प्रति सेकंड तक वहित कर सकता है।
- **वीसैट (VSAT) का सबसे आम अनुप्रयोग बिक्री लेन-देन (Sale transaction) में है, जैसे- क्रेडिट कार्ड एवं RFID अनुप्रयोग।**
- निर्माताओं (जैसे- ऑटोमोबाइल कंपनी) के साथ अधिकृत स्थानीय डीलरों द्वारा भी ब्रिकी के आंकड़े एवं आदेश (Order) प्रेषित एवं प्राप्त करने, साथ ही साथ आंतरिक संचार, पार्ट्स के आदेश (Parts ordering), सेवा बुलेटिन (Service Bulletin) और निर्माता से इंटरेक्टिव दूरस्थ शिक्षा प्रशिक्षण पाठ्यक्रम प्राप्त करने के लिए इसका उपयोग किया जाता है। वीसैट प्रौद्योगिकी का अन्य व्यापक उपयोग शेयर दलालों द्वारा किया जाता है।
- द्वि-पथ उपग्रह इंटरनेट प्रदाता भी वीसैट का उपयोग करते हैं। इन सेवाओं का उपयोग विश्व भर में वहां ब्रॉडबैंड इंटरनेट प्रदान करने के साधन के रूप में किया जाता है, जहां ए.डी.एस.एल. या केबल इंटरनेट की पहुंच नहीं है, जो आमतौर पर सुदूर या ग्रामीण क्षेत्र होते हैं। लगभग सभी वीसैट प्रणाली अनुप्रयोगों की एक व्यापक स्पेक्ट्रम लिए हुए आई.पी. (IP) आधारित होते हैं।

तालिका 10.4 विभिन्न प्रकार के ट्रांसपोण्डर, इनकी आवृत्तियां एवं उपयोग

ट्रांसपोण्डर बैंड	आवृत्तियों की सीमा	अनुप्रयोग	समस्याएं
L	1-2 गीगाहर्ट्ज	मोबाइल सेटेलाइट सेवा (Mobile satellite sevice-MSS)	अधिक भूरा हुआ तथा कम बैंड विड्थ
S	2-4 गीगाहर्ट्ज	एमएसएस एवं अंतरिक्ष अनुसंधान, टीवी एवं रेडियों ब्रॉड कॉस्टिंग	भरा हुआ तथा कम बैंड विड्थ
C	4-8 गीगाहर्ट्ज	फिक्स्ड सेटेलाइट कम्युनिकेशन (FSC), दूरसंचार	स्थलीय अंतराफलक
X	8-12.5 गीगाहर्ट्ज	सैन्य अनुप्रयोग एवं मेट्रो लॉजिकल सेटेलाइट	अवरोध एवं जाम
Ku	12.5-18 गीगाहर्ट्ज	ब्रॉड कास्टिंग सेटेलाइट सर्विस (बीएसएस), इंटरनेट, डीटीएच सेटेलाइट न्यूज एकत्रण, बिजनेस नेटवर्किंग, वीसैट सर्विस (very small aperture terminal)	वर्षा के कारण भारी नुकसान
K	18-26.5 गीगाहर्ट्ज	बीएसएस एवं एफएसएस (फिक्स्ड सेटेलाइट सर्विस)	संचरण हानि
Ka	26.5-40 गीगाहर्ट्ज	एफएससी, बीसैट (VSAT) सेवाएं	भारी नुकसान एवं बढ़ती हुई उपकरण लागत

- **वीसैट के दो प्रकार हैः स्टार वीसैट (Star VSAT) एवं मेस वीसैट (Mesh VSAT)।** इन टोपोलॉजी का परिनियोजन (Deployment) उनके व्यावसायिक व्यवहार्यता पर निर्भर करता है।
- **मेस वीसैट प्रणाली** को वहां महत्ता दी जाती है, जहां उपयोग कर्ताओं की संख्या अधिक होती है, क्योंकि इससे नेटवर्क की कुल लागत कम हो जाती है।
- ब्रॉडबैंड वैन (Broadband WAN) या ब्रॉडबैंड इंटरनेट एक्सेस (Broadband Internet Access) हेतु स्टार टोपोलॉजी सेवाओं का परिनियोजन किया जाता हैं। वे अग्र एवं पश्चः कार्यालय (front and back office) के अनुप्रयोगों में भी उपयोगी होते हैं तथा डिजिटल हस्ताक्षर तथा इंटरैक्टिव दूरस्थ शिक्षा (Interactive distance learning) जैसे समाधान प्रबंधित अग्रेषित तथा उन्हें संगृहीत करते हैं।

10.9 सिम कार्ड (सब्सक्राइबर आइडेंटिटी मॉड्यूल) और ई-सिम [SIM Card (Subscriber Identity Module) and eSIM]

इसके अतिरिक्त इसे सब्सक्राइबर पहचान मॉड्यूल भी कहा जाता है। सिम एक एकीकृत सर्किट चिप (Integrated Circuit chip) है। एक सिम में मुख्य रूप से विशिष्ट सीरियल नंबर, **अंतर्राष्ट्रीय मोबाइल ग्राहक पहचान (International Mobile Subscriber Identity Number)** के लिए शामिल होते हैं। कार्ड में स्थानीय नेटवर्क से संबंधित जानकारी, उपयोगकर्ता द्वारा प्रयोग करने योग्य सेवा सूची तथा दो पासवर्ड-सामान्य उपयोग हेतु एक निजी पहचान संख्या (Personal Identification Number, PIN) एवं पिन अनलॉकिंग हेतु एक निजी अनब्लॉकिंग कोड (Personal Unblocking Code) शामिल होते हैं। यह मुख्य रूप से जीएसएम फोन में प्रयुक्त किया जाता है एवं सैटेलाइट फोन में भी इसका उपयोग किया जा सकता है। केवल नवीन दीर्घकालिक विकास सक्षम हैंडसेट में सिम की आवश्यकता होती है। नेटवर्क ऑपरेटर **'रेडियोलिंजा'** ने **1991 में म्यूनिख, जर्मनी** में पहला सिम कार्ड विकसित किया।

ई-सिम (eSIM)

eSIM एक एम्बेडेड सिम है, जो अनिवार्य रूप से एक नियमित सिम कार्ड चिप के समान हार्डवेयर है, लेकिन अब घड़ी या स्मार्टफोन के मदरबोर्ड का एक स्थायी रूप से एम्बेडेड हिस्सा है। eSIM पहली बार एक दशक पहले 2012 में विकसित की गई थे, लेकिन उनके भविष्य के उपयोग के मामलों के बावजूद, भौतिक सिम अभी तक पूरी तरह से अप्रचलित नहीं हुई हैं।

eSIM के फायदे (Advantages of eSIMs)

- मदरबोर्ड से जुड़ी होने से री-प्रोग्रामिंग की भी सुविधा मिलती है, जिससे उपयोगकर्ता किसी भी भौतिक सिम कार्ड को बदले बिना ऑपरेटर स्विच कर सकते हैं।
- **सुविधाः** आपके eSIM में एकाधिक सिम प्रोफाइल संग्रहीत करने की क्षमता का मतलब यह भी है कि आप प्रोफाइल के बीच आसानी से स्विच कर सकते हैं।
- **सुरक्षाः** इसमें बाहर निकालने और किसी अन्य डिवाइस में उपयोग करने के लिए कोई भौतिक वस्तु नहीं है।

eSIM के नुकसान (Disadvantages of eSIMs)

- **आपातकालीन स्थितिः** यदि आपका फोन काम करना बंद कर देता है, बैटरी खत्म हो जाती है या गिर जाती है और स्क्रीन टूट जाती है, तो eSIM के साथ आपका संचार पूरी तरह से ठप हो जाता है।
- **बिना** eSIM **सपोर्ट वाले देशों में अनुपयोगीः** आप ऐसे देश में eSIM फोन का उपयोग नहीं कर सकते, जहां टेलीकॉम ऑपरेटर अभी तक इस तकनीक को सपोर्ट नहीं करते हैं।
- इसका सपोर्ट केवल प्रीमियम फोन में उपलब्ध हैः भारत में, eSIM सपोर्ट वर्तमान में Apple iPhones और Google Pixel Series जैसे अधिक महंगे उपकरणों तक ही सीमित है।

10.10 अंतर्राष्ट्रीय मोबाइल उपकरण पहचान संख्या [International Mobile Equipment Identity Number (IMEI)]

आईएमईआई एक अद्वितीय 15 अंकीय संख्या है जिसका उपयोग मोबाइल फोन के साथ-साथ सैटेलाइट फोन की पहचान हेतु किया जाता है। आमतौर पर यह संख्या फोन की बैटरी वाले हिस्से के अंदर मुद्रित होती है। इसे फोन की स्क्रीन पर भी प्रदर्शित किया जा सकता है। हम संबंधित फोन के आईएमईआई नंबर को ज्ञात करने हेतु फोन पर *#06# भी दर्ज कर सकते हैं।

जीएसएम नेटवर्क आईएमईआई संख्या का उपयोग वैध उपकरणों की पहचान करने हेतु करता है। इससे संबंधित देश में चोरी किए फोन को नेटवर्क प्रयोग करने से रोका जा सकता है। उदाहरण हेतु, मोबाइल फोन के चोरी होने की स्थिति में, आईएमईआई संख्या का उपयोग कर, मालिक अपने नेटवर्क प्रदाता को फोन पर 'प्रतिबंध' (Ban) लगाने हेतु कह सकता है। यह फोन को संबंधित देश में उपयोगहीन बना देता है, चाहे सिम परिवर्तित हुआ हो या नहीं हुआ हो।

सुरक्षा मुद्दे *(Security Concerns)*

भारत सहित कई देशों में, प्रत्येक फोन हेतु आईएमईआई (IMEI) संख्या होना अनिवार्य है।

15 अंकीय संख्या किसी भी हैंडसैट पर निगरानी रखने हेतु महत्वपूर्ण है, चाहे वह खो गया हो, चोरी हो गया हो या सुरक्षा एजेंसियों द्वारा निगरानी की आवश्यकता हो। किसी व्यक्ति को फोन की आईएमईआई संख्या के साथ ट्रैक करना संभव है, भले ही उसका सेवा प्रदाता बदल गया हो। आईएमईआई नंबर के बिना, मोबाइल फोन को गंभीर सुरक्षा खतरा माना जाता है। आतंकवादी हमलों में उनके उपयोग सम्बन्धी कई चिंताएं सामने आई हैं। **सरकार ने जून 2009 में चीन से आईएमईआई संख्या के बिना फोन के आयात पर प्रतिबंध लगा दिया था।** दिसम्बर 2009 में, भारत सरकार ने मोबाइल ऑपरेटरों को उन ग्राहकों की सेवाओं को बंद करने के लिए कहा था, जिनके फोन IMEI संख्या रहित हैं।

10.11 मोबाइल फोन की पीढ़ियां (Generation of Mobile Phones)

1970 के दशक के आरम्भ से ही मोबाइल (ताररहित) उद्योग ने अपना तकनीकी सृजन, क्रांति एवं विकास शुरू कर दिया था। प्रौद्योगिकी क्रांति और विकास का मोबाइल ताररहित प्रौद्योगिकी की चौथी और पांचवीं पीढ़ियों अर्थात् 0G से 4G तक अनुभव किया गया है।

सेल्युलर प्रौद्योगिकी कालक्रम (Chronology of Cellular Technology)

- सेल्यूलर प्रौद्योगिकी का विकास 1979 में शुरू किया गया था, जब जापान में एनालॉग नेटवर्क का उपयोग कर **प्रथम पीढ़ी के मोबाइल फोन** विकसित हुए थे।
- डिजिटल तकनीक (जैसे-जीएसएम एवं सीडीएमए) का उपयोग करते हुए **द्वितीय पीढ़ी की प्रणाली** को फिनलैंड में 1991 में शुरू किया गया था।
- **चतुर्थ पीढ़ी प्रणाली** Long Term Evolution (LTE) पर आधारित होकर 2009 से ओस्लो, नार्वे, स्टॉकहोम तथा स्वीडन में प्रारम्भ किया गया।
- 5G का परिनियोजन संभवत: संयुक्त राज्य अमेरिका में 2018 में शुरू हुआ, लेकिन यह ठीक तरह से 2019 में शुरू हुआ, कई यूरोपीय संघ के देशों ने शहरों में सीमित सेवा की पेशकश की। यह पूर्णत: 2020 में विकसित हुआ और वर्ष के अंत तक, केवल चार अपवादों को छोड़कर सभी यूरोपीय संघ के देशों में वाणिज्यिक 5G लॉन्च हो चुका था।

10.11.1 0G (रेडियो फोन या टैक्सी फोन) [0G (Radio Phone or Taxi Phone)]

- सेल से पूर्व के दिनों में, लोग कॉल करने हेतु मोबाइल ऑपरेटर से बात किया करते थे एवं कुछ चैनल ही उपलब्ध होते थे।
- 0G सेल पूर्व मोबाइल फोन आधारित मोबाइल टेलीफोन प्रौद्योगिकी, जैसे कि रेडियो टेलीफोन्स या टैक्सी फोन को संदर्भित करता है।
- इस तकनीक में, ट्रांस रिसीवर को वाहन में 'हेड' (डायल, डिस्प्ले एवं हैंडसेट) के साथ रखा गया था, जो कि चालक की सीट के पास लगा था। **इसका उपयोग केवल बेसिक वॉयस संचार के लिए किया गया था। यह तकनीक सर्वप्रथम 1971 में फिनलैण्ड में इस्तेमाल की गई थी।**

10.11.2 1G (एफडीएमए: फ्रीक्वेंसी डिवीजन मल्टीपल एक्सेस) (1G FDMA: Frequency Division Multiple Access)

- यह प्रथम पीढ़ी के ताररहित टेलीफोन प्रौद्योगिकी को संदर्भित करता है, (मोबाइल दूरसंचार) जिसे सर्वप्रथम **1980 में प्रस्तुत किया गया था और 1990 की शुरुआत में पूरा किया गया था।**
- इस पीढ़ी को टॉवर एवं इसकी सीमा (यानी 'सेल') की सहायता से स्थापित किया गया था।
- इसकी गति 2.4 केबीपीएस (Kbps) तक थी।
- 1G नेटवर्क **एनालॉग सिग्नल** (Analog Signal) का प्रयोग करता है।

कमियां: निम्न बैटरी जीवन, निम्न वॉयस गुणवत्ता, बड़ा फोन आकार, असुरक्षा, सीमित क्षमता एवं निम्न हैंडऑफ विश्वसनीयता (Poor handoff reliability)।

10.11.3 2G टीडीएमएः टाइम डिवीजन मल्टीपल एक्सेस एवं सीडीएमए [CDMA) कोड डिवीजन मल्टीपल एक्सेस, (2G TDMA: Time Division Multiple Access and CDMA: Code Division Multiple Access)

- यह द्वितीय पीढ़ी को संदर्भित करता है, जो कि टीडीएमए (TDMA) एवं सीडीएमए (CDMA) पर आधारित है **(जीएसएम, टीडीएमए संस्करण में से एक है)**।
- यह वर्ष **1991 में शुरू किया गया था**।
- इस नेटवर्क ने **डिजिटल सिग्नल** का इस्तेमाल किया।
- इसकी डेटा की गति **64 केबीपीएस** (Kbps) तक थी।
- पाठ्य संदेश की सेवा सहित एवं बेहतर गुणवत्ता और क्षमता प्रदान करता है।

कमियां: यह पूर्ण रूप से नेटवर्क कवरेज पर आधारित है, ये मजबूत डिजिटल सिग्नल पर कार्य करते हैं, जिन पर मोबाइल फोन कार्य करते हैं। अगर किसी भी विशिष्ट क्षेत्र में नेटवर्क कवरेज का नुकसान हो रहा हो तो डिजिटल सिग्नल कमजोर होंगे।

- ये प्रणाली जटिल डेटा जैसे कि वीडियो को नियंत्रित करने में असमर्थ है।

10.11.4 2.5 जीपीआरएसः सामान्य पॉकेट रेडियो सेवा (2.5 GPRS: General Packet Radio Services)

- यह तकनीक जीएमएम नेटवर्क के साथ कार्य करती है।
- यह मोबाइल टेलीफोन की द्वितीय एवं तृतीय पीढ़ी के मध्य की तकनीक को संदर्भित करता है।
- 2.5जी को "जनरल पॉकेट रेडियो सर्विसेज" (जीपीआरएस) के साथ मिलकर 2G सेल्यूलर प्रौद्योगिकी के रूप में वर्णित किया जा सकता है।
- ***विशेषताएं:*** यह वेब कॉलिंग, सर्फिंग, एमएमएस (मल्टी मीडिया मैसेसिंग सर्विसेज) तथा **स्पीड 64-144 केबीपीएस (Kbps)**, फोन कॉल, ई-मेल संदेश भेजना/प्राप्त करना, डब्लूएपी (ताररहित अनुप्रयोग प्रोटोकॉल) [WAP (Wireless application Protocol) सेवाएं प्रदान करता है। कैमरा फोन, एक 3 मिनट के MP3 गाने को डाउनलोड करने में 6-9 मिनट समय लेता है।

10.11.5 2.75G (Enhanced Data Rates for GSM Evolution - EDGE)

- यह तकनीक जीएसएम नेटवर्क पर भी कार्य करती है।
- यह जीएसएम का एक विस्तारित संस्करण है, जो जीपीआरएस की तुलना में डेटा एवं सूचना के त्वरित प्रसारण की अनुमति देता है।

EDGE एक रेडियो प्रौद्योगिकी है और यह तृतीय पीढ़ी की प्रौद्योगिकियों का भी एक भाग है।

- **EDGE प्रौद्योगिकी ब्लैक बेरी, N 97 एवं N 95 मोबाइल फोन जैसे कुछ हैंडसेटों में निहित होती है।**
- **जीपीआरएस की तुलना में EDGE तीन गुना तेज थी।** EDGE तकनीक के उपयोग के दौरान, कोई अतिरिक्त हार्डवेयर एवं सॉफ्टवेयर स्थापित करने की आवश्यकता नहीं होती। इस तकनीकी के प्रयोग हेतु कोई अतिरिक्त शुल्क नहीं लगता।
- यदि किसी व्यक्ति के पास जीपीआरएस प्रौद्योगिकी हो, तो वह किसी भी अन्य अतिरिक्त शुल्क का भुगतान किए बिना इस तकनीक का उपयोग कर सकता है।

10.11.6 3G यूएमटीएसः यूनिवर्सल मोबाइल टेलीकॉम सर्विसेज, EDGE: जीएसएम के विकास हेतु वृहत् डाटा दर एवं सीडीएमए 2000/डब्ल्यूसीडीएमए) (3G UMTS: Universal Mobile Telecom Services, EDGE: Enhanced Data Rate for GSM Evolution & CDMA 2000/WCDMA)

- 3G तकनीक तृतीय पीढ़ी को संदर्भित करती है, जिसे वर्ष 2000 में पेश किया गया था।
- इसकी डेटा प्रसारण की गति **144 केबीपीएस (Kbps) से 2 एमबीपीएस (Mbps) तक बढ़ी है।**
- इसे आमतौर पर **'स्मार्ट फोन'** कहा जाता है, जहां बैंडविड्थ के साथ सुविधाओं में वृद्धि हुई है।

विशेषताएंः तीव्र संचार, उच्च गति वेब/अधिक सुरक्षा, वीडियो कॉन्फ्रेसिंग, टीवी स्ट्रीमिंग, वृहत ई-मेल प्रेषण प्राप्ति।

कमियांः लाइसेंस सेवाओं को खोजने हेतु यह तकनीक महंगी है तथा 3G के अवसंरचना निर्माण हेतु भी चुनौतीपूर्ण है।

- उच्च बैंडविड्थ की आवश्यकता।
- 3G फोन महंगे हैं।
- सेलफोन का बड़ा आकार।

नोटः 3जी एवं 4जी के मध्य कुछ और विकसित पीढ़ियां हैं, अर्थात् **3.5 G: HSDPA-हाईस्पीड डाउनलिंक पैकेट एक्सेस** और **3.75 G: HSUPA-हाईस्पीड अपलिंक पैकेट एक्सेस।**

10.11.7 4G [(LTE: Long Term Evolution HSPA+: High Speed Pocket Access Plus) VoLTE]

- यह पीढ़ी 2000 के उत्तरार्द्ध से शुरू हुई थी।
- **यह 100 Mbps - 2 Gbps गति प्रदान करने में सक्षम है।**
- 4जी को एक अन्य नाम से जाना जाता है- **मैजिक (MAGIC)** (**M** = मोबाइल मल्टमीडिया, **A** = किसी भी समय कहीं भी, **G** = ग्लोबल गतिशीलता समर्थन, **I** = एकीकृत वायररहित समाधान, **C** = व्यक्तिगत निजी सेवाएं)
- उच्च डाटा रेटेड एवं विस्तारित मल्टी मीडिया सेवाएं भी प्रदान करता है।
- सुरक्षा का उच्च स्तर।

कमियांः उच्च बैटरी उपयोग, इस नेटवर्क को कार्यान्वित करने हेतु बहुत जटिल हार्डवेयर एवं महंगे उपकरण की आवश्यकता होती है।

10.11.8 5G तकनीक (5G Technology)

5G मोबाइल ब्रॉडबैंड की अगली पीढ़ी है, जो अंततः 4G LTE कनेक्शन को परिवर्द्धित या न्यूनतम अभिवर्धन करेगा।

5G तकनीक की विशेषताएं एवं लाभ

- यह मिलीमीटर वेब स्पेक्ट्रम (30-300 गीगाहर्ट्ज) में संचालित हैं, जिसमें बहुत तीव्र गति से बड़ी मात्रा में डेटा भेजने का लाभ होता है।
- यह **3 बैंडों** में संचालित हैं, अर्थात् निम्न, मध्य व उच्च आवृत्ति वाले स्पेक्ट्रम।
- इसकी **कम विलंबता (latency)** उन नवीन अनुप्रयोगों का समर्थन करेगी जो 5G, इंटरनेट ऑफ थिंग्स (IoT), तथा कृत्रिम बुद्धिमत्ता की शक्ति का लाभ उठाते हैं।
- 5G नेटवर्क की **क्षमता में वृद्धि** लोड स्पाइक्स के प्रभाव को कम कर सकती है, जैसे कि खेल आयोजनों एवं समाचार कार्यक्रमों के दौरान होती है।

भारत में 5G रोल-आउट के लिए चुनौतियां

- **प्रक्रियात्मक देरीः** भारत का दूरसंचार क्षेत्र प्रक्रियात्मक देरी तथा अपने कई मुद्दों से बहुत प्रभावित है।
- **स्पेक्ट्रम की वहनीयताः** दुनिया भर के कई देश पहले से ही अपने उपयोगकर्ताओं के लिए 5G कनेक्टिविटी शुरू कर चुके हैं, लेकिन भारत में, 5G स्पेक्ट्रम अभी तक आवंटित नहीं किया गया है।
- **लास्ट-माइल कनेक्टिविटीः** टियर-II, टियर-III शहरों एवं ग्रामीण घरों में लास्ट माइल ब्रॉडबैंड कनेक्टिविटी को पूरा करना चुनौतीपूर्ण है क्योंकि भारत में ऑप्टिकल फाइबर अवसंरचना और ग्रीनफील्ड परिनियोजन की कमी है, जिसने लास्ट माइल कनेक्टिविटी को अत्यधिक प्रभावित किया है।
- **किफायती 5G डिवाइसः** उपभोक्ता के स्तर पर, किफायती 5G डिवाइस अभी तक बाजार में अपना स्थान नहीं बना पाए हैं।

तकनीक का महत्व

- भारत की **राष्ट्रीय डिजिटल संचार नीति, 2018** में 5G के महत्व पर प्रकाश डाला गया था, जब यह कहा गया कि 5G, क्लाउड, इंटरनेट ऑफ थिंग्स (IoT) एवं डेटा विश्लेषण सहित परिवर्तनवादी तकनीकियों के समूह का अभिसरण, बढ़ते स्टार्ट-अप समुदाय के साथ, अवसरों का एक नया क्षितिज खोलते हुए, अपने डिजिटल जुड़ाव को तीव्र व गहरा करने का वादा करता है।

5G संभावित स्वास्थ्य जोखिम

- आज तक, अत्यधिक शोध किए जाने के बाद, **वायरलेस तकनीकों के संपर्क में स्वास्थ्य पर कोई प्रतिकूल प्रभाव नहीं पड़ा है।**

- ऊतक तापन रेडियो आवृत्ति क्षेत्रों तथा मानव शरीर के मध्य परस्पर क्रिया का मुख्य तंत्र है। वर्तमान प्रौद्योगिकियों से रेडियो आवृत्ति एक्सपोजर स्तर के परिणामस्वरूप मानव शरीर में तापमान में नगण्य वृद्धि होती है।
- **जैसे-जैसे आवृत्ति बढ़ती है, यह शरीर के ऊतकों में कम मात्रा में प्रवेश होता है** और ऊर्जा का अवशोषण शरीर के पृष्ठ (त्वचा व आंख) तक सीमित हो जाता है।
- बशर्ते कि समग्र एक्सपोजर अंतर्राष्ट्रीय दिशानिर्देशों से नीचे रहा, **सार्वजनिक स्वास्थ्य हेतु कोई परिणाम प्रत्याशित नहीं है।**

अंतर्राष्ट्रीय एक्सपोजर दिशानिर्देश

- दो अंतर्राष्ट्रीय निकाय विद्युत चुम्बकीय क्षेत्रों पर एक्सपोजर दिशानिर्देश तैयार करते हैं। कई देश वर्तमान में इनके द्वारा सुझाए गए दिशानिर्देशों का पालन करते हैं:
  1. अंतर्राष्ट्रीय गैर-आयनीकरण विकिरण संरक्षण आयोग।
  2. विद्युत चुम्बकीय सुरक्षा पर अंतर्राष्ट्रीय समिति के माध्यम से विद्युत एवं इलेक्ट्रॉनिक्स अभियंता संस्थान।
- ये दिशा-निर्देश प्रौद्योगिकी-विशिष्ट नहीं हैं। ये 5G के लिए चर्चा के तहत आवृत्तियों सहित 300 GHz तक की रेडियो आवृत्ति को कवर करते हैं।

अंतर्राष्ट्रीय प्रयास- अंतर्राष्ट्रीय विद्युत चुम्बकीय क्षेत्र (EMF) परियोजना

- डब्ल्यूएचओ ने वर्ष 1996 में अंतर्राष्ट्रीय विद्युत चुंबकीय क्षेत्र (EMF) परियोजना की स्थापना की। यह परियोजना 0-300 गीगाहर्ट्ज आवृत्ति रेंज में बिजली एवं चुंबकीय क्षेत्रों के संपर्क के स्वास्थ्य प्रभाव की जांच करती है तथा ईएमएफ विकिरण संरक्षण पर राष्ट्रीय प्राधिकारियों को सलाह देती है।

परीक्षण एवं प्रक्षेपण के मामले में भारत कहां खड़ा है?

- 5G सेवाओं को पहली बार भारत में प्रधानमंत्री नरेंद्र मोदी द्वारा 1 अक्टूबर, 2022 को लॉन्च किया गया था। वर्तमान में, केवल भारती एयरटेल और रिलायंस जियो, दो दूरसंचार ऑपरेटर हैं जो देश में 5G नेटवर्क की सेवा प्रदान करते हैं।
- जियो ने नवंबर 2022 में बेंगलुरु, हैदराबाद, गुरुग्राम, नोएडा, गाजियाबाद और फरीदाबाद में अपना 5G नेटवर्क लॉन्च किया। जियो 5G को नवंबर 2022 में पुणे और गुजरात के सभी जिलों में भी उपलब्ध कराया गया।

तालिका 10.5 विभिन्न मोबाइल पीढ़ियों के बीच तुलना (Comparison among Various Mobile Generations)

विशेषताएं	2जी	3 जी	4जी	5जी
आरंभ का वर्ष	1993	2001	2009	2018
तकनीक	GSM	WCDMA	LTE, WiMax	mm waves (मिलीमीटर तरंगें)
आवृत्ति बैंड (बैंडविड्थ)	25 MHz	25 MHz	100 MHz	30 GHz-300 GHz
गति (speed)	64 Kbps	3.1 Mbps तक	1 Gbps तक	10 Gbps तक
लाभ	मल्टीमीडिया फीचर (SMS, MMS), इंटरनेट एक्सेस, आरंभ की गई सिम	उच्च सुरक्षा, अंतर्राष्ट्रीय रोमिंग	हाई स्पीड हैडऑफ, वैश्विक मोबिलिटी	अत्यधिक उच्च गति, कम विलंबता (Latency)
सेवाएं और अनुप्रयोग	वॉयस कॉल, लघु संदेश	वीडियो कॉन्फ्रेंसिंग, मोबाइल टीवी, जीपीएस	हाई स्पीड एप्लिकेशन, मोबाइल टीवी, पहनने योग्य डिवाइस (Wearable devices)	उच्च रिजॉल्यूशन वीडियो साझाकरण, वाहन का रिमोट कंट्रोल, रोबोट और चिकित्सा प्रक्रियाएं

नोट:

- **3जी बनाम 4जी:** एक पूर्णत: नए आविष्कार, 3जी ने मोबाइल टेलीफोनी व्यवस्था को बदल दिया। इसने पहली बार एक ही नेटवर्क पर वॉयस और डेटा कनेक्टिविटी प्रदान की, जिससे ई-लर्निंग, ई-गवर्नेंस आदि जैसे नये विचारों को गति मिली। बेहतर बैंडविड्थ और संचार की गति हासिल की गई। 4जी, बैंडविड्थ बढ़ाने और बेहतर गति पर अत्यधिक केंद्रित था, जो 3जी को अगले स्तर पर ले गया। 4जी में दो मौजूदा प्रौद्योगिकियां हैं: 4जी LTE और 4जी वाईमैक्स। 3जी और 4जी के बीच वास्तविक अंतर इसकी स्पीड में अंतर है।
- **4जी LTE बनाम 4जी वाईमैक्स:** लॉन्ग-टर्म इवोल्यूशन या LTE पहली पीढ़ी की 4जी तकनीक है जिसे 'वास्तविक 4जी (True 4G)' कहा जाता है। वाईमैक्स का मतलब माइक्रोवेव एक्सेस के लिए वर्ल्डवाइड इंटरऑपरेबिलिटी है। LTE में वाईमैक्स की तुलना में अधिक बैंडविड्थ है। LTE मौजूदा नेटवर्क के साथ संगत है लेकिन वाईमैक्स नए नेटवर्क पर काम करता है। कुल मिलाकर, LTE, 4G नेटवर्क के रूप में काफी लोकप्रियता हासिल कर रहा है।
- **5जी:** मिलीमीटर तरंग (MM वेव)/मिलीमीटर बैंड, 10 मिलीमीटर (30 गीगाहर्ट्ज) और 1 मिलीमीटर (300 गीगाहर्ट्ज) के बीच तरंग दैर्ध्य के साथ स्पेक्ट्रम का बैंड है। इसे अंतर्राष्ट्रीय दूरसंचार संघ (ITU) द्वारा अत्यंत उच्च आवृत्ति (EHF) बैंड के रूप में भी जाना जाता है।

मिलीमीटर तरंग के लाभ - मिलीमीटर तरंग विद्युत चुम्बकीय स्पेक्ट्रम का एक बैंड है जिसका उपयोग उत्पादों और सेवाओं की एक विस्तृत शृंखला में किया जा सकता है, जैसे हाई-स्पीड, पॉइंट-टू-पॉइंट वायरलेस लोकल एरिया नेटवर्क (WLANs) और ब्रॉडबैंड एक्सेस। दूरसंचार में मिलीमीटर तरंग का उपयोग मोबाइल और वायरलेस नेटवर्क पर विभिन्न सेवाओं के लिए किया जाता है, क्योंकि यह कम आवृत्तियों की तुलना में उच्च डेटा दरों को सक्षम करता है, जैसे कि वाई-फाई और वर्तमान सेलुलर नेटवर्क के लिए उपयोग किया जाता है।

हाल ही में, जारी 'एरिक्सन मोबिलिटी रिपोर्ट' के अनुसार:

- वर्ष 2027 के अंत तक भारत में पांचवीं पीढ़ी की दूरसंचार सेवाओं के मोबाइल सब्सक्रिप्शन का 39% या लगभग 500 मिलियन सब्सक्रिप्शन होने की संभावना है।
- वर्ष 2021 के अंत तक स्मार्टफोन सब्सक्रिप्शन की कुल संख्या 810 मिलियन होने की उम्मीद रखी गई तथा वर्ष 2027 तक 1.2 बिलियन से अधिक, अर्थात 7% की चक्रवृद्धि वार्षिक वृद्धि दर से बढ़ने का अनुमान है।
- 4G सब्सक्रिप्शन के वर्ष 2021 में 68% मोबाइल सब्सक्रिप्शन से घटकर वर्ष 2027 में 55% होने की उम्मीद है क्योंकि सब्सक्राइबर 5G में माइग्रेट हो जाते हैं।

(इन्फोग्राफिक देखें - 4G बनाम् 5G)
(इन्फोग्राफिक देखें - स्टैंडअलोन बनाम् नॉन-स्टैंडअलोन)

10.12 इंटरनेट स्पीड बढ़ाने के लिए मोबाइल फोन में उपलब्ध कुछ सेवाएं (Certain Services Available in Mobile Phone to Enhance Internet Speed)

10.12.1 लॉन्ग टर्म इवोलूशन [Long Term Evolution (LTE)]

लॉन्ग टर्म इवोलूशन [Long Term Evolution (LTE)] रोमिंग इंटरनेट उपकरणों का समर्थन करने के लिए डिजाइन किया गया, ताररहित ब्रॉडबैंड तकनीक है।

- एलटीई सामान्यत: 4G एलटीई के रूप में विपणित किया जाता है, यह मोबाइल फोन एवं डेटा टर्मिनलों के लिए उच्च गति वाले डेटा के ताररहित संचार हेतु एक मानक है।
- यह वास्तविक 4G प्रौद्योगिकी की ओर पहला कदम है, एक वास्तविक 4G प्रौद्योगिकी हेतु, क्रमश: एक चलायमान (अर्थात् एक कार में) एवं स्थित बिन्दु पर क्रमश: 100 एमबीपीएस एवं 1 जीबीपीएस तक डाउनलोड स्पीड होनी चाहिए, हालांकि, यह फैसला लिया गया था कि कंपनियां एलटीई को '4G एलटीई' के रूप में बेच सकती हैं क्योंकि कुछ ने तो पहले ही ये कदम उठा लिया है। बाद में, उपभोक्ताओं को भ्रम से बचाने के लिए उन्हें 3.5G या 3.9G शब्दों के साथ विपणित किया गया। प्रस्तावित अधिकतम गति 300 एमबीपीएस की है, हालांकि एलटीई नेटवर्क प्रदान वाले कुछ ऑपरेटरों द्वारा प्रदान की जाने वाली गति पर यह विवाद रहा है। व्यावसायिक रूप से उपलब्ध गति व्यापक रूप से भिन्न होती है। एलटीई हेतु संपूर्ण नवीन नेटवर्क प्रौद्योगिकी व मास्ट/रेडियो की आवश्यकता होती है। इसका अर्थ है कि, एलटीई का समर्थन वाले उपकरणों को एक संगति रिसीवर की भी आवश्यकता होगी।

10.12.1.1 एलटीई और वीओएलटीई के बीच अंतर (Difference between LTE and VoLTE)

LTE को 'लॉन्ग टर्म इवोल्यूशन' कहा जाता है। एयरटेल ने भारत में पहली एलटीई नेटवर्क सेवा 2012 में शुरू की थी। आमतौर पर एलटीई को 4जी भी कहा जाता है। VoLTE का मतलब 'वॉयस ओवर लॉन्ग टर्म इवोल्यूशन' या 'वॉयस ओवर एलटीई' है। इसका मतलब है कि 4जी एलटीई के विपरीत, यहां तक कि कॉल, एसएमएस, वेब ब्राउजिंग भी आपके इंटरनेट डेटा प्लान का उपयोग करके संभव होगा। रिलायंस जियो ने 2016 में भारत में इस VoLTE सेवा की शुरुआत की थी। अब हर प्रमुख वाहक इसका समर्थन करता है और हर नए फोन को इसका समर्थन करना चाहिए।

एक वेबसाइट (datareportel.com) के अनुसार, अप्रैल 2021 में दुनिया भर में 4.72 अरब लोगों ने इंटरनेट का इस्तेमाल किया।

LTE बनाम VoLTE

LTE	VoLTE
1. इसका अर्थ है- 'लॉन्ग टर्म इवोल्यूशन'।	1. इसका अर्थ 'वॉयस ओवर लॉन्ग टर्म इवोल्यूशन' या 'वॉयस ओवर एलटीई' है।
2. एलटीई नेटवर्क पर वीडियो कॉल करने के लिए यूजर्स को व्हाट्सएप, फेसबुक मैसेंजर और स्काइप जैसे बाहरी सॉफ्टवेयर की जरूरत होती है।	2. किसी को भी वीडियो कॉल करने के लिए सिर्फ फोन नंबर की जरूरत होती है।
3. ऐसी संभावना है कि LTE वॉयस कॉल और डेटा सेवाओं को एक साथ सपोर्ट न करे।	3. यह वॉयस कॉल और डेटा सेवाओं को एक साथ सपोर्ट करता है।
4. यह केवल 4G बैंडविड्थ पर डेटा दरों को बढ़ाने का लक्ष्य रखता है।	4. यह एक दूसरे को प्रभावित किए बिना इंटरनेट डेटा और वॉयस कॉलिंग दोनों को लक्षित करता है।
5. एलटीई के मामले में 3जी नेटवर्क पर कॉल कनेक्ट करने की समय सीमा तुलनात्मक रूप से धीमी है।	5. कनेक्टिविटी तुलनात्मक रूप से अधिक है, बशर्ते दोनों उपयोगकर्ता VoLTE नेटवर्क पर हों।

10.12.2 एचएसडीपीए (HSDPA)

- **हाई स्पीड डाउनलिंक पैकेट एक्सेस** (HSDPA) 3G नेटवर्क आधारित तकनीक है, जो प्रति सेकंड 7.2 Mbps तक की गति प्राप्त कर सकती है।
- व्यावहारिक रूप से लगभग 3 मेगाबाइट (Mbits) की गति प्राप्त होने की संभावना है, तब भी यह मोबाइल टीवी स्ट्रीमिंग एवं अन्य उच्च अंत: डाटा प्रसारण हेतु उपयोगी है। एचएसडीपीए (HSDPA) का उपयोग करने हेतु, फोन प्रौद्योगिकी अनुरूप (Compatible) होनी चाहिए तथा उपकरण का स्थान किसी सेल क्षेत्र की सीमा के भीतर होना चाहिए, जिसे सेवा प्रदान करने के लिए अपग्रेड किया गया है।

10.12.3 एचएसपीए + [HSPA+]

- एचएसपीए (HSDPA एवं HSUPA) मानक का एक विकसित संस्करण एचएसपीए (HSPA) है, जो तीव्र गति में सक्षम बनाता है। मानक द्वारा 168 Mbps की अधिकतम डाउनलोड गति प्राप्त की जा सकती है, हालांकि वास्तविक अर्थ में, समर्थित नेटवर्क 21Mbps डाउनलोड गति प्रदान करेगा। यह इसलिए क्योंकि वर्तमान 3G नेटवर्क संरचना (Architecture) वृहत् पैमाने पर बैंडविड्थ को संभालने हेतु डिजाइन नहीं किया गया था।
- सेवाओं की गुणवत्ता में सुधार हेतु ऑपरेटरों को अतिरिक्त स्पेक्ट्रम की आवश्यकता है। सरकार को एक नीति तैयार करनी चाहिए जो बाजार के विकास के माध्यम से स्पेक्ट्रम के कुशल उपयोग को बढ़ावा दे तथा

4G vs 5G

5जी क्या है?

- 5G एक नए प्रकार के नेटवर्क को सक्षम बनाता है जिसे वस्तुतः मशीन, ऑब्जेक्ट और डिवाइस सहित सभी चीज़ों को कनेक्ट करने के लिए डिज़ाइन किया गया है।
- स्मार्ट समुदायों के विकास में योगदान देता है जिसका उद्देश्य अपने नागरिकों के लिए नवोन्मेषी डिजिटल सेवाएं प्रदान करना है।

वायरलेस प्रौद्योगिकी का विकास

- 1G — 1979 — एनालॉग दूरसंचार
- 2G — 1991 — टेक्स्ट मैसेजिंग
- 3G — 1998 — मोबाइल और वायरलेस इंटरनेट कनेक्शन
- 4G — 2008 — क्लाउड, आईपी और ट्रूली ब्रॉडबैंड मोडम
- 5G — 2019 — असीमित डेटा क्षमता

4G

- 4जी मोबाइल संचार मानकों की चौथी पीढ़ी को संदर्भित करता है।
- लेटेंसी, कैरियर टू कैरियर (carrier) अलग-अलग होती है।
- अधिकतम स्पीड के मामले में 4G, 5G की तुलना में अपेक्षाकृत धीमा है।
- 4G न्यूनतम 1Gbps की अधिकतम डाउनलोड स्पीड प्रदान करता है।

विलंबता (लेटेंसी)	200 मिलीसेकंड
संभावित डाउनलोड स्पीड	1 Gbps
बेस स्टेशन	सेल टावर्स
चैनल	20 मेगाहर्ट्ज चैनल
ऊर्जा दक्षता	1X
घनत्व	100K कनेक्शन/किमी^{2}

5G

- 5G वायरलेस नेटवर्क तकनीक की पांचवीं पीढ़ी है।
- इसे मिलीमीटर तरंगों पर बनाया गया है, जो 20 गीगाहर्ट्ज से लेकर 96 गीगाहर्ट्ज तक के बहुत उच्च आवृत्ति स्पेक्ट्रम का एक खंड है।
- 5G वायरलेस तकनीक की पिछली पीढ़ियों की तुलना में अत्यधिक कम विलंबता क्षमताएं प्रदान करता है।
- अधिकतम स्पीड के मामले में, 5G, 4G से लगभग 20 गुना तीव्र है।
- 5G न्यूनतम 20Gbps की अधिकतम डाउनलोड स्पीड प्रदान करता है।

विलंबता	5 मिलीसेकंड से कम
संभावित डाउनलोड स्पीड	20 Gbps
बेस स्टेशन	छोटे फोन (सेल)
चैनल	100-800 मेगाहर्ट्ज चैनल
ऊर्जा दक्षता	8100X
घनत्व	1 मिलियन कनेक्शन/किमी^{2}

5G के फ़ायदे

बेहतर ट्रांसमिशन स्पीड
4जी से 100 गुना तीव्र

कम विलंबता (लोअर लेटेंसी)
4G की तुलना में 10 गुना कम विलंबता

बेहतर कनेक्टिविटी
ट्रैफिक क्षमता में 100 गुना वृद्धि

ऊर्जा दक्षता योजनाएँ
5G नेटवर्क का लक्ष्य 4G नेटवर्क की तुलना में ऊर्जा उपभोग को 10% कम करना है।

कुशल व्यवसायिक प्रक्रिया
5G तकनीक उद्यमों को अनंत दक्षता के साथ अपने नियंत्रण में सभी उपकरणों को समन्वयित करने की अनुमति देती है।

5G के नुकसान

स्थापना की लागत अधिक है
मौजूदा मोबाइल बुनियादी ढांचे का प्रतिस्थापन, उचित कनेक्शन बनाए रखने के लिए कुशल कार्मिक।

जानकारी का अभाव
5जी तकनीक अभी भी विकास के चरण में है और इसमें बहुत कुछ खोजा जाना बाकी है।

सीमित कवरेज
5जी तरंगें- मिलीमीटर तरंगें, आम तौर पर बहुत कम भेदन क्षमता वाली होती हैं और इसके सिग्नल बाधित हुए बिना इमारतों, पेड़ों, दीवारों या अन्य बाधाओं से नहीं गुजर सकतीं हैं।

ओवरक्राऊडेड रेडियो फ्रीक्वेंसी
5G नेटवर्क 6Ghz है, जो पहले से ही अन्य सिग्नलों से भरा हुआ है।

सुरक्षा और गोपनीयता संबंधी मुद्दे
उच्च गुणवत्ता वाले डेटा के हस्तांतरण की अनुमति देने और हमलावरों के लिए अधिक प्रवेश बिंदुओं की मौजूदगी चिंता का विषय।

स्टैंडअलोन बनाम् नॉन-स्टैंडअलोन

5G

5G

स्टैंडअलोन 5G

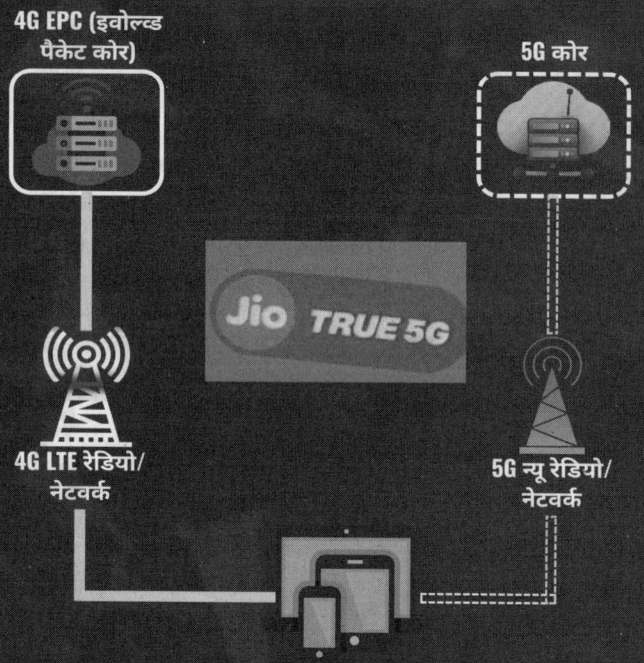

कनेक्टिविटी और उपयोगकर्ता प्रमाणीकरण को प्रबंधित करने के लिए स्टैंडअलोन, 5G कोर का उपयोग करता है।

नॉन-स्टैंडअलोन 5G

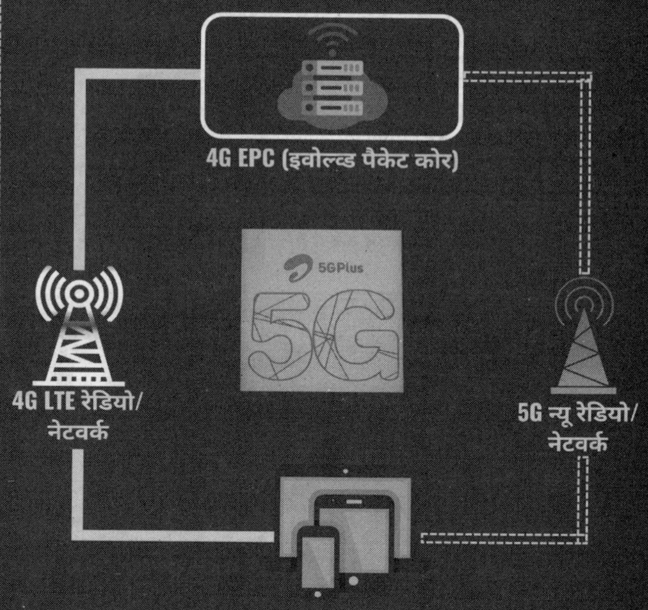

नॉन-स्टैंडअलोन, कनेक्टिविटी और प्राधिकरण को प्रबंधित करने के लिए 4जी कंट्रोल पैनल का उपयोग करता है।

स्टैंडअलोन 5G, 5G परिनियोजन के अधिक उन्नत चरण का प्रतिनिधित्व करता है, जहां यह मौजूदा 4G बुनियादी ढांचे पर निर्भर हुए बिना स्वतंत्र रूप से काम करता है। SA परिनियोजन में, 5G RAN और कोर नेटवर्क दोनों को 5G क्षमताओं को पूरी तरह से सपोर्ट करने के लिए अपग्रेड किया गया है। 5G कोर नेटवर्क (5GC) शुरू किया गया है, जिसे विशेष रूप से 5G सेवाओं की आवश्यकताओं को पूरा करने के लिए डिज़ाइन किया गया है।

मुख्य विशेषताएं

- 4G नेटवर्क से स्वतंत्र रूप से संचालित होता है, जिससे 5G की पूरी क्षमता का इस्तेमाल किया जा सकता है।
- एक नया 5G कोर नेटवर्क (5GC) शुरू किया गया है जो नेटवर्क स्लाइसिंग, अल्ट्रा-लो लेटेंसी और बेहतर सर्विस ऑर्केस्ट्रेशन जैसी उन्नत सुविधाएँ प्रदान करता है।
- नए उपयोग के मामलों और अनुप्रयोगों को सक्षम करता है जिनके लिए 5G की अद्वितीय क्षमताओं की आवश्यकता होती है, जैसे स्वायत्त वाहन, बड़े पैमाने पर एलओटी परिनियोजन, और अल्ट्रा-रिलायबल लो लेटेंसी कम्यूनिकेशन (URLLC)।
- RAN और कोर नेटवर्क इंफ्रास्ट्रक्चर दोनों के पूर्ण उन्नयन की आवश्यकता है, जिसके परिनियोजन में NSA की तुलना में अधिक समय लग सकता है।

परिभाषा

- समर्पित 5G नेटवर्क विशेष उपकरण और नेटवर्क फ़ंक्शंस का उपयोग करता है।
- यह 5G रेडियो को क्लाउड-नेटिव, सेवा-आधारित कोर नेटवर्क फ़ंक्शंस के साथ जोड़ता है।
- नेटवर्क फ़ंक्शंस पूरी तरह से वर्चुअलाइज्ड हैं और क्लाउड नेटिव ऑपरेशन के लिए डिज़ाइन किए गए हैं।

स्टैंडअलोन 5जी के फायदे

- उन्नत मोबाइल ब्रॉडबैंड (eMBB), अल्ट्रा-रिलायबल लो लेटेंसी कम्युनिकेशन (URLLC), और मैसिव मशीन टाइप कम्युनिकेशन (MMTC) सहित 5G क्षमताओं की पूरी श्रृंखला।
- अनुकूलित सेवा वितरण के लिए नेटवर्क स्लाइसिंग जैसी नई सुविधाओं, कार्यक्षमता और सेवाओं को सक्षम करता है।
- एक लचीली संरचना प्रदान करता है जो स्केलेबिलिटी और अनुकूलनशीलता को बढ़ाने के लिए नेटवर्क कार्यों की डायनेमिक लिंकिंग को सक्षम बनाती है।

स्टैंडअलोन 5जी के नुकसान

- अन्य परिनियोजन विकल्पों की तुलना में इसमें निवेश का एक बड़ा स्तर शामिल है।
- 5G कोर और सेवाओं के संचालन के लिए संगठनात्मक प्रशिक्षण की आवश्यकता है।
- 5G कोर और सेवाओं के प्रभावी कार्यान्वयन के लिए संगठन के भीतर तैयारी और ज्ञान-निर्माण की जरूरत है।

नॉन-स्टैंडअलोन 5G, 5G नेटवर्क के शुरुआती परिनियोजन चरण को संदर्भित करता है, जहां 5G को मौजूदा 4G बुनियादी ढांचे के साथ एकीकृत किया जाता है। NSA, परिनियोजन में, 5जी सिग्नलिंग और गतिशीलता प्रबंधन जैसे नियंत्रण कार्यों के लिए अंतर्निहित 4जी नेटवर्क पर निर्भर करता है। 5जी रेडियो एक्सेस नेटवर्क (RAN) 4जी कोर नेटवर्क (EPC-इवोल्व्ड पैकेट कोर) से जुड़ा है, जो कोर नेटवर्क कार्यों को संभालता है।

मुख्य विशेषताएं

- नियंत्रण पैनल कार्यात्मकताओं के लिए मौजूदा 4जी बुनियादी ढांचे पर निर्भर करता है।
- डेटा ट्रांसमिशन के लिए 5G रेडियो इंटरफ़ेस (NR - न्यू रेडियो) का उपयोग करता है, जो 4G की तुलना में उच्च गति और कम विलंबता प्रदान करता है।
- 4G की तुलना में बेहतर डेटा दरें और क्षमता प्रदान करता है, लेकिन 5G की क्षमता का पूरी तरह से एहसास नहीं हो सकता है।
- त्वरित परिनियोजन में सक्षम बनाता है क्योंकि यह मौजूदा 4जी बुनियादी ढांचे का लाभ उठाता है।

परिभाषा

- 5G नेटवर्क सपोर्ट के लिए मौजूदा 4G कोर इंफ्रास्ट्रक्चर पर निर्भर करता है।
- यह LTE इवोल्व्ड पैकेट कोर (EPC) के साथ मिलकर 5G रेडियो का उपयोग करता है।
- परिदृश्य के आधार पर, कुछ नेटवर्क फ़ंक्शन समर्पित उपकरणों पर होस्ट किए जाते हैं।

नॉन-स्टैंडअलोन 5जी के फायदे

- त्वरित परिनियोजन को सक्षम बनाता है और स्टैंडअलोन (SA) परिनियोजन की दिशा में एक संक्रमणकालीन कदम के रूप में कार्य करता है।
- अधिक कुशल रोलआउट के लिए वर्तमान नेटवर्क परिसंपत्तियों के उपयोग को अधिकतम करता है।
- SA परिनियोजन की तुलना में कम निवेश की आवश्यकता है।

नॉन-स्टैंडअलोन 5G के नुकसान

- अन्य विकल्पों की तुलना में कम लचीली संरचना प्रदर्शित करता है।
- वृद्धिशील 5G कार्यक्षमता के लिए सीमित संभावना प्रदान करता है।
- वैकल्पिक परिनियोजन दृष्टिकोण की तुलना में अतिरिक्त सुविधाओं और क्षमताओं की एक संकीर्ण श्रृंखला प्रदान करता है।

भीड़भाड़ वाले क्षेत्रों में स्पेक्ट्रम के अंतरात्मक मूल्य का निर्धारण कर सके। सरकार खुले एवं पारदर्शी नीलामी प्रारूप के माध्यम से, बाजार बलों के अनुसार स्पेक्ट्रम के लिए सबसे उपर्युक्त कीमत की उगाही कर सकती है और साथ ही साथ दूरसंचार ऑपरेटरों द्वारा स्पेक्ट्रम का कम एवं कुशलतापूर्वक उपयोग किया जा सकता है।

नोट: अंतर्राष्ट्रीय दूरसंचार संघ (International Telecommunication Union), संयुक्त राष्ट्र (UN) की एक एजेंसी है, जो विश्वभर में दूरसंचार संचालन एवं सेवाओं का समन्वय करती है। मूलत: 1865 में अंतर्राष्ट्रीय टेलीग्राफ यूनियन के रूप में इसे स्थापित किया गया था। आईटीयू, अपनी तरह का सबसे पुराना मौजूदा अंतर्राष्ट्रीय संगठन है।

प्रश्न एवं उत्तर (Questions & Answers)

वस्तुनिष्ठ प्रश्न (Objective Questions)

1. संचार तकनीकी के संदर्भ में, एल.टी.ई. (लॉन्ग टर्म एवोल्युशन) तथा वोल्ट वॉयस ऑवर लॉन्ग टर्म एवोल्युशन के बीच क्या अंतर है/हैं? *[UPSC (Pre) - 2019]*

1. एल.टी.ई. सामान्य 3जी के नाम से जाना जाता है, वहीं वोल्ट (VoLTE) उन्नत 3जी के तौर पर जाना जाता है।
2. एल.टी.ई. एक डाटा-ओनली तकनीकी है जबकि VoLTE एक वॉयस ओनली तकनीकी है।

उपरोक्त में से कौन-सा/से कथन सत्य है/हैं?

(a) केवल 1 (b) केवल 2
(c) 1 व 2 दोनों (d) 1 और 2 में से कोई नहीं

2. पृथ्वी के वायुमंडल में आयनमंडल कहलाने वाली परत रेडियो संचार को सुसाध्य बनाती है, क्यों? *[UPSC (Pre) - 2011]*

1. ओजोन की उपस्थिति रेडियो तरंगों को पृथ्वी की ओर परावर्तित करती है।
2. रेडियो तरंगों की तरंगदैर्ध्य अति दीर्घ होती है।

उपरोक्त कथनों में से कौन-सा/से कथन सही है/हैं?

(a) केवल 1 (b) केवल 2
(c) 1 और 2 (d) न तो 1 और न ही 2

3. निम्नलिखित में से कौन-सा/से, बेतार प्रौद्योगिकी के GSM कुल में नहीं है/हैं? *[UPSC (Pre) - 2010]*

(a) EDGE (b) LTE
(c) DSL (d) EDGE और LTE दोनों

उत्तरमाला (Answer Key)

1. (d) 2. (b) 3. (c)

अध्याय

11

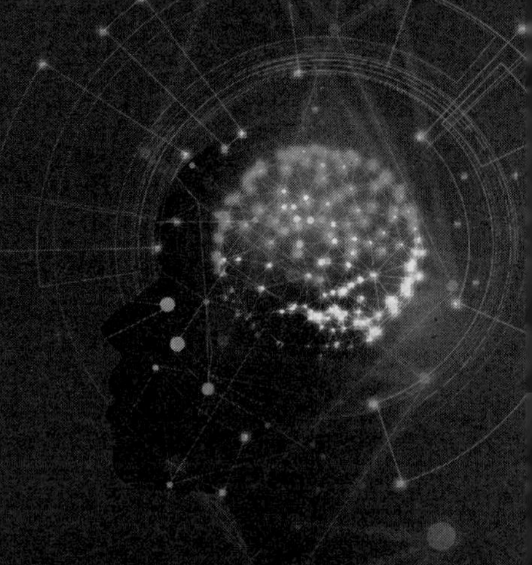

इंटरनेट, वैश्विक इंटरनेट गवर्नेंस नेटवर्क और उनके विभिन्न अनुप्रयोग (Internet, Global Internet Governance Network and their Various Applications)

इस अध्याय में...

यह मॉडल एक विकेंद्रीकृत इंटरनेट है, जिसे ब्लॉकचेन तकनीक पर संचालित किया जाता है और यह उपयोग में आने वाले संस्करणों, वेब 1.0 एवं वेब 2.0 से भिन्न होगा। वेब 5.0 (बुद्धिमत्तापूर्ण वेब/सहजीवी वेब) जिसे संवेदी और भावनात्मक वेब (Sensory and Emotive Web) भी कहा जाता है, को ऐसे कंप्यूटर विकसित करने के लिए डिजाइन किया गया है जो मनुष्यों के साथ अंतर्क्रिया करते हैं।

इसके कनेक्शन में CAT-5 Cables या Coaxial Cable का उपयोग किया जाता है।

इसमें सेटेलाइट व माइक्रोवेव तरंगों का उपयोग किया जाता है।

डाटा ट्रांसफर के दौरान ब्लूटूथ 4.0 डाटा सुरक्षा हेतु 128-bit encryption का प्रयोग करता है, जबकि वाई-फाई डायरेक्ट 256-bit encryption का प्रयोग करता है। इस प्रकार ब्लूटूथ 4.0, वाई-फाई डायरेक्ट की तुलना में अधिक सुरक्षित है। सभी वाई-फाई डायरेक्ट 2.4 GHz फ्रिक्वेंसी बैण्ड पर कार्य करते हैं।

तकनीकी भाषा में इस प्रयुक्त (unused) स्पेक्ट्रम स्पेस को ही व्हाइट स्पेस कहा जाता है। इसका मुख्य उद्देश्य अंतिम बिंदु (Last Mile) पर स्थित यूजर को इंटरनेट सुविधा उपलब्ध कराना है। बहुत-सी कंपनियां इस तकनीक का उपयोग करने पर विचार कर रही हैं।

सिक्योरड्रॉप जैसे अनुप्रयोगों के उपयोग के माध्यम से, डार्कनेट व्हिसल-ब्लोअर, कार्यकर्ताओं, पत्रकारों और समाचार संगठनों के बीच गुमनाम संचार की सुविधा प्रदान कर सकते हैं।

11.1 इंटरनेट का विकास/उद्भव (Evolution of Internet)

- **1969 AD :** अमेरिका रक्षा एजेंसी की एडवांस्ड रिसर्च प्रोजेक्ट एजेंसी (ARPA/अरपा) ने अमेरिका के चार विश्वविद्यालयों को एक नेटवर्क के माध्यम से जोड़ते हुए इंटरनेट की शुरुआत की। यह अनुसंधान शिक्षा तथा सरकारी संस्थाओं के लिए विकसित किया गया था। इसका एक अन्य उद्देश्य भी था कि यदि संचार के अन्य माध्यम विफल हो जाएं, तो इसके माध्यम से कनेक्शन जोड़ा जा सके। वर्ष 1971 तक अरपानेट (ARPANET) ने लगभग दो दर्जन कम्प्यूटरों को जोड़ लिया।
- **वर्ष 1972:** ई-मेल सेवा शुरू हुई।
- **वर्ष 1973:** ट्रांसमिशन कंट्रोल प्रोटोकॉल/इंटरनेट प्रोटोकॉल (TCP/IP) डिज़ाइन किया गया। 1983 तक यह दो कम्प्यूटर्स के बीच में संचार का माध्यम बन गया। इस इंटरनेट में, उपयोगकर्ता (यूजर) किसी भी कंप्यूटर से जुड़कर फाइल आइकन लोड कर सकता था।
- **वर्ष 1983:** ARPANET का मिलिट्री भाग मिलनेट (MILNET) को हस्तांतरित किया गया।
- **वर्ष 1986:** यूएस नेशनल साईंस फाउंडेशन (NSF) ने लॉन्च किया। यह विश्वभर में अपने आप में पहला ऐसा वाइड-रेंज का नेटवर्क था, जिसमें इंटरनेट तकनीकी का प्रयोग किया गया।
- **वर्ष 1988:** फिनलैण्ड में, जोरक्को ओसिरेनेन ने इंटरनेट चैटिंग विकसित की।
- **वर्ष 1984:** पीटर ड्यूश ने सबसे पहले इंटरनेट सूचकांक तैयार करने की कोशिश की। ब्रेवस्टर केहल ऑफ थिंकिंग मशीन कॉर्पोरेशन ने एक अन्य सूचकांक-वायस (World Area Information System) विकसित किया।
- **वर्ष 1989 :** टिन बर्नर ली (सर्न यूरोपीय कणीय भौतिक प्रयोगशाला) ने इंटरनेट पर सूचना आदान-प्रदान करने की नई तकनीकी प्रस्तुत की। इसे वर्ल्ड वेब (WWW) कहा गया। यह तकनीकी हाईपरटेक्स्ट पर आधारित थी, जो इंटरनेट यूजर्स को विभिन्न साईट्स के माध्यम से जोड़ती थी। यह हाईपर लिंक्स के माध्यम से परिघटित होता है (शब्द, बटन या विशिष्ट तौर पर प्रोग्राम किये गये ग्राफिक्स से)।
- **वर्ष 1991 :** यू.एस.ए की मिनिसोय यूनिवर्सिटी में पहला यूजर-फ्रेंडली इंटरफेस-गोफर (GOFAR) विकसित किया गया। अत: GOFAR अत्यधिक लोकप्रिय रहा (इटरफेस)। एन.एफ.एस. नेट (NFSNET) वाणिज्यिक ट्रैफिक के लिए खोल दिया गया।
- **वर्ष 1993 :** सुपर-कंप्यूटिंग एप्लीकेशन के लिए मार्क लॉर्वल एण्ड्रीसन राष्ट्रीय केंद्र ने एक नेवीगेशन सिस्टम विकसित किया, जिसे 'मोजेक' कहा गया।
- **वर्ष 1994 :** 1994 में नेटस्केप कम्युनिकेशन तथा 1995 में माइक्रोसॉफ्ट ने बाजार में अपने ब्राउजर्स उतारे। इन ब्राउजर्स के कारण ही यूजर्स के लिए इंटरनेट का उपयोग बहुत आसाल हुआ।
- **वर्ष 1995 :** इंटरनेट पर कॉमर्शियल साईट्स लॉन्च की गई। ई-मेल के जरिये मास-मार्केटिंग अभियान शुरू हुए।
- **वर्ष 1996 :** तक आते आते इंटरनेट विश्वभर में प्रसिद्ध हो गया। इंटरनेट के यूजर्स की संख्या 15 मिलियन तक पहुंच गई।
- **वर्ष 1999 :** ई-कॉमर्स की अवधारणा रफ्तार पकड़ चुकी थी, जिसके चलते इंटरनेट के माध्यम से ऑनलाइन शॉपिंग बहुत प्रसिद्ध हो गई।
- **वर्ष 2003 :** न्यूजीलैंड में एन.आई.यू.ई (NIUE) ने देशभर में इंटरनेट में बेतार (वायरलेस) एक्सेस प्रारंभ की।

इंटरनेट विश्वभर के कम्प्यूटर्स का सुपर नेटवर्क है। इसके जरिये, दुनियाभर के हजारों करोड़ों कम्प्यूटर्स जुड़े हुए हैं। इंटरनेट की यात्रा विंटसर्फ एवं बॉब कान्न द्वारा शुरू की गई थी। उन्होंने एक तकनीक का विकास किया, जिसमें इन्फॉर्मेशन का छोटे-छोटे बंडलों में विभाजित कर दूसरे कम्प्यूटर्स को भेजी जा सकती है तथा आगे वाले कम्प्यूटर्स इनकी प्रतिलिपि हासिल कर सकते हैं। यह दो कम्प्यूटर्स के मध्य संचार स्थापित करने का तरीका था। उसे टीसीपी या 'ट्रांसमिशन कंट्रोल प्रोटोकॉल' तकनीक कहा गया।

11.2 इंटरनेट (Internet)

इंटरनेट, क्षेत्रीय या वैश्विक नेटवर्क की एक प्रणाली है, जो विश्वभर में फैले कंप्यूटरों को जोड़ती है। **यह नेटवर्कों का नेटवर्क** (network of network) है। इंटरनेट, विभिन्न प्रकार के नेटवर्कों के आपस में जुड़ने से (interconnection) बनता है। यह एक सार्वजनिक नेटवर्क है। इसके जरिए हम टेक्स्ट (text) द्वारा, ऑडियो तथा वीडियो का आदान-प्रदान कर सकते हैं।

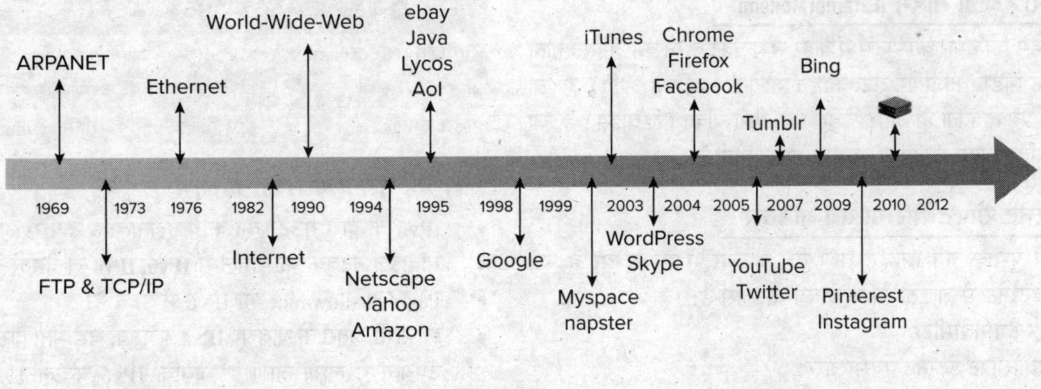

चित्र 11.1
इंटरनेट सेवाओं का विकास (Evolution of Internet Services)

सूचना का पारेषण दोहराया भी जा सकता है, जब नेटवर्क में कंप्यूटर्स की संख्या दो से ज्यादा हो क्योंकि प्रत्येक कम्प्यूटर का अपना नेटवर्क का पता होता है। इस पते को **इंटरनेट प्रोटोकॉल (आईपी)** एड्रेस/पता अर्थात् आई.पी. एड्रेस कहा जाता है। वास्तव में इंटरनेट प्रोटोकॉल एक संख्या है, जो एक बिंदु से एक-दूसरे से अलग किये जाते हैं।

दूसरे कम्प्यूटर को भेजी जाने वाली सूचना छोटे-छोटे बंडलों में विभाजित रूप में होती है। जब ये पैकेट कम्प्यूटर तक पहुंचते हैं, तो कम्प्यूटर यह आकलन करता है कि उक्त सूचना उसी के लिए भेजी गई है अथवा नहीं। यदि नहीं तो कम्प्यूटर उक्त सूचना को संबंधित लक्षित कम्प्यूटर के पास भेज देता है। अत: एक बिंदु से दूसरे बिंदु तक डेटा का माध्यम ट्रांसमिशन कंट्रोल प्रोटोकॉल (Transmission Control Protocol) कहलाता है।

अक्सर, एक कार्यालय के कम्प्यूटर्स एक-दूसरे से सूचना के आदान-प्रदान हेतु जुड़े होते हैं, जिसे लेन (LAN) कहा जाता है। लेन से जुड़ा प्रत्येक कम्प्यूटर किसी टेलीफोन लाइन या उपग्रह से जुड़ा हुआ होता है। विश्व के सभी कम्प्यूटर एक-दूसरे से जुड़े हुए हैं। विश्वभर के कम्प्यूटर्स को जोड़ने का नेटवर्क इंटरनेट है, जो इटरकनेक्ट भी कर सकता है।

11.3 मॉडेम (मॉड्यूलेटर-डिमॉड्यूलेटर) [Modem (Modulator-Demodulator)]

किसी कम्प्यूटर इंटरनेट को लाइन या टेलीकम्युनिकेशन से जोड़ने के लिए मॉडेम की आवश्यकता होती है। यह इंटरनेट सेवा प्रदाता तथा ब्राउजर के मध्य आवश्यक है। टेलीफोन लाइन के माध्यम से केवल एनालॉग डेटा संवहित हो सकता है, जबकि कम्प्यूटर डिजिटल डेटा प्रदान करता है। एक कम्प्यूटर सिस्टम तथा टेलीफोन लाइन के बीच कॉम्पेटिबिलिटी बनाये रखने के लिए मॉडेम की आवश्यकता होती है, जो डिजिटल सिग्नल को एनालॉग में तथा एनालॉग सिग्नल को डिजिटल में बदलता है। मॉडेम की तीव्रता/गति बाइट्स प्रति सेकंड (BPs), किलोबाईट प्रति सेकंड मेगाबाईट प्रति सेकंड में मापी जाती है।

11.3.1 इण्टरनल मॉडेम (Internal Modem)

यह एक ऐसा मॉडेम है, जो पहले से ही हमारे डेस्कटॉप या लेपटॉप में मौजूद होता है। हमारे द्वारा प्रयुक्त मोबाइल तथा इलेक्ट्रॉनिक डिवाइस, जिनमें इंटरनेट का इस्तेमाल करते हैं, ये सब आंतरिक मॉडेम युक्त गैजेट्स के उदाहरण हैं।

11.3.2 बाहरी/बाह्य मॉडेम (External Modem)

एक्सटर्नल मॉडेम को हमारे कंम्प्यूटर्स में बाहर से कनेक्ट करने की जरूरत होती है। इस तरह के मॉडेम का प्रयोग डेटा कार्ड (फोटोन, आईडिया आदि) अथवा पी.सी.आई. में प्रयुक्त होता है। अत: मॉडेम एक ऐसी युक्ति (डिवाइस) है, जो स्पंदन में परिवर्तित होकर टेलीफोन लाइन में प्रेरित होती है।

11.3.3 इंटरनेट सॉफ्टवेयर या वेब ब्राउजर

वेब एक बड़ी पुस्तक की तरह है तथा वेब ब्राउजर में सॉफ्टवेयर है, जो कम्प्यूटर को इंटरनेट से जोड़ता है। कुछ वेब ब्राउजर्स हैं:

- नेट स्केप नेवीमीटर
- माइक्रोसॉफ्ट इंटरनेट एक्सप्लोरर
- मौजिला फायरफॉक्स
- गूगल क्रॉम
- ओपेरा

हम इन ब्राऊनर्स के माध्यम से ज्ञान प्राप्त सकते हैं। यू आर एल (यूनिवर्स रिसोर्स लोकेटर) में प्रयोग किये जा सकने वाले यंत्र/उपकरण तथा इंटरनेट का पता दोनों होते हैं। यू आर एल, http://www.google.co.in में http एक प्रोटोकॉल है जिसका अर्थ पूर्वपरिभाषित नियम के तहत दिये गए इंटरनेट एड्रेस पर सूचना भेजी जाती है।

11.4 इंटरनेट प्रोटोकॉल (Internet Protocol)

नियमों का वह समूह जो इंटरनेट एड्रेस पर मैसेज भेजने या प्राप्त करने को नियंत्रित (govern) करता है। एक कंप्यूटर से दूसरे कंप्यूटर पर डाटा भेजते समय इन नियमों को पालन किया जाता है। कम्युनिकेटिंग तथा प्वाइंट्स लगातार संपर्क में नहीं रहते इसलिए कनेक्शनलेस प्रोटोकॉल होते हैं।

नोट: मानक या नियमों का समूह, जो कंप्यूटरों को परस्पर जोड़ने तथा त्रुटि रहित सूचना आदान-प्रदान करने के लिए बनाए जाते हैं, **'प्रोटोकॉल'** कहलाते हैं।

IPv4 तथा IPv6 में अंतर (Differences between IPv4 and IPv6)

Internet Protocol Version 4 (IPv4), Packet-switched Link layer network (जैसे-Ethernet) के लिए उपयोगी होते हैं, जो लगभग 4.3 बिलियन लोगों को address प्रदान कर सकते हैं।

इसका उन्नत रूप Internet Protocol Version 6 (IPv6) है, जिसमें तुलनात्मक रूप से अधिक सुविधाएं (Features) हैं। यह अनंत address प्रदान करने में सक्षम है। विश्व में नेटवर्क की संख्या में अत्यधिक वृद्धि हो जाने के कारण असुविधा को दूर करने के लिए IPv4 का स्थान IPv6 ले लेगा। यह बढ़े हुए IP एड्रेस की समस्या को हल करेगा।

इन दोनों में एक बड़ा अंतर IP एड्रेस के रूप में होगा। **IPv4 चार वन-बाइट (one-byte) नंबरों का उपयोग करता है, जो डॉट से अलग होते हैं (जैसे- 192.168.1.1)**, जबकि इसके विपरीत **IPv6 हेक्साडेसिमल नम्बरों का उपयोग करता है, जो कोलन चिह्न (colons sign) से पृथक् होते हैं (जैसे- fe80: d4a8: 6435: d2d8: d9f3: 331d)।**

तालिका 11.1 IPv4 तथा IPv6 में अंतर

विशेषता	IPv4	IPv6
IP एड्रेस (No. of bits)	32	128
प्रारूप	डेसिमल	हेक्सा-डेसिमल
एड्रेस क्षमता	4.3 बिलियन	असीमित (Infinit umbers)

IPv4 की तुलना में IPv6 के लाभ

- IPv6 के द्वारा राउटर का कार्य तुलनात्मक रूप से आसान होगा।
- मोबाइल नेटवर्क के मामले में **IPv6, IPv4** से बेहतर है।
- Payload allowance भी IPv6 में उच्च है।
- इन सभी अंतरों के बावजूद IPv4 यूजर के बड़े भाग द्वारा (लगभग 99%) उपयोग में लाया जाता है, जबकि IPv6 केवल 1% तक सीमित है।

11.5 इंटरनेट एक्सेस के तरीके (Ways of Accessing Internet)

आधुनिक इंटरनेट के पूर्वज 'एडवांस्ड रिसर्च प्रोजेक्ट्स एजेंसी नेटवर्क' (ARPANET), सेना और अनुसंधान संस्थानों के मध्य साझेदारी थी। यह 1969 में ऑनलाइन हुआ, परंतु 1990 के अंत तक, इंटरनेट का मनोरंजन, कॉमर्स, संपर्क तथा गति बढ़ाने का आधार बन गया।

- **इंटरनेट सर्विस प्रोवाइडर (Internet Service Provider)** एक कंपनी है, जो यूजर को इंटरनेट तक पहुंच उपलब्ध कराती है और प्राय: इसके लिए शुल्क लेती है।
- जब कोई यूजर ISP को रजिस्टर्ड करता है, तो एक अकाउंट बनाया जाता है, जिसमें एक यूजरनेम तथा पासवर्ड सहित कुछ ब्यौरा देना पड़ता है। यूजर इस अकाउंट के द्वारा संपर्क स्थापित करता है। इसे सेवा प्रदाता को यूजर द्वारा किये जाने वाले उपयोग की निगरानी करने की अनुमति होती है। अधिकांश ISP एक ई-मेल खाता प्रदान करते हैं।

सेवा प्रदाता द्वारा उपलब्ध इंटरनेट तक पहुंचने के निम्नलिखित 6 सामान्य तरीके हैं:

11.5.1 डायल-अप इंटरनेट एक्सेस (डायल-अप मॉडेम) [Dial-up Internet Access (Dial-up Modem)]

इस कनेक्शन की गति सबसे कम (लगभग 60 Kbps) होती है। यूजर, एक मॉडेम के जरिए एक नंबर डायल करके इंटरनेट से जुड़ता है। यह मॉडेम टेलीफोन लाइन से जुड़ा होता है, नंबर ISP द्वारा जारी किए जाते हैं।

11.5.2 केबल इंटरनेट एक्सेस (केबल मॉडेम) [Cable Internet Access (Cable Modem)]

स्थानीय केबल टेलिविजन ऑपरेटर एक केबल नेटवर्क मॉडल का इस्तेमाल करते हुए अपने स्वयं के केबल इंटरनेट से यूजर को इंटरनेट तक पहुंच उपलब्ध कराते हैं।

11.5.3 DSL के द्वारा इंटरनेट एक्सेस (ब्रॉडबैंड मॉडेम) [Internet Access via DSL (Broadband Modem)]

- DSL ब्रॉडबैंड कनेक्शन, तीव्र गति (11,000 Kbps) को बनाए रखता है।
- यह प्राय: वायरलेस इंटरफेस के द्वारा संचालित होता है। इसमें राउटर (router) तथा एक्सेस प्वाइंट (access point) की आवश्यकता होती है।
- ISP में प्राय: डाउनलोड / अपलोड लिमिट (जैसे-10 GB डाटा) होती है, जो अनुबंध का एक भाग है।
- इस प्रणाली के द्वारा Voice Over Internet Protocol (VoIP) तथा ऑनलाइन.चैट को प्रभावी बनाया जा सकता है।

11.5.4 वाई-फाई ब्रॉडबैंड (Wi-Fi Broad Band)

इस सुविधा के लिए वाई-फाई कार्ड को कंप्यूटर से जुड़ा होना चाहिए तथा वायरलेस मॉडेम की भी आवश्यकता होती है।

11.5.5 सैटेलाइट सेवाएं (Satellite Services)

ग्रामीण या दूरदराज के क्षेत्रों में ब्रॉडबैंड इंटरनेट सेवाएं सुलभ कराने के लिए सैटेलाइट सेवाओं का उपयोग किया जाता है क्योंकि इन ग्रामीण व दूरदराज के क्षेत्रों में तारयुक्त प्रणाली या केबल कनेक्शनों से सेवा प्रदान करना पूर्णत: संभव नहीं है।

- इसमें एक छोटे डिश (Dish) तथा सैटेलाइट के बीच अबाधित मार्ग की आवश्यकता होती है। यह सैटेलाइट टीवी के समान है परंतु यह अपवादस्वरूप अलग-अलग एण्टीना तथा संकेत प्राप्त करने के उपकरणों पर कार्य करता है।
- एण्टीना तार के द्वारा मॉडेम से जुड़ा होता है तथा फिर कंप्यूटर से जुड़ता है।
- बैंडविड्थ और अपटाइम, किसी अन्य समान प्रकार की सेवा में बाधित हो सकती है जिससे सैटेलाइट टी.वी. के संकेत की गुणवत्ता में कमी हो जाती है। ये बाधक वर्षा, बर्फबारी तथा तेज हवाएं हो सकते हैं।

11.5.6 मोबाइल प्रणाली (Mobile System)

स्मार्ट फोन और टैबलेट जैसे उपकरण हमें ताररहित पहुंच के द्वारा ऑनलाइन गतिविधियों में भागीदारी में सक्षम बनाते हैं।

- ये सेवा, DSL तथा केबल कनेक्शन को शामिल करते हुए समकालिक या परंपरागत तार युक्त ब्रॉडबैंड के समान गति प्रदान करने में सक्षम है।
- इसमें पर्याप्त सिग्नल प्राप्त करने के लिए सेल्युलर सर्विस टॉवर के नजदीक उचित लोकेशन की आवश्यकता होती है।
- तार रहित माध्यम प्राप्त करने के लिए लैपटॉप या कंप्यूटर में एक एक यूएसबी (USB) उपकरण प्लग-इन (plug-in) किया जाता है और फोन पर सर्विस प्राप्त करने के लिए फोन को कंप्यूटर से जोड़ा जाता है, जिससे बैंडविड्थ को साझा कर सकें। साझा करने की यह प्रक्रिया **टिथरिंग (tethering)** कहलाती है।

11.6 सर्वर (Server)

यह एक प्रोग्राम है, जो क्लाइंट / सर्वर मॉडल तथा वर्ल्ड वाइड वेब के हाइपरटेक्स्ट ट्रांसफर प्रोटोकॉल (http) का उपयोग वेब सर्वर के रूप में करता है। इंटरनेट पर वेबसाइट का उपयोग करने वाले प्रत्येक कंप्यूटर के पास यह प्रोग्राम होना आवश्यक है। अपाचे सर्वाधिक इंस्टॉल (install) किया जाने वाला वेब सर्वर है। **अपाचे (Apache)** तथा **माइक्रोसॉफ्ट का इंटरनेट इंफॉर्मेशन सर्वर** दो प्रमुख प्रचलित वेब सर्वर हैं।

11.7 वेबसाइट (Website)

यह वेब पेज का एक संग्रह होता है, जिसका वर्ल्ड वाइड वेब पर एक विशेष **डोमेन नाम** (domain name) या **उप-डोमेन** (sub-domain name) नाम होता है।

11.8 वेब पृष्ठ (Web Page)

वेब पेज हाइपरटेक्स्ट लिंक के साथ (HTML/XHTML) वर्ल्ड वाइड वेब पर एक स्रोत होता है। इसमें हाइपरटेक्स्ट लिंक द्वारा एक पेज से दूसरे पेज पर जाते हैं। वेब पेज पर गतिशील सामग्री (जैसे-इमेज, टेक्स्ट, फॉर्म फील्ड, आदि) होती हैं, जिन्हें वेब पेज को रिलोड किए बिना स्थानांतरित किया जा सकता है।

11.9 इंटरनेट पर सेवाएं (Services on Internet)

11.9.1 चैटिंग (Chatting)

चैटिंग या इंस्टेंट मैसेजिंग (Instant Messaging) संचार का एक प्रकार है, जिसमें उपयोगकर्ता अन्य चैट ग्रुप के उपयोगकर्ता को मैसेज टाइप करता है। मैसेज प्राप्त करने वाला तुरंत इसका जवाब देता है, जिसे स्क्रीन पर पढ़ा जा सकता है। हाल ही में, कुछ साइटों ने अतिरिक्त सुविधाएं (Feature), जैसे- ऑडियो/वीडियो चैट, भी उपलब्ध करायी हैं, जिन्हें वेबकैम (webcam) की सहायता से उपयोग में लाया जाता है।

11.9.2 अपलोड तथा डाउनलोड (Upload and Download)

फाइल ट्रांसफर प्रोटोकॉल (FTP) के जरिए एक कंप्यूटर से दूसरे कंप्यूटर पर फाइल भेजना **अपलोड (upload)** तथा फाइल प्राप्त करना **डाउनलोड (download)** कहलाता है। इसमें फाइल **WORD**, **EXCEL** या अन्य फॉर्मेट में होती है।

11.9.3 गोफर (Gopher)

इंटरनेट पर सभी उपलब्ध स्रोत (Resources) मेनू के फॉर्म में गोफर द्वारा उपलब्ध कराए जाते हैं। गोफर कॉन्सेप्ट, क्लाइंट तथा सर्वर पर आधारित होता है।

11.9.4 सर्च इंजन (Search Engine)

यह एक प्रोग्राम है, जो किसी विशेष की-वर्ड (key-words) के लिए दस्तावेजों की खोज करता है तथा एक लिस्ट उपलब्ध कराता है, जिसमें वह की-वर्ड होता है।

नोट: पहले सर्च इंजन ये थे- LYCOS (1993), WEB CROWLER (1994), Yahoo तथा ALTA VISTA (1995) तथा GOOGLE (1998)। माइक्रोसॉफ्ट ने BING नामक सर्च इंजन बनाया है।

11.10 वायरस के विरुद्ध ई-मेल की सुरक्षा (Email Protection against Virus)

डिजिटल संचार में इंटरनेट पर सुरक्षा सबसे महत्वपूर्ण है। यहां ई-मेल मैसेज की कुल विशेषताएं दी जा रही हैं, जो ओपन करने में असुरक्षित हैं:

- अनजान प्रेषक (sender) से प्राप्त ई-मेल।
- परिचित प्रेषक द्वारा भेजा गया ई-मेल जिसके विषय की पंक्तियां अर्थ नहीं बनातीं।
- वायरस के साथ फाइल नेम एक्सटेंशन से जुड़े मैसेज।
- ऐसे मैसेज जिनका लिंक हमारे द्वारा पहचान में न आये।

यूजर, उपरोक्त जानकारी को ध्यान में रखकर वायरस के संक्रमण से सफलतापूर्वक बच सकते हैं तथा ऐसे ई-मेल पढ़ते समय उचित कदम उठा सकते हैं, जैसे- इन्हें डिलीट करना।

11.10.1 ई-मेल स्पूफिंग (Email Spoofing)

जब किसी ई-मेल को भेजने वाले का एड्रेस या ई-मेल के शीर्षक के अन्य महत्वपूर्ण भाग बदल दिए जाते हैं तो यह ई-मेल स्पूफिंग का संकेत है। **इसमें भेजने वाला वास्तव में कोई और होता है न कि मेल पर दिखाया हुआ व्यक्ति।** कोर, SMTP ऐसे ई-मेल के प्रमाणीकरण, प्रतिरूपण तथा नकली होने की जांच की कोई सुविधा उपलब्ध नहीं करता है। इसलिए ऐसे ई-मेल भेजना आसान है।

नेटवर्क सुरक्षा के दृष्टिकोण से **स्पूफिंग अटैक एक ऐसी स्थिति है जिसमें कोई व्यक्ति या प्रोग्राम डाटा में हेराफेरी करके किसी दूसरे के रूप में दिखाता है और ऐसा करके अवैध तरीके से सूचनाएं हासिल करता है।**

11.10.2 स्पाईवेयर (Spywares)

स्पाईवेयर निजी कंप्यूटर पर अनुमति या बिना अनुमति के इंस्टाल किया जाता है, जो यूजर के कंप्यूटर या उसकी ब्राउजिंग की आदतों संबंधी सूचनाओं को एकत्रित करता है। यह यूजर द्वारा किये गए प्रत्येक कार्य व क्रियाकलाप पर नजर रखता है तथा यह दूर बैठे यूजर (जो स्पाईवेयर को संचालित करता है) को सूचना भेज देता है। अन्य घृणास्पद (malicious) प्रोग्रामों को इसके द्वारा इंटरनेट से डाउनलोड किया जा सकता है, यह कार्यात्मक रूप में एडवेयर के समान, परंतु इससे भिन्न प्रोग्राम है, जो अन्य फ्रीवेयर (Freeware) प्रोग्राम या एप्लिकेशन को इंस्टॉल करते समय अनजाने में इंस्टाल हो जाता है।

11.10.3 एडवेयर (Adware)

यह एक **सॉफ्टवेयर एप्लिकेशन** है, जो कि किसी भी प्रोग्राम के उपयोग के दौरान विज्ञापन प्रदर्शित करता है। जब किसी भी वेबसाइट को उपयोग में लाते हैं, (browsing) तो यह स्वत: ही सिस्टम में डाउनलोड हो जाता है। इसे पॉप-अप विंडो या कंप्यूटर की स्क्रीन पर बार के माध्यम से या एक बार (bar) के रूप में देखा जा सकता है। कंपनियां एडवेयर का इस्तेमाल मार्केटिंग के उद्देश्य से करती हैं।

11.10.4 स्पैम (Spam)

जब इंटरनेट पर एक ही मैसेज की ढेरों प्रतिलिपियां बन जाती हैं तो इसे स्पैमिंग कहते हैं। स्पैम में अधिकांशत: वाणिज्यिक विज्ञापन होते हैं, जो यूजर को अवांछित ई-मेल के जरिए भेजे जाते हैं। इसका अन्य नाम **'इलेक्ट्रॉनिक जंक ई-मेल'** या **'जंक न्यूज ग्रुप पोस्टिंग'** है। ये यूजर को परेशान कर देते हैं क्योंकि ये लगातार आते रहते हैं तथा मेल बॉक्स को भर देते हैं।

11.10.5 ट्रैकिंग कुकीज (Tracking Cookies)

यह कंप्यूटर के कुकी फोल्डर में एक सादी (plain) टेक्स्ट फाइल होती है, जो उपयोग के दौरान (browsing Session) डाटा संगृहीत करती है। बहुत-सी वेबसाइटें, उपयोगकर्ता (visitor's) की सूचना प्राप्ति के लिए इसका इस्तेमाल करती है। जब कुकीज हमारे उपयोग की जानकारी (browsing history) पर

नजर रखती हैं, तो बैंक अकाउंट या क्रेडिट कार्ड संबंधी निजी सूचनाएं उपयोग करना नुकसानदायक हो सकता है। क्योंकि **कुकीज के जरिए कंपनियां या हैकर इन निजी सूचनाओं को प्राप्त कर सकते हैं।**

11.11 यूनिफॉर्म रिसोर्स लॉकेटर (Uniform Resource Locator-URL)

URL एक फॉरमेटेड टेक्स्ट स्ट्रिंग (formatted text string) है, जिसका उपयोग इंटरनेट पर किसी नेटवर्क रिसोर्स की पहचान के लिए वेब ब्राउजर के जरिए करते हैं। उदाहरण के लिए, नेटवर्क रिसोर्स, जैसे- सादा वेब पेज, अन्य टेक्स्ट दस्तावेज, ग्राफिक्स या प्रोग्राम।

11.12 डोमेन के प्रकार (Types of Domain)

इंटरनेट पर विभिन्न प्रकार के डोमेन की वेबसाइटें, जैसे- वाणिज्यिक, शैक्षिक, सैन्य, आदि को पृथक् करने के लिए डोमेन के कई प्रकार उपयोग में लाये जाते हैं। ये भिन्न-भिन्न वेबसाइट, नेटवर्किंग या इंटरनेट सेवा प्रदाता कंपनी, संगठन, सरकार या अनौपचारिक साइटों से संबंधित होती हैं।

- .com - commercial (वाणिज्यिक)
- .edu or ac - educational (शैक्षणिक)
- .mil - military
- .net - नेटवर्किंग या इंटरनेट सेवा प्रदाता कंपनी से संबंधित
- .gov - government
- .info - informational sites (सूचना संबंधी साइट)

11.13 हाइपर टेक्स्ट ट्रांसफर प्रोटोकॉल (HTTP) [Hyper Text Transfer Protocol-HTTP]

वर्ल्ड वाइड वेब पर फाइल स्थानांतरण (transferring) का माध्यम FTP (फाइल ट्रांसफर प्रोटोकॉल) या HTTP (हाइपरटेक्स्ट ट्रांसफर प्रोटोकॉल) होता है, जो वर्ल्ड वाइड वेब पर फाइल के स्थानांतरण के नियम स्थापित करता है। जब यूजर, वेब ब्राउजर को ओपन करता है। तो HTTP कार्य करने लगता है। HTTP, TCP/IP के ऊपर कार्य करने वाला एक एप्लिकेशन प्रोटोकॉल है, जबकि FTP का इस्तेमाल बड़ी मात्रा में फाइल स्थानांतरण में किया जाता है।

नोट: HTTP प्रोटोकॉल वेब ब्राउजर तथा सर्वर के मध्य संचार (communication) के लिए होता है।

11.14 वेब ब्राउजर (Web Browser)

इसका इस्तेमाल वर्ल्ड वाइड वेब तक पहुंचने के लिए किया जाता है। जब सर्वर से ये सूचनाएं प्राप्त करते हैं तो वे वेब क्लाइंट से संदर्भित (referred) होती हैं। जब वर्ल्ड वाइड वेब आरंभ होता है, तो ब्राउजर एक क्लाइंट की तरह कार्य करने लगता है और इंटरनेट पर एक साइट पर रिक्वेस्ट भेजता है, तब साइट एक सर्वर की तरह कार्य करते हुए एक फाइल उपलब्ध कराती है।

ब्राउजर के प्रकार (Typer of Browser)

विभिन्न प्रकार के ब्राउजर उपलब्ध हैं, जैसे- **Mosaic, Netscape Navigator, Internet Explorer, Mozilla Firefox, Safari, Opera, Google Chrome** आदि। **प्रथम वेब ब्राउजर मोजेक 1993 में विकसित किया गया।**

11.15 वेब का विकास (वेब 1.0, 2.0, 3.0 तथा 5.0) [Evolution of Web (Web 1.0, 2.0, 3.0 and 5.0)]

वेब 1.0 (Web 1.0)

- प्रारंभिक इंटरनेट जो लगभग वर्ष 2000 तक प्रचलन में रहा।
- यह इंटरनेट का वह संस्करण था, जो सोशल मीडिया एवं वीडियो स्ट्रीमिंग से पूर्व मौजूद था।
- वेबसाइटें केवल वे स्थान थे जहां आप सर्वर पर पोस्ट की गई जानकारी को पढ़ सकते थे और ऐसे सर्वरों के साथ सरल तरीके से बातचीत कर सकते थे।
- अल्टाविस्टा, नेटस्केप, अमेजॅन एवं ईबे (eBay) जैसी ई-कॉमर्स साइटें सर्च इंजन थीं।

वेब 2.0 (Web 2.0)

- यह मोटे तौर पर वर्ष 2003 के आसपास शुरू हुआ था, जब ओ'रेली मीडिया (O'Reilly Media) के उपाध्यक्ष डेल डौघर्टी ने इस शब्द को गढ़ा था।
- यह अधिक इंटरैक्टिव, अति सहयोगी तथा अत्यंत सक्षम है क्योंकि उपयोगकर्ता केवल निष्क्रिय आगंतुक नहीं थे, वे उपयोगकर्ताओं एवं सर्वरों के लिए उपलब्ध बेहतर बैंडविड्थ के कारण अपनी सामग्री का निर्माण व अपलोड कर सकते थे।
- वेब की इसी पीढ़ी ने हमें स्मार्ट फोन एवं मोबाइल कंप्यूटिंग उपलब्ध कराया है।
- वेब 2.0 निकट वास्तविक समय की परस्पर-क्रिया का समर्थन कर सकता है तथा इस प्रकार सहयोगी गतिविधि संभव थी।
- फेसबुक, ट्विटर, इंस्टाग्राम जैसे सामाजिक नेटवर्क इसका हिस्सा बन गए और ग्राफिकल मल्टीप्लेयर गेम भी सामने आए।
- इसमें बिग डेटा का जन्म और इसके माध्यम से संचलित मशीन लर्निंग एल्गोरिदम भी शामिल थे।

वेब 3.0 (Web 3.0)

- इसे बुद्धिमत्ता (intelligence) द्वारा परिभाषित किया गया है।
- यह बुद्धिमत्ता केवल लोगों एवं वेबसाइटों के बीच परस्पर क्रिया में नहीं है, बल्कि सॉफ्टवेयर एवं हार्डवेयर के मध्य है।
- यह मॉडल एक विकेंद्रीकृत इंटरनेट है, जिसे ब्लॉकचेन तकनीक पर संचालित किया जाता है और यह उपयोग में आने वाले संस्करणों, वेब 1.0 एवं वेब 2.0 से भिन्न होगा।
- वेब 3 में, उपयोगकर्ताओं को प्लेटफॉर्म और एप्लिकेशन में स्वामित्व हिस्सेदारी प्राप्त होगी, जहां अब तकनीकी दिग्गज प्लेटफॉर्म को नियंत्रित करते हैं।

- वेब 3.0 IPFS पर आधारित होगा।
- अंतर-ग्रहीय फाइल प्रणाली (IPFS) मौजूदा डीएनएस प्रणाली (वेब 1.0 एवं 2.0 डीएनएस प्रणाली पर कार्य करता है) को परिवर्तित कर देगा।
- IPFS भी एक डाक प्रणाली है, लेकिन यह HTTP प्रोटोकॉल जैसे रूट सर्वर के समूह के अंतर्गत केंद्रीकृत नहीं है।

गुण (Properties)

1. डिजिटल पहचान (Digital Identities)

डिजिटल आईडी के साथ, व्यक्तियों के पास केवल एक सत्यापन योग्य पहचान पत्र हो सकता है, क्योंकि प्रत्येक आईडी को जन्म प्रमाण पत्र की तरह एक विशिष्ट क्रेडेंशियल से जोड़ा जाना चाहिए।

वेब 2.0 साइबर अपराध से प्रभावित है - पहचान की चोरी से लेकर क्लिक धोखाधड़ी तक हर विवरण के काले कारनामों से बचा जा सकता है या कम से कम डिजिटल पहचान से कम किया जा सकता है।

2. सिमेंटिक वेब (Semantic Web)

टिम बर्नर्स-ली ने डेटा हेतु एक वेब शब्द गढ़ा, जिसे मशीनों द्वारा संसाधित किया जा सकता है।

सिमेंटिक वेब कंप्यूटर को यह सिखाने में मदद करेगा कि डेटा का क्या मतलब है और इससे कृत्रिम बुद्धिमत्ता विकसित होगी, जो उस जानकारी का उपयोग कर सकती है।

मूल विचार इंटरनेट पर ज्ञान का एक स्पाइडरवेब बनाना है, जो इसे अनुसंधान व विश्लेषण के माध्यम से सामग्री का निर्माण करना, साझा करना एवं कनेक्ट करने हेतु शब्दों के अर्थ को समझने में मदद करेगा।

3. कृत्रिम बुद्धिमत्ता (Artificial Intelligence)

कृत्रिम बुद्धिमत्ता (AI) वेबसाइट उपयोगकर्ताओं के सर्वोत्तम संभव डेटा को फिल्टर करने तथा प्रस्तुत करने की अनुमति देगा।

उदाहरण: इसमें लोगों का एक समूह एक साथ मिल सकता है तथा एक अयोग्य चलचित्र या फिल्म को सकारात्मक रेटिंग दे सकता है, जिससे उनकी रेटिंग बढ़ सकती है।

कृत्रिम बुद्धिमत्ता अच्छे को बुरे से अलग करना सीख सकता है और हमें विश्वसनीय डेटा देता है।

4. 3D ग्राफिक्स (3D Graphics)

वेब 3.0 सरल 2D वेब से विकसित इंटरनेट के भविष्य को एक अधिक यथार्थवादी त्रि-आयामी साइबरवर्ल्ड में बदलने जा रहा है।

वेब 3.0 में वेबसाइटों एवं सेवाओं जैसे ऑनलाइन गेम, ई-कॉमर्स, रियल-एस्टेट उद्योग आदि में त्रि-आयामी डिजाइन का व्यापक रूप से उपयोग किया जा रहा है।

5. सर्वव्यापक (Ubiquitous)

सर्वव्यापक का अर्थ है, विद्यमान या सर्वत्र होने का विचार, विशेष रूप से एक ही समय में यानी सर्वव्यापी।

मोबाइल उपकरणों के विकास और इंटरनेट के उपयोग से वेब 3.0 का अवलोकन कहीं भी किसी भी समय उपलब्ध हो जाएगा।

इंटरनेट अब केवल आपके डेस्कटॉप पर नहीं रहेगा, जैसे- वेब 1.0 या आपका स्मार्टफोन, वेब 2.0 की तरह, यह सर्वशक्तिमान होगा।

वेब 3.0 को हर चीज एवं सर्वत्र वेब भी कहा जा सकता है, क्योंकि आपके आस-पास की ज्यादातर चीजें इंटरनेट ऑफ थिंग्स (Internet of Things) से ऑनलाइन जुड़ी हुई हैं।

लाभ (Advantages)

- वर्धित सूचना लिंकिंग: सिमेंटिक वेब ऑनलाइन डेटा की कनेक्टिविटी में मदद करेगा।
- कुशल खोज (Efficient searching)।
- बेहतर मार्केटिंग (Better marketing)।
- अति कुशल वेब ब्राउजिंग (More efficient web browsing)।
- प्रभावी संचार (Effective communication)।
- मानवीय परस्पर-क्रिया परिवर्तन (Change human interaction)।

हानि (Disadvantages)

- निम्न उन्नत उपकरण वेब 3.0 के प्रबंधन में सक्षम नहीं होंगे।
- वेब 1.0 वेबसाइटें अत्यधिक अप्रचलित प्रतीत होंगी।
- नवागंतुकों के लिए इसे समझना बहुत जटिल हो सकता है।

नोट:

- वेब 3.0, एक विकेन्द्रीकृत इंटरनेट के रूप में है, जो सार्वजनिक ब्लॉकचेन पर संचालित है, इंटरनेट का उन्नत संस्करण है, जहां सेवाएं ब्लॉकचेन पर संचालित होंगी। इसका उपयोग क्रिप्टोकरेंसी लेन-देन हेतु भी किया जाता है।
- यह अनुमतिहीन एवं लोकतांत्रिक होगा। उदाहरण के लिए: ट्विटर पोस्ट को सेंसर करने में सक्षम नहीं होगा तथा फेसबुक अरबों उपयोगकर्ताओं के डेटाबेस को बनाए रखने में सक्षम नहीं होगा, जिसका संभावित रूप से चुनावों को प्रभावित करने हेतु उपयोग किया जा सकता है।
- इंटरनेट की वर्तमान पीढ़ी (वेब 2.0) के विपरीत, सभी डेटा एक विकेन्द्रीकृत तरीके से परस्पर जुड़े होंगे, जहां डेटा ज्यादातर केंद्रीकृत भंडारण या रिपॉजिटरी में संग्रहीत किया जाता है।
- भारतीय टिकटॉक प्रतिद्वंद्वी चिंगारी हाल ही में कंटेंट निर्माताओं के लिए प्रोत्साहन के वेब 2.0 मॉडल से वेब 3.0 मॉडल में स्थानांतरित हो गई है। अक्टूबर 2021 में इस स्टार्ट-अप ने $19 मिलियन से अधिक जुटाए, जिससे उसे सोलाना ब्लॉकचेन पर '$GARI' नामक अपना टोकन बनाने में मदद मिलेगी।
- बीकोनॉमी, पॉलीगॉन, EPNS, पर्सिस्टेंस और वॉल्ड जैसे कई भारतीय स्टार्ट-अप वेब 3.0 को बड़े पैमाने पर अपनाने को वास्तविकता बनाने के लिए तकनीकी बिल्डिंग ब्लॉक्स को एक साथ इस्तेमाल करने के लिए काम कर रहे हैं। पॉलीगॉन ने हाल ही में 10 बिलियन डॉलर का बाजार पूंजीकरण पार कर लिया है।
- एक अनुमान के अनुसार, वेब 3.0 भारत को अगले 11 वर्षों में अपने सकल घरेलू उत्पाद में 1.1 ट्रिलियन डॉलर की अतिरिक्त आर्थिक वृद्धि में योगदान करने में मदद कर सकता है।
- वेब 3.0 का नवीनतम उदाहरण एनएफटी या अपूरणीय टोकन (Non-fungible tokens) हैं।

वेब 5.0 (Web 5.0)

हाल ही में, **पूर्व ट्विटर सीईओ जैक डोर्सी** ने एक नए विकेन्द्रीकृत वेब प्लेटफॉर्म जिसे वेब 5.0 कहा जाता है, के लिए अपने **विजन की घोषणा की**।

वेब 5.0 का उद्देश्य **"एक अतिरिक्त विकेन्द्रीकृत वेब का निर्माण करना है जो आपको अपने डेटा और पहचान का नियंत्रण प्रदान करता है"** जो कि **"व्यक्तियों को अपने डेटा और पहचान का स्वामित्व"** वापस लौटाना है।

- इसे डोर्सी की बिटकॉइन बिजनेस यूनिट **'द ब्लॉक हेड' (TBH)** द्वारा विकसित किया जा रहा है।
- TBH के अनुसार, **"वेब ने सूचनाओं के आदान-प्रदान का लोकतंत्रीकरण किया है, लेकिन इसमें एक महत्वपूर्ण स्तरः पहचान नहीं है"**।
- **आज, पहचान और व्यक्तिगत डेटा तीसरे पक्ष की संपत्ति बन गए हैं।**
- वेब 5.0 का **उद्देश्य किसी ऐसे व्यक्ति को पहचान का स्वामित्व देना है जो तीसरे पक्ष के बजाय इसका मालिक है।**
- वेब 5.0, **वेब 2.0 + वेब 3.0** है जो उपयोगकर्ताओं को इंटरनेट पर **'अपनी पहचान रखने'** और **'अपने डेटा को नियंत्रित करने'** की अनुमति देगा।

नोटः वेब 3.0 वास्तव में विकेंद्रीकृत या इसके उपयोगकर्ताओं के स्वामित्व में नहीं है, बल्कि इसके बजाय विभिन्न 'उद्यम पूंजीपतियों और सीमित भागीदारों' द्वारा नियंत्रित किया जाता है।

- **वेब 5.0 (बुद्धिमत्तापूर्ण वेब/सहजीवी वेब)** जिसे **संवेदी और भावनात्मक वेब (Sensory and Emotive Web)** भी कहा जाता है, को ऐसे कंप्यूटर विकसित करने के लिए डिजाइन किया गया है जो मनुष्यों के साथ अंतर्क्रिया करते हैं।
- वेब 5.0 के संवर्द्धन के साथ यह संबंध **आने वाले भविष्य में कई लोगों के लिए एक दैनिक आदत बन जाएगा।**
- वेब 5.0 **अधिक जटिल स्तरों पर सूचना की व्याख्या करने में सक्षम अनुप्रयोगों** को भावनात्मक और तार्किक रूप से देखेगा।
- **यह व्यक्ति पर ध्यान केंद्रित करेगा**, शायद एक वेबसाइट को प्रत्येक अलग व्यक्ति के लिए एक अलग अनुभव देने में सक्षम बनाएगा।
- **यह किसी व्यक्ति की भावनाओं को समझ सकता है** और उचित प्रतिक्रिया दे सकता है, और यह उन सूक्ष्मताओं का पता लगा सकता है जो अधिक शक्तिशाली अंतर्क्रिया को सक्षम बनाती हैं।

वेब 5.0 के लिए परिस्थितियों का उपयोगः उपयोग की दो परिस्थितियाँ हैं जिनके जरिए वेब 5.0 भविष्य में चीजों को बदल देगा -

1. **'पहचान का नियंत्रण' बदलता है:** एक व्यक्ति अपने सामाजिक व्यक्तित्व को अपने साथ लेकर जब चाहे तब ऐप्स स्विच कर सकता है। उदाहरण- विभिन्न सोशल मीडिया पर व्यक्तिगत विवरण।
2. **उपयोगकर्ताओं को अपने डेटा पर नियंत्रण देता है:** एक व्यक्ति अपने डेटा को अपने विकेन्द्रीकृत वेब नोड में रख सकता है। उदाहरण- विभिन्न ऐप्स पर बिना जानकारी दिए आपकी पसंद के संगीत की पहचान करेगा।

(इन्फोग्राफिक देखें - वेब 1.0 बनाम् वेब 2.0 बनाम् वेब 3.0 बनाम् वेब 4.0 बनाम् वेब 5.0)

11.16 कम्प्यूटर सुरक्षा (Computer Security)

जान बूझकर या अनजाने में किसी डाटा का मिटना (destruction), प्रकटीकरण (disclosure) या संशोधन होने से बचाव करना ही डाटा या सूचना की सुरक्षा (Data Security) कहलाती है। इसके अंतर्गत कंप्यूटर हार्डवेयर, सॉफ्टवेयर तथा डाटा आदि सभी प्रक्रियाएं शामिल की जाती हैं। यह सामूहिक तथा निजी दोनों प्रकार की सुरक्षा सुनिश्चित करता है।

11.16.1 फायरवॉल (Firewalls)

यह निजी नेटवर्क में किसी अवांछित/गैर-प्राधिकृत प्रवेश को रोकता है। यह हार्डवेयर या सॉफ्टवेयर या दोनों के स्तरों पर लागू किया जा सकता है। फायरवॉल, इंटरनेट या विशेषतः इंट्रानेट पर किसी यूजर के अवैध तरीके से निजी सूचना प्राप्त करने को रोकता है।

सुरक्षा नीति के तहत 'गुड ट्रैफिक' व 'बैड ट्रैफिक' की पहचान करता है।

महत्वपूर्ण नोट

- **TCP का विकासः** Vinton Cert तथा Robert Kahn ने 1973 में डिजाइन किया।
- **प्रथम वाणिज्यिक नेटवर्कः** ARPANET का वाणिज्यिक संस्करण 1974 में **Telnet** के नाम से अस्तित्व में आया। इसे प्रथम इंटरनेट सेवा प्रदाता (ISP) भी माना जाता है।
- **Ethernet का विकासः** 1973 में **Bob Metcalfe** द्वारा किया गया।
- **HTML:** टिम बर्नर ली (tim berner lee) द्वारा 1990 में निर्मित किया गया, जिसका वर्तमान इंटरनेट में बहुत बड़ा योगदान है।
- **USB Dialer:** BSNL, Reliance तथा टाटा जैसी बड़े इंटरनेट सेवा प्रदाता USB Dialers के द्वारा सेवा प्रदान करते हैं। एक छोटा पेन ड्राइव प्रकार का उपकरण सिम कार्ड के साथ स्थापित किया जाता है। यह CDMA तकनीक का उपयोग करते हुए अच्छी स्पीड प्रदान करता है। इसे इंटरनेट सेवा प्राप्ति के लिए किसी भी लैपटॉप या डेस्कटॉप से जोड़ा जा सकता है।

11.16.2 रूटकिट (Rootkit)

रूटकिट का डिज़ाइन एक कंप्यूटर सिस्टम के समझौतों (Compromise) को छिपाने के लिए किया जाता है। प्रोग्राम के समूह के रूप में यह ऑपरेटिंग सिस्टम का नियंत्रण इसके वैध ऑपरेटर को प्रदान करता है। इसमें बाइनरी सिस्टम में बदलने की प्रक्रिया भी हो सकती है।

हैकरः एक 'चतुर प्रोग्रामर' या कोई व्यक्ति, जो कंप्यूटर सिस्टम की सुरक्षा को तोड़ता है, उसे हैकर कहते हैं। हैकर के दो प्रकार हैं- (1) नैतिक हैकर (Ethical Hacker) (2) बुरा हैकर (Malicious Hacker)।

नोटः बुरा हैकर, क्रेकर (Cracker) के नाम से भी जाना जाता है यह कंप्यूटर सिस्टम को बिना अनुमति के तोड़ता है तथा महत्वपूर्ण सूचनाएं प्राप्त करता है या नष्ट कर देता है।

वेब 1.0 बनाम् वेब 2.0 बनाम् वेब 3.0 बनाम् वेब 4.0 बनाम् वेब 5.0

वेब 1.0

- वेब 1.0 इंटरनेट का प्रारंभिक संस्करण था, जिसने विश्वव्यापी नेटवर्क की स्थापना की और डिजिटल संचार और सूचना विनिमय की नींव रखी।
- यह वैश्विक डिजिटल संचार नेटवर्क की पहली पीढ़ी का प्रतिनिधित्व करता था और इसे अक्सर "रीड-ओनली (read-only)" इंटरनेट के रूप में जाना जाता था।
- वेब 1.0 एक डिजिटल विश्वकोश के बराबर था, जिसमें हाइपरलिंक का उपयोग करके इंटरकनेक्टेड वेब पेज शामिल थे। हालाँकि, इसमें आज के इंटरनेट में पाए जाने वाले इंटरैक्टिव तत्वों का अभाव था, जिसके कारण इसका उपनाम "रीड-ओनली" वेब पड़ गया।
- वेब 1.0 की विशेषता में परिभाषित अवयव हैं, जिनमें निम्नलिखित शामिल हैं:
  - स्टेटिक पेज़
  - फ्रेम और टेबल जैसे HTML 3.2 अवयवों का उपयोग
  - HTML फॉर्म जो ईमेल के माध्यम से भेजे जाते हैं
  - सामग्री को रिलेशनल डेटाबेस प्रबंधन प्रणाली के बजाय सर्वर के फ़ाइल सिस्टम से पुनर्प्राप्त किया जाता है
  - GIF बटन और ग्राफ़िक्स का उपयोग

वेब 2.0

- वेब 1.0 के बाद अगला चरण "रीड एंड राइट (read and write)" इंटरनेट था, जिसने उपयोगकर्ताओं को सर्वर और अन्य उपयोगकर्ताओं के साथ संचार करने में सक्षम बनाया, जिससे सोशल वेब का उदय हुआ।
- वेब 2.0 ने कुछ सामग्री निर्माताओं से ध्यान हटाकर बड़ी मात्रा में सामग्री तैयार करने वाले एक बड़े समुदाय पर ध्यान केंद्रित कर दिया।
- इसमें उपयोगकर्ता-जनित सामग्री (UGC), उपयोग में आसानी, भागीदारी, अन्तरक्रियाशीलता और विभिन्न उपकरणों और प्रणालियों के साथ अनुकूलता पर जोर दिया गया।
- वेब 2.0 ने अंतिम उपयोगकर्ता के अनुभव को प्राथमिकता दी, जिससे वेब के साथ अंतर्क्रिया के प्राथमिक तरीकों के रूप में समुदायों, सहयोग, संवाद और सोशल मीडिया का उदय हुआ।
- वेब 2.0 के सोशल वेब में पॉडकास्टिंग, सोशल मीडिया, टैगिंग, ब्लॉगिंग, कमेंटिंग और वोटिंग जैसे विभिन्न टूल और प्लेटफ़ॉर्म शामिल हैं, जो राय, दैनिक अनुभवों और दृष्टिकोणों के हाइपर-इंटरैक्टिव शेयरिंग को सक्षम बनाते हैं।
- हालाँकि, पारंपरिक वेब 2.0 अनुप्रयोगों में उनके कार्य करने के तरीके की सीमाएँ थीं, जहाँ उपयोगकर्ता अनुरोध, सर्वर पर भेजे जाते थे, और सर्वर, वेबपेज के साथ अंतर्क्रिया करता था, जिससे कुछ चुनौतियाँ उत्पन्न होती थीं।

वेब 3.0

- वेब 3.0 इंटरनेट की अगली पीढ़ी को संदर्भित करता है, जिसे "रीड-राइट-एक्जीक्यूट(read-write-execute)" वेब के रूप में जाना जाता है, जिसकी आधार विकेंद्रीकरण (decentralization) है।
- इसे इंटरनेट का भविष्य माना जाता है, जो एक ऐसा स्थान प्रदान करता है जहां उपयोगकर्ता तकनीकी दिग्गजों के प्रभाव से दूर हटकर विकेंद्रीकृत और लगभग गुमनाम प्लेटफार्मों पर काम करते हैं।
- वेब 3.0 को शुरू में सिमेंटिक वेब कहा जाता था, जिसकी कल्पना टिम बर्नर्स-ली ने एक अधिक स्वायत्त, बुद्धिमत्तापूर्ण और ओपन इंटरनेट के रूप में की थी।
- मूल अवधारणा में "ग्लोबल ब्रेन" जैसी सामग्री को संसाधित करने के लिए AI और ML का लाभ उठाना शामिल था, जो डेटा को प्रासंगिक और वैचारिक रूप से जोड़ता था।
- वेब 3.0 को परिभाषित करने वाले प्रमुख अवयवों में कीवर्ड के बजाय समझ के आधार पर सामग्री निर्माण, शेयरिंग और कनेक्शन के लिए वेब प्रौद्योगिकियों में सुधार शामिल है।
- यह AI और ML को एकीकृत करता है, इंटरनेट ऑफ थिंग्स के माध्यम से अनुप्रयोगों और उपकरणों के बीच कनेक्टिविटी को सक्षम बनाता है, 3 डी ग्राफिक्स को शामिल करता है, और बिचौलियों के बिना अन्तरक्रियाशीलता को बढ़ावा देता है।
- वेब 3.0 का लक्ष्य शासी निकायों से प्राधिकरण की आवश्यकता के बिना भागीदारी को सक्षम करना है।
- इसका उद्देश्य अधिक बुद्धिमत्तापूर्ण, इंटरकनेक्टेड और उपयोगकर्ता-केंद्रित इंटरनेट अनुभव प्रदान करना है।
- वेब 3.0 अभी भी विकासाधीन है, जो पूर्व पुनरावृत्तियों की सीमाओं को दूर करने और अधिक उन्नत और समावेशी इंटरनेट परिदृश्य को आकार देने का प्रयास कर रहा है।

वेब 4.0

- वेब 4.0, जिसे सिम्बायोटिक वेब के रूप में जाना जाता है, मनुष्यों और मशीनों के बीच सहजीवी संपर्क पर जोर देता है।
- यह स्व-शिक्षण एजेंटों और उन्नत शब्दार्थ विज्ञान द्वारा संचालित स्वायत्त, सक्रिय और सामग्री-अन्वेषण प्रणालियों को सक्षम बनाता है।
- सिम्बायोटिक वेब अंतर्दृष्टि उत्पन्न करने और निर्णय लेने में सहायता के लिए स्वचालन, गहन शिक्षण मॉडल और प्राकृतिक भाषा प्रसंस्करण का लाभ उठाता है।
- यह हार्डवेयर, सॉफ्टवेयर और डेटा के एकीकरण की सुविधा प्रदान करता है, व्यक्तिगत अनुभव प्रदान करता है और आभासी वास्तविकता (VR) और संवर्धित वास्तविकता (AR) अनुप्रयोगों के साथ संभावनाओं का विस्तार करता है।
- वेब 4.0 व्यवसायों को वैयक्तिकृत अनुभव प्रदान करने, AI-संचालित स्वचालन के माध्यम से दक्षता बढ़ाने, नए उत्पाद और राजस्व स्ट्रीम बनाने और ग्राहकों को नवीन तरीकों से संलग्न करने के अवसर प्रदान करता है।
- वेब 4.0 की भविष्य की संभावनाओं में स्वायत्त एजेंटों, उन्नत AI सिस्टम, शक्तिशाली हार्डवेयर और सॉफ्टवेयर और इमर्सिव VR और AR अनुभवों के साथ अधिक नेचुरल इंटरैक्शन शामिल हैं।
- वेब 4.0 एक रोमांचक क्रांति का प्रतिनिधित्व करता है जो मानव-मशीन संपर्क में क्रांतिकारी बदलाव लाएगा और नई संभावनाओं को अनलॉक करेगा।

वेब 5.0

- डोर्सी की बिटकॉइन बिजनेस यूनिट द्वारा विकसित वेब 5.0 का लक्ष्य एक ऐसे विकेन्द्रीकृत वेब का निर्माण करना है जो उपयोगकर्ताओं को उनके डेटा और पहचान पर नियंत्रण प्रदान करता है।
- यह वेब 2.0 और वेब 3.0 की अवधारणाओं को जोड़ता है, जिससे उपयोगकर्ताओं को अपनी ऑनलाइन पहचान रखने और अपने डेटा पर नियंत्रण रखने की अनुमति मिलती है।
- वेब 5.0 का लक्ष्य पूर्व संस्करणों की सीमाओं को पार करना और सेंसरशिप एवं प्रमुख रुकावटों से मुक्त इंटरनेट बनाना है।
- वेब 3.0 के विपरीत, जो पूरी तरह से विकेंद्रीकृत या उपयोगकर्ता-स्वामित्व वाला नहीं है और उद्यम पूंजीपतियों और सीमित भागीदारों द्वारा नियंत्रित है, वेब 5.0 उपयोगकर्ताओं को सशक्त बनाना चाहता है।
- यह एक ऐसे मंच की कल्पना करता है जो भावनात्मक बुद्धिमत्ता को शामिल करता है, जो मनुष्यों और कंप्यूटरों के बीच गहरे संबंध को बढ़ावा देता है।
- वेब 5.0 का इरादा ब्लॉकचेन तकनीक के माध्यम से विकेंद्रीकृत पहचान नियंत्रण, डेटा स्वामित्व और बेहतर गोपनीयता जैसी सुविधाओं को लागू करना है।
- अभी भी विकासाधीन, वेब 5.0 का लक्ष्य अधिक कुशल, पारदर्शी और उपयोगकर्ता-केंद्रित इंटरनेट अनुभव प्रदान करना है।

11.17 सुरक्षा भेदन के सामान्य तरीके (Common Security Breach Methods)

11.17.1 कम्प्यूटर वायरस (Computer Virus)

यह एक 'सॉफ्टवेयर प्रोग्राम' है, जो प्रोग्रामर द्वारा विकसित किया जाता है और अन्य प्रोग्रामों को संक्रमित कर देता है। यह कंप्यूटर सिस्टम पर निम्न दुष्प्रभाव डालता है:

- फाइल एलोकेशन टेबल (File Allocation Table -FAT) को नष्ट करना।
- डिस्क के विशेष डाटा व प्रोग्राम को मिटाना।
- फाइल में मौजूद सामग्री को बदल देना।
- RAM पर दबाव डालना।
- बुरे क्षेत्रों का निर्माण करके डिस्क के डाटा या प्रोग्राम के किसी भाग को नष्ट करना।
- डिस्क के खाली स्थान को कम कर देना।
- डिस्क के ट्रैक (Tracks) या डिस्क के फॉर्मेट को बदल देना।

11.17.2 वर्म (Worm)

वर्म, **स्वयं की प्रतिलिपि तैयार करने वाला एक प्रोग्राम है।** यह वायरस की तरह होता है, परंतु दोनों में बड़ा अंतर यह है कि यह एक ही सिस्टम पर प्रतिलिपियां तैयार नहीं करता। **यह कंप्यूटर नेटवर्क के जरिए फैलता है।**

11.17.3 ट्रोजन हॉर्सेज (Trojan Horses)

यह एक ऐसा प्रोग्राम है, जो कोई एक कार्य करता हुआ दिखता है परंतु वास्तव में यह दूसरा कार्य कर रहा होता है। इसलिए इसका उपयोग कंप्यूटर में back door स्थापित करने में किया जा सकता है। यह बाद में आक्रमणकर्ता (Intruder) की पहुंच को रोक देता है।

11.17.4 स्पूफिंग अटैक (Spoofing Attack/Phishing)

स्पूफिंग अटैक में वे प्रोग्राम, सिस्टम या वेबसाइट शामिल होते हैं, जो **झूठे आंकड़ों का प्रयोग करके किसी दूसरी वेबसाइट, सिस्टम या प्रोग्राम का वेश धारण कर लेते हैं।** इसी कारण ये किसी यूजर या अन्य प्रोग्राम के द्वारा विश्वसनीय सिस्टम मानकर व्यवहार में लिये जाते हैं। **इसका उद्देश्य किसी प्रोग्राम, सिस्टम या यूजर को मूर्ख बनाकर निजी जानकारी (जैसे- Username, password आदि) प्राप्त करके आक्रमणकर्ता तक पहुंचाना होता है।**

11.17.5 स्पाईवेयर (Spyware)

यह एक सॉफ्टवेयर प्रोग्राम है, जो गुप्त रूप से व्यक्तिगत सूचना एकत्र कर इंटरनेट के कनेक्शन के माध्यम से यूजर की सूचनाएं उसकी बिना जानकारी से भेज देता है। एडवेयर, सॉफ्टवेयर प्रोग्राम इसी तरह के स्पाईवेयर का एक उदाहरण है।

मैलवेयर या मेलिसियस सॉफ्टवेयर (Malware Or Malicious Software)

मैलवेयर एक ऐसा प्रोग्राम या फाइल है जो कम्प्यूटर यूजर के लिए हानिकारक है। इसमें वायरस, वर्म, ट्रोजन होर्स तथा स्पाईवेयर शामिल हैं। ये बहुत सारी समस्याएं उत्पन्न करते हैं, यथा-डाटा चोरी, संवेदनशील डेटा का प्रकटीकरण या मिटाना अथवा कोर-कम्प्यूटिंग कार्यों को हाईजैक करना आदि तथा साथ ही ये बिना अनुमति के कम्प्यूटर मॉनिटर को शुरू कर सकते हैं।

महत्वपूर्ण बिंदु (Key Points)

- **विकिपीडिया** (wikipedia) का आरंभ **जिम्मी वेल्स** (Jimmy Wales) द्वारा 15 जनवरी, 2001 को किया गया।
- **यू-ट्यूब** (You Tube), **15 फरवरी, 2005 को जावेद करीम** (Javed Karim), **चाड हर्ले** (Chad Harley), **स्टीव चेन** (Steve Chen) द्वारा लॉन्च किया गया।
- **पेंडोरो** (Pandora) इंटरनेट रेडियो सर्विस 25 अगस्त, 2005 को लांच की गई। **बिंग** (Bing) 3 जून, 2009 को माइक्रोसॉफ्ट द्वारा सर्च इंजन के रूप में लॉन्च किया गया।
- **ऑरकुट** (orkut), 24 जनवरी, 2004 को गूगल इंजीनियर **ऑर्कुट ब्यूक्कोक्टेन** (Orkut Buyukkokten) द्वारा औपचारिक रूप से लॉन्च किया गया।
- **गूगल:** यह सर्वप्रथम 1998 में निजी शासित कंपनी के रूप में व्यावसायिक रूप से आरंभ हुआ। संस्थापक **सर्गी ब्रिन** (Sergey Brin) एवं **लेरी पेज** (Larry Page) थे।
- **याहू** (Yahoo): जनवरी 1994 में **जेरी योंग** (Jerry Yong) तथा **डेविड फ़िलो** (David Fillo) द्वारा आरंभ।
- विंटन सेर्फ और रॉबर्ट काह्न ने 1970 के दशक में **TCP/IP** प्रोटोकॉल का आविष्कार किया और रे टॉमलिंसन ने 1972 में नेटवर्क ईमेल को शुरू किया।

11.18 वैश्विक इंटरनेट शासन (Global Internet Governance)

जिस तौर-तरीके से इंटरनेट का प्रबंधन किया जाता है, उसे इंटरनेट गवर्नेंस के नाम से जाना जाता है।

11.18.1 अंतर्राष्ट्रीय टेलीकम्युनिकेशन संघ – आई.टी.यू (International Telecommunication Union-ITU)

- आईटीयू, संयुक्त राष्ट्र की एक स्पेशलाइज्ड एजेंसी है, जो मूल से रूप से 1865 में अंतर्राष्ट्रीय टेलीग्राफ संघ के रूप में स्थापित हुई थी। जेनेवा, स्विट्जरलैण्ड में इसका मुख्यालय स्थित है। यह सूचना व संचार तकनीकी से संबद्ध सूचनाओं की जवाबदेही निर्धारित करती है। आई.टी.यू न केवल वैश्विक रूप से उपग्रह कक्षा के सहयोग प्रोत्साहन का उपक्रम भी करती है। यह विशेष रूप से टेलीकम्युनिकेशन के संबंध में अवसंरचना सुधार का निष्पादन कर वैश्विक तकनीकी मानकों के विकास एवं समन्वय का निर्माण करती है।

आई.टी.यू के तीन क्षेत्रक हैं

1. रेडियो कम्युनिकेशन (आई.टी.यू-आर) यह रेडियो फ्रीक्वेंसी स्पैक्ट्रम के प्रभावी, स्पष्ट तथा संतुलित उपयोग का सुनिश्चत करता है।
2. टेलीकम्युनिकेशन मानकीकरण (आई.टी.यू.टी) वैश्विक माननीकृत टेलीकम्युनिकेशन संचालन अनुसंशाएं तैयार करता है।

3. टेलीकम्युनिकेशन विकास (आई.टी.यू-डी) देशों को अंतर-संचार संचालन के विकास व मेंटेनेंस में सहायता करता है।

विश्वभर में 193 आई.टी.यू सदस्य राष्ट्र-राज्य हैं, जिसमें संयुक्त राष्ट्र के सदस्य राज्यों के साथ-साथ रिपब्लिक ऑफ पलाक तथा वेटिकन सिटी भी शामिल हैं।

आई.टी.यू सदस्यता केवल संयुक्त राष्ट्र सदस्यों के लिए खुली है, साथ ही गैर-मतदानकर्ता सदस्यों के रूप में निजी संगठन भी इससे जुड़ सकते हैं, जैसे-उपकरण निर्माता, कैरियर, वित्त पोषण निकाय, अनुसंधान व विकास संगठन तथा क्षेत्रीय टेलीकम्युनिकेशन संगठन।

- आई.टी.यू रेडियो, टेलीविजन, सैटेलाइट, टेलीफोन तथा इंटरनेट जैसी इलेक्ट्रॉनिक टेलीकम्युनिकेशन एवं प्रसारण तकनीकी के लिए महत्व रखने वाले सिद्धातों एवं नियमों को परिभाषित तथा सर्कुलेट करने का कार्य करती है।
- यह संस्था वर्तमान तथा भावी मुद्दों को निपटाने तथा मतभेदों के निराकरण हेतु वर्किंग पार्टी एडडी ग्रुप तथा बैठकें आयोजित करवाती है। प्रत्येक चार वर्ष के अंतराल पर "ग्लोबल टेलीकॉम" नामक प्रदर्शनी व मंच का आयोजन करवाया जाता है।
- आई.टी.यू का अन्य उल्लेखनीय लक्षण विकासशील देशों में उनके स्वंय के टेलीकम्युनिकेशन सिस्टम की स्थापना व विकास हेतु सहायता प्रदान करना है।
- आई.टी.यू की अनुसंशाएं सलाहकारी होने के बावजूद, अंतर्राष्ट्रीय इलेक्ट्रोनिक संचार के उपयोगी वातावरण निर्माण के कारण अधिकांश देश इसकी अनुंसशाओं का अनुसरण करते हैं।

नोट: आई.टी.यू ने घोषणा की है कि यह अपना दक्षिण एशियाई क्षेत्रीय कार्यालय नई दिल्ली में खोलने वाली है।

11.18.2 आई.सी.ए.एन.एन. (ICANN)

आई.सी.ए.एन.एन का अर्थ प्रदत्त नाम व नम्बर के लिए **इंटरनेट कॉर्पोरेशन फोर एसाइन्ड नेम्स एण्ड नम्बर्स** (Internet Corporation for Assigned Name and Numbers) है तथा यह वैश्विक इंटरनेट समन्वय, विशेष तौर पर सुरक्षित व स्थिर तरीके से संचालन का सुनिश्चिय कर, बनाये रखता है। यह विश्वभर के लोगों द्वारा सुरक्षित इंटरनेट हेतु 1998 में एक गैर-लाभकारी सहभागिता के साथ संस्थापित किया गया। ICANN इंटरनेट की यूनीक आईडेंटी (Unique Identity) पर नीति-निर्माण करता है, किन्तु यह इंटरनेट के कंटेट (सामग्री) पर नियंत्रण नहीं रखता।

ICANN, स्टेट ऑफ कैलिफोर्निया (यू.एस.ए) के कानून के तहत बनी एक संस्था है। ICANN में निदेशक बोर्ड होता है, जो इस विधि के अधीन अपने कार्यों के लिए जवाबदेह है। यह एक गैर-लाभकारी सार्वजनिक हित कॉर्पोरेशन है।

वैश्विक इंटरनेट निकाय इंटरनेट कॉर्पोरेशन फॉर असाइन्ड नेम्स एंड नंबर्स (Internet Corporation for Assigned Names and Numbers - ICANN) और भारतीय आईटी उद्योग निकाय NASSCOM पहचानकर्ता तकनीक विकसित करने के लिए जिसका उपयोग इंटरनेट का उपयोग करके उपकरणों और बुनियादी ढांचे के प्रबंधन के लिए किया जा सकता है।

यह सबसे पहले डोमेन नेम सिस्टम (DNS) का उपयोग करके इंटरनेट ऑफ थिंग्स (IoT) उपकरणों को अपडेट करने पर ध्यान केंद्रित करेगा, भले ही निर्माता या आपूर्तिकर्ता ने व्यवसाय बंद कर दिया हो।

यह सहयोग संयुक्त रूप से अनुसंधान परियोजनाओं की पहचान करने के लिए एक संरचना प्रदान करता है, जिसे विशेष रूप से इंटरनेट की विशिष्ट पहचानकर्ताओं की प्रणाली से संबंधित नई प्रौद्योगिकियों में प्रयुक्त होता है।

आई.सी.ए.एन. के चार प्रमुख कार्य

- कंपनी का अप्रूवल- जो डोमेन नेम (नाम) के लिए परिचायक पंजीयक है।
- मूल तंत्र के साथ नये टॉप-लेवल डोमेन (TLD) के संबंध में निर्णय निर्माण।
- वाईडस्प्रेड कनेक्टिविटी बनाये रखने के लिए तकनीकी कारकों का प्रबंधन।
- डोमेन नेम (नाम) कनेक्ट करने के लिए एकल डोमेन नेम डिस्प्यूट रिजोल्यूशन (मतभेद सुलझाने) नीति का निर्माण-UDRP

11.18.2.1 डोमेन नेम प्रणाली (Domain Name System - DNS)

DNS, कंप्यूटर, सेवाओं या अन्य स्रोत (जो इंटरनेट या निजी नेटवर्क से जुड़े हों) को श्रेणीबद्ध नाम प्रदान करने की प्रणाली है। DNS के द्वारा डोमेन नाम से संबंधित विभिन्न प्रकार के सूचना क्षेत्र, प्रत्येक भागीदार को सौंपे जाते हैं। कंप्यूटर सेवा या वैश्विक उपकरण (Device) का स्थान निर्धारण करते समय (White Locating) आसानी से याद होने वाले नाम को DNS के द्वारा गणितीय IP एड्रेस में बदल दिया जाता है। DNS इंटरनेट कार्यकरण का एक आवश्यक भाग है, जो वैश्विक रूप से की-वर्ड (keyword) प्रदान करता है।

डोमेन नाम (Domain Name)

एक डोमेन नाम (जैसे- .com.) पहचान के रूप में काम करता है, जो इंटरनेट पर प्रशासनिक एकाधिकार, अथॉरिटी या नियंत्रण के क्षेत्र को निर्धारित करता है। डोमेन नेम सिस्टम (DNS) के नियमों तथा प्रक्रियाओं के अनुसार किसी को डोमेन नाम दिया जाता है। डोमेन नाम सामान्यत: इंटरनेट प्रोटोकॉल (IP) रिसोर्स का प्रतिनिधित्व करता है तथा इसका उपयोग विभिन्न नेटवर्कों तथा विशेष नाम और एड्रेस की एप्लिकेशन के संदर्भ में किया जाता है।

भारत द्वारा सार्वजनिक डोमेन नेम सर्वर की लांचिंग

सरकार जल्द ही एक पब्लिक डोमेन नेम सर्वर सिस्टम (DNS) को लॉन्च करने जा रही है, जो यूजर्स को एडवांस फीचर्स से युक्त सुरक्षा के साथ-साथ त्वरित रूप से मैलवेयर या फिशिंग से बचायेगी।

मुख्य लक्षण

- नवीनतम प्लेटफॉर्म, पूर्व के एन.आई.सी की तुलना में सुपीरियर इन्हेरेंट सुरक्षा फीचर्स के साथ एडवांस वर्जन है तथा इसमें 5 मिलियन यूजर्स को होस्ट करने की क्षमता है जिसे और भी बढ़ाया जा सकता है
- साथ ही यदि, यूजर के द्वारा कोई मैलवेयर या फिशिंग साईट खोल ली जाती है तो, नया पब्लिक डोमेन सर्वर तुरंत एक पेज या पॉप अप को खोल देगा ताकि संदेहास्पद रिसोर्स को टाला जा सके।
- नया डी.एन.एस, देशभर में आऊटेज को न्यूनतम करने हेतु स्थापित किया जायेगा तथा चौबीसों घण्टे मौजूद/उपस्थित रहेगा। यूजर्स इसे आसानी से इंटरनेट ब्राउजर में आई.पी नम्बर टाईप करके प्रयोग में ले सकेंगे।

11.18.2.2 मुद्दा क्या है? (What is the Issue?)

- इंटरनेट का जिस तरीके से प्रबंधन किया जाता है, उसे **'इंटरनेट गवर्नेंस'** कहते हैं।
- इसके तहत **इंटरनेट का कोई भी एकमात्र स्वामी नहीं है किंतु ICANN के कारण इसका बड़े स्तर पर नियंत्रण अमेरिका के द्वारा किया जाता है।**
- अमेरिका के हाल ही के निगरानी कार्यक्रम (Surveillance Programs) के परिणामस्वरूप भारत समेत बहुत-से देशों ने अपने-अपने देश में इंटरनेट का नियंत्रण करने का अधिकार मांगा है। दूसरे शब्दों में, **रूस तथा चीन जैसे देशों ने अपनी सुपर पॉवर प्रकृति का प्रदर्शन करते हुए इंटरनेट पर नियंत्रण करने की चाहत दिखाई है।**
- **हाल ही में अमेरिका ने ICANN पर से अपना नियंत्रण त्याग दिया है।** परंतु कुछ अन्य देशों ने इंटरनेट गवर्नेंस पर अमेरिका की निगरानी का समर्थन भी किया है, जैसे- ब्रिटेन।

11.18.2.3 इलेक्ट्रॉनिक सविलांस डिसक्लोजर (Electronic Surveillance Disclosure)

- अमेरिका द्वारा की गयी इलेक्ट्रॉनिक सविलेंस (निगरानी) ने काफी विवाद उत्पन्न किया।
- इसने ग्लोबल इंटरनेट गवर्नेंस संबंधी कई मुद्दों को उठाया।
- ब्राजील की राष्ट्रपति **डिल्मा रुसेफ** (Dilma Rousseff) ने संयुक्त राष्ट्र जनरल असेम्बली को संबोधित करते वक्त अमेरिका की इस निगरानी की शिकायत की तथा संयुक्त राष्ट्र से वर्ल्ड वाइड नेटवर्क के नए बहुपक्षीय तंत्र संबंधी राज्यों के आचरण पर नियंत्रण का प्रयास करने की अपील की है।

11.18.2.4 अमेरिका का दृष्टिकोण (View of USA)

- इंटरनेट की स्वतंत्रता अमेरिका की विदेश नीति के प्रमुख स्तंभों में से एक है। यह किसी भी कीमत पर इंटरनेट की स्वतंत्रता को बनाए रखने का प्रयास करेगा।
- वर्तमान में इंटरनेट पर नियंत्रण का अधिकार संयुक्त राष्ट्र को देने वाला प्रस्ताव अमेरिका को अत्यधिक शक्तियां प्रदान करता है।
- यदि अमेरिका को इंटरनेट पर नियंत्रण का अधिकार दिया जाता है, तो यह अत्यधिक सेंसरशिप आरोपित करेगा।

11.18.2.5 वास्तविक चर्चा (The Real Debate)

- वास्तविक चर्चा यह है कि एक **'ओपन ग्लोबल इंटरनेट'** (Open Global Internet) होना चाहिए या राष्ट्रीय स्तर पर इंट्रानेट का झमेला।
- ऐसी मांग की जा रही है कि अमेरिका से इंटरनेट का नियंत्रण हटाकर सभी राष्ट्रों को अपने-अपने राज्य क्षेत्र में इसके नियंत्रण का अधिकार दे देना चाहिए। वर्तमान में दो प्रकार के मत हैं-एक है **बहुपक्षीय प्लेटफॉर्म (Multilateral Platform) के पक्षधर (भारत, रूस, चीन) दूसरा मल्टी स्टेक होल्डर प्लेटफॉर्म (Multi Stake Holder) (अमेरिका)।**
- भारत जैसे राष्ट्र, **वेब एड्रेस** (web adderss) पर अधिक संप्रभु नियंत्रण की मांग कर रहे हैं।
- इस बात की आशंका भी है कि प्रत्येक राष्ट्र को उनके इंटरनेट एड्रेस बुक, वेबसाइट आदि के नियंत्रण का अधिकार दिया जाने के बाद कोई राष्ट्र इंटरनेट पर किसी सामग्री को आसानी से व चुपचाप हटा सकता है व देश के बाहर के लोगों के लिए इसे पहुंच से परे कर सकता है।
- राष्ट्रों के पास दूरसंचार कंपनियों पर नियंत्रण के पहले से ही कई शक्तिशाली उपकरण हैं या रेगुलेटरी अथॉरिटी है, जैसे- चीन का इंटरनेट पर नियंत्रण, जिससे वह जब चाहे इंटरनेट को अपंग बना सकता है। तो फिर उन्हें इंटरनेट पर अतिरिक्त नियंत्रण की आवश्यकता क्यों है।

11.18.2.6 भारत की चिंता का कारण (Why India is Worried?)

- भारत को **'रूट सर्वर'** प्राप्त करने की अनुमति थी (रूट सर्वर, वे कंप्यूटर होते हैं जिनसे सभी इंटरनेट डाटा उत्पन्न होते हैं तथा किसी राष्ट्र विशेष में इसके जरिए आते हैं), परंतु इसे प्रबंधन तथा नियंत्रण के अधिकार नहीं दिए जाते हैं।
- ऐसी नीति भारत के सुरक्षा कारणों से उपयोगी नहीं है। भारत को इस पर नियंत्रण की आवश्यकता है।
- भारत की चिंता इंटरनेट गवर्नेंस पर चीन, अमेरिका व रूस के सामूहिक निर्णय को लेकर भी है। भारत का विचार है कि ये देश एक रणनीति पर सहमत हो सकते हैं, जो अन्य देशों पर थोपी जा सकती है। इसलिए भारत अपनी मांगें उठा रहा है ताकि इन देशों की ऐसी किसी भी योजना से पहले उन्हें भारत से विचार-विमर्श करना हो।
- इस विषय पर भारत बहुपक्षीय एप्रोच का समर्थन करता है, जिसमें प्रत्येक राष्ट्र को बोलने का अधिकार हो न कि मल्टी स्टेक होल्डर एप्रोच (जिसमें केवल कुछ ही राष्ट्रों को बोलने का अधिकार हो)।
- भारत, चीन (56 करोड़) के बाद विश्व का दूसरा सबसे बड़ा इंटरनेट उपयोगकर्ता राष्ट्र है

11.19 इंटरनेट ऑफ थिंग्स (Internet of Things - IoT)

- IoT भौतिक वस्तुओं (objects) का नेटवर्क है, जिनका मूल्यांकन इंटरनेट के द्वारा किया जाता है तथा तकनीक विश्लेषण, दूरदर्शी, राज्य में आंतरिक रूप से या बाहरी रूप से संवाद (Interact) स्थापित करने के लिए लागू तकनीक के समावेशन को परिभाषित करता है।
- IoT, इंटरनेट के द्वारा नए क्षेत्रों, जैसे- परिवहन तंत्र, विनिर्माण ईकाई, ऊर्जा ग्रिड तथा स्वास्थ्य सुविधाएं, को जोड़ने का एक तरीका है। **इस तकनीक की मदद से कोई वस्तु (Object) स्वयं को डिजिटल रूप में प्रस्तुत कर सकती है तथा इसे कहीं से भी इन्टरनेट के माध्यम से नियंत्रित किया जा सकता है।** इस तकनीक से स्थानों के परस्पर जुड़ने से दक्षता व सुरक्षा बढ़ जाएगी।
- IoT के द्वारा सभी वस्तुएं, जानवर तथा व्यक्ति को विशिष्ट पहचान प्रदान की जाती है तथा बिना किसी प्रत्यक्ष संपर्क के डाटा को आसानी से भेजा जा सकता है। इससे मानव द्वारा मानव को या मानव द्वारा कंप्यूटर को भी डाटा भेजा जा सकता है।

- IoT का विकास इंटरनेट के संकेद्रण, ताररहित तकनीकों तथा माइक्रो इलेक्ट्रॉनिक्स प्रणाली (Microelectronic System) द्वारा हुआ।
- IoT के उपयोग बहुत व्यापक हैं, **हृदय रोग से पीड़ित कोई व्यक्ति आसानी से हृदय की निगरानी कर सकता है, 'बायोचिप ट्रांसपोंडर' की मदद से खेत में पशुओं का आसानी से पता लगाया जा सकता है, किसी कार के ड्राइवर को सेंसर द्वारा टायर के प्रेशर कम होने का पता लग सकता है।** यहां तक कि किसी भी प्राकृतिक या मानव निर्मित वस्तु (जिसमें IP एड्रेस लगा हो) में एक नेटवर्क के जरिए डाटा भेजने की क्षमता होगी। वर्तमान में IoT मशीन-टू-मशीन संपर्क तथा अन्य क्षेत्रों, जैसे-ऊर्जा, तेल, गैस आदि, में सफलतापूर्वक उपयोग में लाया जा सकता है।

भारत की पहली 'इंटरनेट ऑफ थिंग्स' नीति स्मार्ट व डिजिटल भारत की ओर बढ़ता कदम)

इलेक्ट्रॉनिक्स और सूचना प्रौद्योगिकी विभाग (Department of Electronics and Information Technology) जिसे अब इलेक्ट्रॉनिक्स और सूचना प्रौद्योगिकी मंत्रालय (Ministry of Electronics and Information Technology) कहा जाता है, ने भारत की पहली 'इंटरनेट ऑफ थिंग्स नीति' का मसौदा तैयार किया था।इस नीति का उद्देश्य भारत में इंटरनेट ऑफ थिंग्स इंडस्ट्री को 2020 तक 15 मिलियन डॉलर तक पहुंचाना तथा वर्तमान 200 मिलियन कनेक्टिड डिवाईस की संख्या को 2020 तक 2.7 बिलियन तक पहुंचाना है।

भारत 'इंटरनेट ऑफ थिंग्स' नीति वाला पहला देश

भारत सरकार द्वारा स्मार्ट सिटी परियोजना तथा डिजिटल इण्डिया प्रोग्राम दो प्रमुख प्रयास किये गये, जो इंटरनेट ऑफ थिंग्स इंडस्ट्री की तीव्रतर गति के दिशा में है। ये दोनों कदम निश्चित तौर पर इंटरनेट ऑफ थिंग्स इंडस्ट्रीज में बूस्ट लाएंगे तथा आगे की राह दिखाएंगे।

नीति में इंटरनेट ऑफ थिंग्स के लिए क्या निहितार्थ था?

- नीति के एक भाग के रूप में भारत सरकार, इंटरनेट ऑफ थिंग्स के लिए विशिष्ट एप्लिकेशन हेतु विकास व अनुसंधान का वित्तपोषण करेगी। साथ ही, डाईटी (DeiTY) अनुसंधान एवं विकास के लिए निजी क्षेत्र से निवेश प्राप्त करने हेतु IIRC (इंटरनेशनल इंटरनेट ऑफ थिंग्स रिसर्च कोलेबोरेशन स्कीम) नामक परियोजना की पहल करने की योजना बना रहा है।
- इंटरनेट ऑफ थिंग्स में निवेश को बढ़ावा देने तथा विकास के प्रोत्साहन हेतु सरकार 'वेंचर फण्ड' को प्रोत्साहित करेगी, जो इंटरनेट ऑफ थिंग्स से संबद्ध डोमेन संस्थाओं को समर्थन प्रदान करेगी, जैसे-मैमरी, प्रोसेसर, सेंसर, लो-पॉवर-डिवाइस तथा सौर उपकरण।
- यह नीति बिना पर्यावरण को प्रभावित किये इंटरनेट ऑव थिंग्स डिवाइस थिंग्स के लिए उच्च गुणवत्ता युक्त निर्माण को प्रोत्साहन देगी। इस हेतु संगठनों को अपने खर्चों को मेन्टेन करने के लिए इंटरनेट ऑफ थिंग्स डिवाइस निर्माण के लिए आयातित कच्चे माल पर शत प्रतिशत ड्यूटी लाभ भी दिये जायेंगे।
- साथ ही, घरेलू कच्चे माल की खरीद पर एक्साइज व केंद्रीय सेवा कर का पुनर्भुगतान भी दिया जायेगा। इससे इन संगठनों को इंटरनेट ऑफ थिंग्स की समूची लागत कम करने का लाभ मिल सकेगा, जो इंटरनेट ऑफ थिंग्स निर्माण या उपयोग कर रहे हैं।
- किसी भी उद्योग की सफलता के लिए मानव संसाधन का विकास बहुत महत्वपूर्ण है, अत: इसी उद्देश्य के साथ डाईटी (DeiTY) इंटरनेट ऑफ थिंग्स के क्षेत्र में शिक्षा तथा जागरूकता कार्यक्रम सृजन के लिए जिम्मेदार है, जिसका उद्देश्य उस उद्योग के सुचारू कार्यान्वयन हेतु विभिन्न स्तरों पर वांछित इंटरनेट ऑफ थिंग्स कौशल विकास है।

भारत का इंटरनेट ऑफ थिंग्स हेतु पहला प्लेटफॉर्म

- गृह-विकसित (घरेलू तौर पर विकसित) तकनीकी तथा इंटरनेट ऑफ थिंग्स (IoT) कंपनी स्मार्ट्रोन ने कृत्रिम-बुद्धिमत्ता सशक्त इंटरनेट ऑफ थिंग्स प्लेटफॉर्म **ट्रोन-एक्स** तैयार किया है, जो यूजर्स के दैनिक जीवन को आसान तथा स्मार्ट बनाने में सहायक होगा। भारत में विकसित प्रथम वैश्विक तकनीकी के तौर पर जानी जाने वाली 'ट्रोन-एक्स' (Tron-x) एक बुद्धिमत्तायुक्त पारितंत्र है जो डिवाइस की एक रेंज को कनेक्ट करने में सहायक होगा।
- 'इंटरनेट ऑफ ट्रोन्स' की दुनिया पर निर्मित, यह पारितंत्र आपको अपनी प्रोफाइल, डेटा, करेंट (सामग्री), सेवाओं, क्लाऊड, देखरेख, समुदाय तथा अन्य इंटरनेट ऑफ थिंग्स डिवाइस तक तीव्र पहुंच बनाएगा, भले ही आप घर पर हों या कार में हो या कार्यालय में हों। ''स्मोंट्रान पिछले दो से भी अधिक वर्षों से कृत्रिम बुद्धिमत्ता युक्त इंटरनेट ऑफ थिंग्स पर कार्य कर रहा है तथा ट्रोन-एक्स एक नये विश्व की कगार पर खड़ा है।'' शुरुआत करते हुए, स्मार्ट्रोन ने चार विकल्पों की घोषणा की है, जो सुविधा के अनुसंधान व विकास के क्षेत्र में कार्यरत हैं तथा हमारे जीवन में समन्वय हेतु पहले से ही बिल्ट-ईन क्षमता से युक्त हैं-ट्रोन-एक्स-पर्सनल, ट्रोन-एक्स हेल्थ, ट्रोन-एक्सहोम तथा ट्रोन-एक्स-इन्फ्रा। ट्रोन-एक्स पर्सनल वैयक्तिक मनोरंजन, यात्रा, खरीदारी, वित्तीय, स्वास्थ्य, ईवेण्ट, संचार तथा सहभागिता अनुभव ऑफर करता है।
- 'ट्रोन एक्स इन्फ्रा' स्मोट्रान का बी.टू.बी. वर्टिकल (विकल्प) है, जो कृत्रिम बुद्धिमत्ता-सहाय प्रणाली उपलब्ध करवाता है, जो निगरानी तथा प्रबंधकीय सेवाओं की एक रेंज को कवर करता है, जिससे उत्पादकता को बढ़ावा मिलेगा तथा उद्यमों की सुरक्षा बनी रहेगी। स्मार्ट्रोन की स्थापना, भारत के प्रथम वैश्विक 'ओ ई एम' ब्रांड का निर्माण करने के उद्देश्य से हुई थी, जो देश के पारितंत्र में क्रांतिकारी कदम होगा, जो वैश्विक नवोन्मेष से कदम मिलाता हुआ होगा।

(इन्फोग्राफिक देखें - इंटरनेट ऑफ थिंग्स)

11.20 नेट न्यूट्रिलिटी तथा इंटरनेट फास्ट लेन (Net Neutrality and Internet Fast Lane)

11.20.1 नेट तटस्थता (Net Neutrality)

नेट न्यूट्रिलिटी को नेटवर्क **न्यूट्रिलिटी/इंटरनेट न्यूट्रिलिटी** के नाम से भी जाना जाता है। यह समानता का एक निर्देशात्मक सिद्धांत है, जिसका

इंटरनेट ऑफ थिंग्स (IoT)

इंटरनेट ऑफ थिंग्स क्या है?

इंटरनेट ऑफ थिंग्स एक ऐसी प्रणाली है जो इंटरनेट से जुड़े भौतिक उपकरणों से बनी है और एक नेटवर्क पर डेटा संचित करने और साझा करने में सक्षम है। हालाँकि IoT उपकरणों को विकसित करने के लिए उपयोग किए जाने वाले प्लेटफ़ॉर्म अलग-अलग हो सकते हैं, लेकिन जब उनके योगदान की बात आती है तो उन सभी के मुख्य घटक समान होते हैं।

IoT के उदाहरण

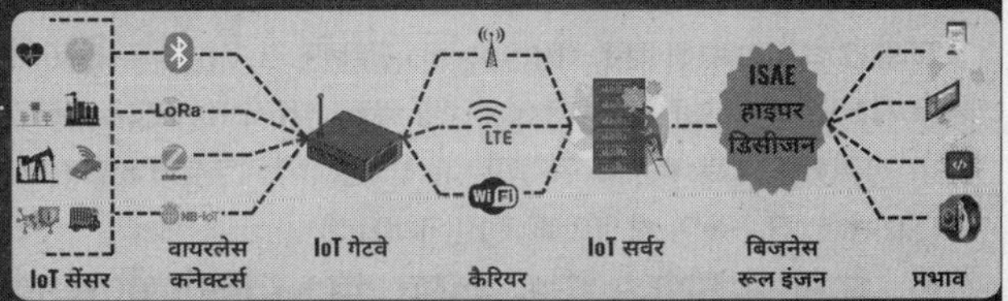

IoT के घटक

1) IoT सेंसर
2) कनेक्टिविटी/नेटवर्क
3) क्लाउड
4) हाइपर डिसीजन फ्रेमवर्क
5) यूजर इंटरफ़ेस

IoT का विकास

- 2015 में, छोटे व्यवसाय और मध्यम आकार की कंपनियों के पास प्राथमिकता के रूप में IoT तकनीक नहीं थी। आज ये तीव्र गति से आगे बढ़ रहे हैं, और उनमें से कई अब दिन-प्रतिदिन के व्यवसाय को संभालने के लिए इन उपकरणों पर निर्भर हैं।
- 2018 में 7 बिलियन डिवाइस इंटरनेट से जुड़ रहे थे, 2020 तक यह संख्या 10 से 14 बिलियन तक पहुंचने की उम्मीद थी।
- शोधकर्ताओं ने अनुमान लगाया कि 2021 तक औसत व्यक्ति के पास कम से कम 4 कनेक्टेड डिवाइस होंगे।
- विशेषज्ञों को अब उम्मीद है कि वर्ष 2025 तक IoT बाज़ार का मूल्य 1.5 ट्रिलियन से अधिक हो जाएगा।

IoT कैसे काम करता है?

1

विश्लेषण के लिए डेटा को क्लाउड पर भेजने की आवश्यकता है, लेकिन वहां तक पहुंचने के लिए एक पथ की आवश्यकता होती है।

डेटा अंतर्ग्रहण

IoT डिवाइस और सेंसर आसपास के वातावरण से डेटा इकट्ठा करते हैं, जिसमें तापमान और आर्द्रता जैसे बुनियादी माप से लेकर पूर्ण वीडियो फ़ीड जैसी अधिक जटिल जानकारी तक शामिल है। IoT उपकरणों द्वारा प्रतिदिन उत्पादित डेटा की मात्रा चौंका देने वाली है, जो लगभग क्विंटिलियन डेटा बाइट्स तक पहुंच रही है।

2

डेटा सुरक्षा प्रोटोकॉल जैसे ब्लूटूथ, LORA, Zigbee, आदि का उपयोग सुनिश्चित करना।

डेटा ट्रांसमिशन

IoT उपकरणों द्वारा एकत्र किया गया डेटा गेटवे नामक टेलीमेट्री उपकरणों का उपयोग करके क्लाउड पर भेजा जाता है। ये गेटवे डेटा संचारित करने के लिए सेलुलर और उपग्रह संचार के संयोजन का उपयोग करते हैं।

3

डेटा प्रासेसिंग

एक बार जब डेटा क्लाउड में आ जाता है, तो इसे IoT प्लेटफ़ॉर्म द्वारा संसाधित किया जाता है। इस संसाधन प्रक्रिया में सरल ऑपरेशन शामिल हो सकते हैं जैसे कि यह जाँचना कि तापमान स्वीकार्य सीमा के भीतर आता है या नहीं, या यह अधिक जटिल हो सकता है, जैसे कि वीडियो फ़ीड में वस्तुओं की पहचान करने के लिए कंप्यूटर विज़न एल्गोरिदम लागू करना।

4

डेटा विज़ुअलाइज़ेशन

संसाधित डेटा को ईमेल, टेक्स्ट संदेश या सूचनाओं के माध्यम से अलर्ट सूचनाओं के माध्यम से उपयोगकर्ताओं के लिए उपयोगी जानकारी में परिवर्तित किया जाता है। उपयोगकर्ता सिस्टम की सक्रिय रूप से निगरानी करने और उससे जुड़ने के लिए किसी एप्लिकेशन या इंटरफ़ेस का भी उपयोग कर सकते हैं।

5

डेटा विश्लेषण एवं पूर्वानुमान

डेटा एनालिटिक्स भविष्य की घटनाओं की भविष्यवाणी को सक्षम करने, कार्रवाई योग्य अंतर्दृष्टि प्राप्त करने के लिए ऐतिहासिक डेटा का उपयोग करता है। उदाहरण के लिए, डेटा का विश्लेषण करके, संभावित मशीनरी खराबी का अनुमान लगाना संभव हो जाता है।

डेटा से उत्पन्न अंतर्दृष्टि और भविष्यवाणियों के आधार पर कोई भी बुद्धिमत्तापूर्ण व्यावसायिक निर्णय ले सकता है।

पालन इंटरनेट सेवा प्रदाता तथा सरकार को करना चाहिए। इसके अनुसार सभी इंटरनेट डाटा को समानता के स्वरूप में लाना चाहिए, जिनमें किसी भी तरह का भेदभाव न हो या यूजर, सामग्री, साइट, प्लेटफॉर्म, एप्लिकेशन जुड़े हुए उपकरणों के प्रकार या कम्युनिकेशन के मोड (Mode) पर अलग से शुल्क लागू न हो।

- **साधारण भाषा में इसके अनुसार वेब पर किसी भी सामग्री तक पहुंचने पर कोई प्रतिबंध न हो, डाउनलोड या अपलोड पर कोई पाबंदी न हो तथा ई-मेल, चैट जैसे संचार माध्यमों पर कोई प्रतिबंध नहीं होना चाहिए।** इसके अनुसार यूजर के इंटरनेट उपयोग के दौरान नेटवर्क की स्पीड कम नहीं होनी चाहिए, रुकनी नहीं चाहिए या अन्य प्रकार या व्यवधान नहीं आना चाहिए।

11.20.2 नेट न्युट्रिलिटी महत्वपूर्ण क्यों है? (Why is Net Neutrality Important?)

- **विकासः 'टिम बर्नर ली'** द्वारा (1991 में) इसके निर्माण से ही वेब विकास की असाधारण दरों का यह मुख्य कारण रहा है।
- **रचनात्मकताः** रचनात्मकता, नवाचार तथा स्वतंत्र आविष्कारशीलता ने ही Wikipedia, Youtube, Google, Torren जैसी सेवाएं उत्पन्न की हैं।
- **संचार व्यवस्थाः** नेट न्युट्रिलिटी के कारण ही हम सरकारी अधिकारियों, नेताओं, व्यवसाय मालिकों, सेलीब्रिटिज, सहकर्मियों, चिकित्साकर्मियों, परिवार के सदस्यों आदि के साथ संपर्क स्थापित करने में सक्षम हैं।

महत्वपूर्ण बिन्दु

- नेट न्युट्रिलिटी का तात्पर्य यूजर की इंटरनेट ट्रैफिक तक, बिना किसी भेदभाव के स्वतंत्र पहुंच से है।
- वास्तविक अर्थों में यह "पक्षपात रहित बोलने और अभिव्यक्ति की आजादी" (Freedom of speech and Expression without partiality) है।
- हाल ही में कुछ सरकारों व कंपनियों ने नेट न्युट्रिलिटी का उल्लंघन किया है।
- 'फेडरल कम्युनिकेशन कमीशन' (FCC) ने 2010 में "ओपन इंटरनेट ऑर्डर" पास किया, जो कि बड़ी दूरसंचार कंपनियों को प्रतिस्पर्द्धा तथा ऑनलाइन नवाचार को दबाने का प्रयास करने से रोकने हेतु था।
- FCC ने इस ऑर्डर में कहा कि नेट न्युट्रिलिटी के नियमों का निर्माण इंटरनेट को एक ओपन प्लेटफॉर्म बनाए रखने के लिए किया गया, जो उपभोक्ताओं की पसंद, अभिव्यक्ति की स्वतंत्रता, end-user control competition तथा बिना अनुमति के नवाचार की स्वतंत्रता को बनाए रखने का कार्य करते हैं।
- 'चिली' जैसे कुछ देशों ने नेट न्युट्रिलिटी नियमों को बनाए रखने के लिए कानून बनाए हैं।
- भारत में नेट न्युट्रिलिटी संबंधी कोई भी नियम नहीं हैं और न ही इसे सरकार द्वारा विनियमित (Regulate) किया जाता है। भारत में पारदर्शी तथा पक्षपात रहित नियम बनाने की आवश्यकता है।

11.20.3 मुद्दे (Issues)

- **'अमेरिकी फेडरल कम्युनिकेशन'** कमीशन ने 'नेट न्युट्रिलिटी' के लिए खतरा उत्पन्न कर दिया है। उन्होंने एक ऐसे प्रस्ताव के पक्ष में वोट दिया है, जो अमेरिका में ISPs को उच्च शुल्क अदा करने वाले व्यक्ति को उच्च गति से इंटरनेट सेवा प्रदान करने की अनुमति देता है।
- इसने इंटरनेट गवर्नेंस तथा यूजर द्वारा इंटरनेट तक मुफ्त पहुंच के मुद्दे को उठा दिया है।

11.20.4 नेट न्युट्रिलिटी पर ट्राई की अनुसंशाओं को टेलीकॉम आयोग की मंजूरी (Telecom Commission Approved TRAI Recommendations on Net Neutrality)

- टेलीकॉम आयोग (भारत के टेलीकॉम विभाग के भीतर एक समूह) ने ट्राई (टेलीकॉम नियामक अधिकरण) की नेट-न्युट्रिलिटी पर दी गई अनुसंशाओं को स्वीकृति दे दी है।
- यह कदम सुनिश्चित करेगा कि सभी वेब ट्रैफ़िक स्वच्छ तौर पर संचालित हों तथा इंटरनेट सेवा प्रदाता किसी भी मैटीरियल या सेवाओं (कुछ विशेष परिस्थितिजनक अपवादों के साथ) को बंद या बाधित नहीं करेगा।

नियम (The Rules)

देश के नेट न्युट्रिलिटी नियमों के अनुसार मोबाइल ऑपरेटर्स, इंटरनेट सेवा प्रदाता तथा सोशल मीडिया एवं इंटरनेट कंपनी किसी भी स्पेशल ट्रीटमेंट के लिए नहीं कह सकता जिससे कि अब के बाद किसी कंटेंट विशेष (सामग्री) को जाम करना, विभेदित गति या उपचार जैसी गतिविधियां नहीं हो पायेगी।

- 'जीरो रेटेड प्लेटफॉर्म' निर्माण के प्रयास प्रतिबंधित होंगे। जीरो रेटेड प्लेटफॉम जो पूर्व में (कुछ कंपनियों, जैसे-एयरटेल तथा फेसबुक) प्रयास किये गये थे, किंतु प्रतिबंधित कर दिये गये थे, वे केवल एक विशेष श्रेणी की सेवाएं तथा वेबसाइट फ्री ऑफर कर रहे थे, जिससे एक 'पैड लेयर' (Paid Layer) का निर्माण होने के साथ-साथ प्रतिस्पर्द्धा एवं आधुनिकीकरण भी बाधित हो रहा था।
- नेट न्युट्रिलिटी के अधीन अब ऑनलाइन सामग्री तक पहुंच अबाधित तथा विभेदकारी होगी। कुछ नवीन तथा उभरती हुई सेवाएं ही इसमें अपवाद हैं, जैसे-स्वतः चालन (ऑटोनोमस ड्राइविंग), टेली-मेडिसीन, रिमोट-डायग्नोसिस सेवा, जिनमें केन्द्रित (Focused) इंटरनेट लेन तथा सामान्य से तीव्र गति की आवश्यकता होती है।
- एक समिति इस 'क्रिटिकल सर्विस' के संभावित अपवादों को देखेगी जो नेट न्युट्रिलिटी के लिए आधारभूत सिद्धांतों पर विचार कर उन्हें परिभाषित भी करेगी।

11.21 नेटवर्क (Network)

एक कंप्यूटर या डाटा नेटवर्क, टेलीकम्युनिकेशन नेटवर्क होता है। **जो कंप्यूटर को डाटा ट्रांसफर (in and out) करने की अनुमति देता है।** कंप्यूटर नेटवर्क में नेटवर्क उपकरण डाटा लिंक का उपयोग करते हुए डाटा का आदान-प्रदान करते हैं। सर्वाधिक प्रसिद्ध कंप्यूटर नेटवर्क **'इंटरनेट'** है।

आकार तथा उद्देश्य के आधार पर कंप्यूटर नेटवर्क के कई प्रकार होते हैं। **नेटवर्क के आकार का निर्धारण उसके द्वारा घेरे गए भौगोलिक क्षेत्र तथा उससे जुड़े कंप्यूटरों की संख्या के आधार पर होता है।** यद्यपि एक

नेटवर्क में एक हाथ में आने वाले (handful) छोटे से उपकरण से लेकर, पूरे विश्व में करोड़ों लोगों के उपकरणों को शामिल कर सकते हैं।

आकार के आधार पर कुछ नेटवर्क:

1. **PAN** (Personal Area Network)
2. **LAN** (Local Area Network)
3. **MAN** (Metropolitan Area Network)
4. **WAN** (Wide Area Network)

11.21.1 पर्सनल एरिया नेटवर्क PAN (Personal Area Network)

यह बहुत छोटे क्षेत्र को शामिल करने वाला नेटवर्क है, जैसे- एक छोटा कमरा। ब्लूटूथ इसका उत्तम उदाहरण है, USB भी एक प्रसिद्ध PAN नेटवर्क है। वायरलैस हैंडसेट, प्रिंटर तथा स्मार्टफोन इस नेटवर्क के अंग नहीं माने जाते हालांकि वे परस्पर संपर्क स्थापित करते हैं। बहुत-से गौण उपकरण अपने स्वयं के अधिकारों के साथ कंप्यूटर की भांति कार्य करते हैं। छोटे क्षेत्र को शामिल करने के कारण **Bluetooth, NFC, Wi-Fi Direct** भी इसी के उदाहरण हैं।

1. PAN, सूचना-तकनीकी-उपकरणों को एक निजी व्यक्ति को परिधि (Range) में जोड़ता है।
2. यह प्राय: 10 मीटर की सीमा तक कार्य करता है।
3. PAN की संकल्पना का विकास सर्वप्रथम **'थॉमस जिमरमैन'** (Thomas Zimmerman) ने किया।

11.21.2 लोकल एरिया नेटवर्क LAN (Local Area Network)

एक सीमित भौतिक क्षेत्र में कार्य करने वाले नेटवर्क को LAN कहते हैं। यह एक इमारत में कई कंप्यूटरों को जोड़ने में सक्षम होता है। इसका व्यापक उपयोग कंपनियों, ऑफिसों तथा कारखानों आदि में स्रोत तथा सूचना साझा करने के लिए किया जाता है।

1. यह छोटे भौगोलिक क्षेत्र (जैसे-कमरा, इमारत या कैंपस) में कंप्यूटरों के समूह से बनता है।
2. दो या इससे अधिक कंप्यूटर LAN का निर्माण कर सकते हैं, जिनसे फाइल, प्रिंटर्स, एप्लीकेशन तथा अन्य उपकरण साझा होते हैं।
3. इसके कनेक्शन में CAT-5 Cables या Coaxial Cable का उपयोग किया जाता है।
4. इसमें दूरी कम होती है (लगभग 100 मीटर) इसलिए गलतियां व बाधाएं भी न्यूनतम होती हैं।
5. इसमें **10-100 mbps** की गति से डाटा ट्रांसफर होता है।
6. LAN ट्रांसमिशन मीडिया तथा टोपोलॉजी (Topology) के आधार पर पृथक् होते हैं।
7. LAN का सामान्य उदाहरण किसी **स्कूल की कंप्यूटर लैब** तथा **वाई-फाई** (Wi-Fi) हैं।
8. इसकी सीमा लगभग 1 किलोमीटर तक भी हो सकती है।

   उदाहरण–Hotspot, Wi-Fi

11.21.3 मेट्रोपोलिटन एरिया नेटवर्क MAN (Metropolitan Area Network)

किसी शहर में स्थित कंप्यूटर जो मॉडेम (Modem) या टेलीफोन के द्वारा आपस में जुड़े होते हैं, MAN नेटवर्क के अंतर्गत आते हैं। MAN, LAN से बड़ा, परंतु WAN से छोटा होता है।

1. बड़े क्षेत्र तक पहुंच के लिए निर्मित।
2. इसके द्वारा बड़े नेटवर्क में स्रोतों (Resources) को साझा किया जाता है।
3. इसकी सीमा LAN से बड़ी (लगभग 50 km) होती है।
4. इसका स्वामी कोई संगठन या निजी व्यक्ति हो सकता है।
5. शहर में विभिन्न ब्रांचों के साथ संगठित।
6. इसका सामान्य उदाहरण-**वाई-मैक्स (Wi-Max), STD Code in a City, FM** आदि हैं।

11.21.4 वाइड एरिया नेटवर्क WAN (Wide Area Network)

इसकी वास्तविक परिभाषा स्पष्ट नहीं है। यह सेटेलाइट लिंक का उपयोग करते हुए अलग-अलग देशों में स्थित कई कार्यालयों को जोड़ सकता है। **इंटरनेट सर्वाधिक लोकप्रिय WAN है।** वास्तविक रूप में यह कई नेटवर्कों का समूह होता है, जिसमें LAN तथा WAN भी शामिल होते हैं। इसलिए इसका नाम WAN है।

WAN तार युक्त (फाइबर या ऑप्टीकल वॉयर) याताररहित हो सकता है। ताररहित WAN (Wireless WAN), Microwave or Infrared (IR) ट्रांसमिशन टेक्नोलॉजी का प्रयोग करते हैं। तारयुक्त WAN की स्थापना के लिए किसी क्षेत्र में फाइबर तार बिछाना पड़ता है, हालांकि लम्बी दूरियों को फाइबर तार से जोड़ना ज्यादा खर्चीला हो जाता है। खर्च बचाने के लिए कोई कंपनी ताररहित टेक्नोलॉजी का प्रयोग करती है या किसी अन्य पार्टी से लाइन किराये पर लेती है।

1. इसमें कई देश तथा LANs, MANs तथा अन्य WANs भी शामिल हो सकते हैं।
2. इसकी महत्वपूर्ण विशेषता अत्यधिक भौगोलिक दूरी को शामिल करना है।
3. इसमें सेटेलाइट व माइक्रोवेव तरंगों का उपयोग किया जाता है।
4. ISP प्रोवाइडर डाटा ट्रांसफर दर को निर्देशित करता है, जो स्थिति (Location) के अनुसार परिवर्तित भी हो जाती है।
5. उदाहरण- **इंटरनेट, + 91, . com**

11.22 नेटवर्क के विभिन्न मोड (Various Modes of Network Connection)

11.22.1 ब्लूटूथ (Bluetooth)

ब्लूटूथ का नाम 10वीं शताब्दी के स्कैंडेनवियन राजा **'हेरॉल्ड ब्लूटूथ'** (Harold Bluetooth) के नाम पर पड़ा। वह ब्लू बेरी (Blue berry) का बहुत शौकीन था तथा प्रतिदिन बड़ी मात्रा में ब्लू बेरी खाता था। इसलिए उसके दांत ब्लू (नीले) हो गए थे। इसलिए उसका नाम ब्लूटूथ पड़ा था।

जाप हार्टसन (Jaap Haartsen) तथा **स्वेन मेटीसन** (Sven Mattisson) ने वॉयरलैस हैण्डसेट के विकास के उद्देश्य से 1994 में स्वीडन के इरिक्सन (Ericcson) में कार्य करते हुए ब्लूटूथ स्टैण्डर्ड का विकास किया।

वॉयरलैस टेक्नालॉजी स्टैण्डर्ड (जैसे- ब्लूटूथ) स्थायी या मोबाइल उपकरणों द्वारा एक प्रकार के PAN (Personal Area Networks) का निर्माण करते हुए कम दूरी में डाटा आदान-प्रदान करने में सक्षम बनाता है। इसमें ISM बैण्ड में Short Wavelength Ultra High Frequency Radio Waves, जो **2.4-2.485 GHz** होती है, का प्रयोग किया जाता है।

- इसमें सुरक्षा-सुविधा, कम ऊर्जा में कनेक्ट होने तथा दो उपकरणों में बिना खर्च के सूचना आदान-प्रदान करने की सुविधा होती है। ब्लूटूथ से युक्त हैण्डसेट जैसे किसी भी उत्पाद में, एक छोटी कंप्यूटर चिप तथा ब्लूटूथ रेडियो व सॉफ्टवेयर होता है जो आसानी से संपर्क स्थापित कर लेता है। एक-दूसरे से आदान-प्रदान के दौरान दोनों ब्लूटूथ उपकरणों का समांतर रूप से चालू रहना आवश्यक होता है।

डाटा शेयरिंग डिस्टेंस तथा data speed के आधार पर कई प्रकार के ब्लूटूथ का विकास हुआ है।

तालिका 11.2 ब्लूटूथ संस्करण

ब्लूटूथ (वर्जन)	अधिकतम गति	डाटा साझाकरण दूरी
4.0	25 M bit/s	200 फीट (60.96m)
5.0	50 M bit/s	800 फीट (243.84m)

11.22.2 वाई-फाई डायरेक्ट (Wi-Fi direct)

ब्लूटूथ 4.0 का मुख्य प्रतिद्वंदी वाई-फाई डायरेक्ट है। इससे पूर्व यूजर को डिवाइस-टू-डिवाइस (adhoc या अन्य ज्ञात वॉयरलैस नेटवर्क) ट्रांसफर प्रणाली पर निर्भर रहना पड़ता था, जिसमें डाटा ट्रांसफर की गति महत्वपूर्ण रूप से कम होती थी तथा दो डिवाइसों में संपर्क बनाने के लिए कई प्रयास करने पड़ते थे। इस प्रकार पहले की प्रणाली प्रयास तथा गति के दृष्टिकोण से यूजर फ्रेंडली नहीं थी, इसलिए इसके विकल्प तलाशने की आवश्यकता थी। वाई-फाई डायरेक्ट में बिना राउटर के peer-to-peer वॉयरलैस कनेक्शन स्थापित किया जा सकता है। इस प्रकार वाई-फाई डायरेक्ट में एक ऐसा टूल (tool) होता है, जो आसानी से आस-पास की डिवाइस से जुड़ सकता है।

ब्लूटूथ 4.0 तथा वाई-फाई डायरेक्ट में तुलना

- **वाई-फाई डायरेक्ट द्वारा 250 Mbps तक की गति प्रदान की जाती है, जबकि ब्लूटूथ 4.0, 25 Mbps से भी कम रह जाता है।**
- **वाई-फाई डायरेक्ट द्वारा 600 फीट से अधिक दूरी तक डाटा ट्रांसफर कर सकते हैं, जबकि ब्लूटूथ 4.0 से अधिकतम 200 फीट तक ही संभव है।**
- केवल बैटरी इस्तेमाल करने के मामले में ब्लूटूथ 4.0 वाई-फाई डायरेक्ट की तुलना में अधिक किफायती है।
- डाटा ट्रांसफर के दौरान **ब्लूटूथ 4.0 डाटा सुरक्षा हेतु 128-bit encryption** का प्रयोग करता है, जबकि **वाई-फाई डायरेक्ट 256-bit encryption का प्रयोग करता है।** इस प्रकार ब्लूटूथ 4.0, वाई-फाई डायरेक्ट की तुलना में अधिक सुरक्षित है। **सभी वाई-फाई डायरेक्ट 2.4 GHz फ्रिक्वेंसी बैण्ड पर कार्य करते हैं।**

11.22.3 कॉर्डलेस फोन (Cordless Phone)

कॉर्डलेस फोन या **Portable Phone** में **'रेडियो लिंक'** के साथ एक Handset Cord होता है, जो बेस स्टेशन से जुड़ा होता है। साथ ही यह स्थायी टेलीफोन लाइन से भी जुड़ा होता है।

- 1965 में एक संगीतज्ञ Texipall ने प्रथम बार Cordless phone निर्मित किया परंतु यह सफल नहीं रहा। फिर 1967 में बेल लेबोरेटरी की एक टीम ने इस फोन पर आधारित तकनीकी का विकास किया।
- यह तकनीक **रेडियो तरंग** (Radio wave) तथा **एम्प्लीट्यूटड मोड्युलेशन** (Amplitude Modulation) पर आधारित थी।
- 1994 में कॉर्डलेस फोन की बैंड विड्थ 900 MHz थी। परंतु वर्तमान में यह **2.45 GHz** है।
- दो फोन आपस में तभी जुड़ पाते हैं, जब वे रेडियो रडार की सीमा में हों।

11.22.4 वाई-फाई (Wi-Fi)

- Wi-Fi - (**Wireless Fidelity**)
- यह तकनीक इलेक्ट्रॉनिक डिवाइस को वॉयरलेस LAN से जुड़ने में सक्षम बनाती है।
- यह **2.45 GHz** की **रेडियो तरंग तकनीक** पर आधारित है।
- इसकी अधिकतम दूरी सीमा **100 मीटर** तक तथा गति 11-64 इंटरनेट की गति 11 Mbps से 1.3 Gbps तक संभव है।
- इसकी कार्यप्रणाली WLAN पर आधारित है तथा इसमें सुरक्षा के लिए यूजरनेम व पासवर्ड भी होते हैं।
- यह तकनीक कंप्यूटर, उच्च गुणवत्ता युक्त मोबाइल फोन, IPods, game console तथा अन्य उपकरणों द्वारा उपयोग में लाई जाती है, जो वॉयरलेस सिग्नलों के आधार पर संपर्क स्थापित कर सके।

11.22.5 वाई-मैक्स - Wi-Max (Worldwide Interoperability for Microwave Access)

- वाई-मैक्स एक **Hottest Broadband Wireless तकनीक** है। यह रिहायशी क्षेत्रों तथा उद्यमी ग्राहकों को किफायती तरीके से सेवा प्रदान करता है।
- यह वाई-फाई की भांति ही है, परंतु उसकी तुलना में बड़े क्षेत्र तथा बड़ी संख्या में लोगों को सेवा प्रदान करता है।
- यह **1 Gbps बैंडविड्थ पर MAN नेटवर्क** का प्रयोग करता है
- यह दीर्घावधिक प्रणाली है, जो कई किलोमीटर (48-50 km) तक इंटरनेट सेवा प्रदान कर सकता है।
- इसे एक बेस स्टेशन की आवश्यकता होती है, जहां से बड़ी संख्या में सेवा प्रदान की जाती है तथा माइक्रोवेव एक्सेस (Microwave Access) का प्रयोग किया जाता है।

- आरंभ में यह 30–40 Mbps की गति ही प्रदान करता था, परंतु 2011 से इसके द्वारा **1 Gbps की गति उपलब्ध करायी जा रही है।**

11.22.6 NFC (Near Field Communicaiton)

- NFC, कम दूरी पर आधारित तार विहीन प्रणाली का एक समूह होता है, **जिसमें कनेक्शन स्थापित करने के लिए सामान्यतः 4 सेमी. या इससे कम दूरी की आवश्यकता होती है।**
- यह नेटवर्क **106 Kbit/s से 424 Kbit/s** की दर पर **13.56 MHz आवृत्ति** पर ऑपरेट करता है, इसमें **प्वाइंट-टू-प्वाइंट दूरी 20 सेमी.** तक हो सकती है। यहां RFID का उपयोग होता है।

नोटः RFID (Radio Frequency Indentification) को सर्वप्रथम चार्ल्स वॉल्टन (Charles walton) ने 1983 में पेटेंट कराया।

NFC तथा ब्लूटूथ में तुलना (Comparison between NFC and Bluetooth)

ये दोनों ही short-range communication तकनीकों का प्रयोग करते हैं, जो मोबाइल फोन में होती है। **NFC को Pairing की आवश्यकता नहीं होती तथा इसकी गति ब्लूटूथ की तुलना में धीमी होती है परंतु यह ब्लूटूथ की तुलना में बहुत कम battery का उपयोग करता है।**

NFC को कार्य आरंभ करने में ब्लूटूथ स्टैण्डर्ड की तुलना में बहुत कम समय लगता है। यद्यपि डाटा ट्रांसफर दर ब्लूटूथ की तुलना में कम होती है। ब्लूटूथ में दूसरी डिवाइस की पहचान के लिए मैनुअल कॉन्फीग्रेशन (Manual Configuration) की प्रक्रिया होती है, जो NFC की तुलना में कम समय लेती है।

11.22.7 लाई – फाई / दृश्य प्रकाश संचार – Li-Fi (Light Fidelity/ Visible Light Communication)

2011 में एडिनबर्ग यूनिवर्सिटी के प्रोफेसर **हेरॉल्ड हॉस** (Harald Hass) ने लाई-फाई का आविष्कार किया। उनके आविष्कार का सफल प्रदर्शन एक साधारण LED लैम्प का प्रयोग करते हुए किया गया। इसमें लैम्प के नीचे स्थित कंप्यूटर में 10 Mbps से अधिक गति से डाटा ट्रांसफर किया गया। डाटा ट्रांसफर लैम्प में स्थित LED बल्ब की प्रकाश तरंगों का उपयोग करते हुए किया गया। उन्होंने बीच-बीच में लैम्प को ऑफ करके प्रकाश की तरंगों को रोक दिया, जिससे कनेक्शन भी रुक गया था। इससे यह साबित हो गया कि **डाटा भेजने का माध्यम लाइट बल्ब की प्रकाश तरंगें थीं।**

लाई-फाई, वॉयरलेस कम्युनिकेशन सिस्टम पर कार्य करने वाली **Visible Light Communications (VLC)** प्रणाली है, जिसकी गति अत्यंत उच्च होती है। **लाई-फाई सामान्य घरेलू LED बल्ब की प्रकाश तरंगों का उपयोग करके 224 Gbps तक की गति प्राप्त कर सकता है।** Haas ने एक ऐसे लाइट बल्ब की परिकल्पना की, जो राउटर का काम कर सके। **Li-Fi की गति Wi-Fi से बहुत अधिक होती है।** LED बल्ब में एक माइक्रो चिप होगी, जो डाटा को होल्ड (hold) करेगी। हम डाटा भेजने के लिए प्रकाश के घनत्व में बदलाव कर सकते हैं।

दृश्य प्रकाश (Visible) का स्पेक्ट्रम, इलेक्ट्रोमैग्नेटिक स्पेक्ट्रम का एक भाग होता है, जो अभी तक उपयोग में नहीं लाया जाता था। Li-Fi तकनीक में इसी का उपयोग किया गया है। इस तकनीक में 'यूनिक सिग्नल प्रोसेसिंग तकनीकी' का प्रयोग करके स्पेशन मॉड्यूलेशन की सहायता से उच्च गति पर, बड़ी मात्रा में एक साथ डाटा ट्रांसफर किया जा सकता है।

लाई-फाई के अविष्कारक, हेरॉल्ड हॉस ने इसमें इस्तेमाल होने वाली लाइट को D-light नाम दिया। भविष्य में Li-Wi का उपयोग करके कमरे में प्रकाश के द्वारा लैपटॉप, टेबलेट, स्मार्टफोन आदि में डाटा ट्रांसफर किया जा सकेगा।

तालिका 11.3 वाई-फाई तथा लाई-फाई में अंतर

क्र.सं.	वाई – फाई (Wi-Fi)	लाई – फाई (Li-Fi)
1.	वाई-फाई, **रेडियो तरंगों** से डाटा ट्रांसफर करता है। (***नोटः*** वाई-फाई तथा लाई-फाई दोनों ही इलेक्ट्रोमैग्नेटिक स्पेक्ट्रम से डाटा ट्रांसफर करते हैं।)	लाई-फाई, डाटा ट्रांसफर में दृश्य प्रकाश का प्रयोग करता है।
2.	यह ठोस स्थानों से गुजर सकता है।	यह ठोस स्थानों से नहीं गुजर सकता।
3.	लाई-फाई की तुलना में डाटा ट्रांसफर की गति धीमी है।	डाटा ट्रांसफर की गति बहुत अधिक है।
4.	एक क्षेत्र में वाई-फाई नेटवर्क की संख्या अत्यधिक होने पर बाधाएं (lot of noise) उत्पन्न होती है।	इसमें ऐसी समस्याओं का सामना नहीं करना पड़ता है।

लाभ (Advantages)

1. लाई-फाई का उपयोग **ट्रैफिक सिग्नल** में किया जा सकता है, जो वाहन की लाइट का उपयोग करके संचार स्थापित करने में सक्षम होगा। इससे दुर्घटना की संख्या काफी कम की जा सकेगी।
2. डाटा ट्रांसफर में स्ट्रीट लाइट द्वारा ही बड़ी मात्रा में डाटा ट्रांसफर किया जा सकेगा।
3. **पेट्रोलियम या केमिकल प्लांट में लाई-फाई का उपयोग किया जा सकता है। यहां पर अन्य संचार साधनों का उपयोग खरतनाक हो सकता है।**
4. लाई-फाई की क्षमता लगभग असीमित मानी जा रही है। पूरे रेडियो आवृत्ति स्पेक्ट्रम से दृश्य प्रकाश स्पेक्ट्रम 10,000 गुना अधिक बड़ा होता है।
5. **लाई-फाई में अनुसंधानकर्ताओं ने 224 Gbps तक की स्पीड प्राप्त की है, जो वर्तमान के फास्ट ब्रॉडबैण्ड से बहुत अधिक है।**
6. वाई-फाई की तुलना में इसकी लागत 10 गुना कम होती है।

दोष (Disadvantages)

1. कम दूरी में ही प्रभावी अर्थात् **ज्यादा दूरी में प्रभावी नहीं।**
2. **कम विश्वसनीय।**
3. **इंस्टालेशन कॉस्ट बहुत अधिक।**

शॉर्ट रेंज डिवाइसेस ((Short Range Devices - SRD))

शॉर्ट रेंज डिवाइसेस (SRD) वे रेडियो उपकरण हैं, जिनकी संचरित शक्ति के कारण अन्य रेडियो सेवाओं के साथ हस्तक्षेप का जोखिम कम होता है, और इसलिए उनकी सीमा कम होती है। 'शॉर्ट रेंज डिवाइस' कई अलग-अलग प्रकार के वायरलेस उपकरणों पर प्रयोग किया जा सकता है, जिसमें विभिन्न रूप शामिल हैं:

- अभिगम नियंत्रण (दरवाजे और गेट खोलने की सुविधा सहित)।
- अलार्म एवं गति संसूचक।
- क्लोज्ड-सर्किट टेलीविजन (CCTV)।
- वायरलेस माइक्रोफोन सहित ताररहित ऑडियो उपकरण।
- औद्योगिक नियंत्रण।
- लोकल एरिया नेटवर्क।
- चिकित्सा प्रत्यारोपण।
- मीटरिंग डिवाइस।
- रिमोट कंट्रोल।
- रेडियो फ्रीक्वेंसी आइडेंटिफिकेशन (RFID)।
- सड़क परिवहन टेलीमैटिक्स।
- टेलीमेट्री (किसी उपकरण की रीडिंग को रिकॉर्ड करने एवं प्रसारित करने की प्रक्रिया)।

अन्य रेडियो संचार उपकरणों की तुलना में शॉर्ट रेंज डिवाइस को अक्सर शिथिल नियामक व्यवस्था (relaxed regulatory regime) से लाभ होता है। एक सामान्य सिद्धांत के रूप में, उपयोगकर्ता ऐसे उपकरणों को संचालित करने के लिए लाइसेंस मुक्त है, कुछ विशिष्ट मामलों में व्यक्तिगत लाइसेंस की आवश्यकता हो सकती है।

हालांकि, सभी रेडियो उपकरणों की तरह, शॉर्ट रेंज डिवाइस को यूरोपीय समुदाय के भीतर बाजार में स्थापित करने के लिए रेडियो उपकरण निर्देश (HYPERLINK "https://www.etsi.org/technologies/radio/"Radio Equipment Directive & RED) को पूरा करना होगा। उपकरण का संचालन संबंधित सदस्य राज्य के आवृत्ति प्रबंधन नियमों के अधीन है।

11.23 वाईट-फाई (White Fi)

- व्हाइट-फाई तकनीक में टेलीविजन सिग्नल में प्रयुक्त आवृत्ति के अप्रयुक्त (Unused) स्पेक्ट्रम का उपयोग किया जाता है। माइक्रोसॉफ्ट का पॉवर प्रोजेक्ट सबसे दूर स्थित स्थानों पर ब्रॉड कास्टिंग में आने वाली समस्याओं का समाधान ढूंढने के लिए इस पर कार्य कर रहा है।
- टी.वी. चैनलों में डाटा ट्रांसफर के लिए 200-600 MHz फ्रीक्वेंसी का उपयोग किया जाता है। इसमें पर्याप्त स्पेस छोड़ा जाता है, जबकि क्षोभमण्डलीय विस्तार की दशाएं बढ़ने से सिग्नल प्राप्त करने वाली दूरी में कोई व्यवधान उत्पन्न न हो।
- अर्थात् स्पेक्ट्रम में अत्यंत महत्वपूर्ण स्पेस है। जहां पर इन चैनलों का उपयोग नहीं किया जाता है, जिससे स्पेक्ट्रम उपयोग की दक्षता बहुत कम हो जाती है। **भारत में इस स्पेक्ट्रम का 93% उपयोग में नहीं लाया जा रहा।**
- इस प्रकार महत्वाकांक्षी व्हाइट-फाई में इस खाली स्पेस का उपयोग करके कनेक्विविटी प्रदान की जाएगी।
- **तकनीकी भाषा में इस प्रयुक्त (unused) स्पेक्ट्रम स्पेस को ही व्हाइट स्पेस कहा जाता है। इसका मुख्य उद्देश्य अंतिम बिंदू (Last Mile) पर स्थित यूजर को इंटरनेट सुविधा उपलब्ध कराना है।** बहुत-सी कंपनियां इस तकनीक का उपयोग करने पर विचार कर रही हैं।
- सरकार, देश में ई-सेवाएं प्रदान करने के लिए नेशनल ऑप्टिकल फाइबर नेटवर्क प्रोजेक्ट के उपयोग की योजना बना रही है। डिजिटल इंडिया पहल में यह एक महत्वपूर्ण भूमिका अदा कर सकता है। इस पहल में नेटवर्क ग्राम पंचायत स्तर पर तैयार किया जाएगा। इसमें अंतिम व्यक्ति (दूरस्थ स्थानों) तक नेटवर्क तैयार करने में वॉयरलेस तकनीक की आवश्यकता भी हो सकती है। इसलिए व्हाइट-फाई यहां उपयोगी हो सकता है।
- इस तकनीक का क्रियान्वयन **माइक्रोसॉफ्ट की सहायता से केन्या, सिंगापुर, अमेरिका तथा लंदन में किया जा रहा है।**

11.24 वर्चुअल प्राइवेट नेटवर्क [Virtual Private Network (VPN)]

VAN दूर-दराज के कर्मचारियों के लिए काफी मददगार होता है। विशेष रूप से वहां जहां निजता प्राथमिक हो, जैसे- हेल्थकेयर आदि।

इसकी एक अन्य विशेषता **'रिमोट डेस्कटॉप वर्चुअलाइजेशन'** है। डेस्कटॉप तथा सभी एप्लिकेशन, रिमोट सर्वर पर कार्य करते हैं तथा क्लाइंट के द्वारा किसी तक पहुंचने में सक्षम होते हैं। इस पर पारंपरिक लैपटॉप, मोबाइल (जैसे-टेबलेट या स्मार्टफ़ोन) से कार्य कर सकते हैं। इसकी सुविधाएं वर्चुअल डेस्कटॉप को bring your own device (BYOD) schemes को स्पोर्ट करती है। यदि हमारी डिवाइस खो जाती है या चोरी भी हो जाती है तो हम अपना डाटा सुरक्षित तरीके से प्राप्त कर सकते हैं। **वर्चुअल डेस्कटॉप के लोकप्रिय उदाहरण Citrix तथा VM ware हैं।**

जब कंप्यूटर (या अन्य उपकरण, जैसे- स्मार्टफोन, टेबलेट आदि) को VAN से जोड़ा जाता है, तो कंप्यूटर उसी स्थानीय नेटवर्क पर VAN की तरह कार्य करता है। VAN पर सभी नेटवर्क ट्रैफिक को सुरक्षित कनेक्शन के माध्यम से भेजा जाता है। इस प्रकार जब कंप्यूटर कार्य करता है, तो हम स्थानीय नेटवर्क रिसोर्स को सुरक्षित तरीके से प्राप्त कर सकते हैं। यदि हम सार्वजनिक वाई-फाई का प्रयोग करते हैं, तो (VAN का लोकेशन होने पर) हम इंटरनेट का उपयोग भी कर सकते हैं तथा इसके लाभ उठा सकते हैं।

VANs के उपयोग (Uses of VANs)

VAN आसान टूल (Tool) होने के बावजूद कई प्रकार से उपयोग किया जा सकता है:

- **यात्रा के दौरान व्यावसायिक नेटवर्क से जुड़ने में।**
- **यात्रा के दौरान घर के नेटवर्क से जुड़ने में।**
- **लोकल नेटवर्क तथा ISP से ब्राउजिंग हिस्ट्री को छुपाने में।**
- **Geo-Blocked वेबसाइट तक पहुंच:** यदि आप एक अमेरिकी हैं और अमेरिका से बाहर यात्रा पर हैं तथा अपने Netflix अकाउंट को देखना/उपयोग करना चाहते हैं या अमेरिकी मीडिया साइट, जैसे- Netflix,

Panora तथा hulu का उपयोग करना चाहते हैं, तो अमेरिका में स्थित VAN कनेक्शन इन प्रतिबंधित (क्षेत्र के आधार पर प्रतिबंध) सेवाओं को प्राप्त करने में सक्षम बनाएगा।

- **फाइल डाउनलोड करने में:** Bit Torrent के द्वारा फाइल डाउनलोड करने हेतु बहुत-से लोग VAN का इस्तेमाल करते हैं।

11.25 वॉयस ओवर इंटरनेट प्रोटोकॉल / इंटरनेट टेलीफोनी (Voice over Internet Protocol)/Internet Telephony-VoIP)

- VoIP इंटरनेट पर वॉयस कॉल करने में सक्षम IP है, जैसे- **Skype, Yahoo Messenger, MSN Messenger**.
- इसमें IP आधारित स्मार्टफोन, कंप्यूटर जैसे उपकरणों के साथ ब्रॉड बैण्ड कनेक्टिविटी की आवश्यकता भी होती है।
- **इसमें वॉयस को 'डिजिटल पैकेट' (Digital Packet) में बदलकर 'पैकेट स्विचिंग नेटवर्क' (Packet Switching Network) से लक्ष्य तक संप्रेषित किया जाता है।**

VoIP के फायदे (Advantages of VoIP)

- सामान्य फोन की तुलना में कॉलिंग की लागत कम।
- यदि आपके पास कंप्यूटर है तो आपको फोन जैसे उपकरण की भी जरूरत नहीं है।
- यदि विद्यमान LAN का ही उपयोग करता है तथा इसमें पूर्व स्थापित तार सुविधाओं (Wiring Features) की आवश्यकता पड़ती है। इस प्रकार यह कॉलिंग (Calling) की जटिलता को कम कर देता है।
- कहीं से कहीं भी कॉल कर सकते हैं, रोमिंग तथा लागत की चिंता करने की जरूरत नहीं है।
- एक भुगतान, दो सेवाएं- **वॉयस कॉलिंग तथा ब्रॉड बैण्ड डाटा का इस्तेमाल।**

वी.ओ.आई.पी के दोष हैं:

- यह ब्रॉडबैंड कनेक्टिविटी पर निर्भर है, कोई इंटरनेट नहीं, कोई कॉल नहीं।
- वाइस की गुणवत्ता ब्रॉडबैंड बैंडविड्थ तथा स्पीड पर निर्भर हैं।
- ऊर्जा आधारित डिवाईस से पूर्णत: संचालित होने के कारणों से ऊर्जा कटौती बी.ओ.आई.पी कॉलिंग में व्यवधान डाल सकती है।
- साधारण व स्मार्टफोन की तरह इसमें इमरजेंसी कॉलिंग नहीं है।
- किसी चस्पाश्क (Imposter) के कार्यशील होने पर उसकी पहचान व स्रोत को ट्रेस न कर पाना इसका सबसे बड़ा दोष है।
- फिशिंग, स्पूफिंग तथा स्निर्फिक, कॉल टेम्परिंग जैसे खतरे सामान्य हैं।

11.26 इंटरनेट का छुपा हुआ हिस्साः डार्कनेट, डार्कवेब और डीप वेब (Hidden Part of Internet: Dark net, Dark web and Deep web)

इंटरनेट, **बहुत व्यापक** है और हम दैनिक आधार पर जो उपयोग करते हैं वह उसका एक छोटा सा हिस्सा है।

इंटरनेट, इंटरकनेक्टेड कंप्यूटर नेटवर्क की वैश्विक प्रणाली है जो **नेटवर्क और उपकरणों के बीच संचार** करने के लिए इंटरनेट प्रोटोकॉल सूट (TCP/IP) का उपयोग करता है।

इंटरनेट में सूचना संसाधनों और सेवाओं की एक विस्तृत शृंखला होती है, जैसे- **इंटर-लिंक्ड हाइपरटेक्स्ट दस्तावेज** और **वर्ल्ड वाइड वेब (WWW)**, **इलेक्ट्रॉनिक मेल**, **टेलीफोनी** और **फाइल शेयरिंग के** अनुप्रयोग।

वेब

- **वेब (WWW)**, एक **सूचना प्रणाली है जहां दस्तावेजों और अन्य वेब संसाधनों की पहचान यूनिफॉर्म रिसोर्स लोकेटर** (URLs, जैसे- https://example.com/) द्वारा की जाती है, जो हाइपरलिंक्स द्वारा आपस में जुड़े हो सकते हैं, और इंटरनेट पर यह पहुंच योग्य हैं।
- वेब के **संसाधनों को हाइपरटेक्स्ट ट्रांसफर प्रोटोकॉल (HTTP) के माध्यम से स्थानांतरित** किया जाता है, वेब ब्राउजर का उपयोग करके पहुंचा जा सकता है, और वेब सर्वर पर प्रकाशित किया जाता है।
- वर्ल्ड वाइड वेब इंटरनेट के शीर्ष पर बनाया गया है, जिसने वेब को दो दशकों से भी पहले लॉन्च किया था।

(इन्फोग्राफिक देखें - डार्कवेब बनाम् डीप वेब बनाम् सर्फेस वेब)

सर्फेस वेब

- इसे **विजिबल वेब, इंडेक्सेड वेब, इंडेक्सेबल वेब या लाइटनेट** भी कहा जाता है।
- यह वेब का वह हिस्सा है जो **आम जनता के लिए आसानी से उपलब्ध है** और मानक वेब सर्च इंजन के साथ **खोजा जा सकता है।**
- **सर्फेस वेब, सर्वर पर सार्वजनिक वेब पेजों के संग्रह के साथ बनाया गया है** जिसे किसी भी सर्च इंजन द्वारा एक्सेस किया जा सकता है।

डीप वेब

- इसे **अदृश्य वेब** या **हिडन वेब** भी कहा जाता है
- यह **वेब का वह भाग है जिसे सामान्य सर्च इंजन**, जैसे कि Google, Bing और Yahoo **द्वारा एक्सेस नहीं किया जा सकता है।** उदाहरण- सरकारी निजी डेटा, बैंक डेटा, क्लाउड डेटा आदि।
- डीप वेब की सामग्री को **मानक वेब सर्च-इंजनों** द्वारा **अनुक्रमित नहीं** किया जाता है।
- **ये आंकड़े संवेदनशील और निजी** होते हैं और इस प्रकार **आम जनता की पहुंच से परे** होते हैं।
- इसका उपयोग **लोगों के एक विशिष्ट समूह तक पहुंच प्रदान करने के लिए** किया जाता है।
- डीप वेब रेंज की सामग्री उन पेजों से है जिन्हें सर्च इंजन द्वारा अनुक्रमित (indexed) नहीं किया गया था, **उदाहरण** - पेवॉल्ड साइट्स, निजी डेटाबेस और डार्कवेब।

शून्य अनुक्रमणिका (No Indexing) का क्या अर्थ है?

- शून्य अनुक्रमणिका यानि Noindex का मतलब है कि **किसी वेब पेज को सर्च इंजन द्वारा अनुक्रमित नहीं किया जाना चाहिए** और इसलिए इसे सर्च इंजन के रिजल्ट पेज पर नहीं दिखाया जाना चाहिए।
- **रोबोट मेटा टैग**, वेब पेज के हेड सेक्शन में **कोड का एक हिस्सा** है।
- यह **सर्च इंजन को बताता है कि कैसे क्रॉल करना है** और किसी पेज को अनुक्रमित करना है या नहीं।

डार्कवेब

- **डार्कवेब**, वर्ल्ड वाइड वेब सामग्री है जो डार्कनेट पर मौजूद है।
- डार्कवेब, डीप वेब का एक छोटा सा हिस्सा है जो वेब का वह हिस्सा है जिसे वेब सर्च इंजन द्वारा अनुक्रमित नहीं किया जाता है।
- निजी कंप्यूटर नेटवर्क उपयोगकर्ता के स्थान जैसी जानकारी का खुलासा किए बिना, डार्कवेब के माध्यम से गुमनाम रूप से संचार और व्यापार कर सकते हैं।
- डार्कवेब इंटरनेट का सबसे छिपा हुआ हिस्सा है, इसके बारे में ज्यादा लोग नहीं जानते हैं।
- डार्कवेब को इंटरनेट की काली दुनिया (black world) भी कहा जाता है क्योंकि डार्कवेब पर हैकिंग, ऑनलाइन डकैती, मानव तस्करी, हथियारों की बिक्री और नशीली दवाओं की आपूर्ति आदि जैसे कई अवैध कार्य होते हैं।
- एक उदाहरण सिल्क रोड नामक एक वेबसाइट है जो TOR नामक डार्कनेट पर थी, जो ड्रग्स बेचने के लिए उपयोग की जाती थी और एफबीआई द्वारा हटा दी गई थी।
- डार्कवेब का इस्तेमाल कोई भी कर सकता है, लेकिन डार्कवेब पर अवैध काम करने वालों की संख्या ज्यादा है। इसके पीछे मुख्य कारण यह है कि कोई भी यह पता नहीं लगा सकता है कि डार्कवेबसाइट का उपयोग कौन करता है क्योंकि यह डार्कनेट पर है।

डार्कनेट

यह इंटरनेट पर निर्मित एक नेटवर्क है जो एन्क्रिप्टेड है यानी इसे केवल विशिष्ट सॉफ्टवेयर, कॉन्फिगरेशन या प्राधिकरण के साथ ही एक्सेस किया जा सकता है और अक्सर एक अद्वितीय अनुकूलित संचार प्रोटोकॉल का उपयोग करता है।

डार्कनेट के दो विशिष्ट प्रकार हैं:

1. **सोशल नेटवर्क (आमतौर पर पीयर-टू-पीयर कनेक्शन के साथ फाइल होस्टिंग के लिए उपयोग किया जाता है):** फ्रेंड-टू-फ्रेंड एक अन्य प्रकार का डार्कनेट है जहां दो व्यक्ति गुमनाम रूप से अपने बीच डेटा ट्रांसफर करते हैं।
   केवल संबंधित लोगों के पास ही इसकी पहुंच होती है और यह एन्क्रिप्टेड होता है और पासवर्ड के जरिए सुरक्षित रहता है।
2. **गुमनामी प्रॉक्सी नेटवर्क (कनेक्शन की एक अनाम शृंखला के माध्यम से)**
   - ऐसा ही एक डार्कनेट, **Tor** (द ओनियन राउटर) है।
   - इस नेटवर्क में प्रवेश करने के लिए एक विशेष सॉफ्टवेयर की आवश्यकता होती है जैसे "Tor ब्राउजर में प्रवेश करने के लिए टोर ब्राउजर की आवश्यकता होती है"।
   - Tor नियमित वेबसाइट तक भी पहुंच सकता है, इस नेटवर्क पर एक वेबसाइट का .onion पता होता है।

फ्रीनेट भी एक डार्कनेट है जिसका उपयोग गुमनाम रूप से फाइल स्थानांतरण के लिए किया जाता है, कई अन्य डार्कनेट भी मौजूद हैं।

डार्कनेट, **एक उपयोगकर्ता को गुमनामी प्रदान करता है और इस प्रकार, डार्कनेट पर कई छिपी हुई सेवाएं प्रदान की जाती हैं।**

जब एक सेवा (अब, डार्कवेब के रूप में लोकप्रिय) शुरू की गई थी, जिसने किसी को डार्कनेट पर वेबसाइट होस्ट करने और गुमनाम रहने की अनुमति दी थी। **इसने उन लोगों को आकर्षित किया जो डार्कवेब का उपयोग करके डार्कनेट्स पर पकड़ में आए बिना चीजों को बेचने के लिए अवैध कृत्य करते हैं।**

Tor, I2P, और Freenet जैसी तकनीक, जिसका उद्देश्य सुरक्षा, गुमनामी, या सेंसरशिप प्रतिरोध प्रदान करके डिजिटल अधिकारों की रक्षा करना था, का उपयोग आज अवैध और वैध दोनों कारणों से किया जाता है।

हालांकि यह थोड़ा डरावना लग सकता है डार्कनेट बहुत उपयोगी है ज़िसके लिए इसे सरकारी अधिकारी, पत्रकार और यहां तक कि हम जैसे लोगों को गुमनामी प्रदान करने के लिए बनाया गया था।

सिक्योरड्रॉप जैसे अनुप्रयोगों के उपयोग के माध्यम से, डार्कनेट व्हिसल-ब्लोअर, कार्यकर्ताओं, पत्रकारों और समाचार संगठनों के बीच गुमनाम संचार की सुविधा प्रदान कर सकते हैं।

प्रश्न एवं उत्तर (Questions & Answers)

वस्तुनिष्ठ प्रश्न (Objective Questions)

1. वेब 3.0 के सन्दर्भ में, निम्नलिखित कथनों पर विचार कीजिए: ***[UPSC (Pre) 2022]***

1. वेब 3.0 प्रौद्योगिकी से व्यक्ति अपने स्वयं के आंकड़ों पर नियंत्रण कर सकते हैं।
2. वेब 3.0 संसार में, ब्लॉकचेन आधारित सामाजिक नेटवर्क हो सकते हैं।
3. वेब 3.0 किसी निगम द्वारा परिचालित होने की बजाय प्रयोक्ताओं द्वारा सामूहिक रूप से परिचालित किया जाता है।

उपर्युक्त कथनों में कौन-से सही हैं?

(a) केवल 1 और 2 (b) केवल 2 और 3
(c) केवल 1 और 3 (d) 1, 2 और 3

2. निम्नलिखित संचार प्रौद्योगिकियों पर विचार कीजिए ***[UPSC (Pre) 2022]***

1. निकट-परिपथ (क्लोज़-सर्किट) टेलीविजन
2. रेडियो आवृत्ति अभिनिर्धारण
3. बेतार स्थानीय क्षेत्र नेटवर्क

उपर्युक्त में से कौन-सी लघु-परास युक्तियाँ/प्रौद्योगिकियाँ मानी जाती हैं?

(a) केवल 1 और 2 (b) केवल 2 और 3
(c) केवल 1 और 3 (d) 1, 2 और 3

3. विजिबल लाइट कम्युनिकेशन (VLC) तकनीक के संदर्भ में, निम्नलिखित में से कौन सा कथन सही है? ***[UPSC (Pre) 2020]***

1. VLC विद्युत चुम्बकीय स्पेक्ट्रम तरंग दैर्ध्य 375 से 780 एनएम का उपयोग करता है।
2. VLC को लंबी दूरी के ऑप्टिकल वायरलेस संचार के रूप में जाना जाता है।
3. VLC ब्लूटूथ की तुलना में बड़ी मात्रा में डेटा तेजी से प्रसारित कर सकता है,
4. VLC में कोई विद्युत चुम्बकीय हस्तक्षेप नहीं है।

नीचे दिए गए कूट का प्रयोग कर सही उत्तर चुनिए :

(a) केवल 1, 2 और 3 (b) केवल 1, 2 और 4
(c) केवल 1, 3 और 4 (d) केवल 2, 3 और 4

4. जब सुबह आपके स्मार्टफोन का अलार्म बजता है, तो आपडेट से बंद करने के साथ ही आपका गीजर ऑन हो जाता है। जब आप दर्पण के सामने खड़े होते हैं तो यह आपको मौसम की जानकारी के साथ-साथ आपकी ऑवरहेड पानी की टंकी में पानी की मात्रा बता देता है। फ्रिज से आप नाश्ते का सामान निकालते हैं, तो यह अपने आप आपके राशन की कमी का पता लगाकर फ्रेश ग्रोसरी (राशन) के लिए ऑर्डर कर देता है। आपके घर की सभी लाइट्स, पंखे, गीजर, एसी, मशीनें आदि अपने आप बंद हो जाते हैं। दफ्तर के रास्ते में आपकी कार

आपको ट्रैफिक की दिक्कतें बताती है तथा वैकल्पिक रास्ता सुझाती है और यदि आप मीटिंग के लिए लेट हो रहे हैं तो यह आपके दफ्तर में स्वतः ही संदेश भेज देती है। उभरती हुई संचार तकनीकी में उपर्युक्त परिदृश्य के लिए किस शब्दावली का श्रेष्ठ प्रयोग हो सकता है?

[UPSC (Pre) - 2018]

(a) बॉर्डर गेटवे प्रोटोकॉल (b) इंटरनेट ऑफ थिंग्स
(c) इंटरनेट प्रोटोकॉल (d) वर्चुअल प्राइवेट नेटवर्क

5. कभी-कभी समाचारों में दिखने वाले 'डिजिलॉकर' (DigiLocker) के सम्बंध में निम्नलिखित कथनों में से कौन-सा/से सही है/हैं?

[UPSC (Pre) - 2016]

1. यह डिजीटल इंडिया प्रोग्राम के अंतर्गत सरकार द्वारा दिया जाने वाला एक डिजीटल लॉकर सिस्टम है।
2. यह आपके ई-दस्तावेजों तक आपकी पहुंच को सम्भव बनाता है, चाहे भौतिक रूप से आपकी उपस्थिति कहीं भी हो।

नीचे दिए गए कूट का प्रयोग कर सही उत्तर चुनिए:

(a) केवल 1 (b) केवल 2
(c) 1 और 2 (d) 1 और 2 में से कोई नहीं

6. 'निकट क्षेत्र संचार' (नियर फिल्ड कम्युनिकेशन) (NFC) प्रौद्योगिकी के संदर्भ में निम्नलिखित कथनों में से कौन-सा/से सही है/हैं?

[UPSC (Pre) - 2015]

1. यह एक सम्पर्क रहित संचार प्रौद्योगिकी है, जो विद्युत चुंबकीय रेडियो क्षेत्रों का उपयोग करती है।
2. NFC उन युक्तियों (डिवाइसेज) द्वारा उपयोग के लिए अभिकल्पित किया गया है, जो एक-दूसरे से एक मीटर की दूरी पर भी स्थित हो सकते हैं।
3. संवेदनशील सूचना भेजते समय NFC कोडीकरण (एन्क्रिप्शन) का उपयोग कर सकता है।

नीचे दिए गए कूट का प्रयोग कर सही उत्तर चुनिए:

(a) केवल 1 और 2 (b) केवल 3
(c) 1 और 3 (d) 1, 2 और 3

7. ब्लूटूथ (Bluetooth) तथा वाई-फाई (Wi-Fi) के बीच क्या अंतर है?

[UPSC (Pre) - 2011]

(a) ब्लूटूथ 2.4 GHz रेडियो-आवृत्ति पट्ट प्रयुक्त करता है, जबकि वाई-फाई 2.4 GHz अथवा 5 GHz आवृत्ति पट्ट प्रयुक्त कर सकता है।
(b) ब्लूटूथ केवल बेतार स्थानीय क्षेत्रीय जाल (WLAN) प्रयुक्त करता है, जबकि वाई-फाई केवल बेतार विस्तृत क्षेत्रीय जाल (WWAN) प्रयुक्त करता है।
(c) जब ब्लूटूथ प्रौद्योगिकी प्रयोग कर रहे दो उपकरणों के बीच सूचना प्रोषित की जाती है, तब दोनों उपकरणों का दृष्टिगत स्तर पर पंक्तिबद्ध होना आवश्यक है, किंतु जब वाई-फाई प्रौद्योगिकी प्रयोग में लाई जाती है, तब दोनों उपकरणों का दृष्टिगत स्तर पर पंक्तिबद्ध होना आवश्यक नहीं है।
(d) इस संदर्भ में (a) तथा (b) दोनों कथन सही हैं।

8. आभासी निजी परिपथ (Virtual Private Network) क्या है?

[UPSC (Pre) - 2011]

(a) यह किसी संस्था का निजी कम्प्यूटर परिपथ है, जिसमें सुदूर बैठे प्रयोक्ता संस्था के परिवेषक (सर्वर) के माध्यम से सूचना प्रेषित कर सकते हैं।
(b) यह निजी इन्टरनेट पर बना कम्प्यूटर परिपथ है, जो प्रयोक्ताओं को अपनी संस्था के परिपथ में प्रवेश करने की सुविधा देता है और प्रेषित की जा रही सूचना को सुरक्षित रखता है।
(c) यह एक ऐसा कम्प्यूटर परिपथ है, जिसके द्वारा प्रयोक्ता सेवा प्रबंधक (सर्विस प्रोवाइडर) के माध्यम से कम्प्यूटिंग संसाधनों के साझे भण्डार में प्रवेश पा सकते हैं।
(d) उपरोक्त (a), (b) और (c) कथनों में से कोई भी आभासी निजी परिपथ का सही वर्णन नहीं है।

9. निम्नलिखित पर विचार कीजिए: ***[UPSC (Pre) - 2010]***

1. ब्लूटूथ उपकरण (डिवाइस)
2. तार रहित फोन (कॉर्डलेस फोन)
3. सूक्ष्म तरंग ओवन (Microwave Oven)
4. वाई-फाई (Wi-Fi) उपकरण

उपरोक्त कथनों में से कौन-से, 2.4 और 2.5 GHz रेडियो आवृत्ति बैण्ड पर प्रचालन कर सकते हैं?

(a) 1 और 2 (b) 3 और 4
(c) 1, 2 और 4 (d) ये सभी

10. WIMAX निम्नलिखित में से किससे संबंधित है?

[UPSC (Pre) - 2009]

(a) जैव प्रौद्योगिकी (Biotechnology)
(b) अंतरिक्ष प्रौद्योगिकी (Space Technology)
(c) मिसाइल प्रौद्योगिकी (Missile Technology)
(d) संचार प्रौद्योगिकी (Communication Techno-logy)

11. MCA-21 भारत सरकार द्वारा की जाने वाली एक प्रमुख पहल है, जो निम्न क्षेत्रों में से एक है: ***[UPSC (Pre) - 2007]***

(a) भारत में विदेशी प्रत्यक्ष निवेश
(b) अंतर्राष्ट्रीय पर्यटकों को आकर्षित करना
(c) ई-गवर्नेंस
(d) हवाई अड्डों का आधुनिकीकरण

उत्तरमाला (Answer Key)

1. (d) 2. (d) 3. (c) 4. (b) 5. (c) 6. (c) 7. (a) 8. (b)
9. (d) 10. (d) 11. (c)

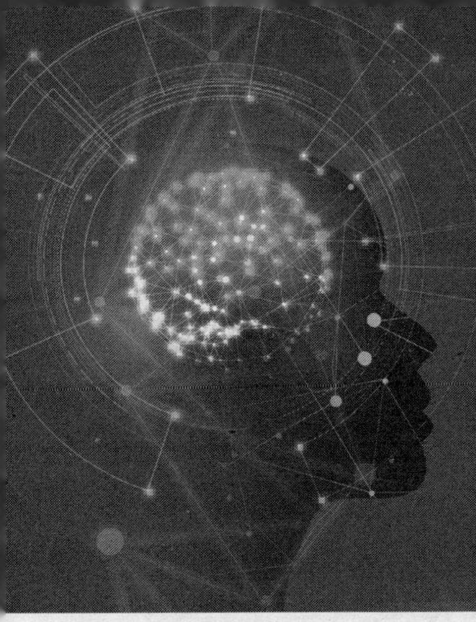

अध्याय

12

भारत में आईसीटी आधारित मुद्दे
(ICT-Based Issues in India)

इस अध्याय में...

नेटग्रिड एक 'इंटेलिजेंस शेयरिंग नेटवर्क' है। 11 एजेंसियां हैं, जो नेट ग्रिड का उपयोग कर सकती हैं- रॉ (Research and Analysis wing), इंटेलिजेंस ब्यूरो, सीबीआई, फाइनेंशियल-इंटेलिजेंस यूनिट, सेंट्रल बोर्ड ऑफ डायरेक्ट टैक्स, एनफोर्समेंट डायरेक्टरेट, डायरेक्टरेट ऑफ रेवेन्यु इंटेलिजेंस, नारकोटिक्स कंट्रोल ब्यूरो, सेंट्रल बोर्ड ऑफ एक्साइज एण्ड कस्टम तथा डायरेक्टरेट जनरल ऑफ सेंट्रल एक्साइज इंटेलिजेंस।

पैटर्न-खोज तथा सुमेलन हेतु इस्तेमाल की जाने वाली कृत्रिम बुद्धिमत्ता तकनीक को 'तंत्रिका नेटवर्क' कहा जाता है।

मेटावर्स तीन प्रमुख पहलुओं का संयोजन है- उपस्थिति, अंतरसंचालनीयता और मानकीकरण।

नॉन-फंजिबल टोकन (NFTs) डिजिटल परिसंपत्ति होते हैं जो किसी अद्वितीय वस्तु या सामग्री के भाग के स्वामित्व या प्रामाणिकता के प्रमाण का प्रतिनिधित्व करते हैं।

प्रत्येक बिंदु पर QR कोड मार्कर इस्तेमाल करके साऊथ वेल्स में Monmouth को 'Wikipedia Town' में बदल दिया गया।

12.1 भारत में स्पेक्ट्रम नीति (Spectrum Policy in India)

12.1.1 स्पेक्ट्रम (Spectrum)

विश्व में मोबाइल क्षेत्र में अत्यधिक प्रगति हुई है, जहां सेल फोन, स्मार्टफोन तथा टेबलेट का उपयोग तेजी से बढ़ा है। बढ़ती लोकप्रियता तथा उपयोग में आसानी के कारण नई-नई एप्लिकेशन बारंबार लॉन्च हो रही हैं। ये एप्लिकेशन विभिन्न क्षेत्रों में हमारी पहुंच तथा क्षमता को बढ़ा देती हैं विशेष रूप से शिक्षा, स्वास्थ्य, परिवहन तथा वाणिज्यिक के क्षेत्रों में।

वायरलेस तकनीक का व्यापक उपयोग होने के कारण उपलब्ध सीमित रेडियो स्पेक्ट्रम तथा दूरसंचार इंफ्रास्ट्रक्चर के अपर्याप्त होने की संभावना है। वायरलेस ट्रांसमिशन के लिए उपलब्ध रेडियो आवृत्ति का भाग रेडियो स्पेक्ट्रम कहलाता है। इस प्रकार स्पेक्ट्रम के अलग-अलग भाग अलग-अलग तकनीकों तथा एप्लिकेशन में उपयोग में लाए जाते हैं। स्पेक्ट्रम फ्रीक्वेंसी बैंड, स्पेक्ट्रम का एक छोटा-सा भाग होता है। जिसमें किसी निश्चित उद्देश्य के लिए चैनलों का उपयोग किया जाता है। मोबाइल एप्लिकेशन के संदर्भ में, बड़ी संख्या में मोबाइल उपभोक्ताओं के कारण भारत में विकास की व्यापक संभावना है। इस क्षेत्र में व्यापक संभावना, बढ़ती वित्तीय पहुंच, सूचना-सुधार तथा अर्थव्यवस्था की बढ़ती उत्पादकता को देखते हुए भारत सरकार ने **डिजिटल इंडिया** तथा **स्मार्ट सिटी** जैसे अत्यंत महत्वपूर्ण कार्यक्रमों को लॉन्च किया है। ये कार्यक्रम महत्वपूर्ण रूप से दूरसंचार इन्फ्रास्ट्रक्चर पर निर्भर करते हैं। इसलिए ये कार्यक्रम स्पेक्ट्रम के क्षेत्र में संवृद्धि की आवश्यकता पर बल देते हैं। इन प्रयासों के बावजूद भारत को इस क्षेत्र का अधिकतम लाभ प्राप्त करने के लिए वायरलेस इन्फ्रास्ट्रक्चर तथा स्पेक्ट्रम पॉलिसी में सुधार की आवश्यकता है। यद्यपि स्पेक्ट्रम की उपलब्धता वैश्विक स्तर पर चुनौती है, जिनका सभी अर्थव्यवस्थाएं किसी-न-किसी रूप में सामना कर रही हैं। भारत में इसकी स्थिति गंभीर है।

12.1.2 मोबाइल स्पेक्ट्रम (Mobile Spectrum)

- मोबाइल या सेल्युलर स्पेक्ट्रम, भारत सरकार द्वारा मोबाइल सेवाओं हेतु उपयोग किये जाने वाले इलेक्ट्रोमैग्नेटिक स्पेक्ट्रम का एक भाग है। इसलिए इसे **'मोबाइल स्पेक्ट्रम'** के नाम से जाना जाता हैं
- इसमें उपयोग की जाने वाली सामान्य आवृत्ति **800 MHz (CDMA के लिए) 900MHz (2G के लिए)** तथा **1800 MHz (3जी/4जी के लिए)** है।
- परन्तु तकनीकी रूप से कोई भी फ्रीक्वेंसी बैंड, किसी भी उद्देश्य हेतु इस्तेमाल किया जा सकता है।

12.1.3 स्पेक्ट्रम आवंटन करने वाली एजेंसियां (Agencies Allocating Spectrum)

- अंतर्राष्ट्रीय स्तर पर स्पेक्ट्रम का आवंटन **'इंटरनेशनल टेलीकम्युनिकेशन यूनियन'** (ITU) नामक एक वैश्विक निकाय द्वारा किया जाता है।
- घरेलू स्तर पर आवंटन 1952 में गठित दूरसंचार मंत्रालय की एक शाखा **'वायरलेस प्लानिंग एण्ड कोऑडिनेशन'** (WPC) द्वारा किया जाता हैं। फ्रीक्वेंसी स्पेक्ट्रम के प्रबंधन के लिए 'नेशनल रेडियो रेगुलेटरी अथॉरिटी' उत्तरदायी है, जिसके कार्य लाइसेंस प्रदान करना तथा देश में सभी वायरलेस यूजर की आवश्यकताओं को पूरा करना है। वायरलेस स्टेशन को ऑपरेट करने के लिए लाइसेंस इसी के द्वारा दिए जाते हैं।

आरक्षित मूल्य (Reserve Price)

यह सरकार द्वारा निर्धारित न्यूनतम राशि है जहां से नीलामी शुरू होती है, अर्थात यह शुरुआती राशि या आधार मूल्य है।

स्पेक्ट्रम की नीलामी (Auction of Spectrum)

- स्पेक्ट्रम एक दुर्लभ संसाधन है। इसे कुशलतापूर्वक प्रबंधित करने की आवश्यकता है।
- स्पेक्ट्रम का प्रयोग बहुत से लोग नहीं कर सकते। इसे कुछ व्यक्तियों को आवंटित किया जाना है जो इसके तहत सेवाओं का प्रबंधन कर सकते हैं। इसलिए इसकी नीलामी की जाती है।
- सरकार इसकी नीलामी करती है क्योंकि स्पेक्ट्रम भारत सरकार का एक संसाधन है।
- यह कोई निजी संपत्ति नहीं है, इसलिए सरकार इसकी नीलामी करती है।
- स्पेक्ट्रम को बेचकर बहुत अधिक राजस्व उत्पन्न होता है और उस पैसे का उपयोग भारत में विकास कार्यक्रमों के लिए किया जा सकता है।

12.1.4 900 MHz बैंड, 1800 MHz बैंड की तुलना में श्रेष्ठ (Reasons for Superiority of 900MHz and 1800 MHz Band)

- भौतिकी के नियमानुसार किसी तरंग में जितनी आवृत्ति अधिक होती है, उतनी ही इसके द्वारा कम दूरी तय की जाती है। अत: स्पष्ट है कि 900 MHz, 1800 MHz की तुलना में अधिक दूरी तय करता है। इसलिए मोबाइल ऑपरेटर 900 MHz को प्राथमिकता देता है।
- 1800 MHz खरीदने वाले कंपनियों को इस पर अधिक निवेश की आवश्यकता पड़ती है। 1800 MHz, 900 MHz की तुलना में बहुत कम कवरेज करता है। इसलिए इसे पूरा करने के लिए कंपनियों को अतिरिक्त बेस स्टेशन (जैसे-मोबाइल टॉवर) स्थापित करने पड़ते हैं ताकि वे 900 MHz के समान प्रभावी फ्रीक्वेंसी प्रदान कर सके।
- 1800 MHz आवृत्ति को ऑपरेट करने वाले उपकरण महंगे होते हैं। इसके पीछे प्रमुख कारण यह है कि 900 मेगाहर्टज फ्रीक्वेंसी बैंड पिछले 20 वर्षों से वैश्विक स्तर पर मोबाइल संचार में इस्तेमाल किया जा रहा है, जिससे इसके उपकरणों की लागत कम है, जबकि 1800 मेगाहर्ट्ज नवीनतम होने के कारण इसका विकास होना बाकी है।

12.1.5 भारतीय स्पेक्ट्रम नीति के समक्ष – चुनौतियाँ (The Challanges of India's Spectrum Policy)

सामाजिक तथा आर्थिक विकास की संभावनाओं का दोहन करने के लिए भारत को अधिक स्पेक्ट्रा (Spectra) की आवश्यकता है। आने वाले वर्षों में मोबाइल तकनीक की मांग तीव्र गति से बढ़ने की संभावना है। इसलिए देश में स्पेक्ट्रम को वाणिज्यिक उपयोग में इस्तेमाल किए जाने की आवश्यकता है ताकि मोबाइल ब्रॉडबैंड के विस्तार को सुविधाजनक बनाया जा सके।

भारत की स्पेक्ट्रम नीति के संदर्भ में कई समस्याएँ हैं:

1. **उपलब्ध स्पेक्ट्रम की कमी (Lack of Available Spectrum):** भारत में मोबाइल की बढ़ती मांग को पूरा करने के लिए उपलब्ध बैंड अपर्याप्त है।
2. **उच्च लागत (High Cost):** भारत, विश्व में सर्वाधिक स्पेक्ट्रम लागत वाले देशों में से एक है। भारत में दूरसंचार की लागत भी अधिक है।
3. **अनम्य उपयोग (Fragmented and Inflexible Usage):** कुछ निश्चित बैंड विशेष एप्लिकेशन के लिए आरक्षित हैं, जिससे स्पेक्ट्रम की गुणवत्ता का मुद्दा उत्पन्न होता है। उदाहरण के लिए रक्षा मंत्रालय बहुत अधिक स्पेक्ट्रम को अपने लिए आरक्षित रखता है। वर्तमान में ये उसकी आवश्यकता से कहीं अधिक है और उपयोग में नहीं लिए जा रहे। इससे निजी क्षेत्र के लिए यह संसाधन सीमित रूप से शेष रहता है।
4. **नीलामी के परिणाम (Auction Outcomes):** उपरोक्त प्रमुख मुद्दों के अलावा स्पेक्ट्रम की लागत तथा उपलब्धता की समस्या भी गंभीर है, जो बीते वर्षों की स्पेक्ट्रम नीलामी से उत्पन्न हुई है। स्पेक्ट्रम नीलामी के उद्देश्य निम्न होते हैं- ईष्टतम उपयोग के लिए स्पेक्ट्रम आवंटन तथा अधिकतम राजस्व की प्राप्ति। परंतु स्पेक्ट्रम नीलामी का डिजाइन जटिल है। नीलामी के परिणामस्वरूप अतार्किक मूल्य, कंपनी के लिए कर्ज का उच्च स्तर तथा इससे उपभोक्ताओं के लिए उच्च शुल्क जैसी समस्याएं सामने आती हैं।

12.1.6 स्पेक्ट्रम नीलामी (Spectrum Auctions)

स्पेक्ट्रम नीलामी एक ऐसी प्रक्रिया है जिसके तहत सरकार इलेक्ट्रोमैग्नेटिक स्पेक्ट्रम के विशिष्ट बैंडों पर सिग्नल संचारित करने और दुर्लभ स्पेक्ट्रम संसाधनों को आवंटित करने के अधिकारों को बेचने के लिए नीलामी प्रणाली का उपयोग करती है।

- सेलफोन और वायरलाइन टेलीफोन जैसे उपकरणों को एक छोर से दूसरे छोर तक जोड़ने के लिए संकेतों की आवश्यकता होती है। इन संकेतों को एयरवेव्स पर ले जाया जाता है, जिन्हें किसी भी प्रकार के हस्तक्षेप से बचने के लिए निर्दिष्ट आवृत्तियों पर भेजा जाना चाहिए।
- केंद्र सरकार देश की भौगोलिक सीमाओं के भीतर सार्वजनिक रूप से उपलब्ध सभी संपत्तियों का मालिक है, जिसमें एयरवेव भी शामिल हैं।
- इन तरंगों को एक छोर से दूसरे छोर तक ले जाने के लिए आवश्यक बुनियादी ढांचा स्थापित करने की इच्छुक कंपनियों को इन परिसंपत्तियों को बेचने के लिए, केंद्र सरकार समय-समय पर दूरसंचार विभाग के माध्यम से इन एयरवेव्स की नीलामी करती है।
- इन एयरवेव्स को एक स्पेक्ट्रम कहा जाता है, जो अलग-अलग आवृत्तियों वाले बैंड में विभाजित होता है। इन सभी एयरवेव्स को एक निश्चित अवधि के लिए बेचा जाता है, जिसके बाद इनकी वैधता समाप्त हो जाती है, जो आमतौर पर 20 साल पर निर्धारित की जाती है।

12.1.6.1 नीलामी का मुख्य उद्देश्य (Main Objective of Auction)

- प्रस्ताव पर स्पेक्ट्रम के लिए बाजार-निर्धारित मूल्य प्राप्त करने के लिए,
- स्पेक्ट्रम का कुशल उपयोग सुनिश्चित करने और जमाखोरी से बचने के लिए,
- क्षेत्र में प्रतिस्पर्धा को बढ़ावा देना और राजस्व प्राप्तियों को अधिकतम करना।

12.1.6.2 भारत में स्पेक्ट्रम की नीलामी (Spectrum Auctions in India)

सेलफोन और वायरलाइन टेलीफोन जैसे उपकरणों को एक छोर से दूसरे छोर तक जोड़ने के लिए संकेतों की आवश्यकता होती है। इन संकेतों को वायु तरंगों पर ले जाया जाता है, जिन्हें किसी भी प्रकार के हस्तक्षेप से बचने के लिए निर्दिष्ट आवृत्तियों पर भेजा जाना चाहिए।

- देश की भौगोलिक सीमाओं के भीतर सार्वजनिक रूप से उपलब्ध सभी संपत्तियों का स्वामित्व केंद्र सरकार के पास है, जिसमें एयरवेव भी शामिल हैं।
- सेलफोन, वायरलाइन टेलीफोन और इंटरनेट उपयोगकर्ताओं की संख्या में विस्तार के साथ, समय-समय पर संकेतों के लिए अधिक स्थान प्रदान करने की आवश्यकता उत्पन्न होती है।
- इन तरंगों को एक छोर से दूसरे छोर तक ले जाने के लिए आवश्यक बुनियादी ढांचा स्थापित करने की इच्छुक कंपनियों को इन संपत्तियों को बेचने के लिए, केंद्र सरकार समय-समय पर दूरसंचार विभाग के माध्यम से इन एयरवेव्स की नीलामी करती है।
- इन एयरवेव्स को स्पेक्ट्रम कहा जाता है, जो अलग-अलग आवृत्तियों वाले बैंड में उप-विभाजित होता है।
- इन सभी एयरवेव्स को एक निश्चित अवधि के लिए बेचा जाता है, जिसके बाद इनकी वैधता समाप्त हो जाती है, जो आम तौर पर 20 वर्ष निर्धारित की जाती है।

12.2 भारत की ब्रॉडबैंड नीति (Broadband Policy of India)

ब्रॉडबैंड उच्च क्षमता युक्त ट्रांसमिशन तकनीक है, जिसमें बड़ी सीमा में आवृत्ति का इस्तेमाल किया जाता है या Coaxial cable, ऑप्टिकल फाइबर रेडियो आदि से एक साथ बड़ी मात्रा में संदेश भेजने में सक्षम बनाया जाता है। भारत में हाई स्पीड तथा गुणवत्ता युक्त इंटरनेट तथा दूरसंचार सेवाओं की उच्च मांग तथा व्यापक स्तर पर उपलब्ध ब्रॉडबैंड सेवाओं की क्षमता को देखते हुए **सरकार ने 2004 में 'ब्राडबैंड नीति'** अपनाई, इसका उद्देश्य सामाजिक एप्लिकेशन के जरिए जीवन की गुणवत्ता को बढ़ाना है। इसमें **टलीमेडिसिन, टेलीएजुकेशन, ई-गवर्नेंस, रोजगार निर्माण** तथा **मनोरंजन जैसी सेवाएं शामिल हैं।**

सरकार द्वारा निर्धारित नीति का फ्रेमवर्क

1. **ब्रॉडबैंड कनेक्शन:** 'ऑलवेज-ऑन' डाटा कनेक्शन, न्यूनतम डाउनलोड स्पीड 256 kbps
2. **ब्रॉडबैंड सेवाओं के लिए तकनीकी विकल्प**
   (a) **ऑप्टिकल फाइबर तकनीक:** यह लगभग असीमित बैंडविड्थ प्रदान करती है। यह तकनीक उच्च नागरिक घनत्व युक्त वाणिज्यिक इमारतों, कॉम्प्लैक्स तथा कुछ मेट्रो बड़े शहरों में ब्रॉडबैंड सब्सक्राइबर द्वारा व्यापक स्तर पर इस्तेमाल की जाती है।

(b) **डिजिटल सब्सक्राइबर लाइन (DSL) ऑन कॉपर लूप:** महत्वपूर्ण तकनीक जो कॉपर लूप के द्वारा ब्रॉडबैंड सुविधाएं प्रदान करती हैं।

(c) **केबल टी.वी. नेटवर्क:** केबल टी.वी. कनेक्शन, टेलीफोन कॉपर इन्फ्रास्ट्रक्चर की तुलना में ज्यादा लोगों तक फैला हुआ है इसलिए केबल टी.वी. नेटवर्क का उपयोग ब्रॉडबैंड सेवाएं प्रदान करने में किया जा सकता है।

(d) **सैटेलाइट मीडिया:** **VSAT** (Very Small Aperture Terminal) तथा **डायरेक्ट-टू-होम** (DTH) जैसे सेटेलाइट मीडिया का इस्तेमाल ब्रॉडबैंड सेवा प्रदाता के रूप में किया जा सकता है। **'डिपार्टमेंट ऑफ स्पेस' पहले से ही VSAT सेवा प्रदाताओं से जुड़ चुका है।** दूरसंचार विभाग भी जल्दी ही VSAT ऑपरेटर के लिए 'ओपन स्काई पॉलिसी' के निर्देश-मानक प्रस्तुत करने वाला है। यह कार्य संबंधित मंत्रालयों से विचार-विमर्श के बाद किया जाएगा। **इसके द्वारा डाटा ट्रांसमिशन दर को 512kbps से बढ़ाकर 2 Mbps किया जाएगा।**

(e) **Terrestrial Wireless:** इसमें कम-से-कम एक LTS (Local Terrestrial Satellite) होता है। ये डाटा कम्युनिकेशन नेटवर्क के लिए केबल कनेक्शन, एक सार्वजनिक निजी टेलीफोन नेटवर्क द्वारा जुड़ा होता है।

3. सेवा की गुणवत्ता TRAI एक्ट, 1997 के तहत TRAI द्वारा निर्धारित होनी चाहिए।
4. SACFA/WPC क्लियरेंस का सरलीकरण।

वर्तमान में प्रतिस्पर्द्धा के माहौल में सेवा प्रदाता द्वारा लाइसेंस फ्रेमवर्क के साथ समयबद्ध तरीके से बैंडविड्थ की उपलब्धता सुनिश्चित करने के लिए उचित कदम उठाएं जाने चाहिए। बैंडविड्थ सेवाओं के लिए लागत का प्रमुख हिस्सा बैंडविड्थ की लागत होती है। DTI, भारत सरकार ने NIXI (National Internet exchange of India) की स्थापना की ताकि यह सुनिश्चित किया जा सके कि देश में निर्मित तथा देश के लिए नियत इंटरनेट ट्रैफिक केवल भारत में ही उपयोग किए जाने चाहिए।

12.3 सूचना प्रौद्योगिकी अधिनियम की धारा 66A (Section 66A of the Information Technology Act)

धारा 66A (Section 66A)

- धारा 66A कंप्यूटर या किसी अन्य संचार उपकरण जैसे- मोबाइल फोन या टैबलेट के माध्यम से 'आपत्तिजनक' संदेश भेजने पर दंड को परिभाषित करती है।
- दोषी पाए जाने पर अधिकतम तीन साल की जेल व जुर्माना हो सकता है।
- इसने पुलिस को अपने विवेकाधिकार के आधार पर गिरफ्तार करने का अधिकार दिया यदि पुलिसकर्मी, इसे, 'अपमानजनक', 'धमकी', चिढ़ाने वाले एवं असुविधा उत्पन्न करने आदि प्रयोजनों से युक्त समझे।

श्रेया सिंघल मामला (Shreya Singhal Case)

श्रेया सिंघल मामले में उच्चतम न्यायालय ने अपने फैसले में धारा 66A को निरसित कर दिया था।

उच्चतम न्यायालय ने धारा 66A का निरसन किया

उच्चतम न्यायालय ने नोट किया था कि **धारा 66A संविधान के अनुच्छेद 19(1)(A)** के तहत मनमाने ढंग से, अत्यधिक एवं अनुपातहीन रूप से अभिव्यक्ति की स्वतंत्रता के अधिकार पर आक्रमण करती है, और इस तरह के अधिकार एवं युक्ति-युक्ति निर्बंधनों के मध्य संतुलन बिगड़ता है, जो इस तरह के अधिकार पर आरोपित किए जा सकते हैं तथा प्रावधान के तहत अपराधों की परिभाषा खुली व अपरिभाषित थी।

दिल्ली उच्च न्यायालय ने केंद्र से सूचना एवं प्रौद्योगिकी अधिनियम की धारा 66A जैसे विधिक प्रावधानों को हटाने की मांग वाली याचिका पर विचार करने के लिए कहा है, जिसे पहले ही असंवैधानिक घोषित किया जा चुका है।

मुद्दे

कई आपराधिक विधिक धाराएं हैं, जिन्हें उच्चतम न्यायालय ने खारिज कर दिया था, लेकिन पुलिस अधिकारियों द्वारा इसका इस्तेमाल जारी रखा गया था। कुछ मामलों में, उच्चतम न्यायालय के वर्ष 2015 के निर्णय का संज्ञान लेने के बाद भी, विचारण न्यायालय (ट्रायल कोर्ट) ने निष्क्रिय आईटी अधिनियम के प्रावधान के तहत आरोप तय किए।

12.4 डेटा संरक्षण बिल का मसौदा (Draft of Data Protection Bill)

व्यक्तिगत डेटा संरक्षण विधेयक, 2019 (Personal Data Protection Bill, 2019) उपयोगकर्ताओं और उनके व्यक्तिगत डेटा को मजबूत सुरक्षा प्रदान करने में एक बड़ी भूमिका निभाएगा। यह अब एक संयुक्त संसदीय समिति (Joint Parliamentary Committee) द्वारा जांच के अधीन है।

व्यक्तिगत डेटा संरक्षण विधेयक 2019 के लाभ (Benefits of Personal Data Protection Bill, 2019)

- भूमिकाओं को परिभाषित करना (Defining the Roles) : विधेयक में व्यक्तियों और फर्मों/राज्य संस्थानों के बीच संबंधों को 'डेटा प्रिंसिपल्स' (जिनकी जानकारी एकत्र की जाती है) और 'डेटा फिड्यूशरीज' (डेटा को संसाधित करने वाले) के बीच एक के रूप में संहिताबद्ध करने की परिकल्पना की गई है जिससे डिजाइन द्वारा गोपनीयता की रक्षा की जा सके।

  साथ ही, यह विधेयक, सभी क्षेत्रों (सरकारी और निजी दोनों संस्थाओं) में व्यवस्था को लागू करने का प्रयास करता है
- डेटा गोपनीयता सुनिश्चित करना (Ensuring Data Privacy) बिल इस बात पर जोर देने का प्रयास करता है कि डेटा प्रिंसिपलों को व्यक्तिगत डेटा की सुरक्षा के लिए सुरक्षा उपायों को बनाए रखना होगा और डेटा सुरक्षा दायित्वों और पारदर्शिता के एक सेट को भी पूरा करना होगा और जवाबदेही के उपाय।

  संक्षेप में, उपयोगकर्ताओं की गोपनीयता और हितों को बनाए रखने के लिए इन संस्थाओं पर जांच प्रदान करता है और व्यक्तिगत डेटा को नियंत्रित और संसाधित करता है।
- नागरिकों के अधिकार (Rights of the Citizens) : बिल उपयोगकर्ताओं को उनके व्यक्तिगत डेटा और उन अधिकारों का प्रयोग करने के साधनों पर अधिकारों का एक सेट देने का प्रयास करता है।

उदाहरण के लिए, एक उपयोगकर्ता विभिन्न प्रकार के व्यक्तिगत डेटा के बारे में जानकारी प्राप्त करने में सक्षम होगा जो एक इकाई के पास उनके बारे में है और इकाई उस डेटा को कैसे संसाधित कर रही है।

- नियामक की स्थापना (Establishing a Regulator): विधेयक एक स्वतंत्र और शक्तिशाली नियामक बनाने का प्रयास करता है जिसे डेटा संरक्षण प्राधिकरण (डीपीए) के नाम से जाना जाता है।

डीपीए शासन के अनुपालन को सुनिश्चित करने के लिए डेटा प्रोसेसिंग गतिविधियों की निगरानी और विनियमन करेगा।

इससे भी महत्वपूर्ण बात यह है कि जब संस्थाएं व्यवस्था के तहत अपने दायित्वों का पालन नहीं करती हैं, तो डीपीए उपयोगकर्ताओं को निवारण के लिए एक चैनल देगा।

11 दिसंबर 2019 को इसके गठन के लगभग दो साल बाद, व्यक्तिगत डेटा संरक्षण विधेयक, 2019 पर भाजपा सांसद पी. पी. चौधरी ने 16 दिसंबर को संसद के दोनों सदनों में आगामी विधेयक पर अपनी अंतिम रिपोर्ट प्रेषित की। तत्पश्चात व्यक्तिगत डेटा संरक्षण विधेयक पर संयुक्त समिति ने 16 दिसंबर, 2021 को विभिन्न प्रावधानों पर अपने विचार देते हुए संसद के दोनों सदनों में अपनी रिपोर्ट पेश की थी।

मुख्य अनुशंसाएं (Key Recommendations)

- 'व्यक्तिगत डेटा संरक्षण विधेयक' के मौजूदा शीर्षक से 'व्यक्तिगत' शब्द हटा देने की मांग की जा रही है। इसका उद्देश्य यह दर्शाता है कि निजता को बेहतर ढंग से सुनिश्चित करने के लिए विधेयक; गैर-व्यक्तिगत डेटा से भी निपटेगा, जैसे कि व्यक्तिगत डेटा जिसे गुप्त रखा जाएगा।
- भारत के बाहर व्यक्तिगत डेटा के हस्तांतरण को प्रतिबंधित करने वाले अनुभाग में संशोधन करना, "संवेदनशील व्यक्तिगत डेटा को किसी भी विदेशी सरकार या एजेंसी के साथ साझा नहीं किया जाएगा, जब तक कि इस तरह के साझाकरण को केंद्र सरकार द्वारा अनुमोदित नहीं किया जाता है"।
- भारत में किसी भी सोशल मीडिया प्लेटफॉर्म को तब तक संचालित करने की अनुमति नहीं दी जानी चाहिए, जब तक कि उसकी मूल कंपनी, जो अपनी सेवाओं को शक्ति प्रदान करने वाली प्रौद्योगिकी को नियंत्रित करता है, देश में एक कार्यालय स्थापित करता है।
- यह मीडिया को विनियमित करने के लिए एक अलग नियामक निकाय की स्थापना का प्रस्ताव करता है।
- यदि किसी व्यक्ति द्वारा डी-आइडेंटिफाइड डेटा की पुन: पहचान की जाती है, तो उसे 3 वर्ष तक की जेल या 2 लाख रुपये का जुर्माना या दोनों से दण्डित किया जाएगा।
- विधेयक के नाम से 'व्यक्तिगत' शब्द हटा दिया जाना चाहिए।
- केंद्र सरकार केवल असाधारण परिस्थितियों में ही किसी सरकारी एजेंसी को इस विधान से छूट दे सकती है।

इन अनुशंसाओं की यूरोपीय संघ के विनियमन से तुलना कैसे की जाती है?

व्यक्तिगत डेटा संरक्षण विधेयक पर जेसीपी की अनुशंसाएं कुछ पहलुओं में वैश्विक मानकों जैसे यूरोपीय संघ के सामान्य डेटा संरक्षण विनियमन के समरूप हैं।

समानताएं (Similarities)

- **अनुज्ञा (Consent):** उपयोगकर्ताओं को उनके डेटा को संसाधित करने के तरीके के बारे में सूचित अनुज्ञा होनी चाहिए ताकि वे ऑप्ट इन या आउट कर सकें।
- **उल्लंघन (Breach):** रहस्योद्घाटन के 72 घंटों के भीतर अधिकारियों को उल्लंघन के बारे में सूचित किया जाना चाहिए।
- **संक्रमण अवधि (Transition period):** जीडीपीआर के प्रावधानों को लागू करने के लिए दो वर्ष की संक्रमण अवधि होनी चाहिए।
- **डेटा न्यासी (Data fiduciary):** यूरोपीय संघ के विधान के तहत, कोई भी प्राकृतिक या विधिक व्यक्ति, सार्वजनिक प्राधिकरण, एजेंसी या निकाय डेटा न्यासी है, जो डेटा प्रोसेसिंग के उद्देश्य एवं साधन का निर्धारण करता है। भारत में इसमें NGOs भी शामिल हैं।

डेटा सुरक्षा प्राधिकरण का गठन (Formation of a Data Protection Authority - DPA)

डेटा सुरक्षा प्राधिकरण (DPA) निजता एवं व्यक्तिगत डेटा के साथ-साथ गैर-व्यक्तिगत डेटा का निपटान करेगा।

डीपीए की संरचना (Composition of DPA)

- डीपीए के अध्यक्ष एवं सदस्यों की नियुक्ति केंद्र सरकार द्वारा कैबिनेट सचिव की अध्यक्षता वाली चयन समिति की सिफारिश के आधार पर की जाएगी।
- समिति के अन्य सदस्य भारत के महान्यायवादी, सूचना प्रौद्योगिकीविद एवं विधि सचिव होंगे।
- **मनोनीत सदस्य:** केंद्र द्वारा एक स्वयत्त विशेषज्ञ तथा आईआईटी व आईआईएम से एक-एक निदेशक नामित किया जाएगा।

विधेयक की अन्य मुख्य बातें (Other Highlights of the Bill)

- विधेयक में व्यक्तिगत डेटा के प्रवाह और उपयोग को निर्दिष्ट करने, उन व्यक्तियों के अधिकारों की रक्षा करने का प्रस्ताव है, जिनके व्यक्तिगत डेटा को संसाधित किया जाता है, क्योंकि यह सीमा पार हस्तांतरण के लिए रूपरेखा तैयार करता है, डेटा संसाधित करने वाली संस्थाओं की जवाबदेही, और अनधिकृत एवं हानिकारक प्रसंस्करण हेतु उपाय करता है।
- यह सरकार को अपनी जांच एजेंसियों को विधिक प्रावधानों से छूट देने की शक्ति प्रदान करने का भी प्रयास करता है, इस कदम का विपक्षी सांसदों ने कड़ा विरोध किया है, जिन्होंने अपनी विमत्त टिप्पणी दायर किया था।

12.5 डेटा स्थानीयकरण (Data Localisation)

डेटा स्थानीयकरण किसी भी डिवाइस पर डेटा संगृहीत करने का कार्य है, जो एक विशिष्ट देश की सीमाओं के भीतर भौतिक रूप से मौजूद है, जहां डेटा उत्पन्न किया गया था।

भारत के लिए डेटा स्थानीयकरण क्यों आवश्यक है?

- नागरिकों के डेटा, डेटा गोपनीयता, डेटा संप्रभुता, राष्ट्रीय सुरक्षा और देश के आर्थिक विकास को सुरक्षित रखने के लिए।
- प्रौद्योगिकी कंपनियों द्वारा व्यापक डेटा संग्रह ने उन्हें देश के बाहर भारतीय उपयोगकर्ताओं के डेटा को संसाधित और मुद्रीकृत करने की अनुमति दी है। इसलिए, व्यक्तिगत डेटा के अनियमित और मनमाने ढंग से उपयोग के खतरों को कम करने के लिए, डेटा स्थानीयकरण आवश्यक है।
- मशीनलर्निंग (एमएल), कृत्रिम बुद्धिमत्ता (एआई) और इंटरनेट ऑफ थिंग्स (IoT) जैसी डिजिटल प्रौद्योगिकियां विभिन्न डेटा से जबरदस्त मूल्य उत्पन्न कर सकती हैं। यह कुछ सीमाओं के भीतर समाहित नहीं होने पर विनाशकारी हो सकता है।
- क्लाउड कंप्यूटिंग के आगमन के साथ, भारतीय उपयोगकर्ताओं का डेटा देश की सीमाओं के बाहर है, जिससे किसी भी विवाद के मामले में अधिकार क्षेत्र का संघर्ष होता है।
- डेटा स्थानीयकरण भारतीय प्रौद्योगिकी कंपनियों के लिए सेवाओं से उत्पादों के लिए एक दृष्टिकोण विकसित करने का एक अवसर है। अंतर्राष्ट्रीय कंपनियां भी भारतीय बाजार को देख रही होंगी और इससे स्थानीय तंत्र की वृद्धि को लाभ होगा।
- भारत के अधिक डेटा केंद्रों का मतलब भारत के नवीकरणीय ऊर्जा बाजार के लिए नए बिजली ग्राहकों से हो सकता है। इसका मतलब है कि डेटा स्थानीयकरण भारत की अक्षय ऊर्जा को बढ़ावा दे सकता है।

डेटा स्थानीयकरण का अर्थ है कि:

- **श्रीकृष्णा समिति** कानून प्रवर्तन के लिए डेटा का स्थानीयकरण करना चाहती है, ताकि भारत में एक **कृत्रिम बुद्धिमत्ता पारिस्थितिकी तंत्र का निर्माण** हो सके, और **विदेशी निगरानी को रोका जा सके**, क्योंकि समुद्र के अंदर के केबल जिसके माध्यम से डेटा ट्रांसफर होता है, वह हमलों के लिए सुभेद्य है।
- **भारतीय रिजर्व बैंक ने केवल भुगतान प्रणाली डेटा को भारत में संगृहीत करने के लिए भुगतान प्रणाली प्रदाताओं पर एक कठिन डेटा स्थानीयकरण जनादेश लागू किया है।**
- सीमित अपवादों को छोड़कर, दूरसंचार सेवा प्रदाताओं को भारत के बाहर उपयोगकर्ता जानकारी और लेखा जानकारी को स्थानांतरित करने की अनुमति नहीं है।
- राष्ट्रीय डिजिटल संचार नीति 2018 के मसौदे और दिशानिर्देशों में निर्धारित लक्ष्य सरकारी विभागों के लिए क्लाउड स्टोरेज से संबंधित संविदा शर्तों 2017 का मसौदा ई-कॉमर्स नीति और क्लाउड नीति पैनल की मसौदा रिपोर्ट डेटा स्थानीयकरण के संकेत दिखाती है।

चिंताएँ/चुनौतियाँ (Concerns/Challenges)

- मसौदा ई-कॉमर्स नीति (draft e-commerce policy) सहित कई सिफारिशों में से एक महत्वपूर्ण आधार पर कमजोर है क्योंकि वे डेटा स्थानीयकरण के नकारात्मक आर्थिक प्रभावों पर कमजोर प्रतीत होता हैं। यह दृष्टिकोण साक्ष्य आधारित नीति निर्धारण की कमी को प्रदर्शित करता है।
- भारत में डेटा होने का मतलब यह नहीं है कि घरेलू कंपनियां इस डेटा का उपयोग करने में सक्षम होंगी। स्थानीयकरण भारत में डेटा सेंटर और क्लाउड कंप्यूटिंग उद्योग के विकास में मदद कर सकता है, लेकिन व्यापक सार्वजनिक नीति के रूप में, इस तरह का दृष्टिकोण बेहद अनुकूल है।
- स्थानीयकरण को अनिवार्य बनाना डेटा सुरक्षा के लिए कमजोर समाधान है और ई-कॉमर्स को बढ़ावा देने के लिए कम प्रासंगिक हो सकता है।
- इस संदर्भ में भारतीय उद्योग के एक वर्ग द्वारा तुलनात्मक व्यापार लाभ का आनंद लेते हुए, एक सख्त डेटा स्थानीयकरण शासन को अनिवार्य करने के लिए एक प्रतिबंधात्मक व्यापार बाधा और अप्रोत्साही उपायों के रूप में माना है।
- डेटा स्थानीयकरण के मामले में विदेशी क्लाउड कंप्यूटिंग सेवाओं की कीमतों में संभावित वृद्धि के साथ-साथ MSMEs और इन सेवाओं पर निर्भर स्टार्ट-अप पर इसका प्रभाव है।
- भारत के संभावित डेटा स्थानीयकरण की प्रतिक्रिया के रूप में अन्य देशों द्वारा डेटा स्थानीयकरण आवश्यकताओं के एक दुष्चक्र को शुरू करने की संभावना वैश्विक डेटा अर्थव्यवस्था के लिए हानिकारक होगी।
- अगर डेटा को अंतर्राष्ट्रीय स्तर पर एकत्र नहीं किया जा सकता है तो विकास प्रतिबंधित होगा। कुशल डेटा संग्रह और प्रबंधन के लिए भारत में बुनियादी सुविधाओं की कमी है।

समय की आवश्यकता (Need of the Hour)

- डेटा स्थानीयकरण के लिए नीति निर्माण के लिए एक एकीकृत, दीर्घकालिक रणनीति की तत्काल आवश्यकता है।
- डेटा स्थानीयकरण को सामाजिक, राजनीतिक और आर्थिक दृष्टिकोणों की एक विस्तृत शृंखला को एकीकृत करने की आवश्यकता है।
- पूरे देश में स्थानीय डेटा केंद्रों के लिए एक अवसर बनाना।
- देश में संचालित डेटा प्रोसेसर और डेटा केंद्रों के लिए एक ईष्टतम नियामक और विधायी ढांचा तैयार करना।
- ऊर्जा, रियल एस्टेट और इंटरनेट कनेक्टिविटी के मामले में पर्याप्त बुनियादी ढांचा भी भारत को डेटा केंद्रों के लिए एक वैश्विक केंद्र बनने के लिए उपलब्ध कराने की आवश्यकता है।
- भारत के सूचना प्रौद्योगिकी सक्षम सेवाओं (ITeS) और व्यापार प्रक्रिया आउटसोर्सिंग (BPO) उद्योगों के हितों पर पर्याप्त ध्यान देने की आवश्यकता है, जो सीमा पार डेटा प्रवाह पर संपन्न हैं।

12.6 राष्ट्रीय सुपर कंप्यूटिंग मिशन–एनएसएम [National Supercomputing Mission (NSM)]

राष्ट्रीय सुपरकंप्यूटिंग मिशन (NSM) की स्थापना देश को सुपरकंप्यूटिंग इन्फ्रास्ट्रक्चर प्रदान करने के लिए की गई थी, जो कि भारत में स्वदेशी रूप से सुपर कंप्यूटर के निर्माण, क्षमता डिजाइन, शिक्षाविदों, शोधकर्ताओं और स्टार्टअप की बढ़ती कम्प्यूटेशनल मांगों को पूरा करने के लिए है।

देश की कंप्यूटिंग शक्ति को बढ़ावा देने के लिए यह अपनी तरह का पहला प्रयास है, **राष्ट्रीय सुपर कंप्यूटिंग मिशन को इलेक्ट्रॉनिक्स और आईटी मंत्रालय (MeitY) और विज्ञान और प्रौद्योगिकी विभाग (DST)**

द्वारा संयुक्त रूप से संचालित किया गया है और C-DAC, पुणे और भारतीय विज्ञान संस्थान (IISc), बंगलुरू केंद्र द्वारा उन्नत कंप्यूटिंग के विकास के लिए कार्यान्वित किया गया है। 2020-21 भारत के राष्ट्रीय सुपरकंप्यूटिंग मिशन (NSM) के लिए एक महत्वपूर्ण वर्ष है।

मिशन का लक्ष्य 2022 तक देशभर में राष्ट्रीय महत्व के कुछ टेरा फ्लॉप्स (TF) से लेकर सैकड़ों टेरा फ्लॉप्स (TF) के और तीन सिस्टमों के साथ शैक्षणिक और अनुसंधान संस्थानों में 3 पेटा फ्लॉप्स (PF) के बराबर या उससे अधिक के साथ सुपर कंप्यूटरों का एक नेटवर्क स्थापित करने के लिए निर्धारित किया गया था।

2015 में कुल 15-20 पीएफ की परिकल्पना करने वाले सुपर कंप्यूटर के इस नेटवर्क को 2015 में मंजूरी दी गई थी और बाद में इसे कुल 45 पीएफ (45000 टीएफ) में संशोधित किया गया था, जो उसी लागत के भीतर 6 गुना अधिक कंप्यूटर शक्ति की छलांग और बड़ी और जटिल कम्प्यूटेशनल समस्याओं को हल करने में सक्षम है।

संशोधित योजना के साथ, पहला सुपर कंप्यूटर, जिसे परमशिव कहा जाता है, आईआईटी (बीएचयू) में स्थापित किया गया था। इसी तरह के सिस्टम **परम शक्ति और परम ब्रह्म को आईआईटी-खड्गपुर और आईआईएसईआर, पुणे में स्थापित किया गया था। वे वेदर एंड क्लाइमेट, कम्प्यूटेशनल फ्लूड डायनामिक्स, बायोइनफॉरमैटिक्स और मटेरियल साइंस जैसे डोमेन एप्लिकेशन से लैस हैं।**

और इसी तरह, NSM ने गति पकड़ ली है, पूरे देशभर में लगभग 60-70 संस्थानों को व्यापक और अनेकों सक्रिय शोधकर्ताओं, शिक्षाविदों को सुपरकंप्यूटिंग सुविधा प्रदान करने के लिए मिशन तैयार है, और इससे न केवल देश के लिए एक कंप्यूटर अवसंरचना बनाने की दिशा में तेजी से विकास हो रहा है, बल्कि सुपरकंप्यूटर विशेषज्ञों की अगली पीढ़ी को विकसित करने के लिए देश का क्षमता निर्माण भी हो रहा है ।

महत्व

- वैश्विक सुपर कंप्यूटिंग सेवाएं देश में विज्ञान एवं प्रौद्योगिकी क्षमता वाले क्षेत्रों, हवाई जहाज व वाहनों का निर्माण, वृहद स्तर पर इमारतों तथा पुलों के निर्माण, अवसंरचना, जीवन रक्षक दवाओं की खोज तथा ऊर्जा स्रोतों (तेल, प्राकृतिक गैस) की खोज व खनन जैसे कार्यों को सुगम व सरल बनायेगा।
- पिछले कुछ वर्षों से सुपर कंप्यूटरों ने अनेक तरीकों से मानव समाज की सहायता की है। मौसम की भविष्यवाणी द्वारा प्राकृतिक घटनाओं की वास्तविक समय के आधार पर पूर्व जानकारी उपलब्ध करवाई है। समय रहते चक्रवातों से जुड़ी चेतावनी देकर जान-माल की क्षति होने से बचाव किया है। यह मिशन वर्तमान स्तर से आगे क्षमता विकसित करने की दिशा में प्रयासरत है।

12.7 क्लाउड कंप्यूटिंग (Cloud Computing)

12.7.1 क्लाउड कंप्यूटिंग की मूल बातें (Basics of Cloud Computing)

क्लाउड कंप्यूटिंग, डाटा तथा एप्लिकेशन के अनुरक्षण (Maintain) हेतु इंटरनेट तथा सेंट्रल रिमोट सर्वर का उपयोग करती है। क्लाउड कंप्यूटिंग द्वारा एप्लिकेशन को इंस्टाल किए बिना उपयोग में लाया जा सकता है। यह तकनीक अधिक दक्ष है क्योंकि यह केंद्रीय भण्डारण, मेमोरी, प्रोसेसिंग तथा बैंडविड्थ के द्वारा कंप्यूटिंग में सक्षम बनाता है। याहू मेल, जी.मेल आदि क्लाउड कंप्यूटिंग के सामान्य उदाहरण हैं। इनमें किसी सॉफ्टवेयर या सर्वर की आवश्यकता नहीं पड़ती है। **उपभोक्ता को केवल इंटरनेट कनेक्शन की आवश्यकता होती है** तथा वह इससे ई-मेल भेज सकता है। **सर्वर तथा ई-मेल का पूरा प्रबंधन क्लाउड (इंटरनेट) पर होता है।** इसका प्रबंधन क्लाउड सेवा प्रदाता, जैसे- याहू, गूगल आदि के द्वारा किया जाता है। यह ज्यादा लाभप्रद है क्योंकि उपभोक्ता अकेले सॉफ्टवेयर के द्वारा (बिना सॉफ्टवेयर डाउनलोड किए) सेवा का लाभ ले सकता है।

क्लाउड मुख्यत: दो प्रकार के होते हैं- **निजी** और **सार्वजनिक। सार्वजनिक क्लाउड** द्वारा बेची जाने वाली सेवाएं इंटरनेट पर उपलब्ध होती हैं। अभी सबसे बड़ा सार्वजनिक क्लाउड 'मालिकाना नेटवर्क' को प्रदर्शित करता है। इसमें एक डाटा सेंटर होता है, जो कुछ सीमित लोगों को ही सेवा प्रदान करते हैं। एक आभासी निजी क्लाउड की स्थापना सार्वजनिक क्लाउड के स्रोतों का उपयोग करते हुए की जा सकती है। यह निजी हो या सार्वजनिक, इसका उद्देश्य IT सेवा तथा कंप्यूटिंग स्रोतों तक आसान पहुंच उपलब्ध कराना होता है।

क्लाउड कंप्यूटिंग के वर्ग (Categories of Cloud Computing)

वे सभी प्रक्रियाएं, जो इंटरनेट के द्वारा सेवाएं (hosted services) प्रदान करती हैं, क्लाउड कंप्यूटिंग (Broad umbrella of cloud computing) के अंतर्गत आती हैं। इसमें निम्न वर्ग की सेवाएं आती हैं:

1. Infrastructure as a Service (IaaS)
2. Platform as a Service (PaaS)
3. Software as a Service (SaaS)

फ्लोचार्ट तथा डायग्राम के रूप में इंटरनेट क्लाउड के प्रतीक द्वारा जानकारी को प्रदर्शित किया जाता है, इस तकनीक को क्लाउड कंप्यूटिंग कहते हैं।

विभिन्न प्रकार के क्लाउड (Various types of Clouds)

1. सार्वजनिक क्लाउड (Public Cloud)
2. निजी क्लाउड (Private Cloud)
3. सामुदायिक क्लाउड (Community Cloud)
4. हाइब्रिड क्लाउड (Hybrid Cloud)

***नोट:* आई क्लाउड (iCloud)**

Apple Inc. के द्वारा लायी गयी क्लाउड स्टोरेज तथा क्लाउड कंप्यूटिंग सेवा का नाम (iCloud) है। इसमें यूजर म्युजिक फाइल जैसे डाटा का स्टोर दूरस्थ कंप्यूटर सर्वर पर करते हैं तथा मल्टीपल डिवाइस जैसे iOS-आधारित डिवाइस तथा पर्सनल कंप्यूटर रनिंग (running) OS X या माइक्रोसॉफ्ट विंडो को डाउनलोड करने के लिए इसका उपयोग किया जाता है। यह एप्पल की 'मोबाइल मी सर्विस' (Mobile Me service) की प्रतिस्थापना की सुविधा देता है, जो ई-मेल, कांटेक्टर, कैलेंडर बुकमार्क, नोट्स, टू-डू-लिस्टर या अन्य डाटा के लिए सिंक केंद्र (Syncing centre) का कार्य करता है। इसमें 5GB तक मुफ्त स्टोरेज की सुविधा होती है परंतु इससे अधिक के लिए शुल्क आरोपित होता है।

नोट: Apple Inc. ने 6 जून, 2011 को Apple worldwide developers conference (WWDC) में iCloud की घोषणा की।

(इन्फोग्राफिक देखें - क्लाउड कंप्यूटिंग तथा क्लाउड होस्टिंग)

क्लाउड कम्प्यूटिंग

स्टोरेज

डेटाबेस

मोबाइल

सर्वर

अनुप्रयोग

क्लाउड कंप्यूटिंग क्या है

क्लाउड कंप्यूटिंग इंटरनेट पर कंप्यूटिंग संसाधनों, जैसे सर्वर, स्टोरेज, डेटाबेस, सॉफ्टवेयर और एप्लिकेशन की डिलीवरी है। यह उपयोगकर्ताओं को स्केलेबिलिटी, लागत दक्षता और फ्लेक्सिबिलिटी प्रदान करते हुए, भौतिक बुनियादी ढांचे की आवश्यकता के बिना, मांग पर इन संसाधनों तक पहुंच और उपयोग करने की अनुमति देता है।

क्लाउड कंप्यूटिंग डेटा और एप्लिकेशन को संग्रहीत करने, प्रबंधित करने और संसाधित करने के लिए इंटरनेट पर दूरस्थ सर्वर का उपयोग करता है, जो कंप्यूटिंग संसाधनों तक फ्लेक्सिबल और स्केलेबल पहुंच प्रदान करता है।

क्लाउड कंप्यूटिंग डेटा, क्लाउड सेवा प्रदाताओं द्वारा संचालित बड़े डेटा केंद्रों में संग्रहीत किया जाता है। ये डेटा केंद्र दुनिया भर के विभिन्न भौगोलिक स्थानों में अवस्थित हो सकते हैं।

क्लाउड कितने प्रकार के होते हैं?

निजी क्लाउड

एक ही संगठन को समर्पित

निजी क्लाउड किसी एकल संगठन के लिए एक विशेष कंप्यूटिंग वातावरण होता है, आमतौर पर उनके अपने डेटा सेंटर या बुनियादी ढांचे के भीतर। यह सार्वजनिक क्लाउड समाधानों की तुलना में बेहतर नियंत्रण, सुरक्षा और गोपनीयता प्रदान करता है। संगठन के पास प्रत्यक्ष निरीक्षण होता है और वह अपनी विशिष्ट आवश्यकताओं को पूरा करने के लिए क्लाउड वातावरण को अनुकूलित कर सकता है।

सार्वजनिक क्लाउड

इंटरनेट पर शेयर (साझा) किए गए कंप्यूटिंग संसाधन

सार्वजनिक क्लाउड एक कंप्यूटिंग मॉडल होता है जहां तीसरे पक्ष प्रदाताओं द्वारा इंटरनेट के माध्यम से जनता को साझा संसाधन और सेवाएं प्रदान की जाती हैं। यह स्केलेबिलिटी, लागत-दक्षता और सुविधा प्रदान करता है, जिससे संगठनों को अपने स्वयं के बुनियादी ढांचे का प्रबंधन करने की आवश्यकता समाप्त हो जाती है।

हाइब्रिड क्लाउड

सार्वजनिक और निजी क्लाउड का संयोजन

हाइब्रिड क्लाउड, सार्वजनिक और निजी क्लाउड को जोड़ता है, जिससे संगठनों को गैर-संवेदनशील वर्कलोड के लिए सार्वजनिक क्लाउड की स्केलेबिलिटी का लाभ उठाते हुए वर्कलोड को एकीकृत करने और संवेदनशील डेटा को सुरक्षित रूप से बनाए रखने की क्षमता मिलती है।

सामुदायिक क्लाउड

विशिष्ट सामुदायिक समूहों के लिए साझा क्लाउड अवसंरचना।

सामुदायिक क्लाउड समान रुचियों या आवश्यकताओं वाले कई संगठनों के लिए एक साझा क्लाउड कंप्यूटिंग मॉडल है। यह प्रतिभागियों को अपने डेटा और एप्लिकेशन पर नियंत्रण बनाए रखते हुए सहयोग करने, संसाधनों को साझा करने और सामान्य लक्ष्यों को पूरा करने की क्षमता प्रदान करता है।

विभिन्न क्लाउड सेवा मॉडल कौन-से हैं?

IaaS
(इन्फ्रास्ट्रक्चर एज़ ए सर्विस)

IaaS, एक क्लाउड कंप्यूटिंग मॉडल है जहां वर्चुअलाइज्ड कंप्यूटिंग संसाधनों को इंटरनेट पर एक्सेस और प्रबंधित किया जाता है। यह भौतिक हार्डवेयर स्वामित्व या रखरखाव की आवश्यकता के बिना वर्चुअल मशीन, स्टोरेज और नेटवर्क जैसे बुनियादी ढांचे के घटकों की ऑन-डिमांड सुविधा प्रदान करता है। यह फ्लेक्सिबिलिटी, स्केलेबिलिटी और लागत-दक्षता प्रदान करता है, जिससे संगठनों को बुनियादी ढांचे के प्रबंधन को सेवा प्रदाता पर छोड़ते हुए अपने अनुप्रयोगों और डेटा पर ध्यान केंद्रित करने की क्षमता मिलती है।

SaaS
(सॉफ्टवेयर एज़ ए सर्विस)

SaaS, एक क्लाउड कंप्यूटिंग मॉडल है जो सदस्यता के आधार पर इंटरनेट पर सॉफ़्टवेयर एप्लिकेशन डिलीवर करता है। उपयोगकर्ता इंस्टॉलेशन या स्थानीय बुनियादी ढांचे के बिना सीधे वेब ब्राउज़र से सॉफ़्टवेयर तक पहुंच बना सकते हैं और इसका उपयोग कर सकते हैं। सेवा प्रदाता सॉफ़्टवेयर रखरखाव, अद्यतन और सुरक्षा का प्रबंधन करता है। SaaS आसान पहुंच, स्केलेबिलिटी और लागत-प्रभावशीलता प्रदान करता है, जिससे संगठनों को बुनियादी ढांचे के प्रबंधन के बजाय सॉफ़्टवेयर के उपयोग पर ध्यान केंद्रित करने की अनुमति मिलती है।

PaaS
(प्लेटफ़ॉर्म एज़ ए सर्विस)

PaaS एक क्लाउड कंप्यूटिंग मॉडल है जो अंतर्निहित बुनियादी ढांचे के प्रबंधन के बिना अनुप्रयोगों के विकास, परीक्षण और परिनियोजन के लिए एक मंच प्रदान करता है। यह पूर्व-कॉन्फ़िगर विकास उपकरण और रनटाइम वातावरण प्रदान करता है, जो डेवलपर्स को एप्लिकेशन के विकास और कार्यक्षमता पर ध्यान केंद्रित करने में सक्षम बनाता है। PaaS स्केलेबिलिटी, परिनियोजन में आसानी और लागत-दक्षता प्रदान करता है, जिससे संगठनों की एप्लिकेशन विकास और होस्टिंग के लिए बुनियादी ढांचे में निवेश करने की आवश्यकता समाप्त हो जाती है।

क्लाउड कंप्यूटिंग के लाभ

कम लागत

क्लाउड कंप्यूटिंग, बड़े अग्रिम पूंजीगत व्यय और महंगे हार्डवेयर निवेश की आवश्यकता को समाप्त कर देती है। सदस्यता आधारित मॉडल के साथ, आप केवल उन संसाधनों के लिए भुगतान करते हैं जिनका आप उपयोग करते हैं, जिससे यह व्यवसायों के लिए एक लागत प्रभावी विकल्प बन जाता है।

किसी भी समय उपलब्धता

अधिकांश क्लाउड प्रदाता 99.9% का प्रभावशाली अपटाइम बनाए रखते हुए अत्यधिक विश्वसनीय सेवाएँ प्रदान करते हैं।

लचीली क्षमता

क्लाउड कंप्यूटिंग एक लचीला बुनियादी ढांचा प्रदान करता है जिसे उपयोगकर्ता की जरूरतों और परिस्थितियों के अनुसार आसानी से ऊपर, नीचे या बंद किया जा सकता है।

कार्यकरण

क्लाउड कंप्यूटिंग के लाभों में से एक दुनिया में कहीं से भी काम करने की क्षमता है, बशर्ते आपके पास इंटरनेट कनेक्शन हो।

कार्बन फूटप्रिंट

क्लाउड कंप्यूटिंग संगठनों को संसाधन उपयोग को अनुकूलित करके और अनावश्यक अति-प्रावधानीकरण से बचकर अपने पर्यावरणीय प्रभाव को कम करने में सक्षम बनाता है, जिससे उनके कार्बन फूटप्रिंट को कम किया जा सकता है।

सॉफ़्टवेयर अपडेट की सुविधा

क्लाउड कंप्यूटिंग में, सर्वर प्रदाता सुरक्षा अपडेट सहित आपके सॉफ़्टवेयर को नियमित रूप से अपडेट करते हैं, जिससे आपको सिस्टम के रखरखाव पर मूल्यवान समय खर्च करने के बोझ से राहत मिलती है।

सहयोग

क्लाउड एप्लिकेशन व्यक्तियों के विभिन्न समूहों को वस्तुतः जुड़ने, जानकारी साझा करने और बेहतर टीम वर्क के लिए साझा संसाधनों का उपयोग करने के लिए सशक्त बनाकर सहयोग को बढ़ावा देते हैं।

सुरक्षा

क्लाउड कंप्यूटिंग संवेदनशील डेटा की सुरक्षा के लिए मजबूत सुरक्षा उपाय प्रदान करता है। आपके कंप्यूटर पर डेटा हानि की स्थिति में, क्लाउड में संग्रहीत डेटा तक आसानी से पहुंचा जा सकता है, जिससे इसकी उपलब्धता सुनिश्चित होती है और डेटा हानि को रोका जा सकता है।

दस्तावेज़ नियंत्रण

क्लाउड कंप्यूटिंग के उद्भव से पहले, कर्मचारियों को फ़ाइलें साझा करने के लिए ईमेल अनुलग्नकों पर निर्भर रहना पड़ता था, जिसके परिणामस्वरूप जब कई उपयोगकर्ता एक साथ उन पर सहयोग करने का प्रयास करते थे, तो परस्पर विरोधाभासी शीर्षकों (titles), प्रारूप (formats) और सामग्री (content) का अव्यवस्थात्मक मिश्रण होता था।

रखरखाव

क्लाउड कंप्यूटिंग SLA-समर्थित समझौतों, केंद्रीकृत संसाधन प्रशासन और प्रबंधित बुनियादी ढांचा प्रदान करके आईटी रखरखाव और प्रबंधन को सुव्यवस्थित और संवर्धित करता है, जिसके परिणामस्वरूप सरलीकृत संचालन और बेहतर दक्षता होती है।

क्लाउड सेवाएं

aws

Dropbox

NETFLIX

क्लाउड होस्टिंग क्या है?

क्लाउड होस्टिंग एक प्रकार की वेब होस्टिंग सेवा है जो वेबसाइट और एप्लिकेशन को होस्ट करने के लिए कई इंटरकनेक्टेड सर्वर का उपयोग करती है। एकल भौतिक सर्वर पर निर्भर रहने के बजाय, क्लाउड होस्टिंग संसाधनों और कार्यभार को सर्वरों के एक नेटवर्क में वितरित करता है, जिसे अक्सर "क्लाउड" कहा जाता है। यह वितरित बुनियादी ढांचा स्केलेबिलिटी, विश्वसनीयता और फ्लेक्सिबिलिटी प्रदान करता है, जिससे वेबसाइटों और एप्लिकेशन को उच्च ट्रैफ़िक वॉल्यूम को संभालने और बदलती संसाधन मांगों के अनुकूल होने की अनुमति मिलती है। क्लाउड होस्टिंग अतिरेक, लोड संतुलन और स्वचालित संसाधन आवंटन जैसी सुविधाएँ भी प्रदान करता है, जिससे यह उन व्यवसायों के लिए एक लोकप्रिय विकल्प बन जाता है जिन्हें मजबूत और फ्लेक्सिबल होस्टिंग समाधान की आवश्यकता होती है।

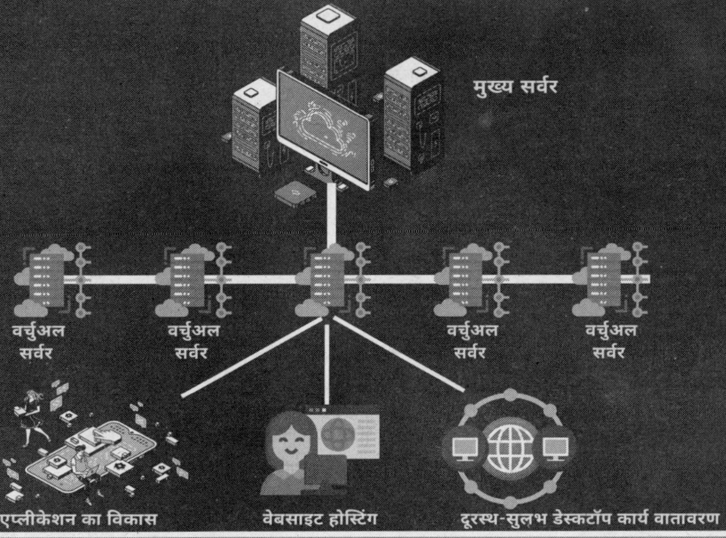

12.8 ग्रिड कंप्यूटिंग (Grid Computing)

ग्रिड कंप्यूटिंग, संसाधनों को सहयोगी तरीके से साझा करने की सुविधा प्रदान करता है। इसका उपयोग बिखरे हुए और बड़े स्तर पर सामूहिक कंप्यूटिंग में किया जा सकता है। **ग्रिड सामान्यतः किसी एक कार्य को करने के लिए विभिन्न कंप्यूटिंग इकाइयों की प्रोसेसिंग क्षमता का उपयोग करता है।** इसके कार्य करने की प्रक्रिया-कार्य को बहुत सारे उपकार्यों में विभाजित कर लेती है तथा ग्रिड पर प्रत्येक कंप्यूटिंग इकाई को उपकार्य दिया जाता है। सभी उपकार्यों को पूरा होने के बाद उन्हें मुख्य कंप्यूटिंग इकाई के पास पुनः भेजा जाता है और वहां उन्हें फलतः संयुक्त करके परिणाम के रूप में उपलब्ध कराया जाता है।

क्लाउड बनाम् ग्रिड कंप्यूटिंग (Cloud Computing vs. Grid Computing)

1. क्लाउड द्वारा की गई सेवाएं ग्रिड कंप्यूटिंग से अधिक हैं क्योंकि क्लाउड द्वारा लगभग सभी सेवाएं वेब के मल्टीपल ऑपरेटिंग सिस्टम, DB सपोर्ट तथा अन्य पर प्रदान की जाती हैं।
2. ग्रिड सिस्टम में सर्वर कम्प्यूटर को डाटा के हिस्सों को बांटने की तथा ग्रिड में भाग लेने वाली कम्प्यूटर इकाइयों से परिणाम इकठ्ठा करने की जरूरत होगी।
3. पारंपरिक क्लस्टर कंप्यूटिंग सिस्टम की तुलना करने पर ग्रिड शिथिल रूप से बहु-इकाई, विजातीय तथा भौगोलिक रूप से बिखरे होते हैं।

12.9 नेशनल इंटेलिजेंस ग्रिड (National Intelligence Grid-NAT GRID)

नेट ग्रिड, एक **'एकीकृत इंटेलिजेंस ग्रिड'** (National Intelligence Grid) है, जो भारत सरकार की प्रमुख सुरक्षा एजेंसियों के डाटाबेस से जुड़ी होती है। यह इंटेलिजेंस के व्यापक पैटर्न का संग्रहण करने में समर्थ है, जिन तक इंटेलिजेंस एजेंसी तुरंत पहुंच सकती है। 2008 के 26/11 हमले के बाद ऐसी एजेंसी की आवश्यकता महसूस की गई तथा प्रथमतः इसे प्रस्तावित किया गया।

मुख्य विशेषताएं (Keynote)

- यह एक महत्वाकांक्षी **आतंकवाद विरोधी कार्यक्रम** है।
- यह बिग डेटा और एनालिटिक्स जैसी **तकनीकों का उपयोग** करेगा ताकि **संदिग्ध आतंकवादियों पर नजर रखने और आतंकवादी हमलों को रोकने में मदद** करने के लिए विभिन्न खुफिया और प्रवर्तन एजेंसियों से डेटा की भारी मात्रा का विश्लेषण किया जा सके।
- यह **अलग-अलग चरणों में, डेटा प्रदान करने वाले संगठनों और उपयोगकर्ताओं को जोड़ने** के अलावा एक कानूनी संरचना विकसित करेगा, जिसके माध्यम से कानून प्रवर्तन एजेंसियों द्वारा जानकारी तक पहुंचा जा सकता है।
- NATGRID मुंबई में 26/11 हमला के बाद की संरचना है।

यद्यपि अमेरिका से, लश्कर आतंकवादी डेविड कौलमैन हेडली 26/11 के हमले से पूर्व कई बार भारत आया तथा आतंकवादी हमले के संभावित स्थानों की व्यापक सूचना एकत्रित की। उसके कई बार भारत आने तथा भारत से पाकिस्तान होते हुए अमेरिका जाने के बावजूद भारतीय एजेंसियों को उस पर संदेह नहीं हुआ क्योंकि उनके पास कोई ऐसा पैटर्न नहीं था जो उसकी भारत में सामान्य यात्राओं तथा कार्यक्रमों को प्रदर्शित कर सके। यह कहा जाता है कि नेट ग्रिड जैसे किसी सिस्टम की अटैक से पहले मौजूदगी होती तो हेडली को अटैक से पहले ही पकड़ा जा सकता था।

नेटग्रिड एक 'इंटेलिजेंस शेयरिंग नेटवर्क' है। यह विभिन्न एजेंसियों तथा भारत सरकार के मंत्रालयों से डाटाबेस को संयुक्त/एकीकृत करता है। यह आतंकवाद के प्रति दक्ष मानकों की तरह कार्य करता हैं, क्योंकि यह सरकार के डाटाबेस से सूचनाओं को संगृहीत तथा एकीकृत करता है। इन डाटाबेस में कर तथा बैंक खाता संबंधी ब्यौरा, क्रेडिट कार्ड ट्रांजेक्शन, बीजा तथा अप्रवासी रिकॉर्ड तथा उनके यात्रा कार्यक्रमों (रेल या वायुयान द्वारा) को शामिल किया जाता है। 11 एजेंसियां हैं, जो नेट ग्रिड का उपयोग कर सकती हैं- **रॉ (Research and Analysis wing), इंटेलिजेंस, सी.बी.आई., फाइनेंशियल-इंटेलिजेंस यूनिट, सेंट्रल बोर्ड ऑफ डायरेक्ट टैक्स, एनफोर्समेंट डायरेक्टरेट, डायरेक्टरेट ऑफ रेवेन्यु इंटेलिजेंस, नारकोटिक्स कंट्रोल ब्यूरो, सेंट्रल बोर्ड ऑफ एक्साइज एण्ड कस्टम तथा डायरेक्टरेट जनरल ऑफ सेंट्रल एक्साइज इंटेलिजेंस।**

आलोचनाएं

- NATGRID गोपनीयता के संभावित उल्लंघन और गोपनीय व्यक्तिगत जानकारी के रिसाव के आरोपों के विरोध का सामना कर रहा है।
- आतंक को रोकने में इसकी प्रभावकारिता पर भी सवाल उठाया गया है कि किसी भी राज्य ऐजेंसी या पुलिस बल के पास इसके डेटाबेस तक पहुंच नहीं है, जिससे तत्काल, प्रभावी कार्रवाई की संभावना कम हो जाती है।
- कुछ विशेषज्ञों के अनुसार, NATGRID जैसे डिजिटल डेटाबेस का दुरुपयोग किया जा सकता है। पिछले दो दशकों में, बहुत से डिजिटल उपकरण, जो आतंकवादी उपयोग करते हैं, हिंसक विचारधारा फैलाने के लिए भी महान हथियार बन गए हैं।
- खुफिया एजेंसियों ने भी आशंकाओं के बीच विरोध किया है कि यह उनके क्षेत्र पर प्रभाव डालेगा।

हमें NATGRID की आवश्यकता क्यों है?

- NATGRID जैसे परिष्कृत उपकरण के न होने का खतरा यह है कि यह पुलिस को कठोर और जबरदस्त तरीकों पर भरोसा करने के लिए मजबूर करता है और फिर पुलिस अपरिष्कृत और अपमानजनक तरीकों से जानकारी निकालती है।
- हर आतंकवादी घटना के बाद, यह संदिग्धों को घेरे में लाता है- जो निर्दोष हैं। अगर इसके बजाय, एक पैटर्न खोज और मान्यता प्रणाली लागू होती है, तो मानवाधिकारों का उल्लंघन बहुत कम होगा।
- नेट ग्रिड इंटेलिजेंस ब्यूरो को संदिग्ध पृष्ठभूमि वाले व्यक्तियों पर नजर रखने में भी मदद करेगा।
- पुलिस के पास उसके सभी डेटा तक पहुंच होगी और किसी व्यक्ति द्वारा की गई किसी भी गतिविधि को इस डेटाबेस की मदद से ट्रैक किया जाएगा।

नकारात्मक बिंदु

निसत्व हनन तथा गुप्त निजी सूचनाओं के लीक होने की संभावना के आधार पर नेट ग्रिड का विरोध किया गया था। इसमें किसी भी राज्य एजेंसी या पुलिस की पहुंच नहीं है जो आतंकवाद को रोकने के त्वरित प्रयासों की क्षमता को कम करता है। इसलिए आंतकवाद को रोकने की इसकी क्षमता पर भी सवाल उठाए गए हैं।

(आईसीटी) नेटग्रिड (ICT) NATGRID

राष्ट्रीय खुफिया ग्रिड (NATGRID) ने प्राथमिकी और चोरी के वाहनों पर केंद्रीकृत ऑनलाइन डेटाबेस तक पहुंचने के लिए राष्ट्रीय अपराध रिकॉर्ड ब्यूरो (NCRB) के साथ एक समझौता ज्ञापन पर हस्ताक्षर किए हैं।

डेटा तक कौन पहुंच सकता है?

- **यह कम-से-कम 11 केंद्रीय एजेंसियों** जैसे- इंटेलिजेंस ब्यूरो (आईबी) और रिसर्च एंड एनालिसिस विंग (रॉ) के लिए एक सुरक्षित प्लेटफॉर्म पर डेटा एक्सेस करने **का माध्यम होगा।**
- **नैटग्रिड द्वारा डेटा 21 प्रदाता संगठनों जैसे- दूरसंचार, कर रिकॉर्ड, बैंक, आप्रवास आदि से प्राप्त किया जाएगा।**

12.10 एन्क्रिप्शन (Encryption)

डाटा सुरक्षा प्रदान करने का सर्वाधिक प्रभावी तरीका 'एन्क्रिप्शन' है। एन्क्रिप्टेड डाटा का अर्थ कूटबद्ध टेक्स्ट से है। आपके पास एक गुप्त पासवर्ड होना आवश्यक है, जो इस डाटा को डिक्रिप्ट (decrypt) कर सके। यह एन्क्रिपेड फाइल को पढ़ने में मदद करता है। इसके विपरीत बिना एन्क्रिप्ट किया हुआ (unencrypted) डाटा का अर्थ साधारण टेक्स्ट से है।

यह महत्वपूर्ण डाटा को सुरक्षित करने का प्रभावी उपकरण है जो अप्राधिकृत व्यक्ति को डाटा से दूर रखता है।

सेना तथा सरकार लंबे समय से गुप्त संचार के लिए इसका अनुप्रयोग कर रहे हैं। वर्तमान में यह end-to-end encryption (ETEE) का प्रयोग करते हुए सामान्यत: कई प्रकार की सूचनाओं की सुरक्षा में उपयोग की जाती है। यहां पर संदेश भेजने वाले (sender) तथा प्राप्त करने वाले (receiver) के अलावा कोई भी डाटा को डिक्रिप्ट नहीं कर सकता।

एन्क्रिप्शन के दो प्रकार हैं: सममित एन्क्रिप्शन (Symmetric Encryption) तथा **असममित एन्क्रिप्शन (Asymmetric Encryption)।**

सममित एन्क्रिप्शन आसान प्रकार का एन्क्रिप्शन है जहां केवल गुप्त की (private key) का प्रयोग किया जाता है। **असममित एन्क्रिप्शन** तुलनात्मक रूप से जटिल एन्क्रिप्शन है जिसमें सार्वजनिक तथा प्राइवेट दोनों की (Key) का उपयोग किया जाता है। सार्वजनिक की (Key) सभी प्राप्त कर्ताओं (recipients) को पता होती है जिसका उपयोग डाटा को डिक्रिप्ट करने में किया जाता है। व्हाट्सऐप अधिक जटिल असममित एन्क्रिप्शन का प्रयोग करता है। व्हाट्सऐप में सार्वजनिक की (Key) का प्रयोग किया जाता है तथा यहां पर प्राइवेट की (private Key) प्रत्येक संदेश के साथ बदलती रहती है। इसके साथ यूजर के हस्तक्षेप के बिना डाटा एन्क्रिप्ट भी नहीं किया जा सकता है।

एन्क्रिप्शन लेवल तथा सुरक्षा का मुद्दा

(Encryption Level and Issue of Security)

कानून को लागू करने के लिए एन्क्रिप्शन भारत के साथ पूरे विश्व के लिए चुनौती है। **भारत में टेलीकॉम क्षेत्र 40 बिट्स (bits) एन्क्रिप्शन तक सीमित है, जबकि 2015 की एन्क्रिप्शन ड्राफ्ट पॉलिसी ने 256 बिट्स (bits) की एन्क्रिप्शन के उपयोग की अनुशंसा की थी** तथा डिजिटल हस्ताक्षर के उपयोग की भी अनुशंसा की ताकि एक सुरक्षित साइबर स्पेस का निर्माण हो सके।

2016 में पठानकोट अटैक के बाद सरकार की एन्क्रिप्शन संबंधी रेगुलेशन पॉलिसी पर ये प्रश्नचिन्ह उत्पन्न हुए कि एक मजबूत नियंत्रण, एन्क्रिप्शन तकनीक के नवोन्मेष को बाधित कर सकता है, सरकार को एक नीति बनाने की आवश्यकता है जो आंतकवादी तथा आपराधिक गतिविधियों को रोक सके।

[इन्फोग्राफिक देखें - एन्क्रिप्शन (कूटलेखन)]

12.11 परिधेय योग्य प्रौद्योगिकी (Wearable Technology)

- स्मार्टफोन के आविष्कार के बाद प्रौद्योगिकी की दुनिया में पहनने योग्य इलेक्ट्रॉनिक्स उपकरण अगला बड़ा नवाचार है। परिधेय उपकरण एक ऐसी इलेक्ट्रॉनिक तकनीक या उपकरण हैं जिन्हें आराम से शरीर पर पहना जा सकता है। यह उपकरण वास्तविक समय के आधार पर जानकारी ट्रैक करने में उपयोगी सिद्ध होंगे। इन उपकरणों में गति संवेदक (Motion Sensors) लगाए जाते हैं जो हमारी प्रतिदिन की गतिविधियों का स्नैपशॉट (आशुचित्र) लेंगे तथा इसे मोबाइल या लैपटॉप-कंप्यूटर्स से जोड़ेंगे।
- पहनने योग्य तकनीक प्रयोग के आधार पर मुख्य रूप से स्मार्टवॉच और गतिविधि ट्रैकर की भांति ही दिखाई देती है। व्यावसायिक उपयोग के अतिरिक्त इस तकनीक का प्रयोग नौवहन प्रणाली, उन्नत कपड़ा व्यवसाय तथा स्वास्थ्य क्षेत्र में भी हो रहा है। सुनने वाली कान की मशीन भी एक तरह की पहनने योग्य तकनीक है, जो कि स्मार्ट वॉच की तुलना में पुरानी तकनीक है तथा लोकप्रिय रूप से प्रचलन में भी है।

उपभोक्ता बाजार में आने से पहले यह तकनीक सैन्य प्रौद्योगिकी के क्षेत्र में प्रयोग में लायी जाती थी। असल में ये उपकरण सैन्य बलों की चिकित्सा तथा स्वास्थ्य क्षेत्र का अभिन्न हिस्सा रहे हैं। **'वियरेबल मदरबोर्ड' (Wearable Motherboards)** तथा **'स्मार्ट शर्ट' (Smart Shirts)** जैसे उपकरण मरीजों के स्वास्थ्य तथा तंदुरुस्ती की निगरानी करने में प्रयुक्त होते हैं तथा इन उपकरणों की सहायता से हब स्टेशनों को वास्तविक समय के आधार पर सूचनाएं प्राप्त होती हैं।

12.12 बायोमीट्रिक (Biometrics)

बायोमीट्रिक के अन्तर्गत लोगों के शारीरिक तथा व्यावहारिक गुणों का मापन तथा स्थैतिक विश्लेषण किया जाता है। **बायोमीट्रिक शब्द की उत्पत्ति ग्रीक**

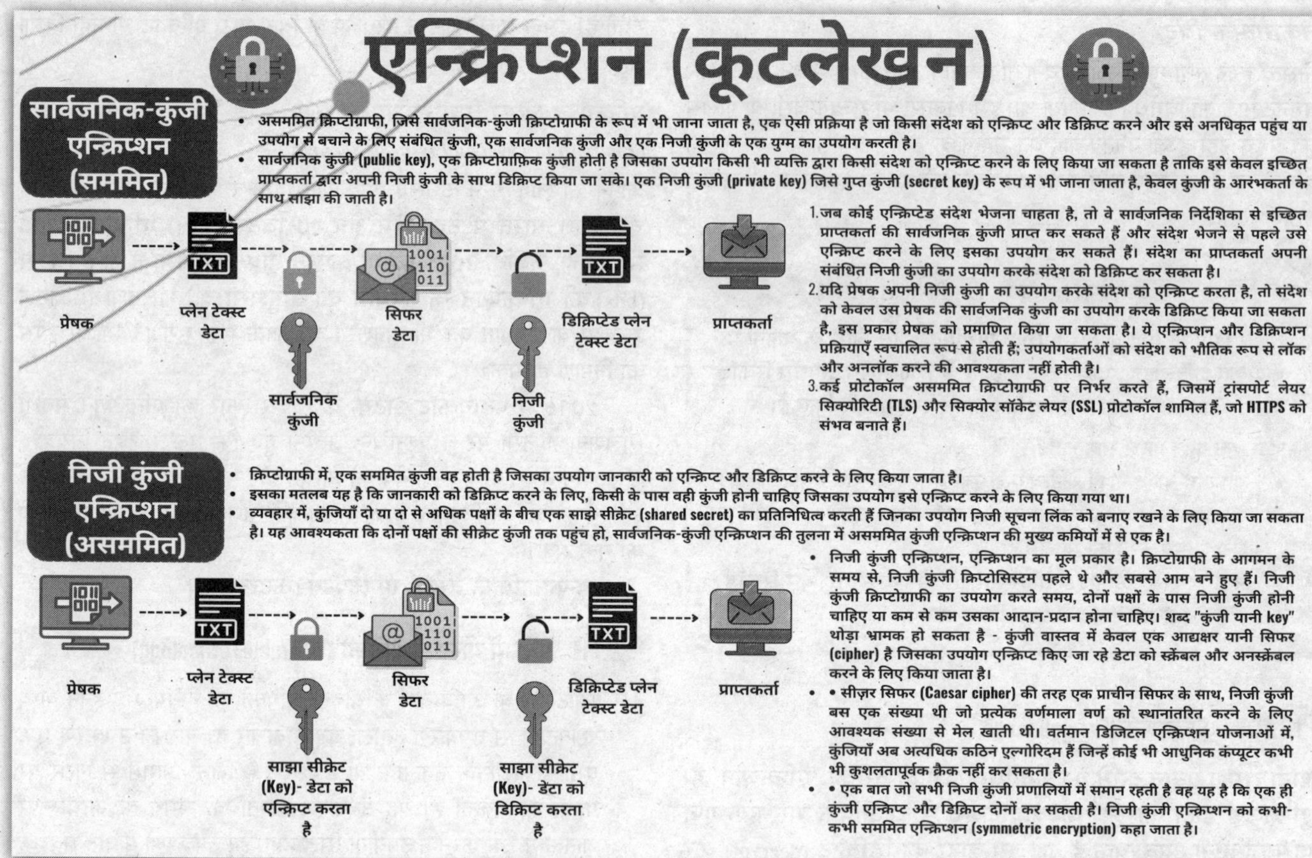

शब्द 'बायो व मीट्रिक' से हुई जहां 'बायो' का अर्थ है-जीवन तथा मीट्रिक का अर्थ होता है-मापन। यह तकनीक, पहचान तथा पहुंच नियंत्रण (access control) प्रदान करती है या व्यक्तिगत पहचान सुनिश्चित करती है जो निगरानी में होती है। बायोमीट्रिक प्रमाणीकरण का आधार तथा सिद्धांत यह है कि प्रत्येक व्यक्ति विशिष्ट (Unique) होता है इसलिए सामान्य शारीरिक तथा व्यवहारात्मक विशेषता द्वारा किसी को व्यक्तिगत तौर पर पहचाना जा सकता है।

बायोमीट्रिक पहचानकर्ता (identifiers) के द्वारा किसी को भी व्यक्तिगत रूप से वर्गीकृत तथा परिभाषित किया जा सकता है, जो विशेष मापन योग्य गुण हैं, उन्हें प्राय: **शारीरिक (Physiological) तथा व्यावहारिक (Behavioural) गुणों के रूप में वर्गीकृत किया जाता है।**

शारीरिक गुण वे हैं, जो शरीर के आकार से संबंधित हैं इसके सामान्य उदाहरण हैं-**फिंगरप्रिंट, हथेली की नसें, चेहरे की पहचान, रेटिना, गंध** (odour) तथा DNA भी। इनका एक महत्वपूर्ण गुण इनका असीमित होना है।

व्यावहारिक गुणों में किसी व्यक्ति के व्यवहार से संबंधित गुण होते हैं। इसमें टाइपिंग लय (typing rhythm), चाल तथा आवाज शामिल है। ये भी असीमित हैं।

बायोमीट्रिक की शुद्धता (Accuracy of Biometric)

यद्यपि अभी तक शुद्धता तथा रीडर (reader) की लागत साबित करने की आवश्यकता है। जब तक यह साबित नहीं होता बायोमीट्रिक प्रमाणीकरण को अपनाना एक सीमित तथ्य रहेगा। फिर भी उच्च गुणवत्ता युक्त कैमरा, माइक्रोफोन तथा फिंगर प्रिंट रीडर, जो आज के मोबाइल डिवाइस में उपलब्ध कराये जाते हैं, यूजर के प्रमाणीकरण के सामान्य तरीकों के कारण बायोमीट्रिक के संभावित उपयोग के संकेतक हैं। इसे विशेष रूप से FIDO विशेषीकरण के रूप में देखा जा सकता है। इसका तात्पर्य है कि Two-factor authentication के उपयोग से बायोमीट्रिक अत: लागत प्रभावी (Cost effective) हो सकती है तथा इस स्थिति में इसका प्रयोग उपभोक्ता बाजार में किया जा सकता है।

बायोमीट्रिक के गुण (Characteristics of Biometrics)

प्रक्रिया के प्रथम चरण में बायोमीट्रिक गुणों की संख्या को बताया जा सकता है।

1. **सार्वभौमिक (Universal):** ये विशेषताएं या गुण प्रत्येक व्यक्ति में होते हैं तथा ये संपूर्ण या इनमें से कुछ दुर्घटना या बीमारी की दशा में नष्ट को सकते हैं।

2. **गुणों का अपरिवर्तनीय होना (Invariance of properties):** ये लंबे समय तक स्थित बने रहते हैं तथा उम्र के आधार पर भी इनमें महत्वपूर्ण परिवर्तन नहीं होते हैं यहां तक कि पुरानी या लघु अवधि की बीमारी में भी परिवर्तित नहीं होता।
3. **मापनीयता (measurability):** जानकारी (Properties) को आसानी से तथा बहुत कम समय में संगृहीत किया जा सकता है तथा विशेषताओं/गुणों के आंकड़ों को निष्क्रिय रूप से संगृहीत किया जा सकता है।
4. **विलक्षणता (singularity):** प्रत्येक व्यक्ति के प्रत्येक गुण विलक्षण (uniqure) होते हैं। जो दूसरे व्यक्ति से इन्हें स्पष्ट रूप से पृथक करते हैं। ऊँचाई, वजन, बाल तथा आंखों का रंग, ये सभी गुण मनुष्य में विलक्षण होते हैं। तथापि ये अलग करने के लिए पर्याप्त नहीं है जब तक वर्गीकरण का उपयोग न किया जाए।
5. **स्वीकार्यता (Acceptance):** जनसंख्या के एक बड़े हिस्से को तकनीक (invasive tech) को स्वीकार कर लेना चाहिए, परन्तु इन्हें अपवर्जित (exclude) किया जाता है क्योंकि इनमें मानव शरीर की किसी मांग की आवश्यकता होती है।
6. **कम करने का गुण (reducibility):** फाइल को आसानी से प्रबंधित करने के लिए संगृहीत आंकड़ों को कम किया जा सकता है।
7. **विश्वसनीयता तथा घुसपैठ प्रतिरोधी (Reliablity and tamper-resistance):** गुणों को परिवर्तित करना या उनमें बदलाव करना असंभव है जिससे इनकी विश्वसनीयता कायम होती है।
8. **गोपनीयता (Privacy):** प्रक्रिया में व्यक्ति की गोपनीयता उजागर नहीं होती।
9. **तुलनीय (Comparable):** गुणों को एक सीमा तक कम किया जा सकता है, जहां वे डिजिटल रूप से दूसरे से तुलनीय होते हैं। मिलान की संभाव्यता अत्यंत कम अधिक पहचान प्राधिकार को सुनिश्चित करते हैं।
10. **अनुकरणीय (Inimitable):** गुणों को दूसरे के द्वारा पुनरुत्पादित नहीं किया जा सकता। यही गुण इन्हें अधिक प्रामाणिक बनाते हैं।

बायोमीट्रिक के उपयोग (Uses of Biometrics)

- न्याय तथा कानून लागू करने में, truly multimodal फिंगर प्रिंट चेहरा तथा आवाज पहचान में।
- हवाई अड्डों पर यात्रियों की आइरिस पहचान में।
- उच्च मूल्य की ट्रांजेक्शन हेतु बैंकिंग में।
- स्वास्थ्य के क्षेत्र में बहुमूल्य रिकॉर्ड के अनुरक्षण (maintaining) में।
- ATM में आइरिस पहचान में।
- व्यवसाय में, कॉर्पोरेट सेक्टर में कर्मचारियों के फिंगरप्रिंट का उपयोग उपस्थिति दर्ज करने में।
- उपस्थिति के साथ उम्मीदवार के व्यक्तिगत ब्यौरा को (save) परीक्षा करने में सेव करना।

भारत में बायोमीट्रिक (Biometrics in India)

भारत लगातार आतंकवाद तथा सुरक्षा में कामियों की समस्याओं का सामना कर रहा है, जिनसे निपटने के लिए बायोमीट्रिक प्रणाली को अपनाने की प्रेरणा मिलती है। इसका उपयोग उच्च स्तरीय सुरक्षा तथा प्रमाणीकरण में किया जा रहा है। इनमें से कुछ इस प्रकार हैं:

- रक्षा तथा सुरक्षा उद्योग में
- पुलिस प्रशासन में
- वित्त मंत्रालय में
- गृह मंत्रालय में
- लाइब्रेरी में

बायोमीट्रिक इंडिया एक्सपो, 2007
(Biometrics India Expo, 2007)

बायोमीट्रिक टेक्नोलॉजी तथा एप्लिकेशन की प्रथम **'इंटरनेशनल कांफ्रेंस एण्ड एक्सहिबिशन'** (International Conference and Exhibition) का आयोजन **13–15 सितंबर, 2007 को प्रगति मैदान, नई दिल्ली** में हुआ।

12.13 चेहरे की पहचान प्रौद्योगिकियां (Facial Recognition Technology)

- तीन वर्ष की देरी के बाद, मार्च 2022 में, यात्री देश के चार हवाई अड्डों पर अपने बोर्डिंग पास के रूप में फेस स्कैन का उपयोग किया जाना था लेकिन अंततः इसे 1 दिसंबर 2022 को लॉन्च किया गया।
- वाराणसी, पुणे, कोलकाता एवं विजयवाड़ा के हवाई अड्डे चेहरे की पहचान प्रौद्योगिकी-आधारित बायोमेट्रिक बोर्डिंग प्रणाली को शुरू करने वाले प्रथम होंगे।
- इसके बाद, देश के विभिन्न हवाई अड्डों पर चरणबद्ध तरीके से प्रौद्योगिकी का विस्तार किया जाएगा।

कार्यान्वयन (Implementation)

- भारतीय विमानपत्तन प्राधिकरण ने डिजीयात्रा नीति के हिस्से के रूप में प्रौद्योगिकी को लागू करने के लिए एनईसी कॉरपोरेशन प्राइवेट लिमिटेड को नियुक्त किया है, जो कागज रहित हवाई यात्रा एवं हवाई अड्डे में प्रवेश करने से लेकर विमान में चढ़ने तक एक सहज यात्रा को बढ़ावा देना चाहता है।
- इस नीति का अक्टूबर 2018 में अनावरण किया गया था, और मूल योजना के अनुसार, चेहरे की पहचान प्रौद्योगिकी का रोल-आउट अप्रैल 2019 निर्धारित किया गया था।

चेहरे की पहचान (Facial Recognition) क्या है?

- यह एक बायोमेट्रिक प्रणाली है जो किसी व्यक्ति की पहचान करने एवं दूसरे व्यक्ति से अंतर करने हेतु चेहरे के विशेष गुणों का प्रयोग करता है।
- ऑटोमेटेड फेशियल रिकॉग्निशन सिस्टम (Automated Facial Recognition System - AFRS) लोगों के चेहरों के फोटो एवं वीडियो के साथ एक बड़ा डेटाबेस का सृजन कर कार्य करता है। फिर, एक अज्ञात व्यक्ति की नई छवि - जिसे अक्सर सीसीटीवी फुटेज से प्राप्त किया जाता है - की तुलना मौजूदा डेटाबेस से की जाती है ताकि एक जैसे मिलान या मैचिंग का पता लगाया जा सके और व्यक्ति की पहचान की जा सके।

- पैटर्न-खोज तथा सुमेलन हेतु इस्तेमाल की जाने वाली कृत्रिम बुद्धिमत्ता तकनीक को 'तंत्रिका नेटवर्क' कहा जाता है।

चेहरे की पहचान के लाभ (Benefits of Facial Recognition)

- इसका उपयोग आपराधिक पहचान एवं प्रमाणिकता के क्षेत्र में परिणामों में सुधार हेतु किया जाता है।
- भीड़ के बीच आसान पहचान करने में।
- पुलिस विभाग की अपराध जांच क्षमताओं को बढ़ाता है।
- जरूरत पड़ने पर नागरिक सत्यापन में मदद करता है। फर्जी आईडी से कोई नहीं बच पाएगा।

चिंताएं क्या हैं? (What are the Concerns?)

- विशिष्ट कानूनों या दिशानिर्देशों की अनुपस्थिति निजता के मूल अधिकारों तथा वाक् एवं अभिव्यक्ति की स्वतंत्रता के लिए एक बड़ा खतरा है क्योंकि यह उस सीमा का समाधान नहीं करता है, जिसे उच्चतम न्यायालय ने 'जस्टिस के.एस. पुट्टस्वामी बनाम भारत संघ मामले में अपने ऐतिहासिक निजता निर्णय में दिया था।
- कई संस्थानों ने चेहरे की पहचान प्रणाली (FRS) की तैनाती से पहले 'निजता प्रभाव आकलन' नहीं किया है।
- **प्रकार्य संचलन:** प्रकार्य संचलन तब होता है, जब कोई व्यक्ति किसी ऐसे उद्देश्य के लिए जानकारी का उपयोग करता है, जो मूल निर्दिष्ट उद्देश्य नहीं है (पुलिस को लापता बच्चों को ट्रैक करने हेतु दिल्ली उच्च न्यायालय के आदेश से एफआरएस का उपयोग करने की अनुमति मिली थी। अब वे इसे व्यापक सुरक्षा तथा निगरानी व जांच के उद्देश्य हेतु उपयोग कर रहे हैं, जो एक प्रकार्य संचलन है)।
- यह एक अति-पुलिस समस्या या समस्याओं का कारण बन सकता है, जहां कुछ अल्पसंख्यकों को बिना किसी विधिक समर्थन या किसी भी निरीक्षण के बिना लक्षित किया जाता है कि क्या हो रहा है? एक और समस्या जो उत्पन्न हो सकती है, वह है सामूहिक निगरानी, जिसमें पुलिस विरोध के दौरान एफआरटी प्रणाली का उपयोग कर रही है।
- **जन निगरानी:** यदि कोई सरकार के विरोध में जाता है, और पुलिस उस व्यक्ति की पहचान करने में सक्षम होती है, तो प्रतिक्रिया (repercussions) हो सकती हैं।
- AFRS का आधार वर्ष 2009 की कैबिनेट टिप्पणी है। लेकिन कैबिनेट टिप्पणी एक विधिक सार नहीं है, यह एक प्रक्रियात्मक टिप्पणी है। इसलिए यह एक वैध विधिक प्रणाली नहीं है, जिसके आधार पर AFRS का गठन किया जा सकता है।

समय की मांग (Need of the hour)

- उच्चतम न्यायालय ने पुट्टस्वामी मामले में निर्णय दिया कि सार्वजनिक स्थानों पर भी निजता एक मौलिक अधिकार है। और यदि इन अधिकारों का उल्लंघन करने की आवश्यकता है, तो सरकार को यह स्पष्ट करना होगा कि इस तरह की कार्रवाई विधि द्वारा स्वीकृत है, इस तरह के हस्तक्षेप की आवश्यकता के अनुपात में, आवश्यक तथा एक वैध उद्देश्य की खोज है।

12.14 डिजिटल उधार (Digital Lending)

इसमें प्रमाणीकरण और क्रेडिट मूल्यांकन के लिए प्रौद्योगिकी का लाभ उठाकर वेब प्लेटफॉर्म या मोबाइल ऐप के माध्यम से उधार देना शामिल है। भारत के डिजिटल ऋण बाजार में पिछले कुछ वर्षों में उल्लेखनीय वृद्धि देखी गई है। डिजिटल लेंडिंग वैल्यू, वित्त वर्ष 2015 में 33 बिलियन अमेरिकी डॉलर से बढ़कर वित्त वर्ष 2020 में 150 बिलियन अमेरिकी डॉलर हो गई और वित्त वर्ष 2023 तक 350 बिलियन अमेरिकी डॉलर तक पहुंचने की उम्मीद है। बैंकों ने डिजिटल लेंडिंग मार्केट में टैप करने के लिए अपनी पारंपरिक उधार की मौजूदा क्षमताओं का लाभ उठाकर स्वयं के स्वतंत्र डिजिटल लेंडिंग प्लेटफॉर्म लॉन्च किए हैं।

डिजिटल उधार का महत्व (Significance of Digital Lending)

वित्तीय समावेशन: यह भारत में विशेष रूप से सूक्ष्म उद्यम और निम्न-आय वाले उपभोक्ता खंड में ऋण आवश्यकता को पूरा करने में मदद करता है।
अनौपचारिक माध्यमों से उधार लेना कम करें: यह अनौपचारिक उधार को कम करने में मदद करता है क्योंकि यह उधार लेने की प्रक्रिया को सरल करता है। अधिकांश भारतीय कभी-कभी अनुचित रूप से उच्च ब्याज दरों पर, मुख्यत: परिवार, दोस्तों और साहूकारों से उधार लेना जारी रखते हैं, क्योंकि ये ऋण अधिक लचीले और सुविधाजनक होते हैं।
समय की बचत: यह शाखा में कार्य ऋण आवेदनों पर खर्च किए गए समय को कम करता है। डिजिटल लेंडिंग प्लेटफॉर्म ओवरहेड लागत में 30-50% की कटौती करते है।

डिजिटल लेंडिंग प्लेटफॉर्म से जुड़ी समस्याएं (Issues with Digital Lending Platforms)

अनधिकृत डिजिटल लेंडिंग प्लेटफॉर्म और मोबाइल एप्लिकेशन की बढ़ती संख्या के रूप में:

- वे अत्यधिक ब्याज दर और अतिरिक्त छिपे हुए शुल्क लेते हैं।
- वे अस्वीकार्य और उच्च-स्तरीय पुनर्प्राप्ति विधियों को अपनाते हैं।
- वे उधारकर्ताओं के मोबाइल फोन पर डेटा तक पहुंचने के लिए समझौतों का दुरुपयोग करते हैं।
- **RBI द्वारा उठाए गए कदम**
  - गैर-बैंकिंग वित्तीय कंपनियों (NBFC) और बैंकों को उन ऑनलाइन प्लेटफॉर्म के नाम बताने होंगे, जिनके साथ वे काम कर रहे हैं।
  - RBI ने यह भी अनिवार्य किया है कि बैंकों और NBFC की ओर से उपयोग किए जाने वाले डिजिटल लेंडिंग प्लेटफॉर्म को ग्राहकों के सामने बैंक या NBFC के नाम का खुलासा करना चाहिए।
  - केंद्रीय बैंक ने ऋण देने वाले ऐप्स को ऋण समझौते के निष्पादन से पहले संबंधित बैंक / NBFC के लेटरहेड पर उधारकर्ता को एक स्वीकृति पत्र जारी करने के लिए भी कहा था।
  - वैध सार्वजनिक ऋण गतिविधियों को बैंकों, RBI के साथ पंजीकृत NBFC और अन्य संस्थाओं द्वारा किया जा सकता है जो वैधानिक प्रावधानों के तहत राज्य सरकारों द्वारा विनियमित होते हैं।

- **भारत का डिजिटल पारिस्थितिकी तंत्र**
  - बैंकों ने अपने ग्राहकों को बेहतर सेवा देने के लिए फिनटेक के साथ भागीदारी की है।
  - भारत सरकार ने विशेष रूप से विमुद्रीकरण के बाद देश में डिजिटल वातावरण को बढ़ावा देने के लिए एकीकृत भुगतान इंटरफेस, जन धन योजना, आधार सक्षम भुगतान प्रणाली आदि जैसी कई पहल की हैं।

भारत एक डिजिटल ऋण क्रांति के कगार पर है और यह सुनिश्चित कर रहा है कि यह ऋण जिम्मेदारी से प्रदान किया जाता है; ताकि यह सुनिश्चित किया जा सके कि इस क्रांति के सही फल प्राप्त हों। चूंकि कई हितधारकों के पास संवेदनशील उपभोक्ता डेटा तक पहुंच होती है, तो डेटा के उपयोग की अवधि और डेटा के उपयोग पर प्रतिबंध के लिए स्पष्ट दिशानिर्देश होने चाहिए।

डिजिटल ऋणदाताओं को सक्रिय रूप से एक आचार संहिता विकसित और प्रतिबद्ध करनी चाहिए जो प्रकटीकरण और शिकायत निवारण के स्पष्ट मानकों के साथ अखंडता, पारदर्शिता और उपभोक्ता संरक्षण के सिद्धांतों को रेखांकित करती है। एक एजेंसी भी बनाई जा सकती है, जो सभी डिजिटल ऋणों और उपभोक्ता/ऋणदाता क्रेडिट इतिहास को ट्रैक करती है। तकनीकी सुरक्षा उपायों को स्थापित करने के अलावा, डिजिटल उधार के बारे में जागरूकता फैलाने के लिए ग्राहकों को शिक्षित और प्रशिक्षित करना भी महत्वपूर्ण है।

12.15 डिजिटल हस्ताक्षर (Digital Signature)

डिजिटल हस्ताक्षर से तात्पर्य '**इलेक्ट्रॉनिक हस्ताक्षर**' से है, जो संदेश भेजने वाले (Sender) की या इलेक्ट्रॉनिक दस्तावेज के डिजाइनर की पहचान सत्यापित करने के लिए उपयोगी होते हैं। यह सुनिश्चित करता है कि किसी दस्तावेज की मूल सामग्री में परिवर्तन नहीं किया गया है। डिजिटल हस्ताक्षर भेजने/प्राप्त करने में आसान, किसी दूसरे के द्वारा नकल नहीं किए जाने योग्य तथा स्वत: समय अंकन की विशेषताओं से युक्त होते हैं। भेजने वाला इसे बाद में आसानी से हटा नहीं सकता जिससे सुनिश्चित होता है कि मूल हस्ताक्षर युक्त संदेश प्राप्त किया जा चुका है।

एन्क्रिप्शन के कुछ प्रकार, डिजिटल हस्ताक्षर को पहचान सुनिश्चित करने में अधिक प्रभावी बनाते हैं। एन्क्रिप्शन, कंप्यूटर से सभी डाटा को कूटबद्ध (encodes) कर देता है, जिसे सिर्फ प्राप्त करने वाला दूसरा कंप्यूटर ही हल (decode) पर सकता है। प्रमाणीकरण से सुनिश्चित होता है कि सूचना का स्रोत विश्वसनीय है। ये दोनों प्रक्रियाएं हैण्ड-इन-हैण्ड (hand-in-hand) तरीके से डिजिटल हस्ताक्षर हेतु कार्य करती हैं।

यह कैसे कार्य करता है? (How does it work?)

मान लीजिए कि आप, किसी दूसरे शहर में स्थित वकील को अपने समझौते (Contract) का ड्राफ्ट भेज रहे हैं। आप सुनिश्चित करना चाहते हैं कि आपके द्वारा भेजा जा रहा डाटा परिवर्तित न हो तथा यह वास्तव में आप ही के द्वारा भेजा जा रहा है तो आप को निम्न प्रक्रिया अपनानी चाहिए:

1. ई-मेल नोट में कॉन्ट्रेक्ट को कॉपी तथा पेस्ट कीजिए।
2. एक विशेष सॉफ्टवेयर के इस्तेमाल से आपको एक Hash message (Mathematical Summary) मिलेगा।
3. आपको एक गोपनीय की (Key) इस्तेमाल करनी होगी जो आपको Hash एन्क्रिप्शन के लिए सार्वजनिक-निजी की (Key) अथॉरिटी से पहले ही प्राप्त हो चुकी होगी।
4. यह एन्क्रिप्ट किया हुआ Hash संदेश डिजिटल हस्ताक्षर के रूप में कार्य करेगा (**नोट:** यह प्रत्येक संदेश के लिए अलग-अलग प्राप्त होता है)।

दूसरी तरफ आपका वकील इस संदेश को प्राप्त करता है (At the other end, your lawyer receives the message)–

1. प्राप्त किए संदेश के लिए आपका वकील भी एक Hash निर्मित करेगा ताकि सुनिश्चित किया जा सके कि यह अपरिवर्तित तथा आपके द्वारा ही भेजा गया है।
2. तब आपका वकील आपकी सर्वाजनिक की (Key) का उपयोग Hash संदेश को डिक्रिप्ट करने हेतु करता है।
3. प्राप्त किया गया संदेश तभी वैध होगा जब Hashes समान होंगे।

महत्व (Significance)

प्रिंट किए हुए दस्तावेज पर हाथ के लिए गए हस्ताक्षर की तरह डिजिटल हस्ताक्षर इलेक्ट्रॉनिक दस्तावेज को प्रमाणित करता है। इस डिजिटल हस्ताक्षर को बदला नहीं जा सकता है और न ही इसकी नकल की जा सकती है। डिजिटल हस्ताक्षर, डिजिटल संदेश को प्रमाणित करने तथा सुरक्षा (non-repudiation) प्रदान करने का कार्य करता है। यह संदेश प्राप्तकर्ता को संदेश भेजने वाले की पहचान तथा संदेश की मौलिकता सुनिश्चित कराता है।

एक सर्टिफिकेशन अथॉरिटी (CA - Certification Authority) डिजिटल हस्ताक्षर जारी करती है जो गोपनीय की (Key) से चिह्नित (Signed) होती है। डिजिटल हस्ताक्षर में सामान्यत: मालिक की सार्वजनिक की (owner's public key), मालिक का नाम, सार्वजनिक की (Key) की समाप्त होने की तिथि, जारीकर्ता का नाम, डिजिटल हस्ताक्षर का सीरियल नंबर तथा जारीकर्ता के डिजिटल हस्ताक्षर शामिल होते हैं।

भारत में वैध (Legal in India)

भारत उन चुनिंदा देशों में से है जहां 'डिजिटल हस्ताक्षर कानून' है। यह कानून डिजिटल हस्ताक्षर को, भौतिक (हस्तलिखित) हस्ताक्षर की तरह ही वैधता प्रदान करता है। भारत में लाइसेंसधारी अथॉरिटी द्वारा डिजिटल हस्ताक्षर जारी होते हैं। डिजिटल हस्ताक्षर में पब्लिक की (Key) इन्फ्रास्ट्रक्चर तकनीक का प्रयोग किया जाता है।

12.16 गूगल का प्रोजेक्ट ड्रैगन फ्लाई (Google's Project Dragonfly)

प्रोजेक्ट ड्रैगनफ्लाई, कार्यक्रम का विकास, 2017 की शुरुआत में शुरू हुआ था और 2018 के अंत में Google के सीईओ और शीर्ष चीनी सरकारी अधिकारियों के बीच एक बैठक के बाद इसमें तेजी आई।

- **ड्रैगनफ्लाई (खोज इंजन):** ड्रैगनफ्लाई एक इंटरनेट सर्च इंजन ऐप था जो Google द्वारा प्रोटोटाइप किया गया था जिसे चीन के राज्य सेंसरशिप प्रावधानों के अनुकूल बनाया गया था।

- Google की खोज सेवा को अभी चीन में अधिकांश इंटरनेट उपयोगकर्ताओं द्वारा एक्सेस नहीं किया जा सकता है क्योंकि यह देश के तथाकथित ग्रेट फायरवॉल द्वारा अवरुद्ध है। चीन के लिए Google जिस ऐप का निर्माण कर रहा है, वह देश के कड़े सेंसरशिप कानूनों का पालन करेगी, जिससे शी जिनपिंग की कम्युनिस्ट पार्टी के शासन के प्रतिकूल सामग्री तक जनता की पहुंच सीमित हो जाएगी।
- चीन में व्यापार करना शेयर धारकों के लिए अच्छा है, मानवता के लिए बुरा है:
  - यह एक लाभदायक परियोजना है। 1.3 बिलियन की आबादी के साथ, चीन में दुनिया में इंटरनेट उपयोगकर्ताओं की सबसे बड़ी संख्या है, इसलिए नए उपयोगकर्ताओं को खोजने और मुनाफे में वृद्धि करने के लिए चीनी बाजार में सिलिकॉन वैली तकनीकी दिग्गजों के लिए एक लंबे समय से लक्ष्य रहा है।
  - लेकिन चीन में काम करना किसी भी अमेरिकी कंपनी के लिए अनिवार्य रूप से नैतिक मुद्दे उठाता है। मुख्य भूमि चीन में व्यापार करने का मतलब है कि एक सत्तावादी सरकार के साथ ऐसा व्यवहार करना जिसमें मानवाधिकारों के हनन का एक रिकॉर्ड और बोलने की आजादी का दमन होता हो।

मुद्दा क्या है? (What's the Issue?)

- गूगल की चीन परियोजना का शुरू से ही अत्यधिक विरोध किया गया है, क्योंकि कंपनी को सेंसरशिप और निगरानी में सहायता करने के लिए कहा गया है जो प्रभावी रूप से देश के मानवाधिकारों के उल्लंघन से जुड़ती है।
- आंतरिक विवाद मुख्य रूप से बीजिंग स्थित एक वेबसाइट, 265.com के इर्द-गिर्द घूमता है, जिसे Google ने 2008 में वापस खरीदा था। कंपनी ने बाजार अनुसंधान के लिए साइट का उपयोग किया था।

12.17 एज कंप्यूटिंग (Edge Computing)

एक शोध के अनुसार, 2025 तक, कंपनियां अपने डेटा का 75% से अधिक पारंपरिक केंद्रीकृत डेटा केंद्रों के बाहर उत्पन्न करेंगी और संसाधित करेंगी - यानी कि क्लाउड के 'एज' पर। जैसा कि इंटरनेट ऑफ थिंग्स (IoT) उपकरणों का उपयोग फैलता है और IoT डेटा को त्वरित रूप से संसाधित करने की आवश्यकता होती है, कई आईटी दिग्गज एज कंप्यूटिंग विकल्पों को नियुक्त करने पर विचार या शुरुआत कर रहे हैं।

एज कंप्यूटिंग क्या है? (What is Edge Computing?)

- एज कंप्यूटिंग एक नेटवर्क के किनारे पर डेटा का विश्लेषण, संसाधित और स्थानांतरित करने में सक्षम बनाता है। मतलब, इसे केंद्रीकृत डेटा केंद्र से बहुत दूर भेजने के बजाय डेटा का स्थानीय स्तर पर वास्तविक समय में विश्लेषण किया जाता है, जहां इसे संगृहीत किया जाता है।
- यह त्वरित डेटा प्रसंस्करण और सामग्री वितरण के लिए अनुमति देता है।

क्लाउड कंप्यूटिंग से एज कंप्यूटिंग कैसे अलग है? (How is Edge Computing Different from Cloud Computing?)

- एज कंप्यूटिंग और क्लाउड कंप्यूटिंग के बीच बुनियादी अंतर डेटा प्रोसेसिंग में होता है।
- इंटरनेट ऑफ थिंग्स (IoT) सिस्टम डेटा केंद्रों का उपयोग करके क्लाउड में अपनी सभी संगणनाएँ करते हैं।
- एज कंप्यूटिंग में, IoT उपकरणों द्वारा उत्पन्न बड़े पैमाने पर डेटा को स्थानीय रूप से संगृहीत और संसाधित किया जाता है। उस डेटा को संसाधित होते ही किसी नेटवर्क पर भेजने की आवश्यकता नहीं है; केवल महत्वपूर्ण डेटा भेजा जाता है - इसलिए, एक एज कंप्यूटिंग नेटवर्क पर मिलने वाले डेटा की मात्रा को कम करता है।

चुनौतियाँ (Challenges)

विशेषज्ञों के अनुसार, एज कंप्यूटिंग कई नए सुरक्षा जोखिमों को उत्पन्न करता है:

1. सबसे प्रमुख चिंताओं में से एक उपकरणों की भौतिक सुरक्षा है, जो कॉर्पोरेट कार्यालयों के भीतर सुरक्षित रूप से रखे गए कार्यालय उपकरण और प्रौद्योगिकी की तुलना में सभी प्रकार के दुर्भावनापूर्ण हमलों और दुर्घटनाओं की चपेट में हैं।
2. माइक्रो डाटा केंद्र, जैसे कि दूरसंचार कंपनियों द्वारा तैनात किए जा रहे हैं - कुछ मामलों में, सेल (cell) टावरों के आधार पर-भौतिक सुभेद्यता का एक स्तर पेश करता हैं, जो कॉर्पोरेट डेटा केंद्रों और बड़े क्लाउड प्रदाताओं के साथ मौजूद नहीं थे।
3. इस बीच, कई संगठनों को यह समझने, ट्रैक करने और निगरानी करने के लिए चुनौती दी जाएगी कि उनके पास कौन-सा डेटा है और कहां और किन बिंदुओं पर डेटा और कमजोरियों के आधार पर सुरक्षा की आवश्यकता है, जो प्रत्येक समापन बिंदु के लिए विशिष्ट हैं और कैसे जल्द ही एक व्यापक बुनियादी ढांचे को संचालित करने के लिए शासन कर सकते हैं।

लाभ (Benefits)

- एज कंप्यूटिंग एक बड़े हमले के खिलाफ कुछ सुरक्षा प्रदान कर सकता है, जहां एक भी घटना कंपनी के डेटा की बड़ी मात्रा को नुकसान कर सकती है ।
- कुछ मायनों में, यह अधिक लचीला है, क्योंकि एक या दो या तीन डेटा केंद्रों के बजाय, आपने डेटा वितरित किया है और एज पर गणना की है, जो इसे दुर्भावनापूर्ण और गैर-घातक घटनाओं के लिए अधिक लचीला बनाता है।

आगे का रास्ता (Way Ahead)

- विशेषज्ञों का मानना है कि एज कंप्यूटिंग की सही क्षमता तब स्पष्ट हो जाएगी जब 5G नेटवर्क अब से एक साल में मुख्यधारा में आ जाएंगे। उपयोगकर्ता इसे महसूस किए बिना भी लगातार कनेक्टिविटी का आनंद ले पाएंगे।

12.18 स्पेस इंटरनेट (Space Internet)

12.18.1 स्टारलिंक प्रोजेक्ट (Starlink Project)

स्पेस टेक्नोलॉजी में दुनिया की अग्रणी निजी कंपनी स्पेस एक्स ने स्टारलिंक नेटवर्क प्रोजेक्ट के तहत 60 उपग्रहों को निम्न पृथ्वी कक्षा में लॉन्च किया है।

यह क्या है? (What is It?)

- स्टारलिंक नेटवर्क अंतरिक्ष से डेटा संकेतों को बीम करने के लिए चल रहे कई प्रयासों में से एक है।
- इस परियोजना के तहत, कंपनी लगभग 12,000 उपग्रहों के एक नक्षत्र में विकसित करने का इरादा रखती है।
- इसका उद्देश्य दुनिया को कम लागत और विश्वसनीय अंतरिक्ष-आधारित इंटरनेट सेवाएं प्रदान करना है।
- परियोजना को 2015 में घोषित किया गया था।

परियोजना का महत्व (Significance of the Project)

- यह परियोजना सुनिश्चित करती है कि विश्व के हर हिस्से में विश्वसनीय और निर्बाध इंटरनेट सेवाएं उपलब्ध हैं।
- वर्तमान में, लगभग 4 बिलियन लोग, दुनिया की आधी से अधिक आबादी, विश्वसनीय इंटरनेट नेटवर्क तक पहुंच नहीं रखते हैं।
- और ऐसा इसलिए है क्योंकि इंटरनेट को वितरित करने के पारंपरिक तरीके-फाइबर-ऑप्टिक केबल या वायरलेस नेटवर्क पृथ्वी पर हर जगह नहीं ले जा सकते हैं।
- कई दूर-दराज के इलाकों, या कठिन इलाकों वाले स्थानों में, केबल या मोबाइल टावर लगाना संभव नहीं है।
- अंतरिक्ष में उपग्रहों के सिग्नल इस बाधा को आसानी से पार कर सकते हैं।

भूस्थिर के बजाय निम्न पृथ्वी की कक्षा का उपयोग क्यों करें? (Why Should We Use Low Earth Orbit Instead of Geostationary?)

- भूस्थैतिक कक्षा भूमध्य रेखा से सीधे ऊपर, पृथ्वी की सतह से 35,786 किमी की ऊँचाई पर स्थित है। इस कक्षा में उपग्रह लगभग 11,000 किमी प्रति घंटा की गति से चलते हैं और पृथ्वी की एक परिक्रमा को उसी समय पूरा करते हैं जब पृथ्वी अपनी धुरी पर एक बार घूमती है। इसलिए जमीन पर पर्यवेक्षक के लिए, भूस्थैतिक कक्षा में एक उपग्रह स्थिर दिखाई देता है।

लाभ (Advantages)

- भूस्थैतिक कक्षा से सिग्नल पृथ्वी के एक बहुत बड़े हिस्से को कवर कर सकते हैं। एक उपग्रह से सिग्नल लगभग एक-तिहाई ग्रह को कवर कर सकते हैं और तीन से चार उपग्रह पूरी पृथ्वी को कवर करने के लिए पर्याप्त होंगे। इसके अलावा, क्योंकि वे स्थिर दिखाई देते हैं, उनके लिए लिंक करना आसान है

फिर मुद्दा क्या है? (Then What's the Issue?)

- डेटा मांगने वाले उपयोगकर्ता और उस डेटा को भेजने वाले सर्वर के बीच एक समय अंतराल है जिसे विलंबता कहा जाता है।
- और क्योंकि डेटा ट्रांसफर प्रकाश की गति की तुलना में तेजी से नहीं हो सकता है (वास्तव में, वे काफी कम गति से होते हैं), इसलिए जितनी अधिक दूरी तय करने की आवश्यकता होती है वह समय अंतराल, या विलंबता को बढ़ाता है।
- भूस्थिर कक्षा में एक उपग्रह से एक संचरण में लगभग 600 मिली सेकंड की एक विलंबता होती है।

इस मुद्दे को हल करने के लिए पृथ्वी की निम्न कक्षा कितनी कारगर है? (How Does Low Earth Orbit Seek to Solve This Issue?)

- पृथ्वी की सतह से 200-2,000 किमी की निचली कक्षा में एक उपग्रह, समय अन्तराल को 20-30 मिली सेकंड तक ला सकता है, जो लगभग स्थलीय प्रणालियों को डेटा स्थानांतरित करने के लिए समय के बराबर है।

LEO को लेकर चिंताएं (Concerns over LEOs)

- उनकी कम ऊँचाई के कारण, उनके संकेत अपेक्षाकृत छोटे क्षेत्र को कवर करते हैं। नतीजतन, ग्रह के हर हिस्से तक संकेतों को पहुंचाने के लिए कई और उपग्रहों की आवश्यकता होती है।
- अन्य मुद्दों में शामिल हैं-अंतरिक्ष मलबे में वृद्धि, टकराव का खतरा बढ़ गया है और खगोलविदों की चिंता है कि अंतरिक्ष इंटरनेट उपग्रहों के इन नक्षत्रों से अन्य अंतरिक्ष वस्तुओं का निरीक्षण करना और उनके संकेतों का पता लगाना मुश्किल हो जाएगा।

चुनौतियाँ (Challenges)

- LEO उपग्रह 27,000 किलोमीटर प्रति घंटे की गति से संचरण करते हैं और 90-120 मिनट में ग्रह का एक पूर्ण परिपथ पूरा करते हैं। नतीजतन, व्यक्तिगत उपग्रह केवल थोड़े समय के लिए भूमि ट्रांसमीटर के साथ सीधे संपर्क कर सकते हैं, इस प्रकार बड़े पैमाने पर एलईओ उपग्रह फ्लीट की आवश्यकता होती है और इसके परिणामस्वरूप, एक महत्वपूर्ण पूंजी निवेश होता है।

LEO उपग्रहों की आलोचनाएँ (Criticisms of LEO Satellites)

- शक्ति संतुलन देशों से कंपनियों में स्थानांतरित हो गया है क्योंकि इनमें से अधिकांश निजी कंपनियां हैं, जो परियोजनाएं संचालित करती हैं। नतीजतन, इन कंपनियों को नियंत्रित करने संबंधित प्रश्न-चिन्ह हैं, विशेष रूप से उन असंख्य राष्ट्रों को देखते हुए जो व्यक्तिगत परियोजनाओं में योगदान करते हैं।
- जटिल नियामक ढांचा।
- इन कंपनियों में हितधारक विभिन्न देशों से हैं। इस प्रकार प्रत्येक देश में संचालन के लिए अपेक्षित लाइसेंस प्राप्त करना चुनौतीपूर्ण हो जाता है।
- उपग्रहों को कभी-कभी रात्रि के आकाश में देखा जा सकता है, **जो खगोलविदों के लिए मुश्किलें उत्पन्न करता है** क्योंकि उपग्रह पृथ्वी पर सूर्य के प्रकाश को प्रतिबिंबित करते हैं, जिससे छवियों में धारियाँ निकलती हैं।

- निचली कक्षा में संचरण करने वाले उपग्रह भी अपने **ऊपर परिक्रमा करने वाले उपग्रह की आवृत्ति को बाधित कर सकते हैं।**
- ऐसे प्रयोजन, जिन्हें बोलचाल की भाषा में **'स्पेस जंक'** कहा जाता है, में अंतरिक्ष यान को हानि पहुंचाने या अन्य उपग्रहों से टकराने की क्षमता होती है।

12.18.2 वनवेबः इंटरनेट (OneWeb: Internet)

वनवेब ने **ESA's सनराइज प्रोग्राम** के तहत मलबा निपटान वाले स्टार्टअप एस्ट्रोस्केल के साथ साझेदारी की है।

वनवेब के LEO इंटरनेट प्रोग्राम के बारे में (About OneWeb's LEO internet programme)

- **वनवेब लो अर्थ ऑर्बिट (LEO)** उपग्रह संचार ऑपरेटर है।
- वनवेब, एलईओ उपग्रहों का उपयोग करते हुए **यूके, अलास्का, उत्तरी यूरोप, ग्रीनलैंड, आर्कटिक महासागर** तथा **कनाडा** में कनेक्टिविटी की पेशकश करना चाहता है। कंपनी को उम्मीद है कि वर्ष के अंत से पूर्व इस सेवा को चालू कर दिया जाएगा।
- यह इस कार्यक्रम को 50 डिग्री अक्षांश के उत्तर के सभी क्षेत्रों में इंटरनेट कनेक्टिविटी की पेशकश करने वाली **'पांच से 50'** सेवा कहता है।

क्षमता (Potential)

- LEO सैटेलाइट ब्रॉडबैंड उन क्षेत्रों में बेहतर है, जहां फाइबर और स्पेक्ट्रम सेवाओं तक नहीं पहुंचा जा सकता है। इसलिए लक्षित बाजार ग्रामीण आबादी व शहरी क्षेत्रों से दूर संचालित सैन्य इकाइयाँ होंगी।
- वनवेब का मुख्य प्रतियोगी स्टारलिंक है, जो एलन मस्क के स्पेसएक्स के नेतृत्व में एक उद्यम है। वर्तमान में स्टारलिंक के पास कक्षा में 1,385 उपग्रह हैं और उसने पहले ही उत्तरी अमेरिका में बीटा परीक्षण शुरू कर दिया है तथा भारत जैसे देशों में प्री-ऑर्डर शुरू कर दिया है।

12.18.3 जियो प्लेटफॉर्म सैटेलाइट ब्रॉडबैंड सेवाएं प्रदान करेगा (Jio Platforms to Provide Satellite Broadband Services)

- जियो ने पूरे भारत में सैटेलाइट ब्रॉडबैंड सेवाएं देने के लिए लक्जमबर्ग स्थित SES के साथ एक संयुक्त उद्यम गठित किया है।
- यह संयुक्त उद्यम **बहु-कक्षीय अंतरिक्ष नेटवर्क** का उपयोग करेगा, जो कि **भूस्थैतिक भूमध्यरेखीय कक्षा** (geostationary equatorial orbit - GEO) एवं **मीडियम अर्थ ऑर्बिट** (medium earth orbit - MEO) सैटेलाइट तारामंडल का एक संयोजन है, जो भारत एवं उसके पड़ोसी क्षेत्रों में उद्यम, मोबाइल बैकहॉल एवं खुदरा ग्राहकों को मल्टी-गीगाबिट लिंक तथा क्षमता प्रदान करने में सक्षम है।

यह स्टारलिंक या वनवेब की पेशकश से किस प्रकार भिन्न है? (How is this different from what Starlink or OneWeb offers?)

- एसईएस के उपग्रह मुख्य रूप से GEO व MEO में हैं, जबकि एलन मस्क के नेतृत्व वाले **स्टारलिंक** तथा भारतीय समूह के **वनवेब** के उपग्रह **लो अर्थ ऑर्बिट** (LEO) में हैं।
- जबकि **GEO उपग्रह 36,000 किमी की ऊँचाई पर स्थित हैं, MEO एवं LEO क्रमशः 5,000-20,000 किमी और 500-1,200 किमी की कम ऊँचाई पर हैं।**
- **उपग्रह की ऊँचाई पृथ्वी के उस क्षेत्र के समानुपाती होती है, जिसे वह कवर करता है।** इसलिए, एक उपग्रह जितनी अधिक ऊँचाई पर स्थित होता है, वह उतना ही बड़ा क्षेत्र कवर करता है।

12.19 आभासी वास्तविकता (वीआर) एवं संवर्द्धित वास्तविकता (एआर) [Virtual Reality (VR) and Augmented Reality (AR)]

आभासी वास्तविकता (Virtual Reality)

Virtual Reality (VR) को **Immersive Multimedia** या **Computer Simulated Reality** के नाम से भी जाना जाता है।

यह एक कम्पयूटर तकनीक है, जो किसी वातावरण (वास्तविक या काल्पनिक) का आभास दिलाती है, जिसमें यूजर की उपस्थिति तथा वातावरण समकालिक (simultaneous) होते हैं, जो यूजर को संवाद (interaction) की अनुमति देते हैं।

- वर्चुअल रियलिटी कृत्रिम रूप से संवेदी (sensory) अनुभव निर्मित करती है, जिनमें दृश्य, छूना, सुनना तथा गंध आदि शामिल होते हैं।
- कम्प्यूटर स्क्रीन या विशिष्ट वर्चुअल रियलिटी हेडसेट (Head-mounted display) सर्वाधिक अद्यतन (up-to-date) वर्चुअल रियलिटी प्रदान करते हैं। कुछ अनुरूपण (simulation) अतिरिक्त संवेदी सूचनाएं शामिल करते हैं तथा VR यूजर को हेडफोन या स्पीकर के द्वारा वास्तविक आवाज पर बल देते हैं।
- कुछ उन्नत स्पर्शी सिस्टम, अब संस्पर्शी सूचना को भी शामिल करते हैं। यह सामान्यतः चिकित्सा, खेल तथा सैन्य एप्लिकेशन में फोर्स फीडबैक (Force Feedback) के नाम से जाना जाता है।
- वर्चुअल रियलिटी दूर संवेदी संचार वातावरण को भी शामिल करती है जिसमें telepresence तथा teleexistence या एक Virtual artifact (VA) के सिद्धांत से यूजर को आभासी रूप से उपस्थित (virtual presence) किया जा सकता है। इसमें या तो स्टैण्डर्ड इनपुट डिवाइस, जैसें-की-बोर्ड तथा माउस या मल्टीमॉडल डिवाइस ज़ैसे Wired Glove या Omnidirectional Treadmills का प्रयोग किया जा सकता है। Mesmerising वातावरण वास्तविक दुनिया के समान हो सकता है जो वास्तविक जैसे अनुभवों का निर्माण करता है, जैसे-पायलट या युद्ध के प्रशिक्षण हेतु अनुरूपण (simulations) में।

संवर्द्धित वास्तविकता (Augmented Reality)

- संवर्द्धित वास्तविकता भौतिक फिजिकल रीयल वर्ल्ड एनवायरनमेंट का प्रत्यक्ष या अप्रत्यक्ष जीवंत (live) दृश्य होता हैं। संवर्द्धित वास्तविकता के घटक कम्प्यूटर द्वारा उत्पन्न इनपुट, जैसे-आवाज, वीडियो, ग्राफिक्स या GPS डाटा, के द्वारा संवर्द्धित (or supplemented) किए जाते हैं।
- यह एक सामान्य सिद्धांत (Mediated Reality) से संबंधित होता है, जिसमें कम्प्यूटर द्वारा वास्तविक जैसा रूपातंरण (modification) किया

जाता है। परिणामस्वरूप तकनीक किसी की वास्तविक अनुभूति को बढ़ा देती है। इसके विपरीत वर्चुअल रियलिटी में वास्तविक दुनिया को एक समकालिक दुनिया में बदल दिया जाता है।

- अभिसमय (convention) द्वारा संवर्द्धन, रीयल टाइम में तथा पर्यावरणीय घटकों के साथ अर्थ के संदर्भ में किया जाता है। इसका उदाहरण मैच के दौरान टीवी पर स्पोर्ट्स स्कोर। उन्नत AR तकनीक कम्प्यूटर विजन जोड़ना तथा वस्तु पालन के द्वारा यूजर के चारों तरफ के रीयल वर्ल्ड की सूचना परस्पर संवादात्मक हो जाती है।
- रीयल वर्ल्ड, इसके वातावरण तथा इसके ऑब्जेक्ट्स (objects) संबंधी सूचना से मढ़ (overlaid) जाता है। यह आभासी या वास्तविक हो सकती है। उदाहरण के लिए किसी दूसरे रियल सेंस्ड (sensed) को देखना या Measured सूचनाएं, जैसे- इलेक्ट्रोमैग्नेटिक रेडियो वेव, प्राप्त करना।

उपयोग *(Applications)*

- **स्वास्थ्य:** वर्चुअल रियलिटी एक्सपोजर थैरेपी (त्रि-आयामी कम्प्यूटर सिमुलेशन) को जब फिजियोलॉजिक मॉनिटरिंग तथा फीड बैक से जोड़ा जाता है तो यह दर्द तथा चिंता जैसे रोगों के इलाज में सक्षम हो जाता है।
- शिक्षा के क्षेत्र में वर्चुअल रियलिटी को अध्ययन तथा अध्यापन गतिविधियों में शामिल कर लिया गया है। यह लाभप्रद होता है क्योंकि यह विद्यार्थियों के बड़े समूह को परस्पर जोड़ता है। यहां तक कि त्रि-आयामी वातावरण में भी।
- पर्यटन के क्षेत्र में इसका उपयोग म्युजियम तथा ऐतिहासिक स्थानों के लिए किया जा सकता है। इससे सामान्य लोगों को नए तथा रोचक तरीके से जानकारी दी जा सकती है।
- अन्य उपयोग-व्यवसाय, खेल, इंजीनियरिंग, मीडिया, सैन्य क्षेत्र तथा वैज्ञानिक-दृश्य में।

  (इन्फोग्राफिक देखें - VR/AR/MR & AR)

12.20 मेटावर्स (Metaverse)

मेटावर्स का अर्थ है एक ऐसे दुनिया जो हमारे सोच से परे है हमारे सोच से भी आगे है।

मेटावर्स हमेशा सक्रिय रहने वाले **आभासी वातावरण का एक नेटवर्क होता है, जिसमें कई लोग स्वयं के आभासी प्रतिनिधित्व** या अवतार का **संचालन करते हुए परस्पर और डिजिटल वस्तुओं के साथ अंतर्क्रिया कर सकते हैं।**

इमर्सिव वर्चुअल रियलिटी, एक व्यापक मल्टीप्लेयर ऑनलाइन रोल-प्लेइंग गेम और वेब के संयोजन की अटकल (थिंक)।

मेटावर्स आज के इंटरनेट का क्रमानुयायी है। इस बिंदु पर यह केवल एक दृष्टिकोण है, लेकिन फेसबुक जैसी प्रौद्योगिकी कंपनियां इसे काम, खेल, अध्ययन और खरीदारी सहित कई ऑनलाइन गतिविधियों के लिए अनुप्रयोग में लाने का लक्ष्य बना रही हैं। यदि हमें इस प्रश्न का उत्तर देना है - मेटावर्स क्या है, तो इसका उत्तर तीन प्रमुख पहलुओं - उपस्थिति, अंतरसंचालनीयता और मानकीकरण की सहायता से दिया जा सकता है।

उपस्थिति (presence) एक आभासी स्थान में, आभासी दूसरों के साथ होने का एहसास है। इससे ऑनलाइन बातचीत की गुणवत्ता में सुधार होगा। उपस्थिति की यह भावना आभासी वास्तविकता प्रौद्योगिकियों जैसे कि हेड-माउंटेड डिस्प्ले के माध्यम से प्राप्त की जाती है।

अंतरसंचालनीयता (interoperability) का अर्थ है ऑनलाइन छवि (avatars) और डिजिटल आइटम जैसी समान वर्चुअल संपत्तियों के साथ वर्चुअल स्पेस के बीच निर्बाध रूप से यात्रा करने में सक्षम होना। एनीमेज जैसे ऐप्स के माध्यम से जूम मीटिंग, क्रिप्टोकरेंसी और अपूरणीय टोकन जैसी ब्लॉकचेन तकनीकें आभासी सीमाओं के पार डिजिटल सामान के हस्तांतरण की सुविधा प्रदान करती हैं।

मानकीकरण (standardisation) वह है जो मेटावर्स में प्लेटफार्मों और सेवाओं की अंतरसंचालनीयता को सक्षम बनाता है। ओपन मेटावर्स इंटरऑपरेबिलिटी ग्रुप जैसे अंतर्राष्ट्रीय संगठन इन मानकों को परिभाषित करते हैं।

12.21 डी.एन.ए. कम्प्यूटर (DNA Computer)

डी.एन.ए. कंप्यूटिंग, कंप्यूटिंग की एक शाखा है, जिसमें परंपरागत सिलिकॉन आधारित कम्प्यूटर तकनीक के स्थान पर डी.एन.ए. biochemistry तथा molecular biology (आणविक जीव विज्ञान) हार्डवेयर का उपयोग किया जाता है। इस क्षेत्र में अनुसंधान तथा विकास, अवधारणा (theory) प्रयोग तथा डी.एन.ए. के प्रयोग से जुड़े होते हैं।

Molectronics का भी कभी-कभी उपयोग किया गया है। यद्यपि इसका अनुप्रयोग एक पूर्व तकनीक में (प्रथम इंटीग्रेटेड सर्किट के विकल्प का असफल प्रयास) में भी किया जा चुका है। इसका अनुप्रयोग स्तर की इलेक्ट्रॉनिक तकनीक में सामान्यत: किया जाता रहा है।

डी.एन.ए. कम्प्यूटर की संभावना बड़ी मात्रा में उच्च गति से समांतर गणना करने में है, जो इसकी धीमी प्रोसेसिंग गति की समस्या को दूर करेगा। धीमी स्पीड में प्रतिक्रिया का समय मिली सेकंड में न होकर मिनटों, घण्टों या दिनों में होता है। इस प्रकार डी.एन.ए कम्प्यूटर जटिल गणना करने में भी उतना ही कम समय लेगा जितना एक आसान गणना करने में लेता है।

यह उपलब्धि इस सिद्धांत पर प्राप्त की गयी कि मिलियन या बिलियन अणु एक ही समय में परस्पर संवाद (interact) कर सकते हैं तथापि डी.एन.ए. कम्प्यूटर द्वारा दिए गए परिणाम, डिजिटल कम्प्यूटर की तुलना में अधिक कठिन होते हैं।

12.22 ऑप्टिकल कम्प्यूटर/फोटोनिक कम्प्यूटर (Optical Computer/Photonic Computer)

ऑप्टिकल/फोटोनिक कम्प्यूटर एक डिवाइस के रूप में इलेक्ट्रॉन के स्थान पर दृश्य प्रकाश या इन्फ्रारेड (IR) बीमा का उपभोग करता है।

आधुनिक इलेक्ट्रॉनिक कम्प्यूटर में ट्रांजिस्टर, जो इलेक्ट्रॉनिक स्विच की तरह कार्य करता है। मूलभूत building block है। अलग-अलग इनपुट वोल्टेज के द्वारा इसे 'ऑफ' या 'ऑन' के लिए 'o' का प्रदर्शन करता है।

आप्टिक कम्प्यूटर के समान **'ऑप्टिक ट्रांजिस्टर'** की आवश्यकता होती है, जो **नॉन-लिनियर रिफ्रेक्टिव इंडेक्स (non-linear refractive**

VR
(वर्चुअल रियलिटी यानी आभासी वास्तविकता)

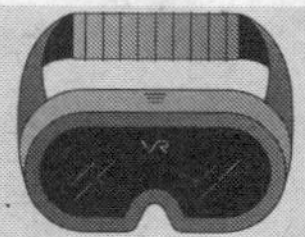

वर्चुअल रियलिटी (VR) में एक कंप्यूटर-जनित 3D वातावरण शामिल होता है जिसे व्यक्तियों द्वारा एक्सप्लोर किया जा सकता है और अंतर्क्रिया की जा सकती है। VR में संलग्न होने पर, उपयोगकर्ता इस आभासी दुनिया में तल्लीन हो जाते हैं और अक्सर वस्तुओं में हेरफेर करने और विभिन्न कार्यों को करने में सक्षम होते हैं। ओकुलस रिफ्ट, एचटीसी विवे और गूगल कार्डबोर्ड जैसे हेड-माउंटेड डिवाइस (HMD) का उपयोग आमतौर पर कई लोग VR का अनुभव करने के लिए करते हैं।

उपयोगकर्ता

प्रति उपयोगकर्ता एक उपकरण

वातावरण

पूरी तरह से डिजिटल वातावरण (केवल घर के अंदर)

अनुभव

पूरी तरह से बंद, कृत्रिम अनुभव जिसमें वास्तविक दुनिया का कोई एहसास नहीं होता है

लाभ

1. इंजीनियरिंग में, उदाहरण के लिए, आभासी वास्तविकता यानी वर्चुअल रियलिटी (VR) उत्पादों और सेवाओं को प्रदर्शित करने का एक प्रभावी साधन प्रदान करता है, जिससे ग्राहकों को परिणामों की कल्पना करने और अंतिम परिणामों की बेहतर समझ प्राप्त करने की अनुमति मिलती है।
2. निर्माता उत्पादों का उत्पादन करने से पहले उनका अनुभव कर सकते हैं।
3. वर्चुअल प्रोटोटाइप उन्हें डिज़ाइन को बेहतर बनाने और विकास प्रक्रिया में समस्या निवारण करने में सक्षम बनाता है।
4. प्रशिक्षण में, VR चिकित्सा, एयरोस्पेस, सैन्य और खेल सहित बड़ी संख्या में क्षेत्रों में उल्लेखनीय प्रभाव डाल रहा है।
5. यह अत्यधिक यथार्थवादी, चुनौतीपूर्ण वातावरण में पुनरावृत्तीय सीखने और बारंबार अभ्यास के अवसर प्रदान करता है।
6. VR वास्तुशिल्प परियोजनाओं और नवीकरण के अत्यधिक सटीक, वॉक-थ्रू विज़ुअलाइज़ेशन भी प्रदान करता है।

AR
(ऑगमेंटेड रियलिटी यानी संवर्धित वास्तविकता)

VR के विपरीत AR, पूर्ण तल्लीनता का अनुभव नहीं कराता है। इसमें स्मार्टफोन या टैबलेट कैमरे का उपयोग करके लाइव दृश्य में डिजिटल तत्व जोड़ना शामिल है। AR अनुभवों और गेम के उदाहरणों में पोकेमॉन गो और स्नैपचैट लेंस जैसे लोकप्रिय ऐप शामिल हैं।

उपयोगकर्ता

जानकारी को एक साथ कई उपयोगकर्ता देख सकते हैं

वातावरण

डिजिटल सूचना ओवरले के साथ वास्तविक दुनिया (इनडोर और आउटडोर (आउटडोर में श्रेष्ठ))

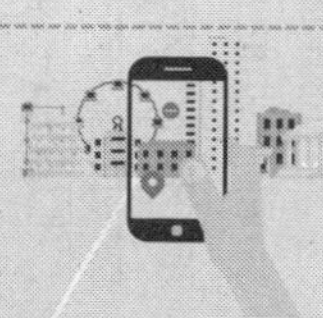

अनुभव

वास्तविक दुनिया आभासी विवरणों द्वारा संवर्धित अनुभवों के केंद्र में बनी हुई है।

लाभ

1. AR अन्य मीडिया प्लेटफार्मों के लिए लागत प्रभावी विकल्प प्रदान करते हुए एक समृद्ध उपयोगकर्ता अनुभव प्रदान करता है।
2. AR के पास विभिन्न उद्योगों में महत्वपूर्ण व्यावहारिक अनुप्रयोगों की एक श्रृंखला है।
3. यह विशेष रूप से बड़े पैमाने पर बढ़ते स्मार्टफोन बाजार के लिए उपयुक्त है, जो अपनी तकनीक को अत्यधिक व्यक्तिगत और मोबाइल अनुभवों में एकीकृत करता है।
4. ऑटोमोटिव क्षेत्र में, चालकों (ड्राइवर) को उपयोगी और आवश्यक यात्रा और तकनीकी जानकारी प्रदान करने के लिए इन-कार डैशबोर्ड के साथ इसका उपयोग किया जाता है।
5. AR टायर के दबाव की जांच करने और तेल परिवर्तन करने जैसे कार्यों के लिए आभासी निर्देश प्रदान करता है, जिससे उपयोगकर्ता डिजिटल ओवरले का उपयोग करके चरण-दर-चरण मार्गदर्शन का पालन कर सकते हैं।
6. शिक्षा और पर्यटन दोनों में, AR उपयोगकर्ताओं के लिए ऐतिहासिक और सांस्कृतिक स्थलों पर वास्तविक समय में अनुभव की जाने वाली स्थान विशिष्ट अतिरिक्त जानकारी जोड़ सकता है।
7. आस-पास की बैंकिंग सुविधाओं का पता लगाने के लिए वित्तीय और जियो-टार्गेटिंग ऐप्स में ग्राहकों के लिए उपयोगी।

MR
(मिक्स्ड रियलिटी यानी मिश्रित वास्तविकता)

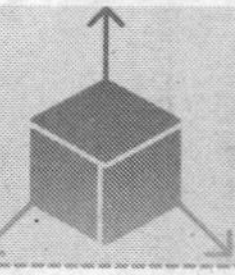

मिश्रित वास्तविकता (MR) एक ऐसी तकनीक है जो संवर्धित वास्तविकता (AR) और आभासी वास्तविकता (VR) दोनों के पहलुओं को जोड़ती है। MR में, भौतिक और डिजिटल वस्तुएं सह-अस्तित्व में रहती हैं और वास्तविक समय में अंतर्क्रिया करती हैं, जिससे उपयोगकर्ता आभासी और वास्तविक दुनिया के तत्वों के मिश्रण से जुड़ने में सक्षम होते हैं।

उपयोगकर्ता

जानकारी को एक साथ कई उपयोगकर्ता देख सकते हैं

वातावरण

वास्तविक और आभासी वातावरण आपस में जुड़े हुए होते हैं (इनडोर और आउटडोर (इनडोर में श्रेष्ठ))

अनुभव

भौतिक और आभासी दोनों वातावरणों के साथ अंतःक्रिया और हेरफेर

लाभ

1. कॉल-आउट इंजीनियर दूर-दराज के विशेषज्ञों से नवीनतम जानकारी और सहायता तक पहुंचने के लिए मिश्रित वास्तविकता का उपयोग कर सकते हैं, जबकि इस ज्ञान को व्यावहारिक रूप से साइट पर लागू करने के लिए स्वतंत्र रहते हैं।
2. यह प्रशिक्षण प्रक्रिया को भी तीव्र कर सकता है, जिससे व्यवसायों को कौशल अंतर को पाटने में मदद मिलेगी।
3. दूरस्थ विशेषज्ञ हस्त मुक्त MR उपकरणों के माध्यम से क्षेत्र में कर्मचारियों और संचालकों को कंधे से समुचित प्रशिक्षण कोचिंग (over-the-shoulder coaching) प्रदान करते हैं।
4. MR डिजिटल जानकारी के साथ व्यावहारिक निर्देश का संयोजन करते हुए इंटेंसिव ऑन-द-जॉब प्रशिक्षण को सक्षम बनाता है।
5. MR लोगों के काम करने, सीखने और जीने के तरीके को बदल रहा है, और इसमें उद्यमों और संगठनों को बेहतर बनाने और बढ़ाने के लिए और विस्तार करने की क्षमता है।
6. विनिर्माण में गुणवत्ता नियंत्रक हेड माउंटेड डिस्प्ले (HMDs) और हाथ से पकड़े जाने वाले उपकरणों से जानकारी को ओवरले कर सकते हैं, गुणवत्ता आश्वासन प्रक्रियाओं को तीव्र कर सकते हैं और त्रुटियों को कम कर सकते हैं।

XR
(एक्स्टेंडेड रियलिटी यानी विस्तारित वास्तविकता)

'विस्तारित वास्तविकता' (XR) शब्द कंप्यूटर-जनित वातावरण और अंतर्क्रिया (इंटरैक्शन) के संयोजन को संदर्भित करता है जो वास्तविक और आभासी दोनों दुनिया के तत्वों को एकीकृत करता है। XR में संवर्धित वास्तविकता (AR), मिश्रित वास्तविकता (MR), और आभासी वास्तविकता (VR) जैसी प्रौद्योगिकियां शामिल हैं।

उपयोगकर्ता

जानकारी को एक साथ कई उपयोगकर्ता देख सकते हैं

वातावरण

XR में परिवेश का प्रकार, विशिष्ट XR तकनीक और उसके अनुप्रयोग के अनुसार, पूर्णतः आभासी से लेकर वास्तविक व आभासी तत्वों के मिश्रण तक हो सकता है

अनुभव

यह डिजिटल तत्वों को वास्तविक दुनिया के साथ सहजता से जोड़ता है, जो उपयोगकर्ताओं को एक व्यापक और अंतर्क्रियात्मक अनुभव प्रदान करता है।

लाभ

1. शिक्षा और प्रशिक्षण में, XR शिक्षकों और प्रशिक्षुओं के बीच की दूरी को पाटता है, जबकि इसके जरिए लोग दूरस्थ स्थलों से कोर्स में भाग लेते हैं तब भी निकट सहयोग को सक्षम बनाता है।
2. XR सीखने में तेजी ला सकता है जिससे कंपनियों को प्रशिक्षण पर धन बचाने में मदद मिलेगी।
3. यह सुरक्षित शिक्षण वातावरण प्रदान करता है जहां प्रशिक्षु बिना किसी जोखिम के गलतियों से सीख सकते हैं।
4. XR, प्रदर्शन और अंतर्क्रिया (इंटरैक्शन) से जुड़ा विस्तृत विश्लेषण प्रदान करता है, जो मार्केटिंग संदेशों के कठोर मूल्यांकन, परीक्षण और परिशोधन का समर्थन करता है।
5. उपभोक्ता कोई भी भौतिक खरीदारी करने से पहले सामान का अनुभव और कल्पना कर सकते हैं।
6. व्यापक अनुभव प्रदान करने से ब्रांड अपने उत्पादों के विपणन के तरीके में सुधार कर रहे हैं, जिससे ग्राहक उनकी दुनिया के करीब आ रहे हैं।
7. प्रस्तुति और सहयोग के लिए, XR साझा, बड़े पैमाने पर विज़ुअलाइज़ेशन और डिज़ाइन संरचनाओं के ज्वलंत, वॉक-थ्रू प्रतिनिधित्व को सक्षम बनाता है।

index) के साथ पदार्थ (material) के प्रयोग से प्राप्त किया जाता है। ऐसे पदार्थ में, आने वाले प्रकाश का घनत्व (intensity), पदार्थ से पारेषित (transmitted) प्रकाश के घनत्व को प्रभावित करता है। यह ऑप्टिकल ट्रांजिस्टर डाटा संग्रहण तथा logic gates के निर्माण के लिए उपयोगी होता है तथा कम्प्यूटर के CPU के उच्च स्तरीय घटकों से जुड़ (assemble) जाते हैं।

लाभ

- सैद्धांतिक रूप से, हम ऑप्टिकल कंप्यूटिंग, एप्लिकेशन के द्वारा ऐसे कम्प्यूटर का निर्माण कर सकते हैं, जो **वर्तमान कम्प्यूटर की तुलना में हजारों गुना अधिक गति से गणना करने में सक्षम होगा।** इसका कारण यह है कि प्रकाश, इलेक्ट्रॉनिक धारा की तुलना में अधिक गतिशील होता है।
- **यह हाई बैंडविड्थ, ऑप्टिकल कम्युनिकेशन की कम लागत के द्वारा सिस्टम की गति को बढ़ा सकता है।**
- **तार की आवश्यकता न होने के कारण इनका आकार काफी छोटा हो सकता है। छोटे कम्प्यूटर कम ऊर्जा की खपत करते हैं।**
- तथापि व्यावहारिक रूप से ऑप्टिकल कम्प्यूटर बनाने में अभी कई बाधाएं विद्यमान हैं। वर्तमान में अधिकांश अनुसंधान वर्तमान कम्प्यूटरों के घटकों को इसके समकक्ष ऑप्टिकल घटकों से बदलने पर कार्य कर रहे हैं। परिणाम के रूप में एक हाइब्रिड-डिजिटल कम्प्यूटर सिस्टम का विकास किया जा सकता है। इस एप्रोच के द्वारा वाणिज्यिक स्तर पर ऑप्टिकल गणना को सबसे कम समय में आरंभ कर सकते हैं। इंटेल ने एक आदर्श (Prototype) हाइब्रिड ऑप्टिकल-डिजिटल डिवाइस का प्रदर्शन किया है, जो 50 Gbps की गति से डाटा ट्रांसफर कर सकता है।

12.23 अपूरणीय टोकन (Non-Fungible Tokens – NFT)

2023 में NFT बाजार में राजस्व 1,601.00 मिलियन अमेरिकी डॉलर तक पहुंचने का अनुमान है। राजस्व के 18.55% की वार्षिक वृद्धि दर (CAGR 2023-2027) की प्रत्याशा है, जिसके परिणामस्वरूप 2027 तक कुल यूएस $3,162.00 मिलियन होने का अनुमान है। 2023 में प्रति औसत राजस्व NFT बाजार में उपयोगकर्ता की राशि 114.80 अमेरिकी डॉलर होगी। जैसे-जैसे क्रिप्टोकरेंसी की लोकप्रियता बढ़ती है, यह मशहूर हस्तियों एवं तकनीकी प्रचारकों की बढ़ती रुचि से प्रेरित होती है। कुछ विशेषज्ञों का मानना है कि एनएफटी एक बुलबुला के समान है, जो कभी भी फूट सकता है।

विशेषताएँ (Features)

- एनएफटी कुछ भी हो सकता है, जिसे डिजिटल रूप में परिवर्तित किया जा सकता है।
- ड्रॉइंग, फोटो, वीडियो, जीआईएफ, संगीत, खेल-युक्त मदें, सेल्फी और यहां तक कि एक ट्वीट भर से सब कुछ एक एनएफटी में बदल दिया जा सकता है, जिसे क्रिप्टोकरेंसी का उपयोग करके ऑनलाइन कारोबार किया जा सकता है।
- एनएफटी अन्य डिजिटल रूपों से अद्वितीय है क्योंकि यह ब्लॉकचेन तकनीकी द्वारा समर्थित है।
- एनएफटी वर्तमान में वृहत पैमाने पर लोकप्रियता हासिल कर रहे हैं क्योंकि वे आपकी डिजिटल मुद्रा को प्रदर्शित करने और विक्रय का एक तेजी से लोकप्रिय तरीका बन रहे हैं।

लोग किसी ऐसी चीज पर लाखों खर्च करने को तैयार क्यों हैं, जिसे वे आसानी से स्क्रीनशॉट या डाउनलोड कर सकते हैं? (Why are people willing to spend millions on something they could easily take screenshot or download?)

जब एनएफटी बाजार में सूचीबद्ध होता है, तो आपको ब्लॉकचेन का उपयोग करने हेतु गैस शुल्क (लेन-देन शुल्क) नामक कुछ भुगतान करने की आवश्यकता होती है, जिसके बाद डिजिटल मुद्रा को ब्लॉकचेन पर दर्ज किया जाता है, यह उल्लेख करते हुए कि आप (आपका पता) विशेष एनएफटी के स्वामित्वधारक हैं।

यह आपको पूर्ण स्वामित्व प्रदान करता है, जिसे बाजार के स्वामित्वधारक सहित किसी के द्वारा भी संपादित या संशोधित नहीं किया जा सकता है। इस प्रकार अनन्य स्वामित्व अधिकार प्राप्त करने हेतु NFT का निर्माण किया गया है। NFT में एक समय में केवल एक ही स्वामित्वधारक हो सकता है।

अनन्य स्वामित्व के अलावा, एनएफटी स्वामित्वधारक अपनी मुद्रा पर डिजिटल रूप से हस्ताक्षर भी कर सकते हैं और विशिष्ट जानकारी को अपने एनएफटी मेटाडेटा में संग्रहीत कर सकते हैं, जिसे केवल एनएफटी क्रय करने वाला व्यक्ति ही देख सकेगा।

एनएफटी का कार्य तंत्र (Working Mechanism of NFTs)

एनएफटी ब्लॉकचेन पर कार्य करता है क्योंकि यह उपयोगकर्ताओं को डिजिटल परिसंपत्ति का पूर्ण स्वामित्व देता है। उदाहरण के लिए: एक स्केच आर्टिस्ट पर विचार करना, जो डिजिटल परिसंपत्ति को एनएफटी में परिवर्तित करता है, जो उसे बदले में मिलता है, वह ब्लॉकचेन द्वारा संचालित स्वामित्व का प्रमाण है।

ब्लॉकचेन तकनीकी (Blockchain Technology)

ब्लॉकचेन लेनदेन का एक डिजिटल लेजर है, जिसे ब्लॉकचेन पर कंप्यूटर सिस्टम के सम्पूर्ण नेटवर्क में प्रतिलिप एवं वितरित किया जाता है।

इस शृंखला के प्रत्येक ब्लॉक में कई लेन-देन होते हैं, और हर बार जब ब्लॉकचेन पर एक नया लेनदेन होता है, तो उस लेनदेन का एक रिकॉर्ड प्रत्येक प्रतिभागी के खाता बही में जोड़ दिया जाता है। संक्षेप में, यहां लेन-देन पारदर्शी हैं और इन्हें कोई भी देख सकता है तथा एक बार रिकॉर्ड किए जाने के बाद इसे परिवर्तित या संशोधित नहीं किया जा सकता है।

क्रिप्टोकरेंसी (Cryptocurrency)

- क्रिप्टोकरेंसी जिसे क्रिप्टो भी कहा जाता है, मुद्रा का रूप है, जो डिजिटल या आभासी रूप में मौजूद है और लेनदेन को सुरक्षित करने हेतु क्रिप्टोग्राफी का उपयोग करता है। क्रिप्टोकरेंसी में केंद्रीय जारीकर्ता या विनियमन करने वाला प्राधिकरण नहीं होता है। इसके बजाय यह लेनदेन रिकॉर्ड करने तथा नई इकाइयाँ जारी करने के लिए एक विकेन्द्रीकृत प्रणाली का उपयोग करता है।

- यह एक पीयर-टू-पीयर प्रणाली है, जो किसी को भी कहीं भी भुगतान भेजने एवं प्राप्त करने में सक्षम बनाती है।

एनएफटी बनाम् क्रिप्टोकरेंसी (NFT vs. Cryptocurrency)

- एनएफटी और क्रिप्टोकरेंसी एक-दूसरे से अत्यधिक भिन्न हैं। केवल समानता यह है कि दोनों ब्लॉकचेन पर निर्मित हैं।
- क्रिप्टोकरेंसी एक ऐसी करेंसी है, जो पूरणीय (fungible) है, जिसका अर्थ है कि यह विनिमेय है। उदाहरण के लिए, यदि आप एक क्रिप्टो टोकन रखते हैं, तो इसे एक एथरियम (Ethereum) कहा जाता है, आपके द्वारा धारित अगला एथरियम (Ethereum) भी समान मूल्य का होगा।
- जबकि एनएफटी अपूरणीय हैं, इसका मतलब है कि एक एनएफटी का मूल्य दूसरे एनएफटी के बराबर नहीं है। प्रत्येक एनएफटी दूसरे से भिन्न होती है, जो इसे अपूरणीय एवं अद्वितीय बनाती है।

एनएफटी कौन खरीद सकता है ? (Who can buy NFTs?)

- क्रिप्टोकरेंसी वॉलेट रखने वाला कोई भी व्यक्ति एनएफटी खरीद सकता है।
- एनएफटी खरीदने के लिए यही एकमात्र शर्त है।
- एनएफटी खरीदने के लिए किसी केवाईसी दस्तावेज की आवश्यकता नहीं है।
- मेटामास्क द्वारा संचालित एक क्रिप्टोकरेंसी वॉलेट और एक एनएफटी मार्केटप्लेस की जरूरत होती है, जहां आप एनएफटी क्रय एवं विक्रय कर सकते हैं।

एनएफटी से जुड़े जोखिम (Risks associated with NFTs)

- एनएफटी घोटालों की कई घटनाएं जैसे नकली बाजार का उदय, असत्यापित विक्रेता अक्सर वास्तविक करेंसीधारक का प्रतिरूपण करते हैं तथा उनकी कलाकृतियों की प्रतियां आधी कीमत पर बेचते हैं।
- साथ ही संभावित फिशिंग लिंक को साझा करने से क्रिप्टोकरेंसी वॉलेट की निकासी होती है।
- एनएफटी की हैकिंग एक और संभावित खतरा है, जो आपको दिवालिया बना सकता है।
- यह पर्यावरण पर भी नकारात्मक प्रभाव डालता है- लेन-देन को मान्य करने के लिए, क्रिप्टो खनन किया जाता है, जिसके लिए उच्च क्षमता युक्त कंप्यूटर की आवश्यकता होती है, जो अंततः पर्यावरण को प्रभावित करते हुए अति उच्च क्षमता पर संचलित होते हैं।

[इन्फोग्राफिक देखें - नॉन-फ़ंजिबल टोकन (एनएफटी)]

NFTs क्या हैं?

1. नॉन-फ़ंज़िबल टोकन (NFTs) डिजिटल परिसंपत्ति होते हैं जो किसी अद्वितीय वस्तु या सामग्री के भाग के स्वामित्व या प्रामाणिकता के प्रमाण का प्रतिनिधित्व करते हैं।
2. NFTs, ब्लॉकचेन तकनीक पर निर्मित होते हैं, जो एक विकेन्द्रीकृत और पारदर्शी डिजिटल खाता (ledger) होता है जो कई कंप्यूटरों या नोड्स में लेनदेन को रिकॉर्ड करता है।
3. प्रत्येक NFTs में एक विशिष्ट पहचानकर्ता होता है जो इसे अन्य टोकन से अलग करता है, जो इसे अविभाज्य और गैर-विनिमेय बनाता है।
4. NFTs, विभिन्न डिजिटल और मूर्त वस्तुओं का प्रतिनिधित्व कर सकते हैं, जिनमें कलाकृति, संगीत, वीडियो, आभासी अचल परिसंपत्ति, संग्रहणीय वस्तुएं और बहुत कुछ शामिल हैं।
5. NFTs डिजिटल परिसंपत्तियों के स्वामित्व, उद्गम और कमी को साबित करने का एक तरीका प्रदान करते हैं, जो डिजिटल दुनिया में एक चुनौती रही है।
6. NFTs का स्वामित्व और लेनदेन हिस्ट्री ब्लॉकचेन पर दर्ज होती है, जिससे पारदर्शिता और अपरिवर्तनीयता सुनिश्चित होती है।
7. NFTs आमतौर पर विशेष ऑनलाइन मार्केटप्लेस या प्लेटफ़ॉर्म पर खरीदे, बेचे और कारोबार किए जाते हैं जो ब्लॉकचेन-आधारित परिसंपत्तियों को सपोर्ट करते हैं।
8. जब कोई NFTs बेचा जाता है, तो स्वामित्व हस्तांतरण ब्लॉकचेन पर दर्ज किया जाता है, और विक्रेता को बिक्री से प्राप्त आय प्राप्त होती है।
9. NFTs, रचनाकारों और कलाकारों को अपनी कृतियों को बेचकर और रॉयल्टी के माध्यम से बाद की बिक्री का एक हिस्सा प्राप्त करके सीधे अपने डिजिटल काम का मुद्रीकरण करने में सक्षम बना सकते हैं।
10. NFTs का मूल्य मुख्य रूप से अंतर्निहित सामग्री के कथित मूल्य, निर्माता की प्रतिष्ठा और बाजार की मांग जैसे कारकों द्वारा निर्धारित होता है।
11. कलाकारों, संगीतकारों, खिलाडियों (एथलीट) और मशहूर हस्तियों से जुड़ी हाई-प्रोफाइल बिक्री और सहयोग के साथ, NFTs ने हाल के वर्षों में महत्वपूर्ण ध्यान और लोकप्रियता हासिल की है।
12. हालांकि, यह ध्यान रखना महत्वपूर्ण है कि NFTs बाजार ने महत्वपूर्ण सफलताओं और सट्टा प्रवृत्तियों दोनों का अनुभव किया है, और इस उभरते क्षेत्र में भाग लेते समय सावधानी बरती जानी चाहिए।

NFTs को कैसे खरीदें और बेचें?

NFTs खरीदने और बेचने के लिए:

1. एक NFTs बाज़ार चुनें।
2. एक डिजिटल वॉलेट का निर्माण करें जो NFTs लेनदेन को सपोर्ट करता हो।
3. अपने वॉलेट को क्रिप्टोकरेंसी से फंड करें।
4. बाज़ार ब्राउज़ करें और वह NFTs चुनें जिसे आप खरीदना चाहते हैं।
5. बोली लगाएं या तत्काल खरीदारी करें।
6. एक बार खरीदने के बाद, NFTs आपके वॉलेट में स्थानांतरित कर दिया जाएगा।
7. NFTs बेचने के लिए, इसे वांछित मूल्य के साथ बाज़ार में सूचीबद्ध करें।
8. एक बार जब कोई खरीदार आपका NFTs खरीद लेता है, तो इसे उनके वॉलेट में स्थानांतरित कर दिया जाएगा।
9. आपको अपने वॉलेट में क्रिप्टोकरेंसी में भुगतान प्राप्त होगा।
10. लेन-देन शुल्क पर विचार करना और खरीदने या बेचने से पहले बाज़ार और NFTs के मूल्य पर शोध करना याद रखें।

NFTs (नॉन-फ़ंज़िबल टोकन)

NFTs का व्यावसायिक मूल्य

NFTs, वेब3 की नई डिजिटल अर्थव्यवस्था में एक मूल्यवान उपकरण साबित हुआ है और मेटावर्स में एक मौलिक भूमिका निभाने के लिए तैयार है। हालाँकि उनकी उत्पत्ति मुख्य रूप से कला और गेमिंग में हुई है, NFTs में उद्योगों की एक विस्तृत श्रृंखला में उपयोगिता खोजने की क्षमता है। डिजिटल परिसंपत्तियों के सत्यापन योग्य स्वामित्व स्थापित करने के लिए ब्लॉकचेन तकनीक का लाभ उठाकर, NFTs इन परिसंपत्तियों को अतिरिक्त मूल्य प्रदान करते हैं, जो समय के साथ बढ़ सकते हैं। एक अच्छी तरह से निष्पादित NFTs लॉन्च किसी व्यवसाय के ब्रांड मूल्य को बढ़ा सकता है, लेकिन संभावित नकारात्मक परिणामों से बचने के लिए ऐसे लॉन्च को पेशेवर रूप से संभालना आवश्यक है।

NFTs से संबंधित जोखिम

NFTs, प्राप्त करने से पहले, इसके मूल्य इतिहास और प्रदर्शन का आकलन करना आवश्यक है। पूर्व बिक्री और मूल्य रुझानों का विश्लेषण करने के लिए nftgo.com जैसे प्लेटफ़ॉर्म का उपयोग किया जा सकता है। यह पहचानना महत्वपूर्ण है कि जहां कुछ NFTs का काफ़ी मूल्य वर्धन हो सकता है, वहीं कई अन्य को मूल्यह्रास का सामना करना पड़ सकता है या वे पूर्णतः अनुपयोगी हो सकते हैं। NFTs में निवेश से पहले इससे जुड़े संभावित जोखिमों और लाभों पर गहन शोध करना चाहिए।

12.24 ट्रेडिशनल नॉलेज डिजिटल लाइब्रेरी [Traditional Knowledge Digital Library (TKDL)]

TKDL, भारत के परंपरागत ज्ञान का डिजिटल रूप से संग्रह (repository) है, जो विशेष रूप से चिकित्सा की दृष्टि से महत्वपूर्ण पौधों तथा भारतीय चिकित्सा प्रणाली के फॉर्मूलों से संबंधित है। **TKDL की स्थापना CSIR आयुष विभाग तथा स्वास्थ्य परिवार कल्याण मंत्रालय के सहयोग से भारत सरकार द्वारा 2001 में की गई थी** (**CSIR**-Council of Scientific and Industrial Research, Dept. of **AYUSH**-Department of Ayurveda, Yoga and Naturopathy, Unani, Siddha and Homeopathy)। इसका उद्देश्य देश के प्राचीन तथा परंपरागत ज्ञान को बायो-पाइरेसी (Bio-piracy) तथा अनैतिक पेटेंट से बचाना है। इसका इलेक्ट्रॉनिक रूप से दस्तावेजीकरण तथा अन्तर्राष्ट्रीय पेटेंट वर्गीकरण सिस्टम के अनुसार वर्गीकरण किया जाएगा। इसी के साथ गैर-पेटेंट डाटाबेस भी परंपरागत ज्ञान के आधार पर आधुनिक अनुसंधान को बढ़ावा देगा, जिसके अंतर्गत परंपरागत चिकित्सा तकनीकों के साथ प्राकृतिक चिकित्सा (Naturopathy) के व्यापक ज्ञान तक आसानी से पहुंच उपलब्ध होगी।

पृष्ठभूमि

हल्दी तथा बासमती चावल पर **'यूनाइटेड स्टेट पेटेंट एण्ड ट्रेडमिल ऑफिस' (USPTO)** से तथा नीम पर **'यूरोपियन पेटेंट ऑफिस' (EPO)** से कुछ कंपनियों ने 1990 के पेटेंट प्राप्त कर लिये थे। भारत सरकार इन्हें निरस्त करवाने में सफल रही है। इसके बाद बायो-पाइरेसी तथा अनैतिक प्रोस्पेक्टिंग का मुद्दा छाया रहा। इससे ऐसे ही अन्य प्रकार के दावों का मार्ग खुल गया तथा यह तथ्य भी सामने आया कि भारत में संस्कृत, हिंदी, पारसी, उर्दू, तामिल आदि भाषाओं में चिकित्सा का व्यापक परंपरागत ज्ञान है तथा ये अंतर्राष्ट्रीय पेटेंट ऑफिस में अपना दावा करने के लिए पहुंचने में असमर्थ है क्योंकि भाषा क्षेत्रीय है तथा पेटेंट संबंधी जानकारी व अधिकारों का अभाव है। इस प्रकार से आयुष विभाग तथा भारत सरकार TKDL के निर्माण के लिए प्रोत्साहित हुए।

उपलब्धियां

TKDL में आयुर्वेद, यूनानी, सिद्ध तथा योग संबंधित 148 पुस्तकों की सूचना को 34 मिलियन (3.4 करोड़) पृष्ठों में 2010 तक प्रतिलिपित (transcribe) कर लिया गया था, इसे 5 भाषाओं अंग्रेजी, जर्मन, फ्रेंच, स्पेनिश तथा जापानी में अनुवादित भी किया गया है। TKDL में आयुर्वेद के 80,000 फॉर्मूले, यूनानी के 10,00,000 तथा सिद्ध के 1200 फॉर्मूले प्राप्त किये जा चुके हैं।

TKDL ने प्रमुख अन्तर्राष्ट्रीय पेटेंट कार्यालयों, जैसे-यूरोपियन पेटेंट ऑफिस (EPO), यूनाइटेड किंगडम ट्रेडमार्क एण्ड पेटेंट ऑफिस (VSPTO) तथा यूनाइटेड स्टेट्स पेटेंट एण्ड ट्रेडमार्क ऑफिस (USPTO) से एग्रीमेंट भी साइन कर लिए हैं। इसका प्राथमिक उद्देश्य परंपरागत ज्ञान को बायो-पाइरेसी से बचाना है। इसमें इन अंतर्राष्ट्रीय पेटेंट कार्यालयों के जांचकर्ताओं को TKDL डाटाबेस तक पहुंच उपलब्ध कराई जाएगी, जिसका उद्देश्य पेटेंट की जांच करना है।

12.25 क्रिप्टोग्राफी (Cryptography)

क्रिप्टोग्राफी Ordinary plain text को Unintelligible text तथा Unintelligible text को Ordinary plain text में बदलने की प्रक्रिया के रूप में परिभाषित करते हैं। इस प्रणाली के द्वारा डाटा को किसी विशेष फॉर्म (Form) में संगृहीत तथा प्रेषित (transmitted) किया जाता है, जिससे केवल वांछित व्यक्ति द्वारा ही पढ़ा या प्रोसेस किया जा सकता है। क्रिप्टोग्राफी डाटा की चोरी को तथा इसमें बदलाव को रोकता है। इसके साथ इसका उपयोग यूजर की पहचान प्रमाणित करने में किया जा सकता है। पहले क्रिप्टोग्राफी, एन्क्रिप्शन का ही पर्याय (Synonym) है। परन्तु अब यह मुख्य रूप से कम्प्यूटर विज्ञान प्रक्रियाओं तथा गणितीय सिद्धांतों पर आधारित है।

- इंटरनेट कम्युनिकेशन, नेटवर्क पर डिजिटल सूचना के प्रेषण में प्रयुक्त तकनीक पर निर्भर करता है कि, ये सुरिक्षत हैं या नहीं।
- सूचना तकनीक के विकास के साथ-अधिकांश सूचनाएं (सार्वजनिक या निजी) उच्च गति तथा आवृत्ति के साथ प्रेषित की जाती हैं।
- क्रिप्टोग्राफी कूटलेखन की संचार तकनीक है। जहां वास्तविक संदेश को विभिन्न एलगोरिथम का प्रयोग करते हुए नहीं पढ़े जा सकते क्योंकि इन्हें योग्य फॉरमेट में कूटबद्ध कर दिया जाता है। इस टेक्स्ट को सिफर टेक्स्ट (cipher text) कहा जाता है।
- इसे जिस नेटवर्क पर भेजा जाता है। यदि वहां कोई इसे पढ़ने या समझने की कोशिश करता है तो वह टेक्स्ट का अर्थ नहीं समझ पाएगा।
- प्राप्तकर्ता, संदेश प्राप्त करने के बाद इसे डिक्रिप्ट (Decrypt) करके सूचना को सादे टेक्स्ट के रूप में प्राप्त कर लेता है।
- क्रिप्टोग्राफी के क्रियान्वयन की मुख्य दो तकनीकें हैं- **सममित की तकनीक (Symmetric key technique) तथा पब्लिक की तकनीक (Public key technique)**
- **क्रिप्टोग्राफी डाटा की विश्वसनीयता, डाटा की मौलिकता, प्रमाणीकरण तथा अपरिवर्तनीयता के साथ सूचना की सुरक्षा के विभिन्न दृष्टिकोण लागू करता है।**

उपयोग

इसका उपयोग हमारी दैनिक गतिविधियों में होता है, जैसे-**इंटरनेट बैंकिंग, ATM ट्रांजेक्शन, ऑनलाइन शॉपिंग, बैंकिंग ट्रांजेक्शन कार्ड, कम्प्यूटर।**

- हमारे ई-मेल कूटबद्ध (encrypted) होते हैं।
- हमारी निजी चैट तथा संदेश, जैसे-व्हाट्स ऐप, फेसबुक संदेश आदि भी कूटबद्ध होते हैं।

12.26 डिजिटल इंडिया पहल (Digital India Initiative)

भारत सरकार ने **डिजिटल इंडिया कैंपेन** लॉन्च किया ताकि ऑनलाइन इंफ्रास्ट्रक्चर में सुधार करके तथा इंटरनेट कनेक्टिविटी बढ़ाकर नागरिकों को इलेक्ट्रॉनिक रूप से सेवाएं प्रदान की जा सकें। **इसका उद्देश्य देश को तकनीक के क्षेत्र में डिजिटल रूप से सशक्त करना भी है।** Deity (Department of Electronics and Information Technology) अम्ब्रैला (umbrella) संगठन है, जो सभी प्रोग्रामों को समन्वित तथा कोऑपरेट (Cooperate) करता है। इन सभी डिजिटल पहलों (जैसे-नेशनल ब्रॉडबैंड

प्लान तथा घरेलू विनिर्माण पहलों (जैसे-नेशनल ब्रॉडबैंड प्लान तथा घरेलू विनिर्माण नीति) को इसमें एकीकृत कर दिया गया है। **भारत के प्रधानमंत्री द्वारा 1 जुलाई, 2015 को डिजिटल इंडिया कार्यक्रम लाया गया।** इस पहल में ग्रामीण क्षेत्रों को अति उच्च इंटरनेट नेटवर्क से जोड़ना भी शामिल है। इसके तीन मुख्य घटक हैं:

1. **डिजिटल इंफ्रास्ट्रक्चर का निर्माण**
2. **सेवाओं की आपूर्ति डिजिटल रूप से**
3. **डिजिटल साक्षरता**

इसके द्वारा भारत सारकार बहुत-से क्षेत्रों में विकास की उम्मीद करती है। **GDI द्वारा 'डिजिटल इंडिया के 9 स्तंभों' की पहचान की गई** तथा इन्हें लक्ष्य बनाया:

- **ब्रॉडबैंड हाइवे।**
- **इंटरनेट तक सार्वभौमिक पहुंच।**
- **पब्लिक इंटरनेट एक्सेस कार्यक्रम।**
- **तकनीक के द्वारा ई-गवर्नेंस को अपनाया।**
- **ई-क्रांति -सेवाओं की इलेक्ट्रॉनिक डिलिवरी।**
- **सभी के लिए सूचना।**
- **अर्ली हार्वेस्ट प्रोग्राम (Early Harvest Programme)**
- **रोजगार हेतु सूचना प्रौद्योगिकी (IT)।**
- **इलेक्ट्रॉनिक विनिर्माण।**

निश्चित रूप से यह प्रोजेक्ट अब तक का सर्वाधिक महत्वपूर्ण प्रोजेक्ट है, जो सरकार के सभी विभागों तथा सरकारी तंत्र को इसमें शामिल करता है। इसका प्राथमिक उद्देश्य डिजिटल तकनीक की मदद से वास्तविक सहभागी लोकतंत्र की स्थापना करना है। अन्य उद्देश्य **120 करोड़ से अधिक भारतीयों** को सरकार के साथ जोड़ने है, जिससे उनको वास्तविक समय पर सरकारी सेवाएं तथा सरकारी सुविधाओं के लाभ मिल सकें तथा उनकी शिकायतों का त्वरित निराकरण हो सके।

डिजिटल इण्डिया का विजन

- **इन्फ्रास्ट्रक्चर विकास:** इससे प्रत्येक भारतीय को सुविधाओं का भरपूर लाभ लेने का अवसर मिलेगा। हाई-स्पीड इंटरनेट सुविधा, डिजिटल पहचान, मोबाइल तथा जोन बैंकिंग तथा सुरक्षित साइबर स्पेस शामिल हैं।
- **गवर्नेंस तथ ऑनलाइन सेवाएं:** इसके द्वारा उन लोगों तक सेवाओं को पहुंचाना संभव होगा, जो अभी तक इनसे अछूते हैं। इसमें डिजिटल सपोर्ट सिस्टम, रीयल टाइम पर सेवा की उपलब्धता, सेवाएं व्यवसाय को आसान बनाए, इलेक्ट्रॉनिक्स तथा नकद राशि फाइनेंशियल ट्रांजेक्शन शामिल है।
- **नागरिकों का डिजिटल सशक्तिकरण:** केवल डिजिटल साक्षरता से ही डिजिटलीकरण के लाभों का दोहन किया जा सकता है। इसमें निम्न शामिल हैं- डिजिटल स्रोतों तक सार्वभौमिक पहुंच, डिजिटल स्रोत को सभी क्षेत्रों में समान रूप में उपलब्ध कराना।

चुनौतियाँ: सरकार के समक्ष इस प्रोजेक्ट को प्रभावी रूप से कार्यान्वित करने की चुनौती है।

***प्रथम:* राष्ट्रीय ऑप्टिकल फाइबर नेटवर्क** से 2,50,000 ग्राम पंचायतों को जोड़ना किसी भी दृष्टि से आसान नहीं है। इसके लिए कठोर प्रयासों तथा BSNL के समर्पण भाव की आवश्यकता है। BSNL भारत में केबल बिछाने की नोडल एजेंसी है।

द्वितीय: IT साक्षरता में सुधार करने की बड़ी आवश्यकता है जो पुन: एक कठिन कार्य है क्योंकि यह प्रोजेक्ट तभी सफल हो सकता है जब लोगों को डिजिटल सुविधाओं का उपयोग करने की जानकारी हो।

तृतीय: डाटा की सुरक्षा बहुत जरूरी है क्योंकि डिजिटल माध्यम से लेन-देन भी पूर्णत: सुरक्षित नहीं है। डाटा की सुरक्षा, विशेष रूप से वित्तीय लेन-देन, का बहुत बड़ा मुद्दा है।

चतुर्थ: डिजिटल इंडिया प्रोजेक्ट के बारे में जागरूकता तथा इसके लाभों को आम लोगों तक पहुंचाना भारत की बड़ी आबादी को देखते हुए बड़ी चुनौती है।

अंतत: पूरे सरकारी तंत्र द्वारा बड़े प्रयास किए जाने की आवश्यकता है तथा लोगों को भी प्रोजेक्ट की सफलता में रुचि लेना आवश्यक है।

गुप्त प्रोजेक्ट (Mystric Project)

यह USA की नेशनल सर्विलांस एजेंसी (NSA) का एक निगरानी कार्यक्रम है। जिसमें दूसरे देशों की 100% टेलीफोन कॉल को रिकॉर्ड किया जाता है। ये कॉल NUCLEON नामक (Coded Name) डाटाबेस में संगृहित की जाती है तथा इन्हें RETRO नामक कोड के द्वारा पुन: प्राप्त किया जा सकता है। USA के पूर्व कांट्रेक्टर (Contractor) तथा USA सर्विलांस प्रोग्राम के व्हिसिल ब्लोअर एडवर्ड स्नोडेन ने इसे उजागर किया है।

12.27 टेलीमेडिसिन (Telemedicine)

टेलीमेडिसिन में कम्युनिकेशन तथा इन्फॉर्मेशन टेक्नोलॉजी के जरिए चिकित्सा सेवाएं प्रदान की जाती हैं। यह तेजी से विकसित हो रही एप्लिकेशन है, जो दूर से ही **'इंटर-एक्टिव ऑडियो विजुअल मीडिया' के द्वारा चिकित्सा संबंधी सूचनाएं उपलब्ध कराता है।** इसका प्राथमिक उद्देश्य दूर से ही परामर्श की सुविधा उपलब्ध कराना है। कई बार दूर से ही चिकित्सा प्रक्रिया तथा जांच की सुविधा भी उपलब्ध करायी जाती है।

इसमें डॉक्टर तथा मरीज के मध्य संचार के किसी माध्यम द्वारा भौतिक रूप से आमने-सामने आए बिना ही इंटर-एक्शन होता है।

- कम्युनिकेशन का माध्यम प्राय: IT तथा टेलीकम्युनिकेशन नेटवर्क होता है।
- इसके द्वारा स्वास्थ्य सुविधाएं, जैसे-परामर्श, निदान, रिपोर्ट की स्थिति, रिपोर्ट का विश्लेषण आदि भी उपलब्ध कराया जा सकता है।

वर्तमान में **'ई-हेल्थ'** (e-health) तथा **'टेली हेल्थ'** (Tele-health) को गलती से 'टेलीमेडिसिन' का पर्याय माना जाता है। **टेलीमेडिसिन से आशय केवल चिकित्सा सेवाओं (Clinical Service) से है। इसके विपरीत टेलीहेल्थ में चिकित्सा के साथ-साथ गैर-चिकित्सीय सेवाएं भी शामिल की जाती हैं, जैसे-चिकित्सा,शिक्षा, प्रशासन, अनुसंधान।** ई-हेल्थ विशेष रूप से ब्रिटेन तथा यूरोप में अम्ब्रेला टर्म (Umbrella Term)

के रूप में उपयोग की जाती है। इसमें टेलीहेल्थ, इलेक्ट्रॉनिक मेडिकल रिकॉर्ड तथा IT हेल्थ के अन्य घटक शामिल किए जाते हैं।

टेलीमेडिसिन के प्रकार (Type of Telemedicine)

टेलीमेडिसिन के तीन मुख्य वर्ग निम्न हैं:

- **स्टोर-एण्ड-फॉरवर्ड टेलीमेडिसिन (Store-and-Forward telemedicine):** यह मेडिकल डाटा (जैसे-मेडिकल इमेज, बायो सिग्नल आदि) को प्राप्त करता है, जो बाद में डॉक्टर या चिकित्सा विशेषज्ञ को सुविधाजनक समय में ऑफलाइन मूल्यांकन हेतु भेजा जाता है। इसमें दोनों पक्षों को एक ही समय उपलब्ध रहने की आवश्यकता नहीं होती। अतुल्यकालिक (Asynchronous) टेलीमेडिसिन की सामान्य अनुकूल विशिष्टताओं में चर्मविज्ञान (dermatology), रेडियोलॉजी तथा पैथोलॉजी हैं। इसके लिए सही तरीके से गणित मेडिकल रिकॉर्ड (इलेक्ट्रॉनिक तरीके में हो तो ज्यादा अच्छा) की आवश्यकता होती है।
- **रिमोट मॉनिटरिंग या सेल्फ मॉनिटरिंग/टेस्टिंग्स (Remote Monitoring or Self Monitoring Testings):** यह एक तकनीक है, जो मेडिकल प्रोफेशनल को विभिन्न तकनीकी डिवाइस की मदद से पेशेंट को दूर से ही निगरानी करने की सुविधा उपलब्ध कराता है।
  इस प्रणाली के द्वारा पुरानी बीमारी या विशेष स्थिति, जैसे-हृदय रोग, डायबिटीज मेलीटस या अस्थमा को मैनेज (Manage) किया जा सकता है। यह सेवा परंपरागत इन-पर्सन पेशेंट एनकाउंटर के परिणामों की तुलना में अधिक संतोषजनक तथा लागत प्रभावी है।
- **इंटरएक्टिव टेलीमेडिसिन सर्विस (Interactive telemedicine Services):** मरीज तथा डॉक्टर (सेवा प्रदाता) के बीच रीयल टाइम इंटरएक्शन के लिए इसका उपयोग किया जाता है। इसमें फोन-वार्तालाप, ऑनलाइन कम्युनिकेशन तथा होम विजिट को शामिल किया जाता है। इसके द्वारा बहुत-सी गतिविधियों, जैसे-हिस्ट्री रिव्यू, शारीरिक जांच, मानसिक मूल्यांकन तथा ऑप्थेलेमोलॉजी मूल्यांकन को संपन्न किया जा सकता है। इसमें निजी रूप से मिलकर स्वास्थ्य सेवा लेने की तुलना में धन व समय की काफी बचत होती है।

टेलीमेडिसिन के लाभ तथा उपयोग
(Benefits and Uses of Telemedicine)

पृथक् समुदाय तथा दूरस्थ क्षेत्रों में रह रही आबादी के लिए टेलीमेडिसिन तकनीकी उन्नति का वरदान साबित हो सकती है। वर्तमान में इसे आभासी रूप से सभी मेडिकल क्षेत्रों में लागू किया जा रहा है। टेलीमेडिसिन एक सामान्य प्रशिक्षक तथा दूर स्थित विशेषज्ञ के बीच कम्युनिकेशन का प्रभावी उपकरण है।

वर्तमान में किसी मरीज की निगरानी घर पर ही डिवाइस के उपयोग से की जा सकती है, जैसे-ब्लड प्रेशर तथा आवश्यकता पड़ने पर देखभाल कर्ता के पास भेजा जा सकता है। मुख्य रूप से विकसित देशों में ऐसी दूरस्थ निगरानी प्रणाली का उपयोग कई प्रकार की पुरानी बीमारियों के इलाज में किया जाता है।

दूसरी तरफ टेलीमेडिसिन के बढ़ते प्रचलन के कारण विकासशील देशों को प्राइमरी रिमोट डाइग्नोस्टिक विजिट भी कहा जाता है जहां मरीज की दूर से ही जांच व उपचार में डिवाइस का उपयोग किया जाता है। प्राइमरी रिमोट डाइग्नोस्टिक कंसल्टेशंस पूर्व में पहचानी गई क्रोनिक बीमारी की निगरानी करता है तथा उसको मैनेज करता है।

टेलीहेल्थ (Telehealth): टेलीहेल्थ में स्वास्थ्य संबंधी सेवाएं तथा इनसे संबंधित सूचनाएं टेलीकम्युनिकेशन तकनीक के द्वारा दी जाती हैं। सामान्य भाषा में, इसमें दो हेल्थ प्रोफेशनल टेलीफोन पर किसी केस पर चर्चा करते हैं। यह दो देशों में स्थित सेवा प्रदाताओं को वीडियो कॉन्फ्रेंसिंग से जोड़ने जैसा सुविधाजनक व आसान हो सकता है या रोबोटिक तकनीक की तरह जटिल भी हो सकता है।

टेलीमेडिसिन का विस्तार ही टेलीहेल्थ है। इसमें निवारक (Preventive) प्रोत्साहक (Promotive) तथा रोग निवारक (Curative) दृष्टिकोण होता है। वर्तमान में टेलीहेल्थ असंख्य तकनीकी पहलुओं पर बल देता है, जिसमें टेलीमेडिसिन संबंधी प्रशासनिक तथा शैक्षणिक प्रक्रियाएं भी शामिल हैं। उदाहरणार्थ शरीर विज्ञानी, मरीज के साथ कम्युनिकेट कर सकता हैं, दवा लिख सकता है तथा ई-मेल के द्वारा अन्य स्वास्थ्य सेवाएं प्रदान कर सकता है।

ई-हेल्थ (E-health): यह तुलनात्मक रूप से नवीनतम टर्म है। इसमें इलेक्ट्रॉनिक प्रोसेस तथा कम्युनिकेशन की सहायता से स्वास्थ्य संबंधी प्रक्रियाएं संपन्न की जाती हैं।

एम. हेल्थ (M-health): एम. हेल्थ या मोबाइल हेल्थ मोबाइल डिवाइस की सहायता से चिकित्सा तथा सार्वजनिक हेल्थ प्रक्रिया को परिभाषित करता है, जैसे-मोबाइल फोन या PDAs के उपयोग से स्वास्थ्य सेवा तथा संबंधित सूचना प्राप्त करना। यह ई-हेल्थ के भाग के रूप में कार्य करता है। यह ICT की अन्य महत्वपूर्ण एप्लिकेशन है, जिसमें कंप्यूटर, मोबाइल फोन, कम्युनिकेशन उपग्रह, मरीज की निगरानी आदि का उपयोग स्वास्थ्य सेवा तथा सूचना हेतु किया जाता है।

कम आय वाले देशों में मोबाइल फोन के बढ़ते उपयोग के कारण **एम. हेल्थ** औद्योगीकृत देशों के साथ विकासशील देशों में भी व्यापक रूप से उपयोगी होता जा रहा है।

टेलीमेडिसिन का महत्व (Importance of Telemedicine)

- मेडिसिन सुविधाओं से दूरस्थ क्षेत्रों को जोड़ना।
- अविलंब परामर्श, जैसे-आँख का उपचार आदि।
- संक्रामक रोगों की रोकथाम, उपचार तथा संबंधित परामर्श, जैसे-इबोला आदि।
- भारत में पंचायतों के प्राथमिक स्वास्थ्य केंद्रों (PHCs) को टेलीमेडिसिन से जोड़ा जा सकता है।
- मरीज के लिए लागत प्रभावी।
- त्वरित निदान तथा उपचार सुविधा।
- समाज के उपेक्षित वर्ग को स्वस्थ्य सुविधा, जैसे-बुजुर्ग, बच्चे, महिलाएं।

टेलीमेडिसिन के साथ समस्या

- सुरक्षा तथा गोपनीयता की आवश्यकता अर्थात् जानकारी को सार्वजनिक नहीं किया जाना चाहिए।
- X-ray या डॉक्टर की पर्ची जैसे संवेदनशील दस्तावेजों के इलेक्ट्रॉनिक रूप (Version) को सुरक्षित किया जाना आवश्यक।

12.28 एम्बिएंट इंटेलिजेंस (एएमआई) (Ambient Intelligence)

- एम्बिएंट इंटेलिजेंस (एएमआई) इलेक्ट्रॉनिक उपकरणों की एक स्थापना है जो मानव पर्यावरण के संग्रहण, विश्लेषण और प्रतिक्रिया का निरीक्षण करता है।
- उनके पास उपयोगकर्ता व्यवहार, गतिविधि भविष्यवाणी और मान्यता के साथ-साथ निर्णय लेने और नियंत्रित करने की क्षमता है।
- एएमआई मुख्य रूप से सर्वव्यापी कंप्यूटिंग उपकरणों के माध्यम से मानव और डिजिटल सूचना प्रौद्योगिकी के बीच बातचीत को व्यापक बनाने का लक्ष्य रखता है।
- एएमआई में तीन मुख्य घटक शामिल हैं: सर्वव्यापी कंप्यूटिंग, सर्वव्यापी संचार और उपयोगकर्ता-अनुकूली इंटरफेस।

एम्बिएंट इंटेलिजेंस (एएमआई) का महत्व (Importance of Ambient Intelligence)

- इसमें स्मार्ट होम जैसे अनुप्रयोगों की एक विस्तृतशृंखला है, जो निवासियों के साथ चतुराई से बातचीत करते हैं; स्वास्थ्य से संबंधित अनुप्रयोग, जहां रोगियों की गतिविधि पर नजर रखी जा सकती है, विश्लेषण किया जा सकता है और त्वरित और स्वचालित निर्णय लिए जा सकते हैं एवं सार्वजनिक परिवहन प्रणाली, जहां यातायात को कुशलता से प्रबंधित किया जा सकता है।
- यह सुरक्षा समस्या और गोपनीयता चुनौतियों का सामना करता है।

12.29 विशेष अवशोषण दर (Specific Absorption Rate-SAR)

- यह रेडियो आवृत्ति के सुरक्षित एक्सपोजर (Safe Exposure) की मानक है।
- SAR के मानक मानव शरीर/ऊतक के प्रति इकाई भाग द्वारा अवशोषित की गई रेडियो आवृत्ति या इलेक्ट्रोमैग्नेटिक फ्रीक्वेंसी की मात्रा के द्वारा निर्धारित किए जाते है।
- इसकी उपयोगिता मानव के मोबाइल रेडियो फ्रीक्वेंसी के प्रति उच्च अनावरण (Exposure) के कारण होती है।
- ऐसा माना जाता है कि उच्च फ्रीक्वेंसी के प्रति मानव एक्सपोजर उत्परिवर्तन (mutation) तथा जीन परिवर्तन का कारण बन सकता है। इसलिए स्वास्थ्य मानकों को प्राप्त करने के लिए FCC ने मानक निर्धारित किए, जो मानव शरीर द्वारा सहन करने योग्य होते हैं।
- SAR स्तर 1.6 वॉट प्रति किलोग्राम (1.6w/kg) FCC द्वारा निर्धारित सीमा है, जिसका पालन सेल्युलर टेलीफोन को पब्लिक एक्सपोजर के लिए करना पड़ता है।
- भारत में दूरसंचार विभाग SAR रेगुलेशन के साथ स्वास्थ्य चिंताओं को ध्यान में रखकर इलेक्ट्रोमैग्नेटिक रेडियेशन की जांच करता है तथा मोबाइल विनिर्माता उद्योगों को रेगुलर करता है।

12.30 प्रोजेक्ट लून (Project Loon)

- यह गूगल x (google x) द्वारा विकसित, अनुसंधान तथा विकास प्रोजेक्ट है। इसमें स्पेस के छोर पर (edge of space) यात्रा कर रहे गुब्बारों का एक नेटवर्क होता है। यह ग्रामीण तथा दूरस्थ क्षेत्रों के लोगों को जोड़ने के लिए डिज़ाइन किया गया है। इस प्रकार यह कवरेज गैप को पूरा करने तथा आपदा के बाद लोगों को ऑनलाइन लाने में सहायक होगा।
- यह गुब्बारे समतापमण्डल में पृथ्वी सतह से ऊपर लगभग 20 कि.मी. की ऊँचाई पर तैरते रहेंगे। यह ऊँचाई वायुयान तथा मौसमी गतिविधियों से दो-गुनी ऊँचाई पर है। स्ट्रेटोस्फेयर (समाताप मंडल) में वायु की कई परते हैं तथा प्रत्येक परत, दिशा गति के आधार पर अलग-अलग होती है। ये लून गुब्बारे परत के अंदर, आवश्यकता पड़ने पर ऊपर या नीचे की तरफ वांछित दिशा में गतिशील हो सकते हैं। ये गुब्बारे व्यापक स्तर पर कम्युनिकेशन नेटवर्क का निर्माण कर सकते हैं। भेजा गया सिग्नल गुब्बारे के नेटवर्क से गुजरता है तथा गुब्बारे द्वारा पुन: पृथ्वी पर वैश्विक इंटरनेट की ओर भेजा जाता है। इस प्रकार अन्तत: फोन तथा अन्य LTE सक्षम डिवाइस सीधे गुब्बारे के नेटवर्क से जुड़ जाते हैं।
- **जून 2013 में न्यूजीलैण्ड में इस तकनीक की जांच हेतु एक पायलट (Pilot) प्रयोग आरम्भ किया गया।** इसके परिणाम में इस तकनीक के अगले चरण में सुधार की आवश्यकता पाई गयी। इसके बाद ऐसे ही टेस्ट न्यूजीलैण्ड, कैलीफोर्निया की सेंट्रल वैली (valley) तथा उत्तर-पूर्व ब्राजील में किए गए।
- समतापमण्डल 10 किमी. से 60 किमी. की ऊँचाई के मध्य स्थित है। इसमें विशिष्ट चुनौतियाँ विद्यमान हैं, जैसे-अत्यंत निम्न वायुदाब इसमें वायु मण्डल इतना पतला होता है कि यह पराबैंगनी किरणों से बहुत कम सुरक्षा प्रदान करता है तथा तापमान में व्यापक बदलाव आते हैं, जो 80°C तक भी हो चुका है। गुब्बारे का आवरण सावधानीपूर्वक ऐसा बनया जाता है कि इन दशाओं में रह सके। इस प्रकार प्रोजेक्ट लून समतापमण डल की स्थायी पवनों का लाभ उठाने में सक्षम है तथा मौसमी घटनाओं, वायुयान आदि से ऊपर से बना रह सकता है।
- बैलून का आवरण बैलून का हवादार भाग होता है, जो पॉलीथीन प्लास्टिक की शीट से बना होता है। यह बैलून को स्ट्रेटोस्फीयर में 100 दिन तक बनाये रखता है। इसे सावधानीपूर्वक डिजाइन किए जाने की आवश्यकता होती है।

गूगल लून के लाभ

- इसे उपयोग करने में आसानी होगी, तारयुक्त नेटवर्क स्थापित करने की आवश्यकता नही होती तथा अन्य प्रकार की जटिलताओं से भी छुटकारा मिलता है।
- बिना किसी परेशानी के हाई-स्पीड इंटरनेट।
- यह इंटरनेट की पहुंच बढ़ाएगा।
- इसकी सबसे बड़ी उपयोगिता यह है कि यह उन दुर्गम क्षेत्रों में भी इंटरनेट की सुविधा उपलब्ध कराएगा जहां तक इंटरनेट पहुंचाना या तो बहुत मुश्किल है या संभव नहीं है, जैसे-जंगल, रेगिस्तान, पहाड़ी क्षेत्र आदि।
- दूरस्थ क्षेत्रों में उन लोगों को वहनीय इंटरनेट सुविधा उपलब्ध कराएगा जो अभी तक इंटरनेट से वंचित है।
- इस प्रकार यह इंटरनेट वितरण की खाई को कम करेगा तथा सभी को समान रूप से उपलब्ध कराएगा।

12.31 टीआरपी रेटिंग विवाद (TRP Rating Controversy)

- **टेलीविजन रेटिंग प्वाइंट (TRP) प्रणाली**, किसी चैनल की लोकप्रियता का संकतेक है। यह चैनल का मूल्यांकन (Rate) दर्शकों की संख्या (Viewership) के आधार पर करता है।
- **TRP रेटिंग की गणना प्रतिदिन चैनल को देखने वाले दर्शकों की संख्या तथा देखे जाने की समयावधि के आधार पर होती है। अंततः माह के अंत में इसका औसत निकाला जाता है। यह डाटा विज्ञापनदाताओं के लिए महत्वपूर्ण होता है क्योंकि वे इस के आधार पर भुगतान (Pay) करते हैं।**
- दर्शकों की संख्या तथा TRP को मापने वाली एकमात्र एजेंसी **'टेलीविजन ऑडियंस मेजरमेंट'** (TAM) मीडिया रिसर्च के नाम से जानी जाती है।

विवाद क्या है?

- **TRP के आधार पर विज्ञापन की दरों का निर्धारण होता है।**
- प्रमुख ब्रॉडकास्टिंग फर्म, जैसे-NDTV, MSM आदि ने TAM पर TRP से छेड़छाड़ करने का आरोप लगाया तथा कहा कि इसके आंकड़ों से छेड़छाड़ की जाती है, जिससे उन्हें विज्ञापन का भुगतान नहीं होता।
- घरेलू टेलीविजन की संख्या बढ़ने के साथ TRP में भी इजाफा होना चाहिए परंतु इसमें कमी होने से संकेत मिलता है कि दर्शकों की संख्या में कमी हुई है।
- यह दर्शकों की संख्या का घटता जाना चिंता का प्रमुख कारण है, जिसके कारण से विज्ञापन-कंपनियां उन्हें विज्ञापन का भुगतान कम करती है, जिससे उनकी आय कम हो जाती है (TAM-Television Audience Measurement)।

हल

- TAM ने रेटिंग सिस्टम को दर्शकों की निरपेक्ष संख्या के आधार पर एक नए प्रणाली से बदलने का निर्णय किया है।
- टेलीविजन दर्शक संख्या का मापन अब TRP के बजाए Television Viewership in Thousands (TVTs) के आधार पर किया जाएगा, जिसमें दर्शकों की निरपेक्ष संख्या को मापा जाएगा, जबकि TRP में औसत अंक निकाला जाता था।
- बाद में सभी स्टेकहोल्डर प्रसारणकर्ता, विज्ञापन दाता, ad-agencies तथा TAM ने इसे स्वीकार कर लिया।

12.32 क्यू-आर कोड तथा इसकी एप्लिकेशन (QR-Code and Its Applications)

- किसी चीज की पहचान के लिए शॉर्टकट कोड होते हैं।
- किसी आलेख की प्रोपर्टी (article's properties) की पहचान के लिए प्रायः बार कोड उपयोग में लिए जाते हैं।
- ये बार कोड सूचना का संग्रहण कर सकते है परंतु सीमित रूप से।
- एक समर्पित डिवाइस जैसे बारकोड रीडर का उपयोग इन्हें पढ़ने के लिए किया जाता है।
- समय की मांग को पूरा करने के लिए अगली पीढ़ी के बार कोड की आवश्यकता है।
- क्यू-आर कोड का अर्थ है- Quick Response Code ।
- संवर्द्धित फीचर के साथ इन्हें अगले स्तर के बार कोड कहा जा सकता है।
- क्यू-आर कोड द्विआयामी (two dimensional) कोड को कहते हैं, जबकि बार कोड एकल आयाम वाले (one-dimensional) होते हैं।
- ये बार कोड से अधिक सूचना संग्रहण कर सकते हैं।
- क्यू-आर कोड में 30% गलती को सहन किया जा सकता है। Tampered QR कोड आसानी से पढ़े जा सकते हैं। ये एक मजबूत कोडिंग तकनीक प्रदान करते हैं।
- क्यू-आर कोड विभिन्न सूचनाओं का संग्रहण कर सकते हैं, जैसे- वेब URL, पिक्चर, टेक्स्ट इन्फॉर्मेशन नंबर आदि।
- इसके लिए समर्पित डिवाइस की आवश्यकता नहीं होती। इन्हें स्मार्टफोन कैमरा या अन्य डिजिटल कैमरा से स्कैन किया जा सकता है।
- आसान तथा आसानी से इंस्टाल होने वाले सॉफ्टवेयर की आवश्यकता होती है जो बार कोड को सूचना में बदल देते हैं। सूचना में कोड होते हैं।
- नगर योजना से लेकर उद्योगों तक इसके व्यापक उपयोग है। व्यावसायिक मार्केटिंग में इसका उपयोग किया जा सकता है।
- प्रत्येक बिंदु पर QR कोड मार्कर इस्तेमाल करके साऊथ वेल्स में Monmouth को 'Wikipedia Town' में बदल दिया गया। अब इस स्थान की सूचना प्राप्त करने के लिए किसी पर्यटक को केवल कोड स्कैन करने की आवश्यकता है।

प्रश्न एवं उत्तर (Questions & Answers)

वस्तुनिष्ठ प्रश्न (Objective Questions)

1. **''सॉफ्टवेयर सेवा के रूप में [Software as a Service (SaaS)]'' के सन्दर्भ में, निम्नलिखित कथनों पर विचार कीजिए:**

[UPSC (Pre) - 2022]

1. SaaS क्रयकर्ता, प्रयोक्ता अन्तरापृष्ठ को अपनी आवश्यकतानुसार निर्धारित कर आंकड़ों के क्षेत्र में बदलाव कर सकते हैं।

2. SaaS प्रयोक्ता, अपनी चल युक्तियों (मोबाइल डिवाइसेज) के माध्यम से अपने आंकड़ों तक पहुंच बना सकते हैं।
3. आउटलुक, हॉटमेल और याहू! मेल SaaS के रूप हैं।

उपर्युक्त कथनों में कौन-से सही हैं?

(a) केवल 1 और 2 (b) केवल 2 और 3
(c) केवल 1 और 2 (d) 1, 2 और 3

2. ''क्यूबिट (qubit)'' शब्द का उल्लेख निम्नलिखित में कौन-से प्रसंग में होता है? ***[UPSC (Pre) - 2022]***

(a) क्लाउड सेवाएँ
(b) क्वांटम संगणन
(c) दृश्य प्रकाश संचार प्रौद्योगिकियाँ
(d) बेतार संचार प्रौद्योगिकियाँ

3. नॉन-फंजिबल टोकेंस [Non-Fungible Tokens (NFTs)] के सन्दर्भ में, निम्नलिखित कथनों पर विचार कीजिए: ***[UPSC (Pre) - 2022]***

1. वे भौतिक परिसंपत्तियों के अंकीय निरूपण (डिजिटल रिप्रेजेंटेशन) को सुकर बनाते हैं।
2. वे अनन्य क्रिप्टोग्राफिक टोकेंस हैं जो किसी ब्लॉकचेन में विद्यमान हैं।
3. उनका, तुल्यता पर, व्यापार या विनिमय किया जा सकता है और इसलिए उनका वाणिज्यिक लेन-देन के माध्यम के रूप में इस्तेमाल किया जा सकता है।

उपर्युक्त कथनों में कौन-से सही हैं?

(a) केवल 1 और 2 (b) केवल 2 और 3
(c) केवल 1 और 3 (d) 1, 2 और 3

4. मनोरंजन हेतु डिजिटल प्रौद्योगिकी के संदर्भ में, निम्नलिखित कथनों पर विचार करें: ***[UPSC (Pre) - 2019]***

1. संवर्द्धित वास्तविकता [ऑगमेंटेड रिएलिटी (AR)] में छद्म वातावरण सृजित हो जाता है और संसार पूरी तरह से बहिष्कृत हो जाता है।
2. आभासी वास्तविकता [(वर्चुअल रिएलिटी (VR)] में कम्प्यूटर द्वारा सृजित प्रतिमाएं वास्तविक जीवन की वस्तुओं या परिवेशों पर प्रक्षेपित हो जाती हैं।
3. AR व्यक्तियों को संसार में विद्यमान रहने देता है और स्मार्टफोन या PC के कैमरे का उपयोग कर अनुभव को उन्नत बनाता है।
4. VR संसार को पृथक् कर देता है और व्यक्तियों को एक अलग धरातल पर ले जाकर उन्हें पूर्ण तन्मयता का अनुभव प्रदान करता है।

उपरोक्त में से कौन-सा/से कथन सत्य है/हैं?

(a) केवल 1 और 2 (b) 3 और 4
(c) 1, 2 और 3 (d) केवल 4

5. निम्नलिखित कथनों पर विचार करें: ***[UPSC (Pre) - 2018]***

डिजिटल हस्ताक्षर-

1. एक ऐसा इलेक्ट्रॉनिक अभिलेख है, जो इसे जारी करने वाले प्रमाणन प्राधिकारी की पहचान करता है।
2. इंटरनेट पर सूचना या सर्वर तक पहुंच के लिए किसी व्यक्ति की पहचान के प्रमाण के रूप में प्रयुक्त होता है।
3. इलेक्ट्रॉनिक दस्तावेज पर हस्ताक्षर करने की एक इलेक्ट्रॉनिक पद्धति है और सुनिश्चित करता है कि मूल अंश अपरिवर्तित है।

उपरोक्त में से कौन-सा/से कथन सत्य है/हैं?

(a) केवल 1 (b) केवल 2 और 3
(c) केवल 3 (d) 1, 2, 3

6. परिधेय प्रौद्योगिकी (Wearable Technology) के संदर्भ में, परिधेय उपकरणों द्वारा कौन-से/सा निष्पादन किये जा सकते/सकते हैं? ***[UPSC (Pre) - 2019]***

1. किसी व्यक्ति का अवस्थान (लोकशन) निर्धारण
2. किसी व्यक्ति की निद्रा निगरानी (Monitoring)
3. श्रवण दोषयुक्त व्यक्ति की सहायता

नीचे दिये गये कूट का प्रयोग कर सही उत्तर चुनिए:

(a) केवल 1 (b) केवल 2 और 3
(c) केवल 3 (d) 1, 2 और 3

7. निम्नलिखित में से कौन-सा/से भारत सरकार का/के डिजिटल इंडिया योजना के उद्देश्य है/हैं? ***[UPSC (Pre) - 2018]***

1. भारत की अपनी इंटरनेट कम्पनियों का गठन, जैसे कि चीन ने किया।
2. एक नीतिगत ढांचे की स्थापना जिससे बड़े आंकड़े एकत्रित करने वाली समुद्रपारीय बहु-राष्ट्रीय कम्पनियों को प्रोत्साहित किया जा सके कि वे हमारी राष्ट्रीय भौगोलिक सीमाओं के अन्दर अपने बड़े डेटा केंद्रों की स्थापना करें।
3. हमारे अनेक गांवों को इन्टरनेट से जोड़ना तथा हमारे बहुत-से विद्यालयों, सार्वजनिक स्थलों एवं प्रमुख पर्यटक केंद्रों में वाई फाई लाना।

नीचे दिये गये कूट का प्रयोग कर सही उत्तर चुनिये:

(a) केवल 1 और 2
(b) केवल 3
(c) 2 और 3
(d) 1, 2 और 3

8. कभी-कभी समाचारों में दिखने वाला 'प्रोजेक्ट लून' (Project Loon) सम्बंधित है: ***[UPSC (Pre) - 2016]***

(a) अपशिष्ट प्रबंधन प्रौद्योगिकी से
(b) बेतार संचार प्रौद्योगिकी से
(c) सौर ऊर्जा उत्पादन प्रौद्योगिकी से
(d) जल संरक्षण प्रौद्योगिकी से

9. किसी व्यक्ति के जीवमितीय पहचान हेतु, उंगली छाप क्रमवीक्षण के अलावा, निम्नलिखित में से कौन-सा/से प्रयोग में लाया जा सकता है/लाए जा सकते हैं? *[UPSC (Pre) - 2014]*

1. परितारिका क्रमवीक्षण
2. दृष्टिपटल क्रमवीक्षण
3. वाक् अभिज्ञान

कूट:

(a) केवल 1 (b) केवल 2 और 3

(c) 1 और 3 (d) ये सभी

10. निम्नलिखित कथनों पर विचार कीजिए: *[UPSC (Pre) - 2004]*

1. स्मार्ट पत्रक (Card) एक प्लास्टिक कार्ड है, जिसमें एक सूक्ष्म-चिप (Microchip) अंत: स्थापित होती है।
2. अंकीय प्रौद्योगिकी (Digital Technology) का प्रयोग मुख्यत: नवीन भौतिक संचार माध्यम, जैसे-उपग्रह एवं तंतु प्रकाशिकी संचरण के साथ होता है।
3. अंकीय लाइब्रेरी (Digital Library) एक संगठित इलेक्ट्रॉनिक रूप में प्रलेखों का संग्रह है, जो केवल इंटरनेट पर उपलब्ध होती है।

कूट:

(a) केवल 3 (b) केवल 1 और 2

(c) 2 और 3 (d) ये सभी

उत्तरमाला (Answer Key)

1. (d) 2. (b) 3. (b) 4. (d) 5. (b) 6. (d) 7. (b) 8. (b)

9. (d) 10. (d)

अध्याय

13

साइबर सुरक्षा (Cyber Security)

इस अध्याय में...

ब्लॉकचेन एक कुशल तथा लागत प्रभावी डाटाबेस का निर्माण करता है, जो एक परिक्रमित तथा विकेंद्रित डाटाबेस से संबंधित सभी कार्यों तथा फाइलों ("blocks") का शुद्ध तथा कालक्रमबद्ध व योजनाबद्ध रिकॉर्ड रखते हुए व्यावहारिक रूप से टेम्पर-प्रूफ है।

इसमें सर्वर पर बहुत बड़ी मात्रा में वेब रिक्वेस्ट भेजी जाती है, जो सर्वर को ओवरलोड कर देती हैं जो अंततः उनके विनष्ट होने का कारण बनती है। इसका परिणाम गंभीर नुकसान के रूप में होता है। ये सरकार तथा इनकी एजेंसियों को व्यापक वित्तीय तथा रणनीतिक नुकसान पहुंचाते हैं।

13.1 साइबर सुरक्षा और संबंधित मुद्दे (Cyber Security and its Related Issues)

13.1.1 साइबर क्राइम (Cybercrime)

कोई भी अपराध जिसमें कोई कम्पयूटर या नेटवर्क शामिल हो साइबर क्राइम कहलाता है। यहां पर अपराध को अंजाम देने में कम्प्यूटर की सहायक भूमिका हो भी सकती है और नहीं भी। साइबर क्राइम में निम्न गतिविधियां शामिल होती हैं– **हैकिंग, स्पैम, ऑनलाइन धोखाधड़ी, अश्लील या अपमानजनक सामग्री, उत्पीड़न, साइबर आतंकवाद, साइबर युद्ध आदि।** इसमें प्राय: हाई–प्रोफाइल अपराध शामिल किए जाते हैं विशेष रूप से **हैकिंग, कॉपीराइट उल्लंघन, चाइल्ड पोर्नोग्राफी तथा चाइल्ड ग्रूमिंग (Child Grooming)।** इसमें प्रमुख मुद्दा गोपनीयता का है क्योंकि गुप्त सूचनाओं को नष्ट या बाधित किया जा सकता है।

13.1.2 भारत में साइबर अपराध नियंत्रण के मापदण्ड (Measures to Control Cybercrime in India)

'इन्फॉर्मेशन टेक्नोलॉजी (अमेंडमेंट) एक्ट 2008' भारत में साइबर अपराध से निपटने के लिए वैधानिक फ्रेमवर्क प्रदान करता है। **ऑनलाइन ट्रांजेक्शन संबंधी साइबर अपराध के लिए प्रावधान, 'ओरिजनल एक्ट, 2000' (The original Act of 2000) में है।**

कई नए प्रकार के कम्प्यूटर क्राइम, दुरुपयोग तथा धोखाधड़ी से निपटने के लिए वैधानिक फ्रेमवर्क में सुधार करके, इसे मजबूत किए जाने की आवश्यकता है।

नए प्रकार के साइबर अपराध, जैसे–इलेक्ट्रॉनिक फॉर्म में यौन–सामग्री वीडियो, आतंकवाद, गोपनीयता को भेदना, मध्यस्थ द्वारा डाटा लीक करना तथा ई–कॉमर्स धोखाधड़ी, से निपटने के लिए संशोधित एक्ट, 2008 को प्रभाव में लाया गया। सरकार द्वारा साइबर सुरक्षा के प्रयासों में R&D द्वारा साइबर सुरक्षा के प्रति एक समग्र दृष्टिकोण का अपनाया जाना भी शामिल है। इस क्षेत्र में स्वदेशी तकनीक के विकास तथा अनुसंधान हेतु कई R&D प्रोजेक्ट आरंभ किए गए।

13.1.3 साइबर सुरक्षा (Cyber Security)

13.1.3.1 साइबर सुरक्षा की मूल बातें (Basics of Cyber Security)

वे प्रक्रियाएं तथा तंत्र साइबर सुरक्षा में शामिल किए जाते हैं जो अप्राधिकृत पहुंच, ट्रांसफर बदलाव या विनाश (अनचाहा या जानबूझकर) के विरुद्ध कंप्यूटर आधारित सूचना की सुरक्षा सुनिश्चित करते हैं। इसमें हैकिंग, मालवेयर, साइबर क्राइम, साइबर आतंकवाद, डाटा चोरी आदि सुरक्षा चुनौतियों से निपटा जाता है। इसमें इन चुनौतियों तथा कम्प्यूटर सिस्टम तथा नेटवर्क के फीचर (जो इन्हें साइबर क्राइम के प्रति सुभेद्य बनाते हैं) का अध्ययन किया जाता है, इन्हें रोकने के लिए मानकों का निर्माण किया जाता है तथा इनसे प्रभावित कम्प्यूटर या अन्य उपकरण के लिए समाधान खोजा जाता है।

साइबर सुरक्षा कंपनियां वायरस के संक्रमण को रोकने के लिए एंटी वायरस प्रोग्राम का निर्माण करती हैं तथा संक्रमित कंप्यूटर को पुन: ठीक करती हैं।

साइबर सुरक्षा में इन चुनौतियों से निपटने के लिए प्रतिरोधी फायरवॉल, एन्क्रिप्शन तथा हैकिंग व डाटा चोरी रोकने के लिए पासवर्ड का प्रयोग किया जाता है।

13.1.3.2 साइबर सुरक्षा का महत्व (Significance of Cyber Security)

इंटरनेट और कंप्यूटर सिस्टम के विस्तार के साथ साइबर सुरक्षा की जिम्मेदारी जटिलतम तथा परस्पर निर्भर होती जा रही है। इसलिए प्रतिदिन नई सुरक्षा चुनौतियों को देखते हुए साइबर सुरक्षा गंभीर मुद्दा बनता जा रहा है। साइबर सुरक्षा की कमियां सरकार, व्यवसाय तथा कंप्यूटर को इन चुनौतियों के प्रति सुभेद्य बनाती हैं। वैश्विक स्तर पर नए वायरस व्यवसाय को अपंग बनाते हुए प्रतिदिन अरबों डॉलर का नुकसान करते हैं। साइबर सुरक्षा केवल व्यक्तिगत या व्यवसाय का मुद्दा न होकर सरकार का भी विषय है क्योंकि सरकार राष्ट्रीय सुरक्षा के आयाम रखती है। उदाहरणार्थ– यदि सैन्य उपयोग के कंप्यूटरों को हैकिंग के विरुद्ध सुरक्षा प्रदान न की जाए तो दुश्मन देश संवेदनशील सूचनाओं को चुरा सकता है।

13.1.3.3 भारत में साइबर सुरक्षा (Cyber Security in India)

भारत में IT उद्योगों के बढ़ते प्रचलन, सरकार द्वारा व्यापक स्तर पर कम्प्यूटरों के प्रयोग, विशेष रूप से ई–गवर्नेंस तथा निजी कंप्यूटर के बढ़ते उपयोग, को देखते हुए साइबर सुरक्षा अति महत्वपूर्ण विषय है, जिसके लिए राष्ट्रीय स्तर पर प्रतिक्रिया की आवश्यकता है। भारत में साइबर सुरक्षा का वैधानिक फ्रेमवर्क इन्फॉर्मेशन टेक्नोलॉजी (अमेंडमेंट) एक्ट, 2008 है। केंद्र सरकार ने नेशनल सिक्योरिटी काउंसिल के साथ **ISTF (Inter Department Information Security Task Force)** की स्थापना एक नोडल एजेंसी के रूप में की है जो भारत में सूचना सुरक्षा की चुनौतियों तथा इनसे संबंधित मुद्दों पर प्रकाश डालता है। टास्क फोर्स साइबर सुरक्षा से जुड़े मुद्दों का अध्ययन तथा उन पर विचार करता है तथा अनुशंसाएं करता है। ISTF की अनुशंसाओं पर विचार करते हुए सरकार द्वारा निम्न पहल की गयी:

1. सरकार ने साइबर सुरक्षा संबंधी घटनाओं पर प्रतिक्रिया देने तथा ऐसी घटनाओं की पुनरावृत्ति रोकने के लिए Indian Computer Emergency Response Team (ICERT) की स्थापना की।
2. Public Key Infrastructure (PKI)।
3. IT एक्ट के क्रियान्वयन में सहायता हेतु तथा डिजिटल हस्ताक्षर को प्रोत्साहित करने हेतु पर्याप्त इन्फ्रास्ट्रक्चर की स्थापना की गई।
4. भारत सरकार द्वारा देश में मुख्य शैक्षणिक तथा सार्वजनिक क्षेत्र के संस्थानों की स्थापना R&D गतिविधियों की सहायता हेतु की गई।
5. गवर्नमेंट साइबर स्पेस तथा क्रिटिकल इन्फ्रास्ट्रक्चर का विकास किया गया।
6. साइबर एक दीर्घकालीन समग्र रणनीतिक दृष्टिकोण को अपना रहा है। इस दृष्टिकोण में R&D, वैधानिक फ्रेमवर्क, सुरक्षा घटनाओं की पूर्व चेतावनी तथा प्रतिक्रिया, उत्तम सुरक्षा अनुपालन तथा सुनिश्चितता अंतर्राष्ट्रीय सहयोग तथा सुरक्षा प्रशिक्षण शामिल हैं।
7. साइबर अटैक तथा साइबर टेररिज्म से निपटने के लिए तथा काउंटर साइबर अटैक एण्ड साइबर टेररिज्म हेतु 2010 में **क्राइसिस मैनेजमेंट**

प्लान (Crisis Management Plan) बनाया गया। इसे केंद्र व राज्य सरकार के सभी मंत्रालयों तथा विभागों द्वारा क्रियान्वित किया जाएगा।

13.1.4 साइबर चैक (Cyber Check)

यह स्वदेशी रूप से **C-DAC (Centre for Development of Advanced Computing)** द्वारा विकसित साइबर फोरेंसिक टूल किट (Cyber Forensics Tool Kit) है। यह लॉ इन्फॉर्समेंट एजेंसियों द्वारा एविडेंस फाइल को देखने तथा विश्लेषित करने के लिए उपयोग में लाया जाता है। कम्प्यूटर तथा डिजिटल स्टोरेज से वैध एविडेंस प्राप्त करने संबंधी फोरेंसिक साइंस की एक ब्रांच को कंप्यूटर फोरेसिंक्स (Computer Forensics) के रूप में जाना जाता है।

13.1.5 साइबर आतंकवाद (Cyber Terrorism)

13.1.5.1 साइबर आतंकवाद की मूल बातें (Basics of Cyberterrorism)

साइबर आतंकवाद, कंप्यूटर नेटवर्क विशेष रूप से इंटरनेट से जुड़े निजी कंप्यूटर को व्यापक स्तर पर बाधित करने के लिए इच्छित प्रयास को परिभाषित करता है। यह कुछ टूल्स (Tools) के द्वारा कार्य करता है, जैसे-कम्प्यूटर वायरस।

साइबर आंतकवाद विवादित विषय है। कुछ लेखक ज्ञात आतंकवादी संगठनों से संबंधित (relating to deployments) संकीर्ण परिभाषा का चयन करते हैं। इस संकीर्ण परिभाषा के अनुसार साइबर-आतंकवाद की घटनाओं को पहचानना मुश्किल होता है, इसलिए एक सामान्य परिभाषा को स्वीकार करते हैं- "सामाजिक, वैचारिक, धार्मिक, राजनीतिक या अन्य रूप से नुकसान पहुंचाने या किसी व्यक्ति को भयभीत करने के उद्देश्य से पूर्वनिर्धारित नुकसानदायक गतिविधियों या धमकी का प्रयोग कम्प्यूटर या नेटवर्क के जरिए करना साइबर आतंकवाद है।"

13.1.5.2 साइबर आतंकवाद के विभिन्न रूप (Different Forms of Cyberterrorism)

1. **इंटरनेट पर आतंकी विचारों का प्रसार:** भौतिक आतंकी आक्रमण का अंतिम उद्देश्य कुछ लक्षित लोगों को भयभीत करना होता है। इसमें लोगों में डर की भावना फैलाने के साथ मीडिया का पर्याप्त ध्यान आकर्षित करना सफल आंतकी हमले के लिए महत्वपूर्ण माना जाता है। इंटरनेट, मीडिया का एक भाग है जो आतंकवादियों द्वारा डर फैलाने, आतंकी विचारधारा के प्रचार-प्रसार, आतंकी गतिविधियों को संसार के विभिन्न भागों के आंतकियों से जोड़कर संगठित करना आदि करता हैं।
2. **निजता हनन:** इंटरनेट या कम्प्यूटर पर बहुत-सी निजी सूचनाएं होती हैं, जैसे- पासवर्ड, एन्क्रिप्सन की, इमेज और वीडियो, संवेदनशील फाइल आदि। साइबर आतंकी इन्हें चुरा सकता है या इनके लिए खतरा उत्पन्न कर सकता है। गोपनीयता का अधिकार संविधान के अनुच्छेद 21 में वर्णित जीवन जीने के अधिकार का भाग है। सूचना तकनीक एक्ट, 2000 के विभिन्न प्रावधान नागरिकों के ऑनलाइन गोपनीयता के अधिकारों का संरक्षण करते हैं।
3. **सरकारी संपत्तियों पर हमला:** सरकार व्यापक डाटाबेस तथा बड़ी संख्या में कम्प्यूटर का अनुरक्षण (mantain) करती हैं, जो इंटरनेट से जुड़े होते हैं। ये इन हमलों के प्रति अति संवेदनशील होते हैं, जैसे-संवेदनशील सरकारी सूचना की चोरी, सरकार के महत्वपूर्ण राज, जिसमें रक्षा व राष्ट्रीय सुरक्षा से जुड़ी सूचनाएं भी शामिल हैं, सरकारी अधिकारियों के पासवर्ड या अन्य निजी सूचनाएं अवांछित रूप से प्राप्त करना आदि। ई-गवर्नेंस सिस्टम को हैक किया जा सकता है और नुकसान पहुंचाया जा सकता है जो सरकार की दैनिक गतिविधियों के लिए खतरनाक तथा सामान्य लोगों के लिए असुविधाजनक हो सकता है। इसके साथ साइबर आतंकवादियों द्वारा कम्प्यूटर या निजी कंपनी या व्यक्तिगत नेटवर्क पर हमला किया जा सकता है।

13.1.5.3 वितरित किए गए सेवा हमले का इनकार (Distributed Denial of Service Attack)

साइबर आतंकवादी Ddos तरीके का प्रयोग कम्प्यूटर सिस्टम तथा सरकार, सशस्त्र बलों और व्यवसायों को अत्यधिक बोझ युक्त (overload) बनाने के लिए कर सकते हैं। इसमें सर्वर पर बहुत बड़ी मात्रा में वेब रिक्वेस्ट भेजी जाती है, जो सर्वर को ओवरलोड कर देती हैं जो अंततः उनके विनष्ट होने का कारण बनती है। इसका परिणाम गंभीर नुकसान के रूप में होता है। ये सरकार तथा इनकी एजेंसियों को व्यापक वित्तीय तथा रणनीतिक नुकसान पहुंचाते हैं।

13.1.6 साइबर आतंकवाद का मुकाबला (Combating Cyberterrorism)

भारत में **'सूचना तकनीकी एक्ट, 2000' (Information and Techonology Act, 2000)** निजता हनन, सूचना चोरी, Ddos हमले, नेटवर्क का नुकसान या बाधा से जुड़े कानून प्रदान करता है। 2004 में स्थापित काउंसिल ऑफ यूरोप कन्वेंशन ऑन साइबर क्राइम, कम्प्यूटर अपराधों के विरुद्ध कार्य करने वाली प्रथम अन्तर्राष्ट्रीय संधि है।

13.1.7 साइबर युद्ध (Cyberwarfare)

13.1.7.1 साइबर युद्ध की मूल बातें (Basics of Cyberwarfare)

राजनीतिक रूप से प्रेरित हैकर नुकसान करने या जासूसी के उद्देश्य से साइबर-युद्ध को अंजाम देते हैं। सूचना-युद्ध होने के कारण इसे कई बार परंपरागत युद्ध के समान देखा जा सकता है यद्यपि यह समानता शुद्धता तथा राजनीतिक प्रेरणा की दृष्टि से भिन्न होता है। इस प्रकार साइबर युद्ध को किसी राज्य (nation-state) द्वारा नुकसान पहुंचाने के उद्देश्य से अन्य राज्य के कंप्यूटरों या नेटवर्क में सेंधमारी करने के रूप में परिभाषित करते हैं। साइबर-युद्ध को "युद्ध का 5वां क्षेत्र" के रूप में भी जाना जाता है जो कि उतना ही विकट होता है, जितना आकाश, भूमि, समुद्र तथा अंतरिक्ष में सैन्य युद्ध होते हैं। इसके बढ़ते खतरे के बावजूद यह न्यूनतम किया जाने वाला युद्ध है इसलिए इसे अब तक प्रभावी तरीके से इस्तेमाल नहीं किया गया। पूर्व अमेरिकी राष्ट्रपति बराक ओबामा ने 2009 में अमेरिका के डिजिटल इन्फ्रास्ट्रक्चर को "रणनीतिक राष्ट्रीय संपत्ति" घोषित किया। इसके बाद अमेरिका के सैन्य नेटवर्क की सुरक्षा तथा अन्य देशों के सिस्टम से हमले को रोकने के लिए मई 2010 में पेंटागन ने नई US

साइबर कमांड (USCYBER COM) की स्थापना की। युनाइटेड किंगडम द्वारा भी एक साइबर सुरक्षा तथा 'ऑपरेशन सेंटर' की स्थापना की गयी।

13.1.7.2 साइबर युद्ध के विभिन्न प्रकार के खतरे (Cyberwarfare Consists of Many Different Threats)

1. **साइबर जासूसी:** इसमें सैन्य, राजनीतिक या आर्थिक फायदा लेने के लिए व्यक्तिगत, कम्प्यूटर संबंधी, विरोधियों की, समूह, सरकार या दुश्मनों की गुप्त सूचनाएं प्राप्त करने की प्रक्रिया शामिल की जाती है।
2. **साइबर दहशत:** इसमें प्राय:, दुश्मन की वेबसाइट हैक करना तथा वेब पेज विरूपित करना या दुष्प्रचार के संदेश फैलाना शामिल होते हैं।
3. **Ddos अटैक:** किसी व्यक्ति या समूह द्वारा (जो इंटरनेट सेवा साइट बाधित करता है) कम्प्यूटर सेवा को उपयोग में न लाये जाने योग्य बंना दिया जाता है। साइबर वॉरफेयर में Ddos (distributed denial-of-service) अटैक मुख्यत: शामिल किए जाते हैं जो सरकार या सैन्य वेबसाइट को निशाना बनाते हैं।
4. **विध्वंस (Sabotage):** समन्वय के लिए कम्प्यूटर तथा उपग्रहों का उपयोग करने वाली सैन्य गतिविधियां प्राय: उपकरणों के बाधित होने के जोखिम से युक्त होती हैं। ऊर्जा, जल, ईंधन, संचार तथा परिवहन इन्फ्रास्ट्रक्चर सभी इस जोखिम से युक्त होते हैं क्योंकि ये कम्प्यूटर सिस्टम से नियंत्रित होते जा रहे हैं। विशेष रूप से पॉवर ट्रांसमिशन तथा मोबाइल सहित टेलीफोन सिस्टम साइबर-युद्ध के प्रति संवेदशील होते हैं। इससे बाधा उत्पन्न करना या कुछ परिवर्तन कर देना संचार व व्यवस्था को प्रभावित कर सकता है। साइबर हमले से ऊर्जा तथा संचार सेवा रुकने से अर्थव्यवस्था में विकंट समस्याएं उत्पन्न हो सकती हैं, जो सैन्य हमले के समान विचलित कर सकता है या राष्ट्रीय संकट की स्थिति पैदा कर सकता है।

13.1.7.3 साइबर युद्ध और भारत (Cyberwarfare and India)

13.1.7.3.1 भारत की कमियां (India's Vulnerability)

वर्तमान में साइबर-हमले राजनीतिक विवाद के समान हैं, जिसके संदर्भ में विशेषज्ञों द्वारा "साइबर-शीत-युद्ध" की चेतावनी दी जा सकती है। यह कहा जाता है कि बड़ी मात्रा में साइबर हमले भविष्य के युद्ध के पूर्ववर्ती होते हैं। सरकारी तंत्र में वाइड एरिया नेटवर्क की तीव्र वृद्धि होने से भारत इनके प्रति अधिक सुभेद्य है क्योंकि भारत में 25 मिशन ई-गवर्नेंस मोड प्रोजेक्ट, इलेक्ट्रिक ग्रिड, सेल फोन, तेल और गैस इन्फ्रास्ट्रक्चर में जुड़े हुए हैं। यह खतरा निजी उद्योगों में विशेष रूप से बैंकिंग तथा फाइनेंस सेक्टर में बड़ी मात्रा में ऑनलाइन ट्रांजेक्शन होने से अधिक है।

13.1.7.3.2 प्रतिक्रिया (Reponse)

भारत के IT इन्फ्रास्ट्रक्चर की रक्षा करने वाली प्रमुख एजेंसी सूचना तकनीक विभाग के अंतर्गत **'कम्प्यूटर इमरजेंसी रिस्पोंस टीम' (CERT)** है। यह अपने कार्य सरकारी सेवा प्रदाता नेशनल इन्फॉर्मेटिक सेंटर के सहयोग से करती है। साइबर-युद्ध को समर्पित समूह **डिफेंस इंटेलीजेस एजेंसी (DIA)** तथा भारत के तकनीकी इंटेलीजेंस ऑर्गनाइजेशन -**नेशनल टेक्निकल रिसर्च ऑर्गनाइजेशन (NTRO)** में काम करते हैं। भारतीय सेना ने हाल ही में एक अभेध तथा सुरक्षित वाइड एरिया नेटवर्क की घोषणा की है जो केवल सेना के लिए ही स्थापित है। सेना की अपनी एक साइबर सुरक्षा नीति एक **कम्प्यूटर इमरजेंसी रिस्पोंस टीम (CERT)** तथा इसका स्वयं का साइबर ऑडिट प्रोसेस है, जो साइबर सुरक्षा अधिकारियों द्वारा प्रबंधित किया जाता है।

13.1.7.3.3 भारत की साइबर युद्ध क्षमता में कमियां (Shortcomings Exists in India's Cyberwarfare Capabilities)

1. समर्पित साइबर-युद्ध समूह (जो DIA व NTRO में कार्य करते हैं) केवल Offensive cyberwarfare पर कार्य करते हैं न कि साइबर हमले के विरुद्ध रक्षा में (not with defending aginast cyberattacks)।
2. भारत offensive cyberwarfare पर $1 मिलियन रुपये से भी कम राशि खर्च करता है। ये बहुत कम है। दूसरी तरफ चीन का इन संबंध में वार्षिक बजट 55 मिलियन डॉलर का है तथा हजारों हैकर तैनात हैं। अमेरिका व कुछ यूरोपियन देश भी इसमें बहुत आगे हैं।
3. भारत काउंटर अटैक (Counter attack) करने में समर्थ नहीं है जबकि कुछ देश कर सकते हैं। उदाहरण के लिए एक सुरक्षित ऑपरेटिंग सिस्टम **'kylin'** चीन द्वारा इन हैकारों के विरुद्ध सुरक्षा के लिए तैयार किया गया है। इसके साथ ही चीन ने एक सुरक्षित माइक्रोप्रोसेसर का भी विकास किया है। यह माइक्रोप्रोसेसर अमेरिका की चिप से अलग है। ये अमेरिकी चिप ही भारत के अधिकांश कम्प्यूटरों में इस्तेमाल की जाती है। ये माइक्रोप्रोसेसर किसी बाहरी घुसपैठ के विरुद्ध सुरक्षित माने जा रहे हैं।
4. IT सुपरपॉवर होने के बावजूद भारत सॉफ्टवेयर या हार्डवेयर के लिए पूर्णत: बाहरी स्रोतों पर निर्भर हैं। यहां तक कि सभी एंटीवायरस प्रोग्राम, नेटवर्क प्रोटोकॉल तथा नेटवर्क हार्डवेयर के उपकरणों के लिए भी बाहरी स्त्रोतों पर निर्भर रहता है। ये सुभेद्य ऑपरेटिंग सिस्टम Ddos अटैक के शिकार हो सकते हैं।

13.1.7.3.4 साइबर सुरक्षा के दीर्घकालिक उपाय (A Long-Term Response Involves in Cyber Secuity)

1. एक समर्पित साइबर सुरक्षा संगठन, जिसके स्टाफ में पुलिस तथा सशस्त्र बल के कर्मचारी हों तथा जो नेशनल इन्फॉर्मेशन इन्फ्रास्ट्रक्चर की रक्षा के लिए एक राजनीतिक विकास की पहल करे।
2. साइबर-युद्ध के बजट को बढ़ाना तथा अधिक कर्मचारियों की नियुक्ति।
3. देश की विभिन्न कानून प्रवर्तनकारी एजेंसी, इंटरनेट सर्विस प्रोवाइडर्स (ISPs) तथा उच्च क्षमता युक्त अनुसंधानकर्ताओं के मध्य साइबर अपराध के विरुद्ध समन्वित प्रतिक्रिया के लिए एक राष्ट्रीय सेंटर की स्थापना जी जाए।
4. सरकार में व्यापक स्तर पर सूचना सुरक्षा की जांच हो तथा निजी क्षेत्र को भी इसके लिए प्रोत्साहित किया जाए। कमियों का पता लगाने के लिए सुरक्षा कमियों की पहचान की जाए तथा इसकी सुरक्षा आवश्यकताओं को पूरा करने के प्रभावी उपाय किए जाएं।
5. स्वदेशी तथा सुरक्षित माइक्रोप्रोसेसर तथा ऑपरेटिंग सिस्टम के विकास के उद्देश्य से सॉफ्टवेयर तथा हार्डवेयर पॉलिसी का निर्माण किया जाए

कि अधिकतम कम्प्यूटरों में इसका उपयोग हो तथा भारत में कम्प्यूटरों को साइबर हमलों के विरुद्ध अधिक प्रतिरोधी बनाया जा सके।

6. सरकारी अधिकारियों तथा विशेषज्ञों के दृष्टिकोण से भारत सरकार को राष्ट्रीय सुरक्षा निति का विकास करना चाहिए जो सभी प्रकार विभागों में कार्यान्वित की जाए।

मई 2010 में भारत सरकार ने साइबर सुरक्षा की चुनौतियों से निपटने के लिए कई मानकों का निर्धारण किया:

- विदेशी सॉफ्टवेयर विक्रेताओं पर निर्भरता घटाने के उद्देश्य से सरकार द्वारा एक टास्क फोर्स का गठन किया गया, जो ओपन सोर्स निर्माण तथा स्वदेशी ऑपरेटिंग सिस्टम के विकास हेतु योजना निर्माण करेगी।
- सरकार ने साइबर-हमलों के विरुद्ध एक संकट प्रबंधन प्लान (crisis Management) की स्थापना की, जिसे सभी केंद्रीय मंत्रालयों, राज्य सरकारों तथा संवेदनशील क्षेत्रों में अपनाये जाने की आवश्यकता है।

अगस्त 2010 में **राष्ट्रीय सुरक्षा सलाहकार (NSA)** की अध्यक्षता में एक उच्चस्तरीय बैठक में सरकार ने निम्न कदम उठाए:

1. एक साइबर वॉरफेयर इन्फ्रास्ट्रक्चर की स्थापना, जिसमें सॉफ्टवेयर प्रोफेशनल की एक छोटी सेना जासूसी के लिए तैनात होगी, जिसका उद्देश्य दुश्मन देशों के कम्प्यूटरों को हैक करके महत्वपूर्ण सूचना प्राप्त करना होगा। इस प्रोजेक्ट को साइन-अप करने वाले IT वर्करों तथा एथिकल हैकरों (ethical hackers) को कानून द्वारा सुरक्षा प्रदान की जाएगी।
2. इसके अनुसार cyber offensive capabilities के निर्माण का उत्तरदायित्व नेशनल टेक्निकल रिसर्च ऑर्गनाइजेशन (NTRO) तथा **डिफेंस इंटेलिजेंस एजेंसी (DIA)** का होगा।
3. इसके अन्य प्लान में साइबर कवच को अधिक मजबूत करने के प्रयांसों को बढ़ाना है। इसमें प्रस्ताव किया गया है कि विभागों द्वारा स्पाइवेयर हेतु उपयोग में लिए जा रहे सभी प्रकार के सॉफ्टवेयर तथा हार्डवेयर की जांच हेतु एक नेशनल टेस्टिंग सेंटर की स्थापना की जाएगी। यह भारत के कम्प्यूटरों को होने वाले खतरों से बचायेगा।
4. NSA ने DRDO तथा DIA से इलेक्ट्रोमैग्नेटिक-पल्स बम्ब के विरुद्ध सुरक्षा उपायों को बढ़ाने के लिए कहा है। ये बम देश में वॉयरलेस सिग्नल को बाधित कर सकते हैं। NSA के निर्देशनुसार, DIA ने ट्रांजिट इलेक्ट्रोमैग्नेटिक पल्स इमनेशनस (emanations) स्टैण्डर्ड को मजबूत किया है। इसे सैन्य भाषा में TEMPEST कहा जाता है। TEMPEST को मजबूत किए जाने से रक्षा एजेंसियों द्वारा डाटा ट्रांसफर किए जाने में बाधाओं की संभावना कम होगी।
5. NTs तथा शैक्षणिक संस्थानों के पाठ्यक्रमों में साइबर सुरक्षा को HRD तथा IT मंत्रालयों के राष्ट्रीय सुरक्षा परिषद सचिवालय के निर्देशों के बाद शामिल किया गया।

13.1.8 राष्ट्रीय साइबर सुरक्षा नीति, 2013 (National Cyber Security Policy, 2013)

भारत सरकार ने राष्ट्रीय साइबर सुरक्षा नीति, 2013 की घोषणा की। इसकी महत्वपूर्ण विशेषताएं निम्न हैं:

- एक सुरक्षित तथा लचीले साइबर स्पेस का निर्माण।
- एक सुरक्षित तथा संरक्षित साइबर पारितंत्र तथा IT ट्रांजेक्शन में विश्वास उत्पन्न करना।
- 24×7 आधार पर एक **नेशनल क्रिटिकल इन्फॉर्मेशन इन्फ्रास्ट्रक्चर प्रोटेक्शन सेंटर** (NCIIPC) का निर्माण करना।
- सूचना तथा संचार तकनीकी आधारित सभी उत्पादों का परीक्षण तथा उन्हें प्रमाणित करना।
- ICT क्षेत्र में 5 लाख पेशेवर कार्यबल का सृजन करना।

13.1.9 साइबर क्राइम समन्वय केंद्र (Cybercrime Coordination Centre)

भारतीय साइबर अपराध समन्वय केंद्र [Indian Cybercrime Coordination Centre (I4C)] का जनवरी 2020 में सरकार द्वारा उद्घाटन किया गया था। I4C को स्थापित करने की योजना को व्यापक और समन्वित तरीके से सभी प्रकार के साइबर अपराधों से निपटने के लिए अक्टूबर 2018 में मंजूरी दी गई थी।

भारतीय साइबर अपराध समन्वय केंद्र के बारे में (About the Indian Cybercrime Coordination Centre)

यह (एमएचए) गृह मंत्रालय के नवनिर्मित साइबर और सूचना सुरक्षा (सीआईएस) प्रभाग के तहत स्थापित किया गया।

- इसके सात घटक हैं:

1. नेशनल साइबर क्राइम थ्रेट एनालिटिक्स यूनिट (National Cybercrime Threat Analytics Unit)
2. राष्ट्रीय साइबर अपराध रिपोर्टिंग पोर्टल (National Cybercrime Reporting Portal)
3. राष्ट्रीय साइबर अपराध प्रशिक्षण केंद्र (National Cybercrime Training Centre)
4. साइबर क्राइम ईकोसिस्टम मैनेजमेंट यूनिट (Cybercrime Ecosystem Management Unit)
5. राष्ट्रीय साइबर अपराध अनुसंधान और नवाचार केंद्र (National Cybercrime Research and Innovation Centre)
6. राष्ट्रीय साइबर अपराध फोरेंसिक प्रयोगशाला पारिस्थितिकी तंत्र (National Cybercrime Forensic Laboratory Ecosystem)
7. संयुक्त साइबर अपराध जांच दल के लिए मंच (Platform for Joint Cybercrime Investigation Team)

कार्य (Functions)

- I4C साइबर सुरक्षा जांच को केंद्रीकृत करने में सहायता करेगा, प्रतिक्रिया उपकरणों के विकास को प्राथमिकता देगा और निजी कंपनियों को साथ लेकर आएगा।

उद्देश्य (Objectives)

- साइबर अपराध के खिलाफ लड़ाई में एक नोडल बिंदु के रूप में कार्य करना।

- LEAs की अनुसंधान समस्याओं/जरूरतों को पहचानें और भारत और विदेश में अकादमिक/अनुसंधान संस्थानों के सहयोग से नई प्रौद्योगिकियों और फोरेंसिक उपकरणों को विकसित करने में R&D गतिविधियों को अपनाना।
- चरमपंथी और आतंकवादी समूहों के कारण आगे बढ़ते साइबर स्पेस के दुरुपयोग को रोकना।
- यदि आवश्यक हो, तेजी से बदलती प्रौद्योगिकियों और अंतर्राष्ट्रीय सहयोग के साथ तालमेल रखने के लिए साइबर कानूनों में संशोधन का सुझाव दें।
- MHA में संबंधित नोडल प्राधिकरण के परामर्श से साइबर अपराध से संबंधित अन्य देशों के साथ आपसी कानूनी सहायता संधियों (MLAT) के कार्यान्वयन से संबंधित सभी गतिविधियों का समन्वय करने के लिए।

निगरानी की आवश्यकता (Need for Surveillance)

- एशिया सबसे अधिक साइबर हमलावरों द्वारा लक्षित क्षेत्र है, जिसके परिणामस्वरूप महत्वपूर्ण आर्थिक नुकसान हुआ है। चूंकि यह क्षेत्र वैश्विक आर्थिक बाजार में महत्वपूर्ण भूमिका निभा रहा है, ऐसे में इन साइबर खतरों के बढ़ने की आशंका है। वर्तमान में भारत में 460 मिलियन से अधिक लोग वर्तमान में इंटरनेट का उपयोग करते हैं, जिससे वे ऑनलाइन अपराधियों, जिनमें अंवाक्षित व्यक्ति और संगठित सिंडिकेट्स शामिल हैं, के प्रति असुरक्षित हो जाते हैं।

आगे का रास्ता (Way Ahead)

- सरकार ने भारतीय साइबर अपराध समन्वय केंद्र का रोडमैप तैयार करने, ऑनलाइन धोखाधड़ी, हैकिंग, पहचान की चोरी, डार्कनेट, ट्रैफिकिंग, चाइल्ड पोर्नोग्राफी, ऑनलाइन कट्टरता और साइबर आतंकवाद जैसे नए-पुराने अपराधों से लड़ने में मदद करने के लिए IIT सहित प्रमुख सार्वजनिक और निजी संस्थानों के आईटी विशेषज्ञों को नियुक्त करने का निर्णय लिया है।

13.2 ब्लॉकचेन तकनीक (Blockchain Technology)

ब्लॉकचेन, डिजिटल रूप से प्रमाणित लेन-देन का ऑनलाइन पंजीकरण होता है, जो ब्लॉक रूप में एनकोड किया हुआ है, इनमें से प्रत्येक, एक कम्प्युटर नेटवर्क से जुड़ा होता है।

ये एक नई डेटा संरचना है, जो सुरक्षित, क्रिप्टोग्राफी-आधारित है, और एक नेटवर्क में वितरित की जाती है। यह तकनीक बिटकॉइन जैसी क्रिप्टोकरेंसी और किसी भी डेटा या डिजिटल एसेट के हस्तांतरण का समर्थन करती है। बिटकॉइन के नेतृत्व में, ब्लॉकचेन वितरित नोड्स के बीच आम सहमति प्राप्त करते हैं, जिससे लेन-देन के केंद्रीकृत प्राधिकार की आवश्यकता के बिना डिजिटल वस्तुओं के हस्तांतरण की अनुमति होती है।

यह कैसे संचालित होता है? (How Does it Operate?)

1. यह प्रौद्योगिकी लेन-देन को एक साथ गुमनाम और सुरक्षित, सहकर्मी से सहकर्मी, तुरंत और प्रतिरोध रहित होने की अनुमति देती है।
2. यह बड़े मध्यस्थों से एक बड़े वैश्विक नेटवर्क पर भरोसा वितरित करके ऐसा करता है, जो बड़े पैमाने पर सहयोग, कोड और क्रिप्टोग्राफी के माध्यम से, नेटवर्क पर कभी भी होने वाले हर लेन-देन के छेड़छाड़-सबूत सार्वजनिक करता है।
3. एक ब्लॉक एक ब्लॉकचेन का 'वर्तमान' हिस्सा है जो हाल के कुछ लेन-देन को रिकॉर्ड करता है, और एक बार पूरा होने पर, ब्लॉकचेन में स्थायी डेटाबेस के रूप में जाता है।
4. हर बार एक ब्लॉक पूरा हो जाता है, एक नया ब्लॉक उत्पन्न होता है। ब्लॉक एक-दूसरे से जुड़े होते हैं (एक शृंखला की तरह), उचित रैखिक, कालानुक्रमिक क्रम में प्रत्येक ब्लॉक के साथ पिछले ब्लॉक का एक हैश होता है।

ब्लॉकचेन तकनीक के लाभ (Benefits of Blockchain Technology)

- एक लोक खाता-बही प्रणाली के संदर्भ में ब्लॉकचेन, किए गए प्रत्येक लेन-देन की गणना तथा उसे प्रमाणित करता है और इस प्रकार इसे सुरक्षित तथा विश्वसनीय बनाता है।
- किए गए सभी लेन-देन की पुष्टि खनिकों (miners) द्वारा की जाती है, जो इन्हें पूर्ण बनाता है और हैकिंग के खतरे से बचाता है।
- ब्लॉकचेन तकनीक सहभागी (Peer-to-Peer) लेन-देन हेतु किसी भी तीसरे पक्ष या केंद्रीय प्राधिकरण की आवश्यकता को नकार देती है।
- यह तकनीक विकेंद्रीकरण को शामिल करती है।

लोक प्रशासन में ब्लॉकचेन का उपयोग

(Usage of Blockchain in Public Administration)

- ब्लॉकचेन में लोक सेवा प्रदायगी, भ्रष्टाचार के विरुद्ध देश की लड़ाई तथा पर्याप्त नागरिक मूल्य सृजित करने के अनुकूलन की संभावनाएं हैं।
- ब्लॉकचेन एक कुशल तथा लागत प्रभावी डाटाबेस का निर्माण करता है, जो एक परिक्रमित तथा विकेंद्रित डाटाबेस से संबंधित सभी कार्यों तथा फाइलों ("blocks") का शुद्ध तथा कालक्रमबद्ध व योजनाबद्ध रिकॉर्ड रखते हुए व्यावहारिक रूप से टेम्पर-प्रूफ है। इसे क्रियान्वित करते हुए यह सरकारों को अधिक स्पष्ट रूप से जिम्मेदार तथा सक्षम बनाता है।
- इसके अतिरिक्त, ब्लॉकचेन सरकार को अधिक ईमानदार बनाने में सहायक है। एक लोक ब्लॉकचेन, बिटकॉइन के समान सभी सूचनाएं तथा डाटाबेस स्थायी व सार्वजनिक रूप से तथा इनमें सर्वाधिक महत्वपूर्ण यह है कियर सुरक्षित रूप से रिपोर्ट करता है। ब्लॉकचेन सरकारों को वित्तीय फण्ड गतिविधियों की ट्रैकिंग की अनुमति प्रदान करते हुए किसी भी गबन हेतु राज्य तथा स्थानीय अभिकर्ताओं को जिम्मेदार व जवाबदेह बनाता है।
- ब्लॉकचेन जवाबदेहिता की सहायता से भ्रष्टाचार कम करता है और बिचौलियों की भूमिका हटाता है।

पश्चिम बंगाल सरकार साइबर हमलों से अपने दस्तावेजों को सुरक्षित रखने हेतु ब्लॉकचेन तकनीक आरंभ करने की योजना बना रही है। पश्चिम बंगाल सरकार के योजनाबद्ध साइबर सुरक्षा उत्कृष्टता केंद्र, सभी विभागों में

नई 'ब्लॉकचेन' प्रणाली लागू करने में सक्षम होंगे। जुलाई 2023 में, एयरचेन्स (Airchains) ने दक्षता और सुरक्षा बढ़ाने के लिए ब्लॉकचेन-आधारित ट्रैकिंग और भूमि उत्परिवर्तन (land mutations) की रिकॉर्डिंग को सक्षम करने के लिए न्यू टाउन कोलकाता डेवलपमेंट अथॉरिटी (NKDA) के साथ साझेदारी की है।

साइबर सुरक्षा केंद्र, साइबर अपराधों के विरुद्ध श्रेष्ठ प्रक्रियाएं आरंभ करने हेतु, एक ही स्थान से, सभी अकादमियों, कानून प्रवर्तन तथा अन्य क्षेत्रों को सर्वोत्तम सुविधा प्रदान करेंगें। यह केंद्र अनुसंधान कार्य भी आरंभ करेगा।

2017 में, पश्चिम बंगाल राज्य विद्युत वितरण कंपनी लिमिटेड के कुछ कार्यालयों के कम्प्यूटरों को 'वानाक्राई' नामक एक वैश्विक रेनसमवेयर, वायरस ने ठप्प कर दिया। रेनसमवेयर एक प्रकार का दुर्भावनापूर्ण सॉफ्टवेयर है, जो कम्प्यूटर सिस्टम एक्सेस को ब्लॉक कर देता है और इसे पुनः चालू करने के लिए धन की मांग करता है।

नोटः टेक महिंद्रा तथा तेलंगाना सरकार ने हैदराबाद में देश के प्रथम ब्लॉकचेन जिले की स्थापना हेतु, एक समझौते पर हस्ताक्षर किए हैं। यह ब्लॉकचेन हेतु अपने प्रकार का पहला उत्कृष्टता केंद्र (Centre of Excellence) होगा।

ब्लॉकचेन की संभावनाएं हैं (Possibilities of Blockchain are)

- क्रिप्टो मुद्रा का गोपनीय संचार।
- सुरक्षित, लागत प्रभावी और तेज बैंक लेन-देन।
- कानूनी दस्तावेज, स्वास्थ्य डेटा, नोटरी और व्यक्तिगत दस्तावेजों की सुरक्षा।
- भूमि रिकॉर्ड और सरकारी वित्तीय सहायता का वितरण।
- क्लाउड स्टोरेज, डिजिटल पहचान, स्मार्ट संचार और डिजिटल वोटिंग।

राष्ट्रीय सूचना विज्ञान केंद्र (एनआईसी) ने बंगलुरु में ब्लॉकचेन टेक्नोलॉजी में सेंटर ऑफ एक्सीलेंस (सीओई) की स्थापना की है, जो ब्लॉकचेन को एक सेवा के रूप में प्रदान करेगा और हितधारकों को साझा शिक्षण, अनुभवों और संसाधनों से लाभान्वित करने की अनुमति देगा।

कार्य (Functions)

1. उत्कृष्टता केंद्र विभिन्न सरकारी विभागों को शासन के विभिन्न आयामों में ब्लॉकचेन प्रौद्योगिकी के उपयोग के लिए अवधारणाओं के निर्माण में सुविधा प्रदान करेगा, जिससे इस तरह के कुछ अनुप्रयोगों की बड़े पैमाने पर तैनाती हो सकेगी।
2. एक आधिकारिक विज्ञप्ति में कहा गया है कि राष्ट्रीय सूचना विज्ञान केंद्र (एनआईसी) एक मजबूत और चुस्त बुनियादी ढांचा प्रदान करने के साथ, उत्कृष्टता केंद्र ब्लॉकचेन नेटवर्क की कुशल मेजबानी के लिए ब्लॉकचेन को सेवा (BaaS) के रूप में भी प्रदान करेगा।

भारत में विनियमन (Regulation in India)

- भारत में वर्तमान बहस का दुर्भाग्य से, व्यापार और अटकलों पर बहुत अधिक ध्यान केंद्रित है, जो मुख्य ब्लॉकचेन प्रौद्योगिकी की क्षमता को समझने के बजाय एक निवेश उपकरण के रूप में क्रिप्टोकरेंसी को देख रही है और विकेन्द्रीकृत लेन-देन को सुरक्षित करने के लिए एक प्रोत्साहन तंत्र के रूप में क्रिप्टोकरेंसी की मूल भूमिका को समझती है।
- भारत में प्रचलित साइबर कानून इंटरनेट, www और साइबरस्पेस (आईटी एक्ट 2000 और 2008 में संशोधित, आईपीसी की धारा 463 और धारा 420) में शामिल लेन-देन और गतिविधियों के लगभग सभी पहलुओं को छूते हैं। लेकिन आज के तकनीकी माहौल में दुनिया अधिक-से-अधिक डिजिटल रूप से परिष्कृत होती जा रही है। इस संबंध में भारत में साइबर कानूनों का पर्याप्त अभाव है।
- ऐसे देशों के पर्याप्त वैश्विक उदाहरण हैं, जिन्होंने प्रौद्योगिकी को विनियमित करने में सतर्क कदम उठाए हैं और नवाचार को नुकसान पहुंचाए बिना अवैध गतिविधि को रोकने पर ध्यान केंद्रित कर रहे हैं।

दुनिया भर में रेनसमवेयर का मामला
(Ransomware Case Worldwide)

वान्नाक्राई (Wanna Cry): वान्नाक्राई एक रेनसमवेयर है, जो 2017 के मई में कई कंप्यूटर नेटवर्क के माध्यम से तेजी से फैला था। विंडोज कंप्यूटरों को संक्रमित करने के बाद, यह पीसी की हार्ड ड्राइव की फाइलों को एन्क्रिप्ट करता है, जिससे उपयोगकर्ताओं के लिए उनका उपयोग करना असंभव हो जाता है, फिर उन्हें डिक्रिप्ट करने के लिए बिटकॉइन में फिरौती भुगतान की मांग करता है।
पेट्या (Petya): इसे 2016 में बनाया गया था। पेट्या एक रेनसमवेयर स्ट्रेन है जो माइक्रोसॉफ्ट विंडोज-आधारित कंप्यूटरों को संक्रमित करता है। रैंसमवेयर के अन्य रूपों की तरह, पेट्या संक्रमित सिस्टम के डेटा को एन्क्रिप्ट करता है। आमतौर पर इसके लिए हमलावर को फिरौती देने के बाद, पीड़ित द्वारा एन्क्रिप्शन कुंजी प्रदान करने के बाद ही डेटा अनलॉक किया जाता है।
इटरनलब्लू (Eternalblue): इटरनलब्लू ने रेनसमवेयर को नेटवर्क पर अन्य मशीनों तक पहुंच प्राप्त करने की अनुमति दी। 12 मई, 2017 को, दुनिया भर में WannaCry रेनसमवेयर ने अप्रकाशित कंप्यूटरों पर हमला करने के लिए इस तरीके इस्तेमाल किया।

(इन्फोग्राफिक देखें - ब्लॉकचेन)

13.3 क्रिप्टो मुद्रा और आधिकारिक डिजिटल मुद्रा विधेयक, 2021 का विनियमन (Cryptocurrency and Regulation of Official Digital Currency Bill, 2021)

संसद के बजट सत्र में इस बिल पर विचार करने की संभावना है, जो सभी निजी क्रिप्टोकरेंसी को प्रतिबंधित करता है और भारतीय रिजर्व बैंक द्वारा जारी की जाने वाली आधिकारिक डिजिटल मुद्रा प्रदान करता है।

कानून के उद्देश्य के रूप में वर्णित किया गया हैः

1. आरबीआई द्वारा जारी आधिकारिक डिजिटल मुद्रा के लिए एक सुविधाजनक ढांचा तैयार करना।
2. "भारत में सभी निजी क्रिप्टोकरेंसी को प्रतिबंधित करना"।

बिल भारत में सभी निजी क्रिप्टोकरेंसी को प्रतिबंधित करने का भी प्रयास करता है, हालांकि, यह कुछ अपवादों को क्रिप्टोकरेंसी की अंतर्निहित तकनीक और इसके उपयोग को बढ़ावा देने की अनुमति देता है।

भारत व क्रिप्टोकरेंसी (India and Cryptocurrency)

2009: पहली क्रिप्टोकरेंसी, बिटकॉइन को 2009 में सातोशी नाकामोटो द्वारा लॉन्च किया गया था।

2018: आरबीआई ने बैंकों और अन्य विनियमित संस्थाओं को क्रिप्टो लेनदेन का समर्थन करने से प्रतिबंधित कर दिया।

2019: अंतर-मंत्रालयी समिति ने सभी निजी क्रिप्टोकरेंसी पर प्रतिबंध लगाने की सिफारिश की।

2020: सुप्रीम कोर्ट ने क्रिप्टोकरेंसी के व्यापार पर लगे प्रतिबंध को असंवैधानिक करार दिया।

2021: क्रिप्टोकरेंसी और आधिकारिक डिजिटल मुद्रा विधेयक, 2021 का विनियमन पेश किया गया।

इसके तहत निजी डिजिटल मुद्राओं पर प्रतिबंध लगाने की योजना आरबीआई समर्थित मुद्रा के पक्ष में है।

ट्रेडिंग, खनन और क्रिप्टो जारी करने पर प्रतिबंध लगाने से पहले 3-6 महीने की निकास अवधि।

अंत में, क्रिप्टोकरेंसी, हालांकि अनियमित हैं, पर भारत में अवैध नहीं हैं।

पृष्ठभूमि (Background)

सुप्रीम कोर्ट ने 6 अप्रैल, 2018 को भारतीय रिजर्व बैंक (RBI) के एक सर्कुलर को रद्द कर दिया, जिसमें बैंकों और संस्थाओं को वर्चुअल करेंसी (VC) के संबंध में सेवाएं प्रदान करने से प्रतिबंधित किया गया था।

कोर्ट ने क्या कहा? (What did the Court Say?)

1. भारतीय रिजर्व बैंक इस बात के साथ सामने नहीं आया है कि उसके द्वारा विनियमित किसी भी संस्था, अर्थात् राष्ट्रीयकृत बैंक / अनुसूचित वाणिज्यिक बैंक / सहकारी बैंक / एनबीएफसी, को आभासी मुद्राओं (वीसी) के कारण प्रत्यक्ष या अप्रत्यक्ष रूप से कोई नुकसान या प्रतिकूल प्रभाव पड़ा है।)
2. इसलिए, केंद्रीय बैंक द्वारा उठाए गए एक और बुद्धिमान सुसंगत रुख के साथ आरबीआई का परिपत्र 'अनियमित' है कि कुलपतियों को देश में प्रतिबंधित नहीं किया गया था।
3. इसके अलावा, अदालत ने पाया कि आरबीआई ने सर्कुलर जारी करने से पहले विकल्पों की उपलब्धता पर विचार नहीं किया।
4. इसके अलावा, अदालत ने दो मसौदा विधेयकों और कई समितियों के बावजूद एक आधिकारिक डिजिटल रुपया पेश करने में केंद्र की विफलता को संदर्भित किया।

क्रिप्टोकरेंसी क्या हैं? (What are Cryptocurrencies?)

क्रिप्टोकरेंसी डिजिटल मुद्राएं हैं, जिनमें एन्क्रिप्शन तकनीकों का उपयोग मुद्रा की इकाइयों की पीढ़ी को विनियमित करने और केंद्रीय बैंक से स्वतंत्र रूप से संचालित होने वाले धन के हस्तांतरण को सत्यापित करने के लिए किया जाता है।

उदाहरण: बिटकॉइन, एथेरियम आदि।

(इन्फोग्राफिक देखें - क्रिप्टोकरेंसी)

13.4 टूलकिट (Toolkit)

सोशल मीडिया के प्रभाव के समय में एक आंदोलन या अभियान को बनाए रखने के लिए टूलकिट एक उपयोगी उपकरण बन गया है।

यह एक दस्तावेज है, जो किसी मुद्दे पर व्याख्याता के रूप में उन सभी लोगों के लिए एक मार्गदर्शक के रूप में बनाया गया है, जो अभियान से जुड़े हैं या अभियान को बढ़ावा देने के लिए तैयार किए जा सकते हैं।

यह एक रोडमैप भी प्रदान करता है कि अभियान या आंदोलन को कैसे आगे बढ़ाया जाए, जिसमें बताया गया हो कि क्या करना है, कब और कैसे करना है।

13.5 साइबर बीमा (Cyber Insurance)

व्यक्तिगत पॉलिसियों के लिए साइबर बीमा को साइबर हमले के बाद की कार्रवाइयों से संबंधित खर्चों को कवर करने के लिए डिजाइन किया गया है। जैसे- अभियोजन प्रक्रिया के दौरान होने वाली लागत और रक्षा लागत का भुगतान बीमा कंपनी द्वारा पॉलिसी के दस्तावेजीकरण में उल्लिखित साइबर जोखिमों के प्रकारों से संबंधित होता है। अन्य लागतें जैसे कि वित्तीय नुकसान, साइबर हमलों के कारण पॉलिसीधारक को ऑनलाइन पैसे का नुकसान भी पॉलिसी में बीमा राशि तक कवर किया गया है जैसा कि पॉलिसी में उल्लेख किया गया है। साइबर हमले के बाद परामर्श उपचार के लिए किए गए खर्च का भुगतान तीसरे पक्ष की देनदारियों और बहाली लागतों के खिलाफ नुकसान को शामिल करने के लिए भी किया जाता है। यह साइबर हमले से संबंधित सलाहकार शुल्क, अदालती खर्च और कानूनी शुल्क का भी ध्यान रखता है।

यदि हमला जानबूझकर और जानबूझकर किया गया था, तो पॉलिसी किसी भी दावे का भुगतान नहीं करेगी। बीमाकर्ता किसी भी कपटपूर्ण, बेईमान या दुर्भावनापूर्ण कार्य को कवर नहीं करते हैं। ये पॉलिसी उस हमले के किसी भी पूर्व कार्यों के लिए कोई कवर प्रदान नहीं करती हैं जिसका पॉलिसीधारक को पॉलिसी खरीदने से पहले सामना करना पड़ा है; न ही वे पॉलिसी में व्यक्तिगत डेटा या खोई हुई तस्वीरों के लिए कवर करते हैं। बीमाकर्ता अपने डेटा का बैकअप लेने, एंटी-वायरस अपडेट करने और पासवर्ड का एक उचित सेट रखने के लिए अपने ग्राहकों को किसी भी साइबर हमले से बचने के उपाय भी करते हैं। यदि इस तरह के उपाय ठीक से नहीं किए गए तो साइबर हमले की स्थिति में आपका दावा खतरे में पड़ सकता है।

13.6 व्हाट्सएप की नई नीति की भारत सरकार द्वारा जांच (WhatsApp's New Policy being Examined by GoI)

केंद्र सरकार ने दिल्ली उच्च न्यायालय को सूचित किया है कि वह व्हाट्सएप की विवादास्पद नई गोपनीयता नीति की जांच कर रही है, जिसे 15 मई 2021 से लागू करने के लिए निर्धारित किया गया है।

मुद्दा (Issue)

अदालत ने याचिका की सुनवाई करते हुए दावा किया कि व्हाट्सएप की नई गोपनीयता नीति संविधान के तहत गारंटीकृत गोपनीयता के अधिकार का उल्लंघन करती है।

ब्लॉकचेन

एन्क्रिप्टेड जानकारी

ब्लॉकचेन के माध्यम से स्थानांतरित की गई सभी जानकारी एन्क्रिप्ट की गई होती है और प्रत्येक घटना को रिकॉर्ड किया जाता है, जिसका अर्थ है कि एक बार ब्लॉक बन जाने और श्रृंखला में जुड़ जाने के बाद, इसे बदला नहीं जा सकता है।

पीयर-टू-पीयर

ब्लॉकचेन आपको किसी मध्यस्थ के बिना किसी सहकर्मी के साथ बातचीत करने या लेनदेन भेजने की सुविधा देता है। यह बिचौलिए को हटा देता है।

डेटा साझाकरण

ब्लॉकचेन का उपयोग मुद्रा के हस्तांतरण से अधिक के लिए किया जा सकता है। इसका उपयोग अनुबंध, रिकॉर्ड और किसी अन्य प्रकार के डेटा को साझा करने के लिए भी किया जा सकता है।

एक डिजिटल बहीखाता (Ledger)

ब्लॉकचेन एक डिजिटल बहीखाता (Ledger) है जो पीयर-टू-पीयर नेटवर्क पर होने वाले सभी लेनदेन का रिकॉर्ड रखता है।

विकेन्द्रीकरण

ब्लॉकचेन विकेंद्रीकृत है, इसलिए केंद्रीय प्रमाणन प्राधिकरण की आवश्यकता नहीं है।

ब्लॉकचेन कैसे काम करता है?

कोई लेनदेन का अनुरोध करता है

अनुरोधित लेनदेन को P2P नेटवर्क पर प्रसारित किया जाता है जिसमें नोड्स नामक कंप्यूटर शामिल होते हैं।

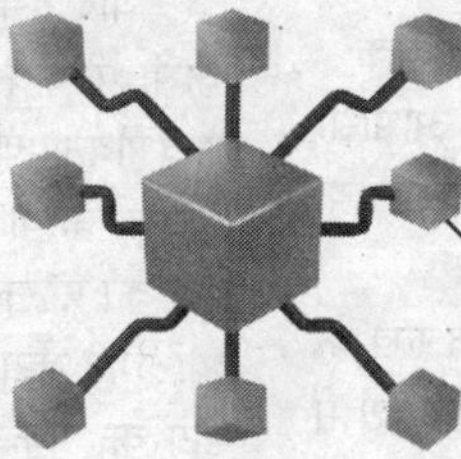

सत्यापन

नोड्स का नेटवर्क ज्ञात एल्गोरिदम का उपयोग करके लेनदेन और उपयोगकर्ता की स्थिति को मान्य करता है।

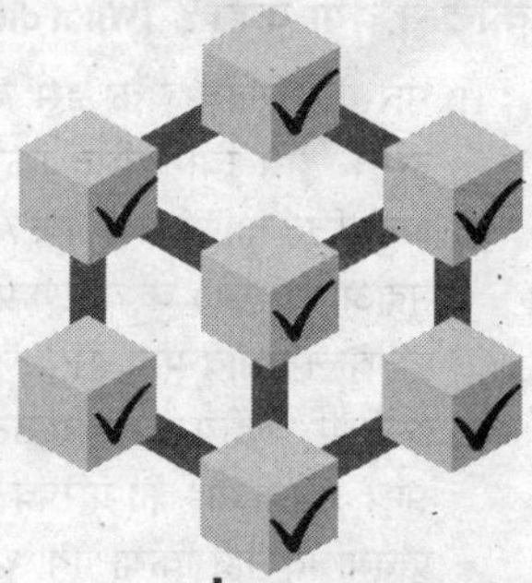

एक सत्यापित लेनदेन में क्रिप्टोकरंसी, अनुबंध, रिकॉर्ड या अन्य जानकारी शामिल हो सकती है।

एक बार सत्यापित होने के बाद, बहीखाता (ledger) के लिए डेटा का एक नया ब्लॉक बनाने के लिए लेनदेन को अन्य लेनदेन के साथ जोड़ दिया जाता है।

लेन-देन पूरा हो गया है।

लाभ और हानियाँ

लाभ	हानियाँ
पारदर्शिता में वृद्धि	जटिल प्रौद्योगिकी
सटीक सोच	नियामक निहितार्थ
स्थायी बही खाता (Ledger)	कार्यान्वयन चुनौतियाँ
लागत में कमी	प्रतिस्पर्धी प्लेटफार्म

स्मार्ट कॉन्ट्रैक्ट क्या हैं?

स्मार्ट कॉन्ट्रैक्ट ब्लॉकचेन नेटवर्क पर दो अनुबंधों के भीतर स्वयं-निष्पादित कानूनी अनुबंध होते हैं।

यह कैसे काम करता है?

- एक अनुबंध दो पक्षों के बीच निर्मित होता है।
- दोनों पक्ष गुमनाम रहना चुन सकते हैं।
- नियम या ट्रिगरिंग इवेंट निर्धारित किए जाते हैं।
- यह बही खाते में संग्रहित हो जाता है।
- दोनों पक्ष अनुबंध की प्रगति देख सकते हैं
- अनुबंध स्वयं नियमों के आधार पर निष्पादित होता है।

ब्लॉकचेन प्रौद्योगिकी के संभावित अनुप्रयोग

ऑटोमोटिव

उपभोक्ता स्वायत्त कारों में आंशिक स्वामित्व का प्रबंधन करने के लिए ब्लॉकचेन का उपयोग कर सकते हैं।

वित्तीय सेवाएं

त्वरित, सस्ता निपटान पारदर्शिता में सुधार करते हुए लेनदेन लागत से अरबों डॉलर बचा सकता है।

मतदान

ब्लॉकचेन कोड का उपयोग करके, घटक स्मार्टफोन, टैबलेट या कंप्यूटर के माध्यम से अपना वोट डाल सकते हैं, जिसके परिणामस्वरूप तुरंत सत्यापन योग्य परिणाम प्राप्त होंगे।

स्वास्थ्य देखभाल

गोपनीयता भंग होने के जोखिम के बिना मरीज की एन्क्रिप्टेड स्वास्थ्य जानकारी कई प्रदाताओं के साथ साझा की जा सकती है।

क्रिप्टोकरेंसी

- क्रिप्टोकरेंसी, मुद्रा का एक डिजिटल या आभासी रूप है जो सुरक्षित लेनदेन के लिए क्रिप्टोग्राफी का उपयोग करता है और केंद्रीय बैंक से स्वतंत्र रूप से संचालित होता है।
- यह विकेंद्रीकृत है, अर्थात यह किसी सरकार या वित्तीय संस्थान द्वारा नियंत्रित नहीं है।
- क्रिप्टोकरेंसी लेनदेन को रिकॉर्ड करने और एक पारदर्शी और अपरिवर्तनीय बहीखाता (ledger) बनाए रखने के लिए ब्लॉकचेन तकनीक पर निर्भर करती है।
- वे तेज, कम लागत और सीमा रहित लेनदेन की क्षमता के साथ-साथ बैंक रहित आबादी को वित्तीय समावेशन प्रदान करने की संभावना भी प्रदान करते हैं। हालाँकि, क्रिप्टोकरेंसी भी अस्थिरता और नियामक चुनौतियों के अधीन हैं।

सकारात्मक	नकारात्मक
उच्च रिटर्न की संभावना	उच्च अस्थिरता और बड़े नुकसान की संभावना
संभावित विविधीकरण	सहसंबंध
सीमित आपूर्ति	अनंत संभावित आपूर्ति
ख़राब मुद्राओं से सुरक्षा और बढ़ती मुद्रास्फीति का ख़तरा	मूल्य का ख़राब भंडार और सीमित स्वीकार्यता
बढ़ती स्वीकार्यता और उपयोग	अनियमित और अप्रतिबंधित

याचिका में कहा गया है कि सरकार की निगरानी के बिना नई नीति "वस्तुत: एक व्यक्ति की ऑनलाइन गतिविधि में एक 360-डिग्री प्रोफ़ाइल देती है"।

याचिका में व्हाट्सएप द्वारा गोपनीयता नीति में इस तरह के बदलाव सुनिश्चित करने के लिए दिशा-निर्देश जारी करने का निर्देश देने की मांग की गई है।

नीति की मुख्य विशेषताएं (Key Features of the Policy)

1. तृतीय-पक्ष सेवाओं के साथ जानकारी साझा करना: जब उपयोगकर्ता तृतीय-पक्ष सेवाओं या अन्य Facebook कंपनी उत्पादों पर भरोसा करते हैं, जो हमारी सेवाओं के साथ एकीकृत हैं, तो उन तृतीय-पक्ष सेवाओं को इस बारे में जानकारी प्राप्त हो सकती है कि आप या अन्य उनके साथ क्या साझा करते हैं।
2. हार्डवेयर जानकारी: व्हाट्सएप अन्य उपकरणों के बीच बैटरी स्तर, सिग्नल की शक्ति, ऐप संस्करण, ब्राउज़र जानकारी, मोबाइल नेटवर्क, कनेक्शन जानकारी (फोन नंबर, मोबाइल ऑपरेटर या आईएसपी सहित) जैसे उपकरणों से जानकारी एकत्र करता है।
3. खाता हटाना: यदि कोई व्यक्ति केवल अपने डिवाइस से व्हाट्सएप ऐप को बिना इन-ऐप डिलीट माय अकाउंट फीचर का उपयोग किए हटाता है, तो उस उपयोगकर्ता की जानकारी प्लेटफॉर्म के साथ संग्रहीत रहेगी।
4. डेटा संग्रहण: व्हाट्सएप का उल्लेख है कि वह उपयोगकर्ता डेटा को संग्रहीत करने के लिए फेसबुक के वैश्विक बुनियादी ढांचे और संयुक्त राज्य अमेरिका सहित डेटा केंद्रों का उपयोग करता है। इसमें यह भी कहा गया है कि कुछ मामलों में डेटा को संयुक्त राज्य या अन्य भागों में स्थानांतरित कर दिया जाएगा जहां फेसबुक की संबद्ध कंपनियां आधारित हैं।
5. स्थान: भले ही कोई उपयोगकर्ता अपने स्थान-संबंध सुविधाओं का उपयोग नहीं करता है, व्हाट्सएप आपके सामान्य स्थान (शहर, देश) का अनुमान लगाने के लिए आईपी पते और फोन नंबर जैसी अन्य जानकारी एकत्र करता है।
6. भुगतान सेवाएं: व्हाट्सएप का कहना है कि अगर कोई अपनी भुगतान सेवाओं का उपयोग करता है, तो वे भुगतान खाते और लेनदेन की जानकारी सहित आपके बारे में अतिरिक्त जानकारी संसाधित करेंगे।

व्हाट्सएप की नई निजता नीति को लेकर केंद्र ने कोर्ट का रुख किया (Centre Moved Court over WhatsApp's New Privacy Policy)

इलेक्ट्रॉनिक्स और सूचना प्रौद्योगिकी मंत्रालय ने दिल्ली उच्च न्यायालय से कदम उठाने और Whats App को अपनी नई गोपनीयता नीति लागू करने से रोकने के लिए कहा है।

IT मंत्रालय क्यों चाहता है कि उच्च न्यायालय व्हाट्सएप को प्रतिबंधित करे? (Why does the IT Ministry want the High Court to Restrain WhatsApp?)

सुप्रीम कोर्ट के फैसलों ने केंद्र पर एक डेटा सुरक्षा और गोपनीयता पर शासन के साथ आने की जिम्मेदारी रखी थी, जो "संस्थाओं की क्षमता को सीमित करेगा" जैसे कि व्हाट्सएप "गोपनीयता नीतियां जो सुरक्षा और डेटा सुरक्षा के उचित मानकों के साथ संरेखित नहीं होती हैं" जारी करती हैं। इसलिए, व्हाट्सएप को सेवाओं को लागू करने से रोका जाना चाहिए।

आईटी मंत्रालय ने मौजूदा आईटी नियमों के बड़े उल्लंघनों को सूचीबद्ध किया है, जो व्हाट्सएप की नई गोपनीयता नीति को लागू करने पर लागू हो सकते हैं। वो हैं:

1. व्हाट्सएप अपने द्वारा एकत्र किए जा रहे संवेदनशील डेटा के प्रकार को निर्दिष्ट करने में विफल रहा।
2. व्हाट्सएप उपयोगकर्ता को उपयोगकर्ता की जानकारी की समीक्षा या संशोधन करने का विकल्प प्रदान करने में विफल रहा है जो इसके द्वारा एकत्र किया गया।
3. नीति उपयोगकर्ताओं को पूर्वव्यापी रूप से डेटा साझा करने की सहमति वापस लेने का विकल्प प्रदान करने में विफल रहती है।
4. यह तीसरे पक्ष द्वारा प्रकटीकरण की गारंटी देने में भी विफल रहता है।

अन्य मुद्दे और चिंताएं (Other Issues and Concerns)

1. नई व्हाट्सएप नीति श्रीकृष्ण समिति की रिपोर्ट की सिफारिशों का खंडन करती है, जो डेटा संरक्षण विधेयक 2019 का आधार बनती है।
2. डेटा स्थानीयकरण का सिद्धांत, जिसका उद्देश्य देश के बाहर व्यक्तिगत डेटा के हस्तांतरण पर अंकुश लगाना है, व्हाट्सएप की नई गोपनीयता नीति के विरोध में आ सकता है।
3. अद्यतन गोपनीयता नीति के साथ, व्हाट्सएप अब किसी के मेटाडेटा को साझा कर सकता है, अनिवार्य रूप से बातचीत के वास्तविक पाठ को छोड़कर सब कुछ।
4. यदि उपयोगकर्ता मैसेजिंग प्लेटफॉर्म की अद्यतन गोपनीयता नीति से असहमत हैं, तो सेवा की नई शर्तें लागू होने पर उन्हें व्हाट्सएप छोड़ना होगा।

संदेश (Sandes)

- नेशनल इंफॉर्मेटिक्स सेंटर ने व्हाट्सएप की तर्ज पर एक इंस्टेंट मैसेजिंग प्लेटफॉर्म सैंड्स लॉन्च किया है।
- व्हाट्सएप की तरह, नए एनआईसी प्लेटफॉर्म का इस्तेमाल मोबाइल नंबर या ईमेल आईडी वाले किसी भी व्यक्ति द्वारा सभी प्रकार के संचार के लिए किया जा सकता है।
- हालांकि, सीमा यह है कि ऐप उपयोगकर्ता को अपनी ईमेल आईडी या पंजीकृत फोन नंबर बदलने की अनुमति नहीं देता है। उपयोगकर्ता को एक नए उपयोगकर्ता के रूप में फिर से पंजीकरण करना होगा, यदि वे ऐप पर अपना पंजीकृत ईमेल या फोन नंबर बदलना चाहते हैं।

13.7 साइबरडोम परियोजना (Cyberdome)

साइबरडोम परियोजना+साइबरस्पेस में सार्वजनिक-निजी भागीदारी (Cyberdome Project + Public-Private Partnership in Cyberspace)

- तेजी से बढ़ रहे तथा लगातार परिवर्तित हो रहे साइबर जगत में, साइबर अपराधों की जांच करना तथा नागरिकों को साइबर सुरक्षा प्रदान करना,

वर्तमान में कानून प्रवर्तन एजेंसियों (IEAs) के सम्मुख सबसे बड़ी चुनौती है।

- आज के समय में साइबर अपराधों में आधुनिक तथा जटिल तकनीक का प्रयोग होता है, साथ ही इन्टरनेट में गोपनीयता होने के कारण इन अपराधों तक पहुंचने, इनकी जांच करने में पुलिस को अत्यंत कठिनाई होती है।
- साइबर स्पेस में बढ़ रहे अपराधों तथा चुनौतियों से निपटने के लिए केरल पुलिस ने साइबरडोम प्रोजेक्ट के तहत साइबर सुरक्षा तथा नवाचार के लिए टेक्नोपार्क परिसर, तिरूवंनतपुरम्, केरल में उच्च तकनीकी केंद्र की स्थापना की है।

साइबरडोम के विषय में (About Cyberdome)

- साइबरडोम, केरल पुलिस विभाग का तकनीकी अनुसंधान व विकास से संबंधित केंद्र है, इसके अंतर्गत उत्कृष्ट साइबर-सुरक्षा के साथ-साथ प्रभावी पुलिस व्यवस्था के लिए तकनीक-आवर्द्धन की कल्पना की गई है।
- साइबरडोम सरकारी विभागों तथा एजेंसियों, अनुसंधान समूहों, गैर-लाभकारी संगठनों, समुदायों, नीतिगत हैकरों, निजी-संस्थानों के व्यक्तिगत विशेषज्ञों तथा अन्य प्रवर्तन एजेंसियों के बीच समन्वय स्थापित करता है। इसका उद्देश्य देश के प्रत्येक नागरिक को सुरक्षित तथा विश्वसनीय साइबर जगत प्रदान करना है।

इस केंद्र के अंतर्गत निम्नलिखित गतिविधियाँ संचालित होंगी:

- इन्टरनेट की निगरानी
- आभासी पुलिस की व्यवस्था
- आभासी पुलिस-व्यवस्था में सोशल मीडिया की भूमिका
- वास्तविक समय के आधार पर स्वचालित खतरों की निगरानी
- साइबर न्याय
- आभासी अदालतें
- बच्चों की सुरक्षा के लिए ट्रैकिंग प्रणाली
- अपराधिक आशंका संबंधी सॉफ्टवेयर
- सुरक्षित सर्फिंग ऑनलाइन वेब एप्लिकेशन
- बच्चों की पहचान से संबंधित आवेदन
- छवि (Image) विश्लेषण के लिए एप्लिकेशन
- अवैध (Blocking) अनुप्रयोगों तक पहुंच
- ऑनलाइन नेटवर्क जांच एप्लिकेशन
- चोरी हुए वाहनों की डेटा जानकारी
- साइबर सुरक्षा के प्रति जागरूकता आदि

साइबरडोम के अंतर्गत अनुसंधान, विकास तथा विश्लेषण क्षेत्र के निम्नलिखित प्रभाग आते हैं:

- मोबाइल तकनीक का प्रयोग कर साइबर न्याय के क्षेत्र में नये मार्ग प्रशस्त करना।
- सूचना तकनीकी (Information Technology) का प्रयोग कर साइबर अपराधों तथा अन्य अपराधों तक पहुंचना।
- सूचना तकनीकी संरचना का प्रयोग करके पुलिस व्यवस्था की प्रभावकारिता को बढ़ाना।
- तंत्रीय (Neural) विश्लेषण।

साइबरडोम परियोजना की कार्यविधियाँ तथा संभावनाएँ (Working and Prospects of Cyberdome Project)

- साइबरडोम ने साइबर-निगरानी उपकरण विकसित किया है जो औद्योगिक जासूसी (Industrial Espisnage) के दोषियों का पता लगाने तथा दोष साबित करने का कार्य करेगा।
- साइबरडोम, सोशल इंजीनियरिंग का प्रयोग एक महत्वपूर्ण उपकरण के रूप में पुलिस रणनीति में करेगा, जिससे कि उन कट्टरपंथी समूहों पर नकेल कसी जा सके जो नेट का प्रयोग चरमपंथी गतिविधियों में करते हैं।
- साइबरडोम ने चाइल्ड पोर्नोग्राफी को नियंत्रित करने के लिए एक गुप्त-साइबर निगरानी तथा समावेशी कार्यक्रम शुरू किया है।
- राज्य पुलिस तथा साइबरडोम, इंटरपोल तथा गुमशुदा व शोषित बच्चों के अंतर्राष्ट्रीय केंद्र (ICMC) के साथ मिलकर बाल अश्लीलता अपराधों को रोकने का कार्य करेंगे।
- इंटरपोल, राज्य पुलिस को 'बच्चों के विरुद्ध इंटरनेट अपराध तथा बाल ऑनलाइन सुरक्षात्मक सेवाएँ (ICACCOPS)' कार्यक्रम के लिए अत्याधुनिक साइबर-जांच उपकरण प्रदान करेगा।
- यह उन व्यक्तियों की निगरानी करता है, जो पीयर-टू-पीयर नेटवर्क का प्रयोग करके चाइल्ड पोर्नोग्राफी का व्यापार करते हैं, इससे ऐसे व्यक्तियों के विरुद्ध कानून प्रर्वतन में भी मदद मिलेगी।
- वर्ष 2017 में साइबरडोम ने तब एक महत्वपूर्ण सफलता प्राप्त की जब इसने केरल सरकार को रेनसमवेयर (वायरस) के संभावित हमले के संबंध में पहले ही सचेत कर दिया।
- ब्लू ह्वेल खेल के विरुद्ध प्रचार करने के लिए (ब्लू ह्वेल गेम ने कई युवाओं को आत्महत्या के लिए प्रेरित किया तथा देश में कुछ मौतें भी हुईं, इससे माता-पिता की चिंताएँ बढ़ीं) तथा इस खेल को देश में सफलतापूर्वक प्रतिबंधित करवाने के लिए केरल के मुख्यमंत्री ने भी साइबरडोम की प्रशंसा की।

साइबरडोम की उपलब्धियाँ (Achievements of Cyberdome)

- 100 से अधिक वेबसाइटों की भेद्यता मूल्यांकन तथा प्रवेश परीक्षण (VAPT) का प्रदर्शन करना तथा उनकी सुभेद्यता (Vulnerabilities) के संबंध में रिपोर्ट देना।
- डार्कनेट्स (Darknets) की निगरानी, विश्लेषण तथा साइबर बुद्धिमता के लिए आधुनिक सोशल मीडिया का विकास करना (डार्कनेट, एक आभासी निजी नेटवर्क है, जो कि किसी जगह के अतिरिक्त मापदण्डों को शामिल करता है, जो कि यह सुनिश्चित करता है कि सदस्यों के नेटवर्क तथा IT पते को उजागर नहीं किया जाएगा)। इन सूचनाओं को छिपाने का उद्देश्य न केवल यह है कि यह परस्पर संचार स्थापित करे

बल्कि मुद्दा यह भी है कि कहीं इनमें परस्पर सूचनाएं परिवर्तित न हो जाएं। सदस्य नेटवर्क में सम्मिलित होते समय यह ध्यान रखते हैं कि कम-से-कम जोखिम पर उनके द्वारा दी गयी सूचना या फाइल साझा हो।

- प्राइवेसी ट्रैकर के नाम से साझेदारी मॉडल के तहत एक सॉफ्टवेयर विकसित किया गया है, जो कि फिल्मों की चोरी को रोकेगा।
- 250 से अधिक बाल अश्लील पेज तथा साइटों को हटाया गया तथा अपराधियों के खिलाफ आवश्यक कार्यवाही की गयी।
- ऑपरेशन प्रणाली (सुरक्षा SOC सिस्टम केंद्र) विकसित किया गया जो कि सरकारी डिजिटल आधारभूत संरचना को सुरक्षित रखेगा।
- किड-ग्लोव (Kid-Glove) के नाम से बाल सुरक्षा जागरूकता कार्यक्रम पूरे राज्य में शुरू किया गया। यह कार्यक्रम छात्रों, माता-पिता तथा शिक्षकों के लिए है।
- पुलिस साइबर प्रशिक्षण के लिए 18 वर्कशॉप तथा 22 हैकथॉन का संचालन किया गया।
- आमजन के लिए पूरे राज्य में 18 जागरूकता कार्यक्रम/वर्कशॉप संचालित किये गये।
- सोशल मीडिया प्लेटफॉर्म पर बाल पोर्नोग्राफी को रोकने के लिए गहन कार्यक्रम शुरू किया गया।
- अवस्थिति को इंगित करने के लिए मोबाइल सेल डेटा आधारित भू-स्थानिक एप्लिकेशन विकसित किया गया।
- ऑनलाइन वित्तीय धोखाधड़ी को रोकने के लिए रिजर्व बैंक के साथ साझेदारी से 24×7 OTP धोखाधड़ी निगरानी तंत्र का विकास किया गया।
- अंतर्राष्ट्रीय तथा राष्ट्रीय एजेंसियों के साथ कुल 21 समझौते हस्ताक्षरित किये गये।

निष्कर्ष (Conclusion)

- 2018 में, असम सरकार ने गुवाहाटी के कहिलीपारा (Kahilipara) में असम पुलिस साइबरडोम और डिजिटल इंटेलिजेंस एंड ट्रेनिंग एंड एनालिसिस सेंटर (Digital Intelligence and Training and Analysis Centre) लॉन्च किया।
- एक विश्लेषण प्रणाली सभी आधुनिक खुफिया विभाग द्वारा संचालित सभी कानून प्रवर्तन गतिविधियों का आधार होती है तथा सभी साइबर आसूचना उद्देश्यों हेतु महत्वपूर्ण होती है।
- साइबरडोम विश्लेषण क्षमता आधुनिक तकनीक समायोजन पर आधारित है, इसमें कानून प्रवर्तन की आवश्यकता होती है।
- कानून प्रवर्तन एजेंसियों के रूप में पुलिस को वास्तविक मामलों पर आधारित परिदृश्यों तथा अनुसंधान और विकास में अंतराल का सामना करना पड़ता है।
- तेजी से विकसित हो रही तकनीक के नकारात्मक पक्ष से निपटने के लिए विशेषज्ञों की अपर्याप्तता, भारतीय पुलिस के समक्ष एक बहुत बड़ी बाधा है।
- सामान्य मानव श्रम बल की भर्ती करके विशेषज्ञता को प्राप्त नहीं किया जा सकता।
- यहां सार्वजनिक तथा निजी भागीदारी की सहायता से ही लक्ष्य को प्राप्त किया जा सकता है, अतः केरल की साइबरडोम परियोजना एक अच्छा सुझाव है, जिसे राष्ट्रीय स्तर पर लागू किया जाना चाहिए।

13.8 स्पाइवेयर – पेगासस (Spyware–Pegasus)

स्पाइवेयर, ऐसे दुर्भावनापूर्ण सॉफ्टवेयर या प्रोग्राम को संदर्भित करता है जो किसी उपयोगकर्ता (user) या उनकी गतिविधियों के बारे में उनकी जानकारी या सहमति के बिना गुप्त रूप से जानकारी एकत्रित करने के लिए डिजाइन किया गया होता है।

(इन्फोग्राफिक देखें - स्पाइवेयर, पेगासस, क्रिप्टोजैकिंग और ब्लूबगिंग)

13.9 क्रिप्टोजैकिंग (Cryptojacking)

क्रिप्टोजैकिंग, उपयोगकर्ता की इच्छा के विरुद्ध, वेबसाइटों के माध्यम से, या उपयोगकर्ता के अनजान होने पर क्रिप्टोकरेंसी को माइन (mine) करने के लिए कंप्यूटर को हाईजैक करने का कार्य होता है।

(इन्फोग्राफिक देखें - स्पाइवेयर, पेगासस, क्रिप्टोजैकिंग और ब्लूबगिंग)

13.10 ब्लूबगिंग (Bluebugging)

ब्लूबगिंग, एक प्रकार का दुर्भावनापूर्ण अटैक होता है जो हैकर्स को आपके ब्लूटूथ-सक्षम डिवाइस तक एक्सेस प्राप्त करने की अनुमति देता है। ब्लूबगिंग का संचालन ब्लूटूथ प्रोटोकॉल में सुरक्षा खामियों का फायदा उठाकर किया जाता है।

(इन्फोग्राफिक देखें - स्पाइवेयर, पेंगासस, क्रिप्टोजैकिंग और ब्लूबगिंग)

स्पाइवेयर

स्पाइवेयर क्या है?

- स्पाइवेयर,ऐसे दुर्भावनापूर्ण सॉफ़्टवेयर या प्रोग्राम को संदर्भित करता है जो किसी उपयोगकर्ता या उनकी गतिविधियों के बारे में उनकी जानकारी या सहमति के बिना गुप्त रूप से जानकारी इकट्ठा करने के लिए डिज़ाइन किया गया है। यह एक प्रकार का मैलवेयर (दुर्भावनापूर्ण सॉफ़्टवेयर) है जो अक्सर उपयोगकर्ता की जानकारी के बिना कंप्यूटर या मोबाइल डिवाइस पर इंस्टॉल हो जाता है।
- स्पाइवेयर किसी उपयोगकर्ता की ऑनलाइन गतिविधियों पर नज़र रख सकता है, जैसे विज़िट की गई वेबसाइट, टाइप किए गए कीस्ट्रोक्स, दर्ज किए गए लॉगिन क्रेडेंशियल और यहां तक कि स्क्रीनशॉट या वीडियो रिकॉर्डिंग भी कैप्चर कर सकते हैं। यह व्यक्तिगत डेटा, बैंकिंग विवरण या ब्राउज़िंग हैबिट जैसी अन्य संवेदनशील जानकारी को भी ट्रैक कर सकता है। एकत्रित डेटा आम तौर पर उपयोगकर्ता की सहमति के बिना एक दूरस्थ सर्वर या तीसरे पक्ष को भेजा जाता है, जहां इसका उपयोग विभिन्न उद्देश्यों, जैसे लक्षित विज्ञापन, पहचान की चोरी, या अनधिकृत निगरानी के लिए किया जा सकता है।
- स्पाइवेयर को भ्रामक रणनीति के माध्यम से प्रसारित किया जा सकता है, जिसमें ईमेल संलग्नक, अविश्वसनीय स्रोतों से सॉफ़्टवेयर डाउनलोड, दुर्भावनापूर्ण लिंक, या वैध सॉफ़्टवेयर के साथ संलग्न करके भेजना शामिल हैं। एक बार स्थापित होने के बाद, यह पृष्ठभूमि में गुप्त रूप से काम करता है, अक्सर एंटीवायरस या सुरक्षा सॉफ़्टवेयर की पकड़ में नहीं आता है।

पेगासस स्पाइवेयर क्या है?

- पेगासस एनएसओ ग्रुप द्वारा विकसित एक परिष्कृत स्पाइवेयर है।
- यह iOS और Android स्मार्टफ़ोन सहित मोबाइल उपकरणों को लक्षित करता है।
- पेगासस एक उन्नत स्पाइवेयर है जो "जीरो-क्लिक" या "लगभग जीरो-क्लिक" तकनीकों का उपयोग करके चुपचाप उपकरणों में प्रवेश कर सकता है, जिसके लिए उपयोगकर्ता से न्यूनतम या शून्य अंतर्क्रिया की आवश्यकता नहीं होती है।
- इसके उपयोग को लेकर विवाद है, जिसमें पत्रकारों, कार्यकर्ताओं और असंतुष्टों को कथित तौर पर निशाना बनाना भी शामिल है।
- पेगासस को सरकार और राज्य प्रायोजित निगरानी से जोड़ा गया है।
- एक बार इंस्टॉल हो जाने पर, पेगासस को डिवाइस सामग्री तक पूर्ण पहुंच प्राप्त हो जाती है।
- एकत्रित डेटा को विश्लेषण के लिए एक दूरस्थ सर्वर पर प्रेषित किया जाता है।
- पेगासस वास्तविक समय की निगरानी के लिए डिवाइस के माइक्रोफ़ोन और कैमरे को सक्रिय कर सकता है।
- यह कॉल, संदेश, ईमेल की निगरानी कर सकता है और फ़ोटो और स्थान की जानकारी जैसे डेटा एकत्र कर सकता है।

क्रिप्टोजैकिंग (मैलवेयर) क्या है?

- क्रिप्टोजैकिंग में अनधिकृत क्रिप्टोकरेंसी माइनिंग के लिए किसी और के कंप्यूटर या डिवाइस को हाईजैक करना शामिल है।
- हमलावर कमजोरियों का फायदा उठाते हैं या माइनिंग मैलवेयर से सिस्टम को संक्रमित करने के लिए दुर्भावनापूर्ण तकनीकों का उपयोग करते हैं।
- यह मैलवेयर पृष्ठभूमि में चलता है, माइनिंग कार्यों के लिए डिवाइस के संसाधनों का उपयोग करता है।
- माइनिंग से होने वाला मुनाफा हमलावर के पास जाता है, जबकि मालिक को निष्पादन समस्याओं और अधिक लागत का सामना करना पड़ता है।
- यह संक्रमण दुर्भावनापूर्ण डाउनलोड, संक्रमित वेबसाइट या फ़िशिंग ईमेल के माध्यम से हो सकता है।
- सुरक्षा में सॉफ़्टवेयर को अद्यतन रखना, प्रतिष्ठित सुरक्षा सॉफ़्टवेयर का उपयोग करना और ऑनलाइन सतर्क रहना शामिल है।
- सिस्टम के प्रदर्शन की निगरानी अत्यधिक संसाधन उपयोग के संकेतों का पता लगाने में मदद करती है।

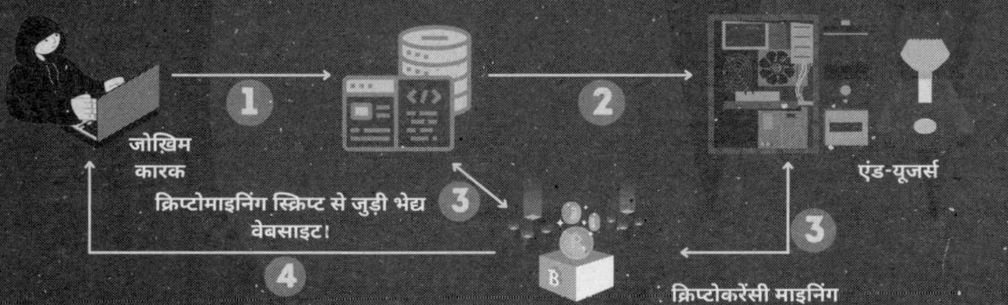

1. जोख़िमकारक एक वेबसाइट को अपने कंट्रोल में लेता है।
2. उपयोगकर्ता भेद्य वेबसाइट से जुड़ते हैं और क्रिप्टो माइनिंग स्क्रिप्ट निष्पादित होती है।
3. उपयोगकर्ता अनजाने में खतरे वाले अभिकर्ता की ओर से क्रिप्टोकरेंसी का माइनिंग शुरू कर देते हैं।
4. ब्लॉकचेन में एक नया ब्लॉक सफलतापूर्वक जोड़ने पर, जोख़िमकारी अभिकर्ता को क्रिप्टोकरेंसी सिक्कों में इनाम मिलता है

ब्लूबगिंग (हैकिंग) क्या है?

- ब्लूबगिंग ब्लूटूथ-सक्षम डिवाइस को लक्षित करता है।
- यह अनधिकृत पहुंच और नियंत्रण के लिए ब्लूटूथ खामियों का फायदा उठाता है।
- हमलावर मालिक की जानकारी के बिना उसके डिवाइस से कॉल कर सकते हैं, संदेश भेज सकते हैं या डेटा तक पहुंच सकते हैं।
- यह गतिविधियों पर नजर रखने या निगरानी करने की अनुमति दे सकता है।
- उपयोग में न होने पर ब्लूटूथ बंद रखें और सुरक्षा के लिए डिवाइस को अपडेट करते रहें।
- अविश्वसनीय ब्लूटूथ कनेक्शन अनुरोधों से सावधान रहें।

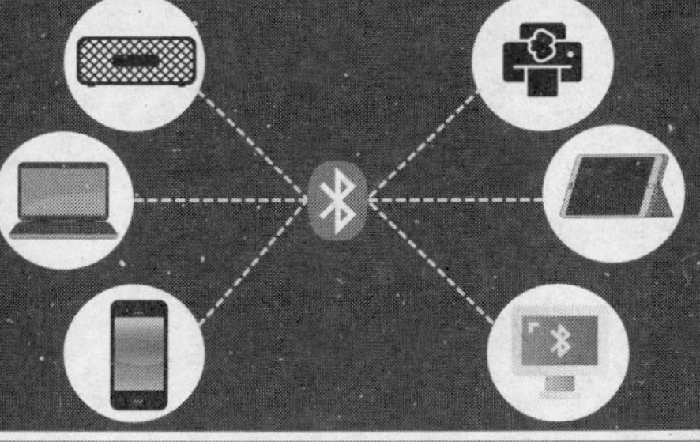

प्रश्न एवं उत्तर (Questions & Answers)

वस्तुनिष्ठ प्रश्न (Objective Questions)

1. "ब्लॉकचेन टेक्नोलॉजी" के संदर्भ में निम्नलिखित कथनों पर विचार करें: ***[UPSC (Pre) - 2020]***

1. यह एक सार्वजनिक खाता बही है, जिसका निरीक्षण हर कोई कर सकता है, लेकिन जिसे कोई एकल उपयोगकर्ता नियंत्रित नहीं करता है।
2. ब्लॉकचेन का स्ट्रक्चर और डिजाइन ऐसा है कि इसमें मौजूद सारा डेटा क्रिप्टोकरेंसी के बारे में ही होता है।
3. ब्लॉकचेन की बुनियादी विशेषताओं पर निर्भर एप्लिकेशन बिना किसी की अनुमति के विकसित किए जा सकते हैं।

ऊपर दिए गए कथनों में से कौन-सा/से सही है/हैं?

(a) केवल 1 (b) केवल 1 और 2
(c) केवल 2 (d) केवल 1 और 3

2. भारत में, व्यक्तियों के लिए साइबर बीमा के तहत, धन की हानि और अन्य लाभों के भुगतान के अलावा, आमतौर पर निम्नलिखित में से कौन से लाभ कवर किए जाते हैं? ***[UPSC (Pre) - 2020]***

1. किसी के कंप्यूटर तक पहुंच को बाधित करने वाले मालवेयर के मामले में कंप्यूटर सिस्टम की बहाली की लागत
2. एक नए कंप्यूटर की कीमत अगर कोई शरारती तत्व जानबूझ कर इसे नुकसान पहुंचाता है, अगर ऐसा साबित होता है
3. साइबर जबरन वसूली के मामले में नुकसान को कम करने के लिए एक विशेष सलाहकार को काम पर रखने की लागत
4. अगर कोई तीसरा पक्ष मुकदमा दायर करता है, तो अदालत में बचाव की लागत

नीचे दिए गए कूट का प्रयोग कर सही उत्तर चुनिए:

(a) केवल 1, 2 और 4 (b) केवल 1, 3 और 4
(c) केवल 2 और 3 (d) 1, 2, 3 और 4

3. भारत में, "पब्लिक की इन्फ्रास्ट्रक्चर" शब्द का प्रयोग किस संदर्भ में किया जाता है। ***[UPSC (Pre) - 2020]***

(a) डिजिटल सुरक्षा अवसंरचना
(b) खाद्य सुरक्षा अवसंरचना
(c) स्वास्थ्य देखभाल और शिक्षा बुनियादी ढांचा
(d) दूरसंचार और परिवहन अवसंरचना

4. हाल ही में कई बार चर्चा में रहने वाले शब्द 'वानाक्राई', 'पेट्या' तथा 'ईटरनल ब्ल्यू' किससे संबंधित हैं: ***[UPSC (Pre) - 2018]***

(a) बाह्य ग्रह (Exoplanets)
(b) क्रिप्टोकरेंसी (Cryptocurrency)
(c) साइबर हमले (Cyber attacks)
(d) मिनी सैटेलाइट (Mini Satellites)

5. भारत में निम्न में से किसके/किनके लिए साइबर सुरक्षा घटनाओं पर रिपोर्ट करना विधितः अधिदेशात्मक है/हैं? ***[UPSC (Pre) - 2017]***

(i) सेवा प्रदाता (सर्विस प्रोवाइडर)
(ii) डेटा सेंटर
(iii) कॉर्पोरेट निकाय (Corporate bodies)

दिए कूट का प्रयोग कर सही उत्तर चुनिए:

(a) केवल (i) (b) (i) तथा (iii)
(c) केवल (iii) (d) (i), (ii) तथा (iii)

उत्तरमाला (Answer Key)

1. (d) 2. (b) 3. (a) 4. (c) 5. (d)

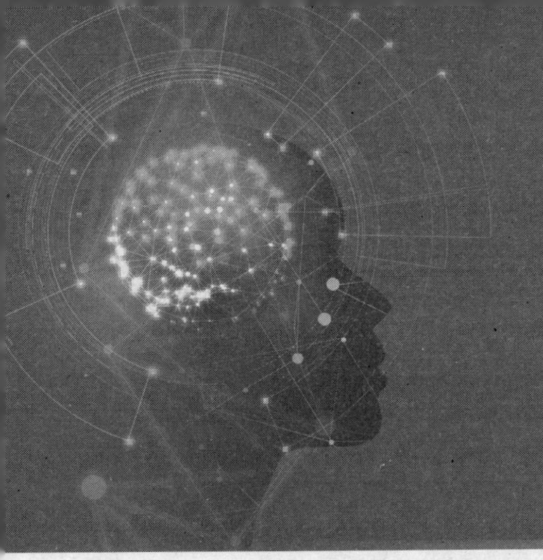

अध्याय

14

कंप्यूटर के आधारभूत सिद्धांत
(Fundamentals of Computer)

इस अध्याय में...

> बिट एक अंकीय संख्या है, जिसका आधार -2 (0 या 1) है। यह कंप्यूटर डाटा की सबसे छोटी इकाई है।

> एक कंप्यूटर भाषा वह है जिससे कंप्यूटर पर निर्देश और डेटा प्रेषित हो जाते हैं।

> विभिन्न टर्मिनल (different terminal), जो नेटवर्क (Network) से जुड़े होते हैं तथा नेटवर्कों के संसाधनों को साझा करते हैं, नोड (Node) कहलाते हैं।

> वह इंटरफेस (Interface) जो सर्वर तथा विभिन्न नोड्स (Nodes) के मध्य संचार में मदद करता है, नेटवर्क इंटरफेस यूनिट (NIU) कहलाता है।

14.1 कंप्यूटर (Computer)

कंप्यूटर अंग्रेजी के दो शब्दों कंप्यूट (compute) एवं एर (er) का संयोजन है। कंप्यूटर का अर्थ 'गणना' तथा एर का अर्थ 'उपकरण' है। यह एक ऐसा इलेक्ट्रॉनिक उपकरण है जो सभी प्रकार के गणितीय एवं तार्किक ऑपरेशन को संपन्न कर सकता है। यह डाटा को स्वीकार करने, उन्हें संग्रह करने, उनको प्रोसेस करने, उन्हें पुन: प्राप्त करने (retrieve) तथा प्रिंट करने का कार्य कर सकता है।

14.2 कंप्यूटर का इतिहास (History of Computer)

अबाकस आइडिया (Abacus idea) को सर्वप्रथम 1000 ईसा पूर्व और 500 ईसा पूर्व के मध्य पेश किया गया था। इस उपकरण में मोती या चट्टानों की शृंखला का प्रयोग किया गया था। इन मोतियों की स्थिति को बदलकर संख्या दर्ज की जाती थी तथा गणितीय संचालन को अंजाम दिया जाता था।

अबाकस (Abacus) या गणना गठन (Counting Frame), एक गणना उपकरण के रूप में कार्य करता है, जिसका उपयोग एशिया के कुछ हिस्से में मुख्यत: अंकगणितीय गणनाओं के निष्पादन के लिए किया जाता है। यह पत्थर के मोतियों से बना तथा सख्त छड़ पर लगा हुआ होता है। अबाकस (Abacus) एक लैटिन शब्द है, जो ग्रीक शब्द अनाक्स (abax) या अबाकोन (Abacon) से बना है (जिसका अर्थ है–टेबल या टैबलेट)। चीनियों ने लगभग 2000 ईसा पूर्व में इसकी खोज की थी। लियोनार्दो दा विंची (Leonardo da vinci) ने 1502 के आसपास दुनिया के पहले मैकेनिकल कैल्कुलेटर (calculator) की कल्पना की थी। 1834 में चार्ल्स बैबेज (Charles Babbage) ने विश्लेषणात्मक इंजन (analytical Engine) पेश किया तथा 1855 में पेरिस प्रदर्शनी में दिखाया।

14.3 कंप्यूटर के प्रकार (Types of Computer)

14.3.1 कार्य के आधार पर (On the Basis of Function)

कार्य के आधार पर कंप्यूटर को तीन भागों में विभाजित किया जा सकता है:

1. **एनालॉग कंप्यूटर (Analogue Computer):** एनालॉग कंप्यूटर में संख्यात्मक आंकड़ों को मापने योग्य भौतिक चर द्वारा दर्शाया जाता है; जैसे- विद्युत वोल्टेज, दबाव, तापमान आदि। उदाहरण के लिए, थर्मामीटर एक तरल एनालॉग कंप्यूटर है जिसमें तापमान के बदलाव के साथ-साथ पारा संचालित होता है।
2. **डिजिटल कंप्यूटर (Digital Computer):** एक कंप्यूटर जो संख्या (0–9) और वर्ण (A-Z) के रूप में डेटा को स्वीकार करता है और प्रोसेस करता है, जिसे बाइनरी (binary) कोड में बदला जाता है। अधिकांश कंप्यूटर डिजिटल (digital) होते हैं।
3. **हाइब्रिड कंप्यूटर (Hybrid Computer):** एनालॉग और डिजीटल मशीन की विशेषताओं को हाइब्रिड कंप्यूटर (Hybrid Computer) बनाने के लिए सम्मिलित किया जाता है।

14.3.2 प्रसंस्करण गति और भंडारण क्षमता के आधार पर (On the Basis of Processing Speed and Storing Capacity)

प्रसंस्करण की गति और भंडारण क्षमता के आधार पर कंप्यूटर को चार भागों में विभाजित किया जाता है:

1. **माइक्रो कंप्यूटर (Micro Computer):** माइक्रो कंप्यूटर को पर्सनल कंप्यूटर (पीसी) के रूप में जाना जाता है। इसकी प्रसंस्करण गति (Processing Speed) तथा भंडारण क्षमता (Storage Capacity) कम होती है। इसे व्यक्तिगत उपयोग के लिए तैयार किया जाता है।
2. **मिनी कंप्यूटर (Mini Computer):** मिनी कंप्यूटर, माइक्रो कंप्यूटर से उच्च श्रेणी के कंप्यूटर हैं। इसमें उच्च स्मृति और प्रसंस्करण की गति (Processing Speed) होती है तथा इसे सर्वर (Server) की तरह उपयोग किया जाता है। मिनी कंप्यूटर एक बहु-संस्करण प्रणाली है, जो एक ही समय में 4 से 200 उपयोगकर्ताओं का समर्थन कर सकती है।
3. **मेनफ्रेम कंप्यूटर (Mainframe Computer):** मेनफ्रेम कंप्यूटर; माइक्रो तथा मिनी कंप्यूटर से भिन्न है। इसमें अत्यधिक स्मृति (Memory) और प्रसंस्करण गति होती है तथा इसका उपयोग सर्वर (Server) की तरह किया जाता है (हजारों उपयोगकर्ताओं का समर्थन करता है)।
   मेनफ्रेम कंप्यूटर एक उच्च-प्रदर्शन वाला कंप्यूटर है, जिसे बड़े पैमाने पर कंप्यूटिंग उद्देश्यों के लिए उपयोग किया जाता है।
4. **सुपर कंप्यूटर (Super Computer):** सुपर कंप्यूटर एक भिन्न प्रकार का कंप्यूटर है, जिसका उपयोग जटिल उपयोगों के लिए किया जाता है। सुपर कंप्यूटर एक शक्तिशाली और उच्च-प्रदर्शनकर्ता मशीन है, जो अधिकतर वैज्ञानिक संगठनों (Computation) के लिए उपयोग किया जाता है। क्रे-1 (Cray-1) 1976 में विकसित दुनिया का पहला सुपर कंप्यूटर था। सुपर कंप्यूटर का उपयोग वैज्ञानिक अनुसंधान, मौसम पूर्वानुमान, हथियार रूपरेखा तैयार करने में किया जाता है। **भारत का पहला सुपर कंप्यूटर परम 10000, सी डैक पुणे (C-DAC, Pune) द्वारा विकसित किया गया था।**
   अन्य सुपर कंप्यूटर **ईकेए (EKA), सागा-220 (SAGA-220), अनुराग आदि हैं।**

नोट: डिस्क स्पेस, डाटा स्टोरेज स्पेस और सिस्टम मेमोरी अब विभिन्न पैरामीटरों के आधार पर कंप्यूटर को वर्णित किया जाता है। कुछ साल पहले तक हम मेगाबाइट शब्द का उपयोग करके हार्ड ड्राइव स्थान का वर्णन कर रहे थे। डेटा संग्रहण क्षमता के आधार पर आज, गीगाबाइट (Data Storage Capacity) और टेराबाइट एक हार्ड ड्राइव के आकार का वर्णन करने के लिए सबसे सामान्य शब्द हैं (**तालिका 14.1**)।

बिट (Bit)

शब्द 'बिट' की व्युत्पत्ति व्याक्यांश 'बाइनरी अंक' से हुई है। बिट एक अंकीय संख्या है, जिसका आधार -2 (0 या 1) है। यह कंप्यूटर डाटा की सबसे छोटी इकाई है। पाठ के एक पूरे पृष्ठ में लगभग 16,000 बिट्स समाहित होते हैं।

14.4 इकाइयों को कंप्यूटर में उपयोग करने के लिए स्टोर और प्रक्रिया डेटा (Units Used in Computers to Store and Process Data)

तालिका 14.1 कंप्यूटर द्वारा डेटा संरक्षित करने तथा प्रक्रिया करने उपयुक्त यूनिट

1 निबल (Nibble)	4 बिट (Bit)
1 बाइट (Byte)	8 बिट (Bit)
1 किलोबाइट (Kilobyte)	1024 बाइट (Byte)
1 मेगाबाइट (Megabyte)	1024 किलोबाइट
1 गीगाबाइट (Gigabyte)	1024 मेगाबाइट
1 टेराबाइट (Terabyte)	1024 गीगाबाइट
1 पेटाबाइट (Petabyte)	1024 टेराबाइट
1 एक्साबाइट (Exabyte)	1024 पेटाबाइट
1 ज़ेटाबाइट (Zettabyte)	1024 एक्साबाइट
1 यॉटाबाइट Yattabyte)	1024 ज़ेटाबाइट

14.5 विभिन्न क्षेत्रों में कंप्यूटर का उपयोग (Uses of Computer in Different Disciplines)

- कंप्यूटर सभी क्षेत्रों में लोकप्रिय हो गए हैं। यहां कुछ ऐसे क्षेत्र दिए गए हैं जहां इनका उपयोग व्यापक रूप से किया जाता है:
- **शिक्षा (Education):** कंप्यूटर (Computer) विद्यार्थियों को अपनी शिक्षा के साथ अधिक लचीलापन (Flexibility) देते हैं। कंप्यूटर का उपयोग शिक्षकों द्वारा पाठ (Lesson) तैयार करने, रिपोर्ट कार्ड और संदर्भ उपकरण के रूप में भी किया जाता है।
- **चिकित्सा (Medicine):** अस्पताल (Hospitals) और क्लीनिकों में चिकित्सा उपकरणों हेतु बड़ी मात्रा में कंप्यूटीकृत उपकरणों का उपयोग किया जाता है। बड़े अस्पतालों में आने वाले रोगियों के मेडिकल रिकॉर्डों (Medical Records) को संगृहीत करने हेतु इनका इस्तेमाल किया जा सकता है। चिकित्सक इन रोगियों के रिकॉर्डों (Record) का उपयोग उनके निदान (Dignosis) में कर सकते हैं।
- **व्यापार (Business):** प्रत्येक कंपनी (Company) का संगठन (Organisation) को बजट, लेखा, बिलिंग (Billing), रिपोर्टिंग (Reporting), प्रस्तुति आदि के लिए कंप्यूटर की आवश्यकता होती है। इस जानकारी को लगातार सूचित तथा अपडेट (Update) करते रहना चाहिए। कंप्यूटर का उपयोग बिक्री पूर्वानुमान (Sales Forecasting), उत्पादन (Production), योजना (Planning) आदि के लिए भी किया जाता है।
- **विज्ञान और प्रौद्योगिकी (Science and Technology):** वैज्ञानिकों और इंजीनियरों ने अपने विचारों/परियोजनाओं (Ideas/Projects) के प्रयोग, डिजाइन (Design) और विकास के लिए कंप्यूटर का एक उपकरण के रूप में उपयोग किया है। आर्किटेक्ट (Architect) कंप्यूटर का इस्तेमाल डिजाइन (Design) की संरचनाओं (Structure) के लिए करते हैं। इसमें कृत्रिम परमाणु परीक्षण बिना पर्यावरण को नुकसान पहुंचाए किया जा सकता है। आज के समय में कंप्यूटर एडेड डिजाइनिंग (Computer Added Designing-CAD) और कंप्यूटर एडेड इंजीनियरिंग (Compuer Added Engineer-CAE) भी लोकप्रिय है।
- **संचार (Communication):** कई कार्यालयों तथा घरों में कंप्यूटर की सुविधा उपलब्ध है, इसलिए विभिन्न कंप्यूटरों के मध्य संचार की सुविधा उपलब्ध है इसलिए विभिन्न कंप्यूटरों के मध्य डेटा (Data) और प्रोग्राम (Program) के आदान-प्रदान हेतु डेटा संचार (Data Communication) सुविधा की उन्नति (Advancement) के अनुसार होना चाहिए। इंटरनेट सुविधा का उपयोग करके आप अपने मित्रों और रिश्तेदारों को ई-मेल (E-mail) भेज सकते हैं।
- **बैंकिंग (Banking):** ग्राहकों के बैलेंस (Balance) की ऑनलाइन (Online) जांच चेक (Cheque) की जांच व अपडेट (update), ब्याज की गणना (Catculating Interest) आदि जैसे दैनिक लेन-देन हेतु बैंकों में कंप्यूटरों का उपयोग कियां जाता है। सभी प्रगतिशील बैंकों ने स्व-चालित टेलर मशीन (Automatedteller Machine) स्थापित की है, ताकि ग्राहकों को अपने खाते से पैसे के आहरण, रुपए हस्तांतरण इत्यादि में आसानी हों।
- **मौसम पूर्वानुमान (Weather Forecasting):** विश्व भर में मौसम स्टेशनों और उपग्रहों से डेटा एकत्र किया जाता है। मौसमों तथा हवा की दिशाओं में परिवर्तन को कंप्यूटर की मदद से विश्लेषित किया जा सकता है। समय पर भविष्यवाणी से प्राकृतिक आपदाओं से होने वाली क्षति से बचा जा सकता है।
- **मनोरंजन (Entertainment):** कंप्यूटर के जरिए आप विभिन्न गेम (Game) खेल सकते हैं, अपना स्वयं का संगीत बना सकते हैं। कार्टून या फिल्में देख सकते हैं, अपना पंसदीदा संगीत सुन सकते हैं आदि। कंप्यूटर एनीमेशन (Computer Animation) के माध्यम से कार्टून फिल्में आसानी से बनाई जा सकती हैं। फिल्मों के लिए आग, युद्ध, भूंकप आदि जैसे विशेष प्रभाव (Special Effect) बनाए जा सकते हैं।
- **सुरक्षा (Defence):** सुरक्षा में, कंप्यूटर बहुत उपयोगी हो सकते हैं। वर्तमान में आधुनिक हथियार और मिसाइलें संपूर्णतया कंप्यूटर नियंत्रित होती हैं।

14.6 कंप्यूटर सिस्टम की विशेषताएं (Characteristics of the Computer System)

कंप्यूटर सिस्टम की विशेषताएं इस प्रकार हैं:

- **गति (Speed):** गणितीय गणना करते समय कंप्यूटर मनुष्यों की तुलना में बहुत अधिक गति और सटीकता के साथ काम करता है। कंप्यूटर प्रति सेकंड लाखों (1,000,000) निर्देशों को संसाधित कर सकते हैं। कंप्यूटर द्वारा अपने संचालन के लिए लिया गया समय माइक्रोसेकंड और नैनोसेकंड है
- **सटीकता (Accuracy):** कंप्यूटर 100% सटीकता के साथ गणना करते हैं। डेटा असंगति या अशुद्धि के कारण त्रुटियाँ हो सकती हैं।

- **लगन (Diligence):** एक कंप्यूटर एक ही स्थिरता और सटीकता के साथ लाखों कार्य या गणना कर सकता है। यह कोई थकान या एकाग्रता की कमी महसूस नहीं करता है। इसकी याददाश्त भी इसे इंसानों से बेहतर बनाती है।
- **बहुमुखी प्रतिभा (Versatility):** बहुमुखी प्रतिभा से तात्पर्य एक ही सटीकता और दक्षता के साथ विभिन्न प्रकार के कार्यों को करने के लिए कंप्यूटर की क्षमता से है।
- **विश्वसनीयता (Reliability):** एक कंप्यूटर विश्वसनीय है क्योंकि यह डेटा के समान सेट के लिए लगातार परिणाम देता है अर्थात् यदि हम इनपुट का एक ही सेट कितनी बार देते हैं, तो हमें एक ही परिणाम मिलेगा।
- **स्वचालन (Automation):** कंप्यूटर सभी कार्यों को स्वचालित रूप से करता है अर्थात् यह मानवीय हस्तक्षेप के बिना कार्य करता है।
- **स्मृति (Memory):** कंप्यूटर में बिल्ट-इन मेमोरी होती है जिसे प्राइमरी मेमोरी कहा जाता है जहां यह डेटा स्टोर करता है। सेकेंडरी स्टोरेज रिमूवेबल डिवाइस, जैसे-सीडी, पेन ड्राइव आदि हैं, जिनका उपयोग डेटा को स्टोर करने के लिए भी किया जाता है।

14.7 कंप्यूटर प्रणाली की मूल संरचना (Basic Structure of Computer System)

कंप्यूटर किसी भी कार्य को करने के लिए इनपुट + प्रोसेस + आउटपुट चक्र (आईपीओ Cycle) का अनुसरण करता है (**चित्र 14.1**)।

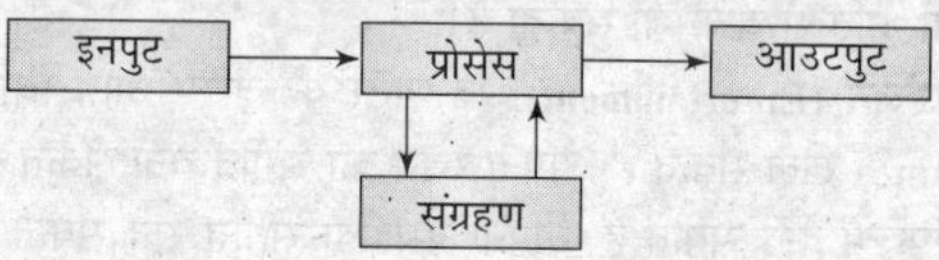

चित्र 14.1
कंप्यूटर प्रणाली की मूल संरचना

आईपीओएस चक्र (IPOS Cycle): यह चक्र दर्शाता है कि किस प्रकार कंप्यूटर डेटा ग्रहण, डेटा प्रसंस्करण (Process of Data), आउटपुट सूचना (Output Information) तथा सूचना संरक्षण करता है। I का अर्थ है–इनपुट, P का अर्थ है-प्रसंस्करण, O का अर्थ है–आउटपुट (Output), तथा S का अर्थ है-भंडारण (Storage)।

इनपुट (Input): इनपुट एक इनपुट उपकरण से कंप्यूटर में प्रवेश किया हुआ असंपूर्ण डेटा (Raw Data) है। यह संख्याओं, अक्षरों, छवियों आदि का संग्रह है। कीबोर्ड, माउस, स्कैनर, वेबकैम (Keyboard, Mouse, Scanner, Web-cam) आदि इनपुट उपकरणों के कुछ उदाहरण हैं।

प्रसंस्करण (Process): प्रसंस्करण एक पूर्ण आंतरिक प्रक्रिया है, जो प्रति निर्देश के अनुसार डेटा या सूचना के संचालन को दर्शाती है। कंप्यूटर का मुख्य प्रसंस्करण उपकरण (Processing Device) सेंट्रल प्रोसेसिंग यूनिट (Central Processing Unit-CPU) है।

आउटपुट (Output): संसाधित डेटा का परिणाम, डेटा प्रसंस्करण के पश्चात् 'आउटपुट' के रूप में दिया जाता है। भविष्य के उपयोग हेतु हम परिणामों को भंडारण उपकरणों (Storage Devices) में संरक्षित कर सकते हैं। मॉनिटर (Moniter), प्रिंटर (Printer) और स्पीकर (Speaker) मुख्य आउटपुट उपकरण हैं।

14.8 डेटा प्रतिरूपण कंप्यूटर (Data Representation Computer)

अधिकतर कंप्यूटर डिजिटल होते हैं।

- केवल दो अवस्थाओं को पहचानता है: चालू या बंद (**चित्र 14.2**)।
- कंप्यूटर विद्युत संचालित इलेक्ट्रॉनिक उपकरण है, जिसमें केवल दो अवस्थाएं हैं- चालू (ऑन) या बंद (ऑफ)।

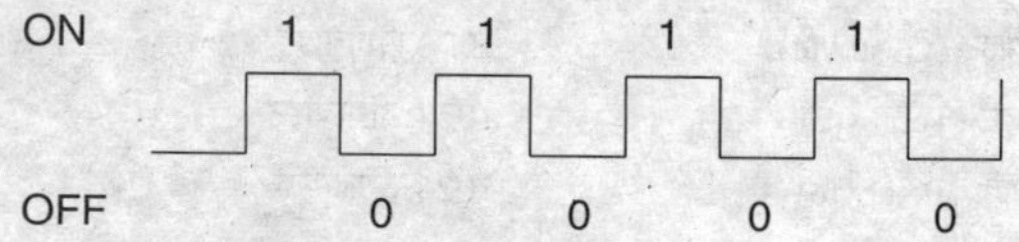

चित्र 14.2
डिजिटल सिग्नल (Digital Signal)

कंप्यूटर में डेटा (Data) बाइनरी रूप (Binary Form) में दर्शाया जाता है, डेटा प्रतिरूपण को समझने हेतु चार अंकीय प्रणाली (Numer System) को जानना आवश्यक है:

1. **दशमलव संख्या प्रणाली (Decimal Number System):** इस प्रणाली में हम किसी भी संख्या का प्रतिनिधित्व करने हेतु दस भिन्न प्रतीकों का उपयोग करते हैं। इसलिए इसका आधार दस है। इस प्रणाली में उपयुक्त प्रतीक हैं: 0, 1, 2, 3, 4, 5, 6, 7, 8, 9।
2. **बाइनरी संख्या प्रणाली (Binary Number System):** इस प्रणाली में हम केवल दो प्रतीकों का उपयोग करते हैं अर्थात् 0 और 1; अतः, इसका आधार दो है।
3. **ऑक्टल (Octal):** इस प्रणाली में आठ प्रतीकों का इस्तेमाल किया जाता है अर्थात् 0, 1, 2, 3, 4, 5, 6, 7, इसलिए इसका आधार आठ है।
4. **हेक्साडेसिमल (Hexadecimal):** इस प्रणाली में सोलह प्रतीकों का प्रयोग किया जाता है अर्थात् 0, 1, 2, 3, 4, 5, 6, 7, 8, 9 A, B, C, D, E, F A इसलिए इसका आधार 16 है।

14.9 कंप्यूटर प्रणाली के घटक (Components of Computer System)

एक कंप्यूटर में दो बुनियादी घटक शामिल होते हैं– 1. हार्डवेयर (Hardware) तथा 2. सॉफ्टवेयर (Software)।

14.9.1 हार्डवेयर (Hardware)

समस्त भौतिक घटक को एक साथ समूहीकृत किया जाता है जिससे एक संपूर्ण प्रणाली का निर्माण होता है, जिसे हार्डवेयर (Hardware) के रूप में माना जाता है। उदाहरण हेतु, पीसी केस (PC-Case), मदरबोर्ड (Motherboard), रैम (RAM), रोम (ROM), हार्ड-डिस्क (Hard-disk), मॉनिटर (Moniter) कीबोर्ड (Keyboard), माउस (Mouse) आदि।

हार्डवेयर (Hardware) को तीन भागों में विभाजित किया जाता है:

1. सेंट्रल प्रोसेसिंग यूनिट (Central Processing Unit-CPU)
2. मेमोरी यूनिट (Memory Unit)
3. पेरिफेरल डिवाइस (Peripheral Device)

14.9.1.1 सेंट्रल प्रोसेसिंग यूनिट (Central Processing Unit)

सेंट्राल प्रोसेसिंग यूनिट अर्थात CPU को कंप्यूटर प्रणाली (Computer System) के मस्तिष्क के रूप में जाना जाता है। इसे एकल चिप (Singal Chip) पर बनाए जाने के कारण माइक्रोप्रोसेसर भी कहा जाता है। एक पूर्ण सेंट्रल प्रोसेसिंग यूनिट (Microprocessor) में अर्थमेटिक लॉजिकल यूनिट (Arithmatic Logic Unit) और रजिस्टरों (Register) के साथ नियंत्रण इकाई (Contral Unit) शामिल होती है। इनपुट/आउटपुट (Input/Output) इकाई, सीपीयू (CPU) और मेमोरी यूनिट (Memory Unit) एक साथ कंप्यूटर प्रणाली (Computer System) का निर्माण करते हैं।

14.9.1.2 माइक्रोप्रोसेसर (Microprocessor)

ये निर्देशों की कार्यवाही हेतु लाखों ट्रांजिस्टरों (Transistars) के बने होते हैं। ये इलेक्ट्रॉनिक आवेश (Electronic Charge) वाले छोटे (लघु) इलेक्ट्रॉनिक उपकरण हैं। 1971 में इंटेल (INTEL) द्वारा प्रथम माइक्रोप्रोसेसर 4004 (4 बिट माइक्रोप्रोसेसर) का निर्माण किया गया था। यह विशिष्ट अनुप्रयोग हेतु डिजाइन (Design) किया गया था। 1974 में पहला सामान्य प्रयोजन माइक्रोप्रोसेसर (General Purpose Microprocessor) 8008 पेश किया गया था जो 8 बिट माइक्रोप्रोसेसर था। वर्तमान में 32/64 बिट प्रोसेसर बाजार में उपलब्ध हैं।

नोट: सभी प्रोसेसर CPU नहीं हैं किंतु सभी CPU को माइक्रोप्रोसेसर के रूप में माना जाता है। सीपीयू (CPU) कंप्यूटर प्रणाली के सभी घटकों को नियंत्रित करता है, जबकि प्रोसेसर का कार्य निर्देशों का प्रसंस्करण है।

14.9.1.3 कंट्रोल यूनिट (Control Unit)

कंप्यूटर प्रणाली के भीतर सूचना का प्रवाह कंट्रोल यूनिट द्वारा किया जाता है। ये कंप्यूटर के प्रभारी (In Charge) के रूप में कार्य करते हैं क्योंकि यह मशीन निर्देशों को डीकोड (Decode) करती है और नियंत्रण सिग्नल उत्पन्न करती है। यह कुछ बाहरी उपकरणों को भी नियंत्रित कर सकती है।

14.9.1.4 एएलयू (अर्थमेटिकल लॉजिकल यूनिट) (ALU- Arithmetic Logical Unit)

कंप्यूटर के अंकगणितीय और तार्किक संचालन अर्थमेटिक लॉजिकल यूनिट (Arithmatical Logical Unit) द्वारा किए जाते हैं।

14.9.1.5 मेमोरी यूनिट (Memory Unit)

यह मुख्य स्मृति (Main Memory) के रूप में कार्य करता है, जिसे प्राथमिक स्मृति (Primary Memory) या अर्द्ध-चालक स्मृति (Semiconductar Memory) कहा जाता है। यह एक आंतरिक स्मृति (Internal Mamory) है, जिसमें ये निम्न भाग शामिल हैं:

14.9.1.5.1 रैम (Random Access Memoy - RAM)

यह एक रीड एंड राइट (Read and Write) स्मृति है, जो एक अस्थिर (Volatile) तथा अस्थायी स्मृति है। RAM के निम्नलिखित दो प्रकार हैं:

1. **स्टैटिक रैम (Static Ram):** चूंकि यह रिफ्रेशमेंट (Refreshment) के बिना सूचनाओं को संरक्षित रखता है। इसे रिफ्रेश (Refresh) करने की आवश्यकता नहीं होती है।
2. **डायनामिक रैम (Dynamic Ram):** इसे डायनामिक रैम कहा जाता है, क्योंकि रिफ्रेशमेंट आवश्यक है और यह वक्त के साथ जानकारी खो देता है।

14.9.1.5.2 ROM (Read Only Memory)

रीड-ऑनली मेमोरी अनह्रासी स्मृति (Non-Volatile Memory) है तथा स्थायी प्रकृति की होती है। रोम (ROM) के साथ डाटा एवं निर्देश को केवल पढ़ा जा सकता है, उपयोगकर्ता को कुछ भी लिखने की अनुमति नहीं होती है। उत्पादक उत्पादन के समय ही कंटेंट लिख देते हैं जो अपरिवर्तनीय होता है।

14.9.1.5.3 फ्लैश मेमोरी (Flash Memory)

फ्लैश मेमोरी रोम की तरह ही अनह्रासी (Non-Volatile) होती है। यह एक एकीकृत सर्किट होता है जिसे अपना डाटा बचाए रखने के लिए निरंतर ऊर्जा की आवश्यकता नहीं होती है। फ्लैश मेमोरी चुंबकीय संग्राहक की तुलना में अधिक महंगी है। फ्लैश मेमोरी का उपयोग बड़े पैमाने पर कार-रेडियो, सेल फोन, डिजिटल कैमरा, MP3 प्लेयर, प्रिंटर आदि में किया जाता है।

14.9.1.6 पेरिफेरयल डिवाइस (Peripheral Device)

इनपुट डिवाइस (Input Device), आउटपुट डिवाइस (Output Device), भंडारण उपकरण (Storage Device), संचार उपकरण (Communication Device) या अन्य कार्य (Function) जो कंप्यूटर के सीधे नियंत्रण में होते हैं, साथ मिलकर सहायक (Auxiliary) उपकरण (Equipment) का निर्माण करते हैं **(चित्र 14.3)**।

14.9.1.6.1 इनपुट उपकरण (Input Device)

यह एक कंप्यूटर हार्डवेयर या उपकरण (Device) है, जो डाटा या निर्देश स्वीकार कर सकता है। उदाहरण के लिए की बोर्ड (Keyboard), स्कैनर (Scanner), माउस (Mouse), जॉय स्टिक (Joy Stick) बार कोड रीडर (Bar Code Reader), माइक्रोफोन (Microphone) आदि।

14.9.1.6.2 आउटपुट डिवाइस (Output Device)

यह एक कंप्यूटर हार्डवेयर या उपकरण (Device) है, जो प्रसंस्करित डेटा (Data) का परिणाम या आउटपुट (Output) प्रदर्शित करता है। उदाहरण हेतु मॉनिटर (Monitar), प्रिंटर (Printer), प्लॉटर (Plotter), स्पीकर (Speaker) आदि।

14.9.1.6.3 भंडारण उपकरण (Storage Device)

यह एक कंप्यूटर हार्डवेयर उपकरण (Computer Hardware Device) है जो स्थायी रूप से जानकारी संगृहीत करता है, इसलिए इसे द्वितीयक स्मृति (Secondary Memory) भी कहा जाता है, जैसे-हार्ड डिस्क (Hard Disk)

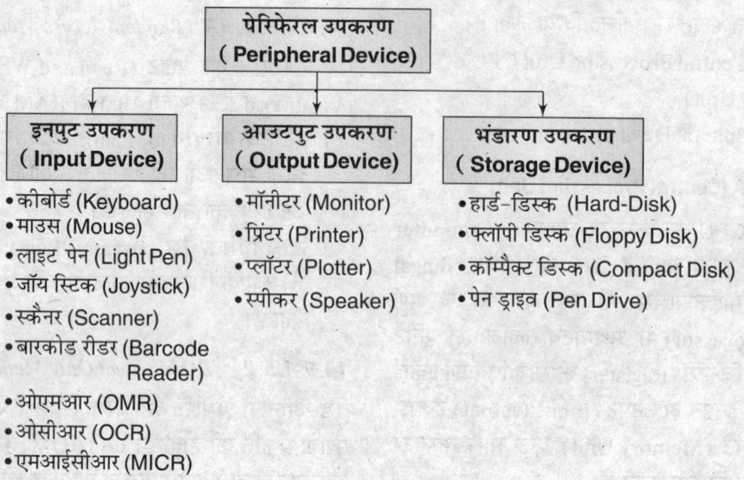

चित्र 14.3
पेरिफेरल उपकरणों की रूपरेखा (Outline of Peripheral Device)

फ्लॉपी डिस्क (Floppy Disk), कॉम्पैक्ट डिस्क (Compact Disk), पेन ड्राइव (Pen Drive) आदि।

14.9.1.6.4 संचार उपकरण (Communication Device)

माइक्रोफोन (Microphone) मॉडेम (Modem) तथा राउटर (Router)।

14.9.1.6.5 की-बोर्ड (Keyboard)

यह मानक (Standard) इनपुट उपकरण (Input Device) के रूप में कार्य करता है। की बोर्ड (कुंजी पटल) की शुरुआत 84 कुंजियों के साथ की गई थी। वर्तमान में कुंजी पटल (Keyboard) पर मौजूद कुंजी की न्यूनतम संख्या 101 है।

14.9.1.6.6 माउस (Mouse)

यह मानक संकेत यंत्र (Pointing Device) की तरह कार्य करता है। माउस का उपयोग केवल जीवीआई (GVI) में किया जाता है। डगलस एंजेलबर्ट (Douglas Engelbart) ने 1963 में इसका आविष्कार किया।

14.9.1.6.7 लाइट पेन (Light Pen)

यह भी एक अन्य संकेत यंत्र (Pointing Device) है, जिसका उपयोग डिजिटल हस्ताक्षर (Digital Signature) के लिए किया जाता है। एक लाइट पेन (Light-Pen) केवल सीआरटी (CRT) आधारित मॉनिटर के साथ कार्य करता है। एलसीडी स्क्रीन (LCD Screen), के प्रोजेक्टर (Projector) या अन्य डिस्प्ले (Display) उपकरणों के साथ नहीं।

14.9.1.6.8 जॉय स्टिक (Joy Stick)

यह संकेत यंत्र (Painting Device) के रूप में भी कार्य करता है, जो कंप्यूटर गेम (Computer Game) के दौरान बेहतर नियंत्रण प्रदान करता है।

14.9.1.6.9 स्कैनर (Scanner)

एक स्कैनर (Scanner) दस्तावेजों या चित्रों का प्रग्रहण (Capture) करने में सक्षम होता है, जो कागज पर मुद्रित रूप में होते हैं। कैप्चर (Capture) करने के उपरांत, वे कंप्यूटर पर देखने हेतु डिजीटल (Digital) प्रारूप में बदल जाते हैं।

14.9.1.6.10 माइक्रोफोन (Microphone)

एक माइक्रोफोन (Microphone) ध्वनि सूचना (Sound Information) रूपी इनपुट प्रदान करने का कार्य करता है हम माइक्रोफोन द्वारा कंप्यूटर पर रखने हेतु ध्वनि और आवाज रिकॉर्ड कर सकते हैं।

14.9.1.6.11 बारकोड रीडर (Barcode Reader)

ऊर्ध्वाधर बार के विभिन्न समूहों को बारकोड के रूप में जाना जाता है और उन्हें पढ़ने हेतु हमें बारकोड रीडर की आवश्यकता होती है। हम बाजार में उपलब्ध लगभग प्रत्येक उत्पाद पर मुद्रित बारकोड प्राप्त कर सकते हैं।

14.9.1.7 आउटपुट डिवाइस (Output Device)

14.9.1.7.1 मॉनिटर (Monitor)

मानक आउटपुट उपकरण (Output Device) मॉनिटर के रूप में जाना जाता है मॉनिटर हेतु एक अन्य नाम विजुअल डिस्प्ले यूनिट (Visual Display Unit) है। यह कंप्यूटर के उपयोगकर्ता इंटरफेस (User Interface) और खुले हुए प्रोग्राम (Program) प्रदर्शित करता है, इस प्रकार उपयोगकर्ता को इनपुट (Input) को देखने में सक्षम बनाता है (**चित्र 14.4**)।

14.9.1.7.2 प्रिंटर (Printer)

प्रिंटर शब्द या छवि (Text or Image) को कागज पर छापता (Print) है, इसलिए यह आउटपुट उपकरण है। एक कागज पर प्रिंटर द्वारा दिए गए आउटपुट (Output) को हार्ड कॉपी (Hard Copy) कहा जाता है। प्रिंटर दो प्रकार के होते हैं:

1. **इम्पैक्ट प्रिंटर (Inpact Printer):** वर्तमान उपयोग में सबसे पुराना प्रिंटर, इम्पैक्ट प्रिंटर के नाम से जाना जाता है इस प्रकार के प्रिंटर के साथ जब कुछ भी कागज और रिबन (Ribbon) पर एक साथ

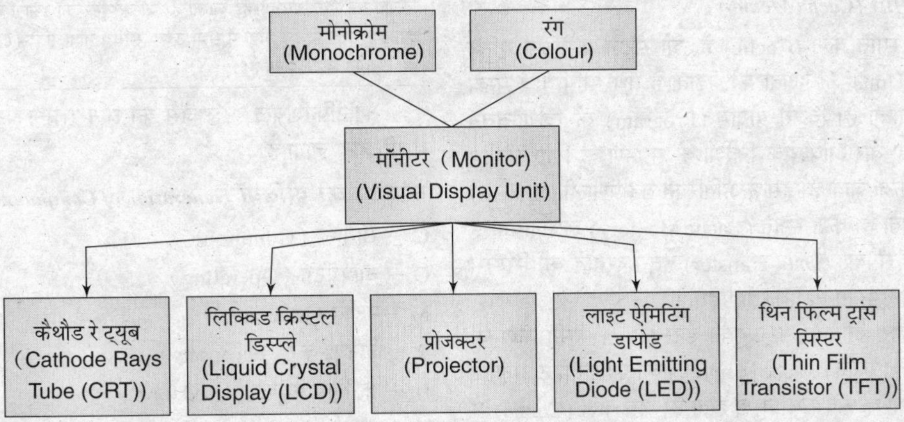

चित्र 14.4
विभिन्न आउटपुट उपकरण (Various Output Devices)

टकराता है तो एक लिपि अंकित होती है। इसके उदाहरणों में डॉट मैट्रिक्स प्रिंटर (Dot Matrix Printer), चैन प्रिंटर (Chain Printer) आदि शामिल हैं।

2. **नॉन-इम्पैक्ट प्रिंटर (Non-Impact Printer):** इसमें पेपर पर कुछ नहीं टकराता है। यह लिपि अंकण हेतु स्याही स्प्रे (Ink Spray) या टोनर पॉउडर (Toner Powder) का उपयोग करता है।

14.9.1.8 संग्रहण उपकरण (माध्यमिक स्मृति) [Storage Device (Secondary Memory)]

14.9.1.8.1 हार्ड डिस्क (Hard Disk)

एक चुंबकीय डिस्क (Magnetic Disk) जिस पर आप कंप्यूटर डेटा (Computer Data) संगृहीत कर सकते हैं। हार्ड डिस्क (Hard Disk) एक चुंबकीय डिस्क (Magnetic Disk) है, जो कंप्यूटर के मुख्य संग्रहण उपकरण (Storage Device) के रूप में कार्य करता है। संग्रहण क्षमता और गति के संदर्भ में यह अन्य संग्रहण उपकरणों से बेहतर है। हार्ड ड्राइव (Hard Drive) को सर्वप्रथम 13 सितंबर, 1956 को पेश किया गया था।

14.9.1.8.2 फ्लॉपी डिस्क (Floppy Disk)

कंप्यूटर डेटा (Data) को संरक्षित करने (storage) और स्थानांतरित (Transport) करने हेतु प्रयुक्त एक लघु पोर्टबल चुंबकीय डिस्क (Small Portable Magnetic Disk), फ्लॉपी डिस्क (Floppy Disk) या एक डिस्केट (Diskette) कहलाती है। फ्लॉपी डिस्क (Floppy Disk) दो प्रकार की होती हैं। 1978 में, 5.25 इंच की डिस्क पेश की गई थी, जिसमें 360 KB डेटा की भंडारण क्षमता थी। 5.25 इंच की फ्लॉपी डिस्क के बाद के संस्करणों को विकसित किया गया था, जो 1.2 एमबी (MB) भंडारण कर सकती थीं। ड्राइव बी (Drive B) 5.25 इंच फ्लॉपी के लिए उपयोग की जाती है। 1987 में, 3.5 इंच एचडी (High Density HD) फ्लॉपी डिस्क को प्रस्तुत किया गया था, जिसकी संग्रहण क्षमता 1.44 MB थी। ड्राइव A का प्रयोग 3.5 इंच फ्लॉपी के लिए होता है। IBM ने प्रथम फ्लॉपी का निर्माण किया था।

14.9.1.8.3 कॉम्पैक्ट डिस्क [Compact Disk (CD)]

इसे ऑप्टिकल डिस्क (Optical Disk) के रूप में भी जाना जाता है। एक कॉम्पैक्ट डिस्क (Compact Disk) डिजिटल डेटा (Digital Data) (ऑडियो, वीडियो या कंप्यूटर जानकारी के रूप में) के साथ एक ऑप्टिकल संग्रहण माध्यम (Optical Storage Medium) है। प्रारंभ में सीडी केवल रीड ऑनली (Read Only) थी। हालांकि तकनीकी ने उपयोगकर्ता को उस पर डेटा रिकॉर्ड (Record) करने में सक्षम बनाया। एक नई तकनीक डिजिटल वर्सेटाइल/वीडियो डिस्क (Digital Versatile/Video Disk) समान जगह में बेहतर भंडारण क्षमता प्रदान करती है। जेम्स टी. रसेल (James T.Russell) ने 1960 में सीडी (CD) का आविष्कार किया।

14.9.1.8.4 पेन ड्राइव (Pen Drive)

पेन ड्राइव लघु पोर्टेबल यूएसबी फ्लैश ड्राइव (Small Portable USB Flash Drive) का प्रतिनिधित्व करती है। इसमें यूएसबी (USB) के साथ फ्लैश मेमोरी डाटा संग्रहण उपकरण (Flash Memory Data Storage Device) एकीकृत होता है। एक प्लग और प्ले (Plug & Play) उपकरण पेन ड्राइव (Pen Drive), यूएसबी फ्लैश ड्राइव (USB Flash Drive), जंप ड्राइव (Jump Drive), थम्ब ड्राइव (Thumb Drive) आदि अलग-अलग नामों से जाना जाता है। डोव मोरन (Dov Moran) ने 1996 में यूएसबी फ्लैश ड्राइव (USB Flash Drive) का आविष्कार किया था।

नोट: प्रत्यक्ष अभिगम उपकरण (Direct Access Device): हार्ड डिस्क (Hard Disk), फ्लॉपी डिस्क (Floppy Disk), कॉम्पैक्ट डिस्क (Compact Disk)।

14.9.1.9 प्राथमिक स्मृति [Primary Memory (RAM)]

14.9.1.9.1 डिस्क कैश (Disk Cache)

यह हार्ड-डिस्क (Hard-Disk) तथा मुख्य स्मृति (Main Memory) के मध्य प्रयोग की जाती है। इसका मुख्य उद्देश्य मुख्य स्मृति और हार्ड-डिस्क के मध्य गति अंतर (Speed Gap) को कम करना है। इसे तर्कसंगत रूप से यह डिस्क (Disk) के अंदर बनाया जाता है।

14.9.1.9.2 कैश स्मृति (Cache Memory)

सबसे तीव्र तथा वृहत् स्मृति कैश (Cache) है, जो सेंट्रल प्रोसेसिंग यूनिट (Central Processing Unit) की दक्षता को बढ़ाता है तथा सीपीयू व मुख्य स्मृति के मध्य स्थित होता है। किसी प्रोग्राम (Program) के क्रियान्वयन हेतु कैश मेमोरी को बार-बार आवश्यक निर्देशों के संग्रहण के लिए सीपीयू (CPU) द्वारा उपयोग किया जाता है। इसके अतिरिक्त यह प्रणाली (System) की गति को बेहतर बनाता है। कैश स्मृति (Cache Memory) लाभदायक है क्योंकि सीपीयू को डेटा संप्रेषण (Data Transfer) हेतु मदरबोर्ड की सिस्टम बस (System Bus) का उपयोग नहीं करना पड़ता।

सीपीयू (CPU) द्वारा आमतौर पर प्रयुक्त डेटा (Data) तुरंत कैश के द्वारा उपलब्ध होता है। कैश स्मृति (Cache Memory) का प्रदर्शन हिट अनुपात (Hit Ratio) नामक मात्रा के संदर्भ में प्रमुख होता है। जब कैश (Cache) में शब्दों को खोजने हेतु (CPU) स्मृति (CPU Memory) को संदर्भित करना पड़े तो इसे 'हिट' कहा जाता है। यदि कैश (Cache) में प्राप्त न होने वाला शब्द, मुख्य मेमोरी में हो तब इसे 'मिस' (Miss) के रूप में गिना जाता है।

14.9.1.9.3 आभासी स्मृति (Virtual Memory)

जब हार्ड डिस्क ड्राइव [Hard Drive (HOD)] पर स्थान का उपयोग मुख्य स्मृति की अनुरूपता बनाने (Simulate) के लिए किया जाता है, तब इसे आभासी (Virtual) स्मृति कहा जाता है। यह सॉफ्टवेयर को (कंप्यूटर के रैम से अधिक बड़ा) स्मृति स्थान में चलाने की अनुमति देता है। दूसरे शब्दों में, यदि आपके कंप्यूटर प्रोग्राम या कार्य प्रणाली चलाने हेतु आवश्यक रैण्डम ऐक्सेस मेमोरी [Random Access Memory (RAM)] का अभाव है, तो आभासी स्मृति क्षतिपूर्ति करने में विंडो (Window) की मदद करता है।

14.9.1.10 कंप्यूटर का निर्माण (हार्डवेयर)

विभिन्न पीढ़ियों के माध्यम से कंप्यूटर का विकास **तालिका 14.2** में निम्नानुसार विस्तृत है:

तालिका 14.2 कंप्यूटर प्रणाली की विभिन्न पीढ़ियां

कंप्यूटर का निर्माण	हार्डवेयर (Hardware)
प्रथम-पीढ़ी (First-Generation) (1940-1956)	वैक्यूम ट्यूब (Vaccum Tube) (निर्वात् नली)
द्वितीय-पीढ़ी (Second Generation) (1956-1963)	ट्रांसिस्टर (Transistor)
तृतीय-पीढ़ी (Third-Generation) (1964-1970)	इंटिग्रेटेड सर्किट (Integrated Circuit-IC)
चतुर्थ-पीढ़ी (Fourth-Generation) (1971-Present)	लॉर्ज स्केल इंटिग्रेशन (Large-Scale Integration-LSI) वेरी लॉर्ज स्केल इंटिग्रेशन (Very Large Scale Integration-VLSI) अल्ट्रा लॉर्ज स्केल इंटिग्रेशन (Ultra Large Scale Integration-ULSI)
पंचम-पीढ़ी (Fifth-Generation)	अब भी विकास चरण के अंतर्गत (वर्तमान)

नोट: आज की पीढ़ी के कंप्यूटर पांचवी पीढ़ी के कंप्यूटर है। यह पीढ़ी समानांतर प्रोसेसिंग हार्डवेयर और एआई (आर्टिफिशियल इंटेलिजेंस) सॉफ्टवेयर पर आधारित है। एआई, कंप्यूटर विज्ञान की एक उभरती हुई शाखा है, जो कंप्यूटर को इंसानों की तरह सोचने के तरीके की व्याख्या करता है। इस पीढ़ी में सभी उच्च-स्तरीय भाषाओं जैसे C और C++, Java, .Net आदि का उपयोग किया जाता है।

आर्टिफिशियल इंटेलिजेंस को ज्ञान सूचना प्रसंस्करण प्रणाली के रूप में भी जाना जाता है।

***कंप्यूटर की पीढ़ियाँ* Generation of Computers**

C – सामान्य (Common)

O – ऑपरेटिंग (Operating)

M –मशीन (Machine)

P – जानबूझकर (Purposely)

U – के लिए प्रयुक्त (Used for)

T – तकनीकी (Technological)

E – शैक्षिक (Educational)

R – अनुसंधान (Research)

14.9.2 सॉफ्टवेयर (Software)

सॉफ्टवेयर: यह प्रोग्रामों (Programs) का एक सेट है जिसे सॉफ्टवेयर के नाम से जाना जाता है, जिसे एक सॉफ्टवेयर प्रोग्रामर (Software programmer) द्वारा प्रोग्राम के नाम से जाने जाने वाले निर्देशों की शृंखला तथा कंप्यूटर भाषा (computer language) की मदद से विकसित किया जाता है।

सॉफ्टवेयर को निम्नलिखित तीन श्रेणियों में वर्गीकृत किया गया है:

1. अनुप्रयोग सॉफ्टवेयर (Application software)
2. उपयोग सॉफ्टवेयर (Utility software)
3. प्रणाली सॉफ्टवेयर (System software)

14.9.2.1 अनुप्रयोग सॉफ्टवेयर (Application Software)

अनुप्रयोग सॉफ्टवेयर एक कंप्यूटर प्रोग्राम है जो उपयोगकर्ता के निश्चित प्रकार के कार्यों को पूरा करने में मदद करता है। यह सॉफ्टवेयर प्रोग्रामर (software programmer) द्वारा लिखित या विकसित किए जाते हैं ताकि कंप्यूटर को विशिष्ट कार्यों जैसे कि शब्द प्रसंस्करण, गणना इत्यादि को करने हेतु सक्षम किया जा सके।

14.9.2.2 युटिलिटी सॉफ्टवेयर (Utility Software)

युटिलिटी प्रोग्राम आपके कंप्यूटर के स्वस्थ हार्डवेयर (Health Hardware) या डेटा (Data) के रखरखाव हेतु कार्य करता है। ये प्रोग्राम कंप्यूटर के सुचारु संचालन को सुनिश्चित करता है। यह विशेषत: कंप्यूटर हार्डवेयर (Compter Hardware), ऑपरेटिंग सिस्टम (Operating System) या अनुप्रयोग सॉफ्टवेयर के प्रबंधन तथा समय को प्रबंधित करने हेतु डिजाइन (Design) किया गया है, उदाहरण- डिस्क डीफ्रेगमेंटेशन (Disk Defragmentation) एंटी-वायरस प्रोग्राम (Antivirus program), फाइल फोल्डर प्रबंधन, संपीड़न आदि।

14.9.2.3 सिस्टम सॉफ्टवेयर (System Software)

सिस्टम सॉफ्टवेयर कंप्यूटर के संचालन का समर्थन करने वाले विभिन्न प्रोग्रामों के साथ आंतरिक कंप्यूटर संचालन को नियंत्रित करता है। उदाहरणार्थ

तालिका 14.3 19वीं सदी के कंप्यूटर

	प्रथम पीढ़ी के कंप्यूटर	द्वितीय पीढ़ी के कंप्यूटर	तृतीय पीढ़ी के कंप्यूटर	चतुर्थ पीढ़ी के कंप्यूटर	पंचम पीढ़ी के कंप्यूटर
वर्ष	1942–1954	1952–1964	1964–1972	1972–1989	1989-वर्तमान
प्रौद्योगिकी	वैक्यूम ट्यूब	ट्रांजिस्टर	एकीकृत सर्किट के साथ छोटे स्तर और मध्यम स्तर पर एकीकरण प्रौद्योगिकी	एकीकृत सर्किट के साथ बहुत बड़े स्तर पर एकीकरण प्रौद्योगिकी	एकीकृत सर्किट के साथ अत्यंत बड़े स्तर पर एकीकरण प्रौद्योगिकी
मेमोरी	विद्युतचुंबकीय रिले मेमोरी	• मैग्नेटिककोर मेमोरी • चुंबकीय टेप	बड़ा चुंबकीय कोर	माइक्रोप्रोसेसर सेमीकंडक्टर मेमोरी	बड़े स्तर पर प्रयुक्त माइक्रोप्रोसेसर सेमीकंडक्टर मेमोरी
भंडारड क्षमता	छिद्रित कार्ड	डिस्क	बड़ी क्षमता वाले डिस्क और चुंबकीय टेप	• बड़ी क्षमता वाली डिस्क • चुंबकीय टेप और फ्लॉपी डिस्क	बड़ी क्षमता पोर्टेबल डिस्क और ऑप्टिकल डिस्क
Computer Names	1. ENIAC 2. EDSAC 3. EDVAC 4. UNIVAC 5. IBM-701 6. IBM-650	1. IBM-1620 2. IBM-7094 3. CDC 1604 4. CDC 3600 5. UNIVAC 1108	1. IBM-360 series 2. Honeywli 6000 series 3. PDP (Personal Data Processor) 4. IBM-370/168 5. TDC-361	1. DEC 10 2. STAR 1000 3. PDP 11 4. CRAY-1 5. CRAY-X-MP	1. Desktop 2. Laptop 3. Notebook 4. Ultrabook 5. Chromeebook
विशेषताएँ	• विशाल आकार • अत्यधिक अविश्वसनीय • बहुत कीमती • उपयोग करने के लिए मुश्किल • व्यावसायिक उपयोग के लिए नहीं • बहुत अधिक बिजली की खपत • बहुत अधिक गर्मी उत्पन्न करता है इसलिए AC की आवश्यकता होती है	• पहली पीढ़ी के कंप्यूटरों की तुलना में छोटा आकार • तेज और विश्वसनीय • अभी भी बहुत महंगा • उपयोग करने के लिए मुश्किल • व्यावसायिक उपयोग के लिए नहीं • पहली पीढ़ी की तुलना में कम बिजली की खपत • फिर भी गर्मी पैदा करता है इसलिए AC की जरूरत है	• छोटे आकार का • तेज़ और अधिक विश्वसनीय • अभी भी महंगा • कम रखरखाव • व्यावसायिक उपयोग के लिए शुरू किया गया • कम बिजली की खपत • कम गर्मी उत्पन्न करता लेकिन AC की आवश्यकता है	• बहुत छोटा आकार और पोर्टेबल। • बहुत तेज़ और बहुत अधिक विश्वसनीय। • बहुत सस्ता। • बहुत कम रखरखाव • कंप्यूटर आसानी से उपलब्ध हो गए • AC की आवश्यकता नहीं	• बहुत तेज़ और अत्यधिक विश्वसनीय • सस्ती दरों पर बहुत शक्तिशाली और कॉम्पैक्ट कंप्यूटरों की उपलब्धता • मल्टीमीडिया सुविधाओं के साथ अधिक उपयोगकर्ता के अनुकूल इंटरफेस। • सुपरकंडक्टर प्रौद्योगिकी में उन्नति • **समानांतर प्रसंस्करण** में उन्नति • कृत्रिम बुद्धि का विकास।

उपयोगकर्ता ऑपरेटिंग सिस्टम (User operating system), लिंकर लोडर (linker loader) भाषा प्रोसेसर (language processor) आदि।

ऑपरेटिंग सिस्टम (Operating System): प्रोग्रामों का एक संग्रह (set of programs), जो एक कंप्यूटर प्रणाली के हार्डवेयर और सॉफ्टवेयर (Hardware & Software) संसाधन को नियंत्रित तथा प्रबंधित करने में मदद करता है, ऑपरेटिंग सिस्टम (operating system) कहलाता है। यह हार्डवेयर और सॉफ्टवेयर के मध्य संबंध स्थापित करता है। यह विभिन्न सॉफ्टवेयर के क्रियान्वयन हेतु मंच प्रदान करता है। इसकी प्रमुख तीन जिम्मेदारियां हैं:

- कुंजीपटल (keyboard) से इनपुट को पहचानने, डिस्प्ले स्क्रीन (display screen) पर आउटपुट भेजने तथा डिस्क पर फाइलों (Files) व निर्देशिकाओं का संग्रह (Track) रखने सहित बुनियादी कार्य करना। यह भी पेरिफेरल उपकरणों को नियंत्रित करता है।
- यह सुनिश्चित करता है कि एक साथ कार्यरत विभिन्न प्रोग्राम और उपयोगकर्ता एक-दूसरे के साथ हस्तक्षेप न करते हों।
- अन्य प्रोग्रामों के क्रियान्वयन हेतु एक सॉफ्टवेयर मंच प्रदान करता है।

14.10 कंप्यूटर भाषा (Computer Language)

एक कंप्यूटर भाषा वह है जिससे कंप्यूटर पर निर्देश और डेटा प्रेषित हो जाते हैं। भाषा दो श्रेणियों में विभाजित की गई हैं:

14.10.1 निम्न स्तरीय भाषा (Low Level Language)

मशीन भाषा: मशीन भाषा में, प्रोग्राम बाइनरी भाषा (0 या 1) में विकसित किए जा सकते हैं। इसे बाइनरी (Binary) भाषा के रूप में भी जाना जाता है।

असेम्बली भाषा (Assembly language): इसे सांकेतिक भाषा के तौर पर जाना जाता है। यह सी.पी.यू. के मानव पठनीय निर्देशों के उपयोग हेतु निम्न स्तरीय प्रोग्रामिंग भाषा है। इसे ऐसे लिखा जाता है:

- Move ab, cd
- Move ax, 50

14.10.2 उच्च स्तरीय भाषा (High Level Language)

प्रोग्रामर सरल अंग्रेजी भाषा में कोड लिख सकता है। निम्न स्तरीय भाषा की तुलना में यह उपयोगकर्ता के अत्यंत अनुकूल है।

लोडर (Loader): प्रोग्राम (Program) का एक समूह, जो मशीन की भाषा को मुख्य स्मृति में अनुवादित करता है और इसे निष्पादन हेतु तैयार करता है, लोडर (Loader) के रूप में जाना जाता है।

लिंकर (Linker): लिंकर का मुख्य उद्देश्य बाहरी मॉड्यूल या फंक्शन (function) को लिंक (Link) करना है, जो वर्तमान में चल रहे कार्यक्रम हेतु दिए गए प्रोग्राम में परिभाषित नहीं है।

14.11 एनालॉग और डिजिटल संप्रेषण (Analog and Digital Transmission)

एनालॉग सिग्नल: एनालॉग सिग्नल समय के सापेक्ष निरंतर (Continuous) होते हैं एवं दिए गए मानो के क्षेत्र के अंदर इनका मान कुछ भी हो सकता है। एनालॉग सिग्नल तब उत्पन्न होते हैं जब मानव आवाज, विडियो व संगीत आदि से व्युत्पन्न ध्वनि उपयुक्त उपकरण के प्रयोग से विद्युत तरंगों (Electrical Signal) में परिवर्तित हो जाती है। लैंडलाइन फोन (Landline phone) में एनालॉग सिग्नल (**चित्र 14.5**) का उपयोग किया जाता है।

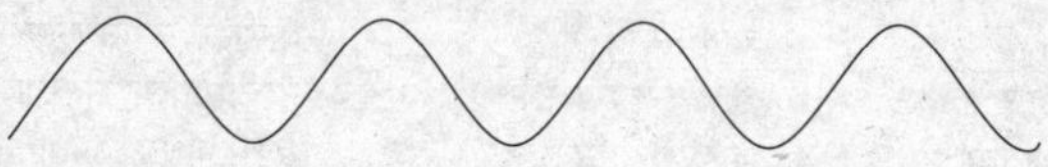

चित्र 14.5
एनलॉग सिग्नल का दृश्य

डिजिटल सिग्नल (Digital Signal): दी गई सीमा के अंतर्गत केवल असतत मान (Discrete value) डिजिटल सिग्नल द्वारा दर्शाए जाते हैं (**चित्र 14.6**)। कंप्यूटर तथा कंप्यूटर से जुड़े अधिकांश उपकरण डिजिटल होते हैं।

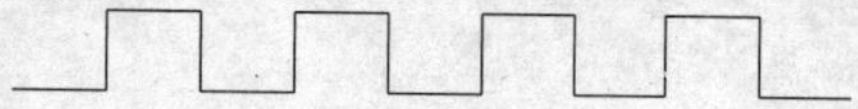

चित्र 14.6
डिजिटल सिग्नल का दृश्य (view of digital signal)

14.12 डाटा प्रसार (Data Flow)

दो उपकरणों के मध्य संचार के विभिन्न रूप सिम्प्लेक्स (Simplex) (**चित्र 14.7**) हॉफ-डुप्लेक्स (Half duplex) तथा फुल डुप्लेक्स (Full-duplex) (**चित्र 14.8**) हो सकते हैं।

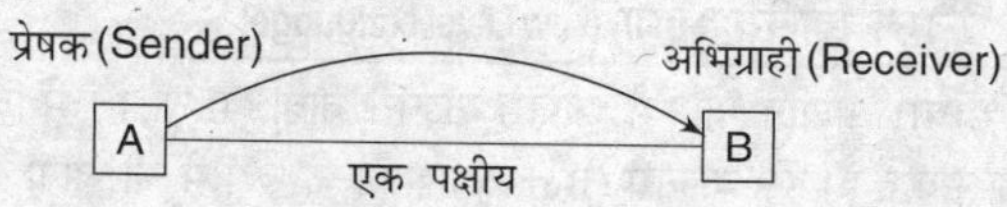

चित्र 14.7
सिम्प्लेक्स (Simplex)

सिम्प्लेक्स (Simplex): यह एक पक्षीय डेटा संप्रेषण (data transfer) है, जैसे-**पेजर (Pager)**, **रेडियो (Radio)** तथा **टी.वी. (TV)**।

हॉफ डुप्लेक्स (Half Duplex): हॉफ डुप्लेक्स में, प्रत्येक स्टेशन (station) प्रेषण तथा अभिग्रहण कर सकता है, परंतु एक साथ नहीं। हॉफ डुप्लेक्स (Half Duplex) प्रणाली (mode) दोनों दिशा में आवाजाही की अनुमति के साथ एक लेन वाली सड़क जैसा प्रतीत होता है। उदाहरण हेतु **वॉयरलेस (wireless)**, **वॉकी-टॉकी (walky-talky)**

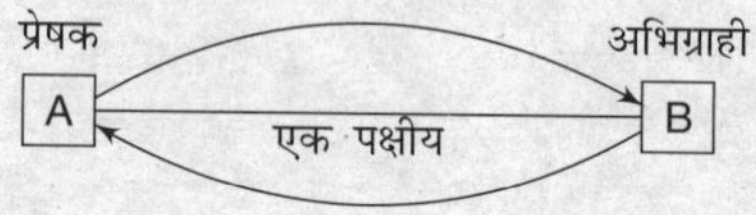

चित्र 14.8
डुप्लेक्स (Duplex)

फुल-डुप्लेक्स (Full Duplex): फुल-डुप्लेक्स प्रणाली में, एक ही समय में डेटा (Data) प्रेषित तथा अभिगृहीत हो सकता है। यह द्विपक्षीय डेटा संप्रेषण (Data transmission) है; जैसे-**टेलीफोन**, **वीड़ियो कॉन्फ्रेंसिंग** आदि।

14.13 लैन हार्डवेयर तथा सॉफ्टवेयर (LAN Hardware and Software)

14.13.1 लैन हार्डवेयर (LAN Hardware)

LAN के प्रमुख हार्डवेयर घटक हैं:

14.13.1.1 संचारण संप्रेषण चैनल (Transmission Channel)

डेटा संचार LAN हेतु 4 प्रकार के चैनल का उपयोग किया जाता है, वे इस प्रकार हैं:

1. व्यावर्तित युग्म केबल (Twisted pair cable)
2. सह-अक्षीय केबल (Coaxial cable)
3. फाइबर ऑप्टिक (Fibre optics)
4. रेडियो तरंगें (Radio waves)

14.13.1.2 नेटवर्क इंटरफेस यूनिट (Network Interface Unit)

यह सहभागी उपकरण (shared device) से LAN के प्रत्येक उपकरण को जोड़ता है। लैन तक अभिगमन (Access) हेतु एनआईयू (NIU) में लैन (LAN) नियम एवं तर्क शामिल होते हैं। अतिरिक्त अनुप्रयोगों में LAN प्रोटोकॉल (Protocol) का क्रियान्वयन करना तथा उपकरण संयोजन (Attachment) शामिल हैं। इसका कार्य LAN में प्रयुक्त टोपोलॉजी (Topology) के प्रकार पर निर्भर करता है।

14.13.1.3 सर्वर (Server)

संग्रहण उपकरणों (storage devices), प्रिंटर (Printer) आदि जैसे महंगे संसाधनों के सहभाजन में लैन उपयोगी है। यह लैन पर सर्वर प्रदान करके प्राप्त किया जा सकता है। यह एक या अधिक संसाधनों को नियंत्रित करने में समर्थ है। लैन के हार्डवेयर तथा सॉफ्टवेयर इंटरफेस (Hardware and software interface) दोनों इसमें शामिल हैं। सर्वर की प्रमुख तीन श्रेणियां हैं:

14.13.1.3.1 फाइल सर्वर (File Server)

यह समय-समय पर बैकअप (Backup) हेतु उपयोग होने वाली फाइलों (files) के लिए संग्रहण स्थान प्रदान करता है तथा LAN के अंतर्गत एवं LANs के मध्य अन्य सर्वरों (servers) को गेटवे (Gateway) प्रदान करता है।

14.13.1.3.2 प्रिंटर सर्वर (Printer Server)

प्रिंटर सर्वर नेटवर्क (Network) में सम्मिलित सभी कार्यस्थलों (workstations) के मुद्रण कार्यों (Printing works) का प्रबंधन करता है।

14.13.1.3.3 मॉडेम सर्वर (Modem Server)

लैन वातावरण में भी हमें संपर्क हेतु या किसी अन्य नेटवर्क पर टेलीफोन के उपयोग हेतु मॉडेम (Modem) की आवश्यकता होती है। एक नेटवर्क में सम्मिलित सभी कार्यस्थलों (workstations) द्वारा संसाधन सहभाजन हेतु हमें मॉडेम सर्वर (Modem Server) की आवश्यकता होती है।

14.13.1.4 वर्कस्टेशन (Workstations)

एक नेटवर्क में, कंप्यूटर, सर्वर (server) या मुख्य कंप्यूटर से संपर्क में होते हैं जिन्हें वर्कस्टेशन/टर्मिनल/क्लाइंट/स्लेव (Workstation/Terminal/client/slave) के नाम से जाना जाता है।

14.13.2 लैन सॉफ्टवेयर/ऑपरेटिंग सिस्टम (LAN Software/Operating System)

लैन (LAN) का मुख्य सॉफ्टवेयर ऑपरेटिंग सिस्टम (operating system) है। यह विभिन्न प्रकार के सर्वरों के कार्यभार (work load) को प्रबंधित करता है। इसके दो पहलू हैं:

1. सर्वर सॉफ्टवेयर (server software) तथा;
2. वर्क स्टेशन सॉफ्टवेयर (workstation software)।

   लैन ऑपरेटिंग सिस्टम (LAN operating system) प्रिंटर संग्रहण स्थान जैसे महंगे संसाधनों के सहभाजन की सुविधा प्रदान करता है। लैन ऑपरेटिंग सिस्टम के अनेक प्रकार हैं, उदाहरण हेतु, नोवेल (Novel), नेटवेयर (Netware) तथा विन एन 1: विन 2000 सर्वर (win N1 : win 2000 server), यूनिक्स (Unix) इत्यादि।

14.13.3 मेट्रोपॉलिटन एरिया नेटवर्क (Metropolitan Area Network—MAN)

यह एक शहर अथवा बड़े शहर के लिए निर्मित किया जाता है। मैन (MAN) एक कंप्यूटर नेटवर्क के रूप में WAN से छोटा है, परंतु लैन से बड़ा है।

14.13.4 वाइड एरिया नेटवर्क (Wide Area Network - WAN)

WAN एक बड़े भौगोलिक क्षेत्र को सम्मिलित करता है; जैसे-विभिन्न राज्यों, शहरों और देशों को। एक लैन (LAN) को टेलीफोन एवं रेडियो तरंगों के माध्यम से किसी भी दूरी पर अन्य लैन से संपर्क कराया जा सकता है। ऐसे संपर्क में आने वाली LAN की एक प्रणाली को WAN कहा जाता है।

14.13.5 WAN उपकरण (WAN Devices)

ब्रिजिज, राउटर (Bridges, Router) संवाद हेतु तथा इस पथ पर डेटा पैकेट (Data Packet) को अग्रेषित करने के लिए दो कम्प्यूटिंग उपकरणों (computing device) के मध्य पथ अन्वेषण के लिए राउटिंग उपकरण (Routing device) आवश्यक होता है। ब्रिजिज, राउटर तथा गेटवे ऐसे राउटिंग कार्य प्रदान करने वाले कुछ उपकरण हैं।

- **ब्रिजेस (Bridges):** ब्रिजेस एक व्यापक क्षेत्र (wide area) में समान प्रोटोकॉल (Identical protocol) का उपयोग करके दो लैन (LAN) को संपर्क में लाते हैं। ब्रिजिज एक स्थान निःस्पादक (Address filter) के रूप में कार्य करता है जो एक लैन से दूसरे लैन के गंतव्य पर पैकैट (Packet) प्रेषण (Transmit) करता है और इसी हेतु इन पैकेटों (Packets) को नेटवर्क पर गुजरता है।
- **राउटर (Router):** राउटर भिन्न (असमान) नेटवर्क को संपर्क में ला सकते हैं, वे बड़े भौगोलिक दूरी पर दो LAN या दो WAN के मध्य संपर्क प्रदान करते हैं।

14.14 शब्दावली (Terminology)

14.14.1 नोड (Node)

विभिन्न टर्मिनल (different terminal), जो नेटवर्क (Network) से जुड़े होते हैं तथा नेटवर्कों के संसाधनों को साझा करते हैं, नोड (Node) कहलाते हैं। नेटवर्क में नोड कंप्यूटर है।

14.14.2 सर्वर (Server)

एक कंप्यूटर प्रोग्राम (computer program) या सॉफ्टवेयर पैकेज (software package) जो अन्य कंप्यूटर पर कार्यरत क्लाइंट सॉफ्टवेयर (client software) हेतु एक विशिष्ट प्रकार की सेवा प्रदान करता है। एक सक्षम कंप्यूटर (Dedicated computer) वह है, जो नेटवर्क को कार्य गति प्रदान करता है। ग्राहक एक कंप्यूटर होता है जिसे सर्वर द्वारा प्रदत्त किसी भी संसाधन की आवश्यकता हो सकती है। कंप्यूटर के क्लाइंट/सर्वर (client/server) मॉडल का लाभ, नियंत्रण है, जिसे सर्वर के तत्वों (content of server) पर प्रयोग किया जा सकता है।

14.14.3 वर्कस्टेशन (Workstation)

यह वो उपकरण है जिसे किसी डेटा संचार नेटवर्क को संचारित करने हेतु प्रयुक्त किया जाता है। वर्क स्टेशन टर्मिनल, प्रिंटर हो सकता है। टेलीफोन या अन्य संचार उपकरणों में वर्क स्टेशन (workstation) को टर्मिनल क्लाइंट (Terminal Client) या स्लेव (Slave) कहते हैं।

14.14.4 नेटवर्क (Network)

एक या अधिक स्रोतों से संचरण या सूचना प्राप्त करने के उपाय या साधन नेटवर्क कहलाते हैं।

14.14.5 नेटवर्क इंटरफेस यूनिट (Network Interface Unit)

वह इंटरफेस (Interface) जो सर्वर तथा विभिन्न नोड्स (Nodes) के मध्य संचार में मदद करता है, नेटवर्क इंटरफेस यूनिट (NIU) कहलाता है।

14.14.6 आर्किटेक्चर (Architecture)

नेटवर्क का व्यापक वर्गीकरण या तो पियर-टू-पियर (Peer to Peer) अन्यथा क्लाइंट सर्वर आर्किटेक्चर के माध्यम से होता है।

प्रश्न एवं उत्तर (Questions & Answers)

वस्तुनिष्ठ प्रश्न (Objective Questions)

1. निम्नलिखित कथनों पर विचार कीजिए: ***[UPSC (Pre) - 2004]***
1. एडम ऑस्बार्न ने प्रथम सुवाह्य अभिकलित्र (First Portable Computer) निर्मित किया।
2. ईयान-विल्मुट ने प्रथम कृन्तक भेड़ (First Cloned Sheep) की उत्पत्ति की।

उपरोक्त कथनों में से कौन-सा/से कथन सही है/हैं?
(a) केवल 1 (b) केवल 2
(c) 1 और 2 दोनों (d) इनमें से कोई नहीं

2. परम पद्म (Param Padma) जो हाल में चर्चा का विषय था: ***[UPSC (Pre) - 2004]***
(a) भारत सरकार द्वारा स्थापित एक 'नवीन नागरिक पुरस्कार' (New Civilian Award) है
(b) भारत द्वारा विकसित महाअभिकलित्र (Super Computer) का नाम है
(c) भारत की उत्तरी तथा दक्षिणी नदियों को जोड़ने के लिए 'प्रस्तावित नहरों के तंत्र' (Proposed Canal System) का नाम है
(d) मध्य प्रदेश में ई-प्रशासन (e-governance) को सुकर बनाने के लिए प्रक्रिया-सामग्री क्रमादेश (Software Programme) है

3. निम्न में से कौन-सी जोड़ी सही युग्मित नहीं है? ***[UPSC (Pre) - 2004]***
(a) रेफिकोल्ड मेसनेर - कंप्यूटर तकनीक
(b) हार्लो सैपले - खगोलशास्त्र
(c) ग्रेगोर मेंडल - आनुवंशिकता का सिद्धांत
(d) गॉडफ्रे हाउंसफिल्ड - सीटी स्कैन

4. एक कंप्यूटर की स्मृति सामान्य तौर पर किलोबाइट (Kilobytes) अथवा मेगाबाइट (Megabytes) के रूप में व्यक्त की जाती है। एक बाइट (Byte) बना होता है: ***[UPSC (Pre) - 2000]***
(a) आठ द्वि-आधारी (Eight-Binary) अंकों का
(b) आठ दशमलव अंकों का
(c) दो द्वि-आधारी अंकों का
(d) दो दशमलव अंकों का

5. ध्वनि के पुनरुत्पादन (Reproducing Sound) **के लिए एक ''सीडी'' (कॉम्पेक्ट डिस्क) ऑडियो प्लेयर (Audio Player) में प्रयुक्त होता है:** ***[UPSC (Pre) - 2000]***
(a) क्वार्ट्ज क्रिस्टल (b) टाइटेनियम निडिल
(c) लेजर बीम (d) बेरियम टाइटेनिक सिरेमिक

उत्तरमाला (Answer Key)

1. (c) 2. (b) 3. (a) 4. (a) 5. (c)

अध्याय

15

खंड - V

प्रतिरक्षा तकनीक [Defence Technology]

प्रतिरक्षा तकनीक (Defence Technology)

इस अध्याय में...

कम दूरी की बैलिस्टिक मिसाइल, पृथ्वी II का सफल प्रशिक्षण प्रक्षेपण 10 जनवरी, 2023 को एकीकृत परीक्षण रेंज, चांदीपुर (ओडिशा के तट से दूर) से किया गया।

अग्नि मिसाइल, महाद्वीपीय रेंज तक की स्वदेशी रूप से विकसित बैलिस्टिक मिसाइल है। सतह से सतह पर मार करने वाली यह मिसाइल परमाणु हथियार ले जाने में सक्षम है।

इस सुपरसोनिक क्रूज मिसाइल का नाम ब्रह्मोस (Brahmos) रखा गया जिसे पनडुब्बी, जहाज, विमान या भूमि कहीं से भी दागा जा सकता है।

विभिन्न वायु खतरों, जैसे-क्रूज मिसाइलों, वायुयानों तथा ड्रोन की त्वरित पहचान, ट्रैकिंग व मार गिराना।

15.1 प्रतिरक्षा (Defence)

किसी देश की अखंडता, संप्रभुता, अंतर्राष्ट्रीय सीमा, एकता तथा भू-आर्थिक हितों का संरक्षण तथा उन्हें बनाए रखना प्रतिरक्षा (Defence) कहलाता है। यह भूमि, समुद्र तथा वायुमार्ग से देश पर किसी प्रकार के हमले की अनुमति नहीं देती।

15.2 भारतीय प्रतिरक्षा (Indian Defence)

भारतीय प्रतिरक्षा प्रणाली का सर्वोच्च अधिकारी भारत का राष्ट्रपति होता है। सशस्त्र सेना का संपूर्ण प्रशासनिक नियंत्रण **रक्षा मंत्रालय** (Ministry of Defence) के पास होता है। भारतीय प्रतिरक्षा तंत्र को तीन सेवाओं में विभाजित किया गया है:

1. थल सेना
2. वायु सेना
3. नौ सेना

15.2.1 भारतीय थल सेना (Indian Army)

भारतीय सेना भारतीय क्षेत्र की रक्षा करती है तथा अन्य देश के हमले का प्रतिरोध करती है। **चीन तथा अमेरिका के बाद विश्व की तीसरी सबसे बड़ी सेना हैं।** इसमें 1.3 मिलियन (लगभग 13 लाख) मानव शक्ति है। भारतीय थल सेना 6 संचालन (Operational) कमांड तथा एक प्रशिक्षण कमांड का संचालन करती है:

1. **उत्तरी कमांड** - ऊधमपुर
2. **पश्चिमी कमांड** - चंडीगढ़
3. **मध्य कमांड** - लखनऊ
4. **पूर्वी कमांड** - कोलकाता
5. **दक्षिणी कमांड** - पुणे
6. **दक्षिणी-पश्चिमी कमांड** - जयपुर
7. **प्रशिक्षण कमांड** - शिमला

15.2.2 भारतीय वायु सेना (Indian Air Force)

भारतीय वायु सेना भारत के वायु क्षेत्र की रक्षा करती है तथा वायु मार्ग से किसी भी हमले या घुसपैठ को रोकती है। भारतीय वायु सेना में 1,27,000 से अधिक सक्रिय कर्मचारी हैं। इसकी 5 संचालन (Operational) कमांड, एक प्रशिक्षण कमांड तथा एक अनुरक्षण (Maintaining) कमांड हैं:

1. **पूर्वी कमांड** - शिलांग
2. **पश्चिमी कमांड** - नई दिल्ली
3. **मध्य कमांड** - प्रयागराज
4. **दक्षिणी कमांड** - तिरुवनंतपुरम
5. **दक्षिणी-पश्चिमी कमांड** - गांधी नगर
6. **प्रशिक्षण कमांड** - बंगलुरू
7. **अनुरक्षण (Maintaining) कमांड** - नागपुर

15.2.3 भारतीय नौ सेना (Indian Navy)

भारतीय नौ सेना भारत के जल क्षेत्र, तटीय रेखा तथा विभिन्न समुद्रों तथा महासागरों में देश के भू-राजनीतिक हितों की रक्षा करती है। इसमें 58,000 से अधिक सक्रिय कर्मचारी है तथा इसे ब्ल्यू वॉटर नेवी (Blue Water Navy) का तमगा (Status) प्राप्त है। इसकी तीन ऑपरेशनल कमांड है:

1. **पूर्वी कमांड** - विशाखापट्टनम
2. **पश्चिमी कमांड** - मुंबई
3. **दक्षिणी कमांड** - कोच्चि

15.3 रक्षा मंत्रालय के तहत विभाग (Departments under Ministry of Defence)

रक्षा मंत्रालय नीतिगत फ्रेमवर्क का निर्माण करता है तथा रक्षा विभाग, रक्षा उत्पादन विभाग, रक्षा अनुसंधान विभाग तथा भूतपूर्व-सैनिक (Ex-serviceman) विभाग को आवंटित संसाधनों के तहत स्वीकृत कार्यक्रमों का क्रियान्वयन करता है।

15.3.1 रक्षा विभाग (Department of Defence)

समन्वित रक्षा स्टाफ तथा उनकी सेवाएं तथा विभिन्न अंत:सेवा (Inter Service) संगठन अपने रक्षा बजट, स्थापित क्षमताओं, रक्षा नीतियों तथा संसद से जुड़े मामलों के साथ रक्षा-विभाग के अंतर्गत आते हैं। इसके अलावा यह अन्य देशों के साथ रक्षा सहयोगी-गतिविधियों (जैसे- संयुक्त सैन्याभ्यास) की देखभाल तथा रक्षा संबंधी गतिविधियों के समन्वयन का कार्य भी करता है।

15.3.2 रक्षा उत्पादन विभाग (Department of Defence Production)

इसका प्रमुख एक सचिव होता है। यह रक्षा सामग्री उत्पादन, आयातित सामग्री तथा उपकरण का स्वदेशीकरण, आयुद्ध डिपो बोर्ड उत्पादन इकाई विभाग तथा रक्षा नीति के कार्यों का संचालन व नियंत्रण करता है।

15.3.3 भूतपूर्व-सैनिक कल्याण विभाग (Department of Ex-Serviceman Welfare)

इसका प्रमुख भी एक सचिव होता है। यह भूतपूर्व-सैनिकों के पुनर्वास, कल्याण तथा पेंशन से जुड़े कार्यों को देखता है।

15.3.4 रक्षा अनुसंधान विकास संगठन (Defence Research Development Organisation)

इसका सचिव तथा प्रमुख रक्षा मंत्रालय का वैज्ञानिक सलाहकार होता है। इसकी स्थापना 1958 में की गई।

DRDO प्रतिरक्षा तकनीकों के विकास के कार्य करता है, जिसमें विभिन्न क्षेत्र शामिल हैं; जैसे- वैमानिकी, आयुद्ध, इलेक्ट्रॉनिक्स, भूमि युद्ध तकनीक, जीव विज्ञान, पदार्थ, मिसाइल, कृषि, संचार तंत्र तथा नौसेना प्रणाली आदि। **हमारे प्रतिरक्षा की 55% आवश्यकता की आपूर्ति DRDO द्वारा होती है।** DRDO का उद्देश्य भारत को विश्वस्तरीय विज्ञान व तकनीकी से संपन्न करना है। यह अंतर्राष्ट्रीय स्तर की प्रतिस्पर्द्धी प्रणाली तथा समाधान प्रदान कर भारतीय प्रतिरक्षा तंत्र को निर्णायक स्थिति प्रदान करता है। 1980 में

DRDO को एक पृथक विभाग बनाया गया, जो बाद में DRDO तथा इसकी 52 प्रयोगशालाओं/प्रतिष्ठानों का प्रशासनिक कार्य देखने लगा। DRDO का प्रथम प्रोजेक्ट 'इंडिगो' नाम से 1960 में आरंभ हुआ। इसमें सतह से हवा में मार करने वाली मिसाइल (Surface-to-air Missile-SAM) का निर्माण आरंभ हुआ। बाद मे **'इंडिगो'** प्रोजेक्ट को बंद कर दिया गया। यद्यपि यह सफल नहीं हुआ। इसके बाद कम दूरी की सतह से हवा में मार करने-वाली मिसाइलों के निर्माण हेतु प्रोजेक्ट **'डेविल'** तथा प्रोजेक्ट **'वेलिएंट'** (Valiant) आरंभ किए गए। IGMDP, 1983 से 2007 के मध्य चलने वाला भारतीय रक्षा मंत्रालय द्वारा प्रायोजित कार्यक्रम था। इसे व्यापक दूरी तक मार करने वाली मिसाइल के विकास हेतु शुरू किया गया था। इसमें अग्नि मिसाइल, पृथ्वी बैलिस्टिक मिसाइल, त्रिशूल मिसाइल, आकाश मिसाइल तथा नाग मिसाइल शामिल हैं।

DRDO, भारतीय सशस्त्र बलों द्वारा इस्तेमाल की जा रही तकनीकी के विकास हेतु भी जिम्मेदार है। इसके बावजूद DRDO पर प्रोजेक्ट में देरी तथा अधिक लागत के आरोप लगते हैं क्योंकि देश को अभी भी अधिकांश रक्षा आवश्यकताओं की पूर्ति हेतु विदेशों पर निर्भर रहना पड़ता है। आलोचनाओं से परे, DRDO दो मुख्य कार्यक्रमों से भी संबंधित है:

1. मिसाइल कार्यक्रम (Missile Programme)
2. हथियार कार्यक्रम (Weapons Programme)

15.3.5 प्रतिरक्षा अभिग्रहण परिषद (Defence Acquisition Council)

सैन्य खरीद के संबंध में भ्रष्टाचार का सामना करने तथा निर्णय-निर्माण को त्वरित करने हेतु केंद्र सरकार ने वर्ष 2010 में, रक्षा मंत्री की अध्यक्षता में एक व्यापक प्रतिरक्षा अभिग्रहण परिषद (DAC) के निर्माण का निर्णय किया। इसका उद्देश्य क्षमताओं तथा निर्धारित समय सीमा को ध्यान में रखते हुए, आवंटित बजटीय स्रोतों के प्रभावी उपयोग के जरिए सशस्त्र बलों की स्वीकृत आवश्यकताओं की त्वरित खरीद सुनिश्चित करना है। DAC, दीर्घकालीन खरीद योजनाओं के आधार पर अभिग्रहण हेतु नीतिगत दिशा-निर्देश प्रदान करते हेतु उत्तरदायी है। यह सभी अभिग्रहणों को भी स्पष्ट या पूर्ण करता है, जिसमें आयतित व स्वदेश निर्मित या किसी विदेशी लाइसेंस के अन्तर्गत दोनों को शामिल किया जाता है।

हाल ही में DAC ने 9100 करोड़ मूल्य के उपकरण खरीद को स्वीकृति प्रदान की है। DAC ने अक्षय मिसाइल प्रणाली तथा IUWBA की खरीद को स्वीकृति प्रदान की है।

आकाश मिसाइल प्रणाली: यह प्रणाली पूर्व प्रतिष्ठापित अक्ष मिसाइलों का एक उन्नत संस्करण है और नवोन्मेषी तकनीक से युक्त है जिसमें 36° कवरेज की सुविधा है तथा संक्षिप्त संकेतों के साथ सुगठित विन्यास है। उन्नत आकाश मिसाइल प्रणाली प्रचालनात्मक रूप से अत्यंत महत्वपूर्ण है। इस प्रकार यह महत्वपूर्ण परिसंपत्तियों को संरक्षण प्रदान करती है। DAC ने IUWBA (Individual under water Breathing Apparatus) डिजाइन पर आगे बढ़ने तथा T-90 टैंकों के विकास की स्वीकृति प्रदान की है। DEBEL, DRDO प्रयोगशाला द्वारा निर्मित IUW का इस्तेमाल टैंक चालक दल द्वारा सुरक्षा उपकरण के रूप में किया जाएगा और यह गहराई में चलने (fording) के दौरान जल अवरोधों का सामना करते समय आपातकालीन निकास हेतु भी आवश्यक है।

बैलिस्टिक बनाम क्रूज मिसाइल (Ballistic vs Cruise Missile)

- बैलिस्टिक मिसाइल हमेशा परवलयाकार पथ में गमन करती है जबकि क्रूज मिसाइल सतह के क्षैजित पथ में गमन करती है। बैलिस्टिक मिसाइल के लक्ष्य तक पहुंचने से पहले वातावरण में बदलाव आता है, परंतु क्रूज मिसाइल समान वातावरण में ही गमन करती है।
- बैलिस्टिक मिसाइल मारक क्षमता (दूरी) तथा उपयोग के आधार पर कई प्रकार की हो सकती है। इसका विभाजन प्रायः दूरी के आधार पर किया जाता है, बैलिस्टिक मिसाइल की मारक क्षमता के विभाजन के लिए विभिन्न देश अलग-अलग प्रकार से विभाजन करते हैं:
- **सामरिक (Tactical) बैलिस्टिक मिसाइल:** इसकी मारक क्षमता 150 किमी. से 300 किमी. के मध्य होती है।
- **थिएटर (Theatre) बैलिस्टिक मिसाइल (TBM):** इसकी मानक क्षमता 300 किमी. से 3500 किमी. के मध्य होती है।
- **निम्न दूरी (Short-range) बैलिस्टिक मिसाइल (SRBM):** इसकी सीमा 300 किमी. से 1000 किमी. के मध्य होती है।
- **मध्यम दूरी (Medium-range) बैलिस्टिक मिसाइल (MRBM):** इसकी सीमा 1000 किमी. से 3500 किमी. के मध्य होती है।
- **माध्यमिक दूरी (Intermediate-range) बैलिस्टिक मिसाइल (IRBM) या Long range बैलिस्टिक मिसाइल (LRBM):** इसकी सीमा 3000 किमी. से 5500 किमी. होती है।
- **अंतर महाद्वीपीय (Intercontinental) बैलिस्टिक मिसाइल (ICBM):** इसकी मारक क्षमता 5500 किमी. से अधिक होती है।
- अंतरमहाद्वीपीय बैलिस्टिक मिसाइलें या ICBMs निर्देशित मिसाइलें हैं जो परमाणु और अन्य पेलोड पहुंचा सकती हैं। ICBMs की न्यूनतम रेंज 5,500 किमी. है, जिसमें अधिकतम रेंज 7,000 से 16,000 किमी. तक अलग-अलग है।
- रूस, संयुक्त राज्य अमेरिका, चीन, फ्रांस, भारत और उत्तर कोरिया सहित केवल कुछ ही देशों में आईसीबीएम क्षमताएं हैं।

15.4 समन्वित/एकीकृत निर्देशित मिसाइल विकास कार्यक्रम (Integrated Guided Missile Development Programme - IGMDP)

भारत सरकार ने लंबी दूरी की बैलिस्टिक मिसाइल के विकास में आत्मनिर्भर होने तथा उत्पादन के लिए सन् 1983 में IGMDP लॉन्च किया। **भारतीय रक्षा मंत्रालय के प्रोग्राम के रूप में IGMDP ने 1983 से 2007 के मध्य तक लंबी दूरी की मिसाइल के विकास हेतु कार्य किया।** इसमें **मध्य से लंबी दूरी की मिसाइल-अग्नि (सतह से सतह), कम दूरी की मिसाइलें-पृथ्वी मिसाइल (सतह से सतह), आकाश मिसाइल (सतह से वायु), त्रिशूल मिसाइल (सतह से आकाश)** तथा **नाग मिसाइल (एंटी टैंक) का विकास किया गया।** DRDO ने इस कार्यक्रम का प्रबंधन, भारत की अन्य प्रयोगशालाओं तथा अनुसंधान केद्रों की सहभागिता से किया।

7 मई, 2008 को भारत ने इस रणनीतिक समन्वित निर्देशित मिसाइल कार्यक्रम के समापन की घोषणा कर दी। इसमें यह भी सूचना दी गई की भविष्य की हथियार प्रणाली के विकास तथा उत्पादन के लिए अन्य देशों के सहयोग से कार्य किया जाएगा।

डॉ. ए.पी.जे. अब्दुल कलामः भारत के मिसाइल मैन (Dr. A.P.J. Kalam is the Missile Man of India)

डॉ. कलाम ने आरंभ में भारतीय सेना के लिए DRDO में हेलीकॉप्टर का डिजायन बनाने का कार्य किया। 1965 में इन्होंने DRDO में ही लंबी दूरी के स्वदेशी रॉकेट प्रोजेक्ट का कार्य स्वतंत्र रूप से आरंभ किया। बाद में सरकार ने उनके स्वतंत्र प्रोग्राम को आगे बढ़ाने का निर्णय किया और उसमें 1969 में अन्य इंजीनियर जोड़ दिए। इसके बाद उन्हें इसरो (ISRO) में भारत के प्रथम सेटेलाइट लॉन्च व्हिकल (SLV-III) का डायरेक्टर नियुक्त किया। इसी SLV-III द्वारा प्रथम उपग्रह रोहिणी को 1980 में लान्च किया गया। कलाम ने 1970 से 1990 के दौरान SLV-III तथा PSLV (Polor Satellite Launching Vehicle) के विकास पर कार्य किया। ये दोनों प्रोजेक्ट सफल रहे।

'प्रोजेक्ट Devil' तथा 'प्रोजेक्ट Valiant' ने कलाम को 'मिसाइल मैन ऑफ इंडिया' के उपनाम से प्रसिद्ध कर दिया। दोनों प्रोजेक्ट तरल-ईंधन आधारित स्वदेशी मिसाइल प्रोजेक्ट थे, जिन्हें प्रधानमंत्री इंदिरा गांधी की विशेष अनुमति प्राप्त थी। इन दोनों के निदेशक पद पर कलाम थे। इन्हीं कार्यक्रमों ने आगे चलकर बैलिस्टिक मिसाइल पृथ्वी के विकास की नींव रखी। बाद में कलाम 388 करोड़ की लागत से आरंभ किए गए एकीकृत निर्देशित मिसाइल विकास कार्यक्रम (Integrated Guided Missile Development Programme - IGMDP) के मुख्य कार्यकारी नियुक्त किए गए। इस प्रोजेक्ट के द्वारा सुपरसोनिक मिसाइल अग्नि (A Intermediate Range Ballistic Missile) तथा पृथ्वी मिसाइल के विकास में कलाम ने महत्वपूर्ण भूमिका अदा की। बाद में 1992 से 1999 के दौरान पोखरण परमाणु परीक्षण के दौरान कलाम ने प्रधानमंत्री के मुख्य वैज्ञानिक सलाहकार तथा रक्षा सचिव के पद पर महत्वपूर्ण राजनीतिक तथा तकनीकी भूमिका निभाई।

15.4.1 पृथ्वी (Prithvi)

IGMDP प्रोग्राम के अंतर्गत सर्वप्रथम 'पृथ्वी मिसाइल' का विकास किया गया। इससे पूर्व DRDO ने **'प्रोजेक्ट डेविल'** के अंतर्गत सतह से हवा में मार करने वाली SA-2 की प्रति अभियांत्रिकी (Reverse Engineering) का प्रयास किया। भारत की तीनों सेनाओं, थल सेना, वायु सेना तथा नौ सेना के उपयोग हेतु पृथ्वी मिसाइल के तीन संस्करणों का विकास किया गया। **भारतीय सेना द्वारा इन संस्करणों को 1994 में अपनाया गया।**

तालिका 15.1 पृथ्वी मिसाइल के विविध संस्करण

मिसाइल	संस्करण	दूरी	वॉरहेड
पृथ्वी-I	थल सेना	150 किमी	1000 किग्रा.
पृथ्वी-II	वायुसेना	250 किमी	500-1000 किग्रा.
पृथ्वी-III	नौसेना	350 किमी	1000 किग्रा.

नोटः

प्रहार (Prahar)

- पृथ्वी I मिसाइल को जल्द ही प्रहार मिसाइल से बदल दिया जाएगा।
- प्रहार एक ठोस-ईंधन वाली सतह से सतह पर निर्देशित कम दूरी की बैलिस्टिक मिसाइल है जिसे डीआरडीओ द्वारा स्वदेशी रूप से विकसित किया गया है। यह सर्व-दिशात्मक गोला बारूद से लैस है, और इसकी दूरी लगभग 150 किलोमीटर है। 21 जुलाई, 2011 को चांदीपुर में एकीकृत परीक्षण रेंज (आईटीआर) से इसका सफलतापूर्वक परीक्षण किया गया था। प्रहार जल्द ही पृथ्वी I मिसाइल की जगह लेने वाला है।
- डीआरडीओ द्वारा निर्मित 'प्रहार' में बहु-बैरल रॉकेट प्रणाली 'पिनाका' और मध्यम दूरी की बैलिस्टिक मिसाइल 'पृथ्वी' के बीच की खाई को पाटने की क्षमता है। यह विभिन्न दिशाओं में कई लक्ष्यों को भी भेद सकता है।
- इसकी लंबाई 7.3 मीटर है, व्यास 420 मिमी और इसका वजन लगभग 1,280 किलोग्राम है।
- यह एक ठोस ईंधन वाली कम दूरी की मिसाइल है जो जड़त्वीय नेविगेशन प्रणाली के साथ एकीकृत है।
- मिसाइल आधुनिक नेविगेशन, मार्गदर्शन और इलेक्ट्रोमैकेनिकल एक्चुएशन सिस्टम के साथ-साथ परिष्कृत कंप्यूटर से सुसज्जित है।
- यह एक उत्तरदायी, हर मौसम में, सभी इलाकों में और अत्यंत सटीक युद्धक्षेत्र समर्थन रणनीतिक हथियार प्रणाली है।

प्रद्युम्न बैलिस्टिक मिसाइल (Pradyumna Ballistic Missile)

- प्रद्युम्न बैलिस्टिक मिसाइल पृथ्वी वायु रक्षा मिसाइल का नाम है, जिसे एंटी-बैलिस्टिक मिसाइल प्रणाली के रूप में उपयोग करने के लिए विकसित किया गया है।

धनुष (Dhanush)

- यह सतह से सतह या शिप-टू-शिप पृथ्वी III मिसाइल, धनुष का एक प्रकार है जिसे भारतीय नौसेना के लिए विकसित किया गया है। यह 500-1000 किलोग्राम की पेलोड क्षमता के साथ पारंपरिक और साथ ही परमाणु दोनों प्रकार के हथियार ले जाने में सक्षम है और 350 किमी की सीमा में लक्ष्य को मार सकता है।

पृथ्वी II (Prithvi II)

- कम दूरी की बैलिस्टिक मिसाइल, पृथ्वी II का सफल प्रक्षेपण 10 जनवरी, 2023 को एकीकृत परीक्षण रेंज, चांदीपुर (ओडिशा के तट से दूर) से किया गया।

15.4.2 त्रिशूल मिसाइल प्रणाली (Trishul Missile System)

समन्वित निर्देशित मिसाइल विकास कार्यक्रम (IGMDP) के तहत भारत ने **कम दूरी** की **सतह से हवा** में मार करने वाली त्रिशूल मिसाइल का विकास किया। इसकी **दूरी सीमा 9-12 किमी.** तथा **गोला-बारूद ले जाने की क्षमता 5.5/15/130 किग्रा.** है। 27 फरवरी, 2008 को त्रिशूल मिसाइल प्रोजेक्ट को आधिकारिक तौर पर बंद कर दिया गया।

नोटः मैत्री मिसाइल - त्रिशूल मिसाइल की असफलता के बाद इसका स्थान लेने के लिए मैत्री मिसाइल का निर्माण आरंभ किया गया। यह फ्रेंच माइका (French Mica) मिसाइल तथा DRDO की त्रिशूल मिसाइल का मिश्रण माना जाता है। यह मिसाइल निम्न स्तरीय त्वरित प्रतिक्रिया वाली मिसाइल प्रणाली मानी जाती है।

15.4.3 नाग मिसाइल प्रणाली (Nag Missile System)

नाग स्वदेशी रूप से विकसित **तीसरी पीढ़ी** की **'दागो और भूल जाओ'** (Fire and Forget) के सिद्धांत पर आधारित **एंटी-टैंक मिसाइल** है। नाग मिसाइल में तीन विभिन्न प्रकार के निर्देशों के संस्करण शामिल हैं- **तार निर्देशित संस्करण (Wire Guided Version), इन्फ्रा-रेड संस्करण (Infra-red Version)** तथा **मिलीमीट्रिक वेब संस्करण (Millimetric Wave Version)**।

इसकी क्षमता 42 किग्रा. है तथा **4-5 किमी. की दूरी तक लक्ष्य को भेद सकती है।** पूर्णतया फाइबर ग्लास की संरचना के साथ प्रथम मिसाइल के रूप में, भारत में मिसाइल प्रणाली के विकास में यह अत्यंत महत्वपूर्ण है। इस मिसाइल का एक संस्करण (Tracked Version) **नामिका (Nag Missile Carrier - NAMICA)** का परीक्षण इसके भूमि संस्करण के रूप में किया गया। इसे एडवांस्ट लाइट हेलीकॉप्टर (ALH) तथा HAL लाइट कॉम्बेट हेलीकॉप्टर (LCH) से भी इस्तेमाल किया जा सकता है। इस संस्करण को **हेलिना (HELINA - Helicopter Nag)** कहा जाता है। 8 अगस्त, 2008 को राजस्थान के पोखरण में लगातार दूसरे दिन इसका सफल परीक्षण किया गया। इस दौरान इसने अपने परीक्षणों को पूर्ण भी कर लिया।

मानव वहनीय एंटी–टैंक गाइडेड मिसाइल
(MPATGM - Man Portable Anti-Tank Guided Missile)

यह सेना के लिए प्रमुख अभिवर्द्धन (प्रोत्साहन) है। DRDO ने स्वदेश निर्मित, हल्की, दागो और भूल जाओ, मानव वहनीय एंटी-टैंक गाइडेड मिसाइल (MPATGM) का सफल परीक्षण किया है।

MPATGM के बारे में:

- यह भारत द्वारा निर्मित, स्वदेशी, तीसरी पीढ़ी की एंटी-टैंक गाइडेड मिसाइल (ATGM) है।
- इसकी मारक क्षमता 2.5 किलोमीटर है और वजन लगभग 15.5 किलो है जिसे एक आदमी आसानी से संचालित कर सकता है। इसे कोई व्यक्ति कंधे पर रखकर भी दाग सकता है और दिन व रात्रि किसी भी समय इसे दागा जा सकता है। इसमें न्यूनतम पार्श्व केंद्र (lateral centre) तथा गुरुत्वाकर्षण ऑफसेट (Gravity offset) है।
- यह 'दागों और भूल' जाओ के सिद्धान्त पर कार्य करती है। यह टैंक पर हमले की क्षमता के लिए जानी जाती है। यह स्थिर व गतिशील दोनों प्रकार के लक्ष्यों के भेदन हेतु उपयोगी है और इसे भारतीय सेना (Infantry) तथा पैराशूट बटालियन में शामिल किया जाएगा।

15.4.4 अग्नि मिसाइल (AGNI Missile)

अग्नि मिसाइल, महाद्वीपीय रेंज तक की स्वदेशी रूप से विकसित बैलिस्टिक मिसाइल है। **सतह से सतह पर मार करने वाली यह मिसाइल प्रमाणु हथियार ले जाने में सक्षम** है। समन्वित निर्देशित मिसाइल विकास कार्यक्रम (IGMDP) के अंतर्गत अग्नि श्रेणी की प्रथम मिसाइल का विकास तथा परीक्षण 1989 में किया गया। भिन्न अग्नि मिसाइलों के विभिन्न प्रकारों की तुलना का उल्लेख **तालिका 15.2** में किया गया है।

1. **अग्नि-I:** इसका प्रथम परीक्षण 25 जनवरी, 2002 को चांदीपुर ओडिशा में किया गया। यह 700–1200 किमी. की दूरी तक वार करने में सक्षम है। यह 1000 किग्रा. तक पारंपरिक या परमाणु हथियार 2.5 किमी. प्रति सेकण्ड की गति ले जा सकती है। **इसमें कम दूरी के लिए एक चरण जबकि मध्यम दूरी के लिए दो चरण होते हैं।**
2. **अग्नि-II:** यह 2000–2500 किमी. दूरी तक मार करने में सक्षम है। यह 3.9 किमी. प्रति सेकण्ड या **12 मैक की गति** से पारंपरिक या परमाणु हथियार ले जाने में सक्षम है। इसके दोनों चरणों में ठोस प्रणोदक का प्रयोग किया गया है।
3. **अग्नि-III:** इसकी मारक क्षमता 2500–3500 किमी. है। यह **13 मैक की गति** से 1.5 टन विस्फोटक ले जाने में सक्षम है। इसके भी दोनों चरणों में ठोस प्रणोदक का प्रयोग किया गया है।
4. **अग्नि-IV:** इसे पहले अग्नि-II प्राइम नाम से जाना जाता था। इसकी मारक क्षमता 3000–4000 किमी. है तथा यह 1.7 टन से अधिक विस्फोटक ले जाने में सक्षम है। इसमें भी दो चरणों वाले ठोस प्रणोदक का प्रयोग किया गया है।
5. **अग्नि-V:** यह ठोस प्रणोदक वाली अंतर्महाद्वीपीय बैलिस्टिक मिसाइल (ICBM) है। इसकी मारक क्षमता 5000–8000 किमी. है। यह तीन मिश्रित चरण वाली मिसाइल है, जिसके तीसरे चरण में **अर्द्ध-क्रायोजेनिक** (Semi-cryogenic) इंजन का प्रयोग किया गया है (हालांकि यह अब तक आधिकारिक रूप से घोषित नहीं है)। यह 1500 किग्रा. से अधिक का विस्फोटक **24 मैक की गति** से ले जाने में सक्षम है।

नोट: नई पीढ़ी की बैलिस्टिक मिसाइल 'अग्नि प्राइम' का 07 जून, 2023 को ओडिशा के तट पर डॉ. ए.पी.जे. अब्दुल कलाम द्वीप से रक्षा अनुसंधान और विकास संगठन (डीआरडीओ) द्वारा सफलतापूर्वक उड़ान परीक्षण किया गया था।

तालिका 15.2 अग्नि मिसाइल के विभिन्न प्रकार (Different Types of Agni Missile)

मिसाइल	पेलोड (kg)	परास (km)	ईंधन चरण (प्रणोदक)
अग्नि-I	1000	700–1200 निम्न श्रेणी से मध्यम श्रेणी	एकल-ठोस
अग्नि-II	750–1000	2000–2500 मध्यम श्रेणी से मध्यवर्ती श्रेणी	द्वि-ठोस, ठोस
अग्नि-III	2000–2500	2500–3500 मध्यवर्ती श्रेणी	द्वि-ठोस, ठोस
अग्नि-IV	800–1000	3000–4000 मध्यवर्ती श्रेणी	द्वि-ठोस, ठोस
अग्नि-V	1500	5000–8000 अंतर-महाद्वीपीय श्रेणी	तीन-ठोस, गैस, ठोस
अग्नि-VI	1000	6000–12000 अंतर-महाद्वीपीय श्रेणी	तीन-ठोस, गैस, ठोस

15.4.5 आकाश मिसाइल प्रणाली (Akash Missile System)

सतह से वायु में आत्मनिर्भरता प्राप्त करने के लिए सतह से वायु में मार करने वाली आकाश मिसाइल का विकास समन्वित निर्देशित मिसाइल विकास कार्यक्रम (IGMDP) के अंतर्गत किया गया। यह भारत सरकार का 20वीं शताब्दी का सर्वाधिक खर्चीला मिसाइल प्रोजेक्ट है। **इसकी मारक क्षमता (Intercept Range) 30 किमी. है।** इसका व्यास 35 सेमी., लंबाई 5.8 मीटर तथा वजन 720 किग्रा. है।

यह मिसाइल **सुपरसोनिक गति से 2.5 मैक** की गति से उड़ सकती है। यह 18 किमी. की ऊंचाई तक पहुंच सकती है।

आकाश प्रणाली कई लक्ष्यों को एक साथ निशाना बना सकती है। अन्य स्वदेशी मिसाइलों से परे इसमें **रैमजेट प्रणोदन प्रणाली (Ramjet Propulsion System)** का इस्तेमाल किया गया है, जो इसकी गति में कमी किए बगैर इसको गमन करने में सक्षम बनाती है। इसमें बहुकार्यात्मक तथा बहुलक्ष्यों वाले Phased Array Fire Control Radar का उपयोग किया गया है, जिसे **'राजेंद्र'** नाम से जाना जाता है। यह 80 किमी. की दूरी तक लक्ष्य की पहचान/निर्धारण कर सकती है।

15.5 त्वरित प्रतिक्रिया सतह से हवा में मारक मिसाइल (Quick Reaction Surface-To-Air Missiles-QRSAM)

भारत ने ओडिशा तट से दूर एक परीक्षण रेंज से दो स्वदेशी रूप से विकसित त्वरित प्रतिक्रिया सतह से हवा में मार करने वाली मिसाइल (QRSAM) का सफल परीक्षण किया है।

इसे 'आकाश मिसाइल रक्षा प्रणाली' को प्रतिस्थापित करने के लिए विकसित किया गया है और इसमें 360 डिग्री कवरेज है।

इसमें ठोस ईंधन प्रणोदक का उपयोग किया जाता है और कई लक्ष्यों को भेदने की क्षमता के साथ 25-30 किमी की सीमा तक मार करती है।

यह निम्न ऊंचाई पर उड़ने वाली वस्तुओं को भेदने की क्षमता रखती है।

15.6 शौर्य मिसाइल प्रणाली (Shaurya Missile System)

भारत की सुपरसोनिक शौर्य मिसाइल **लघु दूरी** की **सतह से सतह** पर मार करने वाली **बैलिस्टिक मिसाइल** है, जो भारतीय सेना द्वारा उपयोग की जाती है। इसका विकास DRDO द्वारा किया गया। यह **600 किमी. की दूरी** तक **1 टन परंपरागत या परमाणु विस्फोटक** ले जा सकती है। इस मिसाइल का प्रथम परीक्षण 2008 में किया गया। इसके बहुत सारे सफल परीक्षण किए गए। इस मिसाइल के द्वारा भारत की महत्वपूर्ण द्वितीय स्ट्राइक क्षमता (Second Strike Capability) प्राप्त हुई है। **यह पानी के अंदर लॉन्च होने वाली सागरिका मिसाइल का भूमि संस्करण है।** यह 40 किमी. की ऊंचाई तक अंतरिक्ष/आकाश में जा सकती है तथा लंबी दूरी में 800 किमी. की दूरी तक ध्वनि की गति से 7.5 गुना की गति से वार करने में सक्षम है।

15.7 एंटी बैलिस्टिक मिसाइल (Anti-Ballistic Missile System)

भारत में बैलिस्टिक मिसाइल के हमले से प्रतिरक्षा के लिए इंडियन बैलिस्टिक मिसाइल डिफेंस प्रोग्राम की एक महत्वपूर्ण पहल बहुस्तरीय बैलिस्टिक मिसाइल डिफेंस प्रणाली का विकास तथा उसकी तैनाती है।

द्वि-स्तरीय (Double-tier) प्रणाली के रूप में इसमें दो इंटरसेप्टर मिसाइलें होती हैं। इसमें उच्च ऊंचाई पर मिसाइल प्रतिरोध (Interception) के लिए **पृथ्वी एयर डिफेंस (PAD) मिसाइल** तथा निम्न ऊंचाई के लिए **एडवांस्ड एयर डिफेंस (AAD) मिसाइल** शामिल होती हैं। दो स्तरीय रक्षा तंत्र इसे 5000 किमी. की दूरी से छोड़ी गई किसी भी मिसाइल को रोकने में सक्षम बनाता है।

नवंबर 2006 में PAD का परीक्षण किया गया। दिसंबर 2007 में AAD का परीक्षण किया गया। इस प्रकार PAD परीक्षण के बाद भारत, अमेरिका, रूस तथा इजराइल के बाद चौथा देश बन गया जिन्होंने एंटी बैलिस्टिक मिसाइल प्रणाली का सफलतापूर्वक विकास कर लिया है। यद्यपि अभी तक इस प्रणाली को कई परीक्षणों से गुजरना है। इसलिए इसकी आधिकारिक रूप से घोषणा होना अभी बाकी है।

15.7.1 पृथ्वी एयर डिफेंस (PAD)/प्रद्युम्न बैलिस्टिक मिसाइल इंटरसेप्टर (Prithvi Air Defence (PAD)/Pradyumna Ballistic Missile Interceptor)

आक्रमणकारी बैलिस्टिक मिसाइल को वातावरण से बाहर ही (Exo-atmospheric) रोकने/नष्ट करने के लिए पृथ्वी एयर डिफेंस (PAD) का विकास किया गया। **PAD एक एंटी बैलिस्टिक मिसाइल प्रणाली है।** यह पृथ्वी मिसाइल पर आधारित दो चरण वाली मिसाइल है, जो अधिकतम 80 किमी. की ऊंचाई पर आने वाली मिसाइल को रोक सकती है। इसका प्रथम चरण ठोस ईंधन से तथा द्वितीय चरण तरल ईंधन से बना होता है। **PAD, 300-2000 किमी. वर्ग की बैलिस्टिक मिसाइल को 5 मैक की गति से रोकने में सक्षम है।** इसमें **'एक्टिव फेज अरे रडार' (Active Phase Array Radar)** होता है, जो 600 किमी. की परिधि में 200 लक्ष्यों की पहचान (Track) कर सकता है। **PAD मिसाइल को 'प्रद्युम्न' भी कहा जाता है।** इसकी अवरोधन क्षमता (Interception) को 50 किमी. से 80 किमी. तक बढ़ाया जा सकता है। अमेरिका, रूस व इजराइल की भांति इसमें Gimballed निर्देशित विस्फोटक का उपयोग करके इसे उन्नत किया जाता है। एक छोटे विस्फोटक का उपयोग लक्ष्य मिसाइल को नष्ट करने के लिए इस तकनीक में किया जा सकता है।

15.7.2 एडवांस्ड एयर डिफेंस (AAD)/अश्विन मिसाइल इंटरसेप्टर (Advanced Air Defence (AAD)/Ashwin Ballistic Missile Interceptor)

एडवांस्ड एयर डिफेंस (AAD), एंटी बैलिस्टिक मिसाइल का निर्माण 30 किमी. की ऊंचाई पर वातावरण के भीतर (Endo-atmosphere) आक्रमणकारी मिसाइल को रोकने के लिए किया गया। **AAD एक चरण वाली, ठोस ईंधन से युक्त मिसाइल है।** इसका निर्देशन PAD की ही तरह होता है। इसमें Intertial नेविगेशन प्रणाली का प्रयोग किया गया है। इसमें भूमि पर स्थित रडार से मिडकोर्स (Midcourse) अपडेट होता है तथा टर्मिनल फेज पर सक्रिय रडार उपस्थित होता है।

15.7.3 भारत अमेरिका, रूस, चीन हाइपरसोनिक मिसाइल क्लब में शामिल (India joins US, Russia, China Hypersonic Missile Club)

भारत संयुक्त राज्य अमेरिका, रूस और चीन के बाद हाइपरसोनिक तकनीक विकसित करने और सफलतापूर्वक परीक्षण करने वाला चौथा देश बन गया है। भारत ने हाल ही में रक्षा अनुसंधान और विकास संगठन (DRDO) द्वारा विकसित हाइपरसोनिक टेस्ट डिमॉन्स्ट्रेटर व्हीकल (HSTDV) का परीक्षण किया है।

इस परीक्षण उड़ान का महत्व और निहितार्थ:

- यह स्वदेशी तकनीक ध्वनि की गति से छह गुना (माच 6) यात्रा करने वाली मिसाइलों के विकास का मार्ग प्रशस्त करेगी।
- HSTDV हाइपरसोनिक गति उड़ान के लिए एक मानवरहित स्क्रैमजेट प्रदर्शन विमान है।
- HSTDV क्रूज वाहन एक ठोस रॉकेट मोटर पर लगाया गया है, जो इसे एक आवश्यक ऊँचाई तक ले जाएगा और एक बार गति के लिए कुछ मैक गति प्राप्त करने के बाद, क्रूज वाहन को लॉन्च वाहन से बाहर निकाल दिया जाएगा। इसके बाद, स्क्रैमजेट इंजन स्वचालित रूप से प्रज्वलित हो जाएगा।

आगे का रास्ता

यह भविष्य की लंबी दूरी की क्रूज मिसाइलों के लिए उपयोगिता है और इसका उपयोग कम लागत पर भी उपग्रहों को लॉन्च करने के लिए किया जा सकता है।

15.8 क्रूज मिसाइल (Cruise Missiles)

15.8.1 निर्भय (Nirbhay)

निर्भय सभी मौसम में कार्य करने वाली लंबी दूरी की क्रूज मिसाइल है जिसकी लागत बहुत कम होती है। यह **सबसोनिक गति (0.8 मैक)**

से **परंपरागत व परमाणु दोनों प्रकार के हथियार** ले जा सकती है। **इसकी मारक क्षमता 1000 किमी., वजन 1500 किग्रा.** तथा लंबाई 6 मीटर है। इसका **विकास 'एडवांस्ड सिस्टम्स लेबोरेटरी (ASL)'** द्वारा किया गया है। **इस मिसाइल का प्रयोग थल सेना, वायु सेना तथा नौ सेना तीनों सेनाओं द्वारा किया जाएगा।**

15.8.2 M-54 क्लब प्रक्षेपास्त्र (M-54 Klub Missile)

भारत ने तलवार श्रेणी के युद्धपोत, शिवालिक श्रेणी के युद्धपोत, कोलकाता श्रेणी के डिस्ट्रॉयर तथा सिंधुघोष वर्ग की पनडुब्बी पर तैनाती के लिए क्लब मिसाइल हासिल की है। यह **रूस आधारित** मल्टी-रोल मिसाइल प्रणाली है, जिसकी मारक **दूरी सीमा 250-300 किमी.** तक तथा **औसत गति 0.8 मैक (जो अधिकतम 2.9 मैक की जा सकती है)।**

15.8.3 पोपेय प्रक्षेपास्त्र (Popeye Missile)

इजराइल द्वारा निर्मित Popeye मिसाइल को 1999 में बड़ी मात्रा में खरीदा गया। इस समझौते में मिसाइल डिफेंस रडार के साथ एयर लॉन्च क्रूज मिसाइल Popeye II भारत को दी गई। यह 80 किमी. की दूरी तक परमाणु हथियार ले जाने में सक्षम है तथा इसे विमान से भी लॉन्च किया जा सकता है।

15.8.4 अमेटिस्ट प्रक्षेपास्त्र (Ametist Missile)

भारत के पास **Soviet Ametist,** पनडुब्बी से दागी जा सकने वाली क्रूज मिसाइल है। यह मिसाइल मुख्यत: 1990 के आरंभ में खरीदी गई थी तथा वर्तमान में इसका उपयोग सबमरीन लॉन्च क्रूज मिसाइल के स्थान पर कनस्तर लॉन्च लैण्ड-बेसड क्रूज मिसाइल के रूप में किया जा रहा है। **इस मिसाइल के द्वारा परमाणु हथियार ले जाया जा सकता** है। इसकी **मारक क्षमता 50-65 किमी. है।**

15.8.5 मॉस्किट प्रक्षेपास्त्र (Moskit Missile)

भारत के पास कई 'मॉस्किट' सेवा में है। ये **रूस की सुपरसोनिक रैमजेट शक्ति से युक्त क्रूज मिसाइल है,** जिन्हें जहाज या भूमि से दागा जा सकता है। भारत द्वारा भूमि और जहाज से दागी जाने वाली दोनों प्रकार की मिसाइलें खरीदी गईं। **उनकी मारक क्षमता 120 किमी. है।** लगभग 200 क्लब मिसाइल खरीदने के बाद में ऐसा माना जा रहा है कि इन्हें अलग से सुरक्षित रखा (Reserve) गया है जिनका इस्तेमाल कभी भी किया जा सकता है।

15.8.6 ब्रह्मोस (BrahMos)

1998 में सुपरसोनिक क्रूज मिसाइल प्रणाली के डिजायन, विकास, निर्माण तथा बेचने के लिए भारत का रूस के साथ एक समझौता हुआ। 2006 में इस प्रणाली का सफलतापूर्वक विकास कर लिया गया। यह विश्व की सर्वाधिक तीव्र गति वाली क्रूज मिसाइल थी, जिसकी गति 2.5-2.8 मैक थी। गति के संदर्भ में यह अमेरिका की हारपून क्रूज मिसाइल से साढ़े तीन गुना अधिक तीव्र थी।

इस सुपरसोनिक क्रूज मिसाइल का नाम ब्रह्मोस (Brahmos) रखा गया जिसे **पनडुब्बी, जहाज, विमान या भूमि कहीं से भी दागा जा सकता है।** यह **भारत के DRDO तथा रूस के NPO Mashinostroeyenia का संयुक्त उपक्रम है।** इन्होंने संयुक्त रूप से ब्रह्मोस एयरोस्पेस लिमिटेड की स्थापना की। 'ब्रह्मोस' संक्षिप्त नाम दो नदियों के आधार पर रखा गया है- **भारत की ब्रह्मपुत्र** तथा **रूस की मॉस्कोवा (MOSCOWA)। यह भूमि तथा जहाज से दागी जा सकने वाली मिसाइल 200 किग्रा.** तक विस्फोटक ले जाने में सक्षम है। दूसरी तरफ **विमान से दागी जाने पर यह 300 किग्रा.** तक विस्फोटक वहन कर सकती है। प्रारम्भ में निर्मित ब्रह्मोस की अधिकतम दूरी 290 किमी. थी।

ब्रह्मोस में **दो चरण वाली प्रणोदक प्रणाली** का उपयोग किया गया है। इसके **प्रारंभिक त्वरण के लिए ठोस प्रणोदक** रॉकेट तथा सुपरसोनिक गति के लिए तरल ईंधन वाले रैमजेट का उपयोग किया गया है। दक्षता की दृष्टि से रॉकेट प्रणोदक के स्थान पर वायु से ऑक्सीजन ग्रहण करने वाला रामजेट प्रणोदक प्रणाली ज्यादा दक्ष है। यह रॉकेट प्रणाली के बजाय इसे लंबी दूरी तय करने में सक्षम बनाती है। ब्रह्मोस II, प्रथम हाइपरसोनिक क्रूज मिसाइल के 2017-2018 में तैयार होने की संभावना है। मिसाइल के प्रयोगशाला परीक्षण आरंभ हो चुके हैं।

> भारत के **2016 में MTCR का सदस्य** बनने के बाद, भारत और रूस 600 किमी. से अधिक दूरी तय करने वाली ब्रह्मोस मिसाइल की नई पीढ़ी के संयुक्त रूप से विकास पर विचार कर रहे हैं। यह अपने लक्ष्यों को सटीक रूप से (Pinpoint Accuracy) भेदने में सक्षम होगी।

15.9 अस्त्र बीवीआर हवा से हवा में मारक मिसाइल (Astra BVR Air to Air Missile)

यह वायु से वायु में मार करने वाली भारत की स्वदेशी निर्मित प्रथम मिसाइल है। इसका परीक्षण सुखोई 30 MK1 नामक युद्धक विमान से मई 2014 में किया गया। **इसकी मारक क्षमता 40 किमी. की दूरी तक है** जिसे अगले चरण में 200 किमी. तक बढ़ा लिया जाएगा। इसका लक्ष्य सुखोई, तेजस तथा हल्के युद्धक विमानों में इसे तैनात करके पूर्ण विमान दस्ते का निर्माण करना है।

15.10 मध्यम श्रेणी की सतह से वायु मिसाइल (Medium Range Surface-to-Air Missile-MRSAM)

भारतीय सेना तथा रक्षा अनुसंधान तथा विकास संगठन (DRDO) ने उन्नत मध्यम श्रेणी की सतह से हवा में मार करने वाली मिसाइलों (MRSAM) के विकास हेतु एक समझौता पत्र पर हस्ताक्षर किए हैं। यह प्रत्येक मौसम मे कार्य करने वाली, गतिशील, भूमि आधारित वायु प्रतिरक्षा प्रणाली है और 50 किमी. से अधिक की दूरी तक आकाशीय लक्ष्यों को भेदने में सक्षम है।

इस प्रोजेक्ट में निजी क्षेत्र की सहभागिता के साथ इजराइल भारत का सहयोग करेगा। इस प्रणाली में अधिकांश सामग्री स्वदेशी है, जो मेक-इन-इण्डिया पहल को आगे बढ़ाएगी। MRSAM लंबी दूरी की सतह से हवा में मार करने वाली मिसाइल (LRSAM) या बराक-8 नौसैन्य वायु प्रतिरक्षा प्रणाली का एक प्रकार है, जिसका डिजाइन नौसैन्य पोतों से 100 किलोमीटर तक की दूरी तक मार करने हेतु किया गया।

नोट: बराक-8 का विकास भी इजराइल के साथ संयुक्त रूप से किया गया था।

15.11 मिशन शक्ति: भारत की प्रथम एंटी–सैटेलाइट प्रणाली (Mission Shakti: First Anti-Satellite Missile System of India)

भारत ने अंतरिक्ष में अपनी प्रथम एंटी–सैटेलाइट (ASAT) मिसाइल का सफल परीक्षण कर लिया है। परीक्षण के दौरान निम्न पृथ्वी कक्षा में स्थित एक उपग्रह को मिसाइल के जरिए नष्ट किया गया। यह मिसाइल लक्ष्य को भेदने हेतु 300 किमी. की दूरी को कवर करती है।

इस परीक्षण के साथ ही भारत एंटी सैटेलाइट क्षमता प्रदर्शन वाले कुछ चुनिंदा देशों के समूह में शामिल हो गया। इस समूह में यू.एस.ए., रूस व चीन पहले से ही शामिल हैं। यह परीक्षण किसी भी प्रकार के अन्तर्राष्ट्रीय नियमों या संधि की शर्तों का उल्लंघन नहीं करता है और यह चीन द्वारा वर्ष 2007 में किए गए इसी प्रकार के परीक्षण ASAT से कम हानिकारक रहा है। उल्लेखनीय है, कि चीन द्वारा किए गए परीक्षण में व्यापक स्तर पर अंतरिक्ष में, उपग्रह का मलबा फैल गया जिससे अन्य उपग्रहों को भी खतरा उत्पन्न हो गया था। भारत द्वारा किया गया परीक्षण निचले वायुमण्डल में किया गया ताकि यह सुनिश्चित हो सके कि अंतरिक्ष में कचरा न फैले। यह मिसाइल प्रणाली वर्ष 2016 से ही निर्माणाधीन थी और इस प्रणाली ने यह भी दर्शा दिया है कि बैलिस्टिक मिसाइल रक्षा कार्यक्रम अच्छी प्रगति पर है। DRDO के अनुसार 'मिशन शक्ति' नामक यह परीक्षण, APJ अब्दुल कलाम द्वीप, ओडिशा से किया गया और इस इंटरसेप्टर में दो ठोस रॉकेट बूस्टरों के साथ एक त्रि–स्तरीय मिसाइल थी।"

15.12 लेजर गाइडेड बम (Laser-Guided Bomb)

यह नवीनतम हथियार प्रणाली है। इसमें 1000 पौंड तक गुरुत्व के बम को स्थापित किया जा सकता है। इसमें 10 मीटर तक Circular Error Probability (CEP) के लक्ष्य हेतु निर्देशित करने के लिए लेजर का उपयोग किया जाता है।

15.13 NASAMS-II (National Advanced Surface-to-Air Missile System-II)

भारत संयुक्त राज्य अमेरिका से NASAMAS-II (National Advanced Surface to Air Missile System-II) खरीदने की प्रक्रिया में है। यह एक उन्नत वायु प्रतिरक्षा प्रणाली है जिसकी कीमत 1 बिलियन डॉलर है और इसका अनुप्रयोग वायु मार्ग से होने वाले हमलों से राष्ट्रीय राजधानी क्षेत्र (NCR) को बचाने हेतु होगा।

NASMAS-II, NASMAS का ही उन्नत संस्करण है। इसे नॉर्वे कोंगसबर्ग डिफेंस तथा एयरोस्पेस के साथ मिलकर Raytheon (US defence contractor & company) द्वारा विकसित किया गया है और यह वर्ष 2007 से ही प्रचलन में है।

यह आधुनिकतम 3D मोबाइल सर्विलांस व त्वरित प्रतिक्रिया हेतु 12 मिसाइल लॉन्चर्स से सुसज्जित है। यह वायु प्रतिरक्षा कार्यों की आवश्यकताओं के प्रति उच्च स्तर पर समायोज्य है। यह एक आधुनिक प्रतिरक्षा प्रणाली है जो त्वरित पहचान, दुश्मन के वर्तमान तथा विकासाधीन वायुयानों, जैट या क्रूज मिसाइलों के उभरते खतरों की पहचान कर उन्हें नष्ट करने में सक्षम है।

NASMAS-II BD प्रहरी राडारों, लॉन्चर्स, निम्न तथा मध्यम दूरी की मिसाइलों वायु मार्ग से आने वाले खतरों की त्वरित पहचान, टैकिंग तथा मार गिराने हेतु वितरण केंद्र और कमांड तथा कंट्रोल इकाइयों से सुसज्जित है। यह अमेरिका के राजधानी शहर, वॉशिंगटन डी.सी. की सुरक्षा हेतु एयर डिफेंस नेटवर्क का एक भाग है। यह कई नाटो राष्ट्रों में भी तैनात है।

सतह–से–वायु में मार करने वाली राष्ट्रीय उन्नत मिसाइल प्रणाली–II

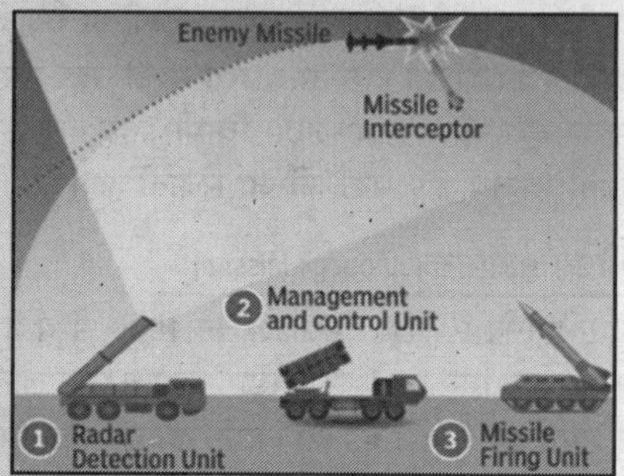

- 3-D प्रहरी राडार, कम तथा मध्यम दूरी की मिसाइलों, लॉन्चर्स, व अग्नि वितरण केंद्रों से सुसज्जित।
- विभिन्न वायु खतरों, जैसे–क्रूज मिसाइलों, वायुयानों तथा ड्रोन की त्वरित पहचान, ट्रैकिंग व मार गिराना।
- संयुक्त राज्य अमेरिका तथा कई नाटों देशों में तैनात, इज़राइयल, रूस व यूरोपियन सेनाओं में भी तैनात।
- भारत का स्वयं का सुरक्षा कवच भी DRDO द्वारा विकास के अंतिम चरण में है। इसे दिल्ली तथा मुंबई जैसे नगरों में तैनात किया जाएगा।

भारत द्वारा NASAMS-II की खरीद से राष्ट्रीय राजधानी क्षेत्र, दिल्ली पर 9/11 जैसे हमलों को रोकने में सहायता मिलेगी। इस खरीद से देश की अन्य प्रणालियों जैसे मध्यम तथा लंबी दूरी की सतह से वायु में मार करने वाली मिसाइल (SAM) प्रणालियों को उन्नत करने में सहायता मिलेगी। इसके साथ ही, भारत संयुक्त राज्य अमेरिका, रूस व इजरायल जैसे देशों के समूह में शामिल हो जाएगा, जिनके यहां राष्ट्रीय राजधानी क्षेत्र की सुरक्षा हेतु इस प्रकार की मिसाइल प्रतिरक्षा प्रणाली मौजूद है।

15.14 भारत का परमाणु परीक्षण (Nuclear Test of India)

15 अगस्त, 1947 को पंडित जवाहर लाल नेहरू के देश के प्रधानमंत्री बनने के बाद यह घोषणा की गई, जिसके आधार पर **भारत का प्रथम परमाणु परीक्षण 18 मई, 1974 को हुआ।** तब से राज़स्थान के पोखरण में परमाणु परीक्षणों की दूसरी श्रृंखला 1998 में आरंभ की गई। भारत के पास सैन्य के साथ–साथ नागरिक उपयोग के नाभिकीय कार्यक्रम है। इनमें 10 परमाणु रिएक्टर, यूरेनियम खनिज (Mining) तथा पिसाई स्थल (Milling Sates) है। इसके अलावा देश में भारी जल उत्पादन क्षमता, एक यूरेनियम संवर्द्धन स्थल, ईंधन संरचना सुविधा के साथ व्यापक परमाणु अनुसंधान क्षमता है। भारत के द्वारा लगातार किए गए परमाणु परीक्षणों के कारण 1998 में भारत पर अमेरिका तथा जापान द्वारा अस्थायी आर्थिक प्रतिबंध आरोपित किए गए।

15.14.1 एटम बम की कमांड तथा नियंत्रण (Command and Control of Atom Bomb)

2003 में भारत की **'रणनीतिक न्युक्लियर कमांड' (Strategic Nuclear Command)** की औपचारिक स्थापना की गई, जिसमें एक एयर फोर्स अधिकारी को कमांडर-इन-चीफ बनाया गया। SNC **की संयुक्त सेवा, भारत के सभी परमाणु हथियारों, मिसाइलों तथा परमाणु सामग्री के संरक्षण का कार्य करती है।** यह भारत की परमाणु नीति के क्रियान्वयन के लिए जिम्मेदार है तथापि सिविल लीडरशिप के संदर्भ में सुरक्षा पर कैबिनेट समिति (CCS) एकमात्र आधिकारिक निकाय है जो किसी अन्य आक्रमण के विरुद्ध परमाणु हमले का आदेश दे सकता है। वास्तविकता में इस संदर्भ में प्रधानमंत्री आधिकारिक रूप से अंतिम निर्णायक होता है जो परमाणु हमले की अनुमति/आदेश देता है।

तालिका 15.3 भारत (India) का नाभिकीय कार्यक्रम

नाभिकीय कार्यक्रम की शुरुआत तिथि	1967
प्रथम नाभिकीय आयुध परीक्षण	18 मई, 1974 (स्माईलिंग बुद्धा)
प्रथम संलयन आयुध परीक्षण	11 मई, 1998 (विवादित)
अंतिम नाभिकीय परीक्षण	13 मई, 1998
कुल परीक्षण	6
अधिकतम मिसाइल सीमा	3500 किमी. (अग्नि-III)

15.15 विख्यात बम (Popular Bombs)

विश्वभर में दो प्रकार के बम इस्तेमाल किए जाते हैं-परंपरागत हथियार (वॉरहेड) तथा नाभिकीय हथियार। विश्वभर में विख्यात कुछ बम इस प्रकार हैं:

15.15.1 परमाणु बम (Atomic Bombs)

परमाणु बम विखण्डन बम होते हैं। ये अपनी ऊर्जा भारी अस्थायी नाभिकों (रेडियोधर्मी तत्वों), जैसे-यूरेनियम तथा प्लुटोनियम से प्राप्त करते हैं। ये रेडियोधर्मी नाभिक विखण्डन के प्रति विशेष रूप से संवेदनशील होते हैं। इस पर नाभिकीय ऊर्जा के अध्याय में चर्चा की गई है। संयुक्त राज्य अमेरिका द्वारा जापान के हिरोशिमा व नागासाकी पर गिराए गए दो परमाणु बमों के नाम क्रमशः लिटल बॉय तथा फैट मैन थे। इनमें से एक यूरेनियम आधारित था और दूसरा प्लूटोनियम आधारित था। ये यू.एस.ए. के बमवर्षक विमान B-29 द्वारा गिराए गए थे।

15.15.2 हाइड्रोजन बम (Hydrogen Bombs)

हाइड्रोजन बम हाइड्रोजन समस्थानिकों के संलयन अभिक्रिया के सिद्धांत पर कार्य करता है। यह परमाणु बम की तुलना में कहीं अधिक विस्फोटक होता है। संलयन अभिक्रिया आरंभ करने के लिए विखण्डन आवश्यक होता है क्योंकि दो हाइड्रोजन समस्थानिकों के संलयन हेतु लाखों डिग्री सेल्सियस तापमान की आवश्यकता होती है, जिसे विखण्डन द्वारा प्राप्त किया जाता है। मिसाइलों में हाइड्रोजन बम का इस्तेमाल करना आसान होता है क्योंकि हाइड्रोजन बम छोटे आकार के होते हैं।

15.15.3 थर्मोबेरिक बम (Thermobaric Bomb)

यू.एस. ने हाल ही में अफगानिस्तान पर G-43 MOAB (Massive Ordnance Air Blast) बम गिराया जिसे **"मदर ऑफ ऑल बम"** के नाम से जाना जाता है। यह एक तीव्र उच्च-तापमान युक्त विस्फोट तरंगें उत्पन्न करने के लिए आसपास की वायु से ऑक्सीजन का उपयोग करता है। ये विस्फोट तरंगें एक छोटे से स्थानबद्ध क्षेत्र में बहुत अधिक ऊर्जा उत्पन्न करती हैं। GBU-43 में 8,000 किलोग्राम विस्फोटक है। रूस के पास भी थर्मोबेरिक बम है, जिसे **'फादर ऑफ ऑल बम'** के नाम से जाना जाता है और यह अमेरिका के बम से चार गुना अधिक शक्तिशाली है।

15.16 परमाणु पनडुब्बी (Nuclear Submarines)

ये ऐसे पनडुब्बी हैं जो एक न्यूक्लियर रिएक्टर द्वारा उत्पन्न ऊर्जा से संचालित होती हैं। ये परंपरागत पनडुब्बी (जो डीजल-बिजली से चालित होती है) से बड़े पैमाने पर बेहतर प्रदर्शन करती है। **परमाणु शक्ति द्वारा संचालन में वायु की आवश्यकता नहीं होती है जिससे पनडुब्बी को बार-बार सतह पर जाने की आवश्यकता नहीं पड़ती** जबकि परंपरागत पनडुब्बी को सतह पर जाने की आवश्यकता पड़ती है। न्यूक्लियर रिएक्टर बड़ी मात्रा में ऊर्जा उत्पन्न करता है जो परमाणु पनडुब्बी को लंबे समय तक तेज गति से संचालन में सक्षम बनाता है। पुनः ईंधन भरने की आवश्यकता किसी भी पनडुब्बी की सीमा का निर्धारण कर देती है जिससे उसे पुनः ईंधन भरने के लिए निर्धारित स्थल पर आना पड़ता है, परंतु परमाणु पनडुब्बी में ऐसी कोई समस्या नहीं होती और वह 25 वर्ष तक लगातार बिना ईंधन भरवाए कार्यरत रह सकती है। चालू, निर्माणाधीन और सेवामुक्त पनडुब्बियों की सूची (**तालिका 15.4**, **तालिका 15.5** और **तालिका 15.6**) में उल्लिखित है।

तालिका 15.4 सेवा में (In Service)

वर्ग	प्रकार	आई.एन.एस.	उत्पत्ति	स्थानांतरण
परमाणु ऊर्जा चालित पनडुब्बियां (Nuclear-powered submarines) (2)				
अरिहंत वर्ग	बैलिस्टिक मिसाइल पनडुब्बी (SSBN)	आई.एन.एस. अरिहंत (S2) आई.एन.एस. अरिघाट (S3)	भारत	6,000 टन

वर्ग	प्रकार	आई.एन.एस.	उत्पत्ति	स्थानांतरण
डीजल-इलेक्ट्रिक पनडुब्बियां (Diesel-electric submarines) (16)				
कलवरी वर्ग (स्कॉर्पीन-वर्ग)	हमलावर पनडुब्बी	आई.एन.एस. कलवरी (S21) आई.एन.एस. खंडेरी (S22) आई.एन.एस. करंज (S23) आई.एन.एस. वेला (S24) आई.एन.एस. वागिर (S25)	फ्रांस भारत	1,775 टन
शिशुमार वर्ग (टाइप 209 पनडुब्बी)	हमलावर पनडुब्बी	आई.एन.एस. शिशुमार (S44) आई.एन.एस. शंकुश (S45) आई.एन.एस. शल्कि (S46) आई.एन.एस. शंकुल (S47)	पश्चिम जर्मनी भारत	1,850 टन
सिंधुघोष वर्ग (किलो-वर्ग)	हमलावर पनडुब्बी	आई.एन.एस. सिंधुघोष (S55) आई.एन.एस. सिंधुराज (S57) आई.एन.एस. सिंधुरत्न (S59) आई.एन.एस. सिंधुकेसरी (S60) आई.एन.एस. सिंधुकीर्ति (S61) आई.एन.एस. सिंधुविजय (S62) आई.एन.एस. सिंधुराष्ट्र (S65)	सोवियत संघ रूस	3,076 टन

तालिका 15.5 निर्माणाधीन (Under Construction)

वर्ग	चित्र	प्रकार	जहाज	उत्पति	स्थानांतरण	स्थिति
परमाणु पनडुब्बियां (Nuclear submarines) (2)						
अरिहंत वर्ग		बैलिस्टिक मिसाइल पनडुब्बी (SSBN)	S4 (कोड नाम) S4* (कोड नाम)	भारत	7,000 टन (S4 तथा S4*)	S4 को लॉन्च किया गया और इसे तैयार (फिट-आउट) किया जा रहा है S4* पतवार (hull) निर्माणाधीन है
डीजल-इलेक्ट्रिक पनडुब्बियां (Diesel-electric submarines) (1)						
कलवरी वर्ग		हमलावर पनडुब्बी	आई.एन.एस. वाग्शीर (S26)	फ्रांस भारत	1,870 टन	वाग्शीर 20 अप्रैल 2022 को लॉन्च किया गया; बंदरगाह परीक्षण जल्द ही शुरू होने की उम्मीद है, उसके बाद समुद्री परीक्षण होंगे

तालिका 15.6 नियोजित (Planned)

वर्ग	चित्र	प्रकार	जहाज	उत्पति	स्थानांतरण	स्थिति	टिप्पणी
परमाणु पनडुब्बियां (Nuclear submarines) (10)							
S5 वर्ग	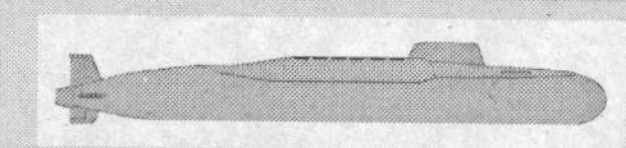	बैलिस्टिक मिसाइल पनडुब्बी (SSBN)	3	भारत	13,500 टन	3 नियोजित	परियोजना को ₹10,000 करोड़ (US$1.3 बिलियन) के बजट के साथ मंजूरी दी गई थी।
प्रोजेक्ट 75 अल्फा		हमलावर पनडुब्बी (SSN)	6	भारत	6,000 टन	6 नियोजित	6 नौका की योजना बनाई गई है और विशाखापत्तनम में जहाज निर्माण केंद्र (SBC) में इसका निर्माण किए जाने की उम्मीद है। फरवरी 2015 में सुरक्षा पर कैबिनेट समिति द्वारा परियोजना की मंजूरी दी गई थी।

वर्ग	चित्र	प्रकार	जहाज	उत्पति	स्थानांतरण	स्थिति	टिप्पणी
अकुला वर्ग		हमलावर पनडुब्बी (SSN)	0	रूस	12,770 टन	1 नियोजित	मार्च 2019 में, भारत ने एक और अकुला श्रेणी की पनडुब्बी को पट्टे पर लेने के लिए रूस के साथ 3 बिलियन अमेरिकी डॉलर के समझौते पर हस्ताक्षर किए, जिसके 2025 तक भारतीय नौसेना में शामिल किए जाने की उम्मीद है।
डीजल-इलेक्ट्रिक पनडुब्बियां (Diesel-electric submarines) (6)							
प्रोजेक्ट 75I-क्लास पनडुब्बी		हमलावर पनडुब्बी (SSN); संभवत: क्रूज मिसाइल पनडुब्बी (SSG)	6	भारत	अनिर्दिष्ट	6 नियोजित	इसे जून 2020 में सरकार द्वारा 43000 करोड़ की मंजूरी दी गई थी। हालांकि आरएफआई में अवास्तविक आवश्यकताओं के कारण, विक्रेताओं ने 2022 तक इस परियोजना से हाथ खींच लिया है। इसे समाप्त किए जाने की संभावना है और खरीद के वैकल्पिक तरीकों पर विचार किया जाएगा।

स्रोत: DRDO, (GoI) Sites

15.17 युद्धपोत, डिस्ट्रॉयर तथा विमान वाहक पोत (Frigates, Destroyers and Aircraft Carriers)

पनडुब्बी के अलावा भारत डिस्ट्रॉयर;, जैसे-पोत, उन्नत पेट्रोल क्राफ्ट तथा युद्धपोत का भी प्रबंधन करता है। ये न्यूक्लियर बैलिस्टिक मिसाइल तथा क्रूज मिसाइल दागने में भी सक्षम होते हैं।

15.17.1 डिस्ट्रॉयर (Destroyer)

समुद्र की सतह पर सबसे बड़ा लड़ाकू पोत डिस्ट्रॉयर है। उनके आकार तथा क्षमता में धीरे-धीरे क्रमश: वृद्धि की गई जो **वर्तमान में 5000-1000 टन** है। सामान्यत: डिस्ट्रॉयर से आशय एक जहाज से है जिसमें सेंसर (परिष्कृत Phased Array Radar), युद्ध प्रणाली तथा हथियार लगे होते हैं, जिनका उपयोग युद्ध-परिस्थितियों में कर सकते हैं। विश्व के बहुत से देशों की नौसेनाएं युद्धपोत (Frigates) जैसे जहाज बनाती हैं जिन्हें आकार व क्षमता के अनुसार डिस्ट्रॉयर कहा जाता है।

15.17.2 युद्धपोत (Frigates)

यह मध्यम आकार का (2000-5000 टन) समुद्र की सतह पर लड़ने वाला पोत होता है। इसका उपयोग विशेष रूप से **एंटी-सबमेरिन (Anti-submarine) युद्धक** तथा **एंटी-एयर वारफेयर (Anti-air warfare)** के रूप में किया जाता है। यह लगभग डिस्ट्रॉयर की तरह की क्षमताएं परंतु **डिस्ट्रॉयर से थोड़ी कम क्षमताएं रखता है।** तथापि यह तुलनात्मक रूप से परिष्कृत प्लेटफॉर्म होता है और बहुत महंगा होता है। युद्धपोत प्राय: सबसे छोटा, सतह पर लड़ने वाला पोत होता है जिसे खतरनाक परिस्थितियों में **'ब्ल्यू वॉटर मिशन'** (Blue Water Mission) में भेजा जा सकता है।

15.17.3 विमान वाहक पोत (Aircraft Carrier)

यह **समुद्र में एयरबेस की सुविधा उपलब्ध कराने वाला युद्धक जहाज** होता है। इसमें हवाई जहाज को उड़ान भरने के लिए आवश्यक इन्फ्रास्ट्रक्चर होता है। यह हवाई जहाज को ले जाने, युद्धक उपकरणों से लैस करने, तैनात करने तथा रिकवरी की सुविधा उपलब्ध कराता है। जहाजों के बेड़े प्रमुख जहाज होने के कारण **यह नौसेना को विश्वस्तरीय वायु शक्ति से संपन्न करता है जिसमें किसी क्षेत्र के स्थानीय प्लेटफॉर्म पर निर्भर हुए बिना महत्वपूर्ण ऑपरेशन को सफल किया जा सकता है।** इनको बनाने में अत्यधिक खर्च होता है 20वीं शताब्दी में लकड़ी के पोत बनने आरंभ हुए थे इसके बाद इनका लगातार विकास किया जाता रहा है। इसी दौरान बहुसंख्यक लड़ाकू विमान, मारक क्षमता युक्त हवाई जहाज, हेलीकॉप्टर तथा अन्य प्रकार के हवाई जहाज को ले जाने वाले परमाणु शक्ति संपन्न पोतों में गुब्बारे तैनात किए जाते थे।

INS विक्रमादित्य (INS Vikramaditya): क्षमता **45,400 टन**, उन्नत **किव क्लास (Kiev Class)** का पोत है। 20 जनवरी, 2004 को रूस के साथ एडमिरल गॉर्शकोव को उन्नत करके भारत को बेचने का समझौता हुआ। **16 नवंबर, 2013 को यह पोत INS विक्रमादित्य के नाम से भारतीय नौसेना में शामिल हुआ। हाल ही में रॉयल नेवी के HMS Hermes के नाम से जाना जाने वाला पोत '*INS विराट*'** (INS Virat) सेवानिवृत्त हो गया। वर्तमान में भारत के पास केवल एक विमानवाहक पोत है।

भारत ने वर्ष 2009 में, 40,000 टन वजनी, 260 मीटर लंबे, विक्रांत क्लास वायुयान वाहक पोत का निर्माण आरंभ किया यह नया पोत भारत निर्मित हेलीकॉप्टर ध्रुव के साथ MiG-29K तथा नेवल तेजस वायुयान को धारण करने में सक्षम होगा। एक द्वितीय विक्रांत क्लास के पोत, INS विशाल के निर्माण की योजना भी है जो 65,000 टन वजनी होगा और यह पूर्णत:

नाभिकीय ऊर्जा से संचालित होगा, इसमें भारी वायुयानों तथा मानवरहित युद्धक विमानों की लांचिंग तथा रिकवरी हेतु CATOBAR प्रणाली होगी। अप्रैल 2015 तक यह प्रोजेक्ट डिजाइन के चरण में था (मूल रूप में वर्ष 2020 तक अमल में लाने की योजना थी, परन्तु अद्यतन सूचना के अनुसार वर्ष 2030 से पहले इसके सेवा में आने की संभावना नहीं है)।

15.18 आईएनएस के हालिया समाचार (Recent INS in news)

15.18.1 आई.एन.एस. अस्त्रधारिणी (INS Astradharini)

यह भारतीय नौसेना द्वारा निर्मित **'प्रथम स्वदेशी युद्धपोत'** है। यह एक **टारपीडो लॉन्च तथा रिकवरी वेसल** (TLRV) है। इसने आई.एन.एस. अस्त्रवाहिनी को प्रतिस्थापित किया जिसे जुलाई 2015 में सेवानिवृत्त कर दिया गया था।

इसकी प्रमुख विशेषताएं

- इसका डिजायन **'नेवल साइंस एण्ड टेक्नोलॉजिकल लेबोरेटरी** (NSTL), **आई.आई.टी. खड़गपुर** एवं **शॉर्ट शिपयार्ड** द्वारा किया गया।
- यह एक 50 एम केटामरन हुल पोत (Catamaran Hull Vessel) है जो ऊर्जा की जरूरतों को कम कर देता है ताकि जहाज 12 नॉट (Knots) की गति प्राप्त कर सके।
- यह दो अधिकारी, 27 नाविक तथा 13 वैज्ञानिकों को आसानी से ले जा सकती है।

15.18.2 INS करंज (स्कॉर्पीयन श्रेणी की पनडुब्बी) [INS Karanj (Scorpene-Class Submarine)]

INS करंज भारतीय नौसेना के कार्यक्रम प्रोजेक्ट 75 के तहत 6 स्कॉर्पियन श्रेणी की पनडुब्बियों में से तीसरी है। प्रथम, INS कालवारी (टाइगर शॉर्क के बाद दिया गया नाम) की नियुक्ति दिसंबर 2017 में की गई। द्वितीय, INS खांदेरी समुद्री परीक्षणों से गुजर रही है। बची हुई तीन पनडुब्बियां, वेला, वागीर तथा वागशीर तैयार होने के विभिन्न चरणों में है। स्कॉर्पियन पनडुब्बी विभिन्न प्रकार के मिशन पूरे करने में सक्षम है, जैसे–एंटी-सर्फेस हथियार, एंटी-सबमरीन हथियार, इंटेलीजेंस संग्रहण, माइन लेयरिंग तथा क्षेत्र की निगरानी।

15.18.3 INS अरिदमन (अरिहंत–क्लास पनडुब्बी) [INS Aridhaman (Arihant-Class Submarine)]

अरिदमन, द्वितीय अरिहंत-वर्ग की नाभिकीय ऊर्जा संचालित बैलेस्टिक मिसाइल पनडुब्बी है। यह विशाखापत्तनम स्थित प्रोजेक्ट ATV (Advanced Technology Vessel) के अन्तर्गत स्वदेश-निर्मित, नाभिकीय ऊर्जा संचालित बैलिस्टिक मिसाइल सबमरीन है और एक दाबित जल रिएक्टर से ऊर्जा प्राप्त करती है। INS अरिहंत तथा INS अरिदमन को सेवा में लाने के बाद भारत यू.एस.ए., यू.के., चीन. रूस व फ्रांस के बाद विश्व का छठा देश बन गया है, जिसके पास नाभिकीय ऊर्जा संचालित पनडुब्बी है।

नोट: INS अरिहंत एक स्वदेशी, नाभिकीय ऊर्जा चालित पनडुब्बी थी, जिसका निर्माण एडवांसड टेकनोलॉजी वेसल प्रोजेक्ट के अन्तर्गत किया गया। यह इसका डिजाइन रशियन प्रोजेक्ट 971 अकुला-I- क्लास व न्यूक्लियर पॉवर्ड अटैक सबमरीन पर आधारित है।

15.18.4 INS किल्तान (प्रोजेक्ट 28 के अन्तर्गत निर्मित) [INS Kiltan (Built under Project 28)]

INS किल्तान, एक कमोर्टा-वर्ग की एंटी सबमरीन वारफेयर (ASW) स्टील्थ युद्धपोत है, जिसे हाल ही में भारतीय नौसेना द्वारा सेवा में लाया गया है और नौसेना के प्रोजेक्ट P-28 के अन्तर्गत निर्मित किया गया है। यह भारत का प्रथम प्रमुख युद्धपोत है जिसका विकास स्टील्थ विशेषताओं के लिए कार्बन-मिश्रित पदार्थ से किया गया है। इसका डिजाइन नौसेना डिजाइन निदेशालय द्वारा किया गया और इसका निर्माण गार्डेन रिच शिपबिल्डर्स एण्ड इंजीनियर्स लिमिटेड, कोलकाता द्वारा किया गया।

नोट: INS कमोर्टा तथा INS कदमत, इसी प्रोजेक्ट के अन्तर्गत निर्मित किए गए पोत थे।

15.18.5 आईएनएस कवरत्ती (INS Kavaratti)

- यह एक पनडुब्बी रोधी युद्ध (ASW) जहाज है जिसे भारतीय नौसेना में शामिल किया जाना है।
- इसमें 90% तक स्वदेशी सामग्री है।
- यह 'प्रोजेक्ट 28' या नौसेना के कामोर्टा-क्लास कोरवेट के तहत स्वदेश निर्मित चार ASW में से अंतिम है।
- 'प्रोजेक्ट 28' को 2003 में मंजूरी दी गई थी। इस परियोजना के तहत अन्य तीन युद्धपोत आईएनएस कमोर्ता (2014 में कमीशन), आईएनएस कदमत (2016) और आईएनएस किल्टन (2017) हैं।

15.19 प्रथम स्वदेश निर्मित प्लावी डॉक (First Indigenously Built Floating Dock)

भारतीय नौसेना ने **चैन्नई के एन्नोर पोर्ट** के निकट काटूपल्ली शिपयार्ड में देश के प्रथम स्वदेश निर्मित प्लावी डॉक (FDN-2) को लॉन्च किया। यह डॉक 185 मीटर लंबा और 40 मीटर चौड़ा है। यह सभी प्रकार के पोतों की डॉकिंग में सक्षम नहीं हैं, जिसमें 8000 टन विस्थापन तक के नौसैन्य पोत तथा पनडुब्बियां शामिल हैं।

15.20 विमानों की विभिन्न पीढ़ियां (Different Generation of Aircraft)

प्रथम पीढ़ी (1940 के मध्य से 1950 के मध्य तक): इनकी विशेषताएं **सबसोनिक गति, सीधे पंख, रडार से रहित, प्राथमिक हथियार के रूप में मशीन गन** तथा **अनिर्देशित बम हैं।** उदाहरण- **Messerschmitt Me 262, Mig-15, Mig-17**

द्वितीय पीढ़ी (1950 के मध्य से 1960 के प्रारंभ तक): उदाहरण: **मिग-21, Su-9** तथा **F-106, F-104 स्टार फाइटर, F-5, मिग-19** तथा **सुखोई-7** आदि। इनमें बर्निंग टर्बोजेट इंजन लगे होते थे जो इन्हें लड़ाई के एक स्तर तक साउंड बैरियर (Sound Barrier) को दूर करने में सक्षम बनाते हैं। **इनमें एयरोडायनेमिक्स इंजन के द्वारा सुपरसोनिक गति को प्राप्त करना तथा बनाए रखना संभव होता है।**

तीसरी पीढ़ी: उदाहरण: **मिराज F1, मिग-23, मिग-25, F-4** तथा **F-5** थे। ये उन्नत तकनीकियों तथा **एयरोडायनेमिक्स विशेषताओं** से युक्त होते

हैं। इसके साथ ही ये **वायु निर्देशित मिसाइल, एयर-टू-एयर मिसाइल** तथा **रडार प्रणाली से युक्त होते हैं।** हथियारों की सटीकता में कमी तथा विद्युत प्रतिमापकों की कमी (Electronics Countermeasure) के कारण इनके द्वारा हवा में जीत प्राप्त करना आसान नहीं होता। विद्युत प्रतिमापक वे होते हैं, जो Trick Detection System से युक्त होते हैं।

चौथी पीढ़ी के विमान: उदाहरण मिग-29, मिग-27, मिराज-2000, Su-27, F-16, F-18।

इसमें प्राय: 1980 से वर्तमान तक के विमानों को शामिल किया जाता है तथा इनमें 1970 की डिजायन अवधारणा प्रयुक्त होती है। ये **लंबी दूरी की हवा से हवा में मार करने वाली मिसाइल से युक्त** पुराने तरीके से आमने-सामने की लड़ाई के लिए प्रयुक्त होते थे। ये उम्मीद के अनुसार प्रभावशाली नहीं थे। इनकी गतिशीलता में सुधार की आवश्यकता थी।

चौथी पीढ़ी के जेट फाइटर को **Fly-by-wire (FBW)** के रूप में परिभाषित किया जाता था क्योंकि उड़ान का नियंत्रण तार (Wire) के द्वारा पारेषित विद्युत संकेतों से किया जाता था। **FBW में पायलट के बिना ऑपरेट करने के लिए विमान को कम्प्यूटर द्वारा स्वत: संकेत भेजे जा सकते हैं,** जो ठीक उसी प्रकार की प्रणाली है, जिसमें विमान के स्थायीकरण में तथा विमान की क्षमता से परे ऑपरेशन को रोकने में मदद मिलती है। **थ्रस्ट वेक्टरिंग तकनीक** सोवियत फाइटर्स में फाइटर की क्षमता बढ़ाने के लिए इस्तेमाल की गई। **'थ्रस्ट वेक्टर तकनीक' (TVT) किसी विमान या रॉकेट की क्षमता को प्रदर्शित करती है जिसमें कोणीय संवेग के अनुसार इसके इंजन/मोटर से दिशा का परिवर्तन तथा नियंत्रण किया जा सकता है।** रॉकेट या बैलिस्टिक मिसाइल जो वातावरण से बाहर गमन करती है, जिससे इनमें एयरोडाइनेमिक्स कंट्रोल प्रणाली प्रभावी नहीं होती इसलिए इनके नियंत्रण के लिए TVT प्रणाली उपयुक्त होती है।

4.5 पीढ़ी के लड़ाकू विमान (1990 के अंत से 2005 तक): इस पीढ़ी में **Active Electronically Scanned Array (AESA) रडार लगे होते हैं** जो विमान को युद्ध में पासा पलटने में सक्षम बनाते हैं। इस वर्ग में **रडार की तरंगों को सोखने वाला पदार्थ, थ्रस्ट वेक्टर कंट्रोल इंजन, अधिक घातक हथियार ले जाने की क्षमता (सुपर क्रूज) आदि विशेषताएं होती हैं। Low Observable तकनीक के रूप में स्टील्थ तकनीक तथा निष्क्रिम विद्युत प्रतिमापक (Passive Electronic Countermeasures) इन विमानों, मिसाइलों तथा कर्मचारियों की क्षमता को बढ़ा देते हैं** क्योंकि **इनके कारण ये रडार, इन्फ्रारेड, सोनार तथा अन्य डिटेक्शन प्रणालियों की पकड़ में नहीं आते हैं।** कुछ विनिर्मिताओं ने नए प्लेटफॉर्म डिजायन किए हैं, जैसे-**यूरोफाइटर टारफून, Saab JAS 39 Gripen तथा Dassault Rafale (Medium Multi-Role Combat Aircraft- MMRCA)** ।

'उन्नत कम्प्यूटर प्रोद्योगिकी' तथा **'डाटा लिंक'** भी 4.5 पीढ़ी के फाइटर को युद्ध क्षेत्र के केंद्रीय नेटवर्क से समन्वित करने में सक्षम बनाते हैं, जिसमें लड़ाकू विमान बहुकार्यात्मक मिशनों में कार्य करने में सक्षम होते हैं। उदाहरण के लिए AESA रडार नियंत्रण कार्यों के साथ लड़ाकू विमान को लिमिटेड **'एयरबोर्न अरली वॉर्निंग सिस्टम'** (Air borne Early Warning System) से युक्त करते हैं।

पांचवीं पीढ़ी के लड़ाकू विमान: इस श्रेणी में **2015 तक के सर्वाधिक उन्नत जेट फाइटर शामिल होते हैं।** पांचवीं पीढ़ी के लड़ाकू विमानों की विशेषताएं अस्पष्ट तथा विवादास्पद हैं। जैसे इन्हें **स्टील्थ तकनीकों** (Stealth technology) से परिपूर्ण विमान के रूप में परिभाषित करता है, जब इन्हें **Low Probability of Intercept Radar (LPIR), High Performance Airframes, Advanced Avionics Features and Highly Integrated Computer System** से युक्त कर दिया जाता है।

F-22 रेप्टर (F-22 Raptor) पांचवीं पीढ़ी का तैयार लड़ाकू विमान है। यह अमेरिका की वायुसेना में 2005 में सेवा में आया। लॉकहीड मार्टिन अमेरिकन F-35 Lightining II, Sukhoi PAK FA, Chengdu J-20 तथा Shenyang J-31 जैसे विमान अभी परीक्षण तथा विकास के दौर से गुजर रहे हैं।

15.21 भारत के लड़ाकू विमान (Fighter Planes of India)

इनका निर्माण मुख्यत: अन्य दुश्मन के विमानों, बमवर्षक विमानों तथा हवाई हमलों के विरुद्ध वायु-से-वायु में युद्ध के लिए किया गया, जहां इनका मुख्य उद्देश्य जमीन पर स्थित लक्ष्यों पर हमला करने का होता है। इनकी मुख्य विशेषताएं गति, सक्रियता तथा अन्य विमानों की तुलना में आकार का छोटा होना है (तालिका 15.3, 15.4, 15.5 तथा 15.6)। कुछ विमानों में द्वितीय स्तर की जमीन पर हमला करने की क्षमता होती है। कुछ का निर्माण दो उद्देश्यों वाले फाइटर बमवर्षक के रूप में होता है। कुछ महत्वपूर्ण लड़ाकू विमान निम्न हैं:

1. **सुखोई Su-30 MKI:** भारतीय वायु सेना के लिए हिन्दुस्तान एयरोनॉटिक्स लिमिटेड (HAL) के लाइसेंस के अंतर्गत **रूस** द्वारा निर्मित लंबी दूरी का लड़ाकू विमान है। यह एक अत्यधिक गतिशील लड़ाकू विमान है। यह बहुत सक्रियता से अपनी गति व दिशा बदल सकता है जो शुद्ध एयरोडाइनेमिक्स के द्वारा संभव नहीं है। इसमें दो इंजन होते हैं जो इसे अधिकतम **2 मैक की गति** प्रदान कर सकते हैं। **इसके नवीनतम संस्करणों को ब्रह्मोस तथा निर्भय क्रूज मिसाइल से लैस किया गया है।**

2. **मिराज 2000: Dassault Mirage 2000** एक इंजन आधारित चौथी पीढ़ी का **फ्रांस द्वारा निर्मित मल्टी रोल युद्धक विमान** है। **भारतीय वायुसेना ने इसका उपयोग पाकिस्तान के खिलाफ कारगिल युद्ध में किया।** यह क्रूज मिसाइलों को ले जाने तथा दागने में सक्षम है। यह तरल ईंधन आधारित रैमजेट इंजन से युक्त है। इसकी **अधिकतम दूरी 300 किमी.** तथा **अधिकतम गति 2,338 किमी. प्रति घण्टा की होती है।**

3. **मिग 21:** यह **रूस द्वारा निर्मित** एक **सुपरसोनिक जेट फाइटर विमान हैं। 1964 में मिग 21 पहला सुपरसोनिक जेट फाइटर था, जो भारतीय वायु सेना में शामिल हुआ।** मिग 21 की उच्चतम गति **2,175 किमी. प्रति घण्टा (मैक 20) है।**

4. **मिग 27:** यह एक विभिन्न ज्यामिति ग्राउण्ट-अटैक (Variable-Geometry Ground Attack) विमान है, जो मूल रूप से **सोवियत यूनियन** में Mikoyan Design Buearu द्वारा और बाद में भारत में

लाइसेंस मिलने से हिंदुस्तान एयरोनॉटिक्स के द्वारा निर्मित किया गया। वर्तमान में श्रीलंका की वायुसेना मिग 27 का उपयोग भूमि पर आक्रमण के लिए कर रही है। **इसकी अधिकतम गति 200 मीटर/सेकण्ड होती है।**

5. **मिग 29:** यह दो इंजन वाला जेट फाइटर विमान है, जो **रूस की कंपनी Mikoyan द्वारा निर्मित** किया गया है। **यह अमेरिका के फाइटर F-15 तथा F-16 के प्रतिद्वंदी के रूप में निर्मित किया गया है।** यह बहुकार्यात्मक फाइटर विमान है जो विभिन्न कार्यों को संपन्न करने में सक्षम है। इसे सामान्यतः वायु से सतह पर हमला करने वाले उपकरणों तथा Precision Aircraft से लैस किया गया है। **इसकी अधिकतम** तथा **क्रूज गति क्रमशः 2400 किमी. प्रति घण्टा तथा 1500 किमी. प्रति घण्टा होती है।**
6. **किरण (Kiran):** यह **हिन्दुस्तान एयरोनॉटिक्स द्वारा निर्मित दो सीट वाला जेट** हैं। इसका उपयोग भारतीय वायुसेना द्वारा F-16 के पायलटों को प्रशिक्षण देने के लिए किया जाता है। इसका इस्तेमाल भारतीय वायुसेना की एयरोबेटिक टीम **सूर्य किरण** तथा भारतीय नौसेना की **सागर पवन** टीम द्वारा किया जाता है।
7. **Hawker Siddeley HS 748:** यह **ब्रिटिश** फर्म Avro द्वारा डिजायन किया गया मध्यम आकार का टर्बोप्रोप एयरलाइनर है। **यह सैन्य के साथ नागरिक उपयोग मे भी लाया जाता है।** 2012 में भारतीय वायु सेना ने इन विमानों को प्रचलन से बाहर करने तथा प्रतिस्थापित करने की घोषणा की।
8. **C-130 J Super Hercules:** यह C-130 विमान का उन्नत संस्करण है। लॉकहीड मार्टिन C-130 जे. सुपर हरक्यूलस, चार इंजन वाला टर्बोप्रोप मिलिटरी एयरक्राफ्ट है। जनवरी 2014 में एक Five C-130 J-30s विमान भारतीय वायुसेना में आया। यह अमेरिका की फर्म लॉकहीड कॉर्पोरेशन तथा लॉकहीड मार्टिन द्वारा निर्मित किया गया। इसकी अधिकतम गति **593 किमी. प्रति घण्टा** है।
9. **SEPECAT Jaguar:** यह एक **एंग्लो-जेट एयरक्राफ्ट** है। यह नजदीकी वायु सहायता तथा न्यूक्लियर स्ट्राइक में महत्वपूर्ण भूमिका निभाता है। भारतीय वायु सेना इसका उपयोग कर रही है। इसकी **अधिकतम गति 1700 किमी./घण्टा** तथा **रेंज 3524 किमी.** है।
10. **Tu-140: Tupolev (Tu-142)** एक **समुद्री जासूसी तथा एंटी-सबमेरिन युद्धक विमान** है। यह **रूस द्वारा विकसित,** उन्नत तथा अत्यधिक मात्रा में पेलोड से युक्त युद्धक विमान है। भारतीय नौ सेना के वायु दस्ते में आठ Tu-142 सेवा में है। इनकी कार्यान्वित गति 442 mph तथा अधिकतम गति 574-576 mph है।
11. **BAE Sea Harrier:** यह **नौ सेना** का **'शॉर्ट टेक ऑफ एण्ड वर्टिकल लेंडिंग जेट फाइटर', जासूसी तथा हमलावर विमान** है। इसका विकास **ब्रिटिश फर्म Hawker Siddeley Harrier द्वारा विकसित किया** गया। इसकी अधिकतम गति **1176 किमी. प्रति घण्टा** है।
12. **Mig-29 K:** यह **रूस द्वारा निर्मित सभी मौसम में कार्य करने में सक्षम, कैरियर आधारित (Carrier Based) मल्टी-रोल एयरक्राफ्ट है।** यह मिग 29 से अलग है। **इसमें एंटी-शिप तथा एंटी रडार ऑपरेशन मिसाइल के साथ एयर-टू-एयर मिसाइल है।** भारतीय नौ सेना के पास 45 Mig-29 K/KuB एयरक्राफ्ट है। 29 जून, 2015 तक नौ सेना के वायु दस्ते की सूची में ये 33 एयरक्राफ्ट थे। **इसकी अधिकतम गति 2200 किमी. प्रति घण्टा** तथा **रेंज 2000 किमी.** है।
13. **भविष्य के विमान:** भारतीय वायु सेना 1990 के बाद से पुराने तथा प्रचलन से बाहर हो चुके उपकरणों वाले विमानों के आधुनिकीकरण तथा प्रतिस्थापन्न का कार्य कर रही है। इसका मुख्य उद्देश्य सोवियत यूनियन से खरीदे गए विमानों को उन्नत करना, आधुनिकीकरण तथा प्रतिस्थापन्न करना है, जो वर्तमान में भारतीय वायु सेना का प्रमुख आधार है।
14. **Mig-29 UPG:** भारत ने अपने Mig-29 को मल्टी रोल Mig-29 UPG उन्नत विमानों से परिवर्तित करने के लिए रूस को 865 मिलियन अमेरिकी डॉलर का भुगतान किया है। अब इन्हें बढ़ी हुई ईंधन क्षमता, नवीनतम वैमानिकी प्रणाली तथा एयर-टू-एयर मिसाइल से सुसज्जित किया जाएगा। यह आधुनिकीकरण 66 फाइटर फ्लीट (Fleet) को उन्नत करने के 900 मिलियन डॉलर के समझौते का एक भाग है।
15. **Su-30 MKL:** प्रारंभ में इनका डिजायन रणनीतिक हथियार ले जाने वाले विमान के रूप में नहीं किया गया था, परंतु इन्हें उन्नत करके 40 Su-30 MKLs को भारतीय वायु सेना द्वारा 2021 तक अपनाये जाने की संभावना है। उन्नत करने के बाद ये ब्रह्मोस मिसाइल ले जाने में सक्षम होंगे। इसके उन्नत संस्करण में नई, सक्रिय विद्युत रूप से स्कैन करने वाली Array रडार प्रणाली होगी तथा इनमें विद्युत युद्धक तथा ब्रह्मोस मिसाइल ले जाने की क्षमता होगी।
16. **Mirage 2000-5 Mk2:** यह मिराज 2000 का उन्नत संस्करण है। इसमें **रडार प्रणाली, एक नया हथियार समूह** तथा **मिसाइल इलेक्ट्रॉनिक वॉरफेयर प्रणाली** है। इसे अगली पीढ़ी (पांचवीं पीढ़ी) तक उन्नत करके इसकी बहुकार्यात्मक ऑपरेशनल लाइफ को लगभग 20 वर्षों तक बढ़ाया जाएगा।
17. **Sepecat Jaguar:** भारतीय वायु सेना ने 2013 से अग्रिम ऑर्डर देकर 125 जगुआर को उन्नत करने का निर्णय लिया है। इसके नए उन्नत संस्करण में बहुत से बदलाव करके रडार, ऑटो पायलट जैसी विशेषताएं शामिल की जाएंगीं।
18. **HAL तेजस:** यह भारत का ड्रीम प्रोजेक्ट था, जिसके माध्यम से भारतीय वायु सेना में पुराने हो चुके मिग-21 विमानों को प्रतिस्थापित किया गया। **तेजस DRDO द्वारा निर्मित भारत का प्रथम हल्का लड़ाकू विमान** (Light Combat Aircraft) है। इसके चार संस्करणों का विकास किया गया है- भारतीय वायु सेना के लिए LCA, भारतीय वायु सेना में प्रशिक्षण के लिए LCA, नौ सेना के लिए LCA

तथा नौ सेना में प्रशिक्षण के लिए LCA। यह भारतीय वायु सेना में मध्यम भूमिका वाले युद्धक मिशन में अतिरिक्त विमान होगा। **इसकी अधिकतम गति 1920 किमी. प्रति घण्टा तथा रेंज 850 किमी. है।** इसमें **एयर-टू-एयर** तथा **एंटी शिप हथियार निर्देशित** होते हैं। **17 जनवरी, 2015 को प्रथम तेजस LCA आधिकारिक तौर पर वायु सेना में शामिल किया गया।**

19. **Dassault Rafale:** यह **फ्रांस** के Dassault Aviotion द्वारा निर्मित है। इसकी विशेषताएं इस प्रकार हैं- दो इंजन युक्त, Canard Delta Wind, Multy-role Fighter Aircraft। **इसका उद्देश्य-वायु में प्रभुत्व हासिल करना** तथा **नियंत्रण प्राप्त करना, हवा में जासूसी करना** तथा **न्यूक्लियर स्ट्राइक मिशन।** इसके तीन प्रकार हैं- राफेल B, राफेल C तथा राफेल M। **राफेल C एक सीट वाला, भूमि संस्करण है। राफेल B दो सीट वाला भूमि संस्करण** है तथा राफेल M एक सीट वाला कैरियर बेसड संस्करण (Carrier-based Version) है। भारतीय वायु सेना ने फ्रांस से 4.5 बिलियन डॉलर में 36 राफेल खरीदने का समझौता किया है। इसका चयन इसके अन्य प्रतिद्वंदियों में से प्रदर्शन तथा कीमत के आधार पर किया गया था। इसके अन्य समकक्ष प्रतिद्वंदी थे - नाटो का यूरो फाइटर टाइफून, अमेरिका का पुराना F-18 विमान, F-16 स्वीडन का ग्रीपेन तथा रूस का मिग 35 विमान। **राफेल की अधिकतम गति मैक 1.8 तथा रेंज 3700 किमी. है। यह हवा में ईंधन भरने में सक्षम है।**

राफेल का मुद्दा (Why was Rafale in News?)

ब्राजील की मीडिया के अनुसार राफेल के साथ प्रति यूनिट कीमत के आधार पर विवाद उत्पन्न हुआ है। ब्राजील भी 36 राफेल 4.2 बिलियन अमेरिकी डॉलर तथा तकनीक स्थानांतरण के साथ लघु समयावधि के लिए 4 बिलियन डॉलर रख-रखाव के लिए; कीमत के आधार पर खरीद रहा है। इसलिए एक राफेल की कीमत लगभग 209 मिलियन डॉलर (Without Maintance) पड़ेगी। ब्राजील की सेना को इस विमान में प्रयुक्त AESA राडार (Active Electronically Scanned Array) की गुणवत्ता पर संदेह है। उल्लेखनीय है कि, यह राडार प्रणाली विमान को त्वरित रूप से एयर-टू-ग्राउंड मोड में बदलने में सक्षम बनाती है तथा यह Helment-mounted heads-up-display से युक्त होती है। भारतीय संदर्भ में 2009 में 126 राफेल 10 बिलियन डॉलर में खरीदने का समझौता हुआ था जिनकी कीमत अब बढ़ाकर 22 बिलियन डॉलर कर दी गई है। इसका अर्थ यह हुआ कि एक राफेल विमान की कीमत लगभग 238 मिलियन अमेरिकी डॉलर रहेगी, जबकि ब्राजील के साथ यह कीमत मात्र 209 मिलियन डॉलर प्रति एक विमान है। इस कीमत के अंतर को देखते हुए तथा अंतर्राष्ट्रीय राजनीतिक कारणों से भारत ने अब 126 के बजाए मात्र 36 राफेल खरीदने का निर्णय किया है।

15.22 भारत के हेलीकॉप्टर (Helicopters of India)

भारतीय वायु सेना में HAL **ध्रुव हेलीकॉप्टर** का प्राथमिक उपयोग जनोपयोगी कार्यों में होता था। परिवहन तथा जनसेवा के अतिरिक्त नए ध्रुव हेलीकॉप्टर हमला करने में भी सक्षम हैं। भारतीय वायु सेना की **सारंग हेलीकॉप्टर** डिस्पले टीम ध्रुव को भी ऑपरेट करती है।

HAL चेतक भी हल्का जनोपयोगी (Utility) हेलीकॉप्टर है। प्राथमिक रूप से इसकी भूमिका प्रशिक्षण, बचाव कार्य तथा हल्के उपकरणों के परिवहन में होती है। HAL धीरे-धीरे चेतक का स्थान ले रहा है। **HAL चीता** भी हल्का जनोपयोगी हेलीकॉप्टर है जो अधिक ऊंचाई पर ऑपरेशन करने में उपयोगी है। इसका उपयोग भारतीय वायु सेना द्वारा दोनों उद्देश्यों में होता है - परिवहन तथा खोज व बचाव कार्य में। हेलीकॉप्टरों की सूची (**तालिका 15.7**) नीचे दी गई है:

तालिका 15.7 भारत के विभिन्न हेलीकॉप्टर

एयरक्राफ्ट	निर्माण	भूमिका	संस्करण
HAL रुद्र	भारत	हमलावर हेलीकॉप्टर	ALH-WSI
कामोव का-226	रूस	जनसेवा	Ka-226T
HAL-ध्रुव	भारत	जनसेवा	
HAL चीता	भारत	जनसेवा	चीता चीतल लांसर
HAL चेतक तथा चेतन	भारत	जनसेवा	चेतक
बोइंग अपाचे एएच 64E	भारत	हमलावर हेलीकॉप्टर	
चिनूक	भारत	जनसेवा	

स्रोत: HAL (GoI) Sites

15.23 जैविक हथियार अभिसमय (Biological Weapons Convention - BWC)

यह एक बहुरूपीय निःशस्त्रीकरण संधि है जो सभी प्रकार के हथियारों के उत्पादन पर अंतर्राष्ट्रीय समुदाय के प्रयासों द्वारा रोक लगाती है। यह 1925 के **'जेनेवा प्रोटोकॉल'** के पूरक के रूप में है। यह अभिसमय जैविक तथा जहरीले हथियारों के विकास, उत्पादन तथा संग्रहण पर पाबंदी लगाता है। यह अपनी तरह का पहला अभिसमय है। इसे सामान्यत: **Biological Weapons Convention - BWC** या **Biological and Toxin Weapons Convention - BTWC** कहा जाता है।

जेनेवा प्रोटोकॉल के अनुसार जैविक तथा रासायनिक हथियारों का विकास या उनका रख-रखाव प्रतिबंधित नहीं है बल्कि उनका प्रयोग करना प्रतिबंधित है। ब्रिटेन ने BWC का ड्राफ्ट जमा करवाया, जिसे 10 अप्रैल, 1972 को हस्ताक्षर के लिए खोला गया। 22 सरकारों के अनुसमर्थन के बाद यह 26 मार्च, 1975 को प्रभाव में आया।

अनुच्छेद 1 (तथाकथित General Purpose Criterion) BWC के प्रतिबंध को विस्तार से परिभाषित करता है। इसमें सभी माइक्रोबियल तथा अन्य जैविक एजेंट या विषाक्त पदार्थ, उनका परिवहन तथा बेचना (अपवाद - चिकित्सा तथा बहुत कम मात्रा में रक्षा उद्देश्यों हेतु) शामिल किया जाता है। बाद में पुनर्समीक्षा कॉन्फ्रेंस में इस बात को भी स्पष्ट कर दिया गया था कि General Purpose Criterion में इस अभिसमय से संबंधित भविष्य के सभी

वैज्ञानिक तथा तकनीकी विकास गतिविधियां शामिल होंगी। ये अपने आप में ऐजेंट (जैविक या विषैले) नहीं होते परंतु विभिन्न उद्देश्यों में इसका उपयोग भी प्रतिबंधित है, जो रासायनिक हथियार अभिसमय (CWC) के अनुच्छेद II, 1 से मेल खाते हों। BWC में अनुमति प्राप्त उद्देश्यों, जैसे- रोग-निरोधक, संरक्षणात्मक तथा अन्य शांतिपूर्ण उद्देश्यों को परिभाषित किया गया है। जहां इनकी मात्रा उचित न हो या जो अनुमति प्राप्त उद्देश्यों के संगत न हो वहां इन्हें शामिल नहीं किया गया।

भारत ने जैविक हथियार अभिसमय (BWC) को अनुमोदित कर दिया है। **अक्टूबर 2002 में भारत के तत्कालीन राष्ट्रपति डॉ. ए.पी.जे. अब्दुल कलाम ने दोहराया कि ''भारत जैविक हथियारों का निर्माण नहीं करेगा, ये मानव समुदाय के लिए घातक होते हैं।''**

15.24 रासायनिक हथियार अभिसमय (Chemical Weapons Convention - CWC)

यह अभिसमय एक **बहु-पक्षीय संधि** है जो रासायनिक हथियारों पर प्रतिबंध आरोपित करता है तथा एक निर्धारित समयावधि में उपलब्ध रासायनिक हथियारों को नष्ट करने की आवश्यकता जताता है। **इस संधि की कोई निर्धारित समय सीमा नहीं है। इस प्रकार यह असीमित समय के लिए है।** यह 1925 के जेनेवा प्रोटोकॉल की तुलना में अधिक व्यापक है। जिसमें इन हथियारों के उपयोग को प्रतिबंधित किया गया है न कि उनके रख-रखाव को। 1980 में CWC ने संयुक्त राष्ट्र सभा में निःशस्त्रीकरण का प्रस्ताव रखा, जिसे 13 जनवरी, 1993 को हस्ताक्षर के लिए खोला गया। **यह संधि 29 अप्रैल, 1997 को प्रभावी हुई।**

CWC का कार्यान्वयन **'ऑर्गनाइजेशन फॉर द प्रोहिबिशन ऑफ केमिकल वेपन (OPCW)'** द्वारा किया जाता है। **इसका मुख्यालय 'हेग' में है।** यह संगठन सदस्य राष्ट्रों की रासायनिक हथियारों संबंधी गतिविधियों या पदार्थों तथा संबंधित औद्योगिक गतिविधियों की घोषणा की समीक्षा करता है। सभी राष्ट्र CWC के सदस्य बन सकते हैं। वर्तमान में 193 देश इसके सदस्य हैं। **इजराइल ने इस पर हस्ताक्षर तो कर दिए परंतु इसे अनुमोदित नहीं किया।** उत्तरी कोरिया इस पर हस्ताक्षर नहीं करने वाला प्रमुख राष्ट्र है और माना जा रहा है कि इसके पास रासायनिक हथियार हैं। सीरिया ने 2012 में रासायनिक हथियार होने को स्वीकार किया तथा उनका कई बार इस्तेमाल भी किया। मिस्र ने भी इस समझौते पर अब तक हस्ताक्षर नहीं किए हैं।

15.24.1 प्रतिबंध (Prohibitions)

रासायनिक हथियार अभिसमय निम्न प्रकार के प्रतिबंध आरोपित करता है:

- रासायनिक हथियारों का उत्पादन, विकास, उन्हें प्राप्त करना, संचय करना बनाए रखना।
- रासायनिक हथियारों का प्रत्यक्ष या अप्रत्यक्ष आदान-प्रदान।
- सैन्य दृष्टिकोण से रासायनिक हथियार तैयार करना।
- किसी अन्य राष्ट्र को रासायनिक हथियारों की गतिविधियों के संबंध में सहायता करना या प्रोत्साहित करना।

भारत ने 1992 में CWC पर हस्ताक्षर किए तथा रासायनिक हथियार नहीं होने व इन्हें बनाने की क्षमता नहीं होने की घोषणा की। इससे भारत 1993 में CWC पर मूल हस्ताक्षरकर्ता राष्ट्र बना तथा **इसने 2 सितंबर, 1996 को इसे अनुमोदित भी कर दिया।**

15.24.2 रासायनिक हथियारों पर प्रतिबंध हेतु संगठन (Organisation for the Prohibition of Chemical Weapons - OPCW)

इसकी स्थापना 1997 में की गई, यह एक स्वतंत्र स्वशासी संगठन है। इसका मुख्यालय 'नीदरलैण्ड' स्थित 'हेग' में है। यह CWC का कार्यकारी निकाय है। भारत समेत इसके 193 राष्ट्र सदस्य हैं, जो विश्व जनसंख्या का 98% भाग तथा वैश्विक रासायनिक उद्योगों का भी 98% भाग का प्रतिनिधित्व करता है।

ओ.पी.सी.डब्ल्यू. के उद्देश्य (Aims of OPCW)

OPCW के सदस्य राष्ट्र युद्ध के दौरान रासायनिक हथियारों के इस्तेमाल को रोकने के लिए साझा लक्ष्य निर्धारित करते हैं और इस प्रकार अंतर्राष्ट्रीय सुरक्षा को मजबूत करते हैं। इस उद्देश्य के लिए OPCW के लक्ष्य हैं:

1. अंतर्राष्ट्रीय स्तर पर OPCW की निगरानी में उपलब्ध सभी रासायनिक हथियारों को नष्ट करना।
2. रासायनिक उद्योगों की निगरानी ताकि नए रासायनिक हथियारों का निर्माण न हो सके।
3. यह सभी प्रकार के रासायनिक हमलों के विरुद्ध सदस्य राष्ट्रों को सहायता व सुरक्षा प्रदान करता है।
4. अभिसमय के अनुपालन तथा रसायन के शांतिपूर्ण उपयोग को बढ़ावा देने के लिए अंतर्राष्ट्रीय सहयोग को बढ़ावा देता है।

हेग स्थित OPCW के लिए बाहरी लेखा परीक्षक (External Auditor for Hague-Based OPCW)

- भारत के नियंत्रक और महालेखा परीक्षक (CAG) को रासायनिक हथियार निषेध संघठन (OPCW) द्वारा 2021 से तीन साल के कार्यकाल के लिए बाहरी लेखा परीक्षक के रूप में चुना गया है।
- यह नियुक्ति हाल ही में OPCW सम्मेलन में एक चुनाव प्रक्रिया के माध्यम से की गई थी
- भारत को OPCW सम्मेलन के दौरान एशिया समूह का प्रतिनिधित्व करने वाली OPCW की कार्यकारी परिषद के सदस्य के रूप में एक और दो साल के कार्यकाल के लिए भी चुना गया था।

कार्यकारी परिषद (Executive Council)

- यह OPCW का शासी निकाय है।
- परिषद में 41 OPCW सदस्य राज्य शामिल हैं जो राज्यों के दलों के सम्मेलन द्वारा हर दो साल के लिए चुने जाते हैं।
- परिषद तकनीकी सचिवालय की गतिविधियों का पर्यवेक्षण करती है और कन्वेंशन के प्रभावी कार्यान्वयन और अनुपालन को बढ़ावा देने के लिए जिम्मेदार है।
- प्रत्येक सदस्य राज्य को बारी-बारी से कार्यकारी परिषद में सेवा करने का अधिकार है।

15.25 भारतीय टैंक (Indian Tanks)

टैंक एक बड़ा तथा भारी हथियारों से लैस युद्धक वाहन होता है। इसमें ट्रैक (Tracks) के साथ एक बड़ी टैंक गन होती है, जो आमने-सामने की लड़ाई के लिए बनी होती है। आधुनिक टैंक मोबाइल लैण्ड वेपन प्लेटफॉर्म होते हैं, जिसमें घूमने वाले गन टार्गेट में एक बड़ी कैलिबर केनन (Large Calibre Cannon) होती हैं। पैदल सेना की सहायता के लिए टैंक अत्यंत महत्वपूर्ण होते हैं। भारतीय सेना द्वारा इस्तेमाल किए जा चुके। इस्तेमाल किए जा रहे टैंक (**तालिका 15.8**) निम्न हैं:

1. **AMX-13:** यह **फ्रांस का हल्का टैंक** है, जिसे 1953 से 1985 में उत्पादित किया गया था। भारत सहित 25 देशों द्वारा इसका उपयोग किया जा चुका है। 1965 के भारत-पाक युद्ध में भारतीय सेना ने इसका इस्तेमाल किया था। उस वक्त पाकिस्तान की सेना M-48 पेटोनस (Pattons) का इस्तेमाल कर रही थी, जो AMX-13 से बहुत उन्नत थे।
2. **विजयन्त (Vijaynta):** यह भारत का मुख्य युद्धक टैंक था जो **भारत में बना था।** इसका लाइसेंस युक्त डिजायन Vickers NK-1 द्वारा किया गया। यह भारतीय सेना का प्रथम स्वदेश निर्मित टैंक था। यह 1965 से 2008 में सेवा में रहा। अब इसके स्थान पर T-72 MI को सेवा में लाया जा रहा है।
3. **T-72:** यह **रूस द्वारा निर्मित** मुख्य युद्धक टैंक है। इसके दो प्रकार है- T-72N तथा T-752MI। इसका स्वदेशी नाम अजेय टैंक (Ajeya Tank) है। इसका उपयोग भारतीय सेना द्वारा 1990 के बाद में 2000 के प्रारंभ तक किया गया।
4. **T-90: इसका स्वदेशी नाम 'भीष्म' है।** सन् 2002 में करीब 310 T-90s टैंकों का रूस से आयात किया गया। यह T-72 के समान विशेषताओं से युक्त है परंतु उससे अधिक उन्नत तथा कुछ नई विशेषताओं से युक्त है। वर्तमान में भारतीय वैज्ञानिक T-92 के उन्नत तथा अनुकूलित संस्करण का निर्माण कर रहे हैं। वर्तमान में T-92 तथा T-90 M के कुल 500 टैंकों का उपयोग भारतीय सेना द्वारा किया जा रहा है।
5. **Tank Ex या NBT Ex:** यह MBT अर्जुन के बाद युद्धक टैंक बनाने का भारत का महत्वाकांक्षी रक्षा प्रोजेक्ट है। DRDO सन् 2000 से ही इस पर कार्य कर रहा है। यह T-90 MI का उन्नत रूप होगा तथा इसका नाम 'कर्ण' होगा। यह परमाणु, जैविक तथा रासायनिक (NBT) हमलों के दौरान भी कार्य करने में सक्षम होगा। यह अर्जुन NBT से अधिक हल्का तथा उन्नत होगा।
6. **Arjun Tank NK-2: अर्जुन तीसरी पीढ़ी का मुख्य युद्धक टैंक** है इसका विकास DRDO द्वारा भारतीय सेना के लिए किया गया है। यह **मल्टी-फ्यूल डीजल इंजन से चालित होता** है तथा इसकी गति अधिकतम 67 किमी. प्रति घण्टा तथा फ्रांस कंट्री स्पीड 40 किमी. प्रति घंटा हो सकती है। अर्जुन MK-I भारतीय सेना में 2004 में शामिल हुआ परंतु यह अधिक कारगर साबित नहीं हुआ तथा इसमें बहुत-से सुधारों की आवश्यकता उत्पन्न हो गई। अर्जुन MK-2 एक नया उन्नत संस्करण है तथा वर्तमान में T-55 तथा T-72 M को प्रतिस्थापित करेगा।

तालिका 15.8 भारत के विभिन्न टैंक

अर्जुन MBT	भारत
T 90S "भीष्म" तथा T-90M	रूस, भारत
T-72, अजेय कॉम्बैट और इम्प्रूव्ड अजेय	सोवियत यूनियन, पोलैंड, भारत

स्रोत: DRDO (GoI) Sites

मंत्रा (देश का प्रथम मानवरहित टैंक)
[MUNTRA (India's First Unmanned Tank)]

मंत्रा (MUNTRA) देश का प्रथम मानव रहित, रिमोट संचालित टैंक है जिसे DRDO द्वारा विभिन्न निगरानी मिशनों, माइन डिटेक्शन तथा नाभिकीय व जैविक खतरों के क्षेत्रों में टोह लेने हेतु विकसित किया गया है। इसका इस्तेमाल नक्सल प्रभावित क्षेत्रों में भी किया जा सकता है। यह लेजर रेंज-फाइंडर के साथ एक समन्वित कैमरे से सुसज्जित है, जो कि 15 किलोमीटर की दूरी से ही भूमि पर स्थित लक्ष्य की जासूसी कर सकता है। मंत्रा टैंक के विभिन्न प्रकार है जो विभिन्न स्तरों की निगरानी (सर्विलांस) हेतु प्रयुक्त होते हैं।

मंत्रा S: सर्विलांस मिशन हेतु

मंत्रा M: माइन का पता लगाने हेतु

मंत्रा N: नाभिकीय या जैव हथियारों के खतरे वाले क्षेत्रों में ऑपरेशन हेतु।

15.26 मानवरहित हवाई विमान (Unmanned Aerial Vehicles- UAV)

UAV एक **'मानवरहित निर्देशित विमान'** है, यह **Remotely Piloted Vehicle (RPV)** है जो विशेष रूप से कई कार्यात्मक वर्गों में विभाजित है (यद्यपि **मल्टीरोल एयरफ्रेम प्लेटफॉर्म** अधिक प्रचलित है):

- युद्ध क्षेत्र में निगरानी या जासूसी वाले UAV
- उच्च जोखिम वाले मिशनों में हमला करने की क्षमता वाले
- साजो सामान पहुंचाने वाले
- UAV तकनीकों में खोज तथा विकास
- नागरिक तथा वाणिज्यिक UAV - कृषि में, हवा से फोटोग्राफी तथा सूचना संग्रहण

DRDO द्वारा कई प्रकार के UAV का (**तालिका 15.9**) का विकास किया गया- **निशांत, सामरिक क्षेत्र में उपयोगी UAV** तथा **लक्ष्य।**

तालिका 15.9 भारत के मानवरहित हवाई वाहन (UAV)

प्रकार	वर्ग	भूमिका	विशेष
IAI हार्पी	इजराइल	हमलावर	एक छोटा UCAV जो दुश्मन के रडार क्षेत्र में पहुंच कर स्वयं तथा दुश्मन के रडार तंत्र दोनों को नष्ट कर देता है। भारतीय वायुसेना में सेवारत
IAI हारोप	इजराइल	UAV	एक छोटा UCAV जो दुश्मन के रडार क्षेत्र में पहुंच कर स्वयं तथा दुश्मन के रडार तंत्र दोनों को नष्ट कर देता है। भारतीय वायुसेना में सेवारत
IAI हेरोन	इजराइल		भारतीय सेना व नौसेना में सेवारत। दिसंबर 2013 में 15 का और ऑर्डर किया गया।

प्रकार	वर्ग	भूमिका	विशेष
IAI सर्चर	इजराइल		भारतीय सेना में सेवारत
DRDO निशांत	भारत		भारतीय सेना में सेवारत
DRDO लक्ष्य	भारत	हवाई लक्ष्य	एक छोटा लक्ष्यित ड्रोन। भारतीय नौसेना तथा वायु सेना में शामिल

लक्ष्य: पायलटरहित लक्ष्यित एयरक्राफ्ट (Pilotless Targeted Aircraft) के विकास के प्रयास किए गए जिसमें सभी **'डिजिटल फ्लाइट कंट्रोल सिस्टम'** तथा **बेहतर टर्बोजेट इंजन** हो।

निशांत: सामरिक क्षेत्र में सेवा प्रदान करने वाला **हाइड्रोलिकली लांच्ड शॉर्ट-रेंजड UAV।** वर्तमान में भारतीय नौ सेना तथा भारतीय अर्द्ध-सैनिक बल इसका मूल्यांकन कर रहे हैं।

DRDO नए प्रकार के UAV के विकास के लिए प्रयासरत है। इसमें निशांत कार्यक्रम के अनुभव से अधिक उन्नत UAV का निर्माण किया जाएगा। इन्हें सामान्यत: **High Altitude Long Endurance (HALE)** तथा **Medium Altitude Long Endurance (MALE)** से जाना जाता है। **MALE UAV को 'रुस्तम' नाम दिया गया** हैं।

भारत कई प्रकार के ड्रोन का विकास कर चुका है ये हैं: **DRDO अभ्यास, DRDO AURA, DRDO Fluffy, DRDO Imperial Eagle, DRDO Kapothaka, DRDO लक्ष्य, DRDO नेत्रा, DRDO निशांत, पवन UAV, DRDO रुस्तम, DRDO Ulka.**

15.27 ड्रोन (Drone)

ड्रोन का सामान्य नाम **'मानवरहित वायुयान'** (UAV) होता है। वास्तव में ड्रोन एक उड़ता हुआ रोबोट होता है। इसे दूर से ही इसमें अंत:स्थापित **'सॉफ्टवेयर कंट्रोल्ड फ्लाइट प्लान'** के द्वारा नियंत्रित या स्वत: चालन मोड पर किया जा सकता है। **यह प्रणाली GPS के साथ जुड़कर कार्य करता है। ड्रोन द्वारा मई 2015 में सर्वप्रथम मारग्रीटा पिज्जा मुंबई में पहुंचाया गया। वर्तमान में कानूनी तौर पर भारत में ड्रोन का वाणिज्यिक उपयोग प्रतिबंधित है।** यद्यपि फ्रांसिस्को पिजारीया इस कानून से बच गया क्योंकि उसने जो वस्तु पहुंचाने को प्रयास किया था उसे वाणिज्य की सूची में नहीं माना गया क्योंकि वो उसने अपने स्वामी के मित्र के पास पहुंचाया था।

15.27.1 भारत के सैन्य ड्रोन (India's Military Drones)

इसके बाद भारत ने इजराइल से 'IAI हेरोन' तथा खोजी ड्रोन को चुपचाप खरीदा तथा सावधानीपूर्वक इनका उपयोग किया गया। इन्होंने लाइन ऑफ कंट्रोल पर अपनी दक्षता व उपयोगिता साबित की।

कारगिल युद्ध के बाद से ही भारत ने बड़ी संख्या में इन मानवरहित विमानों की खरीद की। वर्तमान में भारत के पास इजराइल के **IAI सर्चर** तथा **Heron** मानवरहित हवाई वाहन के साथ एयरोस्पेस **Harpy** तथा **Harop** मानवरहित युद्धक वायुयान हैं।

भारत में DRDO ने स्वयं का देशी UAV प्रोग्राम विकसित किया है। इसका उद्देश्य घरेलू स्तर पर ड्रोन का विकास करना है ताकि वर्तमान के IAI वाहन की जगह उन्हें प्रतिस्थापित किया जा सके।

15.27.2 भारत में नागरिक ड्रोन (Civilian Drones in India)

कुछ नागरिक विमानों का विकास किया गया है, जैसे-Airpix, गकड़ रोबोटिक्स, Edall system आदि।

Social Drones: एक स्टार्टअप जो सामाजिक तथा गैर-पारंपरिक उपयोग हेतु उच्च क्षमता वाले यूजर फ्रेंडली ड्रोन की डिजायनिंग तथा विनिर्माण करता है। उत्तराखण्ड में 2013 में बाढ़ आने के दौरान इन सोशल ड्रोन का इस्तेमाल किया गया था। ऐसे क्षेत्र जहां पर पारंपरिक तरीके से राहत सामग्री नहीं पहुंचाई जा सकती वहां इनके द्वारा प्राथमिक उपचार सामग्री तथा खाद्य सामग्री पहुंचाई जा सकती है।

15.27.3 सिविलियन ड्रोन के बहुपयोग (Multiple Uses of Civilian Drones)

स्वचालन, रोबोटिक्स, लघुकरण, सामग्री विज्ञान, वर्णक्रमीय और थर्मल इमेजिंग और लाइट डिटेक्सन और रैंजिंग जैसे क्षेत्रों में प्रगति के परिणामस्वरूप कृषि, बिजली, बुनियादी ढांचे और दूरसंचार क्षेत्रों के साथ-साथ भीड़ और आपदा प्रबंधन जैसे क्षेत्रों में ड्रोन महत्वपूर्ण सिद्ध हुए हैं। UAV गतिविधि मालिकाना हितों को प्रभावित करेगी क्योंकि आम कानून ने स्वामित्व वाले हवाई क्षेत्रों का स्पष्ट रूप से सीमांकन नहीं किया है। बड़े पैमाने पर डेटा कैप्चर और एनालिटिक्स के लिए ड्रोन की संभावित तैनाती पर विचार करते हुए, यह बड़ी गोपनीयता संबंधी चिंताओं को भी उठाएगा। किसी अप्रिय घटना की स्थिति में हवा में टकराने और संपत्ति या व्यक्तियों को चोट लगने के लिए दायित्व मानकों पर कोई स्पष्ट मार्गदर्शन मौजूद नहीं है।

यह एक काल्पनिक परिदृश्य की तरह लग सकता है अब, लेकिन ड्रोन और उसके सॉफ्टवेयर में तेज गति के साथ विकास होने से निकट भविष्य में ड्रोन छिड़काव और प्रसार अकल्पनीय नहीं है। ड्रोन छिड़काव और प्रसार को व्यावहारिक रूप से वास्तविकता बनाने के लिए निर्माता आगे बढ़ रहे हैं। ड्रोन फटने वाले क्रेटर की तसवीरें ले सकते हैं।

खतरनाक इलाके की सुरक्षित पहुंच है। जर्मन संक्षिप्त नाम GFZ (जर्मन रिसर्च सेंटर फॉर जियोसाइंसेस) के शोधकर्ताओं ने दृश्य और थर्मल-इमेजिंग कैमरों के साथ ड्रोन का उपयोग करके एक सक्रिय ज्वालामुखी से आश्चर्यजनक रूप से विस्तृत डेटा का खुलासा किया। व्हेल की सांस और आपसी बातचीत का नमूना लेने के लिए वैज्ञानिक-ड्रोन का इस्तेमाल कर रहे हैं।

15.27.4 ड्रोन पर हालिया अपडेट (Recent Updates on Drones)

नागर विमानन मंत्रालय (MoCA) ने विभिन्न क्षेत्रों में ड्रोन के उपयोग पर केंद्र के विभिन्न मंत्रालयों को एक नोट (Note) भेजा है।

सभी ड्रोन का प्रभावी ढंग से उपयोग कहां किया जा सकता है?

- **गृह मंत्रालय:** निगरानी, स्थितिजन्य विश्लेषण, अपराध नियंत्रण, वीवीआईपी सुरक्षा, आपदा प्रबंधन आदि के लिए।
- **रक्षा मंत्रालय:** युद्ध के लिए ड्रोन, दूरदराज के इलाकों में संचार, ड्रोन-प्रतिरोधी समाधान आदि।
- **स्वास्थ्य और परिवार कल्याण मंत्रालय:** दवाओं की डिलीवरी, दूरस्थ या महामारी/वैश्विक महामारी प्रभावित क्षेत्रों से नमूनों के संग्रहण हेतु।

- **पेट्रोलियम और प्राकृतिक गैस, और विद्युत मंत्रालय:** संपत्ति और ट्रांसमिशन लाइनों की वास्तविक समय की निगरानी के लिए, चोरी की रोकथाम, दृश्य निरीक्षण/रखरखाव, निर्माण योजना और प्रबंधन, आदि हेतु।
- **पर्यावरण, वन और जलवायु परिवर्तन मंत्रालय:** अवैध शिकार विरोधी कार्रवाई, वनों और वन्यजीवों की निगरानी, प्रदूषण मूल्यांकन और साक्ष्य एकत्र करने हेतु।
- **सूचना और प्रसारण मंत्रालय:** आवश्यक लागत और अनुमोदन के एक अंश पर घटनाओं और दुर्गम स्थानों की उच्च गुणवत्ता वाली वीडियोग्राफी के लिए। इस कदम से बिना शोर के कम ऊँचाई पर शूटिंग करने में सुविधा होगी और धूल प्रदूषण और दुर्घटनाओं के जोखिम को रोका जा सकेगा।
- **अन्य क्षेत्र:** आपदा प्रबंधन, घटना प्रतिक्रिया, निरीक्षण/रखरखाव कार्य और परियोजना निगरानी कार्य।

महत्व

ड्रोन का महत्त्व केवल राष्ट्रीय रक्षा, कृषि, कानून प्रवर्तन, और मानचित्रण आदि तक ही सीमित नहीं हैं वरन इसने अर्थव्यवस्था के लगभग हर क्षेत्र को जबरदस्त लाभ प्रदान किया है।

भारत में ड्रोन प्रबंधन

- केंद्र सरकार ने 15 सितंबर, 2021 को तीन वित्तीय वर्षों में 120 करोड़ रुपये के आवंटन के साथ ड्रोन और ड्रोन घटकों के लिए उत्पादन-संबद्ध प्रोत्साहन (Production-Linked Incentive -PLI) योजना को मंजूरी दी थी।
- मंत्रालय द्वारा 25 अगस्त को ड्रोन नियम, 2021 को अधिसूचित किया गया था, जिसने भारत में ड्रोन संचालन के नियमन को काफी हद तक आसान बना दिया। इसके जरिए ड्रोन संचालन हेतु भरे जाने वाले फॉर्म की संख्या को 25 से कम करके मात्र 5 की गई और ऑपरेटर से वसूले जाने वाले शुल्क के प्रकारों को 72 से कम करके 4 तक सीमित कर दिया गया।

सख्त नियमों और विनियमों की आवश्यकता

- हाल ही में, ड्रोन का इस्तेमाल पहली बार विस्फोटक उपकरणों को गिराने के लिए किया गया था, जिससे जम्मू में वायु सेना स्टेशन के तकनीकी क्षेत्र में विस्फोट हुए।
- पिछले दो वर्षों में, भारतीय क्षेत्र में हथियारों, गोला-बारूद और नशीले पदार्थों की तस्करी के लिए पाकिस्तान स्थित संगठनों द्वारा नियमित रूप से ड्रोन तैनात किए गए हैं।
- सरकारी आंकड़ों के मुताबिक 2019 में पाकिस्तान से लगी सीमा पर 167 ड्रोन देखे गए और 2020 में ऐसे 77 ड्रोन देखे गए।
- हाल के वर्षों में ड्रोन प्रौद्योगिकी के तेजी से प्रसार और इसके उभरते वैश्विक बाजार के साथ, दुनिया के सबसे सुरक्षित शहरों में भी ड्रोन हमले की संभावना से इंकार नहीं किया जा सकता है।
- ड्रोन, सुरक्षा के लिए खतरा बन रहे हैं, विशेष रूप से संघर्षरत क्षेत्रों में जहां गैर-राज्य निकाय/अभिकर्ता सक्रिय हैं और प्रौद्योगिकी तक आसान पहुंच रखते हैं।

ड्रोन नियम, 2021 (Drone Rules, 2021)

- 31 दिसंबर 2021 तक, सरकारी या निजी स्वामित्व वाली संस्थाओं द्वारा कुल 9 दूरस्थ पायलट प्रशिक्षण संगठन स्थापित किए गए हैं।
- **ड्रोन नियम, 2021** के अनुसार, कोई भी व्यक्ति जो रिमोट **पायलट ट्रेनिंग ऑर्गनाइजेशन (Remote Pilot Training Organisation-RPTO)** स्थापित करने के लिए प्राधिकार प्राप्त करना चाहता है, वह **नागरिक उड्डयन महानिदेशालय को डिजिटल स्काई प्लेटफॉर्म पर फॉर्म D-5** में निर्दिष्ट शुल्क के साथ एक आवेदन प्रस्तुत कर सकता है।

नए ड्रोन नियम

- **डिजिटल स्काई प्लेटफॉर्म** को व्यवसाय के अनुकूल सिंगल-विंडो ऑनलाइन सिस्टम के रूप में विकसित किया जाएगा।
- **हरित क्षेत्रों** में 400 फीट तक और हवाई अड्डे की परिधि से 8 से 12 किमी के बीच के क्षेत्र में 200 फीट तक उड़ान की अनुमति की आवश्यकता नहीं है।
- **सूक्ष्म ड्रोन (गैर-व्यावसायिक उपयोग के लिए), नैनो ड्रोन और अनुसंधान एवं विकास संगठनों** के लिए किसी पायलट लाइसेंस की आवश्यकता नहीं है।
- भारत में पंजीकृत विदेशी स्वामित्व वाली कंपनियों द्वारा ड्रोन संचालन पर कोई प्रतिबंध नहीं।
- ड्रोन और ड्रोन घटकों का आयात DGFT द्वारा विनियमित किया जाएगा।
- किसी भी पंजीकरण करने या लाइसेंस जारी करने से पहले किसी सुरक्षा मंजूरी की आवश्यकता नहीं है।
- **अनुसंधान एवं विकास संस्थाओं** के लिए उड़ान योग्यता प्रमाणपत्र, विशिष्ट पहचान संख्या, पूर्व अनुमति और दूरस्थ पायलट लाइसेंस की कोई आवश्यकता नहीं है।
- ड्रोन नियम, 2021 के तहत ड्रोन का कवरेज 300 किलोग्राम से बढ़ाकर 500 किलोग्राम किया गया। इसमें ड्रोन टैक्सियां भी शामिल होंगी।
- **भारतीय गुणवत्ता परिषद (Quality Council of India)** और इसके द्वारा अधिकृत प्रमाणन संस्थाओं को प्रत्यायोजित उड़ान-योग्यता प्रमाणपत्र जारी करना।
- **निर्माता स्व-प्रमाणन मार्ग** के माध्यम से डिजिटल स्काई प्लेटफॉर्म पर अपने ड्रोन की विशिष्ट पहचान संख्या उत्पन्न कर सकते हैं।
- **ड्रोन नियम, 2021** के तहत अधिकतम जुर्माना घटाकर 1 लाख रुपये किया गया। हालांकि, यह अन्य कानूनों के उल्लंघन के संबंध में दंड पर लागू नहीं होगा।
- **कार्गो डिलीवरी** के लिए ड्रोन कॉरिडोर विकसित किए जाएंगे।
- **व्यापार के अनुकूल** नियामक व्यवस्था को सुगम बनाने के लिए ड्रोन प्रोत्साहन परिषद की स्थापना की जाएगी।

भारत में ड्रोन श्रेणियाँ:

- नैनो श्रेणी को छोड़कर सभी के लिए पंजीकरण आवश्यक है।
- **नैनो:** 250 ग्राम से कम या उसके बराबर
- **सूक्ष्म:** 250 ग्राम से 2 किग्रा
- **छोटा:** 2 किग्रा से 25 किग्रा तक
- **मध्यम:** 25 किग्रा से 150 किग्रा तक
- **बड़ा:** 150 किग्रा से अधिक

ड्रोन का महत्व (Significance of Drones)

- वाणिज्यिक, सुरक्षा, कानून और व्यवस्था, आपदा प्रबंधन और निगरानी कार्यों में ड्रोन के उपयोग से **जनशक्ति की आवश्यकता और लागत कम हो जाती है।**
- **ड्रोन डेटा संग्रह के लिए कम लागत, सुरक्षित और त्वरित हवाई सर्वेक्षण** प्रदान करते हैं और बिजली, खनन, रियल्टी और तेल व गैस अन्वेषण जैसे उद्योगों के लिए उपयोगी हैं।

15.28 रडार (Radio Detection and Ranging)

रडार किसी वस्तु की पहचान करने (Detection) की प्रणाली है जिसमें वस्तु की दूरी तथा वस्तु का कोण या वेग का पता लगाने के लिए रेडियो तरंगों का प्रयोग किया जाता है। इसका उपयोग **विमान, पोत, अंतरिक्ष यान, मौसम, मोटरवाहन, निर्देशित मिसाइल तथा किसी स्थान का पता लगाने में किया जाता है।**

भारतीय सशस्त्र सेना में वर्तमान में रडार प्रणाली

1. **Indian Doppler Radar (Indra-I):** यह निम्न स्तर के लक्ष्यों का पता लगाने के लिए उपयोग किया जाने वाला 2D मोबाइल रडार है।
2. **Indra-II PC Radar:** यह इंद्र रडार का ही एक प्रकार है जिसमें भारतीय वायु सेना के लिए लक्ष्य को भूमि से नियंत्रित कर रोका जा सकता है।
3. **Battle Field Surveillance Radar:** शॉर्ट रेंज (BFSR-SR) यह मनुष्य के द्वारा ले जाने योग्य बैटरी चालित निगरानी रडार है।
4. **Maritime Patrol Airborne Radar XV-2004:** यह एक बहुमुखी मेरीटाइम सर्विलांस एयरबोर्न रडार है, जो मेरीटाइम सर्विलांस, खोज तथा बचाव अभियानों में अत्यंत उपयोगी है। यह विभिन्न प्लेटफॉर्म पर आसानी से स्थापित हो जाता है।
5. **3D मीडियम-रेंज सर्विलांस रडार रोहिणी:** यह एक ग्राउंड बेसड मेकेनिकली स्कैनिंग 5-बैण्ड पल्स डोलर रडार है जो एयर स्पेस सर्विलांस में प्रयुक्त होता है। यह भारतीय वायुसेना के लिए विश्वसनीय रूप से लक्ष्य को डिटेक्ट तथा ट्रैक करता है। इसके साथ यह इलेक्ट्रॉनिक वारफेयर की ऑपरेशनल क्षमता भी रखता है।
6. **3D सर्विलांस रडार: Revathi:** इसकी विशेषताएं - इंटरसेप्शन के लिए मिडियम रेंज 3D टारगेट ट्रेकिंग तथा इंडिकेशन, प्राथमिक सेंसर के द्वारा समुद्री सतह की निगरानी।
7. **3D टेक्टिकल कंट्रोल रडार (3D TCR):** इसमें Tatra VVL Mounted, मोबाइल स्टैंड-अलोन मीडियम रेंज, सभी मौसम में कार्य करने वाला 3D सर्विलांस रडार होता है। जो हवा में लक्ष्य की पहचान करने के लिए उपयोग किया जाता है। यह टारगेट डाटा रिसीवर (TDR) पर 20 किमी. दूर के उचित आंकड़ों का संग्रहण करने की क्षमता रखता है। रडार में बैण्ड के ऑपरेशनल बैण्ड होते हैं तथा यह लड़ाकू विमान को 90 किमी. की सीमा तक तथा UAVs को 65 किमी. की सीमा तक के लक्ष्यों को Track-While-Scan (TWS) की क्षमता रखता है।
8. **लो-लेवल लाइट-वेट 2D रडार-Bharani:** यह लाइट वेट तथा कॉम्पेक्ट सेंसर को प्रदर्शित करता है, जो बैटरी से चालित होता है। यह 2D सर्विलांस सॉल्यूशन के द्वारा आर्मी के एयर डिफेंस सिस्टम को अलर्ट कर सकता है। विशेष रूप से यह पर्वतीय क्षेत्रों में निम्न तथा मध्यम ऊंचाई तक उड़ते हुए लक्ष्यों, जैसे–UAVs, RPVs, हेलीकॉप्टर तथा फिक्सड विंग एयरक्राफ्ट की पहचान कर सकता है।
9. **लो-लेवल लाइट-वेट 3D रडार-Aslesha:** यह बहुमुखी ग्राउंड बेसड s-बैण्ड 3D लो-लेवल तथा लाइट-वेट सर्विलांस रडार होता है जिसे विभिन्न क्षेत्रों; जैसे–मैदान, पर्वतीय चोटियों, रेगिस्तान तथा उच्च ऊंचाई वाले क्षेत्रों में तैनात किया जा सकता है। यह बहुजातीय हवाई लक्ष्यों को डिटेक्ट तथा ट्रैक कर सकता है, जिसमें हेलीकॉप्टर लड़ाकू विमान, निम्न तथा मध्यम ऊंचाई पर UAVs शामिल होते हैं।
10. **लांग-रेंज्ड सॉलिड-स्टेट एक्टिव फेज्ड अरे (Array) रडार:** LSTAR प्रणाली एक लांग-रेंज, बहुकार्यात्मक, सॉलिड-स्टेट एक्टिव फेज्ड अरे रडार है। जिसे टेक्नोलॉजी डेमोंस्ट्रेशन प्रोग्राम के अंतर्गत विकसित किया गया है। यह मुख्य रूप से हवाई लक्ष्यों की निगरानी, डिटेक्शन तथा ट्रैकिंग की सेवाएं देता है।
11. **FLR - फ्लाइट लेवल रडार फॉर एयर फोर्स: राजेंद्र:** यह बहुकार्यात्मक इलेक्ट्रॉनिकली स्कैड फेज्ड अरे रडार है इसके कार्य 'आकाश वेपन सिस्टम' के लिए फ्लाइट लेवल पर प्राथमिक सेंसर की तरह है। 'आकाश वेपन सिस्टम' सैन्य सेवाओं के लिए एक एयर डिफेंस सिस्टम है। यह रडार विस्तृत खोज, मल्टीपल टारगेट तथा मिसाइल को ट्रैक करने में सक्षम है। वर्तमान में यह स्वयं ही मल्टीपल फंक्शन मिसाइलों को निर्देशित तथा नियंत्रित कर सकता है।

    इस प्रकार राजेंद्र रडार के बहुमुखी कार्यों को करने में सक्षम है; जैसे–निगरानी, ट्रैकिंग तथा निर्देश। यह फ्लाइट लेवल रडार (FLR) के साथ फ्लाइट कंट्रोल सेंटर (FCC) की तरह दो पहिया वाहन पर स्थापित किए जाने पर सभी एयर डिफेंस ऑपरेशंस को सेंसर की सहायता प्रदान कर सकता है।
12. **वेपन लोकेटिंग रडार (WLR) को उन्नत करना: Swathi:** यह स्पष्टता इलेक्ट्रॉनिक स्कैनड C-बैण्ड पल्स डोप्लर रडार है। यह दुश्मन की तोपों, मोर्टार तथा रॉकेट लॉन्चर का स्वत: पता लगाने में सक्षम है। यह फ्रेंडली फायर की स्थिति का पता लगाने इसके प्रभाव क्षेत्र का पता लगाने तथा आवश्यक सुधारों के साथ लक्ष्य भेदन में सहायता करते हैं। WLR स्वाति (Plains) के लिए भारत इलेक्ट्रॉनिक लिमिटेड (BEL) के साथ ₹990 करोड़ से अधिक की लागत पर अनुबंध पर हस्ताक्षर किए गए थे। यह एक स्वदेशी रूप से डिजाइन किया गया WLR है जो अपने सैनिकों पर फायरिंग करने वाली बंदूकों, मोर्टारों और रॉकेटों का

पता लगाने में सक्षम है, जिससे अपने स्वयं के गोलाबारी संसाधनों द्वारा प्रतिरक्षा हेतु (काउंटर) बमबारी के माध्यम से उनके विनाश की क्षमता मिलती है। यह सैनिकों को दुश्मन के हस्तक्षेप के बिना अपने परिचालन कार्यों को पूरा करने में सक्षम बनाएगा और उन्हें दुश्मन की गोलीबारी से सुरक्षा भी प्रदान करेगा। इंडक्शन को 24 महीने में पूरा करने की योजना है। यह परियोजना रक्षा उद्योग के लिए अपनी क्षमता प्रदर्शित करने का एक बड़ा अवसर है और रक्षा क्षेत्र में 'आत्मनिर्भरता' के लक्ष्य को प्राप्त करने की दिशा में एक कदम होगा।

13. **प्राइमरी रडार फॉर एयरबोर्न अरली वार्निंग एण्ड कंट्रोल (PR for AFW & C):** LRDE, एयरबोर्न अरली वॉर्निंग एण्ड कंट्रोल (AEW&C) प्रोग्राम के लिए प्राइमरी रडार (PR) के विकास में संलग्न है।
14. **लो-लेवल ट्रांसपोर्टबल रडार (Ashwini):** LLTR, आर्ट 4D एक्टिव अरे टेक्नोलॉजी बेस्ड रडार की एक स्थिति है जो बहुकार्यों को संपन्न करती है। इसका विकास LRDE द्वारा उच्च कार्यसाधक लक्ष्यों के संबंध में एयरस्पेस अवेयरनेस प्रदान करने के लिए किया जा रहा है।
15. **डेवलपमेंट ऑफ मीडियम पॉवर रडार (MPR) Arudhra:** इस प्रोजेक्ट का उद्देश्य 4D मिडियम पॉवर रडार का विकास करना है, जिसे मल्टीपल-फंक्शन सेंसर की सुविधा हो तथा जो उन्नत सक्रिय अरे टेक्नोलॉजी से युक्त हो।

15.29 AWACS (Airborne Warning and Control System) या AEW&C (Airborne Early Warning and Control)

AEW&C प्रणाली एक एयरबोर्न रडार पिकेट (Picket) सिस्टम है। इसका निर्माण विमान, पोत तथा वाहनों; जो लंबी दूरी पर हो, की पहचान करने के लिए तथा युद्ध के दौरान लड़ाकू विमानों को डिटेक्ट करते हुए अपने विमानों को हमला करने के लिए कमांड देने तथा कंट्रोल करने के लिए किया गया।

फाल्कन (Phalcon)

यह एक **एयरबोर्न अरली वॉर्निंग, कमाण्ड एण्ड कंट्रोल (AEWC&C) सिस्टम** है, जो **इजराइल द्वारा निर्मित है।** यह विश्व में अपनी तरह की सर्वाधिक शक्तिशाली प्रणाली है जो सैकड़ों किमी. तक के क्षेत्र में निगरानी की सुविधा प्रदान कर सकती है तथा कमांड तथा कंट्रोल की सुविधा भी उपलब्ध कराती है। **फाल्कन निम्न ऊंचाई पर उड़ते विमान, मिसाइल का पता लगा सकता** है और **इस प्रकार पूर्व चेतावनी दे सकता है।** यह भारतीय वायु सेना को युद्ध के दौरान वायु में बढ़त प्रदान करने में सहायक होगा। **यह लगभग 300 मील की दूरी तक आने वाली वस्तु का किसी भी मौसम में पता लगाने में सक्षम है। इसके अलावा वायु, समुद्र तथा जमीन पर सभी प्रकार के संचार तंत्रों की भी पहचान कर सकता है।** ये सभी सूचनाएं हैडक्वार्टर के नियंत्रण केंद्र पर आसानी से लाइव पहुंचाई जा सकती हैं। इस प्रणाली में परस्पर समन्वय के लिए चार सेंसर लगे होते हैं। यदि कोई भी एक सेंसर दुश्मन की किसी वस्तु या संचार की पहचान करता है तो अन्य सेंसर स्वत: ही इसकी पहचान सुनिश्चित करते हुए इससे समन्वय बना लेते हैं।

फाल्कन अन्य एयरबोर्न अरली वार्निंग सिस्टम (AEWS) से किस प्रकार भिन्न है?

अधिकांश अन्य AEWS में विमान पर एक घूमने वाला एंटीना या Rotodomes लगा होता है, जबकि फाल्कन में विमान पर एक स्थायी गुंबद लगा होता है, जो **'एक्टिव फेजड अरे इलेक्ट्रॉनिक स्कैनिंग टेक्नोलॉजी'** पर आधारित होता है। यह घूमने वाली अवॉक्स प्रणाली (AWACS) की तुलना में उच्च गतिशील वस्तु को भी त्वरित रूप से कम समय में ट्रैक कर सकती है। एक विकसित कमांड तथा कंट्रोल सेंटर होने के कारण इसे विमान को निर्देशित करने के लिए मिड-एयर में ही तैनात किया जा सकता है, जो युद्ध क्षेत्र की तस्वीरें उपलब्ध कराता है। यह गुणवत्ता युद्ध में दुश्मन पर बढ़त प्रदान करती है। पाकिस्तान व चीन के पास फाल्कन नहीं हैं।

15.30 नेत्र : भारत की एक सर्विलांस तकनीक (NETRA: A Surveillance Technology of India)

2017 में भारत ने नेत्र से सुसज्जित एंब्रेडअर ट्रांसपोर्ट एयरक्राफ्ट में वायु से वायु में पुन: ईंधन भरने का परीक्षण किया। नेत्र देश की प्रथम स्वदेश निर्मित, हवाई, पूर्व चेतावनी तथा नियंत्रण प्रणाली (AEW&C) है। इसका विकास DRDO द्वारा किया गया है। AEW&C को इसकी लंबी दूरी तक सर्विलांस क्षमता के कारण 'आकाश में नेत्र' (eye-in-the-sky) के नाम से भी जानी जाती है। आने वाले विमानों तथा मिसाइलों के हवाई खतरों की पहचान हेतु 240 डिग्री कवरेज के साथ नेत्र की रेंज 200 किलोमीटर है। यह विमान के दोनों तरफ के क्षेत्रों को कवर कर सकता है। बहुस्तरीय विशेषताएं प्रदान करने के लिए इसे अत्याधुनिक सक्रिय इलेक्ट्रॉनिकली स्कैनड राडार तथा द्वितीयक सर्विलांस राडार से सुसज्जित किया गया है। इसका उपयोग इलेक्ट्रॉनिक तथा कम्युनिकेशन काउंटर उपायों और लाइन ऑफ साइट तथा लाइन ऑफ साइट डाटा लिंक से परे संयोजन हेतु किया जाएगा। इसे एक वॉयस कम्युनिकेशन सिस्टम तथा स्व-रक्षण सूट (suit) से भी सुसज्जित किया गया है। इस प्रकार की तकनीक रखने के मामले में यू.एस.ए. तथा इजराइल के बाद भारत का चौथा स्थान है।

नोट: वर्तमान में भारतीय वायुसेना तीन इजराइली फाल्कन अवाक्स (Airborne Warning and Control System) का इस्तेमाल कर रहा है, जिसकी रेंज 400 किलोमीटर और 360 डिग्री कवरेज है।

15.31 स्टील्थ तकनीक (Stealth Technology)

यह तकनीक **'सब-डिसिप्लिन ऑफ मिलिटरी टेक्टिक्स एण्ड पेसिव इलेक्ट्रॉनिक काउंटर मेजरस'** को प्रदर्शित करती है। इस प्रकार यह **कार्मिकों, विमानों, पोत, पनडुब्बी तथा मिसाइल को ऐसी तकनीक से युक्त कर देता है जिससे वे दुश्मन के रडार, इन्फ्रारेड, सोनार तथा अन्य डिटेक्शन प्रणालियों की पकड़ में नहीं आ सकते।** इसे LO तकनीक **(Low Observable Tech.)** भी कहा जाता है।

15.31.1 गैर–धात्विक एयरफ्रेम (Non-Metallic Airframe)

अचालक मिश्रण रडार के लिए अधिक पारदर्शी होता है जबकि विद्युत सुचालक पदार्थ (धातु या कार्बन फाइबर) पदार्थ की सतह पर इलेक्ट्रोमैग्नेटिक ऊर्जा घटना की प्रतिक्रिया व्यक्त करते हैं। मिश्रित पदार्थ फेराइट (Ferrites) का गुण धारण करते हैं ताकि अचालकता तथा मैग्नेटिक गुणों को अनुकूलित किया जा सके।

15.31.2 राडार अवशोषी पदार्थ (Radar-Absorbing Material)

Radar-Absorbent Material (RAM) जैसे पेंट (Paints) आदि विशेष रूप से धातु की सतह पर इस्तेमाल किया जाता है। इस RAM की मोटी भूमि या वायु पर स्थित किसी भी राडार प्रणाली की तरंगों की ऊर्जा को अवशोषित कर लेती है तथा इसे पुन: परावर्तित करने के बजाय ऊष्मा में बदल देती है।

15.32 एंटी–सेटेलाइट वेपन (Anti-Satellite Weapon)

भारत ने एंटी सेटेलाइट वेपन (A SAT Weapons) के विकास की पहचान की है। DRDO के अंतर्गत दोनों कक्षा–LEO तथा उच्च जियोसिंक्रोनस कक्षा में स्थित सेटेलाइट को नष्ट करने की क्षमता निर्माण का कार्यक्रम चल रहा है। इन्हें विद्युतीय के साथ भौतिक रूप से भी नष्ट करने की तकनीक पर कार्य चल रहा है। यह DRDO का लांग-टर्म इंटीग्रेटेड प्रस्पेक्टिव प्लान (2012-2027) है (LEO कक्षा में पृथ्वी सतह से 2000 किमी. की ऊंचाई शामिल होती है)।

15.33 इंटरसेप्टर (Interceptor)

इंटरसेप्टर विमान या इंटरसेप्टर सामान्यत: एक लड़ाकू विमान होता है जिसका निर्माण विशेष रूप से दुश्मन के विमान (बमवर्षक विमान) को रोकने तथा नष्ट करने के लिए किया जाता है। यह सामान्यत: अत्यधिक गति वाला होता है। ऐसे विमानों का निर्माण द्वितीय विश्व युद्ध के ठीक पहले से लेकर 1960 के अंत तक हुआ था। इसके बाद सामरिक रूप से अंतर–महाद्वीपीय बैलिस्टिक मिसाइल (ICBMs) की भूमिका बढ़ने के बाद इनका महत्व कम हो गया।

15.34 सोनार (SONAR: Sound Navigation and Ranging)

सोनार प्रणाली में अल्ट्रासोनिक ध्वनि तरंगों की सहायता से जल में स्थित किसी वस्तु को डिटेक्ट किया जाता है। भारतीय नौसेना के अग्रिम युद्धक पोतों में सेवा देने के लिए सोनार तथा सोनार प्रणाली का विकास DRDO, भारत इलेक्ट्रॉनिक्स लिमिटेड (BEL) तथा भारतीय नौसेना ने किया है।

- **APSOH** (Advanced Panoramic Sonar Hull Mounted)
- **HUMVAD** (Hull Mounted Variable Depth Sonar)
- **HUMSA** (Follow on of the APSOH Series; The Acronym HUMSA Represents Hull Mounted Sonar Array)
- **Nagan** (Towed Array Sonar)
- **Panchendriya** (Submarine Sonar and Fire Control System)

कुछ अन्य सोनार; जैसे–एयरबोर्न सोनार, मिहिर (Mihir) परीक्षण के चरण में हैं। इसके साथ नई पीढ़ी के सोनार तंत्र निर्माण पर कार्य चल रहा है। भारतीय नौसेना के सर्वाधिक शक्तिशाली जहाज, DRDO द्वारा निर्मित सोनार पर निर्भर करते हैं। इसलिए इन्हें DRDO के सफलतम कार्यों में से एक माना जा सकता है। नौसेना के अग्रिम जहाजों में सोनार मानकों में HUMSA-NG Hull Mounted Sonar के साथ Nagar Towed Array Sonar को भी शामिल किया जाता है। मिहिर, जो कि एक डंकिंग (Dunking) सोनार है, का उपयोग टेडपोल सोनोबॉस (Tadpole Sonobuoy) के संयोजन से कार्य करने वाला नेवल एड्वांस्ड लाइट हेलीकॉप्टर (ALH) द्वारा किया जाता है। पंचेंद्रिय, जो कि अभी उत्पादन अवस्था में है, का उपयोग किलो वर्ग की पनडुब्बी को उन्नत करने में किया जाएगा।

15.35 टारपीडो (Torpedoes)

टारपीडो सिगार आकृति की (Cigar-Shaped) अण्डरवॉटर मिसाइल है, जो स्वयं प्रणोदन की सुविधा से युक्त है। इसका डिजायन, किसी पोत या पनडुब्बी से किसी लक्ष्य की तरफ निशाना दागने के लिए किया गया है। इसे किसी विमान से पानी में गिराकर भी लक्ष्य की ओर दागा जा सकता है।

DRDO वर्तमान में हल्के–वजन वाले टारपीडो सहित कई प्रकार के टारपीडो डिजायन के विकास पर कार्य कर रहा है। हल्के वजन वाले टारपीडो को नौसेना ने स्वीकार करते हुए इसके उत्पादन की स्वीकृति दे दी है। भारी वजन वाला तार निर्देशित टारपीडो, **वरुणास्त्र (Varunastra)** तथा **Thakshak Thermal Torpedo** किसी पोत या पनडुब्बी के विरुद्ध इस्तेमाल करने के लिए उपयुक्त है। विद्युत ऊर्जा चालित वरुणास्त्र का उत्पादन किया जा रहा है। माइक्रोप्रोसेसर से नियंत्रित ट्रिपल ट्यूब तापीडो लॉन्चर का विकास तथा उत्पादन भी DRDO द्वारा भारतीय नौसेना के लिए किया जा रहा है। यह Towed Torpedo Decoy की तरह है। शायना एक उन्नत प्रायोगिक टारपीडो है। इसका विकास नेवल साइंटिफिक एण्ड टेक्निकल लेबोरेटरी द्वारा किया जा रहा है, जो DRDO की ही एक शाखा है।

15.36 इलेक्ट्रॉनिक युद्ध प्रणाली (Electronic Warfare (EW) System)

इलेक्ट्रॉनिक युद्ध (EW) में वे सभी गतिविधियां शामिल मानी जाती हैं, जिसमें स्पेक्ट्रम के नियंत्रण, दुश्मन पर हमला करने या दुश्मन के हमले को रोकने के लिए इलेक्ट्रॉमैग्नेटिक स्पेक्ट्रम या निर्देशित ऊर्जा का उपयोग किया जाता है।

EW के लक्ष्य मानव, संचार, रडार या अन्य वस्तुएं हो सकती हैं। इसे वायु, समुद्र, भूमि तथा अंतरिक्ष कहीं से भी मानव या गैर–मानव तंत्र से उपयोग में लाया जा सकता है। **भारत के मोबाइल–इंटीग्रेटेड इलेक्ट्रॉनिक वॉरफेयर सिस्टम का नाम 'संयुक्त' (Samyukta) है। इसका विकास DRDO, भारत इलेक्ट्रॉनिक्स लिमिटेड, इलेक्ट्रॉनिक्स कॉर्पोरेशन ऑफ इंडिया लिमिटेड तथा कॉर्पस ऑफ सिग्नलस ऑफ इंडियन आर्मी ने संयुक्त रूप से किया है।**

रेडियो और रडार आवृत्तियों की तरह इसकी सीमाएं नहीं हैं, क्योंकि यह स्वयं इन्फ्रारेड (IR), दृश्य, अल्ट्रावॉयलेट तथा इलेक्ट्रोमैग्नेटिक स्पेक्ट्रम (EW) के अन्य भागों का उपयोग करता है। जो अन्य प्रणालियों में बहुत कम इस्तेमाल किए जाते हैं। इसकी कुछ अन्य विशेषताएं हैं– **स्वयं सुरक्षा,**

स्टैण्ड ऑफ तथा एस्कॉर्ट जैमिंग (Standoff and Escort Jamming) तथा **एंटी-रेडिएशन अटैक।** EW एक विशेष टूल है जो युद्ध के विभिन्न स्तरों पर वायु तथा अंतरिक्ष की बहुत-सी क्रियाविधियों को बढ़ा देता है। EW, इन्फॉर्मेशन ऑपरेशन (IO) की सफलता में सहायक होता है।

15.37 राष्ट्रीय तकनीक अनुसंधान केंद्र (National Technical Research Organisation - NTRO)

NTRO का गठन वर्ष 1999 के कारगिल युद्ध के बाद एक समर्पित 'तकनीकी इंटेलीजेंस एजेंसी' के रूप में किया गया। अन्ततः वर्ष 2004 में इसका गठन हो गया। यह प्रधानमंत्री कार्यालय (PMO) तथा राष्ट्रीय सुरक्षा सलाहकार (NSA) को रिपोर्ट करता है। यह राष्ट्रीय सुरक्षा सलाहकार के अन्तर्गत कार्य करता है। इसमें 'नेशनल इंस्टिट्यूट ऑफ क्रिप्टोलॉजी रिसर्च एण्ड डेवलपमेंट' को भी शामिल किया जाता है। हाल ही में गृह मंत्रालय ने नेशनल टेक्नीकल रिसर्च ऑर्गनाइजेशन (NTRO) को द इंटेलीजेंस ऑर्गनाइजेशन (अधिकार प्रतिबंध) एक्ट, 1985 के अन्तर्गत सूचीबद्ध करने की अधिसूचना जारी की।

नोट: इटेलीजेंस ऑर्गनाइजेशन (अधिकार प्रतिबंध) एक्ट, 1985 का उद्देश्य इटेलीजेंस एजेंसियों द्वारा सूचनाओं के लीकेज को रोकना है।
विभिन्न बाह्य तथा आंतरिक खतरों से देश की सुरक्षा हेतु विभिन्न इंटेलीजेंस एजेंसियों की स्थापना की गई है, जैसे-रॉ (रिसर्च एण्ड एनालिसिस विंग), इंटेलीजेंस ब्यूरो (IB), रेवेन्यु इंटेलीजेंस निदेशालय, नारकोटिक्स कंट्रोल ब्यूरो, आदि।

15.38 हाल के अपडेट (Recent Updates)

15.38.1 क्लस्टर युद्ध सामग्री (Cluster Munitions)

क्लस्टर युद्ध सामग्री, वे हथियार होते हैं जिन्हें रॉकेट, मिसाइल और विमान द्वारा गिराया जा सकता है। वे मध्य हवा में खुलते हैं और शहर के एक ब्लॉक के आकार के क्षेत्र में दर्जनों और यहां तक कि सैकड़ों छोटी उपयुद्ध सामग्री (submunitions), जिन्हें बॉम्बलेट भी कहा जाता है, को छितरा कर गिराते हैं। कई उपयुद्ध सामग्रियाँ प्रारंभिक प्रभाव में विस्फोट करने में विफल हो जाती हैं, जिससे कुछ बारूदी सुरंगें बन जाती हैं, जो वर्षों और यहां तक कि दशकों तक नागरिकों के लिए खतरा बनी रहती हैं।

15.38.2 रुद्रम एंटी रेडिएशन मिसाइल (Rudram Anti-Radiation Missile)

- हाल ही में सुखोई-30 लड़ाकू विमान से इसका सफलतापूर्वक परीक्षण किया गया।
- मिसाइल को रक्षा अनुसंधान एवं विकास संगठन (DRDO) द्वारा विकसित किया गया है।
- इसकी मारक क्षमता करीब 100 से 150 किलोमीटर है।
- यह सुपरसोनिक ब्रह्मोस के बाद DRDO द्वारा विकसित पहली स्वदेशी हवा से जमीन पर मार करने वाली मिसाइल है, जिसे रूस के साथ संयुक्त रूप से विकसित किया गया है।
- मिसाइल को दुश्मन की वायु रक्षा (SEAD) को नष्ट करने के लिए डिजाइन किया गया है।
- दुश्मन के निगरानी रडार, ट्रैकिंग और संचार प्रणालियों को नष्ट करने के लिए मिसाइल को अलग-अलग ऊँचाई से लॉन्च किया जा सकता है।

15.38.3 S-400

S-400 Triumf रूस द्वारा डिज़ाइन और विकसित एक मोबाइल, सतह से हवा में मार करने वाली मिसाइल प्रणाली (SAM) है। यह दुनिया में सबसे खतरनाक परिचालन रूप से तैनात आधुनिक लंबी दूरी की SAM (MLR SAM) है, जिसे अमेरिका द्वारा विकसित टर्मिनल हाई एल्टीट्यूड एरिया डिफेंस सिस्टम (थाड) से काफी उन्नत माना जाता है।

यह प्रणाली 30 किमी तक की ऊँचाई पर 400 किमी की सीमा के भीतर विमान, मानव रहित हवाई वाहन (यूएवी) और बैलिस्टिक और क्रूज मिसाइलों सहित सभी प्रकार के हवाई लक्ष्यों को निशाना बना सकती है। प्रणाली 100 हवाई लक्ष्यों को ट्रैक कर सकती है और उनमें से छह को एक साथ संलग्न कर सकती है।

भारत के लिए महत्व (Significance for India)

भारत के दृष्टिकोण से चीन भी सिस्टम खरीद रहा है। 2015 में, चीन ने सिस्टम की छह बटालियन खरीदने के लिए रूस के साथ एक समझौते पर हस्ताक्षर किए। इसकी पहुंच जनवरी 2018 में शुरू हुई थी। चीन द्वारा S-400 प्रणाली के अधिग्रहण को इस क्षेत्र में "गेम-चेंजर" के रूप में देखा गया है। हालांकि भारत के खिलाफ इसकी प्रभावशीलता सीमित है।

भारत में रूसी राजदूत निकोलाई कुदाशेव ने हाल ही में पुष्टि की है कि भारत और रूस दोनों एस-400 मिसाइल प्रणाली के लिए अपने अनुबंध को पूरा करने के लिए "प्रतिबद्ध" हैं, जो वर्ष के अंत में भारत को उपलब्ध किया जाना है। उन्होंने कहा कि दोनों देशों ने इस मुद्दे पर अमेरिकी प्रतिबंधों का विरोध किया।

मुद्दे (Issues)

S-400 सौदा अमेरिका के CAATSA कानून के तहत प्रतिबंधों को लागू कर सकता है। अमेरिका पहले ही इसी तरह की खरीद पर चीन और तुर्की पर प्रतिबंध लगा चुका है।

भारत को एस-400 प्रशिक्षण उपकरण प्राप्त हुए (India gets S-400 Training Equipment)

- एस-400 प्रशिक्षण उपकरण और सिमुलेटर रूस से भारत पहुंचे हैं।
- हालांकि, यूक्रेन में जारी युद्ध के कारण रूस से एस-400 की दूसरी रेजिमेंट की डिलीवरी में देरी हो रही है।

भारत के लिए चिंता का विषय

रूस से आयात के लिए भारत पर **CAATSA (Countering America's Adversaries Through Sanctions Act)** के तहत अमेरिकी प्रतिबंधों का खतरा है। हालांकि अभी तक कुछ भी स्पष्ट नहीं है।

S-400 वायु रक्षा मिसाइल प्रणाली क्या है? भारत को इसकी आवश्यकता क्यों है?

- **S-400 ट्रंफ** रूस द्वारा डिजाइन की गई एक चल, सतह से हवा में मार करने वाली मिसाइल प्रणाली (SAM) है।

- यह दुनिया में सबसे खतरनाक, परिचालनात्मक रूप से तैनात, आधुनिक, लंबी दूरी की SAM (MLR SAM) है, जिसे अमेरिका द्वारा विकसित **THAAD (Terminal High Altitude Area Defense system)** से काफी उन्नत माना जाता है।

CAATSA क्या है, और S-400 सौदे से इस अधिनियम का उल्लंघन कैसे हुआ?

- प्रतिबंध अधिनियम (CAATSA) के माध्यम से अमेरिका के विरोधियों का मुकाबला करने का मुख्य उद्देश्य दंडात्मक उपायों के माध्यम से ईरान, रूस और उत्तर कोरिया का प्रतिरोध करना है।
- इसे 2017 में अधिनियमित किया गया।
- रूस के रक्षा और खुफिया क्षेत्रों के साथ महत्वपूर्ण लेन-देन करने वाले देशों के विरुद्ध प्रतिबंध शामिल हैं।

क्या प्रतिबंध लगाए जाएंगे?

1. प्रतिबंधित व्यक्ति को ऋण देने पर प्रतिबंध।
2. प्रतिबंधित व्यक्तियों को निर्यात के लिए निर्यात-आयात बैंक सहायता का निषेध।
3. प्रतिबंधित व्यक्ति से सामान या सेवाओं की खरीद के संबंध में संयुक्त राज्य अमेरिका की सरकार द्वारा खरीद पर प्रतिबंध।
4. प्रतिबंधित व्यक्ति के साथ घनिष्ठ रूप से जुड़े व्यक्तियों को वीजा से वंचित करना।

सौदे का महत्व

S-400 निर्णय इस बात का एक स्पष्ट उदाहरण है कि हमारी रक्षा और रणनीतिक साझेदारी कितनी उन्नत है, और भारतीय संप्रभुता, अपने अंतरराष्ट्रीय भागीदारों को चुनने के लिए, कितनी मजबूत है, खासकर जब राष्ट्रीय हित और राष्ट्रीय सुरक्षा के मुद्दों की बात आती है।

15.38.4 प्रतिबंध अधिनियम के माध्यम से अमेरिका के विरोधियों का मुकाबला [(Countering America's Adversaries through Sanctions Act (CAATSA)]

Countering America's Adversaries through Sanctions Act (CAATSA) का मुख्य उद्देश्य दंडात्मक उपायों के माध्यम से ईरान, रूस और उत्तर कोरिया का मुकाबला करना है। इसे 2017 में अधिनियमित किया गया था। इसमें उन देशों के खिलाफ प्रतिबंध शामिल हैं जो रूस के रक्षा और खुफिया क्षेत्रों के साथ महत्वपूर्ण लेनदेन में संलग्न हैं।

क्या प्रतिबंध लगाए जाएंगे?

1. स्वीकृत व्यक्ति को ऋण पर रोक।
2. स्वीकृत व्यक्तियों को निर्यात के लिए निर्यात-आयात बैंक सहायता का निषेध।
3. स्वीकृत व्यक्ति से सामान या सेवाओं की खरीद के लिए संयुक्त राज्य सरकार द्वारा खरीद पर प्रतिबंध।
4. स्वीकृत व्यक्ति के साथ घनिष्ठ रूप से जुड़े व्यक्तियों को वीजा से वंचित करना।

15.38.5 सॉलिड फ्यूल डक्टेड रैमजेट (SFDR) टेक्नोलॉजी (Solid Fuel Ducted Ramjet (SFDR) Technology)

इसका परीक्षण हाल ही में रक्षा अनुसंधान एवं विकास संगठन (DRDO) द्वारा किया गया है। प्रौद्योगिकी के सफल प्रदर्शन ने डीआरडीओ को एक तकनीकी लाभ प्रदान किया है जो एजेंसी को लंबी दूरी की हवा से हवा में मार करने वाली मिसाइल विकसित करने में सक्षम बनाएगा।

लाभः

- ठोस प्रणोदक द्वारा संचालित मिसाइलों की तुलना में रैमजेट संचालित मिसाइलें अधिक मारक क्षमता और उच्च औसत गति प्रदान करती हैं।
- रैमजेट मिसाइलें ठोस मोटर के हिस्से के रूप में ऑक्सीडाइज़र को शामिल करने के बजाय वायुमंडलीय ऑक्सीजन का उपयोग करती हैं।
- रैमजेट मिसाइलें अधिक वारहेड भी ले जा सकती हैं क्योंकि उन्हें ऑक्सीडाइज़र ले जाने की आवश्यकता नहीं होती है।

15.38.6 फ्रैक्शनल ऑर्बिटल बॉम्बार्डमेंट सिस्टम (FOBS-Fractional Orbital Bombardment System)

फ्रैक्शनल ऑर्बिटल बॉम्बार्डमेंट सिस्टम (FOBS - Fractional Orbital Bombardment System) एक वारहेड डिलीवरी सिस्टम है जो अपने लक्ष्य गंतव्य की ओर पृथ्वी की निचली कक्षा का उपयोग करता है। लक्ष्य तक पहुंचने से ठीक पहले, यह एक प्रतिगामी इंजन दहन से होकर गुजरता है। FOBS के पीछे का विचार यह है कि एक वारहेड को एक स्थिर कक्षा में स्थापित किया जाता है और यह लक्ष्य के ऊपर गिरता है।

यदि लक्ष्य और प्रक्षेपण की स्थिति को पंक्तिबद्ध किया जाता है और वारहेड परिक्रमा करता रहता है, तो यह एक चक्र पूरा करेगा। जाहिर है, इस दौरान पृथ्वी के घूमने के साथ, यह वृत्ताकार से अधिक एक सर्पिलाकार होता है, लेकिन क्षैतिज गति को इस तरह से काउंटर किया जाता है कि वारहेड अभी भी लक्ष्य के ऊपर चला जाता है।

FOBS के उड़ान परीक्षण

1968 में, अपने बीसवें परीक्षण के बाद सोवियत, FOBS में सफल हुआ। इस FOBS प्रोजेक्ट को R-360 कहा जाता था।

विशेषताएँ

इसने असीमित स्ट्राइकिंग रेंज प्रदान की। यह किसी भी दिशा से हमला करने में सक्षम था। पेलोड गिराए जाने तक लक्ष्य स्थान को छिपाना स्मार्ट कार्य था। सोवियत संघ के अनुसार, FOBS अमेरिका की एंटी-बैलिस्टिक मिसाइलों को चकमा देने में सक्षम है।

बाह्य अंतरिक्ष संधि

1967 में हस्ताक्षरित बाहरी अंतरिक्ष संधि में कहा गया था कि हस्ताक्षरकर्ताओं को पृथ्वी के चारों ओर कक्षा में परमाणु हथियार नहीं रखने चाहिए। संधि के बाद भी FOBS को अंतरिक्ष में रखा गया। सोवियत संघ ने दावा किया कि FOBS आंशिक कक्षा ग्रहण करता है और इस प्रकार इसे अंतरिक्ष में रखा जा सकता है।

SALT-II

1979 में सोवियत संघ और अमेरिका के बीच SALT-II समझौते पर हस्ताक्षर किए गए थे। SALT सामरिक शस्त्र सीमा वार्ता है। समझौते ने FOBS की तैनाती पर रोक लगा दी। अमेरिकी सरकार ने SALT-II की पुष्टि नहीं की। हालांकि, सोवियत संघ ने 1983 में इसका पालन किया और FOBS को निष्क्रिय कर दिया।

FOBS को क्यों समाप्त किया गया?

इसका एक कारण SALT-II है। इसके अलावा, इस प्रणाली को तकनीकी नुकसान का सामना करना पड़ा था। इस प्रणाली में एक हथियार को कक्षा में लोड करने के लिए उच्च स्तर की ऊर्जा की आवश्यकता थी। साथ ही, इसकी सटीकता ICBM से कम सटीक थी। ICBM इंटरकांटिनेंटल बैलिस्टिक मिसाइल है। ICBM को द्वितीय विश्व युद्ध के दौरान विकसित किया गया था। परिचालनात्मक रूप में ICBM धारक देश भारत, उत्तर कोरिया, अमेरिका, चीन, रूस, फ्रांस और यू.के. हैं।

नवीन गतिविधि

2021 में, फ्रैंक केंडल III (अमेरिकी वायु सेना सचिव) ने कहा कि चीनी सरकार FOBS का विकास और परीक्षण कर रही है।

15.38.7 रैलडर – एक्स (RaIDer-X)

रक्षा अनुसंधान एवं विकास संगठन (DRDO) और भारतीय विज्ञान संस्थान (बंगलूरू) ने रेडर-एक्स नामक एक नया बम डिटेक्शन डिवाइस विकसित किया है।

- यह विस्फोटक डिटेक्शन डिवाइस है।
- यह दो मीटर की एक स्टैंड-ऑफ दूरी से 20 विस्फोटकों का पता लगा सकता है ।
- इसे पुणे स्थित डीआरडीओ की एक शाखा और भारतीय विज्ञान संस्थान की उच्च ऊर्जा सामग्री अनुसंधान प्रयोगशाला (HEMRL) द्वारा विकसित किया गया।
- यह अनेकों विस्फोटकों की पहचान कर सकता है चाहे उन्हें कितने ही अच्छे से छुपाया गया हो।

अनुप्रयोग

इस उपकरण का अनुप्रयोग स्थानीय पुलिस, सीमा शुल्क और अन्य डिटेक्शन एजेंसियों के द्वारा मादक पदार्थों सहित विभिन्न अनुप्रयोगों में किया जाएगा, चाहे उनकी प्रकृति विस्फोटक या गैर-विस्फोटक हो।

महत्व

हाल के अधिकांश आतंकवादी हमलों में ऐसे विस्फोटक थे जो उच्च गुणवत्ता सामग्रियों के बजाय पेट्रोल और जिलेटिन की छड़ें जैसे आसानी से उपलब्ध अवयवों से बने थे और RaIDer-X जैसे उपकरण घर में बने विस्फोटकों से खतरे को विफल करने के लिए प्रगतिशील है।

भारतीय सेना, नौसेना तथा वायु सेना के संयुक्त रक्षा अभ्यास (Indian Defence Joint Exercises of Navy, Army and Air Force)

भारतीय नौसेना के संयुक्त अभ्यास (Indian Navy Joint Exercises)

1. **वरुण:** यह भारत व फ्रांस की नौसेना का संयुक्त अभ्यास है।
2. **SLINEX:** भारत-श्रीलंका नौसेना का संयुक्त अभ्यास
3. **इन्द्र:** भारत तथा रूस की नौसेना का द्वि-वार्षिक स्तर पर आयोजित अभ्यास संयुक्त
4. **मालाबार:** अमेरिका-भारत का द्वि-पक्षीय, नौसेना अभ्यास
5. **Simbex:** भारत-सिंगापुर
6. **KONKAN:** भारत-ब्रिटेन की नौसेना के मध्य द्वि-पक्षीय अभ्यास
7. **IBSAMAR:** ब्राजील तथा दक्षिणी अफ्रीका की नौसेना के साथ भारतीय नौसेना का अभ्यास
8. **AUSINDEX:** भारत-ऑस्ट्रेलिया की नौसेना के मध्य द्वि-पक्षीय अभ्यास
9. **Sahyog-Kaijin:** भारत तथा जापान के तटरक्षक दलों के मध्य अभ्यास
10. **Naseem-Al-Bahr:** भारत-ओमान की नौसेना के मध्य संयुक्त अभ्यास

भारतीय वायु सेना के अभ्यास (Indian Air Force Exercises)

1. **इंद्रधनुष या 'Rainbow':** भारत-ब्रिटेन के मध्य
2. **गरुड़:** भारत-फ्रांस के मध्य संयुक्त वायु अभ्यास
3. **Avia banz 2014:** भारत-रूस के मध्य प्रथम वायु अभ्यास

भारतीय सेना के संयुक्त अभ्यास (Indian Army Joint Exercises)

1. **मित्र-शक्ति:** भारत-श्रीलंका के मध्य
2. **हैण्ड-इन-हैण्ड:** भारत-चीन के मध्य
3. **शक्ति:** भारत-फ्रांस के मध्य
4. **नोमेडिक एलीफेंट:** भारत-मंगोलिया के मध्य
5. **युद्ध अभ्यास:** भारत तथा अमेरिकी सेना के मध्य, शृंखलाबद्ध, 2005 से
6. **सूर्य किरण:** भारत-नेपाल
7. **LAMITYE:** भारत-सेसेल्स (Seychelles)
8. **Prabal क्वेजला:** भारत-कजाकिस्तान के मध्य

15.39 आयरन डोम (Iron Dome)

(इन्फोग्राफिक देखें - आयरन डोम)

इज़राइल का आयरन डोम

आयरन डोम रक्षा प्रणाली क्या है?

- आयरन डोम इजराइल द्वारा विकसित और तैनात एक अत्यधिक उन्नत मिसाइल रक्षा प्रणाली है।
- इसे कम दूरी के रॉकेट और तोपखाने के गोले के खतरे से नागरिक आबादी और महत्वपूर्ण बुनियादी ढांचे की सुरक्षा के लिए डिज़ाइन किया गया है। अपनी प्रभावशाली अवरोधन क्षमताओं के साथ, आयरन डोम इज़राइल की रक्षा रणनीति का एक महत्वपूर्ण घटक बन गया है।
- आयरन डोम को इजरायली रक्षा कंपनियों, मुख्य रूप से राफेल एडवांस्ड डिफेंस सिस्टम्स द्वारा विकसित किया गया था, जो कि इजरायल द्वारा सामना किए जा रहे बढ़ते रॉकेट हमलों की प्रतिक्रिया में था।
- यह एक उल्लेखनीय तकनीकी उपलब्धि का प्रतिनिधित्व करता है और इसने आने वाले प्रोजेक्टाइल को रोकने में अपनी प्रभावशीलता के लिए अंतरराष्ट्रीय स्तर पर ध्यान आकर्षित किया है।
- आयरन डोम के उद्देश्य और क्षमताओं को समझकर, हम क्षेत्रीय खतरों के सामने इजरायली नागरिकों की निरंतर सुरक्षा बढ़ाने में इसके महत्वपूर्ण योगदान की सराहना कर सकते हैं।

1. दुश्मन के रॉकेट दागे जाते हैं
2. रडार सिस्टम, रॉकेट और ट्रैक का पता लगाता है
3. नियंत्रण प्रणाली, रॉकेट प्रभाव समय (युद्ध प्रबंधन और नियंत्रण (BMC)) का आकलन करती है
4. लांचर अवरोधन के लिए मिसाइल दागता है
5. मिसाइलें रॉकेट के पास विस्फोट करती हैं, जिससे वह नष्ट हो जाता है

आयरन डोम का उद्देश्य

- आयरन डोम मिसाइल रक्षा प्रणाली का प्राथमिक उद्देश्य नागरिक आबादी और महत्वपूर्ण बुनियादी ढांचे को कम दूरी के रॉकेट और तोपखाने के गोले के खतरे से बचाना है। यह रक्षा की एक महत्वपूर्ण पंक्ति के रूप में कार्य करता है, आने वाले प्रोजेक्टाइल को रोकता है और नष्ट कर देता है जो आबादी वाले क्षेत्रों के लिए खतरा पैदा करते हैं।
- आयरन डोम को विशेष रूप से इज़राइल के सामने आने वाली अनूठी सुरक्षा चुनौतियों से निपटने के लिए डिज़ाइन किया गया था, जिसने पड़ोसी क्षेत्रों से लगातार हो रहे रॉकेट हमलों का अनुभव किया है। इसका उद्देश्य इन हमलों के प्रभाव को कम करना, हताहतों की संख्या को कम करना और नागरिक जीवन की रक्षा करना है।
- आने वाले रॉकेटों को रोककर और उन्हें निष्क्रिय करके, आयरन डोम आबादी के बीच सुरक्षा की भावना बनाए रखने में मदद करता है, जिससे बढ़े हुए संघर्ष के दौरान भी दैनिक जीवन यथासंभव सामान्य रूप से जारी रखने में सक्षम होता है। इसका उद्देश्य लक्षित क्षेत्रों पर एक सुरक्षा कवच बनाना है, जो कम दूरी के खतरों के खिलाफ रक्षा का एक महत्वपूर्ण स्तर प्रदान करता है।
- इसके अलावा, आयरन डोम एक निवारक के रूप में कार्य करता है, जो अपने नागरिकों की रक्षा करने और संभावित विरोधियों को हमले शुरू करने से रोकने के लिए इज़राइल की प्रतिबद्धता को प्रदर्शित करता है। प्रक्षेप्य को रोकने और नष्ट करने में इसकी प्रभावशीलता न केवल जान-,माल की सुरक्षा करती है बल्कि रॉकेट हमलों के प्रभाव को कम करके रणनीतिक लाभ भी प्रदान करती है।

आयरन डोम का अंतर्राष्ट्रीय प्रभाव

इजरायली नागरिकों की सुरक्षाः आयरन डोम का प्राथमिक उद्देश्य इजरायली नागरिकों को रॉकेट हमलों से बचाना है। आने वाली मिसाइलों को रोककर और उन्हें नष्ट करके, इसने कई लोगों की जान बचाई है और बुनियादी ढांचे को महत्वपूर्ण क्षति से बचाया है। इसका सीधा असर इजरायली नागरिकों की सुरक्षा और भलाई पर पड़ा है।

इजरायली रक्षा रणनीति पर प्रभावः आयरन डोम की सफलता ने कम दूरी के रॉकेट खतरों के खिलाफ सुरक्षा की भावना प्रदान करके इजरायली रक्षा रणनीति को प्रभावित किया है। इससे इज़राइल को संघर्षों के प्रति प्रतिक्रिया देने में अधिक प्रतिरोधकता प्राप्त हुई है और संभावित रूप से वृद्धि के लिए प्रोत्साहन कम हो गया है।

तकनीकी प्रगतिः आयरन डोम के विकास और परिनियोजन ने मिसाइल रक्षा प्रणालियों में इज़राइल की तकनीकी क्षमताओं को प्रदर्शित किया है। इसने इज़राइल को इस क्षेत्र में एक नेता के रूप में स्थापित किया है, जिसने अपने नवाचार और विशेषज्ञता के लिए अंतर्राष्ट्रीय ध्यान और प्रशंसा आकर्षित की है।

रक्षा प्रौद्योगिकी का निर्यातः आयरन डोम की सफलता से इजरायली रक्षा प्रौद्योगिकी में अंतर्राष्ट्रीय रुचि बढ़ी है। इज़राइल ने संयुक्त राज्य अमेरिका सहित कई देशों को अपनी मिसाइल रक्षा प्रणालियाँ निर्यात की हैं, जिसने इसकी कुछ तकनीक को अपने मिसाइल रक्षा कार्यक्रमों के लिए अपनाया है। इससे इजराइल को आर्थिक लाभ हुआ और उसका रक्षा उद्योग मजबूत हुआ।

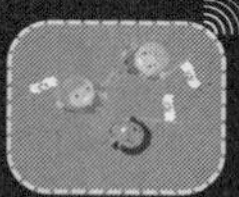

क्षेत्रीय स्थिरता के लिए निहितार्थः आयरन डोम की प्रभावशीलता ने क्षेत्र में विभिन्न अभिकर्ताओं की रणनीतिक गणना को प्रभावित किया है। इसने इज़राइल को रक्षात्मक लाभ प्रदान किया है, संभावित रूप से शक्ति संतुलन को बदल दिया है और विरोधियों को रॉकेट हमले शुरू करने से रोका है। बदले में, इसने संघर्ष वृद्धि के प्रोत्साहन को कम करके स्थिरता में योगदान दिया है।

अन्य देशों के लिए प्रेरणाः आयरन डोम की सफलता ने अन्य देशों को मिसाइल रक्षा प्रणालियों में निवेश करने और अपनी क्षमताओं को विकसित करने के लिए प्रेरित किया है। इसने नागरिक आबादी और बुनियादी ढांचे की सुरक्षा में ऐसी प्रणालियों के महत्व को प्रदर्शित किया है, खासकर संघर्ष या क्षेत्रीय तनाव वाले क्षेत्रों में।

मिसाइल रक्षा प्रणाली (देशों के अनुसार)

अमेरीका
- टर्मिनल हाई एल्टीट्यूड एरिया डिफेंस (THAAD)
- ग्राउंड-आधारित मिडकोर्स डिफेंस (GMD) प्रणाली
- एजिस बैलिस्टिक मिसाइल डिफेंस (BMD) प्रणाली
- पैट्रियट एडवांस्ड कैपेबिलिटी (PAC-3) प्रणाली

रूस
- A-135 एंटी बैलिस्टिक मिसाइल सिस्टम
- S-300 मिसाइल सिस्टम
- S-400 मिसाइल सिस्टम

Israel
- Iron Dome
- Arrow-2
- Arrow-3
- David's Sling

चीन
- HQ-9
- KS श्रृंखला
- HQ -16
- HQ-19, HQ-26 और HQ-29 का निर्माण किया जा रहा है।

भारत
- बैलिस्टिक मिसाइल डिफेंस (BMD) प्रणाली
- पृथ्वी वायु रक्षा (PAD)
- उन्नत वायु रक्षा (AAD) प्रणाली

जापान
- एजिस बैलिस्टिक मिसाइल डिफेंस (BMD) प्रणाली
- पैट्रियट एडवांस्ड कैपेबिलिटी 3 (PAC-3)

दक्षिण कोरिया
- टर्मिनल हाई एल्टीट्यूड एरिया डिफेंस (THAAD) प्रणाली

सऊदी अरब
- टर्मिनल हाई एल्टीट्यूड एरिया डिफेंस (THAAD) प्रणाली

NATO
- नाटो मिसाइल रक्षा प्रणाली
- नाटो एकीकृत वायु और मिसाइल रक्षा (NATO IAMD)

प्रश्न एवं उत्तर (Questions & Answers)

वस्तुनिष्ठ प्रश्न (Objective Question)

1. निम्नलिखित कथनों पर विचार कीजिए: ***[UPSC (Pre) - 2023]***

1. बैलिस्टिक मिसाइल अपनी पूरी उड़ान में अध्वनिक चाल पर प्रधार-नोदित होती हैं, जबकि क्रूज मिसाइल केवल उड़ान के आरंभिक चरण में राकेट-संचालित होती हैं।
2. अग्नि-V मध्यम दूरी की पराध्वनिक क्रूज मिसाइल है, जबकि ब्रह्मोस ठोस ईंधन-चालित अंतरमहाद्वीपीय बैलिस्टिक मिसाइल है।

उपर्युक्त कथनों में से कौन-सा/से सही है/हैं?

(a) केवल 1 (b) केवल 2
(c) 1 और 2 दोनों (d) न तो 1 और न ही 2

2. निम्नलिखित कथनों में कौन-सा एक, जनसंचार-माध्यमों में बहुचर्चित ''प्रभाजी कक्षीय बमबारी प्रणाली'' के आधारभूत विचार को सर्वोत्तम रूप से प्रतिबिंबित करता है? ***[UPSC (Pre) - 2022]***

(a) अंतरिक्ष में अतिध्वनिक मिसाइल का प्रमोचन, पृथ्वी की तरफ बढ़ते हुए क्षुद्रग्रह का सामना कर उसका अंतरिक्ष में ही विस्फोटन कराने के लिए किया जाता है।
(b) कोई अंतरिक्षयान अनेक कक्षीय गतियों के बाद किसी अन्य ग्रह पर उतरता है।
(c) कोई मिसाइल पृथ्वी के परित: किसी स्थिर कक्षा में स्थापित किया जाता है और वह पृथ्वी पर किसी लक्ष्य के ऊपर कक्षा को त्यागता है।
(d) कोई अंतरिक्षयान किसी धूमकेतू के साथ-साथ उसी चाल से चलते हुए उसके पृष्ठ पर एक संपरीक्षित स्थापित करता है।

3. निम्नलिखित गतिविधियों पर विचार करें: ***[UPSC (Pre) - 2020]***

1. फसल के खेत में कीटनाशकों का छिड़काव
2. सक्रिय ज्वालामुखियों के क्रेटरों का निरीक्षण
3. डीएनए विश्लेषण के लिए स्पाउटिंग व्हेल से साँस के नमूने एकत्र करना

प्रौद्योगिकी के वर्तमान स्तर पर, ड्रोन का उपयोग करके उपरोक्त में से कौन-सी गतिविधियों को सफलतापूर्वक किया जा सकता है?

(a) केवल 1 और 2 (b) केवल 2 और 3
(c) केवल 1 और 3 (d) 1, 2 और 3

4. निम्नलिखित में से कौन सा 'आईएनएस अस्त्रधारिणी' का सबसे अच्छा विवरण है, जो हाल ही में खबरों में था? ***[UPSC (Pre) - 2016]***

(a) उभयचर युद्ध पोत
(b) परमाणु संचालित पनडुब्बी
(c) टारपीडो लॉन्च और रिकवरी पोत
(d) परमाणु संचालित विमान वाहक

5. रासायनिक आयुध निषेध संगठन [Organisation for the Prohition of Chemical Weapons (OPCW)] के संदर्भ में निम्नलिखित कथनों पर विचार कीजिए: ***[UPSC (Pre) - 2016]***

1. यह यूरोपीय संघ का एक संगठन है, जिसका NATO तथा WHO से कार्यकारी संबंध है।
2. यह नए शस्त्रों से प्रादुर्भाव को रोकने के लिए रासायनिक उद्योग का अनुवीक्षण करता है।
3. यह राज्यों (पार्टियों) को रासायनिक आयुध के खतरे के विरुद्ध सहायता एवं संरक्षण प्रदान करता है।

उपर्युक्त कथनों में से कौन-सा/से सही है/हैं?

(a) केवल 1 (b) केवल 2 और 3
(c) केवल 1 और 3 (d) 1, 2 और 3

6. अग्नि IV प्रक्षेपास्त्र के संदर्भ में निम्नलिखित कथनों में से कौन-सा/से सही है/हैं? ***[UPSC (Pre) - 2014]***

1. यह धरातल-से-धरातल तक मार करने वाला प्रक्षेपास्त्र है।
2. इसमें केवल द्रव नोदक ईंधन के रूप में प्रयोग होता है।
3. यह एक-टन नाभिकीय वॉरहेड को 7500 किमी. दूरी तक फेक सकता है।

कूट:

(a) केवल 1 (b) केवल 2 और 3
(c) केवल 1 और 3 (d) ये सभी

7. भारतीय रक्षा के संदर्भ में निम्नलिखित कथनों पर विचार कीजिए: ***[UPSC (Pre) - 2009]***

1. शौर्य मिसाइल 8 मैक (Mach) से अधिक गति से उड़ती है।
2. शौर्य मिसाइल की परास 1600 किमी. से अधिक है।

उपर्युक्त कथनों में से कौन-सा/से सही है/हैं?

(a) केवल 1 (b) केवल 2
(c) 1 और 2 दोनों (d) न तो 1 और न ही 2

8. निम्नलिखित युग्मों में से कौन-सा एक सही सुमेलित नहीं है? ***[UPSC (Pre) - 2005]***

(a) अर्जुन-स्वदेशी निर्मित प्रमुख युद्ध टैंक (MBT)
(b) फॉल्कॉन- रूस द्वारा भारत को उपलब्ध कराई गई क्रूज मिसाइल
(c) सारस- स्वदेशी निर्मित नगर यात्रा वायुयान
(d) ऑपरेशन सीबर्ड- कारवाड़ में भारतीय नौसेना का नया अड्डा

9. भारतीय सुरक्षा के संदर्भ में निम्न में कौन-सा कथन सही नहीं है?

[UPSC (Pre) - 2003]

(a) पृथ्वी-II से लैस होने पर IAF विश्व की एकमात्र वायुसेना है, जिसकी कमान में जमीन से जमीन पर मार करने वाले प्रक्षेपित प्रक्षेपास्त्र (मिसाइल) हैं।

(b) सुखोई-30 MKI जेट लड़ाकू हवा-से-हवा तथा हवा-से-जमीन पर मार करने वाले सूक्ष्म प्रक्षेपास्त्र (मिसाइल) का प्रक्षेपण कर सकते हैं।

(c) त्रिशूल जमीन से हवा में मार करने वाला पराध्वनिक प्रक्षेपास्त्र (मिसाइल) है तथा उसका परास 30 किमी. है।

(d) स्वदेश में निर्मित INS प्रक्षेपास्त्र प्रथम जमीन-से-जमीन पर मार करने वाले प्रक्षेपास्त्र (मिसाइल) का प्रक्षेपण कर सकता है।

10. अग्नि II प्रक्षेपास्त्र (Missile) का परास (Range) है, लगभग:

[UPSC (Pre) - 2001]

(a) 500 किमी. (b) 2000 किमी.

(c) 3500 किमी. (d) 5000 किमी.

उत्तरमाला (Answer)

1. (d) 2. (c) 3. (d) 4. (c) 5. (b) 6. (a) 7. (d) 8. (b)

9. (a) 10. (b)

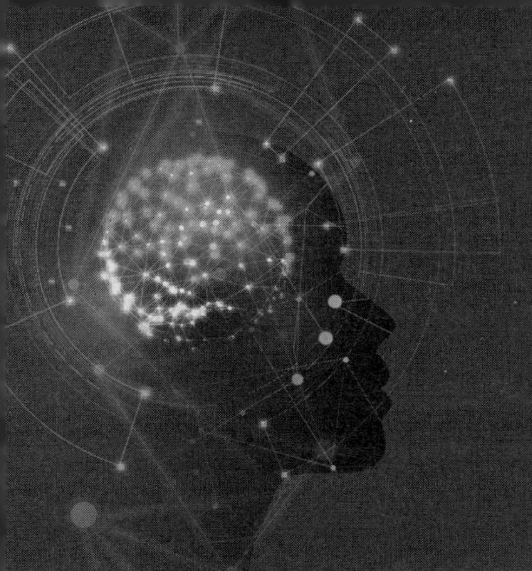

अध्याय

16

कृत्रिम बुद्धिमत्ता (Artificial Intelligence)

इस अध्याय में...

डीप लर्निंग वह क्षेत्र है जिसमें, निर्णय हेतु आंकड़ों की प्रोसेसिंग और पैटर्नों के निर्माण में मानव मस्तिष्क के कार्यों का अनुकरण करते हुए, मशीनों को सीखने (लर्निंग) में सक्षम बनाया जा सके।

GPT का आशय जेनरेटिव प्री-ट्रेंड ट्रांसफार्मर से है, जो एक प्रकार का कंप्यूटर भाषा मॉडल है जो मानव-जैसे टेक्स्ट-आधारित इनपुट उत्पन्न करने के लिए गहन शिक्षण तकनीकों पर निर्भर करता है।

मशीन की कृत्रिम सामान्य बुद्धिमत्ता की जांच हेतु कई प्रकार के परीक्षणों का सुझाव दिया गया। ये हैं ट्यूरिंग परीक्षण (मानव तथा मशीन के मध्य बात), कॉफी परीक्षण (एक मशीन प्रवेश नामांकन करा सकती है, क्लास में शामिल हो सकती है और डिग्री प्राप्त करने हेतु परीक्षा पास कर सकती है)। रोजगार परीक्षण (मशीन को आर्थिक रूप से महत्वपूर्ण रोजगार दिया जा सकता है)।

डीपफेक डिजिटल मीडिया हैं जिसमें व्यक्तियों और संस्थानों को नुकसान पहुंचाने के लिए कृत्रिम बुद्धिमत्ता (AI) का उपयोग करके वीडियो, ऑडियो और छवियों को एडिट और इनमें हेरफेर (manipulate) किया जाता है।

16.1 कृत्रिम बुद्धिमता का विचार (Concept of Artificial Intelligence)

कृत्रिम बुद्धिमत्ता (AI) शब्द सामान्यत: उन मशीनों के लिए प्रयुक्त होता है जो मानव बुद्धिमत्ता के अभिलक्षण प्रदर्शित करती हैं जिनमें अवलोकन, अवलोकन से इनपुट लेना, तार्किकता और विवेक बुद्धि, निर्णय, निर्माण, हेर-फेर या जोड़ तोड़ (manipulation), व्यवहार तथा पैटर्न से सीखना, संपर्क करना, जटिल स्थितियों का विश्लेषण और लक्ष्य तथा उद्देश्यों की प्राप्ति हेतु कार्य करना। वर्तमान में, "कृत्रिम बुद्धिमता के उपक्षेत्र" जैसे- मशीन लर्निंग (Machine learning), स्वायत्त प्रणालियां (Autonomous system), प्राकृतिक भाषा प्रोसेसिंग (Natural language processing), रोबोटिक्स (Robotics) और कृत्रिम रचनात्मकता (Artificial Creativity), अनुसंधान के प्रसिद्ध क्षेत्र हैं (**तालिका 16.1**)।

तालिका 16.1 समकालीन कृत्रिम बुद्धिमत्ता अनुसंधान के संभावना क्षेत्र

मशीन लर्निंग	यह वह क्षेत्र है जिसमें कम्प्यूटरों में स्पष्ट रूप से प्रोग्राम किए बिना सीखने की क्षमता विकसित की जाती है।
स्वायत्त प्रणालियां	एक प्रणाली जो विभिन्न कार्य करने के लिए स्वयं सीखती है।
लेंग्वेज प्रोसेसिंग	मशीन तथा मानव भाषाओं के मध्य अन्तर्क्रिया
रोबोटिक्स	रोबोटिक्स केवल मात्र पूर्ण कृत्रिम बुद्धिमता न होकर कृत्रिम बुद्धिमता संचालित रोबोट्स का एक क्षेत्र है।
कृत्रिम रचनात्मकता	कम्प्यूटर के इस्तेमाल से रचनात्मकता, जैसे-AIVA एक कृत्रिम बुद्धिमता संचालित प्रणाली है, जो सांउडट्रेक्स का निर्माण कर सकती है। गूगल का प्रोजेक्ट मैजेंटा कला में कृत्रिम बुद्धिमता के अनुप्रयोग से संबंधित है।

16.2 मजबूत ए.आई. और कमजोर ए.आई. (Strong AI and Weak AI)

कृत्रिम बुद्धिमता के दो प्रकार हैं—मजबूत कृत्रिम बुद्धिमता (Strong Artificial Intelligence) तथा कमजोर कृत्रिम बुद्धिमता (Weak Artificial Intelligence)। मजबूत कृत्रिम बुद्धिमता के नाम से जानी जाने वाली वास्तव में पूर्ण कृत्रिम बुद्धिमता होती है। पूर्ण कृत्रिम बुद्धिमता से आशय ऐसी मशीन से है जो वे सारे काम करने में सक्षम होती है जिन्हें एक मानव कर सकता है। इसमें मशीन मानव बुद्धिमता के कुछ चयनित अभिलक्षण प्रदर्शित करने के बजाए चेतना के संदर्भ में एक मानव के समान व्यवहार करती है।

पूर्ण कृत्रिम बुद्धिमता (Full AI) को "कृत्रिम सामान्य बुद्धिमता" (Artificial General Intelligence) के नाम से भी जाना जाता है। एक मानव तर्क करता है, रणनीति इस्तेमाल करता है, समस्याएं हल करता है, निर्णय निर्माण करता है, सामान्य बोध का इस्तेमाल करता है, योजना बनाता है, सीखता है, संवाद करता है और इन सब विशेषताओं का अपने लक्ष्य प्राप्ति हेतु समन्वित उपयोग करता है।

मशीन की कृत्रिम सामान्य बुद्धिमता की जांच हेतु कई प्रकार के परीक्षणों का सुझाव दिया गया। ये हैं **ट्यूरिंग परीक्षण (मानव तथा मशीन के मध्य बात), कॉफी परीक्षण (एक मशीन प्रवेश नामांकन करा सकती है, क्लास में शामिल हो सकती है और डिग्री प्राप्त करने हेतु परीक्षा पास कर सकती है)। रोजगार परीक्षण** (मशीन को आर्थिक रूप से महत्वपूर्ण रोजगार दिया जा सकता है)। कृत्रिम बुद्धिमता अनुसंधान के कई विभिन्न क्षेत्र हैं जिन्हें **इन्फोग्राफिक - आर्टिफिशियल इंटेलिजेंस** में दिया गया है।

16.3 कृत्रिम सामान्य बुद्धिमता से प्रायोगिक कृत्रिम बुद्धिमता (From Artificial General Intelligence to Applied AI)

कृत्रिम बुद्धिमता की शुरुआत संयुक्त राज्य अमेरिका में हुई जिसका विशेष उद्देश्य ऐसी मशीनों का विकास करना था जो रशियन भाषा को अंग्रेजी में और अंग्रेजी को रशियन में रूपांतरित कर सके। यह उद्देश्य तत्कालीन सोवियत यूनियन के साथ शीत युद्ध के संदर्भ में था।

कृत्रिम बुद्धिमता का पुन: प्रवर्तन वर्तमान में कृत्रिम बुद्धिमता के प्रायोगिक दृष्टिकोण में उन्नति के रूप में हुआ। वर्तमान में विशेष समस्याओं के समाधान हेतु कृत्रिम बुद्धिमता के विकास पर ध्यान दिया जा रहा है। वैज्ञानिकों को विश्वास है कि कृत्रिम बुद्धिमता का यह दृष्टिकोण टॉप-डाउन दृष्टिकोण से बेहतर है। इसमें अनुसंधान का प्रारंभिक ध्यान एक ऐसे कृत्रिम मस्तिष्क के निर्माण पर है जो मानव मस्तिष्क की भांति कार्य कर सके।

अधिकतम ध्यान आकर्षित करने वाले अनुप्रयोगों में मशीन लर्निंग, रोबोटिक्स, स्वायत्त प्रणालियां और स्वाभाविक भाषा प्रोसेंसिग हैं। स्वायत्त प्रणालियां वे प्रणालियां हैं जिनमें सामग्री (Content) प्राप्त करने या निर्मित करने, उस सामग्री की विवेचना करने और उससे ज्ञान प्राप्त करने (ताकि उस विवेचना के आधार पर निर्णय निर्माण हो सके) की क्षमता हो।

इन्हें अब **चालकरहित कार तथा ड्रोन** और धोखाधड़ी की पहचान हेतु प्रयोग में लाया जा रहा है। चालकरहित कुछ प्रख्यात कारों के **उदाहरणों में Waymo, मॉडल X** तथा **मॉडल 3** है। फरवरी 2017 में दुबई ने घोषणा की कि इसके द्वारा निर्मित आकाश में जल्द ही लोगों को लाने-ले जाने वाली चालकरहित कारें दिखाई देंगी। यात्रियों को केवल बटन दबाने की आवश्यकता होगी। रोबोटिक्स एक अन्य क्षेत्र है जिसमें बहुत सारे मानव कार्यों को पूरा करने की क्षमता लाने वाले महत्वपूर्ण परिवर्तन हो रहे हैं। इससे औषधि, विनिर्माण, प्रतिरक्षा, व्यक्तिगत सहायक, औद्योगिक सुविधाएं, मेहमानवाज़ी, निजी उपयोग आदि के क्षेत्रों में क्रांतिकारी परिवर्तन होगें।

भारतीय प्रतिरक्षा अनुसंधान तथा विकास संगठन (DRDO) ने दक्ष (Daksh) नामक एक रोबोट का विकास किया है, जो जीवन के लिए घातक वस्तुओं को नष्ट कर सकता है। इन सबके अतिरिक्त कृत्रिम बुद्धिमता चालित रोबोटिक्स का विकास पूर्णत: भिन्न उद्देश्यों के लिए किया गया है। विकास तथा अनुसंधान हेतु एक उपक्षेत्र के रूप में मशीन लर्निंग पर ध्यान दिया जा रहा है। मशीन लर्निंग (ML) इस सिद्धान्त पर आधारित है कि एक कम्प्यूटर प्रोग्राम बिना किसी मानव हस्तक्षेप के नए आंकड़ों से सीख सकता है और इनमें सामंजस्य स्थापित कर सकता है। इसमें एक अन्तर्निहित स्रोत कोड या एक एल्गोरिथम भी शामिल है जो अपने द्वारा पहचाने गए आंकड़ों से पूर्वानुमान लगाने वाले मॉडल का विकास कर सकता है। **माइक्रोसॉफ्ट का प्रोजेक्ट 'एडम' व गूगल का 'गूगल ब्रेन' मशीन लर्निंग हैं जिनमें डीप लर्निंग (गहन अधिगम) पर ध्यान दिया गया है।** डीप लर्निंग भी मशीन लर्निंग का एक उपक्षेत्र है।

डीप लर्निंग वह क्षेत्र है जिसमें, निर्णय हेतु आंकड़ों की प्रोसेसिंग और पैटर्नों के निर्माण में मानव मस्तिष्क के कार्यों का अनुकरण करते हुए, **मशीनों**

को सीखने (लर्निंग) में सक्षम बनाया जा सके। नेचुरल लेंग्वेज प्रोसेसिंग (NLP) एक ऐसे महत्वपूर्ण क्षेत्र के रूप में उभरा है, जो वाणी तथा पैटर्न की पहचान के उपयोग से मानव मशीन अन्तर्क्रिया में और रीडिंग कांप्रीहेंशन में मशीनों की समझ को सक्षम बना सके।

16.4 कृत्रिम बुद्धिमत्ता संबंधी कुछ हालिया समाचार (Some Recent News of AI)

16.4.1 चैटजीपीटी (ChatGPT)

- GPT का आशय **जेनरेटिव प्री-ट्रेंड ट्रांसफार्मर (Generative Pre-trained Transformer)** से है, जो एक प्रकार का कंप्यूटर भाषा मॉडल

है जो **मानव-जैसे टेक्स्ट-आधारित इनपुट उत्पन्न करने के लिए गहन शिक्षण तकनीकों पर निर्भर करता है।**

- **यह दूसरा एआई है जो ट्यूरिंग टेस्ट (मानव-मशीन वार्ता) पास कर चुका है।** इसे चैटजीपीटी के संस्थापक और OpenAI के CEO **सैम ऑल्टमैन** द्वारा विकसित किया गया है। **यूजीन गूस्टमैन** एक चैटबॉट है जिसे कुछ लोग पहला ट्यूरिंग टेस्ट पास करने वाला मानते हैं।
- इस परीक्षण का नाम ट्यूरिंग टेस्ट के संस्थापक और एक अंग्रेजी कंप्यूटर वैज्ञानिक, क्रिप्टोनालिस्ट, गणितज्ञ और सैद्धांतिक जीवविज्ञानी **एलन ट्यूरिंग (Alan Turing)** के नाम पर रखा गया है। ट्यूरिंग ने प्रस्तावित किया कि यदि कंप्यूटर विशिष्ट परिस्थितियों में मानवीय प्रतिक्रियाओं की नकल कर सकता है तो उसे कृत्रिम बुद्धिमत्ता (artificial intelligence) वाला कहा जा सकता है।
- चैटजीपीटी एक खुला एआई चैटबॉट है जो मानव सदृश वार्ता के लिए प्राकृतिक भाषा प्रसंस्करण का उपयोग करता है। यह **कृत्रिम बुद्धिमत्ता द्वारा संचालित एक संवादात्मक चैटबॉट है।** यह भाषा मॉडल सवालों का जवाब दे सकता है और लेख, सोशल मीडिया पोस्ट, निबंध, कोड और ईमेल सहित विभिन्न लिखित सामग्री तैयार कर सकता है।
- यह एक **तंत्रिका नेटवर्क (neural network)** भी है, क्योंकि **कंप्यूटर का एक बड़ा नेटवर्क** फीडबैक के आधार पर शब्दों के आउटपुट को ठीक कर सकता है।
- चैटजीपीटी एक शक्तिशाली उपकरण है जो कोडिंग प्रक्रिया में सहायता कर सकता है। कोड स्निपेट्स का विश्लेषण और समझने के लिए मशीन लर्निंग एल्गोरिदम का उपयोग करके, चैटजीपीटी सटीक और कुशल कोड समाधान उत्पन्न कर सकता है। हालांकि यह मानव प्रोग्रामर की जगह नहीं ले सकता है, लेकिन यह उत्पादकता और कोडिंग सटीकता में उल्लेखनीय सुधार कर सकता है।
- ओपनएआई के चैटजीपीटी की सफलता के बाद, कई कंपनियों ने बाजार में हिस्सेदारी हासिल करने के लिए चैटबॉट के अपने संस्करण लॉन्च किए हैं।
- **META (Facebook), जो 'इंटरनेट चैट' की दुनिया पर एकाधिकार चाहता है, ने LLaMA नाम से अपना नया चैटबॉट लॉन्च किया है।**
- **जनरेटिव एआई (Generative AI)**, एआई के अन्य रूपों की तरह, पिछले डेटा से कार्रवाई करना सीखता है। हालांकि, यह केवल डेटा को वर्गीकृत करने या पहचानने से आगे जाता है और उस प्रशिक्षण के आधार पर **बिल्कुल नई सामग्री, जैसे टेक्स्ट, चित्र और कंप्यूटर कोड बनाता है।** जेनरेटिव एआई का एक प्रसिद्ध उदाहरण चैटजीपीटी है।
- चैटजीपीटी प्रश्नों के लिए मानव-जैसी प्रतिक्रियाएँ उत्पन्न करने और पाठ्य वार्तालापों के माध्यम से समस्याओं को हल करने में बहुत अच्छा है। दूसरी ओर, गूगल इंटरनेट पर जानकारी, वीडियो, चित्र, उत्पाद और लगभग कुछ भी ढूंढने में वास्तव में अच्छा है।

GPT का उपयोग चैट सिस्टम में विभिन्न अनुप्रयोगों में किया गया है, जिनमें निम्नलिखित शामिल हैं:

1. **चैटबॉट्स के लिए प्रतिक्रियाएं उत्पन्न करना:** जीपीटी का उपयोग चैटबॉट्स के लिए सुसंगत और विश्वसनीय प्रतिक्रियाएं उत्पन्न करने के लिए किया जा सकता है, जिससे उन्हें उपयोगकर्ताओं के साथ प्राकृतिक और आकर्षक वार्ता में संलग्न होने की क्षमता मिलती है।
2. **भाषा अनुवाद:** जीपीटी को एक भाषा से दूसरी भाषा में टेक्स्ट का अनुवाद करने के लिए प्रशिक्षित किया जा सकता है, जिससे यह उन चैट सिस्टम के लिए उपयोगी हो जाता है जिन्हें कई भाषाओं को सपोर्ट करने की आवश्यकता होती है।
3. **टेक्स्ट सारांश:** जीपीटी का उपयोग लंबे टेक्स्ट के संक्षिप्त सारांश उत्पन्न करने के लिए किया जा सकता है, जो उपयोगकर्ताओं को त्वरित और संक्षिप्त प्रतिक्रिया प्रदान करने के लिए चैट सिस्टम में उपयोगी हो सकता है।
4. **संवाद प्रणालियाँ:** जीपीटी का उपयोग चैटबॉट्स और मनुष्यों के बीच संवादों को सशक्त बनाने के लिए किया जा सकता है, जिससे अधिक प्राकृतिक और आकर्षक वार्ता संभव हो सके।
5. **भावना विश्लेषण:** जीपीटी को टेक्स्ट की भावना को वर्गीकृत करने के लिए प्रशिक्षित किया जा सकता है, जो नकारात्मक या सकारात्मक भावना का पता लगाने और उसका जवाब देने के लिए चैट सिस्टम में उपयोगी हो सकता है।
6. **ज्ञान आधार निर्माण:** जीपीटी का उपयोग बड़ी संख्या में संकेतों और प्रश्नों के उत्तर उत्पन्न करके चैटबॉट के लिए ज्ञान आधार निर्माण हेतु किया जा सकता है।

16.4.2 डीपफेक (Deepfake)

- **डीपफेक डिजिटल मीडिया हैं** जिसमें **व्यक्तियों और संस्थानों को नुकसान पहुंचाने के लिए कृत्रिम बुद्धिमत्ता (AI) का उपयोग करके** वीडियो, ऑडियो और छवियों को **एडिट और इनमें हेरफेर (manipulate) किया जाता है।**
- एआई-जनित सिंथेटिक मीडिया या डीपफेक के कुछ क्षेत्रों में स्पष्ट लाभ हैं, जैसे पहुंच (accessibility), शिक्षा, फिल्म निर्माण, आपराधिक फोरेंसिक और कलात्मक अभिव्यक्ति।
- **प्रतिष्ठा को नुकसान पहुंचाने**, सबूत गढ़ने, जनता को धोखा देने और **कम संसाधनों** (क्लाउड कंप्यूटिंग, एआई एल्गोरिदम और प्रचुर डेटा) के साथ लोकतांत्रिक संस्थानों में विश्वास को कम करने के लिए इसका दुरुपयोग (अति-यथार्थवादी डिजिटल मिथ्याकरण) किया जा सकता है ।

  (इन्फोग्राफिक देखें - डीपफेक)

16.5 भारत में कृत्रिम बुद्धिमता (Artificial Intelligence in India)

कृत्रिम बुद्धिमता समूहों के आकार में भारत का विश्व में तीसरा या चौथा (चीन की स्थिति पर निर्भर) स्थान है। विभिन्न कृत्रिम बुद्धिमता पहलों के कारण भारत इस संदर्भ में पहले ही काफी आगे बढ़ चुका है। इस उद्योग में निजी क्षेत्र काफी संभावनाओं के साथ आगे बढ़ रहा है।

कनाडा स्थित कंपनी की रिपोर्ट, ग्लोबल एआई रिपोर्ट 2019 (Global AI Report 2019) के अनुसार, क्षेत्र में काम करने वाले एआई विशेषज्ञों की

डीपफेक

- डीपफेक एआई तकनीकों, विशेष रूप से डीप लर्निंग एल्गोरिदम का उपयोग करके बनाया गया सिंथेटिक मीडिया है।
- वे यथार्थवादी दिखने वाली छवियों, वीडियो या ऑडियो रिकॉर्डिंग में हेरफेर करते हैं या इन्हें उत्पन्न करते हैं।
- डीपफेक मौजूदा सामग्री पर चेहरों (फ़ेस), आवाज़ों या अन्य विशेषताओं को आरोपित करने या बदलने के लिए मशीन लर्निंग मॉडल का उपयोग करते हैं।
- वे दर्शकों को यह विश्वास दिलाने के लिए छल कर सकते हैं कि हेरफेर की गई सामग्री असली है। डीपफेक तंत्रिका नेटवर्क को प्रशिक्षित करके बनाए जाते हैं, जो अक्सर बड़े डेटासेट पर जेनरेटिव एडवरसैरियल नेटवर्क (GANs) का उपयोग करते हैं।
- डीपफेक से जुड़ी चिंताओं में गलत सूचना, पहचान की चोरी और गोपनीयता का उल्लंघन शामिल हैं।
- इनका उपयोग फर्जी खबरें फैलाने, सार्वजनिक हस्तियों की छवियों या भाषणों में हेरफेर करने और गैर-सहमति वाली स्पष्ट सामग्री बनाने के लिए किया जा सकता है।
- डीपफेक से उत्पन्न चुनौतियों का समाधान करने के लिए पहचान तकनीक और नीतियां विकसित करने के प्रयास चल रहे हैं।
- डीपफेक के प्रभाव को कम करने के लिए व्यक्तियों के लिए मीडिया की प्रामाणिकता का गंभीर मूल्यांकन और सत्यापन करना महत्वपूर्ण है।

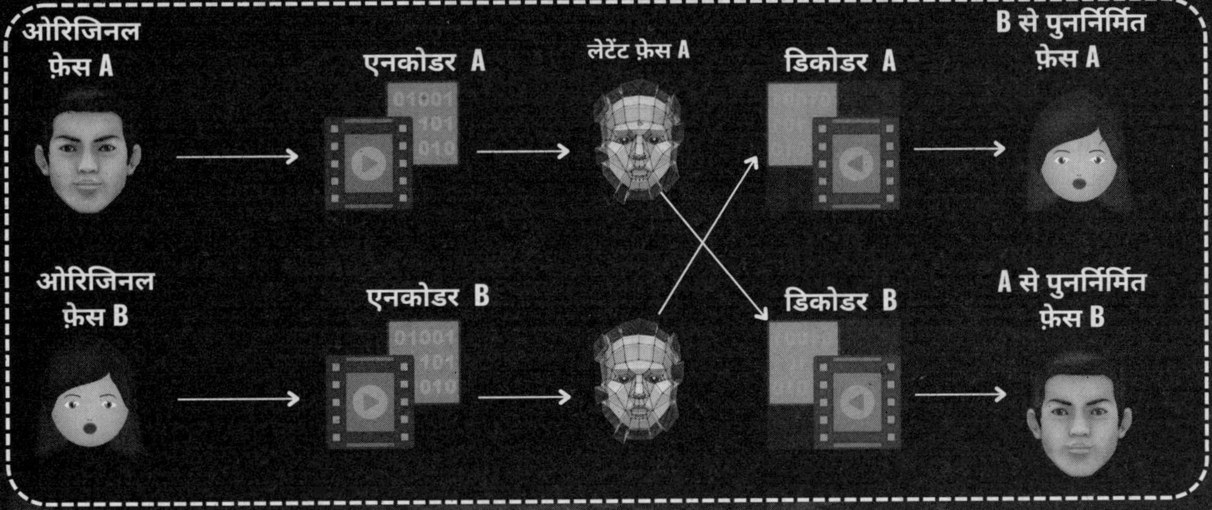

संख्या के मामले में भारत नौवें स्थान पर है। इस सूची में अमेरिका, चीन और ब्रिटेन शीर्ष पर हैं।

तथापि 1 फरवरी, 2018 को प्रस्तावित भारतीय बजट में सरकार द्वारा मशीन लर्निंग तथा कृत्रिम बुद्धिमता के विकास को प्रोत्साहन दिए जाने के संकेत मिले हैं।

नीति आयोग ने इसके अनुसंधान तथा इसके अनुप्रयोगों के विकास सहित कृत्रिम बुद्धिमता के एक देशव्यापी प्रोग्राम का रोडमेप तैयार करने हेतु कहा है।

सरकार ने नीति आयोग को नई और उभरती प्रौद्योगिकियों में अनुसंधान और विकास का मार्गदर्शन करने के लिए एआई पर राष्ट्रीय कार्यक्रम स्थापित करने के लिए अधिदेशित किया।

सरकार ने बैंकिंग, बीमा, शिक्षा, स्वास्थ्य, रिटेल तथा परिवहन सहित प्रमुख क्षेत्रों में अनुप्रयोग आधारित अनुसंधान आरंभ करने वाले स्टार्ट-अपस और उद्यम कोषों को प्रोत्साहन देने का वादा किया है। सेवा तथा तकनीक विभाग भी रोबोटिक्स, कृत्रिम बुद्धिमता, डिजिटल मैन्युफैक्चरिंग, बिग डाटा एनालिसिस, क्वाण्टम कम्युनिकेशन क्षेत्रों में अनुसंधान, प्रशिक्षण तथा कौशल में निवेश बढ़ाने वाले उत्कृष्टता केंद्रों की स्थापना पर विचार कर रहा है। पिछले कुछ वर्षों में भारत में कृत्रिम बुद्धिमता के क्षेत्र में आरंभ किए गए विभिन्न स्टार्ट अप्स **तालिका 16.2** में दिए गए हैं। प्रगतिशील निजी क्षेत्र समूहों के अलावा भारत के **CAIR (सेंटर फॉर आर्टिफिशियल इंटेलीजेंस एण्ड रोबोटिक्स- DRDO** की एक प्रयोगशाला) ने कृत्रिम बुद्धिमता चालित कई उत्पादों का निर्माण किया है। इनमें से अधिकांश उत्पाद रोबोटिक्स, स्वायत्त प्रणालियों और इंटेलीजेंस प्रणालियों (जो त्वरित परिणाम देने हेतु मानवीय मदद के बिना विश्लेषण करने में सक्षम होंगी) के क्षेत्रों से संबंधित है।

तालिका 16.2 भारत में सभी स्टार्ट-अप्स

Active AI	स्वायत्तता, नेचुरल लेंग्वेज प्रोसेसिंग और उन्नत मशीन इंटेलीजेंस पर लक्षित संवादात्मक बैंकिंग सेवाएं प्रदान करना मुख्य क्षेत्र हैं।
Alndra Systems	लोगों तथा वस्तुओं की पहचान करने वाले उपकरणों पर कार्य।
Aritificial	डीप लर्निंग
Artivatic Data Labs	निगलने योग्य कंप्यूटिंग, जिनका उपयोग एक कैप्सूल के अंदर बहुत छोटे ऐसे रोबोट बनाने हेतु होगा जिन्हें शरीर से डाटा प्राप्त करने हेतु निगला जा सकता है।
Arya. AI	न्यूरल नेटवर्क जो कार्यों में मानव मस्तिष्क के समान होगा।
Fluid. AI	चेहरे की पहचान: बैंकिंग, वित्त, वेब तथा सरकारी क्षेत्रों हेतु समस्या समाधान में प्रयुक्त।
Morph. AI	मार्केटिंग तथा ग्राहक सेवाओं हेतु चेटबोट्स
Sig Tuple	चिकित्सकीय नैदानिकी में, मेडिकल डाटा का AI संचालित दृश्य-विश्लेषण

CAIR के विकासाधीन उत्पाद (CAIR Products under Development)

- AINCO (AI Technology for Net Centric Operations), जो कि ज्ञान आधार निर्माण, सूचना अभिग्रहण, हैण्डलिंग, अनुमिति (Inferencing) तथा घटना सह संबंध हेतु तकनीकों का एक समूह होगा।
- नोलेज रिसोर्स एण्ड इंटेलीजेंट डिसीजन एनालिसिस (KRIDA), जो कि ज्ञान आधार और डेटा हैण्डलिंग के उपयोग के जरिए व्यापक स्तर पर सैन्य गतिविधियों का प्रबंधन करता है।
- रोबोसेन (Robosen), एक मोबाइल रोबोट प्रणाली, जो सशस्त्र बलों, अर्द्ध-सैनिक बलों और पुलिस हेतु गश्ती, टोह तथा सर्विलांस कार्य करेगा। यह स्वायत्त रूप से कार्य करते हुए बाधाओं को नजअंदाज करते हुए वीडियो फीडबैक दे सकता है।
- एक लघु मानवरहित भूमि वाहन, जो कि कम तीव्रता के विवादों और शहरी नियोजन की निगरानी हेतु मानव द्वारा वहनीय एक रोबोटिक प्रणाली है।
- रोबोट्स से आशय ऐसी लॉजिस्टिक सपोर्ट से है जो 6 तथा 4 कदम चल (समह) सकते हैं।
- रोबोट्स जो दीवारों पर चल सकते हैं और कम तीव्रता के संघर्षों में पंख फड़फड़ा सकते हैं।
- हस्तलिखित एंट्री की स्वचालित प्रोसेसिंग हेतु CAIR-ICR (इंटेलीजेंट केरेक्टर रिकगनिशन) प्रणाली।
- सांप की चाल के विश्लेषण के बाद सर्प रोबोट का डिजाइन किया गया है। इनका इस्तेमाल प्राकृतिक आपदाओं के दौरान खोज तथा बचाव अभियानों में किया जाता है।

यह अनुमान है कि एआई वर्ष 2035 तक भारत के सकल घरेलू उत्पाद में 957 बिलियन डॉलर योगदान करेगा, जिससे भारत की वार्षिक वृद्धि में 1.3% का इजाफा होगा।

2019 में, नीति आयोग ने AIRAWAT (आर्टिफिशियल इंटेलिजेंस रिसर्च, एनालिटिक्स और नॉलेज एसिमिलेशन प्लेटफॉर्म) नामक क्लाउड कंप्यूटिंग प्लेटफॉर्म स्थापित करने के लिए कैबिनेट नोट प्रसारित किया।

बजट 2019-20 में, सरकार ने युवाओं को नए युग के कौशल, आर्टिफिशियल इंटेलिजेंस, IoT, बिग डेटा, 3D प्रिंटिंग, वर्चुअल रियलिटी आदि के लिए तैयार करने के लिए 'खेलो इंडिया' परियोजना के तहत एक राष्ट्रीय खेल शिक्षा बोर्ड की स्थापना की घोषणा की है।

इन जीवंत निजी क्षेत्र समूहों के अलावा, भारत के सेंटर फॉर आर्टिफिशियल इंटेलिजेंस एंड रोबोटिक्स (CAIR), रक्षा अनुसंधान और विकास संगठन (DRDO) की एक प्रयोगशाला ने कई उत्पाद विकसित किए हैं जो एआई द्वारा संचालित होते हैं। इनमें से कई विकास प्रक्रिया में हैं। अधिकांश उत्पाद रोबोटिक्स, स्वायत्त प्रणालियों और बुद्धिमत्ता प्रणालियों के क्षेत्रों से संबंधित हैं जो त्वरित परिणाम देते हुए किसी भी मानवीय प्रयास के बिना विश्लेषण करेंगे।

चैटबोट ASKDISHA (Chatbot ASKDISHA)

इंडियन रेलवे कैटेरिंग एंड टूरिज्म कॉर्पोरेशन लिमिटेड (IRCTC) ने हिंदी भाषा में ग्राहकों के साथ बातचीत करने के लिए बातचीत सक्षम ASKDISHA चैटबोट संचालित की है। ग्राहक अब लेखन के साथ-साथ बोलकर भी ASKDISHA से हिंदी में प्रश्न पूछ सकते हैं।

मुख्य बातें

- यह एक आर्टिफिशियल इंटेलिजेंस आधारित चैटबोट है।
- यह एक विशेष कंप्यूटर कार्यक्रम है जो उपयोगकर्ताओं के साथ बातचीत का अनुकरण करने के लिए डिजाइन किया गया है, विशेष रूप से इंटरनेट पर।
- शुरुआत में अक्टूबर 2018 में इसे अंग्रेजी भाषा में लॉन्च किया गया था।
- इसे इंडियन रेलवे कैटरिंग एंड टूरिज्म कॉर्पोरेशन (आईआरसीटीसी) द्वारा विकसित किया जाता।
- इसका उद्देश्य विभिन्न सेवाओं से संबंधित रेल यात्रियों के प्रश्नों को इंटरनेट पर हल करना है।

प्रदान की गई सेवाएं

इसके लॉन्च के बाद से टिकटों के रिजर्वेशन, कैंसिलेशन, रिफंड स्टेटस की जांच, किराया, पीएनआर सर्च, ट्रेन रनिंग स्टेटस, रिटायरिंग रूम और टूरिज्म प्रॉडक्ट्स के बारे में पूछताछ पर मदद मांगने वाले यात्रियों को फायदा हुआ है।

आई एम इंटरडिसिप्लिनरी साइबर फिजिकल सिस्टम्स (IM-Interdisciplinary Cyber Physical Systems - ICPS) ने AI अनुसंधान को बढ़ावा देने के लिए निम्नलिखित चार स्तरीय ढांचे का सुझाव दिया है:

(a) अंतर्राष्ट्रीय नव ज्ञान केंद्र (ICON - International Centres of New Knowledge)

(b) उप-प्रणालियों संबंधी अनुसंधान केंद्र (CROSS - Centre for Research on Sub-Systems)

(c) उन्नत अध्ययन, अनुवाद अनुसंधान और नेतृत्व केंद्र (CASTLE - Center for Advanced Studies] Translational research and Leadership): अनुप्रयोग आधारित अनुसंधान के विकास और परिनियोजन पर ध्यान केंद्रित करना

(d) प्रौद्योगिकी नवाचार और हस्तांतरण उत्कृष्टता केंद्र (CETIT - Centre of Excellence in Technology Innovation and Transfer)

भारत में एआई अनुसंधान (AI Research in India)

एआई में मूल और अनुप्रयुक्त अनुसंधान दोनों को बढ़ावा देने के लिए दो स्तरीय एकीकृत दृष्टिकोण प्रस्तावित हैं:

1. **आर्टिफिशियल इंटेलिजेंस अनुसंधान उत्कृष्टता केंद्र (CORE-Centres of Research Excellence in Artificial Intelligence):** CORE, AI के मुख्य अनुसंधान पर ध्यान केंद्रित करेंगे, और IM-ICPS ढांचे के अनुसार ICON और CROSS दोनों की जिम्मेदारियों को निष्पादित करने का कार्यभार संभालेंगे।
2. **ट्रांसफॉर्मल आर्टिफिशियल इंटेलिजेंस के लिए अंतर्राष्ट्रीय केंद्र (ICTAI - International Centre for Transformational Artificial Intelligence):** ICTAI, अनुप्रयोग आधारित प्रौद्योगिकी विकास और परिनियोजन के लिए पारिस्थितिकी तंत्र प्रदान करेगा, और IM-ICPS ढांचे के अनुसार CASTLE और CETIT दोनों की जिम्मेदारियों को निष्पादित करने का कार्यभार संभालेगा।

AI के लिए शैक्षणिक संस्थान और केंद्र (Academic Institutes and Centers for AI)

- सेंटर फॉर आर्टिफिशियल इंटेलिजेंस IIT खड़गपुर
- सेंटर फॉर आर्टिफिशियल इंटेलिजेंस एंड रोबोटिक्स (CAIR), DRDO
- रॉबर्ट बॉश सेंटर फॉर डेटा साइंस एंड आर्टिफिशियल इंटेलिजेंस, IITM
- आर्टिफिशियल इंटेलिजेंस ग्रुप (AI-IISc)
- एआई विभाग @ IITH
- आर्टिफिशियल इंटेलिजेंस संबंधी अकादमिक-उद्योग सहयोग
- सांख्यिकीय कृत्रिम बुद्धिमत्ता और मशीन लर्निंग प्रयोगशाला (LSAIML), IITR

16.6 कृत्रिम बुद्धिमत्ता/बुद्धि के लाभ (Advantages of Artificial Intelligence)

- कृत्रिम बुद्धिमत्ता/बुद्धि की सहायता से यंत्रों को ऐसे कठिन एवं तनावयुक्त कार्य करने में सक्षम बनाया जा सकता है, जो प्राय: मानवों के द्वारा किए जाते हैं।
- कृत्रिम बुद्धिमत्ता/बुद्धि की सहायता से किसी कार्य को मानव की अपेक्षा अधिक तीव्र गति से संपन्न किया जा सकता है।
- रोबोटिक्स की सहायता से कुछ अनसुलझे रहस्यों एवं बाह्य अंतरिक्ष के मामलों को सुलझाया जा सकता है, जो हमारे दैनिक जीवन में लाभकारी सिद्ध हो सकते हैं।
- कृत्रिम बुद्धिमत्ता/बुद्धि युक्त यंत्रों के कार्य करने से मानव तनावयुक्त एवं शारीरिक कष्ट देने वाले कार्यों को करने से बच सकता है।
- यह मानसिक रूप से पीड़ित, नेत्र एवं कर्ण रोग से पीड़ित दिव्यांगों की सहायता कर सकता है।
- यह ऐसे वातावरण का निर्माण करने में सक्षम है, जहां बैठकर गेम खेलने से आप वास्तविकता का अनुभव कर सकते हैं।
- कृत्रिम बुद्धिमत्ता/बुद्धि की सहायता से कठिन कंप्यूटर कार्यक्रमों (सॉफ्टवेयर) को आसानी से समझा जा सकता है।
- कृत्रिम बुद्धिमत्ता/बुद्धि युक्त यंत्रों के द्वारा किए गए कार्यों में गलतियों की संभावनाएं कम रहती है।
- इसकी सहायता से समय एवं संसाधनों को बिना व्यर्थ किए सदुपयोग कर लक्ष्य प्राप्ति में सहायता प्राप्त की जा सकती है।

16.7 कृत्रिम बुद्धिमत्ता/बुद्धि के दोष (Disadvantages of Artificial Intelligence)

- कृत्रिम बुद्धिमत्ता/बुद्धि में मानव संवेदनाओं का अभाव है एवं इससे मानव के गुणवत्ता की अनदेखी का खतरा बना रहता है।
- यह मानव द्वारा किए जाने वाले कार्य को करने में सक्षम है, जिसकी वजह से पेशेवर लोगों के रोजगार/नौकरी जाने की संभावना बनी रहती है।
- कृत्रिम बुद्धिमत्ता/बुद्धि युक्त यंत्र द्वारा मानव के स्थान ग्रहण करने के कारण से मजदूरों एवं कामगारों में हीनभावना का विकास होता है।
- कृत्रिम बुद्धिमत्ता/बुद्धि के खराब होने की स्थिति में इसके द्वारा किए जाने वाले कार्यों के अधूरे रह जाने की संभावना उत्पन्न हो जाती है।
- कृत्रिम बुद्धिमत्ता/बुद्धि के कारण युवा पीढ़ी में भ्रष्टाचार के बढ़ने की आशंका बनी रहती है।
- इस तकनीक का दुरुपयोग किसी बड़े घटना को अंजाम देने में किया जा सकता है।
- इस तकनीक में सूचनाओं का अद्यतनीकरण (Filtration) नहीं होता है।
- इस प्रकार की तकनीक का बड़े पैमाने पर दुरुपयोग किया जा सकता है।

16.8 क्या कृत्रिम बुद्धिमता सुपर बुद्धिमान मशीनों की ओर बढ़ रही है? (Is AI moving towards Super Intelligent Machines?)

यह प्रश्न तब से है जब बुद्धिमान मशीनों के पुन: प्रवर्तन ने न केवल इनके संभावित लाभों से हमें उत्साहित किया है अपितु इनके द्वारा मानव का स्थान लिए जाने का भय भी उत्पन्न किया है।

रोबोट का निर्माण ऐसे कार्यों के निष्पादन हेतु किया जा रहा है, जिनमें जटिल समस्या-समाधान की आवश्यकता नहीं होती, फिर भी एक चिंता है कि पृथ्वी एक ऐसे स्थान में परिवर्तित हो जाएगी जहां मानव स्वयं से अधिक बुद्धिमान मशीनों का गुलाम होगा। कृत्रिम बुद्धिमता के द्वारा समय के साथ निश्चित रूप से ऐसी मशीनों का निर्माण किया जा रहा है जो स्वयं से पूर्व की मशीनों से अधिक बुद्धिमान होती हैं। इसलिए कृत्रिम बुद्धिमता एक ऐसे भविष्य की ओर कदम बढ़ा रही है जहां मशीनें अत्यधिक बुद्धिमान होंगी परन्तु इससे संबंधित भय (कि मनुष्य मशीनों का दास होगा) अतिश्योक्तिपूर्ण बातों का परिणाम है।

प्रोजेक्ट ब्रेनबेव (Project Brainwave)

माइक्रोसॉफ्ट ने रीयल टाइम कृत्रिम बुद्धिमत्ता (AI) हेतु "प्रोजेक्ट ब्रेनबेव" नामक एक डीप लर्निंग गतिवर्द्धन प्लेटफॉर्म लॉन्च किया है। यह व्यापक FPGA (Field-programmable gate array) अवसंरचना का उपयोग करता है।

प्रश्न एवं उत्तर (Questions & Answers)

वस्तुनिष्ठ प्रश्न (Objective Question)

1. **विकास की वर्तमान स्थिति के साथ आर्टिफिशियल इंटेलिजेंस निम्नलिखित में से क्या प्रभावी ढंग से कर सकता है?**

[UPSC (Pre) - 2020]

1. औद्योगिक इकाइयों में बिजली की खपत को कम करना
2. सार्थक लघु कथाएँ और गीत बनाना
3. रोग निदान
4. टेक्स्ट-टू-स्पीच रूपांतरण
5. विद्युत ऊर्जा का वायरलेस ट्रांसमिशन

नीचे दिए गए कूट का प्रयोग कर सही उत्तर चुनिए :

(a) केवल 1, 2, 3 और 5
(b) केवल 1, 3 और 4
(c) केवल 2, 4 और 5
(d) 1, 2, 3, 4 और 5

उत्तरमाला (Answer Key)

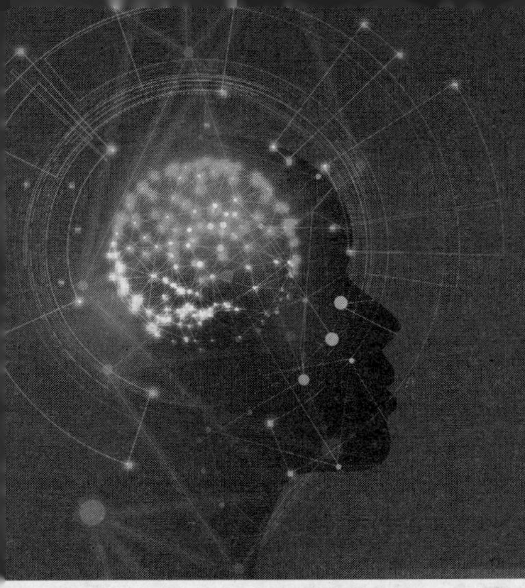

अध्याय

17

रोबोटिक्स (Robotics)

इस अध्याय में...

भारत द्वारा निर्मित रोबोट 'दक्ष' (Daksh) एक विद्युतीय रोबोट है जो किसी क्षेत्र में लगाए गए विस्फोटकों को निरस्त करने एवं दुश्मन सेना के क्षेत्र में जाकर विस्फोटक लगाने का कार्य करने में सक्षम है।

अक्टूबर 2017 में सोफिया को सऊदी अरब की नागरिकता प्रदान की गई, इसके साथ ही यह किसी देश की नागरिकता प्राप्त करने वाला प्रथम रोबोट बन गया।

17.1 रोबोटिक्स की ऐतिहासिक पृष्ठभूमि (Historical Background of Robotics)

सन 1950 में **'कार्ल कैपक'** (Karl Capek) ने अपने नाटक **Rossum's Universal Robots** में एक ऐसे श्रेष्ठ धावक की परिकल्पना प्रस्तुत की जिसकी बुद्धि मानव के समान थी। इसके पश्चात **'आइजक एसिमोव'** (Issac Isomov) ने रोबोट से संबंधित अपने नियम प्रस्तुत किए।

इसके बाद **'एरिक एलेनबर्गर'** (Eric Elenberger), **जिन्हें रोबोटिक का जनक माना जाता है,** ने विश्व के सामने वास्तविक रोबोट प्रस्तुत किया।

रोबोट एक स्वसंचालित यंत्र है, जो मनुष्य के द्वारा किए जाने वाले कार्यों को करने में सक्षम होती है हालांकि यह आवश्यक नहीं की इसकी कार्य क्षमता मनुष्य के समरूप हो।

रोबोटिक विज्ञान एवं प्रौद्योगिकी का एक अंग है जिसके अंतर्गत कंप्यूटर की सहायता से रोबोट का विनिर्माण एवं अनुप्रयोग किया जाता है।

17.2 परिभाषा (Definition)

1979 में रोबोट को अमेरिका रोबोट विश्वविद्यालय (America Robot University) के द्वारा परिभाषित किया गया, जिसके अनुसार **"रोबोट एक पुनः प्रोग्राम (reprogrammable) की जाने वाली, बहुद्देशीय व्यवस्था / संयंत्र है जो विभिन्न कार्यक्रमों (प्रोग्रामों) की सहायता से गति / कार्य कर विभिन्न कार्यों को संपन्न करता है।"**

रोबोटिक्स का इतिहास (History of Robotics)

सर्वप्रथम 1928 में जापानी रोबोट **'गाकु तेंसोरु'** (GAKU TENSORU) का निर्माण किया गया। 1952 में आईबीएम (IBM) ने प्रथम व्यावसायिक कंप्यूटर **'IBM 701'** को प्रस्तुत किया, जो एक आंकिक नियंत्रित यंत्र (Numerically Controlled) था। 1954 में **'जॉर्ज सी. डेवोल'** (George C. Devol) ने प्रथम आधुनिक रोबोट की खोज की, जिसे **युनिमेट** (UNIMATE) नाम दिया गया। 1973 में जर्मनी के द्वारा **फमलस** (FUMULUS) रोबोट का निर्माण किया गया, यह ऐसा प्रथम रोबोट था जो 360 डिग्री घूमने में सक्षम था। 2000 में **होंडा** (HONDA) ने **अशिमो** (ASHIMO) नामक मानवाकार रोबोट का निर्माण किया जो मानव की तरह चलने में सक्षम था। 2004 में **स्प्रिट** (SPIRIT) नामक रोबोट ने मंगल ग्रह पर उतर कर नया कीर्तिमान स्थापित किया।

वाबोट-1 (Wabot-1): वाबोट-1 को **जार्ज डीवोल** (George Devol) ने निर्मित किया जिसका निर्माण **यूनीमेशन** (Unimation) ने किया है जो रोबोट के निर्माण की पहली कम्पनी है। वाबोट-1, विश्व का प्रथम पूर्ण मानव सदृश्य रोबोट (Humanoid Robot) माना जाता है जिसका निर्माण कार्य 1972 में पूरा हुआ।

वर्ष 1956 में, जॉन मैकार्टी और मार्विन मिंस्की ने AI वाक्यांश को प्रस्तुत किया। 1973 में **FUMULUS** रोबोट का निर्माण जर्मनी द्वारा किया गया था। यह कंप्यूटर की six degree of freedom पदत्ति पर आधारित थी; जो 360° घूम सकती हैं। वर्ष 2000 में, होंडा ने एक इंसान की तरह चलने वाला ह्यूमनॉइड रोबोट **ASIMO** बनाया।

17.3 रोबोटिक्स के नियम (Laws of Robotics)

- **प्रथम नियमः** रोबोट को मानव जाति के लिए नुकसानदेह नहीं होना चाहिए अर्थात् मनुष्यों को रोबोट के कारण आलस कर अपना नुकसान नहीं करना चाहिए।
- **द्वितीय नियमः** एक रोबोट को हमेशा मनुष्यों का आज्ञाकारी होना चाहिए जब तक कि प्रथम नियम का उल्लंघन न किया जाए।
- **तृतीय नियमः** एक रोबोट को अपनी सुरक्षा स्वयं करनी चाहिए जब तक कि उपरोक्त दोनों नियमों का उल्लंघन न हो।

17.4 भारत में रोबोटिक्स (Robotics in India)

प्राचीन काल में एक **रोबोटिक जल नली** की खोज **सीबियस (Cteribius)** के द्वारा की गयी थी, जो एक अलेक्जेंड्रियन (Alexendrian) आविष्कारक एवं गणितज्ञ थे। **पहले से ही, दुनिया भर में उपयोग में आने वाले रोबोट की संख्या पिछले दो दशकों में तीन गुना बढ़कर 2.25 मिलियन हो गई है। रुझानों से पता चलता है कि रोबोट का वैश्विक स्टॉक अगले 20 वर्षों में और भी तेजी से बढ़ेगा और 2030 तक 20 मिलियन तक पहुंच जाएगा।** विश्व के अर्थव्यवस्था पर रोबोट का सबसे बड़ा प्रभाव स्वसंचालन (ऑटोमेशन) होगा। **स्वसंचालन / ऑटोमेशन एक ऐसी प्रक्रिया है जिसका संचालन एक कंप्यूटर कार्यक्रम / प्रोग्राम की सहायता से किया जाता है।** एक रोबोट संवेदकों (सेंसरों) का समूह होता है जो मस्तिष्क (माइक्रो प्रोसेसर) एवं संचार की योग्यता से परिपूर्ण होता है।

राष्ट्रीय विज्ञान एवं प्रौद्योगिकी नीति संस्थान (National Institute of Science & Technology Policy / NISTEP) के 2035 तक की योजनाओं के अनुसार रोबोट से संबंधित विकास:

- **1913-2014 - कृषि रोबोट** (Agriculture Robot)
- **1913-2017 - रोबोट जो बुजुर्गों का ध्यान रखे** (Robot that care for the elderly people)
- **1913-2020 - नैनो रोबोट** (Nano Robot)
- **1917 - अल्प खतरे की सर्जरी करने हेतु मेडिकल रोबोट** (Medical robots to perform low & invasive surgery)
- **1917-2019 - गृह उद्देशीय रोबोट** (घर की सफाई, घर की सुरक्षा इत्यादि) (Household Robots)
- **1935 - युद्ध क्षेत्र हेतु पूर्ण स्वायत्त रोबोट सेना** (Completely autonomous robot soldiers on battlefield)

(इन्फोग्राफिक देखें - रोबोटिक्स)

17.5 रोबोट के घटक (Components of Robots)

17.5.1 संरचना (Structure)

इसकी संरचना अधिकांशतः यांत्रिक होती है, इन्हें प्रायः **एक्टुएटर्स (Actuators)** एवं जोड़ों को श्रृंखलाबद्ध तरीके से जोड़ कर इस प्रकार निर्मित किया जाता है की ये गति करने योग्य हों। जिन रोबोट का उपयोग संचालन हेतु किया जाता है, उनमें एक **एण्ड एफ्फट्र्स (End Efforts)** लगे होते हैं। ये एन्ड एफ्फट्र्स

रोबोटिक्स

रोबोटिक्स क्या है?

- रोबोटिक्स वह क्षेत्र है जिसमें रोबोट डिजाइन करना, निर्माण करना और प्रोग्रामिंग करना शामिल है। यह मैकेनिकल इंजीनियरिंग, इलेक्ट्रिकल इंजीनियरिंग, कंप्यूटर विज्ञान और कृत्रिम बुद्धिमत्ता को संयोजित करता है।
- रोबोट, प्रोग्राम करने योग्य मशीनें होती हैं जो स्वचालित रूप से या न्यूनतम मानवीय हस्तक्षेप के साथ कार्य कर सकती हैं।
- ये औद्योगिक, सेवा, ह्यूमनॉइड या मोबाइल रोबोट हो सकते हैं। औद्योगिक रोबोट विनिर्माण प्रक्रियाओं को बढ़ाते हैं, सेवा रोबोट विभिन्न कार्यों में मनुष्यों की सहायता करते हैं, ह्यूमनॉइड रोबोट मानव उपस्थिति और व्यवहार की नकल करते हैं, और मोबाइल रोबोट स्वायत्त रूप से आगे बढ़ सकते हैं।
- रोबोटिक्स की प्रगति सेंसर प्रौद्योगिकी, एआई और कंप्यूटर विज़न द्वारा संचालित होती है। रोबोटिक्स का भविष्य स्वास्थ्य देखभाल, कृषि, अंतरिक्ष अन्वेषण और आपदा प्रतिक्रिया में अपार संभावनाएं रखता है।

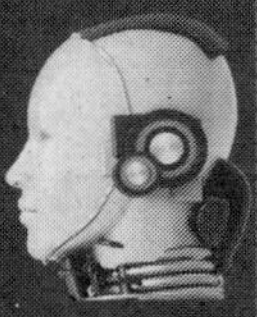

रोबोटिक्स के अनुप्रयोग

1. विनिर्माण: रोबोट कारखानों में कार्यों को स्वचालित रूप से करते हैं, असेंबली, वेल्डिंग और पैकेजिंग कार्यों में दक्षता और सटीकता में सुधार करते हैं।
2. स्वास्थ्य देखभाल: रोबोटिक सिस्टम सर्जरी, पुनर्वास और रोगी देखभाल में सहायता करते हैं, सटीकता और उपचार परिणामों को बढ़ाते हैं।
3. लॉजिस्टिक्स: रोबोट कुशल आपूर्ति श्रृंखला प्रबंधन के लिए गोदाम संचालन, वस्तुओं की छंटाई, चयन और पैकिंग को अनुकूलित करते हैं।
4. कृषि: स्वचालित रोबोट फसलों की कटाई और निगरानी, उत्पादकता बढ़ाने और श्रम लागत कम करने जैसे कार्य करते हैं।
5. अन्वेषण: रोबोट गहरे समुद्र या अंतरिक्ष जैसे खतरनाक वातावरण ख़ोज कार्य करते हैं, अनुसंधान और अन्वेषण में सहायता करते हैं।
6. शिक्षा: रोबोटिक्स, प्रोग्रामिंग और टीम वर्क सिखाता है, सीखने और समस्या सुलझाने के कौशल को बढ़ावा देता है।
7. सेवा उद्योग: रोबोट होटल और रेस्तरां में सफाई, वितरण और ग्राहक सेवा प्रदान करते हैं, जिससे दक्षता और ग्राहक अनुभव में वृद्धि होती है।
8. मनोरंजन: रोबोटिक्स मनोरंजन के लिए मनोरंजन पार्कों और घरों में एनिमेट्रॉनिक्स, अंतर्क्रियात्मक साथी और रोबोटिक खिलौने मौजूद कराता है।
9. रक्षा और सुरक्षा: रोबोट बम निपटान, निगरानी और टोही जैसे कार्यों को निष्पादित करते हैं, जिससे मानव कर्मियों के लिए जोखिम कम हो जाते हैं।
10. व्यक्तिगत उपयोग: वैक्यूम क्लीनर और निजी सहायक जैसे रोबोटिक उपकरण, सुविधा प्रदान करते हुए घरेलू कामों को सरल बनाते हैं।

रोबोटिक्स का इतिहास

प्राचीन उत्पत्ति: ग्रीस और चीन जैसी प्राचीन सभ्यताओं में स्वचालित मशीनों के शुरुआती उदाहरण थे। ग्रीक मिथकों में हेफेस्टस के ऑटोमेटन जैसे यांत्रिक प्राणियों को दर्शाया गया है, जबकि प्राचीन चीन में आविष्कारकों ने जटिल यांत्रिक खिलौने और उपकरण बनाए थे।

औद्योगिक क्रांति: 18वीं और 19वीं शताब्दी में औद्योगिक क्रांति से मशीनरी और स्वचालन में प्रगति हुई। जैक्वार्ड लूम और भाप से चलने वाली मशीनों जैसे नवाचारों ने मशीनीकरण की नींव रखी।

प्रारंभिक रोबोटिक्स: 20वीं सदी की शुरुआत में, शोधकर्ताओं ने ऐसी मशीनें बनाने के विचार की खोज शुरू की जो स्वचालित रूप से कार्य कर सकें। 1920 में, "रोबोट" शब्द कारेल कैपेक ने अपने नाटक " R.U.R." (Rossum's Universal Robots)" में प्रयोग किया था।

प्रारंभिक औद्योगिक रोबोट: 1950 के दशक में, पहले औद्योगिक रोबोट सामने आए। **जॉर्ज डेवोल** और **जोसेफ एंगेलबर्गर** ने यूनीमेट विकसित किया, जो एक इलेक्ट्रोमैकेनिकल शाखा थी जिसका उपयोग जनरल मोटर्स कारखाने में हैंडलिंग और असेंबली कार्यों के लिए किया जाता था।

रोबोट मैनिपुलेटर्स और एआई: 1960 और 1970 के दशक में, रोबोट मैनिपुलेटर्स में प्रगति ने रोबोट हथियारों की सटीकता और लचीलेपन में सुधार किया। इस युग में एआई और कंप्यूटर विज़न प्रौद्योगिकियों का एकीकरण भी देखा गया, जिससे रोबोटिक्स अनुसंधान में प्रगति हुई।

मोबाइल रोबोट और अंतरिक्ष अन्वेषण: In 1970 के दशक में, मोबाइल रोबोट ने ध्यान आकर्षित किया। स्टैनफोर्ड कार्ट और शेकी द रोबोट इसके उल्लेखनीय उदाहरण थे। नासा ने अंतरिक्ष अन्वेषण के लिए मार्स रोवर्स जैसे रोबोटिक सिस्टम भी विकसित किए।

पर्सनल कंप्यूटर और रोबोटिक्स: 1980 के दशक में पर्सनल कंप्यूटर की शुरूआत से अधिक सुलभ और किफायती रोबोटिक्स प्रौद्योगिकियों का विकास हुआ। इसने शौकीनों (hobbyists), शोधकर्ताओं और उद्यमियों के बीच रुचि जगाई और आगे नवाचार को बढ़ावा दिया।

एआई और मशीन लर्निंग में प्रगति: 20वीं सदी के अंत और 21वीं सदी की शुरुआत में एआई और मशीन लर्निंग में महत्वपूर्ण प्रगति देखी गई। इन तकनीकों ने रोबोटों को अपने वातावरण को अधिक प्रभावी ढंग से समझने और उसके साथ अंतर्क्रिया करने में सक्षम बनाया।

सहयोगी और सेवा रोबोट: हाल के वर्षों में सहयोगी रोबोटों में वृद्धि देखी गई है, जिन्हें कोबोट भी कहा जाता है, जो औद्योगिक कार्यों में मनुष्यों के साथ काम कर सकते हैं। घरेलू सहायकों और स्वास्थ्य देखभाल सहायता जैसे सेवा रोबोटों ने भी लोकप्रियता हासिल की है।

रोबोटिक्स का भविष्य: ह्यूमनॉइड रोबोटिक्स, स्वार्म रोबोटिक्स, स्वायत्त वाहन और मेडिकल रोबोटिक्स में प्रगति के साथ रोबोटिक्स का भविष्य उज्ज्वल है। रोबोट तेजी से विभिन्न उद्योगों और रोजमर्रा की जिंदगी का अहम हिस्सा बन जाएंगे और इसे प्रभावित करेंगे।

इन्फोग्राफिक जारी......

रोबोटिक्स के घटक

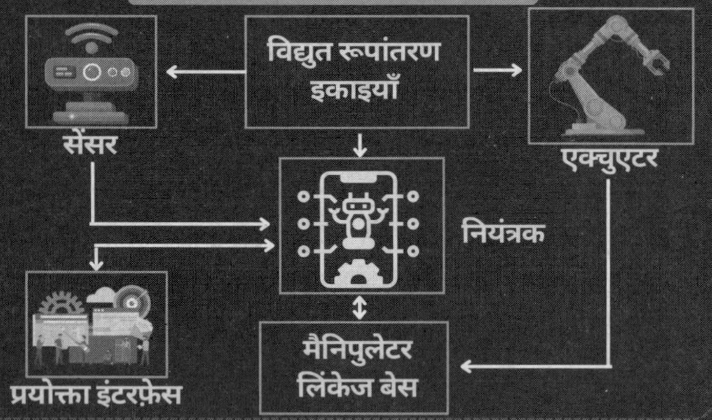

रोबोटिक्स में चुनौतियाँ और नैतिक विचार

1. सुरक्षा और जोखिम: सुरक्षित रोबोट संचालन सुनिश्चित करना और मनुष्यों को नुकसान से बचाना।
2. नौकरी विस्थापन: रोजगार पर स्वचालन के संभावित प्रभाव को संबोधित करना।
3. गोपनीयता और डेटा सुरक्षा: रोबोट द्वारा एकत्र किए गए व्यक्तिगत डेटा की सुरक्षा करना।
4. स्वायत्तता और निर्णय निर्माण: रोबोट कार्यों के लिए जवाबदेही और जिम्मेदारी निर्धारित करना।
5. रोबोटिक्स का नैतिक उपयोग: रोबोट के व्यवहार और उपचार के लिए दिशानिर्देश स्थापित
6. करना।
7. पूर्वाग्रह और निष्पक्षता: रोबोटिक्स में प्रयुक्त एआई एल्गोरिदम में पूर्वाग्रहों को दूर करना।
8. मानव-रोबोट संपर्क: ऐसे रोबोट डिज़ाइन करना जो मनुष्यों के साथ प्रभावी ढंग से संवाद और अंतर्क्रिया करें।
9. समाज और रोजगार पर प्रभाव: रोबोटिक्स परिनियोजन के व्यापक सामाजिक प्रभावों को समझना।

रोबोटिक्स में भविष्य के रुझान

उन्नत एआई और मशीन लर्निंग

एआई और मशीन लर्निंग में प्रगति से रोबोटिक्स को लाभ मिलता रहेगा, जिससे रोबोट जटिल वातावरण में सीखने, अनुकूलन करने और बुद्धिमत्तापूर्ण निर्णय लेने में सक्षम होंगे।

सहयोगात्मक रोबोट

सहयोगात्मक रोबोट या कोबोट का उपयोग बढ़ेगा, रोबोट मनुष्यों के साथ सहयोगात्मक और सुरक्षित तरीके से काम करेंगे। इससे विभिन्न उद्योगों में दक्षता और उत्पादकता में सुधार होगा।

स्वायत्त रोबोट

निरंतर मानवीय हस्तक्षेप के बिना जटिल कार्य करने में सक्षम अधिक स्वायत्त रोबोटों का विकास जारी रहेगा। इसमें स्वायत्त वाहन, डिलीवरी ड्रोन और खतरनाक वातावरण के लिए रोबोट शामिल हैं।

झुंड रोबोटिक्स

झुंड के रूप में एक साथ काम करने वाले छोटे रोबोटों के बड़े समूहों का समन्वय अधिक प्रचलित हो जाएगा। स्वार्म रोबोटिक्स अन्वेषण, निगरानी और खोज एवं बचाव कार्यों जैसे कार्यों में लाभ प्रदान करता है।

सॉफ्ट रोबोटिक्स

लचीली और आज्ञाकारी सामग्रियों का उपयोग करते हुए सॉफ्ट रोबोटिक्स के उद्भव से रोबोट नाजुक वस्तुओं के साथ अंतर्क्रिया करने और अप्रत्याशित वातावरण को अधिक प्रभावी ढंग से नेविगेट करने में सक्षम होंगे।

ह्यूमनॉइड रोबोट

ह्यूमनॉइड रोबोट तकनीक में प्रगति जारी रहेगी, जिसका लक्ष्य ऐसे रोबोट बनाना है जो दिखने में और व्यवहार में इंसानों से काफी मिलते-जुलते हों। इन रोबोटों को स्वास्थ्य देखभाल और सामाजिक सहायता सहित विभिन्न उद्योगों में अनुप्रयोग मिल सकते हैं।

एक वेल्डिंग यंत्र या यांत्रिक हाथ हो सकते हैं, जो चीजों को संयोजित/संचालित करने में सक्षम होते हैं।

17.5.2 रोबोट के मौलिक घटक (Essential Components of Humanoid)

- रोबोट के हाथों को **एण्ड एफ्फेक्टर्स (End Effectors)** कहा जाता है।
- **रोबोट के बाजू / बाँह को 'मैनिपुलेटर' (Manipulator)** कहा जाता है।
- एण्ड एफ्फेक्टर्स प्रतिश्याय (Gripper) **हो सकते हैं, जिनमें ऐसी उंगलियां लगी होती हैं,** जो छोटी-से-छोटी वस्तुओं को उठाने एवं रखने में सक्षम होती हैं। ये **निर्वात प्रतिश्याय (Vacuum Gripper) भी हो सकती हैं,** जो कार तथा खिड़कियों के काँच जैसे बड़े इलेक्ट्रॉनिक उपकरण को भी उत्कृष्ट तरीके से संचालित कर सकती हैं।
- **गति प्रेरक (Actuators): रोबोट की मांसपेशियों तथा जोड़ों का कार्य करते हैं।**

17.5.3 मानवाकार रोबोट में योजना, नियंत्रण एवं संवेदना (समझ) (Planning Control and Sensing in Humanoid Robots)

रोबोट के नियंत्रण एवं योजना शक्ति का विकास करने के दौरान मुख्यत: **तीन संवेदकों की सहायता से** सूचनाओं को एकत्र कर पथ योजना, आने वाले बाधाओं की पहचान करने की क्षमता विकसित करने की कोशिश की जाती है।

1. **निकटता संवेदक (Proximity Sensors):** इसका उपयोग संवेदकों (Sensors) एवं वातावरण में मौजूद चीजों की सापेक्ष दूरी को मापने हेतु किया जाता है।
2. **बाह्य संवेदक (Exteroceptive Sensors):** यह संवेदक रोबोट को वातावरण की जानकारी प्रदान कर बाहरी दुनिया को समझने में सहायता प्रदान करती है।
3. **सामान्य संवेदक (Proprioceptive Sensors):** इसकी सहायता से मानवाकार रोबोट अपनी स्थिति, घूर्णन एवं चाल का अनुमान लगाता है।

17.6 रोबोटिक पद्धति एवं रोबोट की रचना (Robotics System and Robot Anatomy)

रोबोट एक व्यवस्था है जो कई उप-व्यवस्थाओं (Subsystems) के संयोग से इस प्रकार निर्मित होता है कि वे एक-दूसरी व्यवस्था यहां तक कि वातावरण, जहां उसे कार्य करना है, से संपर्क स्थापित कर सके।

1. आधार (Base): स्थिर या अस्थिर (Fixed or Mobile)
2. संचालक बाँह (Manipulator arm)
3. अंत प्रभावोत्पादक (End effectors)
4. प्रवर्तक या संचालक (Drivers or actuators)
5. नियंत्रक (Controller)
6. संवेदक / संसूचक (Sensors)
7. अंतरफलक (संपर्क स्थापित करने वाला) (Interfaces)

1. **आधार (Base) - स्थिर या गतिमान (Fixed or Mobile):** बिना पहिये (Without wheeled) वाला रोबोट स्थिर है
2. **संचालक बाँह (Manipulators):** संचालक बाँह किसी घूमने वाले या स्थिर आधार से जुड़ी होती है। इसमें घूमने हेतु 6 स्वतंत्र जोड़ होते हैं, जिनमें से तीन शरीर से जुड़े होते हैं एवं तीन संचालक बाँह से। शरीर से जुड़े स्वतंत्र जोड़ संचालक बाँह को किसी भी कार्य करने हेतु स्वतंत्रतापूर्वक घूमने में मदद करता है। संचालक बाँह के अंत में एक कलाई भी लगी होती है, जो स्वतंत्रतापूर्वक घूमकर किसी चीज को मोड़ने, हटाने या फेंकने में मदद करता है।
3. **अंत प्रभावोत्पादक (End effectors):** किसी रोबोट में अंत प्रभावोत्पादक किसी वस्तु को पकड़ने हेतु लगाया जाता है। यह कलाई के अंत में लगा होता है। इसे ऐसे पदार्थ से निर्मित किया जाता है जो किसी वस्तु को पकड़ने या उठाने में सहायक हो। इसे विशेष कार्यों को करने हेतु लगाया जाता है। ये संचालक बाँह कई प्रकार के होते हैं; जैसे-यांत्रिक ग्रिपर, उठाने वाले ग्रिपर, निर्वात कप इत्यादि।
4. **गति प्रेरक (Actuators):** गति प्रेरक किसी रोबोट में लगा एक ऐसा घटक होता है, जो मिलने वाले विद्युत ऊर्जा को यांत्रिक ऊर्जा में परिवर्तित करता है। यह रोबोट को चलने एवं नियंत्रण बनाए रखने में मदद करता है।
5. **नियंत्रक (Controllers):** यह रोबोट के मस्तिष्क की तरह कार्य करता है, संचालक भी इसी से मिले संकेतों के आधार पर कार्य करता है।
6. **संवेदक (Sensors):** संवेदक का कार्य परिवर्तनशील भौतिक गणनाओं (physical measurement) का मापन में करना है। इसके आधार पर रोबोट आवश्यक सूचना प्राप्त करने, संकेत भेजने एवं अपने शरीर के विभिन्न अंगों से संपर्क करने हेतु करता है। यह दो प्रकार का होता है। संपर्क / संस्पर्श संवेदक (contact sensors) एवं असंस्पर्श संवेदक (non-contact sensors)।

   संस्पर्श संवेदक (Contact Sensors): भौतिक संपर्क (Physical touch) के रूप में मिलने वाले आदेश हेतु जिम्मेवार होता है, यह किसी कार्य को संपर्क संकेत के आधार पर संपन्न करता है; जैसे- छूना, बल आरोपित करना इत्यादि।

   असंस्पर्श संवेदक (Non-Contact Sensors): किसी ऐसे कार्य को करने हेतु जिम्मेवार होता है; जिसके संकेत उसे बिना स्पर्श किये दिया जाता है। जैसे-विद्युत चुंबकीय विकिरण (Electromagnetic radiation)

   प्राय: दृष्टि संवेदक (Vision sensors) असंस्पर्श संवेदक (Non-Contact) का उदाहरण है।
7. **अंतरफलक (Interfaces):** यह वातावरण से मिल रहे संकेतों को अपने बाह्य संवेदकों की सहायता से ग्रहण कर अपने ज्ञान के आधार पर फैसले लेता है एवं अपने अंगों को उसी अनुसार कार्य करने को प्रेरित करता है।

17.7 रोबोटिक भाषा (Robotic Language)

रोबोटिक भाषा का विकास रोबोट को नियंत्रित करने हेतु किया गया है। इसे मुख्यत: दो भागों में बाँटा गया प्रथम पीढ़ी की भाषा (First Generation language), द्वितीय पीढ़ी की भाषा (Second Generation language), यह भाषा रोबोट को सभी कार्यों को करने के लिए प्रेरित करती है।

रोबोट का नियंत्रण संचालन प्रणाली या कार्यक्रमों के आधार पर किया जाता है। यह मुख्यत: तीन प्रकार के होते हैं–**मॉनिटर मोड, निष्पादन मुद्रा / एक्सीक्यूट मोड, संपादक मुद्रा / एडिटर मोड**

17.8 रोबोटिक संचालन प्रणाली (Robotic Operating System)

रोबोटिक संचालन प्रणाली विभिन्न कार्यक्रमों का समूह होता है जो लोगों को संचालित करने में सहायता करता है। संचालन प्रणाली की सहायता से ही रोबोट को विभिन्न आदेश दिए जाते हैं। संचालन प्रणाली की सहायता से रोबोट को अनेकों कार्य हेतु संकेत दिए जा सकते हैं; जैसे–संदेश भेजना, संदेश स्थानांतरित करना, विभिन्न कार्य करने हेतु अपने अंगों को आदेश देना। संचालन प्रणाली रोबोट को निर्मित करते वक्त ही व्यवस्थित किए जाते हैं परंतु यह आवश्यक नहीं कि इसे रोबोट को निर्मित करते वक्त व्यवस्थित किया जाए, इसे आवश्यकता पड़ने पर बाद में भी परिवर्तित या व्यवस्थित किया जा सकता है।

संचालन प्रणाली के कार्यक्रमों को तीन भागों में वर्गीकृत किया जा सकता है:

- **भाषा एवं प्लेटफॉर्म (Languages and Platform):** इसे विभिन्न कार्यक्रमों को स्वतंत्रतापूर्वक करने हेतु व्यवस्थित किया जाता है।
- दूसरे प्रकार के कार्यक्रमों को विभिन्न कार्यों जैसे **रॉसलिप (Roslip), रॉसपी (Rospy)** इत्यादि करने हेतु व्यवस्थित किया जाता है।
- तीसरे प्रकार का कार्यक्रम विभिन्न कार्यक्रमों का समूह होता है। इसकी सहायता से ही रोबोट विभिन्न कार्य करने हेतु दिए जाने वाले सांकेतिक कोड प्रदान किए जाते हैं।

17.9 रोबोटिक के अनुप्रयोग (Applications of Robots)

17.9.1 रक्षा (Defence)

- रक्षा क्षेत्र में रोबोट का अनुप्रयोग बड़े पैमाने पर किया जा सकता है। रोबोट बिना किसी मानव की सहायता के लक्ष्य को भेदने जैसे अहम फैसले ले सकता है, जिसकी वजह से खतरनाक मिशनों में मानव सेना के स्थान पर रोबोट सेना का उपयोग किया जा सकता है।
- भारतीय रक्षा तकनीक के अंतर्गत रोबोट का उपयोग विभिन्न प्रकार के उपकरणों को निर्मित करने में किया जा रहा है। अमेरिका जैसे देश ने रोबोट का उपयोग अपनी सेना को अफगानिस्तान एवं इराक जैसे युद्धग्रस्त क्षेत्रों से सुरक्षित निकालने हेतु किया है।
- मानव रहित रोबोट का प्रयोग विभिन्न प्रकार के योग्य क्षेत्रों में दुश्मन सेना के बारे में सूचना एकत्रित करने में किया जाता रहा है, इसे विभिन्न प्रकार के हवाई हमलों को भी अंजाम देने में उपयोग किया जाता है।
- **बोस्टन डायनामिक 'रोबोटिक डॉग'** का उपयोग विभिन्न प्रकार के भारी वाहनों युद्ध उपकरण को घने जंगल, बर्फ एवं संकरी घाटियों के बीच से ले जाने हेतु किया गया है। इसे 2005 में बोस्टन डायनेमिक्स (Boston Dynamics) द्वारा फोस्टर-मिलर (Foster-Miller), नासा जेट प्रोपल्शन लेबोरेटरी (NASA Jet Propulsion Laboratory) और हार्वर्ड यूनिवर्सिटी कॉनकॉर्ड फील्ड स्टेशन (Harvard University Concord Field Station) के साथ बनाया गया था। यह एक बड़े कुत्ते के समान दिखता है और एक रिमोट द्वारा नियंत्रित रोबोट है।
- **'डारपा' (DARPA) 6 पैरों वाला रोबोट है,** जो विभिन्न प्रकार के कार्य करने में सक्षम है। यह तारविहीन संचार तकनीकी सहायता से अपने सेना को विभिन्न प्रकार की सूचनाएं प्रदान करता है।
- 'Andros II' तथा 'Mini-Andros' नामक रोबोट का निर्माण बम रोधी दस्ते के रूप में किया जाता है।
- Unmanned Aerial Vehicle (UAV) भी युद्ध में प्रयोग में लाए जाने वाले रोबोट हैं।
- रोबोट की सहायता से किसी युद्ध के दौरान सेना की संख्या बढ़ाने में बड़े पैमाने पर किया जा सकता है।
- ऐसे भी रोबोट का निर्माण किया गया है जो आत्मघाती हमला करने में सक्षम है, इसकी सहायता से किसी युद्ध क्षेत्र में दुश्मन की सेना के बीच आत्मघाती हमला कर उन्हें क्षति पहुंचाया जा सकता है और वह भी बिना किसी मानव सेना के नुकसान के।
- भारत द्वारा निर्मित रोबोट **'दक्ष'** (Daksh) एक विद्युतीय रोबोट है जो किसी क्षेत्र में लगाए गए विस्फोटकों को निरस्त करने एवं दुश्मन सेना के क्षेत्र में जाकर विस्फोटक लगाने का कार्य करने में सक्षम है।
- एक उच्च तकनीक वाला रोबोट इस प्रकार निर्मित किया जाता है, जो यह पहचानने में सक्षम है कि सामने वाला व्यक्ति दुश्मन है या दोस्त इस प्रकार के रोबोट का उपयोग युद्ध क्षेत्र, लाइन ऑफ कंट्रोल मानव समूह के बीच जा कर के विभिन्न प्रकार की जानकारियां एकत्रित करने में किया जा सकता है। आने वाले भविष्य में रोबोट अवश्य ही मानव सेना की सहायता युद्ध जैसे महत्वपूर्ण कार्य करके देश की सेवा को सुनिश्चित करने में सहायता प्रदान करेगा।

17.9.2 विनिर्माण (Manufacturing)

- विनिर्माण के क्षेत्र में रोबोट का योगदान अत्यंत ही महत्वपूर्ण है विभिन्न प्रकार के कंप्यूटर, कार, मोटरबाइक मोबाइल, रोबोटिक उपकरणों के निर्माण में रोबोट बहुत ही बड़े पैमाने पर सहयोग कर रहे हैं इसकी सहायता से निर्माण के क्षेत्र में किसी उपकरण को कम समय में एवं अच्छे तरीके से निर्मित किया जा सकता है।
- रोबोट विनिर्माण के क्षेत्र में ऐसे कार्य भी कर सकते हैं जो मानव के लिए या तो असंभव है या तो बहुत ही मुश्किल है।
- रोबोट बड़े-बड़े कारखानों में भारी-से-भारी सामग्रियों को उठाने में सहायता करते हैं।
- आज रोबोट का उपयोग देश एवं विदेश के विभिन्न कंपनियों में बड़े पैमाने पर किया जा रहा है इसकी सहायता से मानव की सुरक्षा सुनिश्चित

होती है एवं उत्पादन में वृद्धि का लक्ष्य भी आसानी से पूरा किया जा सकता है।

17.9.3 औषधि अथवा चिकित्सा (Medicine and Medical)

- 1980 से रोबोट का उपयोग चिकित्सकों के सहायक के रूप में **गॉलब्लेडर को हटाने एवं विभिन्न प्रकार की शल्य चिकित्सा में किया जा रहा है।**
- रोबोट की मदद से मरीजों के छोटे-मोटे घाव को भी ठीक करने का कार्य किया जा रहा है।
- दा विंसी सर्जिकल सिस्टम (Da Vincy Surgical System) नामक रोबोटिक उपक्रम का निर्माण शल्य चिकित्सा में किया जा रहा है।
- रोबोट दर्द को कम करने, संक्रमण को कम करने एवं रक्त के बहने से रोकने में भी सहायता कर रहा है।
- **दूर संवेदी चिकित्सा** (Tele Medicine) की सहायता से चिकित्सक मरीजों का इलाज दूर रहकर भी कर सकते हैं जिससे परिवहन के खर्च में कमी आती है तथा चिकित्सक और मरीज को परेशानी का सामना भी नहीं करना पड़ता है। यह डॉक्टर एवं मरीज दोनों के लिए ही नए विकल्प के रूप में सामने आया है।
- बहुत सारे ऐसे क्षेत्र में भी हैं जहां चिकित्सकों की काफी कमी है ऐसे क्षेत्रों में यह रोबोट दूरसंवेदी चिकित्सा के लिए काफी सहायक हो सकते हैं।
- बहुत बार ऐसी बीमारियां भी फैल जाती हैं जो अत्यधिक संक्रमित होती हैं, जिसके कारण इन क्षेत्रों में मानव का जा पाना संभव नहीं हो पाता है, ऐसी स्थिति में रोबोट को भेजकर संक्रमण को अधिक-से-अधिक कम करने के सफल कोशिश की जा सकती है ताकि संक्रमण के रुक जाने से बीमारी के बढ़ने की संभावना में कमी आ सके।
- किसी विषम परिस्थिति में यदि किसी मरीज को तुरंत उपचार की आवश्यकता हो दूर संवेदी चिकित्सा के जरिए इस कार्य को किया जा सकता है।
- युद्ध में घायल सैनिकों का उपचार रोबोटिक अंगों की सहायता से करके उन्हें राहत दी जा सकती है।
- भारत में प्रथम रोबोटिक सर्जरी 2010-11 में AIIMS, नई दिल्ली में की गयी जहां थाइमस ग्रन्थि (Thymus gland) को Myasthesnia Gravis नामक बीमारी से बचाने के लिए बाहर निकाला गया।

17.9.4 आपदा प्रबंधन एवं राहत (Disaster Management and Relief)

- आपदा की स्थिति में किसी देश को सबसे बड़ा नुकसान संरचना में होता है, ऐसी स्थिति में सड़कें टूट जाती हैं, बड़े-बड़े मकान ध्वस्त हो जाते हैं एवं अस्पताल और समाजिक स्थान भी बिखर जाते हैं। इन परिस्थितियों में मानव का वहां तक पहुंच पाना संभव नहीं हो पाता है और रोबोट की सहायता से तुरंत राहत एवं बचाव कार्य को प्रारंभ कर जान माल की क्षति को कम-से-कम किया जा सकता है
- जैव आतंक (Bio Attack) एवं जैव रसायन हमले (Bio Chemical attack) की स्थिति में लोगों को बचाने हेतु तुरंत एंटीडॉट (Antidotes) की आवश्यकता होती है, ऐसे में यदि मानव उस स्थान पर जाता है तो उसके जान जाने का खतरा होगा इस स्थिति में रोबोट प्रयोग कर एंटीडॉट को फैलाकर लोगों को बचाया जा सकता है।
- वर्तमान समय में हम संचार व्यवस्था हेतु उपग्रह का प्रयोग कर रहे हैं परंतु उपग्रह एक विस्फोट के पश्चात तुरंत ही नष्ट किया जा सकता है। ऐसी स्थिति में देश की सुरक्षा पर खतरा उत्पन्न हो सकता है। इसी का निराकरण करने हेतु स्विस तकनीकी संस्थान [École Polytechnique Fédérale de Lausanne (EFPL)] ने एक सूक्ष्म वायु यान (Micro Air vehicle) का निर्माण किया जो इन परिस्थितियों में आपातकालीन संपर्क स्थापित कर आपदाग्रस्त क्षेत्र में सहायता पहुंचाने का कार्य कर सकता हैं।
- भूकंप एवं सुनामी जैसी आपदाओं के पश्चात् सारी संरचनाएं ध्वस्त हो जाती हैं, हमने भारत में भी ऐसी आपदाएं देखी हैं, जो अत्यधिक नुकसान पहुंचाने का कारण बनी हैं। हाल-फिलहाल उत्तराखंड में आई बाढ़ ने बड़े पैमाने पर क्षति पहुंचाई। इसमें बहुत ही अधिक व्यक्तियों की जान चली गई एवं ऐसे क्षेत्रों में तुरंत राहत कार्य प्रारंभ कर पाना अत्यधिक मुश्किल हो जाता है। इस परिस्थिति में रोबोट को भेजकर राहत कार्य को तुरंत प्रारंभ किया जा सकता है एवं प्राकृतिक आपदाओं से होने वाले नुकसान को कम-से-कम किया जा सकता है।

17.9.5 मानवीय रोबोट (Humanoid Robots)

सर्वप्रथम विकसित किया गया मानवीय रोबोट **असीमो (ASIMO)** है, जो Honda कंपनी द्वारा विकसित किया गया इसके अलावा Sony कंपनी के द्वारा **SDR-3X** तथा इससे भी एडवांस **SDR-4X** मानव आकार रोबोट का विकास किया गया है। सोनी कंपनी ने इस रोबोट को इस प्रकार विकसित किया है कि यह विभिन्न प्रकार की आवाजों को पहचान सकता है एवं विभिन्न प्रकार के हाव-भाव को समझ कर कार्य कर सकता है।

तालिका 17.1 विश्व के महत्वपूर्ण ह्यूमनॉयड रोबोट

क्र.सं.	ह्यूमनॉइड रोबोट (कंपनी)	विशेषताएं
1	सोफिया (हैनसन रोबोटिक्स)	• सबसे उन्नत ह्यूमनॉइड रोबोट जिसने 2016 में अपनी शुरुआत (debut) की।
2	एटलस (बोस्टन डायनेमिक्स)	• 2013 में विकसित किया गया, जिसका मुख्य फोकस संचलन (locomotion) पर था, पहले लैब में चलना, फिर हर प्रकार के अस्थिर इलाके पर चलना और कुछ पार्कौर ट्रिक्स (sick Parkour tricks) का प्रदर्शन करना।
3	AMECA (इंजीनियर्ड आर्ट्स)	• 2021 में निर्मित दुनिया का सबसे उन्नत, सबसे यथार्थवादी ह्यूमनॉइड रोबोट।
4	नादिन (कोकोरो)	• 2013 में विकसित एक सहानुभूतिपूर्ण रोबोट जो अभिवादन का जवाब देता है, आंखों से संपर्क (eye contact) बनाता है, और उसके साथ सभी टिप्पणियों और बातचीत को याद रखता है।
5	ASIMO (होंडा)	• खोज और बचाव अभियानों के लिए निर्मित। • यह सिर हिलाकर और विभिन्न भाषाओं में बोलकर विभिन्न प्रश्नों का उत्तर देता है और लगभग दस अलग-अलग चेहरों को पहचान सकता है और उन्हें नाम से संबोधित कर सकता है।

17.9.6 कृषि रोबोट (Agriculture Robots)

- भारत में कृषि रोबोट का सबसे बड़ा फायदा यह किसानों को ऐसे कार्यों में मदद करेगा जिसमें अत्यधिक खर्च एवं परिश्रम करने की आवश्यकता होती है।
- भारत विश्व में दूसरा सबसे बड़ा उत्पादक देश बनाने की ओर बढ़ रहा है परंतु फिर भी भारत में अनाज के रख-रखाव की उचित व्यवस्था नहीं है, बड़े पैमाने पर अनाज ऐसे ही बर्बाद हो जाते हैं।
- ऐसी परिस्थिति में कृषि रोबोट अनाज के बचाव में सहायता कर भारत में भुखमरी की समस्या को खत्म करने में भी काफी सहायक हो सकता है।
- भारत में ऐसे रोबोट का भी विकास किया जा रहा है जो आवश्यकतानुसार बीज का ही प्रयोग करेगा एवं यह बीज में होने वाले अतिरिक्त निवेश को बचाकर अधिक-से-अधिक उत्पादन में सहायता प्रदान करेगा।

17.9.7 पर्यावरण निगरानी हेतु रोबोटिक (Robotics for Environmental Studies)

- आज वैज्ञानिक पृथ्वी एवं अन्य ग्रहों पर होने वाले परिवर्तनों का अध्ययन कर रहे हैं परंतु सभी क्षेत्रों में जाकर इस कार्य को कर पाना संभव नहीं है ऐसी स्थिति में रोबोट को भेजकर वहां से जानकारी एकत्रित कर विभिन्न अनुसंधान को बढ़ावा दिया जा सकता है, जिससे हमें पर्यावरण में हो रहे परिवर्तन की जानकारी आसानी से मिल जाएगी। इसके कई उदाहरण हमें देखने को मिलते हैं, जैसे जापान में 2011 में आए सुनामी एवं भूकंप, थाईलैंड में 2010 में विस्फोटक ज्वालामुखी, मैक्सिको की खाड़ी में तेल का रिसाव।
- रोबोट मानव को प्रकृति के प्रति जागरूक कर उन्हें इसके बारे में बताकर पर्यावरण को बचाने के लिए भी प्रेरित कर सकता है, साथ-ही-साथ वह इसकी निगरानी भी करने में सक्षम है।
- बहुत सारे ऐसे शोध कार्य चल रहे होते हैं जिसमें वैज्ञानिकों पर खतरा होता है ऐसी स्थिति में रोबोट इन कार्यों को करके या फिर वैज्ञानिकों को तुरंत बचा कर इन खतरों से निपटने में सहायता प्रदान कर सकते हैं। रोबोट पर्यावरण में मौजूद विषैले एवं प्रदूषक कणों की पहचान अपने संवेदकों की सहायता से करके वैज्ञानिकों को वातावरण की वर्तमान स्थिति के बारे में तुरंत जानकारी प्राप्त करने में सहायता करेगा, साथ-ही-साथ ऐसे रोबोट होते हैं जो वातावरण से विषैले एवं प्रदूषक कणों को दूर करने में सक्षम है, इस प्रकार हम कह सकते हैं कि रोबोट पर्यावरण की निगरानी हेतु भी अत्यधिक आवश्यक सिद्ध हो सकता है।

17.10 भारत में रोबोटिक्स के लिए चुनौतियां (Challenges of Robotics in India)

- भारत में रोबोटिक के क्षेत्र में कई चुनौतियां हैं। रोबोटिक में आने वाला **बड़ा खर्च**, इस क्षेत्र में कार्य करने वाले अनुभवी लोगों की कमी एवं साथ-ही-साथ रोबोट के लिए बनाए जाने **वाले हार्डवेयर उपकरण** की कमी इनमें से कुछ प्रमुख चुनौतियां हैं। इसके कारण भारत इस क्षेत्र में एक अग्रणी राष्ट्र बनने से वंचित रह सकता है।

17.11 रोबोटिक्स में भारत में उन्नति (India's Advancement in Robotics)

- R&D संस्थान ने भारत में छोटे आकार के रोबोट के विकास हेतु पहल की है तथा अप्रैल 1987 तक 101 मैनीपुलेटर का निर्माण किया जा चुका है।
- **भाभा परमाणु अनुसंधान केंद्र** (Bhabha Atomic Research Centre/ BARC), **मुंबई, संचार रोबोट निर्माण के अनुसंधान में सहायता की है।**
- भारत सरकार इलेक्ट्रॉनिक विभाग (The Department of Electronics of Government of India) ने भी भारत हैवी इलेक्ट्रॉनिक्स लिमिटेड हैदराबाद (BHEL) की सहायता से 1994-97 में **टरबाइन ब्लेंड का निर्माण किया है।**

मित्रा रोबोट (Mitra Robot)

मित्रा या मित्र रोबोट एक ह्यूमनॉइड रोबोट है जिसे भारतीय स्टार्टअप कंपनी इन्वेंटो रोबोटिक्स द्वारा डिजाइन और विकसित किया गया है। इस रोबोट ने नवंबर 2017 में ग्लोबल एंटरप्रेन्योरशिप समिट 2017 में अपनी पहली उपस्थिति दर्ज की।

पांच फीट लंबा रोबोट, मित्र-2 भारत का पहला ह्यूमनॉइड रोबोट है जिसे हॉस्पिटैलिटी मैनेजमेंट और वर्कप्लेस प्रोडक्टिविटी में संलग्न करने के लिए बनाया गया है।

- इसका शरीर 8-10 घंटे तक के बैटरी बैकअप के साथ टचस्क्रीन से लैस फाइबरग्लास से बना है। इस रोबोट में चेहरे और वाक् पहचान की क्षमताएं हैं जिन्हें कई भाषाओं में बोले गए शब्दों को पहचानने के लिए डिजाइन किया गया है।
- मित्र 3- मित्र का उन्नत संस्करण है जिसमें तीन स्तर की स्वतंत्रता (कंधे, कोहनी, और उंगली की गति) है, इसलिए यह मेहमानों का स्वागत 'नमस्ते' के साथ कर सकता है और इसमें हाथ के अन्य इशारे भी होते हैं।
- मित्र रोबोट का उपयोग विभिन्न विषयों जैसे- बैंक, शादी, होटल, मॉल, हवाई अड्डे, सिनेमा हॉल और अस्पतालों आदि में किया जाता है।

शालू रोबोट (Shalu Robot)

रोबोट शालू एक बहुभाषी, सामाजिक और शैक्षिक ह्यूमनॉइड रोबोट है जो अपशिष्ट पदार्थों (एल्यूमीनियम, प्लास्टिक, कार्डबोर्ड, लकड़ी, समाचार पत्र, और स्थानीय बाजार में आसानी से उपलब्ध अन्य चीजों) से बना है, और दिनेश कुंवर पटेल द्वारा विकसित 47 शब्दों/वाक्यांशों को बोल सकता है। कोरोना महामारी के दौरान, इसने एक संदेश फैलाया "अपना मास्क पहनें, शारीरिक दूरी बनाए रखें और सरकारी दिशानिर्देशों का पालन करें"।

वह लोगों को पहचान सकती है और उन्हें याद रखने के साथ-साथ कई सामान्य वस्तुओं की पहचान कर सकती है, वह न केवल मानवीय भावनाओं जैसे- क्रोध, खुशी, हँसी, ईर्ष्या आदि को समझ सकती है, बल्कि उसके अनुसार व्यवहार भी कर सकती है। केवल ऊपरी शरीर होने के कारण रोबोट का कुल वजन मात्र 4 किलो है।

रोबोट शालू, बेटी बचाओ बेटी पढ़ाओ मिशन के लिए भारतीय बेटियों को समर्पित है, और यह रचना आत्मनिर्भर भारत और डिजिटल इंडिया मिशन की ओर एक छोटा सा कदम है।

- भारतीय कृषि क्षेत्र में 2013-14 में ही **कृषि रोबोट का विकास हो चुका है।**
- राष्ट्रीय विज्ञान एवं तकनीक नीति संस्थान (National Institute for Science & Technology Policy) 2030 की रिपोर्ट में यह कहा गया है कि **2013-20 तक चिकित्सा के क्षेत्र में शल्य चिकित्सा हेतु रोबोट का उपयोग प्रारंभ कर दिया जाएगा।**
- भारत के केरल राज्य के कोच्चि में स्थित **रोबोटिक प्राइवेट लिमिटेड कंपनी** (Robotic Private Limited Company) SASTRA ने **SCARA नामक रोबोट का विकास किया, जो कई कार्यों, जैसे-3D पेंटिंग बनाने, अनाज पीसने इत्यादि कार्य करने में सक्षम है।**
- **'AcYut' भारत में निर्मित प्रथम मानव आकार का रोबोट हैं।**
- **'दक्ष' (Daksh) विद्युत ऊर्जा से चलने वाला दूरसंवेदी नियंत्रक रोबोट है,** जिसका निर्माण DRDO ने दिसंबर 2011 में किया। यह युद्ध क्षेत्रों में किसी वस्तु अथवा मानव को ढूंढ़ने में सक्षम है। साथ ही आवश्यकता पड़ने पर यह विस्फोट करने करने में भी सक्षम है। डीआरडीओ, 2035 तक इसे पूर्णत: युद्ध में उतरने की योजना पर कार्य कर रहा है।
- भारत में रोबोटिक के विकास के लिए प्रीमियर इंस्टीट्यूशन इन इंडिया फॉर रोबोटिक रिसर्च की स्थापना कानपुर में की गई।
- बहुत सारे आईआईटी संस्थान भी रोबोटिक्स के विकास हेतु इससे जुड़े पाठ्यक्रम ऑफर कर रहे हैं।
- **'कृत्रिम बुद्धिमत्ता एवं रोबोटिक केंद्र'** (Artificial Intelligence & Robotic centre) **बंगलुरू ने 'चतुर' (CHATUR) नामक रोबोट का विकास किया,** जो दृष्टि संवेदकों (Vision Sensors) से सुसज्जित है एवं वस्तुओं के समूह में से भी किसी खास वस्तु की पहचान कर उठाने में सक्षम है।
- **यूनिवर्सिटी ऑफ अल्सटर (University of Ulster) एवं आईआईटी कानपुर (IIT, Kanpur) ने मिलकर ऐसे रोबोट का विकास किया है,** जो दिव्यांगों को आवश्यकतानुसार अंगों का निर्माण कर उन्हें सहायता प्रदान करेगा।
- **भारत 'केंद्रीय आयुर्विज्ञान संस्थान' (AIIMS), नई दिल्ली** में एक सफल रोबोटिक सर्जरी को अंजाम दिया है, इसके तहत उन्होंने **माईस्थेनिआ ग्रेविस** (Mysthenia Gravis) नामक बीमारी से पीड़ित मरीज के शरीर से **थाईमस ग्लैंड** (Thymus Gland) निकालने में सफलता प्राप्त की है।
- भारत में रोबोट उद्योग का विकास लगातार हो रहा है इसीलिए अमेरिका, कोरिया एवं जापान जैसे देश भी इस पर नजर बनाए हैं।
- अहमदाबाद में **ग्रिड बोट (Grid Bot)** एवं **रोबोट ग्रेड (Robot Grad)** नाम के दो रोबोट्स का निर्माण किया गया, जो घर को साफ रखने में सहायता करता है।

17.12 दोष (Disadvantages)

- रोबोट कारखानों में एक सीमित मात्रा में कार्य कर सकता है, बहुत सारे ऐसे कार्य होते हैं जिसमें फैसले लेने एवं बुद्धिमत्ता की आवश्यकता होती है परंतु रोबोट यह कार्य नहीं कर सकता है एवं इसके लिए मानव की सहायता आवश्यक है साथ-ही साथ रोबोट के निर्माण में काफी अधिक खर्च आता है जिससे कारखानों में इसका उपयोग भी सीमित मात्रा में ही किया जा सकता है।
- रोबोट मानव की रक्षा तो कर सकता है परंतु कई ऐसी परिस्थितियाँ भी आई हैं जब रोबोट ने नए खतरे उत्पन्न कर दिए।
- रोबोट के लगातार उपयोग से मानव के आलसी होने की संभावना बनी रहती है जो मानव शरीर में कई बीमारियों का कारण बन सकता है।
- रोबोट की सबसे बड़ी कमी यह है कि यह भावनाओं को समझने में अक्षम है, जिससे यह कई ऐसे कार्य भी कर देता है जो भावनाओं से परे होते हैं।
- औद्योगिक क्षेत्र में रोबोट का अधिक उपयोग बेरोजगारी भी उत्पन्न कर सकता है।

17.13 बायोनिक मैन (Bionic Man)

रेक्स बायोनिक्स लिमिटेड रोबोटिक बाह्य कंकाल (Rex) निर्माण में तकनीकी रूप से अग्रणी है। रेक्स अद्वितीय रूप से व्हीलचेयर उपयोकर्ताओं और गतिशीलता बाधित अन्य व्यक्तियों को उन्नत रोबोटिक तकनीक, कस्टम-डिजाइन युक्त विद्युत चुंबकीय प्रवर्तक, परिशुद्ध अभियांत्रिकी तथा विशिष्ट नेटवर्क प्रणालियों के जरिए स्वतंत्र रूप से गतिशीलता की सुविधा उपलब्ध कराता है।

अधिक विवरण के लिए **इन्फोग्राफिक - बायोनिक मैन और सोफिया देखें।**

17.14 सोफिया (Sophia)

'सोफिया' एक मानव सदृश सामाजिक रोबोट है, जिसका विकास हांगकांग की कंपनी, **हेनसन रोबोटिक्स** द्वारा किया गया है। चेहरे के 62 से अधिक हाव भाव प्रदर्शित करने की क्षमता से युक्त सोफिया ने बहुत-से हाई प्रोफाइल साक्षात्कारों में भाग लिया है। अक्टूबर 2017 में सोफिया को **सऊदी अरब** की नागरिकता प्रदान की गई, इसके साथ ही यह किसी देश की नागरिकता प्राप्त करने वाला प्रथम रोबोट बन गया।

(इन्फोग्राफिक - बायोनिक मैन और सोफिया देखें)

17.15 बायोरोबोटिक्स (Biorobotics)

जैव यांत्रिकी के ज्ञान से अभियांत्रिक जैविक रूप से प्रेरित रोबोट का विकास कर सकते हैं जिनमें परंपरागत रोबोट की तुलना में उन्नत तथा संवर्द्धित क्षमताएं होंगी। जैव-प्रेरित रोबोट में परंपरागत रोबोट की तुलना में अधिक गतिशीलता और लोचशीलता होगी और प्राय: संवेदी क्षमताओं से युक्त होगी।

बायोरोबोटिक तकनीकों का उपयोग प्राय: पूर्ण रूप से कार्यरत रोबोट या उन्नत प्रोस्थेटिकल (रोबोट के अंगों की) कमजोरियों को दूर करने में सहायता हेतु किया जाता है। इस प्रकार के उपकरणों का उपयोग रोगों की स्थिति जानने तथा किसी चोट या आघात से त्वरित रिकवरी को ट्रेक करने या संवादात्मक प्रशिक्षण अनुभव प्रदान करने में हो सकता है।

बायोनिक मैन

- रोबोटिक्स में, "बायोनिक मैन" शब्द का तात्पर्य उन रोबोटिक प्रणालियों के विकास से है जो मानव क्षमताओं की नकल करती हैं या उन्हें बढ़ाती हैं। इसमें बायोनिक अंग शामिल हैं, जो विकलांग व्यक्तियों और विकलांग व्यक्तियों की गतिशीलता को बहाल करने के लिए प्राकृतिक अंग कार्यों को दोहराते हैं। उन्नत बायोनिक अंगों को तंत्रिका इंटरफेस का उपयोग करके नियंत्रित किया जा सकता है, जिससे उपयोगकर्ता उन्हें अपने विचारों से नियंत्रित कर सकते हैं।
- शोधकर्ता फुल-बॉडी एक्सोस्केलेटन, पहनने योग्य रोबोटिक सूट के निर्माण की भी खोज कर रहे हैं जो ताकत और सहनशक्ति को बढ़ाते हैं। इन एक्सोस्केलेटन स्वास्थ्य देखभाल, विनिर्माण और सैन्य क्षेत्रों में अनुप्रयोग होता है।
- इसके अलावा, ह्यूमनॉइड रोबोट विकास में निरंतर प्रगति हो रही है, जिसका लक्ष्य मानव जैसी क्षमताओं वाले रोबोट बनाना है जो मनुष्यों के साथ अंतर्क्रिया करते हैं, मानव वातावरण में कार्य करते हैं और स्वास्थ्य देखभाल और ग्राहक सेवा जैसे विभिन्न अनुप्रयोगों में सहायता करते हैं। यह ध्यान रखना महत्वपूर्ण है कि हालांकि यह प्रगति हमें बढ़ी हुई क्षमताओं वाले बायोनिक मानव के विचार के करीब है, वर्तमान रोबोटिक्स और बायोनिक्स मुख्य रूप से अलौकिक क्षमताओं को बनाने के बजाय व्यावहारिक सहायक प्रौद्योगिकियों और विशेष अनुप्रयोगों पर ध्यान केंद्रित करते हैं।
- रेक्स बायोनिक्स लिमिटेड, रेक्स नामक रोबोटिक एक्सोस्केलेटन में विशेषज्ञता वाली एक उल्लेखनीय कंपनी है। उनकी उन्नत तकनीक व्हीलचेयर उपयोगकर्ताओं और गतिशीलता संबंधी विकलांग व्यक्तियों के लिए स्वतंत्र गतिशीलता को सक्षम बनाती है। रेक्स की अवधारणा पहली बार 2003 में बनाई गई थी, पहला प्रोटोटाइप 2007 में पूरा हुआ था। इसे 2010 में लॉन्च किया गया था और 2011 में खरीद के लिए व्यावसायिक रूप से उपलब्ध कराया गया था।
- 1970 के दशक में, "बायोनिक मैन" शब्द को टीवी शो "द सिक्स मिलियन डॉलर मैन" के माध्यम से लोकप्रियता मिली, जिसमें स्टीव ऑस्टिन नामक एक पूर्व अंतरिक्ष यात्री थे, जिनके शरीर को कृत्रिम भागों के साथ पुनः बनाया गया था। आज, इंजीनियरों ने कृत्रिम अंगों, अवयवों और शरीर के अन्य हिस्सों के साथ एक वास्तविक बायोनिक मैन की अवधारणा जैसा रोबोट बनाया है।
- पूरी तरह से बायोनिक यह रचना चल सकती है, बात कर सकती है और इसमें एक कार्यशील कृत्रिम हृदय है। इसमें फेफड़े, अग्न्याशय, प्लीहा, गुर्दे और एक कार्यात्मक संचार प्रणाली जैसे कृत्रिम अंग शामिल हैं। इसके कृत्रिम अंगों में एक अत्याधुनिक हृदय-फेफड़े प्रणाली, कृत्रिम रक्त के साथ संशोधित-पॉलीमर धमनियां, रक्त को साफ करने के लिए एक बायोनिक प्लीहा, रक्त शर्करा विनियमन के लिए एक कृत्रिम अग्न्याशय और दृष्टि के लिए रेटिना प्रत्यारोपण शामिल हैं।
- इसके अतिरिक्त, बायोनिक मैन में कृत्रिम बुद्धिमत्ता शामिल है, जो इसे कॉक्लियर इम्प्लांट और एक वाक् जनरेटर के माध्यम से बात सुनने और प्रतिक्रिया देने में सक्षम बनाती है।

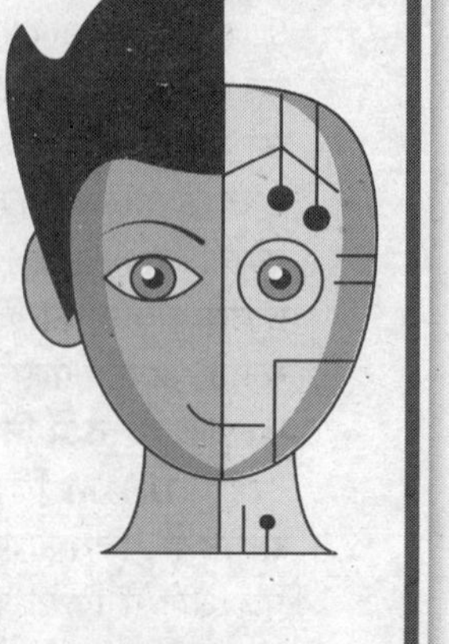

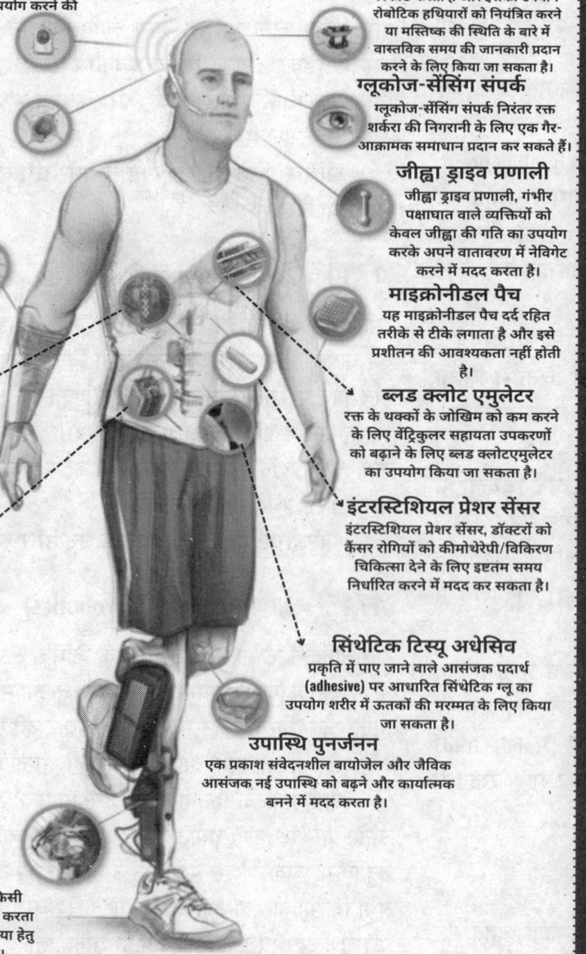

वायरलेस ब्रेन-कंप्यूटर इंटरफ़ेस

वायरलेस ब्रेन-कंप्यूटर इंटरफ़ेस, मस्तिष्क की गतिविधि को वायरलेस तरीके से रिकॉर्ड और प्रसारित करता है और पक्षाघात से पीड़ित लोगों को रोबोटिक हथियारों या अन्य उपकरणों को नियंत्रित करने के लिए अपने विचारों का उपयोग करने की अनुमति दे सकता है।

अल्ट्रासाउंड से रक्त-मस्तिष्क अवरोध को खोलना

जीन थेरेपी उपचार को मस्तिष्क तक पहुंचने देने के लिए रक्त मस्तिष्क बाधा को अस्थायी रूप से खोलने के लिए फोकस्ड अल्ट्रासाउंड का उपयोग किया जा सकता है।

कृत्रिम अंग नियंत्रण के लिए प्रत्यारोपित सेंसर

प्रत्यारोपण योग्य सेंसर एक लापता अंग के ऊपर तंत्रिका संकेतों का पता लगाते हैं और कृत्रिम अंग को अधिक प्राकृतिक तरीके से स्थानांतरित करने के लिए इन संकेतों का उपयोग कर सकते हैं।

पक्षाघात के लिए रीढ़ की हड्डी में उद्दीपन

स्वैच्छिक गति और अन्य कार्यों को बहाल करने में मदद के लिए पक्षाघात से पीड़ित व्यक्तियों में रीढ़ की हड्डी के लिए विद्युत उद्दीपन का उपयोग किया जाता है।

कृत्रिम किडनी

अंतिम चरण की किडनी की बीमारी के इलाज के लिए किडनी डायलिसिस के स्थान पर कृत्रिम किडनी का उपयोग किया जा सकता है।

रोबोटिक लेग प्रोस्थेसिस

यह संचालित रोबोटिक कृत्रिम अंग किसी व्यक्ति की अगली गतिविधि को महसूस करता है और अधिक प्राकृतिक क्रिया-प्रतिक्रिया हेतु संचालित सहायता प्रदान करता है।

लचीले इलेक्ट्रोड मस्तिष्क की गतिविधि को रिकॉर्ड करते हैं

लचीली इलेक्ट्रोड व्यवस्था, मस्तिष्क की सतह से मस्तिष्क की गतिविधि को रिकॉर्ड करती है और इसका उपयोग रोबोटिक हथियारों को नियंत्रित करने या मस्तिष्क की स्थिति के बारे में वास्तविक समय की जानकारी प्रदान करने के लिए किया जा सकता है।

ग्लूकोज-सेंसिंग संपर्क

ग्लूकोज-सेंसिंग संपर्क निरंतर रक्त शर्करा की निगरानी के लिए एक गैर-आक्रामक समाधान प्रदान कर सकते हैं।

जीह्वा ड्राइव प्रणाली

जीह्वा ड्राइव प्रणाली, गंभीर पक्षाघात वाले व्यक्तियों को केवल जीह्वा की गति का उपयोग करके अपने वातावरण में नेविगेट करने में मदद करता है।

माइक्रोनीडल पैच

यह माइक्रोनीडल पैच दर्द रहित तरीके से टीके लगाता है और इसे प्रशीतन की आवश्यकता नहीं होती है।

ब्लड क्लोट एमुलेटर

रक्त के थक्कों के जोखिम को कम करने के लिए वेंट्रिकुलर सहायता उपकरणों को बढ़ाने के लिए ब्लड क्लोटएमुलेटर का उपयोग किया जा सकता है।

इंटरस्टिशियल प्रेशर सेंसर

इंटरस्टिशियल प्रेशर सेंसर, डॉक्टरों को कैंसर रोगियों को कीमोथेरेपी/विकिरण चिकित्सा देने के लिए इष्टतम समय निर्धारित करने में मदद कर सकता है।

सिंथेटिक टिस्यू अधेसिव

प्रकृति में पाए जाने वाले आसंजक पदार्थ (adhesive) पर आधारित सिंथेटिक ग्लू का उपयोग शरीर में ऊतकों की मरम्मत के लिए किया जा सकता है।

उपास्थि पुनर्जनन

एक प्रकाश संवेदनशील बायोजेल और जैविक आसंजक नई उपास्थि को बढ़ने और कार्यात्मक बनने में मदद करता है।

सोफिया

- 'सोफिया', हांगकांग स्थित कंपनी हैनसन रोबोटिक्स द्वारा विकसित एक सामाजिक ह्यूमनॉइड रोबोट है। 62 से अधिक चेहरे के भाव प्रदर्शित करने की क्षमता के साथ, सोफिया ने कई हाई-प्रोफाइल साक्षात्कारों में भाग लिया है। अक्टूबर 2017 में, सोफिया को सऊदी अरब की नागरिकता भी दी गई और यह इसके साथ किसी भी देश की नागरिकता प्राप्त करने वाली पहली रोबोट बन गई है।
- रोबोट को अभिनेत्री 'ऑड्रे हेपबर्न' के अनुरूप बनाया गया है और यह कृत्रिम बुद्धिमत्ता, दृश्य डेटा प्रोसेसिंग और चेहरे की पहचान का उपयोग करता है। सोफिया की आंखों के भीतर लगे कैमरे कंप्यूटर एल्गोरिदम के साथ मिलकर उसे देखने की क्षमता प्रदान करते हैं। वह चेहरों का अनुसरण कर सकती है, आंखों से संपर्क बनाए रख सकती है और व्यक्तियों को पहचान सकती है। वह अल्फाबेट की गूगल क्रोम ध्वनि पहचान तकनीक और अन्य टूल का उपयोग करके वाक् को संसाधित कर सकती है और बातचीत कर सकती है।
- सोफिया मानवीय हावभाव और चेहरे के भावों की नकल भी करती है और कुछ सवालों के जवाब दे सकती हैं और पूर्वनिर्धारित विषयों (उदाहरण के लिए, मौसम पर) पर सामान्य बातचीत कर सकती है।
- हैनसन ने सोफिया को नर्सिंग होम में बुजुर्गों के लिए एक उपयुक्त साथी बनने या बड़े आयोजनों या पार्कों में भीड़ की मदद करने के लिए डिज़ाइन किया। सोफिया के नौ रोबोट ह्यूमनॉइड 'भाई-बहन' हैं, जिन्हें हैनसन रोबोटिक्स द्वारा भी बनाया गया था - ऐलिस, अल्बर्ट आइंस्टीन हुबो, बीना -48, हान, जूल्स, प्रोफेसर आइंस्टीन, फिलिप के. डिक एंड्रॉइड, ज़ेनो और जॉय चाओटिक। सोफिया अंततः स्वास्थ्य सेवा, ग्राहक सेवा, चिकित्सा और शिक्षा क्षेत्र में सेवा करने के लिए उपयुक्त होगी।
- नागरिकता प्राप्त करने की खबर के बाद, सोफिया ने भारत (विविध और समृद्ध संस्कृति की भूमि) की अपनी पहली यात्रा की। उन्होंने हैदराबाद में आयोजित IIT-B और WCIT (सूचना प्रौद्योगिकी पर विश्व कांग्रेस) में उपस्थिति दर्ज कराई। IIT-B फेस्ट में आयोजित संपूर्ण वार्ता दुनिया के विभिन्न हिस्सों की समस्याओं पर आधारित थी, कि कैसे रोबोट मानव दुनिया में विकास सुनिश्चित कर सकते हैं। इसके अलावा उन्होंने दुनिया भर में महिलाओं और उनकी स्थिति पर अपना पक्ष रखा। यहां, उन्होंने दर्शकों द्वारा पूछे गए सवालों के अपने मजाकिया जवाबों से इसे बनाया और एआई की राह पर इंसानों की संभावित क्षमताओं को दिखाया।
- इस विकास ने एआई युग के उज्ज्वल भविष्य का मार्ग प्रशस्त किया है, जो आ चुका है। भविष्य में रोबोट का विकास एक बड़े उद्देश्य की पूर्ति कर सकता है।

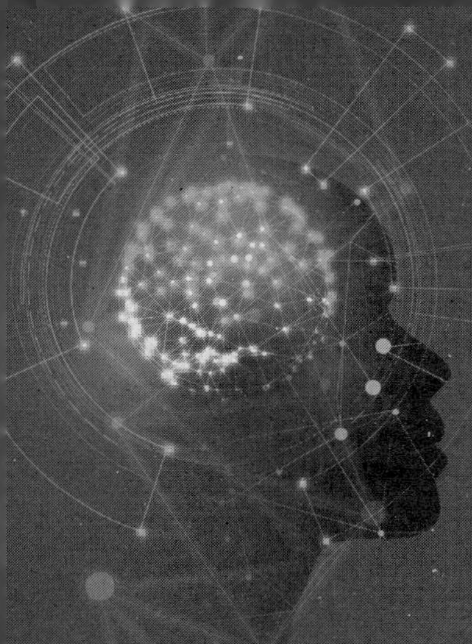

अध्याय

18

नैनो तकनीक
(Nanotechnology)

इस अध्याय में...

नैनो रोबोट ऐसे कार्य करने में भी सक्षम है जो मानव के लिए असंभव या बहुत ही कठिन है। इसकी सहायता से 'ओजोन परत' की मरम्मत की संभावनाएं भी व्यक्त की जा रही हैं।

18.1 नैनो एवं तकनीक (Nano and Technology)

'नैनो टेक्नोलॉजी' शब्द की उत्पत्ति नैनोमीटर शब्द से हुई है, जो मीट्रिक पद्धति में लम्बाई की एक इकाई है, यह एक मीटर का एक अरबवाँ भाग होता है। **नैनो तकनीक पदार्थों को उसके परमाणविक स्तर तक छोटा कर उसे अधिक उपयोगी बनाने की प्रक्रिया है (चित्र 18.1)।**

2000 — **पहली पीढ़ी: निष्क्रिय नैनोस्ट्रक्चर (Passive Nanostructures)**

(a) परिक्षिप्त (Dispersed) और कांटेक्ट नैनोस्ट्रक्चर। उदाहरण: एरोसोल, कोलाइड्स
(b) नैनोस्ट्रक्चर को शामिल करने वाले उत्पाद। उदाहरण: कोटिंग्स, नैनोकण प्रबलित कंपोजिट; नैनोसंरचित धातुएँ, पॉलिमर, चीनी मिट्टी की चीजें

2005 — **दूसरी पीढ़ी: सक्रिय नैनोस्ट्रक्चर (Active Nanostructures)**

(a) जैव-सक्रिय, स्वास्थ्य प्रभाव। उदाहरण: लक्षित औषधियाँ, जैव उपकरण
(b) भौतिक-रासायनिक सक्रिय पदार्थ। उदाहरण: 3डी ट्रांजिस्टर, एम्पलीफायर, एक्चुएटर, अनुकूली संरचनाएं।

2010 — **तीसरी पीढ़ी: नैनोसिस्टम्स की प्रणाली (System of Nanosystems)**

उदाहरण: गाइडेड असेंबलिंग: 3डी नेटवर्किंग और नए पदानुक्रमित आर्किटेक्चर, रोबोटिक्स, विकासवादी

2015–21 — **चौथी पीढ़ी: नैनोसिस्टम्स की प्रणाली (उन्नत) [System of Nanosystems (Advanced)]**

उदाहरण: आणविक उपकरण 'डिजाइन द्वारा', परमाणु डिजाइन, उभरते कार्य

चित्र 18.1
नैनो तकनीक के विकास का कालक्रम

18.2 इतिहास (History)

नैनो तकनीक के सिद्धांत को सर्वप्रथम 1959 में भौतिकी के प्रसिद्ध प्रोफेसर, डॉक्टर **रिचर्ड पी. फेनमैन** द्वारा प्रस्तुत किया गया था।

1981 में एरिक ड्रेक्सलेर (Eric Drexeler) ने आणविक नैनो प्रौद्योगिकी विषय पर प्रथम तकनीकी पत्र प्रकाशित किया था। इसके बाद 1985 में रिचर्ड स्मैली (Richard Smalley) एवं रॉबर्ट कर्ल (Robert Curl) ने खगोल विज्ञानी सर हैरी क्रोटो (Harry Croto) के साथ मिलकर कार्बन के एक नए एवं सूक्ष्म रूप की खोज की।

1981 में स्कैनिंग टनलिंग सूक्ष्मदर्शी (Scanning tunneling microscope) तथा **1985 में फुलेरीन (Fullerene) की खोज** ने सूक्ष्म प्रौद्योगिकी के विकास की संभावनाओं को नया आयाम प्रदान किया। **फुलेरीन 60-कार्बन से बना एक यौगिक है।**

1974 में **नोरिओ तानगुची (Norio Tanaguchi)** द्वारा 'नैनो टेक्नोलॉजी' (Nano Technology) शब्द को सर्वप्रथम प्रस्तुत किया गया।

1996 में **सर हेराल्ड (Sir Herald), डब्ल्यू. क्रोटो (W-Croto), रिचर्ड ई स्मैले (Richard E-Smalley)** तथा **एफ. कर्ल (F-Curl)** को उनके **पथ प्रदर्शक खोज (फुलेरीन) हेतु संयुक्त रूप से नोबल पुरस्कार से सम्मानित किया गया।**

फुलेरीन (Fullerene): फुलेरीन 60-कार्बनों से बना एक **कंदकाकार/धंसा हुआ (Hollow sphere)**, दीर्घवृत्ताकार (Ellipsiod) एवं कुछ अन्य आकार का अणु है। **वृत्ताकार फुलेरीन को बक्कीबॉल (Buckyball) एवं बेलनाकार फुलेरीन को बक्की नली या कार्बन नैनोट्यूब (Buckytube or Carbon nanotube) कहा जाता है (चित्र 18.2)।**

कार्बन की विभिन्न संख्या एवं विभिन्न आकृति सूक्ष्म प्रौद्योगिकी में विभिन्न पदार्थ का निर्माण करते हैं। **शून्य विमीय (0D) संरचना बक्की बॉल (कृत्रिम), एक विमीय संरचना (1D) कार्बन नैनोट्यूब (कृत्रिम), द्विविमीय संरचना (2D) ग्राफीन (कृत्रिम) तथा त्रि-विमीय संरचना (3D) ग्रेफाइट (प्राकृतिक एवं कृत्रिम दोनों)** होते हैं।

नोट: यदि कोई रासायनिक पदार्थ दो या दो से अधिक रूपों में पाया जाता है तो दोनों रूप एक-दूसरे के अपररूप (Allotrop) एवं ये परिघटना अपरूपता (Allotropy) कहलाएगी; जैसे-हीरा तथा ग्रेफाइट एक-दूसरे के अपरूप हैं।

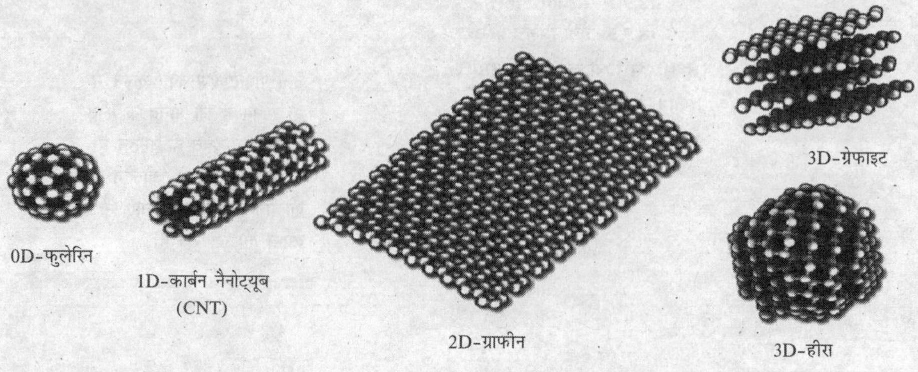

चित्र 18.2
कार्बन के विभिन्न अपररूप (Allotropes)

18.3 फुलेरीन (Fullerene)

बकमिन्स्टर फुलेरीन सर्वप्रथम खोजा गया फुलेरीन है, जिसका नामकरण अमेरिकन शिल्पी **बकमिन्स्टर फुलर** के नाम पर रखा गया क्योंकि इसकी संरचना उनके द्वारा निर्मित जीयोदेसिक (Geodesic) आकार के गुंबद के जैसी है। **बकमिंस्टर फुलेरीन कार्बन का एक अपररूप** है। इसके निर्माण के सुविधाजनक होने एवं विभिन्न अनुसंधानों में अत्यंत उपयोगी होने के कारण यह अत्यंत प्रचलित है। **C60 बक्की बॉल (Bucky ball) का निर्माण कार्बन के 60 परमाणुओं को एक-दूसरे के शीर्षों के साथ वृत्ताकार रूप से जोड़ने पर होता है।**

18.4 कार्बन नैनो ट्यूब (Carbon Nano Tube)

कार्बन प्रकृति में ज्ञात एकमात्र ऐसा तत्व है, जिसके भौतिक एवं रासायनिक गुण अलग-अलग परिस्थितियों में अलग-अलग होते हैं। 1991 में **'सुमिओ लीजिमा' (Sumio Lijima)** ने कार्बन के एक नए रूप की खोज की, जो अत्यंत ही सूक्ष्म धागों से परिपूर्ण थे। उन्होंने ग्रेफाइट जैसी संरचना वाले तत्वों की खोज की, जिसे कार्बन नैनो ट्यूब का नाम किया गया। संसार के सबसे पतले कार्बन नैनो ट्यूब का विकास जापान द्वारा किया गया जो 0.4 नैनोमीटर पतला है। कार्बन नैनो ट्यूब अत्यधिक मजबूत होते हैं एवं यह जल्दी क्षतिग्रस्त नहीं होते हैं। भारत में वैज्ञानिकों ने कार्बन नैनो ट्यूब पर अनुसंधान 1990 से प्रारंभ कर दिया।

गुण (Properties)

- कार्बन नैनो ट्यूब के लंबाई एवं व्यास का अनुपात 132,000,000:1 होता है।
- **नैनो ट्यूब, फुलेरीन संरचना परिवार का सदस्य है।** कार्बन नैनो ट्यूब कार्बन के एकस्तरीय पतली खोखली संरचना होती है, यह कार्बन की एक विमीय संरचना को प्रदर्शित करती है।
- ये अपने भार के अनुपातिक अत्यंत टिकाऊ होती है, जिसके कारण इसका उपयोग हल्के अंतरिक्ष यान बनाने में किया जाता है।
- यह कोशिका दीवार से निर्मित झिल्ली का पता आसानी से लगा लेती है, जो **कैंसर के उपचार में सहायक है।**

18.5 ग्राफीन (Graphene)

ग्राफीन को एक परमाणु वाले पतले परत के रूप में परिभाषित किया जा सकता है। यह कार्बन परमाणु की द्विविमीय जालक होती है। यह **ग्रेफाइट, चारकोल, कार्बन नैनो ट्यूब एवं फुलेरीन जैसी आधारभूत तत्वों वाला समस्थानिक है।** यह अब तक ज्ञात पदार्थों में सबसे पतला एवं प्रबल तत्व है। **जेम और नोवोसेलेव (Geim & Novoselov)** को ग्राफीन जैसी अद्वितीय खोज के लिए कई पुरस्कारों से सम्मानित किया गया, जिनमें से **2010 में भौतिकी का नोबल** सर्वश्रेष्ठ है।

(इन्फोग्राफिक देखें - नैनो तकनीक)

18.6 हीरे एवं ग्रेफाइट की तुलना (Comparison between Diamond and Graphite)

हीरा	ग्रेफाइट
यह प्रकृति में मुक्त अवस्था में पाया जाता है।	यह प्रकृति में भी उपलब्ध है एवं इसे आवश्यकतानुसार बनाया भी जा सकता है।
यह अब तक ज्ञात प्राकृतिक तत्वों में सबसे अधिक कठोर तत्व है।	यह मुलायम एवं छूने में चिकना होता है।
इसका आपेक्षिक घनत्व उच्च (3.5) होता है।	इसका आपेक्षिक घनत्व 2.3 होता है।
यह पारदर्शी होता है।	इसका रंग काला और अपारदर्शी होता है
यह विद्युत एवं ऊष्मा का कुचालक होता है।	ग्रेफाइट विद्युत एवं ऊष्मा का अच्छा सुचालक है।
यह हवा में 900 डिग्री सेंटीग्रेड तापमान पर जलकर कार्बन डाई-ऑक्साइड CO_2 प्रदान करता है।	यह हवा की उपस्थिति में 700 -800 डिग्री सेंटीग्रेड पर जल पर कार्बन डाई-ऑक्साइड गैस प्रदान करता है।
इसकी संरचना अष्टफलकीय होती है।	इसकी संरचना षष्टफलकीय होती है।
यह सभी घोलकों में अघुलनशील होता है।	यह सभी सामान्य घोलकों में अघुलनशील है।

नैनो पदार्थ (Nanomaterials)

सूक्ष्म पदार्थ के अंतर्गत कई पदार्थ; जैसे-सूक्ष्म कण, सूक्ष्म भंगुर ठोस, सूक्ष्म तार, सूक्ष्म कैप्सूल तथा डीएनए आते हैं। विभिन्न पदार्थों को अधिक उपयोगी बनाने हेतु उनके संरचना में सूक्ष्म स्तर तक परिवर्तन किये जाते हैं; जैसे-नैनो क्रिस्टल, क्वांटम बिंदु इत्यादि।

क्वांटम बिंदु / नैनो रॉड [Quantum Dots (Nano Rods)] QLEDTV

क्वांटम बिंदु या नैनो रॉड 10 नैनोमीटर से छोटे आकार वाले कण होते हैं। ये धातु या अर्द्धचालक पदार्थ के बने होते हैं। क्वांटम बिंदु को कृत्रिम परमाणु के रूप में भी जाना जाता है क्योंकि इनमें निश्चित क्षेत्र में इलेक्ट्रॉनों की संख्या भी निश्चित होती है। इनके आकार में परिवर्तन के पश्चात ऊर्जा अंतराल (Band gap) उत्पन्न हो जाता है, आकार में कमी के साथ ऊर्जा अंतराल में वृद्धि होती है एवं विद्युत चुंबकीय विकरणों के तरंगदैर्ध्य में भी परिवर्तन हो जाता है। इसी कारण नीले से लाल अनेक प्रकार के क्वांटम बिंदु पाए जाते हैं। कैडमियम सल्फाइड एवं जिंक सेलेनाइड का उपयोग दृश्य वर्णपट्ट को उत्सर्जित करने में किया जाता है।

अनुप्रयोग (Applications)

- इनमें परावर्तन (Reflection) का गुण पाया जाता है इसलिए इसे **डिस्प्ले तकनीक (Display technologies) में भी उपयोग किया जाता है।**
- **क्वांटम बिंदु** का उपयोग **कैंसर थेरेपी में भी किया जाता है।**

नैनोबोट / नैनो रोबोट (Nanobot + NanoRobot)

- इसका आकार लगभग 1 नैनोमीटर (10^{-9})के बराबर होता है।
- इस पर अभी भी बड़े पैमाने में शोध कार्य चल रहे हैं।
- 1.5 नैनोमीटर नैनोबोट किसी रासायनिक नमूने उपस्थित अणुओं की संख्या गिनने में भी सक्षम है।

नैनो तकनीक

नैनो तकनीक क्या है?

- नैनो तकनीक विज्ञान और प्रौद्योगिकी का एक क्षेत्र है जो नैनोस्केल पर पदार्थ के हेरफेर और नियंत्रण पर केंद्रित है। नैनोस्केल एकल परमाणुओं और अणुओं का पैमाना है।
- इसमें नैनोस्केल पर अद्वितीय गुणों और व्यवहार वाले पदार्थों और प्रणालियों की समझ, लक्षण वर्णन और उपयोग शामिल है।
- उपसर्ग "नैनो" एक मीटर के एक अरबवें हिस्से (10^−9 मीटर) को संदर्भित करता है, जो एकल परमाणुओं या छोटे अणुओं के आकार के बारे में है। इस पैमाने पर, पदार्थों के गुण उनके पुंज (bulk) समकक्षों से काफी भिन्न हो सकते हैं।
- नैनो तकनीक का लक्ष्य परमाणु और आणविक स्तरों पर पदार्थ और उपकरणों को डिजाइन, हेरफेर और इंजीनियरिंग करके इन अद्वितीय गुणों का लाभ उठाना है।

नैनो स्केल/नैनो पैमाना क्या है?

- नैनोस्केल/ नैनो पैमाना नैनोमीटर (एक मीटर का एक अरबवां हिस्सा) की लंबाई के पैमाने को संदर्भित करता है, जहां पदार्थ अद्वितीय गुण प्रदर्शित करता है।
- इस पैमाने पर, क्वांटम प्रभाव प्रमुख हो जाते हैं, और सतह क्षेत्र-से-आयतन अनुपात काफी बढ़ जाता है।
- नैनो प्रौद्योगिकी उनके गुणों में हेरफेर करने के लिए नैनोस्केल पर पदार्थों और संरचनाओं के साथ काम करने पर केंद्रित है।
- वैज्ञानिक और इंजीनियर अपने आकार, प्रकार, संरचना और सतह गुणों को नियंत्रित करके नैनो पदार्थ को डिजाइन और इंजीनियर कर सकते हैं। नैनो तकनीक विभिन्न क्षेत्रों में नवीन अनुप्रयोगों और प्रौद्योगिकियों के विकास को सक्षम बनाती है।

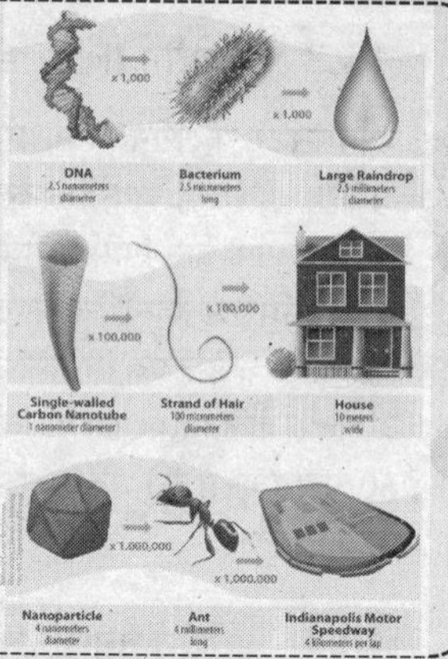

नैनो तकनीक के अनुप्रयोग

इलेक्ट्रॉनिक्स और कंप्यूटिंग

नैनो तकनीक ने छोटे, तीव्र और अधिक कुशल उपकरणों के विकास को सक्षम करके इलेक्ट्रॉनिक्स उद्योग में क्रांति ला दी है। इससे कंप्यूटर चिप्स का लघुकरण हुआ है, मेमोरी उपकरणों की भंडारण क्षमता बढ़ी है और इलेक्ट्रॉनिक घटकों का प्रदर्शन बढ़ा है।

चिकित्सा एवं स्वास्थ्य सेवा

नैनो तकनीक ने चिकित्सा और स्वास्थ्य सेवा में महत्वपूर्ण योगदान दिया है। इसने लक्षित दवा वितरण प्रणालियों के विकास को सक्षम किया है, जहां नैनोकणों का उपयोग दवाओं को सीधे विशिष्ट कोशिकाओं या ऊतकों तक पहुंचाने के लिए किया जाता है, जिससे दुष्प्रभाव कम होते हैं और प्रभावकारिता में सुधार होता है। नैनो पदार्थों का उपयोग मेडिकल इमेजिंग, डायग्नोस्टिक्स के लिए बायोसेंसर, टिशू इंजीनियरिंग और पुनर्योजी चिकित्सा में भी किया जाता है।

ऊर्जा

नैनो तकनीक में ऊर्जा उत्पादन, भंडारण और दक्षता में सुधार करके ऊर्जा चुनौतियों का समाधान करने की क्षमता है। उदाहरण के लिए, अधिक कुशल सौर कोशिकाओं, उन्नत बैटरी और ईंधन कोशिकाओं के विकास के लिए नैनो पदार्थ की खोज की जा रही है। नैनो प्रौद्योगिकी, पदार्थों के इन्सुलेशन गुणों में सुधार और ऊर्जा-कुशल कोटिंग्स विकसित करके ऊर्जा संरक्षण में भी भूमिका निभाती है।

पर्यावरण उपचार

नैनो तकनीक पर्यावरणीय सुधार और प्रदूषण नियंत्रण के लिए समाधान प्रस्तुत करती है। नैनो पदार्थ का उपयोग जल शोधन, वायु निस्पंदन और दूषित मृदा और भूजल के उपचार के लिए किया जा सकता है। वे प्रदूषकों के बेहतर अवशोषण, निस्पंदन और क्षरण को सक्षम बनाते हैं।

कृषि और खाद्य उद्योग

नैनो तकनीक कृषि पद्धतियों और खाद्य उत्पादन को बेहतर बनाने में योगदान दे सकती है। नैनोसेंसर मृदा की गुणवत्ता की निगरानी कर सकते हैं, कीटों और बीमारियों का पता लगा सकते हैं और फसल की वृद्धि को अनुकूलित कर सकते हैं। नैनो पदार्थ का उपयोग पोषक तत्वों और कीटनाशकों के लक्षित वितरण, खराब होने वाले खाद्य पदार्थों के शेल्फ जीवन को बढ़ाने और खराब होने से बचाने के लिए स्मार्ट पैकेजिंग विकसित करने के लिए किया जा सकता है।

सामग्री विज्ञान और इंजीनियरिंग

नैनो तकनीक ने सामग्री विज्ञान और इंजीनियरिंग में नई संभावनाएं खोली हैं। नैनो पदार्थ अद्वितीय गुण प्रदर्शित करते हैं, जैसे बढ़ी हुई शक्ति, बढ़ी हुई चालकता, बेहतर ऑप्टिकल गुण और उच्च रासायनिक प्रतिक्रियाशीलता। इन सामग्रियों का उपयोग हल्के और उच्च शक्ति वाले कंपोजिट, लचीले इलेक्ट्रॉनिक्स, कैटेलिसिस और विशेष कार्यक्षमता वाले कोटिंग्स जैसे क्षेत्रों में किया जाता है।

जल उपचार और अलवणीकरण

नैनो तकनीक जल उपचार और अलवणीकरण प्रक्रियाओं में भूमिका निभाती है। नैनोकण और नैनोफिल्टर जैसे नैनो पदार्थ जल स्रोतों से प्रदूषकों, बैक्टीरिया और वायरस को प्रभावी ढंग से हटा सकते हैं। इसके अतिरिक्त, कुशल अलवणीकरण के लिए नैनोमेम्ब्रेंस की खोज की जा रही है, जिससे समुद्री जल से ताजे जल का उत्पादन संभव हो सके।

नैनो तकनीक के पर्यावरणीय प्रभाव

एक्सपोज़र और विषाक्तता

नैनो पदार्थ के छोटे आकार और अद्वितीय गुणों से प्रतिक्रियाशीलता और संभावित विषाक्तता बढ़ सकती है। अध्ययनों से पता चला है कि कुछ नैनोकणों का जीवों और पारिस्थितिक तंत्रों पर प्रतिकूल प्रभाव पड़ सकता है, जिसमें कोशिकीय क्षति, सूजन और पर्यावरणीय व्यवधान शामिल हैं। संभावित जोखिमों को समझना और उनके व्यापक उपयोग से पहले नैनो पदार्थों का व्यापक मूल्यांकन करना महत्वपूर्ण है।

पर्यावरणीय नियति और व्यवहार

पर्यावरण में छोड़े गए नैनो पदार्थ अपने पुंज (bulk) समकक्षों की तुलना में अलग व्यवहार कर सकते हैं। वे अधिक व्यापक रूप से फैल सकते हैं, लंबी दूरी की यात्रा कर सकते हैं और संभावित रूप से पारिस्थितिक तंत्र में जमा हो सकते हैं। उनके संभावित दीर्घकालिक प्रभावों का मूल्यांकन करने के लिए विभिन्न पर्यावरणीय डिब्बों में नैनो पदार्थों के अंतिम परिणाम (fate), परिवहन और परिवर्तनों का अध्ययन करना आवश्यक है।

पारिस्थितिकीय विषाक्तता और पारिस्थितिकी तंत्र प्रभाव

संशोधित (इंजीनियर्ड) नैनो पदार्थों, जीवों और पारिस्थितिक तंत्रों के साथ अंतर्क्रिया कर सकते हैं, जिससे पारिस्थितिक प्रभाव पड़ सकते हैं। वे जलीय प्रणालियों, मृदा और वायुमंडल में प्रवेश कर सकते हैं, संभावित रूप से विभिन्न पोषी स्तरों पर विभिन्न जीवों को प्रभावित कर सकते हैं। नैनो पदार्थों की संभावित पारिस्थितिकीय विषाक्तता (इकोटोक्सिसिटी) और पारिस्थितिकी तंत्र पर प्रभावों को समझना उनके प्रतिकूल प्रभावों को कम करने के लिए महत्वपूर्ण है।

जीवन चक्र मूल्यांकन

नैनो प्रौद्योगिकी के पर्यावरणीय प्रभाव का आकलन करने के लिए नैनो पदार्थों और नैनो तकनीक-सक्षम उत्पादों के संपूर्ण जीवन चक्र पर विचार करने की आवश्यकता है। इसमें नैनो पदार्थ के उत्पादन, उपयोग और निपटान के साथ-साथ संसाधन की कमी, ऊर्जा खपत और अपशिष्ट उत्पादन की क्षमता से जुड़े पर्यावरणीय पदचिह्न का मूल्यांकन शामिल है।

नियामक ढांचा

नैनो प्रौद्योगिकी के जिम्मेदारीपूर्ण विकास और उपयोग को सुनिश्चित करने के लिए, नियामक ढांचे को स्थापित या मजबूत करने की आवश्यकता होती है। सरकारें और अंतर्राष्ट्रीय संगठन सक्रिय रूप से दिशानिर्देश और नियम विकसित करने के लिए काम कर रहे हैं जो नैनो पदार्थों से जुड़े संभावित पर्यावरणीय और स्वास्थ्य जोखिमों को संबोधित करते हैं।

सतत नैनो तकनीक

टिकाऊ नैनो तकनीक की अवधारणा नैनो पदार्थों और नैनो तकनीक-सक्षम उत्पादों के जिम्मेदारीपूर्ण डिजाइन, उत्पादन और उपयोग को बढ़ावा देती है। यह दृष्टिकोण पर्यावरणीय प्रभावों को कम करने, विषाक्तता को कम करने, संसाधनों के संरक्षण और नैनो प्रौद्योगिकी के सुरक्षित और नैतिक उपयोग को बढ़ावा देने पर जोर देता है।

कार्बन फाइबर क्या है?

- कार्बन फाइबर, एक क्रिस्टलीय संरचना में व्यवस्थित कार्बन परमाणुओं से बना एक हल्का और उच्च शक्ति वाला पदार्थ होता है।
- यह एक प्रकार का फाइबर-प्रबलित पॉलिमर (FRP) है जहां इसे मजबूत बनाने वाली सामग्री कार्बन फाइबर है।
- कार्बन फाइबर के उत्पादन में कई चरण शामिल हैं। इसकी शुरुआत पूर्ववर्ती सामग्री से होती है, आमतौर पर एक बहुलक, जैसे पॉलीएक्रिलोनिट्राइल (PAN), रेयान, या पिच। गैर-कार्बन तत्वों को हटाने और सामग्री को शुद्ध कार्बन फाइबर में परिवर्तित करने के लिए, पूर्ववर्ती (precursor) ऑक्सीकरण और कार्बोनाइजेशन सहित उपचार की एक श्रृंखला से गुजरता है।
- कार्बन फाइबर की विशेषताएं और अनुप्रयोग
  - भौतिक शक्ति, विशिष्ट दृढ़ता, हल्के वजन एयरोस्पेस, सड़क और समुद्री परिवहन, खेल के सामान।
  - उच्च आयामी स्थिरता, थर्मल विस्तार का कम गुणांक, और कम घर्षण मिसाइलें, विमान ब्रेक, एयरोस्पेस एंटीना और सपोर्ट संरचना, बड़ी दूरबीनें, ऑप्टिकल बेंच, स्थिर उच्च आवृत्ति (गीगाहर्ट्ज) सटीक माप फ्रेम के लिए वेवगाइड।
  - अच्छा कंपन अवमंदन, शक्ति और कठोरता ऑडियो उपकरण, हाई-फाई उपकरण के लिए लाउडस्पीकर, पिकअप हथियार, रोबोट हथियार।
  - विद्युत चालकता ऑटोमोबाइल हुड, नवीन टूलींग, इलेक्ट्रॉनिक उपकरणों के लिए केसिंग और बेस, EMI और RF परिरक्षण, ब्रश।
  - जैविक जड़ता और एक्स-रे पारगम्यता कृत्रिम अंग, सर्जरी और एक्स-रे उपकरण, प्रत्यारोपण, टेंडन/लिगामेंट मरम्मत में चिकित्सा अनुप्रयोग।
  - थकान प्रतिरोध, स्व-स्नेहन, उच्च अवमंदन युक्त कपड़ा मशीनरी, जेनेरा इंजीनियरिंग।
  - रासायनिक जड़ता, उच्च संक्षारण प्रतिरोध युक्त रासायनिक उद्योग; परमाणु क्षेत्र; प्रक्रिया संयंत्रों में वाल्व, सील और पंप घटक।
  - विद्युत चुम्बकीय गुण बड़े जनरेटर रिटेनिंग रिंग, रेडियोलॉजिकल उपकरण।

कार्बन फाइबर के अनुप्रयोग

- एयरोस्पेस और विमानन: संरचनात्मक शक्ति बनाए रखते हुए वजन कम करने के लिए एयरोस्पेस उद्योग में कार्बन फाइबर कंपोजिट का बड़े पैमाने पर उपयोग किया जाता है।
- ऑटोमोटिव: वजन कम करने और ईंधन दक्षता में सुधार करने के लिए उच्च प्रदर्शन वाले वाहनों में कार्बन फाइबर का उपयोग किया जाता है।
- खेल और मनोरंजन: कार्बन फाइबर का व्यापक रूप से खेल के सामान और उपकरण, जैसे टेनिस रैकेट, गोल्फ क्लब, साइकिल फ्रेम और हेलमेट में उपयोग किया जाता है। इसकी उच्च शक्ति और हल्के गुण प्रदर्शन और स्थायित्व को बढ़ाते हैं।
- पवन ऊर्जा: वजन कम करते हुए शक्ति और प्रतिरोधकता प्रदान करने के लिए पवन टरबाइन ब्लेड में कार्बन फाइबर कंपोजिट का उपयोग किया जाता है।
- सिविल इंजीनियरिंग और निर्माण: शक्ति और स्थायित्व बढ़ाने के लिए कार्बन फाइबर का उपयोग संरचनात्मक सुदृढीकरण, जैसे बीम, कॉलम और ब्रिज डेक में किया जाता है। इसका उपयोग भूकंप के खिलाफ इमारतों को मजबूत करने के लिए भूकंपीय रेट्रोफिटिंग में भी किया जाता है।

कार्बन नैनोट्यूब

- कार्बन नैनोट्यूब (CNTs), एक ट्यूब की तरह व्यवस्थित कार्बन परमाणुओं से बनी बेलनाकार संरचनाएं होती हैं।
- इनमें एक नैनोस्केल व्यास होता है, आमतौर पर कुछ नैनोमीटर के क्रम पर, और उनकी लंबाई कुछ माइक्रोमीटर से लेकर कई सेंटीमीटर तक हो सकती है।
- कार्बन नैनोट्यूब को दो मुख्य प्रकारों में वर्गीकृत किया जा सकता है:
  a. सिंगल-वॉल्ड कार्बन नैनोट्यूब (SWCNTs): इन नैनोट्यूब में कार्बन परमाणुओं की एक एकल बेलनाकार परत होती है। इनमें एक खोखला कोर होता है और इनकी कल्पना ग्राफीन की बेल्लित (rolled-up) चादरों के रूप में की जा सकती है। SWCNTs असाधारण विद्युत चालकता और यांत्रिक शक्ति प्रदर्शित करते हैं। इनमें अद्वितीय गुण होते हैं जो उनके व्यास, किरेलिटी (twist) और संरचना के आधार पर भिन्न हो सकते हैं।
  b. मल्टी-वॉल्ड कार्बन नैनोट्यूब (MWCNTs): इन नैनोट्यूब में कार्बन परमाणुओं की कई संकेंद्रित परतें होती हैं। MWCNTs की कल्पना कई SWCNTs के रूप में की जा सकती है जो एक दूसरे के भीतर निहित होते हैं, जो एक ट्यूब संरचना के भीतर एक ट्यूब बनाते हैं। SWCNTs की तुलना में MWCNTs बेहतर यांत्रिक गुण और संरचनात्मक दोषों के लिए बेहतर प्रतिरोध प्रदान करते हैं।
- कार्बन नैनोट्यूब में कई असाधारण गुण होते हैं, जिनमें शामिल हैं:
  - असाधारण शक्ति: उनमें किसी भी ज्ञात सामग्री की तुलना में शक्ति-से-वजन का अनुपात सबसे अधिक होता है, जो उन्हें अविश्वसनीय रूप से मजबूत और हल्का बनाता है।
  - उच्च विद्युत चालकता: कार्बन नैनोट्यूब अपने अद्वितीय इलेक्ट्रॉनिक गुणों के कारण उच्च दक्षता के साथ विद्युत संचालन कर सकते हैं, जो उन्हें इलेक्ट्रॉनिक्स और नैनोइलेक्ट्रॉनिक्स अनुप्रयोगों में उपयोगी बनाता है।
  - तापीय चालकता: वे उच्च तापीय चालकता प्रदर्शित करते हैं, जो उन्हें ताप प्रबंधन अनुप्रयोगों के लिए मूल्यवान बनाता है।
  - संरचनात्मक प्रतिरोधकता: कार्बन नैनोट्यूब को बिना तोड़े मोड़ा और घुमाया जा सकता है, जिससे उन्हें विभिन्न संरचनाओं और उपकरणों में एकीकृत किया जा सकता है।
  - नैनोस्केल अनुप्रयोगों के लिए क्षमता: उनका छोटा आकार और अद्वितीय गुण उन्हें नैनोस्केल उपकरणों, सेंसर और अन्य अनुप्रयोगों के लिए आशाजनक विकल्प बनाते हैं।
- हालाँकि, बड़े पैमाने पर उत्पादन, लागत-प्रभावशीलता और उनके उपयोग से जुड़े किसी भी संभावित स्वास्थ्य और पर्यावरणीय चिंताओं को दूर करने के मामले में अभी भी चुनौतियाँ हैं। व्यावहारिक अनुप्रयोगों के लिए कार्बन नैनोट्यूब की पूरी क्षमता का पता लगाने और अनलॉक करने के लिए चल रहे शोध जारी हैं।
- **CNTs के अनुप्रयोग**
  - ईस्टन-बेल स्पोर्ट्स, इंक जैसे कुछ उद्योग साइकिल के घटकों के निर्माण में CNTs का उपयोग करते हैं।
  - CNT के उपयोग से, Zyvex तकनीक हल्की नावों का निर्माण करती है।
  - यह सिलिकॉन निर्मित ट्रांजिस्टर का स्थान लेगा, क्योंकि वे छोटे होते हैं और बहुत कम ऊष्मा उत्सर्जित करते हैं।
  - विद्युत केबल और तारों में, यह नुकसान के विरुद्ध विद्युत का संरक्षण करेगा।
  - छोटे आकार के CNTs निर्मित ट्रांजिस्टर से संचार एवं सूचना प्रौद्योगिकी में काफी उन्नति होगी।
  - फोटोवोल्टेइक में, इसका उपयोग सौर कोशिकाओं के रूप में किया जा सकता है।
  - वस्त्रों में छोटे आकार के CNTs का उपयोग किया जा सकता है।

हाल ही में, यह प्रदर्शित किया गया है कि क्रियाशील कार्बन नैनोट्यूब को ऑक्सीडेटिव एंजाइमों द्वारा निम्नीकृत किया जा सकता है। यह खोज चिकित्सा में कार्बन नैनोट्यूब के विकास के लिए एक नया दृष्टिकोण पेश कर रही है।

प्रौद्योगिकी को सक्षम करने से इन रक्त-संगत (blood-compatible) नैनो पदार्थों का उपयोग करके कृत्रिम प्रत्यारोपण जैसे बायोमेडिकल अनुप्रयोगों के लिए बिल्डिंग ब्लॉक के रूप में नैनोडिवाइस बनाने में सुविधा होगी, जिसमें संरचनात्मक ऊतक प्रतिस्थापन, यानी कृत्रिम रक्त वाहिकाएं या दवा वितरण मैट्रिक्स जैसे कार्यात्मक उपकरण शामिल हैं।

कार्बन नैनोट्यूब सरणियों का उपयोग करने वाले जैव रासायनिक सेंसर।

नासा ने इन विट्रो में विशिष्ट बायोमार्कर हस्ताक्षरों का पता लगाने के लिए बेहद उच्च संवेदनशीलता और सरलीकृत नमूना तैयारी के साथ एक लघु इलेक्ट्रॉनिक्स तकनीक का सफलतापूर्वक प्रदर्शन किया है, जो डायग्नोस्टिक्स उपकरणों में नैनोइलेक्ट्रोड सरणी के रूप में एम्बेडेड वर्टिकल अलाइंड कार्बन नैनोट्यूब को शामिल करने पर आधारित है।

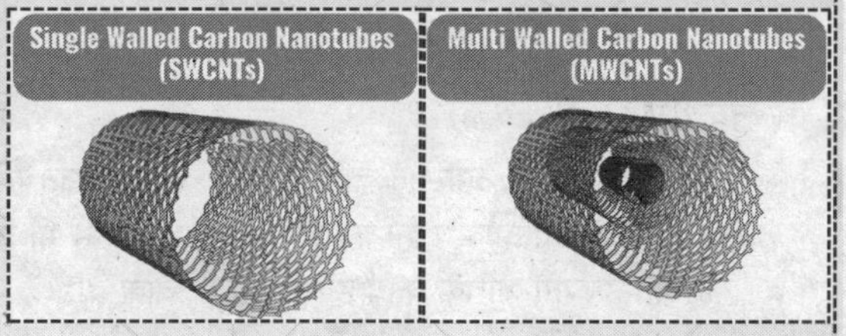

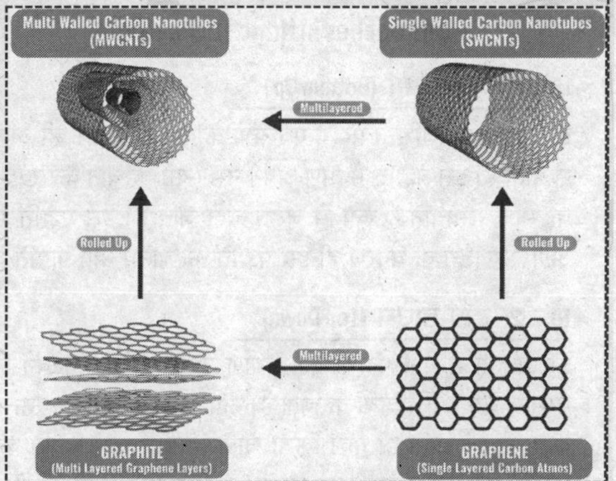

फुलरीन

- फुलरीन कार्बन अणुओं का एक वर्ग है जिसमें बंद पिंजरे या गेंद जैसी संरचनाओं में व्यवस्थित कार्बन परमाणु होते हैं। सबसे प्रसिद्ध और अध्ययन किया गया फुलरीन C60 है, जिसे बकमिनस्टरफुलरीन या केवल बकीबॉल के रूप में भी जाना जाता है, जिसका गोल आकार सॉकर बॉल जैसा होता है।
- फुलरीन की खोज पहली बार 1985 में की गई थी और इसका नाम बकमिनस्टर फुलर के नाम पर रखा गया था, जो एक वास्तुकार थे जो जियोडेसिक गुंबदों को डिजाइन करने के लिए जाने जाते थे जो समान संरचनात्मक पैटर्न साझा करते हैं। वे पूरी तरह से कार्बन परमाणुओं से बने होते हैं, जो सॉकर बॉल के पैटर्न के समान हेक्सागोन और पेंटागन के पैटर्न में व्यवस्थित होते हैं। यह अनूठी व्यवस्था फुलरीन को उनके विशिष्ट गुण प्रदान करती है।

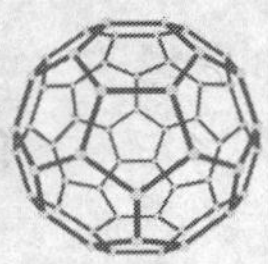

फुलरीन (C_{60} अणु)

- फुलरीन उच्च तन्यता शक्ति, उत्कृष्ट विद्युत चालकता और उच्च रासायनिक स्थिरता जैसे दिलचस्प गुण प्रदर्शित करते हैं। वे अन्य अणुओं के साथ स्थिर यौगिक निर्माण की अपनी क्षमता के लिए भी जाने जाते हैं, जो उन्हें विभिन्न अनुप्रयोगों के लिए बहुमुखी बनाता है।
- फुलरीन के अनुप्रयोग पदार्थ विज्ञान, इलेक्ट्रॉनिक्स, चिकित्सा और ऊर्जा जैसे क्षेत्रों में है। इनका उपयोग अन्य चीजों के अलावा उत्प्रेरक, दवा वितरण वाहन, सुपरकंडक्टर्स और सौर कोशिकाओं में किया जा सकता है। इनकी अनूठी संरचना और गुण उन्हें नैनो प्रौद्योगिकी और संबंधित क्षेत्रों में चल रहे अनुसंधान और अन्वेषण का विषय बनाते हैं।

फुलरीन के अनुप्रयोग

- एंटीऑक्सीडेंट: वे कुशल रेडिकल सफाई एजेंटों के रूप में कार्य करते हैं।
- साइटोप्रोटेक्टर्स: वे कोशिकाओं को पराबैंगनी क्षति से बचाते हैं।
- सौंदर्य प्रसाधन: जल में घुलनशील डेरिवेटिव त्वचा की क्षति और उम्र बढ़ने से रोकते हैं।
- एंटीबायरल एजेंट: वे एचआईवी और हेपेटाइटिस सी जैसे वायरस के खिलाफ गतिविधि दिखाते हैं।
- दवा और जीन वितरण: वे दवाओं और डीएनए अनुक्रमों को लक्षित कोशिकाओं तक पहुंचा सकते हैं।
- फोटोडायनामिक थेरेपी: इनका उपयोग घातक कोशिकाओं को लक्षित करने और उनका इलाज करने के लिए किया जाता है।
- सौर सेल: वे कार्बनिक सौर कोशिकाओं में ऊर्जा रूपांतरण को बढ़ाते हैं।
- सुरक्षात्मक आईवियर: इनका उपयोग आंखों की सुरक्षा के लिए ऑप्टिकल लिमिटर्स में किया जा सकता है।
- हाइड्रोजन भंडारण: फुलरीन में हाइड्रोजन को संग्रहीत करने और छोड़ने की क्षमता होती है।
- हार्डनिंग एजेंट: वे लचीलेपन से समझौता किए बिना हल्की धातुओं को मजबूत करते हैं।
- डायमंड फिल्म्स: फुलरीन को इलेक्ट्रॉनिक अनुप्रयोगों के लिए डायमंड फिल्मों में परिवर्तित किया जा सकता है।
- फुलरीन चिकित्सा में विविध संभावनाएं प्रदान करता है, लेकिन व्यावहारिक कार्यान्वयन के लिए और अधिक शोध की आवश्यकता है।

ग्राफीन

- ग्राफीन एक हेक्सागोनल जाली पैटर्न में व्यवस्थित कार्बन परमाणुओं की एक द्वि-आयामी शीट होती है। यह ग्रेफाइट की एक परत है, जो आमतौर पर पेंसिल लेड में पाया जाने वाला पदार्थ है। ग्राफीन अब तक ज्ञात सबसे पतला, मजबूत और सबसे सुचालक पदार्थ है।
- ग्राफीन के प्रमुख गुणों में शामिल निम्नलिखित शामिल हैं:
  - शक्ति और प्रतिरोधकता: ग्राफीन अविश्वसनीय रूप से मजबूत है फिर भी अत्यधिक लचीला है, जो बिना टूटे खींचाव और झुकाव में सक्षम है।
  - विद्युत चालकता: ग्राफीन में असाधारण विद्युत चालकता होती है, जो इसे विभिन्न इलेक्ट्रॉनिक अनुप्रयोगों के लिए उपयुक्त बनाती है।
  - तापीय चालकता: ग्राफीन में उत्कृष्ट तापीय चालकता होती है, जो उष्मा को कुशलतापूर्वक स्थानांतरित और नष्ट कर देती है।
  - पारदर्शिता: ग्राफीन अत्यधिक पारदर्शी होता है, जो 97% से अधिक प्रकाश को गुजरने की अनुमति देता है।
  - उच्च सतह क्षेत्र: ग्राफीन का सतह क्षेत्र उसके वजन के सापेक्ष बड़ा होता है, जो इसे ऊर्जा भंडारण और उत्प्रेरण के लिए उपयोगी बनाता है।

ग्राफीन लेयर

ग्राफीन के अनुप्रयोग

- 2014 के बाद से, ग्राफीन का उपयोग व्यावसायिक उद्देश्यों के लिए किया जा रहा है और निस्पंदन, हल्की/मजबूत समग्र सामग्री, इलेक्ट्रॉनिक्स, फोटोवोल्टिक्स, ऊर्जा भंडारण और जैविक इंजीनियरिंग जैसे विभिन्न क्षेत्रों में विभिन्न अनुप्रयोग प्रस्तावित या सक्रिय रूप से विकासाधीन हैं।
  - जैवचिकित्सा (बायोमेडिकल): ग्राफीन का उपयोग डीएनए विश्लेषण और आनुवंशिकी और जैव प्रौद्योगिकी में अनुप्रयोगों के लिए किया जा सकता है।
  - एकीकृत सर्किट: ग्राफीन के गुण प्रोसेसर और एकीकृत सर्किट के लिए उच्च गति ट्रांजिस्टर को सक्षम करते हैं।
  - ऑप्टिकल इलेक्ट्रॉनिक्स: ग्राफीन की विद्युत चालकता और ऑप्टिकल पारदर्शिता का उपयोग टचस्क्रीन, डिस्प्ले और फोटोवोल्टिक कोशिकाओं में किया जाता है।
  - फिल्टर और अलवणीकरण: ग्राफीन ऑक्साइड फिल्टर जल के अलवणीकरण की क्षमता दिखाते हैं।
  - इथेनॉल आसवन: ग्राफीन ऑक्साइड झिल्ली चुनिंदा रूप से जल वाष्प को पारित कर सकती है, जिससे जैव ईंधन और अल्कोहल उत्पादन में सहायता मिलती है।
  - सौर सेल: ग्राफीन, कुशल सौर कोशिकाओं के लिए फोटोइलेक्ट्रोकेमिकल ऊर्जा रूपांतरण में लागू होता है।
  - ऊर्जा भंडारण उपकरण: ग्राफीन में उच्च घनत्व वाले सुपरकैपेसिटर की क्षमता होती है, जिससे ऊर्जा भंडारण क्षमता में सुधार होता है।
  - जीवाणुरोधी: ग्राफीन ऑक्साइड रोगाणुरोधी गुणों को प्रदर्शित करता है, जो स्वच्छता और पैकेजिंग में लाभप्रद होता है।

- नैनोबोट्स के सूक्ष्म आकार के कारण ही संभवत: यह किसी कार्य को करने हेतु बड़ी संख्या में भाग लेते हैं।

अनुप्रयोग (Application)

- यह वातावरण में उपस्थित जहरीले कणों को पहचानने में उपयोगी है।
- इसका उपयोग औषधि देने की प्रणाली के रूप में में भी किया जाता है।
- इसका उपयोग जैविक कार्य हेतु भी किया जाता है।

18.7 सूक्ष्म प्रौद्योगिकी की पद्धतियां (Approaches in Nano Technology)

18.7.1 बॉटम अप (Bottom Up)

इस पद्धति में विभिन्न पदार्थ एवं यंत्रों का निर्माण उनके ही आणविक घटकों से होता है। इस पद्धति में अणु अपने नस्ल की पहचान कर खुद ही एक-दूसरे के साथ रासायनिक रूप से जुड़ते चले जाते हैं। इस पद्धति में परमाणु एवं अणु के जुड़ने के कारण ही इस पद्धति को बॉटम अप पद्धति का जाता है।

18.7.2 टॉप डाउन (Top Down)

इस पद्धति में नैनो पदार्थों का निर्माण उनके ही बड़े घटकों से बिना किसी परमाणविक अभिक्रिया के होता है। टॉप डाउन पद्धति का उपयोग बॉटम अप के मुकाबले बहुत ही कम किया जाता है। प्राय: इस पद्धति का उपयोग बड़े पदार्थों यंत्रों को उसके छोटे आकार में परिवर्तित करने के लिए किया जाता है। इसका उपयोग DNA तकनीक में भी किया जाता है।

18.8 सूक्ष्म प्रौद्योगिकी के अनुप्रयोग (Applications of Nanotechnology)

18.8.1 दवा में सूक्ष्म प्रौद्योगिकी [Nanotechnology in Drugs (Cancer)]

- सूक्ष्म प्रौद्योगिकी ने दवा देने की नई पद्धतियों एवं नई थेरेपी का विकास किया है।
- सूक्ष्म प्रौद्योगिकी की सहायता से दवा को शरीर के ठीक उसी हिस्से में भेजा जा सकता है जो हिस्सा रोग से प्रभावित हो। इसके कारण दवा का असर जल्द होता है और संक्रमण की संभावना बहुत ही कम होती है।
- सूक्ष्म प्रौद्योगिकी की सहायता से दवा को नैनो रोबोट के जरिए शरीर के उस हिस्से में भेजा जाता है, जो बीमारी से प्रभावित हो, जिसके कारण तुरंत ही दवा के पहुंचने से यह रोग के लिए जिम्मेदार कोशिकाओं को नष्ट कर देता है और तुरंत ही बीमारी से राहत मिलने की संभावना होती है आजकल जिस पद्धति का प्रयोग इस कार्य के लिए किया जाता है वह रेडियोलॉजी एवं कीमोथैरेपी है। यह सामान्य ऊतकों को मारने में भी सक्षम है।
- नैनो पदार्थ रुधिर वाहिनियों में पड़े रुधिर के थक्का जमने को खत्म करने में सक्षम है, जिसके कारण मानव में हृदयाघात बीमारी के खतरों की संभावना कम की जा सकती है।
- सूक्ष्म प्रकाशिकी (Nano Optics) **पुतली की मरम्मत** एवं अन्य प्रकार की आँखों से संबंधित बीमारियों में लेजर सर्जरी या अन्य उपायों से आँखों संबंधित बीमारियों को ठीक करने की सुनिश्चितता में वृद्धि कर सकती है।

18.8.2 कपड़ों में सूक्ष्म प्रौद्योगिकी (Nanotechnology in Fabrics)

- कुछ कपड़े निर्माता कपड़ों में नैनो आकार के कणों का इस्तेमाल कर कपड़ों को जल रोधी एवं दाग रोधी बनाने पर कार्य कर रहे हैं। नैनो तकनीकी की सहायता से कपड़ों को इस प्रकार बना पाना संभव है।
- इन कपड़ों का उपयोग बुलेट प्रूफ जैकेट के रूप में भी किया जा सकता है।
- यह कपड़े गंदगी विरोधी होने के साथ ही साथ विषाणु एवं बैक्टीरिया रोधी भी होते हैं जिससे बीमारियों के होने की संभावना भी कम होगी।

18.8.3 मोबाइल में सूक्ष्म प्रौद्योगिकी (Nanotechnology in Mobile)

- नोकिआ अनुसंधान केंद्र (Nokia Research Centre) एवं कैम्ब्रिज विश्वविद्यालय (Cambridge University) मिलकर नैनो तकनीक आधारित पदार्थ **मार्फ (Morph)** का उपयोग कर एक विशेष प्रकार के मोबाइल बनाने पर कार्य कर रहे हैं। **मार्फ जलरोधी प्रकृति का पदार्थ होता है** एवं इसके ऊपर फोटोवोल्टाइक सतह की उपस्थिति के कारण स्वयं को प्रकाश में चार्ज करने में भी सक्षम है।
- नैनो तकनीकी सहायता से ऐसे मोबाइल बनाए जाने की संभावना है, **जिन्हें मोड़ा जा सकता है।** इस तकनीक का विकास होने से हमें विभिन्न प्रकार के मोबाइल देखने को मिल सकते हैं एवं हम उन्हें अपने जेब में आसानी से रख सकते हैं।

18.8.4 इलेक्ट्रॉनिकी में सूक्ष्म प्रौद्योगिकी (Nanotechnology in Electronics)

- नैनो प्रौद्योगिकी की सहायता से **समतल डिस्प्ले (Flat Display) को लचीला (Flexible) एवं अधिक पतला बनाया जा सकता है।**
- नैनो टेक्नोलॉजी की सहायता से **चिप युक्त कपड़े भी बनाए जा सकते हैं**, जो विभिन्न प्रकार के संवेदकों से सुसज्जित होंगे एवं हमें विभिन्न क्षेत्रों में सहायता प्रदान करेंगे।
- नैनो टेक्नालॉजी की सहायता से **बने ट्रांजिस्टर इलेक्ट्रॉनिक के क्षेत्र में नई क्रांति ला सकते हैं।**
- वर्तमान समय में सौर सेल सूर्य से प्राप्त ऊर्जा का 15 से 20% तक ही उपयोग कर पाते हैं जबकि **नैनो तकनीकी की सहायता से ऐसे सौर सेलों का निर्माण भी संभव होगा जो सूर्य से मिलने वाले प्रकाश का 40% उपयोग कर हमें अधिक ऊर्जा प्रदान करने में सक्षम होंगे।**
- नैनो तकनीकी की सहायता से **इलेक्ट्रॉनिक समाचार-पत्र (e-Paper/Newspaper) या डिस्प्ले युक्त सनग्लास** (Sunglass) बनाना संभव है।
- **नैनो बैटरी** (Nanobatteries) **पुन: चार्ज करने योग्य** (Rechargeable) **बैटरी होते हैं** एवं इसमें उपयोग किए जाने वाले नैनो पदार्थ का निपटारा भी आसानी से किया जा सकता है।

18.8.5 कंप्यूटर में सूक्ष्म प्रौद्योगिकी (Nanotechnology in Computers)

- कार्बन नैनोट्यूब आधारित ट्रांजिस्टर कंप्यूटर के सिलिकॉन ट्रांजिस्टर का स्थान ले सकते हैं।
- नैनो रॉड की सहायता से आने वाले समय में ऐसे डिस्प्ले के निर्माण होने की संभावना है, जो कम ऊर्जा की खपत करेगा, साथ-ही-साथ यह ऊष्मा का उत्सर्जन भी कम करेगा।
- नैनो तकनीक की सहायता से **माइक्रो प्रोसेसर** (Microprocessor) का आकार बहुत ही छोटा किया जा पाना संभव हो सकेगा।
- **नैनो वायर लेपित (Nanowire coated) टाइटेनियम ऑक्साइड** (Titanium Oñide) का उपयोग **मेमोरी संयंत्र के रूप में किया जा सकता है।**
- जब समानांतर तारों के समूह के प्रत्येक प्रतिच्छेद (Intersection) पर एक लंबवत (Perpendicular) नैनो वायर रखा जाता है तो जिस संयंत्र का निर्माण होता है उसे **मेमरिस्टर (Memristor)** कहा जाता है जिसका उपयोग एकल घटक मेमोरी सेल के रूप में एकीकृत परिपथ में किया जा सकता है।
- **मेमरिस्टर (Memristor) छोटे मेमोरी चिप (Memory Chips) को अधिक-से-अधिक आंकड़े (Data) रखने में सहायता करेगा क्योंकि इसका आकार बहुत ही छोटा होता है।**
- **आई श्रेणी के प्रोसेसर (i Series Processor) वाले कंप्यूटर** से पहले विकसित कंप्यूटर के इंटेल चिप का आकार 45 नैनोमीटर से 65 नैनोमीटर तक होता था परंतु नैनो प्रौद्योगिकी के विकास से वर्तमान समय में जिस चिप का उपयोग कंप्यूटर में किया जाता है। उसका आकार मात्र 22 नैनोमीटर होता है, जो एक प्रकार का मील का पत्थर है।

18.8.6 अन्य प्रयोग (Other Uses)

- **टंगस्टन कार्बाइड (Tungsten Carbide), टाइटेनियम कार्बाइड (Titanium Carbide) तथा टैंटलम कार्बाइड (Tantalum carbide)** जैसे नैनो क्रिस्टलीय पदार्थ का उपयोग **छेदक उपकरण / कटिंग टूल** के रूप में किया जाता है। यह पारंपरिक कटिंग उपकरणों की अपेक्षा अधिक टिकाऊ होता है एवं साथ-ही-साथ यह किसी पदार्थ को अच्छे तरीके से काटने में सक्षम है।
- **'सिल्वर नैनो क्रिस्टल' बैक्टीरिया को नष्ट कर संक्रमण को रोकने में सहायता करते हैं।**
- नैनो तकनीक की सहायता से **कृत्रिम हड्डियाँ भी बनाई गई हैं,** जो विषम परिस्थितियों में मरीजों के लिए बहुत ही उपयोगी है।
- नैनो टेक्नोलॉजी की सहायता से अब तक ज्ञात **सबसे हल्के पदार्थ 'एरोजेल' का आविष्कार किया गया है, जो अपने प्रबल कुचालक गुण के कारण अंतरिक्ष यात्रियों के लिए बनाए जाने वाले कपड़ों में एवं अंतरिक्ष यानों में उपयोग में लाया जाएगा।**

विश्व का प्रथम आणविक रोबोट (World's First Molecular Robot)

मेनचेस्टर विश्वविद्यालय के वैज्ञानिकों ने विश्व का प्रथम आणविक रोबोट तैयार किया है जो आकार में एक मिलिमीटर का मिलियनवां (दस लाखवां) भाग है। यह अणु निर्माण में उपयोगी हो सकता है और महत्वपूर्ण दवाओं की खोज में सहायक हो सकता है।

1. यह आणविक रोबोट आकार में एक मिलीमीटर का मिलियनवां भाग है।
2. यह मात्र 150 कार्बन, हाइड्रोजन, ऑक्सीजन तथा नाइट्रोजन अणुओं से बना है। जो अणु निर्माण में आवश्यक आधारभूत निर्माणकारी पदार्थ हैं।
3. इसे चलने और एक छोटी रोबोटिक बांह द्वारा आणविक कार्यों के निर्माण हेतु प्रोग्राम किया जा सकता है।
4. यह आणविक रोबोट विशेष घोल में रासायनिक अभिक्रिया के जरिए कार्य करता हैं, जिसे वैज्ञानिकों द्वारा मूल कार्यों हेतु नियंत्रित तथा प्रोग्राम किया जा सकता है।
5. यह रासायनिक इनपुट से निर्मित सरल आदेशों की एक श्रृंखला के प्रति प्रतिक्रिया करता है।

महत्व (Significance)

आणविक रोबोट इतना छोटा होता है कि यह पदार्थों की मांग को बड़े पैमाने पर कम करता है, ऊर्जा आवश्यकता को नाटकीय रूप से कम कर सकता है और दवा की खोज को त्वरित तथा उन्नत कर सकता है और अन्य उत्पादों के लघु रूप निर्माण को तीव्र कर सकता है। इस प्रकार के आणविक रोबोट का उपयोग चिकित्सकीय उद्देश्यों, उन्नत विनिर्माण प्रक्रिया और यहां तक की आणविक कारखानों और असेंबली लाइनस के निर्माण में भी किया जा सकता है।

18.9 भारत में सूक्ष्म प्रौद्योगिकी (Nanotechnology in India)

नैनो टेक्नोलॉजी में छोटे से बड़े स्तर तक की सभी तकनीकों में अमूल परिवर्तन लाने की क्षमता है अत: इससे जुड़े अनुसंधान आज बहुत ही प्रासंगिक हैं।

18.9.1 महत्व (Significance)

- भारत सरकार सूक्ष्म प्रौद्योगिकी को देश में कृषि उत्पाद में वृद्धि करने के साधन के रूप में देख रही है।
- **नीति आयोग** के मुताबिक सूक्ष्म प्रौद्योगिकी आधारित कृषि उपकरण जैसे सूक्ष्म संवेदक सूक्ष्म तकनीक आधारित स्मार्ट डिलीवरी सिस्टम प्राकृतिक संसाधनों; जैसे-जल, पोषक तत्व एवं ऐसे रसायन जो कृषि के क्षेत्र में उपयोग किए जाते हैं, के संरक्षण में अत्यधिक उपयोगी होगा।
- आजकल **नैनो बारकोड** तथा इस पर आधारित कई अन्य तकनीकें कृषि उत्पादों के सर्वेक्षण में बहुत ही उपयोगी हैं। सूक्ष्म प्रौद्योगिकी भारत में कृषि उत्पादन में वृद्धि कर भुखमरी की समस्या को समाप्त कर सकती है साथ-ही-साथ यह बर्बाद होने वाली फसलों को बचाने में भी सहायता करेगी एवं गंदगी को दूर करने में भी अत्यधिक उपयोगी सिद्ध होगी।
- भारत में सूक्ष्म प्रौद्योगिकी का उपयोग स्वास्थ्य क्षेत्र में भी बड़े पैमाने पर किया जा सकता है। जैसा कि हम जानते हैं कि **नैनो तकनीकी सहायता से कृत्रिम हड्डियों का निर्माण संभव हो पाया है** एवं साथ-ही-साथ नैनो तकनीक की सहायता से दवा देने की नई पद्धतियों का विकास हुआ है, जिसके कारण

नैनोफार्मास्युटिकल्स (Nanopharmaceuticals)

- ये उपचारात्मक-युक्त नैनो सामग्रियों का एक अपेक्षाकृत नया वर्ग है और इनके नैनो लक्षण "nanoproperties" (फिजियोकेमिकल गुण) उनके छोटे आकार, एक उच्च सतह-से-मात्रा अनुपात (a high surface-to-volume ratio) और उनके गुणों को व्यवस्थित करने की संभावना के कारण है जो अपने आप में अद्वितीय गुण है।
- नैनोफार्मास्युटिकल्स उन सक्रिय एजेंटों (जैसे-एकल अणु दवाओं, प्रोटीन, न्यूक्लिक एसिड, आदि) के लिए नये सुधार के अवसर प्रस्तुत करते हैं जो पहले अघुलनशील थे या शरीर की एक विशिष्ट साइट पर लक्षित नहीं किए जा सकते थे जहां उनकी आवश्यकता थी।
- नैनोफार्मास्युटिकल्स इम्यूनोजेनिसिटी और घटते ड्रग मेटाबॉलिज्म को कम करके दवा आधा जीवन (half-life) भी बढ़ा सकते हैं।
- इन फायदों के साथ, नैनोफार्मास्युटिकल्स में औषधीय दवाओं के आर्थिक जीवन का विस्तार करने की क्षमता है, जिससे अतिरिक्त राजस्व पैदा होता है।
- भारत में नैनोफार्मास्युटिकल्स के मूल्यांकन के लिए एक दिशा-निर्देश जारी किए गए थे जिन्हें DBT, ICMR और सेंट्रल ड्रग्स स्टैंडर्ड कंट्रोल ऑर्गनाइजेशन (CDSCO) द्वारा विकसित किया गया है। ड्रग्स एंड कॉस्मेटिक्स रूल्स, 1945 के साथ-साथ न्यू ड्रग्स एंड क्लिनिकल ट्रायल रूल्स, 2019 के दूसरे शेड्यूल के प्रावधानों के अनुसार विकसित किया गया, जिसमें नैनोफार्मास्युटिकल्स दवाओं की विशिष्ट आवश्यकताएं हैं।

इन दिशा-निर्देशों की आवश्यकता (Need for these guidelines)

नैनो कैरियर आधारित लक्षित दवा पहुंच बाजार में नैनोफार्मास्युटिकल की शुरुआत के साथ एक उभरता हुआ क्षेत्र है। इन नैनो नियमन (फॉर्मूलेशन) में उच्च प्रभावकारिता, कम विषाक्तता होती है और ये पारंपरिक दवाओं की तुलना में अधिक सुरक्षित होती हैं। इसलिए, भारत में नैनोफार्मास्युटिकल्स के लिए पारदर्शी, सुसंगत और पूर्वानुमेय नियामक मार्ग प्रदान करने के लिए ये दिशा-निर्देश आवश्यक थे।

इन दिशा-निर्देशों का अनुप्रयोग (Application of these guidelines)

ये दिशा-निर्देश तैयार फॉर्मूलेशन के साथ-साथ एक नए अणु के सक्रिय फार्मास्युटिकल घटक (API) या मनुष्यों में बीमारियों और विकारों के विवो निदान, शमन, इलाज या रोकथाम जैसे उपचार के उद्देश्य से नैनोटेक्नोलॉजी के अनुप्रयोग से जुड़े परिवर्तित नैनोस्केल आयामों, गुणों या घटना से युक्त पहले से अनुमोदित अणु के रूप में नैनोफार्मास्यूटिकल्स पर लागू होते हैं।

महत्व (Significance)

- ये दिशा-निर्देश नये नैनो फॉर्मूलेशन की गुणवत्ता, सुरक्षा और प्रभावकारिता के आकलन के लिए सबसे महत्वपूर्ण चरणों में से एक हैं।
- दिशा-निर्देश इस तरह की अत्याधुनिक तकनीक के माध्यम से महत्वपूर्ण लाभों के लिए मार्ग प्रशस्त करेंगे और 'सभी के लिए सस्ती स्वास्थ्य देखभाल' मिशन में योगदान देंगे।
- निजी निवेश भी आकर्षित होंगे क्योंकि ये दिशा-निर्देश नियामक प्रणाली को मजबूत करेंगे।

मरीजों को बड़े-से-बड़े बीमारी से तुरंत राहत दिलाने में सफलता मिलेगी साथ-ही-साथ दुर्घटनाओं के कारण टूटने वाले हड्डियों को स्थानांतरित कर पीड़ित व्यक्ति को राहत दिलाई जा सकेगी। सूक्ष्म प्रौद्योगिकी स्वास्थ्य के क्षेत्र में सबसे बड़ा योगदान कैंसर के उपचार में निभाएगी, जो इसकी सहायता से बहुत ही आसान एवं पूर्णत: सुनिश्चित हो जाएगा।

- भारत में सूक्ष्म प्रौद्योगिकी आधारित जल शोधक का विकास भी किया जा रहा है जो अधिक-से-अधिक लोगों को शुद्ध जल उपलब्ध कराकर हृदयाघात जैसी बड़ी बीमारियों से बचने में काफी सहायक सिद्ध होगा जल्द ही इसके व्यावसायिक रूप से उपलब्ध होने की संभावना है। इन खोजों के आधार पर भारत सूक्ष्म प्रौद्योगिकी अनुसंधान के क्षेत्र में विश्व में एक उभरती हुई शक्ति बन सकता है।

18.9.2 सरकारी पहल (Government Efforts)

नैनो तकनीक एक अत्यंत उपयोगी तकनीकी है। भारत सरकार इसका देश में विकास कर बहुत सारे उत्पादों, जिनके लिए हम विदेशों पर निर्भर रहते हैं, का निर्माण कर देश में कर विदेशी देशों पर निर्भरता को कम करने की कोशिश कर रही है। इस क्षेत्र में सरकार के द्वारा चलाई जा रही योजनाएं या सरकार द्वारा इस दिशा में गई पहलों में से कुछ प्रमुख इस प्रकार हैं:

1. **नैनो विज्ञान एवं प्रौद्योगिकी पहल [Nano Science and Technology Initiative (NSTI)]:** विज्ञान एवं प्रौद्योगिकी विभाग (Department of Science & Technology/DST) ने **अक्टूबर 2001 में नैनो विज्ञान एवं तकनीक के विकास के लिए एक नई योजना 'नैनो विज्ञान एवं तकनीक पहल'** (Nano Science and Technology Initiative) **प्रारंभ की है** इसके तहत यह विभाग देश में नैनो विज्ञान एवं तकनीक पर आधारित बहुत सारे शोधों एवं क्रियाकलापों को बढ़ावा देगी। इस योजना के सफलता के आधार पर ही द्वितीय चरण में विज्ञान एवं तकनीक विभाग द्वारा नैनो मिशन लॉन्च किया गया।
2. **नैनो मिशन (Nano Mission):** नैनो विज्ञान एवं तकनीक पहल की सफलता के पश्चात भारत सरकार **ने मई 2007 में नैनो मिशन के लॉन्चिंग की स्वीकृति प्रदान की।**

नैनो मिशन की सफलता की जिम्मेदारी देश में विज्ञान एवं प्रौद्योगिकी विभाग को सौंपी गयी है। नैनो मिशन की सफलता के लिए सरकार ने 5 वर्षों हेतु 1000 करोड़ रुपए की बजट राशि आवंटित की है। इसके लिए विज्ञान एवं प्रौद्योगिकी विभाग ने दो सलाहकार समूह भी गठित किए हैं, जो इस प्रकार हैं:

1. **(NSAG): नैनो साइंस एडवाइजरी ग्रुप** (Nano Science Advisory Group)
2. **(NATAG): नैनो एप्लीकेशन एंड टेक्नोलॉजी एडवाइजरी ग्रुप** (Nano Application and Technology Group)

नैनो विज्ञान और प्रौद्योगिकी पर मिशन (नैनो मिशन)
[Mission on Nano Science and Technology (Nano Mission)]

- इसको 2007 में शुरू किया गया।
- यह 'वृहत क्षमता निर्माण कार्यक्रम' के रूप में है।
- मिशन के कार्यक्रम देश के सभी वैज्ञानिकों, संस्थानों और उद्योग को लक्षित करेंगे।
- यह बुनियादी अनुसंधान, मानव संसाधन विकास, बुनियादी अनुसंधान ढांचे के विकास, अंतर्राष्ट्रीय सहयोग, आदि को बढ़ावा देकर नैनो-विज्ञान और प्रौद्योगिकी में गतिविधियों को भी मजबूत करेगा।
- यह विज्ञान और प्रौद्योगिकी विभाग से जुड़ेगा और एक प्रख्यात वैज्ञानिक की अध्यक्षता में एक नैनो मिशन परिषद द्वारा संचालित होगा।

मिशन के परिणाम और महत्व (Outcomes and Significance of the Mission)

- नैनो मिशन के नेतृत्व में किए गए प्रयासों के परिणामस्वरूप, आज भारत नैनो विज्ञान और प्रौद्योगिकी (चौथे से तीसरे स्थान पर जाने) में वैज्ञानिक प्रकाशनों के मामले में दुनिया के शीर्ष पांच राष्ट्रों में से एक है।
- नैनो मिशन के परिणामस्वरूप ही लगभग 5000 शोध-पत्र और लगभग 900 पीएचडी और नैनो हाइड्रोजेल आधारित आई ड्रॉप, पीने के पानी के लिए कीटनाशक हटाने की तकनीक, आर्सेनिक और फ्लोराइड हटाने के लिए वाटर फिल्टर, नैनोसिल्वर आधारित एंटीमाइक्रोबियल टेक्सटाइल कोटिंग आदि जैसे कुछ उपयोगी उत्पाद भी सामने आए हैं।
- इस प्रकार नैनो मिशन ने देश में एक अच्छी पारिस्थितिकी प्रणाली स्थापित करने में मदद की है ताकि फ्रंट-रैंकिंग बुनियादी अनुसंधान को आगे बढ़ाया जा सके और उपयोगी प्रौद्योगिकियों और उत्पादों पर केंद्रित अनुप्रयोग उन्मुख अनुसंधान और विकास शुरू किया जा सके।
- नैनो मिंशन और नैनो टेक्नोलॉजी (ICONSAT) पर अंतर्राष्ट्रीय सम्मेलन, नैनो मिशन, विज्ञान और प्रौद्योगिकी विभाग (DST) के तत्वावधान में कोलकाता (5-7 मार्च, 2020) में आयोजित किया गया है, जो इस सीमांत अनुसंधान क्षेत्र में हाल की प्रगति पर केंद्रित था।

3. **नैनो टेक्नोलॉजी इनिशिएटिव प्रोग्राम** सूचना प्रौद्योगिकी विभाग [Information Technology Department (ITD)] एवं संचार एवं सूचना मंत्रालय [Ministry of Communication & Information Department (MCID)] ने **2004 में नैनो टेक्नोलॉजी इनिशिएटिव प्रोग्राम लॉन्च किया।** इसका मुख्य उद्देश्य सूचना प्रौद्योगिकी का विकास एवं नैनो इलेक्ट्रॉनिक का विकास है। इसकी सहायता से मंत्रालय देश में मानव संसाधन विकास एवं उससे जुड़े आधारभूत संरचना के विकास के संभावना को तलाश रही है। इसके तहत देश में नैनो इलेक्ट्रॉनिकी एवं नैनो टेक्नोलॉजी के बड़े केंद्र स्थापित करने पर जोर दिया जा रहा है। इसके तहत सरकार का उद्देश्य भारत को नैनो तकनीक के अग्रणी राष्ट्रों की सूची में खड़ा करना भी है।
4. **राष्ट्रीय सूक्ष्म प्रौद्योगिकी संस्थान** (National Nanotechnology Institute): सरकार ने **बंगलुरू, मुंबई** तथा **कोलकाता** को सूचना प्रौद्योगिकी के विकास के लिए तीन प्रमुख शहरों के रूप में चुना है। इसके लिए सरकार इन तीन प्रमुख शहरों में सूक्ष्म प्रौद्योगिकी से जुड़े संस्थान की स्थापना करेगी इसका उद्देश्य देश में विभिन्न क्षेत्रों में नैनो तकनीक के उपयोग की संभावनाओं की तलाश करना एवं नैनो तकनीक का अधिक से अधिक विकास करना है।
   राष्ट्रीय नैनो तकनीक नीति के विकास के लिए भारत में **जनवरी 2008** में **'विजन ग्रुप'** की स्थापना, देश में नैनो तकनीक से संबंधित दर्जनों कार्यक्रमों के विकास के लिए नीति बनाने के उद्देश्य से किया है।
5. **बंगलुरू नैनो** (Banglore Nano): बंगलुरू नैनो का आयोजन कर्नाटक सरकार एवं **जवाहरलाल नेहरू सेंटर फॉर एडवांस्ड साइंटिफिक रिसर्च (JNCASR)** द्वारा आयोजित किया जाता है। इसे साल में दो बार आयोजित किया जाता है इसे आयोजित करने का उद्देश्य विश्व के वैज्ञानिकों, औद्योगिक क्षेत्र के प्रमुख व्यक्तित्व तथा इस क्षेत्र से जुड़े छात्रों को मिलने हेतु एक नया प्लेटफॉर्म प्रदान करना है।
6. हाल में **'नैनो इजराइल'** का आयोजन **22 फरवरी, 2016 को इजराइल के केंद्र इजराइल नेशनल नैनो टेक्नोलॉजी इनिशिएटिव** (Israel National Nano Technology Initiative) **द्वारा किया गया।** यहां वैज्ञानिकों ने नैनो पदार्थों से जुड़े कई नए तकनीक का प्रदर्शन किया। उन्होंने रक्षा क्षेत्र से जुड़े नए तकनीक एवं 20 नए उत्पादों का प्रदर्शन किया एवं साथ-ही-साथ उन्होंने नैनो तकनीक के व्यावसायीकरण पर भी चर्चा की।
7. **अन्तर्राष्ट्रीय सहयोग:** नैनो विज्ञान तथा तकनीक पहल और नैनो मिशन के अतिरिक्त, भारत ने यूरोपियन यूनियन, जर्मनी, इटली ताइवान तथा संयुक्त राज्य अमेरिका के साथ द्विपक्षीय नैनो तकनीक कार्यक्रमों की ओर कदम बढ़ाए हैं। भारत IBSA (इण्डिया-ब्राजील-दक्षिण अफ्रीका) नैनो तकनीकी पहल में भी एक भागीदार है। इन तीनों देशों के विज्ञान तथा तकनीक विभागों के मध्य एक सहयोगपूर्ण कार्यक्रम आरंभ किया गया, जिसका लक्ष्य साझे हितों के त्रिपक्षीय सहयोग प्रोजेक्ट का विकास करना है।
8. **नैनो तकनीक नियामक बोर्ड:** फरवरी 2010 में नैनो मिशन परिषद ने कहा कि दैनिक जीवन में उपयोगी औद्योगिक नैनो तकनीक उत्पादों को विनियमित करने के लिए नैनो तकनीक उत्पादों के इस्तेमाल; जैसे-रख-रखाव, गतिशीलता तथा नैनो उत्पादों की स्वीकृति और इनकी विषाक्तता पर पर्याप्त डाटाबेस बनाए रखने के लिए एक पक्ष विनियामक निकाय और कुछ सुपरिभाषित प्रोटोकॉल होने चाहिए।

18.9.3 नैनो मिशन के उद्देश्य (Objectives of Nano Mission)

- नैनो तकनीक आधारित आधारभूत अनुसंधान को बढ़ावा देना।
- नैनो विज्ञान एवं तकनीक अनुसंधान के लिए संसाधन उपलब्ध कराना।
- नैनो कार्यक्रम एवं तकनीक के विकास के लिए सीधे निजी क्षेत्र की भागीदारी या पब्लिक प्राइवेट पार्टनरशिप (PPP) के आधार पर कार्य करने हेतु मानव संसाधन विकास (Human Resource Devlopment) नैनो तकनीक एवं विज्ञान को बढ़ावा देने हेतु विद्यार्थियों एवं वैज्ञानिकों में इसके अनुसंधान से संबंधित जानकारी की वृद्धि करना।

- मानव संसाधन विकास – नैनो मिशन को विविध क्षेत्रों में शोधकर्ताओं और पेशेवरों को प्रभावी शिक्षा और प्रशिक्षण प्रदान करने पर ध्यान केंद्रित करना चाहिए जो नैनोस्केल विज्ञान, इंजीनियरिंग और प्रौद्योगिकी के लिए अंत:विषय संस्कृति को बढ़ाते हैं।
- देश में इस तकनीक से संबंधित आयोजनों के सहारे इस तकनीक के विकास हेतु वैश्विक समर्थन प्राप्त करना।

18.10 भविष्य की संभावनाएं (Possibilities for the Future)

- नैनो तकनीक की सहायता से हल्के, मजबूत एवं आसानी से संचालित किए जाने वाले पदार्थों का आविष्कार किया गया है। इन पदार्थों की सहायता से **कम ईंधन वाले परिवहन के साधन; जैसे–जहाज, वायुयान तथा अंतरिक्ष यान का निर्माण किया जा सकता है,** जो पारंपरिक स्रोतों के मुकाबले काफी सुविधाजनक होंगे।
- **'नैनो रोबोट' दवा देने हेतु एक अत्यंत ही विकसित पद्धति के रूप में उभर कर सामने आ सकती है,** जो चिकित्सा के क्षेत्र में एक नई क्रांति ला सकता है।
- नैनो रोबोट ऐसे कार्य करने में भी सक्षम है जो मानव के लिए असंभव या बहुत ही कठिन है। **इसकी सहायता से 'ओजोन परत' की मरम्मत की संभावनाएं भी व्यक्त की जा रही हैं।**
- नैनोसर्जिकल क्षेत्र प्राकृतिक उम्र बढ़ने से लेकर मधुमेह आदि तक हर चीज के इलाज में मदद करता है। नैनोसर्जरी के आने से सब कुछ आसानी से ठीक हो जाएगा।

18.11 नैनो तकनीक के खतरे (Pitfalls of Nanotechnology)

- नैनो तकनीक द्वारा विकसित होने नैनो कणों की सहायता से मानव शरीर में फेफड़े, भोजन या त्वचा के जरिए किसी हानिकारक पदार्थ को आसानी से प्रविष्ट कराया जा सकता है।
- यदि यह नैनो रोबोट हमारे शरीर के किसी हिस्से के नस को काट देते हैं तो यह हमारे लिए अत्यंत ही हानिकारक सिद्ध होगा।
- **'नैनो बम'** का आविष्कार विश्व में अशांति उत्पन्न करने का कारण बन सकता है, साथ ही साथ नैनो तकनीक से विकसित रोबोट की सहायता से औषधि के स्थान पर जहर का प्रवेश भी शरीर में करा कर किसी व्यक्ति को नुकसान पहुंचाया जा सकता है।

प्रश्न एवं उत्तर (Questions & Answers)

वस्तुनिष्ठ प्रश्न (Objective Questions)

1. निम्नलिखित कथनों पर विचार कीजिए: ***(UPSC (Pre) - 2023)***

1. ऑटोमोबाइल और एयरक्रॉफ्ट में प्रयुक्त होने वाले अवयवों के विनिर्माण में कार्बन तंतुओं का इस्तेमाल होता है।
2. कार्बन तंतु एक बार प्रयुक्त होने पर पुनर्चक्रित नहीं किए जा सकते।

उपर्युक्त कथनों में कौन–सा/से सही है/हैं?

(a) केवल 1 (b) केवल 2
(c) 1 और 2 दोनों (d) न तो 1 और न ही 2

2. कार्बन नैनोट्यूब के संदर्भ में, निम्नलिखित कथनों पर विचार करें: ***(UPSC (Pre) - 2020)***

1. उनका उपयोग मानव शरीर में दवाओं और एंटीजन के वाहक के रूप में किया जा सकता है।
2. उन्हें मानव शरीर के एक घायल हिस्से के लिए कृत्रिम रक्त कोशिकाओं में बनाया जा सकता है।
3. इनका उपयोग जैव रासायनिक सेंसर में किया जा सकता है।
4. कार्बन नैनोट्यूब बायोडिग्रेडेबल होते हैं।

ऊपर दिए गए कथनों में से कौन–से सही हैं?

(a) केवल 1 और 2 (b) केवल 2, 3 और 4
(c) केवल 1, 3 और 4 (d) 1, 2, 3 और 4

3. स्वास्थ्य क्षेत्र में नैनो तकनीक के प्रयोग के संदर्भ में, निम्नलिखित में से कौन सा/से कथन सही है/हैं? ***UPSC (Pre) - 2015)***

(i) नैनो तकनीक द्वारा लक्षित दवा वितरण को संभव बनाया गया है
(ii) नैनो तकनीक बड़े पैमाने पर जीन उपचार में योगदान कर सकती है

नीचे दिए गए कूट का प्रयोग कर सही उत्तर चुनिए:

(a) केवल (i) (b) केवल (ii)
(c) दोनों (i) और (ii) (d) न तो (i) और न ही (ii)

4. ग्राफीन आजकल प्राय: सुर्खियों में रहता है। उसका क्या महत्व है? ***[UPSC (Pre) - 2012]***

1. वह एक द्वि–आयामीय पदार्थ है और उसकी विद्युत चालकता उत्तम है।
2. वह अब तक जांचे गए सबसे तनु किन्तु सबसे शक्तिशाली पदार्थों में से है।
3. वह पूर्णत: सिलिकॉन से बना होता है और उसकी चाक्षुष पारदर्शिता उच्च होती है।
4. उसका टच स्क्रीन, (LCD) और कार्बनिक (LED) के लिए 'चालक इलेक्ट्रोड' के रूप में इस्तेमाल किया जा सकता है।

उपरोक्त में से कौन–से कथन सही हैं?

(a) 1 और 2 (b) 3 और 4
(c) 1, 2 और 4 (d) ये सभी

उत्तरमाला (Answer)

1. (a) 2. (d) 3. (c) 4. (c)

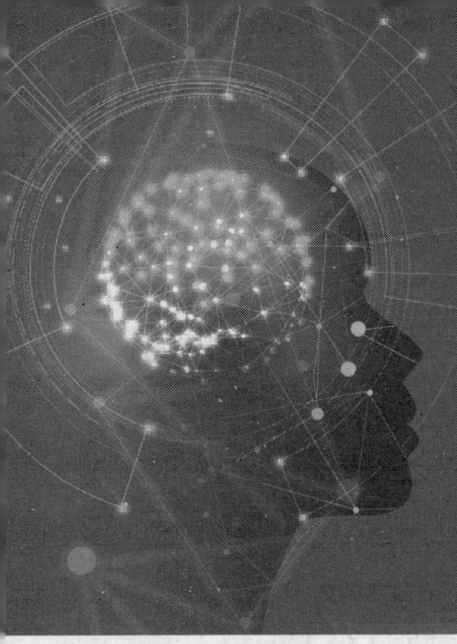

अध्याय

19

बौद्धिक संपदा अधिकार (आईपीआर) और संबंधित अधिकार

[Intellectual Property Rights (IPR) and Related Rights]

इस अध्याय में...

DIPP के अन्तर्गत गठित एक व्यावसायिक निकाय CIPAM (Cell for IPR Promotion and Management) को राष्ट्रीय IPR नीति 2016 के क्रियान्वयन की जिम्मेदारी सौंपी गई।

कॉपीराइट से संबंधित मुद्दों को भी DIPP के दायरे में लाया गया है जो पहले शिक्षा मंत्रालय के पास था।

19.1 परिचय (Introduction)

बौद्धिक संपदा विचारों और अवधारणाओं का समूह है, जिनका संरक्षण ट्रेडमार्क, कॉपीराइट तथा पेटेंट द्वारा किया जाता है। बौद्धिक संपदा अधिकार (IPR) का शाब्दिक अर्थ मानव मस्तिष्क उत्पन्न किसी बात (Something) से होता है। ये वे अधिकार होते हैं, जो पेटेंट होल्डर, ट्रेडमार्क वाहक या कॉपीराइट प्राप्त कार्य को उनके मस्तिष्क कार्य या निवेश से लाभ प्राप्त करने की अनुमति प्रदान करते हैं। ये अधिकार मानवाधिकारों पर सार्वभौमिक घोषणा (UDHR) के अन्तर्गत उल्लेखित हैं। IPR के महत्व को सर्वप्रथम औद्योगिक संपदा के सरंक्षण हेतु पेरिस अभिसमय (1883) ओर स्वतंत्रता तथा कलात्मक कार्यों के संरक्षण हेतु बर्न अभिसमय (1886) (दोनों का प्रशासन WIPO द्वारा किया जाता है) में पहचाना गया।

बौद्धिक संपदा को निम्न प्रकार से बेहतर तरीके से समझ सकते हैं–

19.1.1 कॉपीराइट (Copyright)

यह एक विशेष अधिकार है, जो लेखकों कलाकारों को या किसी अन्य को उनके मूल प्रति प्रकाशन या अभिलेख के लिए एक निश्चित समय के लिए प्रदान किया जाता है।

19.1.2 ट्रेडमार्क (Trademark)

यह सेवाओं, वस्तुओं तथा उत्पादन विभाजनीय चिह्न, हस्ताक्षर या डिजाइन है, जो किसी विशिष्ट कंपनी का प्रतिनिधित्व करता है। यह कंपनी की प्रतिष्ठा से संबंधित है, जो प्रदान की गई सेवा या उत्पाद की उत्पत्ति के गारंटर का सूचना के रूप में अनिवार्य रूप से कार्य करती है।

19.1.3 पेटेंट (Patent)

पेटेंट एक विशेष अधिकार है, जो सरकार द्वारा आविष्कारक को आविष्कार को बनाने, उपयोग में लाने, बेचने, बेचने की पेशकश या आयात करने हेतु व अन्य व्यक्तियों या कंपनियों को इससे बाहर करने के लिए दिया जाता है। एक आविष्कार को कभी-कभी किसी विशेष तकनीकी समस्या हल के रूप में प्रस्तुत किया जा सकता है, जो एक उत्पाद या प्रक्रिया हो सकती है।

किसी भी आविष्कार की पहचान की तीन शर्तें हैं:

A. यह एक नया अविष्कार होना चाहिए।

B. यह जाहिर (obvious) नहीं होना चाहिए।

C. इनका औद्योगिक रूप से प्रयोज्य होना आवश्यक है।

19.1.4 औद्योगिक डिजाइन (Industrial Design)

इन डिजाइनों का उद्देश्य **कलात्मक मूल्य के लिए वस्तु के दृश्य डिजाइन को सुरक्षा प्रदान करना है।** इसमें रंगों, पैटर्न के बनावट, विन्यास, रचना या फिर त्रिविमीय रूप में पैटर्न या रंगों के मेल जिसका कलात्मक मूल्य हैं, शामिल होते हैं।

19.1.5 व्यापार रहस्य (Trade Secrets)

एक व्यापार रहस्य किसी विशेष कंपनी के व्यापारिक प्रतिष्ठान द्वारा किसी उत्पाद में उपयोग में लाए जाने वाले किसी भी प्रकार की विधि, प्रक्रिया, सूत्र या डिजाइन, पैटर्न तथा सूचनाओं की रक्षा करता है या उसे छुपाता है जिससे व्यापार में उन्हें बढ़त और प्रतिस्पर्धा में लाभ मिलता है।

19.1.6 ट्रेड ड्रेस (Trade Dress)

ट्रेड ड्रेस, ट्रेडमार्क जैसा है, जो ग्राहकों के लिए एक स्रोत पहचानकर्ता (Source identifier) या संकेतक है। इनके बीच का मुख्य अंतर है कि यह ना केवल कंपनी का प्रतीक या संक्षिप्त मुहावरा है बल्कि कंपनी का वो सबकुछ है, जो वह अपने ग्राहकों को अपने उत्पाद में विशिष्ट रूप से प्रदान करना चाहती है। यह ग्राहकों के लिए उत्पाद के स्रोत की पहचान के लिए उत्पाद को या इसके पैकेजिंग को एक दृश्य रूप प्रदान करती है।

19.1.7 वनस्पति विविधता (Plant Varieties)

यह पौधों की नई प्रजातियों के व्यापारिक उपयोग के लिए दिया जाने वाला अधिकार है, जिसमें प्रजाति का दूसरी प्रजाति से नया तथा अलग होना आवश्यक है। इसके अलावा पंजीकरण के लिए पौधे की किस्म की प्रचार सामग्री का परीक्षण आवश्यक है।

19.1.8 भौगोलिक संकेतक (जीआई टैग) [Geographical Indication (GI Tag)]

एक भौगोलिक संकेत (जीआई) एक ऐसा नाम या संकेत है, जिसका उपयोग कुछ उत्पादों पर किया जाता है, जो किसी विशिष्ट भौगोलिक स्थिति या मूल (जैसे- शहर, क्षेत्र या देश) से मेल खाता है।

विश्व व्यापार संगठन (डब्ल्यूटीओ) के सदस्य के रूप में भारत में 15 सितंबर, 2003 से वस्तुओं के भौगोलिक संकेतक (पंजीकरण और संरक्षण) अधिनियम, 1999 लागू हो गया है।

GIs को बौद्धिक संपदा अधिकार (ट्रिप्स) समझौते के व्यापार-संबंधित पहलुओं पर डब्ल्यूटीओ समझौते के अनुच्छेद 22(1) के तहत परिभाषित किया गया है, की 'संकेत जो किसी सदस्य क्षेत्र में उद्भव के रूप में एक अच्छे उत्पाद की पहचान करते हैं, या उस क्षेत्र में एक क्षेत्र या इलाके, जहां एक दी गई गुणवत्ता, प्रतिष्ठा या अच्छे की विशेषता अनिवार्य रूप से इसके भौगोलिक मूल के कारण होती है।'

जीआई टैग यह सुनिश्चित करता है कि अधिकृत उपयोगकर्ताओं के रूप में पंजीकृत लोगों के अलावा किसी और को लोकप्रिय उत्पाद नाम का उपयोग करने की अनुमति नहीं है (या कम-से-कम भौगोलिक क्षेत्र के अंदर रहने वाले को)। 2004-05 में दार्जिलिंग चाय भारत में पहला जीआई टैग उत्पाद बन गया।

19.2 बौद्धिक संपदा की आवश्यकता (Need for Intellectual Property Rights)

बौद्धिक संपदा अधिकारों की आवश्यकता निम्नलिखित कारणों से हैं:

- विभिन्न क्षेत्रों में मनुष्य के नए सृजन, आविष्कारों की क्षमता की रक्षा करता है तथा सुरक्षा मुहैया कराता है।

- यह कानूनी रूप से नए आविष्कारों की सुरक्षा तथा बचाव करता है तथा आगे किए जाने वाले आविष्कारों के लिए अतिरिक्त संसाधनों की प्रतिबद्धता को बढ़ावा देता है।
- बौद्धिक संपदा की रक्षा, आर्थिक विकास को बढ़ावा देती है जिसके फलस्वरूप उद्योगों में नई नौकरियों तथा अवसरों का निर्माण होता है।
- एक कुशल तथा न्यायसंगत बौद्धिक संपदा तंत्र अर्थव्यवस्था के विकास तथा सामाजिक और सांस्कृतिक भलाई के लिए प्रेरक शक्ति का कार्य कर सकता है।
- बौद्धिक संपदा लोगों तथा आविष्कारों के हितों के मध्य संतुलन स्थापित करने का तरीका है, जो सृजनात्मक तथा आविष्कारों की सफलता के लिए एक वातावरण प्रदान करता है।

[इन्फोग्राफिक देखें - बौद्धिक संपदा अधिकार (IPR)]

कपिला (KAPILA)

- सरकार ने बौद्धिक संपदा साक्षरता और पेटेंट जागरूकता पैदा करने के लिए बौद्धिक संपदा साक्षरता और जागरूकता अभियान (KAPILA) के लिए कलाम कार्यक्रम नामक एक अभियान शुरू किया है।
- योजना के उद्देश्यों में उच्च शिक्षा संस्थानों (HEI) में बौद्धिक संपदा अधिकारों (IPR) के बारे में जागरूकता पैदा करना, HEI के संकाय और छात्रों से उत्पन्न आविष्कारों के IP संरक्षण को सक्षम करना, क्रेडिट कोर्स IPR का विकास, प्रशिक्षण कार्यक्रम आदि शामिल हैं।

19.3 विश्व स्तर पर बौद्धिक संपदा का इतिहास (History of Intellectual Property Rights in the World)

बौद्धिक संपदा की जड़ें इंग्लैंड में 300 से 400 वर्ष पूर्व में खोजी जा सकती हैं, जहां स्टैच्यू ऑफ मोनोपॉलिस (Statue of Monopolice) तथा ब्रिटिश स्टैच्यू ऑफ ऐनी (British Statue of Anne) 1710 वास्तविक रूप से न केवल बौद्धिक संपदा बनी है, बल्कि अंत में ज्ञान को प्रोत्साहित करने तथा राजतंत्र को बनाए रखने का रास्ता है। उस समय के प्रकाशनों को नियंत्रित तथा प्रतिबंधित करने के लिए यह आवश्यक था।

1883 में, बौद्धिक संपदा की सुरक्षा के लिए 'पेरिस सम्मेलन' (Paris Convention for the Protection of Intellectual Property) **को एक अंतर्राष्ट्रीय समझौते के रूप में पेश किया गया था, जिसका लक्ष्य सृजनकर्ताओं के बौद्धिक कार्यों को अन्य देशों में सुरक्षा प्रदान करना था।**

1887 में, ही **बर्न कन्वेंशन फॉर द प्रोटेक्शन ऑफ लिटरेसी वर्क एंड आर्टिस्टिक वर्क** (Berne Convention for the Protection of Literacy work and Artistic works) द्वारा रचनाकर्ताओं को अंतर्राष्ट्रीय स्तर पर उनके कार्यों के लिए भुगतान के अधिकार पर स्वीकृति प्रदान की गई।

1893 में, BIRPI (The United International Buearx for the Protection of intellectual property) की स्थापना बर्न तथा पेरिस सम्मेलन के प्रशासन के लिए स्थापित दो सचिवालयों के समामेलन तथा विलय के साथ गठित किया गया था।

1970 में BIRPI को विश्व बौद्धिक संपदा संगठन (World Intellectual Property Organization, WIPO) में बदल दिया गया। 193 सदस्य वाले इस **अंतर्राष्ट्रीय संगठन का मुख्यालय 'जिनेवा', स्विट्जरलैंड में बनाया गया।**

बाद में **1974 में WIPO संयुक्त राष्ट्र में शामिल हुआ** तथा **एक विशिष्ट एजेंसी बना, जिससे बौद्धिक संपदा की प्रासंगिकता बढ़ी।**

WIPO की स्थापना मूलतः बौद्धिक संपदा से संबंधित मुद्दों से निपटने के लिए की गई थी। इसके कार्यों में विशेषतः नवाचारों और रचनात्मकता के लिए कार्य करना तथा पारंपरिक ज्ञान तथा संस्कृति की सुरक्षा करना शामिल है।

19.4 भारत में बौद्धिक संपदा अधिकार (IPR in India)

19.4.1 भारत में ऐतिहासिक संभावना (Historical Prospective in India)

भारत में बौद्धिक संपदा, विकास की श्रृंखलाओं के माध्यम से चली आ रही है, जिसे निम्नलिखित रूप में बेहतर समझा जा सकता है:

- 1856 में, 1856 के इस अधिनियम ने **'ब्रिटिश पेटेंट कानून'** (British Patent Law, 1852) के आधार पर **आविष्कारों को सुरक्षा प्रदान की जो 14 साल की अवधि के लिए** अन्वेषकों को कुछ खास विशेषाधिकार प्रदान करता था।
- 1911 में, **पेटेंट्स तथा डिजाइन अधिनियम** (Patent and design act) लाया गया।
- 1972 में, **पेटेंट अधिनियम (The Patent act) 1970** का अधिनियम 39, 20 अप्रैल 1972 को लागू किया गया।
- 1995 में, भारत **विश्व व्यापार संगठन** (World Trade Organization, WTO) **में शामिल हुआ।**
- 1998 में, **भारत पेरिस कन्वेंशन में शामिल हुआ।**
- 1999 में, **पेटेंट संशोधन अधिनियम** 1 जनवरी 1995 से लागू किया गया।
- 2002 में, **पेटेंट संशोधन अधिनियम** 2002 लागू हुआ।
- 2003 में, पेटेंट अधिनियम के दूसरे संशोधन अधिनियम में 18 महीने के प्रकाशन के बाद 20 साल की अवधि के पेटेंट को प्रस्तावित किया गया तथा **चेन्नई में एक पेटेंट न्यायाधिकरण (Patent Tribunal) की स्थापना की गई।**
- 2005 में, **पेटेंट संशोधन अधिनियम 2005** लाया गया, जो 1 जनवरी 2005 से प्रभावी हुआ।

1872 में 1859 का अधिनियम डिजाइनों से संबंधित सुरक्षा प्रदान करने के लिए समेकित किया गया था और 1872 के अधिनियम XIII के तहत इसका नाम "**पैटर्न डिजाइन संरक्षण अधिनियम** (Pattern Design Protection Act)" में परिवर्तित किया गया। बाद में 1872 के अधिनियम

बौद्धिक संपदा अधिकार (IPR)

बौद्धिक संपदा अधिकार (IPR) क्या है?

- IPR का मतलब बौद्धिक संपदा अधिकार है। यह व्यक्तियों या संगठनों को उनके रचनात्मक और अभिनव कार्यों के लिए प्रदत कानूनी अधिकारों को संदर्भित करता है।
- बौद्धिक संपदा (IP) में अमूर्त संपत्तियों की एक विस्तृत श्रृंखला शामिल है जो मानव बुद्धि और रचनात्मकता का परिणाम है। इन परिसंपत्तियों में आविष्कार, साहित्यिक और कलात्मक कार्य, डिज़ाइन, प्रतीक, नाम और वाणिज्य में उपयोग की जाने वाली छवियां शामिल हो सकती हैं।
- IPR का प्राथमिक उद्देश्य रचनाकारों और अन्वेषकों को उनकी बौद्धिक रचनाओं पर विशेषाधिकार प्रदान करना है।
- ये अधिकार उन्हें अपने काम को दूसरों द्वारा अनधिकृत उपयोग, पुनरुत्पादन या शोषण से बचाने में सक्षम बनाते हैं।
- IPR व्यक्तियों या कंपनियों को उनके आविष्कारों, डिजाइनों या रचनात्मक अभिव्यक्तियों के लिए प्रोत्साहन और पुरस्कार प्रदान करके नवाचार, रचनात्मकता और आर्थिक विकास को प्रोत्साहित करता है।
- प्रभावी IPR प्रणाली नवाचार को बढ़ावा देने, आर्थिक विकास को बढ़ावा देने और अनुसंधान और विकास में निवेश को प्रोत्साहित करने में सहायक हैं। वे रचनाकारों और अन्वेषकों को पुरस्कृत करने और ज्ञान और प्रौद्योगिकी के प्रसार को सुविधाजनक बनाने के बीच संतुलन बनाते हैं। बौद्धिक संपदा कानून और नियम विभिन्न देशों में अलग-अलग हैं, और IPR प्राप्त करने और लागू करने में कानूनी प्रक्रियाएं और प्रवर्तन तंत्र शामिल हो सकते हैं।
- कुल मिलाकर, IPR बौद्धिक कृतियों की रक्षा और प्रचार करने, विभिन्न उद्योगों और क्षेत्रों में नवाचार, रचनात्मकता और आर्थिक विकास के लिए कानूनी ढांचा प्रदान करने में महत्वपूर्ण भूमिका निभाता है।

पेटेंट (PATENTS)

- पेटेंट एक आविष्कार के लिए प्रदत्त एक वैधानिक अधिकार होता है जो सरकार द्वारा पेटेंटधारक को एक सीमित अवधि के लिए दिया जाता है, जिसके बदले में वह अपने आविष्कार के पूर्ण प्रकटीकरण के बदले दूसरों को, उसकी सहमति के बिना उन उद्देश्यों के लिए उस उत्पाद का उत्पादन करने, पेटेंट उत्पाद या प्रक्रिया को बनाने, उपयोग करने, बेचने, आयात करने से रोकता है।
- दिए गए प्रत्येक पेटेंट की अवधि आवेदन दाखिल करने की तिथि से 20 वर्ष होती है।
- भारत में पेटेंट प्रणाली को पेटेंट अधिनियम, 1970 द्वारा विनियमित किया जाता है। बदलते परिवेश के अनुरूप पेटेंट नियमों में नियमित रूप से संशोधन किया जाता है, सबसे हालिया संशोधन 2016 में हुआ है।
- पेटेंट संरक्षण एक क्षेत्रीय अधिकार है और इसलिए यह केवल भारत के क्षेत्र के भीतर ही प्रभावी है। वैश्विक पेटेंट की कोई अवधारणा नहीं है।
- किसी ऐसे उत्पाद या प्रक्रिया से संबंधित आविष्कार जो नया है, जिसमें आविष्कारशील कदम शामिल है और औद्योगिक अनुप्रयोग में सक्षम है, का पेटेंट कराया जा सकता है।

भौगोलिक संकेत (जीआई) टैग

- वस्तुओं के भौगोलिक संकेतों को औद्योगिक संपत्ति के उस पहलू के रूप में परिभाषित किया जाता है जो किसी देश या उसमें स्थित किसी स्थान को उस उत्पाद का देश या उत्पत्ति स्थान होने के रूप में संदर्भित करने वाले भौगोलिक संकेत को संदर्भित करता है।
- आमतौर पर, ऐसा नाम गुणवत्ता और विशिष्टता का आश्वासन देता है जो अनिवार्य रूप से उस परिभाषित भौगोलिक इलाके, क्षेत्र या देश में इसकी उत्पत्ति के तथ्य के कारण होता है।
- यह एक संकेत है, इसकी उत्पत्ति एक निश्चित भौगोलिक क्षेत्र से होती है। इसका उपयोग कृषि, प्राकृतिक या निर्मित वस्तुओं की पहचान करने के लिए किया जाता है। विनिर्मित वस्तुओं का उत्पादन या प्रसंस्करण या तैयारी उसी क्षेत्र में होनी चाहिए। इसमें विशेष गुण या प्रतिष्ठा या अन्य विशेषताएँ होनी चाहिए।
- भौगोलिक संकेत का पंजीकरण 10 वर्ष की अवधि के लिए वैध होता है।

औद्योगिक डिजाइन

- एक 'डिज़ाइन' किसी वस्तु पर लागू आकार, विन्यास, पैटर्न, अलंकरण, रेखाएं या रंग जैसे दृश्य पहलुओं को संदर्भित करता है, चाहे वह द्वि-आयामी रूप में हो या त्रि-आयामी रूप में हो। डिज़ाइन को केवल आंखों से आंका जाता है और इसे सौंदर्य संबंधी विचारों के अनुरूप होना चाहिए।
- यह डिज़ाइन अधिनियम, 2000 के तहत पंजीकृत होता है।
- किसी डिज़ाइन के पंजीकरण की अवधि प्रारंभ में पंजीकरण की तिथि से दस वर्ष होती है।

बौद्धिक संपदा अधिकार (IPR) के लाभ

नवाचार और रचनात्मकता को प्रोत्साहित करता है: IPR रचनाकारों और अन्वेषकों को उनकी रचनाओं, आविष्कारों या खोजों पर विशेष अधिकार प्रदान करता है। यह व्यक्तियों और कंपनियों के लिए अनुसंधान और विकास में समय, प्रयास और संसाधनों का निवेश करने के लिए एक प्रोत्साहन पैदा करता है, जिससे नए विचारों, प्रौद्योगिकियों और कलात्मक कार्यों की उत्पत्ति होती है।

निवेश की सुरक्षा: IPR, व्यक्तियों या संगठनों द्वारा उनकी बौद्धिक रचनाओं के विकास और व्यावसायीकरण में किए गए निवेश की सुरक्षा करता है। यह सुनिश्चित करता है कि अन्य लोग बिना प्राधिकरण के उनके नवाचारों या रचनात्मक कार्यों की आसानी से नकल या शोषण नहीं कर सकते। यह सुरक्षा नए उत्पादों, प्रक्रियाओं या सेवाओं में निवेश को प्रोत्साहित करती है, क्योंकि यह विशेष अधिकारों के माध्यम से निवेश पर संभावित रिटर्न प्रदान करती है।

आर्थिक विकास और प्रतिस्पर्धात्मकता: IIPR का आर्थिक विकास और प्रतिस्पर्धात्मकता से गहरा संबंध है। ऐसे उद्योग जो नवाचार और बौद्धिक संपदा पर निर्भर करते हैं, जैसे प्रौद्योगिकी, फार्मास्यूटिकल्स और रचनात्मक उद्योग, राष्ट्रीय और वैश्विक अर्थव्यवस्थाओं में महत्वपूर्ण योगदान देते हैं। IPR संरक्षण इन उद्योगों के लिए अनुकूल वातावरण को बढ़ावा देता है, निवेश आकर्षित करता है, उद्यमशीलता को बढ़ावा देता है और आर्थिक विकास को गति देता है।

प्रौद्योगिकी हस्तांतरण और सहयोग को प्रोत्साहन: IPR विभिन्न संस्थाओं के बीच प्रौद्योगिकी हस्तांतरण और सहयोग की सुविधा प्रदान कर सकता है। यह लाइसेंसिंग समझौतों और साझेदारी के लिए एक रूपरेखा प्रदान करता है, जिससे प्रौद्योगिकी, ज्ञान और विशेषज्ञता के हस्तांतरण की अनुमति मिलती है। इससे नवाचार का प्रसार, नई प्रौद्योगिकियों को अपनाना और नए उत्पादों या सेवाओं का विकास होता है।

उपभोक्ता संरक्षण और विश्वास: IPR उत्पादों या सेवाओं की गुणवत्ता और प्रामाणिकता सुनिश्चित करने में मदद करता है। उदाहरण के लिए, ट्रेडमार्क उपभोक्ताओं को उन ब्रांडों को पहचानने और अलग करने में सक्षम बनाते हैं जिन पर वे भरोसा करते हैं और विशिष्ट गुणों के साथ जुड़ते हैं। कॉपीराइट रचनात्मक कार्यों की अनधिकृत नकल या वितरण से रक्षा करते हैं, यह सुनिश्चित करते हुए कि उपभोक्ताओं को वास्तविक और मूल सामग्री प्राप्त हो।

सांस्कृतिक विरासत का संरक्षण: सांस्कृतिक विरासत, पारंपरिक ज्ञान और स्वदेशी प्रथाओं की सुरक्षा और संरक्षण कर सकता है। पारंपरिक सांस्कृतिक अभिव्यक्तियों को पहचानने और उनकी रक्षा करके, IPR सांस्कृतिक विविधता को बनाए रखने, पारंपरिक समुदायों के अधिकारों का सम्मान करने और सांस्कृतिक संसाधनों के दुरुपयोग या अनधिकृत उपयोग को रोकने में मदद करता है।

सार्वजनिक प्रकटीकरण और सूचना साझाकरण को प्रोत्साहन: कई IPR प्रणालियों के लिए रचनाकारों को पेटेंट आवेदनों या कॉपीराइट पंजीकरणों में अपने आविष्कारों या नवाचारों के बारे में जानकारी का खुलासा करने की आवश्यकता होती है। यह जानकारी सार्वजनिक रूप से उपलब्ध हो जाती है, ज्ञान के भंडार में योगदान करती है और संबंधित क्षेत्रों में आगे के अनुसंधान, नवाचार और विकास को प्रोत्साहित करती है।

अंतर्राष्ट्रीय सहयोग और मानक: बौद्धिक संपदा कानूनों और विनियमों को अक्सर समझौतों और संधियों के माध्यम से अंतर्राष्ट्रीय स्तर पर सुसंगत बनाया जाता है। यह सहयोग को बढ़ावा देता है, व्यापार को सुविधाजनक बनाता है, और IPR सुरक्षा और प्रवर्तन के लिए वैश्विक मानक निर्धारित करता है, व्यवसायों के लिए समान अवसर सुनिश्चित करता है और सीमा पार सहयोग को प्रोत्साहित करता है।

कॉपीराइट ©

- कॉपीराइट एक कानूनी अधिकार है जो विभिन्न कार्यों के रचनाकारों की रक्षा करता है। इसमें पुनरुत्पादन, जनता से संचार, अनुकूलन और अनुवाद जैसे अधिकार शामिल हैं। मुख्य उद्देश्य रचनात्मकता की रक्षा करना और उसे पुरस्कृत करना है, जो समाज की प्रगति और विकास के लिए महत्वपूर्ण है। लेखकों, कलाकारों, संगीतकारों और अन्य लोगों के अधिकारों की रक्षा करके, कॉपीराइट एक ऐसे वातावरण को बढ़ावा देता है जो रचनात्मकता को प्रोत्साहित करता है और रचनाकारों और व्यापक समुदाय दोनों को नए काम करने के लिए प्रेरित करता है।
- कॉपीराइट आमतौर पर 60 वर्षों तक रहता है।
- साहित्यिक, नाटकीय, संगीतमय और कलात्मक कार्यों के लिए, इसकी गणना लेखक की मृत्यु के बाद के वर्ष से की जाती है।
- सिनेमैटोग्राफ फिल्मों, ध्वनि रिकॉर्डिंग, तस्वीरों, मरणोपरांत प्रकाशनों, गुमनाम और छद्म नाम के कार्यों और सरकार और अंतर्राष्ट्रीय संगठनों के कार्यों के लिए, 60 वर्ष की अवधि की गणना प्रकाशन की तिथि से की जाती है।

ट्रेडमार्क (TM)

- ट्रेडमार्क, जिसे ब्रांड नाम के रूप में भी जाना जाता है, एक दृश्य प्रतीक है जैसे शब्द, नाम, उपकरण, लेबल, अंक, या रंगों का संयोजन जो किसी व्यवसाय द्वारा अपने सामान या सेवाओं को अन्य व्यवसायों से अलग करने के लिए उपयोग किया जाता है। कानून के तहत ट्रेडमार्क पंजीकृत करने के लिए, कुछ आवश्यकताओं को पूरा किया जाना चाहिए:
  - a. चुना गया चिह्न ग्राफिक रूप से, आमतौर पर कागज पर प्रदर्शित होने में सक्षम होना चाहिए।
  - b. इसमें एक व्यवसाय की वस्तुओं या सेवाओं को दूसरों से अलग करने की क्षमता होनी चाहिए।
  - c. वस्तुओं/सेवाओं और उस व्यक्ति के बीच व्यापार संबंध को इंगित करने के लिए, जिसके पास चिह्न का उपयोग करने का अधिकार है, वस्तुओं या सेवाओं के संबंध में चिह्न का उपयोग किया जाना चाहिए या उपयोग किए जाने का इरादा होना चाहिए।
- इस अधिनियम के प्रारंभ होने के बाद किसी ट्रेड मार्क का पंजीकरण दस (10) वर्ष की अवधि के लिए होगा, लेकिन इस धारा के प्रावधानों के अनुसार समय-समय पर नवीनीकृत किया जा सकता है।
- भारत में ट्रेडमार्क, ट्रेड मार्क्स अधिनियम, 1999 द्वारा शासित होता था।

को 1883 में संशोधित किया गया, जिसका उद्देश्य आविष्कार में नवीनता की सुरक्षा के प्रावधान को लाना था।

1872 के इस अधिनियम में 1883 के बाद यूनाइटेड किंगडम के पेटेंट कानून के तहत कुछ परिवर्तन लाए गए, यह माना गया कि इस नए परिवर्तन को भारतीय कानून में शामिल किया जाएगा। भारतीय पेटेंट तथा डिजाइन एक्ट द्वारा पहली बार पेटेंट नियंत्रक प्रबंधन के अंतर्गत पेटेंट प्रशासन के रूप में पहले के सभी वर्णित अधिनियम को जगह दी गई, हालांकि स्वतंत्रता के बाद 1949 में, भारत में हुए महत्वपूर्ण आर्थिक तथा राजनीतिक परिवर्तन के फलस्वरूप भारत सरकार द्वारा न्यायमूर्ति **डॉ. टेक चंद्र बख्शी** की अध्यक्षता में एक समिति का गठन किया गया, जिसका कार्य भारत में पेटेंट कानून पर पुनर्विचार करना तथा राष्ट्रीय हित में पेटेंट कानून के योगदान की समीक्षा करना था। **डॉक्टर बख्शी समिति ने अपनी रिपोर्ट अगस्त 1949 में भारत में पेटेंट अधिकारों के दुरुपयोग की रोकथाम की सिफारिशों के साथ सौंपी** तथा साथ ही यूनाइटेड किंगडम अधिनियम 1919 तथा 1949 के अनुसार पेटेंट तथा डिजाइन अधिनियम 1911 की धारा 22, 23 तथा 23 में संशोधन का सुझाव दिया गया। इस पर भी विचार किया गया था कि पेटेंट करवाने वाले को अनुपातिक तथा उचित मुआवजा देकर लोगों को भोजन तथा दवाइयों तथा उपचार व शल्य चिकित्सा उपकरण सस्ती कीमत पर उपलब्ध करवाने के लिए पेटेंट कानून में स्पष्ट संकेत होने चाहिए।

इसलिए डॉक्टर बख्शी समिति की सिफारिशों के अनुरूप 1950 में **अनुसंधान कार्यों तथा अनिवार्य लाइसेंस व निर्देशन के कार्य के संबंध में 1911 के अधिनियम में संशोधन किया गया।** 1952 में एक अन्य संशोधन कीटनाशक, फफूंदीनाशक, खाद्य वस्तु दवाइयों तथा शल्यचिकित्सा तथा उपचारात्मक उपकरणों से संबंधित किसी आविष्कार के पेटेंट के संबंध में अनिवार्य लाइसेंस चालान करने के लिए किया गया। **1957 में न्यायमूर्ति एन. राजगोपाला अय्यंगर समिति का गठन पेटेंट कानून में संशोधन संबंधित सवालों की जांच तथा तद्नुसार सरकार को सलाह देने के लिए की गई थी।** समिति द्वारा अपनी जो रिपोर्ट सौंपी गई उसके दो भाग थे -एक पेटेंट कानून से संबंधित तथा दूसरा 1953 में रद्द विधेयक पर विस्तृत नोट समिति। समिति ने पेटेंट प्रणाली की कमियों के बावजूद इसे बनाए रखने की सिफारिश की। समिति की सिफारिशों के आधार पर पेटेंट विधेयक 1965 लाया गया जो बाद में समाप्त हो गया।

1970 में पेटेंट अधिनियम 1970 पारित हुआ तथा इसने 1911 के अधिनियम से संबंधित पेटेंट कानून 1911 का स्थान ले लिया जो उस समय तक डिजाइनों पर प्रभावी था। पेटेंट कानून 1970, 20 अप्रैल 1972 को पेटेंट नियम 1972 के प्रकाशन के साथ प्रभावी हुआ। पेटेंट संशोधन अधिनियम 1999 को 1 जनवरी 1995 से लागू किया गया, जिसमें फार्मास्युटिकल्स, दवाइयां तथा एग्रोकेमिकल्स के क्षेत्रों के उत्पाद पेटेंट के लिए आवेदन-पत्र भरना अनिवार्य था, हालांकि इस तरह के पेटेंट को अनुमति नहीं दी गई।

पेटेंट संशोधन अधिनियम 2002, 20 मई, 2003 से लागू हुआ, जिसने नए लाए पेटेंट नियम, 2003 के द्वारा पेटेंट नियम, 1972 को विस्थापित किया।

पेटेंट संशोधन अध्यादेश 2004, 1 जनवरी, 2005 से प्रभावी हुआ। **यह बाद में पेटेंट संशोधन अधिनियम 2005 द्वारा 4 अप्रैल, 2005 को प्रतिस्थापित हुआ, जिसे 1 जनवरी, 2005 से लागू किया गया था।**

19.4.2 राष्ट्रीय बौद्धिक संपदा अधिकार नीति (National Intellectual Property Right Policy)

यह बौद्धिक संपदा अधिकारों (IPR) पर भारत की प्रथम नीति है, जिससे मई 2016 में केंद्रीय वित मंत्री ने ट्रिप्स (TRIPES) की अनुपालना के अनुसार उद्घाटित किया। इस समय तक भारत में IPR का नियमन विशेष अधिनियमों के ही तहत होता था। DIPP के अन्तर्गत गठित एक व्यावसायिक निकाय CIPAM (Cell for IPR Promotion and Management) को राष्ट्रीय IPR नीति 2016 के क्रियान्वयन की जिम्मेदारी सौंपी गई। यह एक विजन दस्तावेज है, जिसका उद्देश्य बौद्धिक संपदा के सभी रूपों, संबंधित विधियों और संस्थाओं के मध्य तालमेल व सहयोग का निर्माण करना और इनका दोहन करना है। विश्व व्यापार संगठन के ट्रिप्स (Trade Related aspects of IPRS) समझौते की अनुपालना में गठित इन नीति का उद्देश्य उद्यमिता को बनाए रखना और 'मेक इन इंडिया' योजना को प्रोत्साहित करना है।

भारत में IPR नीति के मुख्य लक्ष्य (Main Objectives of IPR Policy in India)

- IPR संबंधी जागरूकता तथा बढ़त प्राप्त करना।
- IPR निर्माण को प्रेरित करना।
- मजबूत वैधानिक तथा कानूनी फ्रेमवर्क।
- सेवा-आधारित IPR प्रशासन का आधुनिकीकरण और सशक्तिकरण।
- IPR का वाणिज्यिकरण।
- IPR समायोजन का सामना करने हेतु प्रवर्तन तथा समन्वयन।
- IPRs के संबंध में अध्यापन, प्रशिक्षण, अनुसंधान तथा कौशल-विकास हेतु मानव पूंजी विकास।

19.4.2.1 नई बौद्धिक संपदा नीति के मुख्य बिंदु (Highlights of New Intellectual Property Policy)

- नीति का उद्देश्य सार्वजनिक हितों की रक्षा करते हुए आईपीआर को विपणन योग्य वित्तीय संपत्ति के रूप में बढ़ावा देना, नवाचार उद्यमशीलता को बढ़ावा देना है। हितधारकों के साथ विचार-विमर्श करके इस योजना की समीक्षा हर 5 साल पर की जाएगी।
- मजबूत तथा प्रभावी आईपीआर कानून बनाने के लिए मौजूदा बौद्धिक संपदा कानूनों की समीक्षा तथा उसमें विसंगतियों में सुधार करने जैसे कदम उठाए जाएंगे।
- यह नीति पूर्णत: विश्व व्यापार संगठन के ट्रिप्स समझौते के अनुरूप है।
- जागरूकता पैदा करने और आईपीआर के प्रभावी प्रवर्तन पर विशेष बल देने के अलावा विभिन्न प्रोत्साहनों के माध्यम से बौद्धिक संपदा व्यावसायीकरण को भी प्रोत्साहित किया जाएगा।

- भारत हितधारकों के साथ परामर्श में अंतर्राष्ट्रीय संधियों और समझौते की बातचीत में रचनात्मक रूप से संलग्न होगा। सरकार भारतीय हित से संबंधित बहुपक्षीय संधियों के परिग्रहण की जांच करेगी तथा उन समझौतों के हस्ताक्षरकर्ता बनेगा, जो भारत निर्णय लेने की प्रक्रिया में भाग लेने में सक्षम बनाने के लिए वास्तव में लागू किया गया है।
- सभी आईपीआर मुद्दों के लिए औद्योगिक नीति तथा प्रोत्साहन विभाग को नोडल एजेंसी बनाया गया है। कॉपीराइट से संबंधित मुद्दों को भी DIPP के दायरे में लाया गया है जो पहले शिक्षा मंत्रालय के पास था।
- ट्रेडमार्क कार्यालय का आधुनिकीकरण किया जाएगा, जिसका लक्ष्य जांच तथा पंजीकरण में लगने वाले समय को 2017 तक 1 महीने करने का है।
- सरकार ने ट्रेडमार्क के लिए लगभग 100 नए जांचकर्ताओं की नियुक्तियां की है। **ट्रेडमार्क के लिए जांच का समय 13 माह से घटाकर 8 माह कर दिया गया है, जिसे नए लक्ष्य के अनुसार मार्च 2017 तक 1 महीने तक लाना है।**
- फिल्मों, संगीत, औद्योगिक चित्रों कॉपीराइट के दायरे में लाया जाएगा।
- यह नीति बौद्धिक संपदा अधिकारों के निर्णय से लेकर उसके व्यावसायीकरण तक की पूरी श्रृंखला के लिए घरेलू बौद्धिक संपदा अधिकार फाइलिंग की सुविधा प्रदान करती है। इसका उद्देश्य कर लाभों के माध्यम से अंनुसन्धान और विकास को बढ़ावा देना है।
- स्टार्टअप को प्रोत्साहित करने के लिए एक प्रभावी ऋण गारंटी योजना तैयार करने का प्रस्ताव है।
- यह भी कहा गया कि भारत अंतरराष्ट्रीय संधियों और ट्रिप्स (TRIPS) समझौते में उपलब्ध वैधानिक स्थान और लचीलेपन का उपयोग जारी रखेगा। इन लचीलेपनों में सस्ती कीमतों पर आवश्यक और जीवन रक्षक दवाओं की उपलब्धता सुनिश्चित करने के लिए धारा 3(घ) और अनिवार्य लाइसेंसिंग के रूप में प्रावधानों का उपयोग करने के लिए देशों के संप्रभु अधिकार शामिल है इस नीति ने देश के पेटेंट कानूनों को बरकरार रखा, विशेष रूप से पेटेंट अधिनियम की धारा 3(घ) को पुन: व्याख्या हेतु नहीं खोज पाया, जो भारत में आविष्कार के लिए मानक निर्धारित करता है जो पुन: व्याख्यात्मक है।
- भारत ने कैंसर दवा के लिए केवल एकमात्र अनिवार्य लाइसेंसिंग जारी की है। तत्कालीन वित्त मंत्री अरुण जेटली ने कहा, "हम शायद ही कभी इस शक्ति का प्रयोग करते हैं"। विकसित देशों के लिए इस वक्तव्य का महत्व देखते हुए अमेरिका समेत कई विकसित देशों ने भारत के अनिवार्य लाइसेंस जारी करने पर अपनी चिंता व्यक्त की। विश्व व्यापार संगठन के नियमों के अनुसार सरकार द्वारा पेटेंट मालिक की सहमति के बिना सार्वजनिक हित में एक पेटेंट कृत उत्पाद के उत्पादन के लिए अनिवार्य लाइसेंस (Compulsary Licensing) की अनुमति दी जा सकती है। भारतीय पेटेंट अधिनियम के अंतर्गत अनिवार्य लाइसेंस उस दवा के लिए दिया जा सकता है, जो पहुंच से बाहर मानी जाती है तथा सरकार जेनेरिक दवा निर्माताओं को इसे बनाने की अनुमति प्रदान करती है।
- बौद्धिक संपदा अधिकार नीति सार्वजनिक वित्त पोषित अनुसंधान से उत्पन्न बौद्धिक संपदा अधिकार पर आधारित उत्पादों के बिक्री तथा निर्यात के लिए एक निश्चित अवधि तक सरकारी वित्तीय सहायता का समर्थन करता है।

19.4.2.2 अनिवार्य लाइसेंसिंग (Compulsory Licensing)

- एक अनिवार्य लाइसेंस एक पेटेंट उत्पाद बनाने, उपयोग करने और बेचने के लिए सरकार द्वारा जारी किया गया एक लाइसेंस या प्राधिकरण है या पेटेंटकर्ता की सहमति के बिना पेटेंट प्रक्रिया को नियोजित करता है।
- भारतीय पेटेंट अधिनियम 1970 का अध्याय XVI और बौद्धिक संपदा अधिकारों के व्यापार से संबंधित समझौता अनिवार्य लाइसेंसिंग के पहलुओं पर पर चर्चा करता है।
- अनिवार्य लाइसेंस के लिए आवेदन पेटेंट की सीलिंग की तारीख से 3 साल बाद किसी भी समय किया जा सकता है।
- इसके अतिरिक्त, अधिनियम की धारा 92 के अनुसार, "राष्ट्रीय आपातकाल" या "अत्यधिक तात्कालिकता" में केंद्र सरकार द्वारा जारी एक अधिसूचना के अनुसार पेटेंट नियंत्रक द्वारा "सार्वजनिक गैर-व्यावसायिक उपयोग" के लिए अनिवार्य लाइसेंस भी जारी किए जा सकते हैं। ।

जारी किया गया पहला लाइसेंस (First Licence Issued)

- भारत का पहला अनिवार्य लाइसेंस पेटेंट कार्यालय द्वारा 9 मार्च, 2012 को हैदराबाद स्थित नैटकोफार्मा को बायर्स नेक्सावर के जेनेरिक संस्करण के उत्पादन के लिए प्रदान किया गया था, जो लीवर और किडनी के कैंसर के उपचार में इस्तेमाल किया जाने वाला कैंसर रोधी एजेंट है।

अनिवार्य लाइसेंसिंग पर वैश्विक परिप्रेक्ष्य (Global Perspective on Compulsory Licencing)

- अनिवार्य लाइसेंसिंग की यह घटना एक बेहद बहस का मुद्दा है। कई विकासशील देश दवाओं की अनुपलब्धता के कारण अनिवार्य लाइसेंसिंग को महत्व दे रहे हैं, और वे लगातार अधिक से अधिक अनिवार्य लाइसेंस प्रदान कर रहे हैं। यूरोप, अमेरिका जैसे विकसित देश इस दृष्टिकोण का विरोध कर रहे हैं क्योंकि इससे दवा कंपनियों के लिए नवाचार मुश्किल हो जाएगा।

हालही के समाचार (Recent News)

- माकपा ने सरकार से कहा की रेमेडिसविर के एक किफायती जेनेरिक संस्करण के निर्माण के लिए अनिवार्य लाइसेंस जारी किया जाये।
- इसने कहा कि सरकार को पेटेंट अधिनियम के खंड 92 को लागू करना चाहिए, जो इसे अनिवार्य लाइसेंस जारी करने की अनुमति देता है ताकि भारतीय निर्माता अधिक किफायती जेनेरिक संस्करण का उत्पादन कर सकें।

इसकी आवश्यकता (Need for Compulsory Licencing)

- 'गिलियड साइंसेज' (एक दवा कंपनी) की एंटी-वायरल दवा, रेमेडिसविर COVID-19 में रोगियों के इलाज प्रभावी रही है।
- जब मीडिया रिपोर्टों से संकेत मिला कि अमेरिका, जो महामारी से निपटने में उपयोगी पाई जाने वाली सभी दवाओं की जमाखोरी कर रहा है, और उसने अगले तीन महीनों के लिए गिलियड से रेमेडिसविर का पूरा स्टॉक खरीद लिया। इसलिए यह दुनिया के बाकी हिस्सों के लिए उपलब्ध नहीं हुई।
- इसके अलावा, जबकि एक पूर्ण कोर्स के लिए रेमेडिसविर के निर्माण की लागत - जैसा कि विशेषज्ञों द्वारा बताई गई है - यू.एस. में $ 10 या 750 रुपये से कम है और भारत में लगभग 100 रुपये है। गिलियड, अपने पेटेंट एकाधिकार के आधार पर, दुनिया से फिरौती जैसी कीमत मांग रहा है, जो इसकी लागत का सैकड़ों गुना है।

19.4.3 भारत में बौद्धिक संपदा अधिकार वातावरण को सुधारने हेतु सरकार द्वारा उठाए गए कदम (Steps Taken by Government to Improve the Intellectual Property Rights Ecosystem in India)

- एक व्यापक राष्ट्रीय बौद्धिक संपदा अधिकार नीति का निर्माण किया गया।
- DIPP के तहत विभिन्न IP कार्यालयों और अधिनियमों के हस्तांतरण और बौद्धिक संपदा अपीलीय बोर्ड के साथ कॉपीराइट बोर्ड के विलय के जरिए समान्वित दृष्टिकोण तथा सिनर्जी को अपनाया गया।
- IPR संबंधी जागरूकता, वाणिज्यीकरण तथा प्रवर्तन के साथ-साथ IP प्रक्रियाओं को सरल बनाने तथा मुख्यधारा में लाने में सहायता हेतु IPR प्रोत्साहन तथा प्रबंधन के लिए सेल की स्थापना की गई है।
- नवोन्मेष के प्रोत्साहन और स्टार्ट-अपस् की रचनात्मकता हेतु स्टार्ट-अप बौद्धिक संपदा संरक्षण (SIPP) की सुविधा हेतु एक योजना आरंभ की गई।
- भारत मेड्रिड प्रोटोकॉल का भी 90वां सदस्य बन गया है।
- भारत के प्रथम तकनीक तथा नवोन्मेषन सहायता केंद्र (ITSC) की स्थापना हेतु औद्योगिक नीति तथा प्रोत्साहन विभाग (DIPP) ने विज्ञान तथा तकनीक पर पंजाब राज्य परिषद के साथ समझौता किया है।

मेड्रिड प्रोटोकॉल (Madrid Protocol)

- यह एक अन्तर्राष्ट्रीय संधि है, जो किसी ट्रेडमार्क स्वामी को ऐसे किसी भी देश, जिसने मेड्रिड प्रोटोकॉल को जॉइन किया है, में केवल एक आवेदन के साथ पंजीकरण की सुविधा प्रदान करता है।
- विश्व बौद्धिक संपदा संगठन का अन्तर्राष्ट्रीय ब्यूरो, अन्तर्राष्ट्रीय पंजीकरण प्रणाली का प्रशासन करता है।

- ITSC विश्व अन्तर्राष्ट्रीय संपदा संगठन (WIPO) का कार्यक्रम है, जो विकासशील देशों में उच्च-गुणवत्ता तकनीक, सूचना तथा संबंधित सेवाओं तक पहुंच के साथ नवोन्मेषन सुविधा प्रदान करता है।
- यह कार्यक्रम नवोन्मेषकों को उनकी रचनात्मक संभावनाओं के पूर्ण दोहन और उनके बौद्धिक संपदा अधिकारों (IPRs) के संरक्षण में सहायता करेगा।
- TISC नेटवर्कों हेतु CIPAM (Cell for IPR Promotion and Management) को राष्ट्रीय फोकस प्वाइंट के रूप में निर्धारित किया है।
- IPR जागरूकता रचनात्मक भारत हेतु योजना, देश में IPR जागरूकता बढ़ाने हेतु CIPAM द्वारा इनोवेटिव इण्डिया योजना लॉन्च की है।
- CIPAM ने नवोन्मेषन तथा रचनात्मकता की संस्कृति को विकसित करने के लिए महाविद्यालय तथा विश्वविद्यालय छात्रों हेतु I Prims नामक एक बौद्धिक संपदा प्रतिस्पर्द्धा लॉन्च की है।

आईपीआर संवर्धन और प्रबंधन प्रकोष्ठ [CIPAM (Cell for IPR Promotion and Management)]

"रचनात्मक भारत; नवोन्मेषी भारत" के नारे के साथ सरकार ने मई 2016 में CIPAM को स्वीकृत किया है। CIPAM राष्ट्रीय IPR नीति को क्रियान्वित करने हेतु DIPP के तत्वावधान में एक व्यवसायिक निकाय है। CIPAM का गठन IPRs के आवेदन को प्रोत्साहन देने, विभिन्न नवोन्मेषकों को बौद्धिक संपदाओं के वाणिज्यिकरण हेतु कार्य करने के लिए किया गया। CIPAM विभिन्न सरकारी मंत्रालयों/विभागों और अन्य हितधारकों के साथ सहयोग से राष्ट्रीय IPR नीति के क्रियान्वयन हेतु भी कार्य करता है।

'I Prism' तथा भारत में इसके मुद्दे ('IPrism' and Its Issue in India)

महाविद्यालयों तथा विश्वविद्यालयों के स्तर पर छात्रों की युवा पीढ़ी में नवोन्मेषन तथा रचनात्मकता की संस्कृति को प्रोत्साहित करने के लिए यह एक बौद्धिक संपदा (IP) है। आई प्रिज्म (I Prims) युवा रचनाकारों को प्रोत्साहित करता है और इनकी रचनाओं को विशेष अवसर उपलब्ध कराता है। आई प्रिज्म ने विभिन्न निकाय लॉन्च किए हैं: एसोचैम तथा इरिक्सन (ERICSSON) के साथ सहयोग से सेल फॉर IPR प्रोमोशन एण्ड मैनेजमेंट (CIPAM), डिपार्टमेंट ऑफ इण्डस्ट्रियल पॉलिसी एण्ड प्रोमोशन (DIPP) इस प्रतिस्पर्द्धा ने विद्यार्थियों को ड्यूअल 30 तथा 60 सेकंड वर्गों के अन्तर्गत चोरी तथा जालसाजी आधारित फिल्में और गेमिंग मोबाइल एप्लिकेशन प्रस्तुत करने (Submitting) को प्रोत्साहित किया है। चोरी तथा जालसाजी के कारण उद्योगों को भारी नुकसान पहुंचता है और इससे उपभोक्ताओं को गंभीर सुरक्षा खतरे उत्पन्न होते हैं क्योंकि पायरेसी (चोरी) और नकली वस्तुओं के संचरण पर ज्ञान की कमी से हमारे समाज पर नकारात्मक सामाजिक-आर्थिक प्रभाव पड़ते हैं, अत: इस प्रकार की जागरूकता से इन अपराधों से निपटने में सहायता मिलेगी।

19.5 बौद्धिक संपदा अधिकार की कमियां (Limitations of IPR)

बौद्धिक संपदा के आलोचकों के अनुसार यह नए अन्वेषण को क्षति पहुंचा रहा है तथा उनके प्रगति को बाधित कर रहा है। उनके अनुसार इससे सिर्फ कुछ खास लोग लाभान्वित हो रहे हैं। आलोचकों के अनुसार बौद्धिक संपदा, कॉपीराइट विस्तारण तथा अन्य पेटेंट के ऊपर वृहत नियंत्रण के द्वारा सार्वजनिक हित को प्रभावित कर रहा है।

कुछ आलोचक यह भी मानते है कि संपदा अधिकार की अनुमति यदि सूचना एवं विचारों में दी गयी तो इससे कृत्रिम अभाव (Artificial Scarcity) उत्पन्न होगा।

कुछ अन्य मानते हैं कि बौद्धिक संपदा का विस्तार कालावधि के साथ कार्यक्षेत्र में होना चाहिए।

19.6 ट्रिप्स अनुबंध (TRIPS Agreement)

ट्रिप्स अनुबंध अंतरराष्ट्रीय स्तरीय समझौता है, जो विश्व व्यापार संगठन (World Trade Organization) द्वारा नियंत्रित और प्रशासित है। **इसके अंतर्गत बौद्धिक संपदा (Intellectual Property) के लिए कुछ बुनियादी और न्यूनतम मानदंड निर्धारित किये गए हैं।** यह बौद्धिक संपदा से संबंधित कानून (Intellectual Property Related Law) लागू करने वाला अपनी तरह का सबसे पहला समझौता है। जो व्यापार संबंधी बौद्धिक संपदा अधिकार (Trade Related Intellectual Property Right) प्रदान करता है। **यह विश्व व्यापार संगठन के प्रावधान के 'अनुच्छेद (4)' के तहत आता है** और विश्व व्यापार संगठन के सभी सदस्य देशों को विश्व व्यापार संगठन से संबंधित कॉपीराइट, प्रसारण संगठन के निर्माता, व्यापार पोशाक, भौगोलिक संकेत (जीआई), डिजाइन और अन्य सभी पेटेंट आदि संबंधी सुरक्षा अधिकार प्रदान करता है। इसे (GATT) 1994 के **'उरुग्वे राउंड'** में शामिल किया गया था।

19.7 कॉपीराइट एवं संबंधित अधिकार (Copyright and Related Right)

19.7.1 कॉपीराइट और उसके संबंधित अधिकारों का प्रावधान (Provision of Copyright and its Related Rights)

कॉपीराइट का कानून (Law of Copyright) लेखकों (Writers), कलाकारों (Artists) और अन्य रचनाकारों के कार्यों को कानूनी संरक्षण प्रदान करता है। कॉपीराइट की तरह ही कुछ अन्य अधिकार जैसे कवर अधिकार इत्यादि भी हैं परन्तु इसकी सीमाएं एवं अवधि निश्चित हैं। इस प्रकार के अधिकारों के अंतर्गत निर्देशकों (Directors), अभिनेताओं (Actors), संगीतकारों (Singers) को उनके कॉपीराइट संबंधी अधिकार प्रदान किए गए हैं। इसके अलावा इसके तहत ध्वनि रिकॉर्डिंग तथा प्रसारण संस्थाओं (Sound Recording and Broadcasting Agencies) को भी उनके दूरदर्शन एवं आकाशवाणी संबंधी सुरक्षा अधिकार प्रदान किए गए हैं।

प्रारम्भ में कॉपीराइट अधिनियम, 1957 (Copyright Act 1957), मानव संसाधन विकास मंत्रालय (Human Resource and Development Ministry) द्वारा प्रशासित किया गया था, लेकिन राष्ट्रीय नीति के अनुमोदन के बाद, यह अधिनियम भी 'औद्योगिक नीति और संवर्धन विभाग' के तहत प्रशासित किया जाता है। डीआईपीपी को 'वाणिज्य मंत्रालय' के तहत 1995 में स्थापित किया गया था।

DIPP के मुख्य कार्य कुछ इस प्रकार हैं:

- भारतीय औद्योगिक नीति का निर्माण एवं उनका क्रियान्वयन
- एफडीआई नीति तैयार करने और संशोधन
- औद्योगिक पदोन्नति
- बौद्धिक संपदा अधिकार नीति तैयार करना और उनका क्रियान्वयन

औद्योगिक नीति एवं संवर्द्धन विभाग
[Department of Industrial Policy and Promotion (DIPP)]

औद्योगिक नीति एवं संवर्द्धन विभाग (Department of Industrial Policy and Promotion / DIPP) की स्थापना 1995 में की गई। वर्ष 2000 में औद्योगिक विकास विभाग (Department of Industrial Devlopment) का DIPP के साथ विलय किया गया। यह वाणिज्य और उद्योग मंत्रालय (Ministry of Commerce and Industry) भारत सरकार के तहत काम करता है। राष्ट्रीय प्राथमिकताओं और सामाजिक-आर्थिक लक्ष्यों को ध्यान में रखते हुए, औद्योगिक क्षेत्र के विकास के लिए प्रचार और विकास के उपायों के निर्माण और कार्यान्वयन के लिए DIPP जिम्मेदार है। DIPP देश में प्रत्यक्ष विदेशी निवेश (Foreign Direct Investment / FDI) प्रवाह को सुविधाजनक बनाने और बढ़ाने के लिए भी जिम्मेदार है। DIPP पेटेंट (Patent), डिजाइन (Design), ट्रेडमार्क (Trademark) और वस्तुओं के भौगोलिक संकेत (Geographical Symbol) के लिए भी जिम्मेदार है। यह उनके संवर्धन तथा सुरक्षा से संबंधित पहल की भी निगरानी करता है। DIPP को अब Department for Promotion of Industry and Internal Trade - DPIIT के नाम से जाना जाता है।

19.7.2 कॉपीराइट और संबंधित अधिकारों द्वारा प्रदत और आश्वासित अधिकार (Rights Provided and Assured by 'Copyright and Related Rights')

कॉपीराइट धारकों को कॉपीराइट कानून के तहत कुछ बुनियादी अधिकार दिए गए हैं:

- कॉपीराइट धारक दूसरों को अपने बौद्धिक संपदा के उपयोग करने की सहमति दे सकते हैं। यह कॉपीराइट धारक का अनन्य अधिकार है।
- इसके तहत उन्हें अपने कार्यों के लिए किसी को अधिकृत या प्रतिबंधित करने का अधिकार भी दिया गया है, जिसमें प्रिंटिंग, रिकॉर्डिंग, सार्वजनिक अभिनय, प्रसारण, अन्य भाषाओं में अनुवाद, अनुकूलन, उदाहरण के लिए, एक उपन्यास से फिल्म की पटकथा बनाने जैसे अधिकार शामिल हैं।
- ध्वनि रिकॉर्डिंग, प्रकाशन, फिल्म इत्यादि, जो बड़े पैमाने पर वितरण और वित्तीय निवेश और संचार के लिए कुछ स्रोत हैं, के लिए यह आवश्यक है कि वे अपने कार्यों का पेटेंट कराएं ताकि वे अपने विभिन्न कार्यों में सफलता प्राप्त कर सकें।

इस प्रकार के कार्य में साधारणत: निर्माता अपने अधिकारों को कंपनियों को स्थानांतरित कर देते हैं, जिससे कंपनियां इनके अधिकारों का संरक्षण करती हैं एवं इसके एवज में इन्हें कंपनियां, अपनी कमाई का एक हिस्सा रॉयल्टी के रूप में प्रदान करती हैं।

कॉपीराइट कानून के अधिकार के तहत किसी भी निर्माता का उसके द्वारा निर्मित सामग्री या उत्पाद पर 50 वर्षों तक अधिकार होता है। निर्माता की मृत्यु की स्थिति में WIPO संधि के नियमों के मुताबिक उस राष्ट्र के नियमों का भी अनुदेशन किया जा सकता है, जिससे निर्माता के सामग्री या उत्पाद के कॉपीराइट में वृद्धि की जा सकती है। इस नियम के तहत निर्माता तथा उन्हें अधिकृत करने वाले दोनों को ही आर्थिक लाभ होता है।

कॉपीराइट धारकों द्वारा कॉपीराइट और संबंधित अधिकार कानूनों के तहत अधिकारों का प्रवर्तन विभिन्न तरीकों की मदद से किया जा सकता है, जैसे कि सिविल सूट (civil suits), प्रशासनिक उपचार और आपराधिक

अभियोजन। ऐसे अधिकारों को लागू करने के लिए प्रतिबंधों, उल्लंघनकारी वस्तुओं को नष्ट करने वाले आदेशों, निरीक्षण आदेशों आदि की आवश्यकता होती है।

कॉपीराइट धारकों को 'कॉपीराइट और संबंधित अधिकार कानून' के तहत दिए गए अधिकारों को लागू करने के लिए वे ऐसे तरीकों का उपयोग कर सकते हैं, जिसमें सिविल एक्ट सूट, निषेधाज्ञा, निरीक्षण आदेश (inspection orders) और प्रशासनिक उपचार और अन्य शामिल हैं।

19.7.3 कॉपीराइट और संबंधित अधिकारों की सुरक्षा के लाभ (Benefits of Protecting Copyright and Related Right)

संवर्धित के नवाचार (Innovation) के साथ मानव में रचनात्मकता के पोषण और विकास के लिए इन अधिकारों का संरक्षण महत्वपूर्ण है। ये अधिकार निर्माताओं को पहचान के साथ ही आर्थिक मदद प्रदान करता है। साथ ही ये अधिकार उन्हें भविष्य में भी ऐसे कार्य करने हेतु प्रोत्साहित (Encourage) करता है। यही कारण है कि कंपनियां अपने निश्चित लाभ के प्रति आशावादी (Hopeful) होकर निवेश करती हैं, जो देश के सामाजिक-आर्थिक विकास (Socio-economic development) में अपना योगदान देता है।

19.7.4 प्रौद्योगिकी में प्रगति के संबंध में कॉपीराइट और संबंधित अधिकार (Copyright and Related Rights in Relation with Advancement in Technology)

प्रौद्योगिकी के विकास ने प्रसारण के विभिन्न प्रकार के नए विकल्पों की खोज की, जिससे विभिन्न सामग्रियों को उपग्रह, कैसेट इत्यादि की सहायता से प्रसारित किया जाता है। परिणामस्वरूप इंटरनेट की सहायता से प्रसारित की जा रही सामग्रियों के कारण कॉपीराइट एवं इससे संबंधित विभिन्न कानूनों पर सवाल उठते हैं। इसीलिए विश्व बौद्धिक संपदा संगठन साइबरस्पेस में कॉपीराइट के संरक्षण के लिए नए मानकों को तय करने हेतु अंतर्राष्ट्रीय परिचर्चा की वकालत कर रही है। **WIPO प्रदर्शन एवं फोनोग्राम संधि** (WPPT) तथा **विश्व बौद्धिक संपदा संगठन कॉपीराइट संधि** (WCT) **इंटरनेट संधि संगठन (Internet Treaty Organization) द्वारा प्रशासित होता है।** अनाधिकृत उपयोगों से सुरक्षा तथा इंटरनेट पर रचनात्मक कार्यों का उपयोग उपरोक्त संधि का मुख्य उद्देश्य है।

19.7.5 दिल्ली विश्वविद्यालय फोटोकॉपी विवाद की मुख्य बातें (Key Points of DU Photocopy Issue)

9 दिसंबर, 2016 को फैसला सुनाया गया कि किताबों की फोटोकॉपी तब तक नहीं की जा सकती, जब तक 'पाठ्यक्रम की मांगों के अनुसार उचित' नहीं हो। कॉपीराइट अधिनियम की धारा 52(1)(i) के तहत, फोटोकॉपी सामग्री, जिसे 'निर्देश के दौरान (in the course of instruction)' उपयोग के उद्देश्य से कॉपीराइट किया गया है, की अनुमति है। अदालत ने निष्कर्ष निकाला कि उचित उपयोग के लिए 'गुणात्मक और मात्रात्मक' परीक्षण कानून में शामिल नहीं है।

ऑक्सफोर्ड यूनिवर्सिटी (Oxford University) प्रेस और कैम्ब्रिज (Cambridge) जैसे कई बड़े प्रकाशकों ने कॉपीराइट उल्लंघन के लिए दिल्ली विश्वविद्यालय और इसके फोटोकॉपियर को चुनौती दी थी। जिस पर दिल्ली उच्च न्यायालय (Delhi High Court) ने फैसला सुनाते हुए कहा कि शिक्षा के उद्देश्य के लिए पाठ्यक्रम पैक की फोटोकॉपी कानून के दायरे में है। अदालत ने यह भी कहा कि कॉपीराइट अधिकार (Copyright Right) निजी और सार्वजनिक हितों के मध्य संतुलन बनाए रखने के उदेश्य से प्रदान किये जाते हैं। कंप्यूटर सॉफ्टवेयर या प्रोग्राम को साहित्यिक कार्य के रूप में पंजीकृत कराया जा सकता है।

सॉफ्टवेयर प्रोग्रामिंग को 'साहित्यिक कार्य (literary work)' माना जा सकता है। **कॉपीराइट अधिनियम 1957 (Copyright Act 1957)** के अनुसार, साहित्यिक कार्यों में कंप्यूटर डाटाबेस, कंप्यूटर डाटाबेस सहित कंप्यूटर प्रोग्राम, तालिका और संकलन शामिल है, सॉफ्टवेयर उत्पादों के लिए कॉपीराइट के पंजीकरण हेतु आवेदन के साथ **'सोर्स कोड'** भी उपलब्ध कराया जाना चाहिए।

19.8 ट्रेडमार्क (Trademark)

आम आदमी की भाषा में, यह एक दृश्य प्रतीक है, जो एक शब्द हस्ताक्षर, नाम, उपकरण, लेबल, अंक, या रंगों का संयोजन हो सकता है, जो एक उपक्रम द्वारा वस्तुओं या सेवाओं या वाणिज्य के अन्य लेखों पर अन्य अलग उपक्रम से उत्पन्न समान वस्तुओं या सेवाओं से अलग करने के लिए उपयोग किया जाता है।

अधिनियम के तहत ट्रेडमार्क पंजीकृत करने के लिए कानूनी आवश्यकताएं हैं:

1. चयनित चिह्न को रेखांकन (अर्थात् कागज के रूप में) प्रदर्शित करने में सक्षम होना चाहिए।
2. इसे एक उपक्रम की वस्तुओं या सेवाओं को दूसरे उपक्रमों से अलग करने में सक्षम होना चाहिए।
3. वस्तुओं या सेवाओं के बीच व्यापार के दौरान एक संबंध को इंगित करने के उद्देश्य से वस्तुओं या सेवाओं के संबंध में इसका इस्तेमाल किया जाना चाहिए और किसी व्यक्ति को उस व्यक्ति की पहचान के साथ या उसके बिना चिह्न का उपयोग करने का अधिकार है।

19.8.1 विभिन्न प्रकार के ट्रेडमार्क जो भारत में पंजीकृत हो सकते हैं (Different Types of Trademarks that may be Registered in India)

- कोई भी नाम (आवेदक का व्यक्तिगत या उपनाम या व्यवसाय में पूर्ववर्ती या व्यक्ति के हस्ताक्षर सहित), जिसे व्यापार के लिए एक चिह्न के रूप में अपनाना असामान्य नहीं है।
- एक आविष्कृत शब्द या कोई मनमाना शब्दकोष शब्द या शब्द, जो सीधे तौर पर माल/सेवा के चरित्र या गुणवत्ता का वर्णन नहीं करता है।
- अक्षर या अंक या उसका कोई संयोजन।
- किसी ट्रेडमार्क के स्वामित्व का अधिकार अधिनियम के तहत पंजीकरण द्वारा या विशेष वस्तुओं या सेवाओं के संबंध में उपयोग करके प्राप्त किया जा सकता है।
- फैंसी डिवाइस या प्रतीकों सहित उपकरण।
- मोनोग्राम।

- किसी शब्द या उपकरण के संयोजन में रंगों या एक ही रंग का संयोजन।
- माल का आकार या उनकी पैकेजिंग एक 3-आयामी (3D) चिन्ह बनाने वाले चिह्न।
- ध्वनि चिह्न जब पारंपरिक संकेतन में दर्शाए जाते हैं या रेखांकन द्वारा शब्दों में वर्णित किए जाते हैं।

19.8.2 रजिस्ट्रार (Registrar)

- पेटेंट, डिजाइन और व्यापार चिह्न महानियंत्रक व्यापार चिह्न रजिस्ट्री कार्यालयों के प्रमुख हैं और व्यापार चिह्न (TRADE MARKS) के रजिस्ट्रार के रूप में कार्य करते हैं।

19.8.3 बौद्धिक संपदा अपीलीय बोर्ड (Intellectual Property Appellate Board (IPAB))

- इसका गठन 15 सितंबर, 2003 को भारत सरकार द्वारा भारतीय ट्रेडमार्क अधिनियम, 1999 और माल के भौगोलिक संकेत (पंजीकरण और संरक्षण) अधिनियम, 1999 के तहत रजिस्ट्रार के निर्णयों के खिलाफ अपीलों को सुनने और हल करने के लिए किया गया था।
- 2 अप्रैल, 2007 से, IPAB को पेटेंट अधिनियम के तहत पेटेंट नियंत्रक द्वारा किए गए अधिकांश निर्णयों, आदेशों या निर्देशों की अपीलों पर सुनवाई और निर्णय लेने के लिए अधिकृत किया गया है। इसलिए, पेटेंट अधिनियम के तहत भारतीय उच्च न्यायालयों की सभी लंबित अपीलों को IPAB को स्थानांतरित कर दिया गया। IPAB बेंच का संगठन: IPAB की प्रत्येक बेंच में एक न्यायिक सदस्य और एक तकनीकी सदस्य शामिल होता है।
- IPAB के तकनीकी सदस्य के रूप में नियुक्ति के लिए योग्यता का उल्लेख व्यापार चिह्न अधिनियम और पेटेंट अधिनियम में किया गया है।
- क्षेत्राधिकार: नियंत्रक के निर्णय से आईपीएबी को अपील निर्णय/आदेश या निर्देश की तारीख से तीन महीने के भीतर, या IPAB की अनुमति के अनुसार, उचित शुल्क के साथ की जानी चाहिए। विलंब माफी (COD) याचिका के माध्यम से अपील दायर करने के लिए एक विकल्प उपलब्ध है।
- बौद्धिक संपदा अपीलीय बोर्ड (IPAB) ने डॉ रेड्डीज लेबोरेटरीज लिमिटेड के नाम से पंजीकृत ट्रेडमार्क को हटाने के लिए एनर्जी ड्रिंक के निर्माता रेड बुल की याचिका को खारिज कर दिया है।

19.8.4 ट्रेडमार्क पर रेड बुल की याचिका खारिज (Red Bull's Plea on Trademark Rejected)

- रेड बुल ने "गिव्स यू विंग्स" टैगलाइन के साथ एक ट्रेडमार्क अपनाया है और कहा है कि व्यापक प्रचार के कारण, रेड बुल एनर्जी ड्रिंक पीने के बाद एक जानवर/मानव को पंख प्राप्त करने की अवधारणा विशेष रूप से इसके साथ जुड़ी हुई है।
- हालांकि, डॉ रेड्डीज लेबोरेटरीज लिमिटेड के नाम पर नवंबर 2001 में "योर विंग्स टू लाइफ" टैगलाइन के साथ एक और ट्रेडमार्क पंजीकृत किया गया था। अब, Red Bull ने इसे रद्द करने की मांग की थी।
- प्रतिद्वंदी ट्रेडमार्क न तो भ्रामक रूप से समान हैं और न ही समान हैं। आवेदक चिह्न "योर विंग्स टू लाइफ" मुख्य चिह्न नहीं है। यह सब-ब्रांड है। इसलिए, आवेदक द्वारा आरोपित सद्भावना और प्रतिष्ठा मुख्य चिह्न रेड बुल से संबंधित नहीं है। इसलिए, दोनों ट्रेडमार्क समान नहीं हैं।

19.9 पेटेंट (Patent)

19.9.1 पेटेंट की अवधारणा (Concept of Patent)

पेटेंट किसी आविष्कार हेतु प्रदान किया जाने वाला विशेषाधिकार है, जिसे ऐसे आविष्कारों हेतु प्रदान किया जाता है, जिसके प्रयोग से निर्मित उत्पाद या सेवा असामान्य प्रकार के उत्पाद या वैज्ञानिक प्रभाव उत्पन्न करने वाले हों। **किसी आविष्कार के पेटेंट की अवधि सीमित होती है, जो प्राय: 20 वर्षों तक होती है।**

19.9.2 पेटेंट का महत्व (Importance of Patent)

पेटेंट किसी व्यक्ति विशेष को उनकी रचनात्मकता हेतु प्रोत्साहन देने, उनके आविष्कारों को सुरक्षा प्रदान करने तथा मानव जीवन में सुधार लाने वाले भावी आविष्कारों को प्रोत्साहित करने का कार्य करता है।

19.9.3 पेटेंट के विभिन्न प्रकारों के संरक्षण (Protection of different types of Patent)

यह किसी आविष्कारक के आविष्कारों को सुरक्षा प्रदान करता है ताकि उनकी अनुमति के बिना कोई भी उनकी खोज का व्यावसायीकरण ना कर सके। अदालत पेटेंट के उल्लंघन को रोकने के लिए पेटेंट और प्राधिकरण के प्रवर्तन का अधिकार रखती है साथ ही न्यायालय के पास उस आविष्कार संबंधी किसी तीसरे पक्ष द्वारा सफल चुनौती के बाद पेटेंट को अवैध घोषित करने का भी अधिकार है।

19.9.4 पेटेंट धारकों के अधिकार (Rights of Patent Owners)

किसी पेटेंट धारक के पास यह तय करने का अधिकार है कि उसकी खोज का उपयोग कौन, किस प्रकार एवं कितनी अवधि तक उपयोग कर सके। साथ ही उसके पास अपनी इच्छा अनुसार उनके अपने आविष्कार को बेचने का भी अधिकार है। कोई भी पेटेंट एक निश्चित अवधि के बाद समाप्त हो जाता है, जिसके पश्चात् सार्वजनिक क्षेत्र (Public Sector) द्वारा उस आविष्कार का उपयोग किया जा सकता है। इसे **बंद पेटेंट (Close Petent) कहा जाता है,** इसके पश्चात पेटेंट धारकों (Patent Holders) के पास इस आविष्कार के लिए कोई विशेष अधिकार नहीं रह जाता है और इस सार्वजनिक रूप से दूसरे लोगों द्वारा उपयोग में लाया जा सकता है।

19.9.5 दैनिक जीवन में पेटेंट का महत्व (Importance of Patent in Everyday Life)

पेटेंट किए गए आविष्कार हमारे दैनिक जीवन में बहुत ही गहरा प्रभाव डालते हैं। सिलाई मशीनों (हॉवे और सिंगर द्वारा पेटेंट कराकर) से लेकर चुंबकीय अनुनाद चित्रण (Magnetic Resonance Imaging /MRI) (डामाडियन द्व ारा पेटेंट कराया गया) तक, विद्युत् बल्ब (एडीसन और स्वान द्वारा पेटेंट)

से लेकर आईफोन (एप्पल द्वारा पेटेंट) तक सभी पेटेंट धारकों ने अपने पेटेंट कराये गए उत्पाद के जरिए प्रौद्योगिकी की दुनिया में एक गहरा प्रभाव डाला है, ये पेटेंट हमेशा ही भावी पीढ़ियों व शोधकर्ताओं को नए शोध व तकनीक के बारे में प्रेरित करते रहेंगे।

19.9.6 पेटेंट अनुदान (Patent Granting)

एक सुरक्षित व सुनिश्चित पेटेंट प्राप्त करने के लिए उसका आवेदन करना आवश्यक है। इस आवेदन में आविष्कार के शीर्षक व इससे संबद्ध क्षेत्र की सूचना अवश्य होनी चाहिए। इस आवेदन में आविष्कार का वर्णन और पृष्ठभूमि को भी स्पष्ट भाषा में शामिल किया जाना चाहिए ताकि इस क्षेत्र से संबंधित कोई सामान्य सा व्यक्ति भी इस आविष्कार का पुनरुपयोग कर सके। इस आवेदन में आविष्कार को बेहतर समझने में सहायता करने हेतु दृश्य सामग्री के रूप में आमतौर पर आरेख या ड्राइंग का भी उपयोग किया जाता है। पेटेंट आवेदन में विभिन्न 'दावों' को शामिल किया जाना चाहिए, जो पेटेंट द्वारा दी जाने वाली सुरक्षा की सीमा को निर्धारित करने में सहायता करेगा।

पेटेंट को आमतौर पर क्षेत्रीय पेटेंट कार्यालय या राष्ट्रीय पेटेंट कार्यालय द्वारा पंजीकृत किया जाता है। यह पंजीकरण किसी आविष्कार को एक या अधिक राष्ट्रों में संरक्षण प्रदान करता है।

डब्लूआईपीओ (WIPO), पेटेंट सहयोग संधि (PCT) का संचालन करती है, जो निर्दिष्ट देशों में दर्ज राष्ट्रीय आवेदनों के समान एक अंतर्राष्ट्रीय पेटेंट आवेदन प्रदान करके विभिन्न आवेदनों को भरने करने की आवश्यकता को समाप्त करता है। कोई इच्छुक आविष्कारक आवश्यकता के अनुसार अपने किसी आविष्कार को दर्ज करने हेतु इसका लाभ ले सकता है।

भारतीय पेटेंट अधिनियम 1970 और 2005
(Indian Patent Act 1970-2005)

पेटेंट प्रणाली का मुख्य उद्देश्य नवाचार को प्रोत्साहित करना और अंतिम तकनीकी विकास में सुधार है। वर्तमान पेटेंट अधिनियम, 1970 वर्ष 1972 में लागू हुआ, जिसमें भारत में पेटेंट और डिजाइन अधिनियम 1911 से संबंधित मौजूदा कानूनों को संशोधित और शामिल किया था।

पेटेंट अधिनियम 1970 की धारा 3(जे) में कहा गया है कि 'सूक्ष्म जीवों के अलावा पौधे और जानवर के पूरे या किसी भी हिस्से जिसमें बीज, किस्मों और प्रजातियों सहित और पौधों और जानवरों के उत्पादन या प्रसार के लिए अनिवार्य रूप से जैविक प्रक्रियाएं शामिल है' कोई आविष्कार नहीं हैं। इसलिए अधिनियम के अनुसार ये पेटेंट योग्य नहीं है।

पेटेंट (संशोधन) अधिनियम 2005, 1 जनवरी 2005 से लागू हुआ, जिसने भारत के पिछले पेटेंट प्रणाली में बदलाव लाए जिसमें उत्पाद पेटेंट को भोजन, दवाओं, रसायनों और सूक्ष्मजीवों से युक्त प्रौद्योगिकी के सभी विषयों तक बढ़ाया गया। इसके अलावा, धारा 3(डी) 2005 के उक्त संशोधन अधिनियम में पेश की गई और पहली बार भारत में फार्मास्युटिकल उत्पाद पेटेंट का परिचय दिया गया। पेटेंट (संशोधन) अधिनियम 2005 परिभाषित करता है कि आविष्कार क्या है और यह स्पष्ट करता है कि किसी भी मौजूदा ज्ञान या चीज को पेटेंट नहीं किया जा सकता है। यह प्रावधान परिभाषित करता है कि एक 'नवीनता' मानक-जो 'गैर-स्पष्टता' या 'आविष्कारशील कदम' और औद्योगिक प्रयोज्यता के साथ है, 'पेटेंट' के लिए तीन पूर्वापेक्षाएँ हैं। 'खोज' अनिवार्य रूप से किसी ऐसी चीज का पता लगाने के लिए संदर्भित करता है, जो पहले से ही प्रकृति में मौजूद थी, लेकिन अज्ञात या अपरिचित थी। इसलिए, खोजों को भारतीय पेटेंट अधिनियम 1970 की धारा 3 के तहत पेटेंट संरक्षण से बाहर रखा गया है।

नोट: भारत में, औद्योगिक नीति एवं संवर्धन विभाग, वाणिज्य और उद्योग मंत्रालय, पेटेंट अधिनियम, 1970 (जैसा कि 2005 में संशोधन किया गया) के तहत, पेटेंट को प्रशासित किया जाता है।

19.9.7 आविष्कार का संरक्षण (Protection of Inventions)

पेटेंट द्वारा संरक्षित किए जाने वाले आविष्कार की शर्तें इस प्रकार हैं:

- आविष्कार व्यावहारिक उपयोग का होना चाहिए।
- पेटेंट नया होना चाहिए।
- आविष्कारक द्वारा इसे आविष्कारशील कदम के रूप में दिखाया जाना चाहिए।

19.9.8 भारत की पेटेंट नीति 2016 की मुख्य विशेषताएं (Highlights of India's Patent Policy, 2016)

- **भारत की पेटेंट नीति पूर्णत: विश्व व्यापार संगठन (World Trade Organization) के ट्रिप्स समझौते का अनुपालन करती है।** इसमें विभिन्न बिंदुओं के माध्यम से बौद्धिक संपदा (IP) व्यावसायीकरण को प्रोत्साहन के अलावा, आईपीआर की जागरूकता और प्रभावी प्रवर्तन पर विशेष जोर दिया गया है।
- **इस नीति के तहत विभिन्न आईपीआर मामलों हेतु 'औद्योगिक नीति और संवर्धन विभाग' (Department of Industrial Policy and Promotion / DIPP) को 'नोडल एजेंसी' बनाया गया है।** साथ ही इसके तहत सभी कॉपी राइट्स मामलों को मानव संसाधन विकास मंत्रालय (Human Resource Devlopment Ministry / HRD) के अंतर्गत आने वाले डीआईपीपी (DIPP) को स्थानांतरित किया गया है।
- इस नीति के तहत ट्रेडमार्क कार्यालयों का आधुनिकीकरण करने की बात कही गयी है, और **2017 तक ट्रेडमार्क परीक्षण (Trademark Testing) में लगने वाले समयावधि को घटाकर 1 माह तक करने का लक्ष्य निर्धारित किया गया है।**
- इस नीति के तहत ट्रेडमार्क परीक्षण (Trademark Testing) का समय 13 माह से घटाकर 8 महीने कर दिया गया है, साथ ही मार्च 2017 तक इसे 1 महीने तक करने का लक्ष्य रखा गया है।
- **इस नीति के तहत अनुसंधान और विकास (Research and Devlopment) को बढ़ावा देने की बात कही गयी है।**
- इस नीति के स्टार्ट-अप को प्रोत्साहित करने के लिए प्रभावी ऋण गारंटी योजना का भी एक प्रस्ताव रखा गया है। साथ ही यह भी कहा गया है कि भारत अंतर्राष्ट्रीय संधियों और ट्रिप्स समझौते में वर्णित नियमों में ढील देना जारी रखेगा। इस ढील के तहत सस्ती कीमतों पर आवश्यक और जीवनरक्षक दवाओं की उपलब्धता सुनिश्चित करने के लिए धारा 3(d) और अनिवार्य लाइसेंस (CL) जैसे अधिकारों/प्रावधानों की भी व्यवस्था की गयी है।

- वर्ष 2013 में, उच्चतम न्यायालय ने बौद्धिक संपदा अपीलीय बोर्ड के उस फैसले को बरकरार रखा था, जिसमें नोवार्टिस के इमैटिनिब नामक, लेकिन ग्लिवेक के रूप में ब्रांडेड एक नई दवा रूप के लिए पेटेंट संरक्षण के आवेदन को अस्वीकृत कर दिया था। नोवार्टिस ने देश के पेटेंट अधि नियम की धारा 3(d) को चुनौती दी थी, जो गारंटी देता है कि कंपनियों को पहले से मौजूद दवा में मात्र थोड़े बहुत बदलाव करके और इसके उपचार प्रभावों में कोई महत्वपूर्ण बदलाव किए बिना पेटेंट संरक्षण नहीं मिलता है। उच्चतम न्यायालय द्वारा निर्णय देते समय, भारतीय पेटेंट अधिनियम, 1970 की धारा 3(d) को मान्य किया गया था। इसके अलावा, अदालत ने नोट किया कि बीटा क्रिस्टलीय नाम के उत्पाद की पहचान वर्ष 1995 से पहले ही हो चुकी थी, जिसका पिछला पेटेंट नोवार्टिस के पास था। निर्णय का परिणाम यह हुआ कि देश के पेटेंट कानून को पूरी तरह से बरकरार रखा गया और पेटेंट प्रदान करने का कार्य केवल प्रामाणिक नवाचार के लिए किया जाएगा और किसी भी कानूनी पेटेंट (litigative patenting) की स्वीकृति नहीं होगी। इसका मतलब यह है कि अगर कोई पुराना अणु किसी नए पदार्थ में रखा जाता है, तो पेटेंट नहीं दिया जा सकता है, क्योंकि इसके जरिए केवल एक मामूली संशोधन करके, और इसे पूरी तरह से नए आविष्कार के रूप में पेश किया जा सकता है।
- पेटेंट के सत्यापन की अवधि बढ़ाने हेतु एक अन्य पेटेंट के दावे के लिए मूल उत्पाद में तुच्छ संशोधन करके पेटेंट कराने के प्रयास को एवरग्रीनिंग पेटेंट कहा जाता है।
- कैंसर की दवा सोराफेनीब टू-साइलेट (नेक्सावर) के लिए अनिवार्य लाइसेंस केवल एक बार जारी किया गया है। भारतीय पेटेंट अधिनियम के अनुसार, यदि कोई दवा उचित नहीं लगती है, तो दवा की श्रेणी में एक CL को संबंधित किया जा सकता है, और दवा निर्माण की अनुमति सरकार द्वारा योग्य जेनेरिक दवा निर्माता को दी जाती है।

19.9.9 पेटेंट संरक्षण हाईवे कार्यक्रम (Patent Prosecution Highway Programme)

केंद्रीय मंत्रिमंडल ने भारतीय पेटेंट कार्यालय (IPO) द्वारा पेटेंट, डिजाइन और ट्रेड मार्क्स, भारत (CGPDTM) के तहत विभिन्न अन्य हित देशों के पेटेंट कार्यालयों के साथ पेटेंट प्राप्त करने में तेजी लाने और उसे कारगर बनाने वाले (पेटेंट संरक्षण हाईवे-पीपीएच) (Patent Prosecution Highway-PPH) कार्यक्रम को अपनाने के प्रस्ताव को मंजूरी दे दी। PPH शुरुआत में केवल तीन साल की अवधि के लिए जापान पेटेंट ऑफिस (JPO) और भारतीय पेटेंट ऑफिस के बीच पायलट आधार पर शुरू हुआ था जो आज तक केवल पायलट चरण में ही जारी है।

ग्राह्यता (Eligibility)

इस पायलट कार्यक्रम के तहत, भारतीय पेटेंट कार्यालय को केवल कुछ निर्दिष्ट तकनीकी क्षेत्रों में पेटेंट आवेदन प्राप्त हो सकते हैं, जैसे-इलेक्ट्रिकल, इलेक्ट्रॉनिक्स, कंप्यूटर विज्ञान, सूचना प्रौद्योगिकी, भौतिकी, सिविल, मैकेनिकल, कपड़ा, ऑटोमोबाइल और धातुकर्म जबकि JPO सभी क्षेत्रों की प्रौद्योगिकी में आवेदन प्राप्त कर सकते हैं।

PPH क्या है? (What is PPH?)

- *PPH* कुछ पेटेंट कार्यालयों के बीच सूचना साझा करके त्वरित पेटेंट अभियोजन प्रक्रिया प्रदान करने की पहल का एक समुच्चय है।

यह काम किस प्रकार करता है?

- यह एक पेटेंट आवेदक को अपने पेटेंट आवेदन की फास्ट-ट्रैकिंग के अनुरोध पर दिखाएगा कि उसके उत्पाद या प्रक्रिया को जापान में पहले ही पेटेंट दिया गया है।
- पीपीएच कार्यक्रम से भारतीय पेटेंट कार्यालय को निम्नलिखित लाभ होंगे-
  (i) पेटेंट आवेदनों के निपटारे में लगने वाले समय में कमी।
  (ii) लंबित पेटेंट आवेदनों में कमी।
  (iii) पेटेंट आवेदनों की जांच-पड़ताल की प्रक्रिया में सुधार।
  (iv) भारत के स्टार्टअप और एमएसएमई सहित भारतीय निवेशकों को जापान में अपने पेटेंट आवेदनों की जांच-पड़ताल में तेजी लाने का अवसर।

19.9.10 भारत में पेटेंटिंग (Patenting in India)

- भारत में, भारतीय पेटेंट और डिजाइन अधिनियम, 1970 की धारा 159 के प्रावधानों के तहत, केंद्र सरकार को इस अधिनियम को लागू करने और पेटेंट प्रशासन को विनियमित करने के लिए नियम बनाने का अधिकार है। 2006 में पेटेंट अधिनियम 1972 में कुछ संशोधन किए गए।
- सरकार ने नियमों में संशोधन करते हुए पेटेंट की प्रक्रिया को और अधिक सरल बनाने के प्रयास किये हैं। भारत में अभी लाखों पेटेंट आवेदन लंबित हैं।
- **भारत सरकार ने मार्च 2017 तक पेटेंट हेतु लगने वाले समय 5-7 वर्ष के लम्बे समय को घटा कर 18 महीने तक लाने का लक्ष्य रखा है।**

19.9.11 द्वितीय पेटेंट तथा भारत हेतु इसके हालिया मुद्दे (Secondary Patents and Its Recent Issues for India)

भारतीय पेटेंट कार्यालय में दवा पेटेंटों हेतु लगभग 1700 अस्वीकृतियों का आवेदन किया गया था जो ब्लॉकबस्टर दवाओं हेतु द्वितीयक पेटेंटों के रूप में संरक्षण चाहते थे।

द्वितीयक पेटेंट (Secondary Patents)

- पेटेंट विशिष्टता द्वारा एक प्रतिबंधित समय सीमा हेतु द ओनर्स मार्केट (the owners market) का ऑफर किया जा रहा है। दवा के मामले में अनन्यता प्राथमिक पेटेंट तक ही सीमित होनी चाहिए। उल्लेखनीय है कि प्राथमिक पेटेंट दवा के एक्टिव फार्मास्युटिकल इंग्रीडेंट (API) से संबंधित है और विशेष रूप से 20 वर्ष तक प्रभावी है।
- पेटेंट क्लिफ को पेटेंट विशिष्टता की समाप्ति के रूप में वर्णित किया जा रहा है, क्योंकि जेनेरिक प्रतिस्पर्धा के कारण दवा की कीमतें बाद में 80 प्रतिशत तक कम हो जाती हैं।

- दवा कंपनियां अपने बड़े लाभ के समाप्त होने के खतरे के कारण ऐसे नए विकल्प तलाश रही हैं, जो API के डेरिवेटिवस तथा रूपांतर हेतु द्वितीयक पेटेंट के आवेदन के जरिए दवा पर उनकी अनन्यता को पुनः बनाए रख सके। API का भौतिक रूपांतर, एक नया फॉर्मुला, एक डोज रेजिमेन (Regimen) या दवा के प्रबंधन का कोई नया तरीका आदि को पुनः पेटेंट प्राप्त करने का आधार बनाया जाता है।
- द्वितीयक पेटेंट को प्राथमिक पेटेंट समाप्त होने से पहले ही प्राप्त करने का प्रयास किया जाता है ताकि संबंधित दवा पर उनकी अनन्यता को बरकरार रखा जा सके। इसे "एवग्रीनिंग" कहा जाता है। यह रणनीति ऐसी अत्यधिक महत्वपूर्ण दवाओं के संदर्भ में सर्वाधिक लाभदायक होती है, जिनसे प्राप्त वार्षिक आय 1 बिलियन डॉलर से भी अधिक हो जाती है।
- ये प्रावधान बायोलॉजिक्स (जीवोत्पाद) तक भी विस्तारित हैं। उल्लेखनीय है कि बायोलॉजिक्स पेटेंट की समयावधि बढ़ाने हेतु द्वितीयक पेटेंट प्राप्त करने के संबंध में अधिक अवसर उपलब्ध कराता है।

19.9.12 पेप्सिको पेटेंट विवाद (Pepsico Patents Issue)

पौधा किस्म और कृषक अधिकार संरक्षण (PPV&FR) प्राधिकरण ने विभिन्न आधारों पर एक आलू की किस्म (FL-2027) पर पेप्सिको इंडिया होल्डिंग (PIH) को दिए गए PVP (पादप विविधता संरक्षण) प्रमाणपत्र को रद्द कर दिया है।

इसमें निम्नलिखित बिंदु शामिल थे (This included the following):

- पंजीकरण प्रमाणपत्र की मान्यता आवेदक द्वारा दी गई गलत सूचना पर आधारित थी।
- प्रमाणपत्र एक ऐसे व्यक्ति को दिया गया था जो सुरक्षा की दृष्टि से उचित पात्र नहीं था।
- पंजीकरण प्रमाण पत्र प्रदान करना जनहित में नहीं था।

मुद्दा क्या है? (What's the Issue?)

- 2019 में, पेप्सिको ने गुजरात में स्थित कुछ भारतीय किसानों पर FC5 आलू की किस्म की खेती करने के लिए मुकदमा दायर किया, जिसमें आलू के चिप्स जैसे स्नैक्स बनाने के लिए आवश्यक नमी की मात्रा कम होती है।
- उसी वर्ष मुकदमों को वापस लेते हुए, न्यूयॉर्क स्थित कंपनी ने कहा कि वह इस मुद्दे को सौहार्दपूर्ण ढंग से सुलझाना चाहती है।
- बाद में, किसान अधिकार कार्यकर्ता कविता कुरुगंती ने पेप्सिको की FC5 आलू की किस्म को दी गई बौद्धिक सुरक्षा को रद्द करने के लिए PPVFR प्राधिकरण में याचिका दायर की और कहा कि भारत के नियम, बीज किस्मों पर पेटेंट की अनुमति नहीं देते हैं। ध्यातव्य है कि पौधा किस्म और किसान अधिकार संरक्षण (PPV&FR) अधिनियम, 2001 की धारा 39 में विशेष रूप से कहा गया है कि एक किसान को किसी भी किस्म की फसल या यहां तक कि बीज को तब तक उगाने और बेचने की अनुमति है, जब तक कि वे ब्रांडेड बीज की पंजीकृत किस्मों को नहीं बेचते हैं।

पौधा किस्म और किसान अधिकार संरक्षण अधिनियम, 2001 (The PPV&FR Act, 2001)

- भारत द्वारा 2001 में सुई जेनेरिस प्रणाली (Sui Generis System) को अपनाते हुए अधिनियमित किया गया।
- यह पौधों की नई किस्मों के संरक्षण के लिए अंतर्राष्ट्रीय संघ (UPOV), 1978 के अनुरूप है।
- यह कानून, पादप संवर्धक गतिविधि में वाणिज्यिक पादप संवर्धकों (Breeders) और किसानों दोनों के योगदान को मान्यता देता है और TRIPs को इस तरह से लागू करने का भी प्रावधान करता है जो निजी, सार्वजनिक क्षेत्रों और अनुसंधान संस्थानों सहित सभी हितधारकों और साथ ही संसाधन- निरुद्ध किसानों के विशिष्ट सामाजिक आर्थिक हितों का समर्थन करता है।

PPV&FR अधिनियम, 2001 के उद्देश्य (Objectives of the PPV&FR Act, 2001)

- पौधों की किस्मों के संरक्षण, किसानों और पौधों के संवर्धकों के अधिकारों के संरक्षण के लिए और पौधों की नई किस्मों के विकास को प्रोत्साहित करने के लिए एक प्रभावी प्रणाली स्थापित करना।
- नए पौधों की किस्मों के विकास के लिए पौधों के आनुवंशिक संसाधनों के संरक्षण, सुधार और उपलब्ध कराने में किसी भी समय किए गए उनके योगदान के संबंध में किसानों के अधिकारों को पहचानना और उनकी रक्षा करना।
- देश में कृषि विकास में तेजी लाने के लिए, पादप संवर्धकों के अधिकारों की रक्षा करना; पौधों की नई किस्मों के विकास के लिए सार्वजनिक और निजी दोनों क्षेत्रों में अनुसंधान और विकास के लिए निवेश को प्रोत्साहित करना।
- देश में बीज उद्योग के विकास को सुगम बनाना जिससे किसानों को उच्च गुणवत्ता वाले बीज और रोपण सामग्री की उपलब्धता सुनिश्चित होगी।

अधिनियम के तहत अधिकार (Rights under the Act)

- **संवर्धकों (ब्रीडर्स) के अधिकार:** संवर्धक के पास संरक्षित किस्म के उत्पादन, बिक्री, बाजार, वितरण, आयात या निर्यात का विशेष अधिकार होगा। संवर्धक, एजेंट/लाइसेंसधारी को नियुक्त कर सकता है और अधिकारों के उल्लंघन के मामले में नागरिक उपचार के लिए कार्यवाही कर सकता है।
- **अनुसंधानकर्ताओं के अधिकार (Researcher's Rights):** अनुसंधानकर्ता, अधिनियम के तहत किसी भी पंजीकृत किस्म का प्रयोग या अनुसंधान करने के लिए उपयोग कर सकता है। इसमें किसी अन्य किस्म को विकसित करने के उद्देश्य से किस्म के प्रारंभिक स्रोत के रूप में एक किस्म का उपयोग शामिल है, लेकिन बार-बार उपयोग के लिए पंजीकृत संवर्धक की पूर्व अनुमति की आवश्यकता होती है।
- **किसानों के अधिकार (Farmers' Rights):**
  1. एक किसान जिसने एक नई किस्म विकसित की है, वह उसी तरह से उस किस्म के पंजीकरण और संरक्षण का हकदार होता है जिस तरह से एक संवर्धक होता है।

2. किसान की उस किस्म को मौजूदा किस्म (extant variety) के रूप में भी पंजीकृत किया जा सकता है;
3. एक किसान PPV&FR अधिनियम, 2001 के तहत संरक्षित किस्म के बीज सहित अपनी कृषि उपज को उसी तरह से सहेज सकता है, उपयोग कर सकता है, बो सकता है, फिर से बो सकता है, एक्सचेंज कर सकता है, शेयर कर सकता है या बेच सकता है, जिस तरह से वह इस अधिनियम के लागू होने से पहले हकदार था बशर्ते किसान PPV&FR अधिनियम, 2001 के तहत संरक्षित किस्म के ब्रांडेड बीज बेचने का हकदार नहीं होगा;
4. किसान भूमि प्रजातियों के पादप आनुवंशिक संसाधनों और आर्थिक पौधों की जंगली किस्मों के संरक्षण के लिए मान्यता और पारितोष के पात्र हैं;
5. अधिनियम, 2001 की धारा 39(2) और 6 के तहत किस्म के अलाभकारी – उत्पादन के लिए किसानों को मुआवजे का प्रावधान भी है। अधिनियम के तहत किसान, प्राधिकरण या रजिस्ट्रार या न्यायाधिकरण या उच्च न्यायालय के समक्ष किसी भी कार्यवाही में किसी भी शुल्क का भुगतान करने के लिए उत्तरदायी नहीं होगा।

19.10 कंप्यूटर–संबंधित आविष्कार (सीआरआई) (Computer Related Inventions–CRI)

- **पेटेंट, डिजाइन और ट्रेडमार्क नियंत्रक जनरल (Trademark Controller General)** के कार्यालय द्वारा फरवरी 2016 में कंप्यूटर से संबंधित आविष्कारों (सीआरआई दिशानिर्देश) के परीक्षण संबंधी कुछ संशोधित दिशानिर्देश जारी किए गए।
- ये नए दिशानिर्देश पेटेंट एक्ट 1970 के प्रावधानों के अनुरूप हैं, जिसके तहत गणितीय एवं व्यावसायिक विधियों, एल्गोरिदम तथा कंप्यूटर प्रोग्रामों को पेटेंट के दायरे से बाहर रखा गया है।
- कंप्यूटर से संबंधित आविष्कारों पर पेटेंट के क्षेत्र में एकरूपता को बढ़ावा देने के उद्देश्य से पेटेंट, डिजाइन और ट्रेडमार्क के नियंत्रक जनरल कार्यालय द्वारा कंप्यूटर-संबंधित आविष्कारों के परीक्षण के लिए समय-समय पर मैनुअल और दिशानिर्देश जारी किए जाते हैं।
- पूर्व में जारी निर्देशों के अनुसार यह व्यवस्था की कि कोई भी व्यक्ति किसी पूर्व निर्मित सॉफ्टवेयर में कुछ नए परिवर्तन कर उसके लिए पेटेंट प्राप्त कर सकता था। इस व्यवस्था के कारण सॉफ्टवेयर के क्षेत्र में पेटेंट हेतु भारी संख्या में लोग आवेदन कर देते थे, जिसकी वजह से भारतीय आईटी उद्योग, विशेषकर भारतीय स्टार्ट-अप्स, उत्पादक कंपनियों, शोध संगठनों, कई शिक्षाविदों, सोसाइटी जैसी संस्थाओं पर इसका प्रतिकूल प्रभाव पड़ता था। नए दिशानिर्देशों के तहत इस व्यवस्था को समाप्त कर दिया गया। जिसका शिक्षण संस्थानों, शिक्षा आधारित मुफ्त सॉफ्टवेयर बनाने वाले लोगों ने भरपूर स्वागत किया। साथ ही नए दिशानिर्देश से भारत में सॉफ्टवेयर निर्माताओं को प्रोत्साहन भी मिलेगा।

19.11 बौद्धिक संपदा सूचकांक (Intellectual Property Index)

- इस रिपोर्ट को **'U.S. चैंबर ऑफ कॉमर्स'** के **वैश्विक बौद्धिक संपदा केंद्र (Global Intellectual Property Centre / GIPC) द्वारा जारी किया जाता है।**
- **इसमें विश्व के 90% वैश्विक सकल घरेलु उत्पादों (Global Gross Domestic Product / GDP), सर्वाधिक पेटेंट प्राप्त करने वाले राष्ट्रों, ट्रेडमार्क्स, कॉपीराइट्स, व्यापार क्षेत्रों, प्रवर्तन तथा अंतर्राष्ट्रीय संस्थाओं को शामिल किया गया है।**

IIPI 2018 के प्रमुख परिणाम (Major Findings of the IIPI, 2018)

- रिपोर्ट के अनुसार इस सूची में 37.98 अंकों के साथ यू. एस. ए. सर्वोच्च स्थान पर है, जिसके बाद क्रमश: ब्रिटेन (37.97 अंक) तथा स्वीडन (37.03 अंक) का स्थान है।
- ITPR सूचकांक 2018 में यह देखा गया कि बौद्धिक संपदा (IP) पर्यावरण के क्षेत्र में संयत सुधार करने वाली अर्थव्यवस्थाओं को सकारात्मक आर्थिक तथा सामाजिक परिणाम प्राप्त हुए हैं, जो वित्तीयन तथा प्रत्यक्ष विदेशी निवेश से लेकर उच्च स्तर के आर्थिक मूल्य निर्माण तक विस्तृत हैं।
- भारत को 50 देशों में 44वां स्थान प्राप्त हुआ।
- भारत के स्कोर में, पांचवे संस्करण के कुल स्कोर के 25 प्रतिशत (35 में से 8.75) से छठवें संस्करण के कुल स्कोर में 30 प्रतिशत (40 में से 12.03) का सुधार हुआ, जो इस सूचकांक में किसी भी देश द्वारा प्राप्त किया गया सर्वाधिक सुधार है।

19.12 औद्योगिक डिजाइन (Industrial Designs)

19.12.1 औद्योगिक डिजाइन की मूल अवधारणा (Basic Concept of Industrial Design)

डब्ल्यूआईपीओ (WIPO) के मुताबिक, एक डिजाइन में तीन आयामी (Three Dimensional) विशेषताएं शामिल हो सकती हैं, जैसे किसी आलेख के आकार या सतह, या दो आयामी (Two Dimensional) विशेषताएं, जैसे कि पैटर्न, रेखा या रंग। किसी औद्योगिक डिजाइन में काफी बड़े पैमाने पर विभिन्न विविधताओं जैसे तकनीक और चिकित्सा उपकरणों, उपकरणों, वाहनों, घर के बर्तन, घड़ियां आदि को शामिल किया जाता है। राष्ट्रीय कानून के तहत यह प्रावधान है कि औद्योगिक डिजाइन को तभी संरक्षित किया जा सकता है, जब वह वास्तविक रूप से नयी हो अर्थात ये औद्योगिक डिजाइन प्रारंभिक रूप से ऐसे हो जिनका पूर्व में पंजीकरण नहीं किया गया हो। हालांकि पेटेंट के तहत ऐसा किया जा सकता है।

19.12.2 औद्योगिक डिजाइनों का संरक्षण (Protection of Industrial Designs)

- जब किसी औद्यगिक डिजाइन का पेटेंट कराया जाता है, तो यह संरक्षित हो जाता है।

- यह अन्य तृतीय पक्षों द्वारा डिजाइन की अनाधिकृत नकल की सुरक्षा के खिलाफ एक विशेष अधिकार देता है।
- यह उचित प्रतिस्पर्धा और ईमानदार व्यापार प्रणालियों को बढ़ावा देता है, जिससे उपभोक्ताओं को भी लाभ मिलता है। संरक्षण लोगों को अधिक उपयोगी उत्पाद बनाने के लिए प्रोत्साहित करता है, जिससे सामान्य रूप से लोग लाभान्वित होते हैं।
- यह निवेश पर अच्छी रिटर्न सुनिश्चित कर सकता है, जो विनिर्माण क्षेत्रों में रचनात्मकता (Creativity) को प्रोत्साहित करता है, साथ ही यह पारंपरिक कला (Traditional Art) और शिल्प (Craft) और उद्योगों में भी संरक्षण प्रदान करता है। यह उस देश के निर्यात बाजार (Export Market) का विस्तार भी करता है।
- विकसित और विकासशील दोनों ही प्रकार के देशों में औद्योगिक डिजाइन छोटे और मध्यम आकार के उद्यमों के साथ-साथ कारीगरों और व्यक्तिगत कलाकारों के लिए भी उचित रूप से उपलब्ध होना चाहिए।

औद्योगिक डिजाइन पंजीकरण की शुरुआत औद्योगिक डिजाइन कानून (Industrial Design Law) के तहत सुरक्षा प्रदान करने के उद्देश्य से प्रारंभ की गयी थी, परन्तु इसके तहत केवल नए व वास्तविक डिजाइनों का ही पंजीकरण किया जा सकता था। यहां नया से तात्पर्य वैसे डिजाइन से है, जिसकी या जिस प्रकार के डिजाइन की खोज इससे पहले नहीं की गयी हो। ये संरक्षण आमतौर पर 5 वर्षों के लिए प्रदान किया जाता है, परंतु इसे पुन: पंजीकृत कराकर इसे 15 वर्षों तक बढ़ाया जा सकता है। औद्योगिक डिजाइन संरक्षण आमतौर पर संबंधित राष्ट्रों से जुड़ी होती है। औद्योगिक डिजाइन के अंतर्राष्ट्रीय पंजीकरण का कार्य हेग समझौता एवं WIPO द्वारा प्रशासित WIPO संधि के नियमों के तहत किया जाता है। इसके लिए आवेदक को सर्वप्रथम अपने डिजाइन के पंजीकरण हेतु WIPO या इस संधि के तहत पंजीकृत किसी राष्ट्र के राष्ट्रीय या क्षेत्रीय कार्यालय में आवेदन करना होता है, जिसके पश्चात उस डिजाइन को संधि के तहत दर्ज राष्ट्रों में संरक्षण प्रदान किया जाता है।

19.13 भौगोलिक संकेतक (Geographical Indication)

जीआई मुख्य रूप से एक कृषि, प्राकृतिक या एक विनिर्मित उत्पाद (हस्तशिल्प और औद्योगिक सामान) है, जो एक निश्चित भौगोलिक क्षेत्र से उत्पन्न होता है। आमतौर पर, ऐसा नाम गुणवत्ता और विशिष्टता का आश्वासन देता है, जो अनिवार्य रूप से इसके मूल स्थान के कारण होता है।

19.13.1 लाभ (Advantages)

- एक बार जीआई सुरक्षा प्रदान कर दिए जाने के बाद, कोई अन्य निर्माता समान उत्पादों के विपणन के लिए नाम का दुरुपयोग नहीं कर सकता है। यह ग्राहकों को उस उत्पाद की प्रामाणिकता के बारे में भी सुविधा प्रदान करता है।
- कानून द्वारा या उसके तहत स्थापित व्यक्तियों, उत्पादकों, संगठन या प्राधिकरण का कोई भी संघ एक पंजीकृत मालिक हो सकता है।
- आवेदित भौगोलिक संकेतक के पंजीकृत मालिक के रूप में उनका नाम भौगोलिक संकेतक के रजिस्टर में दर्ज किया जाना चाहिए।
- यह भारतीय भौगोलिक संकेतों को कानूनी सुरक्षा प्रदान करता है जो बदले में निर्यात को बढ़ावा देता है।

19.13.2 जीआई पंजीकरण के लिए कौन आवेदन कर सकता है? (Who Can Apply for GI Registration?)

कानून द्वारा या उसके तहत स्थापित कोई भी व्यक्ति, निर्माता, संगठन या प्राधिकरण अपने उत्पाद के जीआई के पंजीकरण के लिए आवेदन कर सकता है। पंजीकरण के बाद, उनका नाम भौगोलिक संकेतक के रजिस्टर में दर्ज किया जाना चाहिए, क्योंकि जीआई के लिए पंजीकृत मालिक के रूप में आवेदन किया गया है।

19.13.3 भौगोलिक संकेत की वैधता (Validity of Geographical Indication)

भौगोलिक संकेत का पंजीकरण 10 वर्षों की अवधि के लिए वैध होता है।

इसे समय-समय पर 10-10 वर्षों की अतिरिक्त अवधि के लिए नवीकृत किया जा सकता है।

19.13.4 अंतर्राष्ट्रीय स्तर पर भौगोलिक संकेत (Geographical Indications at the International Level)

- औद्योगिक संपत्ति के संरक्षण के लिए पेरिस कन्वेंशन के तहत भौगोलिक संकेत बौद्धिक संपदा अधिकारों (आईपीआर) के एक घटक के रूप में शामिल हैं।
- जीआई भारत में बौद्धिक संपदा अधिकारों (ट्रिप्स) के व्यापार-संबंधित पहलुओं पर विश्व व्यापार संगठन (डब्ल्यूटीओ) के समझौते द्वारा भी शासित है।
- भौगोलिक संकेत पंजीकरण माल के भौगोलिक संकेत (पंजीकरण और संरक्षण) अधिनियम, 1999 द्वारा प्रशासित किया जाता है, जो सितंबर 2003 से लागू हुआ। भारत में जीआई टैग के साथ दिया जाने वाला पहला उत्पाद वर्ष 2004-05 में दार्जिलिंग चाय था।
- भौगोलिक संकेत अधिकार, क्षेत्रीय होते हैं। इसका मतलब यह है कि ये अधिकार उस देश (या क्षेत्र) तक ही सीमित होते हैं, जहां सुरक्षा प्रदान की गई है। वर्तमान में, कोई 'विश्व' या 'अंतर्राष्ट्रीय' भौगोलिक संकेत (GI) अधिकार मौजूद नहीं है।

19.13.5 यूरोपीय संघ में बासमती चावल के लिए विशेष जीआई टैग के लिए भारत के आवेदन को पाकिस्तान की चुनौती (Pakistan to Challenge India's Application for Exclusive GI Tag for Basmati Rice in EU)

- बासमती चावल को विशेष भौगोलिक संकेत (जीआई) टैग के लिए भारत के आवेदन के जवाब में पाकिस्तान ने यूरोपीय संघ में अपना विरोध दर्ज कराने का फैसला किया है।
- पाकिस्तान ने 2020 मार्च में भौगोलिक संकेत (पंजीकरण और संरक्षण) अधिनियम अधिनियमित किया, जो उसे बासमती चावल के अनन्य अधिकारों के पंजीकरण के लिए भारतीय आवेदन का विरोध करने का

अधिकार देता है। जबकि भारत ने कहा है कि यह 11 सितंबर 2020 को यूरोपीय संघ की आधिकारिक पत्रिका में प्रकाशित अपने आवेदन में भारतीय मूल का उत्पाद है।

- यूरोपीय संघ की आधिकारिक पत्रिका के अनुसार, कोई भी देश कृषि उत्पादों और खाद्य पदार्थों के लिए गुणवत्ता योजनाओं पर यूरोपीय संसद और परिषद के विनियमों (EU) के अनुच्छेद 50(2) (A) के अनुसार नाम के पंजीकरण के आवेदन का विरोध कर सकता है। प्रकाशन की तारीख से तीन महीने के भीतर।
- पाकिस्तान का दावा: पाकिस्तान ने कहा कि वह बासमती चावल का प्रमुख उत्पादक है और विशिष्टता के लिए भारत का आवेदन अनुचित है।

पृष्ठभूमि (Background)

- मई 2010 में, पंजाब, हरियाणा, दिल्ली, हिमाचल प्रदेश, उत्तराखंड, पश्चिमी उत्तर प्रदेश और जम्मू और कश्मीर के कुछ हिस्सों में उगाई जाने वाली बासमती को जीआई का दर्जा दिया गया था।

भारत के सबसे महंगे मशरूम के लिए जीआई टैग मांग (GI Tag Sought for India's Costliest Mushroom)

एक गैर सरकारी संगठन, बॉर्डरलेस वर्ल्ड फाउंडेशन द्वारा जम्मू-कश्मीर के डोडा जिले में उगने वाले दुनिया के सबसे महंगे मशरूम में से एक के लिए भौगोलिक संकेत (GI) टैग मांगा गया है।

प्रमुख बिंदु:

- स्थानीय रूप से गुच्ची, या मोरेल कहा जाता है, मशरूम, जिसकी कीमत ₹20,000 प्रति किलोग्राम से अधिक है, स्थानीय किसानों और आदिवासियों द्वारा एकत्र की जाने वाली वन उपज है।
- कहा जाता है कि इसमें औषधीय और सूजनरोधी गुण होते हैं।
- यह समशीतोष्ण वनों में पाया जाता है।

नोट: भौगोलिक संकेतक (GI) तथा ट्रेडमार्क को प्राय: गलती से एक दूसरे का पर्याय समझ लिया जाता है। भौगोलिक संकेतक (GI) प्रतिवर्ष विभिन्न प्रकारों की नई वस्तुओं/सामग्रियों को प्रदान किये जाते हैं।

19.13.6 भौगोलिक संकेत और ट्रेडमार्क में अंतर (Difference between Geographical Indication and Trademark)

- ट्रेडमार्क एक प्रकार का चिन्ह है, जिसका उपयोग कंपनियों द्वारा अपने उत्पादों एवं सेवाओं को दूसरी निर्माता कंपनियों से भिन्न प्रदर्शित करने हेतु किया जाता है।
- भौगोलिक संकेत एक प्रकार का भौगोलिक संकेत है, जो उपभोक्ताओं को यह गारंटी देता है कि इस उत्पाद को किसी विशेष स्थान पर किसी खास विशेषताओं से युक्त करके किया गया है, जो उसके उत्पादन स्थल के कारण है। भौगोलिक संकेत का प्रयोग किसी विशेष भौगोलिक क्षेत्र में उत्पाद निर्मित करने वाले सभी उत्पादकों द्वारा किया जाता है।

19.13.7 बासमती GI टैग विवाद का सारांश (Summary of the Basmati Tag Issue)

- **कृषि और प्रसंस्कृत खाद्य उत्पाद निर्यात विकास प्राधिकरण (The Agricultural and Processed Food Products Export Development Authority-APEDA)** (निर्यात संवर्धन और विभिन्न उत्पादों के विकास की जिम्मेदारी के साथ एक सांविधिक निकाय) ने उत्पाद भौगोलिक संकेत अधिनियम 1999 (पंजीकरण और संरक्षण) के तहत बासमती चावल के पंजीकरण के लिए आवेदन किया।
- पंजाब, हरियाणा, हिमाचल प्रदेश, दिल्ली, उत्तराखंड, जम्मू और कश्मीर और उत्तर प्रदेश के कुछ हिस्सों के लिए APEDA को GI टैग दिया गया।
- इसमें मध्य प्रदेश को शामिल नहीं किया गया, इसलिए मध्य प्रदेश ने APEDA के विरोध में बासमती के GI टैग के लिए रजिस्ट्रार के समक्ष एक आवेदन पत्र दाखिल किया।
- इसका सामना करने हेतु APEDA ने अपील करने के लिए चेन्नई स्थित बौद्धिक संपदा अपीलीय बोर्ड (IPAB) से संपर्क किया। IPAB ने फरवरी 2016 APEDA से GI टैग वापस लेते हुए APEDA के फैसले को पलट दिया। जिसके पश्चात मध्य प्रदेश ने मद्रास उच्च न्यायालय के सामने IPAB के आदेश को चुनौती दी।

19.13.8 भौगोलिक संकेतों के संरक्षण में डब्ल्यूआईपीओ की भूमिका (Role of WIPO in the Protection of Geographical Indications)

यह अंतर्राष्ट्रीय स्तर पर अंतर्राष्ट्रीय संधि का संचालन करता है, जैसे कि पेरिस के सम्मेलन और लिस्बन समझौते, जिसके जरिए आंशिक रूप से या पूर्णत: अंतर्राष्ट्रीय स्तर पर भौगोलिक सूचकांकों को संरक्षण प्रदान करने की बात कही गई।

19.13.9 भारत में भौगोलिक संकेत (Geographical Indications in India)

पीआईबी द्वारा जारी प्रेस रिलीज दिसंबर 2022 के अनुसार, भारत में जीआई के तहत लगभग 432 उत्पाद / परिसंपत्तियां पंजीकृत हैं। दार्जिलिंग चाय भारत में पंजीकृत प्रथम उत्पाद थी, जिसे 2004 में पंजीकृत किया गया था। जीआई को भौगोलिक संकेतों के गुड्स पंजीकरण एवं संरक्षण अधिनियम 1999 (The Geographical Indications of Goods (Registration- Protection) Act 1999) के तहत प्रशासित किया जाता है। अब तक, लगभग 370 से अधिक उत्पादों ने GI टैग के लिए आवेदन किया है। (जीआई के सभी विवरण और अपडेट के लिए कृपया वेबसाइट ***http://www.ipindia.nic.in*** पर जाएं।

भारत से GI के कुछ उदाहरण इस प्रकार हैं:

1. **लखनऊ चिकन क्राफ्ट** (Lucknow chikancraft)
2. **मलीहाबादी दशहरी आम** (Mango Malihabadi Dusherai)
3. **बनारस जरी वस्त्र और साड़ी** (Banaras Brocaedes and Sarees)

4. **लखनऊ जारदोजी** (Lucknow Zardozi)
5. **कन्नौज परफ्यूम** (Kannauj Perfume)
6. **मोरादाबाद धातु क्राफ्ट** (Moradabad Metal Craft)
7. **हैदराबादी हलीम** (Hyderabadi Haleem)
8. **नारायणपेट हस्तनिर्मित साड़ी** (Narayanpet handloom saree)
9. **मदुरई मल्ली** (Madurai malli)
10. **ईटोमोजी लंबा नारियल** (Eartomozhy Tall coconut)
11. **तंजावुर वीनई** (Thanjavur Veenai)
12. **सलीम रेशम** (Saleem silk)
13. **नागरकोइल के मंदिर आभूषण** (Temple Jewellery of Nagercoil)
14. **मदुराई सुंगुडी** (Madurai Sungudi)
15. **मकराना संगमरमर** (Makarana Marble)
16. **बीकानेरी भुजिया** (Bikaneri Bhujia)
17. **गंजम केवड़ा फूल** (Ganjam Kewada Flower)
18. **नागा मिर्च** (Naga mircha)
19. **नासिक अंगूर** (Nasik grapes)
20. **महाबलेश्वर स्ट्राबेरी** (Mahabaleshwar strawberry)

नोट: मध्य प्रदेश ने हाल ही में दावा किया है कि उसके 51 जिलों में से 13 में विभिन्न प्रकार की बासमती चावल की खेती की जा रही है, जिसे जीआई टैग प्राप्त करने का अधिकार है। एपीडा (कृषि और प्रसंस्कृत खाद्य उत्पाद निर्यात विकास प्राधिकरण) की सिफारिश पर सात राज्यों को बासमती जीआई टैग को सम्मानित किया गया था।

19.14 प्लांट ब्रीडर के अधिकार (Plant Breeder's Rights)

इस अधिकार के तहत नए प्रजाति के पौधों का विकास करने हेतु किए गए निवेश को संरक्षण प्रदान किया जाता है, परंतु प्रजाति के संरक्षण के लिए पंजीकरण कराना या ना कराना, उस व्यक्ति की इच्छा पर निर्भर करता है, जो इसका विकास कर रहा हो। यह बौद्धिक संपदा अधिकार संरक्षण का ही एक प्रारूप है, जिसके तहत नयी प्रजाति विकसित करने वाले व्यक्ति को प्रोत्साहन दिया जाता है। इसके अलावा यह लोगों को बेहतर किस्मों को विकसित करने के लिए प्रोत्साहित करता है, जिसकी लागत मूल्य प्रभावी रूप से कम हो और उच्च उपज प्रदान करते हों, जिसके कारण किसानों को आर्थिक रूप से लाभ होता है।

19.15 भारतीय उच्चतम न्यायालय ने कहा कि बीज, पादप और जंतु पेटेंट योग्य वस्तुएं नहीं हैं (Indian Supreme Court Says Seeds, Plants and Animals are not Patentable)

19.15.1 पृथ्वी के लिए एक विजय (A Victory for the Planet)

उच्चतम न्यायालय ने उच्च न्यायालय के भारतीय पेटेंट नियम के अनुच्छेद 3 (j) को बनाए रखने वाले निर्णय को रद्द करने से इंकार कर दिया। उच्चतम न्यायालय के इस निर्णय से जैव विविधता, पृथ्वी और किसानों के लिए बीजों के संदर्भ में महत्वपूर्ण सफलता प्राप्त हुई है।

"इसका अनुच्छेद 3(j) पादपों और व्यापार संबंधी जंतुओं को संपूर्ण रूप में या इनके किसी भाग को पेटेंट की योग्यताओं से बाहर करता है, इसमें सूक्ष्मजीव शामिल नहीं हैं परन्तु बीज, किस्में और प्रजातियां तथा पादपों व जंतुओं के उत्पादन या संवर्द्धन हेतु आवश्यक जैविक प्रक्रियाएं शामिल हैं।"

उपरोक्त अनुच्छेद ट्रिप्स के अनुच्छेद 27.3b का क्रियान्वयन करता है। एक व्यापार संधि में मोंसेटो नामक कंपनी ने जीवन के पेटेंट (Life's patents) का प्रस्ताव किया, जहां भारत, ब्राजील तथा अर्जेंटीना ने पादप संरक्षण की किस्मों हेतु अद्वितीय विकल्प के साथ-साथ इनके पेटेंट की योग्यता को भी खारिज या लोपित कर दिया। मोंसेटो ने स्वयं के लाभ हेतु, कार्पोरेट हितों के सहयोग से और किसानों, राष्ट्रों और उनके नागरिक हितों के विरुद्ध ट्रिप्स समझौते में संशोधन के प्रयास किए।

19.15.2 किसानों के हित (Farmers' Rights)

भारत के प्रतिनिधि गेट (GATT) में पादपों तथा जंतुओं को अपवाद रूप में बाहर रखने और ट्रिप्स समझौते में अद्वितीय विकल्प रखने तथा इनके क्रियान्वयन में सफलता प्राप्त की। इस प्रकार मोंसेटो उच्चतम न्यायालय में झूठी अपील कर रहा है कि उच्च न्यायालय का निर्णय ट्रिप्स समझौते का उल्लंघन करता है।

19.15.3 आनुवंशिक संशोधन एक उत्पाद न होकर एक तरीका है (Genetic Modification is a Method not a Product)

मोंसेटो ने अपने दावे में तर्क दिया था कि एक जीन केवल मात्र एक रसायन होता है और एक पादप एक मशीन जिसमें हमारी इच्छा के मुताबिक, यांत्रिक रूप से इस रसायन (जीन) को लाया या हटाया जा सकता है। पुन: मोंसेटो के भ्रामक तर्क के अनुसार बी.टी. कॉटन एक पादप नहीं है और संशोधित बी.टी. जीन पादप या पादप प्रकार का कोई भाग नहीं है, इस प्रकार उसका पेटेंट एक 'उत्पाद' के लिए है न कि 'प्रक्रिया' के लिए मोंसेटो के अनुसार एक रसायन का आविष्कार किया जा रहा है, जो पादप को सुपरपादप में परिवर्तित कर देता है और बीज केवल मात्र रसायनों का एक बॉक्स होता है।

मोंसेटो कंपनी आधारभूत स्तर पर ही विज्ञान का विरूपण कर रही है और बी.टी. कॉटन बीजों पर गलत तर्क करके हमारे कानूनों का दुरुपयोग कर रही है क्योंकि इसने प्रारंभ में बी.टी. कॉटन बीजों पर पादप पेटेंट का तर्क दिया, बाद में जीन पेटेंट का और अब रसायन पेटेंट का तर्क दे रही है। मोंसेटो का बी.टी. कॉटन बीज पेटेंट हेतु दावा झूठा है क्योंकि इसका पेटेंट वर्तमान कॉटन (कपास) पादप में बी.टी. जीन प्रविष्ट कराने हेतु एक प्रयोगशाला पद्धति हेतु था।

वर्तमान में कानूनी अभिकथन के बाद, मोंसेटो के पास बी.टी. कॉटन पेटेंट नहीं है और यह किसानों से अवैध रूप से रॉयल्टी वसूल रही है, जिससे बहुत सारे किसान कर्ज में डूब रहे हैं और आत्महत्या हेतु मजबूर हो रहे हैं। अब मोंसेंटो को इसका भुगतान करना पड़ेगा।

19.16 आईपीआर और भारतीय कृषि (IPR and Indian Agriculture)

कृषि में आई.पी.आर. से संबंधित कई विवाद हैं, लेकिन वास्तव में कोई भी आईपीआर प्रणाली विदेशी आविष्कारकों और घरेलू निवेशकों को पूर्णत:

संरक्षण प्रदान करने में असफल है। आईपीआर के कुछ प्रमुख उदाहरण नीचे दिए गए हैं।

19.16.1 हल्दी (Turmeric)

1993 में भारतीय मूल के दो अमेरिकी वैज्ञानिकों द्वारा हल्दी का पेटेंट घाव भरने वाली औषधि के रूप में करवाया गया। इसके अंतर्गत हल्दी और फार्माकोकीनेटिक्स के विभिन्न उपयोगों जैसे विषरोधी खुराक और महत्वपूर्ण जैविक गुणों में शामिल किया गया था। 1995 में यू. एस. कार्यालय द्वारा यह दावा किया गया की इसका पेटेंट पहले ही दो वैज्ञानिकों द्वारा उष्णकटिबंधीय क्षेत्रों में उपयोगी उत्पाद के रूप में करवाया जा चुका है, परंतु सीएसआईआर (वैज्ञानिक और औद्योगिक अनुसंधान परिषद) ने इस दावे को चुनौती दी, जिससे तहत प्राचीन ग्रंथों से 32 संदर्भ उपलब्ध कराए गए और कहा गया किं हल्दी का प्रयोग हमारे पूर्वज करते थे। अमेरिका के पेटेंट कार्यालय ने फिर से इसकी जांच की और कहा कि इसमें नवाचार (Innovation) की कमी है और पेटेंट को रद्द कर दिया गया।

19.16.2 नीम (Neem)

अमेरिका और यूरोप की प्रयोगशालाओं ने नीम कीटनाशक गुणों पर 40 से अधिक पेटेंट कराये जा चुके हैं, अमेरिका की एक कंपनी आर.आर. ग्रेस को कीटनाशक के रूप में नीम के लिए पेटेंट प्रदान किया गया था, हालांकि भारतीय वैज्ञानिक इस पर पहले से शोध कार्य कर रहे थे, परंतु फिर भी भारत इसे चुनौती नहीं दे सकता क्योंकि यह एक वैद्य पेटेंट था और इसमें किए गए दावे में नए प्रकार के सूत्र की चर्चा की गयी थी, भारत ने नीम पर 80 से अधिक पेटेंट पंजीकृत कराए, जिनमें से 48 भारतीय मूल के हैं। इन पेटेंटों में से किसी भी पेटेंट द्वारा भारतीयों के नीम इस्तेमाल पर ना तो रोक है और ना ही रॉयल्टी देने का प्रावधान है।

19.16.3 कपास (Cotton)

डब्लू.आर. ग्रेस (W.R. Grace) की सहायक कंपनी अग्क्रेटस इंक (Agracetus Ink) ने अक्टूबर 1992 में आनुवांशिक इंजीनियरिंग विधि (Genetically engineered) से निर्मित कपास के विभिन्न रूपों पर पेटेंट का अधिकार प्राप्त कर लिया। बाद में इसे अदालत में चुनौती दी गई, जिसके पश्चात यूएस पेटेंट कार्यालय ने 1994 में यह पेटेंट रद्द कर दिया था।

19.16.4 बासमती (Basmati)

सितंबर 1997 में, RICETEC ने भारत से बाहर बासमती का सुगंधित चावल के रूप में पेटेंट हासिल किया और इसी दावे के तहत अपने ब्रांड के तहत इसे बेचने के लिए पेटेंट प्राप्त किया। RICETEC ने पहले ही टेक्समाटी और कश्मीती जैसे ब्रांडों की बिक्री भी शुरू कर दी है, जिसके तहत इसे बासमती-प्रकार के चावल होने का दावा किया गया, परंतु फिर भी RICETEC इस चावल को निर्यात करने की स्थिति में नहीं था।

कंपनी ने दावा किया कि बासमती एक सामान्य शब्द है और उसने कुछ विशिष्ट बासमती प्रकार के अनाज का आविष्कार किया है, जिसके तहत वह विश्व भर में उच्च गुणवत्ता वाले, उच्च उपज देने वाले चावल का उत्पादन करता है। कंपनी ने यह भी दावा कि लंबाई-चौड़ाई अनुपात, स्टार्च इंडेक्स, पकाये जाने पर प्रतिशत वृद्धि आदि विशिष्ट मापदंड को ध्यान में रख कर ही इसका उत्पादन किया गया हैं अन्यथा बासमती तो केवल भारत और पाकिस्तान में ही वहां के पर्यावरण, मिट्टी, जलवायु, बुवाई प्रथाओं और आनुवंशिक विविधता और अनूठी जटिल संयोजन के कारण उपलब्ध है। RICETEC ने यह भी दावा किया की बासमती के उत्पादन के लिए अलग भौतिक दशाओं की आवश्यकता होती है, जबकि उसके द्वारा विकसित बासमती किस्म आश्चर्जनक रूप से अलग स्थितियों में उपजाए गए हैं, हालांकि भौगोलिक दशाओं से इस मामले का कोई भी संबंध नहीं है। फिर भी कुछ ऐसे उत्पाद हैं, जिनका निर्माण किसी क्षेत्र-विशेष में ही किया जा सकता है, जैसे की शैम्पेन को सिर्फ फ्रांस में ही निर्मित किया जा सकता है, चाहे वो अंगूर कहीं से भी प्राप्त करे। भारत में अभी भी भौगोलिक संकेत से संबंधित कोई कानून नहीं है, लेकिन फिर भी भारत इस मामले में अवश्य अपना दावा पेश करना चाहेगा। दार्जिलिंग चाय और इसी तरह के अन्य उत्पाद हैं, जिसका लाभ भारत को मिल सकता है, जैसे शैम्पेन के मामले में फ्रांस को मिला है।

19.17 विश्व बौद्धिक संपदा संगठन (डब्ल्यूआईपीओ) [World Intellectual Property Organisation (WIPO)]

19.17.1 डब्ल्यूआईपीओ की संरचना (WIPO Structure)

बौद्धिक संपदा सेवाओं, सूचना, नीति और सहयोग के लिए संयुक्त राष्ट्र की एक स्व-वित्तपोषित एजेंसी है। इसका मुख्य उद्देश्य एक ऐसी संतुलित और प्रभावी अंतर्राष्ट्रीय बौद्धिक संपदा प्रणाली विकसित करना है, जो हर किसी के रचनात्मकता और नवीनता का समर्थन करती हो। इसके सदस्य राष्ट्रों की संख्या 193 है। विश्व बौद्धिक संपदा संगठन 1967 के विश्व बौद्धिक संपदा संगठन सम्मेलन (जिसके द्वारा इस संगठन की उत्पत्ति हुई थी) में निर्धारित प्रक्रियाओं तथा प्रशासनिक निकायों का अनुपालन करता है।

- विश्व बौद्धिक संपदा संगठन विभिन्न सरकारी और गैर-सरकारी निकायों को बौद्धिक संपदा के फायदे को महसूस करने में मदद करता है।
- विश्व बौद्धिक संपदा संगठन सभी प्रस्तावित क्रियाकलापों, उद्देश्यों, उपायों तथा प्रदर्शनों के लिए कार्यक्रम तथा बजट का निर्धारण करता है।
- वे अंतर्राष्ट्रीय सार्वजनिक क्षेत्र लेखा मानक (IPJAS) के अनुसार तैयार किए गए द्वि-वार्षिक वित्तीय प्रबंधन रिपोर्ट तथा वार्षिक वित्तीय वितरण सदस्य राष्ट्रों की असेंबली में प्रस्तुत करते हैं।
- वे कार्यक्रमों को पहुंचाने हेतु पूरे विश्व में बौद्धिक संपदा कार्यालयों, गैर-सरकारी संगठनों, एवं अन्य सार्वजनिक व निजी हितधारक के साथ करीबी साझेदारी में कार्य करते हैं। बौद्धिक संपदा से संरक्षित विपणन उत्पादों के लिए एक स्थिर वातावरण प्रदान करके, यह अंतर्राष्ट्रीय व्यापार के पहिए को भी स्नेहक देने का कार्य करता है।

विश्व बौद्धिक संपदा संगठन अपने सदस्य राष्ट्रों तथा अन्य घटकों के साथ मिलकर यह सुनिश्चित करने हेतु कार्य करता है कि बौद्धिक संपदा प्रणाली समृद्धि और भलाई हेतु एक अनुकूलीय उपकरण बनी रहे व वर्तमान तथा भावी पीढ़ियों के लिए निर्मित कार्यों की पूर्ण क्षमता की प्राप्ति में मदद कर सके।

19.17.2 बौद्धिक संपदा के संरक्षण में डब्लूआईपीओ का संवर्धन (WIPO's Promotion in the Protection of Intellectual Property)

डब्लूआईपीओ (WIPO) अपने सदस्य राष्ट्रों के लिए एक मंच के रूप में कार्य करता है और बौद्धिक संपदा अधिकारों के संरक्षण के लिए नियमों और कानूनों को लागू करने में मदद करता है। यह ट्रेडमार्क, औद्योगिक डिजाइन, पेटेंट आवेदन प्रणाली हेतु वैश्विक पंजीकरण प्रणाली के रूप में कार्य करता है। डब्लूआईपीओ (WIPO) के सदस्य नियमित रूप से इस प्रणाली की समीक्षा करते हैं। साथ ही सदस्य राष्ट्रों और अन्य हितधारकों को और अधिक बेहतर सेवाएं प्रदान करने हेतु सुझाव प्रस्तुत करने का अवसर प्रदान किया जाता है। एक ओर कई देशों की बौद्धिक संपदा संरक्षण प्रणाली (Intellectual Property Protection System) बहुत पुरानी है क्योंकि वे अपडेट नहीं हैं तो वहीं दूसरी ओर कई विकासशील देश अपने पेटेंट और कॉपीराइट ट्रेडमार्क के कानूनी ढांचे और बौद्धिक संपदा प्रणालियों को विकसित करने की प्रक्रिया में हैं। व्यापार के बढ़ते वैश्वीकरण और तकनीकी नवाचार (Technical Innovation) में तेजी से बदलाव के साथ, डब्ल्यूआईपीओ (WIPO) इन प्रणालियों को संधि बातचीत, तकनीकी सहायता और कानूनी सहायता के माध्यम से विकसित करने में मदद करने में एक महत्वपूर्ण भूमिका निभाता है, जिसमें प्रवर्तन के क्षेत्र में विभिन्न रूपों में प्रशिक्षण शामिल है।

डब्लूआईपीओ (WIPO) उसके सदस्य राष्ट्रों को उनकी पहुंच से बाहर रहने वाली सामग्री भी उपलब्ध कराता है। साथ ही WIPO सभी सदस्य राष्ट्रों को बौद्धिक संपदाओं का अधिकाधिक लाभ प्रदान करने हेतु जमीनी स्तर से लेकर व्यापार क्षेत्र और नीति निर्माताओं तक-कई समझौते भी करवाता है। वर्तमान में इसके 188 सदस्य हैं।

19.17.3 डब्लूआईपीओ का वित्तपोषण (Funding of WIPO Audience)

डब्लूआईपीओ (WIPO) एक स्वयं-वित्तपोषित संगठन (Self Financed Organization) है, जो अपने अंतर्राष्ट्रीय पंजीकरण और फाइलिंग सिस्टम के माध्यम से देशों और सदस्य राज्यों द्वारा व्यापक रूप से उपयोग किए गए अपने प्रकाशनों और मध्यस्थता और मध्यस्थता सेवाओं के माध्यम से अपने वार्षिक बजट के 90% से अधिक का उत्पादन करता है। शेष निधि इसे सदस्य राज्यों द्वारा किये जा रहे योगदान से प्राप्त होती है।

नोट: N.B. भारतीय पेटेंट अधिनियम, 2005 वस्तुओं का GI टैग अधिनियम, 1999 और ट्रेडमार्क अधिनियम, 1999 का प्रशासन वाणिज्य तथा उद्योग मंत्रालय के अन्तर्गत भारतीय नीति तथा प्रोत्सोहन विभाग (DIPP) द्वारा किया जाता है। कॉपीराइट अधिनियम, 1957 का प्रशासन पहले HRD मंत्रालय द्वारा किया जाता था, परन्तु राष्ट्रीय नीति स्वीकृत होने के बाद इसका प्रशासन भी DIPP द्वारा ही किया जाएगा।

प्रश्न एवं उत्तर (Questions & Answers)

वस्तुनिष्ठ प्रश्न (Objective Questions)

1. निम्न कथनों पर विचार कीजिए: *[UPSC (Pre) - 2019]*

1. भारतीय पेटेंट अधिनियम के अनुसार, भारत में बीज निर्माण हेतु जैविक प्रक्रिया का पेटेंट करवाया जा सकता है।
2. भारत में कोई बौद्धिक संपदा अपीलीय बोर्ड नहीं है।
3. भारत में पादप प्रकारों को पेटेंट के योग्य नहीं माना जाता है।

उपरोक्त में से कौन-सा/से कथन सत्य है/हैं?

(a) केवल 1 और 3 (b) केवल 2 और 3
(c) केवल 3 (d) 1, 2 और 3

2. भारत ने वस्तुओं का भौगोलिक संकेतक (पंजीकरण तथा संरक्षण) अधिनियम, 1999 का निर्माण निम्न में से किसके अनुपालना हेतु किया है- *[UPSC (Pre) - 2018]*

(a) ILO (b) IMF
(c) UNCTAD (d) WTO

3. राष्ट्रीय बौद्धिक संपदा अधिकार नीति (National Intellectual Property Rights Policy) के संदर्भ में निम्नलिखित कथनों पर विचार कीजिए: *[UPSC (Pre) - 2017]*

1. यह दोहा विकास एजेंडा और TRIPS समझौते के प्रति भारत की प्रतिबद्धता को दोहराता है।
2. औद्योगिक नीति और संवर्धन विभाग भारत में बौद्धिक संपदा अधिकारों के विनियमन के लिए केंद्रक अभिकरण (नोडल एजेंसी) है।

उपयुक्त कथनों में से कौन-सा/से सही है?

(a) केवल 1 (b) केवल 2
(c) 1 और 2 दोनों (d) 1 और 2 में से कोई नहीं

4. निम्नलिखित में से किसको/किनको 'भौगोलिक सूचना' (Geographical Indication) की स्थिति प्रदान की गई है? *[UPSC (Pre) - 2015]*

1. बनारसी जरी और साड़ियां
2. राजस्थानी दाल-बाटी-चूरमा
3. तिरूपति लड्डू

नीचे दिए गए कूट का प्रयोग कर सही उत्तर चुनिए:

(a) केवल 1 (b) केवल 2 और 3
(c) केवल 1 और 3 (d) 1, 2 और 3

उत्तरमाला (Answer Key)

1. (c) 2. (d) 3. (c) 4. (c)

अध्याय 20

ब्रह्माण्ड (Universe)

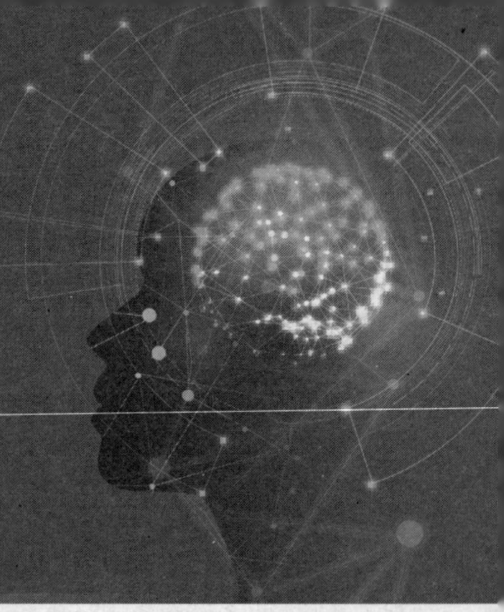

इस अध्याय में...

जब पदार्थ तथा प्रतिपदार्थ संपर्क में आते हैं, तो वे एक-दूसरे को नष्ट कर देते हैं तथा बड़ी मात्रा में ऊर्जा-उत्सर्जन करते हैं।

वर्तमान में ये 5 हैं- प्लूटो, इरिस (Iris), मेकमेक (Makemake), हुमेआ (Huamea), तथा सीरस (Ceres)। ये सभी क्यूपियर बेल्ट में मौजूद हैं।

20.1 शब्दावली (Terminology)

प्रोक्सीमा सेंचुरी (Proxima Century): यह एक लाल दानव तारा (Red Dwarf Star) है। यह बहुत धुंधला होने के कारण दूरबीन से ही देखा जा सकता है। इसकी खोज 1915 में हुई थी।

बिग-बैंग सिद्धांत (Big Bang Theory): यह एक ब्रह्मांडीय सिद्धांत है, जिसके अनुसार ब्रह्माण्ड की समस्त ऊर्जा तथा पदार्थ अत्यधिक घनत्व एवं तापमान युक्त एक बिंदु से निकले हुए हैं, जिसका वर्षों पहले विस्फोट हुआ था। इस सिद्धांत में ब्रह्माण्ड के विस्तार को सफलतापूर्वक विश्लेषित किया गया है।

कॉस्मिक बैकग्राउंड रेडिएशन (Cosmic Background Radiation): वैज्ञानिकों ने अंतरिक्ष में मौजूद एक अत्यधिक कमजोर रेडियो सिग्नल का पता लगाया है, जिसे वे, बिग बैंग के अत्यधिक गर्म, आग के गोले से निकली एक कमजोर दीप्ति मानते हैं।

कृष्ण छिद्र (Black Hole): जब किसी बड़े तारे में विस्फोट होता है, तो कृष्ण छिद्र का निर्माण होता है। जब किसी तारे मे क्षमता से अधिक ऊर्जा उत्पन्न हो जाती है, तो वह अपने गुरुत्वाकर्षण को रोक नहीं पाता है। वह स्वयं की ही गैस को अंदर खींचता है और तब तक सिकुड़ता रहता है, जब तक कृष्ण छिद्र नहीं बन जाता। कृष्ण छिद्र से प्रकाश का उत्सर्जन भी नहीं होता है। खगोल विज्ञान के रेडियो उपकरण इनका पता लगाते हैं।

वर्म होल (Worm Hole) : वर्म होल छोटे प्रवेश द्वार (Short Lived-Portal) होते हैं। इसमें दो कृष्ण छिद्र अलग-अलग अवस्थानों पर जुड़ते हैं।

प्रति-कण (Antiparticle): यह एक उप-आण्विक कण होता है। यह अन्य कणों के समान ही, समान मात्रा में द्रव्यमान रखता है, परंतु इसके गुणधर्म उनसे बिल्कुल विपरीत होते हैं।

20.2 ब्रह्माण्ड, अंतरिक्ष तथा कॉस्मॉस (Universe, Space and Cosmos)

समय, अंतरिक्ष तथा इसके सभी भाग ब्रह्माण्ड के अंतर्गत आते हैं। इसमें ग्रह, उपग्रह, छोटे ग्रह, तारे, आकाशगंगाएं तथा अंतरिक्ष के सभी पदार्थ शामिल होते हैं। महा विस्फोट (बिग-बैंग) के द्वारा उत्सर्जित/उत्पादित सभी ऊर्जा तथा पदार्थ मिलकर ब्रह्माण्ड का निर्माण करते हैं। संपूर्ण ब्रह्माण्ड का आकार अज्ञात है।

बाह्य अंतरिक्ष, ब्रह्माण्ड का वह भाग है, जो पृथ्वी के वातावरण/वायुमंडल से बाहर है। पृथ्वी ब्रह्माण्ड का ही एक भाग है, परंतु परिभाषा के अनुसार बाह्य अंतरिक्ष का हिस्सा नहीं है।

भौतिक अंतरिक्ष को सामान्यत: रेखीय त्रि-आयामी समझा जाता है। यद्यपि कुछ आधुनिक भौतिकविद् इसमें समय को भी शामिल करते हुए चार आयाम वाला (Four-Dimensional) मानते हैं। चौथा आयाम अंतरिक्ष-समय (Space-Time) है।

कॉस्मॉस एक जटिल तथा क्रमबद्ध प्रणाली है, जो अव्यवस्था के बिलकुल विपरीत है। यह ब्रह्माण्ड से संबंधित एक व्यवस्थित व क्रमबद्ध तंत्र है।

20.2.1 ब्रह्माण्ड की उत्पत्ति तथा विस्तार (Origin and Expansion of the Universe)

अधिकांश खगोल-विज्ञानियों के अनुसार लगभग 20 बिलियन वर्ष पूर्व पदार्थ और ऊर्जा के महाविस्फोट से ब्रह्माण्ड की उत्पत्ति हुई। इस महाविस्फोट की घटना को ''बिग-बैंग सिद्धांत'' कहा जाता है। 'बिग' से आशय बड़ी मात्रा में पदार्थ से तथा बैंग से आशय अचानक 'विस्फोट' से है।

सन् 1920 में **'एडविन हब्बल'** ने साक्ष्य प्रस्तुत किए कि ब्रह्मांड का अब भी विस्तार हो रहा है, इसलिए इसे **"विस्तारवादी ब्रह्मांडीय परिकल्पना" (Expandng Universe Hypothesis)** कहा गया।

प्रस्तावना: पदार्थ तथा अंतरिक्ष का बाहर की तरफ उसी प्रकार विस्तार हो रहा है, जैसे-आतिशबाजी का प्रदर्शन होता है। इन्हीं टुकड़ों से तारों, आकाशगंगाओं तथा ग्रहों का निर्माण हुआ। समय बीतने के साथ आकाशगंगाएं निरंतर और दूर होती जा रही हैं। उनके बीच की दूरी लगातार बढ़ती जा रही है, इसलिए ऐसा माना जाता है कि ब्रह्मांड का विस्तार जारी है।

> **साक्ष्य:** 'बिग-बैंग सिद्धांत' को सिद्ध करने में दो खोजों की महत्वपूर्ण भूमिका रही है:
> *प्रथम,* दूरस्थ तारों से विकिरित प्रकाश में 'रेडशिफ्ट का मापन'। तारों के प्रकाश के इस भाग (Redshift) में डॉप्लर प्रभाव की तरह समानता पाई गई। डॉप्लर प्रभाव में किसी दूर जाती हुई ट्रेन की ध्वनि की तीव्रता कम होती जाती है।
> *दूसरी,* 'अंतरिक्ष में कमजोर सूक्ष्म तरंगों के रेडिएशन की उपस्थिति'। इस रेडिएशन की पहचान अरनो पेंजियाज (Arno Penzias) तथा रॉबर्ट विल्सन (Robert Wilson) ने की थी। इन्होंने तापमान के गुण को निरपेक्ष रूप से 0 से 3 डिग्री अधिक पाया।

20.3 कॉस्मिक इन्फ्लेशन/ब्रह्मांडीय विस्तार (Cosmic Inflation Theory)

'एलन गुथ' (Alan Guth) ने सन् 1981 में **ब्रह्माण्डीय विस्तार की संकल्पना दी।** इस संकल्पना के अनुसार **बिग बैंग के तुरंत बाद ब्रह्मांड का तीव्र गति से विस्तार हुआ, जिसमें विस्तार की गति प्रकाश से भी अधिक थी।** इसमें प्रकाश से अधिक गति से लहर (मौलिक गुरुत्वाकर्षण तरंग) उत्पन्न हुई, जो ब्रह्मांड के ध्रुवीकरण के लिए जिम्मेदार है, जो कि ब्रह्मांडीय अंतरिक्ष (Cosmic Space) के तनाव तथा सिकुड़न (Stretching and Squeezing) का कारण है।

20.4 रेड शिफ्ट तथा ब्लू शिफ्ट (Red Shift and Blue Shift)

दूरस्थ तारों तथा आकाशगंगाओं से आ रहे **प्रकाश में विभिन्न वर्णक्रम (Spectrol) गुण होते हैं। जब इन वर्णों (Spectra) की जांच की जाती है, तो वे वर्णक्रम में अंतिम रूप से लाल वर्ण की तरफ परिवर्तित होते पाए जाते हैं।** VIBGYOR में लाल वर्ण का तरंगदैर्ध्य सर्वाधिक होता है। **इस परिवर्तन से पता चलता है कि सभी आकाशगंगाएं हमारे से दूर होती जा रही हैं।** इसी से संबंधित परिघटना ब्लू शिफ्ट होती है, जिसमें वस्तु नजदीक आती हुई प्रतीत होती है। **'रेड शिफ्ट प्रभाव' के आधार पर ही बताया गया कि ब्रह्माण्ड का फैलाव (Expansion) हो रहा है।**

20.5 कॉस्मिक माइक्रोवेव बैकग्राउंड रेडिएशन (Cosmic Microwave Background Radiations)

यह बिग बैंग परिघटना के बाद बचा हुआ 'तापीय विकिरण' (Thermal Radiation) है, यूरोपियन स्पेस एजेंसी का **प्लैंक अंतरिक्ष यान, कॉस्मिक माइक्रोवेव बैकग्राउंड (CMB) का सफल आकाशीय मानचित्रण करने में सक्षम था। 'प्लैंक मिशन' (Planck Spacecraft Mission) ने हमारे ब्रह्मांड के सर्वाधिक प्राचीन प्रकाश का मानचित्रण किया, इसे कॉस्मिक माइक्रोवेव बैकग्राउंड कहा गया।** यह CMB पूरे ब्रह्मांड में फैला हुआ है। ब्रह्मांड में इनकी उपस्थिति ही **बिग बैंग संकल्पना** तथा **ब्रह्मांड के विस्तार** का प्रमाण है।

यह CMB विकिरणन ब्रह्मांड की संरचना के अध्ययन को दृष्टि प्रदान करता है। **CMB से स्पष्ट हुआ कि हमारे ब्रह्मांड का अधिकांश भाग 'डार्क एनर्जी' (Dark Energy) से बना हुआ है।** डार्क एनर्जी एक चमत्कारिक बल है, जो हमारे ब्रह्मांड के विस्तार हेतु उत्तरदायी है तथा डार्क मैटर जो शेष ब्रह्मांड के साथ अपने गुरुत्वाकर्षण से अंत:क्रिया करता है।

20.6 अनछुए पहलू (Missing Links in Universe)

अभी तक 'बिग-बैंग सिद्धांत' में द्रव्यमान, समय तथा प्रारंभिक विस्तार को नहीं समझाया जा सकता है।

द्रव्यमान की अनुपस्थिति (Concept of Missing Mass) का सिद्धांत: यदि विस्तारित हो रहे ब्रह्मांड में पर्याप्त पदार्थ तथा असीमित समय होता तो गुरुत्वाकर्षण बाहर की तरफ गति को रोक देता तथा प्रत्येक पदार्थ को पुन: अपने अंदर एक आग के गोले का निर्माण करते हुए खींच लेता।

समय, एक अनसुलझी पहली: बहुत-से अवलोकनों से संकेत मिलते हैं कि ब्रह्मांड का निर्माण बिलियन वर्ष पूर्व की बजाय केवल कुछ हजार वर्ष पहले ही हुआ है। इसमें तारों की उत्पत्ति की प्रारंभिक अवस्था की भी व्याख्या नहीं की गई। जेम्स क्लर्क मैक्सवेल (James Clerk Maxwell) की गणना से पता चलता है कि अंतरिक्ष में गैस का एक गोला स्वयं ही किसी तारे में परिवर्तित नहीं हो सकता। इसके बजाए थर्मोडाइनेमिक्स के द्वितीय नियम के अनुसार ताप के कारण गैस का बाहर की तरफ विस्तार होता है।

पुष्टीकरण: 1940 के अंत में जॉर्ज गेमॉ (George Gamow) ने सुझाव दिया कि प्रारंभिक विस्फोट ने कुछ अवलोकन योग्य साक्ष्य छोड़े हैं। उनका मानना था कि इतने गर्म तथा घने ब्रह्मांड ने बहुत बड़ी मात्रा में प्रकाश का उत्सर्जन किया होगा। सन् 1965 में **अरनो पेंजियाज** तथा रॉबर्ट विल्सन ने खोज की कि, एंटीना को कहीं भी स्थापित किया जाए, गणना/स्थिरता (Static) जारी रहती है। जब उन्होंने विकिरण का मापन किया, तो उन्होंने उसका परिणाम लगभग कॉस्मिक बैकग्राउंड रेडिएशन-2.7 केल्विन (जिसकी उम्मीद की गई थी) के करीब पाया। इससे बिग बैंग थ्योरी की पुष्टि हुई और उन्हें 1978 का नोबेल पुरस्कार मिला।

क्या यह सिद्धांत प्रत्येक चीज/बात की व्याख्या करता है? (Does the Theory Explain Everything?)

यह विभिन्न अवस्थाओं से गुजरती है, उसमें प्रत्येक ब्रह्मांडीय सिद्धांत माने गए हैं, जैसे-चपटी अर्थ, भू-केंद्रित मोड, सूर्य केंद्रीयता (Heliocentricity) तथा बिग बैंग। प्रत्येक मॉडल में उस वक्त के उपलब्ध ज्ञान तथा साक्ष्यों की व्याख्या की गई। हम यह नहीं कह सकते कि वे सिद्धांत गलत थे, बल्कि यह कहना ज्यादा उचित होगा कि वे अपूर्ण थे।

20.7 पदार्थ तथा प्रतिपदार्थ (Matter and Antimatter)

कण भौतिकी में प्रतिपदार्थ, प्रति कण से पदार्थ बनने की संकल्पना का विस्तार है, जहां प्रतिपदार्थ, प्रति कणों से बना होता है, ठीक उसी प्रकार जैसे कणों से पदार्थ बनता है।

कण के अधिकांश प्रकारों के अनुरूप समान द्रव्यमान तथा विपरीत विद्युत आवेश के साथ सहायक प्रतिकण होता है। उदाहरण के लिए इलेक्ट्रॉन का प्रति कण, धनावेश वाला इलेक्ट्रॉन या पॉजिट्रॉन होता है, जो कुछ निश्चित प्रकार के रेडियोएक्टिव क्षयों के द्वारा उत्पन्न किया जाता है। हाइड्रोजन का एक परमाणु एक प्रोटॉन तथा बहुत कम इलेक्ट्रॉन (Much less Massive Electron) से बना होता है। इसमें प्रोट्रॉन धनावेशित तथा इलेक्ट्रॉन ऋणावेशित होता है। एक पॉजिट्रॉन तथा एक प्रति प्रोटॉन, एक एंटी हाइड्रोजन परमाणु (प्रतिपदार्थ) का निर्माण ठीक वैसे ही कर सकते हैं, जैसे एक इलेक्ट्रॉन तथा प्रोटॉन किसी सामान्य हाइड्रोजन परमाणु (पदार्थ) का निर्माण कर सकते हैं। जब पदार्थ तथा प्रतिपदार्थ संपर्क में आते हैं, तो वे एक-दूसरे को नष्ट कर देते हैं तथा बड़ी मात्रा में ऊर्जा-उत्सर्जन करते हैं।

भौतिक विज्ञानियों के अनुसार ब्रह्मांड में बहुत कम मात्रा में ज्ञात प्रतिपदार्थ हैं। सैद्धांतिक रूप से ब्रह्मांड निर्माण के दौरान समान मात्रा में पदार्थ तथा प्रतिपदार्थ का निर्माण हुआ था, हालांकि हमारा ब्रह्मांड प्राथमिक रूप से पदार्थ से बना है। वर्तमान में ब्रह्मांड के दृश्य भाग में पदार्थ तथा प्रतिपदार्थ की विषमता भौतिकी की सबसे बड़ी अनसुलझी पहेलियों में से एक है। इस संबंध में अनुसंधान जारी है कि क्या प्रतिपदार्थ का पूर्ण इस्तेमाल संभव है।

यदि प्रतिपदार्थ को कृत्रिम रूप से बनाना तथा इसका नियंत्रण संभव हो सके तो पदार्थ-प्रतिपदार्थ अभिक्रिया से बड़ी मात्रा में ऊर्जा उत्पन्न की जा सकती है तथा भविष्य में अंतरिक्ष यान में यह ऊर्जा उपयोग में लायी जा सकती है, परंतु वर्तमान में प्रतिपदार्थ के बारे में बहुत कम ज्ञान है। वर्तमान तकनीकी से प्रतिपदार्थ का निर्माण बहुत खर्चीला है। बहुत-सूक्ष्म मात्रा में प्रति कण का उत्पादन करके कण त्वरक के रूप में उपयोग किया जा सकता है, जैसे- लॉर्ज हैड्रॉन कोलाइडर में। वर्तमान में प्रतिपदार्थ के निर्माण में ही इतनी अधिक ऊर्जा खपत हो जाती है कि जितनी पदार्थ-प्रतिपदार्थ अभिक्रिया से उत्पन्न नहीं हो सकती। इसके साथ ही उत्पन्न प्रतिपदार्थ को नियंत्रित तथा उपयोग में लाने योग्य भी नहीं बनाया जा सकता।

(इन्फोग्राफिक देखें - पदार्थ तथा प्रतिपदार्थ)

ब्रुकहेवन नेशनल लेबोरेटरी (Brookhaven National Laboratory): यह संयुक्त राज्य अमेरिका के न्यूयॉर्क में यूप्टॉन (Upton) में स्थित, अमेरिका के राष्ट्रीय ऊर्जा विभाग की प्रयोगशाला है। यह एक लंबे द्वीप पर स्थित है तथा इसकी स्थापना 1947 में हुई थी। इसका उद्देश्य पदार्थ, ऊर्जा, अंतरिक्ष तथा समय की गहरी समझ हेतु परमाणु तथा कण भौतिकी के क्षेत्र में उन्नत आधारभूत अनुसंधान करना हैं। इसमें राष्ट्र की ऊर्जा आवश्यकताओं के अनुरूप फोटॉन विज्ञान तथा नैनो पदार्थ विज्ञान संबंधी अनुसंधान शामिल है। इसके साथ इसमें जलवायु परिवर्तन, सतत् ऊर्जा तथा पृथ्वी के पारितंत्र के संबंध में पार अनुशासनात्मक अनुसंधान (Cross-disciplinary Research) भी शामिल हैं।

पदार्थ बनाम् प्रतिपदार्थ

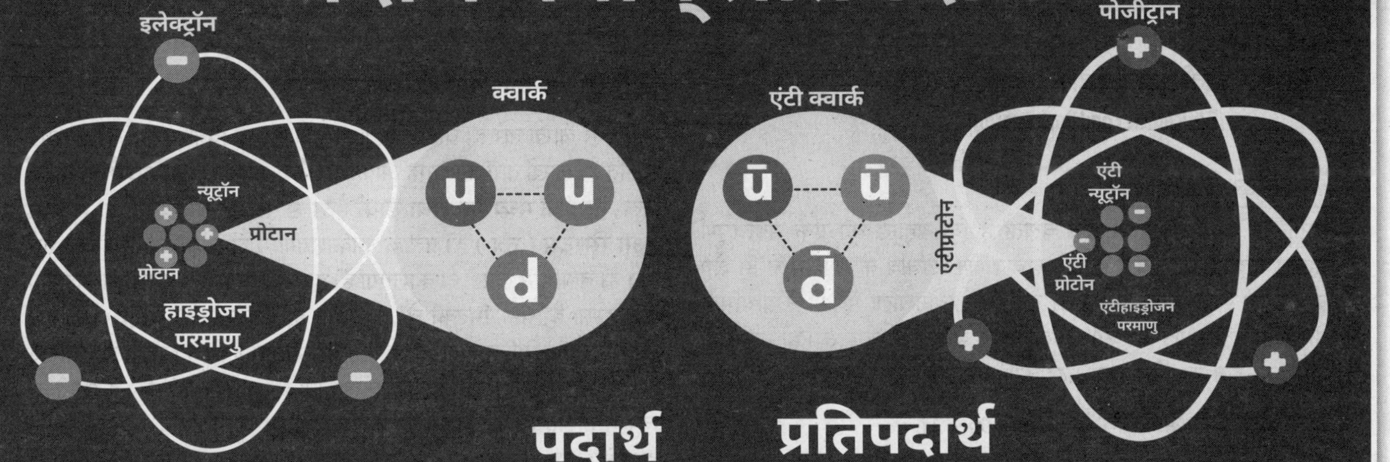

पदार्थ, फ़र्मिऑन नामक कणों से बना होता है, जैसे प्रोटॉन, न्यूट्रॉन और इलेक्ट्रॉन। इन कणों पर धनात्मक या ऋणात्मक आवेश होता है और ये परमाणुओं की संरचना में योगदान करते हैं।

प्रतिपदार्थ में प्रतिकण (एंटीपार्टिकल्स) होते हैं, जिनका द्रव्यमान उनके संबंधित पदार्थ कणों के समान होता है लेकिन उन पर विपरीत आवेश होते हैं।

पदार्थ के कणों में आमतौर पर सकारात्मक, नकारात्मक या तटस्थ विद्युत आवेश होता है। उदाहरण के लिए, प्रोटॉन पर धनात्मक आवेश होता है, इलेक्ट्रॉन पर ऋणात्मक आवेश होता है, और न्यूट्रॉन पर कोई विद्युत आवेश नहीं होता है।

हालाँकि, प्रतिपदार्थ कणों पर उनके पदार्थ समकक्षों के विपरीत आवेश होते हैं। एंटीप्रोटॉन पर ऋणात्मक आवेश होता है, पॉज़िट्रॉन (एंटीइलेक्ट्रॉन) पर धनात्मक आवेश होता है, और एंटीन्यूट्रॉन पर कोई विद्युत आवेश नहीं होता है।

जब पदार्थ और प्रतिपदार्थ कण संपर्क में आते हैं, तो वे विध्वंस (annihilation) नामक प्रक्रिया से गुजर सकते हैं। विध्वंस तब होता है जब कोई कण अपने संबंधित प्रतिकण से टकराता है, जिसके परिणामस्वरूप उनका द्रव्यमान ऊर्जा में परिवर्तित हो जाता है। इस प्रक्रिया से गामा किरणों या अन्य कणों के रूप में भारी मात्रा में ऊर्जा निकलती है।

पदार्थ और प्रतिपदार्थ के बीच परस्पर क्रिया कुछ संरक्षण कानूनों द्वारा नियंत्रित होती है। उदाहरण के लिए, विद्युत आवेश के संरक्षण का नियम कहता है कि किसी कण के संपर्क में कुल विद्युत आवेश स्थिर रहना चाहिए। विध्वंस प्रक्रिया में, यदि किसी कण और उसके प्रतिकण में विपरीत विद्युत आवेश होते हैं, तो उनका संयुक्त विद्युत आवेश शून्य होता है, जो आवेश के संरक्षण को संतुष्ट करता है।

हमारे अवलोकन योग्य ब्रह्मांड में, पदार्थ प्रतिपदार्थ की तुलना में बहुत अधिक प्रचुर मात्रा में है। इसे पदार्थ-प्रतिपदार्थ असममिति समस्या के रूप में जाना जाता है, जो भौतिकी में एक खुला प्रश्न बना हुआ है। इस असंतुलन के कारणों और पदार्थ की तुलना में प्रतिपदार्थ दुर्लभ क्यों है, इसका अभी भी पता लगाया जा रहा है।

धूमकेतु (Comet)

धूमकेतु, एक खगोलीय पिंड होता है जो नाभिक नामक ठोस कोर से बना होता है, जो गैस और धूल के चमकते बादल से घिरा होता है जिसे कोमा (coma) कहा जाता है। जब कोई धूमकेतु सूर्य के पास आता है, तो ऊष्मा के कारण नाभिक वाष्पीकृत हो जाता है, जिससे कोमा बनता है और धूल और आयनित गैस से बनी पूंछ बन जाती है। धूमकेतु, कुइपर बेल्ट और ऊर्ट क्लाउड से उत्पन्न होते हैं और प्रारंभिक सौर मंडल के बारे में बहुमूल्य जानकारी प्रदान करते हैं।

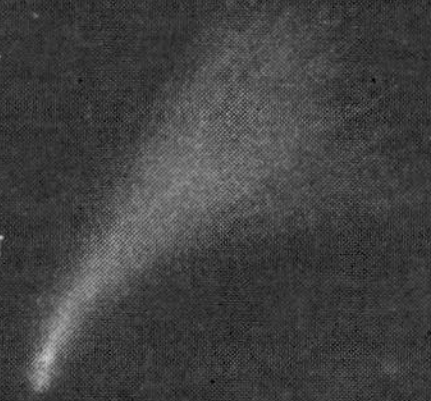

क्षुद्रग्रह (Asteroid)

क्षुद्रग्रह, एक चट्टानी या धात्विक वस्तु होती है जो सूर्य की परिक्रमा करती है, जो मुख्य रूप से मंगल और बृहस्पति के बीच क्षुद्रग्रह बेल्ट में पाई जाती है। ये आकार, प्रकार और संरचना में भिन्न होते हैं, और प्रारंभिक सौर मंडल के अवशेष होते हैं। कुछ क्षुद्रग्रह पृथ्वी के करीब आते हैं, और उनका अध्ययन करने से हमारे सौर मंडल के इतिहास और संभावित संसाधनों के बारे में जानकारी मिलती है।

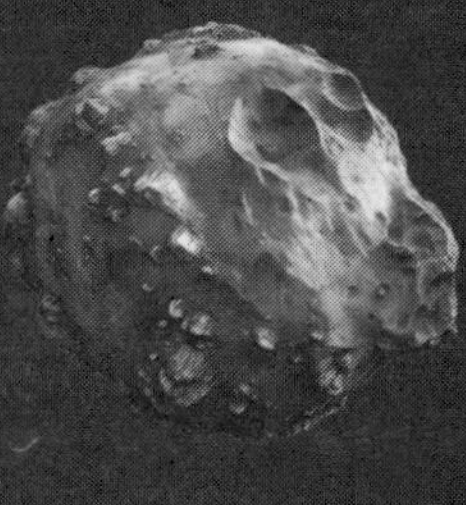

उल्का पिंड (Meteorite)

उल्कापिंड, अंतरिक्ष से आने वाली एक ठोस वस्तु होती है जो पृथ्वी के वायुमंडल में अपनी यात्रा के दौरान जीवित बच जाती है और सतह पर आ जाती है। यह क्षुद्रग्रहों और अन्य खगोलीय पिंडों की संरचना और इतिहास के बारे में बहुमूल्य जानकारी प्रदान करता है। उल्कापिंड विभिन्न प्रकार के होते हैं, जैसे पथरीले, लोहे के, और पथरीले-लोहे के, और वे वैज्ञानिकों को प्रारंभिक सौर मंडल का अध्ययन करने में मदद करते हैं।

उल्का (Meteor)

उल्का, अंतरिक्ष से आने वाली एक छोटी वस्तु होती है जो पृथ्वी के वायुमंडल में प्रवेश करती है और वायु के साथ घर्षण के कारण प्रकाश की एक चमकदार रेखा बनाती है। इसे आमतौर पर टूटता तारा या गिरता तारा के नाम से जाना जाता है। उल्काएं धूमकेतु या क्षुद्रग्रहों के टुकड़े होते हैं जो वायुमंडल से गुजरते समय वाष्पीकृत हो जाते हैं। उल्कापात तब होता है जब पृथ्वी धूमकेतुओं द्वारा छोड़े गए मलबे से टकराती है, जिससे उल्कापिंडों की संख्या अधिक हो जाती है।

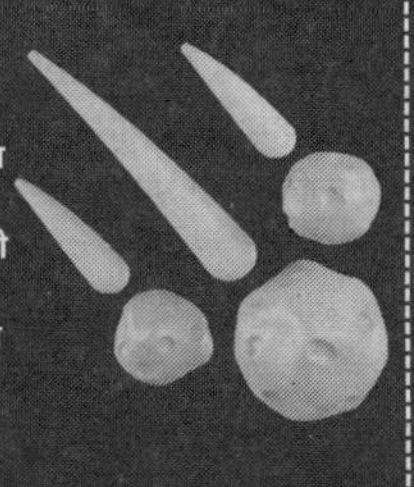

उल्काभ (METEOROID)

उल्काभ, अंतरिक्ष में एक छोटी वस्तु होती है, जिसका व्यास धूल के आकार के कणों से लेकर कई मीटर तक होता है। इसकी उत्पत्ति धूमकेतुओं, क्षुद्रग्रहों या अन्य खगोलीय पिंडों से होती है। जब कोई उल्काभ पृथ्वी के वायुमंडल में प्रवेश करता है, तो यह गर्म हो जाता है और वाष्पीकृत हो जाता है, जिससे प्रकाश की एक दृश्य रेखा बनती है जिसे उल्का या टूटता तारा कहा जाता है। कुछ उल्काभ वायुमंडलीय प्रवेश के बाद पूर्णतः वाष्पीकृत होने से बच जाते हैं और पृथ्वी की सतह पर पहुंचने पर उल्कापिंड बन जाते हैं। उल्काभ, उल्कापात में भूमिका निभाते हैं और आकाशीय पिंडों की संरचना के बारे में जानकारी प्रदान करते हैं। यदि कोई उल्काभ बचकर पृथ्वी सतह तक पहुंच जाता है, तो उसे उल्कापिंड (meteorite) कहा जाता है।

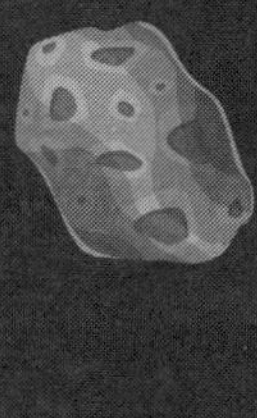

आग का गोला (Fireball)

आग का गोला, एक असाधारण रूप से उज्ज्वल और चमकदार उल्का होती है जो आकाश में चमकती हुई प्रकाश की एक बड़ी और तीव्र गेंद के रूप में दिखाई देती है। यह बड़े और अधिक विशाल उल्काभों के पृथ्वी के वायुमंडल में तेज़ गति से प्रवेश करने के कारण होता है। आग के गोले अधिक चमकीले होते हैं, लंबे समय तक टिकते हैं और ध्वनि तरंगें पैदा कर सकते हैं। कुछ आग के गोले बचकर पृथ्वी की सतह तक पहुंच जाते हैं तो उल्कापिंड के टुकड़ों के रूप में इनके अवशेष रह जाते हैं।

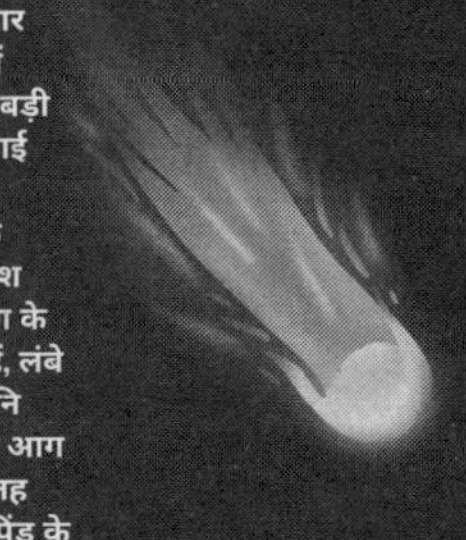

20.8 डार्क मैटर एवं डार्क एनर्जी (Dark Matter and Dark Energy)

डार्क मैटर (Dark Matter)

खगोलीय अवलोकनों से पता चलता है कि ब्रह्मांड का एक महत्वपूर्ण हिस्सा डार्क मैटर से बना है जो गुरुत्वाकर्षण खिंचाव के माध्यम से ही शेष ब्रह्मांड के साथ संपर्क करता है। कई बड़े प्रयोगशाला प्रयोगों ने प्राथमिक कणों का पता लगाने की कोशिश की है जो डार्क मैटर के प्रारूप हो सकते हैं। हालांकि, अब तक ऐसे डार्क मैटर कणों का पता नहीं चला है।

डार्क मैटर का आकलन (Assessing Dark Matter)

शोधकर्ता, लेंसिंग सिग्नेचर के गैर-अवलोकन का उपयोग यह आकलन करने के लिए करते हैं कि ब्लैक होल का कितना हिस्सा डार्क मैटर से बना हो सकता है। गुरुत्वाकर्षण लेंसिंग ब्रह्मांड विज्ञानियों के लिए उपयोगी है क्योंकि यह सीधे डार्क मैटर की मात्रा और वितरण के प्रति संवेदनशील है।

डार्क एनर्जी (Dark Energy)

- जितना ज्ञात है उससे अधिक अज्ञात है। यह विदित है कि कितनी डार्क एनर्जी है क्योंकि हम जानते हैं कि यह ब्रह्मांड के विस्तार को कैसे प्रभावित करती है। हालांकि, यह एक पूर्ण रहस्य है किन्तु यह एक महत्वपूर्ण रहस्य है। यह ब्रह्मांड का लगभग 68% हिस्सा बनाता है।
- डार्क एनर्जी ऊर्जा का एक काल्पनिक रूप है जो गुरुत्वाकर्षण के विपरीत व्यवहार करते हुए एक नकारात्मक, प्रतिकारक दबाव डालती है।
- यह हमारे ब्रह्मांड के विस्तार की दर को धीमा करने के बजाय समय के साथ तीव्र कर रही है। यह, एक बिग बैंग में शुरू हुए ब्रह्मांड से जो उम्मीद की जा सकती है, उसके विपरीत है।

डार्क एनर्जी और डार्क मैटर के बीच अंतर (Difference between Dark Energy and Dark Matter)

- हम जो कुछ भी देखते हैं – ग्रह, चंद्रमा, विशाल आकाशगंगाएं – ब्रह्मांड का 5% से भी कम हिस्सा बनाती हैं। लगभग 27% डार्क मैटर है और 68% डार्क एनर्जी है।
- जहां डार्क मैटर आकाशगंगाओं को एक साथ आकर्षित और धारण करता है, वहीं डार्क एनर्जी हमारे ब्रह्मांड के विस्तार का कारण है।
- डार्क मैटर के अस्तित्व का सुझाव 1920 के दशक में दिया गया था, जबकि डार्क एनर्जी की खोज 1998 तक नहीं हुई थी।

XENON1T प्रयोग (XENON1T Experiment)

- यह **दुनिया का सबसे संवेदनशील डार्क मैटर प्रयोग है** और **इटली में INFN- प्रयोगशाला नाजियोनाली डेल ग्रैन सासो** में गहरे भूमिगत रूप से संचालित किया गया था।
- यह **दोहरे चरण (तरल/गैस) जेनौन तकनीक** का उपयोग करता है और INFN, इटली की प्रयोगशाला नाजियोनाली डेल ग्रैन सासो में भूमिगत स्थित है।

20.9 आकाशगंगा (Galaxy)

ब्रह्मांड में लाखों तारे हैं। ब्रह्मांड में तारे समान रूप से वितरित नहीं हैं। ये समूह में होते हैं। लाखों तारों का समूह आकाशगंगा कहलाता है। **आकाशगंगा तारों, धूल, तारों के मध्य गैस तथा डार्क मैटर से परस्पर गुरुत्वाकर्षण से बंधा हुआ सिस्टम (तंत्र) है।** प्रत्येक आकाशगंगा में लगभग 100 मिलियन तारे होते हैं। ब्रह्मांड में लाखों आकाशगंगा हैं। हमारी सौर प्रणाली जिस आकाशगंगा का हिस्सा है, वह 'मिल्की वे' कहलाती है। 'मिल्की वे' (Milky Way) में लगभग लाखों मिलियन तारे हैं। ये तारे हम से बहुत अधिक दूरी पर हैं, इसलिए इन्हें पृथक् रूप से पहचानना मुश्किल होता है, अत: ये एक सफेद पट्टी के रूप में दिखते हैं। आकाशगंगाएं व्यापक क्षेत्र में फैली हुई हैं, जिनका मापन हजारों प्रकाश वर्ष में किया जाता है। एक आकाशगंगा का व्यास 80,000 से 1,50,000 प्रकाश वर्ष तक होता है। आकाशगंगा का निर्माण बड़ी मात्रा में हाइड्रोजन गैस एक बादल से होता है, जिसे **'नेबुला' या निहारिका** कहा जाता है। अंतत: नेबुला से गैसीय पिंड का विकास होता है।

आकाशगंगा के तीन प्रकार होते हैं:

1. **सर्पिल आकाशगंगा (Spiral Galaxies):** चक्राकार (Disc-shaped) आकाशगंगा जो धीरे-धीरे घूमती है।
2. **बंद सर्पिल आकाशगंगा (Barred Spiral Galaxies):** इसकी दो भुजाएं होती हैं, जो तारों के मध्य (Central Bar) से बाहर की ओर निकली होती हैं।
3. **दीर्घवृत्ताकार आकाशगंगा (Elliptical Galaxies):** यह अंडे या गेंद आकार की होती है, जो मुख्यत: पुराने तारों से बनी होती है। इनमें नए तारों के निर्माण हेतु गैसीय बादल नहीं होते हैं।

अनियमित आकाशगंगाएं (Irregular Galaxies): इनका कोई आकार नहीं होता है, इनमें बहुत बड़ी मात्रा में गैस और धूल होती है, इसलिए इसमें नए तारों के निर्माण की पर्याप्त संभावना होती है।

सरस्वती (आकाशगंगाओं का सुपरक्लस्टर)
[SARASWATI (Supercluster of Galaxies)]

भारतीय खगोलविदों की एक टीम ने पहले से विद्यमान एक अज्ञात तथा बहुत बड़े आकाशगंगाओं के सुपरक्लस्टर की खोज की है, जो कि नक्षत्र मीन की दिशा में अवस्थित है। यह 43 आकाशगंगाओं का सुपरक्लस्टर है, जिसे उन्होंने 'सरस्वती' नाम दिया है। यह अब तक ज्ञात बड़ी संरचनाओं में से एक है और यह हमसे 4 बिलियन प्रकाश वर्ष दूर है तथा इसमें 20 मिलियन बिलियन से अधिक सूर्य के बराबर द्रव्यमान समाहित हो सकता है। सरस्वती सुपरक्लस्टर्स उदाहरणस्वरूप 600 मिलियन प्रकाश वर्ष के पैमाने पर विस्तारित होता है।

"खगोल भौतिकी और खगोल शास्त्र संस्थान (IUCAA) पुणे, इण्डियन इंस्टीट्यूट ऑफ साइंस एजुकेशन एंड रिसर्च (IISER), पुणे नेशनल इंस्टीट्यूट ऑफ टेक्नोलॉजी (NII), जमशेदपुर तथा न्यूमैन कॉलेज (थोड़ापूजा) की अंतर विश्वविद्यालयी भारतीय खगोलविदों की एक टीम ने आकाशगंगाओं की विशाल सुपरमेगाा नदी की खोज की है। इस नई खोज को 'सरस्वती' नाम दिया गया है, जिसका संस्कृत में अर्थ होता है-'अनेक पूलों में बहने वाली धारा।'

इस खोज ने खगोलविदों को ब्रह्मांड के विकास के संबंध में पुनर्विचार करने को मजबूर कर दिया है। साथ ही यह खोज रहस्यमयी डार्क मैटर और डार्क एनर्जी के संबंध में भी महत्वपूर्ण सुराग उपलब्ध करा सकती है।

गैस तथा धूल के टक्कर से आकाशगंगा में नए तारों की उत्पति होती है, बहुत-सारी आकाशगंगा हजारों की संख्या में समूह के होती हैं। **हमारी आकाशगंगा 'मिल्की वे' लगभग 30 आकाशगंगाओं का एक समूह है, जिसे 'स्थानिक समूह' (Local Group) कहते हैं।** इसका व्यास लगभग 1 लाख प्रकाश वर्ष की दूरी तक का है। **आकाशगंगा के केंद्र बिंदु से हमारी पृथ्वी 25000 प्रकाश वर्ष दूर है। कुछ बिलियन वर्ष बाद 'मिल्की वे' तथा 'एंड्रोमेडा' दोनों आकाशगंगाएं जुड़कर एक हो जाएंगी। एडविन पॉवेल हब्बल (Edwin Powell Hubble)** ने आकाशगंगाओं का अध्ययन किया तथा उनके आकार के आधार पर उनका वर्गीकरण किया।

20.10 नेबुला/निहारिका (Nebulae)

तारों की उत्पत्ति, धूल तथा हाइड्रोजन गैस के बहुत बड़े नेबुला नामक बादल से हुई। नेबुला ब्रह्मांड में तारों, आकाशगंगाओं तथा ग्रहों के निर्माण का प्रमुख कारक है। नए तारों का निर्माण भी नेबुला से हो रहा है। अन्य नेबुला, मृत या मृतप्राय: तारों का बचा हुआ भाग होता है। उत्सर्जी नेबुला गर्म तथा प्राथमिक आयनीकृत हाइड्रोजन के बादल से भिन्न होता है, जिसकी अपनी चमक होती है। परावर्तन नेबुला अपने निकटवर्ती तारों के प्रकाश का परावर्तन करने के कारण नीली चमक उत्सर्जित करता है।

नेबुला चमकदार या अंधकारमय हो सकते हैं। कुछ नेबुला निकटवर्ती तारों के प्रकाश के परावर्तन के कारण चमकदार होते हैं, जबकि अन्य नेबुला में निकटवर्ती तारों के ताप के कारण आंतरिक गैस में चमक उत्पन्न होती है। अंधकारमय नेबुला चमकविहीन होते हैं। वे प्रकाश को कैद कर लेते हैं और अंतरिक्ष में काले धब्बे की तरह प्रतीत होती है। **अंधकारमय नेबुला (Dark Nebulae)** को अवशोषक नेबुला भी कहते हैं। नेबुला का निर्माण तारों की मृत्यु से होता है। जब तारे मृतप्राय: होते हैं, तो उनकी बाहरी परत गर्म होकर फूल (सूज) जाती है और अंतत: अलग हट जाती है। गर्म तथा मृत कोर (आंतरिक भाग) चमकदार नेबुला का निर्माण करता है, जो नए तारों की उत्पत्ति के लिए नर्सरी का कार्य करता है। ग्रहीय नेबुला का आकार तथा स्पेक्ट्रॉल गुण, विशिष्ट तथा दूर से ही दिखाई पड़ने वाले होते हैं। कुछ प्रसिद्ध नेबुला हैं- हॉर्सहेड नेबुला, लैगून, ईगल तथा केट्स आई। इनका नाम इनके आकार के आधार पर पड़ा।

ग्रहीय नेबुला का उपयोग तारों की संख्या ज्ञात करने तथा आकाशगंगाओं की गतिकी (विज्ञान) में लंबे समय तक सफलतापूर्वक किया जाता रहा है। आकाशगंगा में रासायनिक पदार्थ विशेष रूप से नाइट्रोजन तथा कार्बन, नेबुला की ही देन हैं। ये बहु-तरंगदैर्ध्य प्रयोगशाला के रूप में खगोल भौतिकी में परमाणु, अणु, धूल तथा प्लाज्मा की प्रक्रिया समझने में बहुत महत्वपूर्ण होता है। ओरियन तारामंडल में स्थित हॉर्सहैड नेबुला सर्वाधिक अंधकारमय (Darkest) नेबुला में से एक है।

20.11 तारों का जीवन चक्र (LIFE CYCLE OF STARS)

(इन्फोग्राफिक देखें - एक तारे का जीवनचक्र)

20.12 ग्रह (Planets)

'प्लानेट' शब्द की उत्पत्ति ग्रीक शब्द 'Planetia' से हुई, जिसका अर्थ होता है-'चमत्कारी'। सूर्य के चारों ओर चक्कर (परिक्रमा) लगाने वाले पिंड को ग्रह कहते हैं। ग्रहों का अपना प्रकाश नहीं होता तथा ये ठोस पदार्थ व गैस से बने होते हैं। वे सूर्य की रोशनी के परावर्तन के कारण चमकते हैं। ग्रहों का विकास तारे में विद्यमान गुरुत्वाकर्षण बल के कारण होता है। तारे, नेबुला के साथ गैस के पिंड के रूप में होते हैं। इस पिंड (गैसीय बादल) का गुरुत्वाकर्षण बल इसके आंतरिक भाग (कोर) का निर्माण करता है तथा इस कोर के चारों ओर गैस-धूल की घूमती हुई चकती का निर्माण होता है।

गैसीय बादल संघनित होकर एक छोटे गोल पिंड के रूप में विकसित होता है, जिसे **ग्रहाणु (Planetesimals)** कहते हैं। ये छोटे-छोटे पिंड बड़ी संख्या में होते हैं, जो गुरुत्वाकर्षण बल से संयुग्मित होते हैं। अंतत: ये छोटे-छोटे पिंड मिलकर एक एकल पिंड का निर्माण करते हैं, जिसे ग्रह कहते हैं। **ग्रहों में दो प्रकार की गतियां होती हैं-घूर्णन गति** और **परिक्रमण गति।**

प्रत्येक ग्रह का अपना अक्ष होता है, जिसके सहारे यह घूमता (घूर्णन) है। केवल दो ग्रह शुक्र तथा अरुण (Uranus) पूर्व से पश्चिम दिशा में घूमते हैं। अन्य सभी ग्रह पश्चिम से पूर्व दिशा में वामावर्त (Anticlockwise) घूमते हैं।

ग्रह सूर्य के चारों ओर परिक्रमा भी करते हैं। ये निश्चित पथ में सूर्य की परिक्रमा करते हैं। प्रत्येक ग्रह का यह परिक्रमा पथ अंडाकार या दीर्घ वृत्ताकार होता है, जिसे 'कक्षा' (Orbit) कहते हैं।

प्रत्येक ग्रह परिक्रमा तथा घूर्णन में अलग-अलग समय लेता है। सभी ग्रहों का निर्माण लगभग 4.6 बिलियन वर्ष पूर्व हुआ था। सभी ग्रह आकार में गोलाकार होते हैं। अंतर्राष्ट्रीय खगोलीय संघ (IAU) के अनुसार वह आकाशीय पिंड ग्रह की श्रेणी में आता है, जो (1) किसी तारे की परिक्रमा करता है, (2) इसने अपने गुरुत्वीय बल से गोल आकार प्राप्त किया हो, (3) इसमें पर्याप्त द्रव्यमान हो ताकि इसके गुरुत्वाकर्षण बल से इसकी कक्षा मलबे से मुक्त हो सके।

ग्रहों का वर्गीकरण (Classification of Planets)

ग्रहों को उनकी कक्षा में अवस्थिति (पृथ्वी के संदर्भ में) के आधार पर दो वर्गों में बांटा जाता है:

1. **लघु ग्रह (Inferior Planets):** उनकी कक्षा पृथ्वी की कक्षा से छोटी/समान होती है, जैसे- **बुध, शुक्र।**
2. **दीर्घ ग्रह (Superior Planets):** उनकी कक्षा पृथ्वी की कक्षा से बड़ी होती है, जैसे- **ब्रहस्पति, शनि, अरुण, वरुण।**

ग्रहों की बनावट के अनुसार ये दो प्रकार के होते हैं:

1. **आंतरिक ग्रह (Inner Planets)**
   - ये सूर्य के निकट अवस्थित होते हैं।
   - ये आकार में छोटे तथा तुलनात्मक रूप से अधिक घनत्व वाले होते हैं।

एक तारे का जीवनचक्र

तारा क्या है?

- तारे को अत्यधिक गर्म और चमकदार गैसों, मुख्य रूप से हाइड्रोजन और हीलियम से बने विशाल गोले के रूप में वर्णित किया जा सकता है, जो गुरुत्वाकर्षण बल द्वारा एक साथ बद्ध होते हैं।
- सितारों के उल्लेखनीय उदाहरणों में पोलक्स, सीरियस, वेगा, पोलारिस और हमारा अपना सूर्य शामिल हैं।
- ये खगोलीय पिंड आकाशगंगाओं के मूलभूत निर्माण खंडों के रूप में कार्य करते हैं और ब्रह्मांड में भारी तत्वों के प्राथमिक स्रोत के रूप में कार्य करते हैं।
- इसलिए, ब्रह्मांड की कार्यप्रणाली में अंतर्दृष्टि प्राप्त करने के लिए उनकी उम्र, संरचना और वितरण का अध्ययन करना महत्वपूर्ण है।
- ब्रह्मांड की व्यापक समझ हासिल करने के लिए, तारकीय विकास के जटिल विवरणों को गहराई से समझना आवश्यक है।
- तारकीय विकास (Stellar evolution) उस प्रक्रिया को संदर्भित करता है जिसके द्वारा एक तारा समय के साथ मनुष्य के जीवन चक्र के अनुरूप परिवर्तन से गुजरता है।
- जबकि सभी तारे एक सामान्य जीवन चक्र का पालन करते हैं, उनका जीवनकाल काफी भिन्न हो सकता है, साथ ही जिस तरीके से वे अंततः अपने अंत को प्राप्त करते हैं वह भी भिन्न हो सकता है।
- इसलिए, तारकीय विकास का विस्तृत अध्ययन संपूर्ण ब्रह्मांड में तारों की विविधता और गतिशीलता में मूल्यवान अंतर्दृष्टि प्रदान करता है।

किसी तारे के जीवन चक्र को कौन निर्धारित करता है?

- किसी तारे का जीवन चक्र उसके द्रव्यमान से प्रभावित होता है, जो बदले में, निहारिका में मौजूद सामग्री की मात्रा पर निर्भर करता है जहां से इसकी उत्पत्ति होती है।
- अधिक द्रव्यमान वाले तारे का जीवनकाल अपेक्षाकृत कम होता है। यह मुख्य रूप से इस तथ्य के कारण है कि बड़े सितारों का कोर तापमान अधिक होता है, जिससे उनकी हाइड्रोजन ईंधन आपूर्ति की खपत तेज हो जाती है। दूसरी ओर, विभिन्न प्रकार के तारे लंबी अवधि तक जलते रहते हैं, लेकिन उनका तापमान भी कम होता है।

औसत सितारा

औसत सितारा

औसत सितारा/तारा उस तारे को संदर्भित करता है जिसका द्रव्यमान सूर्य के समान या उसके करीब होता है।

विशाल तारा

एक विशाल तारा अन्य तारों की तरह समान विकास क्रम का अनुसरण करता है, लेकिन अपने उच्च द्रव्यमान के कारण, इसमें कुछ महत्वपूर्ण अंतर का अनुभव होता है।

विशाल तारा

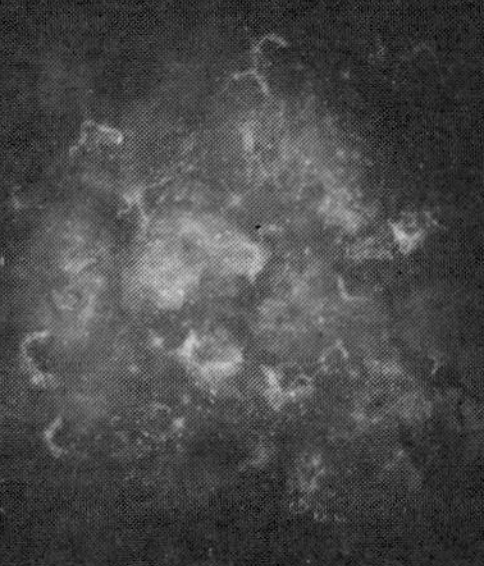

तारकीय निहारिका

ये तारे गैस और धूल के विशाल बादलों से पैदा होते हैं जिन्हें निहारिका कहा जाता है। गुरुत्वाकर्षण के कारण निहारिका सिकुड़ती है और सघन क्षेत्र बनती है।

लाल दानव

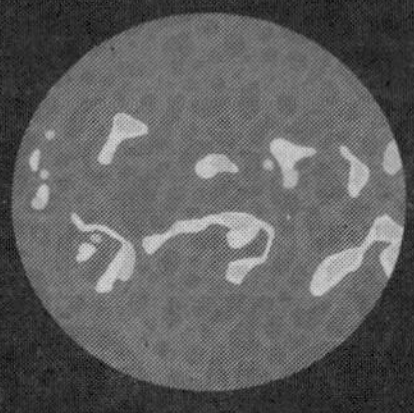

लाल दानव

जैसे ही औसत तारा अपने हाइड्रोजन ईंधन को समाप्त करता है, उसका कोर सिकुड़ जाता है जबकि बाहरी परतें फैलती हैं, जिससे तारा एक लाल दानव में बदल जाता है। कोर के चारों ओर एक खोल में संलयन जारी रहता है, जिससे भारी तत्वों में हीलियम संलयन होता है।

लाल महादानव

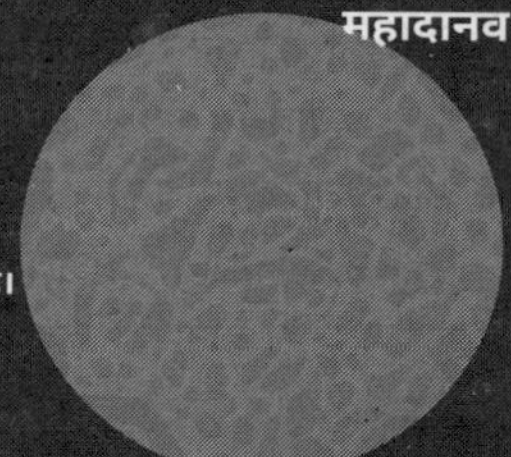

लाल महादानव

लाल महादानव, एक प्रकार का तारा होता है जो लाल दानव से बड़ा और अधिक विशाल होता है। यह विशाल तारों के विकास के बाद के चरण का प्रतिनिधित्व करता है।

ग्रहीय निहारिका

ग्रहीय निहारिका

एक लाल दानव के जीवन के अंतिम चरण में, यह अपनी बाहरी परतों को अंतरिक्ष में विलीन कर देता है, जिससे एक सुंदर चमकता हुआ खोल बनता है जिसे ग्रहीय निहारिका कहा जाता है। पीछे छोड़े गए कोर को व्हाइट ड्वार्फ के रूप में जाना जाता है।

सुपरनोवा

विशाल तारे, सुपरनोवा विस्फोट से गुजरते हैं, जहां उनके कोर गुरुत्वाकर्षण के तहत ढह जाते हैं, जिससे भारी मात्रा में ऊर्जा निकलती है। यह विस्फोट भारी तत्वों का उत्पादन करता है और उन्हें अंतरिक्ष में बिखेर देता है।

सुपरनोवा

व्हाइट ड्वार्फ

एक बार जब तारे की बाहरी परतें निकल जाती हैं, तो केवल एक छोटा कोर जिसमें मुख्य रूप से कार्बन और ऑक्सीजन होता है, बच जाता है। इस प्रकार के तारे को व्हाइट ड्वार्फ कहा जाता है। यहां, संपूर्ण तारकीय कोर का द्रव्यमान संघनित होकर लगभग पृथ्वी के आकार के पिंड में बदल जाता है।

व्हाइट ड्वार्फ

न्यूट्रॉन तारा

यदि ढहने वाला कोर 1.4-3 सौर द्रव्यमान का है, तो यह एक न्यूट्रॉन स्टार बनाता है। न्यूट्रॉन तारा एक अत्यधिक घना, भारी और समाकर्तित पिंड (trim body) होता है जो न्यूट्रल चार्ज न्यूट्रॉनों से बना होता है।

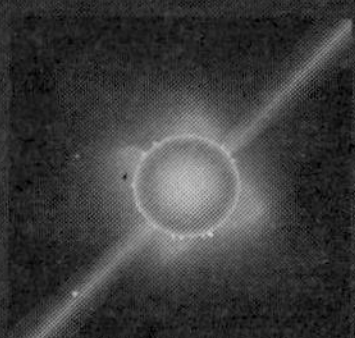

ब्लैक ड्वार्फ (Black dwarf)

ब्लैक ड्वार्फ, निम्न से मध्यम द्रव्यमान वाले तारे के जीवन का अंतिम चरण होता है। ये व्हाइट ड्वार्फ के अवशेष होते हैं, जो उनके बचे हुए ईंधन के दहन पर धीरे-धीरे ठंडा होने और मंद पड़ने के कारण बनते हैं।

ब्लैक होल

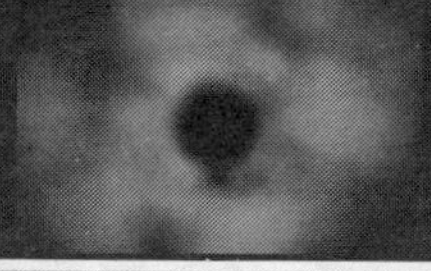

ब्लैक होल

ढहते हुए कोर के द्रव्यमान के आधार पर, यह न्यूट्रॉन तारा या ब्लैक होल बन सकता है। न्यूट्रॉन तारे अविश्वसनीय रूप से घने होते हैं, जबकि ब्लैक होल में इतना तीव्र गुरुत्वाकर्षण होता है कि कुछ भी उनके खिंचाव से बच नहीं सकता, यहां तक कि प्रकाश भी नहीं।

- इनका गुरुत्वाकर्षण कम होता है, इसलिए ये गैसों को बांध कर नहीं रख सकते।
- ये सूर्य तथा क्षुद्रग्रहों की बेल्ट के मध्य अवस्थित होते हैं।
- ये चट्टानों तथा धातुओं से बने होते हैं और पार्थिव ग्रह कहलाते हैं, जैसे-पृथ्वी।
- यह अपने सूर्य के नजदीक स्थित होते हैं।
- सूर्य की सौर पवनों की घटना से इन ग्रहों की अधिकांश गैस तथा धूल इनसे दूर हो जाती है।
- ये एक परिक्रमा पूर्ण करने में अपेक्षाकृत कम समय लेते हैं।
- आंतरिक ग्रहों के उदाहरण हैं-बुध, शुक्र, पृथ्वी और मंगल

2. **बाह्य ग्रह (Outer Planets)**
- ये सूर्य से दूर स्थित होते हैं।
- ये आकार में बड़े तथा तुलनात्मक रूप से कम घनत्व वाले होते हैं।
- इनका गुरुत्वाकर्षण तुलनात्मक रूप से अधिक होता है, इसलिए ये गैसों को बांधे रखते हैं।
- ये क्षुद्रग्रहों की बेल्ट से बाहर अवस्थित होते हैं।
- ये गैसों से बने होते है, इसलिए इन्हें गैसों का गोला भी कहा जाता है।
- इन्हें जोवियन ग्रह भी कहा जाता है, अर्थात् बृहस्पति समान ग्रह। जोवियन ग्रह पर्याप्त दूरी पर अवस्थित होते हैं।
- इन ग्रहों की गैसें सूर्य की सौर पवनों से प्रभावित नहीं होतीं।
- ये एक परिक्रमा करने में बहुत अधिक समय लेते हैं।
- बाह्य ग्रहों के उदाहरण: बृहस्पति, शनि, अरुण, वरुण।

20.13 बौना ग्रह के उपग्रह (Dwarf Planets)

बौने ग्रह की परिभाषा हाल ही के वर्षों में तय की गई। इसे 2006 में स्वीकार किया गया, जब वरुण (प्लूटो) की कक्षा के परे कुछ नए पिंडों की खोज हुई जो प्लूटो के आकार के थे। **अंतर्राष्ट्रीय खगोलीय संघ (IAU) की परिभाषा के अनुसार एक बौना ग्रह वह आकाशीय पिंड होता है, जो:**

- **सूर्य की परिक्रमा करता है।**
- **इसमें स्वयं का गुरुत्वाकर्षण बल इतना प्रबल हो कि यह गोल आकार ग्रहण कर सके।**
- **यह अपनी कक्षा किसी अन्य ग्रह से साझा न करता हो।**
- **इसका कोई उपग्रह नहीं है।**
- बौने ग्रहों का **गुरुत्वाकर्षण बल कमजोर** होता है।
- **इनकी कक्षा में अंतरिक्ष कचरा/मलबा होता है।**
- वर्तमान में ये 5 हैं- **प्लूटो, इरिस (Iris), मेकमेक (Makemake), हुमेआ (Huamea)**, तथा **सीरस (Ceres)**। ये सभी क्यूपियर बेल्ट में मौजूद हैं (**चित्र 20.1**)।
- संभावित पिंड जो बौने ग्रह में शामिल किए जा सकते हैं- 2002 MS4, सेलेसिया, क्वाअर, 2007 OR 10 तथा सेडना।

- इसके अलावा हमारे सौर तंत्र में 40 ऐसे पिंड होने का अनुमान लगाया जा रहा है जो बौने ग्रह हो सकते हैं।

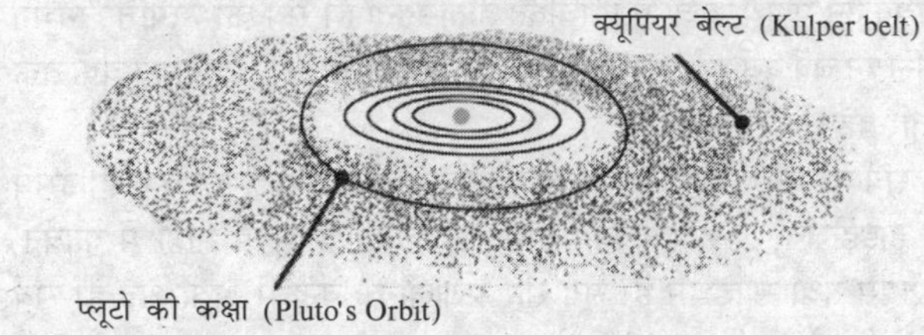

चित्र 20.1
क्यूपियर बेल्ट में प्लूटो की स्थिति

20.14 बाहर के उपग्रह (Exoplanets)

- परिभाषित रूप में, उपग्रह हमारे सौरमंडल से बाहर के ग्रह हैं। वैज्ञानिक इन्हें अतिरिक्त सौर ग्रह भी कहते हैं।
- केप्लर मिशन (2009) जब प्रक्षेपित किया गया था। उस समय 2300 से ज्यादा उपग्रहों की पुष्टि की जा चुकी थी।

20.15 गॉल्डीलॉक जोन (Goldilocks Zone)

केप्लर स्पेस मिशन के आंकड़ों के आधार पर 4 नवंबर, 2013 को खगोलशास्त्रियों ने बताया कि मिल्की वे आकाशगंगा में लगभग 40 बिलियन पृथ्वी आकार के ग्रह हैं, जो अपने तारे (सूर्य समान) या लाल वामन तारे के 'आवासीय क्षेत्र' या 'जीवन-योग्य क्षेत्र' में परिक्रमा कर रहे हैं। आंतरिक ग्रह भी गॉल्डीलॉक जोन में परिक्रमा करते हैं।

गॉल्डीलॉक क्षेत्र ऐसा क्षेत्र होता है, जिसमें स्थित कोई ग्रह अपने ग्रह तारे (Home Star) से उचित दूरी पर होता है, जिसमें उसकी सतह न तो अधिक गर्म होती है और न ही अधिक ठंडी। यदि हम शुक्र ग्रह का अवलोकन करते हैं, तो यह बहुत अधिक तापमान से युक्त है, परंतु मंगल अत्यधिक शीत व निर्जन/बंजर दशा से युक्त है। इन दोनों ग्रहों के मध्य का स्थान अनुकूल वातावरण वाला है, जहां ग्रह की सतह पर जल, तरल अवस्था में रह सकता है। वह न तो अधिक तापमान से वाष्पित होकर वातावरण में उड़ता है और न ही अत्यधिक शीत से जमता है। इसलिए इस क्षेत्र में जीवन की संभावना सर्वाधिक होती है।

वर्तमान में किसी अन्य सौर प्रणाली के गॉल्डीलॉक जोन में मौजूद ग्रह की खोज की जा रही है।

20.16 सौर प्रणाली (Solar System)

सूर्य और उसके परिवार को सौर प्रणाली कहा जाता है।

20.16.1 सूर्य (Sun)

यह हमारे ग्रह के सर्वाधिक निकट स्थित तारा है। अन्य तारों के समान यह भी हाइड्रोजन गैस का एक गोला है, जिसमें लगातार विस्फोट होने से ऊष्मा तथा प्रकाश का उत्सर्जन होता है। इसकी ऊर्जा का स्रोत नाभिकीय संलयन

है (नाभिकीय संलयन में छोटे-छोटे नाभिक एकीकृत होकर बड़े नाभिक का निर्माण करते हैं और ऊर्जा उत्सर्जन करते हैं)। सूर्य में प्रति सेकंड चार मिलियन टन पदार्थ ऊर्जा में परिवर्तित होता रहता है। सूर्य की उत्पत्ति लगभग 5 बिलियन वर्ष पूर्व हुई। यह इतना विशाल है कि अगले 5 बिलियन वर्षों तक लगातार दहन कर सकता है।

सूर्य पूर्व के दो तारों के पुनर्चक्रण से बना तीसरी पीढ़ी का तारा है। इसमें 74% हाइड्रोजन, 25% हीलियम तथा 1% लोहा, व अल्प मात्रा में कार्बन, कैल्शियम तथा सोडियम है। सूर्य सौर प्रणाली के केंद्र में अवस्थित है। सूर्य की रोशनी को पृथ्वी पर पहुंचने में लगभग 8 मिनट का समय लगता है। सूर्य के प्रकाश के परावर्तन के कारण ही हम वस्तुओं को देख पाते हैं। हमारे ग्रह पर ऊर्जा का स्रोत सूर्य ही है। हमारे सौर तंत्र का 99% भाग सूर्य से ही बना है। हमारे सौर तंत्र में अन्य ग्रहों की भांति सूर्य भी अपने अक्ष पर घूर्णन करता है। इसके साथ यह 'मिल्की वे' की एक परिक्रमा पूरी करने में 250 मिलियन वर्ष का समय लेता है।

सूर्य का अध्ययन इसकी विभिन्न परतों-फोटोस्फीयर, क्रोमोस्फीयर तथा कोरोना; की मदद से किया जाता है। सूर्य का दृश्य भाग फोटोस्फीयर है। इसी से सूर्य प्रकाश उत्सर्जित होकर पृथ्वी तक पहुंचता है। क्रोमोस्फेयर, फोटोस्फेयर के ऊपर व कोरोना के नीचे अवस्थित है। सूर्य की सतह की सबसे ऊपरी परत कोरोना है। यह सूर्य ग्रहण के समय सफेद प्रभामंडल के रूप में दिखता है। कोरोना में ऊष्मा का कारण इसका चुंबकीय क्षेत्र होता है, जो लगातार बदलता रहता है। जब फोटोस्फेयर में शक्तिशाली चुंबकीय उत्सर्जन होता है और तीव्र विकिरण उत्सर्जन होता है, तो सूर्य की बाहरी परत में सौर क्रियाएं उत्पन्न होती हैं।

20.16.1.1 सौर पवन (Solar Wind)

सूर्य से अदृश्य कणों की बौछार निकलती है, जिसे सौर पवन कहा जाता है। ये जब पृथ्वी के ध्रुवों से गुजरती है, तो झिलमिलाहट भरा प्रकाश उत्पन्न करती है।

1. **सौर पवनें** मुख्यत: प्रोटोन, इलेक्ट्रॉन तथा सूक्ष्म मात्रा में सिलीकॉन, सल्फर, केल्सियम, क्रोमियम, निकेल, ऑर्गन तथा नियॉन से बनी होती हैं।
2. **सौर पवनें** ध्रुवीय क्षेत्रों में ओरोरा परिघटना उत्पन्न करती हैं। ये धूमकेतु की पूंछ का निर्माण भी करती हैं, जो सूर्य से विपरीत दिशा में होती हैं।
3. **भारी सौर पवनें** पृथ्वी पर दूर संचार को बाधित करती हैं।

20.16.1.2 सौर सुनामी (Solar Tsunami)

सौर सुनामी सूर्य की सतह पर शक्तिशाली प्रघाती तरंगें होती हैं, जो सूर्य के वातावरण में विस्फोट से उत्पन्न होती हैं। इसके परिणामस्वरूप विद्युत आवेशित कणों से युक्त अत्यधिक गर्म प्लाज्मा बड़ी मात्रा में अंतरिक्ष में उत्सर्जित होता है। तकनीकी रूप से सौर सुनामी को **मैग्नेटो हाइड्रोनेमिकल वेव (MDH Wave)** के विस्फोट के रूप में परिभाषित किया जाता है, जिसका कारण सूर्य के वातावरण से चुंबकीय ऊर्जा का उत्सर्जन माना जाता है। **इन्हें Moreton Wave भी कहा जाता है।** अत्यधिक गर्म प्लाज्मा के उत्सर्जन को तकनीकी रूप में **'कोरोनल मास इंजेक्शन' (Coronal Mass Ejection-CME)** कहा जाता है।

विभिन्न संबंधित सिद्धांतों में भेद

कोरोनल मास इंजेक्शन (Coronal Mass Ejection) का उत्सर्जन सौर ज्वाला (Solar Flares) से भी हो सकता है। सौर ज्वाला, सूर्य सतह पर विस्फोट का एक अन्य प्रकार है। इसका कारण भी चुंबकीय ऊर्जा का उत्सर्जन ही माना जाता है।

सौरकलंक, सूर्य सतह पर एक अन्य लघुकालिक परिघटना है, जो सूर्य सतह पर अन्य क्षेत्रों की तुलना में काले धब्बे के रूप में दिखता है तथा इनका भी कारण व्यापक चुंबकीय गतिविधियों को माना जाता है। अधिकांश सौर ज्वालाएं तथा CME की उत्पत्ति इन दृश्य सौरकलंकों के चुंबकीय रूप से सक्रिय क्षेत्रों से होती है। सौरकलंक लगभग 11 वर्षों के अंतराल पर परिघटित होते हैं।

सौर सुनामी, CMEs, सौर ज्वाला, सौरकलंक आदि सभी परिघटनाएं नियमित रूप से घटित होने वाली सौर पवनों से अलग होती हैं। सौर पवन, सूर्य से सभी दिशाओं में लगातार उत्सर्जित होने वाली, विद्युत आवेशित कणों की बौछार होती है।

इन सभी परिघटनाओं में समान विशेषता ये है कि इन सभी के परिणामस्वरूप सूर्य से विद्युत आवेशित कणों से युक्त अत्यधिक गर्म प्लाज्मा का उत्सर्जन होता है। हालांकि यह अलग-अलग परिघटना में अलग-अलग मात्रा तथा अलग-अलग दिशा में होता है।

सौर सुनामी की खोज सन् 1997 में अमेरिका के नासा के सोहो अंतरिक्षयान (Solar and Helispheric Observatory-SOHO) के द्वारा हुई। सौर सुनामी की सत्यता की पुष्टि फरवरी 2009 में सोहो द्वारा की गई, जब सौरकलंक 11012 अप्रत्याशित रूप से प्रकट हुआ और इसके कारण बड़ी मात्रा में सूर्य सतह से कोरोनल मास इंजेक्शन (CMEs) तथा प्रघाती तरंगों का उत्सर्जन अंतरिक्ष में हुआ। इन प्रघाती तरंगों को सामान्य रूप से सौर-सुनामी कहा गया तथा वैज्ञानिक भाषा में MHD तरंगें कहा गया।

20.16.1.3 सौर ज्वाला (Solar Flares)

1. सौर ज्वाला सूर्य की सतह से अचानक उत्सर्जित होती है। इसमें सूर्य के कोरोना से अंतरिक्ष में उग्र गैसों का उत्सर्जन होता है।
2. सौर पवनों में सूर्य से अंतरिक्ष में कई बिलियन टन ऊर्जा का उत्सर्जन 600 मील प्रति सेकंड से भी अधिक गति से होता है। सौर पवनें केवल कुछ मिनटों तक ही रहती हैं।
3. सौर पवनों के आवेशित कण कई बार पृथ्वी के चुंबकीय क्षेत्र में भी प्रवेश कर जाते हैं, जो पृथ्वी पर ओरोरा परिघटना, भू-चुंबकीय तूफान तथा उपग्रह संचार में बाधाओं का कारण बनते हैं।

20.16.1.4 सौरकलंक (Sunspot)

सौरकलंक सूर्य की सतह पर/वातावरण में अपेक्षाकृत ठंडे तथा गहरे क्षेत्र होते हैं। सौरकलंक, सूर्य सतह पर गहरे प्रतीत होने वाले क्षेत्र होते हैं, जिनका कारण इसके फोटोस्फेयर पर अन्य क्षेत्रों की तुलना में इस क्षेत्र का ठंडा (कम गर्म) होना होता है। इसका तापमान लगभग 1500 K कम होता है (इस प्रकार इनका तापमान 4500 K होता है, जो फोटोस्फेयर पर अन्य क्षेत्रों की तुलना में ठंडा होता है)। ये केवल तुलनात्मक रूप से गहरे होते हैं।

इनके प्रकट होने की फ्रीक्वेंसी तथा सूर्य सतह पर एक समयावधि में परिवर्तन का पैटर्न, सौरकलंक चक्र (Sunspot Cycle) कहलाता है।

सौरकलंक का कारण (Cause behind the Sunspots)

सौरकलंक सूर्य के फोटोस्फेयर पर एक क्षेत्र में अल्पकालिक परिघटना होती है। यह क्षेत्र अन्य क्षेत्रों की तुलना में गहरा दिखाई देता है। ऐसा तीव्र चुंबकीय गतिविधियों के कारण होता है, जो Eddy Current Brake की तुलना में संवहन को रोकता है तथा सतह पर अपेक्षाकृत कम तापमान वाले क्षेत्रों का निर्माण करता है। चुंबक की तरह इनके भी दो ध्रुव होते हैं। यद्यपि इनका तापमान लगभग 3000–4500 केल्विन (K) (2727–4227° सेल्सियस) होता है, जो आसपास के अन्य क्षेत्र की तुलना में कम होता है। आसपास के अन्य क्षेत्र का तापमान लगभग 5780 केल्विन होता है। अपेक्षाकृत कम तापमान होने के कारण यह क्षेत्र गहरा दिखाई देता है। यदि सौरकलंक को इसके चारों तरफ के फोटोस्फेयर से पृथक् किया जाता है, तो यह एक इलेक्ट्रिक आर्क से अधिक चमकदार होगा। सौरकलंक ऐसे विस्तारित होते हैं तथा सिकुड़ते हैं जैसे कि वे सूर्य की सतह पर गतिमान हो। इनका व्यास 80,000 किमी. तक हो सकता है। इनकी सापेक्षिक गति (जब वे सूर्य के फोटोस्फेयर पर उत्पन्न होते हैं) कुछ सौ मीटर प्रति सेकंड हो सकती है।

व्यापक चुंबकीय गतिविधियों को उत्पन्न करते हुए सौर-कलंक 'कोरोनाल लूप' तथा 'रिकनेक्शन ईवेंट' जैसी द्वितीयक परिघटना की मेजबानी करते हैं। सौर ज्वाला तथा कोरोनल मास इजेक्शन की अधिकांश परिघटनाओं की उत्पत्ति इन दृश्य सौरकलंक समूहों के चारों ओर चुंबकीय गतिविधियों के कारण होती है। इसी तरह की परिघटना, जो तारों पर अप्रत्यक्ष रूप से अनुभव की जाती है, को स्टार स्पॉट्स (तारा कलंक) कहते हैं। दोनों में ही प्रकाश तथा गहरे धब्बों को देखा जाता है।

सौरकलंक की सामान्य विशेषताएं (Basic Features of Sunspots)

- सबसे बड़े सौरकलंक का व्यास 50,000 किमी. तक देखा गया है। यह इतना बड़ा होता है कि इसे नंगी आंखों से भी देखा जा सकता है।
- सौरकलंक प्राय: समूह में उत्पन्न होते हैं (जैसे-सामान्यत: एक समूह में 100)। यद्यपि 10 से अधिक के समूह बहुत दुर्लभ होते हैं। ये सौरकलंकों के मापन की एक सुव्यवस्थित प्रणाली है।

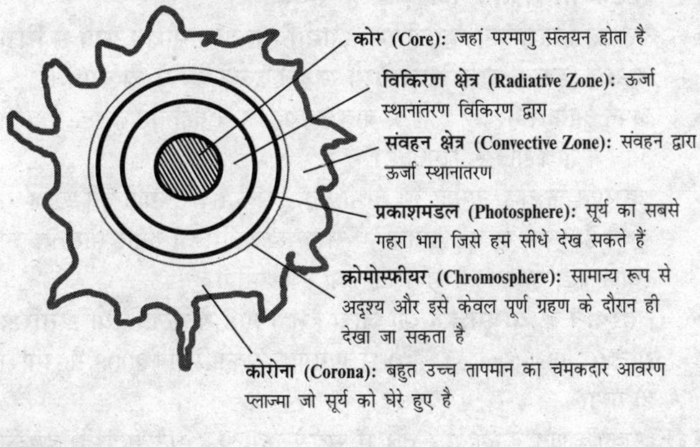

चित्र 20.2
सौर संरचना

- सौरकलंकों का विकास तथा जीवन-अवधि कुछ घंटों से लेकर कुछ माह तक हो सकती है। ये सूर्य की सतह पर इसके घूर्णन से गतिमान होते रहते हैं।
- एक विशेष सौरकलंक अम्ब्रा तथा पेनुम्ब्रा नामक दो क्षेत्रों से बना होता है। अम्ब्रा (Umbra) इसके मध्य का गहरा क्षेत्र होता है, जबकि पेनुम्ब्रा (Penumbra) इसके चारों ओर का प्रकाशमान क्षेत्र होता है।

20.16.2 विभिन्न ग्रह (Different Planets)

20.16.2.1 बुध (Mercury)

- इसका नाम **रोमन देवता के दूत** (Messenger of the Roman God) के नाम पर पड़ा।
- **यह हमारे सौरमंडल का सबसे छोटा** तथा सूर्य के सर्वाधिक समीप स्थित ग्रह है।
- इसका परिक्रमण काल 88 दिन है। हमारे सौर तंत्र में यह सर्वाधिक तीव्र गति से परिक्रमा करने वाला ग्रह है। बुध का घूर्णन काल (Rotation Period) 58.65 दिन है।
- यह अपनी धुरी पर इतना धीरे घूमता है कि पृथ्वी के 59 दिन का समय इसके एक दिन के बराबर होता है।
- बुध की सतह पर हजारों क्रेटर (Crater) हैं।
- **इसका वायुमंडल नहीं है। इसलिए यह सूर्य की ऊष्मा को ग्रहण नहीं करता।**
- इसका लोहे से बना एक बड़ा कोर है, जिससे अनुमान लगाया जा सकता है कि इसने अपनी अधिकांश सतह प्राचीन काल में एक टक्कर में खो दी है।
- यहां पर तापमान की चरम दशाएं प्राप्त होती हैं, जहां पर दिन अत्यधिक गर्म तथा रातें बर्फीली होती हैं।
- **शुक्र के बाद यह सबसे गर्म ग्रह है।**
- **बुध का कोई उपग्रह नहीं है।**

20.16.2.2 शुक्र (Venus)

- इसका नाम **रोम की प्रेम और सुंदरता की देवी के नाम पर पड़ा।**
- **सूर्य और चंद्रमा के बाद यह ग्रह आकाश में सर्वाधिक चमकदार पिंड है।**
- **यहां पर कार्बन-डाई-ऑक्साइड से युक्त घने वायुमंडल की वजह से 'हरित ग्रह प्रभाव' उत्पन्न होता है,** जिससे इसकी सतह का तापमान 450° सेल्सियस से भी अधिक हो जाता है। इस प्रकार शुक्र सर्वाधिक गर्म ग्रह है।
- इसका घूर्णन काल 257 दिन जबकि परिक्रमण काल 224.7 दिन होता है।
- इस पर सर्वाधिक ऊंचा ज्वालामुखी **'माउंट मोंस'** (Mount Mons) है।
- शुक्र पृथ्वी से विपरीत दिशा में घूमता है, अर्थात् यहां पर सूर्य का उदय पश्चिम में तथा अस्त पूर्व में होता है।
- शुक्र का दिन बहुत लंबा होता है, यहां पर एक दिन पृथ्वी के 243 दिन के बराबर होता है अर्थात् यह 243 दिन में अपने अक्ष पर एक बार घूमता है।

- शुक्र को प्रातः काल के समय आकाश में देखा जा सकता है, परंतु यह इस बात पर निर्भर करता है कि यह सूर्य की परिक्रमा कक्षा में कहां पर स्थित है। इसलिए इसे **'भोर का तारा'** या **'सांझ का तारा'** कहा जाता है।
- आकार, द्रव्यमान तथा घनत्व में समान होने के कारण इसे **'पृथ्वी की जुड़वां बहन'** भी कहा जाता है।
- **इसका कोई उपग्रह नहीं है।**

20.16.2.3 पृथ्वी (Earth)

- यह पांचवां सर्वाधिक बड़ा तथा सूर्य के समीप तीसरा ग्रह है।
- पृथ्वी की सतह पर 70% जल है तथा इसके वायुमंडल में ऑक्सीजन से भरपूर बादलों की उपस्थिति के कारण इसका रंग विशिष्ट रूप से नीला-सफेद है।
- यह आकार में गोलाकार (Spherical) है, जो ध्रुवों पर थोड़ी चपटी और भू-मध्य रेखा पर उभरी हुई है। इस आकार को **जिऑइड (Geoids)** कहते हैं।
- यह सौर तंत्र में यही एकमात्र ग्रह है, जिस पर जीवन है।
- पृथ्वी पर तीन विशिष्टताएं हैं, जो यहां पर जीवन संभव बनाती है- (i) अनुकूल तापमान, (ii) उचितं वायुमंडल तथा (iii) जल की उपस्थिति।
- पृथ्वी का एक अपना प्राकृतिक उपग्रह है- **चंद्रमा।**
- पृथ्वी का अपना प्रकाश नहीं होता। यह सूर्य के प्रकाश को ही परावर्तित करती है।
- इसकी अपने अक्ष पर घूर्णन अवधि 23 घंटे 56 मिनट तथा 40.91 सेकंड तथा परिक्रमण अवधि 365 दिन है।

चंद्रमा (Moon)

चंद्रमा पृथ्वी का प्राकृतिक उपग्रह है, पिछले कुछ समय में चंद्रमा की अनेक विशेषताओं का पता लगाया गया है।

- **ब्लूमूनः** जब किसी कैलेंडर माह में दो पूर्ण चंद्रमा दिखाई देते हैं तो दूसरे वाले चंद्रमा को नीला चंद्रमा/ब्लू मून कहते हैं। पहला नीला चंद्रमा 1 जनवरी, 2018 को दिखाई दिया था।
- 31 जनवरी, 2018 को ग्लोब के बड़े हिस्से में दुर्लभ ब्लू मून घटना का अनुभव किया गया था। यह बहुत ही दुर्लभ क्षण था, जब ब्लू मून, पूर्ण चंद्रमा तथा पूर्ण चंद्रग्रहण तीनों घटनायें एक साथ घटित हुई। यह घटना 150 सालों से भी अधिक समय बाद घटित हुई है।
- **सुपरमून/महा चंद्रमाः** सुपर मून तब होता है जब पूर्ण चंद्रमा पृथ्वी की कक्षा के सबसे नजदीकी हिस्से पर होता है। इसे भू-समीपक (Perigee) भी कहते हैं। सुपरमून, पूर्ण चंद्रमा की तुलना में 30 प्रतिशत अधिक उज्ज्वल तथा 10 प्रतिशत बड़ा दिखाई देता है।
- **ब्लडमून/रक्त चंद्रमाः** ग्रहण के समय चंद्रमा लाल रंग में बदल जाता है क्योंकि कुछ (सूर्य) प्रकाश पृथ्वी द्वारा ढके चंद्रमा पर पड़ता है, जिससे चंद्रमा लाल दिखाई देता है। वायुमण्डल में विद्यमान सूक्ष्म कण सौर स्पेक्ट्रम (सूर्य प्रकाश की किरण में रंगों का विन्यास) के नीले घटकों का प्रकीर्णन (Rayleigh Scattering) कर देते हैं और जो प्रकाश किरण हमारे पृथ्वी तक पहुंचती है वो दीर्घ तरंगदैर्ध्य का लाल प्रकाश होता है।
- चंद्रग्रहण तब होता है, जब चंद्रमा पृथ्वी की छाया में आ जाता है या जब पृथ्वी चंद्रमा को ढंक देती है, इसे प्रतिछाया (Unbra) भी कहते हैं।

20.16.2.4 मंगल (Mars)

- इसका नाम **रोम के युद्ध के देवता के नाम पर पड़ा।**
- इसकी **मिट्टी में लौह की अधिकता के कारण यह लाल रंग का दिखता है। इसलिए इसे 'लाल ग्रह' भी कहते हैं।**
- इस ग्रह पर बहुत तेज हवाएं चलती हैं, जिससे धूल भरे तूफान पैदा होते हैं।
- मंगल पर प्राचीन टेक्टोनिक गतिविधियों के चिन्ह देखे जाते हैं। यहां पर चार विशाल क्रेटर साफ-साफ देखे जा सकते हैं। इनमें सबसे बड़े क्रेटर का व्यास 536 किमी. है।
- मंगल पर सर्वाधिक ऊंचा ज्वालामुखी **'ओलम्पस मोंस'** (Olympus Mons) है।
- मंगल के दो वृहत ध्रुवीय क्षेत्र (Caps) हैं।
- मंगल के आसमान में पानी की भाप या कार्बन-डाई-ऑक्साइड के हल्के बादल देखे जाते हैं।
- इसकी **वेलीज मेरिन (Valles Marineris)** घाटी लगभग 2500 मील लंबी है।
- **मंगल की सतह का तापमान इतना कम है कि पानी तरल अवस्था में नहीं रह सकता। मंगल पर कोई भी नदी, समुद्र या महासागर नहीं है।**
- मंगल के दो उपग्रह हैं- **डेमोस (Deimos) (ग्रीस में आतंक)** और **फोबोस (Phobos) (ग्रीस में डर)।**
- इसका घूर्णन तथा परिक्रमण काल क्रमशः 24.6 घंटे व 687 दिन है।

20.16.2.5 बृहस्पति (Jupiter)

- यह **हमारे सौर तंत्र का सबसे बड़ा ग्रह है** तथा **शुक्र के बाद सर्वाधिक चमकदार ग्रह है।**
- इसका नाम **रोमन देवताओं के राजा के नाम पर पड़ा** है।
- यह मुख्यतः **हाइड्रोजन से बना गैस का विशाल गोला** है।
- यह पूरी तरह गोल नहीं है, बल्कि ध्रुवों पर थोड़ा-सा सपाट है।
- इसका **वायुमंडल पीले रंग का दिखता** है।
- इसकी सतह पर एक बड़ा लाल धब्बा है, जो इतना विशाल है कि **पृथ्वी से आकार में तीन गुणा बड़ा हो सकता है।**
- यह **ग्रह हाइड्रोजन, हीलीयम, आमोनिया तथा मीथेन गैसों से घिरा हुआ है। इसके चारों ओर गैसों से बने हल्के छल्ले/वलय हैं।**
- अपने आकार में बड़ा होने के बावजूद यह अन्य ग्रहों की तुलना में बहुत अधिक तीव्र गति से घूमता है।
- बृहस्पति के कई उपग्रह हैं। अभी तक इसके 64 उपग्रहों की खोज हो चुकी है। इनमें से बड़े उपग्रहों में से प्रमुख गेनीमेड (हमारे सौर तंत्र का सबसे बड़ा उपग्रह), केलिस्टो, ईयो तथा यूरोपा हैं।
- **बृहस्पति के वायुमंडल की जांच हेतु 1995 में गेलीलियो अंतरिक्ष यान (Galileo Space Craft)** भेजा गया। इसका मिशन 2003 में समाप्त हो गया।
- इसका घूर्णन काल सौर तंत्र में सबसे कम 9.8 घंटे मात्र है। इसका परिक्रमण काल 12 वर्षों का होता है।

20.16.2.6 शनि (Saturn)

- इसका नाम **बृहस्पति के पिता के नाम पर पड़ा।**
- हमारे सौर तंत्र का यह दूसरा सबसे बड़ा ग्रह है।
- **यह एकमात्र ग्रह है, जिसके वलय हम देख सकते हैं क्योंकि ये अत्यधिक बड़े हैं। इसके वलय बर्फ, धूल तथा चट्टानों से बने हैं। इसका वलय (छल्लों) में विद्यमान बर्फ प्रकाश का परावर्तन करती है, इसी कारण हम इन्हें आसानी से देख सकते है।**
- शनि के तीनों संकेंद्रित वलय, बर्फ के कणों से बने होते हैं।
- इसका वायुमंडल मुख्यत: **हाइड्रोजन और हीलियम से बना है।**
- इसके 62 ज्ञात उपग्रह है, जिनमें से टाइटन सबसे बड़ा है।
- 1997 में केसिनी नामक अंतरिक्ष यान हाइजन (Huygens हैं) नामक अंतरिक्ष यान के साथ नष्ट हो गया।
- **केसिनी (Cassini)** जून 2004 में शनि की कक्षा में पहुंचा तथा **हाइजन (Huygens)** जनवरी 2005 में इसके सबसे बड़े उपग्रह टाइटन पर गिर गया।
- इसका घूर्णन काल 10.3 घंटा तथा इसका परिक्रमण काल 29 वर्ष है।

20.16.2.7 अरुण (Uranus)

- इसका नाम **रोम के आकाश के देवता के नाम पर पड़ा।**
- खगोलशास्त्री **विलियम हर्शेल** (William Harschel) द्वारा सर्वप्रथम दूरबीन की सहायता से खोजा गया यह पहला ग्रह (1781 में खोज) था।
- इसका घना वायुमंडल मुख्यत: **मीथेन** से बना है, जो इसे **नीला-हरा रंग प्रदान करता है।**
- इसका अक्ष, इसकी कक्षा के समांतर लगभग 98° पर अनोखे रूप से झुकी हुई है, इसलिए यह लुढ़कता हुआ प्रतीत होता है।
- अरुण 11 संकरे वलय से घिरा हुआ है, जो चट्टान तथा धूल से बने हैं।
- इसके 27 उपग्रह है, जिसमें **टाइटेनिया** (Titania) तथा **मिरांडा** (Miranda) प्रमुख है।
- 1986 में **वॉयजर-2** (Voyager-2) मिशन को भेजा गया, जिसने इसके 10 उपग्रहों का पता लगाया।
- इसकी घूर्णन अवधि 10.8 घंटे तथा परिक्रमण अवधि 84 वर्ष है।
- इसके प्रत्येक ध्रुव पर 42 वर्ष की सर्दी तथा 42 वर्षों तक की गर्मी रहती है। इनमें से 21 वर्षों तक ये लगातार प्रकाश या अंधेरे में रहते हैं।

20.16.2.8 वरुण (Neptune)

- इसकी खोज पर 1846 में **जॉन गेले** (Johann Galle) ने की।
- **इसका रंग नीला (Bluish) है। इसके नीलेपन का कारण इसके वायुमंडल में उपस्थित मीथेन गैस है।**
- इसकी सतह पर कुछ गहरे धब्बे हैं, इनमें से सबसे बड़ा **'ग्रेट डार्क स्पॉट'** (Great Dark Spot) है, जो वास्तव में एक बड़ा तूफान है।
- इसके चारों ओर धूल से बने चार हल्के वलय हैं।
- इसकी घूर्णन अवधि 15.7 दिन तथा परिक्रमण घूर्णन 164.8 वर्ष (पृथ्वी के बराबर) है।
- इसका नाम **रोम के समुद्र के देवता के नाम पर पड़ा।**
- यह अरुण के बहुत-समान है, इसलिए इसे **'अरुण की जुड़वां बहन'** के रूप में भी जाना जाता है।
- **यह बहुत ठंडा ग्रह** है, जिसका कारण सूर्य से इसकी अत्यधिक दूरी है।
- 1989 में **वॉयेजर-2** (Voyager-2) को भेजा गया, जिसने वरुण के 6 ग्रहों की खोज की।
- वैसे इसके 13 उपग्रह हैं।
- **यह पहला ग्रह है जिसकी खोज 'अनुभवात्मक अवलोकन' की बजाय 'गणितीय आकलन' से हुई।**

20.17 चुम्बकीय उत्तरी ध्रुव रूस की तरफ तेजी से खिसक रहा है (Magnetic North Pole Drifting Fast Towards Russia)

चुम्बकीय उत्तरी ध्रुव (Magnetic North Pole) कनाडियन आर्कटिक से रूस की तरफ तेजी से खिसक रहा है। यह खबर अनेक न्यूज रिपोर्ट्स में प्रकाशित हो चुकी है।

पृथ्वी का चुम्बकत्व (Earth's Magnetism)

- पृथ्वी का चुम्बकत्व इसके बाहरी कोर (Outer Core) में उत्पन्न होता है, जो बाहरी कोर लोहे की 200km से अधिक की परतों तथा कुछ धातुओं, जैसे-निकेल से निर्मित है तथा केंद्रीय कोर या सबसे अंदरूनी भाग को चारों ओर से घेरे हुए है।
- पृथ्वी की गति के कारण, तरल लोहे के स्थिर गति के कारण तथा कुछ अन्य कारणों से यह गति चुम्बकीय क्षेत्र का निर्माण करती है।

वर्तमान में क्या मुद्दा है? (What's the Issue Now?)

- वर्तमान में चुम्बकीय उत्तरी ध्रुव उत्तरी कनाडा में किसी स्थान पर अवस्थित है, इस संदर्भ में, वर्ष 1831 में सर जेम्स क्लर्क रॉस द्वारा खोज की गयी थी। चुम्बकीय उत्तरी ध्रुव कनाडियन आर्कटिक से रूस की तरफ गति कर रहा है और यह पिछले कई दशकों में सैकड़ों मील गति कर चुका है। इस घटना को 'ध्रुवीय विस्थापन सिद्धांत (Polar Shift Theory) के नाम से जाना जाता है।
- वैज्ञानिक यह समझ चुके हैं कि यह विस्थापन तेजी से बढ़ रहा है। उल्लेखनीय है कि, वर्ष 1990 में यह विस्थापन 14-15km प्रतिवर्ष था, जो पिछले कुछ वर्षों में 55km प्रतिवर्ष हो गया है। इसके द्वारा वर्ल्ड मैग्नेटिक मॉडल (WMM) का अध्ययन किया गया है, जो इस घटना की निगरानी करता है। यह समय-सारिणी (Schedule) से एक वर्ष आगे था।

इसके तेजी से बढ़ने के कारण (Why it is Moving Faster?)

वैज्ञानिक इस घटना पर कोई स्पष्ट राय नहीं बना पा रहे हैं। पृथ्वी के बाहरी कोर में तरल लोहे और अन्य धातुओं की गति को चुम्बकीय क्षेत्र के प्रभाव

के रूप में जाना जाता है। परंतु यह घटना अत्यन्त तीव्र और अस्त-व्यस्त है। वैज्ञानिक यह नहीं समझ पा रहे कि यह घटना कैसे और क्यों हो रही है?

- पृथ्वी के अंदर घटित होने वाली घटनाओं का अध्ययन परोक्ष रूप से कंप्यूटर मॉडलिंग द्वारा ही किया जा सकता है क्योंकि वहां अत्यधिक गर्म तापमान पाया जाता है। वैज्ञानिकों को यह उम्मीद है कि मैग्नेटिक उत्तरी ध्रुव के स्थानांतरण में होने वाली वृद्धि से पृथ्वी की सतह के अंदर घटित होने वाली घटनाओं को जानने में मदद मिलेगी।

विश्व चुम्बकीय मॉडल क्या है?
(What is the World Magnetic Model?)

- वर्ष 1831 में सर्वप्रथम जेम्स क्लर्क रॉस ने कनाडा के नूनावट प्रदेश के बिखरे हुए द्वीपों में चुम्बकीय ध्रुव के खिसकने की जानकारी दी थी। तब से पिछले कुछ दशकों में ध्रुव उत्तर की तरफ सैकड़ों मील खिसक गया है।
- इन सब परिवर्तनों को समझने के लिए यू.एस नेशनल औशनिक एंड एटमोस्फेरिक एडमिनिस्ट्रेशन तथा ब्रिटिश सर्वे ने वर्ल्ड मैग्नेटिक मॉडल का विकास किया है।
- मॉडल को प्रत्येक 5 वर्ष में अद्यतन किया जाता है तथा 2015 में इसे नवीनतम अद्यतन किया गया था। वैज्ञानिक मॉडल की सटीकता की जांच 'सतही चुम्बकीय वेधशाला (Ground Magnetic Observatories) तथा यूरोपियन स्पेस ऐजेंसी के 'स्वार्म मिशन' (पृथ्वी के चुम्बकीय क्षेत्र को मापने वाला सेटेलाइट) से प्राप्त आंकड़ों के आधार पर की जाती है।

चुम्बकीय उत्तरी ध्रुव क्या है? यह कैसे भौगोलिक उत्तरी ध्रुव से अलग है? (What is Magnetic North Pole? How is it Different From Geographic North Pole?)

पृथ्वी के दो उत्तरी ध्रुव हैं–1. भौगोलिक, एवं चुम्बकीय।

- **भौगोलिक उत्तरी ध्रुवः** यह उत्तरी अक्ष है, जिसके चारों ओर पृथ्वी घूमती है तथा स्थित है। उत्तरी ध्रुव आर्कटिक महासागर के मध्य में अवस्थित है।
- **चुम्बकीय उत्तरी ध्रुवः** इसे उत्तरी गर्त (DIP) ध्रुव के रूप में भी जाना जाता है। यह कनाडा के 'एलेस्मरे द्वीप' पर स्थित एक बिंदु है। जहां से आकर्षण की उत्तरी रेखा पृथ्वी में प्रवेश करती है, एक कम्पास की सुई चुम्बकीय उत्तरी ध्रुव की तरफ संकेत करती है, जो कि भौगोलिक उत्तरी ध्रुव से अलग है।
- सम्पूर्ण परिवहन क्षेत्र, मुख्यतः जहाजरानी व विमानन उत्तरी चुम्बकीय ध्रुव की स्थिति पर ही निर्भर है, क्योंकि इसी से उन्हें अपने नौवहन पथ सही ढंग से तय करने में मदद मिलती है। यह सैन्य क्षेत्र में भी उपयोगी है क्योंकि इसकी सहायता से मिसाइल के लक्ष्य को तय किया जाता है।
- उत्तरी चुम्बकीय ध्रुव की जानकारी अनेक नागरिक अनुप्रयोगों के लिए भी महत्वपूर्ण है।
- जो कम्पास आधुनिक उपकरणों में उपयोग होता है वह अधिक परिष्कृत डिजिटल तथा अधिक सटीक है।

20.18 पृथ्वी के चुंबकीय क्षेत्र द्वारा अंतरिक्ष विकिरणों से हमारी सुरक्षा (Earth's Magnetic Field Protect us From Space Radiation)

ब्रह्माण्ड के नुकसानदायक कण पृथ्वी की सतह तक नहीं पहुंच पाते क्योंकि **पृथ्वी के चुंबकीय क्षेत्र** द्वारा इन्हें बाहर धकेल दिया जाता है। जो कण पृथ्वी के ध्रुवीय क्षेत्रों से कीप आकार (Funnel shape) में पृथ्वी के वातावरण में प्रवेश करते हैं, वे ध्रुवों पर **अरोरा प्रकाश** (Auroral lights) को उत्पन्न करते हैं। ये कण पृथ्वी के वायुमंडल में डाउनस्ट्रिम या मैग्नेटोटेल (Magnetotail) से प्रवेश करते हैं। **मैग्नेटोटेल, पृथ्वी या किसी अन्य ग्रह के मैग्नेटोस्फेयर पर एक संकीर्ण तथा लंबा क्षेत्र होता है, जो सूर्य से विपरीत दिशा में विस्तारित होता है।**

अरोरा (Aurora) एक अनोखी प्रकाशीय परिघटना है, जिसमें सूर्य से उत्सर्जित आवेशित कण पृथ्वी के वातावरण में ऑक्सीजन तथा नाइट्रोजन जैसी गैसों के अणुओं से टकराकर रंगीन प्रकाश उत्पन्न होता है। ये प्रकाश पृथ्वी के दोनों गोलार्द्धों में उत्तरी तथा दक्षिणी ध्रुवों पर देखा जाता है। उत्तरी ध्रुव पर इस 'अरोरा परिघटना' को 'अरोरा बोरियालिस' (Aurora Borealis) तथा **दक्षिण ध्रुव पर इसे 'अरोरा ऑस्ट्रेलिस'** (Aurora Australis) **कहा जाता है।**

चुंबकीय क्षेत्र की ये रेखाएं जिस कोण पर पृथ्वी की सतह पर प्रतिच्छेदित होती हैं, वह विषुवत रेखा पर 0° से ध्रुवों पर 90° के मध्य है। **इस चुंबकीय क्षेत्र की शक्ति, पृथ्वी की सतह पर भिन्न-भिन्न होती है। यह ध्रुवों पर सर्वाधिक शक्तिशाली तथा विषुवत रेखा पर सबसे कमजोर होता है।**

20.19 गामा-किरणों का प्रस्फुटन (Gamma Ray Bursts)

खगोल विज्ञान के अनुसार **गामा-किरण प्रस्फुटन (GRBs - Gamma-Ray-Bursts) अत्यधिक ऊर्जायुक्त विस्फोट होता है, जो दूर स्थित आकाशगंगाओं में होता पाया गया है। ये ब्रह्मांड में ज्ञात सर्वाधिक चमकदार विद्युत चुंबकीय परिघटना होती है।** यह विस्फोट 10 मिली सेकंड से लेकर कई तक का हो सकता है। **ये तरंगें रेडियोधर्मी परमाणु** तथा **नाभिकीय विस्फोटों से उत्पन्न होती हैं। गामा किरणें जीवित कोशिकाओं को मार सकती हैं। इसके इस गुण का लाभ चिकित्सा जगत में कैंसर कोशिकाओं को मारने में किया जाता है।** गामा किरणों का प्रस्फुटन सन् 1960 के अंत में अमेरिका के **न्यूक्लियर टेस्ट डिटेक्शन सेटेलाइट, वेला (Vela) द्वारा खोजा गया। गामा किरणें सौर ज्वाला, पल्सर, नोवा तथा सुपरनोवा विस्फोटों से उत्सर्जित होती हैं।**

गामा किरणें आयनीकृत विकिरण को भेद सकती हैं अर्थात् ये किसी भी पदार्थ में आवेशित कणों को उत्पन्न कर सकती हैं और इनके द्वारा ये गुजर सकती हैं। **मानव शरीर में ये DNA उत्परिवर्तन तथा कोशिकीय तंत्र के नष्ट होने का कारण बनती हैं।** बड़े स्तर पर ये कोशिकाओं को मारने तथा विकिरण विषाक्तता (Radiation Poisoning) में सक्षम हैं।

प्रश्न एवं उत्तर (Questions & Answers)

वस्तुनिष्ठ प्रश्न (Objective Questions)

1. **खगोलीय दूरियां प्रकाश-वर्ष में मापे जाने का कारण निम्नलिखित में से कौन-सा है?** *[UPSC (Pre) - 2021]*
   (a) तारकीय पिंडों के बीच की दूरियां परिवर्तित नहीं होती हैं।
   (b) तारकीय पिंडों का गुरुत्व परिवर्तित नहीं होता है।
   (c) प्रकाश सदैव सीधी रेखा में यात्रा करता है।
   (d) प्रकाश की गति (स्पीड) सदैव एकसमान होती है।

2. **'गोल्डीलॉक्स जोन (Goldilocks Zone)' शब्द निम्नलिखित में से किसके संदर्भ में अकसर समाचारों में देखा जाता है?** *[UPSC (Pre) - 2015]*
   (a) भूपृष्ठ के ऊपर वासयोग्य मंडल की सीमाएं
   (b) पृथ्वी के अंदर का वह क्षेत्र, जिसमें शेल गैस उपलब्ध है
   (c) बाह्य अंतरिक्ष में पृथ्वी जैसे ग्रहों की खोज
   (d) मूल्यांकन धातुओं से युक्त उल्कापिंडों (मीटिओराइट्स) की खोज

3. **वैज्ञानिक निम्नलिखित में से किस/किन परिघटना/परिघटनाओं को ब्रह्मांड के निरंतर विस्तरण के साक्ष्य के रूप में उद्धृत करते हैं?** *[UPSC (Pre) - 2012]*
   1. अंतरिक्ष में सूक्ष्म तरंगों की उपस्थिति का पता चलना
   2. अंतरिक्ष में रेडशिफ्ट परिघटना का अवलोकन
   3. अंतरिक्ष में क्षुद्रग्रहों की गति
   4. अंतरिक्ष में सुपरनोवा विस्फोटों का होना

   निम्नलिखित कूटों के आधार पर सही उत्तर चुनिए:
   (a) केवल 1 और 2
   (b) केवल 2
   (c) केवल 1, 3 और 4
   (d) उपर्युक्त में से कोई भी साक्ष्य के रूप में उद्धृत नहीं किया जा सकता

4. **अंतरिक्ष में कई सौ. किमी./से. की गति से यात्रा कर रहे विद्युत आवेशी कण आदि पृथ्वी के धरातल पर पहुंच जाएं, तो जंतुओं को गंभीर नुकसान पहुंचा सकते हैं। ये कण किस कारण से पृथ्वी की धरातल पर नहीं पहुंच पाते?** *[UPSC (Pre) - 2012]*
   (a) पृथ्वी की चुंबकीय शक्ति इन्हें ध्रुवों की ओर मोड़ देती है
   (b) पृथ्वी के इर्द-गिर्द की ओजोन परत इन्हें बाह्य अंतरिक्ष में परावर्तित कर देती है
   (c) वायुमंडल की ऊपरी परतों में उपस्थित आर्द्रता इन्हें पृथ्वी के धरातल पर नहीं पहुंचने देती
   (d) उपर्युक्त कथनों (a), (b) और (c) में से कोई भी कथन सही नहीं है।

5. **क्षुद्रग्रहों तथा धूमकेतु के बीच क्या अंतर होता है?** *[UPSC (Pre) - 2011]*
   1. क्षुद्रग्रह लघु चट्टानी ग्राहिकाएं (प्लेनेटॉयड) हैं, जबकि धूमकेतु हिमशीतित गैसों से निर्मित होते है, जिन्हें चट्टानी और धातु पदार्थ आपस में बांधे रखते हैं।
   2. क्षुद्रग्रह अधिकांशत: बृहस्पति और मंगल परिक्रमापथों के बीच पाएं जाते हैं, जबकि धूमकेतु अधिकांशत: शुक्र और बुध के बीच पाएं जाते हैं।
   3. धूमकेतु गोचर दीप्तिमान पुच्छ दर्शाते हैं, जबकि क्षुद्रग्रह यह नहीं दर्शाते।

   उपर्युक्त में से कौन-सा/से कथन सही है/हैं?
   (a) केवल 1 और 2
   (b) केवल 1 और 3
   (c) केवल 3
   (d) उपरोक्त सभी

उत्तरमाला (Answer Key)

1. (d) 2. (c) 3. (a) 4. (a) 5. (a)

अध्याय

21

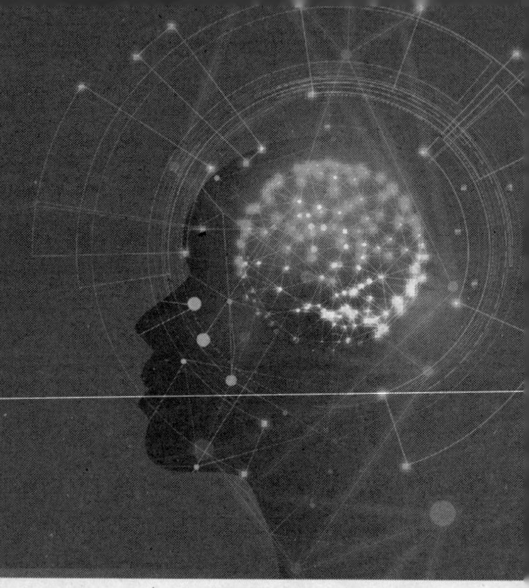

कण भौतिकी
(Particle Physics)

इस अध्याय में...

जैसे-जैसे ब्रह्मांड ठंडा हुआ तथा तापमान एक क्रांतिक (Critical) बिंदु से नीचे हुआ, एक अदृश्य बल का क्षेत्र, हिग्स क्षेत्र निर्मित हुआ।

यह दक्षिणी ध्रुव पर IceCube और भूमध्य सागर में ANTARES के साथ-साथ दुनिया के तीन सबसे बड़े न्यूट्रिनो डिटेक्टरों में से एक है।

सबसे शक्तिशाली गुरुत्वाकर्षण तरंगें ब्लैक होल के विलय, सुपरनोवा के रूप में जाने जाने वाले विशाल सितारों के विस्फोटक अंत और न्यूट्रॉन सितारों की टक्कर जैसी प्रलयंकारी घटनाओं से उत्पन्न होती हैं।

गुरुत्वाकर्षण तरंगों के अध्ययन से ब्रह्मांड के उन हिस्सों की खोज करने की अपार संभावनाएं मिलती हैं जो अन्य तरीकों से अदृश्य हैं, जैसे कि ब्लैक होल, बिग बैंग और अभी तक अन्य अज्ञात वस्तुएं।

21.1 कण भौतिकी (Particle Physics)

कण भौतिकी, भौतिकी की शाखा है, जिसमें **पदार्थ के प्राथमिक घटक** (Elementary Constituent of Matter), विकिरण तथा उनके मध्य संबंधों का अध्ययन किया जाता है। इसे **'उच्च ऊर्जा भौतिकी'** (High Energy Physics) के नाम से भी जाना जाता है क्योंकि **ये प्राथमिक कण प्रकृति की सामान्य दशाओं में उपस्थित नहीं होते। इनका निर्माण तथा इनकी पहचान अन्य कणों की टक्कर (कण त्वरक के द्वारा) के द्वारा ही की जा सकती है।**

आधुनिक कण भौतिकी अनुसंधान **उप-परमाणविक कणों** (Subatomic Particles); जैसे-**इलेक्ट्रॉन, प्रोटोन तथा न्यूट्रॉन पर आधारित होते हैं। ये उप-परमाणविक कण विकिरण तथा प्रकीर्णन (Scattering) प्रक्रिया के द्वारा ही उत्पन्न किए जाते हैं; जैसे- फोटॉन, न्यूट्रॉन या म्यूऑन (Muons) द्वारा।**

कण भौतिकी की गतियां, **क्वाण्टम तंत्रों** (Quantum Mechanics) के द्वारा नियंत्रित की जाती है। **प्रोटोन और न्यूट्रॉन वास्तव में मिश्रित कण होते हैं, जो 'क्वार्क' (Quarks)** का निर्माण करते हैं।

21.2 भौतिकी के स्टैंडर्ड मॉडल (Standard Model of Physics)

सभी कणों तथा उनके मध्य अंतर्संबंधों का अवलोकन **'क्वाण्टम फील्ड थ्योरी'** (Quantum Field Theory) के द्वारा परिभाषित किया जा सकता है, इसे **स्टैंडर्ड मॉडल (Standard Model)** कहा जाता है।

स्टैंडर्ड मॉडल में प्राथमिक कणों की पहचान क्वार्क (Quarks), लेप्टॉन (Leptons) तथा बोसोन (Bosons) आदि के रूप में की जाती है। ये कण संयुक्त हो सकते हैं तथा विभिन्न मिश्रित कणों का निर्माण कर सकते हैं। भौतिकी के **'स्टैंडर्ड मॉडल' में उप-परमाणविक स्तर पर विभिन्न कणों के मध्य संबंधों, गुणों तथा विशेषताओं का अध्ययन किया जाता है।**

ब्रह्मांड की उत्पत्ति वैज्ञानिकों के लिए वर्षों से एक पहेली बनी हुई है। इस पहेली को सुलझाने के लिए तथा वास्तविकता की जांच हेतु सैद्धांतिक मॉडल दिए गए। **वर्तमान में ब्रह्मांड की उत्पत्ति के मान्य मॉडल की व्याख्या भौतिकी के 'स्टैंडर्ड मॉडल' (Standard Model) से की जाती है।**

नए अनुसंधानों तथा विकास से यह मॉडल लगातार चर्चा मे रहता है। इसी संदर्भ में **'गुरुत्वीय तरंगों' या न्यूट्रिनो कणों या इसके द्रव्यमान संबंधी नवीनतम अनुसंधानों को समझने के लिए** इसकी सामान्य जानकारी को समझते हैं। **'हिग्स-बोसोन कण' (Higs-Boson Particle) की उत्पत्ति के बाद से ही, स्टैंडर्ड मॉडल को व्यापक स्तर पर स्वीकार किया गया।**

हाल ही में गुरुत्वीय तरंगों की खोज तथा सर्न में बिग-बैंग के समान सफल प्रयोग से कणों की खोज अत्यंत महत्वपूर्ण रूप ले चुकी है। भारत ने सर्न के सहयोगी सदस्य का दर्जा भी प्राप्त किया हुआ है।

21.3 मौलिक कण (Fundamental Particles)

21.3.1 बोसॉन के मूल सिद्धांत (Fundamentals of Bosons)

2018 में, प्रसिद्ध भौतिक विज्ञानी सत्येंद्र नाथ बोस का 125वां जन्मदिन मनाया गया, जहां उनकी उपलब्धि को देखते हुए सर्न द्वारा हिग्स बोसॉन का नाम दिया गया। सत्येंद्र नाथ बोस ने बोस-आइंस्टीन के आंकड़ों को विकसित करने के लिए अल्बर्ट आइंस्टीन के साथ काम किया, जिसके अनुसार बोसॉन अन्य बोसॉन के साथ सह-अस्तित्व में हो सकते हैं।

प्रकृति के सभी मूलभूत कणों को दो श्रेणियों में विभाजित किया जा सकता है, फर्मियन या बोसॉन

- पदार्थ बनाने वाले कणों को फर्मियन कहा जाता है, उदाहरण: इलेक्ट्रॉन, प्रोटॉन लेप्टान, क्वार्क, न्यूट्रिनो।
- बलों को बोसॉन कहा जाता है जो बोस-आइंस्टीन के सिद्धांत का पालन करते हैं।
- बोसॉन को कभी-कभी बल कण भी कहा जाता है क्योंकि वे भौतिक बलों की परस्पर क्रिया को नियंत्रित करते हैं।
  उदाहरण: फोटॉन (Photon), हीलियम परमाणु, ग्लून्स (Gluons), डब्ल्यू बोसॉन (W Boson), जेड बोसॉन (Z Boson)

शब्दावली (Terminology)

ईवेंट होरिजन (Event Horizon): सामान्य सापेक्षता के अंतर्गत ईवेंट होरिजन का सिद्धांत है। यह अंतरिक्ष समय (Space Time) की एक सीमा है, जिससे परे कोई भी घटना संभव नहीं हो सकती। उदाहरण गुरुत्वाकर्षण बल का इतना अधिक होना जहां से कोई भी वस्तु बाहर नहीं जा सकती, यहां तक कि प्रकाश भी नहीं; जैसे-ब्लैक होल।

सिंगुलेरिटी (Singularity): यह स्पेसटाइम में एक ऐसी अवस्थिति होती है जहां पर किसी आकाशीय पिंड का गुरुत्वाकर्षण असीमित हो जाता है। जब किसी सीमा से परे कोई तारा टूटता/नष्ट होता है तो एक निश्चित बिंदु पर ब्लैक होल का निर्माण होता है। आधुनिक सामान्य सापेक्षता के अनुसार ब्रह्मांड की प्रारंभिक अवस्था, बिग बैंग के आरंभ में सिंगुलेरिटी की स्थिति थी।

स्टैंडर्ड मॉडल (Standard Model): ब्रह्मांड में उप-परमाणविक घटक के बारे में हमारा वर्तमान ज्ञान, कण भौतिकी के स्टैंडर्ड मॉडल के रूप में है। यह मॉडल मूलभूत संरचनात्मक ब्लॉक जिनसे ब्रह्मांड का निर्माण हुआ है तथा वह बल जिनसे इन ब्लॉक का निर्माण हुआ है, दोनों को परिभाषित करता है। 12 आधारभूत संरचनात्मक ब्लॉक होते हैं। इनमें से 6 क्वार्क हैं, जिनके नाम इस प्रकार हैं- अप (Up), डाउन (Down), चार्म (Charm), स्ट्रेंज (Strange), बॉटम (Bottom) तथा टॉप (Top) (उदाहरण के लिए एक प्रोटोन दो अप क्वार्क तथा एक डाउन क्वार्क से बना होता है)।

अन्य 6 लेप्टॉन इस प्रकार हैं: जिनमें इलेक्ट्रॉन तथा इसके दो भारी समाभासी (Siblings) म्यूऑन (Muon) तथा टोऑन (Touon) के साथ-साथ तीन न्यूट्रिनो हैं।

स्टैंडर्ड मॉडल की भांति, स्ट्रिंग सिद्धांत (String theory) भी ब्रह्मांड के अध्ययन का विश्लेषण कराता है।

बोस-आईंस्टीन स्टेटिस्टिक्स/सांख्यिकी (Bose-Einstein Statistics)

- वे कण जिनमें इंटीजर स्पिन पाया जाता है, जैसे- फोटोन, विभिन्न परमाणु, जैसे-ग्लुऑन (Gluon), डब्ल्यू तथा जेड़ बोसोन (W and Z Boson) एवं हिग्स-बोसोन (Higs Boson), उन कणों की श्रेणी में आते है; जो क्वाटंम मैकेनिकल व्यवहार दर्शाते हैं किंतु **पाउली के निष्कासन सिद्धांत** (Pauli Exclusion Principle) का पालन नहीं करते हैं। इन कणों में स्पिन का इंटीजर मूल्य होता है तथा इन कणों के बीच कोई आपसी महत्वपूर्ण व्यवहार नहीं होना चाहिए। इन कणों का सांख्यिकीय विश्लेषण सत्येन्द्र नाथ बोस तथा अल्बर्ट आईंस्टीन द्वारा किया गया तथा इसे **बोस-आईंस्टीन सांख्यिकी** कहा गया। इन सांख्यिकी के पालनकर्ता कणों को बोसोन कहा जाता है। बोसोन वे कण हैं, जिनमें 0, 1, 2 या अन्य इंटीगरं का अंतर्गत स्पिन पाया जाता है।
- ये विभिन्न पदार्थ कण हैं, जैसे-फोटोन को छोड़कर इलेक्ट्रॉन, प्रोटोन, न्यूट्रॉन तथा न्यूट्रीनो फोटोन एक क्वाण्टम या लघु बण्डल या विद्युत चुम्बकीय क्षेत्र है।
- कणों तथा क्षेत्रीय क्वाण्टों के बीच संबंध सरल है क्योंकि पदार्थ कण एक-दूसरे से उपयुक्त क्षेत्रीय क्वाण्टों का परस्पर आदान-प्रदान कर क्रिया करते हैं।
- फील्ड क्वाण्टम तथा पदार्थ कणों के बीच एक मूलभूत अंतर यह है कि जहां बहुत-सी फील्ड क्वाण्टम को दबाकर छोटे आयतन में सिमटाया जा सकता है वहीं पदार्थ में ऐसा नहीं कर सकते हैं। उदाहरणस्वरूप किसी दूसरें व्यक्ति के पास बैठते हुए आपको एक सीमा तय करनी होती है कि आप कितना नजदीक जा सकते हैं। यह होता है क्योंकि हमारे शरीर के इलेक्ट्रॉन-प्रोटोन एक-दूसरे के ऊपर व्यवस्थित होने का प्रतिरोध करते हैं। ऐसा फिल्ड क्वाण्टा के मामले में नहीं हो सकता जो कि आवश्यकतानुसार समेट कर नजदीक किया जा सके।
- पदार्थ के कण, जैसे-इलेक्ट्रॉन, प्रोटोन आदि फर्मी-डायरेंक सांख्यिकी का अनुपालन करते हैं, जिसके कारण इन्हें **'फर्मियॉन्स'** कहा जाता है। फर्मी-डायरॅक सांख्यिकी के द्वारा अनुफलित फर्नियॉन वे सभी कण हैं जो विषय- अर्द्ध-संख्या स्पिन - 1/2, 3/2, 5/2 आदि से युक्त होते हैं तथा इनमें इलेक्ट्रॉन, न्यूट्रीनो, म्यूऑन (Muons) तथा सभी क्वार्क होते हैं एवं ये सभी मूलभूत कण मिलकर **प्रोटोन** व **न्यूट्रॉन्स** का निर्माण करते हैं।
- बोसोन कण निम्न तापमान पर अतिचालकता, अतितरकता (Superfluidity) तथा बोस-आईंस्टीन कण्डनसेशन जैसी अजीब स्थिति के कारक होते हैं। यह समान आवृत्ति के फोटोनों को भी अनुहरित लेजर बीम निर्माण करने देते हैं। दूसरी तरफ, फर्मिऑन्स (Fermions) एक-दूसरे को अनदेखा करते हैं। नाभिक के आस-पास के इलेक्ट्रॉन्स एक शैल (कवच) में जमा हो जाता है बजाय कि एक संपीड़ित बादल में टकराने के, जिसमें एक वृहद रासायनिक गुणों की श्रेणी के परमाणुओं की वृद्धि हो सके।
- फील्ड क्वाण्टा (Field Quanta), बोस आईस्टीन सांख्यिकी का पालन करते हैं तथा सामूहिक रूप से **'बोसोन'** कहलाते हैं। हिग्स क्षेत्र (फील्ड) में टकराने के बाद हिग्स-बोसोन कण को आयतन प्रदान करते हैं, जैसे-प्रोटोन और न्यूट्रॉन करते हैं। ये डब्ल्यू (W) और जेड़ (Z) बोसोन हैं जो एक कमजोर बल से जुड़े होते हैं तथा न्यूट्रीनो किसी कण को बदलने या गलने (नष्ट होने) देता है या उसका कारक है। ग्लुऑन मजबूत बल के जिम्मेदार है जो नाभिकों को आपस में जोड़े रखता है।
- बोस-आईंस्टीन वितरण यह अनुमान लगाता है कि लगभग पूर्ण शून्य के आसपास सभी कणों को एकल स्थित में अवशीतित कर देता है जिसे **बोस-आईंस्टीन कण्डनसेट** कहा जाता है। यह अनुमान लगभग 1924 के वर्ष में लगाया गया। उस समय में उपलब्ध प्रयोगशाला क्षमताएं इतनी कम थीं कि उस अनुमान का परीक्षण करने के लिए अति न्यून ताप को प्राप्त करना संभव नहीं था। उस अनुमान के लगभग 70 वर्ष बाद यह जाकर संभव हुआं कि इस कण्डनसेट के परिघटित होने का प्रदर्शन संभव बनाया जा सके। 1995 में **एरिक कॉर्नेल** तथा **कार्स वीमन** ने आर.बी. (Rb) परमाणुओं के छोटे समूह का प्रयोग कर कण्डनसेट का निर्माण संभव करने का डेमो दिया, जिसे उन्होंने कुछ हजार नैनो केल्विन तक शीतित किया। बोस-आईस्टीनं कण्डनसेट के निर्माण के प्रदर्शन के लिए उन दोनों को **वुल्फगेंग कैटरेले** के साथ 2001 के वर्ष का संयुक्त रूप से भौतिक का नोबेल पुरस्कार दिया गया।
- (फोटोन्स के विशिष्ट मामले में) बोस ने पता लगाया कि चिह्नित फोटोन्स का समूह किस तरह व्यवहार करता है।
- क्वाण्टम सांख्यिकी की नींव बोस ने तब डाली जब वे 'केवल क्वाण्टम मेकेनिक्स विचारों' का प्रयोग कर प्लैक के रेडियेशन नियम का प्रयोग की तकनीकि से गणना कर रहे थे। तब उन्होंने अपनी शोध अल्बर्ट आईंस्टीन को भेजी, जिन्होंने उनकी गणना के महत्व को समझा तथा उनको जर्मन भाषा में अनुवाद कर "Zeitschrift Fur Physik" नामक जर्नल में प्रकाशित करवाया। यह शोध काफी प्रसिद्ध हुआ तथा बोस द्वारा प्रयुक्त तकनीक को **बोस-आईंस्टीन सांख्यिकी** के नाम से जाना गया तथा इन सांख्यिकी का अनुपालन करने वाले कण बोसोन कहलाए।
- जबकि बोस को स्वयं नहीं मालूम था कि उन्होंने क्या कर दिखाया है, आईंस्टीन ने इसे समझा तथा बोस के कार्य को आगे बढ़ाया। भौतिकविद् पॉल डिरॉक (Paul Dirac) पहले व्यक्ति थे जिन्होंने 'बोसोन' शब्द का प्रयोग उन कणों के लिए किया जो बोस-आईंस्टीन सांख्यिकी का पालन करते हैं। यह नाम उन्होंने बोस के इस सिद्धांत को विकसित करने में उनके योगदान के फलस्वरूप दिया।
- इसने भौतिकी के क्षेत्र में दो तरह से क्रांति उत्पन्न की।
- इसने कण भौतिकी मॉडल के अर्थ में बेंचमार्क सुधार किया।
- इसने 'गॉड पार्टिकल' की नींव रखी तथा पीटर हिग्स को नोबल दिलवाया।
- इसने कण भौतिकी के स्टैंडर्ड मॉडल के बेंचमार्क को बढ़ावा।
- बोस-आईंस्टीन सांख्यिकी ने घोषणा की कि, लगभग पूर्ण शून्य, जैसे-निम्न ताप पर सभी कण अवशीतित होकर एक एकल स्थिति में आ जाएं, जिन्हें बोसोन कहा जाता है। यह घोषणा 1920 के दशक में की गई थी। उस समय उक्त घोषणा के अनुरूप निम्न ताप प्राप्ति के लिए प्रयोगशाला सुविधाएं उपलब्ध नहीं थीं।
- वर्षों बाद, बोस-आईंस्टीन सांख्यिकी से संबंधित प्रयोग किए गए। परिणामस्वरूप, सभी मूलभूत कण दो श्रेणियों में विभक्त किए गए, पहला 'फर्नियोन्स' जो इटावली वैज्ञानिक एनरिको फरमी के नाम पर तथा दूसरा 'बोसोन' जो भारतीय वैज्ञानिक प्रो. बोस के नाम पर रखे गए।
- अत: बोस-आईंस्टीन सांख्यिकी ने कण भौतिकी के स्टैंडर्ड मॉडल के संबंध में बेंचमार्क सुधार में सहायता की।
- गॉड पार्टिकल की खोज हुई।

- पीटर हिग्स ने 1960 में आगे का अनुसंधान बोस-आईंस्टीन सांख्यिकी का प्रयोग करते हुए जारी रखा तथा एक बहुत ही अस्थिर कण के बारे में बताया लिखा जो एक क्षणिक समय के लिए ही अस्तित्व में आता है तथा बाद में टूटकर मूलभूत कणों का उत्पादन करता है। उन्होंने उसे **'हिग्स-बोसोन कण'** या **'गॉड पार्टिकल'** नाम दिया।
- यदि वैज्ञानिक किसी ऐसे 'गॉड पार्टिकल' को प्रयोगशाला में उत्पन्न करने में सक्षम हो जाते हैं तो यह स्टैंडर्ड मॉडल को और अधिक समझाने में मदद करेगा जिससे ब्रह्माण्ड के प्रति हमारी समझ और बढ़ सकेगी।
- 2000 दशक के प्रारंभ में विश्व की सबसे बड़ी कणीय प्रयोगशाला 'लार्ज हैड्रान कोलाईडर' (LHC) को यूरोप की सर्न (CERN) प्रयोगशाला में स्थापित किया गया। उन्होंने प्रयोग कर गॉड पार्टिकल की सफलतापूर्वक खोज की तथा पीटर हिग्स के सिद्धांत को विश्वस्त किया।
- आगे चलकर, 2013 में पीटर हिग्स को नोबल प्रदान किया गया।
- अत: बोस-आईंस्टीन सांख्यिकी ने सर्न वैज्ञानिकों को गॉड पार्टिकल की खोज में सहायता प्रदान की तथा कण भौतिकी के स्टैंडर्ड मॉडल में सुधार कर ब्रह्माण्ड के प्रति हमारी समझ में सुधार किया।

मूलभूत कण (Fundamental Particles)

- इस ब्रह्माण्ड की प्रत्येक वस्तु परमाणु से निर्मित है। किंतु परमाणु किस से निर्मित है? उप-परमाणवीय कणों-प्रोटोन्स, इलेक्ट्रॉन्स तथा न्यूट्रॉन्स से है जबकि किंतु उससे परे भी एक दुनिया है। प्रयोग दर्शाते हैं कि उप-परमाणवीय कण अदृश्य नहीं हैं किंतु वे आगे 17 तात्विक अथवा मूलभूत कणों में विभक्त किए जा सकते। ये मूलभूत 17 कण तीन प्रमुख श्रेणियों में समूहीकरण किए गए है-**क्वार्क्स**, **लेप्टॉन्स** तथा **बोसोन**।
- जहां क्वार्स तथा लेप्टॉन्स पदार्थ में बने होते हैं अत: इन्हें पदार्थ कण कहा जाता है जबकि बोसोन बल-निर्मित है अत: इसे बल-कण (Force Particle) कहा जाता है।
- क्वार्क किसी पदार्थ का मूलभूत अवयव है। ये छ: प्रकार के होते हैं- अप-क्वार्क, डाउन क्वार्क, टॉप क्वार्क, बॉटम क्वार्क, स्ट्रेंज क्वार्क तथा चार्म क्वार्क। ये मिलकर एक संकलित कण हैड्रॉन का निर्माण करते हैं। हैड्रान दो प्रकार का होता है- बार्यन्स तथा मिसोन। बार्यन्स तीन क्वार्क से बने हैं जबकि मीसोन एक क्वार्क तथा एक एण्टीक्वार्क से।
- बार्यन्स का सबसे सामान्य/आम उदाहरण प्रोटोन और न्यूट्रॉन हैं। अप-क्वार्क तथा डाउन क्वार्क प्रोटोन व न्यूट्रॉन का निर्माण करते हैं। एक अप-क्वार्क +2/3 का आवेश संवहित करता है तथा डाउन क्वार्क −1/3 का आवेश संवहित करता है। अत: हम देख सकते हैं कि प्रोटोन और न्यूट्रॉन भी और छोटी इकाईयों में तोड़े जा सकते हैं।

प्राथमिक कण (Elementary Particles)				
पदार्थ कण (Matter Particles)			बल कण (Force Particle)	
Quarks	Leptons		Bosons	
Unitary	Charged	Neutral	Vector bosons	Scalar bosons
1. Up	7. Electrons	10. Electro Neutrino	13. Photon	17. Higgs Boson
2. Down	8. Muons	11. Muon Neutrino	14. W boson	
3. Top	9. Taus	12. Tau Neutrino	15. Z boson	
4. Bottom			16. Gluon	
5. Strange				
6. Charm				

एक प्रोटोन दो अप-क्वार्क तथा एक डाउन क्वार्क का बना होता है। अत: इसका परिणाम आवेश +1 (+2/3 + 2/3 − 1/3) होता है।
(1UQ का आवेश = +2/3; 1DQ का आवेश = −1/3); 1 प्रोटॉन = s2UQ + 1DQ = +2/3 + 2/3 - 1/3 = +1)
एक न्यूट्रॉन चूंकि एक अप क्वार्क (UQ) तथा दो डाउन क्वार्क (DQ) का बना होता है अत: इसका परिणाम आवेश 0 (+2/3 - 1/3 - 1/3) होता है।

- लेप्टन्स छ: प्रकार के होते हैं तथा दो श्रेणियों में समूहीकृत होते हैं–**आवेशित लेप्टन्स** (इलेक्ट्रॉन्स, म्युऑन्स तथा टाउ) तथा **उदासीन लेप्टन्स या एण्टी-लेप्टन्स** (इलेक्ट्रॉन न्यूट्रीनो, म्यूऑन न्यूट्रीनो तथा टाउ न्यूट्रीनो) इलेक्ट्रॉन सर्वाधिक स्थिर प्रकार के लेप्टन्स हैं। म्यूऑन्स तथा तथा टाउ-लेप्टन के अन्य प्रकार के रूप में भी मौजूद होते हैं किंतु ये उच्च आवेशित ऊर्जा कण हैं अत: अस्थिर हैं। अत: ये अपनी निचली अवस्था, इलेक्ट्रॉन में परिवर्तित हो जाते हैं।
- उदासीन कण भी उपस्थित/मौजूद/अस्तित्व में होते हैं जिन्हें न्यूट्रीनो कहा जाता है।
- कुछ लोगों द्वारा एण्टी-न्यूट्रीनो की मौजूदगी की अवधारणा भी प्रस्तुत की गई किंतु अभी तक पुष्टि नहीं हुई है।
- क्वार्क तथा लेप्टन्स मिलकर किसी परमाणु की तसवीर को सम्पूर्ण करते हैं।
- बोसोन को **बल-कण** भी कहा जाता है क्योंकि मूलभूत बल के लिए बोसोन होता है। बोसोन भी **वेक्टर बोसोन** तथा **स्कैलर बोसोन** दो प्रकार के होते हैं। वेक्टर बोसोन चार प्रकार के होते हैं–फोटोन, W बोसोन, Z बोसोन तथा ग्लुऑन/फोटोन (प्रोटोन नहीं) एक बोसोन है जो विद्युत चुम्बकीय प्रतिक्रिया के लिए जबावदेह है। हम सामान्यत: इसे **'प्रकाश कण'** (Particle of Light) के रूप में जानते हैं जो और कुछ नहीं बल्कि एक विद्युत चुम्बकीय तरंग है।
- W तथा Z बोसोन कमजोर नाभिकीय जुड़ाव रखते हैं अत: नाभिक व इलेक्ट्रॉन्स को बांधने वाले बल के लिए जवाबदेह होते हैं।

- ग्लुऑन्स (ग्लू शब्द से उद्घृत) मजबूत नाभिकीय परस्पर क्रिया अथवा प्रोटॉन व न्यूट्रॉन को बांधने वाले बल के लिए जवाबदेह होते हैं।
- ये मूलभूत 17 कण तथा ग्रेविटन (Graviton), साथ मिलकर एक परमाणु की तसवीर को सम्पूर्ण करते हैं तथा इसकी परस्पर क्रिया को **कण भौतिकी के मॉडल** के स्टैंर्डडों के अनुरूप बनाते हैं।
- CERN अनुसंधान सौ से भी अधिक देशों की सैंकड़ों विश्वविद्यालयों तथा प्रयोगशालाओं से आये 10,000 से भी ज्यादा वैज्ञानिकों एवं अभियंताओं ने मिलकर सफल बनाया है।

21.3.2 क्वार्क (Quarks)

क्वार्क, स्टैंडर्ड मॉडल द्वारा प्रतिपादित प्राथमिक कण है। 6 प्राथमिक क्वार्क (Major Quarks) **तथा 6 प्रति-क्वार्क (anti quarks) होते हैं।** क्वार्क आंशिक आवेशित है। विभिन्न क्वार्क का संयोजन परमाणु कण का निर्माण करता है। जब दो या अधिक क्वार्क पूर्णांक मूल्य (–1, 0, 1) वाले कण का निर्माण करते हैं तो उसे **'हैड्रॉन' (Hadrons)** कहा जाता है। तीन क्वार्क से बना हैड्रॉन **ब्रैयॉन (Baryons)** कहलाता है। प्रोटोन और न्यूट्रॉन, ब्रैयान के उदाहरण हैं। **'दो अप क्वार्क' तथा 'एक डाउन क्वार्क' के संयोजन से 'प्रोटॉन' का निर्माण होता है। एक अप क्वार्क तथा दो डाउन क्वार्क के संयोजन से 'न्यूट्रॉन' का निर्माण होता है।**

21.3.3 लेप्टॉन्स (Leptons)

क्वार्क की तरह लेप्टॉन्स के भी 6 प्रकार होते हैं। यद्यपि उनमें किसी प्रकार का आंशिक आवेश नहीं होता है। **लेप्टॉन्स में इलेक्ट्रॉन, म्यूऑन (Muon), टॉउ (Tau) तथा तीन प्रकार के न्यूट्रिनो होते हैं।**

21.3.4 गॉड पार्टिकल–हिग्स–बोसोन कण (God Particle – Higgs Boson Particle)

विश्व में सर्वप्रथम **'ईश्वर कण' (God Particle)** के बारे में बताने वाले वैज्ञानिक **'सत्येन्द्र नाथ बोस'** थे इसलिए इन्हें **'Father of God Particle'** के नाम से भी जाना जाता है। आगे चलकर **'पीटर हिग्स'** (Peter Higgs) ने भी इनसे जुड़ी संकल्पनाएं दीं, जिसके आधार पर इसे **'हिग्स-बोसान कण'** (Higgs Boson Particle) कहा जाने लगा।

- पीटर हिग्स ने कहा कि बिग बैंग के बाद कणों में द्रव्यमान नहीं था। **जैसे-जैसे ब्रह्मांड ठंडा हुआ तथा तापमान एक क्रांतिक (Critical) बिंदु से नीचे हुआ, एक अदृश्य बल का क्षेत्र, हिग्स क्षेत्र निर्मित हुआ।**
- इस **हिग्स क्षेत्र का सहायक कण 'हिग्स-बोसोन'** कहलाया। यह संकल्पना दी गई कि **प्रत्येक कण, जिसने हिग्स-बोसोन के साथ अंतःक्रिया की, द्रव्यमान प्राप्त किया तथा जो कण हिग्स क्षेत्र से बाहर रह गए वे द्रव्यमान से वंचित रह गए।**
- जैसे कि हिग्स-बोसोन में व्यापक द्रव्यमान की क्षमता थी, पदार्थ के अस्तित्व के लिए प्राथमिक शर्त थी कि वे **'ईश्वर कण' (गॉड पार्टिकल)** की खोज करें।
- ब्रह्मांड की उत्पत्ति का विश्लेषण करने वाली संकल्पना बिग बैंग सिद्धांत है। इसमें ब्रह्मांड की उत्पति एक छोटे बिंदु **सिंगुलेरिटी** (Singularity) से होने की बात कही गई है और इसके बाद से अब तक **13.8 बिलियन वर्ष तक ब्रह्मांड के विस्तार की बात कही जा रही है।**

[इन्फोग्राफिक देखें - सर्न (CERN) प्रयोग]

21.4 यूरोपियन काउंसिल फॉर न्यूक्लियर रिसर्च – सर्न (European Council for Nuclear Research – CERN)

- **'सर्न' की स्थापना 1952 में अंतरिम निकाय के रूप में की गई। यह फ्रांस-स्विट्जरलैंड सीमा पर, जेनेवा स्थित विश्व की सबसे बड़ी नाभिकीय तथा कण भौतिकी प्रयोगशाला है** जिसमें विश्व-स्तरीय आधारभूत भौतिक अनुसंधान संगठन की स्थापना के प्रावधान हैं।
- सर्न में **प्रकाश की गति से कणों को टकराकर पदार्थ के आधारभूत कण का निर्माण किया जाता है,** जिससे भौतिक विज्ञानियों को बिग बैंग परिघटना के द्वारा ब्रह्मांड निर्माण के संबंध में तथा इतनी अधिक गति पर कणों में अंतःक्रिया के साक्ष्य प्राप्त होते हैं।
- सर्न के 22 सदस्य राष्ट्र, 4 सहायक सदस्य राष्ट्र, 4 पर्यवेक्षक राष्ट्र तथा 3 पर्यवेक्षक अंतर्राष्ट्रीय संगठन हैं।
- **भारतीय वैज्ञानिक 1960 के प्रारंभ से ही परमाणु ऊर्जा विभाग (DAE) तथा विज्ञान व प्रौद्योगिकी विभाग (DST) की सहायता से इसका भाग रहे हैं।**
- भारत के महत्वपूर्ण योगदान को देखते हुए भारत को सन् 2003 में पर्यवेक्षक का दर्जा दिया गया। **भारत को 2016 में 'सर्न' का सहायक सदस्य (Associate Member) बनने का निमंत्रण दिया गया।**
- सर्न, विभिन्न प्रोजेक्ट में युवा वैज्ञानिकों तथा इंजीनियरों को प्रोत्साहित करेगा तथा घरेलू स्तर पर ऐसे कार्यक्रमों के ज्ञान को बढ़ावा देगा।
- यह भारतीय उद्योगों को सर्न में प्रत्यक्ष भागीदारी के अवसर उपलब्ध कराता है।

[इन्फोग्राफिक देखें - सर्न (CERN) प्रयोग]

21.4.1 लार्ज हेड्रॉन कोलाइडर (Large Hadron Collider - LHC)

- **विश्व का सबसे बड़ा** तथा **सर्वाधिक शक्तिशाली कण त्वरक** (Particle Accelerator) है, जो 10 सितंबर, 2008 को आरंभ किया गया।
- **LHC, 27 किमी. लम्बी 'अतिचालक चुंबकीय पदार्थ' (Super Conducting Magnets) से बना है** जिसका डिजाइन कण की ऊर्जा को बढ़ाकर तीव्र गति प्रदान करने वाले त्वरक-निर्माण के उद्देश्य से किया गया है।
- **इस त्वरक में 'दो उच्च-ऊर्जा कणों' की बीम (Beam) को प्रकाश की गति से विपरीत दिशाओं से टकराया जाता है।**

सर्न (CERN) प्रयोग

CERN प्रयोग क्या है?

- CERN प्रयोग और हिग्स बोसोन, जिसे अक्सर "गॉडपार्टिकल" कहा जाता है, की खोज ने कण भौतिकी के हमारे ज्ञान में क्रांति ला दी है। CERN, स्विट्जरलैंड में स्थित यूरोपीय परमाणु अनुसंधान संगठन, दुनिया केसबसे बड़े कण त्वरक, लार्ज हैड्रॉन कोलाइडर (LHC) का केंद्र है।
- इस महत्वाकांक्षी परियोजना का उद्देश्य ब्रह्मांड के मूलभूत निर्माण खंडों (building blocks) की जांच करना और इसकी उत्पत्ति के रहस्यों का पता लगाना है।

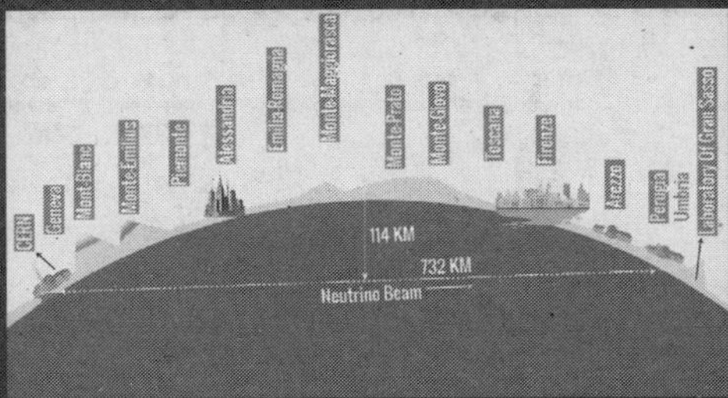

- LHC, अविश्वसनीय रूप से उच्च ऊर्जा पर कणों कोटकराकर, वैज्ञानिकों को उनदशाओं के पुनर्निर्माण में सक्षम बनाताहै जो बिग बैंग परिघटना के कुछ ही क्षण बाद मौजूद थीं।
- CERN की सबसे महत्वपूर्ण उपलब्धियों मेंसे एक 2012 में हिग्स बोसोन की खोज थी। यह एक ऐसा कण होता है जिसे हिग्स क्षेत्र के साथ अंतर्क्रिया के माध्यम से अन्य कणों को द्रव्यमान प्रदान करने के लिए अनुमानित किया गया था।

हिग्स बोसोन या गॉड पार्टिकल क्या है?

- हिग्स बोसोन, हिग्स क्षेत्र से जुड़ा क्वांटम कण होता है। चूँकि इस क्षेत्र को सीधे नहीं देखा जा सकता है, परंतु प्रयोगों से इस कण की खोज हुई है। इसकी खोज, हिग्स क्षेत्र के अस्तित्व को प्रमाणित करती है और इस सिद्धांत की पुष्टि करती है।
- 4 जुलाई 2012 को, ATLAS और CMS के सहयोगी कार्यों ने बहुप्रतीक्षित हिग्स बोसोन के अनुरूप एक कण के अवलोकन की घोषणा की। तब से दोनों सहयोगी संस्थाओं द्वारा किएगए विश्लेषणों से पुष्टि हुई है कि इनके द्वारा खोजे गए कणमें इस सिद्धांत में वर्णित बोसॉन कण की विशेषताएं मौजूद हैं।
- हिग्स बोसोन की खोज 1980 के दशक के अंत में CERN में लॉर्ज इलेक्ट्रॉन-पॉज़िट्रॉन (LEP) कोलाइडर के साथ शुरू हुई और 1990 के दशक में फ़र्मिलाब में टेवाट्रॉन कोलाइडर में प्रयोगों के साथ जारी रही। LHC, जिसने LEP को प्रतिस्थापित किया, ने 2012 में हिग्स बोसोन की खोज में महत्वपूर्ण भूमिका निभाई।

CERN के सदस्य राज्य

सदस्य देश (परिग्रहण की तिथि) (कुल-23)

ऑस्ट्रिया, बेल्जियम, बुल्गारिया, चेक गणराज्य, डेनमार्क, फिनलैंड, फ्रांस, जर्मनी, ग्रीस, हंगरी, इज़राइल, इटली, नीदरलैंड, नॉर्वे, पोलैंड, पुर्तगाल, रोमानिया, सर्बिया, स्लोवाक गणराज्य, स्पेन, स्वीडन, स्विट्जरलैंड और यूनाइटेड किंगडम।

सहयोगी सदस्य देश

- साइप्रस, एस्टोनिया और स्लोवेनिया CERN में पूर्व-सदस्यता चरणमें सहयोगी सदस्य राज्य हैं।
- क्रोएशिया, भारत, लाटविया, लिथुआनिया, पाकिस्तान, तुर्किये और यूक्रेन भी सहयोगी सदस्य राज्य हैं।

पर्यवेक्षक की स्थिति

- जापान और संयुक्त राज्य अमेरिका को LHC के लिए पर्यवेक्षक का दर्जा प्राप्त है, और संयुक्त राज्य अमेरिका को भी HL-LHC के लिए पर्यवेक्षक का दर्जा प्राप्त है।
- यूरोपीय संघ और यूनेस्को, CERN में पर्यवेक्षक का दर्जा प्राप्त अंतर्राष्ट्रीय संगठन हैं।
- 8 मार्च 2022 के CERN परिषद के संकल्प के अनुसार रूसी संघ का पर्यवेक्षक दर्जा वर्तमान में निलंबित है।

ब्राउट-एंगलर्ट-हिग्स तंत्र क्या है?

- ब्राउट-एंगलर्ट-हिग्स तंत्र (BEH मैकेनिज्म) कण भौतिकी में एक सैद्धांतिक फ्रेमवर्क है जो बताता है कि मौलिक कण कैसे द्रव्यमान प्राप्त करते हैं। 1964 में रॉबर्ट ब्राउट और फ़्रेंकोइस एंगलर्ट और पीटर हिग्स द्वारा स्वतंत्र रूपसे प्रस्तावित, BEH तंत्र से पताचलता है कि ये कण एक क्षेत्र, जिसे हिग्स फ़ील्ड कहा जाता है, जो पूरे ब्रह्मांड में व्याप्त है, के साथ अंतर्क्रिया करते हैं। कणों और हिग्स क्षेत्र के बीच अंतर्क्रिया की शक्ति उनके द्रव्यमान को निर्धारित करती है।
- BEH तंत्र के अनुसार, जोकण हिग्स क्षेत्र केसाथ अधिक मजबूती से संपर्क करते हैं वे अधिक द्रव्यमान प्राप्त करते हैं, जबकि इस क्षेत्र के साथ संपर्क नहीं करने वाले कण, फोटॉन की तरह द्रव्यमान रहित रहते हैं। हिग्स फ़ील्ड और उससे जुड़े कण, हिग्स बोसोन के अस्तित्व की पुष्टि 2012 में CERN में लार्ज हैड्रॉन कोलाइडर (LHC) के प्रयोगों से की गई थी।
- BEH तंत्र का महत्व और हिग्स बोसोन की खोज, ब्रह्मांड में द्रव्यमान की उत्पत्ति को समझाने में इसकी भूमिका में निहित है। इस सिद्धांत के विकास से पहले, इलेक्ट्रोवीक बल (कमजोर और विद्युत चुम्बकीय बलों का एकीकृत सिद्धांत) का वर्णन करने वाले समीकरणों में W और Z बोसॉन जैसे कुछ कणों के द्रव्यमान की गणना नहीं थी। BEH तंत्र इस समस्या का समाधान करता है जिसके माध्यम से कण द्रव्यमान प्राप्त करते हैं, जिससे मौलिक कणों और उनकी अंतर्क्रिया की हमारी समझ में एक महत्वपूर्ण अंतर आ जाता है।

लार्ज हैड्रॉन कोलाइडर (LHC)

- लार्ज हैड्रॉन कोलाइडर (LHC) दुनिया का सबसे बड़ा और सबसे शक्तिशाली कण त्वरक है।
- यह पहली बार 10 सितंबर 2008 को शुरू हुआ, और वर्तमान में CERN के त्वरक परिसर में नवीनतम भाग है।
- LHC, सुपरकंडक्टिंग मैग्नेट और त्वरक संरचनाओं के साथ 27 किलोमीटर का वृतीय क्षेत्र (ring) है। इसमें दो उच्च-ऊर्जा कणों की किरणें प्रकाश की गति के करीब यात्रा करते हुए, अल्ट्राहाई वैक्यूम में अलग-अलग बीम पाइपों में टकराती हैं। सुपरकंडक्टिंग इलेक्ट्रोमैग्नेट बिना किसी प्रतिरोध के संचालित होने वाले विशेष इलेक्ट्रिक केबल काउपयोग करके बीम का मार्गदर्शन करते हैं। कुशल संचालन केलिए तरल हीलियम का उपयोग करके चुम्बकों को 271.3°C तक ठंडा किया जाता है।
- LHC में हजारों चुंबकों का उपयोग किया गया है, जिसमें बीम को मोड़ने के लिए 1232 द्विध्रुव चुंबक (15 मीटर लंबे) और बीम पर फोकस करने के लिए 392 चतुर्ध्रुव चुंबक (5-7 मीटर लंबे) शामिल हैं। टकराव से पहले, अतिरिक्त चुम्बक टकराव की संभावना को बढ़ाने के लिए कणों को "अधिसंकुचित (squeeze)" कर देते हैं। ऐसे छोटे कणों का टकराना ठीक वैसा ही होता है जैसे 10 किलोमीटर की दूरी पर स्थित दो सुइयों को परस्पर टकराने के लिए फायर करना।
- CERN नियंत्रण केंद्र, LHC, इसकी सेवाओं और तकनीकी बुनियादी ढांचे के लिए सभी नियंत्रणों का केंद्रीय रूप से प्रबंधन करता है। LHC किरणें त्वरक वृतीय क्षेत्र के चारों ओर चार स्थानों पर टकराती हैं, जो चार कण डिटेक्टरों: ATLAS, CMS, ALICE, और LHCb के साथ संरेखित होती हैं।

प्रमुख कण की खोजों की समयरेखा

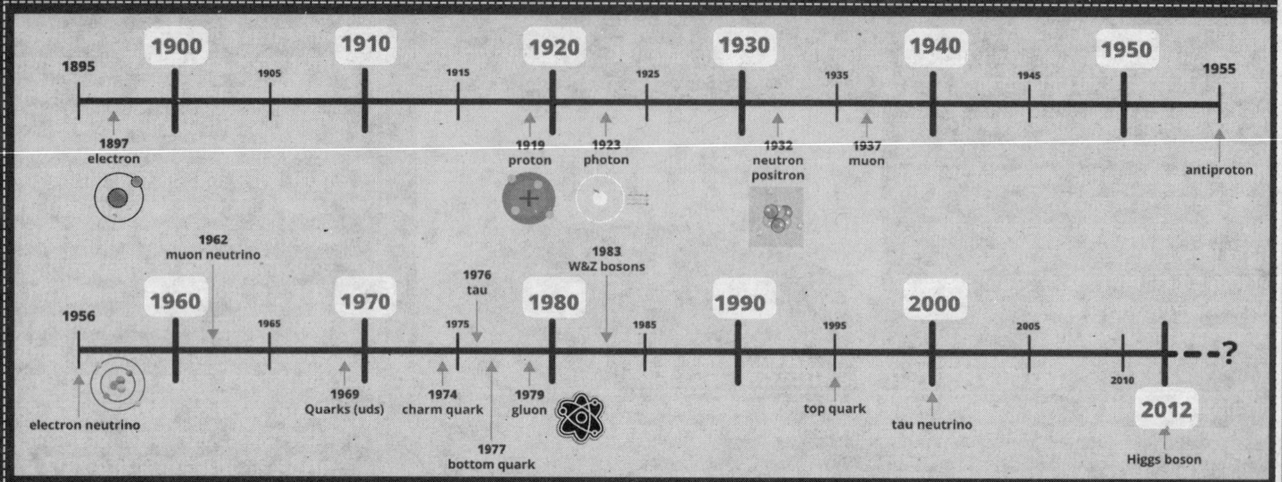

मौलिक कणों का पदानुक्रम

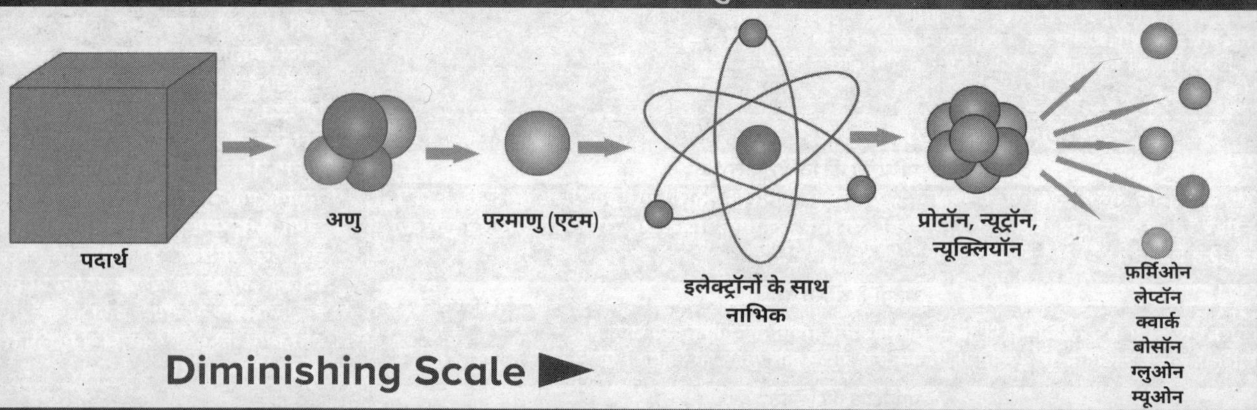

ब्रुकहेवन नेशनल लेबोरेट्री (BNL)

- ब्रुकहेवन नेशनल लेबोरेट्री (BNL), अप्टन, न्यूयॉर्क, संयुक्त राज्य अमेरिका में स्थित एक बहु-विषयक अनुसंधान सुविधा है।
- यह अमेरिकी ऊर्जा विभाग (DOE) द्वारा संचालित है और इसे परमाणु और कण भौतिकी, पदार्थ विज्ञान और जीव विज्ञान सहित विभिन्न वैज्ञानिक क्षेत्रों में अपने योगदान के लिए जाना जाता है।
- BNL, कई प्रमुख अनुसंधान सुविधाओं का केंद्र है, जैसे रिलेटिविस्टिक हेवी आयन कोलाइडर (RHIC) और नेशनल सिंक्रोट्रॉन लाइट सोर्स II (NSLS-II)।
- यह दुनिया भर के वैज्ञानिकों के साथ सहयोग करता है और मौलिक एवं व्यावहारिक विज्ञान में अत्याधुनिक अनुसंधान करता है।
- एंटीमैटर के परमाणुओं को पहली बार स्विट्जरलैंड के जिनेवा के पास यूरोपीय परमाणु अनुसंधान संगठन, CERN में काम करने वाले वैज्ञानिकों की एक अंतरराष्ट्रीय टीम, अल्फा कॉलेब्रेशन द्वारा ट्रेप और संग्रहीत किया गया है। अमेरिकी ऊर्जा विभाग के लॉरेंस बर्कले राष्ट्रीय प्रयोगशाला और बर्कले में कैलिफोर्निया विश्वविद्यालय के वैज्ञानिकों ने चल रहे इस अंतरराष्ट्रीय प्रयास में महत्वपूर्ण योगदान दिया है।

- LHC के अंदर कणों के बीम त्वरक घेरे के चारों ओर चार अवस्थिति में टक्कर के लिए बनाए जाते हैं, जिसमें **चार पार्टिकल डिटेक्टर स्थापित होते हैं– ATLAS, CMS, ALICE** तथा **LHCb.**

उपर्युक्त प्रयोग का उद्देश्य LHC में अभूतपूर्व ऊर्जा का लाभ उठाना तथा इन व्यापक कणों के इस्तेमाल वाली परिघटना का अध्ययन करना है। ये कण इससे पूर्व की अल्प-ऊर्जा त्वरकों के इस्तेमाल से अध्ययन नहीं किए जा सकते। माना जाता है कि **इससे 'स्टैंडर्ड मॉडल' से परे नई संकल्पनाओं के विकास में सहायता मिलेगी।**

यह सौ से भी अधिक देशों को सैंकड़ों विश्वविद्यालयों तथा प्रयोगशालाओं से आये 10,000 से भी ज्यादा वैज्ञानिकों एवं अभियंताओं से मिलकर बना है।

21.4.2 एलएचसी का उद्देश्य (Purpose of LHC)

एलएचसी के निर्माण ने भौतिकविदों को एक आशा की किरण के रूप में कार्य किया है। अब ऐसा माना जा रहा है कि प्राथमिक कणों के संबंधों को और विभिन्न प्रकार के प्रकृति में उपस्थित बलों को समझने में मदद मिलेगी तथा साथ ही साथ अंतरिक्ष-समय की संरचना को भी आसानी से समझा जा सकेगा, जो क्वांटम मैकेनिक्स के सिद्धांत पर कार्य करते हैं।

इसके अलावा, विभिन्न वैज्ञानिक मॉडल के संस्करणों की शुद्धता का पता लगाने के लिए उच्च-ऊर्जा कण परीक्षण की आवश्यकता होती है, जिसके लिए एलएचसी (LHC) महत्वपूर्ण है। साथ ही साथ स्टैण्डर्ड मॉडल को भी आसानी से समझा जा सकेगा।

21.4.3 सर्न प्रयोग (CERN Experiment)

सर्न में बहुत-से कोलाईडर्स (साइक्लोट्रोन, सिंक्रोट्रोन तथा लार्ज हैड्रान कोलाईडर) के माध्यम से प्रयोग निष्पादित किया गया, जहां हम मूलभूत कण की गति को प्रकाश की गति तक बढ़ा देते हैं तथा उन्हें अंततः एल.एच. सी. (LHC) में ही विपरीत दिशा में अभिसारित (Fuse) करते हैं। क्षणभर में, इन हैड्रान कणों के लाखों-करोड़ों बार विखण्डन होते हैं तथा इन मूलभूत कणों की उपस्थिति विभिन्न डिटेक्टर्स के माध्यम से पता की जाती है। लार्ज हैड्रान कोलाईडर में सात प्रकार के डिटेक्टर्स का प्रयोग किया गया-एलिस (ALICE), एटलस (ATLAS), सी.एम.एस., एल.एच.सी.वी. (LHCb)। इस प्रयोग में, गॉड पार्टिकल अथवा हिग्स-बोसोन कण की उपस्थिति की पुष्टि हुई। सर्न के प्रयोगशाला में, टकराव (Collision) के दौरान एण्टी-मैटर (प्रति-कण) की उपस्थिति की पुष्टि भी की गई, किंतु इस प्रति कण (एण्टी-मैटर) को कृत्रिम माध्यम से तैयार करना बहुत महंगा है। एल.एस. सी.वी. डिटेक्टर के अध्ययन में यह सिद्ध हो गया कि बहुत-से मामलों, जैसे-डार्क-मैटर आदि के संबंध में स्टैंडर्ड मॉडल पूर्णरूपेण सही नहीं है।

> कण गतिकीय एक युक्ति (डिवाइस) है, जो आवेशित कणों को एक उच्चतर गति तथा सुपरिभाषित बीम में दिशा देने के लिए विद्युत चुम्बकीय क्षेत्रों का उपयोग करती है। एक सामान्य सी.आर.टी. टेलीविजन सेट इस एक्सेलरेटर का ही एक प्रकार है।
>
> कणीय एक्सेलरेटर दो प्रकार का होता है—सीधा (Linear)- इसमें कण एक दीर्घ, सीधी रेखा में गति करते हैं तथा लक्ष्य से टकराते हैं, उदाहरण के लिए **लाईनेक** (Linac) तथा **वृत्ताकार** (Circular)-इसमें कण एक वृत्ताकार कक्ष में घूमते रहते हैं जब तक कि ये लक्ष्य से न टकरा जाये, उदाहरणस्वरूप **साइक्लोट्रोन**, **सिंक्रोट्रोन** तथा **लार्ज हैड्रान कोलाईडर** (LHC)। अतिचालक चुंबक सभी एक्सेलरेटरों में प्रोटोन (हैड्रान) की गति बढ़ाने के लिए प्रयुक्त होता है ताकि टकराव एक उच्च क्षमता से हो तथा डिटेक्टर के भीतर बेहतर परिणाम प्राप्त किए जा सकें।

21.4.4 सर्न में भारत का योगदान (India's Contribution to CERN)

भारतीय वैज्ञानिक 1991 से ही एल.एच.सी. प्रयोग हेतु सर्न के साथ सहयोग कर रहे हैं। भारत का सर्न में योगदान लगभग 100 वैज्ञानिकों का है। एल.एच.सी. के जटिल उपकरणों को आवंटित राशि से कम राशि में सक्रिय करने का श्रेय भारतीय वैज्ञानिकों को जाता है। पूरी मशीन को टिकाने वाले प्रीसीजन-जैक भारत में निर्मित हुए थे। इसमें लगे लगभग 2000 करेक्टर मैग्नेट तथा सर्किट ब्रेक भी भारत में निर्मित हुए थे। इन मशीनों के विकास ने भारतीय वैज्ञानिकों को देश की क्षमता से बाहर जाकर कार्य करने तथा उच्चस्थ स्तरीय तकनीकियों के साथ कार्य करने का अवसर प्रदान किया। भारत के सर्न में योगदान से भारत को एक बड़ी उपलब्धि हासिल हुई है।

21.4.5 ब्रुकहेवेन और बेले-द्वितीय प्रयोग (Brookhaven and the Belle-II Experiment)

बेले-II प्रयोग के लिए जापान का बना सुपर KEKB कण त्वरक मार्च 2019 में शुरू किया गया था। इसने यूनिवर्स की समझ के बारे में जवाब तलाशने के लिए इलेक्ट्रॉनों और पॉजिट्रॉन के टकराव से मिलने वाले क्षय उत्पादों का अवलोकन किया। इस प्रयोग का एक प्रमुख हिस्सा है, यू.एस. डिपार्टमेंट ऑफ एनर्जी के ब्रुकवेन नेशनल लेबोरेटरी में कंप्यूटिंग संसाधनों और विशेषज्ञता का उपयोग है, जो बेल-II प्रयोग पर अमेरिकी सहयोगियों के लिए मुख्य प्रयोगशाला है। उन्नत बेले-II प्रयोग का उद्देश्य नई भौतिकी परिघटनाओं की खोज करना है जो पहले से ही मानक मॉडल में शामिल कणों और बलों द्वारा स्पष्ट नहीं किए जा सकते हैं।

हालांकि मनाया गया अंतर यह बताने के लिए पर्याप्त रूप से बड़ा नहीं है कि आज का ब्रह्मांड पदार्थ और एंटीमैटर के मिश्रण से क्यों बना है। पदार्थ-एंटीमैटर असमितता के अतिरिक्त स्रोत मौजूद होने चाहिए और, यदि देखा जाए, तो यह संकेत कर सकता है कि कुछ नए, पहले अनदेखे कण कार्रवाई में भाग ले सकते हैं। इस तरह की अप्राप्य घटनाओं की पहचान करने के लिए, वैज्ञानिकों को पिछले इलेक्ट्रॉन-पॉजिट्रॉन सुविधाओं में कभी-कभी उत्पन्न होने वाले कई गुना अधिक भारी फ्लेवर मेसोन का विश्लेषण करना चाहिए। बेले-II मूल बेले KEK में प्रयोग के डेटा नमूने का 50 गुना से अधिक संचय करेगा, जिसने स्वयं 760 मिलियन ऐसे आयोजनों का उत्पादन किया।

कंप्यूटिंग (Computing)

बेले II प्रयोग हर साल कई पेटाबाइट डेटा का उत्पादन करता है। ब्रुकहेवन लैब का SDCC (Scientific Data and Computing Center) अपरिष्कृत डेटा की एक पूरी प्रतिलिपि और डेटा के सिमुलेशन एवं चयन के एक बड़े अंश के साथ रिकॉर्ड की गई प्रत्येक टक्कर के समय डिटेक्टर की स्थितियों के संग्रह की मेजबानी करता है। SDCC, डेटा के पुनर्निर्माण और विश्लेषण के लिए आवश्यक कंप्यूटिंग संसाधन भी प्रदान करता है। ब्रुकहेवन की टीम, बेले II सहयोगियों और CERN में कार्यरत सहयोगियों के साथ काम करते हुए, दुनिया भर के सहयोगियों के साथ बेले II डेटा साझा करने के लिए डेटा-वितरण सॉफ्टवेयर भी विकसित कर रही है। यह टीम लार्ज हैड्रॉन कोलाइडर के साथ-साथ RHIC व ATLAS कंप्यूटिंग सेंटर में ब्रुकहेवन के अपने अनुभव से डेटासेट प्रबंधित करने की दिशा में आगे बढ़ रही है।

सुपरKEKB त्वरक (SuperKEKB Accelerator)

टकराव की दर को उच्च रखने के लिए, SuperKEKB के अंदर घूमने वाले इलेक्ट्रॉन और पॉजिट्रॉन बीम को सावधानीपूर्वक केंद्रित किया जाना चाहिए। लेकिन एक बीम में कणों का मार्गदर्शन करने वाले चुंबकीय क्षेत्र आसन्न बीम में अवांछित प्रभाव डाल सकते हैं, जिससे कण फैल सकते हैं। त्वरक मैग्नेट के क्षेत्रों को ठीक करने और इन आसन्न-बीम प्रभावों का विरोध करने के लिए, ब्रुकहेवन के चुंबक डिवीजन ने 43 कस्टम-डिजाइन किए गए सुधारक चुंबकों का निर्माण किया। ये सुधारक चुम्बक बेले II डिटेक्टर के प्रत्येक तरफ स्थापित किए गए हैं, जिससे उच्च बीम तीव्रता, या 'दीप्ति' बनाए रखने के लिए आने वाले और बाहर जाने वाले दोनों बीमों में समायोजन किया जाता है। उच्च दीप्ति के परिणामस्वरूप टक्कर की दर उच्च होती है, इसलिए ब्रुकहेवन और दुनिया भर के भौतिकविदों के पास विश्लेषण करने के लिए अधिक डेटा होगा।

21.5 न्यूट्रिनो (Neutrino)

21.5.1 न्यूट्रिनो की अवधारणा और उसका महत्व (Concept of Neutrinos and Its Importance)

- न्यूट्रिनो वे **प्राथमिक कण हैं जिनका निर्माण ब्रह्मांड निर्माण के प्रथम सेकंड में, यहां तक कि परमाणु निर्माण से भी पहले हुआ।** वे तारों में नाभिकीय अभिक्रिया (जैसे-सूर्य में) तथा पृथ्वी पर नाभिकीय अभिक्रिया द्वारा लगातार उत्पन्न किए जाते रहते हैं।
- **इनका निर्माण रेडियोधर्मी पदार्थों के क्षय द्वारा भी होता रहता है। ब्रह्मांड में फोटॉन (प्रकाश को ले जाने वाले) के बाद, सर्वाधिक मात्रा में विद्यमान हैं।** वे व्यापक दूरी तय करते हैं यहां तक कि ठोस पदार्थों से होकर भी गुजर सकते हैं।
- इनमें द्रव्यमान होता है परंतु वे प्रोटोन के बहुत छोटे-से अंश के रूप में बहुत छोटे होते हैं।
- **तीन प्रकार के न्यूट्रिनो देखे गए हैं जिन्हें फ्लेवर कहा जाता है।**
- एक **इलेक्ट्रॉन** से संबंधित होता है, दूसरा **म्यूऑन** होता है तथा तीसरा **टाउ** (Tau) होता है।
- न्यूट्रिनो तथा उनके संबंधियों में मुख्य अंतर यह है कि **न्यूट्रिनो विद्युतीय रूप से उदासीन** होते हैं जबकि इलेक्ट्रॉन, म्यूऑन तथा टाउ विद्युत आवेशित होते हैं।
- न्यूट्रिनो की पहचान करना मुश्किल होता है क्योंकि वे पदार्थ के अन्य प्रकार के साथ आसानी से अभिक्रिया नहीं करते, परंतु गहराई में स्थित प्रयोगशाला जहां अन्य ब्रह्मांडीय कण नहीं पहुंच सकते, में विशेष उपकरणों के द्वारा वैज्ञानिकों ने न्यूट्रिनों की पहचान की है तथा इसके गुणों की भी खोज की है।

सारणी 21.1

न्यूट्रिनो	Ve	Vi	Vo
आवेशित सहायक कण	इलेक्ट्रॉन (e)	टाउ [Tau (t)]	म्यूऑन (μ)

न्यूट्रिनो का सर्वप्रथम दावा सन् 1930 में वोल्फगेंग पाउली (Wolfgang Pauli) ने यह विश्लेषित करते हुए किया कि बीटा का क्षय किस प्रकार ऊर्जा, गति तथा कोणीय गति (Spin) का संरक्षण करता है। 'न्यूट्रिनो' शब्द को अंतर्राष्ट्रीय शब्दावली में **एनरीको फर्मी** (Enrico fermi) द्वारा शामिल किया गया। एनरीको फर्मी ने इस शब्द का इस्तेमाल जुलाई 1932 में **पेरिस कॉन्फ्रेंस** में तथा अक्टूबर 1933 में **सॉल्वे कॉन्फ्रेंस** में किया जहां पाउली (Pauli) भी कार्यरत थे।

हल्के आवेश विहीन कण को चैडविक न्यूट्रॉन से अलग करने के क्रम में रोम में पेनीस्परना के भौतिकी संस्थान में फर्मी के साथ वार्तालाप में एडोरडो अमाल्डी ने मजाक में **'न्यूट्रिनो'** (इटली में अर्थ-**'Little Neutral One'**) नाम दिया।

न्यूट्रिनो इतने अधिक होते हैं कि **प्रत्येक सेकंड 100 ट्रिलियन से अधिक न्यूट्रिनो हमारे शरीर से होकर गुजरते हैं।** यही कारण है कि न्यूट्रिनो वेधशाला को पृथ्वी के अंदर 1300 मीटर की गहराई में स्थापित करने की आवश्यकता पड़ी। इतनी अधिक गहराई पर वातावरण के ये न्यूट्रिनो प्रयोग को प्रभावित नहीं कर पाएंगे। **न्यूट्रिनो ब्रह्मांड में इतने ही पुराने हैं जितना पुराना ये ब्रह्मांड है अर्थात् लगभग 14 बिलियन वर्ष के लगभग।**

न्यूट्रिनो तीन विभिन्न प्रकार से उपस्थित होते हैं- νε, νμ, ντ। ये **अलग-अलग द्रव्यमान के आधार पर पृथक्-पृथक् होते हैं।** प्रयोगों के अनुसार ये पता चलता है कि **न्यूट्रिनो में बहुत-सूक्ष्म द्रव्यमान होता है,** परंतु इनकी द्रव्यमान की स्थिति का व्यवस्थीकरण अभी तक अज्ञात है। INO की स्थापना भी जिन प्रश्नों को सुलझाने के लिए की गई थी उनमें से यह एक प्रमुख चुनौती है। न्यूट्रिनो, वैज्ञानिक तथा तकनीकी विकास के लिए तीन कारणों से बहुत महत्वपूर्ण है:

प्रथमः ये प्रचुर मात्रा में विद्यमान हैं।

दूसराः इनमें बहुत-सूक्ष्म द्रव्यमान तथा कोई आवेश नहीं होता इसलिए ये ग्रहों, तारों, चट्टानों तथा मानव शरीर से बिना किसी अभिक्रिया के गुजर सकते हैं। एक तथ्य है कि कई ट्रिलियन की संख्या में न्यूट्रिनो की बीम चट्टान के केवल एक परमाणु से अभिक्रिया करने से पहले चट्टान में हजारों किमी. तक यात्रा कर सकती है।

तीसराः वे व्यापक ज्ञान के साथ गायब हो सकते हैं तथा खगोल व खगोल-भौतिकी, संचार तथा चिकित्सा के क्षेत्र में नए व्यापक मार्ग खोल सकते हैं।

इनका अन्य महत्व भी निम्न प्रकार से है:

- **प्रथम,** न्यूट्रिनो, **न्यूक्लियर रिएक्टर की सुदूर निगरानी के द्वारा नाभिकीय गैर-प्रसार कार्यक्रमों में उपयोगी हो सकते हैं।**
- **द्वितीयः** चट्टान की सहायता से **पृथ्वी में गहराई में स्थित, खनिज तथा तेल का पता लगाया जा सकता है।** न्यूट्रिनो के फ्लेवर में बदलाव उनके द्वारा तय की गई दूरी तथा मार्ग में आने वाले पदार्थ की मात्रा पर निर्भर करता है। इससे भी महत्वपूर्ण माना जा रहा है कि इसके गुणों से भूगर्भिक त्रुटियों का पता लगाकर **भूकंप का पूर्वानुमान लगाया जा सकता है।**

  सर्वप्रथम सन् 2005 में पाया गया कि पृथ्वी के क्रस्ट में या इसके नीचे स्थित यूरेनियम, थोरियम तथा पोटैशियम के रेडियोधर्मी क्षय से इनका उत्पादन होता है। न्यूट्रिनो निगरानी स्टेशन द्वारा न्यूट्रिनो का व्यापक विश्लेषण **'न्यूट्रिनो टोमोग्राफी'** कहलाता है। **न्यूट्रिनो टोमोग्राफी की सहायता से अति महत्वपूर्ण भूकंपीय आंकड़े प्राप्त किए जा सकते हैं, जिनके द्वारा भूकंप से उत्पन्न विषमता तथा कंपन का पूर्वानुमान लगाया जा सकता है।**
- **तीसराः** हम जानते हैं कि न्यूट्रिनो पृथ्वी से गुजर सकते हैं इसलिए ये वर्तमान में उपलब्ध **मॉडल, टॉवर, केबल या उपग्रहों से भी अधिक तीव्र गति से आंकड़े प्रसारित करने का नया विकल्प हो सकते हैं। न्यूट्रिनो के उपयोग से किए गए संचार में, प्रसारण के दौरान होने वाले क्षय से बचा जा सकता है** क्योंकि न्यूट्रिनो मार्ग में परमाणु से न के बराबर अभिक्रिया करते हैं। **इससे टेलीकॉम तथा इंटरनेट सेवाओं के क्षेत्र में नई संभावनाएं उत्पन्न होती हैं।** वैज्ञानिकों के अनुसार यदि पृथ्वी से बाहर कहीं जीवन की संभावना है तो उनसे संपर्क करने का सर्वाधिक त्वरित तथा विश्वसनीय माध्यम न्यूट्रिनो ही होंगे।

- **चौथाः न्यूट्रिनो ब्रह्मांड में सूचना रखने में सक्षम होते हैं जो अपने मार्ग में न के बराबर सूचना का क्षय करते हैं।**

यही कारण है कि वैज्ञानिक न्यूट्रिनो का महत्व बहुत-सी गैर-काल्पनिक तकनीकों के विकास में मानते हैं और इसलिए INO की स्थापना भारत द्वारा की गई।

भारत के INO के माध्यम से न्यूट्रिनो के अध्ययन से सर्वाधिक अनसुलझे प्रश्न को हल करने में मदद मिलेगी। **यह प्रश्न है–ब्रह्मांड में प्रतिपदार्थ से अधिक पदार्थ क्यों है? कुछ वैज्ञानिकों के अनुसार इससे 'डार्क मैटर' को समझने में भी मदद मिलेगी। 'डार्क मैटर' तथा 'डार्क एनर्जी' हमारे ब्रह्मांड के 95% हिस्से का निर्माण करती है**, जो कि ब्रह्मांड में प्राथमिक पदार्थ से कहीं अधिक है, परंतु इसे अभी तक बहुत कम समझ पाए हैं। **न्यूट्रिनो के अध्ययन से ब्रह्मांड तथा भौतिकी की व्यापक समझ पूरी तरह से बदल सकती है।** डार्क मैटर की खोज INO द्वारा की जा सकती है।

न्यूट्रिनो के स्रोत (Sources of Neutrino)

1. **कृत्रिम (Artificial):** मानव जनित न्यूट्रिनो का प्रमुख स्रोत परमाणु रिएक्टर हैं। न्यूट्रॉन-समृद्ध विघटन उत्पादक टुकड़ों के बीटा-क्षय में विखंडन प्रक्रिया के दौरान एंटी-न्यूट्रिनो बनते हैं।
2. **भूवैज्ञानिक (Geological):** न्यूट्रिनो प्राकृतिक पृष्ठभूमि विकिरण का हिस्सा हैं।
3. **वायुमंडलीय (Atmospheric):** वायुमंडलीय न्यूट्रिनो पृथ्वी के वायुमंडल में परमाणु नाभिक के साथ ब्रह्मांडीय किरणों की अंतर्क्रिया से उत्पन्न होते हैं, जिससे कणों की बौछार होती है, जिनमें से कई अस्थिर होते हैं और क्षय होने पर न्यूट्रिनो उत्पन्न करते हैं।
4. **सौर (Solar):** सौर न्यूट्रिनो, सूर्य और अन्य तारों को शक्ति प्रदान करने वाले परमाणु संलयन से उत्पन्न होते हैं। जब चार प्रोटॉन एक हीलियम नाभिक के निर्माण हेतु संलयित होते हैं, तो उनमें से दो न्यूट्रॉन में बदल जाते हैं, और ऐसा प्रत्येक रूपांतरण एक इलेक्ट्रॉन न्यूट्रिनो उत्सर्जित करता है।
5. **सुपरनोवा (Supernovae):** न्यूट्रीनो प्रकार Ib, Ic और II (Core Collapse: कोर-पतन) सुपरनोवा का एक महत्वपूर्ण उत्पाद है। ऐसी घटनाओं में, कोर पर घनत्व इतना अधिक हो जाता है कि इलेक्ट्रॉनों का अपह्रास, प्रोटॉन और इलेक्ट्रॉनों को एक न्यूट्रॉन और एक इलेक्ट्रॉन न्यूट्रिनो बनाने से रोकने के लिए पर्याप्त नहीं होता है।

21.5.2 न्यूट्रिनो दोलन (Neutrinos Oscillation)

- पृथ्वी अधिकांश न्यूट्रिनो सूर्य से प्राप्त करती है। वैज्ञानिक, वर्षों में न्यूट्रिनो के प्रायोगिक तथा सैद्धांतिक आंकड़ों की विषमता को मापने व दूर करने का प्रयास कर रहे हैं।
- जापान में **सुपर - केमियोकण्डे डिटेक्टर** (Super-kamiokande detector) के अध्ययन से प्रदर्शित हुआ कि पृथ्वी पर दो-तिहाई से अधिक न्यूट्रिनो मापन में ही नहीं आ सके। विश्लेषित किया गया कि तीनों न्यूट्रिनो का परस्पर रूपातंरण **'न्यूट्रिनो दोलन'** कहलाता है। **इसी दोलन से स्पष्ट होता है कि न्यूट्रिनो में द्रव्यमान होता है हालांकि यह बहुत-सूक्ष्म होता है।**

21.5.3 आइस क्यूब (Ice Cube)

आइस क्यूब **'दक्षिणी ध्रुव' पर स्थित एक कण संसूचक** (Particle detector) है, जो उप-परमाणविक कण न्यूट्रिनो (लगभग द्रव्यमान रहित) की अभिक्रियाओं का मापन करता है।

(इन्फोग्राफिक देखें - न्यूट्रिनो तथा एंटीन्यूट्रिनो)

21.5.4 बैकाल–जीवीडी (गीगाटन वॉल्यूम डिटेक्टर) Baikal–GVD (Gigaton Volume Detector)

रूसी वैज्ञानिकों ने हाल ही में साइबेरिया में स्थित दुनिया की सबसे गहरी झील बैकाल झील के पानी में बैकाल-GVD (गीगाटन वॉल्यूम डिटेक्टर) नामक दुनिया की सबसे बड़ी पानी के नीचे न्यूट्रिनो दूरबीनों में से एक लॉन्च की है।

- यह दक्षिणी ध्रुव पर IceCube और भूमध्य सागर में ANTARES के साथ-साथ दुनिया के तीन सबसे बड़े न्यूट्रिनो डिटेक्टरों में से एक है।
- यह न्यूट्रिनो नामक भटकावकारी मौलिक कणों का विस्तार से अध्ययन करने और संभवतः उनके स्रोतों को निर्धारित करने का प्रयास करता है।

21.5.5 भारतीय न्यूट्रिनो वेधशालाः आई.एन.ओ. (Indian Neutrino Observatory: INO)

भारत स्थित न्यूट्रिनो वेधशाला (INO) परियोजना एक बहु-संस्थागत प्रयास है, जिसका उद्देश्य भारत में गैर-त्वरक आधारित उच्च ऊर्जा और परमाणु भौतिकी अनुसंधान के लिए लगभग 1100 मीटर के रॉक कवर के साथ एक विश्व स्तरीय भूमिगत प्रयोगशाला का निर्माण करना है। INO का प्रारंभिक लक्ष्य न्यूट्रिनो का अध्ययन करना है।

(इन्फोग्राफिक देखें - न्यूट्रिनो और एंटीन्यूट्रिनो)

न्यूट्रिनो परियोजनाः विरोध का कारण

तमिलनाडु ने उच्चतम न्यायालय को स्पष्ट कर दिया है कि वह नहीं चाहता कि भारतीय न्यूट्रिनो ऑब्जर्वेटरी (INO) को पश्चिमी घाट में एक संवेदनशील पारिस्थितिक क्षेत्र में वन्यजीव, जैव विविधता की बड़ी कीमत पर और स्थानीय जनता के द्वारा परियोजना के विरोध में किए जा रहे आंदोलन की अनदेखी करके स्थापित किया जाए।

इसका विरोध क्यों किया जा रहा है?

- विचाराधीन परियोजना ठीक पश्चिमी घाट के इस हिस्से के पहाड़ी ढलानों पर पड़ती है, जो इसके भीतर एक महत्वपूर्ण बाघ गलियारा, अर्थात् मथिकेतन-पेरियार बाघ गलियारा है।
- यह गलियारा केरल और तमिलनाडु की सीमाओं के साथ पेरियार टाइगर रिजर्व और मथिकेतन शोला राष्ट्रीय उद्यान को जोड़ता है।
- प्रस्तावित परियोजना क्षेत्र पारिस्थितिक रूप से पूर्वी आवासों से भी जुड़ा हुआ है, जहां श्रीविल्लिपुथुर मेघमलाई टाइगर रिजर्व स्थित है। यह इस क्षेत्र के बाघों की मेजबानी करता है और उनके आनुवंशिक प्रसार में मदद करता है।
- यह क्षेत्र संभल और कोट्टाकुडी नदियों के लिए एक महत्वपूर्ण जलग्रहण क्षेत्र और जल संभरण क्षेत्र है।

न्यूट्रिनो और एंटी-न्यूट्रिनो

न्यूट्रिनो

- न्यूट्रिनो उपपरमाण्विक कण होते हैं जो लेप्टान के परिवार से संबंधित हैं, जिसमें इलेक्ट्रॉन, म्यूऑन और टाऊ कण भी शामिल हैं।
- ये मौलिक कण होते हैं, अर्थात ये छोटे कणों से नहीं बने होते हैं। न्यूट्रिनो विद्युत रूप से तटस्थ होते हैं, जिसका अर्थ है कि उनमें कोई विद्युत आवेश नहीं होता है, और वे पदार्थ के साथ बहुत कमजोर ढंग से संपर्क करते हैं। उनका द्रव्यमान अविश्वसनीय रूप से छोटा होता है, हालांकि लंबे समय तक यह शून्य माना जाता था। हालाँकि, हाल के प्रयोगों ने पुष्टि की है कि न्यूट्रिनो का द्रव्यमान छोटा लेकिन गैर-शून्य होता है।
- न्यूट्रिनो कण भौतिकी के मानक मॉडल का एक अनिवार्य घटक है, जो मौलिक कणों और उनकी अंतर्क्रिया का वर्णन करता है। मानक मॉडल के अनुसार, न्यूट्रिनो के तीन प्रकार, या "फ़्लेवर" होते हैं: इलेक्ट्रॉन न्यूट्रिनो, म्यूऑन न्यूट्रिनो, और टाऊ न्यूट्रिनो। प्रत्येक प्रकार का न्यूट्रिनो एक विशिष्ट आवेशित लेप्टानः इलेक्ट्रॉन, म्यूऑन, या टाऊ से जुड़ा होता है।
- न्यूट्रिनो विभिन्न प्राकृतिक प्रक्रियाओं में उत्पन्न होते हैं, जैसे सूर्य के कोर में परमाणु अभिक्रियाएं, रेडियोधर्मी क्षय और सुपरनोवा जैसी उच्च ऊर्जा वाली ब्रह्मांडीय घटनाएं। इन्हें कण त्वरक और परमाणु रिएक्टरों में भी बनाया जाता है।
- अपनी कमजोर अंतःक्रियाओं के कारण, न्यूट्रिनो पदार्थ से लगभग अप्रभावित होकर गुजर सकते हैं, जिससे उनका पता लगाना चुनौतीपूर्ण हो जाता है। हालाँकि, विशेष डिटेक्टर, जैसे बड़े पैमाने पर भूमिगत या अंतर्जलीय प्रयोग, अप्रत्यक्ष रूप से न्यूट्रिनो इंटरैक्शन का निरीक्षण करने के लिए विकसित किए गए हैं। इन प्रयोगों ने महत्वपूर्ण खोजों में योगदान दिया है, जैसे कि न्यूट्रिनो दोलन की घटना की पुष्टि करना, जहां न्यूट्रिनो अंतरिक्ष में यात्रा करते समय अपना फ़्लेवर बदल सकते हैं।
- पदार्थ के मूलभूत गुणों, ब्रह्मांड की उत्पत्ति और चरम वातावरण में कणों के व्यवहार को समझने के लिए न्यूट्रिनो का अध्ययन महत्वपूर्ण है। न्यूट्रिनो अनुसंधान का खगोल भौतिकी, ब्रह्मांड विज्ञान और ब्रह्मांड को नियंत्रित करने वाले मूलभूत कानूनों की हमारी समझ पर गहरा प्रभाव है।

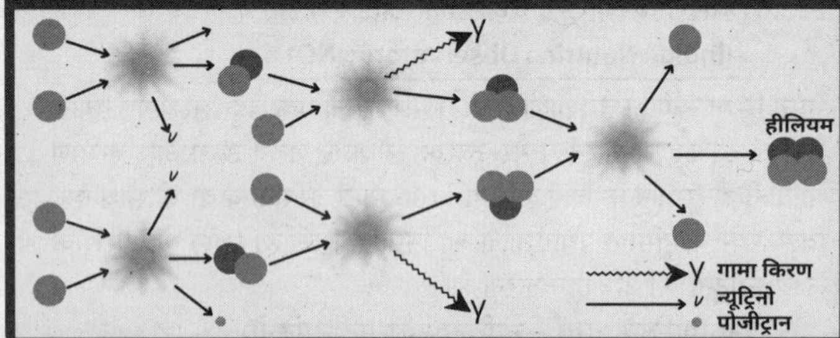

एंटी-न्यूट्रिनो

- एंटी-न्यूट्रिनो, न्यूट्रिनो के एंटीपार्टिकल्स होते हैं। न्यूट्रिनो की तरह, वे विद्युत रूप से तटस्थ होते हैं और उनका द्रव्यमान बहुत कम होता है। हालाँकि, एंटी-न्यूट्रिनो में उनके संबंधित न्यूट्रिनो की तुलना में विपरीत लेप्टान फ़्लेवर होते हैं।
- जिस तरह कणों में विपरीत विद्युत आवेश वाले एंटीकण होते हैं, उसी तरह एंटी-न्यूट्रिनो आवेशित लेप्टान के एंटीमैटर समकक्षों से जुड़े होते हैं। एंटी-न्यूट्रिनो के तीन फ़्लेवर क्रमशः इलेक्ट्रॉन, एंटी-न्यूट्रिनो, म्यूऑन एंटी-न्यूट्रिनो और टाऊ एंटी-न्यूट्रिनो हैं, जो क्रमशः इलेक्ट्रॉन, म्यूऑन और टाऊ कणों के एंटीपार्टिकल्स के अनुरूप हैं।
- एंटी-न्यूट्रिनो का उत्पादन न्यूट्रिनो उत्पन्न करने वाली प्रक्रियाओं के समान विभिन्न प्रक्रियाओं में किया जाता है। उदाहरण के लिए, वे परमाणु अभिक्रियाओं में उत्सर्जित होते हैं, जैसे कि बीटा क्षय, जहां एक न्यूट्रॉन एक प्रोटॉन में बदल जाता है, जो एक एंटी-न्यूट्रिनो और एक बीटा कण (इलेक्ट्रॉन या पॉज़िट्रॉन) उत्सर्जित करता है।
- न्यूट्रिनो के समान, एंटी-न्यूट्रिनो पदार्थ के साथ बहुत कमजोर तरीके से अंतर्क्रिया करते हैं। वे बड़ी मात्रा में सामग्री को बिना अवशोषित या बिखरे हुए पार कर सकते हैं। हालाँकि, न्यूट्रिनो की तरह, वे अभी भी कमजोर परमाणु बल के माध्यम से अंतर्क्रिया कर सकते हैं, जिससे विशेष प्रयोगों और डिटेक्टरों का उपयोग करके उनका पता लगाया जा सकता है।
- एंटी-न्यूट्रिनो का अध्ययन एंटीमैटर की प्रकृति और पदार्थ व एंटीमैटर के बीच समरूपता के बारे में अंतर्दृष्टि प्रदान करता है। कण भौतिकी, खगोल भौतिकी और परमाणु भौतिकी जैसे क्षेत्रों में एंटी न्यूट्रिनो का पता लगाना और उनका विश्लेषण करना आवश्यक है, जो मौलिक कणों, न्यूट्रिनो के व्यवहार और ब्रह्मांड के कामकाज की हमारी समझ में योगदान देता है।

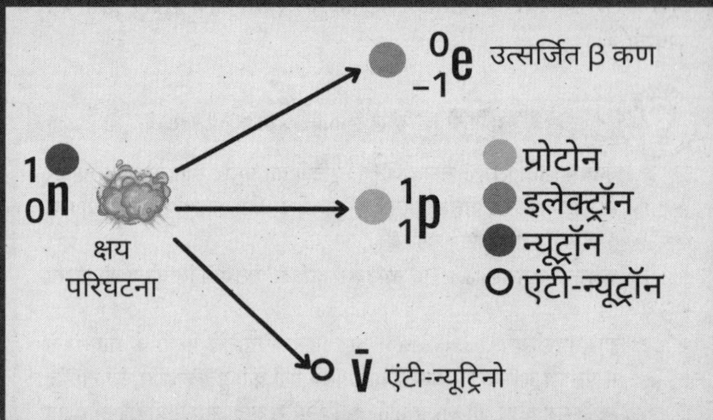

आइसक्यूब न्यूट्रिनो वेधशाला कहाँ है?

- आइसक्यूब न्यूट्रिनो वेधशाला अपनी तरह का पहला डिटेक्टर है, जिसे दक्षिणी ध्रुव की बर्फ के भीतर से ब्रह्मांड का निरीक्षण करने के लिए डिज़ाइन किया गया है। वैज्ञानिक अनुसंधान के लिए जिम्मेदार वैज्ञानिकों का एक अंतरराष्ट्रीय समूह आइसक्यूब सहयोग समूह बनाता है।
- एक घन किलोमीटर बर्फ को घेरते हुए, आइसक्यूब, न्यूट्रिनो नामक लगभग द्रव्यमान रहित उपपरमाण्विक कणों की खोज करता है। ये उच्च-ऊर्जा खगोलीय संदेशवाहक सबसे प्रचंड खगोलभौतिकी स्रोतोंः विस्फोटित तारे, गामा-किरण विस्फोट, और ब्लैक होल और न्यूट्रॉन सितारों से जुड़ी प्रलयंकारी घटनाओं के अध्ययन करने के लिए जानकारी प्रदान करते हैं।
- अंटार्कटिक न्यूट्रिनो वेधशाला, जिसमें सतह सरणी आइसटॉप और घने इनफिल सरणी डीपकोर भी शामिल हैं, को एक बहुउद्देशीय प्रयोग के रूप में डिजाइन किया गया था। आइसक्यूब के सहयोगी भौतिकी में कई बड़े सवालों का समाधान करते हैं, जैसे डार्क मैटर की प्रकृति और न्यूट्रिनो के गुण। आइसक्यूब ब्रह्मांडीय किरणों का भी अवलोकन करता है जो पृथ्वी के वायुमंडल के साथ संपर्क करती हैं, जिससे दिलचस्प संरचनाएं सामने आई हैं जो वर्तमान में समझ में नहीं आती हैं।
- 14 देशों के 58 संस्थानों के लगभग 300 भौतिक विज्ञानी आइसक्यूब सहयोग समूह निर्मित करते हैं। अंतर्राष्ट्रीय टीम वैज्ञानिक कार्यक्रम के लिए जिम्मेदार है, और कई सहयोगियों ने डिटेक्टर के डिजाइन और निर्माण में योगदान दिया। सहयोग समूह द्वारा किया गया दिलचस्प नया शोध हमारे ब्रह्मांड की खोज के लिए नए मार्ग खोल रहा है।
- नेशनल साइंस फाउंडेशन (NSF) ने दुनिया भर की साझेदार फंडिंग एजेंसियों की सहायता से, आइसक्यूब न्यूट्रिनो वेधशाला के लिए प्राथमिक वित्त पोषण कार्य किया। विस्कॉन्सिन-मैडिसन विश्वविद्यालय प्रमुख संस्थान है, जो डिटेक्टर के रखरखाव और संचालन के लिए जिम्मेदार है। प्रत्येक सहयोगी देश में फंडिंग एजेंसियां उनके वैज्ञानिक अनुसंधान प्रयासों का समर्थन करती हैं।

आइसक्यूब न्यूट्रिनो वेधशाला क्या खोजने की कोशिश कर रही है?

- आइसक्यूब आवेशित कणों द्वारा उत्सर्जित प्रकाश का पता लगाता है जो तब उत्पन्न होता है जब एक एकल न्यूट्रिनो एक परमाणु के अंदर एक प्रोटॉन या न्यूट्रॉन से टकराता है। परिणामी परमाणु प्रतिक्रिया से उच्च गति (बर्फ में प्रकाश की तुलना में तीव्र!) पर यात्रा करने वाले माध्यमिक कण उत्पन्न होते हैं जो चेरेनकोव विकिरण नामक नीली रोशनी उत्सर्जित करते हैं। जिन न्यूट्रिनो का हम पता लगाते हैं वे उंगलियों के निशान की तरह होते हैं जो हमें उन वस्तुओं और घटनाओं को समझने में मदद करते हैं जहां न्यूट्रिनो का उत्पादन होता है।

आइसक्यूब क्यों महत्वपूर्ण है?

- आइसक्यूब, एक मौलिक अनुसंधान प्रयास है, जो हमारे ब्रह्मांड के रहस्यों में नई अंतर्दृष्टि प्रदान करते हुए आश्चर्यजनक खोजों को जन्म देने की क्षमता रखता है। डार्क मैटर और डार्क एनर्जी के अदृश्य क्षेत्रों की खोज करके, आइसक्यूब का न्यूट्रिनो का अध्ययन अप्रत्याशित घटनाओं को उजागर कर सकता है और ब्रह्मांड की संरचना के बारे में हमारी समझ को गहरा कर सकता है।

आइसक्यूब कितना बड़ा है?

- आइसक्यूब एक घन किलोमीटर की दूरी तय करता है। इसका क्षेत्रफल लगभग 1 वर्ग किलोमीटर है और यह 1,000 मीटर गहरा है, डिटेक्टर सरणी का शीर्ष लगभग 1,500 मीटर (4,920 फीट) की गहराई पर बर्फ में दबा हुआ है।

आइसक्यूब को दक्षिणी ध्रुव पर क्यों बनाना?

- न्यूट्रिनो अंतःक्रियाओं द्वारा उत्पन्न द्वितीयक कणों द्वारा उत्सर्जित प्रकाश का पता लगाने के लिए, हमें बड़ी मात्रा में पारदर्शी सामग्री की आवश्यकता थी। इसका मूलतः मतलब जल या बर्फ था। क्योंकि ये अंतर्क्रिया दुर्लभ हैं और प्रकाश उत्पन्न करती हैं जो एक किलोमीटर तक फैल सकता है, आइसक्यूब को एक घटना को समझने के लिए बहुत सारे बर्फ परमाणुओं की आवश्यकता होती है। दक्षिणी ध्रुव, पृथ्वी पर एक ऐसा स्थान है जहाँ इतनी बड़ी मात्रा में साफ़, शुद्ध और स्थिर बर्फ है और वैज्ञानिक अनुसंधान का समर्थन करने के लिए बुनियादी ढाँचा है।
- अधिकांश बर्फ में वायु के बुलबुले होते हैं जो आइसक्यूब के माप को विकृत कर देंगे, लेकिन दक्षिणी ध्रुव की बर्फ की चादर बहुत मोटी और अधिकतम संकुचित होती है। जैसे-जैसे समय के साथ बर्फ और बर्फ का ढेर बढ़ता गया; बर्फ की निचली परतें संकुचित होती गईं। अत्यधिक दबाव ने वायु के बुलबुले को बाहर निकाल दिया, जिससे गहरी बर्फ अति-पारदर्शी हो गई।
- आइसक्यूब को अपनी खोजों के लिए न केवल स्पष्ट, शुद्ध और स्थिर बर्फ की आवश्यकता है; इसे पृथ्वी की सतह पर विकिरण से भी बचाने की आवश्यकता है। आइसक्यूब के व्यक्तिगत सेंसर, जिन्हें डिजिटल ऑप्टिकल मॉड्यूल या DOMs कहा जाता है, सतह से लगभग 1,500 मीटर (4,920 फीट, लगभग एक मील) की गहराई पर बर्फ में दबे हुए हैं। डिटेक्टर के ऊपर 1,500 मीटर की बर्फ इसे पृथ्वी की सतह पर प्राकृतिक विकिरण से बचाने में मदद करती है।
- तीन किलोमीटर साफ बर्फ पर निर्मित दक्षिणी ध्रुव स्टेशन ने डिटेक्टर के निर्माण के लिए आवश्यक सभी आवश्यकताओं को पूरा करने का अवसर प्रदान किया।

डिटेक्टर का प्रभारी कौन है?

- आइसक्यूब सहयोग परियोजना चलाता है और विस्कॉन्सिन-मैडिसन विश्वविद्यालय (UW) प्रमुख संस्थान है। UW ने अमांडा नामक आइसक्यूब प्रूफ-ऑफ-कॉन्सेप्ट परियोजना के निर्माण का नेतृत्व किया, और कई संस्थानों के प्रस्तावों का मूल्यांकन करते हुए, नेशनल साइंस फाउंडेशन ने निर्धारित किया कि UW के पास आइसक्यूब की देखरेख करने का सफल अनुभव था।

भारत स्थित न्यूट्रिनो वेधशाला (INO)

INO क्या है?

- भारत स्थित न्यूट्रिनो वेधशाला (INO) अब व्यवहार्यता अध्ययन चरण में है। भारत में लगभग 15 संस्थानों और विश्वविद्यालयों के 50 से अधिक वैज्ञानिक राष्ट्रीय न्यूट्रिनो सहयोग समूह (NNCG) निर्माण के लिए एक साथ आए हैं। इस समूह का काम INO गतिविधि से संबंधित विभिन्न पहलुओं का विवरण देना और भूमिगत न्यूट्रिनो प्रयोगशाला के लिए एक प्रस्ताव लाना है।

INO में डिटेक्टर

- INO (भारत स्थित न्यूट्रिनो वेधशाला) का लक्ष्य न्यूट्रिनो भौतिकी के विभिन्न पहलुओं का अध्ययन करने के लिए कई प्रकार के डिटेक्टरों को स्थापित करना है।
- पहले चरण में, पृथ्वी के वायुमंडल में कॉस्मिक किरण अंतःक्रिया द्वारा उत्पन्न वायुमंडलीय न्यूट्रिनो का अध्ययन करने पर ध्यान केंद्रित किया जाएगा।
- इन अंतःक्रियाओं में विभिन्न फ़्लेवर के न्यूट्रिनो और एंटी-न्यूट्रिनो उत्पन्न होते हैं।
- न्यूट्रिनो और एंटी-न्यूट्रिनो अंतर्क्रिया को अलग-अलग पहचानने के लिए, एक आयरन कैलोरीमीटर (ICAL) का उपयोग किया जाएगा। ICAL में क्षैतिज परतें होती हैं जिनमें डिटेक्टर सामग्री तब ट्रिगर होती है जब कोई आवेशित कण इसके माध्यम से गुजरता है।
- सोलनॉइडल कॉइल का उपयोग करके डिटेक्टर के अंदर एक समान चुंबकीय क्षेत्र बनाकर, आवेशित कण मुड़ते (bend) हैं, जिससे चार्ज की पहचान, ऊर्जा माप और गति का अनुमान लगाया जा सकता है।

INO क्यों?

- दुनिया भर के न्यूट्रिनो डिटेक्टरों को इस बात के प्रमाण मिलते प्रतीत होते हैं कि ये कमजोर रूप से परस्पर क्रिया करने वाले कण जिनके बारे में अभि तक ज्यादा जानकारी नहीं है, वास्तव में द्रव्यमान रहित नहीं हैं, जैसा कि अब तक सोचा गया था।
- न केवल उनमें गैर-शून्य द्रव्यमान है, न्यूट्रिनो की विभिन्न प्रजातियां (या फ़्लेवर) ब्रह्मांड के माध्यम से यात्रा करते समय एक दूसरे में मिश्रित और दोलन करती प्रतीत होती हैं। यदि यह सच है, तो यह न केवल कण भौतिकी के तथाकथित मानक मॉडल से परे भौतिकी के पहले सबूतों में से एक है, बल्कि इसका परमाणु और कण भौतिकी, खगोल भौतिकी और ब्रह्मांड विज्ञान जैसे विविध क्षेत्रों पर भी बहुत प्रभाव पड़ेगा।
- इस प्रकार इन कणों की परस्पर क्रिया के विवरण का अध्ययन करना अनिवार्य है। बेशक, ऐसा करने के लिए एक प्रयोगशाला का होना सबसे अच्छा विकल्प है। इन कमजोर रूप से परस्पर क्रिया करने वाले कणों की परस्पर क्रिया के प्रति संवेदनशीलता को अधिकतम करने के लिए, ऐसी न्यूट्रिनो प्रयोगशाला को आवश्यक रूप से भूमिगत रखा जाता है।

INO में ICAL हमें न्यूट्रिनो के बारे में क्या बता सकता है?

- सुपर-कमियोकांडे और SNO प्रयोगों ने न्यूट्रिनो दोलन के साक्ष्य प्रदान किए हैं, जो दर्शाता है कि विभिन्न न्यूट्रिनो फ़्लेवर एक दूसरे में मिश्रित होते हैं और दोलन करते हैं।
- हालाँकि, इन प्रयोगों में मुख्य रूप से अपेक्षित न्यूट्रिनो स्पेक्ट्रम में कमी देखी गई है। दोलन की और पुष्टि करने के लिए, कमी और वृद्धि दोनों को देखने की आवश्यकता है।
- ICAL, वायुमंडलीय न्यूट्रिनो से म्यूऑन के स्पेक्ट्रा का अध्ययन करने की अपनी क्षमता के साथ, "गर्त और शिखर (trough and peak)" प्रभाव स्थापित करना, एक स्पष्ट दोलन पैटर्न प्रदान करना और दोलन मापदंडों को सटीक रूप से निर्धारित करना है।
- इसके अतिरिक्त, न्यूट्रिनो और एंटीन्यूट्रिनो घटनाओं को अलग करने की ICAL की क्षमता पृथ्वी-पदार्थ प्रभावों का अध्ययन करने और कम ज्ञात दोलन मापदंडों की खोज करने की अनुमति देती है।

INO की अवस्थिति

- भारत में एक भूमिगत न्यूट्रिनो सुविधा पृथ्वी के भूमध्य रेखा के पास न्यूट्रिनो डिटेक्टर का पता लगाने की अनूठी संभावना प्रदान करती है। इसके सौर न्यूट्रिनो के लिए कुछ बहुत ही दिलचस्प परिणाम हो सकते हैं जो रात में सूर्य से डिटेक्टर तक जाने के दौरान पृथ्वी के केंद्र से होकर गुजरेंगे।
- INO सहयोग ने अब तमिलनाडु के थेनी जिले (मदुरै के मंदिर शहर से 110 किमी दूर) के पोट्टीपुरम गांव के पास बोडी वेस्ट हिल्स (BWH) क्षेत्र में एक स्थल (साइट) पर यह प्रयोग करने का निर्णय लिया है।
- INO प्रयोगशाला के लिए स्थल (साइट) का चुनाव मुख्य रूप से ब्रह्मांडीय विकिरण को कम करने के लिए 1000 मीटर से अधिक भूमिगत स्थित एक गुफा की आवश्यकता से निर्धारित होता है। दक्षिणी भारतीय पहाड़, विशेष रूप से तमिलनाडु में, सघन, घनी चट्टान, मुख्य रूप से नीस के साथ सबसे अनुकूल भूवैज्ञानिक स्थितियाँ प्रदान करते हैं। यह क्षेत्र कुशल संचालन के लिए स्थल (साइट) उपयुक्तता के साथ-साथ जल और विद्युत तक पहुंच भी प्रदान करता है। ये कारक तमिलनाडु के पहाड़ों को INO प्रयोगशाला के लिए एक उपयुक्त और सुरक्षित स्थान बनाते हैं।

भूमिगत प्रयोगशाला ही क्यों?

- न्यूट्रिनो की पदार्थ के साथ कमजोर अंतःक्रिया होती है, जिससे प्रयोगशाला में उनका पता लगाना मुश्किल हो जाता है। कॉस्मिक किरणों और प्राकृतिक रेडियोधर्मिता की उच्च पृष्ठभूमि पृथ्वी की सतह पर उनका पता लगाने में बाधक है। इसलिए, अधिकांश न्यूट्रिनो वेधशालाएँ भूमिगत गहराई में स्थित होती हैं।
- न्यूट्रिनो का पता लगाने के लिए सबसे शुरुआती भूमिगत प्रयोगशालाओं में से एक भारत में कोलार गोल्ड फील्ड (KGF) खदानों में 2000 मीटर से अधिक गहराई पर स्थित थी। हालाँकि, खदान बंद होने के कारण इसे बंद कर दिया गया है। वर्तमान में, दुनिया भर में कई भूमिगत प्रयोगशालाएँ, एक किलोमीटर या उससे अधिक की गहराई पर स्थित हैं, या तो खदानों या सड़क सुरंगों में स्थित हैं। प्रमुख प्रयोगशालाएँ सुदबरी (कनाडा), कामियोका (जापान), ग्रैन सासो (इटली) और सौदान माइंस (यूएसए) में मौजूद हैं। INO परियोजना का लक्ष्य KGF में किए गए अग्रणी न्यूट्रिनो अध्ययनों को पुनः प्राप्त करना है और यह योजनाबद्ध भूमिगत प्रयोगशालाओं में से एक है।
- ये भूमिगत सुविधाएं कॉस्मिक किरणों से पृष्ठभूमि शोर को कम करती हैं और अधिक प्रभावी न्यूट्रिनो का पता लगाने में सक्षम बनाती हैं, जिससे न्यूट्रिनो अनुसंधान में प्रगति होती है।

न्यूट्रिनो का पता क्यों लगाना?

- न्यूट्रिनो में गैर-शून्य द्रव्यमान होता है, लेकिन पता लगाने की चुनौतियों के कारण तीन प्रकारों के लिए उनके सटीक मान अभी भी अनिश्चित हैं।
- अपने छोटे द्रव्यमान के बावजूद, न्यूट्रिनो गुरुत्वाकर्षण प्रभाव के माध्यम से ब्रह्मांड के विकास को महत्वपूर्ण रूप से प्रभावित कर सकते हैं।
- ब्रह्मांड की उत्पत्ति और तारकीय ऊर्जा उत्पादन के बारे में बुनियादी सवालों को समझने के लिए न्यूट्रिनो द्रव्यमान और गुणों का प्रत्यक्ष निर्धारण आवश्यक है। न्यूट्रिनो, न्यूट्रिनो टोमोग्राफी के लिए पृथ्वी की संरचना, विशेष रूप से इसके गहरे आंतरिक भाग का अध्ययन करने का विशेष अवसर भी प्रदान करता है।

21.6 सापेक्षता का सिद्धांत (Theory of Relativity)

जर्मन वैज्ञानिक **अल्बर्ट आईंस्टीन** (Albert Einstein) ने 'सापेक्षता के सिद्धांत' को दो शीर्षकों के अंतर्गत प्रदर्शित किया- **विशिष्ट सापेक्षता (Special Relativity)** (1905) तथा **सामान्य सापेक्षता (General Relativity)** (1915)। आईंस्टीन ने भौतिकी की कई पूर्व अवधारणाओं को उखाड़ फेंका तथा अंतरिक्ष, समय, पदार्थ, ऊर्जा तथा गुरुत्वाकर्षण के आधारभूत सिद्धांतों की परिभाषाएं पुनः तय कीं। विशेष रूप से सापेक्षता से कॉस्मिक प्रक्रिया की आधारभूत समझ तथा ब्रह्मांड के गणित को समझने में सहायता मिली।

आईंस्टीन का सापेक्षता का सिद्धांत (Einstein's Theory of Relativity)

सामान्य सापेक्षता के सिद्धांत के अनुसार, बिना किसी वायवीय प्रतिरोध के, सभी वस्तुएं, एक समान गुरुत्वीय क्षेत्र में समान दर से गिरेंगी। दृष्टांत के लिए, आप एक भारी वस्तु तथा हल्की वस्तु, दोनों को किसी भवन से गिराएंगे तो दोनों एक ही वक्त पर भूमि पर गिरेंगी।

संघटन (Composition) तथा द्रव्यमान (Man) का अंतर उनके गिरने के समय को प्रभावित नहीं करेगा।

सामान्य सापेक्षता का सिद्धांत

- 1915 में अल्बर्ट आईंस्टीन ने अपनी सामान्य सापेक्षता के सिद्धांत का प्रतिपादन किया जिसमें यह प्रस्तावित किया गया कि गुरुत्वाकर्षण स्वयं में द्रव्यमानयुक्त वस्तुओं; जैसे-तारे तथा ग्रहों के अंतरिक्ष काल के आच्छादन का परिणाम था। इसे 'अंतरिक्ष-समय' (Space-time) के रूप में आईंस्टीन ने समझाया।
- आईंस्टीन का सापेक्षता का सिद्धांत यह बतलाता है कि अपने द्रव्यमान तथा संघटन को ध्यान में रखे बिना सभी वस्तुएं समान तरीके से गिरती हैं।

सामान्य सापेक्षता में वस्तुओं के बारे में की गई घोषणाएं

- प्रकाश सूर्य की तरफ मुड़ जाता है जब वह सूर्य के नजदीक होता है।
- ब्रह्माण्ड का लगातार विस्तार हो रहा है।
- बुध ग्रह की सूर्य कक्षा अनापेक्षित रूप से अपनी कक्षा पर ज्यादा घूमती है। सापेक्षिता दृष्टित तथा अनापेक्षित के बीच इसके बिना अंतर कहलाती है।
- **गुरुत्व से रेडशिफ्ट (Redshift):** जब प्रकाश गुरुत्व के साथ किसी वस्तु से अलग होता है तो प्रकाश एक दीर्घ तरंगदैर्ध्य के रूप में खिंच जाता है (जब वह 'सेण्टर ऑफ वेली' से अलग हटता है)।
- **शार्पियो डिले (Sharpio-Delay):** जब प्रकाश किसी उच्च द्रवयमान युक्त वस्तु के पास से गुजरता है तो मद्धिम पड़ जाता है।
- गुरुत्वीय तरंग - ये 14 सितंबर, 2015 को पहली बार देखी गई।

जो प्रेक्षक निरंतर वेग का अनुभव कर रहे हैं, उनका हिसाब विशेष सापेक्षता द्वारा किया जाता है, जबकि सामान्य सापेक्षता उन लोगों को कवर करती है जो त्वरण का अनुभव कर रहे हैं।

'विशिष्ट सापेक्षता' (Special Relativity) एक सीधी रेखा में निरंतर गतिमान वस्तु से संबंधित है। इस गति को 'जड़त्व गति' कहते हैं। कोई वस्तु जो समान वेग से गतिमान है या स्थिर अवस्था में है उसे जड़त्व अवस्था में माना जाता है। विशिष्ट सापेक्षता से यह सामने आया कि प्रकाश की गति असीमित नहीं है, परंतु यह इतनी अधिक है कि किसी भौतिक वस्तु द्वारा इस गति को प्राप्त करना संभव नहीं है। इसी आधार पर विज्ञान के प्रख्यात समीकरणों का निर्माण हुआ, जैसे–$E = mc^2$

'सामान्य सापेक्षता' (General Relativity) का संबंध गुरुत्वाकर्षण से है, जो ब्रह्मांड के प्रमुख/आधारभूत बलों में से एक है। गुरुत्वाकर्षण से मेक्रोस्कोपिक बिहेवियर (Macroscopic Behaviour) परिभाषित होता है, इसलिए सामान्य सापेक्षता बड़े स्तर पर भौतिक परिघटनाओं को परिभाषित करती है; जैसे-ग्रहीय गतिकी (Planetary Dynamics)।

इसका उपयोग नागरिक तथा सैन्य उपयोग की आधारभूत विज्ञान तकनीकों में किया जाता है। $E = mc^2$ का संबंध उप-परमाणविक कणों के अध्ययन में आवश्यक होता है। यह सिद्धांत कण द्वारा आवश्यक ऊर्जा को परिभाषित करता है या जब ऊर्जा एक रूप से दूसरे रूप में स्थानांतरित होती है या जब कोई कण नष्ट होता है तो उसके द्वारा उत्सर्जित ऊर्जा का निर्धारण करता है। आधुनिक अनुसंधानों द्वारा आईंस्टीन के **'सापेक्षता के सिद्धांत'** की पुष्टि हो गई है। आईंस्टीन ने संपूर्ण ब्रह्मांड की तुलना केवल एक संरचना से की। **सापेक्षता के सिद्धांत के अनुसार 'गुरुत्वाकर्षण बल' इस अंतरिक्ष-समय (Space-time) की वक्रता का परिणाम है।**

यह अंतरिक्ष तथा समय में वस्तु के व्यवहार का विश्लेषण भी करता है। संक्षिप्त में कहें तो यह ब्लैक होल की उपस्थिति तथा गुरुत्वाकर्षण के कारण प्रकाश के मार्ग में बदलाव से लेकर बुध ग्रह की अपनी कक्षा में विशेषताओं तक को परिभाषित करता है।

इस सिद्धांत के 100 वर्ष पूरे होने के उपलक्ष्य में यहां कुछ उदाहरण दिए जा रहे हैं कि इस सिद्धांत ने कैसे सहायता की है। कुछ वर्ष पूर्व **हमारे पुराने टेलीविजन में कैथोड किरणों वाली ट्यूब स्क्रीन का प्रयोग किया जाता था। कैथोड किरणों का इस ट्यूब में कार्य सापेक्षता के सिद्धांत पर ही आधारित था।** हम सभी विद्युत का उपयोग करते हैं और वर्तमान में यह हमारे जीवन का अभिन्न अंग है। **एक जनरेटर, ट्रांसफॉर्मर तथा अन्य सभी वस्तुएं, जो विद्युत का उत्पादन करती हैं, इसी सिद्धांत पर आधारित है। चुंबकत्व भी इस सिद्धांत से संबंधित है।**

नाभिकीय ऊर्जा प्लांट में द्रव्यमान तथा ऊर्जा का संलयन इसी सिद्धांत पर कार्य करते हैं और **सूर्य में ऊर्जा स्त्रोत का कारण भी यही है।** इसका अन्य प्रभाव **सुपरनोवा विस्फोट** में देखा जा सकता है जो बड़े तारे की मृत्यु का संकेत होता है। **इसका अन्य अनुप्रयोग वर्तमान में GPS के संदर्भ में भी है, GPS के सटीक कार्यान्वयन में इस सिद्धांत की गणना का प्रयोग किया जाता है।**

सापेक्षता के सिद्धांत के 100 वर्ष

सापेक्षता के सिद्धांत के सन् 2015 में 100 वर्ष पूरे हो गए। यह सिद्धांत सन् 1915 में 'अल्बर्ट आईंस्टीन' ने दिया था तथा इसे मानव इतिहास में सर्वाधिक क्रांतिकारी सिद्धांत माना जाता है। यह सिद्धांत विश्लेषण करता है कि भौतिकी के सिद्धांत हर स्थान पर समान है।

गुरुत्वाकर्षण लेंसिंग (Gravitational Lensing)

- गुरुत्वाकर्षण लेंसिंग, आइंस्टीन के सामान्य सापेक्षता के सिद्धांत - सीधे शब्दों में कहें, द्रव्यमान प्रकाश को मोड़ता है, का एक प्रभाव है।
- एक विशाल वस्तु का गुरुत्वाकर्षण क्षेत्र अंतरिक्ष में बहुत दूर तक होगा, और उस वस्तु के करीब से गुजरने वाली प्रकाश किरणों को (और इस प्रकार इसके गुरुत्वाकर्षण क्षेत्र के माध्यम से) मोड़कर कहीं और केंद्रित करने का कारण बनेगा।
- वस्तु जितनी अधिक विशाल होगी, उसका गुरुत्वाकर्षण क्षेत्र उतना ही मजबूत होगा और इसलिए प्रकाश किरणों का मुड़ना भी अधिक होगा - जैसे ऑप्टिकल लेंस बनाने के लिए सघन सामग्री का उपयोग करने से अधिक मात्रा में अपवर्तन होता है।

फायदे

- गुरुत्वाकर्षण लेंसिंग ब्रह्मांड विज्ञानियों के लिए उपयोगी है क्योंकि यह डार्क मैटर की मात्रा और वितरण के प्रति सीधे तौर पर संवेदनशील है।
- लेंसिंग से खगोलविदों को यह पता लगाने में मदद मिल सकती है कि संपूर्ण ब्रह्मांड में कितना डार्क मैटर है और यह कैसे वितरित है।
- लेंसिंग का उपयोग स्वयं डार्क मैटर के अस्तित्व को सत्यापित करने में मदद के लिए भी किया गया है।

21.7 गुरुत्वीय तरंगें (Gravitational Waves)

इन्फोग्राफिक देखें - गुरुत्वाकर्षण तरंगें - स्पेसटाइम में लहरें (Ripples)

गुरुत्वीय तरंग ऑब्जर्वेटरी बहुत-से स्थानों पर अवस्थित है (**चित्र 21.1**) तथा यह गुरुत्वीय तरंगों की भावी बेहतर समझ के लिए कार्यरत है, **हैनफोर्ड**, वॉशिंगटन (कार्यरत), लुसियाना स्थित **लिविंगस्टोन** (कार्यरत), **जी.ई.ओ.** 600 जर्मनी (कार्यरत), **विर्गो**-इटली (कार्यरत), जापान स्थित **कागरा** (निर्माणाधीन)। **भारत में इसका निर्माण कार्य अभी प्रारंभ हुआ है।**

21.7.1 लिसा पाथफ़ाइंडर, लिसा और ई लिसा (LISA Pathfinder, LISA & eLISA)

LISA मिशन द्वारा पता लगाने योग्य गुरुत्वाकर्षण तरंगें अन्य दूर के सिस्टम से भी आ सकती हैं, जिसमें छोटे तारकीय द्रव्यमान वाले ब्लैक होल शामिल हैं, जो सुपरमैसिव ब्लैक होल की परिक्रमा करते हैं, जिन्हें एक्सट्रीम मास रेशियो इंस्पिरल्स (EMRI) के रूप में जाना जाता है। गुरुत्वाकर्षण तरंगों के अध्ययन से ब्रह्मांड के उन हिस्सों की खोज करने की अपार संभावनाएं मिलती हैं जो अन्य तरीकों से अदृश्य हैं; जैसे कि ब्लैक होल, बिग बैंग और अभी तक अन्य अज्ञात वस्तुएं। LISA हमारे ब्रह्मांड की शुरुआत, विकास और संरचना के बारे में हमारे ज्ञान का पूरक होगा।

लिसा पाथफ़ाइंडर मिशन (LISA Pathfinder Mission)

LISA पाथफाइंडर मिशन LISA के लिए एक प्रूफ-ऑफ-कॉन्सेप्ट मिशन था।

LISA पाथफाइंडर को 3 दिसंबर, 2015 को एक प्रूफ-ऑफ-कॉन्सेप्ट के रूप में लॉन्च किया गया था, जो परीक्षण करता है कि अंतरिक्ष यान के भीतर फ्री-फ्लोटिंग टेस्ट मास की शोर विशेषताएं अपेक्षित गुरुत्वाकर्षण तरंग संकेत की तुलना में काफी छोटी हैं। जुलाई, 2017 में अपने मिशन को पूरा करते हुए, LISA पाथफाइंडर ने दिखाया है कि अवशिष्ट शोर का स्तर ~100 के कारक द्वारा मूल आवश्यकताओं को पार कर गया है। LISA पाथफाइंडर मिशन ने पूर्ण LISA मिशन की आवश्यकताओं को भी मात दी, यह दर्शाता है कि LISA के लिए प्रमुख तकनीक अच्छी तरह से चल रही है।

LISA पाथफाइंडर पृथ्वी से सूर्य की ओर लगभग 1.5 मिलियन किमी अंतरिक्ष में एक सुविधाजनक बिंदु से संचालित होता है, जो पहले सूर्य-पृथ्वी लैग्रैंजियन बिंदु, L1 पर परिक्रमा करता है।

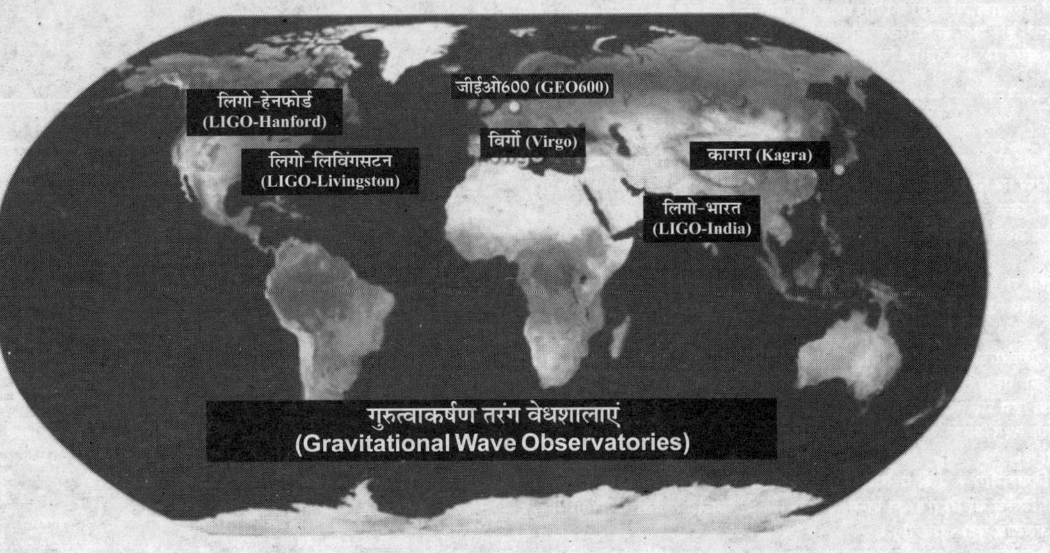

चित्र 21.1
गुरुत्वाकर्षण तरंग वेधशालाएं

गुरुत्वाकर्षण तरंगें - स्पेसटाइम में लहरें (RIPPLES)

- गुरुत्वाकर्षण तरंगें अंतरिक्ष-समय (स्पेसटाइम) के ताने-बाने में होने वाले व्यवधान हैं, जो ब्रह्मांड में अविश्वसनीय रूप से प्रचंड और ऊर्जावान घटनाओं से उत्पन्न होती हैं।
- अल्बर्ट आइंस्टीन ने 1916 में प्रतिपादित अपने सामान्य सापेक्षता सिद्धांत में सबसे पहले इन तरंगों के अस्तित्व का सिद्धांत दिया था।
- ये ब्रह्मांडीय लहरें, प्रकाश की गति से यात्रा करते हुए, अपने स्रोतों के बारे में बहुमूल्य जानकारी रखती हैं और गुरुत्वाकर्षण की प्रकृति के बारे में अंतर्दृष्टि प्रदान करती हैं।
- सबसे शक्तिशाली गुरुत्वाकर्षण तरंगें ब्लैक होल के विलय, सुपरनोवा के रूप में जाने जाने वाले विशाल सितारों के विस्फोटक अंत और न्यूट्रॉन सितारों की टक्कर जैसी प्रलयंकारी घटनाओं से उत्पन्न होती हैं।
- इसके अतिरिक्त, गुरुत्वाकर्षण तरंगें न्यूट्रॉन सितारों के अनियमित घूर्णन से उत्पन्न हो सकती हैं, जो पूर्ण गोलाकार आकृतियों से विचलित होती हैं, और बिग बैंग से गुरुत्वाकर्षण विकिरण के अवशेषों के (उनके उत्पादन में योगदान के) बारे में भी अटकलें हैं।
- स्टीन के गणितीय समीकरणों के अनुसार, त्वरण से गुजरने वाली विशाल वस्तुओं की गति, जैसे कि ब्लैक होल या एक-दूसरे की परिक्रमा करने वाले न्यूट्रॉन तारे, अंतरिक्ष-समय में व्यवधान पैदा करेंगे, जिससे सभी दिशाओं में तरंग जैसी विकृतियों का प्रसार होगा।

गुरुत्वाकर्षण तरंगों की ख़ोज

- 1916 में आइंस्टीन द्वारा परिकल्पित गुरुत्वाकर्षण तरंगों के अस्तित्व की पुष्टि उनकी मृत्यु के दो दशक बाद 1974 तक नहीं की गई थी।
- खगोलविदों रसेल हुल्स और जोसेफ टेलर ने प्यूर्टो रिको में अरेसिबो रेडियो वेधशाला का उपयोग करके अभूतपूर्व खोज की। उन्होंने पृथ्वी से 21,000 प्रकाश वर्ष दूर स्थित एक बाइनरी पल्सर का अवलोकन किया, जो सामान्य सापेक्षता के अनुसार गुरुत्वाकर्षण तरंगों को उत्सर्जित करने की परिकल्पित प्रणाली से ठीक मेल खाता था।
- आइंस्टीन की परिकल्पना का परीक्षण करने के लिए, टेलर और उनके सहयोगियों (जोएल वीसबर्ग और ली फाउलर) ने सितारों से रेडियो उत्सर्जन को ट्रैक किया और मापा कि समय के साथ उनकी कक्षीय अवधि कैसे बदल गई। चार वर्षों के भीतर, उन्होंने एक अवधि परिवर्तन की सूचना दी जिसने पुष्टि की कि तारे सामान्य सापेक्षता के सिद्धांत के अनुसार गुरुत्वाकर्षण तरंगों के उत्सर्जन के अनुरूप दर पर एक-दूसरे के करीब आ रहे थे।
- अवलोकित दर, आधे प्रतिशत की उल्लेखनीय सटीकता के भीतर अनुमानित दर से मेल खाती है। गुरुत्वाकर्षण के अध्ययन के लिए उनकी खोज और इसके निहितार्थों की मान्यता में, हुल्स और टेलर को एक नए प्रकार के पल्सर की पहचान के लिए 1993 में भौतिकी में नोबेल पुरस्कार से सम्मानित किया गया था।
- खगोलविदों ने पल्सर रेडियो-उत्सर्जन का बड़े पैमाने पर अध्ययन किया है, जो रेडियो तरंगों की किरणों का उत्सर्जन करने वाले न्यूट्रॉन सितारों से आता है। इन अध्ययनों के माध्यम से, उन्होंने ऐसे ही प्रभाव देखे हैं जो गुरुत्वाकर्षण तरंगों के अस्तित्व का समर्थन करते हैं। हालाँकि, ये पुष्टियाँ हमेशा अप्रत्यक्ष या गणितीय प्रकृति की रही हैं, जिनमें किसी उपकरण के साथ सीधे संपर्क या अंतर्क्रिया का अभाव है।
- 14 सितंबर, 2015 को सब कुछ बदल गया, जब लेजर इंटरफ़ेरोमीटर ग्रेविटेशनल-वेव ऑब्ज़र्वेटरी (LIGO) ने 1.3 बिलियन प्रकाश वर्ष दूर स्थित दो ब्लैक होल की टक्कर से उत्पन्न गुरुत्वाकर्षण तरंगों के कारण, अंतरिक्ष-समय में तरंगों की भौतिक उपस्थिति का पता लगाया। LIGO की पहली खोज में यह ऐतिहासिक घटना मानवता की सबसे बड़ी वैज्ञानिक उपलब्धियों में से एक के रूप में याद की जाएगी।
- हालाँकि गुरुत्वाकर्षण तरंगें उत्पन्न करने वाली प्रक्रियाएँ अविश्वसनीय रूप से हिंसक और विनाशकारी होती हैं, लेकिन जब तक ये तरंगें पृथ्वी तक पहुँचती हैं, तब तक वे अविश्वसनीय रूप से गौण हो जाती हैं, एक तालाब में गिराए गए कंकड़ से तरंगों की तरह दूरी के साथ गौण होती जाती हैं। वास्तव में, LIGO द्वारा खोजी गई गुरुत्वाकर्षण तरंगें एक परमाणु के नाभिक से हज़ार गुना छोटी थीं। LIGO को विशेष रूप से ऐसी अकल्पनीय सटीक माप हेतु डिज़ाइन किया गया था।

गुरुत्वाकर्षण तरंगों के स्रोत

- गुरुत्वाकर्षण तरंगें मनुष्य, कार और हवाई जहाज सहित किसी भी त्वरित भौतिक वस्तु द्वारा उत्पन्न होती हैं।
- हालाँकि, पृथ्वी पर ऐसी वस्तुओं का द्रव्यमान और त्वरण, पता लगाने योग्य गुरुत्वाकर्षण तरंगें उत्पन्न करने के लिए बहुत छोटा होता है।
- महत्वपूर्ण गुरुत्वाकर्षण तरंगों का पता लगाने के लिए, हमें अपना ध्यान हमारे सौर मंडल के बाहर मौजूद विशाल पिंडों पर ध्यान केंद्रित करना चाहिए।
- ब्रह्मांड तीव्र गति से गुजरने वाले अत्यधिक विशाल ऐसे पिंडों से भरपूर है, जो पता लगाने योग्य गुरुत्वाकर्षण तरंगें उत्पन्न करते हैं। इन वस्तुओं में परिक्रमा करने वाले ब्लैक होल या न्यूट्रॉन सितारों के युग्म, साथ ही न्यूट्रॉन सितारों और ब्लैक होल के बीच की अंतर्क्रिया शामिल है।
- इसके अतिरिक्त, अपने जीवन के अंत में विस्फोट करने वाले विशाल तारे भी इस घटना में योगदान करते हैं।
- खगोलविदों ने गुरुत्वाकर्षण तरंगों को चार प्रकारों में वर्गीकृत किया है - कॉन्टिन्यूअस, कॉम्पैक्ट बाइनरी इंस्पिरल, स्टोकेस्टिक और बर्स्ट - प्रत्येक गुरुत्वाकर्षण तरंग, संकेतों के एक अलग समूह से जुड़ी होती है जिसे शोधकर्ता LIGO के डेटा में खोज सकते हैं।

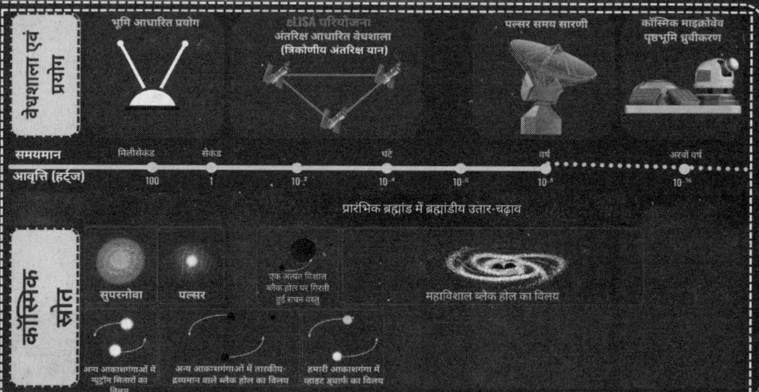

गुरुत्वाकर्षण तरंगों का पता लगाने के कारण?

- परंपरागत रूप से, वैज्ञानिक, ब्रह्मांड का अध्ययन करने के लिए विद्युत चुम्बकीय (EM) विकिरण पर निर्भर रहे हैं।
- हालाँकि, वे अब न्यूट्रिनो जैसे सूचना के अन्य स्रोतों की खोज कर रहे हैं। गुरुत्वाकर्षण तरंगें EM विकिरण से अलग, मौलिक रूप से भिन्न दृष्टिकोण प्रस्तुत करती हैं।
- मानव इंद्रियों से इसकी तुलना करने पर, यह ब्रह्मांड को देखने के लिए केवल आंखें होने और फिर अचानक दूर के कंपन को सुनने की क्षमता की खोज करने जैसा है।
- LIGO, एक गुरुत्वाकर्षण तरंग एंटीना के रूप में कार्य करते हुए, अंतरिक्ष-समय में ही कंपन का पता लगाता है, जिससे टकराने वाले ब्लैक होल जैसी अदृश्य घटनाओं का पता चलता है।
- गुरुत्वाकर्षण तरंगें अपने स्रोतों के बारे में अविकृत जानकारी लेकर, बिना रुके यात्रा करती हैं।
- ये तरंगें अविश्वसनीय रूप से प्रलयकारी घटनाओं से उत्पन्न होती हैं, जैसे न्यूट्रॉन सितारों का विलय या ब्रह्मांड का जन्म, जो ब्रह्मांड के पहले अनदेखे पहलुओं में अभूतपूर्व अंतर्दृष्टि प्रदान करती हैं।
- LIGO की सफलता ने ब्रह्मांड के रहस्यों का खुलासा करते हुए भौतिकी, खगोल विज्ञान और खगोल भौतिकी में अभूतपूर्व अनुसंधान को बढ़ावा दिया है।

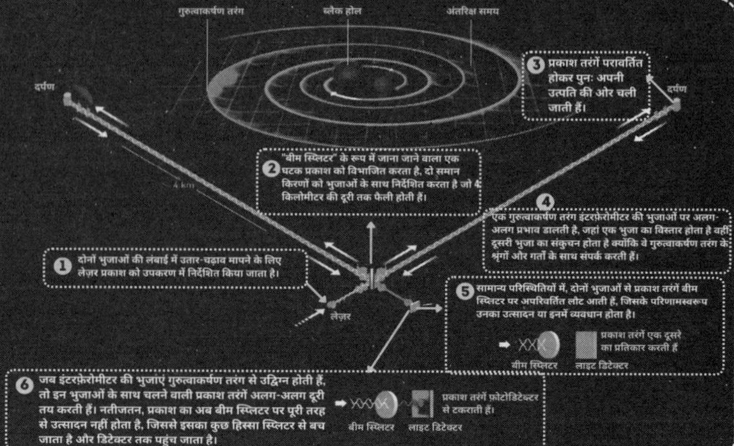

गुरुत्वाकर्षण तरंगों के प्रकार

कॉन्टिन्यूअस ग्रेविटेशनल वेव

ये गुरुत्वाकर्षण तरंगें न्यूट्रॉन सितारे जैसे घूर्णित विशाल पिंड से उठती रहती हैं। इस सितारे के आकार में अपूर्णता एक स्थिर आवृत्ति और आयाम के साथ गुरुत्वाकर्षण तरंगें उत्पन्न करती हैं। यदि घूर्णन दर स्थिर रहती है, तो उत्सर्जित तरंगें निरंतर संगीत स्वर के अनुरूप अपनी विशेषताओं को बनाए रखती हैं। शोधकर्ताओं ने LIGO द्वारा खोजी गई कॉन्टिन्यूअस ग्रेविटेशनल वेव की ध्वनि का अनुकरण किया है।

कॉम्पैक्ट बाइनरी इंस्पिरल ग्रेविटेशनल वेव

LIGO, कॉम्पैक्ट बाइनरी इंस्पिरल ग्रेविटेशनल वेव का पता लगाने पर ध्यान केंद्रित करता है, जो इस संबंध में अब तक अवलोकित एकमात्र वस्तु है। ये तरंगें ब्लैक होल, न्यूट्रॉन सितारे और व्हाइट ड्वार्फ जैसे सघन और विशाल पिंडों की परिक्रमा करने वाले युग्मों से उत्पन्न होती हैं। इनके तीन उपवर्ग हैं-

- बाइनरी न्यूट्रॉन स्टार (BNS),
- बाइनरी ब्लैक होल (BBH), और
- न्यूट्रॉन स्टार-ब्लैक होल बाइनरी (NSBH)।

जैसे ही ये वस्तुएं एक-दूसरे के चारों ओर घूमती हैं, वे गुरुत्वाकर्षण तरंगें उत्सर्जित करती हैं, जो इस प्रक्रिया में लुप्त ऊर्जा के कारण धीरे-धीरे करीब आती हैं। इस निरंतर सर्पिलाकार गति के कारण वस्तुओं का त्वरित और अपरिहार्य विलय होने लगता है।

स्टोकेस्टिक ग्रेविटेशनल वेव

LIGO, एक साथ होने वाले कई महत्वपूर्ण गुरुत्वाकर्षण तरंग स्रोतों से ही संबंधित नहीं है। हालाँकि, सभी दिशाओं से आने वाली छोटी गुरुत्वाकर्षण तरंगें एक यादृच्छिक पैटर्न बनाती हैं जिसे "स्टोकेस्टिक सिग्नल" के रूप में जाना जाता है। इन तरंगों का पता लगाना चुनौतीपूर्ण होता है लेकिन इनमें बिग बैंग के स्मृतिचिह्न भी शामिल हो सकते हैं। इन स्मृतिचिह्न युक्त गुरुत्वाकर्षण तरंगों का पता लगाने से हमें अभूतपूर्व तरीकों से ब्रह्मांड के इतिहास का पता लगाने की क्षमता प्राप्त होती है।

बर्स्ट ग्रेविटेशनल वेव

इन तरंगों की खोज एक तरह से अप्रत्याशित की खोज है। LIGO द्वारा अभी तक इनका पता लगाया जाना बाकी है, और ऐसे कई अज्ञात कारक हैं जो इससे संबंधित पूर्वानुमानों को चुनौतीपूर्ण बनाते हैं। इन तरंगों की प्रकृति और उनके स्रोत अनिश्चित रहते हैं, जिसका अर्थ है कि हम इनके पूर्व अनुमानित गुणों को निश्चित रूप से नहीं मान सकते हैं जैसा कि हम कॉन्टिन्यूअसऔर कॉम्पैक्ट बाइनरी इंस्पिरल ग्रेविटेशनल वेव के मामले में मानते हैं। बर्स्ट ग्रेविटेशनल वेव की खोज में, वैज्ञानिकों को खुले रूप से सोचना चाहिए और अपरिचित पैटर्न के प्रति ग्रहणशील रहना चाहिए। इसमें संकेतों को पहचानने की आवश्यकता होती है, भले ही उनकी विशेषताओं को पहले मॉडल नहीं किया गया हो। हालाँकि इससे कठिनाइयाँ पैदा हो सकती हैं, बर्स्ट ग्रेविटेशनल वेव का पता लगाने से ब्रह्मांड के बारे में अभूतपूर्व जानकारी सामने आने की बड़ी संभावना है।

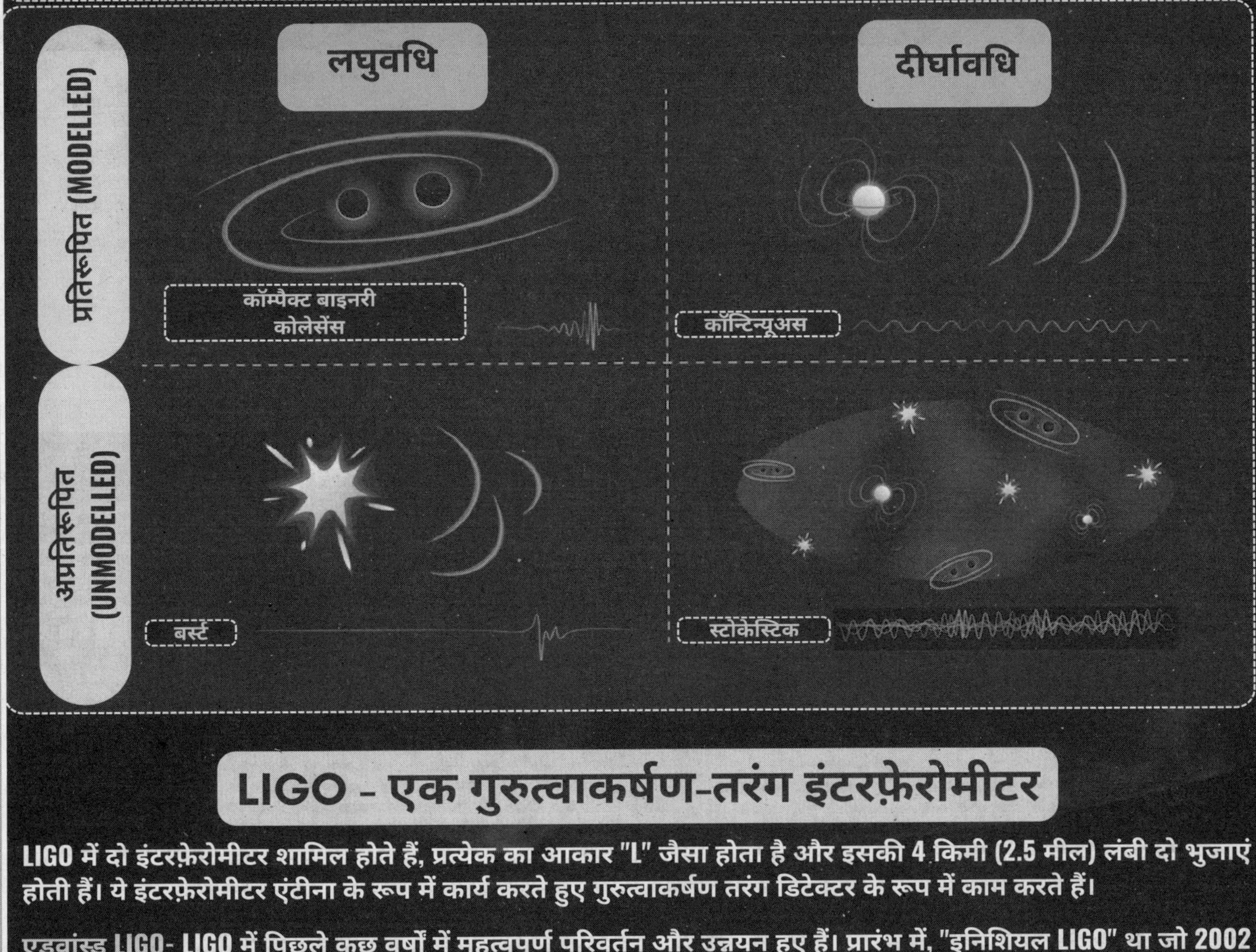

LIGO - एक गुरुत्वाकर्षण-तरंग इंटरफ़ेरोमीटर

LIGO में दो इंटरफ़ेरोमीटर शामिल होते हैं, प्रत्येक का आकार "L" जैसा होता है और इसकी 4 किमी (2.5 मील) लंबी दो भुजाएं होती हैं। ये इंटरफ़ेरोमीटर एंटीना के रूप में कार्य करते हुए गुरुत्वाकर्षण तरंग डिटेक्टर के रूप में काम करते हैं।

एडवांस्ड LIGO- LIGO में पिछले कुछ वर्षों में महत्वपूर्ण परिवर्तन और उन्नयन हुए हैं। प्रारंभ में, "इनिशियल LIGO" था जो 2002 से 2010 तक एक परीक्षण स्थल के रूप में संचालित हुआ। हालाँकि इसने गुरुत्वाकर्षण तरंगों का पता नहीं लगाया, लेकिन इसने सुधार के लिए बहुमूल्य अंतर्दृष्टि प्रदान की। 2010 में, LIGO का स्थान "एडवांस्ड LIGO" (aLIGO) ने ले लिया। aLIGO के निर्माण और परीक्षण में 2008 से 2015 तक 7 साल लगे। इसका उद्देश्य aLIGO को अपने पूर्ववर्ती की तुलना में 10 गुना अधिक संवेदनशील बनाना है। इसे और अधिक अपग्रेड करने और समय-समय पर अवलोकन में आने वाली बाधाओं से निपटने के लिए योजना बनाई गई है।

इंटरफ़ेरोमीटर क्या है?

- इंटरफ़ेरोमीटर यानी व्यतिकरणमापी विभिन्न वैज्ञानिक और इंजीनियरिंग क्षेत्रों में उपयोग किए जाने वाले बहुमुखी उपकरण होते हैं।
- ये प्रकाश स्रोतों के संयोजन से काम करते हुए ऐसे इंटरफ़ेरेंस पैटर्न (व्यवधान पैटर्न) बनाते हैं जो अध्ययन की जा रही वस्तु या घटना के बारे में बहुमूल्य जानकारी रखते हैं।
- इंटरफ़ेरोमीटर अत्यधिक सटीक माप करने के लिए विशेष रूप से प्रभावी होते हैं जो अन्यथा अप्राप्य होते हैं।
- उदाहरण के लिए, LIGO के इंटरफ़ेरोमीटर को एक प्रोटॉन की चौड़ाई के 1/10,000वें हिस्से जितनी छोटी दूरी मापकर गुरुत्वाकर्षण तरंगों का पता लगाने के लिए डिज़ाइन किया गया है।
- इंटरफ़ेरोमीटर शुरू में 19वीं शताब्दी में फ़िज़ौ, होक, मस्कार्ट, एरी और केटेलर जैसे वैज्ञानिकों द्वारा प्रस्तावित "ल्यूमिनिफेरस ईथर" सहित, प्रकाश के तरंगीय गुणों और विभिन्न माध्यमों पर इसकी निर्भरता का अध्ययन करने के लिए विकसित किए गए थे।
- 1887 में माइकलसन और मॉर्ले द्वारा आविष्कार किए गए माइकलसन-मॉर्ले इंटरफ़ेरोमीटर ने ईथर के अस्तित्व को खारिज करने में महत्वपूर्ण भूमिका निभाई और आइंस्टीन के सापेक्षता के सिद्धांतों की शुरुआत में योगदान दिया।
- माइकलसन इंटरफ़ेरोमीटर का विन्यास, जिसे 1960 के दशक के उत्तरार्ध से जाना जाता है, को अंतरिक्ष-समय पर गुरुत्वाकर्षण तरंगों के प्रभावों का पता लगाने के लिए आदर्श माना गया था। लंबवत भुजाओं के साथ प्रकाश चरण परिवर्तनों की इसकी सटीक माप LIGO, Virgo, Geo और KAGRA सहित आधुनिक गुरुत्वाकर्षण तरंग इंटरफ़ेरोमेट्रिक डिटेक्टरों का एक मूलभूत पहलू बन गया।
- दाहिनी ओर चित्रित माइकलसन लेजर इंटरफ़ेरोमीटर, परिणामी इंटरफ़ेरेंस पैटर्न को कैप्चर करने के लिए एक लेजर, बीम-स्प्लिटर, दर्पण और एक फ़ोटोडिटेक्टर का उपयोग करता है।

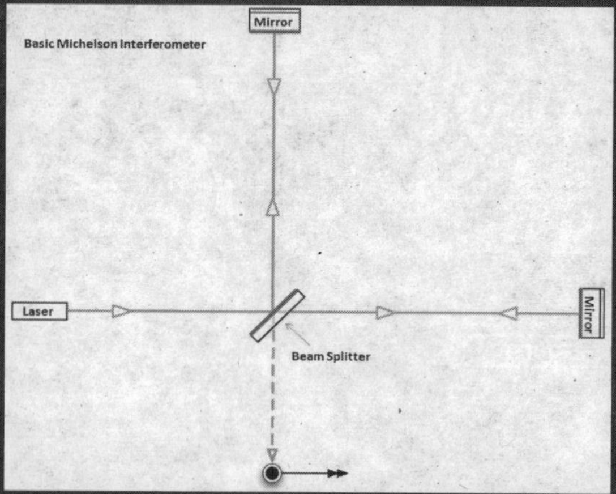

इंटरफ़ेरेंस पैटर्न क्या है?

- इंटरफ़ेरोमीटर कैसे कार्य करते हैं, यह समझने के लिए इंटरफ़ेरेंस को समझना महत्वपूर्ण है।
- इंटरफ़ेरेंस तब होता है जब कई तरंगें प्रतिच्छेद करती हैं और परस्पर अभिक्रिया करती हैं, जिससे इंटरफ़ेरेंस पैटर्न का निर्माण होता है।
- उदाहरण के लिए, जब स्थिर जल में पत्थर फेंके जाते हैं, तो परिणामी संकेंद्रित तरंगें एक-दूसरे के साथ इंटरफ़ेरेंस करती हैं। इस इंटरफ़ेरेंस के परिणामस्वरूप प्रतिच्छेदनके कुछ बिंदुओं पर बड़ी, छोटी तरंगें हो सकती हैं या यहां तक कि कोई तरंग नहीं भी हो सकती है।
- इंटरफ़ेरेंस के सिद्धांत सीधे हैं: परस्पर क्रिया करने वाली तरंगों की ऊंचाई और गहराई को एक साथ जोड़ने से इंटरफ़ेरेंस पैटर्न बनता है।
- पूर्ण रचनात्मक इंटरफ़ेरेंस तब बनता है जब एक ही दिशा में चलने वाली समान तरंगें पूर्णतः संरेखित होती हैं, जिसके परिणामस्वरूप एक बड़ी लहर उत्पन्न होती है।
- इसके विपरीत, पूर्ण विनाशकारी इंटरफ़ेरेंस तब बनता है जब विपरीत दिशाओं में चलने वाली समान तरंगें इस तरह से संरेखित होती हैं कि एक दूसरे को निष्प्रभावी (cancels) कर देती हैं।
- यद्यपि वास्तविक दुनिया की तरंगें शायद ही कभी समान होती हैं और सही संरेखण दुर्लभ होता है, प्रतिच्छेदनके बिंदुओं पर परिणामी तरंग हमेशा उनकी ऊंचाई या गहराई के योग का प्रतिनिधित्व करती है। एक आदर्श परिदृश्य में, विपरीत दिशाओं में चलने वाली दो समान तरंगें कुल रचनात्मक इंटरफ़ेरेंस से लेकर कुल विनाशकारी इंटरफ़ेरेंस तक की ऊँचाई प्रदर्शित करती हैं। वास्तव में, परस्पर क्रिया करने वाली तरंगों के आयाम और आवृत्तियाँ अलग-अलग होती हैं, जिसके परिणामस्वरूप अधिक जटिल इंटरफ़ेरेंस पैटर्न बनता है। हालाँकि, प्रत्येक बिंदु पर परस्पर क्रिया करने वाली तरंगों की ऊँचाई या गहराई को जोड़ने का मूल सिद्धांत लागू रहता है।

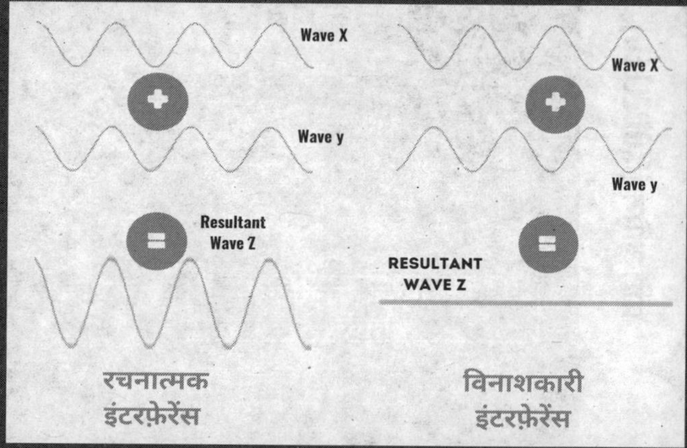

LIGO क्या है?

- लेज़र इंटरफ़ेरोमीटर ग्रेविटेशनल-वेव ऑब्ज़र्वेटरी का संक्षिप्त रूप, LIGO एक उल्लेखनीय वेधशाला है जो गुरुत्वाकर्षण तरंगों का पता लगाने में सक्षम है। पारंपरिक खगोलीय वेधशालाओं के विपरीत, LIGO तीन प्रमुख पहलुओं में अलग तरह से काम करता है:
  - LIGO, दृश्य प्रकाश या रेडियो तरंगों जैसे विद्युत चुम्बकीय विकिरण का पता नहीं लगाता है। इसके बजाय, यह गुरुत्वाकर्षण तरंगों का पता लगाता है, जो एक विशिष्ट घटना है जो विद्युत चुम्बकीय स्पेक्ट्रम का हिस्सा नहीं है।
  - ऑप्टिकल टेलीस्कोप या रेडियो डिश के विपरीत, LIGO को अंतरिक्ष में विशिष्ट स्थानों से प्रकाश एकत्र करने की आवश्यकता नहीं होती है। इसमें कोई डिश या केंद्रित दृश्य नहीं होता है। इसके डिटेक्टरों में "L" आकार में व्यवस्थित लंबी वैक्यूम ट्यूब होती हैं, जो सुरक्षात्मक कंक्रीट संरचनाओं के भीतर संलग्न होती हैं।
  - केवल एक LIGO डिटेक्टर गुरुत्वाकर्षण तरंग संकेत की पुष्टि नहीं कर सकता है। पुष्टिकरण के लिए आम तौर पर एक साथ सिग्नल का निरीक्षण करने के लिए कई डिटेक्टरों की आवश्यकता होती है। गुरुत्वाकर्षण तरंगों की प्रारंभिक खोज के लिए LIGO के हैनफोर्ड और लिविंगस्टन दोनों डिटेक्टरों में पता लगाना आवश्यक हो गया। गुरुत्वाकर्षण तरंग पहचान से जुड़े संभावित प्रकाश स्रोतों का पता लगाने के लिए, आदर्श रूप से, आकाश में स्रोत की स्थिति को त्रिकोणित करने के लिए तीन या अधिक डिटेक्टरों की आवश्यकता होती है।

- अपने मतभेदों के बावजूद, LIGO ने कई गुरुत्वाकर्षण तरंग संकेतों का सफलतापूर्वक पता लगाया है, LIGO और Virgo जैसी अन्य वेधशालाओं के बीच सहयोग ने महत्वपूर्ण खोजों में योगदान दिया है, जैसे कि पहले बाइनरी न्यूट्रॉन स्टार विलय का पता लगाना (GW170817)।

LIGO का इंटरफ़ेरोमीटर

- LIGO के इंटरफ़ेरोमीटर के मूल में माइकलसन इंटरफ़ेरोमीटर डिज़ाइन है, जो 1880 के दशक का है। हालाँकि, LIGO के इंटरफ़ेरोमीटर, पैमाने और जटिलता के मामले में अपने पूर्ववर्तियों से काफी भिन्न हैं।
- जबकि माइकलसन इंटरफ़ेरोमीटर और LIGO के इंटरफ़ेरोमीटर दोनों L-आकार के हैं, LIGO के उपकरण बहुत बड़े हैं। LIGO की भुजाएँ 4 किलोमीटर (2.5 मील) लंबी हैं, जो इसे अब तक निर्मित सबसे बड़ा इंटरफ़ेरोमीटर बनाती है। इसके विपरीत, मूल माइकलसन इंटरफ़ेरोमीटर की भुजाएँ लगभग 1.3 मीटर लंबी थीं। गुरुत्वाकर्षण तरंगों का पता लगाने के लिए LIGO का बड़ा आकार महत्वपूर्ण है, क्योंकि यह अधिक सटीक माप को सक्षम बनाता है। LIGO को दूरी में परिवर्तन को मापने की आवश्यकता है जो एक प्रोटॉन से 10,000 गुना छोटी है, जिसके लिए एक बड़े और अधिक संवेदनशील उपकरण की आवश्यकता है।
- पारंपरिक माइकलसन इंटरफ़ेरोमीटर की सीमाओं को दूर करने के लिए, LIGO ने अपने डिज़ाइन में फैब्री-पेरोट गुहाओं को शामिल किया है। इन गुहाओं में बीम स्प्लिटर के पास प्रत्येक भुजा में रखे गए अतिरिक्त दर्पण होते हैं। प्रत्येक भुजा में लेज़र प्रकाश इन दर्पणों के बीच आगे-पीछे टकरा कर लौटता है, जिससे तीव्रता बढ़ती है और प्रभावी रूप से प्रत्येक लेज़र द्वारा तय की गई दूरी 4 किलोमीटर से 1200 किलोमीटर तक बढ़ जाती है। भुजा की लंबाई का यह विस्तार गुरुत्वाकर्षण तरंगों के प्रति LIGO की संवेदनशीलता को बढ़ाता है, जिससे उनका पता लगाना आसान हो जाता है।
- लंबाई के अलावा, लेजर शक्ति LIGO की संवेदनशीलता में महत्वपूर्ण भूमिका निभाती है। लेज़र की शक्ति बढ़ाने से फ़ोटोडिटेक्टर द्वारा मापी गई इंटरफ़ेरेंस फ्रिन्ज की तीक्ष्णता में सुधार होता है। हालाँकि, आवश्यक प्रारंभिक शक्ति के साथ लेजर उत्पन्न करना अव्यावहारिक है। इसे संबोधित करने के लिए, LIGO ने पावर रीसाइक्लिंग दर्पणों को शामिल किया है। ये दर्पण लेजर प्रकाश को पुनः इंटरफ़ेरोमीटर में परावर्तित करते हैं, जिससे शुरुआत में बेहद शक्तिशाली लेजर की आवश्यकता के बिना फैब्री-पेरोट गुहाओं के अंदर लेजर बीम की शक्ति बढ़ जाती है। बढ़ी हुई लेजर शक्ति इंटरफ़ेरेंस फ्रिंज की दृश्यता को बढ़ाती है, जिससे गुरुत्वाकर्षण तरंगों का पता लगाने में सहायता मिलती है।
- LIGO के इंटरफ़ेरोमीटर में सिग्नल रीसाइक्लिंग दर्पण भी होते हैं, जो प्राप्त सिग्नल को और बढ़ाते हैं, और शोर को कम करने और गुरुत्वाकर्षण तरंगों के कारण होने वाले कंपन का पता लगाने के लिए उपकरणों की क्षमता में सुधार करने हेतु एडवांस्ड वायब्रेशन डंपिंग मेकेनिज्म भी शामिल हैं। ये संशोधन LIGO के इंटरफ़ेरोमीटर को अद्वितीय और अविश्वसनीय रूप से सटीक माप करने में सक्षम बनाते हैं।
- संक्षेप में, LIGO के इंटरफ़ेरोमीटर माइकलसन इंटरफ़ेरोमीटर डिज़ाइन पर आधारित होते हैं, लेकिन इसमें फैब्री-पेरोट कैविटीज़, पावर रीसाइक्लिंग मिरर, सिग्नल रीसाइक्लिंग मिरर और एडवांस्ड वायब्रेशन डंपिंग मेकेनिज्म शामिल हैं। प्रौद्योगिकियों का यह संयोजन LIGO को गुरुत्वाकर्षण तरंगों का पता लगाने के लिए आवश्यक संवेदनशीलता और सटीकता प्राप्त करने की अनुमति देता है, जिससे यह खगोल भौतिकी के क्षेत्र में एक अभूतपूर्व वेधशाला बन जाती है।

अंतरिक्ष-जनित बड़े पैमाने पर इंटरफेरोमीटर का विचार 1970 के दशक से है। यह मोटे तौर पर तब से था जब लेजर इंटरफेरोमीटर स्पेस एंटीना (LISA) की अवधारणा का जन्म हुआ था। मुख्य लक्ष्य: पृथ्वी की सतह से दुर्गम कम आवृत्ति वाली गुरुत्वाकर्षण तरंगों का पता लगाना। LISA को एक समबाहु त्रिभुज के आकार का इंटरफेरोमीटर होना था जो उपग्रहों के एक तारामंडल द्वारा 5×10^6 किमी दूर बनाया गया था।

अंतरिक्ष-जनित इंटरफेरोमीटर पृथ्वी पर अपने समकक्षों की तुलना में अधिक समृद्ध आवृत्ति रेंज का पता लगा सकते हैं। अधिक सटीक होने के लिए, eLISA में 1 हट्र्ज से कम के गुरुत्वाकर्षण विकिरण माप लेने की क्षमता होगी।

LIGO द्वारा खोजी गई गुरुत्वाकर्षण तरंग 35Hz से बढ़कर 250 Hz हो गई। पृथ्वी पर चलती वस्तुओं, मौसम की घटनाओं और भूकंपीय गति के रूप में गुरुत्वाकर्षण शोर के अपरिहार्य स्रोत हैं। इसलिए, केवल उच्च-आवृत्ति वाली गुरुत्वाकर्षण तरंगें ही अलग-अलग होंगी, जबकि अंतरिक्ष में इंटरफेरोमीटर शोर के इन स्रोतों से बच सकते हैं। इंटरफेरोमीटर जितना बड़ा होगा, हम उतने ही छोटे स्ट्रेन का पता लगा सकते हैं।

एक उपग्रह, जिसे मातृ उपग्रह कहा जाता है, दो लेजर संकेतों को छोड़ता है जो विपरीत शीर्ष पर स्थित उपग्रहों द्वारा परावर्तित हो जाते हैं। इस प्रकार दो इंटरफेरोमीटर आर्म, या लिंक बनाते हैं। मातृ उपग्रह एक बीम हटाने वाले उपकरणों से सुसज्जित नहीं है, बल्कि दो स्वतंत्र चरण-बंद लेजर संकेतों का उत्पादन करता है। जब सिग्नल मातृ उपग्रह पर वापस आते हैं, तो मौजूद होने पर भी किसी भी चरण बदलाव को पंजीकृत किया जाता है।

संपूर्ण विन्यास हमारे ग्रह के पीछे 20 डिग्री पर रखा गया है और सूर्य के चारों ओर पृथ्वी जैसी कक्षा का अनुसरण करता है। यह पृथ्वी से लगभग 50 मिलियन किमी दूर है। उपग्रहों के एक सेट के लिए एक इंटरफेरोमीटर के रूप में कार्य करने के लिए, हमें यह आवश्यक है कि प्रत्येक उपग्रह दूसरों के संबंध में निरंतर दूरी बनाए रखे। इसका कारण यह है कि प्रत्येक उपग्रह जोड़ी एक इंटरफेरोमीटर भुजा है और यदि वे लंबाई बदलते हैं तो यह बेकार होगा (यानी, गुरुत्वाकर्षण तरंग की बदलाव के बिना)।

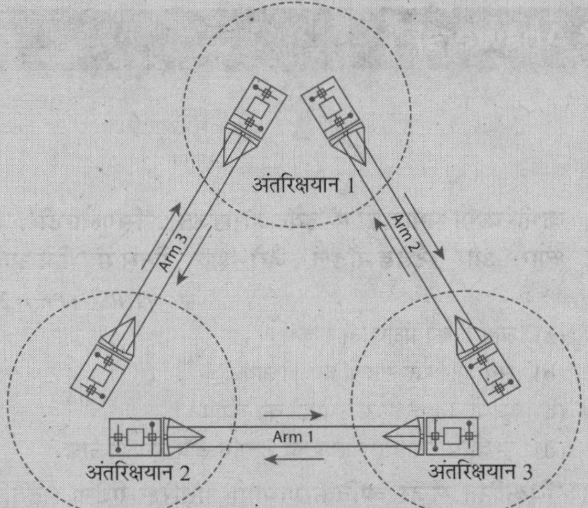

चित्र 21.2
अंतरिक्ष यान की तिकड़ी (Trio of Space craft)

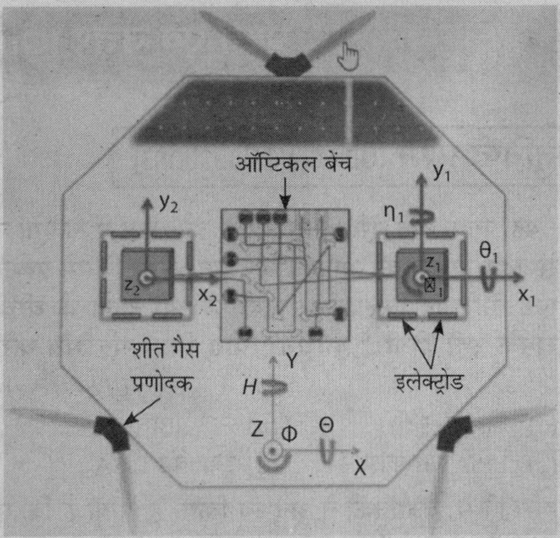

चित्र 21.3
व्यतिकरणमापी (Interferometer)

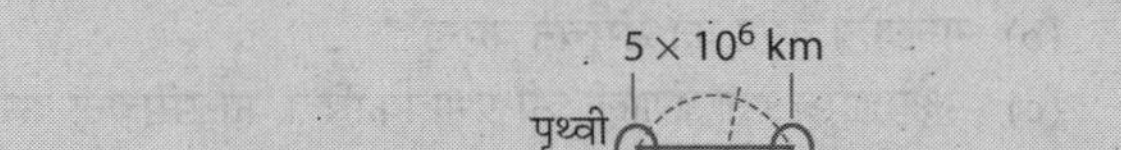

चित्र 21.4
तीनों अंतरिक्ष यान की स्थिति (Position of All Three Space Crafts)

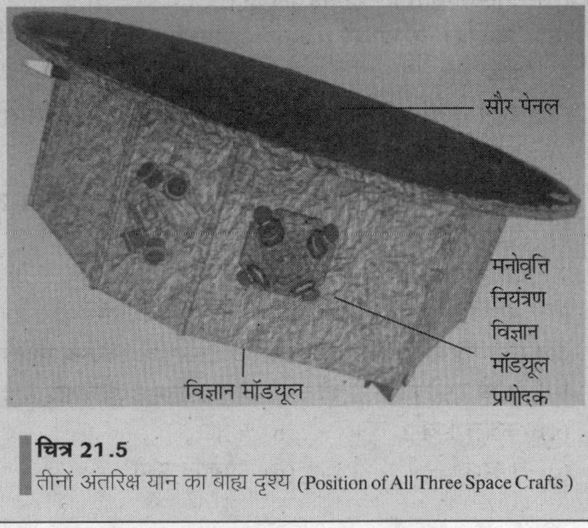

चित्र 21.5
तीनों अंतरिक्ष यान का बाह्य दृश्य (Position of All Three Space Crafts)

विभिन्न वस्तुओं से भिन्न आवृत्ति रेंज (A Different Frequency Range from Different Objects)

गुरुत्वाकर्षण तरंग स्पेक्ट्रम आवृत्तियों की एक विस्तृत अवधि को कवर करता है। लिसा 0.1 मेगाहर्ट्ज और 1 हर्ट्ज के बीच कम आवृत्ति रेंज में संचालित होता है (एलआईजीओ की आवृत्ति 10 हर्ट्ज से 1000 हर्ट्ज की तुलना में)। इस अंतर का मतलब यह है कि LISA जिन तरंगों की तलाश कर रहा है, उनमें बहुत अधिक तरंग दैर्ध्य है, जो बहुत व्यापक कक्षाओं में वस्तुओं के अनुरूप है और संभावित रूप से उनकी तुलना में बहुत अधिक भारी है, जिन्हें LIGO खोज रहा है, जिससे गुरुत्वाकर्षण तरंग स्रोतों की एक विस्तृत शृंखला का पता लगाने का क्षेत्र खुल जाता है।

LISA के पास तीन अंतरिक्ष उपग्रह हैं जो अंतरिक्ष में एक समबाहु त्रिभुज बनाते हैं जहां त्रिभुज की भुजाएं, जिन्हें LISA की "आर्म" भी कहा जाता है, लगभग एक मिलियन मील तक फैली हुई हैं। इसलिए, अंतरिक्ष से, LISA पृथ्वी के शोर और स्पेक्ट्रम के उन क्षेत्रों तक पहुंच से बच सकता है जो इन अत्यंत लंबी भुजाओं के कारण पृथ्वी से दुर्गम हैं। LISA द्वारा खोजे जाने वाले गुरुत्वाकर्षण तरंग स्रोतों में हमारी गैलेक्सी में अल्ट्रा-कॉम्पैक्ट बायनेरिज़, सुपरमैसिव ब्लैक होल विलय और अन्य विदेशी संभावनाओं के बीच अत्यधिक द्रव्यमान अनुपात प्रेरणा शामिल हैं।

हम प्रयोगों का उपयोग करके गुरुत्वाकर्षण तरंग स्रोतों की एक शृंखला को समेटते हुए पूरे गुरुत्वाकर्षण तरंग स्पेक्ट्रम का अध्ययन करना चाहते हैं।

प्रश्न एवं उत्तर (Questions & Answers)

वस्तुनिष्ठ प्रश्न (Objective Questions)

1. "यह प्रयोग तीन ऐसे अंतरिक्षयानों को काम में लाएगा जो एक समबाहु त्रिभुज की आकृति में उड़ान भरेंगे, जिसमें प्रत्येक भुजा एक मिलियन किलोमीटर लम्बी है और यानों के बीच लेजर चमक रही होंगी।" कथित प्रयोग किसे संदर्भित करता है? *(UPSC (Pre) - 2020)*

(a) वॉयेजर-2 (b) न्यू हॉरायजन्स
(c) LISA पाथफाइंडर (d) इवोल्वड LISA

2. हाल ही में, वैज्ञानिकों ने अनुभव किया है/पाया है कि पृथ्वी से करोड़ों प्रकाश वर्ष दूर विशालकाय कृष्ण छिद्रों का विलय हुआ है। इस पर्यवेक्षण के क्या महत्व हैं? *(UPSC (Pre) - 2019)*

(a) 'हिग्स-बोसोन कोणों' की पहचान हुई।
(b) 'गुरुत्वीय तरंगों' की पहचान हुई।
(c) 'वर्महोल' के माध्यम से अंतर-आकाशगंगा यात्रा की संभावना की पुष्टि हुई।
(d) इसने वैज्ञानिकों को 'सिंगुलैरिटी' (एकात्मक) के समझने में सक्षम किया।

3. निम्न अवधारणाओं पर विचार कीजिए: *[UPSC (Pre) - 2018]*

1. प्रकाश गुरुत्व से प्रभावित होता है।
2. ब्रह्माण्ड का निरंतर विस्तार हो रहा है।
3. पदार्थ अपने आस-पास के स्पेस-टाइम से आवरित होता है।

अकसर मीडिया में चर्चित रहने वाले आईंस्टीन के सामान्य सापेक्षता के सिद्धांत के उपरोक्त में से कौन-सी अवधारणाएं/उद्घोषणाएं है/हैं?

(a) केवल 1 व 2 (b) केवल 3
(c) 1 व 3 (d) उपरोक्त सभी

4. कभी-कभी समाचारों में 'इवेंट होराइजन', 'सिंगुलैरिटी', 'स्ट्रिंग थ्योरी' और 'स्टैंडर्ड मॉडल', जैसे-शब्द, किस संदर्भ में आते हैं? *[UPSC (Pre) - 2017]*

(a) ब्रह्मांड का प्रेक्षण और बोध
(b) सूर्य और चंद्र ग्रहणों का अध्ययन
(c) पृथ्वी की कक्षा में उपग्रहों का स्थापन
(d) पृथ्वी पर जीवित जीवों की उत्पत्ति और क्रमविकास

5. 'विकसित लेजर व्यतिकरणमापी अंतरिक्ष ऐंटेना (इवॉल्वड लेजर इन्टरफेरोमीटर स्पेस ऐन्टेना/eLISA)' परियोजना का क्या प्रयोजन है? *[UPSC (Pre) - 2017]*

(a) न्यूट्रिनो का संसूचन करना
(b) गुरुत्वीय तरंगों का संसूचन करना
(c) प्रक्षेपणास्त्र रक्षा प्रणाली की प्रभावकारिता का संसूचना करना
(d) हमारी संचार प्रणालियों पर सौर प्रज्वाला (सोल फ्लेयर) के प्रभाव का अध्ययन करना

6. आधुनिक वैज्ञानिक अनुसंधान के संदर्भ में, हाल ही में समाचारों में आए दक्षिणी ध्रुव पर स्थित एक कण संसूचक (पार्टिकल डिटेक्टर) 'आइसक्यूब (IceCube)' के बारे में निम्नलिखित कथनों पर विचार कीजिए: *[UPSC (Pre) - 2015]*

1. यह विश्व का सबसे बड़ा, बर्फ में एक घन किलोमीटर घेरे वाला, न्यूट्रिनो संसूचक (न्यूट्रिनो डिटेक्टर) है।
2. यह डार्क मैटर (Dark Matter) की खोज के लिए बनी शक्तिशाली दूरबीन है।
3. यह बर्फ में गहराई में दबा हुआ है।

उपर्युक्त कथनों में से कौन-सा/से सही है/हैं?

(a) केवल 1 (b) केवल 2 और 3

(c) केवल 1 और 3(d) 1, 2 और 3

7. **निकट अतीत में हिग्स-बोसॉन कण के अस्तित्व के संसूचन के लिए किए गए प्रयत्न लगातार समाचारों में रहे हैं। इस कण की खोज का क्या महत्व है?** *[UPSC (Pre) - 2013]*

1. यह हमें यह समझने में मदद करेगा कि मूल कणों मे संहति क्यों होती है।
2. यह निकट भविष्य में हमें दो बिंदुओं के बीच के भौतिक अंतराल को पार किये बिना एक बिंदु से दूसरे बिंदु तक पदार्थ स्थानांतरित करने की प्रौद्योगिकी विकसित करने में मदद करेगा।
3. यह हमें नाभिकीय विखंडन के लिए बेहतर ईंधन उत्पन्न करने में मदद करेगा।

नीचे दिए गए कूट का प्रयोग कर सही उत्तर चुनिए:

(a) केवल 1 (b) केवल 2 और 3

(c) केवल 1 और 3 (d) 1, 2 और 3

8. **ब्रुकहेवन नेशनल लेबोरेटरी के वैज्ञानिक दल, जिसमें भारतीय वैज्ञानिक भी सम्मिलित थे, ने एंटी-हीलियम केंद्रक के रूप में सबसे भारी एंटी-द्रव्य उत्पन्न किया। ऐंटी-द्रव्य उत्पन्न करने की क्या/क्या-क्या विवक्षा/विवक्षाएं हैं?** *[UPSC (Pre) - 2012]*

1. यह खनिज पूर्वेक्षण और तेल की खोज की अधिक आसान और कम महंगा बना देगा।
2. यह एंटी-द्रव्य से निर्मित तारों और आकाशगंगाओं के होने की संभावना की जांच करने में सहायक होगा।
3. यह ब्रह्मांड के विकास की समझ विकसित करने में सहायक होगा।

निम्नलिखित कूटों के आधार पर सही उत्तर चुनिए:

(a) केवल 1 (b) केवल 2 और 3

(c) केवल 3 (d) 1, 2 और 3

उत्तरमाला (Answer Key)

1. (c) 2. (b) 3. (d) 4. (a) 5. (b) 6. (d) 7. (a) 8. (b)

अध्याय

22

जैव प्रौद्योगिकी की मूल अवधारणा
(Basic Concepts of Biotechnology)

इस अध्याय में...

सबसे छोटी कोशिका माइकोप्लाज्मा लैडलवी (0-1 से 0-3μ) है, जिसे PPLO ('Pleuro-pneumonia like organisms' यानि 'प्लुरो-निमोनिया जैसे जीव') भी कहा जाता है। PPLO को 'पादप जगत का जोकर' भी कहा जाता है। सबसे बड़ी कोशिका शुतुरमुर्ग का अंडा (170 × 155 मिमी) है।

पादप और जंतु कोशिकाओं के बीच सबसे महत्वपूर्ण अंतर जंतु कोशिकाओं में कोशिका भित्ति की अनुपस्थिति है। कोशिका भित्ति, मृत और पारगम्य होती है।

दो श्रृंखलाओं के क्षार H_2 बॉण्ड द्वारा आपस में जुड़े हुए होते हैं जो दोहरी कुंडलित संरचना को स्थिर करने के लिए आवश्यक हैं।

22.1 कोशिका (Cell)

कोशिका के अध्ययन को **कोशिका विज्ञान (cytology)** कहते हैं। उपापचयी पहलुओं के साथ-साथ कोशिका के अध्ययन को **कोशिका जीव विज्ञान (cell biology)** कहा जाता है।

कोशिका सिद्धांत - एच. जे. डुट्रोचेट (1824) ने पहली बार कोशिका सिद्धांत का विचार दिया। कोशिका सिद्धांत, दो जर्मन वैज्ञानिकों **एम. जे. स्लेडेन** (वनस्पतिशास्त्री) और **टी. श्वान** (जीव विज्ञानी) द्वारा 1839 में तैयार किया गया था। कोशिका सिद्धांत के अनुसार, "कोशिका, जीव की बुनियादी संरचनात्मक और कार्यात्मक इकाई है"।

22.2 कोशिका के प्रकार (Types of Cell)

केन्द्रक की उपस्थिति के आधार पर कोशिकाएँ निम्न प्रकार की होती हैं **(तालिका 22.1):**

22.2.1 प्रोकैरियोटिक कोशिकाएँ (Prokaryotic Cells)

इनमें नाभिकीय झिल्ली तथा केन्द्रक /प्रारम्भी केन्द्रक का अभाव होता है। प्रारम्भी केन्द्रक को केंद्रकाभ (न्यूक्लियॉइड) या आरंभिक केन्द्रक भी कहा जाता है। इनमें माइटोकॉन्ड्रिया, हरितलवक, गॉल्जी बॉडी और अंत:प्रद्रव्यी जालिका जैसे कोशिकांग अनुपस्थित होते हैं। आनुवंशिक सामग्री हिस्टोन मुक्त होती है और केवल द्वि सूत्री डीएनए (double stranded DNA) से बनी होती है और इसे **जीनधर (genophore)** भी कहा जाता है। जैसे- माइकोप्लाज्मा, जीवाणु, नील-हरित शैवाल।

22.2.2 मेसोकैरियोटिक कोशिकाएँ (Mesokaryotic cells)

इनमें प्रारम्भी केन्द्रक होता है और इनमें एक अलग प्रकार का विभाजन होता है जिसे डाइनोमाइटोसिस कहा जाता है। इनमें डीऑक्सीराइबो-न्यूक्लियोहिस्टोन की कमी होती है। उदाहरण- डाइनोफ्लैगलेट्स (शैवाल समूह)।

तालिका 22.1 प्रोकैरियोटिक और यूकैरियोटिक कोशिकाओं के बीच तुलना

प्रोकैरियोटिक बनाम यूकैरियोटिक

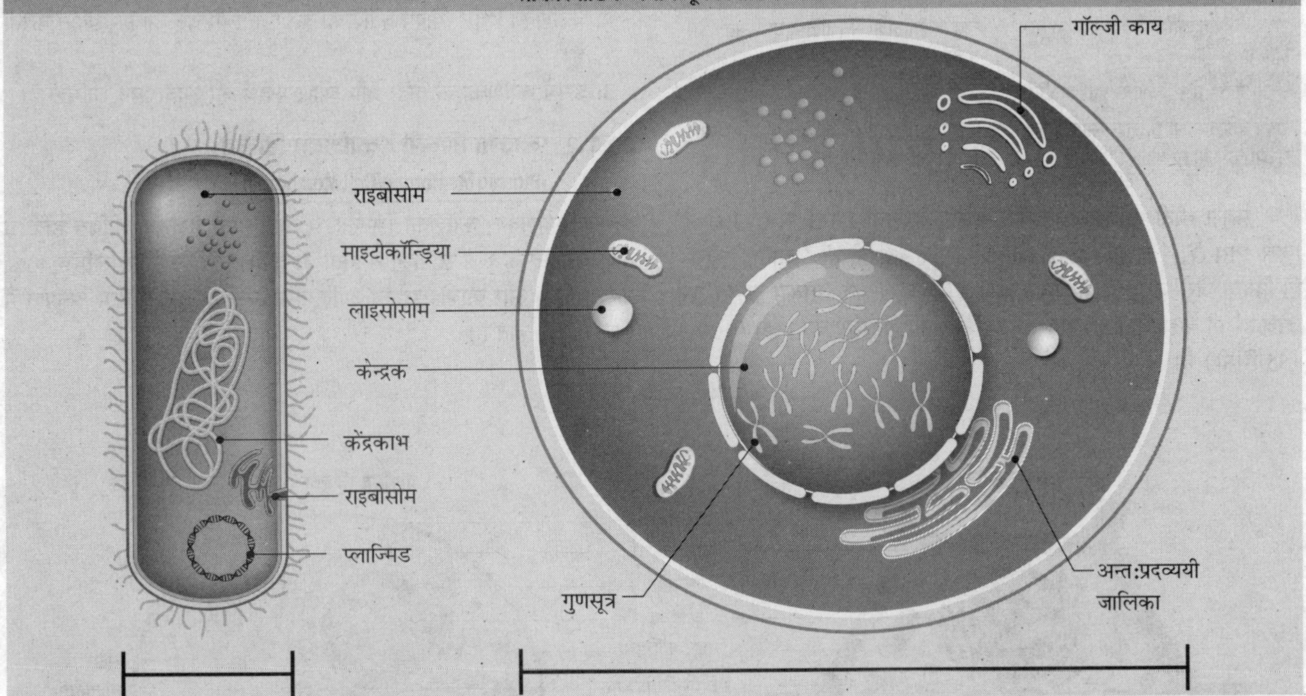

प्रोकैरियोटिक कोशिका (Prokaryotic Cells)	यूकैरियोटिक कोशिका (Eukaryotic Cells)
1. प्रोकैरियोटिक कोशिकाओं को सरल और एककोशिकीय (एकल-कोशिकीय) जीव कहा जाता है।	1. यूकैरियोटिक कोशिकाओं को जटिल और बहुकोशिकीय जीव कहा जाता है।
2. उनमें केन्द्रक नहीं होता है, और न ही कोई अंगक झिल्ली बद्ध होता है।	2. इनमें कोशिका के भीतर एक केन्द्रक के साथ-साथ झिल्ली-बद्ध अंगक भी होते हैं।
3. प्रोकैरियोटिक कोशिकाओं के केन्द्रकाभ में डीएनए छोटा व गोलाकार होता है।	3. यूकैरियोटिक कोशिका का डीएनए या आनुवंशिक पदार्थ कोशिका के केन्द्रक के भीतर पाया जाता है।
4. प्रोकैरियोटिक कोशिकाओं में यूकैरियोटिक कोशिकाओं की तुलना में कम कोशिकांग होते हैं, ये डीएनए, राइबोसोम, कोशिका झिल्ली, कोशिका भित्ति हैं, कुछ अन्य कोशिकांग हैं जो सभी प्रोकैरियोटिक कोशिकाओं में मौजूद नहीं होते हैं।	4. एक प्लाज्मा झिल्ली, कोशिका द्रव्य, केन्द्रक, राइबोसोम, माइटोकॉन्ड्रिया, पेरॉक्सिसोम और, कुछ मामलों में, रिक्तिकाएं एक यूकैरियोटिक कोशिका बनाती हैं। हालांकि, जंतुओं और पादपों के मध्य एक अंतर है।
5. प्रोकैरियोटिक कोशिकाओं के कुछ उदाहरणों में जीवाणु और आर्किया शामिल हैं।	5. यूकैरियोटिक कोशिकाओं के उदाहरणों में जंतु और पादप शामिल हैं।

22.2.3 यूकैरियोटिक कोशिकाएँ (Eukaryotic Cells)

इनमें वास्तविक या प्रारम्भी केन्द्रक (केन्द्रक झिल्ली और केन्द्रिका यानि न्यूक्लियोलस के साथ) होता है। डीएनए, गुणसूत्रों में हिस्टोन प्रोटीन से जुड़ा होता है। झिल्लीबद्ध कोशिकांग जैसे- माइटोकॉन्ड्रिया, लवक, ई.आर. और गॉल्जी उपकरण मौजूद होते हैं। उदाहरण, पौधों और जानवरों जैसे उच्च जीवों की कोशिकाएँ।

तालिका 22.2 पादप कोशिकाओं और प्राणी कोशिकाओं के बीच तुलना

पादप कोशिकाएँ (Plant Cells)	प्राणी कोशिकाएँ (Animal Cells)
पादप कोशिकाओं में कोशिका भित्ति होती है। इनमें कोशिका झिल्ली आंतरिक परत है।	इनमें कोशिका भित्ति नहीं पायी जाती है। इनमे कोशिका झिल्ली वाह्य परत है।
पादप की कोशिकाओं में हरितलवक मौजूद होते हैं।	इनमें हरितलवक भी नहीं पाया जाता है।
पादप कोशिकाएँ आकार में लगभग आयताकार होती हैं।	ये आकार में गोलाकार होती हैं।
पादप कोशिकाओं में बड़ी रिक्तिकाएं होती हैं। इनकी संख्या एक या कुछ होती है।	इनमें बहुत छोटी रिक्तिकाएं पाई जाती हैं। इनकी संख्या बहुत होती हैं।
पादप कोशिकाओं में सिलिया बहुत कम होता है।	जंतु कोशिकाओं में सिलिया उपस्थित होता है।
उच्च पादपों में सेंट्रीओल्स नहीं होते हैं।	इनमें सेंट्रीओल्स अनुपस्थित होते हैं।
पादप कोशिकाओं में लाइसोसोम की संख्या कम या ना के बराबर होती है।	इनमें लाइसोसोम (lysosomes) की संख्या काफी अधिक होती हैं।

सबसे छोटी कोशिका माइकोप्लाज्मा लैडलवी (0-1 से 0-3μ) है, जिसे PPLO ('Pleuro & pneumonia like organisms' यानि 'प्लुरो-निमोनिया जैसे जीव') भी कहा जाता है। PPLO को **'पादप जगत का जोकर'** भी कहा जाता है। सबसे बड़ी कोशिका शुतुरमुर्ग का अंडा (170 × 155 मिमी) है।

22.3 कोशिका संरचना (Cell Structure)

कोशिका में विभिन्न घटक होते हैं। उनका संक्षेप में नीचे वर्णन किया गया है।

22.3.1 कोशिका भित्ति (Cell Wall)

पादप कोशिकाओं में एक निश्चित और कठोर कोशिका भित्ति होती है। पादप और जंतु कोशिकाओं के बीच सबसे महत्वपूर्ण अंतर जंतु कोशिकाओं में कोशिका भित्ति की अनुपस्थिति है। कोशिका भित्ति, मृत और पारगम्य होती है **(तालिका 22.2 एवं चित्र 22.1)**।

मध्य पटलिका (मिडल लैमेला), दो कोशिकाओं को जोड़ने वाली संयोजी परत होती है जिसमें मुख्य रूप से पेक्टिक पदार्थ (Ca पेक्टेट और कुछ Mg पेक्टेट) होते हैं। फलों की परिपक्वता के दौरान मध्य पटलिका में पेक्टिक पदार्थ पेक्टोलाइटिक एंजाइम की गतिविधि के कारण घुलनशील हो जाते हैं। इसलिए पके हुए फल नरम होते हैं।

कोशिका भित्ति के प्रकार्य

1. कोशिका भित्ति कोशिका के बहि:कंकाल का प्रतिनिधित्व करती है (कोशिका को यांत्रिक शक्ति प्रदान करती है)।
2. कोशिका भित्ति, पादप कोशिका को एक निश्चित आकार प्रदान करती है।
3. इसमें कोशिका के अंदर और बाहर पदार्थ का आवागमन शामिल है।

22.3.2 प्लाज्मा झिल्ली/कोशिका झिल्ली (Plasma Membrane/Cell Membrane)

प्रत्येक कोशिका, कोशिका झिल्ली से घिरी होती है। यह जीवित होती है तथा चयनात्मक रूप से पारगम्य होती है। कोशिका झिल्ली में लिपिड 40%, प्रोटीन 52% और कार्बोहाइड्रेट (ऑलिगोसेकेराइड) कम से कम अनुपात में (5 से 8%) होते हैं।

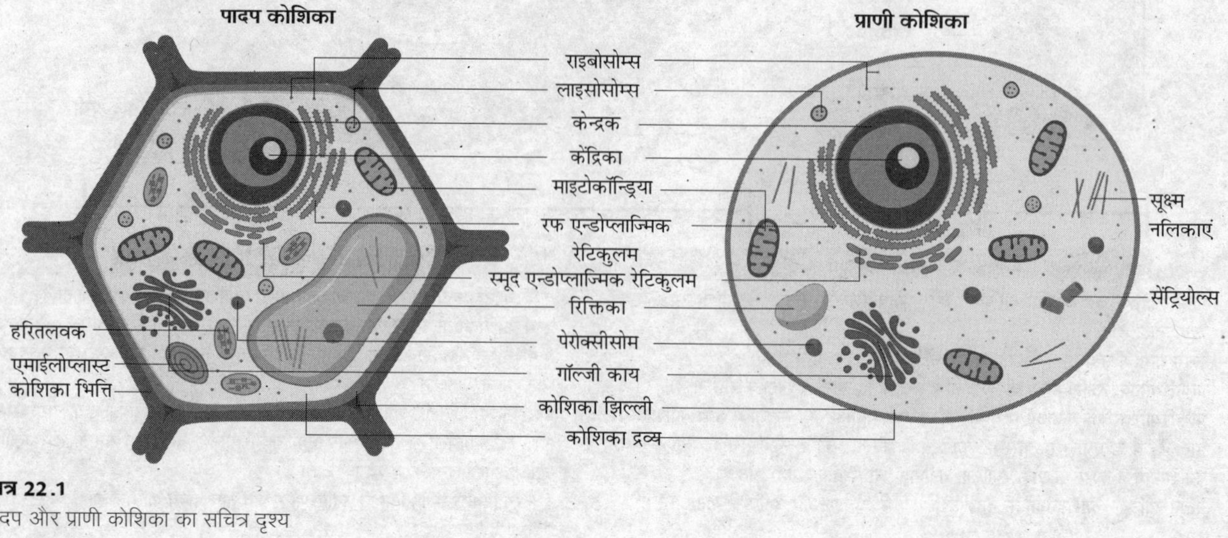

चित्र 22.1
पादप और प्राणी कोशिका का सचित्र दृश्य

प्रकार्य

1. **एंडोसाइटोसिस और एक्सोसाइटोसिसः** मैक्रो-अणुओं को एंडोसाइटोसिस के माध्यम से बाहर से कोशिका में प्रवेश करवाया जाता है जिसमें फैगोसाइटोसिस (जब ठोस कण अंतर्ग्रहण होते हैं) और पिनोसाइटोसिस (जब द्रव की बूंदों का अंतर्ग्रहण किया जाता है) दोनों शामिल होते हैं और **एक्सोसाइटोसिस** के माध्यम से कोशिका से बाहर निकाला जाता है।
2. **निष्क्रिय परिवहनः** (प्रसार और सुगम परिवहन)। निष्क्रिय परिवहन में अणुओं या आयनों की गति एक रासायनिक प्रवणता में या एक विद्युत रासायनिक प्रवणता में, उच्च से निम्न सांद्रता की ओर होती है।
3. **सक्रिय परिवहन और एटीपी लिंक्ड सिस्टमः** सक्रिय परिवहन और सुगम परिवहन के बीच बुनियादी अंतर यह है कि सक्रिय परिवहन एक संकेन्द्रीय प्रवणता के विपरीत परिवहन की अनुमति देता है, ताकि कोशिकाएँ कुछ निश्चित मेटाबोलाइट्स को ज्यादा मात्रा में प्राप्त कर सकें, भले ही वे आसपास के माध्यम में बहुत कम सांद्रता में मौजूद हों।

22.3.3 अंतःप्रद्रव्यी जालिका [Endoplasmic Reticulum (E.R.)]

यह कोशिका द्रव्य में नाजुक तंतुओं और पुटिकाओं का नेटवर्क होता है। E.R., केन्द्रक से पूरे कोशिका द्रव्य में चपटी थैलियों या सिस्टर्न के रूप में फैली होती हैं, जो दोहरी इकाई झिल्ली से घिरी होती हैं।

E.R. *निम्नलिखित प्रकार की हो सकती है -*

(क) **खुरदरी या दानेदार** - इसकी सतह पर राइबोसोम होते हैं। यह मुख्य रूप से प्रोटीन संश्लेषण में सक्रिय रूप से संलग्न कोशिकाओं में पाई जाती है।

(ख) **चिकनी या गैर-दानेदार** - इसकी सतह पर राइबोसोम नहीं होते हैं। इस प्रकार की E.R. **लिपिड** और **स्टेरॉयड** संश्लेषण से जुड़ी होती है। यह कोशिका के निराविषीकरण (डिटॉक्सीफिकेशन) में भी सहायक है।

प्रकार्य

(i) यह कोशिका द्रव्य को आंतरिक सहायता प्रदान करती है या कोशिका के एंडोस्केलेटन या साइटोस्केलेटन का निर्माण करती है।
(ii) यह पदार्थों के अंतःकोशिकीय परिवहन में मदद करती है।
(iii) यह लिपो -प्रोटीन और ग्लाइकोजन के संश्लेषण में भाग लेती है।
(iv) खुरदरी E.R., प्रोटीन संश्लेषण में मदद करती है।
(v) चिकनी E.R., स्टेरॉयड या लिपिड संश्लेषण में मदद करती है।

22.3.4 गॉल्जी कॉम्प्लेक्स (Golgi Complex)

गॉल्जी तंत्र को डिक्टियोसोम, गॉलजियोसोम, इडियोसोम या लिपोकॉन्ड्रिया के नाम से भी जाना जाता है। पादप कोशिकाओं में गॉल्जी कॉम्प्लेक्स कई असंबद्ध इकाइयों से मिलकर बना होता है जिन्हें **डिक्टोसोम** के रूप में जाना जाता है।

रासायनिक रूप से गॉल्जी कॉम्प्लेक्स, प्रोटीन (65-75%), फॉस्फोलिपिड्स (25-30%) और कुछ एंजाइम जैसे- गैलेक्टोसिल ट्रांसफरेज, थियामिन पाइरोफॉस्फेट और एडेनोसिन डिफॉस्फेट से बना होता है।

प्रकार्य

(i) सेल्यूलोज और हेमिसेल्यूलोज जैसे कार्बोहाइड्रेट का संश्लेषण,
(ii) एक्रोसोम का निर्माण।
(iii) लाइसोसोम का निर्माण (लाइसोसोमल एंजाइमों का स्राव)। इसलिए ये स्रावी कोशिकाओं में प्रचुर मात्रा में होते हैं।
(iv) कोशिका प्लेट और कोशिका भित्ति का संश्लेषण।
(v) यह लिपिड और प्रोटीन (ग्लाइकोलिपिड्स और ग्लाइकोप्रोटीन के संश्लेषण) के गलाइकोसाइलीकरण में एक प्रमुख भूमिका निभाता है।

22.3.5 लवक (Plastids)

लवक पादप कोशिकाओं की विशेषता है। लवक को तीन समूहों में विभाजित किया जा सकता है:

(क) **क्रोमोप्लास्टः** ये रंजित लवक होते हैं इनमें ज्यादातर कैरोटेनॉयड्स होते हैं। ये पीले, लाल या नारंगी रंग के हो सकते हैं। ये ज्यादातर पंखुड़ियों, फलों और जड़ों में पाए जाते हैं।
टमाटर का लाल रंग कैरोटीनॉयड लाइकोपीन के कारण होता है। गाजर, बीटा कैरोटीन (विटामिन-A के डेरिवेटिव) में अत्यधिक समृद्ध होती है। क्रोमोप्लास्ट, हरितलवक (क्लोरोप्लास्ट) से प्राप्त होते हैं।

(ख) **ल्यूकोप्लास्टः** ये रंगहीन लवक होते हैं और ज्यादातर पादपों के उन हिस्सों में पाए जाते हैं जो प्रकाश के संपर्क में नहीं आते हैं। प्रकृति और कार्य के आधार पर ल्यूकोप्लास्ट निम्न प्रकार के होते हैं:
(i) **अमाइलोप्लास्ट** - स्टार्च स्टोर संग्रह हैं
(ii) **इलाइओप्लास्ट** - वसा या तेल संग्रह करते हैं
(iii) **एलेरोप्लास्ट** या **प्रोटीनोप्लास्ट** - प्रोटीन संग्रह करते हैं

(ग) **हरितलवकः** हरितलवक, सबसे बड़ा कोशिकीय अंगक है, और आमतौर पर यूकैरियोट्स में पाया जाता है और प्रोकैरियोट्स में अनुपस्थित होता है। हरितलवक, दोहरी इकाई झिल्ली से घिरे होते हैं। हरितलवक या लवक में मौजूद DNA को **प्लास्टिडोम** कहा जाता है।
प्रकार्यः प्रकाश संश्लेषण।

22.3.6 माइटोकॉन्ड्रिया (Mitochondria)

सूत्रकणिका यानि माइटोकॉन्ड्रिया, केवल वायवीय जीवों में मौजूद होते हैं और जीवाणुओं और नील हरित शैवाल (प्रोकैरियोटिक) में अनुपस्थित होते हैं। माइटोकॉन्ड्रिया आमतौर पर छड़ के आकार का होता है। माइटोकॉन्ड्रिया दो इकाई झिल्लियों से घिरा होता है। **नास एवं नास (छें-छें)** ने माइटोकॉन्ड्रिया में DNA की उपस्थिति की खोज की। माइटोकॉन्ड्रिया में लगभग 60-70% एंजाइम पाए गए हैं (सर्वाधिक मात्रा में) माइटोकॉन्ड्रिया अर्ध-स्वायत्त अंगक है। अतः इसे 'कोशिका के अंदर कोशिका' (आनुवंशिक रूप से स्वायत्त) के रूप में संदर्भित किया जाता है। माइटोकॉन्ड्रिया को आमतौर पर **कोशिका का शक्तिगृह/पावरहाउस** कहा जाता है, क्योंकि इनके द्वारा ऊर्जा से भरपूर यौगिक (ATP) निर्मित किए जाते हैं।

प्रकार्यः वायवीय श्वसन

22.3.7 राइबोसोम (Ribosomes)

राइबोसोम सभी पादप और जंतु कोशिकाओं में मौजूद होते हैं। राइबोसोम, सबसे छोटे कोशिकांग हैं। ये अति सूक्ष्म संरचनाएं हैं। इलेक्ट्रॉन माइक्रोस्कोप की सहायता से इनकी उपस्थिति का पता चला था। ये झिल्ली-विहीन (बिना झिल्ली के) कोशिकांग हैं। यूकैरियोटिक कोशिकाओं में ये या तो कोशिका द्रव्य में मुक्त रूप से पाए जाते हैं अथवा अपने बड़े सबयूनिट 60S में **राइबोफोरिन (ग्लाइकोप्रोटीन)** के माध्यम से E.R. की बाहरी झिल्ली से जुड़े होते हैं। राइबोसोम ऋणात्मक आवेश वाले कण होते हैं। वे राइबोन्यूक्लियोप्रोटीन से बने होते हैं। कोशिका द्रव्य में वे **पॉलीसोम** या **पॉलीराइबोसोम** नामक समूहों में मौजूद होते हैं। अवसादन मान (Sedimentation Value) के आधार पर राइबोसोम दो प्रकार के होते हैं-

(i) **70S राइबोसोम** - उदाहरण-जीवाणुनील हरित शैवाल (प्रोकैरियोटिक कोशिकाएँ) और कोशिका अंग जैसे हरितलवक और माइटोकॉन्ड्रिया। इनमें छोटे सबयूनिट 30S और बड़े सबयूनिट 50S होते हैं।

(ii) **80S राइबोसोम** - उदाहरण - यूकैरियोट्स। इनमें छोटे सबयूनिट 40S और बड़े सबयूनिट 60S होते हैं।

राइबोसोम में 40-60% rRNA (राइबोसोमल RNA) और 30-60% प्रोटीन आर्जीनिन और लाइसिन के साथ होते हैं।

प्रकार्य: ये प्रोटीन संश्लेषण (प्रोटीन फैक्ट्री) के स्थान हैं।

22.3.8 लाइसोसोम (Lysosome)

ये एकल झिल्ली से बद्ध कोशिका अंगक होते हैं। ये ज्यादातर जंतु कोशिकाओं में और पादप कोशिकाओं में पाए जाते हैं। लाइसोसोम में जल अपघटनीय या पाचक एंजाइम (लगभग 36 एंजाइम) होते हैं। ग्लाइकोसिडेस, फॉस्फेटस, लाइपेस, न्यूक्लीज और प्रोटीयेज। ये एंजाइम कोशिकाओं के अपघटन में सक्षम हैं, इसलिए लाइसोसोम को आत्मघाती थैले या कोशिकाओं के अपघटक अंगकों के रूप में ज़ाना जाता है। जल अपघटनीय एंजाइम, अम्लीय पीएच (pH-5) पर सक्रिय होते हैं।

मानव मस्तिष्क में, **टे-सेश और नीमन-पिक (Tay Sachs and Niemann-Pick) नामक रोग** लाइसोसोम के कारण होते हैं। ये रोग कतिपय स्फिंगोलिपिड्स पाचक एंज़ाइमों की कमी के कारण होते हैं।

प्रकार्य:

(i) बाह्य पदार्थों (एक्सोसाइटोसिस) का पाचन।
(ii) इंट्रासेल्युलर/ अन्त: कोशीकीय पदार्थों (एंडोसाइटोसिस) का पाचन।
(iii) स्व:भोजी (Autophagy) या कोशिकीय पाचन: इसलिए उन्हें कोशिकीय स्वच्छकर्मी के रूप में जाना जाता है।

हर्लर रोग (जिसमें हड्डियां विकृत हो जाती हैं) जैसी गंभीर आनुवंशिक बीमारियां लाइसोसोम में ग्लाइकोसामिनोग्लाइकेन (म्यूकोपॉलीसेकेराइड) के संचय का परिणाम है क्योंकि इस रोग से पीड़ित रोगियों के लाइसोसोम में जल अपघटनीय एंजाइम α-L-iduronidase नहीं होता है।

22.3.9 रिक्तिकाएं (Vacuoles)

परिपक्व पादप कोशिकाओं में एकक और बड़े आकार की रिक्तिकाएं होती हैं लेकिन जंतु कोशिकाओं में छोटी और संख्या में बहुत अधिक होती हैं।

रिक्तिका में बंद पानी जैसे तरल पदार्थ को कोशिका रस कहते हैं। रिक्तिका द्रव से भरी थैली होती है जो टोनोप्लास्ट (इकाई झिल्ली) नामक एक झिल्ली से घिरी होती है।

कोशिकारस में पानी (मुख्य रूप से) खनिज लवण, शर्करा, कार्बनिक अम्ल, ऑक्सीजन, कार्बन डाइऑक्साइड और वर्णक (एंथोसायनिन) के साथ-साथ कुछ अपशिष्ट और चयापचय के द्वितीयक उत्पाद होते हैं।

रिक्तिकाएं प्रकार्य में परासरणी होती हैं। परिपक्व पादप कोशिकाओं में अधिकांश जल रिक्तिकाओं में होता है।

22.3.10 केन्द्रक, क्रोमोसोम, न्यूक्लिक अम्ल और कोशिका विभाजन (Nucleus, Chromosome, Nucleic Acids and Cell Division)

22.3.10.1 केन्द्रक (Nucleus)

केन्द्रक, कोशिका का नियंत्रण केंद्र होता है। रॉबर्ट ब्राउन (1835) ने एक गोलाकार, महत्वपूर्ण जैविक इकाई की खोज की और इसे केन्द्रक कहा। केन्द्रक में निम्नलिखित भाग होते हैं:

(i) **केन्द्रक झिल्ली (Nuclear membrane):** यह केन्द्रक की सबसे बाहरी परत होती है।
(ii) **केंद्रिक (Nucleolus):** केंद्रिक में मुख्य रूप से rRNA (राइबोसोमल आरएनए) और प्रोटीन होते हैं।
(iii) **केन्द्रक द्रव्य (Nucleoplasm):** यह प्रोटीनयुक्त पदार्थ होता है। इसमें DNA और RNA पोलीमरेज और राइबोसोम जैसे एंजाइम पाए जाते हैं।
(iv) **क्रोमेटिन नेटवर्क (Chromatin network):** केन्द्रक द्रव्य में क्रोमेटिन फाइबर जैसे तंतु अंत:स्थापित होते हैं। कोशिका विभाजन के दौरान, ये क्रोमेटिन फाइबर गुणसूत्रों में टूट जाते हैं।

केन्द्रक का महत्व: हैमरलिंग ने आनुवंशिकता में केन्द्रक की भूमिका का प्रदर्शन किया।

22.3.10.2 गुणसूत्र (Chromosomes)

द्विगुणित जीवों में गुणसूत्रों के अगुणित समूह या मूल समूह को जीनोम के रूप में वर्णित किया जाता है। आमतौर पर युग्मकों में प्रत्येक गुणसूत्र की केवल एक प्रति होती है। अधिकांश जीवों की कायिक कोशिकाओं में गुणसूत्रों के दो समूह (प्रत्येक समरूप गुणसूत्र की एक जोड़ी) होते हैं।

- पादपों में गुणसूत्रों की न्यूनतम संख्या 2n = 4 हैप्लोप्पस ग्रासिलिस (एस्टेरेसी) में, जबकि पादपों में गुणसूत्रों की अधिकतम संख्या 2n = 1262 ओफिओग्लोसम (फर्न) में होती है।
- जंतुओं में गुणसूत्रों की न्यूनतम संख्या 2n = 2 एस्केरिस में होती है जबकि जंतुओं में गुणसूत्रों की अधिकतम संख्या 2n = 1600 औलाकांथा में होती है।

जब क्रोमोसोम या क्रोमेटिन पदार्थ, प्रोफेज पर ओरसीन या एसीटोकारमाइन के साथ अभिरंजित होता है तो दो क्षेत्र विभेदित हो जाते हैं।

(i) **यूक्रोमेटिन (Euchromatin):** यह हल्के रूप में अभिरंजित क्षेत्र होता है। यह क्रोमेटिन का सक्रिय हिस्सा है जो RNA संश्लेषण में मदद करता है।

(ii) **हेटेरोक्रोमेटिन (Heterochromatin):** यह हेटेरोक्रोमेटिन के रूप में गहरे रूप में अभिरंजित क्षेत्र होता है। यह निष्क्रिय तथा देरी से प्रतिकृति बनाता है।

गुणसूत्र की संरचना

गुणसूत्रों में, DNA और हिस्टोन, **डीऑक्सीराइबोन्यूक्लियोप्रोटीन** (deoxyribonucleoprotein) बनाने के लिए बद्ध होते हैं। DNA और हिस्टोन प्रोटीन की व्यवस्था के लिए सबसे स्वीकृत मॉडल **न्यूक्लियोसोम** मॉडल है। न्यूक्लियोसोम शब्द **पी. ऑडेट** (P-Outdet-1975) द्वारा दिया गया था।

गुणसूत्र के प्रकार्य: गुणसूत्र का निर्दिष्ट प्रकार्य आनुवंशिक जानकारी को एक पीढ़ी से दूसरी पीढ़ी तक ले जाना है।

22.3.10.3 न्यूक्लिक अम्ल (Nucleic Acids)

न्यूक्लिक अम्ल (डीएनए) को पहली बार 1868 में स्विस वैज्ञानिक **फ्रेडरिक मिशर** द्वारा मवाद कोशिकाओं के केन्द्रक से अलग किया गया था। उन्होंने इसे केन्द्रकिन यानि **न्यूक्लिन** कहा। न्यूक्लिक अम्ल निम्नलिखित तीन घटकों से बने होते हैं:

(क) **नाइट्रोजनीक्षार (Nitrogenous bases):** ये दो प्रकार के होते हैं–

(i) **प्यूरीन (Purines)** – ये प्रकृति में द्विचक्रीय होते हैं, जैसे- एडेनिन (A), गुआनाइन (G)

(ii) **पिरीमिडीन्स (Pyrimidines)** – ये एकचक्रीय होते हैं, जैसे- थाइमिन (T), साइटोसिन (C), यूरैसिल (U)

(ख) **शर्करा (Sugar):** यह भी दो प्रकार की होती है–

(i) डीऑक्सीराइबोज शर्करा (Deoxyribose sugar)

(ii) राइबोज शर्करा (Ribose sugar)

(ग) **फॉस्फोरिक अम्ल (H_3PO_4)**

न्यूक्लियोसाइड्स – न्यूक्लियोसाइड, प्यूरीन या पिरीमिडीन्स नाइट्रोजनीक्षार और शर्करा से बनता है।

न्यूक्लियोटाइड्स – एक न्यूक्लियोटाइड में प्यूरीन या पिरीमिडीन्स नाइट्रोजनीक्षार, डीऑक्सीराइबोज शर्करा या राइबोज शर्करा से जुड़ जाता है, जो न्यूक्लियोटाइड बनाने के लिए फॉस्फेट समूह के साथ जुड़ता है।

पॉलीन्यूक्लियोटाइड्स – न्यूक्लिक अम्ल, **पॉलीन्यूक्लियोटाइड** होते हैं। **कई न्यूक्लियोटाइड फॉस्फोडाइस्टर बंध के माध्यम से जुड़ते हैं** और पॉलीन्यूक्लियोटाइड बनाते हैं।

22.3.10.4 डीएनए की संरचना (Structure of DNA)

DNA मुख्य रूप से केन्द्रक में गुणसूत्रों के भाग के रूप में अवस्थित होता है (DNA प्रोटीन कॉम्प्लेक्स को क्रोमेटिन कहा जाता है)।

पादप कोशिका में DNA की कुल मात्रा में से 90% केन्द्रक में (क्रोमेटिन में), 8% माइटोकॉन्ड्रिया में और 0.5 से 2.0% हरितलवक में होता है। अत: कोशिकाद्रव्यी DNA 1–10% होता है (**चित्र 22.2**)।

1952 में **विल्किंस** और **फ्रैंकलिन** पहली बार (एक्स-रे विवर्तन अध्ययन के आधार पर) DNA की दोहरी कुंडलित संरचना को पेश किया। 1953 में **जे. वाटसन** और **एफ. सी. क्रिक** ने DNA का दोहरा कुंडलित मॉडल (double helical model) दिया। 1962 में **वाटसन**, **क्रिक** और **विल्किंस** को DNA की संरचना के अध्ययन के लिए नोबेल पुरस्कार मिला।

(i) एडेनिन की मात्रा हमेशा थाइमिन के बराबर होती है और गुआनिन की मात्रा हमेशा साइटोसिन के बराबर होती है। (यानी A = T और G = C)

(ii) प्यूरीन और पिरीमिडीन्स की मात्रा बराबर होती है अर्थात् A + G = T + C

(iii) A + T / G + C का अनुपात निश्चित नहीं होता है या यह एक प्रजाति से दूसरी प्रजाति में भिन्न हो सकता है। उच्च पादपों और जंतुओं में A + T और G + C अनुपात 1.40 : 1 होता है और विषाणुओं, जीवाणुओं और निम्नपादपों में A + T और G + C अनुपात 0.6 : 1 होता है।

(iv) प्यूरीन को अधिक स्थान की आवश्यकता होती है जबकि पिरीमिडीन्स कम स्थान घेरते हैं।

दो शृंखलाओं के क्षार H_2 बॉण्ड द्वारा आपस में जुड़े हुए होते हैं जो दोहरी कुंडलित संरचना को स्थिर करने के लिए आवश्यक हैं।

एडेनिन-थाइमिन युग्म में दो हाइड्रोजन बॉण्ड होते हैं और गुआनिन-साइटोसाइन युग्म में तीन हाइड्रोजन बॉण्ड होते हैं। यदि एक लड़/तंतु (स्ट्रैंड) में एडेनिन होता है तो दूसरे में थाइमिन होता है। इस प्रकार, दो किस्में पूरक किस्मों के रूप में जानी जाती हैं। ये पूरक किस्में दर्शाती हैं कि एक लड़ में शर्करा का अणु ऊपर की दिशा में होता है जबकि दूसरी लड़ में शर्करा का अणु नीचे की दिशा में होता है। ऐसी स्थिति को प्रतिसमान्तर (antiparallel) के रूप में जाना जाता है। इस प्रकार DNA की दोनों लड़ पूरक और प्रतिसमान्तर होती हैं।

DNA अणु में दक्षिणावर्त रूप से कुंडलित दो लंबी शृंखलाएं होती हैं जो एक द्वि-कुंडली (double helix) के रूप में होती हैं जिसका व्यास 20Å होता है।

द्वि-कुंडली प्रत्येक 34Å के बाद एक मोड़ लेती है। आमतौर पर एक मोड़ में 10 न्यूक्लियोटाइड या 10 बेस युग्म होते हैं। अत:, दो क्षार युग्मों के बीच की दूरी 3.4Å होती है।

DNA ज्यादातर दाएं हाथ का होता है यानी बी-डीएनए और बाएं हाथ के कुंडल वाले डीएनए को **जेड-डीएनए** कहा जाता है (**तालिका 22.3**)।

तालिका 22.3 B-DNA और Z-DNA के बीच अंतर

B-DNA	Z-DNA
1. कुंडलित कुण्डलीभवन (helical coiling) दक्षिणावर्त होता है।	1. कुंडलित कुण्डलीभवन (helical coiling) वामावर्त होता है।
2. एक मोड़ की लंबाई 34 Å होती है जिसमें अधिकतर 10 न्यूक्लियोटाइड होते हैं।	2. एक मोड़ की लंबाई 45 Å होती है जिसमें अधिकतर 12 न्यूक्लियोटाइड होते हैं।
3. दो न्यूक्लियोटाइड के बीच की दूरी 3.4 Å है।	3. दो न्यूक्लियोटाइड के बीच की दूरी 3.7 Å है।
4. दोहराई जाने वाली इकाई एक एकल-न्यूक्लियोटाइड है।	4. शर्करा अवशेषों में वैकल्पिक अभिविन्यास होता है, जिससे कि दोहराई जाने वाली इकाई एक द्वि-न्यूक्लियोटाइड होती है।
5. व्यास 20 Å होता है।	5. व्यास 18 Å होता है।
6. प्रति पुनरावृत्ति इकाई मोड़ का कोण 36° होता है।	6. प्रति पुनरावृत्ति इकाई मोड़ का कोण 60° होता है।

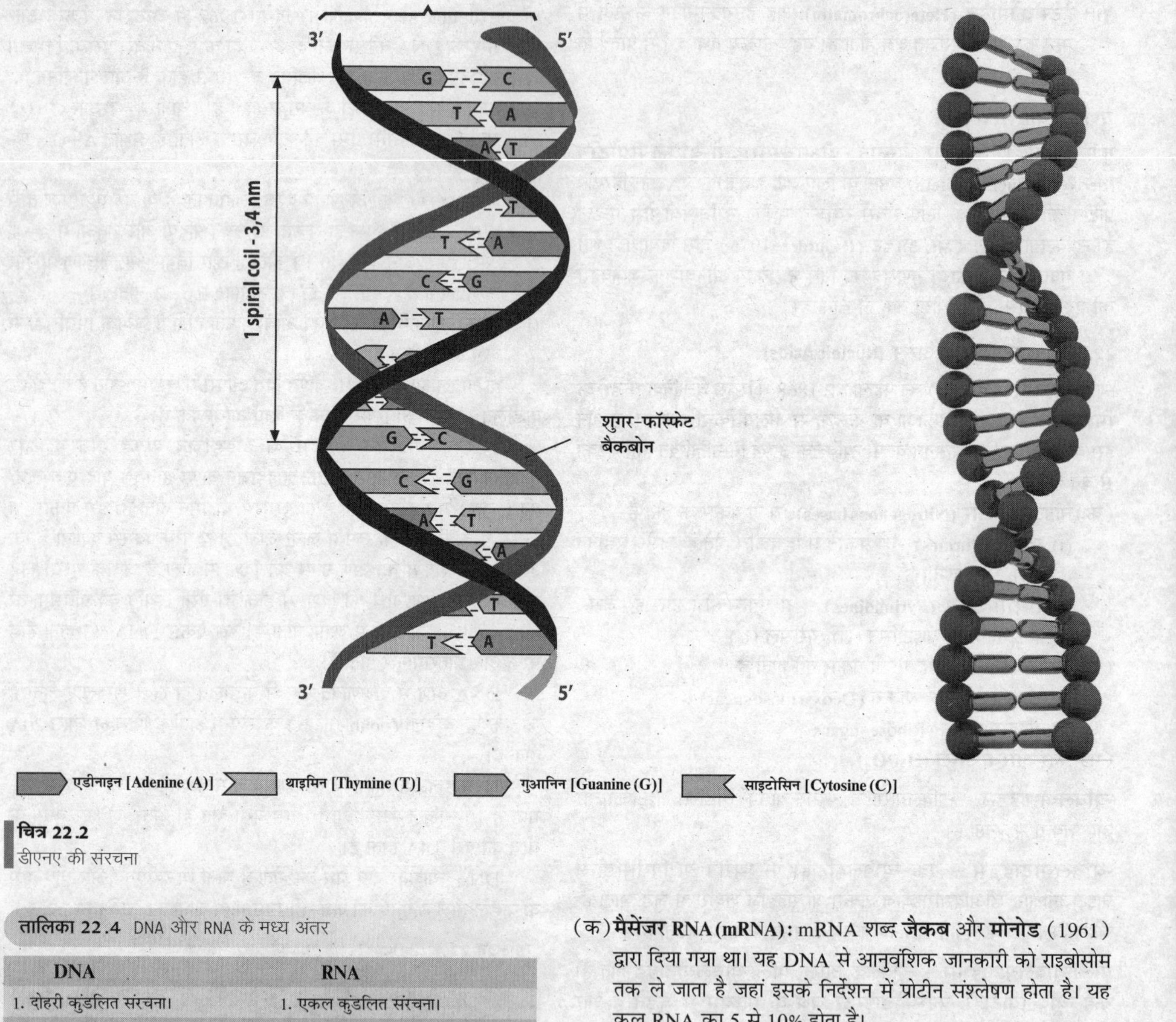

चित्र 22.2
डीएनए की संरचना

तालिका 22.4 DNA और RNA के मध्य अंतर

DNA	RNA
1. दोहरी कुंडलित संरचना।	1. एकल कुंडलित संरचना।
2. शर्करा का प्रकार –डिऑक्सीराइबोस शर्करा।	2. शर्करा का प्रकार – राइबोस शर्करा।
3. DNA सदैव आनुवांशिक।	3. RNA अधिकांशत: गैर–आनुवांशिक।
4. पीरीमिडिन्स क्षार – साइटोसीन तथा थाईमिन होते हैं।	4. पीरीमिडिन्स क्षार –साइटोसीन तथा यूरेसिल होते हैं।

22.3.10.5 आरएनए – राइबोन्यूक्लिक अम्ल (RNA – Ribonucleic Acid)

RNA, राइबोन्यूक्लियोटाइड्स का बहुलक होता है। ये न्यूक्लियोटाइड एकल लड़ वाले RNA बनाने के लिए एक साथ जुड़ते हैं। RNA के विभिन्न प्रकार निम्नलिखित हैं:

(क) **मैसेंजर RNA (mRNA):** mRNA शब्द **जैकब** और **मोनोड** (1961) द्वारा दिया गया था। यह DNA से आनुवंशिक जानकारी को राइबोसोम तक ले जाता है जहां इसके निर्देशन में प्रोटीन संश्लेषण होता है। यह कुल RNA का 5 से 10% होता है।

(ख) **ट्रांसफर RNA (tRNA)** या **घुलनशील RNA (sRNA):** यह कुल RNA का लगभग 10–20% होता है। इसके अणु सबसे छोटे होते हैं (जिसमें 75 से 80 राइबो न्यूक्लियोटाइड होते हैं)। यह प्रोटीन संश्लेषण के स्थल पर अमीनो अम्ल अणुओं को ले जाने के लिए जिम्मेदार होता है। **होले (Holley)** ने यीस्ट अलनील t-RNA की आणविक संरचना का वर्णन किया और 1968 में **निरेनबर्ग** और **खुराना** के साथ संयुक्त रूप से नोबेल पुरस्कार जीता। इस t-RNA के आणविक मॉडल को **क्लोवर लीफ मॉडल** के रूप में जाना जाता है। t-RNA का मुख्य कार्य सही कूटलेखन और अमीनो अम्ल का चयन करना होता है, t-RNA का पांचवां छोर हमेशा क्षारगुआनिन में समाप्त होता है जबकि तीसरा

छोर हमेशा CCA के क्षार अनुक्रम में समाप्त होता है। शेष अणु का न्यूक्लियोटाइड अनुक्रम परिवर्तनशील होता है। अमीनो अम्ल, CCA छोर अथवा टर्मिनस से जुड़े होते हैं।

(ग) **राइबोसोमल RNA (r-RNA):** इसमें कुल RNA का लगभग 80% शामिल होता है। यह सबसे स्थिर प्रकार है। इसका आणविक भार 12,00,000 है। राइबोसोम में 65-80% r-RNA होता है।

***RNA* के प्रकार्य**

1. m-RNA कूटलेखन के रूप में केन्द्रक से कोशिका द्रव्य तक जानकारी पहुंचाता है।
2. r-RNA, m-RNA के जुड़ाव के लिए स्थान देता है।
3. t-RNA अमीनो अम्ल को राइबोसोम के स्थल तक ले जाता है।

RNA, हमारी पृथ्वी का पहला न्यूक्लिक अम्ल था।

22.3.10.6 प्रतिकृतीकरण, प्रतिलेखन, प्रतिवर्ती प्रतिलेखन और रूपांतरण (Replication, Transcription, Reverse Transcription & Translation)

DNA से DNA के गठन को प्रतिकृतीकरण (replication) या द्विगुणीकरण (duplication) कहा जाता है। RNA पोलीमरेज एंजाइम की उपस्थिति में DNA से m-RNA के गठन को प्रतिलेखन के रूप में वर्णित किया गया है। हालांकि, **टेमिन** और **बाल्टीमोर** द्वारा RNA टेम्पलेट पर डीएनए के गठन की खोज की गई थी। इसलिए इस प्रक्रिया को **टेमिनिज्म** या **रिवर्स ट्रांसक्रिप्शन** यानि **प्रतिवर्ती प्रतिलेखन** कहा जाता है। इस तरह ये तीनों RNA, प्रोटीन संश्लेषण में मदद करते हैं। राइबोसोम के स्थान पर प्रोटीन (पॉलीपेप्टाइड श्रृंखला) का बनना **रूपांतरण** कहलाता है।

22.3.10.7 जीन (Gene)

जीन शब्द का प्रयोग सर्वप्रथम **जोहान्सन** (1909) ने किया। जोहान्सन ने जीन को 'आनुवंशिकता की इकाई (unit of heredity)' के रूप में वर्णित किया। जीन गुणसूत्रों पर स्थित होते हैं। एक गुणसूत्र में एक DNA होता है। विशिष्ट DNA क्षार युग्म अनुक्रम जो विशिष्ट प्रोटीन के निर्माण के लिए जिम्मेदार होते हैं, जीन कहलाते हैं। कतिपय प्रोटीन, मानव शरीर की समस्त विशेषताओं की अभिव्यक्ति है। जीन का प्रोटीन संश्लेषण पर पूर्ण नियंत्रण होता है और वे वंशानुगत लक्षणों के लिए जिम्मेदार होते हैं जो पीढ़ी दर पीढ़ी संचालित होते रहते हैं।

एस. बेंजर ने कार्यात्मक गतिविधियों के आधार पर जीन के विभिन्न पहलुओं की व्याख्या करने के लिए निम्नलिखित विभिन्न शब्दों का प्रस्ताव किया है -

(i) **कार्येक या सिस्ट्रोन (Cistron):** यह DNA श्रृंखला की कार्यात्मक इकाई है। इसे संरचनात्मक जीन भी कहा जाता है।
(ii) **पुनराणुया रिकॉन (Recon):** यह पुनर्संयोजन की इकाई है।
(iii) **उत्परिवर्तकया मयूटोन (Muton):** यह उत्परिवर्तन की इकाई है। जीन, DNA का हिस्सा होता है।

जीन का कृत्रिम संश्लेषण **एच.जी. खुराना** द्वारा किया गया था। यह जीन यीस्ट अलनील (yeast alanyl), t-RNA के लिए था और 77 न्यूक्लियोटाइड युग्म से बना था।

जंपिंग या मोटाइल या फ्लोटिंग जीनः इन जीनों की खोज **बारबरा मैक्लिंटॉक** ने मकई में की थी। इस बेहतरीन कार्य के लिए **मैक्लिंटॉक** को 1983 में नोबेल पुरस्कार से सम्मानित किया गया था। **हेजेज** और **जैकब** द्वारा 'जंपिंग जीन' के लिए **ट्रांसपोसॉन** शब्द का इस्तेमाल किया गया था। जंपिंग जीन एक ही गुणसूत्र पर अपनी स्थिति बदलते हैं और एक गुणसूत्र से दूसरे गुणसूत्र में भी जाते हैं।

प्लियोट्रोपिक जीन *(Pleiotropic gene)*: एकल जीन जो एक से अधिक वर्णों की अभिव्यक्ति को नियंत्रित करता है, प्लियोट्रोपिक जीन (Pleiotropic gene) कहलाता है।

22.3.10.8 आनुवंशिक कोड (Genetic Code)

जेनेटिक कोड शब्द जॉर्ज गामो द्वारा दिया गया था।

m-RNA पर नाइट्रोजनी क्षारों का वह अनुक्रम जो प्रोटीन संश्लेषण के दौरान अमीनो अम्लों को एक निश्चित अनुक्रम में जोड़ने के लिए जानकारी संग्रहित करता है, आनुवंशिक कोड कहलाता है।

प्रोटीन संश्लेषण के लिए नाइट्रोजनीक्षार (Codons) के 64 ट्रिपलेट ($4 \times 4 \times 4 = 64$) और 20 अमीनो अम्ल होते हैं।

कोडोन असाइनमेंट के लिए पहला संकेत तब मिला जब **एम.डब्ल्यू. निरेनबर्ग** और **जे.एच. मथाई** ने केवल यूरैसिल का उपयोग करके m-RNA को संश्लेषित किया, ताकि m-RNA की लंबाई के साथ, कोई अन्य क्षार न हो और एकमात्र संभावित ट्रिपलेट,UUU था। जब पॉलीपेप्टाइड के सेल मुक्त संश्लेषण में ऐसे पॉली-यू (RNA) का उपयोग किया गया था, तो केवल पॉलीफेनिल-एलेनिन को संश्लेषित किया गया था, जिसका अर्थ है कि केवल अमीनो अम्ल ही कोडित **फेनिलएलनिन** था। अतः यह निष्कर्ष निकाला गया कि ट्रिपलेट UUU को अमीनो अम्ल **फेनिलएलनिन** के लिए कोडित किया गया था। 1961 में अखबारों में आनुवंशिक कोड को खोजे जाने की खबरों को प्रमुखता से छापा गया। इसके बाद पॉली AAA को **पॉलीलीसिन** और पॉली CCC को **पॉलीप्रोलाइन** संलेखन दिया गया। इस प्रकार, RNA UUU-फेनिलएलनिन, AAA-लाइसिन, CCC-प्रोलाइन के होमोपोलिमर का उपयोग करके निम्नलिखित तीन कोडोन असाइन किए जा सकते हैं।

होमोपोलिमर के साथ सफलता प्राप्त करने के बाद **निरेनबर्ग** और उसके सहकर्मियों ने कोपोलिमर (दो या दो से अधिक क्षारों द्वारा संश्लेषित RNA) का इस्तेमाल किया और AA-tRNA बाइंडिंग तकनीक का उपयोग करके लगभग 45 कोड तैयार किए।

एच.जी. खुराना ने सिंथेटिक DNA का उपयोग करते हुए ज्ञात दोहराव अनुक्रमों के साथ पोलीन्यूक्लियोटाइड तैयार किये, उदाहरण - CU CU CU CU CU CU CU = CUC / UCU / CUC / UCU (दोहराए जाने वाले अनुक्रमों के को-पोलिमर)। इसने बारी-बारी से केवल दो अमीनो अम्लों ल्यूसीन / सेरीन का उत्पादन किया।

इससे कोड/कूटलेखन को समझने में मदद मिली।

आनुवंशिक कोड की विशेषताएं

1. कोड **ट्रिपलेट** (तीन क्षारों का समूह)है।

2. **प्रारंभिक कोडन (आरंभिक कोडन)**, AUG (मेथियोनीन अमीनो अम्ल के लिए) या दुर्लभतम रूप से GUG है: प्रोटीन संश्लेषण रूपांतरण के दौरान RNA पर इस कोडन से शुरू होता है।
3. **टर्मिनेशन या नॉन सेंस कोडोन** UAA (Ochre), UAG (Amber), UGA (Opal) हैं: इस कोडोन के साथ रूपांतरण प्रक्रिया रुक जाती है।
4. **कोडन का अपक्षय:** एक अमीनो अम्ल को एक से अधिक कोडन द्वारा कोडित/ कूटलेखित किया जा सकता है।
5. **कोडन की सार्वभौमिकता:** आनुवंशिक कोडन सार्वभौमिक साधन है, यह कुछ मामलों को छोड़कर हर जीव में समान है।
6. **कॉमा रहित कोडन:** दो कोडन के बीच कॉमा का कोई उपयोग नहीं।
7. **गैर-अतिव्यापी कोडन:** एक क्षार एक से अधिक कोडन के निर्माण में भाग नहीं ले सकता है।
8. **कोड अस्पष्ट है:** इस प्रकार एक कोड एक से अधिक अमीनो अम्ल निर्दिष्ट नहीं कर सकता है।

22.3.10.9 कोशिका चक्र (Cell Cycle)

इसमें इंटरफेज और m-Phase (कोशिका विभाजन) शामिल हैं।

(क) **इंटरफेज (Interphase):** यह सुप्त चरण है लेकिन केन्द्रक चयापचय रूप से सबसे अधिक सक्रिय होता है। यह कोशिका चक्र का **नियामक चरण** और **नियंत्रण चरण** है।

(ख) **एम-फेज:** यह कोशिका चक्र में एक कोशिका विभाजन चरण या प्रतिक्रिया चरण है। यह 2 प्रकार का होता है:

1. **समसूत्री विभाजन (Mitotic division):** समसूत्री विभाजन शब्द डब्ल्यू. फ्लेमिंग द्वारा दिया गया था। कायिक कोशिकाओं में समसूत्री विभाजन होता है। दो संतति कोशिकाएँ, जो बनती हैं, अपने जनकों के समरूप होती हैं। संतति कोशिकाओं में गुणसूत्रों की संख्या समान रहती है।

   समसूत्री विभाजन का महत्व: यह वृद्धि और विकास में मदद करता है।

2. **अर्धसूत्री विभाजन (Meiotic or Meiosis division):** अर्धसूत्री विभाजन शब्द का प्रयोग **फार्मर** और **मूर** द्वारा किया गया था। यह पुनरुत्पादक या रोगाणु कोशिकाओं में होता है। इस विभाजन के बाद चार अगुणित कोशिकाएँ बनती हैं जो अपनी मूल कोशिका के समान नहीं होती हैं। गुणसूत्रों की संख्या घटकर आधी रह जाती हैं। अर्धसूत्री विभाजन में दो केन्द्रक और एक गुणसूत्र विभाजन शामिल हैं।

   अर्धसूत्री विभाजन का महत्व:

   (i) यह जीन विनिमय (क्रॉसिंग ओवर) के कारण संतति में वर्णों के पुनर्संयोजन के लिए उत्तरदायी है।

   (ii) यह गुणसूत्रों की मूल संख्या या गुणसूत्रों की स्थिर संख्या को निरंतर बनाए रखता है।

कोल्चिसिन, कोलचिकम ऑटमनेल (लिलियासी) से पृथक एक क्षारोद (अल्कलॉइड) का उपयोग बहुगुणिता उत्प्रेरण के लिए पादप प्रजनन में किया जाता है। यह तर्कु रेशों (स्पिंडल फाइबर) और कोशिका प्लेट के निर्माण को रोकता या बाधित करता है।

कभी-कभी DNA के साथ-साथ गुणसूत्र की प्रतिकृति होती है लेकिन केन्द्रक का कोई विभाजन नहीं होता है, इसलिए केन्द्रक में गुणसूत्रों की कायिक संख्या बढ़ जाती है। इस प्रक्रिया को **अंत:बहुगुणिता (एंडोपोलिप्लोइडी)** या **अंत:सूत्री विभाजन (एंडोमाइटोसिस)** या **सी-माइटोसिस** कहा जाता है। **अंत:बहुगुणिता** को कोल्चिसिन रसायन द्वारा प्रेरित किया जा सकता है।

पहला अक्षर (First letter)	दूसरा अक्षर (Second letter) U	C	A	G	तीसरा अक्षर (Third letter)
U	UUU, UUC } Phe UUA, UUG } Leu	UCU, UCC, UCA, UCG } Ser	UAU, UAC } Tyr UAA Stop UAG Stop	UGU, UGC } Cys UGA Stop UGG Trp	U C A G
C	CUU, CUC, CUA, CUG } Leu	CCU, CCC, CCA, CCG } Pro	CAU, CAC } His CAA, CGG } Gin	CGU, CGC, CGA, CGG } Arg	U C A G
A	AUU, AUC, AUA } Ile AUG Met	ACU, ACC, ACA, ACG } Thr	AAU, AAC } Asn AAA, AAG } Lys	AGU, AGC } Ser AGA, AGG } Arg	U C A G
G	GUU, GUC, GUA, GUG } Val	GCU, GCC, GCA, GCG } Ala	GAU, GAC } Asp GAA, GAG } Glu	GGU, GGC, GGA, GGG } Gly	U C A G

चित्र 22.3
आनुवंशिक शब्दकोश

X-किरणें और UV-किरणें कोशिका विभाजन को बाधित या मंद करती हैं। प्रतिजैविक यानि एंटीबायोटिक्स जैसे- क्लोरोमाइसेटिन, टेट्रासाइक्लिन, प्यूरोमाइसिन, कोशिका विभाजन को अवरुद्ध करते हैं और प्रोटीन संश्लेषण में बाधा डालते हैं।

प्रश्न एवं उत्तर (Questions & Answers)

वस्तुनिष्ठ प्रश्न (Objective Question)

1. **निम्नलिखित कथनों में से कौन-से पादप और प्राणि कोशिकाओं के बीच सामान्य अंतर के बारे में सही हैं?** ***(UPSC (Pre)-2020)***
   1. पादप कोशिकाओं में सेलुलोस कोशिका भित्तियां होती हैं जबकि प्राणि कोशिकाओं में वे नहीं होतीं।
   2. पादप कोशिकाओं में प्लाज़्मा झिल्ली नहीं होती जबकि इसके विपरीत प्राणि कोशिकाओं में वे होती हैं।
   3. परिपक्व पादप कोशिका में एक वृहत् रसधानी होती है जबकि प्राणि कोशिका में अनेक छोटी रसधानियां होती हैं।

   नीचे दिए गए कूट का प्रयोग कर सही उत्तर चुनिए:

   (a) केवल 4 और 2 (b) केवल 2 और 3
   (c) केवल 1 और 3 (d) 1, 2 और 3

उत्तरमाला (Answer Key)

1. (c)

अध्याय

23

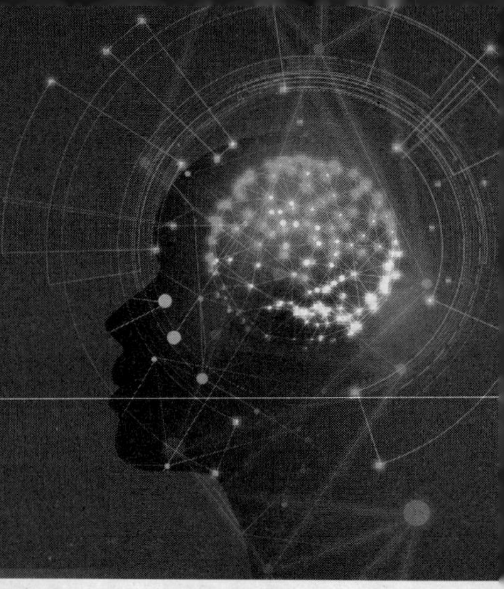

जैव प्रौद्योगिकी में प्रगति
(Advancements in Biotechnology)

इस अध्याय में...

यद्यपि सभी व्यक्तियों में 99% मानव डी.एन.ए. अनुक्रम समान होते हैं फिर भी प्रत्येक व्यक्ति में 0.1% डी.एन.ए. अद्वितीय (Unique) होते हैं।

जानवर अपनी सांस, लार, फर या मल के माध्यम से डीएनए को पर्यावरण में उत्सर्जित करते हैं। इन नमूनों को e-DNA कहा जाता है।

इसका प्राथमिक उद्देश्य मानव डी.एन.ए. द्वारा बने हुए जीनों के अनुक्रम का निर्धारण करना था।

पुनर्संयोजक डी.एन.ए. तकनीकी बाह्य डी.एन.ए. भाग (अन्य प्रजाति के डी.एन.ए.) का प्रवेश पोषक प्रजाति में अभिनियोजित करने की एक निश्चित प्रोटोकॉल या प्रणाली है।

भाग-A: जैव प्रौद्योगिकी की अवधारणा (Concept of Biotechnology)

23.1 उद्भव एवं विकास (Origin and Development)

जैव-प्रौद्योगिकी, जैविक प्रणाली, यथा-सूक्ष्मजीवों, पादपों तथा जानवरों का तकनीकी में प्रयोग कर पदार्थ उत्पादन करने की प्रणाली है, जो लोगों के लिए लाभदायी है। इसमें प्रतिजैविक, विटामिन्स, वैक्सीन, प्लास्टिक आदि का निर्माण तथा जीवाणुओं के प्रयोग में जहरीले अपशिष्टों का निस्तारण, प्रदूषण नियंत्रण तथा नवीन ईंधन का उत्पादन शामिल है। जैव-प्रौद्योगिकी में जीन अभियांत्रिकी या डी.एन.ए. पुनर्संयोजन तकनीकी, संकरण तकनीकी, कोशिका एवं ऊतक संवर्द्धन, प्रोटोप्लाज्म विखण्डन आदि तकनीकियों का प्रयोग किया जाता है। जर्मप्लाज्म विकास, भ्रूण स्थानांतरण तकनीकी, एन्जाइम व प्रोटीन अभियांत्रिकी, किण्वन, जैव-परिवर्तन तथा कोशिका व कोशिकीय उत्पादों का स्थिरीकरण आदि की अन्य क्रियाएं सम्मिलित हैं। स्थानांतरण किए जाने के आधार पर जैव तकनीकी को दो प्रकारों में बांटा जा सकता है- जीन-स्थानांतरण में शामिल **जीन जैव प्रौद्योगिकी** तथा कोशिका, ऊतक या सम्पूर्ण अंग को शामिल करने वाली **गैर-जीन जैव प्रौद्योगिकी**।

जैव प्रौद्योगिकी क्षेत्र की उत्पत्ति 5000 ईसा पूर्व संकरण के द्वारा पौधों व जंतुओं के उन्नत आनुवंशिकी किस्मों के विकास के साथ हुई थी। प्रारंभिक समय में, पौधों तथा जंतुओं की उच्च उत्पादन देने वाली किस्मों का विकास **संकरण** द्वारा ही हुआ था। **1970 में नोबेल पुरस्कार विजेता एन. ई. बोरलॉग (N. E. Borlaug) एक अमेरिकी कृषि विशेषज्ञ थे, जिन्होंने विभिन्न तकनीकों; जैसे-संकरण (Hybridisation), चयनित निषेचन (Selective Breeding) और जीन हस्तांतरण (Gene Transfer) द्वारा विश्व खाद्य आपूर्ति बढ़ाकर महत्वपूर्ण योगदान दिया। 'संकरण'** शब्द उस तकनीक या ऐसी प्रक्रिया को संदर्भित करता है जिसमें इच्छित लक्षणों वाले विभिन्न जातियों के दो या दो से अधिक विपरीत लिंगियों की निषेचन प्रक्रिया शामिल है। यह मिश्रित गुणों वाली (उन्नत किस्मों) नई पीढ़ी को उन्नत करने के लिए किया जाता है। भारतीय वैज्ञानिक **एम.एस. स्वामीनाथन** (1967) ने भारत में खाद्य उत्पादन को बढ़ाने के लिए तकनीकें विकसित करने की पहल की। इस प्रकार, इस क्षेत्र में इनके कीमती प्रयासों के कारण उन्हें **आर्थिक पारिस्थितिकी का जनक** कहा गया।

1960 में, **वर्नर अर्बर (Werner Arber)** द्वारा **रेस्ट्रिक्शन एन्जाइम (Restriction Enzyme)** के रूप में दूसरी महत्वपूर्ण खोज की गयी। ये एंजाइम लाभकारी हैं क्योंकि ये एक विशिष्ट क्षार युग्म (base pair) पर किसी जीव के डी.एन.ए. तंतु (D.N.A. Strand) के टुकड़े कर देते हैं।

आनुवंशिकी अभियांत्रिकी (Genetic Engineering) में जीवाणु का उपयोग करके वैज्ञानिकों ने **1978** में सफलतापूर्वक **मानव इंसुलिन** की उत्पत्ति की, जो **मधुमेह** (Diabetes Mellitus) को नियंत्रण करने वाला बाजार में सबसे पहला **बायोफार्मास्यूटिकल (Biopharmaceutical)** उत्पाद था।

23.2 भारत में जैव प्रौद्योगिकी (Biotechnology in India)

जैव प्रौद्योगिकी अब तक सबसे अधिक सफल तकनीक मानी जाती है, जिससे वैज्ञानिकों के द्वारा उन रोगों के उपचार विकसित किए जाते रहे हैं, जिन रोगों ने दशकों, यहां तक कि सदियों तक बहुतायत में नुकसान पहुंचाया। इसने हमें उन फसलों के विकास में भी सक्षम बनाया, जो कठोर मौसमी परिस्थितियों को भी सहन कर सकती हैं।

इस तकनीक से न केवल गरीब किसानों की फसलों को सुरक्षित रखने में सहायता मिली बल्कि इससे सरकार का राजस्व सुरक्षित होने के साथ-साथ खाद्य सुरक्षा भी सुनिश्चित हुई। जैव प्रौद्योगिकी ने न केवल आरंभ से विश्व के लोगों में एक बड़ी आशा जागृत की या प्रदान की बल्कि इसके लाभों द्वारा वर्षों तक अधिक नवोन्मेष के साथ लाभ उठाना जारी रहेगा। इस क्षेत्र में अपार संभावनाओं को देखते हुए ही, वैश्विक स्तर पर बहुत-से हितधारक इस बाजार में निवेश करने के लिए उत्साहित हैं।

अपनी बड़ी जनसंख्या के कारण, भारत ने जैव प्रौद्योगिकी उत्पादों के लिए बड़े बाजार के रूप में एक प्रस्ताव पेश किया और इन अवसरों का लाभ लेकर भारत ने विश्व के अनेक दूसरे देशों को अपनी सेवाएं दीं। भारत की जनसंख्या एक रुचिकर जनसांख्यिकी है, जो जैव प्रौद्योगिकी कंपनियों को अपने यहां स्थापित करवाने में लगभग एक उचित पर्यावरण का सृजन करती है।

23.2.1 जैव प्रौद्योगिकी विभाग (Department of Biotechnology - DBT)

देश में जैव प्रौद्योगिकी और आधुनिक जीवविज्ञान के क्षेत्र में विकास को बढ़ावा देने के लिए **सन् 1986 में, 'विज्ञान व प्रौद्योगिकी मंत्रालय' के अंतर्गत 'जैव प्रौद्योगिकी विभाग' (DBT) की स्थापना की गयी।** विभिन्न प्रकार के शोध व कार्यक्रम और आधारभूत संरचना संबंधी सुविधाओं का सृजन व प्रदर्शन प्रत्यक्ष या अप्रत्यक्ष रूप से इस क्षेत्र पर आधारित है। जैव प्रौद्योगिकी विभाग ने कृषि, स्वास्थ्य, पशुविज्ञान, पर्यावरण और उद्योग के क्षेत्र में जैव प्रौद्योगिकी के अनुप्रयोग वृद्धि में महत्वपूर्ण योगदान दिया है।

23.2.2 सलाहकार समितियां (Advisory Committees)

जैव प्रौद्योगिकी विभाग के साथ काम करने वाली शीर्ष स्तर की दो समितियां सलाहकार प्रकृति की हैं। जो वैज्ञानिक सलाहकार समिति - DBT (SAC&DBT) और स्टैंडिंग एडवाइजरी कमेटी ओवरसीज (SACO) हैं। ये समितियां नए क्षेत्रों का सुझाव देती हैं, प्राथमिकता निर्धारित करने में सहायता और बड़ी अंतर-संस्थागत, अंतर-अनुशासनात्मक परियोजनाओं की निगरानी की समीक्षा करती हैं।

23.3 जैव प्रौद्योगिकी के क्षेत्र में भारत सरकार द्वारा किए गए प्रयत्न व पहलें (Initiatives and Efforts of Central Government of India in Biotechnology)

शुरुआती चरण में ही, भारत सरकार को इस उद्योग में लाभ व सामर्थ्य का एहसास हुआ, इसलिए 1986 में **जैव प्रौद्योगिकी विभाग** की स्थापना की। अब यह विभाग केंद्रीय एजेंसी बन गया है, जो अंतर्राष्ट्रीय समन्वय व विनिर्माण गतिविधियों के साथ-साथ अनुसंधान विकास को बढ़ावा देने के लिए उत्तरदायी है। केंद्र सरकार व राज्य सरकार दोनों के द्वारा किए गए प्रयासों से भारत में जैव प्रौद्योगिकी उद्योग को एक बहुत बड़ा बल मिला है। भारत

सरकार द्वारा विभिन्न प्रकार के महत्वपूर्ण कदम उठाए गए, जो निम्नलिखित हैं:

1. जैव प्रौद्योगिकी उद्योगों को वित्तीय सहायता देकर व्यय में वृद्धि की गयी और एक वेंचर (Venture) पूंजी कोष की भी स्थापना की गयी, जो छोटे व मध्यम उद्यमियों को प्रोत्साहित कर सके।
2. आनुवंशिकी संशोधित फसलों (GM फसलों) पुन: संयोजित डी.एन.ए. उत्पादों (Recombinant DNA Products) के अनुमोदन के लिए एक विनियामक ढांचा की स्थापना की गयी।
3. भारत सरकार ने इसे और अधिक अंतर्राष्ट्रीय स्तर पर संगत बनाने के लिए **दवा और प्रसाधन सामग्री अधिनियम** (Drugs & Cosmetic Act) में बदलाव करने का निर्णय लिया।
4. संसद द्वारा **भारतीय पेटेंट विधेयक** पारित किया गया, जो डब्ल्यू.टी.ओ. (WTO) व ट्रिप्स (TRIPS) द्वारा किए गए प्रावधानों के अनुरूप, 20 साल पेटेंट-अवधि की अनुमति देता है।
5. भारत सरकार द्वारा जैव सुरक्षा दिशा-निर्देशों का एक अच्छा व व्यापक रूप से स्वीकृत ढांचा बनाया गया, जो आनुवंशिकी अभियांत्रिक जीवों के मूल्यांकन परीक्षण व उन्हें जारी करने को संपादित कर सकेगा। वर्तमान में 106 से अधिक संस्थागत जैव सुरक्षा समितियां हैं।

23.4 जैव प्रौद्योगिकी का अनुप्रयोग (Applications of Biotechnology)

जैव प्रौद्योगिकी के विशाल अनुप्रयोग है लेकिन उनमें से चिकित्सा, कृषि, उद्योग और पर्यावरण जैसे कुछ बड़े क्षेत्र हैं। विशिष्ट अनुप्रयोगों में शामिल जैव प्रौद्योगिकी के सामान्य अनुप्रयोग को निम्नवत् रूप में वर्गीकृत किया जा सकता है:

1. **आनुवंशिकी अभियांत्रिकी (Genetic Engineering): स्टेनली कोहन** तथा **हर्बर्ट वायर** (1973) ने एक प्रयोग के तहत, किसी एक जीवाणु के किसी विशिष्ट जीन को निकालकर दूसरे जीवाणु में अंतर्स्थापित कर दिया। इससे पुनर्संयोजित डी.एन.ए. तकनीक के विकास का मार्ग प्रशस्त हुआ। इसे ही **आनुवंशिकी अभियांत्रिकी (Genetic Engineering)** कहते हैं। इस तकनीक के द्वारा विकसित जीव को **आनुवंशिकी-संवर्द्धित जीव (Genetically Modificial Organism) या GMOs** कहा जाता है। कृषि में आनुवंशिकी अभियांत्रिक जी.एम. फसलें (G.M. Crops) का उत्पादन किया जा रहा है तथा इससे उत्पन्न खाद्य को जी.एम. फूड कहते हैं। ट्रांसजेनिक जीव से आशय उस जीव से होता है, जिसमें दूसरे का जीन उपयोग में लाया गया हो। ऐसा जीव-पौधों, प्राणी, जीवाणु या कवक हो सकता है। दूसरे के जीन के किसी जीव को भ्रूण या निषेचित अंडे में डाला जा सकता है।

   आनुवंशिकी अभियांत्रिकी का महत्व

   - किसी जीव के आनुवंशिकी लक्षणों में सफलतापूर्वक परिवर्तन।
   - पौधों या जानवरों से खाद्य पदार्थ के उत्पादन को बढ़ाने में महत्वपूर्ण।
   - रोग का निदान तथा स्वास्थ्य उपचार में सुधार।
2. **वनस्पति ऊतक संवर्द्धन (Plant Tissue Culture):** इस तकनीक से आशय प्रयोगशाला स्तर पर विपरीत दशाओं में ज्ञात कृत्रिम पोषकों के माध्यम से पौधों के ऊतकों का विकास करने से है ताकि नए पौधों का उत्पादन हो सके। इसमें विभज्योतक संवर्धन, भ्रूण संवर्द्धन तथा अन्य इसी प्रकार का संवर्द्धन हो सकता है।
3. **मोनोक्लोनल प्रतिरक्षी (Monoclonal Antibody - MAb):** प्रयोगशाला में उत्पादित ये विशेष प्रकार के प्रोटीन-अणु होते हैं जो शरीर में पदार्थ से जुड़ते हैं। ये विभिन्न प्रकार के रोगों से शरीर में रक्षा करने वालों का एक प्रकार होते हैं। जीवाणु और विषाणु की पहचान करने वाले कई परीक्षणों में इनका उपयोग किया जाता है। इसके साथ इनका उपयोग कैंसर के विरुद्ध भी किया जाता है। **इंटरफेरोन्स (Interferons) विशेष प्रकार के प्रोटीन होते हैं जिनका संश्लेषण आनुवंशिक अभियांत्रिकी के द्वारा ई. कोलाई (E-coli) नामक जीवाणु से किया जाता है। विषाणु संक्रमण के विरुद्ध शरीर द्वारा प्राकृतिक रूप से इनका उत्पादन किया जाता है।** जैविक रूप से संश्लेषित इंटरफेरोन का सफल परीक्षण किया जा चुका है।
4. **एंजाइम संश्लेषण (Enzyme Synthesis):** जैव तकनीकी से संश्लेषित विभिन्न एंजाइम का उपयोग बहुत-सी प्रक्रियाओं में किया जाता है; जैसे- दाग को हटाना, कपड़े को मुलायम बनाना, पाचन योग्य भोजन का निर्माण, मांस प्रसंस्करण तथा कैंसर का उपचार।
5. **जैव-अपघटनकारी प्लास्टिक (Biodegradable Plastic):** अन्य प्लास्टिक्स के विपरीत जैव निम्नीकरण में प्लास्टिक्स (Biodegradable Plastics) सूक्ष्म जीवों द्वारा सरल पदार्थों में विघटित की जा सकती है। यह प्लास्टिक लैक्टिक अम्ल की बनी होती है, जिसका प्लांट सामग्री के जीवाणवीय किण्वन के समय उत्पादन किया जाता है जैसे मकई के छोड़े गए डंठल।
6. **रक्त विकल्प (Blood Substitute):** जैव प्रौद्योगिकी तकनीक की सहायता से कृत्रिम रक्त बनाने की कोशिश की जा रही है। यह रक्तस्राव के लिए रक्त की जरूरत और दुर्घटनाओं व रोगों के दौरान उपलब्ध रक्त के बीच के अंतर को कम कर सकता है। इस संबंध में, **मैरी एल. नुकेसी** और **इब्राहिम अबुचौकसी (1998)** को अपने प्रयोगों में सफल होने की संभावना है।
7. **जैव प्रौद्योगिकी और खनन (Biotechnology and mining):** पृथ्वी के भीतर उपलब्ध विशिष्ट धातुमय यौगिक पर कोर विशिष्ट जीवाणु ही कार्य करता है। इस प्रकार, कुछ जीवाणु वर्तमान में तांबे, जस्ता, सीसा व अन्य पदार्थों जैसे विभिन्न धातुओं के निष्कर्षण (Extraction) पर कार्यरत हैं। वे संबंधित धातुओं के अलगाव के दौरान भी कार्य करते हैं।
8. **प्रतिरूपण/ क्लोनिंग (Cloning):** क्लोनिंग, कोशिका या जीव के उत्पादन के लिए जैव प्रौद्योगिकी के अनुप्रयोग को संदर्भित करता है जो प्रयोगशाला के अंतर्गत अलैंगिक विधि के द्वारा किसी अकेले मूल कोशिका या जीव से प्राप्त किया जाता है। क्लोनिंग के द्वारा निर्मित जीवों में आनुवंशिक लक्षण समान होते हैं। क्लोन एक अकेले निकाय कोशिका द्वारा विकसित एक व्यक्तिगत कोशिका या जीव है, जो आनुवंशिक रूप से अपने मातृ कोशिका के समान होता है। 1950 के दशक में वैज्ञानिकों ने मेंढक का क्लोन बनाना शुरू किया और 1980 में चूहों का भी क्लोन बना दिया। 1996 में **इयन विल्मट** (Ian Wilmot) नामक वैज्ञानिक ने

क्लोनिंग में पहली बार एक वयस्क मादा भेड़ के क्लोन का विकास करके सफलता प्राप्त की। वह अपने शोधकर्ताओं की टीम के साथ क्लोन बनाने में सफल रहे और उस क्लोन को डॉली नाम दिया।

9. **खाद्य और पेय पदार्थ (Food and Beverage):** किण्वन (Fermentation) तकनीक के अनुप्रयोग से औद्योगिक पैमाने पर खाद्य पदार्थों का उत्पादन किया जाता है इन उत्पादों के कुछ प्रसिद्ध उदाहरण, जिसमें शराब, दही, पनीर, माइकोप्रोटीन, ब्रेड, प्रोबायोटिक खाद्य आदि शामिल हैं। न केवल यह, बल्कि जैव प्रौद्योगिकी विभिन्न प्रकार के विटामिन्स, एमिनो अम्ल व सिरका का उत्पादन करने में भी योग्य/सक्षम है।

प्रोबायोटिक्स (Probiotics)

प्रोबायोटिक्स ऐसे जीवित सूक्ष्मजीव होते हैं, जिनका मानव शरीर में सेवन करने पर स्वास्थ्य लाभ प्राप्त होता है। ये दही तथा अन्य फरमेंटेड खाद्य पदार्थों एवं फूड सप्लीमेंट्री में पाए जा सकते हैं। दही प्रोबायोटिक्स का एक जाना-माना खाद्य स्रोत है। दही में बैक्टीरिया के कुछ प्रकारों में D-galactosidase होता है, जो कि एक एंजाइम है तथा जो डेयरी उत्पादों में लैक्टोज को शर्करा ग्लूकोज एवं गैलेक्टोज में तोड़ने में सहायता करता है। इस प्रकार, प्रोबायोटिक्स दूध शर्करा के पाचन में मदद करते हैं। लाभकारी रोगाणुओं से जुड़ा सबसे सामान्य स्थान आपकी आंत (caecum) है।

लाभदायक बैक्टीरिया किसी व्यक्ति को अपने प्रतिरक्षा कार्य की सहायता करके तथा सूजन को नियंत्रित करके स्वस्थ रखते हैं। प्रोबायोटिक्स के विभिन्न अनुप्रयोग निम्नलिखित हैं:

- भोजन को पचाने में शरीर की सहायता करना
- लाभदायक बैक्टीरिया को नियंत्रण से बाहर होने तथा व्यक्ति को बीमार करने से रोकना।
- यह विटामिन भी बनाता है।
- आपके रक्त में प्रवेश करने से (भोजन या पेय के माध्यम से) लाभदायक बैक्टीरिया को रोकने के लिए आपकी आंत को बचाने वाली कोशिकाओं की सहायता करने में मदद करता है।
- दवाओं को बारीक बनाना तथा उन्हें अवशोषित करना।

दुकानों में पाए जाने वाले सामान्य प्रोबायोटिक्स में दो विशिष्ट प्रकार के बैक्टीरिया होते हैं। प्रोबायोटिक्स भी अच्छे यीस्ट से बने होते हैं। इनमें होते हैं:

- *लैक्टोबैसिलस* (बैक्टीरिया)
- *बिफीडोबैक्टीरियम* (बैक्टीरिया)
- *सैक्रोमाइसेस बोलार्डी* (यीस्ट)

10. **औषधीय (Pharmaceuticals):** महत्वपूर्ण उदाहरण निम्नवत हैं:
    (i) गैर-मानवीय स्रोत से मानव इंसुलिन का उत्पादन
    (ii) स्टेरॉयड, साइटोकाइन, इंटरफेरान और मानव के विकास के लिए हॉर्मोन का उत्पादन
    (iii) रोग के नियंत्रण व रोकथाम के लिए जीन-उपचार
    (iv) टीकों व एंटीबॉडीज का विकास

11. **प्रदूषण नियंत्रण (Pollution Control):** जैविक ठोस कचरे की समस्या का निपटान करने के लिए, जानवर/पशु अवशिष्ट व फसल अवशिष्ट से खाद बनाने के लिए वायवीय और अवायवीय जीवाणुओं का उपयोग किया जा रहा है। विकसित जीवाणु प्रजाति **स्यूडोमोनस एयरूगिनोसा (Pseudomonas Aeruginosa)** समुद्र की सतह पर बिखरे तेल को दूर करने में सक्षम है। कठोर अवशिष्ट जैसे फसल अवशेष के द्वारा बायोगैस का उत्पादन किया जा सकता है जो गांवों में ऊर्जा का एक महत्वपूर्ण स्रोत होगा। प्रकृति में, हरे पौधे प्रकाश संश्लेषण की प्रक्रिया द्वारा वायुमंडलीय कार्बन-डाई-ऑक्साइड गैस को नियंत्रित करते हैं। इसी प्रकार जैव प्रौद्योगिकी के द्वारा विकसित पौधों की तीव्र वृद्धि करने वाली प्रजातियां बढ़ते कार्बन-डाई-ऑक्साइड स्तर को कम करने में एक महत्वपूर्ण साधन सिद्ध होंगी।

12. **अवशिष्ट जल उपचार (Waste Water Treatment):** जैव प्रौद्योगिकी तकनीक के द्वारा जीवाणु, कवक, शैवाल आदि को प्रयुक्त कर जटिल कार्बनिक व नाइट्रोजन युक्त अवशिष्ट को कम किया जा सकता है। इस प्रक्रिया में सूक्ष्मजीवीय स्लाइम (Slime) परत के माध्यम से जल का गुजरना शामिल है इस परत में सूक्ष्म जीव उपस्थित होते हैं, जो कार्बनिक व नाइट्रोजन युक्त अवशिष्ट को विघटित करके कार्बन डाई-ऑक्साइड और नाइट्रोजन ऑक्साइड के रूप में मुक्त करते हैं।

13. **कीटनाशकों का निम्नीकरण (Degradation of Pesticides): स्यूडोमोनास** (Pseudomonas), **फ्लेवोवैक्टीरियम, एजोटोबैक्टर, ई-कोलाई** आदि जैसे जीवाणुओं की प्रजातियों के द्वारा विभिन्न प्रकार के कीटनाशकों का निम्नीकरण किया जा सकता है। अधिक-से-अधिक कीटनाशकों के निम्नीकरण के लिए इन सूक्ष्म जीवों को आनुवंशिक रूप से बनाया जा सकता है।

14. **जैविक उपचार (Bioremediation):** जैविक उपचार का आशय जैविक कारकों; जैसे-सूक्ष्म जीव के अनुप्रयोग से पर्यावरण में सुधार लाना है।

15. **औद्योगिक अनुप्रयोग (Industrial Application):** दाग हटाने वाला, डिटर्जेंट, ब्रेड, बायोटेक पॉलिस्टर, विटामिन्स, स्टोन वॉश्ड जीन्स (Stone Washed Jeans), प्रक्षालित पेपर (Bleached Paper) आदि में जैव प्रौद्योगिकी का उपयोग किया जाता है।

23.5 विभिन्न क्षेत्रों में जैव प्रौद्योगिकी की उपलब्धियां (Achievements of Biotechnology in Different Fields)

1. जैव चिकित्सा (Biomedical)

पहचान व उपचार के क्षेत्र में जैव प्रौद्योगिकी उद्योग का अमेरिका में 68%, कनाडा में 43.7% और ब्रिटेन में 43% उपयोग होता है।

- **पुनर्संयोजक औषधियां** (Recombinant drugs), जैसे-मानव इंसुलिन, वृद्धि हॉर्मोन, इंटरफेरान, इरीथ्रोपोटीन (Erythropoietin)
- **पुनर्संयोजक निदान किट** (Recombinant diagnostic Kits) (जैसे-HIV या गर्भावस्था के परीक्षण के लिए)
- **पुनर्संयोजक टीके** (Recombinant Vaccines) (जैसे- हिपेटाइटिस B और एड्स के विरुद्ध)
- ट्रांसजेनिक पौधों और जंतुओं के द्वारा औषधियों का उत्पादन (दूध या मूत्र में)

2. कृषि (Agriculture)

- कीटनाशक, विषाणु, सूखा आदि रोधी, आनुवंशिकी संशोधित फसलें।

- आनुवंशिक रूप से संशोधित फसलें, जो विक्रय से पहले परिवहन के दौरान धीरे-धीरे पकती हैं।
- जैव निम्नकरणीय प्लास्टिक्स, ईंधन और उर्वरक को उत्पन्न करने के लिए जैविक पदार्थ का उपयोग।
- चयनित शुक्राणु और अंडाणु का उपयोग करके बाड़ों (Farm) में पाले जाने वाले पशुओं का निषेचन।
- दूध व मांस उत्पादन में वृद्धि के लिए पुनर्संयोजक वृद्धि हॉर्मोन का उपयोग।
- आनुवंशिक रूप से संशोधित फसलें, जो बेहतर पोषण गुणवत्ता वाली हों।

3. समुद्री जैव प्रौद्योगिकी (Marine Biotechnology)

- मत्स्यपालन।
- वसीय अम्ल को उत्पन्न करने के लिए समुद्री शैवाल खेती।
- बार्नाकल (Barnacles) और शबुंक (Mussels) से चिपकने वाले पदार्थ का उत्पादन।
- डी.एन.ए. अनुक्रम में या अवशिष्ट निवारण के लिए थर्मोफाइल जीवाणु (जो सामान्यत: अंधकार, सल्फर युक्त, गर्म वातावरण व गहरे समुद्र में रहते हैं) से एंजाइम का उपयोग।

4. पर्यावरणीय जैव प्रौद्योगिकी (Environmental Biotechnology)

- एंजाइम या सूक्ष्म जीव।
- भारी धातुओं के द्वारा संदूषण को हटाने के लिए पौधों का उपयोग।
- जल उपचार।
- वायु प्रदूषण का उपचार।

5. वानिकी (Forestry)

- ऊतक संवर्द्धन से पौधे-क्लोन का उत्पादन।
- कागज उद्योग के लिए लकड़ी लुगदी का उत्पादन।

6. अन्य अनुप्रयोग (Other Applications)

- बायोमास (जैवभार) से ऊर्जा का उत्पादन।
- जैव संवेदक और इलेक्ट्रॉनिक प्रक्रिया के लिए स्विच।
- प्रतिरूपण (क्लोनिंग) का उपयोग करके लुप्तप्राय: प्रजातियों का संरक्षण।

23.6 आधुनिक जैव प्रौद्योगिकी से संबंधित शब्दावलियां (Terminology related to Modern Biotechnology)

- **नीली जैव प्रौद्योगिकी (Blue Biotechnology):** यह **समुदी और मत्स्यपालन के क्षेत्र** में जैव प्रौद्योगिकी के अनुप्रयोग का वर्णन करता है।
- **हरित जैव प्रौद्योगिकी (Green Biotechnology):** यह **कृषि के क्षेत्र में** जैव प्रौद्योगिकी के अनुप्रयोग को संदर्भित करता है।
- **लाल जैव प्रौद्योगिकी (Red Biotechnology):** यह **चिकित्सीय प्रक्रिया**, जैसे-जीवों को एंटीबायोटिक बनाने के लिए डिजाइन करना और आनुवंशिक जोड़-तोड़ (Manipulation) के माध्यम से आनुवंशिक इलाज करने को संदर्भित करता है।
- **श्वेत जैव प्रौद्योगिकी (White Biotechnology):** श्वेत जैव प्रौद्योगिकी जैव प्रौद्योगिकी है, जिसे **औद्योगिक प्रक्रियाओं** में उपयोग किया जाता है और जिसमें एक उपयोगी रसायन उत्पादन के लिए एक जीव का डिजाइन भी शामिल है। इसके तहत औद्योगिक उत्प्रेरक के लिए एंजाइम का उपयोग करके ना सिर्फ कीमती रसायनों का उत्पादन किया जा सकता है बल्कि खतरनाक या प्रदूषित रसायनों को नष्ट भी किया जा सकता है। **बायो इकोनॉमी (जैव आर्थिकी)** इन सभी प्रकार के जैव प्रौद्योगिकी के निवेश और आर्थिक उत्पादन का प्रतिनिधित्व करती है।

जैव प्रौद्योगिकी को विभिन्न अनुप्रयोगों के आधार पर विभिन्न रंगों में परिभाषित किया गया है:

रंगों का प्रकार	बायोटेक गतिविधियों का क्षेत्र
लाल	स्वास्थ्य, चिकित्सा, निदान
पीला	खाद्य जैव प्रौद्योगिकी, पोषण विज्ञान
नीला	जलीय कृषि, तटीय और समुद्री बायोटेक
हरा	कृषि, पर्यावरण जैव प्रौद्योगिकी - जैव ईंधन, जैव उर्वरक, जैव उपचार, जियोमाइक्रोबायोलॉजी
भूरा	शुष्क क्षेत्र और रेगिस्तानी जैव प्रौद्योगिकी
गहरा भूरा रंग	जैव आतंकवाद, जैव युद्ध, जैव अपराध, फसल विरोधी युद्ध
बैंगनी	पेटेंट, प्रकाशन, आविष्कार, बौद्धिक संपदा अधिकार
सफेद	जीन आधारित जैवउद्योग
सोना	जैव सूचना विज्ञान, नैनो जैव प्रौद्योगिकी
स्लेटी	क्लासिकल किण्वन और बायोप्रोसेस प्रौद्योगिकी

23.7 आनुवंशिकी अभियांत्रिकी (Genetic Engineering)

आनुवंशिकी अभियांत्रिकी: आनुवंशिकी अभियांत्रिकी किसी जीव के जीनोम में संशोधन (Manipulation) करने की वह तकनीक है, जिसमें जैव प्रौद्योगिकी का उपयोग करके उस जीव में एक या एक से अधिक वैसे लक्षणों को जोड़ सकते हैं, जो लक्षण उस जीव में प्राकृतिक रूप से उपस्थित न हों। इस तकनीक को जीन परिवर्तन या आनुवंशिक संशोधन भी कहते हैं। यह प्रक्रिया कई चरणों में होती है- इसमें से पहला चरण, किसी परखनली में न्यूक्लिक अम्ल युक्त अणुओं से डी.एन.ए. अनुक्रम का बनना है। विकसित डी.एन.ए. को किसी वाहक (वाहक कोई विषाणु या कोई अन्य उपयुक्त जीव हो सकता है) में अंत:स्थापित किया जाता है जो (वाहक) मेजबान जीव में इसे लाने के लिए एक वाहक के रूप में कार्य कर सकता है। अंत:स्थापित डी.एन.ए. अणु स्वयं को अभिव्यक्त करता है और इसके गुणों को भी बढ़ाता है। आनुवंशिक अभियांत्रिकी पौधों के उत्पादन को बढ़ाता है, रोगों का निदान करता है, चिकित्सीय उपचार में सुधार लाता है और टीकों व अन्य उपयोगी औषधियों का उत्पादन भी करता है। इसके अतिरिक्त, यह औद्योगिक अपशिष्ट के निपटान और पौधों व जंतुओं के प्रजनन के चयन, संकरण [विभिन्न प्रकार के स्ट्रेन्स (Strains) या प्रजातियों के बीच प्रजनन] और डी.एन.ए. पुनर्संयोजन में भी सहायता करता है।

आनुवंशिक अभियांत्रिकी के खतरे (Hazards of Genetic Engineering)

1. यदि एक गलत डी.एन.ए. अनुक्रम अंत:स्थापित किया जाता है और यदि यह अभिव्यक्ति होता है तो यह मानव में नई बीमारी पैदा कर सकता है।
2. इसका उपयोग जैविक युद्ध में भी किया जा सकता है।
3. मौजूदा प्रजातियों का आनुवंशिक संशोधन या विलुप्त प्रजातियों के विनिर्माण के कारण आपदा उत्पन्न हो सकती है।
4. पौधों या जीवाणुओं के नये स्ट्रेन्स प्रयोगशालाओं से बाहर आ सकते हैं जो मनुष्य के लिए घातक सिद्ध हो सकते हैं। वैज्ञानिकों द्वारा ऐसी गलती होने की अत्यधिक संभावना है।
5. आनुवंशिक अभियांत्रिकी जीनों की विभिन्न किस्मों को समाप्त कर सकती है यहां तक कि एक प्रजाति में यदि कोई रोग पैदा होता है तो पूरी प्रजाति समाप्त हो सकती है।

भाग-B: जीन, जीनोम और जैव प्रौद्योगिकी उपकरण (Gene, Genome and Biotechnological Tools)

23.8 जीन (Gene)

जीन, किसी जीवित जीव की आनुवंशिकता की इकाई है। यह लोकस (Locus) नामक विशिष्ट क्षेत्र पर गुणसूत्र में अवस्थित डी.एन.ए. (D.N.A. - Deoxyribonucleic Acid) या आर.एन.ए. (राइबोन्यूक्लिक अम्ल) के अनुक्रम का छोटा-सा भाग होता है, जो जीवों में विशिष्ट कार्यों के लिए एक प्रोटीन के लिए कोड करता है। जीन, जीव की कोशिका को बनाने और बनाए रखने की जानकारी को तथा जीन द्वारा धारित आनुवंशिकी गुणों को उसकी (जीव की) नयी पीढ़ी में स्थानांतरित करता है। **एलील (Allele)** जीन का एक वैकल्पिक रूप है, जो सजातीय गुणसूत्र पर उपस्थित होते हैं। एक जीन के दो **एलील (Allele)** होते हैं। एम.आर.एन.ए. (mRNA) को उत्पन्न करने के लिए जीन को ट्रांसक्रिप्शन (Transcription) प्रक्रिया से होकर गुजरना होता है। यह mRNA ट्रांसलेशन प्रक्रिया (Translation Process) के माध्यम से प्रोटीन का संश्लेषण (Synthesis) करता है। Transcription और Translation दोनों मिलकर **सेंट्रल डोगमा (Central Dogma) बनाते हैं।** इस प्रकार अंतत: प्रोटीन के उत्पादन के लिए जीन परिष्कृत होता है।

23.8.1 नेशनल जीन बैंक (National Gene Bank - NGB)

इसकी स्थापना 1996 में आने वाली पीढ़ियों के लिए पादप आनुवंशिक संसाधनों (PGR) के बीजों को संरक्षित करने के लिए की गई थी। इसमें बीजों के रूप में लगभग दस लाख जर्मप्लाज्म को संरक्षित करने की क्षमता है। यह अनाज, बाजरा, औषधीय एवं सुगंधित पौधों तथा नशीले पदार्थों आदि जैसे विभिन्न फसल समूहों का भंडारण करता है। 2021 तक नेशनल जीन बैंक 4.52 लाख जीवों का संरक्षण कर चुका था जिनमें से 2.7 लाख भारतीय जर्मप्लाज्म थे, जबकि शेष अन्य देशों से लाये गये थे।

एनजीबी में लंबी अवधि के साथ-साथ मध्यम अवधि के संरक्षण को निष्पादित करने के लिए चार प्रकार की सुविधाएं हैं:

1. सीड जीन बैंक (–18°C)।
2. क्रायो जीन बैंक (–170°C से –196°C)।
3. इन-विट्रो जीन बैंक (25°C)।
4. फील्ड जीन बैंक।

जीन बैंक की आवश्यकता (Need for Gene Bank)

इससे देश के किसान आत्मनिर्भर हो सकेंगे तथा सरकार इस दिशा में हर संभव प्रयास कर रही है।

नोट: दुनिया के दूसरे सबसे बड़े नवीनीकृत अत्याधुनिक नेशनल जीन बैंक का उद्घाटन 2021 में नेशनल ब्यूरो ऑफ प्लांट जेनेटिक रिसोर्सेज (NBPGR), पूसा, नई दिल्ली में किया गया।

महत्व (Significance)

1. शोधकर्ता या किसान दुर्लभ पौधों की किस्मों तथा जानवरों की नस्लों की आबादी के पुनर्निर्माण या प्रजातियों के भीतर आनुवंशिक विविधता को बढ़ाने में मदद करने के लिए इन 'जीन' बैंकों से नमूने ले सकते हैं।
2. जीन बैंक उन कोशिकाओं या जीवों को भी संरक्षित करते हैं, जो असाधारण जीन वेरिएंट, अर्थात् विशेष लक्षणों वाले जीन को पोषित करते हैं। वे जीन बाद में उस समय उपयोगी साबित हो सकते हैं, जब कोई बीमारी या महामारी आती है, या जलवायु में परिवर्तन होता है या फिर अन्य कारक पौधों या जानवरों के अस्तित्व को खतरे में डाल देते हैं।
3. किसान आनुवंशिक विविधता को फिर से प्राप्त करने या अन्य नस्लों या किस्मों के लक्षणों को प्रस्तुत करने के लिए यहां संरक्षित कोशिकाओं या ऊतकों का उपयोग कर सकते हैं।

23.9 डी.एन.ए. संगठन एवं जीन की संरचना (DNA Structure and its Composition)

अधिकांश जीवित प्राणियों में उनके **डी.एन.ए. के लंबे अनुक्रमों में जीन एनकोड (संकुटित) होते हैं।** डी.एन.ए. द्विकुंडलित शृंखला (Double Helical Chain) के बने होते हैं, जिनमें चार प्रकार के न्यूक्लोटाइड उप-इकाइयां **एडेनिन (A), गुआनिन (G,) साइटोसिन (C)** और **थाएमिन (T)**, एक पांच-कार्बन शर्करा (डी.ऑक्सीराइबोज) और एक फॉस्फेट समूह होता है।

- **न्यूक्लियोटाइड** = न्यूक्लियॉसाइड + फास्फेरिक अम्ल
- **न्यूक्लियोसाइड** = नाइट्रोजनी क्षार + शर्करा (Sugar)
- **नाइट्रोजनी क्षार** (Nitrogenous Base) = प्यूरिन (एडेनिन, गुआनिन), पिरीमिडिन (साइटोसाइन, थायमीन और यूरेसिल)

23.9.1 डी.एन.ए. फिंगरप्रिंट या जीनोम फिंगरप्रिंट (DNA Fingerprinting or Genomic Fingerprinting)

डी.एन.ए. फिंगरप्रिंट एक व्यक्तिगत विशेषता है। यह वह तकनीक है जो फोरेंसिक वैज्ञानिकों के द्वारा किसी व्यक्ति की (उसके डी.एन.ए. प्रोफाइल से) पहचान के लिए अपनायी जाती है। इसे **डी.एन.ए. प्रोफाइलिंग, डी.एन.ए. टेस्टिंग, डी.एन.ए. टाइपिंग या जेनेटिक फिंगरप्रिंट** या **जीन मैपिंग** या **जीनोग्राफी** भी कहते है। इसे निर्दिष्ट अपराधी को बचाने या

अभियोजित करने के लिए न्यायालय में एक महत्वपूर्ण दस्तावेज के रूप में प्रस्तुत किया जाता है। प्रत्येक व्यक्ति के डी.एन.ए. की रासायनिक संरचना समान होती है, लेकिन प्रत्येक व्यक्ति के डी.एन.ए. में उपस्थित क्षारक युग्मों (Base pairs) में अंतर होता है। डी.एन.ए. में निहित जानकारी मुख्य रूप से जिपर (Zipper) प्रक्रिया के माध्यम से अक्षरों के अनुक्रम के द्वारा होती है।

एक व्यक्ति के डी.एन.ए. लक्षण को दिखाने वाले नंबरों के कूटित समुच्च को **'डी.एन.ए. प्रोफाइल'** कहते हैं। इसे व्यक्ति की पहचान करने में भी उपयोग किया जा सकता है। इसे पैतृक परीक्षण व आपराधिक जांच के लिए भी उपयोग किया जा सकता है। पितृत्व/जनकता के मामलों में, फिंगरप्रिंट तकनीक का उपयोग किसी बच्चे के जैविक माता-पिता का पता लगाने में भी किया जा सकता है। यद्यपि सभी व्यक्तियों में 99% मानव डी.एन.ए. अनुक्रम समान होते हैं फिर भी प्रत्येक व्यक्ति में 0.1% डी.एन.ए. अद्वितीय (Unique) होते हैं। **ब्रिटेन में स्थित लिचेस्टर विश्वविद्यालय के 'सर एलिक जैफरेज' ने 1984 में पहला डी.एन.ए. प्रोफाइलिंग प्रतिवेदित किया।** आपराधिक जांच में संदिग्धों की तेज और अधिक सटीक पहचान के लिए डी.एन.ए. फिंगरप्रिंट के विकास को अनुमति दी गयी। यदि अपराधी दोबारा अपराध करते हैं तो उनको पहचानने के लिए उनके फिंगरप्रिंट को आंकड़ा कोष (Database) में संगृहीत किया जाता है।

23.9.1.1 डी.एन.ए. फिंगरप्रिंट भारत में निम्नलिखित अनुसंधान संसाधनों में किया जाता है (DNA Fingerprinting is Performed in the following Research Institutes of India)

1. **सेंटर फॉर सेलुलर एंड मॉलिक्यूलर बायोलॉजी (CCMB) - हैदराबादव**
2. **सेंटर फॉर डी.एन.ए. फिंगरप्रिंट (CDFD) - हैदराबाद**
3. **नेशनल ब्यूरो ऑफ प्लांट जेनेटिक रिर्सोस (NBPGR) - नई दिल्ली**
4. **नेशनल इंस्टीट्यूट ऑफ प्लांट एंड जेनेटिक रिसर्च (NIPGR) - नई दिल्ली**

23.9.1.2 डी.एन.ए. फिंगरप्रिंट की प्रक्रिया (Process of DNA Fingerprinting)

इसके निम्नलिखित चरण हैं:

1. **डी.एन.ए. अलगाव** (Isolation)
2. **कटिंग** (Cutting), **साइजिंग** (Sizing) और **सोर्टिंग** (Sorting): किसी विशिष्ट स्थान पर डी.एन.ए. को काटने के लिए रेसट्रिक्शन एंजाइम (Restriction Enzyme) का उपयोग किया जाता है।
3. **डी.एन.ए. का नायलॉन में हस्तांतरण** (Transfer of DNA to nylon): डी.एन.ए. टुकड़ों को नायलॉन शीट पर रखकर पूरी रात जैल को सोखने के लिए रख दिया जाता है।
4. **जांच** (Probing): जब रेडियोएक्टिव या रंगीन सामग्री को नायलॉन शीट से जोड़ा जाता है तो यह एक प्रतिरूप बनाता है जिसे डी.एन.ए. फिंगरप्रिंट कहते हैं।
5. **डी.एन.ए. फिंगरप्रिंट** (DNA Fingerprint): अंतिम डी.एन.ए. फिंगरप्रिंट एक ही समय में कई प्रोब्स (5-10 या इससे ज्यादा) का उपयोग करके बनाया जाता है।
6. **ब्लोटिंग तकनीक (Blotting techniques)** का उपयोग विभिन्न प्रकार के क्षेत्रों को मापने के लिए किया जाता है जो निम्न हैं:
   - **सर्दन ब्लोटिंग (Southern Blotting)** - D.N.A.
   - **नॉर्दन ब्लोटिंग (Northern Blotting)** - R.N.A.
   - **वेस्टर्न ब्लोटिंग (Western Blotting)** - Protein

23.9.1.3 डी.एन.ए. फिंगरप्रिंट का व्यावहारिक अनुप्रयोग (Practical Applications of DNA Fingerprinting)

1. **पितृत्व और मातृत्व:** पितृत्व पहचान वाले मामलों के समाधान के लिए माता-पिता व बच्चे के VNTR प्रतिरूप का उपयोग किया जाता है।
2. **फारेंसिक विज्ञान में:** अपराध किए गए स्थान पर छूटे हुए रक्त, बाल, त्वचा कोशिकाओं या अन्य आनुवंशिक सबूत से डी.एन.ए. को पृथक् करके या पृथक् डी.एन.ए. का उपयोग अपराधियों को पहचानने के लिए किया जा सकता है। दुनिया भर में पुलिस इस तकनीक का उपयोग कर रही है ताकि संदिग्धों को उनके अपने जैविक साक्ष्य के साथ जोड़ा जा सके।
3. **व्यक्तिगत पहचान:** व्यक्तिगत पहचान के लिए आनुवंशिक बार कोड के रूप में डी.एन.ए. फिंगरप्रिंट का उपयोग किया जा सकता है।
4. **वंशानुगत विकार का निदान:** इसकी सहायता से प्रसव-पूर्व और नवजात शिशु दोनों में वंशानुगत विकार का निदान किया जा सकता है। विकार में **सिस्टिक फाइब्रोसिस, हीमोफीलिया, वंशानुगत अल्जाइमर्स, रक्त की लाल कोशिकाओं की कमी** और **थैलेसीमिया** आदि शामिल हैं।

23.9.2 जंक डी.एन.ए. (Junk D.N.A.)

सुसुमु ओहनो (Susumu Ohno) द्वारा 1972 में **जंक डी.एन.ए.** नामक शब्द की उत्पत्ति हुई। यह जीनोम अनुक्रम के उस हिस्से के लिए एक अंतिम स्तर के रूप में प्रयुक्त होता है, जिसकी कार्यप्रणाली स्पष्ट नहीं होती है। आण्विक वैज्ञानिकों के अनुसार, **जंक डी.एन.ए. (Junk DNA) की विशिष्टता बहुत कम है और यह जीवों में या तो बहुत कम लाभ को सूचित करता है या फिर यह कोई लाभ सूचित नहीं करता।**

हालांकि यह शब्द अब एक पुरानी अवधारणा बनता जा रहा है। ऐसे कई प्रमाण उपलब्ध हैं जो सूचित करते हैं कि जंक डी.एन.ए. अनुक्रम अज्ञात कार्यात्मक गतिविधि के समान है। यद्यपि वर्तमान शोधों के अनुसार यह निष्कर्ष निकाला जा रहा है कि यह डी.एन.ए. पूर्ण रूप से जंक नहीं है बल्कि ऐसा निर्धारित किया गया है कि इसकी कई नियामक भूमिकाएं हैं। इसका अर्थ है कि तथाकथित गैर-कोडिंग (Non-coding) डी.एन.ए. कोडिंग डी.एन.ए. के जीन के व्यवहार को महत्वपूर्ण तरीके से प्रभावित करता है, फिर भी हम इस डी.एन.ए. के बारे में बहुत कम जानते हैं विशेषत: गैर-कोडिंग डी.एन.ए. के बारे में।

23.9.3 डी.एन.ए. बारकोडिंग (DNA Barcoding)

जीनोम की एक सम्मत और मानक स्थिति से डी.एन.ए. के एक छोटे अनुक्रम का उपयोग करते हुए जीवों की प्रजातियों की पहचान की तकनीक को 'डी.एन. बारकोडिंग' कहते हैं। निर्धारित वर्गीकरण के बजाय, ज्ञात वर्गीकरण के संदर्भ में, अज्ञात नमूनों की पहचान करना इसका प्राथमिक उद्देश्य है और इस प्रकार यह आणविक फाइलोजेनी से काफी भिन्न होता है। **'डी.एन.ए. बार कोड अनुक्रम'** पूरे जीनोम से बहुत कम संबंधित होता है और इस प्रकार यह काफी हद तक उपलब्ध है और सस्ता भी है। उच्च स्तरीय जानवरों के लिए **साइटोक्रोम सी ऑक्सीडेज माइटोकॉन्ड्रियल क्षेत्र (COI)** एक मानक बारकोड के रूप में उभरा है। तीन बिलियन मानव जीनोम क्षार युग्मों की तुलना में (जो कि अधिकांश समूहों में 648 क्षार युग्म लंबा होता है) यह एक काफी छोटा अनुक्रम है।

बारकोड रूपांतर उपयोगी होता है यद्यपि यह उत्कृष्ट शुद्ध विवरण नहीं लाता है। यह सुपर मार्केट रैकों में लगे एक ही प्रकार के 11 अंकों के बारकोड जैसा है जो अन्य प्रकार के समानों के बारकोडों से इसे पृथक् करता है। **यद्यपि यह एक समान प्रजाति में व्यक्तिगत रूप से अलग-अलग होता है, परंतु प्रजातियों के बीच भिन्नता की तुलना में प्रभावी बार कोड हेतु प्रजातियों के अंदर भिन्नता बहुत ही कम होती है।**

अनुप्रयोग

1. पौधों की पत्तियों की पहचान, इसके फूलों तथा फलों की अनुपस्थिति में करना
2. कीटों के लार्वा की पहचान करना (लार्वा में वयस्कों की तुलना में काफी कम भिन्नता पाई जाती है)
3. अमाशय या मल पदार्थों द्वारा जंतु के आहार की पहचान करना
4. व्यापार में उत्पादों की पहचान करना (जैसे- शाकीय अनुपूरक या लकड़ी)

डीएनए बारकोड की विशेषज्ञता नहीं रखने वालों को छोटी-छोटी, क्षतिग्रस्त, या औद्योगिक रूप से संसाधित सामग्री से भी विभिन्न प्रजातियों को चिह्नित करने में सक्षम बनाते हैं। जिस तरह किसी यूनिवर्सल प्रोडक्ट कोड (UPC) में बार का अनूठा पैटर्न प्रत्येक उपभोक्ता उत्पाद की पहचान कराता है, उसी तरह किसी 'डीएनए बारकोड' में डीएनए अनुक्रम का भी एक अनूठा पैटर्न होता है, जो संभावित रूप से प्रत्येक जीवित चीज की पहचान कर सकता है।

क्लोरोप्लास्ट डीएनए तथा माइटोकॉन्ड्रियल डीएनए बारकोडिंग प्रोटोकॉल का उपयोग न केवल खाद्य सुरक्षा का समर्थन करने के लिए बल्कि ताजा व्यावसायिक और तकनीकी रूप से संसाधित उत्पादों में खाद्य चोरी को उजागर करने के लिए भी खाद्य उद्योग और खाद्य आपूर्ति श्रृंखलाओं में खाद्य लेबलिंग के लिए अधिक से अधिक किया जा रहा है। डीएनए बारकोडिंग प्रसंस्कृत खाद्य पदार्थों में अवांछित पशु या पौधों की सामग्री की पहचान करने में मदद करता हैं।

आलोचना

इसके मुखर विरोधियों एवं वैज्ञानिकों द्वारा डी.एन.ए. बारकोडिंग की तीव्र आलोचना की गई है।

आलोचना के प्रमुख बिंदु निम्नवत हैं:

1. प्रजातीय स्तर के ऊपर की **विश्वसनीय जानकारी के अभाव के कारण, डी.एन.ए. बारकोडिंग की आलोचना हुई है।**
2. हाल ही में इसे वर्गीकरण विज्ञान के **सकल सरलीकरण के रूप में देखा गया है।**
3. दूसरों के जैसे, हाल ही में विविधिकृत हुई प्रजातियों में उनके COI के अनुक्रम के आधार पर पहचान करना सम्भव नहीं भी हो सकता है।

23.9.4 पर्यावरणीय डीएनए [Environmental DNA (e-DNA)]

एरियल मेटाजीनोमिक्स, पर्यावरणीय डीएनए (e-DNA) का हिस्सा है। हाल के अध्ययनों से पता चला है कि हवा में प्लावी डीएनए दुनिया भर में जैव विविधता संरक्षण प्रयासों को बढ़ावा दे सकता है। यह भी दिखाया गया है कि e-DNA संभावित रूप से स्थलीय जानवरों की पहचान और निगरानी कर सकता है।

जानवर अपनी सांस, लार, फर या मल के माध्यम से डीएनए को पर्यावरण में उत्सर्जित करते हैं। इन नमूनों को e-DNA कहा जाता है।

महत्व (Significance)

- e-DNA पशु समुदायों की संरचना को समझने और गैर-देशी प्रजातियों के प्रसार का पता लगाने में मदद कर सकता है।
- अपने वर्तमान स्वरूप में, यह विधि जनसंख्या जनगणना के लिए सटीक डेटा प्रदान नहीं कर सकती है, लेकिन भविष्य में जल्द ही इस सीमा को पार कर लेगी।
- अध्ययन के नतीजे स्थलीय कशेरुकियों के संरक्षण के लिए हवा में मौजूद e-DNA का उपयोग करने की एक बड़ी संभावना का संकेत देते हैं।
- यह विधि कुछ सुधारों के बाद लुप्तप्राय प्रजातियों की निगरानी के लिए मौजूदा तकनीकों के साथ काम करेगी।
- यह विधि जीवित जीव के संग्रह की आवश्यकता के बिना बायोमॉनिटरिंग की अनुमति देती है।
- यह उन जीवों का अध्ययन करने की क्षमता पैदा करने की अनुमति देता है, जो जीव पर मानवजनित तनाव लाए बिना आक्रामक, दुर्ग्राह्य (elusive) या लुप्तप्राय हैं।
- इस आनुवंशिक जानकारी तक पहुंच सुप्रलेखित नहीं की गई प्रजातियों के लिए जनसंख्या के आकार, प्रजातियों के वितरण और जनसंख्या की गतिशीलता को समझने में महत्वपूर्ण योगदान देती है।
- महत्वपूर्ण बात यह है कि पारंपरिक नमूनाकरण विधियों की तुलना में e-DNA अक्सर अधिक लागत प्रभावी होता है।

23.9.5 आनुवंशिक मार्कर (Genetic Marker)

क्रोमोसोम की ज्ञात अवस्था के साथ एक छोटा डी.एन.ए. अनुक्रम या माइक्रो सैटेलाइट (microsatellites), जो किसी कोशिका या प्रजाति को पहचानने में महत्वपूर्ण होता है, 'आनुवंशिक मार्कर' के रूप में जाना जाता है। जीनोम अवस्थिति पर एक उत्परिवर्तन या बदलाव डी.एन.ए. अनुक्रम में परिवर्तन कर सकता है। यह एक छोटी

डी.एन.ए. अनुक्रम हो सकता है; जैसे-एकल क्षारयुक्त अनुक्रम या एक लम्बा अनुक्रम हो सकता है; जैसे-**छोटा सैटेलाइट** (Mini Satellite)। बहुत वर्षों से **जीन प्रतिचित्रण** (Gene mapping) जीवों तक सीमित था, **आनुवंशिक रोगों तथा इनके कारकों के बीच संबंधों के अध्ययन के लिए आनुवंशिक मार्कर का प्रयोग किया जा सकता है।**

वंशावली, जनसंख्या संरचना, जीनोम भिन्नता, विकासवादी प्रक्रिया या जनसांख्यिकीय इतिहास और फिंगरप्रिंटिंग उद्देश्यों का विश्लेषण करने के लिए माइक्रोसैटेलाइट्स सबसे उपयुक्त आनुवंशिक चिह्नकों (मार्कर) में से एक हैं। आनुवंशिक चिह्नक मूल रूप से दो प्रकार के होते हैं - प्रोटीन और डीएनए (आणविक)।

हरा प्रदीप्तिशील प्रोटीन (Green Fluorescent Protein)

प्रदीप्तिशील हरा प्रोटीन: जैलीफिश (Jellyfish) से प्राप्त एक जीन, जो प्रदीप्तिशील प्रोटीन का कूटलेखन (Encode) करता है, हरा प्रदीप्तिशील प्रोटीन कहलाता है (GFP)। यह स्तनधारी की कोशिकाओं में जी.एफ.पी. (GFP) टैग किये गये जीन द्वारा, एन्कोडेड प्रोटीन के स्थान की पहचान करने में सक्षम बनाता है।

हरा प्रदीप्तिशील प्रोटीन एक बायोल्यूमिनेन्सेंट पॉलीपेप्टाइड (Bioluminescent Polypeptide) है, जिसमें एक Aequorea victoria Fish फिश के शरीर से पृथक् 238 अवशेष शामिल होते हैं। इसका कार्य एक जलीय जैली फिश की नीली कैमिल्यूमिनिसेंट (Chemiluminescent) को हरे प्रदीप्तिशील प्रकाश में परिवर्तित करना है। कुछ प्रश्नों का उत्तर दिया जाना जरूरी है, जैसे कि-क्यों ये जैली फिश फ्लोरीसेंट का उपयोग करती हैं? क्यों हरा, नीले से बेहतर है? या क्यों ये वर्तमान एक्वोरीन में उत्परिवर्तन कर इसके तरंगदैर्ध्य को बदलने के विपरीत हरी प्रदीप्तिशीलता के लिए अलग प्रोटीन का निर्माण करती है? लेकिन प्रयोगशालाओं में GFP को मार्कर प्रोटीन की तरह कार्य करने के उद्देश्यों के लिए, कई प्रकार के विभिन्न जैविक प्रक्रियाओं में शामिल किया जा सकता है। 1962 में इसकी खोज के समय से ही, यह विभिन्न अनुसंधानों जैसे कि जीन प्रकटन जांच, स्थानीयकरण, गतिशीलता, परिवहन, विभिन्न झिल्लियों तथा साइटोप्लाज्म के बीच अंतर्संबंधों इत्यादि में महत्वपूर्ण योगदान दे चुका है।

23.10 संश्लेषित जीनोम (Synthetic DNA/Synthetic Genome)

जीनोम किसी जीव के पूरे डी.एन.ए. का समूह होता है जिनमें आनुवंशिक सूचनाएं होती हैं। जीनोम में जीन व डी.एन.ए. या आर.एन.ए. के गैर-कूटबद्ध (Non-Coding) अनुक्रम दोनों शामिल होते है। सामान्यत: प्रोकैरियोट्स के जीनोम एकल गुणसूत्र पर होते है जबकि यूकैरियोट्स के जीनोम एक या एक से अधिक गुणसूत्रों पर होते है। जैसाकि हम जानते हैं कि **डी.एन.ए. नाभिक के साथ-साथ कुछ कोशिकांगों (माइटोकॉन्ड्रिया और हरितलवक) में उपस्थित होता है।** इस आधार पर, जीनोम शब्द न केवल विशेष रूप से न्यूक्लियर डी.एन.ए. के पूर्ण समुच्चय पर उपस्थित के अर्थ में लागू किया जा सकता है, बल्कि कोशिकांगों के अंदर उपस्थित न्यूक्लियर डी.एन.ए. के समूह में भी लागू किया जा सकता है। किसी व्यक्ति (जुड़वां और क्लोन्ड जीवों को छोड़कर) के जीनोम अपने आप में विशिष्ट होते हैं। जीनोम को रासायनिक रूप से प्रयोगशाला में भी बनाया जा सकता है, जिसे **'कृत्रिम'** या **'संश्लेषित जीनोम'** कहते हैं।

23.10.1 जीनोम या डी.एन.ए. या न्यूक्लियोटाइड अनुक्रम (Genome or DNA or Nucleotide Sequencing)

जीनोम अनुक्रमण एक प्रयोगशाला प्रक्रिया है जिसके माध्यम से वैज्ञानिक एक समय में जीव-जीनोम का पूरा डी.एन.ए. अनुक्रम (A, T, G, C के शब्दों में) प्राप्त करता है। डी.एन.ए. में विभिन्न कोशिकाएँ, जैसे-लार, उपकला कोशिका (Epithelial Cell), अस्थि-मज्जा (Bone-Marrow), बाल (जब तक बालों द्वारा बाल रोम छिद्र धारण किए जाते), बीज और पौधों की पत्तियां उपस्थित होती हैं, जिनका उपयोग अनुक्रमण के लिए नमूने के रूप में किया जाता है। जीनोम अनुक्रमण एक उपकरण द्वारा किया जाता है, जिसे स्वचालित डी.एन.ए. अनुक्रम कहते हैं।

23.10.2 विशिष्ट अनुप्रयोग (Specific Applications)

जीनोम अनुसंधान के कुछ वर्तमान और संभावित अनुप्रयोग निम्न क्षेत्रों में शामिल हैं:

1. औषधियां
2. विकासवादी जीवविज्ञान और नृविज्ञान
3. ऊर्जा और पर्यावरणीय अनुप्रयोग
4. डी.एन.ए. फॉरेंसिक
5. कृषि

1. **औषधि (Medicine)**
   - रोग की उन्नत पहचान और बीमारी (रोग) की आनुवंशिक गड़बड़ी को पहले ही पहचानना
   - तर्कसंगत औषधि डिजाइन
   - जीन थैरेपी
   - विकिरण, उत्परिवर्तनकारी रसायनों के संपर्क में रहने और कैंसरकारी विषों द्वारा उत्पन्न स्वास्थ्य क्षति व जोखिम का मूल्यांकन
   - आनुवंशिक उत्परिवर्तन (Mutations) की संभावना कम करना
2. **विकासवादी जीवविज्ञान व नृविज्ञान (Evolutionary Biology and Anthropology)**
   - उद्विकास का अध्ययन
   - विभिन्न आबादी समूहों का अध्ययन
3. **ऊर्जा और पर्यावरणीय अनुप्रयोग (Energy and Environmental Applications)**
   - नये ऊर्जा स्रोत (जैसे-जैव ईंधन) का निर्माण।
   - प्रदूषकों, सुरक्षा, कुशलता, पर्यावरणीय उपचार और कार्बन निर्वहन का पता लगाने के लिए पर्यावरण निगरानी तकनीकों को विकास के लिए सूक्ष्म जीवी जीनोमिक्स का उपयोग।
   - जीवाणु और अन्य जीवों का पता लगाना, जो वायु, जल, मृदा व भोजन को प्रदूषित करते हैं।
4. **डी.एन.ए. फॉरेंसिक (DNA Forensics)**
   - अपराध करते समय छोड़े गए सबूतों का संदिग्ध के डी.एन.ए. से मिलान करके संभावित संदिग्ध की पहचान करना
   - निर्दोष व्यक्ति पर अपराध के लिए गलत अभियोग लगाने से बचाना

- किसी दुर्घटना के शिकार हुए पीड़ितों और अपराधों की पहचान करना
- प्रत्यारोपण कार्यक्रम में प्राप्तकर्ताओं से अंगदाताओं का मिलान करना

5. **कृषि (Agriculture)**

- रोग, प्रतिरोधी, कीटनाशी व सूखा प्रतिरोधी फसलों की उत्पादकता का विकास करना। (G.M. फसलें)
- स्वस्थ, अधिक उत्पादक व रोग प्रतिरोधी कृषि जंतु का विकास
- उच्च पोषण युक्त खाद्यान्न का विकास करना। (G.M. Foods)

23.10.3 मानव जीनोम परियोजना [Human Genome Project (HGP)/ Human Genome Sequencing]

मानव जीनोम प्रोजेक्ट (HGP) 1990 से 2003 तक चलने वाली एक महान परियोजना थी (हालांकि इस परियोजना के लिए 15 साल निर्धारित किए गए थे लेकिन तकनीकी उन्नयन की गति तेज होने के कारण यह 2003 में ही पूरी हो गयी)। यह एक अंतर्राष्ट्रीय वैज्ञानिक शोध परियोजना थी। इसका प्राथमिक उद्देश्य मानव डी.एन.ए. द्वारा बने हुए जीनों के अनुक्रम का निर्धारण करना था, जिससे भौतिक और कार्यात्मक दृष्टिकोण दोनों से मानव जीनोम के लगभग 20,000–25,000 जीनों की पहचान व प्रतिचित्रण किया जा रहा है।

23.10.3.1 परियोजना के उद्देश्य

- मानव जीनोम में लगभग **24,000 जीनों की पहचान करना।**
- मानव डी.एन.ए. के गठन के **तीन बिलियन रासायनिक क्षार जोड़ों के अनुक्रम** को निर्धारित करना।
- **आंकड़ा कोष (Database) में इस जानकारी को संगृहीत करना।**
- आंकड़ों के मूल्यांकन के लिए उपकरणों को संगृहीत करना।
- संबंधित प्रौद्योगिकी को निजी क्षेत्र में स्थानांतरित करना।
- परियोजना से उत्पन्न होने वाली **नैतिक, कानूनी और सामाजिक मुद्दों का समाधान।**

इस परियोजना में सम्मिलित होने वाले देश अमेरिका, ब्रिटेन, फ्रांस, जर्मनी, जापान और चीन है। मानव डी.एन.ए. का अनुक्रम एक आंकड़ा कोष में संगृहीत किए गए है जो इंटरनेट पर प्रत्येक के लिए उपलब्ध है। **'जीन बैंक' यू.एस. नेशनल सेंटर फॉर बायोटैक्नोलॉजी इन्फॉर्मेशन (U.S. National Centre for Biotechnology information) का डेटाबेस है,** जिसमें जीन अनुक्रम और काल्पनिक जीन क्रम के साथ-साथ विभिन्न प्रकार के जीन अनुक्रम और प्रोटीन्स उपलब्ध हैं।

23.10.3.2 मानव जीनोम कार्यक्रम – रीड एण्ड राइट (Human Genome Project - Read and Write)

मानव जीनोम परियोजना एक बड़ा, अंतर्राष्ट्रीय व बहु-संस्थागत प्रयास था। इसमें जीनों के अनुक्रम तथा जीनो के बीच अंतर, जो मिलकर एक विशिष्ट मानव जीनोम बनाता है के खाके को बनाने के लिए 13 वर्ष व 2.7 बिलियन डॉलर लगे। **2016 से ह्यूमन जीनोम प्रोजेक्ट को HGP-Write कहते हैं, जबकि इससे पहले का मूल प्रोजेक्ट HGP-Read कहा जाता था अर्थात् उसमें रसायन तथा अन्य उपकरणों से मानव जीनोम को केवल पढ़ा जा सकता था परंतु अब उसको पढ़ने के बाद जैव अभियांत्रिकी उपकरणों से उसमें आवश्यक बदलाव भी किए जा सकते हैं और उसे कृत्रिम रूप दिया जा सकता है।** इस क्षेत्र के महत्व को देखते हुए भारत को भी इसमें महत्वपूर्ण रूप से भागीदारी करनी चाहिए।

भारत में HGP-Write के संभावित लाभों द्वारा विभिन्न रोगों, जैसे-मलेरिया, डेंगू और चिकनगुनिया के लिए नये समाधान दिए जा सकते हैं। HGP-Write के माध्यम से उन उपकरणों या तकनीकों का विकास किया जा रहा है जो सभी जीवों के लिए उपयुक्त होंगी, विशेषत: छोटे जीनोम वाले जीवों की शुरुआती अवस्था में।

23.10.3.3 मानव जीनोम परियोजना और इसके लाभ (HGP and Its Benefit)

मानवीय आनुवंशिक अनुदेश सेट में सभी तीन बिलियन रासायनिक इकाइयों को अनुक्रमित करने और पहचानने का लक्ष्य रखा गया था। रोगों के उपचार के विकास में आनुवंशिक जड़ों का निर्धारण मानव जीनोम प्रोजेक्ट को संचालित करता था। **अप्रैल 2003 में, मानव जीनोम प्रोजेक्ट के द्वारा मानव जीनोम का अनुक्रमण सफलतापूर्वक पूरा किया गया जिसमें मानव जीनोम के 3 बिलियन DNA के 99.99% सटीकता के साथ मानव जीनोम के 99% जीन क्षेत्रों का अनुक्रमण किया गया।**

1. अनुक्रमण के बाद, अगला चरण आनुवंशिक विविधता की पहचान करना है जो कैंसर व मधुमेह जैसे सामान्य रोगों के लिए बढ़ते जोखिम को पहचानने में है। एक कार्य के रूप में जीनोम डेटा की व्याख्या अभी भी अपनी प्रारंभिक अवस्था में है। यह उम्मीद की जाती है कि मानव जीनोम की विस्तृत जानकारी औषधि व जैव प्रौद्योगिकी के उन्नयन के लिए एक नया मार्ग प्रशस्त करेगी।
2. आणविक जीव विज्ञान के स्तर पर रोग प्रसंस्करण की गहरी समझ से नई चिकित्सीय प्रक्रियाओं का निर्धारण किया जा सकता है। डी.एन.ए. का महत्व आणविक जीव विज्ञान में अब अच्छी तरह से स्थापित है और कोशिका (काशकाय) प्रक्रिया के मौलिक संचालन को निर्धारित करने में केंद्र के रूप में भूमिका निभाता है। यह संभावना है कि इस क्षेत्र में विस्तारित ज्ञान से क्लीनिकल इंटरेस्ट के कई क्षेत्रों में उन्नत चिकित्सा की सुविधा मिलेगी।
3. इस परियोजना के आंकड़ों से मानव व हमारे करीबी रिश्तेदारों/संबंधी (मानव-सदृश जानवरों और वास्तव में स्तनधारी) के बीच समानता व विभिन्नता (अंतर) संबंधी कई सवालों के उत्तर मिलने की उम्मीद की जा रही है।
4. वे जैव वैज्ञानिकों के दृष्टिकोण से कई प्रकार से उपयोगी होते हैं, जैसे-एक शोधकर्ता किसी विशिष्ट जीन पर अध्ययन करके किसी विशिष्ट प्रकार के कैंसर का पता लगा सकता है। इंटरनेट पर मानव जीनोम डेटाबेस से संबंधित विभिन्न आंकड़ों में अधिकांश आंकड़े इस विशिष्ट जीन के मौजूद है और इस जीन के गुणों का अध्ययन करके अप्रत्याशित लाभ उठाया जा सकता है।

5. परिणामस्वरूप आनुवंशिक दोषों से संबंधित सुधार और शीघ्र निदान के लिए लोगों की उम्मीदें बढ़ी हैं। सामान्य और जटिल रोग जीनों के लिए उपलब्ध आनुवंशिक परिवर्तनशीलता के साथ-साथ दवाओं और अलग-अलग परिवेशों के लिए व्यक्तिगत प्रतिक्रियाओं का इस्तेमाल करके पूर्वानुमानित और पूर्वव्यापी मार्कर की पहचान को त्वरित किया जाएगा।

23.10.3.4 लुप्त जीनोम अनुक्रमण (Missing in Genome Sequencing)

- 1990 तथा 2003 के बीच एक अंतर्राष्ट्रीय सहयोग परियोजना-**ह्यूमन जीनोम प्रोजेक्ट** से 2003 में उपलब्ध कराए गए आनुवंशिक अनुक्रम में मानव जीनोम के एक ऐसे क्षेत्र से जानकारी शामिल थी, जिसे **यूक्रोमैटिन** के रूप में जाना जाता है। यहां, जीन में समृद्ध गुणसूत्र है, और डीएनए प्रोटीन के लिए कोड में बदलने का काम करता है।
- **जो 8% बच गया था, वह** हेटरोक्रोमैटिन **नामक क्षेत्र में था। यह जीनोम का एक छोटा हिस्सा है, तथा प्रोटीन का उत्पादन नहीं करता है।**
- हेटरोक्रोमैटिन को कम प्राथमिकता देने के कम से कम दो प्रमुख कारण थे। जीनोम के इस हिस्से को **'जंक डीएनए'** माना जाता था, क्योंकि इसका कोई स्पष्ट कार्य नहीं था। इसके अलावा, यूक्रोमैटिन में अधिक जीन थे, जिन्हें उस समय उपलब्ध संसाधनों से अनुक्रमण करना सरल था।
- अब तो पूर्णत: अनुक्रमित जीनोम उस वैश्विक सहयोग के प्रयासों का परिणाम है, जिसे **टेलोमेरे-2-टेलोमेरे (T2T) परियोजना** कहा जाता है। डीएनए अनुक्रमण तथा कम्प्यूटेशनल विश्लेषण के इस नए तरीकों के आविष्कार ने शेष 8% जीनोम को समझ पाने में मदद की है।
- **जीनोम अनुक्रमण** वह प्रक्रिया है, जिसमें किसी व्यक्ति में बेस पेयर के सटीक क्रम को समझना शामिल है। यह 'गूढ़ता को समझना' या जीनोम का पठन ही सही अर्थों में अनुक्रमण है। अनुक्रमण की लागतें उसका पठन करने के लिए प्रयुक्त विधियों या जीनोम को डिकोड करने में सटीकता पर बल दिए जाने के आधार पर भिन्न-भिन्न होती हैं।

23.10.3.5 जीनोम अनुक्रमण की आवश्यकता (Need for Genome Sequencing)

- जब से पहली बार 2003 में मानव जीनोम को अनुक्रमित किया गया था, तब से इसने बीमारी और प्रत्येक व्यक्ति की अद्वितीय आनुवंशिक बनावट के बीच की कड़ी को लेकर एक नयी समझ विकिसित की है।
- सिस्टिक फाइब्रोसिस, थैलेसीमिया सहित लगभग 10,000 बीमारियों को केवल जीन की खराबी के परिणाम के रूप में जाना जाता है।
- यद्यपि जीन कुछ दवाओं के प्रति असंवेदनशील हो सकते हैं, लेकिन जीनोम अनुक्रमण ने दिखा दिया है कि कैंसर को आनुवंशिकी के दृष्टिकोण से भी समझा जा सकता है, न कि कुछ अंगों की बीमारी के रूप में देखा जा सकता है।

23.10.3.6 जीनोम अनुक्रमण का महत्व (Importance of Genome Sequencing)

- एक आनुवंशिक परीक्षण देश में कई बिक्री केंद्रों पर व्यावसायिक रूप से उपलब्ध है, इन केंद्रों में सामान्यतया जीनोम के केवल उसी हिस्से का विश्लेषण करना शामिल होता है, जिसमें बीमारी से जुड़े असामान्य जीन होते हैं।
- यह सुनिश्चित करना महत्वपूर्ण है कि भारत अपनी अद्वितीय मानव विविधता वाले जीनोमिक डेटा के संदर्भ में पर्याप्त रूप से संपन्न है तथा बड़े पैमाने पर जीनोम डेटा के निर्माण करने, उसका रख रखाव करने, विश्लेषण करने, उपयोग करने तथा सूचना देने एवं सुलभ बनाने की स्वदेशी क्षमता विकसित कर रहा है।
- मानव जीनोम में लगभग 3.2 बिलियन बेस पेयर होते हैं तथा केवल 10 साल पहले इसकी कीमत लगभग 10,000 डॉलर थी। अब ये कीमतें गिरकर दसवें हिस्से तक हो गयी हैं।

(इन्फोग्राफिक देखें - मानव जीनोम परियोजना)

23.10.3.7 भारतीय मानव जीनोम परियोजना (Indian Human Genome Project/ India's Efforts towards Genome Sequencing)

इंस्टीट्यूट ऑफ जीनोमिक्स एंड इंटीग्रेटेड बायोलॉजी (IGIB) (दिल्ली) में सी.एस.आई.आर. (CSIR) के वैज्ञानिकों ने Institute of Genomics and Integrative Biology (IGIB) में एक गुमनाम स्वस्थ भारतीय नागरिक के मानव जीनोम को अनुक्रमित किया।

संसाधनों की कमी के कारण, भारत नब्बे के दशक के शुरुआती दिनों में मानव जीनोम परियोजना का हिस्सा न बन सका। पहले मानव जीनोम अनुक्रम की समाप्ति के बाद भारत अब उन चुने हुए देशों, जैसे-अमेरिका, चीन, कनाडा, ब्रिटेन और दक्षिण कोरिया के संघ में शामिल हो गया जिन्होंने संपूर्ण मानव जीनोम को अनुक्रमित करने और इकट्ठा करने की क्षमता का प्रदर्शन किया है।

पहला मानव जीनोम अनुक्रम एक दशक से भी अधिक समय में जाकर पूरा किया गया जिसके लिए एक बड़ी राशि (एक बिलियन अमेरिकी डॉलर) व्यय हुई है। भारत में यह कार्य IGIB में CSIR के वैज्ञानिकों द्वारा बहुत काम समय में पूरा कर लिया गया। सी.एस.आर.आर. को यह सफलता नयी तकनीकों व प्रभावी सुपर कम्युटेशनल क्षमताओं के द्वारा मिली।

इसने जनता के लिए भविष्य में कम लागत वाले सस्ते हेल्थकेयर और भावीसूचक (Predictive) औषधि के लिए नया खाका तैयार किया। परिणामस्वरूप भारत और अन्य विकासशील देशों में कई रोगों को समझने और आनुवंशिकता विविधता व विभिन्न रोगों के पूर्व नियंत्रण किए जाने से वैश्विक ज्ञान में बढ़ोत्तरी होगी।

मानव जीनोम परियोजना

मानव जीनोम परियोजना क्या है?

- मानव जीनोम परियोजना (HGP) एक अंतरराष्ट्रीय वैज्ञानिक अनुसंधान पहल थी जिसका उद्देश्य संपूर्ण मानव जीनोम का मानचित्रण और अनुक्रमण करना था। यह 20वीं सदी के सबसे महत्वपूर्ण वैज्ञानिक उपक्रमों में से एक था और आनुवंशिकी, मानव जीव विज्ञान और रोग के बारे में हमारी समझ पर इसका गहरा प्रभाव पड़ा।
- यह परियोजना आधिकारिक तौर पर 1990 में संयुक्त राज्य अमेरिका, यूनाइटेड किंगडम, फ्रांस, जर्मनी, जापान और चीन सहित कई देशों के बीच एक सहयोगी प्रयास के रूप में शुरू की गई थी। HGP का प्राथमिक लक्ष्य मानव डीएनए बनाने वाले रासायनिक क्षार युग्म के अनुक्रम को निर्धारित करना और मानव जीनोम में मौजूद लगभग 20,000-25,000 जीनों की पहचान करना और उनका मानचित्रण करना था।
- इस परियोजना ने यह समझ प्रदान की, कि मानव जीनोम के चिकित्सा, आनुवंशिकी और जैव प्रौद्योगिकी जैसे क्षेत्रों पर कई प्रभाव हैं। वैज्ञानिकों का लक्ष्य, डीएनए के अनुक्रम को समझकर, बीमारियों के आनुवंशिक आधार में अंतर्दृष्टि प्राप्त करना, संभावित चिकित्सीय लक्ष्यों की पहचान करना और व्यक्तिगत चिकित्सा दृष्टिकोण विकसित करना है।
- HGP ने डीएनए को अनुक्रमित करने के लिए प्रायोगिक तकनीकों और कम्प्यूटेशनल तरीकों के संयोजन का उपयोग किया। इसमें आनुवंशिक कोड को कुशलतापूर्वक और सटीक रूप से पढ़ने के लिए नई प्रौद्योगिकियों और दृष्टिकोणों का विकास शामिल था। प्रारंभ में, इस परियोजना को पूरा होने में 15 साल लगने का अनुमान था, लेकिन अनुक्रमण प्रौद्योगिकी में प्रगति और सहयोगी प्रयासों के साथ, इसे 2003 में निर्धारित समय से पहले पूरा किया गया।
- मानव जीनोम परियोजना का सफल समापन जीनोमिक्स अनुसंधान में एक महत्वपूर्ण मील का पत्थर साबित हुआ। इसने शोधकर्ताओं को मानव जीनोम के लिए एक व्यापक संदर्भ प्रदान किया, जो तब से आनुवंशिक भिन्नता का अध्ययन करने, मानव विकास को समझने और बीमारियों के आनुवंशिक आधार की जांच करने के लिए एक अमूल्य संसाधन बन गया है।
- HGP के पूरा होने के बाद से, अगली पीढ़ी की अनुक्रमण प्रौद्योगिकियों के विकास के साथ, जीनोमिक्स का क्षेत्र तेजी से आगे बढ़ा है, जिसने जीनोम अनुक्रमण को तीव्र, अधिक सुलभ और कम महंगा बना दिया है। इन प्रगतियों ने बड़े पैमाने पर जीनोमिक अध्ययन की सुविधा प्रदान की है, जिससे वैयक्तिकृत चिकित्सा, आनुवंशिक निदान और जटिल आनुवंशिक विकारों के बारे में हमारी समझ में सफलता मिली है।
- संक्षेप में, मानव जीनोम परियोजना संपूर्ण मानव जीनोम को मैप और अनुक्रमित करने का एक अंतरराष्ट्रीय सहयोगी प्रयास था। इसके सफल समापन ने जीनोमिक्स के क्षेत्र में क्रांति ला दी है और चिकित्सा, आनुवंशिकी और जैव प्रौद्योगिकी में महत्वपूर्ण प्रगति का मार्ग प्रशस्त किया है।

डीएनए अनुक्रमण क्या है?

- डीएनए अनुक्रमण लेबल किए गए न्यूक्लियोटाइड का उपयोग करके क्षार क्रम निर्धारित करता है।
- संश्लेषण द्वारा अनुक्रमण पोलीमरेज़ का उपयोग करके नया डीएनए उत्पन्न करता है।
- लेबल वाले न्यूक्लियोटाइड को शामिल करने से फ्लोरोसेंट सिग्नल उत्सर्जित होते हैं।
- प्रत्येक सिग्नल एक विशिष्ट न्यूक्लियोटाइड से मेल खाता है।
- 125 न्यूक्लियोटाइड्स की रीड्स (Reads) बड़ी मात्रा में उत्पन्न की जा सकती हैं।
- सटीकता के लिए ओवरलैपिंग रीड्स को असेंबल किया जाता है।
- अनुक्रमण आनुवंशिक विविधताओं और उत्परिवर्तनों की पहचान करता है।
- भिन्नताएं एकल क्षार परिवर्तन या बड़े विलोपन हो सकती हैं।
- अनुक्रमण रोग के विकास और प्रगति का अध्ययन करने में मदद करता है।
- यह रोग पैदा करने वाले परिवर्तनों को उजागर करता है।

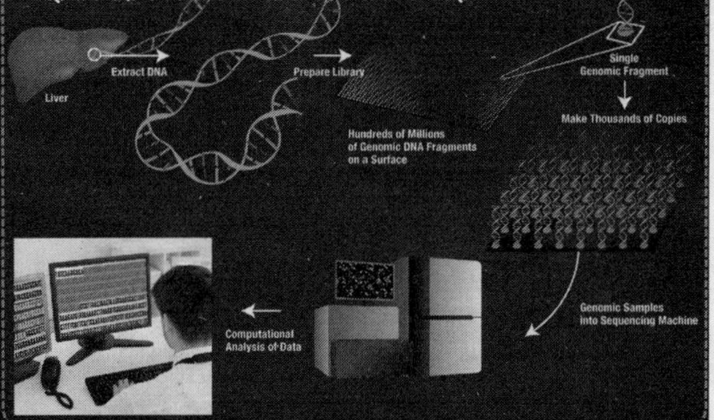

डीएनए क्या है?

- डीऑक्सीराइबोन्यूक्लिक एसिड (डीएनए) एक रासायनिक यौगिक होता है जिसमें लगभग सभी जीवित जीवों की गतिविधियों को विकसित करने और निर्देशित करने के लिए आवश्यक निर्देश शामिल होते हैं। डीएनए अणु दो मुड़े हुए, युग्मित स्ट्रैंड से बने होते हैं, जिन्हें अक्सर डबल हेलिक्स कहा जाता है।
- प्रत्येक डीएनए स्ट्रैंड चार रासायनिक इकाइयों से बना होता है, जिन्हें न्यूक्लियोटाइड बेस कहा जाता है, जिसमें आनुवंशिक "वर्णमाला" शामिल होती है। क्षार, एडेनिन (A), थाइमिन (T), गुआनिन (G), और साइटोसिन (C) होते हैं। विपरीत स्ट्रैंड पर क्षार विशेष रूप से युग्मित होते हैं: A हमेशा T के साथ युग्मित होता है; C हमेशा G के साथ युग्मित होता है। As, Ts, Cs और Gs का क्रम डीएनए अणु के उस हिस्से में एन्कोड की गई जानकारी का अर्थ निर्धारित करता है, जैसे अक्षरों का क्रम किसी शब्द का अर्थ निर्धारित करता है।

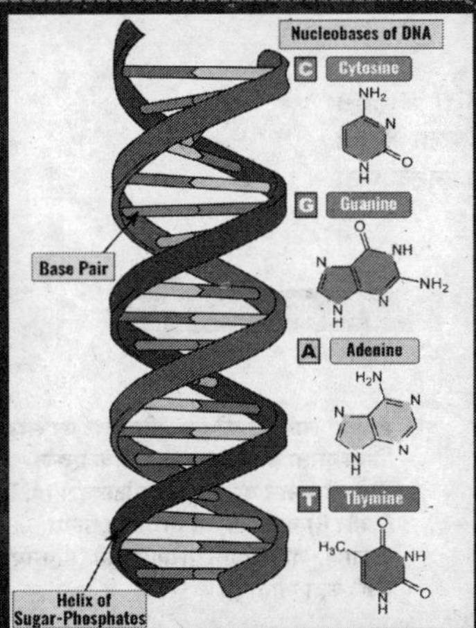

जीनोम क्या है?

- जीनोम एक जीव के डीएनए के पूर्ण समूह को संदर्भित करता है, जिसमें मानव जीनोम के मामले में लगभग 3 बिलियन क्षार युग्म होते हैं। डीएनए एक संपूर्ण जीव के निर्माण और रखरखाव के लिए आवश्यक निर्देश रखता है।
- जीन डीएनए की विशिष्ट इकाइयाँ हैं जो प्रोटीन के उत्पादन के लिए निर्देश देती हैं। मानव जीनोम में 20,000 से 25,000 जीन होने का अनुमान है, प्रत्येक जीन औसतन तीन प्रोटीन के लिए कोडिंग करता है।
- प्रोटीन शरीर में महत्वपूर्ण भूमिका निभाते हैं, जिसमें अंगों और ऊतकों जैसी संरचनाएं बनाना, रासायनिक प्रतिक्रियाओं को नियंत्रित करना और कोशिकाओं के बीच संकेतों को प्रसारित करना शामिल है। जब डीएनए में परिवर्तन होता है, तो यह असामान्य प्रोटीन का उत्पादन कर सकता है, सामान्य शारीरिक प्रक्रियाओं को बाधित कर सकता है और संभावित रूप से कैंसर जैसी बीमारियों का कारण बन सकता है। जीन मानव कोशिकाओं के केंद्रक के भीतर 23 जोड़े गुणसूत्रों पर स्थित होते हैं। वे एंजाइम और मैसेंजर अणुओं से जुड़ी एक प्रक्रिया के माध्यम से प्रोटीन के उत्पादन को निर्देशित करते हैं। एक एंजाइम जीन के डीएनए से जानकारी को मैसेंजर आरएनए (mRNA) में कॉपी करता है। mRNA पुनः नाभिक से कोशिका के साइटोप्लाज्म तक जाता है, जहां इसे राइबोसोम द्वारा पढ़ा जाता है। राइबोसोम अमीनो एसिड को सही क्रम में एक साथ जोड़ने के लिए जानकारी का उपयोग करते हैं, जिससे विशिष्ट प्रोटीन बनते हैं।

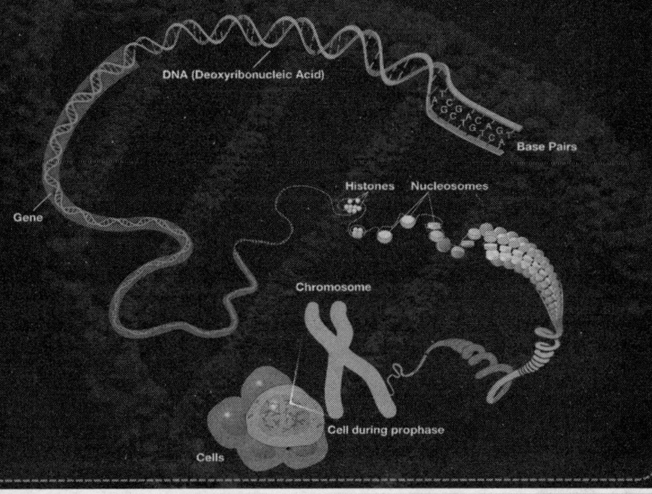

सहयोगात्मक प्रयास

महत्वपूर्ण तथ्य

1. कुल डीएनए क्षार युग्मः लगभग 3 बिलियन।
2. मानव जीनोमः 23 जोड़े गुणसूत्रों में व्यवस्थित।
3. जीन की संख्याः मानव जीनोम में लगभग 20,000-25,000।
4. परियोजना अवधिः 1990-2003 (13 वर्ष)।
5. डीएनए अनुक्रमण मशीनेंः अनुक्रम डेटा उत्पन्न करने के लिए महत्वपूर्ण।
6. एकाधिक व्यक्तियों का अनुक्रमणः आनुवंशिक विविधताओं का लेखा-जोखा।
7. तुलनात्मक जीनोमिक्सः मानव जीनोम की अन्य प्रजातियों से तुलना करना।
8. रोग-संबंधी जीन की खोजः रोगों से जुड़े जीन की पहचान।
9. वैयक्तिकृत चिकित्साः आनुवंशिकी के क्षार पर उपचार तैयार करने के लिए फाउंडेशन।
10. नैतिक, कानूनी और सामाजिक निहितार्थ (ELSI): अनुसंधान और दिशानिर्देशों के माध्यम से संबोधित किया गया।

महत्व एवं उपलब्धियाँ

रोग-संबंधी जीन की पहचानः मानव जीनोम परियोजना ने रोगों से जुड़े कई जीनों की खोज में योगदान दिया। मानव जीनोम की मैपिंग और अनुक्रमण करके, शोधकर्ताओं ने कैंसर, हृदय रोग और आनुवंशिक विकारों सहित विभिन्न स्थितियों से जुड़ी आनुवंशिक विविधताओं की पहचान की। इस ज्ञान से बेहतर निदान, लक्षित उपचार और रोग तंत्र की बेहतर समझ पैदा हुई है।

तुलनात्मक जीनोमिक्सः मानव जीनोम की अन्य प्रजातियों के जीनोम से तुलना करने से विकासवादी संबंधों और आनुवंशिक समानताओं में मूल्यवान अंतर्दृष्टि प्रदान की गई। मानव जीनोम परियोजना ने जैविक प्रक्रियाओं में कुछ जीनों और आनुवंशिक तत्वों के महत्व पर प्रकाश डालते हुए प्रजातियों में संरक्षित क्षेत्रों की पहचान करने में मदद की।

वैयक्तिकृत चिकित्साः परियोजना ने वैयक्तिकृत चिकित्सा की नींव रखी, एक दृष्टिकोण जो स्वास्थ्य देखभाल में किसी व्यक्ति की आनुवंशिक संरचना पर विचार करता है। व्यक्तियों के बीच आनुवंशिक विविधताओं को समझकर, स्वास्थ्य देखभाल पेशेवर विशिष्ट आनुवंशिक प्रोफाइल के अनुसार उपचार और दवाओं को तैयार कर सकते हैं, उनकी प्रभावशीलता में सुधार कर सकते हैं और प्रतिकूल अभिक्रियाओं को कम कर सकते हैं।

नैतिक, कानूनी और सामाजिक निहितार्थ (ELSI) अनुसंधानः मानव जीनोम परियोजना में जीनोमिक्स के नैतिक, कानूनी और सामाजिक पहलुओं पर शोध शामिल है। इस शोध ने गोपनीयता संबंधी चिंताओं, आनुवंशिक भेदभाव और आनुवंशिक जानकारी तक पहुंच जैसी नैतिक चुनौतियों और जीनोमिक प्रगति के सामाजिक निहितार्थों को पहचानने और संबोधित करने में मदद की। इसने व्यक्तियों की सुरक्षा और जीनोमिक डेटा के जिम्मेदारीपूर्ण उपयोग को बढ़ावा देने के लिए दिशानिर्देशों, नीतियों और कानून की स्थापना की।

जीनोमिक अनुसंधान में प्रगतिः मानव जीनोम परियोजना ने जीनोमिक अनुसंधान में महत्वपूर्ण प्रगति का मार्ग प्रशस्त किया। इसने बड़ी मात्रा में डेटा और उपकरण प्रदान किए, जिन्होंने बाद के अनुसंधान प्रयासों को बढ़ावा दिया है। इस ज्ञान ने कैंसर अनुसंधान, आनुवंशिक उपचार, फार्माकोजेनोमिक्स और मानव विकास को समझने सहित विभिन्न क्षेत्रों में प्रगति को गति दी है।

सार्वजनिक रूप से उपलब्ध जीनोम डेटाः मानव जीनोम परियोजना डेटा साझाकरण के सिद्धांत के लिए प्रतिबद्ध थी। परिणामस्वरूप, परियोजना ने मानव जीनोम अनुक्रम डेटा को वैज्ञानिक समुदाय और जनता के लिए स्वतंत्र रूप से उपलब्ध कराया। इस खुली पहुंच दृष्टिकोण ने जीनोमिक्स अनुसंधान को लोकतांत्रिक बना दिया है और आगे की खोजों और अनुप्रयोगों को सुविधाजनक बनाने में महत्वपूर्ण भूमिका निभाई है।

मानव जीनोम परियोजना रीड और राइट

HGP रीड

- यह एक अंतरराष्ट्रीय और बहु-संस्थागत प्रयास था जिसमें मानव जीनोम का खाका तैयार करने में 13 साल [1990-2003] और 2.7 बिलियन डॉलर लगे।
- HGP ने खुलासा किया है कि संभवतः लगभग 20,500 मानव जीन हैं जो 3 अरब से अधिक क्षार युग्मों से बने हैं।
- भारत ने HGP-रीड में भाग नहीं लिया।

HGP राइट

- यह परियोजना परिष्कृत बायोइंजीनियरिंग उपकरणों के साथ स्क्रेच से एक कृत्रिम मानव जीनोम राइट या निर्माण (बिल्ड) हेतु 2016 में शुरू की गई थी।
- इसके उद्देश्य बड़ी संख्या में मानव स्वास्थ्य समस्याओं का समाधान करना है, जिनमें से कुछ संभावित चुनौतियाँ बढ़ती मानव अंगों के प्रत्यारोपण, जीनोम-वाइड रिकोडिंग के माध्यम से कोशिका लाइनों में वायरस प्रतिरक्षा तैयार करना, नई चिकित्सीय कोशिका लाइनों में कैंसर प्रतिरोध तैयार करना और उत्पादकता में उच्च वृद्धि करना, मानव कोशिकाओं और ऑर्गेनोइड के उपयोग के माध्यम से उत्पादकता, लागत-कुशल और फार्मास्युटिकल विकास करना हैं।
- इसने पेटेंट पूलिंग के उपयोग द्वारा व्यापक बौद्धिक संपदा तक पहुंच के माध्यम से परियोजना संपत्ति को प्रोत्साहित किया।
- लेकिन, HGP-राइट में सार्वजनिक भागीदारी और नैतिक, कानूनी एवं सामाजिक निहितार्थों पर विचार की आवश्यकता होगी।

जीनोम अनुक्रमण प्रक्रिया

संपूर्ण जीनोम अनुक्रमण (WGS) प्रक्रिया

WGS, एक प्रयोगशाला प्रक्रिया है जो एक प्रक्रिया में किसी जीव के जीनोम में आधारों का क्रम निर्धारित करती है। डब्ल्यूजीएस एक बहुत ही सटीक डीएनए फ़िंगरप्रिंट प्रदान करता है जो मामलों को एक-दूसरे से जोड़ने में मदद कर सकता है जिससे किसी प्रकोप का जल्द पता लगाया जा सकता है और हल किया जा सकता है।

जीवाणु संवर्धन
(Bacterial Culture)

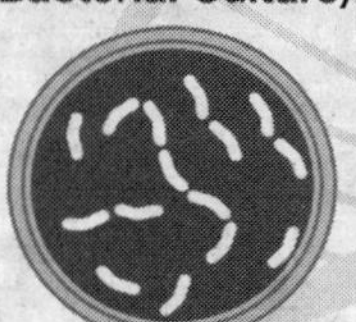

1. DNA Extraction

1 वैज्ञानिक एक घास्य प्लेट (agar plate) से जीवाणु कोशिकाएं लेते हैं और उन्हें रसायनों से उपचारित करते हैं जिससे इन कोशिकाएं को तोड़कर खोलते हुए डीएनए प्राप्त किया जाता है। फिर डीएनए को शुद्ध किया जाता है।

2. DNA Shearing

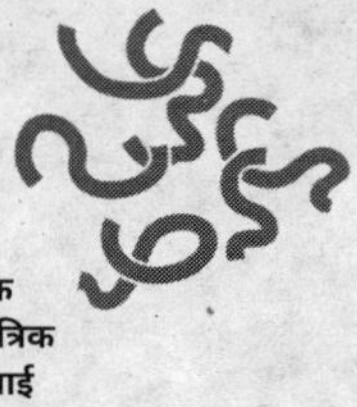

2 डीएनए को या तो एंजाइम "आण्विक कैंची (molecular scissors)" या यांत्रिक व्यवधान का उपयोग करके ज्ञात लंबाई के छोटे टुकड़ों में काटा जाता है।

3. DNA Library Preparation

3 वैज्ञानिक, पोलीमरेज़ चेन रिएक्शन (PCR) नामक प्रक्रिया का उपयोग करके प्रत्येक डीएनए खंड की कई प्रतियां बनाते हैं। PCR मशीन में उत्पन्न खंडों के पूल को "डीएनए लाइब्रेरी" कहा जाता है।

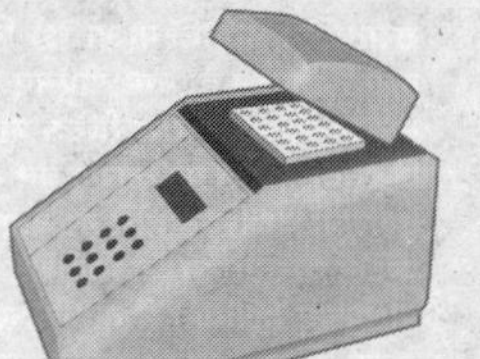

4. DNA Library Sequencing

4 डीएनए लाइब्रेरी को एक सीक्वेंसर पर लोड किया जाता है। डीएनए के प्रत्येक एकल खंड को बनाने वाले न्यूक्लियोटाइड्स (A, T, C और G) का संयोजन निर्धारित किया जाता है, और प्रत्येक परिणाम को "डीएनए रीड" कहा जाता है।

5. DNA Sequence Analysis

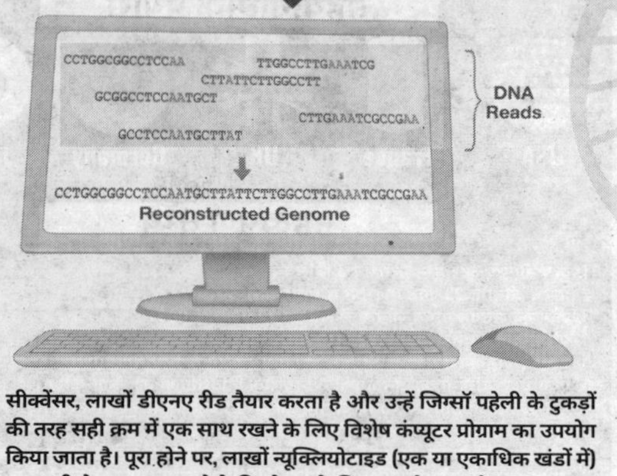

5 सीक्वेंसर, लाखों डीएनए रीड तैयार करता है और उन्हें जिग्सॉ पहेली के टुकड़ों की तरह सही क्रम में एक साथ रखने के लिए विशेष कंप्यूटर प्रोग्राम का उपयोग किया जाता है। पूरा होने पर, लाखों न्यूक्लियोटाइड (एक या एकाधिक खंडों में) वाला जीनोम अनुक्रम आगे के विश्लेषण के लिए सामने आता है।

इंडिजेन जीनोम प्रोजेक्ट (IndiGen Genome Project)

- इंडिजेन पहल CSIR द्वारा अप्रैल 2019 में शुरू की गई थी, जिसे CSIR- दिल्ली स्थित इंस्टीट्यूट ऑफ जीनोमिक्स एंड इंटीग्रेटिव बायोलॉजी (IGIB) तथा CSIR-हैदराबाद स्थित सेंटर फॉर सेल्युलर एंड मॉलिक्यूलर बायोलॉजी (CCMB) द्वारा लागू किया गया था।
- इसका उद्देश्य आनुवंशिक महामारी से सम्बन्धित विज्ञान को सक्षम बनाना और जनसंख्या जीनोम डेटा का उपयोग करते हुए सार्वजनिक स्वास्थ्य प्रौद्योगिकियों के अनुप्रयोगों को विकसित करना है।
- इसने एक निर्धारित समय-सीमा के भीतर बड़े पैमाने पर जीनोम अनुक्रमण तथा कम्प्यूटेशनल विश्लेषण के मापनीयता मानदंड को समर्थ बनाया है।
- संपूर्ण जीनोम अनुक्रमण के माध्यम से मनुष्यों के आनुवंशिक ब्लूप्रिंट को डिकोड करने की क्षमता जैव चिकित्सा विज्ञान के लिए एक प्रमुख संचालक होगी।

इंडिजेन कार्यक्रम का उद्देश्य भारत के विविध जातीय समूहों का प्रतिनिधित्व करने वाले हजारों व्यक्तियों के संपूर्ण जीनोम का अनुक्रमण करना है।

भारतीय जीनोम विविधता पहल (Indian Genome Variation Initiative)

भारतीय जीनोम विविधता पहल भारत सरकार के कोष से सी.एस.आई. आर. (Council of Scientific and Industrial Research) की छः घटक प्रयोगशालाओं द्वारा 2003 में शुरू किया गया एक 5 वर्षीय नेटवर्क कार्यक्रम है। इस संघ का उद्देश्य पूरे देश का प्रतिनिधित्व करने वाली उप-जनसंख्या की विविधता की सूचना प्रदान करना है। देश के किसी भाग में संचालित विशिष्ट व्यक्ति के जीन अध्ययन की यह विविधता अन्वेषकों के लिए उपयोगी सिद्ध होगी। यह विस्तृत पहुंच वाले प्रभाव के साथ भारतीय जनसंख्या की संरचना का पहला व्यापक अध्ययन है।

भारतीय जीनोम विविधता डेटाबेस (Indian Genome Variation Database/IGVdb)

2003 में स्थापित किया गया IGVdb भारतीय जीनोम विविधता पहल का ही एक भाग है। इसका उद्देश्य मानव उप-जनसंख्या में निहित आनुवंशिक विविधता को समझना है जिसने पहले कदम के रूप में किसी रोग के लिए अतिसंवेदनशील बायोमार्कर की पहचान की।

23.10.4 डी.एन.ए. प्रौद्योगिकी विधेयक (DNA Technology Bill)

डी. एन. ए प्रौद्योगिकी (उपयोग और अनुप्रयोग) विनियमन विधयक 2019, जो किसी व्यक्ति की पहचान स्थापित करने के लिए डी.एन.ए. प्रौद्योगिकी के उपयोग को नियंत्रित करने का प्रयास करता है, को जांच के लिए संसदीय स्थायी समिति के पास भेजा गया है।

कानून और इसके महत्व की आवश्यकता

अपराधों को हल करने के लिए और लापता व्यक्तियों की पहचान करने के लिए डी.एन.ए. आधारित प्रौद्योगिकियों की उपयोगिता, दुनिया भर में अच्छी तरह से पहचानी जाती है। इसलिए, नए बिल का उद्देश्य देश की न्याय वितरण प्रणाली को समर्थन और मजबूत करने के लिए डी.एन.ए.-आधारित फोरेंसिक प्रौद्योगिकियों के अनुप्रयोग का विस्तार करना है।

विधेयक की मुख्य विशेषताएं

- विधेयक के अनुसार, पीड़ितों की पहचान के मामलों, संदिग्धों, लापता व्यक्तियों और अज्ञात मानव अवशेषों के लिए एक राष्ट्रीय डेटाबेस को बनाए रखने के लिए राष्ट्रीय और क्षेत्रीय डी.एन.ए. डेटा बैंक स्थापित किए जाएंगे।
- **सजा:** इसके अनुसार, डी.एन.ए. प्रोफाइल की जानकारी को उन लोगों या संस्थाओं को लीक करना जो इसके हकदार नहीं हैं, उन्हें तीन साल तक की जेल की सजा और 1 लाख रुपये तक का जुर्माना होगा। इसी तरह, अवैध रूप से डी.एन.ए. प्रोफाइल की जानकारी लेने वालों के लिए भी सजा का प्रावधान किया गया है।
- **उपयोग:** विधेयक के अनुसार, डी.एन.ए. प्रोफाइल, डी.एन.ए. नमूने और रिकॉर्ड सहित सभी डी.एन.ए. डेटा का उपयोग केवल व्यक्ति की पहचान के लिए किया जाएगा न कि 'किसी अन्य उद्देश्य' के लिए।
- विधेयक के प्रावधान उन लोगों के बीच क्रॉस-मिलान करने में सक्षम होंगे जो एक तरफ लापता होने की सूचना दी गई है और दूसरी तरफ देश के विभिन्न हिस्सों में पाए गए अज्ञात शवों और सामूहिक आपदाओं में पीड़ितों की पहचान स्थापित करने के लिए भी प्रयोग किया जाएगा।
- विधेयक डी.एन.ए. प्रयोगशालाओं को मान्यता देने के लिए एक डी. एन.ए. नियामक बोर्ड की स्थापना करता है जो किसी व्यक्ति की पहचान स्थापित करने के लिए डी.एन.ए. नमूनों का विश्लेषण करता है।

विधेयक के लाभ

- डी.एन.ए. प्रयोगशालाओं को अनिवार्य मान्यता और विनियमन प्रदान करके, विधेयक देश में इस तकनीक के प्रस्तावित विस्तारित उपयोग सुनिश्चित करना चाहता है।
- यह आश्वासन भी है कि डी.एन.ए. परीक्षण के परिणाम विश्वसनीय हैं और डेटा हमारे नागरिकों के निजता अधिकारों के दुरुपयोग या किसी अन्य दुरुपयोग से सुरक्षित है।

डी.एन.ए. प्रौद्योगिकी- महत्व

- डी.एन.ए. विश्लेषण अपने डी.एन.ए. नमूने से किसी व्यक्ति की पहचान का पता लगाने या व्यक्तियों के बीच जैविक संबंध स्थापित करने में एक अत्यंत उपयोगी और सटीक तकनीक है।
- उदाहरण के लिए, एक बाल का नमूना या यहां तक कि कपड़े से खून के धब्बे, एक संदिग्ध के साथ मिलान किया जा सकता है और ज्यादातर मामलों में यह निर्णायक रूप से स्थापित किया जा सकता है कि क्या नमूने में डी.एन.ए. संदिग्ध व्यक्ति से संबंधित है। नतीजतन, अपराध की जांच, अज्ञात शवों की पहचान या माता-पिता का निर्धारण करने में डी.एन.ए. तकनीक पर तेजी से भरोसा किया जा रहा है।

- यह उम्मीद की जाती है कि डी.एन.ए. प्रौद्योगिकी के विस्तारित उपयोग के परिणामस्वरूप न केवल त्वरित न्याय वितरण होगा, बल्कि दोषसिद्ध दरों में भी वृद्धि होगी, जो वर्तमान में केवल 30% है (2016 के लिए NCRB सांख्यिकी)।

चिंताएं

- **दुरुपयोग करने के लिए प्रवण:** डी.एन.ए. नमूनों की जानकारी न केवल यह बता सकती है कि कोई व्यक्ति कैसा दिखता है, या उनकी आंखों का रंग या त्वचा का रंग क्या है, बल्कि उनकी एलर्जी, या रोगों के प्रति संवेदनशीलता जैसी जानकारी भी हो जाती है। नतीजतन, डी.एन.ए. विश्लेषण से सूचना के दुरुपयोग होने का अधिक खतरा है।
- **सुरक्षा के मुद्दे:** इसमें यह भी सवाल है कि क्या नियामक बोर्ड द्वारा मान्यता प्राप्त डी.एन.ए. प्रयोगशालाओं को विश्लेषण के नमूनों की प्रतियां संगृहीत करने की अनुमति है या नहीं। और यदि अनुमति है, तो उन नमूनों के मालिक कैसे सुनिश्चित कर सकते हैं कि डेटा सुरक्षित है या उन्हें अपने स्वयं के सूचकांकों से निकालने की आवश्यकता है।

100 हजार जीनोम एशिया परियोजना (100K Genome Asia Project)

100K जीनोमएशिया परियोजना, भारतीय वैज्ञानिकों और कंपनियों की उपस्थिति वाली एक परियोजना है, जिसे **50,000 भारतीयों सहित 100K एशियाई लोगों के पूरे जीनोम को अनुक्रमित करने के लिए नानयांग टेक्नोलॉजिकल यूनिवर्सिटी (NTU), सिंगापुर में आयोजित किया जा रहा है।**

100K जीनोम एशिया परियोजना के बारे में

- एक गैर-लाभकारी कंसोर्टियम परियोजना, जिसमें एशियाई आबादी के लिए सटीक दवा अनुप्रयोगों को तेजी से ट्रैक करने की प्रत्याशा में 100,000 एशियाई व्यक्तियों को अनुक्रमित करने की महत्वाकांक्षी योजना है, को जीनोमेशिया/जीनोमएशिया 100K कहा जाता है।
- बड़े डेटा एनालिटिक्स एवं डेटा विज्ञान और कृत्रिम बुद्धिमत्ता में प्रगति पर प्रभाव डालना। इसके प्रतिभागियों का चयन 12 दक्षिण एशियाई देशों और कम-से-कम 7 उत्तर एवं पूर्वी एशियाई देशों से किया जाएगा।
- परियोजना का पहला कदम सभी प्रमुख एशियाई जातीय समूहों के लिए चरणबद्ध संदर्भ जीनोम निर्माण करना होगा - जो क्षेत्र के जनसंख्या इतिहास और उपसंरचना को समझने में एक बड़ा कदम है। माइक्रोबायोम, क्लिनिकल और फेनोटाइप जानकारी के साथ 100,000 अनुक्रमित व्यक्तिगत जीनोम की जोड़ी बनाई जाएगी जो अनुमानित स्थानीय वंशों के संदर्भ में रोगग्रस्त और स्वस्थ व्यक्तियों के गहन विश्लेषण की अनुमति देगी।

महत्व

- एशियाई जातीयताओं की जीनोम विविधता में हालिया अंतर्दृष्टि, वर्तमान में कम अध्ययन वाली एशियाई आबादी में बीमारी के जीवविज्ञान को समझने की संभावना दिखाती है, जो मानव जाति के 40% का प्रतिनिधित्व करती है।
- इसके अलावा, नैदानिक अंतर्दृष्टि का एक मूल्यवान स्रोत प्रदान करता है जो दक्षिण, उत्तर और पूर्वी एशिया में प्रचलित अद्वितीय आनुवंशिक विविधता के कारण कई दुर्लभ और विरासत में मिली बीमारियों के साथ-साथ कैंसर, मधुमेह और हृदय रोग जैसी पुरानी बीमारियों के बारे में हमारी समझ को बढ़ाएगा।

23.10.5 जीनोम इंडिया पहल (Genome India Initiative)

जैव प्रौद्योगिकी विभाग (DBT) अगले पांच वर्षों में, दो चरण में लगभग 20,000 भारतीय जीनोमों को स्कैन करने की योजना बना रहा है और साथ ही नैदानिक परीक्षण विकसित करना है जिसका उपयोग कैंसर के परीक्षण के लिए किया जा सकता है।

मुख्य तथ्य

- पहले चरण में देश के सभी कोनों से लगभग 10,000 भारतीयों के पूर्ण जीनोम का अनुक्रमण करना और भारत की जैविक विविधता की अधिकृत शामिल है।
- अगले चरण में लगभग 10,000 ''रोगग्रस्त व्यक्तियों'' को उनके जीनोम का अनुक्रम दिया जाएगा। डेटासेट के इन विशाल दावों की तुलना मशीन लर्निंग तकनीकों का उपयोग करके जीन की पहचान करने के लिए की जाएगी, जो कैंसर के जोखिम की भविष्यवाणी कर सकते हैं, साथ ही अन्य बीमारियों की भी जो आनुवंशिक विसंगतियों से महत्वपूर्ण रूप से प्रभावित हो सकती हैं।

महत्व

- उत्पन्न डेटा विश्लेषण के लिए कहीं भी शोधकर्ताओं के लिए सुलभ होगा। यह एक प्रस्तावित नेशनल बायोलॉजिकल डेटा सेंटर के माध्यम से होगा, जिसे **'बायोलॉजिकल डेटा स्टोरेज, एक्सेस एंड शेयरिंग पॉलिसी'** नामक नीति में परिकल्पित किया गया है, जो अभी भी चर्चा के शुरुआती चरण में है।
- जैसा कि आनुवंशिक परिदृश्य दुनिया भर में भिन्न है, यह आवश्यक है कि आनुवंशिक डेटा को जानकारी से अधिक से अधिक ज्ञान प्राप्त करने और बेहतर उपचार परिणामों को सक्षम करने के उद्देश्य से सेवा करने के लिए साझा किया जाए।
- जीनोम इंडिया पहल आम बीमारियों के लिए जीन और आनुवंशिक विविधताओं की पहचान करने के लिए मार्ग प्रशस्त करेगी, मेंडेलियन विकारों के इलाज के लिए, भारत में प्रेसिजन मेडिसिन परिदृश्य के परिवर्तन को सक्षम करने के लिए और इस प्रकार हमारे देश में सामान्य आबादी की स्वास्थ्य सेवा में सुधार होगा।

जीनोम अनुक्रमण की आवश्यकता

- जब से मानव जीनोम को पहली बार 2003 में अनुक्रमित किया गया था, तब इसने बीमारी और प्रत्येक व्यक्ति के अद्वितीय आनुवंशिक मेकअप के बीच संबंध पर एक नया दृष्टिकोण खोला है।
- लगभग 10,000 बीमारियों, जिनमें सिस्टिक फाइब्रोसिस, थैलेसीमिया शामिल हैं, को एक एकल जीन खराब होने का परिणाम माना जाता है जबकि जीन कुछ दवाओं के प्रति असंवेदनशील हो सकते हैं। जीनोम अनुक्रमण ने दिखाया है कि कैंसर को भी कुछ अंगों के रोग के रूप में देखे जाने के बजाय आनुवंशिकी के दृष्टिकोण से समझा जा सकता है।

जीनोम अनुक्रमण के उपयोग क्या हैं?

- एक जीनोम एक जीव का डी.एन.ए. का पूरा समूह है, जिसमें उसके सभी जीन शामिल हैं।
- जीनोमिक्स जीनोम की संरचना, कार्य, विकास, मानचित्रण और संपादन पर केंद्रित विज्ञान का एक अंत:विषय क्षेत्र है।
- जीनोमिक्स में उच्च थ्रुपुट डी.एन.ए. अनुक्रमण के उपयोग के माध्यम से जीनोम का अनुक्रमण और विश्लेषण भी शामिल है।
- जीनोमिक्स में अग्रिमों ने खोज-आधारित अनुसंधान और सिस्टम बायोलॉजी में क्रांति ला दी है, यहां तक कि मस्तिष्क जैसी सबसे जटिल जैविक प्रणालियों की समझ की सुविधा उत्पन्न की है।

23.10.6 राष्ट्रीय जीनोमिक ग्रिड (NGG) [National Genomic Grid (NGG)]

हाल ही में, सरकार ने एक राष्ट्रीय जीनोमिक ग्रिड (NGG) स्थापित करने की घोषणा की है।

NGG के बारे में

- यह भारत के कैंसर रोगियों के जीनोमिक डेटा का अध्ययन करेगा।
- यह सभी कैंसर उपचार संस्थानों को एक साथ लाकर अखिल भारतीय संग्रहण केंद्रों के माध्यम से कैंसर रोगियों से नमूने एकत्र करेगा।
- गठित की जाने वाली ग्रिड चेन्नई स्थित के भारतीय प्रौद्योगिकी संस्थान में स्थापित राष्ट्रीय कैंसर ऊतक बायो बैंक (एनसीटीबी) के अनुरूप होगी।

नेशनल कैंसर टिशू बायो बैंक [National Cancer Tissue Biobank (NCTB)]

- **नेशनल कैंसर टिशू बायो बैंक, विज्ञान और प्रौद्योगिकी विभाग (DST), भारत सरकार और भारतीय प्रौद्योगिकी संस्थान, मद्रास की एक संयुक्त पहल है।**
- यह कैंसर के निदान वाले रोगियों से सहमति के साथ कैंसर के ऊतक के नमूने एकत्र करता है।
- इसका उद्देश्य शोधकर्ताओं को कैंसर के अनुसंधान की उच्च गुणवत्ता और रोगी के डेटा को कैंसर अनुसंधान की सुविधा प्रदान करना है जिससे कैंसर निदान और उपचार में सुधार होगा।
- यह शोध जीनोम सीक्वेंसिंग की तकनीक के माध्यम से किया गया है।

महत्व

- राष्ट्रीय जीनोमिक ग्रिड के माध्यम से, सरकार विभिन्न आर्थिक वर्गों के लोगों के लिए कैंसर अनुसंधान को बढ़ावा देने और उपचार को व्यवहार्य बनाने का प्रयास करती है।
- राष्ट्रीय जीनोमिक ग्रिड कैंसर को प्रभावित करने वाले जीनोमिक कारकों का अध्ययन करने और भारतीय आबादी के लिए सही उपचार के तौर-तरीकों की पहचान करने में मदद करेगा।

23.11 पुनर्संयोजक डी.एन.ए. तकनीकी (Recombinant DNA Technology)

पुनर्संयोजक डी.एन.ए. तकनीकी बाह्य डी.एन.ए. भाग (अन्य प्रजाति के डी.एन.ए.) का प्रवेश पोषक प्रजाति में अभिनियोजित करने की एक निश्चित प्रोटोकॉल या प्रणाली है। यहां तक कि जीन क्लोनिंग में पालन की जाने वाली तकनीक भी पुनर्संयोजक डी.एन.ए. तकनीकी कहलाती है। पुनर्संयोजक डी.एन.ए. बाह्य स्रोत के डी.एन.ए. का प्रतिनिधित्व करता है।

23.11.1 पुनर्संयोजक डी.एन.ए. तकनीकी [Applications of Recombinant DNA Technology (r-DNA Technology)]

प्रत्येक जैविक तकनीकी, पश्चिमी फार्मेसी, डॉक्टर या पशु चिकित्सक, चिकित्सकीय परीक्षण प्रयोगशालाओं तथा जैविक अनुसंधान प्रयोगशालाएं इस तकनीकी को अभिनियोजित कर किसी-न-किसी प्रकार से उपयोग करती हैं, rDNA तकनीकी उत्पादों में पुनर्संयोजित प्रोटीन तथा अन्य उत्पाद शामिल हैं। rDNA पहचान, मानचत्रिण/प्रतिचित्रण तथा जीनों के अनुक्रमण तथा इसके बाद उनके कार्यों के निर्धारण के एक उपकरण के रूप में कार्य करता है, इसके साथ ही पुनर्संयोजित डी.एन.ए. मानव तथा पशु दवाओं, कृषि तथा जैव अभियांत्रिकी में पाया जाता है।

कुछ विशिष्ट उदाहरण निम्नवत हैं:

- **पुनर्संयोजित मानव इन्सुलिन (Recombinant Human Insulin):** इन्सुलिन निर्भर मधुमेह के उपचार में पुनर्संयोजित इन्सुलिन का उत्पादन एक बड़ी खोज थी। यह पशु स्रोतों से प्राप्त इन्सुलिन की तुलना में सस्ती तथा आसानी से उपलब्ध है।
- **पुनर्संयोजित मानव विकास हॉर्मोन (Recombinant Human Growth Hormone) (hGH, सोमेटोट्रोपिन):** उन रोगियों जिनमें सामान्य विकास तथा वृद्धि के लिए पिट्टयूटरी ग्रंथि द्वारा अपर्याप्त मात्रा में हॉर्मोन उत्पादित किया जाता है, के लिए ये यह एक वरदान साबित हुआ है। पहले जब यह उपलब्ध नहीं था HGH शवों की पिट्टयूटरी ग्रंथि से निकाला जाता था, पुनर्संयोजित मानव वृद्धि हॉर्मोन ने इस मामले को हल किया और अब यह चिकित्सकीय रूप में प्रयोग किया जा रहा है। कुछ खिलाड़ियों द्वारा इसका दुरुपयोग प्रदर्शन को बढ़ाने वाली दवा के रूप में किया जाता रहा है।
- **रिकॉम्बिनेंट वैक्सीन (Recombinant Vaccines):** रिकॉम्बिनेंट रोगवाहक टीके वे बैक्टीरिया या वायरस होते हैं, जो आनुवंशिक रूप से एक रोगजनक से प्राप्त अतिरिक्त जीन को वहन करने के लिए तैयार किए गए होते हैं। रिकॉम्बेंट वैक्सीन, रिकॉम्बेंट डीएनए प्रौद्योगिकी के माध्यम से निर्मित एक टीका होता है। इसमें डीएनए एन्कोडिंग उस एंटीजन (जीवाणु से बना प्रोटीन) से होता है, जो इन कोशिकाओं में एंटीजन को व्यक्त करते हुए बैक्टीरिया या स्तनधारी कोशिकाओं में एक प्रतिरक्षा प्रतिक्रिया को उद्दिप्त करता है,तथा फिर उनसे इसे परिशुद्ध करता है।
- **पुनर्संयोजित रक्त स्कंदन कारक VIII (Recombinant Blood Clotting Factor VIII):** एक रक्त स्कंदन प्रोटीन जो रक्तस्राव विकार (हीमोफीलिया) के रोगी के उपचार में मदद करता है। हीमोफीलिया,

पर्याप्त मात्रा में स्कंदन के लिए कारक VIII के उत्पादन की अक्षमता को दर्शाता है। पुनर्संयोजित कारक VIII सामान्य रक्त स्कंदन में सहायक हो सकता है।

- **पुनर्संयोजित हिपेटाइटिस B वैक्सीन (Recombinant Hepatitis B Vaccine):** पुनर्संयोजित हिपेटाइटिस वैक्सीन, हिपेटाइटिस B के संक्रमण को नियंत्रित कर सकती है, जो यीस्ट कोशिकाओं द्वारा उत्पादित एक प्रकार के हिपेटाइटिस B सतही एण्टीजन (Surface antigen) को ले जाती है, अन्य आम विषाणुओं; जैसे-पोलियो वायरस से भिन्न, हिपेटाइटिस B विषाणु कृत्रिम परिवेश में वृद्धि नहीं कर सकता। यह इसमें महत्वपूर्ण और आवश्यक विकास दर्शाता है।
- **सुनहरा चावल (Golden Rice):** यह चावल की एक पुनर्संयोजित किस्म है, जिसमे **बीटा कैरोटीन जैव संश्लेषण के लिए उत्तरदायी एन्जाइम होते हैं।** विश्व जनसंख्या में **विटामिन A की कमी को कम करने की सामर्थ्य** होने के कारण यह लाभदायक है, सुनहरा चावल वर्तमान में बौद्धिक संपदा, पर्यावरण तथा पोषणीय मुद्दों के लंबित समाधानों के कारण उपयोग में नहीं है।
- **शाकनाशी तथा कीट प्रतिरोधक फसलें (Herbicide and Insect-resistant crops):** महत्वपूर्ण कृषि फसलों (जैसे- सोया, मक्का, चारा, कैनोला तथा कपास) की वाणिज्यिक किस्में विकसित की जा चुकी हैं। ऐसी किस्मों में पुनर्संयोजक जीनों को एकीकृत किया जाता है, जो शाकनाशी ग्लाइफोसेट के प्रतिरोध का कारण बनता है और ग्लाइफोसेट अनुप्रयोग के द्वारा खरपतवार नियंत्रण को भी सरल बनाता है। अनेक देश इस तरह की फसलों का वाणिज्यिक रूप से उपयोग करते हैं।

23.12 ट्रांसजेनेसिस (Transgenesis)

ट्रांसजेनेसिस: GMOs का एक उप-समुच्चय (Subset) है, इसमें ऐसे जीव शामिल है, जिनमें किसी अन्य जाति में उत्पन्न डी.एन.ए. इनकी कोशिका के भीतर प्रविष्ट हो चुका है। **'ट्रांसजेनेसिस' एक प्रक्रिया है, जिसमें एक बाह्य जीन, जिसे 'ट्रांसजीन' (Transgene) कहते है, एक जीवित जीव में अंतःप्रविष्ट करा दिया जाता है।** यह जीव में एक नई प्रवृत्ति प्रदर्शित करने तथा इसी को नई पीढ़ी में स्थानांतरित करने में समर्थ बनाता है। ट्रांसजेनेसिस की सुविधा के लिए लाइपोसोम (liposome), प्लाज्मिड (Plasmid), वाहक, विषाणु वाहक, प्रोन्यूक्लियर इंजेक्शन, प्रोटोप्लास्ट संयुग्मन तथा बैलीस्टीक डी.एन.ए. इंजेक्शन सामान्यतः उपयोग में लाए जाते हैं। **आनुवंशिक कोड** (Genetic code) सभी जीवों में समान होता है इसलिए एक ट्रांसजेनेसिस जीव द्वारा बाह्य (विदेशी) जीन की अभिव्यक्ति की जाती है। इसका तात्पर्य है कि सभी जीवों में समान प्रोटीन विशिष्ट डी.एन.ए. अनुक्रम द्वारा कोड किया जायेगा।

23.12.1 ट्रांसजेनिक सूक्ष्म जीव (Transgenic Microbes)

जीवाणु प्रयोगशाला में संशोधित प्रथम जीव है। ये विभिन्न उद्देश्यों विशेषकर दवाओं में उपयोग हेतु बड़ी मात्रा में शुद्ध मानव प्रोटीन के उत्पादन में प्रयोग किए जाते हैं। इसमें प्रोटीन **इन्सुलिन द्वारा मधुमेह का उपचार** जैसे अनुप्रयोग शामिल हैं। समान प्रकार के जीवाणुओं का उपयोग **हीमोफीलिया के इलाज के लिए स्कंदन कारक (Clotting Factor) का उत्पादन** तथा विभिन्न प्रकार के **बौनेपन के उपचार में मानव वृद्धि हॉर्मोन** के लिए किया जाता है।

23.12.2 ट्रांसजेनिक पशु (Transgenic Animals)

यह प्रायोगिक मॉडल के रूप में फीनोटाइप (Phenotype) तथा अन्य जैव चिकित्सकीय अनुसंधानों को करने के काम में लाए जाते हैं। GMOs का विकास विभिन्न गंभीर रोगों के उपचार में बहुत उपयोगी है। डी.एन.ए. की प्रकृति में परिवर्तन कर या अन्य डी.एन.ए. या जीन को पशु (भेड़, सूअर तथा चूहों) में प्रविष्ट करवाकर कुछ उपयोगी चिकित्सकीय उपचार संभव हो सकता हैं। उदाहरण हेतु **ह्यूमन-अल्फा-1-एंटीट्रीप्सिन (Human-alpha-1-antitrypsin)**, को भेड़ में विकसित कर इसकी कमी से मनुष्यों का इलाज व ट्रांसजेनिक सुअर में, मानव हिस्टोकम्पेटिबिलिटी (Histocompatibility) का अध्ययन किया जा चुका है।

'नाकआउट चूहा' (Knockout Mouse) एक आनुवंशिक रूप से अभियंत्रित किया गया चूहा है, जिसमें मौजूद जीन को कृत्रिम डी.एन.ए. के एक टुकड़े से प्रतिस्थापित कर हटाया या समाप्त किया गया है।

जीन में इस बदलाव के परिणामस्वरूप चूहे के रूप तथा व्यवहार में एवं शारीरिक व जैव रसायनिक परिवर्तन का अनुभव किया गया। यह जीन अनुक्रम की भूमिका के अध्ययन में बहुत सहायक है।

23.12.3 ट्रांसजेनिक पौधे (Transgenic Plants)

इच्छित गुणों के प्रत्यारोपण (जैसे कि **कीट प्रतिरोधकता, शाकनाशी** तथा **कठिन पर्यावरण परिस्थितियों** में, **उत्पाद की आयु बेहतर करना तथा पोषण मूल्यों को बढ़ाना**) हेतु ट्रांसजेनिक पौधे विकसित किये जा रहे हैं। 1996 में प्रथम वाणिज्यिक आनुवंशिक रूप से संशोधित पौधे को उगाया गया था, बाद में इसमें बहुत से संशोधन किए गए; जैसे-**शाकनाशी के प्रति सहनशीलता, विषाणु के प्रति प्रतिरोधकता, विषाणु प्रतिरोधी GM पपीता** (हवाई में उगता है) **बीटी विष का उत्पादन,** (बीटी-विष एक कीटनाशी है जो स्तनधारियों के लिए गैर-विषकारी है) **वर्तमान में उगायी जाने वाली अधिकांश GM फसलें** किसानों को प्रमुखता से लाभ प्रदान कर रही हैं। **GM पौधे निजी कंपनियों तथा सरकारी अनुसंधान संस्थानों, दोनों द्वारा ही विकसित किए जा रहे हैं।** अंतर्राष्ट्रीय मक्का तथा गेहूं उन्नयन केंद्र GM पौधे को विकसित करने में शामिल है, एक अमेरिकी कम्पनी **मोनसेंटो** (Monsanto) ऐसे ही कार्यों में संलग्न है।

23.13 आनुवंशिक रूप से संशोधित जीव (Genetically Modified Organism – GMO)

एक आनुवंशिक रूप से संबंधित जीव (Genetically Modified Organism) या आनुवंशिक अभियांत्रिक जीव [Genetically Engineered Organism (GEO)], आनुवंशिक अभियांत्रिक तकनीकी/RDT के अनुप्रयोग के कारण बदले गए आनुवंशिक पदार्थ वाले जीव है। विभिन्न स्रोतों के इच्छित डी.एन.ए. खंडों को एक अणु में संयुग्मिक कर इसे एक नए जीन समूह बनाता है। यह उपर्युक्त तरीके से कार्य करता है- यह डी.एन.ए. फिर जीव में स्थानांतरित किया जाता है, परिणामस्वरूप जीव के जीनोम को संशोधित

करता है। इस प्रकार से विकसित जीव को एक आनुवंशिक संशोधित जीव माना जाता है। GMO दवा, GMO भोजन आदि तैयार करने में इसका उपयोग करते हैं।

23.13.1 आनुवंशिक संशोधित प्लांट (Genetically Modified Plants)

23.13.1.1 फ्लॉवर सेवर टमाटर (Flavr Savr Tomato)

फ्लावर सेवर (Flavor Saver) टमाटर **पहला वाणिज्यिक रूप से उगाया गया आनुवंशिक संशोधित (GM) खाद्य पौधा था जिसे मानव उपयोग लाइसेंस प्राप्त हुआ। यह कैलिफोर्निया की कैलजीन (Calgene) कम्पनी द्वारा विकसित किया गया था, इसका उद्देश्य पकने की प्रक्रिया को टमाटर में धीमा करना** और इसे मुलायम होने से बचाना था। यह टमाटर के प्राकृतिक रंग को भी धारण में समर्थ बनाता है। पालीगलेक्ट्रेनोएज (Polygalacturonase) पौधे द्वारा उत्पादित एक एन्जाइम है जो कुछ जीवाणुओं तथा कवकों (जो सड़ने की प्रक्रिया के दौरान भूमिका निभाते हैं) द्वारा पकने की प्रक्रिया को नियंत्रित करता है।

23.13.1.2 सुनहरा चावल (Golden Rice)

आहार में सूक्ष्म पोषकों की कमी (जैसे कि **विटामिन A, आयोडीन, आयरन** या **जिंक**) रुग्णता और मौत का कारण बनती है। इस प्रकार की कमियां विशेष रूप से बच्चों में बीमारी लाती हैं तथा अंततः मृत्युकारी होती हैं। सुनहरे चावल के माध्यम से पोषण को अच्छे ढंग से सब तक पहुंचाकर इस स्थिति से निपटा जा सकता है।

β कैरोटीन (प्रो.विटामिन A): यह चावल के पौधों के हरे ऊतकों द्वारा उत्पादित होता है, न कि भ्रूणपोष या बीज के खाने योग्य भाग से भूसे वाले खाद्यों के एल्यूरोन स्तर बहुत से पोषकों (जैसे कि विटामिन B और पोषकीय वसा) से युक्त होते हैं परंतु इसमें प्रो-विटामिन A की कमी होती है। पिसाई तथा पॉलिश करने की प्रक्रिया द्वारा इन पोषक तत्वों की कमी हो जाती है। यह पोषक तत्व लाभदायक पोषक तत्व होते हैं अतः इनकी क्षति को स्वीकार नहीं किया जा सकता। वसीय घटक ऑक्सीकरण प्रक्रिया द्वारा प्रभावित होकर, खाद्य की विकृत गंध में बदल देता है। इस प्रकार असंसाधित चावल (भूरे चावल के नाम से भी जाना जाता है) लंबे समय तक भण्डारण के लिए अनुमोदित नहीं किए जाते हैं।

हम सुनहरे चावल को इसके पीले या नारंगी रंग से आसानी से पहचान सकते हैं। गहरा रंग ज्यादा β -कैरोटीन को दिखाता है। हालांकि पीला चावल हम में से बहुतों के लिए अभी भी अनजाना है, यह आशा की जा रही है कि इसका सुहावना रंग इसको अपनाने में बढ़ावा देगा।

23.13.1.3 बीटी फसलें (Bt Crops)

1985 में **बेल्जियम की कम्पनी, 'प्लांट जेनेटिक सिस्टम'** (Plant Genetic System) ऐसी प्रथम कंपनी के रूप में उभरी जिसका उद्देश्य बीटी के **क्राई जीन** (Cry-gene) द्वारा कीट सहनशील आनुवंशिक रूप से **अभियंत्रित तंबाकू** के पौधे को विकसित करना था।

बीटी का तात्पर्य **'बेसीलस थुरीनजीनसिस' (Bacillus Thuringiensis) से है, यह एक मृदा में रहने वाला जीवाणु है** और आमतौर पर कीटनाशी के जैविक विकल्प के रूप में उपयोग किया जाता है। **यह ट्रांसजीन, क्राई (Cry) प्रोटीन नामक विष उत्पन्न करता है, जो बी. थुरीनजीनसिस नामक जीवाणु से निकालकर किसी अन्य जीव में हस्तानान्तरित किया जाता है।** इससे आनुवंशिक अभियांत्रित पौधों जैसे कि बीटी फसलों का विकास किया जाता है। इसके कुछ उदाहरण, जैसे कि **बीटी कपास जो 'लेपिडोपटेरा' (Lepidoptera) नामक कीट से बचाव कराता है।** 1995 में आलू के पौधों द्वारा उत्पादित बीटी विष, पहली कीटनाशी उत्पन्न करने वाली फसल थी जिसे पर्यावरण बचाव एजेंसी (Environmental Protection Agency), अमेरिका द्वारा सुरक्षित घोषित किया गया।

नोट: 6 राज्यों, आंध्र प्रदेश, गुजरात, कर्नाटक, मध्य प्रदेश, महाराष्ट्र और तमिलनाडु में वाणिज्यिक खेती के लिए जेनेटिक इंजीनियरिंग अनुमोदन समिति (जीईएसी) द्वारा अनुमोदित पहली और एकमात्र ट्रांसजेनिक फसल का नाम बीटी कपास है। भारत में लगाए गए कुल क्षेत्रफल पर लगाए जाने फसलों में 20 प्रतिशत भाग कपास के पौधे का है।

बोलगार्ड I और बोलगार्ड II तकनीक (Bollgard I and Bollgard II Technology)

बोलगार्ड I बीटी कॉटन (एकल-जीन प्रौद्योगिकी) भारत की पहली बायोटेक फसल प्रौद्योगिकी है, जिसे 2002 में भारत में व्यावसायीकरण के लिए अनुमोदित किया गया था, इसके बाद भारतीय बायोटेक फसलों के लिए नियामक निकाय-जेनेटिक इंजीनियरिंग अप्रूवल कमेटी (GEAC) द्वारा 2006 के मध्य में डबल-जीन प्रौद्योगिकी बोलगार्ड II को अनुमोदित किया गया।

Cry1Ac जीन को प्रकट करने वाली बीटी कॉटन दुनिया के कई स्थानों के एक बड़े क्षेत्र में उगाई जाती है। यद्यपि इसे लेकर एक बड़ी चिंता यह है कि ये बोलवर्म प्रतिरोध विकसित कर सकते हैं। हमने कॉटन ट्रांसफॉर्मेशन के लिए *Cry1Ac* और *Cry2Ab* युक्त डबल जीन कंस्ट्रक्शन विकसित करके सुंडी के विरुद्ध एक टिकाऊ प्रतिरोध रणनीति का इस्तेमाल किया है।

बोलगार्ड I कपास के लिए विनाशकारी अमेरिकी बोलवर्म हेलियोथिस संक्रमण के विरुद्ध कपास को एक अंतर्निहित सुरक्षा प्रदान करता है तथा इसमें प्राकृतिक रूप से पाए जाने वाले मिट्टी के सूक्ष्मजीव, बैसिलस थुरिंगिनेसिस से प्राप्त एक कीटनाशक प्रोटीन होता है।

बोलगार्ड II तकनीक में एक सुपरियोस डबल-जीन तकनीक-Cry1Ac और Cry2Ab शामिल है, जो बोलवर्म तथा स्पोडोप्टेरा कैटरपिलर से सुरक्षा प्रदान करती है, जिससे बेहतर बोल प्रतिधारण, अधिकतम उपज, कम कीटनाशकों की लागत तथा कीट प्रतिरोध के विरुद्ध सुरक्षा मिलती है।

बोलगार्ड I और बोलगार्ड II दोनों ही कीट संरक्षित कपास दुनिया भर में व्यापक रूप से बोलवर्म को नियंत्रित करने हेतु पर्यावरण के अनुकूल रूप में लगाए जाते हैं।

23.13.1.4 जीएम सरसों/DMH-11

धारा मस्टर्ड हाइब्रिड-11 (DMH-11) सरसों की प्रजाति *ब्रैसिका जंसिया* की *आनुवंशिक रूप से संशोधित* संकर किस्म है। इसे दिल्ली विश्वविद्यालय द्वारा भारत की खाद्य तेल आयात की मांग को कम करने के उद्देश्य से विकसित किया गया था।

DMH-11 को *ट्रांसजेनिक तकनीक* के माध्यम से बनाया गया था, जिसमें मुख्य रूप से बार, बार्नेज और बारस्टार जीन प्रणाली शामिल थी।

बार्नेज जीन पुरुष जनन अक्षमता (sterility) की समस्या पैदा करता है, जबकि बारस्टार जीन उपजाऊ बीज पैदा करने की DMH-11 की क्षमता को पुनर्स्थापित करता है।

तीसरे जीन बार का सम्मिलन, DMH-11 को *फॉस्फिनोथ्रिसिन-एन-एसिटाइल-ट्रांसफरेज, ग्लूफोसिनेट* प्रतिरोध के लिए जिम्मेदार एंजाइम का उत्पादन करने में सक्षम बनाता है।

मुख्य रूप से पर्यावरण के साथ-साथ उपभोक्ता स्वास्थ्य पर प्रतिकूल प्रभाव डालने की DMH-11 की क्षमता के बारे में चिंताओं के कारण, यह संकर सरसों की किस्म गहन सार्वजनिक जांच के दायरे में आ गई है। DMH-11 में खाद्य एलर्जी का कोई जोखिम नहीं पाया गया और मौजूदा सरसों की किस्मों की तुलना में पैदावार में वृद्धि देखी गई है। DMH-11 पर किए गए क्षेत्र परीक्षणों और सुरक्षा मूल्यांकनों के संबंध में विरोधाभासी विवरण और परिणामों के कारण वाणिज्यिक फसल के लिए इसकी मंजूरी में देरी हुई है।

सरकार ने मौजूदा ICAR दिशानिर्देशों, शर्तों के अनुसार इसके बीज उत्पादन और परीक्षण के लिए 18 अक्टूबर, 2022 को जेनेटिक इंजीनियरिंग मूल्यांकन समिति (GEAC) की 147 वीं बैठक के दौरान आनुवंशिक रूप से संशोधित (जीएम) सरसों संकर DMH-11 और इसकी पेरेंटल लाइन को पर्यावरणीय रिलीज को मंजूरी दे दी थी। GEAC द्वारा जीएम सरसों हाइब्रिड DMH-11 और इसकी पेरेंटल लाइन की पर्यावरणीय रिलीज की सिफारिश करते समय इसकी वाणिज्यिक रिलीज से पहले कुछ शर्तों और अन्य मौजूदा नियमों/विनियमों को लगाया गया।

जैव सुरक्षा अनुसंधान स्तर परीक्षण (BRL) I और II के दौरान चेक किस्मों वरुणा और RL-1359 के खिलाफ हाइब्रिड DMH-11 का परीक्षण किया गया था, जहां 2010-11 से 2014-15 के दौरान इसने वरुणा की तुलना में 28.15% अधिक उपज दी। निर्धारित दिशानिर्देशों और लागू नियमों के अनुसार मानव स्वास्थ्य और पर्यावरण पर प्रभाव का आकलन करने के लिए तीन वर्षों तक फील्ड परीक्षण किए गए। गैर-ट्रांसजेनिक तुलनित्रों के विरुद्ध जीएम सरसों की किस्मों की विषाक्तता, एलर्जी, संरचनात्मक विश्लेषण, क्षेत्र परीक्षण और पर्यावरण सुरक्षा अध्ययनों पर किए गए व्यापक अध्ययनों ने सबूत दिया है कि जीई सरसों संकर DMH-11 और इसकी मूल लाइनें खेती, भोजन और चारा उपयोग के लिए सुरक्षित हैं।

23.13.2 क्या जी.एम. फसलों की हमें जरूरत है? (Do We Need GM Crops?)

क्या हमें जीएम फसलों की जरूरत है?

हां, तो क्यों?

- उच्च फसल उत्पादन
- कृषि लागत कम करने के लिए
- कृषि लाभ वृद्धि
- स्वास्थ्य तथा पर्यावरण में सुधार

नहीं, तो क्यों?

- **स्पष्टता का अभाव:** यह तो स्पष्ट है कि जेनेटिक अभियांत्रिकी अभी उभरती अवस्था में है तथा मानव स्वास्थ्य तथा पर्यावरण पर इसके प्रभावों को अभी पूर्णतया समझना आवश्यक है। वैज्ञानिक समुदाय स्वयं में इस पर असमंजस में है।
- जहां कुछ समुदायों का मानना है कि इसके फायदों की तुलना में जोखिम कम है। वहीं कुछ लोग इस बात से आशंकित हैं कि एक बार जी.एम. फसलों के पारितंत्र में पुन:स्थापन के बाद इसके दुष्प्रभावों तथा जेनेटिकली मोडिफाईड जीवाणुओं का नियंत्रण संभव नहीं है। अत: उनका मानना है कि जी.एम. जीवाणुओं की ओर सतर्कता से बढ़ा जाना चाहिए।
- **देशज/घरेलू फसलों को खतरा:** जी.एम. फसलों के प्रतिरोध में कुछ चिंताओं में से एक यह भी है कि भारत की बहुत-सी महत्वपूर्ण फसलों, जैसे-चावल, बैंगन, सरसों, जो यहां की मूल फसलें है तथा जी.एम. फसलों के प्रवेश के बाद बहुत-सी घरेलू व वन्य फसली किस्मों के लिए खतरा उत्पन्न हो जाएगा।
- वास्तव में, वैश्विक रूप से, यह स्पष्ट रूप से माना जा रहा है कि उत्पत्ति के मूल तथा विषमता युक्त क्षेत्रों में जी.एम. फसलों का प्रवेश नहीं कराया जाना चाहिए। भारत में भी मेगा डायवर्सिटी हॉटस्पॉट हैं, जैसे-पूर्वी हिमालय तथा पश्चिमी घाट, जो जैव विविधता में समृद्ध हैं किंतु पारिस्थितिकी रूप से ये बहुत संवेदनशील स्थान हैं। अत: हमारे लिए किसी तकनीकी के वाहक बनने से पहले सावधान रहना श्रेयस्कर होगा।
- जी.एम. फसलों से निकले टॉक्सिन्स के प्रति पीड़कों का प्रतिरोधक हो जाने की संभावना प्रबल है जो गैर-लक्षित जीवाणुओं के लिए हानिकारक हैं। भोजन में भी एलर्जीकारक तथा अपोषणीय तत्वों के प्रवेश का डर है।

स्वामीनाथन ने जी.एम. फसलों को विफल बताया (Swaminathan Calls GM Crops a Failure)

जाने माने कृषि वैज्ञानिक एम.एस. स्वामीनाथन ने अपने शोधपत्र में बी.टी. कपास को विफल बताया है। ये बातें *'मॉडर्न टेक्नोलॉजीज फॉर संस्टेनेबल फूड एण्ड न्यूट्रीशन सिक्योरिटी'* नामक पत्र में प्रकाशित हुई। यह भारत में फसल विकास तथा ट्रॉसजेनिक फसलों पर पुनर्विचार है जो विशेषकर बी.टी., कपास, स्टॉल्ड बीटी बैंगन तथा डी.एम.एच.-11 जो एक ट्रॉसजेनिक सरसों का संकर रूप है, से संबद्ध है।

मुख्य रूप से दृष्टिगोचर

यह प्रपत्र (शोधपत्र) बतलाता है कि जी.ई. (जीन अभियांत्रिकी) बीटी कपास भारत में विफल रहा। यह एक संधारणीय कृषि तकनीकी के तौर पर असफल रहा अतएव मुख्य रूप से संसाधनों की कमी, छोटे तथा सीमांत किसानों के लिए यह कपास आजीविका सुरक्षा देने में विफल रहा।

साथ ही, बिना वैज्ञानिक-आधार तथा कठोर जैव सुरक्ष प्रोटोकॉल जी.एम. फसलों का उद्विकास बिना सुरक्षात्मक (बचावकारी) सिद्धांतों के किया गया।

यह शोधपत्र जेनेटिक अभियांत्रिकी, पर भी सवाल उठाता है जिसका आधार है कि यह बीजरोपण की लागत बढ़ाता है। साथ ही पादप में विदेशी/बाह्य जीनों का प्रवेश करवाने के 'तात्विक तथा कोशिकीय परिघटनाएं सुस्पष्ट समझ से परे' हैं।

प्रो. स्वामीनाथन के सुझावों पर आगे की राह

सरकार को जेनेटिक अभियांत्रिकी की अंतिम उपाय के तौर पर देखना चाहिए। जेनेटिक अभियांत्रिकी तकनीकी प्रतिपूरक है तथा यह आवश्यकता के आधार पर अपनायी जानी चाहिए (1% से कम)। दुर्लभ परिस्थितियों में इस तकनीकी के उपयोग की आवश्यकता हो सकती है।

23.13.3 भारत में जी.एम. पादपों के विरोध के बहुत-से कारण हैं। (Many Reasons Behind the Protest of Genetically Modified Plants in India)

- चूंकि बीटी फसलों का उपयोग मानव की रोग-प्रतिरोधक क्षमता को कम करता है अत: यह मानव स्वास्थ्य के लिए सुरक्षित नहीं है तथा साथ ही यह आसपास की विषमता को समाप्त करता है जिससे कुछ अन्य महत्वपूर्ण परागकारी भी बीटी फसलों को उपभोग कर समाप्त हो जाएंगे।
- एक अनुसंधान के अनुसार, यह देखा गया है कि मानव शरीर पर बीटी बैंगन के 33 साइड इफेक्ट हैं तथा अब यह अमेरिका, इंग्लैण्ड, कनाडा, ऑस्ट्रेलिया के बाद भारत में भी प्रतिबंधित है।
- प्राकृतिक विभिन्नता/किस्मों के नष्ट करने तथा स्वदेशी सरसों फसल के साथ क्रॉसब्रीड करवाये जाने के कारण भारत में बीटी-सरसों का विरोध हो रहा है।
- हाल ही में समाचारों में देखने को मिला है कि पंजाब व हरियाणा में बीटी कॉटन पर व्हाईट फ्लाई (सफेद मक्खी) का प्रकोप हुआ है जिससे ग्रामीण संकट उभर कर आया और उसमें बहुत-से किसानों ने आत्महत्या कर ली तथा राज्यीय/सरकारी सहायता की मांग की गई।
- भारत में शहद का 50-60% उत्पादन सरसों की फसल से उत्पादित होता है तथा जी.एम. फसल मधुमक्खियों को हानि पहुंचाएगी।

23.13.3.1 बीटी बैंगन भारत में प्रतिबंधित (Bt-Brinjal Ban in India)

बीटी बैंगन पौधे लेपिडोप्टेरान कीटों के प्रति प्रतिरोधकता रखते है। कीट द्वारा बीटी विष का अंतर्ग्रहण कीट के पाचन प्रक्रिया को हानि पहुंचाता है जो अंतत: कीट को मार देता है। भारत में बीटी बैंगन **माहिको (महाराष्ट्र संकर बीज कम्पनी)** द्वारा विकसित किया गया था।

एक अनुसंधान के अनुसार यह देखा गया कि मानव शरीर में बीटी बैंगन के 33 दुष्प्रभाव हैं, इसीलिए यह अब भारत में प्रतिबंधित है (पहले यह अमेरिका, इंग्लैण्ड, कनाडा तथा ऑस्ट्रेलिया में प्रतिबंधित हुआ था)।

बीटी फसलों के सेवन से मानव की प्रतिरोधकता का भी कम होना देखा गया हैं साथ ही साथ बीटी फसलों से कुछ ऐसे महत्वपूर्ण कीट भी मर जाते हैं, जो आस-पास के पौधों का परागण (Pollination) करते हैं, जिससे जैवविविधता पर भी अच्छा खासा प्रभाव पड़ता है।

23.13.3.2 राज्य सरकार ने माहिको कपास बीज की बिक्री पर रोक लगाई (State Government Bans Sale of Mahyco Bt-Cotton Seeds)

राज्य सरकार के कृषि विभाग को घटिया बीटी कपास बीजों से संबंधित शिकायतें प्राप्त हो रही थीं। अत: उसने **'माहिको मोनसेंटो जैव प्रौद्योगिकी'** का लाइसेंस वापस ले लिया। **यह राज्य द्वारा प्रतिबंधित किया गया पहला बीटी कपास बीज था। यह पाया गया कि बीज के कारण उपज स्थिर हो गई तथा नए कीटों और बीमारियों के हमले बढ़ चुके थे।**

23.13.4 मोनसेंटो (Monsanto)

अमेरिकी बहुराष्ट्रीय कृषि जैव प्रौद्योगिकी निगम 'मोनसेंटो कंपनी' के नाम से जानी जाती है। यह कृषि क्षेत्र में जैव प्रौद्योगिकी को लागू करने के क्षेत्र में शीर्षस्थ कम्पनियों में से एक है। यह शाकनाशी ग्लाइफोसेट (Glyphosate) और आनुवंशिक अभियांत्रिक बीजों (GE Seeds) की अग्रणी निर्माता है। इसका मुख्यालय क्रीव कोइर (Creve Coeur), मिसोरी (Missouri) में स्थित है।

मानक जैव प्रौद्योगिकी उद्योग का व्यावसायिक मॉडल, जिसमें पेटेंट के अधिकार एक महत्वपूर्ण भूमिका निभाते हैं, इसी कंपनी द्वारा लाए गए थे, जब इस व्यावसायिक मॉडल को कृषि में लागू किया गया, कृषि में इन परिवर्तनों में मोनसेंटों की भूमिका ने (जिसमें इसके विवाद और इसके बीजों को व्यावसायीकरण शामिल था) मोनसेंटो के लिए विवाद उत्पन्न कर दिया।

23.13.5 माहिको (महाराष्ट्र संकर निगम) (Mahyco: Maharashtra Hybrid Corporation)

माहिको की स्थापना **1964** में हुई थी। इसका मुख्यालय **जालना (महाराष्ट्र)** में है। 1985 में इसने पहली कपास संकर किस्म MECHI जारी की। 1989 मे भारत सरकार द्वारा अनुसंधान और विकास के लिए राष्ट्रीय पदक भी जीता। माहिको ने ICAR में धान के अनुसंधान कार्यक्रम के लिए 3 करोड़ का अनुदान जारी किया है।

यह कृषकों को बीज उगाने के लिए उत्साहित करता है। वर्तमान में 10,00,000 से अधिक किसान इसके साथ अन्वेषण, विकास, उत्पादन, प्रसंस्करण और व्यापार क्षेत्र के 30 फसल प्रजातियों के 115 उत्पादों में जुड़े हुए हैं, जिसमें खाद्यान्न, तेल, बीज, रेशा फसलें तथा सब्जियां शामिल हैं। **इस कंपनी की तकनीकी ने अपनी उच्च गुणवत्ता वाले संकर/खुले परागित बीजों के साथ एक वैश्विक बैंचमार्क बनाया है। माहिको ने कृषि व्यवसाय के क्षेत्र में नए विकास के लिए अकादमिक और उद्योगों से सहयोग किया है। 1998 में कपास में बीटी प्रौद्योगिकी का उपयोग करने के लिए मोनसेंटो के साथ संगत (Association) करना एक ऐसा ही उत्कृष्ट उदाहरण था।**

23.14 टर्मिनेटर जीन और टर्मिनेटर बीज (Terminator Gene and Terminator Seeds)

यह एक विशेष **आनुवंशिक अनुक्रम** (genetic sequence) होता है, **जिसे बीज के डी.एन.ए. में अंतर्विष्ट किया जाता है।** एक कृत्रिम रसायन टेट्रासाइक्लिन (Tetracycline) जीन को सक्रिय कर विष उत्पन्न करता है, जो भ्रूण को मार देते हैं। इससे वे बीज बांझ हो जाते हैं। पौधों में यह तकनीकी काफी तरहों से उपयोग में लाई जा सकती है, लेकिन **सामान्यत: इसमें तीन चरण शामिल होते हैं:**

1. **वैज्ञानिक बीज में टर्मिनेटर जीन को अंतर्विष्ट करते हैं।**
2. बीजों को बेचने से पहले **बीज कंपनियों द्वारा एक प्रेरक (Inducer) मिलाकर टर्मिनेटर प्रक्रिया को प्रारंभ किया जाता है।**

3. किसान पेड़ लगाता है, पौधा उगाता है, फसल काटता है, परंतु **बीज में टर्मिनेटर जीन के कारण जो बीज उगाये जाते हैं बांझ होते हैं तथा दोबारा कृषि उद्देश्यों के लिए उपयोग नहीं किए जा सकते।**

अमेरिका के कृषि विभाग (Department of Agriculture and Multinational Seed Companies) ने किसानों द्वारा अनाधिकृत रूप से बीज बचाने से रोकने हेतु एक नई आनुवंशिक तकनीकी पर पेटेंट प्राप्त किया है। आनुवंशिक परिवर्तित बीजों को बेचने के लिए अब बीज कंपनियां पेटेंट द्वारा सक्षम हैं, जिससे इससे उगाए गए पौधे बांझ होते हैं, इस प्रकार किसान अपने उगाये बीजों को प्रयोग करने में अक्षम होता है।

> मार्च 2006 को UNCBD (United Nation Convention on Biodiversity) के आठवीं मीटिंग (CoP-8) में टर्मिनेटर बीजों पर पूरी तरह प्रतिबंध लगा दिया गया था। भारत और ब्राजील ने इसके विरोध में एक राष्ट्रीय कानून भी बनाया है। अत: भारत में इसका बिल्कुल भी प्रयोग नहीं हो रहा है।

पेटेंट का प्रयोग ट्रांसजेनिक या परम्परागत उगाये बीजों को शामिल करते हुए सभी पौधों तथा बीजों की सभी प्रजातियों पर किया जाता है। **इससे विकासशील देशों के किसानों पर विपरीत असर होगा क्योंकि प्रत्येक मौसम में उन्हें नया बीज खरीदना पड़ेगा।**

जैव सुरक्षा मामलें

सबसे बड़ा भय पहली पीढ़ी से बांझपन के गुणों का फैलना है, जो पड़ोसी फसलों में फैल सकती है। खतरा यह है कि पड़ोसी फसल क्रॉस परागण (Cross Pollination) के कारण बांझ हो सकती है, जो आसपास के पारिस्थितिकी तंत्र पर कहर बरपा सकती है। चूंकि अभी तकनीकी नई है और बड़े पैमाने पर जांची नहीं गई है अत: जैव सुरक्षा प्रमुख चिंताओं में शामिल है। **4-5 मई 1998 को 'स्लोवाकिया' के 'ब्राटिस्लवा' में जैव विविधता पर अभिसमय की चौथी सभा में फिलीपींस द्वारा इस तकनीकी पर रोक लगाने का प्रस्ताव लाया गया था।**

23.15 जेनेटिक इंजीनियरिंग एप्रेजल कमेटी तथा भारत में इसका महत्व (Genetic Engineering Appraisal Committee (GEAC) and its Importance in India)

जेनेटिक इंजीनियरिंग एप्रेजल कमेटी (GEAC), खतरनाक सूक्ष्म जीव/जेनेटिक अभियांत्रिक जीवाणुओं के निर्माण, प्रयोग, निर्यात, आयात तथा भण्डारण की भूमिका के लिए, वन, पर्यावरण एवं जलवायु परिवर्तन मंत्रालय के अधीन कार्यरत निकाय है। **जी.ई.ए.सी. का गठन पर्यावरण संरक्षण अधिनियम, 1986 (Environmental Protection Act, 1986) के तहत हुआ है।**

यह समिति खतरनाक जीवित सूक्ष्म जीवों तथा पर्यावरणीय परिप्रेक्ष्य में अनुसंधान व औद्योगिक उत्पादन में पुनर्संयोजन के महत्व को मापने/निर्णय के लिए जवाबदेह है। यह उत्पादों के बाजार में उतारने के पहले व बाद में थैरेपीयुक्त अनुप्रयोग के मामले भी देखती हैं। जी.ई.ए.सी. परीक्षण के लिए जी.एम. उत्पादों के रिलीज में भी महत्वपूर्ण भूमिका निभाती है यथा प्रयोग क्षेत्र के साथ-साथ अंतिम उत्पाद में भी। इस समिति या समिति के सदस्य/सदस्यों को पर्यावरण संरक्षण अधिनियम, 1986 के अधीन पर्यावरण क्षरण के लिए दोषी व्यक्ति को दण्ड देने का भी अधिकार है।

23.16 आणविक कृषि एवं खाने योग्य वैक्सीन (Molecular Farming and Edible Vaccines)

आणविक कृषि (Molecular Farming)

आणविक कृषि को जैव चिकित्सा (Biopharming) भी कहा जाता है। इसके अंतर्गत आनुवंशिक अभियंत्रित (Engineered) फसलों का उपयोग, उपचारात्मक गुण वाले यौगिकों के उत्पादन में होता है। इस फसलों का उपयोग दवाओं तथा महंगी उत्पादों को बनाने में किया जाता है। इनके उपयोग का मुद्दा हमेशा विवादास्पद रहा है। पहली पौधे से पुनर्संयोजित औषधि उत्पाद मानव **एल्बूमिन सीरम** (Albumin serum) थी, जिसे प्रारंभ में 1990 मे **ट्रांसजेनिक तंबाकू** तथा **आलू के पौधे** से बनाया गया था। 20 वर्षों के बाद ट्रांसजेनिक पौधे द्वारा उत्पन्न पहला तकनीकी प्रोटीन बाजार में आया।

यह एंटीबॉडी, रक्त उत्पादों, साइटोकाइन्स (Cytokines), वृद्धि कारकों, हार्मोनों, पुनर्संयोजित एन्जाइमों, मानव व पशु वैक्सीनों सहित कई चिकित्सकीय प्रोटीन के उत्पादन की स्थापना को दर्शाता है। संभावित उत्पादों में वैक्सीन के लिए एंटीजन का विकास जो मक्का जैसे पौधे में उत्पन्न होता है, कैंसर तथा मधुमेह जैसे रोगों से लड़ने में इसका प्रयोग होता है।

खाने योग्य वैक्सीन (Edible Vaccines)

खाने योग्य वैक्सीन एक पौधे द्वारा एक **प्रतिजनिक प्रोटीन** (Antigenic protein) की आनुवंशिक अभिव्यंजना पर आधारित है। यह उपभोग के बाद, प्रतिरक्षा तंत्र द्वारा पहचान लिया जाता है। हाल ही में वैज्ञानिकों ने पौधों का उपयोग वैकल्पिक वैक्सीन के उत्पादन में प्रारंभ किया है।

यह **इम्यूनोग्लोबिन** (Immunoglobulin) तथा **प्रतिविषाणु प्रोटीन, इंटरफेरान** (Interferon) के उत्पादन के लिए भी उपयोग में लाया जा सकता है। इन पौधों से खाने योग्य वैक्सीन के द्वारा मानव उद्‌विकास में एक नई आशा जग चुकी है।

1990 में पत्ती के घुलित कुल प्रोटीन में से 0.02% पुनर्संयोजित प्रोटीन के साथ **तंबाकू से पहला खाने योग्य वैक्सीन तैयार किया गया।** जीन HBV (हिपेटाइटिस B वायरस) का उपयोग करते हुए, **ट्रांसजेनिक तंबाकू प्रतिजन हिपेटाइटिस B के प्रति प्रयोग किया जाता है।** तंबाकू की पत्तियां तथा बीज पुनर्संयोजित प्रोटीन के उच्चतम स्तर को प्रदान करते हैं।

आजकल विभिन्न पौधों पर आधारित खाद्य वैक्सीन उपलब्ध है जिनमें आलू, केला, गाजर, तंबाकू, मक्का आदि शामिल हैं।

आलू वैक्सीन उत्पादन के सबसे अच्छे स्रोतों में से एक है, यद्यपि कच्चा आलू खाने के अयोग्य होता है तथा पकाते समय इसके प्रोटीन प्रतिजन नष्ट हो जाते हैं। हैजे के लिए वैक्सीन को आलू से सफलतापूर्वक विकसित किया गया है। **हेपेटाइटिस के लिए भी वैक्सीन को केले से सफलतापूर्वक बना लिया गया है।**

खाने योग्य वैक्सीन कैसे कार्य करती है?

खाने योग्य वैक्सीन में वास्तविक रोगाणु के डी.एन.ए. का एक भाग होता है। इस खंड द्वारा एक प्रोटीन कोडेड होती है जो सामान्यत: रोगाणु की सतही प्रोटीन होती है, यह शरीर के प्रतिरक्षा तंत्र को मजबूत करने में महत्वपूर्ण भूमिका निभाता है।

खाने योग्य वैक्सीन के लाभ

1. इंजेक्शन की तुलना में यह **सस्ती तथा उपयोग करने में आसान है।**
2. ये **कमरे के तापमान पर स्थायी होती है**, अत: इसे ठंडा करने की आवश्यकता नहीं होती।
3. अगर किसी स्थानीय/स्वदेशी फसल को वैक्सीन उत्पादन के लिए अभियंत्रित किया जाता है, तो यह परिवहन या वितरण की आवश्यकताओं को दूर कर देगा।
4. सर्वाधिक महत्वपूर्ण म्यूकोसल (Mucosal) सतह पर प्रतिरक्षा उत्तेजित हो जाती है।

खाने योग्य वैक्सीन के दुष्प्रभाव

1. क्या प्रतिजन विरोधी पेट के अम्लीय स्थितियों से बचने में सक्षम होंगे? और यदि वे सफल हो पाए तो क्या वे प्रतिरक्षा प्रणाली को सही तरीके से ट्रिगर करने में सक्षम होंगे?
2. वैक्सीन की खुराक को कैसे नियंत्रित किया जा सकता है? यह सबसे कठिन कार्य है। ऐसा प्रतीत होता है कि उच्च खुराक के द्वारा एक प्रतिरक्षा प्रतिक्रिया की बजाय, एक हमलावर जीवाणु या विषाणु की (मुख मार्ग द्वारा लेने से) संवेदनशीलता भड़क/आक्रामक हो सकती है। बच्चों तथा वयस्कों में खुराक की मात्रा भी भिन्न करने की जरूरत होगी अत: इस समस्या के समाधान के लिए अनुसंधान चल रहे हैं।
3. पौधों में परिवर्तन के कारण लगातार वैक्सीन उत्पादन की गारंटी नहीं दी जा सकती है।
4. पौधों में ग्लाइकोसाइलेशन (Glycosylation) पद्धति मनुष्यों से भिन्न होती है, जो वैक्सीन के कार्यशील पहलू को प्रभावित कर सकती है।

23.17 साइलेंस्ड जीन / जीन साइलेंसिंग / पोस्ट ट्रांसक्रिप्शनल जीन साइलेंसिंग (पीटीजीएस) [Silenced Genes/Gene Silencing/ Post Transcriptional Gene Silencing (PTGS)]

जीन सायलेंसिंग एक अद्वितीय क्रिया है, जिसमें किसी जीन की **अभिव्यक्ति को अवरुद्ध** कर दिया जाता है। यह एक तरीका है, जो इससे संबद्ध जीन के प्रोटीन उत्पादन को कम कर देता है अथवा समाप्त कर देता है।

- प्रोटीन जैविक (जीवन) यौगिक है, जो बहुत-से कार्य करता है; जैसे-कोशिकाओं के बीच संकेत संप्रेषण, जैव रासायनिक प्रतिक्रियाओं का त्वरण तथा कोशिका के लिए संरचनात्मक सहयोग करना आदि। प्रत्येक जीन एक द्वि-स्तरीय प्रक्रिया में संबद्ध प्रोटीन उत्पादन के लिए जवाबदेह होता है।
- प्रारंभिक रूप में, किसी जीन में प्रोग्राम की गई सूचना प्रतिलिपि संदेशवाहक आर.एन.ए. प्रतिरूप (mRNA) में तैयार की जाती है, जिसे प्रतिरूपण प्रक्रिया (Transcription Process) कहा जाता है। यह कोशिका की कोशिकीय संरचना न्यूक्लियस (केंद्रक) में परिघटित होती है जहां कोशिका का जेनेटिक पदार्थ अवस्थित होता है। एम.आर.एन.ए. क्रमबद्ध रूप से केंद्रक से होता हुआ बाहर निकलकर, यह जेनेटिक सूचना संवहित करता है जो एक विशिष्ट प्रोटीन उत्पाद के लिए प्रयुक्त होती है तथा यही प्रक्रिया अनुवाद (Translation) कहलाती है।
- **जीन सायलेंसिंग (शांतिकरण) अक्सर जीन नॉकआऊट (Knockout) के जैसी मान ली जाती है। जब जीनों को सायलेंट किया जाता है उनकी अभिव्यक्ति घट जाती है, जबकि जीन नॉक आऊट में यह जीवाणु के जीनोम से पूर्णतया हटा दी जाती है अत: उनकी कोई भी अभिव्यक्ति व्यक्त नहीं होती।**
- जीन सायलेंसिंग हेतु प्रयुक्त पद्धति अकसर जीन नॉक आऊट की तुलना में बेहतर मानी जाती है क्योंकि ये अनुसंधानकर्ताओं को यह जानने में सहायता करती है कि कौन-से जीन, जानवरों के प्रतिदर्श हेतु जीविता के लिए आवश्यक हैं तथा उन्हें हटाया नहीं जा सकता।
- बहुत सी ट्रांसक्रिप्शनल तथा उत्तर-ट्रॉसक्रिप्शनल पद्धतियां जीन सायलेंसिंग के लिए मौजूद हैं। सामान्य तौर पर ये दो, ट्रांसक्रिप्शनल तथा पोस्ट ट्रॉसक्रिप्शनल प्रकार की मानी जाती है।
- वर्तमान में, अनुसंधान में बहुत-सी जीन-सायलेंसिंग पद्धतियां हैं तथा ये संभावित-व्याधि उपचारण के लिए निर्मित की जाती है तथा इनमें से अधिकांश, प्रोटीन ट्रॉसलेशन प्रक्रिया को रोककर एम.आर.एन.ए. के कार्य को रोकती है।
- जीनोम स्थिरता के लिए **'पोस्ट-ट्रॉसक्रिप्शनल जीन सायलेंसिंग (PTGS)'** की वायरस तथा वायरॉड्स के विरुद्ध पादप के रक्षा तंत्र निर्माण में एक प्रमुख भूमिका है तथा यह एण्डोजेनस जीन अभिव्यक्ति के विनियमन का कार्य करती है।
- पी.टी.जी.एस. तंत्र की कुछ प्रमुख एप्लीकेशंस जिसमें फ्लेवर टमाटर के विकास के लिए एण्टीसीन एज.ए., आईरिस जीन का प्रयोग कर नीले गुलाबों का विकास, टॉक्सिन गॉसीपोल के उत्पादन को रोककर कपास के बीजों को खाद्य बनाना, ब्याज में सिंथेज जीन का अवरोधन, कैफिन रहित कॉफी उत्पादन हेतु थियोब्रोमीन सिंथेज कोडिंग जीन का दमन आदि शामिल है।
- पोस्ट ट्रॉसक्रिप्शनल जीन सायलेंसिंग (पी.टी.एस.जी.) एक प्रकार का तंत्र है जो विशिष्ट संदेशवाह आर.एन.ए. को अवरोधित करता है अत: उस जीन विशेष की अभिव्यक्ति बाधित हो जाती है।
- पादपों में पोस्ट ट्रांसक्रिप्शनल जीन सायलेंसिंग (PTGS) आर.एन.ए. विविनियमी तंत्र है।

23.17.1 फसलों में पोस्ट-ट्रॉसक्रिप्शनल जीन सायलेंसिंग [Post-Transcriptional Gene Silencing (PTGS) Mechanisms in Crops)]

- **नीले गुलाब:** वर्षों पहले ब्रीडर्स ने नीले गुलाबों के उत्पादन का प्रयास किया था। सी.एम.आई.आर. ने ए.एन.ए.आई (RNAi) तकनीकी का प्रयोग इन गुलाबों में से शुरुआतीं वाणिज्यिक पादप अनुप्रयोग के दौरान एंजाईम डाई-हाइड्रोफ्लेवेनॉल रिडक्टेज (DFR) की एनकोडिंग वाले जीनों को हटाने का कार्य किया। इनमें 'नीला रंग' डेलफिनिडीन जीन के कारण, जो पैनसी (Pansy) से क्लोन किया गया था और जो गुलाबों में 'नीले' रंग (Pathway) के संश्लेषण को निर्देशित करता है।

सायलेंसिंग जीन, जो एक कोशिकीय क्रिया जिसे आर.एन.ए. इंटरफेरेंस (RNAi) कहलाती है का दोहन कर देता है जो लाल गुलाब में डी. एफ.आर. को पूर्णत: रोक देता है जिसके प्रतिस्वरूप सायनैडिंग पथ-वे (मार्ग) अवरुद्ध हो जाता है और इसके बाद एक नये डी.एफ.आर. जीन, डेलीफीडीन जीन-रकस को इंस्टॉल पर डेलीफीडिन संश्लेषण को पूर्ण करता है।

- **खाद्य कपास बीज (Edible Cottonseeds):** कपास के बीजों को खाने योग्य बनाने हेतु अनुसंधानकर्ताओं ने आर.एन.ए. इण्टरजेस (RNAi) के द्वारा इसके जहरीले गैसीपोल स्तर को कम किया है। टेक्साल तथा ए एण्ड एम यूनिवर्सिटी वैज्ञानिकों ने कपास से जहरीले रसायनों के स्तर को कम करने के लिए साथ मिलकर शोध किया है जिससे बीजों को खाने योग्य बनाकर कपास को एक महत्वपूर्ण नवीन खाद्य स्रोत के रूप में रूपांतरित किया है।
- **अश्रुरहित प्याज:** जीन सायलेंसिंग आर.एन.ए.-आई के माध्यम से पादप के अपने प्राकृतिक विनियमन सिस्टम को पुनर्लक्षित कर बिना बाह्य प्रोटीन की अभिव्यक्ति के परिवर्तित किया है। आर.एन.ए.-आई जीन के माध्यम से अंधकारी कारक सिंथेज जीन सल्फर योगिकों के संश्लेषण को रोक देता है जो प्याज में एक आंसू लाने वाले एजेण्ट के तौर पर काम करता है।
- **कैफीनविहीन कॉफी:** बहुत-से लोगों को कॉफी में पाये जाने वाली कैफिन के कथित दुष्प्रभावों यथा, अनिद्रत, रक्तचाप बढ़ने, सांस फूलने जैसी परेशानियां होती हैं, जिसके चलते कैफीनविहीन कॉफी की मांग दिन व दिन बढ़ती जा रही है। कैफीन में जैव-संश्लेसित पादप तीन एन.मिथाईलट्रांसफेरेज एंजाईम होते हैं, जो – CaXMT1, CaMXMTi (थियोब्रोमीन सिंथेज) तथा CaDXMT1 (कैफीन सिंथेज) हैं, जो क्रमिक रूप से जैंथोसीन में निथाईल समूह को जोड़कर इसे कैफीन में परिवर्तित कर देते हैं। कॉफी पादपों को मॉडिफाई किया गया है जिसमें आर.एन.ए. इंटरफेस (हस्तक्षेप) के द्वारा इसकी अभिव्यक्त थियोब्रोमीन सिंथेज (CaMXMT1) का दमन कर दिया जाता है। इससे पादप का कैफीन अवयव 70% तक कम हो जाता है।
- **अफीम/पोस्ता (Opium/Poppy):** ऑपियम पॉप्पी (पेपेवर सोम्नीफेरम) भी जीन सायलेंसिंग प्रयोग का एक उदाहरण है। ऑपियम पॉप्पी में आर.एन.ए. इंटरफेस का प्रयोग करते हुए कॉडिनॉन रिडक्टेज (COR) की सायलेंसिंग की जाती है, जो बहुलजीनी सी. ओर आर. कुल के सभी अवयवी सदस्यों की सायलेंसिंग हेतु डिजाइन किया गया है तथा यह गैर-मादक एल्केलॉयड रेक्टीकुलीन के संग्रहण में परिणित होता है।
- **फ्लेवर सेवर टमाटर (Flavr-Savr-Tomato):** यह एक एण्टीसीन आर. एन.ए. के वाहक तथा कैल्जिन द्वारा उत्पादित जेनेटिक की परिवर्तित टमाटर है। इससे फल की मुलायम होने की अभिव्यक्ति को रोक दिया जाता है अत: यह लम्बे समय तक स्थिर (Firm) /ठोस बना रहता है।

23.18 कृत्रिम परिवेशीय निषेचन (IVF), टेस्ट ट्यूब बेबी तथा किराए की कोख (In Vitro Fertilisation, Test Tube Baby and Surrogacy)

कृत्रिम परिवेशीय निषेचन (In Vitro Fertilization)

कृत्रिम परिवेशीय निषेचन: 'इनविट्रो निषेचन' में अंडे का शुक्राणु द्वारा निषेचन माता के शरीर के बाहर होता है। इस प्रक्रिया में एक महिला की हॉर्मोनित प्रक्रिया को उत्तेजित करना, अंडाशय से अंडा या अंडों को हटाने और शुक्राणओं को प्रयोगशाला में एक तरल पदार्थ में निषेचित करना शामिल होता है और इस प्रकार कुशल निगरानी की आवश्यकता होती है। परिणामी युग्मनज की वृद्धि के लिए से 2-6 दिनों के गर्भाशय में सफल गर्भावस्था के लिए स्थापित किया जाता है।

ये 'फैलोपिन नलिका' (Fallopian tube) की समस्याओं के कारण से उत्पन्न बांझपन को दूर करने मे सहायता कर सकता है। यह पुरुषों में शुक्राणुओं की गुणवत्ता दोष के कारण होने वाले बांझपन को दूर करने में भी उपयोगी हो सकता है।

यह उपचार निम्नलिखित समस्याओं से पीड़ितों के लिए अच्छा विकल्प है:

1. बंद पड़ी फैलोपिन ट्यूब
2. शुक्राणुओं की कम संख्या या परिवर्तनशीलता
3. यदा-कदा या अनुपस्थित अण्डोत्सर्ग
4. अंतर्गर्भाशय-अस्थानता
5. अस्पष्ट बाझंपन
6. आयु संबंधी बाझंपन
7. अन्य निषेचन संबंधी उपचारों जैसे IVI का असफल होना

परखनली शिशु (Test Tube Baby)

विभिन्न प्रकार के बाझंपन से पीड़ित युगल के लिए यह बच्चे प्राप्त करने में क्रांतिकारी उपचार की भूमिका निभाता है। इसका विकास **रॉबर्ट जी. एडवर्ड (Robert G. Edwards)** व इंग्लैंड के **पैट्रिक सी. स्टैपटोई (Patrick C. Steptoe)** द्वारा किया गया। ऐसे तकनीकी मामलों जिनमें मादा फैलोपिन नलिका क्षतिग्रस्त हो या जब नर शुक्राणुओं की संख्या कम हो, की मदद के लिए तैयार की गई है। वर्तमान समय में इसका अनुप्रयोग अन्य प्रजनानात्मक समस्याओं (जैसे- अंडों का उत्पादन कमजोर शुक्राणु गुणवत्ता इत्यादि) तक विस्तृत हो चुका है।

'परखनली शिशु' उस बच्चों को कहा जाता है, जिसका गर्भधारण महिला के शरीर के बाहर हुआ हो। माता के अंडाशयों से अंडे को निकालकर, पिता के शुक्राणु के साथ सेया (Incubated) जाता है। अब इसे ब्लास्टुला अवस्था (64-128 कोशिकीय संरचना) तक विभाजन के लिए रखा जाता है, जो सामान्यत: 3-4 दिन लेता है, जिसे फिर माता या किराये की कोख वाली माता में सामान्य रूप से विकसित होने हेतु स्थानांतरित किया जाता है। एक से अधिक अंडों को विकसित करने के लिए रोगी के अंडाशयों में दवा प्रविष्ट कराई जाती है। अगर अधिक

अण्डे निषेचित होकर गर्भाशय में स्थानांतरित किये जाते हैं तो सफलता के अवसर बढ़ जाते हैं।

1978 में **स्टेपटोई (Steptoe)** तथा **एडवर्ड (Edwards)** ने पहले टेस्ट ट्यूब बेबी के जन्म को सफलतापूर्वक अंजाम दिया। वह ब्रिटेन का **'ल्यूईस ब्राउन' (Luois Joy Brown)** था, जिसकी मां की **फैलोपिन नलिका** में अवरोध था। ल्यूईस के जन्म के 67 वर्षों बाद भारत में दूसरे टेस्ट ट्यूब बेबी **'दुर्गा' (Durga)** का जन्म हुआ। **रॉबर्ट जी. एडवर्ड्स (Robert G. Edwards)** को एक साथ उपचार के सह-विकास के लिए, 2010 में फिजियोलॉजी या मेडिसिन में नोबेल पुरस्कार दिया गया था। अंड दान और आईवीएफ उन महिलाओं को संतान प्राप्ति में सक्षम बनाता है जो गर्भवती होने के लिए अपने प्रजनन के वर्षो को पार कर चुकी हैं। आईवीएफ और दान किए गए अंड (Egg) का उपयोग करके जन्म देने वाली सबसे उम्रदराज महिला का रिकॉर्ड 2004 में 66 वर्ष की आयु में एड्रियाना इलिस्कु ने बनाया था।

[इन्फोग्राफिक देखें - इन-विट्रो फर्टिलाइजेशन (IVF) तथा परखनली शिशु]

23.19 किराये की कोख वाली माँ (Surrogate Mother)

जब कोई महिला किसी ऐसे युगल के बच्चे को अपने पेट में पालती है जो चिकित्सकीय या शारीरिक कारणों से या तो गर्भाधान करने में या उसे पेट में पालने में असमर्थ है। इसे किराए की कोख या सरोगेसी की संज्ञा दी जाती है।

प्रयोजक माता-पिता, किराये की कोख से पैदा हुए बच्चे का कानूनी माता-पिता/माता/पिता होता है। दो प्रकार की किराये की कोख होती है:

पारंपरिक सरोगेसी (Traditional Surrogacy): यह एक गर्भावस्था है जहां किराये की कोख बच्चे से आनुवंशिक रूप से संबंधित होती है तथा कृत्रिम गर्भाधान के माध्यम से गर्भवती हो जाती है। **जेस्टेशनल सरोगेसी (Gestational Surrogacy)** किराये की कोख वाली माता इस प्रकार अपने अंडे का प्रयोग नहीं करती तथा बच्चे से आनुवंशिक रूप से संबंधित नहीं होती।

किराये की कोख के लिए तीन निम्न चरण इस प्रकार हैं:

1. **अंड निष्कर्षण (Egg extraction):** प्रयोजक अभिभावक को एकाधिक अंड निष्कर्षण हेतु विशेष प्रक्रिया से गुजरना पड़ता है।
2. **निषेचन (Fertilization):** शुक्राणुओं के साथ अंडों का प्रयोगशाला में निषेचन किया जाता है, जिसके परिणाम से भ्रूण बनता है।
3. **भ्रूण स्थानांतरण (Embryo transfer):** भ्रूण का किराये की कोख वाली माता के गर्भ में स्थानांतरण करना।

भ्रूण का स्थानांतरण या तो तुरंत या **वितुषारण (Defrost)** करने के बाद किया जा सकता है। ताजे भ्रूण के मामले में, प्रयोजक मां तथा किराये की कोख वाली माता के मासिक धर्म को समकालीन किया जाता है। वहीं जब वितुषारित भ्रूण स्थानांतरित किया जाता है तब किराये की कोख वाली मां को हॉर्मोन की चिकित्सा प्रदान की जाती है। किराये की कोख का प्रारंभ बांझ दंपत्तियों की सहायता के लिए किया गया था, परंतु समय के साथ इस खोज से जुड़ी मानवता खो गई है। मनुष्यों के लालच ने बच्चे तथा किराये की कोख दोनों को मांग की वस्तु बना दिया। समय के साथ किराये की कोख से संबंधित बहुत सारे नैतिक मुद्दे उत्पन्न हुए तथा कानून में कमियों के कारण इसे अनैतिक व्यापार में पनपने की अनुमति मिल गई।

आई.वी.एफ. तकनीकी से पहले भी किरायें की कोख ज्ञात थी तथा पारंपरिक सरोगेसी प्रचलन में थी इस प्रकार के सरोगेसी में कानूनी माता की कोई भी भूमिका न होने के कारण यह भावनात्मक रूप से दर्दनाक था।

एक बार आई.वी.एफ. तकनीक को प्रसिद्धी मिलने के बाद गर्भों का शोषण बढ़ गया, लोगों ने, सेरोगेसी के लिए बलपूर्वक एजेंसियों से गर्भ को किराये पर लिया। इसके साथ ही भारत सेरोगेसी को चाहने वालों के लिए एक हब बन गया। अन्य देशों की तुलना में इसका मूल्य बहुत कम था और सफलता दर भी अधिक थी और इसके बाद समाज ऐसे मामलों का गवाह बना जैसा कि बच्चे की नागरिकता (जब किराये की कोख वाले देश तथा कानूनी माता-पिता के देश, दोनों ने बच्चे को नागरिक मानने से मना कर दिया), बच्चे को स्वीकार करने से मना करना (ऐसे मामले जिनमें बच्चे के प्रसव से पहले प्रयोजक माता-पिता का तलाक हो गया तथा बच्चे को स्वीकार करने से मना कर दिया गया, यहां तक कि सेरोगेट मां द्वारा भी इसे अस्वीकार किया गया), आर्थिक रूप से कमजोर ऐसे परिवार जिनकी महिलाओं को बलपूर्वक सेरोगेसी लेने को बाध्य किया गया व कोई पैसा नहीं दिया गया तथा कई अन्य मामले (मुख्य रूप से ऐसे मामले जहां बच्चा मृत पैदा हुआ हो या मानसिक या शारीरिक अपंगता से ग्रसित हो)।

इसको देखते हुए हाल ही में भारत ने सेरोगेसी कानून में सेरोगेसी के वाणिज्यीकरण तथा शोषण को रोकने के लिए बदलाव किए हैं। किराये की कोख पहले से वैध थी तथा यह यूक्रेन तथा कैलिफोर्निया में अभी भी वैध है तथापि इंग्लैण्ड, संयुक्त राज्य अमेरिका तथा ऑस्ट्रेलिया जैसे देशों में केवल परोपकारी सरोगेसी मान्य है। जर्मनी, स्वीडन, नॉर्वे तथा इटली जैसे देश सेरोगेसी के अनुबंध को मान्यता नहीं देते हैं।

23.19.1 सरोगेसी (विनियमन) विधेयक पर प्रवर समिति द्वारा की गयी सिफारिशें [Select Committee Recommendations on Surrogacy (Regulation) Bill]

- सरोगेसी (विनियमन) विधेयक पर प्रवर समिति द्वारा प्रस्तुत एक रिपोर्ट में 15 बड़े बदलावों का सुझाव दिया गया है।
- विधेयक वाणिज्यिक सरोगेसी पर प्रतिबंध लगाता है और केवल परोपकारी सरोगेसी की अनुमति देता है।

पृष्ठभूमि

- विधेयक को अगस्त 2019 में लोकसभा द्वारा पारित किया गया था, लेकिन नवंबर 2019 में प्रवर समिति को पुनर्मूल्यांकन के लिए भेजा जाना था, क्योंकि राज्यसभा के कई सदस्यों को कुछ खंड विवादास्पद लगे, जैसे कि केवल निकट संबंधी के साथ केवल परोपकारी सरोगेसी की अनुमति देना।

मुख्य सिफारिशें

1. चिकित्सा खर्च और बीमा कवरेज से परे सरोगेट मां की भरपाई के लिए एक विकल्प रखें जिसमें उसकी पोषण संबंधी खाद्य आवश्यकताओं,

इन-विट्रो फर्टिलाइजेशन (IVF)

इन-विट्रो फर्टिलाइजेशन (IVF) एक चिकित्सा प्रक्रिया है जिसका उपयोग उन व्यक्तियों या जोड़ों की सहायता के लिए किया जाता है जो स्वाभाविक रूप से बच्चे हेतु गर्भ धारण करने में कठिनाइयों का सामना कर रहे हैं। IVF में एक प्रयोगशाला में शरीर के बाहर एक अंडे और शुक्राणु को संयोजित करना, एक भ्रूण बनाना और फिर आरोपण और संभावित गर्भावस्था के लिए भ्रूण को गर्भाशय में स्थानांतरित करना शामिल होता है।

IVF PROCESS

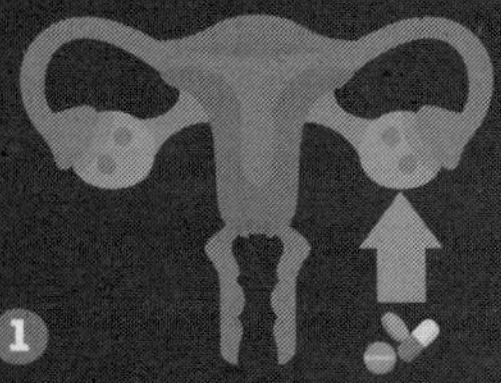

1 डिम्बग्रंथि उद्दीपन

IVF से गुजरने वाली महिला को उसके अंडाशय को प्रति मासिक धर्म चक्र में सामान्य एक अंडे के बजाय कई अंडे पैदा करने के लिए उत्तेजित करने हेतु प्रजनन दवाएं दी जाती हैं। अंडों की वृद्धि और विकास को ट्रैक करने के लिए अल्ट्रासाउंड और हार्मोन परीक्षणों के माध्यम से नियमित निगरानी की जाती है।

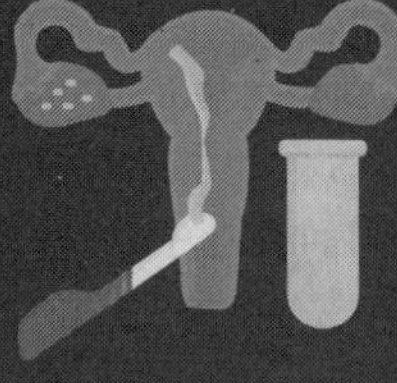

2 अंडाणु पुनर्प्राप्ति

एक बार जब अंडे परिपक्व हो जाते हैं, तो अंडाणु पुनर्प्राप्ति नामक एक छोटी शल्य प्रक्रिया की जाती है। एक डॉक्टर अंडे इकट्ठा करने के लिए अल्ट्रासाउंड मार्गदर्शन के तहत अंडाशय में एक पतली सुई डालता है। यह प्रक्रिया आमतौर पर असुविधा को कम करने के लिए एनेस्थीसिया या बेहोश करने की क्रिया के तहत की जाती है।

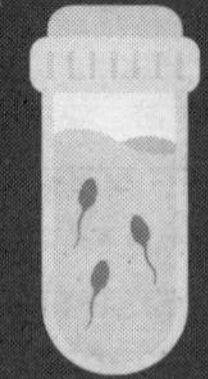

3 शुक्राणु संग्रह

अंडे की पुनर्प्राप्ति के दिन, पुरुष साथी वीर्य का नमूना प्रदान करता है या शुक्राणु को सर्जिकल शुक्राणु पुनर्प्राप्ति (यदि आवश्यक हो) जैसे अन्य माध्यमों से प्राप्त किया जा सकता है। स्वस्थ और गतिशील शुक्राणु को अलग करने के लिए शुक्राणु का नमूना प्रयोगशाला में तैयार किया जाता है।

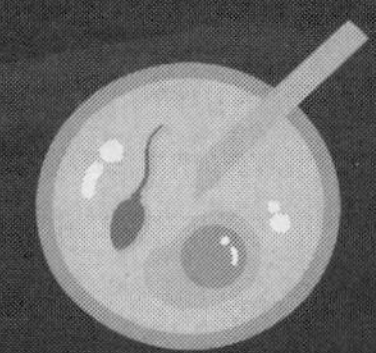

4 निषेचन

प्राप्त अंडों और तैयार शुक्राणु को गर्भाधान नामक प्रक्रिया में एक प्रयोगशाला डिश या एक विशेष इनक्यूबेटर में संयोजित किया जाता है। वैकल्पिक रूप से, इंट्रासाइटोप्लाज्मिक स्पर्म इंजेक्शन (ICSI) नामक एक तकनीक का उपयोग किया जा सकता है, जहां निषेचन की सुविधा के लिए एक शुक्राणु को सीधे अंडे में इंजेक्ट किया जाता है।

5 भ्रूण संस्कृति

निषेचित अंडे, जो अब भ्रूण हैं, को कुछ दिनों के लिए नियंत्रित प्रयोगशाला वातावरण में बढ़ने और विकसित होने दिया जाता है। भ्रूणों की गुणवत्ता और विकासात्मक प्रगति की निगरानी की जाती है।

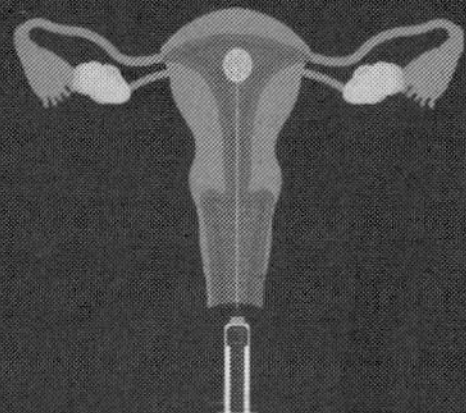

6 भ्रूण स्थानांतरण

एक बार जब भ्रूण विकास के उचित चरण में पहुंच जाता है, तो आमतौर पर 3 से 5 दिनों के बाद, उन्हें महिला के गर्भाशय में स्थानांतरित कर दिया जाता है। यह एक अपेक्षाकृत सरल प्रक्रिया है जहां भ्रूण को गर्भाशय ग्रीवा के माध्यम से गर्भाशय में स्थानांतरित करने के लिए एक पतली कैथेटर का उपयोग किया जाता है।

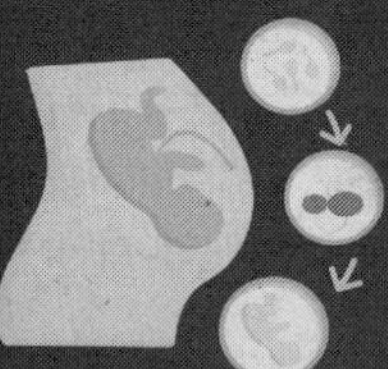

7 प्रत्यारोपण और गर्भावस्था

यदि भ्रूण सफलतापूर्वक गर्भाशय की लाइनिंग में प्रत्यारोपित हो जाता है, तो गर्भावस्था होती है। IVF प्रक्रिया सफल रही या नहीं यह निर्धारित करने के लिए आमतौर पर कुछ हफ्तों के बाद गर्भावस्था का परीक्षण किया जाता है।

जोखिम

- IVF में बड़ी मात्रा में शारीरिक और भावनात्मक ऊर्जा, समय और धन खर्च होता है। बांझपन से जूझ रहे कई जोड़े तनाव और अवसाद से पीड़ित होते हैं।
- प्रजनन संबंधी दवाएं लेने वाली महिला को सूजन, पेट दर्द, मूड में बदलाव, सिरदर्द और अन्य दुष्प्रभाव हो सकते हैं।
- बार-बार IVF इंजेक्शन लगाने से चोट लग सकती है।
- दुर्लभ मामलों में, प्रजनन दवाएं डिम्बग्रंथि हाइपरस्टिम्यूलेशन सिंड्रोम (OHSS) का कारण बन सकती हैं। यह स्थिति पेट और छाती में तरल पदार्थ के निर्माण का कारण बनती है। इसके लक्षणों में पेट में दर्द, सूजन, तेजी से वजन बढ़ना (3 से 5 दिनों के भीतर 10 पाउंड या 4.5 किलोग्राम), बहुत सारे तरल पदार्थ पीने के बावजूद पेशाब में कमी, मतली, उल्टी और सांस की तकलीफ शामिल हैं। हल्के मामलों का इलाज बिस्तर पर आराम से किया जा सकता है। अधिक गंभीर मामलों में सुई से तरल पदार्थ निकालने और संभवतः अस्पताल में भर्ती करने की आवश्यकता होती है।
- अंडाणु पुनर्प्राप्ति के जोखिमों में एनेस्थीसिया की प्रतिक्रिया, रक्तस्राव, संक्रमण और अंडाशय के आसपास की संरचनाओं जैसे आंत और मूत्राशय को होने वाले नुकसान शामिल है।
- जब एक से अधिक भ्रूण गर्भ में रखे जाते हैं तो एकाधिक गर्भधारण का खतरा होता है। एक समय में एक से अधिक बच्चे को जन्म देने से समय पूर्व जन्म और जन्म के समय कम वजन का खतरा बढ़ जाता है। (हालांकि, IVF के बाद पैदा हुए एक भी बच्चे में समय से पहले जन्म और जन्म के समय कम वजन का खतरा अधिक होता है।)
- IVF बहुत महंगा है।

परख नली शिशु

- परख नली शिशु यानी टेस्ट-ट्यूब बेबी एक शब्द है जिसका उपयोग प्राकृतिक संभोग के बजाय चिकित्सकीय हस्तक्षेप के माध्यम से पैदा हुए बच्चे को दर्शाने के लिए किया जाता है।
- यह मूल रूप से प्रारंभिक कृत्रिम गर्भाधान विधियों से पैदा हुए शिशुओं को संदर्भित करता है और अब इसमें इन विट्रो फर्टिलाइजेशन (IVF) के माध्यम से पैदा हुए बच्चे भी शामिल हैं, जिसमें अंडे को महिला के शरीर के बाहर निषेचित किया जाता है। इस शब्द के उपयोग ने प्रजनन प्रौद्योगिकियों की नैतिकता को लेकर चर्चा और विवादों को जन्म दिया है। इसका विकास मानव भ्रूणों में हेरफेर करने की हमारी क्षमता की बदलती धारणा को दर्शाता है।
- टेस्ट-ट्यूब बेबी के लिए पहला सफल कृत्रिम गर्भाधान 1884 में विलियम पैनकोस्ट द्वारा किया गया था। हालाँकि, इस घटना के महत्व को उस समय जनता या मीडिया द्वारा व्यापक रूप से मान्यता नहीं दी गई थी।
- 25 जुलाई 1978 को, दो ब्रिटिश चिकित्सा शोधकर्ताओं, पैट्रिक स्टेप्टो और रॉबर्ट एडवर्ड्स ने इन-विट्रो फर्टिलाइजेशन (IVF) के माध्यम से गर्भ धारण किए गए बच्चे का पहला सफल जन्म हासिल किया।
- इस सफलता ने टेस्ट-ट्यूब बेबी की संशोधित परिभाषा को ठोस एहसास दिलाया। लुईस ब्राउन, IVF के माध्यम से पैदा हुए पहले बच्चे, ने मीडिया का महत्वपूर्ण ध्यान आकर्षित किया, समाचार पत्रों ने इसे एक अभूतपूर्व वैज्ञानिक और चिकित्सा उपलब्धि के रूप में रिपोर्ट किया। टैब्लॉइड्स ने जन्म को एक नई हस्ती के आगमन की तरह माना। विविध मीडिया प्रतिक्रिया ने आने वाली विभिन्न सार्वजनिक प्रतिक्रियाओं का पूर्वाभास दिया। लुईस ब्राउन के जन्म ने अंतरराष्ट्रीय मीडिया और वैज्ञानिक पत्रिकाओं दोनों में कानूनी और नैतिक निहितार्थों पर चर्चा शुरू कर दी, जो आज भी जारी है क्योंकि चल रहे शोध नई प्रजनन प्रथाओं की खोज कर रहे हैं।

IVF और भारत

- भारत में IVF का विकास एक चुनौतीपूर्ण और जटिल प्रक्रिया थी। चिकित्सकों ने क्रेडिट और क्रेडिबिलिटी की मांग की, जिससे देश में पहले "टेस्ट-ट्यूब बेबी" पर विवाद पैदा हो गया।
- मीडिया ने कहानी को आकार देने और इन विवादों को सुलझाने में महत्वपूर्ण भूमिका निभाई। आलेख, वैज्ञानिक ज्ञान, मीडिया प्रतिनिधित्व और विश्वसनीयता की चर्चा के बीच परस्पर क्रिया पर प्रकाश डालता है।
- भारत में, 6 अगस्त, 1986 को पहले वैज्ञानिक रूप से प्रलेखित टेस्ट-ट्यूब बेबी, हर्षा का जन्म, सहायता प्राप्त गर्भाधान की दुनिया में देश की शुरुआत का प्रतीक था/थी।
- "वैज्ञानिक रूप से प्रलेखित" इस शब्द को 1978 में यूके में दुनिया के पहले टेस्ट-ट्यूब बेबी लुईस ब्राउन के जन्म के तुरंत बाद डॉ. सुभाष मुखर्जी द्वारा किए गए इसी तरह के दावे से अलग करने पर जोर दिया गया था।
- डॉ. मुखर्जी ने 1978 में दुनिया के दूसरे टेस्ट-ट्यूब बेबी के जन्म का दावा किया, लेकिन उनकी घोषणा में वैज्ञानिक दस्तावेज़ीकरण का अभाव था।
- डॉ. टीसी आनंद कुमार ने बाद में बॉम्बे में भारत का पहला वैज्ञानिक रूप से प्रलेखित IVF बेबी, हर्षा का उत्पादन किया। मुखर्जी के काम के बारे में सीमित जानकारी के कारण कुमार की टीम ने हर्षा को पहला वैज्ञानिक रूप से समर्थित टेस्ट-ट्यूब बेबी माना।

मातृत्व धारण करने आदि का ध्यान रखना शामिल है, जो सरोगेट मां की भलाई और देखभाल के लिए महत्वपूर्ण है।

2. 'करीबी रिश्तेदार' के विवादास्पद खंड को खत्म कर दिया गया है और इसके बजाय समिति ने इस शब्द को 'भ्रष्ट' के साथ बदलने की सिफारिश की है।
3. कौन चुन सकता है? 35 और 45 वर्ष की आयु के बीच एक विधवा और तलाकशुदा सहित एकल महिलाओं को सरोगेसी का विकल्प चुनने में सक्षम होना चाहिए।
4. बिल में प्रस्तावित 16 महीने से सरोगेट मां के लिए बीमा कवर बढ़ाकर 36 महीने करना।
5. सरोगेसी के माध्यम से पैदा हुए बच्चे के हितों की रक्षा के लिए, बच्चे के पालन-पोषण और हिरासत के बारे में मजिस्ट्रेट द्वारा जारी किए गए आदेश, सरोगेट बच्चे के लिए जन्म शपथ-पत्र होगा।

23.19.2 नियमन की आवश्यकता (Need for Regulation)

भारत अन्य देशों के जोड़ों के लिए सरोगेसी हब के रूप में उभरा है और अनैतिक प्रथाओं, सरोगेट माताओं के शोषण, सरोगेसी से पैदा हुए बच्चों का परित्याग और मानव भ्रूण और युग्मकों का आयात करने वाले बिचौलियों से जुड़े रैकेट के बारे में रिपोर्टें सामने आई हैं। भारत के विधि आयोग की 228वीं रिपोर्ट में वाणिज्यिक सरोगेसी पर रोक लगाने और एक उपयुक्त कानून बनाकर परोपकारी सरोगेसी की अनुमति देने की सिफारिश की गई है।

23.20 थ्री पेरेंट बेबी/माइट्रोकोन्ड्रियल जीन चिकित्सा प्रोन्यूक्लियर ट्रांसफर (Three Parents Baby/Mitochondrial Gene Therapy/Pronuclear Transfer)

माइटोकॉन्ड्रियल प्रतिस्थापन तकनीकी (Mitochondrial Transfer Technology) **को स्पिडल स्थानांतरण** (Spindle transfer) और इससे उत्पन्न बच्चों को थ्री पेरेंट बेबी कहा जाता है।

तीन लोगों के आनुवंशिक पदार्थों का उपयोग करते हुए, जिसमें **एक दाता महिलाओं से माइट्रोकॉन्ड्रियल डी.एन.ए. (कोशिका का एक अंग जो बच्चे के भोजन को ऊर्जा में बदलता है) लेकर और दोषपूर्ण माइट्रोकोन्ड्रिया पदार्थ को प्रतिस्थापित कर, आनुवंशिक रोगों से बचाव हेतु गर्भधारण कराया जाता है। इस तरह उत्पन्न बच्चे को थ्री पेरेंट्स बेबी कहा जाता है।**

23.20.1 माइटोकॉन्ड्रियल जीन थेरेपी की प्रक्रिया

हम कहां थ्री पेरेंट्स बेबी उत्पन्न कर सकते हैं?

- **ब्रिटेन के क्लीनिकों** में निषेचन प्रक्रिया के लिए अंतिम अनुमोदन के बाद, थ्री पेरेंट्स बेबी के लिए आवेदन किया जा सकता है।
- ब्रिटिश वैज्ञानिकों द्वारा एक जनन क्षमता तकनीकी विकसित की गई है, जो अंडाणु में दाता महिला के स्वस्थ डी.एन.ए. से दोषपूर्ण माइट्रोकॉन्ड्रियल डी.एन.ए. को प्रतिस्थापित करने हेतु डॉक्टरों को सक्षम बनाता है, यह कमजोर करने वाली अवस्था से पीड़ित बच्चों जैसे कि मांसपेशीय कुपोषण से बचाव करेगा।
- मानव निषेचन और भ्रूण विज्ञान प्राधिकरण की भी इस संबंध में कुछ चिंताएं हैं।
- इस प्रक्रिया को आगे बढ़ाया जा सकता है जब स्क्रीनिंग तथा अन्य विकल्प व्यर्थ साबित हो चुके हों।

23.20.2 वैधीकरण/कानूनी रूप देना (Legalisation)

यद्यपि **ब्रिटेन इस प्रक्रिया को कानूनी रूप देने वाला पहला देश है** तथापि इस 2016 में मैक्सिको में माइट्रोकॉन्ड्रियल प्रतिस्थापन्न का प्रयोग करते हुए पहले बच्चे का जन्म हुआ था।

23.20.3 माइटोकॉन्ड्रियल जीन थेरेपी का महत्व और दोष (Many Pros and Cons of Mitochondrial Gene Therapy)

- इसे वहां अंजाम दिया जा सकता है जहां इसे रोकने हेतु अन्य कोई कानून नहीं है।

सरोगेसी (विनियमन) विधेयक, 2020 [Surrogacy (Regulation) Bill, 2020]

केंद्रीय मंत्रिमंडल ने सरोगेसी (विनियमन) विधेयक, 2020 को मंजूरी दे दी है। संशोधित विधेयक मसौदा कानून के संशोधित संस्करण है, जो अगस्त 2019 में लोकसभा द्वारा पारित किया गया था, लेकिन इसके प्रावधान, जिसमें केवल एक जोड़े के करीबी रिश्तेदार ही सरोगेट मां हो सकते हैं, ने आलोचनाओं को आमंत्रित किया था। विधेयक में राज्यसभा की चयन समिति द्वारा की गई सभी सिफारिशें शामिल हैं, जिसमें मसौदा कानून के पुराने संस्करण का अध्ययन किया गया है और इसका उद्देश्य व्यावसायिक सरोगेसी पर प्रतिबंध लगाना और परोपकारी सरोगेसी की अनुमति देना है।

विधेयक की मुख्य विशेषताएं

1. यह किसी भी 'इच्छुक' महिला को सरोगेट मदर बनाने की अनुमति देता है और यह प्रस्तावित करता है कि विधवा और तलाकशुदा महिलाएं भी इसके प्रावधानों से लाभान्वित हो सकती हैं, इसके अलावा बांझ भारतीय जोड़े भी लाभान्वित होंगे।
2. विधेयक में केंद्रीय स्तर पर और राज्यों और केंद्रशासित प्रदेशों में क्रमश: राष्ट्रीय सरोगेसी बोर्ड और राज्य सरोगेसी बोर्ड की स्थापना करके सरोगेसी को विनियमित करने का प्रस्ताव है।
3. सरोगेट मदर के लिए प्रस्तावित बीमा कवर को पहले के संस्करण में प्रदान किए गए 16 महीनों से बढ़ाकर 36 महीने कर दिया गया है।
4. मानव भ्रूण और युग्मकों की बिक्री और खरीद सहित वाणिज्यिक सरोगेसी निषिद्ध होगी।
5. भारतीय विवाहित जोड़ों के लिए नैतिक सरोगेसी, भारतीय मूल के विवाहित जोड़े और भारतीय एकल महिला (केवल 35 वर्ष और 45 वर्ष की आयु के बीच की विधवा या तलाकशुदा) को कुछ शर्तों को पूरा करने की अनुमति होगी।

- यद्यपि आलोचक ने कहा था कि तकनीकी रूप से खतरनाक और नैतिक रूप से दुःसाहसपूर्ण है।
- **ह्यूमन जेनेटिक अलर्ट** (Human genetic alert), एक धर्मनिरपेक्ष निगरानी दल है इसके निर्देशक **डॉ. डेविड किंग** (Dr. David King) ने कहा था। "इस खतरनाक और चिकित्सकीय रूप से अनावश्यक तकनीकी का उपयोग करते हुए, बच्चों के ऊपर इन प्रयोगों को स्वीकृत करने का निर्णय सभी बच्चों के भविष्य को जोखिम में डालेगा।"
- यह डिजायनर (अलंकृत) बेबी के लिए दरवाजे खोलता है।

विश्व का पहला थ्री-पेरेण्ट बेबी, **मैक्सिको** में एक विवादास्पद नवीन फर्टीलिटी तकनीकी के माध्यम से/सहायता से जन्मा जिसमें तीन लोगों के डी.एन.ए. का समावेश था। 'थ्री-पेरेण्ट' तकनीक दुर्लभ जेनेटिक क्यूटेशस वाले पेरेण्ट्स को एक स्वस्थ बच्चे के जन्म देने की सुविधा देती है। बच्चे की मां 'लेग सिंड्रोम' (Leigh Syndrome) का संवहन करती है जो एक घातक डिस-ऑर्डर है तथा यह विकासशील नवजात के मस्तिष्क, पेशियों तथा स्नायु को प्रभावित करता है। इस व्याधि/विकार के जीन हमारी कोशिकाओं का शक्तिगृह है। मां से प्राप्त केंद्रक डी.एन.ए. तथा प्रदाता (Donor) से प्राप्त माईटोकोण्ड्रियल डी.एन.ए. से परिवर्तित अण्डाणु को पिता के शुक्राणु से निषेचित करवाया जाता है।

(इन्फोग्राफिक देखें - प्रोन्यूक्लियर ट्रांसफर / थ्री-पेरेण्ट बेबी)

23.21 ऊतक संवर्द्धन (Tissue Culture)

ऊतक संवर्धन एक प्रक्रिया है, जो **जीवाणु रहित परिस्थितियों में पौधों को उत्पन्न करने हेतु उपयोग की जाती है।** इसे **सूक्ष्मप्रवर्द्धन (माइक्रोप्रोपगेशन) के नाम से भी जाना जाता है।** इस तकनीकी में, पौधे का एक भाग या बीजों का उपयोग किया जाता है, जिन्हें पहले जीवाणुरहित किया गया हो। कुछ पोषकीय तत्वों को मिलाकर इनको एक पात्र/बर्तन में, वृद्धिकारक माध्यम के साथ रख देते हैं।

पौधें का ऊतक संवर्द्धन, दाता पौधे की बिल्कुल समान अनुकृति को उगाने में सक्षम बनाता है। आनुवंशिक वांछनीय लक्षण वाले पौधे से एक विशेष पौधे के लिए पारंपरिक गुणन प्रक्रिया जैसे कि काटना, खींचना या विभाजन की तुलना में कई क्लोनों को संचालित किया जा सकता है।

तोशहियो मुरासिगो (Tushio Murashigo): कैलिफोर्निया विश्वविद्यालय के विख्यात प्रोफेसर ने पौधों के ऊतक संवर्द्धन को चार अवस्थाओं में निर्धारित किया:

- **चरण-I** - जीवाणुरहित संवर्द्धन तैयार करना
- **चरण-II** - प्रजनक का बहुगुणन [प्रजनक (Propagules) (नए पौधे को बनाने के लिए प्रयोग किया गया पौधे का कोई भाग)]
- **चरण-III** - मिट्टी में प्रजनक (Propagules) सफलतावूर्क स्थानांतरित करने की तैयारी (नियमित वृद्धिकारक माध्यम के बाहर जीवाणुरहित अवस्था में जड़ जमना और जलवायु का अभ्यस्त बनाना)
- **चरण-IV** - मृदा में स्थापित करना (या अन्य उचित वृद्धिकारक माध्यम में स्थानांतरित)

पशु ऊतक संवर्द्धन (Animal Tissue Culture)

यह यह जैवीय तकनीकी है जिसमें वैज्ञानिक पशु से एक ऊतक का टुकड़ा लेते है व इनविट्रो या कृत्रिम वातावरण में ऊतक से कोशिकाओं को प्रबंधित करके इनकी वृद्धि करते हैं।

प्रबंधन (Maintenance)

वास्तविक वातावरण का **अनुकरण (Mimic)** करने के लिए प्रयोगशाला को प्रदूषण मुक्त होना चाहिए। पोषण को प्रदान करने के लिए इसे समृद्ध पोषकों वाले माध्यम के फ्लास्क में उगाया जाता है, जिसे **इन्क्यूबेटर (Incubator)** में तापमान तथा आर्द्रता को विनियमित करने के लिए रखा जाता है। प्रयोगशाला मे वातावरण के अनुकरण द्वारा, वैज्ञानिकों को नियंत्रित स्थिति में उन्हें अध्ययन करने की अनुमति देता है।

प्रयोग (Uses)

प्रयोगशाला प्रयोगों में इसका उपयोग कोशिका संवर्द्धन में किया जाता है। यह कोशिका के बारे में अंग संरचना तथा कार्य, विषाणु की पहचान, दवा की विषाकता तथा प्रभाव, अंग विफलता के विकास एवं उपचार और भी बहुत कुछ सीखने में लाभदायक है। कोशिका संवर्द्धन उत्पादों में वैक्सीन, हार्मोन, एन्जाइम तथा कैंसररोधी दवाएं आदि शामिल हैं।

23.22 जीन चिकित्सा (Gene Therapy)

इस प्रक्रिया में रोगों के प्रति प्रतिरक्षा प्रदान करने के लिए किसी मनुष्य की कोशिका में आनुवंशिक पदार्थ स्थानांतरित किया जाता है। जीन चिकित्सा विभिन्न बीमारियों जैसे कि संयुक्त गंभीर प्रतिरक्षा अपूर्णता, हीमोफीलिया, पार्किसन रोग, कैंसर इत्यादि के लिए अत्यधिक महत्वपूर्ण उपकरण हैं। **वाहक, जिसे वेक्टर (Vector) के रूप में जाना जाता है, उसका उपयोग जीन को कोशिका में पहुंचाने में होता है। विषाणु जीन चिकित्सा में उपयोग किये जाने वाले प्रमुख वेक्टर हैं।**

जीन चिकित्सा में उपयोग करने के पूर्व वेक्टरों को बदलकर सुरक्षित बनाया जाना चाहिए, यद्यपि जीन चिकित्सा के साथ कुछ जोखिम मौजूद है।

जीन चिकित्सा, रोगों का उपचार करने के लिए व्यक्तिगत कोशिकाओं या जैवीय ऊतकों में जीन को अदल-बदल करने या हटाने की प्रक्रिया है। जीन चिकित्सा का सर्व साधारण प्रकार, कार्यात्मक जीन को प्रविष्ट कराना तथा रूपांतरित जीन को प्रतिस्थापित करना है और कुछ मामलों में उत्परिवर्तन को सीधे ठीक करने या रोगों का उपचार करने के लिए साधारण जीन को संशोधित करना है; जैसे- सिस्टिक फाइब्रोसिस, हीमोफीलिया, मांसपेशियों का कुपोषण तथा सीकल सेल एनिमिया।

जीन चिकित्सा के प्रकार: जीन चिकित्सा का निम्नलिखित वर्गीकरण हो सकता है:

1. **जर्मलाइन जीन चिकित्सा (Germline Gene Therapy): इस प्रकार की चिकित्सा में जर्म कोशिकाएँ (जैसे-शुक्राणु या अंडाणु) क्रियात्मक जीनों के अंतर्वेश द्वारा संसोधित होते है, जो उनके जीनोम से जुड़ जाते हैं, जीन चिकित्सा के कारण जीनोम में हुआ परिवर्तन, आनुवंशिक होगा तथा आने वाले पीढ़ियों में स्थानांतरित होगा।** इस नई तकनीकी ने आनुवंशिक विकारों तथा आनुवंशिक रोगों को प्रभावी रूप से ठीक किया है। दूसरी तरफ अनेक तकनीकी तथा नैतिक कारणों की वजह से कम-से-कम वर्तमान में मानव में इस तकनीकी के अनुप्रयोग हेतु न्यायिक रोक लगी है।

प्रोन्यूक्लियर ट्रांसफ़र

- प्रोन्यूक्लियर ट्रांसफ़र, एक विशेष तकनीक है जिसका उपयोग माता-पिता से उनकी संतानों में कुछ आनुवंशिक विकारों के संचरण को रोकने के लिए सहायक प्रजनन तकनीक (ART) में किया जाता है।
- इसका उपयोग मुख्य रूप से उन मामलों में किया जाता है जहां मां में माइटोकॉन्ड्रियल डीएनए (mtDNA) उत्परिवर्तन होता है जो गंभीर माइटोकॉन्ड्रियल बीमारियों का कारण बन सकता है।
- माइटोकॉन्ड्रिया, कोशिकाओं के भीतर छोटी संरचनाएं होती हैं जो ऊर्जा उत्पादन के लिए जिम्मेदार हैं। इनमें डीएनए का अपना समूह होता है, जिसे माइटोकॉन्ड्रियल डीएनए के रूप में जाना जाता है, जो कोशिका के केंद्रक में पाए जाने वाले न्यूक्लियर डीएनए से अलग होता है। माइटोकॉन्ड्रियल रोग, माइटोकॉन्ड्रियल डीएनए में उत्परिवर्तन के कारण होने वाले आनुवंशिक विकार होते हैं, जिससे ऊर्जा उत्पादन बाधित होता है और संभावित रूप से शरीर में विभिन्न अंगों और प्रणालियों को प्रभावित करता है।
- युगल के भ्रूण से प्रोन्यूक्लियस को दाता के अकेंद्रकी (enucleated) अंडे में स्थानांतरित करके, परिणामी भ्रूण इच्छित माता-पिता से न्यूक्लियर डीएनए ले जाता है लेकिन दाता से स्वस्थ माइटोकॉन्ड्रिया प्राप्त करता है। इस तकनीक का उद्देश्य भावी माता-पिता की आनुवंशिक जानकारी को संरक्षित करते हुए माइटोकॉन्ड्रियल रोगों के अगली पीढ़ी में स्थानांतरित होने से रोकना है।
- यह ध्यान देने योग्य है कि प्रोन्यूक्लियर ट्रांसफ़र एक अत्यधिक विशिष्ट और विनियमित प्रक्रिया है जिसके लिए महत्वपूर्ण विशेषज्ञता और नैतिक विचारों की आवश्यकता होती है। इसका प्राथमिक उद्देश्य गंभीर माइटोकॉन्ड्रियल बीमारियों से गुजरने के उच्च जोखिम वाले जोड़ों को स्वस्थ संतान पैदा करने में मदद करना है।
- माइटोकॉन्ड्रियल रोग आनुवंशिक विकार होते हैं जो कोशिकाओं के भीतर ऊर्जा पैदा करने वाली संरचनाओं माइटोकॉन्ड्रिया में असामान्यताओं के कारण होते हैं। ख़राब ऊर्जा उत्पादन के कारण वे कई अंगों और प्रणालियों को प्रभावित कर सकते हैं। ये रोग कोशिका के केंद्रक में डीएनए से अलग माइटोकॉन्ड्रियल डीएनए (mtDNA) में उत्परिवर्तन से उत्पन्न होते हैं। माइटोकॉन्ड्रिया में परिणामी शिथिलता विभिन्न लक्षणों और स्वास्थ्य समस्याओं को जन्म देती है।

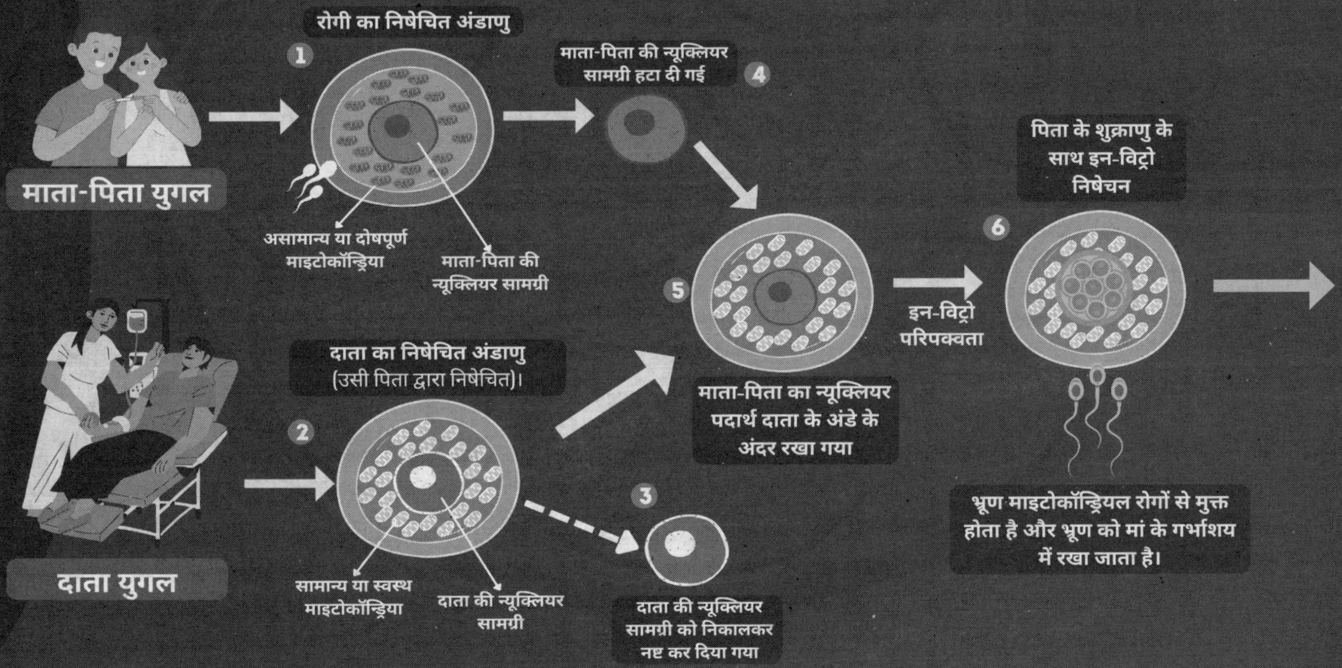

1. बच्चा पैदा करने की इच्छा रखने वाला एक जोड़ा मानक IVF उपचार से गुजरता है, जहां महिला के अंडों को प्रयोगशाला में पुरुष के शुक्राणु के साथ निषेचित कराया जाता है।
2. इसके साथ ही, एक स्वस्थ अंडाणु दाता, इस प्रक्रिया के लिए अपने अंडे प्रदान करता है। ये अंडे स्वस्थ माइटोकॉन्ड्रिया के स्रोत के रूप में काम करेंगे।
3. दाता के अंडे भी पुनः प्राप्त कर लिए जाते हैं, और उसके प्रत्येक अंडे से प्रोन्यूक्लियस, जिसमें न्यूक्लियर डीएनए होता है, हटा दिया जाता है।
4. जोड़े के निषेचित भ्रूण से प्रोन्यूक्लियस भी निकाला जाता है।
5. दाता अंडे से प्रोन्यूक्लियस को युगल के प्रोन्यूक्लियस की जगह लेते हुए, सम्मिलित प्राप्तकर्ता भ्रूण में स्थानांतरित कर दिया जाता है।
6. पुनर्निर्मित भ्रूण, जिसमें अब जोड़े के न्यूक्लियर डीएनए और स्वस्थ दाता माइटोकॉन्ड्रिया शामिल हैं, संभावित प्रत्यारोपण और गर्भावस्था के लिए महिला के गर्भाशय में प्रत्यारोपित किया जाता है।

(इन्फोग्राफिक जारी....)

उद्देश्य

माइटोकॉन्ड्रियल रोगों की रोकथाम

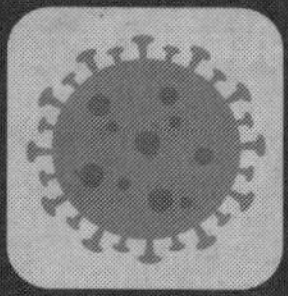

- माइटोकॉन्ड्रियल रोग आनुवंशिक विकार होते हैं जो ऊर्जा पैदा करने के लिए जिम्मेदार कोशिकाओं के पावरहाउस माइटोकॉन्ड्रिया के कार्य को प्रभावित करते हैं।
- ये बीमारियाँ कई प्रकार के लक्षण पैदा कर सकती हैं, जिनमें मांसपेशियों में कमजोरी, अंग की शिथिलता, तंत्रिका संबंधी समस्याएं और यहां तक कि जीवन-घातक स्थितियां भी शामिल हैं।
- इसका उद्देश्य मां के अंडों में दोषपूर्ण माइटोकॉन्ड्रिया को एक दाता से प्राप्त स्वस्थ माइटोकॉन्ड्रिया से प्रतिस्थापित करके मां से उसके बच्चे में माइटोकॉन्ड्रियल रोगों के संचरण को रोकना है।

आनुवंशिक संबंध

- माइटोकॉन्ड्रियल विकार वाली महिलाओं के लिए, प्रोन्यूक्लियर ट्रांसफ़र एक ऐसे बच्चे को गर्भ धारण करने की संभावना प्रदान करता है जो आनुवंशिक रूप से उनसे संबंधित है।
- मां के निषेचित अंडे से न्यूक्लियस को दाता के अंडे में स्थानांतरित करके, जिसमें स्वस्थ माइटोकॉन्ड्रिया होता है, परिणामी संकर अंडे में इच्छित माता-पिता की आनुवंशिक सामग्री होती है।
- यह माता-पिता को माइटोकॉन्ड्रियल रोगों के संचरण के जोखिम को कम करते हुए अपने न्यूक्लियर डीएनए को आगे स्थानांतरित करने की अनुमति देता है।

संतान प्राप्ति के विकल्प

- प्रोन्यूक्लियर ट्रांसफ़र माइटोकॉन्ड्रियल विकारों से प्रभावित व्यक्तियों और जोड़ों के लिए प्रजनन विकल्पों का विस्तार करता है।
- यह पारंपरिक IVF (इन-विट्रो फर्टिलाइजेशन) तरीकों का विकल्प प्रदान करता है, जिसके परिणामस्वरूप संतानों में माइटोकॉन्ड्रियल रोग हो सकते हैं।
- गंभीर माइटोकॉन्ड्रियल विकारों के जोखिम के बिना बच्चा पैदा करने का मौका देकर, प्रोन्यूक्लियर ट्रांसफ़र तकनीक आशा जगा सकती है और इन स्थितियों से जुड़ी चिंताओं को कम कर सकती है।

अनुसंधान और प्रगति

- प्रोन्यूक्लियर ट्रांसफ़र का एक अन्य उद्देश्य सहायक प्रजनन प्रौद्योगिकी (ART) के क्षेत्र में आगे अनुसंधान और तकनीकों का विकास करना है।
- प्रोन्यूक्लियर ट्रांसफ़र की सुरक्षा और प्रभावशीलता के चल रहे अध्ययन और मूल्यांकन प्रजनन चिकित्सा की प्रगति में योगदान करते हैं, जिससे संभावित रूप से माइटोकॉन्ड्रियल रोगों का सामना करने वाले व्यक्तियों और जोड़ों के लिए बेहतर परिणाम और विस्तारित विकल्प मिलते हैं।
- यह ध्यान रखना महत्वपूर्ण है कि प्रोन्यूक्लियर ट्रांसफ़र नैतिक और कानूनी विचारों को बढ़ाता है, और इसका उपयोग, प्रत्येक देश में नियामक निकायों द्वारा स्थापित नियमों और दिशानिर्देशों के अधीन है।

3 माता-पिता वाला बच्चा क्या है?

- "तीन माता-पिता वाला बच्चा (three-parent baby)" एक विशेष सहायक प्रजनन प्रौद्योगिकी तकनीक के माध्यम से गर्भ धारण करने वाले बच्चे को संदर्भित करता है जिसे माइटोकॉन्ड्रियल रिप्लेसमेंट थेरेपी (MRT) या माइटोकॉन्ड्रियल डोनेशन के रूप में जाना जाता है।
- इस प्रक्रिया में, तीन व्यक्तियों की आनुवंशिक सामग्री एक भ्रूण के निर्माण में शामिल होती है। पारंपरिक प्रजनन की तरह, न्यूक्लियर डीएनए (अधिकांश आनुवंशिक सामग्री युक्त) माता और पिता से आता है।
- हालाँकि, माँ के दोषपूर्ण या उत्परिवर्तित माइटोकॉन्ड्रियल डीएनए (mtDNA), जो कोशिकाओं के भीतर ऊर्जा उत्पादन के लिए जिम्मेदार है, को एक दाता, आमतौर पर दूसरी महिला से प्राप्त स्वस्थ mtDNA से बदल दिया जाता है।
- इस प्रक्रिया का उद्देश्य मां से बच्चे में कुछ माइटोकॉन्ड्रियल बीमारियों के संचरण को रोकना है। यह ध्यान रखना महत्वपूर्ण है कि यह तकनीक अभी भी अपेक्षाकृत नई है और इसे विशिष्ट मामलों के लिए सीमित संख्या में देशों में उपयोग के लिए अनुमोदित किया गया है।

माइटोकॉन्ड्रियल जीन थेरेपी क्या है?

- माइटोकॉन्ड्रियल जीन थेरेपी का उद्देश्य माइटोकॉन्ड्रिया के भीतर आनुवंशिक सामग्री को संशोधित करके माइटोकॉन्ड्रियल रोगों का इलाज या रोकथाम करना है। इसमें माइटोकॉन्ड्रियल डीएनए में रोग पैदा करने वाले उत्परिवर्तन को ठीक करने या समाप्त करने के लिए जीन संपादन या स्थानांतरण तकनीक शामिल है। यह प्रायोगिक दृष्टिकोण अभी भी विकास के प्रारंभिक चरण में है और नैदानिक उपयोग के लिए और अधिक शोध की आवश्यकता है।

पक्ष (PROS)

- गंभीर माइटोकॉन्ड्रियल रोगों की रोकथाम।
- जोखिम वाले जोड़ों के लिए विस्तारित प्रजनन विकल्प।
- दुर्बल करने वाली बीमारियों से बचकर व्यक्तियों के जीवन की गुणवत्ता में सुधार।
- वैज्ञानिक उन्नति और आगे के शोध की संभावना।

विपक्ष (CONS)

- भ्रूण के साथ छेड़छाड़ को लेकर नैतिक चिंताएं।
- सुरक्षा संबंधी विचार और अज्ञात दीर्घकालिक प्रभाव।
- आनुवंशिक निहितार्थ और माइटोकॉन्ड्रियल डीएनए में अंतर्निहित परिवर्तन।
- नियामक चुनौतियाँ और असंगत दिशानिर्देश।

2. **काय जीन चिकित्सा (Somatic Gene Therapy): इस जीन चिकित्सा में चिकित्सकीय जीनों को मानव की काय/शारीरिक कोशिकाओं (Somatic Cells) में प्रविष्ट कराया जाता है। किसी रोगी की अगली पीढ़ी में विरासत द्वारा आने वाले किसी भी बदलाव के बिना, किसी भी संशोधन को केवल व्यक्तिगत रोगी तक ही सीमित रखा जाएगा।**

जीन चिकित्सा की समस्याएं और नैतिकता (Problems and Ethics of Gene Therapy)

1. **चिकित्सा की अल्प जीवनकाल प्रकृति (Short-lived nature of therapy):** लक्ष्य कोशिकाओं में स्थानांतरित चिकित्सकीय डी.एन.ए. कार्यात्मक रहना चाहिए और चिकित्सकीय डी.एन.ए. युक्त कोशिकाओं को लंबे समय तक स्थिर रहने की आवश्यकता होती है। कई कोशिकाओं की तेजी से विभाजित होने की प्रकृति जीन चिकित्सा के दीर्घकालिक लाभों को प्राप्त करने से रोकती है।
2. **प्रतिरक्षा प्रतिक्रिया (Immune response):** जब भी कोई बाह्य तत्व मानव शरीर (कोशिका या ऊतक) में प्रविष्ट होता है, प्रतिरक्षा तंत्र उस आक्रमणकारी पर आक्रमण कर देता है। जब जीन चिकित्सा में बाह्य डी.एन.ए. भाग को शरीर में प्रविष्ट कराया जाता है, वहां प्रतिरक्षा तंत्र द्वारा जीन चिकित्सा की प्रभाविकता को कम करने के जोखिम की हमेशा संभावना रहती है। इसके अलावा प्रतिरक्षा प्रणाली पहले से देखे गये आक्रांताओं के विरुद्ध प्रतिक्रिया में सुधार करती है और इस प्रकार रोगी में जीन चिकित्सा की पुनरावृत्ति करना कठिन हो जाता है।
3. **विषाणु वेक्टर के साथ समस्याएं (Problems with viral vectors):** अधिकांश जीन चिकित्सा अध्ययन में विषाणु, वाहक के रूप में पसंद किए जाते हैं। जब हम वाहक के रूप में विषाणु वेक्टर को चुनते हैं तो रोगी में काफी समस्यायें देखी जाती हैं; जैसे- विषाक्तता, प्रतिरक्षा तथा सूजन प्रतिक्रिया, जीन नियंत्रण इत्यादि। विषाणु वेक्टर के पुनर्स्थिति में लौटने की योग्यता के कारण, रोगी के अंदर रोग उत्पन्न करने की हमेशा संभावना बनी रहती है।
4. **कैंसर उभरने के मौके/जोखिम (Chance of inducing a tumour):** यदि प्रबल कैंसर दबाने वाले जीन की जगह डी.एन.ए. का एक खंड जीनोम में गलत स्थान पर प्रवेश करा दिया जाए, तो कैंसर उभर सकता है।

नोट: जीन चिकित्सा का दुरुपयोग **जीन डोपिंग (Gene doping)** के रूप में देखा जा सकता है जहां खिलाड़ी अपने जीनों में बदलाव कराकर अपनी शक्ति (Stamina) को बढ़ाने की कोशिश करते हैं। रासायन डोपिंग (Chemical doping) की प्रक्रिया में खिलाड़ी रुधिर, मूत्र आदि के परीक्षण से पकड़े जाते हैं किन्तु **World Anti Doping Agency (WADA)** को जीन डोपिंग की पहचान करने में मुश्किल आती है।

23.23 जीन एडिटिंग तथा क्रिस्पर तकनीकी (Gene Editing and CRISPAR Technology)

जीन लेखन/जीन एडिटिंग (Gene Editing)

किसी व्यक्ति की परिभाषित जैव-सूचना जीन में होती है। आनुवंशिक पदार्थ से किसी व्यक्ति की त्वचा या बाल के रंग और यहां तक कि उनके विशिष्ट लक्षण तथा व्यवहार के तरीकों का भी पता/सूचना प्राप्त की जा सकती है।

उन सूचनाओं के विकल्प के रूप में वैज्ञानिकों ने इनमें से कुछेक लक्षणों को नियंत्रित करने का प्रयास किया। वह कोई नई विधि नहीं है परंतु समय-समय पर जीवन में परिवर्तन (Gene Modification), जीन में तोड़-मोड़ (Genetic manipulation) या जेनेटिक अभियांत्रिकी शब्दों से अभिव्यक्त की जाती रही है।

क्रिस्पर (CRISPAR - Cas 9)

क्रिस्पर **(CRISPAR - Clustered, Regularly Interspaced, Short Palindromic Repeats)** संबद्ध प्रोटीन-9 ने/Cas-9 ने अधिकांश प्रयोगशालाओं में जेनेटिक मैनिप्यूलेशन तथा जीन एडिटिंग को सरल, तीव्र तथा आसानी से सुलभ बना दिया है।

जीन एडिटिंग-क्रिस्पर तकनीकी को जेनेटिक अभिव्यक्ति विकल्प अथवा प्राणि के जीनोम बदलने हेतु प्रयोग किया जा सकता है।

- इस तकनीकी के माध्यम से किसी विशेष स्थिति पर डी.एन.ए. की एडिटिंग या सम्पूर्ण जेनेटिक कोड को लक्षित किया जा सकता है।
- जीनोम एडिटिंग के लिए क्रिस्पर तकनीकी एक महत्वपूर्ण यंत्र है। अब अनुसंधानकर्ता जीन कार्यों को मॉडिफाई करने तथा डी.एन.ए. अनुक्रम को आसानी से बदलने के लिए सक्षम होंगे।
- इसका प्रयोग जेनेटिक विकार, बीमारियों के विस्तार को रोकने व उपचार करने तथा फसली सुधार हेतु किया जा सकता है तथापि इसके उपयोग के सामने नैतिक आशंकाएं बनी रहेंगी।

यह कैसे काम करता है? (How it Works?)

- यह आनुवंशिक सूचनाओं से युक्त डी.एन.ए. धागों (Strands) पर काटने एवं जोड़ने की प्रणाली (Cut and paste system) की तरह काम करती है।
- डी.एन.ए. धागा, जेनेटिक कोड के परिवर्तन योग्य अथवा एडिटिंग योग्य विशिष्ट स्थान की पहचान करता है और तब Cas-9 प्रोटीन जो एक कैंची की तरह कार्य करता है, के माध्यम से उस स्ट्रैण्ड से डी.एन.ए. को काट दिया जाता है। एक बार डी.एन.ए. धागे के कटने पर इसमें स्वयं की मरम्मत की प्राकृतिक प्रवृत्ति विद्यमान होती है।
- स्व-मरम्मत की प्रक्रिया के दौरान, वैज्ञानिक वांछित जेनेटिक कोड का क्रम डालकर इसमें हस्तक्षेप करते हैं तथा इससे यह खंडित डी.एन.ए. को स्वत: ही बांध लेता/जोड़ लेता है।

मुद्दे (Issues)

अमेरिका की स्टेनफोर्ड यूनिवर्सिटी के अध्ययन के अनुसार चूहों में क्रिस्पर Cas-9 सिस्टम के प्रवेशन के दौरान ऐसे प्रभाव भी मिले, जो अवांछित थे। यह भी आशंका है कि इसका प्रयोग क्लिनी कली लिंगर्स में हो सकता है।

- अध्ययन यह भी रेखांकित करते हैं कि एडिटिंग कोशिकाएँ कैंसर के प्रभाव को समाप्त कर सकती हैं।
- उक्त कोशिकाओं के जीनोम में अन्यत्र उत्परिवर्तन (Mutation) का जोखिम बढ़ सकता है।
- चूंकि क्रिस्पर Cas-9 तकनीकी ने बहुत-सी बीमारियों के उपचार का कार्य किया है किंतु बहुत-सी बातें अस्पष्ट रहेंगी, जैसे-कौन-सी बीमारियां अथवा क्षेत्र जीन एडिटिंग के लिए उपयुक्त होंगे।

- स्वार्थ हेतु मानव भ्रूण में जोड़-तोड़ (Manipulation) किये जाने की नैतिक आशंका भी बनी रहेगी।

नैतिक चुनौतियां

- जैवनीतिज्ञ (Bioethicists) इस प्रकार के अनुसंधान के नैदानिक (Clinical) अनुप्रयोग के मामले में अपनी आशंका अभिव्यक्त करते हैं। ये जीनोम अभियांत्रिकी के नये युग के आरंभिक दिन हैं।
- जैवनीतिज्ञ न केवल इस बात को लेकर आशंकित हैं कि यह सरकारों को दिग्भ्रमित करेगा बल्कि ऐसी भी आशंका की जा रही है कि एक श्रेष्ठ बच्चे की चाहत जगाकर प्राइवेट क्षेत्र अभिभावकों को अपना शिकार बनाएंगे।
- अवांछित जीनोमों के अभूतपूर्व परिवर्तन भी देखने को मिल सकते हैं।
- यह भी एक नैतिक प्रश्न उठा है कि अभिभावकों के द्वारा वांछित परिणामों के साथ चाहे गए बच्चे उनके लिए कमोडिटी (उत्पाद) ज्यादा बन जाएंगे।
- **सुरक्षा:** इसमें सुरक्षा एक प्राथमिक चिन्ता/आशंका है क्योंकि अलक्षित प्रभाव की संभावना के साथ-साथ मेसायसिज्म (Mosaicism - जहां कुछ जीन, जीन प्रलेखन को संवहित करते हैं जबकि अन्य नहीं) का प्रभाव भी संभव है।
- **सूचित सहमति:** कुछ लोगों की आशंका है कि जर्मलाइन थैरेपी में सटीक सहमति असंभव है।
- अनुसंधानकर्ता एवं जैवनीतिज्ञ इस बात पर भी आशंकावान है कि संबंधित मां-बाप को वास्तविक सूचित सहमति प्राप्ति के साथ-साथ जर्मलाईन थैरेपी के जोखिम अभी तक अज्ञात है।
- **न्याय तथा बराबरी:** बहुत-सी नवीन तकनीकियों के जरिये यह देखने को मिला है कि केवल अमीर लोग ही इस जीनोम एडिटिंग का लाभ उठा पाएंगे जो स्वास्थ्य देखभाल तथा अन्य क्रिया-कलापों के बीच एक गहरी खाई उत्पन्न कर देगा। कुछेक इस बात से आशंकावान हैं कि जर्मलाइन एडिटिंग के माध्यम से जीन अभियांत्रिक लोगों का वर्ग निर्धारित होने लगेगा।

तथापि, क्रिस्पर तकनीकी, परंपरागत व गैर-परंपरागत समस्याओं के विशाल आधार के सामने, विशेषकर स्वास्थ्य क्षेत्र में एक जीन में परिवर्तन किया जाना लीक से हटकर है। तथापि, इन प्रयोगों तथा परीक्षणों की वैधता, विनियामकों द्वारा सोच-समझकर उचित रूप से छटनी करना तथा वाणिज्यिक दुरुपयोग से बचाकर करने का विषय है।

(इन्फोग्राफिक देखें - CRISPR Technology)

23.24 जीन डोपिंग (Gene Doping)

जीन डोपिंग के पीछे का कारण एथलेटिक प्रदर्शन में सुधार करने हेतु जीन परिवर्तन करना है। जीन थैरेपी के युग में, किसी जीव के ऊतकों तथा अंगों में प्रोटोन तथा हॉर्मोन्स सरलतम तरीके से ले जाना अब वास्तविकता बन चुका है। एक तत्व मूलभूत जेनेटिक डी.एन.ए. अभिव्यक्ति को बदल सकता है; जैसे-पेशियों की बड़ी वृद्धि, त्वरित सुधार तथा अतिरिक्त बलपूर्वक सिकुड़न/समेटना। पेशियां, जो डोप की जाती हैं, एण्टी डोपिंग प्रयोगशालाओं के नोटिस में नहीं आ सकतीं जो कि प्रतिस्पर्द्धा का लाभ लेने के लिए श्रेष्ठ साबित होता है।

जीन डोपिंग दो प्रकार के होते हैं:

- **एक्स-वीवो जीन डोपिंग (Ex-vivo doping):** बाह्य जीन डोपिंग का तरीका, जिसमें कल्चर (Culture) में जीन को कोशिका में स्थानांतरण कर उक्त ऊतक को ग्राही के अंदर प्रविष्ट करवा दिया जाता है। एक बार जीन्स को ग्राही की कोशिकाओं में प्रविष्ट करवा दिया जाए, तो यह जैव रसायनों तथा हॉर्मोन्स का स्राव करते हैं, जिससे प्रतिस्पर्द्धा के दौरान व्यक्ति का प्रदर्शन बढ़ा देते हैं।
- **इन-वीवो जीन डोपिंग** (In-vivo doping): एथलीट के शरीर में भौतिक, रासायनिक या जैविक तरीके की सहायता से नया जीन प्रविष्ट करवा दिया जाता है। इसमें विषाणुओं में बायोलॉजिकल कस्टमाईजेशन (अभिविष्टन) है, जिसमें कृत्रिम जीन को किसी विशेष अंग या ऊतक या कोशिका में प्रविष्ट करवाकर प्रतिस्पर्द्धी के शरीर में पहुंचा दिया जाता है।

जीन डोपिंग, खेल वस्तुनिष्ठता तथा एथलीट के स्वास्थ्य के लिए खतरनाक है तथा डोपिंग के खिलाफ वैश्विक रूप से लड़ने के लिए प्रोत्साहन, सहयोग तथा निगरानी के लिए जवाबदेह संस्था के रूप में वाडा (WADA - वर्ल्ड एण्टी-डोपिंग एजेंसी) बहुतायत में जीन डोपिंग की पहचान/पकड़ने के सक्षम तरीकों के माध्यम से संसाधन व जागरूकता फैला रही है।

ट्युबिंगन (Tubingen) और मेंजेव (Mainzhave) के जर्मन वैज्ञानिकों ने 56 दिनों के बाद भी जीन डोपिंग का पता लगाने के लिए एक विश्वसनीय रक्त परीक्षण किया: 'अब, पहली बार, एक प्रत्यक्ष विधि मौजूद है जो जीन स्थानांतरण के माध्यम से डोपिंग का पता लगाने के लिए पारंपरिक रक्त के नमूनों का उपयोग करती है'।

23.25 क्लोनिंग (Cloning)

जैव प्रौद्योगिकी का प्रयोग कर प्रयोगशाला के अंदर किसी कोशिका या **जीव का अलैंगिक (axesual) प्रकार** से उत्पादन करना **क्लोनिंग** कहलाता है।

1. **जीन/आणविक क्लोनिंग (Gene/Molecular Cloning):** यह बहुत सारे गुणित अणुओं को बनाने की प्रक्रिया है जिसका प्रयोग संपूर्ण जीनों को धारण करने वाले **डी.एन.ए. भाग के प्रवर्द्धन (Amplify DNA Fragments) करने में होता है।** जीन क्लोनिंग वाहक के लिए एक डी.एन.ए. का भाग (जिसमें बाह्य जीन/या इच्छित डी.एन.ए. को आरोपित किया जा सकता है) की आवश्यकता होती है।
2. **कोशिकीय क्लोनिंग (Cellular Cloning):** यह एकल कोशिका से **समान कोशिकाओं को विकसित करने की एक प्रक्रिया है।** यह **'स्टेम कोशिका अनुसंधान'** में उपयोग की जाती है।
3. **जीव क्लोनिंग (Organism Cloning):** इस प्रक्रिया में एक नये बहुकोशिकीय जीव को बनाया जाता है, जो आनुवंशिक रूप से दूसरे जीव के समान होता है, **यह प्रजनन का अलैंगिक (Asexual) प्रकार है**, वैज्ञानिकों द्वारा इस क्षेत्र में बहुत अधिक उपलब्धियां हासिल की गई हैं जिनमें भेड़ तथा गाय शामिल हैं। क्लोनिंग के प्रयोग को लेकर काफी बड़ी नैतिक बहस हुई है, **डॉली भेड़** इसका उदाहरण है।

CRISPR-CAS9

- **CRISPR-Cas9** एक क्रांतिकारी जीन-संपादन तकनीक है जिसने वैज्ञानिक समुदाय और उससे परे महत्वपूर्ण ध्यान और उत्साह आकर्षित किया है।
- यह वैज्ञानिकों को मनुष्यों, पौधों और जानवरों सहित विभिन्न जीवों के डीएनए में सटीक परिवर्तन करने की अनुमति देता है।
- **CRISPR**, जिसका मतलब है क्लस्टर्ड रेगुलरली इंटरस्पेस्ड शॉर्ट पैलिंड्रोमिक रिपीट्स, बैक्टीरिया में पाया जाने वाला एक प्राकृतिक रक्षा तंत्र होता है।
- यह एक प्रकार की प्रतिरक्षा प्रणाली के रूप में कार्य करता है जो बैक्टीरिया को वायरल संक्रमण से बचाने में मदद करता है।
- दूसरी ओर, **Cas9** एक एंजाइम है जो **CRISPR** के साथ काम करता है। यह "आण्विक कैंची" के एक युग्म के रूप में कार्य करता है जो विशिष्ट स्थानों पर डीएनए को काट सकता है।
- किसी जीव के जीनोम के भीतर विशिष्ट डीएनए अनुक्रमों को लक्षित करके जीन को संपादित करने के लिए वैज्ञानिकों द्वारा **CRISPR-Cas9** प्रणाली का उपयोग किया गया है। आरएनए का एक छोटा सा टुकड़ा, जिसे गाइड आरएनए **(gRNA)** कहा जाता है, डिजाइन करके, जो लक्ष्य डीएनए अनुक्रम से मेल खाता है, वैज्ञानिक **Cas9** एंजाइम को उस विशिष्ट स्थान पर निर्देशित कर सकते हैं। एक बार जब **Cas9** एंजाइम, लक्ष्य डीएनए से जुड़ जाता है, तो यह दोनों स्ट्रैंड को काट देता है, जिससे डीएनए अनुक्रम में रुकावट पैदा हो जाती है।
- यह रुकावट कोशिका के प्राकृतिक मरम्मत तंत्र को ट्रिगर करता है, जिसका उपयोग डीएनए में वांछित परिवर्तन लाने के लिए किया जा सकता है। वैज्ञानिक कोशिका को स्वय ही इस विच्छेदन की मरम्मत करने की अनुमति दे सकते हैं, जिसके परिणामस्वरूप छोटे सम्मिलन या विलोपन हो सकते हैं जो जीन फ़ंक्शन को बाधित कर सकते हैं, या वे एक डीएनए टेम्पलेट प्रदान कर सकते हैं जो मरम्मत प्रक्रिया का मार्गदर्शन करता है, जो विशिष्ट परिवर्तनों या नई आनुवंशिक सामग्री की शुरूआत को सक्षम बनाता है।
- **CRISPR-Cas9** के संभावित अनुप्रयोग व्यापक हैं और विभिन्न क्षेत्रों में फैले हुए हैं। चिकित्सा में, यह रोग पैदा करने वाले उत्परिवर्तनों को ठीक या संशोधित करके आनुवंशिक विकारों के इलाज का वादा करता है। इसका उपयोग इम्यूनोथेरेपी के लिए कोशिकाओं को संशोधित करने या अनुसंधान उद्देश्यों के लिए अधिक सटीक रोग मॉडल विकसित करने के लिए भी किया जा सकता है। कृषि में, **CRISPR-Cas9** में फसल की पैदावार बढ़ाने, पोषण सामग्री में सुधार करने और कीटों या बीमारियों के प्रति प्रतिरोधक क्षमता बढ़ाने की क्षमता है।
- जबकि **CRISPR-Cas9** व्यापक संभावनाएं प्रदान करता है, यह नैतिक चिंताओं और चुनौतियों को भी बढ़ाता है। मानव रोगाणु जीनोम में वंशानुगत परिवर्तन करने की प्रौद्योगिकीय क्षमता ने मानव गुणों और विशेषताओं में हेरफेर के नैतिक निहितार्थों के बारे में बहस छेड़ दी है। वैज्ञानिक समुदाय और नियामक निकाय इस शक्तिशाली उपकरण का जिम्मेदारीपूर्ण उपयोग सुनिश्चित करने के लिए दिशानिर्देश और नियम स्थापित करने पर सक्रिय रूप से काम कर रहे हैं।

1. लक्षित किए जाने वाले विशिष्ट डीएनए अनुक्रम की पहचान की जाती है।

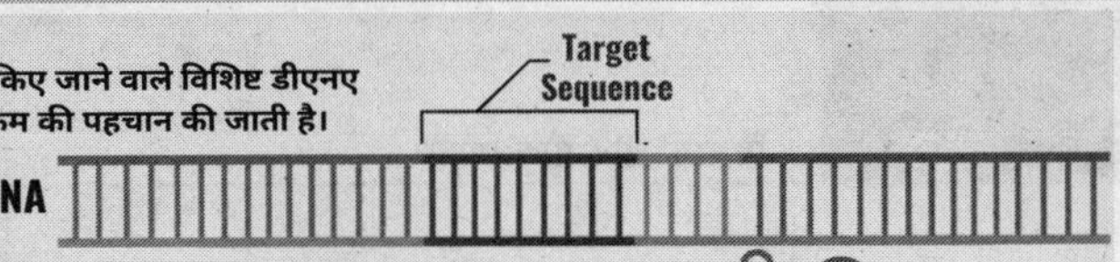

2. गाइड आरएनए, एक अनुक्रम रखता है जो लक्ष्य डीएनए अनुक्रम को पूरक करता है, लक्ष्य डीएनए के साथ एक बाध्यकारी अंत:क्रिया बनाता है।

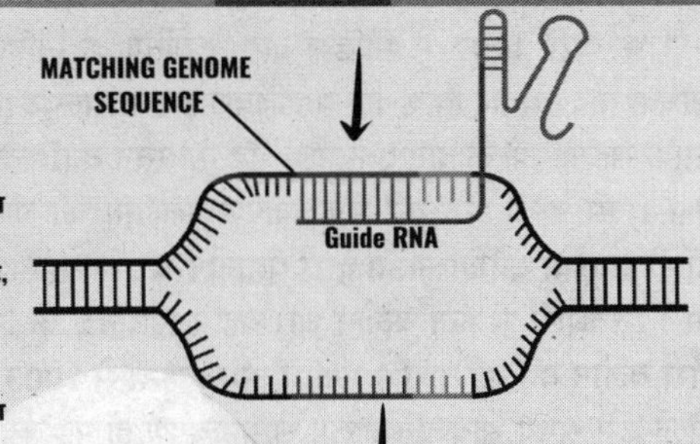

3. Cas9 एंजाइम सटीक साइट का पता लगाने के लिए एक गाइड के रूप में एक विशेष डीएनए अनुक्रम का उपयोग करता है जहां यह पूरक गाइड आरएनए से जुड़ता है, जिससे डीएनए के दोनों स्ट्रैंड में दरार आ जाती है।

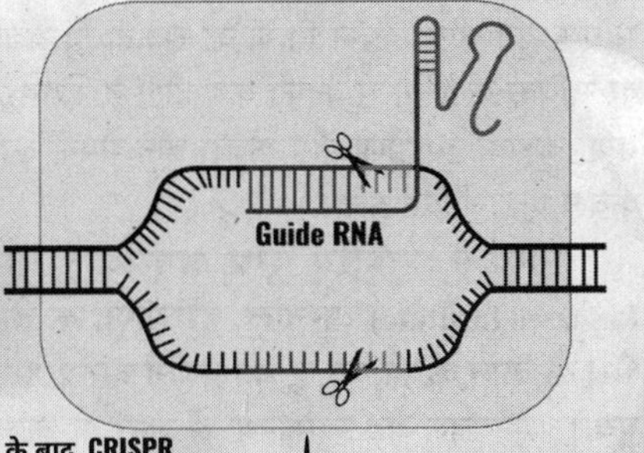

4. लक्ष्य अनुक्रम के विच्छेदन के बाद, CRISPR सिस्टम प्रोग्रामिंग तीन संभावित परिणामों या परिदृश्यों को जन्म दे सकती है।

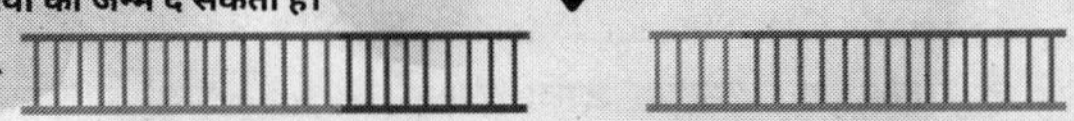

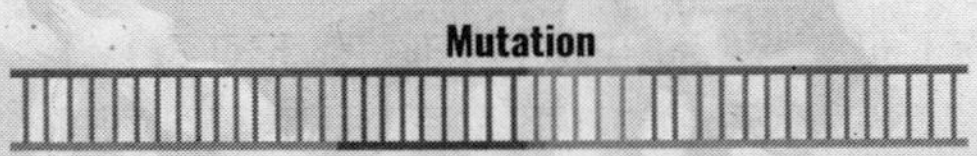

4-I उत्परिवर्तन की शुरूआत के माध्यम से डीएनए काट की मरम्मत की जाती है।

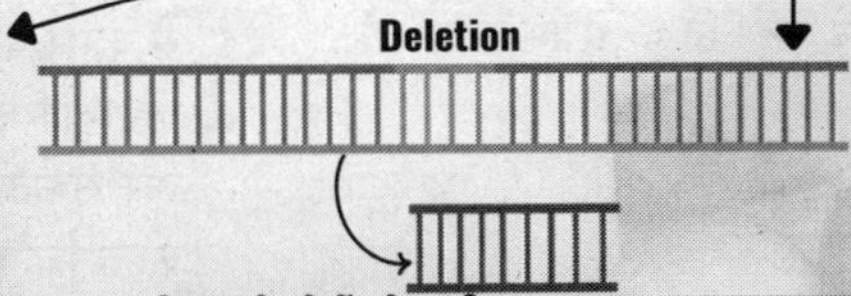

4-II लक्ष्य डीएनए के दोनों ओर सटीक कट उत्पन्न करने के लिए इंजीनियरिंग तकनीकों के माध्यम से एंजाइमों में हेरफेर किया जाता है, जिससे लक्ष्य डीएनए को छांटना और बाद में डीएनए सिरों को फिर से जोड़ना संभव हो जाता है।

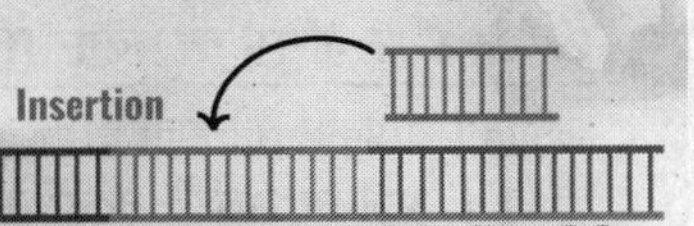

4-III डीएनए मरम्मत प्रणाली का उपयोग जीनोम में एक विशिष्ट डीएनए खंड को सम्मिलित करने के लिए इसकी कार्यक्षमता का फायदा उठाने के लिए किया जा सकता है।

CRISPR Cas9 के अनुप्रयोग

जीन उपचार: CRISPR-Cas9 में रोगी की कोशिकाओं को संपादित करके आनुवंशिक विकारों के इलाज की काफी क्षमता है। यह विशिष्ट जीन को सुधारने, हटाने या जोड़ने में सक्षम है, जिससे सिकल सेल एनीमिया, सिस्टिक फाइब्रोसिस और कुछ कैंसर जैसी स्थितियों के लिए नई उपचार संभावनाएं खुलती हैं।

रोग मॉडलिंग और औषधि खोज: CRISPR-Cas9 सटीक रोग मॉडल के लिए सटीक आनुवंशिक संशोधनों को सक्षम बनाता है, रोग तंत्र के अध्ययन, दवा लक्ष्य की पहचान, चिकित्सा विकास और तेजी से दवा की खोज में सहायता करता है।

कृषि एवं खाद्य सुरक्षा: CRISPR-Cas9 बेहतर उपज, पोषण और लचीलेपन के लिए फसल के गुणों को बढ़ाकर कृषि में क्रांति ला देता है। यह वांछित आनुवंशिक परिवर्तन लाने, खाद्य सुरक्षा चुनौतियों का समाधान करने और टिकाऊ कृषि को बढ़ावा देने के लिए एक सटीक और कुशल तरीका प्रदान करता है।

पशुधन सुधार: Cas9 लक्षित आनुवंशिक संशोधनों के माध्यम से पशुधन को बढ़ाता है, रोग प्रतिरोधक क्षमता, उत्पादकता और वांछनीय लक्षणों में सुधार करता है। इससे पशु कल्याण और कृषि उत्पादकता को लाभ होता है।

संरक्षण जीवविज्ञान: CRISPR-Cas9 लुप्तप्राय प्रजातियों को संरक्षित करके संरक्षण प्रयासों में सहायता करता है। यह आनुवंशिक मुद्दों का समाधान कर सकता है, विविधता बढ़ा सकता है और छोटी आबादी में हानिकारक उत्परिवर्तन को कम कर सकता है।

बायोमेडिकल रिसर्च: CRISPR-Cas9 बुनियादी अनुसंधान के लिए एक मूल्यवान उपकरण है, जो सटीक जीन हेरफेर को सक्षम बनाता है। यह जीन कार्यों, जैविक प्रक्रियाओं में विशिष्ट जीन की भूमिका और विकास, शरीर विज्ञान और रोग की प्रगति पर आनुवंशिक विविधताओं के प्रभाव के अध्ययन की सुविधा प्रदान करता है।

CRISPR-Cas9 जीन संपादन के नैतिक विचार

- **ऑफ़-टार्गेट प्रभाव:** गैर-लक्षित डीएनए अनुक्रमों में अनपेक्षित संशोधनों के अज्ञात परिणाम हो सकते हैं
- **जर्मलाइन संपादन:** प्रजनन कोशिकाओं को संशोधित करने से वंशानुगत परिवर्तन और संभावित असमानताओं सहित नैतिक प्रश्न उठते हैं।
- **नैतिक जिम्मेदारी:** शोधकर्ताओं को जोखिमों और लाभों पर विचार करना चाहिए, पारदर्शिता और जिम्मेदारीपूर्ण प्रथाओं को बढ़ावा देना चाहिए।
- **नियामक ढांचा:** दुरुपयोग को रोकने और CRISPR-Cas9 का नैतिक उपयोग सुनिश्चित करने के लिए दिशानिर्देश और निरीक्षण महत्वपूर्ण हैं।
- **सूचित निर्णय:** व्यापक जानकारी व्यक्तियों को जीन संपादन हस्तक्षेपों के बारे में सूचित निर्णय लेने का अधिकार देती है।
- **वैश्विक सहयोग:** साझा नैतिक मानकों को स्थापित करने और वैश्विक चिंताओं को दूर करने के लिए अंतर्राष्ट्रीय सहयोग आवश्यक है।
- **सार्वजनिक संलग्नता:** खुली चर्चा और शिक्षा समझ को बढ़ावा देती है और निर्णय लेने में सामाजिक मूल्यों पर विचार करती है।
- **दीर्घकालिक परिणाम:** सुरक्षा और नैतिक निहितार्थों का आकलन करने के लिए संपादित जीवों और उनकी संतानों की निगरानी करना महत्वपूर्ण है।

CRISPR-Cas9 जीन संपादन के भविष्य के परिप्रेक्ष्य

- कार्यकुशलता में उन्नति
- ऑफ़-टार्गेट प्रभाव कम होना
- वैकल्पिक जीन-संपादन उपकरण
- चिकित्सीय सफलताएँ
- कृषि नवाचार
- रोग मॉडलिंग और औषधि खोज
- वैयक्तिकृत चिकित्सा
- नैतिक एवं सामाजिक चर्चा
- पर्यावरण संरक्षण
- अनुप्रयोगों का विस्तार

फरवरी 1997 में मीडिया द्वारा क्लोनिंग के निहितार्थ के लिए बहुत अधिक वाद-विवाद किए गए। यह विवाद **इयान विल्मुट** (Ian Wilmut) तथा उसके सहयोगियों के द्वारा एक मादा भेड़ की **स्तन कोशिकाओं** (Mammary gland) से डॉली भेड़ की सफलतापूर्ण क्लोनिंग की घोषणा के बाद उठा। **डॉली वयस्क कोशिकाओं द्वारा पहली (यद्यपि पहला क्लोन मेंढक का था) स्तनधारी सफल क्लोन थी। यह स्कॉटलैंड के 'रॉसलिन संस्थान' द्वारा क्लोन की गई तथा 1996 में अपने जन्म से 2003 तक जीवित रही।** डॉली उस समय सार्वजनिक रूप से महत्वपूर्ण हो गई जब यह देखा गया कि विशिष्ट कार्यों के लिए कार्य क्रमबद्ध आनुवंशिक पदार्थ वाली कोशिकाओं से एक पूरा जीव उत्पन्न किया जा सकता है। यद्यपि इसके अंडों की प्रजनन दर जैविक क्लोनिंग से काफी कम होती है। इसमें 237 अंडों का प्रयोग किया गया, जबकि 29 भ्रूणों द्वारा केवल तीन मेमनों का जन्म हुआ था, जिनमें से केवल एक जीवित बचा।

भारत में **'राष्ट्रीय दुग्ध अनुसंधान संस्थान' (National Dairy Research Institute) करनाल, हरियाणा के वैज्ञानिकों द्वारा एक-मादा भैंस के कान के डी.एन.ए. का प्रयोग कर 2009 में पहला क्लोन बनाया गया।** दुर्भाग्यवश वह न्यूमोनिया से जन्म के बाद मर गया था। आनुवंशिक तथा विकासकीय जीव विज्ञान में **सोमैटिक कोशिका केंद्रक स्थानांतरण (Somatic Cell Nuclear Transfer - SCNT)** एक क्लोन बनाने की प्रक्रिया है, जिसमें एक **केंद्रक दाता (Nuclear Donor)** के साथ अंडें का उपयोग किया जाता है, इसका अनुप्रयोग स्टेम कोशिका अनुसंधान एवं चिकित्सकीय क्लोनिंग में अधिक किया जाता है। यह प्रजनन क्लोनिंग के प्रथम चरण के रूप में भी उपयोग किया जाता है।

23.25.1 क्लोनिंग के प्रकार (Types of Cloning)

क्लोनिंग दो प्रकार की होती हैं:

1. **प्रजनन संबंधी क्लोनिंग (Reproductive Cloning):** इस प्रकार की क्लोनिंग में **अंडाणु कोशिका को कुछेक विभाजन के बाद गर्भाशय में प्रत्यारोपित किया जाता है, जो इसके बाद वास्तविक केंद्रक दाता के जैसे आनुवंशिक भ्रूण में विकसित होता है।**
2. **उपचारीय क्लोनिंग (Therapeutic Cloning):** अंड (Egg) को पेट्रीडिश में रखा जाता है ताकि भ्रूण स्टेम सेल में विकसित हो सके, जिससे कई बीमारियों के इलाज की क्षमता की संभावना दिखाई देती है।

उपचारीय क्लोनिंग/जैवचिकित्सा क्लोनिंग (Therapeutic Cloning/Biomedical Cloning)

प्राथमिक चरण में यह वयस्क डी.एन.ए. क्लोनिंग के समान होती है। **इसका उद्देश्य रोगी के ऊतकों या प्रत्यारोपण के लिए अंगों की प्रतिकृति तैयार करना है। ऊतक या अंग जो रोगी के ही वास्तविक डी.एन.ए. का होगा जिससे रोगी को शेष जीवन में प्रतिरक्षा तंत्र दमनकारी (Immunosuppressant) दवाओं को नहीं लेना होगा,** जिसकी ऐसे प्रत्यारोपण के बाद अब जरूरत नहीं है। बल्कि इससे प्रत्यारोपित अंगों को अस्वीकार करने का जोखिम कम होगा।

इसको **सोमेटिक कोशिका केंद्रक स्थानांतरण (SCNT) या अनुसंधान क्लोनिंग (Research cloning) भी कहते हैं। इस तकनीक में परिणामी भ्रूण को 14 दिन तक वृद्धि के लिए रखा जाता है। इसकी स्टेम कोशिकाएँ फिर पूर्ण मानव ऊतक या पूर्ण प्रत्यारोपण हेतु अंग के रूप में विकसित हो जाती हैं।** नवंबर 2001 में **वार्सेस्टर (Worcester)** की एक बायोटेक कंपनी **एडवांस कोशिका तकनीकी** (Advanced Cell Technology) द्वारा प्रथम चिकित्सकीय क्लोनिंग संपादित की गई।

उपचारित क्लोनिंग का उपयोग

1. इससे प्रतिरक्षा अस्वीकार की समस्या से छुटकारा मिलेगा जो ऊतक या अंग प्रत्यारोपण का एक प्रमुख मुद्दा है जैसे कि इसमें रोगी की स्वयं की कोशिकाएँ प्रयुक्त की जाती हैं (प्रतिरक्षा दमनकारी दवा लेने की आवश्यकता नहीं होती है)।
2. प्लूरीपोटेन्ट (Pluripotent) प्रवृत्ति की स्टेम कोशिकाएँ भ्रूण को छोड़कर सभी कोशिकाओं को उत्पन्न कर सकती है। उदाहरण के लिए इसमें रोगी की बीमार कोशिकाओं को हटा कर उपचार किया जा सकता है।
3. यह स्टेम कोशिकाओं का अध्ययन करने में मदद कर सकता है यह वर्तमान की आम बीमारियों के भविष्य में उपचार में महत्वपूर्ण होगा; जैसे-एण्टीडायबीटिक, हृदय रोग तथा पार्किंसन रोग।
4. यह बुढ़ापे की प्रक्रिया तथा इसको दूर करने को समझने में मदद कर सकता है।
5. ये कैंसर के बनने की प्रक्रिया को समझने में सहायता करता है।
6. यह प्लास्टिक, पुनर्संरचनात्मक तथा सौंदर्य शल्य चिकित्सा में सहायता कर सकता है। वक्ष स्थल प्रत्यारोपण (Breast implant surgery) की शल्य चिकित्सा चिकित्सकीय क्लोनिंग से सम्भव है।

मानव क्लोनिंग पर नैतिक मुद्दे
(Opposing Views on Human Cloning)

प्रजनन और चिकित्सकीय क्लोनिंग हेतु आनुवंशिक केंद्रों व समाज द्वारा कुछ मत दिए गए हैं:

- **काउंसिल ऑन बायोएथिक्स** (Council on Bioethics) के अध्यक्ष, राष्ट्रपति जॉर्ज बुश द्वारा मानव क्लोनिंग तथा मानवीय गरिमा (Human dignity) रिपोर्ट जुलाई 2002 में प्रकाशित की गई।
- मानव क्लोनिंग की सम्पूर्ण रिपोर्ट 9 जून, 1997 को **''अमेरिकन स्टेट नेशनल बायोटिक एडवायजरी कमेटी''** द्वारा जमा की गई। विभिन्न विशेषज्ञों द्वारा तैयार किए गए रिपोर्ट, वैज्ञानिकपरक पत्र, धार्मिक, कानूनी, नैतिक आदि पक्षों वाले पत्र इस समिति को सौंपे गए थे। अक्टूबर 2002 में इस समिति को समाप्त कर दिया गया।

मुख्य इंटरनेट साइट, प्रजनन क्लोनिंग से संबंधित है, जिनमें मानव क्लोनिंग से जुड़ी सामग्री, समाचार, विचार-विमर्श आदि खोजे जाते हैं। हालांकि इस प्रकार की साइट अब कम दिखायी देने लगी है।

एक (प्रो. ह्यूमन एक्टीविस्ट) मानव समर्थक कार्यकर्ता साइट एवं संयुक्त क्लोन अधिकार मोर्चा के संस्थापक रोनडोल्फ विकर (Rondolfe Wicker) इसके प्रमुख वक्ता हैं।

धार्मिक परिप्रेक्ष्य

विभिन्न धार्मिक, गैर-सरकारी तथा गैर-धार्मिक समूहों जिन्होंने क्लोनिंग की मृत्यु दर संबंधित कुछ विचार दिए हैं जिनमें से कुछ निम्नलिखित हैं:

1. क्लोनिंग और स्टेम कोशिका के विज्ञान, धार्मिक तथा प्रौद्योगिकी परियोजनाओं पर स्कॉटलैण्ड के चर्च।
2. रोम का कैथोलिक चर्च
3. क्लोनिंग पर जेविस (Jewish) परिप्रेक्ष्य
4. क्लोनिंग पर कुछ इस्लामिक परिप्रेक्ष्य

23.25.2 क्लोनिंग के सकारात्मक एवं नकारात्मक प्रभाव (Positive and Negative Effects of Cloning)

सकारात्मक प्रभाव: मनुष्यों के महत्वपूर्ण अंगों के पूर्तिकर प्रणाली के रूप में, महत्वपूर्ण मानवीय अंगों को क्लोन किया जा सकता है। इसके कुछ प्रमुख सकारात्मक प्रभाव हैं:

1. शारीरिक अंगों के लिए क्लोनिंग तकनीकी जीवन रक्षक के रूप में सहायक हो सकती है।
2. वृक्क या हृदय के फेल होने की दशा में इसे क्लोन किए गए अंग के द्वारा प्रतिस्थापित किया जा सकता है।
3. मनुष्यों के बांझपन के बड़े मामलों को हल करने में क्लोनिंग सहायक हो सकती है।
4. बच्चों को पैदा करने के संभावित विकल्प के रूप में क्लोनिंग सहायक हो सकता है।
5. मानव में एक विशिष्ट गुण को क्लोनिंग के माध्यम से पुन: उत्पन्न करना संभव हो सकता है।
6. यह मानव रोगों पर जीन की संरचना अभाव व्यवस्था एवं आनुवंशिक घटकों के प्रभाव को समझने में सक्षम हो सकता है।
7. क्लोनिंग अनुकूलित आयोजन प्राप्त करने तथा इनको समाज के स्वास्थ्य लाभ के लिए लागू करने में सहायता कर सकता है।
8. प्रतिकृति उद्देश्यों के रूप में क्लोनिंग लाभकारी हो सकती है।
9. पौधों तथा जानवरों के आनुवंशिक परिवर्तन को भी क्लोनिंग द्वारा अनुमति दी जा सकती है।

नकारात्मक प्रभाव: क्योंकि यह एक प्राकृतिक प्रजनन प्रक्रिया नहीं है, मानव क्लोनिंग का नकारात्मक प्रभाव प्रकृति का उल्लंघन है। क्लोनिंग के नकारात्मक प्रभाव हैं:

1. क्लोनिंग मानव आनुवंशिकी के साथ छेड़छाड़ के लिए सक्षम बनाता है तथा अनिच्छित गुणों युक्त उत्पादन की संभावना को बढ़ाता है।
2. शारीरिक अंगों की क्लोनिंग सामाजिक मानदंडों का उल्लंघन करती है।
3. स्वयं मानव क्लोनिंग या प्रत्यारोपण के लिए अंगों की क्लोनिंग के समय तकनीकी तथा आर्थिक रुकावटों को ध्यान में रखने की आवश्यकता है, क्लोन अंग लागत प्रभावी होंगे, इसके अलावा मानव तथा जन्तु अधिकार क्लोनिंग के कारण खतरे में पड़ जाएंगे।

(इन्फोग्राफिक देखें - क्लोनिंग)

23.26 स्टेम कोशिकाएँ (Stem Cells)

स्टेम कोशिकाएँ वे कोशिकाएँ हैं, जो विभिन्न प्रकार की कोशिकाओं अथवा ऊतकों में निरंतर विभक्त विभेदकारी क्षमता रखती हैं।

स्टेम कोशिकाओं की विशेषताएं (Properties of Stem Cells)

ये शरीर में अन्य कोशिकाओं की तुलना में भिन्न होती हैं। बिना स्रोत को ध्यान में रखे सभी स्टेम कोशिकाओं की तीन प्रमुख विशेषताएं होती हैं:

(i) ये अविशिष्टिकृत (खाली कोशिका) कोशिकाएँ होती हैं।
(ii) इन्हें प्रविष्ट होने की क्षमता तथा पुनरुद्भवन पाया जाता है, ये लम्बे समय तक विभाजित तथा पुनर्नवीकृत होती रहती हैं।
(iii) ये विभेदनकारी प्रवृत्ति से युक्त विशिष्ट कोशिकाओं को सृजित/निर्माण की क्षमता रखती हैं।

स्टेम सेल के प्रकार (Types of Stem Cells)

1. भ्रूण स्टेम सेल (Embryonic stem cells - ESCs)
2. प्रेरित प्लुरिपोटेंट स्टेम सेल (Induced pluripotent stem cells - iPSCs)
3. वयस्क स्टेम कोशिकाएँ (Adult stem cells)
4. एमनियोटिक स्टेम सेल/प्रसवकालीन स्टेम सेल (Amniotic stem cells / Perinatal stem cells)
5. भ्रूण स्टेम कोशिकाएँ (Fetal stem cells)

(इन्फोग्राफिक देखें - स्टेम कोशिकाएँ)

स्टेम कोशिका का प्रकार	विवरण	उदाहरण
टोटीपोटेंट (Totipotent)	प्रत्येक कोशिका एक संपूर्ण जीव में विकसित हो सकती है।	प्रारंभिक भ्रूण (1–3 दिन) से कोशिकाओं का बनना
प्लूरीपोटेंट (Pluripotent)	कोशिकाएँ किसी भी प्रकार की कोशिका (लगभग 200) का निर्माण कर सकती है।	Blastocyst की कुछ कोशिकाएँ/ इनर सेल मास–ICM (5–14 दिन)
मल्टीपोटेंट (Multipotent)	कोशिकाएँ पृथक होती हैं, परंतु कई प्रकार के अन्य ऊतक बना सकती हैं।	भ्रूण ऊतक (foetal tissue), कॉर्ड ब्लड (Card blood) तथा व्यस्क स्टेम कोशिका

उनकी अन्य विभिन्न प्रकार के कोशिकाओं में पृथक् होने की क्षमता के आधार पर, **इनको श्रेणीबद्ध किया जा सकता है,** जो निम्न प्रकार से हो सकती है:

- **टोटीपोटेंट (Totipotent)**
- **प्लूरीपोटेंट (Pluripotent)**
- **मल्टीपोटेंट (Multipotent)**
- **ओलिगो पोटेंट (Oligopotent)**
- **यूनिपोटेंट (Unipotent)**

क्लोनिंग

क्लोनिंग क्या है?

- क्लोनिंग किसी जीव, कोशिका या डीएनए खंड की एक समान या आनुवंशिक रूप से समान प्रतिलिपि बनाने की प्रक्रिया है। इसमें आनुवंशिक रूप से समान क्लोन तैयार करने के लिए किसी विशिष्ट व्यक्ति या इकाई की आनुवंशिक जानकारी की नकल करना शामिल है।
- क्लोनिंग शब्द कई अलग-अलग प्रक्रियाओं का वर्णन करता है जिनका उपयोग किसी जैविक इकाई की आनुवंशिक रूप से समान प्रतियां बनाने के लिए किया जा सकता है। प्रतिलिपि की गई सामग्री, जिसमें मूल के समान आनुवंशिक संरचना होती है, को क्लोन कहा जाता है। शोधकर्ताओं ने जीन, कोशिकाओं, ऊतकों और यहां तक कि भेड़ जैसे संपूर्ण जीवों सहित जैविक सामग्रियों की एक विस्तृत श्रृंखला का क्लोन बनाया है।

क्लोनिंग के प्रकार

प्रजनन क्लोनिंग

इस क्लोनिंग विधि में मूल जीव के समान जीन वाला एक जीव निर्मित किया जाता है। इसमें दाता कोशिका से डीएनए को एक खाली अंडाणु कोशिका में स्थानांतरित करना शामिल है, जिसे पुनः भ्रूण में विकसित होने के लिए उत्प्रेरित किया जाता है। भ्रूण को सरोगेट मां में प्रत्यारोपित किया जाता है, जिसके परिणामस्वरूप एक समान व्यक्ति का जन्म होता है।

चिकित्सीय क्लोनिंग

चिकित्सीय क्लोनिंग, जिसे सोमैटिक सेल न्यूक्लियर ट्रांसफर (SCNT) के रूप में भी जाना जाता है, चिकित्सा उपयोग के लिए भ्रूण स्टेम सेल का उत्पादन करता है। इसमें एक गैर-प्रजनन कोशिका के केंद्रक को बिना किसी केंद्रक वाली अंडाणु कोशिका में स्थानांतरित करना शामिल है। विकसित भ्रूण अनुसंधान या संभावित उपचारों के लिए स्टेम कोशिकाओं का एक स्रोत प्रदान करता है।

आणविक/जीन क्लोनिंग

आणविक क्लोनिंग एक प्रयोगशाला तकनीक है जिसका उपयोग डीएनए खंडों की प्रतिकृति बनाने के लिए किया जाता है। इसमें एक वेक्टर (जैसे प्लास्मिड) में एक विशिष्ट डीएनए अनुक्रम शामिल करना और इसे एक मेजबान जीव, आमतौर पर एक जीवाणु या खमीर में पेश करना शामिल है। यह डीएनए खंड की प्रतिकृति और प्रवर्धन की अनुमति देता है।

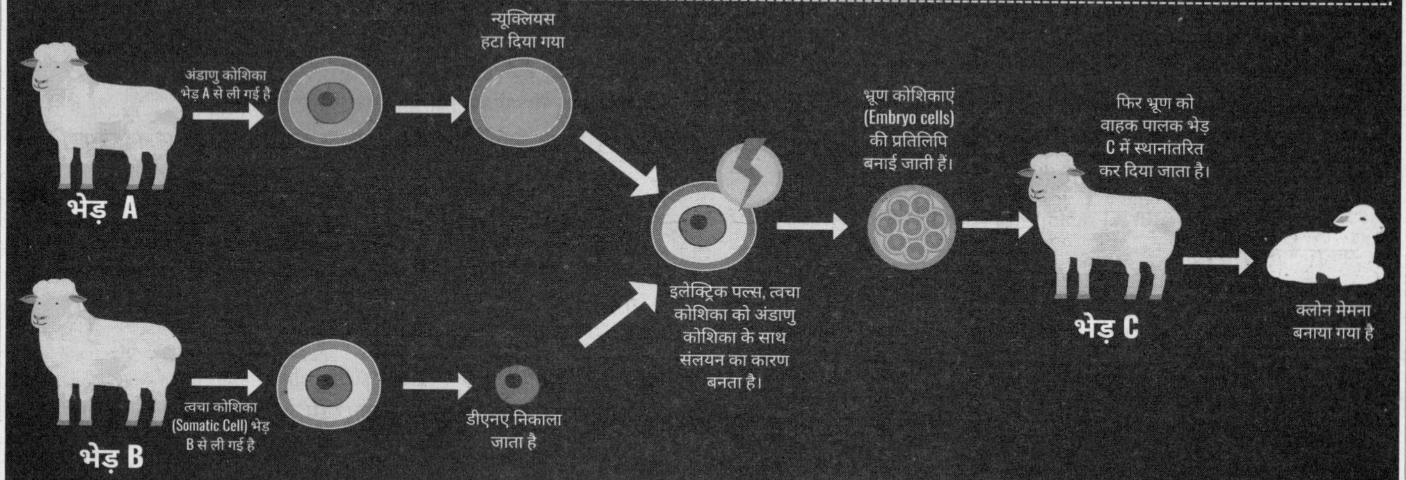

क्लोनिंग के अनुप्रयोग

प्रजनन क्लोनिंग

- डॉली भेड़: वयस्क सौमैटिक कोशिका से क्लोन किया गया पहला स्तनपायी।
- कृषि क्लोनिंग: वांछनीय लक्षणों के साथ उच्च गुणवत्ता वाले पशुधन का पुनरुत्पादन।
- संरक्षण प्रयास: आनुवंशिक प्रतिकृतियां बनाकर लुप्तप्राय प्रजातियों का संरक्षण करना।

चिकित्सीय क्लोनिंग

- स्टेम सेल अनुसंधान: पुनर्योजी चिकित्सा के लिए भ्रूण स्टेम सेल उत्पन्न करना।
- ऊतक और अंग प्रत्यारोपण: प्रत्यारोपण के लिए आनुवंशिक रूप से मेल खाने वाली कोशिकाएं और ऊतक प्रदान करना।
- रोग मॉडलिंग: रोगों के उपचार का अध्ययन और विकास करने के लिए पशु मॉडल बनाना।

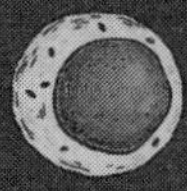
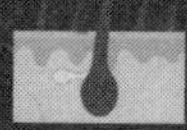

कोशिकीय क्लोनिंग

- जैव प्रौद्योगिकी और औषधि विकास: पुनः संयोजक प्रोटीन और चिकित्सीय पदार्थों का उत्पादन।
- अनुसंधान के लिए क्लोनिंग: प्रयोगशालाओं में विशिष्ट कोशिका प्रकारों की प्रतिकृति निर्माण और उनका अध्ययन करना।

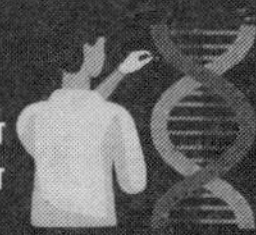

कृत्रिम प्रजनन

- सहायक प्रजनन प्रौद्योगिकी (ART): आईवीएफ के लिए दाता शुक्राणु या अंडाणु का उपयोग करके बांझपन वाले जोड़ों की सहायता करना।

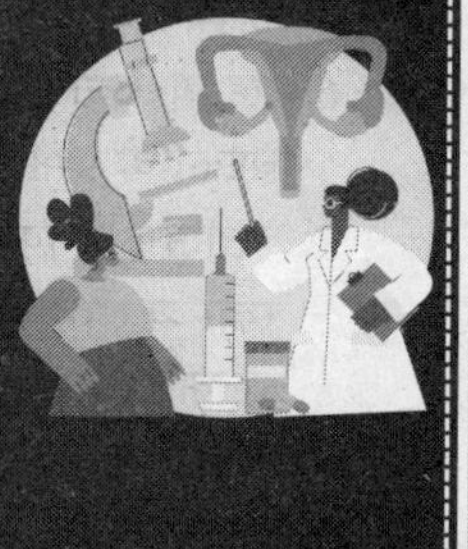

लाभ

1. आनुवंशिक संरक्षण: क्लोनिंग पौधों और जानवरों में मूल्यवान आनुवंशिक लक्षणों के संरक्षण की अनुमति देता है।
2. चिकित्सा प्रगति: क्लोनिंग तकनीक पुनर्योजी चिकित्सा, अंग प्रत्यारोपण और रोग अनुसंधान में प्रगति में योगदान करती है।
3. कृषि लाभ: क्लोनिंग वांछनीय गुणों के साथ उच्च गुणवत्ता वाले पशुधन को पुनः उत्पन्न करने, खाद्य उत्पादन और गुणवत्ता बढ़ाने में मदद करता है।
4. प्रजाति संरक्षण: क्लोनिंग लुप्तप्राय प्रजातियों के संरक्षण और संभावित रूप से विलुप्त प्रजातियों को पुनर्जीवित करने में सहायता कर सकती है।

चुनौतियां

1. कम सफलता दर: क्लोनिंग की सफलता दर आम तौर पर कम होती है, जिससे अकुशल पुनरुत्पादन और सीमित अनुप्रयोग होता है।
2. नैतिक चिंताएँ: क्लोनिंग आनुवंशिक सामग्री के हेरफेर और स्वामित्व से संबंधित नैतिक दुविधाओं के साथ-साथ पशु कल्याण के बारे में चिंताओं को जन्म देती है।
3. स्वास्थ्य मुद्दे: क्लोन किए गए जीवों को स्वास्थ्य समस्याओं का अनुभव हो सकता है, जिसमें बीमारियों की बढ़ती संवेदनशीलता और विकास संबंधी असामान्यताएं शामिल हैं।
4. सार्वजनिक धारणा: क्लोनिंग पर जनता की राय अलग-अलग होती है, और सुरक्षा, नैतिकता और संभावित दुरुपयोग के बारे में चिंताएं स्वीकृति और समर्थन को प्रभावित कर सकती हैं।

नैतिक मुद्दे

मानव गरिमा: क्लोनिंग, मानवीय गरिमा और मानव जीवन के मूल्य के सम्मान के बारे में चिंता पैदा करती है।

पशु कल्याण: जानवरों की क्लोनिंग से क्लोन किए गए जीवों के कल्याण और जीवन की गुणवत्ता के बारे में नैतिक प्रश्न उठते हैं।

प्रकृति के साथ खिलवाड़: क्लोनिंग को प्रकृति या धार्मिक मान्यताओं के उल्लंघन के रूप में देखा जा सकता है, जिससे जीवन में हेरफेर करने में मानवता की भूमिका के बारे में चिंताएँ बढ़ जाती हैं।

लोक धारणा: नैतिक चिंताओं में जनता की राय, सामाजिक मूल्य और क्लोनिंग प्रौद्योगिकियों का जिम्मेदारीपूर्ण अनुप्रयोग शामिल है।

प्रजनन क्लोनिंग: मनुष्यों की क्लोनिंग करते समय संभावित जोखिमों, अज्ञात परिणामों और व्यक्तिगत स्वायत्तता के उल्लंघन के कारण नैतिक चिंताएँ उत्पन्न होती हैं।

अनभिप्रेत नतीजे: क्लोनिंग के अप्रत्याशित अल्पकालिक और दीर्घकालिक परिणाम हो सकते हैं जिन पर सावधानीपूर्वक विचार करने की आवश्यकता है।

सहमति और स्वायत्तता: मानव विषयों से जुड़े क्लोनिंग में सूचित सहमति, व्यक्तिगत स्वायत्तता के लिए सम्मान और अधिकारों की सुरक्षा सुनिश्चित होनी चाहिए।

समानता और न्याय: नैतिक विचारों में क्लोनिंग प्रौद्योगिकियों तक समान पहुंच सुनिश्चित करना और असमानताओं और संभावित दुरुपयोग को रोकना शामिल है।

स्टेम कोशिकाएँ

स्टेम कोशिका क्या हैं?

- स्टेम कोशिकाएँ मानव शरीर के भीतर विभिन्न विशिष्ट कोशिका प्रकारों में परिवर्तित होने की असाधारण क्षमता वाली उल्लेखनीय कोशिकाएँ होती हैं।
- उनमें विशिष्ट कोशिका वंशों (lineages) में विभाजित और विभेदित करने की क्षमता होती है, जो उन्हें वृद्धि, विकास और ऊतक मरम्मत के लिए महत्वपूर्ण बनाती है।
- स्टेम कोशिकाएं, पुनर्योजी चिकित्सा में एक मौलिक भूमिका निभाती हैं और इन्होंने शोधकर्ताओं और चिकित्सा पेशेवरों से समान रूप से महत्वपूर्ण ध्यान आकर्षित किया है।
- उनके अद्वितीय गुण कई प्रकार की बीमारियों और चोटों के इलाज की संभावना प्रदान करते हैं, जो चिकित्सा प्रगति के भविष्य का मार्ग प्रशस्त कर सकते हैं।

स्टेम कोशिका के प्रकार

भ्रूणीय स्टेम कोशिकाएं (ESCS)

विकास के प्रारंभिक चरण (आमतौर पर पहले सप्ताह के भीतर) भ्रूण से प्राप्त, ESCs में शरीर में किसी भी प्रकार की कोशिका में विभेदन की उच्चतम क्षमता होती है। ये प्लुरिपोटेंट होती हैं, जिसका अर्थ है कि वे सभी तीन रोगाणु परतोंः एक्टोडर्म, एंडोडर्म और मेसोडर्म की कोशिकाओं को जन्म दे सकते हैं।

वयस्क स्टेम कोशिकाएँ

इन्हें सौमेटिक या ऊतक विशिष्ट स्टेम कोशिकाओं के रूप में भी जाना जाता है, ये विभिन्न वयस्क ऊतकों और अंगों में पाए जाते हैं। उनमें स्व-नवीनीकरण करने और उस ऊतक या अंग के लिए विशेष प्रकार की कोशिकाओं में अंतर करने की क्षमता होती है जहां वे रहते हैं। उदाहरणों में अस्थि मज्जा में हेमेटोपोएटिक स्टेम कोशिकाएं और हड्डी, वसा और अन्य संयोजी ऊतकों में मेसेनकाइमल स्टेम कोशिकाएं शामिल हैं।

प्रेरित प्लुरिपोटेंट स्टेम कोशिकाएँ (IPSCS)

iPSCs, वयस्क कोशिकाओं, आम तौर पर त्वचा या रक्त कोशिकाओं को प्लुरिपोटेंट अवस्था में पुनः प्रोग्राम करके उत्पन्न की जाती हैं। विशिष्ट जीन या कारकों की शुरूआत के माध्यम से, ये कोशिकाएं बहुलता और विभिन्न प्रकार की कोशिकाओं में अंतर करने की क्षमता प्राप्त कर लेती हैं। व्यक्तिगत चिकित्सा और रोग मॉडलिंग के लिए iPSCs में काफी संभावनाएं हैं।

प्रसवकालीन स्टेम कोशिकाएँ

ये स्टेम कोशिकाएं बच्चे के जन्म से जुड़े ऊतकों, जैसे गर्भनाल, एमनियोटिक द्रव और प्लेसेंटा से प्राप्त की जाती हैं। गर्भनाल रक्त में हेमटोपोएटिक स्टेम कोशिकाएं होती हैं, जो अस्थि मज्जा में पाई जाने वाली कोशिकाओं के समान होती हैं, और इसका उपयोग कुछ रक्त संबंधी विकारों के लिए प्रत्यारोपण में किया जाता है।

भ्रूण स्टेम कोशिकाएं

गर्भधारण के दौरान विकासशील भ्रूण से प्राप्त, ये स्टेम कोशिकाएँ भ्रूणीय स्टेम कोशिकाओं की तुलना में अधिक विशिष्ट होती हैं लेकिन फिर भी इनमें कई प्रकार की कोशिकाओं में अंतर करने की क्षमता होती है। इनका उपयोग मुख्य रूप से अनुसंधान में किया जाता है।

स्टेम कोशिकाओं की विशेषताएं

पुनर्योजी क्षमता

स्टेम कोशिकाएं, ऊतक पुनर्जनन और मरम्मत में महत्वपूर्ण भूमिका निभाती हैं। ये क्षतिग्रस्त या खोई हुई कोशिकाओं को प्रतिस्थापित कर सकते हैं, कोशिका आबादी की भरपाई कर सकते हैं, और चोट या बीमारी की प्रतिक्रिया में ऊतक की कार्यक्षमता को बहाल कर सकते हैं।

स्व-नवीकरण

स्टेम कोशिकाओं में स्व-नवीनीकरण (self-renewal) के माध्यम से विभाजित करने और स्वयं की समान प्रतियां बनाने की क्षमता होती है। यह गुण शरीर में स्टेम कोशिकाओं की निरंतर आबादी सुनिश्चित करता है, जिससे दीर्घकालिक रखरखाव और पुनर्जनन संभव होता है।

कम विशेषज्ञता

स्टेम कोशिकाएँ पूरी तरह से विभेदित कोशिकाओं की तुलना में कम विशिष्ट होती हैं। उनके पास कम विशिष्ट संरचनाएं और कार्य होते हैं, जिससे वे विभिन्न प्रकार की कोशिकाओं में परिवर्तित होने की क्षमता में अधिक बहुमुखी हो जाते हैं।

विभेदन

स्टेम कोशिकाएं अलग-अलग कार्यों के साथ विशेष प्रकार की कोशिकाओं में विभेदित (differentiate) हो सकती हैं। वे विभिन्न वंशों की कोशिकाओं को जन्म दे सकते हैं, जिनमें एक्टोडर्म (जैसे, न्यूरॉन्स), एंडोडर्म (जैसे, यकृत कोशिकाएं), और मेसोडर्म (जैसे, मांसपेशी कोशिकाएं) शामिल हैं। यह प्रक्रिया ऊतक विकास, वृद्धि और मरम्मत की अनुमति देती है।

लंबी उम्र (LONGEVITY)

स्टेम कोशिकाएं विस्तारित अवधि के लिए अपनी अविभाज्य स्थिति को बनाए रख सकती हैं, जो अन्य प्रकार की कोशिकाओं की तुलना में लंबे जीवनकाल का प्रदर्शन करती हैं। यह विशेषता ऊतक पुनर्जनन और मरम्मत के लिए कोशिकाओं का निरंतर स्रोत प्रदान करने की उनकी क्षमता में योगदान करती है।

प्लुरिपोटेंसी या मल्टीपोटेंसी

कुछ स्टेम कोशिकाएँ प्लुरिपोटेंट होती हैं, जिसका अर्थ है कि उनमें तीनों रोगाणु परतों की कोशिकाओं में अंतर करने की क्षमता होती है। अन्य, जैसे वयस्क स्टेम कोशिकाएँ मल्टीपोटेंट होती हैं और वे जिस ऊतक या अंग में रहती हैं, उसके अनुसार विशिष्ट प्रकार की कोशिकाओं में अंतर कर सकती हैं।

स्टेम कोशिका के अनुप्रयोग

पुनर्योजी चिकित्सा

क्षतिग्रस्त ऊतकों और अंगों की मरम्मत और प्रतिस्थापन।

रोग मॉडलिंग

उपचार के अध्ययन और विकास के लिए रोग मॉडल बनाना।

दवाओं की खोज

नई दवाओं की सुरक्षा और प्रभावकारिता का परीक्षण करना।

ऊतक अभियांत्रिकी

प्रत्यारोपण के लिए कृत्रिम ऊतकों और अंगों का निर्माण करना।

कोशिका-आधारित उपचार

रक्त विकारों और प्रतिरक्षा प्रणाली रोगों का इलाज करना।

जीन उपचार

विशिष्ट ऊतकों या अंगों तक चिकित्सीय जीन पहुंचाना।

नैतिक मुद्दे

भ्रूण स्टेम कोशिकाएँ

मानव भ्रूण से प्राप्त भ्रूण स्टेम कोशिकाओं का उपयोग नैतिक चिंताओं को जन्म देता है क्योंकि इसमें भ्रूण का विनाश शामिल है, जिसे कुछ लोग मानव जीवन की शुरुआत मानते हैं।

प्रजनन क्लोनिंग

मनुष्यों की क्लोनिंग की संभावना व्यक्तित्व, पहचान और प्रजनन की सीमाओं के संबंध में नैतिक दुविधाएं पैदा करती है। प्रजनन उद्देश्यों के लिए क्लोनिंग को व्यापक रूप से नैतिक रूप से अस्वीकार्य माना जाता है।

सहमति और डोनेशन

स्टेम कोशिकाओं की खरीद, विशेष रूप से मानव दाताओं से, सूचित सहमति की आवश्यकता होती है और यह सुनिश्चित करना होता है कि दान प्रक्रिया बिना किसी दबाव या शोषण के नैतिक रूप से संचालित की जाती है।

पेटेंट और व्यावसायीकरण

स्टेम कोशिका, प्रौद्योगिकियों का व्यावसायीकरण और पेटेंटिंग, लाभों की पहुंच, सामर्थ्य और न्यायसंगत वितरण के बारे में नैतिक चिंताओं को बढ़ा सकता है।

संभावित दुरुपयोग

स्टेम कोशिका प्रौद्योगिकियों के संभावित दुरुपयोग के बारे में चिंताएं हैं, जैसे "डिज़ाइनर शिशुओं" का निर्माण या व्यक्तियों का अनधिकृत प्रजनन।

वैकल्पिक

नैतिक विचारों में वयस्क स्टेम कोशिका, iPSCs, या गैर-भ्रूण स्रोतों जैसे स्टेम कोशिका के वैकल्पिक स्रोतों की खोज और विकास शामिल है जो भ्रूण के विनाश से बचते हैं।

स्टेम कोशिका में वर्तमान अनुसंधान और भविष्य की दिशाएँ

रोग मॉडलिंग और औषधि स्क्रीनिंग

स्टेम कोशिका का उपयोग रोग मॉडलिंग और दवा स्क्रीनिंग, विशेष रूप से iPSCs के लिए किया जाता है।

ऊतक इंजीनियरिंग और अंग प्रत्यारोपण

स्टेम कोशिका अनुसंधान में प्रगति से ऊतक इंजीनियरिंग और अंग प्रत्यारोपण को लाभ मिलता है।

परिशुद्ध चिकित्सा

सटीक चिकित्सा के लिए स्टेम कोशिकाओं को जीनोमिक जानकारी के साथ जोड़ा गया

इम्यूनोथेरेपी

इम्यूनोथेरेपी उद्देश्यों के लिए स्टेम कोशिकाओं की खोज की गई।

जीन संपादन

जीन संपादन प्रौद्योगिकियाँ स्टेम कोशिका अनुसंधान को बढ़ाती हैं।

क्लिनिकल परीक्षण और स्थानांतरीय अनुसंधान

स्टेम कोशिका-आधारित उपचारों का परीक्षण चल रहा है।

भ्रूणीय विकास के चरण (Stages of Embryogenesis)

एम्ब्रियोजेनिक स्टेम कोशिकाएँ के विभिन्न, एम्ब्रियोजेनिक प्रक्रियाओं के दौरान उत्पन्न होती हैं। अण्डाणु तथा शुक्राणु के संलयन के बाद युग्मनज (Zygote) कोशिकाएँ विभिन्न एम्ब्रियोजेनिक चरणों में समसूत्री विभाजन (Mitosis) विभाजन प्रारंभ कर देती हैं- **मारूला चरण** (4-16 कोशिका - 2 दिन)- **ब्लास्टुला चरण** (128-256 कोशिका संरचना - 4 दिन) इस ब्लास्टुला/ब्लास्टोसाईट चरण पर ही एम्ब्रियोटिक स्टेम कोशिका लाईन्स (ICM) उत्पन्न होती हैं। ब्लास्टोसाईट चरण के बाद, भ्रूण के ऊतक बढ़ने लगते हैं तथा प्रवृत्ति में मल्टीपोटेंट (Multipotent) बन जाते हैं।

भ्रूणीय स्टेम सेल लाइनों की व्युत्पत्ति और उपयोग (Derivation and Use of Embryonic Stem Cell Lines)

भ्रूण का आंतरिक कोशिका द्रव्यमान (भ्रूण का निर्माण करने वाला हिस्सा) अलग हो जाता है और भ्रूण कोशिका रेखा बनाने के लिए बाधित हो जाता है। इस प्रक्रिया में भ्रूण मर जाता है। इन कोशिकाओं को विभिन्न प्रकार की कोशिकाओं में अंतर करने के लिए विशिष्ट संवर्धन माध्यम में रखा जाता है। इन विभेदित कोशिकाओं के, मानव में दोषपूर्ण कोशिकाओं या ऊतकों की मरम्मत या इन्हें बदलने के संबंध में, बहुत से फायदे हैं।

1. **टोटीपोटेंट (Totipotent):** ये स्टेम कोशिकाएँ भ्रूणीय तथा अतिरिक्त भ्रूणीय कोशिका में पृथक् हो सकती हैं और इस प्रकार पूर्ण व्यवहार्य में जीव का निर्माण कर सकती हैं। एक अंडाणु तथा शुक्राणु कोशिका के संयुग्मन से ऐसी कोशिकाओं का निर्माण होता है।

   निषेचित अंडाणु और निषेचित अंडाणु के कुछ प्रारंभिक विभाजन वाली कोशिकाएँ ही केवल टोटीपोटेंट कोशिकाएँ होती हैं।

2. **प्लूरीपोटेंट स्टेम कोशिकाएँ (Pluripotent Stem Cells):** ये टोटीपोटेंट स्टेम कोशिकाओं की संतति होती है और सभी नजदीकी कोशिकाओं में विभेदित हो सकती हैं, जैसे-तीनों जनन स्तरों (Germ layer) में से किसी भी स्तर द्वारा उत्पन्न कोशिकाएँ। ये कोशिकाएँ सभी प्रकार की कोशिकाओं के लिए स्वनवीकरण तथा विभेदन प्रदर्शित करती हैं।

   भ्रूणीय स्टेम कोशिकाएँ इस श्रेणी के अंतर्गत आती हैं।

   मानव भ्रूणीय आनुवंशिकी के *इन विट्रो* (In-vitro) अध्ययन के लिए प्लूरीपोटेंट स्टेम कोशिकाएँ अत्यंत मूल्यवान हैं।

3. **मल्टीपोटेंट स्टेम कोशिकाएँ (Multipotent Stem Cells):** स्टेम कोशिकाओं की इस प्रकृति से स्टेम कोशिका, कुछ प्रकार की अन्य कोशिकाओं में विभाजित हो सकती हैं।

   हेमैटोपोटीक (Haematopoietic) कोशिकाएँ, मल्टीपोटेंट होती हैं।

   वसीय ऊतक भी मल्टीपोटेंट स्टेम कोशिका का एक स्रोत हैं।

4. **ओलिगोपोटेंट स्टेम कोशिकाएँ (Oligopotent Stem Cell):** इस प्रकार की स्टेम कोशिकाएँ केवल कुछ कोशिकाओं जैसे कि लसीका या माइलाइड (Myeloid) कोशिकाओं में ही विभेदित हो सकती हैं।

   कार्नियल उपकला (Corneal Epithelium) एक पपड़ीदार उपकला (Squamous Epithelium) है, जो कि लगातार स्वनवीकृत होती है। यह ओलिगोपोटेंट है।

5. **यूनिपोटेंट स्टेम कोशिकाएँ (Unipotent Stem Cell):** ये कोशिकाएँ मात्र एक प्रकार की कोशिका में ही विभेदित हो सकती हैं, परंतु स्वनवीकरण गुण के कारण गैर-स्टेम कोशिकाओं से अलग पहचानी जाती हैं। यद्यपि वर्तमान में यह अस्पष्ट है कि ये अस्तित्व में हैं या नहीं हैं, लेकिन इस प्रकार की यूनीपोटेंट कोशिकाएँ, **मांसपेशी स्टेम कोशिकाओं (Muscle Stem Cell)** में शामिल हो सकती हैं।

भ्रूणीय स्टेम कोशिकाएँ: जाल या अतिरिक्त भ्रूण झिल्ली के भाग न बनने की कमी के कारण, भ्रूणीय स्टेम कोशिकाएँ, टोटीपोटेंट नहीं मानी जाती हैं। यह प्लूरीपोटेंट कोशिकाएँ मानी जाती हैं।

23.26.1 स्टेम कोशिका उपचार (Stem Cell Treatment)

यह क्षतिग्रस्त ऊतकों में नई कोशिकाओं को निर्मित कराने के लिए एक तकनीकी है, ताकि रोगों या चोट का उपचार किया जा सके। यह स्व-नवीकरण क्षमता तथा विभेदन के परिवर्तनशील स्तर के साथ आने वाली संतति को उत्पन्न करने की क्षमता है, जो शरीर में बीमारी से क्षतिग्रस्त क्षेत्र को प्रतिस्थापित कर ऊतक उत्पन्न करने की महत्वपूर्ण क्षमता प्रदान करती है। इस मामले में अस्वीकार किए जाने के जोखिम व दुष्प्रभाव न्यूनतम होंगे।

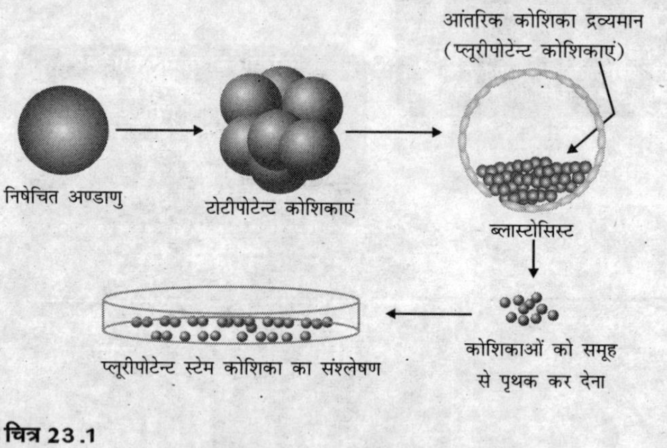

चित्र 23.1
ब्लास्टोसिस्ट के निर्माण की प्रक्रिया

मेरुरज्जू प्रत्यारोपण (Bonemarrow transplantation) को अपवादस्वरूप छोड़कर बहुत सारे स्टेम कोशिका उपचार उपलब्ध हैं, मगर अधिकांश या तो प्रायोगिक अवस्था में हैं या महंगे हैं। यह अपेक्षा की जा रही है कि कैंसर के उपचार हेतु वयस्क तथा भ्रूणीय स्टेम कोशिकाएँ जल्दी ही सक्षम होंगी। **टाइप-I मधुमेह, पार्किंसन रोग, हंटिंग्टन रोग, सिलिएक रोग (Celiac disease), हृदय आघात, मांसपेशीय क्षति, तंत्रिकातंत्र विकार तथा कई अन्य रोगों के उपचार हेतु भी वयस्क तथा भ्रूणीय स्टेम कोशिकाएँ सक्षम हो पाएंगी**, फिर भी अंग प्रत्यारोपण से संबंधित स्टेम कोशिकाओं की क्रियाविधि को समझने के लिए और अधिक अनुसंधान की आवश्यकता है।

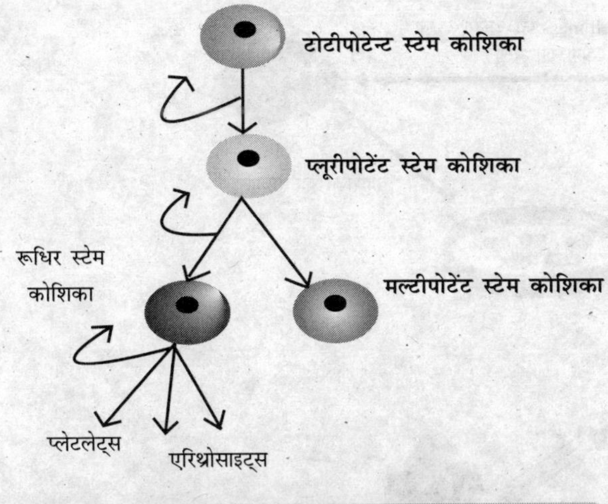

टोटीपोटेन्ट स्टेम कोशिका (Totipotent Stem Cell)

- युग्मनज तथा उसके प्रारंभिक विभाजन से निर्मित कोशिकाएं
- एक कोशिका संपूर्ण जीव की उत्पत्ति में सहायक

प्लूरीपोटेंट स्टेम कोशिका (Pluripotent Stem Cell)

- ब्लास्टोसिस्ट (blastocyst) अवस्था की कोशिकाएं
- एक कोशिका बहुत सारे अंगों का निर्माण करने में सक्षम
- Inner Cell Mass (ICM)

मल्टीपोटेंट स्टेम कोशिका (Multipotent Stem Cell)

- वयस्क स्टेम कोशिकाएं (Adult Stem Cells) की श्रेणी
- एक कोशिका से कुछ ही अंगों का निर्माण संभव (रूधिर स्टेम कोशिका)

चित्र 23.2
टोटीपोटेंट, प्लूरीपोटेंट तथा मल्टीपोटेंट प्रवृत्ति की स्टेम कोशिकाओं का चित्रात्मक विश्लेषण

23.26.2 स्टेम कोशिका विवाद (Stem Cell Controversy)

स्टेम कोशिका से संबंधित विवाद एक नैतिक वाद-विवाद है, जिसके केंद्र बिंदु में केवल मानव भ्रूणों को उत्पन्न करना, उपयोग एवं नष्ट करना शामिल है। आमतौर पर सबसे अधिक विवाद भ्रूणीय स्टेम कोशिका पर केंद्रित है। सभी प्रकार के स्टेम कोशिका अनुसंधान मानव भ्रूणों के विकास, उपयोग व विनष्ट करने में शामिल नहीं है, उदाहरण वयस्क स्टेम कोशिका, गर्भस्थ भ्रूण आवरण स्टेम कोशिका व प्रेरित प्लूरीपोटेंट स्टेम कोशिका मानवीय भ्रूणों को उत्पन्न करने, उपयोग व नष्ट करने में शामिल नहीं हैं।

23.26.3 स्टेम कोशिका अनुसंधान के लिए भारत के शीर्ष केंद्र (India's Top Centres for Stem Cell Research)

भारत के शीर्ष स्टेम कोशिका अनुसंधान केंद्रों में निम्नलिखित शामिल हैं:

- स्टेम कोशिका जीव विज्ञान तथा पुनरुत्पादक औषधि (Institute for Stem Cell Biology and Regenerative Medicine), बेंगलुरू

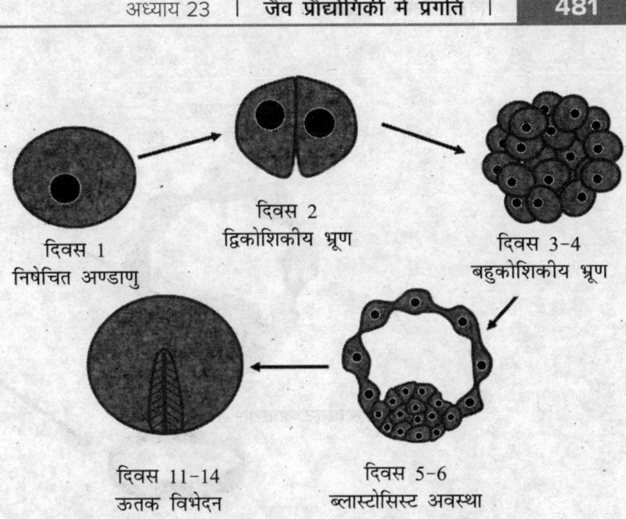

चित्र 23.3
भ्रूणजनन के चरण

- स्टेम कोशिका अनुसंधान केंद्र (CSCR), क्रिश्चियन मेडिकल कॉलेज (CMC) वेल्लोर, तमिलनाडु
- पुनरुत्पाद औषधि स्कूल (School for Regenerative Medicine), मणिपाल, कर्नाटक
- स्टेम कोशिका विज्ञान केंद्र (Centre for Stem Cell Science), हैदराबाद
- स्टेम कोशिका अंतर्राष्ट्रीय कैंसर एवं जैव प्रौद्योगिकी केंद्र (International Centre for Stem Cell, Cancer and Biotechnology), पुणे
- राष्ट्रीय कोशिका विज्ञान केंद्र, पुणे
- एल.वी. प्रसाद नेत्र संस्थान, हैदराबाद

स्टेम कोशिका अनुसंधान हेतु मसौदा दिशा-निर्देश (Draft Guidelines for Stem Cell Research)

भारतीय मेडिकल अनुसंधान परिषद् (ICMR) तथा **जैव प्रौद्योगिकी विभाग द्वारा** स्टेम सेल रिसर्च 2017 पर कुछ पुनर्व्यांखित दिशा-निर्देश 2019 में जारी किए गए थे। सभी स्टेम सेल अनुसंधानों को नैतिक तथा वैज्ञानिक तौर पर जवाबदेही तरीकों से किया जाएगा। इन दिशा-निर्देशों में मानव स्टेम कोशिका से संबंधित अनुसंधान के विभिन्न स्टेकहोल्डर्स के लिए भी प्रावधान है तथा इसमें आई.पी. आर. के साझाकरण का विकल्प भी है। ये सभी दिशा-निर्देश स्टेम सेल रिसर्च तथा थैरेपी के लिए नियुक्त एक राष्ट्रीय सर्वोच्च समिति द्वारा सुनिश्चित किये जाएंगे। यह समिति वर्तमान में भारत में स्टेम सेल रिसर्च गतिविधियों की निगरानी व अवलोकन करती है।

23.27 पश्चजात या एपिजेनेटिक्स (Epigenetics)

एपिजेनेटिक्स शब्द का उपयोग 1942 में **'कानरेड वाडिंगटन' (Conrad Waddington)** (1905-1975) द्वारा किया गया था, इसका उपयोग जीव विज्ञान की एक शाखा के रूप में किया जाता है, जिसमें

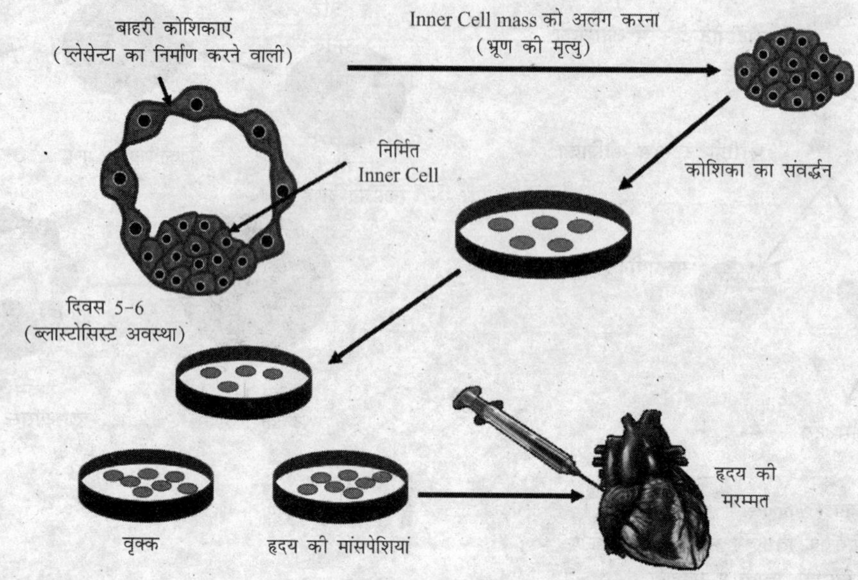

चित्र 23.4
स्टेम कोशिकाओं का संवर्द्धन एवं उनके द्वारा हृदय की मरम्मत

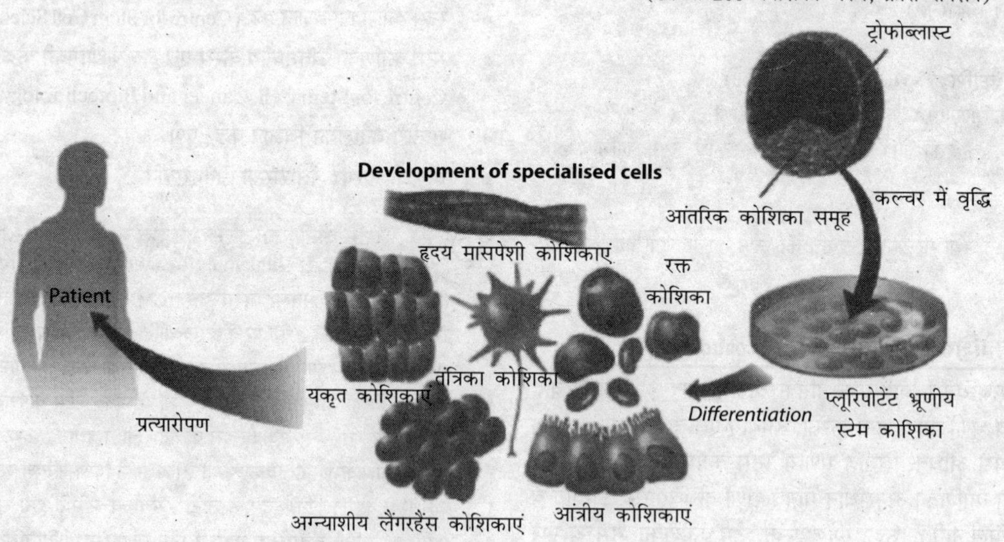

चित्र 23.5
स्टेम कोशिका उपचार

जीनों तथा उनके उत्पादों के बीच आकस्मिक अंतर्क्रिया का अध्ययन किया जाता है तथा जो फीनोटाइफ को अस्तित्व में लाती हैं। 19वीं शताब्दी के मध्य में, एपिजेनेटिक्स साहित्य में दिखने लगा था, यद्यपि इसकी अवधारणात्मक उत्पत्ति अरस्तु (384-322 ई.पू.) से मानी है। आज भी हमारे पहले से तय कार्यक्रमानुसार बनाम प्रकृति द्वारा बनाये जाने की सीमा को लेकर आम सहमति बहुप्रतिक्षित है। हालांकि यह प्रकृति और पोषण के बीच संबंध जोड़ने के लिए उभरा है। 21वीं सदी में, **'जीनोम कार्यविधि में आनुवंशिक परिवर्तन जो डी.एन.ए. अनुक्रम में परिवर्तन के बिना होता है, का अध्ययन करना'** इस शाखा की सर्वाधिक स्वीकार्य परिभाषा है।

अवधारणा समझ

आनुवंशिकी में विशेष रूप से एपिजेनेटिक्स डी.एन.ए. अनुक्रम में अंतर्निहित परिवर्तनों के अलावा, प्रक्रियाओं के कारण जीन अभिव्यक्ति में उत्पन्न परिवर्तनों को संदर्भित करता है। इसीलिए इसका नाम ऐपि (ग्रीक, ऊपर, के ऊपर, बाह्य) जेनेटिक्स पड़ा। **डी.एन.ए. मिथाइलीकरण** (Methylation) या **हिस्टोन विऐसीटलीकरण** (Deacetylation) इसके ऐसे दो उदाहरण हैं, जो शांत जीनों के अनुक्रम को कोई परिवर्तन न करने के साथ जीन अभिव्यक्ति को दबाते हैं।

कोशिका के शेष जीवन काल के लिए, कोशिका विभाजन द्वारा यह परिवर्तन बने रह सकते हैं। वे कई पीढ़ी तक रह सकते हैं। मगर, जीव के अंतर्निहित डी.एन.ए. अनुक्रम में परिवर्तन नहीं होता है इसके बजाय जीन के जीन अभिव्यक्ति या व्यवहार भिन्नता को गैर-आनुवंशिक कारकों द्वारा संचालित किया जाता है।

23.28 सिंथेटिक जीव विज्ञान और सिंथेटिक जीवन (Synthetic Biology and Synthetic Life)

ऐसे जैवीय घटकों एवं तंत्रों की रूप-रेखा तथा निर्माण जो प्राकृतिक संसार में अस्तित्व में नहीं हैं और अस्तित्व वाले जैवीय तंत्रों की पुनर्रूपरेखा तथा निर्माण को एक बड़े संश्लेषित जीव विज्ञान के अंतर्गत शामिल किया जाता है।

विभिन्न प्रकार के तरीकों, पद्धतियों एवं अध्ययन के विषयों को शामिल करते हुए जैविक अनुसंधान विज्ञान और अभियांत्रिकी को एक नए क्षेत्र संश्लेषित जीवविज्ञान के माध्यम से जोड़ा जाता है।

दो प्रकार के संश्लेषित जीव विज्ञान में शामिल हैं:

- प्रथम समूह, जो कि कृत्रिम जीवन बनाने के लिए प्राकृतिक अणुओं की नकल करते हुए प्राकृतिक अणुओं का उपयोग करता है।
- अन्य समूह जो एक अप्राकृतिक तरीके से कार्य करने वाले तंत्र में प्राकृतिक अणुओं का उपयोग करता है तथा इनको जोड़ता/संयोजित करता है।

संश्लेषित जीव विज्ञान नामक राष्ट्र पुनर्संयोजित डी.एन.ए. तकनीकी (पर्यायवाची जैव अभियांत्रिकी) से बने आनुवंशिक अभियांत्रिक जीवाणु के लिए पहली बार उपयोग किया गया। बाद में संश्लेषित जीवविज्ञान शब्द का प्रयोग जीवन की पुनर्रूपरेखा तैयार करने के संदर्भ में किया गया था यह बायोमिमेटिक (Biomimetic) रसायन विज्ञान के विस्तार के रूप में कार्य करता है जहां जैविक संश्लेषण का उपयोग कृत्रिम अणुओं के निर्माण के लिए किया जाता है, जो प्राकृतिक अणुओं जैसे कि एंजाइमों की नकल करता है।

एच.आई.वी. और हेपेटाइटिस वायरस जैसे रोगों के लिए नैदानिक उपकरणों, साथ ही साथ दिलचस्प कार्य युक्त, जैविक अणु भागों के उपकरण, संश्लेषित जीव विज्ञान द्वारा उत्पादित किए गए हैं। जो अब तक इसकी प्रमुख उपलब्धियों में गिनी जाती है। अप्राकृतिक घटकों को संयोजित करने के लिए अधिक परीक्षण किये जा रहे हैं, जो डार्विन के विकास को समर्थन दे सकते हैं।

सश्लेषित जीव विज्ञान तथा तंत्रीय जीव विज्ञान में अंतर क्या है?

- **तंत्रीय जीव विज्ञान (Systems Biology):** प्रतिरूपण, कम्प्यूटरीकृत अनुकरण, (Simulation) और प्रयोग की तुलना जैसे साधनों का प्रयोग करके यह समग्र रूप में जैवीय तंत्रों का अध्ययन करता है, प्राकृतिक तंत्रों जिनका प्रायः (लंबे समय तक) समान चिकित्सकीय महत्व होता है। इसके प्राथमिक केंद्र बिंदु हैं।
- **संश्लेषित जीव विज्ञान (Synthetic Biology):** अभियांत्रिक अनुप्रयोगों के लिए कृत्रिम जैविक तंत्रों को बनाना, उन्हें अनेकों में समान तकनीकी एवं साधनों को प्रयोग करना, संश्लेषित जीवविज्ञान के अंतर्गत आता है। हालांकि यह मूल रूप से जैविक विज्ञान का एक अभियांत्रिक अनुप्रयोग है, जो विज्ञान के लिए एक प्रयास से अधिक है।

इसका केंद्र बिंदु प्रायः प्राकृतिक जैविक तंत्रों में भाग लेने वाले साधनों उनको विश्लेषित करने एवं सरलीकरण करने पर होता है और अंततः इनका उपयोग उच्च कृत्रिम अभियांत्रिक जैविक तंत्रों में घटकों के रूप में होता है।

महत्व (Significance)

- संश्लेषित जीव विज्ञान रुचिकर है, जैसे कि यह जीवित जगत पर विचार करने, विश्लेषण करने तथा अंततः समझने के पूरक परिप्रेक्षण को प्रदान करता है। तंत्र की रूप रेखा तैयार करने एवं बनाने के लिए सक्षमता भी समझने का एक व्यावहारिक उपाय है।
- यह भौतिक विज्ञानी, रसायनज्ञों और अन्य लोगों को भी आकर्षित करता है, इस दृष्टिकोण के साथ, जिसमें कोशिकाओं के भीतर अणुओं के व्यवहार तथा गतिविधि आसान हो जाती है।
- अभियंता भी इसे रुचिकर पाते हैं क्योंकि जीव जगत में सूचना, सामग्रियों और ऊर्जा को नियंत्रित करने एवं संसाधित करने के लिए एक बहुत ही समृद्ध और बड़े पैमाने पर अज्ञात माध्यम को प्रदान करती है।

चुनौतियां (Challenges)

1. **संश्लेषित जीव विज्ञान के विपक्ष में:** नागरिक समाज द्वारा संश्लेषित जीव विज्ञान का विरोध किया गया है तथा इसके विकास पर वैश्विक प्रतिबंध लगाने की मांग की गई है। इसके प्रयोगशालाओं द्वारा बनाये संश्लेषित जीवों पर भी रोक लगाने की मांग की गई है। संश्लेषित जीव विज्ञान के सामाजिक प्रभाव को देखते हुए इसे चरम आनुवंशिक इंजीनियरिंग के प्रहार के रूप में देखा जा रहा है।
2. **सुरक्षाः** अनेकों वैज्ञानिक एवं तकनीक चुनौतियों के अतिरिक्त जैव सुरक्षा, संश्लेषित जीवविज्ञान में शामिल हितधारकों, बौद्धिक सम्पदा अधिकार जैसे अनेक प्रश्न उठते रहे हैं। उदाहरण के लिए यदि एक ओर जहां संश्लेषित जीव विज्ञान के अध्ययन से प्रभावी रूप से चिकित्सकीय उपचार संभव हो सकता है वहीं दूसरी तरफ गलत लोगों द्वारा इसके प्रयोग से हानिकारक रोगाणुओं के संश्लेषित होने का खतरा है (जैसे-चेचक)। अंतर्राष्ट्रीय सश्लेषित जीव विज्ञान संगठन द्वारा इसके विनियमन की पहल प्रस्तावित की गई है, जो संश्लेषित जीव विज्ञान उद्योगों (विशेष रूप से डी.एन.ए. संश्लेषण कंपनियां) के लिए सुझाए गए हैं।
3. **समाजिक तथा नैतिक कारणः** SYNBIOSAFE फोरम पर नैतिक सुरक्षा, आईपीआर, गवर्नेंस तथा जनधारणा संबंधी सामाजिक मुद्दों

पर चर्चा हुई। इसी क्रम में वैज्ञानिक तथा अन्य मानव गतिविधियों के मध्य आंतरिक तथा आपसी औपचारिक संबंधों पर अपस्ट्रीम फोकस बनाए रखने हेतु कुछ प्रयास किए गए। इस प्रकार के प्रयास संश्लेषित जीव विज्ञानियों, नैतिक विशेषज्ञों, राजनैतिक विश्लेषकों, वित्त पोषकों, मानव विज्ञानियों तथा सिविल सोसायटी कार्यकर्ताओं के मध्य सक्रीय व नियमित सहयोग निर्माण हेतु एक कदम के रूप में है।

संश्लेषित जीवन (Synthetic Life)

अजैविक पदार्थों द्वारा बनायी गई कृत्रिम जीवन को संश्लेषित जीवन कहते हैं, यह एक कृत्रिम जीवन है जो जैव रसायनों तथा उनके घटक पदार्थों द्वारा, कृत्रिम परिवेश में बनाया जाता है।

यह संश्लेषित जीव विज्ञान की एक शाखा से संबंधित है। संश्लेषित जीवन के वास्तविक जीवन होने के लिए इसमें सामान्य जीवन जैसे स्व-प्रतिकृति निर्माण की विशेषता (कोशिका विभाजन द्वारा स्वयं जैसी प्रतिकृति तैयार करने की क्षमता), स्व-स्थायीकरण की क्षमता, स्वायत्त रूप से कार्य करना आवश्यक रूप से होना चाहिए।

हालांकि संश्लेषित जीवन को बनाना एक बड़ी चुनौती है यह एक जटिल कार्य है। यह एक कृत्रिम आनुवंशिक कोड एवं कृत्रिम डी.एन.ए. को बनाने की आवश्यकता पर जोर देता है। यह इसमें कोशिकाओं जैसे कि माइटोकॉन्ड्रिया, राइबोसोम जैसे पूर्ण नए अंगों का बनाना शामिल होगा, एक पूर्णरूप से संश्लेषित कोशिका को बनाना भी काफी महंगा होगा।

जीन संश्लेषण से बनाए गए भिन्न जीनोम द्वारा एक वर्तमान प्राकृतिक कोशिका के जीनोम को प्रतिस्थापित करके एक पूर्ण संश्लेषित कोशिका को बनाया जा सकता है, 2010 में **सिन्थीया (Synthia)** का बनाना इस उपलब्धि को प्राप्त करने का प्रथम उदाहरण था।

भाग-C: जीव विज्ञान संबंधी शब्दावली (Biological Terminology)

23.29 जीव विज्ञान संबंधी शब्दावली (Biological Terminology)

23.29.1 जैव संवेदक (Biosensor)

यह एक **'विश्लेषणात्मक उपकरण'** (analytical device) है, **जो एक जैविक घटक और एक रासायनिक भौतिक संसूचक (जिसका उपयोग विश्लेषण पदार्थ का पता लगाने में होता है) से बना होता है।**

यह तीन भागों से मिलकर बना होता है:

- **संवेदनशील जैविक तत्व (Sensitive Biological Element):** यह एक जैविक रूप से उत्पन्न किया पदार्थ है। (इसके कुछ उदाहरण ऊतक, सूक्ष्मजीव, कोशिकांग, कोशिका ग्राहक, इंजाइम, एन्टीबॉडी, न्यूक्लिक अम्ल इत्यादि)। जैविक इंजीनियरिंग संवेदनशील तत्वों को बनाने में सहायक होती है।
- **ट्रांसड्यूसर या संवेदक तत्व (Transducer or detector element):** यह रसायन भौतिकी (प्रकाशकीय, पीजोइलेक्ट्रिक आदि) तरीके द्वारा कार्य करता है। जैविक तत्व के साथ विश्लेषण की अंतर्क्रिया से उत्पन्न होने वाला संकेत दूसरे संकेत में परिवर्तित हो जाता है (जैसे-ट्रांसड्यूसर) जिसे और अधिक सरलता से नापा और गिना जा सकता है।
- **सहायक इलेक्ट्रॉनिक्स या संकेत प्रक्रमक (Signal Processors):** यह उपयोगकर्ता के अनुकूल तरीके से परिणामों के प्रदर्शन में मदद करता है। सामान्यत: यह सेंसर उपकरण के सबसे मंहगे भाग को बनाता है।

जैव संवेदक की विशेषताएं (Features of a Biosensors)

- इसका आकार उपयोग हेतु उचित होना चाहिए।
- यह सस्ता है तथा अधिक मात्रा में उत्पादित किया जा सकता है।
- शीघ्र परिणामदायक
- लागत प्रभावी

रक्त शर्करा जैव संवेदक का एक वाणिज्यिक उदाहरण है, यह ग्लुकोज ऑक्सीडेज इंजाइम (Glucose Oxidase Enzyme) का उपयोग कर रक्त शर्करा को तोड़ता है।

एक जैव संवेदक का उपयोग निम्नलिखित क्षेत्रों में किया जा सकता है:

- **उद्योग:** विशेष खाद्य तथा पेय पदार्थों का प्रसंस्करण, निगरानी तथा नियंत्रण
- **दवा:** नैदानिक, चपाचयी तथा हार्मोन्स
- **सैन्य:** युद्ध क्षेत्र में विषकारी गैसों, तंत्रिका घटकों एवं लोगों की निगरानी
- **घरेलू:** गैर-तीव्र स्थितियों की घरेलू निगरानी

कुछ उदाहरण (Some Examples)

- **मधुमेह रोगियों में ग्लुकोज की निगरानी**
- **कीटनाशकों जैसे पर्यावरणीय समस्याओं की पहचान** कर उनको हल करने में उपयोग
- **वायवीय जीवाणुओं का सुदूर संवेदन** जैसे कि जैव-आतंकवादी गतिविधियों को रोकने में
- रोगाणुओं की पहचान करना
- जैविक उपचार से पहले तथा बाद में विषाक्त पदार्थों की तीव्रता का निर्धारण करना

जैव फास्फेट की पहचान एवं निर्धारण

- विषाक्त उपापचयों की पहचान, जैसे-**माइकोटॉक्सीन**

23.29.2 जैवचिप (Biochip)

मत्स्य उद्योग की निगरानी के लिए 1983 में जैवचिप का विकास हुआ था। यह **कंप्यूटर विज्ञान, इलेक्ट्रॉनिक्स** तथा **जीव विज्ञान क्षेत्र का परिणाम है।**

- यह सूचनाओं की वास्तविक पता लगाने का एक जैव सुरक्षा उपकरण है।
- नकदी, क्रेडिट कार्ड, ए.टी.एम. कार्ड, आई.डी. कार्ड, बीमा एवं चिकित्सकीय रिकॉर्ड सहित बटुए (Wallet) का सब कुछ एकल इलेक्ट्रॉनिक्स कार्ड के द्वारा प्रतिस्थापित हो सकता है।
- यह **कंप्यूटर की एक सूक्ष्मचिप है** तथा पहचान के उद्देश्यों के लिए उपयोग की जाती है।

- यह एक **रेडियो आवृत्ति पहचान तंत्र है** तथा **बायोचिप तथा रीडर (Reader) के बीच संवाद के लिए कम आवृत्ति के रेडियो संकेतों पर कार्य करती है।**

अनुप्रयोग (Applications)

1. एक व्यक्ति/जंतु को विश्व में कहीं भी खोजा जा सकता है।
2. एक व्यक्ति के वित्तीय, चिकित्सकीय और जननांकीय प्रकृति के आंकड़ों का भंडारण तथा अघटन करता है।
3. एक सुरक्षित-e-वाणिज्यिक तंत्र का उपयोग करता है।
4. चिकित्सकीय कार्यान्वयन करना

ग्लूकोज संसूचक की तरह उपयोग किया जाता है: ग्लूकोज संसूचक के साथ इसके समाकलन सहित शर्करा ग्लूकोज का स्तर आसानी से पता लगाया जा सकता है।

- **बायोचिप ऑक्सीजन सेंसर के रूप में:** इसका अनुप्रयोग सिर्फ गहन-देख-भाल, इकाइयों में श्वास की निगरानी करने तक सीमित नहीं है बल्कि खाने के पैकेटों या नाइट्रोजन गैस में भंडारित अर्द्धचालक पात्रों के वायुरोधी बने रहने को भी नियंत्रित करता है।
- **रक्त चाप सेंसर की तरह उपयोग किया जाता है:** बायोचिप के साथ रक्त चाप का पता लगाने के सर्किट का समाकलन कर, रक्त प्रवाह की दर की लगातार निगरानी करने के लिए चिप को सक्षम कर सकता है। जैवचिप तकनीकी का विकास तेजी से बढ़ते जैव प्रौद्योगिकी उद्योग के लिए एक बड़ा प्रोत्साहन है, जिसमें व्यापक श्रेणी के शोध, जैसे-जीनोमिक्स, प्रोटिओमिक्स और फार्मास्युटिकल आदि शामिल है।

जीनोमिक्स आनुवांशिकी की एक शाखा है, जो जीवों में जीनोम का अध्ययन करती हैं

23.29.3 जैव हस्ताक्षर (Bio Signature)

कोई भी पदार्थ जैसे कि तत्व, समस्थानिक, अणु या घटना जो भूत या वर्तमान जीवन वैज्ञानिक प्रमाण उपलब्ध करवाता हो, जैव हस्ताक्षर के रूप में जाना जाता है। कुछ संबंधित शाखायें जैसे- **भू-रसायन, भू-जीव विज्ञान,** तथा **भू-सूक्ष्म जीव विज्ञान बहुधा जैव हस्ताक्षर का उपयोग कर किसी नमूने में जीवित जीव की उपस्थिति का निर्धारण करते हैं।**

जैव हस्ताक्षर जो जीवन प्रक्रिया से उत्पन्न होते हैं वह है न्यूक्लिक अम्ल, लिपिड, प्रोटीन, अमीनो एसिड आदि। **सूक्ष्मजीव जो भू-रासायनिक प्रक्रिया में भाग लेते हैं, वह कुछ विशेषताएं चट्टानों में छोड़ देते है** जो चट्टान के रिकॉर्ड हेतु जैव हस्ताक्षर के सूचक होते हैं। जैव हस्ताक्षर की घटना की सम्भावना जीवित स्रोतों द्वारा उत्पादित हुई हो सकती है लेकिन इसकी उत्पत्ति अजैविक स्रोतों द्वारा भी हो सकती है।

उदाहरण के लिए: वसीय अम्लों के एक नमूने को मापकर एक विशेष वातावरण में बैक्टीरिया और आर्की जीवों के प्रकार का पता लगाया जा सकता है। वसीय अल्कोहॉल की लंबी श्रृंखला, जिसमें 23 से अधिक परमाणु होते हैं, प्लैंकटोनिक (Planktonic) जीवाणु द्वारा उत्पादित होते हैं। भू-रसायनज्ञ, इस प्रकार के सूचकों के लिए बायोमार्कर शब्द का प्रयोग करते हैं।

वायुमंडल (Atmosphere)

पिछले कई सालों तक जीवन की प्रक्रिया में सामान्य रासायनिक साम्यावस्था के समान, रासायनिक कोहरा बना हुआ था।

उदाहरण के लिए: पृथ्वी पर जीवों से अधिक ऑक्सीजन तथा अल्प मात्रा में मीथेन की उत्पत्ति होती है। कुछ वैज्ञानिकों के अनुसार मंगल पर हाइड्रोजन तथा मीथेन के स्तर को मापकर जीवन को ढूंढ़ा जा सकता है, क्योंकि **मीथेन एक अस्थायी गैस है, इसलिए वायुमंडल में इसकी उपस्थिति एक संकेत देती है कि ग्रह पर मीथेन का कोई सक्रिय स्रोत अवश्य होना चाहिए।**

23.29.4 जैव जेनेरिक (Bio Generics)

जैव जेनेरिक **'जैविक औषधियां'** (biological drugs) है, जिन्हें जीवित जीवों से बनाया जाता है तथा सामान्यत: **कैंसर, HIV तथा AIDS व अल्जाइमर जैसे गंभीर रोगों के उपचार में उपयोग किया जाता है।** जीवित जंतुओं से व्युत्पन्न होने के कारण ये औषधियां उत्पादन तथा खरीदने हेतु काफी महंगी होती है। **भारत में, जैव जेनेरिक, उच्च वृद्धि दर के साथ उभरता क्षेत्र है घरेलू कंपनियां पुनर्संयोजित इंसुलिन, इन्टरफेरान अल्फा, इरिथ्रोपोटीन, मोनोकोकल एंटीबॉडी उत्पाद और पुनर्संयोजित वैक्सीन बना रही है,** पश्चिमी विनिर्मित सभी जैव दवा उत्पाद काफी उच्च मूल्य के होने के कारण अधिकांश विश्व की पहुंच से दूर है, कुछ पश्चिमी विनिर्मित जैवफार्मा उत्पाद, अपने पेटेंट की समाप्ति के करीब है। भारत इस अवसर को लपकना चाहता है, इस प्रकार भारत सरकार ने अपने दवा आवेदन तथा प्रक्रिया की समीक्षा की है तथा भारतीय जैव प्रौद्योगिकी उद्योगों के एक बड़े कर प्रोत्साहन का प्रस्ताव दिया है, अब उद्योगों द्वारा सुविधाओं के विकास के लिए भारी निवेश किया जा रहा है।

भारतीय जैव जेनरिक निर्माताओं को यूरोपीय बाजार से पहली स्वीकृति मिलने की शीघ्र उम्मीद है। **बायोकॉन, डॉ. रेड्डी लैब, इंटास फार्मास्यूटिकल, MJ बायोफार्मा** इत्यादि भारतीय कम्पनियां पुनर्संयोजित जैव प्रौद्योगिक उत्पादों के निर्माण तथा विकास में समर्थ है। इन उत्पादों में हिपेटाइटिस B वैक्सीन स्टेप्टोकाइनेज, मानव इंसुलिन, GCSF, EPO, HAH, इन्टरफेरान अल्फा-2, मोनोकोकल एंटीबॉडी आदि शामिल है।

भारत में बायोलॉजिक्स विनिर्माता

भारतीय जैवफार्मा के दो प्रभावी क्षेत्रक हैं-वैक्सीन तथा जैव चिकित्साशास्त्र।

जैवजेनेरिक प्रभुत्व के लिए अड़चनें

भारत के छोटे अणु जेनेरिक दवा उद्योग की सफलता को आसानी से निम्नलिखित क्षेत्रों के लिए नकल नहीं किया जा सकता:

- परंपरागत औषध उद्योग की तुलना में अनुसंधान संस्थानों के बुनियादी ढांचे, शैक्षणिक नेटवर्क और समग्र प्रतिभा को पूल करने के छोटे समूह।
- बायोलाजिक्स के प्रमुख बाजार में अधिक-से-अधिक विनियामकीय बाधाएं रही हैं।
- परंपरागत रासायनिक रूप से संश्लेषित जेनेरिक की तुलना में बायोजेनेरिक की उत्पादन की उच्च लागत
- इन सब बाधाओं के बावजूद भारत विश्व स्तर की जैव प्रौद्योगिकी को विकसित करने की क्षमता रखता है।

1980 के दौरान भारत ने अपनी जैव प्रौद्योगिकी उद्योग को प्रोत्साहित करने का कार्यक्रम बनाया। यह वह समय था जब जेनटेक तथा अन्य अमेरिकी जैव प्रौद्योगिकी कंपनियां अपने आरंभिक चरण में थीं। 1982 में विज्ञान व तकनीकी मंत्रालय द्वारा राष्ट्रीय जैव प्रौद्योगिकी बोर्ड का गठन किया गया जो 1986 में जैव प्रौद्योगिकी विभाग बन गया। शैक्षणिक कार्यक्रमों में विस्तार एवं सुधार, बेहतर बुनियादी ढांचे का विकास, जैव प्रौद्योगिकी कंपनियों का पोषण और विश्वविद्यालयों और अन्य गैर-वाणिज्यिक प्रयोगशालाओं से व्यवसाय को स्थानांतरित करने में प्रौद्योगिकी की उन्नति को शामिल करते हुए, डी.बी.टी. प्रतिवर्ष 200 मिलियन डॉलर देश के जैव प्रौद्योगिकी संसाधनों के विकास के लिए खर्च कर रहा है।

23.29.5 जैव कंप्यूटर (Bio Computer)

कंप्यूटर संबंधी गणना के लिए जैव कंप्यूटर जैविक व्युत्पन्न आण्विक प्रणाली का उपयोग करते है। यह गणना भंडारण, पुन: प्राप्त करने और विभिन्न आंकड़ों के प्रसंस्करण के लिए है। एक मार्ग या चपाचयी मार्गों की श्रृंखला जो तंत्र की स्थिति के आधार पर, जैविक सामग्री को शामिल करके एक विशिष्ट तरीके के प्रदर्शक के लिए अभियांत्रिकी की गई होती हैं, जैसे-कंप्यूटर के अंतर्गत आती हैं। जैव कंप्यूटर इंजीनियरिंग डिजाइन के आधार पर अभिक्रिया होने के परिणामस्वरूप एक आऊटपुट का गठन होता है। इसे कम्प्युटेशनल विश्लेषण के एक प्रकार के रूप में वर्णित किया जा सकता है।

नैनो जैव तकनीक इस प्रकार के तंत्र के निर्माण के लिए आवश्यक कई रासायनिक घटनों को संश्लेषित करने का साधन प्रदान करता है। अमीनो अम्लों का अनुक्रम (प्रोटीन की रासायनिक निर्माण इकाइयां), प्रोटीन की रासायनिक प्रकृति को नियंत्रित करती हैं तथा एक विशिष्ट न्यूक्लोटाइड डी.एन.ए. अनुक्रम (डी.एन.ए. अणु की निर्माण इकाई) इसके बदले में उनको नियंत्रित करता है। संश्लेषित डिजायन किए गए डी.एन.ए. अणु स्वयं भी एक विशेष जैव कंप्यूटर प्रणाली में काम कर सकते हैं। इस प्रकार कृत्रिम डी.एन.ए. अणुओं के डिजाइन और संश्लेषण के लिए प्रोटीन डिजायन और निर्माण करने के लिए नैनो जैव तकनीक को कार्यान्वित किया जा रहा है। यह कार्यात्मक जैव कंप्यूटर को निर्माण हेतु सक्षम बना सकता है। उदाहरण: कम्प्यूटेशनल जीन नैनो मेडिसीन के शोधकर्ताओं की दृष्टि उस समय पर लगी हुई है जब रोग की प्रगति से पहले ही रोग की निगरानी और इलाज के लिए आण्विक पैमाने पर कंप्यूटिंग उपकरणों को हमारे शरीर में लगाया जाएगा। जैव रसायनिक भाषा बोलने की क्षमता तथा जैविक पदार्थों से बने होने के कारण ऐसे कंप्यूटर लाभदायक हैं।

इस क्षेत्र में वर्तमान में प्रगति की सूचना दी गई है। डी.एन.ए. नैनो संरचनाओं को **सी.सा. गेट (See Saw Gate)** भी कहा जाता है। कैलिफोर्निया इंस्टीट्यूट ऑफ टेक्नोलॉजी की एक टीम द्वारा माइक्रोप्रोसेसर में प्रयोग होने वले लाजिक एनालोगस सर्किटों का निर्माण किया गया था। सिलिकॉन आधारित कंप्यूटरों द्वारा विद्युत धारा का उपयोग किया जाता है। 1s तथा 0s को प्रदेशित करने के लिए जैव आधारित सर्किटों में एक परखनली में डी.एन.ए. अणुओं की मात्रा का उपयोग किया जाता है। आगत (इनपुट) के रूप में नये डी.एन.ए. को परखनली में मिलाने पर, रासायनिक अंतर्क्रिया के द्वारा एक अलग डी.एन.ए. स्टैंड, अवक्षेपित होकर निर्गत (Output) के रूप में प्राप्त होता है। सिद्धांत में आगत, रोग का आण्विक सूचक हो सकता है तथा निर्गत (Output) रोग का उचित नैदानिक अणु हो सकता है। यद्यपि एक परखनली में जैव-कंप्यूटर का निर्माण करने में सामान्य समस्या यह है कि अणुओं के मध्य होने वाली अंतर्क्रिया को नियंत्रित करना कठिन होता है।

एक विशेष डी.एन.ए. आगत स्ट्रैण्ड के लिए एक विशेष द्वारा/मार्ग की प्रतिक्रिया देता है और यह सी सॉ (See Saw) द्वारा (Gate) की बुद्धिमत्ता को सत्यापित करता है।

कैलटेक में शोधकर्ताओं द्वारा डी.एन.ए. आधारित एक तकनीक को डिजाइन किया गया। अगर यह जीवित कोशिका के साथ एकीकृत हो जाती है तो यह जैविक सुरागों की श्रृंखला के आधार पर जटिल रोगों को पहचानती है और उनका उपचार करती है। हालांकि इसकी कोशिका के साथ संवाद करने की क्षमता सीमित है।

मैसाचुसेट्स तकनीकी संस्थान और उनके सहयोगियों ने RNA आधारित सर्किट डिजायन किया, जो सरल था और गैर-कैंसर कोशिकाओं तथा कैंसर कोशिकाओं में भेद कर सकता है और कैंसर कोशिकाओं को स्वयं विनाश के लिए ट्रिगर (Trigger) कर सकता है।

दोनों तकनीकियां अत्यधिक कुशल और अपेक्षाकृत सस्ती हो सकती हैं क्योंकि सभी आवश्यक प्रोटीन को एक डी.एन.ए. अणु से जैविक कोशिका के अंदर संश्लेषित किया जा सकता है जो स्वयं को कई बार दोहरा सकती है। हम बिना किसी मशीनी संयोजन सहायता के माध्यम (Culture) के द्वारा बड़ी मात्रा में जैव कंप्यूटर का उत्पादन कर सकते हैं।

जैव कंप्यूटर प्रौद्योगिकी का उन्नत स्तर (Advance Level of Bio Computer Technology)

वर्तमान में जैव कंप्यूटर तर्क और गणितीय गणना के संचालन सहित विभिन्न कार्यात्मक क्षमताओं के साथ मौजूद हैं। एक जैव रासायनिक कंप्यूटिंग योजना का पहला सुझाव एम.आई.टी. कृत्रिम बुद्धिमत्ता प्रयोगशाला के टाम नाइट द्वारा दिया गया था। उनके अनुसार प्रोटीन की सांद्रता/मात्रा बाइनरी संकेतों के रूप में कार्य करेगी और तार्किक संचालन करेगी, इस पद्धति की सहायता से जैव कंप्यूटर द्वारा तार्किक संचालन किया जा सकता है। इसलिए दूसरे शब्दों में, उचित बाइनरी निर्गत (Output) आरंभिक परिस्थितियों के एक समुच्च से तार्किक रूप से व्युत्पन्न निष्कर्ष के रूप में कार्य करता है, जिसमें संदर्भ स्त्रोत के रूप में सेवा प्रदान की जाती है और इससे तर्क संगत निष्कर्ष रूप प्राप्त किया जा सकता है। कंप्यूटर द्वारा इन तार्किक कार्यों के अलावा गणितीय गणना के प्रदर्शन के लिए भी उपयोग में लाया जा सकता है।

23.29.6 जैव प्लास्टिक या जैवबहुलक (Bioplastic or Biopolymer)

हाल के कुछ वर्षों में जैव निम्नीकारक पदार्थों का उपयोग बढ़ा है। इसका उपयोग पैकेजिंग, कृषि, दवा आदि में किया जा सकता है। प्लास्टिक पदार्थ बहुलकों से मिलकर बने होते हैं और इनका उपयोग लगातार विभिन्न क्षेत्रों में किया जा रहा है। विभिन्न शोधकर्ताओं द्वारा पारंपरिक सामग्री को संशोधित कर उपयोगकर्ता के अधिक अनुकूल बनाया गया है। वैज्ञानिक प्राकृतिक रूप से मिलने वाली सामग्री से भी आदर्श बहुलकों को डिजायन

करने का कार्य कर रहे हैं। **विभिन्न जैविक सामग्री (जैव-स्टार्च और रेशे) को एकीकृत कर जैव निम्नीकारक बहुलक सामग्री बनाई जा सकती हैं।** जैव निम्नीकारक बहुलक सामग्री का प्रयोग पर्यावरण अनुकूल और आर्थिक रूप से रक्षा होगा। **यह संश्लेषित बहुलकों के उत्पादन की आवश्यकता को कम करेगा, जो अंततः प्रदूषण में कमी की ओर ले जाएगा।**

जैव प्लास्टिक सूक्ष्म जीवों द्वारा संश्लेषित रासायनिक यौगिकों या आनुवंशिक संशोधित पौधे से बनाये जाते हैं। परंपरागत प्लास्टिक पेट्रोलियम से प्राप्त होता है लेकिन **जैवप्लास्टिक, नवीकरणीय स्त्रोतों से प्राप्त होता है तथा यह जैव निम्नीकारक होता है।** प्लास्टिक बहुलकों के बने होते है। बहुलक रासायनिक रूप से समान उप-इकाईयों (जिन्हें एकलक कहा जाता है) से बने होते हैं। यह आपस में एक शृंखला की भांति जुड़े होते हैं। प्लास्टिक के गुणों को एकलक की संरचना में कड़ियों की संख्या तथा क्रॉस (तिरछी) कड़ियों की संख्या के संयोजन द्वारा परिभाषित किया जाता है। एक बहुलक की दृढ़ता तथा स्थिरता को एकलक के क्रॉस (तिरछी) कड़ियों द्वारा बनाया जा सकता है।

प्लास्टिक को कई आकारों में मोड़ा/ढाला जा सकता है। उदाहरण के लिए पॉलिस्टरीन, पॉलिइथालीन या पॉलीप्रोपालीन आदि को अनेकों प्रकार के उत्पादों, जैसे-खाने के बर्तन, कॉफी कप, संश्लेषित वस्त्र, पार्क की बेंच, आटोमोबाइल पुर्जे तथा शल्य औजार इत्यादि, में ढाला जाता है।

1926 में **बैसीलस मेगाटेरियम** (Bacillus Megesterium) के साथ, पॉली हाइड्राक्सी ब्यूटाइरेट (Poly hydroxy butyrate) पहला जैवप्लास्टिक निर्मित किया गया था। 1970 के मध्य पेट्रोलियम संकट के कारण पेट्रोलियम आधारित उत्पादों के विकल्पों को खोजने पर ध्यान दिया गया, इसने आणिवक आनुवंशिकी तथा पुनर्संसोजक डी.एन.ए. प्रौद्योगिकी के उदय को जन्म दिया। इससे जैव प्लास्टिक उत्पादन की विभिन्न संरचनात्मक पद्धतियों तथा अनुप्रयोगों की स्थापना हो जाएगी, यह जैव निम्नीकारक बोतलों और पैकेजिंग फिल्मों के उत्पादन के लिए बेहद वांछनीय सामग्री है क्योंकि इन प्लास्टिक में जैव निम्नीकरण (Biodegradable) सूक्ष्म जीवों या पानी द्वारा लाया जाता है। इनके चिकित्सकीय अनुप्रयोग भी है, जैसे-कंट्रोल रीलीज ड्रग पैकेजिंग तथा एवजोरवेबल सर्जिकल सूचर।

विभिन्न नवीकरणीय और परंपरागत स्त्रोतों का उपयोग कच्चे माल के स्त्रोत के रूप में आधुनिक प्लास्टिक सामग्री के लिए उपयोग किया जाता है। गैर-नवीकरणीय स्त्रोत पेट्रोलियम आधारित प्लास्टिक का उत्पादन करते है जो कांच या कार्बन द्वारा नहीं टूटते हैं। नवीकरणीय स्त्रोतों में सूक्ष्म जीवों द्वारा उगाये गये तथा स्टार्च से निष्कर्षित बहुलक शामिल हैं। इन बहुलकों को जूट, भांग और अन्य सेल्यूलोजों जैसे प्राकृतिक फाइबर द्वारा मजबूत किया जा सकता है।

नोट: Polyhydroxyalkanoates (PHA) तथा Polylactic Acid (PLA) भी जैवप्लास्टिक के अन्य उदाहरण हैं। स्टॉर्च (Starch) आधारितक किड्वन (Fermentation) की प्रक्रिया में जीवाणु की मदद से लैक्टिक अम्ल (Lactic Acid) का निर्माण कर इनके बहुलकों (Polymer) को आपस में जोड़कर Polylactic Acid का निर्माण किया जाता है।

23.29.7 जैव हथियार और जैव आतंकवाद (Biological Weapons and Bioterrorism)

जैव हथियार कृत्रिम रूप से बनाए गए विषाक्त पदार्थ होते हैं जिनको रोग उत्पन्न करने वाले जीवों से उत्पन्न किया जाता है। इनका उपयोग जान-बूझकर, मेजबान की जैविक प्रक्रिया को बाधित करने में किया जाता है। जैव हथियारों का प्रमुख उद्देश्य मेजबान को मारना या घायल करना होता है। जैव हथियारों के बड़े लक्ष्य जीवित जीव है जैसे कि मनुष्य एवं जंतु आदि। इनमें गैर जीवित पदार्थों, जैसे-हवा, पानी तथा मृदा को प्रदूषित करने की भी क्षमता है (**तालिका 23.1**)।

किसी जैव हथियार का चयन करने से पहले कुछ विशेषताओं पर ध्यान देना चाहिए जैसे कि उच्च विषाक्तता, आसान उपलब्धता, सस्ता, व्यक्ति से व्यक्ति में आसान हस्तांतरण, एयरोसोल रूप विसरण की क्षमता तथा इसके लिए वैक्सीन की अनुपलब्धता आदि। जैव हथियारों के विसरण माध्यम का पता लगाना कठिन है। यह एयरोसोल के माध्यम से भी किया जा सकता है लेकिन यह छिड़काव के समय मलिन हो सकता है। वायु के द्वारा भी इसका विसरण कठिन है क्योंकि बारिश के द्वारा इसे धोया जा सकता है या यूवी (UV) किरणों के संपर्क में आने पर यह निष्प्रभावी हो सकती हैं। इसको विस्फोटक बमों के साथ संयुक्त करके भी विपरीत किया जा सकता है लेकिन इस प्रक्रिया में सूक्ष्मजीवों के भी विस्फोट होकर नष्ट होने की सम्भावना है।

तालिका 23.1 विभिन्न जैव हथियार, इनका प्राकृतिक वातावरण, संपर्क की विधि तथा लक्षण

सूक्ष्मजीव	प्राकृतिक वातावरण	लक्षित जीव	संपर्क विधि	रोग/लक्षण
वेसीलस एन्थ्रासिस (एन्थ्रेक्स)	मृदा	मानव, घरेलू जानवर	खुले घाव, श्वास द्वारा	प्लमोनरी एन्थ्रेक्स सेप्टिसीनिया, फ्लू जैसे लक्षण
प्रोटीन विष (RICIN)	कस्टरबीन पौधों द्वारा निष्कर्षित	मानव	प्रदूषित भोजन या पानी, श्वास द्वारा, इंजेक्शन द्वारा	गंभीर पेट दर्द, पानी युक्त एवं रक्तयुक्त दस्त, उल्टियां, कमजोर, बुखार, खांसी तथा फेफड़ों में पानी भरना
चेचक (बेरीसिला)	प्राकृतिक रूप से उत्पन्न, अब इसे प्रयोगशाला के जखीरे द्वारा भी प्राप्त किया जाता है	मानव	शारीरिक तरक के प्रत्यक्ष संपर्क या दूषित वस्तुओं व श्वास द्वारा	लम्बा बुखार, उल्टियां, मुंह तथा जीभ में चकते, त्वचा में चकते एवं दाने
क्लास्ट्रिडियम पेरफ्रिजेन्स	मानव तथा अन्य जंतुओं की आंत, मृदा	मानव, घरेलू जंतु	खुले घाव	गैस, गैंगरीन, पेट में तेज मरोड़, दस्त

संभावित जैविक हथियार (Potential Biological Weapons)

जैविक जीवों की सूची, जिनका संभावित जैव हथियारों के रूप में प्रयोग किया जा सकता है:

जैव आतंकवाद तथा जैवयुद्धक एजेंट
(Bioterrorism and Biological Warfare Agent)

रोगजनक जैविक एजेंटों का उपयोग करने वाले किसी गैर-संदिग्ध नागरिक के विरुद्ध आपराधिक कृत्य को जैव आतंकवाद के रूप में माना जाता है। जैसे- जैवयुद्धक एजेंट, यह जैव युद्धक एजेंट सामान्यत: रंगहीन, गंधहीन सूक्ष्म जीव या विष होता है जो सूक्ष्म जीवों से व्युत्पन्न किया जाता है। इसको एयरोसोल के माध्यम से हवा में विकसित किया जा सकता है या खाद्य पदार्थों के माध्यम से एक बहुत बड़ी जनसंख्या को संक्रमित किया जा सकता है। इनको आसानी से खोजा/पहचाना नहीं जा सकता यहां तक कि इनके छोड़े जाने के बाद भी नहीं पकड़ा जा सकता है। इस तरह के हमलों से नागरिकों की आबादी में भगदड़ की स्थिति उत्पन्न हो जाती है तथा आतंकवादी आसानी से बच निकलते हैं, इन आतंकवादियों का मुख्य उद्देश्य स्थानीय स्तर पर आपातकालीन चिकित्सा विभाग को विफल करना होता है।

23.29.8 जैव निक्षालन (Bioleaching)

जैव निक्षालन की प्रक्रिया में, **अयस्कों से बहुमूल्य धातुओं (जैसे- सोना) की सूक्ष्म जीवों को प्रविष्ट कराकर निष्कर्षित किया जाता है।** जीवाण ु खनिजों में पोषक तत्वों को खाते हैं और धातु को अलग करते हैं, जिसके बाद धातु को एक विलयन में एकत्रित किया जा सकता है। यह धातुओं के निष्कर्षण का पारिस्थितिकी के अनुकूल तरीका है, यहां तक कि यदि खनिज में धातु की मात्रा काफी कम हो तथा इसे गलाकर या तपाकर निष्कर्षित करना कठिन हो, जैव निछालन द्वारा धातु को आसानी से निष्कर्षित किया जा सकता है। **सूक्ष्म जीव उत्प्रेरक की तरह, प्राकृतिक प्रक्रिया को तेज करते हैं। जीवाणु ऑक्सीकरण के द्वारा सल्फाइड क्रिस्टलों को शुद्ध धातु में बदल देते है।**

जैवनिक्षालन के लाभ (Advantages of Bioleaching)

- **आर्थिक (Economical):** जटिल रासायनिक संयंत्रों को संचालित करने के लिए जैव निछालन में कम विशेषज्ञों की आवश्यकता होती है। यह सरल, सस्ती तथा आसानी से संचालित की जाने वाली प्रक्रिया है। यह तकनीकी रूप से अधिक लाभप्रद है क्योंकि गलाने की प्रक्रिया के दौरान सल्फर उत्सर्जन करने की एक निश्चित सीमा निधारित है।
- **पर्यावरणीय (Environmental):** परंपरागत निष्कर्षण पद्धतियों की तुलना में यह ज्यादा पर्यावरण अनुकूल है। जीवाणु के प्राकृतिक रूप से उत्पन्न होने के कारण कम भूमि क्षति करता है, अत: खान तथा आस-पास के क्षेत्र को खराब नहीं किया जाता। जीवाणु को आसानी से उत्पादित तथा पुनरुत्पादित किया जा सकता है।
- **अयस्क की मात्रा (Ore Concentration):** कम धातु वाली अयस्क से भी जैवनिछालन से धातु निष्कर्षित की जा सकती है। यह पीसने तथा टुकड़े करने की प्रक्रिया को प्रतिस्थापित कर इस प्रक्रिया को लागत प्रभावी बनाता है और ऊर्जा खपत को भी कम करता है।

जैव निछालन की हानियां
(Disadvantages of Bioleaching)

- **आर्थिक (Economical):** जीवाणु निछालन की प्रक्रिया काफी धीमी होती है, तुलनात्मक रूप से गलाने की प्रक्रिया, जो इसे कम लाभप्रद बनाती है।
- **पर्यावरणीय (Environmental):** कभी-कभी इस प्रक्रिया में रासायनिक विष उत्पन्न हो जाते है। सल्फ्यूरिक अम्ल तथा $H+$ आयन सतह पर रिसकर, सतही जलीय को अम्लीय कर देता है तथा पर्यावरण को क्षति पहुंचाते हैं अम्लीय खानों के बहाव के दौरान, आयरन, जिंक, आर्सेनिक आदि भारी धातुओं के रिसाव से भी प्रदूषण उत्पन्न होता है।
  कॉपर जैसे धातुओं के लिए जैव निक्षालन हमेशा व्यावहारिक रूप वहनीय नहीं होता, यहां तक कि इसकी कम लागत द्वारा भी।
  जैव निक्षालन संयंत्र लगाने से पूर्व जैव सुरक्षा उपाय अपनाए जाने चाहिए।

वर्तमान समय में कॉपर के गलने की तकनीकी की तुलना में जैव निछालन कम किफायती सिद्ध हुआ है क्योंकि सामान्यत: कॉपर के अयस्क में कॉपर की मात्रा काफी उच्च होती हैं। इसकी गति और उत्पाद के द्वारा प्राप्त लाभ गलाने की लागत को न्यायोचित ठहराता है। यद्यपि सोने के अयस्क में सोने की मात्रा सामान्यत: काफी कम होती है, इस मामले में जीवाणु निक्षालन की कम कीमत इसके द्वारा लिये गये लंबे निष्कर्षण समय की भरपाई कर देता है।

23.29.9 जैव मार्कर / जैव चिन्हक (Biomarker)

एक जैव मार्कर प्राकृतिक रूप से उत्पन्न होने वाले अणु, जीन आदि हैं। जिसका **जैविक प्रक्रियाओं, रोगाणु प्रक्रियाओं या औषधीय प्रतिक्रियाओं या चिकित्सकीय हस्तक्षेप करने के लिए एक जैविक संकेतक के रूप में प्रयोग किया जाता है।** यह कई वैज्ञानिक क्षेत्र में एक रचनात्मक उपकरण बन गया है। जिसका अध्ययन खुराक ईष्टतम (अधिकतम) करने में किया जाता है।

अनुप्रयोग (Applications)

दवाइयों में जैव मार्कर एक पदार्थ हो सकता है जिसे अंगों या स्वास्थ्य के अन्य पक्षों को देखने के लिए जीव में स्थानांतरित किया जाता है, जैसे-दिल की मांसपेशियों के फैलाव हेतु एक रेडियोएक्टिव आईसोटोप **रूबिडियम क्लोराइड** (Rubidium Chloride) का उपयोग किया जाता है। शरीर में किसी विशिष्ट पदार्थ का पता लगाने से एक विशेष बीमारी की अवस्था का संकेत मिलता है, जैसे-किसी एंटीबॉडी की उपस्थिति संक्रमण का संकेत देती है। प्रोटीन की अभिव्यक्ति में परिवर्तन को देख कर वैज्ञानिक एक बीमारी की गंभीरता से सह संबंधित कर सकते हैं और इसकी प्रगति के अनुसार उपचार करते हैं।

जैव मार्कर का एक अन्य अनुप्रयोग महामारी विज्ञान और विषविज्ञान में विभिन्न पर्यावरणीय पदार्थों की उपस्थिति को इंगित करता है।

कोशिका जीव विज्ञान मे अणु एक विशेष कोशिका का पता लगाने और इसके अलगाव के लिए एक जैव मार्कर के रूप में कार्य करता है,

ट्रांसक्रिप्टोम (Transcriptome)

मानव जीनोम डी.एन.ए. के बने होते हैं जो जीनों को धारण करते है। जीन सभी विशिष्ट गुणों वाली प्रोटीन को बनाने तथा मानव कोशिकाओं की विशेषताओं हेतु उत्तरदायी होते हैं। ट्रांसक्रिप्शन (Transcription) के द्वारा डी.एन.ए., आर.एन.ए. में अनुलेखित हो जाता है। **इन जीनों को पढ़ा जाना प्रतिलिपि कहलाता है तथा एक कोशिका में उपस्थित समस्त जीनों के पढ़े जाने के संग्रह को ट्रांसक्रिप्टोम कहा जाता है।** प्रत्येक जीवित जीव में विशिष्ट प्रोटीनों के निर्माण के दौरान पहला डी.एन.ए. ट्रांसक्रिप्शन (DNA से RNA का निर्माण) में शामिल होता है तथा इसके बाद ट्रांसलेशन (Translation) (RNA से प्रोटीन निर्माण) में शामिल होता है।,

तीन प्रकार के आर.एन.ए. उपस्थित होते हैं:

ट्रांसफर आर.एन.ए. (t-RNA), राइबोसोमल आर.एन.ए. (rRNA) तथा मैसेन्जर आर.एन.ए. (mRNA)। सभी प्रकार के आर.एन.ए. में से मैसेन्जर आर.एन.ए. (Translation) करने के समय प्रोटीन बनाने में महत्वपूर्ण भूमिका निभाता है।

मानव तथा अन्य जीवों में प्रत्येक कोशिका लगभग समान प्रकार के जीनों को धारण करती हैं, लेकिन अलग-अलग कोशिकाएँ जीन की अलग-अलग अभिव्यक्ति प्रदर्शित करती हैं। स्वस्थता तथा रोगों में दोनों में कोशिकाओं तथा ऊतकों की विशेषताओं तथा व्यवहार में अंतर के लिए यही अंतर उत्तरदायी होता है।

विभिन्न प्रकार की कोशिकाओं के ट्रांसक्रिप्टोम के विश्लेषण द्वारा खोजकर्ताओं को कोशिका के सामान्य कार्य करने और विभिन्न रोगों में जीन की बदलती प्रकृति के बारे में गहराई से समझने में मदद मिलती है।

ट्रांसक्रिप्टोम अध्ययन विभिन्न प्रकार की कोशिकाओं में आनुवंशिक गतिविधि को समझने के लिए एक व्यापक जीनोम दृश्य उत्पन्न करने के लिए शोधकर्ताओं को सक्षम बना सकता है।

अधिकांश जीनों के कार्य अभी भी ज्ञात नहीं है। बायोइनफारमैटिक्स (Bioinformatics) में ट्रांसक्रिप्टोम डेटाबेस की खोज से शोधकर्ताओं को ऐसे सभी ऊतकों की सूची दी जा सकती है जिस में एक जीन व्यक्त किया जाता है और इसके संभव कार्य के बारे में सुराग प्रदान कर सकता है।

ट्रांसक्रिप्टोम डेटाबेस अज्ञात आनुवंशिक अभिव्यक्ति स्तर को स्वस्थ कोशिकाओं की तुलना में कैंसर कोशिकाओं के मामले में नाटकीय रूप से उच्चतर की पहचान करने में मदद करेगा, क्योंकि कोशिका में कैंसर एक अज्ञात जीन की अनगिनत वृद्धि है। इस प्रकार का उपचार विभिन्न मामलों में संभव है।

जैसे-भ्रूणीय स्टेम कोशिका की पहचान करने के लिए प्रोटीन OCT-4 का प्रयोग एक जैव मार्कर के रूप में किया जाता है।

23.29.10 जैव सूचना विज्ञान (Bioinformatics)

जैव इंफॉर्मेटिक्स एक अंत:विषय दृष्टिकोण है जिसमें आण्विक जीव विज्ञान के क्षेत्र में कंप्यूटर विज्ञान और सूचना प्रौद्योगिकी के अनुप्रयोग शामिल हैं। इस शब्द का प्रयोग सर्वप्रथम 1979 में किया गया। यह डेटाबेस, एल्गोरिथ्म, कम्प्यूटेशनल व सांख्यिकीय तकनीक की उन्नति के साथ-साथ जैविक डाटा के प्रबंधन तथा विश्लेषण के समय सम्मुख उपस्थित औपचारिक व व्यावहारिक समस्याओं के समाधान हेतु सिद्धांत के निर्माण पर जोर देता है। जैविक प्रक्रिया को समझने हेतु गणितीय तथा कम्प्यूटिंग दृष्टिकोण का प्रयोग किया जाता है।

आमतौर पर जैव सूचना विज्ञान में DNA व प्रोटीन अनुक्रम का मापन तथा विश्लेषण शामिल है। मानव जीनोम परियोजना ने इसके महत्व को और बढ़ा दिया है।

अनुप्रयोग (Applications)

1. डी.एन.ए. अनुक्रम का भंडारण करना।
2. यह डी.एन.ए. मे परिवर्तन को मापकर मानव उद्विकास का पता लगाने में सहायता करता है।
3. अनुक्रम विश्लेषण के द्वारा, हम जीन प्रतिचित्रण के लिए पर्याप्त अनुक्रमित आंकड़ें प्राप्त कर रहे है, जिनका मधुमेह, बांझपन तथा अल्माईजर जैसी जटिल बीमारियों हेतु उपयोग में लाया जाता है।
4. कैंसर में उत्परिवर्तन के विश्लेषण में सहायता करता है।
5. MRNA के स्तर को मापकर जीन अभिव्यक्ति का निर्धारण करना।

23.29.11 बायोस्पारगिंग (Biosparging)

बायोस्पारगिंग **भू-जल प्रदूषण से बचने के लिए स्वाभाविक रूप से सूक्ष्म जीवाणुओं का उपयोग करके भू-जल प्रदूषकों को भू-जल पानी के ऊपर की मृदा सतह में जैव अपघटित करने की एक तकनीक है।** बायोस्पारगिंग एक **भू-जल उपचार तकनीक** है। भू-जल में पाये जाने वाले प्रदूषक भौतिक, अकार्बनिक रसायनिक, कार्बनिक रसायन, जीवाणु और रेडियोधर्मी मापदंडों की पूरी श्रृंखला को आच्छादित करते हैं।

बायोस्पारगिंग मे **हवा और पोषक पदार्थ**, स्वाभाविक रूप से पाये जाने वाले सूक्ष्म जीवों की क्रियाशीलता को बढ़ाने के लिए मृदा की सतह में अंतर्प्रविष्ट होते हैं।

ये सूक्ष्म जीव प्रदूषकों को भोजन के रूप में पचाकर इनकी मात्रा को कम कर देते हैं। बायोस्पारगिंग का उपयोग **भू-जल तथा मृदा की परत में घुले पेट्रोलियम पदार्थों की मात्रा को कम करने में भी उपयोग में लाय जा सकते हैं।**

हालांकि यह हाल में ही पता चला था कि बायोस्पारगिंग में प्रयुक्त सूक्ष्म जीव अपनी स्वयं की उपापचयी क्रियाओं के कारण उच्च तापमान से ग्रसित हो सकते हैं। यह भू-जल की सफाई को धीमा कर सकता है और यहां तक कि प्रदूषकों के प्रसार को लगातार संचालित कर सकता है। इसने भू-जल उपचार प्रणाली की रूप रेखा के अनुसार पुन:विचार के लिए राह प्रदान की है।

प्रश्न एवं उत्तर (Questions & Answers)

वस्तुनिष्ठ प्रश्न (Objective Questions)

1. **'एरियल मेटाजिनोमिक्स' निम्नलिखित में से किस एक स्थिति को सबसे सही निर्दिष्ट करता है?** *(UPSC-Pre-2023)*
   (a) किसी पर्यावास में वायु से डी.एन.ए. प्रतिदर्शों को एक बार में एकत्र करना
   (b) किसी पर्यावास की पक्षी जातियों के आनुवांशिक रचना को समझना
   (c) गतिशील प्राणियों से रुधिर प्रतिदर्श लेने के लिए वायुवाहित युक्तियों का प्रयोग करना
   (d) भूमितल और जल निकायों से पादप एवं जंतु प्रतिदर्श एकत्र करने के लिए अगम्य क्षेत्रों में ड्रोन भेजना

2. **'माइक्रो सैटेलाइट डी.एन.ए.' निम्नलिखित में से किस एक मामले में प्रयोग किया जाता है?** *(UPSC-Pre-2023)*
   (a) प्राणिजात की विभिन्न जातियों के बीच विकासपरक संबंधों का अध्ययन करना
   (b) 'स्टेम कोशिकाओं' को विविध प्रकार्यात्मक ऊतकों में रूपांतरित होने के लिये उद्दीप्त करना
   (c) उद्यान-कृषि के पादपों के क्लोनी प्रसार को संवर्धित करना।
   (d) किसी समष्टि में श्रृंखलाबद्ध औषध परीक्षण कर औषधों के प्रभावकारिता का आकलन करना।

3. **प्रोबायोटिक्स के सम्बन्ध में निम्नलिखित कथनों पर विचार करें:** *(UPSC-Pre-2022)*
   1. प्रोबायोटिक्स बैक्टीरिया तथा यीस्ट दोनों से बने होते हैं।
   2. प्रोबायोटिक्स के जीव हमारे द्वारा खाए जाने वाले खाद्य पदार्थों में पाए जाते हैं, लेकिन वे स्वाभाविक रूप से हमारे पेट में नहीं होते।
   3. प्रोबायोटिक्स दूध शर्करा के पाचन में मदद करते हैं।

   ऊपर दिए गए कथनों में से कौन-सा/से सही है/हैं?
   (a) केवल 1 (b) केवल 2
   (c) 1 और 3 (d) 2 और 3

4. **निम्नलिखित कथनों पर विचार करें: डीएनए बारकोडिंग एक साधन हो सकता है:** *(UPSC-Pre-2022)*
   1. किसी पौधे या पशु की आयु का आकलन करना।
   2. एक जैसी दिखने वाली प्रजातियों में अंतर करना।
   3. प्रसंस्कृत खाद्य पदार्थों में अवांछनीय पशु या पौधों की सामग्री की पहचान करना।

   ऊपर दिए गए कथनों में से कौन-सा/से सही है/हैं?
   (a) केवल 1 (b) केवल 3
   (c) 1 और 2 (d) 2 और 3

5. **'रिकॉम्बिनेंट वेक्टर वैक्सीन' के सम्बन्ध में हाल के घटनाक्रमों के संदर्भ में निम्नलिखित कथनों पर विचार करें:** *(UPSC-Pre-2021)*
   1. इन टीकों के विकास में जेनेटिक इंजीनियरिंग का प्रयोग किया जाता है।
   2. बैक्टीरिया तथा वायरस का उपयोग वैक्टर के रूप में किया जाता है।

   ऊपर दिए गए कथनों में से कौन-सा/से सही है/हैं?
   (a) केवल 1 (b) केवल 2
   (c) दोनों 1 और 2 (d) न तो 1 और न ही 2

6. **वंशानुगत रोगों के संदर्भ में, निम्नलिखित कथनों पर विचार करें:** *(UPSC-Pre-2021)*
   1. अंडे के इन विट्रो निषेचन से पहले या बाद में माइटोकॉन्ड्रियल रिप्लेसमेंट थेरेपी द्वारा माता-पिता से बच्चे में माइटोकॉन्ड्रियल रोगों को पारित होने से रोका जा सकता है।
   2. एक बच्चे को माइटोकॉन्ड्रियल रोग पूरी तरह से मां से विरासत में मिलते हैं न कि पिता से।

   ऊपर दिए गए कथनों में से कौन-सा/से सही है/हैं?
   (a) केवल 1 (b) केवल 2
   (c) दोनों 1 और 2 (d) न तो 1 और न ही 2

7. **बोलगार्ड I और बोलगार्ड II प्रौद्योगिकियों का उल्लेख किसके संदर्भ में किया गया है?** *(UPSC-Pre-2021)*
   (a) फसल पादप का क्लोनल प्रसार
   (b) आनुवंशिक रूप से संशोधित फसल पादपों का विकास
   (c) पादपों के विकास के लिए आवश्यक पदार्थों का उत्पादन
   (d) जैव उर्वरकों का उत्पादन

8. **निम्नलिखित कथनों पर विचार कीजिए:** *(UPSC-Pre-2020)*
   1. भावी माता-पिता के अंड या शुक्राणु उत्पन्न करने वाली कोशिकाओं में आनुवंशिक परिवर्तन किए जा सकते हैं।
   2. व्यक्ति का जीनोम जन्म से पूर्व प्रारंभिक भ्रूणीय अवस्था में सम्पादित किया जा सकता है।
   3. मानव प्रेरित बहुशक्त स्टेम (Pluripotent stem) कोशिकाओं को एक शूकर के भ्रूण में अंतर्वेशित किया जा सकता है।

   उपर्युक्त कथनों में से कौन-सा/से सही है/हैं?
   (a) केवल 1 (b) केवल 2 और 3
   (c) केवल 2 (d) 1, 2 और 3

9. **मानव प्रजनन तकनीकी में अभिनव प्रगति के संदर्भ में, "प्राक्केन्द्रिक स्थानान्तरण" (Pronuclear Transfer) का प्रयोग किस लिए होता है?** *(UPSC-Pre-2020)*

(a) इन विट्रो अंड के निषेचन के लिए दाता शुक्राणु का उपयोग
(b) शुक्राणु उत्पन्न करने वाली कोशिकाओं का आनुवंशिक रूपान्तरण
(c) स्टेम (stem) कोशिकाओं को कार्यात्मक भ्रूणों में विकास
(d) संतान में सूत्रकणिका वाले रोगों का निरोध

10. विज्ञान के हाल ही के विकास के संबंध में निम्न में से कौन-सा कथन सही नहीं है। *(UPSC-Pre-2019)*

(a) विभिन्न प्रजातियों की कोशिकाओं से लिए गेए डी.एन.ए. के खण्डों को जोड़कर कार्यात्मक क्रोमोसोम का सृजन किया जा सकता है।
(b) कृत्रिम कार्यात्मक डी.एन.ए. के टुकड़ों को प्रयोगशाला में बनाया जा सकता है।
(c) जानवर कोशिका से लिया गया डी.एन.ए. का टुकड़ा किसी प्रयोगशाला मे किसी कोशिका के बाहर प्रतिलिपि किया जा सकता है।
(d) प्रयोगशाला पॅट्रीडिश/तश्तरी में पादपों व जानवरों से ली गई कोशिकाओं का कोशिका विभाजन किया जा सकता है।

11. हाल ही में आर.एन.ए. इंटरफेस (RNAi) तकनीकी ने लोकप्रियता काफी हासिल की है। क्यों? *(UPSC-Pre-2019)*

1. यह जीन सायलेंसिंग थैरेपी विकसित करने में प्रयुक्त होती है।
2. यह कैंसर की चिकित्सा के लिए थैरेपी विकसित करने में प्रयुक्त हो सकती है।
3. यह हॉर्मोन प्रतिस्थापन थैरेपी विकसित करने में प्रयोग में ली जा सकती है।
4. वायरल पैथोजन्स के प्रति सहनशील फसली पादपों के उत्पादन में यह प्रयुक्त की जा सकती है।

नीचे दिए गए कूट की सहायता से सही उत्तर का चयन कीजिए:

कूट:

(a) 1, 2 व 4 (b) 2 व 3
(c) 1 व 3 (d) 1 व 4 केवल

12. हाल ही में समाचारों में देखा जाने वाला Cas 9 प्रोटीन क्या है? *(UPSC-Pre-2019)*

(a) एक आणविक कैंची, जो टार्गेटिड जीन एडिटिंग में प्रयुक्त होती है
(b) मरीजों में रोगाणुओं की सटीक पहचान करने वाला बायो-सेंसर
(c) पीड़क सहनशील पादप निर्माता जीन
(d) जेनेटिकली मॉडीफाईड फसलों में संश्लेषित खरपतवारनाशी पदार्थ

13. भारत में विकसित जी.एम. सरसों के संदर्भ में निम्नलिखित कथनों पर विचार कीजिए:

1. जी.एम. सरसों में मृदा बैक्टीरियम के जीन्स होते हैं जो पीड़कों की एक विशाल श्रृंखला के प्रति फसलों को पीड़क सहनशील बनाते हैं।
2. जी.एम. सरसों में क्रॉस-परामण तथा संकरण हेतु जीन उपस्थित है।
3. जी.एम. सरसों पंजाब कृषि विश्वविद्यालय तथा आई.ए.आर.आई द्वारा संयुक्त रूप से विकसित है।

उपरोक्त दिये गए कथनों में से कौन-सा/से कथन सही है/हैं?

(a) 1 व 3 (b) केवल 2
(c) 2 व 3 (d) 1, 2 व 3

14. कायिक कोशिका न्यूक्लीय अंतरण प्रौद्योगिकी (Somatic Cell Nuclear Transfer Technology) का अनुप्रयोग क्या है? *[UPSC (Pre)-2017]*

(a) जैव-डिम्बनाशी का उत्पादन
(b) जैव-निम्नीकरणीय प्लास्टिक का निर्माण
(c) जंतुओं की जननीय क्लोनिंग
(d) रोग मुक्त जीवों का उत्पादन

15. भारत में कृषि के संदर्भ में प्रायः समाचारों में आने वाले जीनोम (Genome Sequencing) की तकनीक का आसन्न भविष्य में किस प्रकार उपयोग किया जा सकता है? *[UPSC (Pre)-2017]*

1. विभिन्न फसली पौधों में रोग प्रतिरोध तथा सूखा सहिष्णुता के लिए आनुवांशिक सूचकों का अभिज्ञान करने के लिए जीनोम अनुक्रमण का उपयोग किया जा सकता है।
2. यह तकनीक फसली पौधों की नई किस्मों को विकसित करने में लगने वाले आवश्यक समय को घटाने में मदद करती है।
3. इसका प्रयोग, फसलों में पीषी-रोगाणु संबंधों को समझने के लिए किया जा सकता है।

नीचे दिए गए कूट का प्रयोग कर सही उत्तर चुनिए:

कूट:

(a) केवल 1 (b) केवल 2 और 3
(c) केवल 1 और 3 (d) 1, 2 और 3

16. जैव सूचना विज्ञान (Bioinformatics) में घटनाक्रमों/गतिविधि के संदर्भ में समाचारों में कभी-कभी दिखने वाला पद ट्रांसक्रिप्टोम (Transcriptome) किसे निर्दिष्ट करता है? *[UPSC (Pre)-2016]*

(a) जीनोम संपादन में प्रयुक्त एंजाइमों की एक श्रेणी
(b) किसी जैव द्वारा अभिव्यक्त mRNA अणुओं की पूर्ण श्रृंखला
(c) जीन अभिव्यक्ति की क्रियाविधि का वर्णन
(d) कोशिकाओं में होने वाले आनुवांशिक उत्परिवर्तनों की एक क्रियाविधि

17. जेनेटिक इंजीनियरिंग अनुमोदन समिति का गठन निम्न में से किसके अधीन किया गया है? *[UPSC (Pre)-2015]*

(a) खाद्य एवं सुरक्षा मानक अधिनियम, 2006
(b) माल के भौगोलिक उपदर्शन (रजिस्ट्रीकरण एवं संरक्षण) अधिनियम जियोग्राफिकल इंडिकेशंस ऑफ गुड्स (रजिस्ट्रेशन ऐंड प्रोटेक्शन) एक्ट, 1999
(c) पर्यावरण (संरक्षण) अधिनियम, 1986
(d) वन्य जीव (संरक्षण) अधिनियम, 1972

18. निम्नलिखित में से कौन-सा/से कथन पौधों के कायिक प्रवर्द्धन के संबंध में सही है/हैं? *[UPSC (Pre) - 2014]*

1. कायिक प्रवर्द्धन क्लोनीय जनसंख्या को उत्पन्न करता है।
2. कायिक प्रवर्द्धन विषाणुओं का निष्प्रभावन करने में सहायक है।
3. कायिक प्रवर्द्धन वर्ष के अधिकतर भाग में चल सकता है।

कूट:

(a) केवल 1 (b) केवल 2 और 3
(c) केवल 1 और 3 (d) ये सभी

19. निम्नलिखित तकनीकों/परिघटनाओं पर विचार कीजिए: *[UPSC (Pre) - 2014]*

1. फल वाले पादपों में मुकुलन और रोपण
2. कोशिकाद्रव्यी नर बन्ध्यता
3. जीन नीरवता

उपरोक्त में से कौन-सी/से ट्रांसजेनिक फसलों को बनाने में प्रयुक्त होता है/होते हैं?

(a) केवल 1 (b) केवल 2 और 3
(c) केवल 1 और 3 (d) इनमें से कोई नहीं

20. पुनर्योगज DNA प्रौद्योगिकी (आनुवंशिकी इंजीनियरी) जीनों को स्थानांतरित होने देता है *[UPSC (Pre) - 2013]*

1. पौधों की विभिन्न जातियों में
2. जंतुओं से पौधों में
3. सूक्ष्मजीवों से उच्चतर जीवों में

कूट:

(a) केवल 1 (b) केवल 2 और 3
(c) केवल 1 और 3 (d) ये सभी

21. कवकमूलीय (माइकोराइजल) जैव प्रौद्योगिकी को निम्नीकृत स्थलों के पुनर्वासन में उपयोग में लाया गया है, क्योंकि कवक मूल के द्वारा पौधों में: *[UPSC (Pre) - 2013]*

1. सूखे का प्रतिरोध करने एवं अवशोषण क्षेत्र बढ़ाने की क्षमता आ जाती है।
2. pH की अतिसीमाओं को सहन करने की क्षमता आ जाती है।
3. रोगग्रस्तता से प्रतिरोध की क्षमता आ जाती है।

कूट:

(a) केवल 1 (b) केवल 2 और 3
(c) केवल 1 और 3 (d) उपरोक्त सभी

22. जीवों के निम्नलिखित प्रकारों पर विचार कीजिए: *[UPSC (Pre) - 2012]*

1. जीवाणु 2. कवक
3. पुष्पीय पाद

उपरोक्त जीव-प्रकारों में से किसकी/किनकी कुछ जातियों को जैव पीड़कनाशियों के रूप में प्रयोग किया जाता है?

(a) केवल 1 (b) केवल 2 और 3
(c) केवल 1 और 3 (d) ये सभी

23. अकसर सुर्खियों में रहने वाली 'स्टेम कोशिकाओं' के संदर्भ में, निम्नलिखित में से कौन-सा/से कथन सही है/हैं? *[UPSC (Pre) - 2012]*

1. स्टेम कोशिकाएँ केवल स्तनपायी (Mammals) जीवों से ही प्राप्त की जा सकती हैं।
2. स्टेम कोशिकाएँ नई औषधियों को परखने के लिए प्रयोग की जा सकती हैं।
3. स्टेम कोशिकाएँ चिकित्सा थैरेपी के लिए प्रयोग की जा सकती हैं।

कूट:

(a) केवल 1 और 2 (b) केवल 2 और 3
(c) केवल 3 (d) ये सभी

24. भारत में BT बैंगन के प्रवेशन पर लोगों के विरोध के कारण क्या हैं? *[UPSC (Pre) - 2012]*

1. BT बैंगन की रचना इसके जीनोम में मृदा कवक के जीन को प्रवेश कराकर की गई है।
2. BT बैंगन के बीज टर्मिनेटर बीज हैं जिसके कारण किसानों को प्रत्येक मौसम के पहले बीज कंपनियों से बीज खरीदना पड़ता है।
3. एक आशंका है कि BT बैंगन के उपभोग का स्वास्थ्य पर विपरीत प्रभाव पड़ सकता है।
4. यह भी चिन्ता है कि BT बैंगन के प्रवेशन से जैव विविधता पर विपरीत प्रभाव हो सकता है।

कूट:

(a) केवल 1, 2 और 3 (b) केवल 2 और 3
(c) केवल 3 और 4 (d) ये सभी

25. वर्तमान में वैज्ञानिक किसी गुणसूत्र में जीन इकाइयों का विन्यास अथवा उनकी आपेक्षिक स्थिति अथवा डी.एन.ए. अनुक्रमों को निर्धारित कर सकते हैं। यह ज्ञान हमारे लिए किस प्रकार उपयोगी है? *[UPSC (Pre) - 2011]*

1. उसकी मदद से पशुधन की वंशावली जानी जा सकती है।
2. उसकी मदद से सभी मानव रोगों के कारण ज्ञात हो सकते हैं।
3. उसकी मदद से पशुओं की रोग-सह नस्लें विकसित की जा सकती हैं।

कूट:

(a) केवल 1 और 2 (b) केवल 2
(c) केवल 1 और 3 (d) ये सभी

26. बैंगन की आनुवंशिक अभियांत्रिकी से उसकी एक नई किस्म BT बैंगन विकसित की गई है। इसका लक्ष्य: *[UPSC (Pre) - 2011]*

(a) इसे नाशकजीव-सह बनाना है
(b) इसे अधिक स्वादिष्ट और पौष्टिक बनाना है
(c) इसे जलाभाव-सह बनाना है
(d) इसकी निधानी आयु बढ़ाना है

27. मोन 863 मक्के की एक प्रजाति है। यह निम्न कारणों से समाचार में था: *[UPSC (Pre) - 2011]*

(a) यह एक आनुवंशिक रूप से संशोधित बौने किस्म की फसल है जो सूखा सहिष्णु है।
(b) यह आनुवंशिक रूप से संशोधित है, जो कीट प्रतिरोधी है।
(c) यह आनुवंशिक रूप से संशोधित किस्म है जिसमें सामान्य मक्का फसल के मुकाबले 10 गुणा प्रोटीन ज्यादा होता है।
(d) यह जैव ईंधन उत्पादन के लिए विशेष रूप से प्रयुक्त होने वाला आनुवंशिक रूप से संशोधित किस्म है।

28. आनुवंशिक हेर-फेर द्वारा प्राकृतिक पृथक्कृतों से विकसित जीवाणुओं का कौन-सा जीवाणु-विभेद समुद्र में बिखरे तेल का निवारण करने के लिए उपयोग में लाया जा सकता है? *[UPSC (Pre) - 2010]*

(a) एग्रोबैक्टीरियम (b) क्लॉस्ट्रिडियम
(c) नाइट्रोसोमोनास (d) स्यूडोमोनास

29. जननिक परिवर्तित 'सुनहरा चावल (गोल्डन राइस)' मानव की पोषण आवश्यकताओं की पूर्ति के लिए इंजीनियरित किए गए हैं। निम्नलिखित मे से कौन-सा एक कथन सुनहरे चावल की विशेषता को सबसे अच्छी तरह वर्णित करता है? *[UPSC (Pre) - 2010]*

(a) उसके दोनों का ऐसे जीनों से प्रबलीकरण किया गया है, जिससे कि वह दूसरी उच्च पैदावार किस्मों की तुलना में प्रति एकड़ तीन गुना अधिक पैदावार देते हैं।
(b) उसके दानों में प्रो-विटामिन A पाया जाता है, जिसका अंतर्ग्रहण करने पर यह मानव शरीर में विटामिन A में परिवर्तित हो जाता है।
(c) उसके परिवर्तित जीन सभी नौ आवश्यक अमीनो अम्लों के संश्लेषण के कारक हैं।
(d) उसके परिवर्तित जीन दानों में विटामिन D प्रबलीकरण के कारक हैं।

30. निम्नलिखित में से कौन-सा एक युग्म नहीं सुमेलित नहीं है? *[UPSC (Pre) - 2006]*

	नवीनतम वैज्ञानिक कार्य	देश
(a)	एक पूर्ण मानव गुणसूत्र का प्रयोग कर विश्व के प्रथम चूहे का जनन	यूनाइटेड किंगडम
(b)	प्रथम बार मानव भ्रूण का क्लोनीकरण	जर्मनी
(c)	एक अंतरिक्ष यान को टकराने के लिए निर्देशित करना	संयुक्त राज्य अमेरिका
(d)	एक ग्रहिका पर एक अंतरिक्ष यान को उतारना	जापान

31. आनुवंशिक इंजीनियरिंग अनुमोदन समिति जिसकी अनुमति किसी भी आनुवंशिक रूप से संशोधित फसल की खेती के लिए आवश्यक है, जैसे-बीटी कपास, भारत में केंद्रीय मंत्रालय के अधीन है: *[UPSC (Pre) - 2003]*

(a) कृषि (b) पर्यावरण एवं वन
(c) वाणिज्य एवं उद्योग (d) ग्रामीण

32. स्तंभ कोशिका अनुसंधान (Stem Cell Research) के क्षेत्र में नवीनतम विकास के संदर्भ में निम्नलिखित कथनों पर विचार कीजिए: *[UPSC (Pre) - 2002]*

1. बीजपुटी अवस्था (Blastocyst Stage) पर भ्रूण (Embryos) मानव स्तंभ कोशिकाओं का एकमात्र स्रोत है।
2. स्तंभ कोशिकाएँ बीजपुटियों (Blastocysts) को नष्ट किए बिना प्राप्त की जा सकती हैं।
3. स्तंभ कोशिकाएँ वस्तुतः अनंतकाल तक स्वयं ही पात्रे संजीवित हो सकती हैं।
4. भारतीय अनुसंधान केंद्रों ने कुछ कोशिका रेखाओं का भी सृजन किया, जिन्हें कई प्रकार के ऊतकों (Tissues) में विकसित किया जा सकता है।

उपरोक्त कथनों में से कौन-से कथन सही है?

(a) 1, 2, 3 और 4 (b) 1, 2 और 3
(c) 1, 2 और 4 (d) 3 और 4

33. कथन (A): वैज्ञानिक DNA अणुओं को, चाहे वे अणुओं के किसी भी स्रोत से हों, इच्छानुसार अलग-अलग काट और एक साथ जोड़ सकते हैं।

कारण (R): DNA के टुकड़ों को, रेस्ट्रिक्शन एण्डोन्यूक्लिएज तथा DNA लाइपेज का उपयोग कर जोड़ा-तोड़ा जा सकता है। *[UPSC (Pre) - 2001]*

कूट:

(a) (A) और (R) दोनों सही हैं तथा (A) की सही व्याख्या (R) है।
(b) (A) और (R) दोनों सही हैं, किंतु (A) की सही व्याख्या (R) नहीं है।
(c) (A) यही है किंतु (R) गलत है।
(d) (A) गलत है किंतु (R) सही है।

34. अमेरिकी बहुराष्ट्रीय कंपनी मोनसांटो ने एक कीट प्रतिरोधी कपास की किस्म बनाई है, जिसका भारत में क्षेत्र परीक्षण किया जा रहा है। निम्नलिखित जीवाणुओं में किस एक के आविष जीन (Toxin Gene) का इस पारजीनी कपास आविष में (Transgenic Cotton) अंतरण हुआ है? *[UPSC (Pre) - 2001]*

(a) वैसिलस थूरिजिएनसिस
(b) वैसिलस सबटाईलिस
(c) बैसिलस एमाइलोजिक्की फैन्सिएन्स
(d) वैसिलस ग्लोसबाई

35. कथन (A): बलात्कार एवं हमले के मामलों में अपराधियों की पैतृकता एवं पहचान (Paternity and Identity) स्थापित करने में 'DNA', फिंगर प्रिंटिंग एक शक्तिशाली उपकरण बन गया है।

कारण (R): DNA विश्लेषण के लिए बाल, लार एवं शुष्क वीर्य जैसे लेश साक्ष्य पर्याप्त हैं। *[UPSC (Pre) - 2000]*

कूट:

(a) (A) और (R) दोनों सही हैं तथा (A) की सही व्याख्या (R) है।

(b) (A) और (R) दोनों सही हैं, किंतु (A) की सही व्याख्या (R) नहीं है।
(c) (A) यही है किंतु (R) गलत है।
(d) (A) गलत है किंतु (R) सही है।

36. कपास के कीट रोधी पौधे आनुवंशिक इंजीनियरिंग द्वारा एक जीन को विशिष्ट कर निर्मित किए गए है, जो लिया गया है: *[UPSC (Pre) - 2000]*

(a) विषाणु से (b) जीवाणु से
(c) कीट से (d) पौधे से

37. निम्नलिखित में से कौन-सा एक जीव चावल की फसल के लिए जैव उर्वरक का कार्य कर सकता है? *[UPSC (Pre) - 2000]*

(a) नील-हरित शैवाल
(b) राइजोबियम sp
(c) कवकमूल कवक
(d) एजेटोबैक्टर sp

38. नीचे दो वक्तव्य दिए गए हैं, एक को कथन (A) तथा दूसरे को कारण (R) कहा गया है: *[UPSC (Pre) - 1999]*

कथन (A): डॉली सर्वप्रथम क्लोन की गई स्तनपायी थी।

कारण (R): डॉली पात्रे निषेचन (In Vitro Fertilisation) द्वारा उत्पन्न की गई थी।

उपरोक्त दो वक्तव्यों के संदर्भ में निम्नलिखित में कौन एक सही है?

(a) (A) और (R) दोनों सही हैं तथा (A) की सही व्याख्या (R) है।
(b) (A) और (R) दोनों सही हैं, किंतु (A) की सही व्याख्या (R) नहीं है।
(c) (A) यही है किंतु (R) गलत है।
(d) (A) गलत है किंतु (R) सही है।

39. कथन (A): कीट प्रतिरोधी ट्रांसजैनिक कपास "BT" जीन के निवेशन से निर्मित किया गया है।

कारण (R): "BT" जीन एक जीवाणु से प्राप्त किया जाता है। *[UPSC (Pre)-1999]*

(a) (A) और (R) दोनों सही हैं तथा (A) की सही स्पष्टीकरण (R) है।
(b) (A) और (R) दोनों सही हैं, किंतु (A) की सही स्पष्टीकरण (R) नहीं है।
(c) (A) यही है किंतु (R) गलत है।
(d) (A) गलत है किंतु (R) सही है।

40. भारतीय किसान टर्मिनेटर बीज तकनीक की शुरुआत होने से खुश नहीं हैं क्योंकि इस तकनीक के द्वारा उत्पादित बीज: *[UPSC (Pre)-1999]*

(a) कमजोर अंकुरण क्षमता वाले होते हैं।
(b) उच्च गुणवत्ता युक्त होने के बावजूद कम उपज देने वाले पौधे का निर्माण करते है।
(c) लैंगिक दृष्टि से बांझ पौधे को बढ़ावा देते हैं।
(d) व्यवहार्य बीज बनाने में असमर्थ पौधों को उत्पन्न करता है।

उत्तरमाला (Answer Key)

1. (a)	2. (a)	3. (c)	4. (b)	5. (c)	6. (c)	7. (b)	8. (d)
9. (d)	10. (a)	11. (a)	12. (a)	13. (a)	14. (c)	15. (d)	16. (b)
17. (c)	18. (c)	19. (b)	20. (d)	21. (d)	22. (d)	23. (b)	24. (c)
25. (c)	26. (a)	27. (b)	28. (d)	29. (b)	30. (b)	31. (b)	32. (d)
33. (a)	34. (b)	35. (a)	36. (b)	37. (a)	38. (b)	39. (b)	40. (d)

अध्याय 24

विभिन्न प्रकार के रोगों सहित हाल के स्वास्थ्य और कल्याण कार्यक्रम
(Recent Health and Welfare Programmes Including Different Types of Diseases)

इस अध्याय में...

जननी सुरक्षा योजना (JSY) 2005 में शुरू किए गए राष्ट्रीय ग्रामीण स्वास्थ्य मिशन (NHM) के तहत एक सुरक्षित मातृत्व का प्रयास है।

यह महिलाओं को प्रसव और प्रसव के दौरान मजदूरी-हानि के लिए महिलाओं को आंशिक मजदूरी मुआवजा प्रदान करती है और सुरक्षित प्रसव और अच्छे पोषण के लिए परिस्थिति प्रदान करती है।

भाग-A: पारंपरिक रोग (Conventional Diseases)

24.1 स्वास्थ्य, रोग तथा लक्षण (Health, Diseases and Symptoms)

स्वास्थ्य से आशय पूर्णरूपेण बेहतर शारीरिक, मानसिक तथा सामाजिक स्थिति से है। इसका संबंध किसी जीव की शारीरिक या मानसिक स्थिति के साथ-साथ उसके पर्यावरण तथा सामाजिक वातावरण से भी होता है। रोग से आशय ऐसी स्थिति से है, जिसमें किसी पादप, प्राणी या मानव की सामान्य शारीरिक गतिविधियों में बाधा या कमजोरी उत्पन्न हो जाती है। सामान्यतः यह केवल शारीरिक चोट के कारण उत्पन्न नहीं होती तथा इसे लक्षणों (Symptoms) के रूप में अभिव्यक्त किया जाता है।

24.2 रोग की प्रकृति के आधार पर उपयोग में आने वाली शब्दावलियां (Different Types of Terminology Used on the Basis of Nature of Diseases)

- **महामारी (Epidemic Disease):** यह ऐसा रोग होता है, जो किसी समय विशेष में किसी समुदाय या स्थान के लोगों को बड़ी संख्या में प्रभावित करता है।
- **स्थानिक रोग (Endemic Disease):** यह किसी विशेष क्षेत्र में नियमित रूप से प्रभाव डालता है। इसका क्षेत्र, विशेष रूप से लगभग नियत होता है।
- **गंभीर/तीव्र रोग (Acute Disease):** यह रोग बहुत कम समय में तेजी से फैलता है।
- **पुरानी बीमारी/जीर्ण रोग (Chronic Disease):** यह लंबी समयावधि में धीरे-धीरे फैलने वाले रोग हैं।

24.3 जन्मजात बनाम अर्जित रोग (Congenital versus Acquired Diseases)

जन्मजात रोग जन्म के समय से ही मौजूद होते हैं तथा आनुवंशिक विभिन्नताओं के कारण उत्पन्न होते हैं, जैसे-वर्णांधता आदि। अर्जित (Acquired) रोग वे होते हैं, जो जन्म के पश्चात् बाहरी कारणों (पर्यावरणीय या अन्य) से उत्पन्न होते हैं।

24.4 संचारी रोग बनाम गैर-संचारी रोग (Communicable versus Non-Communicable Diseases)

संचारी बीमारियां (फैलने वाली) प्रभावित व्यक्ति या उसके द्वारा उत्पन्न मलत्याग, उल्टी इत्यादि से प्रत्यक्ष या अप्रत्यक्ष संपर्क द्वारा स्थानांतरित होती हैं।

गैर-संचारी बीमारियां (न फैलने वाली) ये लोगों के बीच असंक्रामक तथा न फैलने वाली बीमारियां हैं। इसमें अंगों तथा ऊतकों के द्वारा सही ढंग से काम नहीं कर पाना शामिल है।

24.5 प्रतिजन बनाम प्रतिरक्षी (Antigens versus Antibodies)

प्रतिजन (Antigen)

1. यह प्रोटीन तथा शर्करा के बहुलकों (पालीसैंकेराइड) के बड़े अणु होते हैं। कुछ दुर्लभ मामलों में वसा या न्युक्लिक अम्ल भी प्रतिजन (Antigen) का कार्य कर सकते हैं। सूक्ष्म जीवों के कुछ अंग, अन्य मनुष्यों या जंतुओं के ऊतक (tissue) भी प्रतिजन बनाते हैं।
2. यह कोशिका की सतह पर उपस्थित होते हैं तथा विशेष रूप से उससे प्रतिक्रिया करके प्रतिरक्षी **(Antibodies)** बनाने की प्रकिया को संचालित करते हैं। बड़े अणुओं की **प्रतिरक्षिता (Antigenicity)** कोशिका सतह पर उपस्थित **ऐपीटोप (epitopes)** पर निर्भर करती है।
3. **हाप्टेन (Haptens)** यह प्रोटीनहीन होते हैं, प्रतिजन की तरह कार्य करते हैं परंतु यह प्रतिरक्षी के उत्पादन को प्रेरित नहीं करते हैं।
4. **मुख्य ऊतक संयोज्यता मिश्रण (Major Histo Compatibility - MHC),** प्लाज्मा मैमब्रेन (झिल्ली) पर उपस्थिति प्रोटीन के समूह को प्रदर्शित करते हैं, जो कि कोशिका सतह सूचक भी होते हैं। प्रतिरक्षा तंत्र इन्हें स्वयं को पहचानने हेतु प्रयोग करता है। ऐसे किसी भी तत्व (पदार्थ) को प्रतिजन कहते हैं, जो शरीर के प्रतिरक्षा तंत्र को उत्तेजित/उत्प्रेरित करता है।

प्रतिरक्षी (Antibodies)

यह लिम्फोसाइट या लसीका कोशिका द्वारा उत्पादित प्रोटीन अणु होते हैं, जिसे प्रतिरक्षा ग्लोस्युलिन (Immunoglobulin) कहा जाता है। यह वह अणु है जो विशिष्ट रूप से प्रतिजन को अक्रिय करते हैं। पांच प्रकार की बड़ी शृंखलाओं के आधार पर पांच मुख्य प्रकार के प्रतिरक्षी प्रोटीन होते हैं-**IgM, IgG, IgD, IgE, तथा IgA.**

24.6 बुखार/ज्वर (Fever)

बुखार को उच्च ज्वर भी कहा जाता है। ज्वर स्वयं में रुग्णता (बीमारी की दशा) नहीं है, बल्कि प्राय: संक्रमण का एक लक्षण है। ज्वर एक उत्तेजित करने वाली प्रतिक्रिया जो कि सामान्यत: संक्रमित भाग के अतिरिक्त संपूर्ण शरीर को प्रभावित करता है तथा कुल शारीरिक तापमान बढ़ाने में सहायक होता है। सामान्यत: रक्त कोशिकाओं के सूजन, बुखार में महत्वपूर्ण भूमिका निभाते हैं। शारीरिक तापमान सामान्यत: **अधात्विक या हाइपोथैलेमस (Hypothalamus)** द्वारा विनियमित तथा अनुरक्षित होता है, अधत्वेक या हाइपोथैलेमस (Hypothalamus), जो कि मस्तिष्क (brain) का एक संरचनात्मक भाग है, शरीर की **समस्थैतिकता (Homeostaus)** को बनाए रखने का कार्य करता है।

बहुत सारी विभिन्न परिस्थितियां, जो बुखार को उत्पन्न करने का कारण है, में शामिल हैं:

1. संक्रमण जिसमें फ्लू, निमोनिया तथा सामान्य सर्दी शामिल हैं, और
2. कुछ प्रतिरक्षण (immunizations), जैसे-डिप्थीरिया, या टिटनस (बच्चों में)
3. बच्चों में दांत निकलते समय

4. प्रदाहक बीमारियों जिसमें संधिशोथ (Rheumatoid Arthritis) तथा क्रोहन रोग (Crohn's Disease) शामिल है।
5. खून का थक्का बनना
6. अत्यधिक धूप में रहने से (सूर्यदाह)
7. भोजन विषाक्तता
8. कुछ औषधियां, जिनमें एंटीबायोटिक शामिल हैं

24.7 संचारी रोग/बीमारियां (Communicable Diseases)

इस प्रकार के रोगों को प्रेषित करने मे रोगाणु (pathogens) महत्वपूर्ण भूमिका निभाते हैं। रोगाणुओं के समूह हैं, जैसे-जीवाणु, **विषाणु, प्रोटोजोआ, हेलमिनथिस/कृमि** इत्यादि। इस प्रकार के रोगों को विभिन्न प्रकार के चिकित्सिय परीक्षणों द्वारा अवलोकित किया जाता है।

24.7.1 जीवाणुजनित रोग (Bacterial Diseases)

24.7.1.1 हैजा (Cholera)

घरेलू मक्खी की सहायता से संक्रमित मल से भोजन प्रक्रिया में पहुंचने वाले **विब्रिओ कोलेरा (Vibrio cholera)** जीवाणु द्वारा फैलने वाला उच्च संचारी (Highly Communicable) रोग है। इसमें तीव्र दस्त लगते हैं। इसको स्वास्थ्य शिक्षा पानी तथा पर्यावरण की उचित साफ-सफाई तथा टेट्रासाइक्लीन एवं कलोरोफेनिकोल जैसी दवाओं से उपचारित किया जा सकता है।

24.7.1.2 निमोनिया (Pneumonia)

स्ट्रेप्टोकोकस निमोनिया तथा हिमोफीलिया इन्फ्लुएंज़ा के कारण उत्पन्न फेफड़ों की गम्भीर सूजन वाली बीमारी है, जो तीव्र उखड़ती (छोटी) सांस लेना, छाती में दर्द तथा बुखार व खांसी के लक्षणों को उत्पन्न करती है। पेंसिलीन, स्ट्रेप्टोमाइसिन तथा एम्पीसीलिन निमोनिया की महत्वपूर्ण दवाएं हैं।

न्यूमोकोकल 13-वैलेंट संयुग्मित वैक्सीन (पीसीवी)
[Pneumococcal 13-valent Conjugate Vaccine (PCV)]

- सरकार ने 'आजादी के अमृत महोत्सव' के एक भाग के रूप में **सार्वभौमिक टीकाकरण कार्यक्रम (UIP) के तहत न्यूमोकोकल 13-वैलेंट संयुग्मित वैक्सीन (PCV)** का राष्ट्रव्यापी विस्तार शुरू किया है।
- यह देश में पहली बार था कि पीसीवी सार्वभौमिक उपयोग के लिए उपलब्ध होगा।
- PCV13 न्यूमोकोकल रोग उत्पन्न करने वाले 13 प्रकार के जीवाणुओं से संरक्षित करता है।

24.7.1.3 आंत्र ज्वर (Typhoid)

मनुष्य की आंत में पाए जाने वाले सालमोनेला टाइफी (Salmonella typhi) से मल-मुख मार्ग द्वारा फैलने वाला तीव्र आंतरिक रोग है। इसके मुख्य लक्षण हैं-उच्च ज्वर, मल त्याग, शारीरिक पीड़ा इत्यादि, उपचार के लिए जीवाण ुनाशक (antibiotic) एम्पीसीलीन तथा क्लोरमफेनिकाल का उपयोग किया जा सकता है।

24.7.1.4 कुष्ठ रोग (Leprosy)

यह हेन्सेन रोग के नाम से भी जाना जाता है। यह माइकोबैक्ट्रियम लेप्रीं (mycobacterium laprae) द्वारा उत्पन्न रोग है, जो लाल रक्त कणों के इंडोथिलियल या अंत:स्तर कोशिका में रहता है और परिधिय (Peripheral) तंत्रिकाओं को प्रभावित करता है। यह त्वचा में घावों वाला स्थायी रोग है। कुष्ठ रोग के उपचार के लिए बहु-औषधि चिकित्सा (multi drug therapy) का प्रयोग किया जाता है।

24.7.1.5 टिटनेस (Tetanus)

घोड़े की आंत में पाए जाने वाले **क्लास्ट्रीडियम टिटेनी** जो दूषित मिट्टी या घाव द्वारा जनित एक गंभीर जीवाणुजनित रोग है। इसके मुख्य लक्षण हैं- जबड़ों का जकड़ना, **मांसपेशियों** का अकड़ना, अनम्यता (Rigidity), बुखार इत्यादि।

24.7.1.6 प्लेग (Plague/Black Death Disease)

प्लेग **येरसिनिपेस्टिस** (चूहों का अंत:परजीवी पिस्सू) पिस्सू द्वारा संचरित होता है। प्लेग प्राथमिक तौर पर चूहे की बीमारी है। यह तीन प्रकार की होती हैं-(i) **बुबोनिक प्लेग (Bubonic Plague)** (ii) **निमोनिया प्लेग**

न्यूमोकोकल संयुग्म टीके (Pneumococcal Conjugate Vaccines)

न्यूमोकोकल एक जीवाणु रोग है, जो फेफड़ों, रक्त और मस्तिष्क को संक्रमित करता है। ज्यादातर यह 5 साल से कम उम्र के बच्चों की स्वास्थ्य संबंधी समस्याओं का कारण बनता है। इस बीमारी का सबसे ज्यादा खतरा 2 साल तक के बच्चों और 65 साल से ज्यादा उम्र के बुजुर्गों को होता है। कुछ लोगों जिनकी कुछ विशेष चिकित्सीय स्थितियां होती हैं और धूम्रपान करने वालों को इस बीमारी की आशंका अधिक होती है। इन बीमारियों में निमोनिया, मेनिनजाइटिस, सेप्सिस, रक्त संक्रमण और कान का संक्रमण भी शामिल है। न्यूमोकोकल कंजुगेट वैक्सीन (PCV 13) 13 प्रकार के न्यूमोकोकल बैक्टीरिया से बचाता है जबकि न्यूमोकोकल पॉलीसेकेराइड वैक्सीन (PPSV 23) 23 प्रकार के बैक्टीरिया खिलाफ सुरक्षा करता है।

आमतौर पर इस्तेमाल किए जाने वाले एंटीबायोटिक दवाओं के लिए एस निमोनिया का बढ़ता प्रतिरोध न्यूमोकोकल रोग को नियंत्रित करने के लिए इस्तेमाल किए जाने वाले टीकों की आवश्यकता को रेखांकित करता है। एंटीबायोटिक प्रतिरोध तब होता है, जब बैक्टीरिया और कवक जैसे रोगाणु उन्हें मारने के लिए डिज़ाइन की गई दवाओं को हराने की क्षमता विकसित करते हैं। एंटीबायोटिक दवाओं पर निर्भरता जो दवा प्रतिरोधी बैक्टीरिया के खिलाफ प्रभावी नहीं हैं, उन्हें कम किया जा सकता है।

न्यूमोकोकल वैक्सीन प्राप्त करने वाले अधिकांश लोगों को इससे कोई गंभीर समस्या नहीं होती है। ये आमतौर पर हल्के होते हैं और कुछ दिनों के भीतर स्वयं चले जाते हैं, लेकिन गंभीर प्रतिक्रियाएं संभव हैं।

(Pneumonic Plague) और (iii) **सेप्टिसिमिक प्लेग (Septicemic plague)** (रक्त विषाक्तता)।

1. **बुबोनिक प्लेग (Bubonic Plague):** संक्रमित कृदंत (Rdaent) या पिस्सू द्वारा काटने से उत्पन्न सबसे सामान्य रूप का प्लेग है, लक्षण–तीव्र ज्वर, कमजोरी तथा लसिका ग्रंथियों का बढ़ना।
2. **निमोनिया प्लेग:** सबसे प्राणघातक तथा फेफड़ों को प्रभावित करता है।
3. **सेप्टिसिमिक प्लेग (Septicemic Plague):** खून को प्रभावित करता है।

24.7.1.7 तपेदिक / क्षय रोग (Tuberculosis/TB)

इस रोग का जनक माइकोबैक्टीरियम ट्यूबरकुलोसिस नामक जीवाणु होता है, जो फेफड़ों को प्रभावित करता है और फुफ्फुसीय टीबी (pulmonary TB) का कारण बनता है, लेकिन यह शरीर के किसी भी अंग को भी प्रभावित कर सकता है। यह एक क्रोनिक बीमारी है। टीबी अर्थात् क्षय रोग जानवरों को भी प्रभावित करता है और इसका प्रसार वायु के माध्यम से सूक्ष्म बूंदों या थूक के माध्यम से होता है। टीबी का निदान रेडियोलॉजिकल (-रे), बायोकेमिकल (मोंटौक्स, PCR, आदि) और नैदानिक संकेतों, बलगम के साथ खांसी, शाम के समय ज्वर आना आदि जैसे लक्षणों के आधार पर किया जा सकता है।

RNTCP में डॉट्स केंद्र में डॉट्स थेरेपी द्वारा टीबी का इलाज किया जा सकता है। देश में 1962 से राष्ट्रीय क्षय रोग नियंत्रण कार्यक्रम (NTCP) संचालित किया जा रहा है। लेकिन इसके वांछित परिणाम प्राप्त नहीं हो पाए हैं। इसलिए, 1992 में एक विशेषज्ञ समिति द्वारा इसकी समीक्षा की गई और तदनुसार, संशोधित राष्ट्रीय टीबी नियंत्रण कार्यक्रम (RNTCP 1) 26 मार्च 1997 को और RNTCP II (2006) को लॉन्च किया गया था जो कि WHO के डायरेक्टली ऑब्जर्व्ड ट्रीटमेंट शॉर्ट कोर्स (DOTS) का भारतीय संस्करण या अनुप्रयोग है।

24.7.1.8 कुकर खांसी / काली खांसी (Pertussis/Whooping Cough)

कुकर खांसी बालपन की बीमारी है, जो बोरडिटेला परट्यूसिस (Bordetella pertussis) द्वारा होती है। बुखार तथा हांफने (Whoop) जैसे लक्षणों के साथ यह श्वसन मार्ग को प्रभावित करती है। कुकर खांसी द्रव बूंदों तथा प्रत्यक्ष संपर्क द्वारा फैलती है। नवजातों के लिए कुकर खांसी की वैक्सीन DPT है।

24.7.1.9 डिप्थीरिया (Diptheria)

डिप्थीरिया यह **कार्नीबैक्टीरियम डिपथीरिया (Corney-Bacterium Diphtheria)** द्वारा होता है। इसके लिए एंटीबायोटिक पेंसिलीन तथा एरिथ्रोमाइसिन उपलब्ध है।

24.7.1.10 एंथ्रेक्स (Anthrax)

- यह बीजाणु (Spore) बनाने वाले **बैसीलस एन्थ्रेसिस (Bacillus Anthracis)** द्वारा होता है।

लक्षण (Symptoms)

1. **त्वचा संबंधी (cutaneous):** अचानक खुजली, जो दर्दरहित नेक्रोटिक (necrotic) फोड़ों में बदल जाती है।
2. **श्वसन संबंधी:** गंभीर श्वसन तंत्र की समस्याएं एवं आघात।
3. **आंत संबंधी:** भूख का न लगना, जी मिचलाना, बुखार, गंभीर दस्त, पेट दर्द तथा उलटियां।

तालिका 24.1 कुछ रोग तथा उनके प्रतिरक्षाविज्ञानी (Immunological) परीक्षण

क्र.सं.	टेस्ट	बीमारी
1.	**अमेस टेस्ट (Ames test)**	कैंसर (Carciogenicity)
2.	**डिक टेस्ट (Dick test)**	लोहित/लाल ज्वर (Scarlet fever)
3.	**मॉनटेक्स टेस्ट (Mantoux test)**	क्षयरोग (Tuberculosis)
4.	**रोजवॉलर टेस्ट (Rosewaaler test)**	गठिया बुखार (Rheumatid fever)
5.	**सिक टेस्ट (Schick test)**	डिप्थीरिया (Diphtheria)
6.	**वासरमैन टेस्ट (Wasserman test)**	सिफिलिस (Syphilis)
7.	**विडाल टेस्ट (Widal test)**	टायफायड (Typhoid)
8.	**वेसन स्टेन टेस्ट (Wayson Stain Test)**	प्लेग (Plague)
9.	**इलिसा टेस्ट (ELISA-NS-1/Non-structural protein I)**	डेंगू बुखार (Dengue fever)
10.	**लेप्रोमिन टेस्ट (Lepromin test)**	कुष्ठ रोग (Leprosy)
11.	**इलिसा टेस्ट, एंटीवांडी डिफरेन्सीएशन टेस्ट, वेस्टर्न ब्लाटिंग, PCR फॉर प्लाज्मा HIV RNA टेस्ट, एन्टीजन p24 टेस्ट**	एड्स (AIDS)

24.7.2 विषाणु जनित रोग (Viral Diseases)

24.7.2.1 इन्फ्लुएंजा (जिसे फ्लू भी कहा जाता है) [(Influenza (Also Called Flue)]

A, B, तथा C प्रकार के इन्फ्लुएंजा वायरस द्वारा तीव्र श्वसन संक्रमण। दोनों प्रकार A तथा B पूरे विश्व में इस रोग की महामारी के लिए उत्तरदायी है। A प्रकार का वायरस उच्चतम प्रतिजन (Antigen) रूपांतर (Variation) रखता है B प्रकार का तुलनात्मक रूप से कम प्रतिजन रूपांतर जबकि प्रकार C वायरस कोई प्रतिजन रूपान्तर (Variation) नहीं रखता, इनके बीच कोई क्रॉस प्रतिरक्षा (immunity) नहीं होती। इसके जीवाणु के बड़े **संग्रहकर्ता** पशु तथा **पक्षी** हैं। इसके लक्षणों में (Coryza), बहती नाक (profound discharge of running nose), छींकना, गले में दर्द, **खांसी**, **मांसपेशियों** में दर्द, सरदर्द, ठंड लगना तथा बुखार शामिल है। इन्फ्लुएंजा वायरस A के लिए वैक्सीन उपलब्ध है।

24.7.2.2 गलसुआ (Mumps)

यह माइक्सो वायरस से होता है, जो मानव शरीर के पैरोटिड ग्रंथि तथा तंत्रिका तंत्र को प्रभावित करता है। इसके कई लक्षण हैं; जैसे– कानों का दर्द, प्रभावित भाग का अकड़ जाना तथा सूज जाना। यह गलसुआ (Mumps) **वृषण** (Testes), **पित्ताशय** (Pancreas), **केंद्रीय तंत्रिका तंत्र** (Central Nervous System - CNS), **अंडाशय** (ovaries), **प्रोस्टेट** आदि को भी प्रभावित कर सकता है। गंभीर मामलों में, ज्वर, सिरदर्द तथा अन्य लक्षण हो सकते हैं, जो 3 से 5 दिन में समाप्त हो जाते हैं। प्रतिरक्षा टीका, खसरा, कण्डमाला तथा रूबेला (Measles, Mumps and Rubella) के रूप में उपलब्ध हैं।

24.7.2.3 खसरा/रूबेओला (Measles/Rubeola)

माइक्सो वायरस द्वारा उत्पन्न, श्वसन मार्ग तथा नेत्र श्लेष्माला (Conjunctiva) को प्रभावित करता है, जो रोगी द्वारा प्रयुक्त सामान (fomite) तथा तरल बूंदों (droplet) के माध्यम से स्थानांतरित होता है। इस रोग के उत्पन्न होने के पहली अवस्था में (3–4 दिन), गले मे खुस्की, खांसी, छींकना, सर्दी-जुकाम, आंखों में लालिमा या पानी आना (Conjunctivitis) और नीले-सफेद कोपलिक्स निशान (लालीमा युक्त) जैसे लक्षण दिखते हैं। चौथे दिन से खुजली, त्वचा पर चकते, खसरा कानों के पीछे से प्रारंभ होकर सिर, चेहरे (धब्बे एवं सूजन) फिर शरीर पर पहुंचता है। चकते 5–6 दिन में कम होने प्रारंभ होते हैं। बुखार आने के साथ ही 10 दिन का ऊष्मायन (Incubation) समय प्रारंभ होता है। एंटीबायोटिक तथा विटामिन बीमारी को बढ़ने से रोकने के लिए दिये जाते हैं, टीका (Vaccination)/MMR, गलसुआ, चेचक और खसरा) उपलब्ध है, जो 1 वर्ष की आयु में दिया जाता है। गर्भवती महिला को टीका उसके बच्चे को बचाने के लिए लगाया जाता है।

24.7.2.4 सामान्य खसरा (रूबेओला) [General Measles (Rubeola)]

कम स्तर के ज्वर, लिम्फैडिनोपैथी (Lymphadenopathy) जो लिम्फ नोड को प्रभावित करती है तथा लाल, सीधे धब्बों, के साथ बच्चों में तीव्र संक्रमण। शुरुआती गर्भावस्था का संक्रमण गंभीर जन्मजात विकार ला सकता है। इम्यूनोग्लोविन नामक प्रोटीन का प्रयोग लाभकारी होता है और वैक्सीनेशन MMR के रूप में में दिया जाता है।

24.7.2.5 लघु चेचक (Small Pox)

लघु चेचक वैश्विक रूप से समाप्त हो चुका है। एडवार्ड जेनर (Edward Jenner) नामक वैज्ञानिक ने सर्वप्रथम इसके लिए वैक्सीन का विकास किया।

24.7.2.6 चिकन पॉक्स (Chicken Pox)

चिकन पॉक्स एक संक्रामक रोग है, जो रोगी के कपड़ों या अन्य वस्तुओं के आने से होता है। यह सामान्य रोग है, लेकिन यह वयस्कों में बहुत कम पाया जाता है। इस बीमारी में पहले संक्रमणीय चकत्ते होते हैं, फिर हल्का बुखार, कंपन एवं पीठ दर्द भी होता है। **बेंजिल बेंजोएट** तथा **कैलामाइन** द्वारा खुजली तथा खुरचने की प्रवृत्ति को कम किया जाता है। चिकन पॉक्स के लिए कोई दवाई या वैक्सीन उपलब्ध नहीं है। लम्बे समय तक प्रतिरक्षा के लिए एंटीबायोटिक दी जाती है।

24.7.2.7 पोलियो (Polio)

यह पोलियो विषाणु द्वारा उत्पन्न होता है, यह मल, पेशाब, नाक के **स्त्राव** से फैलता है तथा मेरु रज्जु के भूरे पदार्थ को प्रभावित करता है, जिसके परिणामस्वरूप सिर को आगे मुड़ने के अयोग्य तथा गर्दन में अकड़ उत्पन्न करता है। यह मेरु रज्जू (Spinal Cord) की मोटर तंत्रिका कोशिकाओं (motor nerve cells) को भी नष्ट करता है, अतः इसे इनफैन्टाइल लकवा अथवा शिशु लकवा (infantile paralysis) कहा जाता है। इस बीमारी के साथ उच्च ज्वर, सरदर्द, ठंड लगना तथा पूरे शरीर में दर्द होता है। मुख द्वारा ली जाने वाली वैक्सीन का विकास 1940 में जोनास साल्क (Jonas Salk) तथा अल्बर्ट सैबिन (Albert Sabin) द्वारा किया गया था। बच्चों को पोलियो आघात से बचाने हेतु वैक्सिन उपलब्ध है। भारत में पोलियो को जड़ से उखाड़ने के लिए सरकारी पल्स पोलियो उन्मूलन कार्यक्रम (Pulse Polio Immunisation Programme) चलाया गया।

24.7.2.8 रेबीज (Rabies)

रेबीज वायरस/लासा वायरस (RNA) द्वारा उत्पन्न दिमाग के मोटर न्यूरॉन को प्रभावित करता है तथा मांसाहारी जीवों द्वारा काटने पर फैलता है। मानव को रैबीज खरगोश, कुत्ते, बन्दर, बिल्ली आदि के संपर्क में आने से या काटने से होता है। इससे **इन्सीफेलिटिस**, पानी से भय (जिससे इसको हाइड्रोफोबिया कहा जाता है), उच्च ज्वर, गम्भीर सरदर्द, छाती तथा गले में खराश के कारण मृत्यु भी हो जाती है। लुईस पाश्चर (Lois Pasteur) ने इसके लिए वैक्सीन तैयार की थी।

24.7.2.9 हेपेटाइटिस (Hepatitis)

यह एक वायरल संक्रमण है, जो मल के द्वारा (हिपेटाइटिस A, E) या संक्रमित रक्त जनित बीमारी है, जो यकृत को प्रभावित करता हैं-पीलिया, पेट दर्द, जी मचलाना तथा उल्टी आदि लक्षणों में शामिल है। यह जल तथा भोजन के प्रदूषित होने के कारण महामारी का रूप ले लेते हैं। **सीरम (Serum) हिपेटाइटिस बी** (Hepatitis B) प्रदूषित रक्त चढ़ाने से फैलता है। इस बीमारी के दौरान व्यक्ति को सफाई, उबला पानी, सही ढंग से पके भोजन को लेना चाहिए। **इसकी वैक्सीन उपलब्ध है।**

24.7.2.10 डेंगू बुखार (Dengue Fever)

मादा एडीज एजेप्टी (*Aedes aegypti*) द्वारा दिन के समय में काटने के कारण मानव में उत्पन्न होने वाली वायरल रोग है, यह भी तीव्र ऊष्णकटिबन्धीय रोग है। 4–6 दिनों में इसके लक्षण दिखते हैं, जैसे-अचानक बुखार, सिरदर्द, जोड़ों तथा मांसपेशियों में दर्द, आंखों के पीछे दर्द, **उल्टियां**, थकान, जी मिचलाना, त्वचा में चकते तथा अंदरूनी खून बहना (मसूड़ों तथा नाक से खून बहना) कुछ गंभीर मामलों में, व्यक्ति हिमेरेजिक बुखार (hemorrhagic fever) द्वारा पीड़ित होता है जो दुर्लभ जटिल उच्च बुखार के रूप में दिखाई देता है। यह मानव शरीर मे लसीका गांठों तथा रक्त वाहिकाओं को नुकसान पहुंचाता है। इस ज्वर के कुछ लक्षण हैं-नाक तथा मसूड़ों से खून निकलना, यकृत का सूजना, परिसंचरण तन्त्र का ठप्प हो जाना। अत्यधिक **रक्त स्त्राव** के कारण आघात तथा मृत्यु तक हो जाती है। इसे डेंगू आघात लक्षण (dengue shock syndrome) कहते हैं। ऐसे लोगों में, जिनमें कमजोर प्रतिरक्षा तंत्र तथा दूसरी बार डेंगू का दोबारा संक्रमण हुआ हो तो हिमेरेजिक ज्वर का अधिक जोखिम रहता है। डेंगू लक्षणों में लोग प्लेटलेट्स की कमी के साथ जूझते हैं। **"आप और मैं"** (You and Me) अभियान डेंगू से संबंधित है।

नोट: 'मादा एडिज एजेप्टी' मच्छर कई बीमारियों की वाहक हैं, जैसे- जीका, डेंगू, चिकुनगुनिया तथा पीत ज्वर (Yellow Fever)।

24.7.2.11 पीत ज्वर (Yellow Fever)

पीत ज्वर एक हेमोरेजिक रोग है, जो **अरबोवायरस** के कारण होता है। जो एडीज एजेप्टी नामक मच्छर के काटने से फैलता है। **पीत ज्वर की वैक्सीन विकसित करने के लिए 'मैक्स थैल्डर' (Max Theilder) ने 1951 में नोबेल पुरस्कार पाया था।**

24.7.3 प्रोटोजोआ जनित रोग (Protozoan Diseases)

प्रोटोजोआ के कारण होने वाली बीमारियों में **मलेरिया, काला-जार, ट्रिप्नो सोमाइसिस** आदि हैं:

24.7.3.1 मलेरिया (बुरी हवा) [Malaria (Bad Air)]

यह प्रोटोजोआ जनित सबसे आम रोग है, जो **प्लाज्मोडियम स्पीशीज** (स्पोरोजोआ वर्ग से संबंधित) द्वारा तथा मादा एनोफिलीज मच्छर (Female Anopheles Mosquito) द्वारा मानव को काटने से फैलता है। इस बीमारी को 6-10 घंटे मे दोबारा आने वाली बीमारी के रूप में पहचाना जाता है। इसके तीन चरण हैं:

1. ठंडी अवस्था (सुप्त अवस्था) - ठंडी एवं कंपकपाना
2. गर्म अवस्था तापमान - 100°F तक बढ़ना
3. पसीने वाली अवस्था - यहां पसीना आना तथा तापमान का लगातार होना मलेरिया के परिणाम खून की कमी (रक्ताल्पता), **टॉक्सेमिया** (Toxaemia) तथा स्पलीन (तिल्ली) का बढ़ना है।

मलेरिया परजीवी के विरुद्ध उठाये गये कदम (Measures against Parasites of Malaria)

1. मूल रूप से **सिनकोना वृक्ष की छाल (bark of peruvian tree cinchona)** से प्राप्त **क्वीनीन** डिराइवड (quinine derived) प्रयोग किया जाता था, इसलिए यह **मलेरिया के लिए पुराने उपचार के रूप में प्रस्तुत किया जाता है।**
2. इन दिनों संश्लेषित दवाएं **क्लोरोक्वीन फास्फेट** तथा **प्राईमाक्वीन** प्रयोग की जाती है।
3. **डेराप्रिम** इन दोनों से अधिक प्रभावकारी है। इसमें प्रकृति के अनुसार यह कम सक्रिय है, परंतु कोर्स की समय सीमा के अंदर परजीवी को खून तथा यकृत दोनों में मार देती है तथा संक्रमित व्यक्ति के खून को लेने वाले मच्छर में भी परजीवी को मार देती है। **गेम्बूसिया मछली** को भी मलेरिया से बचाव के लिए इसका प्रयोग किया जाता है क्योंकि यह मलेरिया लार्वा को तालाबों में ही खा जाती है।

कर्नाटक ने मलेरिया-मुक्त बनने हेतु वर्ष 2027 का लक्ष्य निर्धारित किया (Karnataka Sets 2027 Target to Become Malaria-Free)

- कर्नाटक ने केंद्र सरकार द्वारा निर्धारित वर्ष 2030 के लक्ष्य से तीन वर्ष पूर्व वर्ष 2027 तक मलेरिया को खत्म करने का लक्ष्य रखा है।
- **भारत में मलेरिया उन्मूलन के लिए राष्ट्रीय रूपरेखा (NFMEI) पहल के भाग के रूप में,** वर्ष 2015 व 2021 के बीच, विगत छह वर्षों में मलेरिया को खत्म करने के अपने प्रयासों के लिए कर्नाटक को राष्ट्रीय मान्यता और प्रशंसा मिली है।
- **डब्ल्यूएचओ पश्चिमी प्रशांत क्षेत्र में चीन पहला देश है,** जिसे 3 दशकों से अधिक समय में मलेरिया-मुक्त प्रमाणन से सम्मानित किया गया है।
- इस क्षेत्र के अन्य देशों में ऑस्ट्रेलिया (1981), सिंगापुर (1982) और ब्रुनेई दारुस्सलाम (1987) शामिल हैं।
- विश्व स्तर पर, **40 देशों एवं क्षेत्रों को WHO से मलेरिया-मुक्त प्रमाणन प्रदान किया गया है - जिसमें हाल ही में, अल सल्वाडोर (2021), अल्जीरिया (2019) शामिल हैं।**

मॉस्क्युरिक्स: मलेरिया की पहली वैक्सीन (Mosquirix: The First Malaria Vaccine)

- हाल ही में, RTS, S/ASO1 (RTS-S), व्यापार नाम मॉस्क्युरिक्स (Mosquirix) को **विश्व स्वास्थ्य संगठन (WHO) द्वारा अनुमोदित किया गया था।**
- यह पहली और अब तक की एकमात्र ऐसी वैक्सीन है, जिसमें युवा अफ्रीकी बच्चों पर किए गए परीक्षणों में मलेरिया तथा जानलेवा गंभीर मलेरिया को कम करने की क्षमता प्रदर्शित की गई है।

24.7.3.2 कालाजार (लेसमानियासिस) [Kala Azar (Leishmaniasis)]

यह लेसमानिया डोनोवानी (Leishmania donovani) द्वारा उत्पन्न तथा सैण्डफ्लाई (Phlebotomus) द्वारा फैलाई जाती है। उच्च ज्वर के साथ बढ़े हुए स्पलीन (Spleen) तथा यकृत द्वारा इसे पहचाना जाता है। कालाजार को डम-डम (Dum-Dum) बुखार भी कहा जाता है।

24.7.3.3 सीलियरी दस्त (Ciliary Dysentery)

यह बैलंटीडियम कोलाई (Balantidium Coli) द्वारा उत्पन्न होता है। यह बीमारी पुटिका (cyst) निर्माण द्वारा फैलती है। पुटिका पोषक के मल द्वारा बाहर आती है। यह दूषित भोजन एवं जल में सिस्ट (cyst) के जाने से होता है। **बैलंटीडियम कोलाई** आंत में अल्सर (फोड़ा) उत्पन्न करता है तथा हाइल्यूरानिडेज इंजाइम को **स्रावित** कर श्लेष्मा झिल्ली को क्षति पहुंचाता है। यह सामान्यत: दस्त उत्पन्न करता है। टेट्रासाइक्लीन तथा आइडोक्वीनोल प्रभावक उपचार हैं।

24.7.3.4 जियाडाइसिस (Giardiasis)

यह जियाडाइसिस **इंटेसाटाइनेलिग्स** (प्रथम संज्ञान में आया प्रोटोजोआ जीव) यह बीमारी सिस्ट (पुटिका/cyst) द्वारा भोजन तथा पानी दूषित होने से फैलती है।

24.7.3.5 ट्रिप्नोसोमासिस (Trypanosomiasis)

ट्रिप्नोसोमासिस, विभिन्न प्रकार के ट्रिप्नोसोमा स्पीशीज द्वारा उत्पन्न होता है, जो एक तन्तुयुक्त (flagellate) प्रोटोजोआ है। यह उच्च ज्वर, गले एवं हाथों में सूजन, कमजोरी, रक्ताल्पता, मांसपेशियों में ऐंठन, सुस्ती, अचेतना तथा मृत्यु के रूप में चिह्नित होता है।

24.7.3.6 अमीबीय अतिसार (Amoebic Dysentery or Enteritis)

- **रोगाणु: एंटअमीबा हिस्टोलिटिका** (*Entamoeba histolytica*)
- **वाहक: संक्रमण प्रदूषित/दूषित होने से**
- **लक्षण:** एंटअमीबा साइटोलाइसिन (cytolysin) का **स्त्रावण** करता है जो आंत की श्लेष्मा झिल्ली को उखाड़ देता है
- **दवा: मेट्रौनिडाजोल** (Metronidazole)

24.7.4 कृमि रोग (Helminthic Diseases)

कृमि बहुकोशीकीय जीव है, जो मनुष्यों में कई प्रकार के रोग उत्पन्न करते हैं। यह गोलकृमि तथा फीताकृमि द्वारा होते हैं। कृमि रोग गंदे हाथों, दूषित मृदा एवं भोजन द्वारा फैलता है। रोगों के प्रकारों (**तालिका 24.2**) में **एस्केरियासिस,**

तालिका 24.2 कृमि रोग

रोग का नाम	कारक	वाहक	संक्रमण का स्थान	लक्षण
एस्कैरियेसिस (Ascarisis)	एस्केरिस लम्बरीकोआडस (अंत: परजीवी)	भोजन तथा जल में प्रदूषित एस्केरिस भ्रूणों से (वाहक: तेलचहे एवं सब्जियां)	आंत	कमजोरी एवं रक्ताल्पता (पोषक के भोजन में हिस्सेदारी के कारण) इसके द्वारा उत्पन्न विष द्वारा दर्द पाचन न होना, उल्टी, अनिन्द्रा इत्यादि जांच-मल जांच, स्क्रैच जांच तथा त्वचा जांच
एंसीलोस्टोमियासिस (Ancylostomiasi's)	(हुकवार्म) एंसीइलोस्टोमाडयूडेनल	के माध्यम से भोजन या सब्जियों संक्रमित लारवा छोटा	आंत	रक्त हानि शरीर में लौह तत्व की कमी के कारण, एनीमिया गुदा द्वार में खुजली, त्वचा पर जलन/सूजन, खुजली युक्त फोड़े आदि।
(हाथी पांव) फिलारियासिस	वूकेरिया वॉनक्राफटी	द्वारा बहुत अधिक में पहुंचाकर जो त्वचा में द्वितीय पोषक हैं। क्यूलेसफैटीजन्स तथा मादा कयूलेक्स मच्छर क्यूलेसपाइपीन इसके माइक्रोफिलारी को रक्त भी जमा हो जाते हैं	वक्ष आदि (पुरुष जननांग) पांव, स्क्रोटम	ज्वर, संक्रमित भाग में लसिका वाहिका की जीवा में अन्त:कोशिकाओं में फैलने के कारण सूजन आ जाती है।
टियानियासिस	अंत:परजीवी (सुअर फीताकृमि) टियानिसासोमियम	सुअर	आंत	पेट दर्द, पाचन न होना, उल्टी, कब्ज, भूख न लगना, तंत्रिका तन्त्र का बिगड़ना।

एंसाइलोस्टोमियासिस (ancylostomiasis), **फिलारीयासिस** (Filariasis), **टीनियासिस** (Taeniasis) आदि हैं।

सिस्टीसरकोसिस (cysticercosis) फीताकृमि द्वारा संक्रमण है, जो साफ तरह से न धुली हुई सब्जियों तथा फीताकृमि कैप्सूल से या दूषित जल द्वारा भी हो सकता है। इस प्रकार शाकाहारी को भी फीताकृमि संक्रमण हो सकता है। कैप्सूल, एम्ब्रोयस (Embroyos) छोड़ते है, जो आंखों और मस्तिष्क में पहुंच सकते हैं और लार्वा में विकसित होते हैं, जो इनसिस्ट (Encyst) के **सिस्टीसेरसी (Cysticerci)** कहलाते हैं। सिस्ट इस तरह से अन्धापन या मिर्गी जैसे लक्षण उत्पन्न करने के कारण होते हैं। अन्य जाति वाई सैजीनेट (Y saginate) को बीफ फीताकृमि (Beef Tapentorm) कहा जाता है, जो बीफ खाने वालों में टीनियासिस उत्पन्न करता है। यह पोषक पशु के माध्यम से होता है।

कृमियों द्वारा उत्पन्न अन्य रोग निम्नलिखित हैं:

- **इन्टेरोबियस वर्मिक्यूलेरिस (Enterobius Vermicularis):** यह पिनकृमि (pin worm) भी कहलाता है, जो बड़ी आंत एवं अपेण डीक्स में पाया जाता है। यह गुदा द्वार में खुजली, अपेण्डीसाइटिस तथा तंत्रिका तन्त्र की समस्या उत्पन्न करता है, इसका कोई मध्यस्थ पोषक नहीं है तथा यह दूषित भोजन के सीधे फैलता है। यह इंटिरोबियासिस उत्पन्न करता है।
- **गिनि वर्म** (Guinea Warm): यह शरीर में त्वचा के नीचे के ऊतकों में पाया जाता है, यह गिनि वर्म रोग उत्पन्न करता है, जो त्वचा में फोड़ों के रूप में प्रकट होता है। छोटी चेचक के समान भारत में इसे लुप्त रोग के रूप में जाना जाता है।
- **लोआ-लोआ (आंख की कृमि):** आंखों की त्वचा के नीचे पाया जाता है तथा **कन्जंक्टीवाइटिस** रोग उत्पन्न करता है:
  1. **ट्रीसिनेलास्पारिलिस (Trichinellaspiralis)** मनुष्य की आंत में पाया जाता है। इससे मांसपेशियों में दर्द और न्यूमोनिया या ट्राइसिनियासिस (Trichiniasis) होता है, यह संक्रमित सूअर के मांस को खाने से फैलता है।
  2. **व्हीप वर्म** अपेंडिक्स में पाए जाते हैं, यह रक्ताल्पता उत्पन्न, रक्त युक्त मल तथा दर्द उत्पन्न करते हैं।
  3. **सिस्टोसोमा हिमेटोबियम (Schistosoma Haematobium)** यह सिस्टो स्टोमियासिस (जिसे बिलहार्जिया भी कहा जाता है तथा घोंघे द्वारा फैलता है। यह मूत्र ब्लेडर, रक्त वाहिकाओं में पाया जाता है तथा खुजली, चकते, दर्द, बुखार तथा एसिनोफीलिया (eosinophilia) उत्पन्न करता है।

24.7.5 यौन संचारित रोग (Sexually Transmitted Diseases)

ये यौन संचारित बीमारियां, जो विभिन्न प्रकार के **जीवाणु**, **प्रोटोजोआ**, **कवकों**, **विषाणु कारकों तथा बाह्य परजीवियों द्वारा उत्पन्न होती हैं।**

पहले इनका नाम रति रोग था, जो बाद में यौन संचारित रोग के रूप में बदल गया, जो पिछली दो शताब्दियों में हुए रूपांतरण को सूचित करता है।

प्रमुख यौन संचरित रोग सिफेलिस तथा गीनोरोईया हैं, जिनका विवरण **तालिका 24.3** में निम्नवत् है:

तालिका 24.3 प्रमुख यौन संचरित रोग

रोग का नाम	कारक	लक्षण	नियंत्रण
(a) **सिफिलिस**	स्पाइरोसेट (Spirochaete) Treponema Pollidum	मूत्र मार्ग में घाव, लसिका गांठ, बालों का झड़ना, जोड़ों की सूजन, हृदय रोग तथा अन्धापन आदि।	जीवाणुनाशक जैसे पेंसिलीन टेट्रासाइक्लीन
(b) **गोनोरोईया**	नीसेरिया गोना रोईनियासेरिया	पस का रिसना या अत्यधिक योनीस्राव, संक्रमित मां के बच्चों में अन्धेपन का कारण तथा अर्थराइटिस	पेंसिलीन तथा एम्पीसीलिन

बीमारियां

जीवाणु जनित
- सिफीलिस (Syphilis)
- गोनोरिया (Gonorrhoea)
- कैनक्रोएड (Cancroid)
- वैजिनाइटिस (Vaginitis)

विषाणु जनित
- हरपीस जेनिटेलिस (Herpes genitalis)
- कॉण्डीलोमा एक्यूमिनेटक (Condyloma acuminatum)
- मोलस्कम कॉन्टेजियोसम (Molluscum contagiosum)

प्रोटोजोआ जनित
- ट्राइकोसोमीनियासिस (Trichosominiasis)

24.7.6 अतिसारीय बीमारी (Diarrhoel disease)

दस्त रोग आंत के संक्रमणों का समूह है, भोजन **विषाक्तता,** पेट में मरोड़, बार-बार मल त्याग करना इसके लक्षणों में शामिल है। बार-बार मल त्याग (जिसमें श्लेष्म तथा रक्त होता है) करने से निर्जलीकरण होता है।

जीवाणुजनित अतिसार (Bacterial Diseases)

जीवाणु जो दस्त उत्पन्न करते हैं- ई कोलाई, सीजेला स्प., कैम्पीलोबैक्टर (campylobacter) तथा सालमोनेला,

विषाणुजनित दस्त (Viral Diarrhoea)

- **रोटा वायरस** के कारण आंतों में आंत्रशोध अर्थात् गैस भर जाती है एवं तीव्र गति से पानी जैसे दस्त शिशुओं तथा बच्चों में होते हैं।
- **नोर्वाक (Norwork) वायरस** सभी आयु वर्ग के व्यक्तिओं में आंत्रशोध (gastroentritis) उत्पन्न करता है।

प्रोटोजोआ जनित दस्त (Protozoal Diarrhoea)

- **गाइरडिया इन्टेस्टाइनेलिस** (Giardia Intestinalis) गाइरडियासिस उत्पन्न करता है।

ओ. आर. एस.: ओ. आर. एस. एक पुनर्जलीकरण विलयन है, जिसका प्रयोग सभी आयु वर्ग में निर्जलीकरण के उपचार में किया जाता है। इसमें 105 ग्राम ग्लूकोज, 3.5 ग्राम सोडियम क्लोराइड (Nacl), 2.5 ग्राम पोटैशियम क्लोराइड (Kcl) तथा 3.9 ग्राम ट्राइसोडियम सिट्रेट होता है।

24.8 गैर-संचारी रोग (Non-Communicable Diseases)

24.8.1 डायबिटिज मेलिट्स (Diabetes Mellitus)

डायबिटिज मेलिट्स यह या तो इन्सुलिन के कम उत्पादन के कारण या कोशिकाओं द्वारा रक्त से इन्सुलिन न ले पाने के कारण होता है। इसके लक्षण हाइपरग्लेसिमिया (Hyperglycemia) रूप में देखे जाते हैं, जो मानव रक्त में उच्च ग्लूकोज स्तर (300-1200 mg/100 मिली) के रूप में देखा जाता है। डायबिटिज मेलिट्स के होने के लक्षण कई प्रकार के हैं: **पॉलीयूरिया** – अत्यधिक मूत्र त्याग (मानव मूत्र में पानी की अत्यधिक मात्रा के कारण) **पॉलीडिप्सिया (Polydepsia)** – अत्यधिक प्यास, पॉलिफेगिया (Polyphagia) - अत्यधिक खाना खाना। ग्लाइकोसुरिया (Glycosuria) - अत्यधिक मात्रा में मूत्र में ग्लूकोज का होना। वजन का कम होना, थकान, निर्जलीकरण, घाव भरने की क्षमता का घटना, धुंधला दिखाई देना अन्य प्रमुख लक्षण हैं। दो तरह की मधुमेह (diabetes) मनुष्यों में ज्यादा होते हैं- **प्रकार-I तथा प्रकार-II**

(a) **डायबिटिज मेलिट्स प्रकार-I (इन्सुलिन निर्भर डाइबिटिज):** यह **स्व-प्रतिरक्षित (Auto-immuno)** रोग का एक प्रकार है (उनमें जिनमें शरीर स्वयं शरीर के अच्छे पदार्थ को नष्ट करने लगता है)। इस प्रकार की डायबिटिज में शर्करा पदार्थों के उपयोग के दौरान इन्सुलिन संश्लेषण बढ़ता नहीं है। इस प्रकार के अधिकतर मामले 40 वर्ष से पहले के मरीजों मे दिखाई देते हैं। इसीलिए इस प्रकार के मधुमेह को किशोर मधुमेह या बचपन का मधुमेह कहा जाता है, डायबिटिज के सभी मामलों में लगभग 15 प्रतिशत मामले प्रकार-I के होते हैं।

(b) **प्रकार-II मधुमेह (इन्सुलिन आत्मनिर्भर मधुमेह)**- प्रकार-II होने के पीछे दो कारण हैं (1) शरीर में उत्पादित इन्सुलिन पर्याप्त नहीं होता या (2) इन्सुलिन का उत्पादन ठीक ढंग से नहीं होता (शरीर इन्सुलिन उत्पादन तो करता है, लेकिन इन्सुलिन के प्रति इसकी संवेदनशीलता कम होती है और जैसा करना चाहिए वैसा कार्य नहीं करती – शारीरिक कोशिकाओं में ग्लूकोज सही तरह से प्रविष्ट नहीं हो पाता। लगभग 85% मधुमेह रोगियों में प्रकार-II के डायबिटीज होते हैं।

डायबिटिज मेलिट्स बनाम डाइबिटिस इंसीपीड्स
(Diabetes Mellitus versus Diabetes Insipidus)

डायबिटिज मेलिट्स मुख्य रूप से इन्सुलिन की कमी के कारण या तो पित्ताशय (pancrease) के लैंगरहैंस कोशिकाओं (Islets of Langerhans) के नष्ट होने (अपघटन) के कारण या किसी स्व-प्रतिरक्षित (Auto-immune) के कारण होता है। इससे रक्त में शर्करा का स्तर बढ़ जाता है तथा शर्करा पेशाब द्वारा आनी प्रारंभ हो जाती है। शर्करा स्तर अत्यधिक बढ़ने के कारण यह मृत्युकारी भी हो जाता है। डायबिटिज इंसीपीड्स, वैसोप्रेसिन (एंटीडाइयूरेटिक हॉर्मोन) के स्राव में खराबी के कारण होता है, जो हाइपोथैलेमस में स्थित पिट्यूटरी ग्रंथि में होती है। इसका कार्य गुर्दे में डिस्टील नलिकाओं से पानी को पुनः प्राप्त करना है। इसी कारण यह पेशाब की मात्रा को नियंत्रित करता है लेकिन इसकी कमी के कारण पेशाब के द्वारा पानी का अधिक उत्सर्जन हो जाता है, यहां तक कि कम पानी पीने से भी।

24.8.2 हृदय तथा रक्त वाहिकाओं संबंधी रोग (Cardiovascular Diseases)

उच्च तनाव (hypertensive) हृदय रोग, हृदय की मांसपेशियों को क्षतिग्रस्त करता है तथा **पक्षाघात**, आवाज का बंद होना तथा अन्य क्रिया कलापों में समस्याओं के रूप में परिणामित होता है।

- **धमनी काठिन्य (Arterioselerosis)** मध्यम आकार की या बड़ी धमनियों में किसी भी प्रकार का कड़ापन आ जाना या लोचकता का

ह्रास धमनी काठिन्य कहलाता है। इसमे रक्त चाप सामान्य से अधिक बढ़ जाता है।

- **ऐथिरोरक्लेरोसिस (Atherosclerosis)** इसमें धमनी तथा महाधमनी संकरी हो जाती है क्योंकि वसा इनकी अंत:सतह तथा रक्त वाहिकाओं के अंदर जमा हो जाती है। यह उच्च रक्त दाब, थक्का बनना या थनास्त्रता (Thrombosis) की ओर ले जाता है।

हृद धमनी रोग (Coronary Heart Disease)

- एंजिना पैक्टोरिस (Angina Pectoris) गंभीर क्षणिक हृदय का दर्द जो ऑक्सीजन की कमी के कारण या मायोकार्डियल इसीमिया (Myocardial Ischemia) रक्त आपूर्ति की कमी से मुख्यत: शरीर के बाएं भाग में फैलता है।
- **हृदय घात** संकरी होती धमनी में रक्त के थक्कों के (thrombus) बनने के कारण हृदय मांसपेशियों में खून की आपूर्ति बन्द हो जाती है। इस भाग के मांसपेशियों की कोशिकाएँ आक्सीजन तथा ग्लूकोज की कमी के कारण मृत हो जाती है, इस स्थिति को हृदय आघात **(कोरोनरी धनास्त्रता या मायोकार्डियल रोधगलन) या MI कहते हैं।**
- **वातरोगग्रस्त हृदय रोग (Rheumatic heart disease):** भारत में 20 साल से कम उम्र वर्ग में यह रोग आम है, **वात ज्वर (Rheumatic Fever)** में (स्ट्रेप्टोकोल संक्रमण के कारण) विष उत्पादित होता है, जिसके कारण शरीर के विभिन्न भागों में सूजन, जिसमें अंतहद (Endocardium) (हृदय के चैम्बर्स के आंतरिक भाग के ऊतक) तथा जोड़ शामिल हैं। यह हृदय से मरमर सरसर की आवाज (हृदय वॉल्व के आर-पार रक्त प्रवाह के कारण उत्पन्न आवाज) को उत्पन्न करता है, जो स्टैथोस्कोप में सुनाई देती है।

हृदय रोग से बचाव (Prevention from Heart Disease)

कुछ पूर्वोपाय हृदय रोग से बचाव कर सकते हैं, जो निम्नलिखित हैं:

(i) सभी परिस्थितियों में स्वयं को शांत रखकर तनाव से दूर रहना,

(ii) संतृप्त वसा से बचाव, 35 वर्ष की आयु के बाद, रक्त के कोलेस्ट्रोल स्तर को निम्न रखना, धूम्रपान मादक पदार्थ सेवन मद्यपान से बचना।

(iii) मोटे तथा ज्यादा भारी होने से बचना

(iv) रोज हल्का व्यायाम करना

(v) श्वसन तन्त्र के संक्रमणों के प्रति रक्षात्मक कदम उठाना

(vi) छाती में दर्द होने पर डॉक्टरी सलाह लेना

24.8.3 गठिया (Arthritis)

यह **उम्रदराज** लोगों की आम बीमारी है, मांसपेसियों तथा जोड़ों में सूजन के कारण दर्द तथा जोड़ों में अकड़न रहती है। इस बीमारी के कई प्रकार हैं:

1. **अस्थिसंधिशोथ (Osteoarthritis)** उपास्थि (Cartilage) जो हड्डियों के प्रत्येक सिरे को ढकती है, के घिस जाने या टूट जाने के कारण जोड़ों के गति करने पर अत्यधिक दर्द करता है तथा भविष्य में हड्डियों (Spurs) के विकास को प्रभावित करता है।
2. **रूमेटाइड अर्थराइटिस या संधिशोथ (Rheumatoid Arthritis)** जोड़ों का छिलना (अनाच्छादन), शरीर के प्रतिरक्षा तंत्र के कार्य नहीं करने के कारण जोड़ों में सूजन से या ऊतकों के मोटे होने कारण अत्यधिक दर्द होता है। इस रोग से पुरूषों की अपेक्षा महिलाएं अधिक प्रभावित होती हैं।
3. **गठिया (Gout)** यह पुरुषों में मुख्य रूप से पाया जाता है। यह रोग रक्त में यूरिक अम्ल का स्तर बढ़ने से होता है। इसमें यूरिक अम्ल के क्रिस्टल जोड़ों में जमा हो जाते हैं, जिससे असहनीय दर्द उत्पन्न होता है।

अदिथसुषिरता (Osteoporesis)

यह उस अवस्था को बतलाता है जब नयी हड्डी के निर्माण तथा पुरानी हड्डी के पुनअर्वशोषण (Reabsorption) के बीच असंतुलन हो जाता है या तो शरीर पर्याप्त नई हड्डी बनाने में असफल हो जाता है या पुरानी हड्डियों का बहुत अधिक पुनअर्वशोषण हो जाता है या दोनों अवस्था उत्पन्न हो जाती है।

उपचार (Diagnosis)

अस्थि खनिज घनत्व परीक्षण (BMD Test) एवं X-रे का प्रयोग कर खनिज की मात्रा का मापन (जैसे-कैल्शियम हड्डी में) किया जाता हैं। यह परीक्षण ऐसे लोगों जिनको अस्थिसुषिरता **(आस्टियोपोरोसिस)** का खतरा है कि बड़ी मदद करता है, **विशेषकर स्त्रियों** एवं बड़ी आयु वाले लोगों को। दोहरी शक्ति एक्स-रे अवशोषण क्षमतामापक (Dual Energy x-ray Absorptionmetry) इस परीक्षण का अन्य नाम है।

24.8.4 किडनी स्टोन (Kidney Stones)

यह मूत्राशय की एक आम बीमारी है, जिसमें क्रिस्टलीकृत रसायन, जैसे- **यूरिक अम्ल, कैल्शियम ऑक्सलेट**, तथा कैल्शियम फॉस्फेट शामिल हैं।

उपचार (Treatment)

एक चिकित्सकीय प्रक्रिया जो कुछ निश्चित प्रकार के किडनी की पथरी, लीवर जैसे अन्य शरीर के अंगों के पथरी के इलाज में प्रयुक्त होती है, अश्मरीयंजक (Lithotripsy) के नाम से जानी जाती है,

इस प्रक्रिया में ध्वनि तंरगों का प्रयोग (जिसे हाई-एनर्जी शॉर्ट वेव के नाम से भी जाना जाता है) किडनी के बड़े पथरी को छोटे-टुकड़ों में तोड़ने में किया जाता है। **एक्स्ट्राकारपोरियल शॉक बेव अश्मरीयंजक (ESWL), अश्मरीयंजक (Lithotripsy)** का सबसे आम स्वरूप है।

24.9 व्यवसाय से सम्बंधित रोग (Occupational Diseases)

व्यक्ति जहां कार्य करता या रहता है, उन स्थलों पर वहां के उद्योगों द्वारा छोड़े गये प्रदूषित वायु के कारण ये बीमारी होती है, व्यवसाय सम्बंधी बिमारियों के प्रकार में **एस्बेस्टोसिस** (asbestosis) **सिल्कोसिस** (silicosis), **बिसीनोसीस** (byssinosis), **बगासोसिस** (Bagassosis), **ऐन्थ्रेकोसिस** (anthraxosis) आदि हैं।

(i) **एस्बेस्टोसिस, पलमोनरी फाइब्रोसिस (Pulmonary Fibrosis)** द्वारा पहचाना जाता है, जो कि श्वास में कमी तथा मृत्यु, श्वास का कैंसर तथा पेट-आंत मार्ग में होने वाले कैंसर का कारक है।

(ii) **सिलिकोसिस** एक फेफड़ों की बीमारी है, जो सिलिका युक्त धूल को श्वास द्वारा अंदर लेने से होती है।

(iii) **बाइसिनोसिस (Byssionosis)** स्थायी खांसी, श्वास लेने मे कठिनाई इस बीमारी के लक्षण हैं।

(iv) **बैगासोओसिस (Bagassosis)** सांस लेने में कठिनाई, खांसी, हिमोप्टीसिस तथा हलका बुखार आदि इसके लक्षण हैं।

(v) **एन्थ्राकोसिस (Anthrocosis)** इस बीमारी के लक्षण हैं। वेन्टीलेटर इम्पीयरमेंट, मैसिव फाइब्रोसिस गम्भीर श्वसन तन्त्र के कार्यो में रुकावट जिसके परिणामस्वरूप अल्प कालिक मृत्यु तक हो जाती है।

प्रदूषक का प्रकार	धूल	बीमारी
अजैविक	कोयले की धूल सिलिका एस्बेस्टस आयरन	एन्थ्रेक्सोसिस सिलिकोसिस एस्बेस्टोसिस (फेफड़ों का कैंसर) सिडेरोसिस
जैविक	गन्ने के तन्तु कपास धूल तंबाकू भूसे/अनाज की धूल	बैगासोसिस बाइसीनोसिस टोबेकोसिस फारमर्स लंग

ये सभी रोग धूल से होते हैं, जिन्हें **न्यूमोकोनियोसिस (Pneumoconiosis)** कहते हैं। न्यूमोकोनियोसिस मनुष्य को धीरे-धीरे फेफड़ों में **फाइब्रोसिस** तथा अन्य जटिलताओं के कारण उसकी काम करने की सामर्थ्यता खत्म कर देता है।

सल्फर के ऑक्साइड एवं इसके हाइड्रेट्स, H_2SO_4 की मध्यम सांद्रता सांस में रुकावट तथा ऊपरी श्वास तन्त्र में उत्तेजना (संताप/irritation) उत्पन्न करती है तथा इसके लगातार सम्पर्क में रहने पर फेफड़ों के रोग, जैसे-**स्थायी अस्थमा, ब्रोनकाइटिस (bronchitis), अचेतना** यहां तक मृत्यु तक होती है।

नोट:

- कार्बन-मोनो-ऑक्साइड विषाक्तता (Carbon monooxide Poisoning): एक गंधहीन, स्वादहीन गैस हैं, जिसको श्वास में लेने पर किसी व्यक्ति को हानि हो सकती है तथा अधिक मात्रा (स्तर) में लेने के कारण व्यक्ति की मृत्यु भी हो सकती है, यह गैस, कोयला तथा लकड़ी जैसे ईंधन के अल्प दहन से उत्पन्न होती है।

यह कैसे प्रभावित करती है?

- श्वास के द्वारा कार्बन-मोनो-ऑक्साइड खून में प्रवेश कर जाती है तथा यह हीमोग्लोबिन के साथ मिश्रित हो जाती है (हीमोग्लोबिन लाल रक्त कणों का रंग है, जो आक्सीजन को संपूर्ण शरीर में ले जाता है) और कार्बोक्सीहीमोग्लोविन (Carboxyhemoglobin) बनाता है। और इस प्रकार यह रक्त की आक्सीजन वहन क्षमता को कम कर देता है और यह ऑक्सीजन की कमी कर शरीर की कोशिकाओं तथा ऊतकों को अंतत: मृत कर देती है।

24.10 विटामिन (Vitamins)

1912 में एक पोलिस जैव रसायन वैज्ञानिक फंक (Funk) को सबसे पहले विटामिन्स बनाने की अवधारणा देने का श्रेय दिया जाता है, **विटामिनों** को महत्वपूर्ण अमीन्स भी कहा जाता है। विटामिन्स ऊर्जा न देने वाले जैविक पदार्थ हैं जो बहुत कम मात्रा में कोशिका पोषण पदार्थों के उपापचय में उपयोगी होते हैं (क्योंकि ये ऊर्जा स्थानान्तरण में महत्वपूर्ण भूमिका निभाते हैं, जो एंजाइम तंत्र में सह-एंजाइम की तरह कार्य करते हैं) इस प्रकार विटामिन शरीर की वृद्धि एवं कार्य के लिए अति आवश्यक है (**तालिका 24.4**)। यह शरीर के अन्दर संश्लेषित नहीं किये जा सकते, अत: बाह्य स्रोतों से लेना आवश्यक होता है, **जैसे कि आहार**। विटामिन्स पौधों तथा कुछ आंत के जीवाणुओं द्वारा संश्लेषित किए जाते हैं। पानी तथा वसा में इनके विलेयता (घुलने) के आधार पर, विटामिन्स को मुख्य श्रेणियों में बांटा गया है- **वसा में घुलनशील (A,D,E,K)** तथा **जल में घुलनशील विटामिन (B,C)**।

24.10.1 जल में घुलनशील विटामिन्स (Water-Soluble Vitamins)

ये विटामिन सह-कारक के रूप में जाने जाते हैं, जो वसा तथा कार्बोहाइड्रेट से ऊर्जा उत्पन्न करने में मदद करते हैं। इन विटामिन की अधिक मात्रा सामान्य रूप से मूत्र द्वारा उत्सर्जित की जाती हैं, जो **अविषाक्त** होते हैं और आहार में इन विटामिन की लगातार आपूर्ति की आवश्यकता होती है। इसके अतिरिक्त कई अन्य जल में घुलनशील पदार्थ कुछ जीवों की वृद्धि के लिए आवश्यक हैं, लेकिन यह अल्प मात्रा से अधिक मात्रा में होते है। इस समूह में आइनोसीटोल (Inositol) तथा कोलीन (Choline) शामिल हैं। इन विटामिन की कमी वृद्धिशील ऊतकों, जैसे-त्वचा, रक्त तथा तंत्रिका तन्त्र को बड़े स्तर पर प्रभावित करती है।

24.10.2 वसा में घुलनशील विटामिन्स (Fat-Soluble Vitamins)

इन विटामिन में **अध्रुवीय हाइड्रोफोबिक अणु** होते हैं, जो **आइसोप्रीन (isoprine)** से उत्पन्न होते हैं। इनका वसा में पाचन तथा अवशोषण होता है, जिससे ये रक्त में पहुंचते हैं। अधिकतर वसा में घुलित विटामिनों में कम-से-कम एक OH समूह (हाइड्रोक्सील समूह) होता है, जो सभी अम्लों के साथ ईस्टर बनने का परिणाम होते हैं। इस प्रकार विटामिन कार्बनिक विलय में घुलनशील होते हैं (जैसे-क्लोरोफॉर्म)। यह विटामिन अधिक मात्रा में उपयोग करने से विषाक्तता उत्पन्न करते हैं। विटामिन A तथा D कुछ विशेष कोशिकाओं के जीन प्रकटन और **हॉर्मोन्स** के कार्य करने की क्षमता को बढ़ा सकते हैं। केवल उच्च वर्ग के जंतुओं में इनको **बाह्य स्रोतों** से ग्रहण करने की आवश्यकता होती है, पौधों तथा सूक्ष्म जीवों में इनकी आवश्यक भूमिका का स्पष्ट रूप से पता नहीं लगाया गया है। यह सह-एंजाइम के घटक नहीं है।

नोट: प्रोटीन की कमी के कारण होने वाले रोग, जिनके नाम मैरास्मस तथा क्वाशियोरकर है, ये दोनों कुपोषण के प्रकार हैं:

- **मैरास्मस (Marasmus):** इसके पाये जाने की ज्यादा सम्भावना युवाओं में तथा शिशुओं में होती है। यह बीमारी वजन में कमी तथा निर्जलीकरण को लाती है। भुखमरी इस रोग का एक प्रकार है।
- **क्वाशियोरकर (Kwashiorkar):** प्रोटीन की गंभीर कमी से ग्रसित लोग इससे पीड़ित हो सकते हैं। मैरास्मस से ग्रसित बच्चों की तुलना में क्वाशियोरकर से ग्रसित बच्चे अधिक बूढ़े दिखते हैं।

तालिका 24.4 विभिन्न प्रकार के विटामिन, उनके रासायनिक नाम, कार्य तथा कमी के कारण मानव में समस्याएं

जल में घुलनशील विटामिन

नाम	स्रोत	कार्य	कमी के कारण प्रभाव
B1 थाइमिन	चावल के छिलके, संपूर्ण गेहूं का आटा, दलिया, अंडा, यीस्ट/खमीर मांस, यकृत इत्यादि	कार्बोहाइड्रेट तथा अमीनो अम्लों के उपापच्य के लिए आवश्यक एवं सह-एंजाइम के रूप में कार्बोक्सीलेज का घटक	बेरी-बेरी, भूख का न लगना तथा अशक्त होना, कब्ज, धड़कनों का कम होना, मांसपेशियों का कमजोर होना, पक्षाघात लकवा तक
B2 राइबोफ्लेविन	पनीर, अंडा, खमीर, टमाटर, हरी सब्जियां, यकृत, मांस, दालें इत्यादि	फास्फोरिक अम्ल साथ मिलकर सह-एंजाइम FAD बनाता है, जिससे ऑक्सीकारक उपापचय में सहायता मिलती है	चेइलेसिस, होठों तथा मुंह में छाले, अपाचन, आंखों तथा त्वचा में जलन, सरदर्द, मानसिक तनाव, नाक के नथुनों मे सूखापन, कॉर्निया में किरेटाइटिस, ग्लोसिटिस जीभ की सूजन।
B3 निकोटिनिक अम्ल या नियासिन	खमीर, यकृत, दालें, ताजा मांस, दूध, अनाज, मछली आदि	सह-एंजाइम NAD (निकोटिनामाइड एडीनीन डाइन्यूक्लोटाइड) में सक्रिय सह-एंजाइम जो वायवीय उपापचय में आवश्यक है।	इसमें मांसपेशियों में शिथिलता, सूजन, गट श्लेम प्लेग्रा जो कि विटामिन B3 की कमी से होता है इसके लक्षण चर्म रोग, त्वचा में जलन, अतिसार, पागलपन या मृत्यु तक हो सकती है उसे 4D सिंड्रोम कहते हैं। झिल्ली में सूजन, अधीरता, सरदर्द, थकान, मानसिक तनाव आदि हैं।
B6 पयरीडॉक्सीन	अनाज, मछली, मांस, यीस्ट/खमीर, आंत में उपस्थित जीवाणु द्वारा संश्लेषित	अमीनो अम्लों तथा वसीय अम्लों के उपापचय में जरूरी सह-एंजाइम	त्वचा में सूजन एवं रक्ताल्पता, दौरे पड़ना, जी मिचलाना, उल्टी, मानसिक असंतुलन।
B5 पेंटोथिनिक अम्ल	दूध, सभी खाद्य (यीस्ट बहुलता वाले) पदार्थ, यकृत, मूत्राशय, गन्ना, अंडा, मांस, मूंगफली, टमाटर	वायवीय उपापचय का सह-एंजाइम	पेट संबंधी समस्याएं, रक्ताल्पता, स्राव कम होना (स्टीराइड हॉर्मोन का) पैरों मे जलन, थकान, जी मचलाना, फैटी लिवर (पुरुषों में)।
विटामिन H बायोटिन	यीस्ट, सब्जियां, फल, गेहूं, अंडा, चॉकलेट, मूंगफली, आंत के जीवाणुओं द्वारा संश्लेषित	ऊर्जा उत्पादन तथा लिपिड संश्लेषण हेतु आवश्यक	त्वचा पर चकते, भूख न लगना, कमजोरी, बाल झड़ना, एनोरेक्सिया।
फोलिक अम्ल समूह	सोयाबीन, यीस्ट, हरी सब्जियां यकृत, आंत के जीवाणुओं द्वारा संश्लेषित	DNA संश्लेषण तथा रक्त कारप्यूल्स के वयस्कता के लिए आवश्यक	विकास अवरुद्ध होना, मेगोलोब्लास्टिक रक्ताल्पता (हीमोग्लोबिन कम होना)।
B12 साइनोकोवाला माइन	दूध, मछली, अंडा, मीट तथा आंत जीवाणुओ द्वारा संश्लेषित	क्रोमोसोम की प्रतिकृति तथा रक्त कारप्यूल्स के बनाने मे सहायक	विकास अवरुद्ध होना, हीमोग्लोबिन रहित अवयस्क लाल रक्त कणिकाओं का उत्पादन (पर्सिनिसियस रक्ताल्पता)।
विटामिन सी (एस्कोरबिक अम्ल)	खट्टे फल, टमाटर, हरी सब्जियां, मिर्च, आलू आदि	कोलेजन निर्माण, हड्डी, कार्टिलेज, दांत तथा RBC, संयोजी ऊतकों और Fet उपापचय में	स्कर्वी (जिसे नाविक रोग भी कहते हैं) जो घाव भरने में तथा विकास में कमी, मसूड़ों से खून आना, प्रतिरक्षा तंत्र के कमजोर होने के रूप में पहचाना जाता है।

वसा में घुलित विटामिन

नाम	स्रोत	कार्य	कमी के कारण प्रभाव
विटामिन A रेटिनॉल	कैरिटोनाइड ऊतकों से यकृत कोशिकाओं तथा आंत की श्लेष्म झिल्ली द्वारा संश्लेषित	संक्रमणरहित होना, दृश्य वर्णकों का सश्लेषण में महत्वपूर्ण विकास तथा इपिथेलियल कोशिकाओं का विभाजन	जीरोफ्थैलामिया- कन्जकटिवा के अश्रु ग्रंथि द्वारा काम न के द्वारा जो किरेटीनाइजड (keratinised) कनजक्टीवा तथा मुलायम कार्निया जो परदर्शी होता है द्वारा पहचाना जाता है। रतौंधी (Night-Blindness) (निम्टालोपिया, राड विजन का असंतुलन), वृद्धि में रुकावट, ग्रंथियों का स्राव तथा प्रजनन
विटामिन D एरगोकैलसिफिरोल कोलेकैल्सिफिरोल	सूर्य की रोशनी में त्वचा द्वारा संश्लेषित प्रो विटामिन D3	कैल्सियम तथा फॉस्फोरस का आंत में अवशोषण तथा खनिजों का दांतों हड्डियों में जमा होना	इसकी कमी के कारण रिकेट होता है। 6 माह से 2 साल तक बच्चों की हड्डियों के मुड़ने में तथा जोड़ो में सूजन ऑस्टियोमलेसिया-वयस्को में जो हड्डियों का आसानी से टूटना के रूप में पहचाना जाता है। इसमें हड्डियों के निर्माण प्रक्रिया/बनने में समस्या के कारण आस्टोमलेशिया होता है। विटामिन E के उच्च उपभोग से कैल्शियम मुलायम ऊतकों में जमा हो जाते हैं।
विटामिन E (टोकोफिराल)	हरी सब्जियां, तेल, गेहूं, अंडा तथा मांस	गर्भावस्था में दूध निकलने के लिए, स्परमेटोजेनेसिस तथा मांसपेशिय कार्यों के लिए आवश्यक	महिलाओं में बांझपन वापस आना (सामान्य अण्डोत्सर्जन, निपेचन, तथा भ्रूण की स्थापना के कुछ समय के बाद भ्रूण गर्भाशय से नष्ट हो जाता है)। पुरुषों में शुक्राणु बनाने वाली नलिकाओं के आकार बढने के कारण बांझपन तथा मांसपेशीय कुपोषण, रक्त कोशिकाओं के टूटने से एनीमिया।
विटामिन K (फाइलोक्वीनोन)	अंडा, गाजर, पनीर, सलाद, यकृत, टमाटर आदि	आघात से बचाव करने का कार्य तथा यकृत में प्रोथ्रोम्बीन संश्लेषण के लिए जो रक्त के थक्के बनने के लिए आवश्यक।	घायल होने पर अत्यधिक खून बहना क्योंकि खून का थक्का बनने में देरी होना। यह अवस्था हाइपोप्रोथोम्बिनेमिया कहलाती है।

भाग-B: विख्यात तथा समसामयिक रोग तथा विभिन्न मुद्दे
(Popular and Recent Diseases with Various Issues)

24.11 समाचार में विख्यात तथा समसामयिक रोग (Popular and Recent Diseases in News)

24.11.1 कैंसर (Cancer)

हिप्पोक्रेट्स (Hippocrates) एक महान चिकित्सक थे, जिन्हें 'औषधि विज्ञान का पिता' कहा जाता है। हिप्पोक्रेट्स ने एक शब्द दिया-**कैंसर, जिसका अर्थ है-केकड़ा।** कैंसर के बहुत-से घटक या कारक हो सकते हैं; जैसे- वंशानुगत, तंबाकू का सेवन तथा विकिरण में रहना इत्यादि।

लक्षण: कैंसर का कोई विशिष्ट लक्षण नहीं होता, कुछ लक्षणों में अचानक शरीर में गांठ, त्वचा का रंग परिवर्तित होना, लगातार खांसी का बने रहना, अकारण वजन कम होना, स्थायी थकान रहना, शरीर के किसी भाग में लगातार दर्द रहना, भोजन न पचना या निगलने में दिक्कत तथा मल त्याग करने की आदत में परिवर्तन आदि शामिल हैं।

कैंसर के उपचार में विभिन्न प्रकार के उपचारों को अपनाया जाता है: स्टेम कोशिका उपचार विधि, दवा उपचार जिसे **कीमोथैरेपी** भी कहा जाता है, प्रतिरक्षा तन्त्र को सशक्त करने के लिए प्रतिरक्षा चिकित्सा तथा वैक्सीन, शल्य चिकित्सा, विकिरण उपचार जिसमें **एक्स-रे** तथा **गामा-रे** प्रयोग किया जाता है, **मेरु रज्जू प्रत्यारोपण** (Bone Marrow transplantation) आदि।

सरकार द्वारा उठाए गए कदम: 1975 में राष्ट्रीय कैंसर नियंत्रण कार्यक्रम की शुरुआत हुई तथा बाद में **1984-1985** में इसका ध्यान शुरुआती दौर में रोग की पहचान तथा रोकथाम पर अभिकेंद्रित रहा।

2010 में कैंसर, मधुमेह, हृदय रोगों तथा आघात के रोकथाम एवं नियंत्रण के लिए राष्ट्रीय कैंसर, मधुमेह हृदय एवं आघात रोकथाम तथा नियंत्रण कार्यक्रम (NPCDS) सरकार द्वारा लाया गया, जो कैंसर के तीन प्रमुख प्रभावित होने वाले भागों पर अधिक बल देता है, जो हैं-सर्वाइकल (Cervical), ओरल तथा वक्ष (Breast)।

बाद में 2013-2014 में NPCDCS को कैंसर की प्रारम्भिक दौर में पहचान, इलाज तथा बचाव के लिए राष्ट्रीय स्वास्थ्य मिशन के अन्तर्गत लाया गया। राजकीय कैंसर संस्थानों तथा 50 क्षेत्रीय कैंसर देखभाल केंद्रों को देश के विभिन्न भागों में आरंभ किया गया, जिसे NPCDCS के तत्वावधान में क्षेत्रीय कैंसर देखभाल केंद्र के रूप में आरंभ कर सरकार द्वारा 120 एवं 45 करोड़ रुपये की अनुदान राशि प्रदान की गई।

वर्ष 2009 में क्षेत्रीय कैंसर देखभाल केंद्रों द्वारा **गरीबी रेखा से नीचे जीवन यापन करने वाले मरीजों को तुरन्त 2 लाख रुपये तक की वित्तीय सहायता** देने के लिए राष्ट्रीय आरोग्य निधि, Health Ministers Cancer Patient Fund (HMCPF) स्थापित की गई।

24.11.2 उपार्जित प्रतिरक्षा अपूर्णता सहलक्षण (AIDS)

वैज्ञानिकों ने मनुष्यों में HIV संक्रमण का स्रोत पश्चिम अफ्रीका के एक प्रकार के चिम्पैंजी में पाया। **सीमियन प्रतिरक्षा अपूर्णता विषाणु** (Simian Immune Deficiency Virus) **चिम्पैंजी से मनुष्य के संपर्क में आया एवं मनुष्य में स्थानान्तरित हो गया**, उनमें जो इस संक्रमित खून के सम्पर्क में आये वे विषाणु से संक्रमित हो गए। यह विषाणु धीरे-धीरे अफ्रीका में फैला तथा फिर बाद में विश्व के अन्य भागों में फैल गया।

उत्पन्न करने वाला कारक: HIV लेंटीवायरस (Lentivirus) के कारण होता है। लेंटीवायरस रेट्रोवीरोडी (Retroviridae) समूह से संबंधित है, जिसका जीवन काल (Incubation) लम्बा होता है।

लक्षण: सूखी खांसी या श्वास लेना में कठिनाई, लम्बे समय तक दस्त, निमोनिया जैसे लक्षण, बुखार, सफेद चकते, दृष्टि ह्रास तथा स्मरण शक्ति का क्षीण होना, गम्भीर सरदर्द तथा मांसपेशियों में अकड़न, उल्टी, जी मिचलाना, सामंजस्य का अभाव, अवसाद तथा दौरे या मिर्गी।

ह्यूमन डेफिशिएंसी वायरस या **मानव अपूर्णता विषाणु** उस विषाणु का नाम है, जो इस रोग का कारण है तथा संक्रमण की प्राथमिक अवस्था को संचालित करता है, जबकि **उपार्जित प्रतिरक्षा अपूर्णता सहलक्षण** या **एक्वायर्ड इम्युनो डेफिशिएंसी सिंड्रोम** लक्षणों के समूहों का नाम है, जो संक्रमण की बाद की अवस्था में विकसित होते हैं जब संक्रमित व्यक्ति का प्रतिरक्षा तंत्र बहुत कमजोर हो जाता है।

सरकारी कदम (Government Measures)

राष्ट्रीय एड्स नियंत्रण संगठन (NACO) का गठन वर्ष 1986 में **स्वास्थ्य एवं परिवार कल्याण मंत्रालय** द्वारा किया गया।

प्रथम भारतीय राष्ट्रीय एड्स नियंत्रण कार्यक्रम (1992-1999) 1992 में प्रारम्भ किया गया तथा **राष्ट्रीय एड्स नियंत्रण संगठन (NACO), का गठन इस कार्यक्रम को लागू करने के उद्देश्य से किया गया था।**

NACO, **'स्वास्थ्य एवं परिवार कल्याण मंत्रालय'** का एक विभाग है, जो भारत में (35) HIV/AIDS बचाव एवं नियंत्रण सोसायटीज का नेतृत्व करता है।

एच.आई.वी और एड्स (रोकथाम और नियंत्रण) विधेयक, 2017 [The HIV and AIDS (Prevention and Control) Bill, 2017]

ह्यूमन इम्युनोडेफिशिएंसी वायरस और एक्वायर्ड इम्यून डेफिशिएंसी सिंड्रोम (रोकथाम और नियंत्रण) विधेयक, 2017 को 2014 में संसद में पेश किया गया था जो 10 सितंबर 2018 से प्रभावी हुआ। इस अधिनियम के पारित होने के साथ, भारत दक्षिण एशिया में किसी भी रूप में एचआईवी/एड्स से पीड़ित लोगों के साथ भेदभाव को प्रतिबंधित करने वाला पहला देश बन गया।

एक एच. आई. वी. पीड़ित व्यक्ति की स्थिति का खुलासा केवल उसकी सहमति तथा अदालत द्वारा दिए गए आदेश से ही किया जा सकता है अन्य किसी भी स्थिति में नहीं उससे जुड़े सभी अभिलेखों को 'डेटा सुरक्षा उपाय' प्रदान करना आवश्यक है। यह कानून सुनिश्चित करता है कि किसी भी तरह के चिकित्सीय उपचार या अनुसंधान एच.आई.वी. पीड़ित की सहमति के बिना आयोजित नहीं किये जा सकते।

जमीनी स्तर पर होने वाले भेदभाव जैसे कि अनुचित व्यवहार, नौकरी या किसी शिक्षा संस्थान से निकालना, स्वास्थ्य सेवाएं देने से मना करना या घर किराये पर देने से मना करना इत्यादि को ये विधेयक रोकेगा।

एच.आई.वी. पीड़ित व्यक्ति सार्वजनिक सुविधाओं, जैसे-दुकान, होटल, मनोरंजन स्थान तथा जलपान गृह का उपयोग बिना किसी भेदभाव के करेगा। किसी भी रोजगार प्राप्ति के लिए एच.आई.वी. टेस्ट करवाना अनिवार्य नहीं है।

2030 तक एड्स की समाप्ति के लक्ष्य को प्राप्त करने में यह विधेयक राष्ट्रीय एड्स नियंत्रण कार्यक्रम (NACP) को महत्वपूर्ण सहयोग प्रदान करेगा।

प्रोजेक्ट सनराइज (Project Sunrise)

उत्तर-पूर्व के आठ राज्यों में एड्स की रोकथाम के लिए सरकार ने 'सनराइज प्रोजेक्ट' शुरू किया है। यह इन राज्यों में एड्स के प्रति जागरूकता फैलाने का कार्य करेगा। हालांकि उत्तर-पूर्व राज्यों की जनसंख्या भारत के अन्य राज्यों की तुलना में कम है परन्तु फिर भी यहां लगभग एक लाख लोग एच.आई.वी. से पीड़ित हैं।

24.11.3 एच.आई.वी. /एड्स अधिनियम, 2017 (HIV/AIDS Act, 2017)

स्वास्थ्य और परिवार कल्याण मंत्रालय द्वारा 'ह्यूमन इम्यूनोडेफिशिएंसी वायरस' और इम्यून डेफिशिएंसी सिंड्रोम (रोकथाम और नियंत्रण) अधिनियम, 2017 को लाने के लिए एक अधिसूचना जारी की गयी थी। यह अधिनियम 10 सितम्बर, 2018 से लागू हो गया है। यह विधेयक एच.आई. वी. पीड़ितों तथा एच.आई.वी. से प्रभावित लोगों के अधिकारों को सुरक्षा प्रदान करेगा।

अधिनियम के मुख्य बिंदु (Highlights of the Act)

1. **सरकार की भूमिका से जुड़े प्रावधान:** विधेयक के अनुसार केंद्र व राज्य सरकार 'एंटी रेट्रोवायरस थैरेपी' प्रदान करेगी तथा समयानुवर्ती संक्रमण (वह संक्रमण जो प्रतिरोध क्षमता में कमी होने पर तेजी से फैलता है) का प्रबंधन करेंगी। यह राज्य या किसी अन्य व्यक्ति द्वारा एच.आई.वी. से पीड़ित व्यक्ति या एच.आई.वी पीड़ितों संग रहने वाले लोगों के विरुद्ध किसी भी प्रकार के भेदभाव को रोकता है।
2. **भेदभाव से जुड़े प्रावधान:** यह अधिनियम एच.आई.वी. से पीड़ित व्यक्तियों के साथ किसी प्रकार का भी भेदभाव करने तथा उनकी गोपनीयता भंग करने पर दण्डात्मक प्रावधान सुनिश्चित करता है। यह सुरक्षा का प्रावधान स्वास्थ्य, सेवाओं, शिक्षा सेवाओं, रोजगार, सार्वजनिक सुविधाओं, सम्पत्ति अधिकार सार्वजनिक कार्यालयों तथा बीमा क्षेत्र तक विस्तारित है। यह एच.आई.वी से जुड़ी जानकारी की गोपनीयता सुनिश्चित करता है तथा एच.आई.वी. परीक्षण उपचार तथा अनुसंधान के लिए पीड़ित की सहमति को अनिवार्य बनाता है।
3. **लोकपाल से जुड़े प्रावधान:** एक लोकपाल की नियुक्ति उस राज्य की सरकार द्वारा की जायेगी, जो इस अधिनियम के उल्लंघन से संबंधित शिकायतों तथा स्वास्थ्य सेवाओं की जांच करेगा। अधिनियम के उल्लघंन से जुड़ी शिकायतों उनकी संख्या तथा प्रकृति और की गयी कार्यवाही से जुड़ी रिपोर्ट राज्य सरकार को हर 6 महीने में लोकपाल द्वारा सौंपी जायेगी।
4. **पर्यवेक्षण से जुड़े प्रावधान:** इसमें पर्यवेक्षण से जुड़े प्रावधान किये गये हैं। एक व्यक्ति जिसकी उम्र 12-18 वर्ष के बीच है तथा जो एच.आई. वी. तथा एड्स प्रभावित परिवार से जुड़े मामलों को समझने के लिए वयस्क है, वह अपने अन्य भाई-बहन जो 18 वर्ष से कम उम्र के हों, के संरक्षक की भूमिका निभा सकता है। शैक्षिक प्रतिष्ठानों में प्रवेश के लिए, बैंक में खाता खुलवाने संपत्ति का प्रबंधन करने देखभाल और उपचार जैसे विषयों के लिये संरक्षक नियुक्त किया जाएगा।
5. **अदालतों की भूमिका:** अदालतों को एच.आई.वी. पीड़ित व्यक्ति से जुड़े केसों के निपटान को प्राथमिकता प्रदान करनी होगी। कानूनी प्रक्रिया से निपटान के समय अगर कोई पार्टी/अभियोजन एच.आई.वी. पीड़ित या प्रभावित है तो अदालत यह आदेश पारित करती सकती है कि उस व्यक्ति की पहचान को कैमरों से छिपाकर रखा जाये तथा किसी भी व्यक्ति को ऐसी सूचना प्रकाशित करने से रोका जाये, जो एच.आई. वी. पीड़ित व्यक्ति की पहचान का खुलासा करती है।

पृष्ठभूमि (Background)

भारत में 21 लाख लोग एच.आई.वी. संक्रमित हैं, जबकि एंटी-ऐंट्रोवायरस थेरेपी प्राप्त करने वालों का प्रतिशत मात्र 25.82% है, वैश्विक स्तर पर यह प्रतिशत 41 है (ग्लोबल बर्डन ए डिसीस के अनुसार, 2015)।

24.11.4 एन्फ्लुएंजा (Influenza)

एन्फ्लुएंजा वायरस इस रोग का कारक है। तीन प्रकार के मौसमी एन्फ्लुएंजा वायरस होते हैं। जिनमें **(1) एन्फ्लुएंजा A, (2) एन्फ्लुएंजा B** तथा **(3) एन्फ्लुएंजा C** शामिल हैं।

इन सभी वायरस को सतही प्रोटीन पर उपस्थित प्रोटीन के विभिन्न युग्मन के आधार पर अलग-अलग उप-प्रकार में विभाजित किया जाता है।

A प्रकार तथा B प्रकार के एन्फ्लुएंजा की तुलना में C प्रकार के एन्फ्लुएंजा की घटनाएं कम पायी जाती हैं, अत: एन्फ्लुएंजा A तथा B वायरस को मौसमी एन्फ्लुएंजा वैक्सीन में शामिल किया जाता है।

हिमोग्लूटोनीन (H) तथा न्यूरामीनिडेज (N) प्रोटीन एन्फ्लुएंजा A तथा B की सतह को चित्र में दिखाए अनुसार आच्छादन करते हैं- चित्र 24.1।

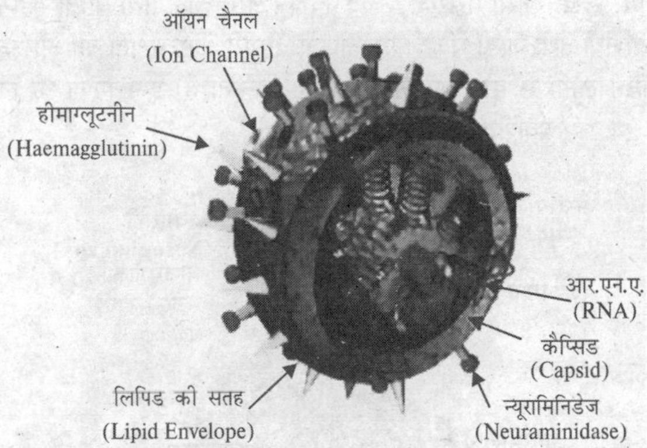

चित्र 24.1
संरचना इन्फ्लुएंजा वीरीओन का है।

एन्फ्लुएंजा A प्रकार के वायरस में H1 से लेकर H17 तक **17 प्रकार के हिमोग्लटोनीन** तथा **N1 से N9 तक, 9 प्रकार के न्यूरामीनीडेज होते हैं।** प्रत्येक एन्फ्लुएंजा वायरस में H का एक प्रकार (जैसे- H1) तथा N का एक प्रकार (जैसे- N1) अवश्य होता है।

एन्फ्लुएंजा A प्रकार का वायरस विविध प्रकार के पक्षियों तथा सूअरों को संक्रमित करता है। एवियन एन्फ्लुएंजा एशिया के जंगली पक्षियों में स्थानिक है। H7N9 एन्फ्लुएंजा जो चीन में उत्पन्न हुआ, वह पक्षियों को बीमार नहीं करता।

इन्फ्लुएंजा H5N1 पक्षियों तथा इन पक्षियों से संक्रमित होने वाले मनुष्यों के लिए जानलेवा साबित होता है।

H1N1 यह 1918 में महामारी का कारण बना तथा वर्तमान में स्वाइन फ्लू महामारी का कारण है।

H2N2 यह 1957 में एशियन फ्लू महामारी का कारण बना था।

H3N2 1968 में हांगकांग में महामारी का कारण बना, जो बाद में एशियन फ्लू के रूप में फैल गई।

मौसमी इन्फ्लुएंजा H1N1 तथा H3N2 वर्तमान में मनुष्यों में संचरित हो रहा है तथा मनुष्यों में इसके प्रवेश करने के बाद से इसमें बहुत सारे परिवर्तनों का योगदान रहा है।

इन्फ्लुएंजा B जंतुओं में संचरित नहीं होता, इसलिए यह महामारी पैदा नहीं कर सकता, परंतु इन्फ्लुएंजा A प्रकार वायरस की तरह यह स्वयं में निरंतर परिवर्तन कर रहा है। अत: यह भविष्य में घातक साबित हो सकता है। फ्लू वैक्सीन के अन्य घटक निम्न हैं:

- H1N1 (स्पेनिश फ्लू और स्वाइन फ्लू)
- H1N2 (पक्षियों, मनुष्यों तथा सूअरों में स्थानिक)
- H2N3 (एशियन फ्लू)
- H3N2 (हांगकांग फ्लू)
- H5N1, H7N2 (बर्ड फ्लू)
- H7N7 (जूनैटिक पोटैनशियल)
- H7N2, H7N3, H9N2, H10N7

लक्षण: सूखी खांसी, सिरदर्द, उच्च ज्वर, गले में छाले तथा बहती हुई नाक, मांसपेशियों तथा जोड़ों में दर्द। एन्फ्लुएंजा बीमारी, अस्वस्थता का और ज्यादा प्रभावित लोगों में मृत्यु का कारण भी हो सकता है। इन्फ्लुएंजा के लक्षण चित्र 24.2 में प्रदर्शित किये गये हैं।

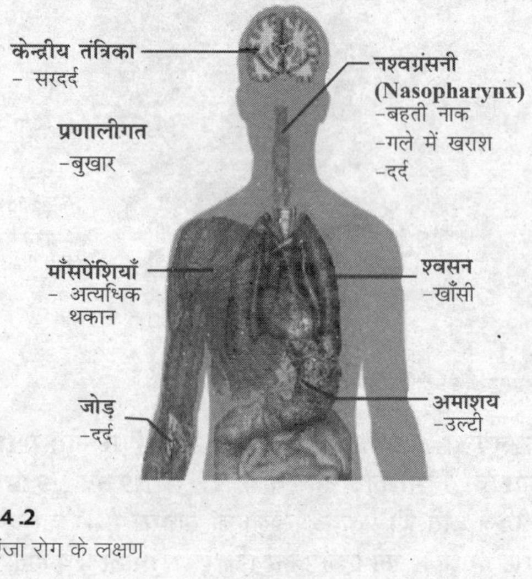

चित्र 24.2
इन्फ्लुएंजा रोग के लक्षण

उपचार यहां ऐसी दो प्रकार की दवाइयों की श्रेणी है:

- एन्फ्लुएंजा के अवरोधक **नेरामीनिडेज (जानामीविर और आसल्टामिविर), एडामेनटेन्स (रिमैंटाडीन और एमैटाडीन)।** कुछ एन्फ्लुएंजा वायरस में एंटीबायोटिक दवाइयों के लिए प्रतिरोधकता विकसित होने की सूचना पाई गई है। यह उपचार की प्रभाविकता को सीमित करती है।

H1N1 फ्लू और एन्फ्लुएंजा A वायरस के मध्य अन्तर (Differences between H1N1 Flu and Influenza Type A)

H1N1 फ्लू एन्फ्लुएंजा A वायरस का एक प्रकार है। यह वायरल सीरोटाइप को इंगित करता है। यह एक प्रकार के गुणों का कूट है, जो वायरस को प्रतिरक्षा तंत्र की पहचान करने तथा कोशिका में प्रवेश करने के योग्य बनाता है। H1N1 की भी विकृति H1N1 से अलग होती है।

स्वाइन फ्लू तथा बर्ड फ्लू में अंतर
(Differences between Swine Flu and Bird Flu)

स्वाइन फ्लू
यह मनुष्यों, सूअरों, पक्षियों तथा अन्य जानवरों को संक्रमित करता है। स्वाइन-फ्लू सामान्यत: सूअरों को प्रभावित करता है। कभी-कभी सुअरों से यह इन्फ्लुएंजा वायरस मनुष्यों में, मुख्यत: सुअर पालकों तथा पशुओं में स्थानांतरित होता है। यह फ्लू शीघ्र फैलकर श्वसन तंत्र को प्रभावित करता है, परंतु बर्ड फ्लू की तुलना में इसमें हताहत होने की दर कम है। वे व्यक्ति जिनकी चिकित्सीय स्थिति अच्छी न हो तथा गर्भवती महिलाएं इसके अधिक शिकार होते हैं, इसके लक्षणों में दस्त, उल्टी होना, खांसी तथा बुखार शामिल हैं।

बर्ड फ्लू (Bird Flu) या एवियन इन्फ्लुएंजा
यह एक प्रकार का रोग है, जो H5N1 वायरस द्वारा (जिसे जंतुओं द्वारा मुख्यत: पक्षियों द्वारा तेजी से फैलाया जाता है) फैलता है और संक्रमित होने वाले की अचानक मृत्यु हो जाती है।

एवियन इन्फ्लुएंजा (H5N1) वर्ष 2003 के मध्य दिसंबर में दक्षिण कोरिया के मुर्गी फार्मों में शुरू हुआ। शीघ्र ही इसने मध्य-पूर्व, अफ्रिका, एशिया तथा यूरोप को अपने चपेट में ले लिया। इन देशों से बड़े पैमाने पर पक्षियों के प्रभावित होने की खबरें आने लगी। बर्ड-फ्लू के फैलने की दर अपेक्षाकृत धीमी होती है, परन्तु इसमें हताहत होने की दर अधिक होती है। बर्ड-फ्लू वायरस मनुष्य के सभी तंत्रों को प्रभावित कर सकता है। निमोनिया, आंखों का संक्रमण तथा अन्य समस्याएं इसके लक्षणों में शामिल हैं। ग्रामीण श्रमिक तथा बच्चे बर्ड-फ्लू से आसानी से संक्रमित हो जाते हैं।

24.11.5 ईबोला (Ebola)

इतिहास: ईबोला (**लो.ग. कांगो में ईबोला नदी के कारण नामकरण) 1976 में पहली बार सूडान तथा लो.ग. कांगो में उत्पन्न हुआ।** पहली बार ईबोला को 284 लोगों के संक्रमित होने तथा 53% मृत्यु दर के साथ रिपोर्ट किया गया था। एक माह बाद पुन: द्वितीय ईबोला वायरस याम्बुकू, लो.ग. कांगो से सामने आया।

कारक: ईबोला वायरस **फाइलोविरीडी परिवार (Filoviridae Family)** से है। **ईबोला एक रक्तस्रावी (हीमोरिजिक) बुखार है। ईबोला तथा मारबर्ग (Marburg)** वायरस, जो फाइलोविरीडी परिवार से हैं, दोनों मानव हेतु घातक रोगाणु हैं।

लक्षण: डायरिया, आंखें लाल होना, उल्टियां, खांसी, आंखों से रक्त निकलना, छाती में दर्द, अत्यधिक वजन घटना, चोट तथा आंतरिक रक्तस्राव।

इलाज: कोई विशिष्ट इलाज उपलब्ध नहीं है। संक्रमण को फैलने से रोकने के लिए मरीज के लिए पृथक् सुविधाओं का प्रबन्ध किया जाता है। गम्भीर रूप से बीमार रोगी को गहन सहायक देखभाल की आवश्यकता होती है। निर्जलीकरण से बचाने हेतु मरीज को बाह्य रूप से तरल पदार्थ प्रदान करने की आवश्यकता होती है। संदिग्ध व्यक्तियों के देखभाल के दौरान स्वास्थ्य कर्मियों द्वारा कठोर संक्रमण नियंत्रण मापदंड अपनाए जाने चाहिए।

बचाव: ईबोला वायरस का कोई प्रतिरक्षा टीका उपलब्ध नहीं है। प्रायोगिक टीके, विकासक्रम में हैं, परंतु अभी तक उनकी प्रभाविता तथा सुरक्षा पर पूर्ण रूप से कोई परीक्षण नहीं हुआ है।

आवागमन करने वालों द्वारा महत्वपूर्ण बचाव उपाय अपनाएं जाने चाहिए, जिनमें शामिल हैं- संक्रमित क्षेत्र में जाने से बचना, व्यक्तिगत तथा पर्यावरणीय स्वच्छता रखना, नाक आंख, मुंह धोने से पहले हाथों को साफ करने के लिए तरल साबुन या एल्कोहल आधारित हाथ साफ करने वाले का प्रयोग करना।

रोगी के शारीरिक द्रव्य या रक्त या नजदीकी संपर्क से बचने के साथ-साथ रोगी के रक्त या शारीरिक तरल के संपर्क में आये सामान/वस्तु से भी बचने की आवश्यकता होती है।

जानवरों के संपर्क से भी बचाव की आवश्यकता होती है। भोजन उपभोग करने से पहले अच्छी तरह से पकाया जाना चाहिए। प्रभावित क्षेत्र से लौटने के 21 दिन बाद तक स्वास्थ्य स्थिति का नजदीकी स्वास्थ्य केंद्र में निरीक्षण करना आवश्यक है।

सरकार द्वारा बचाव के लिए उठाए गए कदम: हवाई अड्डा स्वास्थ्य संगठन को विदेश मंत्रालय द्वारा दी गई सूचना के आधार पर प्रभावित क्षेत्रों से आने वाले यात्रियों पर नजर रखना तथा उनकी जांच करना।

हवाई अड्डा (Airport), स्वास्थ्य संगठन द्वारा, विदेश मंत्रालय

द्वारा दी गई सूचना के आधार पर प्रभावित क्षेत्रों से आने वाले यात्रियों पर नजर रखना तथा उनकी जांच करना।

एकीकृत रोग निगरानी कार्यक्रम (Integrated disease surveillance programme) द्वारा, प्रभावित देशों से यात्रा करके आने वाले यात्रियों को उनके संबंधित राज्य में उन पर नजर रखना एवं जांच करना।

भारत सरकार ने भारतीयों को चार पश्चिमी अफ्रीकी देशों की गैर-जरूरी यात्रा न करने सलाह जारी की थी। ये देश हैं- गिनी, सिएरा लियोन, लाइबेरिया तथा नाइजीरिया।

24.11.6 गम्भीर तीव्र श्वसन तन्त्र अभिलक्षण (सार्स) (Severe Acute Respiratory Syndrom - SARS)

इतिहास: बिल्ली सदृश्य दिखने वाले **स्तनधारी सिवेट कस्तूरी (विलाव)** द्वारा प्रारंभ में इस रोग का स्थानांतरण मनुष्यों में हुआ। **2002 में SARS वायरस पहली बार एशिया में खबरों में आया** तथा 2003 के मध्य तक इसके मामले प्रकाश में आए। विश्व स्वास्थ्य संगठन के अनुसार जुलाई 2003 में 8437 लोग विश्व भर में इससे बीमार हुए तथा इसके कारण 813 लोगों की मृत्यु हुई। पांच महाद्वीपों के 30 राष्ट्रों में इसके मामले प्रकाश में आए।

कारक: गंभीर तीव्र श्वसन तंत्र अभिलक्षण का मुख्य कारक **कोरोना वायरस (Corona Virus)** है।

कोरोना वायरस, वायरसों का एक समूह है, जो सूक्ष्मदर्शी से देखने पर कोरोना या हालो (Corona or Halo) की भांति दिखाई देते हैं। **यह मनुष्यों में ऊपरी श्वसन तन्त्र की बीमारी उत्पन्न करने के साथ-साथ पशुओं में जठरांत्र (Gastrointestinal), यकृत, श्वसन व न्यूरोलोगिक की समस्याएं उत्पन्न कर सकता है।**

लक्षण: बुखार, बहती नाक, सरदर्द, थकान, मांसपेशियों में दर्द तथा ऐंठन, बैचेनी, मंदाग्नि, दस्त, सूखी खांसी, श्वास का घटना, गले में दर्द इत्यादि।

देखभाल: SARS का कोई इलाज उपलब्ध नहीं है, लेकिन अनुसंधानकर्ता वैक्सीन को खोजने का प्रयास कर रहे हैं। उपचार में निम्न शामिल हैं:

- श्वास लेने में सहायता के हेतु **वेन्टीलेटर द्वारा ऑक्सीजन देना**
- निमोनिया उत्पन्न करने वाले जीवाणु के उपचारण हेतु एंटिबायोटिक का प्रयोग
- विषाणुनाशक दवाइयां
- फेफड़ों की सूजन कम करने के लिए **उच्च-स्टेरॉइड (High-Steroid) दवा**

24.11.7 क्षयरोग (Tuberculosis)

इतिहास इस बीमारी को कई नामों से जाना जाता है, जैसे-पिथीसिस पलमोनलिस और सफेद प्लेग (संक्रमित व्यक्ति में अत्यधिक पीलापन के कारण)

कारक: क्षय रोग **माइको बैक्ट्रीयम ट्यूबरक्लोसिस (Mycobacterium tuberculosis)** नामक जीवाणु से होता है। यह **फेफड़ों को प्रभावित करता** है। क्षय रोग **हवा द्वारा व्यक्ति से व्यक्ति में फैलता** है। वे लोग जो फेफड़ों के क्षयरोग से पीड़ित होते हैं, उनके खांसने से, थूकने से तथा छींकने से हवा में कीटाणु फैलते हैं, फिर जब कोई व्यक्ति श्वास लेता है, तो वह इन कीटाणुओं से संक्रमित हो जाता है।

लक्षण: छाती में दर्द, वजन कम होना, खांसी, बुखार, कमजोरी तथा रात में पसीना आना।

उपचार: क्षय रोग का उपचार संभव है। क्षय रोग का इलाज 6 महीने के चार एंटीबायोटिक दवाओं के कोर्स से स्वास्थ्य कार्यकर्ताओं द्वारा सूचना, देखभाल तथा सहायता के साथ किया जाता है।

सरकारी कदम

1962 में भारत ने अपनी राष्ट्रीय टी बी नियंत्रण परियोजना शुरू की तथा बचाव के लिए **BCG (Bacillus Calmette - Guerin)** का प्रयोग किया, 1978 में एक विस्तृत टीकाकरण (Immunisation) कार्यक्रम ने टीकाकरण का स्थान लिया।

भारत सरकार ने **विश्व स्वास्थ्य संगठन** की अनुशंसा पर 1993 से 1996 तक किए गए पायलट परीक्षण के पश्चात् पूर्णत: केंद्र सरकार द्वारा पोषित **'संशोधित राष्ट्रीय टी.बी. कार्यक्रम'** की शुरुआत की जिसके अंतर्गत रोगी को पूर्णत: मुफ्त उपचार एवं **DOTS (Directly Observed**

Treatment Short Course) देना सुनिश्चित किया गया, जो कि प्रत्येक जिले के DOT केंद्र पर पूर्णत: मुफ्त उपलब्ध है।

संशोधित राष्ट्रीय टीबी नियंत्रण कार्यक्रम, विश्व स्वास्थ्य संगठन की DOTS सहित अन्य सभी रणनीतियों का प्रयोग इस बीमारी को खत्म करने हेतु करता है।

DOTS

'राष्ट्रीय संशोधित टीबी नियंत्रण कार्यक्रम' के अन्तर्गत भारत में डाट्स (Dots) रणनीति को टीबी रोकने की अन्य रणनीति के साथ एक समग्र पैकेज के रूप में क्रियान्वित किया गया।

'टीबी हारेगा देश जीतेगा' अभियान

यह अभियान भारत से तपेदिक को खत्म करने के उद्देश्य से शुरू किया गया है अभियान का लक्ष्य 2022 तक देश भर में टीबी देखभाल सेवाओं की पहुंच में सुधार और विस्तार करना है।

अभियान के तीन स्तंभ – नैदानिक दृष्टिकोण, सार्वजनिक स्वास्थ्य घटक और सक्रिय सामुदायिक भागीदारी।

अभियान के सहायक पहलू – सभी स्तरों पर रोगी समर्थन, निजी क्षेत्र की भागीदारी, राजनीतिक और प्रशासनिक प्रतिबद्धता।

सरकार यह सुनिश्चित करेगी कि निजी या सार्वजनिक अस्पतालों में सभी रोगियों को नि:शुल्क और उच्च गुणवत्ता वाली टीबी देखभाल मिले। संयुक्त राष्ट्र ने दुनिया भर में टीबी को खत्म करने के लिए 2030 को वैश्विक लक्ष्य के रूप में चिह्नित किया है, किन्तु भारत सरकार ने देश से तपेदिक को खत्म करने के लिए 2025 को अपना लक्ष्य बनाया है।

विश्व क्षय रोग दिवस 2023

विश्व क्षय रोग (टीबी) दिवस 24 मार्च को टीबी को लेकर स्वास्थ्य के साथ-साथ, सामाजिक और आर्थिक परिणामों के बारे में जन जागरूकता बढ़ाने और वैश्विक टीबी महामारी को समाप्त करने के प्रयासों को बढ़ाने के लिए मनाया जाता है। यह दिनांक 1882 में उस दिन को चिह्नित करती है जब डॉ रॉबर्ट कोच ने घोषणा की थी कि उन्होंने टीबी का कारण बनने वाले जीवाणु की खोज की है, जिसने इस बीमारी के निदान और इलाज का रास्ता खोल दिया है। विश्व टीबी दिवस 2023 की थीम "हाँ! हम टीबी ख़त्म कर सकते हैं! (Yes! We can end TB!)" थी।

सतत विकास लक्ष्य [Sustainable Development Goal (SDG)]

- स्वास्थ्य पर समेकित लक्ष्य SDG-3 है। इन लक्ष्यों में से एक में, (लक्ष्य 3.3), स्पष्ट रूप से टीबी का उल्लेख है।
- एसडीजी-3 में सार्वभौमिक स्वास्थ्य कवरेज (Universal health coverage) से संबंधित एक लक्ष्य (लक्ष्य 3.8) भी शामिल है, जिसमें टीबी का स्पष्ट उल्लेख है। इसमें आवश्यक रोकथाम, उपचार और देखभाल के हस्तक्षेप के कवरेज पर संकेतक शामिल हैं।

24.11.8 मैनिनजाइटिस/मस्तिष्क ज्वर (Meningitis)

यह तुलनात्मक रूप से दुर्लभ संक्रमण है, जो **मस्तिष्क तथा मेरुरज्जू को ढकने वाली नाजुक झिल्ली मेन्नेंज (Meninges) को प्रभावित करता है। जीवाणु, विषाणु तथा कवक इसके कारक हैं।** जीवाणु से होने वाला मैनिनजाइटिस बीमार व्यक्ति के संपर्क में रहने से हो सकता है, इससे मृत्यु तक हो सकती है।

वायरल मैनिनजाइटिस कम घातक होता है तथा ज्यादातर लोग बिना चिकित्सा के पूर्णत: पुन: स्वस्थ हो जाते हैं। कवकीय मैनिनजाइटिस, मेनिनजाइटिस का दुर्लभ प्रकार है। यह सामान्यत: कमजोर प्रतिरक्षा तन्त्र वाले लोगों में पाया जाता है।

जीवाण्विक मैनिनजाइटिस: जीवाण्विक मैनिनजाइटिस बहुत गंभीर बीमारी है, यदि शीघ्र उपचार न किया गया तो इसमें घण्टे भर के अन्दर मृत्यु या दिमाग और शरीर के अन्य अंगों की स्थायी क्षति हो सकती है। इसका जीवाणु खांसने तथा छींकने से एक व्यक्ति से दूसरे व्यक्ति में स्थानांतरित हो सकता है।

साइनस या शरीर के अन्य अंग द्वारा श्वसन मार्ग में से खून में प्रवेश करने पर जीवाण्विक मैनिनजाइटिस का विकास होता है फिर जीवाणु रक्त प्रवाह द्वारा दिमाग में पहुंच जाता है। मैनिनजाइटिस के लिए उत्तरदायी जीवाण ुओं में शामिल हैं– नीसेरिया मेनिंनजाइटिडस (Neisseria meningitidis) स्ट्रेप्टोकोकस न्यूमोनी (Streptococcus Pheumoniae), लिस्टेरिया मोनोसाइटोजेन्स (Listeria monocytogenes), हिमोफिलस इन्फ्लुएंजी प्रकार B (Haemophilus influenzae type B)

मैनिनजाइटिस के अधिक जोखिम वाले लोग: यह बीमारी उन लोगों के लिए अत्यधिक खतरनाक है, जिनके साथ कुछ चिकित्सीय समस्या है, जैसे-शरीर से तिल्ली (Spleen) का अनुपस्थित होना, प्रतिरोधक क्षमता का ह्रास होना या अनियंत्रित होना या कोई पुरानी बीमारी होना।

जीवाण्विक मैनिनजाइटिस के लक्षण अचानक प्रकट होते हैं।

विषाणु से जनित मैनिनजाइटिस के लक्षण सामान्यत: अचानक या कुछ दिनों में विकसित होते हैं।

मैनिनजाइटिस के दोनों प्रकारों के आम लक्षण निम्न हैं:

1. लगातार तथा गंभीर सरदर्द
2. गर्दन में अकड़ तथा दर्द
3. उल्टियां
4. उलझन तथा चेतना स्तर का कम होना
5. दौरे पड़ना

मैनिनजाइटिस के अन्य लक्षणों में शामिल है– आलस्यपन, कमजोरी, और असहजता महसूस करना, मांसपेशियों में दर्द या सम्पूर्ण शरीर में कमजोरी, आंखों का संवेदनशील हो जाना तथा चमकीले प्रकाश में दर्द का अनुभव त्वचा में चकते, और कुछ अंतराल पर चक्कर आना, आदि। रोग उत्पन्न होने का समय (संक्रमण होने से और प्रथम लक्षण विकसित होने का समय), संक्रमण करने वाले जीव के प्रकार पर निर्भर करता है।

जीवाण्विक मैनिनजाइटिस के लिए एंटीबायोटिक

ब्रॉड नाम: रोसीफिन (Rocephin), क्लैफोरॉन (Claforan)

जेनेरिक नाम: सिफ्ट्रीक्जोन (Ceftriaxone), जेन्टामाइसिन (Gentamicin), वेन्कोमाइसिन (Vancomycin), विंकोसिन (Vancocin), रिफामपिन

(Rifampin), सिफोटाक्जिम (Cefotaxime), क्लेफोरान (Claforan), पेंसिलीन जी (Penicillin G)

वर्ष 2030 तक मेनिनजाइटिस को समाप्त करने के लिए वैश्विक रोडमैप (Global Roadmap to Defeat Meningitis by 2030)

- हाल ही में, विश्व स्वास्थ्य संगठन (WHO) और उसके सहयोगियों द्वारा वर्ष 2030 तक मेनिनजाइटिस को समाप्त करने के लिए वैश्विक रोडमैप जारी किया गया था।
- मेनिनजाइटिस को समाप्त करने के लिए यह अब तक की पहली वैश्विक रणनीति है।
- इसका उद्देश्य जीवाणु-संबंधी मेनिनजाइटिस की महामारी को समाप्त करना तथा इससे होने वाली मौतों को 70 प्रतिशत तक कम करना और इसके मामलों की संख्या को आधा करना है।

24.11.9 इन्सेफलाइटिस (Encephalitis)

- पिछले कुछ वर्षों से पूर्वी उत्तर-प्रदेश में बच्चों व वृद्धों की मौत का कारण जापानी इन्सेफलाइटिस को माना गया है। यह बीमारी दूषित जल तथा वाहक मच्छरों C फीमेल क्यूलैक्स/टाइगर मच्छर द्वारा फैलती है। अभी तक इस वायरस के खिलाफ कोई भी प्रतिरक्षा दवा विकसित नही की जा सकी है। लेकिन अब इस बीमारी के विरुद्ध टीकाकरण शुरू किया जा चुका है, उन लोगों के लिए जो लोग इन्सेफलाइटिस वायरस से संक्रमित हैं।
- जापानी इन्सेफलाइटिस वायरस भ्रूण को संक्रमित करता है तथा मौत का कारण भी बनता है।

24.11.10 डेंगू (Dengue)

डेंगू के विषाणु से संक्रमित **एडीस मच्छर** के काटने से डेंगू संचारित होता है। डेंगू वायरस से संक्रमित व्यक्ति को काटने के बाद मच्छर संक्रमित हो जाता है।

यह संक्रामक बीमारी नहीं है, इसलिए एक व्यक्ति से दूसरे व्यक्ति में प्रत्यक्ष तौर पर नहीं फैल सकती है।

डेंगू बुखार के लक्षण (Symptoms of Dengue Fever): तेज सिर दर्द, आंखों के पीछे दर्द, अचानक तीव्र ज्वर, जी मिचलाना (Nausea) मांसपेशियों में भयानक दर्द, उल्टी (Vomiting), ज्वर की शुरुआत के बाद 3-4 दिनों में त्वचा पर चकते पड़ना व इन चकत्तों से खून (blood) बहना, मसूड़ों से खून आना, आसान आघात (Easy bruising) और नाक से खून बहना आदि इसके प्रमुख लक्षण हैं।

डेंगू संक्रमण में, प्रभावित व्यक्ति के शरीर के रक्त में प्लेटलेट्स की संख्या कम हो जाती है।

बड़े बच्चों एवं वयस्कों की तुलना में वो लोग ज्यादा सुरक्षित हैं जो या तो उम्र में काफी छोटे हैं या पहले कभी संक्रमित नहीं हुए हैं फिर भी डेंगू रक्तस्रावी बुखार जैसी समस्याएं उत्पन्न हो सकती हैं। डेंगू रक्तस्रावी बुखार में उच्च ज्वर, लसिका तथा रक्त वाहिकाओं को क्षति, मसूड़ों एवं नाक से खून का आना, यकृत का फैलाव तथा संचालन प्रणाली (Circulatory System) के विफल होने जैसी समस्या हो सकती है।

ये लक्षण बड़े आघात में भी परिवर्तित हो सकते हैं।

वे लोग जो दोबारा डेंगू से संक्रमित होते हैं या जिनका प्रतिरक्षण तंत्र (immune system) कमजोर होता है, ऐसा माना जाता है कि उनमें रक्तस्रावी ज्वर विकसित होने की संभावना ज्यादा होती है।

डेंगू ज्वर का निदान (Diagnosing Degnue Fever)

चिकित्सक बीमारी की जांच करने के लिए रक्त परीक्षण (Blood Test) के द्वारा संक्रमण या एंटीबॉडीज की पहचान कर सकता है, इसलिए यदि हम उष्णकटिबंधीय क्षेत्र में यात्रा करने के बाद बीमार होते हैं, तो यह बात डॉक्टर के संज्ञान में रहनी चाहिए, तभी डॉक्टर डेंगू संक्रमण के कारण होने वाले लक्षणों का मूल्यांकन करने में सक्षम होगा।

डेंगू ज्वर की रोकथाम (Prevention Dengue Fever)

डेंगू ज्वर की रोकथाम के लिए अभी कोई टीका उपलब्ध नहीं है। संक्रमित मच्छरों के द्वारा काटने को रोक कर ही इस बीमारी को रोका जा सकता है विशेषत: उन लोगों के लिए जो उष्णकटिबंधीय क्षेत्र में या तो यात्रा करते हैं या फिर उसी क्षेत्र में रहते हैं। इसके अतिरिक्त अपने आप की सुरक्षा करना व मच्छरों की संख्या को कम करने का प्रयत्न करना महत्वपूर्ण है।

डेंगू का उपचार (Treatment of Dengue)

डेंगू संक्रमण के उपचार के लिए कोई विशिष्ट दवाई उपलब्ध नहीं है। **एसिटामिनोफन** (acetaminophen) के साथ दर्द निवारक दवाई का उपयोग किया जा सकता है, लेकिन वैसी दवाई जिसमें एस्प्रिन (aspirin) एक घटक की तरह हो उससे रक्तस्राव (bleed) बढ़ (अधिकाधिक मात्रा में) जाएगा, इसलिए इनसे बचना चाहिए। विश्राम करना, तरल पदार्थ का सेवन और डॉक्टर के संपर्क में रहना आवश्यक है।

24.11.11 चिकुनगुनिया (Chikungunya)

चिकुनगुनिया वायरस को मानसून के दौरान मच्छरों की संख्या में वृद्धि के कारण **मानसूनी बीमारी (Monsoon disease)** भी कहते हैं, जिसमें इस बीमारी के फैलने की ज्यादा संभावना होती है। इस वायरस से प्रभावित एडीज मच्छर के द्वारा काटने के कारण मानव चिकुनगुनिया वायरस से संक्रमित हो जाता है। यद्यपि ऐसा विचार किया गया था कि मच्छरों के द्वारा बंदरों को काटने के बाद मच्छर स्वयं संक्रमित हो गये थे।

चिकुनगुनिया के लक्षण (Symptoms of Chikungunya)

भारी थकान, सामान्य कार्य करने के अयोग्य होना, कमजोरी, उच्च ज्वर, जोड़ों में दर्द होना, सरदर्द होना, मांसपेशियों में दर्द होना शरीर के अन्य अंग जिनमें दर्द है उनमें सूजन, नींद न आना, शरीर में चकत्ते पड़ना, जी मिचलाना, मुंह में घाव होना आदि इसके लक्षण हैं। संक्रमित होने के 12 दिन बाद ये लक्षण सतह पर आने प्रारंभ हो जाते हैं।

चिकुनगुनिया का बच्चों पर उतना प्रभाव नहीं होता जितनी बुरी तरह से वयस्कों पर होता है। वयस्कों में भी गर्भवती महिलाएं इससे बहुत कम संक्रमित होती हैं एवं संक्रमण के द्वारा न तो वृद्धि करते भ्रूण पर लंबे समय तक और न ही माता पर इसका कोई प्रभाव होता है।

उपचार (Cure): चिकुनगुनिया के लिए कोई उपचार उपलब्ध नहीं है। एक बार चिकुनगुनिया से संपर्क में आने के बाद शरीर में इसके विरुद्ध प्रतिरोधक क्षमता विकसित हो जाती है और फिर वह इससे दोबारा प्रभावित नहीं हो इसलिए इस रोग के पकड़ने से पहले ही इसके लक्षणों के बारे में जागरूक होना व इलाज करना महत्वपूर्ण है।

इलाज (Treatment): चिकुनगुनिया का उपचार इसके लक्षणों से किया जा सकता है, जिसका अर्थ है कि इस बीमारी का उपचार करने के बजाए हमें स्वयं इसके लक्षणों का उपचार करना चाहिए। इसलिए यदि किसी व्यक्ति को चिकुनगुनिया से संक्रमित होने का संदेह है, तो जितनी जल्दी हो सके उतनी जल्दी डॉक्टर से परामर्श करना बहुत महत्वपूर्ण है।

होम्योपैथिक (Homeopathic) एवं एलोपैथिक (Allopathic) उपचार पद्धतियों से सिर दर्द, जोड़ों में दर्द, ज्वर, जी मिचलाना (Nausea) आदि के लक्षणों को दूर किया जा सकता है और उम्मीद की जाती है, इससे चिकुनगुनिया के लक्षण भी समाप्त हो सकते हैं।

चिकुनगुनिया की रोकथाम में स्वास्थ्य के प्रति जागरूक होना महत्वपूर्ण भूमिका रखता है (Taking good care of our health has a big role to play in preventing chickengunya):

- प्रतिरक्षा प्रणाली, (Immune System) को बनाने के लिए संतुलित भोजन खाना चाहिए। अखरोट, फल, सब्जियों, बीज, मछली, अंडों व उबले मांस के सेवन पर ध्यान केंद्रित करना चाहिए तथा सड़क का खाना/तैलीय खाना (Street Food), फास्ट फूड व चिपचिपा खाने (Greasy Food) से बचना आवश्यक है।
- नियमित व्यायाम भी शरीर को मजबूत बनाने में सहायता करता है।
- विटामिन C और E प्रतिरोधक क्षमता को बढ़ाता है, यदि भोजन से प्रतिदिन की जरूरत पूरी नहीं हो रही हो तो विटामिन की गोलियां ले सकते हैं।
- मानसिक तनाव को व्यवस्थित करना सीखना चाहिए क्योंकि तनाव हमारे प्रतिरक्षा तंत्र (Immune system) को दुर्बल बना देता है और इस प्रकार संक्रमण का जोखिम बढ़ जाता है।

24.11.12 जीका वायरस (Zika Virus)

जीका वायरस सबसे पहले **1947 में युगांडा (Uganda) के बंदरों में पाया गया** जबकि **मानव में जीका वायरस का पहला मामला 1954 में नाइजीरिया में पाया गया।** इसके बाद इसके संक्रमण के मामले न केवल अफ्रीका, दक्षिण-पूर्व एशिया में पाए गए, बल्कि प्रशांत द्वीपों में भी पाए गए।

प्रभावित देश (Countries Affected): **मई 2015 में, यह ब्राजील में पाया गया** और तेजी से फैला। तब से यह **बारबाडोस** (Barbados), **कोलंबिया, बोलीविया, इक्वाडोर, सेल्वाडोर, फ्रेंच गुयाना, ग्वाटेमाला, हैती, मैक्सिको, पनामा, गिनी, प्यूर्टो रिको, पैराग्वे, सैंट मार्टिन, सूरीनाम और वेनेजुएला** में भी देखा गया। हाल ही में जीका वायरस के कुछ मामले **टेक्सॉस (USA)** में भी देखे गए।

प्रसार का चक्र (Cycle of spreads): जीका वायरस एडीज मच्छरों से फैलता है, जो चिली व कनाडा को छोड़कर सम्पूर्ण अमेरिका (दोनों महाद्वीपों) में पाया जाता है, जहां उनके अस्तित्व के अनुकूल पर्याप्त ठंड है। जब मच्छर किसी संक्रमित व्यक्ति का रक्त पीते हैं, तो वे भी संक्रमित हो जाते हैं और बाद में उन लोगों में संक्रमण फैलाते हैं, जिन्हें वे काटते हैं, मलेरिया फैलाने वाले मच्छरों के विपरीत एडीज मच्छर अधिकांशतः दिन में सक्रिय रहते हैं, इसलिए मच्छरदानी एडीज मच्छरों से बहुत कम सुरक्षा प्रदान करती है। संक्रमित व्यक्ति के साथ शारीरिक संबंध बनाने से भी इसके संक्रमण की संभावना होती है।

लक्षण (Symptoms): इसके अधिकांश मामलों में लक्षण स्पष्ट नहीं होते हैं, फिर भी यदि कुछ लक्षण दिखते हैं, तो वह बुखार, आंखों का लाल होना, जोड़ों में दर्द, सिरदर्द आदि के रूप में सामने आ सकते हैं।

अब तक विकसित टीके

यह अमेरिका ब्राजील की वैज्ञानिक टीम द्वारा सूचित किया गया था कि अंतरापेशी इंजेक्शन (Intracircular Injection) द्वारा चूहों पर किए परीक्षण में पाया गया है कि दो भिन्न टीकों (Vaccine) में से प्रत्येक टीका जीका वायरस के विरुद्ध शक्तिशाली सुरक्षा प्रदान करता है।

"भारत बायोटेक इंटरनेशनल लिमिटेड" (हैदराबाद) के वैज्ञानिकों ने मानव के लिए जीका वायरस वैक्सीन विकसित करने और उसका पेटेंट भी करवाने का दावा किया है। अमेरिका को प्रभावित करने वाली महामारी को नियंत्रित करने के लिए विकसित की गयी यह वैक्सीन भारतीय वैज्ञानिकों की एक बहुत बड़ी सफलता है। अभी इस वैक्सीन का परीक्षण चल रहा है।

वोल्बाचिया विधि (Wolbachia Method)

एडीज मच्छरों को प्रयोगशाला में जीवाणु के सपर्क में लाया जाता है और फिर शोधकर्ता उन्हें जंगल में छोड़ देतें हैं।

यह विभिन्न वायरल बीमारियों - डेंगू, जीका, चिकन गुनिया, पीला बुखार, वेस्ट-नाइल बुखार आदि से मुकाबला करेगा।

वोल्बाचिया (wohl-bach-ee-uh) कीड़ों में पाया जाने वाला एक सामान्य प्रकार का जीवाणु (बैक्टीरिया) होता है। दुनिया भर में तितलियों, मधुमक्खियों और भृंगों सहित सभी प्रकार के कीड़ों में से लगभग 10 में से 6 में वोल्बाचिया पाया जाता है।

24.11.13 मध्य-पूर्व श्वसन सिंड्रोम/मिडिल ईस्ट रिस्पिरेटरी सिंड्रोम-मर्स (Middle East Respiratory Syndrome - MERS)

मर्स **कोरोना वायरस** के कारण होने वाली श्वसन से संबंधित वायरल बीमारी है, जो **सबसे पहले 2012 में सऊदी अरब में पायी गयी।** कोरोना वायरस (coronavirus) वायरस को एक बड़े समूह को दर्शाता है, जो सामान्य सर्दी से गंभीर श्वसन सिंड्रोम या सिवीयर एक्यूट रिस्पिरेटरी सिंड्रोम (SARS) तक की बीमारी का कारण बन सकता है।

मर्स-सी ओ वी (MERS-COV) एक **जूनोटिक (Zoonotic) वायरस** है, जो जानवर से मानव में संचारित होता है। इस वायरस के मूल को अभी पूरी तरह से नहीं समझा गया फिर भी विभिन्न वायरस जीनोमस के मूल्यांकन के अनुसार, ऐसा

विश्वास किया जाता है कि ये चमगादड़ों से उत्पन्न हुआ था और अतीत में ऊंटों (Camels) में इसका संचरण हो गया।

यद्यपि मर्स के ज्यादा मामले मानव में होने के कारण इसे मानव से मानव संक्रमण होने के लिए जिम्मेदार बताया जाता है, फिर भी MERS-COV के लिए ऊंट एक बड़े भंडारक (Reservoir Host) के रूप में है और इस प्रकार मानव में मर्स संक्रमण के स्रोत के रूप में कार्य करता है, फिर भी संचरण का सही मार्ग और वायरस के संचरण में ऊंटों की सटीक भूमिका अभी तक ज्ञात होना बाकी है, लेकिन जब तक निकट संपर्क न हो तब तक वायरस एक व्यक्ति से दूसरे व्यक्ति में आसानी से संचारित नहीं होता है।

लक्षण (Symptoms)

1. MERS-COV बिना लक्षणों से या कभी-कभी हलके श्वसन संबंधी लक्षण से गंभीर तीव्र श्वसन तंत्र रोग और अंत में मृत्यु तक का कारण बन सकता है।
2. आमतौर पर ज्वर खांसी और सांस की कमी इसके लक्षण हैं। न्यूमोनिया (Pneumonia) को भी देखा जा सकता है, लेकिन यह हमेशा उपस्थित नहीं रहता।
3. पाचनतंत्र की समस्या (Gastrointestinal), जिसमें दस्त शामिल हैं, भी देखी जाती है।
4. गंभीर बीमारी श्वसन तंत्र को असफल कर सकती है, जिसके लिए यांत्रिक वेंटिलेशन (Mechanical Ventilation) के साथ-साथ गहन देखभाल इकाई (ICU) की भी जरूरत होती है।

MERS-COV से पीड़ित मरीजों में लगभग 36% जीवित नहीं बच सके (अब तक ज्ञात संख्या का 36%)। वृद्धजनों में प्रतिरक्षा तंत्र कमजोर होने के साथ-साथ स्थायी बीमारी, जैसे- कैंसर, फेफड़ों में स्थायी बीमारी और मधुमेह भी होती है। यह वायरस ऐसे वृद्धजनों के लिए अत्यंत घातक साबित हो सकता है।

संचरण (Transmission)

1. **गैर-मानव से मानव में संचरण (Non-Human to Human Transmission):** जानवरों से मानवों में संचरण अभी तक पूरी तरह से समझा नहीं गया हैं, फिर भी मानव में संक्रमण के स्रोत के रूप में ऊंट वायरस के सबसे बड़े संग्राहक के रूप में कार्य करता है।
2. **मानव से मानव में संचरण (Human to Human Transmission):** कई ऐसे मामले सामने आए जहां मानव से मानव संचरण संभव प्रतीत होता है, लेकिन पूरी तरह से साबित न होने के कारण इसकी पुष्टि नहीं की जा सकती।

यह वायरस पूरे अरब प्रायद्वीप में पाया जाता है, लेकिन मुख्य रूप से यह सऊदी अरब में पाया जाता है, जहां 2012 से लेकर अब तक पाये गए कुल मामलों का 25% मामला पाया गया है। इसके अलावा मध्य-पूर्व के बाहर के देशों में भी इसके मामले देखने को मिले हैं। ऐसा माना जाता है कि मध्य-पूर्व के बाहर के देशों में भी मर्स का प्रसार यहीं से हुआ है। मध्य-पूर्व के बाहर इसके सर्वाधिक मामले दक्षिण कोरिया में पाए गए हैं। हालांकि चौकाने वाली बात यह है कि दक्षिण कोरिया में मानव से मानव संक्रमण के मामले के होने का कोई साक्ष्य नहीं मिला है।

रोकथाम और उपचार (Prevention and Treatment)

इस वायरस के लिए अभी कोई विशिष्ट टीका (Vaccine) या उपचार उपलब्ध नहीं है। इसका उपचार सहायक है और यह मरीज की नैदानिक (Clinical) स्थिति पर आधारित है, एक सामान्य सावधानी (परीक्षण) के रूप में, यदि कोई फार्म, खलिहान (barns), बाजार और अन्य स्थानों पर यात्रा करने जाता है, जहां ऊंटों व अन्य जानवरों की उपस्थिति होती है तो उसे स्वच्छता बरतनी चाहिए, जिसमें जानवरों को छूने के पहले और छूने के बाद में हाथों का धोना शामिल है। बीमार जानवरों के संपर्क में आने से हमेशा बचना चाहिए। जानवरों के कच्चे व पक्के उत्पादों जैसे दूध व मांस विभिन्न जीवों से संक्रमण के अत्यधिक जोखिम लाते हैं, जो मानव में बीमारी का कारण बन सकते हैं।

यद्यपि पकाने से या पाश्चुराइजेशन (Pasteurisation) से पशु उत्पाद उपभोग (Consumption) के लिए सुरक्षित माने जाते हैं। फिर भी इस बात का ध्यान रखा जाना चाहिए की पक्का हुआ खाना किसी भी तरह से कच्चे खाने के संपर्क में आकर संदूषित न हो। ऊंट का दूध व मांस दोनों पौष्टिक भोजन हैं। इसलिए इन्हें पाश्चुराइजेशन (Pasteurisation) या गर्म करने के बाद ही उपभोग(Consumed) में लाना चाहिए। जो लोग मधुमेह (diabetes), फेफड़ों में बीमारी, गुर्दे फेल और प्रतिरक्षा से संबंधित बीमारी से ग्रसित होते हैं, उन्हें MERS-COV संक्रमण से भयंकर बीमारी का जोखिम होता है। ऐसे लोगों को ऊंटों के संपर्क में आने से, ऊंट का दूध पीने से और जो मांस, अच्छे से नहीं पका हो, खाने से बचना चाहिए।

24.11.14 निपाह वायरस (NIPAH Virus)

विश्व स्वास्थ्य संगठन (W.H.O.) के अनुसार, निपाह वायरस संक्रमण है, यह बीमारी जानवरों से मनुष्यों में स्थानान्तरित होती है। निपाह वायरस का संबंध एक नये जीन हेनीपा वायरस (पेरेमैक्सोवीरीन उप-परिवार) से है। चमगादड़ पेट्रोपोडिडे (Peteropodiadae) परिवार से संबंधित इस वायरस का प्राकृतिक पोषक है। वर्ष 2004 में अनेक लोग चमगादड़ द्वारा संक्रमित खजूर खाने से निपाह वायरस से प्रभावित हुये। सूअर भी निपाह वायरस के लिए मध्यवर्ती पोषक के रूप मे कार्य करता है।

निपाह वायरस पहली बार कहां पाया गया?

यह वायरस पहली बार वर्ष 1998 में मलेशिया के काम्पुग सुंगई निपाह गांव में पाया गया। गांव के नाम पर ही वायरस का नाम 'निपाह वायरस' रखा गया है।

मनुष्यों में निपाह वायरस के मुख्य लक्षण

निपाह वायरस के लक्षण सामान्यत: एंफ्लुएंजा के समान ही होते हैं, जैसे- बुखार, मांसपेशियों में ऐंठन तथा श्वास संबंधी समस्याएं। मस्तिष्क में सूजन के कारण आत्मविस्मृति (भटकाव जैसी स्थिति) भी उत्पन्न हो सकती है।

- लम्बे समय तक निपाह वायरस के रहने से 'इन्सेफेलाइटिस' भी हो सकता है। कभी-कभी वह व्यक्ति, जिसे स्पर्शोन्मुख संक्रमण है, यदि निपाह वायरस का वाहक बन जाता है, तो ऐसे में बीमारी के लक्षण प्रदर्शित नहीं होते।
- वर्तमान में मनुष्यों तथा जानवरों दोनों के लिए ही निपाह वायरस के उपचार के लिए कोई टीका दवाई उपलब्ध नहीं है। जो लोग निपाह

वायरस से प्रभावित हैं उन्हें 'गहन सहायक देखभाल' के रूप में सहायक उपचार दिया जाता है।

- डब्ल्यू.एच.ओ. के अनुसार इस बीमारी से जुड़े लक्षणों जैसे- मतली (जी मिचलना), उल्टी होना तथा मांसपेशियों की ऐंठन आदि को 'रिबावारिन' द्वारा कम किया जा सकता है। व्यक्तिगत रूप से संक्रमित व्यक्ति को अस्पताल में भर्ती करवाना तथा अन्य लोगों से पृथक् रखना चाहिए। यह वायरस एक मनुष्य से दूसरे मनुष्य में न फैले इसके लिए विशेष देखभाल की जानी चाहिए। वायरस का जल्द पता लगाने तथा इसे नियंत्रित करने के लिए उचित पहल की जानी चाहिए।

24.11.15 कसानूर वन रोग [Kyasanur Forest Disease (KFD)]

यह रोग कसानूर वन रोग वायरस (KFDV) के कारण होता है। इस वायरस की पहचान 1957 में हुई थी, जब इसे कसानूर वन के एक बीमार बंदर से अलग किया गया था। तब से, प्रतिवर्ष 400-500 के बीच मानव संक्रमण मामलों की सूचना मिली है। हार्ड टिक्स (हेमैफिसैलिस स्पिनगेरिया) KFD वायरस के भंडार हैं और एक बार संक्रमित होने पर, जीवनभर के लिए बने रहते हैं। संक्रमित टिक से काटे जाने के बाद KFDV के लिए कृंतक, श्रेय (shrews) और बंदर सामान्य मेजबान होते हैं। KFDV प्राइमेट्स में एपिजुटिक्स के साथ उच्च मृत्यु दर का कारण बन सकता है।

संचरण

- मनुष्यों के लिए संचरण एक टिक काटने या संक्रमित जानवर के साथ संपर्क के बाद हो सकता है, विशेषकर एक बीमार या हाल ही में मृत बंदर के संपर्क में आने पर।
- अभी तक इस बीमारी को बंदरों के माध्यम से फैलता बताया गया है। बकरी, गाय और भेड़ जैसे बड़े जानवर KFD से संक्रमित हो सकते हैं, लेकिन बीमारी के संचरण में सीमित भूमिका निभाते हैं।
- ये जानवर टिकों के लिए रक्त भोजन प्रदान करते हैं और विरेमिया (Viremia) से संक्रमित जानवरों के लिए अन्य टिकों को संक्रमित करना संभव है, लेकिन इन बड़े जानवरों से मनुष्यों को KFDV का संचरण अत्यंत दुर्लभ है। इसके अलावा, इनमें से किसी भी जानवर के अपाश्चुरीकृत दूध के माध्यम से रोग संचरण का कोई सबूत नहीं है।

लक्षण

- 3-8 दिनों की इनक्यूबेशन अवधि के बाद, KFD के लक्षण अचानक ठंड लगना, बुखार और सिरदर्द के साथ शुरू होते हैं। उल्टी, गैस्ट्रोइंटेस्टाइनल लक्षण और रक्तस्राव की समस्या के साथ गंभीर मांसपेशियों में दर्द प्रारंभिक लक्षणों की शुरुआत के 3-4 दिनों के बाद हो सकता है।
- रोगियों को असामान्य रूप से कम रक्तचाप और कम प्लेटलेट, कम लाल रक्त कोशिका, और कम सफेद रक्त कोशिका का अनुभव हो सकता है।
- लक्षणों के 1-2 सप्ताह बाद, कुछ रोगी बिना किसी परेशानी के ठीक हो जाते हैं। हालांकि, बीमारी रोगियों के एक समूह (10-20%) के लिए यह समय द्विध्रुवीय है, जो तीसरे सप्ताह के शुरुआत में लक्षणों की दूसरी लहर का अनुभव करते हैं। इन लक्षणों में बुखार और न्यूरोलॉजिकल अभिव्यक्तियों के लक्षण शामिल हैं, जैसे कि गंभीर सिरदर्द, मानसिक अशांति, झटके और दृष्टि की कमी।

सुभेद्य समूह (Vulnerable Group)

- ग्रामीण या बाहरी क्षेत्र (जैसे-शिकारी, चरवाहों, वन श्रमिकों, किसानों) के मनोरंजक या व्यावसायिक जोखिम वाले लोगों का संक्रमित व्यक्ति के संपर्क में आने से संक्रमण का खतरा है।
- मौसम एक और महत्वपूर्ण जोखिम कारक है क्योंकि नवंबर से जून के दौरान शुष्क मौसम के दौरान अधिक मामले सामने आते हैं।

निदान (Diagnosis)

- पीसीआर या रक्त से वायरस अलगाव द्वारा आणविक पहचान के द्वारा बीमारी के प्रारंभिक चरण में निदान किया जा सकता है। बाद में, एंजाइम से जुड़े इम्युनोसोबेट सेरोलॉजिक जांच (एलिसा टेस्ट) का उपयोग करके सेरोग्लोबिक परीक्षण किया जा सकता है।

रोकथाम (Prevention)

- डॉक्टरों का कहना है कि KFD के लिए कोई विशिष्ट उपचार नहीं है, लेकिन शुरुआती समय में अस्पताल में भर्ती होना और सहायक चिकित्सा महत्वपूर्ण है। सहायक चिकित्सा में जलयोजन (hydration) का रख-रखाव और रक्तस्राव विकारों के रोगियों के लिए सामान्य सावधानियां शामिल हैं।
- एक वैक्सीन KFD के लिए मौजूद है और इसका उपयोग भारत के स्थानिक क्षेत्रों में किया जाता है। अतिरिक्त निवारक उपायों में कीट विकर्षक (repellents) और उन क्षेत्रों में सुरक्षात्मक कपड़े पहनना शामिल है, जहां टिक स्थानिक हैं।

24.11.16 मंकीपॉक्स (Monkey Pox)

मंकीपॉक्स संक्रमण का पता पहली बार वर्ष 1958 में शोध के लिए रखे गए बंदरों की कॉलोनियों में चेचक जैसी बीमारी के दो प्रकोपों के बाद सामने आया था, जिसके कारण इसका नाम 'मंकीपॉक्स' पड़ा। मानव मंकीपॉक्स को पहली बार वर्ष 1970 में कांगो लोकतांत्रिक गणराज्य में मानव-जाति में पहचाना गया था और तब से, सम्पूर्ण क्षेत्र में मामले बढ़ते रहे। वर्ष 1970 के बाद से, 11 अफ्रीकी देशों में मंकीपॉक्स के मानव मामले सामने आए हैं: बेनिन, कैमरून, मध्य अफ्रीकी गणराज्य, कांगो लोकतांत्रिक गणराज्य, गैबॉन, कोटे डी आइवर, लाइबेरिया, नाइजीरिया, कांगो गणराज्य, सिएरा लियोन, और दक्षिण सूडान।

वर्ष 2003 में, अफ्रीका के बाहर पहला मंकीपॉक्स का प्रकोप संयुक्त राज्य अमेरिका में हुआ था और इसे संक्रमित पालतू प्रेयरी कुत्तों के संपर्क से जोड़ा गया था। हाल ही में, मई 2022 में, कई गैर-स्थानिक देशों में मंकीपॉक्स के कई मामलों की पहचान की गई थी। महामारी विज्ञान द्वारा, संक्रमण के स्रोत एवं संचरण प्रतिरूप को और समझने के लिए वर्तमान में अध्ययन चल रहे हैं।

डब्ल्यूएचओ पहले ही विश्व को चेतावनी दे चुका है कि मामलों का प्रसार 'तीव्र' हो सकता है। हाल ही में, मंकीपॉक्स वायरस के प्रकोप के मामले

यूरोप, संयुक्त राज्य अमेरिका, कनाडा एवं ऑस्ट्रेलिया में भी सामने आए हैं – जिन्होनें विश्वभर में चिंता उत्पन्न की है।

यूके के स्वास्थ्य निकायों, अमेरिकी स्वास्थ्य निकायों के साथ-साथ डब्ल्यूएचओ ने समलैंगिक और उभयलिंगी (bisexual) पुरुषों को अधिक जोखिम में चेतावनी दी है।

संक्रमण के जोखिम को समझना महत्वपूर्ण है यह उन लोगों तक सीमित नहीं है, जो यौन सक्रिय हैं या पुरुषों के साथ यौन संबंध रखते हैं, डब्ल्यूएचओ ने कहा, "जो कोई भी संक्रामक है, उसके साथ निकट शारीरिक संपर्क जोखिम युक्त है।" मई 2022 में कई गैर-स्थानिक देशों में मंकीपॉक्स के मामलों के समूहों की पहचान एक स्थानिक क्षेत्र के लिए कोई सीधा यात्रा लिंक नहीं है।

संक्रमण के संभावित स्रोत को निर्धारित करने और आगामी प्रसार को सीमित करने के लिए प्रगतिशील जांच चल रही है।

मंकीपॉक्स वायरस की विशेषता

- मंकीपॉक्स एक वायरल **जूनोटिक** (जानवरों से मनुष्यों में संचरित वायरस) रोग है।
- WHO मंकीपॉक्स को एक 'स्व-सीमित रोग के रूप में वर्णित करता है, जिसके लक्षण दो से चार सप्ताह तक रहते हैं'।
- इसके लक्षण चेचक (एक संबंधित ऑर्थोपॉक्सवायरस संक्रमण) के रोगियों में देखे गए लक्षणों के समान हैं, हालांकि यह चिकित्सकीय रूप से कम गंभीर है।
- चेचक एक गंभीर संक्रामक रोग था, जो वेरियोला वायरस के कारण होता था तथा इसका संचरण तेजी से होता था और अधिकांश समय घातक होता था क्योंकि लगभग 30% रोगियों की मृत्यु हो जाती थी।
- प्राकृतिक रूप से प्राप्त चेचक का अंतिम मामला वर्ष 1977 में देखा गया था, और वर्ष 1980 में टीकाकरण एवं रोकथाम के एक वैश्विक अभियान के बाद विश्वभर में चेचक को समाप्त करने की घोषणा की गई थी।
- यह पाया गया कि चेचक के टीकाकरण से पश्चिम एवं मध्य अफ्रीका में भी मंकीपॉक्स से बचाव होता है, इस प्रकार अब अशिक्षित आबादी भी मंकीपॉक्स वायरस के संक्रमण के प्रति अधिक संवेदनशील है।

मंकीपॉक्स, मंकीपॉक्स वायरस के कारण होता है जो एक **द्वि-तंतु डी. एन. ए. वायरस** है, जो पॉक्सविरिडे परिवार के ऑर्थोपॉक्सवायरस जींस से संबंधित है।

मंकीपॉक्स वायरस के दो भिन्न-भिन्न अनुवांशिक रूप हैं:

1. मध्य अफ्रीकी (कांगो बेसिन) तंतु (strain) – 10 प्रतिशत तक मृत्यु दर।
2. पश्चिम अफ्रीकी तंतु – 1 प्रतिशत मृत्यु दर।

दो तंतुओं के मध्य भौगोलिक विभाजन कैमरून है, एकमात्र ऐसा देश जहां दोनों वायरस तंतु पाए गए हैं। विभिन्न प्राणियों के मेजबानों में जड़ गिलहरी, वृक्ष गिलहरी, गैम्बियन पाउच चूहे, डॉर्मिस, गैर-मानव प्राइमेट तथा अन्य प्रजातियां शामिल हैं।

मंकीपॉक्स के लक्षणों में बुखार, मायलगिया (मांसपेशियों में दर्द), तीव्र सिरदर्द, लिम्फैडेनोपैथी (लिम्फ नोड्स में सूजन), त्वचा पर चकत्ते या घाव, तीव्र अस्टेनिया (ऊर्जा की कमी), और पीठ दर्द शामिल हैं।

ऊष्मायन अवधि आम तौर पर 6 से 13 दिनों तक होती है, लेकिन यह 5 से 21 दिनों तक हो सकती है। मंकीपॉक्स की जटिलताओं में माध्यमिक संक्रमण, ब्रोन्कोपमोनिया, सेप्सिस, एन्सेफलाइटिस और दृष्टि की हानि के साथ कॉर्निया का संक्रमण शामिल हो सकते हैं।

संचरण: पशु के माध्यम से

पशु-से-मानव (जूनोटिक) संचरण रक्त, शारीरिक तरल पदार्थ, यां संक्रमित पशुओं के त्वचीय या श्लेष्म घावों के सीधे संपर्क से हो सकता है।

संचरण: मानव के माध्यम से

मानव-से-मानव संचरण श्वसन स्राव, संक्रमित व्यक्ति की त्वचा के घावों, या हाल ही में संदूषित वस्तुओं के निकट संपर्क के परिणामस्वरूप हो सकता है। बूंदों के श्वसन कणों के माध्यम से संचरण हेतु आमतौर पर लंबे समय तक आमने-सामने संपर्क की आवश्यकता होती है। मां से भ्रूण (जिससे जन्मजात मंकीपॉक्स हो सकता है) या जन्म के दौरान और बाद में निकट संपर्क के दौरान प्लेसेंटा के माध्यम से भी संचरण हो सकता है।

निदान

- पॉलीमरेज शृंखला अभिक्रिया (PCR) इसकी सटीकता और संवेदनशीलता को देखते हुए अधिमानित प्रयोगशाला परीक्षण है।
- इस कारण से, मंकीपॉक्स के लिए इष्टतम नैदानिक नमूने त्वचा के घावों से हैं और इन नमूनों को एक सूखी, अप्रजायी ट्यूब में संग्रहित किया जाना चाहिए तथा शीतल रखा जाना चाहिए।
- इसके लिए बायोप्सी भी एक विकल्प है।

टीकाकरण

- चेचक के विरुद्ध टीकाकरण कई अवलोकन अध्ययनों के माध्यम से मंकीपॉक्स को रोकने में लगभग 85% प्रभावी होने हेतु प्रदर्शित किया गया था।
- चेचक के विरुद्ध पूर्व टीकाकरण के साक्ष्य आमतौर पर ऊपरी बांह पर निशान के रूप में पाए जा सकते हैं।
- वर्तमान में, मूल (पहली पीढ़ी) चेचक की वैक्सीन अब आम जनता के लिए उपलब्ध नहीं हैं।
- कुछ प्रयोगशाला कर्मियों या स्वास्थ्य कर्मचारियों को कार्यस्थल में ओर्थोपोक्सवायरस के संपर्क में आने की स्थिति में उनकी सुरक्षा हेतु चेचक की वैक्सीन का नवीनतम संस्करण दिया गया है।
- रूपांतरित क्षीण वैक्सीनिया वायरस (अंकारा तंतु) पर आधारित एक नवीन वैक्सीन को वर्ष 2019 में मंकीपॉक्स की रोकथाम हेतु अनुमोदित किया गया था। यह दो खुराक वाली वैक्सीन है, जिसकी उपलब्धता सीमित है।

24.11.17 एडीनोवायरस (Adenovirus)

एडीनोवायरस आम वायरस का एक समूह है, जो आपकी आंखों, वायुमार्ग, फेफड़ों, आंतों, मूत्र मार्ग और तंत्रिका तंत्र की परत को संक्रमित करता है। इसके बुखार, खांसी, गले में खराश, दस्त, एवं गुलाबी आंख सामान्य लक्षण हैं। वयस्कों की तुलना में बच्चों में संक्रमण अधिक बार होता है, लेकिन कोई भी इससे प्रभावित हो सकता है। इसके संक्रमण आमतौर पर केवल हल्के लक्षण उत्पन्न करते हैं तथा कुछ दिनों में अपने आप ठीक हो जाते हैं। लेकिन वे कमजोर प्रतिरक्षा प्रणाली वाले लोगों, विशेषकर बच्चों में अधिक गंभीर हो सकते हैं।

एडीनोवायरस कैसे फैलता है

- ये वायरस बच्चों के वृहत समूहों, जैसे डे केयर केंद्र, विद्यालय और समर कैंप वाले स्थानों में आम हैं। ये बहुत संक्रामक हैं। ये तब फैल सकते हैं, जब कोई संक्रमित व्यक्ति खांसता या छींकता है। विषाणु युक्त बूंदें वायु के माध्यम से सतहों पर संचरित होती हैं।

लक्षण: प्रत्येक प्रकार के एडीनोवायरस विभिन्न तरह से प्रभावित कर सकते हैं –

- **ब्रोंकाइटिस:** इसके लक्षण खांसी, नाक बहना, बुखार, ठंड लगना आदि हैं।
- **जुकाम एवं अन्य श्वसन संक्रमण:** इसमें भरी व बहती हुई नाक, खांसी, गले में खराश और सूजी हुई ग्रंथियां होती हैं।
- **कान का संक्रमण:** इसमें कान में दर्द, चिड़चिड़ापन, बुखार आदि होता है।
- **गुलाबी आँख (नेत्रश्लेष्मलाशोथ):** इसमें लाल आँखें, आँखों से स्राव, आँखों का फटना, ऐसा महसूस होना कि आँख में कुछ शामिल है।
- **निमोनिया:** इसके लक्षण बुखार, खांसी, सांस लेने में तकलीफ हैं।
- **आमाशय एवं आंतों में संक्रमण:** इसमें दस्त, उल्टी, सिरदर्द, बुखार, आमाशय में ऐंठन आदि शामिल हैं।
- **मस्तिष्क एवं रीढ़ की हड्डी में सूजन (मेनिन्जाइटिस एवं एन्सेफलाइटिस):** इसमें सिरदर्द, बुखार, गर्दन में अकड़न, मतली व उल्टी (यह दुर्लभ है) शामिल हैं।
- **मूत्र मार्ग में संक्रमण:** इसमें पेशाब करते समय जलन व दर्द, बार-बार पेशाब जाना, आपके पेशाब में खून शामिल हैं।

यदि आपके बच्चे में इनमें से कोई भी अति गंभीर लक्षण हैं, तो तुरंत डॉक्टर से संपर्क कीजिए:

- साँस लेने में कठिनाई।
- उनकी आंखों के आसपास सूजन।
- बुखार जो कुछ दिनों के बाद भी नहीं जाता है।
- निर्जलीकरण के लक्षण, जैसे कि कुछ आँसू या कम गीले डायपर।

उपचार

एडीनोवायरस संक्रमण में एंटीबायोटिक्स सहायक नहीं होंगें क्योंकि ये दवाएं केवल जीवाणु को मार सकती हैं। बच्चे अक्सर कुछ ही दिनों में अपने आप इस बीमारी से उबर जाते हैं। कुछ संक्रमण, जैसे- गुलाबी आंख या निमोनिया, एक सप्ताह या उससे अधिक समय तक रह सकते हैं। कमजोर प्रतिरक्षा प्रणाली वाले बच्चों को ठीक होने के लिए अस्पताल में उपचार की आवश्यकता हो सकती है।

एडीनोवायरस बनाम रेट्रोवायरस (Adenoviruses vs Retroviruses)

- एडीनोवायरस द्वि-तंतु डी. एन. ए. संजीन (जीनोम) हैं। रेट्रोवायरस एकल-तंतु आरएनए प्राणी वायरस हैं, जो प्रतिकृति के लिए द्वि-तंतु डी. एन. ए. मध्यवर्ती को नियोजित करते हैं।
- सामान्य जुखाम एडीनोवायरस का एक लक्षण है। मानव इम्युनोडेफिशिएंसी वायरस (HIV) के रूप में जाना जाने वाला रेट्रोवायरस मानव-जाति में उपार्जित इम्युनोडेफिशिएंसी सिंड्रोम (एड्स) का कारण बनता है।

24.12 सुपरबग संबंधी मुद्दे (Superbug Issues)

ब्रिटिश शब्दकोष (Dictionary) के अनुसार, **सुपरबग एक संक्रमित सूक्ष्मजीव है, जो एंटीबॉडी (प्रतिरोधकता) का प्रतिरोधी बन गया है।** दवाई का एक नया युग 1928 में शुरू हुआ था, जब **पेंसिलीन (बैक्टीरिया को मारने में सक्षम) अलेक्जेंडर फ्लेमिंग** द्वारा खोजी गयी और यह एंटीबॉडीज के युग की भी शुरुआत थी।

1960 तक, विविध प्रकार के एंटीबॉडी उपलब्ध होने के कारण, यह कई लोगों द्वारा सोचा गया था कि बैक्टीरिया के खिलाफ युद्ध जीत लिया गया था, लेकिन बैक्टीरिया पहले ही आपस में लड़ रहे थे। वास्तव में, 1960 के दशक में व्यापक रूप से प्रयुक्त होने के बाद (Random) अनियमित आनुवंशिक परिवर्तन (Mutation) होने के कारण स्टाफिलकोकस ऑरियस (*Staphylococcus aureus*) का एक लक्षण पेंसिलीन का प्रतिरोधी हो गया, जो बैक्टीरिया को और अधिक प्रतिरोधी बना देता है।

जब एंटीबायोटिक्स अनुचित ढंग से उपयोग की जाती है, तो उससे तीन बड़े नकारात्मक प्रभाव हो सकते हैं:

1. शरीर की प्रतिरक्षा कम हो जाती है।
2. शरीर की अच्छे जीवाणु (bacteria), जो कि पाचन (digestion) में मदद करते हैं, नष्ट हो जाएंगे
3. अधिक एंटीबायोटिक प्रतिरोधक बैक्टीरियल विकृति (bacterical strains) के विकास की ओर ले जाएंगे

स्टाफिलोकोकस ऑरियस (Staphylococcus Aureus)

यह एक बैक्टीरिया (जीवाणु) है, जो लस्सेदार झिल्ली विशेषत: नाक में व त्वचा पर पाया जाता है। यदि बैक्टीरिया को शरीर में प्रवेश करने का अवसर मिल जाता है, तो वे विभिन्न प्रकार के संक्रमण कर सकते हैं, जैसे-त्वचा संक्रमण, घाव संक्रमण, मूत्र (Urinary) संक्रमण (UTI) और रक्त प्रवाह संक्रमण और न्यूमोनिया। यह बैक्टीरिया भोजन विषाक्ता (Food Poisoning) का भी कारण बन सकता है।

स्टाफाइलोकोकस ऑरियस के इलाज के लिए सामान्यत: मेथिसिलिन एंटीबायोटिक का उपयोग किया जाता है, फिर भी स्टाफाइलोकोकस ऑरियस जल्द ही विकृति (Strain) विकसित कर लेता है, जो कि मेथिसिलिन का प्रतिरोधक होता है, जो **MRSA (Methicillin - Resistant Staphy Lococcus Aureus)** के नाम से जाना जाता है।

अस्पताल में MRSA का उपचार प्राय: केवल वैंकोमाइसिन से कर सकते हैं। डॉक्टरों के द्वारा इस औषधि को "आखिरी उपाय'' (last resort) का एंटीबायोटिक" कहा जाता है, फिर भी वैंकोमाइसिन के MRSA प्रतिरोधक मामले भी दिखने शुरू हो गए हैं।

24.13 क्षयरोग [Tuberculosis (TB) - MDR, MDR Plus, XDR, XDR Plus]

दवा प्रतिरोधक के प्रकार (Types of Drug Resistant)

- दवा प्रतिरोधक ट्यूबरक्लोसिस,
  1. मल्टीड्रग प्रतिरोधी टीबी (Multidrug resistant TB): MDRTB
  2. व्यापक रूप से ड्रग प्रतिरोधी टीबी (Extensivety Drug resistant TB): XDRTB

     एक और दूसरा प्रकार भी है, जो विभिन्न रूप से एवं पूरी तरह से TB की दवा प्रतिरोधी के रूप में जाना जाता है।
  3. जो अब XDR TB और TDR TB के रूप में पहचाने गए हैं।

MDRTB व XDRTB में अतंर

एम डी आर (Multi Drug Resistant) टीबी वह ट्यूबरक्लोसिस है। जब इसका जीवाणु कम से कम **राइफैम्पिसिन (rifampicin)** और **आइसोनियाजिड (isoniazid)** के लिए प्रतिरोधी होता है। ये दो सर्वाधिक प्रभावी टीवी औपधियों में से एक है

एक्स डी आर टीबी (Extensirely Drug Resistant TB) TB का वह प्रकार है ,जो कम-से-कम **राइफैम्पिसिन** और **आइसोनियाजिड** के लिए प्रतिरोधी होता है और इसके साथ ही **फलोरोक्विनोलोन** में से एक के प्रतिरोधी होने के साथ-साथ दूसरी लाइन इजेक्टेबल TB ड्रग्स **केनामाइसिन, केप्रियोमाइसिन या एमिकासिन** में से किसी एक के लिए प्रतिरोधी है।

MDR टीबी और XDR टीबी उपचार के 6 महीने में टीबी दवा के साथ कोई प्रतिक्रिया नहीं देते और इसका उपचार दो साल या इससे भी अधिक समय तक जा सकता है।

'MDR (+) Plus' TB जिन लोगों को MDR या XDR तपेदिक में से कोई एक है, वे द्वितीय पंक्ति के तपेदिक की दवा के प्रति प्रतिरोधकता की अधिकतम सीमा को दर्शाते हैं।

- MDR तपेदिक से संबंधित लोगों के लिए एक नई श्रेणी MDR+ बनाना उपयोगी हो सकता है। ये उनके लिए हो सकती है जो द्वितीय पंक्ति तपेदिक के प्रति थोड़ा प्रतिरोध तो दिखाते हैं लेकिन XDR तपेदिक की श्रेणी में शामिल नहीं हैं।

XDR (+) प्लस टी.बी. या अन्य प्रकार की टी.बी.

पूर्ण रूप से दवा प्रतिरोधी तपेदिक के सभी मामलों को विश्व स्वास्थ्य संगठन द्वारा XDR प्रकार की तपेदिक माना जाता है क्योंकि वे सभी XDR तपेदिक के मानदंडों को सन्तुष्ट करते हैं।

MDR तपेदिक का होना विश्व स्वास्थ्य संगठन द्वारा MDR तपेदिक के अधिसूचित मामलों के क्षेत्र निम्नवत हैं:

2011 में MORTB के 60000 मामलों में ज्यादातर यूरोपीय देशों तथा दक्षिणी अफ्रीका में पाया गया था।

MDRTB का उच्चतम प्रसार जिसे 2012 तक दर्ज किया गया था वो मिन्सक बेलारूस में था।

MDRTB का होना: एक्स डी आर टीबी कम-से-कम **राइफैम्पिसिन** और **आइसोनिमाजिड** के प्रति प्रतिरोधकता दर्शाने के साथ-साथ **फलूरीक्वीनोलोन** में से एक के प्रति तथा कम-से-कम एक दूसरी पंक्ति के **इंजेक्टेवल टी बी** दवा के साथ प्रतिरोधकता दिखाती है।

2012 में कुल 84 देशों में से प्रत्येक देश में कम से कम एक XDR तपेदिक के मामलों की सूचना मिली थी। न सिर्फ विकासशील देश बल्कि इंग्लैंड तथा अमेरिका जैसे विकसित देश भी इसमें शामिल हैं।

WHO के अनुमानुसार 5%, MDRTB वाले लोगों में XDRTB हो सकती है।

नई टीबी प्रतिरोधी दवा (New Anti-Tuberculosis Drug)

अमेरिकी खाद्य एवं औषधि प्रशासन (Food - Drug Administration - FDA) ने दवा प्रतिरोधी तपेदिक [मल्टीड्रग प्रतिरोधी टीबी (एमडीआर-टीबी)]और बड़े पैमाने पर दवा प्रतिरोधी टीबी (एक्सडीआर-टीबी) के इलाज के लिए एक नई दवा प्रीटोमोनीड को मंजूरी दे दी है ।

मुख्य तथ्य

- प्रीटोमोनीड (Pretomanid) केवल तीसरी नई एंटी-टीबी दवा है, जो एफडीए द्वारा 40 से अधिक वर्षों में उपयोग के लिए अनुमोदित है ।
- प्रीटोमोनीड यूरोपीय दवा एजेंसी (ईएमए) द्वारा दवा की मंजूरी के लिए तीन-ड्रग आहार नियमों का हिस्सा होगी।
- जब प्रीटोमिनिड दवा का उपयोग दो पहले से अनुमोदित दवाओं - बेडैक्यूलाइन (bedaquiline) और लाइनजोलिड (linezolid) के साथ किया जाता है, तो ड्रग-प्रतिरोधी टीबी के लिए उपचार की अवधि 18-24 महीने से घटकर केवल 6-9 महीने तक हो सकती है।
- सभी ओरल थ्री-ड्रग उपचार नियम भी उपचार की सफलता दर में काफी सुधार कर सकता है और संभवत: उपचार के बेहतर पालन के कारण मौतों की संख्या में कमी कर सकता है।

24.14 नई दिल्ली मेटेलोबेटा लैक्टामेस (New Delhi Metallo-Beta-Lactamase-NDM-1)

NDM-1 एक एन्जाइम है, जो जीवाणु को कई एंटीबायोटिकों के प्रति प्रतिरोधक बना देता है, जिसमें **कार्बापेनेम परिवार** की एंटीबायोटिक भी शामिल है, जो एंटीबायोटिक प्रतिरोधी संक्रमण के उपचार के लिए मुख्य एंटीबायोटिक है। जीवाणु, जो **कार्बपेनेमेज** बनाने में शामिल है, सुपरबग कहलाते हैं। अत: उनसे उत्पन्न संक्रमण का इलाज होना मुश्किल होता है। यह जीवाणु केवल **टीजीसाइक्लीन (Tigecycline)** तथा **पॉलीमाइसीन (Polymixins)** के प्रति संवेदनशील होता है। **दिसंबर 2009 में NDM-1 की पहली बार एक भर्ती हुए रोगी में, जो क्लेबीसीला निमोनिया (Klebsiella Pneumonia) द्वारा पीड़ित था, नई दिल्ली में पहचाना गया।** बाद में यह जीवाणु भारत, इग्लैंड, पाकिस्तान, अमेरिका, कनाडा तथा जापान में पाया गया। अधिकतर जीवाणु जो एंजाइम को बनाते हैं, ग्राम नेगेटिव होते हैं, जैसे-**Escherichia coli. (E.coli)** तथा **Klebsliella Pheumonie**, फिर भी

NDM-1 के उत्तरदायी जीन एक जीवाणु से दूसरे जीवाणु में क्षैतिज स्थानांतरण द्वारा स्थानांतरित हो जाते हैं।

24.15 फिक्स्ड डोज कॉम्बीनेशन ड्रग्स [Fixed Dose Combination (FDC) Drugs]

निश्चित खुराक मिश्रण में दो या अधिक सक्रिय दवाओं की सामग्री को एक निश्चित अनुपात में मिलाया जाता है।

यू.एस. हेल्थकेयर (जो आई.एम.एस हेल्थ प्रदान करता है) के अनुसार, वर्ष 2014 में भारत में बेची गयी दवाओं में लगभग आधी दवाएं निश्चित खुराक मिश्रण' दवाएं ही थीं, जो कि भारत को विश्व में मिश्रित औषधि का सिरमौर बनाती हैं।

सरकार द्वारा तत्काल प्रभाव से 328 'फिक्स्ड डोज कॉम्बीनेशन ड्रग्स' दवाओं के निर्माण, बिक्री या वितरण पर प्रतिबंध लगा दिया है।

स्वास्थ्य मंत्रालय द्वारा प्रतिबंधित की गयी 'फिक्स्ड डोज कॉम्बीनेशन ड्रग्स' में दर्दनिवारक, मधुमेह विरोधी, श्वसन तथा जठरांत्र (Gastrointestinal) से संबंधित दवाओं के 6,000 ब्रांड शामिल हैं।

प्रतिबंध लगाना सही है, क्या?

एक विशेषज्ञ पैनल द्वारा 349 प्रतिबंध दवाओं की क्षमता की जांच की गयी, जांच करने पर यह पाया गया कि "फिक्स्ड डोज कॉम्बीनेशन ड्रग्स" दवाएं प्रभावहीन हैं तथा यह सुरक्षा मुद्दों के लिहाज से भी सही नहीं हैं तथा इन दवाओं में चिकित्सकीय गुणों का अभाव पाया गया। इस सब मुद्दे के आधार पर 'निश्चित खुराक मिश्रिण औषधि' पर प्रतिबंध को जारी रखा गया है। जांच करने पर यह भी पाया गया कि इन दवाओं को बिना सावधानी बरते ही तैयार किया जा रहा था, जिससे खुराक के बेमेल होने से दवाइयां विषाक्त हो सकती हैं।

भारत में लोकप्रिय क्यों हैं?

- 'फिक्स्ड डोज़ कॉम्बीनेशन ड्रग्स' भारत में लोकप्रिय हैं क्योंकि इन दवाओं में उच्च प्रभावकारिता, बेहतर अनुपालन, कम लागत तथा सरल प्रचालन वितरण जैसे गुण पाये जाते हैं।
- फिक्सड डोज कॉम्बीनेशन ड्रग्स विशेष रूप से संक्रामक रोगों जैसे-एच.आई.वी, मलेरिया तथा तपेदिक आदि के उपचार में महत्वपूर्ण भूमिका निभाती हैं, क्योंकि इन रोगों में अधिक रोगाणुरोधी कारक वाला दवाएं ही मानक दवाएं हैं। साथ ही ये दवाएं बहुतायत विकास दीर्घकालिक स्थिति में भी लाभदायक हैं।

क्या फिक्स्ड डोज कॉम्बीनेशन दवाओं के दुष्परिणाम होते हैं?

- फिक्स्ड डोज कॉम्बीनेशन दवाओं के दुष्प्रभाव तथा दवाओं की प्रतिक्रिया के संबंध में अधिक डेटा उपलब्ध नहीं है। भारत में 'जटिल दवाओं की प्रभावकारिता' से जुड़ डेटा संग्रहण का कार्य अत्यंत कमजोर है। जब एक ही उपचारात्मक समूह विविध दवाओं (जैसे कि एंटीबायोटिक) को एक साथ संयोजित किया जाता है, परिणामस्वरूप दवा प्रतिरोधक क्षमता विकसित होती है।
- भारत में अधिकतर "फिक्स्ड डोज कॉम्बीनेशन दवाएं" अनुमोदित नहीं (unapproved) हैं क्योंकि राज्य तथा केंद्र की सरकार में परस्पर समन्वय का अभाव है। *'पब्लिक लाइब्रेरी ऑफ साइंस'* में छपे एक जर्नल के अनुसार भारत में लगभग 70% नॉन स्टेरॉयड तथा गैर-उत्तेजक दवायें, जो कि दवा निवारक (antibiotic) के रूप में कार्य करती है, भारतीय बाजारों में बिना सरकार की अनुमति के उपलब्ध हो जाती हैं।
- हाल ही में किये गये एक अध्ययन के अनुसार टी.बी रोधी (ट्यूबरक्यूलोसिस) 'फिक्सड डोस कॉम्बीनेशन' दवा की 110 में से 32 दवाएं ही भारत में उपलब्ध हैं, जो कि ड्रग्स स्टैंडर्ड कंट्रोल ऑर्गनाइजेशन (CDSCO) द्वारा अनुमोदित हैं।

सेण्ट्रल ड्रग्स स्टैंडर्ड कंट्रोल ऑर्गनाइजेशन (CDSCO)

भारत में दवाओं के चिकित्सीय परीक्षण, दवाओं के मानक व महत्वपूर्ण दवाओं के नियन्त्रण की जिम्मेदारी सैण्ट्रल ड्रग्स स्टैण्डर्ड कंट्रोल ऑर्गनाइजेशन (CDSCO) की है, जो कि स्वास्थ्य सेवाओं के निदेशक, स्वास्थ्य तथा परिवार कल्याण मन्त्रालय के तहत आने वाले 'नेशनल रेगुलेटरी अथॉरिटी (NRA) ऑफ इण्डिया' के ड्रग्स एवं कॉस्मेटिक एक्ट के अन्तर्गत आता है। ड्रग्स तथा कॉस्मेटिक एक्ट के प्रवर्तन में एकरूपता लाने के लिए यह राज्य ड्रग्स कंट्रोल ऑर्गनाइजेशन को विशेषज्ञ सलाह के रूप में सहयोग प्रदान करता है। साथ ही (DSO) अपने राज्य समकक्षों को महत्वपूर्ण तथा विशेष श्रेणी की दवाओं को संयुक्त रूप से लाइसेंस प्रदान करता है।

24.16 जेनेरिक दवाएं (Generic Medicine)

जेनेरिक दवाएं अनब्रांडेड दवाएं हैं, जो ब्रांडेड दवाओं के समान रूप से सुरक्षित हैं और उनके चिकित्सीय मूल्य के मामले में ब्रांडेड दवाओं के समान प्रभावकारी हैं। जेनेरिक दवाओं की क़ीमतें उनके ब्रांडेड समकक्षों की तुलना में बहुत सस्ती हैं।

ये दवाएं सस्ती क्यों हैं?

- चूंकि इन जेनेरिक दवाओं के निर्माण में उनकी सुरक्षा और प्रभावकारिता साबित करने के लिए व्यापक नैदानिक परीक्षणों की पुनरावृत्ति शामिल नहीं है, इसलिए उन्हें विकसित करने में कम लागत आती है । इसलिए जेनेरिक दवाएं सस्ती होती हैं।
- हालांकि, क्योंकि जेनेरिक संस्करणों में यौगिक ब्रांड संस्करण के यौगिक रूप एक ही आणविक संरचना के होते हैं, अत: उनकी गुणवत्ता अनिवार्य रूप से एक जैसी ही है।

जेनेरिक दवाएं अधिक लोकप्रिय क्यों नहीं हैं?

- इनके बारे में जागरूकता की कमी।
- चूंकि वे सस्ती होती हैं, अत: जो लोग ब्रांडेड दवाओं का खर्च उठा सकते हैं, वे उन्हें हीन गुणवत्ता का मानते हुए नहीं खरीदते हैं। केमिस्ट डॉक्टर के पर्चे पर लिखी गई दवाओं के अनुरूप दावा नहीं देते और वहीं सरकारी अस्पतालों के डॉक्टरों को छोड़कर अधिकांश डॉक्टरों द्वारा जेनेरिक दवाओं को वितरित नहीं किया जाता है।
- इसके अलावा, निजी डॉक्टर कभी भी जेनेरिक दवाओं को वितरित नहीं करते हैं क्योंकि उन्हें फार्मा कंपनियों से कोई कमबैक या प्रोत्साहन नहीं मिलता है।

- जागरूकता की कमी के लिए सरकार (विशेष रूप से सरकार का फार्मास्युटिकल विभाग) भी जिम्मेदार है।
- हालांकि, चिंता के तीन मूलभूत क्षेत्र हैं:
  - **भारत निर्मित दवाओं की प्रभावकारिता:** अक्सर, ऐसी दवाओं में सक्रिय दवा घटक (API) की मात्रा आवश्यक से कम ली जाती है, जिससे वे अप्रभावी हो जाती हैं।
  - **डेटा समग्रता में कमी:** भारतीय नियामक फर्मों की खराब प्रबंधित प्रलेखन प्रथाओं को विदेशी नियामक अधिकारियों द्वारा प्राथमिक आलोचना के रूप में देखा जाता है। प्रस्तुत किए गए अभिलेखों में विसंगतियों के साथ, विशिष्ट दवा बैचों के परीक्षण परिणामों पर विश्वसनीय और पूर्ण डेटा की कमी का मतलब यह होता है की दवा की गुणवत्ता का निरीक्षण और सत्यापन बेहद मुश्किल है।
  - **विनिर्माण संयंत्रों के स्वच्छता मानक:** बीमारी से पीड़ित व्यक्ति विशेष रूप से संक्रमण के लिए अतिसंवेदनशील होते हैं और जेनेरिक दवा संयंत्रों के निरीक्षण से कीट संक्रमण और कमजोर अवसंरचना का पता चलता है।

सरकार द्वारा किये गये विभिन्न प्रयास

- प्रधानमंत्री भारतीय जन-औषधि योजना, फार्मास्युटिकल विभाग, भारत सरकार द्वारा शुरू किया गया एक अभियान है। यह भारत में, विशेष केंद्रों के माध्यम से जनता को सस्ती कीमतों पर गुणवत्तापूर्ण दवाइयां प्रदान करता है। इन विशेष केंद्रों को प्रधानमंत्री भारतीय जन-औषधि केंद्र के रूप में जाना जाता है।
- ब्यूरो ऑफ फार्मा पीएसयू ऑफ इंडिया (BPPI) प्रधानमंत्री भारतीय जन-औषधि योजना (PMBJP) की कार्यान्वयन एजेंसी है। भारत के सभी CPSUs के समर्थन के साथ BPPI (ब्यूरो ऑफ फार्मा पब्लिक सेक्टर अंडरटेकिंग्स ऑफ इंडिया) की स्थापना फार्मास्युटिकल विभाग, भारत सरकार के तहत की गई है।

जनौषधि सुगम ऐप (Janaushadhi Sugam App)

- केंद्रीय रसायन और उर्वरक मंत्रालय ने एक मोबाइल एप्लिकेशन 'जनौषधि सुगम' लॉन्च किया है।
- एप्लिकेशन का उद्देश्य लोगों को जनौषधि जेनेरिक दवाओं की दुकानों को खोजने में सक्षम बनाना है।
- यह जेनेरिक बनाम ब्रांडेड दवा के उत्पाद तुलना का विश्लेषण एमआरपी और समग्र बचत के रूप में करने में भी मदद करेगा।

24.16.1 प्रधानमंत्री भारतीय जन औषधि योजना (Pradhan Mantri Bhartiya Janaushadhi Pariyojana- PMBJP)

प्रधानमंत्री भारतीय जन औषधि योजना, फार्मास्युटिकल्स विभाग, भारत सरकार द्वारा शुरू किया गया एक अभियान है। यह भारत में, विशेष केंद्रों के माध्यम से जनता को सस्ती कीमतों पर गुणवत्तापूर्ण दवाइयां प्रदान करेगा इन केंद्रों को प्रधानमंत्री भारतीय जनऔषधि केंद्र के रूप में जाना जाता है। प्रधानमंत्री जन औषधि केंद्र (PMBJK) की स्थापना जेनेरिक दवाओं को प्रदान करने के लिए की गई है, जो कम कीमत पर उपलब्ध हैं, लेकिन गुणवत्ता और प्रभावकारिता में महंगी ब्रांडेड दवाओं के बराबर हैं। ब्यूरो ऑफ फार्मा पीएसयू ऑफ इंडिया (BPPI) PMBJP की कार्यान्वयन एजेंसी है। BPPI (ब्यूरो ऑफ फार्मा पब्लिक सेक्टर अंडरटेकिंग्स ऑफ इंडिया) की स्थापना फार्मास्युटिकल विभाग, भारत सरकार के तहत भारत के सभी CPSUs के समर्थन के साथ की गई है।

प्रधानमंत्री जन – औषधि योजना
(Pradhan Mantri Janaushadhi Yojana)

प्रारंभ में यह **वर्ष 2008 में शुरू की गई थी**, इस योजना को वर्ष 2015 में पुनः नाम दिया गया था। मार्च 2024 तक **प्रधानमंत्री भारतीय जनऔषधि केंद्रों (PMBJKs)** की संख्या बढ़ाकर 10000 करने का लक्ष्य रखा है।

योजना की मुख्य विशेषताएं

- गुणवत्तापूर्ण दवाओं तक पहुंच सुनिश्चित करना।
- दवाओं पर जेब खर्च को कम करने के लिए गुणवत्तापूर्ण जेनेरिक दवाओं के कवरेज का विस्तार करना और इस प्रकार प्रति व्यक्ति उपचार की इकाई लागत को पुनः परिभाषित करना।
- शिक्षा और प्रचार के माध्यम से जेनेरिक दवाओं के बारे में जागरूकता पैदा करना ताकि गुणवत्ता केवल उच्च कीमत का पर्याय न बने।
- यह एक सार्वजनिक कार्यक्रम हैं जिसमें सरकार, सार्वजनिक क्षेत्र के उपक्रम, निजी क्षेत्र, गैर-सरकारी संगठन, सोसायटी, सहकारी निकाय और अन्य संस्थान शामिल हैं।
- यह सभी चिकित्सीय श्रेणियों में जहां भी आवश्यक हो, कम उपचार लागत और आसान उपलब्धता के माध्यम से बेहतर स्वास्थ्य सेवा तक पहुंच में सुधार करके जेनेरिक दवाओं की मांग पैदा करेगा।

ड्रग्स और कॉस्मेटिक नियम, 1945
(Drugs and Cosmetic Rules, 1945)

केंद्र सरकार यह सुनिश्चित करने के लिए औषधि एवं प्रसाधन नियम, 1945 में संशोधन करने पर विचार कर रही है ताकि पंजीकृत चिकित्सक केवल जेनेरिक दवाएं ही वितरित करें।

पृष्ठभूमि

- हाल ही में केंद्रीय औषधि मानक नियंत्रण संगठन (Central Drugs Standard Control Organisation - CDSCO) समिति द्वारा एक प्रस्ताव प्राप्त हुआ था जिसमें औषधि परामर्शदात्री समिति (Drugs Consultative Committee - DCC) को अवगत कराया गया था कि पंजीकृत चिकित्सा चिकित्सक औषधि एवं सौंदर्य प्रसाधन नियमों, 1945 की अनुसूची K के तहत कुछ शर्तों के साथ प्रदान की गई छूट के तहत अपने रोगियों को टीकों सहित विभिन्न श्रेणियों की दवाओं की आपूर्ति कर सकते हैं। अभी तक कोई निर्दिष्ट प्रकार की दवाएं नहीं हैं, जिन्हें डॉक्टरों द्वारा उनके रोगियों को आपूर्ति की जा सकती है ।
- अब यह प्रस्तावित किया गया है कि पंजीकृत चिकित्सक केवल जेनेरिक दवाओं की आपूर्ति करेंगे और चिकित्सकों के नमूनों की निःशुल्क आपूर्ति की जाएगी।

24.17 बायो-सिमिलर दवाएं (Biosimilar Medicine)

यह एक जैविक चिकित्सा उत्पाद है, जो एक मूल उत्पाद की लगभग समान प्रतिलिपि है जो एक अलग कंपनी द्वारा निर्मित है। वे मूल 'इनोवेटर' उत्पादों के आधिकारिक तौर पर स्वीकृत संस्करण हैं और मूल उत्पाद के पेटेंट की समय सीमा समाप्त होने पर निर्मित किए जा सकते हैं। इनोवेटर उत्पाद का संदर्भ अनुमोदन का एक अभिन्न अंग है।

विशेषताएं

- जैविक दवाओं में जैविक स्रोत से सक्रिय पदार्थ होते हैं, जैसे- जीवित कोशिकाएँ या जीव।
- वर्तमान नैदानिक उपयोग में अधिकांश जैविक दवाओं में प्रोटीन से बने सक्रिय पदार्थ होते हैं।

बायोसिमिलर और जेनरिक दवाओं के बीच अंतर

- बायोसिमिलर में जैविक इकाई के बराबर विकास शामिल होता है, जबकि जेनरिक में एक रासायनिक इकाई सक्रिय फार्मास्युटिकल संघटक (API) के बराबर विकसित होता है।
- **लागत:** जेनेरिक दवाएं रासायनिक रूप से मूल ब्रांडेड दवा के समान होती हैं और, जैसे कि हम जानते है उनकी लागत काफी कम होती है क्योंकि उन्हें बहुत से परीक्षणों की आवश्यकता नहीं होती है। बायोसिमिलर जीवित जीवों से बने होते हैं, हालांकि, इनमें अपने ब्रांड समकक्षों में समान सामग्री नहीं होती है, फिर भी उन्हें कुछ परीक्षण की आवश्यकता होती है। इसलिए, ये जेनेरिक दवाओं से महंगे हैं, लेकिन ब्रांडेड बायोलॉजिक से सस्ते हैं।

समय की आवश्यकता

- बायोसिमिलर उद्योग फार्मा कंपनियों के लिए एक नए सिरे से एक उछाल के रूप में कार्य कर सकता है, लाभ कमा सकता है और इसे जल्द-से-जल्द बढ़ावा देने की आवश्यकता है।
- हमें किफायती मूल्य निर्धारण के माध्यम से दवाओं की पहुंच बढ़ाने की आवश्यकता है और कुछ दवाओं को मूल्य नियंत्रण में रखने की आवश्यकता है।
- सरकारें इसके लिए नियामक ढांचे को स्पष्ट करके जटिल जेनेरिक और बायोसिमिलर के उत्पादन में वृद्धि का समर्थन कर सकती हैं, जो अभी भी कई देशों में विकसित हो रहा है।

पहली बायोसिमिलर दवा - ट्रैस्टुजुमैब (First Biosimilar Medicine - Trastuzumab)

डब्ल्यूएचओ ने बायोसिमिलर दवा-ट्रैस्टुजुमैब को स्तन कैंसर के इलाज के लिए जीवन रक्षक के रूप में दुनिया भर में पहुंच बढ़ाने की अनुमति प्रदान की है। **ट्रैस्टुजुमैब (Trastuzumab)** एक मोनोक्लोनल एंटीबॉडी है, जिसको 2015 में **WHO** की आवश्यक दवाओं की सूची में शामिल किया गया था, जो लगभग 20% स्तन कैंसर के उपचार के लिए आवश्यक है। स्तन कैंसर महिलाओं में कैंसर का सबसे आम रूप है। 2018 में 2.1 मिलियन महिलाओं को स्तन कैंसर हुआ। देर से निदान और सस्ती उपचार तक पहुंच की कमी के कारण उनमें से 6,30,000 की बीमारी से मृत्यु हो गई।

24.18 जैवपरत (Biofilm)

- जैवपरत सूक्ष्म जीवों का एक संघ है, जिसमें माइक्रोबियल कोशिकाएँ बाह्य कोशिकीय बहुलक पदार्थ के एक स्व-निर्मित मैट्रिक्स के भीतर जीवित या निर्जीव सतहों पर एक-दूसरे का अनुपालन करती हैं।
- जैवपरत निर्माण एक बहु-चरणीय प्रक्रिया है, जो एक सतह के संलगनता के साथ शुरू होती है और तत्पश्चात सूक्ष्म-इकाइयों का निर्माण होता है, जो तीन आयामी संरचना का निर्माण करती है और अंत में परिपक्वता के साथ समाप्त होती है, जिसके पश्चात विलगन होता है।
- जैवपरत निर्माण के दौरान जीवाणु की कई प्रजातियां गणपूर्ती संवेदन नामक एक विशिष्ट तंत्र के माध्यम से एक-दूसरे के साथ संवाद करने में सक्षम होती हैं। यह विभिन्न जीन अभिव्यक्ति के समन्वय हेतु उत्तेजना की एक प्रणाली है।
- जीवाणु जैवपरत, प्रतिजैविक और मानव प्रतिरक्षा प्रणाली के लिए कम सुलभ है और इस प्रकार विभिन्न प्रकार के संक्रामक रोगों में इसकी भागीदारी के कारण यह सार्वजनिक स्वास्थ्य के लिए एक बड़ा खतरा बन गया है।
- जैवपरत सजीव या निर्जीव सतहों पर बन सकते हैं और प्राकृतिक, औद्योगिक एवं अस्पताल परिचालन में प्रचलित हो सकते हैं।
- जैवपरत अधिकांश प्राणियों के दांतों पर दंत पट्टिका के रूप में मौजूद हो सकते हैं, जहां वे दांतों की सड़न एवं मसूड़ों की बीमारी का कारण बन सकते हैं।

कई रोगजनकों का संयोजन खाद्य उद्योग में जैवपरत निर्माण हेतु सहक्रियात्मक रूप से परस्पर क्रिया कर सकता है। खाद्य-प्रसंस्करण वातावरण में, जीवाणु बहु-प्रजाति जैवपरत के रूप में मौजूद होने में सक्षम होते हैं, जहां से खराब होने और रोगजनक जीवाणु दोनों भोजन को संदूषित कर सकते हैं। उदाहरण के लिए, मत्स्यन उद्योग में, ताजा मछली उत्पाद मिश्रित रोगजनक प्रजातियों (एरोमोनस हाइड्रोफिला, एल. मोनोसाइटोजेन्स, एस. एंटरिका, या विब्रियो एसपीपी) द्वारा जैवपरत निर्माण से प्रभावित हो सकते हैं, जो महत्वपूर्ण स्वास्थ्य एवं आर्थिक मुद्दों को प्रभावित कर सकते हैं। एक नूतन प्रतिरूप उपज प्रसंस्करण संयंत्र में सहक्रियात्मक अंत:क्रिया देखी गई है, जहां ई. कोलाई मिश्रित जैवपरत निर्माण हेतु बुर्कहोल्डरिया कैरियोफिली और राल्स्टोनिया इंसिडियोसा के साथ अंत:क्रिया करता है।

भाग-C: भारत में विभिन्न टीकाकरण कार्यक्रम (Different Immunisation Programmes in India)

24.19 राष्ट्रीय वेक्टर जनित रोग नियंत्रण कार्यक्रम (National Vector Borne Disease Control Programme - NVBDCP)

यह कार्यक्रम 2003-2004 में प्रारंभ किया गया एवं राष्ट्रीय एंटी मलेरिया कंट्रोल प्रोग्राम, नेशनल फाइलेरिया कंट्रोल प्रोग्राम के साथ-साथ कालाजार (kala Azar) कंट्रोल प्रोग्राम (NAMP) के अंतर्गत लाया गया। आगे, जापानी इंसेफेलाइटिस (Encephalitis) के साथ-साथ डेंगू या डेंगू हेमोरेजिक बुखार को भी इस

कार्यक्रम में शामिल किया गया। रोगाणुवाहकों द्वारा उत्पन्न बड़ी बीमारियों के नियंत्रण व रोकथाम के लिए नोडल एजेंसी के रूप में NAMP कार्य करता है।

24.19.1 नेशनल एंटी मलेरिया प्रोग्राम (National Anti-Malaria Programme)

मलेरिया मच्छरों के काटने से होने वाली के जटिल बिमारी है जो प्लाज्मोडियम वंश के यूकैरियोटिक प्रोटोजोओं से होती है। यह विश्व के विभिन्न क्षेत्रों में व्यापक महामारी एवं नैदानिक प्रत्यक्षीकरण के रूप में फैली है। भारत में मलेरिया प्लाज्मोडियम फेल्सीपरेम अथवा प्लाज्मोडियम वाइवैक्स के द्वारा होता है, जो मादा एनाफिलीज मच्छर की 9 मुख्य प्रजातियों द्वारा (ट्रांसमिटिड) प्रेषित किया जाता है।

देश में मलेरिया के लिए एक प्रमुख सार्वजनिक स्वास्थ्य उपचार जारी है। विशेष रूप से प्लाज्मोडियम फेल्सीपेरम के लिये। यदि समय रहते उचित उपचार नहीं मिलता तो इसकी जटिलता एवं मृत्यु का खतरा रहता है।

ग्रामीण क्षेत्रों से मुख्य वाहक मच्छर, जैसे–एनाफिलीज क्लीसाइफिसि मलेरिया को पूरे देश में फैला देता है तथा संगृहित भूजल में यह मच्छर तेजी से पनपने लगते हैं। कुछ वाहक प्रजातियां जंगली क्षेत्रों, मैंग्रोव वनों तथा लैगून क्षेत्रों आदि में भी प्रजनन करती हैं, यहां तक कि जैविक प्रदूषकों में भी यह मच्छर प्रजनन कर सकते हैं।

- लगभग 80 प्रतिशत मलेरिया रोग देश के उत्तर पूर्व, छत्तीसगढ़, झारखण्ड, मध्य प्रदेश, ओडिशा, आन्ध्र प्रदेश, महाराष्ट्र, गुजरात, आदि में मलेरिया के उपचार तथा निदान के लिए जमीनी स्तर पर कार्य करने की जरूरत है, दुर्गम तथा दूरस्थ क्षेत्रों को मापकर वहां भी 'द्विध्रुवीय इपिड डायग्नोस्टी किट्स' (RDK) तथा आर्टेमिसिनिन आधारित कॉम्बीनेशन थैरेपी (ACT) की उपलब्धता सुनिश्चित की जानी चाहिए। शहरी क्षेत्रों में भी शहरी मलेरिया योजना के तहत मलेरिया की रोकथाम तथा नियंत्रण पर विशेष ध्यान देने की जरूरत है, वर्तमान में शहरी मलेरिया योजना केवल 131 शहरों में ही लागू है। इन प्रयासों के साथ-साथ एकीकृत वाहक नियंत्रण रणनीति, जिसमें लॉन्ग लास्टिंग कीटाणुरोधी नेट (LLIN) का वितरण किया जाता है, इत्यादि प्रयास मलेरिया रोग तथा रोग से होने वाली मृत्यु को कम करेंगे।

द्विध्रुवीय ऐपिड डायग्नोस्टी किट्स, जो दोनों तरह के मलेरिया (प्लामोडिन्यल एवं प्लासमोडियम वाइवेक्स) के उपचार में सहायक है, को दुर्गम तथा दूरस्थ क्षेत्रों में कार्यक्रमं के तहत शामिल किया जाएगा। प्रदर्शन के आधार पर 'आशाओं' को प्रोत्साहन दिया जाता है, मलेरिया तथा कालाजार बीमारियों की रोकथाम के लिए।

24.19.2 जापानी इन्सेफलाइटिस (JE) नियन्त्रण कार्यक्रम [Japanese Encephalitis (JE) Control Programme]

जापानी इन्सेफलाइटिस एक जूनोटिक (पशु जन्य) बीमारी है। यह क्यूलेक्स विशनुई समूह के मच्छर द्वारा फैलता है। JE वायरस का संक्रमण चक्र सूअरों तथा जलीय पक्षी जैसे संचरित प्राणियों द्वारा बना रहता है। मरणोपरान्त मनुष्य इस वायरस का वाहक बन जाता है। इस वायरस का संक्रमण एक मनुष्य से दूसरे मनुष्य में नहीं होता। जिन क्षेत्रों में मनुष्य तथा जानवरों का सम्पर्क अधिक होता है, वहां यह बीमारी सामान्यतः पायी जाती है। इस वायरस का प्रजनन मुख्यततः अधिक जल भराव वाले स्थानों जैसे-धान के खेत इत्यादि में होता है।

यह बीमारी स्थानिक रूप से 14 राज्यों, जिनमें असम, बिहार, हरियाणा तथा उत्तर प्रदेश जैसे राज्य प्रमुख हैं, में पायी जाती है।

24.20 संक्रामक रोग नियंत्रण कार्यक्रम (Communicable Diseases Control Programme)

24.20.1 नेशनल एड्स कंट्रोल प्रोग्राम (National AIDS Control Programme-NACP)

एच.आई.वी. (HIV) संक्रमण भारत में एक बड़ी चुनौती है। एच.आई.वी. एड्स जैसी बीमारी भारत की सबसे जटिल महामारियों में एक है। यह मानव स्वास्थ्य के लिए एक बड़ी चुनौती है। इसलिए यह मानव अधिकार के लिए मौलिक मुद्दा बनता जा रहा है एवं विकासशील क्षेत्रों के उपलब्धियों एवं विकास के प्रति आशंका उत्पन्न कर रहा है। इस महामारी की प्रगति को रोकने के लिए समाज के प्रत्येक वर्गों से एक अभूतपूर्व आग्रह करने की आवश्यकता है, जिससे इससे संक्रमित व्यक्तियों की देखभाल एवं सहायता की जा सके। **नेशनल एड्स कंट्रोल प्रोग्राम-II** स्वास्थ्य और परिवार कल्याण मंत्रालय के आधीन नेशनल एड्स कंट्रोल ऑर्गनाइजेशन द्वारा दिसम्बर, 1999 में प्रारंभ किया गया। देश का एक नए दृष्टिकोण की दहलीज पर देखा जाता है, क्योंकि यह कार्यक्रम राज्यों में नए राष्ट्रीय कार्यक्रम के कार्यान्वयन द्वारा प्रभावी ढंग से (effectively) और कुशलतापूर्वक, महामारी के प्रति जबाव देने की जिम्मेदारी उठाने को प्रोत्साहित करने और क्षमता निर्माण पर केंद्रित है। यह कदम सरकार, NGO एवं सिविल सोसाइटी के बीच बढ़ती हुई भागीदारी का परिणाम है।

उद्देश्य

1. भारत में एच.आई.वी. संक्रमण को फैलने से रोकना।
2. दीर्घकालिक आधार पर एच.आई.वी. के विरुद्ध भारत की क्षमता को मजबूत करना।

भारत में एच.आई.वी की रोकथाम और नियंत्रण की अत्यधिक आवश्यकता को प्रतिबिंबित करने के लिए राष्ट्रीय एड्स नियंत्रण कार्यक्रम AIIDS-II प्रोजेक्ट सभी राज्यों और केंद्र शासित प्रदेशों में पूर्णतः सक्रिय है। इसके अलावा, एक केंद्र प्रायोजित योजना भारत सरकार के 100% वित्तीय सहायता से राज्यों के एड्स कंट्रोल सोसायटी और कुछ म्युनिसिपल कॉर्पोरेशन/एड्स नियंत्रण संस्था को निर्देश देती है।

एच.आई वी एड्स के संभावित खतरे को देखते हुए इसके विरुद्ध जागरूकता फैलाने के लिए प्रत्येक साल 1 दिसंबर को विश्व एड्स दिवस मनाया जाता है।

24.20.2 गैर-संचारी रोग नियंत्रण कार्यक्रम (National Leprosy Eradication Programme-NLEP)

कुष्ठ रोग (Leprosy) माइकोबैक्टिरियम लेप्री नामक कीटाणु से होने वाला एक क्रोनिक रोग है। WHO के आधिकारिक आंकड़ों के अनुसार 2,13,000 से अधिक लोग, मुख्यतः एशिया व अफ्रीका में, इससे संक्रमित होते हैं। वर्ष

2008 में लगभग 2,49,000 नए मामले दर्ज किए गए। माइकोबैक्टिरियम लेप्री बहुत धीरे-धीरे वृद्धि करते हैं और इस रोग का विकास लगभग 5 वर्ष होता है। इसके लक्षण प्रकट होने में 20 वर्ष का समय लग सकता है। कुष्ठ रोग उच्च स्तर पर संक्रामक रोग नहीं है। यह रोग संक्रमित व्यक्ति के नाक तथा मुंह से निकली तरल बूंदों (छींक आदि) के जरिए निकटतम संपर्क से फैलता है। अनुपचारित रहने पर यह रोग त्वचा, तंत्रिकाओं, अन्य अंगों तथा आंखों को स्थायी नुकसान पहुंचा सकता है। इस रोग के उन्मूलन में मल्टीड्रग (MDT) के साथ पूर्व निदान तथा उपचार ही महत्वपूर्ण है।

लक्ष्य

1. पूर्व पहचान, जिसे प्रशिक्षित कार्यबल के जरिए सक्रीय निगरानी के द्वारा प्राप्त किया जा सकता है।
2. स्थायी केंद्रों या मध्यम से निम्न स्थानित क्षेत्रों/जिलों के साथ निकटवर्ती गांवों में मल्टी-ड्रग (MDT) के प्रावधानों के साथ मरीजों का नियमित उपचार।
3. इस रोग से संबंधी सामाजिक भ्रांतियों को दूर करने के लिए स्वास्थ्य शिक्षा तथा जागरूकता कार्यक्रमों पर बल देना।
4. पर्याप्त व उचित चिकित्सकीय पुनर्वास तथा कुष्ठ अल्सर देखभाल सुविधाएं।

24.20.3 संशोधित राष्ट्रीय क्षय रोग नियंत्रण कार्यक्रम (Revised National Tuberculosis Control Programme - RNTCP)

1962 में प्रारंभिक स्तर पर ही पहचान तथा उपचार के उद्देश्य से राष्ट्रीय क्षय रोग नियंत्रण कार्यक्रम चलाया गया। इस कार्यक्रम को जिला स्तर पर जिला क्षय रोग केंद्र (District Tuberculosis center-DTC) तथा प्राथमिक स्वास्थ्य केंद्र सहयोगी के रूप कार्यान्वित करते थे। कार्यक्रम के समन्वय तथा निगरानी हेतु जिला क्षय रोग केंद्र (DTC) को राज्य स्तरीय संगठन सहायता प्रदान करते थे।

सन् 1993 में **संशोधित राष्ट्रीय क्षय रोग नियंत्रण कार्यक्रम (RNTCP)** जो **DOTS (डॉट्स)** रणनीति पर आधारित था, एक पायलट प्रोजेक्ट के तौर पर प्रारंभ किया गया। यह राष्ट्रीय कार्यक्रम के रूप में 1997 के अंत में क्रियान्वित हुआ एवं इसके संशोधित कार्यक्रम की शुरुआत 90 के दशक के बाद के वर्षों में हुई। RNTCP का घोषित उद्देश्य क्षय रोग के मरीजों का सार्वभौमिक स्तर पर निदान तथा गुणवत्तापूर्ण देखभाल सुनिश्चित करना था। सन् 2012 में भी इसी तरह की असंख्य गतिविधियों के प्रमाण देखे गए थे: क्षयरोग (टी.बी.) की अधिसूचना: भारत में क्षय रोग देखभाल के मानक; वेब आधारित रिकॉडिग तथा रिपोर्टिंग व्यवस्था पर आधारित परिस्थिति Case based on web-based recording and reporting system (NIKSHAY), दवा प्रतिरोधी टी.बी. के विरुद्ध त्वरित कार्य प्रबंधन एवं कार्यक्रम के निष्पादन की निगरानी हेतु संयुक्त (Company) संकेतक।

NIKSHAY: 2012 में आरंभ किया गया वेब आधारित टी.बी. रिपोर्टिंग कार्यक्रम था। इसमें देश के दूरस्थ क्षेत्रों से भी मरीजों के आंकड़े संग्रहण करके भेजे जाते थे।

उद्देश्य (Objectives)

- डॉट्स कार्यक्रम के विस्तार तथा विकास द्वारा टी.बी. के मामलों की अधिकतम पहचान तथा उनकी उत्तम देखभाल हेतु मरीज-केंद्रों के द्वारा सभी मरीजों विशेष रूप से गरीब लोगों तक पहुंच सुनिश्चित की गई।
- टी.बी.-एच.आई.वी. संयुक्त कार्यक्रम डॉट्स प्लस तथा इसी तरह की अन्य गतिविधियों द्वारा नियंत्रित करने का प्रयास किया गया।
- अन्य स्वास्थ्य कार्यक्रम एवं सामान्य सेवा के माध्यम से स्वास्थ्य व्यवस्था को मजबूती प्रदान करना।
- गैर-सरकारी, निजी तथा सार्वजनिक सभी स्वास्थ्य सेवा प्रदाताओं को शामिल किया गया। इससे टी.बी. के अंतर्राष्ट्रीय मानकों के अनुपालन को भी सुनिश्चित किया जा सका।
- इसमें टी.बी. प्रभावित मरीजों को लोगों के सक्रिय भागीदारी से उचित देखभाल प्रदान की गई। इसकों सामुदायिक टी.बी. देखभाल के द्वारा बहुत सहायता प्राप्त हुई। इसमें सामाजिक स्तर पर संचार तथा समाजिक के गतिविधियों के आधार पर सहायता कार्यक्रम लागू किया गया।
- इसमें नई दवाओं के विकास अनुसंधान, टीकाकरण तथा निदान कार्यक्रमों को प्रोत्साहित किया गया। कार्यात्मक अनुसंधान भी इस कार्यक्रम की सफलता के लिए आवश्यक होंगे।

24.20.4 पल्स पोलियो कार्यक्रम (Pulse Polio Programme)

वर्ल्ड हेल्थ असेंबली रिजोल्युशन 1988 को केंद्रित करके वैश्विक स्तर पर पोलियो मुक्ति प्रयासों के साथ भारत में **सन् 1995 में पल्स पोलियो टीकाकरण कार्यक्रम की शुरुआत की गई** इस कार्यक्रम के अंतर्गत प्रत्येक वर्ष राष्ट्रीय तथा उप-राष्ट्रीय टीकाकरण अभियानों के द्वारा उच्च प्रभाव वाले क्षेत्रों में **0-5 वर्ष के बच्चों का टीकाकरण** किया गया। एक अनुमान के अनुसार प्रत्येक **राष्ट्रीय टीकाकरण दिवस (NID)** पर लगभग 172 मिलियन बच्चों का टीकाकरण किया गया।

24 फरवरी, 2012 को WHO ने भारत को पोलियो विषाणु के संक्रमण से मुक्त राष्ट्र घोषित कर दिया।

लक्ष्य/उद्देश्य (Objectives)

- ओरल पोलियो वैक्सीन के अंतर्गत 100% कवरेज का लक्ष्य प्राप्त किया गया। इसका उद्देश्य सामाजिक सहभागिता, पोलियो वायरस से लगभग मुक्त क्षेत्रों में प्लान -मोप अप ऑपरेशन द्वारा बच्चों का टीकाकरण करना तथा जनता में उच्च स्तर पर मनोबल को बनाए रखना था।

नोट: पोलियो के विरुद्ध दो प्रकार के टीके उपलब्ध हैं- इनएक्टिवेटेड पोलियो वायरस वैक्सीन (IPV) तथा ओरल पॉलियो वायरस वैक्सीन (OPV)। IPV, मरीज की आयु के आधार पर हाथ एवं पांव पर इंजेक्शन के द्वारा दी जाती है। इस वैक्सीन को अन्य तरीकों द्वारा भी दी जा सकती है। अधिकांश लोगों को पोलियो का टीका उनके बाल्यावस्था में ही मिल जाना चाहिए। IPV, के 4 खुराक बच्चों को क्रमशः 2 माह, 4 माह, 6-18 माह तथा 4-6 वर्ष (बूस्टर खुराक) की अवस्था में दी जाती है।

पोलियो का प्रथम टीका इनएक्टिवेटेड पोलियो वैक्सीन, 'जोनस सॉल्क' द्वारा विकसित किया गया तथा यह 1955 में उपयोग में लाया गया, जबकि ओरल पोलियो वैक्सीन का विकास 'अल्बर्ट सबिन' द्वारा विकसित किया गया तथा यह व्यावसायिक रूप से 1961में उपयोग में लाया गया। अमेरिका में सन् 2000 तक ओरल पोलियो वैक्सीन का उपयोग नहीं किया गया था तथापि वर्तमान में वैश्विक स्तर पर अनेक क्षेत्रों में इसे उपयोग में लाया जा रहा है।

24.21 राष्ट्रीय पोषण कार्यक्रम (National Nutritional Programme)

24.21.1 मिड–डे–मील कार्यक्रम (Mid-Day Meal Programme)

मिड–डे मील योजना के तहत स्कूली बच्चों को कार्य दिवसों में मध्यकाल (दोपहर का) में पका पकाया भोजन मुफ्त में उपलब्ध कराया जाता है। इसके प्रमुख लक्ष्यों में शामिल हैं:

- बच्चों को कक्षा के दौरान भूख से सुरक्षा प्रदान करना।
- स्कूल में बच्चों के नामांकन तथा उपस्थिति को बढ़ाना।
- सभी जातियों के बच्चों में परस्पर सामाजिक समभाव को बढ़ावा।
- बच्चों को कुपोषण से बचाना तथा महिलाओं को रोजगार प्रदान करके सामाजिक सशक्तिकरण को बढ़ाना।
- इस योजना का एक लंबा इतिहास रहा है, विशेषकर तमिलनाडु तथा गुजरात में। 28 नवम्बर, 2001 को सुप्रीम कोर्ट के ऐतिहासिक दिशा–निर्देश के उपरांत इसे पूरे भारत में लागू कर दिया गया।
- तमिलनाडु इस योजना को लागू करने वाला पहला राज्य बना।

उद्देश्य *(Objectives)*

- सरकारी स्कूलों, स्थानीय निकायों तथा सरकारी सहायता प्राप्त स्कूलों तथा ई.जी.एस. (EGS) और ए.आई.ई. केंद्रों में कक्षा 1 से कक्षा VIII तक के बच्चों को बेहतर पोषण प्रदान करना।
- गरीब बच्चों, जो कि वंचित (disadvantaged) वर्गों से सम्बधित हैं, स्कूल में उपस्थित होने तथा कक्षीय–गतिविधियों में भाग लेने के लिए प्रोत्साहित करना।
- सूखा प्रभावित क्षेत्रों में बच्चों को पोषण प्रदान करना।

24.22 अन्य (Others)

24.22.1 सार्वभौमिक प्रतिरक्षा कार्यक्रम (Universal Immunisation Programme - UIP)

केंद्र सरकार द्वारा 1985 में आरंभ किए गए टीकाकरण कार्यक्रम का नाम सार्वभौमिक प्रतिरक्षा कार्यक्रम (Universal Immunisation Programme-UIP) रखा गया है। सन् 1992 में वह बाल उत्तरजीविता तथा सुरक्षित मातृत्व कार्यक्रम का हिस्सा बन गया। **सन् 2005 से वर्तमान तक यह 'राष्ट्रीय ग्रामीण स्वास्थ्य मिशन'** (National Rural Health Mission) **के अंतर्गत प्रमुख क्षेत्रों में कार्यरत है।**

इस कार्यक्रम में 9 रोगों के विरुद्ध टीकाकरण का कार्य किया जाता है। 2007 में इसमें टी.बी., डिप्थीरिया, पर्टुसिस (Pertussis) (काली खांसी), पोलियो (Poliomyelitis), डायरिया, जापानी इंसेफेलाइटिस, चेचक, टिटनस, हेपेटाइटिस B तथा न्यूमोनिया इसमें शामिल है। हेपेटाइटिस B का इसके अंतर्गत उन्मूलन हो चुका है। इसलिए अब UIP के अंतर्गत 9 रोगों के विरुद्ध टीकाकरण किया जाता है।

सन् 2014 में इस कार्यक्रम में 4 और रोगों के लिए टीकाकरण की घोषणा की गई, जिससे इस कार्यक्रम में रोटा वायरस, रूबेला एवं जापानी इंसेफेलाइटिस के साथ–साथ इंजेक्शन के द्वारा पोलियो का टीका भी शामिल है।

24.22.2 राष्ट्रीय ग्रामीण स्वास्थ्य मिशन (National Rural Health Mission)

ग्रामीण आबादी, विशेषकर कमजोर समूहों को सुलभ, सस्ती और गुणवत्तापूर्ण स्वास्थ्य देखभाल प्रदान करने के लिए माननीय प्रधानमंत्री द्वारा 12 अप्रैल 2005 को राष्ट्रीय ग्रामीण स्वास्थ्य मिशन (NRHM) शुरू किया गया था। मिशन के लक्ष्यों को प्राप्त करने के लिए प्रमुख विशेषताओं में सार्वजनिक स्वास्थ्य वितरण प्रणाली को पूरी तरह कार्यात्मक और समुदाय के प्रति जवाबदेह बनाना, मानव संसाधन प्रबंधन, सामुदायिक भागीदारी, विकेंद्रीकरण, मानकों के विरुद्ध कठोर निगरानी और मूल्यांकन, स्वास्थ्य और संबंधित कार्यक्रमों का ग्राम स्तर से ऊपर की ओर अभिसरण, नवाचार और लचीले वित्तपोषण और स्वास्थ्य संकेतकों में सुधार के लिए हस्तक्षेप भी शामिल है।

जननी सुरक्षा योजना (Janani Suraksha Yojana)

जननी सुरक्षा योजना (JSY) 2005 में शुरू किए गए राष्ट्रीय ग्रामीण स्वास्थ्य मिशन (NHM) के तहत एक सुरक्षित मातृत्व का प्रयास है।

यह योजना सभी राज्यों और केंद्र शासित प्रदेशों (UTs) में कार्यान्वयनाधीन है।

- इसका उद्देश्य निर्धन गर्भवती महिलाओं में मातृ एवं शिशु मृत्यु दर को कम करना है।
- इसका उद्देश्य निर्धन गर्भवती महिलाओं के बीच संस्थागत प्रसव को बढ़ावा देना है।
- इसका उद्देश्य एक वर्ष तक के बीमार शिशुओं को सार्वजनिक स्वास्थ्य सुविधाएं प्रदान करना शामिल है।

लक्ष्य समूह और लाभ (Target Group and Benefits)

यह कार्यक्रम मुख्य रूप से आर्थिक रूप से वंचित गर्भवती महिलाओं को लक्षित करता है, उन राज्यों पर विशेष जोर दिया जाता है जहां संस्थागत प्रसव की दर कम है। ये राज्य हैं उत्तर प्रदेश, उत्तराखंड, बिहार, झारखंड, मध्य प्रदेश, छत्तीसगढ़, असम, राजस्थान, ओडिशा और जम्मू और कश्मीर, जिन्हें सामूहिक रूप से निम्न प्रदर्शन वाले राज्य (LPS) कहा जाता है। शेष राज्यों को उच्च प्रदर्शन वाले राज्यों (HPS) के रूप में वर्गीकृत किया गया है।

यह कार्यक्रम गर्भवती माताओं के बीच संस्थागत प्रसव को प्रोत्साहित करने के लिए आशा अर्थात् ASHA (मान्यता प्राप्त सामाजिक स्वास्थ्य कार्यकर्ता अर्थात् Accredited Social Health Activist) के रूप में संदर्भित महिला स्वास्थ्य स्वयंसेवकों को प्रदर्शन–संचालित प्रोत्साहन भी प्रदान करता है। इस कार्यक्रम के माध्यम से, पात्र गर्भवती महिलाओं को सीधे वित्तीय सहायता प्राप्त होती है, जिसे JSY लाभ के रूप में जाना जाता है, जो उनके व्यक्तिगत बैंक खातों में जमा की जाती है। विभिन्न श्रेणियों की माताओं के लिए नकद सहायता राशि निम्नानुसार है:

संस्थागत प्रसव के लिए नकद सहायता (रुपये में)

श्रेणी	ग्रामीण क्षेत्र		कुल	शहरी क्षेत्र		कुल
	माँ का पैकेज	आशा का पैकेज*		माँ का पैकेज	आशा का पैकेज**	
LPS	1400	600	2000	1000	400	1400
HPS	700	600	1300	600	400	1000

*ग्रामीण क्षेत्रों में ₹600 के आशा पैकेज में शामिल हैं – ₹300 एएनसी घटक के लिए और ₹300 संस्थागत प्रसव की सुविधा के लिए

**शहरी क्षेत्रों में ₹400 के आशा पैकेज में शामिल हैं – ₹200 एएनसी घटक के लिए और ₹200 संस्थागत प्रसव की सुविधा के लिए

Source: nhm.gov.in (as accessed in July 2023)

24.22.3 राष्ट्रीय पोषक मिशन (National Nutrition Mission - NNM)

राष्ट्रीय पोषक मिशन भारत सरकार के 'महिला एवं बाल विकास मंत्रालय' द्वारा लाया गया है। इसका उद्देश्य महिलाओं में, विशेषकर गर्भवती एवं स्तनपान कराने वाली महिलाओं में, पोषण के प्रति एवं किशोर बालिकाओं में रक्त की कमी के कारण होने वाली बीमारी एनीमिया के प्रति जागरूकता लाना है।

वैश्विक पोषण रिपोर्ट: विश्व स्वास्थ्य संगठन की वैश्विक पोषण रिपोर्ट, 2018 के अनुसार दुनियाभर में सर्वाधिक कुपोषित बच्चे भारत में पाये जाते हैं। विश्व के एक-तिहाई कुपोषित बच्चे भारत में पाये जाते हैं। कुपोषण, अल्पवजन, अल्पभार, अल्प पोषण तथा मोटापे से निपटने में किये जा रहे प्रयास अपर्याप्त हैं। बच्चों को पर्याप्त तथा बेहतर पोषण प्रदान करने के मामले में भारत नेपाल तथा बांग्लादेश से भी पीछे है।

नवीनतम वैश्विक पोषण रिपोर्ट 2022 के अनुसार, स्थिति बेहतर नहीं है। युद्धग्रस्त अफगानिस्तान को छोड़कर, भारत ने ग्लोबल हंगर इंडेक्स 2022 में दक्षिण एशियाई क्षेत्र के सभी देशों की तुलना में खराब प्रदर्शन किया है। यह 121 देशों में से 107 वें स्थान पर है। ग्लोबल हंगर इंडेक्स (GHI) 2021 में भारत 116 देशों में से 101वें स्थान पर है।

अल्प पोषण (कुपोषण व पोषक न्यूनता) के कारण स्कूल जाने वाले लगभग 70 प्रतिशत बच्चों की शारीरिक वृद्धि व ज्ञानात्मक विकास पूर्ण रूप से नही हो पा रहा तथा उन्हें चुनौतियों का सामना करना पड़ रहा है।

पिछले दशकों में दर्ज उल्लेखनीय सुधार के बावजूद कुपोषण के स्तर अभी भी चिंताजनक स्थिति में हैं। इससे सबसे अधिक स्थिति किशोर बालिकाओं, महिलाओं, बच्चों के साथ-साथ अनुसूचित जातियों एवं जनजातियों की है, जो कि एक प्रभुत्व संपन्न भारत की आर्थिक, सामाजिक-सांस्कृतिक हानि को दर्शाता है। संयुक्त राष्ट्र जनसंख्या कोष (United Nations Population Fund - UNPF) की हालिया रिपोर्ट के अनुसार भारत में 50% महिलाओं की शादी उनके 18 वर्ष पूरे होने से पूर्व ही कर दी जाती है, जो कानून का उल्लंघन है।

गरीब किशोर बालिकाओं में पोषण की स्थिति के साथ-साथ उनका बाल विवाह एवं कई गर्भधारण, वो भी उनके वयस्क होने से पूर्व, जो कि एक निराशाजनक तथ्य को प्रदर्शित करता है। भारत में कुल जन्म लेने वाले बच्चों का 30% बच्चे जन्म के समय कम वजन के शिकार होते हैं।

इससे हम प्रत्येक वर्ष अपने जनसंख्या के 7 मिलियन क्षमता को नष्ट कर रहे हैं। भारत को स्वस्थ रखने के लिए हमें कुपोषण की पीढ़ी-दर-पीढ़ी के चक्र को तोड़ना होगा। हमें बच्चों, किशोर बालिकाओं एवं महिलाओं के स्वास्थ्य, पोषण एवं उनके सामाजिक स्थिति पर ध्यान केंद्रित करते हुए उन्हें प्राथमिकता देनी होगी।

पीछे के दशकों में संयुक्त राष्ट्र के सचिवालय द्वारा पोषण के मामले में गति दिखाते हुए एक कार्यक्रम पोषण में संवर्द्धन (Scaling Up Nutrition - SUN) की शुरुआत की गई। जिसे विश्व स्वास्थ्य सभा (2012) द्वारा 2025 के वैश्विक लक्ष्य के रूप में स्वीकार किया गया, जो मातृत्व, नवजात शिशु एवं बच्चों के पोषण के लिए है एवं 2015 के सतत् विकास लक्ष्यों जो कि केंद्रीय स्तर पर सभी लोगों में 2030 तक कुपोषण समाप्त करने को लेकर है, की प्राप्ति के मामले में भारत की प्रगति स्पष्ट रूप से पीछे है।

24.22.4 मिशन इन्द्रधनुष (Mission Indradhanush)

भारत सरकार के स्वास्थ्य व परिवार कल्याण मंत्रालय द्वारा 25 दिसम्बर, 2014 को 'मिशन इन्द्रधनुष' शुरू किया गया।

उद्देश्य *(Objectives)*

मिशन इन्द्रधनुष का लक्ष्य 2020 तक सभी बच्चों को टीकाकरण में शामिल करना है, इसमें उन बच्चों को भी शामिल किया जायेगा जो टीकाकरण से छूट गये हैं या पूरी तरह से टीकाकरण नहीं करवा पाए हैं। इस कार्यक्रम में सभी गर्भवती महिलाओं को भी 7 बीमारियों- **डिप्थीरिया, हेपेटाइटिस B, काली खांसी, टिटनेस, पोलियो, क्षयरोग** तथा **खसरा** से बचाव के लिए टीकाकरण कार्यक्रम में शामिल किया जाएगा। कुछ राज्यों में वर्ष 2016 **जापानी इंसेफलाइटिस** तथा **हीमोफीलिया इन्फ्लूएंजा** टाइप B की वैक्सीन को भी शामिल किया गया। **रूबेला, संक्रमित पोलियो वैक्सीन, रोटावायरस वैक्सीन** तथा **निमोनिया वैक्सीन** को भी वर्ष 2017 में शामिल किया गया।

सघन मिशन इन्द्रधनुष

[Intensified Mission Indradhanush (IMI)]

टीकाकरण कार्यक्रम को और तेज करने के लिए, सरकार ने 8 अक्टूबर, 2017 को सघन/गहन मिशन इन्द्रधनुष (IMI) का शुभारंभ किया।

मुख्य तथ्य

- इस कार्यक्रम के माध्यम से, भारत सरकार का लक्ष्य है कि दो वर्ष की आयु के प्रत्येक बच्चे को और उन सभी गर्भवती महिलाओं को लक्षित किया जाए जो नियमित टीकाकरण कार्यक्रम / यूआईपी के तहत छूट गये हैं।

- सघन मिशन इंद्रधनुष चयनित जिलों (उच्च प्राथमिकता वाले जिलों) और शहरी क्षेत्रों में कम टीकाकरण वाले क्षेत्रों को लक्षित करेगा। प्रवासी आबादी के साथ उप-केंद्र और शहरी झुग्गियों में अनारक्षित / कम लक्षित क्षेत्रों पर विशेष ध्यान दिया जाएगा।

सघन मिशन इन्द्रधनुष 2.0 [Intensified Mission Indradhanush 2.0 (IMI 2.0)]

यह सुनिश्चित करने के लिए कि देश में एक भी बच्चा टीकाकरण से नहीं छूटा है, सरकार ने अक्टूबर 2019 को 'गहन मिशन इंद्रधनुष 2.0' लॉन्च किया, जिसमें 'कम' टीकाकरण वाले क्षेत्रों में टीकाकरण के सुधार पर विशेष ध्यान दिया जाएगा।

मुख्य तथ्य

- 'IMI 2.0' के माध्यम से, स्वास्थ्य मंत्रालय का लक्ष्य दो वर्ष से कम उम्र के प्रत्येक बच्चे और सभी गर्भवती महिलाओं का टीकाकरण करना है, अभी इस योजना में देश के 271 जिलों और उत्तर प्रदेश और बिहार के 652 ब्लॉकों को आंशिक रूप से शामिल किया गया है।
- IMI 2.0 में चार चरणों में टीकाकरण होगा, जिसमें प्रत्येक राउंड में हर महीने सात दिन का टीकाकरण अभियान होगा।
- IMI कार्यक्रम 12 मंत्रालयों और विभागों द्वारा समर्थित है और राष्ट्रीय स्तर पर कैबिनेट सचिव द्वारा इसकी निगरानी की जा रही है।

मौजूदा अंतराल

वर्तमान राष्ट्रीय पूर्ण टीकाकरण कवरेज दर 87 प्रतिशत है। सरकारी आंकड़ों के अनुसार, 260 लाख बच्चे हर साल पैदा होते हैं और उनमें से अनुमानित 31 लाख बच्चों को विभिन्न कारणों से उनके जीवन के पहले वर्ष में टीकाकरण को पूरा नहीं करते।

मिशन इंद्रधनुष 3.0: बच्चों पर ध्यान केंद्रित करने के लिए एवं टीके से वंचित महिलाएं (Mission Indradhanush 3.0: To Focus On Children, Women Who Missed Vaccines)

केंद्रीय स्वास्थ्य मंत्री ने COVID-19 महामारी के दौरान अपने टीके की खुराक से चूकने वाले बच्चों और गर्भवती महिलाओं पर ध्यान देने के साथ गहन मिशन इंद्रधनुष (IMI) 3.0 का शुभारंभ किया।

मिशन इन्द्रधनुष 3.0

- यह उन बच्चों एवं गर्भवती महिलाओं तक पहुंच प्रदान करने के उद्देश्य से एक अभियान है, जो नियमित टीकाकरण कार्यक्रम में छूट गए हैं।
- इसका उद्देश्य मिशन मोड हस्तक्षेप के माध्यम से बच्चों एवं गर्भवती महिलाओं के पूर्ण टीकाकरण में तेजी लाना है।
- यह देश के 29 राज्यों/केंद्र शासित प्रदेशों के पहले से पहचान किए गए 250 जिलों/शहरी क्षेत्रों में आयोजित किया जा रहा है।
- इसमें प्रवास क्षेत्रों एवं दुर्गम क्षेत्रों के लाभार्थियों को लक्षित किया जाएगा, क्योंकि वे महामारी के दौरान अपनी वैक्सीन की खुराक लेने से चूक गए होंगे।

24.22.5 आयुष्मान भारत (Ayushman Bharat)

भारत सरकार द्वारा **राष्ट्रीय स्वास्थ्य सुरक्षा योजना** शुरू की गयी थी **जो कि 10 करोड़ गरीब तथा कमजोर परिवारों (लगभग 50 करोड़ लाभार्थी) को द्वितीयक तथा तृतीयक अस्पतालों में 5 लाख रुपये (प्रति परिवार, प्रत्येक वर्ष) तक की इलाज-सहायता उपलब्ध कराएगी। इस योजना में राष्ट्रीय स्वास्थ्य बीमा योजना** तथा **वृद्ध नागरिक स्वास्थ्य बीमा योजना को समाहित किया गया है। इस योजना को आयुष्मान भारत के नाम से भी जानते हैं।**

योजना के मुख्य बिन्दु

- **लाभार्थी:** इस योजना के तहत 5 लाख रुपये (प्रति परिवार को प्रतिवर्ष) की सहायता प्रदान की जायेगी। **इस योजना में परिवार के आकार तथा सदस्यों की आयु के लिए कोई सीमा निर्धारित नहीं की गई,** जिससे इस योजना के लाभ से कोई वंचित न रह जाए। यह **योजना अस्पताल में भर्ती होने से पहले तथा बाद के खर्चों को भी समाहित करती है।**
- **लक्ष्य: 10 करोड़ निर्धन तथा कमजोर वर्गों से सम्बन्धित परिवार (सामाजिक तथा आर्थिक जनगणना के आधार पर चयनित)** इस योजना से लाभान्वित होंगे।

  यह योजना पूरे देश में लागू की जाएगी तथा लाभार्थी को यह सुविधा होगी कि **वह सार्वजनिक तथा निजी अस्पताल (पूरे देश में कहीं भी) में अपना उपचार करवा सकेंगे तथा कैशलेस लाभ प्राप्त कर सकेंगे।**
- **राज्य सरकारों की भूमिका:** राज्य सरकारें आयुष्मान भारत योजना को क्षैतिज तथा उर्ध्व स्तर पर विस्तारित करेंगी। **राज्य सरकारें अपनी सुविधा के अनुसार योजना को लागू करने के लिए योजना मॉडल तैयार करेंगी।** इस योजना का क्रियान्वयन बीमा कम्पनी या सीधे ट्रस्ट/सोसायटी या मिश्रित मॉडल के माध्यम से किया जाएगा।
- **समिति:** योजना के दिशा-निर्देश तय करने तथा केंद्र और राज्यों के बीच समन्वय स्थापित करने के लिए **आयुष्मान भारत राष्ट्रीय स्वास्थ्य सुरक्षा मिशन समिति (AB-NHPMC)** का गठन किया गया है, जिसका अध्यक्ष स्वास्थ्य एवं परिवार कल्याण मंत्रालय के सचिव के समकक्ष होगा। प्रधानमंत्री नरेन्द्र मोदी ने हाल ही में फ्लैगशिप योजना-**प्रधानमंत्री जन-आरोग्य अभियान, जो कि आयुष्मान भारत के नाम से जानी जाती है**, को हरी झण्डी दी।

योजना की विशेषताएं

- यह **विश्व की सबसे बड़ी स्वास्थ्य योजना** है।
- **इस योजना के तहत गरीब तथा आर्थिक रूप से कमजोर 10.74 करोड़ परिवार और लगभग 50 करोड़ भारतीय नागरिक लाभार्थी होंगे।**
- स्वास्थ्य मन्त्रालय ने आधिकारिक रूप से **71वें राष्ट्रीय नमूना सर्वेक्षण संगठन (NSSO) ने यह स्पष्ट किया है कि, 85.9 प्रतिशत ग्रामीण परिवारों तथा 82% शहरी परिवारों की पहुंच स्वास्थ्य देखभाल बीमा तक नहीं है।**

आयुष्मान भारत डिजिटल मिशन (Ayushman Bharat Digital Mission)

- 2021 में, प्रधानमंत्री द्वारा **आयुष्मान भारत डिजिटल मिशन** शुरू किया गया था। यह मिशन उन लोगों को एक डिजिटल स्वास्थ्य आईडी प्रदान करेगा, जो उनके स्वास्थ्य का रिकॉर्ड रखेंगे।
- आयुष्मान भारत डिजिटल मिशन के पायलट परियोजना की घोषणा पिछले वर्ष 15 अगस्त को हुई थी। वर्तमान में, यह कार्यक्रम छह केंद्र शासित प्रदेशों (चंडीगढ़, लद्दाख, दादर और नगर हवेली तथा दमन और दीव, पुदुचेरी, अंडमान और निकोबार द्वीप समूह एवं लक्षद्वीप) में पायलट चरण के रूप में लागू किया जा रहा है।

मिशन की विशेषताएं

- यह एक डिजिटल स्वास्थ्य पारिस्थितिकी तंत्र है, जिसके तहत अब **प्रत्येक भारतीय नागरिक के पास अद्वितीय स्वास्थ्य आईडी, डॉक्टरों तथा स्वास्थ्य सुविधाओं हेतु पहचानकर्ताओं के साथ डिजिटल स्वास्थ्य रिकॉर्ड होंगे।**
- यह योजना **आयुष्मान भारत प्रधानमंत्री जन आरोग्य योजना** के अंतर्गत आएगी।
- इसमें **छह प्रमुख आधारभूत खंड** – हेल्थआईडी, डिजीडॉक्टर, स्वास्थ्य सुविधा पंजीयन, व्यक्तिगत स्वास्थ्य रिकॉर्ड, ई-फार्मेसी एवं टेलीमेडिसिन शामिल हैं।
- देश में मिशन को डिजाइन, निर्माण, रोल-आउट तथा लागू करने का अधिकार राष्ट्रीय स्वास्थ्य प्राधिकरण को दिया गया है।
- **इस मिशन का मुख्य निर्माण ढांचा यह है** कि स्वास्थ्य आईडी, डिजीडॉक्टर और स्वास्थ्य सुविधा पंजीयन का स्वामित्व, संचालन व रखरखाव भारत सरकार द्वारा किया जाएगा।
- **निजी हितधारकों के पास बाजार के लिए अपने उत्पादों को एकीकृत करने** तथा निर्माण का समान अवसर होगा। हालांकि, मुख्य गतिविधियां एवं सत्यापन सरकार के पास होंगे।
- इस मिशन के तहत, **प्रत्येक भारतीय को एक हेल्थ आईडी कार्ड मिलेगा** जिसमें निर्धारित औषधि, उपचार, नैदानिक रिपोर्ट और डिस्चार्ज सारांश सहित व्यक्ति के सभी चिकित्सकीय विवरण संग्रहीत होंगे।
- **हेल्थ आईडी एक यादृच्छिक रूप से निर्मित 14 अंकों की संख्या है**, जिसका उपयोग विशिष्ट रूप से व्यक्तियों की पहचान करने, उन्हें प्रमाणित करने तथा उनके स्वास्थ्य रिकॉर्ड (केवल उनकी सूचित सहमति के साथ) को कई प्रणालियों व हितधारकों में प्रसार हेतु किया जाता है।
- नागरिक, परामर्श हेतु अस्पताल के दौरे करने के दौरान अपने डॉक्टरों एवं स्वास्थ्य प्रदाताओं को इस डेटा तक एक बार पहुंच प्रदान करने में सक्षम होंगे।

इस मिशन की आवश्यकता

- इस मिशन का उद्देश्य नागरिकों को सही डॉक्टरों को खोजने, नियुक्ति की मांग करने, परामर्श शुल्क का भुगतान करने, डॉक्टर के पर्चे के लिए अस्पतालों के कई चक्कर लगाने, तथा कई अन्य लोगों के मध्य लोगों को सर्वोत्तम संभव स्वास्थ्य सेवा प्राप्त करने हेतु एक सूचित निर्णय लेने के लिए सशक्त बनाना है।

24.22.6 पोषण अभियान (Poshan Abhiyan)

पोषण अभियान मार्च 2018 में राजस्थान के झुंझुनू में प्रधानमंत्री श्री नरेंद्र मोदी द्वारा शुरू किया गया था। इसका लक्ष्य विभिन्न पोषण संबंधी योजनाओं के अभिसरण को सुनिश्चित करके अल्प-पोषण के स्तर और अन्य संबंधित समस्याओं को कम करना है। यह स्टंटिंग, अल्प-पोषण, एनीमिया (छोटे बच्चों, महिलाओं और किशोर लड़कियों के बीच) और कम जन्म दर को भी लक्षित करता है।

यह ऐसी सभी योजनाओं के कार्यान्वयन की निगरानी और समीक्षा करेगा और जहां भी उपलब्ध हो, संबंधित मंत्रालयों की मौजूदा संरचनात्मक व्यवस्था का उपयोग करेगा। इसके बड़े घटक में देश के सभी जिलों में चल रहे विश्व बैंक सहायता प्राप्त एकीकृत बाल विकास सेवा (ICDS) प्रणाली सुदृढ़ीकरण और पोषण सुधार परियोजना (ISSNIP) द्वारा समर्थित हस्तक्षेपों को क्रमिक रूप से बढ़ाना शामिल है। मूल रूप से, यह कार्यक्रम देश में कुपोषण की मौजूदा समस्या को संबोधित करने पर ध्यान केंद्रित करते हुए मार्च 2021 तक तीन साल के लिए डिजाइन किया गया था। हालांकि, इसकी प्रभावशीलता और क्षमता को देखते हुए, सरकार ने पूरक पोषण कार्यक्रम और पोषण अभियान जैसे समान लक्ष्यों वाली कई पहलों को एक व्यापक कार्यक्रम में समेकित किया है, जिसे मिशन पोषण 2.0 के नाम से जाना जाता है। इस एकीकरण का उद्देश्य परिचालन दक्षता को बढ़ाना, तालमेल को बढ़ावा देना और पोषण सेवाएं प्रदान करने के लिए एक एकीकृत दृष्टिकोण अपनाना है।

ये प्रमुख पोषण रणनीतियां और हस्तक्षेप इस प्रकार हैं: IYCF (शिशु और छोटे बच्चे का आहार), भोजन और पोषण, टीकाकरण, संस्थागत प्रसव, WASH (Water, Sanitation and Hygiene), डी-वॉर्मिंग, ORS-जिंक, फूड फोर्टिफिकेशन, आहार विविधीकरण, किशोर पोषण, मातृ स्वास्थ्य और पोषण, ECD (प्रारंभिक बाल विकास)/ ECCE (प्रारंभिक बाल देखभाल और शिक्षा), अभिसरण, ICT-RTM (सूचना और संचार प्रौद्योगिकी सक्षम वास्तविक समय निगरानी) और क्षमता निर्माण आदि।

एनीमिया मुक्त भारत (Anaemia Mukt Bharat)

एनीमिया मुक्त भारत – तीव्रीकृत आयरन-प्लस पहल का उद्देश्य एनीमिया से निपटने के लिए मौजूदा तंत्र को मजबूत करना और नई रणनीतियों को बढ़ावा देना है।

यह पोषण अभियान के तहत परिकल्पित लक्ष्य को प्राप्त करने के लिए छह हस्तक्षेपों और छह संस्थागत तंत्रों के माध्यम से छह लक्षित लाभार्थी समूहों पर ध्यान केंद्रित करता है।

एनीमिया मुक्त भारत रणनीति को वर्ष 2018 और 2022 के बीच प्रजनन आयु वर्ग (15-49 वर्ष) के बच्चों, किशोरों और महिलाओं में एनीमिया की व्यापकता को प्रति वर्ष 3 प्रतिशत अंक कम करने के लिए डिजाइन किया गया है।

एनीमिया मुक्त भारत रणनीति को राष्ट्रीय आयरन प्लस पहल (NIPI) और साप्ताहिक आयरन फोलिक एसिड अनुपूरक (WIFS) कार्यक्रम में

परिकल्पित मौजूदा डिलीवरी प्लेटफार्मों के माध्यम से भारत के सभी राज्यों/केंद्र शासित प्रदेशों के सभी गांवों, ब्लॉक और जिलों में लागू किया जाएगा।

यह निम्नलिखित प्रयासों//हस्तक्षेपों पर ध्यान केंद्रित करेगा:

24.22.7 उम्मीद पहल (UMMID Initiative)

सरकार ने **नवजात शिशुओं के वंशानुगत आनुवंशिक रोगों से निपटने के लिए 'उम्मीद पहल'** शुरू की है।

UMMID पहल का उद्देश्य उन सरकारी अस्पतालों में परामर्श, जन्मपूर्व परीक्षण और निदान, प्रबंधन और बहु-विषयक देखभाल प्रदान करने के लिए NIDAN (**नेशनल इनहेरिटेड डिसीज एडमिनिस्ट्रेशन**) केंद्रों की स्थापना करना है, जिसमें रोगियों की आमद (आना-जाना) अधिक होती है।

- मानव जेनेटिक्स में कुशल चिकित्सकों मानव संसाधनों को बढ़ाना।
- आकांक्षी जिलों के अस्पतालों में आनुवांशिक बीमारियों के लिए गर्भवती महिलाओं और नवजात शिशुओं की देखभाल।

पहल की आवश्यकता और महत्व

- भारत के शहरी क्षेत्रों में, जन्मजात विकृतियां और आनुवंशिक विकार नवजात शिशुओं में मृत्यु का तीसरा सबसे आम कारण है। बहुत बड़ी आबादी और उच्च जन्म दर, और कई समुदायों में इष्ट (सम-रक्त) विवाह के साथ, भारत में आनुवंशिक विकारों का प्रसार अधिक है।
- आनुवंशिक विकारों के लिए रोगी देखभाल सेवाओं की स्थापना समय की आवश्यकता है।

UMMID (Unique Methods of Management and treatment of Inherited Disorders) पहल

- जैव-प्रौद्योगिकी विभाग ने UMMID पहल शुरू की है, जो 'इलाज से बेहतर रोकथाम है' की अवधारणा पर तैयार की गई है।
- UMMID का उद्देश्य चिकित्सकों के बीच आनुवंशिक विकारों के बारे में जागरूकता पैदा करना और अस्पतालों में आणविक निदान स्थापित करना है ताकि चिकित्सा आनुवंशिक के विकास का लाभ भारत में रोगियों तक पहुंचे।

24.22.8 प्रधानमंत्री मातृ वंदना योजना [Pradhan Mantri Matru Vandana Yojana (PMMVY)]

प्रधानमंत्री मातृ वंदना योजना (पीएमएमवीवाई) पूर्ववर्ती इंदिरा गांधी मातृ सहयोग योजना (आईजीएमएसवाई) का नाम बदलकर फिर से शुरू की गई मातृत्व लाभ योजना है। यह गर्भवती और स्तनपान कराने वाली महिलाओं के लिए एक सशर्त नकद हस्तांतरण योजना है। यह महिलाओं को प्रसव और प्रसव के दौरान मजदूरी-हानि के लिए महिलाओं को आंशिक मजदूरी मुआवजा प्रदान करता है और सुरक्षित प्रसव और अच्छे पोषण के लिए परिस्थिति प्रदान करती है।

उद्देश्य

1. गर्भावस्था, प्रसव और स्तनपान के दौरान उपयुक्त देखभाल और संस्थागत सेवा के उपयोग को बढ़ावा देना।
2. महिलाओं को पहले छह महीनों के लिए शुरुआती और अनन्य स्तनपान सहित (इष्टतम) भरण-पोषण नियमों का पालन करने के लिए प्रोत्साहित करना।

PMMVY के तहत सर्वश्रेष्ठ प्रदर्शन के लिए राज्यों / केंद्रशासित प्रदेशों और जिलों को सम्मानित किया गया है।

मुख्य प्रदर्शनकर्ता

1. 1 करोड़ से अधिक की जनसंख्या वाले राज्यों / संघ राज्य क्षेत्रों को योजना की स्थापना के बाद से सर्वश्रेष्ठ प्रदर्शन की श्रेणी में पहला स्थान मध्य प्रदेश राज्य को दिया गया, इसके बाद आंध्र प्रदेश और तीसरे स्थान पर हरियाणा है।
2. 1 करोड़ से कम की आबादी वाले राज्यों / केंद्रशासित प्रदेशों में समान श्रेणी में, दादरा और नगर हवेली पहले स्थान पर है। हिमाचल दूसरे स्थान पर और चंडीगढ़ तीसरे स्थान पर है।
3. 1 करोड़ से अधिक की आबादी वाले राज्यों / केंद्रशासित प्रदेशों के लिए जिला स्तर के पुरस्कारों में पहला स्थान मध्य प्रदेश के इंदौर को मिला। 1 करोड़ से कम आबादी वाले राज्यों / केंद्रशासित प्रदेशों के लिए समान श्रेणी में, पहला स्थान मिजोरम के सीरशिप को मिला है।
4. गर्भवती और स्तनपान कराने वाली माताओं को बेहतर स्वास्थ्य और पोषण के लिए नकद प्रोत्साहन प्रदान किया जाता है।

भारत में हाल ही में कंई बीमारियों का उन्मूलन हो चुका है, जैसे- स्मॉल पॉक्स, रिण्डटरपेस्ट, पोलियो, याज (yaws), मातृ-शिशु टिटनेस आदि।

- स्मॉल पॉक्स/चेचक यह एक संक्रमित बीमारी है, जिसका उन्मूलन 1980 में किया गया।
- **रिण्डरपेस्ट:** यह गाय तथा जुगाली करने वाले पशुओं को प्रभावित करता है। अक्टूबर 2010 में भारत रिण्डरपेस्ट बीमारी से मुक्त हो चुका है।
- **पोलियो:** मार्च 2014 में द.पू. एशिया क्षेत्र को पोलियोमुक्त कर दिया गया है। वर्ष 2011 में यह अन्तिम बार प. बंगाल में रिकॉर्ड किया गया था।
- **याज (Yaws):** यह बैक्टीरिया संक्रमित बीमारी है, जो कि मुख्य रूप आदिवासीय आबादी को प्रभावित करती है। इससे त्वचा, हड्डियां तथा जोड़ प्रभावित होते हैं। भारत में इसका उन्मूलन सितम्बर 2006 में हो चुका था, परन्तु विश्व स्वास्थ्य संगठन तथा यूनीसेफ द्वारा जुलाई 2016 में आधिकारिक रूप से इसका अनुसमर्थन किया गया।
- **मातृ एवं शिशु टिटनेस:** यह असंक्रमित वातावरण के प्रभाव में आने से होता है तथा इससे मात्रा तथा शिशु बीमारी के प्रति सुभेद्य हो जाते हैं तथा उपचार न होने की स्थिति में शिशु मृत्यु को प्राप्त करते है। अगस्त 2015 में इस बीमारी का पूर्ण रूप से उन्मूलन हो चुका हैं।

प्रश्न एवं उत्तर (Questions & Answers)

वस्तुनिष्ठ प्रश्न (Objective Questions)

1. जननी सुरक्षा योजना के संबंध में निम्नलिखित कथनों पर विचार कीजिए: *[UPSC (Pre) - 2023]*

1. यह राज्यों के स्वास्थ्य विभागों की एक सुरक्षित मातृत्व योजना है।
2. इसका उद्देश्य गरीब गर्भवती महिलाओं में मातृ तथा नवजात शिशु मृत्यु दर में कमी लाना है।
3. इसका लक्ष्य गरीब गर्भवती महिलाओं के लिए स्वास्थ्य केंद्रों में प्रसव को बढ़ावा देना है।
4. इसके उद्देश्यों में एक वर्ष की आयु तक में बीमार बच्चों को लोक स्वास्थ्य सुविधाएं प्रदान करना शामिल है।

उपर्युक्त में से कितने कथन सही हैं?

(a) केवल एक (b) केवल दो
(c) केवल तीन (d) सभी चार

2. एनीमिया मुक्त भारत रणनीति के अंतर्गत की जा रही व्यवस्थाओं के संदर्भ में, निम्नलिखित कथनों पर विचार कीजिए: *[UPSC (Pre) - 2023]*

1. स्कूल जाने से पूर्व के (प्री-स्कूल) बच्चों, किशोरों और गर्भवती महिलाओं के लिए रोगनिरोधक कैल्शियम पूरकता प्रदान की जाती है।
2. इसमें शिशु जन्म के समय देरी से रज्जु बंद करने के लिए अभियान चलाया जाता है।
3. इसमें बच्चों और किशोरों की निर्धारित अवधियों पर कृमि-मुक्ति की जाती है।
4. इसमे मलेरिया, हीमोग्लोबिनोपैथी और फ्लुओरोसिस पर विशेष ध्यान देने के साथ स्थानिक बस्तियों में एनीमिया के गैर-पोषण कारणों की ओर ध्यान देना शामिल है।

उपर्युक्त में से कितने कथन सही हैं?

(a) केवल एक (b) केवल दो
(c) केवल तीन (d) सभी चार

3. 'वोलबैचिया पद्धति' का कभी-कभी निम्नलिखित में से किसी एक के संदर्भ में उल्लेख होता है: *[UPSC (Pre)-2023]*

(a) मच्छरों से होने वाली विषाणु रोगों के प्रसार को नियंत्रित करना
(b) शेष शस्य (क्रॉप रेजिड्यु) से संवेष्टन सामग्री (पैकिंग मटीरियल) बनाना
(c) जैव निम्नीकरणीय प्लास्टिकों का उत्पादन करना
(d) जैव मात्रा के ऊष्मरासायनिक रूपांतरण से बायोचार का उत्पादन करना

4. निम्नलिखित कथनों पर विचार कीजिए: *[UPSC (Pre)-2022]*

1. जैवपरत (बायोफिल्म) मानव ऊतकों के भीतर चिकित्सकीय अंतर्रोपों पर बन सकती हैं।
2. जैवपरत खाद्यपदार्थ और खाद्य प्रसंस्करण सतहों पर बन सकती हैं।
3. जैवपरत प्रतिजैविक प्रतिरोध दर्शा सकती हैं।

उपर्युक्त में से कौन-सा/से कथन सही है/हैं?

(a) केवल 1 और 2 (b) केवल 2 और 3
(c) केवल 1 और 3 (d) 1, 2 और 3

5. आयुष्मान भारत डिजिटल मिशन के संदर्भ में, निम्नलिखित कथनों पर विचार कीजिए: *[UPSC (Pre)-2022]*

1. प्राइवेट अस्पतालों और सरकारी अस्पतालों को इसे अवश्य अपनाना चाहिए।
2. चूंकि इसका लक्ष्य स्वास्थ्य की सर्वजनीन व्याप्ति है, अंततोगत्वा भारत के हर नागरिक को इसका हिस्सा हो जाना चाहिए।
3. यह पूरे देश में निर्बाध रूप से लागू किया जा सकता है।

उपर्युक्त में से कौन-सा/से कथन सही है/हैं?

(a) केवल 1 और 2 (b) केवल 3
(c) केवल 1 और 3 (d) 1, 2 और 3

6. निम्नलिखित कथनों पर विचार कीजिए: *[UPSC (Pre)-2021]*

1. एडीनोवायरसों में एकल-तंतु डी. एन. ए. संजीन (जीनोम) होते हैं, जबकि रेट्रोवायरसों में द्वि-तंतु डी. एन. ए. संजीन (जीनोम) होते हैं।
2. कभी-कभी सामान्य जुकाम एडीनोवायरस के कारण होता है, जबकि एड्स (ए. आइ. डी. एस.) रेट्रोवायरस के कारण होता है।

उपर्युक्त में से कौन-सा/से कथन सही है/हैं?

(a) केवल 1 (b) केवल 2
(c) 1 और 2 दोनों (d) न तो 1, न ही 2

7. भारत में न्यूमोकोकल संयुग्मी वैक्सीन (pneumococcal Conjugate Vaccine) के उपयोग का क्या महत्व है? *[UPSC (Pre)-2020]*

1. ये वैक्सीन न्यूमोनिया और साथ ही तानिकाशोथ और सेप्सिस के विरुद्ध प्रभावी है।
2. उन प्रतिजैविकियों पर निर्भरता कम की जा सकती है जो औषध-प्रतिरोधी जीवाणुओं के विरुद्ध प्रभावी नहीं है।
3. इन वैक्सीन के कोई गौण प्रभाव (side effects) नहीं है और न ही ये वैक्सीन कोई प्रत्यूर्जता सम्बन्धी अभिक्रियाएं (allergic reactions) करती हैं।

नीचे दिए गए कूट का प्रयोग कर सही उत्तर चुनिए:

(a) केवल 1 (b) केवल 1 और 2
(c) केवल 3 (d) 1, 2 और 3

8. निम्नलिखित में से कौन-सा कथन सत्य नहीं है? *(UPSC (Pre) - 2019)*

(a) यकृत शोध B विषाणु काफी कुछ HIV की तरह ही संचरित होता है।
(b) यकृत शोध C का टीका होता है, जबकि यकृत शोध B का कोई टीका नहीं होता।
(c) सार्वभौम रूप से यकृत शोध B और C विषाणुओं से संक्रमित व्यक्तियों की संख्या HIV से संक्रमित लोगों की संख्या से कई गुना अधिक है।
(d) यकृत शोध B और C विषाणुओं से संक्रमित कुछ व्यक्तियों में अनेक वर्षों तक इसके लक्षण दिखाई नहीं देते।

9. निम्नलिखित में से कौन-से, भारत में सूक्ष्मजैविक रोगजनकों में बहुऔषधि प्रतिरोध के होने के कारण हैं?

1. कुछ व्यक्तियों में आनुवांशिक पूर्ववृत्ति (जेनेटिक प्रीडिस्पोजीशन) का होना।
2. रोगों के उपचार के लिए प्रतिजैविकों (टीबॉयोटिक्स) की गलत खुराकें लेना।
3. पशुधन फार्मिंग में प्रतिजैविकों का इस्तेमाल करना।
4. कुछ व्यक्तियों में चिरकालिक रोगों की बहुलता होना

नीचे दिए गये कूट का प्रयोग कर सही उत्तर लिखिए:

कूट:

(a) 1 और 2 (b) 1, 3 और 4
(c) केवल 2 और 3 (d) 2, 3 और 4

10. निम्न कथनों पर विचार कीजिए: *[UPSC (Pre) - 2017]*

(i) उष्णकटिबंधीय क्षेत्रों में डेंगू फैलाने वाला मच्छर जीका वायरस का भी संचरण करता है।
(ii) जीका वायरस का लैकिंग संचरण भी संभव है।

दिए गए कथनों में से कौन-सा/से कथन सत्य हैं?

(a) केवल (i) (b) केवल (ii)
(c) (i) तथा (ii) दोनों (d) (i) और (ii) में से कोई नहीं

11. निम्नलिखित में से कौन-से 'राष्ट्रीय पोषण मिशन (नेशनल न्यूट्रिशन मिशन)' के उद्देश्य हैं? *[UPSC (Pre)-2017]*

1. गर्भवती महिलाओं तथा स्तनपान कराने वाली माताओं में कुपोषण से संबंधी जागरूकता उत्पन्न करना।
2. छोटे बच्चों, किशोरियों तथा महिलाओं में रक्ताल्पता की घटना को कम करना।
3. बाजरा, मोटा अनाज तथा अपरिष्कृत चावल के उपभोग को बढ़ाना।
4. मुर्गी के अंडों के उपभोग को बढ़ाना।

नीचे दिए गए कूट का प्रयोग कर सही उत्तर चुनिए:

कूट:

(a) केवल 1 और 2 (b) केवल 1, 2 और 3
(c) केवल 1, 2 और 4 (d) केवल 3 और 4

12. भारत सरकार द्वारा चलाया गया 'मिशन इंद्रधनुष' किससे संबंधित है? *[UPSC (Pre) - 2016]*

(a) बच्चों और गर्भवती महिलाओं का प्रतिरक्षण
(b) पूरे देश में स्मार्ट सिटी का निर्माण
(c) बाहरी अंतरिक्ष में पृथ्वी-सदृश के लिए भारत की स्वयं की खोज
(d) नई शिक्षा-नीति

13. निम्नलिखित में से किनका ईबोला विषाणु के प्रकोप के लिए हाल ही में समाचारों में बार-बार उल्लेख हुआ? *[UPSC (Pre) - 2015]*

(a) सीरिया और जॉर्डन
(b) गिनी, सिएरा लियोन और लाईबेरिया
(c) फिलिपींस और पापुआ न्यू गिनी
(d) जमैका, हैती और सूरीनाम

14. H1N1 विषाणु का प्रायः समाचारों में निम्नलिखित में से किस एक बीमारी के संदर्भ में उल्लेख किया जाता है? *[UPSC (Pre) - 2015]*

(a) एड्स (b) बर्ड-फ्लू
(c) डेंगू (d) स्वाइन फ्लू

15. निम्नलिखित युग्मों पर विचार कीजिए: *[UPSC (Pre) - 2014]*

	विटामिन		इसकी हीनता से होने वाले रोग
1.	विटामिन C	-	स्कर्वी
2.	विटामिन D	-	रिकेट्स
3.	विटामिन E	-	रात्रि अंधता

उपरोक्त में से कौन-सा/से युग्म सही सुमेलित है/हैं?

(a) केवल 1 और 2 (b) केवल 3
(c) 1, 2 और 3 (d) इनमें से कोई नहीं

16. निम्नलिखित रोगों पर विचार कीजिए: ***[UPSC (Pre) - 2014]***

1. डिप्थीरिया
2. छोटी माता (चिकन पॉक्स)
3. चेचक (स्माल पॉक्स)

उपरोक्त में से किस रोग/किन रोगों का भारत में उन्मूलन हो चुका है?

(a) 1 और 2 (b) केवल 3
(c) 1, 2 और 3 (d) इनमें से कोई नहीं

17. मलेरिया परजीवी की क्लोरोक्वीन जैसी औषधियों के प्रति व्यापक प्रतिरोधक क्षमता पनपने के कारण मलेरिया से लड़ने के लिए मलेरिया वैक्सीन (रोग निरोधक टीके) विकसित करने के प्रयत्न किए जा रहे हैं। एक प्रभावी मलेरिया वैक्सीन (रोग निरोधक टीके) विकसित करने में क्या कठिनाई है? ***[UPSC (Pre) - 2010]***

(a) मलेरिया की कारक प्लाज्मोडियम की विभिन्न जातियां (स्पीशीज) हैं।
(b) प्राकृतिक संक्रमण के समय मनुष्य मलेरिया के लिए प्रतिरोधक (Resistant) क्षमता विकसित नहीं करना।
(c) वैक्सीन केवल जीवाणुओं के विरुद्ध विकसित किया जा सकता है।
(d) मनुष्य केवल मध्यस्थ परपोषी है, अन्य परपोषी नहीं।

18. निम्नलिखित कथनों पर विचार कीजिए: ***[UPSC (Pre) - 2010]***

1. आबादी में प्रत्येक व्यक्ति स्वाइन फ्लू के लिए समान रूप से संवेद्य परपोषी है।
2. स्वाइन फ्लू के प्राथमिक उपचार में प्रतिजैविकों समेद्य (एंटिबायोटिक्स) की कोई भूमिका नहीं होती।
3. महामारी प्रभावित क्षेत्र में स्वाइन फ्लू के भावी विस्तार की रोकथाम हेतु उस क्षेत्र के सभी शूकरों को नष्ट करना अनिवार्य है।

उपरोक्त कथनों में से कौन-सा/से कथन सही है/हैं?

(a) केवल 1 और 2 (b) केवल 2
(c) केवल 2 और 3 (d) ये सभी

उत्तरमाला (Answer Key)

1. (c)	2. (c)	3. (a)	4. (d)	5. (b)	6. (b)	7. (b)	8. (b)
9. (d)	10. (c)	11. (a)	12. (a)	13. (b)	14. (d)	15. (a)	16. (b)
17. (a)	18. (b)						

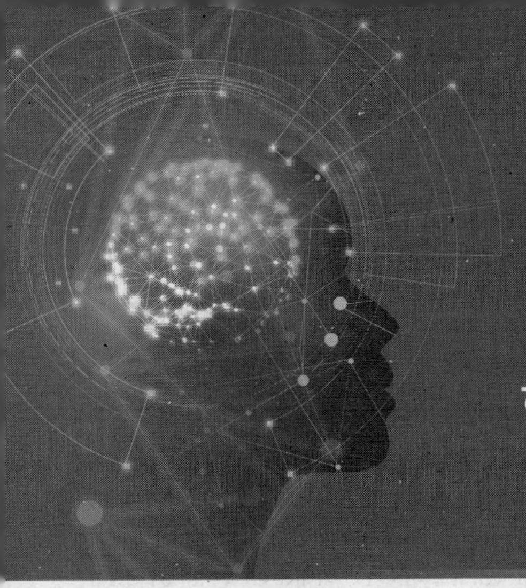

अध्याय

25

कोरोना डायरीः COVID 19 – इतिहास और अपडेट (Corona Diary: COVID 19 – History and Updates)

इस अध्याय में...

B-कोशिकाओं का सबसे महत्वपूर्ण कार्य ह्यूमरल (एंटीबॉडी-चालित) प्रतिरक्षा है, जो जीवाणु और विषाणु से लड़ने के लिए एंटीबॉडी का उत्पादन करता है।

भारतीय सेना ने देश में कोरोना वायरस के प्रसार को रोकने के लिए 'ऑपरेशन नमस्ते' शुरू किया।

25.1 कोरोना विषाणु (Coronavirus)

यह चीनी शोधकर्ताओं द्वारा पहचाना गया एक नया वायरस है। यह एक नई निमोनिया जैसी बीमारी के लिए जिम्मेदार था जिसने दिसंबर 2019 से चीन के वुहान शहर में तेजी से फैला, जिससे कई लोग बीमार हुए और आतंक का माहौल हो गया।

25.1.1 मुख्य तथ्य (Key Facts)

कोरोना वायरस (सीओवी) वायरसों का एक बड़ा परिवार है जो सामान्य सर्दी से लेकर गंभीर बीमारियों; जैसे मध्य-पूर्व रेस्पिरेटरी सिंड्रोम (MERS-CoV) और गंभीर एक्यूट रेस्पिरेटरी सिंड्रोम (SARS-CoV) का कारण बनता है।

- कोरोना वायरस जूनोटिक (zoonotic) हैं, जिसका अर्थ है कि वे जानवरों और लोगों के बीच संचारित होते हैं।
- कोरोना वायरस स्तनधारियों को प्रभावित कर सकते हैं जिनमें सूअर, मवेशी, बिल्ली, कुत्ते, मार्टन, ऊँट, हाथी और कुछ पक्षी शामिल हैं।
- एक कोरोना वायरस की सतह पर कई 'नियमित रूप से व्यवस्थित' फैलाव होते हैं, जिसके कारण संपूर्ण वायरस कण एक मुकुट की तरह दिखता है, इसलिए इसका नाम 'कोरोना वायरस' है।

अब तक चार ज्ञात रोग पैदा करने वाले कोरोना वायरस हैं, जिनमें से सबसे प्रसिद्ध ज्ञात SARS कोरोना वायरस और मध्य-पूर्व श्वसन सिंड्रोम (MERS) कोरोना वायरस हैं, दोनों ही गंभीर श्वसन रोगों का कारण बन सकते हैं।

विश्व स्वास्थ्य संगठन ने सार्वजनिक स्वास्थ्य आपातकाल की घोषणा की (WHO Declared CoV a Public Health Emergency)

विश्व स्वास्थ्य संगठन ने कोरोना वायरस को अंतर्राष्ट्रीय चिंता का सार्वजनिक स्वास्थ्य आपातकाल घोषित किया है।

25.1.2 क्या सार्वजनिक स्वास्थ्य आपातकाल की आवश्यकता है? (What Necessitated This?)

- चीन के बाहर मुट्ठी भर मामलों में व्यक्ति-से-व्यक्ति संचरण की बढ़ती संख्या और इसके लगातार मिलते साक्ष्य।
- सबसे बड़ी चिंता यह है कि वायरस कमजोर स्वास्थ्य प्रणालियों वाले देशों में फैल सकता है और जो इससे निपटने में सक्षम नहीं हैं।

25.2 अंतर्राष्ट्रीय स्तर की चिंता का विषय सार्वजनिक स्वास्थ्य आपातकाल क्या है? (What is a Public Health Emergency of International Concern?)

- डब्ल्यूएचओ के अनुसार, यह एक असाधारण घटना है जो रोग के अंतर्राष्ट्रीय प्रसार के माध्यम से अन्य देशों के लिए एक 'सार्वजनिक स्वास्थ्य जोखिम हो सकता है और संभवत: एक समन्वित अंतर्राष्ट्रीय प्रतिक्रिया की आवश्यकता होती है।' पिछली आपात स्थितियों में इबोला, जिका और एच1एन1 शामिल हैं।
- किसी घटना को आपात स्थिति घोषित करने की जिम्मेदारी WHO के महानिदेशक की है और इसके लिए सदस्यों की एक समिति के आयोजन की आवश्यकता होती है।

25.3 कैसे डब्ल्यूएचओ एक नई बीमारी का नामकरण करता है? (How WHO Names a New Disease?)

फरवरी 2020 में विश्व स्वास्थ्य संगठन ने आधिकारिक तौर पर COVID-19 (कोरोना वायरस रोग-2019) की घोषणा की, जो नोबल कोरोना वायरस के कारण होने वाली बीमारी का नाम है। COVID में 'CO' कोरोना को दर्शाता है, जबकि 'VI' वायरस को दर्शाता है और 'D' बीमारी को दर्शाता है। संख्या 19, वर्ष 2019 की है जब प्रकोप पहली बार इस वायरस को पहचाना गया था।

25.4 अनुसूची H1 ड्रग (Schedule H1 Drug)

ड्रग्स एंड कॉस्मेटिक्स रूल्स, 1945, द ड्रग्स एंड कॉस्मेटिक्स एक्ट, 1940 के तहत नियमों का एक समुच्चय है, जिसमें ड्रग्स को अलग-अलग वर्गों में वर्गीकृत करने और स्टोरेज, बिक्री, प्रकाशन के लिए दिशा-निर्देश हैं। देश में एंटीबायोटिक्स, एंटी-टीबी और कुछ अन्य दवाओं के अंधा-धुंध उपयोग की जांच करने के लिए अनुसूची H1 को राजपत्र अधिसूचना GSR 588 (ई) दिनांक 30-08-2013 के माध्यम से पेश किया गया है। वर्गीकरण में कुछ खास तीसरी और चौथी जनरेशन की एंटीबायोटिक्स, कुछ आदत बनाने वाली दवाएं और एंटी-टीबी ड्रग्स शामिल हैं।

सरकार की अधिसूचना के अनुसार, इन दवाओं को निम्नलिखित शर्तों के साथ देश में बेचा जाना आवश्यक है:

1. अनुसूची एच1 में निर्दिष्ट दवा की आपूर्ति, निर्धारित करने वाले का नाम और पता, रोगी का नाम, दवा का नाम और आपूर्ति की गई मात्रा आदि जानकारी आपूर्ति के समय एक अलग रजिस्टर में दर्ज की जाएगी। रिकॉर्ड तीन साल तक बनाए रखा जाएगा और निरीक्षण के लिए खुला रहेगा।
2. अनुसूची एच1 में निर्दिष्ट दवा को Rx के साथ लेबल किया जाएगा जो लाल रंग में होगा और लेबल के बाएं शीर्ष कोने पर स्पष्ट रूप से प्रदर्शित किया जाएगा और बॉक्स को लाल बॉर्डर के साथ लेबल किया जाएगा।

25.4.1 इस वर्गीकरण के निहितार्थ (Implications of This Classification)

- यह केवल पर्चे के आधार पर अपनी बिक्री को सीमित करता है।
- ड्रग्स की बिक्री के लिए अनुसूची H1 में ड्रग्स एंड कॉस्मेटिक्स रूल्स, 1945 में निर्दिष्ट दवाओं की बिक्री की शर्तों के अनुसार होनी चाहिए।
- इसका मतलब यह होगा कि उक्त दवा से युक्त किसी भी तैयारी में केवल 'पर्चे की बिक्री' का चेतावनी लेबल होगा और स्व-दवा (बिना डॉक्टर की सलाह के स्वयं दवा लेना) के खिलाफ होगा।

इसके अतिरिक्त केमिस्टों को निर्धारितकर्ता के नाम और पते, रोगी का नाम, दवा का नाम और आपूर्ति की गई मात्रा और इस तरह के रिकॉर्ड तीन साल तक बनाए रखने और निरीक्षण के लिए खुले रहने की आवश्यकता होगी।

सरकार ने अनुसूची-एच1 के तहत मलेरिया रोधी दवा हाइड्रोक्सीक्लोरोक्वीन (hydroxychloroquine) को अधिसूचित किया है।

यह ड्रग्स एंड कॉस्मेटिक्स एक्ट, 1940 (1940 का 23) की धारा 26बी द्वारा प्रदत्त अपनी शक्तियों के आधार पर किया गया था। इस कदम का उद्देश्य दवा के दुरुपयोग को रोकना है, जिसे अब सरकार ने कोविड-19 के रोगियों और ऐसे रोगियों का इलाज करने वाले स्वास्थ्य कार्यकर्ताओं के उच्च जोखिम वाले संपर्कों में रोग निरोधी उपयोग के लिए अनुमति दी है।

25.5 डब्ल्यूएचओ ने कोरोना वायरस को एक महामारी घोषित किया (WHO Declares Coronavirus a Pandemic)

जैसा कि विभिन्न देशों से ताजा कोरोना वायरस के मामलों की रिपोर्ट जारी है, विश्व स्वास्थ्य संगठन ने आखिरकार नये कोरोना वायरस को एक महामारी घोषित किया है। डब्ल्यूएचओ ने कहा कि यह प्रसार और गंभीरता के खतरनाक स्तर और निष्क्रियता के खतरनाक स्तर से दोनों से बहुत चिंतित था। इससे पहले, 30 जनवरी को डब्ल्यूएचओ ने कोरोना को 'अंतर्राष्ट्रीय चिंता का सार्वजनिक स्वास्थ्य आपातकाल' घोषित किया था।

25.5.1 प्रकोप, महामारी और विश्व-व्यापी महामारी क्या है? (What is an Outbreak, Epidemic and Pandemic?)

1. एक बीमारी के मामलों में किसी विशेष स्थान पर अचानक वृद्धि का प्रकोप समझा जाता है।
2. एक आबादी या क्षेत्र-विशेष (जैसे- चीन में वर्तमान स्थिति) के बीच बड़े प्रकोप को महामारी समझा जाता है।
3. एक विश्व-व्यापी महामारी 'दुनिया भर में एक नई बीमारी का प्रसार' है। इसमें देशों की कोई विशिष्ट संख्या नहीं है कि एक बीमारी को विश्व-व्यापी महामारी घोषित करने से पहले वह कितने देशों में अपना प्रभाव दिखाए।

पिछली विश्व-व्यापी महामारी (Previous Pandemics)

जून 2009 में, डब्ल्यूएचओ ने नये इन्फ्लूएंजा ए (एच1 एन1) को एक वैश्विक महामारी घोषित किया था, जिसे आमतौर पर स्वाइन फ्लू के रूप में जाना जाता है।

25.5.2 COVID-19 के लक्षण क्या हैं? (What are the Symptoms of COVID-19?)

- COVID-19 अन्य श्वसन बीमारियों के समान है और लक्षणों में बुखार, सूखी खांसी, गले में खराश और सिरदर्द शामिल हैं। कुछ मामलों में उल्टी और दस्त, दर्द और थकान भी हो सकती है।
- जबकि अधिकांश मामले हल्के होते हैं, कुछ व्यक्तियों को अधिक गंभीर लक्षण जैसे कि सांस की तकलीफ और सांस लेने में कठिनाई हो सकती है और दोनों फेफड़ों में निमोनिया का अनुभव हो सकता है।
- लक्षणों के प्रकट होने में 14 दिन तक का समय लग सकता है।

25.5.3 COVID-19 कैसे फैला है? (How Did COVID-19 Spread?)

- जब कोई व्यक्ति खांसता या छींकता है तो तरल बूंदों या कणों के माध्यम से COVID-19 फैलता है। ये बूंदें यदि वायरस युक्त होती हैं, तो आंखों, नाक या गले में प्रवेश करके किसी व्यक्ति को संक्रमित कर सकती हैं। यह हवा में स्वत: नहीं फैलता है और यह त्वचा के माध्यम से संक्रमित नहीं करता है।
- हालांकि, वायरस कुछ सतहों पर जीवित रह सकता है, इसलिए यदि कोई व्यक्ति अपने हाथ में छींकता है, आपके साथ हाथ मिलता है और फिर आपकी आंख को अपने हाथ से रगड़ता है तो इसका फैलाव संभव है, इसलिए इसके संचरण का माध्यम व्यक्ति द्वारा स्वयं से भी संभव है।

25.5.4 सर्दी, फ्लू और COVID-19 में क्या अंतर है? (What is the Difference between Common Cold, Flu and COVID-19?)

- तीनों श्वसन संबंधी बीमारियां हैं, लेकिन प्रत्येक अलग-अलग वायरस के कारण होती है।
- सर्दी राइनो वायरस के कारण होता है, फ्लू इन्फ्लूएंजा वायरस के कारण होता है और COVID-19 नये कोरोना वायरस के कारण होता है।
- तीनों स्वास्थ्य मुद्दों या अंतर्निहित स्थितियों से जटिल होने पर निमोनिया का कारण बन सकते हैं।

25.5.5 रैपिड टेस्ट क्या है? (What is the 'Rapid Test'?)

इस तथ्य पर संदेह करने के लिए कि क्या नया कोरोना वायरस समुदाय में फैल गया है और इस तरह के परिदृश्य को नहीं रोका गया है, को देखते हुए राज्य सरकारों ने रैपिड टेस्ट की घोषणा की है जो आधे घंटे के भीतर तेजी से टेस्ट परिणाम सुनिश्चित करेगी।

25.5.5.1 कोरोना वायरस के लिए 'रैपिड टेस्ट' क्या है? (What is the 'Rapid Test' for Coronavirus?)

- किसी व्यक्ति के शरीर में किसी प्रकार का हाल ही में वायरल संक्रमण हुआ है या नहीं यह निर्धारित करने के लिए एक रैपिड टेस्ट किया जाता है।
- जब एक रोगजनक एक मानव शरीर में प्रवेश करता है, तो वायरस की प्रतिक्रिया के रूप में विशिष्ट एंटीबॉडी जारी किए जाते हैं।
- रैपिड टेस्ट से रक्त, सीरम या प्लाज्मा नमूनों में ऐसे एंटीबॉडी की उपस्थिति का पता लगाया जा सकता है, जो वायरल संक्रमण का संकेत देते हैं। एक महामारी के दौरान वायरस के सामुदायिक संचरण की जांच के लिए आमतौर पर रैपिड परीक्षण किया जाता है।
- स्वास्थ्य विभाग के अनुसार, यह एक साधारण परीक्षण है जो किसी व्यक्ति के रक्त के नमूने के साथ किया जा सकता है और 10-30 मिनट के भीतर टेस्ट के परिणाम देगा। यह कम लागत वाला परीक्षण भी है।

25.5.5.2 केरल का स्वास्थ्य विभाग क्या करने की योजना बना रहा है? (What Does Kerala's Health Department Planned to Do?)

रैपिड परीक्षणों का उपयोग समुदाय के भीतर जांच करने और संदिग्ध संक्रमण वाले लोगों की पहचान करने के लिए किया जा सकता है और उन्हें निगरानी में रखा जा सकता है और यदि आवश्यक हो, तो कोरोना वायरस की पुष्टि के लिए उन्हें पीसीआर परीक्षण के अधीन किया जा सकता है।

केरल की योजना ICMR-NiV से अधिक-से-अधिक तेजी से एंटीबॉडी किट हासिल करने की है और उनका उपयोग करना शुरू करते हैं, विशेषकर कासरगोड जिले जैसे क्षेत्रों में जहां क्वारंटाइन के तहत 181 में से 80 सक्रिय मामले दर्ज किए गए हैं। कासरगोड की स्थिति अन्य जिलों की तुलना में चिंताजनक है और प्रशासन द्वारा कठोर तालाबंदी (Lockdown) उपाय किए गए हैं।

25.6 ACE 2 रिसेप्टर्स (ACE 2 Receptors)

SARS-CoV-2 वायरस 'ACE2 रिसेप्टर्स' के माध्यम से एक मानव कोशिका में प्रवेश करता है; जो एंजाइम होते हैं, और **छोटे प्रोटीन उत्पन्न करते हैं, जो कोशिका के लिए उपयोगी होते हैं।**

कोविड-19 के उपचार की खोज में, कई शोधकर्ता अपना ध्यान एक विशिष्ट प्रोटीन पर केंद्रित कर रहे हैं, जो विषाणु को मानव कोशिकाओं को संक्रमित करने की अनुमति देता है। एंजियोटेंसिन-परिवर्तित एंजाइम 2, या ACE2 'रिसेप्टर' कहा जाता है, यह प्रोटीन कोरोनवायरस को मानव कोशिकाओं की एक विस्तृत शृंखला में फैलाने और संक्रमित करने के लिए प्रवेश बिंदु प्रदान करता है।

ACE2 कई प्रकार की कोशिकाओं की सतह पर पाया जाने वाला प्रोटीन है। यह एक एंजाइम है, जो छोटे प्रोटीन उत्पन्न करता है - बड़े प्रोटीन एंजियोटेंसिनोजेन को काटकर - जो कोशिका में कार्यों के नियमन हेतु किया जाता है।

अपनी सतह पर स्पाइक जैसे प्रोटीन का उपयोग करते हुए, SARS-CoV-2 वायरस ACE2 से कोशिकाओं के प्रवेश एवं संक्रमण से पूर्व जुड़ जाता है - जैसे कि एक चाबी को ताले में डाला जाता है। इसलिए, ACE2 एक कोशीय द्वार के रूप में कार्य करता है, जो उस वायरस के लिए एक रिसेप्टर है, जिसकी परणित कोविड-19 है।

25.7 कोन्वालेस्सेंट प्लाज्मा थेरेपी (Convalescent Plasma Therapy)

प्लाज्मा रक्त का तरल भाग है। संक्रमण से ठीक होने वाले रोगियों के रक्त से निकाला गया कोन्वालेस्सेंट प्लाज्मा, संक्रमण के खिलाफ एंटीबॉडी का एक स्रोत है। थेरेपी में दूसरों को ठीक होने में मदद करने के लिए उनके प्लाज्मा का उपयोग करना शामिल है। कोविड-19 के लिए यह उपचार के विकल्पों में से एक रहा है। दाता को अंतिम लक्षणों के बाद से 28 दिनों के लिए कोविड-19 का एक प्रलेखित मामला और स्वस्थ होना होगा।

25.7.1 यह कैसे कार्य करता है? (How it Functions?)

- प्लाज्मा बैंक एक ब्लड बैंक के रूप में कार्य करता है और विशेष रूप से उन लोगों के लिए बनाया गया है जो कोविड-19 से पीड़ित हैं और डॉक्टरों द्वारा उपचार की सलाह दी गई है।
- बैंक उन रोगियों के साथ समन्वय करेगा जो कोविड-19 से ठीक हो चुके हैं और प्लाज्मा दान करने के पात्र हैं।

25.7.2 कौन प्लाज्मा दान कर सकता है? (Who can Donate Plasma?)

- जिन लोगों को यह बीमारी थी, लेकिन दान से कम-से-कम 14 दिन पहले ठीक हो गए थे, उन पर विचार किया जा सकता है।
- 18 से 60 वर्ष की आयु के लोग और जिनका वजन 50 किलो से कम न हो प्लाज्मा दान करने के पात्र हैं।
- जिन महिलाओं ने बच्चों को जन्म दिया है वे पात्र नहीं हैं, क्योंकि वे गर्भावस्था के दौरान (भ्रूण के रक्त के संपर्क में आने के बाद) एंटीबॉडी का उत्पादन करती हैं, जो फेफड़ों के कार्य में हस्तक्षेप कर सकती हैं।

प्लाज्मा दान रक्तदान से किस प्रकार भिन्न है? (How is Plasma Donation Different from Blood Donation?)

- प्लाज्मा दान में रक्तदान के विपरीत केवल प्लाज्मा निकाला जाता है और रक्त के अन्य घटकों को शरीर में वापस कर दिया जाता है।
- रक्त में लाल रक्त कोशिकाओं, प्लेटलेट्स, श्वेत रक्त कोशिकाओं और प्लाज्मा सहित कई घटक होते हैं।
- प्रत्येक दो सप्ताह में 500 मिलीलीटर प्लाज्मा दान किया जा सकता है, जबकि रक्त तीन महीने में एक बार दान किया जा सकता है।

25.7.3 प्लाज्मा थेरेपी कैसे काम करती है? (How Plasma Therapy Works?)

1. उस व्यक्ति से रक्त लिया जाता है जो COVID-19 बीमारी से उबर चुका है।
2. सीरम को अलग किया जाता है और वायरस को निष्क्रिय करने वाले एंटीबॉडी के लिए जांच की जाती है।
3. कोन्वालेस्सेंट सीरम जो एक संक्रामक बीमारी से उबरने वाले व्यक्ति से प्राप्त रक्त सीरम है और विशेष रूप से उस रोगजनक के लिए एंटीबॉडी में समृद्ध है, फिर एक COVID-19 रोगी को प्रशासित किया जाता है।
4. रोगी निष्क्रिय टीकाकरण प्राप्त करता है।

25.7.4 प्राप्तकर्ता में एंटीबॉडी कब तक रहेगी? (How Long the Antibodies will Remain in the Recipient?)

- एंटीबॉडी सीरम दिए जाने के बाद यह प्राप्तकर्ता पर कम-से-कम तीन से चार दिनों तक रहेगा। इस दौरान बीमार व्यक्ति ठीक हो जाएगा। विभिन्न अध्ययनों ने इसकी पुष्टि की है।

25.7.5 प्लाज्मा थेरेपी बहस (Plasma Therapy Debate)

- भारतीय आयुर्विज्ञान अनुसंधान परिषद (ICMR) प्लाज्मा थेरेपी को राष्ट्रीय दिशानिर्देशों से हटाने पर विचार कर रही है क्योंकि यह पाया गया है कि कोविड-19 को रोकने में दीक्षांत प्लाज्मा अप्रभावी था।
- चीन और नीदरलैंड में भी प्लाज्मा थेरेपी का बहुत कम या कोई परिणाम नहीं निकला।

कोविड देखभाल व्यक्तिगत देखभाल है। सही मरीज पर सही दवा का प्रयोग काम करता है। विशेषज्ञों का कहना है कि दीक्षांत उपचार के उपयोग ने कुछ लोगों की जान बचाई है, लेकिन PLACID परीक्षण ने चिंता व्यक्त की

है। इसलिए, दीक्षांत प्लाज्मा के गैर-प्रतिरक्षा घटकों के संभावित नुकसान की कड़ाई से जांच की जानी चाहिए, परीक्षण प्रतिभागियों को केवल दाता प्लाज्मा को निष्क्रिय करने वाले एंटीबॉडी के पता लगाने योग्य टाइटर्स के साथ दिया जाना चाहिए, ताकि यह सुनिश्चित हो सके कि सभी हस्तक्षेप रोगियों के लिए लाभ की संभावना मौजूद है।

भारत का पहला प्लाज्मा बैंक (India's First Plasma Bank)

- जिगर और पित्त विज्ञान संस्थान (ILBS), दिल्ली में स्थापित।
- उद्देश्य: प्लाज्मा तक पहुंच को आसान बनाना जिसका प्रयोग कोविड-19 रोगियों के इलाज के लिए परीक्षण के रूप में किया जा रहा है।

25.7.6 इस संबंध में डब्ल्यूएचओ के दिशा-निर्देश (WHO Guidelines in This Regard)

डब्ल्यूएचओ ने प्लाज्मा थेरेपी दिशा-निर्देश 2014 जारी किये प्लाज्मा निकालने से पहले एक दाता की अनुमति को अनिवार्य करता है। केवल ठीक मरीजों से ही प्लाज्मा लिया जाना चाहिए और दाता एचआईवी, हेपेटाइटिस, सिफलिस या किसी संक्रामक बीमारी से संक्रमित रोग से पीड़ित नहीं होना चाहिए। रक्त को एकत्र करके प्लाज्मा को अवसादन या सेंट्रीफ्यूजेशन द्वारा अलग किया जाता है और फिर रोगी में इंजेक्ट किया जाता है। यदि प्लाज्मा को दाता व्यक्ति से फिर से इकट्ठा करने की आवश्यकता होती है, तो यह पुरुषों के लिए पहले दान के 12 सप्ताह और महिलाओं के लिए 16 सप्ताह के बाद किया जाना चाहिए।

25.7.7 B-कोशिकाएँ और T-कोशिकाएँ (B-Cells and T-Cells)

B-कोशिकाएँ

- B का अर्थ है 'अस्थि मज्जा (bone marrow)' - वह अंग जिसमें ये कोशिकाएँ परिपक्व होती हैं।
- B कोशिका के कार्य त्रिआयामी हैं:
  1. अन्य प्रतिरक्षा कोशिकाओं हेतु प्रतिजन प्रस्तुति
  2. साइटोकाइन स्राव
  3. एंटीबॉडी उत्पादन
- **B-कोशिकाओं** का सबसे महत्वपूर्ण कार्य ह्यूमरल (एंटीबॉडी-चालित) प्रतिरक्षा है, जो जीवाणु और विषाणु से लड़ने के लिए एंटीबॉडी का उत्पादन करता है।
- ये एंटीबॉडी Y-आकार के प्रोटीन होते हैं, जो प्रत्येक रोगजनक के लिए विशिष्ट होते हैं और एक आक्रामक कोशिका की सतह को प्रतिबंधित करने में सक्षम होते हैं और इसे अन्य प्रतिरक्षा कोशिकाओं द्वारा विघात के लिए चिह्नित करते हैं।
- जब सरल B-कोशिकाएँ एंटीजन के संपर्क में आती हैं, जो इसके रिसेप्टर्स के अनुकूल होता है, तो यह इससे जुड़ जाता है और प्रसंस्करण के लिए अपनी झिल्ली के अंदर ले जाता है जिससे एंटीजन-एमएचसी संयुग्मन का निर्माण होता है, जिससे T-कोशिकाएँ साइटोकिन्स से जुड़ जाती हैं और निर्मुक्त होती हैं। ये T-कोशिकाएँ साइटोकिन्स B-कोशिकाओं को सक्रिय करती हैं।
- निष्कृत B लिम्फोसाइट्स एंटीजन-संप्रति कोशिका (APCs) के रूप में भी कार्य करते हैं, जो एक एंटीजन (बाह्य कण) से जुड़ते हैं और इसे संसाधित करते हैं, झिल्ली संकेतकों का निर्माण करते हैं, जो एक चेतावनी के रूप में कार्य करते हैं (उपरोक्त आरेख में एंटीजन-एमएचसी संयुग्मन) कि एक T-कोशिकाएँ चिन्हित कर सकती है।
- B लिम्फोसाइट्स इन एंटीजन-एमएचसी संयुग्मन को T-कोशिकाएँ रिसेप्टर्स में पुर:स्थापित करते हैं, जिससे T-कोशिकाओं का सक्रियण होता है।
- जहां गैर-विशिष्ट प्रतिरक्षा प्रणाली (जन्मजात प्रतिरक्षा प्रणाली) का संबंध है, यह प्रतिक्रिया विपरीत प्रभाव उत्पन्न करती है - T-कोशिकाएँ निष्कृतता यानी B लिम्फोसाइट्स भी स्व-प्रतिरक्षित प्रतिक्रियाओं को रोकने में मदद करते हैं।
- B लिम्फोसाइट्स साइटोकिन्स (कोशिका से कोशिका संचार के लिए आवश्यक) निर्मुक्त करते हैं, जो सफेद रक्त कोशिकाओं को फागोसाइट्स के रूप में उन क्षेत्रों में आमंत्रित करता है जहां B-कोशिकाएँ एंटीबॉडी एंटीजन से जुड़ी होती हैं।

T-कोशिकाएँ

- एक प्रकार की श्वेत रक्त कोशिका (लिम्होसाइट) जो प्रतिरक्षा प्रणाली के लिए महत्वपूर्ण है।
- T-कोशिकाएँ विशिष्ट रोगजनकों के प्रति शरीर की प्रतिरक्षा प्रतिक्रिया को अनुकूल बनाती हैं।
- वे प्रतिरक्षकों की तरह हैं, जो लक्षित आक्रमणकारियों की पहचान करते हैं और उन्हें नष्ट कर देते हैं।
- 'T' का अर्थ '**थाइमस (thymus)**' है - वह अंग जिसमें ये कोशिकाएँ परिपक्व होती हैं।
- T-कोशिकाओं के प्रकार: T-कोशिकाएँ मुख्य रूप से दो प्रकार की होती हैं:
  1. हेल्पर T-कोशिकाएँ एंटीबॉडी बनाने के लिए B-कोशिकाओं को प्रेरित करती हैं और किलर कोशिकाओं को विकसित करने में मदद करती हैं।
  2. किलर T-कोशिकाएँ उन कोशिकाओं को सीधे मार देती हैं, जो पहले से ही एक बाह्य आक्रमणकारी द्वारा संक्रमित हो चुकी हैं।

T-कोशिकाएँ क्या करती हैं? (What do T-cells use?)

T-कोशिकाएँ साइटोकिन्स का उपयोग मैसेंजर अणुओं के रूप में शेष प्रतिरक्षा प्रणाली को रासायनिक निर्देश भेजने के लिए करती हैं।

नोट: प्राथमिक और माध्यमिक प्रतिरक्षा प्रतिक्रियाएं हमारे रक्त में मौजूद लिम्फोसाइटों के दो विशेष प्रकार (T कोशिकाओं) की मदद से की जाती हैं, यानी B-लिम्फोसाइट्स (B-कोशिकाएँ) और T लिम्फोसाइट्स। B-लिम्फोसाइट्स इनके साथ प्रतिरोध हेतु हमारे रक्त में रोगजनकों के प्रतिउत्तर में प्रोटीन वाहिनी का उत्पादन करते हैं। इन प्रोटीनों को एंटीबॉडी कहा जाता है। T-कोशिकाएँ स्वयं एंटीबॉडी का स्राव नहीं करती हैं, लेकिन B-कोशिकाओं को उन्हें उत्पन्न करने में मदद करती हैं।

25.8 भारत ने कोरोना वायरस स्ट्रेन पृथक् किया (Coronavirus Strain Isolated in India)

भारत जापान, थाईलैंड, यू.एस. और चीन के अलावा दुनिया का केवल पांचवां देश है, जिसने COVID-19 वायरस के स्ट्रेन को सफलतापूर्वक अलग किया है, जिससे देश में दवाई, टीके और तेजी से निदान किट के विकास में तेजी लाने की दिशा में पहला कदम उठाने में मदद मिली है।

25.9 'ऑपरेशन नमस्ते' (Operation Namaste)

भारतीय सेना ने देश में कोरोना वायरस के प्रसार को रोकने के लिए 'ऑपरेशन नमस्ते' शुरू किया। ऑपरेशन के तहत, सेना ने भारत सरकार को घातक बीमारी से लड़ने में मदद की। ऑपरेशन के तहत, भारतीय सेना ने 8 क्वारंटाइन केंद्र स्थापित किए। साथ ही, प्रत्येक कमांड के हेल्प लाइन नंबर स्थापित किए गए।

25.10 आरटी-पीसीआर टेस्ट (RT-PCR Test)

COVID-19 का प्रेरक एजेंट SARS-CoV-2 वायरस है। यह एक आरएनए वायरस है जिसका अर्थ है कि यह एक स्वस्थ कोशिका को गुणा करने और जीवित रहने के लिए घुसपैठ करता है। इस प्रकार, RT-PCR परीक्षण SARS-CoV-2 RNA की पहचान के लिए है। इसमें वायरस का पता लगाने के लिए 'रिवर्स ट्रांसक्रिप्शन' नामक प्रक्रिया के जरिए आरएनए को डीएनए में बदला जाता है।

SARS-CoV-2 RNA आमतौर पर संक्रमण के तीव्र चरण के दौरान श्वसन नमूनों में पता लगाया जा सकता है।

1. उसके लिए ऊपरी और निचले श्वसन नमूने (जैसे नाक, नासोफेरींजल) एकत्र किए जाते हैं।
2. इस नमूने को कई रासायनिक समाधानों से उपचारित किया जाता है जो प्रोटीन और वसा जैसे पदार्थों को हटाते हैं और नमूने में मौजूद केवल आरएनए को निकालते हैं।
3. रीयल-टाइम आरटी-पीसीआर सेटअप आमतौर पर 35 चक्रों से गुजरता है, जिसका अर्थ है कि प्रक्रिया के अंत तक नमूने में मौजूद वायरस के प्रत्येक स्ट्रैंड से वायरल डीएनए के वर्गों की लगभग 35 बिलियन नई प्रतियां बनाई जाती हैं।
4. जैसे ही वायरल डीएनए अनुभागों की नई प्रतियां बनाई जाती हैं, मार्कर लेबल डीएनए स्ट्रैंड से जुड़ जाते हैं और फिर एक फ्लोरोसेंट डाई छोड़ते हैं, जिसे मशीन के कंप्यूटर द्वारा मापा जाता है और स्क्रीन पर वास्तविक समय में प्रस्तुत किया जाता है। कंप्यूटर प्रत्येक चक्र के बाद नमूने में प्रतिदीप्ति की मात्रा को ट्रैक करता है। जब मात्रा प्रतिदीप्ति के एक निश्चित स्तर से अधिक हो जाती है, तो यह पुष्टि करता है कि वायरस मौजूद है।

RT-PCR परीक्षण का वरदान और अभिशाप:

1. यह एक वरदान है क्योंकि यह वायरस की उपस्थिति का सटीक पता लगाता है।
2. यह एक अभिशाप है क्योंकि इसमें भ्रामक-नेगेटिव और भ्रामक-पॉजिटिव परिणाम संभव हैं।

कुछ यह झूठी रिपोर्ट उत्पन्न करता है (False RT-PCR Reports)

- परीक्षण के लिए नमूना तैयार करने के दौरान यदि प्रयोगशाला के वातावरण से एक भी जीन खंड ट्यूब में गिरता है, तो इससे परीक्षण सकारात्मक होगा - लेकिन, यह गलत सकारात्मक परिणाम होगा। कभी-कभी संक्रमित व्यक्ति का परीक्षण गलत हो जाता है और एक गलत नकारात्मक परिणाम प्राप्त होता है। नासोफरीनक्स की तुलना में गले में वायरल लोड कम होता है।
- इसलिए प्रकाशित अध्ययनों के अनुसार, 60% परीक्षणों में गले की सूजन और 30% में नासॉफिरिन्जियल स्वैब गलत तरीके से नकारात्मक होते हैं।
- गलत तरीके से लिया गया नाक का स्वाब वायरस को चूक सकता है और एक गलत-नकारात्मक परीक्षण का कारण बन सकता है।

25.11 भारत द्वारा अनुमोदित कोविड-19 के लिए 'फेलुदा' परीक्षण ('FELUDA' Test for COVID-19 Approved by India)

- फेलुदा FNCAS 9 एडिटर लिंक्ड यूनिफॉर्म डिटेक्शन एसे का संक्षिप्त नाम है।
- यह 30 मिनट से भी कम समय में कोविड-19 का पता लगाने के लिए एक सटीक और कम लागत वाली पेपर-आधारित परीक्षण पट्टी है।
- इसे भारत के औषध महानियंत्रक द्वारा वाणिज्यिक प्रयोग के लिए अनुमोदित किया गया था।
- वैज्ञानिक और औद्योगिक अनुसंधान परिषद (सीएसआईआर) और टाटा समूह द्वारा विकसित।
- यह कोविड-19 का कारण बनने वाले वायरस SARS-CoV2 की आनुवंशिक सामग्री को पहचानने और लक्षित करने के लिए स्वदेशी रूप से विकसित CRISPR जीन-संपादन तकनीक का उपयोग करता है।

महत्व (Significance)

- सीएसआईआर के अनुसार, परीक्षण RT-PCR परीक्षणों की सटीकता के स्तर से मेल खाता है।
- इसमें जल्दी टर्नअराउंड समय होता है और इसके लिए कम खर्चीले उपकरण की आवश्यकता होती है।
- 'फेलुदा' विषाणु का सफलतापूर्वक पता लगाने के लिए विशेष रूप से अनुकूलित Cas9 प्रोटीन को तैनात करने वाला दुनिया का पहला नैदानिक परीक्षण भी है।

CRISPR (क्लस्टर्ड रेगुलर इंटरस्पेस्ड शॉर्ट पैलिंड्रोमिक रिपीट) तकनीक क्या है? [What is CRISPR (Clustered Regularly Interspaced Short Palindromic Repeats) Technology?]

- यह एक जीन-संपादन तकनीक है और आनुवंशिक दोषों को ठीक करने और रोगों के प्रसार को रोकने और उपचार करने में इसका उपयोग करती है।

- तकनीक एक जीन के भीतर डीएनए के विशिष्ट अनुक्रमों का पता लगा सकती है और इसे काटने के लिए आणविक कैंची के रूप में कार्य करने वाले एंजाइम का उपयोग करती है।
- यह शोधकर्ताओं को आसानी से डीएनए अनुक्रमों को बदलने और जीन फ़ंक्शन को संशोधित करने की अनुमति देता है।
- भविष्य में कई अन्य रोगजनकों का पता लगाने के लिए प्रौद्योगिकी को भी कॉन्फ़िगर किया जा सकता है।

25.12 विटामिन – डी और इसका महत्व (Vitamin – D and Its Significance)

COVID-19 महामारी के इन दिनों में विटामिन-डी के महत्व पर वैज्ञानिक हलकों में काफी चर्चा हुई है।

- यह तब उत्पन्न होता है जब सूर्य का प्रकाश (या कृत्रिम प्रकाश, विशेष रूप से 190-400 एनएम तरंग दैर्ध्य के पराबैंगनी क्षेत्र में) त्वचा पर पड़ता है और एक कोलेस्ट्रॉल-आधारित अणु के लिए एक रासायनिक प्रतिक्रिया को ट्रिगर करता है और इसे यकृत में कैल्सीडियोल और गुर्दे में कैल्सीट्रियोल में परिवर्तित करता है।
- विटामिन-डी एक वसा में घुलनशील विटामिन है, जिसका अर्थ है कि यह वसा और तेलों में घुल जाता है और आपके शरीर में लंबे समय तक संग्रहीत किया जा सकता है।

इसकी भूमिका (Its Role)

- यह हड्डियों में कैल्शियम की सही मात्रा होने में मदद करने के लिए जाना जाता है, कोशिका झिल्ली को क्षति से बचाने की प्रक्रिया को उत्प्रेरित करता है, ऊतकों की सूजन को रोकता है और ऊतकों को फाइबर बनाने से रोकता है और हड्डियों को कमजोर होने से रोकता है, जिससे ऑस्टियोपोरोसिस होता है।
- विटामिन-डी की कमी COVID-19 के उच्च जोखिम वाले रोगियों को प्रभावित कर सकती है जिन्हें हृदय रोग, निमोनिया, मोटापा है और धूम्रपान करते हैं, विशेष रूप से वे जो मधुमेह से पीड़ित हैं।
- यह श्वसन पथ में संक्रमण और फेफड़ों की चोट से भी जुड़ा है।

पूरकता की आवश्यकता (Need for Supplementation)

- एक अध्ययन के अनुसार भारत, प्रचुर मात्रा में धूप वाला देश, लेकिन आश्चर्यजनक रूप से जनता के बीच विटामिन-डी की कमी का भारी बोझ है, चाहे उनका स्थान (शहरी या ग्रामीण), उम्र या लिंग या वे गरीब हों या यहां तक कि धनी। इसलिए, यह स्पष्ट है कि अधिकांश भारतीयों के लिए इसकी कमी का इलाज करने के लिए विटामिन-डी की खुराक आवश्यक है।

25.13 इलेक्ट्रॉनिक वैक्सीन इंटेलिजेंस नेटवर्क [Electronic Vaccine Intelligence Network (eVIN)]

COVID-19 वैक्सीन की डिलीवरी के लिए नेटवर्क को फिर से तैयार किया जा रहा है।

- eVIN देश भर में टीकाकरण आपूर्तिशृंखला प्रणालियों को मजबूत करने के उद्देश्य से एक अभिनव तकनीकी समाधान है। इसे स्वास्थ्य और परिवार कल्याण मंत्रालय द्वारा राष्ट्रीय स्वास्थ्य मिशन (NHM) के तहत लागू किया जा रहा है।
- इसका उद्देश्य देश में सभी कोल्ड चेन बिंदुओं पर टीके के स्टॉक और प्रवाह और भंडारण तापमान पर वास्तविक समय की जानकारी प्रदान करना है।

eVIN के लाभ (Benefits of eVIN)

- इसने एक बड़ा डेटा आर्किटेक्चर बनाने में मदद की है जो डेटा-संचालित निर्णय लेने और उपभोग-आधारित योजना को प्रोत्साहित करने के लिए कार्रवाई योग्य विश्लेषण उत्पन्न करता है।
- यह टीकों के इष्टतम स्टॉक को बनाए रखने में मदद करता है जिससे लागत बचत होती है। भारत के अधिकांश स्वास्थ्य केंद्रों में हर समय वैक्सीन की उपलब्धता बढ़कर 99% हो गई है।
- जबकि स्टॉक-आउट की घटनाओं में 80% की कमी आई है, स्टॉक को फिर से भरने में लगने वाले समय में भी औसतन आधे से अधिक की कमी आई है।

25.14 कोविड के विरुद्ध महत्वपूर्ण वैक्सीन (Important Vaccines against Covid)

1. कोवैक्सीन (Covaxin)

- भारतीय चिकित्सा अनुसंधान परिषद (ICMR) और राष्ट्रीय विषाणु विज्ञान संस्थान (NIV) के सहयोग से भारत बायोटेक द्वारा कोविड-19 के विरुद्ध पहली और एकमात्र स्वदेशी रूप से विकसित वैक्सीन है।
- कोवैक्सीन एक निष्कृत वायरल वैक्सीन है। इस वैक्सीन को होल-विरियन इनएक्टिवेटेड वेरो सेल-व्युत्पन्न तकनीक से विकसित किया गया है। उनमें निष्कृत वायरस होते हैं, जो किसी व्यक्ति को संक्रमित नहीं कर सकते हैं, लेकिन फिर भी प्रतिरक्षा प्रणाली को सक्रिय विषाणु के विरुद्ध एक रक्षा तंत्र तैयार करना सिखा सकते हैं।
- इसके तीसरे चरण के अंतरिम परीक्षण परिणामों के अनुसार कोवैक्सिन की प्रभावशीलता 81% है।
- इसके 2 खुराकों के बीच का अंतराल 4-6 सप्ताह है।
- इसकी दूसरी खुराक के बाद यह वैक्सीन 78-95% प्रभावी हो सकती है।

2. कोविशील्ड (Covishield)

- कोविशील्ड को ऑक्सफोर्ड यूनिवर्सिटी द्वारा एस्ट्राजेनेका के सहयोग से विकसित किया गया है और इसका निर्माण भारतीय सीरम संस्थान (SII) द्वारा किया जा रहा है।
- इसे वायरल रोगजनक प्लेटफॉर्म का उपयोग करके तैयार किया गया है।
- एक प्रतिकृति-दोषयुक्त वाले चिपैंजी एडीनोवायरस (कोल्ड वायरस) – ChAdOx1 जिसे – मानव की कोशिकाओं में कोविड-19 स्पाइक प्रोटीन ले जाने में सक्षम बनाने के लिए रूपांतरित किया गया है।

- यह मूल रूप से अभिग्राही को संक्रमित करने में असमर्थ है, लेकिन प्रतिरक्षा प्रणाली को कोविड-19 स्पाइक प्रोटीन की खतरे के रूप में पहचान करता है तथा इसके विरुद्ध एंटीबॉडी विकसित करने का कार्य करता है।
- वैश्विक रिपोर्ट के अनुसार कोविशील्ड वैक्सीन की प्रभावशीलता लगभग 90% है।
- इसकी पहली और दूसरी खुराक के बीच का अंतराल 12-16 सप्ताह है।
- इसकी दूसरी खुराक के बाद प्रभावकारिता 70-90% के मध्य भिन्न हो सकती है।

3. फाइजर अर्थात् PFizer (कॉमरनेटी / बायोएनटेक) [Pfizer (Comirnaty/BioNTech)]

- यह फाइजर एवं बायोएनटेक द्वारा संयुक्त रूप से विकसित की गई है।
- यह mRNA (मैसेंजर आरएनए) तकनीक का उपयोग करता है।
- यह संश्लेषित जीन पर निर्भर करता है, जिसे कई सप्ताहों में उत्पन्न और विनिर्मित किया जा सकता है, तथा पारंपरिक वैक्सीनों की तुलना में अधिक तीव्रता से बड़े पैमाने पर उत्पादित किया जा सकता है।
- यह वैक्सीन कोशिकाओं में mRNA पुर:स्थापित करके कार्य करता है। यह mRNA कोशिकाओं को कोविड-19 वायरस से प्रोटीन बनाना सिखाता है। शरीर इस प्रोटीन का पता लगाता है और एक मजबूत प्रतिरक्षा प्रतिक्रिया को विकसित करता है। यह एंटीबॉडी बनाता है, साथ ही SARS-CoV-2 संक्रमण के विरुद्ध लंबे समय तक परिचालित प्रतिरक्षा विकसित करता है।
- शरीर द्वारा प्रतिरक्षी प्रतिक्रिया उत्पन्न करने के बाद, यह वैक्सीन के सभी अवयवों को त्याग देता है, ठीक वैसे ही जैसे यह किसी ऐसे पदार्थ को त्याग देता है, जिसकी कोशिकाओं को अब आवश्यकता नहीं है।

4. स्पुतनिक (गमाल्या) [Sputnik (Gamaleya)]

- यह एक एडीनोवायरस-आधारित वैक्सीन है, जिसे गमाल्या नेशनल सेंटर ऑफ एपिडेमियोलॉजी एंड माइक्रोबायोलॉजी द्वारा विकसित किया गया है।
- स्पुतनिक V एक संयुक्त रोगजनक वैक्सीन है, जिसका अर्थ है कि यह निष्कृत विषाणु का उपयोग करता है, जिसे रोगवाहक कहा जाता है।
- अन्य प्रकार के वैक्सीनों के विपरीत, स्पुतनिक V में SARS-CoV-2 वायरस का कोई रूप नहीं होता है। इसके बजाय, यह दो भिन्न-भिन्न एडीनोवायरस के रूपांतरित संस्करण पर निर्भर करता है, जिन्हें rAd26 एवं rAd5 के नाम से जाना जाता है।
- कोविड-19 के विरुद्ध प्रतिरोधक क्षमता विकसित करने हेतु इसमें SARS-CoV-2 स्पाइक प्रोटीन शामिल करने के लिए इसे रूपांतरित किया गया है।
- जब यह वैक्सीन शरीर में प्रवेश करती है, तो वैक्सीनों के भीतर एडीनोवायरस रोगवाहक कोशिकाओं में प्रवेश करते हैं और SARS-CoV-2 वायरस पर पाए जाने वाले स्पाइक प्रोटीन को पुन: विकसित करते हैं। जैसे ही कोशिका इस बाह्य स्पाइक प्रोटीन की पहचान करती है, प्रतिरक्षा प्रणाली सक्रिय हो जाती है और विषाणु के विरुद्ध एंटीबॉडी बनाना शुरू कर देती है।

25.15 वायरस उत्परिवर्तित क्यों होते हैं? (Why do Viruses Mutate?)

- उत्परिवर्तन का अर्थ केवल अंतर है; जीनोम में एक अक्षर परिवर्तन।
- वायरस में उत्परिवर्तन विकास का एक स्वाभाविक हिस्सा है।
- वायरस पर विकसित होने का दबाव इस तथ्य से बढ़ जाता है कि अब तक लाखों लोग संक्रमित हो चुके हैं।

कोविड -19 उत्परिवर्ती स्ट्रेन क्या है? (What is the COVID-19 Mutant Strain?)

- इसे VUI-202012/01 (दिसंबर 2020 में पहला "वेरिएंट अंडर इन्वेस्टिगेशन") नाम दिया गया है और इसे 17 बदलावों या म्यूटेशन के सेट से परिभाषित किया गया है। 13 दिसंबर तक, इस नए संस्करण के साथ कुल 1,108 मामलों की पहचान की गई थी, मुख्य रूप से इंग्लैंड के दक्षिण और पूर्व में जहां मामले बढ़ रहे हैं।

नया कोविड स्ट्रेन कितना हानिकारक है? (How Harmful is the New COVID Strain?)

- यह नया संस्करण जीनोम में कुछ 17 बदलाव दिखा रहा है, यह एक बहुत बड़ा बदलाव है। इस परिवर्तन के कारण, इस वायरस की संप्रेषणीयता भी बदल गई है और पहले के संस्करण की तुलना में 70% अधिक संक्रामक है।
- इस बात की बहुत अधिक संभावना है कि नया स्ट्रेन अभी भी यूके में ही है क्योंकि यूरोप के अन्य हिस्सों में इसका पता नहीं चला है।

यूके का टीका एक वैश्विक गेम-चेंजर है (UK Vaccine is a Global Game Changer)

- इस सप्ताह यूके में ऑक्सफोर्ड-एस्ट्राजेनेका वैक्सीन की स्वीकृति से COVID-19 कोरोना वायरस के प्रसार पर महत्वपूर्ण प्रभाव पड़ेगा क्योंकि यह अब तक स्वीकृत सबसे सुलभ शॉट है और इसके इसी तरह बने रहने की संभावना है।
- यह भारत के लिए महत्वपूर्ण है, क्योंकि पुणे स्थित सीरम इंस्टीट्यूट ऑफ इंडिया (SII) ने देश में वैक्सीन को पहुँचाने के लिए एस्ट्राजेनेका के साथ करार किया है।

यह वैक्सीन कैसे काम करता है? (How this Vaccine Works?)

- यह नया टीका एक वायरल वेक्टर टीका है, जो पहले से स्वीकृत mRNA टीकों की तुलना में अलग तरीके से काम करता है।
- एक वायरल वेक्टर वैक्सीन मानव कोशिकाओं में SARS-CoV-2 जीन को डीएनए के रूप में पहुंचाने के लिए एक अन्य गैर-प्रतिकृति वायरस का उपयोग करता है, जहां सुरक्षात्मक प्रतिरक्षा प्रतिक्रिया को प्रेरित करने के लिए वायरल प्रोटीन का उत्पादन किया जाता है।

मामला (Concern)

- रक्त के नमूनों में रसायनों की उपस्थिति बहुत कम थी क्योंकि मरीज तेजी से ठीक हो रहे थे। यदि विषाक्त पदार्थों की मात्रा अधिक थी, या हवा के माध्यम से फैलती थी, तो यह तंत्रिका तंत्र को प्रभावित करती थी।

25.16 मोनोक्लोनल एंटीबॉडीज COVID के खिलाफ काम करते हैं (Monoclonal Antibodies Work Against COVID)

मानव शरीर की प्रतिरक्षा रोगज़नकों (यानी रोग पैदा करने वाले एजेंट, जैसे- वायरस, बैक्टीरिया आदि) के खिलाफ एक रक्षा तंत्र के रूप में काम करती है, जो एंटीबॉडी के उत्पादन को प्रेरित करते हैं।

COVID-19 से ठीक होने वाले अधिकांश लोगों के शरीर **SARS-CoV-2 वायरस के प्रति एंटीबॉडी का उत्पादन करते हैं। वैज्ञानिकों ने पाया है कि ये एंटीबॉडी संक्रमण के बाद कम-से-कम 5-7 महीने तक बनी रहती हैं।**

वैज्ञानिक इन एंटीबॉडी को एक प्रयोगशाला सेटिंग में भी बना सकते हैं, जिसे रक्त में डाला जा सकता है यानी मोनोक्लोनल एंटीबॉडी (MAb) । MAb एक एंटीबॉडी की समान प्रतियां हैं जो एक विशिष्ट एंटीजन को लक्षित करती हैं। वैज्ञानिक सफेद रक्त कोशिकाओं को एक विशेष प्रतिजन के संपर्क में लाकर मोनोक्लोनल एंटीबॉडी बना सकते हैं। वे एकल श्वेत रक्त कोशिका या क्लोन का चयन करते हैं और इसका उपयोग कई समान कोशिकाओं के उत्पादन के लिए आधार के रूप में कर सकते हैं, जिससे मोनोक्लोनल एंटीबॉडी की कई समान प्रतियां बन सकती हैं। मोनोक्लोनल एंटीबॉडी इबोला और एचआईवी रोग के खिलाफ पहले इस्तेमाल किया गया था। प्रत्येक मोनोक्लोनल एंटीबॉडी अपने मिलान प्रतिजन के लिए विशिष्ट है। इस तरह, COVID-19 के खिलाफ, कई अधिकृत मोनोक्लोनल एंटीबॉडी थेरेपी लागू हैं।

SARS-CoV-2 वायरस का स्पाइक ग्लाइकोप्रोटीन, जो इसकी सतह पर बैठता है, शरीर की कोशिकाओं में वायरस के प्रवेश की सुविधा के लिए कार्य करता है। कुछ SARS-CoV-2 एंटीबॉडी स्पाइक प्रोटीन से बंधते हैं और वायरस को कोशिका में प्रवेश करने से रोकते हैं। वर्तमान में, COVID-19 के लिए सभी मोनोक्लोनल एंटीबॉडी जिसके लिए FDA (खाद्य एवं औषधि प्रशासन, यूएसए) ने आपातकालीन उपयोग प्राधिकरण जारी किया है, स्पाइक प्रोटीन को लक्षित करते हैं।

25.17 mRNA वैक्सीन तकनीक (mRNA Vaccine Technology)

मैसेंजर आरएनए या mRNA तकनीक हमारी कोशिकाओं को संक्रामक रोगों की पहचान तथा उनको संरक्षित करना सिखाती है। इस नई तकनीक की चुनौतियों में से एक यह है कि परिवहन एवं भंडारण के दौरान स्थिरता बनाए रखने हेतु इसे ठंडा रखा जाना चाहिए।

mRNA वैक्सीन (mRNA Vaccines)

- mRNA वैक्सीन शरीर को कुछ वायरल प्रोटीनों का उत्पादन करने हेतु प्रेरित करते हैं।
- ये mRNA, या मैसेंजर आरएनए का उपयोग करके कार्य करते हैं, जो अणु है, जो अनिवार्य रूप से डी. एन. ए. निर्देशों को क्रियात्मक रूप प्रदान करता है।
- कोशिका के अंदर, प्रोटीन बनाने के लिए mRNA टेम्पलेट के रूप में प्रयोग किया जाता है।

यह किस प्रकार कार्य करता है? (How Does it Work?)

1. एक mRNA वैक्सीन का उत्पादन करने के लिए, वैज्ञानिक mRNA का संश्लेषिक संस्करण तैयार करते हैं, जिसका उपयोग एक विषाणु अपने संक्रामक प्रोटीन बनाने के लिए करता है।
2. यह mRNA मानव शरीर में पहुँचाया जाता है, जिसकी कोशिकाएँ इसे उस वायरल प्रोटीन के निर्माण के निर्देश के रूप में पढ़ती हैं, और इसलिए स्वयं विषाणु के कुछ अणु का निर्माण करती हैं।
3. ये प्रोटीन एकल होते हैं, इसलिए ये विषाणु बनाने के लिए समवेत नहीं होते हैं।
4. इस स्थिति में प्रतिरक्षा प्रणाली इन वायरल प्रोटीन का पता लगा लेती है और उनके प्रति रक्षात्मक प्रतिक्रिया उत्पन्न करना शुरू कर देती है।

mRNA वैक्सीनों का महत्व (Significance of mRNA Vaccines)

- हमारी प्रतिरक्षा प्रणाली के दो भाग होते हैं: जन्मजात (वह सुरक्षा जिसके साथ हम पैदा हुए हैं) और अर्जित (जिसे हम रोगजनकों के संपर्क में आने पर विकसित करते हैं)।
- उत्कृष्ट वैक्सीन अणु आमतौर पर केवल उपार्जित प्रतिरक्षा प्रणाली के साथ कार्य करते हैं और जन्मजात प्रतिरक्षा प्रणाली के एक अन्य घटक द्वारा सक्रिय होती है, जिसे एक सहौषधि (adjuvant) कहा जाता है।
- दिलचस्प बात यह है कि वैक्सीनों में mRNA जन्मजात प्रतिरक्षा प्रणाली को भी प्रभावित कर सकता है, जो सहौषधि के युग्मन की आवश्यकता के बिना संरक्षण की एक अतिरिक्त परत प्रदान करता है।

स्व-प्रतिकृति mRNA कोविड-19 वैक्सीन (Self-Replicating mRNA Covid-19 Vaccines)

कैलिफोर्निया स्थित एक दवा कंपनी ने ARCT-154 विकसित किया है, जो कोविड-19 संक्रमण के विरुद्ध एक स्व-प्रवर्धक mRNA वैक्सीन है।

लाभः इसने गंभीर कोविड-19 के विरुद्ध 95% और कोविड संक्रमण के विरुद्ध 55% सुरक्षा प्रदान की है।

प्रश्न एवं उत्तर (Questions & Answers)

वस्तुनिष्ठ प्रश्न (Objective Questions)

1. कोविड-19 विश्वमहामारी को रोकने के लिए बनाई जा रही वैक्सीनों के प्रसंग में, निम्नलिखित कथनों पर विचार कीजिए: *[UPSC (Pre) - 2022]*

1. भारतीय सीरम संस्थान ने mRNA प्लेटफॉर्म का प्रयोग कर कोविशील्ड नामक कोविड-19 वैक्सीन निर्मित की।
2. स्पुतनिक V वैक्सीन रोगवाहक (वेक्टर) आधारित प्लेटफॉर्म का प्रयोग कर बनाई गई है।
3. कोवैक्सीन एक निष्कृत रोगजनक आधारित वैक्सीन है।

उपर्युक्त में से कौन-से कथन सही हैं?

(a) केवल 1 और 2
(b) केवल 2 और 3
(c) केवल 1 और 3
(d) 1, 2 और 3

2. निम्नलिखित कथनों में से कौन-सा एक, मानव शरीर में B कोशिकाओं और T कोशिकाओं की भूमिका का सर्वोत्तम वर्णन है? *[UPSC (Pre) - 2022]*

(a) वे शरीर को पर्यावरणीय प्रत्यूर्जकों (एलर्जनों) से संरक्षित करती हैं।
(b) वे शरीर के दर्द और सूजन का अपशमन करती हैं।
(c) वे शरीर में प्रतिरक्षा-निरोधकों की तरह काम करती हैं।
(d) वे शरीर को रोगजनकों द्वारा होने वाले रोगों से बचाती हैं।

3. 'ACE2' पद का उल्लेख किस संदर्भ में किया जाता है। *[UPSC (Pre) - 2021]*

(a) आनुवंशिक रूप से रूपांतरित पादपों में पुर:स्थापित (इंट्रोड्यूज) जीन।
(b) भारत के निजी उपग्रह संचालन प्रणाली का विकास।
(c) वन्य प्राणियों पर निगाह रखने के लिए रेडियो कॉलर।
(d) विषाणुजनित रोगों का प्रसार।

उत्तरमाला (Answer Key)

1. (b) 2. (d) 3. (d)

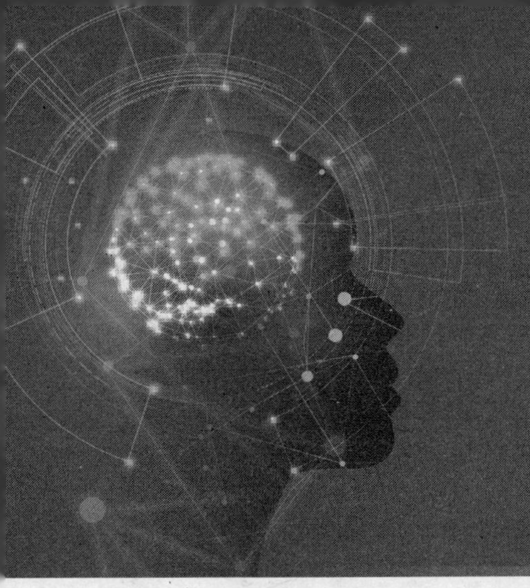

अध्याय

26

विविध विषय
(Miscellaneous Topics)

इस अध्याय में...

नायलॉन 6.6 एक सिंथेटिक पॉलिमर है जिसे बैकबोन शृंखला में एमाइड्स के विशिष्ट एकलकों (मोनोमर्स) के कारण पॉलियामाइड कहा जाता है। दो अलग-अलग अणुओं (एडिपिक एसिड और हेक्सा मेथिलीनडायमाइन) को मिलाकर 6 कार्बन परमाणुओं की पुनरावृत इकाइयाँ बनाई जाती हैं, इस प्रकार इसे नायलॉन 6.6 नाम दिया गया है।

जापान में अब धातु-आधारित सुपरकंडक्टर के उपयोग के साथ इलेक्ट्रोडायनामिक सस्पेंशन ट्रेन चल रही है। -278°C पर धातु सुपरकॉन कंडक्टर बन जाती है और प्रतिरोध लगभग शून्य हो जाता है।

26.1 भारी जल (Heavy Water)

1932 में, डॉ. एच. सी. उरे ने भारी जल की खोज की और उन्हें इसके लिए नोबेल पुरस्कार दिया गया। भारी जल में, हाइड्रोजन के समस्थानिकों में से एक, ड्यूटेरियम का उपयोग किया जाता है। भारी जल को लोकप्रिय रूप से ड्यूटेरियम ऑक्साइड (D_2O) भी कहा जाता है।

26.1.1 भारी जल के विभिन्न उपयोग (Various Uses of Heavy Water)

- दवाओं का ड्यूटरण (Deuteration), कुछ दवाओं के चयापचय में परिवर्तन, जिससे औषधीय कार्रवाई की अवधि बढ़ सकती है और/या विषाक्त प्रभाव में कमी हो सकती है।
- ड्यूटेरेटेड औषधियों से चिकित्सीय **दक्षता में वृद्धि** होती है।
- कई **ऊतकों/अंगों के संरक्षण में;** उदाहरण के लिए, किडनी को बिना किसी क्षति या क्षय के संरक्षित किया जा सकता है।
- **कैंसर रोधी दवाओं के ड्यूटरण से दुष्प्रभाव कम हो जाते हैं**, साथ ही इसकी प्रभावकारिता भी बरकरार रहती है।
- भारी जल का उपयोग परमाणु **चुंबकीय अनुनाद स्पेक्ट्रोस्कोपी में भी किया जा सकता है।** यह इंसानों में रक्तचाप को नियंत्रित कर सकता है।
- D_2O का उपयोग कुछ परमाणु रिएक्टरों में **मॉडरेटर** के रूप में किया जाता है और इसे कूलिंग एजेंट के रूप में भी इस्तेमाल किया जा सकता है।
- **यह कुछ टीकों जैसे ओरल पोलियो टीके या अन्य मैक्रो-अणुओं की ताप स्थिरता को बढ़ाता है,** जिनका तापमान जमा देने वाला होता है।

26.1.2 भारी जल के हानिकारक प्रभाव (Harmful Effects of Heavy Water)

- मानव शरीर में इसकी उच्च सांद्रता (लगभग 50%) कोशिका की शिथिलता और मृत्यु का कारण बन सकती है।
- यह पादप कोशिका विभाजन प्रक्रिया को बदल देता है और इसलिए पादपों की वृद्धि मंद हो जाती है।
- इसकी उच्च सांद्रता (लगभग 90%) जलीय जीवन को गंभीर रूप से प्रभावित करती है, यानी, मछली, टैडपोल, फ्लैटवर्म, ड्रोसोफिला आदि की मृत्यु का कारण बनती है।

सामान्य जल (H_2O) और भारी जल (D_2O) के बीच अंतर:
- उच्च गलनांक और क्वथनांक के कारण D_2O, H_2O की तुलना में अधिक श्यान (viscous) होता है।
- H_2O की तुलना में D_2O लगभग 2600 गुना न्यूट्रॉन-संयमित करने की क्षमता प्रदर्शित करता है।

26.1.3 भारी जल के संबंध में भारतीय डेटा (Indian Data regarding Heavy Water)

भारत विश्व में भारी जल का सबसे बड़ा उत्पादक है। भारत इसके उत्पादन में आत्मनिर्भर हो गया है। भारत, संयुक्त राज्य अमेरिका और कोरिया गणराज्य जैसे कई देशों को उच्च गुणवत्ता वाले D_2O का निर्यात करता है।

भारी जल बोर्ड, एक घटक इकाई है, जो भारत सरकार के परमाणु ऊर्जा विभाग के अधीन है। इस संगठन को D_2O के उत्पादन का काम सौंपा गया है और वह इसके लिए जिम्मेदार है, जिसका उपयोग परमाणु रिएक्टरों में 'मंदक (मॉडरेटर)' और 'शीतलक (कूलेंट)' दोनों के रूप में किया जा सकता है। लेकिन D_2O का उपयोग एक अच्छे मंदक के रूप में किया जाता है न कि शीतलक के रूप में।

D_2O उत्पादन में अनुसंधान 1960 के दशक में भाभा परमाणु अनुसंधान केंद्र (BARC) द्वारा शुरू किया गया था। भारत में पहला भारी जल रिएक्टर संयंत्र पंजाब के नांगल में स्थापित किया गया था। भारी जल बोर्ड देश भर में निम्नलिखित सात भारी जल संयंत्रों में काम कर रहा है - गुजरात में बड़ौदा, तमिलनाडु में तूतीकोरिन, राजस्थान में कोटा, महाराष्ट्र में थाल, गुजरात में हजीरा, ओडिशा में तालचेर और तेलंगाना में मनुगुरु।

नोट: अर्जेंटीना, सोवियत संघ, संयुक्त राज्य अमेरिका, नॉर्वे, कनाडा, पाकिस्तान, फ्रांस आदि विश्व में भारी जल उत्पादक अन्य देश हैं।

26.2 3 डी प्रिंटर, 4डी प्रिंटिंग और ऑर्गन प्रिंटिंग (3D Printer, 4D Printing and Organ Printing)

26.2.1 3 डी प्रिंटिंग (3D Printing)

3डी प्रिंटिंग/एडिटिव मैन्युफैक्चरिंग/रैपिड प्रोटोटाइप, एक डिजिटल फाइल/फॉर्मेट की मदद से त्रि-आयामी ठोस ऑब्जेक्ट निर्माण की एक प्रक्रिया है।

एक 3डी-ऑब्जेक्ट को योगात्मक (एडिटिव) प्रक्रियाओं या क्रमिक लेयरिंग विधि का उपयोग करके मुद्रित किया जाता है। ये परतें अंतिम वस्तु के पतले कटे क्षैतिज क्रॉस सेक्शन के रूप में होती हैं।

3 डी प्रिंटिंग का आविष्कार (Invention of 3D Printing)

3डी प्रिंटिंग का पहला पेटेंट 1986 में दिया गया था, जब ऑब्जेक्ट प्रिंटिंग के लिए स्टीरियोलिथोग्राफी उपकरण (SLA) का उपयोग किया गया था। इस मशीन का आविष्कार सबसे पहले चार्ल्स (चक) हल ने 1983 में किया था। 3डी प्रिंटिंग तीन चरणों - मॉडलिंग, प्रिंटिंग और फिनिशिंग के माध्यम से संभव होती है।

1. **मॉडलिंग:** किसी भी ऑब्जेक्ट को प्रिंट करने से पहले कंप्यूटर में **कंप्यूटर एडेड डिजाइन (CAD)** या **एनिमेशन मॉडलिंग सॉफ्टवेयर** होना चाहिए, जो कंप्यूटर में डिजिटल फॉर्मेट स्टोर कर सके।
2. **प्रिंटिंग (मुद्रण):** मॉडलिंग के बाद, अगला चरण प्रिंटिंग है, जहां कार्ट्रिज की तरल प्रकृति क्रमिक परतों में सूख जाती है और एक विशेष आकार या ज्यामितीय विशेषता में एक पूर्ण ऑब्जेक्ट (वस्तु) बनाती है।
3. **फिनिशिंग:** ऑब्जेक्ट के आकार या प्रकार में किसी भी विसंगति के मामले में, इस ऑब्जेक्ट को पुन: प्रिंट किया जाता है और तब जाकर उचित फिनिशिंग संभव हो जाती है।

3 डी प्रिंटिंग में प्रयुक्त सामग्री (Materials Used in 3D Printing)

3डी प्रिंटिंग के लिए कई अलग-अलग सामग्रियों का उपयोग किया जा सकता है, जैसे ग्लास से भरी पॉलियामाइड, स्टीरियोलिथोग्राफी सामग्री (एपॉक्सी

रेजिन), चांदी, टाइटेनियम, स्टील, मोम, फोटोपॉलिमर, ABS प्लास्टिक, PLA, पॉलियामाइड (नायलॉन), पॉलीकार्बोनेट आदि।

विभिन्न उद्योगों में 3 डी प्रिंटिंग का उपयोग (Uses of 3D Printing in Various Industries)

एयरोस्पेस उद्योग, वास्तुकला उद्योग, मोटर वाहन उद्योग, वाणिज्यिक उत्पाद, उपभोक्ता वस्तु उद्योग, उपभोक्ता इलेक्ट्रॉनिक्स, रक्षा उद्योग, दंत चिकित्सा उद्योग, शिक्षा उद्योग, चिकित्सा उद्योग, मोल्डिंग उद्योग आदि।

नोट: '**फूडिनी** (Foodini)' (खाद्य सामग्री हेतु 3D प्रिंटर) एक 3D प्रिंटर है जो खाद्य सामग्री का उपयोग करता है।

3 डी प्रिंटिंग के समक्ष चुनौतियाँ (Challenges Faced by 3D Printing)

3डी प्रिंटर द्वारा कुछ भी बनाया जा सकता है, इसलिए अपराधी इसका दुरुपयोग अवैध उत्पाद बनाने के लिए कर सकते हैं। इस संबंध में 3डी प्रिंटर उपयोगकर्ताओं के लिए बौद्धिक संपदा अधिकारों के मुद्दे भी पैदा हो सकते हैं।

26.2.2 4डी प्रिंटिंग (4D Printing)

- **4डी प्रिंटिंग में**, एक **3डी-मुद्रित ऑब्जेक्ट** तापमान, प्रकाश या अन्य पर्यावरणीय उद्दीपनों जैसे कुछ अतिरिक्त कारकों के प्रभाव में स्वयं का एक और रूपांतरण (modification) कर लेते हैं।
- **3डी-प्रिंटेड ऑब्जेक्ट**, किसी भी प्लास्टिक या धातु के हिस्सों की तरह निश्चित आकार बनाए रखते हैं लेकिन **4डी-प्रिंटेड** ऑब्जेक्ट समय के साथ स्वयं को बदल सकते हैं।
- विभिन्न प्रकार की सामग्रियों का उपयोग **हाइड्रोजेल जैसी स्मार्ट सामग्रियों के विस्तार योग्य तत्व के रूप में और आकार स्मृति वाले तत्वों का उपयोग पॉलिमरिक सामग्रियों** के रूप में किया जा सकता है। **हाइड्रोजेल** बड़ी मात्रा में जल को अवशोषित करने में सक्षम है और इसे बाहरी पर्यावरणीय परिस्थितियों में बदलाव के साथ सिकुड़ने या फैलने के लिए प्रोग्राम किया जा सकता है।
- **आकार स्मृति (Shape Memory) वाले तत्व:** उद्दीपन प्रयुक्त होने पर विकृत आकार से अपने मूल आकार में लौटने की क्षमता के कारण इसे स्मार्ट सामग्री माना जा सकता है। आकार-स्मृति सामग्री सस्ती होती है और इनका घनत्व कम होता है। अनुसंधान के तहत कुछ तत्व कार्बन फाइबर, स्मार्ट टेक्सटाइल सामग्री, प्रोग्राम करने योग्य लकड़ी आदि हैं।

4डी प्रिंटिंग के संभावित अनुप्रयोग (Possible Applications of 4D Printing)

- **चिकित्सा उपकरण** – रक्त वाहिकाओं में लगाए जाने वाले स्टेंट के लिए। दवा के कैप्सूल जो दवा पहुंचाते हैं।
- **घरेलू उपकरण** – ऊष्मा और आर्द्रता के अनुसार नियंत्रण और समायोजन।
- **कपड़े और जूते**
  - ***प्रत्यारोपण*** – मनुष्यों और जानवरों के लिए जैव संगत सामग्रियों से बने।
  - ***सॉफ्ट रोबोट*** – किसी विद्युत उपकरण पर निर्भरता के बिना सक्रिय हो सकते हैं।
- **स्मार्ट वाल्व**
  - बुनियादी ढांचे के लिए ***सेंसर***।

26.2.3 ऑर्गन प्रिंटिंग/बायोप्रिंटिंग (Organ Printing/Bioprinting)

यह 3डी प्रिंटिंग तकनीक का उपयोग करने के लिए जीव विज्ञान को एकीकृत करने का एक तरीका है। यह एक तकनीक (3डी प्रिंटर) है जिसका उपयोग कृत्रिम अंगों के विकास के लिए किया जाता है।

कई प्रकार के अंग अलग-अलग आकार में विकसित होते हैं, **चपटे (flat)** – जैसे त्वचा, **संवहनी (vascular)** – जैसे रक्त वाहिकाएं या **खोखले (hollow)** – जैसे मूत्राशय।

यहां, कृत्रिम अंगों को प्राप्तकर्ता की अपनी कोशिकाओं की मदद से प्रत्यारोपण के लिए तैयार किया जाता है, इसलिए इनके अंग अस्वीकृति (organ rejection) की कोई संभावना नहीं होती है।

ऑर्गन प्रिंटिंग की प्रक्रिया (Process of Organ Printing)

जैवप्रिंटिंग/बायोप्रिंटिंग में, **बायोइंक** का उपयोग कार्ट्रिज के रूप में किया जाता है, जो स्टेम कोशिका आदि जैसी विशिष्ट कोशिकाओं का मिश्रण होता है। ये स्टेम कोशिका लेयरिंग, बायोपेपर पर बनती है, जो कोलेजन, जल और हाइड्रोजेल से बना होता है। जब बायोपेपर हटा दिया जाएगा या सूख जाएगा तो ये सभी परतें क्रमिक तरीके से जुड़ जाएंगी। नए बायोइंक में चिकित्सा उद्योग में उपयोग किए जाने वाले दो अलग-अलग पॉलिमर घटक शामिल हैं: **समुद्री शैवाल से निकाला गया एक प्राकृतिक पॉलिमर** और **एक सैक्रिफिसिअल सिंथेटिक पॉलिमर**।

बायोप्रिंटिंग के लाभ (Benefits of Bioprinting)

- अंगों और डीएनए की कोई अस्वीकृति नहीं क्योंकि इसमें स्वयं की कोशिकाओं का उपयोग किया जाता है।
- प्रतिरक्षा-रोधी दवाओं की कोई आवश्यकता नहीं होती है, जिनकी सामान्य अंग प्रत्यारोपण में आवश्यक होती हैं।
- यह अंग दान की आवश्यकता को समाप्त कर देगा।
- अंग की उपलब्धता के लिए इंतजार करने की कोई आवश्यकता नहीं होगी।

26.3 नार्कोएनालिसिस, पॉलिग्राफी टेस्ट और ब्रेन मैपिंग (Narcoanalysis, Polygraphy Test and Brain Mapping)

इस तकनीक का उपयोग मुख्य रूप से मनोचिकित्सा और कानून प्रवर्तन के उद्देश्य से पूछताछ के लिए किया जाता है। **'ट्रुथ ड्रग'** या **'ट्रुथ सीरम'** शब्द उस बार्बिट्यूरेट को संदर्भित करता है, जिसे नार्कोएनालिसिस में दिया जाता है।

अवधारणा (Concept)

नार्कोएनालिसिस परीक्षण में, दवाओं के उपयोग से व्यक्ति के तंत्रिका तंत्र में हस्तक्षेप करके उसके प्रावरोध (inhibitions) और मानसिक सुरक्षा को कम किया जाता है।

नार्कोएनालिसिस परीक्षण, 3000 मिलीलीटर आसुत जल में 3 ग्राम सोडियम पेंटोथल या सोडियम एमाइटल को घोलकर किया जाता है।

यह दवा केंद्रीय तंत्रिका तंत्र का दमन करती है, रक्तचाप कम कर देती है और फिर हृदय गति को धीमा कर देती है, जिससे व्यक्ति को कृत्रिम निद्रावस्था में भेज दिया जाता है, जिसके परिणामस्वरूप व्यक्ति का प्रावरोध कम हो जाता है।

इस स्थिति में उसके लिए झूठ बोलना असंभव नहीं बल्कि मुश्किल हो जाता है। दूसरे शब्दों में, वे जो भी बोलते हैं उसे सत्य माना जाता है।

इसके बाद जांच एजेंसियों द्वारा व्यक्ति से पूछताछ की जाती है। व्यक्ति से विशिष्ट लेकिन सरल प्रश्नों का उत्तर पूछा जाता है। दिए गए उत्तर वीडियो और ऑडियो कैसेट दोनों में रिकॉर्ड किए जाते हैं। इसका उपयोग या तो अदालत में साक्ष्य के रूप में या जांच में सहायता के लिए किया जाता है।

> **नार्कोएनालिसिस**, एक प्रकार का नियंत्रित दवा प्रयोग है, जिसमें संदिग्ध व्यक्ति को अंत:शिरा स्वापक (हिप्नोटिक) दवा दी जाती है। **स्वापक औषधियों को ट्रुथ ड्रग भी कहा जाता है।**
>
> **पॉलिग्राफ**, लाई डिटेक्टर के नाम से भी लोकप्रिय है। यह किसी भी प्रश्न के दौरान मानव शरीर में विभिन्न गतिविधियों, जैसे- रक्तचाप, नाड़ी, श्वसन, श्वास प्रणाली और विभिन्न अन्य गतिविधियों की जांच करने के लिए कई उपकरणों का उपयोग करता है।
>
> **ब्रेन मैपिंग**, एक तंत्रिका विज्ञान तकनीक है, जहां मस्तिष्क तरंग आवृत्ति का विश्लेषण किया जाता है। यहां, **एक सेंसर सिर से जुड़ा हुआ होता है और ऑन-बोर्ड कंप्यूटर स्क्रीन से जुड़ा हुआ होता है। ये सेंसर मस्तिष्क-आधारित विद्युत गतिविधि की निगरानी करते हैं और परिणामी उद्दीपन/उत्तेजना के कारण कुछ तरंगों के रूप में सामने आते हैं।**

आलोचनाएँ (Criticisms)

भारत में पूछताछ के दौरान नार्कोएनालिसिस परीक्षण अपनाने के मुद्दे पर व्यापक रूप से बहस हुई है। यह गंभीर नैतिक, कानूनी और वैज्ञानिक प्रश्न उठाता है। आलोचना के कुछ मुख्य बिंदु इस प्रकार हैं:

1. **मौलिक अधिकारों का उल्लंघन: मौन/चुप रहने का अधिकार और गोपनीयता का उल्लंघन।**
2. **मानवाधिकारों का उल्लंघन करता है और यातना का एक रूप है:** नार्कोएनालिसिस एक प्रकार की मानसिक यातना है, जो तंत्रिका तंत्र को बाधित करके काम करती है और इस प्रकार व्यक्ति के प्रावरोधों को कम करती है। यह व्यक्ति की गरिमा का भी उल्लंघन करता है। ट्रुथ ड्रग के अनैतिक उपयोग को भी अंतर्राष्ट्रीय कानून के अनुसार यातना के रूप में वर्गीकृत किया गया है।
3. **अदालत में अविश्वसनीय और अस्वीकार्य:** नार्कोएनालिसिस परीक्षण बहुत विश्वसनीय नहीं माने जाते हैं। इसके प्रभाव में आने वाले व्यक्ति तथ्य को कल्पना के साथ मिला सकते हैं, और इस प्रकार गलत या भ्रामक उत्तर दे सकते हैं।
4. **नशीली दवाओं के दुरुपयोग के आदी संदिग्धों** को बार्बिट्यूरेट के इच्छित प्रभाव का अनुभव नहीं हो सकता है और फिर भी वे 'नियंत्रण में' रह सकते हैं।
5. एक नार्कोएनालिसिस परीक्षण रिपोर्ट की वैध हो सकती है लेकिन चूंकि इसमें एक अर्धचेतन व्यक्ति द्वारा की गई स्वीकारोक्ति शामिल है, इसलिए इसे अदालत में पूरी तरह से स्वीकार्य नहीं माना जाना चाहिए।

पक्ष में (In Favour)

1. हालांकि, यह बताया गया है कि नार्कोएनालिसिस, जांच (investigations) में महत्वपूर्ण रूप से सहायक हो सकता है। पुलिस अपनी पूरी जांच केवल मादक द्रव्य विश्लेषण पर आधारित नहीं करती है। नार्कोएनालिसिस, नियोजित विभिन्न तरीकों में से केवल एक है।
2. पुलिस को सभी उपलब्ध तरीकों का उपयोग करने की अनुमति दी जानी चाहिए, जब तक कि वे किसी कानूनी या नैतिक सिद्धांतों का उल्लंघन न करें, क्योंकि कानून प्रवर्तन भी महत्वपूर्ण है। इन तरीकों की मनाही से पुलिस को अपनी जांच में बाधा आ सकती है, खासकर आतंकवाद जैसे मामलों में जहां प्रतिवादी अभियोजन से बचने के लिए कई तरह के तरीकों का इस्तेमाल कर सकता है। इसलिए संतुलित दृष्टिकोण अपनाना होगा।
3. पॉलिग्राफ और ब्रेन मैपिंग नार्कोएनालिसिस जैसी दखल देने वाली तकनीकें नहीं हैं और इन्हें पुलिस द्वारा अपनी जांच में इस्तेमाल करने की अनुमति दी जानी चाहिए।

नार्कोएनालिसिस परीक्षण में व्यक्ति को 'ट्रुथ सीरम' का इंजेक्शन लगाया जाता है, जिससे व्यक्ति निसंकोच और बातूनी हो जाता है। चूंकि यह अभी भी संभव है कि लोग 'ट्रुथ सीरम' के प्रभाव में झूठ बोल सकते हैं, यह पूरी तरह से विश्वसनीय नहीं है।

P300 परीक्षण (P300 Test)

जब मस्तिष्क किसी व्यक्ति की ध्वनि को पहचानता है, तो वह एक विशेष प्रकार की विद्युत तरंग उत्पन्न करता है, जिसे P300 कहा जाता है। सेंसर, P300 परीक्षण से गुजर रहे व्यक्ति के सिर से जुड़े होते हैं और व्यक्ति को कंप्यूटर मॉनीटर के सामने बैठाया जाता है। फिर उसे कुछ चित्र दिखाए जाते हैं या कुछ ध्वनियाँ सुनाई जाती हैं। सेंसर मस्तिष्क में विद्युत गतिविधि पर नजर रखता है और P300 तरंगों को पंजीकृत करता है, जो केवल तभी उत्पन्न होती हैं, जब व्यक्ति का उद्दीपनों के साथ कुछ संबंध होता है और इस मामले में, ये चित्र या ध्वनियाँ होती हैं। P300 परीक्षण में व्यक्ति से कोई प्रश्न नहीं पूछा जाता है। इन परीक्षणों का उपयोग जांचकर्ताओं द्वारा अपने निष्कर्षों की जांच करने और यह निर्धारित करने के लिए किया जाता है कि क्या कोई संदिग्ध सच बोल रहा है या उससे किसी मामले से संबंधित कुछ तथ्य उजागर कराए जा सकते हैं।

भारत में नार्को परीक्षण की स्थिति (Status of Narco Test in India)

भारत के केंद्रीय जांच ब्यूरो (सीबीआई) ने 26/11 मुंबई हमले के संदिग्ध कसाब सहित मामलों पर पूछताछ के लिए अंत:शिरा बार्बिट्यूरेट का उपयोग किया है। 5 मई, 2010 को, उच्चतम न्यायालय ने फैसला सुनाया कि अभियुक्त

की पूर्व सहमति के बाद ही नार्को, पॉलिग्राफ और ब्रेन मैपिंग परीक्षणों की अनुमति दी जाएगी। एक अन्य मामले में, मध्य प्रदेश उच्च न्यायालय ने एक बाघ की हत्या की जांच में नार्को परीक्षण की अनुमति दी।

26.4 केवलरः बुलेट प्रूफ जैकेट (Kevlar: Bullet Proof Jackets)

केवलर, एक अत्यंत मजबूत प्लास्टिक होता है। वस्तुतः **पॉलिमराइजेशन (बहुलक सामग्री)** द्वारा निर्मित सैकड़ों सिंथेटिक प्लास्टिक होते हैं, जिनमें से सभी के गुण अलग-अलग होते हैं। केवलर के अद्‌भुत गुण आंशिक रूप से इसकी आंतरिक संरचना के कारण हैं, कैसे इसके अणु स्वाभाविक रूप से नियमित, समानांतर रेखाओं में व्यवस्थित होते हैं और आंशिक रूप से इसके फाइबर में बनने के तरीके के कारण बनते हैं, जो एक साथ कसकर बुने जाते हैं।

पॉलिमेरिक पदार्थ

यह एक **बड़ा अणु या मैक्रोमोलेक्यूल** होता है जो लाखों बारंबार जुड़ी इकाइयों से बना होता है, इसमें प्रत्येक अपेक्षाकृत हल्का और सरल अणु होता है। **पॉलिमर सामग्री, पदार्थ विज्ञान और कार्बनिक रसायन विज्ञान** के विषय क्षेत्रों से संबंधित है।

- पॉलिमर, **बड़ी संख्या में अणुओं से बना एक पदार्थ** होता है, जो एक साथ जुड़कर बड़े अणु बनाते हैं।
- **बहुलक सामग्री का उदाहरण** - सिंथेटिक बहुलक का एक उदाहरण प्लास्टिक है। प्राकृतिक बहुलक का एक उदाहरण रबर है।
- नायलॉन 6.6 एक **सिंथेटिक पॉलिमर** है जिसे **बैकबोन शृंखला में एमाइड्स के विशिष्ट एकलकों (मोनोमर्स)** के कारण **पॉलियामाइड कहा जाता है।** दो अलग-अलग अणुओं **(एडिपिक एसिड और हेक्सामेथिलीनडायमाइन)** को मिलाकर 6 कार्बन परमाणुओं की पुनरावृत्त इकाइयाँ बनाई जाती हैं, इस प्रकार इसे नायलॉन 6.6 नाम दिया गया है।

सुपर-स्ट्रांग केवलर को बॉडी कवच (बुलेट-प्रतिरोधी जैकेट) में उपयोग के लिए जाना जाता है। केवलर के कुछ गुण निम्नलिखित हैं:

- यह मजबूत होने के साथ-साथ वजन में हल्का भी है।
- यह प्लास्टिक की तरह पिघलता नहीं है।
- इसका उपयोग बहुत कम तापमान पर भी किया जा सकता है।
- ऐरोमेटिक पॉलियामाइड में उच्च तापमान पर उच्च तन्यता ताकत, उच्च कठोरता और रासायनिक स्थिरता होती है।
- केवलर विभिन्न रसायनों के हमलों को रोकने में सक्षम है। हालांकि, मजबूत अम्ल या क्षार के लंबे समय तक संपर्क में रहने से यह समय के साथ खराब हो सकता है।

नोटः केवलर का उपयोग ऑटोमोटिव उद्योग में घर्षण सामग्री और एयरोस्पेस उद्योग में दहन सुरक्षा सामग्री के रूप में व्यापक रूप से किया जाता है।

26.5 एजेंट ऑरेंज (Agent Orange)

एजेंट ऑरेंज अमेरिकी सेना के लिए विकसित, विशेष रूप से उष्णकटिबंधीय जलवायु में उपयोग के लिए एक शाकनाशी (पौधे को मारने वाले रसायन) का कोड नाम है। 'एजेंट ऑरेंज' का नाम उस नारंगी बैंड के लिए रखा गया था, जिसका उपयोग उन ड्रमों को चिह्नित करने के लिए किया जाता था जिनमें इसे संग्रहीत किया गया था।

इस उत्पाद को सघन इलाकों में, जहां दुश्मन छिप सकते हैं, पेड़ों और झाड़ियों को निष्पत्रित (defoliating) करने के लिए संश्लेषित किया गया था।

एजेंट ऑरेंज का **ऑपरेशन रेंच हैंड** के नाम से रासायनिक युद्ध में परीक्षण किया गया था, जिसका इस्तेमाल अमेरिकी सेना ने **1961-1971 के दौरान वियतनाम** में किया था। **एजेंट ऑरेंज दो रसायनों**, अर्थात्, 2,4-डाइक्लोरोफेनोक्सीएसेटिक एसिड (2, 4, D) और 2,4,5-ट्राइक्लोरो फेनोक्सीएसेटिक एसिड (2, 4, 5, T) **का समान अनुपात (50:50) था।**

इस मिश्रित उत्पाद को आगे मिट्टी के तेल या डीजल ईंधन के साथ मिलाया गया और विमान, वाहन और हाथ से छिड़काव द्वारा फैलाया गया। युद्ध के दौरान दक्षिण वियतनाम में अनुमानित 19 मिलियन गैलन एजेंट ऑरेंज का उपयोग किया गया था। इसका लोगों के स्वास्थ्य पर विनाशकारी प्रभाव पड़ा, जो आगे उनके बच्चों पर भी पड़ रहा है।

नोटः सबसे व्यापक रूप से इस्तेमाल किया जाने वाला शाकनाशी, एजेंट ऑरेंज था, उसके बाद एजेंट व्हाइट था। युद्ध के दौरान वियतनाम में उपयोग की जाने वाली अन्य सामरिक शाकनाशियों में एजेंट ब्लू, एजेंट पर्पल, एजेंट पिंक और एजेंट ग्रीन शामिल हैं।

एजेंट पर्पल

एजेंट पर्पल को एजेंट ऑरेंज के डाइऑक्सिन स्तर से तीन गुना अधिक, 45 भाग प्रति मिलियन, एजेंट ऑरेंज में 13 भाग प्रति मिलियन के विपरीत माना जाता है।

एजेंट ब्लू

चिकित्सा विज्ञान में इसे 'आर्सेनिक-आधारित शाकनाशी' के रूप में परिभाषित किया गया है, जिसका उपयोग चौड़ी पत्ती वाले पौधों और पेड़ों (घास, चावल, बांस, केले के पेड़ आदि सहित) को नष्ट करने के लिए किया जाता है, विशेष रूप से वियतनाम युद्ध के दौरान चावल के खेतों में उपयोग किया गया है।

समाचार में

वियतनाम में घातक एजेंट ऑरेंज के उपयोग की 15वीं बरसी मनाने के लिए एजेंट ऑरेंज/डाइऑक्सिन के पीड़ितों का दूसरा अंतर्राष्ट्रीय सम्मेलन 7 से 10 अगस्त, 2012 तक हनोई में आयोजित किया गया था।

26.6 हाइड्रोपोनिक्स, एरोपोनिक्स और एक्वापोनिक्स (Hydroponics, Aeroponics and Aquaponics)

इन्फोग्राफिक देखें - हाइड्रोपोनिक्स बनाम् एरोपोनिक्स बनाम् एक्वापोनिक्स।

हाइड्रोपोनिक्स (जलकृषि)

- हाइड्रोपोनिक्स मृदा के बिना पादप उगाने की एक विधि है, जहां पौधों को पोषक तत्वों से भरपूर जल के घोल/विलयन में उगाया जाता है। हाइड्रोपोनिक्स में पादपों की वृद्धि के लिए माध्यम के रूप में मृदा पर निर्भर रहने के बजाय, नियंत्रित वातावरण में आवश्यक पोषक तत्वों को सीधे पादपों की जड़ों तक पहुंचाने के लिए विभिन्न तकनीकों का उपयोग किया जाता है।
- हाइड्रोपोनिक प्रणाली में, पादपों को आम तौर पर एक अक्रिय बढ़ते माध्यम में उगाया जाता है, जैसे कि पर्लाइट, वर्मीक्यूलाइट, रॉकवूल, या कोको कॉयर, जो जड़ों को सहारा प्रदान करता है। पादपों की जड़ें पोषक तत्व विलयन के सीधे संपर्क में आती हैं, जिसकी पादपों को आवश्यक खनिज और पोषक तत्व उपलब्ध कराने के लिए निरंतर, समय-समय पर पुनःपूर्ति की जाती है।
- हाइड्रोपोनिक सिस्टम को विभिन्न विन्यासों में स्थापित किया जा सकता है, जिसमें पोषक तत्व फिल्म तकनीक (NFT), गहन जल संवर्धन (deep water culture - DWC), ड्रिप सिंचाई और एरोपोनिक्स शामिल हैं। इन प्रणालियों को छोटे पैमाने के इनडोर सेटअप, ग्रीनहाउस या बड़े वाणिज्यिक संचालन में लागू किया जा सकता है।
- हाइड्रोपोनिक्स के लाभ:
  - पर्यावरणीय कारकों पर सटीक नियंत्रण
  - तीव्र विकास दर और बढ़ी हुई पैदावार
  - कुशल संसाधन उपयोग
  - स्थान दक्षता
  - साल भर खेती
  - रोग और कीट नियंत्रण
  - पर्यावरणीय प्रभाव में कमी

एरोपोनिक्स

- एरोपोनिक्स एक प्रकार की हाइड्रोपोनिक प्रणाली है जहां पादपों को बढ़ते माध्यम के उपयोग के बिना वायु या धुंध वाले वातावरण में उगाया जाता है। एरोपोनिक्स में, पादपों की जड़ों को हवा में लटकाया जाता है, और पोषक तत्वों से भरपूर फुहार या एरोसोल घोल की नियमित अंतराल पर सीधे जड़ों पर आपूर्ति की जाती है।
- पादपों को सहारा देने के लिए बढ़ते माध्यम का उपयोग करने वाले अन्य हाइड्रोपोनिक तरीकों के विपरीत, एरोपोनिक्स जड़ों को ऑक्सीजन के अधिकतम संपर्क में लाने की अनुमति देता है, जिससे तीव्र विकास और पोषक तत्वों के अवशोषण को बढ़ावा मिलता है।
- फुहार पोषक तत्व विलयन आम तौर पर मिस्ट या स्प्रेयर के माध्यम से वितरित किया जाता है, जिससे यह सुनिश्चित होता है कि जड़ों को एक अच्छी और लगातार पोषक तत्व युक्त फुहार प्राप्त होती है।
- एरोपोनिक सिस्टम को उनकी स्थान विशिष्ट दक्षता के लिए भी जाना जाता है, क्योंकि बढ़ते माध्यम की अनुपस्थिति कॉम्पैक्ट और ऊर्ध्वाधर सेटअप की आवश्यकता पैदा करती है। यह एयरोपोनिक्स को शहरी खेती और इनडोर बागवानी के लिए विशेष रूप से उपयुक्त बनाता है, जहां जगह सीमित है।
- कुल मिलाकर, एरोपोनिक्स पादपों की खेती की एक अत्यधिक कुशल और संसाधन-बचत विधि प्रदान करता है, जिसमें त्वरित विकास, उच्च पैदावार और मृदा या पारंपरिक बढ़ते माध्यम की आवश्यकता के बिना पादपों को विकसित करने की क्षमता सहित अनेक लाभ शामिल हैं।
- एरोपोनिक्स के लाभ:
  - तीव्र वृद्धि और अधिक पैदावार
  - कुशल पोषक तत्व ग्रहण
  - जल संरक्षण
  - स्थान विशिष्ट दक्षता
  - रोग और कीट संबंधी समस्याओं में कमी
  - संसाधन दक्षता
  - बहुमुखी और विस्तार क्षमता

एक्वापोनिक्स

- एक्वापोनिक्स एक टिकाऊ कृषि पद्धति है जो एक सहजीवी प्रणाली में जलीय कृषि (मछली पालन) और हाइड्रोपोनिक्स (पादपों की मृदा रहित खेती) को संयोजित करती है।
- इसमें पारस्परिक रूप से लाभप्रद संबंध में मछली और पादपों की खेती शामिल है, जहां मछली का अपशिष्ट पादपों के लिए पोषक तत्व प्रदान करता है, और पादप मछली के लिए जल को फ़िल्टर करते हैं।
- एक्वापोनिक प्रणाली में, मछलियों को एक टैंक या तालाब में पाला जाता है। मछलियाँ अमोनिया युक्त उत्सर्जन के रूप में अपशिष्ट उत्पन्न करती हैं। यह अपशिष्ट आम तौर पर जमा हो जाता है और पारंपरिक जलीय कृषि व्यवस्था में मछलियों के लिए जहरीला हो जाता है। हालाँकि, एक्वापोनिक्स में, मछली के अपशिष्ट युक्त जल को हाइड्रोपोनिक ग्रो बेड या राफ्ट सिस्टम में डाला जाता है, जहाँ पादप उगाए जाते हैं।
- पादप, आम तौर पर पत्तेदार साग या जड़ी-बूटियाँ, जल को फ़िल्टर करते समय मछली के अपशिष्ट से पोषक तत्वों को अवशोषित करते हैं। नाइट्रिफिकेशन नामक एक प्राकृतिक प्रक्रिया के माध्यम से, लाभकारी बैक्टीरिया अमोनिया को नाइट्राइट और फिर नाइट्रेट में परिवर्तित करते हैं, जो पादपों के लिए पोषक तत्व स्रोत के रूप में काम करते हैं। जैसे ही पादप इन पोषक तत्वों को ग्रहण करते हैं, वे जल को शुद्ध करने, हानिकारक पदार्थों को हटाने और मछली को स्वच्छ, ऑक्सीजन युक्त जल पुनः प्रदान करने में मदद करते हैं।
- • एक्वापोनिक्स के लाभ:
  - मछली और फसलों की सतत और कुशल दोहरी पैदावार
  - पर्यावरणीय प्रभाव में कमी
  - बहुमुखी प्रतिभा और विस्तार क्षमता
  - शैक्षिक और सामुदायिक लाभ

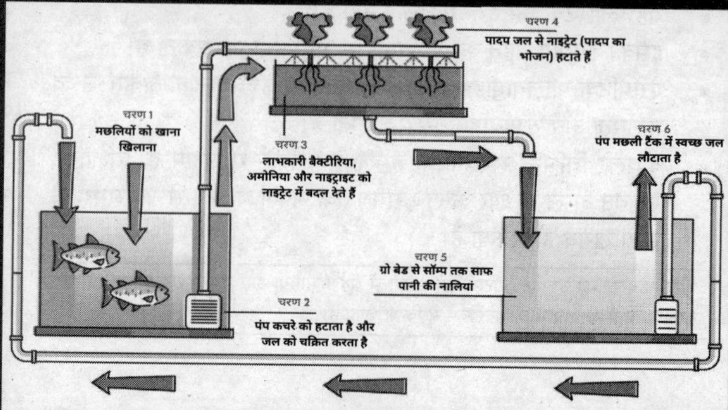

26.7 बायोडाइजेस्टर तकनीक या बायोटॉयलेट (Biodigester Technology or Biotoilet)

पित्रोदा समिति (रेलवे आधुनिकीकरण के लिए) और **काकोडकर समिति** (रेलवे सुरक्षा के लिए) ने साफ, स्वच्छ और सुरक्षित रेलवे पारिस्थितिकी तंत्र के उद्देश्य से पारंपरिक ओपन-डिस्चार्ज शौचालयों को हरित शौचालयों से प्रतिस्थापित करने की पुरजोर सिफारिश की थी।

हाल के वर्षों में, **DRDO और रेल मंत्रालय** की मदद से जैव-संपाचित्र अर्थात बायो-डाइजेस्टर-आधारित तकनीक पेश की गई है। इस प्रणाली में, मल अपशिष्ट को एक बंद कंटेनर में संग्रहीत किया जाएगा और **बैक्टीरियल इनोकुलम** की मदद से, कार्बनिक अपशिष्ट को **अवायवीय पाचन विधि** के उपयोग से पोषक तत्वों से भरपूर तरल उर्वरक और बायोगैस में परिवर्तित किया जाएगा। इस प्रक्रिया में कई गैसें उत्पन्न होती हैं, जैसे CH_4, NH_3, H_2S आदि। इसका उपयोग अपशिष्ट प्रबंधन और/या ऊर्जा जारी करने के लिए औद्योगिक या घरेलू उद्देश्यों के लिए भी किया जा सकता है।

2015 के बजट में, सरकार ने ₹1000 करोड़ के आवंटन के साथ भारतीय ट्रेनों में जैव-शौचालय (Bio-toilet) की शुरुआत की। इसे आगामी वर्ष की बजट योजना में आगे बढ़ाया गया था।

जैव-शौचालय कहां स्थापित किए जा सकते हैं?

ये हिमालय क्षेत्रों, ग्लेशियरों, रेलवे कोचों, बसों, राजमार्गों, ग्रामीण क्षेत्रों के घरों, शैक्षणिक संस्थानों, तीर्थ स्थलों आदि में कई स्थानों पर स्थापित किए जा सकते हैं।

जैव-शौचालयों के लाभ (Advantages of Bio-Toilets)

- मानव अपशिष्ट का 100% निपटान है और यह हाथ से सफाई की आवश्यकता को समाप्त करता है।
- ठोस कचरे का निपटारा एवं बायोगैस का उत्पादन
- पर्यावरण-अनुकूल
- मुफ्त रखरखाव
- 0°C से 55°C में कुशलता से कार्य करने में सक्षम है जहां जीवाणु इनाकुलम (bacterial inoculum) की मदद से अपघटन कराया जाता है।
- जैव शौचालय के कारण मानव अपशिष्ट पूर्णत: नष्ट हो जाते हैं, जिससे बीमारी फैलाने वाले कारकों को उत्पत्ति का अवसर नहीं मिलता और यह रोगों की रोकथाम में महत्वपूर्ण भूमिका निभाता है।

जैव शौचालय की कमियां (Disadvantages of Bio-Toilets)

- बायो-टॉयलेट सिस्टम बहुत-संवेदनशील है। इसमें नैपकिन, सिगरेट की कलियों, गुटका पाउच, बोतलें इत्यादि फेंकने के कारण यह कार्य करना बंद कर देता है।
- इसके उपयोग के बाद रख-रखाव में समस्या होती है।
- इन सब के अलावा, भारत सरकार स्वच्छ भारत अभियान के तहत भारत को 'खुले में शौच से मुक्त' चुनौती को भी इसके द्वारा पूरा करेगी। अनेक राज्य सरकारें इस दिशा में सकारात्मक कार्य कर रही हैं।

26.8 पेयजल शुद्धिकरण / जल शोधक (Drinking Water Purification/Water Purifier)

यह दूषित जल से अवांछित रसायनों, जैविक संदूषकों, निलंबित ठोस पदार्थों और गैसों को समाप्त करने की प्रक्रिया है।

शुद्ध जल निलंबित कणों, परजीवियों, बैक्टीरिया, शैवाल, वायरस, कवक सहित कणीय पदार्थ की सांद्रता को कम कर सकता है, साथ ही वर्षा के कारण बहने वाले जल से आने वाली सतहों से प्राप्त घुलनशील और कणीय सामग्री की मात्रा को भी कम कर सकता है।

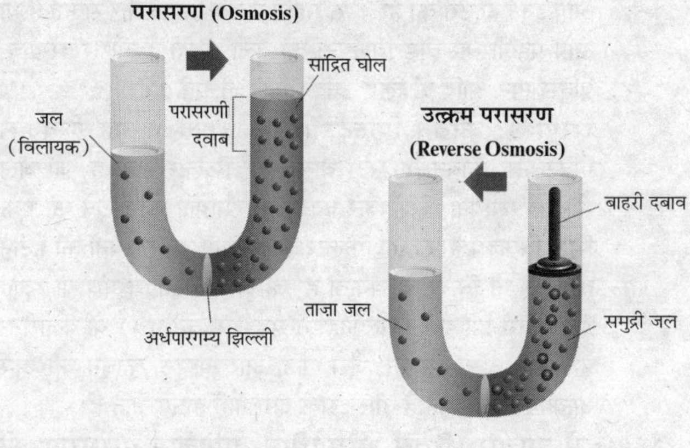

चित्र 26.1
रिवर्स ऑस्मोसिस की प्रक्रिया

जल निस्पंदन प्रक्रियाएं विभिन्न प्रकार की होती हैं जैसे- रिवर्स ऑस्मोसिस (RO), अल्ट्राफिल्ट्रेशन (UF) और पराबैंगनी कीटाणुशोधन (UV)। हमें जल की गुणवत्ता के आधार पर जल शोधन प्रणाली का चयन करना चाहिए।

रिवर्स ऑस्मोसिस की प्रक्रिया (Process of Reverse Osmosis)

यह एक सरल जल निस्पंदन तंत्र है। रिवर्स ऑस्मोसिस प्रणाली में विभिन्न घटक शामिल होते हैं। RO प्रणाली में अभिन्न भूमिका निभाने वाले घटकों के कार्य इस प्रकार हैं:

1. **पूर्व-उपचार (Pre-treatment):** पूर्व-उपचार प्रक्रिया उपचार की दक्षता को अधिकतम करती है। पूर्व-उपचार चरण के दौरान जल तलछट फिल्टर, कार्बन फिल्टर से होकर गुजरता है। **तलछट फिल्टर** गाद को हटाने में मदद करते हैं जबकि **कार्बन फिल्टर** जल में मौजूद कार्बनिक अशुद्धियों को दूर करने में मदद करते हैं। ये फिल्टर झिल्ली को क्षति से बचाने के लिए जल में मौजूद गंदगी, क्लोरीन सामग्री और अन्य तलछट को हटाने में मदद करते हैं।

   चरण 1: स्पन फिल्टर (Spun filter): इसका उपयोग औद्योगिक, रासायनिक प्रक्रिया, फार्मा, भोजन/पेय पदार्थ, सौंदर्य प्रसाधन, जल और अन्य अनुप्रयोगों के लिए प्री-फिल्टर या अंतिम फिल्टर के रूप में किया जाता है। ये कार्ट्रिज 1 से 100 माइक्रोन तक फिल्ट्रेशन रेटिंग के लिए उपलब्ध हैं।

चरण 2: तलछट फिल्टर (Sediment filter): *जल शोधक* में तलछट फिल्टर जल से धूल, गंदगी, मिट्टी, रेत और अन्य मलबे जैसे निलंबित कणों को हटा देते हैं। तलछट फिल्टर 5 माइक्रोन जितनी छोटी अशुद्धियों को कैप्चर करने में सक्षम होते हैं। सबसे सक्षम फिल्टर/निस्पंदन सुनिश्चित करने के लिए तलछट परतों को 5–15 माइक्रोन से लेकर परतों में कसकर लपेटा जाता है। यह जल का स्वाद या गंध बदलने के लिए जिम्मेदार नहीं है। यह निवारक निस्पंदन तरीकों में से एक है और जल में रसायनों, भारी धातुओं, बैक्टीरिया, वायरस या घुलनशील ठोस पदार्थों को नहीं हटाता है। आप इन फिल्टरों को हर 4–6 महीने में स्वयं साफ कर सकते हैं या आप पहली बार ब्रांड विशेषज्ञों को बुला सकते हैं और रखरखाव, प्रतिस्थापन आदि के लिए उनकी मदद ले सकते हैं।

चरण 3: कार्बन फिल्टर (Carbon filter): यह ग्रेन्युअल एंक्टिवेटेड कार्बन (GAC) वाला एक फिल्टर होता है, जो जल से कुछ रसायनों, विशेषकर कार्बनिक रसायनों को हटाने का एक सिद्ध विकल्प है। GAC फिल्टर का उपयोग उन रसायनों को हटाने के लिए भी किया जा सकता है, जो जल में अप्रिय गंध या स्वाद देते हैं जैसे हाइड्रोजन सल्फाइड (सड़े अंडे की गंध) या क्लोरीन। हालांकि, अन्य रसायन, जैसे लोहा और नाइट्रेट, कार्बन की ओर आकर्षित नहीं होते हैं और इसके द्वारा नहीं हटाए जाते हैं।

2. **RO से उपचार: रिवर्स ऑस्मोसिस, प्रतिलोम परासरण की प्रक्रिया है।** जहां परासरण अर्थात् ऑस्मोसिस ऊर्जा की आवश्यकता के बिना स्वाभाविक रूप से होता है, वहीं ऑस्मोसिस की प्रक्रिया को उलटने के लिए आपको अधिक खारे घोल में ऊर्जा अनुप्रयोग की आवश्यकता होती है। रिवर्स ऑस्मोसिस झिल्ली, एक अर्ध-पारगम्य झिल्ली होती है, जो जल के अणुओं को पारित होने की अनुमति देती है, लेकिन अधिकांश घुले हुए लवण, कार्बनिक पदार्थ, बैक्टीरिया और पाइरोजेन को नहीं। हालांकि, आपको इस प्रक्रिया में जल को अलवणीकृत (विखनिजीकृत या विआयनीकृत) करने के लिए प्राकृतिक रूप से पाए जाने वाले परासरण दाब से अधिक दबाव डालकर रिवर्स ऑस्मोसिस झिल्ली के माध्यम से जल को 'धकेलना' होगा, जिससे अधिकांश प्रदूषक जल को रोकते हुए शुद्ध जल को अंदर जाने दिया जा सके। अलवणीकरण समुद्री जल से लवण हटाने की प्रक्रिया है। कई जल उपचार संयंत्रों ने अब जल से संबंधित कई समस्याओं से निपटने के लिए इस रिवर्स ऑस्मोसिस तकनीक का उपयोग करना शुरू कर दिया है।

पराबैंगनी कीटाणुशोधन (Ultraviolet Disinfection)

पराबैंगनी कीटाणुशोधन में आमतौर पर एक यूवी लैंप शामिल होता है। UV लैंप शुद्ध और सुरक्षित पेयजल प्रदान करता है। इस प्रक्रिया में प्रयुक्त UV प्रकाश एक उच्च शक्ति वाली यूवी है जिसे UV-C या रोगाणुनाशक UV के रूप में भी जाना जाता है। UV-C किरणें रोगजनकों के शरीर में प्रवेश करके उन्हें निष्क्रिय कर देती हैं। यूवी किरणें रोगजनकों के डीएनए को इस तरह से संशोधित करती हैं कि वे गुणन नहीं कर सकते। इन किरणों में 99.9% सूक्ष्मजीवों को मारने की क्षमता होती है।

अल्ट्राफिल्ट्रेशन (Ultrafiltration - UF)

अल्ट्राफिल्ट्रेशन प्रक्रिया, एक अर्ध-पारगम्य झिल्ली से जल को गुजारने के लिए हाइड्रोस्टैटिक दबाव का उपयोग करती है। यह अर्ध-पारगम्य झिल्ली जल में मौजूद बैक्टीरिया और विभिन्न प्रकार के सूक्ष्मजीवों और खराब गंध को दूर करने में मदद करती है। अल्ट्राफिल्ट्रेशन प्रणाली ऐसे कोलाइड्स, बैक्टीरिया, रोगजनकों और अन्य अणुओं को हटाने में मदद करती है, जो अर्धपारगम्य झिल्ली में छिद्रों के आकार से बड़े होते हैं।

तालिका 26.1 RO बनाम् NF बनाम् UF बनाम् MF

विशेषता	RO शुद्धिकरण	NF शुद्धिकरण	UF शुद्धिकरण	MF शुद्धिकरण
विद्युत की आवश्यकता	शुद्धिकरण के लिए विद्युत का उपयोग आवश्यक है	शुद्धिकरण के लिए विद्युत का उपयोग आवश्यक है	विद्युत के उपयोग की कोई आवश्यकता नहीं	विद्युत के उपयोग की कोई आवश्यकता नहीं
शुद्धिकरण की सीमा	सभी बैक्टीरिया और वायरस को हटाने के लिए जल को फिल्टर करता है	सभी बैक्टीरिया और वायरस मारे जाते हैं, साथ ही अधिकांश प्राकृतिक कार्बनिक पदार्थ और कुछ प्राकृतिक खनिज, जिनमें कठोर जल उत्पन्न करने वाले द्विसंयोजक आयन भी शामिल हैं, हटाए जाते हैं।	सभी बैक्टीरिया और वायरस को हटाने के लिए जल को फिल्टर करता है	केवल बैक्टीरिया को फिल्टर करता है
जल का दबाव	उच्च जल दाब की आवश्यकता होती है। परिणामस्वरूप, सभी RO सिस्टम में एक अतिरिक्त जल पंप होता है।	सामान्य नल के जल दाब के साथ काम करता है।	सामान्य नल के जल दाब के साथ काम करता है।	सामान्य नल के जल दाब के साथ काम करता है।
घुलित लवणों और हानिकारक धातुओं पर प्रभाव	घुलित लवणों और हानिकारक धातुओं को हटाता है	घुलित लवणों और हानिकारक धातुओं को नहीं हटा सकता	घुलित लवणों और हानिकारक धातुओं को नहीं हटा सकता	घुलित लवणों और हानिकारक धातुओं को नहीं हटा सकता
झिल्ली का आकार	0.0001 माइक्रोन	0.01 माइक्रोन	0.01 माइक्रोन	0.1 माइक्रोन
TDS में कमी (% में)	90%	80–89%	0%	0%
जल की बर्बादी	जल बर्बाद होता है लेकिन इसका पुनः उपयोग किया जा सकता है	इसमें बहुत सारा जल बर्बाद होता है लेकिन इसका पुनः उपयोग किया जा सकता है।	जल की बर्बादी नहीं	जल की बर्बादी नहीं

अल्ट्राफिल्ट्रेशन, रिवर्स ऑस्मोसिस, माइक्रोफिल्ट्रेशन (MF) या नैनोफिल्ट्रेशन (NF) से बहुत अलग नहीं है, सिवाय अणुओं के आकार के जो इसे बरकरार रखता है।

26.9 वायु मार्जक और वायु शोधक (Air Cleaners and Air Purifiers)

वायु शोधक (Air Purifier)

- धूल, पराग, पालतू जानवरों की रूसी, फफूंदी के बीजाणु और धूल में पाए जाने वाले सूक्ष्म कीट मल एलर्जी एजेंट के रूप में कार्य कर सकते हैं, जिससे संवेदनशील लोगों में एलर्जी हो सकती है।
- धूम्र कण और वाष्पशील कार्बनिक यौगिक (VOCs) स्वास्थ्य के लिए खतरा पैदा कर सकते हैं।
- VOCs जैसे विभिन्न घटकों के संपर्क में आने से सिक बिल्डिंग सिंड्रोम (जो सिरदर्द, चक्कर आना, मतली और आंख, कान और नाक में जलन पैदा कर सकते हैं) के लक्षण बढ़ जाते हैं।
- 1950 के दशक में, मुख्य वायु-शोधक फिल्टर के रूप में HEPA फिल्टर का व्यावसायीकरण किया गया था।

शुद्धिकरण तकनीकें (Purifying Technologies)

तालिका 26.2 वायु स्वच्छ करने में प्रयोग होने वाली विकसित तकनीक

तकनीक	गुण	दोष
पूर्व शोधक/ Pre Filters	• अधिक प्रदूषकों तक • धुलने योग्य • हेपा फिल्टर की जीवन अवधि में बढ़ोत्तरी	मरम्मत की जरूरत पड़ती है
सक्रिय कार्बन	• गंध, गैस तथा रसायनों • को सोखता है। • ताजी खुशबू के आवागमन के लिए जगह बची रहती है। • तम्बाकू धुएं तथा जानवरों की दुर्गंध को हटाता है।	अत्यधिक महंगा
पराबैंगनी प्रकाश	• सूक्ष्म कीटाणु, जैसे कि जीवाणु तथा विषाणु को बेअसर करना।	

वायु शुद्ध करने वाली प्रौद्योगिकियाँ दो प्रकार की होती हैं – निष्क्रिय (Passive) और सक्रिय (Active)।

1. निष्क्रिय वायु शोधन इकाइयाँ प्रदूषकों को हटाने के लिए एयर फिल्टर का उपयोग करती हैं। ये अधिक सक्षम होती हैं क्योंकि सभी धूल और कण वायु से स्थायी रूप से हटा दिए जाते हैं और फिल्टर में एकत्र हो जाते हैं।
2. सक्रिय वायु शोधक वायु को साफ करने और इसमें मौजूद प्रदूषकों को बेअसर करने के लिए आयनीकरण का उपयोग करते हैं।

प्री – फिल्टर (Pre-Filters)

सबसे बड़े कणों को अधिक महंगे HEPA फिल्टर तक पहुँचने से पहले ही कैप्चर कर लेता है।

- वायु में अधिकांश कण डैन्डर और धूल जैसे बड़े कण होते हैं, न कि पराग और सूक्ष्म जीव जैसे छोटे।
- भले ही HEPA फिल्टर में अपने सतह क्षेत्र को अधिकतम करने के लिए बड़ी संख्या में तहें (प्लेट्स) होती हैं, लेकिन अगर बड़े कणों को पहले से फिल्टर नहीं किया जाता है तो वे जल्दी ही भर सकते हैं।

सक्रिय कार्बन (Activated Carbon)

- फिल्टरिंग प्रणाली की दक्षता बढ़ाने के लिए सक्रिय कार्बन, जिओलाइट या पोटेशियम परमैंगनेट जैसे तत्वों को वायु शोधक फिल्टर में शामिल किया जाता है।
- ये तत्व वायु में मौजूद धूम्र, गैसों, रसायनों और गंध को अवशोषित करने का काम करते हैं।
- सक्रिय कार्बन, गंध को बेअसर करता है और हानिकारक रसायनों और गैसों को इसके छिद्रों में फंसाता है ताकि सेकेंड-हैंड धूम्र और नवीनीकरण से उत्पन्न हानिकारक धुम्र जैसी गतिविधियों से राहत मिल सके।
- एक प्रभावी फिल्टरिंग प्रणाली, जो रसायन शोषी सामग्रियों से भी युक्त होती है, स्वच्छ और ताजा-सुगंधित वायु का उत्पादन कर सकती है।

तालिका 26.3 वायु शोधक के प्रकार

वायु शोधक	लाभदायक	कमियाँ
हेपा वायु शोधन (HEPA Air Purifiers)	• वायु शोधन की सर्वाधिक प्रभावशाली तकनीक • लगभग 99.97% कणों को, जो भी पान से गुजरते हैं; जैसे-एलर्जी के कण, परागकण धूल, रेत के कण तथा वह सभी जिनका आकार 0.03 माइक्रोन से छोटा या बड़ा हो सभी को हटाता है। • विश्वभर में चिकित्सीय क्लीनर के रूप में कार्य करता है।	• नियमित रूप से फिल्टर परिवर्तित करना जरूरी होता है।
विद्युत वायु शोधन (Electrostatic Air Purifier)	• नियमित रूप से फिल्टर परिवर्तित करने की जरूरत नहीं।	• विद्युतीय वायु हवा के केवल 30% शोधक प्रदूषक कणों को हटा सकता है। • हेपा फिल्टर का प्रयोग नहीं होता।
ओजोन जेनरेटर (Ozone Generation)	• तीव्र दुर्गन्ध को हटाता है। • बैक्टीरिया, फफूंद तथा अत्यधिक अन्य सूक्ष्म कीटाणुओं को मारता है।	• फेफड़ों के लिए हानिकारक • कैलीफोर्निया एयर रिर्सोसेज बोर्ड ने कैलिफोर्निया में इसकी बिक्री पर रोक लगा दी है।

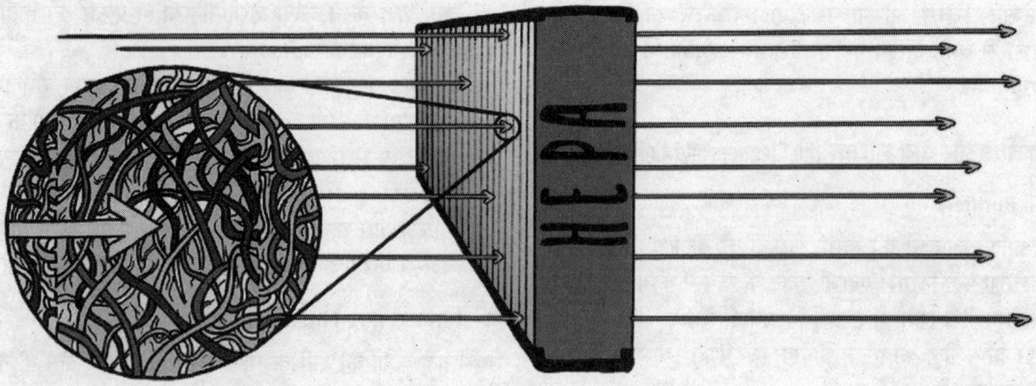

चित्र 26.2
हेपा फिल्टर

पराबैंगनी प्रकाश (Ultraviolet Light)

- पराबैंगनी प्रकाश (UV) तकनीक वायु शोधक एयर फिल्टर पर जमा होने वाले वायरस और बैक्टीरिया को बेअसर करने की कुंजी है।
- HEPA एयर फिल्टर और संभवत: सक्रिय कार्बन के संयोजन में UV तकनीक का उपयोग करना महत्वपूर्ण होता है।
- HEPA एयर फिल्टर जैसे पार्टिकुलेट फिल्टर सिस्टम के बिना, बहुत सारे सूक्ष्मजीव UV प्रकाश से बच सकते हैं, क्योंकि यह आसानी से एयर फिल्टर पर स्थित नहीं होता है।

HEPA फिल्टर बेतरतीब ढंग से व्यवस्थित फाइबर की एक चटाई से बना होता है।

HEPA (High efficiency particulate air), जिसे मूल रूप से उच्च हाई एफिसिएंसी पार्टिकुलेट एब्सोर्बर (अवशोषक) कहा जाता है, लेकिन कभी-कभी इसे हाई एफिसिएंसी पार्टिकुलेट अरेस्टिंग या हाई एफिसिएंसी पार्टिकुलेट अरेस्टेंस भी कहा जाता है, एक प्रकार का एयर फिल्टर होता है।

26.10 परिवहन सुरक्षा (Safety on Wheels)

सड़क दुर्घटनाओं में सर्वाधिक मौतें राष्ट्रीय राजमार्गों पर दर्ज की गईं, जो 34.5% (1,55,622 में से 53,615) थीं, इसके बाद राज्य राजमार्गों (25.1%) (39,040 मौतें) पर थीं। 2021 के दौरान अन्य सड़कों पर सड़क दुर्घटनाओं के कारण कुल 62,967 (40.5%) व्यक्तियों की मृत्यु हो गई। संयुक्त राज्य अमेरिका के नाम दुनिया में सबसे अधिक सड़क दुर्घटनाओं का एक विशिष्ट रिकॉर्ड है।

वाहनों में दो प्रकार के सुरक्षा गुण होते हैं:

1. **निष्क्रिय सुरक्षा गुण: एयरबैग** एक प्रकार का निष्क्रिय सुरक्षा गुण है, जो कि दुर्घटना की स्थिति में यात्री को कम-से-कम क्षति पहुंचने देता है।

   एयरबैग का सिद्धांत: आमतौर पर एक्सेलेरोमीटर की आवश्यकता होती है। यह कार दुर्घटना/टकराव का पता लगाने के लिए जिम्मेदार होता है जिसके परिणामस्वरूप एयरबैग लगभग तुरंत [सेकंड का 1/10 (30 मिलीसेकंड)] खुल जाते हैं।

2. **सक्रिय सुरक्षा गुण:** वह सुरक्षा उपाय जो वाहन चालक को बेहतर नियंत्रण उपाय उपलब्ध कराता है तथा जोखिम से बचाकर दुर्घटना से बचाता है उसे सक्रिय सुरक्षा उपाय कहते हैं। एण्टी लॉक-ब्रेकिंग प्रणाली, विद्युतीय स्थिरता नियंत्रण, ऑटोमैटिक ब्रेकिंग आदि सक्रिय सुरक्षा गुण के उदाहरण हैं।

26.10.1 वाहन में विभिन्न प्रकार की सक्रिय सुरक्षा सुविधाएं (Different types of Active Safety Features in Vehicle)

1. **एण्टी-लॉक ब्रेकिंग सिस्टम [Anti-Lock Braking System (ABS)]:** एण्टी-लॉक तेज दबाव पहियों पर पड़ता है तो इससे पहिए स्थिर हो जाते हैं यही घटना स्कीडिंग (Skidding) कहलाती है। जब किसी गाड़ी के सामने वाले पहिये लॉक हो जाते हैं तो दिशा परिवर्तन की क्षमता बहुत कम हो जाती है।
2. **ऑटोनोमस इमरजेंसी ब्रेकिंग [Autonomous Emergency Braking (AEB)]:** अधिकतर दुर्घटनाएँ इसलिए हो जाती हैं क्योंकि समय रहते वाहन चालक ब्रेक नहीं लगा पाते या पर्याप्त बल के साथ ब्रेक नहीं लग पाता। चालक द्वारा समय रहते ब्रेक न लगा पाने के कई कारण हो सकते हैं; जैसे-संचालन या असावधानी, दृश्यता का कम होना, भारी कोहरे, बारिश या बर्फ के कारण या अप्रत्याशित परिस्थिति के कारण वाहन चालक ब्रेक नहीं लगा पाता।

   अधिकतर AEB प्रणाली में रडार, स्टेरियो कैमरा तथा लिडार (Light Detection and Ranging) आधारित तकनीक का प्रयोग किया जाता है, जिससे वाहन के सामने आने वाली टक्कर योग्य वस्तु की पहचान हो जाती है।

   अगर टक्कर होने की संभावना हो तो सामान्यत: AEB प्रणाली चालक को सचेत करती है, अगर समय रहते चालक द्वारा कोई प्रतिक्रिया नहीं होती तो AES प्रणाली द्वारा स्वत: वाहन में ब्रेक लग जाता है।
3. **लेन डिपार्चर वॉर्निंग सिस्टम (Lane Departure Warning System):** जब कार लेन मार्किंग के नजदीक पहुंचती है तो यह प्रणाली चालक को सचेत करती है। यह चेतावनी अलग-अलग प्रकार की हो सकती है। यह प्रणाली पर निर्भर करता है, कुछ प्रणालियों में ये श्रव्य संकेत के

रूप में होती हैं तो कुछ में स्टीयरिंग में ही कंपन संकेत उत्पन्न कर यह बोध कराती है कि कार 'रम्बल स्ट्रिप' पर चल रही है।

एक कैमरा हमेशा विंडस्क्रीन के शीर्ष पर लगा होता है यह 'रियर व्यू मिरर' की पीछे होता है।

4. **हेड्स अप डिसप्ले (Heads up Display):** हेड्स अप डिस्प्ले एक **डिजिटल पारदर्शी डिस्प्ले हैं जो कि विंडशील्ड पर लगा होता है** (सामने वाला दर्पण हवा के दबाव से सुरक्षित होता है) यह डिस्प्ले सड़क पर हो रही गतिविधियों को दर्शाता है। यह तकनीक एयरक्राप्ट पायलट तथा सैन्य उड़ानों/वायुयानों में प्रयोग के लिए विकसित की गयी थी।
5. **हिल स्टार्ट एसिस्ट/हिल कन्ट्रोल (Hill Start Assist/Hill Control):** इस प्रणाली की सहायता से चालक किसी पहाड़ी या चढ़ाई पर वाहन को चलाते समय ढलान से गाड़ी को गिरने/फिसलने से रोकते हैं। यह तकनीक सामान्य ड्राइविंग तकनीक **हैण्डब्रेक हिल स्टार्ट** से मिलती-जुलती है।
6. **इलेक्ट्रॉनिक स्टेबिलिटी प्रोग्राम [Electronic Stability Programme (ESP)]:** यह स्टेरिंग के कोण, लेटरल एक्सलेरेशन यॉ रेट आदि की निगरानी करता है **जब चालक अपना नियंत्रण खो देता है।** ESP तकनीक 'एण्टी लॉफ ब्रेदिंग सिस्टम' इलेक्ट्रॉनिक ब्रेक फोर्स डिस्ट्रीब्यूशन (EBD) ट्रैक्शन कंट्रोल सिस्टम तथा एक्टिव या कंट्रोल जैसी तकनीकों का एक के बाद एक इस्तेमाल कर **वाहन को स्थिरता प्रदान करता है तथा उसे सड़क पर सुरक्षित रखता है।**
7. **पैदल चलने वाले यात्रियों के लिए एयर बैग (Pedestrian Airbag):** वोल्वो पहली कंपनी है जिसने पैदल यात्रियों के लिए एयर बैग तकनीक की शुरुआत की। सर्वप्रथम इस तकनीक का प्रयोग '**वोल्वो वी-40**' में किया गया था। यह एयर बैग अपनी तरह के पहला प्रयोग है, जो सड़क पर पैदल चलने वाले यात्रियों की सुरक्षा प्रदान करता है। यह यात्रियों को टक्कर से लगने वाली चोटों से बचाएगा।
   यह एयर बैग इस तरह से बनाए गए हैं कि बड़े-शहरों में उच्च गति (12 मील प्रति घण्टा से 31 मील प्रति घण्टा) से होने वाली दुर्घटनाओं से सुरक्षा प्रदान करेंगे।
8. **क्रूज कंट्रोल (Cruise Control):** अकसर लम्बी दूरी की यात्रा पर चालक को थकान होने के कारण दुर्घटनाएं हो जाती हैं। क्रूज कंट्रोल एक ऐसी प्रणाली है, जो विस्तरित राजमार्गों पर यातायात के **निरंतर प्रवाह के आधार पर वाहन की गति को नियंत्रित रखती है।** इसका उद्देश्य बिना किसी बाहरी हस्तक्षेप के थ्रोटल एक्सलेरेटर पेडल लिफेंज द्वारा चालक द्वारा सेट की गयी गति को बनाए रखना है।
   - ***डायनामिक क्रूज कंट्रोल:*** यह न केवल टक्कर **दुर्घटना से बचाता है** बल्कि चालक द्वारा तय की **वाहन के लिए आवश्यक गति को भी बनाए रखता है** (स्थिर जाम में)।
   - ***एडॉप्टिव क्रूज कंट्रोल:*** जैसे-जैसे वाहनों की संख्या सड़क पर बढ़ती है वैसे ही डानामिक क्रूज कंट्रोल निरपेक्ष (obsolete) हो जाता है तो ऐसे में 'एडॉप्टिव क्रूज कंट्रोल' ऑटोमेटिक ब्रेक तथा एक्सेलेरेटर की सहायता से **बदलते ट्रैफिक के अनुसार गाड़ी की गति को नियंत्रित करता है।** इसमें **एक राडार सेन्सर लगातार निगरानी करता है**, जो सामने से आने वाले वाहन की गति तथा दूरी के हिसाब से समायोजन करके सुरक्षित दूरी बनाए रखता है। संभावित टक्कर से सुरक्षित करता है।

ADAS: उन्नत चालक-सहायता प्रणाली
(Advanced Driver-Assistance Systems)

ADAS, वाहन में प्रयुक्त इलेक्ट्रॉनिक प्रणालियाँ होती हैं, जिसमें चालक की सहायता के लिए उन्नत तकनीकों का उपयोग किया जाता है। इनमें कई सक्रिय सुरक्षा सुविधाएँ शामिल हो सकती हैं और अक्सर 'ADAS' और 'सक्रिय सुरक्षा' शब्द एक दूसरे के स्थान पर उपयोग किए जाते हैं।

ADAS तकनीक, किसी वाहन के आसपास के वातावरण की निगरानी के लिए अन्य प्रणालियों के अलावा सेंसर, कैमरे और रडार का उपयोग करती है। इसके आधार पर, ADAS चालकों को टकराव और अन्य संभावित खतरों से बचने में मदद करने के लिए वास्तविक समय की जानकारी और चेतावनी (अलर्ट) की सुविधा प्रदान करता है। स्वायत्त एप्लिकेशन समाधानों को विभिन्न चिप्स में विभाजित किया जाता है, जिन्हें सिस्टम ऑन ए चिप (SoCs) कहा जाता है। ये चिप्स इंटरफेस और उच्च-प्रदर्शन इलेक्ट्रॉनिक नियंत्रक इकाइयों (ECUs) के माध्यम से सेंसर को एक्चुएटर्स से जोड़ते हैं।

स्व-चालित (सेल्फ-ड्राइविंग) कारें, निकट (वाहन के तत्काल आसपास) और दूर दोनों में, 360-डिग्री अंतर्दृष्टि प्राप्त करने के लिए इन विभिन्न अनुप्रयोगों और तकनीकों का उपयोग करती हैं।

आवश्यक सुरक्षात्मक-महत्वपूर्ण ADAS अनुप्रयोगों में निम्नलिखित शामिल हैं:

- पैदल यात्री का पता लगाना/बचाना
- लेन प्रस्थान चेतावनी/सुधार
- यातायात संकेत पहचान
- स्वचालित आपातकालीन ब्रेक लगाना
- ब्लाइंड स्पॉट का पता लगाना

ये जीवन रक्षक प्रणालियाँ ADAS अनुप्रयोगों की सफलता की कुंजी है। ये नवीनतम इंटरफेस मानकों को शामिल करते हैं और वास्तविक समय मल्टीमीडिया, विज़न सह-प्रसंस्करण और सेंसर फ्यूजन सबसिस्टम को सपोर्ट करने के लिए कई विज़न-आधारित एल्गोरिदम चलाते हैं।

26.11 विद्युत का बेतार संचरण, WiTricity और बेतार चार्जिंग (Wireless Transmission of Electricity, WiTricity and Wireless Charging)

बेतार (वायरलेस) पॉवर ट्रांसफर वर्तमान में काफी महत्वपूर्ण बन गया है, जैसे-कि पोर्टेबल तकनीक हमारी रोजमर्रा की जिंदगी का हिस्सा बन गयी है।

AC विद्युत के संस्थापक 'निकोल टेसला' ने सर्वप्रथम बेतार चार्जिंग का निर्माण करने के लिए अनेक प्रयोग किए तथा 200 बल्बों तथा विद्युत मोटर को चलाने के लिए 10^8 वोल्ट उच्च आवृत्ति विद्युत ऊर्जा को 25 मील की दूरी से प्रवाहित किया तथा इस प्रयोग में सफल हुए।

वर्ष 1991 में टेस्ला ने **आयनमंडल** (Ionosphere) के माध्यम से यूरोप तथा अमेरिका के बीच विद्युत ऊर्जा स्थानान्तरित करने के लिए '**वार्डेनक्लिफ टॉवर**' का निर्माण किया। यह टेस्ला टॉवर 185 फीट ऊँचा है तथा इसमें 100 फीट की गहराई वाला कुआं है। इसका प्रयोग बेतार माध्यम द्वारा ऊर्जा तथा प्रकाश के लिए विद्युत ऊर्जा के प्रसारण संबंधी प्रयोगों में होता था।

इस उपकरण की कीमत $200,000 थी। हालांकि तकनीकी सीमाओं (जैसे- वृहद पैमाने पर विद्युत क्षेत्र के कारण निम्न प्रणाली क्षमता) के कारण यह विचार भविष्य में विकसित न होने के कारण व्यावसायिक रूप ग्रहण नहीं कर सका।

बाद में वर्ष 1920 तथा वर्ष 1930 में माइक्रोवेव में विद्युत परिवर्तन के लिए **मेग्नेट्रॉन** का आविष्कार किया गया, जो लम्बी दूरी तक बेतार ऊर्जा का स्थानानतरण करने में सक्षम थे। हालांकि माइक्रोवेव को वापस विद्युत में बदलने का कोई तरीका नहीं था। वर्ष 1964 में डब्लू-सी ब्राऊन, जो कि व्यावहारिक बेतार चार्जिंग के प्रमुख थे, ने **एक संशोधित एंटीने [rectenna or a rectifying antenna (Witricity)] द्वारा माइक्रोवेव का विद्युत में रूपान्तरण किया।**

बेतार पॉवर ट्रांसफर (WPT) में चुंबकीय प्रतिध्वनि तकनीक का प्रयोग हुआ है। यह वही तकनीक है जिसे ऊर्जा प्रेरक स्थानान्तरण के रूप में 30 साल पहले विकसित किया गया था। किलोवॉट पॉवर स्तर पर, ग्रिड टू लोड क्षमता 90% से अधिक होने पर स्थानान्तरण दूरी अनेक मिलीमीटर से अनेक सौ मिलीमीटर तक बढ़ जाती है। एक चुम्बकीय बेतार पॉवर 97 प्रतिशत कुंडली-से-कुंडली तक की स्थिर क्षमता को 6.5 फीट की दूरी से 10 किलोवॉट तक स्थानान्तरित कर सकता है।

बेतार चार्जिंग तकनीक (Wireless Charging Technologies)

बेतार चार्जिंग तकनीक का विकास दो महत्वपूर्ण दिशाओं की अग्रसर है। **'प्रतिरोधक बेतार चार्जिंग', जो रेडियो आवृत्ति या सूक्ष्म-तरंगों का प्रयोग करती है, का प्रयोग लंबी-दूरी के पॉवर ट्रांसमिशन में होता है।** RF के कुछ सुरक्षा मुद्दों के कारण अनावृत्त प्रतिरोधक बेतार चार्जिंग सामान्यत: निम्न-ऊर्जा क्षेत्रों में संचालित होते हैं। **गैर-प्रतिरोधक बेतार चार्जिंग** (या युम्मक आधारित बेतार चार्जिंग) **दो कुंडलियों के बीच स्थित दूरी में दो कुंडलियों के चुम्बकीय क्षेत्र पर आधारित है।**

इसमें प्रेरक युम्मक, **चुम्बकीय प्रतिध्वनि युग्मक** तथा **कैपेसिटिव युग्मन** शामिल हैं।

सुरक्षा परिहारों के कारण गैर-प्रतिरोधक बेतार चार्जिंग का प्रयोग वृहद स्तर पर हमारे रोजमर्रा के उपकरणों में होता है।

प्रेरक चार्जिंग (Inductive charging): अधिकतर वॉयरलेस चार्जर 'प्रेरक चार्जिंग' में सूक्ष्म निकटता से प्रसरण तथा प्राप्तकर्ता कुंडली प्रेरक चार्जर का प्रयोग होता है। एक विद्युतीय ट्रांसफॉर्मर की क्रिया सरल प्रेरक होती है, जो बेतार ऊर्जा का स्थानान्तरण प्रवर्तन के माध्यम से करता है। इलेक्ट्रोमैग्नेटिक युग्मक द्वारा बने स्थानों में ऊर्जा के स्थानान्तरण की प्रक्रिया की पारस्परिक प्रेरक के रूप से जानी जाती है।

प्रतिध्वनि चार्जिंग में, स्थानान्तरण क्षमता या स्थानान्तरण शक्ति इंडेक्शन चार्जिंग की तुलना में कम होती है, परन्तु स्थानान्तरण दूरी मीटर में हो सकती है।

'रेडिएट बेतार शक्ति स्थानान्तरण' का प्रयोग अंतरिक्ष के माध्यम से लम्बी दूरी शक्ति की अधिक मात्रा का स्थानान्तरण करने में किया जाता है। एक **माइक्रोवेव पॉवर स्थानान्तरण** (MPT) प्रणाली, डाएरेक्ट करन्ट पॉवर को माइक्रोवेव में बदल देती है तथा माइक्रोवेव रेडिएशन को प्राप्तकर्ता के रूप में प्रसारित करती है जो कि माइक्रोवेव रेडिरेशन को वापस डायरेक्ट करंट (DC) में बदल देता है।

26.12 साइबरनेटिक जीव (Cybernatic Organism - Cyborg)

'साइबॉर्ग' शब्द प्रथम बार 1960 में मेनफ्रेड क्लीस तथा नाथन-एज क्लीन ने गढ़ा। उन्होंने इसके द्वारा **मानव-मशीन शरीर** को परिभाषित किया, जिसमें मानवीय तंत्र की नियंत्रण प्रक्रिया को दवाओं तथा नियामक उपकरणों की सहायता से संशोधित किया गया, जिससे कि मानव सामान्य से भिन्न पर्यावरण में रह सके; जैसे-बाह्य-भौमिक (पृथ्वी से परे) वातावरण में।

साइबॉर्ग, **'साइबरनेटिक ऑर्गेनिज्म'** का संक्षिप्त रूप है, साइबॉर्ग अब काल्पनिक जीव नहीं रहे बल्कि अब ये कार्बनिक तथा **बायोमैक्ट्रोनिक शारीरिक भाग** वाले जीव हैं, जो **आधे मानव तथा आधे मशीन** हैं। इनमें ऐसे व्यक्तियों को शामिल किया जाता है, जिनके शरीर में कर्णावर्ती आरोपण (Cochlear Implant) हृदय पेसमेकर, कांटेक्ट लेंस तथा अन्य आरोपण, जिनसे उनकी जिंदगी आसान बन जाती है, लगे होते हैं।

सॉइबॉर्ग (The Cyborgs)

वर्ष 1997 में **फिलिप कैनेडी** ने, जो कि एक वैज्ञानिक तथा चिकित्सक हैं, ने **विश्व का पहला मानव साइबॉर्ग** बनाया, इसका नाम जॉनी रे था। जॉनी रे वियतनाम का एक सेवानिवृत्त सैनिक था, जो आघात से पीड़ित था। डॉक्टर इसे 'लॉक्ड इन' कहते थे। कैनेडी ने जॉनी के शरीर में मस्तिष्क के पास वाले भाग में तैयार किया हुआ (जिसे न्यूरोट्रोफिक इलेक्ट्रोल नाम दिया) उपकरण सन्निहित किया, जिससे कि रे पुन: शारीरिक गतिविधियों में सक्षम हो सके। यह सर्जरी सफल रही परन्तु वर्ष 2002 मे जॉनी रे की मृत्यु हो गयी।

वर्ष 1998 में केविन वारविक, जो साइबरनेटिक्स यूनिवर्सटी के पूर्व प्रोफेसर थे, ने पथप्रदर्शक प्रयोगों की एक श्रृंखला शुरू की, जिसके तहत उन्होंने **अपने तन्त्रिका तंत्र को कम्प्यूटर से प्रत्यक्ष जोड़ने** के लिए बाएं हाथ की मध्य नस को एक उपकरण की सहायता से जोड़कर तंत्रकीय आरोपण (Neurosurgical implantation) किया।

वर्ष 2004 मे नील हर्बसन (**चित्र 26.3**), जो एक कलाकार था और पूर्ण वर्णान्धता के साथ पैदा हुआ था, की **कपाल में स्थायी रूप से एक एण्टीना जोड़ दिया गया।** वह पहला साइबॉर्ग था जिसे किसी सरकार ने परिभाषित किया था।

चित्र 26.3
नील हार्मिसन एंटीना के साथ

भविष्य में (The Future)

मानव शरीर के साथ तकनीक के एकीकरण का प्रयास अधिक सामान्य तथा चिकित्सीय क्षेत्र से परे है, शायद यह मानव विकास के अगले अध्याय का चरण है। अनेक अनुसंधान यह मानते हैं कि हमने पहले से ही साइबॉर्ग के भविष्य की तरफ पथ बढ़ा दिए हैं। आखिरकार हम में से बहुत **जैव कान और आंख, इन्सुलिन पंप तकनीक तथा कृत्रिम उपकरणों की सहायता जीने के लिए ले रहे हैं।**

वर्ष 2016 में पहले साइब्रॉग ओलम्पिक स्विट्जरलैंड ज्यूरिख में हुआ। 'साइबैथलॉन' 2016 साइबोर्ग के लिए पहला ओलंपिक था और यह विश्व में पहला तथा आधिकारिक रूप से मनाया गया साइबॉर्ग खेल था।

इस कार्यक्रम में नि:शक्त लोगों की 16 टीमों द्वारा स्वयं को साइबोर्ग एथलीटों में बदलने के लिए तकनीकी विकास उपयोग किया गया।

स्पेस एक्स तथा टेस्ला के सी.ई.ओ. एलोन मस्क ने एक मस्तिष्क-कम्प्यूटर इन्टरफेस जोखिम, जिसे न्यूरोलिंक (Neuralink) कहा गया, को तैयार किया। न्यूरोलिंक की सहायता से एक सूक्ष्म आकार का उपकरण तैयार करने में सहायता मिली। यह उपकरण मस्तिष्क को मशीन से जोड़ेगा तथा मस्तिष्क की चोटों तथा उनके लक्षणों जैसे-आघात, पैरालाइसिस तथा स्मृति का चला जाना आदि का उपचार करने में सहायक होगा।

चित्र 26.4
स्पाइडरमैन फिल्म का एक पात्र, डॉक्टर ऑक्टोपस MCMExpo, एक्सेल सेंटर में पोज देता हुआ

26.13 प्रदीप्ति बल्ब, सी.एफ.एल तथा एल.ई.डी. (Incandescent Bulb, Compact Fluorescent Lamps and Light Emitting Diode)

26.13.1 प्रदीप्ति बल्ब (Incandescent Bulb)

यह ऊष्मा को प्रकाश में परिवर्तित करता है। इसे एक फिलामेंट की जरूरत होती है, जो प्रदीप्ति लैम्प के अंदर होता है तथा यह उच्च तापमान पर जलने लगता है (350 डिग्री फॉरेनहाइट या 176 डिग्री सेन्टीग्रेट पर) यह परावर्तन बहुत-सरल है, परन्तु इसके नुकसान भी है, क्योंकि कुल ऊर्जा का मात्र 5 प्रतिशत ही प्रकाश उत्पन्न करता है बाकी की ऊर्जा बेकार चली जाती है तथा इसका जीवनकाल भी सीमित होता है, मात्र 2000 घंटे का।

26.13.2 सी.एफ.एल. (Compact Fluorescent Lamps)

प्रतिदीप्ति (Fluorescence) अल्ट्रावॉयलेट किरणों का दृश्य प्रकाश में परिवर्तन है। प्रतिदीप्त लैम्प में से जब विद्युत प्रवाहित की जाती है तो यह पारे के अणुओं से टकराती है जिससे यू.वी. के फोटॉन प्रकाश उत्पन्न करते हैं। जब यह प्रकाश शीशे की नली के (जिसमें फॉस्फोरस का लेपन लगा होता है) माध्यम से गुजरता है तो यह दृश्य प्रकाश में परिवर्तित हो जाता है। द्विचरणीय परावर्तन प्रदीप्ति प्रक्रिया से अधिक है क्षमतावान है। इसके परिणामस्वरूप प्रतिदीप्त लैम्प में कुल ऊर्जा का 25% प्रकाश उत्पन्न करने में खर्च होता है। यह कम तापमान (40°C) पर चलते हैं तथा इनका जीवनकाल भी अधिक (10,000) होता है।

पर्यावरणीय प्रभाव (Environmental Impact)

प्रदिप्ति बल्ब की तुलना में सी.एफ.एल. में जहरीले रसायन पाये जाते है। सघन प्रतिदीप्ति प्रकाश बल्ब में पारे की मात्रा का पाया जाना सबसे बड़ा मुद्दा है। प्रत्येक 4 मिलीग्राम पारे में जहर का संचय होता है, लेकिन क्योंकि कोयला को जलाने पर भी पारे (मरकरी) की उत्पत्ति होती है तथा यह भी पारा-प्रदूषण का एक कारक है। अगर हम यह कल्पना करें कि कोयले को जलाकर प्रकाश प्राप्त करें तो उसकी तुलना में एक सी.एफ.एल. जलाने से कम मात्रा में पारे का निष्कासन होता है तथा पर्यावरण में कम मात्रा में पारा प्रदूषण होता है। सी.एफ.एल. कम तापमान पर जलती है, जिससे कम ऊर्जा की खपत होती है।

CFLs द्वारा पराबैंगनी किरणों का उत्सर्जन (CFLs Emit UV)

सभी फ्लूरोसेंट लैम्प (प्रतिदीप्ति) पराबैंगनी किरणों के उत्सर्जनकर्ता के रूप में जाने जाते हैं। विशेष प्रकार के फ्लूरोसेंट लैम्प जिनमें CPFLs शामिल हैं, बहुत कम मात्रा में पराबैंगनी किरणों का उत्सर्जन करते हैं। इन लैम्पों से उत्सर्जित होने वाले किसी भी प्रकार पराबैंगनी किरणों के मापन हेतु बहुत-संवेदनशील मापक उपकरणों का उपयोग होना चाहिए।

नोट: CFLs पराबैंगनी तथा दृश्य दोनों प्रकार के प्रकाश उत्सर्जित करते हैं, जबकि LED केवल दृश्य प्रकाश उत्सर्जित करते हैं। इसलिए LED के मानव स्वास्थ्य पर कोई हानिकारक प्रभाव नहीं है।

26.13.3 प्रकाश उत्सर्जक डायोड (Light-Emitting Diodes - LED)

एल.ई.डी., प्रकाश उत्पाद प्रदीप्ति प्रकाश बल्बों की तुलना में 90% अधिक कुशलता से प्रकाश उत्पन्न करते हैं। इसमें एक विद्युत धारा एक माइक्रोचिप से

होकर गुजरती है, जो छोटे प्रकाश स्रोतों को रोशन करती है जिन्हें हम एल.ई.डी. कहते हैं और परिणामस्वरुप दृश्यमान प्रकाश प्राप्त होता है।

प्रकाश उत्सर्जक डायोड (एल.ई.डी.) एक अर्धचालक उपकरण होता है जो विद्युत धारा प्रवाहित होने पर प्रकाश उत्सर्जित करता है। जब विद्युत धारा एल.ई.डी. से होकर गुजरती है, तो इस प्रक्रिया में इलेक्ट्रॉन, प्रकाश उत्सर्जित करने वाले छिद्रों के साथ पुन: संयोजित हो जाते हैं।

एल.ई.डी. विद्युत धारा को आगे की दिशा में प्रवाहित होने की अनुमति देते हैं और विपरीत दिशा में विद्युत धारा को रोकते हैं।

एल.ई.डी. का रंग अर्धचालक तत्व में प्रयुक्त सामग्री से निर्धारित होता है। एल.ई.डी. में उपयोग की जाने वाली दो प्राथमिक सामग्रियां एल्युमीनियम गैलियम इंडियम फॉस्फाइड मिश्र धातु और इंडियम गैलियम नाइट्राइड मिश्र धातु हैं। एल्युमीनियम मिश्र धातु का उपयोग लाल, नारंगी और पीली रोशनी प्राप्त करने के लिए किया जाता है, और इंडियम मिश्र धातु का उपयोग हरा, नीला और सफेद प्रकाश प्राप्त करने के लिए किया जाता है। इन मिश्र धातुओं की संरचना में थोड़ा सा परिवर्तन उत्सर्जित प्रकाश का रंग बदल देता है।

ब्लू एल.ई.डी. (Blue LED)

नीली रोशनी के संपर्क में आने से रेटिना को स्थायी नुकसान हो सकता है। प्रकाश-जनित रेटिना क्षति या तो थोड़े समय के लिए बहुत उज्ज्वल प्रकाश (तीव्र एक्सपोजर) या लंबी अवधि के लिए कम उज्ज्वल प्रकाश (age-related macular degeneration – AMD समस्या का जनन) देखने के परिणामस्वरूप हो सकती है।

मुँहासे (acne) के इलाज के लिए नीली एल.ई.डी. प्रकाश का सर्वाधिक उपयोग किया जाता है। यह वसामय ग्रंथियों में गतिविधि को कम करके ऐसा कर सकता है, इसलिए वे कम तेल का उत्पादन करते हैं, जो बालों के रोम को बंद कर सकता है, जिससे मुँहासे हो सकते हैं। नीली रोशनी मुँहासे पैदा करने वाले बैक्टीरिया को भी मार सकती है, जिन्हें क्यूटीबैक्टीरियम एक्ने कहा जाता है।

2014 में, **शुजी नाकामुरा**, **इसामु अकासाकी** और **हिरोशी अमानो** को ब्लू एल.ई.डी. के आविष्कार के लिए भौतिकी में नोबेल पुरस्कार से सम्मानित किया गया था, जिससे **फ्लैट स्क्रीन टीवी**, **कंप्यूटर मॉनिटर**, **स्मार्ट फोन** और **टैबलेट** को रोशन करना संभव हो पाया। एल.ई.डी. तकनीक कम ऊर्जा इस्तेमाल करती है और कम ऊष्मा उत्सर्जित करती है, जिससे यह धन और ऊर्जा बचाने के लिए एक आदर्श प्रकाश स्रोत बन जाती है।

सोडियम बत्तियाँ बनाम एल. ई. डी. बत्तियाँ (Sodium Lamp Vs. LED Lights)

- सोडियम बत्तियाँ प्रकाश को 360 डिग्री में उत्पन्न करती हैं, जबकि, एल. ई. डी. बत्तियाँ प्रकाश को पूर्ण 360 डिग्री के बजाय अधोगामी निर्देशित करती हैं।
- मोनोक्रोमैटिक प्रकाश का अर्थ है कि प्रकाश की एक तरंगदैर्घ्य है। एल. ई. डी. बत्तियाँ मोनोक्रोमैटिक नहीं है क्योंकि यह विभिन्न तरंग दैर्ध्य से बना है, इसलिए यह पॉलीक्रोमैटिक है। अक्सर, विभिन्न रंगों को बनाने के लिए तरंगदैर्ध्य के संयोजन का उपयोग किया जाता है।
- एल. ई. डी. बाजार में व्यावसायिक रूप से उपलब्ध किसी भी प्रकाश स्रोत से अधिक समय तक संचलित होते हैं।

तालिका 26.4 एल.ई.डी., सामान्य बल्ब (तापदीप्त बल्ब) तथा सी.एफ.एल. में तुलना (Comparison among LED, Incandescent bulb and CFL)

विशेषता	एल.ई.डी.	तापदीप्त बल्ब	सी.एफ.एल.
जीवन काल	50,000 घंटा	1200 घंटा	8000 घंटा
प्रयुक्त विद्युत (वॉट में)	6–8 वॉट	60 वॉट	13–15 वॉट
प्रयुक्त विद्युत (किलोवॉट में)	329 किलोवाट घंटा/वर्ष	3285 किलोवाट घंटा/वर्ष	767 किलोवाट घंटा/वर्ष
तुरंत चालू होता है?	हां	हां	नहीं
ऊष्मा उत्सर्जन	न्यूनतम	अधिकतम	मध्यम
हरित गृह गैस उत्सर्जन	LED हरित गृह गैस उत्सर्जन कम करने में मदद करता है	अधिकतम हरित गृह गैस उत्सर्जन	मध्यम स्तर का हरित गृह गैस उत्सर्जन
टिकाऊपन	अत्यंत टिकाऊ	कम टिकाऊ शीशा या फिलामेंट जल्दी टूट जाता है	कम टिकाऊ

26.14 हाई-स्पीड ट्रेनः बुलेट ट्रेन, मैग्लेव (मैग्नेटिक लेविटेशन) और हाइपरलूप (High-Speed Train: Bullet Train, Maglev (Magnetic Levitation) and Hyperloop)

26.14.1 बुलेट ट्रेन (Bullet Train)

बुलेट ट्रेन हाई स्पीड ट्रेन के लिए उपयोग की जाने वाली कोई आधिकारिक शब्दावली नहीं है, बल्कि यह जापान की प्रथम हाई स्पीड ट्रेन का गैर-आधिकारिक नाम है। हाई स्पीड ट्रेन एक ऐसी ट्रेन होती है, जो विशेष रूप से निर्मित रेलवे ट्रैक पर न्यूनतम 200 किलोमीटर प्रति घंटे की रफ्तार से चल सकती है। ट्रेन में प्रयोग की जाने वाले तकनीक के आधार पर इसे **दो श्रेणियों में बांटा गया है:**

1. झुकाव तकनीक या टिल्ट टेक्नोलॉजी (Tilt technology)
2. गैर-झुकाव तकनीक या नॉन-टिल्ट टेक्नोलॉजी (Non-Tilt Technology)

झुकाव तकनीक या टिल्ट टेक्नोलॉजी (Tilt technology): इस तकनीक पर आधारित ट्रेन टिल्टिंग ट्रेन के नाम से जाने जाते हैं। इन ट्रेनों में मोड़ की ओर झुकने की क्षमता होती है तथा यह झुकाव इन ट्रेनों को मोड़ पर भी तीव्र गति से गुजरने की क्षमता प्रदान करते हैं। इस तकनीक पर आधारित ट्रेनें अद्यतित/अपग्रेडेड ट्रैक पर 200 किलोमीटर प्रति घंटे तथा नए ट्रैक पर 250 किलोमीटर प्रति घंटे या उससे भी तेज चल सकती है। यह तकनीक अत्यंत खर्चीली है तथा इसका प्रयोग प्राय: अधिक यात्रियों वाले क्षेत्रों में किया जाता है।

गैर-झुकाव तकनीक या नॉन-टिल्ट टेक्नोलॉजी (Non-Tilt Technology): इस तकनीक पर आधारित ट्रेनें सरल रेखीय ट्रैक या बड़ी त्रिज्या वाले वक्र ट्रैक पर चलती हैं। इन ट्रैकों के रूप में लगी सरल रेखीय पटरियां यात्रियों को आराम का अनुभव कराती हैं। इस प्रकार के ट्रैकों पर चलने वाली ट्रेनें 250 किलोमीटर प्रति घंटे या उससे भी तेज रफ्तार से चल सकती हैं। यह तकनीक ट्रेनों की परिवहन क्षमता को भी बढ़ाती है।

भारत में बुलेट ट्रेन की आधारशिला (Foundation Stone for Bullet Train in India)

भारत का पहला हाई-स्पीड रेल प्रोजेक्ट (बुलेट ट्रेन) का प्रधानमंत्री नरेन्द्र मोदी तथा उसके समकक्ष जापान के शिंजो ने संयुक्त रूप से अहमदाबाद के साबरमती स्टेशन ग्राउण्ड पर उद्घाटन किया। 508 किमी लम्बी, **मुम्बई से अहमदाबाद** के बीच चलने वाली इस रेल के प्रोजेक्ट को बनाने में 1.10 लाख करोड़ की राशि खर्च होगी। इसके 2022 तक पूरा होने की उम्मीद थी (इसे हाल ही में 2023 की पिछली समय सीमा से एक साल पहले बढ़ा दिया गया था), लेकिन अब इसमें देरी हो रही है।

नई जानकारी (New Updates)

भारत की बुलेट ट्रेन अगस्त, 2026 तक चलेगी: अश्विनी वैष्णव

भारत की पहली बुलेट ट्रेन अगस्त, 2026 में चलने की उम्मीद है, इसके बाद एक बड़े खंड की योजना बनाई गई है, रेलवे और दूरसंचार मंत्री अश्विनी वैष्णव ने कहा, यह परियोजना अर्थव्यवस्था को बढ़ावा देगी, क्योंकि परियोजना को आपूर्ति करने वाली कई कंपनियों को निर्यात ऑर्डर मिलना शुरू हो गया था (**14 मार्च 2023**)।

1. मुंबई से अहमदाबाद हाई स्पीड रेल (MAHSR) प्रोजेक्ट **भारतीय रेलवे** तथा **जापान की शिंकासेन तकनीक का संयुक्त प्रयास** है।
2. यह रेल 508 किमी की दूरी **साबरमती (गुजरात) से बान्द्रा (मुंबई)** तक 2.58 घंटों में 320 किमी प्रतिघंटा की रफ्तार से तय करेगी। पहले यह समय 7-8 घंटे का था। अहमदाबाद से मुंबई के बीच **12 स्टेशन**-मुंबई, ठाणे, बिहार, बायसर, वापी, बिलीमोरा, सूरत, भरूच, वड़ोदरा, आनन्द, अहमदाबाद तथा साबरमती आदि स्टेशन प्रस्तावित हैं (महाराष्ट्र के जिले तथा गुजरात के जिले)।
3. योजनानुसार पूरा कॉरिडोर उच्चस्तरीय ट्रैक पर बनेगा, जिसमें से 21 किमी. भूमिगत होगा, उसमें भी **7 किमी. समुद्र के अन्दर होगा। (समुद्र के अन्दर ट्रेन वाले देश- USA, रूस, जापान, चीन)**
4. प्रोजेक्ट पर 1,10,000 करोड़ रुपये का खर्चा होगा, जिसका 80 प्रतिशत **जापान इन्टरनेशनल कॉर्पोरेशन एजेंसी** द्वारा 0.1 प्रतिशत की ब्याज पर ऋण दिया जाएगा। यह ऋण भारत सरकार द्वारा जापान को 50 सालों में लौटाया जाएगा (15 वर्ष का ग्रेस समय)। बाकी बची रकम में **25 प्रतिशत भाग गुजरात सरकार, 25 प्रतिशत, महाराष्ट्र सरकार तथा 50 प्रतिशत केंद्र सरकार तथा व्यय किया जाएगा।**
5. **हाई-स्पीड रेल कॉर्पोरेशन ऑफ इण्डिया लिमिटेड (HSRC)** का विकास तथा क्रियान्वयन भारत सरकार के रेल मंत्रालय के अधीन किया जा रहा है।

भारत की वृद्धि में यह प्रोजेक्ट कैसे मदद करेगा? (How This Project Helps in India's Growth?)

- यह योजना के तहत नये उत्पादों का निर्माण होगा तथा कस्बों का विस्तार होगा।
- आधारभूत संरचना के निर्माण के कारण सीमेन्ट, स्टील अवसंरचनात्मक इंडस्ट्री को बढ़ावा मिलेगा।
- नये स्थायी तथा अस्थायी रोजगार उपलब्ध होंगे।
- इस प्रोजेक्ट पर कार्य कर रही भारतीय एजेंसियों को वृहद स्तर पर कार्य अनुभव प्राप्त होगा।

भविष्य की राह (Way Ahead)

इस प्रोजेक्ट की सफलता इसके क्रियान्वयन पर निर्भर करती है इस प्रोजेक्ट का समयानुसार तथा सफलतापूर्वक समापन भारत में कुशल प्रोजेक्ट क्रियान्वयन की संस्कृति को प्रेरित करेगा। साथ ही पहले के प्रभावकारी क्रियान्वयन सहकार्यों पर भी ध्यान केन्द्रित करना चाहिए चलाने हेतु जो कि भारत के लिए इस प्रोजेक्ट को परिवर्तनकारी बना सकेगा।

26.14.2 मैग्लेव ट्रेन (Maglev Train)

यह हाई-स्पीड ट्रेन या बुलेट ट्रेन का नया संस्करण है; यह चुबंकीय उड़ान पर आधारित है, यह चुबंक का प्रयोग करके उड़ान भरेगी, चलेगी तथा नियमित होगी। इसमें घर्षण, ऊर्जा खपत तथा शोर की उत्पत्ति लगभग शून्य है। यह हाई-स्पीड ट्रेन का प्रभावशाली तथा आरामदायक संस्करण है। इसे मरम्मत की अधिक जरूरत नहीं पड़ती क्योंकि इसमें पहिए नहीं लगे होते। यह ट्रेन घर्षणविहीन ट्रैक पर उठती तथा चलती है जिससे इनकी गति को आसानी से बढ़ाया जा सकता है। ट्रेन की गति को निर्धारित करने के लिए आकर्षण तथा प्रतिक्षेपण बल की जरूरत होती है। मैग्लेव ट्रेन दो प्रकार की है:

1. इलैक्ट्रोमैग्नेटिक प्रोप्लशन (Electromagnetic Propulsion)
2. इलैक्ट्रोडायनेमिक सस्पेन्शन (Electrodynamic suspension)

इलैक्ट्रोडायनेमिक ट्रेन वर्तमान में जापान में चल रही है, इसमें धातु के सुपरकंडक्टर लगे होते हैं। -278°C पर धातु सुपरकंडक्टर बन जाती है तथा इसकी प्रतिरोधकता शून्य हो जाती है। यह बुलेट ट्रेन से तेज है तथा इसकी गति 601 किमी प्रति घंटा है।

तालिका 26.5 बुलेट ट्रेन एवं मैग्लेव ट्रेन में अंतर

मैग्लेव ट्रेन	बुलेट ट्रेन
पहियों की जरूरत नहीं	हो भी सकती है और नहीं भी
उच्चतम ऊर्जा क्षमता	मैग्लेव ट्रेन से अधिक क्षमतावान
बहुत कम शोर उत्पन्न होता है।	शोर अत्यधिक होता है।
पूंजी व्यय अत्यधिक	मैग्लेव की तुलना में मंहगी
केवल कुछ देशों में यह तकनीक पाई जाती है	अत्यधिक विकसित देशों में यह तकनीक पाई जाती है।

26.14.3 हाइपर लूप तकनीक (Hyperloop Technology)

हाइपर लूप एक प्रकार का परिकल्पित पॉड या कैप्सूल है जो कि निम्न दबाव वाले भूमिगत स्तम्भों या सुरंगों से उच्च गति से गुजरेंगे। यह प्रणाली पूरी तरह से स्वायत्त तथा बंद है, इसलिए इसमें चालक द्वारा गलती की अपेक्षा नहीं की जा सकती। इस बंद वातावरण तथा निर्वात में पॉड अत्यन्त उच्च गति को प्राप्त कर सकते हैं।

हाइपर लूप ट्रेन का रचनातंत्र (Mechanism of Hyperloop Train)

अच्छी गति कैसे बनाए रखी जाएगी:

- **वायु घनत्व को कम करके** जिससे की वायु प्रतिरोधकता बहुत निम्न हो जाएगी।
- ट्रेन के आगे एक **वायु संपीड़क पंखा** (Air compressor fan) लगाया जाता है, जो वायु के दबाव को कम कर देता है।
- वायु को बाहर निकालने के लिए एक वायु-वहन (Air bearing) की जरूरत होती है।

भारत में हाइपरलूप (Hyperloop in India)

2018 में महाराष्ट्र सरकार ने **ब्रिटिश वर्जिन ग्रुप** के साथ मुंबई से पुणे तक हाइपरलूप ट्रेन निर्माण के समझौते पर हस्ताक्षर किये हैं। यह ट्रेन पुणे से मुंबई तक सेन्ट्रल पुणे, नई मुंबई इण्टरनेशनल एयरपोर्ट तथा मुंबई तक केवल 25 मिनट में पहुँचाएगी।

इस प्रणाली में लगभग 26 मिलियन लोग जुड़ेंगे तथा 150 मिलियन लोग प्रतिवर्ष यात्रा करेंगे। मुंबई-पुणे मार्ग के कारण सामाजिक-आर्थिक लाभ, समय की बचत तथा दुर्घटनाओं में कमी आदि की प्राप्ति योजना के क्रियान्वयन के 30 वर्षों में प्राप्त हो जाएगी। यह मार्ग पूर्ण रूप से इलेक्ट्रॉनिक होगा, जो ग्रीनहाउस गैसों के उत्सर्जन में 30 सालों में 86000 टन तक कमी करेगा।

हाइपरलूप की अवधारणा सर्वप्रथम **एलन मस्क, जो स्पेसएक्स तथा टेस्ला के सी.ई.ओ. हैं**, ने वर्ष 2012 में दी थी, परन्तु मस्क अब प्रत्यक्ष रूप से इस तकनीक के विकास से जुड़े हुए नहीं हैं। मस्क का अनुमान था कि **लॉस एंजिल्स से सैन-फ्रांसिस्को** मार्ग निर्माण की लागत 6 बिलियन या लगभग 11.5 मिलियन प्रति मील होगी, किन्तु हाइपरलूप तकनीक से जुड़े दस्तावेज सार्वजनिक हो जाने के कारण इसकी लागत में 13 बिलियन या 121 मिलियन प्रति मील की वृद्धि हो गई।

इस सबके अतिरिक्त हाइपरलूप तकनीकी तथा नियामकीय बाधाओं का सामना कर रही है, साथ ही इसके मालिकाना हक से जुड़े अनेक मुद्दे हैं, जिसके कारण हाइपरलूप यातायात प्रणाली के विकास में देरी हो रही है। संपीड़क पंखा तथा विद्युत मोटर इसकी गति को कम कर सकते हैं।

अमरावती और विजयवाड़ा को जोड़ने वाला भारत का पहला हाइपरलूप

- **अमेरिका स्थित हाइपरलूप ट्रांसपोर्टेशन टेक्नोलॉजीज इंक** (HTT) **विजयवाड़ा और आंध्र प्रदेश की राजधानी अमरावती** को जोड़ने वाला भारत का पहला हाइपरलूप प्रोजेक्ट शुरू करने की तैयारी कर रहा है।
- हाइपरलूप, जो 1,200 किमी प्रति घंटे की गति से लोगों को ले जाने के लिए कम दबाव वाली ट्यूब का उपयोग करता है, विजयवाड़ा-अमरावती की यात्रा के लिए लगभग एक घंटे की यात्रा के समय को घटाकर लगभग 5-6 मिनट कर देगा।
- सूत्रों के मुताबिक, सार्वजनिक निजी भागीदारी (PPP) मोड पर शुरू की जाने वाली इस परियोजना की लागत लगभग 200-250 मिलियन डॉलर (₹1,300-1,600 करोड़) होगी और 2,500 से अधिक नौकरियां पैदा होंगी। आंध्र प्रदेश आर्थिक विकास बोर्ड (APEDB), आंध्र प्रदेश सरकार के साथ, सभी नियामक आवश्यकताओं को पूरा करते हुए HTT की सहायता करेगा, और अमरावती में हाइपरलूप परियोजना का विकास और कार्यान्वयन करेगा।

विश्व में हाइपरलूप (Hyperloop in World)

1. **विश्व का प्रथम हाइपरलूप रेल** मार्ग कनाडा में टोरंटो तथा मॉण्ट्रियल के मध्य बनेगा। (*नोट:* यात्री विमान से भी अधिक तीव्र गति) टोरंटो से मॉण्ट्रियल की दूरी (640 किमी.) केवल 39 मिनट में तय होगी।
2. लॉस एंजेलस हाइपरलूप आधारित: **विश्व की प्रथम हाइपरलूप वाणिज्यिक सेवा हेतु कनाडा के दो सबसे बड़े मेट्रोपॉलिटन क्षेत्रों को चुना गया। लॉस एंजिल्स से सेन फ्रांसिस्को** की दूरी केवल 50 मिनट में तय होगी।
3. अन्य नगर भी हाइपरलूप सेवा स्थापित करने का विचार कर रहे हैं। संयुक्त अरब अमीरात **अबु धाबी से दुबई** के मध्य हाइपरलूप संपर्क स्थापित करने पर विचार कर रहा है। ये दोनों नगर अमीरात में जनसंख्या के संदर्भ में दो सबसे बड़े केंद्र हैं। ये दोनों नगर परस्पर 150 किमी. की दूरी रखते हैं हाइपरलूप के जरिए इस दूरी को मात्र 12 मिनट में कवर किया जाएगा और इसके वर्ष 2022 के आरंभ तक बनने की संभावना है।

26.14.4 वंदे भारत एक्सप्रेस रेल/ट्रेन 18 (Vande Bharat Express/Train 18)

यह भारत की प्रथम स्वदेश निर्मित, इंजन रहित, सेमी हाई-स्पीड रेल है। इसे पहले '**ट्रेन 18**' के नाम से जाना गया। **यह दिल्ली तथा वाराणसी के मध्य** अधिकतम 160 किमी. प्रति घंटे की रफ्तार से **चलती है।**

- यह **ट्रेन 18 है, जिसे बाद में वंदे भारत एक्सप्रेस नाम दिया गया**, को भारत सरकार की **मेक इन इंडिया पहल** के तहत इंटीग्रल कोच फैक्ट्री, चेन्नई द्वारा निर्मित किया गया था।
- इस ट्रेन को **15 फरवरी 2019** को लॉन्च किया गया था।
- मई 2023, भारतीय रेलवे द्वारा 19 वंदे भारत ट्रेनों का संचालन किया जा चुका है।
- वंदे भारत ट्रेनें स्व-चालित 'इंजन रहित' ट्रेन श्रेणी हैं।

तालिका 26.6 वंदे भारत के अलग-अलग वेरिएंट - VB1.0, VB2.0, VB3.0 और VB4.0

विशेषताएं	VB1.0	VB2.0	VB3.0	VB4.0
बाहरी डिजाइन	वायुगतिकीय (Aerodynamic) डिजाइन	वायुगतिकीय (Aerodynamic) डिजाइन	वायुगतिकीय (Aerodynamic) डिजाइन	वायुगतिकीय (Aerodynamic) डिजाइन
किस धातु से बना	स्टेनलेस स्टील	स्टेनलेस स्टील	VB3 ट्रेन सेट के आधे हिस्से में स्टील से बने कोच होंगे, जबकि दूसरे आधे हिस्से में आर्टिकुलेटेड बोगियों के साथ एल्यूमीनियम से बने कोच होंगे।	एल्यूमीनियम मिश्र धातु
सुविधा (Facility)	जीपीएस आधारित यात्री सूचना प्रणाली, बायो-वैक्यूम शौचालय, घुमने वाली सीटें	• यथोपरि (क्पजजव) • VB2 कवच सिग्नलिंग तकनीक (टकराव-रोधी प्रणाली) के साथ सुरक्षा और संरक्षा के लिए अतिरिक्त रूप से सुसज्जित है।	• यथोपरि (Ditto) • उम्मीद है कि VB3, VB2 की तुलना में हल्का और अधिक ऊर्जा कुशल होगा, साथ ही इसमें बेहतर यात्री सुविधाएं भी होंगी।	प्रत्येक यात्री के लिए 3-पिन सॉकेट और यूएसबी पावर सॉकेट, जीरो डिस्चार्ज टॉयलेट सिस्टम और व्हीलचेयर में यात्रा करने वाले यात्रियों को समायोजित करने जैसी बेहतर यात्री सुविधाएं।
गति प्रदर्शन (Speed performance)	वंदे भारत की अधिकतम गति 180 किमी/घंटा हो सकती है। यह 54.6 सेकंड में 100 किमी/घंटा की रफ्तार पकड़ सकती है और 145 सेकंड में अपनी अधिकतम गति तक पहुंच सकती है।	VB2 ट्रेनें 52 सेकंड में 100 किमी/घंटा की गति पकड़ सकती हैं, जबकि पूर्व संस्करण में 54 सेकंड लगते थे। ट्रेन 140 सेकंड में 160 किमी/घंटा की गति तक पहुंच सकती है, जो वंदे भारत की पहली पीढ़ी की तुलना में 5 सेकंड तीव्र है।	VB3 की अधिकतम गति 180-200 किमी/घंटा और डिजाइन जीवन अवधि 35 वर्ष होने की उम्मीद है। यह जल्द ही सेवा में आ जाएगी।	VB4 की अधिकतम गति 200 किमी/घंटा से अधिक रखने की योजना है। उम्मीद है कि सभी VB4 ट्रेन सेट टिल्टिंग ट्रेन होंगीं, जो भारत में प्रौद्योगिकी के प्रथम व्यावसायिक परिनियोजन का प्रतीक है। पहले VB4 सेट के 2024 में सेवा में आने की उम्मीद है।
सुविधा (Facility)	केवल सीटिंग कोच	केवल सीटिंग कोच	स्लीपर कोच शुरू किए जाएंगे	स्लीपर कोच जारी रहेंगे

- इसके तीव्र त्वरण एवं अवमन्दन के परिणामस्वरूप ट्रेन यात्रा का समय कम हो जाता है।
- **इसमें यात्रियों के लिए कुछ अनुकूल विशेषताएँ;** यूरोपीय शैली की सीटें, प्रचारित (डिफ्यूज) एल. ई. डी. बत्तियाँ, जीपीएस आधारित सूचनोरंजन प्रणाली, मॉड्यूलर बायो-टॉयलेट, धूल मुक्त वातावरण के लिए पूरी तरह से सीलबंद गैंगवे, स्लाइडिंग फुटस्टेप्स के साथ केंद्रीय रूप से नियंत्रित प्रवेश/निकास दरवाजे, दिव्यांग अनुकूल शौचालय और स्वचालित स्लाइडिंग केबिन दरवाजे शामिल हैं।
- **भारतीय रेलवे द्वारा मार्च 2024 तक 102 वंदे भारत ट्रेनों के संचालन की योजना है।**

26.15 अंटार्कटिका और आर्कटिक में भारतीय अनुसंधान केंद्र (Indian Research Centre in Antarctica and Arctic)

26.15.1 अंटार्कटिका अनुसंधान केंद्र (Antarctica Research Centre)

अंटार्कटिका विश्व का पांचवां बड़ा महाद्वीप है, जो पूर्णत: बर्फ से ढका हुआ है तथा यहां की वायु सर्वाधिक स्वच्छ है। अंटार्कटिका में विभिन्न क्रियाकलापों का नियमन अंटार्कटिका संधि 1959 के तहत किया जाता है। अपने अद्वितीय एवं अस्पर्शी समुद्री एवं जलवायिक वातावरण के कारण अंटार्कटिका सभी प्रकार के वैज्ञानिक अनुसंधानों में एक महत्वपूर्ण भूमिका निभाता है।

अंटार्कटिका में भारतीय अनुसन्धान स्टेशन की स्थापना भारतीय अंटार्कटिक कार्यक्रम के अंतर्गत की गयी। इस कार्यक्रम के प्रशासन का कार्य भारत सरकार के भू-विज्ञान मंत्रालय के अंतर्गत कार्य करने वाले राष्ट्रीय अंटार्कटिक तथा महासागरीय अनुसंधान केंद्र द्वारा किया जाता है।

1. **दक्षिण गंगोत्री (Dakshin Gangotri):** 1984 में भारत ने अंटार्कटिका में अपने पहले अनुसंधान स्टेशन की स्थापना की। यह दक्षिणी ध्रुव से लगभग 2500 किलोमीटर दूर अवस्थित था। बाद में इसे पूर्णत: नष्ट कर दिया गया।
2. **मैत्री (Maitri):** अंटार्कटिका में भारत का यह दूसरा स्थाई स्टेशन है। इसकी स्थापना 1987 में की गयी। यह श्रीमचर ओएसिस नामक चट्टानी पर्वतीय क्षेत्र में स्थित है। भारत ने मैत्री के निकट "लेक प्रियदर्शिनी" नामक स्वच्छ जल की एक झील का भी निर्माण किया।
3. **भारती (Bharti):** इसकी स्थापना 2012 में की गयी। यह सभी प्रायोगिक उपकरणों से सुसज्जित है। भारती, मैत्री के पूर्वी ओर इससे 3000 किलोमीटर की दूरी पर अवस्थित है, जिसका निर्माण 134

पुनर्चक्रित जहाजों से किया गया। यह एक आरामदायक स्टेशन है, जहां 25 वैज्ञानिक रह सकते हैं।

26.15.2 इण्ड आर्क (भारत की आर्कटिक वेधशाला) (IND ARC-India's Arctic Observatory)

यह एक भारतीय आर्कटिक वेधशाला है, जो **आर्कटिक क्षेत्र की जलवायु तथा इसके भारतीय मानसून प्रणाली पर प्रभाव के अध्ययन में वैज्ञानिकों हेतु सहायक होगी।**

इंड आर्क (Ind ARC) तैनाती के बाद यह **भारत की प्रथम अंतर्जलीय बंधी हुई (moored) वेधशाला है जो नॉर्वे तथा उत्तरी ध्रुव के मध्य आधे मार्ग पर कोंगसफोर्डन फ्योर्ड (Kongsfjorden feord) में अवस्थित है। यह वेधशाला आर्कटिक क्षेत्र में भारतीय वैज्ञानिक उपलब्धियों के संदर्भ में एक मील का पत्थर है।**

इसका डिजाइन तथा निर्माण अर्थ सिस्टम साइंस संगठन (ESSO), नेशनल सेंटर फॉर अंटार्कटिक एण्ड आशियन रिसर्च (NCAOR), नेशनल इंस्टिट्यूट ऑफ् ओशियन टेक्नोलॉजी (NIOT) तथा इंडियन नेशनल सेंटर फॉर ओशियन इन्फॉर्मेशन सर्विस (INCOIS) के वैज्ञानिकों द्वारा किया गया।

यह वेधशाला 192 मीटर की गहराई में लंगर डाले हुए है और 10 अत्याधुनिक महासागरीय संवेदकों (सेंसरों) से सुसज्जित है, जो जल में विभिन्न गहराईयों में रणनीतिक रूप से अवस्थापित हैं। इनमें से कुछ संवेदक समुद्री जल के तापमान, लवणता, महासागरीय धाराओं तथा फियोर्ड (रिवतक) के अन्य महत्वपूर्ण मानकों के रियल-टाइम डाटा संग्रहण हेतु प्रोग्राम किए गए हैं।

कोंगस्फ्योर्डन को आर्कटिक जलवायु भिन्नताओं के अध्ययन हेतु एक प्राकृतिक वेधशाला माना जाता है। वैज्ञानिकों का अनुमान है कि आर्कटिक हिमनदों का पिघलन मौसमी प्रतिरूप तथा महासागरीय धाराओं में परिवर्तनों का तीव्रतर कर देगा जिससे विश्व के अन्य भाग भी प्रभावित होंगे। इससे "आर्कटिक हिम शेल्फ तथा गहरे समुद्र के मध्य अन्तर्संबंधों और जलवायु परिवर्तन पर इसके प्रभावों, जिसके लिए वार्षिक मौसमी चक्र के एक विस्तृत अध्ययन की आवश्यकता होती है", को समझने में सहायता मिलेगी। "इस प्रकार के अध्ययन की प्रमुख बाधाओं में से एक आर्कटिक के कठोर सर्द मौसम में इस अवस्थिति पर पहुंचने में आने वाली कठिनाई है। इंड-आर्क वेधशाला इस समस्या के समाधान का एक प्रयास है।"

26.16 टेलीविजन प्रौद्योगिकी: CRT, LCD, प्लाज्मा, LED, OLED और QLED (Television Technology: CRT, LCD, Plasma, LED, OLED and QLED)

दूरदर्शन या टेलिविज़न एक ऐसी दूरसंचार प्रणाली है, जिसके द्वारा चलचित्र व ध्वनि को दो स्थानों के मध्य प्रसारित या प्राप्त किया जा सके। दूरदर्शन का अंग्रेजी शब्द टेलिविज़न लैटिन तथा **यूनानी शब्दों से बनाया गया है, जिसका अर्थ होता है- दूर दृष्टि (यूनानी-टेली = दूर, लैटिन-विज़न = दृष्टि)।**

संचार तथा सूचना प्रणाली में विभिन्न प्रकार के पारेषण मोड होते हैं। पारेषण मोड या संचार मोड को उपकरणों के मध्य आंकड़ों का हस्तांतरण होता है। इसमें हमेशा सूचना प्रवाह की दिशा होती है। इसमें तीन प्रकार के पारेषण मोड होते हैं:

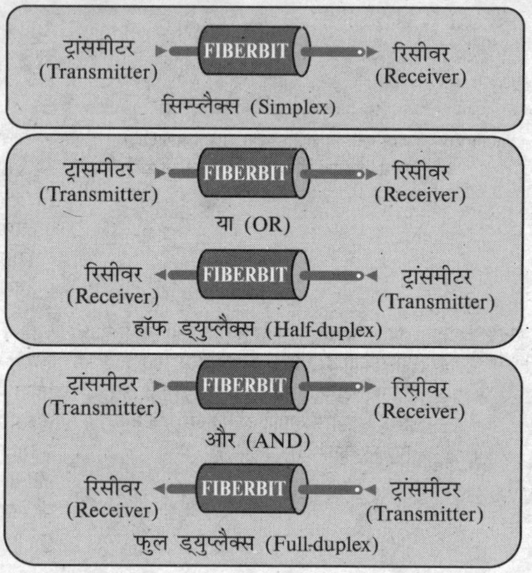

चित्र 26.5
विभिन्न प्रकार के ट्रांसमिशन मोड

(A) सिम्प्लैक्स मोड (Simplex Mode)

- इसमें संदेश का स्रोत हमेशा ट्रांसमीटर और लक्ष्य स्रोत रिसीवर होता है। सिम्प्लैक्स मोड में पारेषण की दिशा अपरिवर्तित रहती है (एक एंटीना से दूसरे एंटीना की ओर)।
- एक **रेडियो स्टेशन** तथा **टेलीविज़न सेटअप** हमेशा एक सिम्प्लैक्स चैनल होते हैं क्योंकि यह हमेशा अपने श्रोताओं को सिग्नल पारेषित करता है और कभी भी वापिस सिग्नल प्राप्त नहीं कर सकता।
- सिम्प्लैक्स मोड पारेषण का लाभ यह है कि इसमें **आंकड़ों के पारेषण की केवल एक दिशा** होने के कारण संपूर्ण बैंडविड्थ का उपयोग किया जा सकता है।

(B) हाफ ड्यूप्लैक्स चैनल (Half-Duplex Channel)

- यह एक एकल भौतिक चैनल होता है, जिसमें **दिशा को पलटा जा सकता है।**
- इसमें **संदेश** हाफ ड्यूप्लैक्स प्रकार से **दो दिशाओं में प्रवाहित होते हैं,** परन्तु एक ही समय में नहीं। एक समय में आंकड़ों का पारेषण केवल एक दिशा में होता है।

- एक **टेलीफोन कॉल** में हम इस प्रकार की दशा को देख सकते हैं–इसमें हम देखते हैं कि एक पक्ष बोलता है तो दूसरा सुनता है और दूसरा पक्ष बोलता है तो पहला सुनता है। यदि दोनों पक्ष एक साथ बोलते हैं विकृत आवाज आती है जिसे समझा नहीं जा सकता।
- पारेषण के हाफ ड्यूप्लैक्स मोड की सबसे बड़ी समस्या यह है कि इसमें दो चैनलों का इस्तेमाल होता है जिससे चैनल की बैंडविड्थ घट जाती है।

(C) फुल ड्यूप्लैक्स मोड (Full-Duplex Channel)

- एक फुल ड्यूप्लैक्स चैनल का उपयोग **दोनों दिशाओं में समकालीन रूप से संदेश पारेषण (विनिमय) हेतु किया जाता है।**
- इसमें **दो सिम्प्लैक्स चैनल** होते हैं, एक फॉरवर्ड चैनल और दूसरा बैकवर्ड (रिवर्स) चैनल, दोनों समान बिंदुओं पर जुड़े होते हैं।
- फुल ड्यूप्लैक्स मोड पारेषण की मुख्य समस्या यह होती है कि इसमें समकालीन रूप से दो चैनलों का इस्तेमाल करते हैं, जिससे **बैंडविड्थ घट जाती है**।

विभिन्न प्रकार के टेलीविज़न होते हैं जो उपयोग किए जा रहे डिस्प्ले डिवाइस पर निर्भर करते हैं। एक डिस्प्ले डिवाइस सूचना के दृश्य रूप में प्रस्तुतीकरण हेतु एक आउटपुट डिवाइस होती है। जब इनपुट सूचना की सप्लाई, एक इलेक्ट्रॉनिक सिग्नल के रूप में होती है तो डिस्प्ले को इलेक्ट्रॉनिक डिस्प्ले कहते हैं।

डिस्प्ले डिवाइस के दो प्रकार होते हैं– (a) कैथोड रे ट्यूब (b) फ्लैट-पैनल डिस्प्ले।

(A) कैथोड किरण ट्यूब (Cathode Ray Tube)

एक निर्वात् नलिका होती है, जिसमें एक इलेक्ट्रॉन बंदूक और एक प्रदीप्त पटल होता है। इसमें इलेक्ट्रॉन को त्वरित करने और कोण देने के लिए आंतरिक या बाह्य तकनीक का उपयोग होता है। ये नलिका पटल पर इलेक्ट्रॉन की किरण को डालकर प्रकाश उत्सर्जित कर छवि निर्माण करने के प्रयोग में आता है। ये छवि किसी विद्युत संकेत तरंग रूप, छवि या तेजोन्वेष के लक्ष्य दिखाने के लिए होती है। **टेलीविज़न के प्राथमिक रंग हैं - लाल, नीला और हरा।**

(B) फ्लैट–पैनल डिस्प्ले (Flat-Panel Display)

फ्लैट-पैनल डिस्प्ले के अंतर्गत LCD, प्लाज्मा, LED, OLED जैसी विभिन्न तकनीकों का उपयोग किया जाता है।

(I) *लिक्विड क्रिस्टल डिस्प्ले (Liquid Crystal Display)*

- लिक्विड क्रिस्टल डिस्प्ले एक प्रकार का डिस्प्ले है, जो टैक्स्ट, चित्र, वीडियो आदि को इलेक्ट्रॉनिक विधि से प्रदर्शित करने के काम आता है। यह स्वयं कोई प्रकाश उत्पन्न नहीं करता बल्कि किसी दूसरे स्रोत से इसके ऊपर पड़ने वाले प्रकाश को मॉडुलेट करता है। इसमें दो ग्लास प्लेटों के मध्य तरल क्रिस्टल को दबा दिया जाता है। जब क्रिस्टल से होकर विद्युत धारा को प्रवाहित कराया जाता है तब छोटी बहुरंगी पिक्सलों की श्रृंखला प्रकाश उत्पन्न करके तसवीर का निर्माण करती है।
- एल.सी.डी. टी.वी. स्क्रीन प्लाजमा स्क्रीन की तुलना में हल्की व पतली होती है। ज्यादातर कम्प्यूटरों में यही प्रयुक्त होता है।
- LCD टी.वी. स्क्रीन "1/4 से 4" मोटी (thick) तथा "2 से 65 चौड़ी" होती है।
- LCD टी.वी. में "व्यावर्तित नेमेटीक" (Twisted Nematic) तरल क्रिस्टल पदार्थ उपयोग किए जाते हैं। यह 0° तथा 90° के मध्य घूमते हुए ऑपरेट होते हैं और इस प्रकार इससे गुजरते समय प्रकाश को तरंगित करते हैं। LCD टी.वी. में **4-प्रोप्रोक्सी-[1, 1-Bipheny]. 4. कार्बोनाइट्राइल ($C_{16}H_{15}NO$) तथा ट्रांस-1-(ब्रोमोमिथाइल)-4-प्रोपाइलसाइक्लोहेक्जेन ($C_{10}H_{19}Br$)** तरल क्रिस्टल पदार्थ उपयोग किए जाते हैं। LCD स्क्रीन में उपयोग किए जाने वाले अन्य सामान्य रसायन **MBBA** अथवा **N-(4-Methoxybenzylidene)-P-n-butylaniline** होते हैं।

CRT तथा LCD डिस्प्ले में तुलना
(Comparison between CRT and LCD Display)

- LCD हल्की होती है (Type 1/5 of CRT)
- LCD में ऊर्जा उपभोग तुलनात्मक रूप से कम होता है (Type 1/4 of CRT)।
- LCD में किसी भी विद्युत चुबंकीय (इलेक्ट्रोमैग्नेटिक) उत्सर्जन नहीं होता है।
- LCD डेस्कटॉप पर बड़ी स्क्रीन के होते हैं (> 20")।
- LCD पूर्णत सपाट स्क्रीन के होते हैं- CRT टी.वी. की तरह इसमें ज्यामितीय दोष नहीं होते।
- LCD में क्रिस्प पिक्चरें - डिजिटल तथा समान रंग की होती हैं।
- LCD में पूर्ण डिजिटल सिग्नल प्रोसेसिंग संभव है।
- LCD में ज्योतिगर्मयता (Luminance) कम होती है।

(II) *प्लाज्मा टी.वी. (Plasma TV)*

- इन्हें प्लाज्मा डिस्प्ले कहा जाता है क्योंकि इसकी तकनीक में इलेक्ट्रॉनिक रूप से आवेशित आयनीकृत गैसों से युक्त छोटी बैटरियों (Cells) का इस्तेमाल किया जाता है।
- यह एक उच्च विपर्यास (Contrast) अनुपात दर्शाते हुए गहरी कालिमा (deeper blacks) उत्पन्न करने में सक्षम है। प्लाज्मा टी.वी. स्क्रीन में CRT स्क्रीन की तुलना में अधिक उच्च रिजोल्युशन होता है।
- वास्तव में, इसमें पिक्चर इतनी स्पष्ट होती है कि यह लगभग विंडो के जरिए दृश्य देखने के समान अनुभव देती है। स्क्रीन आकार 42" से 65" चौड़ा wide तथा 3" से 4" मोटा (thick) होता है।

प्लाज्मा बनाम् LCD तथा LED विशेषताएं (Plasma vs LCD and LED Features)

- **पिक्चर क्वालिटी:** प्लाज्मा टी.वी. का दृश्य कोण (एंगल) बेहतर होता है, चाहे आप टी.वी. के एक तरफ कितनी ही दूरी तक बैठे हों, पिक्चर क्वालिटी पर प्रभाव नहीं पड़ेगा।
- **स्क्रीन लाइफ:** प्लाज्मा टी.वी. की स्क्रीन लाइफ 30,000 से 60,000 घण्टे होती है, जो कि निर्माण तथा मॉडल पर निर्भर करती है, जबकि LCD टी.वी. की स्क्रीन लाइफ 60,000 घण्टे या इससे अधिक होती है
- प्लाज्मा एक बड़े आकार की स्क्रीन तकनीक है और सभी टेलीविज़न (LCD and LED) में सर्वाधिक भारी है। मोबाइल स्क्रीन में प्लाज्मा स्क्रीन का उपयोग संभव नहीं होता इसलिए इसमें LCD तथा LED की तुलना में प्लाज्मा टी.वी. अधिक ऊर्जा उपभोग करता है।

(III) *LED टी.वी. (LED TV)*

- LED को सामान्यत: "बैकलाइट LCD टी.वी." के नाम से जाना जाता है।
- इस तकनीक में **डिस्प्ले डिवाइस के बैकलाइट** हेतु LCD टी.वी. में प्रयुक्त **कैथोड फ्लोरोसेंट लाइट्स के बजाय लाइट-एमिटिंग डायोड्स** का इस्तेमाल किया जाता है।
- LED बैकलाइट से **पतले पैनल, निम्न ऊर्जा उपभोग, बेहतर ताप विसरण, एक अधिक चमकदार डिस्प्ले तथा बेहतर कंट्रास्ट लेवल की सुविधा प्राप्त की जा सकती है।**

LCD तथा LED में विभेद (Difference between LED and LCD)

- बेहतर गतिशील कंट्रास्ट के साथ चित्र प्रस्तुतीकरण।
- कोर-LED लाइटिंग से स्क्रीन को काफी महीन किया जा सकता है। कुछ स्क्रीन तो आधे इंच (0.92 सेमी.) से भी कम मोटी होती है।
- LED टी.वी. गर्म नहीं होते, इसलिए स्क्रीन लाइफ अधिकतम होती है।
- निपटान में अपेक्षाकृत रूप से कम पर्यावरण प्रदूषण।
- अधिक महंगे।
- LCD तथा प्लाज्मा की तुलना में LED में ऊर्जा की खपत कम।
- विशेष रूप से 20-30 प्रतिशत तक ऊर्जा की कम खपत।
- अधिक विश्वसनीय: इनमें व्यापक डिमिंग रेंज (dimming range) संभव होती है।

(IV) *OLED (Organic Light Emitting Diode)*

OLED एक सपाट लाइट एमिटिंग तकनीक है, जो **दो चालकों के बीच एक श्रृंखला में जैविक (कार्बन आधारित) महीन फिल्मों की एक श्रृंखला रखकर निर्मित** की जाती है। OLED एक हरित तकनीक है, जो की बहुत दक्ष है तथा इसमें कोई भी हानिकारक धातु प्रयुक्त नहीं की जाती है।

OLED का आधारभूत ढांचा एक **कैथोड (जो इलेक्ट्रॉन अन्त:क्षेपित करता है), एक उत्सर्जन परत तथा एक एनोड (जो इलेक्ट्रॉन हटाता है) से मिलकर बनता है।** आधुनिक OLED डिवाइसों को अधिक दक्ष बनाने के लिए अधिक परतों का उपयोग किया जाता है परन्तु इनमें मूल कार्यविधि समान रहती है।

OLED के लाभ (Benefits of OLED)

- OLEDs ऊर्जा का उपयोग कम करते हैं तथा इन्हें एक ही प्रकाश स्रोत से ऑपरेट किया जा सकता है। OLEDs सफेद प्रकाश उत्पन्न कर सकते हैं तथा भविष्य के बल्ब उपलब्ध करा सकते हैं जो कम ऊर्जा उपभोग (शायद CFL लैम्प से भी अधिक दक्ष) तथा महीन क्षेत्र डिजाइन (कोई हानिकारक धातु नहीं) जैसी विशेषताओं से युक्त होते हैं।
- ये पदार्थ औद्योगिक लेपन प्रक्रियाओं द्वारा निक्षेपित होते हैं जो परंपरागत LEDs में आवश्यक तकनीकों से सस्ती होती है।
- OLEDs प्रकाश उत्सर्जित करते हैं इसलिए इन्हें बैकलाइट की आवश्यकता नहीं होती और इसलिए ये LCD डिस्प्ले की तुलना में अधिक महीन तथा अधिक दक्ष होते हैं। उल्लेखनीय है कि, LCD डिस्प्ले में श्वेत बैकलाइट की आवश्यकता होती है।
- OLEDs में बेहतर पिक्चर क्वालिटी, बेहतर रंग, त्वरित प्रतिक्रिया दर तथा एक व्यापक दृश्यकोण (viewing angle) होता है।
- ये स्वभावत: ही महीन होते हैं।
- ये **लचीले प्लास्टिक अद्य:स्तर** (substrates) से बने होते हैं, जो लगभग 1 मिलीमीटर मोटाई से भी कम फुल कलर फ्लैक्सीबल डिस्प्ले प्रदान करते हैं।
- एकाधिक रंग और सभी रंग संभव हैं।

OLEDs की हानियां (Disadvantages of OLEDs)

- वर्तमान में LCD की तुलना में OLEDs के उत्पादन की लागत अधिक है। हालांकि उम्मीद है कि भविष्य में यह स्थिति बदल जाए क्योंकि सरल डिजाइन के कारण OLEDs के LCDs से भी सस्ता होने की संभावना है।
- OLEDs का जीवनकाल सीमित है (किसी भी अन्य डिस्प्ले के समान) यह कुछ वर्ष पहले एक समस्या थी, परन्तु निरंतर प्रगति के कारण वर्तमान में यह समस्या नहीं रही है।
- OLEDs सीधे सूर्यप्रकाश में समस्याजनक हो सकते हैं क्योंकि ये उत्सर्जन प्रकृति के होते हैं, परन्तु कंपनियां इसे बेहतर करने हेतु प्रयासरत है।
- OLEDs में कुछ पदार्थ नमी के प्रति अत्यधिक संवेदनशील होते हैं, जिससे इनकी जीवन अवधि कम हो जाती है, विशेष रूप से प्लास्टिक आद्य:स्तर पर। इसी कारण से लचीले OLED विनिर्माण के प्रति झिझक बनी हुई है।

(III) क्वांटम *LED (Quantum LED - QLED)*

QLED का मतलब **क्वांटम लाइटिंग-एमिटिंग डायोड** है। यह एक नियमित एल. ई. डी. टीवी की तरह है, सिवाय इसके कि इसकी चमक और रंग को सुपर-चार्ज करने के लिए **क्वांटम डॉट्स** नामक छोटे नैनोकणों का उपयोग किया जाता है। इस तकनीक को सोनी द्वारा वर्ष 2013 में प्रस्तुत किया गया था, लेकिन इसके तुरंत बाद, सैमसंग ने अपने QLED टीवी की बिक्री शुरू कर दी और अन्य निर्माताओं के साथ एक लाइसेंसिंग साझेदारी स्थापित की।

तालिका 26.7 QLED बनाम् OLED

पैरामीटर	QLED	OLED
नाम	क्वांटम प्रकाश उत्सर्जक डायोड	जैव प्रकाश उत्सर्जक डायोड
तकनीक	संचरणशील (Transmissive)	उत्सर्जक (Emissive)
कंट्रास्ट और ब्लैक लेवल	प्रकाश की मौजूदगी का स्राव	पूर्ण अंधकार (darkness)
चमक (Brightness)	अलग बैकलाइट	खुद की लाइट
रंग (Colours)	उत्कृष्ट (Excellent)	जबरदस्त (Fantastic)
रिफ्रेश दर, प्रतिक्रिया समय और इनपुट अंतराल (input lag)	2 से 8 मिलीसेकंड-प्रतिक्रिया समय	0.1 मिलीसेकंड का प्रतिक्रिया समय
व्यू एंगल	केंद्र (Centre)	84 डिग्री तक
स्क्रीन का साईज	उच्चतर रेंज	निम्न रेंज
जीवनकाल (Lifespan)	उत्कृष्ट ट्रैक रिकॉर्ड	मध्यम ट्रैक रिकॉर्ड
स्क्रीन बर्न-इन (burn-In)	अतिसंवेदनशील नहीं	कभी-कभी, बर्न-इन हो सकता है
ऊर्जा खपत	अधिक	कम
मूल्य (Pricing)	तुलनात्मक रूप से कम महंगा	अधिक महंगा

26.17 क्वांटम कंप्यूटिंग (Quantum Computing)

इन्फोग्राफिक देखें - क्वांटम कंप्यूटिंग।

26.18 क्वांटम सर्वोच्चता (Quantum Supremacy)

इन्फोग्राफिक देखें - क्वांटम सर्वोच्चता

26.19 क्वांटम बिट्स (Quantum Bits)

इन्फोग्राफिक देखें - क्वांटम बिट्स

26.20 क्वांटम कुंजी वितरण (Quantum Key Distribution - QKD)

इन्फोग्राफिक देखें - क्वांटम कुंजी वितरण (QKD)

26.21 क्वांटम एंटेंगलमेंट (Quantum Entanglement)

इन्फोग्राफिक देखें - क्वांटम एंटेंगलमेंट

26.22 क्वांटम उपग्रह (Quantum Satellite)

इन्फोग्राफिक देखें - क्वांटम उपग्रह

26.23 क्वांटम टेलीपोर्टेशन (Quantum Teleportation)

इन्फोग्राफिक देखें - क्वांटम टेलीपोर्टेशन

26.24 क्लासिकल कंप्यूटर और क्वांटम कंप्यूटर के बीच अंतर (Difference between Classical Computer and Quantum Computer)

इन्फोग्राफिक देखें - क्लासिकल कंप्यूटर बनाम् क्वांटम कंप्यूटर

26.25 माइक्रोवेव ओवेन (Microwave Oven)

माइक्रोवेव (सूक्ष्म तरंग) विद्युत चुबंकीय तरंगों के समान होती है, जो टी. तथा रेडियो ट्रांसमीटर से हवा के माध्यम में गमन करती है। यह विद्युत तथा चुबंकीय का अदृश्य अप तथा डाऊन पैटर्न होता है, जो प्रकाश की गति (3 लाख किलोमीटर या 1,86000 मील प्रति सेकण्ड) से हवा में गमन करता है। जहां रेडियो तरंगें वास्तव में बहुत लंबी होती हैं (कुछ तो एक शिखर से अगले शिखर के मध्य 10 किलोमीटर से भी अधिक दूरी से युक्त होती है)। वहीं ये बहुत छोटी भी हो सकती हैं। सूक्ष्म तरंगें प्रभावी रूप में सबसे छोटी रेडियो तरंगें होती हैं तथा जो ओवेन में खाना पकाती है वे मात्र 12 सेंटीमीटर (मुश्किल से 5 इंच) लंबी ही होती हैं।

अपने सूक्ष्म आकार के बावजूद सूक्ष्म तरंगें बड़ी मात्रा में ऊर्जा ले जाती है। सूक्ष्म तरंगों के संबंध में छोटी-सी त्रुटि से भी जीवित ऊतकों तथा कोशिकाओं को नुकसान पहुंच सकता है। यही कारण है कि सूक्ष्म तरंगें मानव हेतु हानिकारक भी हो सकती हैं और इसी कारण से सूक्ष्म तरंगें मजबूत धातु के बक्सों से घिरी होती हैं ताकि ये इनसे बाहर नहीं निकल सके।

सामान्य उपयोग के दौरान सूक्ष्म तरंगे पूर्णत: सुरक्षित होती हैं परन्तु छोटी-सी लापरवाही से भी सूक्ष्म तरंगे बहुत खतरनाक साबित हो सकती हैं इसलिए इसके इस्तेमाल तथा इन उपकरणों के निर्माण के दौरान आवश्यक सावधानी व सुरक्षा उपाय सुनिश्चित किए जाने चाहिए। सूक्ष्म तरंगों को सेलफोन (मोबाइल फोन) में भी इस्तेमाल किया जाता है जहां ये हवा के माध्यम से राडार की सहायता से हमारी आवाज को दो भिन्न स्थानों की आवाज का आदान-प्रदान करते हैं।

इतिहास (History)

कई महान आविष्कारों की तरह माइक्रोवेव ओवेन का आविष्कार भी संयोगवश आकस्मिक रूप से हुआ। वर्ष 1950 के आसपास एक अमेरिकी इलेक्ट्रिकल इंजीनियर पेर्सी स्पेन्सर (1894-1970) रेथियोन मैन्युफैक्चरिंग कंपनी (जहां वे काम करते थे) में मैग्नेट्रॉन के साथ कुछ प्रयोग कर रहे थे। उस समय में मैग्नेट्रॉन का मुख्य उपयोग राडार में किया जाता है। उल्लेखनीय है कि उस दौरान राडार, रेडियो तरंगों को खराब मौसम तथा अंधेरे में भी विमानों तथा जहाजों (ships) को मार्ग तलाशने में सहायता प्रदान करते हेतु रेडियो तरंगों के उपयोग का एक तरीका होता है।

माइक्रोवेव ओवेन की कार्यप्रणाली (Working Mechanism of Microwave Oven)

- मजबूत धात्विक बॉक्स के अंदर एक माइक्रोवेव जनरेटर होता है जिसे मैग्नेट्रॉन कहते हैं। जब आप कुछ पकाना आरंभ करते हो तो मैग्नेट्रॉन

क्वांटम कंप्यूटिंग

क्वांटम कंप्यूटिंग क्या है?

क्वांटम कंप्यूटिंग, एक उन्नत कंप्यूटिंग प्रतिमान है जो जानकारी को संसाधित करने और हेरफेर करने के लिए क्वांटम भौतिकी के सिद्धांतों का उपयोग करता है।

शोधकर्ता और कंपनियां क्वांटम कंप्यूटिंग की पूर्ण क्षमता को अनलॉक करने के लिए क्वांटम हार्डवेयर, एल्गोरिदम और त्रुटि सुधार तकनीकों के विकास और सुधार पर सक्रिय रूप से काम कर रहे हैं।

क्वांटम कंप्यूटर, क्लासिकल बिट्स के बजाय, क्वांटम बिट्स या क्विबिट्स का उपयोग करते हैं, जो सुपरपोजिशन नामक गुण के कारण एक साथ कई अवस्थाओं का प्रतिनिधित्व कर सकते हैं।

क्वांटम कंप्यूटर में क्लासिकल कंप्यूटर की तुलना में जटिल समस्याओं को अधिक कुशलता से हल करने की क्षमता होती है।

सुपरपोज़िशन क्वांटम कंप्यूटरों को समानांतर गणना करने और एक साथ विभिन्न समाधानों का पता लगाने की अनुमति देता है, जिससे संभावित रूप से कुछ कम्प्यूटेशनल कार्यों में तेजी आ सकती है।

क्वांटम कंप्यूटिंग में क्रिप्टोग्राफी, अनुकूलन, सिमुलेशन और मशीन लर्निंग जैसे क्षेत्रों में क्रांति लाने की क्षमता है।

क्वांटम सर्वोच्चता क्या है?

- क्वांटम सर्वोच्चता उस स्थिति को संदर्भित करती है जब एक क्वांटम कंप्यूटर एक विशिष्ट समस्या को हल कर सकता है जिसे क्लासिकल कंप्यूटरों के लिए उचित समय के भीतर हल करना व्यावहारिक रूप से असंभव होता है।
- यह एक महत्वपूर्ण उपलब्धि को दर्शाता है जहां क्वांटम कंप्यूटर किसी विशेष कम्प्यूटेशनल कार्य को करने में क्लासिकल कंप्यूटर से बेहतर प्रदर्शन करने की अपनी क्षमता प्रदर्शित करते हैं।
- क्वांटम सर्वोच्चता प्राप्त करना एक महत्वपूर्ण अवधारणा के प्रमाण के रूप में कार्य करता है और क्वांटम कंप्यूटिंग की संभावित शक्ति और क्षमताओं को प्रदर्शित करता है।
- यह विभिन्न डोमेन में क्वांटम कंप्यूटिंग की पूर्ण क्षमता को अनलॉक करने के लिए क्वांटम हार्डवेयर, एल्गोरिदम और त्रुटि सुधार तकनीकों में निरंतर प्रगति की आवश्यकता पर भी प्रकाश डालता है।

क्वांटम बिट्स (क्यूबिट्स) क्या है?

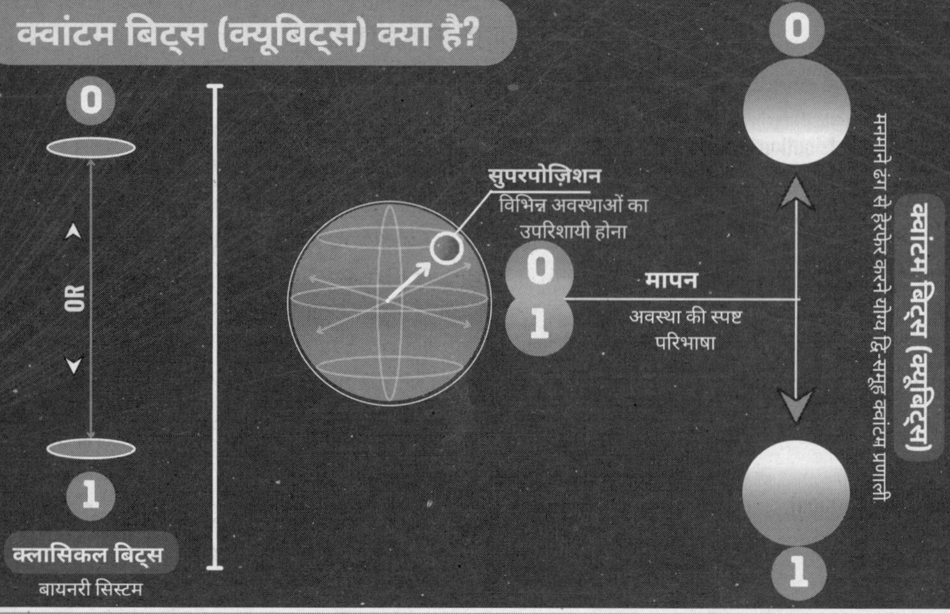

- क्यूबिट एक द्वि-आयामी क्वांटम यांत्रिक प्रणाली (या दो आयामी) प्रणाली है, जो सबसे सरल क्वांटम प्रणालियों में से एक है जो क्वांटम यांत्रिकी की दुर्लभता को दर्शाती है।
- क्लासिकल प्रणाली में, बिट को 0 या 1 में होना होगा। हालांकि, क्वांटम यांत्रिकी क्विबिट को दोनों क्षेत्रों के लिए एक साथ उच्च स्तर की सुसंगतता पर ग्रहण करने की अनुमति देती है, जो क्वांटम यांत्रिकी और क्वांटम कंप्यूटिंग में एक बुनियादी स्थिति है। इसका मतलब यह है कि एक क्वबिट एक ही समय में 0 और 1 का संयोजन हो सकता है, जिसे गणितीय रूप से 0 और 1 के रूप में दर्शाया जाता है।
- यह क्विबिट्स की सुपरपोज़िशन स्थिति में रहने की क्षमता होती है जो क्वांटम कंप्यूटरों को उनकी अद्वितीय कम्प्यूटेशनल शक्ति प्रदान करती है।
- क्वबिट निर्माण के लिए, दो अवस्थाओं के बीच क्वांटम सुपरपोज़िशन प्राप्त करने में सक्षम वस्तु की आवश्यकता होती है।
- एक प्रकार का क्वबिट एक परमाणु नाभिक होता है।

क्वांटम कुंजी वितरण

- क्वांटम कुंजी वितरण (QKD) एक क्रिप्टोग्राफ़िक प्रोटोकॉल होता है जो दो पक्षों, जिन्हें आमतौर पर ऐलिस और बॉब कहा जाता है, के बीच एन्क्रिप्शन कुंजी को सुरक्षित रूप से वितरित करने के लिए क्वांटम यांत्रिकी के सिद्धांतों का उपयोग करता है। QKD का लक्ष्य एक गुप्त कुंजी निर्माण करना होता है जिसका उपयोग सुरक्षित संचार के लिए किया जा सकता है।
- QKD क्वांटम यांत्रिकी के मूलभूत गुणों का लाभ उठाता है, जैसे अनिश्चितता सिद्धांत और नो-क्लोनिंग प्रमेय (theorem)। यह एन्क्रिप्शन कुंजी की जानकारी को एनकोड करने के लिए फोटॉन जैसे व्यक्तिगत क्वांटम कणों का उपयोग करता है।
- QKD की सुरक्षा क्वांटम यांत्रिकी के नियमों पर आधारित होती है, जो इसे कुछ प्रकार के हमलों के प्रति प्रतिरोधी बनाती है। यदि प्रसारण के दौरान कोई छिपकर बात सुनने या अवरोधन का प्रयास होता है, तो वे ऐसी त्रुटियाँ प्रस्तुत करेंगे जिनका ऐलिस और बॉब पता लगा सकते हैं।
- QKD सुरक्षित कुंजी विनिमय का एक साधन प्रदान करता है, जिसका उपयोग क्लासिकल क्रिप्टोग्राफ़िक एल्गोरिदम का उपयोग करके डेटा के बाद के एन्क्रिप्शन के लिए किया जा सकता है। यह कुंजी वितरण की एक संभावित अटूट विधि प्रदान करता है, जो वित्त, सरकार और सैन्य क्षेत्रों सहित विभिन्न अनुप्रयोगों में सुरक्षित संचार के लिए एक मजबूत आधार प्रदान करता है।

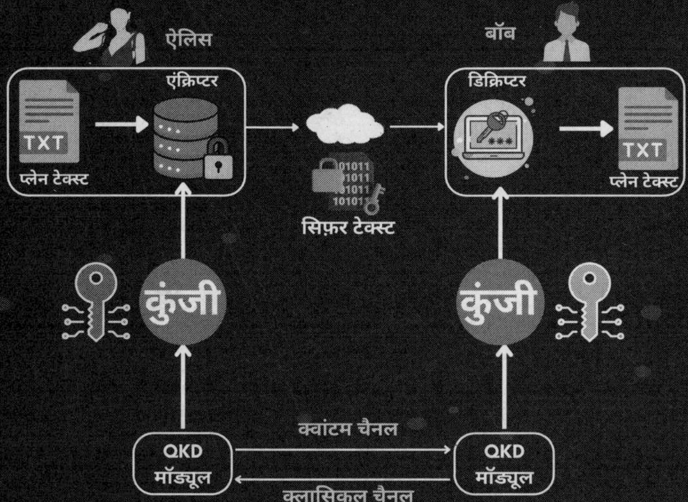

प्रक्रिया

1. मुख्य पीढ़ीः ऐलिस क्वबिट की एक धारा उत्पन्न करती है और उन्हें बॉब को भेजती है। प्रत्येक क्वबिट एन्क्रिप्शन कुंजी के एक यादृच्छिक बिट (0 या 1) का प्रतिनिधित्व करता है।
2. क्वांटम ट्रांसमिशनः ऐलिस एक क्वांटम चैनल के माध्यम से बॉब को क्वबिट भेजता है, जो फाइबर-ऑप्टिक केबल या फ्री-स्पेस ट्रांसमिशन हो सकता है।
3. मापन और एन्कोडिंगः बॉब क्वबिट प्राप्त करता है और संगत आधारों का उपयोग करके उनकी माप करता है। प्रत्येक क्वबिट के लिए आधारों को यादृच्छिक रूप से चुना जाता है।
4. कुंजी विनिमयः ऐलिस और बॉब सार्वजनिक रूप से उन आधारों को संप्रेषित करते हैं जिनका उपयोग उन्होंने प्रत्येक क्वबिट ट्रांसमिशन के लिए किया था। वे उन क्वबिट को त्याग देते हैं जिनके लिए विभिन्न आधारों का उपयोग किया गया था।
5. त्रुटि सुधारः ऐलिस और बॉब, त्रुटियों और संभावित सूचना रिसाव को समाप्त करने के लिए त्रुटि सुधार और गोपनीयता प्रवर्धन प्रोटोकॉल निष्पादित करते हैं, जिससे अंतिम साझा गुप्त कुंजी (shared secret key) सुनिश्चित होती है।

क्वांटम एंटेंगलमेंट क्या है?

- क्वांटम एंटेंगलमेंट, क्वांटम भौतिकी में एक मौलिक घटना है जहां दो या दो से अधिक कण आपस में गहराई से जुड़ जाते हैं, चाहे उनके बीच की दूरी कुछ भी हो।
- जब कण उलझ (entangled) जाते हैं, तो कणों की अवस्थाएँ इस तरह से जुड़ जाती हैं कि एक कण का व्यवहार तुरंत दूसरे के व्यवहार से सहसंबद्ध हो जाता है, भले ही वे बहुत दूर हों।
- क्वांटम एंटेंगलमेंट की मुख्य विशेषता यह है कि एंटेंगल्ड कण अपनी व्यक्तिगत पहचान खो देते हैं और इसके बजाय अन्योन्याश्रित गुणों के साथ एक संयुक्त प्रणाली बनाते हैं। इसका मतलब यह है कि एक एंटेंगल्ड कण की स्थिति को मापने या बदलने से दूसरे की स्थिति पर तुरंत प्रभाव पड़ता है, भले ही उनके बीच की भौतिक दूरी कुछ भी हो। यह तात्कालिक सहसंबंध, जिसे अल्बर्ट आइंस्टीन ने "spooky action at a distance" कहा था, क्वांटम एंटेंगलमेंट की एक अनूठी विशेषता है।
- क्वांटम एंटेंगलमेंट के संदर्भ में, कणों की अवस्थाएँ 0 और 1 की क्लासिकल बाइनरी अवस्थाओं तक सीमित नहीं हैं। इसके बजाय, क्वांटम प्रणाली में कण, अवस्थाओं के सुपरपोज़िशन में मौजूद हो सकते हैं, जिसका अर्थ है कि वे 0 और 1 के संयोजन में एक साथ हो सकते हैं। यह क्लासिकल और क्वांटम प्रणालियों के बीच प्रमुख अंतरों में से एक है।

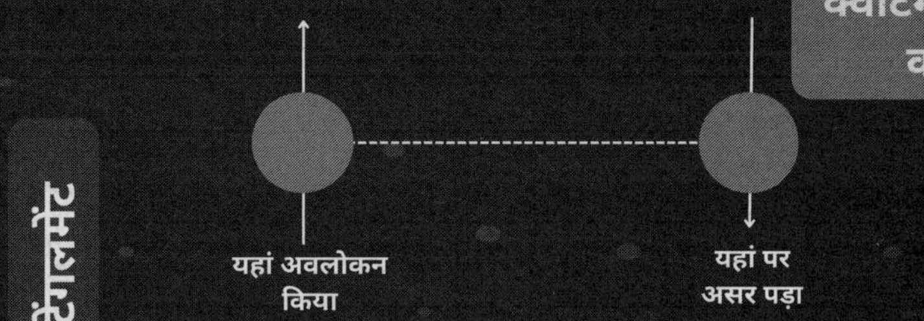

दो क्विबिट एक-दूसरे के साथ दृढ़ता से सहसंबद्ध हो सकते हैं, भले ही वे प्रकाश वर्ष की दूरी पर स्थित हों। क्वांटम दुनिया में इस एंटेंगलमेंट का उपयोग समस्याओं को एन्कोड करने के लिए किया जाता है

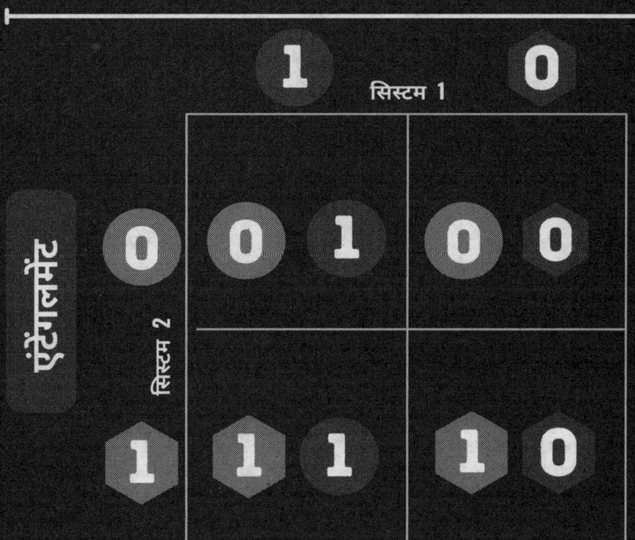

क्वांटम उपग्रह क्या है?

- क्वांटम उपग्रह, जिसे क्वांटम संचार उपग्रह के रूप में भी जाना जाता है, एक विशेष उपग्रह होता है जिसे जमीन आधारित स्टेशनों के बीच क्वांटम संचार और क्वांटम सूचना प्रसंस्करण को सक्षम करने के लिए डिज़ाइन किया गया होता है। यह सुरक्षित संचार और अन्य क्वांटम-सक्षम अनुप्रयोगों को सक्षम करने के लिए क्वांटम यांत्रिकी के अद्वितीय गुणों का उपयोग करता है।
- उद्देश्यः क्वांटम उपग्रहों को जमीन-आधारित स्टेशनों के बीच क्वांटम संचार और क्वांटम सूचना प्रसंस्करण को सक्षम करने के लिए डिज़ाइन किया गया है।
- एंटेंगल्ड फोटॉन वितरणः क्वांटम उपग्रह विभिन्न ग्राउंड स्टेशनों के बीच एंटेंगल्ड फोटॉन युग्म के वितरण की सुविधा प्रदान करते हैं।
- क्वांटम संचार प्रोटोकॉलः उपग्रह द्वारा उत्पन्न एंटेंगल्ड फोटोन का उपयोग विभिन्न क्वांटम संचार प्रोटोकॉल, जैसे क्वांटम कुंजी वितरण (QKD) के लिए किया जाता है।
- सुरक्षित संचारः क्वांटम उपग्रह एंटेंगल्ड फोटॉन के गुणों का उपयोग करके क्रिप्टोग्राफ़िक कुंजी स्थापित करके सुरक्षित संचार सक्षम करते हैं।
- लंबी दूरी का ट्रांसमिशनः सैटेलाइट-आधारित सिस्टम महत्वपूर्ण सिग्नल हानि या वायुमंडलीय स्थितियों या फाइबर सीमाओं से हस्तक्षेप के बिना एंटेंगल्ड फोटॉन के लंबी दूरी के ट्रांसमिशन की अनुमति देते हैं।
- वैश्विक क्वांटम नेटवर्कः क्वांटम उपग्रहों में वैश्विक स्तर के क्वांटम नेटवर्क को सुविधाजनक बनाने की क्षमता है, जो वैश्विक स्तर पर सुरक्षित क्वांटम संचार को सक्षम बनाता है।
- प्रौद्योगिकी में प्रगतिः क्वांटम उपग्रह, सक्रिय अनुसंधान और विकास का एक क्षेत्र है, जिसमें उनकी क्षमताओं में सुधार करने और सुरक्षित संचार और क्वांटम सूचना प्रसंस्करण में नए अनुप्रयोगों का पता लगाने के निरंतर प्रयास चल रहे हैं।

अगस्त 2016 में लॉन्च किए गए चीन के मिसियस सैटेलाइट ने अब 1200 किलोमीटर के रिकॉर्ड के साथ अल्बर्ट आइंस्टीन की "spooky action" को मान्य किया है।

सैटेलाइट-टू-ग्राउंड क्वांटम संचार और क्वांटम इंटरनेट के नमूने।

1. एक उपग्रह फोटॉनों का एक एंटेंगल्ड जोड़ा तैयार करता है और प्रत्येक स्टेशन पर एक फोटॉन भेजता है। प्रत्येक फोटॉन के गंतव्य पर पहुंचने की प्रायिकता।
2. दोनों फोटॉन के आने पर दोनों ग्राउंड स्टेशनों के बीच एक लिंक बनता है।

क्वांटम टेलीपोर्टेशन क्या है?

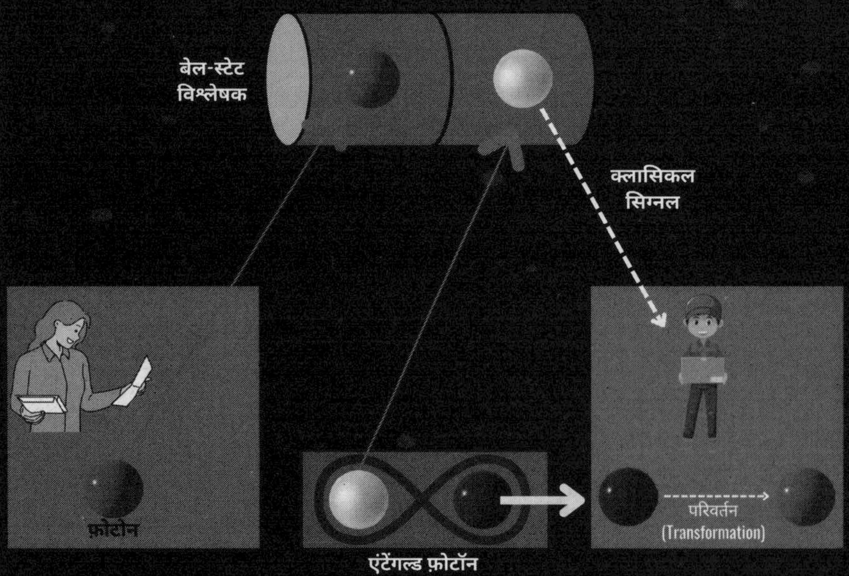

- क्वांटम टेलीपोर्टेशन क्वांटम भौतिकी में एक उल्लेखनीय अवधारणा है जिसमें कण को भौतिक रूप से स्थानांतरित किए बिना क्वांटम जानकारी को एक स्थान से दूसरे स्थान पर स्थानांतरित करना शामिल होता है। यह एक प्रेषक (ऐलिस) से एक रिसीवर (बॉब) तक एक कण की क्वांटम स्थिति के तात्कालिक हस्तांतरण की अनुमति देता है, भले ही वे एक -दुसरे से बहुत दूर अवस्थित हों।
- • क्वांटम टेलीपोर्टेशन का विवरण इस प्रकार हैः
  a. प्रारंभिक एंटेंगलमेंटः ऐलिस और बॉब को सबसे पहले कणों का एक एंटेंगल्ड युग्म स्थापित करना होगा, जिसे आमतौर पर एंटेंगल्ड बेल पेयर (entangled Bell pair) के रूप में जाना जाता है। यह एंटेंगलमेंट कणों के बीच एक मजबूत सहसंबंध सुनिश्चित करता है।
  b. क्वांटम स्थिति तैयार करनाः ऐलिस एक कण की अज्ञात क्वांटम स्थिति (जिसे "टेलीपोर्ट की जाने वाली क्वांटम स्थिति" कहा जाता है) को बॉब को टेलीपोर्ट करना चाहता है। वह अज्ञात कण को बेल युग्म (Bell pair) से अपने एंटेंगल्ड कण के साथ जोड़ती है।
  c. मापन और संचारः ऐलिस अपने अज्ञात कण और एंटेंगल्ड कण दोनों पर माप करती है। ये माप उसे कुछ क्लासिकल जानकारी प्रदान करते हैं।
  d. क्लासिकल जानकारी भेजनाः ऐलिस अपने माप के परिणामों (क्लासिकल जानकारी) को फोन लाइन या इंटरनेट जैसे क्लासिकल संचार चैनल के माध्यम से बॉब तक पहुंचाती है। इस जानकारी में बॉब के लिए उसके एंटेंगल्ड कण पर विशिष्ट ऑपरेशन लागू करने के निर्देश शामिल हैं।
  e. अवस्था पुनर्निर्माणः बॉब अपने एंटेंगल्ड कण पर आवश्यक कार्यवाही करने के लिए ऐलिस से प्राप्त क्लासिकल जानकारी का उपयोग करता है। ऐसा करके, बॉब अपने कण को उस अज्ञात क्वांटम अवस्था की अनुमानित प्रतिकृति में बदल देता है जो शुरू में ऐलिस के पास थी।

- यह ध्यान रखना महत्वपूर्ण है कि क्वांटम टेलीपोर्टेशन में कणों का एक स्थान से दूसरे स्थान तक वास्तविक परिवहन शामिल नहीं है। इसके बजाय, यह एक अलग स्थान पर क्वांटम स्थिति की प्रतिकृति प्राप्त करने के लिए एंटेंगलमेंट के सिद्धांतों और क्लासिकल जानकारी के हस्तांतरण पर निर्भर करता है।
- क्वांटम टेलीपोर्टेशन क्वांटम सूचना विज्ञान में एक महत्वपूर्ण अवधारणा है और क्वांटम कंप्यूटिंग, सुरक्षित संचार और क्वांटम नेटवर्किंग में इसके संभावित अनुप्रयोग हैं। यह क्वांटम यांत्रिकी के दिलचस्प और प्रति-सहज ज्ञान युक्त पहलुओं को प्रदर्शित करता है, क्वांटम एंटेंगलमेंट की शक्ति और क्वांटम जानकारी के हस्तांतरण को प्रदर्शित करता है।

क्लासिकल कंप्यूटर बनाम् क्वांटम कंप्यूटर

क्लासिकल कंप्यूटर

क्लासिकल कंप्यूटर अनुक्रमिक और चरण-दर-चरण दृष्टिकोण का पालन करते हुए नियतात्मक एल्गोरिदम का उपयोग करके गणना करते हैं। ये सामान्य प्रयोजन कंप्यूटिंग, डेटा प्रोसेसिंग और जटिल गणना जैसे कार्यों के लिए उपयुक्त हैं।

क्लासिकल कंप्यूटर 'वॉन न्यूमैन आर्किटेक्चर' पर भरोसा करते हैं और एक के बाद एक निर्देशों को निष्पादित करते हैं, जो कुछ प्रकार की समस्याओं के लिए उनकी गति को सीमित करता है। इसके अतिरिक्त, कुछ कम्प्यूटेशनल समस्याएं, जैसे क्वांटम सिस्टम का अनुकरण करना या बड़े डेटाबेस की खोज करना, क्लासिकल कंप्यूटरों के लिए अधिक समय लेने वाली हो सकती हैं।

क्लासिकल कंप्यूटर बिट्स को सूचना की मूल इकाई के रूप में उपयोग करते हैं। एक बिट या तो 0 या 1 का प्रतिनिधित्व कर सकता है, और इन बाइनरी मानों पर क्लासिकल लॉजिक गेट्स (उदाहरण के लिए, AND, OR, NOT) का उपयोग करके गणना की जाती है।

क्लासिकल कंप्यूटरों में त्रुटि-सुधार तकनीकें सुविकसित होती हैं और वे अनावश्यक डेटा और त्रुटि-सुधार कोड का उपयोग करके गणना के दौरान होने वाली त्रुटियों का पता लगा सकते हैं और उन्हें ठीक कर सकते हैं।

क्लासिकल कंप्यूटर ट्रांजिस्टर जैसे इलेक्ट्रॉनिक घटकों का उपयोग करके बनाए जाते हैं, जो विद्युत संकेतों का उपयोग करके जानकारी में हेरफेर और भंडारण करते हैं।

बनाम्

क्वांटम कंप्यूटर

क्वांटम कंप्यूटर समानांतर गणना करने और एक साथ कई संभावनाओं का पता लगाने के लिए सुपरपोजिशन और एंटेंगलमेंट जैसी क्वांटम घटनाओं का लाभ उठाते हैं। यह उन्हें क्लासिकल कंप्यूटरों की तुलना में संभावित रूप से कुछ समस्याओं को बहुत तेजी से हल करने की अनुमति देता है, जैसे पूर्णांक कारकीकरण (एन्क्रिप्शन-ब्रेकिंग के लिए महत्वपूर्ण), डेटाबेस खोज और अनुकूलन।

क्वांटम कंप्यूटर में क्लासिकल कंप्यूटर की तुलना में कुछ समस्याओं को तेजी से हल करने की क्षमता होती है। हालाँकि, यह गति लाभ, केवल क्वांटम गणना के लिए डिज़ाइन किए गए विशिष्ट एल्गोरिदम पर लागू होता है। क्वांटम कंप्यूटर से आम तौर पर उन समस्याओं को हल करने में उत्कृष्टता की उम्मीद की जाती है जिनमें बड़े पैमाने पर समानता शामिल होती है या व्यापक अनुकूलन की आवश्यकता होती है।

दूसरी ओर, क्वांटम कंप्यूटर, सूचना की मूल इकाई के रूप में क्वांटम बिट्स या क्विबिट्स का उपयोग करते हैं। क्लासिकल बिट्स के विपरीत, क्वांटम मैकेनिकल सिद्धांतों के कारण क्विबिट्स एक साथ 0, 1 या दोनों अवस्थाओं के सुपरपोजिशन का प्रतिनिधित्व कर सकते हैं।

क्वांटम अवस्थाओं की नाजुक प्रकृति के कारण क्वांटम कंप्यूटर त्रुटियों के प्रति अत्यधिक संवेदनशील होते हैं। इन त्रुटियों को कम करने और क्वांटम गणना की अखंडता को बनाए रखने के लिए क्वांटम त्रुटि सुधार अनुसंधान का एक महत्वपूर्ण क्षेत्र है। क्वांटम कंप्यूटरों में त्रुटि सुधार क्लासिकल कंप्यूटरों की तुलना में काफी अधिक चुनौतीपूर्ण है।

क्वांटम कंप्यूटर को विभिन्न भौतिक प्रणालियों, जैसे सुपरकंडक्टिंग सर्किट, ट्रैप्ड आयन, या टोपोलॉजिकल क्विबिट का उपयोग करके कार्यान्वित किया जा सकता है। इन भौतिक कार्यान्वयनों के लिए क्वांटम सुसंगतता बनाए रखने के लिए बेहद कम तापमान और सटीक नियंत्रण की आवश्यकता होती है।

पॉवर आउटलेट से ऊर्जा ग्रहण करता है और इसे उच्च-ऊर्जा युक्त रेडियो तरंगों में परिवर्तित कर देता है।

- मैग्नेट्रॉन भोजन के डिब्बे में एक चैनल के जरिए इन तरंगों का विस्फोट करता है। इस चैनल को वेवगाइड (तरंग निर्देश) कहा जाता है।
- भोजन गोल घूमने वाले प्लेटफॉर्म पर रखा जाता है जहां यह धीरे-धीरे चारों ओर घूमता है, जिससे अन्तत: सूक्ष्म तरंगें भोजन को पका देती हैं।
- सूक्ष्म तरंगें भोजन के डिब्बे (बर्तन) की परावर्तक धात्विक दीवारों से टकराकर आगे पीछे लौटती रहती हैं, ठीक वैसे ही, जैसे-प्रकाश किरण किसी दर्पण से टकराकर उछलती या परावर्तित होती हैं जिस प्रकार रेडियो तरंगें हमारे घर की दीवारों आदि से गुजर सकती है उसी प्रकार सूक्ष्म तरंगे भोजन के अंदर से गुजर सकती हैं; जैसे-ये खाद्य पदार्थ से होकर गुजरती हैं तो ये खाद्य पदार्थ के अणुओं को अत्यधिक तीव्र गति से स्पंदित करती हैं। स्पदंन करते हुए अणु ऊष्मा उत्पन्न करते हैं। ये अणु जितनी तीव्र दर से स्पंदन करते हैं भोजन उतना ही अधिक गर्म होता है। इस प्रकार सूक्ष्म तरंगें भोजन के अणुओं से गुजरते हुए इन्हें अपनी ऊर्जा प्रदान करती हैं और तीव्र गति से भोजन को गर्म करते हुए पकाती हैं।

स्वास्थ्य खतरे (Health Hazards)

सूक्ष्म तरंग विकिरण शरीर के ऊतकों को उसी प्रकार गर्म कर सकते हैं; जैसे-ये भोजन को करते हैं। इसके उच्च संपर्क में आने पर दर्दनाक जलन हो सकती है। इससे आंखों के लैंस में मोतियाबिंद भी हो सकता है। माइक्रोवेव आवेन में हमेशा गैर-आयनीकृत विकिरण क्षेत्र के साथ, सूक्ष्म तरंगों के निम्न स्तर पर उपयोग किया जाता है। सूक्ष्म तरंगों के संपर्क में लंबे समय तक रहने से मानव शरीर पर पड़ने वाले प्रभाव अभी तक अज्ञात है। इनके संपर्क में आने से बचना ही उचित होता है।

26.26 हवाई जहाज में ब्लैक बॉक्स (Black Box in an Airplane)

किसी भी व्यावसायिक हवाई जहाज या कॉर्पोरेट जेट को **कॉकपिट वॉयस रिकॉर्डर (Cockpit voice recorder)** और **फ्लाइट डेटा रिकॉर्डर (Flight Data Recorder)** से लैस करना आवश्यक है। यह अलग-अलग उपकरणों की दो वस्तुएं हैं जिन्हें हम आमतौर पर 'ब्लैक बॉक्स' (Black box) Black के रूप में संदर्भित करते हैं, जबकि वे हवा में होने पर विमान की मदद करने के लिए कुछ भी नहीं करते हैं, ये दोनों उपकरण विमान दुर्घटना के समय

महत्वपूर्ण हैं, क्योंकि वे क्रैश जांचकर्ताओं को यह पता लगाने में मदद करते हैं कि दुर्घटना से ठीक पहले क्या हुआ था। समुद्र में होने वाले विमान दुर्घटना के बाद कॉकपिट वॉयस रिकॉर्डर और फ्लाइट डेटा रिकॉर्डर का पता लगाने में मदद करने के लिए, प्रत्येक रिकॉर्डर में एक उपकरण होता है, जिसे एक **अंडरवाटर लोकेटर बीकन (Underwater Locator Beacon-ULB)** के रूप में जाना जाता है। रिकॉर्डर के पानी के संपर्क में आते ही डिवाइस सक्रिय हो जाता है और यह गहराई से 14,000 फीट की दूरी से जांचकर्ताओं को उन्हें खोजने में मदद करने के लिए संचारित हो सकता है। एक ब्लैक बॉक्स वास्तव में बिल्कुल काला नहीं होता है, जबकि उज्ज्वल नारंगी रंग का होता है।

26.27 एक्सेलेरोमीटर या त्वरणमापी (Accelerometer)

इन्फोग्राफिक देखें – एक्सेलेरोमीटर या त्वरणमापी

26.28 भारतीय मानकः इलेक्ट्रॉनिक आइटम, खाद्य एवं कृषि संबंधी (Indian Standard: Electronic Items, Food and Agriculture Related)

26.28.1 भारतीय मानक ब्यूरो (Bureau of Indian Standard - BIS)

भारतीय मानक ब्यूरो (BIS) भारत सरकार के **उपभोक्ता मामले, खाद्य और सार्वजनिक वितरण मंत्रालय** के तहत भारत का राष्ट्रीय मानक निकाय है। इसे **भारतीय मानक ब्यूरो अधिनियम, 1986** द्वारा स्थापित किया गया था, और 23 दिसंबर, 1986 से प्रभावी हुआ। BIS, वस्तुओं, उत्पादों, प्रक्रियाओं, प्रणालियों और सेवाओं के मानकीकरण, अनुरूपता मूल्यांकन और गुणवत्ता आश्वासन की गतिविधियों में संलग्न है।

BIS प्रमाणन योजना मूलतः **स्वैच्छिक** प्रकृति की है। हालांकि, कई उत्पादों के लिए भारतीय मानकों का अनुपालन केंद्र सरकार द्वारा विभिन्न विचारों जैसे **सार्वजनिक हित, मानव, पशु या पादप स्वास्थ्य की सुरक्षा, पर्यावरण की सुरक्षा, अनुचित व्यापार प्रथाओं की रोकथाम और राष्ट्रीय सुरक्षा** के तहत अनिवार्य बना दिया गया है।

BIS, भारत का राष्ट्रीय मानक निकाय (NSB) है। इसकी **तीन प्रमुख गतिविधियाँ हैं:**

1. **मापक का निर्माण करना:**
2. **प्रमाणपत्र संबंधी गतिविधियाँ:** यह BIS की प्राथमिक गतिविधि है कि इसका अधिकांश कार्यबल आधिकारिक गतिविधियों में कार्य करता है। इसमें कारखाने का दौरा करना कार्यस्थल पर उत्पाद की जांच करना, यह देखना की प्रयोगशालाओं में आवश्यक जांच उपकरण हैं या नहीं, नए लाइसेन्स से जुड़े प्रार्थना पत्रों को देखना, नए लाइसेंस बनाना, पुराने रद्द करना तथा प्रवर्तनीय गतिविधियां शामिल हैं।
3. **प्रयोगशालाएं:** इस गतिविधि में सैम्पल प्राप्त करना जो प्रमाणिक आधिकारिकों द्वारा भेजे जाते हैं, आवश्यक जांच करना तथा उत्पादों के सामान मापन पर फैसला सुनना आदि कार्य शामिल है।

उद्देश्य *(Objectives)*

- मानकीकरण, अंकन तथा गुणवत्ता प्रमाणन का सुव्यवस्थित विकास करना।
- मानकीकरण तथा गुणवत्ता नियंत्रण के लिए दबाव बनाना।
- मापकों की पहचान के अनुसार राष्ट्रीय रणनीति बनाना तथा उसे उत्पाद तथा निर्यातों की वृद्धि व विकास के साथ एकीकृत करना।

26.28.2 भारतीय मानक संस्थान (Indian Standard Institutions - ISI)

ISI मार्क 1950 से भारत में **औद्योगिक उत्पादों के लिए** एक मानक-अनुपालन मार्क (चिह्न) है। यह मार्क प्रमाणित करता है कि कोई उत्पाद भारतीय मानक ब्यूरो (BIS) द्वारा विकसित भारतीय मानकों (IS) के अनुरूप है। भारतीय मानक ब्यूरो, भारत का राष्ट्रीय मानक निकाय है।

1 जनवरी, 1978 को इसका नाम बदलकर भारतीय मानक ब्यूरो (Bureau of the Indian Standards) कर दिया गया। भारत में बेचे जाने वाले कुछ उत्पादों के लिए ISI मार्क अनिवार्य है, जैसे कि कई विद्युत उपकरण जैसे स्विच, इलेक्ट्रिक मोटर, वायरिंग केबल, हीटर, रसोई उपकरण इत्यादि और अन्य उत्पाद जैसे पोर्टलैंड सीमेंट, LPG वाल्व, LPG सिलेंडर, ऑटोमोटिव टायर आदि। अधिकांश अन्य उत्पादों के मामले में, ISI चिह्न वैकल्पिक है। ISI चिह्नों की जालसाजी करना कानून द्वारा दंडनीय अपराध है, लेकिन इनका प्रवर्तन असामान्य है।

26.28.3 इको – मार्क योजना (ECO-Mark Scheme)

पर्यावरण-अनुकूल उत्पादों की लेबलिंग के लिए भारत सरकार द्वारा इको मार्क योजना शुरू की गई थी। इस योजना का संचालन भारतीय मानक ब्यूरो द्वारा किया जा रहा है।

इस योजना को पहली बार 1991 में लागू किया गया था। यह प्रकृति में स्वैच्छिक है और बाजार में पर्यावरण-अनुकूल उत्पादों की पहचान करने में सहायक है। इको-मार्क योजना पर्यावरण, वन और जलवायु परिवर्तन मंत्रालय के दायरे में आती है।

इस योजना में साबुन और डिटर्जेंट, पेंट, खाद्य पदार्थ, चिकनाई वाले तेल, पैकिंग/पैकेजिंग सामग्री, वास्तुशिल्प पेंट और पाउडर कोटिंग्स, बैटरी, इलेक्ट्रिकल और इलेक्ट्रॉनिक सामान, खाद्य योजक, लकड़ी के विकल्प, सौंदर्य प्रसाधन, एयरोसोल और प्रणोदक, प्लास्टिक उत्पाद, वस्त्र, अग्निशामक यंत्र, चमड़ा और कॉयर व कॉयर उत्पाद जैसी विभिन्न उत्पाद श्रेणियां शामिल हैं।

किसी उत्पाद पर ISI मार्क के साथ इको लोगो (ECO logo) की मौजूदगी इंगित करती है कि उत्पाद प्रासंगिक भारतीय मानक में निर्दिष्ट गुणवत्ता आवश्यकताओं के साथ-साथ कुछ पर्यावरणीय मानदंडों को पूरा करता है।

इस योजना के कार्यान्वयन के लिए, BIS निम्नलिखित कार्यों के लिए जिम्मेदार है:

- लाइसेंस का नवीनीकरण, निलंबन और रद्दीकरण।
- किसी भी सामग्री या पदार्थ जिसके संबंध में इको मार्क का उपयोग किया गया है, के विश्लेषण के लिए निरीक्षण करना और नमूने लेना।

इस योजना को संचालित करने के लिए, BIS ने संबंधित भारतीय मानकों में इको मार्क के लिए अतिरिक्त आवश्यकताओं को शामिल किया है। लाइसेंस के संचालन को नियंत्रित करने वाले नियम और शर्तें भारतीय मानक ब्यूरो अधिनियम, नियमों और विनियमों के अनुसार होंगी।

एक्सेलेरोमीटर/त्वरणमापी

एक्सेलेरोमीटर क्या है?

- एक्सेलेरोमीटर, एक सेंसर या उपकरण होता है जो किसी वस्तु पर कार्य करने वाले त्वरण बलों को मापता है। यह एक विशिष्ट दिशा में वेग या त्वरण में परिवर्तन का पता लगाता है और उसकी मात्रा निर्धारित करता है। गति, कंपन और अभिविन्यास को मापने और निगरानी करने के लिए ऑटोमोटिव, एयरोस्पेस, रोबोटिक्स, उपभोक्ता इलेक्ट्रॉनिक्स और स्वास्थ्य सेवा सहित विभिन्न उद्योगों में एक्सेलेरोमीटर का व्यापक रूप से उपयोग किया जाता है।
- एक्सेलेरोमीटर, एक्सेलेरोमीटर के प्रकार के आधार पर विभिन्न सिद्धांतों पर काम करता है।
- इसके सामान्यतः दो प्रकार हैं
    - पीजोइलेक्ट्रिक एक्सेलेरोमीटर: पीजोइलेक्ट्रिक एक्सेलेरोमीटर, पीजोइलेक्ट्रिक क्रिस्टल या सामग्रियों का उपयोग करते हैं जो लागू त्वरण के अधीन होने पर विद्युत संकेत उत्पन्न करते हैं। ये क्रिस्टल त्वरण के कारण होने वाले यांत्रिक तनाव को विद्युत आवेश में परिवर्तित करते हैं, जिसे मापा जा सकता है और जिसकी व्याख्या की जा सकती है।
    - माइक्रोइलेक्ट्रोमैकेनिकल सिस्टम (MEMS) एक्सेलेरोमीटर: दूसरी ओर, MEMS एक्सेलेरोमीटर, सेमीकंडक्टर चिप पर कैपेसिटिव प्लेट्स या पीज़ोरेसिस्टर्स जैसी छोटी संरचनाएं बनाने के लिए माइक्रोफैब्रिकेशन तकनीकों पर निर्भर करते हैं। त्वरण में परिवर्तन के कारण ये संरचनाएँ विकृत हो जाती हैं, विद्युत गुणों में परिवर्तन होता है और संकेत उत्पन्न होते हैं जिन्हें संसाधित और विश्लेषित किया जा सकता है।
- त्वरण की इकाइयाँ, जैसे मीटर प्रति सेकंड वर्ग (m/s^2) या गुरुत्वाकर्षण बल (g), आमतौर पर एक्सेलेरोमीटर से प्राप्त माप को व्यक्त करने के लिए उपयोग की जाती हैं।
- सटीक माप सुनिश्चित करने के लिए, एक्सेलेरोमीटर को अक्सर अंशांकन की आवश्यकता होती है। इस प्रक्रिया में एक्सेलेरोमीटर के आउटपुट की तुलना ज्ञात संदर्भ मानों से करना और यदि आवश्यक हो तो समायोजन करना शामिल है। एक्सेलेरोमीटर सटीकता को प्रभावित करने वाले कारकों में शोर, संवेदनशीलता और तापमान शामिल हैं।

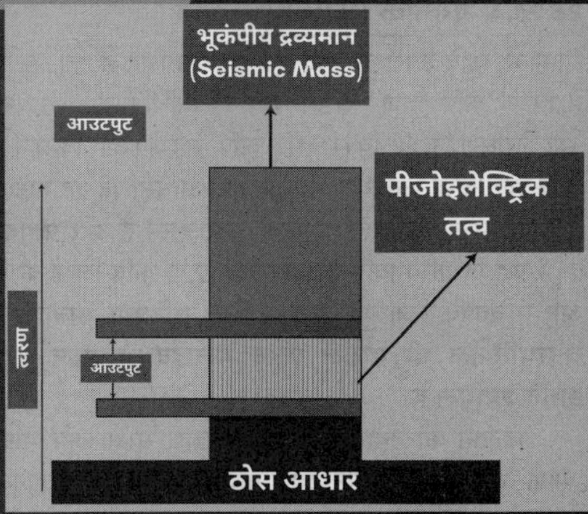

एक्सेलेरोमीटर का कार्य सिद्धांत?

- एक्सेलेरोमीटर ऐसे उपकरण हैं जो मापते हैं कि कोई चीज़ कितनी तेज़ी से चल रही है या गति बदल रही है।
- वे विशेष सामग्रियों का उपयोग करके काम करते हैं जो दबाने या धकेलने पर बिजली उत्पन्न करते हैं।
- ये सामग्रियां एक्सेलेरोमीटर में निर्मित होती हैं, और जब वे त्वरण या गति का अनुभव करती हैं, तो वे एक विद्युत संकेत उत्पन्न करती हैं।
- इस सिग्नल को फिर मापा जाता है और एक संख्या में बदल दिया जाता है जो दर्शाता है कि त्वरण या गति कितनी तेजी से हो रही है।
- इस जानकारी का उपयोग गति का पता लगाने, कंपन की निगरानी करने, झुकाव मापने या किसी वस्तु का अभिविन्यास निर्धारित करने के लिए किया जा सकता है।
- विभिन्न प्रकार के एक्सेलेरोमीटर के काम करने के तरीके कुछ हद तक अलग हो सकते हैं, लेकिन उन सभी में त्वरण या वेग में परिवर्तन का मापन शामिल होता है।

एक्सेलेरोमीटर का अंशांकन और सटीकता

- विश्वसनीय और सटीक माप सुनिश्चित करने के लिए अंशांकन और सटीकता एक्सेलेरोमीटर के महत्वपूर्ण पहलू हैं।
- अंशांकन (कैलिब्रेशन): अंशांकन, एक्सेलेरोमीटर को समायोजित करने की प्रक्रिया है ताकि यह सुनिश्चित किया जा सके कि इसकी माप, ज्ञात संदर्भ मानों के साथ संरेखित है। इसमें एक्सेलेरोमीटर के आउटपुट की ज्ञात मानक से तुलना करना और किसी भी माप त्रुटि को कम करने के लिए आवश्यक समायोजन करना शामिल है। अंशांकन के दौरान, संवेदनशीलता, शून्य ऑफसेट, रैखिकता और क्रॉस-अक्ष संवेदनशीलता जैसे कारकों का मूल्यांकन और आवश्यकतानुसार समायोजन किया जाता है। अंशांकन उपकरण का उपयोग करके या प्रमाणित मानकों का संदर्भ देकर अंशांकन किया जा सकता है।
- सटीकता: सटीकता से तात्पर्य है कि एक्सेलेरोमीटर की माप वास्तविक मूल्यों से कितनी निकटता से मेल खाती है। यह सेंसर डिज़ाइन, विनिर्माण सहनशीलता, अंशांकन गुणवत्ता और पर्यावरणीय स्थितियों सहित विभिन्न कारकों से प्रभावित होता है। एक्सेलेरोमीटर की सटीकता आमतौर पर पूर्ण-स्केल रेंज के प्रतिशत के रूप में या माप त्रुटि के संदर्भ में पूर्ण मूल्य के रूप में व्यक्त की जाती है।
- सटीकता को प्रभावित करने वाले कारक:
    - क्रमिकता (Linearity): एक्सेलेरोमीटर की क्रमिकता यह निर्धारित करती है कि यह संपूर्ण रेंज में त्वरण को कितनी सटीकता से मापता है। क्रमिकता रहित रीडिंग में त्रुटियां ला सकती हैं।
    - क्रॉस-एक्सिस संवेदनशीलता: क्रॉस-एक्सिस संवेदनशीलता माप के प्राथमिक अक्ष के लंबवत दिशाओं में त्वरण के प्रति एक्सेलेरोमीटर की संवेदनशीलता को संदर्भित करती है। सटीक माप के लिए अनपेक्षित त्वरण घटकों के हस्तक्षेप से बचने के लिए क्रॉस-अक्ष संवेदनशीलता को कम करने की आवश्यकता होती है।
    - तापमान प्रभाव: एक्सेलेरोमीटर तापमान में परिवर्तन के साथ प्रदर्शन में भिन्नता प्रदर्शित कर सकते हैं। थर्मल प्रभाव सेंसर की संवेदनशीलता को प्रभावित कर सकते हैं और यदि ठीक से क्षतिपूरण नहीं किया गया तो त्रुटियां उत्पन्न हो सकती हैं।
    - शोर और प्रवाह: शोर एक्सेलेरोमीटर आउटपुट में यादृच्छिक बदलाव को संदर्भित करता है, जबकि प्रवाह समय के साथ व्यवस्थित परिवर्तनों का प्रतिनिधित्व करता है। माप सटीकता और स्थिरता में सुधार के लिए शोर और प्रवाह को कम करना महत्वपूर्ण होता है।
    - सिग्नल कंडीशनिंग और इलेक्ट्रॉनिक्स: सिग्नल कंडीशनिंग सर्किटरी और इलेक्ट्रॉनिक्स की गुणवत्ता और परिशुद्धता सटीकता बनाए रखने में भूमिका निभाती है। सिग्नल विकृतियों को कम करने के लिए प्रवर्धन, फ़िल्टरिंग और एनालॉग-टू-डिजिटल रूपांतरण को अनुकूलित किया जाना चाहिए।

एक्सेलेरोमीटर के अनुप्रयोग

मोटर वाहन उद्योग

- वाहन स्थिरता नियंत्रण (Vehicle Stability Control): एक्सेलेरोमीटर का उपयोग वाहन त्वरण को मापने और गति में अचानक परिवर्तन का पता लगाने के लिए किया जाता है, जिससे इलेक्ट्रॉनिक स्थिरता नियंत्रण और कर्षण नियंत्रण जैसी प्रणालियाँ सक्षम होती हैं।
- एयरबैग परिनियोजन: एक्सेलेरोमीटर टकराव के दौरान तेजी से अवत्वरण का पता लगाने में मदद करता है और यात्री की सुरक्षा के लिए एयरबैग परिनियोजन को ट्रिगर करता है।
- रोलओवर का पता लगाना: एक्सेलेरोमीटर का उपयोग वाहनों की झुकाव (tipping) या रोलिंग गति को समझने और तदनुसार सुरक्षा उपायों को सक्रिय करने के लिए किया जाता है

उपभोक्ता इलेक्ट्रॉनिक्स

- स्क्रीन ओरिएंटेशन: एक्सेलेरोमीटर डिवाइस के ओरिएंटेशन के आधार पर डिस्प्ले को समायोजित करते हुए स्मार्टफोन, टैबलेट और अन्य डिवाइसों में स्वचालित स्क्रीन रोटेशन को सक्षम करता है।
- इशारों की पहचान: एक्सेलेरोमीटर का उपयोग विशिष्ट गतिविधियों या इशारों का पता लगाने के लिए किया जाता है, जो स्मार्टफ़ोन में शेक-टू-शफ़ल या टैप-टू-वेक जैसी इंटरैक्टिव सुविधाओं को सक्षम करता है।
- गेमिंग और वर्चुअल रियलिटी (वीआर): एक्सेलेरोमीटर गति-आधारित गेमिंग और वीआर सिस्टम में एक भूमिका निभाते हैं, जो इमर्सिव अनुभवों के लिए उपयोगकर्ता की गतिविधियों पर नज़र रखते हैं।

एयरोस्पेस और रोबोटिक्स

- नेविगेशन और ओरिएंटेशन: एक्सेलेरोमीटर विमान, अंतरिक्ष यान और स्वायत्त वाहनों के लिए जड़त्वीय नेविगेशन सिस्टम में आवश्यक हैं, जो सटीक गति और ओरिएंटेशन डेटा प्रदान करते हैं।
- मोशन डिटेक्शन और स्थिरीकरण (Stabilization): रोबोटिक्स में, एक्सेलेरोमीटर का उपयोग मोशन डिटेक्शन, इशारों की पहचान और रोबोटिक प्लेटफार्म के स्थिरीकरण के लिए किया जाता है।

खेल और स्वास्थ्य सेवा

- फिटनेस ट्रैकिंग: एक्सेलेरोमीटर का उपयोग फिटनेस ट्रैकर और गतिविधि मॉनिटर में कदमों, तय की गई दूरी और खर्च कैलोरी को मापने के लिए किया जाता है।
- बायोमैकेनिकल विश्लेषण: खेल विज्ञान और स्वास्थ्यलाभ में, एक्सेलेरोमीटर गति पैटर्न, चाल विश्लेषण और अभ्यास के दौरान शरीर की गतिविधियों का मूल्यांकन करने में मदद करते हैं।
- प्रोस्थेटिक्स: एक्सेलेरोमीटर का उपयोग कृत्रिम उपकरणों में गति को महसूस करने और कृत्रिम अंग को तदनुसार समायोजित करने के लिए किया जा सकता है।

औद्योगिक और संरचनात्मक निगरानी

- कंपन विश्लेषण: एक्सेलेरोमीटर का उपयोग मशीनरी और उपकरणों में कंपन की निगरानी के लिए किया जाता है, जिससे दोष, असंतुलन या गलत संरेखण का पता लगाने में मदद मिलती है।
- संरचनात्मक स्वास्थ्य निगरानी: एक्सेलेरोमीटर कंपन, प्रभाव या संरचनात्मक परिवर्तनों का पता लगाकर इमारतों, पुलों और अन्य बुनियादी ढांचे की संरचनात्मक अखंडता की निगरानी में भूमिका निभाते हैं।

26.28.4 एगमार्क (AGMARK)

एगमार्क, कृषि उपज के लिए एक प्रमाणन चिह्न है, जो यह सुनिश्चित करता है कि वे कृषि उपज (ग्रेडिंग मार्किंग) अधिनियम, 1937 के तहत विपणन और निरीक्षण निदेशालय (DMI), कृषि, सहयोग और किसान कल्याण विभाग, कृषि और किसान कल्याण मंत्रालय द्वारा अधिसूचित ग्रेड मानक के अनुरूप है।

ये मानक गुणवत्ता के बीच अंतर करते हैं और प्रत्येक वस्तु के लिए 2-3 ग्रेड निर्धारित किए हैं। अब तक, 222 कृषि जिंसों के लिए ग्रेड मानक अधिसूचित किए जा चुके हैं। इनमें **फल, सब्जियां, अनाज, दालें, तिलहन, वनस्पति तेल, घी, मसाले, शहद, मलाईदार मक्खन, गेहूं, आटा, बेसन आदि शामिल हैं।**

मानकों को तैयार करते समय, खाद्य सुरक्षा और मानक अधिनियम, 2006, **कोडेक्स एलिमेंटेरियस कमीशन**, अंतर्राष्ट्रीय मानकीकरण संगठन आदि में मौजूदा मानकों पर विचार किया जाता है।

कोडेक्स एलिमेंटेरियस कमीशन (Codex Alimentarius Commission - CAC)

कोडेक्स एलिमेंटेरियस कमीशन या CAC, संयुक्त FAO/WHO खाद्य मानक कार्यक्रम के कार्यान्वयन से संबंधित सभी मामलों के लिए जिम्मेदार निकाय है।

आयोग की सदस्यता सभी सदस्य राष्ट्रों और FAO और WHO के सहयोगी सदस्यों के लिए खुली है, जो अंतर्राष्ट्रीय खाद्य मानकों में रुचि रखते हैं।

आयोग की वर्ष में एक बार जिनेवा और रोम के बीच बारी-बारी से नियमित सत्र में बैठक होती है।

आयोग के कार्य कार्यक्रम को WHO और FAO के नियमित बजट के माध्यम से वित्त पोषित किया जाता है, जिसमें सभी कार्य मूल संगठनों के दो शासी निकायों के अनुमोदन के अधीन होते हैं।

26.28.5 भारतीय खाद्य सुरक्षा और मानक प्राधिकरण (Food Safety and Standards Authority of India - FSSAI)

भारतीय खाद्य सुरक्षा और मानक प्राधिकरण (FSSAI), भारत सरकार के **स्वास्थ्य और परिवार कल्याण मंत्रालय** के तहत स्थापित एक **स्वायत्त निकाय** है।

इसकी स्थापना खाद्य सुरक्षा और मानक अधिनियम, 2006 के तहत की गई है, जो भारत में खाद्य सुरक्षा और विनियमन से संबंधित एक समेकित कानून है।

FSSAI, खाद्य सुरक्षा के विनियमन और पर्यवेक्षण के माध्यम से **सार्वजनिक स्वास्थ्य की रक्षा और प्रचार** के लिए जिम्मेदार है।

FSSAI का मुख्यालय **नई दिल्ली** में है। इस प्राधिकरण के **6 क्षेत्रीय कार्यालय** भी हैं, जो दिल्ली, गुवाहाटी, मुंबई, कोलकाता, कोचीन और चेन्नई में स्थित हैं। FSSAI द्वारा अधिसूचित कुल **14 रेफरल प्रयोगशालाएँ**, भारत भर में स्थित 72 राज्य/केंद्र शासित प्रदेश प्रयोगशालाएँ और 112 प्रयोगशालाएँ FSSAI द्वारा अधिसूचित राष्ट्रीय परीक्षण और अंशांकन प्रयोगशालाएँ (NABL) मान्यता प्राप्त निजी प्रयोगशालाएँ हैं।

26.29 खाद्य एवं स्वास्थ्य संबंधी समस्याएं (Food and Health Related Issues)

26.29.1 MSG/मैगी विवाद (MSG Maggi Issue)

मैगी एक अंतर्राष्ट्रीय ब्रांड है, जो तुरंत तैयार होने वाले नूडल्स मसाला एवं सूप बनाती है। इसे **स्विट्जरलैंड में प्रारंभ किया गया** था। **1947 में नेस्ले (Nestle) ने इसका अधिग्रहण कर लिया था।**

मैगी नूडल **भारत एवं मलेशिया** दोनों ही देशों में अत्यंत लोकप्रिय हैं। नेस्ले की 39% मार्केट साझेदारी मलेशिया में थी जहां मैगी को इंस्टेंट नूडल के रूप में जाना जाता है। वहीं पाबंदी से पूर्व, भारत में इसका 90% बाजार शेयर था, **जून, 2015 में किए गए एक परीक्षण में मैगी में लेड की मात्रा तय सीमा से अधिक पाए जाने के कारण इसे भारतीय खाद्य सुरक्षा एवं मानक संस्था (Food Safety and Standards Authority of India) द्वारा राष्ट्रव्यापी प्रतिबंधित कर दिया गया।** इस प्रतिबंध के बाद भारत में मैगी की बिक्री में 53% की गिरावट दर्ज की गयी।

मई 2015 में उत्तर प्रदेश के **बाराबंकी में खाद्य सुरक्षा नियामकों** ने बताया कि मैगी नूडल्स के नमूनों में **अप्रत्याशित रूप से मोनोसोडियम ग्लूटामेट का उच्च स्तर था, जो सीसे की स्वीकार्य सीमा से लगभग 17 गुना अधिक है।** इस रिपोर्ट के कारण भारत और उसके बाहर कई बाजारों से मैगी नूडल्स की वापसी हुई और जाँच की गई।

सुप्रीम कोर्ट ने लोकप्रिय खाद्य उत्पाद नूडल्स के खिलाफ कानूनी कार्यवाई पर रोक लगा दी है। उत्पाद पर लगी यह रोक नूडल्स में 'मोनोसोडियम ग्लूटामेट' तथा लेड; जैसे-जहरीले तत्वों की उपस्थिति के आधार पर लगाई गई थी।

मुद्दा क्या है? (What's the Issue?)

- शीर्ष अदालत ने स्विस भोजन द्वारा नूडल्स में जहरीले तत्वों की उपस्थिति का पता चलने पर (एक अदालत में सुनवाई के दौरान) फिर से नेस्ले के विरुद्ध मामलों को खोलने की अनुमति दे दी है।
- नेस्ले उत्पाद के वकीलों ने यह स्वीकार किया है कि 'केंद्रीय खाद्य प्रौद्योगिकी अनुसंधान संस्थान' (CFTRI) द्वारा किए गए परीक्षण में नूडल्स में लेड तथा मोनोसोडियम ग्लूमेट, जैसे-तत्व पाए गए हैं, परन्तु कम्पनी यह तर्क दे रही है कि यह मात्रा अनुमेय सीमा के अन्दर ही पाई गई है।

सीसा तथा मोनोसोडियम के स्वास्थ्य पर प्रभाव (Effects of Lead and MSG on Health)

A. सीसा (Lead)

- **विश्व स्वास्थ्य संगठन** के अनुसार लेड (सीसा) एक संचयी विषाक्त पदार्थ है, जो लिवर तथा किडनी सहित पूरे शरीर पर प्रभाव डालता है।
- यह मुख्य रूप से **गर्भवती महिला तथा भ्रूण** के लिए हानिकारक है क्योंकि यह बच्चों में **मुख्य तंत्रिका तंत्र को नष्ट कर सकता है।**
- सीसा या लेड एक भारी धातु है, लंबे समय तक इसका प्रयोग करने से यह दांतों तथा हड्डियों में जम जाता है, अगर गर्भवती महिलाएं लम्बे

समय तक लेड का प्रयोग इस्तेमाल करती हैं तो इससे **गर्भपात व समय पूर्व प्रसव** हो सकता है।

B. मोनोसोडियम ग्लूटामेट (MSG)

- मोनोसोडियम ग्लूटामेट एक प्रकार का एमीनो एसिड है जो हमारे शरीर में तथा भोज्य पदार्थों में पाया जाता है। यह चाइनीज भोज्य पदार्थों, डिब्बाबंद भोजन, सूप तथा प्रसंस्कृत मांस में स्वाद बढ़ाने के लिए प्रयुक्त होता है।
- मोनोसोडियम ग्लूटामेट का अधिक प्रयोग करने से सिरदर्द, घबराहट, पसीना आना, सीने मे दर्द, गर्दन तथा चेहरे की त्वचा में जलन; जैसी–स्वास्थ्य समस्याएं हो सकती हैं। यह माना जाता है कि इसके प्रयोग से अस्थमा तथा मस्तिष्क विसंगति भी हो सकती है।
- इसके प्रयोग से कुछ लोगों में स्वास्थ्य संबंधी प्रतिकूल लक्षण, जिन्हें चाइनीज सिंड्रोम या MSG लक्षण कहा गया, उत्पन्न हुए हैं। हालांकि यह प्रमाणित नहीं है कि इन प्रतिकूल लक्षणों के लिए MSG ही जिम्मेदार है।

राष्ट्रीय उपभोक्ता विवाद निवारण आयोग (NCDRC)

- राष्ट्रीय उपभोक्ता विवाद निवारण आयोग, भारत का एक अर्द्ध–न्यायिक आयोग है, जिसका गठन उपभोक्ता सुरक्षा अधिनियम, 1986 के तहत वर्ष 1988 में किया गया था।
- आयोग का अध्यक्ष सुप्रीम कोर्ट का वर्तमान या सेवानिवृत्त न्यायाधीश होता है।

वैधानिक प्रावधान

- उपभोक्ता सुरक्षा अधिनियम, 1986 की धारा 21 में यह उल्लेख है कि एक करोड़ मूल्य तक के मामलों पर शिकायत निवारण का अधिकार क्षेत्र रा.उप.वि.नि. आयोग के पास है। साथ ही इसे राज्य आयोगों तथा जिले के मामलों में सुनवाई तथा पुनरीक्षण का अधिकार प्राप्त है।
- उपभोक्ता सुरक्षा अधिनियम, 1986 की धारा 23 में यह प्रावधान है कि राष्ट्रीय उपभोक्ता विवाद निवारण आयोग में फैसले से असंतुष्ट व्यक्ति 30 दिनों के अंदर सुप्रीम कोर्ट में अपील कर सकता है।

26.29.2 बिस्फेनॉल फिनॉल A (Biosphenol A - BPA)

बिस्फेनॉल A एक रसायन है, जिसे **पॉली कार्बोनेट तथा एपॉक्सी रेजिन** बनाने हेतु बड़े पैमाने पर उत्पादित किया जाता है।

पॉलि कार्बोनेट प्लास्टिक का प्रयोग विभिन्न क्षेत्रों पेयजल पैकेजिंग, कॉम्पैक्ट डिस्क, सुरक्षा उपकरण, चिकित्सीय उपकरण इत्यादि में किया जाता है। **एपॉक्सी रेजिन** का उपयोग विभिन्न धातु उत्पादों; जैसे- फूड केन, बोतल टॉप तथा वॉटर सप्लाई पाइप इत्यादि की कोटिंग में किया जाता है।

बिस्फेनॉल A, **हार्ड प्लास्टिक बोतल** में पाया जाता है। BPA के संपर्क में आने से **मोटापा और मधुमेह** जैसी विभिन्न प्रकार की स्वास्थ्य समस्याएं पैदा होती हैं। **विटामिन डी की कमी, कैंसर, अनिद्रा, गठिया, हृदय रोग, मानव शरीर में हार्मोन असंतुलन** और मानव शरीर में इससे जनित अन्य समस्याएं हैं।

BPA शरीर में कैसे प्रवेश करता है? (How does BPA enters in body)

मानव शरीर में BPA का प्रवेश मुख्यत: भोजन के माध्यम से होता है। इसके अलावा यह हवा, धूल-कण, जल तथा अन्य संभव माध्यमों से भी शरीर में प्रवेश कर जाता है। मानव के द्वारा ग्रहण किए जाने वाले भोजन के जरिए मानव शरीर में इसकी एक बड़ी मात्रा प्रवेश कर रही है।

बिस्फेनॉल A डिब्बाबंद खाद्य पदार्थों की सुरक्षात्मक आंतरिक एपॉक्सी राल कोटिंग्स और पॉली कार्बोनेट, टेबल वेयर, खाद्य भंडारण कंटेनर और पानी की बोतलों जैसे उपभोक्ता उत्पादों से भोजन में मिल सकता है। BPA, माँ के दूध (breast milk) में भी पाया जा सकता है।

BPA के रोकथाम के उपाय (Prevent Exposures to BPA)

- गर्म भोजन को रखने हेतु रेजिन माइक्रोवेव युक्त पॉली कार्बोनेट प्लास्टिक डब्बे के प्रयोग न करें। पॉली कार्बोनेट मजबूत एवं लचीला तो होता है, परन्तु गर्म पदार्थ को इसमें अधिक समय तक रखने पर हानिकारक हो सकता है।
- प्लास्टिक के री-साइकिल किए हुए कुछ डब्बों पर कोड होता है। जिस डिब्बे पर 3 या 7 लिखा हो वो शायद BPA से निर्मित होगा।
- डिब्बाबंद खाद्य पदार्थों का कम-से-कम प्रयोग करें।
- प्लास्टिक के ग्लासों के बजाय अधिकाधिक स्टील के ग्लास का प्रयोग करना चाहिए।

26.29.3 पॉलिश किया गया चावल (Polished Rice)

पिसाई (milling) वह प्रक्रिया है, जिसमें धान के बहरी चोकर, भूसी एवं अन्य पदार्थों को दूर किया जाता है। इसके पश्चात् चावल **पॉलिशिंग** के चरण से गुजरता है, जो चावल के दानों को श्वेत एवं चमकीला बनता है।

ये प्रक्रिया चावल से **स्वास्थ्य के लिए अत्यावश्यक पोषक तत्वों को बाहर कर देती है।** चावल में पाए जाने वाले कुल **खनिज तत्वों, फाइबर एवं अत्यावश्यक वसा का लगभग 80 प्रतिशत** चावल के बहरी आवरण में ही पाया जाता है। बहुत-सारे शोधों से यह पता चलता है कि चावल के बहरी आवरण में पाए जाने वाले पोषक तत्व **पेट एवं हृदय संबंधी रोगों** से हमारी रक्षा करते हैं। ये पोषक तत्व सीरम कोलेस्ट्रॉल में कमी लाते हैं, जो हृदय रोग में एक प्रबल भूमिका निभाता है। चावल के ये बाहरी भाग **विटामिन, खनिज तत्वों, असंतृप्त वसाओं** से युक्त होते हैं।

26.29.4 प्रतिऑक्सीकारक (Antioxidants)

प्रतिऑक्सीकारक वह पदार्थ है, जो **ऑक्सीकरण की प्रक्रिया को मंद करता है।** ऑक्सीकरण एक रासायनिक प्रक्रिया है, जिसमें ऑक्सीजन का वियोग एवं हाइड्रोजन का संयोग होता है। इस प्रक्रिया में **ऑक्सीजन अणु को अन्य अणुओं द्वारा आकर्षित कर लिया जाता है, जिससे कोशिकाओं के क्षतिग्रस्त होने की सम्भावना रहती है।**

मानव शरीर में प्रतिऑक्सीकारक प्राकृतिक रूप से पाया जाता है। साथ ही इसका प्रयोग खाद्य पदार्थों एवं सप्लीमेंट्स में भी किया जाता है, जो इसे सुरक्षित रखता है। कुछ सामान्य प्रतिऑक्सीकारकों में एंजाइम तथा कुछ अन्य पदार्थ; जैसे- विटामिन ए, बी, ई तथा बीटा कैरोटीन भी पाए जाते हैं।

प्रतिऑक्सीकारक के लाभ (Advantages of Antioxidants)

- **कोशिकाओं की मरम्मत:** बहुत-सारे पौधे तथा जीव प्रतिऑक्सीकारक का निर्माण कर उन्हें संचित करते हैं। ये प्रतिऑक्सीकारक कोशिकाओं

की संख्या में हो रही कमी को नियंत्रित करते हैं साथ ही ये कोशिकाओं की मरम्मत का कार्य भी करते हैं।

- **कैंसर से संरक्षण:** राष्ट्रीय कैंसर संसथान ने जीवों पर अनेक प्रयोग किए, जिसमें उन्होंने पाया कि प्रतिऑक्सीकारक मुक्त मूलक हानि को रोकता है, जिससे कैंसर की सम्भावना में कमी आती है।
- एंटीऑक्सीडेंट, **उम्र बढ़ने की प्रक्रिया को कम करने में मदद करते हैं** और **दीर्घायु बनने** में भी सहायक हो सकते हैं।

26.29.5 परिरक्षक (संरक्षित करने के लिए परिरक्षण) (Preservatives - "Preserve to Reserve")

संरक्षक/परिरक्षक भोजन को लम्बे समय तक इसके पोषक तत्वों को बरकरार रखने एवं सूक्ष्म जीवों विशेषकर बैक्टीरिया, फफूंदी तथा खमीर के प्रभाव से सुरक्षित रखते हैं।

ठंडा करना (फ्रीजिंग), उबालना (बॉयलिंग), धूमित करना (स्मोकिंग), लवणीय करना (साल्टिंग), पश्च्युरीकरण करना (पश्च्युरिंग), सुखाना (डीहाइड्रेटिंग), पिकलिंग इत्यादि खाद्य पदार्थों को सुरक्षित रखने की पारम्परिक एवं प्राकृतिक विधियां हैं। प्राकृतिक खाद्य संरक्षक, जैसे- चीनी, नमक, एलकोहॉल, सिरका का प्रयोग आचार, मुरब्बा एवं जूस, कॉफी एवं सूप पाउडर तथा शुष्क एवं ठण्डे खाद्य पदार्थों को संरक्षित रखने में किया जाता है। साइट्रिस अम्ल तथा एस्कॉर्बिक अम्ल खाद्य पदार्थों में हो रहे उपापचय की प्रक्रिया को रोक कर इसे संरक्षित रखने का कार्य करते हैं।

'रासायनिक संरक्षक' खाद्य पदार्थों को लम्बे समय तक सुरक्षित रखने में अधिक प्रभावी होते हैं। इसके कुछ उदाहरण हैं- बेंजोएट(सोडियम बेंजोएट, बेंजोइक अम्ल), नाइट्रेट (सोडियम नाइट्रेट), सल्फाइट (सल्फर डाई-ऑक्साइड), सोर्बेट (सोडियम सोर्बेट, पोटैशियम सोर्बेट), विटामिन-सी, बीएचए (ब्यूटाइलेटेड हाइड्रॉक्सी एनीसोल), बैक्टीरियल विकास अवरोधक, जैसे- सोडियम नाइट्राइट, सल्फर डाई-ऑक्साइड तथा बेंजोइक अम्ल। इथेनॉल एक रासयनिक संरक्षक है जिसका प्रयोग शराब में किया जाता है।

कृत्रिम संरक्षक बैक्टीरिया के विकास को पूर्णत: रोककर या इसे देर कर खाद्य पदार्थों को नष्ट एवं रंगहीन होने से बचाते हैं। इसे भोजन में मिलाया या स्प्रे किया जा सकता है। **कृत्रिम संरक्षक तीन प्रकार के होते हैं,** जो इस प्रकार हैं:

- **रोगाणुरोधी एजेंट** (बेंजोएट, सोडियम बेंजोएट, सोर्बेट, नाइट्राइट)
- **प्रतिऑक्सीकारक** (सल्फाइट, विटामिन-E, विटामिन-C तथा ब्यूटाइल हाइड्रॉक्सी टॉलूईन (बीएचटी)
- **केलिटिंग एजेंट** (डाइ सोडियम ईथीलीन, डाई अमीन टेट्रा एसिटिक अम्ल, पॉली फॉस्फेट तथा सीट्रिक अम्ल)

प्राकृतिक परिरक्षकों में मेंहदी (गुलमेहंदी - रोसमारिनस ऑफिसिनालिस) और अजवायन (अजवाइन की पत्तियां आदि) का अर्क, हॉप्स, नमक, चीनी, सिरका, शराब, डायटोमेसियस अर्थ और अरंडी का तेल शामिल हैं। हॉप्स, **हॉप पौधे ह्यूमुलस ल्यूपुलस के फूल होते हैं (जिन्हें बीज शंकु या स्ट्रोबाइल्स भी कहा जाता है),** जो फूल वाले पौधों के कैनाबेसी परिवार का एक सदस्य है। डायटोमेसियस अर्थ को श्कीसेलगुहरश भी कहा जाता है। डायटोमेसियस अर्थ एक सामान्य वैकल्पिक नाम है, लेकिन यह शब्द समान मूल की असंगठित या कम लिथिफाइड चट्टान के लिए अधिक उपयुक्त है।

रोग/समस्या (Disease/Problems)	कारण (Causes)
दमा (Asthma)	• सूक्ष्म जीवों में वृद्धि को नियंत्रित करने में इस्तेमाल परिक्षक सोडा में सोडियम बेंजोएट पाया जाता हैं • यह सोडियम बेंजोएट भोजन के साथ मिलकर शरीर में पोटेशियम की मात्रा कम कर देता हैं। • जिससे दमा एवं खुजली होने का खतरा बढ़ जाता है। • एक सर्वे के अनुसार प्रतिदिन 370 लोगों की मृत्यु अस्थमा से होती है जिसका कारण ये पेय पदार्थ हैं।
दंत क्षरण (Tooth Enamel)	• शीतल पेय में उच्च सक्रिय विलायक पाए जाते हैं जो कि लार एवं आमाशय के पाचक एन्जाइम के साथ क्रिया करके उन्हें और अम्लीय बनाते हैं। • यह इस प्रक्रिया को त्वरित ढंग से शुरू कर देता है। • इस तीव्र प्रक्रिया का दुष्प्रभाव मुख एवं दाँतों पर पड़ता है। • मुख और ग्रासनली की त्वचा, नवजात शिशु की त्वचा के समान होती हैं। • सोडा परिरक्षक इस त्वचा पर चकत्ते ला देता है एवं यह रोज के भोजन करना भी मुश्किल बना देता है। • इन चकत्तों के कारण नियमित आहार लेना भी मुश्किल हो जाता है। • सर्वे फैक्ट: इन पेय उत्पादों के परिणामस्वरूप दंत समस्याओं का इलाज कराने वाले लोगों की वार्षिक अनुमानित लागत ₹450 करोड़ है।
हृदय रोग (Heart Diseases)	• पेय पदार्थ में फ्रेक्टोज कार्न सीरप पाया जाता है जो चय-अपचय सिंड्रोम के खतरे को बढ़ा देता है। • यह स्थिति मधुमेह एवं हृदय रोग के खतरे को बढ़ा देती हैं। • सर्वे फैक्ट: 40 में से 1 मृत्यु हृदय आघात के कारण होती हैं जिसका प्रमुख कारण पेय पदार्थ हैं।
अतिरिक्त शुगर (Sugar Overloading)	• पेय पदार्थों के उपभोग के 20 मिनट पश्चात शरीर का शर्करा स्तर तेजी से बढ़ जाता है जिससे इन्सुलिन प्रस्फुटन होता है। • इस प्रक्रिया के समय यकृत प्रत्येक शर्करा के यौगिक को वसा में परिवर्तित करता हैं। • 40 मिनट के पश्चात, कैफीन का अवशोषक पूर्ण हो जाता है। • यह पुतलियों को फैला देता है, रक्तचाप बढ़ा देता है, जो रक्त में शर्करा की मात्रा को बढ़ा देता है यह ऐडोनोसीन रिसेप्टर को बन्द कर देता है। यह रिसेप्टर उद्दीपनों को रोकता है। • 45 मिनट बाद डोपामाइन ज्यादा बनने लगती है जो कि मस्तिष्क के आनंद केंद्रों को और जागृत करती है। • सामान्यत: यह प्रभाव 'हेरोइन' उपभोक्ताओं में पाया जाता हैं। • सर्वे फैक्ट: प्रत्येक 10 रुपये में से एक रुपया मधुमेह पर व्यय होता है।

वृक्क संबंधित समस्या (Kidney Issue)	• कुछ पेय पदार्थों में फॉस्फोरिक अम्ल पाया जाता है। • यह फास्फोरिक अम्ल पाचन क्रिया एवं सहायक अंगों को प्रभावित करती है। • पाचन प्रक्रिया वृक्क से जुड़ी हुई है। • फॉस्फोरिक अम्ल वृक्क में पथरी बनने के खतरे एवं अन्य गुर्दे संबंधी रोगों को बढ़ा देता है। • सर्वे फैक्ट: मोटे लोगों को पेय पदार्थ के कारण पथरी होने का खतरा ज्यादा होता हैं।
प्रजनन समस्या (Reproductive Issue)	• सोडा केन पर रेजिन चढ़ाई जाती है जिससे वो ज्यादा चमकदार दिखें। • इस रेजिन में BPA (बाई फिनाइल-A) पाया जाता है। यही कैंसर कारक रसायन प्लास्टिक की बनी बोतलों, पानी की बोतलों एवं टिन में पैक फूड के डिब्बों में भी पाया जाता है। • यह अंत:स्रावी प्रणाली को प्रभावित करता हैं जिससे समय से पहले युवावस्था एवं प्रजनन में समस्याएँ उत्पन्न करता है। • सर्वे फैक्ट : 10 में से 9 शीतल पेय पदार्थ शरीर को नुकसान पहुंचाते हैं।
अस्थिसुषिरता (Osteoporosis)	• यह पाया गया है कि पेय पदार्थों का अत्यधिक प्रयोग करने से कैल्शियम, फास्फोरिक अम्ल के साथ मूत्र त्याग करते समय निकल जाता है। • जिसके कारण अस्थिसुषिरता (Osteoporosis) की समस्या उत्पन्न हो जाती हैं। इससे शरीर की हड्डियाँ कमजोर हो जाती हैं। • हर 2 में से 1 व्यक्ति को यह समस्या है।
मोटापा (Obesity)	• अत्यधिक मात्रा में सोडा का सेवन करना जोखिम भरा होता है। • शोधकर्ताओं के अनुसार सोडा का 1 केन, मोटापे के खतरे को 1.6 गुना बढ़ा देता है। • इसलिए लोगों को सोडा का रोज इस्तेमाल करने से मना किया जाता है। • सर्वे फैक्ट: 5 बच्चों में से 2 बच्चे मोटापे से ग्रसित हैं। यह समस्या उनमें ज्यादा पायी जाती हैं जो रोज पेय पदार्थों का इस्तेमाल करते हैं। अधिकतर चिकित्सक लोगों को इनकी जगह ताजा फलों के रस का सेवन करने का सुझाव देते हैं। अत: इन पेय उत्पादों की खपत को कम करके अपने साथ न्याय करें।

26.29.6 वातित पेय / शीतल पेय (Aerated Drinks/Soft Drinks)

सॉफ्ट ड्रिंक एक पेय पदार्थ होते हैं, जिन्हें **कार्बोनेटेड जल, एक मधुरक तथा प्राकृतिक या कृत्रिम फ्लेवर** के संयोग से बनाया जाता है।

ये मधुरक चीनी, उच्च फ्रेक्टोज कॉर्न सीरप, एस्पार्टम (कभी-कभी नियोटेम, ऐसलफ्लेम तथा सुक्रलोज; जैसे–मधुरक का भी उपयोग किया जाता है।), फ्रूट जूस, चीनी के घटक (डाइट ड्रिंक में) या इनके संयोग हो सकते हैं।

कोला में फॉस्फोरिक अम्ल तथा साइट्रस फ्लेवर वाले सॉफ्ट ड्रिंक में सीट्रिक अम्ल को अतिरिक्त स्वाद हेतु मिलाया जाता है। कार्बोनेटेड जल (दाब पर जल में घोला गया कार्बन-डाई-ऑक्साइड) भी एक सौम्य अम्ल है।

कैफीन को सॉफ्ट ड्रिंक्स में अतिरिक्त आनंद हेतु मिलाया जाता है, परन्तु इसका स्वाद कड़वा होता है। ऑरेंज सोड़ा का निर्माण प्राय: **ग्लिसरल एबीटेट** तथा **ब्रोमिनेटेड शाक** तेल से होता है। यह द्रव पेय पदार्थ में फैटी फ्लेवर के निलंबन को बनाए रखता है। इन उद्देश्यों हेतु गोंद तथा खाद्य पदार्थों के स्टार्च का भी उपयोग किया जाता है।

सोडियम बेंजोएट का प्रयोग बड़े पैमाने पर सूक्ष्मरोधी, बैक्टीरियारोधी, फफूंदीरोधी तथा खमीररोधी के रूप में किया जाता है। सॉफ्ट ड्रिंक्स में उपयोग किये गए उच्च अम्लीय पदार्थों का संरक्षण अत्यावश्यक होता है।

सोडियम साइट्रेट अम्लों के प्रतिरोधक की तरह कार्य करता है, जो इसकी अम्लीयता को निम्न रखता है। यह वसा या वसा घुलित यौगिकों को पायसीकृत करने का भी कार्य करता है, जिससे ये पदार्थ घोल में बने रहते हैं।

पोटैशियम सोर्बेट को फफूंदी तथा खमीर को रोकने हेतु प्रयोग किया जाता है।

एस्कॉर्बिक अम्ल (विटामिन सी) का प्रयोग कोला में प्रतिऑक्सीकारक के रूप में किया जाता है तथा कोला का रंग कार्मेल कलरिंग (जली चीनी) से आता है।

रेड 40 तथा **अन्य रंजकों** का प्रयोग ऑरेंज सोडा, जैसे–फ्रूट फ्लेवर जूस में किया जाता है।

28.29.7 शीतल पेय या मृदु पेय में कीटनाशक (Pesticides in Cold Drinks or Soft Drinks)

इस संदर्भ में वृहत बहुराष्ट्रीय निगम दोहरे मानकों का अनुपालन करते हैं, खासकर जब विकासशील देशों की बात आती है। शीतल पेय उद्योग इसका एक उत्कृष्ट मामला है, क्योंकि इसकी बहुत पहले वर्ष 2003 में खोज विज्ञान एवं पर्यावरण केंद्र (CSE) ने की थी तथा हाल ही में, भारतीय चिकित्सा संघ (IMA) ने भी इसे सत्यापित किया है।

विज्ञान एवं पर्यावरण केंद्र (Centre for Science and Environment - CSE)

विज्ञान एवं पर्यावरण केंद्र (CSE) नई दिल्ली में स्थित एक गैर-सरकारी संगठन है। इसने पर्यावरण प्रदूषण की निगरानी के लिए प्रदूषण निगरानी प्रयोगशाला (PML) की स्थापना की है।

उद्देश्य: भोजन, जल एवं वायु प्रदूषण के बारे में जन जागरूकता पैदा करने के लिए वैज्ञानिक अध्ययन करना।

- यह वायु, जल एवं खाद्य संदूषण की निगरानी और विश्लेषण के लिए अत्याधुनिक उपकरणों से लैस, जिसमें उच्च प्रदर्शन तरल वर्णलेखन (HPLC), ईसीडी, एनपीडी, एफआईडी और अन्य डिटेक्टरों के साथ गैसीय वर्णलेखन (GC), यूवी-विज स्पेक्ट्रोफोटोमीटर, पारा विश्लेषक, श्वसन योग्य धूल नमूना आदि।
- बहुत पहले वर्ष 2003 में, CSE ने विषाक्त शाकनाशकों व कीटनाशकों के उच्च स्तर को पाया, जो कैंसर का कारण बनने हेतु पर्याप्त थे, साथ ही तंत्रिका एवं प्रजनन प्रणाली को नुकसान, जन्म दोष तथा प्रतिरक्षा प्रणाली के गंभीर व्यवधान इसके पर्याय हैं।

- सीएसई 2003 की रिपोर्ट के अनुसार, बाजार प्रणेता कोका-कोला एवं पेप्सी में कीटनाशक अवशेषों की लगभग समान सांद्रता पाई गई थी, जब उनकी तुलना अमेरिका में बेचे जाने वाले शीतल पेय ब्रांडों से की गई, तो यह देखने के लिए कि उनमें कीटनाशक है या नहीं। इससे पता चलता है कि कैसे कंपनियां दोहरे मानकों का अनुपालन कर रही थीं।
- इस रिपोर्ट से स्तब्ध, सरकार शीतल पेय में कीटनाशक अवशेषों के संबंध में सीएसई के निष्कर्ष सही हैं या नहीं तथा शीतल पेय, फलों के रस और अन्य पेय पदार्थों के लिए उपयुक्त सुरक्षा मानक जहां जल मुख्य घटक है, को विकसित करने हेतु मानदंड सुझाने हेतु एक **संयुक्त संसदीय समिति** का गठन किया गया था।
- इस संदर्भ में, जेपीसी रिपोर्ट ने सीएसई के निष्कर्षों की पुष्टि की और कहा कि मीठे वातित जल में कीटनाशकों के अवशेषों से पूर्णत: मुक्त होना ही समझदारी है।
- अगस्त 2006 में, सीएसई ने लगभग एक दर्जन शीतल पेय ब्रांडों का देशव्यापी अध्ययन किया और सभी नमूनों में कीटनाशक अवशेष पाए गए। इस दौरान सीएसई ने 11 शीतल पेय ब्रांडों के 57 नमूनों का परीक्षण किया। ये नमूने 12 राज्यों में प्रचलित पेप्सिको एवं कोका कोला की 25 अलग-अलग विनिर्माण इकाइयों से एकत्र किए गए थे। इस अध्ययन के अनुसार, सभी नमूनों में औसतन 3-5 अलग-अलग कीटनाशक उपलब्ध थे। इसमें पाए गए कीटनाशकों की मात्रा भारतीय मानक ब्यूरो (BIS) के मानदंडों से 24 गुना अधिक थे।

सीएसई, 2006 के अध्ययन के अनुसार पाए गए कीटनाशक

- **लिंडेन:** बीआईएस मानकों से 140 गुना अधिक।
- **हेप्टाक्लोर:** बीआईएस मानकों से 4 गुना अधिक। हेप्टाक्लोर वास्तव में भारत में प्रतिबंधित है।
- **क्लोरपायरीफॉस एवं न्यूरोटॉक्सिन:** बीआईएस मानक से 200 गुना अधिक (कुछ नमूनों में)।

पेप्सी एवं कोका-कोला में कीटनाशक अवशेषों की औसत मात्रा बीआईएस मानकों से क्रमश: 30 गुना व 27 गुना अधिक थी। यकृत (लीवर) के लिए, 2.1% से अधिक कीटनाशक मात्रा बहुत हानिकारक है और कैंसर का कारण बन सकती है।

कीटनाशकों का स्वास्थ्य प्रभाव

लिंडेन

1. एक पुष्टिकृत कार्सिनोजेन, यह यकृत (लीवर) कैंसर के खतरे को बढ़ाता है।
2. इसका बहुत अधिक सेवन किडनी, प्रतिरक्षा एवं तंत्रिका तंत्र को नुकसान पहुंचा सकता है।
3. पुरुषों में प्रजनन क्षमता को प्रभावित करता है।
4. महिलाओं में लैंगिक ग्रहणशीलता को कम करता है।

क्लोरपायरीफॉस

1. यह मस्तिष्क कोशिका के विकास को प्रभावित करता है।
2. क्लोरपायरीफॉस के अधिक सेवन से वृद्धि मंदता, व्यवहार संबंधी असामान्यताएं और मांसपेशियों में कमजोरी हो सकती है।
3. रोग प्रतिरक्षण परिवर्तन का कारण बन सकता है।

हेप्टाक्लोर (भारत में प्रतिबंधित)

1. स्पंदन व ऐंठन पैदा कर सकता है।
2. श्वसन विफलता।
3. यकृत (लीवर) आघात।

वर्ष 2003 में शीतल पेय में कीटनाशक अवशेषों का औसत स्तर बीआईएस मानक से 34 गुना अधिक था, जबकि अब यह बीआईएस मानक से 42-52 गुना अधिक है।

इस संदर्भ में, कंपनियों ने विरोध के कारण सुरक्षा मानकों को सुनिश्चित करने के लिए संयुक्त संसदीय समिति द्वारा दिए गए निर्देशों को लागू नहीं किया।

26.29.8 वसा: प्रकार, ट्रांस फैट और ओमेगा 3 (Fats: Types, Trans Fat and Omega 3)

वसा, भोजन में वे पोषक होते हैं जिनका उपयोग शरीर में तन्त्रिका ऊतक (मस्तिष्क तथा तंत्रिका सहित) तथा हॉर्मोन निर्माण में होता है। मानव शरीर वसा का उपयोग ईंधन के रूप में भी करता है। उपयोग न की गई वसा शरीर में वसा कोशिकाओं में संगृहीत हो जाती है। मानव शरीर में वसा की आवश्यकता कुछ विटामिनों (विटामिन A, D, E तथा K वसा में घुलनशील है अर्थात् इनका अवशोषण तभी किया जा सकता है जब व्यक्ति के भोजन में वसा भी विद्यमान हो) के अवशोषण हेतु होती है।

मानव हेतु इनका महत्व विभिन्न स्तरों पर है:

- वसा भोजन में उपस्थित ऐसे पोषक तत्व होते हैं, जो शरीर की नसों के ऊतकों तथा हॉर्मोन्स के निर्माण में अपनी भूमिका निभाते हैं।
- मानव शरीर वसा का उपयोग ईंधन के रूप में भी करता है।
- उपयोगविहीन वसा शरीर में फैट सेल (बाना कोशिका) में एकत्र हो जाते हैं।
- वसा विभिन्न विटामिनों का अवशोषण भी करता है विटामिन ए, डी, ई, के (A, D, E, K,) वसा में घुलनशील हैं अर्थात् इनका अवशोषण तभी संभव है, जब भोजन में वसा को शामिल किया जाए।
- वसा हॉर्मोन के निर्माण / बिल्डिंग ब्लॉक्स होते हैं।
- शरीर में वसा की उपस्थिति सभी तंत्रिका तंत्र ऊतकों के संचालन हेतु आवश्यक है।
- वसा लोगों को तंदुरुस्ती का अनुभव कराता है, अत: ऐसे लोगों को अधिक खाने की आवश्यकता नहीं होती है।
- वसा ऊर्जा के अच्छे स्रोत होते हैं परंतु ये कार्बोहाइड्रेट एवं प्रोटीन की अपेक्षा दोगुना कैलोरी मुक्त करते हैं; उदाहरणस्वरूप 1 ग्राम वसा 9 कैलोरी मुक्त करता है, जबकि 1 ग्राम कार्बोहाइड्रेट या प्रोटीन 4 कैलोरी ही मुक्त करते हैं।
- मिठाई एवं स्नैक्स (आलू चिप्स, चॉकलेट, केक, डोनट्स पेस्ट्रीज एवं कुकीज) वसा के अच्छे स्रोत माने जाते हैं।

- बच्चों में सभी दुग्ध उत्पादों से वसा प्राप्त होता हैं, इसके अलावा उच्च वसीय मांस, जैसे- शूकर मांस, हॉट डॉग तथा नॉन-लीन रेड मीट भी वसा के अच्छे स्रोत होते हैं।

वसा के प्रकार (Types of Fats)

1. **असंतृप्त वसा (Unsaturated Fats):** यह पादपों एवं मछली में पाया जाता है, जो मानव स्वास्थ्य के लिए लाभदायक होता है। असंतृप्त वसा के निन्नलिखित प्रकार हैं:
    - **एकल असंतृप्त वसा (Mono Unsaturated fat):** यह एवोकैडो (शरीफा), मूंगफली, जैतून तथा कैनोला तेल में पाया जाता है।
    - **बहु-असंतृप्त वसा (Polyunsaturated):** यह अधिकांशतः पादप तेलों में पाया जाता है। ओमेगा 3 फैटी अम्ल एक प्रकार का बहु-असंतृप्त वसा है, जो टूना तथा सैमन जैसी तैलीय मछलियों में पाया जाता है।
2. **संतृप्त वसा (Saturated fats):** संतृप्त वसा मांस और अन्य पशु उत्पादों, जैसे मक्खन, घी (shortening), शूकरवसा (lard), चीज और दूध (मलाई या गैर-वसा को छोड़कर) में पाए जाते हैं। संतृप्त वसा ताड़ (पाम) और नारियल के तेल में भी पाए जाते हैं, जिनका उपयोग अक्सर व्यावसायिक पकें हुए माल में किया जाता है। बहुत अधिक संतृप्त वसा खाने से रक्त में कोलेस्ट्रॉल का स्तर बढ़ सकता है और हृदय रोग का खतरा बढ़ सकता है।

1. वसा परिवार वृक्ष (The Fat Family Tree)

वसा परिवार को समझना अत्यंत जटिल है; अत: इस संशय को दूर करने हेतु वसा परिवार वृक्ष को समझना अत्यंत आवश्यक है।

शीर्ष पर, वसा के दो अलग-अलग परिवार हैं - **संतृप्त वसा** और **असंतृप्त वसा**।

मक्खन की तरह संतृप्त वसा हाइड्रोजन परमाणुओं से भरी होती है, जिससे यह कमरे के तापमान पर ठोस हो जाती है। असंतृप्त वसा (जैसे जैतून का तेल) में कम हाइड्रोजन परमाणु होते हैं, इसलिए यह कमरे के तापमान पर तरल होता है।

असंतृप्त वसा के परिवार में दो बच्चे शामिल हैं: **एकल असंतृप्त वसा** (मोनोअनसैचुरेटेड फैट) और **बहु-असंतृप्त वसा** (पॉलिअनसेचुरेटेड फैट)। बहु-असंतृप्त वसा परिवार में, ओमेगा-6 फैटी एसिड और ओमेगा-3 फैटी एसिड है, और यह ओमेगा-3 परिवार है जो पोषण जगत में चर्चा का विषय रहता है।

2. ओमेगा 3 और इसके प्रकार (Omega 3 and its Types)

वसा के तीन प्रकार होते हैं जिन्हें संयुक्त रूप से ओमेगा 3एस कहा जाता है। इनमे **ALA (अल्फा लाइनोलेनिक अम्ल)**, **EPA (आइकोस पेंटेनोइस अम्ल)** तथा **DHA (डोकॉस हेक्सेनोइक अम्ल)** आते हैं। उच्चारण में कठिनाई होने के साथ ही साथ ये हमारे स्वास्थ्य के लिए अत्यंत महत्वपूर्ण होते हैं। ओमेगा 3एस अत्यंत महत्वपूर्ण फैटी अम्ल है, जिसे भोजन में अवश्य शामिल किया जाना चाहिए क्योंकि मानव शरीर का निर्माण इसके बिना नहीं हो सकता।

वृहद स्वास्थ्य लाभ (Mega Health Benefits)

- व्यापक अनुसंधानों से यह बात सामने आयी है कि ओमेगा-3 फैटी अम्ल मोटापा की संभावनाओं को कम करता है, जिससे **हृदय रोग, गठिया** और मोटापा जैसी बीमारियों में कमी लाने में सहायता मिलती है। मोटापे को कम करने के अलावा ओमेगा-3 एस **मस्तिष्क के लिए भी आवश्यक है**, जो विशेष संज्ञानात्मक कार्यो विशेष कर **भ्रूण के विकास** में अपनी भूमिका निभाता है। यूनिवर्सिटी ऑफ मैरीलैंड मेडिकल सेंटर (UMM) के अनुसार, ओमेगा-3 एस **रक्त के थक्के को धमनियों में नियंत्रित कर मस्तिष्क के स्वास्थ्य में भी सुधार** करता है।
- यह कोलेस्ट्रॉल को कम करने वाले ट्राइग्लिसराइड्स में सुधार और एचडीएल (अच्छा कोलेस्ट्रॉल) के स्तर को ऊपर उठाने में भी अपना योगदान करता है। ये लाभ मुख्यत: डीएचए और ईपीए से होते हैं।
- आर्थराइटिस तथा ऑस्टियो अर्थराइटिस संबंधी समस्याओं को दूर कर जोड़ों की स्थिति में सुधार लाता है।
- शरीर में कैल्शियम की मात्रा में वृद्धि कर हड्डियों को मजबूत बनाता है।
- मस्तिष्क में नसों के ऊतकों को इंसुलेट कर तथा नसों के ऊतकों को शरीर के अन्य अंगों से बेहतर संपर्क साधने में सहायता कर मस्तिष्क के स्वास्थ्य में सुधार लाता है। ओमेगा 3एस की कमी से जूझ रहे व्यक्तियों में मानसिक तनाव, बायो पोलर डिसऑर्डर, सेजोफोर्निया, ईटिंग डिसऑर्डर तथा एडीएचडी (ADHD) के खतरे उत्पन्न होने की संभावना रहती है।
- त्वचा सम्बन्धी दोष, जैसे- एक्नी तथा सोरायसिस, में कमी ला कर त्वचा के स्वास्थ्य में सुधार लाता है।
- आंत की सूजन कम करने के साथ-साथ पाचन संबंधी समस्या एवं अल्सर जैसी बीमारियों से बचाव में मदद मिलती है। इससे दमा एवं फेफड़े से संबंधित बीमारियों में सुधार होता है। महिलाओं में पी.एम. एस. (Pre-Menstrual Syndrome-PMS) मासिक धर्म एवं उससे जुड़े दर्द में लाभ होता है।
- ओमेगा 3s के कमी से **स्तन कैंसर, प्रोस्टेट कैंसर, कोलोन कैंसर** की संभावना बढ़ जाती है।

ओमेगा-3 के स्रोत (Source of Omega 3)

विभिन्न प्रकार के ओमेगा-3एस विभिन्न प्रकार के खाद्य पदार्थों में पाया जाता है।

ALA मुख्य रूप से शाकाहारी खाद्य पदार्थों में पाया जाता है, लेकिन यह अन्य खाद्य पदार्थों; जैसे- बीफ में भी पाया जाता है। ALA का सबसे अच्छा स्रोत अलसी का तेल है। इसके अलावा यह भांग, कैनोला तेल, सोयाबीन, सोयाबीन तेल, कद्दू के बीज, कद्दू के बीज का तेल, अलसी, अदरक और अखरोट के तेल में भी पाया जाता है।

एक बार निगलने के बाद शरीर ALA को (Eicosapentaenoic) EPA तथा (Docosahexaenoic) DHA में बदल देता है, जिसके बाद इसका यह शरीर द्वारा आसानी से उपयोग किया जा सकता है। हालांकि, यह रूपांतरण बहुत कुशल नहीं होता है, यही कारण है कि विशेषज्ञ अपने आहार में EPA और DHA स्रोतों को भी शामिल करने की सलाह देते हैं।

महत्वपूर्ण एवं रोचक तथ्य (Facts Corner)

डीएचए समुद्री भोजन, शैवाल, और ठंडे पानी की मछली; जैसे–सालमन, सॉर्डिन और अल्बकोर टूना, में पाया जाता है।

नोट: फिश ऑयल सप्लीमेंट और पादप DHA सप्लीमेंट बाजार में द्रव एवं कैप्सूल के रूप में भी उपलब्ध हैं, लेकिन कोई भी सप्लीमेंट लेने से पहले हमेशा अपने स्वास्थ्य सलाहकार से संपर्क करें। केवल ऐसे ही फिश ऑयल सप्लीमेंट का उपयोग करें, जिन्हें पारा जैसी भारी धातु के संदूषकों से मुक्त होने के लिए प्रमाणित किया गया है।

EPA बहुत-से ऐसे खाद्य पदार्थों में पाया जाता है, जिनमें DHA भी पाया जाता हो। इनमें ठंडे पानी की मछली, जैसे- सालमन, और सॉर्डिन, साथ ही कॉड लिवर, हेरिंग, मैकेरल और हलिबेट शामिल हैं।

संवर्द्धित अंडे जिनमें सभी 3 प्रकार के ओमेगा-3 फैटी एसिड/वसा अम्ल पाए जाते हैं, आजकल आसानी से उपलब्ध हैं। इन अंडों को मुर्गियों के भोजन में शैवाल या अलसी मिलाकर उन्हें खिलाने से प्राप्त किया जा सकता है। फ्लैक्स परिषद (Flex Council) के अनुसार ओमेगा-3 एवं संवर्द्धित अंडा ALA के रोजोना अनुशंसित स्तर का आधा तथा EPA एवं DHA का एक-चौथाई प्रदान करता है। इतनी मात्रा 3 औंस मछली के सेवन से प्राप्त होती है।

3. अच्छा और बुरा कोलेस्ट्रॉल (Good and Bad Cholesterol)

- कोलेस्ट्रॉल एक मोमी, वसा जैसा पदार्थ होता है, जो शरीर के विभिन्न हिस्सों में पाया जाता है। इसके दो स्रोत हैं: यकृत इसका उत्पादन करता है, और हम इसका सेवन पशु उत्पादों, विशेष रूप से मांस और डेयरी उत्पादों में करते हैं।
- कोलेस्ट्रॉल के दो मुख्य प्रकार होते हैं- HDL और LDL।
- **LDL (low-density lipoprotein) कोलेस्ट्रॉल** से रक्त वाहिकाओं के अवरुद्ध होने की संभावना अधिक होती है क्योंकि यह कोलेस्ट्रॉल को यकृत से दूर रक्तप्रवाह में ले जाता है, जहां यह रक्त वाहिकाओं से चिपक सकता है।
- दूसरी ओर, **HDL (high-density lipoprotein)** कोलेस्ट्रॉल, कोलेस्ट्रॉल को पुन: यकृत में ले जाता है जहां यह अपघटित हो जाता है।
- LDL कोलेस्ट्रॉल, खराब प्रकार का कोलेस्ट्रॉल होता है, इसलिए इसे 'घटिया (lousy)' कोलेस्ट्रॉल कह सकते हैं। LDL में L का आशय lousy के लिए याद रख सकते हैं। HDL, अच्छा कोलेस्ट्रॉल है, इसलिए इसे 'स्वस्थ (healthy)' कोलेस्ट्रॉल कह सकते हैं। HDL में H का आशय healthy के लिए याद रख सकते हैं।
- कोलेस्ट्रॉल आपके रक्त में इधर-उधर प्लावी रहता है और रक्त वाहिकाओं की दीवारों में प्रवेश कर सकता है और वहां रह सकता है।
- यदि आपके रक्तप्रवाह में बहुत अधिक कोलेस्ट्रॉल है, तो यह रक्त वाहिकाओं की दीवारों में जमने लगता है, जिससे ये 'पाइपें' संकरी हो जाती हैं। इससे रक्त वाहिकाएं अवरुद्ध हो सकती हैं।
- यदि रुकावट कई वर्षों में बदतर हो जाती है, तो यह **हृदय (दिल का दौरा) और मस्तिष्क (स्ट्रोक)** जैसे शरीर के महत्वपूर्ण अंगों को नुकसान पहुंचा सकती है।

4. ट्रांस फैट (Trans Fat?)

ट्रांस फैट का निर्माण एक **हाइड्रोजनीकरण** नामक प्रक्रिया से होता है। इसके अंतर्गत हाइड्रोजन अणु को उच्च असंतृप्त तरल में मिलाया जाता है। हाइड्रोजनीकरण के पश्चात् तेल आंशिक रूप हाइड्रोजनीकृत हो जाता है।

निर्माता हाइड्रोजनीकृत तेल का प्रयोग क्यों करते हैं? (Why do Manufacturers Use Hydrogenated Oils?)

निर्माता पहले जंतु की चर्बी, वसा एवं मक्खन; जैसे–जंतु उत्पादों का ज्यादातर प्रयोग करते थे। बाद में जब वैज्ञानिकों ने यह पता लगाया कि ये संतृप्त वसा हृदयाघात जैसी बीमारियों को बढ़ावा देने में योगदान दे रही है तो खाद्य कंपनियों ने इसके विकल्प की ओर देखना आरंभ कर दिया।

चूंकि हाइड्रोजनीकरण तेल को अधिक स्थायी तथा कमरे के तापमान पर ठोस बना देता है इसलिए तलने के लिए अत्यंत उत्तम प्रतीत होता है। आंशिक रूप से हाइड्रोजनीकृत तेल स्वाद, स्थायित्व तथा प्रकृति में अत्यंत उत्तम होता है। वर्षों बाद वैज्ञानिकों ने यह पाया कि संतृप्त तथा ट्रांस वसा दोनों हृदयाघात के खतरे को बढ़ा देते हैं।

कौन-से उत्पाद आंशिक रूप से हाइड्रोजनीकृत तेल तथा ट्रांस वसा से युक्त होते हैं? (Which Products Contain Partially Hydrogenated Oil and Trans Fat?)

ट्रांस वसा युक्त खाद्य उत्पादों में हार्डर स्टीक **मार्जरीन (नकली मक्खन), क्रेकर्स, कैंडीज, कुकीज, स्नैक, बेकिंग मिश्रित तथा मिष्ठान खाद्य, तला हुआ भोजन, डोनट्स, पेस्ट्रीज तथा स्टोर से खरीदे पके हुए उत्पाद** आते हैं। आप सोचते होंगे कि ट्रांस वसा मुख्यत: मार्जरीन से प्राप्त होती है, परंतु औसत अमेरिकी डाइट में मार्जरीन 20% से भी कम ट्रांस वसा हेतु जिम्मेदार है। कुछ मांस तथा डेयरी उत्पाद प्राकृतिक रूप से ट्रांस वसा की कुछ मात्रा रखते हैं।

बच्चों तथा युवाओं के लिए आवश्यक वसा (Kids and Fat Intake)

हालांकि कुछ लोग सोच सकते हैं कि वसा को आहार में कम करने का प्रयास करना बुद्धिमानी है, जबकी वसा का बच्चे के शरीर में बने रहना महत्वपूर्ण है।

- छोटे बच्चों के लिए, विशेष रूप से, मस्तिष्क के विकास में, वसा और कोलेस्ट्रॉल महत्वपूर्ण भूमिका निभाते हैं।
- वर्ष 2 और उससे कम - वसा को प्रतिबंधित नहीं किया जाना चाहिए
- 1 से 3 वर्ष के बच्चों के लिए 30 से 35% कैलोरी वसा से प्राप्त होती है।
- 4 से 18 वर्ष के बच्चों के लिए 25 से 35% कैलोरी वसा से प्राप्त होती है।

5. भारतीय खाद्य सुरक्षा और मानक प्राधिकरण का अभियान (FSSAI Campaign)

भारतीय खाद्य सुरक्षा और मानक प्राधिकरण (FSSAI) ने 'हार्ट अटैक रिवाइंड' नामक एक नया जन मीडिया अभियान शुरू किया था, जो 30 सेकंड की सार्वजनिक सेवा घोषणा (PSA) थी। यह ट्रांस वसा के बारे में जागरूकता पैदा करने और 2023 तक भारत में इस समस्या को समाप्त करने के लिए अपनी तरह का एक पहला जन मीडिया अभियान था।

ट्रांस वसा (Trans Fats-TFA)

FSSAI ने 'ट्रांस-फैट फ्री' लोगो लॉन्च किया। इसने ट्रांस-फैट्स के खिलाफ आंदोलन में एक महत्वपूर्ण मील का पत्थर चिन्हित किया और FSSAI के 'ईट राइट इंडिया' आंदोलन को एक गति प्रदान की।

अनुमेय सीमा (Permissible Limit)

डब्ल्यूएचओ की सिफारिश: कुल ऊर्जा सेवन का 1% से कम तक सीमित किया है। इसने 2023 तक वैश्विक खाद्य आपूर्ति में TFA के कुल उन्मूलन का आह्वान किया है। FSSAI ने खाद्य पदार्थों में TFA की सीमा को 2% तक सीमित करने और 2022 तक खाद्य पदार्थों से ट्रांस वसा को खत्म करने का प्रस्ताव दिया है।

हानिकारक प्रभाव (Harmful Effects)

- संतृप्त वसा की तुलना में TFAs (Trans fatty acids) हृदय रोगों का बड़ा खतरा उत्पन्न करते हैं। जहां संतृप्त वसाएं कुल कोलेस्ट्रॉल स्तर को बढ़ाती हैं वहीं TFAs न केवल कुल कोलेस्ट्रॉल स्तर को बढ़ाते हैं अपितु लाभदायक कोलेस्ट्रॉल (HDL) को कम करते हैं। उल्लेखनीय है कि HDL हमें हृदय रोगों से सुरक्षा में सहायता प्रदान करता है। ट्रांस-वसा के उपभोग से हृदय रोगों तथा हृदयाघात का खतरा बढ़ता है।
- यह मोटापे, टाइप-2 डायबिटीज (मधुमेह), हृदय रोग, उपापचयी रोग, इंसुलिन प्रतिरोधकता, बांझपन तथा कुछ विशेष प्रकार के कैंसर से भी संबंधित है और यह नवजात शिशु के लिए भी हानिकारक होता है और कई बार घातक भी हो सकता है।

WHO की अनुशंसाएं (WHO Recommendations)

- मई, 2018 में विश्व स्वास्थ्य संगठन ने ट्रांस वसा के अन्तर्ग्रहण पर सीमा आरोपित करने की अनुशंसाओं का मसौदा जारी किया।
- इन मसौदा अनुशंसाओं (The first since 2002) का लक्ष्य गैर-संचरणीय रोगों (NCDs) का नियंत्रण था, जो एक अनुमान के अनुसार वैश्विक स्तर पर वर्ष 2016 की 54.7 मिलियन मौतों में से 39.5 मिलियन मौतों (72%) हेतु जिम्मेदार है।

प्रमुख अनुशंसाएं (Key Recommendations)

- संतृप्त वसीय अम्ल व्यक्ति की दैनिक कैलोरी में 10% से अधिक नहीं होना चाहिए।
- ट्रांस वसा अम्ल व्यक्ति की दैनिक कैलोरी का 1% से अधिक नहीं होना चाहिए।
- इसके स्थान पर हृदय को स्वस्थ रखने वाले बहुअसंतृप्त वसीय अम्लों (FUFAs) का उपयोग होना चाहिए।
- ये अनुशंसाएँ वयस्कों तथा बच्चों दोनों पर लागू होती है।

इनका उपयोग क्यों बढ़ रहा है? (Why are They Being Increasingly Used?)

- TFA युक्त तेलों को लंबे समय तक परिरक्षित किया जा सकता है, ये भोजन को वांछित आकार तथा बनावट प्रदान करते हैं और आसानी से "शुद्ध घी" के स्थान पर विकल्प के रूप में प्रयुक्त किए जा सकते हैं। ये तुलनात्मक रूप से काफी सस्ते भी होते हैं।

केरल द्वारा उठाया गया कदम (Initiative by Kerala)

केरल एक आहार गाइडलाइन (dietary guidelines) लागू करने की पहल आरंभ करने पर विचार कर रहा है, जिसमें राज्य में वाणिज्यिक रूप से उपलब्ध भोजन में ट्रांस वसीय अम्ल (TFAs), लवण तथा चीनी को कम करने का कार्य भी शामिल होगा। यह पहल विश्व बैंक, विश्व स्वास्थ्य संगठन तथा भारतीय खाद्य सुरक्षा तथा मानक प्राधिकरण (FSSAI) की तकनीकी सहायता से लॉन्च की जा रही है। उल्लेखनीय है कि केरलवासियों में अस्वास्थ्यकर आहार के कारण उपापचयी रोग तथा गैर-संचरणीय रोगों (NCDs) के कारण समय पूर्व मृत्यु की समस्या उभर रही है।

26.29.9 ग्लुटेन इनटोलरेंस तथा सेलियक डिजिज (Gluten Intolerance and Celiac Disease)

कुछ लोगों में, ज्यादातर बच्चों में, ग्लूटेन, जो एक प्रकार का प्रोटीन है, एक ऑटोइम्यून प्रतिक्रिया को उत्प्रेरित करता है जो शरीर ऐसे प्रतिरक्षी (एंटीबॉडी) का उत्पादन करता है जो अपने स्वयं के ऊतकों पर हमला करता है।

ग्लियाडिन और ग्लूटेनिन का मिश्रण छोटी आंत की परत में सूजन और क्षति का कारण बनता है और इसके परिणामस्वरूप सेलियक रोग (CD) होता है, जिसे ग्लूटेन एंटरोपैथी, ग्लूटेन सेंसिटिविटी और इडियोपैथिक स्प्रूस जैसे नामों से भी जाना जाता है।

गेहूं के अलावा, इस प्रोटीन वाले अन्य प्रमुख अनाज जौ (barley), राई (rye) और कुछ हद तक जई (oats) हैं।

डॉक्टरों ने इसे 'आसन्न महामारी (impending epidemic)' कहना शुरू कर दिया है।

ऐसा माना जाता है कि आजकल गेहूं की जो नई किस्म उगाई जाती हैं उनमें पारंपरिक प्राचीन किस्मों के विपरीत अत्यधिक एंटीजेनिक ग्लूटेन होता है, जो इस बीमारी की बढ़ती घटनाओं का कारण हो सकता है।

सेलियक रोग के हल्के रूपों में, आंत के रसांकुर (villi) पर अवशोषण करने वाले उपकला कोशिकाओं के सूक्ष्म रसांकुर (माइक्रोविली) नष्ट हो जाते हैं, जिससे अवशोषण सतह क्षेत्र दो गुना तक कम हो जाता है। अधिक गंभीर रूपों में, रसांकुर स्वयं कुंद हो जाते हैं या पूरी तरह से अनुपस्थित हो जाते हैं, जिससे इसका अवशोषण क्षेत्र और भी कम हो जाता है

बच्चों में इससे होने वाली सामान्य समस्याओं में **उदर में सूजन तथा दर्द, क्रोनिक, डायरिया, वमन, कब्ज, पीला दुर्गन्धयुक्त या वसामय मल तथा वजन घटना** शामिल है।

इसके अलावा पोषकों के अपूर्ण अवशोषण से कुपोषण, वृद्धि तथा विकास रुकना, अन्य समस्याएं; जैसे–विलंबित वृद्धि, छोटा कद, विलम्बित यौवन तथा स्थायी दांतों की इनेमल परत का क्षय होना आदि शामिल है। इस संबंध में बच्चों में चिड़ाचिड़ापन भी एक समस्या होती है, जबकि दूसरी तरफ उन वयस्कों में पाचन लक्षण कम प्रभावी होते हैं जिन्हें **अस्पष्टीकृत लौह न्यूनता एनीमिया, थकान, हड्डियों के जोड़ों में दर्द, आर्थराइटिस, हड्डी क्षरण, तनाव, चिंता, उद्वेगता तथा बंध्यता** जैसी समस्याएं रहती हैं। समय के साथ इनमें **कुपोषण, यकृत रोग तथा आंतों के कैंसर** जैसी

समस्याएं विकसित हो जाती हैं। इस रोग का पता ग्रहण संबंधी **ऊतकों की जांच** (duodenal biopsy) से लगाया जा सकता है।

उदर संबंधी रोगों का वर्तमान में एकमात्र उपलब्ध उपचार ग्लूटेन मुक्त भोजन का उपयोग करना है जिसमें गेहूं, जौ, राई, जई तथा इनसे व्युत्पन्न उत्पादों का सेवन नहीं किया जाता। इस दौरान रेशेदार भोजन हेतु पूर्ण रूप से चावल या मक्के पर निर्भर रहना पड़ता है।

26.29.10 दूध के गुण धर्म एवं दुग्ध प्रसंस्करण (Milk Property and Milk Process)

दुग्ध उत्पादन विभिन्न चरणों से होकर गुजरता है जिसे **डेयरी प्रक्रिया या डेयरी प्रोसेस** कहा जाता है। यह एक औद्योगिक प्रक्रिया है, जिसमें दूध के विभिन्न घटकों को पृथक् किया जाता है तथा आवश्यकतानुसार दूध प्राप्त करने के लिए पुनर्गठित किया जाता है। दूध निकालने से लेकर इसके उपयोग तक कई प्रक्रियाओं से होकर गुजरता है, जो आवश्यक उत्पाद पर निर्भर करता है चले इनमें से कुछ प्रक्रियाओं का अध्ययन करें:

कूलिंग (Cooling): सूक्ष्म जीवों के विकास को रोकने हेतु दूध को त्वरित रूप से 5 डिग्री सेंटीग्रेड या उससे नीचे के ताप पर ठंडा किया जाता है। ऐसा कर दूध को तीन से चार दिनों तक सुरक्षित रहने योग्य बनाया जाता है।

मानकीकरण (Standardisation): यदि बेचा जा रहा दूध भैंस का दूध हो तो मानकीकरण के दौरान इसमें फैट की न्यूनतम मात्रा 6% होनी चाहिए। यह मानक भारत के अधिकांश राज्यों में लागू है। दूध का मानकीकरण फुल क्रीम दूध, टोंड दूध, डबल टोंड दूध इत्यादि के रूप में किया जा सकता है।

- फुल क्रीम दूध में न्यूनतम 6% फैट तथा 9% सॉलिड नॉट फैट (एसएनएफ) जबकि मानक या सामान्य दूध में न्यूनतम 4.5% फैट तथा 8.5% सॉलिड नॉट फैट (एसएनएफ) होनी चाहिए।
- टोंड एवं डबल टोंड दूध में फैट एवं सॉलिड नॉट फैट (एसएनएफ) की न्यूनतम मात्रा क्रमशः 3.0% फैट तथा 8.5% सॉलिड नॉट फैट (एसएनएफ) व 1.5% फैट तथा 9.0% सॉलिड नॉट फैट (एसएनएफ) होनी चाहिए।

SNF (Solids Not Fat): दूध में पानी और मक्खन के अलावा अन्य पदार्थ को SNF कहा जाता है। यह दूध से पानी के पूर्ण वाष्पीकरण के बाद बचा हुआ अवशिष्ट घटक होता है।

पाश्चुरीकरण (Pasteurisation): पाश्चुरीकरण दूध से संपूर्ण रोगजनक एवं अधिकांश हानिकारक सूक्ष्म जीवों को दूर करने की प्रक्रिया है। इस प्रक्रिया को दूध को एक निश्चित समय के लिए किसी निश्चित ताप पर गर्म कर संपन्न किया जाता है, जिससे उसमें उपस्थित सारे जीवाणु नष्ट हो जाएं। माइक्रो बैक्टीरियम सर्वाधिक ताप प्रतिरोधक जीवाणु होता है तथा पाश्चुरीकरण ताप के निर्धारण हेतु इसे सूचकांक के रूप में रखा जाता है।

पाश्चुरीकरण दो विधियों से किया जाता है- कम ताप पर अधिक समय तक तथा अधिक ताप पर अल्प समय तक दूध को गर्म करके। आजकल दूसरी विधि का प्रयोग सर्वाधिक किया जाता है। पाश्चुरीकरण के बाद दूध को तुरंत 5 डिग्री सेंटीग्रेड या उससे नीचे के ताप पर ठंडा किया जाता है ताकि दूध में संघर्ष कर रहे जीवाणु अपना विकास न कर पाएं।

क्रीम पृथक्करण (Cream Separation): क्रीम पृथक्करण की प्रक्रिया में दूध से फैट को अलग किया जाता है। यह प्रक्रिया पतली फिल्म में अत्यधिक उच्च गति से घूम रहे (प्रति मिनट 8000 चक्कर) क्रीम सेपरेटर में संपन्न कराई जाती है। इस प्रक्रिया में दूध का क्रीम हल्का होकर (विशिष्ट गुरुत्वाकर्षण 0.9) केंद्र में जाता है, जबकि स्किम्ड दूध (स्किम्ड दूध में फैट को छोड़कर सभी पोषक तत्व मौजूद होते हैं) भारी होकर (विशिष्ट गुरुत्वाकर्षण 1.036) क्रीम सेपरेटर के बाकी हिस्सों में फैल जाते हैं। पृथक् दूध एवं क्रीम को क्रीम सेपरेटर में बने विभिन्न खंडों से एकत्र कर लिया जाता है।

एकरूपीकरण (Homogenisation): दूध में फैट विभिन्न आकार की फैट गोलियों के रूप में उपस्थित होता है, जिनका आकार 0.1–22 माइक्रोन तक हो सकता है। सामान्यतः यह 2–8 माइक्रोन के बीच होता है। एकरूपीकरण फैट गोलियों को यांत्रिक रूप से तोड़ कर उनका आकार 1 माइक्रोन तक कर देता है। एकरूपीकरण करके सामान्यतः दूध को फैट की अधिकता वाले उत्पाद; जैसे–आइसक्रीम, संघनित दूध (कंडेंस्ड मिल्क), स्टेयरिलाइज्ड मिल्क इत्यादि में बदला जाता है। एकरूपित दूध कंटेनर में चिपकता नहीं है। यह चिपचिपा तथा अत्यंत स्वादिष्ट होता है।

विसंक्रमण (Disinfection or Sterilisation): कुछ बैक्टीरियल बीजाणु दूध को उबालने के बाद भी इस में उपस्थित रह सकते हैं। इन्हें विसंक्रमण विधि का प्रयोग कर दूर किया जाता है। इस विधि में दूध को 30 सेकंड तक 120 डिग्री सेंटीग्रेड पर या 2–3 सेकंड तक 150 डिग्री सेंटीग्रेड पर गर्म किया जाता है, जिससे कमरे के ताप पर दूध 6 महीने तक सुरक्षित रहने की क्षमता प्राप्त कर लेता है।

दूध में मिलावट/अपमिश्रण (Adulteration of Milk)

दूध में सर्वाधिक मिलाया जाने वाला पदार्थ जल है, इसे बेचने के दौरान दूध के आयतन में वृद्धि करने के उद्देश्य से मिलाया जाता है।

दूध में पानी की मिलावट को छुपाने के लिए इसमें कई अन्य पदार्थ भी मिलाए जाते हैं, जो दूध में सॉलिड नोट फैट की मात्रा में वृद्धि करते हैं। वैसे तो इस प्रकार के मिलावटी पदार्थों की संख्या काफी ज्यादा है परंतु फिर भी कुछ प्रमुख जो हैं, वो हैं- **यूरिया, स्टार्च, शुगर, साल्ट** इत्यादि और तो और व्यापारी दूध में कई अन्य रसायनों की मिलावट करते हैं, जब दूध को वितरण हेतु भेजा जाता है, इसमें बैक्टीरिया लैक्टिक अम्ल की उत्पत्ति प्रदर्शित होती है। यह लैक्टिक अम्ल दूध में प्रोटीन की उपस्थिति को बिगाड़ देता है और जब इस दूध को उबाला जाता है तो यह दूध जम जाता है। इसे रोकने हेतु व्यापारी दूध में **कॉस्टिक सोडा एवं सोडियम बाइकार्बोनेट;** जैसे–क्षारीय पदार्थ मिला देते हैं, जिससे दूध की अम्लीयता कम हो जाती है और यह गर्म करने पर भी नहीं जमता है।

दूध में मिलाया जाने वाला एक अन्य पदार्थ परिरक्षक भी होता है, ये ऐसे पदार्थ होते हैं, जिनमें बैक्टीरिया रोधी या जीवाणुनाशी गुण पाया जाता है। ये दूध में जीवाणुओं की वृद्धि को रोक देते हैं, जिससे दूध के जीवन काल में वृद्धि हो जाती है, परंतु ये परिरक्षक गैर–कानूनी एवं मानव स्वास्थ्य के लिए हानिकारक होते हैं। परिरक्षक के रूप में हाइड्रोजन परॉक्साइड एवं फॉर्मेलिन का उपयोग सर्वाधिक किया जाता है।

26.29.11 चीनी / शर्करा का विकल्प (Alternative to Sugars)

वैकल्पिक शर्करा/चीनी वह होती हैं, **जो मीठा स्वाद तो देती हैं लेकिन बहुत कम या न्यूनतम कैलोरी प्रदान करती है।**

इन कृत्रिम स्वीटनर (मधुरक) को कभी-कभी **गैर-पोषक स्वीटनर** (non-nutritive sweeteners) भी कहा जाता है क्योंकि ये ऊर्जा प्रदान नहीं करते हैं।

वैकल्पिक स्वीटनर के विभिन्न प्रकार निम्नलिखित हैं:

(A) **कृत्रिम स्वीटनर (Artificial sweeteners):** ये संश्लेषित स्वीटनर होते हैं, जैसे- **एस्पार्टेम, सैकरिन, नियो टेम, एलिटमेट, एससल्फेम-k, सुक्रालोज, टैगाटोज, एलिटमेट और साइक्लामेट।**

(B) **शर्करा प्रतिस्थापक (Sugar replacers)**

(C) **हर्बल विकल्प:** स्टीविया (**'शुगर तुलसी'** के नाम से भी लोकप्रिय)

(A) कुछ महत्वपूर्ण कृत्रिम मिठास (Some important artificial sweeteners)

एस्पार्टेम (Aspartame)

- एस्पार्टेम में दो अमीनो अम्ल होते हैं – **एस्पार्टिक अम्ल** और **मिथाइल समूह** के साथ **फेनिल एलानिन**। यह सामान्य शर्करा से 200 गुना ज्यादा मीठी होती है।
- जो व्यक्ति फेनिलकेटोन्यूरिक्स (PKU) से पीड़ित होते हैं, उन्हें एस्पार्टेम के सेवन से बचना चाहिए क्योंकि इसमें एस्पार्टेम होता है। यह बच्चों के लिए भी खतरनाक है। फेनिलएलनिन और इसके उपोत्पाद का संचय तंत्रिका तंत्र के लिए विषाक्त है और अपरिवर्तनीय मस्तिष्क क्षति का कारण बनता है।
- मानव शरीर में एस्पार्टेम के चयापचय के दौरान, दोनों अमीनो अम्ल ऊर्जा के स्रोत के रूप में मानव शरीर में अवशोषित हो जाते हैं लेकिन मिथाइल समूह का चयापचय (metabolised) हो जाता है और मेथनॉल, फॉर्मेल्डिहाइड और अन्य विषाक्त पदार्थ बन जाता है।
- कुछ शोधकर्ताओं ने कहा है कि एस्पार्टेम के सेवन से कई अन्य समस्याएं भी होती हैं, जैसे फाइब्रोमायल्जिया सिंड्रोम, मल्टीपल स्केलेरोसिस लक्षण, चक्कर आना, सिरदर्द, मासिक धर्म संबंधी समस्याएं आदि।

सैकरीन (Saccharin)

- एक कृत्रिम स्वीटनर के रूप में सैकरीन पर पहले प्रतिबंध लगा दिया गया था, लेकिन अब इसे FDA (खाद्य एवं औषधि प्रशासन), अमेरिका द्वारा मानव उपभोग के लिए लाइसेंस मिल गया है। शोधकर्ताओं का कहना है कि धुम्र के साथ सैकरीन मूत्राशय के कैंसर का कारण बन सकता है।
- इसे प्रयोगशाला में **ओ-टोल्यूनि सल्फोनामाइड** या **फेथलिक एनहाइड्राइड** रसायनों को ऑक्सीकरण करके बनाया जाता है। यह सफेद, क्रिस्टलीय पाउडर जैसा दिखता है।
- यह टेबल शुगर (सुक्रोज) से 200 से 700 गुना अधिक मीठा होता है और इसमें कोई कैलोरी नहीं होती है।

नोट:
1. सुक्रालोज, एसेसल्फेम-k और सैकरिन का शरीर में चयापचय नहीं होता है, लेकिन एस्पार्टेम मानव शरीर में प्रोटीन के रूप में पचता है (प्रति ग्राम 4 किलो कैलोरी), लेकिन इसका ऊर्जा योगदान बहुत कम है।
2. भारतीय खाद्य सुरक्षा और मानक प्राधिकरण (FSSAI) ने भोजन में उपयोग के लिए छह कृत्रिम स्वीटनर, अर्थात् **सैकरिन सोडियम**, **एस्पार्टेम**, **एसेसल्फेम पोटेशियम**, **सुक्रालोज**, **नियोटेम** और **आइसोमाल्टुलोज** को मंजूरी दे दी है।

(B) शर्करा प्रतिस्थापक (Sugar Replacers)

- शर्करा/चीनी प्रतिस्थापक भी कैलोरी प्रदान करते हैं, लेकिन उनके कार्बोहाइड्रेट संबंधी, शर्करा से कम कैलोरी प्रदान करते हैं। शर्करा प्रतिस्थापक कुछ मात्रा में ऊर्जा उत्पन्न करते हैं, इसलिए इन्हें **पोषक स्वीटनर (nutritive sweeteners)** भी कहा जाता है।
- शर्करा अल्कोहल का उपयोग शर्करा प्रतिस्थापन के रूप में किया जा सकता है; ये फलों और सब्जियों में प्राकृतिक रूप से पाए जाते हैं। ये पारंपरिक चीनी की तुलना में मानव शरीर में बहुत धीरे-धीरे अवशोषित होते हैं।
- शर्करा अल्कोहल से गैस, पेट की परेशानी और दस्त जैसे दुष्प्रभाव भी होते हैं।
- शर्करा अल्कोहल के विभिन्न उदाहरण – एरिथ्रिटोल, आइसोमाल्ट, लैक्टिटोल, माल्टिटोल, मैनिटोल, सोर्बिटोल, जाइलिटोल हैं, जिनका उपयोग कई खाद्य पदार्थों जैसे च्यूइंग गम (ऑर्बिट), जैम, जेली, कुकीज आदि में किया जाता है।

(C) हर्बल विकल्प (Herbal Alternative)

- **स्टीविया**, एक **प्राकृतिक स्वीटनर** और **शर्करा का विकल्प है**, जो **पराग्वे** और **ब्राजील** के मूल स्थानिक पादप प्रजाति स्टीविया रेबाउडियाना की पत्तियों से प्राप्त होता है।
- इसमें सक्रिय यौगिक **स्टीवियोल ग्लाइकोसाइड** है, जिनमें शर्करा की मिठास लगभग 50 से 300 गुना होती है। स्टीविया ताप-स्थिर, पीएच-स्थिर और किण्वन योग्य नहीं है। मानव शरीर स्टीविया में ग्लाइकोसाइड्स का चयापचय नहीं करता है, इसलिए इसमें गैर-पोषक स्वीटनर के रूप में शून्य कैलोरी होती है।
- स्टीविया कई नामों से भी लोकप्रिय है, जैसे हिंदी में **मीठी तुलसी** या **मीठी पत्ती** और संस्कृत में **मधु पत्र**।

कुछ अध्ययनों में देखा गया है कि स्टीविया का 'बैक्टीरिया संचार पर निरोधात्मक प्रभाव' होता है, जो आंत में अच्छे और बुरे बैक्टीरिया के असंतुलन में योगदान देता है, जिसके परिणामस्वरूप दस्त, गैस और मतली जैसे जठरांत्रिय (गैस्ट्रोइंटेस्टाइनल) लक्षण हो सकते हैं।

स्टीविया के अधिक अवधि तक सेवन के कारण कुछ प्रोटीन उत्प्रेरित होते हैं, जो यकृत और गुर्दे दोनों में सूजन के लिए जिम्मेदार होते हैं, जो समय के साथ अंगों को नुकसान पहुंचा सकते हैं।

नोट: इस पर शोधकर्ताओं की मिली-जुली राय है। संयुक्त राज्य अमेरिका में, लोग इसे आहार अनुपूरक के रूप में उपयोग कर रहे हैं लेकिन खाद्य योज्य (food additive) के रूप में इसका उपयोग नहीं किया जाता है।

26.29.12 एंटी–एजिंग (Anti-ageing)

एंटी-एजिंग को मानव शरीर में उम्र बढ़ने की प्रक्रिया को धीमा करने, रोकने या उलटने के रूप में परिभाषित किया गया है। **आयर्स्ट लेबोरेटरीज** (मॉन्ट्रियल की एक फार्मास्युटिकल कंपनी) ने एंटी-एजिंग यौगिक के रूप में बैक्टीरिया ***स्ट्रेप्टोमाइसेस हाइग्रोस्कोपिकस*** के एक दुर्लभ स्ट्रेन से एक यौगिक को अलग किया। एंटी-एजिंग के पीछे कई कारण पहचाने गए हैं जैसे रैपामाइसिन दवा, कैलोरी प्रतिबंध, रेस्वेराट्रोल (रेड वाइन यौगिक) आदि।

(A) रैपामाइसिन (Rapamycin)

- 2009 में, एक बड़े राष्ट्रीय स्वास्थ्य संस्थान द्वारा वित्त पोषित अध्ययन में यह बताया गया है कि रैपामाइसिन और इसके व्युत्पन्न ने चूहों को लंबे समय तक जीवित रहने में मदद की। रैपामाइसिन पर नर चूहे 9% अधिक समय तक जीवित रहे। और मादा चूहों का जीवनकाल इससे 14% बढ़ गया।
- रैपामाइसिन, **रैपामाइसिन के मैकेनिस्टिक टारगेट (mTOR)** कॉम्प्लेक्स पर कार्य करता है। mTOR कॉम्प्लेक्स, जीन का एक समूह होता है जो कोशिका वृद्धि को विनियमित करने वाले काइनेज के रूप में कार्य करता है। जब mTOR अवरुद्ध हो जाता है, तो यह कोशिकाओं को जीवन-विस्तारित उत्तरजीविता मोड की ओर उत्प्रेरित कर सकता है।
- वृद्ध रोगियों को, जिनकी प्रतिरक्षा प्रणाली अक्सर पहले से ही कम हो गई है, ऐसी दवा देने से वे जीवन-घातक संक्रमणों के प्रति संवेदनशील हो ज़ाएंगे, जिससे इसका उद्देश्य विफल हो जाएगा।

(B) कैलोरी प्रतिबंध (Calorie Restriction)

- किसी जीव के जीवनकाल को बढ़ाने की सबसे प्रसिद्ध रणनीति **कैलोरी प्रतिबंध (CR)** या **आहार प्रतिबंध (DR)** है। लगभग 70 साल पहले खोजे गए CR में किसी जीव के कैलोरी सेवन को उसके सामान्य कैलोरी सेवन की तुलना में 30-40% तक कम किया जाता है।
- ऐसा माना जाता है कि यह चयापचय दर को कम करता है और शरीर में कम हानिकारक मुक्त कण उत्पन्न करता है।
- CR उम्र से संबंधित बीमारियों को विलंबित करता है या उन्हें रोकता है और यीस्ट से लेकर प्राइमेट्स तक की प्रजातियों में जीवनकाल बढ़ाता है। पहली बार 1930 के दशक में साक्ष्य प्रस्तुत किए गए कि CR, उम्र बढ़ने को रोकता है और मध्य जीवन काल और अधिकतम जीवन काल को बढ़ाता है।
- लेकिन कैलोरी प्रतिबंध के लिए कठोर आहार-विहार मनुष्यों के बीच जीवनकाल बढ़ाने के लिए निम्नलिखित दो कारणों से एक उचित विचार नहीं है; सबसे पहले, क्योंकि CR ने कई मामलों में जीव की प्रजनन क्षमता को प्रभावित किया है; दूसरा, क्योंकि व्यक्ति की मृत्यु यदि उम्र बढ़ने से नहीं होगी तो संभवत: भूख से होगी।

(C) रेस्वेराट्रोल (Resveratrol) (रेड वाइन – जीवन विस्तार)

- **रेस्वेराट्रोल**, एक फाइटोएलेक्सिन पॉलिफेनोल है जो प्राकृतिक रूप से अंगूर की झिल्ली (skin) में पाया जाता है और रेड वाइन में कम सांद्रता में मौजूद होता है, इसने हृदय रोग के जोखिम को कम करने से लेकर मानव जीवन काल बढ़ाने तक विभिन्न स्वास्थ्य लाभ प्रदर्शित किए हैं।
- **रेसवेराट्रोल- Sir2:** रेस्वेराट्रोल, **साइलेंट इनफॉर्मेशन रेगुलेटर 2 (Sir2)** प्रोटीन, या **सिर्टुइन** के एक उत्प्रेरक के रूप में कार्य करता है। जब Sir2 जीन की एक अतिरिक्त प्रतिलिपि यीस्ट **एस. सेराविसिया** में शामिल की गई, तो अतिरिक्त क्रोमोसोमल rDNA सर्कल का निर्माण दमित हो गया, जिससे कोशिका के जीवनकाल में 30% का विस्तार हुआ। स्तनधारियों में सात प्रकार के सिर्टुइन, Sir T1 से 7 होते हैं।

लंबे समय तक जीवित रहने वाले यहूदी
(The Long-Living Jews)

पूर्वी और मध्य यूरोप की एक ऐतिहासिक रूप से पृथक और सांस्कृतिक रूप से द्वीपीय आबादी है, जिसे **अशकेनाजी** यहूदी (Ashkenazi Jews) के नाम से जाना जाता है। यह देखा गया है कि ये यहूदी असामान्य रूप से अधिक समय तक जीवित रहते हैं और अन्य आबादी की तुलना में कम हृदय संबंधी समस्याओं से पीड़ित होते हैं। लोगों के इस दिलचस्प समूह का रहस्य हमें उम्र बढ़ने के लिए जिम्मेदार दीर्घायु जीन को पहचानने में मदद कर सकता है।

- येशिवा यूनिवर्सिटी के अल्बर्ट आइंस्टीन स्कूल ऑफ मेडिसिन के शोध कर्ताओं ने 477 अशकेनाजी यहूदियों का अध्ययन किया और उन कारकों को खोजने का प्रयास किया, जिन्होंने उनकी लंबी उम्र में योगदान दिया हो। उन्होंने पाया कि अशकेनाजी यहूदी जो 95 वर्ष की आयु पार कर चुके हैं, उनमें एक आनुवंशिक संस्करण होने की अधिक संभावना है, जो वृद्धि कारक 1 (IGF-1) जैसे इंसुलिन को कम करता है। अध्ययनों से पता चलता है कि ऐसे उत्परिवर्तन बुढ़ापे में देरी के लिए जिम्मेदार हो सकते हैं।
- IGF-1 को बाधित करने से चूहों के जीवनकाल में 30-40% की वृद्धि हुई है।
- कुछ वैज्ञानिकों की राय है कि Sir2, जो कैलोरी प्रतिबंध की कम चयापचय स्थिति को नियंत्रित करता है, IGF-1 मार्ग का हिस्सा हो सकता है।
- कैलोरी प्रतिबंध, सिर्टुइन्स, IGF-1 और कई अन्य 'दीर्घायु जीन' की परस्पर अंतर्संबंधित गतिशीलता वैज्ञानिकों के समक्ष एक पहेली की तरह प्रस्तुत होती है, जिसे हल करने की आवश्यकता है। यह बढ़ती उम्र को कम करने में महत्वपूर्ण वैज्ञानिक प्रगति में मददगार हो सकता है।

26.29.13 ई–सिगरेट और संबंधित कानून (E-Cigarettes and related Statute)

इलेक्ट्रॉनिक सिगरेट (या ई-सिगरेट) एक बैटरी से चलने वाला वेपराइजर (vaporizer) है, जो तम्बाकू धूम्रपान की नकल करता है। यह एक निकोटीन तरल को गर्म करके काम करता है, जिसे 'रस' (juice) कहा जाता है। निकोटीन का रस (या ई-रस) विभिन्न स्वादों और निकोटीन के स्तर में आता है।

ई-तरल (e-liquid) पांच सामग्रियों से बना है–वनस्पति ग्लिसरीन (एक सामग्री जो सभी प्रकार के भोजन और व्यक्तिगत देखभाल उत्पादों में इस्तेमाल की जाती है, जैसे- टूथपेस्ट) और **प्रोपलीन ग्लाइकोल** (कोहरे की मशीनों में सबसे अधिक इस्तेमाल किया जाने वाला विलायक)। प्रोपलीन ग्लाइकोल वह घटक है, जो सघन वाष्प के बादल उत्पन्न करता है। ई-सिग (e-cigs) के **समर्थकों** का तर्क है कि **पारंपरिक सिगरेट की तुलना में यह अधिक स्वस्थ है** क्योंकि उपयोगकर्ता केवल जल वाष्प और निकोटीन का उपयोग कर रहे हैं।

इंडियन काउंसिल ऑफ मेडिकल रिसर्च (Indian Council of Medical Research) **ने ई-सिगरेट सहित इलेक्ट्रॉनिक निकोटीन डिलिवरी सिस्टम** (Electronic Nicotine Delivery Systems - ENDS) **पर पूर्ण प्रतिबंध** लगाने की सिफारिश की है। सिफारिश वर्तमान में उपलब्ध वैज्ञानिक साक्ष्य पर आधारित है।

ICMR ने पूर्ण प्रतिबंध की सिफारिश क्यों की है?

- प्रकृति से **नशे की लत** लगाने वाली।
- **ENDS या ई-सिगरेट का उपयोग तंबाकू की नई लत की समस्या पैदा कर सकता है।**
- मनुष्यों पर प्रतिकूल प्रभाव, जिसमें **डीएनए क्षति, श्वसन/हृदय/तंत्रिका संबंधी विकार, कार्सिनोजेनिक/कोशिकीय/आणविक/प्रतिरक्षी विषाक्तता शामिल है और यहां तक कि भ्रूण के विकास और गर्भावस्था पर भी प्रतिकूल प्रभाव पड़ता है।**

उन्हें रेगुलेट करने में इसकी समस्या क्यों? (Why is it Hard to Regulate Them?)

- जैसा कि ई-सिगरेट में निकोटीन होता है और तंबाकू नहीं होता है, वे सिगरेट और अन्य तंबाकू उत्पादों (व्यापार और वाणिज्य, उत्पादन और आपूर्ति और वितरण के विनियमन, उत्पादन और वितरण अधिनियम), 2003 (COTPA) के दायरे में नहीं आते हैं, जो तम्बाकू उत्पादों की पैकेजिंग और विज्ञापनों पर कड़े स्वास्थ्य की चेतावनी देता है।
- **नियमन की आवश्यकता:** ई-सिगरेट की वर्तमान अनियमित बिक्री भारत जैसे देश के लिए खतरनाक है जहां धूम्रपान करने वालों की संख्या में गिरावट है (WHO Global Report, 2015) क्योंकि इससे ई-सिगरेट के धूम्रपान के प्रवेश द्वार बनने की संभावना बढ़ जाती है। निकोटीन की लत को प्रेरित करके और धूम्रपान को अधिक आकर्षक बनाकर, जिससे व्यक्तियों को तम्बाकू के साथ-साथ ई-सिगरेट बनाने के लिए प्रोत्साहित किया जाता है।

इलेक्ट्रॉनिक सिगरेट निषेध अध्यादेश (Prohibition of Electronic Cigarettes Ordinance)

कैबिनेट ने इलेक्ट्रॉनिक सिगरेट (उत्पादन, निर्माण, आयात, निर्यात, परिवहन, बिक्री, वितरण, भंडारण और विज्ञापन) के निषेध के अनुमोदन को मंजूरी दी, अध्यादेश, 2019

अध्यादेश की घोषणा होने पर (Upon Promulgation of the Ordinance)

- ई-सिगरेट का कोई भी उत्पादन, विनिर्माण, आयात, निर्यात, परिवहन, बिक्री (ऑनलाइन बिक्री सहित), वितरण या विज्ञापन (ऑनलाइन विज्ञापन सहित) एक संज्ञेय अपराध होगा।
- यह एक वर्ष तक के कारावास या 1 लाख रुपये तक के जुर्माने के साथ दंडनीय होगा। पहले अपराध के लिए 1 लाख या दोनों; और बाद के अपराध के लिए 5 लाख रुपये तक का जुर्माना और तीन साल तक का कारावास या दोनों।
- इलेक्ट्रॉनिक-सिगरेट का भंडारण भी 6 महीने तक के कारावास या 50,000 रुपये तक के जुर्माना या दोनों के साथ दंडनीय होगा।
- अध्यादेश के शुरू होने की तारीख पर ई-सिगरेट के मौजूदा शेयरों के मालिकों को निकटतम पुलिस स्टेशन के साथ इन शेयरों की घोषणा और जमा करना होगा।

कार्यान्वयन (Implementation)

- अध्यादेश के तहत कार्रवाई करने के लिए पुलिस के उप-निरीक्षक को प्राधिकृत अधिकारी के रूप में नामित किया गया है।
- केंद्र या राज्य सरकारें अध्यादेश के प्रावधानों के प्रवर्तन के लिए प्राधिकृत अधिकारी के रूप में किसी अन्य समकक्ष अधिकारी को नामित कर सकती हैं।

आगे की चुनौतियां (Challenges Ahead)

- **ड्रग्स कंसल्टेंट कमेटी** ('DCC') ने ड्रग्स एंड कॉस्मेटिक्स एक्ट, 1940 की धारा 26A और 10A के तहत ENDS के निर्माण और आयात पर पूर्ण प्रतिबंध लगाने की सिफारिश की है।
- दिलचस्प बात यह है कि **दिल्ली उच्च न्यायालय और बॉम्बे उच्च न्यायालय ने क्रमश: 18 मार्च 2019 और 25 जुलाई 2019 के अपने आदेशों में माना था कि ईएनडीएस, ड्रग्स नहीं है और इसलिए ड्रग्स और कॉस्मेटिक्स अधिनियम, 1940 के तहत उन पर प्रतिबंध नहीं लगाया जा सकता था** और इसलिए ईएनडीएस के निर्माताओं, विक्रेताओं और आयातकों के खिलाफ कोई कार्यवाही नहीं की गई थी।
- इसलिए, **जब केंद्र सरकार और अदालतों द्वारा अपनाए गए रुख की बात आती है तो स्पष्ट असंगतता और विरोधाभास होता है।**

26.29.14 फोर्टिफाइड चावल (Fortified Rice)

फोर्टिफिकेशन एक भोजन में एक **आवश्यक सूक्ष्म पोषक तत्व, अर्थात् विटामिन और खनिज (ट्रेस तत्वों सहित) की सामग्री को जानबूझकर बढ़ाने का अभ्यास है**, ताकि खाद्य आपूर्ति की पोषण गुणवत्ता में सुधार हो और स्वास्थ्य को कम-से-कम जोखिम के लिए एक सार्वजनिक स्वास्थ्य लाभ प्रदान किया जा सके। राइस फोर्टिफिकेशन चावल में आवश्यक सूक्ष्म पोषक तत्वों की मात्रा बढ़ाने और चावल की पोषण गुणवत्ता में सुधार करने का अभ्यास है।

चावल फोर्टिफिकेशन (Rice Fortification)

- चावल दुनिया का सबसे महत्वपूर्ण भोजन है। अनुमानित 2 बिलियन लोग हर दिन चावल खाते हैं, एशिया और अफ्रीका में आहार का मुख्य आधार है।
- नियमित रूप से मिल्ड चावल सूक्ष्म पोषक तत्वों में कम है और मुख्य रूप से केवल कार्बोहाइड्रेट के स्रोत के रूप में कार्य करता है। चावल पोषण को बेहतर बनाने का एक प्रमुख अवसर है।
- फोर्टिफाइड चावल में विटामिन ए, विटामिन बी-1, विटामिन बी-12, फोलिक एसिड, आयरन और जिंक होते हैं।

भारत में खाद्य फोर्टिफिकेशन (Food Fortification in India)

- **भारतीय खाद्य सुरक्षा और मानक प्राधिकरण** (Food Safety and Standards Authority of India - FSSAI) ने खाद्य पदार्थों के फोर्टिफिकेशन पर एक व्यापक विनियमन तैयार किया है, जिसका नाम है **खाद्य सुरक्षा और मानक (फोर्टिफिकेशन) विनियम, 2016**। ये नियम खाद्य फोर्टिफिकेशन के मानकों को निर्धारित करते हैं और फोर्टिफिकेशन खाद्य पदार्थों के उत्पादन, निर्माण, वितरण, बिक्री और खपत को प्रोत्साहित करते हैं।
- नियम खाद्य फोर्टिफिकेशन को बढ़ावा देने और फोर्टिफिकेशन को अनिवार्य बनाने के लिए FSSAI की विशिष्ट भूमिका भी प्रदान करते हैं। यह भोजन की फोर्टिफिकेशन पर राष्ट्रीय शिखर सम्मेलन का आधार निर्धारित करता है।

फोर्टिफिकेशन (प्रसंस्करण) के लाभ (Benefits of Fortification)

- यदि नियमित और बार-बार सेवन किया जाता है, तो फोर्टिफाइड खाद्य पदार्थ पोषक तत्वों के शरीर भंडार को अधिक कुशलता से बनाए रखेंगे।
- फोर्टिफाइड खाद्य पदार्थ कई कमियों के जोखिम को कम करने में बेहतर होते हैं जो खाद्य आपूर्ति या खराब गुणवत्ता वाले आहार से उत्पन्न हो सकते हैं।
- फोर्टिफाइड स्तन के दूध में विटामिन को बढ़ाने और इस तरह प्रसवोत्तर महिलाओं और शिशुओं में पूरकता की आवश्यकता को कम करने का एक शानदार तरीका हो सकता है।
- व्यापक रूप से वितरित और व्यापक रूप से उपभोग किए गए खाद्य पदार्थों के फोर्टिफिकेशन में गरीब और अमीर दोनों की आबादी के बड़े अनुपात में पोषण की स्थिति में सुधार करने की क्षमता है।
- फोर्टिफाइड अकसर अन्य रणनीतियों की तुलना में अधिक लागत प्रभावी होती है, खासकर अगर तकनीक पहले से मौजूद है और यदि एक उपयुक्त खाद्य वितरण प्रणाली लागू है।

कुपोषण के खतरे से निपटने के लिए, नीति आयोग, **राइस फोर्टिफिकेशन पायलट स्कीम** को पैन इंडिया में लागू करने की योजना बना रही है।

26.29.15 ट्राइक्लोसन (Triclosan)

ट्राइक्लोसन कई सौंदर्य उत्पादों में पाया जाने वाला एक सामान्य घटक है, जिसमें **फेशियल वॉश, टूथपेस्ट व डिओडरेंट्स** शामिल हैं। हालांकि, यह मुख्य रूप से **जीवाणुरोधी हाथ धोने, साबुन, जैल और घरेलू क्लीनर** में पाया जाता है।

ट्राईक्लोसन कई उपभोक्ता उत्पादों में जोड़ा जाने वाला एक घटक है, जिसका उद्देश्य **जीवाणु संदूषण को कम करना या नियंत्रित करना** है।

कुछ अल्पकालिक प्राणी अध्ययनों से पता चला है कि ट्राइक्लोसन की उच्च खुराक के संपर्क में कुछ थायराइड हार्मोन के स्तर में कमी के साथ जुड़ा हुआ है। अन्य अध्ययनों ने इस संभावना को बढ़ा दिया है कि ट्राईक्लोसन के संपर्क में आने से **जीवाणु को एंटीबायोटिक दवाओं के लिए प्रतिरोधी** बनाने में योगदान होता है। यह प्राणियों में **ट्राइक्लोसन के लंबे समय तक संपर्क के बाद** त्वचा कैंसर के विकास की संभावना की जांच करने वाला एक अध्ययन है।

कुछ उपभोक्ता उत्पादों के लिए, इस बात के प्रमाण हैं कि ट्राईक्लोसन लाभ प्रदान करता है। वर्ष 1997 में, FDA ने कोलगेट टोटल टूथपेस्ट में ट्राईक्लोसन पर व्यापक प्रभावशीलता डेटा की समीक्षा की। साक्ष्यों से पता चला कि उस उत्पाद में मौजूद ट्राईक्लोसन मसूड़े की सूजन को रोकने में कारगर था।

एफडीए (खाद्य एवं औषधि प्रशासन) के तहत ट्राईक्लोसन पर विनियमन

1. ट्राइक्लोसन कई उपभोक्ता उत्पादों में **जोड़ा जाने वाला एक घटक है, जिसका उद्देश्य जीवाणु संदूषण को कम करना या नियंत्रित करना है।**
2. **जीवाणुरोधी यौगिक ट्राईक्लोसन को कई मानव स्वास्थ्य समस्याओं से जोड़ा गया है।** इसमें एक्सपोजर मुख्य रूप से त्वचा के माध्यम से या मुख परत के माध्यम से अवशोषण द्वारा आते हैं। इन जोखिमों के परिणामस्वरूप संपर्क चर्मरोग, या त्वचा में जलन, और विशेष रूप से बच्चों में एलर्जी की प्रतिक्रिया में वृद्धि हुई है।
3. ट्राईक्लोसन **जीवाणु लिपिड के उत्पादन को बाधित करके एक रोगाणुरोधी एजेंट के रूप में कार्य करता है।** विशेष रूप से, यह एनॉयलासिल कैरियर प्रोटीन रिडक्टेस नामक जीवाणु एंजाइम की सक्रिय साइट को अवरुद्ध करता है। चूंकि मनुष्यों में इस एंजाइम की कमी होती है, इसलिए ट्राइक्लोसन को आम तौर पर मानव स्वास्थ्य के लिए हानिरहित माना जाता है।
4. **ट्राइक्लोसन के प्रभाव:** ट्राइक्लोसन का उपयोग मानव स्वास्थ्य पर निम्नलिखित प्रभावों से जुड़ा हुआ है: असामान्य अंत:स्रावी तंत्र/ थायरॉयड हार्मोन सिग्नलिंग, प्रतिरक्षा प्रणाली का कमजोर होना। कम उम्र में जीवाणुरोधी उत्पादों के संपर्क में आने वाले बच्चों में एलर्जी, अस्थमा एवं एक्जिमा विकसित होने की संभावना बढ़ जाती है।
5. **कोलगेट ने ट्राइक्लोसन का अपनयन किया:** शोधकर्ताओं ने जीवाणुरोधी यौगिक ट्राइक्लोसन की जांच की, जिसे संघीय अधिकारियों ने वर्ष 2016 में जीवाणुरोधी साबुन और जैल जैसे ओवर-द-काउंटर उत्पादों में प्रतिबंधित कर दिया था, क्योंकि विनिर्माता यह साबित करने में असमर्थ थे कि यह लंबे समय तक उपयोग के लिए सुरक्षित था या रोकथाम में अधिक प्रभावी था। इसका संक्रमण साबुन एवं जल से फैलता है।
6. **क्या ट्राइक्लोसन, कार्सिनोजेन है:** एंटीबैक्टीरियल साबुन और अन्य उत्पादों में पाया जाने वाला ट्राइक्लोसन चूहों में कैंसर का कारण बनता है। एक नवीन अध्ययन के अनुसार, कुछ साबुन, टूथपेस्ट और अन्य सामान्य घरेलू उत्पादों में पाए जाने वाले एक जीवाणुरोधी घटक ट्राइक्लोसन के लंबे समय तक संपर्क में रहने से चूहों में यकृत (लीवर) कैंसर हो सकता है।

नोट: भारत में ट्राईक्लोसन आधारित उत्पादों के उपयोग पर अब तक ऐसे किसी नियम का अभाव है।

26.29.16 पॉलीथीन टेरेफ्थेलेट (Polyethylene Terephthalate - PET)

पॉलीइथिलीन टेरेफ्थेलेट **पॉलिएस्टर** का रासायनिक नाम है। यह एक स्पष्ट, मजबूत और हल्का प्लास्टिक है, जो **व्यापक रूप से खाद्य पदार्थों और पेय पदार्थों की पैकेजिंग के लिए उपयोग किया जाता है, आमतौर पर सुविधाजनक आकार के शीतल पेय, जूस एवं जल में।**

वे अक्सर रेयान, ऊन, कपास जैसे अन्य फाइबर के साथ टिकाऊ-साँचा मिश्रणों में उपयोग किए जाते हैं और अंतर्निहित गुणों को मजबूत करते हैं।

पीईटी प्लास्टिक पुनर्चक्रण करने योग्य प्लास्टिक एवं **बीपीए मुक्त** है। लेकिन फिर भी पीईटी सुरक्षित नहीं है और विभिन्न स्वास्थ्य जोखिम उत्पन्न करता है, जैसे कि अवरुद्ध विकास, प्रजनन समस्या, निम्न ऊर्जा स्तर, शरीर के संतुलन की समस्या और तनाव को संसाधित करने में असमर्थता शामिल हैं। **महाराष्ट्र सरकार ने पीईटी बोतलों में शराब की बिक्री पर प्रतिबंध लगाने की घोषणा की है क्योंकि मादक पेय में कार्बोनेटेड सामग्री होती है।**

पीईटी एक अक्रिय सामग्री है, **जिसे स्वास्थ्य अधिकारियों द्वारा एक सुरक्षित प्लास्टिक के रूप में भी व्यापक रूप से स्वीकार किया जाता है**, जो कि खाद्य एवं पेय पैकेजिंग में आमतौर पर उपयोग किए जाने वाले कारणों में से एक है। इसके लिए कांच के समान **स्वच्छ हैं और आमतौर पर जीवाणु तथा अन्य सूक्ष्मजीवों के हमले के लिए प्रतिरोधी हैं।**

पीईटी निर्मित सामग्री 6 माह के भीतर 60–70% खराब हो जाती है, लेकिन एक **अजैव निम्नीकरणीय बहुलक** के रूप में पूर्णरूपेण जैव निम्नीकरणीय नहीं होती है।

पीईटी को एंटीमनी ट्राइऑक्साइड एवं फेथलेट्स के निक्षालन (लीचिंग) के लिए जाना जाता है। ये दोनों ही स्वास्थ्य के लिए खतरनाक हैं। जबकि एंटीमनी कैंसर के विकास, त्वचा की समस्याओं, मासिक धर्म एवं गर्भावस्था की समस्याओं में योगदान दे सकता है, फेथलेट्स अंत:स्रावी समस्याएं हैं। पीईटी के उपयोग पर कॉर्पोरेट क्षेत्र और वैज्ञानिकों द्वारा मिश्रित वक्तव्य दिया गया है।

26.29.17 चावल भूसी तेल (Rice Bran Oil)

खाद्य एवं सार्वजनिक वितरण विभाग ने नेफेड फोर्टिफाइड चावल भूसी तेल यानि ब्रैन राइस तेल लॉन्च किया। **नेफेड** (NAFED) कृषि मंत्रालय के अंतर्गत कार्यरत है और भारत में कृषि उपज के लिए विपणन सहकारी समितियों से संबंधित है।

यह लोकप्रिय रूप से **हृदय के तेल** के रूप में जाना जाता है और पश्चिमी देशों में स्वस्थ्य भोज्य पदार्थ भी है। ब्रैन राइस तेल चावल से प्राप्त होता है। चावल की कई परतें होती हैं; सबसे बाह्य परत को ब्रैन कहते हैं। ब्रैन चावल की गिरी और बाह्य भूसी के बीच एक भूरे रंग की, सख्त व तैलीय परत होती है। ब्रैन राइस तेल ब्रैन से प्राप्त होता है।

ब्रैन राइस तेल चिपचिपा नहीं होता है, इसलिए खाने योग्य और पकाने हेतु उपयुक्त होता है। ब्रैन राइस तेल एक शक्तिशाली एंटीऑक्सिडेंट, **ओरिजनॉल** का एक प्राकृतिक स्रोत है। [अध्ययन में दावा किया गया है कि **ओरिजनॉल हृदय रोगों को कम करने** में सहायक है] ब्रैन राइस तेल पोषक तत्वों से भरपूर होता है। तेल में हल्का स्वाद होता है।

इसमें 232 डिग्री सेल्सियस (450 डिग्री फारेनहाइट) का एक उच्च ज्वलन बिंदु है, जो इसे उच्च ऊष्मा युक्त खाना पकाने जैसे- स्टर फ्राइंग, डीप फ्राइंग इत्यादि के लिए उपयोगी बनाता है। इसका मतलब है कि तेल उच्च तापमान पर भी अपना पोषण बरकरार रखता है। ब्रैन राइस तेल का उपयोग त्वचा को पोषण, सफाई एवं चमकदार बनाने हेतु भी किया जा सकता है।

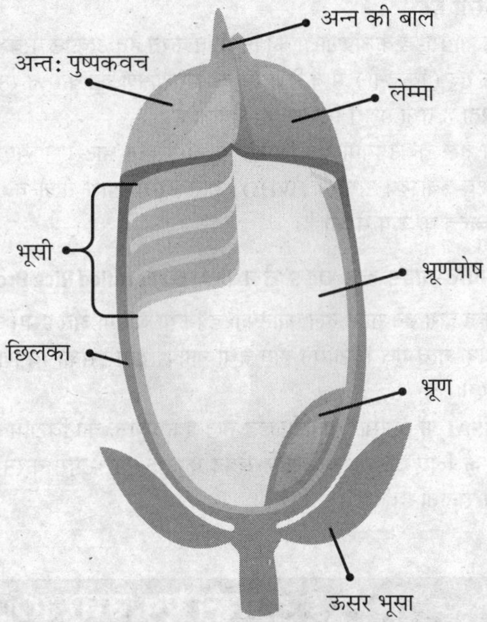

चित्र 26.7
चावल के दाने

ब्रैन राइस तेल की संरचना

एक बड़ी चम्मच ब्रैन राइस तेल में शामिल हैं:
- कैलोरी: 120
- प्रोटीन: 0 ग्राम
- वसा: 14 ग्राम
- कार्बोहाइड्रेट: 0 ग्राम
- फाइबर: 0 ग्राम
- शुगर: 0 ग्राम

ब्रैन राइस तेल एक अच्छा स्रोत है:
- विटामिन E
- विटामिन K

ब्रैन राइस तेल के स्वास्थ्य लाभ (Health Benefits of Rice Bran Oil)

- यह कोलेस्ट्रॉल, रक्त शर्करा के स्तर एवं रक्तचाप में सुधार करने में मदद करता है।

- यह दिल को स्वस्थ बनाए रखने में मदद करता है। **ब्रैन राइस तेल में एकलअसंतृप्त और बहुअसंतृप्त वसा का अद्भुत संतुलन इसे हृदय के लिए स्वस्थ बनाता है।**
- यह रजोनिवृत्ति के बाद के लक्षणों को कम करने में मदद करता है
- विटामिन E के स्तर को बढ़ाता है:
  यह एक प्रतिरक्षा वर्धक (बूस्टर) के रूप में भी कार्य करता है और इसमें विटामिन E की उच्च मात्रा कैंसर के खतरे को कम करती है।
- यह थायराइड कार्यप्रणाली को नियंत्रित करने हेतु उत्कृष्ट पूरक खाद्य है।
- यह गुर्दे (किडनी) में कैल्शियम के अवशोषण को कम करने में मदद करता है तथा पथरी निर्माण को रोकता है।
- इस तेल के उपयोग की सिफारिश अमेरिकन हार्ट एसोसिएशन और विश्व स्वास्थ्य संगठन (WHO) द्वारा अन्य खाद्य तेलों के सर्वोत्तम विकल्प के रूप में की है।

नेफेड फोर्टिफाइड ब्रैन राइस तेल (NAFED Fortified Rice Bran Oil)

- नेफेड द्वारा ब्रैन राइस तेल फोर्टिफाइड किया जाएगा और इसमें अतिरिक्त पोषक तत्व एवं विटामिन होंगे तथा नाफेड द्वारा इसका विपणन किया जाएगा।
- FSSAI के अनुसार, फोर्टिफाइड तेल एक व्यक्ति को विटामिन A और D के लिए अनुशंसित आहार सेवन का 25–30% पूरा करने में मदद कर सकता है।
- नेफेड फोर्टिफाइड ब्रैन राइस तेल सभी नेफेड स्टोर्स और विभिन्न ऑनलाइन प्लेटफॉर्म पर भी उपलब्ध होगा।

महत्व (Significance)

- नेफेड की यह पहल भविष्य में आयातित खाद्य तेल पर देश की खपत निर्भरता को काफी कम कर देगी।
- यह नैफेड ब्रांडेड उच्च गुणवत्ता वाले ब्रैन राइस तेल तक आसान पहुंच प्रदान करेगा, जिससे स्वदेशी तेल निर्माण उद्योग को भी बढ़ावा मिलेगा।
- यह प्रधानमंत्री की आत्मनिर्भर भारत पहल को गति प्रदान करेगा।

ब्रैन राइस तेल के दुष्प्रभाव (Side-Effects of Rice Bran Oil)

- आहार में चोकर की मात्रा बढ़ाने से अप्रत्याशित मल त्याग, आंतों में गैस और अमाशय में परेशानी हो सकती है।
- यदि किसी व्यक्ति को (जठरांत्र) गैस्ट्रोइंटेस्टाइनल समस्याएं या पाचन तंत्र की समस्या है, जैसे आंतों का अल्सर, आसंजन, ऐसी स्थितियां जो पाचन तंत्र के संकुचन या रुकावट का कारण बनती हैं, मंद पाचन, या अन्य अमाशय या आंतों के विकारों को ब्रैन राइस तेल का उपयोग करने की सलाह नहीं दी जाती है।
- चावल की भूसी में मौजूद फाइबर अपच उत्पन्न कर पाचन तंत्र को अवरुद्ध कर सकता है।

प्रश्न एवं उत्तर (Questions & Answers)

वस्तुनिष्ठ प्रश्न (Objective Questions)

1. निम्नलिखित क्रियाओं पर विचार कीजिए: *(UPSE (Pre) - 2023)*

1. कार क्रैश/टक्कर का जिससे एयरबैग लगभग तुरंत फैल जाते हैं, पता लगाना
2. लैपटॉप अचानक धरातल पर गिर पड़ने का, जिससे हार्ड ड्राइव तुरंत बंद हो जाता है, पता लगाना
3. स्मार्टफोन के झुकाव का, जिससे पोर्ट्रेट और लैंडस्केप मोड के बीच प्रदर्शन (डिस्प्ले) घूम जाता है, पता लगाना

उपर्युक्त में से कितनी क्रियाओं में, त्वरणमापी (एक्सलेरोमीटर) के प्रकार्य की आवश्यकता है?

(a) केवल एक (b) केवल दो
(c) सभी तीन (d) किसी में भी नहीं

2. पॉलीएथिलीन टेरेफ्थेलेट के संदर्भ में, जिसका हमारे दैनिक जीवन में बहुत व्यापक उपयोग है, निम्नलिखित कथनों पर विचार कीजिए: *(UPSE (Pre) - 2022)*

1. इसके तंतुओं को ऊन और कपास के तंतुओं के साथ, उनके गुणोंधर्मों को प्रबलित करने हेतु सम्मिश्रित किया जा सकता है।
2. इसके बने पात्रों को किसी भी मादक पेय को रखने के लिए उपयोग किया जा सकता है।
3. इससे बनी बोतलों का पुनर्चक्रण (रिसाइक्लिंग) कर उनसे अन्य उत्पाद बनाए जा सकते हैं।
4. इससे बनी वस्तुओं का भस्मीकरण द्वारा, बिना ग्रीनहाउस गैस उत्सर्जन किए, आसानी से निपटान किया जा सकता है।

उपर्युक्त में से कौन-से कथन सही हैं?

(a) केवल 1 और 3 (b) केवल 2 और 4
(c) केवल 1 और 4 (d) केवल 2 और 3

3. बिस्फिनॉल A (BPA), जो चिंता का कारण है, निम्नलिखित में से किस प्रकार के प्लास्टिक के उत्पादन में एक संरचनात्मक/मुख्य घटक है? *(UPSC Pre-2021)*

(a) निम्न घनत्व वाले पॉलिएथिलीन
(b) पॉलिकार्बोनेट
(c) पॉलिएथिलीन टेरेफ्थेलेट
(d) पॉलिविनाइल क्लोराइड

4. निम्नलिखित में से किसमें 'ट्राइक्लोसन' के विद्यमान होने की सर्वाधिक संभावना है, जिसके लंबे समय तक उच्च स्तर के प्रभावन में रहने को हानिकारक माना जाता है? *(UPSC Pre-2021)*

(a) खाद्य परिरक्षक
(b) फल पकाने वाले पदार्थ
(c) पुनःप्रयुक्त प्लास्टिक के पात्र
(d) प्रसाधन सामग्री

5. सड़क प्रकाश व्यवस्था के संदर्भ में, सोडियम बत्तियाँ, एल. ई. डी. बत्तियों से किस तरह भिन्न हैं? *(UPSE (Pre)-2021)*

1. सोडियम बत्तियाँ प्रकाश को 360 डिग्री में उत्पन्न करती हैं, किन्तु एल. ई. डी. बत्तियों में ऐसा नहीं होता है।
2. सड़क की बत्तियों के रूप में, एल. ई. डी. बत्तियों की तुलना में सोडियम बत्तियों की उपयोगिता अवधि अधिक होती है।
3. सोडियम बत्ती के दृश्य प्रकाश का स्पेक्ट्रम लगभग एकवर्णी होता है, जबकि एल. ई. डी. बत्तियाँ सड़क-प्रकाश व्यवस्था में सार्थक वर्ण सुविधाएँ (कलर अडवैन्टेज) प्रदान करती हैं।

नीचे दिए गए कूट का प्रयोग कर सही उत्तर चुनिए:

(a) केवल 3 (b) केवल 2
(c) केवल 1 और 3 (d) 1, 2 और 3

6. भारत में कार्बोफ्यूरेन, मेथिल पैराथियॉन, फोरेट और ट्राइयेजोफॉस के इस्तेमाल को आशंका से देखा जाता है। ये रसायन किस रूप में इस्तेमाल होते हैं? *(UPSC Pre-2019)*

(a) कृषि में पीड़ाकनाशी
(b) संसाधित खाद्यों में परिरक्षक
(c) फल-पक्कन कारक
(d) प्रसाधन सामग्री में नमी बनाये रखने वाले कारक

7. 3D मुद्रण का निम्नलिखित में से किसमें प्रयोग होता है? *(UPSE (Pre) 2018)*

1. मिष्ठान की चीजें बनाने में
2. जैव इलेक्ट्रानिकी कर्ण के निर्माण में
3. ऑटोमोटिव उद्योग में
4. पुनर्निर्माणकारी शल्य फर्म में
5. वृत्त (डेटा) संसाधन प्रौद्योगिकियों में

नीचे दिए गए कूट का प्रयोग कर सही उत्तर चुनें:

(a) केवल 1, 3 और 4
(b) केवल 2, 3 और 5
(c) केवल 1 और 4
(d) 1, 2, 3, 4 और 5

8. निम्नलिखित जोड़ों पर विचार करें:

सामान्यतः प्रयुक्त शब्दावली	**विषय जो चर्चा में रहे**
1. बेल II परीक्षण	कृत्रिम बुद्धिमत्ता
2. ब्लॉक चेन क्रिप्टोकरेंसी	डिजिटल तकनीक
3. क्रिस्पर-Cas9	भौतिकी कण

उपर्युक्त में से कौन-सा युग्म सही सम्मिलित है/हैं:

(a) 1 और 3 (b) केवल 2
(c) 2 और 3 (d) 1, 2 और 3

9. निम्न जोड़ों पर विचार कीजिए: *[UPSC (Pre) - 2017]*

सामान्यतः उपयोग किए	***अवाछित या विवादित रसायन***
1. लिपस्टिक	सीसा
2. सॉफ्ट ड्रिंक	ब्रोमीनयुक्त वनस्पति तेल
3. चाइनीज फास्ट फूड	मोनोसोडियम ग्लुटामेट

दिए गए उपरोक्त जोड़ों में से कौन-सा/से सही सुमेलित है/हैं?

(a) केवल 1 (b) 2 तथा 3
(c) 1 तथा 3 (d) 1, 2 तथा 3

10. ऑर्गेनिक लाइट एमिटिंग डायोडस (OLEDs) का उपयोग बहुत-से उपकरणों में डिजिटल डिस्प्ले निर्माण हेतु किया जाता है। OLED डिस्प्ले के LCD (Liquid Crystal Display) की तुलना में क्या लाभ है? *[UPSC (Pre), 2017]*

(i) OLED डिस्प्ले का निर्माण लचीले प्लास्टिक पदार्थो पर किया जा सकता है।
(ii) कपड़े पर लगाई गई (embedded) रोल-अप-डिस्प्ले का निर्माण OLEDs के उपयोग से किया जा सकता है।
(iii) OLEDs के इस्तेमाल से पारदर्शी डिस्प्ले संभव है।

सही उत्तर का चयन कीजिए:

(a) (i) तथा (iii) (b) केवल (ii)
(c) (i), (ii) तथा (iii) (d) उपरोक्त में से कोई नहीं

11. निम्न कथनों पर विचार कीजिए: *[UPSC (Pre), 2017]*

(i) मोटरवाहन टायर तथा ट्यूब हेतु भारतीय मानक ब्यूरो (BIS) का मानक चिन्ह (Standard Mark) अनिवार्य है।
(ii) AGMARK, खाद्य तथा कृषि संगठन द्वारा जारी किया जाने वाला एक गुणवत्ता प्रमाणन चिन्ह है।

दिए गए उपरोक्त कथनों में से कौन-सा/से कथन सत्य है/हैं?

(a) केवल (i) (b) केवल (ii)
(c) (i) तथा (ii) दोनों (d) न तो (i) और न ही (ii)

12. 'ग्रीन्ड लाइटनिंग-10 (GL-10)' जिसका हाल ही में समाचारों में उल्लेख हुआ, क्या है? *[UPSC (Pre) - 2016]*

(a) NSG द्वारा परीक्षित विद्युत विमान
(b) जापान द्वारा डिजायन किया गया और शक्ति से चलने वाला दो सीटों वाला विमान

(c) चीन द्वारा लॉन्च की गई अंतरिक्ष वेधशाला
(d) ISRO द्वारा डिजायन किया गया पुनरुपयोगी रॉकेट

13. भारत सरकार कृषि में 'नीम-आलेपित यूरिया (Neem-coated Urea)' के उपयोग को क्यों प्रोत्साहित करती है? *[UPSC (Pre) - 2016]*

(a) मृदा के नीम तेल के निर्मुक्त होने से मृदा सूक्ष्म जीवों द्वारा नाइट्रोजन यौगिकीकरण बढ़ता है,
(b) नीम लेप, मृदा में यूरिया के घुलने की दर को धीमा कर देता है
(c) नाइट्रस ऑक्साइड जो कि एक ग्रीनहाउस गैस है, फसल वाले खेतों से वायुमंडल में बिल्कुल भी विमुक्त नहीं होती है
(d) विशेष फसलों के लिए एक अपतृणनाशी (वीडियासाइड) और एक उर्वरक का संयोजन है

14. कभी-कभी समाचारों में देखा जाने वाला शब्द 'इण्ड-आर्क (IndARC)' किसका नाम है? *[UPSC (Pre) - 2015]*

(a) देशज रूप से विकसित, भारतीय रक्षा (डिफेन्स) में अधिष्ठापित रेडार सिस्टम
(b) हिन्द महासागर रिम के देशों को सेवा प्रदान करने हेतु भारत का उपग्रह
(c) भारत द्वारा अण्टार्कटिक क्षेत्र में स्थापित एक वैज्ञानिक प्रतिष्ठान
(d) आर्कटिक क्षेत्र के वैज्ञानिक अध्ययन हेतु भारत की अंतर्जलीय वेधशाला (अण्डरवॉटर ऑब्जर्वेटरी)

15. भारतीय रेल द्वारा उपयोग में लाए जाने वाले जैव शौचालयों (बायो-टॉयलेट्स) के संदर्भ में निम्नलिखित कथनों पर विचार कीजिए: *[UPSC (Pre) - 2015]*

1. जैव शौचालयों में मानव अपशिष्ट का अपघटन फगल इनॉकुलम (Fungal Inocoulum) द्वारा उपक्रमित (इनिशिएट) होता है।
2. इस अपघटन के अत्य उत्पाद केवल अमोनिया एवं जल-वाष्प होते हैं, जो वायुमण्डल में निर्मुक्त हो जाते हैं।

उपर्युक्त कथनों में से कौन-सा/से सही है/हैं?

(a) केवल 1
(b) केवल 2
(c) 1 और 2 दोनों
(d) उपरोक्त में से कोई नहीं

16. जल शुद्धीकरण प्रणालियों में पराबैंगनी (अल्ट्रा-वॉयलेट, UV) विकिरण की क्या भूमिका है? *[UPSC (Pre) - 2012]*

1. यह जल में उपस्थित नुकसानदेह सूक्ष्म जीवों को निष्क्रिय/नष्ट कर देती है।
2. यह जल में उपस्थित सभी अवांछनीय गंधों को दूर कर देती है।
3. यह जल में उपस्थित ठोस कणों के अवसादन को तेज करती है, आविलता दूर करती है और जल की निर्मलता में सुधार लाती है।

कूट:

(a) केवल 1 (b) केवल 2 और 3
(c) केवल 1 और 3 (d) ये सभी

17. आहार उत्पादों के विक्रय में जुटी यह विज्ञप्ति करती है कि उसके उत्पादों में ट्रांस-फैट (ट्रांस वसा) नहीं होता। उसके इस अभियान का उपभोक्ताओं के लिए क्या अभिप्राय है? *[UPSC (Pre) - 2011]*

1. कंपनी के आहार उत्पाद हाइड्रोजनीकृत तेलों से नहीं निर्मित किए जाते हैं।
2. कंपनी के आहार उत्पाद पशु उत्पन्न वसा/तेलों से नहीं निर्मित किए जाते।
3. कंपनी द्वारा प्रयुक्त तेल संभवत: उपभोक्ताओं की हृदयवाहिका के स्वास्थ्य को क्षति नहीं पहुंचाएगा।

उपरोक्त कथनों में से कौन-सा/से कथन सही है/हैं?

(a) केवल 1 (b) केवल 2 और 3
(c) केवल 1 और 3 (d) 1, 2 और 3

18. बाजार में बिकने वाला ऐस्परटेम कृत्रिम मधुरक है। यह एमीनो अम्लों से बना होता है और अन्य एमीनो अम्लों के समान ही कैलोरी प्रदान करता है, फिर भी यह भोज्य पदार्थों में कम कैलोरी मधुरक के रूप में इस्तेमाल होती है। उसके इस इस्तेमाल का क्या आधार है? *[UPSC (Pre) - 2011]*

(a) ऐस्परटेम सामान्य चीनी जितना ही मीठा होता है, किंतु चीनी के विपरीत यह मानव शरीर में आवश्यक एन्जाइमों के अभाव के कारण शीघ्र ऑक्सीकृत नहीं हो पाया।
(b) जब ऐस्परटेम आहार प्रसंस्करण में प्रयुक्त होता है, तब उसका मीठा स्वाद तो बना रहता है, किंतु यह ऑक्सीकरण-प्रतिरोधी हो जाता है।
(c) ऐस्परटेम चीनी जितना ही मीठा होता है, किंतु शरीर में अंतर्ग्रहण होने के बाद यह कुछ ऐसे चयापचयों (मेटाबोलाइट्स) में परिवर्तित हो जाता है, जो कोई कैलारी नहीं देते।
(d) ऐस्परटेम सामान्य चीनी से कई गुना अधिक मीठा होता है, अत: थोड़े से ऐस्परटेम में बने भोज्य पदार्थ ऑक्सीकृत होने पर कम कैलोरी प्रदान करते हैं।

19. सीएफएल (CFL) तथा एलईडी (LED) लैम्प में क्या अंतर है? *[UPSC (Pre) - 2011]*

1. प्रकाश उत्पन्न करने के लिए सीएफएल पारा-वाष्प और सन्दीपक का प्रयोग करता है, जबकि एलईडी लैम्प अर्द्ध-चालक पदार्थों का प्रयोग करता है।
2. सीएफएल की औसत जीवन-अवधि एलईडी लैम्प से बहुत अधिक होती है।
3. एलईडी लैम्प की तुलना में सीएफएल कम ऊर्जा-सक्षम है।

कूट:

(a) केवल 1 (b) केवल 2 और 3
(c) केवल 1 और 3 (d) ये सभी

20. ऑप्टिकल डिस्क का नया फॉर्मेट, जो ब्लू-रे डिस्क (BD; बीडी) के नाम से जाना जाता है, लोकप्रिय हो रहा है। यह परम्परागत डीवीडी (DVD) से किस प्रकार भिन्न है? *[UPSC (Pre) - 2011]*

1. डीवीडी मानक परिभाषा वीडियों (स्टैण्डर्ड डेफिनेशन वीडियो) को समर्थित करता है, जबकि डीवीडी उच्च परिभाषा वीडियो (हाई डेफिनेशन वीडियो) को समर्थित करता है।
2. डीवीडी की तुलना में बीडी फॉर्मेट की भण्डारण क्षमता कई गुना अधिक है।
3. बीडी की मोटाई 2.4 मिमी. है, जबकि डीवीडी की मोटाई 1.2 मिमी. है।

कूट:

(a) केवल 1 (b) केवल 1 और 2
(c) केवल 2 और 3 (d) उपरोक्त सभी

21. आहार में नियमित रूप से जाते फल और सब्जियां ग्रहण करना वांछनीय है, क्योंकि ये ऑक्सीकरण-रोधी (Antioxidants) तत्वों के अच्छे स्त्रोत होते हैं। ऑक्सीकरण-रोधी तत्व व्यक्ति के स्वस्थ बने रहने और दीर्घायु होने में किस प्रकार सहायक सिद्ध होते हैं? *[UPSC (Pre) - 2011]*

(a) ये शरीर में उन एन्जाइमों को सक्रिय कर देते है, जो विटामिनों के संश्लेषण के लिए आवश्यक होते हैं और विटामिन-हीनता नहीं होने देने में मदद करते हैं।
(b) ये शरीर में कार्बोहाइड्रेट, वसा तथा प्रोटीन के अतिरिक्त ऑक्सीकरण को रोकते हैं और ऊर्जा को अनावश्यक नष्ट होने से बचाने में मदद करते हैं।
(c) ये शरीर में चयापचय (Metabolism) के उपोत्पाद के रूप में उत्पन्न मुक्त मूलकों को निष्क्रिय बनाते हैं।
(d) ये शरीर की कोशिकाओं में कुछ जीन को सक्रिय करते हैं और वृद्धत्व की क्रिया को विलम्बित करने में मदद करते हैं।

22. कैंसर ट्यूमर के उपचार के संदर्भ में साइबरनाइफ नामक उपकरण समाचारों में रहा हैं। इस संदर्भ में निम्नलिखित में से कौन-सा एक कथन सही नहीं है? *[UPSC (Pre) - 2011]*

(a) यह एक रोबोट प्रतिबिंबित निर्देशित प्रणाली है।
(b) यह अत्यंत सटीक मात्रा में विकिरण प्रदान करता है।
(c) इसमें अवमिलीमीटर परिशुद्धता प्राप्त करने की क्षमता है।
(d) यह शरीर में ट्यूमर के प्रसार का मानचित्रण कर सकता है।

23. शब्द 'प्रिजतर डायलेमा' निम्न में से किससे संबंधित है? *[UPSC (Pre) - 2011]*

(a) कांच निर्माण की एक तकनीक
(b) जहाज उद्योग में प्रयुक्त होने वाला शब्द
(c) गेम थ्योरी (Game Theory) के अंतर्गत स्थिति
(d) सुपर कम्प्यूटर का नाम

24. निम्न में से किसने भारी जल का आविष्कार किया? *[UPSC (Pre) - 2008]*

(a) हेनरिच हर्ट्ज (b) एच.सी. उरे
(c) जी. मेंडेल (d) जोसेफ प्रिस्टले

उत्तरमाला (Answer Key)

1. (c)	2. (a)	3. (b)	4. (d)	5. (c)	6. (a)	7. (d)	8. (b)
9. (d)	10. (c)	11. (a)	12. (a)	13. (b)	14. (d)	15. (c)	16. (a)
17. (c)	18. (c)	19. (c)	20. (b)	21. (c)	22. (b)	23. (c)	24. (b)

भाग

B

2017 मुख्य परीक्षा प्रश्नोत्तर
2018 मुख्य परीक्षा प्रश्नोत्तर
2019 मुख्य परीक्षा प्रश्नोत्तर
2020 मुख्य परीक्षा प्रश्नोत्तर
2021 मुख्य परीक्षा प्रश्नोत्तर
2022 मुख्य परीक्षा प्रश्नोत्तर

2017 मुख्य परीक्षा प्रश्नोत्तर [2017 Main Questions & Answers]

1. भारत में नाभिकीय विज्ञान और प्रौद्योगिकी की संवृद्धि और विकास का विवरण प्रस्तुत कीजिए। भारत में तीव्र प्रजनक रिएक्टर कार्यक्रम का क्या लाभ है?

भारत में नाभिकीय विज्ञान की संवृद्धि व विकास

उत्तर भारत का त्रिचरणीय परमाणु ऊर्जा कार्यक्रम 1950 में होमी भाभा द्वारा भारत के थोरियम भंडार के उपयोग करने हेतु बनाया गया था ताकि भारत में मौजूद विश्व के कुछ थोरियम भंडार के 28% का बेहतर उपयोग करके राष्ट्र को नाभिकीय तकनीक में स्वतंत्र बनाया जा सके।

अंतर्राष्ट्रीय परमाणु ऊर्जा एजेंसी के अनुसार भारत के पास मौजूद यूरेनियम भंडार विश्व में मौजूद कुल यूरेनियम भंडार का मात्र 1-2% है जिससे 10 GWe की दर से 40 वर्षों तक बिजली उत्पन्न की जा सकती है। तदनुसार, भारत ने ऊर्जा के क्षेत्र में आत्मनिर्भरता प्राप्त करने हेतु अपना त्रिचरणीय ईंधन योजना शुरू किया।

त्रिचरणीय नाभिकीय कार्यक्रम के प्रथम चरण में रिएक्टर के रूप में दाबित भारी जल रिएक्टर तथा हल्का जल रिएक्टर का चयन किया गया ताकि उपोत्पाद के रूप में प्लुटोनियम-239 का उत्पादन किया जा सके।

द्वितीय चरण में तीव्र प्रजनक रिएक्टर (Fast Breeder Reactor) प्लुटोनियम-239 से उत्पन्न मिश्रित ऑक्साइड ईंधन उपयोग में लाया जाता है। इसे इस तरह से डिजाइन किया जाता है कि यह थोरियम से यूरेनियम-223 उत्पन्न कर सके जिसे तीसरे चरण में इस्तेमाल किया जाता है। वर्तमान में भारत स्वयं को द्वितीय चरण पर केन्द्रित कर रहा है।

तीसरे चरण में राष्ट्र नाभिकीय ऊर्जा उत्पन्न करने हेतु एडवांस्ड भारी जल रिएक्टर का प्रयोग करेगा जिसमें थोरियम के प्रजनन (breeding) से प्राप्त U-233 का प्रयोग ईंधन के रूप में किया जाएगा।

तीव्र प्रजनक रिएक्टर (Fast Breeder Reactor)

तीव्र प्रजनक रिएक्टर का प्रयोग द्वितीय चरण में किया जाना है ताकि प्रचुर मात्रा में उपलब्ध थोरियम के भंडार के उपयोग में लाने का दीर्घकालीन लक्ष्य हासिल किया जा सके। भारत के पास दुनिया में सर्वाधिक थोरियम का भंडार है जिससे अनुमानतः 10000 से 60000 वर्ष तक ऊर्जा उपलब्ध करायी जा सकती है। दुनिया का एकमात्र तीव्र प्रजनक रिएक्टर रूस के थेकाटेरिंगबर्ग शहर में अवस्थित है।

वर्तमान में 500 मेगावाट की क्षमता वाले तीव्र प्रजनक रिएक्टर (Fast Breeder Reactor) प्रोटोटाइप तीव्र प्रजनक रिएक्टर (PFBR) का निर्माण कलपक्कम के मद्रास परमाणु ऊर्जा स्टेशन में किया जा रहा है। इंदिरा गाँधी परमाणु अनुसंधान केंद्र को इसके डिजायन की जिम्मेदारी सौंपी गई है। प्रोटोटाइप तीव्र प्रजनक रिएक्टर भारत के त्रिचरणीय परमाणु ऊर्जा कार्यक्रम का हिस्सा है।

भारत में तीव्र प्रजनक रिएक्टर कार्यक्रम के लाभ

- **प्रजनन के संदर्भ में लाभः** तीव्र प्रजनक रिएक्टर स्वयत किए गए ईंधन की तुलना में 30% ज्यादा ईंधन उत्पन्न करता है। इससे उच्च विखंडनीय (Fissile) सामग्री प्राप्त की जा सकती है जो दूसरे रिएक्टर को ईंधन प्रदान कर सकता है। न्यूट्रॉन की संख्या में वृद्धि करके तीव्र प्रजनक रिएक्टर में प्रजनन अनुपात में परिवर्तन करना आसान है। इसमें न्यूट्रॉन को धीमा करने के लिए मंदक की आवश्यकता नहीं होती है क्योंकि यह तीव्र न्यूट्रॉन का प्रयोग करता है।
- **आर्थिक संदर्भ में लाभः** तीव्र प्रजनक रिएक्टर के उच्च प्रचालन ताप के कारण इसकी ऊष्मागतिकी दक्षता अत्यंत उच्च होती है जो

अंतत: उच्च होती है जो अंतत: ऊष्मीय प्रदूषण में कमी का कारण बनता है। पारंपरिक ऊष्मीय ऊर्जा संयंत्र की तुलना में तीव्र प्रजनक रिएक्टर की ऊर्जा उत्पादन क्षमता हजारों लाखों गुनी अधिक होती है।

- **अपशिष्ट प्रबंधन के संदर्भ में:** तीव्र प्रजनक रिएक्टर में अपशिष्ट प्रबंधन का बोझ अन्य पारंपरिक नाभिकीय रिएक्टर की तुलना में 200 गुना कम होता है। तीव्र प्रजनक रिएक्टर यूरेनियम प्रंसस्करण संयंत्र से उत्पन्न यूरेनियम अपशिष्ट तथा अन्य पारंपरिक नाभिकीय रिएक्टर के ईंधन का इस्तेमाल करता है।
- **भारत के संदर्भ में विशेष:** भारत के पास सीमित यूरेनियम भंडार तथा प्रचुर थोरियम भंडार है इसलिए तीव्र प्रजनक रिएक्टर (Fast Breeder Reactor) यूरेनियम भंडारों के प्रभावी एवं दक्षतापूर्ण उपयोग तथा राष्ट्र के थोरियम भंडारों के उपयोग में महत्वपूर्ण भूमिका निभाने में सक्षम होने की वजह से महत्वपूर्ण है।

हांलाकि थोरियम का इस्तेमाल सीधे नाभिकीय ईंधन के रूप में नहीं किया जा सकता, लेकिन यह विखंडनीय समस्थानिक (U-233) उत्पन्न कर सकता है।

2. ल्यूकेमिया, थैलासीमिया, क्षतिग्रस्त कार्निया व गंभीर दाह सहित सुविस्तृत चिकित्सीय दशाओं में उपचार करने के लिए भारत में स्टैम कोशिका लोकप्रिय होती जा रही है। संक्षेप में वर्णन कीजिए कि स्टैम कोशिका उपचार क्या होता है और अन्य उपचारों की तुलना में इसके क्या लाभ हैं?

स्टेम कोशिका

उत्तर स्टेम कोशिका ऐसी कोशिका होती है जो विभाजित होने के पश्चात पुन: पूर्ण रूप धारण कर लेती है इनमें शरीर के किसी भी अंग की कोशिका को विकसित करने की क्षमता होती है। स्टेम कोशिका मुख्य रूप से तीन प्रकार से प्राप्त किया जा सकता है– गर्भस्थ शिशु के भ्रूण के तंतुओं से, जिसे भ्रूण स्टेम कोशिका कहा जाता है। दूसरा कोई स्टेम कोशिका जिसे जन्म के समय बच्चों के गर्भनाल से लिया जाता है। तीसरा वयस्क स्टेम कोशिका जो रक्त या अस्थिमज्जा से एकत्र किया जाता है।

स्टेम कोशिका उपचार

यह उपचार का एक प्रकार है जिसके अंतर्गत स्टेम कोशिका का प्रयोग किसी बीमारी का इलाज उसके उपचार में किया जाता है। अस्थिमज्जा का प्रत्यारोपण स्टेम कोशिका उपचार का सर्वाधिक उपयोग में लाया जाने वाला तरीका है। स्टेम कोशिका उपचार की मूलभूत प्रक्रिया में, डॉक्टर अस्थिमज्जा या वसा ऊतक को बाहर निकालते हैं, तथा स्टेम कोशिका को आगे प्रयोगशाला में प्रसंस्करित करते हैं। (इसके पश्चात हृदय की मांसपेशी, तंत्रिका या रक्त कोशिका आदि के लिए विशेष रूप से तैयार स्टेम कोशिका में प्रत्योपित किया जाता है।) अधिकांश स्टेम कोशिका उपचार, पार्किंसन, हृदय की विफलता, तंत्रिका विकार आदि के उपचार हेतु होती है।

स्टेम कोशिका उपचार के लाभ

चिकित्सीय लाभ

स्टेम कोशिका उपचार पुनर्योजी चिकित्सा और चिकित्सीय क्लोनिंग के क्षेत्र में अनेक चिकित्सा लाभ प्रदान करती है।

मानवीय विकास ज्ञान

यह अनुसंधानकर्ताओं को मानव कोशिका संवृद्धि एवं उनके विकास के बारे में जानने में मदद करता है। जो रोग के उपचार में चिकित्सा प्रक्रियाओं के लिए महत्वपूर्ण है। स्टेम कोशिका का प्रयोग अंगों के प्रयोगशाला में बनाने तथा उन्हें प्रत्यारोपित करने में किया जाता है।

नई दवा का परीक्षण

स्टेम कोशिका के उपयोग द्वारा नयी दवाओं का कोशिका पर प्रभाव का अध्ययन किया जा सकेगा। इस प्रकार जंतु तथा मानव पर होने वाले परीक्षण तथा इसके संभावित घातक प्रभावों से मुक्ति मिल सकेगी।

आयु उत्क्रमण (Age Reversal)

स्टेम कोशिका का प्रयोग पुनर्योजी प्रक्रिया में किया जाता है जिससे हमारे अंगों को पुनर्जीवित करके उनकी आयु को बढ़ाया जा सकता है।

विकास दोषों का इलाज

यह विकास के चरणों के अध्ययन में मदद करता है जिसे मानव भ्रूण द्वारा सीधे नहीं जाना जा सकता है। इसके अलावा इसका उपयोग विभिन्न जन्म विकारों, नपुंसकता तथा गर्भ क्षय के उपचार में किया जाता है। इसे मानव शरीर के असामान्य विकास के उपचार में उपयोग में लाया जाता है।

जले हुए मरीज के उपचार में

जले हुएं मरीज के उपचार हेतु नई एवं स्वस्थ ऊतक को उत्पन्न करने में स्टेम कोशिका का प्रयोग हो सकता है। इसके अंतर्गत क्षतिग्रस्त ऊतक को स्वस्थ ऊतक द्वारा प्रतिस्थापित किया जाता है।

शरीर द्वारा अस्वीकृति के जोखिम में कमी

स्टेम कोशिका उपचार में मरीज के स्वयं की कोशिका उपचार में प्रयुक्त होती है जिस कारण शरीर द्वारा उसके अस्वीकृत होने की संभावना क्षीण होती है।

3. भारत ने चंद्रयान व मंगल कक्षीय मिशनों सहित मानव रहित अंतरिक्ष मिशनों में असाधारण सफलता प्राप्त की है लेकिन मानव सहित अंतरिक्ष मिशनों में प्रवेश का साहस नहीं किया है। मानव सहित अंतरिक्ष मिशन लॉन्च करने में प्रौद्योगिकीय व सुप्रायालनिक सहित मुख्य रुकावटें क्या है? समालोचनात्मक परीक्षण किजिए। *(150 शब्द)*

उत्तर मानव-रहित अंतरिक्ष मिशनों में अभूतपूर्व सफलता प्राप्त करने के पश्चात भारत विश्व के गिने-चुने राष्ट्रों में शामिल हो गया है। मंगल जैसे मिशनों की सफलता ने भारत को अंतरिक्ष के क्षेत्र में अग्रणी राष्ट्रों की श्रेणी में ला खड़ा किया है लेकिन भारत की सफलता मानव-रहित अंतरिक्ष मिशनों के आसपास ही सीमित रही है व मानव-सहित अंतरिक्ष मिशन के क्षेत्र में हम दुनिया से कोसो पीछे हैं। इसके पीछे मुख्य कारण वित्तीय व तकनीकी बाधा है। हालाँकि हाल के कुछ कदमों से मानव-सहित अंतरिक्ष मिशन के क्षेत्र में प्रगति की आस बंधी है। जीएसएलवी-MKIII की सफलता इसी की एक अगली कड़ी है। इन छोटी-छोटी सफलताओं के साथ हम चरणबद्ध रूप से आने वाले वर्षों में मानव-सहित अंतरिक्ष मिशन के प्रक्षेपण में सफल होंगे।

मानव सहित अंतरिक्ष मिशन की बाधाएँ

निधि की आवश्यकता

भारत जैसे विशाल जनसंख्या वाले गरीब राष्ट्र के लिए 13000 करोड़ की भारी-भरकम रकम मानव-सहित अंतरिक्ष मिशन के लिए प्रदान करना एक बड़ी चुनौती है।

सरकारी सहयोग

मानव-सहित अंतरिक्ष मिशन हेतु सरकार के निरंतर सहयोग की आवश्यकता होगी। जिसमें औपचारिक अनुमति प्रदान करने से लेकर इसमें प्रक्षेपण तक का चरण शामिल है।

समुचित तकनीक का अभाव

मामला चाहे अंतरिक्ष का हो या अंतरिक्ष स्टेशन का हो, हमें इस दिशा में कोसों आगे जाना है। हमारे पास मानव रेटेड रॉकेट भी नहीं है।

1984 में प्रथम इंडो-सोवियत संयुक्त अंतरिक्ष मिशन के तहत राकेश शर्मा पहले भारतीय थे जो अंतरिक्ष में प्रविष्ट हुए। अगले दो दशकों में न तो किसी भारतीय मानव ने अंतरिक्ष उड़ान में भरी और ना ही मानवयुक्त अंतरिक्ष मिशन आयोजित हुआ। 2009 में इसरो के चेयरमैन जी.माधवन नायर ने घोषण ा की, कि भारत मानव अंतरिक्ष मिशन की योजना बना रहा है तथा यह मिशन सतीश धवन अंतरिक्ष केंद्र, श्रीहरिकोटा से होगा। इस योजना में पृथ्वी की निचली कक्षा जो 2000 किमी. के दायरे में होती है, में दो से तीन लोगों का एक क्रू तीन टन वजनी अंतरिक्षयान के माध्यम से भेजा जाएगा। इसमें जी.एस.एल.वी. प्रक्षेपण यान, रॉकेट होगा तथा इस परियोजना की लागत लगभग 13,000 करोड़ रुपये होगी जिसे वर्ष 2016 में लाँच किए जाने का लक्ष्य निर्धारित किया गया था। सरकार परियोजना पूर्व अध्ययन के लिए वर्ष 2012 तक पहले से ही 95 करोड़ रुपये धनराशि आवंटित कर चुकी थी। साथ ही सरकार ने अंतरिक्ष यात्रियों (व्योमनॉट्ज) के लिए बैंगलुरू हवाई अड्डे के पास प्रशिक्षण केंद्र स्थापना के लिए 140 एकड़ जमीन चिह्नित कर दी। भारत की पहली मानवयुक्त अंतरिक्ष मिशन-इसरो द्वारा 2022 में भेजे जाने की योजना बनाई गई है। प्रधानमंत्री नरेन्द्र मोदी ने 15 अगस्त, 2018 को स्वतंत्रता दिवस के अवसर पर घोषणा की, कि भारत गगनयान मिशन के माध्यम से वर्ष 2022 या उससे पहले अंतरिक्ष में अंतरिक्ष यात्री भेजेगा।

मानवयुक्त अंतरिक्ष मिशन के पक्ष में आने वाली संभावित बाधाएँ

वित्त आवश्यकता

वास्तव में, भारत जैसे देश के लिए, जिसकी जनसंख्या 130 करोड़ से ऊपर हो तथा जिसकी 22% जनसंख्या गरीबी रेखा के नीचे जीवन यापन कर रही हो उसके लिए मानवयुक्त मिशन परियोजनाओं में इतना बड़ा निवेश कर पाना संभव नहीं प्रतीत होता। मानवयुक्त अंतरिक्ष कार्यक्रमों के लक्ष्यों की प्राप्ति के लिए इसरो को वित्त की आवश्यकता है तथा यह सरकार के लिए बड़ा कठिन है कि इस तरह के मानवयुक्त अंतरिक्ष मिशन के लिए वार्षिक बजट में से धन आवंटित करे और यही भारत के प्रथम मानव अंतरिक्ष मिशन की सबसे बड़ी बाधा है जहां नासा को प्रतिवर्ष 18-19 बिलियन यू.एस. डॉलर का निवेश मिलता है। वहीं इसरो को केवल 1 बिलियन यू.एस. डॉलर की राशि आवंटित होती है।

सरकारी सहयोग

सरकार मानवयुक्त अंतरिक्ष मिशन के लिए औपचारिक स्वीकृति दे चुकी है तथा इसका सहयोग देश के प्रथम मानवयुक्त अंतरिक्ष मिशन के लिए बहुत मायने रखता है। यह मिशन 12वीं पंचवर्षीय योजना में नहीं था, किंतु इसे अग्रिम योजना में सम्मिलित किया गया है।

तकनीकी अड़चनें

भारत अन्य देशों यथा रूस तथा अमेरिका की तुलना में बहुत-से तकनीकी क्षेत्रों में पिछड़ा हुआ है; जैसे- स्पेश शटल, अंतर्राष्ट्रीय स्पेस स्टेशन, जिसमें अन्य देश भारत की तुलना में मीलों आगे हैं।

अंतरिक्ष यात्री प्रशिक्षण केंद्र

मानव अंतरिक्ष उड़ान को अन्य तकनीकी चुनौतियों में अंतरिक्ष यात्रियों को प्रशिक्षण की सुविधा प्रदान करना तथा इसे सेण्ट्रीफ्यूज मशीनों, शून्य-गुरुत्वीय सिमुलेटर्स आदि से सुसज्जित करना है ताकि अंतरिक्ष यात्रियों को मानवयुक्त अंतरिक्ष मिशन के लिए प्रशिक्षित किया जा सके।

अंतरिक्ष यात्रियों का चयन

अंतरिक्ष यात्रियों का चयन भी एक मुश्किल तथा अस्पष्ट कार्य है क्योंकि हमेशा से ही इसरो वैज्ञानिकों एवं भारतीय एयरफोर्स के फाइटर पायलटों के बीच अंतरिक्ष यात्रियों के चयन को लेकर प्रतिस्पर्धा कर रही है।

क्रिटिकल तकनीकी तंत्र

मानव अंतरिक्ष कार्यक्रम के लक्ष्य की प्राप्ति में निम्नलिखित जटिल तकनीकी तंत्र की आवश्यकता रहती है:

1. गैर-मानव उड़ान की फ्लाइट परीक्षण के लिए क्रू-मॉडल प्रणाली अभी विकसित की जानी है।
2. क्रू-एस्केप सिस्टम का विकास किया जाना तथा उसका निष्पादन प्रदर्शन करना अभी बाकी है।
3. पर्यावरण नियंत्रण तथा फ्लाइट सूट व लाईफ सपोर्ट सिस्टम।
4. लिविंग स्पेस कैप्सूल मॉडल।

20. नासा का जूनो मिशन पृथ्वी की उत्पत्ति व उद्विकास को समझने में कैसे सहायक हो सकता है? *(150 शब्द)*

उत्तर जूनो, नासा का एक अंतरिक्ष प्रोस है जो बृहस्पति गृह की कक्षा में स्थापित हैं यह नासा की जेट प्रोपल्शन प्रयोगशाला द्वारा ऑपरेशन में है तथा 2 अगस्त, 2004 में लॉन्च किया गया था। यह अंतरिक्षयान 5 जुलाई, 2016 को बृहस्पति की कक्षा में बृहस्पति ग्रह के वैज्ञानिक अध्ययन के लिए पहुँचा। यह बृहस्पति के संघटन, गुरुत्व बल तथा चुंबकीय क्षेत्र के परीक्षण तथा ग्रह के निर्माण व इसके वातावरण के निर्माण संबंधी डेटा के लिए लॉन्च किया गया था। इस मिशन की अहम भूमिका बृहस्पति के उत्पत्ति तथा उद्विकास का अध्ययन करना है ताकि इससे अन्य ग्रह तंत्र के अध्ययन में सहायता मिल सके।

पृथ्वी की उत्पत्ति तथा उद्विकास के अध्ययन हेतु जूनो

बृहस्पति के अलावा हमारे सौर तंत्र का कोई दूसरा ग्रह पृथ्वी के निर्माण व प्रारंभ के बारे में जानकारी नहीं दे सकता।

- बृहस्पति का निर्माण तारों तथा सौर तंत्र निर्माण के बीच एक आरंभिक संक्रमण स्तर है।
- सौर तंत्र तथा सूर्य के निर्माण के बाद बृहस्पति ने अपने विशाल गुरुत्वीय बल की सहायता से सौर तंत्र को आकार प्रदान किया, साथ ही क्षुद्र ग्रहों, छोटे ग्रहों, उल्का पिण्डों को छोटे-छोटे कणों के माध्यम से आकार प्रदान किया।
- बृहस्पति की प्राचीन मृतिका विस्फोट क्रिया से मंगल, बुध, पृथ्वी तथा शुक्र ग्रहों का निर्माण हुआ।
- जूनों की सहायता से सौर तंत्र में अमोनिया के रूप में नाइट्रोजन तथा जल के रूप में ऑक्सीजन की उपलब्धता न्यूनतम समयावधि के भीतर ज्ञात हो पाएगी जिससे इन ग्रहों की पृथ्वी के निर्माण में महत्ता साबित हो पाएगी।
- जूनो बृहस्पति की प्रमुख विशेषताओं तथा तत्वों के अध्ययन में सहायता करेगा। यदि यह माना जाए कि बृहस्पति की सतह का ताप सूर्य के तापमान से ज्यादा है तथा दाब पृथ्वी के वातावरण से ज्यादा है तो यह हाइड्रोजन व हीलियम गैस के कारण है जो अंततः ग्रह के चुंबकीय क्षेत्र उद्विकास के अध्ययन के लिए उपयोगी है।
- जूनो, चुम्बकीय मंडल के अध्ययन में सहायक होगा। चुम्बकीय मंडल बृहस्पति का सर्वशक्तिशाली चुंबकीय क्षेत्र है जो पृथ्वी की तुलना में 2000 गुना अधिक है। यह अंतरिक्ष मौसम तथा उसके निर्माण के अध्ययन में सहायक होगा।
- जूनो के अध्ययन के अनुसार, बृहस्पति के विशाल गुरुत्वीय क्षेत्र ने बर्फीले क्षुद्र गृहों अथवा अन्य बर्फीले पदार्थ जो जल, ऑक्सीजन तथा अन्य छोटे अस्थायी पदार्थों से निर्मित है, को निष्कासित कर दिया है जो पृथ्वी तथा विभिन्न अन्य अंतरिक्ष ग्रहों के वातावरण तथा जलावरण के निर्माण में सहायक रहे हैं।
- जूनो बृहस्पति के सशक्त गुरुत्वीय तथा चुंबकीय क्षेत्र के चंद्रमा के अध्ययन में सहायता करेगा तथा भविष्य में पृथ्वी के चंद्रमा व सौर तंत्र के संबंधों के अध्ययन में सहायता करेगा।

2018 मुख्य परीक्षा प्रश्नोत्तर [2018 Main Questions & Answers]

4. प्रो. सत्येन्द्रनाथ बोस कृत 'बोस-आईंस्टीन सांख्यिकी' के शोध की चर्चा कीजिए तथा बताइए कि इसने भौतिकी के क्षेत्र में किस तरह से क्रांति ला दी? *(150 शब्द)*

उत्तर ***बोस आईंस्टीन सांख्यिकी***

- कण जैसे- फोटोन, विभिन्न परमाणु जैसे- ग्लुओन, W तथा Z बोसोन तथा हिग्स बोसोन, जो इण्टीगर स्पिन युक्त होते हैं, उन कणों की श्रेणी में आते हैं जो क्वाण्टम मैकेनिकल व्यवहार दर्शाते हैं, किंतु पाउली के एक्सक्लूजन सिद्धांतों का अनुसरण नहीं करते। इन कणों में 'स्पिन' के इण्टीगर मूल्य (Value) होते हैं ताकि इन कणों में कोई विशेष आपसी तारगम्य (Interaction)/परस्पर क्रिया भी नहीं पायी जाती। इन कणों का सांख्यिकी व्यवहार सत्येन्द्र नाथ बोस, अल्बर्ट आईंस्टीन द्वारा समझाया गया तथा इसीलिए उनके नाम पर इसे बोस-आईंस्टीन सांख्यिकी कहा जाता है। इन सांख्यिकी का अनुसरण करने वाले कणों को बोसोन कहा जाता है। बोसोन, वे कण होते हैं जिनका अंतर्भूत स्पिन 0, 1, 2 या अन्य इण्टीगर होता है।
- इसके अलावा भी बहुत से अन्य कण होते हैं; जैसे-इलेक्ट्रॉन, प्रोटोन, न्यूट्रॉन, न्यूट्रीनो तथा फोटोन। इस सूची में फोटोन कणों को छोड़कर बाकी सभी कण तथाकथित पदार्थीय कण कहलाते हैं। दूसरी तरफ फोटोन एक क्वाण्टमं या छोटा बण्डल है जो विद्युत चुंबकीय क्षेत्र से निर्मित है।
- पदार्थ कणों तथा क्षेत्रीय क्वाण्टा (फील्ड क्वाण्टा) के मध्य संबंध सरल है क्योंकि पदार्थीय कण एक-दूसरे से उपयुक्त फील्ड क्वाण्टा का लेन-देन कर परस्पर क्रिया करते हैं।
- पदार्थ-कणों एवम् फील्ड क्वाण्टा के मध्य मूलभूत अंतर यह है कि जहां फील्ड कवाण्टा एक छोटे आयतन में समेटे जा सकते हैं वहीं पदार्थ के साथ ऐसा संभव नहीं है। उदाहरण के लिए एक व्यक्ति के पास आप बैठते समय एक सीमा तक ही आप उसके नजदीक खिसकर कर बैठ सकते हैं। ऐसा होता है क्योंकि इलेक्ट्रॉन, प्रोटोन और न्यूट्रोन एक-दूसरे के ऊपर या एक-दूसरे के साथ बैठते समय हमारा शरीर प्रतिरोध उत्पन्न करता है। ऐसा क्वाण्टा के मामले में संभव नहीं है क्योंकि ये आवश्यकतानुसार ही समेटे जा सकते हैं।
- पदार्थ कण जैसे- इलेक्ट्रॉन, प्रोटोन आदि तथाकथित फर्मी-डायरेक सांख्यिकी का अनुपालन करते हैं अतः उन्हें फर्मियॉन कहा जाता है। फर्मी-डायरेक सांख्यिकी के अनुसरणकर्ता फर्मियॉन विषय-अर्ध-इण्टीजर स्पिन 1/2, 3/2, 5/2 आदि से युक्त होते हैं तथा इलेक्ट्रॉन, न्यूट्रीनो, म्यूऑन्स तथा सभी क्वार्क्स भी इसमें सम्मिलित हैं, जो प्रोटोन व न्यूट्रॉन निर्माण के मूलभूत कण है।
- निम्न ताप पर बोसोन कण एक अलग प्रकार का व्यवहार करते हैं जैसे- अतिचालकता, अतितरलीकरण तथा बोस-आईंस्टीन कण्डन सेशन। यह समान आवृत्ति वाले फोटोन को कोहेरेण्ट-लेजर बीम बनाने देता है। दूसरी तरफ फर्मियोन्स एक-दूसरे को परित्याग करते हैं। किसी नाभिक के चारों ओर के इलेक्ट्रॉन अतिशीलित बादल में टकराने के बजाय एक गुच्छ में संग्रहित होते जाते हैं जो रासायनिक गुणों युक्त एक विशाल शृंखला के परमाणु को जन्म देते हैं।
- बोस आईंस्टीन सांख्यिकी का अनुसरण करने वाले फील्ड क्वाण्टा को संयुक्त रूप से 'बोसोन' कहा जाता है। जो प्रोटोन व न्यूट्रॉन कणों को हिग्स फील्ड में टकराने के बाद आयतन प्रदान करते हैं। W तथा Z कमजोर बल से जुड़े बोसोन हैं तथा न्यूट्रीनो किसी कण को

परिवर्तनशील तथा अपघटन का गुण प्रदान करते हैं। ग्लुओन सशक्त बल कारक है तथा यह नाभिकों को परस्पर बांधे रखता है।

- बोस-आईंस्टीन वितरण यह बतलाता है कि बहुत कम ताप पर, जो पूर्ण शून्य के आसपास हो, किसी तंत्र में मौजूद सभी कण एक समान अवस्था में अवशीतित हो जाते हैं जिसे बोस-आईंस्टीन कण्डनसेट कहा जाता है। यह भविष्यवाणी 1924 के वर्ष में की गई थी। उस समय इस भविष्यवाणी के परीक्षण के लिए वांछित निम्न ताप प्राप्ति प्रयोगशालाएँ उपलब्ध नहीं थी। लगभग 70 वर्षों बाद इस कण्डनसेट के निर्माण के प्रदर्शन हेतु प्रायोगिक सुविधाओं का विकास हुआ तथा 1995 में एरिक कार्नेल तथा कार्ल वीमॅन ने रूबिडियम परमाणु के एक छोटे समूह का प्रयोग कर कण्डनसेट निर्माण का प्रदर्शन किया, जिससे उन्होंने कुछ सौ नैनो कैल्विन तक अवशीतित किया। बोस-आईंस्टीन कण्डनसेट के निर्माण के प्रदर्शन के लिए उन्हें 2001 में वॉलफेंग केटरली के साथ भौतिकी में नोबल पुरस्कार से नवाजा गया।
- फोटोन के विशिष्ट मामले में, वास्तव में बोस ने ही चिह्नित फोटोन के व्यवहार का पता लगाया।
- बोस, प्लांक के नियम को केवल क्वाण्टम मैकेनिकल आईडिया का प्रयोग करते हुए गणितीय रूप में पुनरोत्पादन के इच्छुक थे अत: उन्होंने इस गणना के लिए एक तकनीक का प्रयोग किया, जिससे क्वाण्टम सांख्यिकी की नींव पड़ी। इसके बाद उन्होंने अपना शोध कार्य आईंस्टीन को भेजा जिन्होंने बोस के कार्य के महत्व को समझा तथा इस कार्य/पत्र को जर्मन भाषा में अनुवादित कर ज्यिट्रिफ्टफॅर फिजिक नामक पत्रिका (Journal) में प्रकाशित करवाया। यह आलेख काफी प्रसिद्ध हुआ तथा बोस द्वारा प्रयुक्त तकनीक को बोस-आईंस्टीन सांख्यिकी के नाम से जाना गया साथ ही, इस सांख्यिकी के अनुसरणकर्ता कण यथा फोटोन को बोसोन कहा गया।
- जबकि बोस को खुद इस बात का अंदाजा नहीं था कि उन्होंने क्या कर दिखाया है, वहीं आईंस्टीन ने इसका महत्व समझा तथा उनके शोध को आगे बढ़ाया भौतिकविज्ञानी पॉल डायरेक, वे पहले व्यक्ति हैं जिन्होंने बोस-आईंस्टीन सांख्यिकी को अनुसरण करने वाले कणों को, बोस के योगदान का श्रेय देने के लिए 'बोसोन' कण शब्द का प्रयोग किया।
- इस प्रयोग ने भौतिकी के क्षेत्र में दो तरह से क्रांति ला दी:-
    - कण भौतिकी मॉडल के क्षेत्र में बेंचमार्क सुधार।
    - 'गॉड पार्टिकल' की स्थापना की नींव रखी तथा पीटर हिग्स को नॉबल पुरस्कार दिलाने में सहायता की।

इसके मानक कण भौतिकी मॉडल में बेंचमार्क वर्धन हुआ

- बोस-आईंस्टीन सांख्यिकी बतलाता है कि लगभग पूर्ण शून्य के आसपास जैसे निम्न ताप पर सभी कण एक सम-अवस्था में आ जाते हैं जो बोसोन कहलाता है। उस समय उस परीक्षण हेतु निम्न ताप प्राप्ति हेतु प्रयोगशाला सुविधाएं नहीं थी।
- समय बीतने पर बोस-आईंस्टीन सांख्यिकी से संबंधित प्रयोग किये गये तथा परिणामस्वरूप मूलभूत कणों को दो श्रेणियों में बांटा गया, प्रथम जिसका नामकरण इतालवी वैज्ञानिक एनरिको फर्मी के नाम पर 'फर्मियोन' रखा गया तथा दूसरी श्रेणी के कणों को भारतीय प्रोफेसर बोस के नाम पर बोसोन कहा गया।

गॉड पार्टिकल' की खोज

- पीटर हिग्स ने 1960 के दौरान बोस-आईंस्टीन सांख्यिकी का प्रयोग करते हुए शोध को आगे बढ़ाने का कार्य जारी रखा तथा एक बहुत ही अस्थिर कण पर एक शोध आलेख प्रस्तुत किया जो अपनी उत्पत्ति के बाद एक क्षण के कुछ ही समय तक अस्तित्व में रहता है तथा बाद में, मूलभूत कणों के निर्माण के लिए टूट जाता है। उन्होंने इस कण का नाम 'हिग्स बोसोन कण' या 'गॉड पार्टिकल' दिया। यदि वैज्ञानिक कुछ इस तरह का 'गॉड पार्टिकल' उत्पन्न कर सकें तो यह मानक मॉडल में और सुधार करेगा तथा ब्रह्माण्ड के लिए हमारी समझ में सुधार कर सकेगा।
- 2000 के शुरुआत में, यूरोप में सर्न (CERN) प्रयोगशाला में विश्व का सबसे बड़ा कण उद्दीपक जिसे 'लॉर्ज हैड्रन कोलाईडर' (LHC) कहा गया, स्थापित किया गया। इसमें प्रयोग के माध्यम से गॉड पार्टिकल की खोज की गई तथा पीटर हिग्स के सिद्धांत की पुष्टि हुई।
- तथापि, कालांतर में पीटर हिग्स को 2013 का भौतिकी नोबल प्रदान किया।
- बोस-आईंस्टीन सांख्यिकी ने सर्न वैज्ञानिकों को गॉड पार्टिकल खोजने तथा कण भौतिकी के मानक मॉडल व ब्रह्माण्ड के प्रति हमारी समझ सुधार करने में सहायता की है।

5. हमारे देश में जैव-तकनीकी के क्षेत्र में बहुत से क्रियाकलाप क्यों हो रहे हैं? इन क्रियाकलापों ने बायोफार्मा के क्षेत्र को किस तरह लाभान्वित किया है। ***(250 शब्द)***

उत्तर जैव तकनीकी के हालिया ज्ञान ने बहुत-से क्षेत्रों यथा स्वास्थ्य देखभाल, कृषि तथा पर्यावरण संरक्षण में प्रगति की वृहत संभावनाएँ प्रस्तुत की हैं। जैव-तकनीक भारत में असीम क्षमताओं से लैस है जहां उभरते हुए बाजार तथा उद्योगों के बावजूद परिवर्तनशील उत्पादन विकास तथा अनुसंधान अभी जारी हैं। विशेष तौर पर, बायो-फार्मास्यूटिकल, बायो-कृषि तथा बायो-सेवाएं, ऐसे तीन क्षेत्रक हैं, जहां भारत के बायोटेक क्षेत्र में वृद्धि पर विशेष रूप से ध्यान दिया जा रहा है। जैव तकनीकी के क्षेत्र में नवीन नवोन्मेषों में विश्वभर के लोगों के जीवन को कृषि, पर्यावरण संरक्षण, स्वास्थ्य देखभाल, व्याधि-उपचारण, बिग-डेरा ड्रिवेन जैव-आसूचना तथा औद्योगिक जैव-तकनीक के क्षेत्र में लाभान्वित करने की क्षमता है। इसके अलावा स्टेम-सेल अनुसंधान, भ्रूण-अनुसंधान, जीवन अभियांत्रिकी, संश्लेषण बायोलॉजी तथा ऊतक अभियांत्रिकी के क्षेत्र भी भविष्य के परिप्रेक्ष्य में काफी लाभदायी सिद्ध होंगे। जैव तकनीकी के क्षेत्र में विभिन्न हालिया पहले भी हुई हैं जैसे कि पादपों में ट्रॉसजेनिक अनुसंधान संवर्धन जिसमें पीड़तों तथा व्याधि प्रतिरोध, पोषक गुणवत्ता, सिवकवर्म जीनोम विश्लेषण आदि का संवर्धन, राष्ट्रीय बायोफार्मा की शुरुआत, मलेरिया व डेंगू वैक्सीन का निर्माण, बायोटेक-किसान स्कीम लाँचिंग, बायो-मास से एथेनॉल का उत्पादन तथा बायो-सी.एन.जी. आदि। बायो-तकनीकी में उन्नति से आनुवंशिकी प्रक्रिया तथा जीन अभिव्यक्ति को बेहतर समझने में सहायता होगी, विभिन्न बीमारियों के उपचार तथा मुख्य रूप से आनुवंशिक

विकारों को समझने में सहायता मिलेगी। उपरोक्त विभिन्न उन्नति के कार्य बायो-टेक्नोलॉजी की गतिविधियों के मार्ग को प्रशस्त करेंगे।

बायोफार्मा

- भारत सरकार ने बायोटेक्नोलॉजी विभाग की सहायता से राष्ट्रीय बायो फार्मा मिशन शुरू किया है तथा यह मिशन मई 2017 में कुल उपयोग लागत के रूप में 250 मिलियन डॉलर की राशि स्वीकृति के साथ मंत्रिमंडल स्वीकृति से लागू हो गया है। यह लागत विश्व बैंक के 50% राशि सहयोग से होगी। अत: संवहनशील स्वास्थ्य देखभाल के मध्य आने वाली बाधाओं की प्रमुख चिंताओं को दूर करने तथा वैश्विक प्रतिस्पर्धी बायोफार्मास्युटिकल उद्योग सृजित करने के लिए संघीय विज्ञान एवम् तंकनीकी मंत्रालय ने 30 जून, 2017 को इनवोशन इन इंडिया के 13 कार्यक्रम (राष्ट्रीय बायोफार्मा मिशन) लाँच किये हैं।
- भारत सरकार के इस फ्लैगशिप कार्यक्रम में विश्व बैंक के सहयोग से 250 मिलियन डॉलर के वित्त पोषण सहित बायोटेक्नोलॉजी इण्डस्ट्री रिसर्च एसिसटेंस कौंसिल (BIRAC), जो डी.बी.टी. द्वारा स्थापित एक सार्वजनिक क्षेत्र का उद्यम है, कार्यक्रम को भी लागू करेगा। इस मिशन का उद्देश्य ऐसे पारितंत्र का विकास करना है जो उद्यमशीलता तथा स्वदेशी दवा निर्माण का संवर्धन करे तथा देश को संवहनीय व प्रभावी बायोफार्मास्यूटिकल उत्पादों के विकास के लिए भारत को एक हब बनाने को प्रतिबद्ध हो। यह बायो-फार्मास्यूटिकल के आरंभिक विकास के अनुसंधान विकास में तेजी लाएगा। यह कार्यक्रम विशेष रूप से नई वैक्सीन के विकास, बायो-थेरेप्यूटिक्स, डायग्नोटिक्स तथा मेडिकल डिवाईसेज के विकास पर ध्यान केंद्रित करेगा ताकि देश पर बढ़ते व्याधि-भार से निपटा जा सके। यह एक्सीलेंस के आई-बायो-कलस्टर्स नेटवर्क के साथ-साथ परिणामों की मात्रा तथा गुणवत्ता में भी सुधार करेगा।

वास्तव में इस मिशन का महत्व बायोटेक्नोलॉजी विभाग द्वारा घोषित की गई राष्ट्रीय बायोटेक्नोलॉजी विकास रणनीति 2015-20 है जिसका उद्देश्य देश में बायोटेक इण्डस्ट्री को 2025 तक 100 बिलियन डॉलर की इण्डस्ट्री बनाना है।

6. बढ़ती ऊर्जा आवश्यकताओं के चलते क्या भारत को अपने आणविक ऊर्जा कार्यक्रमों के विस्तार को जारी रखना चाहिए? आणविक ऊर्जा से जुड़े तथ्यों व आशंकाओं की चर्चा कीजिए। *(250 शब्द)*

उत्तर भारत को अपने आणविक ऊर्जा कार्यक्रमों के विस्तार को निरंतर रखना चाहिए। इस के पीछे प्रमुख कारण निम्नलिखित हैं:

- भारत, अमेरिका, चीन तथा रूस के बाद विश्व का चौथा सबसे बड़ा उपभोक्ता हैं, परंतु व्यापक ऊर्जा संसाधनों की क्षमता से लैस नहीं है। अत: भारत को अपनी विकास आवश्यकताओं की पूर्ति के लिए उपलब्ध घरेलू सभी संसाधनों; यथा-कोयला, यूरेनियम, तेल, जल तथा अन्य पुनर्नवीकरण संसाधनों से ऊर्जा प्राप्त करनी होगी।
- भारत की ऊर्जा निर्धनता एक बड़ी चुनौती है। सर्वेक्षण के अनुसार, 19% भारतीय जनसंख्या बिजली की पहुँच से दूर है।
- भारत में ऊर्जा का प्रमुख स्रोत कोयला है, किंतु यह ग्रीन हाउस गैसों (मुख्यत: CO_2) के उत्सर्जन में वृद्धि करता है जो जलवायु परिवर्तन का प्रमुख कारण है तथा वैश्विक तापन में अपनी अहम भूमिका अदा करता है। अत: आज़ की जरूरत इस कोयले को आंशिक अथवा पूर्णतया प्रतिस्थापन करना है।
- जलवायु परिवर्तन को लेकर हुए कॉप-21 की बैठक में निर्धारित जलवायु परिवर्तन हेतु पेरिस समझौता उत्सर्जन मुक्ति युक्त ऊर्जा उत्पादन पर बल देता है, आणविक ऊर्जा उत्सर्जन रहित ऊर्जा उत्पादन है।
- यूनाईटेड नेशंस, फ्रेमवर्क कन्वेंशन ऑन क्लाईमेट चेंज (UNFCCC) के प्रति भारत का राष्ट्रीय प्रतिबद्धता सहयोग (NDC) ने भी 2030 तक अपने अर्थव्यवस्था सघनता के कार्बन उत्सर्जन में 33-35% तक की कमी लाने की प्रतिबद्धता दर्शायी है तथा इसी समय के दौरान स्वच्छ ऊर्जा क्षमता में 40% तक की वृद्धि करने को प्रतिबद्ध है।
- भारत अपने आणविक ऊर्जा गृह तथा पार्क में विस्तार कर रहा है। एन.पी.सी.आई.एल. के अनुसार, भारत की ईंधन स्थिति में जीवाश्म ईंधन की कमी को आणविक ऊर्जा से प्रतिस्थापित किया जा सकता है, जो भारत के महत्वाकांक्षी लक्ष्य, 2050 तक कुल ऊर्जा उत्पादन में 25% आणविक ऊर्जा का योगदान है।

आणविक ऊर्जा के खतरे/आशंकाएँ

1. **उच्च आरंभिक पूंजी लागत:** आणविक ऊर्जा प्लांट की आरंभिक लागत बिलियन डॉलर्स में होती है तथा पॉवर प्लांट के पार्ट्स की लागत भी बहुत ज्यादा है।
2. **रेडियोसक्रिय अपशिष्ट:** रेडियोसक्रिय अपशिष्ट, न्यूक्लियर प्लांट ईंधन प्रसंस्करण संयंत्रों, अनुसंधान क्षेत्रों तथा अस्पतालों का अपशिष्ट उत्पाद है तथा यह आणविक रियेक्टरों एवम् युक्तियों के निपटारा करने के दौरान भी उत्पादित होता है। आणविक अपशिष्ट का निपटारा तथा भण्डारण एक विकराल समस्या है।
3. **आणविक ईंधन की कमी:** नाभिकीय ईंधन के स्त्रोत जैसे यूरेनियम भण्डार आदि सीमित है तथा विश्व के कुछ ही देशों के कुछ भागों तक सीमित हैं। इसके अलावा नाभिकीय ईंधन के प्रसंस्करण तथा न्यूक्लियर प्लांट की स्थापना के लिए अंतर्राष्ट्रीय प्राधिकरणों से अनुमति की आवश्यकता होती है।
4. **आणविक हथियार:** यह भी आशंकाऐं हैं कि आणविक ऊर्जा उत्पादन के लिए नाभिकीय ईंधन का प्रयोग नाभिकीय हथियार बनाने के लिए भी किया जा सकता है जो विनाशकारी प्रभाव उत्पन्न कर सकता है।
5. **विकिरण दुर्घटनाएं:** नाभिकीय ऊर्जा उत्पादन के दौरान उत्पन्न रेडियोसक्रिय तत्व मानव जीवन तथा पर्यावरण के लिए एक सबसे बड़ा खतरा है। फुकुशिमा ईची न्यूक्लियर पॉवर प्लांट रेडियोसक्रिय आपदा, जापान तथा चर्नोबिल आणविक विभीषिका आदि इसके कुछ उदाहरण हैं।

2019 मुख्य परीक्षा प्रश्नोत्तर [2019 Main Questions & Answers]

7. भारत का अपना अंतरिक्ष स्टेशन रखने की योजना क्या है और इससे हमारे अंतरिक्ष कार्यक्रम को क्या लाभ होगा?
(150 शब्द)

उत्तर भारत 2030 तक अमेरिका, रूस और चीन के लीग में एक कुलीन अंतरिक्ष क्लब में शामिल होकर अपना खुद का अंतरिक्ष स्टेशन शुरू करने की योजना बना रहा है। अब तक, इंटरनेशनल स्पेस स्टेशन (ISS) पृथ्वी की निम्न कक्षा में एकमात्र पूर्ण रूप से कार्य करने वाला अंतरिक्ष स्टेशन और सबसे बड़ा मानव निर्मित निकाय है। जिन देशों के पास अभी तक स्पेस स्टेशन हैं, वे हैं–अमेरिका, रूस, चीन और राष्ट्रों के एक संघ हैं जो इंटरनेशनल स्पेस स्टेशन (ISS) के मालिक हैं। प्रस्तावित अंतरिक्ष स्टेशन की परिकल्पना 20 टन वजन और एक ऐसी सुविधा के रूप में की गई है जहां अंतरिक्ष यात्री 15-20 दिनों तक रह सकते हैं और इसे पृथ्वी से 400 किमी ऊपर कक्षा में रखा जाएगा।

अंतरिक्ष स्टेशन

एक अंतरिक्ष स्टेशन एक रहने योग्य अंतरिक्ष यान है जो मानव चालक दल का समर्थन करने में सक्षम है और अंतरिक्ष में रहने के लिए डिजाइन किया गया है। अंतरिक्ष स्टेशन को कक्षीय स्टेशन भी कहा जाता है। यह पृथ्वी की परिक्रमा करता है। मूल रूप से, यह अंतरिक्ष में एक बड़ा अंतरिक्ष यान या मानव निर्मित स्टेशन है, जहां अंतरिक्ष यात्री रहते हैं और पृथ्वी से कई अंतरिक्ष यान भी प्राप्त करते हैं। यह एक तरह की साइंस लैब है, कई देशों ने इसे बनाने और इसका इस्तेमाल करने के लिए मिलकर काम किया। संयुक्त राज्य अमेरिका (यू.एस.) और रूस ने 1971 से अंतरिक्ष स्टेशनों की परिक्रमा की है। पहले अंतरिक्ष स्टेशन रूसी साल्युट कार्यक्रम, यू.एस. स्काईलैब कार्यक्रम और रूसी मीर कार्यक्रम थे।

भारतीय अंतरिक्ष स्टेशन

भारतीय अंतरिक्ष स्टेशन अंतर्राष्ट्रीय अंतरिक्ष स्टेशन की तुलना में बहुत छोटा (20 टन का द्रव्यमान) होगा और इसका उपयोग माइक्रोग्रैविटी के प्रयोगों (अंतरिक्ष पर्यटन के लिए नहीं) के लिए किया जाएगा। अंतरिक्ष स्टेशन के लिए प्रारंभिक योजना अंतरिक्ष में 20 दिनों तक अंतरिक्ष यात्रियों को समायोजित करने के लिए है और परियोजना गगनयान मिशन का विस्तार होगी। यह लगभग 400 किमी की ऊँचाई पर पृथ्वी की परिक्रमा करेगा। इसरो (भारतीय अंतरिक्ष अनुसंधान संगठन) अंतरिक्ष डॉकिंग प्रयोग (स्पैन्डेक्स) पर काम कर रहा है। स्पेस डॉकिंग एक ऐसी महत्वपूर्ण तकनीक है जो मानव को एक अंतरिक्ष यान से दूसरे अंतरिक्ष यान में स्थानांतरित करने की अनुमति देती है।

महत्व

अंतरिक्ष प्रौद्योगिकियों में अग्रणी के रूप में अपनी स्थिति को मजबूत करने और युवा दिमाग को वैज्ञानिक क्षेत्रों में रुचि लेने के लिए प्रेरित करने के लिए, भारत ने सूर्य और शुक्र का अध्ययन करने के लिए अलग-अलग मिशनों के लिए अपना खुद का अंतरिक्ष स्टेशन बनाने की योजना बना रहा है। संचार, कृषि प्रबंधन, आपदा प्रबंधन, भूमि प्रबंधन जैसे कई क्षेत्रों में हमारे जीवन पर अंतरिक्ष प्रौद्योगिकी के प्रभाव को समझना महत्वपूर्ण है और विशेष रूप से जैविक प्रयोगों के लिए सार्थक वैज्ञानिक डेटा एकत्र करने के लिए आवश्यक है। यह अन्य अंतरिक्ष वाहनों की तुलना में अधिक संख्या और वैज्ञानिक अध्ययन की लंबाई के लिए मंच प्रदान करता है। अंतरिक्ष स्टेशनों का उपयोग मानव शरीर पर दीर्घकालिक अंतरिक्ष उड़ान के प्रभावों का अध्ययन करने के लिए किया जाता है। अंतरिक्ष स्टेशन पुन: प्रयोज्य रॉकेट, इन-ऑर्बिट डॉकिंग सिस्टम और मानवयुक्त मिशनों के विकास में तेजी लाने में मदद करेगा और अन्य अंतरिक्ष यान को डॉक करने के साथ-साथ क्रॉस-कोऑपरेशन प्रयोगों की अनुमति देने के लिए नए अवसर पैदा करेगा। अंतरिक्ष स्टेशन की प्रयोगशालाएं चालक दल के सदस्यों को अनुसंधान करने की अनुमति देती हैं जो कहीं और नहीं किया जा सकता था। यह वैज्ञानिक अनुसंधान पृथ्वी पर लोगों को लाभान्वित करता है। अंतरिक्ष अनुसंधान का उपयोग रोजमर्रा की जिंदगी में भी किया जाता है। परिणाम 'स्पिनऑफ' कहे जाने वाले उत्पाद हैं। वैज्ञानिक यह भी अध्ययन करते हैं कि जब लोग लंबे समय तक माइक्रोग्रैविटी में रहते हैं तो शरीर का क्या होता है।

8. साइबर डोम प्रोजेक्ट क्या है? बताएं कि भारत में इंटरनेट अपराधों को नियंत्रित करने में यह कैसे उपयोगी हो सकता है।
(150 शब्द)

उत्तर साइबर डोम परियोजना केरल पुलिस विभाग का एक तकनीकी अनुसंधान और विकास केंद्र है, जिसकी कल्पना साइबर सुरक्षा में उत्कृष्टता के एक साइबर केंद्र के साथ-साथ प्रभावी पुलिसिंग के लिए प्रौद्योगिकी वृद्धि के रूप में की जाती है।

यह एक उच्च तकनीक सार्वजनिक-निजी भागीदारी केंद्र के रूप में साइबर सुरक्षा और विभिन्न अपराधों से निपटने के लिए सक्रिय रूप से साइबर अपराधों से निपटने के लिए सहयोग की परिकल्पना करता है।

भारत ने सूचना प्रौद्योगिकी (आईटी) अधिनियम, 2000 के तहत वर्ष 2011 से 2016 तक साइबर अपराध की घटनाओं में 457% की वृद्धि देखी है। भारत में इन इंटरनेट अपराधों को नियंत्रित करने के लिए Cyber Dome परियोजना उपयोगी हो सकती है। यह परियोजना साइबर हमलों के बढ़ते खतरे से बचाव के लिए देश में एक साइबर खतरे के अनुकूल पारिस्थितिकी तंत्र के विकास के माध्यम से साइबर अपराधों को रोकने में मदद कर सकती है। साइबर क्राइम से प्रभावी तरीके से निपटने के लिए, सरकार ने तेजी से बदलती प्रौद्योगिकी दुनिया को मूर्त रूप देने के लिए निजी क्षेत्र और शिक्षाविदों के साथ सहयोग किया है।

- साइबर डोम एक ऑनलाइन पुलिस गश्ती के रूप में कार्य करेगा। एंटी-साइबर टेरर सेल और एक साइबर सुरक्षा प्रशिक्षण इकाई के माध्यम से, इसके अधिकारी सोशल नेटवर्किंग साइटों सहित अपनी ऑनलाइन गतिविधियों की निगरानी करके ऑनलाइन वास्तविक समय और ट्रैक भगोड़ों पर विभिन्न साइबर खतरों पर खुफिया जानकारी उत्पन्न करेंगे।

- यह चुराए गए और खोए हुए वाहनों और यात्रा दस्तावेजों का एक डिजिटल रिपॉजिटरी बनाएगा, मनी लॉन्ड्रिंग को रोकने के लिए ऑनलाइन भुगतान को ट्रैक करेगा और संदिग्ध संगठनों को धन की चैनलाइजिंग और साइबर सुरक्षा सलाह जारी करेगा।
- साइबर डोम में सोशल मीडिया जागरूकता, इंटरनेट पर बच्चों की सुरक्षा, इंटरनेट निगरानी और सेवा वितरण में आईसीटी (सूचना और संचार प्रौद्योगिकी) के केंद्र होंगे।
- RBI, बैंकों, पेमेंट गेटवे और अन्य वॉलेट समूहों के सहयोग से साइबर डोम वित्तीय धोखाधड़ी से निपट सकता है।
- अपने रैंसमवेयर स्कूल के माध्यम से, साइबर डोम रैंसमवेयर संक्रमण को समझ, विश्लेषण और कम कर सकते हैं, रैंसमवेयर से निपटने के लिए मानक संचालन प्रक्रिया बना सकते हैं, साथ ही सरकारी विभागों में रैंसमवेयर और इसके एहतियाती कदमों के बारे में लोगों में जागरूकता पैदा कर सकते हैं।
- साइबर डोम से अपेक्षा की जाती है कि वे सूचना प्रौद्योगिकी के क्षेत्र में प्रगति का उपयोग करते हुए साइबर से संबंधित अपराधों के मामलों में महत्वपूर्ण सुराग हासिल कर सकें।
- साइबर डोम ने सोशल इंजीनियरिंग का उपयोग कट्टरपंथी समूहों पर अतिवादी गतिविधियों के लिए जाल का इस्तेमाल करने के लिए अपनी पुलिसिंग रणनीति के लिंचपिन के रूप में किया है।
- साइबर डोम ने ब्लूव्हेल जैसे ऑनलाइन गेम के खिलाफ सफल प्रचार युद्ध छेड़ दिया है।

9. दवा कंपनियों द्वारा पेटेंट से दवा के पारंपरिक ज्ञान की रक्षा भारत सरकार कैसे कर रही है? *(250 शब्द)*

पारंपरिक चिकित्सा में पारंपरिक ज्ञान (टीके) के चिकित्सा पहलू शामिल हैं जो आधुनिक चिकित्सा के युग से पहले विभिन्न समाजों में पीढ़ियों से विकसित हुए हैं। भारत में आयुर्वेद, सिद्ध और विविध जनजातीय प्रथाओं से उत्पन्न पारंपरिक प्रथाओं का एक विविध समूह है, जो पीढ़ी-दर-पीढ़ी विकसित हुआ है।

पारंपरिक ज्ञान के संरक्षण में शामिल मुद्दे

पारंपरिक ज्ञान का गैर-संहिताकरण

आधुनिक चिकित्सा पद्धतियों के प्रभाव से गैर-कोडित पारंपरिक ज्ञान अपनी प्रासंगिकता खोने के लिए कमजोर हैं।

जैव प्रौद्योगिकी कंपनियों द्वारा पारंपरिक ज्ञान का पेटेंट

भारत में जैव-चोरी के विभिन्न मामले उठाए गए जहां बायोटेक कंपनियों ने पारंपरिक ज्ञान का उपयोग उत्पादों को विकसित करने और पेटेंट जारी करने के लिए किया। जैसे- जीवनी खेल दवा कानी जनजाति के पारंपरिक ज्ञान से ली गई थी।

पारंपरिक ज्ञान से पहुंच और लाभ साझा करना

व्यक्तिगत मालिकों के बजाय पारंपरिक ज्ञान को अक्सर समुदायों द्वारा सामूहिक रूप से आयोजित किया जाता है। इससे लाभ-साझाकरण मुश्किल हो जाता है।

पारंपरिक ज्ञान के संरक्षण के लिए अपर्याप्त अंतर्राष्ट्रीय नियमः

पारंपरिक ज्ञान की सामुदायिक प्रकृति के कारण, यह अंतर्राष्ट्रीय स्तर पर स्पष्ट रूप से मान्यता प्राप्त नहीं है।

पारंपरिक ज्ञान की सुरक्षा के लिए सरकार के कदम

कानूनी कदम

- **जैविक विविधता अधिनियम (Biological Diversity Act) :** इसमें आनुवंशिक संसाधनों के उपयोग से उत्पन्न होने वाले लाभों के उचित और न्यायसंगत बंटवारे का प्रावधान है।
- **वन अधिकार कानून 2006 (Forest Rights Act, 2006):** यह वन संसाधनों पर सामुदायिक अधिकारों को प्रदान करता है। यह पारंपरिक रूप से स्वामित्व वाले ज्ञान और प्रथाओं के संरक्षण में मदद कर सकता है। यह जनजातीय समुदाय की आजीविका की रक्षा और संवर्धन भी करता है जो अकसर उनकी ज्ञान प्रणाली और वन उपज पर आधारित होता है।
- **सामान का भौगोलिक संकेत (पंजीकरण और संरक्षण) अधिनियम, 1999 [The Geographical Indication of Goods (Registration and Protection) Act, 1999]:** यह एक विशेष भौगोलिक क्षेत्र से जुड़े पारंपरिक ज्ञान के धारकों को एक सामूहिक अधिकार प्रदान करता है।

कदम

- **आयुष मंत्रालयः** आयुर्वेद, योग, प्राकृतिक चिकित्सा, यूनानी, सिद्ध, होम्योपैथी, सोवा-रिगपा (पारंपरिक तिब्बती चिकित्सा), और अन्य स्वदेशी चिकित्सा प्रणालियों में शिक्षा और अनुसंधान।
- **नीतिगत उपाय, पहल और परियोजनाएं (Policy Measures, Initiatives and Projects):** पारंपरिक ज्ञान डिजिटल लाइब्रेरी (TKDL): यह पारंपरिक ज्ञान का भंडार है, विशेष रूप से औषधीय पौधों और भारतीय चिकित्सा पद्धति में प्रयुक्त योगों का।
- **राष्ट्रीय आयुष मिशनः** यह आयुष चिकित्सा पद्धतियों, गुणवत्ता बढ़ाने और इन प्रथाओं को हमारी स्वास्थ्य प्रणाली के लिए मुख्यधारा में लाने को बढ़ावा देता है। यह आयुष चिकित्सा प्रणाली की शिक्षा और जागरूकता को भी बढ़ावा देता है।

  आयुर्वेद, यूनानी, होम्योपैथी, सिद्ध के क्षेत्रों में भारत भर में अनुसंधान केंद्र और राष्ट्रीय संस्थान बनाए गए हैं।

भारत ने पेटेंट खोज और परीक्षा के लिए पारंपरिक ज्ञान डिजिटल लाइब्रेरी (TKDL) डेटाबेस का उपयोग करने के लिए अंतर्राष्ट्रीय पेटेंट कार्यालयों में पेटेंट परीक्षकों को देकर अमान्य पेटेंट के अनुदान को रोकने के लिए यूनाइटेड किंगडम बौद्धिक संपदा कार्यालय और संयुक्त राज्य अमेरिका जैसे अन्य देशों के पेटेंट कार्यालय के साथ समझौतों पर भी हस्ताक्षर किए हैं।

आधुनिक दवाओं के बढ़ते दुष्प्रभाव, प्रतिकूल दवा प्रतिक्रियाओं और लागत कारक के कारण पारंपरिक दवाओं में रुचि तेजी से बढ़ रही है। इसलिए विभिन्न पारंपरिक ज्ञान प्रथाओं के बारे में जागरूकता और विकास उनके मुख्यधारा पर ध्यान केंद्रित करने के साथ किया जाना चाहिए ताकि अच्छी आजीविका सहायता अपनी क्षमता को पुनः प्राप्त कर सकें, खासकर

आदिवासियों के लिए। इसके अलावा, एक सुइ-जेनिस (sui-generis) प्रणाली विकसित की जानी चाहिए जो पारंपरिक ज्ञान की विविध प्रकृति को पहचान सके और उन्हें पर्याप्त कानूनी और व्यावसायिक सुरक्षा प्रदान कर सके।

10. जैव प्रौद्योगिकी से किसानों के जीवन स्तर में सुधार कैसे हो सकता है? ***(250 शब्द)***

भारत में, आबादी का अधिकांश हिस्सा कृषि में शामिल है, लेकिन यह पर्याप्त रूप से पारिश्रमिक नहीं है, खासकर उन क्षेत्रों में जो हरित क्रांति के चरणों से नहीं गुजरे। इस परिदृश्य में, जैव प्रौद्योगिकी कृषि को बदलने की अच्छी क्षमता रखती है। यह उत्पादन शृंखला के सभी चरणों को प्रभावित कर सकता है, एग्रोकेमिकल निवेश से लेकर अंतिम खाद्य प्रसंस्करण तक।

जैव प्रौद्योगिकी के तहत, पौधों, बैक्टीरिया, कवक और जानवर जिनके जीन में हेरफेर (रिकॉम्बिनेंट डीएनए प्रौद्योगिकी) द्वारा बदल दिया गया है, उन्हें आनुवंशिक रूप से संशोधित जीव (जीएमओ) कहा जाता है। जीएमओ तकनीक ने कृषि और इससे संबंधित क्षेत्रों में महत्वपूर्ण बदलाव लाए हैं।

ऊतक संवर्धन एक तैयार माध्यम में पशु / पौधे के ऊतक की खेती का विज्ञान है। फसल आधारित उद्देश्यों को प्राप्त करने के लिए इस पर आधारित प्रौद्योगिकियों का उपयोग किया जा सकता है।

फसलों को अजैविक तनावों (ठंड, सूखा, नमक, गर्मी) के प्रति अधिक सहिष्णु बनाया गया है ताकि किसानों को मौसम की स्थिति के बारे में चिंता न करनी पड़े और पौधों को पर्यावरणीय तनाव और जलवायु परिवर्तन के अनुकूल बनाने में मदद मिल सके।

इसने रासायनिक कीटनाशकों (कीट-प्रतिरोधी फसलों) पर निर्भरता कम कर दी है, जो किसानों के लिए पॉकेट-फ्रेंडली है और पारिस्थितिकी तंत्र के हानिकारक रसायनों को समाप्त करके उपभोक्ता के लिए पर्यावरण-अनुकूल है।

कटाई के बाद परिवहन अवधि का सामना करने के लिए फसलों की क्षमताओं को बढ़ाकर फसल के बाद के नुकसान को कम किया गया है।

पौधों द्वारा खनिज उपयोग की दक्षता इसके द्वारा बढ़ाई गई है (यह मिट्टी की उर्वरता की प्रारंभिक थकावट को रोकता है), इसलिए भूमि का एक टुकड़ा लंबे समय तक समान रूप से अच्छी पैदावार के लिए इस्तेमाल किया जा सकता है।

इसने भोजन के पोषण मूल्य को बढ़ाया है (जैसे- विटामिन ए समृद्ध चावल) जो उत्पाद के बाजार मूल्य को बढ़ाता है, किसानों को लाभ पहुँचाता है और मानव स्वास्थ्य में सुधार करता है।

जैव प्रौद्योगिकी का उपयोग करके विकसित किए गए पौधे स्वाभाविक रूप से विशिष्ट कीटों, खरपतवार पौधों और बीमारियों का विरोध करते हैं ताकि इन कारणों से फसल का नुकसान न हो (बीटी फसलों की तरह)।

इसके अतिरिक्त, इसका उपयोग उद्योगों के लिए वैकल्पिक संसाधनों की आपूर्ति करने के लिए टेलर पौधों के निर्माण के लिए किया गया है, जो स्टार्च, ईंधन और फार्मास्यूटिकल्स आदि के रूप में जो किसानों को उत्थान करने वाले कृषि-औद्योगिक संबंधों को बढ़ावा दे सकते हैं।

जैव प्रौद्योगिकी के लाभ विशेष रूप से ऐसे समय में सार्थक हैं जब हमारी वैश्विक आबादी बढ़ रही है और भोजन की हमारी मांग बढ़ रही है, मुख्य रूप से विकासशील देशों में। जैव प्रौद्योगिकी किसानों को पर्यावरण की दृष्टि से स्थायी कृषि पद्धतियों का उपयोग करके कम भूमि पर अधिक भोजन विकसित करने की अनुमति देती है जो उनके लिए एक अच्छी आय और बेहतर जीवन स्तर के लिए आवश्यक है। जैव प्रौद्योगिकी बढ़ती दुनिया की आबादी को खिलाने के लिए एक शक्तिशाली उपकरण है, लेकिन इसकी 'सकारात्मक और नकारात्मक क्षमता' का सावधानीपूर्वक मूल्यांकन किया जाना चाहिए।

2020 मुख्य परीक्षा प्रश्नोत्तर [2020 Main Questions & Answers]

11. नैनोटेक्नोलॉजी से आप क्या समझते हैं और यह स्वास्थ्य क्षेत्र में कैसे मदद कर रहा है?

उत्तर नैनोटेक्नोलॉजी नैनो पैमाने पर पदार्थ की समझ और नियंत्रण है, जहां अद्वितीय परिघटनाएं नवीन अनुप्रयोगों को सक्षम बनाती हैं। नैनोटेक्नोलॉजी के अनुप्रयोग व्यापक रूप से औद्योगिक, औषधीय से लेकर ऊर्जा उपयोग तक हैं।

1. **कैंसर की संसूचना व उपचार:** न्यूक्लिक एसिड के लक्षित अनुक्रमों का पता लगाने हेतु जांच के रूप में स्वर्ण नैनोकणों का प्रयोग।
2. **दवा वितरण:** दवा को सीधे कैंसर कोशिकाओं तक पहुंचाना।
3. **इमेजिंग एवं निदान (डायग्नोस्टिक) उपकरण:** अधिक व्यक्तिगत उपचार विकल्प तथा बेहतर चिकित्सीय सफलता दर हेतु शीघ्र निदान का मार्ग प्रशस्त करना।
4. निदान व उपचार उपलब्ध कराना।
5. **आनुवंशिकी:** नवीन जीन अनुक्रमण प्रौद्योगिकियों का विकास करना।
6. पुनर्योजी दवा बनाना।
7. वैक्सीन का विकास करना।
8. **स्मार्ट गोलियां:** फार्मास्युटिकल गोलियां संवेदी, इमेजिंग एवं दवा वितरण जैसे अधिक उन्नत कार्य करती हैं।
9. **नैनोबॉट्स:** माइक्रो-स्केल रोबोट, जो अनिवार्य रूप से लघु सर्जन के रूप में कार्य करते हैं।
10. **नैनोफाइबर:** घाव ड्रेसिंग तथा शल्य चिकित्सा वस्त्रों में नैनोफाइबर का उपयोग किया जा रहा है।

हालांकि, विषाक्तता, जैव रासायनिक मार्गों पर नैनोकणों के प्रभाव के बारे में उचित ज्ञान की कमी तथा महंगी प्रक्रियाएं एवं उपचार उन्हें कम वांछनीय बनाते हैं।

28. विज्ञान हमारे जीवन में गहराई तक कैसे गुथा हुआ है? विज्ञान-आधारित प्रौद्योगिकियों द्वारा कृषि में उत्पन्न हुए महत्वपूर्ण परिवर्तन क्या हैं?

उत्तर अधिकांश लोगों का मानना हैं कि विज्ञान सबसे बड़ा सामूहिक प्रयास है। सूक्ष्म से लेकर वृहद स्तर तक, विज्ञान एवं प्रौद्योगिकी मानव जीवन के

लगभग हर पहलू को प्रभावित करते हैं। कृषि में परिवर्तन विज्ञान-आधारित प्रौद्योगिकियों की भूमिका एक ऐसा ही उदाहरण है।

कृषि पर विज्ञान-आधारित प्रौद्योगिकियों का प्रभाव

- **हरित क्रांति:** भारत ने खाद्यान्न उत्पादन में आत्मनिर्भरता प्राप्त की है।
- **जीएम फसलें:** आनुवंशिक रूप से रूपांतरित (GM) फसलों ने उत्पादकता और खाद्य सुरक्षा में वृद्धि की है।
- **सटीक कृषि:** सूचना एवं संचार प्रौद्योगिकियां तथा गतिशील (मोबाइल) प्रौद्योगिकी फसल सिंचाई प्रणालियों की निगरानी व नियंत्रण में महत्वपूर्ण भूमिका निभा रही है।
- **सतत कृषि:** विश्वभर में कृषि के व्यावसायीकरण ने रासायनिक उर्वरकों के बढ़ते उपयोग, व्यापक मशीनीकरण आदि को जन्म दिया है। इस प्रकार की कृषि पर्यावरण के लिए हानिकारक साबित हुई है।
- कृषि विज्ञान में चल रहे शोध कृषि को अधिक टिकाऊ बना सकते हैं।

विज्ञान और प्रौद्योगिकी वरदान है या अभिशाप, यह कभी न खत्म होने वाला परिचर्चा का विषय है। कृषि में प्रौद्योगिकी के भविष्य की भविष्यवाणी करना मुश्किल है, लेकिन कई आशाजनक प्रचलन तथा पायलट परियोजनाएं इसमें निहित हैं।

12. साइबर अपराध के विभिन्न प्रकारों और इस खतरे से लड़ने के आवश्यक उपायों की विवेचना कीजिए?

उत्तर साइबर अपराध इंटरनेट प्लेटफॉर्म पर या इंटरनेट आधारित सेवाओं का उपयोग करके की जाने वाली आपराधिक गतिविधियां हैं। उन्हें उभरते खतरों में से एक माना जाता है, जिन्होंने समाज में शांति व संयम को प्रभावित किया है।

विभिन्न प्रकार के साइबर अपराध

- **उत्पीड़न एवं ब्लैकमेल करना** - युवा सदस्यों या कमजोर वर्गों के कार्यों को प्रभावित करने के लिए इंटरनेट और सोशल मीडिया का उपयोग करना। उदाहरण: ब्लू व्हेल चुनौती।
- **फेक न्यूज** - ये सांप्रदायिक होने के साथ-साथ संवेदनशील मुद्दे भी हो सकते हैं। उदाहरण: बच्चे के अपहरण की फेक न्यूज।
- **वित्तीय धोखाधड़ी** - डिजिटल रूप से निरक्षर लोगों को लक्षित कर उनकी बचत को धोखा-धड़ीपूर्वक ऐंठना। उदाहरण: लॉटरी मेल।
- **आतंकवादी भर्ती** - उदाहरण: इंटरनेट का उपयोग करके आईएसआईएस की भर्ती।

खतरे से निपटान हेतु उपाय

- डिजिटल साक्षरता।
- माता-पिता की निगरानी।
- प्राधिकरण की निगरानी - समाज के लिए खतरनाक सामग्री जैसे सांप्रदायिक पोस्ट, आतंकवादी समूह, फर्जी समाचार आदि को विशेष उद्देश्य के लिए स्थापित प्राधिकरण द्वारा हटाया जाना चाहिए।

इस प्रकार, साइबर अपराधों को गंभीरता से लेना होगा क्योंकि जैसे-जैसे इंटरनेट अधिक सुलभ होगा, ऐसे कई संभावित खतरे सामने आ सकते हैं।

13. कोविड-19 महामारी ने विश्वभर में अभूतपूर्व तबाही उत्पन्न की है। तथापि, इस संकट पर विजय पाने के लिए प्रौद्योगिकीय प्रगति का लाभ स्वेच्छा से लिया जा रहा है। इस महामारी के प्रबन्धन के सहायतार्थ प्रौद्योगिकी की खोज कैसे की गई, उसका एक विवरण दीजिए?

उत्तर कोविड-19 महामारी बायोमेडिकल की तुलना से कहीं ज्यादा सामाजिक, आर्थिक एवं राजनीतिक परिघटना है। तीव्र प्रसार की क्षमता तथा जीवन व आजीविका पर इसके दुष्प्रभावों के कारण, महामारी हाल के मानव इतिहास में सबसे खराब मानवीय संकटों में से एक बन गई।

महामारी का प्रौद्योगिकीय सहायता प्रबंधन

- **कोविड-19 उपकरण तक पहुंच (ACT)** - यह त्वरित विकास, उत्पादन एवं कोविड-19 जांच, उपचार तथा टीकों तक समान पहुंच हेतु एक अग्रणी अंतरराष्ट्रीय टीम वर्क है।
- **'आरोग्य सेतु' ऐप** - कोविड-19 रोगियों को ट्रैक करने हेतु विकसित किया गया।
- **प्रधानमंत्री नवाचार चुनौती** - वायरस से लड़ने के लिए नए प्रौद्योगिकीय समाधान प्रदान करने हेतु व्यक्तियों, स्टार्टअप्स तथा कंपनियों से आवेदन आमंत्रित करना।
- **को-विन या कोविड-19 वैक्सीन इंटेलिजेंस नेटवर्क** - यह इलेक्ट्रॉनिक वैक्सीन इंटेलिजेंस नेटवर्क (eVIN) का एक विस्तार है - जो कोविड वैक्सीन वितरण प्रणाली को प्रभावी ढंग से शुरू करने और प्रवर्धन हेतु डिजिटाइज्ड प्रौद्योगिकीय मंच है।
- **टाटा क्रिस्पर** - कोविड-19 उत्पन्न करने वाले वायरस की सफलतापूर्वक पहचान करने हेतु विशेष रूप से अनुकूलित कैस-9 प्रोटीन को प्रभावी कार्रवाई में लाने के लिए विश्व का प्रथम नैदानिक परीक्षण है।
- **कोविड-19 स्वास्थ्य संकट से युद्ध परिवर्धन के लिए केंद्र (कवच)** - कोविड-19 को नियंत्रित करने के लिए नवाचारों को लक्षित करने वाले संभावित स्टार्ट-अप का समर्थन करता है।
- एआई सक्षम माईजीओवी (MyGov) कोरोना हेल्पडेस्क - बेहतर पहुँच एवं जुड़ाव मंच है।
- आरटी-पीसीआर टेस्ट विकसित किया है।
- रैपिड एंटीबॉडी डिटेक्शन टेस्ट विकसित किया है।
- स्वदेशी तकनीक पर आधारित नया वेंटिलेटर विकसित किया है, जैसे-प्राण (PRANA) - वायु (VAYU), रुहदार (Ruhdaar)।
- कोविड-19 राष्ट्रीय दूरभाष-परामर्श केंद्र (कॉनटेक - CoNTeC) विकसित किया है।
- सीपीसीबी का बायोमेडिकल वेस्टट्रैकिंग मोपबाइल एप्लिकेशन जिसे COVID19BWM कहा जाता है।
- पीएम ईविद्या - ऑनलाइन शिक्षा मंच है।

इसके अलावा, कोविड संक्रमण के लिए संभावित मेटाबोलाइट बायोमार्कर हस्ताक्षर की खोज से संबंधित कार्यान्वयन योग्य प्रौद्योगिकियां, संक्रमण के प्रसार के नियंत्रण हेतु एंटीवायरल सतही लेप विकसित करना तथा कोविड-19 के एंटीबॉडी-आधारित प्रग्रहण का विकास अन्य मांग युक्त पहल थीं।

14. पारंपरिक ऊर्जा उत्पादन के विपरीत सूर्य के प्रकाश से विद्युत ऊर्जा प्राप्त करने के लाभों का वर्णन कीजिए। इस प्रयोजनार्थ हमारी सरकार द्वारा प्रस्तुत पहल क्या हैं?

उत्तर

- सौर ऊर्जा पूरे दिन उपलब्ध रहती है,और जो विद्युत की मांग भी इसी समय सर्वाधिक रहती है।
- इसके रूपांतरण उपकरणों की कार्यअवधि अधिक तथा इन्हें कम रखरखाव की आवश्यकता होती है और इसलिए ये उच्च ऊर्जा अवसंरचना सुरक्षा प्रदान करते हैं।
- यह कम परिचालन लागत एवं ग्रिड संबंधित पूँजी प्रतिफल **(नेट मीटरिंग)** हैं।
- कोयले से पारंपरिक ताप विद्युत उत्पादन के विपरीत, ये प्रदूषण का कारण नहीं बनते हैं और स्वच्छ ऊर्जा उत्पन्न करते हैं।
- कोई ओवरहेड तार नहीं- न ही कोई पारेषण हानि है।

सरकार की पहल

- **नवीन और नवीकरणीय ऊर्जा मंत्रालय** - भारत के नवीकरणीय ऊर्जा मुद्दों से निपटने के लिए नोडल एजेंसी है।
- **राष्ट्रीय सौर मिशन** - पारिस्थितिक रूप से सतत विकास को प्रोत्साहित करने की पहल है।
- **भारतीय अक्षय ऊर्जा विकास एजेंसी (IREDA)** - यह एक गैर-बैंकिंग वित्तीय संस्थान है - जो अक्षय ऊर्जा तथा ऊर्जा दक्षता परियोजनाओं हेतु सावधि ऋण प्रदान करती है।
- **राष्ट्रीय सौर ऊर्जा संस्थान** को MoNRE के तहत स्वायत्त संस्थान के रूप में गठित किया गया है, जो शोध एवं विकास हेतु शीर्ष निकाय है।
- **सौर पार्क एवं अल्ट्रा मेजर सौर ऊर्जा परियोजना** की स्थापना तथा ग्रिड कनेक्टिविटी अवसंरचना को बढ़ाना है।
- **कैनाल बैंक एवं कैनाल टैंक सौर अवसंरचना** को प्रोत्साहित करना है।
- यह भारत के सौर परिवर्तन के लिए सतत रूफटॉप कार्यान्वयन (सृष्टि) योजना भारत में रूफटॉप सौर ऊर्जा संयंत्र परियोजनाओं की स्थापना के लिए प्रोत्साहन प्रदान करेगी।
- योग्य कार्यबल तैयार करने के लिए **सूर्यमित्र** कार्यक्रम।
- बड़े ऊर्जा उपभोक्ता ग्राहकों के लिए **अक्षय खरीद दायित्व**।
- राष्ट्रीय हरित ऊर्जा कार्यक्रम तथा **हरित ऊर्जा गलियारा**।

आगे की राह

- सौर परियोजनाओं के वित्तपोषण के लिए मजबूत वित्तीय उपायों की आवश्यकता है, **हरित बांड, संस्थागत ऋण एवं स्वच्छ ऊर्जा कोष** जैसे अभिनव कदम महत्वपूर्ण भूमिका निभा सकते हैं।
- नवीकरणीय या अक्षय ऊर्जा क्षेत्र में, विशेष रूप से भंडारण प्रौद्योगिकी में शोध व विकास को प्रोत्साहित करना है।
- चीन द्वारा सौर उपकरणों की डंपिंग से निपटने हेतु उचित तंत्र प्रदान किया जाना चाहिए।
- नीतिगत निर्णय लेने और कार्यान्वयन में अनावश्यक देरी से बचने हेतु रूपरेखा तैयार करनी चाहिए।
- भारत को **सौर अपशिष्ट प्रबंधन तथा विनिर्माण मानक नीति** की आवश्यकता है।

2021 मुख्य परीक्षा प्रश्नोत्तर [2021 Main Questions & Answers]

15. S-400 हवाई रक्षा प्रणाली, विश्व में इस समय उपलब्ध अन्य किसी प्रणाली की तुलना में किस प्रकार से तकनीकी रूप से श्रेष्ठ है?

उत्तर S-400 (ट्रायम्फ) रूस द्वारा विकसित एक गतिशील (mobile) लंबी दूरी की सतह से हवा में मार करने वाली मिसाइल (LR-SAM) प्रणाली है। इसे विश्व की सबसे उन्नत हवाई रक्षा प्रणालियों में से एक माना जाता है, क्योंकि यह आने वाले हवाई खतरों की एक श्रृंखला को एक साथ भेद व प्रभावहीन कर सकती है।

भारत द्वारा पाँच S-400 मिसाइल हवाई रक्षा प्रणाली की खरीद हेतु रूस के साथ करार किया है।

S-400 विश्व में उपलब्ध अन्य मिसाइल हवाई रक्षा प्रणाली से श्रेष्ठ हैं:

1. यह एक बहु-आयामी रडार, स्वायत्त पहचान एवं लक्ष्यीकरण प्रणाली, विमान भेदी मिसाइल प्रणाली तथा एक कमांड-एंड-कंट्रोल केंद्र को एकीकृत करता है।
2. लक्ष्य को भेद सकता है- यह प्रणाली 30 किमी. तक की ऊँचाई पर 400 किमी. की सीमा के भीतर लक्ष्य को भेद सकता है।
3. S-400 को पैट्रियट द्वारा लिए गए 25 मिनट की तुलना में 5 मिनट में परिचालन हेतु तैनात किया जा सकता है।
4. S-400 की उच्चतम गति 4.8 किमी/सेकंड है। जो कि पैट्रियट के 1.38 किमी/सेकंड से कहीं अधिक है।
5. यह अमेरिका द्वारा विकसित थाड से परिचालन सीमा व लक्ष्य भेदन के मामले में बेहतर है।

चूंकि भारत अपनी पश्चिमी एवं पूर्वी सीमाओं में दो शत्रु पड़ोसी देशों का सामना कर रहा है, इसलिए दोहरे-मोर्चे की भागीदारी की संभावना को नजरअंदाज नहीं किया जा सकता है। इस आलोक में, तथापि S-400 की खरीद से CAATSA के तहत अमेरिकी प्रतिबंधों के भय के बावजूद, यह भारत की रणनीतिक/सामरिक जरूरतों हेतु अपरिहार्य है।

16. अनुप्रयुक्त जैव-प्रौद्योगिकी में शोध तथा विकास-सम्बन्धी उपलब्धियाँ क्या हैं? ये उपलब्धियाँ समाज के निर्धन वर्गों के उत्थान में किस प्रकार सहायक होंगी?

उत्तर जैव-प्रौद्योगिकी, विज्ञान की एक शाखा है, जो हमारे ग्रह के जीवन व स्वास्थ्य को बेहतर बनाने में सहायतार्थ प्रौद्योगिकियों एवं उत्पादों को विकसित करने हेतु जीवकोशीय तथा जैव-आणविक प्रक्रियाओं को जन्म देती है। जैव-प्रौद्योगिकी प्राकृतिक संसाधनों तथा हमारी आनुवंशिक संरचना का उपयोग करके विश्व को स्वस्थ बनाए रखने में सहायक है।

शोध तथा विकास-सम्बन्धी उपलब्धियाँ

- **स्टेम सेल शोध:** स्टेम सेल में असीम रूप से विभाजन तथा किसी जीव की प्रारंभिक विकास अवस्था में विभिन्न प्रकार की शारीरिक कोशिकाओं की पहचान करने की क्षमता होती हैं।
- **मानव जीनोम परियोजना:** मानव डीएनए बनाने वाले न्यूक्लियोटाइड क्षारयुग्म के अनुक्रमण का निर्धारण करते हैं।
- **लक्षित कैंसर उपचार:** स्वस्थ कोशिकाओं को होने वाली क्षति को कम करना।
- **क्रिस्पर (CRISPR):** क्लस्टर्ड रेगुलरली इंटरस्पेस्ड शार्ट पालिंड्रोमिक रिपीट (Clustered Regularly Interspersed Short Palindromic Repeats-CRISPR), चिकित्सकीय शोध में एक अभूतपूर्व उपकरण। एचआईवी शोध इसकी कई उपलब्धियों में से एक है।

समाज के निर्धन वर्गों के उत्थान में भूमिका

- जैव-प्रौद्योगिकी फसल की उपज बढ़ाकर तथा इसे जलवायु एवं कीट प्रतिरोधी बनाकर सीमांत किसानों की आय बढ़ाने में सहायता कर रही है।
- इसने चिकित्सा विज्ञान में क्रांति ला दी है, जिससे भारत में ही नियंत्रित मृत्यु दर और विश्व स्तरीय उपचार संभव हो गया है।
- जैव-प्रौद्योगिकी जीनोम अनुक्रमण द्वारा, भारत के कोने-कोने के लोगों को स्वास्थ्य सेवा तक पहुँच प्रदान करने में मददगार रही है, जो अंततः लक्षित नीतिगत पहलों को तैयार करने में सरकार हेतु अनुकूल साबित हुई है।
- यह खाद्य उत्पादों के स्व-जीवन के विस्तार में भी लाभप्रद साबित हुआ है, जो बदले में निर्धनों हेतु उनकी कीमत को नियंत्रित रखता है।
- प्रदूषण सबसे ज्यादा निर्धनों पर हमला करता है। जैव-प्रौद्योगिकी प्रदूषण को कम करने में सहायक है और इस प्रकार, उनके कष्ट को कम करती है। उदाहरण के लिए, जैव उपचार (bioremediation) तकनीकों के माध्यम से भू-भराव को प्रक्षालित किया जाता है।

17. वर्ष 2014 में भौतिक विज्ञान में नोबेल पुरस्कार संयुक्त से आकासाकी, अमानो तथा नाकामुरा को 1990 के दशक में नीली एल.ई.डी के आविष्कार के लिए प्रदान किया गया था। इस आविष्कार ने मानव-जाति के दैनंदिन जीवन को किस प्रकार प्रभावित किया है?

उत्तर एल.ई.डी मूल रूप से अर्धचालक होते हैं, जिन्हें निर्मित किया गया है ताकि वे सक्रिय होने पर प्रकाश उत्सर्जित कर सकें। श्वेत प्रकाश, जिसका हम आम तौर पर उपयोग करते हैं, लाल, हरे एवं नीले प्रकाश के संयोजन से बनता है। वैज्ञानिकों का कहना है कि जहां लाल व हरे रंग की एल.ई.डी बनाना आसान था, वहीं नीली एल.ई.डी बनाना सबसे बड़ी चुनौती थी।

इस आविष्कार का हमारे दैनंदिन जीवन पर प्रभाव

- **विद्युत संरक्षण:** एक आधुनिक स्वेत एल.ई.डी लाइट बल्ब अपने द्वारा उपयोग की जाने वाली विद्युत के 50% से अधिक को प्रकाश में परिवर्तित करता है। यह तापदीप्त बल्बों के लिए 4% रूपांतरण दर के विपरीत है।
- **विद्युत तक पहुंच बढ़ाना:** स्वेत एल.ई.डी की दक्षता उन्हें विद्युत आपूर्ति के बिनाइन क्षेत्रों में रहने वाले लोगों के लिए प्रकाश व्यवस्था प्राप्त करने हेतु आकर्षक है। सौर अधिष्ठान एक एल.ई.डी लैंप को लंबे समय तक चार्ज कर सकता है।
- **स्मार्ट ऊर्जा दक्षगृह:** किसी भी स्मार्ट गृह की आवश्यकता।
- **अन्य तकनीकी प्रगति को सक्षम बनाता है:** एल.ई.डी., फ्लोरोसेंट प्रकाश की तुलना में अधिक ऊर्जा दक्ष हैं, जिन्हें कभी-कभी बैकलाइटिंग के लिए उपयोग किया जाता है, तथा यह अति महीन डिस्प्ले प्रदान करता है।
- **डेटा स्टोर करने की क्षमता में वृद्धि:** ब्लू-रे प्लेयर, डिजिटल ऑप्टिकल डिस्क से डेटा पढ़ने के लिए नीली एल.ई.डी लेजर का उपयोग करते हैं। जिससे पांच से 10 गुना ज्यादा डेटा स्टोर करना संभव हो गया।

शोधकर्ता एल.ई.डी. के अन्य अनुप्रयोगों के साथ-साथ इंटरनेट और जल शोधन से डेटा संचारित करने की खोज कर रहे हैं। इन प्रगतियों से पता चलता है कि एल.ई.डी. आने वाले वर्षों तक मानव-जाति के दैनंदिन जीवन को प्रभावित करते रहेंगे।

2022 मुख्य परीक्षा प्रश्नोत्तर [2022 Main Questions & Answers]

नि:शुल्क access पाने के लिए:

☞ **2022 मुख्य परीक्षा प्रश्न और उत्तर**

☞ **2023 मुख्य परीक्षा के प्रश्न और उत्तर (2023 मुख्य परीक्षा के बाद)**

☞ **मॉडल प्रश्न और उत्तर**

क्यूआर कोड को स्कैन करें और front inner कवर पर दिए गए चरणों का पालन करें।

भाग

C

अभ्यास हेतु विगत वर्षों (मुख्य) के महत्वपूर्ण प्रश्न

[Some Important Previous Years' (Main) Questions for Practice]

विज्ञान और प्रौद्योगिकी– नीति (Science and Technology-Policy)

1. विज्ञान और प्रौद्योगिकी विभाग के कार्यक्रम "INSPIRE" पर एक टिप्पणी कीजिए। *(2011)*
2. बौद्धिक संपदा अधिकार (IPR) क्या है? भारतीय वैज्ञानिक नई पेटेंट प्रणालियों (patent regimes) के बारे में क्यों चिंतित है? *(लगभग 250 शब्द) (1996)*
3. विज्ञान और औद्योगिक अनुसंधान परिषद (CSIR) ने उद्योगों और स्वदेशी प्रौद्योगिकी के विकास के अन्त:क्रिया के लिए बड़ी संख्या में प्रयोगशालाओं की स्थापना की है। विशेष उदाहरण देते हुए CSIR द्वारा पिछले एक दशक में प्राप्त की गई महत्वपूर्ण उपलब्धियों को दर्शाइए। *(लगभग 250 शब्द) (1989)*
4. आत्मनिर्भरता और विकास के राष्ट्रीय लक्ष्यों को प्राप्त करने के लिए भारत सरकार लगातार विज्ञान और प्रौद्योगिकी विकास पर बल दे रही है। उन विकासों के नाम बताइए जिन्हें नए उभरते क्षेत्रों में कार्य करने के लिए 12वीं पंचवर्षीय योजना के दौरान स्थापित किया गया। इस नीति के तहत कौन-सी महत्वपूर्ण उपलब्धिया दर्ज की गई? *(1986)*
5. 21वीं सदी की चुनौतियों का सामना करने के संदर्भ में सामान्यत: यह महसूस किया जाता है कि देश में विज्ञान शिक्षा तथा प्रौद्योगिकी अनुसंधान को नई दिशा की आवश्यकता है। इस संदर्भ में महत्वपूर्ण क्षेत्रों की पहचान कीजिए तथा योग्य आवश्यक कदमों के लिए सुझाव दीजिए।
6. सरकार की विज्ञान नीति के मुख्य उद्देश्य क्या हैं? वैज्ञानिक मानवशक्ति के ईष्टतम दोहन तथा विज्ञान और तकनीकी शिक्षा की गुणवत्ता सुधार हेतु कौन-से कदम उठाए जा रहे हैं? *(1981)*
7. आर्थिक विकास प्रक्रिया में वैज्ञानिक तथा तकनीकी अनुसंधान की क्या भूमिका होती है? कृषिगत तथा औद्योगिक उत्पादन की बढ़ती जटिल आवश्यकताओं के अनुरूप कौन-से कदम उठाने आवश्यक है? पश्चिमी देशों द्वारा विकसित प्रौद्योगिकी को भारत द्वारा अपनाए जाने की पर्याप्तता तथा प्रासंगिकता पर संक्षेप में टिप्पणी कीजिए। क्या भारत द्वारा विज्ञान और प्रौद्योगिकी के क्षेत्र में आत्मनिर्भरता प्राप्त करना आवश्यक और संभव है? *(लगभग 500 शब्द) (1980)*
8. वैज्ञानिक तथा तकनीकी मानव शक्ति की दृष्टि से विश्व में भारत की स्थिति बताइए। *(1979)*
9. आधुनिक विज्ञान और प्रौद्योगिकी ने भारत के ग्रामीण क्षेत्र के लोगों के जीवन-स्तर, उनकी अभिवृत्तियों, सामाजिक तथा आर्थिक खुशहाली को किस प्रकार प्रभावित किया है? आलोचनात्मक टिप्पणी कीजिए। *(1979)*

प्रतिरक्षा (Defence)

10. एफ-22 'रेप्टर' (Rapter) विमान पर टिप्पणी कीजिए। *(2011)*
11. कावेरी के.-10 एयरो-इंजन पर टिप्पणी कीजिए। *(2011)*
12. एल.सी.ए. (तेजस) पर एक टिप्पणी लिखिए। *(2008)*
13. 'क्रायोजेनिक ईंजन' क्या है? भारतीय अंतरिक्ष कार्यक्रम में इसके महत्व पर चर्चा कीजिए। *(2001)*
14. समन्वित निर्देशित मिसाइल कार्यक्रम के अंतर्गत विकसित तीन मिसाइलों के नाम बताइए, उनकी विशेषताएं भी संक्षिप्त रूप में बताइए। *(1989)*
15. 'स्टील्थ विमान' से क्या आशय है? ऐसे विमान में प्रयुक्त किन्हीं दो 'स्टीलथ तकनीकों' के बारे में बताइए। *(1989)*

अंतरिक्ष (Space)

16. नासा के अंतरिक्ष कार्यक्रम के अंतर्गत 'क्युरियोसिटी' रोवर की सफल लैंडिग ने बहुत-सी संभावनाओं को उत्पन्न किया है। ये संभावनाएं कौन-कौन सी हैं और इससे मानव किस प्रकार लाभान्वित होगा? *(100 शब्द) (2012)*

17. अंतरिक्ष कचरे के संदर्भ में 'केसलर सिंड्रोम' पर टिप्पणी कीजिए। *(2011)*

18. 'एक्स्ट्रा व्हिकुलर एक्टिविटी' (EVA) पर 30 शब्दों में संक्षिप्त टिप्पणी कीजिए। *(2009)*

19. 'हब्बल स्पेस दूरबीन' क्या है? इसके लिए कितने सर्विसिंग मिशन (SMs) आयोजित किया जा चुके हैं? *(2009)*

20. अंतर्राष्ट्रीय अंतरिक्ष केंद्र (International space station-ISS) किस देश द्वारा और कौन-से वर्ष में लॉन्च किया गया? इस कार्यक्रम में कितने देशों ने भाग लिया? इस केंद्र में कौन-से विशेष अध्ययन किए जा रहे हैं जो पृथ्वी पर सटीक रूप से संभव नहीं है? *(2003)*

21. भू-स्थैतिक (geostationary) कक्षों का महत्व क्या है? इसमें अधिक भीड़-भाड़ होने पर क्या होगा? *(2000)*

22. सुदूर संवेदन (Remote sensing) क्या है? विशेष रूप से भारत के संदर्भ में इसके उपयोग के बारे में बताइए। *(लगभग 250 शब्द)* *(1998)*

23. भारत का संक्षिप्त अंतरिक्ष कार्यक्रम सामाजिक-आर्थिक विकास में किस प्रकार सहायक है? विवेचना कीजिए। *(1996)*

24. किसी उपग्रह को भू-तूल्यकालिक (geosynchronous) कक्षा में स्थापित करने के क्या लाभ हैं? *(1998)*

जैव प्रौद्योगिकी (Bio-Technology)

25. भारत की जनसंख्या सन् 2050 तक बढ़कर 9 बिलियन होने की संभावना है। इस संदर्भ में कुछ वैज्ञानिकों के अनुसार भुखमरी को दूर करने तथा सतत खाद्य वातावरण बनाए रखने में 'प्लांट जीनोमिक्स' महत्वपूर्ण भूमिका निभा सकता है। व्याख्या कीजिए। *(250 शब्द)* *(2012)*

26. 'जैव सूचना विज्ञान' को परिभाषित कीजिए। यह कैसे कार्य करता है? इसकी प्रमुख शाखाएँ तथा उपयोग क्या है? *(2009)*

27. 'जैव हस्ताक्षर' (Biosignatures) से आप क्या समझते हैं? संक्षिप्त चर्चा कीजिए। *(2009)*

28. भारत के तकनीकी विकास में 'चिकित्सीय जैव प्रौद्योगिकी' तथा 'जैव प्रौद्योगिकी' किस प्रकार सहायक है? *(250 शब्द)* *(2008)*

29. चिकित्सीय क्लोनिंग (Theraputic Cloning) क्या है? इसकी प्रणाली तथा इसके संभावित उपयोग पर संक्षिप्त विश्लेषण कीजिए। *(2005)*

30. मानव क्लोनिंग क्या है? यह लाभप्रद है या खतरनाक चर्चा कीजिए। *(2002)*

31. "जैव प्रौद्योगिकी का विकास भारत के लिए सोने का पथ बन सकता है।" चर्चा कीजिए। *(2002)*

32. स्टेम सेल क्या है? हाल ही में यह चर्चा का विषय क्यों बना हुआ है? चर्चा कीजिए। *(2001)*

33. ट्रांसजेनिक पौधे, हाइब्रिड पौधों से किस प्रकार भिन्न होते हैं? आधुनिक कृषि में इनका महत्व क्या है? विवेचना कीजिए। *(2000)*

34. मानव जीनोम प्रोजेक्ट क्या है? इसके महत्व पर संक्षिप्त में चर्चा कीजिए। *(1999)*

35. आनुवंशिक अभियांत्रिकी (genetic engineering) क्या है? वर्तमान में इसका महत्व क्यों बढ़ रहा है? *(1998)*

36. ट्रांसजेनिक जीव (transgenic organism) क्या है? उनका उपयोग किसमें किया जाता है? *(1996)*

37. डी.एन.ए. फिंगर प्रिंटिंग क्या है? भारत में इस संबंध में कौन-सा अनुसंधान संगठन कार्यरत है? *(1994)*

38. आनुवंशिक संरक्षण (genetic conversation) क्या है? भारत के आनुवंशिक संरक्षण गतिविधियों की प्रमुख विशेषताओं के बारे में बताइए। *(लगभग 250)* *(1993)*

39. जैव प्रौद्योगिकी के क्षेत्र में भारत की प्रमुख उपलब्धियों के बारे में संक्षेप में बताइए। *(250 शब्द)* *(1991)*

40. जैव प्रौद्योगिकी की उन्नति से नए सूक्ष्म जीवों का निर्माण संभव है जो प्रकृति में पहले से नहीं हैं। इन सूक्ष्म जीवों के उपयोग क्या है? *(1988)*

41. जीन थेरपी के कार्य और उपयोग का विश्लेषण कीजिए। *(1988)*

42. जैव प्रौद्योगिकी क्या है? इस तकनीक के विकास और संवर्धन से स्वास्थ्य, ऊर्जा, भोजन और कृषि में किस प्रकार व्यापक बदलाव हो सकते हैं? चर्चा कीजिए। *(लगभग 250 शब्द)* *(1984)*

43. 'आनुवंशिक अभियांत्रिकी' से क्या आशय है? इससे जुड़े लाभ और खतरे कौन-कौन से हैं? क्या आप इस बात की अनुशंसा करेंगे कि भारत को इस तकनीक के विकास हेतु प्रयास करने चाहिए? *(1981)*

नाभिकीय ऊर्जा सहित ऊर्जा (Energy Including Nuclear Energy)

44. ऊर्जा की माँग और आपूर्ति में बढ़ते अंतराल को देखते हुए क्या आप भविष्य में भारत के लिए नवीकरणीय ऊर्जा को व्यवहारिक विकल्प के रूप में सोचते हैं? *(150 शब्द)* *(2012)*

45. 'केंद्रीकृत' सौर ऊर्जा तथा फोटोवोल्टिक' सौर ऊर्जा पर टिप्पणी कीजिए। *(2011)*

46. हाल ही में सरकार द्वारा स्वीकृत समान्वित ऊर्जा नीति की मुख्य विशेषताओं तथा देश की ऊर्जा सुरक्षा में इसके निहितार्थ पर टिप्पणी कीजिए। *(2009)*

47. हाइड्रोजन को भविष्य का ईंधन क्यों माना जाता है? *(लगभग 150 शब्द)* *(2005)*

48. वैकल्पिक ऊर्जा स्त्रोतों पर विस्तृत चर्चा कीजिए। *(2004)*

49. भारत का नाभिकीय ऊर्जा कार्यक्रम देश की आर्थिक और रक्षा आवश्यकताओं में किस प्रकार योगदान रखता है? *(लगभग 250 शब्द)* *(1997)*

50. "20वीं शताब्दी तेल की शताब्दी थी। 21वीं शताब्दी प्राकृतिक गैस की शताब्दी होगी।" टिप्पणी कीजिए। *(1997)*

51. नाभिकीय औषधि (nuclear medicine) क्या है? इसके विभिन्न उपयोगों पर संक्षिप्त विवेचना कीजिए। *(1996)*

52. भारत के नाभिकीय ऊर्जा कार्यक्रम के विभिन्न चरणों की संक्षेप में विवेचना कीजिए। *(1994)*

53. भारी जल क्या है? इसका उपयोग किसमें किया जाता है? *(1992)*

54. त्वरित प्रजनक रिएक्टर (Fast breeder reacter) क्या है? भारत के नाभिकीय ऊर्जा कार्यक्रम में इसकी भूमिका पर संक्षेप में चर्चा कीजिए। *(1992)*

55. 'न्यूक्लियर विंटर' (Nuclear Winter) क्या है? इसके परिणाम क्या हो सकते हैं? *(1985)*

56. वर्तमान में नाभिकीय ऊर्जा उत्पादन की तकनीक विखंडन प्रक्रिया पर आधारित है। भारतीय संदर्भ में नाभिकीय ऊर्जा उत्पादन के तरीकों के विकल्प क्या हैं? *(1985)*

57. वर्तमान में ऊर्जा के अधिकांश पंरपरागत स्रोत जल्द ही या बाद में समाप्त होने की कगार पर हैं। ऊर्जा के उन गैर-परंपरागत स्रोतों का संक्षेप में विवरण दीजिए जो भारत के लिए लाभप्रद हो सकते हैं? *(1982)*

58. वैश्विक ऊर्जा संकट और इसका भारत पर प्रभाव क्या है? हमारी स्थिति, पर्यावरण, संसाधन तथा समस्याओं को ध्यान में रखते हुए देश की उचित ऊर्जा नीति की रूपरेखा क्या होनी चाहिए? इसके साथ उपलब्ध विकल्पों का आलोचनात्मक मूल्यांकन कीजिए। *(लगभग 250 शब्द) (1980)*

59. भारत के ऊर्जा स्रोतों की संक्षेप में समीक्षा कीजिए। विश्व में पेट्रोलियम की कीमतों को देखते हुए आप ग्रामीण क्षेत्र की ऊर्जा के उपभोक्ता केंद्र/बिंदु पर उत्पादन के साथ केंद्रीकृत उत्पादन, आपूर्ति और वितरण के लाभों पर चर्चा कीजिए। *(1979)*

सूचना प्रौद्योगिकी (Information Technology)

60. अनुसंधान और विकास (आर. एवं डी.) के वैश्वीकरण तथा भारत के विकास पर इसके प्रभावों की चर्चा कीजिए। कम-से-कम एक क्षेत्र, जैसे- सूचना प्रौद्योगिकी या स्वास्थ्य, का उदाहरण देते हुए स्पष्ट कीजिए। *(250 शब्द) (2012)*

61. सी.डी. (Compact disk), डी.वी.डी. (Digital Drug Resistant Tuberculosis) तथा ब्लू रे डिस्क में विभेदन पर टिप्पणी कीजिए। *(2011)*

62. 'क्लाउड कम्प्यूटिंग' क्या है? इसकी विशेषताओं को स्पष्ट करते हुए इसके लाभों और सीमाओं की सूची बनाइए। *(2010)*

63. 'प्लाज्मा' 'एल.सी.डी.' और 'एल.ई.डी.' टेलीविजन तकनीकों में अंतर स्पष्ट कीजिए और इन्हें विश्लेषित कीजिए। *(2010)*

64. ऑप्टिकल कम्प्यूटिंग से आप क्या समझते हैं? इलेक्ट्रॉनिक कम्प्यूटिंग की तुलना में इसे बेहतर परिणाम देने वाला क्यों समझा जा रहा है? *(लगभग 150 शब्द) (2006)*

65. डिजिटल कन्वर्जेंस क्या है? आधुनिक समाज में इसके निहितार्थों का परिक्षण कीजिए। *(लगभग 250 शब्द) (2005)*

66. भारत में स्वास्थ्य प्रबंधन में सूचना प्रौद्योगिकी के उपयोग पर टिप्पणी कीजिए। *(125 शब्द) (2005)*

67. "वैकल्पिक तौर पर इंटरनेट टेलीफोन" पर विस्तृत चर्चा कीजिए। *(2002)*

68. फाइबर ऑप्टिक्स क्या है? दूरसंचार में इसकी उपयोगिता की विवेचना कीजिए। *(2001)*

चिकित्सा और स्वास्थ्य (Health and Medicine)

69. "एम.डी.आर. - टी.वी." से आप क्या समझते हैं? इसके रोकने के लिए आप कौन-से सुझाव देंगे? तथा इसके समाज में फैलने से क्या निहितार्थ हैं? *(2012)*

70. बहुत-सी खाद्य वस्तुएँ 'ट्रांस फैट' से युक्त होती हैं। आप इससे क्या समझते हैं? कौन-से भारतीय खाद्य पदार्थ ट्रांस फैट से युक्त होते हैं? मानव स्वाथ्य पर ट्रांस फैट के निहितार्थ क्या है? *(150 शब्द) (2012)*

71. कड़े प्रतिबंधात्मक नियमों के बावजूद एथलीटों में डोपिंग का प्रचलन बढ़ रहा है। प्रदर्शन बढ़ाने वाली सामान्य दवाओं के नाम बताइए। इनके इस्तेमाल से जुड़े जोखिम क्या-क्या हैं? *(100 शब्द) (2012)*

72. हाल के कुछ माह में ह्यूमन पेपीलोमा वायरस वैक्सीन चर्चा का विषय बना हुआ है। इस वैक्सीन के लिए आदर्श उम्मीदवारों का निर्धारण कौन करता है? इस वैक्सीन के लाभ क्या हैं? *(50 शब्द) (2012)*

लेजर तथा अतिचालकता (Laser and Super Conductivity)

73. 'नैनोटेक' (Nanotech) क्या है? इसके सामान्य सिद्धांतों, पदार्थों तथा अनुप्रयोगों पर संक्षिप्त टिप्पणी कीजिए। *(2009)*

74. अतिसूक्ष्म विज्ञान (Nanoscience) तथा अतिसूक्ष्म प्रौद्योगिकी (Nanotechnology) ने आधुनिक प्रौद्योगिकी में किस प्रकार क्रांतिकारी परिवर्तन किए हैं? व्याख्या कीजिए। *(2006)*

75. युद्ध और शांति में 'लेजर' के महत्व को परिभाषित कीजिए। *(2004)*

76. 'अतिचालकता' क्या है? इसके उपयोग तथा अनुपयोग बताइए। *(2004)*

77. उच्च तापमान अतिचालक (High-temperature super-conductors) क्या है? इसके महत्वपूर्ण अनुप्रयोगों का विश्लेषण कीजिए। *(1994)*

78. कम्प्यूटर में अतिचालक के क्या उपयोग हैं?

(लगभग 250 शब्द) (1990)

79. लेजर (Lser) क्या है? यह सामान्य प्रकाश से किस प्रकार भिन्न है? विभिन्न क्षेत्रों में लेजर के अनुप्रयोगों को विश्लेषित कीजिए। भारत में इसके बड़े स्तर पर उपयोग की क्या संभावनाएँ हैं?

(लगभग 250 शब्द) (1986)

भाग D

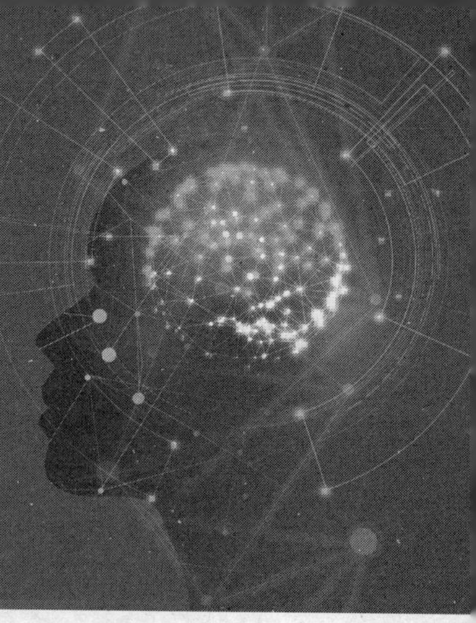

वैज्ञानिक उपकरण सूची

महत्वपूर्ण आविष्कारों और आविष्कारकों की सूची

महत्वपूर्ण वैज्ञानिक दिनों/घटनाओं की सूची

भारत में महत्वपूर्ण अनुसंधान संस्थानों की सूची

वैज्ञानिक उपकरण सूची (List of Scientific Instruments)

क्र.सं. (S.No.)	वैज्ञानिक उपकरण नाम (Scientific Instrument Name)	अविष्कारक नाम (Inventor Name)	उपयोग (Uses)
1.	अल्टीमीटर	पॉल कोल्समेंन	इसका उपयोग समुद्र तल से किसी वस्तु की ऊंचाई मापने में किया जाता है। (मुख्यत: वायुयानों में)
2.	ऐनोमोमीटर	लियोन बटिष्टा अल्बर्टी	हवा की गति, दिशा व दबाव मापने के लिए
3.	आमीटर	फ्राइडरीय ड्रेक्सलर	इसे विद्युत धारा मापन हेतु उपयोग में लाया जाता है।
4.	ऑडियोमीटर	अलेक्जेंडर ग्राहम बेल	इसे ध्वनि की तीव्रता मापन हेतु उपयोग में लाया जाता है।
5.	एक्सेलेरोमीटर	जॉर्ज एटवुड	त्वरण के मापन हेतु
6.	बैरोमीटर	एवांगेलिस्टा टोरीसेली	वायुमंडलीय दबाब व स्थिति के मापन हेतु
7.	बोलोमीटर	सैमुभल पियरपोंट लैंगले	अवरक्त विकिरणों के मापन हेतु
8.	कैलोरीमीटर	आंत्वां लाब्वज्ये (Antoine Lavoisier)	अस्मा की गुणवता मापन हेतु
9.	कार्डियोग्राम	विलियम इंथोवेन	हृदयगति के अध्ययन हेतु
10.	कम्युटेटर	विलियम स्टरजियोन (Williom Stargeon)	ये विद्युत जेनरेटर में विद्युत धारा की दिशा को उल्टा करने हेतु प्रयुक्त होता है।
11.	साइक्लोट्रोन	अरनेस्ट लारेंस	यह माइक्रोवेब दोलन में आवेशित कणों के त्वरण हेतु उपयोग में लाया जाता है।
12.	क्रोनोमीटर	जॉन हैरिसन	समुद्री परिवहन के दौरान स्थानीय समय व देशांतर ज्ञात करने हेतु
13.	डिलैटोमीटर	अब्बे और फ़िज़ों	पदार्थ के आयतन में परिवर्तन के मापन हेतु
14.	इलेक्ट्रोमीटर	विलियम स्नो हैरिस	विद्युत धारा में विमवांतर ज्ञात करने हेतु
15.	इंडोस्कोप	फिलिय बोजिनी	शरीर के आंतरिक भाग के परीक्षण हेतु
16.	फैदोमीटर	रेजिनाल्ड फेसेंडन	यह समुद्र की गहराई के मापन में प्रयुक्त होता है।
17.	गैल्वेनोमीटर	विलियम थॉमसन	विद्युत धारा के मापन में प्रयुक्त होता है।
18.	हाइड्रोमीटर	आंत्वां बॉम (Antoine Baume)	द्रव के सापेक्षिक घनत्व के मापन हेतु
19.	हाइग्रोमीटर	लियोर्नाडो दी विंसी	किसी गैस या वायु की आर्द्रता के मापन हेतु
20.	लैक्टोमीटर	डिकास	दूध के सापेक्षिक घनत्व के मापन हेतु
21.	माइक्रोमीटर	विलियम गैस कॉयजेन	ध्वनि तरंगों का विद्युत कंपन में परिवर्तित करता हैं।
22.	सूक्ष्मदर्शी (माइक्रोस्कोप)	जैकारिस जानशीन	छोटी वस्तुओं को आवर्धित करके देखने हेतु
23.	नेफेलोमीटर	भेडोर स्लू रिचार्ड	यह गैस या द्रव में निलंबित कणों के सांद्रण का मापन करता है
24.	ओंडोमीटर	बेजामिन फ्रैंकलिन	तय की गई दूरी के मापन हेतु

क्र.सं. (S.No.)	वैज्ञानिक उपकरण नाम (Scientific Instrument Name)	अविष्कारक नाम (Inventor Name)	उपयोग (Uses)
25.	ओममीटर	विलियम थॉमसन/लॉर्ड केल्विन	वाहनों की विद्युत प्रतिरोधकता के मापन हेतु
26.	ओडोमीटर	झांग हेंग	विद्युत चुंबकीय तरंगों की फ्रिक्वेंसी के मापन हेतु
27.	ऑप्टोमीटर	डब्ल्यू. पोर्टरफिल्ड	आँखों के अपवर्तन क्षमता के मापन हेतु
28.	फोनोग्राफ	थॉमस एडिशन	ध्वनि के पुर्नोत्पादन हेतु
29.	पेरिस्काप	हिप्पोलाइट मेरी-डेवी	वस्तुओं को समुद्र तल से ऊपर देखने हेतु
30.	फोटोमीटर	दामित्री लाचिनोव	विलयन या सतह की प्रकाश तीव्रता या प्रकाशीय गुण के मापन हेतु
31.	पोलीग्राफ	जॉन अगस्तस लार्सन	लार्ड डिटेक्टर के रूप में
32.	पायरेलियोमीटर (Pyrheliometer)	के. अंगस्ट्रॉम	सौर-विकिरण के मापन हेतु
33.	पायरोमीटर	पीटर बान मुशेचेनब्रोक	अति उच्च ताप के मापन हेतु
34.	क्वाडरेंट	हेडली	नेविगेशन व खगोलशास्त्र में ऊंचाई व कोण ज्ञात करने हेतु
35.	रडार	हेनरिच हर्टज	रेडियो, डिटेक्शन एवं रेंजिग
36.	रेन गॉज (Rain Gauge)	कोरिया के जासियॉन वंश के शासक से जोंग के दौरान	एक निश्चित समयावधि के दौरान बारिश की मात्रा के मापन हेतु
37.	रेफरेक्टोमीटर	अरनेस्ट एब	किसी पदार्थ के रेफरेक्टिव इंडेक्स के मापन हेतु
38.	सेक्टैंट (Sextant)	जॉन हैडली एवं थॉमस गॉडफ्रे	किसी दो दृश्य वस्तुओं के कोण के मापन हेतु
39.	सिस्मोमीटर	झांग हेंग	भूमि की गति का मापन (भूकंप, ज्वालामुखी प्रस्फ्रुटन आदि से जनित तरंगों सहित)
40.	स्पेक्ट्रोस्कोप	रॉलर्ट विल्हेम बुनसेन एवं गुस्ताव रॉबर्ट किरचॉफ	तंरगदैर्ध्य विश्लेषण हेतु
41.	स्पीडोमीटर	क्रोएशियान जौसिप बेलूसिक	वाहनों की गति के मापन हेतु
42.	स्फेरोमीटर	रॉबई - एगले कॉचाक्स	गोलाकार वस्तुओं के झुकाव के मापन हेतु
43.	स्फाइगमोमैनौ-मीटर	सैमुअल कार्ल रिटर वॉन बाश	रक्त के दाब के मापन हेतु
44.	स्टेथोस्कोप	रेने लेनेक	हृदय की ध्वनि के श्रवण व विश्लेषण हेतु
45.	टैक्टोमीटर	डायट्रिच अल्र्होन	मशीन की गति के मापने हेतु
46.	टेलीमीटर	जेम्स वाट	सुदूर वस्तुओं से दूरी के मापने हेतु
47.	टेलीस्कोप	हैंल लिप्परसे	सुदूर वस्तुओं के आवर्धित दृश्य हेतु
48.	थर्मोमीटर	सैंटोरियों	ताप के मापन हेतु
49.	थर्मोस्टैंट	अल्बर्ट बूट्ज	ताप के विनियमन हेतु
50.	ट्रांसफार्मर	आटो ब्लैथी	फ्रिक्वेंसी में बदलाव किए बिना उच्च धारा को निम्न धारा व निम्न धारा को उच्च धारा में बदलने हेतु
51.	विस्कोमीटर	ऑस्टिन नारक्रॉस	द्रव के श्यानता का मापन
52.	वोल्टमीटर	एंड्रयू के	दो बिंदुओं में मध्य विद्युत विभवांतर ज्ञात करने हेतु
53.	वाटमीटर	ओटो ब्लैभी	विद्युत शक्ति के मापन हेतु

महत्वपूर्ण आविष्कारों और आविष्कारकों की सूची (List of Important Inventions and Inventors)

क्र.सं. (S.No.)	आविष्कार (Inventions)	आविष्कारक (Inventors)	देश (Country)
1.	हवाई जहाज (Aircraft)	राइट ब्रदर्स (Wright Brothers)	अमेरिका (USA)
2.	स्वचालित कैल्लकुलेटर (Automatic Calculator)	विल्हेल्म स्विककार्ड (Wilhelm Schickard)	जर्मनी (Germany)
3.	जीवनतता (Animation)	एमिले रेयनौड (Emile Reynaud)	फ्रांस (France)
4.	पीड़ा नाशक एक दवा (Aspirin)	डॉ. फेलिक्स हॉफ्मन (Dr. Felix Hoffman)	जर्मनी (Germany)
5.	परमाणु बम (Atom Bomb)	जूलियस रोबर्ट ओप्पेंहेमर (Julius Robert Oppenheimer)	अमेरिका (USA)
6.	वायुदाबमापी (Barometer)	एवंगेलिस्ता टोर्रिकल्ली (Evangelista Torricelli)	इटली (Italy)
7.	गोल नोक वाली कलम (Ballpoint Pen)	लास्ज्लो बिरो (Laszlo Biro)	फ्रांस (France)
8.	द्विफोकसी लेंस (Bifocal Lens)	बेंजामिन फ्रेंकलिन (Benjamin Franklin)	अमेरिका (USA)
9.	सीमेंट (Cement)	जोसेफ अस्पडीन (Joseph Aspdin)	इंग्लैंड (England)
10.	चलचित्र (Cinema)	लुमिएरे ब्रदर्स (Lumiere Brothers)	फ्रांस (France)
11.	परिकलक (Computer)	चार्ल्स बेबेज (Charles Babbage)	यूनाईटेड किंगडम (UK)
12.	डीजल इंजन (Diesel Engine)	रूडोल्फ डीजल (Rudolf Diesel)	जर्मनी (Germany)
13.	डाइनामाइट (Dynamite)	अल्फ्रेड बी. नोबेल (Alfred B. Nobel)	स्वीडन (Sweden)
14.	बिजली बैटरी (Electric Battery)	वोल्टा (Volta)	इटली (Italy)
15.	बिजली जेनरेटर (Electric Generator)	माइकल फराडे (Michael Faraday)	इंग्लैंड (England)
16.	बिजली लैंम्प (Electric Lamp)	थॉमस अल्वा एडीसन (Thomas Alva Edison)	अमेरिका (USA)
17.	एलिवेटर (Elevator)	एलिशा जि. ओटिस (Elsisha g. Otis)	अमेरिका (USA)
18.	कलम (Fountain Pen)	लेक्सि एडसोन वॉटरमैन (Lewis Edson Waterman)	अमेरिका (USA)
19.	ग्रामोफोन (Gramophone)	थॉमस एडीसन (Thomas Edison)	अमेरिका (USA)
20.	हेलिकोप्टर (Helicopter)	इगोर सिकोरस्की (Igor Sikorsky)	रूस (Russia)
21.	प्रकाश बल्ब (Light Bulb)	हेनरिच गोएबेल (Heinrich Goebel)	जर्मनी (Germany)
22.	सूक्ष्मतरंग भट्टी (Microwave Oven)	पेर्सी स्पेंसर (Percy Spencer)	अमेरिका (USA)
23.	मशीन गन (Machine Gun)	रिचर्ड गफ्फिंग (Richard Gaffing)	अमेरिका (USA)
24.	मोटर स्कूटर (Motor Scooter)	ग्रेविल्ले ब्रैडशो (Greville Bradshaw)	इंग्लैंड (England)
25.	सूक्ष्मदर्शी यंत्र (Microscope)	जाईचरिस जनसीन (Zacharis Janssen)	नीदरलैंड (Netherland)
26.	गति निर्धारक यंत्र (Pacemaker)	डॉ. पॉल जोल (Dr. Paul Zoll)	अमेरिका (USA)
27.	पेन्सिलीन (Penicillin)	अलेक्जेंडर फ्लेमिंग (Alexander Fleming)	यूनाईटेड किंगडम (UK)
28.	रेडियो (Radio)	गुग्लील्मों मार्कोनी (Guglielma Marconi)	इटली (Italy)
29.	पिस्तौल (Revolver)	सैमुएल कोल्ट (Samuel Colt)	अमेरिका (USA)
30.	छोटी माता टीका (Small Pox Vaccine)	एडवर्ड जेन्नेर (Edward Jenner)	इंग्लैंड (England)
31.	भाप इंजन (Steam Engine)	जेम्स वाट (James Watt)	यूनाईटेड किंगडम (UK)
32.	पनडुब्बी (Submarine)	डेविड बुशनेल (David Bushnell)	अमेरिका (USA)
33.	तार (Telegraph)	सैमुएल मोर्स (Samuel Morse)	अमेरिका (USA)
34.	दूरभाष (Telephone)	अलेक्जेंडर ग्राहम बेल (Alexander Graham Bell)	कनाडा (Canada)
35.	चित्रपटल (Television)	जॉन लोगी बैर्ड (John Logie Baird)	इंग्लैंड (England)
36.	टीका (Vaccination)	डॉ. एडवर्ड जेनेर (Dr. Edward Jenner)	इंग्लैंड (England)
37.	वर्ल्ड वाइड वेब (World Wide Web)	टिम बरनर्स ली (Tim Berners Lee)	यूनाईटेड किंगडम (UK)
38.	एक्स-रे (X-ray)	विल्हेल्म कौनराड रोएन्गेन (Wilhelm Conrad Roentgen)	जर्मनी (Germany)

महत्वपूर्ण वैज्ञानिक दिनों/घटनाओं की सूची (List of Important Scientific Days/Events)

क्र.सं. (S.No.)	तारीख (Date)	वैज्ञानिक दिवस/घटना (Scientific Day/Event)
1.	पहला सप्ताह जनवरी का (January 1st week)	भारतीय विज्ञान सम्मेलन (Indian Science Congress)
2.	तीस जनवरी (January 30)	राष्ट्रीय कुष्ठ विरोधी दिवस (National Anti Leprosy Day)
3.	अट्ठाइस फरवरी (February 28)	राष्ट्रीय विज्ञान दिवस (National Science Day)
4.	सोलह मार्च (March 16)	मीजल्स टीकाकरण दिवस (Measles Vaccination Day)
5.	तेईस मार्च (March 23)	विश्व मौसम विज्ञान दिवस (World Meteorological Day)
6.	चौबीस मार्च (March 24)	विश्व क्षय रोग दिवस (World TB Day)
7.	सात अप्रैल (April 7)	विश्व स्वास्थ्य दिवस (World Health Day)
8.	बाईस अप्रैल (April 22)	पृथ्वी दिवस (Earth Day).
9.	एक-सात मई (May 1-7)	मलेरिया रोकथाम सप्ताह (Malaria Prevention Week)
10.	ग्यारह मई (May 11)	प्रौद्योगिकी दिवस (Technology Day)
11.	सत्रह मई (May 17)	विश्व दूरसंचार दिवस (World Telecommunication Day)
12.	पाँच जून (June 5)	विश्व पर्यावरण दिवस (World Environment Day)
13.	ग्यारह जुलाई (July 11)	विश्व जनसंख्या दिवस (World Population Day)
14.	एक-सात अगस्त (August 1-7)	विश्व स्तन-पान दिवस (Wolrd Breast-Feeding Day)
15.	पचीस अगस्त-आठ सितंबर (August 25-September 8)	राष्ट्रीय नेत्र दान पखवाड़ा (National Eye Donation Fortnight)
16.	एक-सात सितंबर (September 1-7)	राष्ट्रीय पोषण सप्ताह (National Nutrition Week)
17.	आठ सितंबर (September 8)	अंतर्राष्ट्रीय साक्षरता दिवस (International Literacy Day)
18.	आठ सितंबर (September 8)	नेत्रदान दिवस (Eye Donation Day)
19.	सोलह सितंबर (September 16)	विश्व ओजोन दिवस (World Ozone Day)
20.	एक-सात अक्टूबर (October 1-7)	वन्यजीव सप्ताह (Wildlife Week)
21.	अक्टूबर का पहला सोमवार (October 1st, Monday)	विश्व निवास दिवस (World Habitat Day)
22.	अक्टूबर का दूसरा बुधवार (October 2nd, Wednesday)	अंतर्राष्ट्रीय प्राकृतिक आपदा न्यूनीकरण दिवस (International Day for Natural Disaster Reduction)
23.	नौ अक्टूबर (October 9)	विश्व डाक दिवस (World Post Day)
24.	सोलह अक्टूबर (October 16)	विश्व खाद्य दिवस (World Food Day)
25.	चौबीस अक्टूबर (October 24)	संयुक्त राष्ट्र दिवस (United Nations Day)
26.	चौबीस अक्टूबर (October 24)	विश्व विकास सूचना दिवस (World Development Information Day)
27.	दस नंवबर (November 10)	अंतर्राष्ट्रीय विज्ञान दिवस (International Science Day)
28.	उन्नीस नंवबर-अठारह दिसम्बर (November 19-December 18)	राष्ट्रीय पर्यावरण माह (National Environment Month)
29.	एक दिसम्बर (December 1)	विश्व एड्स दिवस (World Aids Day)
30.	दो दिसम्बर (December 2)	विश्व कंप्यूटर साक्षरता दिवस (World Computer Literacy Day)
31.	दो दिसम्बर (December 2)	राष्ट्रीय प्रदूषण निवारण दिवस (National Pollution Prevention Day)
32.	चौदह दिसम्बर (December 14)	राष्ट्रीय ऊर्जा संरक्षण दिवस (Energy Conservation Day)
33.	उनतीस दिसम्बर (December 29)	जैविक विविधता के लिए अंतर्राष्ट्रीय दिवस (International Day for Biological Diversity)
34.	सत्ताईस-इकतीस दिसम्बर (December 27-31)	राष्ट्रीय बाल विज्ञान सम्मेलन (National Children's Science Congress)

भारत में महत्वपूर्ण अनुसंधान संस्थानों की सूची (List of Important Research Institutes in India)

क्र.सं. (S. No.)	संस्थान का नाम (Institution Name)	स्थान (Place)
1.	अखिल भारतीय वाक् और श्रवण संस्थान (All India Institute of Speech and Hearing)	मैसूर (Mysore)
2.	अखिल भारतीय मलेरिया अनुसंधान संस्थान (All India Malaria Research Institute)	नई दिल्ली (New Delhi)
3.	आर्यभट्ट रिसर्च इंस्टीट्यूट ऑफ ऑब्जर्वेशनल साइंसेस (Aryabhatta Research Institute of Observational Sciences)	नैनीताल (Nainital)
4.	बीरबल साहनी पालेबॉटनी संस्थान (Birbal Sahni Institute of Palaeobotany)	लखनऊ (Lucknow)
5.	सेंट्रल बिल्डिंग रिसर्च इंस्टीट्यूट (Central Building Research Institute)	रुड़की (Roorkee)
6.	मवेशी प्रजनन संस्थान (Cattle Breeding Institute)	हिसार (Hisar)
7.	केंद्रीय नारियल अनुसंधान संस्थान (Central Coconut Research Institute)	केरल (Kerala)
8.	सेंट्रल ड्रग रिसर्च इंस्टीट्यूट (Central Drug Research Institute)	लखनऊ (Lucknow)
9.	केंद्रीय तंबाकू अनुसंधान संस्थान (Central Tobacco Research Institute)	राजमुन्दरी (Rajahmundry)
10.	केंद्रीय इलेक्ट्रॉनिक्स इंजीनियरिंग अनुसंधान संस्थान (Central Electronics Engineering Research Institute)	पिलानी (Pilani)
11.	केंद्रीय खाद्य प्रौद्योगिकी अनुसंधान संस्थान (Central Food Technological Research Institute)	मैसूर (Mysore)
12.	केंद्रीय जूट प्रौद्योगिकी अनुसंधान संस्थान (Central Jute Technological Research Institute)	कोलकाता (Kolkata)
13.	केंद्रीय आलू अनुसंधान संस्थान (Central Potato Research Institute)	शिमला (Shimla)
14.	केंद्रीय चावल अनुसंधान संस्थान (Central Rice Research Institute)	कटक (Cuttack)
15.	केंद्रीय ग्लास और सिरेमिक अनुसंधान संस्थान (Central Glass and Ceramic Research Institute)	कोलकाता (Kolkata)
16.	केंद्रीय कपास अनुसंधान संस्थान (Central Institute for Cotton Research)	नागपुर (Nagpur)
17.	केंद्रीय कृषि इंजीनियरिंग संस्थान (Central Institute for Agricultural Engineering)	भोपाल (Bhopal)
18.	केंद्रीय खारा पानी एक्वाकल्चर अनुसंधान संस्थान (Central Institute of Brackish Water Aquaculture)	चेन्नई (Chennai)
19.	केंद्रीय शिक्षा प्रौद्योगिकी अनुसंधान संस्थान (Central Institute of Education Technology)	नई दिल्ली (New Delhi)
20.	केंद्रीय मत्स्य शिक्षा शिक्षा संस्थान (Central Institute of Fisheries Education)	मुंबई (Mumbai)
21.	केंद्रीय मत्स्यपालन, समुद्री और इंजीनियरिंग प्रशिक्षण संस्थान (Central Institute of Fisheries, Nautical and Engineering Training)	कोच्चि (Cochin)
22.	केंद्रीय स्वच्छ पानी एक्वाकल्चर अनुसंधान संस्थान (Central Institute of Fresh Water Aquaculture)	भुवनेश्वर (Bhubaneswar)
23.	केंद्रीय प्लास्टिक इंजीनियरिंग और प्रौद्योगिकी अनुसंधान संस्थान (Central Institute of Plastic Engineering and Technology)	हाजीपुर (Hajipur)
24.	केंद्रीय मनोचिकित्सा संस्थान (Central Institute of Psychiatry)	रांची (Ranchi)
25.	सेंट्रल लेदर अनुसंधान संस्थान (Central Leather Research Institute)	अड्डयार [(Adyar] (Chennai)]
26.	केंद्रीय खनन योजना और डिजाइन संस्थान लिमिटेड (Central Mine Planning and Design Institute Limited)	रांची (Ranchi)
27.	केंद्रीय बंजर खेती अनुसंधान संस्थान (Central Research Institute for Dryland Agriculture)	हैदराबाद (Hyderabad)
28.	केंद्रीय भेड़ और ऊन अनुसंधान संस्थान (Central Sheep and Wool Research Institute)	अविकानगर (Avikanagar)
29.	केंद्रीय कुष्ठ प्रशिक्षण और अनुसंधान संस्थान (Central Leprosy Training and Research Institute)	चिंगलपेट (Chingelpet)
30.	केंद्रीय गन्ना अनुसंधान संस्थान (Central Sugarcane Research Institute)	कोयम्बटूर (Coimbatore)
31.	केंद्रीय विद्युत रासायनिक अनुसंधान संस्थान (Central Electro-chemical Research Institute)	कराईकुडी (Karaikudi)
32.	केंद्रीय वैज्ञानिक साधन संगठन (Central Scientific Instrument Organization)	चंडीगढ़ (Chandigarh)
33.	मूल विज्ञान में उत्कृष्टता के लिए केंद्र (Centre for Excellence in Basic Science)	मुंबई (Mumbai)

क्र.सं. (S. No.)	संस्थान का नाम (Institution Name)	स्थान (Place)
34.	वन शिक्षा निदेशालय (Directorate of Forest Education)	देहरादून (Dehradun)
35.	फिल्म और टेलीविज़न इंस्टीट्यूट ऑफ इंडिया (Film and Television Institute of India)	पुणे (Pune)
36.	द्रव नियंत्रण अनुसंधान संस्थान (Fluid Control Research Institute)	कांजीकोड (Kanjikode)
37.	भारतीय कृषि अनुसंधान संस्थान (Indian Agricultural Research Institute)	नई दिल्ली (New Delhi)
38.	अखिल भारतीय कृषि विज्ञान समिति (Indian Association for the Cultivation of Sciences)	कोलकाता (Kolkata)
39.	भारतीय हीरा संस्थान (Indian Diamond Institute)	सूरत (Surat)
40.	भारतीय आर्किटेक्ट्स संस्थान (Indian Institute of Architects)	मुंबई (Mumbai)
41.	भारतीय खगोल भौतिकी संस्थान (Indian Institute of Astrophysics)	बंगलुरू (Bengaluru)
42.	भारतीय रसायन विज्ञान संस्थान (Indian Institute of Chemical Biology)	कोलकाता (Kolkata)
43.	भारतीय रासायनिक प्रौद्योगिकी संस्थान (Indian Institute of Chemical Technology)	हैदराबाद (Hyderabad)
44.	भारतीय पारिस्थितिकी और पर्यावरण संस्थान (Indian Institute of Ecology and Environment)	नई दिल्ली (New Delhi)
45.	भारतीय वन प्रबंधन संस्थान (Indian Institute of Forest Management)	भोपाल (Bhopal)
46.	भारतीय पैट्रोलियम संस्थान (Indian Institute of Petroleum)	देहरादून (Dehradun)
47.	भारतीय पेट्रोलियम और ऊर्जा संस्थान (Indian Institute of Petroleum and Energy)	विशाखापत्तनम (Visakhapatnam)
48.	भारतीय पौधारोपन प्रबंधन संस्थान (Indian Institute of Plantation Management)	बंगलुरू (Bengaluru)
49.	भारतीय दलहन अनुसंधान संस्थान (Indian Institute of Pulses Research)	कानपुर (Kanpur)
50.	भारतीय रिमोट सेन्सिंग संस्थान (Indian Institute of Remote Sensing)	देहरादून (Dehradun)
51.	भारतीय विज्ञान संस्थान (Indian Institute of Science)	बंगलुरू (Bengaluru)
52.	भारतीय समाज कल्याण और व्यवसाय प्रबंधन संस्थान (Indian Institute of Social Welfare and Business Management)	कोलकाता (Kolkata)
53.	भारतीय मृदा विज्ञान संस्थान (Indian Institute of Soil Sciences)	भोपाल (Bhopal)
54.	भारतीय अंतरिक्ष विज्ञान और प्रौद्योगिकी संस्थान (Indian Institute of Space Science and Technology)	तिरुवनंतपुरम् (Thiruvananthapuram)
55.	भारतीय मसाले अनुसंधान संस्थान (Indian Institute of Spices Research)	कोझीकोड् (Calicut)
56.	भारतीय उष्णकटिबंधीय माप विज्ञान संस्थान (Indian Institute of Tropical Metrology)	पुणे (Pune)
57.	भारतीय प्राकृतिक रेज़िन और मसूड़ों के संस्थान (Indian Institute of Natural Resins and Gums)	रांची (Ranchi)
58.	महासागर सूचना सेवाओं के भारतीय राष्ट्रीय केंद्र (Indian National Centre of Ocean Information Services)	हैदराबाद (Hyderbad)
59.	इंडियन स्कूल ऑफ माइन्स (Indian School of Mines)	धनबाद (Dhandbad)
60.	भारतीय पशु चिकित्सा अनुसंधान संस्थान (Indian Veterinary Research Institute)	बरेली (Bareilly)
61.	इंदिरा गाँधी परमाणु अनुसंधान केंद्र (Indira Gandhi Centre for Atomic Research)	कलपक्कम (Kalpakkam)
62.	औद्योगिक विष विज्ञान अनुसंधान संस्थान (Industrial Technology Research Institute)	लखनऊ (Lucknow)
63.	प्लाज्मा रिसर्च संस्थान (Institute for Plasma Research)	गाँधीनगर (Gandhinagar)
64.	औद्योगिक विकास में अध्ययन संस्थान (Institute for Studies in Industrial Development)	नई दिल्ली (New Delhi)
65.	खाद्य सुरक्षा संस्थान (Institute of Food Security)	गुड़गाँव (Gurgaon)
66.	गणितीय विज्ञान संस्थान (Institute of Mathematical Sciences)	चेन्नई (Chennai)
67.	भौतिकी संस्थान (Institute of Physics)	भुवनेश्वर (Bhubaneswar)

क्र.सं. (S. No.)	संस्थान का नाम (Institution Name)	स्थान (Place)
68.	अंतर्राष्ट्रीय जनसंख्या विज्ञान संस्थान (International Institute for Population Sciences)	मुंबई (Mumbai)
69.	जवाहरलाल नेहरू उन्नत वैज्ञानिक अनुसंधान केंद्र (Jawaharlal Nehru Centre for Advanced Scientific Research)	बंगलुरू (Bengaluru)
70.	मोरारजी देसाई राष्ट्रीय योग संस्थान (Morarji Desai National Institute of Yoga)	नई दिल्ली (New Delhi)
71.	राष्ट्रीय विज्ञान अकादमी कृषि विज्ञान (National Academy of Agricultural Sciences)	नई दिल्ली (New Delhi)
72.	राष्ट्रीय वनस्पति अनुंसधान संस्थान (National Botanical Research Institute)	लखनऊ (Lucknow)
73.	राष्ट्रीय मस्तिष्क अनुसंधान केंद्र (National Brain Research Centre)	मानेसर (Manesar)
74.	राष्ट्रीय सिविल डिफेन्स कॉलेज (National Civil Defence College)	नागपुर (Nagpur)
75.	राष्ट्रीय डेयरी अनुसंधान संस्थान (National Dairy Research Institute)	करनाल (Karnla)
76.	राष्ट्रीय पर्यावरण इंजीनियरिंग अनुसंधान संस्थान (National Environmental Engineering Research Institute)	नागपुर (Nagpur)
77.	राष्ट्रीय कृषि विपणन संस्थान (National Institute of Agricultural Marketing)	जयपुर (Jaipur)
78.	राष्ट्रीय अपराधशास्त्र एवं न्यायिक विज्ञान संस्थान (National Institute of Criminology and Forensic Science)	नई दिल्ली (New Delhi)
79.	राष्ट्रीय होम्योपैथी संस्थान (National Institute of Homeopathy)	कोलकाता (Kolkata)
80.	राष्ट्रीय जल विज्ञान संस्थान (National Institute of Hydrology)	बेलगों [Belgaum (Roorkee)]
81.	राष्ट्रीय औद्योगिक अभियांत्रिकी संस्थान (National Institute of Industrial Engineering)	मुंबई (Mumbai)
82.	राष्ट्रीय मानसिक स्वास्थ्य एवं तंत्रिका विज्ञान संस्थान (National Institute of Mental Health and Neurosciences)	बंगलुरू (Bengaluru)
83.	राष्ट्रीय समुद्र प्रौद्योगिकी संस्थान (National Institute of Ocean Technology)	चेन्नई, नेल्लेर (Chennai, Nellore)
84.	राष्ट्रीय विज्ञान शिक्षा एवं अनुसंधान संस्थान (National Institute of Science Education and Research)	भुवनेश्वर (Bhubaneswar)
85.	राष्ट्रीय विद्युत प्रशिक्षण संस्थान (National Power Training Institute)	फ़रीदाबाद (Faridabad)
86.	राष्ट्रीय चीनी अनुसंधान संस्थान (National Sugar Research Institute)	कानपुर (Kanpur)
87.	राष्ट्रीय क्षय रोग संस्थान (National Tuberculosis Institute)	बंगलुरू (Bengaluru)
88.	राष्ट्रीय भू-भौतिकी अनुसंधान संस्थान (National Geophysics Research Institute)	हैदराबाद (Hyderabd)
89.	शारीरिक शोध प्रयोगशाला (Physical Research Laboratory)	अहमदाबाद (Ahmedabad)
90.	राजीव गांधी पेट्रोलियम प्रौद्योगिकी संस्थान (Rajiv Gandhi Institute of Petroleum Technology)	राय बरेली (Rae Bareli)
91.	रमन अनुसंधान केंद्र (Raman Research Centre)	बंगलुरू (Bengaluru)
92.	साहा नाभिकीय भौतिकी विज्ञान संस्थान (Saha Institute of Nuclear Physics)	कोलकाता (Kolkata)
93.	मौलिक अनुसंधान संस्थान टाटा इंस्टीट्यूट (Tata Institute of Fundamental Research)	मुंबई, हैदराबाद (Mumbai, Hyderabad)
94.	परिवर्तनीय ऊर्जा चक्रवर्ती केंद्र (Variable Energy Cyclotron Centre)	कोलकाता (Kolkata)